国学经典文库 图文珍藏版

中庸

赵证◎主编

线装书局

图书在版编目（CIP）数据

中庸：全4册／赵征主编 .－－北京：线装书局，
2013.1（2022.3）
ISBN 978-7-5120-0722-2

I. ①中… Ⅱ . ①赵… Ⅲ . ①儒家② 《中庸》－通俗
读物 Ⅳ . ① B222.1-49

中国版本图书馆 CIP 数据核字（2012）第 255882 号

中 庸

主　　编：赵　征
责任编辑：高晓彬
出版发行：线装書局
　　　　　地　址：北京市丰台区方庄日月天地大厦B座17层（100078）
　　　　　电　话：010-58077126（发行部）010-58076938（总编室）
　　　　　网　址：www.zgxzsj.com
经　　销：新华书店
印　　制：北京彩虹伟业印刷有限公司
开　　本：710×1040 毫米　1/16
印　　张：112
字　　数：1360 千字
版　　次：2022 年 3 月第 1 版第 2 次印刷
印　　数：3001-9000 套

线装书局官方微信

定　　价：598.00 元（全四册）

孔子与《中庸》

孔子（前551～前479），春秋末期思想家、政治家、教育家，儒学学派的创始人。因父母曾为生子而祷于尼丘山，故名丘，字仲尼。曾修《诗》《书》，定《礼》《乐》，序《周易》，作《春秋》，这些对后世产生了极其深远的影响，被后人誉为"孔圣人""圣人""万世师表"。

孔子一生践行中庸之道，并提出了中庸思想。他认为"过犹不及"，就是过头和不及同样不好，恰到好处才是中庸，达到这种恰当的方法，是"和而不同"。保持矛盾对立面的和谐叫做和；取消矛盾对立面的差异叫做同。孔子认为孤立的、单一的因素不能构成完善的事物，只有多种因素，特别是对立因素的同意与和谐才形成完美的事物。

宋代大儒——程颢

程颢（1032～1085），宋代大儒，理学家、教育家。其研究著述《明道中庸解》给予了空前的重视和表彰。早年受学于理学创始人周敦颐，宋神宗赵顼时，建立起自己的理学体系。

宋学泰斗——程颐

程颐（1033～1107），北宋理学家和教育家。为程颢之胞弟，与其胞兄程颢共创"洛学"，为理学奠定了基础。以程颐与其弟子"中和"之辩为中心，开创了北宋道学的"中和"说。

朱熹与《中庸》

朱熹（1130～1200），中国南宋思想家。历仕高宗、孝宗、光宗、宁宗四朝，庆元六年卒。嘉定二年（1209年）诏赐遗表恩泽，谥曰文，寻赠中大夫，特赠宝谟阁直学士。理宗宝庆三年（1227年），赠太师，追封信国公，改徽国公。

朱熹对《中庸》的创造性解释主要表现在如下几个方面：其一，坚持以"平常""合理性"解"中庸"，摒除了宋代禅学影响所造成的儒学的神秘化倾向，承诺了儒学的可理解性；其二，对《中庸》全文篇章结构的确定，使之具备经典所必备的文脉理路；其三，以"理"解经，对全文作出理学式的清理。

《中庸》

　　《中庸》是儒家经典中至为重要的著作，它虽不是孔子亲手所作，是孔子身后由孔子之孙子思写成，但是却反映了孔子的思想。就其所反映的孔子思想的系统性与完整性而言，意义和影响甚至不亚于《论语》。

中庸思想

　　中庸思想是指天地万物运行的内在规律，也是一种君子修养的至高境界。"中庸"的要义即"执两用中、不偏不倚、适可而止、过犹不及"。中庸思想使中国文化成为一种节制内敛和自我平衡的文化。

中庸之道

　　中庸之道，亦即君子之道，是传统儒家修行的法宝。是由孔子提倡、子思阐发的提高人的基本道德、精神修养以达到"天人合一、太平和合"神圣境界的一整套理论与方法。

中庸理性

　　《中庸》首句直接提出了几个重要的概念，即天命、性、道、教，并且将从上到下的理路揭示出来。"中庸理性"主张人们在认识和处理事物对立两端的关系时，必须掌握一个恰如其分、正确合理的平衡点。

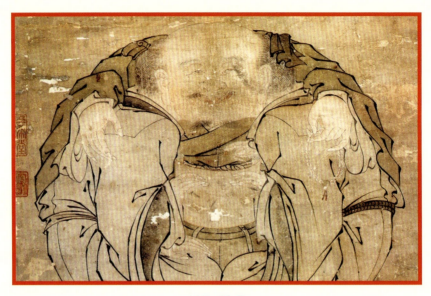

以和为贵

中庸不是随大流，不是睁一只眼闭一只眼，也不是圆滑老练；而是一种均衡之术，是一种不保守不偏激的态度，是一种以和为贵，但同时又要保持自我的生存智慧。

天人合一

"天人合一"的思想概念最早是由庄子阐述，后被汉代思想家、阴阳家董仲舒发展为"天人合一"的哲学思想体系，并由此构建了中华传统文化的主体，成为两千年来儒家思想的一个重要观点。

前　言

　　《中庸》是儒家乃至整个中国传统文化的核心思想,是几千年来中华民族伟大智慧的结晶,它以"天命之谓性,率性之谓修,修道之谓教"的性、道、教三者为根本,深入阐述了人生的最高境界——中和。南宋大儒朱熹曾如此高度赞誉《中庸》:"致中和,天地位焉,万物育焉。"意思是说,只要按照《中庸》的精义治国、修身,必定能达到天地万物各得其所的太平和合境界。可见,在古人的社会和政治生活中,《中庸》有着多么巨大的作用。

　　翻开这部两千多年前的经典,一句句的妙语连珠映入眼帘。它实际就是孔子及其高徒日常教学生活点点滴滴的记录。

　　"中庸"内涵十分广泛,观察问题、认识问题、解决问题的方法则是它主要的内容。"中庸"思想之所以能够千古传承下来,是有它社会存在的合理性和固有的文化内涵的。"中庸"思想体现了事物自身的内在规律,反映在人的思维方式、行为方式等方面,对于现代人的身心发展、协调人际关系等仍然有着不可替代的价值,因此,对于"中庸"思想的现代解读是有着非常重要的现实意义的。

　　其实,《中庸》所谈的道理,既是朴素的,也是永恒的,就是人们日常吃穿住行用之中最基本的规矩和道理。

　　现代社会的我们,生活在竞争激烈的市场氛围里,急功近利使得期望满足后狂喜、自满、虚骄,目的落空后沮丧、恐惧、空虚,都在损害着我们的身心,在这种心态下,成功者难以守成,位低者欲速不达。此时,我们缺乏的正是《中庸》持中而立的智慧。

现代社会的我们，人与人之间的心理距离愈发遥远，猜疑、不信任、没安全感，让人际关系更加难以处理。面对不公平待遇，面对亲近的人，我们需要的也是《中庸》的持中而立，把握过犹不及的度，让自己内心平和、安宁。

所以，今天我们再去重温这部经典，便要像听长者唠家常一样，去体会其中朴素、温暖而不乏睿智的生活态度。

本套丛书旨在结合"中庸"思想理念，从修养自身和交往处世两个大方面，将其中的有现实意义的部分用现代人的眼光重新阐释，共建和谐社会，离不开每个人的努力，更离不开"中庸"精神，真诚地希望每一位读过本书的读者都能够用心体会"中和"二字，并以书中的"君子之道"对待身边的人、事、物，陶冶情操、提升境界，成为和谐型社会的楷模。

目　　录

第一章　中庸释讲 ………………………………………… (1)

　第一节　天命 ………………………………………… (1)

　第二节　时中 ………………………………………… (11)

　第三节　鲜能 ………………………………………… (25)

　第四节　行明 ………………………………………… (36)

　第五节　不行 ………………………………………… (47)

　第六节　大知 ………………………………………… (57)

　第七节　予知 ………………………………………… (67)

　第八节　服膺 ………………………………………… (77)

　第九节　可均 ………………………………………… (88)

　第十节　问强 ………………………………………… (100)

　第十一节　素隐 ……………………………………… (113)

　第十二节　费隐 ……………………………………… (122)

　第十三节　不远 ……………………………………… (133)

　第十四节　素位 ……………………………………… (145)

　第十五节　行远 ……………………………………… (157)

　第十六节　鬼神 ……………………………………… (167)

　第十七节　大德 ……………………………………… (176)

　第十八节　无忧 ……………………………………… (186)

　第十九节　达孝 ……………………………………… (198)

第二十节　问政……………………………………………（208）

第二十一节　诚明…………………………………………（228）

第二十二节　尽性…………………………………………（237）

第二十三节　致曲…………………………………………（246）

第二十四节　前知…………………………………………（256）

第二十五节　自成…………………………………………（267）

第二十六节　无息…………………………………………（276）

第二十七节　明哲…………………………………………（289）

第二十八节　自用…………………………………………（299）

第二十九节　三重…………………………………………（310）

第三十节　敦化……………………………………………（321）

第三十一节　至圣…………………………………………（329）

第三十二节　至诚…………………………………………（338）

第三十三节　尚纲…………………………………………（346）

第二章　张居正讲解《中庸》………………………………（358）

第三章　中庸集说……………………………………………（433）

集说名氏………………………………………………………（433）

卷一……………………………………………………………（436）

卷二……………………………………………………………（452）

卷三……………………………………………………………（472）

卷四……………………………………………………………（496）

卷五……………………………………………………………（512）

卷六……………………………………………………………（536）

卷七……………………………………………………………（556）

卷八……………………………………………………………（570）

卷九……………………………………………………………（588）

卷十……………………………………………………………（603）

卷十一…………………………………………………………（620）

卷十二 …………………………………………………… (640)

卷十三 …………………………………………………… (657)

卷十四 …………………………………………………… (678)

第四章　中庸感悟 …………………………………… (702)

第一节　体味中和,和谐中正 …………………………… (702)

第二节　修身以道,修道以仁 …………………………… (726)

第三节　诚于中,信于外 ………………………………… (744)

第四节　情动于中,仁者爱人 …………………………… (762)

第五节　天命之谓性,率性之谓道 ……………………… (777)

第六节　道不远人,远人非道 …………………………… (797)

第七节　审时度势,能屈能伸 …………………………… (816)

第八节　人前藏智,话中藏锋 …………………………… (832)

第九节　执其两端,取其中正 …………………………… (853)

第十节　高标处世,低调做人 …………………………… (867)

第五章　中庸名言解读 ……………………………… (879)

第一节　修身正己,和谐中正 …………………………… (879)

第二节　情动于中,仁者爱人 …………………………… (925)

第三节　素位而行,恭敬中礼 …………………………… (972)

第四节　中道而立,和以立中 …………………………… (1021)

第五节　不偏不倚,恰到好处 …………………………… (1066)

第六节　变通之道,比中而行 …………………………… (1110)

第六章　中庸的做人之道 …………………………… (1153)

第一节　时而中 ………………………………………… (1153)

第二节　致中和 ………………………………………… (1192)

第三节　诚则明 ………………………………………… (1215)

第四节　慎其独 ………………………………………… (1241)

第五节　和为贵 ………………………………………… (1269)

第六节　反中庸 ………………………………………… (1297)

国学经典文库

中庸

目录

图文珍藏版

第七章　中庸的做事之道 ………………………………………………… (1325)

第一节　毋意,毋必,毋固,毋我 ……………………………………… (1325)

第二节　恃人不如自恃也 ……………………………………………… (1337)

第三节　宽柔以教,不报无道 ………………………………………… (1350)

第四节　小不忍则乱大谋 ……………………………………………… (1368)

第五节　有大者,不可以盈 …………………………………………… (1383)

第六节　善与不善,必先知之 ………………………………………… (1398)

第七节　为山九仞功亏一篑 …………………………………………… (1415)

第八节　见贤思齐,见不贤而内自省 ………………………………… (1428)

第九节　中也者,天下之大本也 ……………………………………… (1445)

第十节　大德必得其位 ………………………………………………… (1460)

第十一节　君子之道 …………………………………………………… (1471)

第十二节　君子素其位而行 …………………………………………… (1484)

第十三节　君子而时中 ………………………………………………… (1495)

第十四节　学而知之 …………………………………………………… (1507)

第十五节　庸德之行,庸言之谨 ……………………………………… (1521)

第十六节　君子之道,辟如行远 ……………………………………… (1532)

第十七节　尽人之性 …………………………………………………… (1546)

第八章　中庸的处世之道 ………………………………………………… (1555)

第一节　诚参天地 ……………………………………………………… (1555)

第二节　恭敬中礼 ……………………………………………………… (1568)

第三节　和以反中 ……………………………………………………… (1579)

第四节　仁者爱人 ……………………………………………………… (1594)

第五节　情动于中 ……………………………………………………… (1605)

第六节　中道而立 ……………………………………………………… (1619)

第七节　执其两端 ……………………………………………………… (1633)

第八节　执中行权 ……………………………………………………… (1643)

第九节　欲速不达 ……………………………………………………… (1659)

国学经典文库

中庸

目录

图文珍藏版

第十节　顺舍逆取 …………………………………………………（1674）

第十一节　正己无怨 ………………………………………………（1691）

第十二节　执满之道 ………………………………………………（1704）

第十三节　进退时中 ………………………………………………（1717）

第十四节　比中而行 ………………………………………………（1729）

第十五节　顺逆安危 ………………………………………………（1739）

第十六节　立中不倚 ………………………………………………（1757）

国学经典文库

中庸

目录

图文珍藏版

第一章　中庸释讲

第一节　天命

本章所讲天命，是指个人的禀赋而言。人的禀赋是自然形成的，这就是含有道德内容的性。人人遵循各自的性，在日常生活中，就知道当做什么，不当做什么，这就有了常规，这就是道。从道入手，修饰品节，这就是教化。

从道不可片刻离开引入"慎其独"的话题，要求人们加强道德自觉，谨慎地修养自己，并特别提出了"中和"这一范畴。"中和"是儒学的重要范畴之一，历来有各种各样的理解。本章是从情的角度切入，对中和做出基本的解释。按照本章的意思，在一个人还没有表现出喜怒哀乐的情感时，心中是平静的，不偏不倚的，所以叫作"中"。喜怒哀乐总是要发露出来的，但发出来要有节制，无过不及，这就叫作"和"。人人都达到"中和"的境界，整个社会大家都心平气和，社会和自然界很和谐，天下也就太平无事了。这里讲的中和，实际就是中庸。前人说："以性情言之，则曰中和；以德行言之，则曰中庸。"大体如此。

【原文】

天命之谓性①；率性之谓道②；修道之谓教③。道也者，不可须臾离也④；可离，非道也。是故君子戒慎乎其所不睹，恐惧乎其所不闻⑤。莫见乎隐，莫显乎微⑥。故君子慎其独也⑦。喜、怒、哀、乐之未发，谓之中⑧。发而皆中节，谓之和⑨。中也者，天下之大本也。和也者，天下之达道也⑩。致中和，天地位焉，万物育焉⑪。

【注释】

①天命：天赋，指人的自然禀赋。也指天理，命运。性：人的本性，是人之初由先天赋予的本真的善性，也可理解为人的天性。

②率性：统率并规范人的自然本性。率：统率，规范，遵循。道：本指路，即道路。又可理解为规律、方法、道理。

③修道：修养道德，探求事物的本源，研究世界发展变化的规律。道：道德。教：政教，教化。影响感化而致达的风尚。

④须臾：片刻。

⑤不睹：看不见的地方。不闻：听不到的事情。

⑥莫：在这里是"没有什么更……"的意思。见：同"现"，显现。乎：于。

⑦独：独处或独知时。

⑧中：指不偏不倚的状态。

⑨中节：符合法度。和：和谐，不乖戾。

⑩达道：天下古今必由之路，也指普遍规律。

⑪致：达到。位：安于所处的位置。育：成长发育。

【译文】

　　人与生俱来的自然禀赋称作"天性"，遵循天性而行叫作道，按照道的原则修养叫作教。道是不可以片刻离开的，如果可以离开，那就不是道了。所以，君子在别人看不见的地方也是谨慎的，在别人听不见的地方也是有所戒惧的。越是隐秘的事情越是容易显露，越是细微的事情越是容易显现。所以，君子在一个人独处独知的时候，更要谨慎。喜怒哀乐各种感情没有表现出来的时候，叫作中；表现出来以后符合节度，叫作和。中是天下的根本，和是天下普遍遵循的规律。达到中和的境界，天地便各在其位了，万物的生长就茂盛了。

【历代论引】

　　郑玄说：天命，即上天所赋予人的自然生命。木神则仁，金神则义，火神则礼，水神则信，土神则知。按照天性而行，就是道。治而广之，人仿效之，就是"教"。郑玄说：道，就是道路，出入行走的必由之途。又说：小人闲居为不善，无所不至也。君子则不然，虽视之无人，听之无声，犹戒慎恐惧自修正，是其不须臾离道。又说：慎独者，慎其闲居之所为。小人于隐者，动作言语，自以为不见睹，不见闻，则必肆尽其情也。若有占听之者，是为显见，甚于众人之中为之。又说：中为大本者，以其含喜怒哀乐，礼之所由生，政教自此出也。

　　孔颖达说：天本无体，亦无言语之命，但人感自然而生，有贤愚吉凶，若天之付命遣使之然，故云"天命"。老子云："道本无名，强名之曰道。"人自然感生，有刚柔好恶，或仁、或义、或礼、或知、或信，是天性自然，故"谓之性"。感仁行仁，感义行义之属，不失其常，合于道理，使得通达。

　　孔颖达说：圣人修行仁、义、礼、知、信以为教化。道者，开通性命，犹如道路开通于人，人行于道路，不可须臾离也。若离道则碍难不通，犹善道须臾离弃则身有患害而生也。又说：君子行道，先虑其微。若微能先虑，则必合于道，故君子恒常戒于其所不睹之处。人虽目不睹之处犹戒慎，况其恶事睹见而肯犯乎？故君子恒常戒慎之。又说：凡在众人之中，犹知所畏，及至幽隐之处，谓人不见，便即恣情，人皆占听，察见罪状，甚于众人之中，所以恒须慎惧如此。以罪过愆失无见于幽隐之处，无显露于细微之所也。以其隐微之处，恐其罪恶彰显，故君子之人恒慎其独居。谨慎守道也。

孔颖达说：喜怒哀乐缘事而生，未发之时，澹然虚静，心无所虑而当于理，故"谓之中"。"发而皆中节谓之和"者，不能寂静而有喜怒哀乐之情，虽复动发，皆中节限，犹如盐梅相得，性行和谐，故云"谓之和"。情欲未发，是人性初本。情欲虽发而能和合，道理可通达流行，故曰"天下之达道也"。又说：孔颖达说：人君所能至极中和，便阴阳不错，则天地得其正位焉。生成得理，故万物其养育焉。

朱子说："天以阴阳五行化生万物，气以成形，而理亦赋焉，犹命令也。"又曰"于是人物之生，因各得其所赋之理，以为健顺五常德，所谓性也。""人物各循其性之自然，则其日用事物之间，莫不各有当行之路，是则所谓道也。""性道虽同，而气禀或异，故不能无过不及之差，圣人因人物之所当行者而品节之，以为法于天下，则谓之教，若礼、乐、刑、政之属是也。盖人之所以为人，道之所以为道，圣人之所以为教，原其所自，无一不本于天而备于我。"又说："道者，曰用事物当行之理，皆性之德而具于心，无物不有，无时不然，所以不可须臾离也。若其可离，则为外物而非道矣。是以君子之心常存敬畏，虽不见闻，亦不敢忽，所以存天理之本然，而不使离于须臾之顷也。"

朱子说："幽暗之中，细微之事，迹虽未形而几则已动，人虽不知而己独知之，则是天下之事无有着见明显而过于此者。是以君子既常戒惧，而于此尤加谨焉。所以遏人欲于将萌，而不使其滋长于隐微之中，以至离道之远也。"又说："性情之德，以明道不可离之意。"又说："自戒惧而约之，以至于至静之中，无少偏倚，而其守不失，则极其中而天地位矣。自谨独而精之，以至于应物之处，无少差谬，而无适不然，则极其和而万物育矣。盖天地万物本吾一体，吾之心正，则天地之心亦正矣，吾之气顺，则天地之气亦顺矣。故其效验至于如此。此学问之极功、圣人之能事，初非有待于外，而修道之教亦在其中矣。是其一体一用虽有动静之殊，然必其体立而后用有以行，则其实亦非有两事也。"

【评析】

朱熹说这是《中庸》的第一章，从"道"不可以片刻离开引入话题，说明"道"的实体存在于我们自身，人是不能片刻离开"道"的，一旦离开了就会走到邪路上去。这个"道"并不在人身外，而是存在于人的本心之中，强调在《大学》里面也阐述过的"慎其独"问题，要求人们提高自觉性，真心诚意地顺着天赋的本性行事，忠实地按照道的原则修养自身,以求逐渐达到"圣神功化"的最高境界。

解决了上述思想问题后,本章才正面提出"中和"(即中庸)这一范畴,进入全篇的主题。

作为中国古代哲学的重要范畴之一,人们历来对"中庸"有各种各样的理解。本章是从情感的角度切入,对"中""和"作了正面的基本的解释。按照本章的意思,在一个人还没有表现出喜怒哀乐的情感时,心中是平静淡然的,所以叫作"中",但喜怒哀乐的情感是人人都有而不可避免的,它们必然要表现出来。表现出来而符合常理,有节度不过分,这就叫作"和"。也就是说人如果能把喜怒哀乐的感情表现得恰到好处,这便是"中和"。人人都达到"中和"的境界,大家心平气和,社会秩序井然,天下也就太平无事了。

【解读】

洪应明在《菜根谭》中写道:"清能有容,仁能善断,明不伤察,直不过矫。是谓蜜饯不甜,海味不咸,才是懿德。"意思是说,清廉纯洁而有容忍的雅量,心地仁慈而又能当机立断,精明而又不失之于苛求,性情刚直而又不矫枉过正。这种道理就像蜜饯虽然浸在糖里却不过分地甜,海产的鱼虾虽然腌在缸里却不过分地咸,一个人要能把持住这种不偏不倚的尺度,凡事力求和谐有度,才算是达到了为人处世的极致。

儒家历来主张中庸之道,而长期以来人们对中庸的诠释和理解又各有出入。战国时期有一个研究神农氏学问的人,主张市场上的物价都应该一样,他以为这样便可以使社会公平,以消除欺诈。

与此相反,孟子认为如果按照这一主张行事,就是率领大家走向虚伪。因为市场上货物的品种质量都不一样,它们的价格自然就有很大的差别,这是事物自然形成的秩序,如果漫天要价,造成价不称物,那是过度,也叫过分;不顾秩序,各种货物都一个价,也是失度。假如一定要使它们一致,必然会使得市场失去平衡,使得天下大乱。

为人处世,任何时候都要掌握一定的度,失度就会坏事,就会受到惩罚。如饮食无度,就会伤身;荒淫无度,必致误国;贪婪无度,可能招来杀身之祸;玩笑无度,会伤感情,有时一句过分的玩笑话就会与人结怨。人人都喜欢自由的生活,其实,自由归根结底也是度中的自由,只有在一定条件下和一定范围内,我们才能享受自由。这就是为什么处在同样的条件下,有的人觉得很自由,而有的人却觉得处处受到约束,其中就有一个过度不过度的问题。

为人做事时如果失度,就会给自己带来麻烦,有时还有性命之危。

刘邦曾经问韩信："你看我能带多少兵?"韩信说:"陛下带兵最多也不能超过十万。"刘邦又问:"那么你呢?"韩信说:"我是多多益善。"这样的回答,怎么能不让刘邦耿耿于怀呢!

　　自以为有功便说话口无遮拦,没有了尺度,是讨人嫌的,特别容易招惹上司的嫉恨。这样做是很危险的事情。

　　三国末期,西晋名将王浚于公元280年巧用火烧铁索之计,灭掉了东吴。从此结束了三国分裂的局面,国家又重新归于统一,王浚的功劳是不可埋没的。岂料王浚克敌制胜之日,竟是受谗遭诬之时,安东将军王浑以不服从指挥为由,要求将王浚交司法部门论罪,接着又诬陷王浚攻入建康之后,大肆抢劫吴宫的珍宝据为己有。

　　这不能不令功勋卓著的王浚感到畏惧。

　　可王浚怎么想也想不通,自己立了大功,反倒一再被弹劾,他愤愤不平。每次晋见皇帝,王浚都一再陈述自己伐吴之战中的种种辛苦,王浑所说的不听指挥和抢劫都是冤枉!有好几次他越说越激动,不向皇帝辞别,就怏怏不乐地离开了朝廷。他的一个亲戚范通对他说:"足下的功劳可谓大了,可惜足下说话办事失度,未能做到尽善尽美,因而才招致他人的诬陷!"

　　王浚两眼一瞪问:"这话什么意思?"

　　范通推心置腹地说:"当足下胜利凯旋之日,应当退居家中,再也不要提伐吴之事。从今天起你就说:'是皇上的圣明,诸位将帅的努力,我有什么功劳可夸的!'这样,王浑能不惭愧吗?"

　　王浚按照他的话去做了,谗言果然不止自息,而王浚也得到了皇帝的嘉奖。

　　这就是说话办事把握好尺度的效果,能够这样做的人往往会有更多的收获。

　　晋时期的大将殷仲堪,与桓玄、杨佺期相互牵制,形成三股势力。殷仲堪虽才智和实力平平,但他能够把握尺度,善于保持平衡,从而在那个弱肉强食的年代得以自保。

　　在这三方中,桓玄实力与野心最大;杨佺期为人骄横跋扈。每当杨佺期在人前夸耀自己出身如何高贵时,桓玄总是讥笑他不过是一介寒士。因此,杨佺期很想找机会割下桓玄的脑袋,看他的舌头是不是还那么顽固。后来,桓玄被推为盟主,更加志得意满,杨佺期就更不愿意经常看到这副令他头痛的面孔了,他打定主意,务必趁桓玄在登坛宣誓时叫他尸横在地。

　　殷仲堪虽然并不喜欢桓玄,但他同时对杨佺期兄弟的勇武过人也心怀顾忌,他可不愿意杨氏兄弟在杀了桓玄之后再来对付自己,所以他一得到杨佺期企图偷袭桓玄的消息，马上出面制止。杨佺期只得罢手。到晋安帝隆安年间，桓玄受命都督荆州四郡，其兄桓伟又任辅国将军和南蛮校尉，权势扶摇直上，这下殷仲堪也担心起桓玄可能对自己不利来了。桓玄、杨佺期都有兄弟辅翼，自己也不能孤立无援吧！他想起杨佺期与桓玄是冤家对头，不如就把杨佺期纳入自己的体系，那样就可保万无一失了。于是他以婚姻为纽带，便将殷、杨两家的政治生命拴在了一起。

殷仲堪的判断很准确，桓玄的胃口确实很大，因为不久他就向朝廷要求再加大他的权力，他首先看中的也就是杨佺期、殷仲堪碗里的肥肉。恰好朝廷也有意使他们彼此狗咬狗以利于控制，便将杨佺期的四个郡划到了桓玄名下。但朝廷的想法显然过于乐观，这些大权在握的军阀们甚至比狼更凶猛。杨佺期被桓玄冷不丁敲了一记闷棍，并没有立即对他进行报复，而是借援救洛京危急、击退姚兴入侵的名义，意在趁桓玄不备一下子灭掉他的势力。

殷仲堪对这个亲家的野心了如指掌，因此拒不参加亲家翁的这次不同寻常的会猎。杨佺期明白了殷仲堪的用心，自己也不想一枝独秀，和桓玄弄得两败俱伤，只好暂时偃旗息鼓。

桓玄也在这时如法炮制，声称援救洛京，邀殷仲堪瓜分杨佺期。殷仲堪老谋深算，怎么会不知道桓玄伐虢灭虞的如意算盘？他一直致力于保障桓玄、杨佺期双方的安全，使大家互相牵制，他周旋其中，不就稳如泰山吗？因为桓玄、杨佺期任何一方有失，他也无法保障自身的安全！所以他毫不犹豫地警告桓玄：你如果执意从沔水出兵，可能不会有一个人能活着进入长江！桓玄很清楚殷仲堪的话当然不是恐吓，他除了放弃消灭杨佺期的打算之外，确实别无选择。

殷仲堪就是这样通过三方的平衡和谐，使他的稳固地位维持了相当长的时间。

有很多时候，只有双方处于相互制衡、相互牵制的状态，彼此才能保持和谐，一旦破坏了这种平衡和谐的关系，双方都要受到损害。

虢国是晋国的世仇，但这两个敌对国家的边界并未相接，中间还隔了一个虞国。虢国和虞国彼此之间关系密切，而且世代交好。晋献公一心想要灭掉虢国，以振兴晋国的威望，完成先祖的遗愿。为了达到这些目的，不可避免地，一定要经过虞国的领土。

晋献公采用大臣荀息的计策，准备了非常珍贵的礼物——四匹天下罕见的良驹，和一块晋国王室历代相传的玉璧，然后派大臣为使，卑辞厚礼地向虞君请求借路，让晋国军队能到达虢国。虞君见大国竟然重宝相赠，对他这个小国如此谦卑礼敬，加上贪求那珍贵的好马和美玉，于是便答应了晋国的请求。

虞国大夫宫之奇闻听此事，急忙入宫面见虞君，谏阻说："若国君借道给晋国，那么虞国就要灭亡了！长久以来,虞、虢互为屏障,合则两利,分则两伤;二者间的关系好比嘴唇和牙齿,一旦嘴唇没有了,牙齿就会遭受到风寒。所以两国应该是相互依存,彼此扶助,实在缺一不可啊！若晋军消灭了虢国,恐怕回过头来就接着灭掉虞国,所以恳请国君千万要拒绝晋国的要求"。

但虞君并不相信宫之奇所说的话,仍然决定借道给晋国。宫之奇知道虞国必会因此而灭亡,便率领族人离开了虞国。

三个月后,果然如宫之奇所料,晋军攻灭虢国后班师回朝,途中驻扎于虞国时,荀息突然率领奇兵,迅雷不及掩耳地突袭虞国首都,俘虏了虞君。于是虞国就在虢国之后,一样被晋国灭亡了。

荀息从虞国王宫中取得之前送给虞君的宝物,当他牵马捧璧来向晋献公报捷时,献公高兴地笑着说:"传国玉璧仍旧和以前一模一样,只有马的年岁陡然增加了一些,但总都归回了晋国。这些天下至宝我怎么舍得送人呢？只不过请虞君暂时保管而已,他未免对我的用意想得太天真了吧!"

虞公懊悔当初不听宫之奇"唇亡齿寒"的劝告,但哪里还来得及呢！虞国为了眼前的一点利益,居然抛弃了虢国这个战略伙伴,破坏了三国之间互相牵制而得以生存的平衡关系,最终自食亡国之果,教训是极为深刻的。

老子说:"知晓了追求和谐乃是万物自然之理,可谓认识了大道之基本常则;认识了大道之基本常则,可谓是智明通达"。和谐作为哲学范畴其内涵可界定为:各方面的相互协调、适应、融洽,是一种适度的比例关系。和谐是我们称之为妥善、美好事物的基本属性,只有把握好度,才能达到和谐。和谐的范围可分多个层次。有以人类活动为中心坐标的和谐:人与自然关系的和谐、人与人关系的和谐、人的物质生活与精神生活关系的和谐。有以国家为中心坐标的和谐:经济基础与上层建筑的和谐,国家的经济、政治、文化三大领域的和谐,国内各阶层相互关系的和谐。

老子对和谐有度的重要性的深刻认识,对后世有极大的启迪作用,重视、追求和保持事物的均衡、和谐,在维持事物的稳定,保持事物的正常发展上,有着非常重要的理论意义。

春秋争霸时期,虽然有好长时间处于你死我活的争斗之中,但是,在各诸侯国之间,以及各诸侯国与外族之间,也不乏和平友好相处的时期。并且,在争夺霸权的斗争中,这种和平共处也是一种重要的谋略。魏绛和戎就是一例。

晋悼公对内政大力进行整顿,君臣之间团结一致,国力强盛起来,声威大震,北方的戎人不敢侧视。公元前569年,北方戎人无终部落酋长喜父派孟乐到晋国,通过魏绛的关系给悼公献上了一些虎豹皮,请求晋国与戎人各部落讲和。

对于戎人的纳贡求和,晋悼公不想答应。他说:"戎狄他们都不讲信义,贪得无厌,不如讨伐他们。"

魏绛分析了当时晋国所处的地位和形势,劝谏晋悼公说:"各诸侯刚刚归服我们,陈国也是在最近才归服我们,并且正在观察我们的表现。如果我们有德,他们就会更亲近我们,否则,就会背叛。现在如果我们兴师动众去征伐戎狄,让楚国乘机攻打陈国,而我们又不能去救援他们,这实际上是抛弃陈国。中原诸国也必然会背叛我们。戎狄本来就难以驾驭,如果我们征服了戎狄却失去了中原各国,恐怕得不偿失吧!"接着,魏绛向悼公讲了后羿的故事,劝诫悼公不要过分热衷于田猎等事。

听了魏绛的话,悼公仍然犹豫不决,他问:"还有没有比跟戎狄讲和更好的办法呢?"

魏绛回答说与戎人讲和有五大好处,还是请悼公认真考虑一下吧!

悼公听了魏绛的话以后非常高兴,便让魏绛和戎狄各部落结盟。

晋人和戎人讲和,使晋国解除了后顾之忧,同时,为其同楚国的争霸提供了兵力。悼公为了表彰魏绛和戎的功绩,给予他很高的奖赏。

关于和,不仅老子说:"知和曰常,知常曰明",而且《壶天录》中也说:"和气致祥,乖气致戾,处家固然也,即涉世亦何莫不然!"

《荀子·天论》说:"万物各得其和以生。"《论语》中所谓:"礼之用,和为贵。先王之道,斯为美,大小由之。"也就是说圣明君王治国,无论大小事都遵循着达到和谐这样的标准去做。郑玄《中庸目录》云:"名曰中庸者,以其记中和之为用也。"可见儒道两家都崇尚事物的和谐,从这点来讲,可以说是殊途同归。

在人类内部产生的和谐要比自然的和谐更可贵。但人与人之间的和谐却不会自然达到,需要努力才可实现。因为为了生存人们需要相互竞争,所以斗来斗去才是常态,而和平共处则是人为的结果。而且和平共处的各方由于关系融洽,更便于沟通与合作,互利互惠,同创大业,会得出一个多赢的局面。即使小到一个家庭,也应该以和为主,这样的家庭才能兴旺发达。

以上这些都说明,虽然只有儒家明确提出了中庸的思想,但中庸思想的影响遍及各个领域。中和是天下的根本,为人处世只有尽力做到不偏不倚、和谐有度,才能使得自己在事业和家庭两方面获得丰收。

恰如其分地做人做事

孔子的中庸思想既是一种哲学意义上的认识论和方法论。同时也是一种与现实生活密切相关的处世之道。在《论语》一书中,我们可以看到很多有关孔子如何运用中庸之道来处理各种事情的例子,比如他对子路和冉有的同一问题即"听到了就去做吗"的不同回答,就是中庸之道在教学中的体现。

有这样一场家庭宴会:男主人是一个科员,其余的人是男主人的科室主任和几位同事。入座后,只见围着花布裙的主妇一个劲儿地上菜,嘴上说:"没有什么好吃的,请对付着吃!"男主人则热情客气地给科室主任夹菜、添酒,而对其余同事只是敷衍了事地说声"请"。面对如此"尊卑有别"的待遇,男主人的同事们脸色颇为难堪,其中两位竟未等散席,就以"有事"为由告辞了。像这样的家庭宴会,非但不能增进主客间的友谊,反而会造成隔阂。原因在于,男主人偏待科室主任,没有一碗水端平,冷淡了自己的同事,伤害了同事的自尊心。在待人接物上,一视同仁,不偏不倚,居中处之,让各方都觉得自己受到了优待,才是恰如其分的做法。

再讲一个真实的故事:

小斌是独生子。他的父母对他充满了无限的希望,经常不厌其烦地告诫小斌说:"现在这年头,竞争激烈,学得越多越好,只有超过别人,将来才能赚大钱。"在这种思想的指导下,小斌在家里想玩耍一会,都成了天方夜谭。为了避免"荒废"时间,小斌的父母除了对小斌的课业严格要求以外,还给小斌安排了许多额外课程。比如,双休日这样安排:星期六上午去少年宫学书法,下午到某会馆练跆拳道,星期日上午到某公园英语角学英语会话,下午到某钢琴老师的家里学钢琴。为了给小斌创造练琴的条件,父母省吃俭用,为小斌买了一架钢琴。但小峰却不堪承受这么沉重的负荷。四项业余学习中,他感兴趣的是英语会话,最讨厌练钢琴。小斌觉得自己没有音乐细胞,对音阶的分辨能力很差,节奏感也不强。但父母还是逼着他练,见他有情绪,就给他举出许多天才音乐家从小勤奋练琴的例子来激励他。然而,没有兴趣的强逼教育怎么可能有好的效果呢?

几个月下来,父母见小斌练琴没进步,总是显露出无可奈何的神情,于是便禁止同学来访,撤销奖励,惩罚旋踵而至。小斌陷入了极度的痛苦中,终于忍受不下去了,乘父母不在的当儿,悄悄地从厨房找到菜刀,狠狠砍断了左手的食指。

这个故事值得认真思考的地方在于:小斌的父母不懂得正确把握教育孩子的

尺度。他们认为"学得越多越好，只有压过别人，将来才能赚大钱"，殊不知学得不够，学得过多都不是好事。诚如庄子所说："我生也有涯，而知也无涯。以有涯随无涯，殆已。"庄子的意思是，人的生命是有限的，而知识是无限的，以有限的生命去追求无限的知识，是很危险的。而且，幸福并不是来自跟他人比较。一味压过别人的人非但很难成功，反而容易招致失败。诚如"木秀于林，风必摧之；行离于人，众必诽之""露锋芒于外，伤己身于内"等古训告诫我们的那样，为人处世应该低调、平和、与人平等相待。不要总是抢风头，占上风。与其跟别人比，不如跟自己比。

职场活用

以君子之道立足

俗话说，舌头和牙齿也有磕碰之时，何况是与你同在一个屋檐下，抬头不见低头见的同事。那么，怎样化解与同事之间的磕碰呢？我们大家知道，一个总是跟同事和不来的人，不可能是什么君子，君子总是好相处的。一个难于相处的人，要想在职场上获得成功，几乎等于痴人说梦。

研究表明，每个人都有强烈的受尊敬的欲望。在工作中，如果你的言行举止没有忌讳，很可能在不经意间给某位同事造成难堪的局面，因而对你怀恨在心，拒绝和你往来。在这样的情况，你若一味地从自己的角度考虑问题，将会使你陷入一种极度不平衡的心理状态，使你由对对方的反感发展到动怒甚而至于冷嘲热讽，这样不仅无益于你与这位同事的和解，还会影响到你与其余同事的关系，你的处境将越来越不妙。

所以说，在与同事相处时，你不能过于计较自己的得失与利益，对他人过分苛刻。要学会以宽广的心胸去宽恕别人的错误；如果你总是习惯于从自己的角度去看待他人的处事方式，那么从现在开始，你遇事就要学会换位思考；如果你总是习惯以自己的价值观去要求别人，并希望改变别人，那么从现在开始，你还需学会求同存异，尊重他人的选择。

安东尼·罗宾告诫我们：同事关系最大的隐忧，就在于我们总是为自己打算太多，而对他人过分苛刻。孔子也曾经这么强调过：君子和而不同，小人同而不和。孔子的意思是，在人际交往中，我们应该做以和为贵的君子，己所不欲，勿施于人。如果我们在与同事相处时，将"己所不欲，勿施于人"的原则贯彻始终，我们与同事的关系就会处于一种比较和谐的理想境地，合乎中庸之道。

做君子老板

孔子所谓的"君子中庸,小人反中庸",他的意思是,君子居中守常,待人以诚。凡事遵行常理,而小人没有操守,容易走极端,把别人当枪使,为了实现利益最大化,无所不用其极。有这么一个商界事例:

某家国企的总经理为了巩固自己的位置,拉帮结派,排挤前途看好的副总经理,暗示他手下的弟兄制造事端,到处造谣,阻止后备干部的提拔。集团总部派人下来蹲点,费了好大劲儿,总算搞清了事实真相。这时,总经理为了自保,把责任全都推到了手下的弟兄身上。被平调走人之前,他还若无其事地和副总经理"握手言和",副总经理则当上了总经理。而那些被他当枪使的手下弟兄。则被瓷瓷实实地砸在是非坑里,有的由于陷得太深,又没有证据证明自己清白,不是被开除,就是被处分。同样是在这家国企,原本担任宣传策划部部长的张勇,为人正直,虽然在公司里不强势,无帮无派,却心胸宽广,平易近人,经常给新员工提供施展才干的机会,凭着个人的魅力、魄力和能力,最终赢得了主管部门和全体同仁的信任,当上了这家国企的董事长。

窃以为,凡事随缘,讲究水到渠成才是正道。急功近利,强出头,为了冲在对手的前面而使用不正当的小人手段对对手加以陷害,是君子不屑为之的。恰如孔子所说,君子应以"己欲达而达人,己欲立而立人"来要求自己。身为商界领袖,若能做到这一点,不但没有人动摇得了他的位置,反而在无形中为自己建立起了深厚的群众基础和广泛的人脉关系,何愁不能左右逢源?

第二节　时中

本章提出了"时中"的概念。《论语·先进》记载:"子贡问:'师与商也孰贤?'子曰:'师也过,商也不及。'曰:'然则师愈与?'子曰:'过犹不及。'"这是对"中"解释的根据之一。但"中无定体,随时而在",也就是说中是处于变动不居之中,这就需要随时处中,这就是"时中"。"时中"和"在中"是两种不同的存在形态,但都是中,只是有已发未发之别罢了。君子有此德行,而又随时处中,戒慎恐惧,所以能体现中庸。小人不知修养,任意妄行,自然会肆无忌惮,好走极端,和中庸相反。

　　"君子而时中","时"不仅指时间、时代,也指时机。既不要超越阶段,也不要被时代抛弃;既不能急躁冒进,也不可故步自封。超越现实是偏激,跟不上步伐是落伍。就如组织一场音乐会,指挥就是调动各方面的因素,达到"中"与"和"的境界。这个"指挥"就是"中",是各位演奏者注目的中心。而指挥则是以演奏内容的节奏与情绪表达为"中"。而对于广大听众来说,能够享受到精美的艺术熏陶为"中"。

【原文】

　　仲尼曰:"君子中庸①;小人反中庸。"君子之中庸也,君子而时中②。小人之中庸也③。小人而无忌惮也。

【注释】

　　①中庸:儒家思想中的最高道德境界。即包容与利用。就是对于一切的客观存在都予以包容并合理的使用。在具体的事件中,无论其性质如何,其中都深含着一定的必然意义,就应予接受。而在具体的运作中,应做出恰当的抉择,把握适度,就是说在具体的时间空间条件下,做出适宜的行为。许慎《说文》:"中,和也。"又曰:"庸,用也。"程颐认为:"庸"就是"常"。庄子在《齐物论》中说"为是不用而寓诸庸。庸也者,用也;用也者,通也;通也者,得也"。因此,中是原则,庸是实践。中庸,就是知与行的统一。朱熹注"中庸者,不偏不倚,无过不及"。

　　②时中:随时而处中。

　　③小人之中庸也:王肃本作"小人之反中庸也",程、朱皆从之。

【译文】

　　仲尼说:"君子能中庸,小人违背中庸。君子之所以能中庸,是因为君子随时做到合度适中。小人之所以违背中庸,是因为小人无所顾忌肆意妄为。"

【人物简介】

　　[仲尼]即孔子(前551—前479),名丘,字仲尼。鲁国陬邑(今山东曲阜东南)人。春秋后期伟大的思想家、教育家。是儒家学派的创始人,中国传统文化的集大成者。孔子的先祖本是宋国贵族,因政治原因迁居鲁国避难。孔子幼年时,其父叔梁纥去世,家境贫寒,为生活所迫,很早就独立谋生,从事过多种低微的职业。孔子待人真诚宽厚、好学善思,积累了广博的学识。一生致力于教育,相传有三千弟子,其中身通六艺(礼、乐、射、御、书、数)者七十二人。他曾周游列国,晚年专心于古代文献整理与传播工作,先后删《诗》《书》,正《礼》《乐》,序《周易》,修《春秋》,创立了以仁为核心的道德学说。其主要言行,经其弟子和再传弟子整理编成《论语》一书。"己所不欲,勿施于人""君子成人之美。不成人之恶""己欲立而立人,己欲

达而达人""躬自厚而薄责于人"……成为后世人们修养的道德原则,影响极其深远,世代尊为"圣人"。

【历代论引】

郑玄说:庸,常也。用中为常,道也。"反中庸"者,所行非中庸,然亦自以为中庸也。又说:"君子而时中"者,其容貌君子,而又时节其中也。"小人而无忌惮",其容貌小人,又以无畏难为常行,是其"反中庸"也。

孔颖达说:庸,常也。君子之人用中以为常。小人则不用中为常,是"反中庸"也。又说:君子之为中庸,容貌为君子,心行而时节其中,谓喜怒不过节也,故云君子而时中。小人为中庸,形貌为小人,而心行无所忌惮,小人将此以为常,亦以为中庸。

朱子说:中庸者,不偏不倚、无过不及,而平常之理,乃天命所当然,精微之极致也。唯君子为能体之,小人反是。又说:君子之所以为中庸者,以其有君子之德,而又能随时以处中也。小人之所以反中庸者,以其有小人之心,而又无所忌惮也。盖中无定体,随时而在,是乃平常之理也。君子知其在我,故能戒谨不睹、恐惧不闻,而无时不中。小人不知有此,则肆欲妄行,而无所忌惮矣。

【解读】

中庸是对圣人的最高评价,无过无不及是处世的最高准则。然而,要想做到轻重适度、缓急适宜,又谈何容易,只有经过长期修炼的人才能达到这一境界。

从前,有个楚国的贵族,他在祭祀过祖宗后,发现还剩有一壶祭酒,于是便对他的众多门客说:"这壶好酒就算是我赏给你们的,你们拿去喝好了。"门客们一听,起初都觉得很高兴。但是细细想来,又不免有点为难。

因为门客众多,而酒却只有一壶,应该怎么去分呢?门客们拿着这壶酒,也不知应该如何处理。他们觉得,每人都喝一点吧,酒太少了。大家平分的话,喝得也不过瘾,还不如干脆给一个人喝,喝得痛痛快快还好些。可是到底给谁好呢?大家就坐在一起商量办法。

就在这时,有人站出来提了一个建议。他说:"我们来比赛画蛇,在一炷香的时间内,谁先画好谁就喝这壶酒。大家觉得怎么样?"大家想了一下,都觉得这个建议不错,于是一致同意。

比赛开始了。门客们每人都拿着一根小棍,分排站开,头也不抬地在地上画了起来。每个人都想喝到这壶上等的好酒,于是每个人都使出了自己浑身解数,一分钟也不敢耽搁,专注地画着。

其中,有一个人画得非常快,刚刚半炷香的功夫,他就把蛇画好了。他兴高采烈地跑到桌子跟前,伸手就把酒壶拿了过来,准备独享这壶美酒。正待他要喝酒时,他一眼瞅见其他人还没把蛇画完,他就又自作聪明地拿起小棍,边自言自语地说:"看我再来给蛇添上几只脚,他们也未必画完。"边说边给画好的蛇画脚。

不料,这个人给蛇画脚还没完,手上的酒壶便被旁边一个人一把抢了过去,原来,那个人的蛇画完了。这个给蛇画脚的人不依,说:"你快把酒壶还给我,是我最先画完蛇,酒应归我喝!"那个人把酒壶往自己身后一放,笑着说:"凭什么要把酒壶给你啊!你看你到现在还在画,而我已经画完了,这酒理所应当地就应该归我喝的嘛!"给蛇画脚的人听了,顿时着了急,他争辩说:"我早就画完了,只不过我是看时间还有剩余,就给蛇添几只脚而已。"不料那人却反驳道:"蛇本来就没有脚,你画的有四只脚,那就不能算是蛇了,这酒你就更是没有理由喝了!"说完,那人就理直气壮地把酒壶拿过来,毫不客气地喝起酒来。

什么事情都是如此,要分清轻重缓急,如果已经把应该做的事情做得很好了,就不要再去添加一些不必要的枝叶,这样反而是过了度,倒不如不做了。当然,更不要光看细枝末节而忽略了应该首先解决的问题,这样往往会徒劳无功。

辽太祖耶律阿保机共有耶律格、耶律德光和耶律李胡三个儿子。生于公元902年的耶律德光是他的次子,字德谨,小字尧骨。

当这位不可一世的辽国缔造者自觉年老的时候,他开始考虑自己的后事了。可是,选谁来做他的皇位继承人呢?按照汉族的传统,长子理所当然地成为皇位继承人。但这位契丹王却不愿意这样做,因为他深知创业难,守业更难,如不把千秋基业交到有能力的继承人手里,他是无论如何也放不下心的。于是,他打算先考考他的三个儿子,看看谁最有能力,然后就把谁作为候选人。

有一次,辽太祖带着他的三个儿子一起外出打猎。他们刚到山上转了一会儿,天就黑了,暴风雪铺天盖地地席卷过来,天气冷极了。他们父子见此情景,只好到山下的茅屋里的猎人家里借点柴火,点起一堆火,父子四人就围着这堆火取暖。可是,烤着烤着,火堆里的柴火渐渐燃尽了,眼看火就要熄灭,怎么办呢?辽太祖看看他的孩子们,见他们个个都面带焦虑,于是灵机一动,乘机考他们说:"你们三人一齐出去捡柴火来,看谁速度最快,捡得最多。"三兄弟一听,立刻争先恐后地跑出小茅屋,分头去山上的林子里捡柴火了。

不多一会儿,二儿子耶律德光第一个回来了。他抱着一大捆柴火,显面有干的也有湿的。进屋后,他把干柴拣出来放进火堆里,把湿柴支起在火堆旁边烘烤。耶律德光刚收拾好,他的哥哥耶律格第二个回来了。他也抱着一大捆柴火,而且全是干的,为此,他有点得意扬扬。又过了好大一会儿工夫,老三李胡才垂头丧气地回来，他只从树上劈了几根又细又湿的枝子，拿在手上跟打狗棍似的。那哥俩和辽太祖看了，简直有点哭笑不得。

柴火点起来了，父子四人重又围拢到火堆旁。辽太祖这会儿显得很高兴。他笑着说："你们三人都有收获，可情况不同。老大捡的全是干的，但速度慢了点；老二捡的有干有湿，不过速度挺快；老三捡的柴又少又湿而且磨磨蹭蹭的。先说说当时是怎么想的？"老三第一个嘟哝道："下这么大的雪，到哪里去捡干柴呢？"老大接着说："火堆里没有干柴，火就会熄灭，所以我当然是捡干柴喽。"听了老大老三的想法辽太祖觉得不满意，就接着问老二说："耶律德光，你是怎么想的呢？"耶律德光认真地说："我想，火快要灭了，补充柴火越快越好，所以不管是干的还是湿的，先捡来再说，干的可以救急，湿的烤干了可以接续，这不是两全其美吗？"辽太祖听完，哈哈大笑说："是啊，干的虽然可烧，可迟了火灭了也是白搭；湿的不但不能烧，反而会把原有的火弄灭，只有不管干湿先捡来，先救急，而后才有希望。老大办事，谨慎有余，灵活不足；老三好吃懒做，成事不足，败事有余；只有德光才知道轻重缓急啊。"

后来，辽太祖就把皇位传给了他的二儿子耶律德光。耶律德光继位后果然不负父望，不但保住辽太祖开创的基业，而且使辽国疆土进一步扩大。

人生天地间，何以为人？人者，"仁"也；商人者，"商仁"也。为商者，懂取舍，有所为，有所不为，是为大商人。仁人爱人，爱人者得人，得人者方能得天下也。生意上的信用，是生意人应该坚守的各种原则之中的重中之重。一个对别人不讲信用的人，就不要指望别人能对自己讲信用。一个真正成功的商人，无论何时都会把信用看得非常重要，因为这是他们安身立命的本钱。

胡雪岩曾反复交代别人，做得了的事情就可以答应下来，做不了的事情千万不可应承。同样道理，不管怎样，只要应承下来的事情就要讲信用，一定要做到，而且要做得合适得体。在胡雪岩的生意已经开始出现危机的时候，胡雪岩仍然答应了左宗棠为他办两件事：一件是为他筹饷，另一件是为他购买枪支。

左宗棠被召回朝廷补入军机处，以大学士之职掌管兵部，受醇亲王之托整顿旗营，特地保荐新疆总兵王得榜教练火器、健锐两营。此时，左宗棠又受朝廷委派筹办南洋防务，为加强实力，已派王得榜出京到湖南招募兵勇。预计要招募六千兵马，需要有四千支火枪，同时招募来的新兵粮饷虽说有户部划拨，但首先就要有一笔启动经费，这是少不了的。略略一算，就需要二十五万。

当年左宗棠西征时，在上海设立了一个粮草转运局，全权交付胡雪岩掌管，专门料理西征所需粮草、医药、军火等事务，这个转运局在左宗棠西征回到朝廷之后并没有撤销。

这时,左宗棠自然又想到了胡雪岩,特地将胡雪岩从上海召到南京,向他交代为自己筹饷和购买军火的事宜,胡雪岩满口应承。

胡雪岩虽然应答下来,但实际做起来有些棘手。棘手之处首先在于左宗棠此前粤闽协赈已经要求胡雪岩划给二十万现银。如今又加了二十五万。同时,转运局存有的枪支只有两千五百支,所缺之数要现买,按当时价格,每支火枪纹银十八两,加上水脚即付给中间人的回扣,一千五百支枪需银三万两。几笔加起来,已近五十万两之多。若在平时,这五十万两银子对胡雪岩也许并不是特别的为难,但现在的情况大不一样了。

其一,由于中法纠纷,上海市面已经非常萧条,加上胡雪岩控制生丝市场,已投入两千万银两用于囤积生丝,致使阜康钱庄也是银根紧张,难以调得动什么"头寸"。

其二,为了排挤左宗棠,不让他在东南插足,李鸿章已经定计在上海搞掉胡雪岩,授意上海道卡下各省解往上海的协饷。这一部分协饷,原是用来归还胡雪岩出面为左宗棠办理的最后一笔洋行贷款,这笔洋款第一期的还款期限已到。按照约定,协饷不到,即必须由胡雪岩代垫。

境况如此糟糕,本来胡雪岩可以向左宗棠坦陈自己的难处,求得他的谅解,即使推托不了这两件事,至少自己也可以请求暂缓一下,那他也有一个喘息的机会。但他没有这么做,他知道左宗棠虽然进了军机处,但事实上已老迈年高,且衰病侵身,在朝廷理事的时间已经不多了,自己为他办这两件事或许是最后一次了。自结识左宗棠之后,为报知遇之恩,胡雪岩在左宗棠面前说话从来没有打过折扣,因而也深得左宗棠的信任和赏识,他不能也不愿意让人觉得左宗棠已经没有什么可以仰仗了,自己就可以不为他办事了。更重要的是,为人最重要的是收得结果,一生讲究信用为自己创下牌子,为最后一两件事就把牌子砸了,实在不划算。胡雪岩曾在此事上说过这样一段话:"为人最要紧的是收得结果,一直说话算数,到临了失一回信用,且不说左相说不定会起疑心,就是自己,也实在不甘心。多年做出来的牌子,为一件小事就砸掉了。"

胡雪岩在与左宗棠的交往中,的的确确做到了以诚相待,维持信用。比如他为左宗棠筹饷而向洋行借款实际上是很不合算,这是因为,一方面洋人苛以重利,这笔款本来就息耗太重;而另一方面,用于军饷的借款又不是商款,可以楚弓楚得,牟利补偿。但左宗棠为自己西征得功,却志在必成。

光绪四年,左宗棠要胡雪岩出面邀集商股,同时向英国汇丰银行借款,华、洋两方面共借得商款达六百五十万两用于西征粮饷。照左宗棠的计划，七年之中可得协饷一千八百万两以上，以清偿"洋债"足够了。同时因协饷解到的时间不一，因此要求不定还款期次。这其实只是他一厢情愿，实际上当时各省协饷并不能全额保证，拖欠极为严重，所谓一千八百万两只是虚数。另外，向洋行借款不可能不定还款期次。

胡雪岩代左宗棠借得的洋债，就实际定半年一个还款期次，六年还清，协饷不到则由其垫付。这一笔贷款业务，最后实际成了胡雪岩后来极大的负担，甚至左宗棠奉调入京之前，为了代后任刘锦堂筹划西征善后，他还在近乎独断专行的情况下，又督促胡雪岩向汇丰银行招股贷款四百万两。

借洋债用于军需粮饷，本来就是国家的责任，但这两笔共计一千多万两的债务风险，却落在了胡雪岩一个人的身上，实属不智之举，但亦是无奈之举。洋债是胡雪岩出面借的，如果协饷不到，无法还款，洋行自然是找胡雪岩，对胡雪岩来说。正常情况下以他的财力做临时垫付当然不会成为大问题，但局势一旦发生变化，后果将不堪设想。

在胡雪岩对左宗棠的态度上，有两点让人非常感佩：

一方面，他不是对别人用完就扔的人，不过河拆桥。胡雪岩结识左宗棠，从他作为一个生意人来说，他是将左宗棠作为可以利用、依靠的官场靠山来"经营"的，他也确实从这座靠山那里得利多多。他绝不仅仅只将左宗棠作为能靠就靠，靠不住了就弃之的靠山，因而即使自己已经处于极其艰难之境地，他也要完成答应左宗棠交办的事情。

另一方面，胡雪岩一生兢兢业业、辛辛苦苦才树立起来的信用，绝不愿意在最后为一两件事使这种信用付诸东流，他要做到维持信用，始终如一。因此，即使真是到了勉强支撑的地步，宁可撑到底，也要保持自己的信誉形象。

无论从做人的角度看，还是从做生意的角度看，这两点其实都很重要。对胡雪岩来说，作为一个商人，信誉无疑是至关重要的，如果失去了信誉，也就断绝了自己继续发展的道路。所以，胡雪岩宁肯自己吃亏受难也要维护自己的信誉。做人也是如此，不要因为一些不必要的事情而损害自己的形象，若是让别人对你失去了信任，那将是无法挽回的损失。但是反过来说，如果为了帮助别人以维护自己的信用而冒很大的风险，结果不但帮不了别人，自己也陷入困境，这样就得不偿失了，也就是做事情过了度。

处世活用

方中有圆

"君子之中庸也。君子而时中"的原则应用在做人处世上,意即要求人一方面要坚持原则,不偏不倚,另一方面亦要讲究灵活性,因时因地因人制宜,懂得权变。人在处世办事上若只知坚持原则,少权变则会经常碰壁,一事难成;若只知权变,投机取巧,没有一定操守则会成为无所忌惮、令人唾弃的小人。换句话说,中庸的处世之道讲究内方外圆。俗话说:"圆的不稳,方的不滚。"圆为灵活性,为随机应变,为具体问题具体分析;方为原则性,为坚守一定之规,为以不变应万变。

做人过于刚硬必遭摧折,过于扩张必受压制。时势变迁,事物的发展也随之变化,因而行事作为的对策也要随之改变。笔直的树木不能形成阴凉,过于直率的人容易获罪于人,就不会有朋友。所谓人至察则无徒,水至清则无鱼,说的就是这个道理。因此,人与人相处要随和之中有耿直,处理事情要精细之中有果断,认识道理要正确之中有通达灵活。以正直克己持身,贵在处世有灵活变通,不固执己见的权变。处世缺乏变通灵活的心眼,就像木头人一样,只能四处碰壁。

邓小平是举世公认的当代伟人,他深谙"君子之中庸也,君子而时中"的传统智慧,并将其出神入化地运用到国际国内的事务上来。比如,为了实现国家统一,他大胆地提出"一国两制"的构想。所谓"一国",就是以不变应万变的方;所谓"两制",就是以万变应不变的圆。这一成功的构想终于解开了祖国统一大业的死结,香港顺利回归,澳门政权也成功交接。对于台湾能否顺利回归,1998年底时,中共中央顺应局势的变化,以两岸同胞的共同利益为最大考量,又提出:只要坚持"一个中国"的原则,什么都可以谈。

《算经》中说:"方中有圆者,谓之圆方;圆中有方者,谓之方圆。"古人的表述再次说明了可方可圆的道理,值得我们效法。可方可圆,既秉持一以贯之的原则,又随时因地因人制宜,是为人、处世、办事的最高境界。在《红楼梦》中有句话说:"世事洞明皆学问,人情练达即文章。"意思就是说只有对社会上的各种事情都透彻明了,才算是学问;只有处理人情世故干练而通达,才算得上是文章。而人的一生无非就是为人处世,这就要求我们为人处世要方圆有度。以三国人物而论,兼顾方圆而臻于化境者当推诸葛亮。

在隐居隆中时,诸葛亮博览群书,广交士林,关心时势,每自比管仲乐毅,负有担大任、致高远的远大抱负。但他又绝不是那种陶醉于功名利禄、汲汲于荣华仕进的俗人。事实上，当时曹操称雄天下，挟天子以令诸侯，他的朋友石广元、孟公威皆投其麾下，他却不为所动，其兄诸葛瑾在东吴颇得重用，他也不去投靠。最后，刘备三顾茅庐，以千古未有的求贤至诚深深打动了他，他才毅然步出草庐，一匡天下。在著名的《诫子书》中，诸葛亮曾如此谆谆告诫："夫君子行，静以修身，俭以养德，非淡泊无以明志，非宁静无以致远。"

在街亭一战中，马谡因不听王平之言而使街亭失守，诸葛亮回到汉中，经过详细查问，知道街亭失守完全是由于马谡违反了他的作战部署。马谡也承认了他的过错。诸葛亮按照军法，把马谡下了监狱，定了死罪。

马谡自知免不了一死，在监狱里给诸葛亮写了封信，说："丞相平日待我像待自己的儿子一样，我也把丞相当作自己的父亲。这次我犯了死罪。希望我死以后，丞相能够像舜杀了鲧还用禹一样，对我的儿子给予抚恤，这样我也就死而无憾了。"

诸葛亮杀了马谡，想起他和马谡平时的深情厚谊，心里万分难过。以后，他真的按照马谡临终委托的那样，把马谡的儿子照顾得好好的。

诸葛亮认为王平在街亭曾经劝阻过马谡，在退兵时，王平又用计保全了人马，立下了大功，应该受到奖赏，于是就把王平提拔为参军，让他统率五部兵马。

诸葛亮对将士们说："这次出兵失败，固然是因为马谡违反军令。可是我用人不当，也应该负责。"他就上了一份奏章给后主刘禅，请求把他的官职连降三级。

诸葛亮的确是错用了马谡，导致丢失街亭。但军法如山。身为一国之相不得不对马谡以军法论处；马谡死后诸葛亮帮他照顾儿子，这是对马谡的补偿；王平无过，又把他提拔为参军，不失为明智之举；诸葛

马谡

亮自认用人失误，上奏章给刘禅，请求把他官职连降三级，以此使众人心服口服，无从议论。由此可见，诸葛亮不愧是一位方圆处世的典范。

中不中,就看你能否随时摆正你的位置

"中"和"不中",不是一成不变的。一个小时以前你"中",一个小时后你可能就"不中"了。如果你不懂得随时摆正你的位置,你将会变得十分痛苦、纠结,怎么转眼之间自己就落入这般不受待见的境地呢?原因在于。客观条件发生了变化,原先"中庸"的你,现在已经"不中庸"了,所以你也就"不中用"了。你需要调整自己,使自己随时处于"中庸"的理想境界,这样你才会重新变得"中用"。

成都有一家中外合资酒店,总经理为人苛刻,很多部门经理联合员工准备发动"政变",以集体辞职要挟老板炒掉这个可恶的总经理。联名信上传到常驻香港的老板处一星期后,老板突然飞到成都,召集全体员工开会,他平心静气地说道:"最近大家有许多想法,我希望大家畅所欲言,我很想听听大家的意见和建议,看看怎样才能使大家工作得更舒心。"

话音刚落,"政变"发起人之一小文首先发难,措辞激烈地批评总经理要求员工超时工作,却给不足加班费,紧接着别的几个部门经理也都举例声讨总经理的一些不合理罚款的举措,有几个员工也说总经理喜欢骂人,不尊重属下,一意孤行。

这时,老板点了西餐部经理小张的名:"你对这件事有什么意见?"小张抬起头,只见数百双眼睛刷的一下投向他。小张这时想起老板以前对他说过的话:"无论何时都要记得谁是你的老板,谁是你的顶头上司。"

"我的顶头上司是总经理,我必须摆正自己的位置。作为总经理手下的部门经理,此刻我该怎样表现呢?"想到这里,小张顿时有了思路,清清嗓子,诚心实意地说:"我们酒店就像个大家庭,难免会发生一些磕磕碰碰的矛盾,这是正常的。我相信大家不管心中窝着多大的火气,其内心还是希望这个家过得更好,这就需要每个成员和睦相处,同时做家长的也要公正处事,体贴属下。如果家庭很温暖,谁愿离开呢?但无论怎么说,家丑不能外扬,现在马上就得开工了,很快就会有客人来,所以大家现在最好各就各位,不要因为自己的情绪而影响了工作,至于家人之间的矛盾,可以另找时间慢慢谈。"

小张的话说完后,大家陷入了沉默。老板环视四周,镇定自若地说:"这话说得好,大家应以工作为重。现在,各就各位先干活吧。有意见的可以到我办公室来谈。"说完,他就起身进了办公室,小文紧跟着起身,小张急忙拉住他说:"容大家再商量一下。"他却一甩手,大声说道:"老板说了,有意见到他的办公室同他谈。现

在,还有话要说的,跟我来。"顿时,好几个部门经理和十几个员工跟着他站了起来。

见此情景,小张无奈,也站起来宣布:"西餐部的员工,请跟我到3号包房开个会。"

关上3号包厢的门,小张清楚地告诉大家,请他们仔细想一想,若自己是老板,会不会喜欢冲动闹事、不顾大局的员工。老板是投资方,他要的是效益,炒掉总经理能给他带来什么好处呢? 退一步说,即便老板害怕留下总经理会导致大家集体辞职,将总经理炒了,新来的总经理就一定会更好吗? 老板会不会留下一批曾经以辞职要挟过他的员工呢? 所以,大家必须摆正自己的位置,我们是员工,必须先顾全公司的利益,然后才有资格要求自己的权益。否则,做事不计后果,好走极端,最终伤害的是我们自己。

那天,有不少人先后找老板谈话,但没有一个是西餐部的。西餐部的工作一如既往,甚至比往日更加有秩序。三天后,那几位带头闹情绪的部门经理,因为没有摆正自己的位置,被老板视为不中用,遭到解聘。而小张,则因其执两用中的聪明举动被提升为酒店副总经理。为了安抚员工,酒店又召开了一次大会,老板亲自宣布新的工资和奖金制度,各部门都有不同程度的上涨,加班费是以前的三倍。

东汉末年,军阀割据混战,社会生产遭到破坏,人民灾难深重,盼望着出现安定统一的局面。独具慧眼的曹操清楚地认识到民心的向背,摆正了自己的位置,为统一中国北方立下了赫赫战功。

《三国演义》第14回记载,荀彧向曹操进言:"昔晋文公纳周襄王,而诸侯服从;汉高祖为义帝发丧,而天下归心。今天子蒙尘,将军诚因此时首倡义兵,奉天子以从众望,不世之略也。若不早图,人将先我而为之矣。"曹操闻言"大喜",慨然接受荀彧的提议,"克日兴师"到洛阳为汉献帝"保驾";接着,他又接受董昭的建议,把汉献帝接到自己的根据地许昌。从此,汉献帝成了曹操讨伐分裂势力、实现国家统一的政治旗号。《三国演义》第56回又记载,建安十五年春,曹操大宴文武百官于铜雀台。这时,虽然赤壁新败,但整个北方已经荡平。王郎、钟繇、王粲等一班文臣,进献诗章称颂

曹操

曹操"功德巍巍,合当受命"云云,意即该当皇帝。曹操逐一浏览了一番他们的诗章后,冷静地说了一段自表心迹的话:"设使国家无有孤,不知当几人称帝,几人称王。"另一方面,曹操也毫不含糊地表示,决不"慕虚名而处实祸",放弃手中兵权,回到封地武平安享富贵。这说明曹操是一个能够摆正自己位置的战略家! 在曹操临死前几个月,孙权上书表示愿意归顺,并劝说曹操称帝。曹操一眼看穿这是孙权的阴谋,企图让自己激怒天下。于是"观毕大笑"道:"是儿欲使吾居炉火上耶!"侍中陈群等劝进:"殿下德功巍巍,生灵仰望。今孙权称臣归命,此天人之应,异气齐声。殿下宜应天顺人,早正大位。"曹操不以为然地回答道,"苟天命在孤,孤为周文王矣。"意思是即便做皇帝的条件已经具备,自己也不做。要做,让子孙后辈去做好了。

曹操的所作所为,对于今日的职场人士依然很有启迪价值。要知道,现代社会是一个复杂的大系统,要想成功,就得学会多维思考,追根溯源,摆正自己的位置,不执着于事物的枝节末端。随时调整自己的心态、定位,使自己无论何时何地,都是他人眼里"中用"的人。

商界活用

审时度势的管理

美国尼布拉加斯大学教授卢桑斯在 1976 年出版的《管理导论:一种权变学》一书中系统地阐述了权变管理理论,被誉为西方的"中庸之道型管理",其理论之精髓与孔子提倡的"君子之中庸也,君子而时中"的思想暗合。卢桑斯认为:并不存在一种普遍适用的"最好的"或"不好的"领导方式,一切以组织的任务、个人和团体的行为特点、领导者和职工的关系而定。管理学家琼·伍德沃德也认为,组织的技术分系统与结构分系统具有直接的相互关系,技术状况制约着组织结构,每种类型的技术都有与其相适应的最佳结构。例如以许多成功的企业为例,凡属大批量生产的企业,由于其生产批量大,生产技术状况较为稳定,因而多半采用传统的直线职能制结构,并运用传统的管理原则,强调直线指挥人员和参谋人员的分工,运用组织图和职务说明书明确规定职务的责任和权限,实行严格的控制和监督;而在小批量和连续生产的企业则不强调上述传统的组织结构和管理原则,而多半采用较为灵活的组织结构,强调下放权限和责任,实行职工的参与管理,以适应外部环境的变化,更好地满足需要,并跟上技术不断发展的要求。

保罗·劳伦斯和杰伊·洛希的研究结果表明,企业的外部环境制约着组织结构的选择,因而对处于不同外部环境的企业,应当采用与外部环境相适应的不同的组织结构。组织的外部环境越不稳定,组织为了适应外部环境的变化,就越加需要划分为若干个较小的单位,或者说,组织就越是需要分化。下面,我们不妨介绍一个将管理权变理论成功地运用到实践中来的事例:

30多年前,尚未婚嫁的郑李锦芬毕业于香港大学历史系,她的第一份工作来自香港政务处,出类拔萃的郑李锦芬很快就升为行政主任。然而,时年24岁的郑李锦芬决定弃职转入安利。因为"看到一个公司为招一个秘书竟然登了一个整版广告"。当时,安利在香港的公司只是一间5个人的小公司。

"当时我只是想离开政府这个工作。因为政府工作你可以对未来有着非常清楚的预测,一眼就能望得到头。当时我是希望能够进入商界,而学文学和历史专业的不容易进到商界。"郑李锦芬这样回忆。

郑李锦芬相信了自己的判断,于是加入安利,虽然在这时,安利的盈利模式对于她来说,是完全陌生的。

"安利聘用我的时候,我也知道人们对安利模式有很多争议。我那时请教了一些政府官员,也算是我的上级吧,他们说只要不是金字塔诈骗就不怕。当时在香港,对传销和直销,两者已有比较清楚的是非黑白界限。"

没多久,郑李锦芬被委以重任,担任安利(香港)公司总经理,公司很快发展为香港头一号直销公司。当时郑李锦芬才28岁,她说,"很幸运能跟安利公司一道成长。"

后来,郑李锦芬又临危受命派往台湾开拓市场,很快将连续滑坡3年的台湾公司做到本地同行第一。

安利是1995年在中国内地正式开业的,而早在1988年,这家在全球80多个国家和地区都有营运的跨国公司就已经轻叩中国大门,当时的叩门者正是郑李锦芬。那一年,她到内地参加"中美工商经济发展联合会议",会议期间的所见所闻,让她敏锐地感觉到,中国正在阔步融入世界,市场潜力无穷。

于是,郑李锦芬开始频繁往来于北京、上海、深圳、广州等大城市之间。在给美国老板的书面报告中,她力主总部早日做出进军中国市场的决策:"安利不到中国内地投资,就不算真正的跨国企业!"在她的内心深处,更有这样的一个想法:"身为一个中国人,如果看不到安利在中国内地开花结果,无论如何在我个人事业上是一个遗憾。"

有一个场景被媒体工作者反复提及:上世纪80年代末,穿着筒裙的郑李锦芬侧身坐在摩托车上去拜会广州开发区的官员,当时的广州开发区,没通公交车,也没有的士,但从政府官员那里得到的回答让她吃了定心丸:"我们能为你提供任何服务,有什么困难我们为你解决。"

1992 年,郑李锦芬促成安利创始人理查·狄维士来到中国考察,同年,安利(中国)公司在广州正式注册成立,成为继雅芳之后在国家工商总局注册获批的第二家直销公司。1995 年,安利投资 1.2 亿美元在广州建立工厂,郑李锦芬出任董事长。

"我做出了一个明智的选择。"郑李锦芬如此肯定。在她的面前,是一个更大的舞台。"给我们一点时间吧,一步一步来。"在早年的安利(中国),郑李锦芬在不同的场合表达过这样的心声。

作为在发达国家相对成熟的销售模式,安利在美国和欧洲市场上遇到的困难远远没有在中国大陆市场上这么复杂,郑李锦芬深深懂得"中国市场需要'中国功夫'"。

直销是安利的传统营销方式,安利本身就是全球最大的直销公司,目前,全球有 300 多万名安利的直销人员在销售 450 多种安利自己生产的产品。上世纪 90 年代初,当安利进入中国探路时,"直销"对绝大多数中国人来说还是一个陌生的名词。在广州投资之前,郑李锦芬将营销方式中的直销作为一个附件送给广州市外经贸委,广州市政府、市工商局为此专门组团到香港、美国等地考察调研,最终批准了这个投资项目。

在考察了北京、深圳、广州、厦门和上海后,安利决定把生产基地设在广州经济技术开发区。投资 1 亿美元,在开发区内购置 5.8 万平方米土地建设厂房,年产家用清洁品 2.3 万吨、个人护理用品 3000 吨。1995 年 4 月 10 日,安利(中国)终于由一个模糊的梦想变为现实,在广东、福建两省同时开业。"为了这一天,我们足足准备了 3 年半的时间,就好像生了一个孩子一样,非常不容易。"郑李锦芬回忆道。

在最初的日子里,安利公司选择项目是非常实际的,本着稳步经营的原则,开始时并不希望一下子就把产品销到全国各地。"安利在中国的成功,关键在于我们尊重中国国情,不固守海外市场的经验,适时改变,大胆创新。从开店铺、做广告,到现在的多元化营销模式,都是一步步摸着石头过河。"郑李锦芬说。一个典型例子就是:除每年花费巨资投入广告宣传、人员培训外。安利(中国)还在 150 多个城市设立 189 个店铺,而安利在世界其他任何市场都没有设立店铺。

"当初要说服总部对中国投资,并且要有信心,确实不容易,"郑李锦芬说,"更难得的是安利确定由我这个长期接受西方文化影响的中国人来管理,说明安利希望中西文化能够融合在安利(中国)公司中,而不是将美国的价值观用在中国。"

这种独特的管理经验,后来被郑李锦芬总结为安利(中国)公司的三个特色:在价值观上,既讲"义与之比"的原则,又讲"无可无不可"的权变;在营销方式上,在保持安利特色的前提条件下,根据中国国情进行适当调整,即由直销转为"店铺+直销";在管理方式上,注重团队的作用,强调团队协作,不讲个人英雄主义。

第三节　鲜能

"德行就是中道",中庸就是人生至高无上的道德境界。正如古希腊哲学家亚里士多德所说:"中道行为使人成功","关德乃是一种中庸之道"。

正因为中庸是最高的德行,所以难以把持。不偏不倚,无过无不及,在两端中寻求契合点,在动静变化中做到恰到好处,的确是件很难的事。

【原文】

子曰:"中庸其至矣乎①!民鲜能久矣②。"

【注释】

①至:极致,顶点。

②鲜:少,不多。

【译文】

孔子说:"中庸大概是最高最好的德行了吧!但人们很少能够做到,这种状况已经很久了!"

【历代论引】

郑玄说:中庸为道至美,故人罕能久行。

孔颖达说:叹中庸之美,人寡能久行,其中庸之德至极美乎!

朱子说:过则失中,不及则未至,故唯中庸之德为至。然亦人所同得,初无难事,但世教衰,民不兴行,故鲜能之,今已久矣。

【评析】

正因为中庸是最高的德行,最高的道德标准,所以,很少有人能够达到这一标准。这正如我们要一下子实现很大的目标很难做到,但如果把大目标划分成一个个小目标,然后再一步步具体实行,这样就比较容易做到了。要求一个恶人一下子就彻底改掉身上的种种恶习也是难以办到的,应该给他时间,从一点一滴的小事做起,这样才比较符合实际。

换句话说,中庸作为一种理想的道德规范也不是轻而易举就能做到的,但它可以指导人们的行为,成为那些正道而行的君子们努力的方向。

【解读】

作为臣子，既要有一定的原则，又要根据不同的情况而确定自己的方式方法，有的急，有的缓；有的刚，有的柔，没有固定的方法。但一般说来，循序渐进的方法应该是具有一定的普遍性的。

刘大夏是明朝弘治年间的人，为人正直敢言，为官清正廉明，孝宗期间任两广总督，因治河有功，政绩卓著，被任命为兵部尚书。因当时政务紧急，皇帝急诏他赴京上任。但刘大夏迟迟没有到任，孝宗就又派人几次前去催唤，他才来到。进京之后，刘大夏并没有立即上朝，而是托病在家休养，并屡次上疏要辞掉尚书一职。孝宗心中略感不快，觉得他是有意和自己过不去，又不知其中缘故，便宣召他入见。

一见到刘大夏，孝宗就责备他说："朕授你兵部尚书一职，是出于对的信任，你为何拖延不来上任？"刘大夏叩首道："臣年已老迈，且疾病缠身，恐实难当此重任。"孝宗见他紧皱双眉不说话，知道他肯定有未尽之言，就鼓励他继续说下去。刘大夏说："臣以为如今天下，已是民穷财尽，稍有不慎，就会造成社稷危难，甚至天下大乱。何况兵部执掌国家要权，倘有半点疏忽，就会突发难以预料之事，将不堪设想。故老臣思虑再三，恐力不胜任，所以迟迟未敢赴任，只是想让陛下再选择合适的人选，承担此重任。"

孝宗听后，觉得他有些言过其实，便不解地问："自高祖皇帝开国以来，征敛有常制，赋税有常，民生有保障，且连年以来风调雨顺，国泰民安，从未闻民穷财尽之事，卿今日何故出此危言？"刘大夏见皇帝询问实情，正好趁此机会陈述自己在外地看到的实际情形，只有引起皇帝的充分重视，才能进一步革除征收税制上的弊端，也才能推行兵制改革。

刘大夏

结果，孝宗不仅认真听取了刘大夏的汇报，还高兴地批准他推行自己的改革，担当起重振军威的重任。

刘大夏之所以能够取得皇帝的同意，就在于他并没有在见到皇帝时就急忙说出自己的想法，而是先观察皇帝的反应，一步步地来，等到时机成熟时才恳切地向皇帝说明自己的想法，这样就避免了皇帝因不明实情而予以否定，赢得了他的支持。

战国时期的著名军事家孙膑就是运用"日减锅灶"的计策,故意掩饰自己的真实力量,骗过了庞涓,从而使他麻痹大意,轻敌冒进,最终命丧马陵的。

周显王二十七年,魏国联合赵国攻打韩国,韩国急忙向齐国求救,齐国派田忌率军援救,径向魏国首都大梁进军。魏将庞涓听到这个消息后,立即从韩国回撤,可这时齐国的军队已向西进入了魏国境内。

魏国的军队向来以勇猛著称。早在魏文侯时,著名军事家吴起在魏国创建了"魏武卒"。《荀子·议兵》对魏武卒的建立做了详细的记载:每位士卒都要经过认真严格的挑选,参选者要身穿铠甲,操十二石的强弩,携带五十只箭,肩扛长矛,腰佩利剑,带三天食用的粮食,一天能行走百里,才有资格入选。在如此苛刻的条件下选出的士兵,自然个个身强体壮,再经过严格的训练,其战斗力非一般军队所能比。为了解除士兵的后顾之忧,还免除士卒家庭的赋税徭役。正是由于魏武卒的精干,才使魏国成为军事大国。到魏惠王时,魏国仍是军事强国,所以魏国的军队一向骄傲轻敌。

孙膑针对这一情况,对田忌说:"魏国的军队一向骄傲而轻视齐国,齐国被其称为怯。善于作战的人应当因势利导,针对不同的情况采用不同的方法。兵法上说,如果走百里去争利,就会使部队受挫;如果走五十里去争利,也只能有一半的士兵能够赶到。我们进入魏境的第一天造十万人的锅灶,第二天减少为五万人的锅灶,第三天再减少为三万人的锅灶,让魏军以为齐军每天都在减少,从而产生轻敌思想。"

田忌采纳了孙膑的建议,依照他的计策行事。当庞涓追赶了齐军三天后,发现他们的锅灶一天比一天减少,心中暗自高兴,不无傲气地说:"我就知道齐军一向怯懦,才进入我国三天,士卒已逃亡过半。"于是庞涓丢弃了步军,只率领轻骑部队昼夜兼程追赶齐军。

孙膑根据庞涓用兵的特点,估计在天黑时他将行军到达马陵。马陵这个地方道路狭窄,而且旁边多阻碍,地势非常险要,便于设伏。孙膑让人把马陵道边的一棵大树的皮剥下,并在上面写道:"庞涓死于此树之下。"又挑选善于射箭的士卒一万人埋伏在道路两旁,并对士兵下令说:"夜里看到火把,就万箭俱发。"

庞涓在夜里果然行军到达了马陵,隐约看到剥了树皮的树上有字迹,于是就点燃火把看树上写的什么字,还没有来得及读完,齐军就万箭俱发,魏军猝不及防,乱成了一团,纷纷四处溃散。庞涓自知失败已成定局,于是拔剑自杀,死前不无遗憾地说:"遂成竖子之名!"孙膑率领齐国军队乘胜歼灭了庞涓的军队,并俘虏了魏太子申。

假如不是孙膑采取逐渐减少锅灶的办法，让庞涓误认为齐军怯懦，从而麻痹大意，这场战争还说不定是谁取胜呢。同样的道理，要争取别人的支持也不能心急，要循序渐进，要想与别人友好相处，也是如此。我们与别人相处，最重要的是了解别人。对于别人的品性、性格、习惯和需要我们都有个基本了解，才能知道如何与别人相处。但是对别人的了解又不是一下子就能达到的。老子说："能知人者可谓智慧。"善于知人的人不是盲目地就对别人下结论，他会通过一段时间的了解和观察，等到对对方有一个充分的认识以后再决定是否与其进一步交往。

庞涓

有个寓言故事很有意思：一把坚实的大锁挂在大门上，一根铁杆费了九牛二虎之力，还是无法将它撬开。钥匙来了，它瘦小的身子钻进锁孔，只轻轻一转，大锁就"啪"的一声打开了。铁杆奇怪地问："为什么我费了那么大力气也打不开，而你却轻而易举就把它打开了呢?"钥匙说："因为我最了解它的心。"

每个人的心都像上了锁的大门，任你再粗的铁棒也撬不开。唯有了解别人，才能把自己变成一只细腻的钥匙，进入别人的心中。了解别人虽然很重要很可贵，但了解别人是非常不易的，中间必须有一个过程。

我们来看下面这个故事。

孔子走到陈国和蔡国之间的时候，穷困不堪，连野菜汤也喝不上，七天没有吃到一粒粮食，只好白天睡大觉。他的弟子颜回找到一点米，把它煮起来，快熟了，孔子看到颜回抓锅里的饭吃。过了一会，饭熟了，颜回请孔子吃饭。孔子装着没有看见颜回刚才抓饭吃这件事。

孔子起来后说："刚才我梦见祖先，要我把最干净的饭食送给他们。"

颜回回答道："不行，刚才有灰尘掉进锅里，把饭弄脏了一些，丢掉不好，我用手把它抓出来吃了。"

孔子听了叹息道："我相信自己的眼睛，但眼睛看到的还是不可相信；我所依靠的是脑子，但脑子有时也靠不住。你们要知道，了解一个人确实不容易啊！"

如果当时孔子就根据自己的所见而责备颜回，那岂不是冤枉了他的一片好心？幸亏孔子是一个智慧的人。他在了解真相以后所说的一番话饱含着丰富的哲理。

世间万物，千变万化，纷纭复杂，现象与本质并非那么一致，要想认识清楚，就要有一个循序渐进的过程。

看来要想真正地了解别人着实不易，正如陶潜所说："知人不易，相知实难。"曹雪芹甚至认为："万两黄金容易得，知心一个也难求。"白居易也在诗中说："试玉要烧三日满，辨人须待七年期。"辨物与辨人在时间上相差至此，其难度可见一斑。俗话说"路遥知马力，日久见人心"，了解一个人不是一朝一夕的事情，这正如学问必须通过讲解而后才会明白，讲授又必须直观而后才能深入细致。一个人建立自己的德业更是如此。深思熟虑，审时度势，这几个字是德业的首要任务；刻意进取，是德业的重要任务；而循序渐进是德业的成就之源。

三国时期，刘备死后，诸葛亮扶助刘禅即位，历史上称为蜀汉后主。当时，益州郡有个豪强雍闿，听说刘备死去，就杀死了益州太守，发动叛变。他一面投靠东吴，一面又拉拢了南中地区一个少数民族首领孟获，叫他去联络西南一些部族起来反抗蜀汉。

经过雍闿的煽动，太守朱褒、越嶲部族酋长高定，也都响应雍闿。这样一来，蜀汉差不多丢了一半土地，怎么不叫丞相诸葛亮着急呢？

公元 225 年，诸葛亮率领大军出发。诸葛亮好友马良的弟弟、参军马谡送诸葛亮出城，一直送了几十里地。

临别的时候，诸葛亮握住马谡的手："我们相处好几年了。今天临别，有什么建议告诉我吗？"

马谡说："南中的人依仗地形险要，离开都城又远，早就不服管了。即使我们用大军把他们征服了，以后还是要闹事的。我听说用兵的办法，主要在于攻心，攻城是次要的。丞相这次南征，一定要叫南人心服，才能够一劳永逸呢。"

马谡的话，正合诸葛亮的心意。诸葛亮不禁连连点头。

诸葛亮

诸葛亮率领蜀军向南进军，节节胜利。大军还在半路上，越嶲部族酋长高定和雍闿已经发生内乱。高定的部下杀了雍闿。蜀军打进越嶲，又把高定杀了。

诸葛亮派李恢、马忠两员大将分两路进攻，不到半个月，马忠又攻破牂柯，消灭了那里的叛军。四个郡的叛乱很快就平定了。

但是事情还没有结束。南中酋长孟获收集了雍闿的散兵,继续反抗蜀兵。诸葛亮一打听,知道孟获不但打仗骁勇,而且在南中地区各族群众中很有威望。

诸葛亮想起马谡临别的话,决心把孟获争取过来。他下了一道命令,只许活捉孟获,不能伤害他。

诸葛亮知道要把孟获争取过来不能着急,得一步步来,于是他采用计谋,在蜀军和孟获军队交锋的时候,让蜀军故意败退下来。孟获仗着人多,一股劲儿追了过去,很快就中了蜀兵的埋伏。

孟获被押到大营,心想,这回一定没有活路了。没想到进了大营,诸葛亮立刻叫人给他松了绑,好言好语劝说他归降。但是孟获不服气,说:"我自己不小心,中了你的计,怎么能叫人心服?"

诸葛亮也不勉强他,陪着他一起骑着马在大营外兜了一圈,看看蜀军的营垒和阵容。然后又问孟获:"您看我们的人马怎么样?"

孟获傲慢地说:"以前我没弄清楚你们的虚实,所以败了。今天承蒙您给我这样一次机会,我看也不过如此。像这样的阵势,要打赢你们也不难。"

诸葛亮爽朗地笑了起来,说:"既然这样,您就回去好好准备一下再打吧!"

孟获被释放以后,逃回自己部落,重整旗鼓,又一次进攻蜀军。但是他本是一个有勇无谋的人,哪里是诸葛亮的对手,第二次又被活捉了。

诸葛亮劝他,见孟获还是不服,又放了他。

像这样捉了又放,放了又捉,一次又一次,一共把孟获捉了七次。

到了孟获第七次被捉的时候,诸葛亮还要再放。孟获却不愿意再走了。他流着眼泪说:"丞相七擒七纵,待我情深义重。从今以后,不敢再反了。"

不仅如此,孟获回去以后,还说服其他部落全部投降,南中地区就重新归蜀汉控制了。

一般人都认为诸葛亮之所以能使得孟获归顺蜀汉,是因为采用了欲擒故纵的计策,这固然不错,但其中更重要的是诸葛亮没有急于求成,而是循序渐进,通过一次次的捉放,慢慢打动了孟获的心,使他能够真心归顺蜀汉。这样对于双方都是有百利而无一害,可以说这都是诸葛亮做事稳扎稳打,不急功近利的结果。

我们做任何事情都要循序渐进,在各种条件都具备的情况下再着手进行,千万不可急于求成,要知道"欲速则不达"。

不是你不能,而是你心态浮躁

孔子之感慨"中庸其至矣乎,民鲜能久矣",其意并非是中庸之道对人们要求过高,没有实行的可能,而是因为人们缺乏平常心,不愿安分守常,行事作为不是过度,就是达不到,以致老先生提倡的中庸之道显得曲高和寡。

有这么一个寓言故事:有一头驴子吃饱喝足后,感到精神抖擞,觉得浑身是劲,就兴奋地踢跳起来,并自豪地说:"从我的精神和速度上来看,我的父亲肯定是一匹雄壮的骏马。"第二天,由于它赶了一段长路,感到很疲累,就很泄气地说:"毕竟我的父亲是一头驴。"这个寓言故事形象地活画出了现实生活中那些顺利时得意忘形、失利时垂头丧气的小人行状。这样的人,不可能干出什么大事,因为没有一颗平常心。所谓平常心,不是"看破红尘",消极遁世。平常心是一种不以物喜,不以己悲的积极心态。

爱因斯坦用钞票当书签,居里夫人把诺贝尔奖牌给女儿当玩具。莫笑他们荒唐,这正是他们淡泊名利的平常心的表现,是他们崇高精神的折射。他们因此赢得了世人的尊重和敬仰,也震撼了我们的灵魂。当你用一颗平常心去对待生活时,你就会发现:真情,就在你的身边。平常心是理解、宽容、忍让之心,就是欢乐别人的欢乐,痛苦别人的痛苦、喜悦别人的喜悦,就是尊重别人的劳动、人格、理想、信仰等。平常心是一种超脱眼前得失的清静心、光明心,无论何时何地,都能处变不惊。距今1600多年的东晋谢安,就是一位能够临危不惧,处变不惊的伟大人物。

据历史记载,公元383年的冬天,寒风冷冽,大地一片萧疏,前秦的首领苻坚发兵百万攻打东晋,企图荡平江南。东晋孝武帝司马曜,急招宰相谢安进宫商讨御敌大计。谢安从容应对:"苻坚倾举国之兵出战,后方空虚,且军需粮草接应有困难,内部又不团结。臣早将淮北流散之民迁往淮南,坚壁清野断其供给。令其势难立足。"晋孝武帝闻言大喜,令其统领八万人马抗击秦军。

在大军压境之际,谢安一如既往地弹琴、下棋、饮酒、赋诗,闭口不言战事。领军大将谢玄是他的侄儿,看到叔叔如此,不禁心中焦急万分,急到谢安的帐中询问破敌计划。谢安只是随便说了句"到时再说吧",就打住了。谢玄回到军中后坐立不安,又不敢多问,可又放不下心,就和大都督谢石(谢安的弟弟)、辅国将军谢琰(谢安的儿子)一同去看望谢安。

三人刚一进府,谢安就知三人是为战事而来,然而谢安偏偏闭口不谈御敌之计，从容地吩咐家人和姬妾。一同去东山别墅游山玩水。山林间，小溪旁摆下了棋盘，谢安与兄弟和子侄轮流对弈。谢玄心中暗自为战事着急，但又不敢开口询问。谢石知道自己只是空挂了一个大都督的名，有谢玄在，也就不用多嘴了。对弈时，只见谢安不慌不忙地行棋布局，十分得心应手。而谢石、谢琰和谢玄这些人，一个个心不在焉，漏招臭招迭出，全都败下阵去。直到日薄西山，谢安方才过足棋瘾。率领一行人乘兴而归。

谢石、谢琰和谢玄深受谢安的感染，知道谢安定是成竹在胸了，所以回到军中后，各司其职，严阵以待。

在前秦兵马攻下寿阳城后，苻坚令五万人马驻守洛涧。秦军主将苻融得到线报晋兵缺粮的消息，即刻请苻坚火速出兵，以免晋军撤退。苻坚于是把大军留在河南项城。自领轻骑八千，星夜驰往寿阳。大都督谢石和先锋都督谢玄得知秦军人马未齐，谢玄马上命五千精兵攻打洛涧。领兵的将领刘牢之奋勇当先大破敌军，毙敌一万五千人。洛涧大捷，谢石命全军水路齐进，八万精兵声势浩大。秦军大败人心恐慌，寿阳城上苻坚惊慌失措，看哪儿都是晋军，见八公山上的草木，都怀疑是晋军打的埋伏。这就是成语"草木皆兵"的由来。随后在淝水大决战中，晋军彻底打败了秦军，获得了决定性的胜利。

消息传到晋朝国都，谢安正在和宾客下棋，家人送上谢石谢玄的手书，他只是略略瞟了一眼。心里已知里面所说之事，就随手把手书搁在旁边，好像没事一样，继续下棋。客人问：信上说了些什么。谢安淡然地答道：子侄之辈已经破敌了。

由此可见。心态的平和镇定对于赢取成功是多么重要。在我们每个人漫长的一生中，难免有得有失，而我们的情绪和心态，也会随之起落。怎样才能做到像谢安那样临危不惧，处之泰然呢？个人以为关键在于随时调适自己，管它风吹也好，浪打也好，总是保持一颗平常心。老辈人说得好："所有人的加减乘除，最后的得分都是一样的。"既然如此，我们就用不着惧怕，畏首畏尾，也用不着操之过急，该你的，别人抢不去。不该你的，你也抢不来。换句话说，人若能"居易以俟命"，中庸有什么难能的呢？

职场活用

拥有一颗平常心

职场新人的心态往往趋向两个极端：要么战战兢兢，要么虚荣浮躁。那么，职场新人出现浮躁心态的原因是什么呢？

对于初入职场的人士来说,特别是在刚进公司的前 3~6 个月的试用期中,跳槽是最快和最频繁的时期,在这个阶段被称为职业的浮躁期。这种现象在某种程度上是正常的,关键在于如何正确处理。如果只是盲目浮躁,不知所以,则对自己的发展是极为有害。产生这种浮躁心态的原因,主要是源自以下几点:

1.急于求成的心态

初入职场的人士在刚参加工作时,往往会表现出一种非常积极,满怀激情的工作状态。然而,一旦自己在短期内的努力,没有立即得到回报,就会认为这家公司不重视人才,没有识别千里马的伯乐,在人才的管理上存在问题,好像自己在这儿工作前途渺茫。在这种情况下,一些人甚至会失去耐心,干脆一走了之。其实呢,在这儿工作的老员工无论在工作的能力还是在工作的经验上都比他做得更好。因此,初入职场者要有长远眼光,或许你就是下一支潜力股,或许领导在对你考验一段时间后,会让你从事更多的更为重要的工作,切不可因为急于求成。而错过了成功的良机。

2."围城"的心态

刚参加工作的人士在和同学交流的过程中,很多人都表现出对目前工作的不满,甚至对别人的离职特别不解,认为那么好的工作怎么会离职,这就是所谓的"围城"心态。里面的人想出来,外面的人想进去,这山望着那山高。

人们通常喜欢把问题推给他人和环境,而不喜欢反思自己有哪些方面做得不足。其实,无论你的个人才能如何,进入职场首先要学会站在企业和社会现实的角度去考虑问题。当出现浮躁心态时,要沉下心来,认真思考究竟是自己的问题还是企业的问题。踏踏实实地干一段时间,让自己真正地融入企业里去,或许你会重新找准自己的定位,发现自己的价值。

3.理想与现实的脱离

虽然当前的就业形势严峻,但在找工作时很多人仍然有一些不切实际的想法,比如希望自己所在的公司规模大,知名度高,管理规范和成长空间大,而且自己能受到重用。可事实与主观的想法相去甚远,大多数的人只能进名不见经传的小公司,开始自己的职业生涯。即便有人进了知名的大公司,公司一般也不会轻易把你放到重要的岗位上去,而是让你从底层干起,从事一些简单和枯燥的工作。在这种情况下,一些不愿安分守常的人士,心态就容易失衡,就会着急跳槽。

其实,平常心说来也很简单,无非就是遇到困难和挫折不退缩,遇到失败不气馁,看到同事受上司的信任、器重不嫉妒,看到同事的薪水比自己高不眼红,不攀比,不斤斤计较。立足于本职工作,踏踏实实管好自己的人,做好自己的事。试想,哪个老板不喜欢心态平和、积极进取、勤劳踏实的员工呢？

看过《士兵突击》的人可能都记得那位空军少校吴哲，这位高科技奇才在老A的作训队里最常说的一句话就是："平常心，平常心。"在近乎残酷的训练中，吴哲坚持下来了，也品尝到了成功的甘美滋味。但如果不是有一颗在困难、挫折和不如意时能淡然处之的平常心，如果不是有一颗临危不惧的信心和耐心，他在近乎残酷的训练中怎么可能结出美好的效果呢？

职场中也是如此，一个人在工作中不可能永远一帆风顺，在遇到困难和挫折时，在看不到前途和光明时，更需要一颗平常心，一颗能包容、善理解、永不言败的上进心。这样，在不如意时才能坚持而不放弃，在处境困难时才能勇于面对，不怨天不尤人，靠着勤奋的打拼和通力协作的干劲，成为职场的强者。

平常心的基础是信心，对自己有信心，对企业有信心。相信以自己的能力和才干，只要勤勤恳恳，就一定会给企业带来效益，被企业和上司所认可。俗话说：一分耕耘，一分收获。初入职场，与其好高骛远、不切实际地幻想天上掉下大馅饼，还不如脚踏实地，从自己做起，从现在做起，从一点一滴做起，相信只要你努力了，一定会得到与之相应的回报。有这么一个事例：

小B大学毕业后，就加盟某公司，成为办公室的一名普通职员。两年下来她觉得自己是这个世界上最不幸的人：生不逢时，没有好工作，没有钱，没有房子。每月的薪水少得可怜，还要早出晚归，真是越活越没劲啊。直到有一天，她碰到一个在工厂打工的女同学，向她说起自己现在的公司。没想到女同学一脸羡慕地看着她说："像你这样有份工作多好！我们厂子不景气，我已经快半年没班上了。"小B告诉女同学自己上班如何如何疲累，正想辞职不干呢。女同学惊讶地说："到哪儿不受气？喝凉水还嫌塞牙呢！你应该好好珍惜。"小B怔住了，不知如何回应。当晚小B回到家里思考了一晚上，发现自己其实并非一无所有，生活得还算滋润的。原来自己的不愉快，皆因自己太过浮躁了，缺乏一颗平常心。

所谓平常心，其实就是看山是山，看水是水，该吃饭时吃饭，该睡觉时睡觉，该干活时干活。说起来简单，做起来却不容易，人们总是喜欢自找麻烦。世上本无事，庸人自扰之，说的就是这个道理。人生在世，如果一味地计较个人得失，玩弄手段，为了谋取个人利益无所不用其极，最终只能是自食其苦果。

用一颗平常心去对待工作，就好比参加一场足球比赛，你是团队中的一分子，不可能只顾一个人踢球，你必须遵循足球比赛的游戏规则，顺着这个规则去行事，从中寻求最有为效、最具智慧的方法运球，随时留意自己的位置，尽自己的本分，既有个人发挥，又有团队合作，这样才能最终打赢一场足球赛。

拥有一颗平常心，我们就可以看清很多人和事的真实面目，使我们更加重视工作，全身心地投入到工作中去，那样你就会活得开心，活得有价值。

商界活用

为平常人的平常需求提供服务

很多人以为商道就是诡道，只有"舍正而凿奇"才能制胜，殊不知，一家公司一个厂子要想长久，必须以正道为本，靠常规经营盈利。以一个大家可能耳熟能详的故事为例：

有这么一对兄弟，家里穷得要命，说来真是很可怜，当初兄弟俩想卖瓜子，最初的本钱只有一百块，还是家人你凑一点，我凑一点，凑起来的。拿到了这好不容易凑起来的一百块钱后，兄弟俩找到批发瓜子的地方，买了瓜子，回到家里，把它炒好，之后再上街把瓜子卖掉，渐渐赚了一点钱，就去批发更多的瓜子，再去卖，这样两三个月下来，就有了些积累，这样的事，只能算是平常人能做的平常事，似乎没有什么了不起。但兄弟俩正是从这样一个微不足道的起点开始经营，在不到三年的时间里，赚足了千万身家，并把生意扩展到别的领域。那么，他们是怎么做到这点的呢？一百块钱怎么能起那么大的本？很多人投资几千、几万好像都会觉得钱不够用，甚至天天想，要是能多点钱，生意才能做大，才能赚更多钱。而这兄弟俩，却仅仅靠着一家人凑的一百块钱，发展出那么多的赚钱机会来，奥秘在哪里呢？

事实最有说服力：当兄弟俩做了几个月的瓜子买卖，已经小有积累。这时。经营遇到了瓶颈，就是不管怎么卖，每天也就赚那么多钱，没有进一步盈利的空间了。怎么实现突破呢？兄弟俩开始琢磨起顾客的需求来：哪些顾客因为什么没有买他们的瓜子，需要买的是什么瓜子。结果发现：有的顾客是因为瓜子太小，有的顾客抱怨瓜子不够香，有的顾客想要西瓜子，有的顾客想要白瓜子，也有顾客要有包装，更有顾客说最好是刚刚炒出来的。随后兄弟俩根据顾客不同的需要，不断去找顾客要买的品种，有的是去农村找回来的，有的是去山里找回来的，有的是本地生产的，有的是外地采购回来的。同时也开始做一些顾客需要的特殊服务，现场请了一个炒瓜子的高手，炒的火候非常好。满足不同的口感需要。没过多久，卖瓜子的摊位每天排着长队有人在买。兄弟俩在心里想，既然一个摊位的生意这么好，何不多找几个地方，再多开几个摊点？果然，生意如其所料地红火。钱赚得越来越多。

兄弟俩做的事，是每个平常人都能做的平常事。在经营过程中，他们没有出任何险招、奇招、怪招，仅仅围绕着平常人的平常需求去把事情做踏实。他们有一个最核心的信念,就是不断去发现每个平常人的不同需求,之后去寻找满足这个需求的产品。他们自己不种地,自己不生产瓜子,只是买回来,之后再找到要买的人,卖出去,再努力把卖的方式,不断提高和努力做得更好。后来发展开去的事业,包括烟酒糖茶,日用百货,也都不离平常人的平常需求。而今,兄弟俩的身价已经无法用千万来评估了。

由此可见,经商的成功之道不在于你有多少本钱,有什么设备,而在于你如何去发现需求,寻找供应,满足需求,通过不断交易,来实现财富的积累、扩张。很多人经商,以为需要的条件很多。其实经商只需要一个条件,那就是如何发现需求,然后怎么想办法去满足需求,不断地满足更多的需求。

一粒小小瓜子的需求,就可以让一个平常人所做的平常事,成就超过千万的财富收入,那么,在日常生活中,有多少需求是你早就发现,但却没有仔细想过怎么去满足,并不断去满足的呢?不要抱怨没有致富的门道,做好平常事,为平常人的平常需求提供好服务,一样能取得巨大的成功。

第四节　行明

行是实践,明是认知。贤与不肖是对立的两种现象,智者做得过头,愚者做得不足,还是过与不及的问题。正因为要么太过,要么不及,所以,总是不能做得恰到好处。

贤者与不肖者也如此。其根本在于认识,就好比人们每天都在吃喝,但却很少有人真正品出滋味一样,缺乏对道的真知。人生的成就,就取决于对那个神秘的限度的把握。生命的意义,不在于我们走了多远的路,也不在于拥有什么,而在于我们感悟到什么。

【原文】

子曰:"道之不行也①,我知之矣:知者过之②;愚者不及也。道之不明也,我知之矣:贤者过之;不肖者不及也③。"人莫不饮食也。鲜能知味也④。

【注释】

①道:指中庸之道。

②知者:指智慧超群的人。知:同"智"。过:超过限度。

③不肖者:指不贤的人。

④味:滋味。

【译文】

孔子说:"中庸之道不能实行的原因,我知道了:聪明的人自以为是,认识过了头;愚蠢的人智力不及,不能理解它。中庸之道不能彰显的原因,我知道了:贤能的人做得过了分,不贤的人又做不到。就像人们每天都要吃东西,但却很少有人能够真正品尝出滋味。"

【历代论引】

郑玄说:过与不及,使道不行,唯礼能为之中。

孔颖达说:饮食,易也;知味,难也。犹言人莫不行中庸,但鲜能久行之。言知之者易,行之者难,所谓愚者不能及中庸也。

朱子说:知愚贤不肖之过不及,则生禀之异而失其中也。知者知之过,既以道为不足行;愚者不及知,又不知所以行,此道之所以常不行也。贤者行之过,既以道为不足知;不肖者不及行,又不求所以知,此道之所以常不明也。又说:道不可离,人自不察,是以有过不及之弊。

【评析】

这一章所论述的是中庸之道不能大行于世的原因,归根结底还是过与不及的问题。

孔子对于中庸之道非常推崇,认为它是至高无上的道德标准。"中庸"的含义就是为人处世要不偏不倚,不太过也毋不及,时时处处保持恰到好处。施行中庸之道的时候,也要既不能过,也不要不及,因为太过或不及总是不能做得恰到好处,也就不是真正的中庸。无论是智者还是愚者,或者说,无论是贤者还是不肖者,他们不能够行中庸之道的原因都是因为缺乏对"道"的高度自觉性。中庸之道本源于人的本性,就好像人的饮水吃饭一样,天天不能离开。中庸之道虽然存在于人的内心,但如果自己不去省察,就会导致言行失中,不是超过了限度就是还不到火候。就像人每天都喝的水吃的食物一样,如若不加以细细咀嚼,就不能辨别出其中的滋味。这是在说,道不远人,而人自远之。

中庸是儒家心目中至高至美的理想境界,是需要人时时警醒,努力追求才能达到的高度。虽然现代社会中的人们也在按照一定的道德规范行事,但由于不能对自身的"道"进行及时省察,在很多时候不是做得过了头就是做得不够。一个人能够尽心竭力去做事本来是一种很好的品德,但如果过于认真而使得心力交瘁,就会失去做这件事本身所具有的快乐,只会觉得有一种负累感。反过来说,人淡泊名利本来是一种非常高尚的情操,但是过分的淡泊对社会大众就不会做出什么贡献了,人也就失去了存在于这个社会中的真正意义。所以,过与不及都不是我们想要的。

【解读】

性格固执的人立场坚定,直言敢说,也有智谋,行得端,走得正,这固然是好的一方面。但如果该冒险时不冒险,一意孤行,死不悔改,过于固执,不能根据情况而改变对策,这种性格无疑就成了阻碍自己前进的绊脚石。

小霸王孙策临死之前对其弟孙权说,外事不决问周瑜,内事不决问张昭。张昭是吴间名士,为人清廉耿介,直言敢说,颇受人尊重。

公孙渊被曹操打败后,派人向孙权俯首称臣。孙权大悦,封公孙渊为燕王,并派万名将士乘船循大海绕过中原(时为曹操控制中原和北方)去向公孙渊庆贺。群臣都反对,张昭说:"公孙渊反复无常,本不可信,他现在归降只因为受曹操攻击而已,如果公孙渊变卦,反投曹操,我们的使臣兵马怎么生还?"

孙权反复责难张昭,张昭执意不让,弄得孙权很没面子,拔刀击案说:"东吴人士入宫就拜我,出宫就拜你,我敬重你也够深了。但你经常当着众人的面反对斥责我,我就担心自己什么时候忍不住下令惩罚你了。"

张昭直眼盯着孙权说:"我虽知谏言不被采纳,但只愿竭尽忠诚,报太后临崩前,呼老臣到床边遗诏老臣顾命之恩。"孙权掷刀于地,与张昭对泣,但终没采用张昭的建议,仍是派人到公孙渊处。

张昭

一气之下,张昭托病不出,孙权也因此恨他,叫人用土封了张昭家的大门。张昭又叫人从里边把门封上。

后来公孙渊果然杀了孙权使臣,降于曹操。孙权自知失策,多次派人向张昭谢罪,请张昭重持朝政,张昭坚辞不出。孙权又亲自到门前去请张昭,张昭仍称病不出。孙权用火烧张昭的大门,想逼张昭出来,张昭还是不出来。孙权又叫人灭火,守候在大门外良久,张昭的几个儿子才把张昭扶出来。孙权用车载张昭回宫,深感自责,张昭重上朝会。

张昭的确直言耿介,但未免太固执己见,若不是此事他判断准确,而孙权又算是明主,想必早已惹下杀身之祸了。人虽应该有自己的主见,但不要过于偏执,若是不知道变通,会把小事闹大,使局面愈发不可收拾。所以,做人固然要坚持自己的原则,但遇事也要灵活一些,否则过度的坚持就成了固执,这样不利于自己的为人处世。

还有这样一种人,他们善于攻击对方的弱点,并且言辞锋锐,抓住对方的弱点就给以严厉的反击,不给对方回旋的机会。他们分析问题很透彻,看问题往往一针见血,往往有些尖刻。由于致力于寻找、攻击对方的弱点,反倒可能忽略了从总体、宏观上把握问题的实质与关键,甚至舍本逐末,陷入偏执的死胡同中而不能自拔。而有另外一种人,他们对于无关痛痒的小事并不斤斤计较,而对于至关重要的大事却绝不含糊。宋代的吕端就是这样的一个人。

吕端,北宋初期幽州人。少时聪明好学,成年后风度翩翩,对于家庭琐事毫不在意,心胸豁达,乐善好施。一次,吕端奉太祖赵匡胤之命,乘船出使高丽。突然海上狂风大起,巨浪滔天,飓风吹断了船上的桅杆。一船人都十分害怕,吕端却毫无反应,仍然十分平静地在那里看书。

宋太宗赵光义时代,吕端被任命为协助丞相管理朝政的参知政事。当时老臣赵普推荐吕端时,曾对宋太宗说:"吕端不管得到奖赏还是受到挫折,都能够十分冷静地处理政务,是辅佐朝政难得的人才。"

宋太宗听后,便有意提拔吕端做丞相。有的大臣认为吕端"平时没有什么机敏之处",太宗却认为:"吕端大事不糊涂!"

终于,吕端成了宋太宗的宰相。在处理军国大事时。吕端充分体现出机敏、果决的才能。每当朝廷大臣遇事难以决策时,吕端常常能较圆满地解决问题。

淳化五年,归顺宋朝的李继迁叛乱,宋军在与叛军的作战中,捉到了李继迁的母亲。宋太宗单独召见参知政事寇准,决定杀掉李母。吕端预料太宗会处死李母,等到寇准退朝后,便巧妙地询问寇准:"皇上告诫你不要把你们计议的事告诉我吧?"寇准显出为难的神色。吕端见寇准没有把话封死,接下去说道:"我是一朝宰相,如果是边关琐碎小事,我不必知道;如果是国家大事,你可不能隐瞒我啊。"

吕端、寇准都是明大义、知轻重的人,所以吕端才敢公开地向寇准询问他与皇帝议事的内容。寇准听懂了吕端的话中之意,便将太宗的意思如实告诉了吕端。吕端听后急忙上殿启奏太宗说:"陛下,楚霸王项羽俘虏了刘邦的父亲,威胁刘邦,扬言要杀死他的父亲。刘邦为了成大事根本不理他,何况是李继迁这样卑鄙的叛贼呢?如果杀掉李母,只会使叛军更加坚定他们叛乱的决心。"

太宗听了,觉得有理,便问吕端应该如何处置李母。吕端富有远见地回答:"不如把李母放置在延州城,好好地服侍她,即使不能很快招降叛贼,也可以引起他良心上的不安;而李母的性命仍然控制在我们手中,这不是更好吗?"

吕端一席话,说得太宗点头称赞:"没有吕爱卿,险些坏了大事。"

吕端巧妙运用攻心战术,避免事态扩大,李继迁最终又归顺了宋朝。

如果说处理李继迁的问题时,吕端深明大义,努力纠正皇帝的错误,避免了大的损失，那么在关系到江山社稷的大事上，一向不拘细节的吕端却能反其道而行之。

至道三年，宋太宗赵光义病危，内侍王继恩忌恨太子赵恒英明有为，暗中串通副丞相李昌龄等人图谋废除太子，另立楚王元佐。楚王元佐是太宗长子，原为太子，因残暴无道，太宗废弃了他。吕端知道后，秘密地让太子赵恒入宫。

太宗一死，皇后令王继恩召吕端来见。吕端观察到王继恩神色不对，知道其中一定有变，就骗王继恩进入书阁，把他锁在里面，派人严加看守，自己冒着生命危险去见皇后。皇后受王继恩等人怂恿，已经产生了另立楚王元佐的意图，见吕端来，便问道："吕丞相，太宗皇上已经去世了，让长子继承王位才合乎道理吧？"吕端回答说："先帝立太子赵恒，正是为了今天，怎么能违背他老人家的遗命呢？"皇后见吕端不同意废太子赵恒，默然不语。吕端见皇后犹豫不定，立即说道："王继恩企图谋反，已经被我抓住，赶快拥立太子才能保天下安定啊。"皇后无可奈何，只好让太子继承皇位。

太子赵恒在福宁殿即位的那一天，垂帘召见群臣，吕端担心其中有诈，请求卷帘听朝。他登上玉阶，仔细看了一番，确认是太子赵恒才退了下来。随后，他带领群臣山呼万岁，庆贺宋真宗赵恒登基。

卷帘认准了是自己拥立的皇帝才肯行礼，从这一事上看，吕端确实是大事不糊涂之人。这说明他的糊涂也是有节度的，该糊涂的小事他就含混过去，而对重要的大事，他却是非分明，清醒理智。这样做事才能达到圆满的程度，难怪吕端能得到皇帝的称赞啊！

吴兢在《贞观政要·贪鄙》中说："为主贪，必丧其国，为臣贪，必亡其身"。说得很有道理。贪欲者，众恶之本。人有欲望是正常的，问题是人的欲望不能过度，一旦贪欲过度，就会乱了方寸，计算谋虑一乱，欲望就更加多，欲望越多，心术就不正，就会被贪欲所困，离开事物本来之理去行事，就会把事做坏、做绝，大祸也就临头了。所以如果人不能把自己的欲望节制在合适的程度之内，什么事情都会办不好，受这种贪欲的影响，人总是奢望自己能够多占多得，不劳而获，稍不如人，便气恨不已，只见跟前的利益，有损人格不说，长远的利益也同样会失掉。

让我们看看下面这两个故事。

晋代邓攸，字伯道，元帝时做吴郡太守。他自己带着干粮去上任，不要公家的钱，只喝吴郡的水。在吴郡时政治清明，老百姓都很高兴，认为他是过江之后最好的地方官。后来因病离职，吴郡的人去送他，他一点钱都不要。老百姓一千多人拉着他的船不让他走，他只好在晚上逃走。吴地的人唱道："槌击寺丁，大五鼓，鸡叫大要亮,邓攸留不住,谢令推不走。"

后魏人李崇,字继长,顿五人。孝文帝时,开始先做荆州刺史,后来改做了安东将军。宣武帝时,授封为万户郡公。后来孝明帝又封他为陈留侯。李崇做官,和气温厚,善于决断,但是生性贪婪,接受贿赂,做买卖聚集财产。当时孝明帝灵太后视察左藏库,叫随从人员尽力背布匹,能背多少就赏赐多少。李崇和章武人王融背得最多,都摔倒了。李崇为此伤了腰,王融折了脚。当时人说:"陈留章武,伤腰折脚。贪婪之人,侮辱明君。"

人有贪心,则心有私欲,这样做事就不能坚持公道,会以私废公。为官的贪婪,则百姓遭殃。如果是一个为商的人过于贪心,那么他恨不能一天就收获十倍、百倍的利钱,可实际上根本做不到,可为了满足自己的欲望,则必然要想尽各种办法,这样一来只能是采用不正当的手段,或是缺斤少两,或是以次充好,或是以假当真,欺骗他人,以获暴利,这实际上是眼光短浅的一种表现。这样暂时可能会获得一些利益和收获,但时间一长,大家识破了你的贪心,也就不会再有人和你合作了。为商不贪,要让利于价,这才是会经商者的行为。

很多人为谋取官职费尽心机,其方法也各不相同,甚至无奇不有,至于种种卑劣的方法,似乎已自不待言。但也并不是只要以谋略取官就不是正途,实际上,如果不是为了一己私利,而是为了国家社稷,即使以谋略取官,也是正途。

在中国历史上,汉武帝是出了名的好大喜功的皇帝,从他即位到元狩年间,北讨匈奴,南伐诸越,连年用兵,虽拓展了不少疆域,但费用浩繁,年年入不敷出,弄得百姓大有民不聊生之感。实际上,汉朝的衰落也正是从这一时期开始的。尽管如此,武帝仍雄心不已,他为筹军用,甚至减少了御膳的费用,出内府私财,但费用仍然不足。于是令御史大夫张汤,制定新法,敛收民财。百姓本已贫困不堪,苛政一下,更是怨声载道。

河南地方有一个叫卜式的人,平时一直经营耕牧,养羊一千多只,每年就靠着贩售羊只获利,购置田宅,家境还算富裕。他听说朝廷北征匈奴,就慨然上书,愿捐出家产一半,供国军用。武帝听说了这件事,感到非常惊奇,便专门派出使臣问卜式说:"你这样做,莫非是为了求官?"卜式说:"小民自少牧羊,不习为官。"使臣觉得不可理解,又问:"难道你有冤屈,欲借此上诉吗?"卜式说:"小民平生与人无所争,邻里贫困,我贷钱给他;不善经营者,我教给他。我所居之地,人都与我十分友好,哪里有什么冤屈!"使臣听后,颇为不解,说道:"既如此,你又图什么!"卜式道:"天子北讨匈奴,我以为贤者宜死节,富者宜输财,如此匈奴可灭。民非索官,因怀此志,故捐财助边,以此为天下先,无非是想做个样子罢了。除此,没有什么其他的意思。"

使臣把卜式的话回报了汉武帝,武帝将卜式所言转告丞相公孙弘。公孙弘是个很有学问的人,但他为人也十分奸诈,他不相信会真的有这样的事,便说:"此非常人之常情,不法之民不宜宣扬,否则容易乱法度,愿陛下勿准卜式所奏。"武帝听了他的这一番话,觉得十分有道理,于是就将这件事搁置下来没有办理。

过了一年多,因为灾害的原因,贫民大量徙往西北。此时公孙弘已逝世。卜式又捐钱二十万,交给河南太守,以用来接济移民经费。河南太守将此事上奏了皇帝,这些人都列了名单,在接济贫者的富人中,武帝看到了卜式的名字,就想起了以前的事,特别赞许,立刻宣召卜式入都,欲拜卜式为郎官,并赐爵左庶长,赏给田地十顷,并布告天下,以教化民风。卜式听了,辞谢不受,说自己身为武帝的子民理应如此。武帝想了个办法,他对卜式说:"你不必辞官,朕有羊在上林中,欲令你前往放牧。"卜式觉得这倒很适合自己,于是才受命来到上林。他布衣草履,勤苦牧羊,把羊管理得很好。

又过了几年,武帝来到上林游览,看见卜式所牧养的羊不仅数目增加了很多,而且也显得非常壮肥,忍不住连声称赞。卜式见时机已到,便对汉武帝说道:"不但放羊是如此,牧民也是如此,按时起居,恶者除去,毋令败群!"武帝听了以后,心里有所感悟,知道卜式不是一般的人。回宫后,他立即召见了卜式,拜其为缑氏令,让卜式牧民去了。

卜式可谓是一个有谋略、有耐心的明智之人,他能经受得住朝廷的猜疑和皇帝的考验。应该说,卜式有取官的意愿,但更重要的是他又有取官之道,是一个善于谋划而又用心良苦的人。他以自己的实际行动来对皇帝进行劝谏,并以此来证明自己是一个善于"牧民"的人。最终,不但卜式自己的愿望得以实现了,而且国家也得到了一个"牧民"有方的人才。卜式是为了国家社稷而谋取官位的,应该说是谋之有方,谋之有道。

一个人无论想争取什么样的位置,都应该利用合理的手段和方法来取得,这才符合正道。就像人们常说的那句话"君子爱财,取之有道"。如果只是为了满足自己的欲望所得而不择手段,做得太过火了,这样不但不能实现自己的愿望,还会落得身败名裂被人唾弃的下场。

明智之道

处事明智，是所有德行的起点。在人的一生中，一定要学会明智行事。一个明智的人，他对如何处世为人的理解绝不会极端，他懂得"过犹不及"的道理。这样的人，生活将会给予他丰厚的回报。但怎样才算是为人处世的明智之举呢？我们不妨举个例子来说吧：

小李考上了大学，在大学里刻苦用功，各科成绩均高居前列，但当他进入工作单位后，却屡屡受挫，抱怨满肚子诗书派不上用场。而他的高中好友小王虽然没有考上大学，但步入社会后敢闯敢拼，创办了一家自己的公司，生意越做越红火。

这个例子说明：一个人要真正在社会上安身立命，掌握的知识再多，如果与社会实际的需要相脱节，也是没有用武之地的。一个人有没有用。关键不在于他学了多少东西，而在于他所学的东西，中不中用，够不够用。

学得过多，则会流于泛泛，所谓"利多不养家"。学得不够，则会后继乏力。无法取得长足的发展。很多人都习惯自视清高，以多能矜夸于世，觉得自己方方面面都比别人强，这显然不是明智的。哲学家爱默森曾经说过："明智的人拜所有人为师。"什么才算是明智？不管与什么人相处，都能从别人的身上看出自己的缺点，并身体力行地学习别人的优点，使自己脱离骄傲和嫉妒。这样，人就会活得无比快乐，难处也就没有了，这就算是明智。而愚蠢的人则与此相反，他们总是觉得自己比别人强，因此故步自封，难以进步。所以在日常生活中，我们在与人相处时要对人对己有个正确的看法，不要总是高看自己，低看别人。当然，总是高看别人，低看自己也不对。高看也罢，低看也罢，都不符合实际，有违中庸。关键在于把握那个恰如其分的度。唯其如此，才能使自己正直为人，公正处事，协调好与他人之间的关系。下面，我们总结了四点，或许对大家有些帮助：

第一，要欣赏他人的长处。取他人之长，补己之短。不能因嫉妒而对他人的长处视而不见。

第二，要包容他人的短处。金无足赤，人无完人。对他人的长处要欣赏，短处要包容。包容不是消极回避，而是积极容忍，用爱心去帮助他人把短处变为长处，不因他人的短处而严加责难。

第三，要想着他人的好处。俗话说，滴水之恩，涌泉相报。对他人的好处一定要惦记在心上，懂得在条件具备的时候给予回报。

第四，要理解他人的难处。人在世间，不可能万事不求人。在别人有难处的时候，你帮助了别人。当你有难处的时候，别人才会帮助你。所谓得道多助，说的就是这个道理。

你若在为人行事时，能够真正做到以上四点，那么你就是一位明智的人，你身边的人就会乐于和你交往，以有你这么个朋友为荣。

【职场活用】

能干加实干，才算真才干

在某次招聘会上，国际贸易专业的应届毕业生小周应聘某外贸公司"经理助理"一职。她英语口语流利，表现出一股生机勃勃的劲头。经过数个回合的问答，小周干练的气质让面试官十分满意。接着，面试官问起小周的职业规划和薪酬预期。小周思索片刻后随即表示，自己虽是职场新人，但学习能力强，希望通过个人的打拼，在两年内进入公司管理层；至于薪酬嘛，则期望能尽快达到年薪30万元的标准。

听罢，面试官脸上露出不易察觉的微笑，然后对小周说，你先回去，公司如若对你有意，在三天内给你消息。其实，面试官当场就已经在内心里做出了放弃小周的决定。为什么像小周这么能干的人才，最终没有得到聘用呢？问题出在小周的职业规划上。

随着"职业规划"概念的广泛传播，越来越多的面试官喜欢询问求职者的职业规划，以此了解公司提供的平台能否满足求职者的职业目标，以及该求职者是否能安于本职工作。多数公司都希望找到既能做事又守本分的职员，类似于"不想做将军的士兵不是好士兵"的极端论调，并不被大多数公司所接受。因此，当面试官听到小周要求年薪30万，且希望在两年内进入公司管理层的职业规划时，反而会被吓退了。用中庸的观点分析小周的职业规划，我们发现，小周犯了自以为能干、过高估计自己、急于求成的错误。

若是一家刚起步、正处于上升期的公司，也许会需要一些有野心和拼搏精神的职员，但在回答面试官提问时，还是最好多谈工作思路和业绩创新，少谈职位和薪酬目标，即便偶尔提及，也不要超出公司所能提供的发展平台和发展速度。因为与你的能干比起来，公司更需要有实干精神的员工。

有6年工龄的H代理英语能力很棒，上司一开始就让她做一些跟英语有关的业务，后来连自己的英语业务邮件也请她代写。久而久之，这位上司在H代理眼里就成了一个无能的人。后来 H 代理又发现：这位上司从来都是让下级职员帮他完成自己的业务。有留学经验的 H 代理很难接受这种上司的领导。她开始厌倦自己的工作，甚至患上了神经性胃炎。此后，每当到了午餐时间，H 代理就会单独留在办公室，在网上搜索就业信息：

很显然，H 代理是一位能干的职员，那么，她的选择是否明智呢？在学校里，一个人的能力可以用成绩来衡量，但是在公司里很难准确评价到底是谁最能干。在职场，"能力"分很多种：有懒惰的天才，也有勤奋努力的工作狂。即便一些平时很不起眼，被同事视为无能的人，却能在关键时刻发挥效用把握升职机会。这些都可称之为"能力"。换句话说，在公司里，没有划分"能干"或"无能"的绝对标准。无论对同事，对上司，都不能以偏概全，只要是个人，总有值得我们学习的地方。不能因为别人的缺点刚好是自个擅长的，就自以为了不起。高估自己没有好处，只能让自己处处受挫，难以与他人共事。

在职场上，你越是能干，越需要发扬实干精神，以临渊履薄的戒惧心去看待问题和处理问题，切不可急于求成。俗话说得好，罗马不是一天建成的。只有能干加上实干，才会成就辉煌。

商界活用

做精明的实干家

现年 26 岁的彭艳从上大学起就做小生意，如今他已经拥有了自己的营销策划公司。在大学里，他曾经卖过断码鞋、开过香辣串小摊、代理销售过 MP4，4 年大学学费和生活费都是他自己挣的；他还办过鸡肉深加工企业。在传媒公司做过市场营销；他是海洋大学市场营销专业的本科生，但毕业时却没能拿到毕业证。令人感叹不已的是，当同学们都在为找工作而疲于奔命时。他已经办起了自己的营销策划公司，并为自己的数码酒店业务拉来了 9000 万风险投资……这就是 1984 年出生的彭艳在过去 5 年的创业缩影。他说："我的创业体会就是寻找商机、扎实去干。"话说得很朴实，但要真正做到并非易事。

彭艳曾经由于第一次高考落榜，被父母看为"不听话"的孩子，对他很不待见。于是叛逆要强的彭艳刻苦己身、发奋学习，终于在次年考上了青岛海洋大学本科。2004 年秋，从老家湖南岳阳来到青岛时，他的身上只揣了 700 块钱。在向高中好友借了 4700 元交上第一笔学费后，还欠着学校住宿费的彭艳开始为生计四处奔忙。他先通过广州的同学批发来廉价的男式断码运动鞋，利用午餐时间在学校食堂门口摆摊出售,又从批发市场买来涮锅在校门口卖起家乡的风味小吃香辣串。

"这些小生意很赚钱,像一串蔬菜售价 0.5 元,但成本才几分钱。而且没有店铺租金,我 10 天就能挣 2000 块。"彭艳说。他真正掘得的第一桶金是代理南方高科的 MP4。2006 年下半年,彭艳去深圳找一位做小数码产品外壳加工的同学玩,在帮同学找买家时认识了南方高科的销售员。考虑到 MP4 在北方刚刚兴起,而国产品牌南方高科价位适中又有售后保证,彭艳于是就争取来了南方高科 MP4 在青岛地区的代理权。回校后,彭艳找了 3 个要好的同学划分了青岛销售市场,又挂靠一家公司方便向商场推广产品。"我每天晚上都在宿舍楼里逐个寝室逐个寝室的推销,3 个月就卖出 400 多台。"彭艳说。一台 MP4 进价 220 元,售价 480 元,3 个月里他和同学发展的上百人营销团队给他们带来了 170 万元的盈利。

彭艳说:"我喜欢结交朋友、表现自己,小吃摊的老板、火车上坐对桌的人、网上谈得来的网友,他们都是我的朋友,甚至碰上学校的清洁工我也会和他们聊上几句,就是想通过这种闲聊了解他们的行业。"

彭艳认为,能把朋友"串"起来就等于把资源搞活了。彭艳曾办过一个生产型企业,靠的就是朋友。2005 年春节,彭艳回老家过年时去当地的农博会买年货,一家出售黄山活土鸡的养鸡场引起了彭艳的兴趣,在和老板攀谈中彭艳了解到,这位老板养了 4 万只品种很好的黄山土鸡,出栏快但销售跟不上。好奇之下,彭艳跟着老板去参观山里的养鸡场。这时,彭艳想到鸡肉深加工。因为缺少购买设备的资金,彭艳又想到了在火车上结识的一位武汉朋友,虽然只见过 3 面,但他每次途经武汉都会稍做停留,带着特产去探望这位朋友。一个电话,彭艳把武汉的朋友拉来实地考察,最终换来对方 200 万的投资。后来,彭艳的湘旗农牧公司成立了,还引来当地政府的投资,加工好的产品放在当地 100 多家高档肉类专卖店销售,销量很好。"生产型企业投资大、回本慢,我没从这次创业中获得任何利润就退出了,我觉得获得的经验已是很大的财富,这种企业并不适合我。"彭艳说。

2007 年底,在传媒公司打工半年多的彭艳开始考虑回归专业本行,开一家营销策划公司。2008 年初,彭艳利用在传媒公司接触到的客户资源为公司拉来了两位投资人。"我们之前有过很多业务接触,我也为自己这个营销公司做了很周详的计划,所以他们才敢答应我的邀请。"彭艳说。公司注册资金 50 万,他占 51% 的股份,公司 12 名员工有"海归"也有中专生,每月的薪酬在 4000 元左右。公司接手的第一个业务就是给利群集团的电子商务做营销策划。彭艳回忆说,和利群谈合作那晚,他一个人面对集团 4 位副总,回答了 3 个小时关于利群电子商务的标志、定位、信誉、物流配送等细节问题，"当时就感觉'创业真不容易'啊，但干就要干好。"顺利拿下利群这笔大单，彭艳的公司又先后为东航、道格拉斯洋酒行等公司设计了营销方案，还推出了一本每月出一期的广告杂志，在写字楼、饭店和高校中免费发放。

后来，彭艳又借鉴南方酒店传媒方式，想将岛城的酒店数码化，即在客房中安装电脑设备，使顾客可以直接上网、收看影院同步上映的大片和旅游咨询，酒店不需要任何投资，而彭艳的收益则来自房客收看节目中的各类广告。这样一个从设备、软件开发到人员维护等总共需要9000万的大项目，彭艳硬是拉来了9000万风险投资。现在，青岛饭店、山宁商务酒店的近百间客房已经安装了该设备，彭艳说，他今年的推广目标是5000间，目前已经联系好的就有6家酒店。

从卖断码鞋到开营销策划公司，彭艳的成功在于：

1.有一颗发现商机的精明头脑。

2.有一股子无论生意大小、档次高低，都能全身心投入的实干精神。

通过这个事例，我们可以看出：一个人要想在商界赢得成功，必须兼有精明的头脑和实干的精神。没有精明的头脑，你就不会对商机有个恰如其分的把握；没有实干的精神，你就会白白耽误了大好商机。换句话说，唯有既能明了生意之道，又能身体力行的人，才能在商界大展身手。

第五节　不行

朱熹说："由不明，故不行。"由于人们对道的内容和重要性不了解，所以不能实行之。

于是，在各种色彩的旗帜下，都有一个理由，都标榜着所谓的"正义"或"道"。

其实，天地之道是存在的，也在依照固有的必然法则运行着，导引着世界的发展。它深隐在各种现象的背后，以难以察觉的方式和自然之力影响着事物的发展方向，规定着前进的进程。

【原文】

子曰："道其不行矣夫①。"

【注释】

①其：表示推测的语气助词。夫：语尾词。表示感叹。

【译文】

孔子说："道大概不能实行了吧。"

【历代论引】

孔颖达说:夫子既伤道之不行,又哀闵伤之,云时无明君,其道不复行也。

朱子说:由不明,故不行。

【评析】

这是孔子一句感慨的话。上一章中,孔子总结了中庸之道不能行于世的原因,继而发出了这样的感慨。中庸之道之所以不能施行于天下,是由于人们不能从自己身边做起而使其言行有失节度。在现实社会中,不要说是人们在道德上每天有所增益,就是懂得什么是道德并遵行的人都很少。孔子面对当时社会的沉沦,发出了一声无可奈何的叹息。可是,孔子又那么推崇中庸之道,于是他志在勉励自己的学生好好修德进业,做个有益于社会的人。

孔子的担忧不无道理。即使在我们当今飞速发展的社会中,道德规范的不健全仍然令人担忧。也许我们在过于追求物质经济发展的同时,忽略了我们的精神道德世界的修为。一个物质上富裕,精神上贫穷的人,不能算是一个真正的人。我们要做精神和物质两相平衡的人。

【解读】

那些能够取得大成就的人,大多都非常注重自身的德行修养。一个人德行修养水平的高低,往往可以决定他其他方面的成败。

吴隐之,字处默,东晋濮阳鄄城人。他的六世祖父是曹魏时的侍中吴质,为魏文帝曹丕所信赖。后来家道衰落,吴隐之的父亲几乎没有做过官,是最下层的寒门士族。家中本来就不富裕,到吴隐之十几岁的时候,父亲不幸病死,家境就更加困难了。一家人常常以粗糙的豆类和咸菜充饥度日。贫苦的生活,使吴隐之养成了良好的品德。他少年老成,不仅勤奋好学,吃苦耐劳,而且孝顺母亲,敬重兄长。他为人处事,品行端正,从不贪图非分的财物。

不久,母亲也去世,吴隐之悲痛欲绝。痛哭之声感动得过路行人都为之落泪。他的邻居是韩康伯,官拜太常。韩康伯的母亲是位贤惠明达的老妇人,被吴隐之的操行所感动,就对康伯说:"如果你以后负责挑选官吏的工作,一定要举荐像吴隐之这样的人。"后来韩康伯果然被任命为吏部尚书,于是提拔吴隐之为辅国功曹,随即又改任参征虏军事。吴隐之本来为人谦和,又博涉文史典籍,善于言谈,长得仪表堂堂,所以很快就获得了"儒雅之士"的好名声。

吴隐之的哥哥吴坦之为豫州刺史袁真的功曹。太和四年冬,袁真据守寿春叛变,投降了前燕帝国。两年后,东晋大司马桓温率兵平定叛乱,在寿春俘虏了叛乱首领。许多人遭受株连,以叛逆的罪名押送京师建康斩首示众,吴坦之也在其中。

吴隐之闻讯后从建康匆匆赶来，拜见大司马桓温，请求代替哥哥赴死。桓温被他勇于献身的精神所感动，又见他心怀坦荡，谈吐爽直，毫无惧色，心中暗生赞许之意，不仅没有诛杀吴隐之，还赦免了他的哥哥。不久，吴隐之官拜奉朝请、尚书郎。

太元十年，吴隐之以奉朝请的身份被卫将军、尚书令谢石聘请为卫将军主簿。其后，适逢吴隐之的女儿出嫁，这在一般人家也是件大事，何况是官宦人家。谢石知道他一向清贫，就派自家的厨师带着账本物品去吴家帮助操办婚事。当厨师来到吴家时，除看到他家的婢女牵着狗到市场上去卖外，其他与往常一样，根本看不出官宦人家嫁女的喜庆场面。

后来，吴隐之出任晋陵太守。晋陵地处京师附近，西晋末年随迁的侨民很多，鱼龙相杂，秩序混乱，为地方官吏搜刮民财提供了方便。然而吴隐之在任职期间，始终恪守清操，从未利用职权谋私骚扰百姓，加重过人民的负担。他甚至连仆人都不用，砍柴烧饭做家务都由妻子一个人承担。

任职期满后，吴隐之被调回朝中做官，并由中书侍郎、国子博士、散骑常侍等职，接连迁升至廷尉、秘书监、御史中丞、左卫将军等高级官职。当时东晋王朝动乱迭起，官场污浊不堪。许多达官显贵或争权夺势，或沉溺酒色、醉生梦死。吴隐之则出淤泥而不染，清廉之风没有任何改变。他既不贪图淫逸，也不攀附巴结权贵，所得俸禄和赏赐，总要和贫穷的亲族共同享用，不肯为自己积蓄和添置衣服被褥等。史载吴隐之寒冬腊月，都没有一床像样的新被褥。身上穿的衣服不仅破旧，而且没有替换的。妻子给他洗衣时，他经常披一块棉絮待衣服晾干再穿，清贫俭朴，和普通老百姓没有什么两样，因而得到朝野的一致赞誉。

元兴元年春，荆、江二州刺史桓玄进入建康，控制东晋朝政后，为提高自己的声望，装模作样地贬黜佞臣，提拔俊贤。于是，素有廉洁美名的吴隐之被封为龙骧将军，领平越中郎将，持节出任广州刺史。广州地处南海，所辖地域包括现在的广东、广西大部，气候温暖湿润，物产丰富，而且是我国对外通商最早的城市，自东汉以来，一直为海上贸易中心。外国商船经常带来许多奇异的珍宝，来此做官的官吏只要携带一箱珠宝返回内地，就可供子孙几代的享用。所以历任刺史，大都以搜敛珠宝为务，没有不发横财的。东晋王朝也深知这种弊端，并想整治革除，而苦于找不到合适的人选。吴隐之接到任命后，立即携带家眷起程上路。在距广州二十里外的石门有处泉水，人称贪泉。传说喝了贪泉水的人，就会丧失廉洁的本性，变得贪得无厌起来。因此，路过此泉的人，为了标榜自己清白，宁肯忍着口渴舌燥之苦，也不饮贪泉水。吴隐之途经此泉时，很感慨地对随行的亲人说："不被私欲驱使，心绪就不会错乱。过了岭南而丧失清白的人，我是知道其中的原委的。"

于是走近水边,一面酌泉而饮,一面赋诗咏怀说:

古人云此水,一杯怀千金;

试使夷齐饮,终当不易心。

以此表达了他以伯夷,叔齐自律,不易节操的情怀。

吴隐之上任后,非常注意自己的操行,平时饭菜没有酒肉,仅以咸菜和干鱼就餐。衣着都是以往穿过的,没有添置新衣。官府给他配备的帷帐器物,也都送到仓库里堆放起来。不了解吴隐之的人都说他矫揉造作,为了博取虚名。

然而,吴隐之不为这些闲言碎语所动,始终坚持去奢务俭的节操。他手下有位官吏知道吴隐之爱吃鱼,就经常进献去了骨刺的鱼,想讨好吴隐之,以利于升迁。当吴隐之发现此人动机不良后,不仅没有领情,还处罚和贬降了他。从此,再也没人敢向吴隐之送东西了,官府的行贿之风也有了收敛。

一次,吴隐之和妻子在湖畔观览风光,妻子乘兴买了一斤沉香给他看。吴隐之接过一看,嫌是奢侈之物,便随手抛入湖中。由于吴隐之自身廉洁俭朴,又严于吏治,手下官属大都不敢搜敛骚扰百姓,素以贪赃渎职闻名的岭南,吏治有了新的改观。为此,晋安帝特下诏书表彰说:"孝敬的品行笃于闺门,高洁的节操厉乎风霜,实在是为人处世所难以做到的,然而是君子的最高美德。吴隐之孝顺父母,友爱兄弟超过常人,俸禄分给九族共享,自养菲薄,俭朴过人;本来处在可以发财的地域,却不改清操;本来具备了富有的地位、条件,一家人却不肯改换旧服。恪守自律,革奢务俭,致使岭南腐败的吏治大为改观。朕理应给予嘉赏,所以晋号前将军,赐钱五十万,谷千斛。"

元兴三年,卢循率领东南八郡的农民起义军进攻广州。吴隐之率领士卒还击,他的儿子吴旷之战死沙场。经过一百多天的激烈战斗,广州失陷,吴隐之也成了阶下囚。当时东晋朝廷也发生了巨变。桓玄野心膨胀,废除晋安帝自立,致使各地的刺史、太守纷纷起兵反对。元兴三年二月,刘裕纠集了一批北府兵的中下级将领在京口和广陵同时起兵,讨伐桓玄,很快攻入建康。桓玄挟持晋安帝出逃,兵败被杀。义熙元年二月,刘裕迎晋安帝回建康复位,并执掌朝政。卢循乘机上表东晋朝廷,自称平南将军,代理广州刺史,又以吴隐之系桓玄同党,请求处死。刘裕因忙于肃清桓氏余党,巩固自己的权力,无暇远顾,遂同意卢循割据岭南的要求,但处斩吴隐之不予批准,并写信让他把吴隐之遣送回京都。吴隐之这才被释放。

吴隐之在广州当了两年多的刺史,回建康时还和南来赴任一样,两袖清风。建康家中,也只有残瓦断壁,茅屋六间。此时,刘裕正着手改革东晋积弊,对以廉洁自律著称的吴隐之十分敬重,见他生活实在清贫,就送给他坐车、耕牛,并决定给他营建一所住宅。对此,吴隐之都一一谢绝了。

不久,吴隐之被重新起用,官拜度支尚书、太常等职。度支尚书是主管国家财政收入与支出的官职,对一般人来说,是千载难逢的发财良机。然而,吴隐之抱定不取非分之财的宗旨,尽管家徒四壁,依然守节如故,从不染指经手财物。他家中以竹篷为屏风,座位上连张毡席都没有。后来又迁升中领军,每月领到俸禄后,除留下自己的口粮外,其余的全部资助给贫苦的亲族,而自己一家的生活全靠妻子纺织供给。有时粮食缺乏了,就三餐改为两餐。吴隐之身居高官数十年,还经常穿打补丁的衣服。妻子儿女没有因为他的官职沾上任何好处,反而都养成了廉洁自律的好门风。

义熙八年,吴隐之因年迈申请辞官,得到准许。第二年,死于家中。东晋王朝追赠他为左光禄大夫,加散骑常侍。

东晋末年,朝纲失禁,吏治腐败。豪门权贵、大小官员竞相以奢侈腐化为荣,以盘剥肆虐百姓为乐,甚至监守自盗,将国家必备的军需财物窃为己有。然而,也有为官数十年一尘不染、理财数载两袖清风的廉洁楷模,吴隐之正是其中的一个。不仅吴隐之以清廉节俭名垂青史,他的妻子也以贤德载入史册,儿孙则以廉慎孝悌闻名。

羊祜也是因坚持自身操守而留名青史的。

羊祜出生于官宦世家,是东汉蔡邕的外孙。但他为人清廉谦恭,毫无官宦人家奢侈骄横的恶习。

羊祜年轻时曾被荐举为上计吏,州官四次征辟他为从事、秀才,五府也请他做官,他都谢绝。有人把他比作孔子最喜欢的学生——谦恭好学的颜回。曹爽专权时,曾任用他和王沈。王沈兴高采烈地劝他一起应命就职,羊祜却淡淡地回答:"委身侍奉别人,谈何容易!"后来曹爽被诛,王沈因为是他的属官而被免职。王沈对羊祜说:"我应该常常记住你以前说的话。"羊祜听了,并不夸耀自己有先见之明,说:"这不是预先能想到的。"

晋武帝司马炎称帝后,因为羊祜有辅助之功,被任命为中军将军,加官散骑常侍,封为郡公,食邑三千户。但他坚持辞让,于是由原爵晋升为侯,其间设置郎中令,备设九官之职。他对于王佑、贾充、裴秀等前朝有名望的大臣,总是十分谦让,不敢居其上。

后来因为羊祜都督荆州诸军事等功劳,加官到车骑将军,地位与三公相同,但他上表坚决推辞,说:"我入仕才十几年,就占据显要的位置,因此日日夜夜为自己的高位战战兢兢,把荣华当作忧患。我身为外戚,事事都碰到好运,应该警诫受到过分的宠爱。但陛下屡屡降下诏书,给我太多的荣耀,使我怎么能承受?怎么能心安?现在有不少才德之士,如光禄大夫李熹高风亮节,鲁艺洁身寡欲,李胤清廉朴素,都没有获得高位,而我无能无德,地位却超过他们,这怎么能平息天下人的怨愤呢?因此乞望皇上收回成命。"但是皇帝没有同意。

羊祜

晋武帝咸宁三年,皇帝又封羊祜为南城侯,羊祜坚辞不受。羊祜每次晋升,常常辞让,态度恳切,因此名声远播,朝野人士都对他推崇备至,认为他应居宰相的高位。晋武帝当时正想兼并东吴,要倚仗羊祜承担平定江南的大任,所以此事被搁置下来。羊祜历职二朝,掌握机要大权,但他本人对于权势却从不钻营。他筹划的良计妙策和议论的稿子,过后都焚毁,所以世人不知道其中的内容。凡是他所推荐而晋升的人,他从不张扬,被推荐者也不知道是羊祜荐举的。有人认为羊祜这样做未免太傻了,他说:"这是什么话啊!古人的训诫:入朝与君王促膝谈心,出朝则佯称不知——这我还恐怕做不到呢!不能举贤任能,有愧于心啊!况且在朝廷签署任命,官员到私门拜谢,这是我所不取的。"

羊祜平时清廉俭朴,衣被都用素布,得到的俸禄全拿来周济族人,或者赏赐给军士,家无余财。临终留下遗言,不让把南城侯印放进棺柩。他的外甥齐王司马牧上表陈述羊祜妻不愿按侯爵级别殓葬羊祜的想法时,晋武帝便下诏说:"羊祜一向谦让,志不可夺。身虽死,谦让的美德却仍然存在,遗操更加感人。这就是古代的伯夷、叔齐之所以被称为贤人,季子之所以保全名节的原因啊!现在我允许恢复原来的封爵,用以表彰他的高尚美德。"

羊祜以自身的德行和操守赢得了上至国君,下至黎民百姓的一致肯定,他是成功的。

一个人要想成功,首先应该具备良好的德行操守,这是做成一切大事的前提和基础。

商汤问伊尹怎样才能把天下治理好,伊尹回答说:"如果只是想把天下治理好,那天下不可能治理好;如果想把天下治理好的话,那就首先要把自己的身心修养好。"

"以往历代的圣王,首先完善自身,天下大业才得以成功;首先修养自身,天下大局才得以安定太平。所以,回声好听的不在于回声,而在于产生回声的那种声音

本身;影子好看的不在于影子,而在于产生影子的那种形体本身;治理天下的不在
于怎样治理天下,而在于修养和完善自身。心得其理,就能够听到真实而正确的情
况;能听到真实而正确的情况,事情就会处理得适宜得当;事情处理得适宜得当,自
然会功成名就。"伊尹的话具有非常深刻的道理。

这好比把黄金和黄米饭团放在小孩子面前,小孩一定会抓取黄米饭团;把和氏
璧和黄金放在鄙俗的人面前,鄙俗的人一定会取走黄金;把和氏璧和关于道德方面
的至理名言放在贤人面前,贤人一定会选取至理名言。由此可知,智慧越精深的
人,所取的东西就越珍贵;智慧越低下的人,所取的东西就越粗鄙。

外物是用来养护生命的,不应过分耗费生命去追求外物,而是应该加强自身的
修养。执着于名利之爱的,必然刻意求之,为此而投机钻营、殚精竭虑,必然会有大
的耗费。管子说:"君子使物,不为物使。"朱熹也说:"凡名利之地,退一步便安稳,
只管向前便危险。"

处世活用

行不行,别认死理

有个叫宁武子的人,其处世智慧深得孔子的真谛。天下有道,什么都明白。天
下无道,则难得糊涂。所以孔子称赞他:"其知可及也,其愚不可及也。"其实,这何
尝不是夫子的自况呢?

一开始,孔子周游列国,企图说服列国服膺他的中庸之道。后来见自己一天天
老去,中庸之道没有见用于世的可能,于是就退回故里,依门而歌,开坛论道,调理
后生小子。孔子的这一经历,与柏拉图颇有些相似。柏拉图在年轻时也曾经三次
奔走西西里,游说两代国王,按照他的理想设计,去打造一个人间天国。新国王听
得耳朵都起老茧了,实在不胜其烦,一怒之下干脆把柏拉图当奴隶卖了。衣衫褴褛
的柏拉图拥挤在满载奴隶预备起航的船上,幸亏被他的一位早年门生及时发现,把
他赎了出来,才得以一路逃回雅典,开始收徒讲学。

孔子虽然感慨"道不行"。却不主张以卵击石,头撞南墙。也不主张愤世嫉
俗、息影山林。孔子认为,人在世间安身立命,若遇天下清明,则直言直行;若遇万
马齐喑的黑暗时代,则洁身自好、保持低调,免得引火自焚。孔子不喜欢他的门人
弟子做不识时务的牺牲品,像子路那样侠肝义胆,别人从暴乱的城中往外跑。他却
往里跑,结果被活活捣成肉酱。"临事而惧,好谋而成"是孔子奉行的"一以贯之"
的人生哲学,甚至连嫁女赘婿也"一以贯之"。孔子认为公冶长"可妻也",因为此

人虽有牢狱之灾,却能无罪释放,所以把女儿的终身托付给这样的聪明人可以放心,保证做不了寡妇。如法炮制,孔子又把自己的侄女嫁给一个叫南容的君子,因为此君为官有智慧,"邦有道,不废;邦无道,免于刑戮"。虽然孔子也说过"志士仁人,无求生以害仁,有杀身以成仁""三军可夺帅也,匹夫不可夺志也"等豪气干云的壮语,但从总体上看,孔子所推崇的有德君子似乎是审时度势的俊杰。

面对"道不行",孔子的立场不同于孟子的"格君心之非""一正君而国定",来得那么毫无回旋余地。在孔子身上,少了些刚烈和英气,多了些润泽和内敛。孟子说:"孔子可以仕则仕,可以止则止,可以久则久,可以速则速。"换成今天的话来说,就是孔子既坚持原则,又不拘泥于原则。用孔子自己的话说就是"无可无不可"。

《论语》里面提及的"楚狂"接舆、"耦而耕"的长沮和桀溺、子路遇到的丈人,均为当时的"隐者"。提及他们,孔子的态度总体上是敬而远之。孔子认为,"鸟兽不可与同群"。隐者虽独善其身,然而有悖于人伦常理。"欲洁其身,而乱大伦"。可见,孔子的处世之道乃是行也好、不行也好的自如之道。

我们不妨拿西汉初年的重要谋臣张良的故事来举个例吧。大家想必知道,张良先世为战国时韩国贵族。其祖上曾五世相韩。秦灭韩时,张良尚有家僮三百人。为了替韩复仇,张良倾全部家财寻求刺客,企图暗杀秦始皇。后乘始皇东游之机,与门客在博浪沙(今河南原阳东南)狙击未遂。于是变更姓名,亡匿下邳。一日,他到沂水桥上散步,遇见一位穿着短袍的老翁,老翁故意把鞋摔至桥下,然后傲慢地支使张良说:"小子,下去给我捡鞋!"张良错愕莫名,恨不得拔拳抽他一耳光。但碍于对方是长者,不忍心下手,只好勉强自己下去取鞋。老人又命张良给他把鞋穿上。对此带有戏辱性质的举动,张良再次忍了,双膝着地,小心翼翼地给老人穿上了鞋。老人非但不感谢他,反而仰面大笑而去。张良呆视良久,不知所措。没想到老人走出去没多远,又折返回来,夸奖他说:"孺子可教也,行!"遂约其五天后凌晨在同一地点再次相会。张良虽然不知老头葫芦里卖的什么药,还是迅速应了诺。

五天后,鸡鸣之时,张良便匆匆赶到桥头。不料老人已先期到达。老人见张良姗姗来迟,呵斥他道:"不行啊!你是个年轻人,怎么比我还要晚来一步,再过五天你要早点来,不能再迟到啊。"如是者三,张良终于在最后一次用他的真诚博得了老人的赞赏,并得到了老人送给他的一本奇书,叫《太公兵法》。从此。张良日夜诵读,刻苦钻研,终于成为一个深明韬略、文武兼备的"智囊"。

从这个故事里,我们知道张良的身世变化是很曲折的。想想看,原先是贵族,祖上曾经五世相韩,可见他的家世是多么显赫,在战国时期的韩国是多么"行"。

但时过境迁,韩国亡了国,他的家人也死了不少,自己沦为亡国奴,非但"不行"了,还得隐姓埋名,东躲西藏。但这时的张良还是贵族范儿,哪受得了这等窝囊气,倾其家财来聘请刺客谋杀秦始皇。但在儒者看来,这种"小人行险以侥幸"的做法,是"不行"的。这说明一开始张良不知道自己"不行"了,受不了从贵族沦为亡国奴的落差。后来和圯上老人相遇,成了他一生的一个转折点,在圯上老人的教训下,他总算知道了自己的真实处境,知道自己现在已经"不行"了,于是重新摆正自己的心态,发愤图强,终于成为一代谋略家,得到了草莽英雄刘邦的倚重,再次成为一个"可行"的人。这说明了一个道理:行与不行,认不得死理,不可强求,顺势而为才是成功之道。

职场活用

你行吗

在某公司,曾经出现过这样的一幕情景:甲高质量地完成了一项工作,但却因其中一点小小的瑕疵而被骂得无地自容,而乙犯了天大的错误,却因其补救措施到位而获得高度肯定。你说甲乙两人,究竟是谁行?

当今社会,职场竞争异常激烈,是明珠就能放光,是人才就能被重用的老思想已不符合实情了。所谓"肉香也怕巷子深,酒香也怕没人问",说的就是千里马遇不上伯乐也是枉然的道理。那么,如何才能在异常激烈的竞争中脱颖而出呢?曾经沧海的某职场资深人士说:"不管你干什么行业,首要的是得有过硬的行业本领,以及扎实的业务素质、思想素质、道德素质、社会经验、人际关系等等。这是决定的因素,这是内因,也就是人们经常说的'打铁还要自身硬'。要做到自身硬,就要加强学习,学习业务知识,端正思想态度,养成良好的道德品质,多接触社会,了解风俗人情,搞好人际关系,做到世事洞明,人情练达。"一言以蔽之,你自己得行。但是,你以为自己得行,没有人说你行,那也是万万不行的。

身在职场,一个人究竟行不行,即使是洞庭湖上的老麻雀,也根本无从悟出哪怕是一个人皆可循的规律。曾经流行这样一副对联,上联为"说你行,你就行,不行也行",下联为"说不行,就不行,行也不行",横批"不服不行"。真是经典得不能再经典了,但却没有道出职场用人的真正本质。事实上,职场中的行与不行,真行还是假行,得视言者身份而定。比较准确的说法应该是"自己如行,有人也说你行,那说你行的人一定要行,否则不行;自己不行,有人也说不行,只要行的人不说你不行,那么也行。"所以,在职场中,不要强求所有人都说你行,也别怕很多人说你不行,关键是看说你行与不行的人到底行与不行。否则,端着一碗枣,满院到处绕,最后没有一个说你好。

商界活用

老板行不行,关键看用人

许多老板常常慨叹自己的手下"不行",没有"能行的人"自然难以成事了。其实,"能行的人"到处都是,关键在于你这个老板能不能用人,用人行不行!大家都很熟悉《西游记》的故事。唐僧自主创业,主营业务只有一项:到西天取经。所有的投资加起来不过就是一个要饭的碗和一匹可供骑乘的瘦马。当时适逢大唐盛世,很多人享受惯了安逸的生活,不愿追随唐僧一道去西天取经。怎么办呢?唐僧并没有气馁,也许人才就在身边或者就是那些被多数人视为"垃圾"的人。于是,唐僧首先把泼猴"孙悟空"收至帐下,接着又收了花花公子"猪八戒"和吃人恶魔"沙悟净",以及落难的"白龙马"。有了这四员干将,唐僧的公司一步一步上了正轨。一向被人视为顽劣,连玉皇大帝也招惹不起的孙悟空,在唐僧手下居然成了能征善战、慧眼识妖的英雄;一向好吃好色的猪八戒,虽然经常起哄要散伙,但也只是闹闹情绪而已,在关键时刻总是挺身而出,辅佐大师兄悟空屡建奇功;生性凶残的沙悟净,成了任劳任怨的理财高手,守护着唐僧公司的固定财产和每日进项,一直到西天取得真经;那个性格乖戾的小白龙。亦老老实实地成了唐僧的坐骑。

如果唐僧只看到孙悟空的顽劣,弃之不用,西天取经的各个关口能顺利闯过吗?当然,这样的人才也有致命缺点——经常不把"老板"放在眼里,有时还动不动摆挑子,认为在唐僧手下做事窝囊。怎么办呢?真的解聘他,让他滚回花果山去?唐僧也的确做过这样的尝试,但很快就发现悟空是不可多得的人才。可谓"不怕不识货,就怕货比货"。但这样的人才还必须有管理的办法,于是唐僧给悟空上起了"紧箍咒"。紧箍咒就是公司的纪律,谁要违反公司的纪律,就处罚谁。最让人觉得不像个人才的恐怕还是猪八戒,你看他贪吃好色,又懒得不行,即便在今人看来也是无法委以重任的人,但唐僧却认为猪八戒的这些纯属个人生活小节的作风用不着深究。果然,在唐僧师徒过"稀柿胡同"时,猪八戒发挥了不可替代的作用。至于和事佬沙悟净,对唐僧公司的团队精神的维护所起的作用也是很卓越的。

一个成功的老板,首先要做一个技术领域"很不行"的人,然后再做一个用人领域"很行"的人。楚汉相争时期的刘邦,带兵打仗不如韩信,出谋划策不如张良、组织调度不如萧何,看似"很不行",实际却是"真的行"。因为他知人善任,能够用好韩信、张良和萧何,所以也就赢得了天下,把刚愎自用的项羽逼得没有退路,只好拔剑自刎,一死了事。今天的老板若想要振兴自个儿的企业,同样需要这样的素质。如果一个老板,认为自己在很多方面都"很行",实际上他在最关键的方面已经"很不行"了。三国后期的诸葛亮犯的就是这样的大忌——因为自己"太行"了,所有的事情都不放心派人去做,只好自己勉力撑持,其效甚微当然也就在情理中了。在企业的运营中,我们也经常看见这样的事例;有的企业老板,早出晚归,兢兢业业,忙得团团转,可是企业的业绩却一天不如一天;有的企业老板,几乎不在企业里露面,到处学习观摩,企业业绩却一天比一天好。

这两类企业为什么出现如此大的反差?原因可能有很多种,但是其中一个不可低估的原因应该是:前者成了一个人的企业,后者成了一群人的企业!一个人的企业,结果就只剩下老板一个人"能行",别的人都"不行";一群人的企业,老板可能在专业领域"不行",但他能用人,用的人"能行"。"三个臭皮匠,胜过一个诸葛亮",说的就是这个道理。因此,我们或许可以得出这样的结论:评价一个老板行不行,关键看他能不能用人,用的人行不行。

第六节　大知

《礼记正义》曰:此一经明舜能行中庸之行,先察近言而后至于中庸也。

舜所以大智,在于不自以为是,善于向别人学习,听到不好的话不去计较,听到好的言论到处传播,这样光明正大的行为自然会感动人,谁不愿把真实情况告诉他呢?但听到真实情况还不够,还必须善于分析选择。"执其两端,用其中于民。"做到不偏不倚,无过无不及,真正恰到好处。选择好了,还要善于应用,这是一种大智慧。

【原文】

子曰:"舜其大知也与[①]!舜好问以好察迩言[②]。隐恶而扬善[③]。执其两端[④],用其中于民。其斯以为舜乎[⑤]!"

【注释】

①大知:有很高的才智。知,同"智"。

②迩言:左右亲近者的话。也指浅近的话。迩:近。

③隐恶而扬善:推行宽和忍让的德政以教化百姓,给人以自悟自我修正的机会,从而使各种不良行为自然消解,美好的品行日渐养成,良好的风尚日益形成。

④执其两端:把握正反两个方面的行为所引起的有利与不利影响,从而引导事

物向合乎中道的方向发展。

⑤其斯以为舜乎:其:语气词,表示推测。以其德化如此,故号之为"舜"。《谥法》云:"受禅成功曰舜。"又云:"仁义盛明曰舜。"意即道德充满之谓。

【译文】

孔子说:"舜可以说是具有大智慧的人吧!他喜欢向人请教问题,又善于从人们浅近平常的话语里分析其含义,不宣扬别人的恶言恶行,只表彰别人的嘉言善行,根据过与不及两端的情况,采纳中庸之道来治理百姓,这就是舜之所以成为舜的原因吧!"

【历代论引】

郑玄说:近言而善,易以进人,察而行之也。"两端",过与不及也。"用其中于民",贤与不肖皆能行之也。其德如此,乃号为"舜","舜"之言"充"也。

孔颖达说:既能包于大道,又能察于近言,即是"大知"也。舜能执持愚、知两端,用其中道于民,使愚、知俱能行之。

朱子说:舜之所以为大知者,以其不自用而取诸人也。迩言者,浅近之言,犹必察焉,其无遗善可知。然于其言之未善者则隐而不宣,其善者则播而不匿,其广大光明又如此,则人孰不乐告以善哉。两端,谓众论不同之极致。盖凡物皆有两端,如小大厚薄之类,于善之中又执其两端,而量度以取中,然后用之,则其择之审而行之至矣。然非在我之权度精切不差,何以于此。此知之所以无过不及,而道之所以行也。

【评析】

隐恶扬善,执两用中,舜的所作所为无疑是对中庸之道的最好诠释。要真正做到这一点,当然得有非同一般的大智慧。舜就是一个有大智慧的人。

但是并不是说有了大智慧,就能做到隐恶扬善,更需要有博大的胸襟和宽容的气度,也就是包容的美德。孔子说:"三人行,必有我师焉;择其善者而从之,其不善者而改之。"近朱者赤,近墨者黑。一个有智慧而且善于学习的人,从不会对别人的缺点横加指斥,而是默默地记在心里,告诉自己不要去这样做。对于别人的善言美行,他不仅会从心里发出真诚的赞叹,而且告诉自己努力去学习并实行。这样的人是一个善于学习的智者,是一个懂得包容的贤者,更是一个力行中庸之道的圣者。

我们在加强自身的修养时,就要懂得时时刻刻以宽容之道来对待别人。宽容是一种美德。有人说:"一只脚踩扁了紫罗兰,它却把香味留在了脚跟上。这就是宽容。"美国著名作家房龙写过同样著名的《宽容》,由于这部著作把宽容的美德论述到了极致,这使得它成为每一个想要谈论宽容的人都会提起的作品。

谈到宽容，我们首先就要原谅自己的父母。天下没有十全十美的父母，我们的父母当然也不会完美。我们的父母除了要养育我们成人，还要为许许多多其他的事操心费力。无论父母有什么不对的地方，我们都不应该放在心里，而是要让这些事情像风一样吹过，然后不留下任何痕迹。只要我们有一天不能原谅父母，我们的内心就不能得到片刻的安宁，我们就一天也不能心安理得地过日子。我们要对朋友宽容，你的宽容可以让你得到更深厚的友谊而不是充满怨恨的敌意。有时候，我们也要学会对自己宽容，逼得太紧会让我们的心灵无法呼吸，同时也就感受不到人生本该拥有的乐趣了。因为宽容，我们能够坦然地咽下生活百味；因为宽容，我们的胸怀可以博大如海，可以任凭恩怨沉沉浮浮；因为宽容，我们的品质可以伟岸如山，径自让情愁爱恨纵横。岁月可以抹去仇恨的印记，时光却冲不淡感激的心情，在宽容与被宽容的默契中，会有一片最纯净的天空在等着我们。

【解读】

宽容的人更容易得到别人的帮助，作为一国之君更应该具备宽容的美德，尤其是对待那些有才能的人，要容忍他们的小毛病，这样才能让他们发挥出大才能。

齐桓公登位后，要做的第一件事情就是发兵拒公子纠一行入境。齐军与之在鲁国激战，结果大败鲁军，迫使鲁人杀了公子纠。齐桓公发兵攻鲁，初衷是想杀掉管仲，报一箭之仇。

鲍叔牙劝阻道："如果您想治理齐国称霸诸侯，则非管夷吾不可。"

齐桓公当然想称霸诸侯，于是为了霸业就放弃了一己私仇，显示了齐桓公以大局为重的胸怀与气度。

齐桓公要用管仲，首先面临的就是如何将管仲弄回齐国的问题。齐国有鲍叔牙知管仲之贤，那么鲁国也必有知管仲之贤的人，如果直接去召回管仲，是断然行不通的。

鲍叔牙献计说，只有向鲁国请求把管仲当罪囚押回来，并再三申明齐君要亲自杀掉管仲才能解恨，这样才有可能在齐国新败鲁国的有利条件下，迫使鲁国交出管仲。

鲁国的大夫施伯看出了鲍叔牙的用心，他对鲁庄公说："齐国并不想杀管仲，要回管仲的真正意图是想用他。管仲乃天下之才，所在之国，必得志于天下。如果放他回到齐国，势必是鲁国的后患。"

庄公询问对策，施伯认为只有杀了管仲，还齐国一个尸首，才是上策。

齐国的使者闻讯，赶紧对鲁庄公施加压力说，我们齐君就是想亲自杀了管仲，如果不能生得，为臣岂不空来一场？鲁庄公无法，只得把管仲交给了齐使。

鲍叔牙早在齐与鲁交界的边境恭候，待管仲一到，马上解除了管仲身上的枷锁，斋戒后去见齐桓公，齐桓公随即拜管仲为相，委以国政。管仲不仅幸免于死，反而受到重用。

齐桓公不计私仇，任用管仲为国相，表现出其作为一国之君以宽宏大量为怀的气度。

人非圣贤，孰能无过。要知道，一个人的成功，往往要借用外力的帮助。不管他如何有才干，有魄力，如果想干一番大事，并且，不被人所嫉妒陷害，在人世的艰难险阻中时时保全自己，单凭自己一人的力量是远远不够的。所以，不管这个对自己有用处的人有过什么样的过错，都应该以一颗宽容的心去对待他，能用则用，能宽则宽，这样，才真正能团结一切可以团结的力量，立于不败之地。

管仲

西汉的陈平有大才，而且长得非常漂亮，就像现在的一些新新人类一样，很不招老成的人喜欢。而且，他的品质就不是很好，重女色、重玩乐。

他本来给楚霸王项羽做事，因为有了过错，楚霸王不能容他，于是就来投奔当时的汉王刘邦。刘邦虽然也是一个道德上很不怎么样的君主，但是，他对人才却是非常宽容，不因为他们身上的小问题而浪费他们的大才能。陈平弃楚投汉，刘邦视其有才，便加以重用，封为都尉，兼掌护军，出入和自己同坐一辆车子。

陈平代汉王部署一切，他急切筹备，限令非常严格。众将故意向陈平行贿，乞求宽限时日，陈平从不拒绝，往往直受不辞。这可中了众将的圈套。众将共推周勃灌婴出头，向刘邦道："陈平虽美如冠玉，恐徒有外貌，没什么真正的才能。臣等听说他在家时，有逆人伦，居然和嫂子通奸。现在掌了军队的实权，又多受诸将贿金。这样的人，实为不法乱臣，请大王明察！"

刘邦听了这样的话，也不免疑心起来，就把推荐陈平来汉营的魏无知招了来，当面诘责道："你推荐的陈平，说他可用。可是我听说'盗嫂受金'，行止不端，你难道不是荐举非人吗？"

魏无知一听，不慌不忙地说道："臣推荐陈平，只是看重陈平的大才。大王对他的品质有质疑，那可不是今日之要务啊。现在，楚汉相拒，全仗着奇谋取胜，对于为人处世的细枝末节，可不能太过分地要求啊。大王只要察看陈平的计划是否可采用就行了，至于什么盗嫂受金等事，您就不用去管了。如果陈平实无智能，我甘愿领罪!"

刘邦听着,觉得有点道理,于是等魏无知回去之后,又召见陈平,责问他受金盗嫂的事。陈平也不隐讳,直接答道:"臣本是楚王的官吏,项羽不能任用臣,所以我弃楚归汉,我这一路上受尽艰难,只剩得孑然一身,来投奔大王。如果不受一点贿赂的金银,连我的生活都成问题,又怎么给您献策,大王如以为臣言可用,不妨任臣行事;否则,那些贿金都在此,我一分也没花,我把它们都交给您,只要您准我回乡为农就行了。"

刘邦不愧是一个宽宏大量的人,一听此话,立刻起身向陈平请求原谅,更加厚赐陈平。不久,就把陈平的官升为护军中尉,监护诸将,这样,诸将才不敢再说陈平的坏话了。

其实,刘邦不是不知道陈平的缺点,但他更看重的是陈平的优点,所以能够对其加以重用,这样,使陈平十分感动,矢志不渝,曾六出奇计,为汉朝的建立和巩固立了大功。

黄石公说:"小怨不放弃,大怨必然会产生。"《尚书》说:"必有忍,其乃有济;有容,德乃大。"

穿梭于茫茫人海中,面对别人的过失,却能用一个淡淡的微笑,一句轻轻的歉语,带来包涵谅解,这就是宽容。不苛求别人,能够以律人之心律己,以恕己之心恕人,这也是宽容。

宽容是一种博大,它能包容人世间的喜怒哀乐;宽容是一种境界,它能使人跃上大方磊落的台阶。只有宽容,才能"愈合"不愉快的创伤;只有宽容,才能消除人为的紧张。唯有对世事时时心平气和、宽容大度,才能处处契机应缘、和谐圆满。

下面这个故事更加反映出刘邦是一个宽容的君主。

在楚汉相争的时候,楚王的著名将领季布率军进攻汉王刘邦,经常使汉王刘邦受困,有几次甚至使刘邦险些丧命。

项羽灭亡之后,高祖就悬赏千金捉拿季布,并且命令说对于收留、窝藏季布的人要夷其三族(即杀掉三族,关于三族,说法不一,一般指父族、母族、妻族),连坐其罪。

于是,天下官吏都积极地搜捕季布,季布无处可逃,就藏匿在濮阳的一位姓周的人家里。周先生也不敢私自收留他,就将季布的头发剃掉,用铁环束在他的颈上,给他穿上毛布衣服,装在丧车里面,连同他的仆人数十人,送到鲁国卖给朱家。

朱家是当时有名的豪侠,交游十分广泛,也非常有势力。

他当然知道这个人是季布,也知道不可能长期藏匿下去,于是,就在洛阳拜见汝阴侯(夏侯婴)滕公,对他说:"臣下各为自己的主上效命。季布为项羽重用,为项羽卖力,那是他的职责。而且,项羽的臣子也没有办法一一都杀了。现在,皇上刚刚取得了天下,单只为了一己的私怨,要搜捕处罚他一人。为什么要表现得让天下人觉得皇上胸襟狭窄呢?况且以季布的才干,被汉朝这样严厉地搜捕,如此下去,他不向北逃往胡地,就会向南逃往越地。一个国家最忌讳的就是贤能英勇的人跑去帮助敌人,因为这样,君王可能落得像楚平王被伍子胥鞭尸一般的下场。你何不找个闲暇的时候对皇上说明呢?"

刘邦

滕公答应了。等到闲暇的时候,就照朱家的意思向高祖进言。高祖听了他的这一番话,觉得十分有道理,于是就赦免了季布,并且召见了他,任命他为郎中。

当时的诸侯都赞美季布能够将刚强的心性,变得这样的柔弱;朱家也因此而名闻于当时,而其中得益最大的是刘邦,他以政治上的宽怀大度赢得了民心,使他的敌人不再以必死的决心对待他,刘邦因而顺利地解决了建国初期的政治上的很多困难。

做到让别人死心塌地替你出力,确实是一种功夫。那胡雪岩又是怎么做的呢?很简单,那就是凡事都敞开一点胸怀!

朱福年做事不地道,不仅在胡雪岩与庞二联手销洋货的事情上作梗,还拿了东家的银子"做小货",他的东家庞二自然不能容忍。依庞二的想法,他是一定要清查朱福年的问题,狠狠整他一下让他滚蛋。但胡雪岩觉得这样不妥。胡雪岩说:"一发现这个人不对头,就彻底清查后请他走路,这是普通人的做法,最好是不下手则已,一下手就叫他晓得厉害,心生佩服。要像诸葛亮'七擒孟获'那样使人心服口服。'火烧藤甲兵'不足为奇,要烧得他服帖,死心塌地替你出力,才算本事。"

胡雪岩的做法是:先通过关系,摸清了朱福年自己开户头,将丝行的资金划拨"做小货"的底细,然后再到丝行看账,在账目上点出朱福年的漏洞。然而他也只是点到为止,不点破朱福年"做小货"的真相,也不再深究,让朱福年感到自己似乎已经被抓到了"把柄"但又莫名实情。同时,他还给出时间,让朱福年检点账目,弥补过失,等于有意放他一条生路。最后,则明确告诉朱福年,只要尽力,他仍然会得到重用。这一下子朱福年真就感激不尽,彻底服帖了。

胡雪岩的这一套做法,实际是从嵇鹤龄讲的一个故事得到的启发:苏州有一家极大的南北货行,招牌叫"方裕和"。方裕和从两年以前就开始发生货物失窃走漏的事情,而且丢失的都是鱼翅、燕窝、干贝之类的贵重海货。方老板不动声色,明察暗访,很长时间才弄清楚,原来是他最信任的一个伙计,也是自己的同宗亲戚与漕帮中的人相互勾结,将店中贵重海货绑扎在店里出售的火把中偷出去,再运到外埠脱手,难怪他在本城同行、饭店中都没有查到吃黑货的蛛丝马迹,在方老板的逼问下,这个伙计承认了自己的偷窃行为。按规矩,也是照普通人的做法,自然要请他走路。但方老板并没有采取普通人的做法,他以为能够做到两年之久不被发觉,一定有相当的本事,再说同伙勾结,闹出去要开除一批熟手,还有损信誉,所以决定不仅不要这个伙计"走路",还加他的薪水,重用他。这样一来,那伙计感恩图报,自然不会再干偷货走私的事情了。

这种做法,胡雪岩觉得也算是相当漂亮了。但他认为还差一点。他在听嵇鹤龄讲完这个故事之后对嵇鹤龄说:"照我的做法,只要暗中查明了,根本不说破,就升他的职,加他薪水,叫他专管察偷漏。"胡雪岩的理由是,做贼是不能拆穿的,一拆穿就留下痕迹,无论如何处不长。既然他是个人才,自己又能容留他,就不必拆穿他,只让他感恩就行了。

胡雪岩以他的宽容成就了一代儒商的美名。我国古代的舜帝也是一个具有宽容的美德的贤人。

舜敬父爱弟,可他的弟弟象表面看起来敬兄,内心却总想害死他。有一次他们俩去挖井,舜正在井内时,象却突然把井口封死。象以为舜必死,就想打他夫人的主意,于是来到舜家里。不料,舜大难不死,已经从井的另一个出口脱身回到家里。

象刚进门,见舜在弹琴,只好尴尬地说:"我正惦记着你呢。"

舜就像什么事也没有发生过一样,只是平静地说:"多谢你的美意。你真是我的好兄弟,以后你协助我一起管理臣民吧。"

舜有如此广阔的胸怀,是他成就一代帝王大业的重要基础。

林则徐有一句名言:"海纳百川,有容乃大。"有时我们如果以宽容的心境和幽默的态度对待他人有意或无意施加的羞辱和难堪,往往可以从消极的情绪中解脱出来,免得事态恶性发展。

春秋战国时期,孔子有一次在郑国与弟子们失散了,他只好独自站在城东门等候。一个郑国人对孔子的弟子子贡说:"东门有个人,长得奇形怪状,累得好像丧家之狗。"子贡把这句话告诉了自己的老师,孔子坦然笑道:"说我像丧家之狗?确实是这样,是这样的啊!"作为一代宗师的孔子居然能在学生面前对这种污辱性的语言一笑了之,的确表现出万世师表的宽容与大度。

宽容的过程是"互补"的过程,别人有此过失,若能予以正视,并以适当的方法给予批评和帮助,便可避免大错。自己有了过失,亦不必灰心丧气,一蹶不振,同样也应该宽容和接受自己,并努力从中吸取教训,引以为戒,取人之长,补己之短,重新扬起工作和生活的风帆。

当然,宽容绝不是无原则的宽大无边,而是建立在自信、助人和有益于社会基础上的适度宽大,必须遵循法制和道德规范。对于绝大多数可以教育好的人,宜采取宽恕和约束相结合的方法;而对那些蛮横无理和屡教不改的人,则不应手软。从这一意义上说"大事讲原则,小事讲风格"的宽容之道,乃是中庸做人的学问。

处世活用

别说他人的坏话

在日常生活中,有些人自觉不自觉地讲些他人的坏话,久而久之,说坏话成了他们的不良嗜好。这些人似乎看什么都不顺眼,往往一开口,就是满腹牢骚和抱怨,这也不行,那也不行,好像他自己十分完美,没有瑕疵。对于这种人,耶稣曾经这样针砭他们:"你为什么看见你弟兄眼中有刺,却不想自己眼中有梁木呢?你自己眼中有梁木,怎能对你弟兄说'容我去掉你眼中的刺'呢?你这假冒为善的人!先去掉自己眼中的梁木,然后才能看清楚,去掉你弟兄眼中的刺。"

和这种人交往,你的心情也会变得灰暗无光,觉得活着没有什么意思。在这种人看来。好像世上没有几个人、几件事看得顺眼。我们若留心统计,将会惊讶地发现:这种人一天讲一百句话,大概有九十九句是坏话,那唯一的一句好话是夸奖他自己的。

爱讲别人坏话的人,有时是过于理想主义,喜欢用自己的模式去套生活中的现实,结果呢,常常事与愿违,弄得自己很憋屈,想不通为什么人这么坏。有时则是看问题过于偏颇,只考虑自己的益处,专门利己,毫不利人。凡是不对自己胃口的,都一概否定。还有一种情况,是喜欢用放大镜甚至是显微镜看人,将别人一丝一毫的瑕疵无限放大。关于这种人,鲁迅先生曾经打过一个漂亮的比方,他说:这种见不得人好的角色犹如一位老夫子喜欢用一枚放大镜去看美人嫩白的胳膊,结果却看到了皮肤上的皱纹和皱纹里的污泥。试想一下,如果再用显微镜去观察,岂不就是骇人眼目的细菌满布全身了?!

老爱说人坏话的人,很难与人友好相处。即便他没有直接说别人的不是,但其人瞧什么都看不上眼的不良心态,让人很难与他有共同语言。长久下去,人们就会觉得这个人太"刁"了,惹不起,躲得起,不再跟他来往,敬而远之。即便偶有接触,也顶多是打个哈哈敷衍一下,然后赶紧逃之夭夭,以免招来晦气。

总讲别人的坏话,最终的结果就是成为人见人躲的孤家寡人。其实,生活中并不缺少美好,而是缺少发现美好、品鉴美好的眼光。有一个故事是这么说的:一位老太太膝下育有两个女儿。大女儿卖冰棍,小女儿卖雨伞。雨天冰棍卖不动,老太太就抱怨为什么老天不下雨;晴天雨伞卖不出去,老太太就抱怨老天为什么不出太阳。后来有心人开导她,晴天你大女儿冰棍卖得火,雨天你小女儿雨伞卖得快,你天天都有喜事,有什么好抱怨的呢?老太太一转念,心情一下子好了起来。同样的道理,与人相处也要善于发现别人身上的闪光点,这样,才会有更多的人愿意和你友好相处。

职场活用

争取一切机会为公司说好话

你是某公司的员工,如果公司委托你代表公司去参加某个会议,这是你在这些会议上展示公司优点的最好机会。在展示公司优点的同时,你个人的风采、风姿、风格也因此得到了展示,你在公司里的职能和权力也将随之扩大,老板和你的顶头上司也会越来越信任你,把更多重要的事务委派给你。但这种机会是很少的,你不必消极地等待这样的机会光临,俗话说,天上不会下馅饼,在很多情况下,你需要挺身而出,主动争取你的顶头上司委派你做他的代表,去参加他不愿意或不能够出席的会议,你可以让你的顶头上司知道,你愿意代表他在会上做主题报告,并借机宣传公司的拳头产品。你的顶头上司总要找人代表他去参加会议,见你这么主动,有信心,敢于承担重大责任,若没有横生枝节的事体,他一般会提议让你临时顶替他,把相关的权力和职责委托给你。这样,你一则增加了展示个人能力的机会,扩大了个人的知名度;二则你的顶头上司也会对你刮目相看,越来越倚重你。

你可以通过把公司成功的经验与方法编写成专业手册,来"为公司说好话"。但凡能使你和公司同时得到宣传的场合你都要尽量出场,这不仅可以培养你的说服能力,而且可以为你的公司招徕新的顾客。你要见缝插针地寻找机会,即便没有机会也要制造机会,主动成为社团、集会的演说者、操办者、合作者,另外,你还要主动参加社交活动,出入人口密集的公共场所,以便和更多的人交流。在这样的场合,你的穿戴要得体大方,有吸引力,这样你才能和别人对上话,借此结识同一行业的人，与他们交朋友，了解行情，提高自身的业务水准，使公司和你的知名度得到同时提升。

总而言之，原则就是想尽一切办法，争取一切机会为公司说好话。其实，为公司说好话，也是为你自己说好话，因为你是这家公司的其中一员。你如果诋毁你所在的公司，等于诋毁你自己。当你诋毁你所在公司的时候，别人会想，你自己所在的公司不行，看来你也行不到哪里去啊。

商界活用

好话也值钱

有一家效益不错的大公司，为了扩大经营规模，决定高薪招聘营销主管，在本市的日报、早报和晚报上都做了整版广告，招揽来了大批的应聘者。

在面试会上，面对摩肩接踵的应聘者，负责招聘工作的公司副总镇定自若地说："与其相马，不如赛马，为了选拔出高素质人才，我们出了一道实践试题：就是如何想办法把木梳尽量多地卖给庙里的和尚。"多数应聘者感到十分纳闷，心里想：出家人又用不着木梳，这不明摆着开国际玩笑吗？于是纷纷拂袖而去，各回各家。最后剩下三名应聘者：甲、乙和丙。负责招聘工作的公司副总微笑着对他们说："十天后的这个时候，你们再来向我汇报销售成绩。"

十天的时间转眼就过去了。甲、乙、丙三人不约而同地前来汇报销售成绩。负责招聘工作的公司副总问甲："卖出了多少把？"回答："1把。""怎么卖的？"甲讲述了他如何历尽艰辛，游说和尚应当买把梳子备用，可毫无效果，还惨遭和尚责骂。幸好，在下山途中遇到一个小和尚一边晒太阳，一边使着劲儿抓头皮。甲灵机一动，赶紧递上木梳，小和尚用后满心欢喜，这才买下一把。

负责招聘工作的公司副总问乙："卖出了多少把？"答："10把。""怎么卖的？"乙说他去了一座名山古寺，由于当天山上起了大风，不少香客的头发都被吹乱了，他找到寺院住持说："蓬头垢面是对佛的大不敬。寺院不妨在每座庙的香案前放上木梳，供香客梳理鬓发用。"住持欣然采纳了他的建议。那山有十座庙子，于是买下了10把木梳。

负责招聘工作的公司副总问丙："卖出多少把？"答："1000把。"负责人吃惊地问他："怎么卖的？"丙说他去了一个颇具盛名的深山宝刹，一路上看见朝圣者、香客络绎不绝。目睹此情此景，他的心中渐渐有了主张，一到宝刹就径直去找住持，对他说："凡来进香的人，大多有一颗诚心。宝刹应有所回赠，保佑其平安吉祥，鼓励其多行善事。我有一批木梳,您的书法超群拔俗,可镌刻上'积善梳'三个字,用作赠品给进香的人。"住持大喜,当即买下 1000 把木梳。得到"积善梳"的香客也十分高兴,一传十、十传百,来宝刹的朝圣者更多,香火也更旺了。

卖木梳给和尚,听起来有些不可思议,但不同的思维模式,不同的推销方案,却有截然不同的结果。真正的营销高手总是能够在别人认为不可能的地方开发出新的市场来。在客户面前说话,赞美是必不可少的,但也不能太夸张了,让人感觉你有居心。当然,产品以及相关信息一定要真实,不能玩虚假。

如何向客户推销产品,确实是一门语言的艺术。比方说,你的客户如果是女性,漂亮的你不妨称她美女,不漂亮的你不妨称她有气质;有才气的叫才女,没才气的叫淑女;瘦的夸苗条,胖的夸丰满;高的叫亭亭玉立,矮的叫小巧玲珑;脾气好的叫温柔,脾气不好的叫泼辣;穿的整齐的叫庄重华美,穿的随意地叫潇洒自如;年轻叫青春靓丽,年长则叫成熟持重。一言以蔽之,只要你善于发现,总能从对方身上找到可赞美的地方。

但有一点需要提醒的是,不能盲目迎合,刻意逢迎。这就要求推销人员做到这么几点:

首先,你要了解客户的基本情况,才能说出让客户满意的好话,所谓知己知彼,才能做得更好。有时一句诙谐幽默的话语,会让客人在无形中对你产生好感。

其次,你要懂得说应景的话。如果是在公司推销,就赞美该公司好的方面,如果上门推销就赞美一下他的孩子,家居布局等。现在的人,能发现别人优点的人很少,会赞美别人的人更是稀缺,说好话,又不用你花费一分钱,无非是把对方的优点用你的话说出来而已!

最后,你在开口说话时,要准确把握"说"的状态,准备好该说的"疾",不能想一句说一句,前言不搭后语。

第七节　予知

心怀诚笃的人生,是轻松美好的。坦诚相对,就可以少却许多刻意的掩饰。

诚实有什么难以做到的呢?说一句谎话,需要编造十句谎话来掩饰,这是何苦呢?聪明反被聪明误,道理就在这里。

功利之心如罗网陷阱,于是人们尽显聪明,自以为高明。最终陷于自己罗织的牢笼之中。古人说:宁从拙中取,不于巧中求。拙显其诚,巧却诈伪。

那些选择中庸为立身之道的人,虽然知道适可而止的好处,但欲壑难填,好胜、摹比心切,结果是越走越远,无法做到持守。

正确面对自己的无知,享受已经到手的幸福,争取可能得到的果实,规划明天的目标。这样美好的人生我们为什么不奉行呢?

【原文】

子曰:"人皆曰'予知'[1],驱而纳诸罟擭陷阱之中[2],而莫之知辟也[3]。人皆曰'予知',择乎中庸,而不能期月守也[4]。"

【注释】

①予:我。知:同"智"。

②纳:原意为纳入,这里为落入之意。诸:"之于"的合音。罟擭陷阱:借指利欲诱惑的圈套。罟:泛指网。《易·系辞》"作结绳而为罔罟。"擭:装有机关的捕兽的木笼。《尚书传》云:"捕兽机槛。"

③辟:躲避,逃避。

④期月:一整月。

【译文】

孔子说:"人人都说自己聪明,可是被驱赶到罗网陷阱之中,却不知道如何躲避。人人都说自己聪明,可是选择了中庸之道,却连一个月也不能坚持下来。"

【历代论引】

郑玄说:凡人自谓有知,人使之入罟,不知辟也。自谓择中庸而为之,亦不能久行,言其实愚又无恒。

孔颖达说:禽兽被人所驱,纳于罟网、擭陷阱之中,而不知违辟,似无知之人为嗜欲所驱,入罪祸之中而不知辟。小人自谓选择中庸,而心行亦非中庸。假令偶有中庸,亦不能期匝一月而守之,如入陷阱也。

朱子说:择乎中庸,辨别众理,以求所谓中庸。知祸而不知辟,以况能择而不能守,皆不得为知也。

【评析】

自作聪明的人往往不会有好下场,这就是人们常说的"聪明反被聪明误"。

自以为聪明的人常常好走极端,走偏锋,以为凭借自己的"聪明"就可以达到预期的目的,经常会忽略很多其他方面的因素,结果自投罗网而自己却还不知道。

从另一方面来说,虽然很多人知道适可而止的重要性,知道选择中庸之道作为立身处世原则的意义。但有时为了满足自己的欲望而停不下脚步,结果是越走越远,不仅改变了适可而止的初衷,而且背离了中庸之道,最终掉人世俗的欲望陷阱中无法自拔。

人贵有自知之明,做什么都脚踏实地,不自作聪明,凡事做到适可而止,切合中庸之道,这才是最明智的选择。

【解读】

每个人对于自己的能力要有自知之明,不要为了虚名而自作聪明,或是故意卖弄自己的聪明,那样反而会遭到别人的耻笑,甚至会招来杀身之祸。

明代大政治家吕坤以他自己丰富的阅历和对历史人生的深刻洞察,提出了"古今得祸,精明人十居其九"的结论。他在《呻吟语》中说了一段十分精辟的话:"精明也要十分,只需藏在浑厚里作用。古今得祸,精明人十居其九,未有浑厚而得祸者。今之人唯恐精明不至,乃所以为愚也。"

译成今天的话就是:精明还是非常需要的,但要在浑厚中悄悄地运用。古往今来得祸的人绝大多数都是精明的人,没有因浑厚而得祸的。现在的人唯恐不能精明到极点,这就是之所以愚蠢的原因啊!

作为聪明人有时尚且还要装傻,一般人又怎么能够自作聪明呢?

这就是说,聪明是一笔财富,关键在于怎么使用。就如同财富可以使人过得很好,也可能使人毁灭。凡事总有两面,好的和坏的,有利的和不利的。真正聪明的人会使用自己的聪明,那主要是深藏不露,不到火候时不要轻易使用,一定要貌似浑厚,让人家不眼红你。一味耍小聪明,其实是最大的错误。因为那往往是招灾引祸的根源。无论是从政,还是经商,是做学问,还是治家,都不能耍小聪明。

耍小聪明的人有两种结果,一个是被人猜忌防范而招祸,一个是自己会把事情办坏而不能成功。它可以使人得意于一时,获得心理上的满足,然而终究还是自毁,永远不会取得真正的、伟大的成功。

东汉时期的杨修就是一个依仗自己的聪明来夸耀和显示自己的人。杨修虽有才,但他不知道该如何正确发挥自己的才能,却总是在曹操面前显摆自己,终于惹来杀身之祸。

东汉末年,杨修以才思敏捷、颖悟过人而闻名于世。杨修在曹操的丞相府担任主簿,为曹操掌管文书事务。曹操为人诡谲,自视甚高,因而常常爱卖弄些小聪明,以刁难部下为乐。不过,杨修的机灵、颖悟又高过曹操,致使曹操常常生出许多自愧不如的感慨和酸溜溜的妒意。

有一天,曹操招了一些工匠在丞相府后面修建花园。花园是按曹操的设计图修建的。当花园落成之际,曹操亲自去察看了一下。花园修建得错落有致,景物相宜,曲径通幽,极富情趣,曹操十分满意。走出花园后门时,曹操忽然停下脚步,上下打量一番,皱了一下眉头,随即从侍从手中要过笔来,在门上写了个"活"字,没说一句话，转身就走了。

究竟是什么意思？工匠们琢磨来琢磨去，就是琢磨不透。

杨修

这时，杨修走了过来，工匠们像见到救星一样，一把拉住他，把刚才发生的事一五一十地告诉了他。杨修一听就明白了，对工匠们笑笑说："丞相嫌后门宽，要缩小一点哩。"

"是丞相说的吗？"一个工匠不放心，问了一句。

杨修摇摇头，用手指指门说："'活'字在门中，这不是'阔'字吗？"

匠头埋怨说："丞相跟我们说一声不就行了，何必要跟我们打哑谜呢？"于是按杨修给的新尺寸，工匠们将花园的后门改窄了。

第二天，曹操又来了，看了看改装后的园门，完全符合自己的心意，便不露声色地问匠头："是谁叫你们这样做的？"

匠头战战兢兢地告诉丞相，是杨主簿吩咐的。曹操笑着说："我就想到是杨修教你们这么做的。这小子，也算是机灵到家了。"

一次，北方来人向曹操进献一盒精心制作的油酥，曹操开盒尝了尝，觉得味道很好，因此连说了两声"好"，随即盖上盒盖，在盒上题写了一个醒目的"合"字，便走开了。

曹操的侍从们凑到了一起，七嘴八舌地议论起来，谁也不知曹操的葫芦里卖的是什么药，决定请杨修来琢磨琢磨。

杨修来后，默默地思索了一会儿，便动手打开这盒油酥。一个老文书连忙说："不要动，这可是丞相喜欢吃的呀。"

杨修对大家说："正是因为它味道好，丞相才让我们一人一口分了吃，大家尝尝吧！"

老文书不放心地说："你这鬼精灵，别捉弄我们了！"

杨修大笑道："这盒盖上写着'合'字，不是明明白白地告诉我们'人一口'吗？你胆小，你就不要吃，反正我是要吃的。"说完，拿起一块油酥就塞进嘴里去了。

大家一想，有道理。顷刻之间，这盒油酥便被众人吃得干干净净。

后来，曹操得知又是杨修猜中了他的心思，口中喃喃地说道："杨修果然是一个机灵之人。"不过，自负的曹操心里却酸溜溜的。

机灵、聪明是杨修的特长，也是他的短处，因为他不能把自己的聪明发挥在合适的地方。曹操自知不比杨修，心中充满了嫉妒，但表面上却丝毫不动声色。

建安十九年春，曹操亲率大军进驻陕西阳平，与刘备争夺汉中之地。刘军防守严密，无懈可击，又逢连绵春雨，曹军出战不利。曹操见军事上毫无进展，颇有退兵的意思。

这天，曹操独自一人吃着饭，同时也在思考下一步的行动。一个军令官前来请示曹操，当晚军中用什么口令。军中规定每晚都要变换口令，以备哨兵盘查来人。此时，曹操正用筷子夹着一块鸡肋骨，于是脱口而出："鸡肋。"军令官听了也觉没有什么奇怪。

消息传到杨修耳里，他便悄悄地整理笔札、行装，作开拔的准备。一个年轻的文书见状后问道："杨主簿，这天天要用的东西，有什么好收拾的？明天还不是要打开？"

"不用了，小兄弟，我们马上就可以回家。"杨修诡秘地一笑说。

"什么？要回家了？丞相要撤退，连点蛛丝马迹也没有啊。"小文书不解地看着杨修。

杨修淡然一笑说："有啊，只是你没有察觉到罢了。你看，丞相用'鸡肋'作军中

曹操

口令，'鸡肋'的含义不就是'食之无肉，弃之可惜'吗？丞相正是用它来比喻我军在汉中的处境。凭我的直觉，丞相已考虑好撤军的事了。"

这个消息又传到了守将夏侯惇的耳朵里，他也相信了，便吩咐军士们也跟着作撤退的准备。不料，曹操晚饭后为军情棘手而难以入睡，便步入大帐巡视，看到这种情况后，愕然一惊。他急忙找夏侯惇来查问，夏侯惇哪敢隐瞒，照实把杨修的猜度告诉了曹操。对杨修的过分聪明早已不快的曹操，这下子抓到了把柄，立即以惑乱军心的罪名，把杨修杀了。

后来的事实证明，曹操虽杀了杨修，终于还是下令退离了汉中的战场。然而就杨修而言，他早晚必死无疑。因为他几次三番地不知掩饰自己，过于炫耀自己的才能。他虽然聪明，但只是小聪明而已。

自古以来的贤人志士，都非常注意讲究气节，从不与他们眼中的恶人同流合

污,以显示自己的清高与孤傲。三国时候的祢衡,具有很高的才学,要是运用得当,也许能发挥他的才干,成就一番事业,但他恃才傲物,结果聪明反被聪明误,丢掉了性命。

汉献帝建安初年,曹操考虑派一个使者到荆州劝说荆州牧刘表投降。谋士贾诩建议说:"刘表喜欢与有名的人士交往,最好能物色一位著名的人物前去,才有希望达到目的。"曹操觉得有道理,就问另一个谋士荀攸:"你认为谁可以去呢?"荀攸回答:"当然让孔融去最好!"曹操点头答应,并嘱咐荀攸去跟孔融打招呼。

孔融听到荀攸的话,立即接口说:"我有一位好友叫祢衡,他的才学比我高十倍。"

后来孔融并没有把祢衡直接推荐给曹操,而是向汉献帝上了一个表,大大夸耀了祢衡的才能。献帝把表章交给曹操,曹操心中很不高兴,就随便叫人去把祢衡喊了来。祢衡来后,按例行了礼,曹操却一反以往尊重人才的常态,不给祢衡安排座位。

平时颇为自负的祢衡见到这个场面,不觉仰头向天,一声长叹说:"天地虽然这样宽阔,为什么跟前连一个像样的人都没有呢?"

曹操自傲地说:"我手下有几十位能人,都是当代英雄,凭什么说没有人呢?"

祢衡又笑了一声:"那就说给我听听吧!"

曹操不无得意地说:"荀攸、郭嘉、程昱见识高远,前朝的萧何、陈平,都不如他们。张辽、许褚、李典、乐进勇猛无敌,过去的岑彭、马武,也不是对手。这怎能说没有人呢?"

祢衡哈哈笑了起来:"你全讲错了,这些人我都认识,荀攸只是个看坟墓的料子;程昱仅能开开门;郭嘉倒还可以读几句辞赋;张辽在战场上只配打打鼓,敲敲锣;许褚也许能放放牛,牧牧马;乐进和李典当当传令兵勉强凑合!"

祢衡这一顿讽刺、挖苦激怒了曹操,曹操大喝道:"你又有什么能耐?"

祢衡说:"我?天文地理门门都能;三教九流样样都知道。辅助天子,可以使他们成为尧、舜;个人道德,可以与孔子、颜渊相比,怎能与这些凡夫俗子相提并论呢?"

这时,张辽在旁边,听到祢衡这样狂妄,公开侮辱大家,气得抽出宝剑要砍他,曹操止住他说:"我目前正缺少一个敲鼓的人,早晚朝贺和宴会都要有人敲鼓,就让祢衡去做吧!"

老奸巨猾的曹操,企图用这个办法狠狠羞辱一下祢衡,谁知祢衡一点也不拒绝,很快答应这个办法,告辞去了。张辽恨恨地问曹操:"这个家伙讲话这般放肆,为什么不让我杀他？"

曹操笑笑说："这个人在外面有点虚名，我今天杀了他，人家就会议论我容不得人。他不是自以为很行吗，那就叫他打打鼓吧！"

第二天中午，曹操在丞相府大厅上邀请了很多客人赴宴，命令祢衡打鼓助兴。原先打鼓的人叮嘱祢衡打鼓时必须换上新衣，但祢衡却穿着旧衣服进入大厅。祢衡精于音乐，打了一通"渔阳三挝"，音节响亮，格调深沉，发出金石般的声音，座上的客人情绪热烈，激动得流下泪来。曹操的侍从们突然挑剔地叫道："打鼓的为什么不换衣服？"谁知祢衡竟当众脱下身上的破旧衣服，赤裸裸地站在那里，客人们惊得一齐掩起面孔。祢衡又慢慢地脱下裤子，一直不动声色。曹操看见这个情景，呵斥起来："在朝廷的厅堂上，为什么这样不懂礼仪？"

祢衡

祢衡严峻地回答说："目中没有君主，才是不懂礼仪。我不过是暴露一下父母给我的身体，以示我的清白罢了！"

曹操抓着祢衡的话，逼问说："你说你清白，那么谁又是污浊的？"

祢衡直指曹操说："你不识人才，是眼浊；不读诗书，是口浊；不听忠言，是耳浊；不通晓古今的知识，是头脑污浊；不能容纳诸侯，是胸襟污浊；经常怀着篡夺皇位的念头，是心地污浊。我是社会上知名的人，你强迫我打鼓，这不过如同当年奸臣阳虎轻视孔子，小人臧仓毁谤孟子一样。你要想成就称王称霸的事业，这样侮辱人行吗？"

祢衡这样犀利地当面抨击曹操，使大家都非常吃惊。当时孔融也在座，生怕曹操一气之下会杀害祢衡，便巧妙地为祢衡开脱说："大臣像服劳役的囚徒一样，他的话不足以让英明的王公计较。"曹操听出孔融在帮祢衡讲话，事实上他也不想在这宾客满座的场合承担残害人才的恶名。只见他装作胆量极大的样子，用手指着祢衡说："我现在派你到荆州出使。如果说得刘表来归降，我就重用你担任高官。"祢衡知道刘表是不会归附曹操的，派去的人也会凶多吉少，这分明是曹操在使借刀杀人的伎俩，不肯答应。曹操立即传令侍从，要他们备下三匹马，由两人挟持祢衡去荆州，一面还通知自己手下的文武官员，都到东门外摆酒送行，真是既毒辣又狡猾！

祢衡大胆地痛斥曹操，在当时有一定的正义性。但由于他恃才傲物，往往出语伤人，也不讨刘表喜欢。刘表察觉到曹操有心把祢衡送来，好让自己杀他，既解了曹操的恨，又把杀害贤人的罪责推到自己头上，便也使了一个与曹操同样的圈套，把祢衡转派到生性残暴的江夏太守黄祖那里。果然,祢衡在宴席上讽刺黄祖,说黄祖好像是庙里的菩萨,只受香火,可惜并不灵验,最后被黄祖所杀。

虽有一定的才智,但如果过于卖弄,不能把这种才智用于正途,就既不能为自己打开通向成功殿堂的大门,也不能帮助别人成就他的事业,结果还可能落得个身首异处的下场。所以,聪明并不是过错,但如若不能正确运用则于人于己都不利了。

有一种最为简单也最容易赢得别人尊敬的处事方式,那就是有自知之明;有一种看上去很聪明其实很糊涂很愚蠢的处事方式,那便是耍小聪明。

处世活用

不待人嘲应自知

战国时,齐国人邹忌,长得身材魁梧,容貌俊秀。有天早上,他穿戴完毕,正在照镜子的时候,忽然想起人们都说城北徐公是美男。于是,他问妻子:"我和城北徐公相比,谁长得好看些?"

妻子说:"你好看多了,徐公哪里比得上你呢?"

邹忌有些不信,又问他的小妾:"我和城北徐公相比,谁长得好看些?"

小妾说:"徐公怎能比得上你呢?"

当天,家中来了个客人。在言谈中,邹忌又问客人:"我和城北徐公相比,谁长得好看?"

客人说:"徐公不如你漂亮。"

次日,徐公来拜访邹忌。邹忌仔细打量徐公的相貌,自觉不如徐公;再照镜子,更觉比徐公差得远。他想,我明明不如徐公美,为什么他们都说我美过徐公呢? 妻子说我美,是因为她有偏心;小妾说我美,是因为怕我,不敢说真话;客人说我美,是因为有求于我,所以拣好话说。

看来,邹忌是个实事求是的人,注意调查研究。为了弄清他和徐公谁美的问题,竟然连问了三个人,都没有得到正确答案。这也说明,要正确认识自己是多么不容易。让人感喟的是,邹忌在赞美声中有一颗清醒的头脑,能够自我反省,看清差距。

陆游诗云:"吾侪饭饱更念肉,不待人嘲应自知。"而要自知,就要勤于学习,正视自己的不足,自觉减少和避免"不知"。孔子说:"知人者智,自知者明。"你是否认识你自己,这是你人生的关键。不要因为自己高于他人便目空一切,要知道"高处不胜寒"，你随时都有被打入"冷宫"的危险。不要因为自己低于他人而闷闷不乐，在充分认识自己的前提下，你终将改变你目前的状况。闭起你的眼睛，让你的心完全平静下来，仔细地回想一下你所经历过的一切，给自己一个公正的评价，然后摆正自己的位置。

有一点需要强调的是：你不要错误地认为自己的人生价值与你的聪明才智、你的博学多能或者你的财富、力量有关。事实上，无论你有多聪明，也无论你有多能耐，若你没有自知之明，那么你的最终结局只能是自取败亡！你不妨经常问一问自己：我是谁？我从哪里来？我要到哪里去？当你能够给出一个满意的答案时，你的人生也就真正开始了。

职场活用

切忌眼高手低

有些人常常自视过高，只看到自己的优点，却看不到自身存在的问题，认为自己的能力和水平都在他人之上，公司出了成绩觉得自己功劳最大，晋升没我不行，奖金非我莫属。

一个不自知的人，往往习惯于浅尝辄止、盲目骄傲，不考虑自己有多少本事，值不值拿这么多年薪，能不能胜任高级职位。这种不自知的行为，往往是导致"有人没事干，有事没人干"这种不正常现象的重要原因。

人在职场，要明白自己想干什么，能干什么，长处在哪里，短处在哪里。当理想与现实发生冲突时，及时修正自己的目标，不能死脑筋，一条道走到黑。不切实际、眼高手低是职场大忌。有些人过高估计自己，求职时只考虑大公司、白领职位，即使碰得头破血流也不改初衷，最终成了"傍老族"。

所以说，当你所追求的目标高不可攀，当你为了达到目标而得不偿失，这个时候，你就应当选择放弃。虽然放弃是痛苦的，但比起失败的痛苦来，放弃的代价显然要小得多。在职场，你不妨随时记住这一点：盲目追求不切实际的理想，常常只能得到事与愿违的结果；暂时明智地放弃，或许将来能取得更大的成功。

有职场经验的人知道，常常有一种人，一进公司，就非常"眼高"，急于表现自己的才华，提出一些大而无当、不切实际的方案。结果证明自己非常"手低"。殊不知，饭要一口一口地吃，仗要一场一场地打，即使你欲上青天揽明月，也只能从地球上出发啊。

某一高级住宅区，开电梯的是一个年轻貌美的女孩，工作勤勉，赢得了各单元住户的一致好评，但因长得酷似某个演员，招来不少评头论足的闲话。不少人乘坐电梯时。总是有意无意地说起她像某个女演员的事情，说多了，她便干脆保持沉默。一天，正是下班高峰期，挤在电梯里的人们又谈论起这件事情来，有人说："姑娘哦，你长得真是太像某某演员了，为什么不去试试演电影呢？"言下之意，开电梯屈才了。这位姑娘终于忍不住了，开口回答说："您说的那位演员我知道，她只是一名三流的演员，而我却是一名一流的电梯工。"电梯里顿时鸦雀无声，自此以后，乘坐电梯时再也没人议论她了。

在职场中，不切实际、眼高手低的人老想着干大事，小事不屑于做，即使做了，感情上老大不情愿，心理上也觉得不舒服。结果连小事也干不好。试想一下，一屋不扫，何以扫天下？想扫天下的人必须有扫天下的能力和心态，而扫天下的能力和心态是通过持续地扫一屋而积累出来的。相反，整天只想扫天下而不想扫一屋的人，不仅天下扫不了，而且一屋也肯定扫不好。改掉不切实际、眼高手低的毛病，应当对自身的能力和外部环境有个客观的把握，从小事做起，争取把小事做好、做漂亮，在此过程中不断积累经验，总结提高。任何事情都得从一开始做起，只有从一做起，才能做到二、做到三，才能最终迈向成功。

商界活用

管理者，也要有自知之明

《吕氏春秋》里有一句话："欲知人者，必先自知。"隋代思想家王通也说："自知者英，自胜者雄。"意大利著名政治哲学家马基雅维里，应该算是政治哲学的祖师爷，他也曾经说过："不先了解自己就去领导别人，或者想去领导别人，可以说是有勇无谋，必将招致不幸与失败。"这和吕不韦、王通的自知之说是一致的。如果我们不知道自己的优势在哪里、弱点在哪里，就去领导别人，即便是一支杰出的团队也会被搞垮。兵熊熊一个，将熊熊一窝，说的就是这个道理。

自知，不仅仅意味着要认识一个人自身的特点，而且要认识他自己作为人的本性和应有价值。加拿大教育家江绍伦在《教与育的心理学》一书中说得好："只有深刻的自知之感，才能保护一个人不致坠入错误表达、偏见和虚假意图的深渊。"

项羽作为一代枭雄，因为缺乏自知之明，不喜欢授权，自认为本事大，结果没有人愿意为他效力，把江山社稷输给了既不能文又不能武的刘邦。刘邦这个人，喜欢夸海口，性格上不拘小节，素无异禀，但刘邦知道天下是靠众人打下来的，因此只要有人表现出色，他就擢用他，给他安排恰当的职位。这就是刘邦能够从沛县的一个小亭长混成皇帝的要诀。

自知是领导力最核心的部分，是发现自我必经的成长历程。真正的自知之明，不是自己告诉自己："我天生如此，这辈子大概就只能这样了！"而是理智面对自己的不足，积极寻找弥补的方式。

TCL 集团的总裁李东生，曾经聘请万明坚担任其旗下 TCL 通讯公司的老总。可以说李东生用对了人，万明坚没有辜负李东生的信任。2003 年，TCL 集团净赚 16 亿元人民币，其中有 75% 的营业额来自万明坚领导的 TCL 通讯公司，可见万明坚确实不愧为整个集团的顶梁柱。但到了 2004 年年底，万明坚突然离开 TCL 集团，有记者采访万明坚离职的原因，万明坚的解释是：在 TCL 工作很累，我应该以健康为重。但这个解释是不足为信的，因为在万明坚辞职之前，曾与李东生多次发生冲突，双方都不愿妥协。

曾有一篇访问稿描述了这一人事变动的始终。当时，李东生手下有两个人：一个是万明坚，另一个是杨伟强。杨伟强掌管 TCL 电脑业务，万明坚掌管 TCL 电讯业务。两家公司都曾经出过些问题，但李东生给杨伟强的调整时间较多，而给万明坚的调整时间相对较少，由于调整不好，万明坚只能黯然走人了，这似乎有点不公平。记者问李东生："为什么您给杨伟强比较多的时间调整，却不愿给万明坚时间调整呢？"

李东生的回答很简单，他说："我愿意给杨伟强时间调整，是因为杨伟强知道他犯了什么错，问题出在什么地方。我不愿给万明坚过多时间，主要是他认为自己没有问题。而这正是问题所在。如果公司认为你有问题，你却认为自己没有问题，那便是没有自知之明，这就很难在一个企业中站稳脚跟。"

由此说明，对一个企业领导者来说，自知是多么重要。如果不自知，即便有天大的本事，也很难有所作为。

第八节　服膺

作为孔子最好的弟子，颜回在毅力方面有过人之处。《论语·雍也》中孔子说："贤哉回也！一箪食，一瓢饮，在陋巷，人不堪其忧，回也不改其乐。贤哉回也！"这说明颜渊不为贫贱所移，能持守。

君子由于受到各种理念的约束，不愿违背良知，总是耿耿于原则，因此，从来不敢懈怠，也不敢放任一次，洁身自好，保持着人格的纯粹，做着孤独的固守。颜子正是这样的君子。

而小人对于中庸,总是持着无所谓的态度,所以做事没有什么顾忌,为所欲为。所以他们总是显得自在而潇洒,正如现在的人们所曾鼓吹而奉行的"何不潇洒走一回"。

【原文】

子曰:"回之为人也:择乎中庸,得一善。则拳拳服膺①,而弗失之矣。"

【注释】

①拳拳:奉持不舍的样子,引申为恳切。服膺:指牢记在心中。服,着,放置。膺,胸口。弗:不。

【译文】

孔子说:"颜回的处事为人是这样的,他选择中庸之道,每有所得,就牢牢切记不忘,并在行为上躬行实践,养成自己的美好品德,而不让它失去。"

【人物简介】

[回]即颜回(前523—前490),春秋末期鲁国(今山东曲阜)人。字子渊,一作颜渊,后世也称作"颜叔","颜生"。是孔子的得意门生,以德行著称。颜回出身贫寒,生活清苦,但能安贫乐道,不慕富贵,虽箪食瓢饮,不改其乐。性情恬静,好学笃诚,长于思考,"闻一知十",深得孔子的赞赏。惜其年仅32岁就早早死去,后世尊称为"复圣"。唐太宗尊为"先师"。宋真宗加封为"兖国公"。元文宗又尊为"兖国复圣公"。明嘉靖改称"复圣"。山东曲阜今有"复圣庙"。

【历代论引】

孔颖达说:颜回选择中庸而行,得一善事,则形貌拳拳然奉持之。奉持守于善道,弗敢弃失。

朱子说:奉持而着之心胸之间,言能守也。颜子盖真知之,故能择能守如此,此行之所以无过不及,而道之所以明也。

【评析】

这一章是相对于前一章所说的那些不能坚持中庸之道的人而言的。

孔子把颜回作为忠实奉行中庸之道的榜样,说明像颜回这样做才算是领悟到了中庸之道的真谛。既然选择了中庸,就要把它作为自己立身处世的准则,时时处处奉行它。我们做人也是如此。一旦确立了自己的目标,就要努力去实现它,即使在这个过程中会遇到很多困难,也不要轻易放弃,要以更加坚定的信心和勇气坚持下去,终究会有成功的那一天。

再谈到我们坚持的原则,如果我们认定了某种原则切合我们的理想和信仰,就要持之以恒地坚持下去,不因外界的如功名利禄等因素而改变,这样的坚持才有意义。做人假如没有自己一以贯之的原则，到处随声附和，随波逐流，就像没有根的浮萍，终其一生也找不到自己的位置，难以有所成就。

【解读】

中国人向来推崇那种坚持不懈、奋斗不息的精神。古代知识分子的必读书籍《孟子》中便有"一曝十寒"的典故，意在告诫人们做事必须坚持不懈、持之以恒，这样最终才能有所成就。中国先秦时期的杰出思想家荀子也在其著名的《劝学》中说过这样一段话："骐骥一跃，不能十步；驽马十驾，功在不舍。锲而舍之，朽木不折；锲而不舍，金石可镂。"意思是说，只要有恒心，能坚持，平凡之才也可以创造出骄人的成绩；如果缺乏恒心，即使天纵英才也将一事无成。古今中外无数鲜活的事例都证明了，"恒"心对一个人事业成功的极端重要性。

在晚清"同光中兴"诸将帅中，曾国藩个人的天资禀赋，即使不是如某些人所说的鲁钝，起码也不是最突出的，左宗棠、胡林翼、李鸿章等人几乎无一不是天分极高的人中龙凤。曾国藩既非天纵英才，也无父祖的权势荫庇，他之所以由一位普通的农家子弟成长为一位出将入相的"中兴第一名臣"和"中国最后一位儒家大师"，对后世诸多领域都产生了深远影响的重要历史人物，与他那做事能够持之以恒的精神是分不开的。

在京城，曾国藩先后拜理学大师唐鉴、倭仁两位前辈为师，请教进德修业之术。在两位师长的教诲下，曾国藩自立课程十二条并终身行之不辍。得益于此，他的读书方法，学术见解，道德修养，都取得了很好的效果。

曾国藩严于律己，除自立课程十二条以外，还为自己编定了一个自修的课程：凡是读书的心得、人情的历练、本身的修养、诗文的创作，莫不分别记录下来。这些记录共分五类，命名为："茶余偶谈""过隙影""馈贫粮""诗文钞""诗文章"。

有心得，能自觉记录下来，日积月累，必有收获。曾国藩从道光十九年开始做诗文钞，并且开始写日记。后来基本没有间断过。从咸丰八年六月起，更是不曾中断过一天。行军、生病的时候，也仍然照记，直到他去世的前一天为止。就此一端，便可以看出曾国藩做事有持之以恒的毅力。

曾国藩虽然在科举上已达到巅峰状态，并且做了高官，却还在读书治学上按一个学生的要求，严格规定自己的功课，毫不苟且，按日施行。这种持之以恒的精神，不仅在今日很少见到，即在古人中，也很难得。曾国藩深知坚持不懈是事业成功最基本的条件。

曾国藩的有恒，也是因为深受其家庭的影响。曾国藩家世代务农，艰苦的农业生产劳动使得曾家形成了勤苦、有恒的家风。曾国藩常对家人谈起他的父祖辈一生"皆未明即起","每夜必起看一两次不等"的习惯,这种勤苦的农家作风保障了曾家的小康生活局面,也使曾家有能力供养曾国藩十年寒窗苦读,去实现光宗耀祖的科举仕进之梦。秉承这种家训的曾国藩为官后,不仅自己在京城每日按课程苦读修养,还以家中长子的身份担负起了教育几位弟弟的责任。在对诸弟的教育中,"有恒"是一项重要内容。他在道光二十四年致诸弟的家书中写道:

余蒙祖宗遗泽、祖父教训,幸得科名,内顾无所忧,外遇无不如意,一无所缺矣。所望者再得诸弟强立,同心一力,何患令名之不显,何患家运之不兴? 欲别立课程,多讲规条,使诸弟遵而行之,又恐诸弟习见而生厌心;欲默默而不言,又非长兄督责之道。是以往年常示诸弟以课程;近来则只教以"有恒"二字。所望于诸弟者,但将诸弟每月功课写明告我,则我心大慰矣……以后写信,但将每月作诗几首,作文几首,看书几卷,详细告我,则我众喜无量。

咸丰七年,曾国藩在给其弟曾国荃的书信中写道:

凡人作一事,便须全副精神注在此一事,首尾不懈,不可见异思迁,做这样想那样,坐这山想那山,人而无恒,终身一无所成。我平生坐犯无恒的弊病,实在受害不小。当翰林时应留心诗字,则好涉猎它书以纷其志。读性理书时,则杂以诗文各集以歧其趋。在六部时又不甚实力讲求工事。在外带兵,又不能竭力专治军事,或读书写字以乱其意志。坐是垂老而百无一成……将来又蹈我之覆辙,百无一成,悔之晚矣。

曾国藩虽时时将自己对"恒"字的体会与他人分享,却从不认为自己已完全践守了"恒"字的标准,在他的日记和书信中,他多次对自己的"无恒"深自劾责。

咸丰九年,曾国藩在给友人葛睪山的回信中写道:

"国藩生平坐'不敬'、'无恒'二事,行年五十,百无一成,深自愧恨,故近于知交门徒及姻戚子弟,必以此二者相告……至于'有恒'二字,尤不易言。大抵看书与读书,须画然分为两事……看书宜多、宜速,不速则不能看毕,是无恒也;读书宜精、宜熟,能熟而不能完,是亦无恒也。足下观阅《八家文选》,即须将全部看完,如其中最好欧阳公之文,即将欧文抄袭几篇,切不可将看与读混为一事,尤不可因看之无味,遂不看完,致蹈无恒之弊。"

这样的自责之语,在曾国藩的文字中不胜枚举。

曾国藩虽然极为重视对子弟在恒心毅力方面的教育,提倡"有恒常乃人生第一美德"。但他并不主张逼迫人去做无趣的死功夫,他认为那样枯燥被动地学习是难以持久的。只有真正地对读书和所做的事业感兴趣,才有可能真正愿意投入精力去做,也才可能做到持之以恒。

曾国藩不赞成那种"拘苦疲困"下的持之以恒,他认为有恒是可以和养生联系在一起的。同治五年,曾国藩在致其弟国潢的信中说:"养生之法约有五事:一曰眠食有恒……眠食有恒及洗脚二事,星冈公行之四十年,余亦学行七年矣……自矢永不间断……愿将此五事立志行之,并劝沅弟与诸子侄行之。"

曾国藩所讲的有恒,不仅是指求学办事的恒心、毅力,还指读书、做事乃至养生的一种良好习惯和规律。任何事物都有一定的规律,遵循规律才可收到良好的效益。只有这样,才符合曾国藩所说"人生唯有常是第一美德"的真意。

曾国藩凡事能够持之以恒的精神也体现在他的军事和政治生涯中。

曾国藩自始至终担当起平定太平天国运动的重责,在连年的征战生涯中,他遭受了别人难以想象的挫折与磨难,几度九死一生,但他始终不放弃,坚持到底,最终取得了胜利。

曾国藩最终战胜太平军,原因之一就在于他坚持到底,并不断努力。其弟曾国荃开始在雨花台扎营时,曾国藩劝说曾国荃道:"太平天国军气势犹如旺盛的火焰,现在不可对他们有什么意图。"他又以"百足之虫,死而不僵",希望曾国荃明了清军所面临险境,速速退兵。曾国荃却认为在坚固的城池下面驻兵,可以持久,因此他无论如何都不退兵。当时整个战局对曾国藩很不利,曾国荃不听劝阻轻兵冒险前进,力量薄弱,这时湘军各营又遭疾疫肆虐,导致湘军的战斗力大大下降。面对李秀成的大队人马,曾国藩无可奈何。这时多隆阿已去了陕西,后援鲍超竟被李秀成派遣的杨辅清大军阻截在宁国一线。一旦天京城下的湘军被太平军击溃,再想组织足够的力量形成包围之势简直难上加难,其结果不只是前功尽弃,最重要的是曾国藩无法向朝廷交代。大战期间,曾国藩夜夜辗转反侧,不能安寝,一向以老成持重著称的他,居然来回踱步,无法定夺。他在给儿子的信中说道:"余两月以来,十分忧灼,牙痛殊甚,心绪之恶,甚于八年春在家,十年春在祁门之状。"在如此险恶的环境下,曾国藩费尽心思,调动了一切可以调动的兵力,用以援助危在旦夕的雨花台大营。1863 年,曾国藩乘船抵达乌江,并与杨载福同至大胜关,第二天来到曾国荃的雨花台大营。一路上劳苦奔波,未加休息的曾国藩就急于听取曾国荃的汇报,在耳听为虚、眼见为实的原则下,曾国藩又亲自视察了雨花台的防护措施,看到曾国荃的所有防御工事都井然有序、有条不紊,脸上终于露出了喜色。过了几天,曾国藩从大胜关赶赴金柱关、龙山桥。随后由东西梁山入裕溪口小河,查看了雍家镇、运漕镇、石涧埠、无为洲,接着从神塘河出发回到了北京。短短一个月内,曾国藩不顾舟车劳顿,查阅了进兵天京的各部湘军的防御工事,他认为"曾国荃围军坚定,水陆楫睦",决心取消撤兵的念头。自准备围攻天京以来,曾国藩一直处于寝食难安的状态,视察后心里多了几成把握,但他并不认为很快就能取得胜利。曾国藩反复将双方力量进行对比,全面分析后得出湘军不能撤,撤军恐怕扰乱军心,军心动摇胜利遥不可及的论断。

曾国藩凭着自己的坚忍和耐力最终取得了战争的胜利。坚忍实际上是一种意志力,耐力是人适应周围环境的心理因素和物质因素的总和。自古打仗,两军对阵勇者胜,持久者胜。他常说"天道忌巧",只有不懈努力,奋发进取,才能取得成功。曾国藩常常在日常生活中不断反省自己,认识到有恒是一个人事业成功与否的关键所在。他在日记中说道:"我几十年来因循守旧不肯下苦功学习作文,现在我已渐渐衰老,悔恨也来不及了。"又说:"任何人做一件事都必须一心一意,全神贯注从头至尾将它做好。不能见异思迁,做着这件事,想着另外一件事,坐这山,望那山,如此下去,一个人做任何事都缺少恒心,一生也就无法做成什么大事了。我一生中经常做事没有恒心,对一件事不能善始善终,实在是受害不小啊!"

从这些我们可以看到,曾国藩做人,不论是带兵打仗还是立志为学,都有一种旁人遥不可及的精神。这种精神就是坚持不懈。

俗语曰:"有志者,事竟成,破釜沉舟,百二秦关终属楚;苦心人,天不负,卧薪尝胆,三千越甲可吞吴。"它告诉我们一个简明的道理。凡事贵在坚持,只要有恒心,坚持不懈,事情就能成功。从古至今,无论致学、为事都强调"恒"。

凡事贵在坚持,没有什么事情是没有可能的,只要我们心中有坚定不移的信念,坚持下去,就可以克服一切的困难,成功就是我们自己手中的手纹,全在掌握之中。如果轻易就被眼前的困难吓倒了,那就会什么事情也做不成。

人的一生之中,不可能什么事情都是一帆风顺的,总会遇到各种各样的困难、挫折,无论是来自自身的,还是来自外界的,都在所难免。能不能忍受一时的不顺利,坚定自己继续奋斗下去的信念,这就要看你是否有雄心壮志。一个真正想成就一番事业的人,志在高远,不以一时一事的顺利或阻碍而改变自己的志向,也不会为一时的成败所困扰,面对挫折,必然会奋发图强,艰苦奋斗,去实现自己的理想,成就功业,这才是一种积极的人生态度。艰难困苦正是磨炼人意志的最好时机,只有在困难与挫折中依然能够坚持下去的人,才能成大事。

《周易·乾·象》中有"天行健,君子以自强不息"的话,是说天道运行强健不息,君子也应该坚持自己的理想和抱负,积极奋发向上,永不停息才对。

得失之间

　　有这样一则故事,说的是在滔天巨浪中,一只远航的船沉没了,唯一一位幸存者被冲到了一座荒岛上,每天,这位幸存者都眼巴巴盼望着有船来将他救出。然而,他盼到"花儿都谢了",还是不见有船来。为了活下去,他弄来了一些树木枝叶给自己搭建了一个窝棚,每天,他恳切地向上帝祈祷。可是,不幸发生了。一天当他外出寻觅食物时,一场大火顷刻间把他的窝棚化为灰烬,回来看见此情此景的他,悲痛万分,心中充满了绝望。

　　第二天一早,当他还沉浸在痛苦中时,风浪拍打船身的声音惊醒了他——一只大船正向他靠拢。他得救了。

　　很多先哲都明白得失之间的关系。他们注重的是人的德行修养,而非一时一事的得失。春秋末期的宓子贱,是孔门弟子,鲁国人。有一次齐国攻打鲁国,战火迅速蔓延到了鲁国单父地区,而此时宓子贱正在做单父宰。当时正值麦收季节,麦子已经成熟了,不久就能收割入库,可齐军一来,眼看到手的粮食就会被齐国抢走。当地某位父老向宓子贱建议,说:"麦子马上就熟了,应该赶在齐国军队到来前,让老百姓去抢收,不管是谁种的,谁抢收了就归谁。"另一位也认为:"这样把粮食打下来,可以增加我们鲁国的粮食。而齐国的军队也抢不走麦子做军粮,自然也坚持不了多久。"但宓子贱坚决不同意这些做法。不久,齐军一来,真的把单父地区的小麦一抢而空。许多父老埋怨宓子贱,鲁国的大贵族季孙氏也愤怒万分,派使臣向宓子贱问罪。宓子贱说:"今天没有麦子,明年我们可以再种。如果官府这次发告示,让人们去抢收麦子,那些不种麦子的人则可能不劳而获,单父的百姓也许能抢回来一些麦子,但是那些浑水摸鱼的人以后便会年年期盼敌国入侵,民风也会变得日趋败坏。其实单父一年的小麦产量,对于鲁国经济的影响微乎其微。若让单父的老百姓,以至于鲁国的老百姓都存了这种借敌国入侵来获得意外财物的心理,这是危害鲁国的大敌,这种侥幸获利的心理,那才是我们几代人都挽救不回的大损失!"

　　宓子贱拒绝父老的劝谏,让入侵鲁国的齐军抢走麦子,乃是认为失掉的是有形的、有限的一点点粮食,而让民众存有侥幸获利的心理才是无形的、长久的损失。得与失应该如何取舍,宓子贱做出了正确选择。要忍一时的失,才能有长久的得,要能忍小失,才能有大的收获。

　　比如抗日时,杨振宁、李政道、邓稼先等人在西南联大读书,甘于清贫,潜心读书,不像当时许多人为大后方的畸形繁荣所迷惑,忙于发国难财。由于他们踏实求学,堪忍钱财之失,后来成了世界著名科学家,为人类做出了巨大的贡献。这就是为人处世的得失之道:小处吃亏,大处受益,暂时吃亏,长远受益。

《老子》上记载:"祸兮福之所倚,福兮祸之所伏。"其意乃是提醒人们:认识事物,应该认识其根本,不要为虚幻的假象所迷惑。失去固然可惜,但也要看失去的是什么,如果是虚幻不实的东西,这样的失庆幸还来不及呢,没有什么值得可惜的。

有一只狐狸。看见围墙内有一株葡萄树结满了葡萄,狐狸垂涎欲滴,四处寻找入口,终于发现一个小洞,可是洞太小,无法进去。于是,它在围墙外绝食六天,饿瘦了自己,终于穿过小洞,吃上了葡萄。可是后来它发现,吃得过饱,让它无法钻到围墙外,于是,又绝食六天,再次饿瘦了自己。

不必为一时的得失忧虑。即便我们拥有全世界,我们也只能日食三餐,夜寐一床。在日常生活中,我们若能将个人的小小得失置之度外,便可自如地对待周遭的人与事。我们要知道,一个穷人用几百块钱就能得到的快乐,及至他有钱后,可能要花几万块,甚至几十万才能得到相等的快乐。当你口味越重,那些东西的口感就越差;当你钱越多,那些钱的价值就越小;当你肚子很饿的时候,给你一个馒头你也觉得甘之如饴,但当你吃了五个馒头后,你就会食不知味。那怎么正确对待得失呢?

首先,坦然面对得失。所谓坦然,就是上天赐予你的,就好好珍惜,不属于你的,就别去自寻烦恼,此其一;其二,就是抱一种得失皆宜的态度。得可喜,但不至忘形;失可忧,但不至伤人。这种态度,比那种患得患失、锱铢必较的态度要明智,比那种得不喜,失不忧的淡然要积极、热情。因为患得患失是不明智的,而不计得失是不现实的。该得则得,当舍则舍,才能坦然面对得失,找到人生的意义。

其次,分辨清楚得失。在生活中,有的得不是想得能得的。有的失不是想失就可失的;有的得是不能得的,有的失是不应失的。谁得到了不应得的,就会失去本该拥有的。当贪得无厌者取得不义之财的同时,就失去了不该失去的廉正。因此,当得则得,当失者则失。

最后,明智取舍得失。权衡得失的价值、意义的大小,才能在取舍得失的过程中把握好分寸,明白该得什么,不该得什么;该失什么,不该失什么。比如,为了熊掌,可以失去鱼;为了所钟爱的事业,可以失去优哉游哉的消闲;为了真挚的爱情,可以失去诱人的金钱;为了科学与真理,可以失去利禄乃至生命。但绝不能为了赢得金钱而丢失爱情,为了保全性命而丢失气节,为了获取个人功名而失去人格,为了个人利益而牺牲集体乃至国家和民族的利益。

关键在于自得

有人说,人的一生就像是爬一个靠在墙上的长梯,墙面是梯子的重要支撑,梯子是攀登的必要工具。在攀登的过程中,在你的上头总是有个人,而多数人选择前行的办法往往是将上头的那个人推下去,以便自己顺利往上爬。这种行为看似必然,可同时也为后来者立下了坏榜样,自己的结局也必然是被推倒。著名职业经理人张醒生的思维方式与此相反,他说:"我要把在上面的人推上去,帮助他爬到更好的台阶,同时我又可以补他的缺。我也是在做一种榜样,告诉后面的人,除了推倒还有一种更好的方式可以帮助自己前行。"

在一次答记者问中,张醒生坦陈:"我喜欢接受挑战,如果我哪天再有什么举动,你们千万不要惊奇!"言如其人,这一句话在彰显他富于挑战精神的鲜明个性的同时,也概括了他过去的辉煌经历。16年前,张醒生从国有电信企业邮电部跳槽到爱立信时曾引起国人很大轰动;而2003年4月1日已是爱立信(中国)执行副总裁兼CEO的他选择离开爱立信,就任亚信CEO;而两年后他又毅然从亚信辞职,走进竞争异常残酷的无线增值服务行业,成为盛禹铭集团董事长。而在当时,许多人还不知道这家名叫盛禹铭的公司到底是干什么的。这一次,张醒生选择做无线增值和互联网应用服务,同时在新兴的"电信—媒体—娱乐"(简称TME)领域内,他亦投资创办了一些新企业。在他看来,眼下正是以互联网为中心进行资源整合最有利的时机。

中国是全世界第一屏幕大国。有资料显示:中国移动电话用户已超出4亿,每个用户的手机都是一个屏幕;中国有将近4亿的电视机用户;中国的互联网用户已经突破1亿……这一切数字与业绩加起来,使得中国成了名副其实的世界第一屏幕大国。因此,张醒生期望通过自己的这次抉择,可以在中国的屏幕市场上干出一番事业。张醒生决心打造完美的综合视讯平台,在盛禹铭流行这样一句口号:"有屏幕就有我们。"

从1995年张醒生被任命为爱立信(中国)公司业务开发总监,到2001年被任命为爱立信(中国)有限公司首席市场执行官兼执行副总裁,张醒生经历了7次内部岗位转换。对上市公司的运营和管理形成了自己的一套理念。张醒生说,他的职业生涯的选择原则是依据社会的大环境而变化,通常他会考虑两条主线:一个是事,一个是人。一是看未来趋势如何,就是"Do right thing"(做正确的事),二是看合作伙伴与自己是否有共同的理念和方向。当初他因为看好互联网而走进亚信；而今他因为看好 TME 而走进盛禹铭。

近年来，不少职业经理人的上浮或下沉，不外乎两个原因：业绩不佳或水土不服。但张醒生是个罕见的例外，他在每家企业离职时都交出了一份不错的答卷。在爱立信服务 12 年，张醒生出色地推动了公司的业务开发、移动电话业务、网络设备销售、运营商客户服务及公司整体战略、市场营销和推广等业务和工作；进入亚信，张醒生就使其第一季度的净收入较去年同期增长了 54%，达到 2320 万美元，远远超出市场预期。张醒生从爱立信到亚信再到盛禹铭每一次都适可而止，全身而退。

在张醒生离开亚信时，他收到了一条赠言：一个人如果不放弃旧的平台，就进入不了一个新的平台。这条赠言说到了张醒生的心坎上，一直以来他正是这么规划他的职业生涯的。他知道：每个人做事，永远都是有得有失的过程。当离开一个合作融洽的团队，会觉得有所失，会怀念共同工作的经历和氛围；但从另一个角度来讲，又将会碰到一个新的团队、新的环境和平台。得与失就像是一对孪生兄弟，重要的是要懂得权衡得失。业内人士称赞张醒生是电信行业"少有的兼具全球化思维和本土化运作的管理精英"，"非常有个性"，"懂得工作、生活和做人"。当记者问他如何给自己定位时，他说，他是一个不满足现状，在自得中不断寻找新挑战的人。

所谓自得，就是不等不靠不要，依赖自己，尽人事，听天命。如果在职场，我们每个人都能做到自得于己，内心有一个恒定的做人标准和行为规范，就不会被外在的一时得失所左右！

商界活用

不要为眼前的得失而抓狂

只要你选择做事情，就会有得失。很多人不明白这个道理，贪得无厌，只顾蝇头小利，最后捡了芝麻，丢了西瓜。比如中国很多人开饭馆、做生意都卖假货，觉得这是赚钱的最佳方法。但这样的人到最后失败的多，成功的寥寥无几。因为成功是建立在信誉的基础上的，而信誉是建立在长久的观察上的。当人们第一次购买你的产品发现不对头，第二次就不会买了。

上个世纪 90 年代初，中俄边贸红火时，中国人动辄把一两火车皮的杂货运过去，俄罗斯人几乎不检查就收下来了。因为俄罗斯人知道，虽然那是旧货，但货真价实。但是后来中俄边贸出现了不和谐因素。比如说，俄罗斯人喜欢买中国的羽绒服，而很多中国人为了多赚钱，做羽绒服时把稻草、鸡毛塞进去了。俄罗斯人上当吃亏以后，中俄边贸的比例开始成直线下跌。你现在常常会听说，中国的商人在俄罗斯常被俄罗斯人殴打，被俄罗斯人欺负，其根本的原因可能并不是俄罗斯人本来就想欺负中国人，而可能是因为俄罗斯人被有的中国商人骗了，最后迁怒于所有中国人。

再举一个例子。山东有一个蕨菜生产基地，向日本出口蕨菜成了那个地区唯一的经济来源。日本人要求把蕨菜放在太阳底下晒干了以后再打包运到日本。由于放在太阳下面晒干需要两天时间，很多老百姓性子急，就把蕨菜收回家以后用锅烘烤。烘烤以后的蕨菜，表面上是干的，但用水泡不开。日本人就警告这个地区的人，千万不要用锅炒，一定要放在太阳底下晒。绝大多数人家遵守了这个规则，按照日本人的要求放在太阳底下晒。但仍然有几户人家把蕨菜偷偷放在锅里炒，日本人发现后，在一天之内断绝了跟这个地区的所有蕨菜交易。这个地区在一夜之间失去了日本方面的全部订单。结果使这个地区的人一度在贫困中挣扎，因为他们的蕨菜找不到销路了。

我们的生活时时处在得失的选择之中。当你选择快乐的时候，你同时也在选择痛苦。得到和失去永远是一枚钱币的两面，我们要学会用正确的心态辩证地看待生活中的得失。比如说，在我们的前头有一瓶水，每个人都想得到它。为了能够得到这瓶水，我拼命向前跑，结果有人抢在我之前把这瓶水拿走了。但是我不能因为别人拿走了这瓶水，就停滞不前了，我还得继续向前走。这时，我发现前面有一篮子鲜花在等着我。可是我没来得及走到这篮子鲜花跟前，又有人把它拿走了。但这时我依然不能绝望，失去了鲜花，我只要一息尚存，还要继续向前走，也许我梦寐以求的爱人就在前面等着我。当你用这种心态来对待得失的时候，即使你最后什么东西也没拿到手，你也知道自己在追求的过程中得到了丰富的生命。如果你怀着这种心态，你就永远不会失落。

俞敏洪当初参加高考，考了三年才考上大学。头一年，他的最高目标是江苏省常熟地区师范学院，没考上。次年，他的目标还是江苏省常熟地区师范学院，但是仍然没考上。他坚定不移地继续复读，结果第三年考进了北大。后来俞敏洪才明白，前两年没考上，是因为冥冥中有一个更高的目标在等着他。如果第二年他放弃了，那现在一定还在农村种地。他进了北大以后，没有做出什么值得骄傲的事情，还得了肺结核。毕业后留校教书，也没取得什么骄人的业绩，最后还被北大给了个行政处分。接着他联系美国学校，三年半没有一个美国大学愿意录取他。他觉得老天对他十分不公正。但是后来他发现,之所以经历这么多波折,之所以最后去不了美国,是因为冥冥中有一个新东方学校在等着他。也许新东方明天就没了,但他的那种不断在失去中前进的动力不会消失。在一次演讲会上,俞敏洪说:"只要我俞敏洪一息尚存,只要我不放弃,就没有难成的事。如果我们在座的所有人都失业了,我们还可以团结起来,再创辉煌。如果我们不办学了,我们可以去办一个新东方杂货店,说不定最后就变成了像沃尔玛那样的全球最大的连锁店。成事的关键在于:你有那颗心去做那个事,而不为眼前的得失抓狂。如果你始终抱着这种良好的心态,在每一次失去之后给自己树立一个更大的目标,去经受更多的考验,你就不会为眼前失去的东西感到痛苦了。"

第九节　可均

有着明确的价值取向的事,是容易做到的,我们可以毫不犹豫地对自己的行为做出决定。但是,世间的事,并不都是如"一加一等于二"这样的简单明了,很多的事,都是有着极其复杂的因果和历史背景,并与客观世界有着千丝万缕的联系。要做出合乎天道的抉择,则是非常困难的。要做到中庸,则需要大智大勇,需要"威武不能屈,贫贱不能移"的毅力和勇气。

【原文】

子曰:"天下国家,可均也①;爵禄,可辞也②;白刃,可蹈也③;中庸,不可能也。"

【注释】

①天下:指古代天子管辖下的所有地区。国家:指天子分封的诸侯国。均:治理,平定。

②爵禄:爵位,俸禄。周代的爵位分公、侯、伯、子、男五等。辞:辞掉,放弃。

③白刃:闪着亮光的快刀。蹈:踩,踏。

【译文】

孔子说:"天下国家是可以治理的,官爵俸禄是可以辞让的,锋利的刀刃是可以践踏而过的,但中庸却是不容易做到的。"

【历代论引】

郑玄说:中庸难为。

孔颖达说:白刃虽利,尚可履蹈而行之。唯中庸之道不可能也。

朱子说:三者亦知仁勇之事,天下之至难也,然不必其合于中庸,则质之近似者皆能以力为之。若中庸,则虽不必皆如三者之难,然非义精仁熟,而无一毫人欲之私者,不能及也。三者难而易,中庸易而难,此民之所以鲜能也。

【评析】

孔子用天下国家可以治理、爵位俸禄可以推辞、锋利的刀刃可以践踏来做比喻,说明中庸之道看起来很容易,实行起来却很难的道理。一般人对中庸的理解往往过于肤浅,认为奉行中庸之道很容易,其实不然。治理国家用智慧和才略尚且可以做到,拒绝俸禄需要淡泊名利之心,踩踏利刃要有很大的勇气,这些看起来很难的事,但其实都是可以做到的。古今中外有很多帝王将相、仁人志士都做到了这些事。再看能够终生恪守中庸之道的人,天下之大,究竟能找出几个来呢?

人们常说那句话,一个人做一件好事并不难,难的是一辈子只做好事不做坏事。就像人的一种习惯的坚持,一种信仰的坚守,奉行中庸之道需要有长期的道德修养,在个人的品德上达到非常高的境界,才能战胜自己内心的一切个人私欲,即使在平常的为人处世之中,也能很自然地做到既无不过,也无不及,而是恰到好处,平衡和谐。这是相当难的。如果只凭一时的热情和勇气,是无法做到的。当然,这并不是说,我们只需要精神道德方面的修养而完全不要物质方面的追求,而是说人不应该为了满足物欲而不择手段。

【解读】

《旧唐书·元稹传》中有这么一句话:"稹以素无检操,人情不厌服。"说他由于一向没有操守,因而人心不服。是什么原因,使得元稹得到这么句恶评呢?简单地说,就是由于他在政治上为了自己的利益,不惜认敌为友,以友为敌,不能坚守自己的节操。

元稹几乎是在少年时代便开始了他的政治生涯。他出生于唐代宗大历十四年,比白居易小了七岁,而他走上仕途却比白居易早。贞元九年春,十五岁的他,便通过了明经的考试而进入仕途,比白居易早了七年。但后来一段时间,他的仕宦经历,却与白居易大致同步。

贞元十九年,元稹与白居易同时参加吏部的考试,两人同时考中,又共同被授予秘书省校书郎。元和元年,两人又同时参加了由皇帝主持的制科考试,又同时录取,元稹成绩比白居易优异,名列第一。此时的元白二人,不止私交极为密切,政治信念也基本相同,"誓酬君王宠,愿使朝廷肃","危言诋阍寺(宦官),直气忤钧轴(权要)","只要明是非,何曾虞祸福",也是一种初生牛犊不怕虎的气概。

由于元稹的正直敢言,弹劾权贵,批评朝政,惩治贪佞,无所忌讳,因此也遭到权贵的嫉恨,一再贬官。那时,宦官权势极大,十分跋扈。一次,元稹在河南因得罪地方官,被罚扣发俸禄三个月,召还京师。途中在驿站住宿时,本来是他先住进去的，可后到的宦官刘士元非要元稹将厅堂让给他，元稹不让，同刘士元争执起来，刘士元大怒，高声呼骂，破门而入，吓得元稹连鞋都顾不上穿，只穿着袜子逃了出来。刘士元还不依不饶，追了上来，用马鞭抽伤了元稹的面部。这件事，无论从当事人双方的身份，还是按先来后到的常理，元稹都是有理而无辜的，唐宪宗明知错在宦官，却有意偏袒，反而将元稹贬为江陵士曹参军。

此事在朝廷引起了轩然大波，大臣们都以为元稹没有过错，这样处理不公，元稹的好友白居易更是上书朝廷说："中使（即宦官）凌辱朝士，中使不问而稹先贬，恐自今中使外出益横暴，人无敢言者。又，稹为御使，多所举奏，不避权势，切齿者众，恐自今无人肯为陛下当官执法，疾恶绳愆（即绳之以法），有大奸猾，陛下无从得知。"然而皇帝的意志是不可改变的。就这样，元稹被贬出朝廷达十年之久。

同白居易一样，贬谪使元稹的政治信念和处世态度都发生了一个根本性的变化，这主要表现在对宦官、藩镇、权臣等邪恶势力的态度上，当年他们都是极力与之斗争，而此后，白居易对他们是"不敬而远之"，而元稹呢，则是"不敬而近之"。贬谪使元稹意识到，宦官势力是如此强大，连皇帝的生死进退都掌握在他们的手中，自己一个小小的官员是无力与之抗衡的，因此，他放弃了自己原来坚持的原则，转而采取的做法是与宦官握手言和、屈膝投靠。

元稹

正在此时，一位名叫崔潭峻的宦官来江陵出任监军，元稹便同他打得火热。崔潭峻也好附庸风雅，元稹便将自己的诗作不时奉上。后来就是由这个宦官向继任的皇帝唐穆宗推荐，他才得以进入中书省，负责起草朝廷的各种文件。以他的才学，担任这个职务，是绰绰有余的，可对于他这种走宦官的门路钻营求进的做法，一些正直的大臣很是鄙夷。一次，中书省的官员们在官署吃瓜，一只苍蝇飞到瓜上，中书舍人武元衡挥动扇子赶走苍蝇，并指桑骂槐地说："从什么地方来的脏东西，居然到了我们这里？"

当元稹刚刚从贬谪之地回到朝廷时，其时担任宰相的是令狐楚。如果按当时大臣之间朋党关系而言，元稹与令狐楚分属于相互对立的两派，彼此之间虽然说不上势同水火，但壁垒还是相当分明的。然而，当令狐楚表示对元稹的诗作颇为赏识时，为了巴结上这位权势人物，元稹暂抑前嫌，乖乖地挑选了一些令狐楚喜欢的作品呈上,希望令狐楚能对他伸以援手,令狐楚没有理睬,元稹暗暗记恨下了。

政治舞台,翻云覆雨,仅仅过了几个月,皇权易手,新皇帝穆宗不喜欢令狐楚,将他一再贬官,而元稹却如愿以偿,当上了中书省的官员。令狐楚的贬官诏书便是元稹起草的,于是,元稹大算旧账,落井下石,在诏书中指斥令狐楚依附奸党,谋取高位,嫉贤妒能,恨不得将令狐楚一棍子打死。

当他依靠魏弘简谋求宰相职位时,其时担任宰相的是德高望重的裴度。

裴度何许人也?他是李唐王朝一位极具政治影响力的人物,在削平藩镇的斗争中,建立了殊功,是皇权依据的重臣,正派大臣的典范,是邪恶势力嫉恨的目标。

元稹同裴度本来并没有什么前嫌,两人甚至还有过患难与共的经历,可他担心裴度继续受到重用,妨碍了自己的前程,于是联络宦官魏弘简,事事处处同裴度为难。裴度其时正肩负着讨伐叛乱藩镇王庭凑的重任,他感到办事处处掣肘,于是愤愤不平地上书指斥,将元稹等视作比藩镇更大的危害,请求先予肃清。否则,削平藩镇的事也无从谈起。唐穆宗对裴度很不满意,可由于他在朝野的影响,也无可奈何,只好采取各打五十大板的办法,将裴度、元稹、魏弘简三人都降级使用。但对元稹的恩宠依然如故。仅过了几个月,就将元稹升任为宰相,据史书记载:"诏下之日,朝野无不轻笑之。"不久,裴度也官复原职。

此时,元稹与裴度平起平坐了,可他同裴度已经结上了仇,千方百计地要剥夺裴度的兵权,竟不惜美化作乱的藩镇王庭凑,结果是劣迹败露,宰相的宝座还没有捂热,便被罢官了。他到外地任上以后,给皇帝上了封书,其中写道:"臣自离京国,目断魂销。每至五更朝谒之时,实制泪不已。臣若余生未死,他时万一归还,不敢更望得见天颜,但得再闻京城钟鼓之音,臣虽黄土覆面,无恨九泉。臣无任自恨自惭,攀恋圣慈之至。"一副乞怜求归的可怜相,与韩愈被贬潮州后的上书,可谓异曲同工。

元稹的这次出任地方官,再也没有什么善政可言了,除了游山玩水、诗歌酬唱外,他还积敛财富,名声很是不好。后来又召还朝廷,他想有所挽回,干点得人心的事,"然稹以素无检操,人情不厌服。"他还想再谋求宰相的职位,可还没等到手,便去世了。

元稹原本是一个有理想、有抱负的人,可他仅仅因为一次打击就放弃了自己的操守,抛弃了自己做人为官的原则,依附宦官来谋求权势,也难怪当时的人们对他的行为感到不齿。与此相反,三国时期的鲁肃却是一个不重钱财,凡事坚持以忠义为先的人,不仅交到了很多好朋友,赢得了当权者的赏识,也为自己能够施展抱负、大展拳脚铺平了道路。

　　鲁肃,字子敬,临淮东城人。出生不久父亲就去世了,由祖母抚养成人。因为家里颇有资产,所以生性慷慨大方。

　　长大以后,他的性格依旧没有改变,喜欢援助贫穷志士,并一心一意想拓展交际范围,对钱财一点也不吝惜,最后竟然连田产都赔光了。所以,深得乡里人士的好评,名声也愈来愈大。

　　正好这时,周瑜赶赴居巢县任知事。周瑜此番前往居巢,一方面是为了帮助孙策东进,另一方面也是瞧不起袁术,才找个借口去居巢当知事。

　　周瑜听到乡里人对鲁肃的评价,便带领数百族人一起到鲁肃家,要求鲁肃提供粮食。他的目的是想看看鲁肃和外面所传说的是否相同。

　　鲁肃家有两个米仓,各储藏了3000担米,鲁肃马上把一仓米送给周瑜。

　　"真是名不虚传啊!"周瑜为他的慷慨深深地感动,便和鲁肃结成莫逆之交,彼此感情之深厚,就像春秋时代郑国宰相子产与吴公子季札一样。

　　袁术也知道鲁肃的贤名,就任命他为东城县令。但鲁肃已看出袁术没有大才,不值得自己去和他建功立业,便早早离开了东城。他离开东城时,带着老弱并统领敏捷勇敢的青年一百多人,南迁到居巢县投奔周瑜。周瑜回吴时也与他同行,定居在曲阿城。

　　这时,正值祖母去世,鲁肃为了丧事又回到东城。好友刘子扬给他来了一封信,信中说:"现在天下英雄豪杰同时并起,凭着你的超人才华,应该在这种大变局中大显身手。应该迅速把老母接回,不要留在东城。最近,有个叫郑宝的人,在巢湖一带,聚众一万多,占有肥沃富饶的土地,庐江一带的老百姓纷纷投靠他,更何况像你这样有抱负有才能的人呢?分析郑宝的形势,他可能要吸收大量贤士,机不可失,你可速速前往。"

　　鲁肃读完信后认为可行,在安葬好祖母返回曲阿县后,就要整装北行。而这时,周瑜已带着鲁肃的母亲转入吴郡,因此,他不得不到吴郡。当时,孙策已死,吴郡由孙权掌权。周瑜也趁机劝鲁肃跟随孙权,并引用了后汉马援答光武帝的一番话来勉励鲁肃。周瑜说:"当今之世,非但君择臣,臣亦择君。现在主公亲贤贵士,纳奇录异;而且我听说先哲曾有密论,承天意而取代刘氏者必兴于东南,推测形势演变,目前正是汉家气数已尽的时候,主公终究能够开创立国基业,以应合天命,这正是攀龙附凤,干一番事业之时,您不必介意刘子扬的话。"

　　在周瑜的诚恳挽留下,鲁肃终于答应留下来,同时,周瑜又极力向孙权推荐鲁肃:"以鲁肃的才华,最适合辅佐乱世之主,您应当广求天下人才以成功业,不可让人才走了。"

对孙权而言，鲁肃确实如一块未经雕琢的璞玉，因此非常看重鲁肃。孙权问他："当今汉室倾危，我想建立像齐桓公、晋文公那样的事业，不知您有何辅佐之策？"

鲁肃回答说："从前，汉高祖出于一片诚心要尊奉义帝却无法实现，其原因就是项羽从中作梗。现今之曹操，犹如当年之项羽，将军怎能成为齐桓公、晋文公那样的霸主呢？我私下分析，大汉江山已不可能恢复，曹操也难以迅速铲除。为将军计，莫如割据江东，以静观天下变化，寻求可借利用的良机。现今已拥有如此实力，切不可低估自己。现在，北方曹操已为诸多纷扰所困，无暇顾及江南，将军可以乘机消灭黄祖，进攻刘表，完全据有长江一带，然后再称王称帝以求统一天下，建立像汉高祖那样的基业。"

鲁肃的这番分析，跟七年后诸葛亮的《隆中对》有异曲同工之妙，由此可见鲁肃的战略眼光。

在鲁肃的立国战略构图中，荆州是必须要争夺的，因而，他非常关注荆州形势的变化。公元208年，荆州刺史刘表去世，他立即向孙权进言："请派我当吊问的使者。"

"你想怎么样呢？鲁肃！"

"刘表留下的两个儿子感情不好，众将分裂，再加上刘备寄寓在那里，我想亲眼看看这阵子荆州会有什么样的动静。"

"嗯，说得也是……"孙权点头表示赞同。

鲁肃说："首先我去会见刘备，说服他掌握刘表的军队，并和吴结成一条心，一起对抗曹操。如果能和他建立友好关系，天下一统的局面就指日可待了。千万不要让曹操抢得先机，我们应该赶快行事。"

得到孙权的同意后，鲁肃由南京出发，到达夏口时，知道曹操已前往荆州，便日夜不停地赶路。未抵达南郡时，又听到刘表的儿子刘琮已经向曹操投降了，并且声言要取下刘备的首级给曹操当见面礼，而刘备败走，落荒南逃。

鲁肃初时感到非常失望，后来又提起精神一路追赶刘备，在当阳，两人总算碰了面。鲁肃说他是奉了孙权的旨意，前来向刘备表示慰问的，然后问刘备："您现在准备去哪里？"

刘备回答说："我与苍梧太守吴巨有旧交，想投奔他去。"

鲁肃劝刘备说："我们孙将军聪明仁惠，敬贤礼士，江东豪杰没有不归顺他的。现在兵精粮多，将来肯定会成大事。由此看来，您还不如与东吴结交，共图大业。"

身心已很疲惫的刘备正求之不得，就满心欢喜地答应了。也就是在这时，鲁肃才认识诸葛亮,因鲁肃同诸葛亮的哥哥诸葛瑾是好朋友,两人也成了至交。

刘备到夏口时,为了打听东吴到底还有哪些同盟,于是派心腹诸葛亮随鲁肃一同到孙权那里去。

恰巧此时曹操派人送战书给孙权,进行恐吓,孙权召集朝中文臣武将商议对策。大臣们都劝孙权迎降曹操,只有鲁肃一言未发。等到孙权起身如厕时,鲁肃尾随到屋檐下。孙权知道鲁肃有话要说,就拉着他的手问:"你有什么想法?"

刘备

鲁肃回答说:"我分析了刚才大家的意见,发现他们只想贻害将军,根本不足以同他们共商国家大事。现在,像我鲁肃这样的人可以向曹操投降,唯独将军您不行。为什么呢?因为我投降了,曹操还会叫我在他手下干事,弄个一官半职当当,将军您如果降曹,可就没有安身之地了。希望您早定迎战大计,不要采纳大家的意见。"

孙权听鲁肃这么一说,喟然长叹道:"刚才大家所议,使我大失所望。只有你与我想法一样,这正是上天把你赐给我啊!"

鲁肃又建议,将正领命前往鄱阳县的周瑜调回,主持军国大事。赤壁一战,刘、孙联军大败曹军,三国鼎立局面由此形成,鲁肃的功劳可谓不小。

鲁肃仅以四十六岁发病而亡,令人痛惜。

鲁肃的"敌人的敌人就与之联盟"的思想,在竞争激烈的现代社会里仍然富有重要的启发意义。

正因为鲁肃把财物看得很轻,能够仗义疏财,所以才能交上许多朋友,也正是由于这些朋友才使他扬名史册。如果把财物抓得紧紧的,不能给别人一丝一毫,那充其量也不过是个空有财富的吝啬鬼而已,又能有什么作为呢?鲁肃更值得称赞的是,他一生对自己的主公孙权忠心耿耿,从没有改变过,凭借鲁肃的才华,他本可以得到更多的权势和财富,但是鲁肃的可贵之处就在于他能够坚持自己的操守,不为物欲引诱所动,尽心尽力做好自己的事,终有所成,也留下了美名。

有人说"酒色财气四道墙,人人都在里面藏,只要你能跳过去,不是神仙也寿长",但是,"酒无不成礼仪,色无路静人稀,财无不成世界,气无反被人欺",所以,什么事都不能一概否定,要适度,不可过度。

当然,战胜私情克制物欲需要一番工夫,有些人是由于没及时发现私欲的害处而又没坚定的意志去控制,有的人虽然能看清物欲的害处却又受不了物欲引诱。

对物欲的追求可以说是每个人正常的需要,可是如果为了追求物欲而放弃了自己的德行和操守,甚至使出各种手段来钻营,最终就会自毁前程。

处世活用

锲而不舍,迎难而上

"积土成山,风雨兴焉;积水成渊,蛟龙生焉;积善成德,而神明自得,圣心备焉。故不积跬步,无以至千里;不积小流,无以成江海。骐骥一跃,不能十步;驽马十驾,功在不舍。锲而舍之,朽木不折;锲而不舍,金石可镂。蚓无爪牙之利,筋骨之强,上食埃土,下饮黄泉,用心一也;蟹六跪而二螯,非蛇、鳝之穴无可寄托者,用心躁也……"荀子的这段话,非常明晰地论述了为人处事要有锲而不舍,迎难而上的志向,否则就很难有显著的功绩。在《荀子·劝学》中,荀子还打了一个形象的比方:眼睛不能同时看很多东西还能看得清楚,耳朵不能同时听许多声音还能听得明白,螣蛇没有脚却能在天空中飞行,梧鼠有五技却常常受窘。

《易经》说:"天行健,君子以自强不息。"意即宇宙的运行永不止息,却没有一丝一毫的偏差,君子亦应效法宇宙的精神,不断地更新自己,壮大自己。换成我们今天的说法,叫作"小车不倒只管推"或"生命不息,冲锋不止"。

《论语》中有这样一句孔子的感慨:苗而不秀者有矣夫! 秀而不实者有矣夫! 翻译过来就是:庄稼出苗而不吐穗开花是有的吧! 吐穗开花而不结果实也是有的吧! 何谓苗而不秀、秀而不实? 举个简单的例子:小时天资聪颖,长大后却连个大学都没考上是苗而不秀;大学考上了,毕业了,工作一无所成,"不过混日子罢",是秀而不实。

毋庸置疑,无论是苗而不秀者,还是秀而不实者,在其内心里还是想把事情做成功的。但是,正如俗话说,"梦里千条路,醒来还是卖豆腐"。要想把事情做成功,需要付出艰辛的代价,需要锲而不舍、迎难而上的吃苦精神。

明代著名的医学家李时珍,出生在一个世代行医的家庭,父亲是当地声望卓著的名医。受父亲的熏陶,李时珍很小时就打下了良好的医学功底。然而,明朝盛行科举,医生的工作并不被世人看好,因此,他父亲希望儿子能够科考中榜,在朝廷里谋个一官半职。但李时珍对科考并无兴趣,迫于父亲的督促和压力,他参加了三次科考,没有考中。从此,李时珍不再把心思放在科举考上,而是潜下心来钻研医学,决心在医学上有所成就。

经过长期的临床实践，李时珍积累了丰富的医疗经验，治好了不少疑难杂症，年方而立便成了众所周知的名医。在 33 岁时，李时珍曾被楚王请去掌管王府的医所，后又被推荐到京城太医院任职，但终因看不惯官场上的蝇营狗苟，不久便托病辞职。

回到家乡后，李时珍觉得自己以前读过的大量医药著作，有的分类杂乱，有的内容不实，有的记载不够完备。于是他突发奇想，觉得有必要对医药著作进行整理和补充。这个念头一起，就再也挥之不去，经过反复的衡量后，李时珍决心在宋代唐慎微编的《证类本草》的基础上，编著一本更加完善的医药著作。这事说起来容易，做起来难。其时，李时珍已经是公认的名医，大可不必去做这件劳神费力的事。但李时珍不这么认为，在他看来，越是困难重重，越是要锲而不舍地着手做，且一定要做好。

为了编撰这本医药著作，李时珍不辞艰辛，辗转河南、江西、江苏、安徽等地，虚心向当地药农请教。为了采集药物标本，收集民间药方，他有时钻进深山老林，有时亲临乡村茅舍，每得到一味新药，就如获至宝般地将它收入囊中。为了搞清一些药物的效用，他甚至冒着生命危险，亲口品尝。他的这种不惜为医药事业献身的精神感动了当地人，大家都热心地帮助他搜集药方，有的人甚至把祖传秘方也拿出来给了他。经过这般劳神费力的亲身实践，李时珍获得了许多药物标本和民间验方，为《本草纲目》一书的编撰打下了坚实基础。

从 35 岁起，李时珍动手编撰《本草纲目》。在编撰过程中，他参考了 800 多种书籍，经过三次大规模修订，终于将医学巨著《本草纲目》撰写完毕，整整花了 27 年的时间！从一个 35 岁的壮年人写成了 60 来岁的老头。

李时珍倾尽一生的心血，编撰了被西方人赞誉为"东方医学巨典"的《本草纲目》，为后人留下了一笔珍贵的医学财富。他以锲而不舍、迎难而上的刻苦精神，几十年如一日地朝着心中既定的目标推进，终于做成了自己最想做的大事。李时珍的这番经历充分说明，一个人要想把愿望变成现实，就必须心无旁骛，既然认定了目标，吃苦、受累，甚至献身，也要在所不惜。若在做事的过程中，一遇到困难就打退堂鼓，只能碌碌无为地了此一生。俗话说得好："只要功夫深，铁棒磨成针。"

只要用心，没有难成的事

1997年8月，中国最具品牌价值的家电制造企业海尔的魏小娥被派到日本研修，学习世界上最先进的整体卫浴生产技术。在日本研修期间，魏小娥注意到，日本人试模期废品率高达30%~60%，设备调试正常后，废品率为2%。"为什么不把合格率提高到100%？"魏小娥这样问日本的技术人员。"100%？你认为可能吗？"日本人反问她。在交谈中，魏小娥发觉，不是日本人没有能力，而是他们给自己的思想设限，使他们停滞在2%。作为一名中国去的研修生，魏小娥的标准是100%。"要么不干，要干就要干第一"，魏小娥拼命地利用一分一秒的研修时间，不敢有丝毫懈怠。3个星期后，她带着先进的技术和赶超日本人的信念兴高采烈地回到了海尔。

半年后。日本模具专家宫川先生来海尔访问，再次见到了"徒弟"魏小娥，这时魏小娥已是海尔卫浴分厂的厂长。面对纤尘不染的生产现场、操作娴熟的员工和100%合格的产品，宫川先生非常吃惊，反过来向"徒弟"魏小娥请教："有几个问题困扰着我，我想尽了一切办法去解决，但没有一点效果。比如说，我们卫浴产品的现场乱糟糟的，为此我一直想找到改善的办法，但难度太大了。请问你们是怎样保持现场清洁的？另外，100%的产品合格率是我们连想都不敢想的。对我们而言，2%的废品率，5%的不良品率属于天经地义，请问你们又是采取了怎样的措施，提高产品合格率的呢？"

"用心。"魏小娥斩钉截铁的回答，又让宫川先生吃了一惊。

其实，没有人能随随便便取得成功。单说处理产品"毛边"，就是一个令人伤神的难题。有一天，魏小娥回家时已经华灯初上了，端着饭吃的魏小娥仍在想着怎样解决"毛边"。突然，魏小娥眼前一亮：女儿正在用卷笔刀削铅笔，铅笔的粉末都落在下面的小盒里。魏小娥恍然大悟，饭也顾不上吃了，在灯下画起了图纸。次日，一个专门收集毛边的"废料盒"问世了，压出板材后清理下来的毛边直接落进盒里，避免了落在现场或原料上，有效地解决了板材的污染问题。

2%的责任得到了100%的落实，2%的废品率被一一杜绝。终于。不管是在试模期间，还是在设备调试正常后，这个被日本人认为是"不可能"的100%产品合格率，被魏小娥达到了。1998年4月，海尔在全集团掀起向魏小娥学习的活动，学习她"认真解决每一个问题的精神"。

在任何企业里面，工作都有难易之分。不少人出于得过且过的惰性心理。拈轻怕重，降格以求，结果每况愈下，难有建树。因此，不管我们在什么企业，从事什么工作，担任什么职务，只要有可能，就应该想方设法多担责任，不断提高工作的标准，主动解决工作中的疑难。长此下去，养成一种良好的习惯，个人的价值便会不断攀升，新的成功和荣耀也会不期而至。

拿破仑·希尔曾经聘用一位青年女士当助手，替他拆阅、分类及回复大部分私人信件。她的薪水和其他从事相类似工作的人大致相同。有一天，拿破仑·希尔口述以下这句格言，要求她用打字机把它打下来："记住：你唯一的限制就是你自己脑海中所设立的那个限制。"当她把打印好的文件交给拿破仑·希尔时，她说："你的格言使我获得了一个想法，对你、我都很有价值。"

从这天起，拿破仑·希尔发现，他的助手开始在用完晚餐后回到办公室，从事不是她分内而且也没有薪酬的工作。她开始把写好的回信送到拿破仑·希尔的办公桌上。她事先研究过拿破仑·希尔的风格，因此这些回信跟拿破仑·希尔自己所写的一样好，有时甚至更恰切。她一直把这个习惯保持到拿破仑·希尔的私人秘书辞职为止。当拿破仑·希尔开始物色人代替这位男秘书的空缺时，他自然想到了这位青年女士。但在拿破仑·希尔还未正式安排她担任这个职位之前，她已经主动承担起这项职位的工作。

这位青年女士的办事效率真是太高了，引起了很多人的注意，拿破仑·希尔不得不多次给她升职和加薪。对这件事情，拿破仑·希尔实在是束手无策，因为她使自己变得对拿破仑·希尔极有信赖价值，因此，拿破仑·希尔不愿失去她这个帮手。

这就是用心带来的成效。更加值得注意的是，这位青年女士的用心，除了大大增加她的薪水以外，还给她带来一个莫大的好处：在工作中找到了幸福感！她的工作已经不再是工作了——而是一个有趣的游戏，由她自己去玩。

不管你目前是从事什么工作，你不妨每天在平常的工作范围之外从事一些对别人有价值的服务。在你提供这些服务时，你要明白，你这样做并不是为了获得报酬。你提供这种服务，仅仅因为它是你培育、发展和练习用心的一种方式。俗话说：高度产生难度，难度也决定高度。迎难而"上"，用心工作，对自己的将来，实乃是不断攀升的台阶。

一切皆有可能

新加坡有一家大型海鲜餐饮公司,它的广告牌上有一句话:"海里游的,这里都有。"大到鲸鱼,小到显微镜下才能看得清的富有营养的浮游生物,应有尽有。至于龙虾、鲍鱼、梅花参等更是寻常,随时可以购进。按照我们普通人的思维,这家大型海鲜餐饮公司的广告似乎有点夸海口,不太可能。

怎样才能使不可能转变成可能呢? 这家名不虚传的大型海鲜餐饮公司的做法是:克服惰性,不惜金钱和时间,到世界各渔业公司组织货源。有一次,一位客人要吃产自新加坡的活壳鱼,海鲜公司闻言,立即派人用特殊渔网到特定海域捕捞,渔网出水前一刹那,用特殊吸管连鱼带水一并装入特殊容器,用专车送到机场,等待在那里的专机立即起飞。在飞机上,还要保证适当温度的海水和适量氧气的供应。到达目的地,又有专车抢运,保证客人尝到的是鲜壳鱼。

许多事情不是没有解决之道,而是我们不敢想,自己把自己的手脚束缚起来。一旦我们的思想解放了,许多事情也就迎刃而解了。比方说,有一种高压水挖藕技术,就是由离奇联想而发明出来的。一伙人在池塘里挖藕,突然有人放了个响屁,连忙向身边的人说"请原谅",以表歉意。那人开玩笑似的说道:"这种响屁朝池塘底放它三两个,那泥塘里的藕恐怕要吓得蹦上岸来。"言者无意,听者有心。一个有心人的脑海里突然闪过这样一个想法:用导管把压缩空气输送到池塘底再喷放出去会如何呢? 或许真能把藕挖出来⋯⋯迅即动手实验,发现只有一连串的气泡而见不着藕。他想:"需要加强冲力。"再用水管对着水加压,果然大获成功,不但见着了藕,而且藕还被高压水冲洗得干干净净的。既减轻了劳动强度,又提高了挖藕效率。

"放屁挖藕",看似荒诞不经的无稽之谈,经过离奇联想,却诞生了一项挖藕技术的新创意。

酒铝罐常常被人当作废品扔进垃圾桶,但一位美国佬却利用小铝罐轻而有浮力的特点,用收集来的大量啤酒罐制作了独具一格的游船。啤酒罐和游船之间的联想跨度之大,无异于天悬地隔,但由于这位美国佬的创造性思维,竟然使两者之间产生了联系,并成为广为人知的事实。

松下幸之助在发迹之前,一贫如洗。但他不屈服于命运,将小小的客厅改为作坊,把积攒下来的全部家当97美元用来制造电器插座。几次试验下来,非但没有成功,还把老本花光了。松下又把结婚时添置的衣物送进当铺,用借来的钱购买实验用品,终于发明出第一项新产品——双插座接合器,从此步上了成功之路。如果松下有一丝一毫的畏惧,不敢冒倾家荡产的危险,就不可能有20年以后闻名世界的松下公司。

经常在发明创造和市场营销中起作用的,正是上述事例中起作用的因素——不可预知性。所以,别人认为不可能的事,你不妨试试。对于企图成就一番事业的人来说,一切皆有可能。

第十节 问强

本章的核心还是讲"中庸"。孔子最看重的是中道,讲中道能达到和谐、和平,但又不同流俗,不人云亦云,能中立而不偏倚。不管在何种情况下,都能持守中道,这种人才能称得上强大。

强者的品质是在逆境中塑造的,人生的困窘向人们昭示的并不纯粹就是灾难。我们应该自信,不论我们处在何种位置,境况如何,在这个世界上无人能够代替我们。当你跌入人生的低谷时,可能就预示着命运的转机的来临。成为强者,或者沦为弱者,取决于我们自己。

【原文】

子路问强①。子曰:"南方之强与,北方之强与,抑而强与②?宽柔以教,不报无道③,南方之强也。君子居之④。衽金革,死而不厌⑤,北方之强也。而强者居之。故君子和而不流,强哉矫⑥;中立而不倚,强哉矫;国有道,不变塞焉⑦,强哉矫;国无道,至死不变,强哉矫。"

【注释】

①强:勇敢刚毅。

②抑:选择性连词,意为"还是"。而:代词,你。与:疑问语气词。

③报:报复。无道:指强暴无理的人。

④居:处。

⑤衽金革:枕着武器,盔甲睡觉。衽:卧席。金:指铁制的兵器,武器。革:指皮革制成的甲胄、盾牌。死而不厌:死也在所不惜。

⑥和而不流:性情平和又不随波逐流。矫:勇武,坚强。

⑦不变塞:不改变志向。塞,不通,穷困的境遇。

【译文】

子路问什么是刚毅果敢的品质。孔子说:"你是指南方人的精明强干呢?还是指北方人的刚健强悍呢？或者是指你认为的强呢？用宽厚柔和的精神去教育人，人家对我蛮横无理也不报复，这是南方的强，品德高尚的人具有这种强。枕着兵器铠甲睡觉，即使死也在所不惜，这是北方的强，勇武好斗的人就具有这种强。所以，品德高尚的人和顺而不随波逐流，这才是真强啊！保持中立而不偏不倚，这才是真强啊！国家政治清明，不改变志向，这才是真强啊！国家政治黑暗，能坚持操守至死不变，这才是真强啊！

【人物简介】

【子路】子路(前542~前480)，姓仲，名由。字子路，又称季路。春秋末年鲁国卞邑(今山东省泗水县东)人。小孔子9岁，是孔门弟子中文武兼备的人才。子路出身寒微，性格刚毅果敢，直爽勇武，豪侠重义，重诺守信，有"子路无宿诺"之称。事亲至孝，百里负米，被列为历史上二十四孝子之一。师从孔子，随孔子周游列国。先后到卫、宋、陈、蔡、楚等国，历经十余年，备受艰辛。公元前485年，接受卫国委聘，任蒲邑(今长垣县)宰，勤政爱民，兴水利，重农耕，以粟馈众，治蒲3年深受蒲人爱戴。孔子过蒲，三称其善。鲁哀公十五年(公元前480年)，卫国发生"父子争国"的"辄之乱"，子路不顾安危挺身履难，受到围攻，身受多处刺伤，将死时说："君子死，冠不免。"乃整冠结缨而死。时年63岁。

【历代论引】

郑玄说：强，勇者所好也。又说：三者所以为强者异也。又说：南方以舒缓为强。又说：北方以刚猛为强。又说：此抑女之强也。国有道，不变以趋时。国无道，不变以辟害。

孔颖达说：夫子将答子路之问，且先反问子路，言强有多种，女今所问，问何者之强，为南方，为北方，为中国，女所能之强也。子路之强，行中国之强也。又说：反问既竟，夫子遂为历解之。南方，谓荆阳之南，其地多阳。阳气舒散，人情宽缓和柔，假令人有无道加己，己亦不报，和柔为君子之道。又说：北方沙漠之地，其地多阴。阴气坚急，故人生刚猛，恒好斗争，故以甲铠为席，寝宿于中，至死不厌，非君子所处，而强梁者居之。然唯云南北，不云东西者，郑冲云："是必南北互举，盖与东西俗同，故不言也。"又说：述中国之强也。不为南北之强，故性行和合而不流移，心行强哉，形貌矫然。若国有道，守直不变，德行充实，志意强哉，形貌矫然。若国之无道，守善至死，性不改变，志意强哉，形貌矫然。

朱子说：子路好勇，故问强。又说：宽柔以教，谓含容巽顺以诲人之不及也。不报无道，谓横逆之来，直受之而不报也。南方风气柔弱，故以含忍之力胜人为强。君子之道也。又说：宽柔以教，谓含容巽顺以诲人之不及也。不报无道，谓横逆之来,直受之而不报也。南方风气柔弱,故以含忍之力胜人为强,君子之道也。又说:北方风气刚劲,故以果敢之力胜人为强,强者之事也。又说:此四者,汝之所当强也。国有道,不变未达之所守;国无道,不变平生之所守也。此则所谓中庸之不可能者,非有以自胜其人欲之私,不能择而守也。君子之强,孰大于是。夫子以是告子路者。所以抑其血气之刚,而进之以德义之勇也。

《礼记正义》说:以其性和同,必流移随物,合和而不移,亦中庸之德也。国虽有道,不能随逐物以求荣利。今不改变己志,以趋会于时也。

【评析】

孔子在教育他的弟子时采取因材施教的方法。因为子路性情鲁莽,勇武好斗,所以孔子在子路向自己询问什么是强时,并没有直接回答他,而是通过反问来引起子路的注意。

孔子说南方以宽厚柔弱为强,北方以勇武好斗为强,然后教导子路:强有体力的强,有精神力量的强,但体力的强并不是真正的强,只有精神力量的强才是真正的强。因为精神力量的强体现为和而不流,柔中有刚;体现为无论何时都能够坚持自己的信念不动摇,宁死也不改变志向和操守,这些才符合中庸之道,是圣人君子所遵循的法度。

总的来说,孔子所认为的真正的强是:一,和而不流,即与人平和相处,但绝不随波逐流,随便附和他人的不正确言行。二,时时处处坚守中正,遇到事情不退缩,但也不超过限度,不因个人私利或某种原因而有所偏倚。三,处在顺境时,就尽心竭力,以济世利民为己任,但不会因此而骄奢,也不会改变自己没有显达时的志向。四,身处逆境时,也能坚持自己的操守,绝不因为困难挫折而放弃自己的信仰。

要想成为孔子所推崇的那种真正的强者,就需要我们能够奉行"中立而不倚"的中庸之道,无论何时都能够坦然面对生活中的每一件事,无论身处顺境还是逆境,都能够坚持自己的原则和信仰,别让世俗的东西扰乱自己内心的平静。

【解读】

豪杰之材威猛刚强,处理问题大胆果断,敢于冒险,不怕困难和压力,适于征乱讨伐。这种人在国难当头,往往能出奇制胜地置敌人于死地,扭转严峻的局势。战国时的田单便是一代豪杰。史书中记载,田单势单力薄,却智斗强于自己数倍的燕国,终挽救了国破家亡的命运。

公元前284年,燕、秦、韩、赵、魏五国联军在燕国大将乐毅的率领下,攻占了齐国的首都临淄,齐缗王落荒而逃,齐国人陷入空前的灾难之中。

乐毅率领燕军继续向安平进攻。安平城内有一个人名叫田单,他曾是临淄的市掾,但一直未受到齐王的重用。临淄陷落后,田单率本宗族的人奔向安平避难。后安平失陷,齐人蜂拥逃至城南,夺门而逃。那时,路面本来就不宽,人们争相逃命,人撞人,车碰车,拥挤不堪,很多车辆都因车轴头互相碰撞而断裂,轴头一断,整个车子也就不能行驶了。在燕军的追杀下,这些人都做了俘虏。而田单宗族的人因为田单事先让他们用铁皮包住轴头,所以在车辆碰撞中,车轴仍完好无损,全部顺利突围而出,逃奔到即墨。

短短六个月内,联军势如破竹,攻下齐国七十余城,只有莒和即墨两城未被攻下。齐缗王逃到莒城后又被杀。莒城比较险要,又有重兵把守,燕军一时难以攻克,于是引兵东围即墨。即墨大夫领兵出城迎战,不幸战死,一时群龙无首。大家都说:"安平之战,惟田单率宗人得以保全,可以看出,田单很懂军事,也很有智谋。"于是一致推选田单为将军,领导大家抵抗燕军,保卫即墨。田单认真分析了当时的形势和敌我双方的利弊强弱,认为必须有勇有谋,随机应变,以智取胜。

不久,燕昭王去世了,燕惠王即位。乐毅曾深得燕昭王的信任和垂青,如今昭王去世对乐毅自然不利。而且,田单也了解到燕惠王与乐毅之间的矛盾。田单敏锐地感到,必须抓住这一时机,利用双方的矛盾。于是,田单立即派间谍张平去燕国。

张平到燕国,自称是从秦国来的,要见燕国的新君。秦国是燕国的盟国,所以燕惠王很高兴地接待了张平。

张平首先向燕王祝贺道:"大王,这次五国联军协力攻齐,犹如秋风扫落叶,齐国作为一个东方大国眼看就要灭亡了,可喜可贺呀!"

燕惠王高兴地点点头,然而又不无遗憾地说:"至今还有莒和即墨两城未曾攻下啊!"

"您知道为什么未攻下吗?"张平问道。

"不知道。"燕惠王困惑地答道。

张平凑上前,小声地说道:"大王,你想想看,五国联军在乐毅将军率领下,半年之内,攻下齐国七十余城,连齐都临淄都攻赢了,难道莒和即墨还打不下来吗? 其实这是乐毅玩的花招啊! 他之所以不回来,听说他想在齐国称王,但齐人还未彻底归附,所以他一面故意缓攻即墨,一面暗中不断派人向齐人做工作,听说齐人倒有点心动了。我听到齐人说,他们所害怕的倒不是乐毅,而是唯恐燕国派其他将军来代替乐毅,若是那样,即墨则指日可下矣。"

听到张平的这番话,燕惠王立即下令,召回乐毅,另派一位将军去进攻即墨。

调走了乐毅,对即墨来说,最严重的威胁缓和了,但危险并未解除。田单认为,要坚守住即墨，一定要提高齐军的士气。为此他苦苦思索，想出了三条妙计。

第一计，田单下令即墨城中每餐吃饭之前，都要在庭中设祭品祭祀祖先，以求祖先在天之灵保佑即墨。各家的庭院中摆放着各种各样祭祀祖先的食品，就自然引来了不少天空中的飞鸟，齐人都感到很奇怪，而这正是田单所期待的。他巧妙地利用这一点，向大家宣告："这是神仙下凡尘，当有神人助我师。"城中的百姓对此都笃信不疑。田单又令一士卒假扮巫师，并对其毕恭毕敬。那士卒常一言不发，正襟危坐，俨然是来历不凡的神师。这一切使将士和百姓增强了坚守即墨的信心。

田单一计初见成效，又行二计。他再派闻谍张平潜入燕军中，求见将军骑劫。张平自称是楚国商人，曾在即墨经商，遭齐人抢劫，因此十分憎恨齐人。他向骑劫献计道："若将齐国俘虏的鼻子都割掉，攻城时，让他们走在前面，燕国的士兵跟在后面，齐人在城上就不敢射箭了。如此一来，攻城不更容易吗？"

骑劫立刻命令将齐国几百名俘虏的鼻子统统割掉，第二天开始攻城。守城的齐国士兵看到走在燕军队伍前面的都是自己的弟兄，而且每个人的鼻子都被割掉了，燕军的这种暴行激起了即墨兵民的强烈愤慨。他们同心协力，英勇守城。战斗持续了一整天，即墨仍然没有攻下来。

田单又派张平怂恿骑劫掘即墨城外的坟墓，激即墨士兵出城作战，燕军便可趁机将其一举歼灭。骑劫听后大为赞同。

第二天，一队队燕军开往城外的坟地，将一个个坟墓掘开，又砸毁棺椁，将其中的尸体挑出来焚烧。即墨士兵在城上见此情景，心如刀割，怒火中烧，一个个摩拳擦掌，哭泣着向田单请求出城与燕军决一死战。

其实，张平两次向骑劫提出的割鼻、掘坟的建议，正是为了增强即墨士兵对燕军的仇恨，以此来激发他们的斗志。事实证明，田单完全达到了目的。如今士气旺盛，斗志昂扬，这支军队已经不同于往昔，可以作战了。

于是，田单又将城中的妇女都编入行伍之间，命令士卒都埋伏起来，使老弱女子登上城墙守卫。燕国士兵看到这些老弱女子都被驱赶来守城，料定齐国士兵伤亡惨重，都高兴得不得了。其实这是田单的又一计。

就在这时，齐国又派使者来见骑劫，请求投降。顿时，燕军士兵皆呼万岁。双方约定，明日早饭后，田单率军投降请罪。

当晚，骑劫下令大摆宴席，犒劳全军将士。几十天的紧张战斗，士卒们也都精疲力竭，难得吃上一顿美餐，如今主帅设宴，自然一个个如饥狼饿虎，喝得酩酊大醉，斗志完全松懈下来了。

就在燕军上下觥筹交错、摆宴庆功时，即墨城中却在紧张地准备着。田单将全城中的牛全部集中到一起，共有一千余头，令人给它们披上绛色缯衣，并划以五彩龙纹，每头牛的角上都绑有尖刀，然后又在芦苇秆里灌上猪油，扎成一个个束把，绑在牛尾巴上。同时，田单派人将城墙秘密凿了几十个洞。五千壮士整装待发，一切只等田单令下。

午夜时分，燕军军营一片寂静。田单一声令下，人们立刻在牛尾巴的芦苇秆上点火，灌满油的芦秆见火就着，霎时烧着了牛尾，牛顿时感到剧疼，便冲出城墙，朝着燕军军营狂奔过去。一千多头牛的牛尾全部点燃，火光照得半边天通红。燕军从睡梦中惊醒，忽然看见无数条火龙狂奔而来，一个个吓得丢魂失魄。有的未及躲避，早被牛角上锋利的尖刀戳死了。跟在火牛后面的五千壮士同仇敌忾，奋勇冲杀。燕军军营顿时大乱，在齐军的冲杀下，燕军被打得落花流水。

田单在补充生力军后，乘胜追击，很快就把沦陷的七十余城都收复了。

人常说："乱世出枭雄。"田单在国泰民安的时候，只是临淄的市掾，一直为朝廷所弃。不知这是因为君王不能慧眼识珠，还是由于田单的才华始终被奸臣压抑，我们不得而知。但是，在战火纷飞的沙场上，田单却尽展其才智，不仅保全了家族人的性命，还解除了国家的危急。由此可见，田单无论在什么时候都能对自己的国家尽忠职守。他没有因为自己先前的职位低微而心生怨恨，而当国家危难之际，他又竭尽所能带领军民应战，终于平息了叛乱，收复了失地，真不愧是一代豪杰。

无独有偶，隋朝的苏威也是这样一个顺逆一视，始终尽职尽责的人。

苏威是隋初著名的宰相，他在任职期间多有惠政，为世人所称道，但是当初隋文帝杨坚并没有认识到他的品德和才能。苏威很早就有才名，为人正直，在地方上很有威望，只是一直没被朝廷重用。杨坚在做北周丞相时，有人屡次推荐苏威，说苏威如何如何有才能。在这种情况下，杨坚把苏威招来，引到卧室交谈，两个人谈得很投机。但后来苏威听说杨坚要废周立隋，自己要称帝，觉得这不是臣下应该做的事，不愿意参与，就逃回到家里，闭门不出，杨坚的部下要把他追回来，杨坚说："他现在不想参与我的事，先让他去吧，他的事以后再说。"

杨坚即位后，苏威认为自己并没有参与这件事情，对自己的名誉没有什么损害，于是，他就又同意出来辅佐杨坚。杨坚也不计较他以前的态度，而是十分尊重他，授苏威为太子少保，追赠苏威的父亲为邳国公，让苏威承继父爵，不久又让苏威兼任纳言、民部上书两职。苏威觉得皇上对自己的待遇太优厚了，就上书推辞，杨坚下诏说："大船承载重，骏马奔驰远。你兼有多人的才能，不要推辞，多干事情吧。"由此可见杨坚对苏威的信任。

苏威曾主张减免赋税，杨坚听从了他的主张。这一政策深得民心，因此苏威也更受杨坚的信任。苏威见宫中帘幔的钩子都是用银子作的，认为过于豪华奢侈，就主张换用其他材料，劝谏要节俭从事，受到杨坚的赞赏。有一次，杨坚对人发怒，并要杀那个人，苏威进谏，杨坚非但不听，反而更加生气。过了一会儿，杨坚怒气消了，知道自己的脾气太大，态度有些过分，就对他的进谏表示感谢，并说："你能做到这样，我确实没看错人，我感到非常欣慰。"

当时的治书侍御史梁毗因为苏威身兼五职，并没有举荐其他人的意思，就上书弹劾苏威，说他有揽权的嫌疑。杨坚对他说："苏威虽然身兼五职，但始终孜孜不倦，志向远大，把他分内的事情处理得井井有条，是非常称职的。再说，职务有空缺时才能推举别人，现在苏威很称职，你为什么要求他引荐别人呢？谁又是更合适的人选呢？"

又有一次，杨坚还对朝臣说："苏威遇不到我，就不能实行他的主张；我得不到苏威，就不能行大道，我们两人实在是相得益彰啊！"

隋文帝开皇十二年，有人告发苏威和主持科举考试的官员结为朋党，任用私人，有营私舞弊的嫌疑。杨坚让蜀王杨秀等人去处理这件事，结果还真的确有其事。杨坚没有直接对苏威做出什么惩罚的决定，他指着《宋书·谢晦传》中的涉及朋党的地方，让苏威阅读。苏威心悦诚服地认了错，但他很害怕，就免冠谢罪。杨坚说："你现在谢罪已经太迟了，你已经触犯了法律，应该处罚。"于是免去了苏威的官职。

后来一次议事的时候，杨坚又想起了苏威，他对群臣说："有些人总是说苏威假装清廉，而家中金玉很多，是搜刮来的，实际上这是虚妄之言。苏威这个人，只不过性情有点乖戾而已，把握不住世事的要害，过于追求名利，别人服从自己就很高兴，违逆自己就很生气，这是他最大的毛病。除此没什么太大的缺点。但他的才能却不一般，如果对他弃而不用，实在有点可惜。"群臣听了这一番话，觉得十分有道理，也都同意，于是杨坚又重新起用了苏威。苏威被重新起用以后，果然对隋朝忠心耿耿，忠于职守，一直到死。

德行高妙之人以道德高尚、品行端正著称。他们举止进退端庄肃敬，合于礼法，是国家礼节德行的象征，也是国人学习的榜样，传统美德的化身。他们一身正气，隐隐然有大国高人之风。其高风亮节足以感化缺德疏礼的人，能起到教化社会、矫正世风的楷模作用。他们的本事也不小，处理各种事物井井有条，政绩与德行齐飞，声名共形象一色，让其他人肃然起敬。由于成就不像其他人那么显著，因此人们更多颂扬的是他高妙的德行，而把成就放在其次；还因当人在高位时，旁人更希望他有高尚的品德。春秋时期的季札便是一个德行高妙的人。他谦虚恭让，礼贤下士,举国上下都很敬佩他,在诸侯国中名声也很响亮。

有一次,季札代表吴国出使齐、鲁等国,顺道去拜访当地的名士徐君。徐君非常喜欢季札的佩剑,季札本想把佩剑立即送给他,但因为出使别国佩剑是不可缺少的一种礼节,就暗暗决定回来时再送给他。

当他再回来时,徐君已经去世了。季札很悲痛,到徐君墓前叩拜,解下佩剑挂在墓前的树上。随从问他:"徐君已死了,你这样做又是为了什么?"季札说:"我既然已打算送给他,怎么能随便改变自己的诺言呢?如果只因为他已不在人世我就不履行诺言,与出尔反尔的小人有什么区别呢?"

以上几个人物的故事启示我们:真正的强者,真正的豪杰,并不是依靠武力来征服别人,他们是以智取胜。他们用自身杰出的才能、高尚的德行、美好的品格以及那种无论顺境逆境都能坦然相对,尽好自己的职责的操守,征服了时人和后人的心。

处世活用

自胜者强

老子曾经说过:"胜人者有力,自胜者强。"意思是说,能够战胜他人只是有力量的表现,唯有能够战胜自己的人才算得上真正的强者。人要取得成功,就要勇于战胜自己。那些勇于战胜自己的人才是真英雄。

人总是喜欢迁就自己,找各种借口为自己的不争气开脱。为了让自己多睡半个小时,总是拿"学习不是一朝一夕的事,不在乎这点时间"为借口;为了贪图享乐,总是拿"文武之道,一张一弛"为挡箭牌。这些看起来微不足道的毛病,如果我们不注意克服,谈何战胜自己?那些有所成就的人,或许并不是最有智慧的人,但他们往往最懂得自制,懂得战胜自己的弱点。

张海迪,5 岁患脊髓病,胸以下全部瘫痪。无法上学,她便在家自学完中学课程。15 岁时,海迪跟随父母,下放到山东聊城农村,当起了教书匠。她还自学针灸,为乡亲们无偿治疗。后来,张海迪自学多门外语,还干过无线电修理工。

在残酷的命运面前,张海迪没有沮丧,而是对人生充满了信心,以顽强的毅力和病魔作战。她虽然没有机会走进校门读书,却靠着自学攻读完了大学本科和硕士研究生的课程。1983 年,张海迪开始从事文学创作,编写了《向天空敞开的窗口》《生命的追问》《轮椅上的梦》等书籍。其中《轮椅上的梦》相继在日本和韩国出版,而《生命的追问》出版不到半年,重印 3 次,并获得了当年的"五个一工程"图书奖。在《生命的追问》之前，这个奖项还从来没有颁发给任何一位散文作家。

张海迪的命运是不幸的，病魔夺走了她的健康，给她留下一副残疾的身体，但是她是坚强的，没有因此自暴自弃，她用坚强的意志力走出了比许多正常人更加精彩的人生之路。她是自己的英雄，更是有志者的人生榜样。

一个人要战胜自己，就得志存高远，对自己高标准、严要求，用不懈的努力去征服艰难险阻。任何浅尝辄止、得过且过的苟且作为，都将导致一事无成。一个人要战胜自己，贵在有自知之明，知耻而后勇，取他人之长，补己之短，在不断的自我反省中自我磨砺。一个人要战胜自己，尤其需要积极进取，自强不息。古话说得好："业精于勤荒于嬉，行成于思毁于随。"这说明战胜自我是一个漫长的过程，没有捷径可走，任何一蹴而就的想法，都是不切实际的。只有不畏艰险、勤于攀登的人，才能最终体会到"一览众山小"的快意。

有这么一个心理学的实验，在这个实验中，有一个很大的笼子，底是铁做的。笼子中间隔着一个铁栏，当把第一批狗放进笼子的一边，在笼子底上通电，狗就受到电击。感觉到尖锐的刺痛。一些狗受到电击后，很快跳到笼子的另一边去，躲避电击。当在另一边的笼子底下通上电，狗受到电击时，又会很轻松地跳到没有通电的一边去。这个任务很简单，随着通电部位的变化，狗在这个箱子中穿梭跳动以躲避电击。因此，这个箱子被形象地称为"穿梭箱"。但第二批狗在穿梭箱里的表现迥然不同，当它们受到电击时，只会浑身发抖，低声哀鸣，一副失败的可怜样。为什么这些狗会表现出任人宰割的惨相呢？原来，心理学家在把这些狗装进穿梭箱之前，曾经对它们做了这样的事：把这些狗拴在铁柱上，时不时用电刺激它们，狗受到电击后会挣扎、咆哮，但无论它们怎么折腾，都摆脱不了电击的折磨，经过数十次的无效折腾后，这些狗放弃了努力，当再次受到电击时，只是趴在地上，瑟瑟发抖，低声哀鸣。这时，再把这些狗放进穿梭箱里，面对轻轻一跃就能摆脱的电击刺痛，它们也认了。这些认命的狗挣不脱柱子，就以为跳不过栅栏，犯了"逻辑错误"而不知道。人当然比狗聪明。把人囚禁在一个地方，不管原先经历了多少次失败，他们总会不断想办法逃跑，不是有很多人历尽艰辛从戒备森严的监狱中越狱而逃吗？

其实，失败并不可怕。没有失败的考验，便没有不屈的人格。我们与其沉湎于失败的现状中，不如沉浸在成功的希冀中，让成功的景象在我们的脑海里环绕，并每天这样提醒自己："假如我希望赢得成功，我现在应该采取什么举措？"然后永不放弃，不断地挑战自己的极限，成为一个战胜自我的强者。

自强不息

埃米莉毕业于某理工大学,当时有两个职位供她选择:一个是到一家大型事业单位做秘书。一个是到一家刚刚创立但发展势头较好的高新企业做销售。不少朋友都劝她到那家事业单位去,认为这样的工作稳定,适合女孩子。但埃米莉一向喜欢挑战自己,认为销售更能激发自己的斗志,所以她最后选择了做销售。

埃米莉根据自己的职业兴趣选择了适合自己发展的工作,这或许就是她迈向成功的第一步。经过几年的工作历练,原本"颇具个性"的埃米莉,在销售中渐渐掌握了为人处事、与人沟通的技巧和一些职场规则。从卖软件,到维护系统,到如何打包,埃米莉逐渐树立起了自己的权威,俨然成了本行业的销售专家,同时也赢得了客户的信赖和回报。她对自己更加自信了。

在这期间,埃米莉不断给自己制订新的目标,包括销售额和个人收入,而这些计划常常带有挑战的色彩,她企图借此证明自己还能做到更好。在这些目标的督促下,埃米莉不但有了丰厚的收入,也在这个行当有了些名声。但埃米莉并不以此为满足。虽然销售业绩上去了,但她发现自己在销售管理方面有些乏力。

面对这种情况,埃米莉依照职业顾问的建议,勇敢地迈出了新的一步,在选择充电的同时,跳到一家准备大力开拓市场的公司做了销售经理。虽然这使她生活很累,但她却很"沉迷",如鱼得水。更重要的是,她从中学会了如何管理好一个销售团队,这正是她进入这家公司的主因。后来,埃米莉被一家大型 IT 公司看中,聘请她做销售总监。埃米莉在职业上又有了不小的飞跃。

埃米莉敢于挑战自己,她在挑战自己的过程中体会到了生活的乐趣。挑战自己,并不像看起来那么难,只要你善于挖掘自己潜力,把自己的目标定得远大一点,然后通过自己的努力去实现它,只要你坚持走下去,就一定能越来越接近它,最终实现挑战自我的目标,让自己变得更加强大。

人最大的对手不是别人,而是自己。其实,每个人都有超越自己的经验。在幼儿期,没人逼你学走路,我们却试着自己站立,不断跌倒,不断站起,不断试步,终于能从爬的阶段,进入走的阶段。然后,我们对走不满足了,又要学习跑。问题是在能跑、能跳、能写之后,不断超越自己的冲力,为什么竟渐渐消失了呢?似乎这是人与生俱来的惰性在作怪。很多人长大后有了谋生的能力,就不再超越自己了,心安理得地做一个"凡人"。只有那少数的人会说:"我不能甘于平庸,我要超越!"于是,在这种不信自己办不到的理念指导下,他们自己得到了提升。

所谓失败,其实就是在通往目标的过程中,由于自己的行动多次受到挫折而产生的绝望感,是自己在心中滋养起来的"纸老虎"。对于这种虚张声势的纸老虎,你不打,它是不会倒的。但是,若我们在遭受挫折之后对自己的能力发生了怀疑,产生了失败情绪,不再努力进取,那么我们就算彻底地失败了。

其实,适度的挫折具有积极意义,它可以帮助人们驱走惰性。心理学家把适度的挫折比作"精神补品",因为每战胜一次挫折,都加强了自身的力量,为下一次对付挫折提供了"精神力量"。意大利小提琴家帕格尼尼在监狱里用破旧的小提琴练演奏音乐;波兰伟大诗人密茨凯维支在流放途中创作著名的《十四行诗集》。这些杰出的人物,正如贝多芬说的那样:"通过苦难,走向欢乐。"

商界活用

做大做强的关键

前几年热播的《乔家大院》讲述了晋商乔致庸弃文从商,怀抱以商救民、以商兴国的梦想,历经千难万险,最终实现了"货通天下,汇通天下"的夙愿。其实,山西祁县乔家在商界的兴旺发达持续了200多年,历经嘉庆、道光、咸丰、同治、光绪五代。

中国有句古训:"商道即人道。"在乔致庸看来,做生意是做人的生意,因而做生意必须先做人。因此,他把经商之道概括为"讲义为先,守信次之,而后方为取利"。这种经营之道表现在具体做法上就是:不坑客,不做假,不欺"相与",不亏伙计,宽以待人,言而有信,互助互惠。当乔致庸见到外乡要饭的流民时,不惜斥资搭建粥棚,帮助他们挺过难关。逢年过节,乔致庸也不忘给左邻右舍送年货。正是有着做生意先做人的理念,乔致庸的生意才得以迅速发展壮大,并广受赞誉。

万科地产的老总王石说:"要做伟人就要做到三点:第一没事找事;第二把别人的事当作自己的事;第三拿自己的事不当事。"他的意思是做生意就要多为他人着想,勇于奉献,也就是做生意先做人。

当前,我国许多中小企业都把追逐利润作为至上的准则,这是一种目光短浅的做法。商人的终极目标是追求利润的最大化,这没错,但利润最大化必须建立在以义取利的管理思想和经营理念上。乔致庸对"义信利"的态度,对我国目前的中小企业来说是很有警示价值的。在企业的发展过程中只重视经济效益而忽略社会效益,最终将得不偿失。相反,那些将义、信、利完美地结合起来的企业,无不在最后得到了更加丰赡的回报。

商场是没有硝烟的战场，计谋和策略的运用是必须的，但也不能不讲诚信和品质。纵观乔致庸的一生，他的成功无不和"诚信"紧紧联系在一起，从商贸到金融，乔家实现"货通天下，汇通天下"的理想靠的是商业诚信。

乔家草创之初就宣称"以勤俭诚信为本"，"人弃我取，薄利广销，维护信誉，不弄虚伪"。乔致庸须臾不敢遗忘这一先人立下的经营理念。当产品质量有问题时，乔致庸宁愿忍受巨大的经济损失，也要无偿退换货，毁销假货，以挽回商业信誉。随着消费者对乔家品牌的认知和肯定，乔家的生意越做越火。

目前，我国的商业规则正在不断发展和完善，诚信经营已经成为市场经济参与者的共同价值取向。李嘉诚曾经说过一句话："我的声誉是我成功的主要关键。它让我获得需要的合作伙伴。如果别人信任你，那么要找到适合的合作对象把事情做好，将是十倍的容易。"正是李嘉诚秉持这种诚信经营的理念，才使得它的产业不断壮大，最终成为香港当之无愧的翘楚。相反，那些靠坑、蒙、拐、骗得逞一时的经营者，终将被商业社会所唾弃。美国的安然、我国的南京"冠生园"，就是诚信缺失导致企业轰然倒塌的最好例子。所以，企业要做大做强必须坚持诚信经营，以信誉求商机。

在实现"货通天下，汇通天下"这一雄心壮志的过程中，乔致庸没有忘记企业品牌的打造。在贩茶时，南到武夷山，北至恰克图，乔致庸不忘在武夷山的茶砖上印下大德兴的标记，在恰克图的货物上印下复字号的标志，这让茶民和牧民们记住了乔致庸的款款深情，也记住了乔家的产品。约翰·菲利普·琼斯认为："品牌是指能为顾客提供其认为值得购买的功能利益及附加价值的产品。"品牌打造的核心着力点就是给顾客带来可供信用的价值。乔致庸疏通茶路的过程正是其品牌打造的过程。即便用今天的眼光来看，乔致庸的品牌管理思想也是十分先进的。在品牌的战略愿景上，乔致庸提出了"货通天下，汇通天下"的企业理想；在品牌的识别上，乔致庸在茶砖上印上醒目的"大"字；在品牌的核心价值上，乔致庸彰显了"服务天下"的允诺；在品牌的延伸上，乔致庸把丝茶生意品牌转到了票号生意上，如此种种，不一而足。

现今，我国的不少中小企业平时不注重品牌建设，这是缺乏远见的做法。企业要做大做强，必须有自己的品牌，否则就只能永远做一个市场追随者，分一杯羹，赚一点微薄的利润，随时都有被吃掉的危险。

在用人上，乔家可谓"知人善用"。彻查通顺号胡麻油事件，果断辞退违反店规招聘伙计任用私人的通顺店掌柜顾天顺；知遇马荀，并让其做复字号大掌柜；看中摆摊卖花生米的孙茂才,高薪聘其为"市场总监",帮助乔家摆脱危机,最终稳住了乔家的产业,等等。这些事例无不反映了乔致庸在用人上的眼光,那就是用人不疑、疑人不用。

相比之下,我们现在一些中小企业的老板,在用人上谨小慎微,更不敢充分授权,唯恐公司失去控制。事无巨细,什么都过问,俨然成了"管家婆",可他们的下属却感觉工作很累,放不开手脚。所谓"什么都管,却什么都没管好",说的就是这种情况。老板个人的精力是有限的,必须敢于用人,善于用人,才能把自己的企业做大做强。

有这样一种说法:一流企业做文化,二流企业做营销,三流企业做产品,可见企业文化在现代企业的运营中是多么重要!可以这么说:任何成功的企业,文化的成功都是其获得成功的必要条件。而乔家的企业文化塑造也给我们当下的中小企业提供了很好的榜样。

即使用现代企业文化理论来分析,乔家在当时的做法也是十分领先的。乔致庸的"货通天下,汇通天下"可以看成是乔家企业文化的愿景;而"服务天下,为国为民"正是乔家企业文化的使命;"以义治利,诚信不失,人心不偏,公道长存"则是乔家企业文化的核心价值观。除了这些文化理念外,乔家还有严格的制度规范来保证企业文化的落实。

乔致庸自接手家业之后,便立下规矩,比如:学徒四年以上出师,愿在本店当伙计的,一律顶一厘身股,此后按绩效逐年增加;分号和总号各自独立经营,独立核算,自负盈亏;又如:乔家所有员工,包括东家本人必须戒懒、戒骄、戒贪,等等。如此种种,一共颁布了20条店规,其中的压轴条款更是创下了商业典范——任何时候不得与任何"相与"商家抢霸盘。乔致庸的孙子乔映霞接手家族产业以后,也立下了严格的规矩:一不准吸鸦片,二不准纳妾,三不准赌博,四不准冶游,五不准酗酒,等等。这些严格的规定使乔家的掌柜们不得不以身作则,从而保证了乔家各种文化理念的落实。

不少商界人士可能会认为:对中小企业而言,生存才是第一位的,连生存问题都解决不了,奢谈什么企业文化。其实这种认识是错误的,企业文化反映在企业经营管理的方方面面,企业文化建设并非为文化而文化,你建设也好,不建设也好,企业文化都是客观存在的。因此,中小企业为了实现可持续发展,必须重视企业文化建设。

一代晋商乔致庸的经营思想有如一座商业智库,值得我们深入研究。对于要想做大做强的中小企业来说,不妨从中汲取一二。

第十一节　素隐

　　把道理讲得玄而又玄，做出各种怪诞行为，这些欺世盗名的做法，根本不合中庸之道的规范，自然是圣人所不齿的。遵照正确的道路，走到一半又停止下来，这是不及的行为，也是圣人所不欣赏的。唯有持守中庸之道，不为名利所困扰，这才是圣人所赞赏并身体力行的。

　　道，就像种子，深深根植在我们天性的血脉里，在我们天性的汁液滋润下茁长壮大。当然也或者由于我们的一念之差而使我们心中的"道"有所损伤，但是"道，"永远不可磨灭，只是深深地保留着。在适当的条件下，它又恢复生机，勃然而生。

　　朱子说：以知仁勇三达德为入道之门。以大舜、颜渊、子路之事明之。舜，知也；颜渊，仁也；子路，勇也：三者废其一，则无以造道而成德矣。

【原文】

　　子曰："素隐行怪①，后世有述焉，吾弗为之矣②。君子遵道而行，半涂而废，吾弗能已矣③。君子依乎中庸，遁世不见知而不悔④，唯圣者能之。"

【注释】

　　①素：据《汉书》应为"索"，探索、寻求之意。隐：隐僻。怪：怪异。

　　②弗为之矣：不屑于这样做，耻于这样做。

　　③涂：通"途"。废：停止。已：止，停止。

　　④遁世：避世隐居。见知：被知。见，被。

【译文】

　　孔子说："探寻隐僻的道理，做些怪诞的事情，后世也许会有人来记述他，称赞他，但我决不会这样做。君子按照中庸之道去做，但是中途改变，不能坚持下去，而我是决不会停止的。真正的君子遵循中庸之道，即使隐遁在世间一生不被人知道，也决不后悔，这只有圣人才能做得到。"

【历代论引】

　　郑玄说：隐者当如此也。唯舜为能如此。

　　孔颖达说：无道之世，身乡幽隐之处，应须静默。若行怪异之事，求立功名，使后世有所述焉。如此之事，我不能为之，以其身虽隐遁而名欲彰也。又说：君子之人，初既遵循道德而行，当须行之终竟。今不能终竟，犹如人行于道路，半涂而自休废。汲汲行道无休已也。又说：君子依行中庸之德，若值时无道隐遁于世，虽有才德,不为时人所知,而无悔恨之心,如此者非凡人所能,唯圣者能然。若不能依行中庸者,虽隐遁于世,不为人所知,则有悔恨之心也。

《礼记正义》说:身隐而行诡谲,以作后世之名,若许由洗耳之属是也。又说:君子以隐终始,行道不能止也。又说:知者,《史记》云:"瞬耕于历山,渔于雷泽,陶于河滨。"是不见知而不悔。

朱子说:深求隐僻之理,而过为诡异之行也。然以其足以欺世而盗名,故后或有称述之者。此知之过而不择乎善,行之过而不用其中,不当强而强者也,圣人岂为之哉!又说:遵道而行,则能择乎善矣;半涂而废,则力之不足也。此其知虽足以及之,而行有不逮,当强而不强者也。圣人于此,非勉焉而不敢废,盖至诚无息,自有所不能止也。又说:不为索隐行怪,则依乎中庸而已。不能半涂而废,是以遁世不见知而不悔也。此中庸之成德,知之尽、仁之至、不赖勇而裕如者,正吾夫子之事,而犹不自居也。故曰唯圣者能之而已。

【评析】

世上有这样两种人:一种人喜欢出风头,凡事都要故意显得另类、与众不同。他们自视甚高,想用邪僻之理、荒诞怪异之行来一鸣惊人,以欺世盗名。这种人好走极端,偏激而不守中和之道,也就是中庸之道中所说的"过"。这自然是圣人所不齿的。另一种人开始虽然选择了中庸之道,却又往往是浅尝辄止,半途而废,不能持守正道,致使修德立业有始无终,这也就是中庸之道中所说的"不及",也是为真正的君子所不赞同的。唯有正道直行,一条大路走到底,这才是圣人所赞赏并身体力行的。

所以,屈原说:"路漫漫其修远兮,吾将上下而求索。"诸葛亮说:"鞠躬尽瘁,死而后已。"这都是圣人所赞赏的精神。我们现代人,即使达不到圣人所推崇赞赏的境界,在立身处世时也应该坚守心中的正道,不能偏废。

以上第二至十一章,紧紧围绕第一章所提出的"中和"(中庸)这一概念,通过引述孔子的言论从各个方面进行了详细的论述,说明了实行中庸之道的重要性之所在,强调弘扬中庸之道是君子所应该身体力行的,这是《中庸》全书的第一大部分。

【解读】

施恩不图报,凡符合自己道德标准的事就乐于去做,有很多虽然表面上看起来很平凡但实际却具备很高的才能的人,当外界的条件不符合他们的理想和志趣时,他们宁愿隐藏起自己的才能不为世人所知,也不愿对当权者妥协,即使自己一直默默无闻,他们也从不怨恨什么。

三国初期,刘备在三顾茅庐,敦请诸葛亮出山的前夕,曾会见过一位"水镜先生"。他告诉了刘备一句著名的话:"卧龙、凤雏,得一人而安天下。""卧龙"是指诸葛亮,"凤雏"便是指庞统。

这位"水镜先生"的真名叫司马徽,字德操,颍川阳翟人,善于识别人才,但从不随便议论。他居住在襄阳一带,属刘表管辖。他认为刘表为人阴险,必定暗害好人,所以更加隐讳,闭口不谈当时各派人物的是非。凡是有人问起他,某某人怎样?不论这个人是好是坏,他都只回答一个字:"佳。"

有一次,他的妻子劝他说:"人家向你请教问题,你应该明确地回答人家,怎能不分青红皂白,都说一个'佳'字。这难道符合人家请教你的原意吗?"

司马徽抬头看了看妻子,微笑了一下,点点头说:"像你这样讲,也是佳!"

庞统,字士元,襄阳人,一说是司马徽的侄子,后来曾在刘备手下担任军师中郎将,帮助刘备进攻四川,在围攻雒县时,不幸被流矢射中,死时才三十八岁。庞统少年时代性格内向,不太惹人注意。他十六岁的时候,曾经去看望司马徽。司马徽正在树上采摘桑叶,让庞统坐在树下,两人从白天到深夜谈论了很长时间。司马徽非常赏识庞统,认为他将来一定会成为南郡文人中的首领。经司马徽的这一番赞扬,庞统的声誉便一天天高了起来。

后来司马徽移居颍川老家,庞统从南郡历经两千里的行程前去探望。到了司马徽的住地,见他还是在树上采摘桑叶。这时庞统的见解和少年时代有些不一样了,他从车子里探出头来对司马徽说:"我听说大丈夫生活在世上,应该挂着黄金大印,佩着紫色的印带,怎能委屈自己的才能,在这里做养蚕妇人的事呢?"

司马徽听了,笑笑说:"你先请下车,我再回答你的问题。"等庞统下了车,他接着说:"你只知道拣小路走能够早一点到达目的地,但不知道走小路容易迷路。过去尧时的伯成子告别诸侯,到野外去耕地,并不羡慕功名的荣耀;孔子的弟子住在用桑树条圈成的门枢的屋子里,不要高大的官家住宅。他们不稀罕住华丽的屋子、用肥大的马拉车、使唤几十名侍女。这就是古代的隐士许由、巢父心胸宽阔的地方,也是伯夷、叔齐足以骄傲的原因。在我们这些人眼里,认为像吕不韦那样奸诈手段骗得官位的人,或者像刘景公那样拥有骏马的庸俗君主,都是不足以夸耀的。"

司马徽的一番话,深刻地教育了庞统,他认识到一个真正有才能的人,也是一个有着良好的德行操守的人,即便自己的才能不能够得到发挥,也不会与世俗同流合污。能够坚守住自己的原则和操守,甘心做一个平凡的人,这样的人才真值得佩服啊!这也是一个具有才干的人所应具备的品德。正是因为耐得住寂寞,也才能不为名利地位所动。作为一个人,在社会中为人处世不能只是追求富贵功利,任何事情都要从正道上取得,只能拥有应该拥有的东西;否则,还不如守着朴素和贫寒,具有纯真的人格。庞统迅速领会到它的含义,对司马徽道谢说:"我生活在中原的边陲地带,很少听到精奥的道理。今天如果不是叩响你这座洪钟,敲响你这面能发出雷声的大鼓,还真不知道天底下竟有这般激昂慷慨的音响哩!"

人就应该这样,只要自己认为是正确的,并且自己所做的事对于别人和社会都有好处,就好好坚持下去,即使得不到别人的赞誉和显赫的名声,那又有什么关系呢?至少我们可以坦然面对自己的内心,每天都可以过着心安理得的生活,这也是一种幸福和快乐的感觉。

孔子说:"见义不为,无勇也。"所以,君子应当见义而为。又说:"仁者必有勇,勇者未必有仁。"也就是说,具有仁义德性的人,必定有勇。勇于什么呢?勇于仁,勇于义。但有勇的人却不一定具有仁义的德性,因为有些所谓勇者,只是勇于做坏事,为非作歹,或者只是不问青红皂白的勇。所以孔子强调说:"君子以义为上。君子有勇而无义为乱,小人有勇而无义为盗。"君子应始终把义作为至高无上的准则。如果只是有勇而无义,就会犯上作乱。只有把义与勇相融相合,统为一体才能真正做到见义而为。

墨子就是一个将义与勇融于一身,不图名利,终生为自己的理想奋斗不息的人。他怀抱"救世"的情怀行义天下,认为只有义才能利民、利天下。所以,他以一个苦行僧的形象周游列国诸侯,不仅极力宣传他的学说主张,而且尽力制止非正义的、给天下百姓带来无穷灾祸的战争,达到了见义勇为的至高境界。

天下有名的巧匠公输盘,为楚国制造了一种叫作云梯的攻城器械,楚王将要用这种器械攻打宋国。墨子当时正在鲁国,听到这个消息后,立即动身,走了十天十夜直奔楚国的都城郢,去见公输盘。

公输盘对墨子说:"夫子到这里来有何见教呢?"墨子说:"北方有人侮辱我,我想借你之力杀掉他。"公输盘很不高兴。墨子又说:"请允许我送你十镒黄金作为报酬。"公输盘说:"我义度行事,决不去随意杀人。"墨子立即起身,向公输盘拜揖说:"请听我说,我在北方听说你造了云梯,并将用云梯攻打宋国。宋国又有什么罪过呢?楚国的土地有余,不足的是人口。现在要为此牺牲掉本来就不足的人口,而去争夺自己已经有余的土地,这不能算是聪明。宋国没有罪过而去攻打它,不能说是仁。你明白这些道理却不去谏止,不能算作忠。如果你谏止楚王而楚王不从,就是你不强。你不杀一人而准备杀宋国的众人,确实不是个明智的人。"公输盘听了墨子的一席话后,深为其折服。墨子接着问道:"既然我说的是对的,你又为什么不停止攻打宋国呢?"公输盘回答说:"不行啊,我已经答应过楚国了。"墨子说:"何不把我引见给楚王。"公输盘答应了。

于是,公输盘引墨子见了楚王,墨子说道:"假定现在有一个人在此,舍弃自己华丽贵重的彩车,却想去偷窃邻舍的那辆破车;舍弃自己的锦绣华贵的衣服,却想去偷窃邻居的粗布短袄;舍弃自己的膏粱肉食,却想去偷窃邻居家里的糟糠之食。楚王你认为这是个什么样的人呢?"楚王说:"一定是个有偷窃毛病的人。"墨子于是继续说道:"楚国的国土,方圆五千里,宋国的国土,不过方圆五百里,两者相比较,就像彩车与破车相比一样。楚国有云梦之泽,犀牛麋鹿遍野都是,长江、汉水又盛产鱼鳖,是富甲天下的地方。宋国贫瘠,连所谓野鸡、野兔和小鱼都没有,这就好像梁肉与糟糠相比一样。楚国有高大的松树,纹理细密的梓树,还有梗楠、樟木等等。宋国却没有,这就好像锦绣衣裳与粗布短袄相比一样。由这三件事而言,大王攻打宋国,就与那个有偷窃之癖的人并无不同,我看大王攻宋不仅不能有所得,反而还要损伤大王的义。"楚王听后说:"你说得太好了!尽管这样,公输盘为我制造了云梯,我一定要攻取宋国。"

鉴于楚王的固执,墨子转向公输盘。墨子解下腰带围作城墙,用小木块作为守城的器械,要与公输盘较量一番。公输盘多次设置了攻城的巧妙变化,墨子则全部成功地加以抵御。公输盘的攻城器械已用完而攻不下城,墨子守城的方法却还绰绰有余,公输盘只好认输,但是却说:"我已经知道该用什么方法来对付你,不过我不想说出来。"墨子也说:"我也知道你用来对付我的方法是什么,我也是不想说出来罢了。"楚王在一旁不知道他们两个人到底在说什么,忙问其故,墨子说:"公输盘的意思不过是要杀死我,杀死了我,宋国就无人能守住城,楚国就可以放心地去攻打宋国了。可是,我已经安排我的学生禽滑厘等三百人,带着我设计的守城器械,正在宋国的城墙上等着楚国的进攻呢!所以,即便是杀了我,也不能杀绝懂防守之道的人,楚国还是无法攻破宋国。"楚王听后又是大声说道:"说得太好了!"他不再固执地坚持攻宋,而是对墨子表示:"我不进攻宋国了。"

墨子成功地劝阻楚王放弃进攻宋国的计划,便起程回鲁国。途经宋国时,适逢天降大雨,于是想到一个闾门内避避,看守闾门的人却不让他进去。殊不知,正是墨子刚刚挽救了宋国,是宋国的恩人,而墨子并没有向守门人说明他刚才的所作所为。

所以《墨子·公输盘》篇末感叹道:"治于神者,众人不知其功;争于明者,众人知之。""众人不知其功"与"众人知之"两相对比,更显出墨子的伟大。"众人不知其功"的义行,真正体现不为回报、不求名利,不为青史留名,只是默默地做那些自己认为正确的事情,这被那些精明人看来是傻子做的事,是道德高尚的人乐于去做的。所以，只要自己觉得这样做是快乐的，不被别人知道又有何妨？

那些踏实做事，不求名声被外人所知的人大致可以分为忘名和立名这两种。忘名的人思想和行动都能自然地符合道德标准，得到鬼神赐福保佑，他们并不是依靠这来博取名声的。立名的人，注意修身慎行，担心自己荣名不显但也不是用这来夺名的。

资性平和而宁静淡泊，内心聪慧而清朗爽直，为人处世不追求虚名。这样的人大多特别注意自身的修养，不沽名钓誉。因为他们深知，只有脚踏实地一步步走过来才会有稳固的基础。

汉四年十月，韩信平定赵、燕二国后，移兵往东攻齐。大军行至平原渡，韩信接到探马来报，说汉王遣郦食其至齐，已说服齐王田广归汉。韩信心想：郦大夫既然已经说服了齐国，我就不用再去攻打齐国了。应当率领军队返回去，帮助汉王攻打楚王。主意已定，韩信便下令扎营，准备择日回师。

过了几天，韩信升帐和部下商议回师一事，说明了原因，想要下令拔营回师。这时，忽然谋士蒯通出来劝阻，说道："不可！不可！"韩信问道："齐王归顺，我改道而返，为什么不可呢？"蒯通说："将军奉命伐齐，久经周折，才兵至齐境。今汉王遣郦生使齐，说服齐国，是否真实，尚有疑问。何况汉王并未颁下明令，制止将军，怎可凭一传语，就仓促回军呢？另有一说，郦生乃一介儒生，凭三寸不烂之舌，能下齐国七十余城，将军带甲数万，转战年余，才得赵国五十余城，试想为将数年，反不如一介儒生的功劳，岂不可愧可恨吗？为将军计，不如乘齐军无备，长驱直入，扫平齐国。如此，大功才能归于将军。"韩信闻言，沉思了片刻，觉得蒯通之言有理。但又一想，如发兵攻齐，又岂不害了郦食其？于是当即说道："话虽有理，但我如这样做，齐国必杀害郦生，此事使不得！"蒯通听后，笑道："我知道将军不肯负郦生，但听说郦生是自荐说齐的，他明知将军正在领兵伐齐，还要如此做，岂不先负了将军？"韩信闻言，勃然起座，即刻调动人马，渡过平原河，直逼历下。齐兵无备，被杀得大败。韩信乘胜追击，斩齐将田解，擒华无伤，一路顺风，直至临淄城下。

齐王田广，齐相田横，本已被郦食其说服，同意归顺汉王，忽闻汉兵杀到，不由大惊，急忙招来郦食其，当面叱道："我听信你言，本以为可避免刀兵之祸，不想你心怀鬼胎，佯劝我归汉撤兵，暗使韩信发兵前来，覆我邦家，真是罪不可赦！"郦食其答道："韩信发兵，乃是不知齐地实情，愿大王遣一使臣，同我去面见韩信，我定令他就地止兵，撤出齐境。"齐相田横在旁插言道："到那时，你定会逃之夭夭，我怎能再受你欺骗！"说着，不容郦食其再行辩解，下令将他投入油鼎，烹杀而死。

韩信听到郦生被杀消息，内心实感不安，立即下令，日夜攻城。过了几天，临淄城被攻破。田广、田横只得弃城出逃,派出使者,向楚王项羽求救。

郦食其本知韩信领兵伐齐,却又向汉王刘邦自荐说齐,意在争功;韩信明知齐已归汉,却又在蒯通调唆下,兵发齐国,意也在争功。二人同辅一主,又是同一目的,结果韩信虽兵取齐都,而郦食其却含冤被烹。功劳,可以作为立身之资,也可带来杀身之祸。

人们都有这样的心理,自己做了什么事情,总想让别人知道,甚至受到表扬和嘉奖,以此来获得好名声。殊不知,如果人人都这样想,都为了争名夺利而相互争斗,那样就没办法好好做事了。我们还是安下心来,只要把自己的事情做好了,谁都挑不出毛病来,有没有名声又有什么要紧的呢?

处世活用

别做不受欢迎的怪人

北宋时,王安石是出了名的"怪人"。在生活中,王安石不修边幅,吃也不讲究,一件长衫要穿很久,吃饭时面前摆什么菜他就只吃什么菜,闹了不少笑话。一次朋友们见他的长衫很脏了还不换洗,就约他去泡澡堂,趁他泡澡时悄悄给他换了新的长衫,结果他泡完澡穿起长衫就走,似乎未发觉。又有一次,他和朋友们吃饭,他把面前的一盘兔肉丝吃得一干二净,朋友对他的妻子说王安石喜欢吃兔肉丝,可他的妻子却吃惊地说:"我不信! 他从不挑食,怎么会喜吃兔肉丝呢?"朋友又说:"因为他没有动过桌上其余的菜,只吃兔肉丝。"他的妻子便问:"那盘兔肉丝放在哪?"朋友答:"就在他面前。"然后他的妻子笑着告诉朋友:"你们明天把别的菜放在他面前,就知道他是不是喜吃兔肉丝了。"第二天,朋友们把兔肉丝放在别处,王安石还是只吃面前的菜,根本不理会兔肉丝! 一次仁宗皇帝宴请群臣,要求各位大臣自己从水池中钓鱼送御膳房,并给每人用金盘装鱼食。不合群的王安石一个人坐在椅上沉思。开饭时,他未用的一盘鱼食也搁在他面前,他竟然把一盘鱼食吃光了。

在为人处世上,王安石刚愎自用,为了推行自以为是的新政,不惜与众多亲人、朋友、同事反目,冒失提拔一大批"新新人类"。这些人进入官场的时日不久,贪慕功名,缺少阅历,不择手段地投机取巧,比如王安石最重要的支持者吕惠卿、曾布、蔡卞、蔡京、李定、邓绾等人,在当时和后世都是声名狼藉之辈,绝大部分被列进了《宋史》的奸臣传。其中,一句出自邓绾之口的名言,甚至成了后世诟病官场厚颜无耻作风的专用语:"笑骂由人笑骂,好官我自为之。"

在主张中庸的孔子看来,王安石的行为举止过于乖僻,并发生强制性的自我期许,以致成为非议的中心人物,不能被周围群体认同,有"素隐行怪"之嫌。显然,素隐行怪的作风是不受欢迎的社会行为模式。有悖于通常的社会群体行为准则,需要矫正。

现代作家林语堂也认为王安石为人乖戾,对人对己都很苛刻。林语堂说:"王安石热衷社会改革,自然觉得任何手段都没有错,甚至不惜清除异己。神圣的目标向来是最危险的。一旦目标神圣化,实行的手段必然日渐卑鄙。"林语堂的一席话提醒我们,为人处世不能太怪,还是安分守常的好。

职场活用

如何与怪同事相处

30 岁的小秦在一家大型国企工作,口才好,文笔也很漂亮,深得集团领导的赏识,经过全方位的考核,小秦被调到宣传部门做主任。这是小秦心仪许久的职位,当他正准备捋起袖子大干一场时,却发现办公室里的宣传干事小吉怪怪的。就像一只"爱开屏的孔雀",只要有人在,小吉就不厌其烦地显摆自己的辉煌史,被什么人接见过,去过些什么地方,同谁谁共过事,领导如何高度评价了他的工作等等。刚来时,小秦还为自己有这样的同事感到自豪,久而久之,发现小吉总是翻来覆去那一套说辞,自己差不多都能背了。

对付这样叽叽歪歪的怪同事,最好的办法就是直接告诉他:你很忙,等到有时间再向他讨教!

28 岁的小夏在一家广告公司做美编,有个叫艾琳的女同事。明明徐娘半老了却总是刻意把自己打扮成小姑娘的样式,穿泡泡裙,留学生头,说起话来动辄就是"我们女孩儿家如何如何……"。还特爱说起她和 13 岁的女儿上街,常被行人误以为是姊妹。每当别人惊呼:"呀!你明明还是个小姑娘嘛!"她就在一旁笑,作少女状。对付像艾琳这样喜欢扮嫩的怪同事,小夏的办法是敬而远之,不和她一般见识,把精力投入到工作中去。

25 岁的外企行政秘书小袁有一个不太与同事往来,却喜欢和公司领导攀谈的怪同事华莲。每次同一部门的几个同事都聚在一起进工作餐,华莲却总是孤傲地独坐一隅。有一天,公司副总裁下到餐厅和员工们一起进餐,华莲飞似的挤到副总裁身边,拼命插话,肉麻地吹捧副总裁年轻有为。一则营造一个合群的好印象,二则趁机和副总裁套近乎。对付像华莲这样趋炎附势的怪同事。小袁的办法是:保持不冷不热的态度,不讨好也不得罪!

24 岁的小傅是一家公司的客户主管,有一个牢骚满腹的怪同事叫文小丽,其祥林嫂式的絮叨、抱怨让身边的同事苦不堪言。小傅说:"明明是些和别人无关的事情,可她不识趣,一逮住机会就说个不停。同事们奇怪的是,既然她对现状这么不满,为何不换个环境,也省得自己受罪,连带我们跟着受罪!"对付这样婆婆妈妈的怪同事,小傅的办法是:尽量不跟他或她产生私人友谊,以免卷入无谓的风波!

29 岁的小储是一家报社的记者,有一名同事总是有事没事跑到他的桌前大谈部门主任的所谓丑闻。在那么敏感的工作场所,谈论那么敏感的话题,闹得小储不知如何是好。

其实,对付这种搬弄是非的怪同事,最好表明立场,提醒他别和你谈论这些是非,要谈就谈点对工作有促进的事情。

人就像豪猪一样,没有朋友会难受,凑到一块儿又相互扎得慌。所以,当你在职场碰见令你难堪的怪同事时,最好是把工作放在第一位,跟他保持一定距离,戒急用忍、注意防范。

商界活用

星巴克成功启示:不搞怪

星巴克的成功简直是一个奇迹。在华尔街,星巴克已成为投资者心目中的重要选项。过去十年间,星巴克的股价在经历了四次分拆之后上升了 22 倍,收益超过了通用电气、可口可乐、百事可乐、微软以及 IBM 等大公司。

是什么创造了星巴克奇迹?星巴克的创始人霍华德·舒尔茨回答:"我们的优势在于与合作者建立了充分的信任,无论是在公司草创时,还是在公司后来高速发展的过程中,我们始终保持企业价值观和指导原则的一致。我们能够得到全球这么多客户的认可,靠的是常规运营,而不是突发奇想的搞怪炒作!"

每年,星巴克要对供应商做好几次战略业务评估,评估的内容包括供应商的产量、供货系统,需要改进的地方等。借助这种频繁的检查,星巴克希望传达给供应商这样一个理念:星巴克和供应商是一荣俱荣、一损俱损的关系。与星巴克合作不可能一夜暴富,但供应商却可以通过星巴克极其严格的质量把关,获得持续的收益。当星巴克成为顾客首选而取得长足发展,供应商也会跟着"沾光",赢得更多的订单。

对供应商这样。对加盟店也是这样。星巴克选择加盟店的标准是:星巴克是怎样经营的,加盟店也要怎样经营,因为星巴克认为自己的经营原则不是凭空虚构,而是从消费者的反馈意见中总结出来的。星巴克要求加盟店必须做到:"以星巴克的标准来培训员工!"这就是星巴克的信念:绝不为了利益牺牲原则!你若嫌星巴克的条件苛刻,想讨价还价,连门都没有。霍华德·舒尔茨说:"我们相信,成功源自对原则一以贯之的坚持!"

星巴克虽然拥有强大的品牌号召力,但星巴克却很少花钱打广告。对此,霍华德·舒尔茨说:"星巴克的成功证明了耗费巨资的广告,不是创立全球品牌的先决条件。品牌必须靠终生的努力去保持和维护。"

1986年霍华德·舒尔茨才开始经营星巴克,迄今20多年。相比之下,国内企业与星巴克同龄的不在少数,可它们中的很多为何连国门都走不出去呢?恐怕是企图搞怪走捷径的小聪明思想作祟。

星巴克以原则论英雄。星巴克相信,如果一个企业的业绩不是建立在公平竞争、平等交易这样一些市场规律之上,无论它赚了多少钱,无论它规模有多大,都算不上成功,也不可能创立真正意义上的品牌。我们不得不承认:几乎所有优秀的跨国公司之所以把生意铺展到全球,与它们对市场规律的不懈探索与矢志遵循是分不开的。因为有了规律,才有规则,有了规则,才有评判胜负的标准。

第十二节　费隐

这一章首先提出费、隐两个概念。费,指道的普遍性以及用途的广泛性。隐,指道体的精微性与隐秘性。正因为人与道不可须臾离开,所以,道就应该有普遍的可适应性,连普通男女都可以知道,可以学习,也可以践行。但是,知道是一回事,一般性地践行是一回事,要彻底了解,进入其高深境界,则又另当别论了。所以,道又必须有精微奥妙的一面,供人们进行深造,进行创造性的实践。道是普遍的,无法用大小衡量它,因它其大无外,其小无内,这就是费。但道之理,则隐而无现。所以圣人也有所不知不能。所以道是从普通男女间最基本人伦开始的,直到弥贯天地。

【原文】

君子之道,费而隐①。夫妇之愚②,可以与知焉。及其至也③,虽圣人亦有所不知焉。夫妇之不肖,可以能行焉,及其至也,虽圣人亦有所不能焉。天地之大也,人犹有所憾。故君子语大④,天下莫能载焉,语小,天下莫能破焉⑤。《诗》云⑥:"鸢飞戾天;鱼跃于渊⑦。"言其上下察也⑧。君子之道,造端乎夫妇⑨;及其至也,察乎天地。

【注释】

①费而隐:广大无涯而又深微精妙。费:本作"拂"。隐:精微,奥妙。

②夫妇:匹夫匹妇,指普通男女。

③与:动词,参与。至:极致,最精妙处。

④语:说,论及。

⑤莫能破:不能再做出分解。

⑥《诗》云:此诗引自《诗经·大雅·旱麓》,意在赞美周文王。

⑦鸢飞戾天;鱼跃于渊:"鸢飞戾天",比喻恶人远去。"鱼跃于渊",比喻善人晋用,如鱼之得水。鸢,鸱类,老鹰。戾:到达。

⑧察:昭著,明显。

⑨造端:开始。

【译文】

君子坚守的道,用途广大而又深微精妙。一般来说愚夫愚妇,也是可以知道的;但到了最精微的境界,即使是圣人也有弄不清的地方。普通男女虽然不贤明,也是可以实行君子之道的;但若是最精妙的境界,即使是圣人也有做不到的地方。天地如此之大,但人们对天地仍有不满足的地方。因此,君子论及"大",整个天下都无法承载其广大;君子谈论"小",其微小的程度就达到了不可再分解的程度。《诗经·大雅·旱麓》说:"老鹰飞向天空,鱼儿跃入深渊。"这是说君子之道,和鹰飞鱼跃一样,由上到下,显明昭著。君子的道,是从普通的男女所能懂能行的地方开始;但到了最高深精妙的境界,却能够明察天地间的一切事物。

【历代论引】

郑玄说:匹夫匹妇愚耳,亦可以其与有所知,可以其能有所行者。以其知行之极也,圣人有不能,如此舜好察迩言,由此故与。天地至大,无不覆载,人尚有所恨焉,况于圣人能尽备之乎。所说大事,谓先王之道也。所说小事,谓若愚、不肖夫妇之知行也。圣人尽兼行。又说:圣人之德至于天,则"鸢飞戾天";至于地,则"鱼跃于渊",是其着明于天地也。又说:夫妇,谓匹夫匹妇之所知、所行。

孔颖达说:君子之人,遭值乱世,道德违费则隐而不仕。若道之不费,则当仕也。又说:天下之事,千端万绪,或细小之事,虽夫妇之愚,偶然与知其善恶,若苕荛之言有可听用。道之至极,如造化之理,虽圣人不知其所由。天地至大,无物不养,无物不覆,载于冬寒夏暑,人犹有怨恨之,犹如圣人之德,无善不包,人犹怨之,是不可备也。中庸之道,于理为难,大小兼包,始可以备也。君子语说先王之道,其事既大,天下之人无能胜载之者。若说细碎小事,谓愚不肖,事既纤细,天下之人无能分破之者。言事似秋毫,不可分破也。又说:圣人之德上至于天,则"鸢飞戾天",是翱翔得所。圣人之德下至于地,则"鱼跃于渊",是游泳得所。言圣人之德,上下明察。又说:君子行道,初始造立端绪,起于匹夫匹妇之所知所行者。虽起于匹夫匹妇所知所行,及其至极之时,明察于上下天地也。

程子说:此一节,子思吃紧为人处,活泼泼地,读者其致思焉。

朱子说:君子之道,近自夫妇居室之间,远而至于圣人天地之所不能尽,其大无外,其小无内,可谓费矣。然其理之所以然,则隐而莫之见也。盖可知可能者,道中之一事,及其至而圣人不知不能。则举全体而言,圣人固有所不能尽也。又说:人所撼于天地,如覆载生成之偏,及寒暑灾祥之不得其正者。又说:子思引此诗以明化育流行,上下昭著,莫非此理之用,所谓费也。然其所以然者,则非见闻所及。所谓隐也。

侯氏说:圣人所不知,如孔子问礼问官之类;所不能,如孔子不得位、尧舜病博施之类。

【评析】

正因为中庸之道不可须臾离开,所以,它就应该有普遍的可适应性,既应该为世间的匹夫匹妇所知道,也应该让他们可以学习,也可以亲身实行。

不过,什么事情都是一样的,知道是一回事,实行它是一回事,要想达到其高深透彻的境界又是另一回事了。工匠与大师的区别就在于,工匠只知道一种技术的皮毛,而大师却早已把它的最精华的部分了然于心。所以,作为人人都可以学习、实行的中庸之道又必须有其精微奥妙的一方面,以供那些德行高、修养深的学者进行深造,不仅用于提高他们自身的素质,更重要的是将他们的实践所得服务于大众。

把浅显与精深两方面的性质结合起来,使中庸之道既可以为普通人所践行,又为那些德行操守都很高的智者提供了继续努力的方向,由此可见。中庸之道是一个开放的、兼容的、具有普遍性的体系。

道是如此,世界上的许多事情也都是如此。比如唱歌人人都会,可是要成为一个真正的歌唱家,并不是会唱几首歌就可以做到的。唱歌也是一门学问,其中的知识和技巧并不是一般人就能领会和掌握的,必须经过专门的学习和钻研才行。也就是说,凡事都有一知半解与精通的区别,有门外汉和行家的区别,匹夫匹妇与"圣人"的分别也就在于此。

【解读】

做什么事情都是一样，要想能够登堂入室，获得更高的成就，就要静下心来仔细研究一番。

在培养人才方面，清朝的红顶商人胡雪岩可为后世的楷模。

对于年轻人，胡雪岩总会在见面之初交代他们几件事，让他们单独去办理。一是考察，二是磨炼。

在考察刘庆生时，胡雪岩先是看他手脚是否放得开，手面是宽还是窄。因为刘庆生本来是个伙计，一个月不到二两银子的收入，现在一下子每月可有十几两银子的进项，很有可能一下子适应不了，舍不得花。舍不得花就是手面不阔，有可能是个好伙计，是本分的事儿都能干好，但是做不来大生意。

结果让胡雪岩感到非常高兴，刘庆生有二百两银子时，先包了一座小院子，作为起座联络的地方。胡雪岩知道他做事是放得开手的，于是打消了最后一层顾虑。

胡雪岩认为，对于年轻的人才，应该去掉他们身上的骄躁气，增加他们的定力。这一点不需多用言语指教，而是就事观照，自己采用了克制冷静的态度，年轻人只要是聪明有心的，自然会看在眼里，和自己的表现相比较。遇事无论好坏，都要沉着，不轻易形诸于外。

刘庆生自然发觉了自己和老板在办事上的差异，未免觉得很惭愧，也就警心自励了。

在胡雪岩看来，要想把年轻人培养成可以担当重任的人才，还要给他们树立起威信。所以有了抚台黄宗汉的汇票以后，他专门派刘庆生去划汇。按照一省来说，抚台是天字第一号主顾，有这样的大主顾在手，同行对刘庆生自然会刮目相看。办理几次抚台的业务，他的身份、资望在别人眼里自然会大为不同。

刘庆生受了胡雪岩的影响，知道要做好生意，眼光极为重要，要看得远，想得深。尤其是做大生意，更需要眼光看到天下，替官府着想，把市面平静下来，生意才会越做越大，越做越好。胡雪岩知道，如果让刘庆生明白了这些，到了放手让他自己拿主意的时候，他的心思就会安定下来，一切也都豁然贯通了。刚发行的官票，信用未卜，别人不愿要，阜康愿意要，而且是主动要。不但要，还要讲出一番道理来。道理就是：首先，信用是我们大家做出来的；其次，官票信用好了，对于我们每个钱庄都有利。

在使用刘庆生方面，胡雪岩做得非常好，他并没有在一开始就放手让刘庆生自己去做，而是在对他进行了全面考察之后，对他进行了重点培养，结果不但把刘庆生的能力水平提高了很多，让他有了大展拳脚的机会，更是为自己找到了一个得力的帮手，对自己的生意也有很大的帮助，真可谓是一举多得。

培养人才不能流于表面，经国治事更是如此，只有深入进去，才能解决根源的问题，起到安邦固本的作用。

隋王朝从立国到灭亡，前后不过四年。其短命而亡的教训，像一座警钟，长鸣在唐朝太宗耳畔。贞观初年，太宗与大臣每每论及治国方策，都不忘以隋为鉴。魏征曾向太宗陈疏道："百姓像水，可以载舟，也可以覆舟，这是应当万分谨慎的。治理百姓就像用烂缰绳驾马拉车飞奔一样，难道可以轻率吗？"

太宗即位不久，有的大臣上奏建议要以威刑整肃天下。魏征上奏认为不可以这样做，而应行"爱民厚俗"之政。他指出治国理政的根本，就是轻徭薄赋，让老百姓休养生息。

贞观二年时，关内因天旱发生饥荒，民间出现卖儿卖女的惨相。三月，太宗命御史大夫杜淹巡视各州县，并拿出御府的金宝布帛，赎出卖身者还其父母。四月，又下诏各地官府，将暴露野外的无名尸骨，收殓掩埋。

贞观四年六月，太宗下令整修洛阳宫。给事中（门下省官员）张玄素上奏极言劝谏，指出若修洛阳宫，劳民费财甚于隋炀帝；此役不息，就会像夏桀、殷纣一样，招致天下动乱。太宗接受了他的进谏，下令罢役。魏征对张玄素的直言敢谏，深表赞叹。太宗也感叹治国就如同治病。魏征一听高兴地说："臣愿陛下时时不忘居安思危。"

太宗为秦王时军功显赫，民间称颂其功，有《秦王破阵乐》流传，后经太常所属官署改编为乐舞大曲，常于庆典宴会时演奏。贞观七年正月，此曲更名为《七德舞》。魏征希望太宗理政以"偃武修文"为宗旨，因而每逢陪侍宴庆时演奏《七德舞》，就低头饮酒吃菜，不看表演。遇到演奏节拍安详舒缓，表示文德普及天下的舞蹈《庆善乐》时，则是全神贯注，毫不厌倦。魏征就是这样以一举一动来向太宗表示劝谏的。

贞观八年，中牟县丞皇甫德参就太宗又下令修洛阳宫上奏道："修洛阳宫，是劳烦百姓；加收地租，是增重赋敛；民间妇女时尚梳高髻，是受宫中嫔妃宫娥的影响。"太宗阅后大为不满，怒气冲冲地对宰相房玄龄说："皇甫德参想要朝廷不役使一个人，不收一斗租，宫女们都剪掉头发，他才觉得满意。朕非治他个诽谤之罪不可。"

未等房玄龄开口，魏征在旁边对太宗说："西汉时贾谊给文帝上书。有'可为之痛哭者一，可为之流涕者二'的话。自古以来，臣下上书言政，言词不激切便不能引起人主重视。狂夫之言，在于圣人选择。臣请求陛下静心考虑皇甫德参的意见。"

太宗立即醒悟，说道："你说得好。朕如果问罪皇甫德参，那么公卿大臣中还有谁再敢上言啊。"随后下令赏赐皇甫德参绢帛二十匹。

贞观十年,魏征因眼睛患病,视力下降,向太宗提出解职的请求。太宗诚恳地表达心意说:"金属含在矿石中没有什么可贵的,一定要经过高明的工匠冶炼锻造,制成器具,人们才宝贵它。朕正自比金属,以你为高明工匠,希望你对朕加以锻炼。你虽然多病,但还没有衰老,怎么就要辞职?"魏征请求了几次,太宗都不允准。后来魏征仍坚持请求,六月,太宗下令:魏征进阶为特进(文散官第二级),仍旧参与门下省事务,凡是有关朝廷典章制度大事,都要请他参议决定;俸禄、赏赐等待遇,都和职事官一样。

这一年,长孙皇后病逝,安葬于昭陵(太宗陵墓,在陕西礼泉,长孙皇后卒,先葬入墓)。长孙皇后是太宗的少年结发之妻,知书明礼,生活俭朴,当皇后不干预朝政,其贤明之德,深受太宗敬重。太宗哀思亡妻,在御苑里筑了一座高楼,以便遥望昭陵。一次,他带魏征登楼,魏征看了一会说:"臣两眼昏花,看不见什么。"太宗就指给他看。魏征说:"那不是昭陵吗?"太宗说:"是呀。"魏征认真地说道:"臣以为陛下在望献陵(高祖陵墓,在陕西三原县),若是昭陵,臣早就看见了。"魏征的话是在暗讽太宗夫妻之情厚,而父子之情薄。太宗是明白人,听出话来,心中惭愧,不禁流下泪来。不几天,太宗下令将这楼拆掉。

贞观十一年正月,太宗命于洛阳西苑修建飞山宫。魏征上疏谏道:"隋朝立国三十多年,威势及于万里,外邦畏服,可是很快崩溃灭亡了,难道炀帝不乐意太平而喜欢灭亡吗? 这是因为他恃仗国家富强,不考虑后患,穷奢极欲,搞得百姓穷困,最终自己被杀身亡,社稷变为废墟。陛下拨乱反正,当常思隋之所以亡,我朝之所以立。应当烧掉华丽的服饰,拆去高大的殿堂,安心居于简陋之宫,这才是最高的仁德。如果不愿意废弃旧宫殿,照样居住,不再新造,这是次一等的仁德。若是不考虑创业的艰难,认为天命可以依靠,扩建新宫室,一心要过奢侈华靡的生活,加重百姓的劳役负担,这是最要不得的。以残暴代替残暴,同样会招来祸乱。做事不合法度,后世的人就无可瞻仰。百姓怨恨,天神愤怒,必然会发生灾害。灾害一生,祸乱就相随而至。祸乱既起,国家社稷和自家性命,自然难保。天下难得而易失,难道不应该时刻警惕于心吗?"

二月,太宗行幸洛阳,途经昭仁宫时,因为供应不周,大发脾气,责罚负责供应的官员。魏征对太宗说:"隋炀帝就是因为责罚臣下和百姓不贡献精美食物,还以地方官员进献物品的好坏多少来定赏罚,引起天下四方叛乱的。这些都是陛下亲身经历的事情,为何还要仿效呢? 陛下以供应不周谴责官员,臣担心就会有人顺承旨意,进献美食宝物。一旦形成风气,就会弄得民不聊生。上天让陛下代替隋朝,陛下正应该兢兢业业，谨慎节约，怎么能让人因为不够奢华而感到后悔呢？"

太宗听完感到震惊，沉思了一会说道："若不是你，朕听不到这样的话呀。朕以前经过这里时，买饭而食，租房而居。今天能有这样的供应，怎么能嫌不满足啊。"

三月，太宗在洛阳宫西苑宴会群臣，泛舟于积翠池。君臣一起饮酒，喝得兴意醉浓时，作诗抒兴。魏征作了咏西汉的诗，最后写道："终借叔孙礼，方知皇帝尊。"其中引用了西汉初年的一段故事：刘邦平定天下后，功臣中多是平民出身，不知朝廷礼仪，常在殿堂上饮酒争功，吵闹喧哗，甚至拔剑乱砍殿柱。刘邦让叔孙通制定礼仪，群臣上朝秩序井然，不敢再有失礼之举。刘邦高兴地说："我今天才知道做皇帝的尊贵。"魏征借此来讽谏太宗，不要与群臣饮酒时失了为君之礼。太宗看了诗后说："魏征说话，总是用礼仪来约束朕。"

一日，太宗心情舒畅，问魏征："你看近来的政治如何？"魏征感觉到太宗因为天下太平已久，思想警惕性有所松懈，就回答说："贞观初年，陛下是主动求谏；几年之后，大臣进谏，还能够愉快地接受；这两年来，虽然勉强接受一些意见，可心里总觉不大舒服。"

太宗吃惊地问："你说这话可有根据？"

魏征举例说："陛下刚即位时，判元律师死罪，孙伏伽进谏，认为按律不当判死罪，陛下就把价值百万的兰陵公主园子赏赐给他。有人说赏赐太厚了。陛下说：'朕即位以来，还未有人进谏，所以厚赏。'这是陛下主动求谏。后来柳雄假冒在隋朝有任官资历，被人检举，要判死罪；可又有人认为不该判死罪，并再三申述理由，最后赦免了柳雄的死罪。当时陛下对戴胄说：'大家都像你这样认真守法，就不愁会有滥用刑罚的事。'这是陛下愉快地接受意见。前两年皇甫德参上奏，言辞激烈，陛下发怒要治他诽谤之罪，当时陛下听从了我的话，赏给他绸缎，但心里总不舒服。这就是难于接受意见了。"

太宗感悟而言道："只有你才会说这样的话。人都苦于不知道自己的过错啊。"

魏征作为唐初的名臣，由于他学识渊博，晓通经史，对于历朝历代的兴衰成败有非常深刻的认识，初唐之时的民生凋敝，使得他的才能有了很好的发挥。他从唐朝的长远利益为出发点，坚持说真心话，也鼓励官员们大胆说真心话，虽然多次惹得唐太宗生气并下不了台，可是他最终总是说服了唐太宗不去做那些对民有害的事情，成功地辅佐了太宗治理天下，为初唐繁荣立下了汗马功劳。

魏征不愧是一代名臣。他并没有满足于享受高官厚禄，而是尽心尽力做好自己的事，在劝谏唐太宗时往往一针见血，指出问题的根本所在，并说出自己的见解，直到唐太宗接受为止。如果魏征只是安心享受荣华富贵，不能尽好自己的职责，他不会成为一代名臣,他的名字也会湮没无闻不为后人所知了。

为官执政者必须对法律达到熟悉精通的程度,才不会造成冤假错案。

范仲淹的祖先是邠州人,后来全家搬到江南,在吴县住了下来。范仲淹从小就很有志气。他两岁的时候,父亲去世了,母亲改嫁给了一个姓朱的人,他也就跟着姓了朱。等到他懂事以后,知道了自己的身世,便告别了母亲去应天府读书。范仲淹读书非常刻苦,常读到深夜,那时人都困极了,上眼皮和下眼皮老打架,他就用冷水洗脸让自己清醒一下,洗完又接着读下去。

经过五年的刻苦学习,范仲淹终于考上了进士,然后就走上了仕途。后来范仲淹就把自己的姓改了回来,仍然姓范。

范仲淹一生为官正直,经常给皇帝提意见。他读的书很多,每一篇都力求弄明白,而且他特别喜欢谈论天下的大事,每次他都坚持自己的意见。当时的皇帝是宋仁宗,他对范仲淹的忠心是知道的,所以范仲淹提出的一些建议他也接受了。

有一年,全国发生了大蝗灾和大旱灾,特别是江淮和京东一带受灾更是严重。老百姓都吃不上饭,生活很悲惨。范仲淹看到这样的情景,心里非常着急。他请求宋仁宗派人到各地去察看灾情,皇帝没有答应。范仲淹就对皇帝说:"皇上,如果您在宫里整天不吃饭,能受得了吗?"仁宗这才被说服,他派范仲淹去救济慰问江淮一带受灾的老百姓。不管是到了哪里,范仲淹都要命令当地的官吏把粮仓打开,发粮食给老百姓吃。他还取消了受灾地区的各种苛捐杂税。

后来,范仲淹被派到苏州去当官,那里正在发大水,洪水淹没了很多农田。范仲淹一到苏州,就亲自带人观察水情,用疏导的办法把洪水引到大海里去,为老百姓做了一件大好事。

宋仁宗看到范仲淹做官不忘老百姓,很是高兴,就把他调回京城,当上了吏部员外郎,并且是开封府知府。范仲淹做人很坦率,见到不顺眼的事情,他就一定要批评,他这副脾气使得他得罪了不少人。

我们做事情就力求把它做好了做彻底了,学习知识就要力求弄懂弄明白了,在自己的工作岗位上就要有刻苦钻研的精神,不能只停留在表面上,那样的话,无论过多久,我们还会是原来的水平,没有丝毫的进步。

处世活用

精益求精

爱因斯坦是世界上公认的20世纪最伟大的科学家之一,他的相对论以及他在物理学界的各项研究成果,留给我们的是一笔取之不尽、用之不竭的智慧财富。然而,就是像他这样成就非凡的科学伟人,在有生之年还是不停地学习、研究,活到老,学到老,在专业领域里精益求精。有位年轻人问爱因斯坦:"您在物理学界的成就可谓空前绝后了,何必还要孜孜不倦地学习呢?何不舒舒服服地享受美好的生活呢?"爱因斯坦并没有立即回答他这个问题,而是找来一支笔、一张纸,在纸上画上一个大圆和一个小圆,然后对那位年轻人说:"目前,在物理学这个领域里可能是我比你稍稍懂得多一些。比如,你的知识范围是这个小圆,而我的知识范围是这个大圆,然而整个物理学的知识是无边无际的。对于小圆,它的周长小,即与未知领域的接触面小,感受到自己的未知少;而大圆的周长大,即与未知领域的接触面大,所以更感到自己所知有限,因而会更加努力地探索,不懈地精益求精。"

事实上也的确是这样,一个人即使在某一方面的造诣很深,也不能够夸口说自己已经彻底精通,彻底研究完毕了。诚如庄子所说:"吾生也有涯,而知也无涯。"庄子的意思是"生命有限,知识无穷",任何一门学问都是没有穷尽的。所以,谁也没有资格认为自己已经达到了最高的境界而洋洋得意。否则,必将很快被同行赶上,被后人超过。

当年的松下幸之助就是凭着一种精益求精的动力走向成功的。每开发出一件新产品,他都会谦虚地接纳来自各方的意见,然后将这些意见转化为精益求精的动力,继续打拼,直到最后成功。

我们的古人就提倡"天下大事,必作于细;天下难事,必成于易""泰山不拒细壤,故能成其高;江海不择细流,故能就其深"。在今日中国,我们不缺少具备雄韬伟略的战略家,缺少的是精益求精的执行者;不缺少各类管理规章制度,缺少的是不折不扣地贯彻各类管理规章制度的执行力。我们必须改变心浮气躁、浅尝辄止的毛病,只有精益求精,我们才会不断上进。采人之长而补己之短,兢兢业业,从小事做起,决不姑息自己,才会一步一步迈向事业的巅峰。

职场活用

细微处见精神

王鑫是一家软件公司的推销员,能力非常突出。他与中关村一家电脑公司业务往来比较频繁,这家电脑公司的接待人员发现他有一个细微的毛病:开门不注意轻重。有一天,他由于业务上的关系,多次进出这家电脑公司,终于引起了对方的批评。

"你小子,到底是怎么办事的?你开门关门那么使劲,是不是对我们公司有意见?我暗示过你好几次了,难道你非要挨上我一顿骂才会长点记性啊?小王哦,以后可要注意了!"

王鑫自认为他所在的软件公司与这家电脑公司关系非常好,且自己与对方的接待人员关系不同寻常,因而忽略了开门关门这类看似细微却十分重要的礼仪,以致给人一种不讲礼貌的印象,最终遭到对方直言不讳的批评。

所以,身为公司职员,当你代表公司出访,即便对方是自己的老客户,也要多加注意才是。不要因为自己与对方比较熟悉,就放松对自己的要求,忽略细节上的功夫。

礼貌待人的道理,许多人都明白,说起来头头是道,也时常这样要求别人,可自己做起来却不是那么回事了,与夫子要求的"躬自厚而薄责于人"的道德标准背道而驰。这是一个习惯上的问题,我们必须从平时的一点一滴做起。衡量一个人的职业修养如何,看的就是他在言行上的细节。所谓"细微处见精神",说的就是这个理儿。

有的人出于无意"嘭"的一声把门推开或关上,发出很大的响声,给人的印象不是在开门关门而是在撞门,这是很不礼貌的。所以开门关门用力要适中。过猛便会使房门碰撞墙壁发出大的声响,而过轻,半天开不开或关不上,则给人一种鬼鬼祟祟的不良印象。因此,开门关门动作的轻重,可看出一个人的修养功夫来,更重要的是,直接影响到对方对自己的印象如何,所以要格外注意。

你去访问客户之前,应想好开门关门的方式与动作,尽可能礼貌些。当然,也不必太紧张,太过拘谨。古语说得好:"习惯成自然。"不管你是以何种方式开门关门,以自己能自由出入的程度为宜,动作幅度不能太小,也不能太大。

张梅在某粮食集团办公室从事文件收发工作,虽然她在单位里处在发文的最后一道程序,只要按要求把文件分发出去就行了,但她自我加压,无论多忙,都要从错别字、格式等方面认真校对每一份即将分发出去的文件、文稿。一发现问题,她就主动与相关工作人员进行交流探讨,及时纠正错误。有些同事不解地问:"张姐,他们核稿人和撰稿人都校对过了,你还校对它干什么?"她总是笑笑说:"正因为我在发文的最后一关,如果有问题没有发现,文件和文稿分发出去就会对我们单位产生负面影响,并且还要返工,费时费纸。"正因为张梅不放过任何一个细微的错误,认真把好发文最后一关,使得单位发出去的文件、文稿差错率很低,公文的规范化程度也越来越高。

海尔总裁张瑞敏先生在比较中日两国人在办事作风上的差异时,曾风趣地说:

"如果让一个日本人每天擦桌子六次,日本人会不折不扣地执行,每天都会坚持擦六次;可是如果让一个中国人去做,那么他在第一天可能擦六遍,第二天可能擦六遍,但到了第三天,可能就会擦五次、四次、三次,到后来,就不了了之。"

与日本人的认真、细微比较起来,中国人确实有大而化之、马马虎虎的毛病,以至于"差不多"先生滔滔天下皆是,好像、几乎、将近、大约、大致、大概、大概其等等,成了"差不多"先生的常用词。与"差不多"的观念相应的,是人们都想做大事,而不愿或者不屑于在细微处下功夫。有人曾经说过:"轻率和疏忽所造成的祸患不相上下。"许多初入职场的年轻人之所以失败,就是败在做事马虎这一点上。他们好像不知道职位的晋升是建立在踏实履行日常工作职责的基础上的。正如汪中求先生在《细节决定成败》一书说的那样:"芸芸众生能做大事的实在太少,多数人的多数情况总还只能做一些具体的事、琐碎的事、单调的事,也许过于平淡,也许鸡毛蒜皮,但这就是工作,是生活,是成就大事的不可缺少的基础。"

商界活用

疏忽的代价

美国成功学家马尔登说:"马马虎虎、敷衍了事的毛病可以使一个千万富翁很快倾家荡产;而认认真真、雷厉风行的良好作风却能使原先一无所有的穷光蛋迅速致富。"有这样一个故事:

旧金山一位商人给一个萨克拉门托的商人发电报报价:"10000蒲式耳大麦,单价1美元。价格高不高?买不买?"萨克拉门托的那个商人原意是要说:"不,太高。"可是电报里却漏了一个逗号,成了"不太高",结果这一下子就使他损失了1000美元。

随着经济的发展,专业化程度越来越高,社会分工越来越细,也要求人们做事认真、精细,否则会影响整个社会体系的正常运转。如,一台拖拉机,有五六千个零部件,要几十个工厂进行生产协作;一辆上海牌小汽车,有上万个零件,需上百家企业生产协作;一架"波音747"飞机,共有450万个零部件,涉及的企业单位更多。而美国的,"阿波罗"飞船,则要二万多个协作单位生产完成。在这由成百上千乃至上万、数百万的零部件所组成的机器中,每一个部件容不得哪怕是1%的差错。否则的话,生产出来的产品不单是残次品、废品的问题,甚至会危及人的生命。如我国前些年澳星发射失败就是对细节的疏忽上:在配电器上多了一块0.15毫米的铝物质,正是这一点点铝物质导致澳星爆炸。正所谓"失之毫厘,谬以千里"。所以，要想保证一个由无数个零件所组成的机器的正常运转，就必须通过制定和贯彻执行各类技术标准和管理标准，从技术和组织管理上把各方面的细节有机地联系协调起来，形成一个统一的系统，才能保证其生产和工作有条不紊地进行。在这一过程中，每一个庞大的系统是由无数个细节结合起来的统一体，忽视任何一个细节，都会带来意想不到的灾难。

美国质量管理专家菲利普·克劳斯比曾说："一个由数以百万计的个人行动所构成的公司经不起其中1%或2%的行动偏离正轨。"许多厂家、商家出产品只图快，只图省力气，怕麻烦，于是偷工减料，敷衍塞责，"萝卜快了不洗泥"，这样做出的"成果"当然经不起检验。现在市场上许多劣质产品使消费者吃尽苦头，其中的一个原因就在于某些厂家、商家不愿耐心地按工艺要求做，结果产品质量不能保证，弄出一堆废品。

第十三节　不远

道不可须臾离的基本条件是"道不远人"。因为人人按照自己本性行事，人人皆能知能行。就好比一条大道，所有的人都可以行走。相反，如果不从自己脚下走起，而是把道弄得离奇高远，道则无法实践了。所以君子只是从人身具有的本性出发，教化人，能改正错误就可以了。

从大处着眼，从小事着手，是我们处世的基本姿态。任何轰轰烈烈的事业都是从隐微处着手。我们总是慨叹历史在转折之机的微妙，对那些决定时刻的微妙变化扼腕不已，而试图做出假设。其实正是这些具体的细节，使历史的走向发生着质的变化，成为无法更改的必然选择。

那么人道是什么呢？如"忠恕"就是。它要求设身处地、将心比心地为他人着想，己所不欲，勿施于人。为人要先严格要求自己，像孔子那样从君臣、父子、兄弟、朋友四大人伦方面反省自己，从日常的言行做起，符合中道，不萎缩，不极端，言行一致，这就是一个很笃实的人啊。

【原文】

子曰："道不远人。人之为道而远人，不可以为道。《诗》云①：'伐柯伐柯，其则不远②。'执柯以伐柯，睨而视之③，犹以为远。故君子以人治人，改而止④。忠恕违道不远⑤。施诸己而不愿⑥，亦勿施于人。君子之道四⑦，丘未能一焉：所求乎子，以事父，未能也；所求乎臣，以事君，未能也；所求乎弟，以事兄，未能也；所求乎朋友，先施之，未能也。庸德之行，庸言之谨⑧；有所不足，不敢不勉；有余不敢尽⑨。

言顾行,行顾言。君子胡不慥慥尔⑩。"

【注释】

①《诗》云:此诗引自《诗经·豳风·嵌柯》,是赞美周公的诗。

②伐柯伐柯,其则不远:伐柯:砍伐木料,制作斧柄。柯:斧柄。《周礼》云:"柯长三尺,博三寸。"到:样式,标准,规定,法则。指斧柄的形式样板。

③睨:斜视。

④以人治人:以人固有之道来治理人。改而止:改正错误就行。

⑤忠恕违道不远:能够以忠恕处世,那么距离中庸之道就不远了。忠:尽己之心。恕:推己及人。违:离开。违背。

⑥施诸己而不愿:别人施加给自己而不愿承受的行为。

⑦君子之道四:指孝,忠,弟,信四个方面的行为。

⑧庸德:平常的道德。庸言:平常的言语。

⑨有余不敢尽:有能力做到的方面也不敢随便夸耀。

⑩慥慥:忠厚诚实的样子。

【译文】

孔子说:"道是不能离开人的。如果有人实行道却离开人,那就不可能实行道了。《诗经·豳风·伐柯》说:'砍削斧柄,砍削斧柄,斧柄的式样就在眼前。'握着斧柄砍削树木来做斧柄,应该说不会有什么差异,但如果你斜眼去看,还会以为差异很大。所以君子根据为人的道理来治理人,只要他能改正错误实行道就行。一个人做到忠恕,离道也就不远了。什么叫忠恕呢?自己不愿意的事,也不要施加给别人。君子的道有四项,我孔丘连其中的一项也没有能够做到:用我所要求儿子侍奉父亲的标准来孝顺父亲,我没有能够做到;用我所要求臣下侍奉君王的标准来竭尽忠诚,我没有能够做到;用我所要求的弟弟对哥哥做到的敬重恭顺,我没有能够做到;用我所要求朋友应该先做到的,我没有能够做到。实践平常的道德,谨慎平常的言论,还有不足的地方,不敢不再努力;言谈要留有余地,不说过头话。言论要符合自己的行为,行为要符合自己的言论,这样的君子怎么会不忠厚诚实呢!"

【历代论引】

郑玄说:道即不远于人,人不能行也。又说:持柯以伐木,将以为柯近,以柯为尺寸之法,此法不远人,人尚远之,明为道不可以远。人有罪过,君子以人道治之,其人改则止赦之,不责以人所不能。又说:圣人而曰我未能,明人当勉之无己。

孔颖达说:中庸之道不远离于人身,但人能行之于己,则中庸也。人为中庸之道,当附近于人,谓人所能行,则己所行可以为道。若违理离远,则不可施于己,又不可行于人,则非道也。又说:欲行其道于人,其法亦不远,但近取法于身,何异持柯以伐柯?人犹以为远,明为道之法亦不可以远。即所不原于上,无以交于下;所不原于下,无以事上。况是在身外,于他人之处,欲以为道,何可得乎?明行道在于身而求道也。又说:忠者,内尽于心。恕者,外不欺物。身行忠恕,则去道不远也。他人有一不善之事施之于己,己所不愿,亦勿施于人,人亦不愿故也。

孔颖达说:此四者,欲明求之于他人,必先行之于己,欲求其子以孝道事己,己须以孝道事父母。恐人未能行之。夫子,圣人,圣人犹曰我未能行,凡人当勉之无己。譬如己是诸侯,欲求于臣以忠事己,己当先行忠于天子及庙中事尸,是全臣道也。欲求朋友以恩惠施己,则己当先施恩惠于朋友也。自修己身,常以德而行,常以言而谨也。己之才行有所不足之处,不敢不勉而行之。己之才行有余,于人常持谦退,不敢尽其才行以过于人。使言不过行,恒顾视于行。使行副于言,谓恒顾视于言也。既顾言行相副,君子何得不慥慥然守实言行相应之道也。

朱子说:道者,率性而已,固众人之所能知能行者也,故常不远于人。若为道者,厌其卑近以为不足为,而反务为高远难行之事,则非所以为道矣。又说:人执柯伐木以为柯者,彼柯长短之法,在此柯耳。然犹有彼此之别,故伐者视之犹以为远也。若以人治人,则所以为人之道,各在当人之身,初无彼此之别。故君子之治人也,即以其人之道,还治其人之身。其人能改,即止不治。盖责之以其所能知能行,非欲其远人以为道也。又说:尽己之心为忠,推己及人为恕。自此至彼,相去不远,非背而去之之谓也。道,即其不远人者是也。施诸己而不愿亦勿施于人,忠恕之事也。以己之心度人之心,未尝不同,则道之不远于人者可见。故己之所不欲,则勿以施于人,亦不远人以为道之事。又说:子、臣、弟、友,四字绝句。道不远人,凡己之所以责人者,皆道之所当然也,故反之以自责而自修焉。行者,践其实。谨者,择其可。德不足而勉,则行益力;言有余而切,则谨益至。谨之至则言顾行矣;行之力则行顾言矣。君子之言行如此,岂不慥慥乎,赞美之也。凡此皆不远人以为道之事。

张子说:以众人望人则易从。又说:以爱己之心爱人则尽仁。又说:以责人之心责己则尽道。

【评析】

中庸之道存在于世间的每个角落,存在于每个人的内心,它不会主动远离人,关键是看人能不能坚守道而不让它离开片刻。就像万物的产生发展都有自己固有的规律,不会因人的遵守或违背而改变。只是会有两种截然不同的结果:因遵守而得福,因违背而遭祸。但是现代社会中的人们往往会因为眼前一时的利益而置自然和社会中的各种规律于不顾,走一条"先破坏,后治理"的极端道路,殊不知到头来,已是亡羊补牢,为时已晚。人应该从一开始就按照规律办事,顺"道"而行,这样才会有更好的出路和发展前途。

要使中庸之道得以实行还必须从实际情况出发,从不同人不同的具体情况出发,使每个人都可以遵行道,又能够结合自己的特殊性,从而找到适合自己的行道之法。也就是说把普遍性与特殊性相结合,才能更好地实行中庸之道。

正因为每个人都是一个具体而又特殊的个体,所以凡事都不能一概而论,推行模式化。对人不要求全责备,自己做不到的就不应该要求别人做到,要求别人要做到的,自己首先就应该做到。不要把自己的思想和言行强加到别人身上,自己不愿意的事,也不要施加给他人。这也就是人们常说的"己所不欲,勿施于人"。如果你能做到这一点,而且对于别人的错误可以做到忠恕,也就距离中庸之道不远了。

说到底,我们还是要"言顾行,行顾言",不说过分的话,做过分的事,努力做到言行一致,这才是中庸之道。

【解读】

对那些想谋取个人私利的人来讲,他们惯于暗中坑人,说一套做一套,用进谗言的办法来颠倒是非,实现自己的盘算。和珅虽然官高位重,但他也不能为所欲为,因此他也靠近谗言来实现自己的企图。

清朝考察官员,京官叫"京察",外地官员叫"大计"。三品以上官员向皇上自陈,四品以下的部院司员由吏部、都察院长官考核,大学士同察。

和珅原来担任吏部尚书,可以利用考察官员的机会铲除异己、培植私党。但嘉庆元年时,吏部尚书已经由刘墉担任。和珅虽然身为大学士兼军机大臣,可以同察官员,但毕竟不如自己担任吏部尚书时方便。于是,和珅就以考察官员之事至关重要为由,上奏太上皇乾隆和皇上嘉庆:"此等重要之事,应悉归内阁与军机处署理,吏部辅助参考,以杜绝徇私舞弊。"但嘉庆认为考察官吏由吏部主持乃是祖法,且吏部尚书刘墉清正廉明,因此不必变更。乾隆当时未置可否。

嘉庆走后,和珅向乾隆道:"太上皇,皇上是要掌握铨选升调天下官吏之权,皇上素示恩于刘墉,如此,天下官吏尽入皇上案前了。"嘉庆虽然已经即位,但乾隆最担心的就是自己会成为一个无权的太上皇。因此,听了和珅的这段话后,他立即颁旨调刘墉为工部尚书,福长安为吏部尚书;并将考核官吏的权力交于内阁和军机处,吏部只提供考选材料。和珅终于重新掌握了官吏的考核权,且使自己的亲信福长安担任了吏部尚书,而将刘墉调出了吏部。

朱珪,字石君,顺天大兴人,与其兄朱筠在乡试中同时中举,并负时誉。乾隆十三年中进士,后又升任按察使、布政使。乾隆四十五年,代理山西巡抚,因得罪同僚被免职。后因整理乾隆帝的诗作文章并加注释阐释被乾隆赏识,任命为上书房师傅,并专教皇十五子永琰(即后来的嘉庆皇帝),对嘉庆帝影响至深。

后朱珪担任两广总督时,将乾隆太上皇的四万多首诗作整理成册,并详加注解评述,太上皇异常高兴,准备将朱珪调京并补授为大学士。

嘉庆帝听到消息后便写首诗向老师祝贺。该诗被和珅安插在嘉庆身边的吴省兰发现后,立即抄给和珅。和珅趁机向乾隆说:"如此,则是嗣皇帝欲示恩于师傅。"乾隆非常震怒,认为嘉庆是培植私党,抢夺自己的权力,欲严惩嘉庆。后经董诰巧妙说劝,嘉庆才被免于处罚。但乾隆却找其他借口,将朱珪由两广总督贬为安徽巡抚。

由于和珅的谗言,朱珪不但未获提升,反遭贬谪。因此,谗言处处都有,关键在于听谗言的人是否明察秋毫,是否偏听偏信。进谗言的自然是小人,他们为了牟取私利不惜花言巧语骗取别人的信任,所说的话与所做的事显然是背道而驰。

有些人口齿伶俐,能说会道,口若悬河,滔滔不绝,乍一接触,很容易给人留下良好印象,并被当作一个知识丰富、又善表达的人才看待。但是,必须要分辨他是不是华而不实。华而不实者,善于说谈,而且能将许多时髦理论挂在嘴上,迷惑许多识辨能力差、知识不丰富的人。

三国时的隐蕃便是通过花言巧语骗取了许多人对他的好感。

三国鼎立之时,北方青州一个叫隐蕃的人,逃到东吴,对孙权讲了一大堆漂亮的话,对时局政事也做了分析,辞色严谨正然。孙权对他的才华有点动心,问陪坐的胡综:"这个人怎么样?"胡综说:"他的话,大处有东方朔的滑稽,巧捷诡辩有点像祢衡,但才不如二人。"孙权又问:"当什么职务呢?""不能治民,派小官试试。"

考虑到隐蕃大讲刑狱之道,孙权派他到刑部任职。左将军朱据等人都说隐蕃有王佐之才,为他的大材小用叫屈,并亲为其接纳宣扬。因此,隐蕃门前车马如云,宾客盈集。

在关羽败走麦城时擒住关羽的大将潘璋,其子也与隐蕃往来密切,不料潘璋把儿子大骂一顿,说:"我家深受国恩,你却与降虏往来,打一百鞭子。"

当时人都奇怪这种有人说隐蕃好,有人说隐蕃坏的情况。到后来,隐蕃在东吴作乱,事发逃走被抓回来杀了,人们才恍然大悟,曾与隐蕃交往密切的朱据等人后悔不已。

巧于辞令的人,用华丽的辞藻能骗得了那些学识浅显的人,却会被学识渊博的人一眼看穿。胡综才高八斗,见识颇多,对隐蕃是否有真才实学早就相当清楚,所以能断定他不能治民,只能做小官。没有过硬的本领,又不曾饱读诗书,只会用优美华丽的语言来装饰说话的内容,这样的谈话空洞无味,这样的人也是那种能为了追求功名利禄而起叛变之心的虚伪狡诈之人,所以潘璋才不让儿子与隐蕃来往。

但在现实生活中,人们往往会被隐蕃这种似是而非的人迷惑住,因为他们精通于巧言令色之术。为此,人们应加倍小心,以防上当受骗。

说到言行一致,那些德行高妙之人总是能够做到这一点,而他们也因此受到别人的赞赏。三国时期的诸葛亮就是一个德行高妙的人,他言行一致,说到做到,信守对属下将士的承诺,而且又谦虚恭让,礼贤下士,举国上下都很敬佩他,从心底里愿意为他效劳。

诸葛亮在祁山布阵与魏军作战。长期的拉锯战,使得士兵们疲惫不堪,诸葛亮为了修养兵力,想把五分之一的士兵送返国内。后来战争越来越激烈,一些将领为兵力不足而感到不安,便向诸葛亮进言说:"魏军的兵力远远超过我们,以现在的兵力来看,恐怕难以获胜,恳请将这次返乡的士兵延缓一个月遣送。"诸葛亮说:"我率军的一个基本原则是:凡是与部下约好的事情必定要遵守。"他依然如期遣返那些士兵。当士兵们知道这个消息以后,不仅不要求返乡了,还纷纷自动返回战场,英勇作战,结果大败魏军。

不只是为人处世要说到做到,言行一致,商家要求得发展,也得这样做。胡雪岩认为:做生意,说一句算一句,答应人家的事,不能反悔,不然叫人家看不起,以后就吃不开了。

胡雪岩帮助王有龄解决解运漕米难题的时候,经过胡雪岩的一番努力,终于与松江漕帮达成协议,先由松江漕帮在上海的通裕米行垫付十几万担大米,解浙江海运局漕米解运难以按时完成之困,待下一步浙江漕米解运到上海,再以等量大米归还松江漕帮。

王有龄一上任就遇到的令他头疼、且关系到他的官场前途的问题,终于有了一个很不错的解决办法。

不过,这个时候,王有龄又提出了另一个方案,他与胡雪岩商量,想将松江漕帮那批大米改垫付为直接收购,即让信和先借出一笔款子,买下松江漕帮的大米在上海交兑,完成漕米交兑任务,而浙江现有来不及运到上海的那批漕米,自己囤积起来。

王有龄改变主意,是因为在胡雪岩与漕帮首领进行接洽的时候,王有龄从松江官方打听到一些有关局势变化的消息。一个重大的消息,是洪秀全已经开国称王,自立国号为太平天国。洪秀全改江宁为"天京",定尊号为"天王",置百官,定朝仪，发禁令，并由"天宫丞相"林凤祥、"地宫丞相"李开芳率领一路兵马出征，夺取镇江后从瓜洲北渡，攻陷淮扬，已成北取幽燕之势。与此相应，朝廷也不示弱，派出两位钦差大臣，一位带兵前往江宁，在江宁城东孝陵卫扎营，形成围城之势。另一位钦差大臣就是曾任直隶总督的琦善。琦善率领直隶、陕西、黑龙江的马步各军，由河南南下，迎头阻击林凤祥、李开芳。目前这两支兵马基本站稳了脚跟。

时局的这一变化，意味着朝廷与太平军之间，将有一场决定胜败的大战，而且，在王有龄看来，局势会向有利于朝廷方面的方向发展，关键只看朝廷的练兵和粮饷办得如何。

朝廷与太平军之间的战事就要开始了，这就意味着做粮食生意将大有可为，因为不管哪一朝、哪一代，只要一动刀兵，粮食一定涨价。这个时候，做粮食生意，只要囤积得好，能够不受大的损失，无不大发其财。听到这个消息，胡雪岩感到的是一阵欣慰，因为在他看来，和漕帮议定的由他们垫付漕米，到时以等量大米归还的协约，真的是帮了他们的忙了。而王有龄想到的，却是与其让别人赚，不如让自己赚。他要改变原来商定的办法，就是要将那批将来议定还给漕帮的大米囤积起来，等战事一开，自己卖出赚钱。他甚至想到就借漕帮的通裕米行来囤积这批粮食。只是胡雪岩一明白王有龄的意图，立即就表示反对。他对王有龄正色说道："主意倒是好主意，不过我们做不得。江湖上做事，说一句算一句，答应人家的事，不能反悔，不然叫人家看不起，以后就吃不开了。"

可以看出，胡雪岩确实是一个"说一句算一句"的诚信君子。

江湖上做事，说一句算一句，言行一致，它的确切含义也就是答应了的事情，达成了协议，只要不是万不得已，就必须遵守、履行，说到做到，不能随意反悔，特别是不能如王有龄所想的那样，情况于自己不利的时候，求着别人静忙，而到了情况可能对自己有利的时候，却又想着按对自己有利的方法办。按照一般商人的眼光看，也许王有龄的打算也并不为过，一来商人图利，有得钱赚就尽可去赚，只要不违法，也无可厚非。商人自有商人的价值标准。二来漕帮此时本来就急于脱货求现，以解燃眉之急，改垫付为收购，也许还正合他们的心愿，也算不得是说话不算话。但是，这里事实上还有一个自扪良心的问题。一切只是为了自己打算，从自己的利益出发而不想别人，本身就不是诚信君子所为，本身就是不信义也没有信用。这样的人，自然也就叫人看不起了。也自然不会有人和你合作了。

言而有信，说到做到，胡雪岩言出必行，用句俗话说，就是"牙齿当黄金"。

再来看另外一个故事。

重耳是晋献公的次子。他的生母是献公的妃子狐姬。献公宠幸骊姬，杀了太子申生,重耳被迫流亡国外,在外十九年。后来借助秦穆公的力量回到了国内,被立为晋国国君,就是晋文公。重耳即位后,重用狐偃、赵襄、贾佗、先轸等人,君臣协力修明内政,整顿法纪,加强战备。同时尊重东周的王室,平定了周王室王子带的叛乱,迎周襄王复位,几次出师援救宋国,并与楚军在城濮交战,采取诱敌深入的方法,大败楚军,然后在践土会盟诸侯,继齐桓公之后为春秋诸侯的霸主。

重耳刚当上国君之后不久,有一天,大夫狐偃领来一个叫勃鞮的人,向晋文公说是有机密事情向他报告。可是,当晋文公听说要求见他的是勃鞮,表现得十分生气。原来,晋惠公在位时,非常害怕自己的王位被重耳夺去。因此,他曾经委派勃鞮去刺杀重耳。勃鞮当时非常认真地执行晋惠公的命令,比原计划提前一天找到了公子重耳,并一刀砍断了他的衣袖,如果不是重耳跑得快,早就被勃鞮杀掉了。所以,这次当晋文公听说勃鞮求见他时,他非常生气。他对侍从说:"你们去对勃鞮说,我没有去抓他跟他算账已经够便宜他了,他还有什么脸面来求见我?"那几个侍从向勃鞮转达了晋文公的话,勃鞮听了以后笑着说:"我还以为主公在外边奔波了十九年,总该熟透了世情,没想到还是这个样子。我看如此下去,弄不好还会倒霉呢!现在,他做了国君,我想来效忠于他,他却不接见我,这对我来说不会损失什么,只怕是我走了,他的麻烦也就来了。"侍从听勃鞮这么说,就赶快回去向晋文公如实报告。狐偃也劝晋文公接见勃鞮。晋文公这个人头脑非常清醒灵活,政治敏锐性很强,所以他经过考虑,没有因为往日的仇恨而意气用事,于是立即决定召见勃鞮。

原来,勃鞮真的掌握了一件很重要的事情,准备向晋文公报告。晋文公在回国做君主之前,原来晋惠公重用的宠臣吕省和郤芮两位大夫一直紧随着晋惠公,想把晋文公除掉。后来因为重耳有秦穆公的大军护送回国,吕省、郤芮二人知道敌不过秦军,不得已才投降了重耳。但是,他们两人原来是晋惠公的心腹,现在,他们认为晋文公做了国君,是对他们的很大威胁,所以就联络勃鞮图谋发动叛乱,杀死文公另立新君。勃鞮认为,过去谋杀重耳,是替国君办事,现在既然重耳已经做了国君,如果再搞叛乱,杀君另立,这样不利于国家,于是就跑去向晋文公报告了这件事。

由于晋文公事先掌握了吕省和郤芮的叛乱阴谋,于是他在叛乱发生之前,以生病为由不去视朝,暗暗逃到秦国躲避,在晋国便由心腹大臣布置好了对付吕省、郤芮的计策,结果吕省、郤芮的叛乱很快得到平息,他们也被抓获。

晋文公虽然成功地粉碎了吕省、郤芮二人为首的叛乱,但是他们手下还有很多党羽尚未清除。后来,晋文公准备把吕省、郤芮的党羽全部捕杀,他的大臣赵衰劝他说:"乱党的头子已经除掉,您应该宽宏大量,如果一大批人再被杀掉,恐怕会失掉人心,甚至可能会激发出大的变故。"晋文公听了赵衰的话,感到很有道理,所以便予以采纳,下令大赦,不再追究吕省、郤芮余党的罪行。但是,吕省、郤芮的党羽对于晋文公的大赦不敢相信。这时,很多谣言流行于朝野上下,人心惶惶,形势很不稳定。晋文公看到这种情况感到十分担心。有一天,晋文公正在宫内洗头,守门卫兵进来向他报告说有一名叫头须的人求见。晋文公听后十分生气地对卫兵说:"这个头须十分可恶,当年他把我们可害苦了,今天竟然还有脸来求见我。告诉他,我不把他杀掉已经够宽容他了,让他赶快滚蛋吧!"原来,晋文公当年流亡在外时,头须是晋文公手下的一个小吏。在晋文公最困难的时候,他竟然把晋文公当时所有的金帛全部偷走逃跑了,结果害得文公和他的随从们一度只能靠讨饭活命。今天他来求见文公,所以晋文公十分生气。

卫兵把文公的话转达给头须,可头须听后仍然不肯离去。他说:"主公因为宽恕了勃鞮,才能没有遭到吕省、郤芮的毒手。为什么不能宽恕我呢?我既然来求见他,就必然有我见他的道理!"卫兵又把头须的话报告了晋文公,文公听后,自言自语地说:"看来,我的器量是太小啊!"于是立刻召见头须。

头须进宫以后,先向晋文公认错赔罪,然后向晋文公说:"吕省、郤芮的余党实在太多,杀不胜杀,他们又感到自己罪恶太大,所以不敢相信您的赦免,如果不想办法,恐怕是会出问题的!"听他这样说后,晋文公马上意识到问题的严重性,所以便认真地请教头须有什么好的办法可以解决。头须告诉晋文公说:"当初,我偷过你的钱财,害得你受苦挨饿,这件事晋国上下都清楚。现在你为了让吕省、郤芮的余党们能够相信大赦令,可以从我身上做起,让他们都知道你确实是一个不计前嫌的人。"

晋文公听了头须的谈话,认为至情至理,于是就赦免了头须,并让头须做了自己的车夫,还特地让头须驾车,自己坐着车子连续几次到处游玩。这样一来,吕省、郤芮的余党们都暗地议论,他们说,像头须这样的人,晋文公不仅赦免他,而且能够重用他,看来大赦是真的了。于是,他们纷纷效忠于晋文公,从而很快稳定了晋国的政局,使经济、文化等事业得到了迅猛的发展。

那些原本是要背叛晋文公的人,看到晋文公所说的和所做的果然一致时,认为晋文公不仅是个宽宏大量的君主,更是个言而有信的明君,所以他们才纷纷改变了叛乱的主意,转而帮助他出谋划策,振兴国家了。这就是一个人说话算话的力量。

每一个普通的人也要努力做到言而有信,言行一致,这样才能得到别人的信任和尊敬,在立身处世时也才会得到更多的收获。

处世活用

不要拒人于千里之外

在幼儿园,我们常常看见这样的情形:两个小孩"扯皮",往往有一方使出"杀手锏":"我不跟你玩了,哼!"那被玩伴宣布"断交"的孩子,大多很沮丧,一般会采取如下措施:一,"你不理我,我找别人";二,找老师或家长投诉:"呜,他不跟我玩了",希望老师、家长出面帮忙;三,自己妥协,去找"断交"者求和。

孩子需要玩伴,害怕不合群,大人又何尝不是这样。人是社会的人,离不开社会,离不开群体,自然需要合群。如果我们自己不合群,会使我们孤独、纠结;孩子不合群,会使我们寝食难安;亲友不合群,能引发我们的抱怨;同事不合群,会引起我们的非议。那么,我们要怎么做才能使自己合群呢?

鬼谷子说:"欲合者用内。"鬼谷子的意思是说,一个人若想合群,自己就要去努力争取。不合群的症结是自己与群体不适应,所以,适应群体,就必须改变自己,挖出自己不合群的病根,看看究竟是自卑害羞呢还是自大高傲;是孤僻胆小呢还是固执多疑,对症下药。不合群的人,在人际交往中大多会出现这样的表现:本该持开放态度时,他不参与、不介入,漠然置之,使人难于接近;本该谨慎自重时,他不看对象、不分场合,恣意妄为,令人感到不近人情。

我们进行交际,应该像演员一样尽可能地了解交际场合的"剧情""台词",随时随地注意角色的调整和转换。比如说,在家里和父母长辈相处,我们可以扮演撒娇、耍赖的角色,但在公司里和领导和同事相处,我们再撒娇、耍赖,就不大合宜了。在人际交往中,我们需要把自己看作整体的一员,在穿着、言行等方面与群体合拍,为人谦和、待人恭敬,不过于执拗,善于通融,以温和的态度、平等的眼光去待人接物。言,不可故意搞怪,防止被视为歪理邪说;行,不要有悖常规,以免被视为异端。

不合群的人由于不善与人相处。当置身于陌生人中时,往往会手足无措,不知该如何应对。因此,需要调整交际的序列,从亲到疏,从近到远,从熟人到生人,从家里到家外,循序渐进,一步步适应。当掌握了同亲人、熟人和睦相处的方式方法后,再和外人、生人相处,合群也就容易做到了。另外,不合群的人应该多与宽厚者、开朗者交往,以便在交往时学会适应,掌握尺度。经过长年累月的耳濡目染,慢慢就合群了。

不是人远离你，而是你远离人

在公司里上班，会为我们带来许多与他人交往的机会。我们透过工作与他人相识后，不妨充分地发展彼此之间的友谊，为将来的发展提前埋下伏笔。例如：企划能力和营业能力得到同行老板赏识，被挖走；担任营业员期间，得到客户赏识，而被委任为代理店的经理。类似的情况毫不鲜见。

无论你干哪一行，人和人的关系都是极其重要的。因此，从进入职场的第一天起，你就要有意识地培育、构建自己的人际关系网。热处放一把火，冷处也放一把火，持守这个为好，那个也别落下。有时恰恰是看似对你无用的人成为你的贵人，使你的职业生涯在山重水复疑无路之际，忽然之间柳暗花明又一村。很多人都以为跳槽后，就可以跟老东家潇洒地道一声再见，一走了之，殊不知在无意之中丢失了许多让人终身受益的人脉关系。虽然你在原先的公司任职的时间不久，根基不深，但毕竟会有几个处得来的同事，他们说不定在以后会对你有所帮助，你不妨珍惜这曾经共过事的机缘，把他们存入你的人力资源库。在竞争激烈的现代社会里，拥有丰富的人力资源有助于我们的职业生涯越走越顺。

如果你新进某家公司，想接近某个同事，了解这个团队，最好的办法就是参加公司组织的各种活动，比如郊游、会餐等。在大家一起休闲玩乐的场合，人们会自然而然地卸下平时绷得很紧的外壳，彼此交底，倾诉各自的喜怒哀乐。你若是一个有心人，懂得观察和倾听，你将在不经意中发现谁和谁走得近，谁和谁离得远，然后你就会从他们之中找到可以和你成为好朋友的人。

林克在大学里学的是中文，毕业后在一家广告制作公司做文案。在公司的客户名单中，有一些客户是本地的大型集团企业，每年的广告投入非常大。林克明白，这些是非常宝贵的客户资源。在和这些高端客户打交道的过程中，林克除了掌握广告制作的流行趋势和各个客户对广告的具体诉求，还有意识地和他们建立友谊。他积极参加客户公司的互动活动，珍惜一切和客户公司老总接近的机会。

在加强"外联"的同时，林克也非常注重"内联"的融洽沟通。林克相信一个人只要真诚付出，就能打造起恒定的人脉关系。俗话说：路遥知马力，日久见人心。人和人相处，彼此之间是玩真的还是玩假的，当然需要时间来检验。

广告制作公司的职员一般流动都比较大，林克并不指望在这家广告制作公司长期呆下去，为此，他在初来乍到之际，就提前为将来的职业进展埋下伏笔，广结人缘。后来,林克因为自己出色的业务水平和交际能力,得到了某客户公司老总的赏识,被对方委以要职。

好人缘,好工作,这话说得一点不假。要知道,良好的人缘来自为人亲和的魅力。很多时候,不是人远离你,而是你远离人。在职场,只要你怀着一种开放的态度,不拒人于千里之外,怎么会交不到朋友呢?

商界活用

用对手的办法打败对手

在现代商战史上,不乏商家之间相互倾轧,以其人之道,还治其人之身的商战案例。1886 年,乔治·伊斯曼研制出第一架自动照相机,取名为"柯达",柯达公司从此问世。之后,柯达公司发展势头良好,一路高歌猛进,到 1930 年,柯达占据了世界摄影器材 75%的市场份额,利润占这一市场的 90%;1964 年,柯达的自动相机上市,当年销掉 750 万架,创下照相机销量的全球最高纪录;1966 年,柯达的海外销售额高达 21.5 亿美元,在《财富》杂志上排名第 34 位,纯利润高居第 10 位。当时位于感光界第二的爱克发销量只及它的 1/6。

从上个世纪 50 年代起,富士、樱花、爱克发等照相胶片公司如同雨后春笋般纷纷冒头。不断向柯达发起一波接一波的凌厉攻势。面对众多对手的频繁挑战。柯达不惜一切代价地予以坚决还击,才勉力保住了霸主的宝座。

在众多的对手中,富士一直是柯达最难应付的对手。在第 23 届洛杉矶奥运会前夕,柯达公司和富士公司都是全球最具影响力的照相胶片公司。但柯达公司自恃"全球老大"的架子,舍不得掏钱,和洛杉矶奥运组委会讨价还价,甚至扬言不会有任何照相胶片公司愿出 400 万美元的赞助费。组委会多次派人上门沟通协商,拖了半年之久还是无法达成协议。富士公司认为第 23 届洛杉矶奥运会是打进美国市场的大好机会,于是主动出击,积极申请参加赞助,甚至把赞助费从 400 万美元升到 700 万美元,以致在这一届奥运会上,富士大出风头,销量猛增,在柯达的家门口,给了柯达重重的当头一棒。

同样地。在中国市场,富士公司又抢先柯达一步,主动适应中国消费者的文化心理,在胶卷包装上印上中文说明和历史名胜天坛,这比包装上全是英文字母的柯达胶卷更能赢得中国消费者的好感。富士的这些举措,一度使柯达处于被动不利的局面。

为了挽救颓势,柯达的做法是:以其人之道,还治其人之身。1984 年 8 月,柯达企划主管西格先生雄心勃勃地飞赴东京,研究如何在这块"拍照的乐园"与富士一争短长。当时,日本摄影用软片和相纸市场的规模高达 22 亿美元,而柯达只占了其中 10%的份额。其症结在于,柯达虽然在日本做了四年有余的生意。但几乎没有什么远景规划。公司在日本既没有生产据点,也没有直接销售网,更没有驻地经理,常驻东京的 25 位职员,完全仰赖遍布日本各地的经销商来推广柯达胶卷。西格先生经过细致周到的筹划,开始一步步地发起反击。1984 年,柯达耗资 5 亿美元在日本东京建立了总部,另外还在名古屋附近建立了一个研究基地,并将其在日本的雇员从 12 人扩大到 4500 人。

结果,6 年间柯达在日本的销售额翻了六番,1990 年销售额高达 13 亿美元。而同年富士在日本国内的销售额开始迅速下降,以致富士公司不得不将其在国外的部分骨干人员撤回东京,以抵挡柯达的迅猛袭击。柯达之所以在日本赢得成功,完全靠的是打破美国式的经销观念和经销模式,让柯达成为与富士一样的"日本公司",而不是一家进驻日本的外来公司。1990~1996 年间,在品牌顾问公司的 10 大品牌排行榜上,柯达高居第 4,稳坐感光界的霸主之位。

在与富士互争短长的竞争过程中,处于守势的柯达公司不得不采取后发制人的策略。一般来说,后发制人是对方强我方弱时常用的谋略,需要企业经营者具有过人的眼光和超群的胆识,善于观察环境的变化,精确捕捉反击的时机,找准对手的致命弱点,然后用对手的办法打败对手,达到趋利避害,赢得最终胜利的目的。后发制人若运用得当,常可反败为胜,给对手以迅雷不及掩耳的重挫。

第十四节 素位

这里讲的是儒家为己之学。"为己"就是要不断提升自己的道德品质,这是君子依靠自身的力量就能做到的。

一个人生下来,会碰到许多先天条件,诸如富贵、贫贱、患难等等。无论条件怎么样,都要做自己该做的事。处富贵者,不欺负人,处贫贱者,不攀附人,这样就不会遭到嫉妒和怨恨。不抱怨别人,也不抱怨客观环境,一如既往地做事,达不到目的反身求己,这样才是君子。

儒家的命定论,凸显道德、道义的至上性,使人适应环境,不那么患得患失,但忽略了社会环境的改造。实际上人的社会地位也是可以改变的,关键在于能否把握机遇和具有才智。但一切都要从自己现状出发,不能不切实际,好高骛远,自己折磨自己。生活的一切烦恼,尽皆根源于心存奢望。不要存有非分之想,也不要到处伸手,但决不能无原则地退缩。

让繁星缀满夜空,让灵魂回归心灵,愿德行使我们得以永生。

【原文】

君子素其位而行,不愿乎其外①。素富贵,行乎富贵;素贫贱,行乎贫贱;素夷狄②,行乎夷狄;素患难,行乎患难。君子无入而不自得焉⑤。在上位,不陵下④;在下位,不援上⑤。正己而不求于人,则无怨。上不怨天,下不尤人⑥。故君子居易以俟命,小人行险以徼幸⑦。子曰:"射有似乎君子,失诸正鹄⑧,反求诸其身。"

【注释】

①素:平素,现在的意思。这里作动词用。愿:倾慕,羡慕。其外:指本位之外的东西。

②夷:指东方的部族。狄:指西方的部族。泛指当时的少数民族。

③无入:无论处于什么情况下。

④陵:通"凌",欺侮。

⑤援:攀附,巴结。本指抓着东西往上爬,引申为投靠有势力的人。

⑥尤:抱怨。

⑦居易:居于平易安全的境地,也就是安居现状的意思。俟命:等待天命。行险:冒险。徼幸:企图依靠偶然因素获得成功或意外地免除不幸。徼:谋求。幸:指所得不当。

⑧射:指射箭。正鹄:指箭靶子中心的圆圈。画在布上的叫正,画在皮上的叫鹄。

【译文】

君子安于现在所处的地位去做应做的事,不羡慕这以外的事情。处于富贵的地位,就做富贵人应做的事;处于贫贱的状况,就做贫贱人应做的事;处于夷狄的地位,就做夷狄应做的事;处于患难之中,就做在患难之中应做的事。君子无论处于什么情况下都是安然自得的。处于上位,不欺侮在下位的人;处于下位,不攀援在上位的人。端正自己而不苛求别人,这样就不会有什么抱怨了。上不抱怨天,下不抱怨人。所以,君子安居现状来等待天命,小人却铤而走险妄图获得非分的东西。孔子说:"君子立身处世就像射箭一样,射不中靶子,要回过头来寻找自身技艺的问题。"

【历代论引】

郑玄说:反求于其身,不以怨人。

孔颖达说:乡其所居之位,而行其所行之事,不愿行在位外之事。《论语》云:

"君子思不出其位也。"

孔颖达说：乡富贵之中，行道于富贵，谓不骄、不淫也。乡贫贱之中，则行道于贫贱，谓不谄、不慑也。乡夷狄之中，行道于夷狄，夷狄虽陋，虽随其俗而守道不改。乡难患之中，行道于患难，而临危不倾，守死于善道也。又说：若身处富贵，依我常正之性，不使富贵以陵人。若以富贵陵人，是不行富贵之道。若身处贫贱则安之，宜令自乐，不得援牵富贵。若以援牵富贵，是不行贫贱之道。若身入夷狄，夷狄无礼义，当自正己而行，不得求于彼人，则被人无怨己者。《论语》云："言忠信，行笃敬，虽之夷狄，不可弃。"苟皆应之患难，则亦甘为，不得上怨天下尤人，故《论语》云"不怨天，不尤人"是也。

孔颖达说：君子以道自处，恒居平安之中，以听待天命也。小人以恶自居，恒行险难倾危之事以徼求荣幸之道，《论语》曰"不仁者，不可以久处约"是也。又说：凡人之射，有似乎君子之道。射者失于正鹄，谓矢不中正鹄。不责他人，反乡自责其身，言君子之人，失道于外，亦反自责于己。

朱子说：君子但因见在所居之位而为其所当为，无慕乎其外之心也。又说：素其位而行也。又说：不愿乎其外也。又说：画布曰正，栖皮曰鹄，皆侯之中，射之的也。

《礼记·正义》说：以上虽行道在于己身，故此覆明行道在身之事，以射譬之。

【评析】

身处己位，常思己事。人在立身处世时，首先应该安于自己所处的地位，尽自己的本分，不要有非分之想。也就是人们常说的——安分守己。

这种安分守己并不是消极怠惰无所作为，而是对现状的一种积极适应，是什么角色，就努力把他扮演好。处在自己的位置，却老是去想别人的事，结果只能是既得不到别人所拥有的东西，也做不好自己应该做的事。人生的富贵贫贱、安乐患难是变化不定的，如果总是怀有一颗摇摆不定的心，没有一种坚定的信念和品格，是无法应对这些变化的。退一步讲，如果连自己应该做的事都做不好，又哪里谈得上做什么大事呢？

事实上，任何成功的取得，都是在对现状进行积极的适应和行动的基础之上得来的。一个不能适应现状，在现实面前手足无措的人也根本无法应对周围环境的改变，是很难取得成功的。但现实生活中就是有很多这样的人，他们总喜欢拿自己所处的位置和别人做比较，非常不满意自己当前的情况，对别人的所有简直羡慕得不得了，久而久之，他们对自己的本职工作一点也不尽心了，总想着有一天也得到别人所拥有的那些东西，这就是人们常说的"这山望到那山高"，"吃着碗里的，看着锅里的"。其实他们没有看到,别人的所得也是在其自己的位置上经过努力奋斗积累起来的。

与上面提到的那种人相类似的还有另外一种人。他们不满意自己的职位,总觉得自己应该处在更高的位置上,就想着怎样向上爬。每天心思都用在这件事上了,而不考虑怎样才能把本职工作做好以求得升迁的资本,结果不仅得不到升迁,还会因为本职工作没做好而遭到降职,真是得不偿失。可惜很多人不能真正认识到安分守己这种精神的深刻内涵,不能"素其位而行",尽好自己的责任,提高自己的修养,"居易以俟命",而是整天心存妄想做白日梦,只知道羡慕,甚至嫉妒别人,不惜采取一切手段向上爬,"行险以侥幸",结果往往是陷入无休无止的钩心斗角和无尽的烦恼之中,得不到想要的,就连自己所拥有的也失去了。

所以,懂得中庸之道的智者不会去妄想什么,而只问自己该做什么,然后踏踏实实地去做。正因为他们能够安分守己,所以他们总能活得潇洒而快乐。

【解读】

无论是谁,在其位就应该尽其则,本分做事才能得到别人的赏识。尤其是执掌生杀大权的人,更应该忠于职守。能够安分守己的人通常都会比那些在其位不谋其职的人得到的更多。

在清朝康熙年间,有一位名闻朝野的清官,他就是张伯行。张伯行生于清顺治八年,河南仪封人。他字孝先,号恕斋,晚年又改号敬庵。

张伯行自幼即聪敏好学,受父亲、祖父的影响,品德也很高。十三岁时就通读了四书五经。在康熙二十年,张伯行考中了举人,四年后中殿试三甲八十名,赐进士出身。康熙三十一年,补授内阁中书,从此步入了仕途。

在康熙四十二年,张伯行授任山东济宁道,当时正值灾荒,人民流离失所。他就让人从家中运粮食救济灾民,又捐出几船钱帛分发给百姓。到任后立即开仓赈济,帮助百姓渡过难关。为此,他被指控擅动仓谷,应该革职问罪。张伯行认为"仓谷为轻,民命为重",据理力争,最终使上司免去了给他的处分。

康熙四十五年,张伯行升任江苏按察使,这是巡抚的属下。按照当时的官场旧例,新任的官员要给巡抚、总督等上司送礼,以示尊敬,也表示请求以后关照提拔,这大概需要白银四千两。但张伯行秉性耿直,从不巴结上司,对此腐败风气深恶痛绝,他说:"我为官,誓不取民一钱,安能办此!"拒绝送礼。不但如此,在任内他还尽力革除地方弊病,整顿吏治,因而得罪了总督和巡抚,常受到他们的排挤。

第二年的正月,康熙皇帝南巡到达江苏,在苏州谕令总督和巡抚举荐贤能的官员。在举荐的名单中康熙皇帝没有看到已闻名朝野的张伯行,就对总督、巡抚申斥道:"朕听说张伯行居官清廉,是个难得的国家栋梁之材,你们却不举荐!"说完又转向张伯行:"朕很了解你,他们不举荐你,朕举荐你。将来你要居官而善,做出些政绩来,天下人就会知道朕是明君,善识英才;如果贪赃枉法,天下人便会笑朕不识善恶。"康熙当场破格升张伯行为福建巡抚。

在福建巡抚任上,张伯行兢兢业业,安分守己,明察秋毫,抑恶扬善,造福百姓,使得全省风气大变,官清民乐。

张伯行在福建巡抚任上为民做了很多好事,最主要的就是买粮抚民。福建地方人多地少,每年的粮食要从别的省购买,但前几任官员从不过问此事,致使奸商乘机囤积居奇,贱买贵卖,牟取暴利。百姓则深受其害,叫苦不迭。张伯行经过调查,弄清原委之后,当即决定由政府从江西等地买来粮食,再平价卖给百姓。这样一方面使百姓免受奸商盘剥,另一方面也可以赚些钱用在下一年买粮济民上。此外,他还以身作则,捐献衣物钱财,赈济一些受害的百姓。在他任职期间,百姓没有因灾荒和饥饿而背井离乡的。

到康熙四十八年,张伯行奉旨调任江苏巡抚,福建的百姓痛哭相送。赴任后,张伯行立即发布檄文《禁止馈送檄》,严禁下属馈送钱物,以整顿当时日益盛行的贪腐之风。对于百姓的辛苦所得,张伯行视为民脂民膏,力求赋税宽简。平常公务也杜绝礼品,不受一分一毫。有的州县官吏为了考科成绩,以利升迁,就不顾百姓困苦,任意加重赋税,百姓不堪忍受。张伯行果断地废除了许多苛捐杂税。

因为和总督的矛盾很深,备受压制,在康熙四十九年,张伯行以病为理由请求退休。康熙爱惜人才,不准他退休,说:"张伯行操守清洁,立志不移,朕所深悉。江苏重地,正资料理,不得以衰病求罢。"张伯行只好忍辱负重,继续任职,为民为国尽力。

在康熙五十年,江苏乡试发生了作弊案,副主考赵晋内外勾结串通,大肆舞弊,发榜时,苏州士子大哗。康熙皇帝命令张伯行、噶礼同户部尚书张鹏翮、安徽巡抚梁世勋会审此案。由于牵涉到噶礼受贿银五十万两,案子错综复杂,审理一个多月竟然没有任何结果。

张伯行愤而上奏弹劾噶礼。噶礼就买通了官吏,得到张伯行弹劾的奏稿。然后又捏造事实反过来诬告张伯行。主审官畏惧噶礼的权势,逢迎巴结,案情无法审结。康熙无奈中只得下令:张伯行与噶礼解任,再命主审官审理。扬州百姓听到消息之后罢市抗议,哭声震动了扬州城。第二天,扬州百姓拥到会馆,因为平时就知道张伯行清廉不贪,肯定不会接受礼物,便用水果蔬菜相送。张伯行依然婉言拒绝,百姓们哭道:"公在任,只饮江南一杯水;今将去,无却子民一点心!(不要推脱

张伯行

百姓的一点心意）"万不得已，张伯行才收下一把青菜。受审结束回来听候结果的路上又路过扬州，百姓们为防青天有什么不测，竟有数万人聚集江岸护送。

到最后，案子结果下来，竟然是噶礼免议，张伯行革职治罪。康熙皇帝痛斥大臣们是非颠倒，然后亲降圣旨：张伯行留任，噶礼革职。消息传出，江苏官民额手相庆，纷纷写下红幅贴在门旁："天子圣明，还我天下第一清官。"更有上万人进京到了畅春园，跪谢皇恩，上疏表示愿每人都减一岁，以便让圣上活到万万岁。福建百姓也奔走相告，在供奉的张伯行像前焚香祈祷，可见张伯行受人民爱戴之深。

在康熙五十四年，有人以"狂妄自矜"的莫须有的罪名弹劾张伯行，但康熙皇帝还是认为他无罪可治，留任南书房行走（一种和皇帝关系很密切的官职），后来，在康熙五十九年又任户部右侍郎。康熙六十一年，张伯行奉旨赴千叟宴，康熙皇帝称赞他是"真能以百姓为心者"。

雍正皇帝即位后，对张伯行也很敬重，军国大事都听从他的建议。雍正元年九月，升张伯行为礼部尚书，两年后，一代清官张伯行不幸病逝，享年七十五岁。皇帝赐谥号"清恪"，意思是为官清廉，恪勤职守，很精确地概括了张伯行的一生。

张伯行为官一生，始终忠于职守，克勤克俭，因而声名闻于天下，不但康熙皇帝对他多次表彰、擢升，百姓也称赞他是"天下第一清官"。

我们来看一个相反的故事。

西汉与东汉之间，隔了一个短短的朝代，这就是历时十八年的王莽新朝。新朝的王莽，就是由一介书生走上帝位的皇帝。

公元前16年，王莽因为是当时太后的侄子，被封为新都侯，这时，王莽三十岁。又过了七八年，王莽看准时机，揭发了废后许氏伙同王长、王融希望重为皇后的一系列阴谋，由原大司马王根推荐，做了大司马。

王莽做了大司马，决心要在名声上超出他的上辈，于是，就礼贤下士，延揽名士作为幕僚，并做出一副极其清廉高洁的样子。在生活上，他也格外节俭，几乎和一般的百姓没有什么两样。王莽家招待客人的礼数十分周到，但仅是清茶一杯而已。因此，王莽开始赢得了清廉俭约的好名声。

不仅如此,王莽还博得了直臣的美名。一次,太皇太后王氏设宴邀请傅太后、赵太后、丁皇后等人一同聚会,主事官员在座位正中摆下一把椅子,让太皇太后坐,在旁边又摆下一把椅子,让傅太后坐,其余则排列两边。这时王莽走进来,大声喝问:"上面为什么设着两个座位?"主事官员回答说:"一个是太皇太后的,一个是傅太后的。"王莽说:"傅太后乃是藩妾,怎得与至尊并坐,快撤下来!"傅太后听说她的座位被撤掉,就没来赴宴。后来,傅太后胁迫哀帝罢免王莽,王莽听到了消息,马上自请免职,哀帝也未加挽留,就这样,王莽又回到了他的新都封地。不过,这件事虽使他遭到罢官,却为他赢得了更多的名声,人们都认为王莽有古代大臣的风范。

西汉末年,朝政方面均已显得十分腐败。汉哀帝因荒淫过度,于二十六岁就去世了,太皇太后王氏便命王莽入都帮助汉哀帝的宠臣董贤治理丧事。这又给了王莽一个捞取政治资本的大好机会。王莽入朝,先不问丧事如何办理,而是先顺应人心,罢黜了董贤,迫使他自杀,并将其家产估卖充公,然后才料理了哀帝的丧事。

王莽独掌大权以后,便与太皇太后商议,迎立中山王箕子为嗣。王莽为了讨好太皇太后,把平时得罪她的傅、赵等皇后一概贬降,致使许多人自杀,太皇太后倒是满心欢喜,以为王莽替她出了口恶气,其实这是王莽在为自己以后进一步夺取政权扫清道路。

箕子即位,就是汉平帝。当时平帝只有九岁,一切权力,均由王莽把持,就是太皇太后王氏,也被王莽哄得团团转,朝廷中的正直大臣,见王莽专权,贬降太后,君臣之礼渐失,大多数都陆续辞职引退。在朝的官员,也多是趋炎附势,奉承王莽。可书生出身的王莽既不懂征战,又不懂治国安民、收拢人心的办法,只有靠弄虚作假或是矫情作伪。

王莽想了很久,终于想出一个办法。他秘密派人前往益州,让地方长官买通塞外蛮夷,假称越裳氏,入献白色雉鸡。公元一年,塞外果然有蛮人入朝,说是由于仰羡汉朝德仪,特来入献白雉一只。王莽立即将此事禀告了太皇太后,并把这只白雉送到了宗庙里。原来,周朝成王的时候,越裳氏也曾来中原献白雉,王莽是想把自己比成辅佐幼主的周公,所以才想到让塞外蛮夷来汉献雉鸡的计策。其实群臣都知道是王莽所为,但都仰承王莽的意思,说大司马王莽安定汉朝,应当加封为安汉公。太皇太后即日下诏,而王莽这时还故作姿态,上表一再辞谢,并要求加封迎立平帝有功的孔光等人,自己最后只受爵位,退还了封邑。

王莽还大封刘氏宗室,退休的士大夫及其子女,也都给予俸禄,甚至对孤寡老人,也都周济慰问,使得天下人无不称道。后来,王莽又上书太皇太后,说她年纪大了,不宜太过劳累,凡是封爵以下的各种事务,都交给自己处理。太皇太后当然依从了王莽的意思,于是,王莽将自己凌驾于汉天子之上了。

但王莽还不满足,又重施故技,秘密派人到黄支国,让他们进献犀牛。当时朝廷上下都感到非常惊异,大家觉得黄支国远在海外,难道又是仰慕安汉公王莽的威仪,前来拜服?随后,又接到南方某郡的报告,说是江中有黄龙游出。祥瑞迭出,真是称颂不迭。

不凑巧的是,这年夏天却出现了罕见的大蝗灾,而王莽自有新招,又借灭蝗来提高自己的威望。他一面派官吏查勘,准备救济灾荒,一面劝谏太皇太后,应该减衣节食,为万民做出榜样。尤其是王莽自己,戒除荤腥,还出钱百万,献田三十顷,以充做救灾费用。朝廷公侯纷纷效法王莽,先后捐款捐物的多达二百多人。过了不久,连下阴雨,蝗灾渐退,人们都说是安汉公德感天地,王莽由此又得到了一片赞誉之声。

平帝十二岁时,王莽建议选立太后,并采用古礼。主管官员揣摩逢迎的心思,多选豪门士族之女,尤其是王氏女子,几乎占了一半,连王莽的女儿也在内。王莽本想让自己的女儿独占后宫,又不便直说,就故意启奏太皇太后,说是王氏女子应该一并除去。太皇太后正弄不清什么意思,群臣却议论纷纷,都要求立王莽的女儿为皇后。太皇太后优柔寡断,只好听从了王莽和群臣的建议。王莽又把皇室所赏赐的钱物拿出八九成分赐给其他随嫁媵女及其家属,便得别人感恩戴德。

王莽这种极力钻营的行事方法,连他的儿子王宇也看不惯,他屡次劝谏王莽,王莽概不听从。王宇无法,便派人在王莽门前洒血,王莽迷信,也许会相信那是上天垂戒,多少加以收敛。没想到洒血的人竟然被卫兵发现逮捕,连累了王宇,王莽竟因为这么一点小事就杀死了他的亲生儿子及其同党,并把平帝生母卫氏的家族及其支族尽数屠戮,只留下卫后一人。

王莽做事有两个特点,一是处处遵循古制,一是相信符命灵异。其实,这是王莽笼络人心的手段,至于他自己是否发自内心,却很难说。不过,他的这种手段很快就收到了明显的效果,朝野上下都恭维奉承王莽,弄不清真假的太皇太后给王莽实行了九锡封典之礼。九锡封典是中国古代社会最高级别的封赏仪式,王莽受九锡之后,其德望权位,仪仗用度,几乎与皇帝不相上下。

王莽还压制住群臣的意见,主张迎立宣帝的玄孙刘婴为皇帝。这时,各地的官民纷纷来献符瑞,长安挖井得石,上书"安汉公莽为皇帝"。王莽让人告诉太皇太后,太皇太后到了此时才算明白,她已阻止不了王莽,只好下诏,让王莽当"假皇帝"。

王莽当上"假皇帝"后不到一月,就有刘氏宗室和农民起义军联合讨伐他。王莽派兵消灭了这次联合进攻,使得他的威德似乎又牢固了一层。这以后王莽加紧篡权的行动。公元8年12月,王莽率领群臣朝拜高祖庙,回来后谒见太皇太后,说自己秉受天命,应当当皇帝。王莽不顾太皇太后的反对立即跑出内宫,改换了天子的服饰,登上龙廷宝座。王莽将早已写好的诏命,正式颁布,定国号为新。

王莽建立新朝以后,颁布了许多令人莫名其妙而又啼笑皆非的措施。这些措施使得天下更加混乱,人民的生活没有得到丝毫的改善。他还追查公元10年以来贪污致富的人,没收其财产的五分之四,并命令下级揭发上级、仆人揭发主人。这样做的结果,不仅没能制止住贪污,反而使贪污更甚。公元19年,王莽又宣布每六年改元一次,自言"当如黄帝升天",其目的是欺骗百姓,但百姓受欺已久,不再上当。

由于政治极其腐败,王莽新朝的诸多措施根本不符合实际,所以王莽政权遭到了从官吏豪强到普通百姓的一致反对。从新朝十多年开始,刘氏宗族及各地豪强就不断起兵反抗,后遇天灾,绿林、赤眉两军更是声势浩大。公元23年,刘秀率领的起义军在昆阳攻破王莽的几十万大军,使王莽的主力军从此崩溃。当年九月,起义军攻入长安,王莽为商人杜吴所杀。

王莽本是一介书生,能够位居高官已经是非常了不起的了,如果他安心在自己的职位上好好做事,很可能会做出不错的成绩,可王莽不是这样做的,他选择了千方百计往上爬。王莽使出了浑身解数,终于爬到了最高的位置,却又因为自己没有与之相符合的能力来驾驭这个位置而最终遭到失败。王莽终其一生苦心钻营,到头来什么也没有得到,还落得千古骂名,这样的教训是深刻的。

我们为人处世也应该安分守己,是自己应该做的,就努力去把它做好,不是自己的能力所能达到的高度,我们也不要不切实际地去追求,那样很可能是捡了芝麻却丢了西瓜,得不偿失。

处世活用

认准自己的本分

一般人总是相信,当他们投身于最热门的行当,就会得到权力、地位和财富,实现自我的价值。殊不知,等他们穷尽一生的精力,终于追求到权力、地位和财富之后,他们才恍然大悟,原来自己真正应该做的事被耽误了,所谓的热门根本不适合自己,只是炫目的泡沫,毫无价值。但丁的名言"走自己的路,让人们去说吧",想必我们并不陌生。可是在生活中,许多人不走自己的路,时时处处惦记"走别人的路"。其实，人生的成功并不意味着你只有做出了惊天动地的业绩，才算得上成功。

俄国作家契诃夫说得好："有大狗，也有小狗。小狗不该因为大狗的存在而心慌意乱。所有的狗都应当叫，就让它们各自用自己的声音叫好了。"如果我们总是担心自己比不上别人，总是以别人为坐标来衡量自己是否成功，我们终将一事无成。要知道，真正有益的人生，其本质并不是竞技，根本用不着把摘金夺银看得高于一切。那些每天早上去公园练武打拳、跳迪斯科的人，那些只要一有空就练习书法、设计服装款式或唱戏奏乐的人，从来不在意别人对他们的品头论足，他们也不会因为没人鼓掌就情绪萎靡，停止自己的练习。因为他们认准这些事情是自己当干、能干的事情，是自己的本分所在，所以他们能够自得其乐，不在乎别人怎么看。对于他们而言，关键是在自己当干、能干的事情上做出成绩，实现自我。至于热门不热门，地位如何，赚钱不赚钱，社会评价怎么样，能不能飞黄腾达，都是次要的。

人活这一辈子，不是活给别人看，而是活给自己看。正因为有这样的信念，贝多芬学拉小提琴时，尽管技术不怎么高明，他也宁可拉自己作的曲子，即便他的老师讽刺他不是当作曲家的料，他也勇于坚持自己的主张。达尔文当年发现行医不是自己当干、能干的事情，决定放弃时，尽管被父亲呵斥为"不务正业，成天狗捉耗子，专管闲事"，他也不愿违背自己的志趣所在，去走父亲给他指定的路。贝多芬和达尔文后来之所以取得举世瞩目的成绩，关键就在于他们认准了自己的本分，知道自己是一块什么料子，当干什么，能干什么，所以无论别人怎么非议他们，他们也能够做到不为所动。

职场活用

先把你的本职工作做好

每个人都希望自己能够获得晋升。这是人自然而然的想法，也是人有上进心的表现。但要获得晋升，必须首先摆正自己的位置，把自己的本职工作做好。至于你的上司如何，你的同事如何，不归你管，不是你该操心的范围。俗话说：筷子夹菜勺喝汤。如果用筷子来喝汤，肯定喝不到汤，而且浪费了筷子原本的功能。

在职场，很多人往往认为自己做的工作不值得做，既不风光也捞不到什么油水，而且简单易行，枯燥乏味。对别人的工作则艳羡得不得了，认为自己要是别人就好了。这种攀比与浮躁的心态是不利于我们在职场取得成就的。要知道，人和人不一样，别人在他那个位置干得很出色，换了你不一定行。每个人有每个人的特点，用不着羡慕别人。你若不想在自己的职业生涯中扮演一个失败的角色，就得把心思收回来，着眼于自己的本职工作，努力干好它，使自己成为行家里手，不可或缺。这样，你才能获得晋升的机会。无论你的工作多么琐碎，多么次要，你都要去努力干好它。

对你来说，你的本职工作就是你当前最为紧要的事业，当你的本职工作都尚未赢得别人的认可，你就想着获得更大的成功，这显然是不现实的。首先，在本职工作都没有做好的情况下，你没有机会去做别的任何事情。因为对你来说，迫在眉睫的任务就是完成目前的工作，若是不能在规定的时间完成，或者虽然完成了，但没有达到标准，你的老板会对你产生不良的印象，认为你成不了事，不中用，这是其一；其二，你连本职工作都没有做好，凭什么把你升迁到更高的岗位，去从事能够展示你的抱负和雄心的工作？即便老板愿意把你升迁到更高的岗位，认为把你放在目前的岗位上用错了人，屈才了，但你因为没有历练，眼高手低，难免瞻前顾后，进退失据，甚而至于控制不了局面，给公司造成不可挽回的损失。

为什么一再强调做好本职工作才是最重要的呢？因为它对你来讲，是建立信心的来源。你一旦做好了本职工作，意味着你可以驾驭一个事情，可以掌握好自己的感觉。这样，建立起信心之后，你：不妨试着扩展自己的工作领域，即便老板只是要求你把目前的工作干好，对你没有别的要求，你也可以建议老板把你的工作内容充实一下，以便提升你的可用价值。这时，你不妨规划出一个东西，把相关的细节想透彻，把风险考虑到位。这样，即便老板暂时不给你晋职，也会对你刮目相看。

商界活用

上下级之间相互尊重

管理技巧是协调上下级关系的润滑剂，可以促进企业管理工作的顺利进行。对于上级主管而言，如何搞好与下级部属的关系呢？上级主管除了指挥调度的能力以外，还需要有和下级部属沟通协调的技巧。

当在工作中有难题要应付时，下级部属都盯着上级主管，如不及时阐明态度和做法的话，下级部属会认为上级主管很无能。同样，要想和下级部属打成一片，上级主管必须先放下"架子"，不要高高在上，而要有适宜的言行举止。比如批人不揭"皮"。即使下级部属做得不对，也不当着大家的面训斥下级部属，挫伤其自尊心。不妨记住这一点：夸奖下级部属要在人多的场合，批评指正则要单独晤谈，尤其是点名道姓的训斥，更要尽量避免。

俗话说：要想人服，先要让人说话。纵使说服的理由有一百条，也别忘了让下级部属先说完自己的看法,不要连听都不听,不听等于取消别人的发言权,是不信任的最直接表现。不管自己多么正确,都要让对方把话说清楚,然后再去要求下级部属换位思考解决问题,让他换到自己的位置上看如何解决。如果他设身处地去想,很可能迅速弥合两人之间的意见分歧。其实,不一定非要等到有了问题要解决,有了事情要吩咐,才找下级部属谈话。平时也要多和下级部属交流。交流多显得亲热,但每次交流的时间也不要太长,长了之后言多必失。频繁短时间接触下级部属,下级部属更容易知道你在注意他、关心他。

现在的下级部属都有熟练的技巧,而且一般热衷于把自己的一技之长贡献给团队。事实上,他们对本身工作的认识,比任何人都清楚。因此,要求下级部属帮助解决问题,不单可以有效地运用宝贵的资源,而且可以共同营造一起合作的友好气氛。

此外,还可以用一些小技巧加深上下级之间的感情,比如亲笔写一封感谢便条,请下级部属喝茶、吃饭,有小的进步立即予以表扬,或者进行家访,对员工的生活和家庭表现出一定的兴趣,时不时打打招呼,送些神秘的小礼品,等等。

与之相应,对于下级部属来说,又当如何赢得上级主管的认可呢?想要获得上级主管的认可,并不意味着一定要去上级主管那里献殷勤,攀附上级主管。若我们注意以下几点,很难不被上级主管赏识:自动报告你的工作进度,让上级主管知道;对上级主管的询问有问必答,让他放心;接受批评,不接二连三地犯错,让上级主管信任;不忙时尽量帮助别人,让上级主管省事;毫无怨言地接受工作安排,让上级主管满意;对自己的业务主动提出改善计划,让上级主管赏识。在工作上力争干得比上级主管安排的多一点,想得比上级主管交代的深一点,结果比上级主管要求的好一点;无论上级主管和老板在不在,别说任何与工作有关的怪话;脑筋活一点理由少一点脾气小一点肚量大一点;微笑露一点行动快一点埋怨少一点沟通多一点。上级主管当然喜欢工作踏实,能力出众的下级部属,如果我们能够做到以上几点,自然容易被上级主管认可。

中兴通讯有限责任公司在表述公司自个的核心价值观时,第一句就强调"互相尊重,忠于中兴事业",这里的"互相尊重"不仅仅是指礼仪或者人格上的尊重,而且包括相互间对彼此职位、职责所抱有的一种敬重,即相互负责,"在上位,不陵下;在下位,不援上。正己而不求于人"。有些企业的业绩平庸,管理者做人却很强势、霸道,一味抱怨下级部属执行不力,这就很难达到卓越的目标。其实,企业追求卓越,老板的作用固然不可或缺,但卓越目标的实现却要以每个员工不甘平庸为基础。

第十五节　行远

道德的修养不是一朝一夕就可达成,必须经过长时间的学习和岁月的砥砺,是一个循序渐进的历程,最终为人们所认同。

"天下之事,制之在始;始不可制,制之在末。"(苏洵《上文丞相书》)万物发展的过程都是天意,并非人力所能改变。我们所能做到的就是改变自己,从自己做起,从最切近处用力,使自己顺应天地的规律,适应自然,顺其自然。

不经历过程而只注重结果,不经历播种与长成而只要收获,不只是空想,更是强迫。必然什么也得不到。

一切的成功,都离不开经过,都是脚踏实地地干和做所最终形成的必然结果。

干和做就是务实,就是过程,只有经历了过程,才会有丰美的收获。

【原文】

君子之道,辟如行远必自迩,辟如登高必自卑①。诗曰②:"妻子好合,如鼓瑟琴③。兄弟既翕,和乐且耽④。宜尔室家,乐尔妻帑⑤。"子曰:"父母其顺矣乎⑥!"

【注释】

①辟:通"譬"。迩:近。卑:低处。

②《诗》曰:此诗引自《诗经·小雅·常棣》,本意赞美文王。

③妻子:妻子与儿女。好合:和睦。瑟:弹拨乐器。共有二十五根弦,每弦一柱,形状与琴相似,春秋时流行的乐器。琴:共有七弦,又称"七弦琴"或"古琴",始于周代,至汉代定型。

④翕:和顺,融洽。耽:《诗经》原作"湛",安乐。

⑤宜:安。帑:通"孥",儿子。

⑥顺:安乐舒畅。

【译文】

君子实行中庸之道,就像走远路一样,必定要从近处开始;就像登高山一样,必定要从低处起步。《诗经·小雅·常棣》说:"家庭和睦,就像弹奏琴瑟一样和谐。兄弟关系融洽,和顺又快乐。使你的家庭美满,使你的妻儿幸福。"孔子赞叹说:"这样,父母也就称心如意了啊!"

【历代论引】

郑玄说:行之以近者、卑者,始以渐致之高远。又说:此《诗》言和室家之道,自近者始。又说:谓其教令行,使室家顺。

孔颖达说：行之以远者近之始，升之以高者卑之始，言以渐至高远。不云近者远始，卑者高始，但勤行其道于身，然后能被于物，而可谓之高远耳。又说：行道之法自近始。犹如诗人之所云，欲和远人，先和其妻子兄弟，故云妻子好合，情意相得，如似鼓弹瑟与琴，音声相和也。兄弟尽皆翕合，情意和乐且复耽之。耽之者，是相好之甚也。宜善尔之室家，爱乐尔之妻帑。又说：父母能以教令行乎室家，其和顺矣乎。言中庸之道，先使室家和顺，乃能顺于外，即上云道不远、施诸己。

《礼记正义》说：因上和于远人，先和室家。

朱子说：夫子诵此诗而赞之曰：人能和于妻子，宜于兄弟如此，则父母其安乐之矣。子思引诗及此语，以明行远自迩、登高自卑之意。

【评析】

韩愈在《劝学》里说，"千里之行，始于足下"，"不积跬步，无以至千里，不积小流无以成江河"。现代人说："万丈高楼平地起。"这都是"行远必自迩，登高必自卑"的意思。

事物总是一点一滴发展壮大起来的，从无到有，从小到大，这中间肯定有一个过程，什么事都应该循序渐进，不可操之过急。否则，"欲速则不达"，效果适得其反。所谓"积土成山，风雨兴焉；积水成渊，蛟龙生焉"，没有根基的大厦一定会崩塌，没有谁可以不经过刻苦的努力而一朝成名。

要想成为一个德行修养都很高的人，就必须从一件件小事做起，日积月累，自身各方面才能得到根本的改变。说到大处，要想在天下实行中庸之道，首先得加强自身的修养，有一个和顺美满的家庭给自己做后盾。古人说："一屋不扫，何以扫天下？"说到底，修身、齐家、治国、平天下绝不可一蹴而就，循序渐进才是正道。

【解读】

老子曾经说过："解决困难要从容易处着手，干大事要从细微处做起。天下的难事，必定是从容易处开始；天下的大事，必定是从细微处开始。因此，圣人始终不待把问题酿大，所以能成就他的大业。"

老子的这段话阐述了量变到质变的飞跃，事物在"难"的形成前，有一段相对的"易"的过程；在"大"的堆积前，必有细小的积累。也就是说做什么事情都有一个逐渐积累的过程，不能急于求成。善于做事的人都知道"难易相成，高下相倾"的自然规律，先做比较容易的，然后逐渐靠近比较难的；把细微的东西逐渐积累起来，就可以成就伟大的事情。这是告诫人们不可好高骛远，好大喜功，急功近利，而是应该扎扎实实地从开头的细微之处做起，重视看似容易的点滴基础；看重扎扎实实的"图难""为大"的过程，最终会筑成人生大业的万丈高楼，成就生命旅程的万里之行。假如什么事情都想一蹴而就,没有基础就放手大干,不注重积累,再好的想法也不会如愿,再高的楼房也会倒塌。

秦牧在《画蛋·练功》文中讲道:"必须打好基础,才能建造房子,这道理很浅显。但好高骛远,贪抄捷径的心理,却常常妨碍人们去认识这最普通的道理。"人一浮躁起来心里就长了草,而且是没有根基的草,被急功近利的风一吹,就跑掉了,结局只能是无果而终。

古代有个叫养由基的人精于射箭,且有百步穿杨的本领。相传连动物都知晓他的本领。一次,两个猴子抱着柱子,爬上爬下,玩得很开心。楚王张弓搭箭要去射它们,猴子毫不害怕,还对人做鬼脸,仍旧蹦跳自如。这时,养由基走过来,接过了楚王的弓箭,于是,猴子便哭叫着抱在一块,害怕得发起抖来。

有一个人非常羡慕养由基的射术,决心要拜养由基为师,经几次三番的请求,养由基终于同意了。收为徒后,养由基交给他一根很细的针,要它放在离眼睛几尺远的地方,整天盯着看,看了两三天,这个学生有点疑惑,问老师说:"我是来学射箭的,老师为什么要我干这莫名其妙的事,什么时候教我学射术呀?"养由基说:"这就是在学射术,你继续看吧。"于是这个学生继续看。过了几天,他便有些烦了。他心想我是来学射术的,看针眼能出神射手吗?这个徒弟不相信这些。养由基又教他练臂力的办法。让这个人一天到晚在掌上平端着一块石头,伸直手臂。这样做很累,那个徒弟又想不通了,他想,我只学他的射术,他让我端这石头做什么?养由基看他不能从头学起,打好基础,就只好由他去了。

这个人最终也没有学到射术,空走了很多地方。如果他能脚踏实地,不好高骛远,从一点一滴做起,他的射术也许就会精湛起来。

同样是学射箭,古代神箭手纪昌却凭借自己的刻苦努力而最终成功了,其中的原因何在呢?让我们再来看"纪昌学射箭"的故事。

这个故事是这样的,甘蝇是古时候的一位射箭能手。他只要将箭射向野兽,野兽就会应声而倒下;将箭射向正在天空飞翔着的飞鸟,飞鸟就会顷刻间从空中坠落下来。只要看到过甘蝇射箭的人,没有哪一个不称赞他是个射箭能手,真是箭无虚发,百发百中。甘蝇有个学生叫飞卫,他跟着甘蝇学射箭非常刻苦,几年以后,飞卫射箭的本领就赶上了他的老师甘蝇。后来,又有一个名叫纪昌的人,来拜飞卫为师,跟着飞卫学射箭。

飞卫对纪昌学习射箭的要求非常严格。刚开始学射箭时,飞卫对纪昌说:"你是真的要跟我学射箭吗?要知道不下苦功夫是学不到真本领的。"纪昌诚恳地说:"只要能学会射箭,我不怕吃苦受累,愿听从老师的指教。"飞卫听了纪昌的回答非常满意。接着,他很严肃地对纪昌说:"在开始学射箭之前,你要先学会不眨眼,只有先做到了不眨眼才可以谈得上学射箭。"

纪昌为了学会射箭,就虚心听从老师的指导,严格按照飞卫的要求去做。他回到家里,就仰面躺在妻子的织布机下面,两眼一眨不眨地直盯着他妻子织布时不停地踩动着的踏脚板。天天如此,月月如此,纪昌心里一直想着飞卫老师对他的要求和自己向老师表示过的决心。要想学到真功夫,成为一名箭无虚发的神箭手,就要坚持不懈地刻苦练习。纪昌就这样坚持练了两年,从不间断,即使锥子的尖端刺到了眼眶边,他的双眼也能够一眨也不眨。纪昌于是整理好行装,离别了妻子到飞卫那里去了。

飞卫听完纪昌的汇报后却对纪昌说:"你的练习还没有达到火候。要学好射箭,你还必须练好眼力才行,要练到看小的东西像看到大的东西一样,看隐约模糊的东西像看明显的东西一样。你还要继续练,练到了那个程度,你再来告诉我。"

纪昌又一次回到了家里,选了一根最细的牦牛尾巴上的毛,把一端系上一个小虱子,另一端悬挂在自家的窗口上,两眼注视着吊在窗口牦牛毛下端的小虱子,目不转睛地看着。十天不到,那虱子似乎渐渐地变大了。纪昌仍然坚持不懈地刻苦练习。他继续目不转睛地看着。三年过去了,眼中看着那个系在牦牛毛下端的小虱子又渐渐地变大了,大得仿佛像车轮一样大小了。纪昌再看其他的东西,简直全都变大了,大得竟然像是巨大的山丘了。于是,纪昌马上找来用北方生长的牛角所装饰的强弓,用出产在北方的蓬竹所造的利箭,左手拿起弓,右手搭上箭,目不转睛地瞄准那仿佛车轮大小的虱子,将箭射过去,箭头恰好从虱子的中心穿过,而悬挂虱子的牦牛毛却没有被射断。这时,纪昌才深深体会到,就像老师说的那样,要想成为神箭手必须踏踏实实把日常的基本功练好才行。然后,纪昌便把这一成绩告诉了老师飞卫。

飞卫听了以后很为纪昌高兴,并向纪昌表示祝贺说:"你成功了!关于射箭的奥妙,你已经全部掌握了啊!"

从平常的角度来讲,一个人要想一下子就成为一个神箭手是件很难事的,但如果你肯从基本功方面一步一步练起,即使每天所做的只是一些很简单的重复性小型训练项目也不要放弃,只要你能扎扎实实地一步步做下去,终有一天会达成当初你心目中那个非常高难的目标。

其实,在中国非常著名的"愚公移山"的故事中也包含着凡事都需要从基础做起,一点一滴积累,是最终才能成功的思想和智慧。即便拿到现在来说,用人工移走一座大山也是一件很困难的事,但愚公和他的子孙们并未被难住,他们从一锹一石这样简单而轻易地小事扎扎实实地做起——他们没有用"移山"这样的大概念和大目标来吓唬自己,也没有想过一下子就把两座大山搬走,而是认为自己每天所要完成的只是把一些碎石移动到另一个地方这样一个个小活计和小目标,通过完成一个个这样的小目标,那个移山的大目标和难任务也就逐渐完成了。我们来具体看一下这个故事。

那还是在很久很久以前,有位名叫愚公的老人,已经快九十岁了,他的家门正好面对着王屋和太行这两座大山。由于交通阻塞,与外界交往要绕很远很远的路,非常不方便。为此,愚公将全家人召集到一起,共同商议解决的办法。愚公提议:"我们全家人齐心合力,共同来搬掉屋门前的这两座大山,开辟一条直通豫州南部的大道,一直到达汉水南岸。你们说这样可以吗?"大家七嘴八舌地表示赞同这一主张。

这时,只有愚公的老伴不无担心地对丈夫说:"依靠你的这把老骨头,恐怕连魁父那样的小山丘都削不平,又怎么对付得了太行和王屋这两座大山呢?再说你每天挖出来的那些泥土石块,又往哪儿放呢?"儿孙们听了以后,都争先恐后地抢着回答:"将那些泥土、石块都扔到渤海去不就行了?"

事情决定下来以后,愚公即刻率领子孙三人挑上担子,扛起锄头,干了起来。他们砸石块,挖泥土,用藤筐将这些东西运往渤海。他家有个邻居是寡妇,只有一个七八岁的小男孩,也跳跳蹦蹦地赶来帮忙。任凭寒来暑往,愚公祖孙也很少回家休息。

有个住在河曲名叫智叟的人,看到愚公和他的子孙们每天辛辛苦苦地挖山,感到十分可笑。于是就劝阻愚公说:"你也真是够傻的了,凭着你这一大把年纪,恐怕连山上的一棵树也撼不动,你又怎么能够搬走这两座山呢?"

愚公听了以后,不禁长长地叹了一口气。他对智叟说:"你的思想呀,简直是到了顽固不化的地步,还不如那位寡妇和她的小儿子啊!当然,我的确是年纪很大了。可是,我死了以后有我的儿子,儿子又会生孙子,孙子还会生儿子,这样子子孙孙生息繁衍下去,是没有穷尽的。而眼前这两座山却是再也不会长高了,只要我们坚持不懈地挖下去,还愁会挖不平吗?"面对愚公如此坚定的信念,智叟无言以对。

世界上任何事物的发展变化,都有一个由小到大、从量变到质变的积累过程。在现实生活中,很多人在多数情况下所从事的都是一些具体的事、琐碎的事,也许过于平淡,也许鸡毛蒜皮,但这些具体琐碎事情的每一个细节都与大事业的成就紧密关联,是成就大事不可缺少的基础。我们办任何事情都必须从细微处入手,切忌粗枝大叶,因小失大。同时,我们从以上这些故事中也可以学到一种相当实用的智慧,那就是当我们去完成一项非常困难的任务和实现一个重大目标时,不能急于求成,我们要善于分解任务和目标,把大事化解成若干个小事,把大任务化解成若干个小任务,然后有规划有步骤地完成这些小事务,难题自然就可以逐渐得到解决了。这样说的意思就是指,那些庞大的目标都是由若干个很微小的单元组成的;艰难的任务都是由许多个比较容易的阶段组成的。只要我们能够扎扎实实地去把每一件小事和小任务做好,天下就没有做不成的大事和难事。

孔子是我国儒家学派的创始人,被后人尊为孔圣人。孔子一生中育人无数,聆听过他教诲的弟子也大都学识渊博,其中不乏像子夏、子路这样的人才。经过数年的苦读和老师孔子的耳提面命后,子夏终于离开孔子独自闯荡去了。刚开始的时候,子夏只是在县衙里做一些次要的杂活,负责日常的一些繁琐事务。后来经过自己的努力和积极表现,子夏顺利地当上了莒父县的县令,成了一方的父母官。

在当上县令之后,子夏在许多事情上并不是特别的熟悉和有把握,于是他就向自己的老师孔子求教,如何处理好县政和日常事务。孔子教导子夏说:"子夏啊,你能有今天的成就,作为老师我也感到非常欣慰,不过你做事方面还需要继续学习呀。首先,做事情不要图快,再就是不要只顾蝇头小利。一味图快,反而达不到预期的目的;如果只顾小利,就办不成大事啊。"

《韩非子》中也记载了这样一个急于求成的故事:春秋末期,齐国国王齐景公非常器重和依赖相国晏婴,也就是晏子,国中大小事情,无论何事,齐景公都要向晏婴请教,然后才可以定夺。一次,齐景公正在海边游玩散心,忽然接到侍者的报告,说:"大王,大事不好了,相国晏婴病倒了,而且病情非常严重!"齐景公听到这个消息,顿时不知所措,下令马上回京,他挑选了最好的驭手驾车,挑选了最好的马匹拉车,急急忙忙地出发了。在车上,齐景公不住地催促驭手:"快点,再快点!不然相国就会有危险的!"虽然马车跑得已经够快的了,可是齐景公仍然觉得太慢,于是就把驭手推到一边,索性自己拿起鞭子赶起车来了。这样跑了一阵子,齐景公还觉得不够快,怎么办呢,这个时候,心急如焚的齐国国君做出了一个惊人之举,他干脆跳下马车,徒步奔跑了起来,才跑了一会儿,齐景公就累得汗流浃背,上气不接下气。齐景公当然没有四条腿的马跑得快了,只是他一心求快,结果反而更慢了。齐景公见这样不行,只好又回到车上,让驭手重新驾驶马车往京城赶路,这个时候的齐景公才觉得,还是马车走得快啊,假如自己赶车或者徒步跑回京城,还不知道要到什么时候才能够到达呢。等回到京城以后,齐景公立刻马不停蹄地奔向晏婴的相国府,看到相国病危,他赶忙召御医前来为晏婴看病。

做任何事情都必须要从基础做起,按照秩序一步一步地处理好,不能够只追求结果而不顾过程中的积累,忽视积累的结果只能是使得所做的事情成为空中楼阁,早晚都会倒塌的。只有按部就班地按照事物本身的特点来处理对待,才能采取更有效的措施在最短的时间内用最合适的办法把问题解决好,否则就只能是吃力不讨好,白做无用功了。

处世活用

不怕卑微,就怕没志向

有这么一个贫穷的黑人家庭,父母靠出卖苦力为生,儿子因此感到自卑,养成了孤僻的性格,很少与同龄人在一起玩耍,几乎没有什么要好的伙伴。他认为像他这样出身卑微的黑人不受人待见,这一辈子怕是不可能有什么出息了。一天,父亲带他去参观画坛巨擘梵高的故居,当看过那张小木床及开了口的皮鞋后,他问父亲:"他不是百万富翁吗?"父亲回答道:"他是个连妻子都没娶上的穷人。"第二年,父亲又带他去童话大师安徒生的故居,他疑惑不解地问:"爸爸,安徒生不是生活在皇宫里吗?"他的父亲说:"安徒生是鞋匠的儿子,他就生活在这栋阁楼里。"从此以后,这个男孩变得开朗起来,对前途充满了信心。他相信,只要自己振作起精神,发奋努力,一定会有所作为。这个男孩就是后来美国历史上第一个获得普利策新闻奖的黑人记者里克·布拉格。当20年后普利策新闻奖由评奖委员会宣布颁发给里克·布拉格时。里克·布拉格激动地发表了这样的获奖感言:"上帝没有轻看卑微的意思,是两位出身和我一样卑微的伟大人物激励我走向了成功。"

里克·布拉格的父亲通过带领儿子参观梵高、安徒生的故居,让摆在眼前的活生生的事实告诉他的儿子,若是因为自己的角色卑微而否定自己的价值,因自己地位的低下而放弃宏伟的志向,甚至因受歧视而自暴自弃、一蹶不振,是多么大的错误啊!

"自古英才多磨难,从来纨绔少伟男。"比如有英国"平民首相"之称的约翰·梅杰,是一个杂技师的儿子,不满16岁就离开了学校,到社会上谋生,为家庭减轻负担。他曾应聘公共汽车售票员的职位,却因数学成绩考试不及格而被淘汰,饱尝失业之苦。但坚强的约翰·梅杰并没有被现实的磨难摧垮,他不放弃任何一次锻炼自己能力的机会,不管多么卑微的工作,他都不嫌弃,干得劲头十足。他相信要成就大事,必须从涓滴小事干起、锻炼起。对于像他这样没有任何背景的人来说,要登上山顶,没有缆车可以坐,只能靠着自己的双脚一步步从山下往上攀登。后来,这位人穷志不短的小伙子终于凭借自己的真才实干摆脱了贫穷的诅咒,闯进了英国的政界。在经过外交大臣、财政大臣等8个政府职务的历练后,他终于顺理成章地走进伦敦唐宁街10号,当上了英国首相。有意思的是,他还是英国唯一领过失业救济金的首相。

下定决心,奋力拼搏,勇往直前,成功就属于你。不怕你卑微,就怕你没志向。如果你明白这个道理,你就不会因为自己是一个穷人、下层人物而自暴自弃。正如林肯所说:"卑微的人只要肯努力,也能拥有成功的人生。要知道,上帝最喜爱卑微的人,因为他创造了这么多卑微的人。"

职场活用

从底层干起

汤姆·布兰德起初只是美国福特汽车公司旗下一家制造厂的勤杂工,后来成为福特公司最年轻的总领班。在有着"汽车王国"之称的福特公司里,32岁就升到总领班的职位,显然不是一件易事。那么,汤姆是如何做到的呢?

汤姆20岁进入制造厂,一开始,他就对制造厂的生产状况做了一个通盘的考察。他知道一部汽车从零配件到组装出厂,大概要经过13个部门的通力协作,而每个部门的工作性质大相径庭。他当时在心里面琢磨:"既然自己准备在汽车制造这个行当里做一番事业,就必须熟悉汽车的整个制造过程。"于是,他向制造厂人力资源部的主管提出申请,他想从最底层的勤杂工干起。勤杂工不算正式工人,没有固定的工作场所,哪里有杂活、苦活就要往哪里跑。正因为这项工作的性质需要汤姆四处走动,汤姆才有机会接触到工厂的各个职能部门,因而对各个职能部门的工作性质有了初步的认识。在当了一年有余的勤杂工之后,汤姆又申请把他安排到汽车椅垫部工作。没用不久,汤姆学会了制椅垫的手艺。后来,他又申请调到车身部、点焊部、喷漆部、车床部等职能部门去工作。在四年半的时间里,他几乎把美国福特汽车公司旗下这家制造厂的各部门工作都熟悉了一遍。最后,汤姆再次申请把他安排到装配线上去工作。

汤姆的父亲十分看不惯儿子的这一系列行径,认为儿子这是把工作当儿戏,他质问汤姆:"你工作快五年了吧?怎么没有一点长进,隔壁邻居家的儿子艾尔奇,进厂才两年不到的时间,现在已经干到车间主任了,你怎么就不能如个人,给父亲争争光呢?总是干些焊接、刷漆、制造零件的卑微事情,你难道不觉得丢自己的脸吗?"

"爸爸,你不知道儿子的想法,"汤姆淡然一笑,回答父亲,"我才不急于当个部门的小头目呢。我这么轮换着在各个职能部门锻炼自己的基本功，是以胜任领导整个制造厂为抱负的，所以必须花些时间、下点功夫熟悉整个工作流程。我要学的，可不是一辆汽车的椅垫是怎么做的，而是整辆汽车是怎么制造的。"

当汤姆认准自己已经具备领导者的素质时，他决定在装配线露一手。由于汤姆在别的职能部门干过，熟悉各种零配件的制造情况，也能分辨出零配件的优劣，这为他领导装配线的工作增加了不少筹码。没过多久，他就成了装配线上最杰出的角色，被晋升为领班。而后，在不到半年的时间里，又被晋升为15位领班的总领班。

无论你是多么杰出的人才，当你初入职场，不可能一下子就得到重用，毕竟你还年轻，有的是时间，缺的是经验。所以，一开始老板总是把你放在不起眼的职位上，从事一些在你看来既琐屑又卑微的工作。在这种状况下，你要有一个良好的心态，以"登高，必自卑"的道理来引导自己，做好老板委派给你的任何一件杂活、苦活，把做好杂活、苦活当作锻炼自己、深入了解公司情况、加强公司业务知识、熟悉工作内容的大好机会，增强自己的判断能力和执行能力。

从汤姆的这一工作履历来看，我们发现汤姆正是在底层把自己锻炼成才的。想想看，勤杂工连正式工人都不是，但汤姆却不嫌弃，也不怕被人看不起。他知道，借着在制造厂四处走动干杂活的机会，他可以对全厂各个职能部门的工作环境以及工作性质有了具体而微的了解：虽然做椅垫说起来，对于整辆汽车的组装显然是一道很渺小的工序，但汤姆也不轻视它，他明白"千里之堤，溃于蚁穴"的道理，做椅垫虽然看似渺小，但也是组装一辆汽车不可或缺的部分，椅垫做出色了同样可以为出产的汽车增光。汤姆利用在每个职能部门从事琐屑小事的机会，不仅增添了许多宝贵的工作经验，还对全厂各个职能部门的现状有了全面、深入的认识。所以，别看他在很长一段时期里，连正式工人都不是，但他的经验之丰富、见识之深广，恐怕是大多数正式工人都难以望其项背的，也就是说，汤姆已具备领导全厂工人的能力和素质。

正如前面所述，初入职场的年轻人缺的是经验，最不缺的是时间。那么，我们何不充分利用自己的时间优势去锻炼自己呢？要知道，离开了大学校园，就犹如走出了温室，失去了保护自己的屏障，就业问题、经济问题、家庭问题等等迎面扑来，而在众多问题中，最艰难的便是就业问题了。就业问题如同一块沉重的石头把社会经验不足、实际操作能力差的我们压迫得喘不过气来。但我们不妨从低处起步，打好底层基础。只要我们扎扎实实地走稳、走好每一步，不怕没有一鸣惊人、一飞冲天的机会。那些高不成低不就的人，最终一事无成，害苦的还是自己。

宜尔室家之道

人们经常说,一个成功男人的背后一定有一个默默奉献的女人,这话反过来说也一点儿不假。在全美国 50 位最具影响力的商业女性之中位居榜首的菲奥瑞纳的丈夫弗兰克曾是美国电话电报公司的高级技术员,但在他年仅 48 岁,事业前景看好并有望晋升为公司副总裁的时候突然宣布退休,一心辅佐妻子成就一番事业。退休后,弗兰克专门负责安排协调菲奥瑞纳每日的工作日程,驾驶豪华游艇出游以及陪同妻子周游世界,却也自得其乐,逍遥自在;兰辛的丈夫弗里德金是一位导演,但他对妻子的事业全力支持。兰辛说,无论我在事业上做什么选择,他都表示支持,他是我遇到的第一位这样的男人。

有意思的是,对于商界"大姐大"中的多数人来说,家庭依然具有永恒的诱惑,与男性追求"权力"和"第一"的目标不同,许多人认为事业只是她们生活中的一部分,她们甚至愿意为了家庭而急流勇退。位居排行榜第 44 位的芭恩丝去年主动辞去百事可乐公司北美总部行政总裁职务一事曾在商界引起强烈反响,而她辞职的原因不过是希望同丈夫和孩子能够多呆上一段时间。位居第 34 位的索尼影像公司副总裁费西尔坚持每周只工作四天,其他时间均与家人在一起,尽管这样做影响了她的晋升,但她却在所不惜。

菲律宾快餐集团快乐峰的首席执行长陈觉中认为,做到家庭与事业并重不是一件容易的事情,但应该不懈地朝着这个目标努力。他说:"我至今感到遗憾的是,我在孩子们年幼的时候,没有抽出多少时间来陪他们玩耍,给他们讲故事。"

美国家庭关系专家戈德·史密斯表示,从企业领导者对没有平衡好工作与家庭关系的反思中可以看出,在追求事业成功的同时,如何做到"宜尔室家,乐尔妻帑"的确是一个摆在商界精英面前的迫切课题。戈德·史密斯说:"你可以花时间去提高沟通技巧,可一旦错过陪伴家人的时间就彻底走远了,找不回来了。我认为平衡好工作与家庭关系的要点在于:如何严格遵守与家人相伴的时间。"1990 年,戈德·史密斯开始测算自己每天与两个女儿呆在一起至少 4 小时(不算看电视也不算看电影)的天数有多少。第一年是 20 天,但到 1994 年已经增加到 135 天。

微软亚太区前副总裁、现为微软亚洲企业服务副总裁的桑贾伊·米尔查达尼每天让妻子捎上儿子开车来接他下班,用这种方式来确保自己能与家人共度一段时光。这些年来,桑贾伊·米尔查达尼带儿子去过南美洲、非洲,还到过斯里兰卡的加勒,他说:"我的观点就是花钱并抽出时间与他们一起周游世界,共同获得丰富的阅历。"

第十六节　鬼神

这一章借鬼神来说明道,道是无所不在的,道是真实无妄的,道是"不可须臾离"的,人们必覆用诚心对待它。站在十字路口,各种彩灯发出迷幻的光芒,就像那种来自天国的神圣的指引,指示着我们要去的和该去的方向。

站在人生的十字路口,我们胸怀着走向远方的向往,我们合什祈愿冥冥之中的先知与主宰,保佑我们道路通畅。

站在心灵与天地的交汇处,在这可以向各个方向举步的微妙时刻,在这静谧的等待之中,我们面对诸神,谛听从生命源头传来的经久不息的回声。

天地有知,为了走得更远,我们祈祷,恳上天的灵光,照耀到我们迷途的无助的祈祷者的心灵上。使我们从人生的第一步开始,就走在通往至善的大道之上。

《礼记·正义》说:明鬼神之道无形,而能显著诚信。中庸之道与鬼神之道相似,亦从微至著,不言而自诚也。

【原文】

子曰:"鬼神之为德①,其盛矣乎!"视之而弗见,听之而弗闻,体物而不可遗②。使天下之人,齐明盛服,以承祭祀③。洋洋乎④,如在其上,如在其左右。《诗》曰⑤:"神之格思,不可度思,矧可射思⑥?"夫徵之显,诚之不可掩如此夫⑦!

【注释】

①鬼神:指已故祖先的魂灵,具有一定神通能力,可在一定程度上干预世间事件发展进程、影响人的命运的神灵。鬼就是归,归属,回归的意思。古代迷信的说法认为人死后魂灵不灭,称为鬼。神,就是神祇。古代神话及宗教中所传说的超乎自然、主宰物质世界的精灵。

②体物:体察、生养万物。

③齐明盛服:祭祀之前沐浴斋戒,穿上礼仪规定的制服。齐:通"斋",斋戒。明:洁净。盛服:穿上参加隆重仪式的服装。以承祭祀:承担祭祀的仪式。

④洋洋乎:流动充满之意。

⑤《诗》曰:此诗引自《诗经·大雅·抑》。

⑥格思:来临。思,语气词。度:揣度。矧:况且。射:《诗》作"斁",厌,指厌怠不敬。

⑦微之显:指鬼神之事即隐微又明显。掩:掩盖,遮掩。

【译文】

孔子说:"鬼神所做的功德那可真是大得很啊!"虽然看它也看不见,听它也听不到,但它的功德却体现在万物上无所遗漏。使天下的人都斋戒净心,穿着庄重整齐的服装来祭祀它。这时鬼神的形象流动充满其间,好像就在你的头上,好像就在你的左右。《诗经·大雅·抑》说:"神的降临,不可测度,怎么能够怠慢不敬呢?"鬼神从隐微到功德显著,是这样的真实无妄而不可掩盖啊!

【历代论引】

郑玄说:万物无不以鬼神之气生也。又说:神之来,其形象不可亿度而知,事之尽敬而已,况可厌倦乎。又说:神无形而着,不言而诚。

孔颖达说:万物生而有形体,鬼神之道,生养万物,无不周遍而不有所遗,言万物无不以鬼神之气生也。又说:鬼神能生养万物,故天下之人齐戒明絜,盛饰馀服以承祭祀。鬼神之形状,人想象之,如在人之上,如在人之左右,想见其形也。又说:诗人刺时人祭祀懈倦,故云神之来至,以其无形不可度知,恒须恭敬,况于祭祀之末可厌倦之乎?言不可厌倦也。引《诗》,明鬼神之所尊敬也。又说:鬼神之状微昧不见,而精灵与人为吉凶。鬼神诚信,不可揜蔽。善者必降之以福,恶者必降之以祸。

程子说:"鬼神,天地之功用,而造化之迹也。"

张子说:"鬼神者,二气之良能也。"

朱子说:以二气言,则鬼者阴之灵也,神者阳之灵也。以一气言,则至而伸者为神,反而归者为鬼,其实一物而已。为德,犹言性情功效。又说:鬼神无形与声,然物之终始,莫非阴阳合散之所为,是其为物之体,而物所不能遗也。其言体物,犹易所谓干事。又说:能使人的敬畏奉承,而发见昭著如此,乃其体物而不可遗之验也。孔子曰:"其气发扬于上,为昭明焄蒿凄怆。此百物之精也,神之着也",正谓此尔。又说:阴阳合散,无非实者。故其发见之不可揜如此。

【评析】

第十六章的主要内容就是借孔子对鬼神的德行之大之广的论述,来说明中庸之道就如这鬼神之气一样无所不在,"不可须臾离"。

同时,也是对第十二章中所说的"君子之道费而隐"的进一步说明。君子所奉行的道广大而又精微。看它也看不见,听它也听不到,但它却体现在君子的一言一行中指导其为人处世。

说得再具体一点,就是每个人都有自己的原则和信仰,这都是看不见模样,听不到声音的,别人也许不知道它们的存在,但你自己一定知道,因为这些原则和信仰就存在于你的心里,时刻影响着你的言行。道是客观的,不因人的奉行或远离而存在或消失。所以,对一种原则或信仰的坚守靠的是自觉,是一种发自心底的皈依感。

【解读】

世间就是有很多这样的人,他们总是会心甘情愿自觉地去做自己喜欢做的事,时间久了,他们会在不动声色之中,在别人没有注意的时候,已经为自己积累了很多成材的资本。

明代的周元素是江苏太仓一带小有名气的画家,他有一个画僮叫阿留,跟随他已经有四五年的时间了。十三四岁的阿留,大大的眼睛,厚厚的嘴唇,一副憨厚的样子,看起来傻乎乎的。

一天早上,周元素外出前对阿留交代说:"你在家看好门,有谁来了,记住他的样子,等我回来再告诉我。"

晚上,周元素回来后问阿留:"今天有谁来找过我吗?"

"有,来了好几个哩。"阿留一边用手比画着,一边一口气讲下去,"有个矮矮胖胖的,有个瘦瘦高高的,有个漂漂亮亮的,还有个拄着拐杖的老头。"

周元素听明白了,笑笑又问:"还有没有其他人来过?"

阿留嘿嘿笑着回答:"我怕来的人多了记不住,老头子走后,我就拴上了大门,没再出去过。"

周元素没再说什么。他是个很忠厚的长者,也了解阿留就是这么笨的一个人,至少在这方面他毫无长处可言。

不仅如此,阿留还闹出了不少生活中的笑话。例如有一次,周元素家的一张床折了一条腿,他让阿留去树林里找根合适的树杈,拿回来修床。阿留拿把斧头就出去了,在树林里转来转去,足足找了大半天,结果还是两手空空地回来了。周元素和家人都在厅堂中,他见阿留空着两手回来了,于是就问阿留:"怎么到现在才回来?我们都在等你呢。"只见阿留非常认真地说:"因为找不到一根合适的树杈,我在树林里转了又转,所以才费了这老半天时间。"

周元素说:"那么多的树杈,怎么会找不到呢?随便找一根把它砍下来,不就行了吗?"

阿留伸开两只手指头,向上伸了伸,说:"您不知道,树杈是朝上长的,没有像床腿那样向下长的。"

周元素一家人听了,都笑得前仰后合的。

但阿留也有长处,周元素写字、画画时,一定要阿留为他磨墨、调颜料。阿留把墨磨得很浓,用他磨的墨写出的字,在日光、灯光下可以反射出光泽。

至于调颜料,阿留对色彩的辨别力似乎特别强,周元素吩咐要什么颜色,阿留总能调得恰到好处,从来不会出差错。

周元素写字、画画时,阿留站在一边专注地看着。周元素画花鸟,有时阿留对他说,这朵花的颜色再重些,那只鸟的尾部可增加点什么颜色,周元素采纳阿留的建议后,效果往往好得多。

一天,周元素铺开纸张,动手作画,阿留在一旁看得很专心。周元素半开玩笑半认真地对阿留说:"你是不是也看出点什么名堂来了?你能画几笔吗?"

阿留竟然很认真地回答说:"这有什么难的!"

"噢?那你就画给我看看吧!"周元素说着把手中的画笔递给了阿留。

阿留卷了卷袖子,开始在纸上画起来。不一会儿,一幅出水芙蓉图画好了:满塘水波荡漾,一片小小的荷叶在微风中摇动,一只蜻蜓正准备在荷叶上停留。整幅图,取意于杨万里的诗句:"小荷才露尖尖角,早有蜻蜓立上头。"

周元素拿起画来,仔细端详。这幅画意境开阔,构图匀称,浓淡相宜,的确是幅好画。要不是亲眼看到了阿留作画的全部过程,周元素无论如何都不敢相信,这样一幅画会是出自这个看起来有点傻乎乎的小画僮之手。

接着,周元素要阿留再画一幅。阿留沉思一会儿,很快又画了一幅,那画面上是微风吹拂着一株才舒展开眉眼的柔柳,燕子斜着身子从天空掠过,向着柔柳飞过来。虽然画面上只有一株柔柳、一只燕子,但使人感受到了暖暖春意,感受到了充满情趣的盎然生机,笔法老道,布局合理,完全像出自一位老练的画家之手。

周元素把家里人都喊了来看阿留作画。阿留又画了一幅青鸟翠竹图,大家都纷纷称赞:"阿留真是心有灵犀一点通啊!"

阿留看着大家,越发憨憨地笑。此后,阿留在太仓一带,也成了一位小有名气的画家。

一个在别人眼中傻笨得出奇的阿留,怎么会成为远近闻名的画家呢?若不是他自己在做画僮的过程中自觉主动地去观察,留心学习,又怎么能做到这一点呢?所以说,很多时候,人能够取得多大的成就跟先天的愚笨或聪明没有必然的联系。就像我们都有这样的体会,那些自己知道主动学习,自觉性高的孩子。往往成绩也比较好。相反,那些只有在老师和父母的监督下才肯做作业的孩子,大多都成绩不好。很多事情都是如此,自觉自愿去做的,都会投入更多的精力和心血,取得的效果也总是很好。

战国时的齐国国君齐威王,姓田,名因齐,又名婴齐。他在位三十余年,任用邹忌为相,田忌为将,孙膑为军师;并注意发展思想文化,办有"稷下学宫",接待各国学者前来讲学。由于齐威王知人善任,锐意改革,齐国的政治、军事和文化都呈现出一派新气象。

　　齐威王是在周显王十二年继位的,即位之初,他曾将国家政事交给卿大夫治理。但是,几年之后,齐国出现了一片百官荒侈、行政不理的混乱局面。对此,齐王宫中有一个叫淳于髡的人,借隐语讽谏,引起齐威王对局势的关注。

　　淳于髡向齐威王道:"齐国国内有一种大鸟,栖息在王庭之中,三年来既不飞也不叫。大王可知他是什么鸟吗?"齐威王听出了淳于髡的弦外之音,随即机智地还以隐语,答道:"这种鸟啊,不飞就罢了,一飞就会冲天;不鸣叫就罢了,一鸣就能惊人呵!"意思是自己将亲自出来整治国家政事,振兴齐国。

　　针对齐国百官荒侈、政事不理的混乱局面,齐威王决心从刷新吏治"鸣"起。他颁下命令,召集全国各地行政长官七十二人,对他们进行政绩考核。其结果是赏了一人,杀了一人。赏的是被某些人说成表现不好的即墨大夫,杀的则是被某些人交口称赞的阿大夫。

　　齐威王开始考政时,他招来即墨大夫,对他说道:"自从你在即墨任官以来,毁坏、非难你的舆论每天都有。我不敢偏听偏信,派人到即墨去,看到那里田野开辟,农业发展,老百姓生活能够自给;官府办事效率也高,地方安宁,确是一派治理得很好的景象。"齐威王看了看一言不发的即墨大夫,继续说道:"但是,反映到我这里的情况却与这些事实不一样,这是怎么回事呢?这正是你为官正派,不贿赂我的左右,去追逐一己的声誉所导致的。因此,我要重赏你,借此鼓励那些埋头做事且品行端正的官员。"于是,齐威王下令赏赐即墨大夫食邑万家。

　　齐威王又召见了阿大夫。他面对一脸谄媚相的阿大夫说:"自你在阿地任官以来,我几乎每天都能听到赞誉你的言论。但是,我的使官亲察阿地的结果,则是一派田野不修、老百姓生活贫困的情形。往日,赵国攻我鄄邑,你拥兵坐视不救;卫国攻取我薛陵,你竟然连此事都不知道!"齐威王说到此处,怒目而视股颤不已的阿大夫,厉声分析下去:"然而,为何我总是听见赞誉你的言论呢?原来是你费尽心机,以钱财宝物贿赂我的左右,以换取一己私誉的结果!试问,你为官行政不思修治,使得老百姓困苦不堪;为官领兵不思战守,视国家危难而不救,尸位取禄,败坏政风,还站在这里做什么!"说完,齐威王将目光从阿大夫身上移开,扫视了一下殿内的众臣,声色俱厉地说道:"我要依法治理齐国,是非不能不辨,奖惩不能不明!"于是,当天就下令将行贿沽名的阿大夫,以及收受贿赂而歪曲事实的左右谀臣,一并

中庸释讲

图文珍藏版

烹了。

齐国官员人人震惧，从而恪尽职守，不敢伪诈饰非，齐国因此大治。其他诸侯在此后长达二十年的时间内，不敢向齐国进军。

国君勤于政事，才能把国家治理好；农民勤于农事，才能有好的收成；商人勤于商业，才能把生意做大做好。其实，无论在哪一个领域，只有自觉主动地去做事，才能更快地成功。

宋朝，金军统帅完颜宗弼攻取了临安以后，士兵多水土不服，又追不上宋高宗赵构，只好带兵北返。当金军到达镇江以后才发现，宋将韩世忠已经率领水师停泊在焦山、金山脚下，截住了金军的归路。

当时金兵有十万人马，而宋兵却只有八千人马，虽然金兵远征作战，士兵劳顿，然而双方力量对比还是极为悬殊的。金兵远处内地，大多不习水战，并且乘坐的战船都很小，而宋军的士兵都是惯于江海作战的水师。韩世忠与夫人梁红玉商定，避免在陆上作战，避开敌人多势众这一优势，而凭借宋军船大和士兵都谙熟水战这一特点，打击敌人不习水战这一弱点。

这时，金兵已征战日久，十分疲惫。士兵因水土不服闹病者很多，加之思家念子，很多士兵这时已急迫盼望北归，军心不稳，士气不振。宗弼率先向宋军发动进攻。宋军中军楼船上端坐一名女将，正是韩夫人梁红玉。梁红玉举槌击鼓，宋军士气猛涨，如箭一般冲向敌军。金军不习水战，在船上本来就摇摇晃晃站不稳，现在遭此猛击，哪里还站得住，纷纷从船上掉入江中。又是一阵鼓响，韩世忠率兵迅速冲向敌人指挥舰，拦击宗弼。宗弼大惊，率金军仓皇撤退，折兵损将，损失很大。

宗弼没有办法，派使者去向韩世忠谈和，表示愿意将掠夺而来的人口及财宝全部献给韩世忠，只要能让自己回去。韩世忠严词拒绝。金军沿江北上，企图伺机偷渡。韩世忠识破了宗弼的计谋，一直追随着金军，且战且行，最后把金军逼进了建康东北的死水港黄天荡中。韩世忠命人将出口堵住，多次打败企图突围的金军。金军被困二十多天，粮草断绝，眼看就要全军覆没，最后，金军挖通了三十里老鹳河故道，才算勉强逃离了建康，宗弼得以保全老命，但已是元气大伤。

带兵打仗就应该根据形势主动出击，这样才能占得先机，赢得主动。即使在敌我力量悬殊的情况下，也可以克敌制胜。

每一个想让自己的人生有更多成就、更辉煌的人，应该时刻秉持一种自觉主动的精神。没有谁会自动地送上你想要的东西，什么都得靠你自己去努力争取，如若只是坐等时机，恐怕只会错失良机，到那时后悔也来不及了。

举头三尺有神明

人们在做一些隐秘事的时候常说:"天知地知,你知我知。"他们说这话的意思是:这件事只有我们两人知道,只要你我不说,别人是不会知道的。他们在此时完全忽略"天知地知"的作用。也就是没有将天地间的神明放在眼里。我们得明白一个道理:要想人不知,除非己莫为。老一辈人常说:"举头三尺有神明。"就是告诫后辈:人的一切行为都有天上神明看着,不要随意做违背天理人伦的事。

明代著名学者方孝孺认为:"有所畏者,其家必齐;无所畏者,必怠其睽。"不幸的是,物质文明高速发展的今天,人的敬畏心正在弱化。君不见,现而今,挥霍浪费,骄奢淫逸,缺少了对劳动果实的敬畏;只顾眼前,不计后果,大肆破坏环境,任意掠取资源,没有了对自然的敬畏;官员收贿赂,医生收红包,老师收礼物,缺失了对职业的敬畏;为一己私利,不惜伤天害理,丧失了对生命、道德和法律的敬畏。

生而为人,在追求现实功利的同时,应该对道德、法律、良心和生命的终极意义有所畏。中国老百姓的话说得更直接,人在做,天在看;举头三尺有神明。肆无忌惮、为所欲为,"我是流氓我怕谁",最终的结果,可能只会是"出来混的,迟早要还",自掘坟墓。

比如晚清重臣曾国藩,出生在湖南省湘乡县一个偏僻的农民家庭,23岁中秀才,24岁中举人,28岁中进士点翰林。30岁时,从北京城里芝麻绿豆大的小官起步,只用七年的时间,就官至二品,做了吏部侍郎。42岁封万户侯,古代中国男人最大的理想——封侯拜相,没有任何来历的他靠着自己的打拼做到了。

曾国藩在晚清官场迅速崛起,与曾国藩注重人格的修炼是密切相关的。曾国藩强调为人要有所敬畏,持身端庄严肃有威仪。如同有神明时时刻刻在自己的头上以及周遭对自己进行监督一样。哪怕是上床睡觉。也要讲究"慎独"的功夫,做到"寝不尸",万万不可有一点疏漏。曾国藩每天记日记,对自己的言行举止进行检讨、反思,不断给自己提出更多要求:要勤俭、要谦让、要仁恕、要诚信、要惜福、要敬畏神明等,力图将自己打造成当朝圣贤。靠着人格的吸引力,曾国藩赢得了士大夫们的仰慕,全国各地的豪杰之士纷纷投奔到他的麾下,成为晚清官场的一大景观。

全身心地投入工作，如同老板在你的左右

不要在老板不在的时候偷懒，因为你手头被打了折扣的工作绩效迟早一天会将你的所作所为暴露无遗。许多员工认为，老板在的时候，每天紧绷着的神经似乎要爆破了，为何不趁着老板出去参加什么会议，或是出国考察、谈项目，放松一下呢？固然，一时片刻的放松是可以谅解的，但如果认为这是偷懒的最好时机，那绝对是错误的。你有没有想过，你如果仅仅为了应付老板而工作，你永远也不会成为一名优秀的员工。

你要知道，在就业竞争如此激烈的今天，即便你身怀绝技，也需要认真对待自己的工作，只有做出成绩，你才能获得老板的信任和重用，才能保住你的饭碗，进而争取多拿一点奖金或提一级工资。

老板不在，你可以做很多事情：可以尽职尽责地完成自己的工作，也可以投机取巧；可以一如既往地维护公司的利益，也可以趁机谋私。但是别忘了，你的所作所为老板可能一时难以发现，但并不意味着老板永远不会发现。

老板不在，正是考验一个员工对公司是否忠诚的关键时刻。我们不妨看一看下面这个事例：

向钟灵是一家 IT 公司的销售部经理。一天，他到一家销售公司联系一款最新的打印设备的销售事宜，因为是一款定位为大众化的新产品，并且厂家即将展开大规模的广告攻势，为争取更大的市场份额，对经销商的让利幅度也很大。向钟灵决定在媒体大量宣传报道之前同一些信誉与关系都比较好的经销商敲定首批订量。

不巧的是，同他一直保持密切业务往来的那家公司的老板不在。当他提起即将推出的新产品时，一位负责接待他的员工口气冷冷地说："老板不在！我们做不了主！"

向钟灵继续把厂家准备如何做该款新产品的宣传，需要经销商如何配合进行渠道开拓的设想向这位接待人员讲解，试图得到他的理解和回应。但是，令向钟灵大失所望的是，那个销售人员根本没有心思听他解释，再次对他强调："老板不在！"

向钟灵没有办法，只好悻悻地走了出来，前往有业务联系的第二家公司。不巧的是，这家公司的老板也不在，接待他的是一位新来不久的女孩子，面容姣好，开朗活泼，工作起来也特别有干劲。当听说向钟灵是一家著名 IT 公司的销售经理时，这个女孩子意识到对方不容小觑，立即表现出一个公司员工应有的热情，马上泡了

一杯茶递给向钟灵,还主动介绍了自己所在公司的情况。

向钟灵对她说明来意。她敏锐地感觉到这是个赚钱的好机会,主动要求对方第二天就给他们公司送货,其他具体事宜等老板回来以后再由老板定夺。

结果是,第二家公司的员工在老板不在的时候,为公司谈成了一桩生意,这款新产品在整个S市市场上只有它一家经营,不到一个月就销售了近4000台,为老板净赚了8万多元。而头一家公司的员工却因为老板不在而让别人送上门来的商机溜走了,等到要求补货的时候,向钟灵在极不情愿的情况下为他们送了几件货,但这时已经失去了厂家促销期的优惠待遇,赚账自然大打折扣。

后来,向钟灵把这件事告诉了第二家公司的老板,老板十分高兴,对他招聘的这名新员工刮目相看,不仅在公司全员大会上表扬了她,还对她进行了奖励,鼓励她继续把公司的事当成自己的事去做。对于第一家公司那个员工的行为,向钟灵没有告诉他们的老板,怕他为了这事惩罚甚至开除那个员工。

这个事例说明:决不能因为脱离了老板的监督而放任自流。老板不在,员工更应该摆正自己的位置,更应该秉持一贯的敬业和忠诚,尽职尽责。虽然老板不在,"视之而弗见,听之而弗闻",也要当他在,要穿着整洁,行事作为有板有眼,"洋洋乎如在其上"。

商界活用

以敬神爱人的原则去经营

"吾等定此血盟不为私利私欲,但求团结一致,为社会、为世人成就事业。特此聚合诸位同志,血印为誓。"这是稻盛和夫先生在创业之初的重誓,当时的公司仅有8人。而40多年后的今天,稻盛和夫已经成为迄今为止世界上唯一在一生中缔造了两个世界五百强企业的伟大人物,被日本民众誉为"经营之圣"。

稻盛和夫认为,我们现今生活的时代,丰衣足食却礼节不周,充分享受自由却备感压抑。只要有干劲,似乎什么东西都可以得到,任何梦想都可以实现。但是整个社会却弥漫着各种丑闻,犯罪事件连绵不断,所谓的成功无非是获得更多的财富,追求感官的享乐,没有人关心人生为何。要知道,今生之物只限今世。人活这一辈子,直到最终咽气的那一刻,都是在体验各种各样的苦和乐,在幸和不幸的浪潮冲刷下,不屈不挠地努力活着。要把这个过程本身当作"去污粉"。人生的意义不在于财富,不在于感官享乐,而在于不断提高自身的人性,修炼灵魂,带着比初到人世时更精纯的灵魂离开这个世界。

在稻盛和夫创立京瓷之初，他既是经营者又是技术带头人，拼命地工作，每天工作到晚上12点。作为经营者的他可以忍受苦行僧似的生活，但是一般员工却忍受不了。于是，有10个员工以未来没有保障为由向稻盛和夫递交集体辞呈。稻盛和夫对这些员工说："作为经营者，我绝不只是为了自己，我倾全力把公司办成你们从内心里认可的好企业。如果我对经营不尽责，或者我贪图私利，你们觉得真的受骗了，那时把我杀了也行。"这10个员工为稻盛和夫的人格所感动，撤回了辞呈，不但留下，而且工作更加勤奋了。

当有记者问起稻盛和夫"请问京瓷成功的经营秘诀是什么"时，稻盛和夫回答说："如果没有了内心的敬畏，人们做事便会由着自己的性子，从而无所顾忌。在日本的南部九州地区也就是现在的鹿儿岛，曾经出过一位名人叫西乡隆盛，是推动明治维新的重要人物，也是日本近代史上的一位伟人，他提出了'敬神爱人'的理念。所谓的敬神也就是中国人所说的要敬天，要敬天道，不违背天道，'爱人'就是大家所知道的要具备一颗博爱的心，关怀他人的慈悲的心。也就是说在人生的道路上，要走正道，要满怀着爱人之心去做人，我对西乡隆盛的思想有共鸣，所以我把'敬神爱人'作为我们京瓷公司的社训。"试想一下，如果没有这种"敬神爱人"的理念支撑，稻盛和夫能够成为在一生中创立两个世界五百强企业的"经营之圣"吗？

第十七节 大德

《诗经》里早就说过，那些有关好德行的人，会为民众做好事，所以也会得到天的保佑。因此有大德的人必然获得至高无上的权位。

在本章，作者突出道德的至上性，但并不排除权利、名位、财富、福禄、长寿等世俗人们所倾慕的东西，只不过和德行连在了一块。

对于平庸的我们来说，谁的德行都不足以服天下，只有通力合作，在帮助别人成就事业的同时，使自己的人格趋于完美。无论处在何种位置，都是上天的意旨，是命运不可抗拒的注定。那种自以为老子天下第一的想法是可笑的，最终失败的是自己。在给他人设置障碍的同时，也给自己种植了荆棘和羁绊，必将使自己寸步难行。

生命的质量取决于自己的奋斗。《礼记·正义》说："明中庸之德，故能富有天下，受天之命也。"

【原文】

子曰："舜其大孝也与！德为圣人，尊为天子，富有四海之内，宗庙飨之，子孙保之^①。故大德必得其位^②,必得其禄,必得其名,必得其寿。故天之生物,必因其材而笃焉^③。故栽者培之,倾者覆之^④。《诗》曰^⑤:"嘉乐君子,宪宪令德^⑥。宜民宜人^⑦,受禄于天。保佑命之。自天申之^⑧。'故大德者必受命。"

【注释】

①宗庙:古代天子、诸侯祭祀先王的地方。《古今注》曰:"宗谓祖宗,庙号以祖有功而宗有德,故统称之曰宗庙。周制天子七庙,诸侯五,大夫三,士一。"《礼记·王制》说:"自大夫以下皆称家庙,无庙号之可称也。"祫:一种祭祀形式。之:代词,指舜。子孙:指舜的后代虞思、陈胡公等。

②大德:伟大而卓越的品德。

③材:资质,本质。笃:厚。

④培:培育。覆:倾覆。摧败。

⑤《诗》曰:此诗引自《诗经·大雅·假乐》。

⑥嘉乐:今本《诗经》作"假乐"。假,意为美善。宪宪:今本《诗经》作"显显"。显显,显明兴盛的样子。令德:美好的德行。

⑦宜民宜人:既被民众爱戴,又受到诸侯的拥戴。民:平民。人:士大夫以上阶层的人。

⑧申:重申。

【译文】

孔子说:"舜可以说是个大孝之人了吧! 论德行他是圣人,论地位他是尊贵的天子,论财富他拥有整个天下,后世在宗庙里祭祀他,子子孙孙都保持他的功业。所以,有大德的人必定得到他应得的地位,必定得到他应得的财富,必定得到他应得的名声,必定得到他应得的寿数。所以,上天生养万物,必定根据它们的资质而厚待它们。能成材的得到培育,不能成材的就遭到淘汰。《诗经·大雅·假乐》说:'高尚优雅的君子,有光明美好的德行。让人民安居乐业,享受上天赐予的福禄。上天保佑他,任用他,给他以重大的使命。'所以,有大德的人必会承受天命。"

【历代论引】

郑玄说:以其德大能覆养天下,故"必得其位"。如孔子有大德而无其位,以不应王录,虽有大德,而无其位也。《援神契》云:"丘为制法,上黑绿,不代苍黄。"言孔子黑龙之精,不合代周家木德之苍也。《孔演图》又云"圣人不空生,必有所制以显天心,丘为木铎制天下法"是也。又说:善者天厚其福,恶者天厚其毒,皆由其本而为之。

孔颖达说:天之所生,随物质性而厚之。善者因厚其福,舜、禹是也;恶者因厚其毒、桀、纣是也。故四凶黜而舜受禅也。道德自能丰殖，则天因而培益之。若无德自取倾危者，天亦因而覆败之也。又说：诗人言善乐君子，此成王宪宪然，有令善之德。

朱子说：至而滋息为培。气反而游散则覆。又说：受命者，受天命为天子也。

【评析】

大诗人李白在《将进酒》里说："天生我材必有用。"这句诗可以用来勉励所有那些壮志不得酬的人们，是金子总会发光的，英雄终究会有用武之地。

当然，并不是说你整天什么都不做，只管等着馅饼从天上掉下来就行了。机会只青睐于有所准备的人。在你施展抱负之前，你得做好充分的准备，什么事都不可能只凭借信心和勇气就能成功。你得加强自身的修养，提高自己的德行，具备了各方面的素质，"居易以俟命"，总有一天你会得到一个大展宏图的舞台。到那时，名誉、地位、财富都已不在话下，应有的都会有。

也就是说，儒学并不是绝对地排斥功利，而只是反对那种急功近利，不安分守己的做法。儒学所强调的是"不打无准备之仗"。每一个想获得成功的人，都必须先练好"内功"，提高自身的德行和才能，并身体力行地去实践，这样才能顺其自然，水到渠成地获得自己应该获得的一切。

凡事做好了准备再寻找机会，这其实也正是中庸之道的精神——凡事不走偏锋，避免极端，而是循序渐进，一步一个脚印走下去。

【解读】

世间的每一个人来到世界上，都不是多余的。无论在什么时候，我们都不要失去对未来的信心，要相信自己，只要努力奋斗，终有拨开云雾见日出的一天。

商朝末年，周文王决心治理好自己的国家，推翻商朝。他看到自己手下虽然有不少文臣武将，可是还缺少一个运筹帷幄、掌控全局的人以协助他实现灭商大计。因此，他求贤若渴，处处留意这件事。

有一次，周文王外出打猎。在渭水的支流遇见了一位钓鱼的老人。老人须发斑白，看上去有七八十岁了。只见他一边钓鱼，一边嘴里不断地叨念："快上钩呀，快上钩！愿意上钩的快来上钩。"再一看，怪了！老人钓鱼的鱼钩离水面有三尺高，上面也没有钓饵，而他的钓钩是直的，并不像一般的鱼钩。文王看了很奇怪，就过去和老人攀谈起来。

这老人姓姜名尚，又名子牙，是远古时代炎帝的后代。他是一个饱学之士，并且在底层社会打磨了大半生——曾在商朝的首都朝歌宰过牛，在黄河边上的孟津卖过酒，还做过生意。现在他到渭水边上来钓鱼，其实是在等待贤明的君主来寻访他。

周文王在和姜尚的谈话中,发现姜尚是一个志存高远、学问渊博的人。他上通天文,下知地理,对政治、军事各方面都很有研究,特别是对于当时的政治形势,有着深刻的见解。他认为商朝的君主昏庸,臣子中真正为国的没有几个。而且纣王荒淫无道,只顾自己享乐,不管国人死活,更用酷刑杀害忠良,其统治不会长久了;应当由贤明的领袖出来推翻它,建立一个新的朝廷,让老百姓能过上舒服的日子。

文王觉得姜尚的话,句句都说到了自己心里。他本来就是为了推翻商朝,到处去寻找得力的助手,这眼前的姜尚,不就是自己要寻访的人吗? 文王恳切地对姜尚说:"我们盼望您很久了。现在天下大乱,君主昏庸,民不聊生,请您来帮助我安定天下吧!"说完,文王邀请姜尚一同上车,把姜尚接回了都城。

文王很快便重用了姜尚,先是立他为国师,也就是最大的武官;后来又让他担任国相。总管全国政治和军事。

姜太公果然不负文王的期望,他做了周文王的国相以后,辅佐周文王整顿政治和军事,在国内发展生产,使人民安居乐业;对外征服各部族,开拓疆土,并联合友邦,削弱商朝的力量。周文王在姜尚的辅佐下,先后打败了犬戎、密须等部族,征服了小国家,并吞并了与商朝结盟的崇国,在崇国的地域上营建了一个丰城。把都城从岐山南边的周原迁到了丰城,迁都以后向东发展。到周文王晚年的时候,周的国力已十分强盛,疆土大大扩充,西边收复了周族的老家,东北拓展到现在山西的黎城附近。东边到达今河南沁阳一带,逼近了殷纣王的都城朝歌,南边把势力扩张到了长江、汉水、汝水流域。

周文王死后,武王姬发继位,拜姜尚为国师,尊称师尚父。姜尚继续辅佐周国朝政。一次,周武王问道:"我欲轻罚而重威,少行赏而劝善多,简其令而能教化民众,何道可行?"姜尚答曰:"杀一人而千人惧,杀二人而万人惧,杀三人而三军惧者,杀之。赏一人而千人喜,赏二人而万人喜,赏三人而三军喜者,赏之。令一人而千人行者,令之;禁二人而万人止者,禁之;教三人而三军正者,教之。杀一以惩万,赏一而劝众,此明君之威福。"武王言听计从,时时慎于行赏,力求令行禁止,使周朝政治愈益清明。而此时的殷商王朝政局更加昏暗,叛殷附周者日多。周朝逐渐羽翼丰满,国势日隆。最后终于酝酿成了历史上非常著名的以周代商的牧野之战。

结果,商纣王的十几万大军,当天就崩畔瓦解,商朝灭亡了。牧野之战所以能大获全胜,多赖姜尚英明的组织指挥。在作战时机的把握上,选择在纣王麻痹松懈、众叛亲离之时;在力量的组织上,以"吊民伐罪"为号召,联合诸侯共同伐商;在作战指挥上,首先以兵车、猛士从正面展开突击,尔后以甲士展开猛烈冲杀,一举打乱了商军的阵势,夺取了战争的胜利。

周朝建国之后,姜尚因灭商有功,被封于齐。齐国在姜尚的治理下成为大国,疆域日益广阔,使之成为后来的春秋"五霸"和战国"七雄"之一。

姜尚在已经七八十岁的时候,依然没有放弃自己的理想和抱负。他在遇到周文王之前,一直不得志,但他并没有消沉下去,因为他知道自己有经国治世的本领,迟早有一天会遇到赏识自己的人。正是由于这份始终不渝的自信,姜子牙的理想和抱负最终得以施展。

战国时期的著名军事家孙膑,也是一个备受摧残而矢志不渝,最终有所成的人。

孙膑,是孙武的后代,也是一位大军事家,他著的《孙膑兵法》,至今仍然是十分重要的军事经典。然而,他也有龙困浅水遭虾戏,虎落平阳被犬欺的时候。可贵的是,孙膑并没有因此而消磨了斗志,反而更加努力奋斗。

在三家分晋以后,韩、赵、魏三家中数魏国的势力最强大,魏惠王野心勃勃,想找个商鞅一样的人物来替他治理国家,于是做出一副求贤若渴的样子,花了许多钱来招致贤士。所谓精诚所至,金石为开,果然来了一位名叫庞涓的人,声称是当世高人鬼谷子的学生,与苏秦、张仪、孙膑是同学。庞涓在魏王面前大吹大擂,说只要自己能当大将,其他国家决不足畏。魏王轻易就相信了庞涓,让他当了大将,他的儿子庞英、侄子庞葱、庞茅全都当了将军,"庞家军"倒也确实卖力,训练好兵马就向卫、宋、鲁等国进攻,连打胜仗,弄得三国齐来拜服。东方的大国齐国派兵来攻,也被庞涓打了回去。从此魏王就更信任他了。

庞涓的同学孙膑德才兼备,是个少见的人才,尤其是从老师鬼谷子那里得知了祖先孙子的十三篇兵法,更是智谋非凡。一次,墨子的门生禽滑厘来拜访鬼谷子,见到了孙膑,为他的才德所折服,就想让他下山,帮助齐国国君守卫城池,减少战争。孙膑说:"我的同学庞涓已下山去了,他当初说一旦有了出路,就来告诉我的。"禽滑厘说:"听说庞涓已在魏国做了大官,不知为什么没写信给你,等我到了魏国,替你打听一下。"墨子在当时是个极为著名的人物,他不仅坚决反对战争,还有很多弟子,都是技能超凡而又坚决反战的人,因此,墨子及其弟子在当时的影响很大,所以,每到一个国家,国君都会把他们待为上宾。等禽滑厘到了魏国,他就对魏王说了孙膑和庞涓的事,魏王一听,立即找来庞涓,问他何以不邀孙膑同来。庞涓说:"孙膑是齐国人,我们如今正与齐国为敌,他若来了,也要先为齐国打算,所以没有写信让他来。"魏王说:"如此说来,外国人就不能用了吗?"庞涓无奈,只得写信让孙膑前来。孙膑来了魏国,一谈之下,魏王就知道孙膑才能极大,想拜他做副军师,协助庞涓行事。庞涓听了忙说:"孙膑是我的兄长,才能又比我强,岂可在我的手下。不如先让他做个客卿,等他立了功,我再让位于他。"在当时,客卿没有实权,却比臣下的地位高,孙膑还以为庞涓一片真心,对他十分感激。

庞涓原以为孙膑一家人都在齐国,孙膑不会在魏国久留,就试探着问他:"你怎么不把家里人接来同住呢?"孙膑说:"家里的人都被齐君害死了,剩下的几个也已被冲散,不知何处寻找,哪里还能接来呢?"庞涓一听傻了眼,心想如果孙膑真在魏国待下去,自己的位置可真要让给他了。

半年以后,一个齐国人捎来了孙膑的家书,大意是哥哥让他回去,齐国也想重振国威,希望孙家的人能在齐国团聚。孙膑对来人说:"我已在魏国做了客卿,不能随便就走。"并写了一封信,让他带回去交给哥哥。

孙膑的回信竟被魏国人搜出来交给了魏王,魏王便找来庞涓说:"孙膑想念齐国,怎么办呢?"庞涓见铲除孙膑的机会来了,就对魏王说:"孙膑是大有才能之人,如果回到了齐国,对魏国十分不利。我先去劝劝他,如果他愿意留在魏国,那就罢了。如果不愿意,他是我荐举来的人,那就交给我来处理罢。"魏王答应了。

庞涓当然没有劝孙膑。他对孙膑说:"听说你收到了一封家信,怎么不回去看看呢?"孙膑说:"是哥哥让我回去看看的,我觉得不妥,没有回去。"庞涓说:"你离家多年了,一直和家人没有联系,如今哥哥找到了你,你应当回去看看,见见亲人,再给先人上上坟,然后再回来,岂不是两全其美吗?"孙膑怕魏王不同意,庞涓却极力劝说,并说自己愿意承担所有责任,这一举动令孙膑十分感激。

第二天,孙膑就向魏王请两个月的假,魏王一听他要回去,就怀疑他私通齐国,立刻把他押到庞涓那里审问。庞涓故作惊讶,先放了孙膑,再假装跑去向魏王求情。过了许久,才又神色慌张地跑回来说:"大王发怒,一定要杀了你,经我再三恳求,大王总算同意留住了你的性命,但必须处以黥刑(在脸上刺字,使之留下永久标记)和膑刑(剔掉膝盖骨使之不能走路逃跑)。"孙膑听了,虽非常愤怒,但觉得庞涓为自己出力,还是十分感激他。

孙膑被在脸上刺了字又被剔去了膝盖骨,从此只能爬着走路,成了终身残疾。庞涓倒是对孙膑的生活照顾得很周到,孙膑觉得靠庞涓生活,就想报答他,有一天,孙膑就主动提出要替庞涓做点什么,庞涓说:"你那祖传的十三篇兵法,能不能写下来,咱们共同琢磨,也好流传后世。"孙膑想了想,只好答应了。孙膑只能躺在那里用刀往竹简上一个字一个字地刻,他虽背得滚瓜烂熟,但若想写下来,却不容易,再加上孙膑对受刑极为愤慨,所以每天只能刻十几个字。这样一来,庞涓沉不住气了,就让手下一个叫诚儿的小厮催孙膑快写。诚儿见孙膑可怜,便不解地问服侍孙膑的人说："庞军师为什么死命地催孙先生快写兵法呢?"那人说："这还不明白,庞军师留下孙先生的一条命,就是为了让他写兵法,等写完兵法,孙先生也就没命了。"

孙膑听到了这话,大吃一惊,前后一想,恍然大悟,霎时间大叫一声,昏了过去,等别人把他弄醒时,他已经疯了。只见孙膑捶胸拔发,两眼呆滞,一忽儿把东西推倒,一忽儿又把写好的兵法扔到火里,还把地下的脏东西往嘴里塞。从人连忙奔告庞涓说："孙先生疯了!"

庞涓急忙来看,只见孙膑一会伏地大笑,一会儿又仰面大哭,庞涓叫他,他就冲庞涓一个劲地叩头,连叫："鬼谷老师救命! 鬼谷老师救命!"庞涓怀疑他是装疯,就把他关在猪圈里。孙膑依然哭笑无常,累了就趴在猪圈中呼呼大睡。过了许久,还是如此,庞涓仍不放心,就派人前去探测。一天,送饭人端来了酒菜,低声对他说："我知道你蒙受了奇耻大辱,我现瞒着军师,送些酒菜来,有机会我设法救你。"说完还流下了泪水。孙膑显出一副莫名其妙的样子说:"谁吃你的烂东西,我自己做得好吃多了!"一边说,一边把酒菜倒在地下,随手抓起一把猪粪,塞进嘴里。

那人回报了庞涓,庞涓心想,孙膑受刑之后气恼不过,可能是真的疯了。从此,他只是派人监视孙膑,不再过问。

孙膑白天躺在街上,晚上就又爬回猪圈,有时街上的人给他点吃的,他就哈哈而笑,进而又嘟嘟囔囔,也听不清他说些什么。这样久了,魏国的都城大梁内外都知道有个孙疯子,没有人怀疑他了。庞涓每天都听人汇报,觉得孙膑再也无法同自己竞争了,就没再动杀他的念头。孙膑这才得以活了下来。

有一天夜里,有个衣着破烂的人坐在他的身边,过了一会,那人揪揪他的衣服,轻声对他说:"我是禽滑厘,先生还认得我吗?"孙膑大吃一惊,经过仔细辨认,确认是禽滑厘,便泪如雨下,激动地说:"我自以为早晚要死在这里了,没想到今天还能见到你。你可得小心,庞涓天天派人看着我。"禽滑厘说:"我已经把你的冤屈告诉了齐王,齐王让淳于髡来魏国聘问,我们全都安排好了,你藏在淳于髡的车里离开魏国,我让人先装成你的样子在这里待两天,等你们出了魏国,我再逃走。"

禽滑厘把孙膑的衣服脱下来,给他手下的一个相貌与孙膑相近的人穿上,躺在那里装作孙膑,禽滑厘就把孙膑藏到了车上。

第二天,魏王叫庞涓护送齐国的使者淳于髡出境,过了两天,躺在街上的孙疯子忽然不见了,庞涓让人查找,井里河里找遍了,也未见踪影,庞涓又怕魏王追问,就撒个谎说孙膑淹死了。

孙膑到了齐国,齐威王一见之下,如获至宝,当即想拜他为军师,孙膑说:"庞涓如知道我在齐国,定会嫉妒,不如等有用得着我的地方再出面不迟。"齐王同意了。后来,孙膑陆续打听到自己的几位堂哥都已无音讯,才知道原来送信的人也是庞涓派人装的。前前后后,这一场冤屈全是庞涓一人导演的。

后来,齐王派田忌为大将,孙膑为军师,使庞涓连连败北,最后,孙膑用"减灶法"引诱庞涓来追,暗设伏兵,将庞涓射死在马陵道上。魏国从此衰败,并向齐国进贡朝贺。

孙膑是个有很高的军事才能的人,但他因为受到庞涓的陷害与牵制而无法施展自己的才能。在这种情况下,孙膑没有因为自己所受到的屈辱而想不开,而是顽强地活了下来。到最后,不但杀死了庞涓,为自己报了仇,他也得以在齐国大展拳脚。

没有谁是天生的幸运儿,即使是才能再高的人,也可能迟迟得不到发迹的机会。怀才不遇并不可怕,可怕的是我们失掉了继续奋斗下去的勇气,只要我们坚定"天生我材必有用"的信念,并且不断地努力,相信我们终究会放射出耀眼的光芒。

处世活用

德行决定功名

我们的古人把德行和事功看作人生追求中密不可分的两个方面。《周易》中讲"君子敬德修业",《尚书》中讲"正德,利用,厚生",《论语》中讲"君子不患无位,患所以立",都是把德行和事业结合在一起来谈的。此后,从《大学》《中庸》到宋明理学家,也都是遵循这个路数来谈人生规划的。

《大学》主张:以修身为本,达到治国平天下的目的。《中庸》主张:"大德必得其位,必得其禄,必得其名,必得其寿。"周敦颐说:"圣人之道,人乎耳,存乎心;蕴之为德行,行之为事业。"它们都在强调,只要修炼好内在的德行,不愁没有事功,不愁没有名利福寿。其实,不论是中国人,还是外国人,只要是人,立身处世都应该以德行为先。比如英国著名外交家坎宁在他的自传中也曾经表达过类似的意思,他说:"我通过我的德行获得权力,虽然这样做有点像蜗牛爬墙,给急功近利者留下笑柄,但我认为这是最保险的,也是最能赢得民众拥戴的一种方式。"

德行问题包括道德认识和道德实践两个方面。敬德、修德是对道德原则、道德观念、道德规范的认识培养,齐家治国平天下是对道德原则、道德观念、道德规范的实践。道德当然不能流于空谈,要见之于行动,表现于事功。在完善自我的同时,致力于改造社会、改造自然、改造世界。

只要德行高尚，一个人即便没什么文化，能力平平，他总会产生一定影响，不管他是在车间、在讲台、在田野、在公司、在政坛，还是在别的地方。比如弗兰西斯-霍纳，与同时代的政治家比起来，他对公众的影响是最大的。所有的人都很尊敬他，除了德行卑污的角色。也许有人要问，霍纳是凭什么做到这一点的？是凭借他的出身吗？他只是爱丁堡一个小商人的儿子。是凭他的万贯家财吗？也不是，他的父亲没有给他留下哪怕是一便士的遗产，他本人也没把赚钱当一回事。凭官位吗？也不是，他只担任过一个次要的职务，而且只干了几年，薪酬不是很高。靠他的才华吗？也不是，他一生谨小慎微，唯一的目标就是别捅出篓子。凭他迷人的风采吗？他只是平易近人而已。那他到底凭什么呢？答案是：凭他的德行。

在现实生活中，一些人成事不足，败事有余，但却心高气傲，见不得别人，很难与别人和平共处。原因就在没有好的德行，不能正确对待自己和别人。见到别人做出成绩来了，有了名声，有了地位，有了财富，就千方百计地诋毁贬损别人；见到别人赶不上自己，又冷嘲热讽，拿别人的短处开涮，借笑话别人来抬高自己。这样的人，用孔子的话说，称其为"德之贼"，一点也没有冤枉他。

职场活用

不怕你有才，就怕你无德

有一天，孟子来到齐国，见了齐宣王。孟子对齐宣王说："有人说，我的力气能够举起3000斤重的东西，却拎不动一根羽毛；我的眼睛能看清楚鸟羽末端新长出的绒毛，却看不清一大车木柴。大王相信吗？"

"不相信。"齐宣王摇了摇头说。

孟子说："拎不动羽毛，是因为没用力；看不清一大车木柴，是因为视而不见。不是不会做，而是不愿做。"

"不愿做和不会做的区别在哪里呢？"齐宣王问。

孟子答道："抱起泰山，去跳北海，那是不会做；坡上遇到老汉走路不便，不肯折枝给老汉当拐杖，那就是不愿做。"这段《孟子·梁惠王上》中的故事向我们阐述了能干与愿干的区别和关系。我们在职场上，面对一项工作或者任务，能不能干或许我们决定不了，但愿不愿干却是我们首先要做的选择。海尔集团首席执行官张瑞敏先生说："愿干与不愿干，是有没有责任感的问题，是德的问题；会干与不会干，是才的问题。"不会干不要紧，只要想干，就可以通过深入学习，达到会干；会干，但不想干，肯定误事。

俗话说:"有德有才是正品,有德无才是副品,有才无德是毒品,无才无德是次品。""先做人,后做事。""不怕你有才,就怕你无德。"这些流行在人们口头上的话无非是强调在职场做事,要先把人做好,有了德行,再加上才干,才会成为受欢迎的员工,才有晋升的空间和成功的可能。

关于用什么样的员工,著名企业家杰克·韦尔奇有个"框架理论"。他以职业道德为横坐标,以工作才干为纵坐标,把员工分为四大类:人才,有才有德;庸才,有德无才;歪才,有才无德;冗才,无才无德。有一次,韦尔奇与英特尔公司总裁葛鲁夫在一起喝下午茶,讨论如何对待这四类不同的员工时,韦尔奇唯独对有才无德的员工持严厉的责备态度。韦尔奇主张:"有能力胜任工作,却消极怠工而不称职,这样的人,我发现一个就开除一个,绝不手下留情。"可见,老板们最不欢迎的就是有才干却不想好好干的员工。职场中也确实存在这样一些有才干却不想好好干的人,对他们来说,每天的工作似乎是一种负担、苦役。他们在工作中不愿意多付出一点,更没有把工作看成是获得成功的机会。

聪明的人决不会这样和朋友或同事谈论自己的老板和公司:"要我应付那些我不愿干的事,门儿都没有!为什么一定要给那个讨厌的主管干活,老板一点也不替我们员工着想。"如果这样,你就会让人对你产生一种"这是一个消极、爱发牢骚的人,最好离他远一点"的印象。同时,你也会自觉没趣,丧失上进的动力,从而影响你的职业进展。

你若想在职场一展身手,赢得成功,就要每天保持对工作的持久兴趣,并能将每一天都看得同样重要。你热爱工作,努力工作,工作也会给予你相应的回报。既保持了一个愉快的心境,又提高了工作的效率,还可能赢得老板的嘉许和信任。很多学历、技术和能力都很杰出的员工,原本有不错的发展,却因为粗心、懒惰,没有做好分内事而频频遭到老板解雇,这是多么可惜啊。因为我们每个人都必须工作,否则在经济上不能独立,有天大的抱负也没有施展的空间。

商界活用

企业用人,以德为先

关于德与才的关系,大多数思想家都主张德才兼备,以德为先的原则。先秦诸子中,墨子极力倡导选用德才兼备的人才。他认为:"夫义道术学业仁。义者,皆大以治人,小以任官,远施周偏,近以修身,不义不处,非理不行,务兴天下之。利,曲直周旋,利则止,此君子之道也。"三国时期的诸葛亮是一个善于用人的大家,他提出了"治国之道，务在举贤"的响亮口号。他的人才观主要内容是"德、才、学、识、能、忠、义、信"八个字。"夫治世为大德，不以小惠。"诸葛亮认为德包括五个方面："一曰禁暴止兵"，"二曰赏贤罚罪"，"三曰安仁和众"，"四曰保大定功"，"五曰丰挠拒谗"。北宋司马光在《资治通鉴》中强调："夫聪察强毅之谓才，正直中和之谓德。才者，德之资也；德者，才之帅也。云梦之竹，天下之劲也，然而不矫揉、不羽括，则不能以入坚。棠溪之金，天下之利也，然而不熔范，不砥砺，则不能以击强。是故才德全尽谓之'圣人'，才德兼亡谓之'愚人'；德胜才谓之'君子'，才胜德谓之'小人'。"

从古人的这些论述中，我们可以得出这样的启示：选拔人必须以德为先，但也不能唯德是举，必须是德才兼备。选拔那些品德好，具有一定特殊专长和能力的人，把德和才的要求结合起来，防止只看才不看德或者只看德不看才的倾向。我们不妨举惠普公司为例：

惠普公司在经营过程中，非常注重"德才兼备，以德为先"的用人原则。惠普公司要求员工在经营活动中必须时刻牢记公司的职业道德规范，不能急功近利，为了达到完成下达的工作指标，无所不用其极，以牺牲客户的利益为代价。在惠普公司看来，一个出色的员工不仅要得到自己公司的认同，也应该受到用户和竞争对手的尊重。为了便于人力资源部在考评时具体把握何谓"德才兼备，以德为先"，惠普公司做出了如下的规定：在经营过程当中，员工即使是为了公司的利益，也不可以牺牲正义、违反法律为代价；公司里人人平等，如果一个管理者一天到晚喜欢发号施令，公司就会认为他无德无才，因为他的行为方式与公司的价值观不一致；惠普鼓励团队合作，自以为是的管理者不会被认为是优秀的管理者，只有能带好一个团队，悉心培养部下，最大程度地发挥团队力量的人，才会被认为是优秀的管理者；惠普主张公司的全体员工应该互相分享知识和经验。

由此可见，用人以德为先乃是古今中外之定理。但丁曾经说过："德行常常能填补智慧的缺陷，而智慧却永远填补不了德行的缺陷。"人的核心竞争力是什么？是德行、健康和知识，而其中德行显得尤为重要，位居人的核心竞争力之首。德行，是一个人安身立命的基本准则，它决定人生的方向，方向一错，满盘皆输。

第十八节　无忧

本章有三个层次。由舜讲到周代，作者认为周代先王积德累仁，特别是文王更为突出。这是第一个层次。至武王，虽说以武力获得天下，但名望并没有丧失，获得了尊荣、权位、财富,以及子孙长久的祭祀。这是第二个层次。周公是第三个层次。周公成就了文王、武王的事业,制礼作乐,从天子推及到普通百姓。通篇都是讲德,和上文"大德必得其位"相通,核心还是同孝相连。

任何人都处在时间链环的中间,肩负着自己的使命,必须对历史承担义务,必须对未来负起责任。追缅先祖,开辟未来,我们责无旁贷。

无论我们境遇如何,都不可忘记祖宗的功德,是他们给我们传承了姓氏这一荣耀,使我们自出生就有了与他人不同的名号。

【原文】

子曰:"无忧者其唯文王乎!以王季为父,以武王为子。父作之,子述之①。武王缵大王、王季、文王之绪②,壹戎衣而有天下③。身不失天下之显名,尊为天子。富有四海之内,宗庙飨之,子孙保之。武王末受命④,周公成文武之德,追王大王、王季⑤,上祀先公以天子之礼。斯礼也,达乎诸侯大夫,及士庶人⑥。父为大夫,子为士,葬以大夫,祭以士;父为士,子为大夫,葬以士,祭以大夫。期之丧⑦,达乎大夫。三年之丧,达乎天子。父母之丧,无贵贱,一也。"

【注释】

①父作之:父亲开创基业。作,开创。子述之:儿子继承父王的遗志,完成先王未竟大业。述,继承。

②缵:继续。大王:太王,即王季的父亲古公亶父。绪:事业。

③壹戎衣而有天下:一战而统一天下。戎衣:军服。指军队。引申为战争。是说一旦穿起征战的甲胄,就一战而歼灭殷商。壹:通"殪",歼灭。

④末:晚年。受命:授命。

⑤追王:追尊……为王。

⑥大夫:古代贵族等级的一级,其地位在国君之下低于卿,高于士。士:是级剐最低的贵族阶层。在古代商、周、春秋时期,"士"多为卿、大夫的家臣。以食田或俸禄为生。《国语·晋语四》:"大夫食邑,士食田。"庶人:即平民。具有自由身份的农业生产者。其地位低于"士"。

⑦期之丧:一周年的守丧期。期:指一整年。丧:丧礼,对亡故的人殓殡奠馔和拜跪哭泣的礼节,为古代"四礼"之一。

【译文】

孔子说:"没有忧愁的人,大概只有周文王了吧!他有王季这样的父亲,有武王这样的儿子。父亲开创了帝王的基业,儿子继承了他的事业。武王继承了太王古公亶父、王季、周文王的功业,身着战袍讨伐商纣王,一举夺取了天下。他本身没有失掉显扬天下的美名,成为尊贵的天子,拥有四海之内的疆土,社稷宗庙祭祀他,子子孙孙永保周朝王业。武王晚年才承受天命,及至周公才成就了文王、武王的德业,追尊太王、王季为王,又用天子之礼祭祀历代祖先。而且将这种礼制,推行到诸侯、大夫、士和庶人。按照这种礼制,如果父亲身为大夫,儿子身为士,父亲死后,用大夫礼安葬,用士礼祭祀;如果父亲身为士,儿子身为大夫,父亲死后,就用士礼安葬,用大夫礼祭祀。服丧一周年的丧制,从平民通行到大夫为止。服丧三年的丧制,从庶民一直通行到天子。为父母服丧,不论身份贵贱,服期都是一样的。”

【人物简介】

[王季]一作公季,又名季历,是周太王古公亶父的小儿子。古公长子太伯,次子仲雍,幼子季历。季历的儿子姬昌出生时,“赤爵衔丹书入于酆,止于昌户”。古公预言:“我世当有兴者,其在昌乎?”意欲传位给姬昌,于是太伯、虞仲逃到南蛮之地,披发纹身,让位给弟季历。“季历贤”,继承父王古公遗业,修明政治,“为殷牧师”(《后汉书·西羌传》),征伐西戎,开疆拓土,日渐强盛,成为西方诸侯之长。

[文王]即周文王姬昌,周王朝的实际奠基者,在位50年。古公亶父之孙,季历之子。商纣时为西伯,建国于岐山之下,“遵后稷、公刘之业,则古公亶父、公季之法,笃仁敬老慈少,礼下贤者,日中不暇食以待士,士以此多归之”。得太颠、闳夭、散宜生、鬻熊、辛甲等贤臣,国势日强。因崇侯虎的谗毁,被纣王囚禁于羑里(今河南汤阴北),困于忧思,“益《易》之八卦为六十四卦”。闳夭以有莘氏美女及奇物宝马献给殷纣,纣“乃赦西伯,赐之弓矢斧钺,使西伯得征伐”。释归后,姬昌献出洛西的土地,请求废除炮烙的酷刑。积善行仁,政化大行。晚年拜姜尚为军师。先后征伐犬戎、密须、耆国、邘、崇等国,“三分天下有其二”。迁都于丰(今陕西西安市长安区)。取得了有利的战略出击地,为讨伐商纣奠定了基础。他死后,武王完成了其父讨伐商纣的遗愿,取得天下,建立了周朝,并追尊他为文王。

[武王]即周武王姬发(?—前1044),西周的创建者。周文王次子。公元前1056年文王死,周武王继承父志,重用姜尚、周公、召公等人治理国家,周朝日益强盛。商朝统治却日益腐朽,残酷暴虐,民不聊生。武王九年(公元前1048年)举行了历史上著名的盟津(孟津)观兵,大会诸侯,前来会盟的诸侯达800个,订立盟约,检阅军队。武王十一年(公元前1046年),联合庸、蜀、羌、髳卢、彭、濮等西方及西南方的部落、方国,集众誓师,再次渡过盟津,向商纣进攻。甲子日双方在牧野(今河南新乡牧野村)会战。纣王的军队一触即溃。纷纷倒戈,临阵反叛。周军攻入商都朝歌。纣王自焚而死,商朝灭亡。武王夺取了全国政权,建立了西周王朝。在位13年,谥号武王。

[太王]即古公亶父。周文王的祖父。据史载他是周族始祖后稷的第 12 代传人。"复修后稷、公刘之业,积德行义,国人皆戴之。"由于戎、狄侵扰,古公曰:"有民立君,将以利之。今戎狄所为攻战,以吾地与民。民之在我,与其在彼,何异。民欲以我故战。杀人父子而君之,予不忍为。"于是率族人迁居岐山(在今陕西)下的周原。国号为周。《诗经·大雅·绵》云:"古公亶父,来朝走马。率西水浒,至于岐下。""周原膴膴,堇荼如饴"。《禹贡》记述:"既载壶口,治梁及歧。既修太原,至于岳阳。"古公卒,少子季历继位。周武王灭商,建立周朝政权后,追尊其为周太王。

[周公]姬旦(?—前 1105),亦称叔旦。周文王的儿子,周武王的弟弟。因其采邑在周(今陕西岐山北),封爵上公,故称为周公或周公旦。他多才多艺,是西周初杰出的政治家和军事家。协助周武王灭商,建立西周政权。武王死后,成王年幼,周公摄政,辅佐周成王,率师东征,平定"三监"叛乱。建立典章制度。制礼作乐,还政成王。一生经历了文王、武王、成王三代,为国呕心沥血。相传"一沐三握发,一饭三吐哺。"为周朝的社会安定,政权巩固做出了重大贡献。其言论见载于《尚书》中。孔子十分推崇。终生倡导的是周公的礼乐制度。他的人格精神被后世作为效仿的最高典范。

【历代论引】

郑玄说:圣人以立法度为大事,子能述成之,则何忧乎?尧、舜之父子则有凶顽,禹、汤之父子则寡令闻。父子相成,唯有文王。又说:以王迹起焉,先公组绀以上至后稷也。葬之从死者之爵,祭之用生者之禄也。

孔颖达说:文王以王季为父,则王季能制作礼乐,文王奉而行之。文王以武王为子,武王又能述成文王之道,故"无忧"也。又说:武王能缵继父祖之业,以王天下也。周公尊崇先公之礼,非直天子所行,乃下达于诸侯、大夫、士、庶人等,无问尊卑,皆得上尊祖父,以己之禄祭其先人,犹若周公以成王天子之礼祀其先公也。父既为大夫,祭以士礼,贬其先人而云尊之者,欲明以己之禄祀其先人也。欲见大夫之尊,犹有期丧,谓旁亲所降在大功者,得为期丧,还着大功之服,故云"达乎大夫"。若天子、诸侯旁期之丧,则不为服也。正统在三年之丧,父母及适子并妻也。唯父母之丧,无问天子及士、庶人,其服并同。

朱子说:此言文王之事。书言"王季其勤王家",盖其所作,亦积功累仁之事也。又说:上祀先公以天子之礼,又推大王、王季之意,以及于无穷也。制为礼法,以及天下,使葬用死者之爵,祭用生者之禄。丧服自期以下,诸侯绝;大夫降;而父母之丧,上下同之,推己以及人也。

【评析】

按照古代礼制：国君薨逝，继承者要住在凶庐，三年不问政事。在这期间，朝中百官要各尽其责，一切听从于太宰的指挥抉择。也就是说，当时从平民到士大夫，从士大夫到天子，都有其特定的礼制，都要按照礼制行事才能守中和谐。但是到了孔子的时代，那些特定的礼制已经为很多诸侯大夫所不遵从了，孔子对此非常反对。他认为，从大处讲，遵从礼制是和忠君爱国紧密联系在一起的；从小处讲，遵从礼制，才能使人们之间和谐，家庭才能和睦美满。

中国自古以来就被称为礼仪之邦，守礼懂节是中华民族的传统美德。在当今社会，撇开带有封建色彩的忠君礼节不谈，我们也有很多方面的礼节值得去遵守。正是由于各种礼节的存在，人们之间才能和谐自然地交往，社会才能协调发展。但是，有很多自以为时尚前卫的人，觉得现在再讲礼节简直太老土了，他们无视礼节的存在，在家庭中没大没小，在社会中我行我素，这样的人，谁都会觉得讨厌。如果没有了礼节，我们的家庭不会美满，我们的社会会一片混乱，生活于这样的环境中，有何来的快乐可言呢？只有人人都能守礼，我们的世界才能免受冷漠混乱的侵袭，才能处处充满温馨和谐的气息。

【解读】

"礼"是中国文化中最重要的一环。《论语》上的"礼"，是社会行为规范的总和，它包括国家法律、民间礼法、个人礼仪等。礼是干什么的？如孔子所说，是起中和作用的。所谓"人之熙熙，皆为利来；人之攘攘，皆为利往"，有一个利益在那里，你想要，我也想要，大家蜂拥而上，打作一团，这就乱套了，所以要有礼的约束。

历史发展到孔子时代，礼法已经较为完善。这时对礼法的认识又出现了分歧，有人强调法的限制作用，有人强调礼的教化作用。孔子无疑属于后者，他偏重于人伦道德的礼，大家各安本分，各讲修养，社会自然和谐，不是很好吗？一旦需要讲法律，肯定有人失礼了，这并不是最好的结果。

孔子的礼，主要包括三项内容。一是个人修养，二是人伦常礼，三是社会法制。

个人修养，包括外貌和言谈举止等各个方面。孔子说："衣冠整齐，目光严肃，使人一望而感到敬畏，不是能达到威严却不凶猛的效果吗？"孔子所谓的个人修养，还不光是浅层次的礼貌、礼仪，他更强调的是深层次的修为，这要以诚、信、敬三字作根基，以达成良好结果为目标。他说："君子，就是做事无所不适宜的人。当他穿上官服、戴上官帽，威严肃穆地站在朝廷上时，文武百官没有不敬重他的；当他穿着丧服，执着丧杖，站在灵堂上时，前来吊唁的宾客，没有不悲伤的；当他身披铠甲，头戴缨盔，手握鼓槌站在战鼓面前时，士兵们没有不勇敢的。他的仁德足以安抚百姓，他的勇气足以安定国家，他的信义足以交结诸侯，他的坚定足以拯救患难，他的威武足以统率三军。"

所以说，个人修养只有达到把应该办的事办好，这才是真正的懂礼。

所谓有伦常礼，其核心是"上尊下卑"。

孔子所谓的"上尊下卑"，是说各人要安于本分，按各自的地位尽礼，处于下位的人要尊敬处于上位的人；处于上位的人要爱惜处于下位的人。孔子并没有用僵化的眼光看待人的地位，他不是说，你现在是个小人物，一辈子都要守小人物的规矩；你现在是个大人物，一辈子都要享受大人物的优惠条件。他是说，当你是小人物时，就要像小人物一样尽礼；当你是大人物时，也要像大人物一样尽礼。虽然孔子对尽礼的态度可能跟现代人的观念有所不同，但他这种理念是不会过时的。在军队中，将军就是要指挥士兵，士兵要听从将军的指挥才对；在一个企业中，老板就应该是员工的领导，员工就应该听从老板的领导。如果一切都颠倒过来，这些礼制不能实行，那还有什么将军和士兵、员工和老板的区别吗？一切也就乱了。

无论是古代还是现代，礼制都是一个社会不可或缺的。没有礼制的社会是一个混乱的社会，只有恪守礼制，一切才井井有条。尤其作为领导者，更应该成为礼制的倡导者和实行者，这样才能号召大家都来遵守礼制。

刘邦称帝后，将太公安置在栎阳。公元前 201 年三、四月间，刘邦回到栎阳后，每隔五日就去看望太公一次，每次看望，一定要再拜问安。此事被太公一家令（管理家务的官员）看到了，觉得他们父子所守的仍是普通百姓之礼，极不合适。如今刘邦即位已久，而太公尚无尊号，这样下去，不合朝仪，将会产生不良的后果，但又不好明言，只好寻找机会，设法向刘邦说明。

一次，家令见太公在家无事，便向前说道："皇帝虽是太公的儿子，毕竟是皇帝；太公虽是皇帝的父亲，毕竟是个人臣，怎能让人主拜人臣呢？"太公原本是个乡下人，对家令所说的这些礼制问题闻所未闻，忙问道："那将如何是好呢？"家令道："下次陛下再来朝拜，您行大礼迎出门去，才算合乎君臣之礼。"太公答应按此照办。

待到刘邦再来朝拜，车马还未到，太公就迎到了门前。刘邦见后，大惊，急忙下车，扶住了太公，问道："您何故如此呢？"太公道："皇帝乃是人主，天下共仰，怎可为我一人而乱了天下法度！"刘邦听后，猛然醒悟，心知有理，忙将太公扶入室内，婉言询问。太公就将家令所劝的事说了一遍。

刘邦听了以后，没有说什么，辞别太公回宫后派人取出黄金五百斤，赏给太公家令。一面使词臣拟诏，尊太公为太上皇，诏云："人之至亲，莫过于父子，故父有天下传于子，子有天下尊归于父，此乃人道之理。以前，天下大乱，兵革四起，万民疾苦，朕亲自披坚执锐，迎难而上，平暴乱，立诸侯，偃兵息民，天下遂安，此皆太公之教训。诸王、通侯、将军、群卿、大夫已尊朕为皇帝,而太公未有号。今尊太公为太上皇。"自此,君臣理顺,太公也不用迎门了。

人们之间应该有礼数的约束,不然就会长幼不分了,即使是父子之间,也应该讲究必要的礼数。太公的家令真可谓是一个非常懂得礼数的人。

其实真正以礼治天下的还是大有人在的,东汉时期的贾琮在这方面就做得十分出色。

贾琮,字孟坚,是东郡聊城市人,曾任京兆令,为人足智多谋,行事异乎常人,但颇有政绩。

交趾地处广西,其地特产多为珍奇宝物,如明玑、翠羽、犀角、象牙、异香、珍稀木材等。贾琮以前的各任刺史,大多为贪婪之徒,他们来此地任职,多是为了搜刮此地的珍奇。等到财宝积累得差不多了,便要求离任,将搜刮之物尽数带走。接着又换一个搜刮者,如此循环往复了好几任,弄得当地吏民怨声载道,所以举兵反叛。公元184年,交趾有人揭竿而起,屯兵起事,逮捕了州刺史及合浦郡的郡守,领导者自称"柱天将军",许多人前往平剿都没有奏效。汉灵帝特别下令有关部门精选有才能的人治理交趾。于是,贾琮便被任命为交趾刺史。

贾琮到任后,没有像以往的官吏那样立即派兵镇压,而是实事求是地了解情况,询问当地为什么会发生反叛。百姓们都异口同声地说是因为赋敛过重,百姓被掠夺殆尽,又加上京师遥远,百姓告状无门,民不聊生,所以相聚起兵。

贾琮了解到了真实的情况后,不仅没有怪罪当地的百姓,反而立即发出安民告示,宣布废除百姓过重的徭役,号召逃散的居民回乡安业,又撤掉了郡县中的赃官,换上廉吏。百姓因负担轻了,也就各安其业,不再反叛了。不到一年的工夫,交趾郡就恢复了以往的平静。当地人十分感念他,街头巷尾到处传唱着这样一首歌谣:"贾父来晚,使我先反。今见清平,吏不敢叛。"数年之后,交趾郡便成为全国十三个州中治理得最好的一个。

以礼治人,才能让人信服。和别人打交道时讲究礼数,才能取得别人的信任。胡雪岩就是一个凡事都很懂得礼数的人。

王有龄本是湖州知府,进省城时却落下了个"好"差事:不归他管的新城县有百姓造反,巡抚派他去料理此事。这件事情,比王有龄当初解决漕米解运的难题更麻烦,最让人头疼的是,王有龄绝不敢带兵去剿,一来这些清兵向来把剿匪当作发财的机会,到了地方常常是大肆抢掠,实在兵不如匪。新城县本就是因为官不恤民激起的事变,这些官兵前往进剿,必然会激起更大规模的民变。二来清代派驻地方的绿营兵,平日里如八旗子弟似的养尊处优,连日常的操练都没有,根本就打不了仗。带兵前往，一旦打败了，他王有龄甚至可能命丧新城，即使不丢命也免不了会被革职查问。他思来想去，决定还是先安抚，安抚不了再想别的办法。但他自己却不肯亲自前往，因为这也是要冒大风险的，弄不好也会丢命。物色来物色去，他看中了嵇鹤龄。

嵇鹤龄本是一个穷困潦倒的候补知县，因为为人耿介、恃才傲物，所以一直"候补"着，还从不曾掌过官印。他虽有勇有谋，但因为有一肚子怨气，不肯替王有龄效劳。胡雪岩经过一番攻心，解决了嵇鹤龄的债务、婚配问题，并让嵇鹤龄感到去新城安抚"反民"正是他官运转折的一个机会，最后说动他同意前去。嵇鹤龄接手了这个苦差，想了对策，做好了思想准备，便向变幻莫测、动荡不安的新城县进发了。

王有龄在嵇鹤龄蛮有把握地出发后，十分高兴，便对胡雪岩说，待嵇鹤龄功成回来，一定要保他当归安县令。归安县本来是由王有龄兼管。俗话说，"三年清知府，十万雪花银"，而归安县却一年能给知府带来五万两银子的进项！让嵇鹤龄当了归安县令，不就是从王有龄的荷包里挖走五万两银子么！胡雪岩觉得，王有龄这一时的慷慨，实际上是以损害他自己的利益为代价的，过一些时日一定免不了会后悔，这样他与嵇鹤龄的关系就难以维系了。

胡雪岩否定了王有龄的慷慨，而建议王有龄把兼领的浙江海运局坐办的位置让给嵇鹤龄。这样，一来王有龄可以省点事，二来由嵇鹤龄管海运局，王有龄、胡雪岩经手的几笔海运局垫款、借款，料理起来也会顺利很多，是一举几得。

胡雪岩确实是人情练达。他阻止王有龄的一时慷慨，其实涉及人与人之间交往的礼数的把握问题。在胡雪岩看来，嵇鹤龄和王有龄的关系，无论如何也没有达到分以如此大利而不会产生不良后果的程度，王有龄的慷慨，也就有些失去分寸了。亲疏之间，分寸把握不好，必然影响日后的相交。

其实，胡雪岩的这一考虑，用在生意场上的人际交往，特别是合作伙伴之间，老板与下属之间关系的调适，也是必要的。如何讲究必要的礼节，把握好适当的分寸，会直接影响到相互之间的沟通和配合的默契，的确是一个不可忽视的问题。

礼尚往来，别人帮自己解决了问题，按照礼节，自己就应该给别人回报，从这一点来说，王有龄还是懂得礼数的，但他不懂得讲究礼数也要把握好分寸。胡雪岩十分强调亲疏之间讲究礼数的分寸，过重或过轻，都不是恰当的做法。这就是说，我们在讲究礼数时，也应该把握一个分寸的问题，太热情了会让人觉得虚伪，太冷淡了又会让人觉得有些不近人情，合适得体才是最重要的。

处世活用

没有好爸爸，你也不必忧虑

陈小可2005年大学毕业后，在大款父亲的精心安排下，前往沈阳的一所高校试讲。这次试讲者一共有100名，拥有研究生学历的就占了百分之八十以上，但岗位只有一个。当陈小可战战兢兢坐在会堂里等待点名试讲时，心里十分忐忑，没有一点把握，这时，爸爸拍了拍陈小可的肩膀说："不用怕，放心讲，爸爸都给你打点好了。"最后，没有英语专业八级证书，也没有获奖经历的陈小可击败了来自北京外国语大学、复旦大学等名校的高才生，拿到了沈阳这所高校的一纸聘书。

近些年，"学好数理化，不如有个好爸爸"的民谚盛传于坊间，陈小可的胜出，再一次让我们看到了"好爸爸"的不同凡响，看到了平民阶层面对竞争中的"权钱优势"表现出的尴尬和无奈。当那些"好爸爸"的儿女依仗其权势、钱势而在就职、升迁等方面大得其宠时，我们禁不住要问：是不是没有"好爸爸"的平民子弟在求职、升迁上，就没有戏唱了？就只能永远赖在底层摸爬滚打了？

诚然，面对复杂的社会现实，确实有很多事情不能如己所愿，别人获得成功只是举手之劳的事情，而你却不知要在窘困中挣扎多少年，还不一定获得成功。于是，你感叹生活是如此对你刻薄，命运是如此对你不公。其实，当你发出这样的感叹时，你已经把自己对命运的掌控权交了出去。

汉武帝

纵观古今，不少没有好爸爸，出身卑微的人也照常做出了惊天动地的事业。比如说，西汉时的著名战将卫青，其出身可以说是卑微到了不能再卑微的地步。卫青原是一个叫郑季的人在平阳侯曹家打工时，与曹家婢女卫媪通奸所生的私生子。在曹家长到七八岁时，卫青才被生父郑季接回家。但由于是私生子，郑家人对卫青没有什么好感，连他的生父郑季也不怎么喜欢他，让他去放羊，同父异母的兄弟们更是把他当奴仆看待。但卫青并没有屈从于不利的环境，稍长，他便回到母亲身边，不愿再受郑家的奴役。卫青聪明好学,渐渐学到了一些文化知识,懂得了一些上层阶级礼节。他怨恨郑家对他没有一点亲情,决定改姓为卫,完全与郑家断绝关系。公元前139年春,卫青的姐姐卫子夫被汉武帝选入宫中,卫青也被召到建章宫当差。这是卫青命运的一大转折点。卫子夫入宫不久,就有了身孕,引起了陈皇后的嫉妒。陈皇后就是汉武帝姑姑的女儿,与汉武帝成亲后,被立为皇后,但一直未能给汉武帝生下个儿子。

陈皇后担心卫子夫一旦生下的是个男孩,那就会被立为太子,而卫子夫也就会因为儿子的关系,青云直上,成为皇后。这对她的地位无疑是一个很大的威胁。但是,眼下卫子夫正得汉武帝的宠幸,陈皇后对她不敢加害,就找母亲大长公主哭诉。大长公主是汉武帝的姑姑,为了给女儿出气,嫁祸于卫青。她找了一个借口,把卫青抓了起来,并准备处死。卫青当骑奴时结识的好友公孙敖听到了消息,马上召集了几名壮士,赶往抢救,把卫青从死亡的边缘夺了回来。同时,公孙敖还派人给汉武帝送信。汉武帝得知后,大为愤慨,索性召见卫青,任命他为建章宫监、侍中。不久,汉武帝封卫子夫为夫人,提升卫青为大中大夫。

再比如,西汉著名经学家匡衡,是个农民的孩子,小时候很想读书,可是家里穷,没钱上学。后来,他跟一个亲戚学认字,买不起书,就借书来读。那时,书是非常贵重的,有书的人家不肯轻易把书借给别人。匡衡就在农忙时节,给有钱人家打短工,不要工钱,只求人家借书给他看。过了几年,匡衡长大了,成了家里的主要劳力。他一天到晚在地里干活,只有中午歇晌时,才有工夫看一会儿书。匡衡很着急,心想:白天种庄稼,没有时间看书,我可以多利用一些晚上的时间来看书。可是匡衡家里买不起点灯的油,怎么办呢?有一天晚上,匡衡躺在床上背白天读过的书。背着背着,突然看到东边的墙壁上透过来一线亮光。他霍地站起来,走到墙壁边一看,啊!原来从壁缝里透过来的是邻居的灯光。于是,匡衡想了个办法:他拿了一把小刀,把墙缝挖大了一些。这样,透过来的光亮也大了,他就凑着透进来的灯光,津津有味地读起书来。经过长年累月的刻苦钻研,匡衡终于成长为一代经学家。

这些事例说明:即便没有好爸爸,也用不着忧虑,照样可以靠着自己的打拼,成就一番事业。正如伊比克谛所说:"不要羡慕别人的优势,你也有你的优势,一个人只要肯追求,不自甘堕落,即便出身寒微,也能达到别有洞天的境界。"

不要把责任推给父母

有这么一位大学生致信某人力资源专家说:"现在很多大学生,一毕业就失业,一失业就是一年半载,好不容易找到一份工作,才上了两三个月班又被炒了,接着又找工作,如此循环往复,难道他们不想好好工作,难道他们不明白跳槽太过频繁连饭都没得吃,难道他们都没有能力?那些整天坐在办公室喝茶看报,挑三拣四的家伙就真的有夺天的本事?依我看,他们没有好爹好妈,单靠他们的能力,看他们还有什么可以炫耀的?找工作谁不着急啊?看着身上仅剩的千把来块钱,又是房租,又是水电,又是交通费,又是生活费,又是电话费,还有盼着你寄钱的家人,让你找上十天看你还神气不,饿上你十天看你还挑菜好吃不好吃?什么工作你都去了,不适合你的工作,做上两三个月就又炒你了。穷人没法子啊!"

从这位大学生信中的口吻来看,他当时的心情十分激动。的确,过来人都知道,"一毕业就失业,一失业就是一年半载"的就业现状。很多在外省找工作的大学生一方面要应付自己的各种开销,一方面又要攒点钱报答父母、帮助弟弟妹妹。这些都是事实。但工作难找并不意味着自己没有责任。关键还是要自强,你自强了,别人急着聘用你都还来不及呢。如果我们一找不到工作,或者找不到好工作,就把责任推给社会,推给学校,推给父母,那我们还有良心吗?当我们在职场遇到坎坷时,我们不妨看看我们的街坊邻居,看看我们身边的同学朋友,比一比,想一想:人家也没有"好父母",也没有读研、读博,甚至连大学的门槛都没有进过,可是人家钱赚得多,职位提升得快,不管在哪里上岗都很受欢迎!然后反思一下,我们为什么不如人?差距在哪里?不要再无休止地把时间浪费在对社会、对学校、对父母、对老板的抱怨上了。很多人羡慕比尔·盖茨的成功,却对身边人的成功不屑一顾,不愿学习。其实,找份好工作很简单。向我们身边那些比我们做得好的人学习就好!

不靠爹不靠娘,靠你自己

松下幸之助小时候,家境贫困,不得不远赴大阪谋职赚钱,贴补家用。他的母亲为他打理好行囊,送他到车站。临行前,母亲鼻涕一把泪一把地拜托同行的人:"这个孩子要去大阪求碗饭吃,麻烦各位在旅途上多多关照。"车启程后,目睹母亲越来越远的身影,尚且年幼的松下幸之助禁不住一阵心酸。

到了大阪,松下幸之助几经周折,终于被一家船场火盆店的店主收为学徒。这种火盆店的学徒,什么杂务都得干。松下幸之助的主要工作是看孩子和磨火盆,他开始尝到劳作的艰辛,更感到少小离家的孤独。没想到在火盆店干了三个月,这个店就倒闭了。店老板有个朋友叫五代音吉,刚开了一家自行车店。好心的店老板推荐松下幸之助去了这个店。在这里,松下幸之助一干就是六年,奠定了他后来在商界大显身手的基础。

1910年,大阪市开通了电车。松下幸之助这时17岁,他单纯地认为,有了电车后,自行车的需求就会减少。于是,他决定改变自己的人生轨迹,投身电器行当。但离开自行车店的松下幸之助,并没有那么幸运,他不知道电器厂家的门往哪面开。一时走投无路的他,只好在姐夫工作的水泥厂打零工,干起了劳动强度非常大的搬运水泥。这三个月,他承受了前所未有的重体力活的磨砺,使他对生活的艰辛有了刻骨铭心的体验。三个月后,他被招进电灯公司,成为一个室内布线的电工助手。幸之助以前受过的磨炼,使他很快就在这个行当脱颖而出。又是三个月之后,他由助手提升为工头。他后来在回忆自己早年的经历时对此不无得意,强调这种提升属于特例。日本是个等级森严的国家,工头和助手之间的距离,不亚于主人和仆人。比方说,干完工作,助手马上要给工头打水洗手,甚至工头的木屐坏了,助手也有义务去修理。日本这种独特的社会等级,给松下幸之助打下了深刻的思想烙印。从被人呼来唤去的水泥搬运工,到颐指气使的电工工头,使幸之助从中既看到了日本企业经营的特色,也看到了其中蕴含的问题。到24岁时,他已经被提升为电灯公司的检查员,每天巡视十多个工作项目。但他对这种受到别人羡慕的监控工作没有多大热情,而是对自己的工作成就十分看重。自己安装的海水浴场彩灯,剧院中耀眼的照明设施,给幸之助带来了强烈的满足感。这时,他同井植梅野结婚了,也开始考虑独立创业了。

上天是公平的,当他把苦难加给你的时候,往往同时准备好了与你所承受的苦难相当的回报等着你去争取。把苦难当作机遇,把折磨当作考验,这样的人,上天是不会亏待他的。

要知道,苦难是锻炼人意志力的最好的学校。也许,身处苦难时你会倍感痛苦与无奈,但当你挺过来后,你会更加明白:正是那份苦难催熟了你的心智,为你后来的创业打下了扎实的根基。

第十九节　达孝

这里仍接上章,说文王、武王是大孝。孝的最重要特点是能继承先人遗志,把先人事业发展下去。《论语·学而》:"子曰:'父在,观其志;父没,观其行;三年无改于父之道,可谓孝矣。'"《论语·子张》:"曾子曰:'吾闻诸夫子,孟庄子之孝也,其他可能也;其不改父之臣与父之政,是难能也。'"都是讲继承遗志。

这里所不同的是突出祭祀礼乐,"慎终追远,民德归厚"(《论语·学而》),以孝治天下,治国就像看自己手掌那么容易。《论语·八佾》:"或问禘之说。子曰:'不知也。知其说者之于天下也,其如示诸斯乎!'指其掌。"这里正好借用了这一思想。

【原文】

子曰:"武王、周公,其达孝矣乎①!"夫孝者,善继人之志,善述人之事者也。春秋修其祖庙,陈其宗器②,设其裳衣,荐其时食③。宗庙之礼,所以序昭穆也④;序爵⑤,所以辨贵贱也;序事⑥,所以辨贤也;旅酬下为上,所以逮贱也⑦;燕毛,所以序齿也⑧。践其位⑨,行其礼,奏其乐,敬其所尊,爱其所亲,事死如事生,事亡如事存,孝之至也。郊社之礼⑩,所以事上帝也;宗庙之礼,所以祀乎其先也。明乎郊社之礼、禘尝之义,治国其如示诸掌乎⑪!

【注释】

①达:通"大"。

②春秋:本指季节,此指祭祀祖先的时节。陈其宗器:陈列先世所藏之重器,如赤刀、大训、天球、河图之属。一说祖宗传下来的礼乐器具。

③裳衣:祖宗生前穿过的衣服。裳是下衣,衣是上装。荐其时食:进献时令食品。

④昭穆:宗庙中神主排列的次序,一般始祖居中,以下父子按左昭右穆顺序排列,此指祭祀的时候,排列出父子、长幼、亲疏的次序。《周礼·春官·小宗伯》:"辨庙祧之昭穆。"排列昭穆的位次,是古代一种宗法制度,左为昭,右为穆。宗庙的次序规定:以始祖庙的牌位居中,左方依次是二世、四世、六世,称为昭;右方依次是三世、五世、七世,称为穆。

⑤序爵:祭祀时,参加祭奠的人员按官爵大小,以公、侯、卿、大夫四等排列先后。

⑥序事:按在祭祀礼仪仪程中担任的职务排列先后次序。事:职事,职务。

⑦旅酬:众人举杯劝酒。旅,众。酬,以酒相劝。逮贱:祖先的恩惠下达到卑

贱者。

⑧燕毛：宴饮时，依照毛发的颜色区分长幼的次序。燕，同"宴"。

⑨践其位：站在与自己身份相应的位置上。践：践踏，引申为站在。其，指自己。

⑩郊社之礼：祭祀天地的礼仪。冬至这天，在南郊举行祀天仪式，称为"郊"；夏至这天，在北郊举行祭地仪式，称为"社"。

⑪禘尝：此代指四时祭祀。禘，天子宗庙举行的隆重祭礼。尝，秋祭。示诸掌：看视放置在手掌上的东西，指容易看见。示，通"视"。

【译文】

孔子说："周武王和周公，是真正做到大孝道的人了吧！这样的孝，指的是善于继承先人的遗志，善于继承先人未竟的事业。每逢春秋举行祭祀之时，修整祖庙，陈列祖先遗留的重器，摆设先人的衣裳，供奉时令食品。宗庙中的祭礼，是用以序列左昭右穆各个辈分的；序列爵位，是用以辨别身份贵贱的；安排祭祀中各种职事，是用以判断子孙才能的；祭后众人轮流举杯劝酒时，晚辈向长辈敬酒，是用以显示先祖的恩惠下达到地位低贱者的身上的；祭毕宴饮时，依照头发的黑白来排列座次，是用以区分长幼次序的。供奉好先王的牌位，举行先王留下的祭礼，演奏先王时代的音乐，敬重先王所尊敬的人，爱护先王所爱的子孙臣民，侍奉死者如同他在世时一样，侍奉亡故的如同他活着时一样，这就是孝道的极致了。祭祀天地的礼节，是用来侍奉上帝的；祭祀宗庙的礼节，是用来祭祀自己祖先的。明白了祭天祭地的礼节和四时举行禘尝诸祭的意义，那么治理国家就如同观看手掌上的东西一样清楚简易了。"

【历代论引】

郑玄说：物而在掌中，易为知力者也。序爵、辨贤、尊尊、亲亲，治国之要。

孔颖达说：若文王有志伐纣，武王能继而承之。《尚书·武成》曰："予小子，其承厥志。"文王有文德为王基，而周公制礼以赞述之。故《洛诰》云"考朕昭子刑，乃单文祖德"，是善述人之事也。此是武王、周公继孝之事。又说：若昭与昭齿，穆与穆齿是也。祭祀之时，公、卿、大夫各以其爵位齿列而助祭祀，是"辨贵贱"也。又说：孝子升其先祖之位，行祭祀之礼也。又说：若能明此序爵辨贤尊亲，则治理其国，其事为易，犹如置物于掌中也。

朱子说：承上章而言武王、周公之孝，乃天下之人通谓之孝，犹孟子之言达尊也。武王缵大王、王季、文王之绪以有天下，而周公成文武之德以追崇其先祖，此继志述事之大者也。下文又以其所制祭祀之礼，通于上下者言之。又说："祖庙：天子七,诸侯五,大夫三,适士二,官师一。宗器,先世所藏之重器;若周之赤刀、大训、天球、河图之属也。裳衣,先祖之遗衣服,祭则设之以授尸也。时食,四时之食,各有其物,如春行羔、豚、膳、膏、香之类是也。"又说:有事于太庙,则子姓、兄弟、群昭、群穆咸在而不失其伦焉。爵,公、侯、卿、大夫也。事,宗祝有司之职事也。盖宗庙之中以有事为荣,故逮及贱者,使亦得以申其敬也。又说:所尊所亲,先王之祖考、子孙、臣庶也。始死谓之死,既葬则日反而亡焉,皆指先王也。此结上文两节,皆继志述事之意也。又说:四时皆祭,举其一耳。礼必有义,对举之,互文也。

【评析】

这一章承接上一章所提到的"礼",进一步说明了什么是"孝"。

古代祭祀天地、祖先都有非常完备的礼仪。人们往往怀着一种敬畏的态度来对待天地神明和祖先的牌位,这也是"孝"的一种表现。古人提倡"百善孝为先",如果我们能够以孝来对待天地神明和已经死去的祖先,那用孝来对待就在我们身边的父母长辈又有何难呢?古代的礼仪是为了区分长幼、尊卑、贵贱、贤与不肖等方面的不同,但"孝"没有区分,凡是我们认为应该行以孝道的人,就应该以一颗孝心去对待他们。

说到"孝",人们经常提到的有子女对父母的孝、晚辈对长辈的孝、学生对师长的孝等等,试问,我们做到了其中的哪一方面呢?

【解读】

清朝有个叫欧阳玉光的人。他的父亲去世很早,母亲刘氏一直尽心抚养着他。据载,刘氏"治家有法度"。她在丈夫去世之后,历尽艰辛,将玉光等几个儿子带大,并把家务操持得井井有条。玉光成人之后,刘氏为他娶妻蔡氏。蔡氏到欧阳家以后,刘氏不仅疼爱她,而且十分信任她,经常让她协助持家。不久,玉光亦早亡。刘氏便放手让儿媳"掌家事"。玉光的妻子蔡氏也是个十分贤惠的人,她自到欧阳家后,一直孝敬婆婆。丈夫去世后,她秉承婆婆刘氏的教诲,掌管起家事,率领着妯娌、子侄以及家中的仆人们,各司其职,把一个大家庭管理得越来越兴旺。刘氏对她十分满意。

几年之后,玉光的儿子惟本也娶了一个蔡姓人家的女儿为妻。这位蔡氏家很穷,将要出嫁时,族人才凑了三千钱作为陪嫁钱送给她,临行前,蔡氏把钱藏在草垫子下面,把钥匙系在串钱的绳头上,露在草垫子外面。蔡氏的父亲送女儿过门后回到家中,进屋拿钥匙时才发现,那些钱还放在家里,女儿并未拿走。他深为感叹地说:"孝哉,我女! 留此以活我。"蔡氏过门之后,像对待自己的父亲一样孝敬婆婆和祖婆婆。

不幸的是,惟本也早早去世了,蔡氏跟着婆婆孝敬、服侍刘氏,三代婆媳和睦相处。每天早晨,祖婆刘氏起床之后,婆婆手拿发簪站在左边,蔡氏站在右边为刘氏梳理头发。刘氏要漱口了,婆婆捧着水,蔡氏端着盘。等到刘氏要吃饭的时候,蔡氏上灶准备饭菜,婆婆在一旁帮忙。晚上,刘氏要睡觉了,蔡氏和婆婆帮她宽衣,扶她上床,然后婆媳二人才躺下,而且,三代婆媳连床而寝。

一天晚上,婆婆起夜,不小心从床上摔下来折断了肋骨。蔡氏哭叫着搀扶婆婆,婆婆立即阻止她不要出声,以免惊醒熟睡的刘氏。就这样,蔡氏陪着婆婆熬到天明才去求医诊治,而终未吵醒祖婆刘氏。

刘氏晚年双目失明,而且手脚麻痹,行动不便,只能扶着竹床在院子里晒晒太阳,散散心。每当此时,婆婆在前,蔡氏在后,二人抬着竹床让刘氏在院中活动。

就这样,三代婆媳和睦相处,共同生活了几十年。刘氏活到九十岁,婆婆蔡氏活到九十六岁,惟本之妻蔡氏也活到了八十三岁。街坊邻居都夸奖欧阳家这三代婆媳。曾国藩为她们作传称:"欧阳姑、妇,虽似庸行无殊绝者,而纯孝兢兢,事姑至六十年、五十年之久而不渝,天下之至难,无以逾此。"

曾国藩自己也是一个把"孝"看得特别重要的人。

曾国藩对于父母、祖父母特别孝顺,凡父母、祖父母的一言一行,无不谨守毋违,并且记录下来,传为家训。在他看来,作为人子首先要想到尽孝。

曾国藩的祖父曾星冈,年轻时为人行侠仗义,待人诚恳,对那些老成端庄的人,星冈公很恭敬地对待而不懈怠,其他各种人,譬如乞讨的、借宿的……他都很热情地给予接待。

星冈公年老时身患瘘病,行动不便,又说不出话,生活十分不方便。儿子曾竹亭孝顺至极。日夜侍奉他,星冈公要东西,用眼睛示意,不舒服时,就皱皱眉。曾竹亭心事细腻,常常在父亲想问题之前就想到了。星冈公每晚小便六七次,人又很自尊,常不愿仆人帮忙,曾竹亭衣不解带侍奉一旁,一看见父亲要起来,赶快就将器皿放好。待一会儿工夫,再走过去,从不让父亲觉得难堪。冬天大便,让人帮忙搬动父亲的身体,曾竹亭就在旁边挡住,父亲身上弄脏一点马上就换洗。父亲病了三年,曾竹亭没睡一夜安稳觉,这与人们所说的"久病床前无孝子"恰好相反。

曾国藩为人也恪守孝道。他长年在外,在家时间很短,但从来不忘孝敬双亲。他在京城做官时,总是时时写信回去告诉父亲自己的现状,让父母不必担忧。每次写信给父母,开头总是:"男国藩跪禀父亲母亲膝下"或"男国藩跪禀父亲母亲万福金安",末则写上"男谨禀"或"男谨呈"。从这里可以看出曾国藩即使远在千里,对父母也是孝心备至的。

由于远离家乡，自己不能对久病在床的祖父尽点孝心，在家书中他说："敬悉祖父大人病体未好，且日加剧。父、叔率诸兄弟服侍已逾三年，无须臾之懈，独男一人远离膝下，未得一日尽孙子之职，罪责甚深。"他除了常写信回家向父母问安，也常要求兄弟、子侄写信汇报父母的身体状况。

有一次，曾国藩从弟弟的信中知悉父亲因过多地为家中之事劳累，以致累坏了身体时，马上写信给父亲，诚恳地表示了自己作为长子却不能为父亲分忧的愧疚之情，他又写信给弟弟，让弟弟一定要照顾好父母，一番孝心溢于言表。

曾国藩要做什么事时，总要与父母商量，有时两位老人不同意或想不开时，他便很耐心地开导。老人实在不答应，曾国藩便听从他们的意见不去做。

曾国藩身为人子，却不能经常在家侍奉双亲，心里的难过是可想而知的，他总希望自己能多为父母做一些事情，以此来报答父母。他在京城做官时，得知母亲想买一个丫头，马上写信表示支持，并从自己很少的收入里挤出五十两银子寄给了母亲；祖父年龄大了，身体不好，他给祖父买了一件黑狸皮褂，用以御寒，又担心家人不会保管皮褂，因此又特地写信告诉他们保管的方法。这样细微的事情，曾国藩也要再三叮嘱，可见他对父母的孝顺并不是装装样子，而是时时将父母放在心间，处处为他们着想。

曾国藩的孝顺不仅只对双亲，他一直主张"贵体孝道，推祖父母之爱以爱叔父。推父母之爱以爱弟之妻妾儿女"，并努力去实现它，成为中国历史上有名的孝子。

下面我们再看一个"方正之家"的孝子的故事。

陆续，字智幼，东汉会稽吴县人，为人清廉自守。东汉明帝时，陆续任户部曹史。当时，郡中发生灾荒，太守尹兴派陆续用粥赈济饥民，陆续因赈济有功而受到尹兴的赏识。

后来，朝中发生了楚王刘英谋反的事件。刘英密谋反叛时，为了日后打算，便暗地里访察天下善士，并将他们的名字书写成册。及其事发，明帝发现了这个名录，名录中有尹兴的名字。于是尹兴便被逮捕入狱。陆续作为太守的部下，皇帝怀疑他也参与了谋反。于是，把其他将近五百人都抓到洛阳狱中进行拷问。拷问刑法极其严酷，很多人都经受不住严刑逼供，便屈打成招，只有陆续等人，虽被打得皮开肉绽，但始终没有承认自己参与了谋反。

陆续被捕后，他的母亲很着急，从吴县赶到洛阳，打听儿子的消息。但监狱看守极严，陆续的母亲根本不能与儿子相见，于是老人便做了一顿饭，交给看守，让他转给陆续。陆续入狱后，不断遭受严刑拷打，但始终慷慨陈词，面无悲戚之色。但当他见到送来的饭时，却泣不成声，极度悲痛。狱中主审见状非常奇怪，问陆续这是为什么。陆续回答:"我母亲从老远前来看我,而我不能与之相见,所以悲伤。"

主审大怒,认为是看守给陆续传递消息,将要追查看守通风报信之罪。陆续赶忙说:"我是因为见了这顿饭,认识这饭是出自母亲之手,所以知道她来了,并非有人通风报信。"

主审十分奇怪地说:"你怎么知道这饭是你母亲做的呢?"

陆续说:"我母亲在家做饭,切的肉都是见方的,切的葱都是一寸长的,所以我知道。"他的话中是另有一番意思的,他是说通过做饭菜就可以看出,自己的家庭是非常讲究礼仪的,母亲做的菜方正长短都合乎礼仪,一丝不苟,暗示自己受这样的母亲的教育,不会谋反。在今天看来,这似乎没有什么特别之处,但在当时,人们却是非常重视这一点的。

主审听了他的话,很受感动,又将信将疑,便派人暗地到客舍调查,果然是陆续之母到来。他对陆续母子心意如此相通很赞赏,便将这事上奏给皇帝。皇帝也很赏识陆续的孝行,便将陆续等人赦免,会稽太守尹兴也被释放。

陆续用自己的孝行感动了主审官,他也因此避免了牢狱之灾,由此可见,孝的力量是多么的巨大!

人生在世,大多都会为人子女,为人父母。做父母的如果不教育子女从小就学会孝道,只是一味地溺爱他们,纵容他们,子女长大后就不懂得孝道,容易变得张狂不羁,为所欲为。大家都看不起这样的人。想想也是,一个连自己的父母长辈都不孝顺的人,又怎么能够在别的方面有好的德行呢?更别说能有什么成就了。

东周末年,卫庄公有三个儿子,长子名桓,次子名晋,三子名州吁。

州吁生性暴戾,动辄讲打讲杀,但庄公非常喜爱他,任其所为,一点也不加以禁止。

大夫石厝是一个正直的人,国人对他很信任。他曾对庄公规劝过,说不应该对子女过于溺爱,这样会让他们变得为所欲为,目中无人。可这些话被庄公当作了耳边风,对州吁的行动,照样未加干涉。石厝的儿子石厚与州吁经常同玩同游,并车去打猎,骚扰居民。石厝看不过眼,将石厚责打了一顿,并把他锁禁在一个空房里,不准他再出外去惹是非。可是石厚野性不改,竟然爬墙跑了,躲在州吁府里,不敢回家。石厝没办法,只能装聋作哑,把气忍在肚里。

不久,卫庄公死了,公子完继承了王位,叫作桓公。桓公生性懦弱。石厝见他这样没作为,而州吁又是那样嚣张,料定将来一定会生乱子,于是便借口年老,辞职归家躲起来,对朝政不理不问。

这样一来,州吁更加肆无忌惮了,日日夜夜和石厚商量怎样去夺取王位。

石厚

正巧周平王死了，太子即位。这是国家的一件大事，各地诸侯要亲往去吊孝，卫桓公于是整装入朝。

石厚趁这个机会向州吁献计说："明天桓公要起程入朝，你可设宴在西门外，假意给他饯行，预先埋伏五百名勇士在门外，敬酒的时候，乘机把他杀死。如有哪一个不服从的，立即将他消灭，这样你就可得王位了。"

州吁登时眉飞色舞起来，令石厚去部署一切。

第二天一早，桓公要出发时，州吁把他迎入竹馆里去，筵席早已摆好，州吁便躬身斟满杯酒向桓公进酒。桓公一饮而尽，亦斟了杯酒回敬州吁。州吁假装失手把酒杯跌落在地。桓公不知就里，叫左右取过另一酒杯来，想再敬州吁一杯，州吁乘机踏过桓公背后，掏出刀子，向桓公背后猛刺，桓公便这样当场被杀死。于是州吁自立为君，拜石厚为上大夫。

州吁即位后，听到外边沸沸扬扬，都在传说他杀兄夺国的事，因此又和石厚商议施展武威向郑国打一次胜仗，借此来压制国人的反抗情绪

他们计议停当，立即向郑国发动攻势。在五天内果然打了一个小胜仗，石厚便下令班师。

州吁惊问石厚是何原因。石厚告诉州吁，因为卫军没有什么胜利把握。现在打了个小胜仗，足可以向国人示威一番了。于是石厚得意扬扬地下令班师，拥着州吁浩浩荡荡地班师回朝。

可是，国人仍然不拥护他们。州吁问石厚该怎么办。石厚说："我父亲是一个正直的人，国人对他很尊重，不如主公把他再征入朝，给他一个重任，国人一定没有话说了。"州吁立即命人带了很多名贵的礼物去请石碏入朝议事。石碏以年老多病为由推辞了。

州吁又问石厚该怎么办。石厚说："还是我回家去一趟，代主公先说句好话，看他的意思怎样！"

石厚于是回家去了。石碏就问他州吁召见他是为了什么。石厚告诉父亲，说："就因为国人对新主没有好感，诚恐王位不稳，故想请父亲决一良策！"

"这有什么困难?"石碏说，"凡是诸侯即位的，必先禀告王朝才算真王，如果新王能得到周天子的诰命，国人还会说什么呢？"

"这主意十分好，但现在无故入朝去，恐怕天子会起疑吧，最好先有一个在天子

面前说得上话的人疏通一下,但谁可以说得上话呢?"石厚说完,向父亲投下希望的一瞥。

"那还不容易?"石碏抖擞一下精神说,"目前周天子最相信的是陈国的桓公,只消他一说,定会成功。如果新主能亲往陈国走一趟,央陈桓公帮帮忙,这件事一定可以办成。"

石厚把父亲的这番话告诉了州吁,州吁不胜欢喜,立即备好礼物,带了石厚到陈国。

石碏和陈国的大夫子铖很是相好,他见机会来了,乃割指沥血写了一封信,托一个心腹人带往陈国,秘密交给子铖,托他转呈陈桓公。信中讲述了州吁和石厚的种种倒行逆施的行为,恳求陈桓公将这二人拘捕定罪以正国法。陈桓公看完信以后便同子铖商量这件事该怎么办。子铖认为应该按照石碏所说的去做,于是便定下了擒州吁之计。

第二天,陈桓公站在太庙的主位上,文官武将分列两旁。

大夫子铖先陪石厚到来,一上石阶,石厚一眼瞥见门口竖立一个白牌,写着"为臣不忠,为子不孝者,不得入此庙"十四个大字,顿时心里一怔,回头问子铖立这个牌是什么意思。子铖很礼貌地向他解释说这是陈国上几代立下来的规矩,已经有几十年了。石厚才把心放下。不一会儿,州吁到了,正要鞠躬行礼,只听子铖大声高呼:"奉周天子命令,擒拿弑君贼州吁、石厚两人!"话声未落,已先把州吁捉住,石厚急忙拔剑想抵抗,但埋伏在左右壁厢的武士一拥而上,把石厚也捆绑起来。

陈桓公想将州吁、石厚就地正法。左右臣子都说石厚是石碏的亲生儿子,还是把两人交还给他亲自处置好了。于是就把州吁和石厚分别监禁起来,派人连夜到卫国去,通知石碏。

石碏见陈国有使节到,心里便明白了一切,即令人驾车伺候,准备上朝;再派人通知各文武官员出朝相见。接着他就在朝堂上宣读了陈桓公的来信,说州吁和石厚已被陈国拘禁了,问大家该怎样处置这两个忤臣逆子?群臣都说让石碏拿主意。石碏就问谁愿意到陈国去诛杀这两个逆贼。右宰丑说他愿意去杀掉州吁。此时,有人为石厚求情,石碏拍案大怒:"州吁之恶,皆由逆子所酿成,各位说要从轻发落,岂不成怀疑老夫徇私?我要亲自去,亲手杀此不忠不孝的逆贼!"

家臣孺羊肩连忙表示他愿意去执行石碏的命令。然后就和右宰丑赶到了陈国。谢过陈侯后,先把州吁押赴市曹。州吁对右宰丑说:"我是君,你是臣,安敢犯我?"

右宰丑说:"你兄长为君,你为臣,你却把他刺死了,这就是不忠不孝,你这种行为人人都可以得而诛之!"说完,一刀下去,结果了州吁的性命。

孺羊肩把石厚押出来,石厚向他求情说想回卫国去,见一见父亲,然后就死。孺羊肩说:"我奉你父亲的命令而来,他让我把你就地正法。你如要见见父亲,我带你的头回去见见好了!"

这就是为人子女不忠不孝的下场。古人常说"百善孝为先",一个人不管处于什么样的地位,能够谨守孝道是最起码的德行。

唐宋以后认为"求忠臣必于孝子之门",一个人真能爱父母、爱家庭,也一定是爱国的忠臣。孔子说"父母唯其疾之忧",是说父母只是为孝子的疾病担忧,因为能够坚守孝道的子女往往在其他方面也干得很好,不用父母为他担心了。

现在一些在糖罐中成长的孩子,却忘了自己的糖罐是从何而来,更忘了父母也会有年迈需要照顾的一天,似乎自己所拥有的一切都是天经地义的,一切都会有父母来照料。殊不知看到一天天成长起来的孩子,父母也会在内心寻找一种依托和港湾,他们也希望自己的孩子长大以后能够孝顺自己。拥有孝顺的子女,是父母最感幸福和骄傲的事。我们想想自己可以做些什么呢?

处世活用

因为孝,所以顺

古代农业社会,政府注重孝道,体恤天下为人父母的心怀,所以有"父在观其志,父没观其行,三年无改于父之道"的训言。孝道贯穿人的一生,父母在世时要孝顺,亡故后要常常思念父母的养育之恩,为子女做榜样。在古人看来,一切人际关系均是基于孝而发生的。中国传统社会,特重家庭,在家庭中又首重父子关系,而调节父子关系的道德规范就是儒家提倡的"孝"。孔子说:"弟子人则孝,出则弟。"孟子则说:"内则父子,外则君臣,人之大伦也。"通过父子关系直接体现子孙与祖宗的关系。兄弟关系也是因为双方均是父母所生,我们敬重父母,也应该敬重由父母所创造的生命。夫妻关系也是为了延续宗族的生命而得以建立的,家族、宗族、亲戚等关系都是基于血缘关系而发生的。师生关系是精神关系,老师是精神生命之所出,因而古代社会强调对待师父要像对待父亲一样。朋友关系一样是由精神或文化的关系而产生,曾子曰:"君子以文会友,以友辅仁。"我们求友的目的就是借助朋友之力来充实精神生命或文化生命,因此,友道实为师道的扩大,中国的师友关系一样是导源于孝道的。所以,孝是中国文化向人际与社会历史横向延伸的根据与出发点,是贯穿天、地、人、己、子、孙的纵向链条。

据历史记载,舜幼年丧母,父亲顽梗,后母愚昧,与其同父异母的弟弟象则凶傲不羁。舜和象都曾拜尧为师,但象为谋帝位,多次与母设计害舜。尧禅让帝位于舜后,舜却竭尽孝悌,以德报怨,仍将象封侯掌管江南,到"有库"去做官,感化了全家,营造出了和睦的家庭环境。史载,象的治所是在现在的湖南省双牌县江村镇、上梧江瑶族乡一带。象治政"有库",诚服于舜的宽仁,从此感恩悔过,时常寻访先帝恩师尧的足迹,为百姓做了许多好事,故有今日的访尧村。当地过去有"象王庙",保存有一石碑,碑上镌刻有"有库古封"四字。

在现代社会,传统孝道理念因社会的转型而面临着许多新的课题。有这么一则报道。一位大学新生由父亲陪着到学校报名,父亲忙前忙后为其扛行李办手续,为其铺床扫地。父亲忙得浑身是汗,让他去买瓶水他却不肯去,父亲为此感到寒心。这样的报道,让人感到沉重。为什么现在的不少孩子不懂得孝顺父母呢?我们知道,注重孝道有着积极的社会意义,它不仅可以让父母老有所养,还可以让子女学会为人处世的规则:知恩图报。上述新闻报道的那位大学新生,之所以什么事都让父母给自己代劳,自己一点都不体恤父母,部分原因恐怕与做家长的,对子女的不合理要求不懂得严词拒绝,一味纵容放任有关。其实这样做非但对孩子无益,反而是害了他,让孩子错误地以为这个世界是为他预备的,他想要什么就能有什么。这样,孩子长大进入社会后,不知道在能和不能之间取舍,摸不清楚社会的边界和规则在哪里,难免要多走很多弯路。孩子的成长是一个不断对外在世界进行探索、尝试的过程,如果父母为保护孩子不受伤害而什么都大包大揽,其实是剥夺孩子成长的机会。在孩子年幼时,身为父母对孩子的爱当然是无条件的。但当孩子懂事之后,也得要求孩子对父母的爱给予回应,让孩子明白爱不是一味索取。这样,不仅能够培养起孩子致孝的能力,还完成了父母与子女的双边交流,亲子关系也会更加融洽。所以说。孝道,是子女对父爱母爱的一种回馈,是人立身处世必须上的第一课。

职场活用

连父母都不孝顺的人,会懂得尊重客户吗

程莉莉大专毕业后去上海克莉丝汀食品有限公司面试,公司认为她的各方面条件都不错,原本有录用的意向。但是在等候面试时,程莉莉对母亲的态度很恶劣,在众目睽睽之下大声呵斥母亲,正巧被路过的公司董事长罗田安看见,一向以孝亲敬老为企业文化的他当即向公司招聘负责人表示:"不尊重父母、不孝敬父母

的人不予录用。"

克莉丝汀公司的招聘负责人这样描述程莉莉前来公司面试的情形:"那天进行到第二轮面试时,应聘者都等候在招聘洽谈大厅,有一位外貌姣好并由一位中年妇女陪伴前来应聘的女生引起了我的注意,我注意到她并不是因为这位女生长得好看,而是因为我看见中年妇女背着一个较为沉重的双肩包站着,而女生则坐在椅子上,两人离得很近,不停地叽咕着,听不清她们在商量些什么。可能是话不投机吧,我突然听见女生提高了嗓门,用很生硬的上海话大声地嚷嚷:'侬烦死特了,多问有啥问头,侬有空啊。'中年妇女不甘心,还在轻声地劝说着什么……"

"她进来后,我仔细看过她的简历。她是一位大专生,应聘零售部的门店店长。和她聊了一些业务知识后,我问她外面和她说话的阿姨是谁,女生说是她妈妈,随后我又询问了她的家庭背景以及与母亲、家人的关系。随后,我就明确地告诉她,公司可能不太适合她。"

这位招聘负责人说。公司原本有录用程莉莉的意向,但公司对招聘员工有一条内部法则:凡不懂得尊重父母、不懂得孝敬父母、不懂得感恩父母的人,哪怕业务能力再强、知识层次再高,也一概不予录用。

这位招聘负责人还透露,程莉莉和母亲的一席对话正巧被路过的公司董事长罗田安听见了,他当即就表示不能录用程莉莉。罗田安认为:"连父母都不尊重、孝顺的人。怎么会懂得尊重客户呢?"

一场母女间不大不小的争执,竟然决定着女儿求职的结果——女儿认为这是"家事",与求职扯不上关系,但上海克莉丝汀食品有限公司则认为见微可以知著,从一件小事上就可以看出一个人的品格,一个人连生身父母都不懂得尊重,对他还能有什么指望呢? 这事关企业的文化建设,未予录用理所当然。

第二十节　问政

这一章是《中庸》全篇的重点,接续前章,分几个层次:

首先借孔子的回答提出了为政准则——文武之道。讨论了政事与人的关系,认为人的关键是道德修养,提出了德的内涵:仁、义、礼、智。并认为四者来源于天,是自然的道德法则。从而推导出天下人共有的君臣、父子、夫妇、兄弟、朋友五达道,突出了实践此达道的智仁勇三达德。

其次,接上文提出了治理天下国家的九条原则,并讨论了这九条原则的重要性,以及如何实现这些原则。认为关键在于一个"诚"字。这和《大学》修齐治平有共通之处。

再次,由诚引出天道和人道。圣人和凡人的问题。认为天道就是诚,即真实无妄。圣人和天道同一,是自然之诚。圣人不用勉力,不用思考,就可以从从容容达到中道。而人道往往不诚,必须经过自反,关键在于"择善而固执",即紧紧抓住一个"善"字。善当然包括仁义礼智四德。一般人,也就是学知、困知、利行、勉行之人,在学习时,要注意学、问、思、辨、行这些学习方法和原则。

《论语·子张》中也有类似思想,如子夏说:"博学而笃志,切问而近思,仁在其中矣。"与之相比,《中庸》增加了力行的内容,而且内容更加丰富全面。

【原文】

哀公问政。子曰:"文武之政,布在方策①。其人存②,则其政举;其人亡,则其政息③。人道敏政,地道敏树④。夫政也者,蒲卢也⑤。故为政在人,取人以身,修身以道,修道以仁。仁者,人也,亲亲为大⑥。义者,宜也,尊贤为大。亲亲之杀⑦,尊贤之等,礼所生也⑧。(在下位,不获乎上,民不可得而治矣⑨。)故君子不可以不修身。思修身,不可以不事亲;思事亲,不可以不知人;思知人,不可以不知天。"

【注释】

①布在方策:记载在书中。布:陈述。策:通"册"。书写用的竹简。

②其人存:倡导某项政策的人处在相应的位置。人:指处于一定位置的执政者。

③息:停止,消失。

④人道敏政:人对于政令的反应是敏锐的。人道:人的天性。是与"天道"相对应的古代哲学概念。敏:迅速,敏锐。地道敏树:土地对于种子的反应是及时的。地道:即地利,土地的本质。也是与"天道"相对应的古代哲学概念。树:栽培树木,种植百谷。

⑤蒲卢:沈括以为蒲卢就是蒲苇。即芦苇。水生植物,生长迅速,柔韧顺变。这里用以说明为政之道。比喻君子从政得到贤臣辅佐就会很快取得成功。又《尔雅》云"螺蠃,蒲卢",即今之细腰蜂。即土蜂。《诗》曰:"螟蛉有子,螺蠃负之。"蒲卢,取桑虫之子以为己子。

⑥亲亲:前者为动词,作亲爱解;后者是名词,指亲人,如父母等。

⑦杀:等差,区别。亲亲之杀:指亲爱亲族是根据关系远近有所分别。《礼记·文王世子》曰:"其族食世降一等。亲亲之杀也。"

⑧礼所生也:是礼仪的规定。礼:等级制度下的社会规范和道德标准。

⑨在下位不获乎上,民不可得而治矣:郑玄说:"此句在下,误重在此。"郑说有

道理,当删。

【译文】

　　鲁哀公向孔子询问政治。孔子说:"周文王、周武王的政治措施,都记载在典籍上了。这样的贤人在世,这些政事就能实施;他们去世,这些政事也就废弛了。贤人治理国家,政事就能迅速推行;沃土植树,树木就能快速生长。政事就像芦苇生长一样快速容易。所以处理好政事完全取决于用什么人,要得到适用的人在于修养自身,修养自身在于遵循道德,遵循道德要以仁为本。仁,就是人自身具有爱人之心,亲爱亲人是最大的仁。义,就是事事做得适宜,尊重贤人是最大的义。亲爱亲人要分亲疏,尊重贤人要有等级,这就产生了礼。所以,君子不可以不修身。想要修身,不能不侍奉父母亲人;要侍奉父母亲人,不能不了解人;想要了解人,不能不知道天理。"

【人物简介】

　　[鲁哀公]鲁哀公(? ~前468),姓姬,名蒋,鲁定公的儿子。公元前495年继立为鲁君,在位27年。谥号"哀"。

【历代论引】

　　郑玄说:人之无政,若地无草木矣。蒲卢取桑虫之子,去而变化之,以成为己子。政之于百姓,若蒲卢之于桑虫然。又说:在于得贤人也。明君乃能得人。

　　孔颖达说:文王、武王为政之道,皆布列在于方牍简策。虽在方策,其事久远,此广陈为政之道。若得其人,道德存在,则能兴行政教,故云"举"也。其人若亡,道德灭亡,不能兴举于政教。若位无贤臣,政所以灭绝也。又说:为人君当勉力行政。为地之道,亦勉力生殖也。人之无政,若地无草木。地既无心,云勉力者,以地之生物无倦,似若人勉力行政然。善为政者,化养他民以为己民,若蒲卢然。又说:君行善政,则民从之,故欲为善政者,在于得贤人也。君欲取贤人,先以修正己身,则贤人至也。欲修正其身,先须行于道德也。欲修道德。必须先修仁义。

　　孔颖达说:行仁之法,在于亲偶。欲亲偶疏人,先亲己亲,然后比亲及疏。若欲于事得宜,莫过尊贤。五服之节,降杀不同,是亲亲之衰杀。公卿大夫,其爵各异,是"尊贤之等"。礼者所以辨明此上诸事。又说:思念修身之道,必先以孝为本。既思事亲,不可不先择友取人也。欲思择人,必先知天时所佑助也。谓人作善,降之百祥;作不善,降之百殃,当舍恶修善也。

　　朱子说:有是君,有是臣,则有是政矣。又说:以人立政,犹以地种树,其成速矣,而蒲苇又易生之物,其成尤速也。言人存政举,其易如此。又说:此承上文人道敏政而言也。为政在人,家语作"为政在于得人",语意尤备。人,谓贤臣。身,指君身。道者,天下之达道。仁者,天地生物之心,而人得以生者,所谓元者善之长也。言人君为政在于得人,而取人之则又在修身。能修其身,则有君有臣,而政无不举矣。又说:人,指人身而言。具此生理,自然便有恻怛慈爱之意,深体味之可见。宜者,分别事理,各有所宜也。礼,则节文斯二者而已。又说:为政在人,取人以身,故不可以不修身。修身以道,修道以仁,故思修身不可以不事亲。欲尽亲亲之仁,必由尊贤之义,故又当知人。亲亲之杀,尊贤之等,皆天理也,故又当知天。

【原文】

天下之达道五[①],所以行之者三。曰:君臣也,父子也,夫妇也,昆弟也[②],朋友之交也;五者,天下之达道也。知、仁、勇三者,天下之达德也,所以行之者一也[③]。或生而知之[④],或学而知之[⑤],或困而知之[⑥],及其知之一也。或安而行之[⑦],或利而行之[⑧],或勉强而行之[⑨],及其成功一也。子曰:"好学近乎知,力行近乎仁,知耻近乎勇。知斯三者,则知所以修身;知所以修身,则知所以治人;知所以治人,则知所以治天下国家矣。"

【注释】

①达道:天下古今共同遵循的道理。

②昆弟:兄和弟,也包括堂兄堂弟。

③达德:天下古今共同具备的德性。一:指诚。

④生而知之:天赋超常,天生自知,具有天成的高贵品质。

⑤学而知之:通过自己的学习实践而求得知识和学问,提高自己的修养。

⑥困而知之:因为身处困境,迫于情势,因而刻苦求学,乃有所知所成。

⑦安而行之:无欲无求,顺天应人,无为而为,安然处之。

⑧利而行之:因为对于自己有利,于是在利益的引导下欣然而行之。

⑨勉强而行之:勉力自强。奉行不懈。

【译文】

天下共通的人伦大道有五条,用来实行这五条人伦大道的德行有三种。君臣之道、父子之道、夫妇之道、兄弟之道、朋友之道,这五项是天下共通的大道。智、仁、勇三种是天下共通的品德,用来履行这五条人道,这三种品德的实施效果都是一致的。对这些道理,有的人生来就知晓,有的人通过学习才知晓,有的人经历了困苦才知晓,但只要他们最终都知道了,也就是一样的了。对于这些道理的实行,有的人心安理得地去做,有的人因为名利去做,有的人被迫勉强去做。孔子说:"爱好学习就接近智了,努力行善就接近仁了,知道羞耻就接近勇了。知道这三点,就知道怎样修养自己;知道怎样修养自己,就知道怎样治理他人;知道怎样治理他人,就知道怎样治理天下和国家了。"

【历代论引】

郑玄说:达者,常行,百王所不变也。又说:长而见礼义之事,己临之而有不足,乃始学而知之,此"达道"也。又说:有知、有仁、有勇,乃知修身,则修身以此三者为基。

孔颖达说:五者,谓君臣、父子、夫妇、昆弟、朋友之交,皆是人间常行道理,事得开通。知、仁、勇,人所常行,在身为德。百王用此三德以行五道。五事为本,故云"道";三者为末,故云"德"。若行五道,必须三德。无知不能识其理,无仁不能安其事,无勇不能果其行,故必须三德也。百王以来,行此五道三德,其义一也,古今不变也。

程子曰:所谓诚者,止是诚实此三者。三者之外,更别无诚。

朱子说:达道者,天下古今所共由之路,即书所谓五典,孟子所谓"父子有亲、君臣有义、夫妇有别、长幼有序、朋友有信"是也。知,所以知此也;仁,所以体此也;勇,所以强此也;谓之达德者,天下古今所同得之理也。一则诚而已矣。达道虽人所共由,然无是三德,则无以行;达德虽人所同得,然一有不诚,则人欲间之,而德非其德矣。又说:知之者之所知,行之者之所行,谓达道也。以其分而言:则所以知者知也,所以行者仁也,所以至于知之成功而一者勇也。以其等而言:则生知安行者知也,学知利行者仁也,困知勉行者勇也。盖人性虽无不善,而气禀有不同者,故闻道有蚤莫,行道有难易,然能自强不息,则其至一也。

吕氏曰:所入之涂虽异,而所至之域则同,此所以为中庸。若乃企生知安行之资为不可几及,轻困知勉行谓不能有成,此道之所以不明不行也。

《礼记正义》曰:明修身在于至诚,若能至诚,所以赞天地、动蓍龟也。博厚配地,高明配天。

【原文】

凡为天下国家有九经[①]。曰:修身也,尊贤也,亲亲也,敬大臣也,体群臣也,子庶民也[②],来百工也。柔远人也,怀诸侯也[③]。修身则道立,尊贤则不惑,亲亲则诸父昆弟不怨,敬大臣则不眩[④],体群臣则士之报礼重,子庶民则百姓劝[⑤],来百工则财用足,柔远人则四方归之,怀诸侯则天下畏之。

【注释】

①九经:九条基本准则。经:经纬。常规,准则,纲要。

②体:体察,体恤。子庶民:以庶民为子,如父母爱其子。

③来:招来。百工:各种工匠。柔远人:优待边远地方来的人。怀诸侯:朝廷对

所分封的各诸侯给予安抚和保护。怀：安抚。

④不眩：没有疑虑。眩：目眩眼花。引申为迷惑，失去方向。喻指政事紊乱。

⑤报：回报。劝：劝化。勉力，努力。

【译文】

凡是治理天下国家有九条原则。那就是：修养自身，尊重贤人，亲爱亲人，敬重大臣，体恤群臣，爱民如子，招纳工匠，优待远客，安抚诸侯。修养自身，就能确立正道；尊重贤人，就不会思想困惑；亲爱亲族，就不会惹得叔伯兄弟怨恨；敬重大臣，就不会遇事迷惑；体恤群臣，士人们的回报就会更加厚重；爱民如子，老百姓就会努力工作；招纳工匠，财物就会充足；优待远客，四方之人就会归顺；安抚诸侯，天下的人就会敬畏了。

【历代论引】

孔颖达说：修正其身，不为邪恶，则道德兴立也。以贤人辅弼，故临事不惑，所谋者善也。又说：以恭敬大臣，任使分明，故于事不惑。前文不惑，谋国家大事，此云"不眩"，谓谋国家众事，但所谋之事，大小有殊，所以异其文。群臣虽贱，而君厚接纳之，则臣感君恩，故为君死于患难，是"报礼重"也。爱民如子，则百姓劝勉以事上也。百工兴财用也，君若赏赉招来之，则百工皆自至，故国家财用丰足。怀诸侯则天下畏之。君若安抚怀之，则诸侯服从，兵强土广，故"天下畏之"。

吕氏曰："天下国家之本在身，故修身为九经之本。然必亲师取友，然后修身之道进，故尊贤次之。道之所进，莫先于其家，故亲亲次之。由家以及朝廷，故敬大臣、体群臣次之。由朝廷以及其国，故子庶民、来百工次之。由其国以及天下，故柔远人、怀诸侯次之。此九经之序也。"

朱子说：视群臣犹吾四体，视百姓犹吾子，此视臣视民之别也。又说：此言九经之效也。道立，谓道成于己而可为民表，所谓皇建其有极是也。不惑，谓不疑于理。不眩，谓不迷于事。敬大臣则信任专，而小臣不得以间之，故临事而不眩。来百工则通功易事，农末相资，故财用足。柔远人，则天下之旅皆悦而愿出于其涂，故四方归。怀诸侯，则德之所施者博，而威之所制者广矣，故曰天下畏之。

【原文】

齐明盛服①，非礼不动，所以修身也。去谗远色②，贱货而贵德，所以劝贤也。尊其位，重其禄，同其好恶，所以劝亲亲也。官盛任使③，所以劝大臣也。忠信重禄，所以劝士也。时使薄敛④，所以劝百姓也。日省月试，既禀称事⑤，所以劝百工也。送往迎来，嘉善而矜不能⑥，所以柔远人也。继绝世，举废国⑦，治乱持危。朝聘以时⑧，厚往而薄来，所以怀诸侯也。

【注释】

①齐明盛服:斋戒沐浴,使身心洁净,身穿盛装。齐,通"斋"。

②谗:说别人的坏话。这里指说坏话的人。

③官盛任使:官员众多,足够听任差遣使用。

④时使:指役使百姓不误农时。薄敛:赋税轻。

⑤省:省察。试:考核。既禀称事:发给的薪水粮米与工作业绩相称。既禀,即"饩禀",指薪水粮食。称,符合。

⑥嘉善而矜不能:勉励嘉奖善举,体谅宽容失误。矜:怜悯,谅解。

⑦继绝世:延续已经中断的家庭世系。举废国:复兴已经没落的邦国。

⑧持:扶持。朝聘:诸侯定期朝见天子。每年一见叫小聘,三年一见叫大聘,五年一见叫朝聘。

【译文】

像斋戒那样净心虔诚,穿着庄重整齐的服装,不符合礼仪的事坚决不做,这就是修养自身的原则。驱除小人,疏远女色,看轻财物而重视德行,这就是尊崇贤人的原则。提高亲族的爵位,给他们以丰厚的俸禄,与他们爱憎相一致,这就是亲爱亲族的原则。官员众多足供任使,这就是劝勉大臣的原则。真心诚意地任用他们,并给他们丰厚的俸禄,这就是奖劝士人的原则。使民服役不误农时,少收赋税,这就是勉励百姓的原则。每天省察,每月考核,付给他们的薪水粮米与他们的业绩相称,这就是奖劝工匠的原则。来时欢迎,去时欢送,嘉奖有善行的人,怜恤能力差的人,这就是优待远客的原则。延续绝嗣的家族,复兴废亡的小国,治理祸乱,扶持危弱,按时接受诸侯朝见聘问,赠送丰厚,纳贡菲薄,这就是安抚诸侯的原则。

【原文】

凡为天下国家有九经,所以行之者一也。凡事豫则立①,不豫则废。言前定则不跲②,事前定则不困,行前定则不疚③,道前定则不穷。

【注释】

①豫:通"预",预谋。计划。

②跲:绊倒。此处指说话不顺畅。

③疚:惭愧。

【译文】

总而言之,治理天下和国家有九条原则,但实行这些原则的方法却只有一个。任何事情,事先有准备就会成功,没有准备就会失败。说话先有准备,就不会语言不畅;做事先有准备,就不会出现困窘;行动先有准备,就不会后悔;道路预先选定,就不会走投无路。

国学经典文库

中庸

中庸释讲

图文珍藏版

215

【历代论引】

孔颖达说:将欲发言,能豫前思定,然后出口,则言得流行,不有蹶蹶也。欲为事之时,先须豫前思定,则临事不困。欲为行之时,豫前思定,则行不疚病。欲行道之时,豫前谋定,则道无穷也。

朱子说:一者,诚也。一有不诚,则是九者皆为虚文矣,此九经之实也。又说:凡事,指达道达德九经之属。凡事皆欲先立乎诚。

《礼记正义》曰:人若行不豫前先定,人或不信病害之。既前定而后行,故人不能病害也。

【原文】

在下位不获乎上,民不可得而治矣。获乎上有道:不信乎朋友,不获乎上矣。信乎朋友有道:不顺乎亲①,不信乎朋友矣。顺乎亲有道:反诸身不诚,不顺乎亲矣。诚身有道:不明乎善,不诚乎身矣。

【注释】

①顺乎亲:顺从亲人的心意,使父母心情快乐。亲:指父母亲。

【译文】

在下位的人,如果得不到在上位者的信任,就不可能治理好民众。得到在上位者的信任是有规则的:得不到朋友的信任,就得不到在上位者的信任。得到朋友的信任是有规则的:不能让父母顺心,就得不到朋友的信任。让父母顺心是有规则的:反省自己不真诚,就不能让父母顺心。使自己真诚是有规则的:不明白什么是善,就不能够使自己真诚。

【历代论引】

郑玄说:臣不得于君,则不得居位治民。知善之为善,乃能行诚。

《礼记正义》曰:此明为臣为人,皆须诚信于身,然后可得之事。

孔颖达说:人臣处在下位,不得于君上之意,则不得居位以治民。臣欲得君上之意,先须有道德信着朋友。若道德无信着乎朋友,则不得君上之意矣。欲得上意,先须信乎朋友也。欲行信着于朋友,先须有道顺乎其亲。若不顺乎其亲,则不信乎朋友矣。欲顺乎亲,必须有道,反于己身,使有至诚。若身不能至诚,则不能"顺乎亲矣"。欲行至诚于身,先须有道明乎善行。若不明乎善行,则不能至诚乎身矣。言明乎善行,始能至诚乎身。能至诚乎身,始能顺乎亲。顺乎亲,始能信乎朋友。信乎朋友,始能得君上之意。得乎君上之意,始得居位治民也。

朱子说:以在下位者,推言素定之意。反诸身不诚,谓反求诸身而所存所发,未能真实而无妄也。不明乎善,谓未能察于人心天命之本然,而真知至善之所在也。

【原文】

诚者,天之道也;诚之者①,人之道也。诚者,不勉而中,不思而得,从容中道②,圣人也。诚之者,择善而固执之者也③。博学之,审问之,慎思之,明辨之,笃行之④。有弗学,学之弗能,弗措也⑤;有弗问,问之弗知,弗措也;有弗思,思之弗得,弗措也;有弗辨,辨之弗明,弗措也;有弗行,行之弗笃,弗措也。人一能之,己百之;人十能之,己千之。果能比道矣,虽愚必明,虽柔必强。

【注释】

①诚之:使之诚,自己努力做到诚。诚,是人生来就有的天性。也是人应该遵循的原则。

②从容中道:行为自然,合乎规范。从容:举止行动自然,不慌不忙。中道:合乎规范。

③固执:坚定执着。

④审问:审慎地探问。明辨:明晰地分辨。笃行:笃实地履行。

⑤弗措也:不停止,不放弃,不罢休,不中断,不半途而废。弗:不。措:置。废置,搁置。

【译文】

真诚,是上天的原则;追求真诚,是做人的原则。天生真诚的人,不用勉强就能做到,不用思考就能拥有,从从容容就能符合中庸之道,这是圣人啊。努力做到真诚的人,就是选择好善的目标执着追求的人。广泛学习,详细询问,周密思考,明确辨别,切实实行。要么不学,学了没有学会绝不罢休;要么不问,问了没有明白绝不罢休;要么不想,想了没有所得绝不罢休;要么不分辨,分辨了没有明确绝不罢休;要么不实行,实行了没有笃实绝不罢休。别人用一分的努力就能做到的,我用一百分的努力去做;别人用十分的努力做到的,我用一千分的努力去做。如果真能够做到这样,虽然愚笨也一定可以聪明起来,虽然柔弱也一定可以刚强起来。

【历代论引】

郑玄说:"诚者",天性也。"诚之者",学而诚之者也。因诚身说有大至诚。

《礼记正义》曰:前经欲明事君,先须身有至诚。此经明至诚之道,天之性也。则人当学其至诚之性,是上天之道不为而诚,不思而得。若天之性有杀,信着四时,是天之道。

孔颖达说:人能勉力学此至诚,是人之道也。不学则不得。唯圣人能然,谓不勉励而自中当于善,不思虑而自得于善,从容间暇而自中乎道,以圣人性合于天道自然,故云"圣人也"。由学而致此至诚,谓贤人也。言选择善事,而坚固执之,行之不已,遂致至诚。又说:身有事,不能常学习,当须勤力学之。学不至于能,不措置休废,必待能之乃已也。以下诸事皆然。他人性识聪敏,一学则能知之,己当百倍用功而学,使能知之,言己加心精勤之多,恒百倍于他人也。又说:若决能为此百倍用功之道,识虑虽复愚弱,而必至明强。此劝人学诚其身也。

朱子说:承上文诚身而言。诚者,真实无妄之谓,天理之本然也。诚之者,未能真实无妄,而欲其真实无妄之谓,人事之当然也。圣人之德,浑然天理,真实无妄,不待思勉而从容中道,则亦天之道也。未至于圣,则不能无人欲之私,而其为德不能皆实。故未能不思而得,则必择善,然后可以明善;未能不勉而中,则必固执,然后可以诚身,此则所谓人之道也。不思而得,生知也。不勉而中,安行也。择善,学知以下之事。固执,利行以下之事也。又说:此诚之之目也。学、问、思、辨,所以择善而为知,学而知也。笃行,所以固执而为仁,利而行也。又说:五者废其一,非学也。又说:君子之学,不为则已,为则必要其成,故常百倍其功。此困而知,勉而行者也,勇之事也。又说:明者择善之功,强者固执之效。

吕氏曰:君子所以学者。为能变化气质而已。德胜气质,则愚者可进于明,柔者可进于强。不能胜之,则虽有志于学,亦愚不能明,柔不能立而已矣。盖均善而无恶者,性也,人所同也;昏明强弱之禀不齐者,才也,人所异也。诚之者所以反其同而变其异也。夫以不美之质,求变而美,非百倍其功,不足以致之。今以鲁莽灭裂之学,或作或辍,以变其不美之质,及不能变,则曰天质不美,非学所能变。是果于自弃,其为不仁甚矣!

【评析】

从古至今,政治问题一直都是每个社会中最重要的问题之一。中国社会一直是一个政治型的社会,政治在社会生活中具有头等重要的地位,也是儒学中非常重要的话题。孔子把政治比作芦苇,取的是它的可塑性。意思是说:什么样的人执政,就会有什么样的政治。也就是说,政教能否施行,政治是否清明,与执政者自身的品德修养有着密切的关系。直到现在,这一点仍然具有非常重要的现实意义。一个国家,一个地区,甚至一个城市能否治理好,很大程度上都取决于执政者在思想政治、品德等方面的修养是否达到了一定的高度。执政者的自身的修养水平高,其所采取的各项措施才能更加切合实际,切合老百姓的利益,这样他们才能得到广大群众的拥护和支持。君不见那些半路下台的官员都是因为自身出了问题所致吗?古人的话值得每一个为官一方的人深思,要想想怎样才能提高自身的修养,真正做到造福一方。

　　除了政治问题,孔子接着谈到了天下人共有的五项伦常关系。这其中,君臣之道早已随着封建社会的覆灭而退出了历史舞台,其他几项关系都依然是与我们有着不可分割的联系,也都是需要我们正确处理而不可忽视的。能够在父子、夫妇、兄弟、朋友这几方面做得恰到好处的人,可以称得上是当今的圣人了。至于处理这几项关系的三种德行,智、仁、勇三方面都不可偏废,都是我们应当努力做到的。一个智慧、仁爱、勇敢的人,是我们这个时代求之不得的人才。另外,"知耻近乎勇"这一点,值得我们多说几句。孟子也在《孟子·尽心上》中说:"羞耻之心对于人至关重要!搞阴谋诡计的人是不知道羞耻的。不以自己不如别人为羞耻,怎么能够赶得上别人呢?"也就是说,有羞耻之心是一个人品德修养的重要方面,也是能够赶上别人的重要条件之一。羞耻之心对于个人很重要,对于一个国家、一个民族具有更加重要的意义。究其实质,正是因为"知耻近乎勇"。一个人只有知道羞耻,才能够勇于改正错误,勇于弥补自己的不足,迎头赶上别人,从而免于羞耻。一个民族、一个国家,只有知道羞耻,才能够发愤图强,富国强兵,富民兴邦,自强自立于世界民族之林。古代春秋时期的越王勾践就是因为能够"知耻而后勇",才奋发努力,积蓄国力,打败吴国,最终一雪国耻。我们也要时刻牢记国耻,激励自己不断努力上进。

　　说完天下通行的五项伦常关系和处理这些关系应该遵从的德行,孔子又指出了治理天下国家的九条原则,归结起来,其实就是修身、齐家、治国、平天下几个阶段的具体展开。值得我们特别注意的是"凡事豫则立,不豫则废"的思想。这与孔子所说的"人无远虑,必有近忧"相近,都是说要未雨绸缪,防患于未然,具有深刻的哲学内涵。这也提示我们,在实际生活中,什么事都要事先做好准备再采取行动。

　　在这一章的最后部分,提出了"真诚"这一核心观点,并且说到了如何做到真诚的问题。真正诚实的人能够"择善固执",选定美好的目标,然后就执着地坚持追求。在努力追求诚实无妄的过程中,"博学、审问、慎思、明辨、笃行"是我们应该采取的手段。除此之外,还要坚持"弗措"的精神,秉持"人一能之,己百之;人十能之,己千之"的态度,认真切实地去行动,才能得到想要的结果。"弗措"的精神,也就是《荀子·劝学》里的名言"锲而舍之,朽木不折;锲而不舍,金石可镂"的精神;"人一能之,己百之;人十能之,己千之"的态度,也就是俗语所说的"笨鸟先飞"。其实,不光对真诚的追求需要我们有锲而不舍、持之以恒的精神,举凡学习、工作、生活的方方面面,我们都应该如此。如果能够做到这一点,有什么样的困难都终究会被克服,我们迟早都能取得我们想要的成功。

总而言之，本章的内容丰富而涵盖面广，几乎涉及诚、正、修、齐、治、平的各个环节，尤其是其中所阐述的哲理，无论放在过去还是现在，都具有非常深远的意义，特别值得引起我们的重视并且按照它的要求努力去实践。

【解读】

三国时期的吴国，在孙权去世后，就陷入了权臣相争的内部倾轧中。孙峻诛诸葛恪之后，吴国朝政又为孙峻所把持。孙峻素无名望，而且骄矜残暴，朝臣与百姓都对他有极大的怨愤，不断有人试图谋杀他，都被他发觉处死。孙峻在擅权三年之后，于吴太平元年九月病卒，临死将大权交给了其从弟孙綝。

孙綝与孙峻同祖，受命之时只有二十四岁，又无战功，所以当时在外征讨魏国的吕据等大将很不服气，曾与诸葛恪辅政孙权的滕胤更不甘心受孙綝节制。吴太平元年九月和十月，吕据和滕胤先后举兵讨伐孙綝，孙綝派从兄孙虑迎击吕据和滕胤，后因吕、滕二人配合不好，被孙虑打败。

铲除了朝中的政治敌手以后，孙綝越发的无所顾忌了，把谁都不放在眼里。他自任大将军，封永宁侯，总揽政纲。孙虑曾为孙峻诛除诸葛恪出谋划策，孙峻对他礼遇备至；孙綝征讨吕据、滕胤，他又挂任主帅，但孙当怅对他却很轻视无礼，于是孙綝又受到了来自宗族内部的威胁。吴太平元年，孙虑联合将军王敦，密谋杀死孙綝。不料事情泄露了，孙綝杀死了王敦，孙虑被迫饮药而死。孙綝又一次稳固了自己的地位。

在吴国权奸肆虐时，曹魏政权内部也矛盾重重，李丰、夏侯玄、毋丘俭等人先后举兵反对司马师，结果被族诛，大将诸葛诞自感危机，遂于吴太平二年叛归吴国。魏国以二十万大兵将诸葛诞围困在寿春。孙綝急欲收降诸葛诞扩充势力，先后派出三批军队共十一万人去为诸葛诞解围，均告失败，孙綝怒而斩杀了大将朱异。这场战争劳民伤财，不但没有救出诸葛诞，孙綝还自戮名将，引起了吴国上下一片怨声。

孙綝自知招怨甚大，遂称病不上朝，并让弟弟孙据掌管宿卫，另外三个弟弟孙恩、孙干、孙闿分掌诸营之兵。他这样总揽兵权，不仅是为了防备诸臣叛伐，而且要防备吴主孙亮对他动杀机。

孙亮这时已年满十六岁，于诸葛诞叛魏前即已亲政。他对孙綝擅权的不满日益显露出来，对孙綝所奏表章，常常不客气地质问不休；他还精选十五至十八岁的士卒子弟三千人，令大将子弟为将帅，在皇家林苑中终日操练。当孙綝救诸葛诞未成，大失民心之时，孙亮觉得时机已经成熟，遂与公主鲁班、太常全尚、将军刘承共谋诛除孙綝。

　　孙亮之妃是孙綝的外甥女，她听到孙亮等人的密谋，就派人告诉了孙綝。孙綝先发制人，于吴太平三年九月，派兵夜袭全尚之宅，将他拘捕；又遣弟孙恩杀死刘承。孙綝亲率士卒将孙亮的宫殿团团围住，孙亮闻讯，执弓上马，对宫内大臣们说："我是大皇帝（孙权）的嗣子，即位已经五年了，谁敢不跟从我去拼杀！"众人上前劝他不要去送死。不多时，孙綝就冲了进来。他宣布废孙亮之帝位，降之为会稽王。尔后，孙亮被送往会稽，全尚被杀于流放的途中。

　　孙綝在废黜孙亮后，很想自己即位称帝，左思右想，唯恐诸臣不服，只得派人将孙权的第六子孙休从会稽接来，拥之为帝。孙休知孙綝势力强大，为稳住他，不惜对他及其宗族封官晋爵。不仅孙綝本人被任为丞相、荆州牧，增加五县封邑，他的四个弟弟都分别被任为将军，封为县侯、亭侯。

　　其实，孙休对孙綝家族权势过盛早已心存不满，他也不愿做傀儡皇帝，只是不敢贸然行事，以免重蹈孙亮的覆辙。然而由于和孙綝之间的矛盾不断激化，就迫使孙休不得不采取断然措施了。一次孙綝向孙休进献牛和酒，孙休拒绝了，孙綝大为恼怒，乘酒酣之时，故意对孙休的近臣张布说想再废帝重立，这是对孙休的公然威胁恫吓。孙休听了张布的汇报，一面对孙綝屡加赏赐，以稳住其心；一面将孙恩加侍中之职，与孙綝分掌其原来独揽的职权。当时有人告孙綝欲谋反，孙休不加审讯，就将其交给孙綝处理，弄得孙綝很尴尬。

　　孙綝感到孙休不像孙亮那么好对付，就想到地方发展自己的势力。吴太平三年，孙綝正式提出到武昌屯兵，孙休满口答应。他又请求将他以前统领的中营精兵万余人带往武昌，并要求取走武库中的兵器，孙休也一一应允。

　　当时，朝中大臣看到孙休对孙綝如此不加防备，暗暗为之担忧。事实上，在麻痹孙綝的同时，孙休已与近臣张布、左将军丁奉密议诛除孙綝之策。当年十二月，朝中按例举行腊会，孙綝似已感到将起变故，称病不赴会。孙休连续派了十几个人去请他，孙綝不愧为诡计多端之人，他整装准备赴会，又暗嘱家人说："速将应付事变的兵卒集合好，待我一入宫，你们就在府中放火，我可以借口回府灭火，尽快离开皇宫。"

　　果然，孙綝入宫不久，就传来其府内起火的消息。孙綝请求回府，孙休说："外面兵卒那么多，何劳丞相亲自操劳此事？"孙綝还是要强行离去，丁奉和张布忙向左右亲信使眼色，大家一齐上前，将孙綝牢牢地捆绑起来。孙綝失去往日的威风，跪地叩头说："我愿流放到交州！"孙休说："你怎么当初不将吕据、滕胤流放到交州呢？"孙綝又说："我愿没入官家为奴！"孙休说："你当初为什么不以吕据、滕胤为奴呢？"孙休是在指责他逼死吕据、族灭滕胤，孙綝对此无以辩白，只好引首就戮。

孙綝作为朝政大权的把持者，不仅不为国家尽职尽责，反而以权谋私，手段狠毒残暴，其所作所为早已为天下人共愤，当然不会有什么好结果了。

掌权执政者如果自身没有好的德行，不能亲贤远佞分辨身边的人的善恶忠奸，又不能采取合理有效的措施，这样怎么能把国家和人民治理好呢？

春秋时期齐桓公身边有四个很合心意的人。齐桓公想尝尝小孩肉的滋味，长于烹饪之术的易牙，就把自己的儿子蒸熟了献上；齐桓公需要一名阉者（太监）管理宫内事务，其中的竖刁就阉了自己供齐桓公驱使。他们两人与齐桓公的宠妾长卫姬和开方等人结党营私，蛊惑桓公，排挤管仲、鲍叔牙等人。

齐桓公本是一代雄杰，在贤相管仲和鲍叔牙的辅佐下，成为春秋时期各诸侯的第一位霸主。而至晚年则意志衰退，宠妾用奸，好色起佞。他有六个儿子，均从庶出，也都有资格继承君位。齐桓公先是立昭为太子，而竖刁、易牙等人却欲谋立无诡为太子，并对管仲极为不满，利用近臣身份多次诽谤他。当管仲告诫桓公，要远离这四个人时，他很有些舍不得。才离开几天，便觉得日子很不好过，因为其他人都不及这四个人办事合乎他的心意。于是，又把这四人召回身边。

管仲病危时，桓公曾问他群臣谁能做相国，管仲没有正面回答。桓公问易牙怎么样，管仲说这种人是靠不住的。桓公又问开方如何，管仲说这种人是不忠诚的。桓公再问竖刁怎么样，管仲说这种人并不是真的忠心，管仲对这三位近臣都做了揭露，认为他们都另有所图，不可委以重任。

管仲死后，齐桓公年事已高，又多内宠，身体难支，于是朝中大权便落入易牙、竖刁等人手中。等到桓公一病不起的时候，易牙、竖刁便趁机发动宫廷政变，把桓

管仲

公囚于宫中。他们先是假传圣旨，不准桓公诸子和大臣入宫探病，后又断了桓公的饮食，只有一宫女晏娥从洞中爬入前来侍奉。桓公问她，自己饥渴交加，怎么无人送水送饭。晏娥告诉他，易牙、竖刁在外作乱，封锁了宫廷已经很久了。桓公至此才醒悟，但为时已晚，最后含恨而死，晏娥也撞堂柱而亡。

桓公被饿死以后，易牙、竖刁秘不外宣，并对聚集宫门口的朝廷官员大下毒手。接着长公子无诡即位，其他诸公子争相占据了左宫、右宫及其他重要据点，使整个

齐国都城成了一座人间地狱。而桓公的尸体却一直无人理睬。

第二年，宋襄公联合其他诸侯军兵伐齐，易牙、竖刁等乱党贼子或被杀，或潜逃。齐国在经历这场动乱之后，国力已远非桓公为霸主时可比。

如果齐桓公能够听取管仲等贤臣的劝告，远离易牙等佞臣，他也不会落得那样一个悲惨的下场，齐国的兴盛还可以持续更长时间。

真正的明主即使自身的才能并不是很高，但他们依然能够得到天下，治理好天下，这是因为他们善于任用那些道德和才能都很高的人来辅佐自己。

公元207年的冬天，在司马徽、徐庶等极力引荐下，刘备亲自带着关羽、张飞，冒着隆冬季节的严寒，接连三次前往隆中探访诸葛亮。

这期间，诸葛亮正在外游历，访友磋学。有关刘备请他出山之事，他已有耳闻，也为此事犹豫不决。以当时形势，曹操已一统中原，声势日赫；孙权雄跨江东，国险民附；刘备半生争战，到头来寄人篱下，仅有新野小县，兵不过数千。当时许多名士认为曹操必能"匡济华夏"，许多人都去投奔了曹操，但像诸葛亮这样具有正统观念的才俊，绝不会去投奔曹操的。刘备作为汉宗室后代而久负盛名，是他心目中理想的人物，但他深知刘备力挽狂澜、兴复汉室的事业是何等的艰巨！他因为不能确定刘备请自己出山是否出于真心，所以一直有些犹豫。

在一个雪霁初晴，碧空万里的日子，刘备带着关羽、张飞第三次来到隆中，两位同样心怀大志的人物，终于在隆中草庐里相见了。

刘备见诸葛亮身高八尺，风度翩翩，举止不俗，心中已暗自赞叹，忙上前施礼，诸葛亮恭敬地还礼。刘备看四周无人，极其急切而又坦率地向诸葛亮请教如何建立大业。诸葛亮深深地被刘备这种虚心求教的精神、竭诚相待的态度所打动，于是真挚恳切地把心中要说的话说了出来。看到刘备心领神会的样子，诸葛亮心中很是宽慰，于是叫书童取出一幅图来，挂到中堂上，指着图说："这是西川五十四州的地图。将军想要成就霸业，北边有曹操占着天时，南边有孙权占着地利，将军可占的是人和。首先取占荆州作为基地，然后进取西川建立根据地，与曹操、孙权以成鼎足之势，再后就可以图谋中原了。"

刘备听了诸葛亮对天下形势的这番精辟分析，不但连声赞叹，而且从内心深处对他产生了由衷的钦佩之意，心想此人正是他梦寐以求的辅弼。于是毕恭毕敬地拱双手说："先生所言，使我如拨开云雾而重见青天，茅塞顿开。愿先生以天下苍生为念，以复兴汉室为务，大展宏图以建稀世之功，刘备至诚相邀，万请先生能出山帮助我。"一番恳切邀请，诸葛亮离开了他生活十多年的隆中草庐，跟随刘备到了新野。

刘备得此良材,可谓幸甚! 但这也有某种必然,若非刘备本身具备了招揽人才的品德,肯礼贤下士,三顾茅庐,诸葛亮又怎肯出山助他? 事实证明,在后来的共事中,刘备也确实敬重诸葛亮,事事以军师意见为先。得主如此,诸葛亮同样无憾了,无怪他殚精竭虑,为刘备谋天下。

田氏代齐在中国历史上是十分著名的历史事件,虽然有其漫长的积累和发展的过程,但齐景公最后给田氏制造了这样的机会也是非常重要的。晏婴的先见之明,即使在今天想来,也是令人感叹的!

淳于人把女儿送给景公做妾,生了儿子取名叫荼。景公非常疼爱他,于是大臣们就商量要废掉长公子阳生而立荼为太子。景公把这件事告诉了晏子。

晏子反对这种做法,他说:"这样做可不行。让地位低下的人去和地位高的竞争,这是国家的大害,放弃年长的公子而立年纪小的为太子,自古以来就是产生祸乱的根源。公子阳生年长,受齐国人的拥戴,请大王不要更换太子。因为人的服饰、地位有明确的等级界限,所以卑下者不能欺侮尊贵的人,立太子有礼制规定,所以庶子不能夺嫡长子的位置。希望大王要用礼义来教育荼,不让他陷入奸邪之人的引诱之中,希望您用仁义来引导他,不让他只注重自己的利益。无论年长的和年少的都要按礼法办事,宗族、嫡庶关系也就能合乎伦理规范了。废长立幼的事情,历来不能教育下人;抬高庶子以压抑嫡子的办法,也不会给所爱的公子带来好

晏婴

处。长幼之间没有等级界限,嫡庶之间不加区别,实际上就是给不轨之徒制造了乘机作乱的祸根,请大王要慎重考虑。古代贤明的君王,不是不喜欢纵情享乐,只是他们懂得乐极生悲;他们有的人并不是不想立爱子为储,只是因为他们知道违背伦理大义就要带来天下的混乱,因此,他们享乐有所节制,立子也遵守道德伦理。那些用花言巧语来欺骗大王的人,怎么能值得您的信任呢? 现在,您采纳奸邪之人的主意,听信乱夫贼子的坏话,废长立幼,我真怕将来会有人利用大王的这个过失为他个人的邪恶用心服务,去搞废长立少的事,借此以达到个人的目的,请大王一定慎重地考虑这件事!"

齐景公刚愎自用,没有听信晏婴的话,他死后不久,齐国的大贵族田氏就杀了荼,再立长子阳生。不久,又立了齐简公,最后,田氏杀了简公,自立为王,这就是著

名的田氏代齐。这一切,都在晏婴的预料之中。

齐景公没有听从晏子的话,坚持按照自己的想法去做,结果给田氏代齐创造了机会。

要想开创一番大事业,自己就应该具备很高的才能,如果自己的才能实在有限,那么就努力去修养良好的德行,自己做不到的事情,可以求助于比自己才能高的人,让他们来帮助自己获得更大的发展。如果自己才能不高,又没有良好的德行,不能够听取贤良之人的意见,这样的人什么也做不成。

处世活用

做人得知道羞耻

孟子说:"羞恶之心,义之端也,无羞恶之心,非人也。"荀子说:"人不知羞耻,乃不能成人。"宋代名儒欧阳修说:"廉耻,士君子之大节。"明末思想家顾炎武说:"士而不先言耻,则为无本之人。"英国历史学家卡莱尔如是说:"羞耻心是所有品德的源泉。"美国作家马克·吐温则说:"人是唯一知道羞耻和有必要知道羞耻的动物。"不同时代、不同地域的人都不约而同地强调羞耻感在为人处世中起着至关重要的作用。的确,一个人若少了羞恶之心,他对美丑的感知就会随之变得麻木,其言行必然失去规范。知羞耻,明荣辱,是做人的最起码要求,也是立身立德立言的根本。一个人不论有多少毛病,有多少不足,只要他羞耻心尚存,知道惭愧,还要脸皮,就可能幡然自新。怕只怕没有羞耻心的人,不知道自爱自尊自重,甚至不知道害臊,"恬不知耻",这种人十有八九难以救药。

法国伟大思想家、文学家卢梭,少年时偶尔有过一次不良行为,且栽赃给了一个女仆,使无辜少女蒙冤受屈,遭到解雇。卢梭长大后,为此感到十分羞耻,惭愧不已,以批判和忏悔的笔,把自己的耻辱写进他的《忏悔录》。他写道:"在我苦恼得睡不着觉的时候,便看到这个可怜的姑娘前来谴责我的罪行,好像这个罪行是昨天才犯的。""羞耻心"使卢梭克服了自己的虚荣心,勇于向世人袒露不洁的灵魂。

抗日战争中著名将领吉鸿昌有一次受国民政府委派,去国外参加会议。下榻旅店时,服务员故作惊讶地说:"中国?我没有听说过!"说完便笑出声来。同去的一个外国军官说:"你说你是日本人不就行了?"吉鸿昌顿时怒不可遏,对那位军官吼道:"我是中国人,你难道不知道吗?"随后找来一块木牌,用英文在上面写上"我是中国人"一行字,佩戴在胸前。吉鸿昌用他的言行捍卫了中国国民的尊严,是羞耻之心使他不愿低头,以一身的浩然正气与羞辱中国国格的行径针锋相对。

"知羞耻成人"，一直都是仁人志士立身做人的宝贵经验和修身养性的重要法宝。近代学者朱起凤年轻时在一家书院教书，因为没弄清"首施两端"和"首鼠两端"两词通用，而错判学生的作文，遭到众人的奚落。他知羞耻而发愤图强，潜心于词语研究，编成了300多万字的《辞通》，为汉语言文字的发展做出了重要贡献。英国生物学家谢灵顿早年沾染恶习，在向一位女工求婚时，被姑娘一句"我宁愿跳进泰晤士河里淹死，也不会嫁给你"深深刺痛，从此幡然醒悟，努力钻研医学和生物学，并最终在1932年获得了诺贝尔医学奖。所以说，知羞耻不仅是做人的根本，在某种意义上也是成就事业的催化剂。

羞耻之心如此重要，然而在现实生活中却有许多人不知羞耻。他们只要能捞到好处，占着便宜，不惜以声誉和人格为代价，即便是挨批评，受处分，也在所不惜。他们觉得那只不过是一时的"背运"，"一阵子"的不光彩，而捞到手里的实惠，却可能受用"一辈子"。所以笑骂也罢，戳脊梁骨也罢，只要不动他们的"心头肉"，一切的一切都无所谓了。这样的人真谓不知羞耻之心为何物。

当前，我国正处于一个急剧转型的时期，大量涌入的外来文化和五花八门的诱惑，对人们的生活方式和价值取向产生了一些冲击，使一些人思想混乱、价值迷惘，对何谓羞耻、何谓荣耀失去了分辨能力。知道何谓羞耻，我们做事才会有所顾忌，考虑别人的感受。当我们做错了事，我们就会想到，哎呀，我们这么做是不是太荒唐了，别人看到我们这样做会对我们产生不好的印象，我们平时的生活习惯也该注意注意，要不然别人就会失去对我们的尊重，失去对我们的信任。

职场活用

既要好学，更要力行

"纸上得来终觉浅，绝知此事要躬行。"这两句诗强调了这么一个道理：好学固然重要，力行实践更是必不可少。主张"知识就是力量"的培根。亦明确指出："各种学问并不把它们本身的用途教给我们，如何应用这些学问乃是学问以外的、学问以上的一种智慧。"培根的意思是说，有了知识，并不等于有了与知识相等的能力，学得知识与运用知识之间还有一转化的过程。比方说一些机械专业的大学生，公式、定律背了一大堆，但几乎没有用过焊枪。一旦出了纯技术问题，还得靠有经验的老技工来解决。可见，做一个好技工比"捞"一个大学文凭难多了。

初入职场的年轻人应该把所学的书本知识与所见的社会实情结合起来，再加上自己的判断，建立起自己的行为模式、工作方法，接下来就是多加磨炼了。古人云:"读万卷书,行万里路。"意思是说人要掌握大量的知识,也要加强力行实践的作为,善于运用所掌握的知识去处理各种事情。这就要求我们不但要注重书本知识积累,也要注重社会知识积累。如果你有很多的知识但却不知如何应用,那么你拥有的知识就只是死的知识。正如鲁迅所说:"倘只看书,便变成书橱,即使自己觉得有趣,而那趣味其实是已在逐渐硬化,逐渐死去了。"死的知识不但对人无益,不能解决实际问题,还可能出现害处,就像古时候纸上谈兵的赵括一样,懂得一箩筐的军事道理,但照常吃败仗。因此,你在学习知识时,不但要让自己成为知识的仓库,还要让自己成为知识的熔炉,把所学知识在熔炉中消化、吸收。

摆在初入职场的年轻人面前的迫切问题是:如何力行实践,提高自己运用知识和活化知识的能力。在好学不倦的过程中力行实践,在力行实践的过程中好学不倦,从而使知与行相得益彰,是一条加快成长、开发潜力的捷径。通过读"有字之书",我们可以学习前人积累的知识,从中汲取经验教训,避免走岔道、走弯路;通过读"无字之书",可以培养我们脚踏实地的精神,帮我们纠正"有字之书"的错误,从而掌握真正的知识,锻炼出一身学以致用的本领。

商界活用

嘉其善,矜其不能

"嘉善而矜不能"的管理原则要求于商界领袖的是,既要嘉奖那些贤能的人,也要同情那些能力有欠缺的人。《红楼梦》中王二奶奶对第一次进大观园的刘姥姥说:皇上还有三门子穷亲戚呢。言下之意就是说我不会嫌弃你们乡下人。然而,众所周知,今天的不少商界领袖,要求他"嘉善"容易,要求他"矜不能"比登天还难。现实的经验告诉我们:市场不同情弱者,这本是鞭策人进取的话,可是在一部分人那里,竟成了对贫弱者鄙薄的理由。

有这么一个小伙子,结婚后第一次领着媳妇到自己家,跟母亲说:"您儿媳妇很勤快。眼睛里面很有活儿。"见丈夫说自己勤快,媳妇心想自己得有好的表现,不能懒惰,尽力找活儿干。公婆说:"你真好,别累着!"媳妇说没关系,在媳妇干活的过程中公婆不停地嘉奖她。下次又来到公婆家,公婆说:"上次把你累坏了,这次歇着吧。"这反而使得媳妇更加勤快了。小伙子问媳妇到公婆家的感觉,媳妇说:"到你们家很开心,虽然辛苦了一点。"

所谓嘉善,就是对人的某种行为给予肯定或奖励,使得这种行为得以巩固和持续。嘉善能够帮助人们建立自信。

林肯说："当人们被奉承的时候，就会忍受好多事情。"

马克·吐温说："一句美妙的赞语可以使我多活两个月，一句赞美的话能当我十天的口粮。"

威廉·詹姆斯说："人类天性中都有做个重要人物的欲望。人性至深的本质，在于渴望获得尊重。"

玫琳凯化妆品公司董事长玫琳凯说："有两样东西比金钱和性更为人们所需要——认同与嘉奖。"

一个人不可能在所有的方面都能干，俗话说山外青山楼外楼，强中还有强中手。人人都有自己束手无策、无能为力的地方，所以，人人都需要别人矜自己之不能，嘉自己之善。

当我们知道这个原理后，应该大胆地把认同和赞美送给别人。如果你是一个很少赞美别人的商界领袖，一直以严格要求者自居，今天不妨改变一下习惯，送给别人一句赞美的话，你将会有意外的惊喜。

刘斌刚进入大学的时候，对新环境的不适应以及对亲人的思念使他整日郁郁不乐。一天上口语课时，他正迷惘地望着外教讲课，试图从中听出一两个单词来。忽然外教提出了一个问题，这回刘斌听懂了，小声地嘟哝答案，不想外教听到了，伸出大拇指用英语夸奖他："Do a good job！"一刹那的功夫，刘斌仿佛进入了另一个恢宏的世界，阴霾的天气顿时变得晴空万里，窗台上那盆无人照管的小花也生机盎然地向他绽放笑意，刘斌惊诧了：原来世界这般美好。

嘉善是以真诚为基础的，是对别人的付出表示钦佩或谢意的一种表达。在嘉善声中，传递的是情感和思想，表达的是诚意和热情，化解的是无形间与人形成的隔阂与摩擦。在嘉善声中，别人的精神感染着你，别人的榜样鼓舞着你，送一点嘉奖给别人，你触目所及将是一片灿烂。要知道，嘉善的做法就如同阳光一样不可或缺，若是没了阳光，花朵就无法绽放。如果你发现了别人的长处，就大胆诚恳地嘉勉他。作为商界领袖，努力去发现员工的优点并嘉勉他是获得员工拥戴的第一步。而在发现员工的缺点时，不在大庭广众之下指责他，私下批评并给予一定程度的体谅，则是获得员工拥戴的第二步。实际上，每个人都是天生之材，都有其优点，学会嘉勉员工会使对方的工作热情得到调动，从而向你展示最好的一面，发挥出他最大的潜能。

第二十一节　诚明

诚,就是心地坦荡,不怀功利,没有杂念,怀有美好的愿望。

"诚"就是真实无妄。真诚与伪善是两种不同的处世态度。

在诚实的人眼中,世界是美好的,因为他觉得自己真心待人,无欲无求,是可以信赖的,也就认为,别人也同样是可以信任的,所以他不必怀有顾虑,也就没有必要背负歉疚。

信守诚笃的人,说出的都是真话,因为这是他的天性,他不会说谎,也不知道如何说谎。而伪善的人,也会说出真话,但是他说出的真话是有条件的,是怀有算计的,是为了达到某种目的。虽然可能得到他想要的,但这只是暂时的寄存,不可能长久拥有。

【原文】

自诚明①,谓之性;自明诚②,谓之教。诚则明矣③,明则诚矣。

【注释】

①自:从,由。明:明白。

②自:因为,由于。

③明:洞察。

【译文】

由真诚而自然明白道理,这叫作天性;由明白道理后做到真诚,这叫做人为的教育。真诚也就会自然明白道理,明白道理后,也就会做到真诚。

【历代论引】

郑玄说:由至诚而有明德,是圣人之性者也。由明德而有至诚,是贤人学以知之也。有至诚则必有明德,有明德则必有至诚。

《礼记正义》曰:天性至诚,或学而能。两者虽异,功用则相通。

孔颖达说:圣人天性至诚,则能有明德,由至诚而致明也。贤人由身聪明习学,乃致至诚。是诚则能明,明则能诚,优劣虽异,二者皆通有至诚也。

朱子说:德无不实而明无不照者,圣人之德。所性而有者也,天道也。先明乎善,而后能实其善者,贤人之学。由教而入者也,人道也。诚则无不明矣,明则可以至于诚矣。

【评析】

"明则诚"即知即行,就是明则诚,行而能知,就是诚则明。宋代邵雍在《侍物吟》中说："侍物莫如诚,诚真天下行。"荀子也说:"君子养心,没有比真诚再好的。做到真诚,就没有其他可做的,只有用仁爱守身,只有用正义做事。"只要做到了真诚,就不分是天性所致还是后天人为的教育所致,因为不管条件怎样,真诚而行的结果都是一样的。

"真诚"被古人提到了一个极高的地位,即使在现代社会中,真诚对于我们也具有极其重要的作用。为人处世如果缺少了真诚,我们会四面受阻,处处碰壁。只有把真诚放在一切言语和行动的最前面,时刻怀有一颗真诚的心,我们的路才能越走越宽,我们的成功也才能尽快到来。

【解读】

子思认为"遵道而行",要有"择善而固执之"的主观精神——诚。"诚"作为一般概念,具有真诚、无妄、纯正、专一等含义。它也表示人们精神专一的状态。子思以"诚"为本体,认为"诚"就是天道。

我们为人处世,时刻都应该把真诚放在第一位。因为真诚,才可以感动别人。"诚"为人性中第一美德,为英雄豪杰、伟大人物立德立言的第一要素。有了真诚,才使人之所以为人,英雄豪杰之所以为英雄豪杰、伟大人物。

朱熹说:"不能感动人,都是诚意不到位。"凡事自己用什么办法来对待人,人也用什么方法来对待你,可以说是分毫不差,一报还一报。曾国藩曾经有所感慨地说:"天地之所以不停止,国家之所以建立,圣贤之所以高大长久,都是诚来体现的。"

中国历史上晋文公"退避三舍"的故事,就是古人以诚取信于人的一个著名典范。

春秋时期,晋文公在国内兴利除弊,在众多贤臣的辅佐下,晋国的国力一天天强大了,他便开始向中原地区发展了。这时候,齐国已衰落,南边的楚国逐渐强大起来,把黄河以南的大片土地都划归为自己的势力范围,楚成王还不断将势力向北渗透。这么一来,晋、楚两国的矛盾和冲突就变得突出了。

楚国于周襄王十八年,借宋国投靠晋国为名,发兵攻宋。宋成公派使者到晋国求救,晋文公召集群臣商量对策。大将军先轸说:"现在能与晋国抗衡的只有楚国,主公想实现霸业,就一定要战败楚国。"狐偃等人也同意先轸的意见,还说:"楚国不久前把曹国拉过去,又与卫国结成亲家,他们三国现在正是关系最好的时候,曹、卫两国在主公落难时闭门不纳,甚是无礼。我们以此为名出兵去攻打这两个国家,楚国一定会相救,这么一来宋国的围就能解了,我们的仇也报了,岂非一举两得吗?"这个办法得到大家的赞同,晋文公决意出兵。

周襄王二十年，晋国出兵攻打曹国、卫国。晋国人多势众，军法严明，没几天就攻下了这两个小国，可是楚国还是围着宋国不肯撤兵。晋文公感到十分难办，他和先轸说："若不援救宋国，宋国势必和我们一刀两断；若去救宋国，又不免与楚国有一场恶战。只靠我们自己的力量，未必就能打败楚国，最好能联合齐、秦两国一同攻楚。只是齐国、秦国素来与楚国无隙，怎样才能使他们帮我们呢？"先轸说："这有何难？让宋国拿出贵重礼物贿赂齐国、秦国，请这两国帮宋说情，请楚国退兵。如果楚国不同意退兵，两国君主就会认为不给他们面子。那时我们联合他们去攻楚国，准保可成。"

过了几天，齐、秦两国的使者正在楚国大将军成得臣面前帮宋国说情。只见有人来报告说宋国仗着晋国的势力，把曹国、卫国的土地都夺了。成得臣大怒之下说道："宋国表面上要求讲和，却攻占我们的保护国，眼里哪有楚国？这是讲和的样子吗？"齐、秦两国使节弄了个没趣，只得离去。晋文公早就派人等候在半路上，把两位使臣请至晋军大营之中，摆宴款待，向他们说："楚国将领真狂妄呀，当面羞辱二位。我们马上就要对楚开战，望你们两国多多协助。"两位使臣立即同意。

楚成王已听说晋国、齐国、秦国联盟，感到军力有些单薄，就派人通知成得臣退军，并和他说："晋侯在外奔走多年，现在有六十多岁了，极有经验，我们未必斗得过，不如尽快收兵吧。"成得臣回答说："攻下宋国只不过是早晚的事了，现在撤军太可惜。请主公再给我几天时间，战胜了宋国就班师回朝。"

成得臣为早点儿取胜，加强了攻势。宋国军民知道晋国正在帮助宋国抗楚，便坚定了反抗意志，更加拼命抵抗，楚军暂时也攻不进城去。这时晋文公乃设计使曹国、卫国写信与楚国断交，并将成得臣的使者扣下。这一下把个火暴脾气的成得臣气得七窍生烟，命三军立即解除对宋国的包围。集中兵力要与晋军拼个你死我活。

这时晋军的力量稍弱于楚军，且远离本国作战。但已占领曹、卫两国当作前进的基地，况且与齐国、秦国已结成联盟，实力也有所加强。当晋、楚两军直接对垒，刚要开战时，狐偃对晋文公说："当初您在楚为客时曾和楚王说，一旦交战，晋军必当退避三舍，如今可不能失信啊。"晋文公听罢不语。身边的将领都纷纷反对。狐偃却说："成得臣虽然猖狂，但楚王的恩情我们不能忘记。我们退避三舍，只是对楚王表示谢意，不是怕成得臣啊。"晋文公和大家听狐偃说得有道理，便同意了。

楚军看晋退兵，认为晋军害怕了，就在后面追来。晋军兵将奉命撤退。见楚军这样盛气凌人，不由得下定决心，一定要战败楚军。晋兵一退就是九十里，待扎下营寨，成得臣派人下的战书也到了。第二天两军对阵，自是仇人相见分外眼红，都想一举打垮对手。

战斗开始，晋军主帅先轸令三军中的下军去攻由陈、蔡联军组成的楚军申的右军。这是楚军的薄弱环节，晋军一个冲锋就将陈、蔡联军打散了。接着先轸又令上军主将狐毛假充中军主帅，迷惑楚军。楚左军主将斗宜申望见晋军主帅旗，就指挥兵士冲杀过来。狐毛抵挡几下，诈败而逃。斗宜申哪知是计，紧紧追来，眼看就要追到，忽昕阵阵鼓声，晋军主帅先轸亲率精锐部队拦腰杀出，狐毛也率队反攻，两边夹攻，楚军顿时大乱。成得臣见势头不好，急命收兵，全军才幸免覆没。

楚军战败的消息传到了楚成王那里，他本来就对成得臣一意孤行不满，现在又见伤亡惨重，不禁大骂道："随他出征的战士阵亡这样多，他还有什么脸回国！"成得臣听到这话羞愧万分，于是自杀了。

晋军大胜的消息传至洛邑，周襄王派使慰劳晋文公。晋文公将俘获的一千名楚兵和一百辆战车献给周王。周襄王又赐给晋文公红色弓箭和黑色弓箭各一百张。在周朝时期，天王赐弓箭给诸侯，是种极高的奖赏，表示赐予这个诸侯自由征伐其他诸侯的权力。晋文公在诸侯中威名赫赫，他借此时机，会合诸侯，歃血为盟，当了霸主。

为人诚恳，待人诚实，做事实在，重视承诺，讲究信用，追求信誉，以诚实见信于人，这是一个人为人处世应当遵循的基本道理，也是一个社会维持正常秩序和有效运行的必然要求。

清代道光帝共有九个儿子，但长子、次子、三子都早亡，奕詝是道光帝的第四个儿子，且为皇后所生，其他诸子均为皇妃所生，根据中国历代王朝"立嫡""立长"的惯例，无论从哪一方面讲奕詝都应该成为皇位继承人。但是，当时有一个很大的变数，就是奕詝的六弟奕䜣是一个与他争夺皇位的劲敌，奕䜣十分聪明，善于思考，长于辩论，很有政治才能，道光帝很喜爱他。据说，道光帝曾密室确定皇太子的人选，当时将太监全部赶出来，但太监们在殿外隔着窗子窥伺道光帝在书写太子的名字时，最后一笔拉得比较长，所以揣测写的是一个"詝"字，不久清宫中就传出奕詝已被立为皇太子的流言。

至于是否真的立奕詝为皇太子，不得而知，但道光帝秘密建储，却是事实。不过，在立谁为太子的问题上，他一直下不了决心。他想通过一些事情来考察他们二人的道德、学识和能力。

一年春天，道光帝传命诸皇子与自己一起到南苑围猎。当奕詝向他的老师杜受田请教时，杜受田根据皇帝的喜好和当时的情况，就及时地向奕詝密授一计。

在围场上，别人都争先恐后，希望多打些猎物向皇上邀宠，但奕詝不但自己不发一箭，也不许其随从捕杀动物。奕䜣见他只是观看，并不打猎，感到十分奇怪，就问奕静为何不射猎？奕詝回答说："没什么，只因今日身体有些不舒服，所以不敢纵马射猎。"当日落西山时，诸皇子到道光帝面前复命，报告猎获禽兽的数目，奕新所获最多，而奕静却两手空空。道光帝感到十分惊奇，就问奕詝为何一无所获。奕詝再也不像回答奕新那样说自己不舒服了，而是说："现在正逢春暖花开，是禽兽繁育的时节，儿臣不忍心损伤生灵以损天和，也不愿与诸弟争强。"

这些话正合道光帝的心思，说得他大为高兴，当即称赞奕詝有仁德之心。

公元1846年，道光帝已感自己身体不支，想尽快地把皇储问题确定下来，于是召见奕詝、奕䜣二人，二人当然也知道此时的召见意味着什么，便都来向自己的老师请教。奕䜣的师傅鼓励奕新要展其所长，一定要在道光帝的面前展示自己的学问才华，因为过去奕䜣就是因为这个才得到了皇帝的宠爱的。但是，这师徒两人都没有想到，父亲对儿子的喜爱是一回事，皇帝选定接班人又是一回事，起码两者并不是完全等同的。而奕詝的老师杜受田则告诫奕詝说："若论说治国安邦、勤政爱民之策，你不是六爷的对手，现只有一策，若皇上自言年老多病，将不久于人世之时，你不可多言，只管伏地痛哭，以表示孝心。"

果然不出杜受田所料，皇上召见两个皇子时主要是说自己年老多病，不能长期处理政务了，奕詝按照老师的吩咐，在父亲面前声泪俱下，显示了自己的忠孝之心，结果博得了道光帝的信任，赞其"仁孝"。此次召见后不久，道光帝就以朱笔用满、汉两种文字书写了立皇四子奕詝为皇太子的秘密诏书，皇六子奕新则被封为亲王。

公元1850年，奕詝继位，是为咸丰皇帝。

奕詝其实是用一种虚伪的真诚打动了父亲的心，最终如愿以偿地当上了太子。这个故事只是想用反面的例子来说明以真诚为先的重要性所在。

做人要真诚，讲究诚信，做商人更应该以诚信为先，因为诚信是商人赖以生存的根本。

胡雪岩就是一个处处以诚信为先的商人。

胡雪岩在经营中本着一个信条："凡贸易均不得欺"，就是说交易不能以欺诈为手段。

相传他的胡庆余堂是在一怒之下创建的。有一次胡雪岩的老母亲胡老太太生病，请来杭州名医，望、闻、问、切一番折腾后，开了一张药方，胡雪岩立即命家仆去当时杭州最大的药店买药，不料药抓回来后，却发现其中几味已经发霉了。仆人返回药店同店主理论说："你们卖的药怎么发霉了啊？这可是给我们老太太买的，给换些好药吧。"谁知对方非但不给退换，反而讽刺他说："谁家没有老太太？本店只有这种药，要好的，你们自己去办药店！"仆人回来对胡雪岩这么一说，胡雪岩可真是火冒三丈,同时决定:"我就开一个药店给你看看!"于是,胡雪岩一怒之下创办了胡庆余堂。

当然,这可能只是一个传说,但胡雪岩在经营药店时,一直非常重视药品的质量,他深知"药业关系性命,尤为不可欺",这在那个年代是难能可贵的。

那个时期,不仅商品掺假,连做的广告也真伪难辨。当时店铺在报章上做的广告多以他人赞美的信函为主,那些信函配以发函人的姓名、地址,几乎可以以假乱真。还有的药店挂其歌功颂德的牌匾,什么"济世为怀"等,题者大都是达官贵人,其实这些人根本就未曾用过药店的药,只不过是药店老板自己或托人用钱换来的,不明究竟的人还真以为是药店好呢。

胡雪岩开办的胡庆余堂经营的是商品中极为特殊的药材,它的质量直接关系人命。药品的加工制作有着极为严格的要求,很多刚采回来的生药材含有对人体有害的毒素,必须经过必要的程序才能既保持药性又避免对人体产生毒副作用。在达到药用要求后,还要对药材作取舍搭配,这又涉及药的种类、数量和质量等,半点都马虎不得。以假乱真、以次充好,或减少贵重药品的配量,轻则会影响疗效,重则会危及生命。

为在经营时讲求药品质量,胡雪岩在店中专设金锅、银铲等炼药器具,客人来买药时,如果对药材的真假有怀疑,店员就会将药品的炼制过程给他演示一遍,以消除客人的疑虑。药店的大堂里悬挂着两块大匾,一块朝向门口,上书"童叟无欺",另一块朝向柜台,上书"修合无人见,存心有天知"。这是胡雪岩对店员的告诫。当时中药的修合大多沿袭单方秘制,外人看到的只是成品,药品的优良外行人是看不出来的,因而一些不法药商以假乱真、以次充好或减少贵重药品的配量,牟取暴利。胡雪岩立下这一块匾额,对店员谆谆告诫,让他们做事时凭良心,不要被眼前的利益蒙蔽了眼睛。

这两块匾额体现了胡雪岩在创办胡庆余堂时的经营宗旨,给顾客留下了诚实可信的印象。正是抱定这一原则,经过多年发展,胡庆余堂的"余"字招牌成为货真价实、童叟无欺的代号,深受人们的信赖。

胡庆余堂还常行善举,平时对贫民施药施衣,一旦遇到水灾旱荒、时病流行,就会捐出大量成药。正是由于这种不计私利、真诚待人的善心使得胡庆余堂的生意越来越红火。

待人诚实，见事明白

一个人如果天生真诚，从而由真诚达到明白道理，做事情时就会"不思而得，从容中道"。由于天性的真诚而自然而然地了解了社会人生的常道，这就是"性"。这种人就是"自诚明"的人，他们可以说是天生具有"诚"的慧根的人。因而为人处世时持中、稳健、理性、包容。这样的禀性使他们看待事物时不会偏颇，总能直入本质。

大多数人要通过博学、审问、慎思、明辨的过程，来知道"真诚"二字是自然界的法则。认识到真诚的自然天性，从而明白人情事理，领悟到人生需要真诚，万事需要实意，然后再反过来看一看自己的处世态度与行为方式，最终才能做到笃行"诚"这一法则。这就是自然教化的结果，也就是"教"。

《管子》说："非诚贾不得食于贾，非诚工不得食于工，非诚家不得食于农，非信士不得立于朝。"说的就是如果不诚信，从经商到务农什么事也做不成。只有以"诚"的态度对待自己的事业，才可能取得成功。所以说，诚是百得之源、成事之本。因为没有人愿意和嘴上抹蜜说甜话、脚下给人使绊子的人交往。中国有句俗话："上等之人，口说为凭；中等之人，立据为凭；下等之人，一无所凭。"可见，诚信不仅仅是为人处世的基本原则，更是衡量一个人人格和品质的尺度。

据《玉泉子》记载，吕元膺任东都留守时，有位处士常陪他下棋。有一次，两人正对局，突然来了公文，吕元膺只好离开棋盘到公案前去批阅公文。那位棋友趁机偷偷挪动了一个棋子，最后胜了吕元膺。其实，吕元膺已经看出他挪动棋子了，只是没有说破。第二天，吕元膺就请那位棋友到别处高就。别人都不知道他被辞退的原因，他自己也不知道为何被辞退。临走时，吕元膺还赠送了钱物给他。

吕元膺之所以要辞掉这位棋友，是由于他从这位棋友挪动一个棋子，搞了一个奸诈的小动作中发现了他的不诚。诚者，真诚之谓也。不诚之人，自以为聪明，结果聪明反被聪明误，做了糊涂事，失信于友，结果不得不卷铺盖走人。这样的人和这样的事，正好说明了人不诚、事不明的处世道理。

做既诚实又聪明的员工

上小学时，我们难免有过这样的经历，因为学校里的一个小事情跟父母亲撒了谎，结果被罚站"反省"好几个小时。而今，我们长大了，参加工作了，更要明白撒谎是万万要不得的道理。谎言是职场中的隐形炸弹，当你因为某一种利益一张口说了谎，也许跟张同事和李同事说了不一样的故事版本，也许跟大老板和二老板汇报了不一样的情况，可能一时蒙混过关。但是早晚有一天。谎言会被戳穿，你将付出的代价比儿时被父母亲"罚站"严重。有一个叫张铭的办公室文员，因为对上司说了真话反而被上司误会、冷落。而张铭的同事徐敏，因为撒了谎反而得到提拔。刚开始，张铭感到非常委屈，怀疑说真话是不是错了。但他很快调整过来，时常在心里提醒自己：人在做，天在看，不用着急，继续诚实做人，这是加薪升职都换不来的心安理得，值！一年后，真相大白，张铭获得提拔重用。

阿尤布·甘曾说："诚实就像细细的绳子，一旦断了线再接起来几乎不可能。"洛克菲勒也说："不要把诚实说成是一种白送的礼物或最贵重的品质。而要把它看成是生命力。这是带来长久成功的真正的'生命气息'。的确有相当多的人根本不考虑诚实的基本功用，在每次背叛别人之后就逃之夭夭。可是根据我的经验，这样的一些人自以为聪明，其实愚不可及，根本不可能长期混下去。在企业界，没有比欺诈和违反道德伦理的消息传得更快了。"对于职场中的任何一个人来说，诚实做人，聪明做事，有着不可估量的价值。当自己不是欺骗对手，而是设法战胜对手，诚实地并聪明地完成企业交给你的任务，你不但会赢得上司的欣赏，提升了自己的价值，同时也会在工作中感受到巨大的精神愉悦。

如果说为人要憨厚诚实，那么做事则需要我们精明智慧。打个比方说，也就是做人要驯良像鸽子，做事要灵巧像蛇。成功学大师戴尔·卡耐基算是一个聪明绝顶的伟大人物了，但他也犯过糊涂，做过蠢事。他在笔记中这样反省自己："我的档案柜中有一个私人档案夹，标示着'我所做过的蠢事'。夹中插着一些做过的傻事的文字记录。我有时口述给我的秘书做记录，但有时这些事是非常私人的，而且愚蠢之极，没有脸请我的秘书做记录，因此只好自己写下来。每次我拿出那个'愚事录'的档案，重看一遍我对自己的批评，可以帮助我长点记性——这次干过的蠢事下次别再干。我曾经把自己的麻烦怪罪到别人头上，不过随着年龄渐增，也算长了一点智慧，我最后发现应该怪罪的人只有自己。"

我们知道,职场上对某个员工的最高评价是:这个组织因你而改善,这个岗位因你而成果卓著。初入职场,你就应该以这样的最高评价来要求自己,遇事临渊履薄,戒慎恐惧,不敢稍有疏忽,力求见事明白,见事能干。不过需要提醒的是,因为你是初来乍到,不能过于精明,比如斤斤计较于餐费不能报,送客户的小礼品是自己从家里拿的等等小事。我们要知晓一个道理,凡成功皆有付出,凡付出总有回报,世事皆如此。

商界活用

因为诚明,所以成名

1989年春。年仅21岁的姜伟涛毅然辞职,拿着自己东挪西借来的2000元钱在梅河口市新建的轻工市场内租下了一个摊位,到沈阳进了首批日用品,开始淘自己的第一桶金。在那段艰苦的创业时期,姜伟涛天蒙蒙亮就起床,连早饭都来不及吃,就从家里骑着自行车赶8公里的路程到山城镇,然后坐通勤车前往梅河口市守摊子,和顾客讨价还价,分毫必争,赚点微薄的利润。吃午饭时,他通常是一根麻花加一支雪糕就对付过去了,然后继续忙前忙后地应付局面,一直要忙到晚上8点多才肯收摊回家吃晚饭。就这样,没用多久,这个为人诚实、做事精明的小伙子在小小的梅河口市就名声大振。走在街头巷尾,许多人都能喊出他的名字。

但姜伟涛是胸怀大志的人,不满足于小打小闹。当他的手头赚足了十几万元的流动资金后,他决定在当时梅城商界尚无人敢尝试的精品服饰领域吃一回"螃蟹"。梅河口是个边地小城,所以,当姜伟涛把那些个价格昂贵的精品服饰挂上柜台时,感兴趣的人不少,但真正愿意掏出钱来买的没几个,毕竟来逛地摊的大多是普通市民。不少人甚至在心里这样猜测:"这些个货品怕是从南方倒腾来的水货吧?"而那些掏得起钱的高层消费群体宁肯跑远路去大城市买,也不相信能从他姜伟涛的地摊上买到真正的精品服饰。姜伟涛后来满怀欣慰地对记者说:"其实,这怪不得消费者,是以坑蒙拐骗为能事的商家坏了大伙的信誉。这种情况下,只要你坚持以诚信为本,你就会脱颖而出。"

为了亮出自己的诚意,姜伟涛在自己的摊位上打出了两个醒目的告示牌:"一、所有款式的货品不讲价、不降价;二、所有售出货品只要没有人为损坏,无条件退货。"姜伟涛认为,高档商品是身份、地位的象征,如果随便讲价、降价,对提高自己的信誉度有百害而无一利。再说,对先期购买过该货品的顾客也是一种不负责。而无条件退货,虽然会造成某种程度的经济损失,但其带来的良好声誉却是花多少钱也买不来的。

　　告示牌打出去后的第一个星期,姜伟涛的摊位前常常会有一些好奇人士对他的告示内容指指点点。十几年前,在东北的一个边地小城,他的所谓告示很容易被人理解为"噱头"。这一周,他只卖了一条广州产的领带;第二周,他卖出三件西装,被退回一件;第三周,姜伟涛卖出两件西装、三条领带……一个月后,他的日营业额飙升了数十倍。三个月后,邻近的几个摊位被姜伟涛买下,随后他又在梅河口交电大楼租了一个十来平方米的空间,做起了高档时装专卖。靠着诚实的品质、精明的头脑,姜伟涛初闯商海即大获成功。

　　如今,姜伟涛已拥有资产好几千万,连锁店开到了400多家。在梅河口市,但凡说起姜伟涛,街头巷尾的人家就有叨咕不完的话题,连黄口小儿也知道有他这么一个人,靠着为人的诚实和做事的精明,用了十来年的时间就从一贫如洗的穷小子变成了大富豪。

第二十二节　尽性

　　诚是自然界中万物的本然状态,是万物天性的自然呈现。

　　诚又是内心认识的自然流露,是万物发展变化过程的主观反映。

　　真诚者能把自己善性发挥到极处,以这样的态度关怀人,也会使别人的善性发挥到极处。万物也会得到关照,也会得其所,遂其生。

　　至诚之人天性坦荡,心灵透明,对于事物不虚美,不巧饰,自然自在。就像花蕾的盛开,对着太阳绽放。就像种子,无论受到什么挤压,都向着太阳生长。

　　天地以其至诚,令一切的诈伪无处躲藏。

　　【原文】

　　唯天下至诚,为能尽其性;能尽其性[1],则能尽人之性;能尽人之性,则能尽物之性;能尽物之性,则可以赞天地之化育[2];可以赞天地之化育,则可以与天地参矣[3]。

　　【注释】

　　①尽其性:充分发挥本性。尽:最,达到极致。

　　②赞:赞助。化育:化生和养育。

　　③与天地参:与天地并立为三。朱熹注:"谓与天地并立为三也。"参:古通"三"。

　　【译文】

　　只有修养达到天下至诚的人才能彻悟天地万物运行的至理。通达天地至德万物至理,就能够极大地发挥人的天性。充分地发挥人的天性,就能够完全合理地发挥和利用万物的天性而达到物得其育、物尽其用。能够使天地万物的天性得其所成,那么这种修养是可以得到与天地化育万物的至德同样崇高的赞美;能够得到与天地至德相媲美的赞扬称颂,这种修养的大德是完全可以称之为与日月同辉、与天地并列为三了。

【历代论引】

郑玄说:尽性者,谓顺理之使不失其所也。助天地之化生,谓圣人受命在王位致大平。

《礼记正义》曰:天性至诚,圣人之道也。

孔颖达说:天下之内,至极诚信为圣人也。以其至极诚信,与天地合,故能"尽其性"。既尽其性,则能尽其人与万物之性,是以下云"能尽人之性"。既能尽人性,则能尽万物之性,故能赞助天地之化育,功与天地相参。

朱子说:天下至诚,谓圣人之德之实,天下莫能加也。尽其性者德无不实,故无人欲之私,而天命之在我者,察之由之,巨细精粗,无毫发之不尽也。人物之性,亦我之性,但以所赋形气不同而有异耳。能尽之者,谓知之无不明而处之无不当也。

【评析】

一个真正真诚的人,必然会首先做到对自己真诚,然后才能对其他人真诚。真诚是看不到,摸不着的,但它的力量却是巨大的,人人都可以感觉到。真诚可以拉近人们之间的距离,消除彼此之间的冷漠和隔阂;真诚可以使亲人相亲相爱,家庭里充满欢声笑语;真诚使朋友之间肝胆相照,相伴一生;真诚可以使我们的社会处处充满温馨和谐的气息,处处充满爱;真诚可以使每一个致力于追求它的人立于与天地并列为三的不朽地位。真诚就像为天下之根本的中庸之道一样,为我们"须臾不可离",真诚也是中庸之道的具体表现。

【解读】

两宋之际,宋廷党争激烈,社会矛盾尖锐,内忧外患纷至沓来。北宋政权被金灭亡后,徽钦二帝俱被俘虏,赵构在混乱中被拥立为帝,引军避金人兵锋,暂驻于长江南岸的江宁府,不久退至扬州,对金国采取屈辱求和政策,希图偏安一隅。与之相反,朝廷却涌现出一批关心国事、恤念民艰、以身许国的忠义之士,他们上书抗论,揭露失职辱国的可耻行径,反对屈辱性的对金和议,表现出崇高的民族气节。其中,胡铨就是突出的一位。

胡铨,字邦衡,宋哲宗崇宁元年,出生于一个以耕读为本的客家家庭。胡铨在家庭环境熏陶下,自小潜心学问,强记博览,而又关心时事,逐渐成为一名以天下为己任的有为青年。刚刚成年,胡铨便已经才气横溢,初露锋芒。宋高宗建炎二年被选送到扬州,接受高宗的亲自策试。在对策中,胡铨从民本思想出发,尖锐地批评高宗为政听于天而不听于民,没有一切以民众的愿望和要求出发,恃天命而不修人,所以才致祸乱迭起,在充分阐述"国将至,听于民,国将灭,听于天"的道理之后,胡铨又具体列举出了高宗为政失当之处。引古证今,层层剖析,对高宗用人施政的错误作了无情的批判,对如何治国兴邦提出了一系列建设性的意见,充分阐明了以民为本的政治理想和

胡铨

治国方略。他敏锐的观察力和敢于犯颜直谏,勇于变革现状的可贵精神给朝廷上下留下了深刻印象,被实授抚州军事判官。

胡铨未及到抚州上任,时局就发生了很大的变化,金兵再度南侵,朝廷节节败退。宋高宗率百官从东线南撤,自建康经镇江、常州、湖州至杭州,升杭州为临安府,想就此安居下来。而金兵不让南宋君臣有片刻安宁,继续挥兵南进,宋廷不得已又狼狈南奔至绍兴、宁波,自宁波乘船改从海道逃命,直到温州。在这万分危急的时候,各地将官的腐败状况顿时暴露无遗。多数州县不堪一击,官将们逃的逃,死的死,更有甚者,叛国投降,挟众为乱。

年轻的胡铨,面对国家如此混乱、艰难的局面,毅然挺身而出,把自己忠君报国的理想付诸实践。他振臂一呼,募集了成千上万热血子弟,组成义勇军,与抚州太守张循相配合,给予入侵的金军迎头痛击。在两宋之际的抗金斗争中,胡铨一直是反对和议的杰出代表,先后与秦桧、汤思退为首的主和派展开了坚决的斗争。

绍兴七年,被囚禁在金国的宋徽宗和宁德皇后逝世,讣告到达了临安,主和派以和议可以迎回徽宗梓宫及尚健在的钦宗和太后为借口,又趁机大肆鼓吹和议。于是朝廷派遣王伦为使者,出使金廷。金国派其宣院事萧哲,左司郎中张通古为"江南诏谕使",与王伦一起到达临安,说宋不是与金国对等的国家,而只是金国的属国;并且使用皇帝"诏谕"字眼这种侮辱性的使节名称,已经激起南宋官民极大的愤怒;加之萧哲等傲慢无礼,公然要求宋高宗到他们下榻的馆驿接受诏书,更激起朝野忠义之士的愤慨。许多人上书抗论,奸相秦桧却抓住高宗想早日实现徽宗

梓宫和太后归还的心理，宣言"屈己议和，此主之孝也"。在这一关键时刻，胡铨挺身而出，给高宗上了一则言辞激烈的奏书，要求把王伦、秦桧、孙近三人斩首示众。胡铨的奏书一上，朝野上下无不称快。而秦桧之党切齿痛恨，以谤讪宰相、指斥和议、狂悖鼓众的罪名，革除了胡铨官职，流放到了昭州。后因御史台及谏官多次出面为胡铨喊冤叫屈，秦桧迫于公论，只好对胡铨从轻处置，改任监广州盐仓。

胡铨身遭贬逐，然而名声却播于天下，上到朝中大臣，下至武夫汗卒，以及边远之人，莫不津津乐道胡铨的奏书，都希望能结识这位有胆有识、为国为民忠贞不贰的大丈夫。他的奏书被朝臣陈师古刊印后流行全国，金国人听说后，才知道宋廷有人是不可轻视的，于是出千金求购胡铨的奏书。由此可见，胡铨大无畏的言论在当时产生了多么巨大的影响。

宋孝宗即位后，胡铨被重新起用。孝宗先任命他为饶州知州，旋即又把他召至临安，亲自接见，听取他对于国家重大政策的意见。胡铨屡次劝说孝宗要坚决任用张浚主持抗战恢复大计，不要惑于谗言，动摇既定的抗战方针。这一系列忠言谠论，对于孝宗一朝的朝政裨补甚多。然而，孝宗的对金政策也有动摇的一面，对胡铨的意见通常只是口头赞许，实际上却并不采纳，反而常常受主和派汤思退等人的左右。在这种情况下，胡铨再次站了出来，与宰相汤思退为首的主和派又展开了坚决的斗争。

隆兴元年，宋金交战，在符离一役中宋军大溃，金方趁机要求宋朝割让海、泗、唐、邓四郡。以张浚为首的主战派，坚决反对割地。以汤思退为首的主和派，于次年罢免了张浚的相位，由汤思退起草议和书，答应割给金国四郡。这时，胡铨又勇敢地站出来，上书孝宗道："臣窃以为思退又一秦桧也！思退不去，国体弱矣！"在胡铨精神的感召下，太学生张观等七十二人上书，指出汤思退等人奸邪误国的行径，要求将他们斩首。此前已被贬官谪居泉州的汤思退闻讯，忧悸而死。胡铨领导的反抗投降运动，取得了局部的胜利。

淳熙年间，胡铨见孝宗倒向了主和派，自觉已经无力扭转乾坤，于是产生了退归田里、保持气节的念头。屡次向孝宗提出辞官退休的请求，都没有获得批准。直至淳熙六年，胡铨已是七十八岁高龄，疾病缠身，不能再上朝了，孝宗才准许他以资政殿学士的身份告老还乡。次年五月，胡铨病危，弥留之际，仍口授遗表，期望孝宗"舍己为人，安民和众"，牢记家仇国恨，收复失地。他自己则愿学习唐代"安史之乱"时忠贞杀敌、以身殉国的张巡，"为厉鬼以杀贼，死亦不忘！"就在忠君爱民、杀敌报国的嘱咐声中，胡铨溘然辞世。

胡铨一生忠贞为国，他身上体现出来的那种为了国家和民族的利益而热血沸腾冒死抗争的精神;那种执着追求认定的真理,至死不渝的情怀,是留给后世的无价的精神财富。

不只是人的行为、动机要真诚,荀子强调即使是普通的谈吐也一定要诚实可信,即使是一般的行动也一定要谨慎小心,不敢效法流行的习俗,不敢自以为是,像这样就可以叫作诚实之士了。诚实是对别人而言的,也就是说诚实是有对象的。诚实就是彻底地卸掉所有的伪装或技巧,把自己像一朵花那样打开,自然、朴实、亲切。诚实的力量是一种敞开的力量。

北魏太武帝让崔浩负责编写魏国历史,太子的老师高允也参加了编写,他为了扩大影响,竟把国史刻在石碑上,让百官阅读,这使皇帝非常不高兴,责问高允说:"国史都是崔浩写的吗?"

高允老老实实地回答说:"不,崔浩管的事多,只抓个纲要。具体内容,都是我和别的著作郎写的。"

太武帝转过头对太子说:"你看,高允的罪比崔浩还严重,怎么能饶恕呢?"

太子对太武帝说:"高允见了陛下,心里害怕,就胡言乱语。我刚刚还问他来,他说是崔浩干的。"

太武帝又问高允:"是这样的吗?"

高允说:"我犯了罪,怎么还敢欺骗陛下。太子刚才这样说,不过是为了想救我的命。其实太子并没问过我,我也没跟他说起过这些话。"

太武帝看到高允这样诚实直率,心里很是感动,就对太子说:"高允死到临头,还坚持不说假话,这的确是难能可贵的。我赦免他的罪就是了。"

高允因为自己的诚实而被免罪了,假如他不说实话,也许当时可以得到赦免,但事情总有被查清楚的那一天,到那时他可是罪上加罪了,不可能再得到赦免了。所以说,真正诚实的人,无论在什么情况下,都会坚持自己的原则,这样反倒可以化险为夷。

高允

《菜根谭》里说:"信人者,人未必尽诚,己则独诚矣;疑人者,人未必皆诈,己则先诈矣。"一个能够得到别人信任的人,虽然别人未必都是诚实的,但是自己却先做到了诚实。如果一个人总是用虚伪的言行去对待别人,一次两次或许能不被发现,时间长了就会露出原形,到那时就没有人再相信他了。而一个始终都真诚无欺的人,即使会受到一时的误解,也会有真相大白的那一天,到那时,他反而可以得到更多人的尊敬。

西晋时的石苞,面对别人的诬陷,心底无私,始终坦然相对,终于使得晋武帝自省,也使自己摆脱了困境。

石苞是西晋时期一位著名的将领。晋武帝司马炎曾派他带兵镇守淮南,在他的管区内,兵强马壮。他平时勤奋工作,各种事务处理得井井有条,在群众中享有很高的威望。

当时,占据长江以南的吴国还依然存在,吴国的君主孙皓也还有一定的力量,他们常常伺机进攻晋朝。对石苞来说,他实际上担负着守卫边疆的重任。

在淮河以南担任监军的官员名叫王琛。他平时瞧不起贫寒出身的石苞,又听到一首童谣说:"皇宫的大马将变成驴,被大石头压得不能出。"石苞姓石,所以,王琛就胡乱怀疑这"石头"就是指石苞。

于是王琛秘密地向晋武帝报告说:"石苞与吴国暗中勾结,想危害朝廷。"在此之前,风水先生也曾对武帝说:"东南方将有天兵造反。"等到王琛的秘报送上去以后,武帝便真的怀疑起石苞来了。

正在这时,荆州刺史胡烈送来关于吴国军队将大举进犯的报告。石苞也听到了吴国军队将要来进犯的消息,便指挥士兵修筑工事,封锁水路,以防御敌人的进攻。晋武帝听说石苞固守自卫的消息后更加怀疑,就对中将军羊祜说:"吴国的军队每次来进攻,都是东西呼应,几乎没有例外的。难道石苞真的要背叛我?"羊祜十分了解石苞的为人,自然不会相信,但武帝的怀疑并没有因此而消除。凑巧的是,石苞的儿子石乔担任尚书郎,晋武帝要召见他,可他过了一天时间也没有去报到,这就更加引起了武帝的怀疑,于是,武帝想要秘密地派兵去讨伐石苞。

武帝发布文告说:"石苞不能正确估计敌人的实力,修筑工事,封锁水路,劳累和干扰了老百姓,应该罢免他的职务。"接着就派遣太尉司马望带领大军前往征讨,又调了一支人马从下邳赶到寿春,形成对石苞的讨伐之势。

王琛的诬告,武帝的怀疑,石苞都一直被蒙在鼓里,他一点也不知道,到了武帝派兵来讨伐他时,他还莫名其妙,不知道是怎么回事。但他想:"自己对朝廷和国家一向忠心耿耿,坦荡无私,怎么会出现这种事情呢?这里面一定有严重的误会。一个正直无私的人,做事情应该光明磊落,无所畏惧。"于是,他采纳了部下孙铄的意见,放下了身上的武器,步行走出城门,来到都亭住下来,等候处理。

武帝了解了石苞的行动以后,顿时惊醒过来,他想:讨伐石苞到底有什么真凭实据呢？如果石苞真要反叛朝廷,他修筑好了守城工事,怎么不做任何反抗就亲自出城接受处罚呢？再说,如果他真的勾结了敌人,怎么又没有敌人前来帮助他呢？想到这些,晋武帝的怀疑一下子就打消了。后来,石苞回到朝廷,还受到了晋武帝的嘉奖。

《说苑》中说:"巧诈不如拙诚",巧妙的假话即使一时能够流人人的智慧里,怎么能战胜得了天理？所以胡林翼说:"诚信的最好道理,能够挽救人走出欺诈的极端。一个人能欺骗一件事,不能欺骗所有的事;能欺骗一人,不能欺骗所有的人;能欺骗一时,却不能欺骗万代。"台湾的济慈法师也说过,对人要诚,不怕受欺诈;你被人欺诈了,你反而显得更明亮,就像宝石一样,只有被磨才闪亮。

真诚的人即便被各种污言秽语所淹没,他们身上因为真诚而放射出来的光芒也终究不能被掩盖。因此,不管何时何地,我们都要努力做一个真诚的人。

处世活用

至诚感人

孟子曰:"至诚而不动者,未之有也;不诚,未有能动者。"孟子的意思是,以至诚之心来对待他人,却无法打动那人的心,那是不可能的;不以至诚之心对待他人,那就不可能打动任何人。王安石在《商鞅》诗中写道:"自古驱民在信诚,一言为重百金轻。"司马光则认为君子唯有至诚方能感人。他说:"君子所以感人者。其惟诚乎！"周敦颐把"诚"看作区别人的行为善恶、好坏的道德标准,说"诚"是"五常之本,百行之源"。朱熹说:"诚者,至实而无妄之谓。"曾国藩认为,天地万物之所以运行,国家之所以建立,圣贤的德业之所以光大,可以持久,都是因为至诚的作用。著名翻译家傅雷也强调:"一个人只要至诚,总能打动别人的。"

和至诚的人打交道,令人放心。至诚的人常常谈笑从容,他们的眼神和口吻使你无法怀疑他们的话语。他们可以畅所欲言地谈论自己的出身、处境和对事情的看法,使你感到在荣辱进退、尊卑显隐之间,有一个大的道理的存在。掌握这一大道理的人敢以真面目示人,这样的人让人感动,愿意与之为伍。

人唯有做到至诚,才能更加透彻地认识自己的"真性",从而推及他人以至整个天下万物的"真性",正所谓"至诚可以参天地"。如果为人不至诚,自己和别人就无法达到统一,自己和天地万物就无法达到统一,因而也就无法实现家庭的和谐、社会的和谐。正如某作家所说,诚实作为人性中的第一美德,懂的人多,做到的人极少。有人假装至诚,其实一肚子坏水,想法算计别人,口是心非,两面三刀,这样的人不会有朋友,如果有朋友,那也是一些沆瀣一气的朋友。

古往今来,华夏人士一向崇尚"至诚"这一美德。人,不可能与世隔绝,与人有相交的地方很多,而要与人相交,就要看我们为人至诚不至诚。俗话说:"种瓜得瓜,种豆得豆。"在与人相交的过程中,你诚心待人,人也会诚心待你。

有一次,魏文侯与掌管山泽园圃和田猎的官员虞人约定在某一天二人一同去附近的山上打猎。这一天到了,几个大臣在宫里陪魏文侯饮酒作乐。大家喝得兴致正高的时候,突然下起雨来。看见雨越下越大,魏文侯蓦地想起今天是他与虞人约好打猎的日子。于是他命令下人赶快为他预备马和弓箭,好去打猎。

官员们非常不解,问道:"主公,刚才我们一起饮酒作乐,大家都很高兴,何不继续呢!"文侯说:"今天是我和虞人约好一起去打猎的日子。我不能违约,既然说定了的事,我是一定要去的。"官员们都劝他说:"现在下雨了,您即便不去,虞人也不会有什么意见。更何况您是主人,他是臣子,主人怎么做都是对的,臣子不能挑主人的毛病。您还是别去了。"魏文侯不以此话为然,仍旧让下人们赶快预备马匹、弓箭,自己到内堂换上了打猎的行装,坚持去履行与虞人的约。而这时,虞人正在他和魏文侯约定的地点等候,看见老天突然下起雨,心想文侯肯定不会来了,正在犹豫要不要返回之际,虞人听到远处有马蹄的声音,接着就看到文侯骑着马向自己跑来。虞人感动得热泪盈眶,赶忙上前给文侯施礼,对他说:"主公,下雨了,您不必来赴约啊。"文侯却说:"我和你约好了,即使下再大的雨我也得来,否则就是为人不至诚了。"说着就拍拍马屁股,径直往树林中打猎去了。

魏文侯认识到自己越是位尊权大,越要至诚为人,这样方能赢得臣属和百姓的真心拥戴,方能"赞天地之化育,与天地参"。在日常生活中,人与人若能以至诚相待,而不是尔虞我诈、互相利用,那世间还有什么事不能办到呢?

职场活用

唯有尽己之性,方能尽老板之兴

很多人认为,大多数人找不到工作是因为企业减少了对人才的需求,才使得很多才华横溢的人成了无业游民。事实当然不是这样的,现在许多公司、机构,有很多空缺职位没有合适的人才来补充。君不知在报纸、电视、电台上,到处打得有"诚聘职员"的广告,可见求贤若渴的老板不在少数,他们也在急切地想要找到能为自己效命的人才。如果非要对这种劳资双方的互不理解做出解释,答案或许只有一个,那就是多数公司需要的都是那些受过良好职业训练、能够尽己之性、努力把工作做好的人才,而不是偷奸耍滑、马虎草率、朝秦暮楚的平庸劳力。可见,很多人找不到工作正是因为不符合企业的这个用人标准。

我们知道,人一般都有好逸恶劳的习性,如果不是被环境所迫,多半都只会安于现状,不求上进。而当不幸真的降临时,他们却只会问:"为什么倒霉的事总发生在我身上?"从不在自己身上找原因。

在《致加西亚的信》一书中,有这样一段话:"每个雇主总是在不断地寻找能够助自己一臂之力的人,同时也在抛弃那些不起作用的人——任何阻碍公司发展的人都要被拿掉。每个商店和工厂都有一个持续的整顿过程。雇主会经常送走那些显然无法对公司有所贡献的员工,同时也吸引新的员工进来。不论业务多么繁忙,这种整顿会一直进行下去。只有当公司不景气、就业机会不多的情况下,整顿才会出现较佳的成效——那些不能胜任、没有敬业精神的人,都被摈弃在就业的大门之外,只有那些能够尽己之性把工作干好的人才会被留下来。"

在工作中,我们每个人都应该发挥自己最大的潜能,努力地工作而不是浪费时间寻找借口。要知道,老板安排给你这个职位,是为了解决问题,而不是闲得没事做,来听你连篇累牍地对困难做分析。

罗斯是公司里的一名老员工,专门负责跑业务,业绩一直不错。只是有一次,他负责的一笔业务突然被别的公司抢先拿走了,给公司造成了不大不小的损失。事后,他向公司领导解释说,因为自己的腿伤发作,比竞争对手晚去了半个小时。公司领导知道他工作一直很卖力,而且腿伤也是因为前几年为公司出差伤的,所以并没有责备他。其实罗斯的腿伤并不严重,根本不影响他的工作。可不幸的是,罗斯自从这一次用借口将责任推脱过去后,自以为得意。往后每当公司要他出去联络一些困难较大的业务时,他都说他腿脚不行,不能胜任。

公司领导只好把困难的任务委派给别的业务员去做。罗斯见领导不再将一些困难的任务交给自己,暗自庆幸。心想,这种费力不讨好的任务,谁爱做谁做去。

一年后公司按绩效考核进行裁员,罗斯被列在被裁名单的第一名。公司领导把他叫进办公室,对他说:"你为公司负过伤,以前干得也很棒,但是你这一年来的绩效几乎为零。更重要的是,你作为一名老员工,在公司没有起到表率作用,影响恶劣,公司只能让你走。"罗斯刚要张嘴辩解,公司领导立即说:"你不要再对我讲什么理由,这一年来我听够了,你到财务办手续去吧。"

在任何一家公司或者企业中,那些不能尽己之性,靠蒙骗公司管理者过日子的人,最后只能落得像罗斯一样的下场。他们不尊重自己,却企求别人对他的尊重;他们不尊重工作,却梦想从工作中获得报酬。这种为人不至诚的人怎么可能赢得公司的信赖和尊重呢？进入职场，我们不得不铭记住这一点：唯有发挥诚实、仁爱、真挚的为人本性，表里如一，凡事尽力而为，即使对待一份收入微薄的工作也以认真、务实的态度去做，不说谎话，踏实肯干，当职业理想与现实发生矛盾时，不这山望着那山高，而是干一行爱一行，这样无论何时何地都能尽己之性的职场人士，才能赢得老板的欢喜和重用。所谓尽己之性，方能尽老板之兴，说的就是这个道理。

第二十三节　致曲

上章谈的是圣人，这章说的是一般的人。

无论什么人，无论做什么事，只要心无旁骛地专心一意去做，那么通过至诚努力，就会达到一定的境界而使自己不朽。

"曲"为一偏，也就是指贤人以下的人某一方面的善性，如对此能真诚发挥，就会充分表露，而且越来越光明显著，从而进一步凝聚感动他人的力量，感化他人向善，这样也就可以和圣人一样了。

【原文】

其次致曲①，曲能有诚。诚则形，形则著②。著则明③，明则动。动则变，变则化④。唯天下至诚为能化。

【注释】

①其次：次一等的人，即次于"自诚明"的圣人的人，也就是贤人以下之人。致曲：致力于某一方面的善端。曲，偏，一个方面。

②形：这里指显露、表现。著：昭著，显著。

③明：光明。阐扬。

④变：变革。化：即化育。

【译文】

一般的人致力于某一个善端，致力于某一个善端，也就能做到真诚。做到了真诚就会表现出来，表现出来就会逐渐显著。显著了就会发扬光大，发扬光大就会感动他人。感动他人就会引起转变，引起转变就能化育万物。只有天下最真诚的人才能化育万物。

【历代论引】

郑玄说：不能尽性而有至诚，于有义焉而已，形谓人见其功也。尽性之诚，人不能见也。

《礼记正义》曰：由明而致诚，是贤人，次于圣人。贤人习学而致至诚，贤人致行细小之事不能尽性,于细小之事能有至诚也。

孔颖达说:不能自然至诚,由学而来,故诚则人见其功。初有小形,后乃大而明。若天性至诚之人不能见,则不形不著也。由著故显明,由明能感动于众。既感动人心,渐变恶为善,变而既久,遂至于化。言恶人全化为善,人无复为恶也。唯天下学致至诚之人,为能化恶为善,改移旧俗。不如前经天生至诚,能尽其性,与天地参矣。

朱子说:盖人之性无不同,而气则有异,故唯圣人能举其性之全体而尽之。其次则必自其善端发见之偏,而悉推致之,以各造其极也。曲无不致,则德无不实,而形、著、动、变之功自不能已。积而至于能化,则其至诚之妙,亦不异于圣人矣。

【评析】

第二十三章是相对于第二十二章来展开论述的。上一章说的是天性至诚的圣人,这一章说的是比圣人次一等的贤人。就是说,圣人是"自诚明",是天生就真诚的人,贤人则是"自明诚",是通过后天教育明白道理后才做到真诚的人。贤人虽然在天性上不及圣人,他们只致力于某一方面,能够做到对于小事物也施以真诚,这样通过不懈的努力和修养,他们的真诚经过"形、著、明、动、变、化"的阶段,同样可以一步一步地达到圣人的境界:化育万物,与天地并列。

对于我们来说,也许达不到圣人的境界,但我们可以做到最起码的真诚,对自己真诚,对他人真诚;也许我们达不到圣人所取得的成就,但我们可以选择做好自己应该做的事,在自己的岗位上尽心尽力,一样可以有所成就。说到底,只要我们肯努力奋斗,曲径通幽,条条道路通罗马,最终都可以大功告成,修成正果。不是也有那句话吗?"三百六十行,行行出状元",立足于本职工作刻苦钻研,我们一样能够获得更大的成功。

【解读】

对于一个国家来说,经济基础是根本,其他方面都受经济基础的制约,所以每个国家都把经济工作作为重中之重。对于一门科学来说,基础理论和基本技能是根本。这就是说人们无论做什么事儿,都要牢牢把握根本,抓住中心环节,不要大小轻重一起下手,这样容易弄得手忙脚乱,无从下手了,只有先把关键问题解决好,其他问题才迎刃而解。

春秋时,管仲辅佐齐桓公成为九合诸侯、一匡天下的五霸之首。他采取的方法是首先鼓励发展农业,因为农业是一国之本,另外还要举贤才来实施这些事,发展军事以自卫,以扶弱抑强,发展商业以增进流通等等。通过管仲的治理,齐国由一个内乱频仍的国家变为当时最强盛的国家。

东汉末年，诸葛亮辅佐刘备入蜀，首先也实行奖励农桑，使国力强盛。在此同时，又加强法制，明确官员职责，起用贤才，安抚南方少数民族，外交上东和孙权。有了这些基础，他才能六出祁山，率师北伐。

公元269年，晋武帝以羊祜督镇襄阳。羊祜一方面对吴人开布大信，取得吴人的好感，同时又开垦荒地八百余顷。他刚到襄阳时，军无百日之粮，及至第三年，军中便有可供十余年消耗的粮食积累。

战国时代，洛阳苏秦就学于鬼谷子，学成后到周王那里游说，受到冷遇。他认为自己的学问不到家，便刻苦钻研《阴符经》一年有余。他认为已经领悟了其中的要旨，便周游列国，最后楚、齐、燕、韩、赵、魏六国采纳了他的合纵政策，并以他为合纵长，并相六国，秦国当时虽然强大，在长达十五年的时间内也不敢窥视函谷关以东的土地。这是苏秦在治学上务本的结果。

上面所说的这几个国家之所以能够逐渐强盛起来，其主要原因就在于他们都先把是国家之本的农业抓好了，这样才给其他方面的发展奠定了良好的基础。而苏秦的成功就在于，他集中精力专攻一个方面，等研究透了再去运用，效果当然好了。任何事情都是这样，解决了最本质的问题，其他问题也就不在话下了。

历史经验证明，但凡能抓住本质来认识和解决问题的人总能取得极佳的效果，无论他们说过的话，还是做过的事，都会博得人们的喝彩，并能青史流传。

《列子·说符篇》中记载了一则富于情趣和哲理的寓言故事。这个故事叙述了伯乐荐贤和九方皋相马的经过。

秦穆公对伯乐说："您的年纪大了，您的子侄中间有没有可以派去寻找好马的呢？"

伯乐回答说："一般的良马是可以从外形容貌筋骨上观察出来的。天下难得的好马，是恍恍惚惚，好像有又好像没有的。这样的马跑起来飞一样地快，尘土不扬，不留足迹。我的子侄们都是些才智低下的人，可以告诉他们识别一般的良马的方法，不能告诉他们识别天下难得的好马的方法。有个曾经和我一起拿着扁担挑绳打柴的人叫九方皋，他观察识别天下难得的好马的本领决不在我以下，请您接见他。"

秦穆公接见了九方皋，派他去寻找好马。过了三个月，九方皋回来报告说："我已经在沙丘找到好马了。"秦穆公问道："是匹什么样的马呢？"九方皋回答说："是匹黄色的母马。"秦穆公派人去把那匹马牵来，一看，却是匹纯黑色的公马。秦穆公很不高兴，把伯乐找来对他说："坏了！您所推荐的那个找好马的人，连马的毛色和公母都不知道，他怎么能懂得什么好马不好马呢？"

伯乐长叹了一声,说道:"九方皋相马竟然达到了这样的境界啊!这正是他胜过我千万倍乃至无数倍的地方!九方皋他所观察的是马的天赋的内在素质,深得它的精妙,而忘记了它的粗糙之处;明悉它的内部,而忘记了它的外表。九方皋只看见所需要看见的,看不见他所不需要看见的;只视察他所需要视察的,而遗漏了他所不需要观察的。像九方皋这样的相马,包含着比相马本身价值更高的道理哩!"

等到把那匹马牵回驯养使用,事实证明,它果然是一匹天下难得的好马。

从上述故事可以看到,九方皋识马的方法非同寻常。他的高明之处,就在于同伯乐一样,懂得看事物要抓住本质。他相马时,虽然忽略了牝牡骊黄的差别,不把观察力放在马的性别、色泽上,而主要抓住了形状、骨架等方面的"本质特征"。可以说九方皋观察事物的方法是注意了事物的内在的本质。抓住了事物的本质这一矛盾的主要方面,不妨忽略其肤浅

秦穆公

的表象,这正是九方皋相马有术之所在。当然这并不是说在实际观察事物的过程中,只注重其中最主要的方面,而对其他方面可以忽略不计。这里所要强调的是认识和掌握事物、做事情时,要抓住其最本质的那一方面。

生意人的生意可能会是多方面的,但一要分清主次,把其中最重要、最本质的部分做好了,才能带动其他生意的发展。

清代的"元昌盛"钱庄坐落在福州马尾湾岸边,依山傍水。渔船密集,桅杆如林。这里渔民、鱼商众多,形成了大集市。马尾湾是天然深水良港,福建水师在此驻扎,水师几万官兵的吃喝穿玩,又是一大笔可观的开销,都在这港湾内外消费掉。

马尾湾在生意人的眼中看来,无疑是绝好的黄金口岸,在此地占有一席之地,便是信誉和地位的证明。谁能在马尾湾坚持愈久,便愈能受到同行尊敬,而老字号的店铺尤其这样。

"元昌盛"钱庄是马尾湾有名的老字号。在当年马尾湾还是一片萧瑟荒凉时便在岸上开张了。那时元昌盛只同渔民做些零星业务,生意非常清淡。但后来马尾湾有了造船厂、机器局、水师,成为江南有名的工业基地。元昌盛钱庄的第一代老板龚春和就很有眼光。他原是沿海打家劫舍的海盗头子之一,聚敛了一批不义之财后,为了给自己找条后路,他决意开钱庄,而且把地址选在马尾湾岸边。

当时的京票相当于派给钱庄的税金。福建分得二百万两银子的京票,钱庄同业公会要求各钱庄按财力多寡自行认报数字。这不啻是从身上割掉一块肉,钱庄老板都不动声色。工会的会首卢俊辉(元昌盛钱庄的新老板),理应率先认报,以带动其余。但他不愿吃亏,希望找个软桃子捏,让他认报第一笔数目。通常情况下,第一个报数者起点不能低,否则其余难以出口,故吃亏显而易见。卢俊辉忽然发现胡雪岩在人群中。于是,他对胡雪岩拱手,要求胡雪岩认报二十万两京票。

这让胡雪岩左右为难,分号不足十万存银,怎能认报二十万?他想了一想,便决定反戈一击。他说,若会首能认报五十万两,则敝号一定从命。这巧妙的反击,使卢俊辉愣住了。元昌盛流动的头寸不过六七十万,当然不敢认报如此巨数。

但钱庄同行们纷纷说言之有理,卢老板应当带头。卢俊辉愤怒至极,却又不便发作,只好认报了二十万,但也因此恨死了胡雪岩。卢俊辉决心报复阜康分号。

当时钱庄同业中有不成文的规定,各家发出的银票可以相互兑现,借以支持信用。除非某家钱庄濒临倒闭,失去信用,大家才能拒收这家钱庄的银票。卢俊辉为了打击胡雪岩,不顾同行协议,决定单独拒收阜康的银票,动摇胡雪岩的信用。他想用这一手来破坏阜康的名声,让它永无出头之日。

第二天,元昌盛开门不久,有位茶商持一张五千两的阜康银票,到柜上要求兑换现银。卢俊辉拒收了这张银票,并解释道:"这两年阜康信用不佳,不得不防。"茶商立刻拿着银票到阜康分号去兴师问罪。

胡雪岩正在店内料理业务,见茶商挥舞着一张阜康的银票,要找老板评理。他吃了一惊,忙将茶商请入内室,询问缘故。茶商把卢俊辉的话重复了一遍。胡雪岩顿感事态严重。元昌盛是福州老号钱庄,信用足、本钱厚,若拒收阜康银票,消息流传世间,立刻会引起轩然大波。大凡钱庄生意,一旦出现信用危机,无论当事人费多少口舌辩解,都无济于事。故而钱庄生意之大忌,就在于拒收银票。胡雪岩当机立断,当即抬出五千两新铸的足色官制银锭,另外按一分二利息加倍奉送。茶商既得厚利,同意不向外面传布。

送走茶商后,胡雪岩就开始苦苦思索解决的方法。他到福州开阜康分号,原本是想扩大业务,吸收福州资本,染指地方经济。不料开张伊始,就遭到这种危及阜康的信用的根本问题。胡雪岩做生意,一贯主张与人为善、和气生财。谁知卢俊辉不晓得天高地厚,张牙舞爪扑来,只好被迫应战。打蛇须打七寸,胡雪岩暗忖:若只是图个站稳脚跟,给元昌盛一点厉害,让它知难而退,并不难办到。但他以多年的钱庄经历深知,一旦对方扼住自己的喉头,要置自己于死地,便不能轻饶对方,反击务求击中要害,让对方再无翻身之日。

这个主意，胡雪岩本来并不明晰，在卢俊辉的发难下，他必须为保护阜康的信用而拼力反扑。只用了半个时辰，胡雪岩便想好了全部策略，方法并不复杂，即"以其人之道还治其人之身"。胡雪岩急于要弄明白"元昌盛"钱庄现在的本钱究竟有多大？发出的银票有多少？两者之间的差额如何，这是钱庄的机密。胡雪岩决心弄到对方机密，再做打算。这次胡雪岩亲自出马，明察暗访，寻找猎物。

这时恰逢"元昌盛"的伙计赵德贵，近来赌运奇差，已欠债累累，而这一切，都是可恶的卢俊辉造成的。赵德贵恨死了他。

赵德贵和新老板的恩怨，都是因龚家小姐龚玉娇所引起。赵德贵和卢俊辉年岁相当，除模样儿稍逊一筹外，赵德贵样样不输卢俊辉。当初，赵德贵在后院当听差，天天陪伴小姐左右，有充足的时间接近龚玉娇，做龚家上门女婿的应当是赵德贵，而不是别人。

但天下总有意想不到的事。龚振康让女儿到柜台熟悉账务，龚玉娇见到更俊俏更风流的卢俊辉，就移情别恋，日渐冷淡了赵德贵。赵德贵为此恨得咬牙切齿，真想一刀宰了卢俊辉。但后来小姐同卢俊辉结为连理，新的老板主宰了赵德贵的命运。

卢俊辉似乎知道赵德贵的心理，就故意叫赵德贵干最苦最累的活儿，还常常克扣他的工资。赵德贵只有到赌场拼命赌来发泄自己的怨恨。

这次赵德贵又输得精光，为避开债主的纠缠，一出赌场，他便专走僻静小巷试图溜回钱庄。可是几个彪形大汉拦住去路，向他讨账。赵德贵已身无分文，只得苦苦哀求。对方哪里肯听，一顿拳脚将他打倒在地。为首的拔出钢刀，说道："没有钱，割下两只耳朵抵债！"赵德贵吓得魂飞魄散，正在紧急关头，一位中年人走来，问清缘由后，摸出十两银子替赵德贵还了赌债。中年人自称胡先生，拉起瘫坐在地的赵德贵，踏进一家小店为他买酒压惊。

赵德贵真是感激不尽，趁着酒劲儿把满腹牢骚一股脑儿抖了出来。胡先生也深表同情，愿助他一臂之力。如果顺利的话，让龚小姐投入他的怀抱。赵德贵不相信世上竟有这样的好事。胡先生据实相告，说自己是杭州有名的"胡财神"，只要赵德贵愿意，便可跳槽做"阜康"钱庄的档手，俸银月入十两，外加分红。当然先要提供"元昌盛"的情况，另有重赏。

胡雪岩摸出一千两银票，满脸凝重，道："这是预付赏银，事成之后，还要加倍。"赵德贵惊喜交集，当即信誓旦旦地表示愿意做他的眼线，打探卢俊辉的机密。

元昌盛的命运，就在小酒店决定了。胡雪岩回到钱庄，等待消息。

过了几天，对手的情况胡雪岩已经了如指掌。元昌盛现有存银五十万两，却开出几近百万两银票,这是十分危险的经营方式。倘若发生挤兑现象,存户们把全部银票拿到柜上兑现,元昌盛立刻就要倒闭破产。幸而元昌盛牌子硬,没有人会怀疑它的支付能力。卢俊辉正是基于此,把赌注压在钱庄的信用上,而出此大胆举措。

胡雪岩暗暗叫好:"真乃天助我也!"估计了自己的力量,目前尚有七十万现银的头寸可调,只要设法收集元昌盛七十万银票,便扼住了卢俊辉的咽喉。胡雪岩立即行动,调集头寸,收购元昌盛的银票,一切有条不紊,暗中进行。而卢俊辉尚蒙在鼓中,全然无知觉。

元昌盛的银票尚未收集够数,卢俊辉又做出一项加速自己破产的蠢举。他不知道胡雪岩正在屯集自己的银票,反而见存户少有兑现,钱庄存银白白放在库中未免可惜,便取出二十万两现银,筹办开设一家赌场。致使元昌盛库中能兑现的银子仅够应付日常业务,达到十分危险的程度。

赵德贵及时送来消息,令胡雪岩大喜过望。他数数手中掌握的元昌盛银票,已有五十万两之多,凭着这些银票,可以轻而易举击败对手。

没过两天,元昌盛柜上,忽然来了一批主顾,要求提现银,一天之中,顾客就提走二十万库银。卢俊辉听伙计报告,以为偶然现象,并不在意。谁知第二天,更多的顾客蜂拥而至,纷纷要求提现。没等卢俊辉反应过来,库银已提取一空。

挤兑现象在"元昌盛"这家老钱庄门前发生了!

卢俊辉明白事态严重,连忙向同行各家钱庄告贷,请求援手支撑局面。但他平常飞扬跋扈惯了,人缘极差,所以大家只是看热闹,并无行动。

在元昌盛不能兑现的顾客骂声不绝,义愤填膺。卢俊辉叫伙计关了店门,缩头乌龟一般不敢露面。眼看事情将要闹大,官府已派人来钱庄弹压,声言庄主若不拿出银子平息民愤,将按律治罪。卢俊辉思前想后,唯有把店面抵押给他人,钱庄易主,才可免祸。但同行钱庄老板谁也不愿多事。这时,胡雪岩翩然而至,他以接收元昌盛银票为条件,接管钱庄铺面。

胡雪岩名正言顺地将阜康分号搬进"元昌盛"旧址,其势力又得到了大大扩张。对于胡雪岩来说,这一步非常重要,取得了"地盘"与"脸盘"并收的局面。

这个故事说的是胡雪岩在做生意时懂得抓住关键,反击对手,最后得偿所愿。其实不只是做生意时应该致力于其中关键的地方,做其他事情也是如此。如果不管不顾,各方面一起抓,没有主次之分,反而会没有好的效果。

化恶为善

刘备临终前,在给其子刘禅的遗诏中这样写道:"朕初疾但下痢耳,后转杂他病,殆不自济。人五十不称夭,年已六十有余,何所复恨,不复自伤,但以卿兄弟为念。射君到,说丞相叹卿智量,甚大增修,过於所望,审能如此,吾复何忧!勉之,勉之!勿以恶小而为之,勿以善小而不为。惟贤惟德,能服於人。汝父德薄,勿效之。可读《汉书》《礼记》,间暇历观诸子及《六韬》《商君书》,益人意智。闻丞相为写《申》《韩》《管子》《六韬》一通已毕,未送,道亡,可自更求闻达。"

刘备的意思是劝勉其子刘禅要进德修业,有所作为。好事要从小事做起,积小成大,也可成大事;坏事也要从小事开始防范,否则积少成多,也会坏大事。所以,不要因为好事小而不做,更不能因为不好的事小而去做。小善积多了就成为利天下的大善,而小恶积多了则"足以乱国"。在日常生活中,我们常因看到随地吐痰、乱扔烟头果皮的情景感到恶心,常因遭遇乱停放车辆、乱穿马路阻碍我们走路行车而觉得光火,常因与一个满口粗言脏话的人交谈而浑身不自在。当此之时,我们应该回顾一下自己曾经的作为。看看这些"小恶"是否有自己的一份?没有人希望或愿意承认自己是一个不文明的人。在大是大非面前,我们都表现得很有素质。但面对"小恶",我们总认为那是很平常的小事,没什么大不了的,其实不然。就个人素质形象而言,不管有何种借口,那些不雅的"小恶"行为,都在一点一滴地渗进周围人对你的看法之中,慢慢地淹没你本该良好的形象。我们不要心存侥幸,以为自己偶尔犯下的"小恶"是"小事一桩,没人看见"。要知道,失之小节,也许是酿成大错的开端,因为一个人素养究竟如何,往往体现在小节上,正所谓"勿以恶小而为之"。相反,自律,自爱,自尊,自强,时时处处从涓滴之功做起,也许恰恰是成就美誉的良好开端,正所谓"勿以善小而不为"。

佛经中记载有这么一个故事,说是一名高僧知道他的徒弟小沙弥只剩七日的寿命,于是慈悲地让他回家探亲。途中,正好遇到一场大雨,小沙弥发现一群蚂蚁正努力地从积水的地方爬出,但却不断地被雨水冲回去。于是小沙弥心生怜悯,先将它们一一救出,确定安全无虞后,才继续他的旅程。七日后,小沙弥又回到寺院,师父感到非常惊讶,于是入定观察,发现原来是小沙弥的一念慈悲心,不但救了蚂蚁,也增加了自己的寿命。这个故事中包含的"至诚能化"的义理是我们应该记取的。要知道,一己之善,不但能为自己积功累德,也能利益他人;丝毫之恶,非惟损害自己的品格,也会危害到他人。如此辗转影响,如同在湖中投下一块小石头,涟漪不断地扩大,导致整个湖面水纹的波动,其影响层面绝非自己所能事先预料。因此,对世间人而言,起一个善念、说一句好话、一个善意的回应,乃至露出一个微笑,不但能够让内心越来越光明,也可以拉近亲子间的关系,提高公司的业绩,促进国家社会的和谐,甚至可以消弭种种人为的灾难。

古人有"一屋不扫何以扫天下,一家不治何以治国"的遗训。联系到为人处世,我们更应该由浅入深,由易到难,不能太眼高,要有个认真的态度,从点滴之处修善积德。大家想必知道,美国历史上著名的三星上将巴顿将军,在"二战"期间,领导他的部队取得了辉煌的战绩。而且,他的部队还是美军中伤亡最小的。巴顿将军为什么会取得这么大的成就呢?答案是,巴顿将军做事十分认真,对部下的要求极为严谨。比如,他要求士兵上厕所时都要戴头盔,甚至连衣服上的纽扣都不许少一个。这些看似个人小节的作风,却恰恰体现出每一名士兵在遵纪守法上的大义。我们要知道,在人的一生中,做一两件善事容易,但要终身为善就需要于细小之事有至诚,下点"致曲"的功夫了。

俗话说:"修善如春日之草,未见其长而有所增;行恶如磨刀之石,未见其灭而有所损。"修善断恶一定要在高处着眼、小处着手。如果我们能够一步一脚印,扎扎实实地走下去,不仅能成为世间的贤人,家业、学业、事业、志业,事事如意;更进一步,也能成为出世间的圣人,断惑、证真、度众、成己,样样成就!

职场活用

积涓滴之功

我们要想实现职业生涯的突破,若是做不到像朱熹说的"举其性之全体而尽之",不妨先致力于某一善端,而后悉推致之,以各造其极。易言之,也就是积涓滴之功,慢慢地使自己在各个方面都做到极致。这样,我们才能渐次向前迈进,积累资历,踏上成功的大道。

日本东京一家贸易公司有一位专门负责为客商购买车票的女士,经常给美国一家大公司的商务经理购买往返于东京、大阪之间的火车票。不久,这位经理发现了一微妙的趣事,每次去大阪时,座位总在右窗口,返回东京时又总在左窗口。有一次,经理按捺不住询问这位女士个中的缘由。这位女士笑答:"车去大阪时,富士山在您右边;返回东京时,富士山已到了您的左边。我猜想你们外国人大概喜欢富士山的壮丽景色,所以冒昧根据您的往返方向,替您买了不同位置的车票。"这么一件不起眼的涓滴善事使这位美国经理大为感动,他认为,这家公司的职员做事这么周到,跟他们做生意还有什么不放心的呢？于是他把对这家日本公司的贸易额从500万提高到1500万马克。而这位女士也因为给公司带来了如此大额的订单,迅速获得了晋升。

小王和小吴同时应聘进了一家外资公司。这家公司待遇优厚,个人的晋升空间也很大。但公司规定:淘汰比例是2:1,也就是说,他们俩必须有一个在三个月后被淘汰出局。小王和小吴都很珍惜这份难得的工作机会,都咬着牙卖劲地工作,非但不迟到早退,反而经常自主加班,有时候还帮着后勤人员打扫卫生、分发报纸。部门经理是一个和蔼可亲的人,他经常去两人的单身宿舍看望他们,所以两人特别注意个人卫生,都把各自的宿舍整理得干干净净。三个月后,小王被留了下来,小吴悄无声息地走了。半年后,小王被提升为主管,和经理的关系也愈加亲近了,便问起当初他和小吴表现几乎一样,为何留下来的是他而不是小吴。经理说:"当时从你俩中选拔一个的确很难,工作上不分伯仲,同事关系也很融洽,能力也都不弱,而且都有上进心。所以我就常去你们宿舍串门,想更多地了解你们。结果我发现了一个现象,凡是你们不在的时候,小张的宿舍仍然亮着灯,开着电脑。而你的宿舍只要人不在灯便熄着,电脑也关着,所以公司最后确定留用你。"

在现实工作中,有很多人对"涓滴之善"理解不深,认识不透,有的人甚至错误地认为只要大事不马虎,小事做好做坏无关紧要。殊不知,正是那些没做好的小事。使得我们常常不得不面临前功尽弃的窘境。比如板了一次面孔、说了一句风凉话、顶撞过一位顾客、怠慢了一个用户、收错了一笔费用、造成了一个误会等等看起来微不足道的琐屑之事,却往往在关键时刻决定了我们的何去何从。

初入职场,我们不妨认认真真地反省一下自己是否在微小的细节上有过失,若有,就要一件一件地改正过来。具体而言,职场中的需要注意的细节主要体现在以下几方面:

不能经常缺勤。缺勤在很多员工看来是一件不起眼的小事,但在公司的老板看来,出勤率高的员工无疑对公司更加负责,更值得信赖。你应该尽一切努力来保证出勤率。不要把请假看成一件小事。请假无疑会影响你的工作进度,即使你认为自己工作效率较高,耽误一两天也不会影响工作进度,也不能轻易请假。另外要注意的是,在上班时间不能闲聊天或者干私活。把你的精力全部投入在公司分配给你的工作任务上,是必要的,也是必须的。

下班后不要立即回家。不妨静下心来,将一天的工作做个简单总结,制定出第二天的工作计划,并准备好相关的工作资料。这样有利于第二天高效率地开展工作,使工作按期或提前完成。离开办公室时,不要忘了关灯、关窗,检查一下有无遗漏的东西。

保持办公桌整洁。如果你的办公桌上堆满了信件、报告、备忘录之类的玩意,就很容易使人产生混乱感。更糟糕的是,零乱的办公桌无形中会加重你的工作任务,冲淡你的工作热情,使你很难很快投入工作。一位成功学家说:"一个书桌上堆满文件的人,若能把他的桌子清理一下,留下手边待处理的一些工作,就会发现他的工作更容易些。这是提高工作效率和办公室工作质量的第一步。"因此,要想高效率地完成工作任务,首先就必须保持办公环境的整洁有序。

世界上许多丰功伟绩都是由涓滴之善汇集而成的。在涓滴之善上能够表现好的人,他在成功之路上一定会更加顺利。同样,工作中很多细节会影响到我们的事业和前途。如果你想有所成就,取得更大的成功,就不能忽视这些涓滴之善,因小失大。

第二十四节　前知

心诚则灵。灵到能预知未来吉凶祸福的程度,这似乎有些夸大。"国家将兴,必有祯祥;国家将亡,必有妖孽"的现象,虽然历代的正史野史记载很多,但毕竟有点神秘。其实,撩开神秘的迷雾,这里的意思不外乎是说,由于心灵达到了至诚的境界,不被私心杂念所迷惑,就能洞悉世间万物的根本规律,因此而能够预知未来的吉凶祸福、兴亡盛衰。一言以蔽之,无非是强调真诚的出神入化的功用罢了。

人生的幸福首先取决于自己的勤奋。只要播种的是麦子而不是莠草,必定会有收获。人生成就的大小,唯在于奉行至诚的理念,正如"执玉高卑,其容俯仰"。只有自己首先真诚,真诚人做真诚事,才能感天动地,成就自己。然后才能对人诚实,从而成就别人。

可以说,心诚则灵,至诚与天地同辉。

【原文】

至诚之道,可以前知①。国家将兴,必有祯祥②;国家将亡,必有妖孽③。见乎蓍龟,动乎四体④。祸福将至:善,必先知之;不善,必先知之。故至诚如神⑤。

【注释】

①前知:预先知道。

②祯祥:预先萌发的吉祥的征兆。《说文》:"祯祥者,言人有至诚,天地不能隐,如文王有至诚,招赤雀之瑞也。"国境内原本就有,如今出现奇异的品种,叫作

祯。本来没有,今却新生,叫作祥。何胤说:"国本有雀,今有赤雀来,是祯也。国本无凤,今有凤来,是祥也。"

③妖孽:物类反常的事物。草木之类称妖,虫豸之类称孽。是凶恶灾祸将要发生的预兆,这里是指凶恶的物种侵入成为妖伤的征象。

④见:同"现",呈现。蓍龟:蓍草和龟甲,用来占卜。《易·系辞上》:"探赜索隐,钩深致远,以定天下之吉凶,成天下之亹亹者,莫大乎蓍龟。"四体:四肢。即龟的四足,指动作仪态。

⑤如神:像鬼神一样微妙,不可言说。

【译文】

最高的真诚,可以预知未来。国家将要兴旺,必然有吉祥的征兆;国家将要衰亡,必然有不祥的反常现象。呈现在蓍草龟甲上,表现在手脚动作上。祸福将要来临时:是福,可以预先知道;是祸,也可以预先知道。所以最高的真诚就像神灵一样微妙。

【历代论引】

郑玄说:天不欺至诚者也。祯祥、妖孽,蓍龟之占,虽其时有小人、愚主,皆为至诚能知者出也。

《礼记正义》曰:圣人、贤人俱有至诚之行,天所不欺,可知前事。又曰:圣人君子将兴之时,或圣人有至诚,或贤人有至诚,则国之将兴,祯祥可知。而小人、愚主之世无诚,又时无贤人,亦无至诚,所以得知国家之将亡而有妖孽者,虽小人、愚主,由至诚之人生在乱世,犹有至诚之德,此妖孽为有至诚能知者出也。

孔颖达说:国家之将兴,必先有嘉庆善祥也。至诚之道,先知前事,如神之微妙。

朱子说:凡此皆理之先见者也。然唯诚之至极,而无一毫私伪留于心目之间者,乃能有以察其几焉。

【评析】

人们常说:心诚则灵。古人说如果达到最高境界的真诚,就可以预知未来的吉凶祸福,至诚就如同神明一样微妙不可言说。

其实,古人的说法未免有些夸大,但这也确实说明了真诚的力量之巨大。至于"国家将兴,必有祯祥;国家将亡,必有妖孽"的说法,我们不敢苟同,但任何事物的兴衰事先确实有一些迹象,也许我们生就肉眼凡胎,本来就看不清楚,再加上容易忽略,因此看不到罢了。

回头看这一章的内容,不难发现,其主要意思不外乎是说,只要心灵达到了至诚的境界,就能摒除一切私心杂念,就能不被外界的利诱所诱惑,就能洞悉世间万物的根本规律。一颗至诚的心,就会没有太多的欲望,人不被欲望所迷惑,就能眼明心亮,看得见一切事物的真相。

一言归总,还是强调真诚的力量之大。

【解读】

在为人处世时,如果我们能够真诚待人,有时敌人也可以成为朋友。

胡雪岩在做生意的过程中,遇到自己想要争取的人,他总是能够以诚相待,这样的事例很多。其中,张秀才从最初对胡雪岩是满腔怨恨,到后来对其充满感激,并且愿意帮助胡雪岩,就是感动于他的真诚。

张秀才在杭州城中算个不小的角色,他自以为是衣冠中人,可以走动官府,是个欺软怕硬的货色,十分无赖。曾有一件事情使他对胡雪岩非常嫉恨,此后总是或明或暗和胡雪岩对着干。

说到张秀才对胡雪岩充满了嫉恨,其实只是因为他不明真相所致。那时王有龄坐镇杭州,推行改革旧弊。当时有一项对新开店铺征收规费的税,王有龄锐于政事,认为此税不该收,于是贴出告示,永远禁止。钱塘、仁和两县的差役,不敢乱来,便指使张秀才去收这种费,讲明三七分账。谁知运气太差,张秀才收税之时正巧碰到知府大人王有龄的轿子路过,王有龄见此人在他贴布告的当日就敢如此大胆,于是勃然大怒,决定严惩张秀才。王有龄将张秀才厉声斥责了一顿,一定要革他的功名。这一下把张秀才吓坏了。一旦革除秀才的功名,便成了白丁。不但见了官要磕头行礼,而且可以掀翻在地打屁股,锁在衙门的墙边"枷号示众"。

张秀才左思右想认为只有去托让王有龄言听计从的胡雪岩,于是带了老婆儿女到胡雪岩处跪地求助。胡雪岩也是一时大意,只当小事一件,顺口答应下来,包他无事。哪知王有龄执意要按自己的意思办,说这件事与他的威信有关。当时王有龄正处于建立自己威信的时期,如何肯就这样草草了事?说了半天,王有龄打算退让一步。本来要革他功名,打他两百板子,枷号三月。现在看在胡雪岩的分上,免掉他的皮肉之苦,秀才之名却非革不可。

谁知,张秀才对胡雪岩的帮忙并不知详。以前答应包他无事,谁料竟是这种结果。于是就认为是胡雪岩不肯尽力,搪塞敷衍,从此怀恨在心,处处与胡雪岩为难。

幸好,根据刘不才的调查,这张秀才天不怕地不怕,除了官就怕他儿子小张,小张吃喝嫖赌,一应俱全。张秀才辛辛苦苦弄来的几个钱,都被宝贝儿子弄光了。

胡雪岩根据这一点,想了一套办法,让刘不才从小张身上下手。收服了小张,张秀才就不得不就范。于是刘不才赌场上关照小张,使其获得好感。接着找借口与小张单独会了面。会面时,刘不才带去了从上海带来的最时兴的巧妙之物,惹得小张爱不释手,刘不才慷慨相赠,却说是一朋友相赠的,于是关键人物胡雪岩出场了。胡雪岩后来还托刘不才给张秀才带消息,让他做好准备,并且送去保举书,答应事成之后保举他一官半职,并且重新解释当时那场误会,待得张秀才明白了原因,嫌隙顿时烟消云散。

诸事顺利,蒋益澧攻城之时,张秀才父子因为打开城门迎接官军有功,使小张获得了一张七品奖礼,并派为善后局委员。

在这件事上,胡雪岩从始至终都是以一种十分真诚的态度对待张秀才,没有因其对自己的误解而有丝毫怨恨。正是因为这种真诚的态度,张秀才父子不但变成了有用的好人,而且胡雪岩还收了帮手小张,让他与自己一起处理杭州城内的善后事宜,真可谓是一个圆满的结局。

真诚就是具有这样的力量,它可以化解人与人之间的仇怨,使之成为同心协力的好朋友。

历史上著名的"将相和"就是这样一个故事。

蔺相如"完璧归赵"后被封为相,位居廉颇之上,廉颇很不服气,逢人便讲:"我廉颇身为赵将,有攻城野战之功,蔺相如徒以口舌为劳,而位居我上,且相如素贱人,吾羞,不忍为之下。"还说碰见了蔺相如,必定要当面羞辱他。

但蔺相如并不与之计较,几次驾车出门,远远地看见廉颇,为了避免直接碰面,早早地就躲开了。这样时间一久,连蔺相如的门客都觉得太窝囊,忍受不了。

蔺相如不慌不忙地问他们廉将军和秦王两个比起来,哪个更可怕。众人都奇怪地说:"当然是秦王更可怕。"蔺相如又说:"这就对了,试想秦王那么强大,各国诸侯都畏之如虎,我却敢在朝廷上当众责骂他,我蔺相如虽然没什么大本事,但还不至于如此惧怕廉将军。只是我考虑到强横的秦国之所以不敢来侵犯我们赵国,其原因就在于我们两人能齐心合力对付秦国。如果我们两个人争斗起来,那必定给秦国造成可乘之机。我之所以这样对待廉将军,是以国家安危为重,不计较个人的私仇啊!"

蔺相如

这些话很快传到了廉颇耳中,廉颇听后恍然大悟,既感动又惭愧。廉颇也是一个正直坦诚的人,一旦悔悟,就真诚改过,为表达自己的歉意,就按古人最隆重的仪式,光着脊梁,背着荆仗,走到蔺相如门上"负荆请罪"。

蔺相如也很感动,亲自把他扶起来。从此"将相和",两人竟结为生死之交。

蔺相如的真诚使得廉颇幡然悔悟,廉颇的真诚悔悟使得他们两个彼此之间有了一种惺惺相惜的感觉,正因为有了他们两个,秦国在此后的十年内,都不敢发兵攻打赵国。

一个人的精神修养功夫如果能达到至诚的程度,就可以感动上天,变不可能为可能。据说邹衍受了委屈感动了上天,竟在盛夏降霜为他打抱不平;杞植的妻子由于悲痛丈夫的战死竟然哭倒了城墙,甚至就连最坚固的金石也会由于真诚的精神力量而被凿穿。

反之,一个人如果心存虚伪邪恶的念头,那他只不过是空有人的形体架势而已,与人相处时也会由于心术不正使人觉得面目可憎而惹人讨厌。

晋商乔致庸就是一个以真心待人而获得丰厚回报的典范。他刚接管的乔家商业,濒临衰亡,股东折股,债主逼债,对手们密谋吞并乔家店铺和老宅,他借银经商,可途中又遭土匪抢劫,商号已到了奄奄一息、难以为继的地步。受命于危难之中的乔致庸在一个又一个的险滩与暗礁中挣扎、周旋,用智谋和勇气,恰到好处地抗击着他的竞争对手。他不仅面对商界对手们的竞争挑战,还要应付官府的讹诈、土匪的抢掠,挽回了一个又一个败局,转危为安,渐开生机。

乔致庸对商场中那种司空见惯的恶习,如欺诈、蒙骗、以邻为壑、互设陷阱、大鱼吃小鱼等疾恶如仇,他用自己的真诚守信一次次赢得胜利。他是商人,但却反对奸诈,更不唯利是图,提倡"诚信""仁义"。在顺境中由于重金捐款资助海防,受到朝廷的嘉奖。官府要他花银买官,为人清正廉洁的乔致庸却严词拒绝了。

为了体现商家的诚信行风,乔致庸主动向被"战败"的对手"达盛昌"握手言和;为了取信于民,他处罚了将麻油掺假的掌柜等人,并加倍退钱、补油于民;为了调动积极性,整顿商铺,他大胆启用正气贤才,重新立规,使商号的面貌焕然一新。

《菜根谭》中也说:"人心一真,便霜可飞,城可陨,金石可镂;若伪妄之人,形骸徒具,真宰已亡,对人则面目可憎,独居则形影自愧。"只有真诚的人才能在社会中站稳脚跟。

石勒是羯族人,他家世代是羯族部落的小头目。年轻的时候,并州地方闹饥荒,他和部落失散了,曾经给人家做过奴隶、佣人。有一次,石勒被乱兵捉住,关在囚车里。正好他的囚车旁边有一群鹿跑过。乱兵纷纷去追捕鹿群,石勒才趁机逃走。

石勒受尽苦难,因为没有出路,就招集一群流亡的农民,组成了一支强悍的队伍。刘渊起兵以后,石勒投降汉国,在刘渊部下当了一员大将。羯族人的文化比匈奴人要低。石勒从小没有像刘渊那样受过汉族文化教育，不识字。他担任大将以后，渐渐懂得要成大事业，光靠武力不行，就依靠一个汉族士人张宾，采取了许多政治措施。他还收留了一批北方汉族中的贫苦的读书人，组织了一个"君子营"。

由于石勒骁勇善战，加上有了张宾一批谋士帮他出谋划策，石勒的势力更加强大。到了公元328年，终于消灭了刘曜。过了两年，石勒在襄国自称皇帝，国号仍是赵。历史上把刘氏的赵国称为"前赵"，把石勒建立的赵国称为"后赵"。

石勒自己没有文化，但是却十分重视读书人，对待他们非常真诚。他做了后赵皇帝后，命令部下，凡捉到读书人，不许杀死，一定要送到襄国来，让他自己处理。他听从张宾的意见，设立学校，要他部下将领的子弟进学校读书。他还建立了保举和考试的制度。凡是各地保举上来的人经过评定合格，就选用他们做官。石勒严禁部下提到"胡"字、"羯"字。但是为了安抚汉族士人，有时候禁令也没有执行。

有一次，有个汉族官员樊坦被任用做官。樊坦进宫朝见的时候，穿了一身破破烂烂的衣服。石勒吃惊地问他："你怎么穷到这步田地？"

樊坦忘记了禁令，回答说："刚刚碰到一批羯贼，把我的家当都抢走，家里连一件像样的衣服都没有了。"

石勒知道他吃了亏，就安慰他说："羯贼这样乱抢东西，太不应该！我来替他们赔偿吧！"

樊坦忽然想起了触犯了禁令，吓得浑身发抖，连忙向石勒请罪。

石勒笑着说："我这个禁令，是对付一般百姓的。你们这些老书生，我不怪你们。"说着，真的赔给樊坦一些衣服钱财，还赏给他一辆车，一匹马。

石勒喜欢读书。他自己不识字，就找一些读书人把书讲给他听，一边听，一边还随时发表自己的见解。

有一次，他让人给他读《汉书》，听到有人劝汉高祖封旧六国贵族的后代的历史。他就说："唉！刘邦采取这样错误做法，还怎么能够得天下呢？"讲书的人马上给他解释，后来由于张良的劝阻，汉高祖并没有这样做。石勒点头说："这才对啦。"

又有一次，石勒举行宴会招待大臣，宴席上，他问一个大臣，说："你看我可以比得上古代什么样的帝王？"

大臣吹捧说："陛下英明神武，比汉高祖还强，别人更比不上了。"

石勒笑了笑说："你说得太过分了。我要是遇到汉高祖，只能做他的臣下，大概跟韩信、彭越差不多。要是我生在汉光武帝那个时候，倒可以和他并驾齐驱，还说不定谁胜谁负呢。"

由于石勒能够真心对待那些有文化的人，能够重用人才，得到了一大批人才的帮助,在政治上又比较开明,后赵初期出现了兴盛的景象。

为官执政者,如若能够以真诚之心来对待自己的臣子,得到他们的鼎力协助,就可以把国家治理得更好。

唐太宗就是这样一个深知真诚之重要性的英明之君。这里只以他对待武将李勣的故事来说明。

李勣于武德八年、贞观三年曾经两次出击突厥,为唐朝的边防巩固立下大功。当时,高宗为晋王,遥领并州大都督,太宗任李勣为光禄大夫,并同时兼任并州大都督府长史。李勣在并州前后共十六年,令行禁止,治理有方,颇有政绩。太宗对他的评价甚高,曾对近臣说:"隋炀帝不能精选贤臣良将守卫边境,只知道修筑长城来防备突厥的侵扰,真是头脑昏惑!我现在委任李勣镇守并州,突厥畏惧他的威势,远远逃避,边境得保安宁,这岂不远胜修筑长城吗?李勣就是我的长城啊!"

唐贞观十五年,太宗征召李勣回朝,拜为兵部尚书。李勣尚未来得及到达京城,大度设率领骑兵八万人南侵李思摩部落。太宗遂派李勣为朔州行军总管,率轻骑三千追击薛延陀,直到青山,最终大破敌人,斩其名王一人,俘获其首领,并俘虏五万余人。

当时,李勣突然生病,医生在处方中说,要用胡须烧成灰作药引配方可治疗李勣的病,太宗听说后,立即就把自己的胡须全都剪下来,为李勣配药。李勣知道以后,深受感动,叩头流血,哭着对太宗恳切地表示谢意。太宗说:"你处处为国家的前途着想,我应该感谢你,不必劳烦你深表谢意。"

贞观十七年,高宗被立为皇太子,太宗征调李勣任太子詹事兼左卫率,加位特进,同中书门下三品。这实际上是对李勣的极大的信任,想为李勣的政治前途做好铺垫。太宗对李勣说:"我儿新登储君之位,你原是他部下的长史,现在把太子宫的事委托给你,我的意思你应该明白。虽然委屈了你的官阶、资历,但责任重大,请你不要见怪。"李勣当时感激涕零。

太宗曾在一次宴会上对李勣说:"我将把太子托付给朝廷重臣,思来想去,觉得没有比你更合适的人选了。你过去跟从李密时,不肯辜负李密托付,现在岂能辜负我的重托啊!"李勣泣不成声,咬破手指发誓要竭忠尽职,辅佐太子。一会儿,李勣因喝醉而睡着了,太宗就脱下自己的御衣,给李勣盖在身上。

贞观二十三年,太宗卧病,对高宗说:"你对李勣没有恩惠,他就是想报答你也没有理由。现在,我要责罚他,让他离开京城。我死后,你要将他调回京城,授给他仆射的官职,他蒙受了你的恩惠,必定会为你尽忠竭力。"于是太宗真的找了个借口将李勣调出了京城,任叠州都督。高宗即位后,当月即召李勣拜洛州刺史,不久又加开府仪同三司,令同中书、门下,参与掌管国家的机密大事。当年又拜李勣为尚书左仆射。完全如太宗临终安排的一样。

虽然太宗已逝,但李勣仍如太宗在世时一样,兢兢业业,为国家屡建奇勋。后来,李勣任辽东道行军总管,征伐高丽,渡过鸭绿江,一直打到平壤,俘虏了高丽王高藏,将高藏献于昭陵,洗雪了太宗征高丽失利的耻辱。

李勣之所以能够对唐王朝尽心尽力,兢兢业业,就是因为唐太宗的真诚俘虏了他的心。一个人的言行说到底

李勣

还是受制于心,只有把人的心感动了,才能让他帮助自己去做自己想做的事情,而感动心的最好方法就是真诚。

处世活用

没有判断力,就没有机遇

一个有判断力的人,他的机遇比那些犹豫不决的人多得多。一些人遇事,明明已经计划好了,考虑过了,却畏首畏尾、瞻前顾后、东看西瞧、左思右想,念头越来越多,自己对自己越来越没信心,拿不定主意。结果精疲力竭,终于陷入惨败的境地。一个指望取得全面成功的青年人,一定不可染上优柔寡断、迟疑不决的恶习。即使遇到什么困难或阻力,也不可企图撒腿就跑。我们处理问题时,事先应该仔细地分析思考,对环境和事情本身下一个正确的判断,然后再做出决策;而一旦决策做出之后,就不能再对既定决策发生怀疑和顾虑,也不要管别人说三道四,只要全力以赴去做就行了。做事的过程中难免会出现一些失误,但不能因此心灰意冷,应该把困难当教训、把挫折当经验。要自信以后会更顺利,成功的希望也更大。在做出决定后,还反复猜疑的人,无异于把自己推入一种无药可救的绝望境地,最终只得懊恼地度过他的一生。

有些人最终无法成功,并不是缺乏创立一番事业的能力,而是因为他们的判断力太差了。他们好像没有自主自立的能力,非得依赖他人,这些人即使遇到任何一

点微不足道的事情,也要东奔西走去询问亲友邻人的意见,而自己的脑子里则是一团糨糊。于是,越是找人商量,越是迟疑不决。一个人如果胸有成竹,是绝不会把自己的计划拿出来与别的人反复商议的,除非他遇到了在见识、能力等方面都高过自己的人。我们不妨以英国著名军人基钦纳为例。这位沉默寡言的军人一旦制定好计划,确定了作战方案,就会集中心思运用他的惊人才干,镇定指挥,决不会三心二意地与人讨论。在著名的南非战役中,基钦纳率领他的驻军出发时,除了他的参谋长之外,没有人知道要开赴哪里。他只是下令,要求预备一列火车、一队卫士及一批士兵。基钦纳将军深知自己在战时所担负的重大使命,他为人严谨而公正,指挥部下时也从不偏袒,凡事都能冷静而有计划地去实施。这位驰骋沙场、百战百胜的名将,待人诚恳,非常自信,极富判断力,为人机警,反应敏捷,每遇机会都能牢牢把握并充分利用。

良好的判断力,不单是基钦纳将军制胜的法宝,也是我们这些日常生活中的凡夫俗子掌握事物发展趋势,并做出正确决策的法宝。当我们对自己的生活、工作、学习等方面的事情都有了准确的判断后,我们就会透过扑朔迷离的迷雾,清晰地看到事物的真实本质。为了训练出洞若观火的判断力,我们需要注意以下几点:

1.不打无准备之仗,不做无把握之事。充分的准备工作是我们做任何事情的前提,是一切事情成功的坚实后盾。你是不是一个有主见的人,这与你是否具有坚强的自信心是分不开的。除了坚强的自信心,我们还要勤于思考和善于调查研究,这对于我们是否能够准确判断是至关重要的。心急吃不了热豆腐,判断需要一个过程,"事情总会水落石出",我们应该坚信这一点。

2.搞清楚眼前的事情。生活中,因为面对的事情纷繁芜杂,所以我们必须弄清楚眼前的事情,理清乱麻,才能找到出路。要搞清楚眼前的事情,就要从实际情况出发,认真分析,抓住本质,经过一番深思熟虑之后才能做出判断。凭冲动去做事情,急于求成的做法是不可取的,也是行不通的。

3.多方考证事物的真实与否。许多事情往往有其复杂性、隐蔽性和多变性,这就使我们很难一眼看清它的真实面目。此时,我们不要被事物的表象所迷惑,要处之坦然,平静面对。要分析其中哪些成分可靠,哪些成分虚假,即对事物加以认真细致的考察,进而抓住要点,抽丝剥茧,层层深入。当我们洞悉其本质时,才能做出准确的判断。俗话说:"耳听为虚,眼见为实。"事实上,即便是亲眼所见。也不要过分相信自己的眼睛。有时候用"心"去看的东西才最可靠。

能否"前知",决定你的未来生涯

人们常说:男怕入错行,女怕嫁错郎,其实当今社会男女都一样怕入错行,选择一个未来发展前景好的职业,以后的职业发展会十分顺畅,反之则可能在今后的发展中涉及职业转型,需要付出更多努力,增加更多隐性或显性成本。人的一生会面临很多选择,正确的选择有助于人的成长,不正确的选择也许会成为今后发展的障碍。职业选择更是这样。

选择职业,是职业人生的头等大事。一般来说,面临职业选择的人群有这么两类,一类是刚刚毕业走上社会的学生,另一类就是在社会上打拼过几年,第一次选择的职业不适合自己或者未来发展前景不好的人群,也就是面临职业转型的人群。不管是刚刚毕业的学生,还是面临职业转型的人群,他们共同需要面临的问题就是该选择什么样的职业,怎样规划自己未来的职业人生。

不少人士求职,没有一个准确的职业定位,考虑得较多的是被录用后的基本待遇。也有的人是求职心切,没有进行职业与行业的选择。只要有公司愿意接收自己就满足了,对即将赴任的工作岗位没有认真权衡。从职业规划的角度考虑,第一份工作应该慎重选择,因为第一份工作将对个人的职业态度、职业习惯产生深远的影响,从某一程度上说也决定着未来的发展高度。工作几年之后,发现兴趣爱好、个人专长都与目前职业不匹配,想跳槽谋高薪高职也只能在目前行业中选择,因而就会出现职业发展瓶颈,不得不面临职业转型。

判断某个职业是否有发展前途的关键点是"未来"。而不是过去,更不是现在。人们往往只将眼光盯着过去、现在较好的职业上,以为未来也肯定如此。殊不知,世事难料,过去回报率高的职业,很可能是未来要淘汰的。所以选择职业必须具备"前知"的眼光。当你接受"某某职业有前途"这一市场信息,并且按照市场信息去做出自己的职业规划时,别的人也会同样接收到这个信息,并且做出同样的职业规划,在过了整个培养和教育周期后,就会出现某类职业人才过剩的危机。

我们要明白一个道理:一份职业信息分析报告可以用来参考,但不能用来照搬。有时候逆向而行到可能获得意想不到的效果。因此,在选择职业时,我们要问自己的一个关键问题是:我适合干这个吗?如果不适合,即便这份职业有前途,也要勇于割爱。譬如房地产是一个高回报的行当,但是,对于一个希望独立创业却缺乏资金的人来说就不适合,因为这个行当需要有雄厚的资本和深厚的社会关系。

人生总是充满了缺憾,我们常常发现,自己感兴趣的职业,其发展空间有限;那些有巨大发展空间的行业却往往不适合自己。也许你年轻时有许多浪漫想法,比如喜欢旅行,但你却无法依靠旅行生活;也许你对音乐很着迷,但你却不能靠音乐养家活口。但是,由于我们的兴趣是广泛的,而且有许多潜能尚未被发掘出来,社会能够提供的职业空间也在不断扩充。只要我们有足够的耐心,就能在兴趣、前途和适合自己的职业之间找到某个契合点。我们不妨在笔记本上将自己所有的爱好和兴趣列出来,按自己偏好的强度对它们进行排序,把位居末位的几项去掉。这是第一步。第二步,我们将可供选择的职业项目列出来。按市场价值对它们进行排序,把位居末位的几项去掉。第三步,我们将两份列表进行对比。找出一些共同的内容,把共同点单列出来,再做第二轮筛选。如果你通过冷静的研究、判断,认清所要选择的职业的全部内涵,仍然对它充满热情,仍然爱它,觉得自己适合它,那么就选择它吧!

商界活用

老板,你有预见力吗

一个人要获得成功,勤奋无疑是必备的素质,但世上的勤奋者何止千万,为何成功者却寥寥无几呢?用李嘉诚的话说:"要想获得成功,勤奋是远远不够的,具备良好的预见力也是成功的重要条件。"

李嘉诚年轻时曾经给一家五金厂打过工,由于业绩突出,老板对李嘉诚十分器重。可是,当老板提出要给李嘉诚晋级加薪时,他却婉言谢绝了,并要求辞职。因为,此时的李嘉诚已从塑胶业的兴起中看出五金厂潜在的危机。他认为,塑胶制品易成型、重量轻、色彩丰富、美观适用,将会很快代替众多木质或金属制品。所以,他决定跳槽去一家塑胶裤带公司谋求发展,临别时,他最后一次帮五金厂老板出谋划策,对他说:"以后,要么转行做前景看好的行业;要么调整产品的种类,尽量避免与塑胶制品冲突,否则后果不堪设想。"在李嘉诚的提醒下,这家五金厂未雨绸缪,后来及时转为生产系列锁,才免于被塑胶制品冲垮的厄运。李嘉诚敏锐的感受力、准确的判定力,由此可见一斑。

当李嘉诚决定开办自己的企业时,他选择的仍是自己非常熟悉、了解的塑胶业。因为他通过对大量资料的具体研究,愈加认识到塑胶是第二次大战后的新兴产品,由于它具备便于加工、经久耐用和价格低廉的优点,发展前景十分广阔。1950年,他开办了"长江塑胶厂",工厂主要产品是玩具和家庭用品,如他所预期的一样,市场对此种产品需求量极大。李嘉诚运筹帷幄,初战告捷。

1957 年,李嘉诚又决定,塑胶厂不再生产玩具和家庭用品,改为生产供家庭装饰用的塑胶花。其时,第二次世界大战已结束 12 年,世界各国的经济开始复苏,香港的转口贸易步入一个黄金时代,李嘉诚据此推断,随着生活水平蒸蒸日上,人们的消费观念也会大大改变,人们对室内装饰、美化的需求将日益增强,所以,塑胶花受到人们的青睐几乎是必定无疑的事。料事如神的李嘉诚,再次使他的商业神话得以延续。当塑胶花在各大商场一上市,就被顾客抢购一空,有人买花布置客厅,有人买花馈赠亲友,香港一时形成塑胶花热。

一个麻木迟钝对市场变化不敏感,一个目光短浅对市场缺少预见力的人,是注定要坐失良机的,只有像李嘉诚这样能对市场的变化做出灵敏的反应,能对未来的行情做出准确的判定,才能从容不迫把握住一次又一次稍纵即逝的商机。而要提升自己的预见力,就需要知识的磨砺。诚如李嘉诚所说:"凭直觉行事是不可靠的,时代不断进步,我们不但要紧跟转变,还要有国际视野,掌握最前沿的知识和最新最快最准的资讯,靠预见力比对手先走几步。幸运只会降临在那些有先见之明,胆大心细,敢于接受挑战,但又能够谨慎行事的人身上。"

第二十五节　自成

儒家强调道德自我觉醒。人要真诚,要自觉的行道。真实,从自然的方面来说,是事物的根本规律,是事物的发端和归宿;真诚,从人的方面来说,就是无私奉献和专注投入的精神,就是宽广的胸襟与宽厚包容的气度,就是自我的内心完善。所以,要修养真诚就必须做到物我同一。唯有真诚能够陪伴我们走向永远。

这里最值得注意的是真诚的外化问题,也就是说,真诚不仅仅像我们一般所理解的是一种主观内在的品质,自我的道德完善,而且还要外化到他人和一切事物当中去。这叫"合外内之道"。自己真诚了,他人真诚了,真诚无处不在,无时不有,世界也就美好无欺了。自己要真诚的东西最主要的是仁和智两种品德,都是靠诚来起作用,因时而措之,天下万物都会停停当当,妥妥帖帖。

【原文】

诚者自成也,而道自道也①。诚者物之终始,不诚无物。是故君子诚之为贵。诚者,非自成己而已也②,所以成物也。成己,仁也;成物,知也③。性之德也,合外内之道也,故时措之宜也④。

【注释】

①自成：自我成全，也就是自我完善的意思。自道：自我引导，自我设计。

②成己：完善自己。

③知：同"智"。

④时措：日常行为举措。

【译文】

真诚是自我完善的，道是自己运行的。真诚是事物的发端和归宿，没有真诚就没有了事物。因此君子以真诚为贵。不过，真诚并不是自我完善就够了，而是还要完善事物。自我完善是仁，完善事物是智。仁和智是出于本性的德行，是融合自身与外物的准则，因此，无论何时何地，只要心怀以诚，就是中道。

【历代论引】

郑玄说：人能至诚，所以"自成"也。有道艺所以自道达。郑玄说：大人无诚，万物不生，小人无诚，则事不成。贵至诚。又说：以至诚成己，则仁遒立。以至诚成物，则知弥博。此五性之所以为德也，外内所须而合也，外内犹上下。

孔颖达说：人有至诚，非但自成就己身而已，又能成就外物。若成能就己身，则仁道兴立，若能成就外物，则知力广远，诚者是人五性之德，则仁、义、礼、知、信皆犹至诚而为德，至诚之行合于外内之道，无问外内，皆须至诚。于人事言之，有外有内，于万物言之，外内犹上下。上谓天，下谓地。天体高明，故为外；地体博厚闭藏，故为内也。是至诚合天地之道也。至诚者成万物之性，合天地之道，故得时而用之，则无往而不宜。

朱子说：诚者物之所以自成，而道者人之所当自行也。诚以心言，本也；道以理言，用也。又说：天下之物，皆实理之所为，故必得是理，然后有是物。所得之理既尽，则是物亦尽而无有矣。故人之心一有不实，则虽有所为亦如无有，而君子必以诚为贵也。盖人之心能无不实，乃为有以自成，而道之在我者亦无不行矣。又说：诚虽所以成己，然既有以自成，则自然及物，而道亦行于彼矣。仁者体之存，知者用之发，是皆吾性之固有，而无内外之殊。既得于己，则见于事者，以时措之，而皆得其宜也。

【评析】

这一章是对"真诚"之道的进一步阐述。

人要做到真诚，就要"好学近乎智，力行近乎仁"。这里把智、仁与真诚的修养结合起来了。因为，从大的方面来说，真诚是万事万物的根本规律，贯穿于事物发展的始终；从小的方面来说，真诚是人内心的自我完善。所以，要想达到真诚无妄、完善自我的效果,就必须既要靠学习来理解,又要靠实践来实现,而"智"和"仁"无疑是其中最重要的两个方面。

自我完善,只是真诚的内化,最值得我们注意的是真诚的外化问题。也就是说,我们不要把真诚仅仅局限成为一种主观内在的品质,一种自我的道德完善,而是还要外化到他人和周围的事物当中去。这个道理可以用"我为人人,人人为我;人人为我,我为人人"这句话来解释。不仅自己能够做到真诚,而且通过努力用自己的诚意使他人也变得真诚无妄。一个人人都真诚无欺的世界,是我们每个人都向往的世界,它不是海市蜃楼,它可以通过我们大家的共同努力变成现实。

【解读】

元朝兴起后,维吾尔族出现了大批的政治家和军事家,其中首屈一指的就是元初的名臣廉希宪,一个忠诚、清廉的历史杰出人物。

廉希宪的父亲在元朝的太祖成吉思汗、太宗窝阔台和世祖忽必烈三朝做官,一直忠心耿耿,执法公正,功劳卓著。死后追封为魏国公。在蒙古大汗窝阔台三年,廉希宪的父亲被任命为燕南诸路肃政廉访使,也就是主管司法刑狱和官吏科考的长官。

任命的当天,次子希宪刚好出生,他非常高兴,对家人说:"古时候有人用官职为姓氏,上天大概是要我以'廉'字为宗族的姓吧。"从此,他的子孙便都用"廉"为姓。

廉希宪字善甫,从小就很喜欢读儒家的经书和历史,刻苦而认真。经过数年的苦读,他成了一个博学多才的青年,这时正好忽必烈在到处招贤纳士,听人说廉希宪学识渊博,就召他人邸为臣,对他很是器重。

进入忽必烈的府邸后,廉希宪仍然苦读经书。一次,他正专心地读《孟子》,忽必烈派人来叫他,他揣着书就去了。忽必烈见他拿着《孟子》,就问他书里讲些什么,他便将孟子的人性本善、见利忘义、仁义爱国等思想讲给忽必烈听。忽必烈听了很高兴,对他赞不绝口:"真是一个廉孟子啊!"从此,廉希宪就以"廉孟子"著称,成为当时一大名人。

中统元年,忽必烈继承了蒙古汗位,在廉希宪等人的辅佐下,击败争夺汗位的阿里不哥。后来他就任京兆道宣抚使,两年后,担任中书省平章事,成为宰相之一。廉希宪还担任过北京、江陵的行省长官。

廉希宪不但为官清廉,政绩卓著,而且忠诚高尚,一向推功揽过。志元七年,廉希宪因为释放被诬陷入狱的尼赞马丁,惹恼了忽必烈而被罢官。忽必烈很快又后悔了,问侍臣廉希宪在干什么,侍臣说他还在闭门读书。忽必烈听了,就叹息道:

"读书确实是朕曾经倡导过的,但是读书不用,还不如不读。"一向忌恨廉希宪的阿合玛害怕廉希宪东山再起,于己不利,就趁机说:"他哪里是在读书,不过是在整天吃喝玩乐!"

忽必烈听了,气得脸色大变,怒斥道:"胡说!希宪清贫廉洁,人人皆知,拿什么吃喝?"不久,忽必烈就重新起用廉希宪任北京行省长官,镇抚辽东。

后来,廉希宪到新平定的长江重镇江陵去做行省长官,他临行前辞谢了忽必烈所赐财物,冒着酷暑直奔江陵。到达后就立即下令禁止抢

廉希宪

劫百姓,开始兴利除弊。他又安抚商人照常营业,使军民相安以处,官吏各司其职。然后登记原来的南宋官员,量才授予官职,从没有一点猜疑之心。

廉希宪为了安抚地方,专门下令:凡是杀害俘虏者一律按杀害平民治罪;俘虏如果患病被遗弃,允许人们收养,病愈后原来的主人不能索要;开掘城外御敌之水,灌溉得到良田数万亩,分给贫民耕种;发放粮食,救济饥民。

地方秩序刚刚稳定,廉希宪又大力兴办学校,他还亲自讲课,训导激励学生学以报国。这使当地很快出现了勃勃生机,远在西南地区的少数民族首领和重庆等地的宋将都闻风来降。皇帝得到消息后,感慨地对侍臣说:"先朝用兵不能得地,现在廉希宪不用一兵却让几千里外的人奉送土地,'廉孟子'不虚其名啊!"

廉希宪官虽然做到了宰相,但为国效力却始终保持着忠正作风,俸禄之外从没有贪私之物。走到哪里都是随身带着一张琴和几箱书。没有其他私产,更不用说金银财宝了。归顺元朝的南宋将官都带着很多金银去见元朝的地方长官,廉希宪对此深恶痛绝。他向送礼的人说:"你们送的东西,如果是自己的,我收了便是不义,如果是公家的,你们拿来送礼,就是盗窃国财,我收了便是贪赃。如果是从百姓那里搜刮来的,就要罪加一等了。"说得送礼的人无地自容,惭愧得不知说什么好。

1277年,廉希宪被召回京,江陵百姓拦路哭送,后来又建立祠堂纪念他。回到北京后,他随身携带的东西仍然是琴和书。

回京两年之后,廉希宪病重,皇太子派人去探望,并请教治国之道。廉希宪请求太子劝谏皇上赶快除去贪赃误国的阿合玛一伙,以免后患无穷,祸及国家。身为忠臣廉吏,廉希宪对专权纳贿、肆意掠夺民产的阿合玛一直心存戒备,恨自己不能为国锄奸。两年之后,阿合玛被义士王著杀死,罪行暴露,忽必烈立诛其党羽,罢撤

扰民衙门一百七十一所,为国除了一大祸害。

临终时,廉希宪仍然不忘叮嘱儿孙谨守忠诚清廉之道:"你们知道狄梁公吧,梁公有大节殊勋,但儿子却玷污了他的清名,你们要谨记为戒!"狄梁公即唐朝名相狄仁杰,死后其子暴贪,百姓愤而毁了狄仁杰的生祠。廉希宪的六个儿子都时刻遵守父亲的遗训,为将为相都能清廉自守。

元朝追封廉希宪为魏国公,赠清忠粹德功臣、恒阳王等荣誉称号,谥号为"文正"。这个谥号是对大臣功劳的最高评价,历史上得到这个谥号的人很少。

廉希宪一生以天下为己任,淡然于个人的得失,对国家忠心耿耿,他这种精神不仅在当时感染影响了很多人,即使拿到今天来说,也值得我们好好学习。

诚然,一个人具有良好的德行、崇高的品格确实非常重要,但是如果能用自己的品格和德行去感染周围的人,让他们也能像自己那样去做,则是一件再好不过的事了。

唐代名臣房玄龄就是用他自己的言行影响了身边的人们,让这些人乐意像他那样做,愿意与他合作。

贞观元年,唐太宗任命房玄龄为中书令。这一年的九月,唐太宗对朝中官员论功行赏,并让陈叔达在殿下唱名示之。结果,房玄龄与杜如晦等人功列第一,房玄龄封爵邗国公,食邑一千三百户。

不久,房玄龄进位尚书左仆射,监修国史,更爵魏国公。唐太宗对房玄龄说:"公为仆射,应当为朕广求贤才,听说公日阅牒讼数百,岂有暇为朕求贤人哉!细小事务归左右丞,大事公预之即可!"房玄龄深以为然,觉得唐太宗如此关心自己,更加忠诚地为国事日夜操劳。

有一天,唐太宗与房玄龄议论为政之道,房玄龄说:"为政之道,应当用法宽平,早晚尽心,恐一物失其所。闻人有善行,如己有之。不以求全而责于人,不以己之所长衡量他人之短。"

唐太宗说:"公言甚是,朕以为政莫若至公。昔诸葛亮流放廖立、李严于南夷之地,诸葛亮卒后,廖立、李严悲哭不已,非至公能如此乎?朕非常仰慕前世之明君,公不可不效法前世之贤相也。"

贞观三年,房玄龄、王硅以宰相身份主持评议百官政绩,治书侍御史权万纪觉得不公,便上奏唐太宗,要求治房玄龄、王硅之罪,唐太宗派侯君集查究此事。魏征上奏为房玄龄、王珪辩护说:"玄龄、王硅皆朝廷旧臣,素以忠直为陛下看重,多所委任。其所考评之人,数以百计,岂能没有一二人不当者?察其情形,非为阿私所致。若推问出确有其事,陛下还能委之以重任吗?且权万纪自身也在考堂之上,其身不得考,便有如此陈论。此正欲激陛下之怒,非竭诚为江山社稷计耳。"唐太宗于是就没有再查问了。

尽管房玄龄忠心耿耿,但也有人对他不满,出言诬陷他。同中书门下三品宋国公萧瑀,性格狷介,与群臣多不合。他见房玄龄深得唐太宗赏识,便心生妒恨,乘机向唐太宗进谗言说:"房玄龄与中书门下诸位大臣,朋党不忠,陛下不知详情。他们执权顽固,只是未反罢了。"

唐太宗说:"卿言太甚!人君选贤才以为股肱心膂,当推诚以待之。人不可求全责备,应舍其所短,而取其所长。朕虽不聪不明,还不至于不知善恶好坏!"

萧瑀听了唐太宗的话,非常羞愧,心里很不安,唐太宗感念其有功,没有加罪于他。唐太宗对房玄龄的信任,由此可见一斑。

后来,房玄龄因微过被谴,回到家中。褚遂良上奏说:"房玄龄自义旗初建始,翼赞圣功,武德之季,冒死决策;贞观之初,选贤立政,人臣之勤,玄龄为最。今玄龄并无不赦之罪,岂可弃之!陛下如果嫌其衰老,可讽劝使之退休,不可以微小过失而弃数十年之勋臣。"

唐太宗觉得褚遂良说得有理,便有些后悔,急忙派人召回房玄龄。但很快又因一点小过失,房玄龄再次被谴回到家中。过了一段时间,唐太宗临幸芙蓉园,房玄龄听说之后,急忙让子弟洒扫庭院,告诉他们说:"皇上的乘舆马上就会来到。"房玄龄的子弟颇为疑惑,以为他老糊涂了。就在这时,唐太宗果然来到房玄龄的府第,让他一起回宫。

相传,当时京畿一带大旱数十天,唐太宗载房玄龄回宫之后,便下了一场大雨,解了旱情。老百姓欢呼雀跃,说:"此乃陛下优待房玄龄之故也。"由此可见房玄龄在当时百姓的心目中,堪称贤相,深受人们的爱戴。

房玄龄虽身居相位,名闻天下,却从不居功自傲,更不贪权图利。唐太宗曾经召集大臣,议论世袭之事,并封房玄龄为宋州刺史,更爵梁国公。唐太宗之所以要封房玄龄为宋州刺史,目的是为了让房玄龄的子弟世袭。但房玄龄觉得自己身为宰相,应为众大臣做出榜样,不可贪图功名,便上奏唐太宗说:"陛下,臣已身居相位,又封宋州刺史,这样恐使大臣们追逐名利,惑乱朝政,臣以为不妥,请陛下先罢臣的刺史职位,以正大臣视昕。"

唐太宗深以为然,便批准了房玄龄的奏折,只封其爵梁国公。房玄龄辞谢了宋州刺史之后,朝中大臣纷纷效法,辞去能世袭的官职。唐太宗非常感慨地说:"上行下效,朝中大臣今日能如此行动,旨玄龄之功也!"

后来,房玄龄加封太子少师,当他初至东宫见皇太子时,皇太子欲拜之。房玄龄慌忙躲避一旁,坚辞不受。东宫的诸色人等,见当朝宰相如此谦虚恭谨,不由得暗中称赞,都说他是亘古未有的贤相。

贞观十六年,房玄龄进位司空,仍旧总领朝政。房玄龄觉得自己居相位日久,累次上表辞位。唐太宗派人对房玄龄说:"辞让,固然是一种美德。然而国家赖公已久,一日而去良佐之臣,朕犹如亡去左右手一般。公筋力犹健,精力未衰,再勿辞让。"

房玄龄不仅自己有良好的德行,其在大政方针方面的所作所为无不表现出一个大唐贤相的政治风度,而且还使得其他

房玄龄

的大臣纷纷效法,在众大臣中树立了自己的威信,也博得了唐太宗的赞誉。

胡雪岩常说:"做生意赚了钱,要做好事。"他说要做好事,也就真的常做好事。他对于行善做好事,常常是能做就做,而且从来都是不遗余力,决不吝啬。而他尽力去做的,也都是有利于平民百姓的、实在又实惠的好事。

历年各地有灾荒,胡雪岩都踊跃捐赠赈济。山东大水灾,胡雪岩一次就捐出了二十万两银子。不但捐钱,而且捐粮食、捐棉衣、捐药品。胡雪岩知道,天灾人祸时候,每多捐一分钱就多救一条人命,饥民自然饮水思源、感恩戴德,官府也会因为援救及时,对你另眼相看。浙江收复后,胡雪岩谒见左宗棠,报告说已经采置粮食万石,运抵杭州。左宗棠告诉胡雪岩,战火初息,官府财库亏空,恐怕采购粮食的费用一时不能兑现,需要拖欠。胡雪岩听后,马上表示,购粮所垫的十万银子,不用官府再还。这一举动使左宗棠大为吃惊,继而感动和佩服,在上奏的折子中称胡雪岩"实属深明大义不可多得之员",语多褒扬,恳请朝廷"破格优奖"。

胡雪岩的善行确实出于真心实意。据史料记载,胡雪岩的一生做了许多好事,有些事情都变成定规定例,比如时值战乱年景他设粥厂,发米票,天寒地冻之时他施棉衣……直到他面临破产的那一年,也没有中断。胡雪岩做的这些好事,使他在江浙一带获得了一个响当当的"胡大善人"的名声。

胡雪岩是一个成功的大商人,但他并没有只顾着做好自己的生意而丝毫不顾及别的事情。该他出手时,他会慷慨大方地出手,不该他出手时,他一样地义不容辞。这种不"独善其身"而"达济天下"的行为,为胡雪岩带来了良好的名声,这种

好名声对生意人来说至关重要。

即使是一个普通人，我们也不要凡事都只想着自己。自己有好的德行，就用来去对待别人；自己有好的方法，就告诉那些需要的人。这样推己及人，大家都这样做了，我们这个社会怎么会不变得更加美好和谐呢？如果什么事总是先考虑自己，即便损害别人的利益也要去做，这样的人会为整个社会所不容。

处世活用

成就你自己，就是功德一件

许许多多有成就的人，他们都是靠着自己成就自己的奋勇拼搏精神，才从芸芸众生中脱颖而出，成为家喻户晓的伟大人物。在日常生活中，有的人缺乏自重感，总觉得自己这也不是，那也不行，对自己的身材、容貌不能悦纳，时常在人面前感到进退无据。有的人缺乏自信心，怀疑自己的能力，缺乏勇于担当主角的气魄。这些人性上的弱点，是致使他们难以获得成功的绊脚石。

华罗庚上完初中一年级后，因家境贫困而失学了，只好替父母站柜台，但他仍然坚持自学数学。经过不懈的努力，他的《苏家驹之代数的五次方程式解法不能成立的理由》论文，被清华大学数学系主任熊庆来教授发现，破天荒地聘请他为清华大学讲师。1936年夏，已经是杰出数学家的华罗庚，以访问学者身份在英国剑桥大学工作两年。而此时抗日的消息传遍英国，他怀着强烈的爱国热忱，风尘仆仆地回到中国，为西南联大的学子们讲课。作为一名自学成才、没有大学文凭的数学家，他这样谆谆教诲青年学子们："不怕困难，刻苦学习，是我学好数学最主要的经验。所谓天才，无非是自己成就自己罢了。"

华罗庚十分注意数学方法在工农业生产中的直接应用。他经常深入工厂进行指导，进行数学应用普及工作，并编写了不少科普读物。

穆罕默德·阿里，是美国职业拳击运动员，有"拳王"之称。1981年阿里告别拳坛，一年后，40岁的他被确诊患上了帕金森氏症，并出现了语言和行动上的障碍。但他永不屈服的精神鼓励他站了起来，并靠着自己的号召力当上了联合国和平大使，经常拖着病体前往战乱与冲突地区，呼吁和平。在阿里的人生信条中，一直支撑他不断获得胜利的是这样一句话："我决不会失败，除非我确信自己已经失败了。"

小泽征尔是全球著名的音乐指挥家。一次他去欧洲参加指挥大赛，决赛时，他被安排在最后。评委交给他一张乐谱，小泽征尔稍做准备便全神贯注地指挥起来。

猛然间,他发现乐曲出现了不和谐的因素,开始他以为是演奏错了,就指挥乐队停下来重奏。但仍觉不妥,他感到问题出在乐谱上。可是,在场的作曲家和评委们都声称乐谱没问题,是他的错觉。面对几百名响当当的国际音乐界权威。他不免对自己的判断产生了犹疑。但是,他思索再三,坚信自己的判断是对的。于是,他大声说:"不!我肯定是乐谱错了,我相信自己!"他的话音未落,评判席上的评委们都已纷纷站起身,向他报以热烈的掌声,祝贺他夺魁。

原来,这是评委们设计的圈套,借以试探指挥家们在发现错误而权威人士不予承认的前提下,能否坚持自己的判断,因为,在评委们看来,只有具备这种素质的人,才真正算得上世界一流的音乐指挥家,在三名选手中,只有小泽征尔没有附和权威人士的诱导,从而获得了这次全球音乐指挥家大赛的桂冠。

从这些事例中,我们发现一个道理:如果你不自己成就自己,恐怕连上帝也帮不上你的忙。开启成功之门的钥匙,必须由你自己亲自来锻造。要知道,世界上只有一个人能够左右你的成败,这个人就是你自己。只有你自己,才能真正支持你迈向成功之路。据部分成功学研究大师分析,许多人之所以失败,不是因为天时不利,也不是因为能力不济,而是因为心虚,自己妙给了自己。

职场活用

是菜鸟,还是雄鹰,全靠你自己成全自己

在巨大的压力下绝境逢生,甚至创造生命的奇迹,是职场雄鹰与职场菜鸟的最大区别。

元老级人物之所以常常会成为"顽固"的代名词,就是因为他们身上背负着过于沉重的历史包袱,失去了不断更新自我的勇气和能力。如果你认定自己是一只职场雄鹰,就不能爱惜自己的翅膀,就要豁得出去。面临多大的风暴,多高的山峰,多远的路程,你都勇于亮开双翅。一飞冲天!判断你是职场菜鸟还是职场雄鹰,关键就看你如何认识自己,如何以这种自我认识为基准,打造自己、成全自己。

某个爱淘气的小男孩,他的爸爸开了一个养鸡场。有一天,他到附近的山上去,发现了一个鹰巢。他从巢里偷了一只鹰蛋,带回养鸡场,把鹰蛋和鸡蛋混在一起,让母鸡来孵。小鹰就在一群小鸡里出生、长大,它从来没有想过自己除了是小鸡外还会是什么。起初它很满足,过着和鸡一样的生活。但是,当它逐渐长大的时候,它发现了自己与伙伴们的迥异之处。它想:"我肯定不只是一只鸡!"但是,它一直没有采取行动。直到有一天,当小鹰看到一只老鹰翱翔在养鸡场的上空,它突

然感觉到自己的双翼有一股奇异的力量,感觉到自己的心正在胸膛里猛烈地跳动着。它抬头看老鹰,一种想法出现在心中:"养鸡场不是我呆的地方,我要像它一样飞在蓝天上。"它展开双翅,虽然它从来没有飞过,但它内心有着飞翔的力量和天性。终于,它先飞到一座矮山顶上,又飞到更高的山顶上,最后冲上蓝天,到达了高山的顶峰。它终于证实,自己是一只鹰!

读完这个故事,你可能会想:"它本来就是鹰,不是鸡嘛,否则它怎么飞得起来呢?而我,只是一个平凡人,从来没有期望过自己有什么了不起的作为。"这正是问题的关键所在——你没有成就自己的热切渴求!爱迪生曾经说过:"如果我们做出所有我们能做的事情,我们毫无疑问地会使自己大吃一惊。"每个人都有巨大的潜能,只是有的人的潜能得到了开发,而有的人的潜能却还处在沉睡状态。

美国 NBA 球员博格士身高只有 1.6 米,在东方人里也算矮个子了。但这个矮子却是 NBA 表现最杰出、失误最少的后卫之一,不仅控球一流,远投精准,甚至在高个队员中带球上篮也毫不畏惧。博格士出生于贫寒的城市贫民家庭,从小就热爱篮球,几乎天天吃五喝六地在篮球场上玩耍,梦想有朝一日可以去打 NBA。但每次当博格士告诉他的同伴"我长大后要去打 NBA",所有听到他的话的人都忍不住哈哈大笑,甚至有人笑倒在地上,因为他们认定一个 1.6 米的矮子绝不可能被 NBA 看中的!同伴们的嘲笑并没有使博格士丧气,他用比一般高个子多几倍的时间练球,终于成为最佳的控球后卫。他充分利用自己身材矮小的优势——行动灵活迅捷,运球的重心低,个子小不引人注意,常常投球得手。初入职场,我们也要有博格士不服输的精神,充分发挥自己的潜能,要敢于对自己说:"我行!靠着我自己的力量,我能够成全自己!"

第二十六节　无息

至诚是万物天性的自然之成,贯穿于天地万物之中,是自然演化的内在核心。

圣人是至诚的,最大的真诚是永远不会间断的。不间断就能持久,内心长久如此,就会发于外,就会久远。长期积累,就会博厚,进到高明境界,从而可以和天地相比,承载万物,覆盖万物。说到底,还是强调由真诚的追求而达到与天地并列为三,从而化生万物的终极目的。所以,命运是可以预知的,在于慎微与自律,在于颖悟与把握,在于至诚。

天地生物之道和圣人是一样的,都是真实无妄的。天地也展现了博厚、高明、悠久,所以圣人是和天地同德的。

最后引诗颂扬文王的道德是纯真的,发用是不停止的,和天道是相通的。这实际上把人的作用提升了,由被动的适应自然转为主动的配合自然。

【原文】

故至诚无息①。不息则久,久则征②。征则悠远,悠远则博厚,博厚则高明。博厚,所以载物也③;高明,所以覆物也④;悠久,所以成物也⑤。博厚配地,高明配天,悠久无疆⑥。如此者,不见而章⑦,不动而变,无为而成。

【注释】

①无息:不间断,不休止。

②征:征验,显露于外。

③载物:负载万物。

④覆物:覆盖万物。

⑤成物:成就万物。

⑥无疆:没有尽头。

⑦不见而章:虽然不刻意显露,也会自然彰显出来。见:显露。显现。章:同"彰",彰显。

【译文】

所以,至诚是没有止息的。没有止息就会保持长久,保持长久就会显露出来,显露出来就会悠久长远,悠久长远就会广博深厚,广博深厚就会高大光明。广博深厚。能以承载万物。高大光明,能以覆盖万物;悠远长久,能以成就万物。广博深厚可以与地相配,高大光明可以与天相配,悠远长久则是永无止境。达到这样的境界,不显现也会自然明显。不运动也会自然变化,无所作为也会有所成就。

【历代论引】

郑玄说:至诚之德既着于四方,其高厚日以广大也。又说:后言悠久者,言至诚之德,既至"博厚""高明",配乎天地,又欲其长久行之。

孔颖达说:至诚之德,所用皆宜,无有止息,故能久远、博厚、高明以配天地也。又说:以其不息,故能长久也。以其久行,故有征验。又说:若事有征验,则可行长远也。以其德既长远,无所不周,养物博厚,则功业显著。又说:以其德博厚,所以负载于物。以其功业高明,所以覆盖于万物也。以行之长久,能成就于物,此谓至诚之德也。又说:圣人之德博厚配偶于地,与地同功,能载物也。圣人功业高明配偶于天,与天同功,能覆物也。圣人之德既能覆载,又能长久行之,所以无穷。又说:圣人之德如此博厚高明悠久,不见所为而功业彰显,不见动作而万物改变,无所施为而道德成就。

朱子说:既无虚假,自无间断。又说:久,常于中也。征,验于外也。又说:存诸中者既久,则验于外者益悠远而无穷矣。悠远,故其积也广博而深厚;博厚,故其发也高大而光明。又说:悠久,即悠远,兼内外而言之也。本以悠远致高厚,而高厚又悠久也。此言圣人与天地同用。又说:此言圣人与天地同体。

【原文】

天地之道,可一言而尽也①;其为物不贰,则其生物不测②。天地之道:博也、厚也、高也、明也、悠也、久也。今夫天,斯昭昭之多③,及其无穷也,日月星辰系焉④,万物覆焉。今夫地,一撮土之多⑤,及其广厚,载华岳而不重,振河海而不泄⑥,万物载焉。今夫山,一卷石之多⑦,及其广大,草木生之。禽兽居之,宝藏兴焉。今夫水,一勺之多,及其不测⑧,鼋鼍蛟龙鱼鳖生焉⑨,货财殖焉。

【注释】

①一言:即一字。这里指"诚"字。

②物:指天地。不贰:专一。诚就是专一,所以不贰。物:指万物。不测:不可测废。这里指生物之多。

③斯昭昭之多:这是由众多的一个个小的天体的光芒汇聚积累。斯:此。昭昭:明亮,光明。郑玄曰:"犹耿耿,小明也。"《楚辞·九歌·云中君》:"烂昭昭兮未央。"

④日月星辰系:太阳、月亮、星体运行着。星辰:星系,天体。系:悬游,运行。

⑤撮:容量单位。一撮为一升的千分之一。意为很少。

⑥华岳:即华山。振:整顿,整治,引申为约束。

⑦一卷石:一拳头大的石头。卷,通"拳"。

⑧不测:不可测度。这里指浩瀚无涯。

⑨鼋:大鳖。鼍:扬子鳄。

【译文】

天地的法则,可以用一个"诚"字就概括尽了:作为天地没有两个,而它生成万物则是不可计算的。天地的法则:就是广博、深厚、高大、光明、悠远、长久。今天我们所说的天,从小处看只是一点点的光明,可到它无边无际时,日月星辰都靠它维系。世上万物都靠它覆盖。今天我们所说的地,从小处看只是一撮土,可到它广博深厚时,承载像华山那样的崇山峻岭也不觉得重,容纳那众多的江河湖海也不会泄漏,世上万物都由它承载。今天我们所说的山,从小处看只是拳头大的石块,可到它高大无比时,草木在上面生长,禽兽在上面居住,宝藏在里面储藏。今天我们所说的水,从小处看只是一勺之多,可到它浩瀚无涯时,鼋鼍蛟龙鱼鳖等都在里面生长,各种有价值的东西都在里面繁殖。

【历代论引】

郑玄说:其德化与天地相似,可一言而尽,要在至诚。至诚无贰,乃能生万物多无数也。又说:天之高明,本生"昭昭";地之博厚,本由"撮土";山之广大,本起"卷石";水之不测,本从"一勺":皆合少成多,自小致大,为至诚者,以如此乎!

孔颖达说:圣人之德能同于天地之道,欲寻求所由,可一句之言而能尽其事理,正由于至诚,圣人行至诚,接待于物不有差贰,以此之故,能生殖众物不可测量。又说:天初时唯有此昭昭之多小貌尔,土之初时唯一撮土之多,地之广大,载五岳而不重,振收河海而不漏泄。山之初时唯一卷石之多,多少唯一卷石耳。水初时多少唯一勺耳。此以下皆言为之不已,从小至大。然天之与地,造化之初,清浊二气为天地,分而成二体,元初作盘薄穹隆,非是以小至大。今云"昭昭"与"撮土""卷石"与"勺水"者何?但山或垒石为高,水或众流而成大,是从微至着。因说圣人至诚之功亦是从小至大,以今天地体大,假言由小而来,以譬至诚,非实论也。

朱子说:复以天地明至诚无息之功用。天地之道,可一言而尽,不过曰诚而已。不贰,所以诚也。诚故不息,而生物之多,有莫知其所以然者。又说:天地之道,诚一不贰,故能各极所盛,而有下文生物之功。又说:指其一处而言之。及其无穷,犹及其至也之意,盖举全体而言也。皆以发明由其不贰不息以致盛大而能生物之意。然天、地、山、川,实非由积累而后大,读者不以辞害意可也。

朱子说:《礼记正义》曰:至诚不已,则能从微至着,从小至大。

【原文】

诗云①:"唯天之命。於穆不已②。"盖曰天之所以为天也。"于乎不显③,文王之德之纯!"盖曰文王之所以为文也。纯亦不已。

【注释】

①《诗》云:此诗引自《诗经·周颂·维天之命》。

②於:语气词。穆:肃穆。不已:不停止。

③不:通"丕",大。显:明显。

【译文】

《诗经·周颂·维天之命》说:"天道的运行,多么肃穆啊,永远不会停止!"这大概说的是天之所以为天的道理吧。此诗又说:"啊!多么显赫光明啊,文王的道德是那样纯正!"这大概说的是文王之所以被称为文王的道理,他的纯正也是没有止息的。

【历代论引】

郑玄说:天所以为天,文王所以为文,皆由行之无已,为之不止,如天地山川之云也。《易》曰"君子以顺德,积小以成高大"是与。

孔颖达说:《诗》称"维天之命",谓四时运行所为教命。美之不休已也。诗人叹之云,于乎不光明乎,言光明矣。文王德教不有休已,与天同功。

程子曰:"天道不已,文王纯于天道,亦不已。纯则无二无杂,不已则无间断先后。"朱子说:引此以明至诚无息之意。

【评析】

"生命不息,运动不止。"这是赛场上的运动员的座右铭。为了加强自身的修养,我们对于真诚的追求也应该是永不停息的。

真诚是一种发自心底的最纯净的真挚情感,它不掺杂任何有关利益的东西,是人的真性情的自然流露。如果我们选择了真诚,就要在这条路上坚持不懈地走下去,不仅要让自己的内心保持真诚,还要让你的真诚体现在语言和行动上。说的更深一点,我们要努力用自己的真诚感动周围的人,让大家都真诚起来,这个世界一定会变得更加美好。当然,也许我们达不到悠远长久、广博深厚、高大光明,从而承载万物,覆盖万物,生成万物,但我们至少坚守了一种正道,至少可以无愧于我们的内心。

真诚的心可以经受住任何考验,虚诈的言行最多只能骗得一时的成功,迟早会被揭穿,遭到众人的唾弃。只要我们时刻保持一颗真诚的心,真诚地做人,真诚地处事,我们就可以经受住任何困难,获得最终的成功,因为诚者无敌。如果时刻妄想着用虚诈的言行为自己骗得一时的利益,这样的人内心不能得到片刻的安宁,他们迟早有一天会走投无路。从另一个方面来说,我们的真诚不是对任何人的随意的真诚,我们的真诚也是有原则的,对那些用虚诈的言行来欺骗我们的人,对那些对我们充满恶意的坏人,我们要果断地采取行动。

【解读】

明朝的大奸臣严嵩和夏言是江西同乡。

严嵩比夏言早十二年中进士,由于身体欠佳,一直在家养病,难获升迁。当夏言官居礼部尚书时,严嵩还是个芝麻小官。

严嵩为了向上爬,极力讨好夏言。一次,他设宴请夏言来家做客,却被夏言拒绝。一般人认为心意到了,对方不给面子,就算了吧!严嵩却不是一般人,他又亲自拿着请柬到夏府相邀。夏言竟拒不相见。到了这种地步,常人也就无计可施了。可严嵩仍不以为意,回家照样设席,虚留夏言的座位,并恭恭敬敬地跑到夏言座前宣读请柬，以表达自己的诚意和敬意。

此事传出去后，夏言终于被严嵩貌似真诚的姿态打动了，决定拉这位虔诚恭顺的同乡一把。当然，夏言这样做也是出于他自己的考虑：严嵩如此礼敬自己，如果不给面子，人家岂不要议论他不近人情吗？这对他的名声不好。严嵩那番表演，正是抓住了夏言爱惜名誉的心理，可谓正中其软肋。

在夏言的举荐下，严嵩很快就当上了礼部侍郎。夏言出任宰相后，又推荐严嵩接替自己的礼部尚书之位。严嵩执掌大权后，仍对夏言恭敬如初，以下属和学生自居。而夏言则老实不客气地以恩人和老师自居，对严嵩呈送的文稿，经常改得一塌糊涂，有时甚至掷回重写。然而，严嵩并不是一个甘心久屈人下的人，他知道，夏言迟早会成为自己前进道路中的阻碍，因此虽然表面上对夏言还是一如既往的恭敬，可心里早就盘算好了对付他的主意。

严嵩高明的地方就在于，他并不直接向夏言开战。因为如果他这样做，即使能够将夏言扳倒，在别人眼里也成了一个忘恩负义之徒，实在不划算。所以严嵩采取的做法是：夏言对皇上疏慢不恭，他却俯首帖耳；夏言对下属傲慢无礼，他却礼贤下士，总之，严嵩处处反衬夏言的不足。结果，严嵩越来越受皇上信任和下属爱戴，而夏言则在朝廷中越来越孤立。最终，夏言因事被处死，严嵩则成为一人之下、万人之上的宰相。

掌握大权之后的严嵩就像变了个人似的，拉帮结伙、排斥异己，把国家搞得乌烟瘴气。最终，他处心积虑钻营得来的果实也没能够享受多久，只落得个家破人亡的下场。

回过头来看，严嵩之所以能够取得夏言的信任，在仕途上越爬越高，就在于他用那种能够以假乱真的真诚恭敬的态度打动了夏言的心，使得他放松了对自己的警惕。然而，真正的真诚才可以获得别人长久的信任与支持，虚伪的真诚迟早会有被揭穿的时候，作孽者最终还是会受到惩罚。

在中国历史上，似乎还没有哪一个奸臣能像秦桧这样为后人痛恨。在岳飞墓前和岳王庙里，秦桧、万俟卨等人被塑成十分丑恶的形象，囚跪在铁栅或是铁笼子里。据说连现在的油条，也是宋人发明"油炸桧"的演变。当时，人们用面捏成秦桧的形象，放在油里炸来吃，后来简单得只剩两条腿，就是现在油条的样子了。

秦桧何许人也？何以招致人们如此痛恨？

在徽、钦二帝被捉后不久，秦桧也被金将粘罕和翰不离捉住。在被金人捉去的第一年里，秦桧侍奉徽、钦二帝，尚未见有什么劣迹。不久，徽宗听说康王赵构即位，便修书与金世宗议和，并派秦桧前往。狡诈的秦桧看到宋朝不是金国的对手，便有意讨好金国。金世宗留下了秦桧，并把他转送给自己的弟弟挞懒。从此，秦桧追随挞懒，成为挞懒的忠实仆人。在挞懒死后他仍忠于金国，以出卖南宋为己任。

虚伪狡诈的人善于伪装自己，蒙蔽他人而且伪装术高明。秦桧与夫人王氏一起"逃"回南宋，在路过涟水时，被南宋水寨统领丁祀抓住，要杀死他。秦桧不慌不忙地说："我是前朝的御史中丞秦桧，你们应该知道我！"这时，船中的一穷秀才上来凑趣，装作认识他的样子，一见面就大作其揖说："中丞回来了，这些年辛苦了！"并与他亲密交谈，丁祀见有人认识他，便放了他。就这样，秦桧回到了南宋。

岳飞

秦桧回朝后，高宗即向他询问徽、钦二帝在金国的情况。虚伪狡诈的秦桧已看出高宗的软弱，想和不想战，于是献上自己早已准备好的《与挞懒求和书》。高宗正被金兵追得无立足之地，见到了秦桧，仿佛见到了救命稻草一般，况且秦桧又自吹跟挞懒打交道数年，深知挞懒秉性，信函一到，必能议和成功。在召见秦桧后不久，高宗竟与人说道："桧忠仆过人，与其一谈，朕高兴得夜不能寐。"至此，秦桧开始了他的卖国生涯。

抗金名将岳飞在河南连连打胜仗，岳家军和金军进行了几次大战，结果使金军的十万人马死伤过半，收复了蔡州、郑州、洛阳等地。金兀术闻岳家军到来，就恐惧后逃，真有闻风丧胆之势，很多金将，已准备降宋。在这种形势下，岳飞准备乘胜追击，他豪迈地与诸将说："直捣黄龙府，与诸公痛饮耳！"

前线的胜利却吓坏了秦桧和高宗。秦桧怕金兀术向他问罪，高宗在经历了苗傅和刘正彦两位将军叛乱之后，也心有余悸，深恐将领势大，难以控制，所以也不愿岳飞继续北上。正当岳飞雄心勃勃地准备大举进攻之际，秦桧却以高宗的名义命令岳飞"择日班师，不可轻进。"不久，岳飞又在朱仙镇大败金兀术，准备渡过黄河，乘胜追击。秦桧慌了手脚，在一天之内，连下了十二道金牌，催逼岳飞撤军，岳飞无奈，只得仰天长叹，痛惜十年之功，毁于一旦。

宋高宗绍兴十一年四月，秦桧以明升官职、暗夺军权的办法把韩世忠、岳飞、张俊召入朝廷，以"莫须有"的罪名将岳飞杀害。

秦桧就是这样一个虚伪狡诈之徒，又是一个十恶不赦的卖国贼，他之所以能兴风作浪是因为他能够伪装自己，从而取得了别人的信任。对于他的虚伪狡诈之处可以归纳为以下几点：

首先，他利用南宋积弱不振的局面和朝廷里多有主和派的情势来为金朝卖力。他还深深地抓住了高宗极怕迎还"二圣"或是金人让钦宗在北方立朝的心理，牵制高宗，让他乖乖地跟着自己走。即使有一时的不便，他也不丧失信心，而是等待时机。

其二，他严酷地迫害政敌，且必欲把对手置于死地而后快。例如，大学士胡铨任枢密院编修上书高宗，要求斩秦桧以谢天下，秦桧立刻把他流放昭州。后来陈纲上书附和胡铨，秦桧又借故把他贬往当时称为"死地"的安远，使之死在贬所。邵隆对秦桧主持签订的"绍兴和约"很不满意，秦桧就先行贬官，再用毒酒毒死他。总之，秦桧对反对他的人毫不容情，被他杀死的人不计其数。

其三，他善于见缝插针、造谣离间、拨弄是非，借此制造群臣间的矛盾，拉拢自己的势力。张浚本来是赵鼎的好朋友，曾推荐赵鼎做宰相，经过秦桧的离间，赵鼎与张浚反目成仇，反去帮助秦桧排挤张浚。后来，赵鼎也被秦桧排挤，晚年两人在贬所相会，谈起前因后果，才知道为秦桧所骗。就这样，秦桧在朝廷之中竟能左右逢源。

其四，他发言不多，言出必中，如果在与人讨论问题时，一旦觉得对方反对自己，就住口不说。等对方说完，他寻找破绽，出语攻击。例如，大臣李光在讨论政事时顶撞秦桧，秦桧就沉默不语，等李光说完，秦桧才慢慢地说："李光没有做大臣的礼法。"结果使高宗对李光十分不满。

其五，他严密防范，不使自己的名声受损。一次，秦桧举行家宴，请戏班子唱戏。在演戏中，一演员头上的饰环落地，没有去捡，另一演员问道："那是什么环？"答道："那是二胜环（同徽、钦二帝还朝的'二圣还'谐音）。"另一演员就说："你坐了太师椅，为什么把'二胜环'丢在了脑后？"这话涉及秦桧，满座震惊。散戏后，秦桧把演员找来严加责打，并不准再演这出戏。在秦桧晚年，他曾以"诽谤罪"诛死了许多朝臣，受株连的贤人名士多达五六十人。

秦桧不仅虚伪奸诈而且一生纵奸行恶无数，手段狠毒，是一个十恶不赦的大坏蛋。

虽然秦桧这样的虚伪奸诈之人在现代生活中已不多见，但我们一定要时刻警惕起来，一旦发现这样的人，就应该马上揭穿他的真面目，以免他兴风作浪，贻害社会。同时，秦桧一生从得志到成为千人骂、万人踩的卖国贼，也提醒我们，由于很多实际上非常虚伪奸诈的人，善于用一些貌似真诚的言行来迷惑我们的耳目，所以要时刻保持理智冷静的头脑，不让这样的人得逞。

我们应该做一个真诚的人，但有时候，对待敌人，我们也可以采取虚实并用的策略。

历史上的王越和曹玮在战场上，就是这样战胜各自的敌人的。

王越，字世昌。史书上说他身材高大，多力善射。景泰二年中进士。据说在殿试的时候，忽然刮起一阵旋风，他的答卷被风卷去。眼看就要落榜，他居然在剩下不多的规定时间内又写好一份考卷。其人之聪明可见一斑。

王越中进士后开始到陕西出任地方御史。到天顺初年，才当上山东按察使。天顺七年，大同提督军务出缺。经人推荐，王越接替了这一职位，从此开始了他的军事生涯。

土木堡之变后，明朝对北元由战略进攻转入战略防御。本来属于二线防御基地的大同、宣府、延绥一带成了抵抗北元入侵的最前线，经常遭到北元的攻击，当地经济和人民生活遭到严重的破坏。王越到任之后立刻修缮武器甲胄，训练士兵，修理堡寨，鼓励农业和商业，把大同防区重新建设起来了。

成化三年，明朝发动对北元的征讨。王越成为此次远征的赞理军务。他与保国公朱永率领一千名士兵巡视边防，突然遇到大批敌人，双方兵力悬殊，朱永料想寡不敌众，便想逃走。王越制止了他，排好了阵势，稳住了阵脚。敌人见此情景，疑其有诈，不敢上前，两军就这样对峙着，一直到了傍晚。王越下令骑兵全部下马，口里衔着竹片，鱼贯前进，不得回头，他自己则率领少数骁勇精兵在最后压阵。他们从山后走了五十里，才回到城里，敌人却始终没有察觉。

第二天，王越才对朱永解释道："昨天我们如果马上撤退，敌人就会尾随追杀，敌众我寡，那样，我们一个人也不能活着回来了。摆开阵势是显示我们胸有成竹，以便迷惑敌人。我们一个跟着一个地下马步行，是防止行军有响声而惊动敌人，所以我们安全撤离完了，他们都没有察觉。"朱永自叹不如。

虚虚实实，真假难辨，真可以称得上是一种军事奇谋。一般在敌强我弱的不利形势下，可以采用虚而实之的谋略，以假象迷惑敌人，使其不敢轻易进攻；而在我方处于明显优势情况下，可以故设败阵，诱使敌人上钩，而一举歼灭，被称为是实而虚之的谋略。正如王越所解释的，他以弱示强，迷惑敌人，实际上用的是虚而实之的谋略。

反观我们的现实生活，在激烈的竞争中，当我们的力量不如对方时，不可悲观绝望，而应该设法找出新的突破口，出乎对方的意料，从而取得胜利。

北宋的曹玮也是采用以虚制实的方法赢得战争的胜利的。

北宋初年西夏人经常侵犯边境,一次他们又来骚扰,渭州知州曹玮领兵出战,打了胜仗。敌人丢下物资逃跑了,曹玮派人打探到他们已经走远了,命令士兵赶着敌人丢下的牛羊,抬着他们丢下的物资,慢慢地往回走。敌人逃了几十里后,听说曹玮贪图财物行动迟缓,队伍零散,就又返回想袭击他们。曹玮得到情报后,仍然不慌不忙地带着队伍慢慢走,部下很担心,对曹玮说:"把牛羊丢下吧,带着这些东西,跑也跑不动,打也打不了,敌人追上来怎么办?"曹玮对这些话全不理会,队伍还继续往前走,又走了半天,到了一个比较有利于战斗的地形,曹玮才命令停下来等待敌人的到来。敌人快要逼近的时候,曹玮派人迎上去对他们的首领说:"你们从远道而来,一定很疲劳,我们不想乘你们疲劳的时候和你们作战,请你们的人马先休息一会,然后咱们再决战。"敌人正跑得筋疲力尽,听他如此说非常高兴,坐下来休息。过了好长时间,曹玮派人对敌人说:"休息好了,咱们可以交战了。"于是双方击鼓交战,曹玮的部队毫不费力就把敌人打得大败。

曹玮的部下对这一仗取胜如此容易都感到奇怪。曹玮说:"我知道敌人已经很疲乏。让大家赶着牛羊抬着财物,做出贪图财物的样子,是为了诱骗敌人,把他们引出来。等到他们走了很远之后再回头来袭击我们,几乎走了一百里地。这时如果马上和他们交战,他们虽然疲劳,但是士气正旺,谁胜谁负很难定夺。我让他们先休息,是因为走远路的人,停下来休息一会,就会腿脚肿痛麻木,站立不稳,根本无法作战。我就是根据这一经验打败他们的。"

曹玮故意制造假象,迷惑了敌人,表面上合乎敌人的判断,背离了客观实际,而实质上早已制定好了对付敌人的计划。

制造假象,佯动误敌,这样既可掩盖我方的真实意图,又可调动敌人就范。两军对垒,聪明的将领总是能用假象造成敌人的错觉,能而示之不能,用而示之不用,采取种种手段麻痹敌人,然后乘有利之机消灭他们。

无论是在战场上,还是在实际生活中,我们都应该做一个真诚的人,但我们的真诚不是无原则的、不讲究对象的真诚,对待我们的亲人和朋友,我们一定要以诚相待,面对那些虚伪狡诈的人,我们有时不妨也采取"以其人之道还治其人之身"的方法。

处世活用

应变无止境

世界瞬息万变,人若固守常规,不懂应变之道,只会一次次地碰得头破血流。

因此学会变通，学会以变应变，乃是人生智慧。人生为何不能安于现状？为何要不断创新与变革？答案很简单：人生本身就是一个渐变的过程，不变意味着落后，落后就意味着挨打。我们要知道，一个人的生存、发展，依赖于特定的条件。条件改变了，个人也必须改变自己生活的方式，寻找新的生机。如果条件改变了，个人仍故步自封，难免陷入危险的境地。我国古代的范蠡与文种这两个人的结局，就是这一道理的正反两方面的鲜明例证。

吴王夫差大举攻越，越王国破，越王勾践都城被占，只可怜带着三千战士退守在会稽山上。吴国大军席卷，勾践螳臂当车，灭顶之灾就在眼前。这时只有大臣文种能救勾践，他出使吴军，利用关系，让吴王答应保全勾践的性命与越国百姓的安全。后来，文种又同范蠡帮助勾践领兵消灭吴国，使吴王夫差自杀。

可越王勾践是一个只能与人共患难，不能与人共富贵的人，他功业成就必定要杀死功臣。范蠡看准了这一点，深知原来生存、发展的条件，随着勾践的大功告成，已变成自己死期不远的因素。于是他领着美女西施，坐着小木船悄悄地走了，临行前他给文种留下一封信。他说："飞鸟尽，良弓藏；狡兔死，走狗烹；敌国破，谋臣亡。越王长颈鸟喙，不可与共安乐。子何不去？"

然而，文种还是不走，只是向越王请病假，不再上朝问政事，以为我不管事还不让我平安。但很快有人陷害文种，说他想造反，越王立即命令他自杀。这时，文种后悔不听范蠡的劝告，但一切都来不及了。

能干一番大事业，却不善于保全自身，是多么遗憾。这是一个极端的例子，告诉我们如果条件有变，而我们却没有做出相应的调整，会给我们带来很大的危害。所谓：穷则变，变则通，通则久。要知道世间唯一不变的规律就是一切都在变。不适应变化的人就像刻舟求剑的那个家伙，将遭到时代的无情淘汰。

职场活用

进取的步伐永不停止

我们刚到一个公司工作，可能胜任一项工作，于是满足现状，高枕无忧，不思进取。可是没过多久，我们的上司提醒我们要学会不停地更新自己的知识，如果你什么都懒得学，坐吃老本，难免被老板列入淘汰名单，因为老板随时可以招到比你更适合那个岗位的员工。也许人家代替你的人非但能从事你原来的工作，而且还比你多出了几项特长，而老板付出的薪水可能相差无几，这样，那些在你看来是晚辈的人就比你更有就业优势。

进取心好比一台内燃机，我们就是那列快速行驶的火车，没有了进取心，我们的一切作为也将失去动力。进取心能够赋予我们巨大的能量，我们的进取心愈强，意志力也会更加坚强，成功的概率也会更大。进入职场，一旦培养出了一种炽热的进取心，那么他的积极的行动必定会换来快乐、幸福与成功。我们知道，这个世界上的人之所以有的能够成大事，而有的却平庸一生，从很大程度上说，是因为凡成大事者都有一颗进取心，而那些一生碌碌无为的人则毫无进取心。由此我们可以说，进取心是成大事的关键因素之一。因为，一个有进取心的人，往往能够永不停止地更新自己的知识储备，生怕自己一时落后就再也赶不上别人。

进取心是人类智慧的源泉，它就好像从一个人的灵魂里高竖在这个世界上的天线，通过它可以不断地接收和了解来自各方面的信息。它是威力最强大的引擎，是决定我们成就的标杆，是生命的活力之源。

有了进取心，我们才可以充分挖掘自己的潜能，实现人生的价值，充分享受人生的甘美。我们才能扼住命运的喉咙，把挫折当作音符谱写出人生的激情之歌。我们才能像保尔·柯察金那样在死神和病魔面前保持"不因碌碌无为而羞愧，不因虚度年华而悔恨"的从容和自信，在有生之年时刻充满青春的激情和朝气。

前微软全球副总裁、微软中国研究院院长李开复曾经说过："30年前，一个工程师梦寐以求的目标就是进入科技最领先的IBM。那时IBM对人才的定义是一个有专业知识的、埋头苦干的人。斗转星移，事物发展到今天，人们对人才的看法已逐步发生了变化。现在，很多公司所渴求的人才是积极主动、充满热情、灵活自信的人。"

一个企业的经营如同世间任何事物一样，都在发生着变化，它对人才的需求也可能发生难以预料的变化。所以现代企业裁员、换人是常有的事。这也是现代社会打工一族越来越感到缺乏安全感的原因。比如一家公司本来经营某种项目，需要某种人才，但随着市场的改变，公司的发展战略有变，要经营一种更赚钱的新项目，如果你只精通原来的项目，而不懂新的项目，自然成了新时期的无用之人，当然就在被淘汰之列。这不是你的错，也不是老板的错，而是现实的需要。任何人都不得不服从市场。

所以你千万不可错误地认为你的职位是无人能撼动的，哪怕你现在看起来多么春风得意，也要居安思危，积极进取，为将来充电，提前做好迎战未来的准备。别说是初入职场的人，就连世界首富比尔·盖茨都时刻怀有危机感，他说，微软离破产永远只有18个月的时间。我们只有居安思危，未雨绸缪，才能使自己不断适应社会的变化，才能永远走在时代前列。

商界活用

不为而成的管理

到过谷歌中国办公室的人,都会对它不拘一格的"自由式"办公区隔大为震惊。办公区沙发随处可见,员工可以随意喝咖啡聊天,甚至分不清哪里是办公区,哪里是休闲区。曾经担任谷歌中国总裁的李开复这样说:"我们的每间办公室都有独特的名字,比如'立秋'、'秋分',这都是我们员工自己的创意。谷歌的工作模式就是平等和倾听每一位员工的声音,我喜欢这样不为而成的管理方式。"

谷歌员工告诉媒体,在其他公司为了应付老板发现自己不务正业的"老板键",在谷歌中国是派不上用场的,因为他们根本不用担心被老板发现,更不用担心因此而遭到批评。

过去十多年来,谷歌的花钱速度在硅谷堪称奇迹。对于员工,谷歌有着较为完善的福利制度,包括免费三餐、免费医疗、滑雪旅游以及洗衣服务等,同时还为员工个人培训提供补贴。此外,谷歌还允许工程师们将20%的工作时间用于自己喜欢的项目,此举是为了鼓励员工开发新产品,以减少公司对互联网搜索广告业务的过度依赖。难怪很多到过谷歌中国的访客总能看到一些员工在工作时间明目张胆地玩游戏。

意图是好的,但问题是,公司如何保证员工能把握好这20%的自由时间?其实,自由时间比例多少并不重要。谷歌20%自由时间制度的背后,有一个更重要的原则:信任员工、放权员工,并不会真的去衡量这个20%,让员工自行调整。打个比方,如果员工觉得自己正在做的某个程序非常重要,那么,他可以整个月只做这个程序;如果员工觉得公司交给他的任务更重要,那么,他可能花三个月来做,而根本不会去碰这个20%。正是这种"不为而成"的管理模式,激发了员工的工作积极性,除了公司安排给他们的工作以外,很多员工还能拿出额外的、让公司意想不到的新产品。其中,大部分小创意都出自那20%的自由时间。比如 Email、谷歌NEWS 等产品。你可以质疑,也许这个制度的回报只有10%,也有可能是20%。但你不能否认,这种"不为而成"的管理方式发扬了一种自由的风气,这种风气也是谷歌中国吸引人才的关键一点。诚如谷歌的创始人谢尔盖·布林曾经说过:"我们公司的创造力源自我们的员工。我们以后如果遇到瓶颈,那一定是我们没能以足够快的速度雇到最聪明、最能干的员工。所以,我们必须要对员工负责,让他们长期留在公司,为公司服务。"

第二十七节　明哲

本章首先盛赞圣人之道。认为它像天一样广博浩瀚,能生养万物,这使人想到《易经》中"天地大德曰生"。圣人之道所以能生养万物,因为其道的核心是仁,有了它,天地万物就会在和风细雨中生长化育。

那么什么是圣人之道呢?诚实、友善、淳朴、敦厚……这些品质,是圣人之道的初级表现,对于人生来说,都是不可缺少的。然而这些并非圣人之道的全部。圣人之道必须由高尚道德的人来承担,礼仪也必须由高尚道德的人来实行。

《礼记正义》曰:圣人之道高大,苟非至德,其道不成。最高的道和最高的德是相连接的,但成就高尚道德谈何容易,必须加强修养。所以君子应该既尊崇道德又追求学问,使二者结合起来。做到这样,才能体现至高的圣人之道。

最后讲到智。人有不同的社会地位,需要做到"居上不骄,为下不倍",素位而行。《论语·宪问》中孔子说:"邦有道,危言危行;邦无道,危行言逊。"这里和孔子思想交相辉映。这一思想大概启发了孟子,所以他说"穷则独善其身,达则兼善天下"(《孟子·尽心上》)。

章末引用《诗经》,说明只有既明事理又有智慧的人,才能在进退出处人生仕途周旋中,既不失其道,又能保护其身。

【原文】

大哉圣人之道!洋洋乎①!发育万物,峻极于天②。优优大哉③!礼仪三百,威仪三千④,待其人而后行⑤。故曰苟不至德,至道不凝焉⑥。故君子尊德性而道问学,致广大而尽精微⑦,极高明而道中庸⑧。温故而知新,敦厚以崇礼。是故居上不骄,为下不倍⑨。国有道,其言足以兴;国无道,其默足以容⑩。《诗》曰⑪:"既明且哲⑫,以保其身。"其此之谓与?

【注释】

①洋洋:盛大,浩瀚无边。

②峻极:高峻到极点。

③优优:平和,宽裕。自然从容。

④礼仪:古代礼节的主要规则,又称经礼。威仪:古代典礼中的动作规范及待人接物的礼节,又称曲礼。

⑤其人:指圣人。

⑥苟不至德:如果没有极高的德行。苟,如果。凝:凝聚,引申为成功。

⑦道问学：讲论学问。道：讲论。致：推致。尽：达到。

⑧极：极至，达到最高点。高明：指德行的最高境界。道：遵行。

⑨倍：通"背"，背弃，背叛。

⑩默：沉默。容：容身。这里指保全自己。

⑪《诗》曰：此诗引自《诗经·大雅·烝民》。

⑫哲：智慧。这里指通达事理。

【译文】

伟大啊，圣人的道！浩瀚无边！生养万物，与天一样崇高。多么平和而从容啊！大的礼仪有三百项，细的仪节有三千条，这些都有待于有德之人来施行。所以说，如果不具备崇高的德行，就不能凝聚极高的道。因此，君子尊崇道德而又追求学问，既达到广博的地位而又穷尽精微之处，既达到高明的境界而又遵循中庸之道。温习已有的知识从而获得新知识，以至诚之心崇尚礼仪，行为中矩，符合礼节。所以身居高位不骄傲，身在低位而不悖逆。国家政治清明时，他的言论足以振兴国家；国家政治黑暗时，他的沉默足以保全自己。《诗经·大雅·烝民》说："既明智又通达事理，可以保全自身。"大概说的就是这个意思吧？

【历代论引】

郑玄说：为政在人，政由礼也。

孔颖达说：圣人之道，高大与山相似，上极于天。又说：圣人优优然宽裕其道。又说：三百、三千之礼，必待贤人然后施行其事。又说：古语先有其文，今夫子既言三百、三千待其贤人始行，故引古语证之。苟诚非至德之人，则圣人至极之道不可成也。又说：贤人行道由于问学，谓勤学乃致至诚也。贤人由学能致广大，如地之生养之德也。致其生养之德既能致于广大，尽育物之精微，言无微不尽也。贤人由学极尽天之高明之德。又能通达于中庸之理也。贤人由学既能温寻故事，又能知新事也。以敦厚重行于学，故以尊崇三百、三千之礼也。又说：若无道之时，则韬光潜默，足以自容其身，免于祸害。宣王任用仲山甫，能显明其事任，且又圣哲知保全其己身，言中庸之人亦能如此。

朱子说：道之极于至大而无外也。又说：道之入于至小而无闲也。又说：尊德性，所以存心而极乎道体之大也。道问学，所以致知而尽乎道体之细也。二者修德凝道之大端也。不以一毫私意自蔽，不以一毫私欲自累，涵泳乎其所已知。敦笃乎其所已能，此皆存心之属也。析理则不使有毫厘之差，处事则不使有过不及之谬，理义则日知其所未知，节文则日谨其所未谨，此皆致知之属也。盖非存心无以致知，而存心者又不可以不致知。故此五句，大小相资，首尾相应，圣贤所示入德之方,莫详于此,学者宜尽心焉。

《礼记正义》曰:君子欲行圣人之道,当须勤学。又说:贤人学至诚之道,中庸之行,若国有道之时,尽竭知谋,其言足以兴成其国。

【评析】

这一章继续盛赞圣人之道,并且分了两个层次加以说明。

首先是说人应该修养德行以适应圣人之道的问题。如果没有极高的德行,就不能成功施行圣人的道,所以君子应该"尊崇道德修养而追求知识学问;达到广博境界而又钻研精微之处;洞察一切而又奉行中庸之道;温习已有的知识从而获得新知识;诚心诚意地崇奉礼节"。通过这几方面的刻苦努力来提高自己的修养和学识。也就是说,要想让自己的德行符合正道,从主观方面就得修养德行,追求学问。说得再具体一些,就是要在德行和学识方面积累充足的资本,让自己对道的理解达到一定的高度,这样就具备了实行道的先决条件。

做任何事都需要有主、客观两方面的条件才行,有了德行和学识,并不是说就可以通行无阻地实现圣人之道了,我们还需要有客观方面的条件。客观现实条件具备当然就可以大行其道,如果客观现实条件不具备,这就需要我们能够"居上下骄,为下不倍",拿出"富贵不能淫,贫贱不能移,威武不能屈"的大丈夫气概,"穷则独善其身,达则兼善天下"。这些都是对于现实政治的一种灵活处置,一种积极适应。简单来说,就是当客观现实条件不符合我们的主观愿望时,我们需要掌握能够安身立命、进退自如的规则,即"既明且哲,以保其身",也就是现在人们常说的"明哲保身"。当然,说起来容易做起来难,要做到进退自如,明哲保身是非常不容易的。难怪唐代大诗人白居易在《杜佑致仕制》中这样反问道:"明哲保身,进退始终,不失其道,自非贤达,孰能兼之?"宋朝大诗人陆游更是不由得发出了这样的感慨:"信乎明哲保身之难也!"

或许,选择一条通向正道的路并不难,难的是当路行不通时,可以明哲保身,进退自如,积蓄力量以图日后东山再起,使自己始终立于不败之地。可能很多人看不惯明哲保身的做法,甚至觉得不屑一顾,认为这样做有失做人的气节。可是反过来讲,如果我们在道路行不通时不绕过去另寻他途,而是坚持一条路走到黑,这样不仅浪费了时间和精力,而且还会给我们自身造成很大的损失,到这时再想从头再来,恐怕都没有机会了。

【解读】

《孟子》一书中说:"可以隐居则隐居,可以出仕则出仕,孔子是这么做的,所以说孔子是能够审时度势的圣人。"这样既能功成名就,又能远灾避祸,是修身处世的秘诀。世间的一切事物都在不断变化,时世的盛衰和人生的沉浮也是如此,所以必须待时而动,顺其自然。这就意味着,为人处世要精通日务,懂得进退自如明哲保身的道理。

裴矩就是一个懂得明哲保身之道的人,因而他也得以在官场中进退自如。

裴矩一生侍奉过北齐、隋文帝、隋炀帝、宇文化及、窦建德、唐高祖、唐太宗,共三个王朝,七个主子,他在每一个主子手下都很得意,这是因为他知道该如何既能保全自己,又能讨得主子的欢心。

裴矩看出隋炀帝是一个好大喜功的人,便想方设法挑动他拓边扩土的野心。他不辞辛苦,亲自深入西域各国,采访各国的风俗习惯、山川状况、民族分布、物产等情况,撰写了一本《西域图记》,果然大得炀帝的欢心,一次便赏赐他五百匹绸缎,每天将他召到御座之旁,详细询问西域状况并将他升为黄门侍郎,让他到西北地区处理与西域各国的事务;他倒不负所望,说服了十几个小国归顺了隋朝。

有一年,隋炀帝要到西北边地巡视,裴矩不惜花费重金,说服西域二十七个国家的酋长,佩珠戴玉,服锦衣绣,焚香奏乐,载歌载舞,拜谒于道旁;又命令当地男女百姓浓妆艳抹,纵情围观,队伍绵延数十里,可谓盛况空前。隋炀帝大为高兴,又将他升为银青光禄大夫。

裴矩一看自己这一手屡屡奏效,便越发别出心裁,劝请隋炀帝将天下四方各种奇技,诸如爬高竿、走钢丝、相扑、摔跤以及斗鸡走马等各种杂技玩耍全都集中到东都洛阳,令西域各国酋长使节观看,以夸耀国威,前后历时一月之久。在这期间,又在洛阳街头大设篷帐,盛陈酒食,让外国人随意吃喝,醉饱而散,分文不取。当时外国人中的一些有识之士也看出这是浮夸,是打肿脸充胖子,隋炀帝却十分满意,对裴矩更是夸奖备至,说道:“裴矩是太了解我了,凡是他所奏请的,都是我早已想到的,可还没等我说出来,他就先提出来了。如果不是对国家的事处处留心,怎么能做到这一点?”于是一次又赐钱四十万,还有各种珍贵的毛皮及西域的宝物。

裴矩个人是既富且贵了,却给国家和人民带来了巨大的灾难。那场讨伐辽东的战争便是在裴矩的唆使之下而发动的,战争旷日持久,屡打屡败,耗尽了隋朝的人力、物力、财力,以致闹得国敝民穷,怨声四起,导致了隋朝的灭亡。

而当义兵满布、怒火四起,隋炀帝困守扬州、一筹莫展之时,裴矩看出来,这个皇帝已是日暮途穷了,再一味地巴结他,对自己会有百害而无一利,他要转舵了,将目标转向那些躁动不安的军官士卒了。哪怕是地位再低的官吏,他也总是笑脸相迎。他向隋炀帝建议:“陛下来扬州已经两年了,士兵们在这里形单影只,也没个贴心人,这不是长久之计,请陛下允许士兵在这里娶妻成家,将扬州内外的孤女寡妇、女尼道姑分配给士兵，原来有私情来往的，一律予以承认。"

隋炀帝对这一建议十分赞赏，立即批准执行，士兵们更是皆大欢喜，对裴矩赞不绝口。纷纷说："这是裴大人的恩惠！"到将士们发动政变，绞杀隋炀帝时。原来的一些宠臣都被乱兵杀死，唯独裴矩，士兵们异口同声说他是好人，得以幸免于难。

后来他几经辗转，投降了唐朝，在唐太宗时担任吏部尚书。他看到唐太宗喜欢谏臣，于是摇身一变，也成了仗义执言、直言敢谏的忠臣了。

隋炀帝

唐太宗对官吏贪赃受贿之事十分担忧，决心加以禁绝，可又苦于抓不住证据。有一次他故意派人给人送礼行贿，有一个掌管门禁的小官接受了一匹绢，太宗大怒，要将这个小官杀掉。裴矩谏阻道："此人受贿，应当严惩。可是，陛下先以财物引诱，因此而处极刑，恐怕不符合以礼义道德教导人的原则。"

唐太宗接受了他的意见，并召集臣僚说道："裴矩能够当众表示不同的意见，而不是表面上顺从而心存不满。如果在每一件事情上都能这样，还用担心天下不会大治吗？"

裴矩的成功之处在于他能够"见风使舵"，但他的转变又是讲究方式方法的，可以准确揣测出上司的心理。当然，我们可以学他那种"邦有道，不废；邦无道，免戮"的手段，做一个能够明哲保身的聪明人。

曾国藩也是一个深谙明哲保身之道的人。

曾国藩官场沉浮几十年，急流勇退，不贪荣禄，实是他能终善其身的明智做法。

盛时常作衰时想，上场当念下场时。曾国藩一生几起几落，但很少受到朝廷弹劾、下属参奏，这与他功成身退、明哲保身的处世思想是分不开的。

立身处世，要懂得从时顺势，知进退，能屈伸。得其时势，便趁势而进，时势不济，便退待其时，能进能退，便可安身立命。

温峤，字太真，以有识有胆、博学能文、风仪秀整、善于言谈见称于世。曾先后做过司隶都官从事、司徒东阁祭酒。司马睿在建康称帝，建立东晋王朝。温峤被任命为散骑侍郎，后改任骠骑将军长史，升迁至太子中庶子。

公元322年太子司马绍继位,是为晋明帝。温峤起初拜侍中,后来转任中书令,很受皇帝的器重和信任,经常参与商议朝廷的机密大事,起草诏书命令。

当时掌握全国军事大权的大将军王敦,正图谋叛乱。温峤忠心为皇室效力,所以为王敦所嫉恨。王敦便故意请求朝廷把温峤调去给他当左司马,以便直接控制。

温峤调到王敦那儿任左司马,见王敦对朝廷的政令漫不经心,曾进行多方劝说,但王敦根本置之不理。温峤逐渐觉察到王敦已有反心,并且难以醒悟,于是改变了态度,采取了新的策略,不再规劝王敦,转而对他毕恭毕敬,特别巴结,在处理一些事务上积极为他出谋划策,甚至曲意迎合他,这使得王敦渐渐地对他产生了好感。

为了进一步取得王敦的信任,温峤采取了结交王敦亲信的策略。他看到钱凤是王敦的心腹,便有意结交钱凤,两人的关系变得十分密切。温峤是当时的名士,一向有善于知人的盛誉,凡是得到他的好评的人声誉就高。于是,为了取得钱凤的信任,他故意常常称赞钱凤了不起,说钱凤腹有经纶,胸有韬略!到处替他宣扬。钱凤听说后,非常高兴,真的以为温峤看中了自己,便把温峤当作最知心的好友。

公元324年,丹扬尹出缺。丹扬尹是东晋首都的最高长官,温峤很想借出任丹扬尹的机会,回到京师,摆脱王敦的控制,设法制止他的叛乱。然而,根据当时的情况,他不能直接请求,只能采取以退为进的策略。他对王敦说:"京师是要害之处,应该有个文武全才的人去担任丹扬尹,最好您亲自挑选一个适合、可靠的人。如果让朝廷选派,恐怕未必恰当。"王敦觉得温峤说得很对,正符合自己图谋叛乱的意图,便问温峤:"那么,请你帮我推荐一个合适的人吧。"温峤不假思索地说:"钱凤是最合适不过的了。"

王敦又去征求钱凤对丹扬尹人选的意见,钱凤知道了温峤推荐自己以后,对温峤十分感激,作为回报,钱凤推荐温峤担任丹扬尹。温峤听王敦说钱凤推荐他出任丹扬尹,当然是正中下怀,但表面上再三推辞,说自己难以独当一面,不能胜任,宁愿在王敦身边听从指教。温峤越是推辞,王敦就越觉得他对自己忠诚,一定要让他去。于是王敦上表,让皇帝委派温峤为丹扬尹,其目的是要温峤凭着自己的才干来监视朝廷和分析朝廷各方面的情况。

温峤知道钱凤是个诡计多端而又多疑的人,他知道钱凤现在只是一时被他迷惑住,不久就会醒悟,必须想一个万全之策。在王敦为温峤摆设的钱行宴会上,温峤故意装出兴高采烈的样子,和大家左一杯,右一杯地喝个没完。然后又装出醉醺醺的样子,走到钱凤那儿敬酒,故意要让钱凤立即喝下。钱凤的动作稍微慢了一点,刚要端起酒来,温峤就装作发了酒疯,用手把钱凤的头巾一下子打落在地,满口吐沫地骂他："我温峤给你敬酒，你竟敢不干杯！"这在当时是极为不礼貌的行为，钱凤因此而怀恨温峤是可以理解的事。王敦以为温峤真的醉了，急忙前去把他们两人拉开。

不久，温峤向王敦辞行上任，故意泪流满面，显出依依不舍的样子。他辞行后走出大厅，又重新返回，然后才上路。

果然，温峤刚走，钱凤便恍然大悟，赶来告诉王敦说："温峤曾当过太子中庶子，和当今皇帝关系十分密切，和皇帝的内兄庾亮交情也很深厚，这个人未必靠得住啊！看他近来的表现，恐怕使的是金蝉脱壳之计。"

温峤的计策果然奏效。王敦认为这是钱凤因为昨天喝酒时温峤打落了他的头巾而心怀不满，便诚心诚意地劝他说："昨天温峤是喝了几杯，喝醉了，他虽然对你有点失礼，但属于酒后失态，你也不能耿耿于怀，在背后说人家的坏话啊！"

温峤脱离虎穴后，快马加鞭回到建康，把王敦正在图谋造反的事全部向晋明帝司马绍做了详细的报告，请皇帝迅速戒备，同时又与皇帝的内兄庾亮一起筹划讨伐王敦的事。

等到王敦兴兵造反时，朝廷各方面的准备工作也已经做得差不多了，朝廷当即委任温峤为中垒将军，都督东安北部军事。消息传到了王敦的耳朵里，他勃然大怒，狂喊道："没想到我竟中了这家伙的奸计！"于是，王敦造反添了一个理由，就是要诛杀皇帝身边的奸臣。他向朝廷上表，列出了一串要诛杀的名单，为首者就是温峤。他甚至还出高价悬赏活捉温峤，并恶狠狠地说到后，他要亲自动手割掉温峤的舌头，叫他再不能摇唇鼓舌地欺骗别人。

不久，王敦之兄王含和钱凤等人率领部队直逼江宁，京师震动，人心恐慌。温峤急忙把自己的部队调到秦淮河北岸，纵火烧毁了朱雀桥，以挫敌人的锐气，并阻挠他们渡河。

晋明帝司马绍本想率军出朱雀桥攻击叛军，听说朱雀桥被烧毁，十分恼怒。温峤劝他说："现在守卫京城的部队很少，敌我力量对比悬殊，向各地征调的部队还未到达，如果出击不利，叛军万一突然冲进京城，就会危及社稷了！陛下何必吝惜一座桥呢？"

由于朱雀桥被毁了，叛军果然无法渡河，被阻在河对岸，为平定叛乱争得了宝贵的时间。后来，温峤亲自带领部队和叛军大战，击败了王含，又追击钱凤，在江宁将其彻底击败，叛乱就这样迅速平定了。此后不久，温峤被封为建宁县开国公，赐绢五千四百匹，晋号前将军。

前面几个故事中讲述的那些人物，都是把明哲保身之道运用自如的典型。需

中庸

中庸释讲

图文珍藏版

296

要说明的是,明哲保身并不是说要人一味地巴结逢迎,而是指在各种情境之下为了保全自己而采取的一种策略,其最终的目的是保存实力,以图能够重新有所作为。

处世活用

明哲方可自保

东汉末年,建安初年,二十出头的祢衡初游许昌。当时许昌是汉王朝的都城,名流云集,司空掾陈群、司马朗,尚书令荀彧,荡寇将军赵稚等人都是当世名士。有人劝祢衡结交陈群、司马朗。祢衡说:"我怎能跟杀猪、卖酒的在一起。"劝他参拜荀彧、赵稚。他回答道:"荀某白长一副好相貌,如果吊丧,可借他的面孔用一下;赵某是酒囊饭袋,只好叫他看守厨房。"这位才子唯独与少府孔融、主簿杨修意气相投,对人说:"孔文举是我大儿,杨德祖是我小儿,其余碌碌之辈,不值一提。"由此可见他何等狂傲。孔融对祢衡特别赏识,把他推荐给汉献帝。他写道:"帝室皇居,必蓄非常之宝。若衡等辈,不可多得。"孔融对祢衡惺惺相惜,彼此比作"仲尼不死,颜回再世",以儒学传人自居。祢衡距儒家仁义礼智信和温柔敦厚的恕道十万八千里,不过是一个以名士自诩的狂徒,天下谁人都难入他法眼。恃才傲物,狂放不羁,浸淫虚名,笑骂无常,不通人情世故,因此丢了卿卿性命,可惜了26岁的青春年华。后世因孔融的赞誉,多钦佩其才华。作为齐鲁同乡,孔融和祢衡同病相怜,所以对祢衡多有溢美。孔融把自己这位小老乡吹到云间去了,说什么"其才十倍于我",他"初涉艺文,升堂睹奥;目所一见,辄诵之口,耳所暂闻,不忘于心;性与道合,思若有神","鸷鸟累百,不如一鹗","龙跃天衢,振翼云汉,扬声紫微,垂光虹蜺"。似乎经天纬地的奇才,未见其影,就先声夺人。因为孔融的褒扬,祢衡名噪天下。汉献帝收到孔融的荐表,不敢做主,把孔融的荐表交给曹操。曹操爱才,就召见祢衡。哪知祢衡蔑视曹操,对曹操很不礼貌。曹操就派祢衡当鼓吏,在大宴宾客时,命他击鼓助兴。谁知祢衡一边击鼓,一边大骂曹操,使曹操十分难堪。曹操派祢衡去荆州劝降刘表,想借刘表之手杀他。想不到刘表把祢衡当作上宾。每次议事或发布文告,都得由祢衡表态。后来祢衡又对刘表不恭。刘表就派他到部将黄祖那里当书记。祢衡起初干得也不错,后来黄祖在战船上设宴,祢衡说话无礼受到黄祖呵斥,祢衡竟顶嘴骂道:"死老头,你少啰唆!"黄祖盛怒之下把他杀了。其时,祢衡仅26岁。

祢衡文才颇高,桀骜不驯,他恃一点文墨才气而轻看天下,最终丢掉身家性命,完全是咎由自取。其人既不自知,也不知人,不知世,可谓无智。他徒有旷天的抱负，却缺乏包容天下的胸怀和智慧，狂妄自傲，报复心切，看低他人，到处树敌，把自己弄成过街老鼠，岂有容身之处。莽莽天下，除了孔融、杨修尚可入眼，在他心中其他人一无是处，皆可骂可辱，如此低能的情商，怎能和人共事。说到底，祢衡只不过一个肚子里有些文章的书生，年纪轻轻就在文学圈获得很高的声望。按说，踏踏实实读圣贤文章，心无旁骛地写传世诗文，老老实实做一个文人墨客，纵观天下风云，高兴了可以聊发少年狂，郁闷了可以敲敲鼓、弹弹琴，慷慨悲歌，过一过神仙般逍遥的日子，这才是书生本色，犯不着硬往名利堆里钻。没有金刚钻，不揽瓷器活，没有不坏金身，何必往虎狼群里讨名利呢。祢衡这样的人往往心态不平衡，性情偏执，自高自傲，狂妄无知，自尊到极度脆弱，即使别人不杀，他也会自己杀了自己。对此曹操不愧英才识人，说他徒有虚名，腐儒舌剑，反自杀矣。

　　曹操手下的谋士像郭嘉、程昱、荀彧，都是很端庄肃穆的人，懂得进退，什么话该讲，什么话不该讲，心里面门儿清，不像祢衡那么不识趣，分不清场合。除了祢衡，曹操手下还有个杨修，整天斗嘴，靠吹牛皮过日子，爱惜名声的曹操实在忍不住了，为了解心头之恨，连借口都懒得找一个，直接把他杀了！杨修遭此横祸，原因就是他太逞能！一次是曹操借口梦中杀人事件，杨修道破了曹操害怕被人暗杀的心理；另一次是鸡肋事件，曹操认为事关重大，杨修已成心腹之患，不杀不行了。如果你的身边有人随时在窥伺你、说破你的心理，换你你也会觉得不爽，尤其是像曹操那种"宁愿我负天下人，不容天下人负我"的个性，怎么容得了身边有个多嘴多舌、专门扫自己雅兴的杨修呢？杨修的聪明显然不是智能，一个人如果有智能。应该了解保身的重要。和杨修亲近的曹植也沾染了这种聪明外露的个性，所以一直到后来的政治斗争中，他仍未学会明哲保身的哲学。

　　主张为人处世要中庸的孔子认为，要懂得爱惜自己的"身家性命"。因为"身家性命"乃受之于父母，即便毫发皮肤也不能损伤。明哲保身是履行天赋自然的职责。不管你有意识或无意识，不管你主动或被动，不管你喜欢或厌恶，你都被挟裹在纷繁复杂的社会人事之中。明哲保身能帮助你见微知著，立足方寸，远思千里，见人所未见，抓住机遇，走向成功。

> 职场活用

明哲自保的锦囊妙计

　　在职场，要如何才能自保，想必很多职场人士都在找答案。有人根据自身的经验，归纳了如下 12 条明哲自保的锦囊妙计：

1.不要图安逸,要不断寻求挑战

不断寻求挑战,激励自己的上进心。只有不断有所突破才是职场保险大法。并且要提防自己,不要图安逸自在。一时的"安逸舒适",只是为了迎接下次挑战而刻意放松自己和恢复元气。

2.加强紧迫感

英国著名人际关系学家阿耐斯曾写道:"沉溺生活的人没有死的恐惧。"要知道,自以为长命百岁,无益于你享受人生。然而,大多数人对此视而不见,假装自己的生命会绵延无期。其实,直面死亡未必要等到生命耗尽时的临终一刻。事实上,如果能逼真地想象我们的弥留之际,会物极必反地产生一种再生的感觉,这是塑造自我的关键一步。

3.选择和志同道合的朋友交往

对于那些与你志不同、道不合的"朋友",你要敬而远之。你所交往的人会改变你的生活。与愤世嫉俗的人为伍,你会变得和他们一个样。结交那些和你志同道合的朋友,你就在追求成功的路上迈出了最重要的一步。

4.战胜恐惧,满怀信心

世上有个秘密是,战胜恐惧后迎来的是某种安全有益的东西。哪怕克服的是小小的恐惧,也会增强你对创造自己生活能力的信心。如果一味想避开恐惧,恐惧将会疯狗一样对我们穷追不舍。此时,最可怕的莫过于双眼一闭假装它们不存在。

5.跟随工作频率,做好调整计划

现实生活的道路绝非平坦大道,它总是呈现出波浪线的形貌,有起也有落,工作也一样。但你可以安排自己的休整点。事先看看你的时间表,框出你放松、调整、恢复元气的时间。即使你现在感觉不错,也要做好调整计划。这才是明智之举。在自己的事业高峰期,要给自己安排休整点。安排出一大段时间让自己隐退一下,即使是离开自己钟爱的工作也要如此。只有这样,在你重新投入工作时才能更富激情。

6.加强"排演",开辟成功路径

先"排演"一场比你要面对的还要复杂的战斗。如果手上有棘手活儿而自己又犹豫不决,不妨先找一件更难的事做。生活挑战你的事情,你定可以用来挑战自己。这样,你就可以自己开辟一条成功之路。成功的真谛是:对自己越苛刻,生活对你越宽容;对自己越宽容,生活对你越苛刻。

7.立足眼前,把握未来

要时刻提醒自己锻炼即刻行动的能力。充分利用对现时的认知力。不要沉浸在过去,也不要耽溺于未来,要着眼于今天。当然要有梦想、筹划和制订创造目标的时间。不过,这一切就绪后,一定要学会脚踏实地,注重眼前的行动。要把整个生命凝聚在此时此刻。

8.经常自省,塑造自我

大多数人通过别人对自己的看法和评价来定义自己。获得别人对自己的正面反馈就高兴,获得别人对自己的负面反馈就懊恼。其实,人生的棋局该由你自己来摆。不要从别人身上找寻自己,应该依靠自省的力量来不断地重塑自己、刷新自己。

9.学会在危机中求生存

危机能激发我们竭尽全力。无视危机,我们往往会愚蠢地追求一种舒适生活,努力设计各种越来越轻松的生活方式,使自己生活得风平浪静。当然,我们不必坐等危机或悲剧的到来,从内心挑战自我是我们生命力量的源泉。圣女贞德说过:所有战斗的胜负首先在我的心里见分晓。

10.敢于犯错

有时候,我们迟迟不肯动手去做一件事,是因为我们没有把握做好。我们感到自己状态不佳或精力不足时,往往会把必须做的事暂且放在一边,静等灵感的降临。可是,这样是很难奏效的,你不能这样。如果有些事你知道需要做却又提不起劲,打不起精神,尽管放开手脚去做,不要怕犯错。如果犯了错,不妨幽自己一默。抱一种打趣的心情来对待自己做不好的事情。

11.尽量放松

接受挑战后,要尽量放松。当脑电波开始平和你的中枢神经系统时,你可感受到自己的内在动力在不断增加。你很快会知道自己有何收获。自己能做的事,不必祈求上天赐予你勇气,放松可以产生迎接挑战的勇气。

12.在小事中塑造自我

塑造自我的关键是甘做小事,但必须即刻就做。塑造自我不会一蹴而就,而是一个循序渐进的过程。这儿做一点,那儿改一下,将使你的一生有滋有味。今天是你整个生命的一个小原子,是你一生的缩影。

第二十八节　自用

本章所引孔子的话否定了那种"生乎今之世反古之道"的人,这与一般认为孔子主张"克己复礼"的看法似乎有些冲突。其实,孔子所要复的礼,恰好是那种"今用之"的"周礼",而不是"古之道"的"夏礼"和"殷礼"。因为按孔子话说,夏礼已不可考证,而殷礼虽然还在他的先世之国宋国那里残存着,但毕竟不是"当世之法"(朱熹语),也已是过去的了。所以,从本章所引孔子的两段话来看,的确不能随意给他加上复古帽子。

中庸之道的本质,就是合乎自然,顺乎人情,适乎时宜。《礼记·正义》说:"上经论贤人学至诚,商量国之有道无道能或语或默,以保其身。若不能中庸者,皆不能量事制宜,必及祸患矣。因明己以此之故,不敢专辄制作礼乐也。"而孔子有其德而无其位,故只能是"从周"而已。

所以遵循中庸之道,就是做好自己该做的事,不越位,不退缩,承担自己该担负的责任,忠于自己肩负的使命,不做自己力所不及的事情。

【原文】

子曰:"愚而好自用,贱而好自专①。生乎今之世,反古之道②。如此者,灾及其身者也。"非天子,不议礼,不制度,不考文③。今天下车同轨④,书同文,行同伦⑤。虽有其位。苟无其德,不敢作礼乐焉⑥,虽有其德,苟无其位,亦不敢作礼乐焉。子曰:"吾说夏礼,杞不足证也⑦;吾学殷礼,有宋存焉⑧;吾学周礼⑨,今用之,吾从周⑩。"

【注释】

①自用:自以为是,刚愎自用的意思。自专:独断专行。

②反:通"返",引申为复兴、复辟的意思。

③议礼:议订礼制。制度:在这里作动词用,指制订法度。考文:考察文化传承。文:礼乐法度。指以礼乐教化治理国家的政治措施。

④车同轨:车子两轮间的距离遵从相同的标准。轨:车辙。

⑤书同文:指字体统一。行同伦:指伦理道德相同。

⑥作:改作。即修订创制。乐:音乐,指文化艺术。通过礼乐教化治理天下。

⑦夏礼:夏朝的礼制。杞:国名,传说周武王封夏禹的后代于此,故城在今河南杞县。征:验证。

⑨殷礼:殷朝的礼制。宋:国名,商汤的后代居此,故域在今河南商丘市南。

⑨周礼:周朝的礼制。

⑩以上这段孔子的话散见于《论语·八佾》《论语·为政》。

【译文】

孔子说:"愚昧却喜欢自以为是,卑贱却喜欢独断专行,生于现在却要返回古代道路上去。这样做,灾祸一定会降临到他的身上。"不是天子就不要议订礼制,不要制订法度,不要考订规范文字。现在天下车子的轮距一致,文字的字体统一,伦理道德相同。虽有相应的地位,如果没有相应的德行,是不敢制作礼乐制度的;虽有相应的德行,如果没有相应的地位,也是不敢制作礼乐制度的。孔子说:"我述说夏朝的礼制,夏的后裔杞国已不足以验证它;我学习殷朝的礼制,殷的后裔宋国还残存着它;我学习周朝的礼制,现在还实行着它,所以我遵从周礼。"

【历代论引】

郑玄说:"反古之道",谓晓一孔之人,不知今王之新政可从。又说:此天下所共行,天子乃能一之也。又说:作礼乐者,必圣人在天子之位。又说:吾能说夏礼,顾杞之君不足与明之也。

孔颖达说:寻常之人,不知大道。若贤人君子,虽生今时,能持古法,故《儒行》云"今人与居,古人与稽"是也。又说:礼由天子所行,既非天子,不得论议礼之是非。不敢制造法度,及国家宫室大小高下及车舆。亦不得考成文章书籍之名也。又说:人所行之行,皆同道理。又说:当孔子时,礼坏乐崩,家殊国异,而云此者,欲明己虽有德,身无其位,不敢造作礼乐,故极行而虚己,先说以自谦也。

朱子说:三者皆同,言天下一统也。又说:三代之礼,孔子皆尝学之而能言其意;但夏礼既不可考证,殷礼虽存,又非当世之法,唯周礼乃时王之制,今日所用。孔子既不得位,则从周而已。

《礼记正义》曰:上文孔子身无其位,不敢制作二代之礼,夏、殷不足可从,所以独从周礼之意,因明君子行道,须本于身,达诸天地,质诸鬼神,使动则为天下之道,行则为后世之法,故能早有名誉于天下。盖孔子微自明己之意。

【评析】

愚昧却不自知,反而自以为是,独断专行;不知道历史的发展潮流不可逆转,生活在现代却总想回到过去。这样的人并不在少数。俗话说"人贵有自知之明",如果连自己都认识不清楚,凡事都按照自己的意志办,独断专行,不听取别人的意见,这样的人最终还是会落得失败的下场。历史上著名的西楚霸王项羽就是这样的例子。本章中有一点值得我们注意的是,孔子在此否定了那种"生乎今之世,反古之道"的人,这与一般我们所认为的孔子主张"克己复礼",具有复古主义倾向的看法似乎有些冲突。其实,如果仔细阅读本章最后部分的内容,我们不难知道,孔子所主张要恢复的礼,恰好是那种实用性强、依然"今用之"的"周礼",而绝不是已经退出历史舞台的"古之道"的"夏礼"和"殷礼"。因为夏礼和殷礼虽然还在它们的后裔国里残存着,但毕竟已经是过去的了。历史总是向前发展的,适合于古代的东西,并不一定适合现代,否则它们也不会消亡了。当然这也不是说,对于古代的东西,我们就要一味地加以拒绝排斥,好的事物,优秀的德行和品质,一样需要我们继承并发扬光大。

我们要做一个有自知之明的人,既要有自己的主见,又要能听取别人的意见,凡事不能独断专行。同时,我们对于古代的东西,应该能做到取其精华为我所用,而且要弃其糟粕。

【解读】

《易经·比卦》上说:"愚而自用,既不能内比,又不能外比,依一己之阴,随心造作,终无出头之日,是比之无首也。无首之比,空空一世,到老无成,自取其凶。此始终不知比人者也。"

刚愎自用的人自尊自大,自以为是,独断专行。这样的人在现实生活中大多自以为能力很强,很了不起,做事比别人强,看不起他人。由于骄傲,则往往听不进别人的意见;由于自大,则做事专横,轻视有才能的人,更看不到别人的长处。

中国前秦皇帝苻坚可谓是英明一世,却因在讨伐东晋这一件事上刚愎自用,独断专行而导致国破身亡,真是令人痛惋。

十六国时期,北方各少数民族趁西晋末年的"八王之乱",纷纷起兵反晋,先后建立了多个割据政权,进行了长达一百多年的混战。最后整个北方都被前秦皇帝苻坚所统一。苻坚的志向不仅限于统一北方,而是统一天下,经过二十多年的精心治理,前秦已是国富兵强,只剩下地处东南一角的东晋尚未征服,苻坚对此一直耿耿于怀。

苻坚手下曾有一个管仲一样的辅政重臣名叫王猛,可惜后来死掉了。在王猛生前苻坚对他是言听计从的,但是苻坚却没有听从王猛临死留下的忠告。

王猛认为前秦的敌人是鲜卑人和羌人,但是苻坚却十分信任从前投奔他而来的鲜卑贵族慕容垂和羌族贵族姚苌。王猛劝他不要进攻东晋,但苻坚却把东晋当作唯一的敌人,非把它消灭不可。

王猛死后的第三年,苻坚就派他的儿子苻丕和慕容垂、姚苌等带了十几万大军,分兵几路进攻东晋的襄阳。守襄阳的晋将朱序坚决抵抗。秦兵花了将近一年时间,才把襄阳攻了下来。

苻丕把朱序俘虏了,送到长安。苻坚认为朱序能够为晋国坚守襄阳,是个有气节的忠臣,把他收在秦国做个官员。

苻坚接着又派兵十几万从襄阳向东进攻淮南。东晋守将谢石、谢玄率领水陆两路进攻,把秦兵打得一败涂地。

但是,苻坚不肯就此罢休。到了公元 382 年,他认为时机成熟,就下决心大举进攻东晋。

这一年十月，苻坚在皇宫里的太极殿召集大臣商量。苻坚说："我继承王位到现在已快三十年。各地的势力差不多都平定了。只有盘踞在东南的晋国，还不肯降服。现在，我们有九十多万精兵。我打算亲自带领去讨伐晋国，你们认为怎么样？"

大臣们纷纷表示反对。大臣权翼说："晋国虽然弱小，但是他们的国主还没犯什么大错，手下还有像谢安、桓冲那样的文武大臣，团结一致。咱们要大举攻晋，恐怕不是时候。"

苻坚听了权翼的话，拉长了脸很不高兴。另一个武将石越也说："晋国有长江作为天然屏障，再加上百姓都想抵抗，只怕我们不能够取胜。"

王猛

苻坚更加生气，他大声说："哼，长江天险有什么了不起，我们的军队那么多，大家把手里的马鞭子投到长江里，也可以把长江的水堵塞。他们还能拿什么来做屏障？"

大伙儿议论了半天，没有一个结果。苻坚不耐烦地说："你们都走吧。还是让我自己来决断。"

大臣们看见苻坚发火，只好一个个退出宫殿。最后，只有他弟弟苻融还留在殿上。

苻坚把苻融拉在他的身边，说："自古以来，决定国家大计的，总是靠一两个人。今天，大家议论纷纷，没有议出个结果来。这件事还是咱们两人来决定吧。"

苻融心情沉重地回答说："我看攻打晋国确有许多困难。再说，我军连年打仗，兵士们也已经精疲力乏，不想再打。今天这些反对出兵的，都是陛下的忠臣。希望陛下采纳他们的意见。"

苻坚没料到苻融也会反对他，马上沉下脸来，说："连你也会说出这种丧气的话来，真叫人失望。我有精兵百万，兵器、粮草堆积如山，要打下晋国这样的残敌，哪有不胜的道理？"

苻融看见苻坚这样一意孤行，急得差不多要哭起来，他苦苦劝告苻坚说："现在要打晋国，不但没有必胜的希望，而且京城里还有许多鲜卑人、羌人、羯人。陛下离开长安远征，要是他们起来叛乱，后悔也来不及了。陛下难道忘记王猛临终前讲的一番话吗！"

打那以后，还有不少大臣劝苻坚不要攻晋。苻坚一概不予理睬。有一次，京兆尹慕容垂进宫求见。苻坚要慕容垂谈谈他的看法。慕容垂说："强国吃掉弱国，大国并吞小国，这是自然的道理。像陛下这样英明的君王，手下有雄师百万，满朝是良将谋士，要灭掉小小晋国，不在话下。陛下只要自己拿定主意就是，何必去征求许多人的意见呢。"

苻坚听了慕容垂的话，高兴得眉开眼笑，说："看来，能和我一起平定天下的，只有你啦！"说着，马上吩咐左右拿五百匹绸缎赏给慕容垂。

经过慕容垂一怂恿，苻坚兴奋得连晚上都睡不着觉。他的妃子张夫人听到朝廷内外很多人不赞成出兵，也好言好语劝他。苻坚说："打仗的事，你们女人家别管。"

苻坚最宠爱的小儿子苻铣，也劝苻坚说："皇叔（指苻融）是最忠于陛下的，陛下为什么不听他的话？"

苻坚冷淡地说："天下大事，小孩子别乱插嘴。"

苻坚拒绝了大臣和亲人的劝说，决心孤注一掷，进攻东晋。

他派苻融、慕容垂充当先锋，又把姚苌封为龙骧将军，指挥益州、梁州的人马，准备出兵攻晋。

慕容垂的两个侄儿偷偷地跟慕容垂说："皇上太刚愎自用了。看来，这次战争，倒是我们恢复燕国的好机会呢！"

苻坚没有听取那些忠臣们的意见，仍然坚持己见，于建元十九年五月下达了进攻东晋的命令，随后调集九十多万兵力，陆续向东晋进发，大军旗鼓相望，绵延千里。东晋孝武帝虽然昏庸，但其宰相谢安却是很有才望的政治家。在前秦大军压境的情况下，晋国的内部矛盾得到缓和，出现了上下齐心、同仇敌忾的局面。他们趁前秦大军尚未完成集结之际，主动在淝水决战。交战前，苻坚急于求胜，在未经核实敌情，不明东晋意图的情况下，不听部将的劝阻，盲目同意退军决战。结果中了东晋的圈套，一退而不可收拾，导致淝水惨败。不仅前锋统帅苻融被杀，苻坚自己也被流矢射中，落荒而逃。

淝水战后，前秦大伤元气。先前被征服的各部族酋长，纷纷背叛苻坚，建立割据政权。其中前燕宗室慕容垂在公元384年称帝，建立后燕。羌帅贵族姚苌也于公元385年缢杀苻坚称帝，建立后秦。前秦遂告瓦解，北方又重新陷入分裂与战乱中。

固执己见、刚愎自用的苻坚最后以悲剧告终，也使整个中国北方陷入一片混乱之中。

历史经验告诉我们，任何一个独断专行的人，最终都会变得一意孤行，听不进别人任何的明智意见，因为他的心灵已被过于自我化的情绪和思想塞满了。有位哲人说："心灵理解到万物的必然性，理解的范围有多大，它就在多大的范围内有更大的力量控制后果。"这些话都说明刚愎自用者自障其明，认识不清事物的本质和真相，所有的行动都是建立在错误的判断之上的，因此其结局如何也就可想而知了。

一个刚愎自用的人，从来都不会是一个智者。"痛莫大于不闻过"，闻过要能改。知人者智，自知者明，要克制刚愎自用，则首先要做一个智者。要明辨事理，勇于闻过、改过才有利于自己的成长、事业的发展。孔子说："小人之过也必文！"可以说文过饰非，既是不道德的，也是可悲的。闻过则喜，不固执己见，才是强者的气度。如果不顾客观实际情况而固执地按照自己的意愿去办事，无异于自寻死路。真正的智者，从不会凭主观意愿独断专行。

战国时期，魏惠王后元十六年，惠王死去，即将继位的襄王以太子身份主持丧礼。不料在即将按规定日期下葬的时候，突降大雪，积雪很快高达三四尺，国都大梁的内城和外城都有不少地方崩坍了。惠王的陵墓选在北部山区，送葬队伍要经过狭窄陡峭的栈道，十分危险。大臣们纷纷向太子建议推迟下葬的日期，他们说："这么大的雨雪，如果按期下葬，必定劳民伤财，损失太大，国家恐怕也担负不了这样的开支，应以改期为好。"

太子坚持原定的计划，不肯改期。他认为，做儿子的必须谨守传统的礼仪，恪尽孝道，不能因为雪大和费用而破坏礼仪，这样做是不符合原则的。太子的态度十分强硬，毫不让步。

公孙衍，号犀首，魏国阴晋人，魏惠王后元十二年，他曾经发起燕、赵、中山、韩、魏等五国诸侯联盟，被尊为王，以后被惠王任命为相，在魏国有很高的威望。这时，他也正在为怎样说服太子修改葬期焦虑，只是总想不出一个好办法。

众大臣来见公孙衍，讲明来意。公孙衍支持大家的意见，他说："我不是不出面，而是一直想不出一个好办法，能够说服太子。这样吧，我建议你们去找惠施，他也许有办法。"

大家看到连公孙相国都没有把握能说服太子，觉得这事确实很困难。抱着最后一试的心理，大家驱车到这位已经退休了的相国家里。

惠施出生于宋国，是战国时著名的哲学家，精于辩论，巧于思考，曾随同魏惠王出使过齐国，使魏、齐互尊为王，回国后担任过魏相。大臣们来后，向他转达了公孙衍的意见，请惠施劝太子不要固执己见，使国家人民遭受损害。惠施爽快地接受了大家的请求。

惠施进入宫廷,望见四处白幡飘扬,又触动了对旧日君主惠王的思念,感到自己今天为减少国家和人民的损害来见太子,说服他修改葬期,这是对死去惠王应尽的责任,精神不禁为之一振。惠施紧赶几步,走人内宫,拜见太子。惠施以悲痛与无限关注的口吻询问太子说:"下葬的日子定了吗?"

"定了!"

惠施接着慨叹地说:"过去周文王把父亲季葬在雩县的南山脚下,不料,鸾水冲刷了墓地,使棺枢的前头露了出来,大家都很惊慌。文王却另有所悟地说:'嘻!这是先君还想见一见他的臣属和子民,所以让鸾水把他的棺头冲刷出来。'文王于是把父亲的棺枢挖出来,重新设在灵帐里让大家朝拜,三天后改葬在另外的地方。这就是文王处理事情的方法啊!"

"文王真是一位有头脑、有办法的人物!"太子赞佩地说。

惠施感到太子的思路已有可能向自己的方面靠拢,随即靠近正题说:"现在我们先王下葬的日期已经定了,无奈雪太大,积雪这样厚,难以行走。太子殿下坚持不更改既定的日期,是不是略为性急了一点呢?我的意见是最好更改一下日期。因为我觉得这是先王有意要在地面上多停留几天,看看他的江山社稷和众多的臣民,所以使雪下得这么急、这么大。由此太子应该推迟一下时日,让先王的意愿能够实现,这正是当年周文王的做法啊。太子如果不这样做,难道是不佩服周文王了吗?"

太子听了,连连点头说:"好,好!我一定按照先王的意愿去办,推迟下葬,等雪化后,再重新选定日期。"

一个善于说服,一个又能深明大义,不固执己见独断专行,故而才能改变丧期,减少国家的负担和人民的疾苦。作为统治者,很重要的一点就是克服刚愎自用的毛病,多听听臣子们的意见,那样才更有利于自己的统治。

不只是做帝王的要广泛听取别人的意见,不刚愎自用,任何一个普通人也应该听取别人的合理意见,不一味地按照自己的意愿去做事,这样既能把事情做得圆满,又能得到别人的尊敬和赞赏。

处世活用

为人要谦虚,不要自以为是

在我国古代,不"自用"、不"自专"、不"自伐"的人物中,有人称如"大树将军"

的冯异。冯异自幼好学,熟读《左氏春秋》《孙子兵法》等书。他原系王莽政府的一名小地方官,在家乡河南颍川郡任职。一次他去属县巡察,被刘秀的汉兵抓去了。幸亏他的从兄冯孝及乡友丁琳、吕安等均参加了刘秀的起义军,经他们的推荐,刘秀又认为冯异确系人才,所以,不但赦了他的死罪,还表示要大力提拔他。冯异认为刘秀气度非凡,是不可多得的盖世英雄,可以与之共图大业,于是决心归附他,回城率众投降了。

冯异既有统率正规部队和治理郡县的才能与素养,又具备良好的作风。首先,他为人谦逊,在路上与其他将军邂逅时,他总是先引车让路。其次,他率领的队伍整齐,进止皆有规矩,成为刘秀全军的模范。特别在每次战役结束后,部队要驻扎休整,将军们大多围坐争功论赏,独有冯异从不居功自傲,总是只身一人坐在大树下默默无言地思考战斗的经验教训。久而久之,人们看到他这种与众不同的作风,便称呼他“大树将军”。当他们攻破邯郸后,刘秀准备把收集的散卒分配给诸将,结果,兵士们都踊跃地报名,自愿归“大树将军”麾下。这种士卒们自发的爱戴之心,不仅使刘秀十分器重冯异,而且使“大树将军”这个称呼迅速在全军中传播开来。他们认为“大树将军”不单不居功自傲,而且把功劳归予将士群众,所以获得了将士的亲附。从此,“大树将军”在人们的心目中已成为一个可敬可爱、可信可亲的形象了。

谦虚是一个人立身处世的美德。冯异军心归附,这与他自身优秀的品行是分不开的。谦虚的人有一种使人格外想亲近的品格力量,不夺命,不争利,反而独处一旁鉴证自己的过失会让他得到更大的进步。

有不少居功自傲的人,最终还是落得身败名裂的下场,只有那些继承了谦虚美德的老实人才能“赢得生前身后名”,为人所津津乐道。

富兰克林在他年纪尚轻的时候,非常骄傲自负,无论到哪里都显得咄咄逼人。以逞强为能事。他之所以养成这种坏脾气,是因为他的父亲对他太娇惯了,从来不训斥他的出格行为。倒是经常来他家中做客的一位街坊友人实在看不惯了,有一天,这位街坊友人把富兰克林叫到他的跟前来,温和地对他说:“富兰克林,你想想看,你不肯尊重他人的意见,事事都自以为是,结果将使你怎样呢?人家受了你的几次冷落后,谁也不愿意再听你那些心高气傲的狂言。你的朋友们也会一个个地远远避开你,免得跟着你受气。如果你长此以往,旧习难改,那么你从此就不能交到好朋友,你也不能从他人那里获得半点知识了。再说你现在所知道的事情才那么一点点、很有限,这样下去是很危险的。”

听了街坊长辈的这一番肺腑之言,富兰克林大受感动,他也看清楚了自己从前犯的错误,决定痛改前非,在待人接物时处处都改用商榷的态度,言行也变得谦恭和婉了,时时慎防有损别人的尊严。不久后,他便从一个受人鄙视、不愿与其交往的"愚而好自用"的家伙,变成了一个到处受人欢迎和拥戴的人际交往高手。

如果富兰克林没有接受意见改变自己的毛病,仍然是一意孤行,说起话来还是不分大小,不把他人放在眼里,那么他的结果一定不堪设想。他也正是因为这才拥有了丰富的人际关系资源,才成为美国的一位伟大的领袖。

古希腊的著名哲学家苏格拉底,广招门生,奖掖后进,运用著名的启发谈话启迪青年智慧。每当人们赞叹他的学识渊博、智慧超群的时候,他总谦逊地说:"我唯一知道的就是我自己的无知。"被人们称颂为"力学之父"的牛顿发现了万有引力定律,在热学上,他确定了冷却定律。在数学上,他提出了"流数法",建立了二项式定理,和莱布尼兹几乎同时创立了微积分学,开辟了数学上的一个新纪元。他是一位有多方面成就的伟大科学家,然而他非常谦逊。对于自己的成功,他谦虚地说:"如果我见的比笛卡尔要远一点,那是因为我站在巨人的肩上的缘故。"他还对人说:"我只像一个海滨玩耍的小孩子,有时很高兴地拾着一颗光滑美丽的石子儿,真理的大海还是没有发现。"扬名于世的音乐大师贝多芬,谦虚地说自己"只学会了几个音符"。科学巨匠爱因斯坦说自己"真像小孩一样的幼稚"。

这些谦虚的话,要比自吹自擂好得多。一个真正深通人际关系的人,是不会自我吹嘘、自我炫耀的,你所取得的成绩,别人比你看得更清楚。

谦虚是一种美德,也是一种修养。谦虚者可以包容别人、善待别人,学习和吸取别人有益的经验和知识,从而提高自己,避免浅薄无知。常怀谦虚之心,会多一分清醒,少一分陶醉;常怀谦虚之心,会多一分合作,少一分孤立;常怀谦虚之心,会多一分警惕,少一分危险。

职场活用

少自专,多请示

只要你的上级不支持你,你有夺天的本事也没用。不怕他官大,就怕他管到你。当你的工作中出现需要解决的问题,你不可自作主张,要多向你的上级领导汇报、请示,因为你归他管,你要向他负责,他有权柄过问你的事情。如果你在汇报工作时,他很忙,没有时间搭理你,提不起精神来听你说话,你不要急着说话,要多听、多问,不妨先按捺住,等待合适的说话时机。有了机会汇报,是先报客观事实还是先报自己的主观看法?如果人和事的比重,人比较重要,就先讲人;反之就先讲事。

初入职场的人士,得学会站在上级领导的立场上考虑问题,要讲对方想听、急于听的东西。如果报告完了,你的上级领导有不同意见,不能不讲原则顺着上级的意图说话。不反映情况则罢,既然反映了,就要直面事实,合理坚持自己的意见。当然,坚持己见时,不可过分固执,要用商榷的口吻说出来。过分的坚持不叫有主见,而叫刚愎自用、"贱而好自专"。你如果对事情有三分把握,那你就做三分坚持,有七分把握,那你就做七分坚持,有十分把握,那你就一直坚持。你听了上司反馈给你的意见,若觉得有什么欠妥的地方,你千万不要当面顶撞他,与上司针锋相对,你要给上司留足面子。你不妨错过一段时间,再去就事论事地找他陈情。下级对上级,自己要委屈三分,不能要求自己和上级平起平坐,你和上级领导平起平坐,将有损他的威严,使其他员工群起效法你,这样公司的管理将会变得很棘手。

很多初入职场的年轻人很有思想,但是很有思想并不意味着固执。这两者之间是有霄壤之别的。当你对某个问题颇有研究的时候,你坚持自己的看法是合情合理的,也是必要的。但是如果你对一个很生疏的问题也死要面子,不愿意承认自己是外行,那可不是件好事,在别人看来,你这是刚愎自用的一种表现。年轻人本来就缺少实际经验,若是再顽固不化,那要想取得长足的发展是很困难的。我们想必知道,刚愎自用、"贱而好自专"的人士一般都没有好人缘,因为人家不愿意跟他讨论问题,因为他对别人的意见不屑一顾。如此长久下去,别人就会离他越来越远,他的痛苦也随之越来越多。朋友少不说,自己在业务方面也很难取得进步,就使自己陷入了深深的困境之中,难以自拔。

商界活用

固然要自信,但不能自用自专

自信是生活中不可须臾短少的东西,有了自信,我们才能昂首阔步地向着心中的目标进发。但是,在相信自己的同时,我们也不能忽视身边那些真诚的声音,万万不可做"愚而好自用,贱而好自专"的企业管理者。

日本本田汽车公司总裁曾在一次晚宴上被问到这样一个问题:为什么本田公司里两位资历相近的人,一个升到高级主管而另一个却时时受到排挤呢?总裁回答说:"个人品质问题。"他又进一步解释说:"那位成功者一定是一位平易近人,自信而不自用的人,能与人相处得很好。"

我国曾经名震江湖的民营企业家史玉柱当年非要把"巨人大厦"由38层盖到70层,且在资金上以不求银行而骄傲,结果呢?栽了个大跟头。用美国威特科公司总裁托马斯·贝克的话说:"你可以聘到世界上最聪明的人为你工作,但是如果这个人孤芳自赏,不能与其他人沟通并激励别人,那么他对你一点用处也没有。"此话也可这样理解:你可以是世界上最聪明的人,但是如果你孤芳自赏,过于自信,不能与其他人沟通并激励他人,那么,你即便再有本事,因为你的自用自专,你也不可能获得成功。

自用自专者总是自以为了不起,骄傲自满,在孔子看来,这叫犯蠢、犯贱。著名作家老舍先生说过:"骄傲自满是我们的可怕的陷阱,而且,这个陷阱是我们自己挖掘的。自信与自用仅一步之遥,自信的人身上充满着活力,对自己的能力有一个正确的判断和把握,不断给自己加油鼓劲;而自用的人对自己的能力估计得过高,在竞争中容易轻视对手,往往大意失荆州。"

一位旅行家曾经到处游山玩水,自诩见多识广,旅游经验十分丰富。一次,这位游客来到一处偏僻的地方。他走上一条乡村马路,见到一个路牌,上面写着:"马路封闭,不能前进。"但是他朝前面看了看,好像并没什么障碍。他自信旅游经验丰富,便继续前进。不久,他发现一座桥断了,不得不回头。当他来到刚才放置路牌的地方时,见到路牌背面写着:"欢迎你回来,傻瓜。"

这个故事说明:过于自信就是"愚而好自用,贱而好自专"。我们固然知道自信是成功的首要条件,但是过于自信反而可能会与成功失之交臂。

在人生的漫漫旅途中我们不仅要相信自己,更应虚心听取别人的正确意见,直奔成功。相信自己和听取别人的意见就如一棵同株相连的薰衣草,谁离开谁都活不了。著名作家海伦·凯勒如果不是在自信的基础上,更注意接受其老师的正确意见与教诲,就不会有后来的成就。华罗庚如果不是在坚守自信的基础上,更注意接受别人正确的意见,就不会有后来的骄傲。当年中国女排如果不是在充满自信的心理上,虚心听取教练的正确意见,就不会在赛场上横扫一切强敌,造就五连冠的辉煌。

第二十九节 三重

吕氏曰:"三重,谓议礼、制度、考文。"即统一的制度,统一的礼节仪式,统一的书写文字。王者重此,就会使"国不异政,家不殊俗",便会减少过失。

"凡治民之体,先当治心。心者,一身之主,百行之本。"(《周书·苏绰传》)治理民众的根本,其首先应当从思想上予以教化,使他们从内心拥戴。因为思想是人身心行为的主宰,是一切行为的本原。民心就是天意,具有高尚品德的王者与天道合一。能王天下的人所持之道，必须要本诸自身道德，身体力行，取信于民，还要经得起历史考验，不悖于自然规律，使造化也无疑问，即使圣人再起，也改变不了，做到既知自然规律，又要知社会人生，这样言动都可成为天下的道理、法度、准则，远近都是众望所归，而获得天下人的普遍赞誉。

【原文】

王天下有三重焉①，其寡过矣乎！上焉者②，虽善无征，无征不信，不信民弗从。下焉者，虽善不尊③，不尊不信，不信民弗从。

【注释】

①王天下：做天下之王，统治天下。王，作动词，称王。三重：指上一章所说的三件事：仪礼、制度、考文。

②上焉者：指夏、商时代的礼制。

③下焉者：指在下位的人，如孔子。不尊：没有尊位。

【译文】

治理天下能够做好议订礼仪、制订法度、考订文字这三件重大的事，那就很少有过失了！夏商的制度虽好，但没有验证，如果没有验证的话，就不能使人信服，不能使人信服，老百姓就不会遵从。像孔子这样身在下位的人，虽然有美德，但没尊贵的地位，没尊贵的地位，也不能使人信服，不能信服，老百姓就不会听从。

【历代论引】

郑玄说：上，谓君也。君虽善，善无明征，则其善不信也。下，谓臣也。臣虽善，善而不尊君，则其善亦不信也。征或为"证"。

孔颖达说：为君王有天下者，有三种之重焉，谓夏、殷、周三王之礼，其事尊重，若能行之，寡少于过矣。又说：为君虽有善行，无分明征验，则不信著于下，既不信著，则民不从。臣所行之事，虽有善行而不尊，不尊敬于君，则善不信著于下，既不信著，则民不从，故下云"征诸庶民"，谓行善须有征验于庶民也。皇氏云"无征，谓无符应之征"，其义非也。

吕氏曰："三重，谓议礼、制度、考文。唯天子得以行之，则国不异政，家不殊俗，而人得寡过矣。"

朱子说：上焉者，谓时王以前，如夏、商之礼虽善，而皆不可考。下焉者，谓圣人在下，如孔子虽善于礼，而不在尊位也。

【原文】

故君子之道，本诸身，征诸庶民①，考诸三王而不缪，建诸天地而不悖②，质诸鬼神而无疑，百世以俟圣人而不惑③。质诸鬼神而无疑，知天也；百世以俟圣人而不惑,知人也。是故君子动而世为天下道④,行而世为天下法,言而世为天下则。远之则有望⑤,近之则不厌。

【注释】

①本诸身:本源于自身。征:验证。

②三王:指夏、商、周三代君王。缪:通"谬",谬误。建:立。悖:违背。

③质:质疑,证实,求证。一说为卜问。疑:疑虑。俟:等待。

④世为天下道:世世代代成为天下效仿的榜样。世:世代。道:道路,楷模。一说通"导",先导。

⑤望:威望,仰望。令人敬仰,使人仰慕。

【译文】

所以君子治理天下应该以自身的德行为根本,并从老百姓那里得到验证。考查夏、商、周三代先王的制度而没有违背的地方,立于天地之间而不悖逆自然,质证于鬼神而没有疑问,等到百世以后圣人出现也不会产生疑惑。质证于鬼神而没有疑问,这是因为知道天理;等到百世以后圣人出现也不会产生疑惑,这是因为知道人情。因此君子的举动能世世代代为天下的先导,行为能世世代代成为天下的法度,语言能世世代代成为天下的准则。距离君子远的人常有仰望之情,距离君子近的人也没有厌倦之意。

【历代论引】

郑玄说:知天、知人,谓知其道也。鬼神,从天地者也。《易》曰:"故知鬼神之情状,与天地相似。"圣人则之,百世同道。又说:用其法度,想思若其将来也。

孔颖达说:君臣为善,须有征验,民乃顺从,故明之也。君子行道,先从身起,立身行善,使有征验于庶民。若晋文公出定襄王,示民尊上也;伐原,示民以信之类也。己所行之事,考校与三王合同,不有错缪也。己所行道,建达于天地,而不有悖逆,谓与天地合也。又说:己所行之行,正诸鬼神不有疑惑,是识知天道也。此鬼神,是阴阳七八、九六之鬼神生成万物者。此是天地所为,既能质正阴阳,不有疑惑,是识知天道也。以圣人身有圣人之德,垂法于后,虽在后百世亦堪俟待。后世之圣人,其道不异。又说:圣人之道,为世法则,若远离之则有企望,思慕之深也。若附近之则不厌倦,言人爱之无已。

朱子说:此君子,指王下者而言。其道,即议礼、制度、考文之事。本诸身,有其德也。征诸庶民,验其所信从也。立于此而参于彼也。天地者,道也。鬼神者,造化之迹也。百世以俟圣人而不惑,所谓圣人复起,不易吾言者也。又说:知天知人,知其理也。又说:动,兼言行而言。道,兼法则而言。法,法度也。则,准则也。

【原文】

《诗》曰①："在彼无恶,在此无射②。庶几夙夜,以永终誉③。"君子未有不如此而蚤有誉于天下者也④。

【注释】

①《诗》云:此诗引自《诗经·周颂·振鹭》。

②射:《诗经》本作"斁",厌弃的意思。

③庶几:几乎。夙夜:早晚。永:永远。终:通"众"。誉:赞誉。

④蚤:即"早"。

【译文】

《诗经·周颂·振鹭》说:"在那里没有人憎恶,在这里没有人厌烦。希望日夜操劳啊,使众人永远赞誉。"君子没有不这样做而能够早早在天下获得名望的。

【历代论引】

孔颖达说:微子来朝,身有美德,在彼宋国之内,民无恶之,在此来朝,人无厌倦。故庶几夙夜,以长永终竟美善声誉。君子之德亦能如此,故引《诗》以结成之。欲蚤有名誉会须如此,未尝有不行如此而蚤得有声誉者也。

【评析】

一个人有美好的德性,并不是空口一说就能让别人相信的,必须要用实实在在的行动表现出来,让别人亲眼看到,亲身体验到,才能相信你是真的具有这些美好的德性。这一章所论述的内容蕴含着儒者对伟大与崇高的向往和对不朽的渴望,也就是中国古代知识分子崇奉的立德、立功、立言三不朽追求。

普通人要用实际行动来证明自己的德性,当政者更应如此。身为一方官员,就要身体力行,不仅要确实具备良好的德行修养,而且要有行为实践的验证,才能取信于民,得到老百姓的拥护,使他们乐于听从指挥和调度。政府为老百姓办实事也是一样。即使你把自己的德行吹上天,把自己的规划描绘得宏伟巨大,如果不能真正地给老百姓做一两件实事,拿一点政绩出来给大家看看,没有谁会相信你。有句话说得好:实践是检验真理的唯一标准。再美妙动听的语言,如果只是说来听听,就会显得苍白无力;再准确无误的真理,如果只是束之高阁而不用,就没有任何意义。作为官员,只有拿事实说话,才能做到"远之则有望,近之则不厌",成为老百姓的公仆。

从反面来看,从古代赵括的纸上谈兵,到现如今农民工手中的大把"白条",无一不是空口说白话的真实例证。只不过纸上谈兵的后果是让赵括的军队遭到了惨败,损害了赵国的利益。而"打白条"损害的却是广大农民工的利益。我们是一个农业大国,农民是国家的基础,失去农民的支持,国家的基础就会动摇。这一点值得每一个官员深思。

我们不能要求当官执政者做到:举止能世世代代成为天下的先导,行为能世世代代成为天下的法度,语言能世世代代成为天下的准则。我们需要的是执政者心里装着老百姓,不要只是站在高处比谁说的话好听,而是拿出实际行动来证明自己,因为空口无凭。

【解读】

真正的君子,就是要少说空话,多做实在的事情,而一旦自己说了什么话,他们也一定会努力去兑现。也就是"敏于事而慎于言",凡事先做起来,然后再说,把实际的行动放在言论的前面,而不要光吹牛不做事,夸夸其谈。

从前有兄弟二人,看到大雁从头顶上飞过,便要拿弓射。

将射之时,哥哥说:"射下来煮了吃。"弟弟反对说:"鹅才煮了吃,大雁应该烤着吃。"二人争论不已,只好去让村里的长者评判。长者让他们把雁分成两半,一半煮,一半烤。评判完后,兄弟俩再去找雁,大雁早就飞得无影无踪了。

语言的巨人,行动的矮子。这是圣人所不能容忍的。

大家都知道赵括"纸上谈兵"的故事。

赵括,战国时期赵国人,大将军赵奢的儿子。赵奢机智善战,曾为赵国立下汗马功劳。赵括受父亲影响,年少的时候就开始学习兵法,立志要成为父亲一样的大将军。他熟读兵书,每当谈论如何领兵打仗时,他总是口若悬河,认为没人能比得上他,一副天下唯我独尊的模样。他还和父亲赵奢探讨兵法上的问题,赵奢也难不倒他,赵括更加骄傲了,简直目空一切,把打仗看成是一件再简单不过的事情了。人们听说赵括这样精通兵法,都纷纷来讨教,有的也向他挑战,但是都辩论不过赵括。于是赵括名声大振。

但是赵奢并不认为儿子能领兵打仗,对于儿子这副样子更是看不惯。赵奢的妻子疑惑,儿子那么有出息,怎么他父亲就是不欣赏他呢,于是问赵奢:"夫君,我们的儿子饱读兵书,那么多有名的人来向他讨教,都说不过他,你怎么还是不满意,总是看他不顺眼呢。"赵奢说:"领兵打仗,是事关生死的大事,而赵括却把它看得轻松平常。什么事情在没有做之前,都不要先夸口。要是赵王不任用他做将军还好,如果一旦让他做了将军,那么在战场上他一定会吃大亏的。"赵奢的妻子觉得夫君说得对,就说:"日后,如果赵王真的让他做大将军,我一定恳请大王不要这么做。"

待到赵括成年,他的名声更大了,赵王于是请赵括任赵国大将军。赵括的母亲听到这个消息,马上晋见大王说:"您一定不要拜赵括为大将军啊。"赵王不解,问:

"为什么啊,赵括是赵奢大将军和你的儿子,虎父无犬子,他的父亲那么善于打仗,他一定不会差。而且,他少年时就显露出超人的军事才华,又跟随他父亲征战多年,怎么会不成呢?"赵括的母亲回答说:"早年我跟随他父亲的时候,他身为大将军,身边靠他奉养的人有几十个,和他要好的人有几百人,大王您赏赐给他的东西他都分给手下的军官和士兵。每当不打仗他空闲的时候,他便邀请朋友在家谈天、讨论政事。而他一旦接受了军职,就无暇顾家里的事,都是我一人承担。现在赵括刚刚被任命为大将军,还没行军打仗,他便摆出一副狂傲的样子,高高坐在帅座上接见自己的部署,他的军官和士卒们没有敢抬头看他的。而大王赏赐给他的金银珠宝,都被他

赵括

藏在家中,不但如此,他一旦看上合适的田地、住宅就会毫不犹豫地买下来,他对待自己的手下要求苛刻,稍有小错,就要军法处置。大王您看,他哪点像他父亲啊。您还是不要让他统兵打仗了。"赵王不听,说:"这你就不要担心了,我自有主张。"赵括的母亲看无力说服大王,只好无奈地说:"既然如此,那么将来如果赵括因战败获罪,我是否可以免除被株连的罪责呢?"赵王同意,不久赵括真的败给秦国将军白起,军破身亡。

一个只会夸夸其谈,拿不出实际行动的人,即使得到很大的名声,也是徒有虚名。人要想取得大家的信任,用实际行动来说话才是最明智的。

商鞅就是用实际行动来取信于民,从而推行自己的改革措施,使当时落后的秦国一跃成为称霸诸侯的强国,为秦国日后灭六国统一天下奠定了坚实的基础。

商鞅在刚刚推行变法改革的时候并不顺利。人们长期以来形成的传统观念,并不容易在一时间就改变,同时人们对国家也不信任,害怕这又是当官的搞的新明堂以搜刮百姓。所以,改革的进度推行得很慢。商鞅对此很是着急。于是他左思右想,终于想到了一个好主意。

一天,他在咸阳城南门竖立起了一根木头,人们纷纷围过来看个究竟。商鞅对围观的人说:"谁能把这根木头搬到北门,赏银十两。"围观的人纷纷议论:"这么简单的事,竟然给十两银子,这里面一定有问题,天下哪有这种好事。"还有的说:"说不定是当官的圈套,搬完了木头,又不给钱,这种事见得多了。"人们不住地交头接耳,就是不肯前来搬木头。商鞅见没有人行动,于是说:"你们是不是嫌钱少啊,这

样吧,谁把这根木头搬到北门,我给五十两银子。"围观的人顿时炸开了锅。"五十两,那么多啊,长这么大都没见过那么多银子,够我们花一辈子的了。"围观的人议论道。也有的人按捺不住了,想去试试。可是马上有人拉住他,说:"别犯傻了,看看再说,说不定是假的,天上怎么会掉馅饼啊。"于是,蠢蠢欲动的那个人就缩回来了,继续观望。

这时,有个年轻人路过这里,也挤到前面看热闹,他不知道是什么事情,便问旁边的人,这是在干什么。旁人告诉他"把那根木头搬到北门,赏银五十两。"小伙子听说有五十两银子,不禁动了心,五十两银子够自己盖多少房子,买多少地啊。他不住地盘算着五十两银子能给他带来的东西。虽然有些将信将疑,但是五十两银子的诱惑实在太大了,他不由自主地走到商鞅面前问道:"你说的可是真的?"商鞅回答:"当然,你把它搬到北门,我就给你五十两银子。"话一说完,小伙子就扛起木头,大步向北门走去。围观的人也好奇地跟随着,还有的说:"傻小子,别搬,上当了。"小伙子也顾不了那么多,心想:就算白搬也没什么,反正我有的是力气。不一会儿,北门到了,小伙子放下木头,商鞅立刻命人端上赏银给小伙子,小伙子拿了钱,高高兴兴地走了。围观的人都后悔得要命,早知如此,自己搬该多好啊。

秦王听说了这件事,就问商鞅:"搬一根木头竟然给了五十两赏银,是不是太多了?"商鞅回答说:"大王要实行改革,必须先得到百姓的信任。只有百姓信任,改革才能取得成功。而要想得到百姓的信任,最好的方法就是多办实事。现在百姓已经知道大王是守信的,新法才可以颁布啊。"

无信则不立,而若是没有实际行动就得不到别人的信任,所以人要想在为人处世时能够从容自如,就要少说话,多做事,用行动来取得别人的信任。

在胡雪岩的经商生涯中,一直将"信用"二字看得极为重要,有时为了信义甚至不惜损害自己的利益。因为他很清楚,"信用"可以为他赢来朋友的支持,也可以为他争取到更多的顾客。如果只是光说不做,久而久之就会失去别人对自己的信任。

胡雪岩的阜康钱庄刚开业不久,就接待了一位特殊的顾客。这位顾客叫刘德生,是一位绿营军官,他要存入阜康钱庄一万两银子,存期三年,但既不要利息,也不用钱票(相当于现在的存折)。他为什么这么做呢?一是他信任阜康钱庄的信誉。他有一个同乡叫刘二,是胡雪岩的一个伙计,经常在刘德生面前提及胡雪岩,而且只要一提起来就对胡雪岩的为人赞不绝口,给刘德生留下了很深的印象。二是他自己马上就要上战场,生死难料,将钱票带在身上是个麻烦,同时也不安全。

钱庄管事刘庆生立刻把这一情况告知了胡雪岩,胡雪岩略一思量,马上做出了决定:第一,虽然刘德生不要利息,但阜康钱庄仍然以三年定期的利息来计算,三年之后来领取,本息付给一万三千两银子;第二,刘德生怕存折带在身上丢失,那么就暂时交由钱庄档手刘庆生代管。因为这是钱庄生意,应当按照本行规矩来做。

后来,刘德生在战场上牺牲了。临死之前,他将这件事告诉了两个同乡,并委托他们去阜康钱庄将钱提出来,送回老家交给他的家人。刘德生的两个同乡从战场上下来后立即赶到钱庄来提钱,他们手上没有任何凭证,原以为钱庄会刁难,甚至抵赖不付给他们,没想到他们遇到了与原先所设想的完全不同的态度。阜康钱庄先是找来刘二,以证实他们与刘德生的同乡关系,然后一点也没费其他周折,很快就为他们办好了手续,一万两的存款不仅全数照付,而且还照算了利息。

这就是重信用、讲信义。其实,当时刘德生身上没有任何凭证,来阜康钱庄办理这笔存款兑取的这两个同乡,也同阜康钱庄没有任何关系,倘若胡雪岩否认这笔存款,他们对此当然也是毫无办法,一万多两白银毕竟不是一个小数目,但这样做虽然会获得一时之利,却失掉了万金难求的信誉,胡雪岩不是如此短视之人。果然此事在绿营官兵中很快传开了,大家对阜康钱庄的信任也高涨起来,纷纷将银两存入阜康,胡雪岩的钱庄本金一下子就富足起来。

信用是用行动来赢得的,说了却不做,说过的话就好像没有说过一样,这样的人最终无法在社会上立足。

我们都熟悉的诸葛亮不仅料事如神,机智多谋,同时他更是一个非常讲信用的人。

魏明帝率军亲自征伐蜀国,驾车直达长安,任命司马懿为魏军主将,督领张郃的雍州、凉州劲旅三十多万,秘密行军,直奔剑阁。诸葛亮当时在祁山屯兵,所带兵马只有十多万,其中有四万人因服役期满,需要退役还乡。在这关键时刻,一旦这四万人离去,无疑是使本来处于劣势的蜀军雪上加霜。怎么办?

蜀魏两军力量悬殊极大,两军对峙,战事一触即发。

蜀军参佐以下的人都认为敌人势力强盛,我军力量匮乏,没有一定兵力支援难以制胜。因此有的将领向诸葛亮建议:延期服役一个月,待战事结束后再让老兵们退役还乡。

诸葛亮果断地说:"我统兵作战,以信用为根本。获得土地而失去信用,这是古人经常犯的错误。那些很早就离开family乡、在外征战多年的人,早已整装待发,归心似箭,期盼着与自己的家人团聚;他们的父母、妻儿也早已在家计算归期,盼望着早日相见。即使大敌来临,战事严峻,但我们没有理由耽误服役人员的行程,道义不可偏废。"于是,下令各部,让服役期满的老兵速速还乡,早日与家人团聚。

精诚所至,金石为开。老兵们被诸葛亮的诚心所打动,不仅没有走,反而坚定地留了下来,并感慨道:"诸葛公的大恩大德,我们铭记于心,虽死也不忘啊!"那些本不该走的年轻士兵也被诸葛亮的信义所打动,群情激奋,都愿意以死相报,坚持到底!

临战当天,士兵们斗志昂扬,莫不拔刀杀敌,以一当十,杀掉了魏将张郃,又击退了司马懿,大胜魏军,取得了最后的胜利。

信用高于生命。做人也好,处世也好,为政也好,言而有信是关键所在。它是树立良好的个人形象的关键。不轻易承诺,一旦承诺,必须兑现。机会不会降临于一个言而无信的人。生活中有不少人平时信口开河,说过也就全忘了。或许他承诺的是无足轻重的事,但对小事的失信会使人怀疑于大事的信用。没有信用的人就像一张空头支票一样没有意义。

春秋五霸之一的晋文公准备攻打原这个地方,和大夫们约定十天攻下。到了第十天没有攻下,他准备鸣金收兵回国。有一个将军对他说:"再有三天就可以攻下了。"群臣也劝谏他再等几天。文公说:"我和士卒约好十天,如果十天不退兵,我将失去信用。得到原地而失去信用,这种事我不愿做。"然后毅然率军回归。原城的人听到此事,便说:"有像他这样守信用的君王,我们为什么不归顺呢?"于是自己出城投降了。卫人听说此事,也主动归顺了文公。

人生于世间,最主要的事就是把自己说过的话变成实在的行动,再漂亮的话如果没有行动来证明,都只是空谈,没有任何意义。我们要做一个凡事行为在前的人,若是答应了别人的事,就应该努力去做到,要想得到别人的信任,就不要空口说白话,拿出行动才是最重要的。

处世活用

不讲信用,没有人愿意听你的

俗话说:"人无信不立。"人离不开交往,交往离不开信用。守信是取信于人的第一要则。我们中国人历来把守信当作为人处世、齐家治国的基本品质,主张"言必信,行必果"。曾子说:"吾日三省吾身:为人谋而不忠乎?与朋友交而不信乎?传不习乎?"墨子说:"志不强者智不达,言不信者行不果。"还有"一诺千金""一言既出,驷马难追"等成语都是强调一个"信"字。

人与人相处,要建立相互信任,诚实是最起码的要求。当一个人怀着一腔真情、捧出一颗真心,敞开心扉给别人看的时候。谁都不希望面对的是一副虚伪的面孔。然而，近些年来，受市场经济的涤荡，人们发现，无信者滔滔天下皆是，在好多人的人生天平上，沉下去的那端是"健康""美貌""机敏""金钱""地位"，唯有"信誉"这端高高翘起。信誉，变轻了！且不说商场上尔虞我诈，波谲云诡，且不说市场内小贩们短斤少两，以次充好，也不必说黑心米贩，就是某一天天气晴好，你也心情愉快，一不小心在马路边发现一个鼓囊囊的钱包，你敢捡吗？且住！要是事情发生在 30 年前，你会乐呵呵地把它交给警察叔叔而赢得人们称赞，可是在今天，在人流如织的大街上，客观一点说，只要你手一触到那包，麻烦就上身了。我们感慨见死不救的无情，是否想过无情背后的那份无奈？为了牟取暴利，商家们给猪肉注水，用福尔马林浸泡海鲜；充斥市场的假烟假酒，毒大米，劣质奶粉，黑心棉，摧残了多少鲜活的生命！面对那些层出不穷的骗子，防不胜防的骗术，以假乱真的产品，在善良的人们无奈与无助的背后，更可怕的，是整个社会诚实守信的体系受到了前所未有的严重冲击！

诚信不仅是一个人为人处世的基本准则，还是一种内在修养的外在表现。现实生活中，每个人都不可避免地要面对种种诱惑，经受种种考验，金钱、名利、利益等等，当坚守诚信和追求个人利益发生矛盾，需要我们做出唯一选择时，我们就不得不认真思考，做出决定，人与人之间修养高低的差别也就由此区分开来。早在几千年前，孔子就说过："人而无信不知其可。"反过来说就是："信，则知其可。"

职场活用

让接近你的同事喜欢你

职场上，天天朝夕相处，共事在一起，无论是待人处事，还是沟通协作，都要以"融洽"为第一位。见到上司要尊敬，见到女同事要时不时奉承两句，像什么"多漂亮的衣服""你今天看起来娇小可人"等等。你这样做了，同事受用不说，关键的是同事对你的好感会大幅度提升。其实，我们只要将心比心，不难发现自己也喜欢被人尊敬和奉承。

郑凤敏女士在职场闯荡多年，做过普通职员，也做过男下属的女上司，不过遇上男上司的时候居多。郑凤敏女士认为，一个富有领导魅力的上司和一个尽心称职的下属，应是一对很好的搭档，求之不得，于私于公均有好处。作为上司的别太把自己当回事，当上司不是永恒的。大家在同一家公司各司其职，职务的高低，只能说明现时在此家公司的现状，说不准在另一家公司，位置可能互换。

在我们的工作环境里，建立良好的人际关系，得到大家的尊重，无疑对自己的生存和发展有着极大的帮助,而且有一个愉快的工作氛围,可以使我们忘记工作的单调和疲倦,也使我们对生活能有一个美好的心态。遗憾的是,我们常常听到不少人对怎样处理好办公室里的人际关系感到棘手,抱怨甚多。其实,只要我们为人正直,用心并努力,做个受人喜欢的同事并不是难事。那么,从行之有效的具体操作层面来说,要怎样做才能成为一个受人喜欢的同事呢?人力资源专家张力行先生认为,要成为受人喜欢的同事,需要做到以下几点:

1.诚实守信

比如有一家知名企业在收到的 300 多封求职简历当中,最终挑选了两名在简历中实事求是地描述自己能力的应届大学毕业生。在企业看来,诚实守信的品质比实际技术更为重要,因为学校里学的专业知识毕竟不完整,也在一定程度上缺乏实用性,一般都要到企业中经过实战操作,才会真正熟悉专业技术。这样一来,一个新人最基本的人品和素质就成了企业最关注的东西。如果新人诚实守信,那么以后的道路基本不会走歪;但是若新人原本就有点滑头耍小聪明,怎么正确引导都可能偏离轨道。

2.懂沟通

进入新环境,能主动友善地接近身边同事,在该发言的时候发言,在该表示关心的时候真诚地关心他人。其实,周围其他同事也会很乐意去接受这种善意的亲近,并做出相应的反馈。这样双方都能更快地彼此熟悉和了解,不仅有利于融洽人际关系,也有利于工作开展。

3.懂合作

在工作中,遇到和大家意见不一致的时候,尽量避免跟人正面冲突,意见相左没关系,伤了和气是大事。双方能识大体,明白大家都是为了工作,心平气和地探讨问题、互相让步,直至达成共识,是一种最完美的状态。其实,同事之间的情谊也是在工作中培养起来的,团队精神也是通过一次次磨合、理解、迁就锻炼出来的。

4.谦虚

不管你多有能耐,有多大的抱负,切忌自作主张。在职场,工作业绩才是最好的竞争筹码。为了让自己的职业生涯芝麻开花节节高,在办公室里,还是谦虚诚恳一点比较好,以免个人色彩过度浓厚,使人产生排斥情绪。

5.注重细节

穿着不能太随意给人以慵懒松散的感觉。否则,你的上司或者同事可能会认为你工作也不会太认真。不要经常迟到早退,不要动不动就请假,不要在工作时间上网聊天。总之,是"菜鸟"一定要尽量严格要求自己,早到晚走,尽量使自己少犯错误,少出纰漏。

6.大智若愚

发现同事在某个工作环节出错了,可以在私底下告诉他,而不是大嚷大叫、恨不得让所有人都知道,这样既给足了同事面子,也能赢得同事的好感。即使你的能力很强,也不要锋芒毕露,否则只会适得其反、招人厌烦。

第三十节　敦化

本章有三个层次。首先从人类历史看孔子。尧、舜和文王、武王都是儒家推崇的榜样。尧、舜仁慈孝友,不以天下为己私,贤者当之;文王、武王除暴安民,以德治天下,天下颂之。他们都有高尚的道德,都是孔子学习的对象,孔子不少思想原则是从他们那里继承而来的。"祖述尧、舜,宪章文、武"这两句话,成了道统论的雏形,屡被后儒所称道。

其次,从自然界来看孔子。自然界最广大的东西莫如天地日月,孔子与天地比肩,与日月同辉,《礼记正义》曰:子思申明夫子之德,与天地相似堪以配天地而育万物。

最后,用"万物并育而不相害,道并行而不相悖"来比喻虱子的博大宽容,用"小德川流,大德软化"来形容万物的多样性与统一性。万物活活脱脱地生长,天地无声无息地化育,这就如同圣人的道德作用。

这里是把孔子描绘成中庸之道的典范,从《中庸》本身的结构来看,这也是从理论到实际的过渡了。

【原文】

仲尼祖述尧、舜,宪章文、武①,上律天时,下袭水土②。辟如大地之无不持载,无不覆帱③,辟如四时之错行,如日月之代明④。万物并育而不相害,道并行而不相悖。小德川流。大德敦化⑤,此天地之所以为大也!

【注释】

①祖述:效法、遵循前人的行为或学说。宪章:遵从,效法。

②上律天时:上达天命变化的玄机。律:认识。天时:自然变化的时序。天命,时机。下袭水土:下知地理风水变化的神妙。袭:因袭,相合,适应。水土:地理山川,风水变化。

③辟:同"譬"。持载:支持承栽。覆帱:覆盖。

④错行:交错运行,流动不息。代明:交替光明,循环变化。

⑤敦化:敦厚纯朴,潜移默化。

【译文】

孔子远宗尧、舜之道,近以文王、武王为典范,上遵循天时,下符合地理。就如同天地那样没有什么不承载,没有什么不覆盖;又好像四季的交错运行,日月的交替光明。万物共同生长而互不妨害,道路同时并行而互不冲突。小的德行如河水一样长流不息,大的德行使万物敦厚纯朴,这就是天地所以伟大的原因啊!

【历代论引】

郑玄说:此以《春秋》之义说孔子之德。孔子曰:"吾志在《春秋》,行在《孝经》。"二经固足以明之,孔子所述尧、舜之道而制《春秋》,而断以文王、武王之法度。《春秋传》曰:"君子曷为为《春秋》?拨乱世,反诸正,莫近诸《春秋》。其诸君子乐道尧舜之道与?未不亦乐乎?尧舜之知君子也。"又说:"是子也,继文王之体,守文王之法度。文王之法无求而求,故讥之也。"又说:"王者孰谓,谓文王也。"此孔子兼包尧、舜、文、武之盛德而着之《春秋》,以俟后圣者也。又说:圣人制作,其德配天地,如此唯五始可以当焉。"小德川流",浸润萌芽,喻诸侯也。"大德敦化",厚生万物,喻天子也。

孔颖达说:仲尼祖述始行尧、舜之道也。夫子发明文、武之德。夫子上则述行天时,以与言阴阳时候也。下则因袭诸侯之事,水土所在。此言子思赞扬圣祖之德,以仲尼修《春秋》而有此等之事也。又说:孔子所作《春秋》,若以诸侯"小德"言之,如川水之流,浸润萌芽。若以天子"大德"言之,则仁爱敦厚,化生万物也。夫子之德比并天地,所以为大不可测也。

《礼记正义》说:《孝经纬》文,言褒贬诸侯善恶,志在于《春秋》,人伦尊卑之行在于《孝经》。《春秋》《孝经》足以显明先祖述宪章之事。又说:孔子之德与天地日月相似,与天子、诸侯德化无异。

朱子说:祖述者,远宗其道。宪章者,近守其法。律天时者,法其自然之运。袭水土者,因其一定之理。皆兼内外该本末而言也。又说:天覆地载,万物并育于其间而不相害;四时日月,错行代明而不相悖。所以不害不悖者,小德之川流;所以并育并行者,大德之敦化。小德者,全体之分;大德者,万殊之本。川流者,如川之流,脉络分明而往不息也。敦化者,敦厚其化,根本盛大而出无穷也。此言天地之道,以见上文取辟之意也。

【评析】

孔子之所以被称为"圣人",是因为他有至高的德性,有渊博的学识,有坚守正道从一而终的忠诚之意,有施恩惠于天下的博爱之心。他时刻谨守中庸之道,以先王圣祖的德行来要求自己,凡事都能做得恰到好处,自然和谐。孔子的所作所为就是中庸之道的最好表现。所以,儒家都把孔子看得可与天地比肩,与日月同辉。

这一章就是通过对孔子德行的盛赞,为后人塑造了一个伟大、崇高而不朽的形象,使他流芳百世而成为后代人永远学习与敬仰的楷模。

再从《中庸》全书的结构来看,这一章也是从理论到实际了,在把中庸之道做了方方面面的阐述之后,举出了一个具体的榜样。因为理论讲得再怎么具体,具有再怎么精妙高深的意义,毕竟还是很抽象的东西,一般人不容易把握,只有落实到实体上,人们才可以效法或者根据自己的具体情况去实行。

换句话说,孔子是我们奉行中庸之道最好的榜样,而榜样的力量是无穷的。有了榜样的指引,我们才可以明确自己前进的方向。我们每个人都有自己心目中的榜样,无论我们的榜样是平凡的还是伟大的,我们都时刻想成为我们的榜样那样的人,这种想法会让我们拿出一种勇往直前的信心和勇气,为了自己想要到达的目标而努力前进。就像赛场上的运动员,他们时刻把那些站在自己上面比自己强的人作为自己的榜样,然后心里就憋了一股劲儿,努力接近榜样的高度。就这样,接近以后是达到,达到以后是超越。

【解读】

楚庄王即位后,很想使自己的国家强大起来,以称霸诸侯。因此他时常向大臣们征求治国的良方妙计。有一次,楚庄王问大臣詹何说:"这么大一个国家,怎样才能治理好呢?我真觉得无从下手。"詹何回答说:"我只懂得怎么修身养性,不懂得怎样治理国家。"楚庄王说:"为了治理好国家,我是非常愿意采纳意见的,希望您相信我。"詹何于是回答说:"我没有听说过君王的品德很好,而国家治理不好的事;也没有听说过君王品德很坏而把国家治理得很好的事。因此,我觉得,能不能把一个国家治理好,其根本在于君王自身,君王就是臣子百姓的榜样啊!至于其他方面,都取决于这一点,我就不用多说了。"楚庄王听完以后,只觉得茅塞顿开,高兴地说:"詹何啊,你这番话给了我很多启示,我懂得怎样治理好国家了。"

身为领导者,凡事都应该以身作则,率先垂范,给自己的部属做一个好榜样。

俗话说,身正不怕影子歪。清朝雍正帝认为,一个人只有为官清廉,才能主持公正。他时常告诫官员:"做官的当以廉明者为楷模,以贪污者为鉴戒,这才是做官的根本,因此,做官的必须注重自己的品德节操,只有这样才能算一名基本上合格的官吏。"

雍正帝虽然要求官吏必须清廉,但同时还反对某些官员借清廉之名而沽名钓誉。为此他指出:"做官的取自己应当取的钱财不能算作不廉,用自己应当用的钱物不能算是滥用。所以，既不要剥削老百姓，也不要伪饰清廉而沽名钓誉。"

既然如此，怎样才能使群臣把廉明看得非常重要呢？为此，雍正帝以身作则，以实际行动号召群臣提倡节俭。在从政的十三年中，雍正帝从未去过承德避暑山庄，也没到江南做过巡幸活动。就算他不得不去拜谒祖陵时，都不同意在沿途安放过多的临时设施，不求安逸，稍有花销，就认为是过奢之举。

此外，雍正帝也不提倡群臣给朝廷进献稀世珍宝，反倒说："假如你们能实行一项有利于老百姓的政策，岂不比献给我一件稀世珍宝更好？假如你们能给我举荐一名有用的人才，岂不是比献给我一个价值连城的宝物更好？"

在执政生涯中，雍正帝不但严于律己，而且还以此带动了群臣。他明确指出："世人都反对骄奢淫逸，都把勤俭当作美德，假如群臣反过来都以奢侈为时尚，那又怎么去教导百姓们提倡节俭呢？"

许多大臣对雍正帝的提倡节俭都闹不明白，作为一名泱泱大国的君王，国家再穷也是瘦死的骆驼比马大，还独独少了皇上用的？既然如此，雍正为什么如此注重节俭呢？因为他清楚地看到了奢侈给国家造成的重大危害和勤俭廉洁给国家带来的好处。更可贵的是，雍正帝作为一国之君，能以身作则来告诫臣下节俭，可以说是一代英明君皇。

只有给下属树立良好的榜样，才能带动下属。这一点，每位领导者都不可忽略。有很多时候，为政者要想解决一些问题，就必须亲自做出榜样，这样才具有说服力，才能让臣民百姓按照你的意思去做。

春秋时期，齐桓公在鲍叔牙的辅佐下，终于登上齐国国君的宝座，他不计前嫌任用管仲为相，开始了齐国称霸的征程。桓公即位时，齐国刚刚经历大的动乱，全国上下贫富差距很大，民不聊生。偏偏天公不作美，在这样的景况下，齐国又闹起了饥荒，齐桓公一时没了主意，找管仲来商量。

齐桓公向管仲抱怨说："这次的饥荒面积很广，流民很多，如果能让各地的官员大夫拿出自己的存粮，就地安置流民，根本不会使得齐国上下都这样慌乱不堪。可是这些大夫也着实可恶，全在借着饥荒大肆聚敛财物，却没一个肯拿出一丁半点儿来的，宁可让粮食在府里腐烂，也不愿拿出来散发给那些极为缺粮的老百姓们。就这样眼睁睁看着百姓受苦吗？仲父，你说该怎么办呢？"管仲说："请主公下令招来城阳大夫质问。"齐桓公大惑不解，奇怪管仲丝毫不理会怎样解决百姓的口粮问题，反倒提起一个不相干的大夫，不禁问："为什么要问他呢？"管仲回答说："城阳大夫所宠爱的娇妻美妾们穿着华贵的服饰，每一件都可以供普通的四口之家一年温饱无虑。家中所养的鹅和鸭子都能吃上黄米饭。在家里，他经常鸣锣奏乐，歌舞升平、寻欢作乐、奢侈淫逸、大摆筵席。而那些同姓的兄弟却无衣御寒、无食果腹，这样的人，连家人尚且如此对待，他在官位上能尽忠国家，爱护百姓吗？"

齐桓公一听甚觉有理，便下令招来城阳大夫，罢免了他的官职，查封了他的家产，并且不准许他随意走动。这样一来，那些有功受赏的官宦人家都争先恐后地把自己囤积起来的粮食和布匹发放给远亲近邻以及那些寒苦无依的人们。有的大夫觉得这还不够，就干脆把那些贫困、病残、孤独、老迈的人们统统收养起来。从此齐国再也找不到饥饿的穷苦人了。管仲这个主意真起到了杀一儆百的作用。

又有一段时间，齐国风调雨顺年景很好，可是到了收获的季节，粮价却下跌得厉害，齐桓公深恐这样下去就会使本国的粮食流向了其他国家，便向管仲求教对策。管仲说："今天我从闹市经过时，看到又有两家大粮仓新近落成了，主公您如果能让这两个粮仓的主人出来做官，全国肯定都知道囤粮可以做官，那么必定有很多人自愿出资修建粮仓，囤积粮食的，这样一来粮食自然不会外流他国了。"齐桓公听从了管仲的建议。

于是，全国上下都知道修筑粮仓聚集粮食可以做官，那些有钱人家便纷纷拿出大笔大笔的钱来购粮，争做存粮的模范。京城中骤然建起了很多民间的大粮仓，粮价暴跌的问题很快就随之解决了。

为官者要谨慎行事，因为你的一言一行时刻都被老百姓看在眼里，记在心里，只有时刻为百姓做出表率，才能获得百姓的赞同和支持，这样才不失为一个勤政爱民的好官。做人要讲操守，最聪明的做法是自己要能起到典范作用，别人才能服从你。

以天下为己任的范仲淹为实现自己的目标，历经挫折，依然坚持不懈地苦心学习，成了周围人争相学习的好榜样，也在后世留下了美名。

范仲淹一生心怀天下，不论讲学还是办事都亲力亲为，勤劳恭谨、一丝不苟，其认真严谨的作风让人深深为之叹服。

宋真宗天禧二年，范仲淹被任命为谯郡从事，不久又升任秘书省校书郎。天禧五年，范仲淹监泰州西溪镇税，后历任大理寺丞、监楚州粮料院。在这期间，范仲淹虽官位卑微，却处处以天下为己任，办了许多利国利民的事情。

范仲淹监泰州西溪镇盐税仓时，泰州一带海堰年久失修，每年海浪袭击，都造成农田大面积被毁，老百姓流离失所。看到这种悲惨情形，范仲淹非常着急，便向发运副使张纶上书，请求修海堰，保民田。张纶将范仲淹所言之事，上奏朝廷，并言泰州兴化县每次遭受的袭击最重。于是，朝廷任命范仲淹兼任兴化县县令，主持修筑海堰工程。

范仲淹接到任命书后，立即组织民夫开始修筑海堰。不巧的是，动工的第一天便遇上天下大雨，使汹涌的海浪冲上堤岸，一百多民夫被海浪卷走，丧生大海。遇上这样不吉利的事情，范仲淹一面安慰死难者的家属，一面重新招集民夫。当时，迷信的老百姓说："龙王发怒，堰不可修！"一时间人心惶惶，但范仲淹镇静自若，力排众议，耐心劝说。朝廷闻知此事，也派使者来到兴化，准备罢修海堰之事。淮南转运使胡令仪非常支持范仲淹，上奏朝廷说："海堰之事不可废！堰成，则民安，利国利民。"在胡令仪的一再坚持之下，朝廷召回了使者，允许继续修筑海堰。

通过一年的努力，长达数百里的海堰竣工了，从此泰州百姓再也没有遭受海浪的袭击，过上了平安的日子。当地老百姓为了纪念范仲淹的功绩，纷纷改姓范，传为佳话。

宋仁宗天圣四年，范仲淹的母亲谢氏因病去世，范仲淹因母丧去官，寓居应天府。当时，枢密副使晏殊因忤旨被贬为应天府知府，晏殊早就听说过范仲淹的大名，见其守母丧无事，便请其执掌府学，教授生徒，范仲淹接受了晏殊的请求。

自唐末五代以来，天下学校多废，大宋王朝的仁人志士为教化民风，每到一处往往兴办学校，晏殊、范仲淹无不如此。范仲淹来到学校之后，与生徒同甘共苦，甚至常常居住在学校中，顾不得回家。对于督学之事，范仲淹勤劳恭谨，一丝不苟，非常有法度。

除了严格要求生徒之外，范仲淹也非常爱护他们。每次为生徒出题目，让其写诗作赋，范仲淹必事先依题目亲自写诗或作赋，以试其难易，避免出现生徒做不出或者太易而达不到目的这种情形，充分体现了范仲淹作为一个教育家应有的风范。

就在范仲淹去官督学期间，他仍然心怀天下，忧国忧民，针对当时的社会弊端，写了万余言的奏章上奏朝廷，大致是说："孝者，天下之根本也，其孝不逮，岂可忠乎？所以臣冒哀上书言国家大事，不以丧母之痛而敢忘天下之忧。请择郡守，举县令，斥游惰，去冗臣，遴选举，敦教育，养将材，保直臣，斥佞臣，使朝廷无过，生灵无怨，以杜奸雄滋生。"

范仲淹的慷慨陈词，被宰相王曾看到了，非常感动，认为范仲淹是一个不可多得的人才。待范仲淹守丧期满后，适逢朝中馆阁缺人，晏殊没有推荐范仲淹而推荐了另外一个人。王曾知道后，厉声对晏殊说："公明知范仲淹之才而不推荐，怎么能这样呢？我已将公所荐之人勾掉了，请荐范仲淹！"

晏殊见王曾这么着急且爱才心切，感到非常愧疚，就听从了王曾的建议，推荐范仲淹就职，不久朝廷便任命范仲淹为秘书阁校理。在任秘书阁校理期间，范仲淹常常手执经卷，与诸位学者进行辩论，回答他们的质问，从不困倦，所讲经义，甚为精当,人皆叹服。正如晏殊在推荐范仲淹时所说:"范仲淹为学精勤,属文典雅,讲习艺文,足不出户,独守贫素,儒者之典范也。"

范仲淹还常常以自己的俸禄接济四方游士,自己却过着俭朴的生活,竟然使几个儿子不得不共用一套礼服,轮换穿着外出。至于议论天下大事,更是言辞激切,奋不顾身,时人以为忠,甚至有人说:"大宋士大夫论事尚风节,乃范仲淹倡之也!"

榜样的力量是无穷的。人人都有一颗向善向美的心,谁都愿意向那些有善行美德的人学习。不管在什么样的位置,我们都要努力做一个别人愿意学习的榜样。

处世活用

与人为善,互不相害

每个人都希望自己生活在友好、宽容、温馨的氛围中,这就需要我们每个人以和善的态度与人相处。要知道,与人为善是人际交往中必须具备的道德规范,它看似无形,却时时刻刻主宰着我们的生活。如果人们都能以"与人为善"的心态去处理日常生活中的各种事情,相信我们的日子会过得更加舒心。

有这么一则寓言,说的是太阳和风在争论谁更有威力,风说:"我来证明我比你行。你看到那儿那个穿大衣的老头了吗?我打赌我能比你更快地使他脱掉大衣。"于是太阳躲到云后,风就开始吹起来,愈吹愈大,大到成了一场飓风。但是风吹得愈急,老人把大衣裹得愈紧。终于,风放弃了。然后太阳从云后走出来,对老人露出了灿烂的微笑。不久,老人开始擦汗,然后脱掉大衣。太阳对风说:"你看,还是与人为善更有威力。"

人生天地间,你以什么态度对待别人,别人也会以什么态度对待你。你若对他人孤高气傲,那么他人也会对你冷眼相对,你若对他人恶语相向,他人也会对你拳脚相对,但你若真诚友善,那么他人就会笑脸相迎。一个不友善不愿容纳他人的人,集体也不会容纳他,他的骄傲只会落得个孤芳自赏。俗话说"送人玫瑰,手留余香",每个人都希望生活在一个友好的氛围中,都希望自己的周遭充满善意、善言、善举,然而生活中又有太多的纠葛,若都互不相让,针锋相对,彼此加害,我们的国家、社会、团队又怎么会温暖和谐?

因此,我们应该朝着与人为善的方向努力。首先,要学会宽容。俗语说"牙齿和舌头都会打架"。大家生活在同一个地球上,产生一点摩擦是正常的。但矛盾发生后,应该具有忍耐、包容、体谅的心态,不能锱铢必较,要把度量放宽些,眼界放远些,让矛盾迅速化解,这就是人们常说的"退一步海阔天空"。友善是人与人之间一种珍贵的感情，没有虚伪的修饰，没有功利的色彩。所以，我们应该把宽容、友善作为生活中的润滑剂，让宽容、友善给我们天天带来好心情。其次，要善于抛弃积怨。俗话说："冤家宜解不宜结。"在现实生活中，人与人之间难免产生误会，甚至怨恨，我们不要因此背上情感的包袱，对他人心怀怨恨，而要大事化小，小事化了，这样，我们的朋友就会越来越多，我们的人生道路就会越走越宽。

职场活用

和同事并肩而行，友好相待

职场中的人际隔阂和矛盾均与自尊心有关。伤害了自尊心就等于伤害了感情，所以善待自尊心成了职场生存中的一门大学问。人力资源专家王凤新女士认为："自尊心的问题说白了也就是'面子'问题，没有人愿意被老板随意当垫背，也没有愿意被同事经常恶搞，更没有人愿意在办公室成为八卦新闻的主角，因为所有这一切都会影响其在办公室的地位和声誉，也就是有可能'脸面丧尽'。所以正确的方法，就是不要让人有'脸上挂不住'的感觉，要时刻给足面子。"

我们若伤害了同事的自尊心，无论是有意还是无意，都应积极补救，而不能听之任之。不要践踏同事的尊严，不要侵犯同事的隐私，不要公然和同事对峙，不要限制同事的自由，不要主动揭同事的短，不要蔑视同事的存在。有了这样的不作为，那么职场中的自尊心自然就得到了保护，你也因此理顺了所在办公室的关系。

我们知道，自尊心人人都有。只要我们与同事友好相处，出现矛盾和问题能够友善沟通，便能打造一个互相尊重的人际关系环境。为此，王凤新认为有这样几点需要注意：

首先，不能刻意去营造良好的关系，这样往往会适得其反。

其次，不能封闭自己，要多参加集体活动。这样你会发现许多有趣的东西，并逐渐喜欢与人交往，由此改变独处的习惯。

第三，在集体活动中，先听听别人怎么说，不要急于发表自己的意见。同时，不耻下问，切忌不懂装懂，长此以往，也许你的内向性格就会改变。

第四，善待他人，多从他人角度考虑问题。这是理解与被理解的金钥匙，也是形成良好人际关系的重要基础。

同事之间相处融洽，工作效率也会提高很多。没有一个人的职场路是不辛苦的，即使你是一个老板，也需要一群可以信任及可以友好相处的下属。如果一个人身处在一个其氛围如同大家庭一样的工作环境中，即使工资比预期的要低，估计很多人也不会计较。相形之下，如果同事之间勾心斗角，你争我夺，那样，不要说工作，单是应付这些关系就已经让人疲惫不堪了，工作的干劲和激情从何谈起？

第三十一节　至圣

本章讲"至圣"。首先讲圣人的内涵，有以下五项："聪明睿智""宽裕温柔""发强刚毅""齐庄中正""文理密察"，都是说圣人的内在品德。根据前文，圣人是生知安行的，所以"聪明睿智"是讲圣人是生而知之的，即所谓"生知之质"。"宽裕温柔"是仁，"发强刚毅"是义，"齐庄中正"是礼，"文理密察"是智，圣人具备仁义礼智四德。

然后，用源头的奔腾流淌，用天的浩瀚无垠，来比拟圣人的智慧，并极力形容其影响，从种群，到地域，人们都会尊敬他，信任他，亲近他。如朱熹所说"盖极言之"，"言其德之所及，广大如天也"。

所谓"至圣"，德行修养致达极致，就如日月照耀一般，在日月照耀的地方，必有德泽化育万物。

【原文】

唯天下至圣①，为能聪明睿智，足以有临也②；宽裕温柔，足以有容也③；发强刚毅，足以有执也④；齐庄中正⑤，足以有敬也；文理密察⑥，足以有别也。溥博渊泉，而时出之⑦。溥博如天，渊泉如渊。见而民莫不敬⑧，言而民莫不信，行而民莫不说⑨。是以声名洋溢乎中国，施及蛮貊⑩。舟车所至，人力所通，天之所覆，地之所载，日月所照，霜露所队⑪，凡有血气者，莫不尊亲，故曰配天⑫。

【注释】

①至圣：最高的圣人。

②聪明睿知：耳听敏锐叫聪，目视犀利叫明，思维敏捷叫睿，知识广博叫智。知，同"智"。朱熹认为是讲"生知之质"。临：居上而临下。

③宽裕温柔：广大宽舒，温和柔顺。这里是形容仁。容：包容。

④发强刚毅：奋发强劲，刚健坚毅。这里是形容义。执：决断，固守。

⑤齐庄中正：整齐庄重，公平正直。这里是形容礼。

⑥文理密察：文章条理，周详明辨。这里是形容智。

⑦溥：周遍。时出：随时发见于外。朱熹说："言五者之德，充积于中，而以时发见于外也。"

⑧见：同"现"，出现。

⑨说：同"悦"。

⑩施及蛮貊:远播到边远的少数民族地区。施及:蔓延,传到。蛮貊:古代借指边远落后的少数民族。南方称蛮,北方称貊。

⑪队:同"坠"。

⑫尊亲:尊敬亲爱。配天:与天相匹配。朱熹说:"言其德之所及,广大如天也。"

【译文】

唯有天下最圣明的人,才能达到既聪明又睿智,能居于上位而治理天下;广大宽舒,温和柔顺,足以包容天下;奋发强劲,刚健坚毅,足以决断大事;整齐庄重,公平正直,足以敬业;文章条理,周详明辨,足以分辨是非。圣人道德广博深沉,随时表现于外。广阔得如同天空,深沉得如同潭水。他出现在民众面前,人们没有不敬重的;他说的话,人们没有不相信的;他的行为,人们没有不喜欢的。因此他的名声洋溢中原之地,传播到南蛮北貊等边远地区。凡是车船能到的地方,人力能通的地方,天所覆盖的地方,地所承载的地方,日月所照临的地方,霜露所降落的地方,凡是有血气的人,没有不尊敬他亲爱他,所以说,圣人的美德可以与天相配。

【历代论引】

郑玄说:德不如此,不可以君天下也。盖伤孔子有其德而无其命。又说:其临下普遍,思虑深重,非得其时不出政教。又说:如天取其运照不已也,如渊取其清深不测也。

孔颖达说:申明夫子之德聪明宽裕,足以容养天下,伤其有圣德而无位也。夫子宽弘性善,温克和柔,足以包容也。孔子发起志意,坚强刚毅,足以断决事物也。又说:以其浸润之泽,如似渊泉溥大也。既思虑深重,非得其时不出政教,必以俟时而出。又说:似天"无不覆帱"。润泽深厚,如川水之流。又说:申明夫子蕴蓄圣德,俟时而出,日月所照之处,无不尊仰。

朱子说:聪明睿知,生知之质。临,谓居上而临下也。其下四者,乃仁义礼知之德。文,文章也。理,条理也。密,详细也。察,明辩也。又说:溥博,周遍而广阔也。渊泉,静深而有本也。出,发见也。言五者之德,充积于中,而以时发见于外也。又说:言其充积极其盛,而发见当其可。又说:舟车所至以下,盖极言之。配天,言其德之所及,广大如天也。

【评析】

前一章指出了孔子就是奉行中庸之道最忠诚的圣人,这一章承接上一章的意思,说明圣人的美好德行传播范围之广,影响程度之深,并且总结出圣人所具有的五德:圣、仁、义、礼、知。子思说的是圣人之德行,实际上就是指孔子具备这五方面的美德。

至诚和至圣是就表里而言的。至诚存在于内,为本,至圣是表现于外,所以人能够看见它,辨别它。圣人之德广大无边而又淳厚深远。圣与诚可以看作是内容和形式的关系,只有内心真诚,才能在外表现出圣来;在外表现出来的圣,又必然反映出一个人真实的内心存在。

生就凡人,我们或许具备不了圣人所具有的那些美德,但最起码我们可以以圣人的言行作为我们努力靠近的榜样,我们最低限度可以做到言行一致,表里如一,说过要做到怎样,就应该努力去做到,千万不要说一套做一套,或者光说不练,谁都讨厌跟这样的人打交道。说到做到,表里如一,不是要做给别人看的,而是做给自己看的,让自己的言行符合自己内心的真实声音。那种说一套,做一套,或者当面一套,背后一套的人,终究会失去别人对他的信任。失去别人的信任,在事业上就不容易得到别人的帮助,这样无疑相当于加大了自己获得成功的难度,堵塞了自己通向成功的道路。

【解读】

人们都赞赏表里如一的人,认为这样的人才是真正的君子。反之,那些口蜜腹剑,阳奉阴违的人总是遭到大家的厌恶。

韩愈本是"唐宋八大家"之一,但他的仕途开始时很不顺畅,为了能进入仕途,韩愈曾说过很多违心的话,这也成为他身上的瑕疵。

韩愈三十岁时才考中进士,按照规定,考中进士,还不能授官,还需经过吏部的考试,合格者才可正式授官,于是韩愈又考,不料又是一连三次的失败。

无奈之下,韩愈向当时的权贵投书,推荐自己,两个月内向三位宰相上书三次,依然没有得到他们的青睐。于是韩愈不得已投奔藩镇的节度使,先后投奔了两位节度使,都没有作为,又只好重找靠山。

韩愈于是又回到京城,这一回他选中了京兆尹李实。按照老办法,韩愈先给李实写了封信,信中多有溢美之词。他说:我来到京师已经十五年了,所见的公卿大臣不可胜数,他们都不过是些不求有功、但求无过的平庸之辈,还从没有见到一个像您这样忠心耿耿地效忠皇上、忧国如家的人。今年天气大旱,一百多天没有下雨,种子下不了地,田野寸草不生,可是,盗贼不起,谷价不涨;京城百姓,家家户户都感受到了您的关怀。而那些以前喜欢为非作歹的奸佞之辈,也都销声匿迹了。如果不是您亲自处理镇服,宣传天子的恩德,怎么能有这种喜人的局面呢?我从青少年时代便读圣贤之书,颂圣贤之事,凡忠于君孝于亲的人,虽在千百年之前,也十分敬慕,更何况亲逢阁下您这样的人,我怎么能不侍候在您的身边以报效我的忠心呢!

也许是这封信起了作用吧,韩愈果然被提拔为监察御史,成为一名京官了。

那么,这位李实真的像韩愈所说的那样好吗?完全不是,他是一个十足的奸佞之辈。据史书记载,李实"自为京尹,恃宠强愎,不顾文法,人皆侧目。二十年春夏旱,关中大歉,实为政猛暴,方务聚敛进奉,以固恩顾,百姓所诉,一不介意。德宗问人疾苦,实曰:'今年虽旱,谷田甚好。'由是租税皆不免,人穷无告,乃彻屋瓦木,卖麦苗以供赋敛"。

李实之奸,京师之人无不切齿痛恨,以韩愈的见识,不可能不知道他的真相。韩愈在担任监察御史后,立即上书反映关中旱情及民不聊生的情况,实际是在不指名地告李实的状。

从向李实阿谀奉承到告李实的状,前后时间相差不过半年,可见韩愈是很了解李实的,可是,为了能打通通往官场的道路,他说了违心的话,做了违心的事,这种行为为君子所不齿。

春秋时的宋襄公也是一个表里不一,爱虚名,好伪饰的君主。

春秋时的宋国是一个小国,没有多大力量,可它的国君宋襄公却好大喜功,不自量力,一心想称霸诸侯,当上盟主。

有一年,宋襄公主持召集会盟,郑国没有到会,宋襄公以郑国轻视宋国的罪名,兴师问罪。楚国是郑国的保护国,听说宋襄公派兵讨伐它,便匆匆派兵援救。

宋襄公亲自率领宋国军队,来到泓水岸边,这时正巧遇上楚国军队渡河,宋国司马子鱼高兴地报告宋襄公:

"国君,现在正是攻打楚国的好机会,你瞧,他们正在渡河,趁这个时候攻击他们,必定获胜……"

"不能这样,人家还没有准备好,怎能突然袭击人家呢,那太不仁义了……"

对岸的楚军全部渡过了泓水,正忙着整理战车、兵戈,司马子鱼又建议说:

"国君呀,现在攻击楚军还来得及,趁他们现在还没有布开阵势……"

宋襄公皱着眉头,斜眼看着子鱼说:"急什么?人家没摆阵势我们就直接打,那是不合礼仪的!"

战机错过了,楚军布好了阵势,喂饱了战马,士兵带好了兵戈,一阵响鼓敲过,楚军如潮水一般冲杀过来,宋国军队招架不住,撒腿就跑。司马子鱼保护着宋襄公退却,楚军追赶上来,一戈刺在宋襄公左腿上,多亏司马子鱼左右掩护,才逃回军帐。

宋国的军队大败而归,宋襄公再也不敢穷兵黩武了,他静心在宫里养伤。

一天,司马子鱼进宫探望他,宋襄公反省说:"我听古人说君子不伤害伤员,战争中不抓获白头发的老兵,不攻击没有准备好的敌人……"

听了他的蠢话,司马子鱼觉得好气又好笑,耐着性子开导他说:"既然与人家作战,双方就互为敌人,你不杀死对方,对方就要杀死你,这是妇孺皆知的事情嘛!假如怜悯对方,可怜白头发的老兵,那就投降好了,何必打仗?打仗就是你死我活的,怎样对自己有利就怎样打,还讲究什么仁义、礼仪?我看国君根本不懂得作战,可又偏要兴师动众"你不知道啊,我是最讲仁德的呀……"宋襄公吞吞吐吐地辩解说,司马子鱼再也忍不住了,他放声大笑:"哈哈哈……你讲的全是虚假的仁德呀……"

宋襄公的伤势日益加重,在第二年夏天死去了。宋襄公的愚蠢在于他的假仁假义,明明心里不是那样想的,可表面上还装出样子给别人看,结果受害的还是自己。

其实做人做事,无论是为自己打算还是替别人考虑,把心里的真实想法说出来并依照它去做,才是最明智的途径。可历史上有很多人,为了自己的利益,阳奉阴违,口蜜腹剑。战国时的郑袖和唐玄宗时的李林甫就是这种人的代表。

战国时候,魏王送给楚王一个美人。这美人年方二八,身材苗条,体态风骚。楚王非常喜欢她。

楚王的夫人郑袖,见新来的美人姿色出众,胜过自己,妒意油然而生。但她见楚王这么喜欢这位美女,不敢造次,只好把自己的真实感情掩藏起来,装作自己比楚王更喜欢她。华丽的衣服,精致的玩具,美人想要什么,郑袖便选择什么送给她,结果美人对郑袖很是感激。郑袖还时常对楚王说:"新来的这位美人,真是美如天仙,举世无双!"说得楚王心花怒放。

楚王见妻妾和睦相处,互相称赞,感到心满意足。他说:"夫人知道我喜爱新来的美人,她就比我更喜爱她。这种态度,只有孝子奉养双亲、忠臣侍候君主时才会有啊!"把郑袖着实称赞了一番,同时,他更加喜爱新美人了。

郑袖知道,楚王以为自己并不妒忌新来的美人,觉得时机已经成熟。于是,她告诉新美人说:"大王非常喜欢你,只是有点讨厌你的鼻子,如果你见大王时经常捂住鼻子,大王就会长久地宠爱你了。"

新美人对郑袖向来是言听计从,每次都受益匪浅,她以为夫人这次也是关心自己,就听从了。以后见楚王的时候,新美人每次都捂着鼻子。

刚开始的几天,楚王还没在意,时间长了,他不禁感到很奇怪。有一回,楚王私下里问夫人:"新美人见寡人时常常捂住鼻子,你知道是什么原因吗?"

郑袖吞吞吐吐地说:"我……不知道。"

楚王见了,觉得其中必有缘故,就一再追问。郑袖装作不得已的样子说:"她曾经说,她讨厌大王身上的气味。"

楚王听了,气得一拳打在桌子上,骂道:"这个小贱人!"他开始疏远新美人,连续两天没召见她。

接下来的一天,楚王让郑袖陪他去花园游玩。郑袖悄悄地叫卫兵去通知新美人,说楚王紧急召见她。当新美人慌慌张张跑来,捂着鼻子拜见楚王时,楚王不觉勃然大怒,命令卫兵:"给我把这贱人的鼻子割掉!"在古代,割掉鼻子是一种酷刑,叫作"劓"。

可怜新美人糊里糊涂地被割掉了鼻子,从此不能再见楚王。

郑袖的阴谋之所以能得逞,是因为她虽然心里对那个美人非常嫉恨,但表面上却装作甜言蜜语地奉承楚王,仗着楚王对她的信任而成功地除去了自己的心腹大患。

无独有偶,唐玄宗时的宰相李林甫,也是凭着巴结、奉承、献媚取宠得到了皇帝的信任,凭着他的"口蜜腹剑"陷害了一个个忠臣,以维护自己的权势和地位。

有一次,李隆基和李林甫一起,谈到了一个官员严挺之,李隆基说:"严挺之在哪里?我听说他是个将相之才,应该委以重用。"李林甫本来就非常妒忌严挺之的才能,害怕他有一天会夺去自己宰相的位置,忽然听皇上这么一说,心里就更担心了。于是他搪塞地回答了皇上的话后,就赶紧找来严挺之的弟弟严损之,装出一副十分亲密的样子,促膝谈心,叙述旧情,并答应推荐严损之当员外郎,然后又说:"皇上很喜爱你哥哥的才华,为什么不让你哥哥假说患了风寒,向皇上请求回京城医疗,这样就有机会见到皇上得到重用了。"

严损之听了满心欢喜,便到绛州把李林甫的话告诉在那儿当刺史的哥哥严挺之。严挺之觉得这是一件好事,不假思索,就按照李林甫的话写了一张表,派人交给李林甫。李林甫见严挺之中了计,非常高兴,就拿着这张表报告皇上说:"严挺之现在年老体衰,又得了风疾,应该让他担任闲官,以便治疗。"玄宗接过表来,一边看,一边摇头叹息道:"可惜,可惜!"结果,天宝元年四月,玄宗便下令让严挺之做太子詹事,呆在洛阳养病。

李林甫就这样两边当好人,暗中使手段,让别人受到陷害还不知道是怎么回事,这样的例子有很多。

一次,玄宗在勤政楼上隔着帘子观看歌舞。兵部侍郎卢绚以为玄宗已经走了,就垂着马鞭,拖着缰绳,慢慢穿过楼下。卢绚风度翩翩,玄宗一边看着他,一边赞叹道:"好一个卢绚!"宦官高力士在旁边听到了,就暗中告诉了李林甫。

李林甫看玄宗又喜欢上了卢绚,害怕威胁到自己,就把卢绚的儿子叫来,说:"你父亲在朝中很有威望,现在交州、广州一带经常发生动乱,皇上想派你父亲去那里整顿整顿,不知道你们愿意不愿意去?"交州是个十分偏远的地方,经常闹瘟疫,李林甫自然知道卢绚一家不愿意去,故意撒谎这样说。接着他又进一步威胁说:"如果拒绝圣上的旨意,龙颜不悦,恐怕会获罪啊。"卢绚的儿子一时慌张起来,没了主意,就请求李林甫在皇帝面前说情。

李林甫故作为难的样子,想了一会儿说:"这样吧,我帮你们一个忙,就让你父亲到东都洛阳去担任太子宾客或者太子詹事,怎么样?那也是块肥缺,你回去劝劝你父亲。"卢绚不愿意到远处去任官,又怕被降职,只好上书请求担任太子詹事。李林甫为了掩人耳目，就先让他到华州当刺史。过了不长一段时间，李林甫便向明皇打小报告说卢绚身体不好，难以管理州事，打发他到东都去做太子詹事了。

传说在长安平康坊南街有一个院落，就是李林甫原来的住宅。他在寝室后面，另外建筑了一个厅堂，形状弯弯曲曲，好像新月，所以叫作"偃月堂"。宅院建筑华丽，雕刻精美，据说当时没有一家能比得上。李林甫每次想陷害一个人，或破坏一个家庭，就在这里进行谋划。如果他板着脸出来，那么这个人就不会有事，要是他面带笑容走了出来，那么这个人准得完蛋。

唐玄宗

李林甫不知排斥了多少贤才，陷害了多少忠良，使朝廷内奸臣当道，小人飞扬跋扈，造成社会的黑暗与腐败，并引发了天宝末年的安史之乱。李林甫能够小人当道，和玄宗晚年迷恋声色，贪图享受，不理朝政有关，但最重要的是他能够口蜜腹剑，把皇帝哄得乐呵呵的，也就任由他的摆布了。

任何一个正直善良的人都会讨厌像李林甫、郑袖这样的小人。现实生活中也不乏这样的人，我们除了要敬而远之，还要时刻保持一颗清醒的头脑，不要被这样的人所蒙蔽欺骗。

处世活用

惟宽可以得人

地理学家侯仁之说："宽容是一种风度，一种洒脱，一种成熟。大山不语，是因为它的宽容，才有和谐动人的自然风景；大海蔚然，是因为它的宽容，才有深邃博大的底蕴；谷穗低头，是因为它的宽容，奉献给人沉甸甸的果实。万事万物，都是以它的宽容，在为世界创造奇迹，给生命赋予新的活力。"他的这一番讲话，使我们明白了一个道理：做人要宽容。

宽容能使伤害你的人走向道德法庭的被告席，或者受到宽容的巨大感召，而忏悔对你的伤害，皈依于美好的人生。人人多一份宽容，生活中就会多一份理解，多一份珍重与美好，生活中的酸甜苦辣也将化作五彩的乐章，谱奏出动人的旋律。

林肯出身平民阶层,种过地,当过商店的小伙计,一直奔波于颠沛困顿之中。因此,他初到白宫赴任时,那些阁员中的阔佬没有一个瞧得起他。对此,林肯却毫不介意,表现得非常大度。财政部长齐斯对林肯入主白宫很不服气,不时觊觎着总统的宝座。他背地里大拆林肯的台,散布不满情绪,并连续5次以辞职相要挟。尽管第5次林肯批准了他的辞呈,但始终认为他是一个很有才干的人。林肯说:"齐斯是一个很有才能的人,尽管他在背地里愚蠢地反对我,但我绝不愿铲除任何人。"最后还任命齐斯担任最高法院的首席法官。有一次,他和儿子上街,遇到一队军人,便随口问路人:"这是什么?"其意是想问是哪个州的兵团,但没说清楚,那人以为他不认识军队,便粗鲁地回答:"这是联邦的军队,你真是个大笨蛋!"面对斥责,林肯毫不生气,只是说了声:"谢谢。"儿子不解,他严肃地对儿子说:"有人在你面前说老实话,这是一种幸福。我的确是大笨蛋。"

林肯贵为总统,为人处世却如此宽容,实在难能可贵。也正是他的宽容,赢得了人们的信任和尊重。诚如卡莱尔所言:"一个伟大的人,以他待小人物的方式,表达他的伟大。"

包布·胡佛是美国一位著名的试飞员,并且常常在航空展览中表演飞行。有一天,他在圣地亚哥航空展览中表演完毕后立即飞回洛杉矶。正如《飞行》杂志所描写的那样,在空中300米的高度,两具引擎突然熄火。由于技术熟练,他操纵了飞机着陆,但是飞机严重损坏,所幸的是没有一个人受伤。

在被迫降落之后,胡佛的第一个行动就是检查飞机的燃料。正如他所预想的那样,他驾驶的那架第二次世界大战时的螺旋桨飞机,居然装的是喷气机燃料而不是汽油。

回到机场以后,包布·胡佛要求见见为他保养飞机的机械师。那位年轻的机械师因所犯的错误而极为难过,很害怕见包布·胡佛。当包布·胡佛走向他的时候,他正哭脸抹泪地伤心着。他造成了一架非常昂贵的飞机的损失,差一点还使3个人失去了生命。但包布·胡佛并没有责骂那位机械师,甚至没有批评他一句。相反,他用手臂抱住那个机械师的肩膀,对他说:"为了表示我相信你不会再犯错误,我要你明天再为我保养飞机。"

多一份宽容的胸襟,就会促使事情向好的一面转化,所谓"化干戈为玉帛""宰相肚里能撑船",说的就是宽容的一种至上境界。一个充满人格魅力的人,必然有宽容之心!生活中有许多不如意的事,看不惯的人,我们不妨宽和以待。当你学会对人对事宽和以待的同时,不仅能帮助好友认清他自己,而且会使他后悔甚至发生天翻地覆的改变,同时,也会给你自己带来金钱买不来的愉悦,这不正是"两全其美"吗?当然,宽容也是有限度的,而且也是分对象的,要分清楚你所宽容的对象值不值得你宽容,如果是那种屡教不改的人,那就不能一味忍受和宽容他,这样的宽容虽然是善意的,但是不一定有效果。所谓宽以待人是善意地对待别人的不足和缺点。因为再完美的人,都会有一两个缺点,有的缺点甚至在别人看来难以接受。但是一个成年人老犯原则性的错误,或者是品质特别恶劣,你可以宽容他一次,并且善意地规劝他,在没有见到悔改的情况下。就不能对他所犯的错误一直宽容下去。你需要把握宽容的度,才能在这个社会上泰然为人。

职场活用

有容乃大

宽容,是对不顺人心、不尽如人意的人与事看开些、想开些。学会宽容,不为烦事斤斤计较,不为琐事烦恼忧伤,是一种美德,也是一种气质。懂得保持良好的心态,胸襟广阔,能容人容物的人,是快乐的人,有涵养的人,而且他们往往会在不经意中得到更多更大的回报。诚如雨果所说的那样:"世界上最宽阔的是海洋,比海洋宽阔的是天空,比天空更宽阔的是人的胸怀。"

人在职场上奔波,总是想在复杂的竞争中求得更好的生存,总会有数不清的困扰和阻力。小时候别人玩自己的玩具,哭哭啼啼不让动;上学了,唯恐别人学习成绩超过自己,想借本辅导书看一眼是难上加难;走上工作岗位更是明争暗斗,看见别人出错,犹如抓住什么把柄似的,大做文章。长此下去。对我们的职业进展十分不利。每个人都会犯错,可是我们往往很快就原谅了自己,却无法原谅别人,对别人犯下的错耿耿于怀。这种原谅自己但不原谅别人的行为是软弱的表现。要知道,宽容是一种高贵的品质,因为你的宽容有时候能挽救一个做错事的人。将心比心,我们自己犯了错误的时候也希望得到别人的谅解。在竞争激烈的现代职场,同事之间有些磕磕碰碰是在所难免的。作为个人来说,没有人愿意自己吃亏、被误解、受委屈。但这样的事情若发生在自己身上,宽容是最明智的选择。宽容不仅仅包含着理解和原谅,更显示出气度和胸襟。

有一位部门经理,在一次外出时,手提包被盗,里面除了常用的钱物外。还有公司的公章。当她又内疚又担心地站在总经理面前讲完所发生的事情后,总经理笑着说:"我再送你一只手袋好吗?你前段时间的工作一直非常出色,公司早就想对你有所表示,但一直没有机会,现在机会终于来了。"

没有暴跳如雷,总经理用宽容的态度处理了这件事,使部门经理心怀感激。后来任凭其他公司以多么优厚的待遇聘请她,她都不为之所动。

这就是宽容的力量。宽容是人和人之间必不可少的润滑剂。它和诚实、勤奋、乐观等价值指标一样,是衡量一个人气质涵养、道德水准的尺度。宽容别人是对对方的一种尊重、一种接受、一种爱心,有时候宽容更是一种力量。假如生活中,我们受到了不公正待遇或自己身边的人做错了什么,千万不要生气愤怒,而应学会宽容。生气愤怒是人类最坏的毛病之一,它是在用别人的过错惩罚自己,是一种徒劳的、于己于人无益的作风。所以,在职场中,我们一定要学会宽容别人。有时候,因为你的宽容,会让你更加富有人情味。

第三十二节　至诚

本章还是讲"至圣"。至圣必须是至诚的。"大经",指五伦——五种人际关系;"大本",指性之全体,如仁等。这二者都需要高度的诚实,只有圣人才能做到。"大经"理顺了,"大本"立起来了,"大本"的核心——仁,也十分笃实,像渊水一样深静,像浩天一样广博,这样崇高的道德自然会独自挺立,无须依托任何东西。这是只有已达到和天同德的圣人才能了解的道理。

只有至诚的心灵,才具备经纬天下的资格,否则,只是为了自己的私利。朱子说:"大德之敦化,亦天道也。然至诚之道,非至圣不能知;至圣之德,非至诚不能为,则亦非二物矣。圣人天道之极致,至此而无以加矣。"全篇极力形容"至圣"和"道"的同一。

【原文】

唯天下至诚①,为能经纶天下之大经,立天下之大本②,知天地之化育。夫焉有所倚③?肫肫其仁④!渊渊其渊⑤!浩浩其天⑥!苟不固聪明圣知达天德者⑦,其孰能知之?

【注释】

①至诚:最诚。

②经纶:本意为整理丝缕,引申为治理。大经:常道,如五伦。大本:根本的德行,如仁义礼智等。

③倚:依傍。

④肫肫:与"忳忳"同。诚挚的样子。

⑤渊渊其渊:圣人的思虑如潭水一般幽深。渊渊,形容水深。《庄子·知北游》:"渊渊乎其若海。"

⑥浩浩:浩浩其天:圣人的美德如苍天一般广阔。浩浩:广大,旷远。《尚书尧典》:"汤汤洪水方割,荡荡怀山襄陵,浩浩滔天。"《诗经·小雅·雨无正》:"浩浩昊天。"

⑦固:实在。达天德者:通晓天赋美德的人。

【译文】

唯有天下最诚的人，才能掌握治理天下的大纲，树立天下的根本道德，知晓天地化育万物的道理。除了至诚还有什么可依傍的呢？至诚的人，他的仁德是那样的诚恳！他的思想像潭水一样深沉，他化育万物的胸襟像蓝天一样广阔！假如不是确实具有聪明睿智通达天德的人，又有谁能够知道这个道理呢？

【历代论引】

郑玄说："至诚"，性至诚，谓孔子也。"大经"，谓六艺，而指《春秋》也。"大本"，《孝经》也。又说：安无所倚，言无所偏倚也。故人人自以被德尤厚，似偏颇者。又说：唯圣人乃能知圣人也。《春秋传》曰"末不亦乐乎，尧舜之知君子"，明凡人不知。

孔颖达说：夫子无所偏倚，而仁德自然盛大也。夫子之德，普被于人，何有独倚近于一人，言不特有偏颇也。又说：能肫肫然恳诚行此仁厚尔。夫子之德，渊渊然若水之深也。夫子之德，浩浩盛大，其若如天也。

朱子说：经，纶，皆治丝之事。经者，理其绪而分之；纶者，比其类而合之也。经，常也。大经者，五品之人伦。大本者，所性之全体也。唯圣人之德极诚无妄，故于人伦各尽其当然之实，而皆可以为天下后世法，所谓经纶之也。其于所性之全体。无一毫人欲之伪以杂之，而天下之道千变万化皆由此出，所谓立之也。其于天地之化育，则亦其极诚无妄者有默契焉，非但闻见之知而已。此皆至诚无妄，自然之功用，夫岂有所倚着于物而后能哉？又说：其渊其天，则非特如之而已。

《礼记正义》曰：此《大雅·抑》之篇，刺厉王之诗。言诗人诲尔厉王忳忳然恳诚不已，厉王听我藐藐然而不入也。

【评析】

这一章是对前面两章的总结归纳。正因为圣人具有广博深厚的美德善行，所以他的美名传遍天下，能够得到人们的尊敬和拥护。同时，又因为圣人是天下最真诚的人，所以他才能"经纶天下之大经，立天下之大本，知天地之化育"。他没有别的依靠，就是凭借自己真挚恳切的仁爱之心，深远淳厚的聪明才智，广阔无边的美德善行。

真诚达到极致的时候，就会产生无穷的力量，至诚的人可以屹立于天地之间，接受世人的尊崇。圣人天性至诚无伪，没有任何私欲，所以他能够把原本就存在于人的天性之中的，可以用来治理天下的仁义礼智之德发掘出来，并能够推己及人及物，这是至诚自然之事，不思而得，不勉而中，不需要依赖什么外物，是人至诚尽性的自然表现。

什么事情都是说着容易，做着难。表面上看来，达到至诚并不是很难，可是古往今来，大概只有孔子那样的圣人才能做到这一点吧？所以，我们想尽力提高自己的德性修养,以便为人处世时可以做到和谐圆满,这本来就是件好事,无可厚非。但是,如果我们整天想着成为孔子那样的圣人,能够受到万人景仰,那就有些不切实际了。因为每个人的天赋秉性本来就有高有低,再加上后天所得到的知识技能和德行等方面存在的差异,根本就不能简单地把每个人的目标都制定成一样的。即使做同样的事情,每个人所达到的高度也是各有不同的。我们只有根据自己本身所具备的各方面的条件,再结合实际情况,制定出切实可行的目标,这才是明智之举。这样既充分利用了我们所具备的条件,又是我们的能力所能达到的,又可以得到我们想要的结果,何乐而不为呢? 如果只是盲目地把别人的目标强加给自己,就可能会浪费自己的聪明才智,或者是自己的能力无法达到,这两种情况都不切合实际。

我们既要考虑到不足,不能好高骛远,又要估计到有余,以便把自己的才能充分发挥出来。这样做,也是符合中庸之道。

【解读】

在制定目标时,只有那些切实可行的目标才容易实现,如果只是不切实际地按照空想去行事,很难有所成就。用人也是如此,让合适的人做合适的事才是最好的选择。

曾国藩认为,用人是万事的根本。成大事者,必须学会尊重和运用人才。

曾国藩平时很注意对僚属才能的观察了解,并善于从中发现人才。求得人才后,曾国藩能量才用人,知人善任,他的原则是"收之欲其广,用之欲其慎","采访宜多,委用宜慎"。只求"广"而不讲"慎"就会有鱼龙混杂、滥竽充数的人。慎重,则对人的使用得当,一旦使用得当,就有利于事业,更有利于发挥人的积极性,形成心情舒畅、生动活泼的局面;相反,慎而不广,必会人才匮乏,或窒息人才,同样是事业的大患。

曾国藩认为人才"无人礼之,则弃于草野饥寒贱隶之中,有人求之,则足为国家腹心之用"。他常常告诫自己,不能因求全责备而埋没人才,应看到别人的长处,量才用人。他说:"衡量人才,只要有一方面可取就很不错了,不能因为对方有一点小缺点就嫌弃他不加重用。"曾国藩招来的人才,并非都是全才,他们有的原来在家耕种农田,有的招自营伍,但是他们却都有各自的长处。在招来的人才中,有些人还曾犯过错,曾国藩不嫌不弃,多加鼓励劝他们痛改前非,为国立功,李世忠、陈国瑞便是很好的例子。

李世忠,原是太平军将领,投降清军后不服上司管束,陈国瑞是湘军中有名的悍将,与李世忠共事后二人常常发生纠纷。日子长了,在湘军中他们都以"桀贪骜诈"闻名,但曾国藩不像一般人那样对他们,而是帮他们找到自己的缺点,并力劝他们改掉,再给机会,让他们发扬自己的长处。

曾国藩就是这样"奖其长而指其过，劝令痛改前非，不肯轻率弃绝"。

曾国藩担任两江总督之后，因事务繁多，愈感人才之匮乏，而对人才的招集、培养、选拔、使用问题亦愈加急切。他经常与人讨论人才问题，虚心体察自己在用人问题上的缺失。他常说："树人之道有二，一日知人善任，一日陶熔造就。"又说："人才既已访求，势必加以任用，然人才互有短长，未能尽善，自不能将所有搜罗之人才，不予别择，悉数任用。故访求人才之道，固宜讲求；任用人才之方，亦须斟酌。"曾国藩知人善任，于任用人才之方，也有其特殊见解。

曾国藩一生，深知人才对国家的重要性，在他看来，治理国家政治，治理粮饷等全在于用人。关于治政，他说："人存而后政举。方今纲纪紊乱，将欲维持成法，所须引用正人。"

用人如用器。为了在用人上做到量才器使，奖优汰劣，曾国藩对府、州县主要官员以及推荐来的幕府的人员都进行亲自考察，识别其德行、政绩、才能、气质等方面的情况，拟出考语。此外，曾国藩还撰有《人过闻见日记》，根据闻见得来的情况，将其部属分别列入"闻可""闻否""见可"等类。从这里可以看出曾国藩十分关心人才问题，注重量才器使。

曾国藩一生为官，深明人才的重要性，认为量才用人关乎一个人事业的成败。然而要真正做到量才器使，最关键就在于如何去认识人，他说："窃疑古人论将，神明变幻，不可方物，几乎百长兼并集，一短难容，恐亦史册追崇之辞，初非当日预定之品。"他认为，金无足赤，人无完人，不可苛求全才，"不可因微瑕而弃有用之才。"

他在写给曾国荃的一封信中说："世上好的人才难以寻求，弟弟要留心察访。只要是有一技之长的人，你千万不要轻视他。"我们知道，一个人有才不用是浪费，大材小用也是浪费，小材大用则会危害事业。曾国藩说："虽有良药，假如不是对症下药，那么也形同废物；虽有贤才，如果没有发挥其作用，那么与庸俗之辈没什么两样。栋梁之材不可用来建小茅屋，牦牛不可用来抓老鼠，骏马不可用来守门，宝剑如用来劈柴则不如斧头。用得合时合事，即使是平凡的人才也能发挥巨大作用，否则终无所成。因而不应担心没有人才，更应担心不能正确使用人才。"

曾国藩的一番话，道出了正确使用人才的重要性，其实就是要做到，小材小用，大材大用，每个人都各司其职，才能发挥出最大的能量。

每个人做事时应该尽力选择自己力所能及的事情来做，那样成功的可能性才更大。一味地求高求大，却不顾及自己的实力，最终只会遭到失败的结局。

大家都很熟悉"一屋不扫，何以扫天下"的故事。

东汉的时候，有位大臣名叫陈蕃，他以忠直敢谏闻名于世。汉恒帝在位时，陈蕃是朝迁议郎，他曾经上奏恒帝说："眼下农事不佳，连年歉收，庄稼有五、六成遭灾，农人中成千上万人处在饥寒之中，啼饥嚎寒，民不聊生。然而宫中有女几千人，每日吃鱼吃肉,穿戴绫罗绸缎,施为脂油粉黛,这要耗费多少资财啊?俗语说得好:'谁家养有五个闺女,会穷得连贼都不肯去'。现在后宫有女千人,这不是穷国之举吗?再说,把这么多宫妃放入后宫,这是灾祸的根源呀。历史上有多少教训呀,难道不该记取吗?"皇帝于是采纳了陈蕃的意见,放出宫女五百多人。大臣们也称赞陈蕃说:"你真是忠心耿耿、公正无私啊!"

陈蕃能如此有远见智谋,敢于直言纳谏,成为皇帝的忠臣,有一番大作为还得得益于他小时候"一屋不扫,何以扫天下"的故事。

陈蕃自幼勤奋,博览群书。为了寻求读书的安静环境,他便独立生活学习。十五岁的时候,曾经独自住在一个偏僻地方的小院落里读书写文章。由于读书刻苦,常常钻进书堆而不能自拔。在知识的海洋里畅游,让他很有满足感。除了睡觉,大部分时间都被读书写作所占用,自己从不注重衣着打扮,还疏忽了对庭院房间的打扫。院子里杂草丛生,砖瓦石块、污水随处可见,可他却视而不见。走进他居住的房间就更是不堪入目了。桌椅板凳放的哪儿都是,上面的尘土有很厚一层,桌上还有吃剩下的饭菜和没有洗的碗筷。各种书籍到处乱堆,有的放在床头翻卷着,有的在桌上和地上散落着。屋角的四处密布着蜘蛛网。

有一次,陈蕃父亲同城的一个朋友薛勤,听说他在这里居住学习,就打算来拜访他。陈蕃像往常一样,早上起来后,没有怎么洗漱梳理,蓬头垢面;更没有打扫收拾房间,就去读书了。读至兴奋之时,听到有人喊自己的名字。才意识到有客人来访,急忙出来迎接。薛勤说明来意,陈蕃一阵寒暄过后,便请薛勤进屋。

薛勤见陈蕃蓬头垢面,走进院里,又是一片脏乱不堪,就已有些气愤。等被陈蕃请进屋中,看到那番场景,实在忍无可忍,便教训他道:"小伙子!你为什么不整理打扫房间,难道你就这样来迎接客人吗?你可是官宦家的子弟啊,客人会常来常往,你应该把庭院洒扫得干净些,好迎接宾客呀!"陈蕃听了,理直气壮一本正经地说:"大丈夫处理事情,应当以扫除天下的坏事为己任。何必在乎这院子、房间屋子的事情,局促于一房一室啊?"薛勤听后,心里暗自认为陈蕃能有让世道澄清的志向,还是与众不同的,还是个可造之才。于是,便继续引导他,说道:"贤侄所言极是,真是志向高远那。"但又用反问进一步引导他:"大丈夫胸怀大志,的确需要高一步立身,以扫除天下的坏事为己任。但你想过没有,如果你连自己的庭院、房间都不能清扫干净整齐,又如何来扫除天下呢?海不拒细流,方能成其大;山不拒纤土,方能成其高!所以从小事点滴做起,才能为将来的大抱负打下坚实的基础。"

一席话,终于使陈蕃懂得了成大事必自小事做起,不能只求目标的高远而忽视了最实际的小事。

老子说:"鱼儿不可离开水这种自己最适应的环境。"这就是告诉我们,事情无论大小,适合自己才是最重要的。我们选择自己最适应和最擅长的领域发展自我,才是明智之举。

中国古代大数学家祖冲之就是这样一个十分明智的人。

祖冲之生活于南北朝时宋孝武帝即位之后，宋王朝衰落时期。他的祖父名叫祖昌，在宋朝做了一个管理朝廷建筑的长官。祖冲之从小就读了不少书，人家都称赞他是个博学的青年。他特别爱好研究数学，也喜欢研究天文历法，经常观测太阳和星球运行的情况，并且做了详细记录。

宋孝武帝听到祖冲之的名气，派他到一个名叫"华林学省"的官署做官。可他到任后根本不把精力放在为官上，而是更加专心研究数学和天文了。

我国历代都有研究天文的官，并且根据研究天文的结果来制定历法。到了宋朝的时候，历法已经有很大进步，但是祖冲之认为还不够精确。他根据自己长期观察的结果，创制出一部新的历法，叫作"大明历"（"大明"是宋孝武帝的年号）。这种历法测定的每一回归年（也就是两年冬至点之间的时间）的天数，跟现代科学测定的相差只有五十秒；测定月亮环行一周的天数，跟现代科学测定的相差不到一秒，可见它的精确程度了。

公元 462 年，祖冲之请求宋孝武帝颁布新历，孝武帝召集大臣商议。那时候，有一个皇帝宠幸的大臣戴法兴出来反对，认为祖冲之擅自改变古历，是离经叛道的行为。

祖冲之当场用他研究的数据回驳了戴法兴。戴法兴依仗皇帝宠幸他，蛮横地说："历法是古人制定的，后代的人不应该改动。"

祖冲之一点也不害怕。他严肃地说："你如果有事实根据，就只管拿出来辩论。不要拿空话吓唬人！"

宋孝武帝想帮助戴法兴，找了一些懂得历法的人跟祖冲之辩论，他们都一个个被祖冲之驳倒了。但是宋孝武帝还是不肯颁布新历。直到祖冲之死了十年之后，他创制的大明历才得到推行。

老子骑牛图

尽管当时社会十分动乱不安，但是祖冲之还是孜孜不倦地研究科学。他最大的成就是在数学方面。他曾经对古代数学著作《九章算术》做了注释，又编写一本《缀术》。他的最杰出贡献是求得相当精确的圆周率。经过长期的艰苦研究，他计算出圆周率在 3.1415926 和 3.1415927 之间，成为世界上最早把圆周率数值推算到七位数字以上的科学家。

祖冲之在科学发明上是个多面手，他造过一种指南车，随便车子怎样转弯，车上的铜人总是指着南方;他又造过"千里船",在新亭江上试航过,一天可以航行一百多里。他还利用水力转动石磨,舂米碾谷子,叫作"水碓磨"。

祖冲之死后,他的儿子祖暅、孙儿祖皓都继承了祖冲之的事业,刻苦研究数学和历法。他们也跟祖冲之一样,在自己最擅长和最适应的领域里发展自己,并且都为中国古代科学发展做出了贡献。据说祖暅在研究学问的时候,全神贯注,连天上打响雷也听不到。他常常一面走路,一面思考问题。有一次,他在路上走,前面来了个大官僚徐勉。祖暅根本没有发觉,一头撞在了徐勉身上。等到徐勉招呼他,祖暅才像从梦中惊醒一样,慌忙答礼。徐勉知道他是因为研究问题出了神,并没有责怪他。

老子的"鱼不可脱于渊"这句话说得非常有道理,祖冲之也正是在这种思想的指导下专心为学而不为官的。如果祖冲之按照朝廷的安排去做官了,他只能使自己混同于中国历史上千千万万个普通官员而已。中国从来就不缺少官员,而缺少科学家。中国历史上有无数个官员,却只有一个祖冲之。如果他离开了自己最适应和擅长的科学研究领域而去做官,恐怕他是无法以官员的身份永垂青史的,因为他几乎所有的兴趣和才学都在科学方面,不在那个方面发展自己,他就无法发挥自己的热情和天才,当然也就不会有什么大的成就了。

鱼在水里则生活得很好,人在水里则会被淹死,其中根本的原因就在于,水是适合鱼的生存的环境却不适合人生存的环境,这跟人在陆地上生存得很好而鱼却无法在陆地上生存是一样的道理。总而言之,人无论做什么,只有选择最适合自己的,才能有最大的成就。

处世活用

倚靠仁德

仁是儒家的最高道德原则,也是儒学的核心价值观。"仁者爱人"是仁德的基本思想,它简明扼要、通俗易懂地概括了仁德精髓。人与人相处,最重要的是要做到爱人。同在一片蓝天下生活,同在一个地球上生存,我们应当互爱。我们应该明白一个简单的道理:爱别人等于爱自己,爱自己必须爱别人。

《左传》记载,春秋时,有个诸侯王叫晋灵公,这人不行君道,非常残暴。他在台上用弹丸射大臣,看大臣们跑来跑去躲避弹丸,来开心取乐。有一次,晋灵公吃熊掌,发现没熟,就把厨师杀了,砍成几大块放在畚箕里,让宫女拉着过朝廷。晋灵公的暴行激怒了大臣,后来赵盾的族人杀了这个暴君。残暴不仁,必定自取灭亡,诚如董仲舒所言:"晋灵公杀膳宰以淑饮食,弹大夫以娱其意,非不厚自爱也。然而不得为淑人者，不爱人也。质于爱民，以下至于鸟兽昆虫莫不爱。不爱奚足谓仁？"

为仁由己，每个人应当自觉努力，不应靠他人的敦促，也不应瞻前顾后。人与人相处，协调人际关系的主动权掌握在每个人的手里，要相信"我以仁待人，人也会以仁待我"。一个真正的君子，即使是在吃一顿饭那样短的时间里也不会离开仁德，即使是在匆忙紧迫的情况下也一定不会忘记实行仁德，即使是在颠沛流离之中也一定不会遗弃仁德。

中国社会历来崇仁尚义，居心不仁者历来被视为恶人，做事不义者历来被视为小人，而缺德之人从来都会受人鄙视，人人羞于与之为伍。所以，做人要讲道德，要好心待人，经常行善积德，交朋友要讲些义气，人有危难时要仗义一些，能够无私地伸出援手。在古代，"德"字还写作"悳"，上面是个"直"，下面是个"心"。《说文》对这个字的解释是"外得于人，内得于己"，品行被人称道，动机问心无愧，这才称得上

《左传》在作者左丘明

"德"。儒家最值得称道的，恐怕就是通过诚意、正心、修身，来培育自己的道德。令人备感荒唐的是，如今竟然有人习惯于拿"仁义道德"来骂人，一说就是"满嘴仁义道德，一肚子男盗女娼"，这句话让仁义道德无辜地为男盗女娼背上了黑锅。

职场活用

职场也要"肫肫其仁"

孔子认为，仁义之道是处理人际关系的基本方法。外有忠，内有恕；爱人而惠，克己而忍。用仁义之道处理人际关系是一种高深的谋略，可以实现"不战而屈人"的最佳效果，但是施行仁义之道并不是要求我们去做一个无私奉献的老好人，行仁义之道并非没有目的，只不过"仁者先难而后获"，"难"就难在"克己"，俗话说"忍字头上一把刀"，但是，能忍一时之难就可获得长久的利益。孔子说过"无欲速，无见小利。欲速则不达，见小利则大事不成"，"义然后取，人不厌其取"，夫子的这些谆谆告诫，无非是提醒我们，唯有仁德才靠得住，只要我们能忍一时之害，不怕没有好果子吃。

在职场打拼，从事主管工作的人士尤其需要"肫肫其仁"。使得信息和命令畅

通无阻,员工之间真诚相待,大家能够畅所欲言地对公司的工作部署提出疑问,而不用担心被压制。显然,"肫肫其仁"的领导风格利于创造一个自由交流、真诚互信的工作平台。对于从事主管工作的人士而言,也许最重要的是,通过为下属提供帮助、消除障碍来最大程度地提高绩效。

在当今饱受质疑的商业环境里,危机接二连三地曝光,"肫肫其仁"的领导方式比任何时候都更重要、更合适。人们渴望自己的工作环境里,工作目标大胆而清晰,团队的行为都遵循一套强有力的道德观念和核心价值。

缺乏"肫肫其仁"的爱心,是当今职场不可忽视的可怕病毒。有这么一个感人的名人故事:

2009年8月28日,正在阿根廷参加南美洲国家联盟特别首脑会议的哥伦比亚总统乌里韦出现了流感症状。次日检测结果显示,乌里韦感染上了甲型H1N1流感病毒,随即被安排隔离治疗。住进病房之后,乌里韦并没有直接安卧病床,他做的第一件事情是,迅速抓起电话,先后拨出了11个国际长途,与11个国家的元首分别通了电话。乌里韦回忆起与会期间,自己曾经与阿根廷等11个国家的领导人有过近距离接触。在通话时,乌里韦向他们细致地介绍了自己的病情,并建议他们立即进行全面的身体检查,同时乌里韦还为自己无意中有可能给他们带来的麻烦表示了歉意。整个通话长达一个半小时。期间,护士准备为乌里韦打针,看到他在专心致志地和别人通电话,只好静静地站在旁边耐心等待。当11个电话全部打完了,乌里韦才安心地躺在病床上,接受打针治疗。

乌里韦,作为一国总统,自己身处危险时却能心系他人,其做法,其襟怀,无不充分地显示出一位国家领导人"肫肫其仁"的风范。

第三十三节 尚纲

本章由前面圣人之道的高远广博回归于君子之道,使人联想前面的"君子之道,辟如行远必自迩,辟如登高必自卑"为学者开出一条入德之路。

首先君子和小人划清界限,君子之道,开始并不辉煌,但在积累中日见光辉。小人则不同,开始很张扬,但华而不实,会渐渐消亡。君子外表平淡、简朴、温和,内则有品位、文采、条理。君子以其至诚顺应天时,以其至性借助地利,以其至德惠泽人民。君子由于有丰富的内涵,由内向外,由近及远,由微细到彰显,其影响力是无穷的。但君子必须加强自己的修养,任何时,任何地,都无愧于心,都要慎独。

君子上体天德,下知地理,感应鬼神,中和民心。不苛不求,无声无息,如日月之普照。具有高尚道德的君子,不用赏赐,不用刑法暴力,民众自然会努力。道德治国,牢牢守着德行,蔡恭敬敬地做事,天下也就太平了。德治如春风化雨,润物无声。可以说,有至德的君子,已经接近圣人了。

【原文】

《诗》曰①:"衣锦尚䌹②。"恶其文之著也③。故君子之道,暗然而日章④;小人之道,的然而日亡⑤。君子之道,淡而不厌⑥,简而文,温而理⑦,知远之近,知风之自⑧,知微之显,可与入德矣⑨。

【注释】

①《诗》曰:此诗引自《诗经·卫风·硕人》。

②衣:穿衣。此处作动词用。锦:指色彩鲜艳的衣服。尚:加。䌹:同"裳",用麻布制的罩衣,即风衣。

③恶:嫌恶,厌恶。著:鲜明,耀眼。

④暗然:隐藏不露。日章:日渐彰显。章,同"彰"。

⑤的然:鲜明、显著的样子。

⑥淡而不厌:不媚悦于人,初似淡薄,久而愈教,无恶可厌。

⑦简而文:性情简静无嗜欲,才艺明辨有韬略。文:经天纬地曰文。温而理:气性和润温厚正直不违。

⑧知远之近:欲知远,必先适于近。想要到达远方,必先从近处举步。知风之自:见风知源"睹末察本"。见风之起则知其所从来处。教化别人必先从自己做起。风:教化。《尚书·毕命》:"树之风声。"立其善风,扬其善声。自:从。

⑨知微之显:察微知著,"探端知绪"。从微小之事所露端倪而察知未来事件的征兆。明治乱于即萌。入德:进入道德之门。

【译文】

《诗经·卫风·硕人》说:"身穿锦绣衣服,外面再穿一件麻布罩衫。"这是厌恶锦衣的花纹过分耀眼。所以,君子之道表面暗淡而日益彰明;小人之道外表鲜明而日益消亡。君子之道,平淡而让人不厌,简略而有文采,温和而有条理,知道远是由近处开始的,知道风是从何处吹来的,知道隐微可以变得明显,这样,就可以进入有道德的境界了。

【历代论引】

郑玄说:君子深远难知,小人浅近易知。人所以不知孔子,以其深远。禅为䌹。锦衣之美而君子以䌹表之,为其文章露见,似小人也。又说:淡其味似薄也,简而文,温而理,犹简而辨,直而温也。

孔颖达说:以前经论夫子之德难知,故此经因明君子、小人隐显不同之事。欲明君子谦退,恶其文之彰着,故引《诗》以结之。

朱子说:前章言圣人之德,极其盛矣。此复自下学立心之始言之,而下文又推之以至其极也。古之学者为己，故其立心如此。尚絅故闇然，衣锦故有日章之实。淡、简、温，絅之袭于外也；不厌而文且理焉，锦之美在中也。小人反是，则暴于外而无实以继之，是以的然而日亡也。远之近，见于彼者由于此也。风之自，着乎外者本乎内也。微之显，有诸内者形诸外也。有为己之心，而又知此三者，则知所谨而可入德矣。故下文引诗言谨独之事。

【原文】

《诗》云①："潜虽伏矣，亦孔之昭②！"故君子内省不疚，无恶于志③。君子之所不可及者，其唯人之所不见乎？

【注释】

①《诗》云：此诗引自《诗经·小雅·正月》。此诗讽刺周幽王。

②因为幽王无道，比喻贤人君子隐居不出，但是他们的德操与人格却昭著于世，以至于不能免去祸害。犹如鱼伏于水。仍然显露得清清楚楚，被人采捕。潜：潜藏。伏：隐匿。孔：很。昭：明白。

③内省不疚：内心经常反省，没有什么愧疚。无恶于志：无愧于心。志，心。

【译文】

《诗经·小雅·正月》说："君子虽然潜藏隐匿很深，但是其德辉仍然会流露昭示出来。"所以君子自我反省没有内疚，也就无愧于心了。君子的德行之所以高于一般人，大概就是在这些别人看不见的地方吧？

【历代论引】

郑玄说：圣人虽隐遁，其德亦甚明矣。君子自省，身无愆病，虽不遇世，亦无损害于己志。

孔颖达说：君子其身虽隐，其德昭著。贤人君子身虽藏隐，犹如鱼伏于水，其道德亦甚彰矣。君子虽不遇世，内自省身，不有愆病，则亦不损害于己志。言守志弥坚固也。

朱子说：无恶于志。犹言无愧于心，此君子谨独之事也。

【原文】

《诗》云①："相在尔室，尚不愧于屋漏②。"故君子不动而敬，不言而信。

【注释】

①《诗》云：此诗引自《诗经·大雅·抑》。讽刺周厉王之诗。

②指小人不敬鬼神，在庙堂之中，犹尚不愧畏于屋漏之神。相：注视。屋漏：指古代室内西北角。相传是神明所在，所以这里是以屋漏代指神明。不愧于屋漏：喻指心地光明，不在暗中做坏事或起坏念头。

【译文】

《诗经·大雅·抑》说："独自静处自己的私室，仍然固守心地光明，无愧于神明。"所以,君子在未行动之前就怀有恭敬之心,在没说话之前就先有诚信之心。

【历代论引】

郑玄说:君子虽隐居,不失其君子之容德也。视女在室独居者,犹不愧于屋漏。屋漏非有人也,况有人乎?

孔颖达说:君子之人在室之中"屋漏",虽无人之处不敢为非,犹愧惧于屋漏之神,况有人之处君子愧惧可知也。言君子虽独居,常能恭敬。

朱子说:承上文又言君子之戒谨恐惧,无时不然,不待言动而后敬信,则其为己之功益加密矣。故下文引诗并言其效。

【原文】

《诗》曰[1]:"奏假无言,时靡有争[2]。"是故君子不赏而民劝,不怒而民威于鈇钺[3]。

【注释】

[1]《诗》曰:此诗引自《诗经·商颂·烈祖》。是赞美成汤的诗。

[2]指默默向神明祷告,性平心和,没有争端。奏假,祈祷。奏:进奉。假:通"格",即感通,指诚心能与鬼神或外物互相感应。靡:没有。

[3]不赏而民劝:不需要特意做出奖赏就能使百姓受到感化。鈇钺:古代执行军法时用的斧子。鈇:斧。钺:古代的一种形状像板斧式的长柄兵器。

【译文】

《诗经·商颂·烈祖》说:"祭祀时心中默默祈祷,此时肃穆无言没有争执。"所以,君子不用赏赐而百姓也会互相劝勉,不用发怒而百姓畏惧甚于斧钺的刑罚。

【历代论引】

郑玄说:奏大乐于宗庙之中,人皆肃敬。金声玉色,无有言者,以时太平,和合无所争也。

孔颖达说:祭成汤之时,奏此大乐于宗庙之中,人皆肃敬,无有喧哗之言。所以然者,时既太平,无有争讼之事,故"无言"也。引证君子不言而民信。

朱子说:承上文而遂及其效,言进而感格于神明之际,极其诚敬,无有言说而人自化之也。

【原文】

《诗》曰[1]:"不显唯德,百辟其刑之[2]。"是故君子笃恭而天下平。

【注释】

[1]《诗》曰:此诗引自《诗经·周颂·烈文》。

[2]不显:即大显。不,通"丕",大。百辟:很多诸侯。刑:通"型",仿效。

【译文】

《诗经·周颂·烈文》说:"大大弘扬天子的德行,诸侯们都会来效法。"所以,君子笃实恭敬就能使天下太平。

【历代论引】

郑玄说:不显乎文王之德,百君尽刑之,诸侯法之也。

孔颖达说:以道德显着,故天下百辟诸侯皆刑法之。引之者,证君子之德犹若文王,其德显明在外,明众人皆刑法之。

朱子说:不显,此借引以为幽深玄远之意。承上文言天子有不显之德,而诸侯法之,则其德愈深而效愈远矣。笃恭而天下平,乃圣人至德渊微,自然之应,中庸之极功也。

【原文】

《诗》云①:"予怀明德,不大声以色②。"子曰:"声色之于以化民,末也。"

【注释】

①《诗》云:此诗引自《诗经·大雅·皇矣》。赞美周先祖开国创业之诗。

②怀:归向,趋向。明德:具有美德的人。以:与。色:严厉的脸色。

【译文】

《诗经·大雅·皇矣》说:"我怀念文王的美德,他从不厉声厉色。"孔子说:"用厉声厉色去教育老百姓,那是末节下策。"

【历代论引】

郑玄说:我归有明德者,以其不大声为严厉之色以威我也。

孔颖达说:天谓文王曰,我归就尔之明德,所以归之者,以文王不大作音声以为严厉之色,故归之。记者引之,证君子亦不作大音声以为严厉之色,与文王同也。

朱子说:引之以明上文所谓不显之德者,正以其不大声与色也。又引孔子之言,以为声色乃化民之末务,今但言不大之而已,则犹有声色者存,是未足以形容不显之妙。

【原文】

《诗》曰①:"德輶如毛②。"毛犹有伦③。"上天之载,无声无臭④。"至矣!

【注释】

①《诗》曰:此诗引自《诗经·大雅·烝民》。赞美宣王之诗。

②輶:古代一种轻便车,引申为轻。

③毛犹有伦:羽毛虽轻,仍然是有相应的重量。伦:比。

④上天之载,无声无臭:引自《诗经·大雅·文王》。周公追述文王之德。上天化育万物,无声无息,不动声色,不着痕迹。臭,气味。

【译文】

《诗经·大雅·烝民》说:"德行犹如鸿毛。"犹如鸿毛还是有行迹可比。《诗经·大雅·文王》又说:"上天化生万物,既没有声音也没有气味。"这才是最高的境界啊!

郑玄说：化民常以德，德之易举而用，其轻如毛耳。毛虽轻，尚有所比；有所比，则有重。上天之造生万物，人无闻其声音，亦无知其臭气者。化民之德，清明如神，渊渊浩浩然后善。

孔颖达说：用德化民，举行甚易，其轻如毛也。天之生物无音声无臭气，寂然无象而物自生。言圣人用德化民，亦无音声，亦无臭气而人自化。是圣人之德至极，与天地同。

《礼记正义》曰：子思既说君子之德不大声以色，引夫子旧语声色之事以接之，言化民之法当以德为本，不用声色以化民也。若用声色化民，是其末事，故云"化民末也"。

朱子说：不若烝民之诗所言"德輶如毛"，则庶乎可以形容矣，而又自以为谓之毛，则犹有可比者，是亦未尽其妙。不若文王之诗所言"上天之事，无声无臭"，然后乃为不显之至耳。盖声臭有气无形，在物最为微妙，而犹曰无之，故唯此可以形容不显笃恭之妙。非此德之外，又别有是三等，然后为至也。

【评析】

施行德行的最高的境界就是：无声无色，潜移默化。就如同我们置身于其中，片刻也离不开的空气一样。看不见，摸不着，却时时刻刻能感觉到它的存在，施行德行如果能达到这种境界，当然是神仙至圣了。宋代陈淳说："衣锦者，美在其中；尚絅者，不求知于外。古之学者，只欲此道理实得于己，不是欲求人知，唯其不求人知，所以暗然，虽曰暗然，而道理自彰著而不可掩，犹衣锦尚絅，而锦之文彩，自然著见于外也。君子立心，只是为己。而又能知道理之见于远者自近始，故自近而谨；著见于风化者，自身始，故自身而谨；有诸内者甚微，而著于外者甚显，故自微谨，既知此三者，而有所谨，则可与之人德。"也就是说，君子努力提高自身的道德修养，是为了能够进而达到齐家治国平天下的目的，所以必须从自身做起，"故自近而谨……自身而谨；自微而谨"，能够做到这三者，就算进入有道德的人的行列了。

这种无声无色无息的境界，借用诗圣杜甫的诗，就是"好雨知时节，当春乃发生。随风潜入夜，润物细无声"的境界。这种境界也就是圣人施行德行所达到的高度，如同和风细雨，沁人心脾而入人肺腑，使人在潜移默化中受到感化。

圣人的"和风细雨，润物无声"，可以使得他的德行遍施天下，惠及人民大众。值得注意的是，与圣人那种和风细雨，润物无声的做法截然相反的就是那种声色俱厉的急风暴雨式的做法，孔子认为这种做法是"末也!"根本谈不上什么境界，不过是一种没有办法的办法罢了。当然，这样做的效果也不会好到哪里去，因为人人都喜欢如坐春风的感觉。这两种做法所产生的截然不同的效果，给了我们这样一个重要的启示：凡事都应该讲究方式方法。有人曾说过：好的方法是成功的一半。我们无论要解决什么问题，都要首先想出合理得当的方法，这样的话，就能得到事半功倍的效果。切忌不可为了急于求成而忽略了自己为人处世的方式方法，这样往往会适得其反。

从天理到人道，从理论到实践，从奉行到坚守，从"君子笃恭"到"天下平"，既与"修身、齐家、治国、平天下"的人生进修阶梯相呼应，又撮取了《中庸》全书的宗旨而加以概括。各段文字，既有诗为实证又加以适当的引申发挥，其中蕴涵着耐人寻味的意义。怪不得朱熹要在《中庸章句》的末尾大发感慨："这样反复叮咛以教人的用意是多么真挚恳切啊，后世学者难道可以不用心去钻研体会吗？"

的确如此。《中庸》全书所蕴含的深刻意义值得我们每一个人去仔细体味、思索，去身体力行地实行"不偏不倚，中正和谐"的中庸之道。

【解读】

《世说新语》中有这样一则故事。许允担任吏部侍郎时，大多任用他的同乡，魏明帝曹睿听说后，就派虎贲武士去拘捕他。许允的妻子跟随出来告诫他说："明主可以理夺，难以情求。"意思是让他向皇帝申明道理，而不要寄希望于哀情求饶。

被带到皇帝面前后，明帝核查审问许允，他回答说："孔子说'举尔所知'，我的同乡，就是我所了解的人。陛下可以考察他们是称职还是不称职，如果不称职，我愿意接受应有的罪名。"考察以后，结果各个职位都安排了合适的人，于是才释放了他。

许允提拔同乡，是根据魏国的荐举制度。不管此举妥不妥当，它都合乎皇帝认可的"理"。许允的妻子深知跟皇帝打交道，难于求情，却可以理争，于是叮嘱许允以"举尔所知"和用人称职之"理"，来消除提拔同乡、结党营私之嫌。

这可以说是善于根据说话对象的身份来选择说话的绝好例子。推而广之，做事情时应该根据不同的情况采取不同的方法，这样才能取得好的效果。

南齐的徐文远就是明白这一道理的人。

徐文远是名门之后，他幼年时和父亲一起被抓到了长安，

孔子

那时候生活十分困难，难以自给。但徐文远勤奋好学，通读经书，后来官居隋朝的国子博士，越王杨侗还请他担任祭酒一职。隋朝末年，洛阳一带发生了饥荒，徐文远只好外出打柴维持生计，凑巧碰上李密，于是被李密请进了自己的军队。李密曾是徐文远的学生，他请徐文远坐在朝南的上座，自己则率领手下兵士向他参拜行礼，请求他为自己效力。徐文远对李密说："如果将军你决心效仿伊尹、霍光，在危险之际辅佐皇室，那我虽然年迈，仍然希望能为你尽心尽力。但

如果你要学王莽、董卓，在皇室遭遇危难的时刻，趁机篡位夺权，那我这个年迈体衰之人就不能帮你什么了。"李密答谢说："我敬听您的教诲。"

后来李密战败，徐文远归属了王世充。王世充也曾是徐文远的学生，他见到徐文远十分高兴，赐给他锦衣玉食。徐文远每次见到王世充，总要十分谦恭地对他行礼。有人问他："听说您对李密十分倨傲，但却对王世充恭敬万分，这是为什么呢？"徐文远回答说："李密是个谦谦君子，所以要像郦生对待刘邦那样用狂傲的方式对待他，他也能够接受，王世充却是个阴险小人，即使是老朋友也可能会被他杀死，所以我必须小心谨慎地与他相处。我查看时机而采取相应的对策，难道不应该如此吗？"等到王世充也归顺唐朝后，徐文远又被任命为国子博士，很受唐太宗李世民的重用。

徐文远之所以能在五代隋唐之际的乱世保全自己，屡被重用，就是因为他针对不同的人有不同的应对之法，懂得灵活处世。

其实，追究起来，因人而异的方法还要说是孔老夫子首先提倡的。

孔子门下弟子众多，他教育这些弟子从来不用一刀切的办法。有一次，子路问孔子："做事要三思而后行，对吗？"孔子说："对。"过了两天，冉有又问孔子："做事要三思而后行，对吗？"孔子说："考虑两遍就行了，不用三思。"

这两次谈话，孔子的学生公西华都听到了。对同一提问，孔子却作了截然相反的回答，公西华疑惑不解地问孔子："先生，子路问您听到了就行动吗？您回答说要征求父兄的意见，冉有问听到了就行动吗？您说听到了就马上行动。您的回答前后不一致，这是怎么回事呢？"

孔子回答说："冉有办事畏缩犹豫，所以我鼓励他办事果断一些，叫他看准了马上就去办；而子路好勇过人，性子急躁，所以我得约束他一下，叫他凡事三思而行，征求父兄的意见。"

孔子的话给我们启示：道理不是绝对的，针对不同的情况可以灵活一点。做人做事，无不如此。

田叔是西汉初年人，曾经在刘邦的女婿张敖手下为官。一次张敖涉嫌与一桩谋杀皇帝的案子有关，被逮捕进京。刘邦颁下诏书说："有敢随张敖同行的，就要诛灭他的三族！"

可田叔不计个人安危，剃光了头发，打扮成一个奴仆模样，随张敖到长安服侍。后来案情查清，与张敖无关，田叔由此以忠爱其主而闻名。

汉武帝非常赏识田叔，便派他到鲁国去出任相国。鲁王是景帝的儿子，自恃皇子的特殊身份，骄纵不法，掠取百姓财物。田叔一到任，来告鲁王的多达百余人，田叔不问青红皂白，将带头告状的二十多人各打五十大板，其余的各打二十大板，并怒斥告状的百姓道："鲁王难道不是你们的主子吗？你们怎么敢告自己的主子？"

　　鲁王听了很是惭愧,便将王府的钱财拿出来一些交给田叔,让他去偿还给被抢掠的老百姓。田叔却不接受,说道:"大王夺取的东西却让老臣去还,这岂不是使大王受恶名而我受美名吗? 还是大王自己去偿还吧!"

　　鲁王听了心里美滋滋的,连连夸赞田叔聪明能干,办事周到。

　　像田叔这样,将功劳归于领导,将过错留给自己,哪一位领导会不喜欢他呢?

　　曾国藩也十分懂得用不同的方法来对待他手下的将领。

　　曾国藩要求自己待人以致敬为主,但他并非只是端着个臭架子,让人望而生畏,而是能够根据不同的情况灵活地变通。

　　李世忠,原是太平军的一员将领,作战失败后投降了清军。他投降后对清军并不忠心,常常带领自己的兵卒抢夺周边老百姓的财物,扰乱老百姓的生活。李世忠认为当初跟随太平军时生活异常清苦,现在投降清军当然应该享受一番,因此他对部下越发不加以约束,任由他们胡作非为。李世忠的言行在湘军中造成了极为恶劣的影响,他的上司对他严加训斥,他却不当一回事。

　　李世忠最初在李鸿章部任职,后来转到曾国藩之弟曾国荃帐下。因为曾国藩对此人早有耳闻,所以去信一封告诉弟弟:"对待李世忠这种人方法有二种,一方面对他要宽松,不要约束太死;另一方面,他有战功时切不可与他争功,打了胜仗,功劳全都归他;如果他偶然犯下错误,应以好处笼络他,不要举报他。对他宽松,是说在金银方面要慷慨大方,千万不要在金钱方面与他斤斤计较,自己宽裕时,再多的金钱都要掷之如粪土;当自己贫困时,也要慷慨解囊,宁愿自己甘苦也要分些利润给他。这两个方法都是要对他宽松。对他严格的地方也有两个,一方面对他有礼有节交往要淡,来往不要密切,书信来往要简单,话不要多说,情感上不要与他有何牵扯;另一方面要明晰是非曲直,如遇到他部下的兵勇与百姓发生纠葛,且又在我们管辖的范围,百姓来告状一定要当面弄清是非缘由,一旦查明,不要有任何包庇,必须严加惩治。对李世忠要做到在金钱、名利方面待他宽松,不与他计较,在礼节、道义方面待他严格,不要有丝毫放松。这四个方面做好了,自己手下又有强大的军队,那么与李世忠这样的悍将相处也没有什么不妥之处!"

　　曾国藩对李世忠这员威猛、难以驯服的大将,以宽"名利",严"礼义"的原则待之,收到了很好的效果。据说,曾国藩有一次到军中视察,命李世忠前来相见,曾国藩知道此人骄傲,不可一世,因此想挫挫他的威风。李世忠进到账中,来不及说话,眼见曾国藩表情冷漠、严肃,心里顿时有点紧张,曾国藩开口便列举李世忠做太平军时的种种劣迹,"贪恋美色,喜好酒肉,不受管束,爱财如命……"李世忠见曾国藩一来便掀他的老底,顿时乱了阵脚,锐气先去了一半。这时曾国藩话锋又一转,赞扬其作战勇敢,不怕牺牲,是可造之才。李世忠听到此话,顿时精神为之一振。一番交谈之后,李世忠对曾国藩是又怕又敬,此后做事也收敛了许多,最终成了曾国藩的得力干将。

宽"名利"严"礼义"，是曾国藩对"悍将"的一种手段，也是他对一般朋友的处世哲学。曾国藩认为，朋友有远近之分，族亲有密疏之分，在交往过程中应采取不同的态度来对待他们，对至亲好友以诚恕待之，对远亲疏友以礼义待之，这样才能做到与人交往不伤情谊，才能长久立于不败之地。

曾国藩常说，对与自己不友善的人不要用鄙视、瞧不起的态度令对方难堪，而是应该从自己做起，使不友好的人深受自己的感染，从而转变过来。他写道："一个省的风气全靠督抚、同道等几个人来影响，其他的小官员和士绅都会被他们几个人的言行所影响。"曾国藩为官期间，每天很早起床，天刚亮就和幕僚一起吃饭。一次李鸿章推说头痛不肯起来，让大家先吃，但曾国藩坚持等他，李鸿章也被老师的诚信感动了，终于起来，同老师共同用餐。曾国藩说："吃完饭后，大家围坐在一起谈经论史，兴致益然，这些都是对学问、处世有实际用处的话，吃一顿饭，胜过上一次课。"

曾国藩在与人交往时推崇"去伪而崇拙"，他认为用天下至诚的方法，可以破除天下取巧的方法。他常训诫曾国荃说："左季高待弟极关切，弟亦宜以真心相向，不可常怀智术以相迎拒。凡人以'伪'来，我以'诚'往，久之则伪者亦共趋于诚矣。"

人们在相互交往中，最恨虚伪狡诈，可是世间偏有许多人在言行中又重新与它为伍。咸丰八年正月初四，曾国藩在《致沅弟》的信中这样写道：

"弟在信中觉得自己是个老实人，我也自信是个老实人，只是因为阅历世上种种事情，饱经沧桑，学会了一些机谋权变之术，使自己学坏了。其实这些方面远远比不上别人，只是惹人笑语，让人怀恨，有什么好处呢？近日我突然醒悟，一味向平淡真实的方向努力，将自己老实的本质还回面目，恢复固有。弟弟你在外面，也应该恢复自己老实的本质，千万不要走投机取巧的道路，日子长了自己的品性会愈来愈低下。别人用奸诈之心来对我，我仍以诚信回应他；日子长了，他也会改变态度的。如果勾心斗角，表面上看来很近，其实内心却有许多隔阂，那么相互之间的报复，将是无止无休的。"

李鸿章有才气，曾国藩很欣赏他，但李鸿章本身固有的江淮虚伪之气，曾国藩却不能接受。咸丰九年七月十六日，曾国藩在写给胡林翼的信中说："惟忘机可以消众机。"在日记又写道："它似颇有意义，而愧未能自体行之。"

一般人总认为"以其人之道还治其人之身"才是正确的。更有甚者，以牙还牙，乃至以十倍"牙"相还；将心比心，乃至十倍"心"回敬。曾国藩不同，对于以奸诈之心对他的人，他回报的是诚信，他说："惟柔可以制刚狠之事，惟诚可以化顽梗之民。"他曾告诫其弟说："见一善者则痛誉之，见一不善者则浑藏而不露一字。久之,善者劝,而不善者亦潜移而默转矣。"可谓是哲理深刻,意义深远。

即使拿到今天来说,曾国藩的处世之道,待人之法,也丝毫不过时。我们要学会用不一样的方法去对待不同的人和事,如果搞一刀切,就会失大于得。说到底,我们只有去掉本性中虚伪的成分,用真诚去对待世人,才能在心与心的间隙中找到自己的立身之处!

处世活用

和颜悦色方能吸引人

人生在世,应当和颜悦色地待人接物,只要与人的矛盾不是很尖锐,还没有达到剑拔弩张的地步,就要有话好好说,以温和态度化解对方的敌意。

想必大家都听说过"一句话说得让人跳,一句话说得让人笑"这句话吧?这句话警诫我们,为了达致同样的目标,因为表达方式不一样,所以造成了截然相反的后果。在为人处世上,我们应该养成和颜悦色地说得体话的习惯,按不同场合的要求采取相应的说话方式。易言之,一个受欢迎的人,说话应当看场合分对象,即所谓"到什么山上唱什么歌"。这样做其实是给你的交流对象留下足够的"面子"——任何人都有其凛然不可侵犯的尊严!我们在与人交际时,不能只图自己嘴巴一时之快,陷入于难堪境地。

和颜悦色地说得体话,切忌把与人交流当成辩论比赛。如果有时候和别人的意见不能够达成一致,对于那些并非原则性的问题,就没有必要非得争个你死我活,不妨暂时保留个人意见,等彼此冷静下来再说。否则一味逞强好辩,只能使你的朋友越来越远离你。

和颜悦色地说得体话,不仅说话的态度要平和、友善,还得注意学会说好话。所谓"良言一句三冬暖",所谓"好话好听",不管是与别人谈心还是交流经验,都应该尽量拣"好话"说,尽量把"好话"说得"好听"。即使是自己觉得十拿九稳的事情,也不能用下结论的口气与别人说,声调要尽量舒缓。虽然我们也有"忠言逆耳"的古训,但如果能让"忠言"不"逆耳"岂不更能赢得人心!

当然,不论何时何地,语态不卑不亢,谈锋活泼俏皮,举止优雅稳重,都是必要的可贵品质。在日常交际中,我们大可不必为了取悦于人而曲意逢迎。我们提倡要和颜悦色地说得体话是有前提的,那就是人要有真心实意。换句话说,与人言谈时,你的态度是真诚的,表达的意思是真实无妄的,这样的言谈才会对彼此的交际产生正面作用,大家心态平和了,心情舒畅了,生活愉悦了,人际关系也就和谐了。如果我们虚情假意地应付人,话儿说得越好听,对人的害处越大。一旦被人识破,非但不能增进彼此的友谊,还有可能破坏初步建立起来的好感,使自己陷入"孤家寡人"的境地。

职场活用

做主管,不必大声以色

张帆和吕薇分别任职于某外资企业,公司的福利待遇和发展前景都很好,可惜,她们不约而同地遇上了脾气难缠,动辄大声以色,以呵斥人为能事的主管。

张帆的主管身居要职,擅长于对公司老板和同级主管施展胁肩谄笑的功夫,但对自己的部属,可就没什么好脸嘴了。他吝于授权,事无巨细都要求员工必须向他汇报。他喜欢威权式管理,对部属吆五喝六更是家常便饭,乖巧一点的部属只会唯唯诺诺地应承他,有个性的部属若稍有疑问和反驳,他必定"龙颜不悦",将这样的部属列入黑名单。他的脾气阴晴不定,若是哪天心情糟糕,就会莫名其妙地发火,动辄疾言厉色地对待部属,以泄心头不快。在这之前,张帆不是没有遇到过脾气难缠的主管,但与从前公司的主管两相比较,她觉得以前的主管个性直率,与其有商榷的空间,如果你的话有道理,他会更加激赏你;而现在这个主管,你无法跟他讲道理,因为他的情绪太大了,任何事情都得由他拍板,不容讨论、不容置疑。

吕薇也有与张帆相类似的遭遇。她的主管对她和她的同事很刻薄,小处动辄被挑剔,大处又不见他予以悉心指导,但稍有差池便是一顿痛骂,令吕薇和别的同事常常吃不消。此外,主管又喜欢把权力,社会地位,自己的成就,所交往的名流挂在嘴边,狐假虎威,压制他人,完全忘了部属是需要鼓励、提携的。他每每训斥完吕薇之后,总会添上一句:"我这可是为你好!"吕薇不懂,如果真是为她好,为什么不让她有学习及改进的余地?难道当一个令人惧怕的主管,会比当一位令人敬重的主管,更让部属信服吗?

这种权威性人格忽略了人与人之间的相处之道,使得部属难以拿捏其情绪,理性的沟通亦没有开展的可能,只会挫伤部属的自尊和自信。如今,吕薇已离开原来的那家公司了,张帆也正在秘密谋职当中。她们暗自要求自己:以后若是晋升为主管,可千万别当这种动辄大声以色的凶神恶煞!

第二章　张居正讲解《中庸》

《中庸》是孔子之孙子思（子思，前483？～前402，孔子之孙，孔鲤之子，名伋）所作。中是无所偏，庸是不可易。子思以天下的道理，本是中正而无所偏倚，平常而不可改易。但世教衰微，学术不明，往往流于偏僻，好为奇怪，而自失其中庸之理，故作此书以发明之，就名为《中庸》。

【原文】

天命之谓性；率性之谓道；修道之谓教。

【译文】

人的自然禀赋叫作"性"，顺着本性行事叫作"道"，按照"道"的原则修养叫作"教"。

【张居正讲解】

这是《中庸》首章，子思发明道之本原如此。命字，解做令字。率，是循。修，是品节裁成的意思。子思说："天下之人，莫不有性，然性何由而得名也，盖天之生人，既与之气以成形，必赋之理以成性，在天为元亨利贞，在人为仁义礼智，其禀受付畀，就如天命令他一般，所以说，天命之谓性。天下之事，莫不有道，然道何由而得名也？盖人物各循其性之自然，则其日用事物之间，莫不各有当行的道路，仁而为父子之亲，义而为君臣之分，礼而为恭敬辞让之节，智而为是非邪正之辨，其运用应酬，不过依顺着那性中所本有的，所以说率性之谓道。若夫圣人敷教以化天下，教又何由名也。盖人之性道虽同，而气禀不齐，习染易坏，则有不能尽率其性者。圣人于是因其当行之道，而修治之，以为法于天下，节之以礼，和之以乐，齐之以政，禁之以刑，使人皆遵道而行，以复其性，亦只是即其固有者裁之耳，而非有所加损也，所以说修道之谓教。夫教修乎道，道率于性，性命于天，可见道之大原出于天者矣。知其为天之所命，而率性修道之功，其容已乎？"

【评析】

这是《中庸》的第一章，从道不可片刻离开引入话题，强调在《大学》里面也阐述过的"慎其独"问题，要求人们加强自觉性，真心诚意地顺着天赋的本性行事，按道的原则，修养自身。这一点强调了儒家的人性本善。"天命之谓性"，按照这种自然规律去发展自由生动的人性。"率性之谓道"，就是依据生命宇宙的规律，按照人性自然去延伸。不能反生命宇宙规律，反规律的人最终要受到规律的惩罚。

【原文】

道也者,不可须臾离也;可离,非道也。是故君子戒慎乎其所不睹,恐惧乎其所不闻。

【译文】

"道"是不可以片刻离开的,如果可以离开,那就不是"道"了。所以,品德高尚的人在没有人看见的地方也是谨慎的,在没有人听见的地方也是有所恐惧的。

【张居正讲解】

须臾,是顷刻之间。睹,是看见。闻,是听闻。戒慎、恐惧,都是敬畏的意思。承上文说,道既源于天、率于性,可见这个道与我身子合而为一,就是顷刻之间,也不可离了他。此心、此身方才离了,心便不正,身便不修。一事一物方才离了,事也不成,物也不就,如何可以须臾离得?若说可离,便是身外的物,不是我心上的道,道决不可须臾离也。夫惟道不可离,是以君子之心,常存敬畏,不待目有所睹见,而后戒慎,虽至静之中,未与物接,目无所睹,而其心亦常常戒慎而不敢忽。不待耳有所听闻,而后恐惧,虽至静之中,未与物接,耳无所闻,而其心亦常常恐惧而不敢忘,这是静而存养的功夫。所以存天理之本然,而不使离道于须臾之顷也。

【评析】

这个规律,这个宇宙间的道,还有包括人本身要遵从要相激相荡的和谐之道是一刻都不能离开的。很多人内心阴暗有一些私心杂念,离道很远,当然会受到道德的惩罚。"可离非道也",能够离开的那个东西,就不是大道。有些人一辈子是与道无缘的。所以要回归到大道,不可离道。这一部分主要阐释了儒家学派对道的理解,认为自然形成的禀赋叫作人性,遵循各自的人性叫作道,修明并推广这些道就叫作教化。道是片刻也不能离开的,可以离开的就不是道。

【原文】

莫见乎隐,莫显乎微。故君子慎其独也。

【译文】

越是隐蔽的地方越是明显,越是细微的地方越是显著。所以,品德高尚的人在一人独处的时候也是非常谨慎的。

【张居正讲解】

这一节是说君子于戒慎恐惧中,又有一段省察的功夫。隐,是幽暗之处。微,是细微之事。独,是人不知而己独知的去处。子思说:"人于众人看见的去处,才叫作著见明显,殊不知他人看着自家,只是见了个外面,而其中纤悉委曲,反有不能尽知者。若夫幽暗之中,细微之事,形迹虽未彰露,然意念一发,则其机已动了。或要为善,或要为恶,自家看得甚是明白。是天下之至见者,莫过于隐,而天下之至显者,莫过于微也。这个便是人所不知而自己独知的去处,乃善恶之所由分,最为要紧,所以体道君子,于静时虽已尝戒慎恐惧,而于此独知之地,更加谨慎,不使一念之不善者,得以潜滋暗长于隐微之中,以至于离道之远也。"夫存养省察,动静无间,道岂有须臾之离哉。

【评析】

"慎独"有两层意思,一是自己在独处时尤其要谨慎,第二层是自己要警惕那些自己看不到的地方,听不见的声音。两种意思都说得通,而且也相互发明。所以君子一定要谨慎恐惧自己单独的时刻不做坏事,能严于律己,防止有违道德的欲念和行为发生,要想人不知,除非己莫为。刻意隐藏的事物往往容易暴露,因为天网恢恢疏而不漏,就算能逃过所有人的眼睛,其实也骗不过自己的良知。

【原文】

喜、怒、哀、乐之未发,谓之中。发而皆中节,谓之和。中也者,天下之大本也。和也者,天下之达道也。

【译文】

喜怒哀乐没有表现出来的时候,叫作"中";表现出来以后符合节度,叫作"和"。"中",是天下的基本原则;"和",是天下的普遍原则。

【张居正讲解】

中节,是合着当然的节度。本,是根本。达,是通行的意思。道,是道路。子思承上文发明道不可离之意说道:"凡人每日间与事物相接,顺着意便欢喜,拂着意便恼怒,失其所欲便悲哀,得其所欲便快乐,这都是人情之常。当其事物未接之时,这情未曾发动,也不着在喜一边,也不着在怒一边,也不着在哀与乐一边,无所偏倚,这叫作中。及其与事物相接,发动出来,当喜而喜,当怒而怒,当哀而哀,当乐而乐,一一都合着当然的节度,无所乖戾,这叫作和,然这中即是天命之性,乃道之体也。虽是未发,而天下之理皆具,凡见于日用彝伦之际,礼乐刑政之间,千变万化,莫不以此为根底,譬如树木的根本一般,枝枝叶叶都从这里发生,所以说天下之大本也。这和,即是率性之道,乃道之用也。四达不悖,而天下古今之人,皆所共由,盖人虽不同,而其处事皆当顺正,其应物皆当合理。譬如通行的大路一般,人人都在上面往来,所以说天下之达道也。"夫道之体用,不外于心之性情如此。若静而不知所以存之,则失其中而大本不立,动而不知所以察之,则失其和而达道不行矣。此道之所以不可须臾离也。

【评析】

作为儒学的重要范畴之一,历来对"中庸"有各种各样的理解。本章是从情感的角度切入,对"中""和"作正面的基本的解释。按照本章的意思,在一个人还没有表现出喜怒哀乐的情感时,心中是平静淡然的,所以叫作"中",但喜怒哀乐是人人都有而不可避免的,必然要表现出来。表现出来而符合常理,有节度,这就叫作

"和"。二者协调和谐,这便是"中和"。人人都达到"中和"的境界,大家心平气和,社会秩序井然,天下也就太平无事了。

本章具有全篇总纲的性质,以下十章都围绕本章内容而展开。

【原文】

致中和,天地位焉,万物育焉。

【译文】

达到"中和"的境界,天地便各在其位,秩序井然,万物便生长繁育了。

【张居正讲解】

这一节是体道的功效。致,是推到极处;位,是安其所;育,是遂其生。子思说:"中固为天下之大本,然使其所存者少有偏倚,则其中犹有所未至也。和固为天下之达道,然使其所发者少有乖戾,则其和犹有所未至也。故必自不睹不闻之时,所以戒慎恐惧者,愈严愈敬,以至于至静之中,无有一些偏倚,是能推到中之极处,而大本立矣。尤于隐微幽独之际,所以谨其善恶之几者,愈精愈密以至于应物之处,无有一些差谬,是能推到和之极处,而达道行矣。由是吾之心正,而天地之心亦正,吾之气顺,而天地之气亦顺,七政不愆,四时不忒,山川岳渎,各得其常,而天地莫不安其所矣。少有所长,老有所终,动植飞潜,咸若其性,而万物莫不遂其生矣。"盖天地万物,本吾一体,而中和之理,相为流通,故其效验至于如此,然则尽性之功夫,人可不勉哉?

右第一章。

【评析】

中国文化讲究天人合一的自然观,一个人的心态平和了,天地万物自然也各得其所,繁荣昌盛了。天道自有其规律,万物春生夏长,秋收冬藏,日落月升,春去秋来,这些都是自然的规律,万物在和谐中生长,因此人的行为和心理也应该是和谐中和的。

【原文】

仲尼曰:"君子中庸,小人反中庸。"

【译文】

仲尼说:"君子中庸,小人违背中庸。"

【张居正讲解】

仲尼,是孔子的字。反,是违背。子思引孔子之言说道:"中庸是不偏不倚、无过不及、平常的道理,虽为人所同有,然惟君子方能体之,其日用常行,无不是这中庸的道理。若彼小人便不能了,其日用常行,都与这中庸的道理相违背矣。"

【原文】

"君子之中庸也,君子而时中。小人之反中庸也,小人而无忌惮也。"

【译文】

君子之所以中庸，是因为君子随时做到适中，无过无不及；小人之所以违背中庸，是因为小人肆无忌惮，易走极端。

【张居正讲解】

时中，是随时处中。子思解释孔子之言说道："中庸之理，人所同得，而惟君子能之，小人不能者何故？盖人之体道，不过动静之间。君子所以能中庸者，以其戒慎不睹，恐惧不闻，既有了君子之德，而应事接物之际，又能随时处中，此其所以能中庸也。小人之所以反中庸者，以其静时不知戒慎恐惧，所存者既是小人之心，而应事接物之际，又肆欲妄行，无所忌惮，此其所以反中庸也。"君子小人，只在敬肆之间而已。

右第二章。

【评析】

君子之所以能够施行中庸之道，是因为君子严于律己，时时审查自己的内心，而小人平时的修养不够，因此肆无忌惮，所以孔子说过："君子有三畏，畏天命，畏大人，畏圣人之言。小人不知天命而不畏也，狎大人，侮圣人之言。"而中庸是君子应该身体力行的大道。中庸的要求是恰到好处，如宋玉笔下的大美人东家之子：增之一分则太长，减之一分则太短；著粉则太白，施朱则太赤。（《登徒子好色赋》）所以，中庸就是恰到好处，这也是孔子所说的"过犹不及"的道理，超过和达不到都是一样的，因为没有做到适度的原则。

【原文】

子曰："中庸其至矣乎！民鲜能久矣。"

【译文】

孔子说："中庸大概是最高的德行了吧！民众缺乏它已经很久了！"

【张居正讲解】

至，是极至。鲜，是少。子思引孔子之言说："天下之事，但做得过了些，便为失中，不及些，亦为未至，皆非尽善之道。惟中庸之理，既无太过，亦无不及，只是日用常行，而其理自不可易，乃天理人情之极致，尽善尽美而无以复加者也。然这道理，人人都有，本无难事，但世教衰微，人各拘于气禀，囿于习俗，而所知所行，不流于太过，则失之不及，少有能此中庸者，今已久矣。"

右第三章。

【评析】

中庸之道贯穿在宇宙万事万物规律之中，影响了中国文化思维和人们的处世行为，具有历久弥新的重要价值。历史表明，中庸不是折中调和的中间路线，而是在不偏不倚中寻求恒常之道。君子参透了运行于人世间的天地宇宙的规律，故而强调中和之道,追求不急不缓、不过不及、不骄不馁的人生至境。而现在世风日下,人们很难再把握这种智慧了。

【原文】

子曰:"道之不行也,我知之矣:知者过之,愚者不及也。道之不明也,我知之矣:贤者过之,不肖者不及也。"

【译文】

孔子说:"中庸之道不能实行的原因,我知道了:聪明的人过了头,愚蠢的人达不到。中庸之道不能弘扬的原因,我知道了:贤能的人做得太过头,不贤的人根本做不到。"

【张居正讲解】

子思引孔子之言以明中庸鲜能之故,说道:"这中庸的道理,就如大路一般,本是常行的,今乃不行于天下,我知道这缘故,盖人须是认得这道路,方才依着去行。而今人的资质,有生得明智的,深求隐僻,其知过乎中道,既以中庸为不足行;那生得愚昧的,安于浅陋,其知不及乎中道,又看这道理是我不能行的。此道之所以常不行也。这道又如白日一般,本是常明的,今乃不明于天下,我知道这缘故,盖人须是行过这道路,方才晓得明白,而今人的资质,有生得贤能的,好为诡异,其行过乎中道,既以中庸为不足知;那生得不肖的,安于卑下,其行不及乎中道,又看这道理是我不能知的。此道之所以常不明也。"

【评析】

亚里士多德说:"德性作为中道,作为最高的善和极端的美","过度与不及,均足以败坏道德,因此,过度与不及是过恶的特征,适度是德性的特征。而只有达到中道的合适范围,才能成为道德的"。亚里士多德把"中庸"分成9种:怯懦和鲁莽之间的是勇敢,吝啬与奢侈之间的是大方,淡薄和贪婪之间的是志向,自卑与骄傲之间的是谦虚,沉默与吹嘘之间的是诚实,暴戾与滑稽之间的是幽默,争斗与阿谀之间的是友谊。在亚里士多德那里,最美丽的和谐来自对立双方的中间把握,人们应否弃相反的两端尽可能地向"中道"靠拢,并最终取得善。

【原文】

"人莫不饮食也,鲜能知味也。"

【译文】

人没有不饮水吃饭的,但却很少有人能够真正品尝出滋味。

【张居正讲解】

孔子又说:"那知愚贤不肖之过不及,虽是他资质如此,却也是不察之过。盖道率于性,乃人生日用之不能外者,其中事事物物都有个当然之理,便叫作中。但人由之而不察,是以陷于太过不及而失其中。譬如饮食一般,人于每日间谁不饮食,只是少有能知其滋味之正者。"若饮食而能察,则不出饮食之外而自得其味之正,由道者而能察,则亦不出乎日用之外,而自得乎道之中矣。

右第四章

【评析】

人们每天都要吃喝,然而为什么食不知味呢。是因为人们不知道反思自身,不知道去反思生活,只是浑浑噩噩,行尸走肉一般地生活,偏离了生活的正常轨迹。

【原文】

子曰:"道其不行矣夫。"

【译文】

孔子说:"中庸之道大概不能实行于世了吧。"

【张居正讲解】

孔子说:"中庸之道因是不明于天下,是以不行于天下。"子思引之,盖承上章启下章之意。

右第五章

【评析】

这里孔子用反问的口吻说:"大概中庸之道真的不能实行了。"看起来是半信半疑的态度,实际上孔子是有施行中庸之道的信念的,孔子一向持"知其不可为而为之"的奋斗态度,然而大道的施行,社会风气的提升,不是一个人的力量可以实现,而是应该全民共同承担的职责,所以孔子才有这样的感慨。但是知识分子的职责就是在于启迪民智,传承大道,这才是"天下为公""铁肩担道义"的态度。

【原文】

子曰:"舜其大知也与!舜好问而好察迩言。隐恶而扬善。执其两端,用其中于民。其斯以为舜乎!"

【译文】

孔子说:"舜可真是具有大智慧的人啊!他喜欢向人问问题,又善于分析别人浅近话语里的含义。隐藏人家的坏处,宣扬人家的好处。过与不及两端的意见他都掌握,采纳适中的用于老百姓。这就是舜之所以为舜的地方吧!"

【张居正讲解】

前章说道之所以不明不行,此章举大舜之事,以见其能知能行也。察,是审察。迩言,是浅近的言语。隐,是隐匿。扬,是播扬。执,是持。两端,是众论不同的极处。中,是恰好的道理。民字解做人字,古民人字通用,如先民、天民、逸民之类。子思引孔子之言说:"人非明知无以见天下的道理,然有大知有小知,若古之帝舜,其为大知也与!何以见之,盖天下之义理无穷,而一人之知识有限,若自用而不取诸人,其知便小了。舜则不然,但凡要处一件事,不肯自谓这件事情我已知道了,必切切然访问于人，说这事该如何处，问来的言语，不但深远的去加察，虽是极浅近的，也细细的审察，恐其中亦有可采处，不敢忽也。于所问所察之中，虽有说得不当理的，只是不用他便了，初未尝宣露于人，恐沮其来告之意。若说得当理的，则不但用其言，又向人称述嘉奖他，以坚其乐告之心。然其言之当理者，固在所称许，而其中或有说得太过些的，或有不及些的，未必合于中也。于是就众论不同之中，持其两端而权衡量度以求其至当归一者而后用之，这至当归一处，叫作中；然这中亦只是就众人所说的，裁择而用之，舜未尝以一毫之己意与其间也，所以说用其中于民。夫舜，大圣人也，今之言舜者，必将谓其聪明睿智，有高天下而不可及者。今观舜之处事，始终只是用人之长，无所意必。盖不持一己之聪明，而以天下之聪明为聪明，故其聪明愈广。不持一己之智识，而以天下之智识为智识，故其智识愈大。舜之所以为舜者，其以是乎？"此知之所以无过不及，而道之所以行也。孟子说：舜自耕稼陶渔，以至为帝，无非取诸人者，亦是此意。此一章书于治道尤切，万世为君者所当法也。

右第六章

【评析】

隐恶扬善，执两用中。既是不偏不倚、无过无不及的中庸之道，又是杰出的领导艺术。要真正做到，当然得有非同一般的大智慧。困难之一在于，要做到执两用中，不仅要有对于中庸之道的自觉意识，而且得有丰富的经验和过人的识见。困难之二在于，要做到隐恶扬善，更得有博大的胸襟和宽容的气度。对于一般人来说，不隐你的善扬你的恶就算是谢天谢地了，岂敢奢望他隐你的恶而扬你的善！如此看来，仅有大智慧都还不一定做得到隐恶扬善，还得有大仁义才行啊。

【原文】

子曰："人皆曰予知，驱而纳诸罟擭陷阱之中，而莫之知辟也。人皆曰予知，择乎中庸，而不能期月守也。"

【译文】

孔子说："人人都说自己聪明，可是被驱赶到罗网机关陷阱中去却不知躲避。人人都说自己聪明，可是选择了中庸之道却连一个月时间也不能坚持。"

【张居正讲解】

驱，是逐。罟，是网。擭，是机槛。陷阱，是掘的坑坎，皆所以掩取禽兽者。期月，是满一月。子思引孔子之言说："如今的人，与他论利害，个个都说我聪明有知，既是有知，则祸机在前自然晓得避了，却乃见利而不见害，知安而不知危，被人驱逐在祸败之地，如禽兽落在网罟陷阱里一般，尚自恬然不知避去，岂得为知？就如而今的人，与他论道理，也都说我聪明有知，既是有知，便有定见，有定见便有定守，今于处事之时，才能辨别出个中庸的道理来，却又持守不定，到不得一月之间，那前面的意思就都遗失了。如此,便与不能择的一般,岂得为知?"唯其知之不明,是以守之不固,此道之所以不明也。

右第七章

【评析】

聪明反被聪明误。自以为聪明故好走极端,走偏锋,不知适可而止,不合中庸之道,所以往往自投罗网而自己却还不知道。另一方面,虽然知道适可而止的好处,知道选择中庸之道作为立身处世原则的意义。但好胜心难以满足,欲壑难填,结果是越走越远,不知不觉间又放弃了适可而止的初衷,背离了中庸之道。就像孔子所惋惜的那样,连一个月都不能坚持住。赌博也好,炒股票也好,贪污受贿也好,社会上这类现象不都是常见的吗?

【原文】

子曰:"回之为人也,择乎中庸,得一善,则拳拳服膺而弗失之矣。"

【译文】

孔子说:"颜回就是这样一个人,他选择了中庸之道,得到了它的好处,就牢牢地把握在心上,不让它失去。"

【张居正讲解】

回,是孔子弟子,姓颜名回。择,是辨别。善,即是中庸之理。拳拳,是恭敬奉持的意思。服,是着。膺,是胸。孔子说:"天下事事物物都有个中庸的道理,只是人不能择,那能择的,又不能守。独有颜回之为人,他每日间就事事物物上仔细详审,务要辨别个至当恰好的道理,但得了这一件道理,便去躬行实践,拳拳然恭敬奉持着在心胸之间,守得坚定,不肯顷刻忘失了。"这是颜回知得中庸道理明白,故择之精而守之固如此。此行之所以无过不及,而道之所以明也。

右第八章。

【评析】

这是针对前一章所说的那些不能坚持中庸之道的人而言的。作为孔门的高足,颜回经常被老师推崇为大家学习的榜样,一旦认定,就坚定不移地坚持下去。这是颜回的作为,也是孔圣人吾道一以贯之的风范。颜回实践中庸的一方面是一箪食,一瓢饮,居陋巷,人不堪其忧,而回不改其乐也。另一方面,颜回还是一个信念坚定的人,他的一个优点是沉默不语——听老师讲道,却终日不语。颜回为什么能做到这些,因为他通过实践中庸之道,将中庸内化到了自己心灵之中,而不是将其当作一种外在的束缚,这也正是"回也不改其乐"的原因。

【原文】

子曰:"天下国家,可均也;爵禄,可辞也;白刃,可蹈也;中庸不可能也。"

【译文】

孔子说:"天下国家可以治理,官爵俸禄可以放弃,雪白的刀刃可以践踏而过,中庸却不容易做到。"

【张居正讲解】

均,是平治。蹈,是践履的意思。孔子说:"天下国家,事体繁难,人民众多,虽是难于平治,然人有资质明敏,近于知的,也就可以平治得,这个不为难事。爵禄人所系恋,虽是难于辞却,然人有资质廉洁,近于仁的,也可以辞得,这个亦不为难事。白刃在前,死生所系,虽是难于冒犯,然人有资质强毅,近于勇的,他也能冒白刃而不惧,这个也不为难事。惟是中庸的道理,不偏不倚,无过不及,本是人日用常行的,看着恰似容易,然非义精仁熟,而无一毫人欲之私者,则知之未真,守之未定,不是太过,便是不及,求其不偏不倚,而至当精一,岂易能哉! 所以说中庸不可能也。"唯其难能,此民之所以鲜能,而有志于是者,不可不实用其力矣。

右第九章。

【评析】

孔子对中庸之道持高扬和捍卫态度。事实上,一般人对中庸的理解往往过于肤浅,看得比较容易。孔子正是针对这种情况有感而发,所以把它推到了比赴汤蹈火,治国平天下还难的境地。其目的还是在于引起人们对中庸之道的高度重视。孟子讲富贵不能淫,威武不能屈,也是这个道理。中庸之道并不是让入软弱妥协,而是一种外圆内方,外柔内刚的气魄,孟子讲虽千万人吾往矣,是说道德高尚的君子内心的勇气和原则。中国历史上就有过很多这样硬骨头的知识分子,古有文天祥、史可法,现代有鲁迅,这种坚毅的意志品质是值得我们继承学习的。

【原文】

子路问强。子曰:"南方之强与,北方之强与,抑而强与?"

【译文】

子路问什么是强。孔子说:"南方的强呢? 北方的强呢? 还是你认为的强呢?"

【张居正讲解】

此承上章中庸不可能而言,须是有君子之强,方才能得。子路,是孔子弟子。而字解做汝字。子路平日好勇,故问孔子说:"如何叫作强?"孔子答他说:"这强有三样,有一样是南方人的强;有一样是北方人的强;不知你所问的,是南方人之强与? 是北方人的强与? 抑或是汝学者之所当强者与?"

【评析】

子路性情鲁莽,勇武好斗,所以孔子教导他:有体力的强,有精神力量的强,但真正的强不是体力的强,而是精神力量的强。精神力量的强体现为和而不流,柔中有刚;体现为中庸之道;体现为坚持自己的信念不动摇,宁死不改变志向和操守。"三军可夺帅也,匹夫不可夺志也。"(《论语·子罕》)这就是孔子所推崇的强。"砍头不要紧,只要主义真。杀了夏明翰,自有后来人。"这就是孔子所推崇的强。说起来,还是崇高的英雄主义,献身的理想主义。不过,回到《中庸》本章来,孔子在这里所强调的,还是"中立而不倚"的中庸之道,儒学中最为高深的道行。

【原文】

宽柔以教,不报无道,南方之强也。君子居之。

【译文】

用宽容柔和的精神去教育人,人家对我蛮横无礼也不报复,这是南方的强,品德高尚的人具有这种强。

【张居正讲解】

宽,是含容。柔,是巽顺。无道,是横逆不循道理的。居,是处。孔子告子路说:"如何是南方之强,彼人有不及的,我教诲之,就是他不率教,也只含容巽顺慢慢地化导他。人有以横逆加我的,我但直受之,虽被耻辱,也不去报复他,这便是南方之强。盖南方风气柔弱,故其人能忍人之所不能忍,而以含忍之力胜人为强,然犹近于义理,有君子之道焉,故君子居之。这一样强,是不及乎中庸者,非汝之所当强也。"

【评析】

"宽柔以教","宽柔",柔顺地去教诲别人,不是声色俱厉,不是拍案而起。"不报无道",不报复那种无道之人即恶人,这很宽容。所谓的"不折不从,亦慈亦让"就是"南方之强也"。之所以宽柔以教、不报无道,在于南方空气湿润,地理环境良好,人的体格也不是很高大,脾气秉性也很温和,在这个氛围中形成一方人民的人格和秉性。"君子居之",孔子把这种南方之强看成是君子所应持之强。

【原文】

衽金革,死而不厌,北方之强也。而强者居之。

【译文】

用兵器甲盾当枕席,死而后已,这是北方的强,勇武好斗的人就具有这种强。

【张居正讲解】

衽,是卧的席。金,是刀枪之类。革,是盔甲之类。孔子又告子路说:"如何是北方之强,那刀枪盔甲是征战厮杀的凶器,人所畏怕的,今乃做卧席一般,恬然安处,就是战斗而死,也无厌悔之意,这便是北方之强。盖北方风气刚劲,故其人能为人之所不敢为,而以果敢之力胜人为强。然纯任血气,不顾义理,乃强者之事也,故强者居之。这一样强,是过乎中庸者,亦非汝之所当强也。"

【评析】

北方是塞北,华北平原以北,与中原南方不同,寒风凛冽,飞沙走石。北方和南方在水土、气候、地理环境等方面都有很大的差异,正是这些地理环境的差异使北方人和南方人有区别。北方人"衽金革",把刀枪和革甲当成席子。北方人身材高大,他们怀抱着铠甲刀枪入睡,是一群赳赳武夫,雄强至极,死而不厌。所谓的"视死如归"就是这样。现在社会上的人们往往过于优柔寡断,欠缺一分北方的雄强气质。

【原文】

故君子和而不流;强哉矫。中立而不倚;强哉矫。国有道,不变塞焉;强哉矫。国无道,至死不变;强哉矫。

【译文】

所以,品德高尚的人和顺而不随波逐流,这才是真强啊!保持中立而不偏不倚,这才是真强啊!国家政治清平时不改变志向,这才是真强啊!国家政治黑暗时坚持操守,宁死不变,这才是真强啊!"

【张居正讲解】

这一节是说学者之所当强。矫,是强健的模样。强哉矫,是赞叹之辞。倚,是偏着。变,是改变。塞,是未达。孔子说:"常人之所谓强者,在能胜人,而君子之所谓强者,在能以义理自胜其私欲,使义理常伸,而不为私欲所屈,才是君子之强,而非如南方北方之囿于风气者可比也。且如处人贵和,而和者易至于流,而君子之处人,蔼然可亲,而其中自有个主张,决不肯随着人做一些不好的事。此非以义理自胜其私欲者不能也,所以说强哉矫。处己贵于中立,而中立易至于倚。君子处己卓然守正,而始终极其坚定,决不致欹邪倾侧,倚靠在一边,此非以义理自胜其私欲者不能也,所以说强哉矫。人于未达时,也有能自守的,及其既达,便或改变了。君子当国家有道,达而富贵,只以行道济时为心,不肯便生骄溢,变了未达时的志行。此非以义理自胜其私欲者不能也,所以说强哉矫。人处顺境时,也有能自守的,及至困厄,便或改变了;君子当国家无道,穷而困厄,只以守义安命为主,便遇着大祸患置于死地,也不肯改了平生的节操,此非以义理自胜其私欲者不能也,所以说强哉矫。君子之强如此,天下之物无有能屈之者矣,岂非汝等学者之所当强者哉!"子思引孔子之言如此,以见必有此强然后能体中庸之道也。

右第十章。

【评析】

立定中道而不偏不倚,这才是真正的强。在国家有道需要人才的时候,他出来做事,但并不因为做大事而忘本,而是坚守自己过去处于陋巷时的美好情操和远大理想。这样的人真刚强。如果国家无道,满地是小人则宁死不变节,这样的人真刚强啊。通过回答子路问强,孔子传达出自己对地缘政治和地缘文化的看法。当然,他欣赏君子的强,其中的关键是"和而不流,中立而不倚,国有道不变塞,国无道至死不变"。"和而不流"是态度,不是一团和气,而要保持自己的理念。"中立",不偏不倚,并不是强,而是有原则。《中庸》第十章说明,真正的强不在于体力,而在精神力量。精神力量的强大体现为和而不流,体现为柔中有刚,体现为中庸之道,也就是坚持自己的信念不动摇,固守自己的高远志向和操守。孔子推崇君子之强,君子之强的核心就是坚守中庸之道,无论周围环境如何变化也决不中途放弃。

【原文】

子曰:"素隐行怪,后世有述焉:吾弗为之矣。"

【译文】

孔子说:"寻找隐僻的理由,做些怪诞的事情来欺世盗名,后世也许会有人来记述他,为他立传,但我不做这样的事。"

【张居正讲解】

素字当作索字,索是求。隐,是隐僻。怪,是怪异。述,是称述。子思引孔子之言说:"世间有一等好高的人,于日用所当知的道理,以为寻常不足知,却别求一样深僻之理,要知人之所不能知。于日用所当行的道理,以为寻常不足行,却别做一样诡异之行,要行人之所不能行,以此欺哄世上没见识的人,而窃取名誉。所以后世也有称述之者,此其知之过而不择乎善,行之过而不用乎中,不当强而强者也。若我则知吾之所当知,行吾之所能行,这素隐行怪之事,何必为之哉!所以说吾弗为之矣。"

【原文】

君子遵道而行,半途而废,吾弗能已矣。

【译文】

有些品德不错的人按照中庸之道去做,但是半途而废,不能坚持下去,我是不能停止的。

【张居正讲解】

遵,是循。道,是中庸之道。途,是路。废,是弃。已,是止。孔子说:"那索隐行怪的人,固不足论,至于君子,择乎中庸之道,遵而行之,已自在平正的大路上走了,却乃不能实用其力,行到半路里,便废弃而不进,此其智虽足以及之,而仁有不逮,当强而不强者也。若我则行之于始,必要其终,务要到那尽头的去处,岂以半途而自止乎?所以说吾弗能已矣。"

【评析】

钻牛角尖,行为怪诞,这些出风头、走极端欺世盗名的搞法根本不合中庸之道的规范,自然是圣人所不齿的。找到正确的道路,走到一半又停止了下来,这也是圣人所不欣赏的。唯有正道直行,一条大路走到底,这才是圣人所赞赏并身体力行的。所以,路漫漫其修远兮,吾将上下而求索,鞠躬尽瘁,死而后已,这才是圣人所赞赏的精神。

【原文】

君子依乎中庸,遁世不见知而不悔,唯圣者能之。

【译文】

真正的君子遵循中庸之道,即使一生默默无闻不被人知道也不后悔,这只有圣人才能做得到。

【张居正讲解】

依,是随顺不违的意思。遁,是隐遁。悔,是怨悔。孔子说:"前面太过不及的,都非君子之道。若是君子,他也不去索隐,也不去行怪,所知所行,一惟依顺着这中庸的道理,终身居之以为安,又不肯半途便废了,虽至于隐居避世,全不见知于人,他心里确然自信,并无怨悔之意,此乃智之尽,仁之至,不赖勇而裕如者,这才是中庸之成德,然岂我之所能哉!惟是德造其极的圣人,然后能之耳。"然夫子既不为索隐行怪,则是能依乎中庸矣。既不半途而止,则自能遁世不知而不悔矣。虽不以圣人自居,而其实岂可得而辞哉!

右第十一章。

【评析】

人们学习一个道理,应该做到一以贯之,无怨无悔,坚守心中的正道,排除私心杂念,做到庄子所说的"举世誉之而不加喜,举世非之而不加沮",整个世界的人都在夸自己也不喜形于色,整个世界的人都在骂自己也不垂头丧气。因为能恪守正道,中庸之道,所以自己的心灵不会被外物所操控,自己才是自己的主人。雨果所说的"走自己的路,让别人说去吧。"就是这样的道理。

【原文】

君子之道,费而隐。

【译文】

君子的道,广大而又精微。

【张居正讲解】

道,即是中庸之道,惟君子为能体之,所以说君子之道。费,是用之广。隐,是体之微。子思说:"君子之道,有体有用,其用广大而无穷,其体则微密不可见也。"

【评析】

道不可须臾离开,所以,道就应该有普遍的可适应性,应该放之四海而皆准,连匹夫匹妇,普通男女都可以知道,可以学习,也可以实践。不过,知道是一回事,一般性地实践是一回事,要进入其高深境界又是另一回事了。所以,道又必须有精微奥妙的一方面,供德行高,修养深的学者进行深造,进行创造性的实践。如此两方面的性质结合起来,使道既广大又精微,既有普及性又有提高性,既下里巴人又阳春白雪,说到底,是一个开放的、兼容的、可发展的体系。凡事都有一知半解与精通的区别,匹夫匹妇与圣人的分别也就在这里。

【原文】

夫妇之愚,可以与之焉,及其至也,虽圣人亦有所不知焉。夫妇之不肖,可以能行焉,及其至也,虽圣人亦有所不能焉。天地之大也,人犹有所憾。故君子语大,天下莫能载焉,语小,天下莫能破焉。

【译文】

普通男女虽然愚昧,也可以知道君子的道;但它的最高深境界,即使是圣人也有再不清楚的地方,普通男女虽然不贤明,也可以实行君子的道,但它的高深境界,即使是圣人也有做不到的地方。天地如此之大,但人们仍有不满足的地方。所以,君子说的"大",整个天下都无法承载;君子说的"小",整个天下都不能例外。

【张居正讲解】

子思承上文说:"这中庸之道,虽不出乎日用事物之常,而实通极乎性命精微之奥。以知而言,虽匹夫匹妇之昏愚者,也有个本然的良知,于凡日用常行的道理,他也能知道,若论到精微的去处,则虽生知的圣人,亦不能穷其妙也。以行而言,虽匹夫匹妇之不肖者也有个本然的良能,于凡日用常行的道理,他也能行得,若论到高远的去处,则虽安行的圣人,亦不能造其极也。不但圣人,虽天地如此其大也,然而或覆载生成之有偏,或寒暑灾祥之失正,亦不能尽如人意,而人犹有怨憾之者。夫近自夫妇之所能知能行,远而至于圣人天地之所不能尽,可见道无所不在矣。故就其大处说,则其大无外,天下莫能承载得起。盖虽天地之覆载,亦莫非斯道之所运用也,岂复有出于其外而能载之者乎? 就其小处说,则其小无内,天下莫能剖破得开,盖虽事物之细微,亦莫非斯道之所贯彻也,又孰有入于其内而能破之者乎?"君子之道如此,可谓费矣,而其所以然者,则隐而莫之见也,所以说君子之道费而隐。

【评析】

真正的中庸之道就是在日常生活中的一种平淡、一种优雅,甚至一种沉默寡言的形象。在这个意义上,"子不语怪、力、乱、神",那些很怪的,那些残暴的,那些混乱的,那些神乎其神的东西,他都不谈。孔子专注的事情是人间的事情,人和人之间的平等,生命当中的朴素的人我交往。真正的君子泯灭一分是非之心名利之心夸张之心以及过分作秀之心,而回归到一片平常心。不争不斗,不喜不厌,无生死之忧,不知老之将至,这才是孔子要坚守的中庸,是君子应该真正做到的。

【原文】

《诗》云:"鸢飞戾天;鱼跃于渊。"言其上下察也。

【译文】

《诗经》说:"鸢鸟飞向天空,鱼儿跳跃深水。"这是说大道昭著于天地。

【张居正讲解】

《诗》，是《大雅·旱麓》篇。鸢，是鸱鸟之类。戾，是至。渊，是水深处。其字，指此理说。察，是昭著。诗人说："至高莫如天，而鸢之飞，则至于天。至深莫如渊，而鱼之跃，则在于渊。"子思解说："天地之间无非物，天地之物无非道，《诗》所谓鸢飞戾天者，是说道之昭著于上也。鱼跃于渊者，是说道之昭著于下也。盖化育流行，充满宇宙，无高不届，无深不入，举一鸢，而凡成象于天者皆道也。举一鱼，而凡成形于地者皆道也。道无所不在如此，可谓费矣。"而其所以然者，则非见闻所及，岂不隐乎。

【评析】

这里用天高任鸟飞，海阔凭鱼跃的道理，说明天地万物，都依着中庸之道运行，中庸之道也充盈在天地之间。

【原文】

君子之道，造端乎夫妇；及其至也，察乎天地。

【译文】

君子所奉行的道，从普遍男女开始，但它的高深境界，则昭著于天地。

【张居正讲解】

造端，是起头的意思。至，是尽头的意思。子思又总结上文说："道之在天下，虽以夫妇之愚不肖，也有能知能行的。虽以圣人知行之广，也有不能尽的。这等看来，可见君子之道自其近小而言，则起自夫妇居室之间而无所遗，若论到尽头的去处，则昭著于天高地下之际而无所不有。所以君子戒谨慎独，从夫妇知能的做起，以至于位天地育万物，则道之察乎天地者在我矣。"

右第十二章。

【评析】

《诗经》的第一篇，是讲男女情爱的《关雎》，一向被认为是儒家重视夫妇之道的证明。一切的大道理，要从夫妇之间开始。《孟子》说：身不行道，不行于妻子；使人不以道，不能行于妻子。儒家的君子讲究从身边做起，由近及远，而一个人的妻子是最接近自己的人，如果连夫妻关系都处理不好，不能维持一个和睦稳定的家庭，经常后院起火，还谈什么大道，做什么事业呢！

【原文】

子曰："道不远人。人之为道而远人，不可以为道。"

【译文】

孔子说："道不远离人。但人实行的道却远离了人，那就不能作为道了。"

【张居正讲解】

子思引孔子之言说："所谓率性之道，只在君臣、父子、夫妇、长幼、朋友之间，固众人之所能知能行而未尝远于人也。人之为道者，能即此而求，便是道了。若或厌其卑近，以为不足为，却乃离了君臣父子夫妇长幼朋友之间，而务为高远难行之事，则所知所行，皆失真过当而不由夫自然，岂所谓率性之道哉！所以说，不可以为道。"

【评析】

道不可须臾离的基本条件是道不远人。换言之，一条大道，欢迎所有的人行走，相反，如果只允许自己走，而把别人推得离道远远的，就像鲁迅笔下的假洋鬼子只准自己革命而不准别人（阿Q）革命，那自己也就不是真正的革命者了。推行道的另一条基本原则是从实际出发，从不同人不同的具体情况出发，使道既具有放之四海而皆准的普遍性，又能够适应不同个体的特殊性。这就是普遍性与特殊性相结合。

【原文】

"《诗》云：'伐柯伐柯，其则不远。'执柯以伐柯，睨而视之。犹以为远。故君子以人治人，改而止。"

【译文】

"《诗经》说：'砍削斧柄，砍削斧柄，斧柄的式样就在眼前。'握着斧柄砍削斧柄，应该说不会有什么差异，但如果你斜眼一看，还是会发现差异很大。所以，君子总是根据不同人的情况采取不同的办法治理，只要他能改正错误实行道就行。"

【张居正讲解】

《诗》是《豳风·伐柯》篇。伐，是砍木。柯，是斧柄。则，是样子。睨，是邪视。以，是用。诗人说："手中执着斧柄，去砍木做斧柄，其长短法则，不必远求，只手中所执的便是。"孔子说："执着斧柄去砍斧柄，法则虽是不远，然毕竟手里执的是一件，木上砍的又是一件，自伐柯者看来犹以为远。若君子之治人则不然，盖为人的道理就在各人身上，是天赋他原有的，所以君子就用人身上原有的道理，去责成人，如责人之不孝，只使之尽他本身上所有的孝道。责人之不弟，只使之尽他本身上所有的弟道，其人改而能孝能弟，君子便就罢了。更不去分外过求他。推之凡事，莫不如此。这是责之以其所能知能行，非欲其远人以为道也。"

【评析】

伐柯就是砍一个斧柄，拿着斧头去砍木柴要做成柄的样子。"则"就是样板，并不远，就在手上。这是一个常识，人们去砍一个东西的时候，如果不精确地去画线和度量，要做到跟手上这个柄一模一样是很困难的。"故君子以人治人，改而止"。以自己的榜样和道理去说服别人，不可能要求别人跟那个原来的样板一模一样，他只要改正了他的缺点就行。因为，既然拿了一个样板斧柄去砍，都不能做到一模一样，那你在去教训人的时候，怎么能要求别人跟你做得完全一样呢？这也是

"宽以待人,严于律己"的道理。

【原文】

"忠恕违道不远。施诸己而不愿,亦勿施于人。"

【译文】

"一个人做到忠恕,离道也就差不远了。什么叫忠恕呢? 自己不愿意的事,也不要施加给别人。"

【张居正讲解】

尽己之心叫作忠,推己及人叫作恕。违,是彼此相去的意思。道,是率性之道。孔子说:"道不远人,但多蔽于私意,唯知有己而不知有人,所以施于人者,不得其当,而去道远矣。若能尽己之心,而推以及人,虽是物我之间,未能浑化而两忘,然其克己忘私,去道亦不相远矣。忠恕之事何如。如人以非礼加于我,我心所不愿也。则以己之心度人之心,知其与我一般,亦不以非礼加之于人,这便是忠恕之事。以此求道,则施无不当,而其去道不远矣。"

【评析】

忠恕之道就是不要对人求全责备,而应该设身处地,将心比心地为他人着想,自己不愿意的事,也不要施加给他人。因为,金无足赤,人无完人,不要说人家,就是自己,不也还有很多应该做到的而没有能够做到吗? 所以,要开展批评,也要开展自我批评。圣贤如孔子,不就从四大方面对自己进行了严厉的批评吗? 那就更不要说我们这些凡夫俗子了哪里没有这样或那样的毛病呢? 说不定还深沉得很呢。不过也不要紧,只要你做到忠恕,就离道不远了。说到底,还是要:凡事不走偏锋,不走极端,这就是中庸之道。

【原文】

"君子之道四,丘未能一焉:所求乎子,以事父,未能也;所求乎臣,以事君,未能也;所求乎弟,以事兄,未能也;所求乎朋友,先施之,未能也。庸德之行,庸言之谨;有所不足,不敢不勉;有馀,不敢尽。言顾行,行顾言。君子胡不慥慥尔。"

【译文】

"君子的道有四项,我孔丘连其中的一项也没有能够做到:作为一个儿子应该对父亲做到的,我没有能够做到;作为一个臣民应该对君王做到的,我没有能够做到;作为一个弟弟应该对哥哥做到的,我没有能够做到;作为一个朋友应该先做到的,我没有能够做到。平常的德行努力实践,平常的言谈尽量谨慎。德行的实践有不足的地方,不敢不勉励自己努力;言谈却不敢放肆而无所顾忌。说话符合自己的行为,行为符合自己的言谈,这样的君子怎么会不忠厚诚实呢?"

【张居正讲解】

求,是责望人的意思。先施,是先加于人。庸,是平常。行,是践其实。谨,是择其可。慥慥，是笃实的模样。孔子说："君子之道有四件，我于这四件道理，一件也不能尽得。四者谓何？如为子之道在于孝，我之所责乎子者固欲其孝，然反求诸己，所以事吾父者，却未能尽其孝也。为臣之道在于忠，我之所责乎臣者固欲其忠，然反求诸己，所以事吾君者，却未能尽其忠也。为弟之道在于恭，我之所责乎弟者，固欲其尽恭于我，然反求诸己，所以事吾兄者，却未能尽出于恭也。朋友之道在于信，我之所责乎朋友者，固欲其加信于我，然反求诸己，所以先施于彼者，却未能尽出于信也。君子之道我固未能矣，然亦不敢不以此自修。盖这孝弟忠信，本是日月平常的道理，以是道而体诸身，谓之庸德。庸德则行之而皆践其实。以是道而发于口，谓之庸言。庸言则谨之而惟择其可，然行常失于不足，有不足处不敢不勉力做将去，如此则行亦力。言常失于有余，若有余处不敢尽底说将出来，如此则谨益至。谨之至，则说出来的，都与所行的相照顾，无有言过其实者矣。行之力，则行将去的，都与所言的相照顾，无有行不逮言者矣。言行相顾如此，岂不是慥慥笃实之君子乎？此我之所当自修者也。"这一节说道只在子、臣、弟、友、庸言、庸行之间，是道不远人。说以责人者责己，要言行相顾，是不远人以为道之事。

右第十三章。

【评析】

孔子提出用孝、悌、忠、信四种道德治己治人，鼓励人们言行一致，这样才能成为德才兼备的君子，这是实践中庸的标准与规范。中庸之道处在人们的行为规范当中，处在人和人的关系当中，处在启蒙自己和启蒙他人的关系当中。真正的启蒙者应该是先要求自己，达到君子的德行才可以去要求他人。

【原文】

君子素其位而行，不愿乎其外。

【译文】

君子安于现在所处的地位去做应做的事，不生非分之想。

【张居正讲解】

素，是见在的意思。位，是所居的地位。愿，是愿慕。外，是本分之外。子思说："人之地位不同，然各有所当行的道理，若不能自尽其道，而分外妄想，便不是君子了。君子但因其见在所居的地位，而行其所当行的道理，未尝于本分之外，别有所愿慕。"盖本分之内，其道皆不易尽，既欲尽道其间，自不暇乎其外也。

【评析】

这是说人们立身处世，首先要做到安守本分，做好自己分内的工作，不要有非分之想。

【原文】

素富贵，行乎富贵；素贫贱，行乎贫贱；素夷狄，行乎夷狄；素患难，行乎患难。

君子无入而不自得焉。

【译文】

处于富贵的地位,就做富贵人应做的事;处于贫贱的状况,就做贫贱人应做的事;处于边远地区,就做在边远地区应做的事;处于患难之中,就做在患难之中应做的事。君子无论处于什么情况下都能安然自得。

【张居正讲解】

自得,是安舒的意思。子思说:"人之所道,有顺逆之不同,唯君子能随寓而尽其道。如见在富贵,便行处富贵所当为的事,而不至于淫。见在贫贱,便行处贫贱所当为的事,而不至于滥。或见在夷狄,便行处夷狄所当为的事,而不改其行。或见在患难,便行处患难所当为的事,而不变其守。身之所处虽有不同,而君子皆尽其当为之道,道在此,则乐亦在此,盖随在而皆宽平安舒之所也。"所以说,无入而不自得焉,上文所谓素位而行者盖如此。

【评析】

素位而行近于《大学》里面所说的"知其所止",换句话说,叫作安守本分,也就是人们常说的——安分守己。这种安分守己是对现状的积极适应、处置,是什么角色,就做好什么事,然后才能游刃有余,进一步积累、创造自己的价值,取得水到渠成的成功。事实上,任何成功的追求、进取都是在对现状恰如其分的适应和处置后取得的。一个不能适应现状,在现实面前手足无措的人是很难取得成功的。就如同以前一个有名的故事,一位教授,因偶尔发现卖茶叶蛋的人很赚钱,比自己给大学生上课还赚得多了许多,于是便放下课不上而去卖茶叶蛋。这样做值得吗? 不值得,这就叫作不守本分,不知其所止,诸如此类的例子其实还可以举出许多,实质上是没有认识清楚自己,迷失了方向。所谓的"凡有奢望,必生烦恼"就是如此。所以,不要去妄想什么,只问自己该做什么吧——这就是素位而行,安分守己。

【原文】

在上位,不陵下;在下位,不援上;正己而不求于人,则无怨。上不怨天,下不尤人。

【译文】

处于上位,不欺侮在下位的人;处于下位,不攀援在上位的人。端正自己而不求诸别人,这样就不会有什么抱怨了。上不抱怨天,下不抱怨人。

【张居正讲解】

陵,是陵虐。援,是攀援。怨,是怨恨。尤,是归罪于人的意思。子思说:"所谓君子之心不愿乎其外者,何以见之? 大凡人君居上位,则好作威以陵乎下,居下位,则好附势以援乎上。君子则不然,他虽在上位,也不肯陵虐那在下的人,虽在下位,也不肯攀援那在上的人。夫陵下不从,必怨其下,援上不得,必怨其上。今在上在下但知正己而无所求取于人，如此，则又何怨之有？但见心中泰然，虽上而不得于天，也只顺受其正，而无所怨憾于天，虽下而不合于人，也只安于所遇，而无所罪尤于人。"盖既无所求，则自不见其相违，既不见其相违，则自无所怨尤矣。君子之心不愿乎其外如此。

【评析】

处在上位的上级不要去欺凌下级，因为人都是平等的，在上位不应该借势压人、仗势欺人，在下位也不攀援巴结上级，虽处下位对上级也应该心胸坦荡，不卑不亢。从严从正要求自己，从来不去乞求别人施舍给自己任何好处。这样的人才称得上是君子。

【原文】

故君子居易以俟命，小人行险以徼幸。

【译文】

所以，君子安居现状来顺应天命，小人却铤而走险妄图获得非分的东西。

【张居正讲解】

易，是平地。俟，是等待。命，是天命。险，是不平稳的去处。徼，是求。幸，是不当得而得的。子思承上文说："君子惟素位而行，故随其所寓，自安居在平易的去处。其穷通得丧，一听候着天命，无有慕外的心。小人却有许多机巧变诈，常行着险阻不平稳的去处，而妄意分外趋利避害，以求理之不当得者。君子小人其不同如此。"

【评析】

"故君子居易以俟命"。"居易"就是居在平易安定之处，"居易以俟命"，就是说不要去铤而走险，而是等待机会。相反，"小人行险以徼幸"，小人总是铤而走险，而且怀着侥幸的冒险心理。君子为人处世，应该堂堂正正，恪守本分，而不应该铤而走险，让自己陷于险境。

【原文】

子曰："射有似乎君子。失诸正鹄，反求诸其身。"

【译文】

孔子说："君子立身处世就像射箭一样，射不中靶子，就转而检讨自身。"

【张居正讲解】

正、鹄，都是射箭的靶子。画在布上叫作正，栖在皮上叫作鹄。孔子说："射箭虽是技艺，然有似乎君子，何以见之？盖君子凡事，只是正己而不求于人，那射箭的，若失了正鹄不中，只是反求诸己射的不好，更不怨那胜己的人，这即是正己而无求于人的意思，所以说射有似乎君子。"子思引此以结上文素位而行，不愿乎外之意。

右第十四章。

【评析】

孔子说:"君子行道就像射箭,没有射中靶心,应该回到自己的射技上寻找原因。"在 2003 年世界男篮锦标赛中,立陶宛后卫雅思克维修斯投失了最后决定胜负的一个球,赛后他不埋怨裁判和队友,不找客观原因,坦陈:"美国队防守很好,那个球没有可能进。"这样不怨天尤人的态度,才是一个君子的态度,也是一个强者应该具有的态度。果然在 2004 年雅典奥运会上立陶宛再战美国队时,雅思克维修斯最后关键时刻连得 10 分,帮助立陶宛击败美国队立下了奇功。

【原文】

君子之道,辟如行远必自迩,辟如登高必自卑。

【译文】

君子实行中庸之道,就像走远路一样,必定要从近处开始;就像登高山一样,必定要从低处起步。

【张居正讲解】

迩,是近处。卑,是低处。子思说:"君子之道,虽无所不在,而求道之功,则必以渐而进,谨于日用常行之间,而后可造于尽性至命之妙,审于隐微幽独之际,而后可收夫中和位育之功。譬如人要往远处去,不能便到那远处,必先从近处起,一程一程行去,然后可以至于远。譬如人要上高处去,不能便到那高处,必先从低处起,一步一步上去,然后可以升于高。"君子之道,正与行远登高的相似,未有目前日用隐微处,有不合道理,而于高远之事方能合道者也。然则有志于高远者当知所用力矣。

【评析】

老子说:千里之行,始于足下。荀子说:不积跬步,无以至千里;不积小流,无以成江海。都是行远必自迩,登高必自卑的意思。万事总宜循序渐进,不可操之过急。否则,欲速则不达,结果适得其反。一切从自己做起,从自己身边切近的地方做起。

【原文】

《诗》曰:"妻子好合,如鼓瑟琴。兄弟既翕,和乐且耽。宜尔室家,乐尔妻孥。"子曰:"父母其顺矣乎。"

【译文】

《诗经》说:"妻子儿女感情和睦,就像弹琴鼓瑟一样。兄弟关系融洽,和顺又快乐。你的家庭美满,你的妻儿幸福。"孔子说:"这样,父母也就称心如意了啊!"

【张居正讲解】

鼓,是弹。瑟、琴,都是乐器。翕,是合。耽,是久。孥是子孙。顺,是安乐的意思。子思承上文说进道有序,故引《小雅》之诗说道:"人能于闺门之内,妻子情好契合,如鼓瑟弹琴一般,无有不调合处。兄弟之间,翕然友爱,既极其和乐,又且久而不变,则能宜尔之室家,乐尔之妻孥矣。"诗之所言如此。孔子读而赞叹之说道:"人惟妻子不和,兄弟不宜,多贻父母之忧。今能和于妻子,宜于兄弟,一家之中,欢欣和睦如此,则父母之心,其亦安乐而无忧矣乎。"夫以一家言之,父母是在上的,妻子兄弟是在下的,今由妻子兄弟之和谐,遂致父母之安乐,是亦行远自迩、登高自卑之一验也。然则学者之于道,岂可不循序而渐进哉!

右第十五章。

【评析】

要在天下实行中庸之道,首先得和顺自己的家庭。说到底,还是《大学》修身、齐家、治国、平天下循序渐进的道理。君子致力于中庸之道绝非好高骛远,而是在日常人伦的当下生活和家庭的安宁快乐之中逐步实现。君子大道在日常生活中体现出来,君子应该从自己家庭做起,从中显现出自己和谐和睦的融合能力、组织能力、协调能力。这就是中庸之道的朴素要求。

【原文】

子曰:"鬼神之为德,其盛矣乎?"

【译文】

孔子说:"鬼神的德行可真是大得很啊!"

【张居正讲解】

鬼神,即是祭祀的鬼神,如天神、地祇、人鬼之类。为德,犹言性情功效。孔子说:"鬼神之在天地间,微妙莫测,神应无方,其为德也,其至盛而无以加乎。"其义见下文。

【评析】

鬼神虽然无影无踪无声无迹,但是它的意志体现在万事万物上。为德,指的是鬼的性情和功效,说到底,人们可以从鬼神当中看出人的生活和个性的影子。

【原文】

视之而弗见;听之而弗闻;体物而不可遗。

【译文】

看它也看不见,听它也听不到,但它却体现在万物之中使人无法离开它。

【张居正讲解】

孔子说:"何以见鬼神之德之盛;盖天下之物,凡有形者皆可见,惟鬼神无形,虽视之不可得而见也。凡有声者,皆可闻,惟鬼神无声,虽听之不可得而闻也。然鬼神虽无形与声,而其精爽灵气,昭著于人心目之间,若有形之可见、声之可闻者,不可得而遗忘之也。夫天下之物涉于虚者,则终于无而已矣,滞于迹者,则终于有而已矣。若鬼神者,自其不见不闻者言之,虽人于天下之至无,自其体物不遗者言之,又妙乎天下之至有,其德之盛为何如哉!"然其所以然者,一实理之所为也。

【评析】

这一章借孔子对鬼神的论述说明道无所不在,道不可须臾离。另一方面,也是照应第12章说明君子之道费而隐,广大而又精微。看它也看不见,听它也听不到;但它却体现在万物之中使人无法离开它。做一个比喻,道也好,鬼神也好,就像空气一样,看不见,听不到,但却无处不在,无时不在,任何人也离不开它。既然如此,当然应该是人人皈依,就像对鬼神一样的虔诚礼拜了。

【原文】

使天下之人,齐明盛服,以承祭祀。洋洋乎,如在其上,如在其左右。

【译文】

让天下的人都斋戒净心,穿着庄重整齐的服装去祭祀它,无所不在啊!好像就在人们的头上,好像就在人们左右。

【张居正讲解】

齐,是斋戒。明,是明洁。盛,是盛美的祭服。洋洋,是流动充满的意思。左右,是两旁。孔子说:"何以见鬼神之体物而不可遗?观于祭祀的时节,能使天下的人,不论尊卑上下,莫不斋明以肃其内,盛服以肃其外,恭敬奉承以供祭祀。当此之时,但见那鬼神的精灵,洋洋乎流动充满,仰瞻于上,便恰似在上面的一般,顾瞻于旁,便恰似在左右的一般。"夫鬼神无形与声,岂真在其上下左右哉!但其精灵昭著,能使天下之人,肃恭敬畏,俨然如在如此。所谓体物不遗者,于此可验矣。

【评析】

天下的人斋戒时清洁而隆重,穿着节日的盛装从事祭祀活动,这种庄严肃穆与日常生活的自由散漫不同。在这特殊的时刻,鬼神洋溢在灵动的气氛里,在祭祀的场所就好像在人们上方盘旋,在人们左右环绕一样。这样,人就体会到,除了人和人之间的关系外,生命世界中还有天地入神的关系。这也是平时我们所说的"举头三尺有神明"。

【原文】

《诗》曰:"神之格思,不可度思,矧可射思?"

【译文】

《诗经》说:"神的降临,不可揣测,怎么能够怠慢不敬呢?"

【张居正讲解】

《诗》是《大雅·抑》之篇。格,是来。度,是测度。矧字,解做况字。射,是厌怠。三个思字,都是助语词。孔子又引《大雅·抑》之诗说道:"神明之来也,不可得而测度,虽极其诚敬以承祭祀,尚未知享与不享,况可厌怠而不敬乎?"观于此诗,则鬼神能使人的敬畏奉承,而发见昭著者为有征矣。

【原文】

夫微之显。诚之不可掩,如此夫。

【译文】

由隐微而显著,真实的东西无法遮掩,就像这样啊!

【张居正讲解】

诚,是实理。孔子说:"鬼神不见不闻,可谓微矣。然能体物不遗,又如是之显,何哉?盖凡天下之物,涉于虚伪而无实者,到底只是虚无,何以能显?惟是鬼神,则实有是理,流行于天地之间,而司其福善祸淫之柄,故其精爽灵气,发见昭著而不可掩也,如此夫。"看来《中庸》一篇书,只是要人以实心而体实理,以实功而图实效,故此章借鬼神之事以明之。盖天下之至幽者,莫如鬼神,而其实不可掩如此。可见天下之事,诚则必形,不诚则无物矣,然则人之体道者,可容有一念一事之不实哉。

【评析】

这里进一步说明对于天地间人类无法捉摸的东西,人们应该保持一颗敬畏之心。孔子所说的"祭神如神在"就是这个道理。虽然隐微不可捉摸,但是人们也应该真诚地去面对,因为"鬼神"充盈在天地之间,体现在各种事物中,我们应该实事求是地去面对它。

【原文】

子曰:"舜其大孝也与!德为圣人,尊为天子,富有四海之内。宗庙飨之,子孙保之。"

【译文】

孔子说:"舜该是个最孝顺的人了吧?德行方面是圣人,地位上是尊贵的天子,财富拥有整个天下,宗庙里祭祀他,子子孙孙都保持他的功业。"

【张居正讲解】

子思引孔子之言说:"凡为人子者,皆当尽孝道以事其亲,然孝有大有小,若古之帝舜,其为大孝也与?何以见其孝之大,夫为人子者,非德不足以显亲,舜则生知安行,德为圣人,是所以显其亲者,何其至也。非贵不足以尊亲,舜则受尧之禅,尊为天子,是所以尊其亲者,何其至也。非富不足以养亲,而舜则富有四海之内,以天下养,是所以养其亲者,何其至也。又且上祀祖考以天子之礼,而宗庙之歆飨无已,所以光乎其前者又如是之隆。下封子孙为诸侯之国,而基业之传续无穷,所以裕乎其后者,又如是之远。"夫舜之德福兼隆如此,则所以孝其亲者,实有出于常情愿望之外者矣,此其所以为大孝与!

【评析】

这里说的就是舜施行中庸之道而获得了上天的眷顾,尧把王位让给了他,让他名扬四海,中庸之道施行到极致,福寿自然而然就如影随形地跟着来了。

【原文】

故大德,必得其位,必得其禄,必得其名,必得其寿。

【译文】

所以,有大德的人必定得到他应得的地位,必定得到他应得的财富,必定得到他应得的名声,必定得到他应得的长寿。

【张居正讲解】

孔子说:"舜之德福兼隆,固所以为大孝。然自常人看来,福是天所付与,却似偶然得之,不可取必的一般。不知德乃福之本,福乃德之验,如影之随形,响之应声,盖理之必然者也。故舜既有圣人的大德,感格于天,必然贵为天子,得天下至尊之位;必然富有四海,得天下至厚之禄;必然人人称颂,得显著的声名;必然多历年所,得长久的寿数。"盖舜虽无心于求福,而福自应之如此,此所以能成其大孝也。

【评析】

天生我材必有用。只要你修身而提高德行,总有一天会受命于天,担当起治国平天下的重任。到那时,名誉、地位、财富都已不在话下。由此看来,儒学并不是绝对排斥功利,而只是反对那种急功近利,不安分守己的做法。换言之,儒学所强调的,是从内功练起,修养自身,提高自身的德行和才能,然后顺其自然,水到渠成地获得自己应该获得的一切。这其实也正是中庸之道的精神——凡事不走偏锋,不走极端,而是循序渐进,一步一个脚印走下去。

【原文】

故天之生物,必因其材而笃焉。故栽者培之,倾者覆之。

【译文】

所以,上天生养万物,必定根据它们的资质而厚待它们。能成材的得到培育,不能成材的就遭到淘汰。

【张居正讲解】

材,是材质。笃,是加厚。栽,是栽植。培,是滋养。倾,是倾仆。覆,是覆败。孔子说:"舜以大德而获诸福之隆,非天有私于舜,乃理之自然者耳。观于天道之生万物,必各因其本然之材质而异其所加:如根本完固,栽植而有生意的,便从而培养之,雨露之所润,日月之所照,未有不滋长者;根本摇动,倾仆而无生意的,便从而覆败之,雪霜之所被,风寒之所折,未有不覆败者。"或培或覆,岂是天有意于其间?皆物之自取耳。

【评析】

天下万物必根据它的资质才华而去加以培养,应该栽培的就要好好地去栽培提升,那些不好的就应该铲除。圣人相信上天是公正的,只要你努力而尽到了诚心并具有大德，就必然得其位、得其名、得其禄、得其寿。只要是把自己内在的善良与真诚升华出来，个体的努力必然不负期望，会让自我走向成功之道。如同达尔文在《进化论》中所说的"物竞天择"，天道和人道是合二为一的，只要你努力进取，命运就会站在你这一边。

【原文】

《诗》曰："嘉乐君子，宪宪令德，宜民宜人。受禄于天。保佑命之，自天申之。"

【译文】

《诗经》说："高尚优雅的君子，有光明美好的德行，让人民安居乐业，享受上天赐予的福禄。上天保佑他，任用他，给他以重大的使命。"

【张居正讲解】

《诗》，是《大雅·假乐》之篇。令，是善。申，是重。孔子又引诗说："可嘉可乐的君子，有显显昭著的美德，既宜于在下之民，又宜于在上位之人，以此能受天之禄，而为天下之主，天既命而保佑之，又从而申重之，使他长享福禄于无穷也。"

【原文】

故大德者必受命。

【译文】

所以，有大德的人必定会承受天命。

【张居正讲解】

受命，是受天命为天子。孔子承上文又总论说："由天生物之理，与诗人之言观之，可见有大德的圣人，必然受皇天的眷命而为天子，今舜既是有大德，正所谓物之栽者也，君子之嘉乐者也。则其受上天笃厚申重之命，而享禄位名寿之全，固理之必然者耳，尚可疑哉？"

右第十七章。

【评析】

一个人如果能够奉行中庸之道，无论身处顺境逆境，处江湖之远还是居庙堂之高，他优秀的品德总是可以让身边的人受到感染，如沐春风，而自然而然身边的人也会赏识他，给他机会，这也是"大德者必受命"的道理，是金子，到哪里都是会发光的。

【原文】

子曰："无忧者，其惟文王乎！以王季为父，以武王为子。父作之，子述之。"

【译文】

孔子说："古代的帝王没有忧愁的大概只有文王吧。王季是他的父亲，武王是他的儿子。父亲创业，儿子继业。"

【张居正讲解】

这一节是说周文王的事。作，是创始。述，是继述。子思引孔子之言说："自古帝王创业守成，皆未免有不足于心的去处，有所不足，则生忧虑，若是无所忧虑者，其惟周之文王乎。何以见之？凡前人不曾造作，自己便有开创之劳，后人不堪承继，将来便有废坠之患。二者皆可忧也。惟是文王以王季之贤为之父，以武王之圣为之子，王季积功累仁，造周家之基业，将文王要做的事预先做了，这是父作之。武王继志述事，集周家之大统，将文王未成的事，都成就了，这是子述之。"既有贤父以作之于前，又有圣子以述之于后，文王之心，更无有一些不足处，此其所以无忧也。

【原文】

武王缵大王、王季、文王之绪，一戎衣而有天下。身不失天下之显名，尊为天子，富有四海之内。宗庙飨之。子孙保之。

【译文】

周武王继承大王、王季和文王开创的事业，扫灭了殷商而得到了天下，自己的名声也没有被损坏，而且被尊崇为天子，拥有天下的财富，祖先享受宗庙的祭祀，子孙世代保有王业。

【张居正讲解】

这一节是说武王的事。缵，是继。大王是武王的曾祖，王季是武王的祖，文王是武王的父。绪，是功业。戎衣，是盔甲之类。孔子说："周自大王始基王迹，王季勤劳王家，文王三分天下有其二，那时天命人心，去商归周，王业已是有端绪了，但未得成就。及至武王，能继志述事，缵承大王、王季、文王的功业，因商纣之无道，举兵而伐之，以除暴救民，只壹着戎衣还定了天下。夫以下伐上，其事不顺，其名不美，宜乎失了天下的显名，然那时诸侯率从，万姓悦服，人人爱戴称美他，并不曾失了光显的名誉，其得人心如此。以言其尊，则居天子之位，天下的臣民都仰戴他。以言其富，则尽有四海之内，天下的贡赋都供奉他，上而祖宗，则隆以王者之称，祀以天子之礼，自文王以前，都得歆飨其祭祀。下而子孙，则传世三十，历年八百，自成康以后，都得保守其基业，其得天眷又如此。"盖武王之有天下，一则承祖宗之业而不敢废，一则顺天人之心而不敢违。此则善述之孝，丕承之烈，所以后世莫及也。

【评析】

这一段是追述周文王的事迹，亦是从继承和发展历史的经验问题出发，并着重指出，有了承先启后的周文王的思想，有了周文王若干年辛勤治国，新政治国之策，也才有日后的武王伐殷。是周文王奠定了消灭殷商王朝的最根本的基础。而他的后代武王又能继承父亲的未竟之业，出兵伐纣，为民除暴，受到了天下的拥护。这都是由于文王德才兼备，武王秉承父志，才能得到命运的垂青，因为他们的文武之业都符合中庸之道。

【原文】

"武王末，受命周公成文武之德。追王大王、王季，上祀先公以天子之礼。斯礼也,达乎诸侯大夫,及士庶人。父为大夫,子为士;葬以大夫,祭以士。父为士,子为大夫;葬以士,祭以大夫。期之丧,达乎大夫;三年之丧,达乎天子;父母之丧,无贵贱,一也。"

【译文】

"武王晚年的时候,授权周公成就文王、武王的德业,追封大王、王季为王,用天子之礼来祭祀先公。这种社会行为规范,通行到诸侯、大夫、士和平常百姓。如果父亲是大夫,儿子是士,父死按大夫之礼埋葬,儿子用士之礼来祭祀其父。如果父亲是士,儿子是大夫,父死依士之礼安葬,儿子用大夫之礼来祭祀其父。一年的守丧时期,通行到大夫,三年的守丧期,通行到天子;至于给父母守丧,不分贵贱都一样。"

【张居正讲解】

这一节是说周公的事。末,是老年。孔子说:"先时文王未为天子,于一应礼制,拘于势分而不得为。武王年老,才受天命,日不暇给,虽得为而不及为,是文王武王尊祖孝亲之德,尚有所欲为而未遂者。至周公辅佐成王,才一一都成就之。如古公、季历,是文王的父祖,周公于是推文武之意而追王之,尊古公为大王,尊季历为王季,生前只是侯爵,如今加称尊号,则文王武王之心,至是而慰矣。周之先公自组绀以上以至后稷,又是大王、王季的父祖,于是又推大王、王季之意,以天子之礼祀之,礼陈九献之仪,舞用八佾之数,当初祭以诸侯,如今祭以天子,则大王、王季之心,至是而慰矣。然不惟自尽其孝而已,又以天下之人虽名分不同,贵贱有等,他那孝亲报本之心,也与我一般,于是以所制之礼,推而下达乎诸侯、大夫及士、庶人,使人皆得随分以尽其孝。如父做大夫,子做士,父殁之时,葬固以大夫之礼,而祭则以士之礼。如父做士,子做大夫,父殁之时,葬固以士之礼,而祭则以大夫之礼。盖葬从其爵,贻死者以安也。祭从其禄,伸生者之情也。又制为丧服之礼,期年的丧服,下自庶人,上达乎大夫,犹通行之。天子诸侯便不行了,盖伯叔昆弟之丧,犹可伸以贵贵之义,所谓亲不敢贵也。若三年之丧服,则下自庶人上达乎天子,皆通行之,何也?三年之丧父母之丧也,子生三年,然后免于父母之怀,恩义至重,无贵无贱,都是一般,所谓贵不敢亲也。"夫追崇之礼,行于王朝,丧祭之礼,达乎天下,孝心上下融彻,礼制上下通行,周公之所以成文武之德者如此。

右第十八章。

【评析】

周公把这种礼仪、秩序、规矩推行到诸侯、大夫、士人和庶民中。父亲如果是大夫,儿子是士或者知识分子,父亲死了以后,用大夫的礼制来安葬,祭祀时则用儿子的士的礼制来对待。如果父亲是士,儿子是大夫,那么父亲死了以后,用士的礼制来安葬,而祭祀时用大夫的礼制。守丧一周年,达于大夫,守丧三年,达于天子。至于父母亲的丧服,则没有贵与贱的区别,天子君王和老百姓都是一样的。在今天这样一个人人平等的社会中按什么样的礼制安葬,与周代已经有天壤之别,不可同日而语。因此,这一部分不去过多探究。只需要清楚:古人是圣德相传,所制定的规矩和礼仪使得人人各得其位,生、养、死、葬,都有自己的位置和自己的名分。

【原文】

子曰:"武王、周公,其达孝矣乎。"

【译文】

孔子说:"武王、周公该是天下都认为孝的人了吧!"

【张居正讲解】

达,是通达。达孝,是通天下之人都谓之孝。子思引孔子之言说:"凡人之孝,止于一身一家,而未必能通乎天下。惟是武王周公,不唯自己能尽孝亲的道理,又能推以及人之亲,礼制大备,使人人皆得以尽其孝,所以通天下之人,都称他孝,而无有间然者,岂不谓之达孝矣乎!"

【评析】

周武王的所作所为、周公的所作所为,不仅仅自己能够传承祖先的意愿,恪守孝道,而且也用自己的行动设置了一个良好的社会行为规范。如果有更多的人这样做了,人类社会也就可以更好地发展下去了。所以社会上还是需要楷模作用带动大多数人来提高社会的风气。

【原文】

夫孝者,善继人之志,善述人之事者也。

【译文】

所谓孝者,就是能够继承先人的志向;能够完成先人的事业。

【张居正讲解】

善,是能。继,是继续。志,是心之所欲者。述,是传述。事,是所已行者。两个人字,都是指前人而言。孔子说:"武王周公所以为达孝者,无他,以其能继志而述事也。盖前人之心志,有所欲为的,虽是不曾遂意,也望后人去承继他。武王、周公便能委曲成就,念念要接续前人的意向,不使他泯灭了,这是善继其志。前人之行事,有所已为的,虽是不曾成功,也望后人去传述他。武王周公便能斟酌遵守,件件要敷衍前人的功绪,不使他废坠了。"这是善述其事,武王周公之孝如此,所以达乎天下,而无一人不称其孝也。

【评析】

张居正认为孝道一是做到祖先想做但是没有做到的事情,第二是把祖先没有完成的事业做完。对于坏事,不但不能继承而且要立刻改正。这也是历史长河生生不息,万世长流的原因,假如我们没有正确审视历史的态度,那么历史长河也就会变得肮脏不堪。

【原文】

春秋修其祖庙,陈其宗器,设其裳衣,荐其时食。

【译文】

春天和秋天,修建整理祖庙,陈列祭祀用的礼器,摆设祖先穿过的衣服,进献应时的祭品。

【张居正讲解】

春秋,是祭祀之时,四时皆有祭,举春秋,则冬夏可知。修,是修整。陈,是陈设。宗器,是先世所藏的重器。裳衣,是先王所遗的衣服。荐,是供献。时食,是四时该用的品物。孔子说:"武王周公所以善继志而述事者,何以见得?今以所制祭祀之礼言之,到春秋祭享的时节,于祖庙中门堂寝室,皆及时修整,以致其严洁而不敢亵渎,于先祖所藏的重器,都陈设出来,以示其能守而不敢失坠。于先王所遗的裳衣,必设之以授尸,不惟使神有所依,亦以系如在之思也。于四时该用的品物,心荐之以致敬,不惟使神有所享,亦以告时序之变也。"武王周公所制祭祀之礼,通于上下者如此。

【评析】

周公春秋两季举行祭祀的根本意义在于,对祖先伟业的歌颂,对祖先未竟事业的努力张扬,对祖先制定的政策的重新修订,也是对今人和后人的一次教导。在祭祀上,不管是修缮祖庙,还是把过去的祭祀祭器一一陈列,或是把祖先留下的衣服摆设出来,献上新鲜的时令水果,以表示后代的虔敬之心,都是必须按照一定的规矩来进行,制定这个规矩其实也就是权力的象征和分配,一方面人们祭祀祖先是希望祖先的神灵保佑自己,另一方面也是对现实的一种规范。

【原文】

宗庙之礼,所以序昭穆也。序爵,所以辨贵贱也。序事,所以辨贤也。旅酬,下为上,所以逮贱也。燕毛,所以序齿也。

【译文】

所谓宗庙的礼仪,是为了区分世系。排列出官职爵位的次序,是为了区别贵贱。进献祭品按职事排列,是为了区分才能。祭祀结尾由晚辈向长辈敬酒,是为了让晚辈也能尽责。宴饮按须发的黑白定座次,是为了区分年岁。

【张居正讲解】

序,是次序。昭穆,是宗庙的位次。在左边的为昭,取阳明之义。在右边的为穆,取阴幽之义。旅,是众。酬,是以酒相劝酬。燕,是燕饮。毛,是毛发。齿,是年齿。当祭于宗庙之日,宗庙的子孙,皆来与祭,其排列的班次,或在左、或在右,各照依其主而不紊者,所以序其何者为昭,何者为穆,使等辈先后之不至于混乱也。陪祀之臣,有公、有侯、有卿大夫,其爵不同,于祭之时,而序其或在前或在后,都有个次第者。所以分辨其孰为贵、孰为贱,使尊卑不至于挽越也。祭必有事,如宗,是掌管祠祭的;祝,是读祝文的。又有司尊的、执爵的,及奠帛赞礼的,皆事也。于祭之时,而序次其执事者。盖祭以任事为贤,所以分别其人之贤,择其德行之优、威仪之美、趋事之纯熟者为之,使非贤者不得与也。祭毕之时,同姓的兄弟与异姓的宾,众人饮酒,互相劝酬,其各家子弟,都着他举觯于其父兄,而供事于左右,所以然者,盖宗庙之中,以有事为荣,正所以逮及那子弟之贱者,使他亦有所事,而因事以申其敬也。饮宴之后,异姓之宾皆退之,又独宴同姓之亲,到这时节,不论爵位之崇卑,但以毛发之黑白为座次之上下,皆此者,盖同姓比之异姓为亲,故专论年齿以定座次,使长幼不至于失序也。夫序昭穆者,亲亲也。序爵者,贵贵也。序事者,贤贤也。逮贱者,下下也。序齿者,老老也。武王周公一祭祀之间,其意义之周悉如此。

【评析】

宗庙祭祀的一种礼制,就是区别秩序,区别先后的秩序。大致上说有以下几种,一是排列官爵区分贵贱,位高辈尊者走在前面。二是在同级中排列职事区分贤与不贤,能干不能干,部门重要不重要。三是劝酒喝酒的敬法,应是晚辈敬长辈,以显示出先祖的恩惠下达。四是饮宴时依据头发的黑白来排列座位,即在饮酒宴会时不太恪守等级秩序官位爵禄,而是注重年龄齿序大小。大家就位以后,升起先王的牌位,举行先王留下的祭礼,演奏先王的音乐,敬重先王所尊敬的祖宗,爱戴先王所爱戴的子孙和臣民。这些严格的规定都是为了区分亲疏和贵贱的秩序,体现了人们严别尊卑的等级观念。通过"神道设教"借助神灵来教育人们遵守社会秩序,用家庭来建立整个社会的秩序,可见古代执政者的良苦用心。

【原文】

践其位,行其礼,奏其乐,敬其所尊,爱其所亲,事死如事生,事亡如事存,孝之至也。

【译文】

就先王之位,行先王之礼,奏先王之乐,敬崇先王所敬重的人,爱慕先王所亲近的人,事奉去世者如同他们活着一样,事奉亡故者如同他们健在一样,这是孝行的极致啊。

【张居正讲解】

这一节是总结上文。践,是践履。所尊是先王的祖考。所亲,是先王的子孙臣庶。五个其字,都指先王而言。孔子说:"武王周公所制祭祀之礼,既善且备如此,可以见其善继而善述矣,何也? 先王之对越神明必有位,所行必有礼,所奏必有乐。今武王周公祭祀之时,所践履的就是先王对越祖考的位次,所行的就是先王升降周旋的礼仪,所奏的就是先王感格神人的音乐。祖考是先王所尊崇也,今祭祀一举,致其诚敬,而祖考来格,是能敬先王之所尊矣。子孙臣庶,是先王所亲厚也。今祭祀一行,笃其恩爱,而情义联属,是能爱先王之所亲矣。以此观之,可见武王周公事奉先王无所不至。先王虽死,事他如在生的一般,先王虽亡,事他如尚存的一般。真可谓善继人之志,善述人之事,而为孝之极至者也。"称曰达孝,不亦宜乎?

【评析】

在祭祀中,要让死者的意志好像还在延续一样,爱护他的亲人,完成他未竟的事业,遵守他以前制定的秩序,这样就是所说的"事死如事生,事亡如事存。"死者并没有离开我们,而是仍然在监督我们的行为和举动,充分反映了中国古代人民的历史观念。

【原文】

"郊社之礼,所以事上帝也。宗庙之礼,所以祀乎其先也。明乎郊社之礼,禘尝之义,治国,其如示诸掌乎。"

【译文】

"祭祀天地之礼是为了事奉上帝而举行的祭祀仪式;宗庙之礼是用来祭祀祖先的。明白了祭祀天地、祖先的意义,治理国家就像看自己手掌一样吧。"

【张居正讲解】

郊,是祭天。社,是祭地。上帝,即是天,言上帝则后土在其中。禘,是五年的大祭。尝,是秋祭。言秋祭则其余在其中。示字与视字同。掌,是手掌。示诸掌,是说看得明白。孔子又说:"武王周公所制祭祀之礼,不但如上文所言而已。总而言之,有郊社之礼焉,有宗庙禘尝之礼焉。郊社之礼,或行于圜丘,或行于方泽,盖所以事奉上帝与后土,答其覆载生成之德也。宗庙之礼,或五年一举,或一年四祭,盖所以祭祀其祖先,尽吾报本追远之诚也。这郊社禘尝,是国家极大的礼仪,其中义理微妙,难于测识,若能明此礼仪而无疑,则理无不明,诚无不格,治天下国家的道理,即此而在,就如看自家的手掌一般,何等明白。"盖幽明一理,而幽为难知,神人一道,而神为难格,既能通乎幽而感乎神,则明而治人,又何难之有哉?夫武王周公之制礼,不惟善体乎先王,而又可通于治道,此所以尽伦尽制,而又合于中庸之道也。

【评析】

在儒家看来,祭祀祖先以外,还要祭天地,是为了报答天生万物和地载万物之恩。明白了祭天祭地的礼节和大祭小祭的意义和方式,治理国家就变得很容易了,如同看手掌上的东西一样清楚明白。因为如果懂得祭祀神的道理,就能够借助神灵来治理人民,"神道设教"就是这个道理,天地入神在儒家看来是一个有机互动的整体,而不是互相隔离开来的。

【原文】

哀公问政,子曰:"文武之政,布在方策。其人存,则其政举;其人亡,则其政息。"

【译文】

鲁哀公询问政事。孔子说:"周文王、周武王的政事都记载在典籍上。他们在世,这些政事就实施;他们去世,这些政事也就废弛了。"

【张居正讲解】

哀公,是鲁国之君。方,是木版。简,是竹简。古时无纸,有事只写在木版竹简上,所以叫作方策。哀公问于孔子说:"人君为政的道理当如何?"孔子对说:"君欲行政,不必远有所求,唯在法祖而已。比我周文王武王,是开国的圣君,那时又有周公、召公诸贤臣辅佐,所行的政事都是酌古准今,尽善尽美的。如今布列于木版竹简之中,如《周官》《立政》诸书,及《周礼》所载,纪纲法度,固班班可考也。只是那一时的君臣,今已不存了。若使当今之时,上焉有文武这样的君,下焉有周召这样的臣,则当时立下的政事,如今件件都可举行,而文武之治,亦可复见于今日也。若是没有那样的君臣,则那政事便都灭息了。"载在方策者,不过陈迹而已,徒法岂能以自行哉? 可见立政非难,得人为贵,上有励精求治之主,下有实心任事之臣,则立纲陈纪,修废举坠,只在反掌之间而已。不然虽有良法美意,譬之有车而无人以推挽之,车岂能以自行哉? 此图治者,所当留意也。

【评析】

这一章是《中庸》全篇的枢纽。此前各章主要是从方方面面论述中庸之道的普遍性和重要性,这一章则从鲁哀公询问政事引入,借孔子的回答提出了政事与人的修养的密切关系,中国传统政治主张人治,中心是用贤人为政,用贤人的人格力量感化国民,所谓"上以风化下"就是这个道理,这一则故事告诉我们,政治并不远离我们,有什么样的人民,才有什么样的领导,进而才会产生什么样的政治社会。人才是政治的核心和根本。

【原文】

人道敏政,地道敏树。夫政也者,蒲卢也。

【译文】

治理人的途径是勤于政事;治理地的途径是勤于种植。说起来,政事就像蒲苇一样。

【张居正讲解】

人,指君臣说。敏,是快速的意思。树,是栽植。蒲卢,是蒲苇,草之最易生者。孔子说:"上有明君,下有良臣,便是得人。这人的道理,最能敏政。君臣一德,上下一心,一整饬间,而废者即兴,坠者即举,一修为间,而近无不服,远无不从,可以大明作之功,可以收综核之效,何等的快速。就似那地的道理一般,土脉所滋,凡有所栽植者,随植随长,无不快速也。夫人能敏政,则但得其人,则可以行政矣。而况这文武之政也者,是圣人行下的,合乎人情,宜于土俗,尽善尽美,至精至备,又是最易行者,就似那草中蒲苇一般,比之他物,尤为易生者也。"夫人道既能敏政,而王政又甚易行如此,苟得其人以举之,其于为治何有?

【评析】

孔子把政治比作芦苇,取的是它的生命力和可塑性。意思是说:什么样的人执政,就会有什么样的政治。尧舜禹汤文武执政,于是有仁政;纣王执政,于是有酒池肉林;始皇执政,于是有焚书坑儒;太宗执政,于是有贞观之治。如此等等,不一而足。所以,孔子提出为政在人的问题,强调执政者的修养。

【原文】

故为政在人,取人以身,修身以道,修道以仁。

【译文】

所以,政事的实施在于人才,选取人才取决于君王自身,修养自己在于遵循大道,遵循大道要依据仁义。

【张居正讲解】

人,是贤臣。身,指君身说。道,即是天下之达道。仁,是本心之全德。孔子说:"由人存政举之易观之,可见天下有治人,无治法。所以为人君者,要举文武之政,只在择贤臣而任用之,惟得其人,然后纪纲法度,件件振举,而政事自无不行也。然人君一身,又是臣下的表率,如欲取人,必须先修自己的身,能修其身,然后好恶取合,皆得其宜,而贤才乐为之用也。然要修身,又必于君臣、父子、夫妇、兄弟、朋友的道理,各尽其当然之实,则一身的举动,都从纲常伦理上周旋,身自无不修矣。然要修道,又必全尽本心之天德,使慈爱恻怛,周流而无间,则五伦之间,都是真心实意去运用,道自无不修矣。"夫以仁修道,以道修身,则上有贤君,以身取人,则下有贤臣,由是而举文武之政,何难之有哉!

【原文】

"仁者,人也,亲亲为大。义者,宜也,尊贤为大。亲亲之杀,尊贤之等,礼所生也。"

【译文】

仁就是爱人,亲爱亲族是最大的仁。义就是事事做得适宜,尊重贤人是最大的义。至于说亲爱亲族要分亲疏,尊重贤人要有等级,就是礼产生的原因。

【张居正讲解】

人,指人身而言。上一个亲字,是亲爱。下一个亲字,指亲族说。尊贤,是尊敬有德的人。杀,是降杀。等,是等级。礼,是天理之节文。承上文说:"修道固必以仁,而仁非外物,乃有生之初,所具恻怛慈爱之理,是即所以为人也。然仁虽无所不爱,而惟亲爱自己的亲族,乃能推以及人,而爱无不周,故以亲亲为大。有仁必有义,而义非强为,凡事物之中,各有当然不易的道理,是即所以为宜也。然义虽无所不宜,而惟尊敬那有道德的贤人,乃能讲明此理,而施无不当,故以尊贤为大。然这亲亲中间,又有不同,如父母则当孝敬,宗族则当和睦,自有个降杀。这尊贤中间,也有不同,如大贤则以师傅待之,小贤则以朋友处之,自有个等级。这降杀等级,都从天理节文上生发出来,所以说礼所生也。"曰仁、曰义、曰礼,三者并行而不悖,则道德兼体于身,而修身之能事毕矣。

【评析】

国君想处理好国家的政务,关键在于人才。得到了人才就要去栽培,而栽培就必须修养他自身的品德,修身就应该是用中庸之道。中庸之道集中体现在仁爱之心中。在"仁者爱人"中,爱父母是仁爱中最重要之事。人应该从爱自己的父母开始,一个人如果他连自己的父母都不爱,却声称自己爱国家爱人民,是虚假不真而绝不可能的。在这个意义上,《中庸》认为爱自己的父母,是实行仁爱千里之行的第一步。

【原文】

故君子不可以不修身。思修身,不可以不事亲。思事亲,不可以不知人。思知人,不可以不知天。

【译文】

所以,君子不能不修养自己。要修养自己,不能不侍奉亲族;要侍奉亲族,不能不了解他人;要了解他人,不能不知道天理。

【张居正讲解】

承上文说:"为政在人,取人以身。可见君子一身,关系最重。若不能修治其身,则其本不端,何以为取人的法则。所以君子不可不先修其身。修身以道,修道以仁,亲亲为仁之大。可见事亲是修身的先务,若不能善事其亲,则所厚者薄,无所不薄,身不可得而修矣。所以思修其身者,不可以不善事其亲。欲尽亲亲之仁,又必尊礼贤人,与之共处,然后亲亲的道理,讲究得明白。若不能尊贤取友以知人,则义理谁与讲明,是非无由辨白,以致辱身危亲者亦有之矣。所以思尽事亲之道者,又不可以不知人也。至若亲亲则有降杀,尊贤则有等级,都是天理之自然。若于这天叙天秩的道理,知之不明,则恩或至于滥施,敬或至于妄加,所尊所亲,处之皆失其当矣。所以思知人以为事亲之助者,又不可以不知天也。"由知天以知人,知人以事亲,则身修而有君矣。以身取人,则有臣矣。有君有臣,而文武之政焉有不举者哉!

【评析】

这里讲的是为政要从自身做起,但并不是简单地独善其身,而是在与社会和人群的维度中自我提高,在孝敬父母,结交良友的过程中提高自身的修养,而这一切最终又返回到"知天"上,知道天命,知道人的天性,就像德尔菲神庙的箴言所说"认识你自身"。修身是一切的源头,也是最终的终点。

【原文】

天下之达道五,所以行之者三,曰:君臣也、父子也、夫妇也、昆弟也、朋友之交也。五者,天下之达道也。知、仁、勇三者,天下之达德也。所以行之者一也。

【译文】

天下人共有的伦常关系有五项,用来处理这五项伦常关系的德行有三种。君臣、父子、夫妇、兄弟、朋友之间的交往,这五项是天下人共有的伦常关系;智、仁、勇,这三种是用来处理这五项伦常关系的德行。至于这三种德行的实施,自古及今一以贯之。

【张居正讲解】

达,是通达。昆弟,即是兄弟。德,是所得于天之理。一字,指诚说。孔子说:"天下古今人所共由的道理有五件,所以行这道理的有三件。五者何?一曰君臣、二曰父子、三曰夫妇、四曰兄弟、五曰朋友之交。在君臣则主于义,在父子则主于亲,在夫妇则主于别,在兄弟则主于序,在朋友则主于信。这五件是人之大伦,从古及今,天下人所共由的道理,不外乎此。就如人所通行的大路一般,所以说是天下之达道也。三者何?一曰知、二曰仁、三曰勇。知则明睿,所以知此道者。仁则无私,所以体此道者。勇则果确,所以强此道者。这三件是天命之性,从古至今,天下人所同得的,无少欠缺,所以说是天下之达德也。然达道固必待达德而后行,而其所以行之者,又只在一诚而已。"盖诚则真实无伪,故知为实知,仁为实仁,勇为实勇,而达道自无不行。苟一有不诚,则虚诈矫伪,而德非其德矣,其如达道何哉?故曰所以行之者一也。

【评析】

五达道是指君臣、父子、夫妇、兄弟、朋友关系,有着深厚的社会基础和人伦道理。朱自清先生的名作《背影》中,孩子看到送自己远行的父亲背影非常感动,正是父亲的肩膀扛起了我们前行的希望,不能够忘恩忘义忘记仁爱。而夫妇之间如琴瑟一样和乐、和睦、和满。所以,人固然有自己的个性,但是一味张扬自己的个性最后导致与至爱亲朋们反目成仇,也是错误的。

【原文】

或生而知之;或学而知之;或困而知之:及其知之一也。或安而行之;或利而行之;或勉强而行之:及其成功一也。

【译文】

有的人生来就知道,有的人通过学习才知道,有的人要遇到困难后才知道,但只要他们最终都知道了,也就是一样的了。有的人自觉自愿地去实行它们,有的人为了牟取利益才去实行它们,有的人勉勉强强地去实行,而最终他们因实施而成功,也就是一样的了。

【张居正讲解】

这一节是说造道的等级。知之,是知此达道。困,是困苦。行之,是行此达道。利,是贪利。孔子说:"人性虽同,而气禀或异,以知此理而言,或有生来天性聪明,不待学习自然就知之的。或有讲习讨论,从事于学问然后知之的。或有学而未能,困苦其心,发愤强求然后知之的。这三等人,闻道虽有先后,然到那豁然贯通义理明白的去处,都是一般。所以说及其知之,一也。以行此理而言,或有生的德性纯粹,不待着力,安然自能行的。或有真知笃好,只见得这道理好,往前贪着去行的。或有力未能到,必待勉强奋发,而后能行的。这三等人,行道虽有难易,然到那践履纯熟,功夫成就的时节,也都一般,所以说,及其成功一也。"

【评析】

有的人天生就知道这些道理,有的人通过后天学习才知道,有的人是遇到困惑后经过磨难才琢磨出来这些道理,不管是先天的后天的都可以走向诚,因为诚本体为一。有些人是从容安详地去实行某种大道,有些人是贪图利益地去实行大道,就是急功近利地速成地去实行大道,还有人很勉强地要别人敦促他去实行道。不管是哪种途径,最终目的都是实行大道,这都是具有实现诚的可能性。

【原文】

子曰:"好学近乎知。力行近乎仁。知耻近乎勇。"

【译文】

孔子说:"喜欢学习就接近了智,努力实行就接近了仁,知道羞耻就接近了勇。"

【张居正讲解】

这一节是未及乎达德而求以入德的事。孔子说:"人之气质虽有不同,然未尝无变化之术。如智以明道,固非愚者之所能。然若肯笃志好学,凡古今事物之理,时时去讲习讨论,不肯自安于不知,将闻见日广,聪明日开,虽未必全然是智,也就不堕于昏愚了,岂不近于智乎? 仁以体道,固非自私者之所能,然若能勤励自强,事事去省察克治,实用其力,将见本心收敛,天理复还,虽未必纯然是仁,也就不蔽于私欲了,岂不近于仁乎! 勇以任道,固非懦者之所能,然若能知己之不如人,而常存愧耻之心,不肯自暴自弃,将见耻心一萌,志气必奋,虽未必便是大勇,也就不终于懦弱了,岂不近于勇乎!"

【评析】

关于天下人共有的五项伦常关系,除了因进入民主时代而再无君臣关系外,其他几项关系都依然是与我们血肉相连而不可分割的,也都是需要我们正确处理而不可忽视的。至于处理这几项关系的三种德行,好学不倦就接近于聪明、明智,努力行善就接近于仁爱之意,懂得了耻辱就可以称之为勇敢。了解了好学、力行、知耻这三点,就知道应该如何修养自身。俗话说:羞耻之心,人皆有之,也就是说,知道羞耻是赶上别人的重要条件之一。个人是这样,一个国家、一个民族也是这样,所以,我们以毋忘国耻作为爱国主义教育的重要内容之一。究其实质,一个人只有知道羞耻,才能够勇于改正错误,勇于弥补自己的不足,迎头赶上别人,从而免于羞耻。一个民族、一个国家,只有知道羞耻,才能够发愤图强,富国强兵,富民兴邦,自立于世界民族之林。

【原文】

知斯三者,则知所以修身。知所以修身,则知所以治人。知所以治人,则知所以治天下国家矣。

【译文】

知道这三点,就知道怎样修养自己,知道怎样修养自己,就知道怎样管理他人,知道怎样管理他人,就知道怎样治理天下和国家了。

【张居正讲解】

斯字,解做此字。三者,指上文三近而言。孔子说:"修身以道,而知、仁、勇之德,则所以行此道者,人若能知得好学、力行、知耻这三件,足以近之,便可以入于达德、行乎达道,所以修治其身之理,无不知矣。既知所以修身,则所以治人而使之尽其道者,即此而在。盖以己观人,虽有物我之间,然在我的道理,即是在人的道理,故知所以修身,便知所以治人也。既知所以治人,则所以治天下国家而使之皆尽其道者,亦即此而在。盖以一人观万人,虽有众寡之殊,然一个人的道理,即是千万人的道理。故知所以治人,便知所以治天下国家也。"夫以天下国家之治,而要之不外于修身,可见修身为致治之本矣。

【评析】

了解了如何修身养性,就知道怎样通过这件事情举一反三,去治理民众去从事政治。了解日常生活中的政治,就明白了如何去治理天下国家的要务。儒家思想强调从自我身体开始,从小处入手,然后去治理大国,这当然需要出于公心——"天下为公"的公心。有了公心有了公德有了好的口碑,又有了好的行政举措和人伦秩序,就可以按照正确的步骤去治理天下。

【原文】

凡为天下国家有九经,曰:修身也、尊贤也、亲亲也、敬大臣也、体群臣也、子庶民也、来百工也、柔远人也、怀诸侯也。

【译文】

治理天下和国家有九条原则。那就是:修养自身,尊崇贤人,亲爱亲族,敬重大臣,体恤群臣,爱民如子,招纳工匠,优待远客,安抚诸侯。

【张居正讲解】

经，是常道。孔子说："大凡人君治天下国家，有九件经常的道理，可以行之万世而不易者。第一件，要修治自己的身，使吾身之一动一静，皆足以为天下之表率。第二件，要尊礼贤人，使之讲明治道，以为修己治人之助。第三件，要亲爱同姓的宗族，凡施予恩泽都宜加厚，不可同于众人。第四件，要敬礼大臣，凡体貌恩数，都宜加隆，不可同于小臣。第五件，要体悉群臣，以己之心度彼之心，委曲周悉，把群臣们都看得如自己的身子一般。第六件，要子爱庶民，乐民之乐，忧民之忧，爱养保护，把百姓都看得如自己的儿子一般。第七件，要招来百样的工匠，集于国都，使他通工易事，以资国用。第八件，要绥柔远方来的使客人等，加意款待，使他离乡去国，不致失所。第九件，要怀服四方的诸侯，使他常为国家的藩屏，无有离叛之意。这九件乃治天下国家经常之道。从古及今，欲兴道致治者，决不能合此而别有所修为也，所以叫作九经。"然此九者之中，又有自然之序，盖天下国家之本在身，故修身为九经之首。然必亲师取友，而后修身之道进，故尊贤即次之。道之所进莫先于家，故亲亲又次之。由家以及朝廷，故敬大臣、体群臣次之。由朝廷以及其国，故子庶民、来百工次之。由其国以及天下，故柔远人、怀诸侯次之。九经之序如此，而其本则唯在于修身，其要莫急于尊贤也。

【评析】

关于治理天下国家的九条原则，方方面面，实际上是《大学》里提出的修身、齐家、治国、平天下几个阶段的具体展开。其实当时的社会形势已经有了很大变化，这九条已经很难实现了，但是只要国君能够修己为先，重用贤人，就可以逐渐完成这个计划。所以第一条仍然是修身为本，由近及远。

【原文】

修身，则道立。尊贤，则不惑。'亲亲，则诸父昆弟不怨。敬大臣，则不眩。体群臣，则士之报礼重。子庶民，则百姓劝。来百工，则财用足。柔远人，则四方归之。怀诸侯，则天下畏之。

【译文】

修养自身就能确立正道；尊崇贤人就不会思想困惑；亲爱亲族就不会惹得叔伯兄弟怨恨；敬重大臣就不会遇事无措；体恤群臣，士人们就会竭力报效；爱民如子，老百姓就会忠心耿耿；招纳工匠，财物就会充足；优待远客，四方百姓就会归顺；安抚诸侯，天下的人都会敬畏了。

【张居正讲解】

这一节是说九经的效验。道即是达道。诸父是伯父叔父。眩字解做迷字。孔子说："治天下国家的九经，人君若能着实行之，则件件都有效验，如能修治自己的身，则达道达德，浑然全备，便足以为百姓的表率，而人皆有所观法矣。能尊礼有德的贤人，则薰陶启沃，聪明日开，闻见日广，于那修己治人的道理，都明白贯通，无所疑惑矣。能亲爱同姓的宗族，则为伯叔诸父的，为兄弟的，都得以保守其富贵，欢然和睦，而无有怨恨矣。能敬礼大臣，则信任专一，他得以展布其能，临大事、决大议，皆有所资而不至于迷眩矣。能体悉群臣，则为士的感激思奋，皆务竭力尽忠，以报答君上之恩矣。"

【评析】

这里讲的是施行九经的功效。国君修身养性，就可以做国民的楷模，天下人都有人效仿的榜样，就不会莫衷一是，随后选用贤才，和睦家族，信任群臣，体恤百姓，这样整个国家一条心，自然就会兴旺发达。

【原文】

齐明盛服，非礼不动，所以修身也。去谗远色，贱货而贵德，所以劝贤也。尊其位，重其禄，同其好恶，所以劝亲亲也。官盛任使，所以劝大臣也。忠信重禄，所以劝士也。时使薄敛，所以劝百姓也。日省月试，既禀称事，所以劝百工也。送往迎来，嘉善而矜不能，所以柔远人也。继绝世，举废国，治乱持危，朝聘以时，厚往而薄来，所以怀诸侯也。

【译文】

像斋戒那样净心虔诚，穿着庄重整齐的服装，不符合礼仪的事坚决不做，是为了修养自身；驱除小人，远离女色，看轻财物而重视德行，是为了尊崇贤人；提高亲族的地位，给他们以丰厚的俸禄，与他们爱憎相一致，是为了勉励亲族亲近；有众多的官员供他们使用，这是为了劝勉大臣；提高忠信者的俸禄，这是为了勉励士；使用民役不误农时，少收赋税，这是为了爱民如子；经常视察考核，按劳付酬，这是为了招纳工匠；来时欢迎，去时欢送，嘉奖有才能的人，救济有困难的人，这是为了优待远客；延续断绝的世系，复兴灭亡的国家，治理祸乱，扶持危难，按时接受朝见，赠送丰厚，纳贡菲薄，这是为了安抚诸侯。

【张居正讲解】

这一段是说九经的事。齐，是斋戒。明，是明洁。盛服，是衣服整肃。谗，是谗佞的人，颠倒是非，最能伤害君子。色，是美色；货，是财利，最能移易人心。孔子说："人君惟惮于拘束，乐于放纵，是以其身不能修治，必须内而斋明以收敛其心志，外而盛服以整肃其容仪，凡事都依着礼法行，非礼之事，绝不去干。如此，则内外交养，动静不违，而此身常在规矩之内，乃所以修身也。人君惟听信谗言，徇于货色，那好贤的意思，便就轻了。必须屏去那谗邪，疏远那美色，轻贱那货财，只专心一意贵重有德的人。如此则纯心用贤，而贤者乐为之用，乃所以劝贤也。同姓的宗族，常恐恩礼衰薄，所以怨望易生，必须体念宗室，尊其爵位，重其俸禄，他心里喜好的与他同好，心里憎恶的与他同恶，不至违拂其情。如此则诸父昆弟自然感悦，乃所以劝亲亲也。做大臣的,若教他亲理细事,便失了大体,必须多设官属,替他分头干办,足任他使令之役,如此则为大臣者,得以从容论道,经理天下的大事,乃所以劝大臣也。于群臣,待之不诚,则各生疑畏,而不肯尽心,养之不厚,则自顾不暇而不肯尽力,必须待之以忠信,开心见诚,不去猜疑他,养之以重禄,使他父母妻子皆有所仰赖。如此则士无仰事俯育之累,而乐趋事功以报效朝廷,乃所以劝士也。于百姓,使之不以其时,则劳民之力,敛之过于太重,则伤民之财,故虽有不容己之事,亦必待农工既毕之后,然后役使他。征敛他的税粮,又皆从轻而不过于厚,则百姓既有余财,又有余力,皆将欢欣爱戴,以亲其君上,乃所以劝百姓也。既字读作饩字。饩是牲口,禀是廪米。百工技艺的人,执事有勤惰之不同,必须日日省视他,月月考验他,以验其工程如何,勤的便多与他些廪饩,以偿其劳。惰的则少与他些,务与他的事功相称。如此则不惟勤者益知所勉,而惰者亦皆劝于勤矣,乃所以劝百工也。远方使客人等,于其回还时节,则授之旌节以送之,使关津不得阻滞,于其来的时节,则丰其委积以迎之,使百凡有所资给,其人之善者,则嘉美之,而因能以授之任,其不能者,则矜恕之,而亦不强其所不欲。如此,则款待周悉,天下之旅皆悦而愿出于其途,乃所以柔远人也。至若四方诸侯,有子孙绝嗣的,寻他旁枝来继续,使不绝其宗祀。有失了土地的,举其子孙而封之,使得复其爵土。治其坏乱,教他国中上下相安,持其危殆,教他国中大小相恤,每年使其大夫一小聘,三年使其卿一大聘,五年则诸侯自来一朝,朝聘各有其时,不劳其力也。我之燕赐于彼者则厚而礼节之有加,彼之纳贡于我者则薄,而方物之不计,厚往而薄来,恐匮其财也。如此则天下诸侯皆将竭其忠力,以藩卫王室,而无背叛之心,乃所以怀诸侯也。"九经之事如此。

【评析】

斋戒沐浴而穿上华丽的衣服,不符合社会行为规范的行为就不行动,这就需要修养自身;为什么要修养自身呢? 除去谗言并远离表面的东西,轻视财货而重视人生的规律,这就是为什么要勉励贤人的道理。尊重贤人的地位,重赐贤人的俸禄,和同于贤人的喜好和憎恶,这就是为什么要勉励亲族亲人的道理了。为大臣设立众多的属官,足供使用,这就是为什么要勉励大臣的道理。尽心尽力信任并重赐俸禄,这就是为什么要勉励读书人的道理。按时使用劳动力并很少收取税赋,这就是为什么要勉励老百姓的道理。每天审视并每月检测,付给的粮食与工匠的工效相称,这就是为什么要勉励工匠的道理。热情相送盛情相迎,嘉奖有善行的人,庄重对待才能不足的人,这就是为什么要优待遥远的少数民族的道理。承续接继已经断绝了的世族,兴起那已经废除的国家,治理混乱扶持危难,朝见聘问要有定时,赠送要厚收礼要薄,这就是为什么要安抚各地诸侯的道理。

【原文】

凡为天下国家有九经,所以行之者一也。

【译文】

总而言之,治理天下和国家有九条原则,但实行这些原则的方法都是一样的。

【张居正讲解】

孔子既详言九经之事,又总结之说道:"人君治天下国家,有这九件经常的道理,其事与效验,固各不同,然所以行那九经,只是一件,曰诚而已矣。"盖天下之事,必真实而无妄,乃能常久而不易,若存的是实心,行的是实事,则九经件件修举,便可以治天下国家。若一有不诚,则节目虽详,法制虽具,到底是粉饰的虚文而已,如何可以为治乎?故曰:"所以行之者一也。"

【评析】

儒家认为要治理一个大国,九经只是制度方面的内容,重要的是国君以及人民的精神力量,制度方面可以被修正或是改变,因为制度只是一种方法或是工具,关键在于使用这件工具的人的心态,如果这个人的信念坚定,那么国家必然繁荣昌盛,如果国君三心二意,那么再好的制度也不过是花拳绣腿的表面功夫。所以执政者要具有"诚"的精神力量才可以去治国。

【原文】

凡事豫则立,不豫则废。言前定,则不跆。事前定,则不困。行前定,则不疚。道前定,则不穷。

【译文】

任何事情,事先有准备就会成功,没有准备就会失败。说话先有准备,就不会无序;做事先有准备,就不会受窘;行动先有准备,就不会失误;道路预先选定,就不会走投无路。

【张居正讲解】

凡事,指达道、达德、九经,以及日用大小的事务皆是。豫,是素定。跆,是颠踬,如人行路跌倒的一般。困,是窘迫。疚,是歉。承上文说:"九经之行,固贵于诚,然不但九经而已,但凡天下之事,能素定乎诚,则凡事都有实地,便能成立,若不能素定乎诚,则凡事都是虚文,必致废坏。何以言之?如人于言语先定乎诚,不肯妄发,则说的都是实话,自然顺理成章,不至于蹉跌矣。人于事务先定乎诚,不肯妄动,则临事便有斟酌,自然随事中节,不至于窘迫矣。身之所行者先定乎诚,则其行有常,自然光明正大,而无歉于心,何疚之有?道之当然者先定乎诚,则其道有源,自然泛应曲当,而用之不竭,何穷之有?"所谓凡事豫则立者如此,苟为不诚,则言必至于跆,事必至于困,行必至于疚,道必至于穷矣。

【评析】

豫则立,不豫则废,和孔子所说的人无远虑,必有近忧(《论语·卫灵公》)很接近。未雨绸缪,防患于未然,不打无准备之仗,值得我们贯彻到实际生活中去,首先自己的心中要有坚定的信念,这信念才是自己事业的源泉,如果心中有了目标和信心,那么曲折阻碍不过是自己前进道路的一部分而已,这也是诚心正意的作用。尼采说:任何杀不死我的,只会让我变得更加强大。也是这个道理。

【原文】

在下位不获乎上,民不可得而治矣。获乎上有道,不信乎朋友,不获乎上矣。信乎朋友有道,不顺乎亲,不信乎朋友矣。顺乎亲有道,反诸身不诚,不顺乎亲矣。诚身有道,不明乎善,不诚乎身矣。

【译文】

在下位的人,如果得不到在上位的人信任,就不可能治理好平民百姓。得到在上位的人信任有办法,得不到朋友的信任就得不到在上位的人信任;得到朋友的信任有办法,不孝顺父母就得不到朋友的信任;孝顺父母有办法,自己不真诚就不能孝顺父母;使自己真诚有办法,不明白什么是善就不能够使自己真诚。

【张居正讲解】

这一节承上文推言素定的意思。获字,解做得字。孔子说:"凡事皆当素定乎诚,如在下位的人,若要治民,必得了君上的心,肯信用他,方才行得。若不能得君上的心,则无以安其位而行其志,要行些政事,人都不肯听从,民岂可得而治乎?故欲治民者,当获乎上也。然要获乎上,不在乎谀悦以取容,自有个道理,只看他处朋友如何,若是平昔为人,不见信于朋友,则志行不孚,名誉不著,要见知于在上的人,岂可得乎?故欲获乎上者,必信于朋友也。然要朋友相信,不在乎交结以取名,自有个道理,只看他事父母如何。若平日不能承顺父母,得其欢心,则孝行不修,大节已亏,岂能取信于朋友之间乎?故欲信友者,当顺乎亲也。然要顺亲,亦不在乎阿意以曲从,也有个道理,只在能诚其身。若反求诸身,未能真实而无妄,则外有承顺之虚文,内无敬爱之实意,岂能得父母之欢心乎?故欲顺亲者,当诚乎身也。然诚身功夫,又不是一时袭取得的,也有个道理,只在能明乎善,若不能格物致知,先明乎至善之所在,则好善未必是实好,恶恶未必是实恶,岂能使所存所发,皆真实而无妄乎?"故欲诚身者,当明乎善也。能明善以诚身,则顺亲、信友、获上、治民,何难之有?即在下位者欲获上治民而推之一本于诚,则凡事可知矣。

【评析】

处在下位的人如果没有得到上面的信任,是不可治民众的,意思是说处在下位的人只有得到了上级的信任才可以大治。以此类推,要得到上面的信任有一条法则,首先要得到亲朋好友的信任,要得到亲朋好友的信任,这样才可能去治理百姓。要得到亲朋好友的信任,其关键就是要孝敬父母,因为一个不孝敬父母的人,怎么可能并有能力得到亲朋好友的信任呢?孝敬父母的关键是自身要诚,假心假意把父母亲当成工具来利用,怎么可能得到父母亲的信任呢?怎么会得到他们无

国学经典文库

中庸

张居正讲解《中庸》

图文珍藏版

私的爱呢？要得到自身之诚，首先要发扬自己善的德行。从最小的开始推陈，要得到自身最善的德行，就必须反身自诚，说到底就是一个"诚"字。不妨反推之：先要自身诚，才能够去行善；只有去行善，才可能自身而诚，并且得到父母亲的爱；得到了父母亲的爱，才可能得到亲朋好友的爱；得到亲朋好友的爱，才可能去治理天下，并且得到上级的认可，得到上级的信赖。

【原文】

诚者，天之道也。诚之者，人之道也。诚者，不勉而中，不思而得，从容中道，圣人也。诚之者，择善而固执之者也。

【译文】

真诚是上天的原则，追求真诚是做人的原则。天生真诚的人，不用勉强就能做到，不用思考就能拥有，自然而然地符合上天的原则，这样的人是圣人。努力做到真诚，就要选择美好的目标执着追求。

【张居正讲解】

诚，是真实无妄。从容，是自然的意思。择，是拣择。固，是坚固。执，是执守。承上文诚身说："这诚之为道，原是天赋与人的，盖天以实理生万物，人以实理成之为性，率其性而行之，本无间杂，不假修为，乃天与人的道理，自然而然，所以说是天之道也。若为气禀物欲所累，未能真实无妄，而用力以求到那真实无妄的去处，这是人事所当然者，乃人之道也。诚者之事何如，其行则安而行之，不待勉强而于道自无不中，其知则生而知之，不待思索，而于道自无不得。此乃从容合道的圣人，全其天而无所假于人为者也。诚之者之事何如？其知则未能不思而得，必拣择众理以明善，其行则未能不勉而中，必坚守其善以诚身，此乃用力修为的贤人，尽人以合天者也。"然自古虽生知安行之圣，亦必加学问之功，夫其得之于天者既全，而修之于人者又力，此所以圣而益圣欤？

【评析】

这里讲的是"天道"之"诚"，天生万物，全是自然而然，没有一点勉强的意思。人也应该效法天道之诚，自然而然，不被外界物欲所羁绊，而这一点又不是寻常人可以做到的，真正能够发自本心的人就是圣人，这样的人自然就可以做到这一点，然而平常人就要选择善道而坚持不懈去做，让这善道最终内化为自己的心灵。

【原文】

博学之，审问之，慎思之，明辨之，笃行之。

【译文】

广泛学习，详细询问，周密思考，明确辨别，切实实行。

【张居正讲解】

承上文说："择善而固执之，固诚之者之事。然其用功之节目，又不止一端。第一要博学,天下之理无穷,必学而后能知。然学而不博,则亦无以尽事物之理,故必旁搜远览,凡古今事物之变,无不考求,庶乎可以广吾之闻见也,这是博学之。所学之中有未知者,必须问之于人,然问而不审,则苟且粗略,而无以解心中之惑,故必与明师好友,尽情讲论,仔细穷究,庶乎可以释吾之疑惑也,这是审问之。虽是问的明白了,又必经自家思索一番,然后有得,然思而不慎,又恐失之泛滥,过于穿凿,虽思无益矣。故必本之以平易之心,求之于真切之处,而慎以思之,庶乎潜玩之久而无不通也。既思索了,又以义理精微,其义利公私之间,必加辨别,然辨而不明,则毫厘之差,谬以千里,虽辨无益矣。故必条分缕析,辨其何者为是,何者为非,何者似是实非,何者似非而实是,一一都明以辨之,庶乎尽其精微而不差也。夫既学而又问之、思之、辨之,则于天下之义理,皆已明白洞达而无所疑,可以见之于行矣。然行而不笃,则所行者徒为虚文,而终无所成就,又必真心实意,敦笃而行,无一时之间断,无一念之懈怠,则所知者皆见于实事,而不徒为空言矣,所以又说笃行之。"夫博学、审问、慎思、明辨,所以择善也。笃行,所以固执也。五者,皆诚之者的功夫,学知利行之事也。

【评析】

这是说如何做到诚的问题。坚持不懈,择善固执是纲,选定美好的目标而执着追求。博学、审问、慎思、明辨、笃行是追求的手段,要广泛学习,不懂的东西要仔细地询问别人,将自己学到的东西进行反思,进而综合地去比较考察,最后做到知行合一,用自己的知识去指导自己的生活和实践。

【原文】

有弗学,学之弗能,弗措也;有弗问,问之弗知,弗措也;有弗思,思之弗得,弗措也;有弗辨,辨之弗明,弗措也;有弗行,行之弗笃,弗措也。人一能之,己百之。人十能之,己千之。

【译文】

要么不学,学了没有学会绝不罢休;要么不问,问了没有懂得绝不罢休;要么不想,想了没有想通绝不罢休;要么不分辨,分辨了没有明确绝不罢休;要么不实行,实行了没有成效绝不罢休。别人用一分努力就能做到的,我用一百分的努力去做;别人用十分的努力做到的,我用一千分的努力去做。

【张居正讲解】

弗字,解做不字。措字,解做止字。承上文说:学、问、思、辨、笃行,固是求诚之事,然有一样资禀庸下的,未能便成,必须专心致志着实用功,乃能有成。如古今事物之理,不学则已,但去学时,便要博闻强记,件件都理会得过才罢。若有不能,不止也。有疑惑的,不问则已,但去问时,便反复讲究,件件都要知道才罢,若有不知,不止也。有该思索的,不思则已,但去寻思,则必再三筹度,务要融会贯通才罢,若有不得,不止也。有该辨别的,不辨则已,但去分辨,则必细细剖析,务要明白不差才罢,若有不明,不止也。及其见诸躬行,不行则已,但行的时节,务要践履笃实,抵于有成才罢,若有不笃,不止也。他人一遍就会了,自己必下百遍的功夫,他人十遍就会了,自己必下千遍的功夫,务求其能而后已,这是困知勉行者之事也。

【评析】

学习讲究不断进取,不断思索,遇到问题,一定要刨根问底,弄明白为止,做事也不能半途而废。一件事情别人用一分的努力就做到,自己要用十倍的努力。人家通过了十倍的努力,自己要千倍的勤奋。也就是说,"功夫不负有心人",所有的学习和行动,所谓的知行合一,是靠坚韧不拔的毅力往前推进的。

【原文】

果能此道矣,虽愚必明,虽柔必强。

【译文】

如果真能够做到这样,虽然愚笨也一定可以聪明起来,虽然柔弱也一定可以刚强起来。

【张居正讲解】

此道,指上一节说。常人有志者少,无志者多。未有能实用其力者,若果能于那学问思辨笃行,用了百倍的功夫,则义理自然浑融,气质自然变化,虽是生来愚昧的,久之亦将豁然贯通,而进于明矣。虽是生来柔弱的,久之亦能毅然自守,而进于强矣。况本是聪明强毅的,而又能加勤励不息之功,有不为大知大勇者乎。

右第二十章。

【张居正讲解】

谨案此章,言帝王治天下之大经大法,极其详备。首言举行文武之政,在于有君有臣,而尤归重于君身,盖有君则自然有臣也。中言以三达德而行五达道,皆修身之事。九经则自身而推之家国天下,终言修己治人,必本于一诚,而学问思辨笃行之功,则所以求立乎诚者也。夫至诚者,天德也,九经之事,王道也。有天德而后可以行王道,其要在于典学,伏惟圣明留意焉。

【评析】

这是讲学习对人的改造,通过不懈地学习,天资愚笨的人也能变得聪明,性格柔弱的人也会变得坚强,学习的过程其实也就是投身社会接受锻炼的过程。爱因斯坦就是一位从笨瓜到科学巨人的典型。爱因斯坦幼年时是出了名的笨蛋,3岁还不会说话!读书时是不爱玩耍的讨厌的学生。6岁时,被老师叫到名字,竟呆若木鸡,引来一片轻蔑的笑声:差劲的笨瓜。当时老师给他的评语是:智力迟钝,话说不清楚,成不了才。读中学时,教导主任给他下了个结论:干什么都一样,反正一事无成。考大学时,语文和生物竟然不及格,不得不补习一年。看来爱因斯坦日后成为科学奇才,绝不是靠早慧,而靠着一颗勤奋好学,勇于独立思考,不断探索的心!

【原文】

自诚明,谓之性;自明诚,谓之教。诚则明矣;明则诚矣。

【译文】

由真诚而自然明白道理,这叫作天性;由明白道理后做到真诚,这叫做人为的教育。真诚也就会自然明白道理,明白道理后也就会做到真诚。

【张居正讲解】诚,是真实无妄。明,是事理洞达。子思承孔子天道人道之意以立言说道:"人之造道等级虽有相悬,及其成功,则无二致。固有德无不实,而明无不照,由诚而明的,这叫作性。盖圣人之德,不勉而中,不思而得,天性本来有的,故谓之性。性,即天道也。有先明乎善,而后能实其善,由明而诚的,这叫作教。盖贤人之学,以择而精,以执而固,由教而后能人的,故谓之教。教,即人道也。夫日性日教,虽有天道人道之殊,然德无不实者,固自然清明在躬,无有不明,而先明乎善者,也可以到那诚的地位,及其成功,则一而已矣。"所以说诚则明矣,明则诚矣。

右第二十一章。

【评析】

无论是天性还是后天人为的教育,只要做到了真诚,二者也就合一了。明道向善不问先天后天。这里说明了先天因素和后天的教育应该结合起来,提高人们的素质,毕竟天资聪慧的人还是少数。

【原文】

唯天下至诚,为能尽其性;能尽其性,则能尽人之性;能尽人之性,则能尽物之性;能尽物之性,则可以赞天地之化育;可以赞天地之化育,则可以与天地参矣。

【译文】

只有天下极端真诚的人能充分发挥他的本性;能充分发挥他的本性,就能充分发挥他人的本性;能充分发挥他人的本性,就能充分发挥万物的本性;能充分发挥万物的本性,就可以助长天地的演化繁育;能助长天地的演化繁育,就可以与天地并列为三了。

【张居正讲解】

天下至诚,是说圣人之德,极诚无妄天下莫能过他。赞,是助。化育,是变化生育。参,是并立为三的意思。子思说:"天命之性,本自真实无妄,只为私欲蔽了,见得不明,行得不到,所以不能尽性。独有天下至诚的圣人,其知生知,其行安行,纯乎天理而不杂人欲,故能于所性之理,察之极其精,行之极其至,而无毫发之不尽也。然天下的人,虽有智愚贤不肖,其性也与我一般,圣人既能尽己之性,由是推之于人,便能设立政教,以整齐化导之,使人人都复其性之本然,而能尽人之性矣。天下的物,虽飞潜动植不同,其性也与人一般,圣人既能尽人之性,由是推之于物,便能修立法制,以撙节爱养之,使物物各遂其性之自然,而能尽物之性矣。夫人物皆天地之所生,而不能使之各尽其性,是化育也有不到的。今圣人能尽人物之性,则是能裁成辅相,补助天地之所不及矣,岂不可以赞天地之化育乎!既能赞天地之化育,则是有天地不可无圣人,天位乎上而覆物,地位乎下而载物,圣人位乎中而成物,以一人之身,与天地并立而为三矣,岂不可与天地参乎!"至诚之功用,其大如此,然天地万物之理,皆具于所性之中,参赞位育之功,不出于尽性之外,学圣人者,但当于吾性中求之。

右第二十二章。

【评析】

真诚者只有首先对自己真诚,然后才能对全人类真诚。真诚可使自己立于与天地并列为三的不朽地位。唯独这天下最诚实的性,才可以尽到人的天赋本性,能尽其天性,才能尽到人之性。能尽人之本性,才可以尽物之性。能尽物之本性,才可以赞天地之化育,就是可以促进万物发展,而不是去违背或对抗自然规律。这是用人的善心和诚意去促进天地之化育,生生不息的一种道。如果能使人道与天道相通,身与心相印,就可"与天地参矣",人就可以与上天和大地并列为三,达到天、地、人鼎足并列的境界。

【原文】

其次致曲。曲能有诚,诚则形,形则著,著则明,明则动,动则变,变则化,唯天下至诚为能化。

【译文】

比圣人次一等的贤人致力于某一方面。致力于某一方面也能做到真诚,做到了真诚就会表现出来,表现出来就会逐渐显著,显著了就会发扬光大,发扬光大就会感动他人,感动他人就会引起转变,引起转变就会潜移默化。只有天下最真诚的人能使人潜移默化。

【张居正讲解】

其次,是指贤人以下说。致,是推及。曲,是善之一偏处。盖人之心,虽为物欲所蔽,然良心未曾泯灭,必有一端发见的去处,这叫作曲。若能就此扩充之,到那至极的去处,叫作致曲。形是发见于外,著是显著,明是光明,动是感动,变是改变,化是浑化。子思说:"天下至诚的圣人,固能尽其性之全体,而能尽人物之性,以收参赞之功矣。其次若贤人以下,诚有未至者,却当何如用功,盖必由那善端发见之一偏处,悉推致之以各造其极,如一念恻隐之发,则推之以至于无所不仁。一念羞恶之发,则推之以至于无所不义,而曰礼曰智,莫不皆然,这便是能致曲了。夫一偏之曲,既无不致,则有以通贯乎全体,而无不实矣,所以说曲能有诚。诚既积于中,则必发于外,将见动作威仪之间,莫非此德之形见矣。既形,则自然日新月盛,而愈显著矣。既著，则自然赫喧盛大，而有光明矣。盖实德之积于中者日盛，故德容之见于外者愈光，内外相符之机，有不容掩者如此。诚既发于外而有光明，则人之望其德容者，自然感动，而兴起其好善之心矣。既动，则必改过自新，变其不善以从吾之善矣。既变，则久之皆相忘于善，浑化而无迹矣。盖诚之动乎物者既久，则人之被其化者愈深，人己相符之机，有莫知所以然者如此。夫感人而至于化，岂是容易得到的？惟是天下至诚的圣人，才能感人到那化的去处。今致曲者积而至于能化，则亦天下至诚而已矣。"夫由诚而形、而著、而明，所谓能尽其性者也。由动而变、而化，所谓能尽人物之性者也，而参赞在其中矣。虽由致曲而人，及其成功则一也。

右第二十三章。

【评析】

这一段说的是"正心诚意"要从小事做起，所谓"勿以恶小而为之，勿以善小而不为。"根据自身的特点逐渐培养自己的善良天性。人虽然天资上有所差别，但是向善之心人皆有之，走上善的道路其实也就是一念之功，佛家所谓的"放下屠刀，回头是岸"也就是这个道理，最终在自己坚持不懈地行动当中，自己已经自然而然地达到了目标。我国的篮球明星姚明就说过："我没有给自己定什么很长远的目标，只是一步一步把眼前的事情做好，最后发现自己离目标已经很近了。"

【原文】

至诚之道，可以前知。国家将兴，必有祯祥；国家将亡，必有妖孽。见乎蓍龟，动乎四体。祸福将至，善，必先知之；不善，必先知之。故至诚如神。

【译文】

极端真诚可以预知未来的事。国家将要兴旺，必然有吉祥的征兆；国家将要衰亡，必然有不祥的异常现象。呈现在占卜的蓍草龟甲上，体现在形貌仪态上。祸福将要来临时，是福可以预先知道，是祸也可以预先知道。所以极端真诚就像神灵一样微妙。

【张居正讲解】

前知，是预先知未来的事。祯祥，是福之兆，如麒麟、凤凰、景星、庆云，各样的祥瑞都是。妖孽，是祸之萌，如山崩、川竭、地震、星陨，各样的灾异都是。蓍，是蓍草。龟，是灵龟。皆用以占卜者。四体，指动作威仪说。神，是鬼神。子思说："人之德有不实，则理有不明，虽目前的事，尚不能知，况未来者乎？独有极诚无妄的圣人，天理浑然，无一毫私伪，故其心至虚至灵，于那未来的事，都预先知道，然此岂有术数以推测之哉？盖自有可知之理耳。如国家将要兴隆，必先有祯祥的好事出来，国家将要败亡，必先有妖孽不好的事出来。或著见于蓍龟占卜之间，而有吉有凶，或发动于四体威仪之际，而有得有失。凡此皆祸福将至，理之先见者也。惟至诚圣人，则有以察其几，善，必先知之，不待其福既至而后知也。不善，必先知之，不待其祸既至而后知也。所以至诚之妙,就如鬼神一般。"盖凡幽远之事,耳目心思所不及者,人不能知,除是鬼神知得。今圣人虚灵洞达,能知未来,则与鬼神何异,所以说至诚如神。然天地间只是一个实理,既有是理,便有预先形见之几,圣人只是一个实心,心体既全,自有神明不测之用,岂若后世谶纬术数之学,穿凿附会,以为知者哉!

右第二十四章。

【评析】

《中庸》突出了预感的文化征候和国家命运的重要性。每次当风雨飘摇、山雨欲来风满楼时,那些忧国忧民,具有远见卓识之人能够先行知道,而那些亡国之前还隔江犹唱《后庭花》的人却浑然不觉。清代诗人黄景仁有首诗《癸巳除夕偶成》"千家笑语漏迟迟,忧患潜从物外知。悄立市桥人不识,一星如月看多时。"漏,是古代的计时器。除夕之夜,在千家万户欢声笑语中时间慢慢逝去。诗人孤独寂寞地一人站在市桥之上,仰望星空陷入沉思。他感到可见的现实之外,似乎酝酿着某种危机正在暗暗向社会袭来,而沉浸在节日欢乐中的人们尚未觉察。这首诗作于1773年,当时正是所谓乾隆盛世,过了这个盛世,清王朝就急剧走下坡路了。作者不是未卜先知,而是居安思危,这正是我们文化传统中可贵的忧患意识。

【原文】

诚者,自成也,而道,自道也。

【译文】

真诚是自我的完善,道是自我的引导。

【张居正讲解】

子思说:"真实无妄之谓诚。这诚是人所以自成其身的道理,如实心尽孝,才成个人子,实心尽忠,才成个人臣,所以说是自成也。体此诚而见于人伦日用之间,则谓之道,这道,乃人所当自行的,如事亲之孝,为子的当自尽,事君之忠,为臣的当自尽,所以说是自道也。"

【原文】

诚者,物之终始。不诚无物。是故,君子诚之为贵。

【译文】

真诚是事物的发端和归宿,没有真诚就没有了事物。因此君子以真诚为贵。

【张居正讲解】

物,是事物。子思说:"何以见得诚为自成,而道当自道?盖天下事物,莫不有终,莫不有始,终不自终,是这实理为之归结,始不自始,是这实理为之发端,彻头彻尾,都是实理之所为,是诚为物之终始,而物所不能外也。人若不诚,则虽有所作为,到底只是虚文,恰似不曾干那一件事的一般,如不诚心以为孝,则非孝,不诚心以为忠,则非忠。所以君子必以诚之为贵,而择善固执以求到那真实之地也。若然,则能有以自成,而道亦无不行矣。"

【原文】

诚者,非自成己而已也,所以成物也。成己,仁也。成物,知也。性之德也,合外内之道也,故时措之宜也。

【译文】

不过,真诚并不是自我完善就够了,是用来成就事物的。自我完善是仁,完善事物是智。仁和智是出于本性的德行,是融合自身与外物的准则,所以任何时候施行都是适宜的。

【张居正讲解】

时措,是随时而行无不当理。子思说:"诚固所以自成,然又不止成就自家一身而已,天下的人同有此心,同有此理,既有以自成,则自然有以化导他人,而使之皆有所成就,亦所以成物也。成己,则私意不杂,全体混然,叫作仁。成物,则因物裁处各得其当,叫作知。然是仁、知二者,非从外来,乃原于天命,是性分中固有之德也,亦不是判然为两物的,与生俱生,乃内外合一的道理。君子特患吾心有未诚耳,心既诚,则仁、智兼得,一以贯之,将见见于事者,不论处己处物,以时措之而皆得其当矣。"此可见仁智一道,得则俱得,物我一理,成不独成,岂有能成己而不能成物者乎?所以说诚者非自成己而已也,所以成物也。

右第二十五章。

【评析】

好学近乎智,力行近乎仁。这里把智、仁与真诚的修养结合起来了。因为,真诚从大的方面来说,是事物的根本规律,是事物的发端和归宿;真诚从细的方面来说,是自我的内心完善。所以,要修养真诚就必须做到物我同一,天人合一。而要做到这一点既要靠学习来理解,又要靠实践来实现。这里最值得注意的是真诚的外化问题,也就是说,真诚不仅仅像我们一般所理解的是一种主观内在的品质,自我的道德完善,而是还要外化到他人和一切事物当中去。马克思说过:只有解放全人类,才能最终彻底解放无产阶级自己。自己解放了,全人类都解放了,世界也就大同了。自己真诚了,他人真诚了,真诚无处不在,无时不有,世界也就美好无欺了。

【原文】

故至诚无息。不息则久,久则征。征则悠远。悠远则博厚。博厚则高明。

【译文】

所以,极端真诚是没有止息的。没有止息就会保持长久,保持长久就会显露出来,显露出来就会悠远,悠远就会广博深厚,广博深厚就会高大光明。

【张居正讲解】

息,是间断。久,是常于中。征,是验于外。悠,是悠长。远,是久远。博厚,是广博深厚。高明,是高大光明。子思说:"人之德有不实,则为私欲所间杂,而其心不纯,不纯则有止息之时,圣人之德,既极其真实,而无一毫之虚伪,则此心之内,纯是天理流行,而私欲不得以间之,自无有止息矣。既无止息,则心体浑全,德性坚定,自然始终如一,常久而不变矣。存诸中者既久,则必形见于威仪,发挥于事业,自然征验而不可掩矣。既由久而征,则凡所设施,都是纯王之政,自然悠裕而不迫,绵远而无穷矣。唯其悠远,则积累之至,自然充塞乎宇宙,浃洽于人心,广博而深厚矣。唯其博厚,则发见之极,自然巍乎有成功,焕乎有文章,高大而光明矣。"盖德之存诸中者,既极其纯,故业之验于外者,自极其盛,此至诚之妙,所以能赞化育而参天地者也。

【评析】

日落月升,周而复始,中国文化讲究天人合一,天地之道永不止歇,而人们追求正心诚意之道也应该永无止境,既然永无止境,就不该被外在的欲望所侵扰,怀着一颗平常心长久坚持,厚积薄发,事业最终会有所成功。

【原文】

博厚,所以载物也。高明,所以覆物也。悠久,所以成物也。

【译文】

广博深厚的作用是承载万物;高大光明的作用是覆盖万物;悠远长久的作用是生成万物。

【张居正讲解】

这一节是说圣人与天地同用。子思说:"至诚之功用,所积者既广博而深厚,则天下之物,无不在其包括承受之中,而咸被其泽,是固所以载物也。所发者既高大而光明,则天下之物,无不在其丕冒照临之下,而咸仰其光,是固所以覆物也。其博厚高明者,又皆悠长而久远,则天下之物,常为其所覆载,而得以各遂其生,各复其性,是固所以成物也。"

【评析】

君子修身养性的美好品德不仅先于自身,而且还要显露发扬出来,达到悠远长久、广博深厚、高大光明,从而承载万物,覆盖万物,生成万物。这里说的是一个知识分子应该心系家国天下,这也是中国历代知识分子的优良传统。

【原文】

博厚配地。高明配天。悠久无疆。

【译文】

广博深厚媲美于地,高大光明媲美于天,悠远长久则是永无止境。

【张居正讲解】

这一节是说圣人与天地同体。配,是配合。疆,是疆界。子思说:"承载万物者莫如地,今至诚之博厚,也能载物,则其博厚,就与地道之博厚者,配合而无间矣。覆冒万物者莫如天,今至诚之高明,也能覆物,则其高明,就与天道之高明者,配合而无间矣。天地之博厚高明,亘古亘今,无有穷尽,故能成物。今至诚之悠久,也能成物,则其悠久之功,就与天地之无疆界者,通一而无二矣。"

【原文】

如此者,不见而章,不动而变,无为而成。

【译文】

达到这样的境界,不显示也能昭著,不待活动也会有所改变,无所作为也会有所成就。

【张居正讲解】

如此,指上文说。见字解做示字。章,是显。子思说:"圣人能覆载成物,而配天地之无疆,其功业之盛如此,然岂待于强为哉?亦自然而然者耳。观其博厚的功业,固灿然而成章,然亦积久蓄极,自然显著的,不待表暴以示人而后章也,此其所以能配地也。其高明的功业,固能使人翕然而丕变,然亦存神过化,自然感应的,不待鼓舞动作而后变也,此其所以能配天也。其博厚高明之悠久,固能使治功有成,万世无敝,然亦不识不知,自然成就的,不待安排布置,有所作为而后成也,此所以能配天地之无疆也。"

【评析】

这里说的是至诚之心的功用,人们优秀的品质会和天地同在,浩然正气会留驻史册,和天地一样长久。不用表现就能彰显美好的德性,不加运动便变化无穷且放之四海而皆准,无所为而无所不为就能成就一番事业。"自助者天助"也就是这个道理。

【原文】

天地之道,可一言而尽也;其为物不贰,则其生物不测。

【译文】

天地的法则,可以用一句话来概括:它本身专一不二,所以生育万物多得不可估量。

【张居正讲解】

上面既说圣人之功用,同乎天地,此以下文,又即天地之道以明之。贰,是参杂。子思说:"天地之道虽大,要之可以一言包括得尽,只是个诚而已。盖天地之间,气化流行,全是实理以为之运用,更无一毫掺杂,唯其不贰,所以能长久不息,而化生万物,形形色色,充满于覆载之间,有莫知其所以然者,岂可得而测度之哉。"观此，则圣人之至诚不息，久而必征可知矣。

【评析】

这里说的是天地孕育万物之道，一个"诚"字，诚，即是自然而然，不加造作，然而"一生二，二生三，三生万物。"所变化出来的世界是无穷无尽的，只要你奉行正心诚意，那么你的未来也会不可估量。

【原文】

天地之道，博也、厚也、高也、明也、悠也、久也。

【译文】

天地的法则，就是广博、深厚、高大、光明、悠远、长久。

【张居正讲解】

天地之道，唯其诚一不贰，故能各极其盛。地之道惟诚，是以不但极其广博，而又极其深厚也。天之道惟诚，是以不惟极其高大，而又极其光明也。且其博厚高明，又极其悠长，极其久远，而不可以终穷也。观此，则圣人之悠远、博厚、高明，皆本于诚又可知矣。

【原文】

今夫天，斯昭昭之多，及其无穷也，日月星辰系焉，万物覆焉。今夫地，一撮土之多，及其广厚，载华岳而不重，振河海而不泄，万物载焉。今夫山，一卷石之多，及其广大，草木生之，禽兽居之，宝藏兴焉。今夫水，一勺之多，及其不测，鼋、鼍、蛟、龙、鱼、鳖生焉，货财殖焉。

【译文】

今天我们所说的天，原本不过是由一点一点的光明聚积起来的，可等到它无边无际时，日月星辰都靠它维系，世界万物都靠它覆盖。今天我们所说的地，原本不过是由一撮土一撮土聚积起来的，可等到它广博深厚时，承载崇山峻岭也不觉得重，容纳那众多的江河湖海也不会泄漏，世间万物都由它承载了。今天我们所说的山，原本不过是由一小块一小块石头聚积起来的，可等到它高大无比时，花草树木在上面生长，飞禽走兽在上面居住，各种宝藏蕴藏其中。今天我们所说的水，原本不过是一勺一勺聚积起来的，可等到它浩瀚无涯时，蛟龙鱼鳖等都在里面生长，各种财富在里面繁殖滋长。

【张居正讲解】

昭昭，是小小的明处。系，是系属。以手指取物叫作撮。一撮，言其至少。华岳，是西岳华山，山之最大者。振，是收。泄，是渗漏。一卷石，是一块小石。宝藏，是世间宝重藏蓄的，如金玉之类都是。一勺，是一升。鼋，似鳖而大。鼍，似鱼有足。鲛，似龙无角，都是水中之物。殖，是滋长。子思说："天地之道，惟诚一不贰，故能各极其盛，而有生物不测之功用。何以见之？今夫天，指其一处而言，就是昭昭然罅隙透明的去处,也叫作天。若论其全体,则高大光明,无有穷尽,日月之运行,星辰之布列,都系属于其上,凡万有不齐之物,亦无不在其覆冒之下焉,天之生物不测如此。今夫地,指其一处而言,就是一撮之土,也叫作地,若论其全体,则广博深厚,无有限量,华岳之山虽大,也能承载之而不见其为重,河海之水虽广,也能收摄之而不见其漏泄,凡万有不齐之物,亦无不在其持载之中焉。地之生物不测如此。今夫山,指其一处而言,便是一卷石之多,也叫作山,若论其全体广阔高大的去处,则各样的草木都于此发生,诸般的禽兽,都于此居止,凡世间宝重蓄藏之物,可以为服饰器用的,都从此兴发出来,山之生物如此。今夫水,指其一处而言,便是一勺之多,也叫作水,若论其全体深广不测的去处,则鼋、鼍、蛟龙、鱼、鳖都生聚于其中,凡有用之物,可以生致货利的,都滋长于其中,水之生物如此。"夫天地之间,物之最大者莫如山川,观山川之生物如此,则天地之大可知矣。观天地之道如此,则圣人之功用可知矣。

【评析】

天和地的道,广博、深厚、高大、光明、悠远、长久。今天所说的这个天,是光明明亮的太多聚集,以至于无穷无尽,太阳、月亮、星辰都在上面悬系,万物都被覆盖了。一小块石头也是大地的一部分,一滴海水也可以照见整个大海。古人看来,天、地、山、水都是由微小的积聚起来的,其中的生物都各安其所,天地虽大,但是自有正心诚意安排得井井有条,所以人们也应该学习自然的法则。

【原文】

《诗》曰:"惟天之命,于穆不已。"盖曰天之所以为天也。"于乎不显,文王之德之纯。"盖曰文王之所以为文也,纯亦不已。

【译文】

《诗经》说,"天道运行多深远啊,庄严肃穆永不停!"这大概就是说的天之所以为天的原因吧。"多么显赫光明啊,文王的品德纯粹真诚!"这大概就是说的文王之所以被称为"文"王的原因吧。纯真也是没有止息的。

【张居正讲解】

《诗》,是《周颂·维天之命》篇。天命,即是天道。于,是赞叹之辞。穆,是幽深玄远的意思。不已,是无止息。不显,譬如说岂不显著也。文王,是周文王。纯,是不杂。子思于此章之末,又引《诗》以明至诚无息之意说道:"诗人叹息说:'维天道之运行,幽深玄远而无有一时之止息。'这是说天之所以为天,正以其无止息也;不然则四时不行,百物不生,将何以为天乎?诗人又叹息说:'岂不显著哉,文王之德,纯一而不杂。'这是说文王之所以为文,正以其德之不杂也;不然,则积之不实,发之无本,将何以为文乎!"然在天说不已,在文王说纯,岂是文王与天有不同处?盖天道无有止息,固是不已,文王之德之纯,也没有止息,亦不已焉。文王与天一也,这纯即是至诚,这不已,即是不息。观此,则圣人之至诚无息可知矣。

右第二十六章。

【评析】

《诗经》说,只有那上天永不停止没有止境。这就是上天之所以叫作上天的原因。周文王的大德就是那样纯正,说周文王被尊为文王的道理,四时行焉,百物生焉,文王的道德也如同上天一样不断进取,永不停止。

【原文】

大哉圣人之道!

【译文】

伟大啊,圣人的道!

【张居正讲解】

道,即是率性之道,唯圣人能全之,所以说圣人之道。子思赞叹说:"大矣哉,其惟圣人之道乎!"言其广阔周遍,无所不包,无所不在,天下无有大于此者。如下文两节便是。

【原文】

洋洋乎,发育万物,峻极于天。

【译文】

浩瀚无边,生养万物,崇高穷极于苍天。

【张居正讲解】

洋洋,是流动充满的意思。发育,是发生长育。峻,是高大。极,是至。子思说:"何以见圣道之大?以其全体言之,则见其洋洋乎流动充满,无有限量,如万物虽多,都是这道理发生长育,大以成大,小以成小,无一物而非道也。天虽高大,这道理之高大,上至于天,日月所照,霜露所坠,无一处而非道也。"其极于至大而无外如此。

【原文】

优优大哉,礼仪三百,威仪三千。

【译文】

充足广泛,礼仪三百条,威仪三千条。

【张居正讲解】

优优,是充足有余的意思。礼仪,是经礼,如冠、婚、丧、祭之类。威仪,是曲礼,如升降揖逊之类。子思说:"圣人之道,以其散殊而言,则见其优优然充足有余,广大悉备,如人伦日用之间,有经常不易的礼仪,而礼仪之目,则有三百,品节限制,都是这个道理;有周旋进退的威仪,而威仪之目,则有三千,细微曲折,也都是这个道理。"其入于至小而无间如此。

【评析】

"礼仪三百,威仪三千"。短短八个字说明周礼分为两部分。"礼仪三百",大礼有三百条,主要有吉礼、凶礼、宾礼、军礼等;威仪三千,曲礼指小的一些礼节,就是那些关于做人的风度、规范和言谈举止的礼节,繁琐到有三千条之多。这也是说明君子修身细微处也不放过的道理。

【原文】

待其人而后行。故曰:"苟不至德,至道不凝焉。"

【译文】

这些都有待于圣人来实行。所以说,如果没有极高的德行,就不能成就极高的道。

【张居正讲解】

其人,指圣人说。至道,指上两节。凝,是聚会的意思。承上文说:"道之全体,既洋洋乎无所不包,道之散殊,又优优乎无所不在,其大如此,是岂可以易行者哉?必待那有至德的圣人,为能参赞化育、周旋中礼,这个道理方才行得。若不是这等的至德,则胸襟浅狭,既不足以会其全,识见粗疏,又不足以尽其细,要使这道理凝聚于身心,岂可得乎?"所以说苟不至德,至道不凝焉。然则欲凝至道,必先尽修德之功而后可。

【评析】

这里说的是圣人之道,首先要有一位圣人奉天承运,将天地的大道传播给国民,这样天地之道才能得以施行,就像在希腊神话中,人类是普罗米修斯创造的。他也充当了人类的老师,凡是对人有用的,能够使人类满意和幸福的,他都教给人类。同样地,人们也用爱和忠诚来感谢他、报答他。但最高的天神宙斯却要求人类敬奉他,让人类必须拿出最好的东西献给他。普罗米修斯作为人类的辩护师触犯了宙斯。作为对他的惩罚,宙斯拒绝给予人类为了完成他们的文明所需要的最后的物品——火。但普罗米修斯却想到了个办法,用一根长长的茴香枝,在烈焰熊熊的太阳车经过时,偷到了火种并带给了人类。

【原文】

故君子尊德性而道问学,致广大而尽精微,极高明而道中庸,温故而知新,敦厚以崇礼。

【译文】

因此,君子尊崇道德修养而追求知识学问;达到广博境界而又钻研精微之处;洞察一切而又奉行中庸之道;温习已有的知识从而获得新知识;诚心诚意地崇奉礼节。

【张居正讲解】

这是说修德凝道的功夫。尊,是恭敬奉持的意思。德性,是人所受于天的正理。道，是由。致，是推及。广大高明，是说心之本体。精微，是理之精细微妙处。温，是温习。故，是旧所知的。敦，是敦笃。厚，是旧所能的。崇，是积累的意思。礼，是天理之节文。子思说："至道必待至德而后凝，是以君子为学，知这道理至大，凝道的功夫至难，胸次浅陋的，固做不得，识见粗略的，也做不得，必于所受于天的正理，恭敬奉持，保守之而不至于失坠，其尊德性如此。又于那古今的事变，审问博学务有以穷其理而无遗，而率由夫问学之功焉。这是修德凝道的纲领，然非可以一端尽也。心体本自广大，有以蔽之，则狭小矣，必扩充其广大，而不以一毫私意自蔽。然于事物之理，又必析其精微，不使有毫厘之差，而广大者不流于空疏也。心体本自高明，有以累之，则卑污矣。必穷极其高明，而不以一毫私欲自累，然于处事之际，又必依乎中庸不使有过之不及之谬，而高明者不入于虚远也。于旧日所已知者，则时加温习，不使其遗忘，然义理无穷，又必求有新得，而日知其所未知焉。于旧日所已能者，则益加敦笃，不使其放逸，然节文无限，又必崇尚礼度，而日谨其所未谨焉。"夫致广大、极高明、温故、敦厚，皆是尊德性的事。尽精微、道中庸、知新、崇礼，皆是道问学的事。君子能尽乎此，则德无不修，而道无不凝矣。

【评析】

这里讲的是君子如何追求和保养自己的正心诚意。首先是修养德行以适应圣人之道的问题。因为没有极高的德行，就不能成就极高的道，所以君子应该尊崇道德修养而追求知识学问；达到广博境界而又钻研精微之处；洞察一切而又奉行中庸之道；温习已有的知识从而获得新知识；诚心诚意地崇奉礼节。朱熹认为，这五句大小相资，首尾相应，最得圣贤精神，要求学者尽心尽意研习。

【原文】

是故居上不骄，为下不倍。国有道，其言足以兴；国无道，其默足以容。《诗》曰："既明且哲，以保其身。"其此之谓与？

【译文】

所以身居高位不骄傲，身居低位不自弃，国家政治清明时，他的言论足以振兴国家；国家政治黑暗时，他的沉默足以保全自己。《诗经》说："既明智又通达事理，可以保全自身。"大概就是说的这个意思吧？

【张居正讲解】

骄，是矜肆。倍，是违悖。兴，是兴起在位。明，是明于理。哲，是察于事。子思承上文说："君子既修德以凝道，则圣人之道，全备于一身，自然无所处而不当矣。故使之居上位，便能兢兢业业，尽那为上的道理，必不肯恃其富贵，而至于骄矜。使之在下位，便能安分守己，尽那为下的道理，必不肯自干法纪，而至于违悖。国家有道之时，可以出而用世，他说的言语，便都是经济的事业，足以感动乎人，而兴起在位。国家无道之时，所当见机而作，他就隐然自守，不为危激的议论，足以远避灾祸而容其身。是为上、为下、处治、处乱,无所不宜如此。《大雅·烝民》之诗说:'周之贤臣仲山甫,既能明于理,又能察于事,故能保全其身无有灾害。' 这就是说修德君子,随所处而无不宜的意思。所以说其此之谓与?"

右第二十七章。

【评析】

这一段说的是君子的处世之道,在上位时不飞扬跋扈,在下位时尽心做好自己的本职工作,不做非分之想。屈原的《渔父》歌曰:沧浪之水清兮,可以濯吾缨;沧浪之水浊兮,可以濯吾足。意思是沧浪的水清,可以洗我的帽缨;沧浪的水浊,可以洗我的脚。在渔父看来,处世不必过于清高。世道清廉,可以出来为官;世道浑浊,可以独善其身。治德养身,明哲保身,这样才能达到至诚之道。

【原文】

子曰:"愚而好自用,贱而好自专;生乎今之世,反古之道;如此者,栽及其身者也。"

【译文】

孔子说:"愚昧却喜欢自以为是,卑贱却喜欢独断专行。生于现在的时代却一心想回复到古时去。这样做,灾祸一定会降临到自己的身上。"

【张居正讲解】

这是子思引孔子之言,以明为下不倍的意思。反,是复。栽字与灾字同,是灾祸。孔子说:"昏愚无德的人,不可自用,他却强作聪明而执己见以妄作。卑贱无位的人,不可自专,他却不安本分而逞私智以僭为。生乎今之世,只当遵守当今的法度,他却要复行前代的古道。这等的人,越理犯分,王法之所不容,灾祸必及其身矣。"即夫子此言观之,然则为下者,焉可倍上也哉!

【评析】

这一段说的是孔子反对自以为是,独断专行,也有不在其位,不谋其政(《论语·泰伯》)的意思。归根结底,其实还是素位而行,安分守己的问题。社会在发展,人类在进步,人类的思想也在不停地变化、前进;所以,孔子才有选择地约束和规范、继承先辈留下来的学问。因为只有这样有选择地继承先辈留下来的学问,才能立起"仁"的根本。

【原文】

非天子不议礼,不制度,不考文。

【译文】

不是天子就不要议论探讨礼仪,不要制定法规,不要考订文字规范。

【张居正讲解】

此以下都是子思的说话。礼,是亲疏贵贱相接的礼节。度,是宫室车服器用的等级。考,是考正。文,是文字的点画形象。子思推明孔子之意说:"自用自专,与生今反古之人,皆足以取祸者,何哉?盖制礼作乐,是国家极大的事体,必是圣天子在上,既有德位,又当其时,然后可以定一代之典章,齐万民之心志。如亲疏贵贱,须有相接的礼体,然唯天子得以议之,非天子不敢议也。宫室车服器用,须有一定的等级,然唯天子得以制之,非天子不敢制也。书写的文字,都有点画形象,然唯天子得以考之,非天子不敢考也。"盖政教出于朝廷,事权统于君上,非臣下所能干预者如此。

【评析】

古代是君主制,家天下,最为反对的就是"政出多门",天子的权威和权力不容丝毫的侵犯,否则就有僭越的大罪。子思当时所处的春秋时代太过于混乱,各诸侯国的统治者过于残暴和贪婪,比起商纣王来说,有过之而无不及。此时子思就开始怀念四海诸侯唯天子马首是瞻的日子。

【原文】

今天下,车同轨,书同文,行同伦。

【译文】

现在天下车子的轨距一致,文字的字体统一,行为的规范相同。

【张居正讲解】

今,是子思自指周时说。轨,是车的辙迹。书,是写的字。行,是行出来的礼。伦,是次序。子思说:"仪礼、制度、考文,唯其出于天子,所以当今的天下,虽不是文武成康之时,然其法制典章,世世遵守,无敢有异同者。以车而言,造者固非一人,而其辙迹之广狭,都是一般,是天子所制之度,至今不敢更变也。以字而言,写者固非一人,而其点画形象,都是一般,是天子所考之文,至今不敢差错也。以礼而言,行者固非一人,而其亲疏贵贱的次序,都是一般,是天子所议之礼,至今不敢逾越也。"当今一统之盛如此,则愚贱之人,与生今之世者,岂可得而违倍哉?

【评析】

"今天下,车同轨,书同文,行同伦。"表示天下大同的理想,也表示着中国中央集权的思想传统。

【原文】

虽有其位,苟无其德,不敢作礼乐焉。虽有其德,苟无其位,亦不敢作礼乐焉。

【译文】

虽有相应的地位,如果没有相应的德行,是不敢制作礼乐制度的;虽然有相应的德行,如果没有相应的地位,也是不敢制作礼乐制度的。

【张居正讲解】

子思又说:"欲制礼作乐以治天下者,必是圣人在天子之位,而后可。虽有天子之位,苟无圣人之德,则人品凡庸,而无制作之本,如何敢轻易便为制礼作乐之事?虽有圣人之德,苟无天子之位,则名分卑下,而无制作之权,也不敢擅便为制礼作乐之事。"盖无德而欲作礼乐,便是愚而自用,无位而欲作礼乐,便是贱而自专,故必有圣人之德,而又在天子之位,然后可以任制作之事,而垂法于天下也。然则为下者,又安敢以或倍哉!

【评析】

如果不是天子君王,而是士、知识分子,他们就应该去做自己分内之事,而不能去议定制礼,不能制定法度、考订文字。因为议礼、制度、考文是君王去做的。如果拥有天子的地位,但是没有圣人的德性,天子也不应该去制定礼乐。同样,如果有圣人的德性,但没有拥有天子之位,也不敢去制定礼乐。这也是中国古代的一个思想传统,天子就应该是拥有最高德行的人,如果不是,那么就不配待在天子之位了,也不配行使天子的职权了。但是这是针对坐上"天子"这个位子的人而言,"天子"这个位子,是天地的象征,有着不可侵犯的权威,当皇帝的人可以换,但是"皇帝"的威仪是不可动摇的。

【原文】

子曰:"吾说夏礼,杞不足徵也。吾学殷礼,有宋存焉。吾学周礼,今用之,吾从周。"

【译文】

孔子说:"我谈论夏朝的礼制,夏的后裔杞国已不足以验证它;我学习殷朝的礼制,殷的后裔宋国还残存着它;我学习周朝的礼制,现在还实行着它,所以我遵从周礼。"

【张居正讲解】

礼,即上文仪礼、制度、考文之事。杞、宋,是二国名。杞,是夏之后代。宋,是殷之后代。征,是证。子思又引孔子之言说:"有一代之兴,必有一代之礼。比先夏禹之有天下,所制之礼,我尝向慕而诵说之,但他后代子孙衰微,今见存者止有个杞国,典籍散失,旧臣凋谢,不足以取证吾言矣。既无可证,则我虽知之,岂可得而从之乎?殷汤之有天下,所制之礼我亦尝求而学习之,虽则殷之子孙,尚有宋国,他文献也有存的,不至尽泯,然皆前代之事,而非当世之法,则我虽习之,亦岂可得而从之乎?唯有我学习周之礼,是文武之所讲画,至精至备,凡方策之所存,与贤人之所记,吾皆学之,这正是当今之所用,天下臣民都奉行遵守,不敢违越,既可考证,又合时宜,与夏殷的不同。然则吾之所从,亦惟在此周礼而已。"夫以孔子之圣,生于周时,且不敢合周而从夏殷之礼,然则生今反古者,是岂为下不倍之义哉?

右第二十八章。

【评析】

孔子所要复的礼,恰好是那种今用的周礼,而不是古之道的夏礼和殷礼。因为夏礼已不可考,而殷礼虽然还在它的后裔宋国那里残存着,但毕竟也已是过去的了。这里体现了孔子与时俱进,不抱残守缺的进步思想。

【原文】

王天下有三重焉,其寡过矣乎!

【译文】

治理天下能够做好议礼、制度、考文这三件重要的事,也就没有什么大的过失了吧!

【张居正讲解】

王天下,是兴王而君主天下者。三重指议礼、制度、考文说,以其为至重之事,故曰三重。子思说:"王天下的君子,有议礼、制度、考文三件重大的事,行于天下,则有以新天下之耳目,一天下之心志,由是诸侯奉其法,而国不异政,百姓从其化,而家不殊俗,天下之人,其皆得以寡其过失矣乎。"

【原文】

上焉者虽善无征,无征不信,不信,民弗从。下焉者虽善不尊,不尊不信。不信民弗从。

【译文】

前代的规制虽然好,但如果没有验证,就不能使人信服,不能使人信服,老百姓就不会听从。在野的君子虽然好,但由于没有尊贵的地位,也不能使人信服,不能使人信服,老百姓就不会听从。

【张居正讲解】

征,是考证。尊,是尊位。子思又说:"所谓王天下者,乃身有其德,居其位,而又当其时者也。如时王以前,远在上世的,其礼虽善,然世远人亡,于今已无可考证,既无可考,则不足以取信于人,不足取信于人,则人不从之矣。又如圣人穷而在下的,虽善于礼,然身屈道穷,而不在尊位,位不尊,则不足以取信于人,不足取信于人,则人不从之矣。"故三重之道,惟当世之圣人,而又在天子之位,然后乃可行也。

【评析】

这一段要求当政者身体力行,不仅要有好的德行修养,而且要有行为实践的验证,才能取信于民,使人听从,这就好比我们今天要求政府为老百姓办实事一样。执政者必须做到言必行,行必果,这样才能让老百姓信服。

【原文】

故君子之道,本诸身,征诸庶民,考诸三王而不缪,建诸天地而不悖,质诸鬼神而无疑,百世以俟圣人而不惑。

【译文】

所以君子治理天下应该根植于自身，验证于民众。稽考夏、商、周三代先王的做法而没有谬误，立于天地之间而没有悖乱，质询于鬼神而没有疑问，百世以后待到圣人出现也没有疑惑。

【张居正讲解】

君子，指王天下者而言。道，即议礼、制度、考文之事。征，是验。三王，是夏禹、商汤、周文武。缪，是差缪。建，是建立。悖，是违背。质，是质证。俟，是等待。承上文说："制礼作乐，必有德、有位、有时，乃为尽善。所以王天下的君子，行那议礼、制度、考文之事，非可苟然而已。必本之于身，凡所制作，一一都躬行实践，从自己身上立个标准，固非有位而无德者也。由是以之征验于庶民，则人人都奉行遵守，不敢违越，又非不信而不从者也。以今日所行的考验于三代之圣王，则因革损益，都合着三王已然的成法，无有差缪。以我所建立的，与天地相参，则裁成辅相，都依着天地自然的道理，无有违背。鬼神虽至幽而难知，然我的制作已到那微妙的去处，就是质证于鬼神，他那屈伸变化，也不过是这道理，何疑之有？百世以后的圣人，虽至远而难料，然我的制作，已至极而无以加，就等待后世的圣人出来，他那作为运用，也不过是这道理，何惑之有？"夫君子之道，出之既有其本，而验之又无不合，此所以尽善尽美，而能使民得寡其过也。

【原文】

质鬼神而无疑，知天也。百世以俟圣人而不惑，知人也。

【译文】

质询于鬼神而没有疑问，这是知道天理；百世以后待到圣人出现也没有什么不理解的地方，这是知道人意。

【张居正讲解】

承上文说："鬼神幽而难明，君子之制作所以能质之而无疑者，由其知天之理也。盖天之理，尽于鬼神，君子穷神知化，于天道所以然之理，既明通之而不蔽，故其见于制作者，皆有以合乎屈伸动静之机，鬼神虽幽，自可质之而无疑也。言鬼神，则天地可知矣。后圣远而难料，君子之制作，所以能俟之而不惑者，由其知人之理也。盖人之理，尽于圣人，君子明物察伦，于人心所同然之理，既洞彻之无疑，故其见于制作者，自有以符乎旷世相感之神，后圣虽远，自可俟之而不惑也，言后圣则三王可知矣。"此可见心思必通乎性命，才可以兴礼乐，学术必贯乎天人，才可以言经济，君子所以能此，亦自尊德性道问学中来也。有三重之责者，可不以务学为急哉？

【评析】

这里《中庸》把君子之道一分为六个基本原则。第一，"本诸身"，以身作则，身体力行，以自己的品德修养为根本。第二，从老百姓的反映中验证自己的思想、观念和纲领是否正确。第三,上推禹、汤、文王三王,比较他们的功业和自己的工作,看自己有没有犯错误。第四,符合自然的规律。第五,看看有没有冒犯天地间的神灵。最后,等到百世之后,面对历史家们的眼睛也无所愧色。"质诸鬼神而无疑,知天也,百世以俟圣人而不惑,知人也",也就是说,让鬼神来考辨,都觉得无愧于天,无愧于鬼神。百世之后的圣人来看待这个问题,看待我们的纲领,也都不会有疑惑。诗人北岛的名作《回答》结尾处写道:"新的转机和闪闪星斗,正在缀满没有遮拦的天空。那是五千年的象形文字,那是未来人们凝视的眼睛。"这就叫知天知人,经得住历史的检验。

【原文】

是故,君子动而世为天下道,行而世为天下法,言而世为天下则。远之则有望,近之则不厌。

【译文】

所以君子的举止能世世代代成为天下的先导,行为能世世代代成为天下的法度,语言能世世代代成为天下准则。远离了会萌生仰慕,接近也不使人厌恶。

【张居正讲解】

动,是动作,兼下面行与言说。道,是由,兼下面法与则说。法,是法度。则,是准则。望,是仰慕。厌,是厌恶。子思说:"君子议礼、制度、考文,既通乎天人之理,而兼有六事之善,则可以立天下万世之极矣。所以凡有动作,不但一世之人由之,而世为天下之所共由。如动而见诸行事,则凡政教之施,都是经常不易的典章,世世的人,皆守之以为法度,而不敢纷更。动而见于言语,则凡号令之布,都是明征定保的圣谟,世世的人皆取之以为准则,而不敢违悖。在远方的百姓,悦其德之广被,则人人向风慕义,都有仰望之心,在近处的百姓,习其行之有常,则人人欢欣鼓舞,无有厌恶之意,是君子之道,垂之万世而无弊,推之四海而皆准者如此。民之寡过不亦宜乎!

【评析】

《中庸》认为君子只有修中庸之德行至诚之道才能登临绝顶,并将自己的思想德行传播到更远的地方去,这样才是胸怀天下的真正君子。希腊的哲学家柏拉图以社会分工理论为基础,把政治统治权完全交给少数哲学家,他把现实国家的改造和理想国家实现的希望,完全寄托于真正的哲学家能够掌握国家最高权力上。根据柏拉图设计的社会政治结构,哲学家垄断城邦全部政治权力,被置于等级结构的顶端,即哲学家为王(哲学王),其他各等级则完全被排斥在城邦权力体系之外。而中国文化中的执政者则是自然让人民亲近,但是又为人所敬仰的人物。

【原文】

《诗》曰:"在彼无恶,在此无射;庶几夙夜,以永终誉。"君子未有不如此,而蚤有誉于天下者也。

【译文】

《诗经》说:"在那里没有人憎恶,在这里没有人厌烦,日日夜夜操劳啊,永远保持美好的名望。"君子没有不这样做而早就在天下获得名望的。

【张居正讲解】

《诗》,是《周颂·振鹭》之篇。恶,是憎恶。射,是厌射。夙,是早。永终,是长久的意思。誉,是名誉。蚤,是先。子思引《诗》说:"人能在彼处也无人憎恶他,在此处也无人厌射他,彼此皆善,无往不宜,则庶几早夜之间,得以永终其美誉矣。观《诗》所言,可见致誉之有本也。是以三重君子,必备六事之善,而后可以得令名于天下,固未有道德不本于身,信从未协于民,三王后圣不能合,天地鬼神不能通,而能垂法则,服远近,先有声名于天下者也。"然则为人上者,岂可不自尽其道也哉!

右第二十九章。

【评析】

这里引用《诗经》来说明,一个有道的君主应该左右逢源,没有人憎恨,没人讨厌,这样很快就会在天下赢得美名。

【原文】

仲尼祖述尧舜,宪章文武。上律天时,下袭水土。

【译文】

孔子继承尧舜,以文王、武王为典范,上遵循天时,下符合地理。

【张居正讲解】

仲尼,是孔子的字。祖述,是远宗其道。宪章,是近守其法。律,是法。袭字,解做因字。子思说:"古之帝天下者,其道莫盛于尧舜,仲尼则远而祖述其道,如博约之训,一贯之旨,都是从精一执中敷衍出来的,以接续其道统之传,这是祖述尧舜。古之王天下者,其法莫备于文武,仲尼则近而谨守其法,如礼乐则从先进梦寐欲为东周,遵守着祖宗的成宪,不敢自用自专,这是宪章文武。至若春夏秋冬,运行而不滞者,天之时也。仲尼仰观于天,便法其自然之运,如曰仕、曰止、曰久、曰速,都随时变易,各当其可,这是上律天时。东西南北,殊风而异俗者,地之理也。仲尼俯察于地,便因其一定之理,如居鲁、居宋、之齐、之楚,都随遇而安,无所不宜,这是下袭水土。"

【原文】

辟如天地之无不持载,无不覆帱。辟如四时之错行,如日月之代明。

【译文】

就像天地那样没有什么不承载,没有什么不覆盖。又好像四季的交错运行,日月的交替光明。

国学经典文库

中庸

张居正讲解《中庸》

图文珍藏版

424

【张居正讲解】

辟,是比喻。持载,是承载。覆帱,是覆冒。错行,是错综而行。代,是代替。子思说:"仲尼之祖述宪章,上律下袭,有以会帝王天地之全,则其于天下之理,巨细精粗,察之由之,无毫发之不尽,而自始至终,无顷刻之间断矣。自其大无不包者言之,譬如那地之广博深厚,无不持载,天之高大光明,无不覆帱的一般。自其运而不息者言之,就譬如那四时之错行,一往一来,迭运而不已,日月之代明,一升一沉,更代而常明的一般。"圣人之道德,直与天地参,而日月四时同如此。

【原文】

万物并育而不相害。道并行而不相悖。小德川流;大德敦化,此天地之所以为大也。

【译文】

万物一起生长而互不妨害,道路同时并行而互不冲突。小的德行如河水一样长流不息,大的德行使万物敦厚化育。这就是天地的伟大之处啊!

【张居正讲解】

育,是生育。害,是侵害。道,指日月四时而言,一阴一阳之谓道,四时日月之推迁流行,不过阴阳而已,所以叫作道。悖,是相反。小德,是天地造化之分散处。川流,是说如川水之流行。大德,是天地造化之总会处。敦,是厚。化,是化育。子思说:"天覆地载,万物并生于其间,却似有相害者。然大以成大,小以成小,各得其所,而不相侵害焉。四时日月并行于天地之内,却似有相悖者,然一寒一暑,一昼一夜,各循其度,而不相违悖焉。夫同者难乎其异,而乃不害不悖者为何?盖天地有分散的小德,无物不有,无时不然,就如川水之流,千支万派,脉络分明,而不见其止息,此其所以不害不悖也。异者难乎其同,而乃并育并行者为何?盖天地有总会的大德,为万物之根底,为万化之本原,但见其敦厚盛大,自然生化出来,无有穷尽,此其所以并育并行也。有小德以为用,有大德以为体,天地之所以为大者,正在于此。"今仲尼祖述宪章,上律下袭,其泛应曲当,即是小德之川流,其一理浑然,即是大德之敦化,则圣道之所以为大,又何以异于天地哉!

右第三十章。

【评析】

天地的伟大之处,就是孔子的伟大之处。因为孔子与天地比肩,与日月同辉。这一章以孔子为典范,盛赞他的德行,为学者塑造了一个伟大、崇高而不朽的形象,使他流芳百世而成为后代人永远学习与敬仰的楷模。他对待古代法礼的态度是取其精华,去其糟粕,绝非抱残守缺,并且遵循自然和社会的规律去制定制度。这也是古代王道政治的典范。

【原文】

唯天下至圣,为能聪明睿知,足以有临也;宽裕温柔,足以有容也;发强刚毅,足以有执也;齐庄中正,足以有敬也;文理密察,足以有别也。

【译文】

唯有天下那周密而周到的圣人,才能够明察事理,明白道理,通达明智,足以统治天下。唯有宽厚温柔,才足以有容纳万物的胸怀。唯有刚强坚毅,才足以有保持正道的能力。唯有端庄公正,才足以使人敬佩。唯有思虑周密详尽,才足以辨明是非。

【张居正讲解】

临,是居上临下。子思说:"居上位而临下民,不是凡庸之人可以做得的,独有天下的至圣,他是天之笃生,时之间出,为能聪无不闻,明无不见,睿无不通,智无不知,高过于一世之人,足以尊居上位,而临御天下也,其生知之质如此。以其德言之,为能宽广而不狭隘,优裕而不急迫,温和而不惨刻,柔顺而不乖戾,足以容蓄天下,而包含遍覆之无外,其仁之德如此。又能奋发而不废弛,强健而不畏缩,刚断而不屈挠,果毅而不间断,足以操守执持,而不为外物之所夺,其义之德如此。又能斋焉而极其纯一,庄焉而极其端严,中焉而无少偏倚,正焉而无少邪僻,而凡处己行事,皆足以有敬而无一毫之慢,其礼之德如此。又能文焉而章美内蕴,理焉而脉络中存,密焉而极其详细,察焉而极其明辨,于凡是非邪正,皆足以分别而无一毫之差,其智之德又如此。"既独禀聪明睿智之资,而又兼备仁义礼智之德,所以为天下之至圣也。

【评析】

这里说的是儒家对"内圣外王"的崇拜,只有圣人才能治国。而圣人,就是我们现在说的天才。天资聪慧,知识渊博,心胸广阔,刚毅果断,处事严肃,不偏不倚,是非分明,具有仁义礼智信各方面的品德,只有这样的人,才能奉天承运,统御天下,化育万民。

【原文】

溥博渊泉,而时出之。

【译文】

他就像弘大深沉的泉水,时常洋溢于外。

【张居正讲解】

溥博,是周遍而广阔。渊泉,是静深而有本。出,是发见于外。子思说:"天下至圣,既有聪明睿智智之资,又兼仁义礼智之德,其充积之盛,则周遍广阔,备万物之理而不可限量,何溥博也。静深有本,涵万化之原而不可测度,何渊泉也。及其事至物来,有所感触的时节,则聪明睿智,仁义礼智之德,自然发见于外,随时应接而用之不穷焉。"盖体无不具,故用无不周如此。

【原文】

溥博如天;渊泉如渊。见而民莫不敬;言而民莫不信;行而民莫不说。

【译文】

其广博有如天空,深远有如渊泉。他出现时人民没有不尊敬的,他的言语人民没有不相信的,他的行为人民没有不喜悦的。

【张居正讲解】

渊,是水深处。子思又形容圣人之德说:"凡物之溥博者,莫过于天,今圣德之溥博,不可限量,就如天之溥博一般,盖非寻常之所谓溥博而已。物之渊泉者,莫过于渊,今圣德之渊泉,不可测度,就如渊之渊泉一般,盖非寻常之所谓渊泉而已。由是时而著,见于容貌,则百姓便都钦敬之,而无有亵慢者。时而发之于言语,则百姓便都尊信之,而无有违疑者。时而措之于行事,则百姓便都喜悦之,而无有怨恶者。"夫如天如渊,可见其充积之盛矣,民莫不敬信且说,可见其时出之妙矣。非至圣而能若是乎!

【评析】

广大无边的深渊,能够时时地喷涌出来,广大无边像天一样,泉水就像深渊一样。如果表现出来这种崇高伟大的形象,老百姓就没有一个不去崇拜崇敬的;只要有如此高的德行威望,老百姓就没有不跟随的;如果这种美德和精神付诸行动,老百姓没有不高兴的。《老子》:"上善若水。水善利万物,而不争;处众人之所恶,故几于道。居善地,心善渊,与善仁,言善信,政善治,事善能,动善时。夫唯不争,故无尤。"意思是说,最高境界的圣人就像水的品性一样,泽被万物而不争名利,所以最接近于道。最善的人,居处最善于选择地方,心胸善于保持沉静而深不可测,待人善于真诚、友爱和无私,说话善于恪守信用,为政善于精简处理,能把国家治理好,处事能够善于发挥所长,行动善于把握时机。最善的人所作所为正因为有不争的美德,所以没有过失,也就没有怨咎。中国文化中比喻有德行的人,往往用水来做做做比方。

【原文】

是以声名洋溢乎中国,施及蛮貊。舟车所至,人力所通,天之所覆,地之所载,日月所照,霜露所队:凡有血气者莫不尊亲。故曰配天。

【译文】

所以圣人的名声洋溢在中华大地上,并传播到边远的少数民族地区;凡是船和车辆到达的地方,凡是人们所能走通的地方,凡是天空所覆盖的地方,凡是大地所能承载的地方,凡是太阳月亮所能照耀到的地方,凡是霜露所降落的地方,凡是有血气的人,没有不尊崇亲近的,所以说圣人可以与天相匹配。

【张居正讲解】

声名,是圣德的名声。洋溢,是充满。施,是传播。队,是落。凡有血气者,指人类说。配,是配合。子思说:"圣人之德,充积既极其盛,发见又当其可,是以休声美名,充满乎中华之国,而传播遍及乎蛮貊之邦,华夷之人,皆敬信而悦之焉。极而言之,凡水陆舟车之所可到,人力之所可通,天之所覆盖,地之所持载,日月之所照临,霜露之所坠落的去处,凡有血气而为人类者,一皆尊之为元后,而无有不敬者,亲之如父母,而无有不爱者,即此可见圣德之广大,就与天一般。"盖天之所以为大者,以其无所不覆也,今圣人之德,既光四表而格上下,则与天配合而无间矣。所以说配天。

右第三十一章。

【评析】

这里说的是圣人已经名扬天下,并且传播到边境的蛮夷之邦,普天之下都信从他的学说,尊敬他的人格。孔子的思想、思维方式、价值取向都早已融入了我们民族的血液,沉淀在我们的生命中,铸成了我们民族的个性。

【原文】

唯天下至诚,为能经纶天下之大经,立天下之大本,知天地之化育。夫焉有所倚?

【译文】

唯有天下那最为诚信的圣人,才能够理顺天下的纲纪,树立起天下最根本的法则,知道天地变化的道理,此外还有什么可依靠的呢?

【张居正讲解】

经纶,都是治丝的事。经,是理其绪而分之。纶,是比其类而合之。大经,是五品之人伦。大本,是所性之全体。化育,是天地所以化生万物的道理。倚,是倚靠。子思说:"实理之在天下,散于人伦,原于性命,非可容易尽者,独有天下至诚的圣人,德极其实,而无一毫之私伪,故于君臣、父子、夫妇、兄弟、朋友之伦,为能各尽其道,分别其理而不乱,联合其性而不离,足以为天下后世之法,就如治丝的一般,既理其绪而分之,又比其类而合之,所以说经纶天下之大经,于所性中仁义理智之德,浑然全体,无少亏欠,而凡所以应事接物千变万化而不穷者,其理莫不包括于其中,就如树木一般,根本牢固而不动,枝叶发生而不穷,所以说立天下之大本。至于天地之所以化生长育,只是元亨利贞这四件实理,至诚之仁义礼智,既与之契合而无间,故能融会贯通,知之洞达而无疑,盖不但闻见之知而已。"夫经纶大经,立大本,知化育,这都是至诚自然之能事,不思而自得,不勉而自中者也,何尝倚着于物而后能哉?所以说夫焉有所倚。

【评析】

唯独普天之下最真诚的人,才可以统治天下。如果统治天下的领袖或者领导人是些虚伪的骗子，或者是不得民心的人，这个国家这个地区能治理好吗？只有那些关心人民疾苦，通晓自然和社会规律的人，才能成为优秀的执政者。

【原文】

肫肫其仁！渊渊其渊！浩浩其天！

【译文】

其仁德真挚恳切，其性静深如水，浩茫广大像天空那样。

【张居正讲解】

肫肫，是恳至。渊渊，是静深。浩浩，是广大。上文说至诚之德，至此又极赞其盛说道："至诚，圣人之经纶，立本、知化，既皆出于自然，则其德之盛，非可寻常论者也。自其经纶言之，则于人伦日用之间，一皆恩意之浃洽，慈爱之周流，何其肫肫然而恳至也。自其立本言之，则性真澄彻，而万理空涵，就与那渊泉之不竭一般，何其渊渊然而静深也。自其知化言之，则阴阳并运，而上下同流，就与那天之无穷一般，又何其浩浩然而广大也。"至诚之德，其至矣乎！

【原文】

苟不固聪明圣知，达天德者，其孰能知之？

【译文】

如果不是聪明睿智，通达道德的人，谁能了解圣人呢？

【张居正讲解】

固字，解做实字。天德，指仁义礼智说。子思总结上文说："至诚之功用，其盛如此，则其妙未易知也。若不是实有聪明圣知之资，通达仁义礼智之天德的圣人，则见犹滞于凡近，而知不免于推测，其欲所谓经纶立本而知化者，何足以知之哉？"此可见惟圣人然后能知圣人也。

右第三十二章。

【评析】

这里形容至诚的德行，深沉广大，神妙莫测，没有圣人的智慧，是无法通晓这种能力和德行的，只有接近圣人的人才能理解，只有了解了这种德行，才能统御万民，治理天下。

【原文】

《诗》曰："衣锦尚絅。"恶其文之著也。故君子之道，暗然而日章；小人之道，的然而日亡。君子之道，淡而不厌，简而文，温而理。知远之近，知风之自，知微之显。可与入德矣。

【译文】

《诗经》说："身穿锦绣衣服，外面罩件套衫。"这是为了避免锦衣花纹的显露，所以，君子的道深藏不露而日益彰明；小人的道显露无遗而日益消亡。君子的道，平淡而有意味,简略而有文彩,温和而有条理,由近知远,由源知流,由微知显,这样,就可以进入道德的境界了。

【张居正讲解】

锦,是五彩织成的衣服。尚,是加。䌹,是禅衣。暗然,是韬晦不露的意思。的然,是用意表见的意思。风,是动。凡人行事之得失,都足以感动乎人,所以叫作风。自字,解做由字。子思前章既说圣人德极其盛,又恐人务于高远,而无近里着己之功,故此章复自下学立心之始而推之,以至其极说道:"《国风》之诗有言,人穿了锦绣的衣服,外面却又加一件朴素的禅衣盖着,这是为何?盖以锦绣之衣,文采太露,故加以禅衣,乃是恶其文采之太著也,学者之立心,也要如此。所以君子之为学,专务为己,不求人知,外面虽暗然韬晦,然实德在中,自不能藏,而日见其彰显。小人之为学,专事文饰,外面虽的然表见,然虚伪无实,久则不继,而日见其消亡矣。然所谓暗然而日彰者如何?盖君子之道,外虽淡素,其中自有旨趣,味之而不厌,外若简略,其中自有文采,灿然而可观,外虽温厚浑沦,其中自有条理,井然而不乱。夫淡、简、温,就如䌹之袭于外的一般。不厌而文且理,就如锦之美在其中的一般,这是君子为己之心如此。然用功时节,又有当谨的去处,若使知之不明,则何所据以为用力之地乎?又要随时精察,知道远处传播的,必从近处发端,在彼之是非,由于在此之得失也。知道自己的行事能感人动物的,都有个缘由,吾身之得失,本于吾心之邪正也。又知道隐微的去处,必然到显著的去处,念虑既发于中,形迹必露于外也。这三件都是当谨之几,既知乎此,然后可以着实用功,循序渐进,而入于圣人之德矣。"然则下学而上达者,可不以立心为要哉!

【评析】

《诗经》上的诗句用来说明君子厌恶锦缎的文彩太过于显明而用麻做的衣服罩在外面,这也是比喻圣人、君子的外表并不是那么显眼耀人,他们也与普通人一样,但是他们的内在却有如锦缎那么珍贵。所以君子的道路,看着暗淡但却日益彰明,因为他们的内在涵养知识,底蕴丰厚,取之不尽,圣人君子的大道,暗然深藏却日渐彰显。他的道行表面上看就像穿了一件麻衣,看不出什么伟大和辉煌来,但是一天一天地充实起来、一月一年地提升起来,最终放出万丈光芒。而小人的道很张扬专横,甚至是故作高深标榜自我,却一天一天暗淡无光,甚至最终消亡。就像金庸先生所说的:"情深不寿,强极必辱。谦谦君子,温润如玉。"

【原文】

《诗》云:"潜虽伏矣,亦孔之昭。"故君子内省不疚,无恶于志。君子之所不可及者,其唯人之所不见乎。

【译文】

《诗经》说:"潜藏虽然很深,但依旧昭然若揭。"所以君子自我反省没有愧疚,没有恶念存于心中。君子的德行之所以高不可及，大概就是在这些不被人看见的地方吧？

【张居正讲解】

《诗》，是《小雅·正月》之篇。潜，是幽暗的去处。伏，是隐伏。孔字解做甚字。疚，是病。无恶于志是说无愧于心。子思引《诗》说："幽暗的去处虽是隐伏难见，然其善恶之几，甚是昭然明白。《诗》之所言如此，可见独之不可不谨也。是故君子于己所独知之地，内自省察使念虑之动，皆合乎理，而无一些疚病，方能无愧怍于心也。夫人皆能致饰于显著，而君子独严于隐微，即是而观，则君子之所不可及者，其在人所不见之地乎！"若夫人之所见，则人皆能谨之，不独君子为然矣，这是说君子谨独之事，为己之功也。

【评析】

这里用《诗经》里的诗句说明，鱼儿在深水中游动，但是水依然清澈，比喻君子要慎独，做到问心无愧，坦坦荡荡。在公开场合下，人们都能谨慎小心，但君子强于常人的地方就在于他们在独处时也能严于律己。

【原文】

《诗》云："相在尔室，尚不愧于屋漏。"故君子不动而敬，不言而信。

【译文】

《诗经》说："看你独自在室内的时候，是不是能无愧于神明。"所以，君子就是在没做什么事的时候也能令人崇敬，没有说什么的时候也能令人信从。

【张居正讲解】

《诗》，是《大雅·抑》之篇。相，是看视。屋漏，是室西北隅深密的去处。子思引《诗》说："看尔在居室之中，虽屋漏深密的去处，莫说是未与物接，便可怠忽了，尚当常存敬畏，使心里无一些愧怍才好。诗人之言如此，可见静之不可不慎也。所以君子之心，不待有所动作，方才敬慎。便是不动的时节，已自敬慎了，不待言语既发，方才诚信，便是不言的时节，已自诚信了。"这是戒慎不睹，恐惧不闻的功夫，君子为己之功，至是而益加密矣。

【评析】

"屋漏"指古代在室内的西北角设小账的地方，相传是神明所在，这里是以屋漏代指神明。君子在独处时也能保持平静，严于律己，鲁迅先生说的"当我沉默着的时候，我觉得充实；我将开口，同时感到空虚。"这也就是"不动而敬，不言而信"的道理。

【原文】

《诗》曰："奏假无言，时靡有争。"是故君子不赏而民劝，不怒而民威于鈇钺。

【译文】

《诗经》说："进奉诚心,感通神灵。肃穆无言,没有争执。"所以,君子不用赏赐,老百姓也会互相劝勉;不用发怒,老百姓也会很畏惧。

【张居正讲解】

《诗》是《商颂·烈祖》之篇。奏是进,假字与格字同,是感格。靡字,解做无字。鈇,是莝斫刀。钺,是斧。子思又引《诗》说:"主祭者进而感格于神明之际,极其诚敬,不待有所言说告戒,而凡在庙之人,亦皆化之,自无有争竞失礼者,此可见有是德,则有是化矣。是故君子既能动而省察,又能静而存养,则诚敬之德,足以感人,而人之被其德者,不待爵赏之及,而兴起感发,乐于为善,自切夫劝勉之意,不待嗔怒之加,而自然畏惧,不敢为恶,有甚于鈇钺之威。"盖德成而民化,其效如此。是以君子惟密为己之功,以造于成德之地也。

【评析】

《诗经》说,祭祀祷告时不用语言,这个时候就不用争议,因为话很多反而丧失了真心。圣人君子不需要去奖赏,他的百姓和他的朋友们就会努力勤勉地做事。不必动怒,百姓们就觉得比严苛的法律和刑法还要厉害。

【原文】

《诗》曰:"不显惟德,百辟其刑之。"是故君子笃恭而天下平。

【译文】

《诗经》说:"弘扬那德行啊,诸侯们都来效法。"所以,君子笃实恭敬就能使天下太平。

【张居正讲解】

《诗》,是《周颂·烈文》之篇。不显,是幽深玄远,无迹可见的意思。百辟,是天下的诸侯。刑,是法。笃,是厚。恭,是敬。子思说:"君子不赏不怒而民劝民威,其德虽足以化民,然犹未造其极也。《周颂·烈文》之诗说:天子有幽深玄远之德,无有形迹之可见,而天下的诸侯,人人向慕而法则之,则不特民劝民威而已。所以有德的君子,由戒惧谨独之功,到那收敛退藏之密,其心浑然天理,念念是敬,时时是敬,但见其笃厚深潜,不可窥测,而天下的人,自然感慕其德,服从其化,不识不知,而翕然平治焉。"这笃恭正是不显之德,天下平,即是百辟刑之,此中和化育之能事,圣神功化之极致也。

【评析】

这里说的是一个君主自我修身养性,待人宽厚,人们自然而然就会被感化向善,这也是"以德治国"的境界所在。

【原文】

《诗》曰:"予怀明德,不大声以色。"子曰:"声色之于以化民,末也。"《诗》曰:"德𫐖如毛。"毛犹有伦。"上天之载,无声无臭。"至矣。

【译文】

《诗经》说："我向往光明的品德，不用疾声厉色。"孔子说："用疾声厉色去教育老百姓，是最拙劣的行为。"《诗经》说："德行轻如毫毛。"轻如毫毛尚且还是有物可比拟。而《诗》所谓："上天所承载的，无声无息无臭无味。"这才是至高无上的境界啊！

【张居正讲解】

这一节是子思三引诗，以形容不显笃恭之妙。予，是诗人托为上帝的言语。怀，是念。輶字解做轻字。伦，是比方。载，是事。子思说："君子不显笃恭，而天下自平，则其德之微妙，岂易言哉？《大雅·皇矣》之诗说，上帝自言我眷念文王之明德，深微邃密，不大著于声音颜色之间，这诗似可以形容不显之德矣。然孔子曾说：为政有本，若将声音颜色去化民，也不过是末务。今但言不大而已，则犹有声色者存，岂足以形容之乎？《大雅·烝民》之诗说：德之微妙，其轻如毛，这诗似可以形容不显之德矣。然毛虽细微，也还有一物比方得他，亦岂足以形容之乎？惟文王之诗说，上天之事，无有声音之可听，无有气臭之可闻，夫声臭有气无形，比之色与毛，已是微妙了，而又皆谓之无，则天下之至微至妙，不见其迹，莫知其然者，无过于此。以此形容君子不显之德，才可谓至尽矣，不可以有加矣。"子思既极其形容，而又赞叹其妙，以见君子之学，必如是而后为至也。其示人之意，何其切哉！大抵《中庸》一书，首言天命之性，是说道之大原，皆出于天。终言上天之载，是说君子之学，当达诸天，然必由戒慎恐惧之功，而后可以驯致于中和化育之极，尽为己慎独之事，而后可以渐进于不显笃恭之妙。可见尽人以合天，下学而上达，其要只是一敬而已。先儒说敬者圣学始终之要，读者不可不深察而体验也。

右第三十三章。

【评析】

本节引用《诗经》的话来说明仁君应该做到"无为而治"。治国不用厉言厉色，严刑峻法，应该自然而然感化万民，"好雨知时节，当春乃发生。随风潜入夜，润物细无声"，沁人心脾而入人肺腑，使人在潜移默化中受到感化，就如同上天生养万物一样无声无臭。这样就达到了天人合一的境界，这也是中庸之道的极致。子思以此来结束《中庸》全书。

国学经典文库 图文珍藏版

中庸

线装书局

赵证◎主编

第三章　中庸集说

集说名氏

后汉郑氏玄，字康成，因涿郡卢植，事扶风马融，以《礼记》乃融、植所考定，遂为之注。

唐孔氏颖达，字仲达，先与朱子奢、李善信、贾公彦、柳士宣、范义頵、张权等取皇甫侃、熊安生二家义疏删定，续与前修疏人，及周玄达、赵君赞、王士雄等覆更详审，为《正义》凡七十卷。

案郑氏《注》，虽间有拘泥，而简严该贯，非后学可及。孔氏《正义》，以一时崇尚谶纬，多所采录，然记载翔实，未易轻议。尝读朱文公《中庸章句》，以"戒谨其所不睹，恐惧其所不闻"与"莫见乎隐，莫显乎微"为两事，剖析精诣，前所未有，今观郑《注》，已具斯旨。又刘原父《七经小传》载《檀弓》"圣人之葬人，与人之葬圣人也"，以"与"为语助词，世多称之，然《正义》已有是说。姑摭此二端言之，历考诸家训解、发明经旨者固不为少，其祖述先儒之意者实多。欧阳公曰："学者迹前世之所传而校其得失，或有之矣。若不见先儒中间之说，欲特立一家之学，吾未之信。"可谓至论。第自晋宋而下，传《礼》学者，南人有贺循、贺场、庾蔚、崔灵恩、沈重、范宣、皇甫侃等，北人有徐道明、李业兴、李宝鼎、侯聪、熊安生等，何止十数家，《正义》实据皇甫侃以为本，而以熊安生补其所不备，后世但知为孔氏之书而已。今仍以孔氏冠其首，他说有可采，而姓氏幸不为孔氏所去者，具载于下（整理者案：以下仅录《中庸集说》中所称引之名

朱文公

氏,并以名氏汉语拼音重新排序):

北溪陈氏淳,字安卿

蔡氏渊

长乐陈氏祥道,字用之

长乐刘氏彝,字执中

东莱吕氏本中,字居仁;祖谦,字伯恭

范阳张氏九成,字子韶

虑氏

高要谭氏惟寅

广安游氏桂,字符发

广汉张氏栻,字敬夫

海陵胡氏瑗,字翼之

河东侯氏仲良,字师圣

河南程氏颢,字伯淳;弟颐,字正叔

河南尹氏焞,字彦明

横渠张氏载,字子厚

兼山郭氏忠孝,字立之

建安游氏酢,字定夫

建安真氏德秀,字景元

江陵项氏安世,字平甫

金华邵氏渊,字万宗

晋陵钱氏

晋陵喻氏樗,字良能

柯山周氏处约

蓝田吕氏大临,字与叔

李氏格非,字文叔

濂溪周氏敦颐,字茂叔

林氏坰

临川王氏安石,字介甫

临邛魏氏了翁,字华甫

龙泉叶氏适,字正则

陆氏元朗,字德明

马氏晞孟,字彦醇

莆阳林氏光朝,字谦之

莆阳郑氏耕老,字毅叔

钱塘吴氏知愚,字子发

钱塘于氏有成,字君锡

仁寿李氏道传

三衢周氏

山阴陆氏佃,字农师

上蔡谢氏良佐,字显道

施氏

石林叶氏梦得,字少蕴

四明沈氏焕,字晦叔

四明宣氏缯,字子平

四明袁氏甫,字广微

嵩山晁氏以道,字说之

涑水司马氏光,字君实

温陵陈氏知柔,字体仁

吴兴沈氏清臣,字正卿

象山陆氏九渊,字子静

新安朱氏熹,字符晦

新定顾氏元常,字平甫

新定钱氏时,字子是

新定邵氏甲,字仁仲

宣城奚氏士达

延平黄氏裳,字冕仲

延平杨氏时,字中立

延平周氏谞,字希圣

严陵方氏悫,字性夫

严陵喻氏仲可,字可中

晏氏光

永嘉薛氏季宣,字士隆

永嘉周氏行己,字恭叔

永康陈氏亮,字同甫

誓川倪氏思,字正甫

张氏

以上解义,唯严陵方氏、庐陵胡氏,始末全备,自余多不过二十篇,或三数篇,或一二篇,或因讲说仅十数章,其他如语录,如文集,凡有及于《礼》经,可以开晓后学者,裒辑编次,粗已详尽。唐杜佑《通典》论议丧制者,亦已编入。独绍兴间进士夏休撰《破礼记》二十卷,断章析句,妄加讥诋,《中庸》《大学》犹且不免,其不知量甚矣。大抵解经非其他著书比,前后诸儒,类尝讲究,后学偶得昔贤未竟之旨,曾未一二,动欲牵强饾饤,自为一书以垂世,不无差谬蹈袭之患,至有立意,毁誉如休者,亦登载中兴馆阁书目,今不取。

卷一

《中庸》题解①

《中庸》一篇,会稽石氏《集解》,自濂溪先生而下凡十家。朱文公尝为之序,已而自著《章句》,以十家之说,删成《辑略》,别著《或问》,以开晓后学。今每章首录郑《注》、孔《疏》,次载《辑略》,即继以朱氏。然十家之说,凡《辑略》所不敢取者,朱氏《或问》间疏其失,仅指摘三数言,后学或未深解。今以石氏本增入,庶几览者可以参绎其旨意。其有续得诸说,则附于朱氏之后。

孔氏曰:案郑《目录》云:《中庸》者,以其记中和之为用也。庸,用也。孔子之孙子思伋作之。

河南程氏曰:中之理至矣。独阴不生,独阳不生。偏则为禽兽,为异类,中则为人。中则不偏,常则不易,惟中不足以尽之,故曰中庸。②明道

天地之化,虽廓然无穷,然而阴阳之度,日月寒暑昼夜之变,莫不有常,此道之所以为中庸。③伊川

中者只是不偏,偏则不是中。庸只是常。犹言:中者是大中也,庸者是定理也。定理者,天下不易之理也,是经也。孟子只言反经,中在其间。④伊川

《中庸》之言,放之则弥满六合,卷之则退藏于密。⑤明道

《中庸》始言一理,中散为万事,末复合为一理。⑥明道

《中庸》之书,是孔门传授,成于子思,传于孟子。其书虽是杂记,更不分精粗,一衮说了。今人语道,多说高便遗却卑,说本便遗却末。⑦伊川

《中庸》一卷书,自至理便推之于事。如国家有九经,及历代圣人之迹,莫非实学也。如登九层之台,自下而上为是。⑧

孔子

《中庸》之书,决是传圣人之学不杂,子思恐传授渐失,故著此一卷书。⑨

《中庸》是孔门传授心法。⑩

《中庸》之书,其味无穷,极索玩味。⑪

蓝田吕氏曰:《中庸》之书,圣门学者尽心以知性,躬行以尽性,始卒不越乎此书。孔子传之曾子,曾子传之子思,子思述所授之言,以著于篇。故此书之论,皆圣人之绪言,入德之大要也。

圣人之德,中庸而已。中则过与不及皆非道,庸则父子、兄弟、夫妇、君臣、朋友之常道。欲造次颠沛久而不违于仁,岂尚一节一行之诡激者哉!

《中庸》之书,学者所以进德之要,本末具备矣。既以浅陋之学为诸君道之,抑又有所以告诸君者。孔子曰:"古之学者为己,今之学者为人。"为己者,心存乎德行,而无意乎功名;为人者,心存乎功名,而未及乎德行。若后世学者,有未及乎为人而济其私欲者,今学圣人之道而先以私欲害之,则语之而不入,导之而不行,教之者亦何望哉?圣人立教以示后世,未尝使学者如是也;朝廷建学设科以取天下之士,亦未尝使学者如是也。学者亦何必舍此而趋彼哉?圣人之学,不使人过,不使人不及,立喜怒哀乐未发之中以为之本,使学者择善而固执之,其学固有序矣。学者盖亦用心于此乎?用心于此,则义理必明,德行必修,师友必称,州里必举。仰企于上古,可以不负圣人之传;俯达于当今,可以不负朝廷之教养。世之有道君子,乐得而亲之;王公大人,乐闻而取之。与夫自轻其身,涉猎无本,徼幸一旦之利者,果何如哉?诸君有意乎于今日所讲,有望焉;无意乎,则不肖今日自为饶饶无益,不几乎侮圣言乎?诸君其亦念之哉。⑫

延平杨氏曰:《中庸》为书,微极乎性命之际,幽尽乎鬼神之情,广大精微,罔不

毕举,而独以《中庸》名书,何也?予闻之师曰:"不偏之谓中,不易之谓庸。中者,天下之正道;庸者,天下之定理。"推是言也,则其所以书者,义可知也。世之学者,知不足以及此,而妄意圣人之微言,故物我异观,天人殊归,而高明中庸之学始两致矣。谓"高明者,所以处己而通乎天;中庸者,所以应物而同乎人",则圣人之处己者常过乎中,而与夫不及者无以异也。为是说者,又乌足与议圣学哉?

新安朱氏曰:《中庸》何为而作也?子思子忧道学之失其传而作也。盖自上古圣神继天立极,而道统之传有自来矣。其见于经,则"允执厥中"者,尧之所以授舜也;"人心惟危,道心惟微,惟精惟一,允执厥中"者,舜之所以授禹也。尧之一言,至矣!尽矣!而舜复益之以三言者,则所以明夫尧之一言,必如是而后可庶几也。盖尝论之,心之虚灵知觉,一而已矣。而以为有人心道心之异者,则以其或生于形气之私,或原于性命之正,而所以为知觉者不同,是以或危殆而不安,或微妙而难见耳。盖人莫不有是形,故虽上智不能无人心;亦莫不有是性,故虽下愚不能无道心。二者杂于方寸之间,而不知所以治之,则危者愈危,微者愈微,而天理之公卒无以胜夫人欲之私矣。精则察夫二者之间而不杂也,一则守其本心之正而不离也。从事于斯,无少间断,必使道心常为一身之主,而人心每听命焉,则危者安,微者著,而动静云为自无过不及之差矣。夫尧、舜、禹,天下之大圣也。以天下相传,天下之大事也。以天下之大圣,行天下之大事,而其授受之际,丁宁告戒,不过如此,则天下之理岂有以加于此哉?自是以来,圣圣相承,若成、汤、文、武之为君,皋、陶、伊、傅、周、召之为臣,既皆于此而接夫道统之传,若吾夫子则虽不得其位,而所以继往圣开来学,其功反若有贤于尧舜者。然当是时,见而知之者,唯颜氏、曾氏之传得其宗。及曾氏之再传,而复得夫子之孙子思,则去圣远而异端起矣。子思惧夫愈久而愈失其真也,于是推本尧舜以来相传之意,质以平日所闻父师之言,更互演绎,作为此书,以诏后之学者。盖其忧之也深,故其言之也切;其虑之也远,故其说之也详。其曰天命率性,则道心之谓也;其曰择善固执,则精一之谓也;其曰君子时中,则执中之谓也。世之相后,千有余年,而其言之不异,如合符节。历选前圣之书,所以提挈纲维,开示蕴奥,未有若是其明且尽者也。[13]

中者,不偏不倚,无过不及之名。庸,平常也。[14]

或问:"'中'、'庸'二字孰重?"先生曰:"有中而后有庸。"[15]

或问:名篇之义,程子专以不偏为言,吕氏专以无过不及为说,二者固不同矣,子乃合而言之,何也?曰:中,一名而有二义,程子固言之矣。今以其说推之,不偏不倚云者,程子所谓在中之义,未发之前无所偏倚之名也;无过不及者,程子所谓中之道也,见诸行事各得其中之名也。盖不偏不倚,犹立而不近四旁,心之体,地之中也;无过不及,犹行而不先不后,理之当,事之中也。故于未发之大本,则取不偏不倚之名;于已发而时中,则取无过不及之义。语固各有当也。然方其未发,虽未有无过不及之可名,而所以为无过不及之本体,实在于是;及其发而得中也,虽其所主不能不偏于一事,然其所以无过不及者,是乃无偏倚者之所为,而于一事之中,亦未尝有所偏倚也。故程子又曰:"言和则中在其中,言中则含喜怒哀乐在其中。"而吕氏亦云:"当其未发,此心至虚,无所偏倚,故谓之中;以此心而应万事之变,无往而非中矣。"是则二义虽殊,而实相为体用。此愚于名篇之义,所以不得取此而遗彼也。⑯

曰:庸字之义,程子以不易言之,而子以为平常,何也?曰:唯其平常,故可常而不可易。若惊世骇俗之事,则可暂而不得为常矣。二说虽殊,其致一也。但谓之不易,则必至于久而后见,不若谓之平常,则直验于今之无所诡异,而其常久而不可易者可兼举也。况《中庸》之云,上与高明为对,而下与无忌惮者相反,其曰"庸言之信,庸行之谨",又以见夫虽细微而必信谨,则其名篇之义,以不易而为言者,又孰若平常之为切乎!曰:然则所为平常,将不为浅近苟且之云乎?曰:不然也。所谓平常,亦曰事理之当然,而无所诡异云尔,是固非有甚高难行之事,而亦岂同流合污之谓哉!既曰当然,则自君臣父子日用之常,推而至于尧舜之禅授,汤武之放伐,其变无穷,亦无适而非平常矣。⑰

《中庸》一书,本只是随时之中。其所以有随时之中者,是缘有那未发之中在。⑱

为人之说,程氏以为欲见知于人者,是也。吕氏以志于功名言之,而谓今之学者未及乎此,则是以为人为及物之事,而涉猎徼幸以求济其私者,又下此一等也。殊不知夫子所谓人者,正指此下等人也。若曰未能成己,而遽欲成物,此特可坐以不能知所先后之罪,原其设心,犹爱而公,视彼欲求人知,以济一己之私而后学者,不可同日语矣。至其所谓立喜怒哀乐未发之中以为之本,使学者择善而固执之者,亦曰欲使学者务先存养,以为穷理之地耳。而语之未莹,乃似圣人强立此中以为大本,使人以是为准而取中焉,则中者岂圣人之所强立,而未发之际亦岂容学者有所取则于其间哉!但其全章大旨,则有以切中今时学者之病。览者诚能三复而致思焉,亦可以感悟而兴起矣。⑲

雪川倪氏曰:尧咨舜曰"允执其中",舜授禹曰"允执厥中",仲虺谓汤"建中于民",孟子曰"汤执中",文王演《易》,以二五为中,武王访箕子,箕子陈洪范以皇极为中，《周礼》以五礼坊民伪而教之中，而未有言庸者。孔子始以中对庸言之，其在《易》之《文言》曰："龙德而正中者也。"继之曰："庸言之信，庸行之谨。"然犹分言之也。至《论语》始曰："中庸之为德，其至矣乎，民鲜能久矣。"于是，中之与庸，始合为一。子思之名《中庸》，盖本诸孔子也。

新定顾氏曰：理有自然之则，非过非不及，圣人所以名之曰中；理无所变更，历万世如一日，圣人所以名之曰庸。《易》言太极，《书》言皇极，中之谓也；《易》言"正者，事之干"，又言"常久而不已"[20]，庸之谓也。中也，庸也，圣人所以名此理之本体也。《中庸》一书，始之以此道之本体，中之以此道之运行，末复归之此道之本体，所谓无先无后，彼此一以贯之。

天命之谓性，率性之谓道，修道之谓教。

郑氏曰：天命，谓天所命生人者也，是谓性命。率，循也。循性行之，是谓"道"。修，治也。治而广之，人仿效之，是曰"教"。

孔氏曰：自此至"育焉"一节，明中庸之德，必修道而行。

河南程氏曰：言天之自然者，谓之天道。言天之付与万物者，谓之天命。[21]明道

"民受天命之中以生"，"天命之谓性"也。"人之生也直"，意亦如此。若以生为生养之生，却是"修道之谓教"也。至下文始自云：能者养之以福，不能者败以取祸，则乃是教也。[22]明道

《孟子》曰："仁者，人也。合而言之，道也。"《中庸》所谓"率性之谓道"是也。[23]

"生之谓性"，性即气，气即性，生之谓也。人生气禀，理有善恶，然不是性中原有此两物相对而生也。有自幼而善，有自幼而恶，是气禀有然也。善固性也，然恶亦不可不谓之性也。盖"生之谓性""人生而静"以上不容说，才说性时便已不是性也。凡人说性，只是说"继之者善"也，孟子言人性善是也。夫所谓"继之者善"也者，犹水流而就下也。皆水也，有流而至海，终无所污，此何烦人力之为也？有流而未远，固已渐浊；有出而甚远，

孟子

方有所浊。有浊之多者，有浊之少者。清浊虽不同，然不可以浊者不为水也。如

此,则人不可以不加澄治之功,故用力敏勇则疾清,用力缓怠则迟清。及其清也,则却只是元初水也,亦不是将清来换却浊,亦不是取出浊来置在一隅也。水之清,则性善之谓也,故不是善与恶在性中为两物相对,各自出来。此理,天命也。顺而循之,则道也。循此而修之,各得其分,则教也。自天命以至于教,我无加损焉,此舜有天下而不与焉者也。[24]

"上天之载,无声无臭",其体则谓之易,其理则谓之道,其用则谓之神,其命于人则谓之性,率性则谓之道,修道则谓之教。孟子于其中又发挥出浩然之气,可谓尽矣。故说神"如在其上,如在其左右",合小大事而只曰"诚之不可掩如此夫"。彻上彻下,不过如此。形而上为道,形而下为器,须著如此说。器亦道,道亦器,但得道在,不系今与后,已与人。[25]

先生常语韩持国曰:"如说妄说幻为不好底性,则请别寻一个好底性来,换了此不好底性。盖道即性也。若道外寻性,性外寻道,便不是。圣贤论天德,盖谓自家元是天然完全自足之物,若无所污坏,即当直而行之;若小有污坏,即敬以治之,使复如旧者。盖为自家本质元是完足之物。若合修治而修治之,是义也;若不消修治而不修治,亦是义也。故常简易明白而易行。禅学者总是强生事。至如山河大地之说,是他山河大地,又干你何事?至如孔子,道如日星之明,犹患门人未能尽晓,故曰'予欲无言'。如颜子,则便;默识,其他未免疑问。故曰'小子何述',又曰'天何言哉?四时行焉,百物生焉',可谓明白矣。若能于此言上看得破,便信是会禅,也非是未寻得,盖实是无去处说,此理本无二致也。"[26]明道

"生之谓性"与"天命之谓性",同乎?性字不可一概论。"生之论性",止训所禀受也。"天命之谓性",此言性之理也。今人言性柔缓、性刚急,皆生来如此,训所禀受也。若性之理则无不善,曰天者,自然之理也。[27]伊川

告子云"生之谓性"。凡天地所生之物,须是谓之性。皆谓之性则可,于中却须分别牛之性、马之性。是他便只是一般,如释氏说蠢动含灵,皆有佛性,如此则不可。"天命之谓性,率性之谓道"者,天降是于下,万物流形,各正性命者,是所谓性也。循其性而不失,是所谓道也。此亦通人物而言。循性者,马则为马之性,又不做牛底性;牛则为牛之性,又不为马底性。此所谓率性也。人在天地之间,与万物同流,天几时分别出是人是物。"修道之谓教",此则专在人事,以失其本性,故修而求复之,则入于学。若元不失,则何修之有?"成性存存,道义之门",亦是万物各有成性存存,亦是生生不已之意。天只是以生为道。[28]

"率性之谓道",率,循也。若言道不消先立下名义,则茫茫地何处下手,何处

人须是自为善，又不可都不管他，盖有教焉。"修道之谓教"，岂可不修。㉚

横渠张氏曰：由太虚，有天之名；由气化，有道之名；合虚与气，有性之名；合性与知觉，有心之名。㉛

蓝田吕氏曰：此章先明性、道、教之所以名。性与天道，一也。天道降而在人，故谓之性。性者，生生之所固有也。循是而言之，莫非道也。道之在人，有时与位之不同，必欲为法于后世，不可不修。

"天命之谓性"，即所谓中；"修道之谓教"，即所谓庸。中者，道之所自出；庸者，由道而后立。盖中者，天道也，天德也，降而在人，人禀而受之，是之谓性。《书》曰："惟皇上帝，降衷于下民。"《传》曰："民受天地之中以生。"此人性所以必善，故曰"天命之谓性"。性与天道，本无有异，但人虽受天地之中以生，而梏于蕞然之形体，常有私意小知挠乎其间，故与天地不相似，所发遂至于出入不齐而不中节。如使所得于天者不丧，则何患不中节乎？故良心所发，莫非道也。在我者，恻隐、羞恶、辞让、是非，皆道也；在彼者，君臣、父子、夫妇、昆弟、朋友之交，亦道也。在物之分，则有彼我之殊；在性之分，则合乎内外。一体而已，是皆人心所同然，乃吾性之所固有。随喜怒哀乐之所发，则爱必有等差，敬必有节文。所感重者，其应也亦重；所感轻者，其应也亦轻。自斩至缌，丧服异等，而九族之情无所憾；自王公至皂隶，仪章异制，而上下之分莫敢争。非出于性之所有，安能致是乎？故曰"率性之谓道"。循性而行，无物挠之，虽无不中节，然人禀于天者，不能无厚薄昏明，则应于物者，亦不能无小过小不及。故"喜斯陶，陶斯咏，咏斯犹，犹斯舞，舞斯愠，愠斯戚，戚斯叹，叹斯辟，辟斯踊矣。品节斯，斯之谓礼"。闵子除丧而见孔子，予之琴而弹之，切切而哀，曰："先王制礼，不敢过也。"子夏除丧而见孔子，予之琴而弹之，侃侃而乐，曰："先王制礼，不敢不及也。"故心诚求之，虽不中不远矣。然将达之天下，传之后世，虑其所终，稽其所敝，则其小过小不及者，不可以不修，此先王所以制礼。故曰"修道之谓教"。

建安游氏曰："惟皇上帝，降衷于下民"，则天命也。若遁天倍情，则非性矣。天之所以命万物者道也，而性者具道以生也。因其性之固然而无容私焉，则道在我矣，此"率性之谓道"也。若出于人为，则非道矣。夫道不可擅而有也，固将与天下共之，故修礼以示之中，修乐以导之和，此"修道之谓教"也。或蔽于天，或蔽于人，为我至于无君，兼爱至于无父，则非教矣。知天命之谓性，则孟子性善之说可见矣。或曰性恶，或曰善恶混，或曰有三品，皆非知天命者也。

延平杨氏曰："天命之谓性"，人欲非性也。"率性之谓道"，离性非道也。性，天命也。命，天理也，道则性命之理而已。孟子道性善，盖原于此。谓性有不善者，诬天也。性无不善，则不可加损也，无俟乎修焉，率之而已。杨雄谓学以修性，非知性也。故孔子曰"尽性"，子思曰"率性"，曰"尊德性"，孟子曰"知性""养性"，未尝言修也。然则道其可修乎？曰：道者，百姓日用而不知也，先王为防范，使过不及者取中焉，所以教也。谓之修者，盖亦品节之而已。

性、命、道三者，一体而异名，初无二致也。故在天曰命，在人曰性，率性而行曰道，特所从言之异耳。

人性上不可添一物。尧舜所以为万世法，只是率性而已。所谓率性，循天理是也。外边用计用数，假饶立得功业，只是人欲之私，与圣贤作用，天地悬隔。

荆公云："天使我有是之谓命，命之在我之谓性"[32]，是未知性命之理。其曰使我，正所谓使然也，使然可以为命乎？以命在我为性，则命自一物。若《中庸》言"天命之谓性"，性即天命也，又岂二物哉？如云在天为命，在人为性，此语似无病，然亦不须如此说，性命初无二理，第所由之者异耳。"率性之谓道"，如《易》所谓"圣人之作《易》，将以顺性命之理"是也。

韩子曰："仁与义为定名，道与德为虚位。"其意盖曰：由仁、义而之焉，斯谓之道；充仁、义而足乎已，斯谓之德。则所谓道、德云者，仁、义而已矣。故以仁、义为定名，道、德为虚位。《中庸》曰"天命之谓性"，"率性之谓道"，仁、义，性所有也，则舍仁、义而言道者，固非也。道固有仁、义，而仁、义不足以尽道，则以道、德为虚位者，亦非也。

新安朱氏[33]曰：自此至"万物育焉"是第一章，子思述所传之意以立言。首明道之本原出于天而不可易，其实体备于己而不可离，次言存养省察之要，终言圣神功化之极。盖欲学者于此反求诸身而自得之，以去夫外诱之私，而充其本然之善，杨氏所谓"一篇之体要"是也。其下十章，盖子思引夫子之言，以终此章之义。命，犹令也。性，即理也。天以阴阳五行化生万物，气以成形，而理亦赋焉，犹命令也。于是人物之生，因各得其所赋之理，以为健顺五常之德，所谓性也。道，犹路也。人物各循其性之自然，则其日用事物之间，莫不各有当行之路，是则所谓道也。修，品节之也。性道虽同，而气禀或异，故不能无过不及之差，圣人因人物之所当行者而品节之，以为法于天下，则谓之教，若礼、乐、刑、政之属是也。盖人之所以为人，道之所以为道，圣人之所以为教，原其所自，无一不本于天而备于我。学者知之，则其于学，知所用力而自不能已矣。故子思于此首发明之，读者所宜深体而默识也。[34]

　　或问:"天命之谓性,率性之谓道,修道之谓教",何也? 曰:此先明性、道、教之所以名,以见其本皆出于天,而实不外于我也。"天命之谓性",言天所以命乎人者,是则人之所以为性也。盖天之所以赋与万物而不能自已者,命也;吾之得乎是命以生而莫非全体者,性也。故以命言之,则曰元、亨、利、贞,而四时五行,庶类万化,莫不由是而出;以性言之,则曰仁、义、礼、知,而四端五典,万物万事之理,无不统于其间。盖在天在人,虽有性命之分,而其理则未尝不一;在人在物,虽有气禀之异,而其理则未尝不同。此吾之性所以纯粹至善,而非若荀、杨、韩子之所云也。"率性之谓道",言循其所得乎天以生者,则事事物物,莫不自然,各有当行之路,是则所谓道也。盖天命之性,仁、义、礼、知而已。循其仁之性,则自父子之亲以至于仁民爱物,皆道也;循其义之性,则自君臣之分以至于敬长尊贤,皆道也;循其礼之性,则恭敬辞让之节文,皆道也;循其知之性,则是非邪正之分别,亦道也。盖所谓性者,无一理之不具,故所谓道者,不待外求而无所不备;所谓性者,无一物之不得,故所谓道者,不假人为而无所不周。虽鸟兽草木之生,仅得形气之偏,而不能有以通贯乎全体,然其知觉运动,荣瘁开落,亦皆循其性而各有自然之理焉。至于虎狼之父子、蜂蚁之君臣、豺獭之报本、雎鸠之有别,则其形气之所偏,又反有以存其义理之所得,尤可以见天命之本然,初无间隔,而所谓道者,亦未尝不在是也。是岂有待于人为,而亦岂人之所得为哉!"修道之谓教",言圣人因是道而品节之,以立法垂训于天下,是则所谓教也。盖天命之性,率性之道,皆理之自然,而人物之所同得者也。人虽得其形气之正,然其清浊厚薄之禀,亦有不得不异者,是以贤智者或失之过,愚不肖者或不能及,而得于此者,亦或不能无失于彼。是以私意人欲或生其间,而于所谓性者,不免有所昏蔽错杂,而无以全其所受之正。性有不全,则于所谓道者,固以有所乖戾舛逆,而无以适乎所行之宜。唯圣人之心,清明纯粹,天理浑然,无所亏阙,故能因其道之所在,而为之品节防范,立法以教于天下,使夫过不及者,有以取中焉。盖有以辨其亲疏之杀,而使之各尽其情,则仁之为教立矣;有以别其贵贱之等,而使之各尽其分,则义之为教行矣;为之制度文为,使之有以守而不失,则礼之为教得矣;为之开导禁止,使之有以别而不差,则知之为教明矣。夫如是,是以人无知愚,事无大小,皆得有所持循据守,以去其人欲之私,而复乎天理之正。推而至于天下之物,则以顺其所欲,违其所恶,因其材质之宜,以致其用,制其取用之节,以遂其生,皆有政事之施焉。此则圣人所以财成天地之道,以致其弥缝辅赞之功,然亦未始外乎人之所受乎天者而强为之也。子思以是三言著于篇首,虽曰姑以释夫三者之名义,学者能因其所指而反身以验之,则其所知,岂独名义之间而已哉！盖有得乎天命之说，则知天之所以与我者，无一理之不备，而释氏所谓空者，非性矣；有以得乎率性之说，则知我之所得乎天者，无一物之不该，而老氏所谓无者，非道矣；有以得乎修道之说，则知圣人之所以教我者，莫非因其所固有而去其所本无，背其所至难而从其所甚易，而凡世儒之训诂辞章，管商之权谋功利，佛老之清净寂灭，与夫百家众技之支离偏曲，皆非所以为教矣。由是以往，因其所固有之不可昧者，而益致其学问思辨之功；因其所甚易之不能已者，而益致其持守推行之力，则夫天命之性，率性之道，岂不昭然日用之间，而修道之教，又将由我而后立矣。㉟

程子之论率性，正就私意人欲未萌之处，指其自然发见各有条理者而言，以见道之所以得名，非指修为而言也。吕氏"良心之发"以下至"安能至是"一节，亦甚精密，但谓人虽受天地之中以生，而梏于形体，又为私意小知所挠，故与天地不相似而发不中节，必有以不失其所受乎天者，然后为道，则所谓道者，又在修为之后，而反由教以得之，非复子思、程子所指人欲未萌自然发见之意矣。游氏所谓"无容私焉，则道在我"，杨氏所谓"率之而已"者，似亦皆有吕氏之病也。至于修道，则程子"养之以福""修而求复"之云，却似未合子思本文之意。独其一条所谓"循此修之，各得其分"，而引舜事以通结之者，为得其旨，故其门人亦多祖之，但所引舜事，或非《论语》本文之意耳。吕氏所谓"先王制礼，达之天下，传之后世"者得之。但其本说率性之道处已失其旨，而于此又推本之，以为率性而行，虽已中节，而所禀不能无过不及，若能心诚求之，自然不中不远，但欲达之天下，传之后世，所以又当修道而立教焉，则为大繁复而失本文之意耳。改本又以时位不同为言，似亦不亲切也。㊱

杨氏所论王氏之失如何？曰：王氏之言，固为多病。然此所云"天使我有是"者，犹曰"上帝降衷"云尔，岂真以为有或使之者哉！其曰"在天为命，在人为性"，则程子亦云，而杨氏又自言之，盖无悖于理者。今乃指为王氏之失，不唯似同浴而讥裸裎，亦近于意有不平，而反为至公之累矣。且以率性之道为顺性命之理，文意亦不相似。若游氏以遁天倍情为非性，则又不若杨氏"人欲非性"之云也。㊲

北溪陈氏曰：命，犹令也。天不言如何命，只是大化流行，气到便生物，似分付命令一般。

命有二义，有以理言，有以气言，其实理不外乎气。盖二气流行，万古生生不息，必有主宰之者，理是也。理在其中为之枢纽，故大化流行，生生未尝止息。所谓以理言者，非有离乎气，只是就气上指出不离乎气而为言耳，如"天命之谓性"，"五十知天命"，"穷理尽性至于命"，此皆指理而言。天命，即天道流行赋予于物者，就元亨利贞之理而言，则谓之天命。如就气说，亦有两等：一等说贫富贵贱、寿夭祸福，如所谓"死生有命"与"莫非命也"之命，此乃就受气短长厚薄不齐上论，是命分之命；又一等如孟子所谓"仁之于父子，义之于君臣，命也"之命，是又就禀气清浊不齐上论，是说人之智愚贤否。

性，即理也。不谓之理，谓之性，盖理是凡言天地间人物公共之理，性是在我之性。性字从生从心，是人生具是理于心，方名曰性。其大目只是仁义礼智：得天命之元，在我为仁；得天命之亨，在我为礼；得天命之利，在我为义；得天命之贞，在我为智。仁义礼智之实理便是信，如四行无土，便都无所该载。

性命本非二物，在天谓之命，在人谓之性。程子曰："天所付为命，人所受为性。"然不分看则不分明，不合看则支离了，须浑然一理中看得有界分，不相乱，所以谓之命。谓之性者，何故？大抵性即是理。然人之生，不成空有是理，须有形骸，方载得此理。其实理不外乎气，得天地之气成此形，得天地之理成此性，所以横渠曰："天地之塞吾其体，天地之帅吾其性"。就孟子"浩然之气，塞乎天地"一句，掇"塞"字来说气，就孟子"志气之帅"，掇"帅"字来说理，人与物同得天地之气以生。人得五行之秀正而通，所以仁义礼智粹然，独与物异，物得气之偏，为形骸所拘，所以其理闭塞不通。

天明人以是理，人所受以为性，皆本善而无恶。孟子道性善，就大本上说得极亲切，只是不曾发出气禀一段，所以启后世纷纷之论。人有万殊不齐，只缘气禀不同。此气只是阴阳五行之气，如阳性刚、阴性柔、火性燥、水性润、金性寒、木性温、土性厚重，七者夹杂，人随所值，便有参差不齐。然气运往来，自有真元之会，如历法算到本数，凑合所谓"日月如合璧、五星如连珠"时相似，圣人便是禀得贞元之会。然天地间参差不齐之时多，贞元会合之时少，如一岁间极寒极暑阴晦之时多，不寒不暑光风霁月之时极少，难得恰好时节。人生多值此不齐之气，值阳气多者刚烈，值阴气多者懦弱，值阳气之恶者燥暴忿戾，值阴气之恶者狡谲奸险。有人性圆，一拨便转，有性愚，拗一句善言说不入，与禽兽无异，却是气禀如此。阳气中有善恶，阴气中亦有善恶，如《通书》所谓"刚善刚恶、柔善柔恶"，不是阴阳气本恶，只是分合转移，齐不齐中自然成粹驳善恶耳。因气有粹驳，便有贤愚。然气虽不齐，大本则一，虽下愚亦可变而为善，只为工夫最难，非百倍其功者不能，子思言"人一己百，人十己千，虽愚必明，虽柔必强"，正为此。自孟子不说到气禀，所以荀子以性为恶，杨子言善恶混，韩文公三品，皆只说得气，东坡苏氏又谓性未有善恶，五峰胡氏又谓性无善恶，皆是含糊捉摸，不曾说得端的。直至二程得濂溪太极图，开端于本性之外,发出气禀一段,方见得善恶所由来。故其言曰"论性不论气不备,论气不论性不明,二之则不是",此说不可改易。

气质之性是以气禀言之,天地之性是以大本言之,其实天地之性亦不离气质之中,只是就气中分别出天地之性,不与相离为言耳。此意学者又当知之。

道,犹路也。人所通行,方谓之路,一人独行,不得谓之路。道之大纲,只是日用间人伦事物所当行之理,众所共由方谓之道。

老氏以无为宗,佛氏以空为宗,以未有天地之先为吾真体,以天地万物为幻,视人事为粗迹,尽欲屏除,一归真空,乃为得道,不知道只是人事之理耳。"形而上者谓之道,形而下者谓之器。"自形而上者言之,其隐然不可见者谓之道;自形而下者言之,其显然可见者谓之器。其实道不离乎器,道只是器之理。人事有形状处此之谓器,人事中之理便是道,如"君臣有义",义即是道,君臣是器,"父子有亲",亲即是道,父子是器,非于君臣父子之外,别有所谓义与亲。

《易》说"一阴一阳之谓道",阴阳,气也,形而下者也;道,理也,即阴阳之理,形而上者也。此孔子就造化根源上论。如"志于道""可与适道""道在尔"之类,又是就人事上论。圣贤与人说道,多就人事上说,惟此句乃赞《易》时说来历根源。

涑水司马氏曰:性者,物之所禀于天以生者也。命者,令也,天不言而无私,岂有命令付与于人哉? 正以阴阳相推,八卦相荡,五行周流,四时运行,消息错综,变化无穷,庶物禀之以生,各正性命,其品万殊。人为万物之灵,得五行之秀气,故皆有仁义礼智信,与身俱生,木为仁,金为义,火为礼,水为智,土为信,五常之本,既禀之于天,则不得不谓之天命也。水火金木,非土无依,仁义礼智,非信无成。孟子言四端,苟无诚信,则非仁义礼智矣。夫人禀五行而生,无问贤愚,其五常之性必具,顾其少多厚薄则不同矣。或相倍蓰,或相什百,或厚于此而薄于彼,或厚于彼而薄于此,多且厚者为圣贤,少且薄者为庸愚,故曰"天命之谓性"。

临川王氏曰:人受天而生,使我有是之谓命,命之在我之谓性。不唯人之受而有是也,至草木、禽兽、昆虫、鱼鳖之类,亦禀天而有性也。然性果何物也? 曰:善而已矣。性虽均善,而不能自明,欲明其性,则在人率循而已,率其性不失,则五常之道自明。然人患不能修其五常之道以充其性,能充性而修之,则必以古圣贤之教为法,而自养其心,不先修道,则不可以知命。《易》曰:"穷理尽性以至于命。"《易》何以不先言命,而此何以首之? 盖天生而有是性命,不修其道,亦不能明其性命也,是《中庸》与《易》之说合。此皆因中人之性言也,故曰"自诚明,谓之性;自明诚,谓之教",夫教者,在中人修之则谓之教,至于圣人,则岂俟乎修而至也? 若颜回者,是亦中人之性也，唯能修之不已，故庶几于圣人也。

广汉张氏曰："天命之谓性"，此言性之统体也。"率性之谓道"，此言万化之流行也。"修道之谓教"，此言人所以致存察之功而有诸己者也。一人之性，天地之性也，而人自拘于气禀之小耳。苟能致存察之功，则天性可得而全，而万化可备于己也。然而非先识夫天性之大，则无以见万化之流行，而工夫在我者，亦无所施矣。

海陵胡氏曰：性之善，非独圣贤有之也，天下至愚之人皆有之，然愚者不知善性之在己也，不能循而行之。在上者当修治充广无常之道，使下之民睹而效之，故谓之教。"老吾老以及人老，幼吾幼以及人幼"，此教民以仁也；制为庐井，使"出入相友，守望相助，疾病相扶持"，此教民以义也；郊社宗庙，致敬鬼神，此教民以智也；设为冠昏丧祭乡饮酒之仪，此教民以礼也；发号施令，信赏必罚，不欺于民，此教民以信也。

广安游氏曰：性以天命言之，言其本于自然，与生俱生者也。率者，循也。修者，有所不至而修之也。"率性之谓道"，此亦自诚而明者言也。自诚而明，则其性自正，特率循之而已。若自明而诚，则诚有所未至，未能率其性，则必修有所未至而后可。子思之意，使上者循其性而无失，下者资于教以修之，天下之人，不过此两等而已。

晋陵喻氏曰：人之生，天之命也，有命则有性，性出于天，则天下之性一也。"人受天地之中以生"，其谁无性？能率其性，则道在是矣。士君子修其道，使天下遵其教，循理而动，不失所以得于天者，则中庸之德行矣。夫子未尝言性，子贡曰："夫子之言性与天道，不可得而闻。"盖性与天道本乎自然，天地之内，何者非天？天之所生，何者非性？苟不悖焉，则与天为一，性斯存也。吾欲言之，天何言哉？动静语默，何者非道？识子贡之不可得而闻，而后识所谓天，识所谓命，识所谓性，识所谓率，识所谓修，识所谓道，且识所谓教也。《中庸》之篇，无非教也。孟子曰性善，非孟子自言也，古圣人之言也。古之言性者，有曰"惟民生厚，因物有迁"，厚即善也，迁即习也；有曰"人生而静，天之性也，感物而动，性之欲也"，静者善也，感者习也。"生之谓性"，生非善而何？"惟人，万物之灵"，灵非善而何？"万物化醇"，醇非善而何？"惟皇上帝，降衷于下民，若有恒性"，衷者善也，恒非善而何？"天生烝民，有物有则，民之秉彝，好是懿德"，物则者善也，秉彝好德非善而何？

马氏曰：性在于我，而令之者在天，故"天命之谓性"。道出于天，而成之者在人，故"率性之谓道"。教在于彼，而主之者在此，故"修道之谓教"。自天命之谓性至率性之谓道，则天人之理备矣；自率性之谓道至修道之谓教，则物我之治具矣。

有以得于天而不遗于人,有以治于我而不遗于物,此其道所以具,天地之纯,古今之大体也。

山阴陆氏曰:王文公云:"天使我有是之谓命,命之在我之谓性。"道法自然,道有率而无修,修教之事也。佛氏言理性,是亦性也。老氏言道德,是亦道也。然不可以入仲尼之域者,以知率之而不知修之之道也,故曰佛老之道,无之则昧理,有之则害教。然则所谓修者何也?曰:仁以人之,义以宜之,礼以节之,信以成之,有所不足,不敢不勉,有余不敢尽也。

延平周氏曰:莫非命也,凡天之与我而同然无间者,皆命也。莫非性也,凡命之在我而各有仪则者,皆性也。率其性则性之全,性之全故为道,道则天也,有人焉;修其道则道之散,道之散故为教,教则人也,有天焉。

吴兴沈氏曰:性不可言也,大包天地,圆彻太虚,虽皇天上帝,亦与之同然,于无何有之初,岂复有使然者哉?今曰"天命之谓性",非天"谆谆然命之"也。孟子曰:"莫之为而为者,天也;莫之致而致者,命也。"凡言莫之为、莫之致者,皆非人力所可能也,是天命之说也。惟《易》尝言之"穷理尽性以至于命",理穷矣,性尽矣,然后至于命,则命为天理之自然也。果矣,率非循也,率然而动者,无非真也。性本无事,苟率尔而有,动则为道也。仁义礼智虽具于性,非事夫仁义礼智者也。乍见孺子入井,而恻然之心生,是率性而为仁之道也。箪食豆羹,呼尔而弗受,是率性而为义之道也。引而伸之,礼智皆然。《易》曰:"寂然不动,感而遂通天下之故。"此率性为道之说也。性非可修,则道不可修也。修之云者,非有所增损也,品节文饰之耳。向也,仁义礼智之动于性则为道;今也,仁行于父子,义行于君臣,礼行于宾主,智行于贤者,而父子、君臣、宾主、贤者之教著矣。自性而道,自道而教,《中庸》尽具于此。尝谓"天命之谓性",此《中庸》之体也;"修道之谓教",言《中庸》之用也;"率性之谓道",兼体用而言之也。造道者欲知《中庸》之枢会,即兹三者而见矣。

晋陵钱氏曰:性、道、教三者,一篇之大旨。命,犹界付也。天所界付,非人所能。人所能者,率性修道也。性无不善,循而行之,是之谓道。道有品节,修而全之,是之谓教。自"道不可离"而下,所以详言"率性之谓道";自"哀公问政"而下,所以详言"修道之谓教";自"仲尼祖述"而下,所以详言"天命之谓性"。

临邛魏氏曰:成汤告民于亳曰民有恒性,周武誓众于盟津曰人为物灵,凡皆立国之初,是为群言之首。盖大本要道,无以先此。《大易》,圣人所以开物济民者也,首于《乾》《坤》发明性善之义,曰"大哉乾元,万物资始",曰"至哉坤元,万物资生"。凡各正性命于天地间者,未有不资于元,元则万善之长,四德之宗也。犹虑人之弗察也,于《系辞》申之曰"一阴一阳之谓道,继之者善也,成之者性也",犹曰是理也,行乎气之先,而人得之以为性云尔;曰"成性存存,道义之门",则又示人以知礼成性,道义皆由此出也;而终之曰"圣人之作《易》也,将以顺性命之理"。是则《易》之为书,其大本要道顾有先于此者乎?故子思于《中庸》撮其要而言之,若曰天所以命于人则谓之性,率乎性而行之则谓之道,即是道而品节之以示训则谓之教。呜呼!圣贤之心,后先一揆。故《中庸》之首,则《易》与《诰》《誓》之首也。

蔡氏曰:言性、道、教之所以明也。性者,天理之混然。道者,循性之自然。教者,圣人因其自然而品节之,使学者有所持循也。

新定顾氏曰:以《中庸》名书,而发端之词若此,明中庸即天命之性、率性之道、修道之教也。此性本体,清明广大,所谓太极者也,良知良能具焉,万善出焉。曰中曰庸,圣人所以明此性之德尔。人之生也,均禀此性,以形体言之,天亦由此理而生,由此理而运行。今而曰"天命之谓性",不以形体论,而以义理言之也。自然之理谓之天,天之有命,理之所不容违者也。人性本于自然,不得不然,故曰"天命之谓性"。人伪不萌,顺理而动,圣人之能事毕矣,故曰"率性之谓道"。由是而有所述作,以纲理世变,以启迪人心,故曰"修道之谓教"。

四明袁氏曰:尧、舜、禹相授受曰中,中者何?非动静而动静函,非刚柔而刚柔具。

庸,常也。常,中也。上天下地,万象昭布,往古来今,万变参错,所谓中者,只如此而已。

太极未分,包括阴阳,分阴分阳,太极在中,一而万,万而一。故是书之作,或独言中,或独言庸,或并言中庸。独言中而庸未尝不在也,独言庸而中未尝不在也,并言中庸而无所不在也。

率,循也。循性而行,即中庸之道也。人皆有此性,则皆有此道。道不在性之外也,父子、君臣、夫妇、长幼、朋友五典皆道也,而即仁义礼智信五常之性也。此性此道,不虑而知,不学而能,在我率而行之耳。有所矫拂则不可以言率性,委诸自然则亦不可以言率性。不起穿凿之意见,不生支离之言论,必有事焉而行所无事,是之谓率性。

【注释】

①"《中庸》题解"四字原无,为整理者所加。

②《程氏遗书》卷十一,《二程集》,中华书局,2004年,页122。以下只注明本书页码。

③《程氏遗书》卷十五,《二程集》,页 149。

④《程氏遗书》卷十五,《二程集》,页 160。

⑤《程氏遗书》卷十一,《二程集》,页 130。

⑥《程氏遗书》卷十四,《二程集》,页 140。

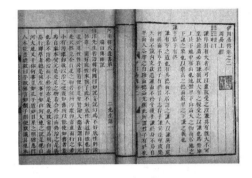

《程氏遗书》书影

⑦《程氏遗书》卷十五,《二程集》,页 160。

⑧《程氏遗书》卷一,《二程集》,页 2。

⑨《程氏遗书》卷十五,《二程集》,页 153。

⑩《程氏外书》卷十一,《二程集》,页 411。朱熹《中庸章句》(《朱子全书》,上海古籍出版社;安徽教育出版社,2002 年,6/32。以下只注明本书页码,斜杠前数字为《朱子全书》册数,斜杠后数字为该册页码)曰:"子程子曰:'不偏之谓中,不易之谓庸。中者,天下之达道;庸者,天下之定理。'此篇乃孔门传授心法,子思恐其久而差也,故笔之于书,以授孟子。其书'始言一理,中散为万事,末复合为一理','放之则弥六合,卷之则退藏于密',其味无穷,皆实学也。善读者玩索而有得焉,则终身用之,有不能尽者矣。"

⑪《程氏遗书》卷十八,《二程集》,页 222。

⑫此段为吕氏之《中庸后解序》,《皇朝文鉴》卷第九十一录之更详,见《蓝田吕氏遗著辑校》,中华书局,1993 年,页 592—593。

⑬《中庸章句序》,《朱子全书》6/29—30。

⑭《中庸章句》,《朱子全书)6/32。

⑮《朱子语类》卷六二,《朱子全书》16/2010。

⑯《中庸或问》上,《朱子全书》6/548。

⑰《中庸或问》上,《朱子全书》6/549。

⑱《朱子语类》卷六二,《朱子全书》16/2004。

⑲《中庸或问》上,《朱子全书》6/549—550。

⑳《易·乾文言》:"元者,善之长也;亨者,嘉之会也;利者,义之和也;贞者,事之干也。"《易》恒卦:"天地之道,恒久而不已也。"

㉑《程氏遗书》卷十一,《二程集》,页 125。

㉒《程氏遗书》卷十二,《二程集》,页 135。

㉓《程氏遗书》卷十一,《二程集》,页 120。

㉔《程氏遗书》卷一,《二程集》,页 10—11。

㉕《程氏遗书》卷一,《二程集》,页 4。

㉖《程氏遗书》卷一,《二程集》,页 1。

㉗《程氏遗书》卷二十四,《二程集》,页 313。

㉘《程氏遗书》卷二上,《二程集》,页 30—31。

㉙《程氏遗书》卷十五,《二程集》,页 151。

㉚《程氏遗书》卷一,《二程集》,页 2。

㉛《正蒙·太和》,《张载集》,中华书局,1978 年,页 9。以下只注明本书页码。

㉜邵雍《观物外篇下之下》(《邵雍集》,中华书局,2010 年,页 163)亦曰:"天使我有是之谓命,命之在我之谓性,性之在物之谓理。"

㉝"氏"原为"子",实误。

㉞《中庸章句》,《朱子全书》6/32—34。

㉟《中庸或问》上,《朱子全书》6/550—552。

㊱《中庸或问》上,《朱子全书》6/552—553。

㊲《中庸或问》上,《朱子全书》6/553—554。

卷二

【原文】

道也者,不可须臾离也,可离非道也,是故君子戒慎乎其所不睹,恐惧乎其所不闻。莫见乎隐,莫显乎微,故君子慎其独也。

郑氏曰:道,犹道路也,出入动作由之,离则恶乎从也。君子虽视之无形,听之无声,犹戒慎恐惧自修正,是其不须臾离道也。慎独者,慎其闲居之所为,虽于隐微,若有觇听之者,是为显见,甚于众人之中为之。

孔氏曰:人虽目不睹之处犹且戒谨,况其恶事睹见而肯犯乎?虽耳所不闻犹须恐惧,况人闻之处恐惧可知也。谨其独者,谨其独居,虽居能谨畏守道也。

河南程氏曰:一物不该,非中也;一事不为,非中也;一息不存,非中也。何哉?为其偏而已矣。故曰:"道也者,不可须臾离也,可离非道也。"修此道者,"戒慎乎其所不睹,恐惧乎其所不闻"而已。由是而不息焉,则"上天之载,无声无臭",可以

驯致也。①伊川

或问："游宣德记先生语云：'人能戒慎恐惧于不睹不闻之间,则无声无臭可以驯致。'此说如何？"曰："驯致,渐进也。然此亦大纲说,固是自小以至大,自修身以至于尽性至命,然其间有多少般数,其所以致之之道当如何？荀子曰：'始乎为士,终乎为圣人。'今学者须读书,才读书便望为圣贤。然中间致之之方,更有多少。荀子虽能如此说,却以礼义为伪,性为不善,他自性情尚理会不得,怎生道得圣人？大抵以尧所行者欲力行之,以多闻多见取之,其所学者皆外也。"②

先生尝论克己复礼。韩持国曰："道上更有甚克,莫错否？"曰："如公此言,只是说道也。克己复礼,乃所以为道也,更无别处。克己复礼之谓道,亦可伤乎公之所谓道也！如公之言,只是一人自指其前一物曰：此道也。他本无可克者。若知道与己未尝相离,则若不克己复礼,何以体道？道在己,不是与己各为一物,可跳身而入者也。克己复礼,非道而何？至如公言,克不是道,亦是道也。实未尝离得,故曰'可离非道也',理甚分明。"③

道之外无物,物之外无道,是天地之间无适而非道也。即父子而父子在所亲,即君臣而君臣在所敬,以至为夫妇,为长幼,为朋友,无所为而非道,此道所以不可须臾离也。然则毁人伦、去四大者,其分于道也远矣。故"君子之于天下也,无适也,无莫也,义之与比"。若有适有莫,则于道为有间,非天地之全也。彼释氏之学,于敬以直内则有之矣,于义以方外则未之有也。故滞固者入于枯槁,疏通者归于肆恣,此佛之教所以为隘也。吾道则不然,率性而已。斯理也,圣人于《易》备之。④又云：佛有一个觉之理,可以敬直内矣,然无义以方外。其直内者,要之其本亦不是。⑤

人只以耳目所见闻者为显见,所不见闻者为隐微,然不知理却甚显。且如若人弹琴,见螳螂捕蝉,而闻者以为有杀声。杀在心,而人闻其琴而知之,岂非显乎？人有不善,自谓人不知之,然天地之理甚著,不可欺也。⑥伊川

"於穆不已",天之所以为天也。"纯亦不已",文王之所以为文也。此天德也。有天德便可语王道,然其要只在慎独。⑦明道

要修持他这天理则在德,须有不言而信者。这难为形状。养之则须直不愧屋漏与慎独。这是个持养底气象也。⑧

孔子言仁,只说"出门如见大宾,使民如承大祭"。看其气象,便须心广体胖,动容周旋中礼自然,唯慎独便是守之之法。⑨

洒扫应对便是形而上者,理无大小故也。故君子只在慎独。⑩明道

《中庸》之书,学者之至也,而其始则曰："戒慎乎其所不睹,恐惧乎其所不闻。"

盖言学者始于诚也。^⑪

蓝田吕氏曰：此章明道之要，不可不诚。道之在我，犹饮食居处之不可去，可去皆外物也。诚以为己，故不欺其心。人心至灵，一萌于思，善与不善，莫不知之。他人虽明，有所不与也。故慎其独者，知为己而已。

道之为言，犹道路也。凡可行而无不达，皆可谓之道也。成象之谓乾，效法之谓坤。天立是理，地以效之，况于人乎？故人效法于天，不越顺性命之理而已。率性之谓道，则四端之在我者，人伦之在彼者，皆吾性命之理，受乎天地之中，所以立人之道，不可须臾离也。绝类离伦，无意乎君臣父子者，过而离乎此者也；贼恩害义，不知有君臣父子者，不及而离乎此者也。虽过不及有差，而皆不可以行于世，故曰"可离非道也"。非道者，非天地之中而已，非天地之中而自谓有道，惑也。

所谓中者，性与天道也。谓之有物，则不得于言；谓之无物，则必有事焉。不得于言者，视之不见，听之不闻，无声形接乎耳目而可以道也；必有事焉^⑫者，莫见乎隐，莫显乎微，体物而不可遗者也。古之君子，立则见其参于前，在舆则见其倚于衡，是何所见乎？洋洋如在上，如在其左右，是果何物乎？学者见乎此，则庶乎能择中庸而执之。隐微之间，不可求之于耳目，不可道之于言语，然有所谓昭昭而不可欺，感之而能应者，正唯虚心以求之，则庶乎见之，故曰"莫见乎隐，莫显乎微"。然所以慎其独者，苟不见乎此，则何戒慎恐惧之有哉？此诚之不可掩也。

上蔡谢氏曰：敬则外物不能易，坐如尸，立如齐，出门如见大宾，使民如承大祭，非礼勿言动视听，须是如颜子事斯语。坐如尸坐时习，立如齐立时习，是不可须臾离也。

建安游氏曰：道外无性，性外无道，曾谓性而不可离乎？故惟尽性然后能体道，惟至诚然后能尽性。苟未至于至诚，则常思诚以为入道之阶，故戒谨其所不睹，恐惧乎其所不闻，所以谨其独而思诚也。人所不睹，可谓隐矣，而心独见之，不已见乎？人所不闻，可谓微矣，而心独闻之，不亦显乎？知莫见乎隐，莫显乎微，而不能谨独，是自欺也，其离道远矣。

延平杨氏曰：独非交物之时有动于中，其违未远也。虽非视听所及，而其几固已了然心目之间矣，其为显见孰加焉，虽欲自蔽，吾谁欺，欺天乎？此君子必慎其独也。盖道无隐微之间，于独而不谨，是可须臾离也。故立则见其参于前，在舆则见其倚于衡。

夫盈天地之间，孰非道乎？道而可离，则道有在矣。譬之四方，有定位焉，适东则离乎西，适南则离乎北，斯则可离也。若夫无适而非道，则乌得而离耶？故寒而衣,饥而食,日出而作,晦而息耳。目之视听,手足之举履,无非道也,此百姓所以日用而不知。伊尹耕于有莘之野,以乐尧舜之道,夫尧舜之道,岂有物可玩而乐之乎?即耕于有莘之野是已,此农夫田父之所日用者,而伊尹之乐,有在乎是,若伊尹所谓知之者也。

新安朱氏曰:此第一章第二节。道者,日用事物当行之理,皆性之德,而具于心,无物不有,无时不然,所以不可须臾离也,若其可离,则为外物而非道矣。是以君子之心常存敬畏,虽不见闻,亦不敢忽,所以存天理之本然,而不使离于须臾之顷也。隐,暗处也。微,细事也。独者,人所不知而己所独知之地也。言幽暗之中,细微之事,迹虽未形,而几则已动,人虽不知,而己独知之,则是天下之事,无有著见明显而过于此者。是以君子既常戒惧,而于此尤加谨焉,所以遏人欲于将萌,而不使其潜滋暗长于隐微之中,以至离道之远也。⑬

或问:既曰"道也者,不可须臾离也,可离非道也,是故君子戒慎乎其所不睹,恐惧乎其所不闻"矣,而又曰"莫见乎隐,莫显乎微,故君子慎其独也",何也? 曰:此因论率性之道,以明由教而入者,其始当如此,盖两事也。其先言道不可离而君子必戒慎恐惧乎其所不睹不闻者,所以言道之无所不在,无时不然,学者当无须臾之不谨而周防之,以全其本然之体也。又言莫见乎隐莫显乎微而君子必慎其独者,所以言隐微之间,人所不见,而己独知之,则其事之纤悉,无不显著,又有甚于他人之知者,学者尤当随其念之方萌而致察焉,以谨其善恶之几也。盖所谓道者,率性而已,性无不有,故道无不在,大而父子君臣,小而动静食息,不假人力之为,而莫不各有当然不易之理。所谓道也,是乃天下人物之所共由,充塞天地,贯彻古今,而取诸至近,则常不外乎吾之一心。循之则治,失之则乱,盖无须臾之顷可得而暂离也。若其可以暂离,而于事无所损益,则是人力私知之所为者,而非率性之谓矣。圣人之所修以为教者,因其不可离者而品节之也;君子之所由以为学者,因其不可离者而持守之也。是以日用之间,须臾之顷,持守功夫一有不至,则所谓不可离者虽未尝不在我,而人欲间之,则亦判然二物,而不相管矣,是则虽曰有人之形,而其违禽兽也何远哉! 是以君子戒慎乎其目之所不及见,恐惧乎其耳之所不及闻,了然心目之间,常若见其不可离者,而不敢有须臾之间,以流于人欲之私,而陷于禽兽之域。若《书》之言防怨而曰"不见是图",《礼》之言事亲而曰"听于无声,视于无形",盖不待其征于色、发于声,然后有以用其力也。夫既已如此矣,则又以谓道固无所不在,而幽隐之间,乃他人之所不见而己所独见;道固无时不然,而细微之事,乃他人之所不闻而己所独闻。是皆常情所忽,以为可以欺天罔人,而不必谨者,而不知吾心之灵，皎如日月，既已知之，则其毫发之间，无所潜遁，又有甚于他人之知矣。又况既有是心，藏伏之久，则其见于声音容貌之间，发于行事施为之实，必有暴著而不可掩者，又不止于念虑之差而已也！是以君子既戒惧乎耳目之所不及，则此心常明，不为物蔽，故于此尤不敢不致其谨焉，必使其几微之际，无一毫人欲之萌，而纯乎义礼之发，则下学之功，尽善全美，而无须臾之间矣。二者相须，皆反躬为己，遏人欲、存天理之实事。盖体道之功，莫有先于此者，亦莫有切于此者。故子思于此，首以为言，以见君子之学，必由此而入也。曰：诸家之说，皆以戒慎不睹、恐惧不闻即为慎独之意，子乃分之以为两事，无乃破碎支离之甚耶？曰：既言道不可离，则是无适而不在矣，而又言莫见乎隐，莫显乎微，则是要切之处，尤在于隐微也；既言戒慎不睹，恐惧不闻，则是无处而不谨矣，又言慎独，则是其所谨者，尤在于独也。是固不容于不异矣。若其同为一事，则其为言，又何必若是之重复耶？且此书卒章"潜虽伏矣""不愧屋漏"亦两言之，正与此相首尾。但诸家皆不之察，独程子尝有"不愧屋漏与慎独是持养气象"之言，其于二者之间，特加"与"字，是固已分为两事，而当时听者有未察耳。曰：子又安知不睹不闻之不为独乎？曰：其所不睹不闻者，己之所不睹不闻也，故上言道不可离，而下言君子自其平常之处，无所不用其戒惧，而极言之以至于此也。独者，人之所不睹不闻也，故上言莫见乎隐，莫显乎微，而下言君子之所谨者，尤在于此幽隐之地也。是其语势自相唱和，各有血脉，理甚分明。如曰是两条者皆为慎独之意，则是持守之功无所施于平常之处，而专在幽隐之间也。且虽免于破碎之讥，而其繁复偏滞而无所当亦甚矣。[11]

道不可须臾离及莫见乎隐、莫显乎微，正是说道之本体，下面戒慎恐惧、必慎其独，方是人下功夫处。故皆以"故"之一字起头，不可衮作一段看了。

必致其知，方肯谨独，方能谨独。

吕氏旧本所论道不可离者得之，但专以过不及为离道，则似未尽耳。其论天地之中、性与天道一节，最其用意深处。然经文所指不睹不闻隐微之间者，乃欲使人戒惧乎此，而不使人欲之私得以发动于其间耳，非欲使人虚空其心，反观于此，以求见夫所谓中者，而遂执之以为应事之准则也。吕氏既失其旨，而所引用不得于言、必有事焉、参前倚衡之语，亦非《论》《孟》本文之意。至谓隐微之间有"昭昭而不可欺，感之而能应者"，则固心之谓矣。而又曰"正惟虚心以求，则庶乎见之"，是又别以一心而求此一心，见此一心也，岂不误之甚哉？若杨氏"无适非道"之云，则善矣。然其言似亦有所未尽。盖衣食、作息、视听、举履皆物也，其所以如此之义理准则乃道也。若曰所谓道者，不外乎物，而人在天地之间，不能违物而独立，是以无适而不有义理之准则,不可顷刻去之而不由,则是《中庸》之旨也。若使指物以为道,而曰人不能顷刻而离此,百姓特日用而不知耳,则是不唯昧于形而上下之别,而坠于释氏作用是性之失,且使学者误谓教无不在,虽欲离之而不可得,吾既知之,则虽猖狂妄行,亦无适而不为道。则其为害,将有不可胜言者,不但文义之失而已矣。[⑮]

严陵方氏曰:戒慎乎其所不睹,非特人之所不睹也,亦己之所不睹焉;恐惧乎其所不闻,非特人之所不闻也,亦己之所不闻焉。戒慎未若恐惧之至也,不睹未若不闻之微也,于其微而愈至,尤见君子之慎独也。独者,不与物群之时也。

莆阳林氏曰:君子所以戒慎恐惧者,岂有他哉? 谓莫显见乎隐微之际故也。鼓钟于宫,声闻于外,虽居无人之境,以致其敬也。

延平周氏曰:戒慎者,恐惧之理;恐惧者,戒慎之事。隐非见也,然见生于隐,则君子以为莫见乎隐;微非显也,然显生于微,则君子以为莫显乎微。见然后至于显,隐然后至于微,乃其序也。古圣人之化行,则贱者犹能慎独,故《诗》曰:"肃肃兔罝,施于中林。"先王之泽竭,虽贵者亦不能之,故《诗》曰:"相在尔室,尚不愧于屋漏。"

广安游氏曰:中之道,至精至微,易失而难守,故常有离失之患,而离失之患,常存乎须臾之际。不须臾离,则用力至到极乎精微,而无毫厘之失矣。隐也,微也,所不睹也,所不闻也,皆言心之为物,宅乎杳冥之中而难知,此君子所不敢忽独者。此心隐微,未对物之称。

永嘉薛氏曰:于所不见不闻之地,有毫厘之差,则失性命之正,失性命之正,则去道远矣。隐见微显,本一道也,未有动乎中而不形于外者。戒谨恐惧,所以贞夫一也。人之于道也,造次颠沛而不可违者也,无入而不自得,观感之教也。

延平黄氏曰:道之无不在也,虽稊稗瓦甓之间,无不在也;道之不可须臾离也,虽蹞步趻踔之间,不可离也。唯其无不在,故不可须臾离。

龙泉叶氏曰:按子张问孔子曰:"立则见其参于前也,在舆则见其倚于衡也,夫然后行。"非以为我之所必见则参前倚衡,微孰甚焉;以为人之所不见则不睹不闻,著孰甚焉。其义互相发明,学者若专一致力于此,以慎独为入德之方,则虽未至于道,而忠信笃敬,所以坚实矣。

新定顾氏曰:道无方体,犹太虚然,有形之类,无不倚太虚而立,无不在此道之中。曰不可须臾离也,非戒人以不可离也,明此道充塞,无乎不在人,不可得而离也。如使人可以离,则是此道有在有不在,非无所谓道矣。君子知道之不可以离也,故从事于谨独之学,则见夫世人矫饰于声音笑貌之末,而内心之弗善者不之省,彼特以为吾心隐微尔,抑岂知其为至见而至显者乎?天下之理,无隐而不见者也,无微而不显者也,奚以知其然耶?《诗》曰:"无曰不显,莫予云觏,神之格思,不可度思。"则吾有念,虑鬼神知之。《孟子》曰:"听其言也,观其眸子,人焉廋哉?"则吾有念虑,君子知之。

"生于其心,害于其政;发于其政,害于其事。"则吾有念虑,众人莫不知之矣。故念虑,诚善可也。苟惟不善,自作孽不可逭,岂不可为戒谨而恐惧哉?是以,君子存其心,养其性,畏欲念之内起,如畏寇盗之外作也,夫是之谓谨独,夫子所谓"用力于仁"者也。

临邛魏氏曰:诚能于睹闻之外、隐微之际,己所独觉而人未及知,随其萌蘖之动,以谨乎善利之几,则仰观俯察,前参后倚,真有以见夫仁义礼知之则,行乎君臣父子长幼朋友之间,皆吾性所本有,分所当为,而实不容以须臾离也。

蔡氏曰:"道也者,不可须臾离"以下言未发时也,戒谨不睹、恐惧不闻者,所以闲邪而存其诚也;"莫见乎隐"以下言发时也,谨独者,所以审其念虑之初发也。

道者,率性之谓。学者于道,不可顷刻而离,若其可离,则非率性之道矣。故虽不睹不闻,至静之顷,亦当戒谨恐惧而闲邪存诚也。

钱塘于氏曰:子思发此一章,诚之一字,固肇于此。

新定钱氏曰:方其不睹也,不闻也,自以为隐也,而不知其莫见于此焉;自以为微也,而不知其莫显于此焉。

喜怒哀乐之未发谓之中,发而皆中节谓之和。中也者,天下之大本也;和也者,天下之达道也。致中和,天地位焉,万物育焉。

郑氏曰:致,行之至也。位,正也。育,生也,长也。

孔氏曰:喜怒哀乐缘事而生,未发之时,澹然虚静,心无所虑而当于理,故谓之"中"。喜怒哀乐虽复动发,皆中节限,犹如盐梅相得,性行谐和,故谓之"和"。情欲未发,是人性之初本,故曰"大本"。情欲虽发而能和合,道理可通达流行,故曰"达道"。"致中和",言人若能致极中和,使阴阳不错,则天地得其正位,生成得理,故万物得其养育。

濂溪周氏曰:性者,刚柔善恶,中而已。刚,善:为义,为直,为断,为严毅,为干固;恶:为猛,为隘,为强梁。柔,善:为慈,为顺,为巽;恶:为懦弱,为无断,为邪佞。惟中者,和也,中节也,天下之达道也,圣人之事也。故圣人立教,使人自易其恶,自至其中而止矣。⑯

河南程氏曰:吕与叔"中者,道之所由出",此语有病。吕曰:"论其所同,不容更有二名;别而言之,亦不可混为一事。如所谓'天命之谓性,率性之谓道',又曰'中者,天下之大本;和者,天下之达道',则性与道、大本与达道,岂有二事?"先生曰:"中即道也。若谓道出于中,则道在中内,别为一物矣。所谓'论其所同,不容更有二名;别而言之,亦不可混为一事',此语固无病。若谓性与道、大本与达道可混而为一,却未安。在天曰命,在人曰性,循性曰道。性也,命也,道也,各有所当。大本言其体,达道言其用,体用自殊,安得不为二乎?"吕曰:"既云'率性之谓道',则循性而行莫非道。此非性中别有道也,中即性也。在天为命,在人为性,由中而出莫非道,所以云'中者,道之所由出'。"先生曰:"'中即性也',此语极未安。中也者,所以状性之体段也。若谓性有体段亦不可,姑假此以明彼。"

　　不偏之谓中。道无不中,故以中行道。如称天圆地方,遂谓方圆即天地,可乎?方圆既不可谓之天地,则万物绝非方圆之所自出。如中既不可谓之性,则道何从称出于中? 盖中之为义,以过不及而立名。若只以中为性,则中与性不合。子居子居,和叔之子对以"中者,性之德",却为近之。吕曰:"不倚之谓中,不杂之谓和。"先生曰:"不倚之谓中,甚善。语犹未莹。不杂之谓和,未当。"吕曰:"喜怒哀乐之未发,则赤子之心。当其未发,此心至虚,无所偏倚,故谓之中。以此心应万物之变,无往而非中矣。孟子曰:'权然后知轻重,度然后知长短,物皆然,心为甚。'此心度物,所以甚于权衡之审者,正以至虚无所偏倚故也。有一物存乎其间,则轻重长短皆失中矣,又安得如权如度乎? 大人不失其赤子之心,乃所谓允执厥中也。大临始者有见于此,便指此心名为中,故前言'中者,道之所由出也'。今细思,乃命名未当耳。此心之状可以言中,未可便指此心名之曰中。"先生曰:"'喜怒哀乐未发谓之中',赤子之心发而未远乎中,若便谓之中,是不识大本也。"吕曰:"圣人知周万物,赤子全未有知,其心固有不同矣。然推孟子所云,岂其止取纯一无伪,可与圣人同乎? 非谓无毫发之异也。大临前日所云,亦取诸此而已。此义,大临昔者既闻先生君子之教,反求诸己,若有所自得,参之前言往行,将无所不合,由是而之焉,似得其所安,以是自信不疑。今承教,乃云已失大本,茫然不知所向。圣人之学,以中为大本。虽尧舜相授以天下,亦云'允执其中'。中者,无过不及之谓也。何所准则而知过不及乎? 求之此心而已。此心之动,出入无时,何从而守之乎? 求之于喜怒哀乐未发之际而已。当是时也,此心即赤子之心,纯一无伪。即天地之心,神明不测。即孔子之'绝四',四者有一物之存乎其间,则不得其中。即孟子所谓'物皆然,心为甚'。心无偏倚,则至明至平,其察物甚于权度之审。此心所发,纯是义理,与天下之所同然,安得不和? 大临前日敢指赤子之心为中者,其说如此。来教云：'赤子之心可谓之和，不可谓之中。'大临思之，所谓和者，指已发而言之。今言赤子之心，乃论其未发之际，纯一无伪，无所偏倚，可以言中。若谓已发，恐不可言心。"先生曰："所云'非谓无毫发之异'，是有异也。有异者，得为大本乎？推此一言，余皆可见。"吕曰："大临以赤子之心为未发，先生以赤子之心为已发。所谓大本之实，则先生与大临之言，未有异也，但解赤子之心一句不同耳。大临初谓赤子之心，止取'纯一无伪'，与圣人同。恐孟子之义亦然，更不取折。——较其同异，故指以为言，固未尝以已发不同处为大本也。先生谓凡言心者，皆指已发而言。然则未发之前，谓之无心，可乎？窃谓未发之前，心体昭昭具在，已发乃心之用也。"先生曰："所论意，虽已发者为未发，反求诸言，却是认已发者为说。词之未莹，乃是择之未精耳。凡言心者，指已发而言，此固未当。心，一也，有指体而言者，寂然不动是也；有指用而言者，感而遂通天下之故是也。唯观其所见何如耳。大抵论愈精微，言愈易差也。"[17]伊川

敬而无失，便是"喜怒哀乐之未发谓之中"也。敬不可谓之中，但敬而无失，即所以中也。[18]

苏季明问："中之道与喜怒哀乐未发之中，同否？"曰："非也。喜怒哀乐未发是言在中之义，只一个中字，但用不同。"或曰："于喜怒哀乐之前求中，可否？"曰："不可。既思于喜怒哀乐未发之前求之，又却是思也。既思即是已发，思与喜怒哀乐一般。才发便谓之和，不可谓之中也。"又问："吕博士言：'当求于喜怒哀乐未发之前。'信斯言也，恐无著摸，如之何而可也？""言存养于喜怒哀乐未发之时则可，若言求中于喜怒哀乐未发之前则不可。"又问："学者于喜怒哀乐发时固当勉强裁抑，于未发之前当如何用功？"曰："于喜怒哀乐未发之前，更怎生求？但平日涵养便是。涵养久则喜怒哀乐发自中节。"或曰："有未发之中，有既发之中。"曰："非也。既发时，便是和矣。发而中节，故是得中，时中之类。只是将中和来分说，便是和也。"[19]伊川

又问："先生说'喜怒哀乐未发谓之中'是在中之义，不识何意？"曰："只喜怒哀乐未发，便是中也。"曰："中莫无形体，只是个言道之题目否？"曰："非也。中有甚形体？既谓之中也，须有个形象。"曰："当中之时，耳无闻、目无见否？""然见闻之理在始得。"曰："中是有时而中否？"曰："何时而不中？以事言之，则有时而中；以道言之，则何时而不中。"曰："故是所谓皆中，然而观于四者未发之时，自有一般意象，及至接事时又自别，何也？"曰："善观者不如此，却于喜怒哀乐已发之际观之。贤且说静时，如何？"曰："谓之无物则不可，然自有知觉处。"曰："既有知觉，却是动

也,怎生言静？人说《复》'其见天地之心'皆以为至静能见天地之心,非也。《复》之卦下面一画,便是动也,安得谓之静？自古儒者皆言静见天地之心,惟颐言动见天地之心。"或曰："莫是于动上求静否？"曰："固是,然最难。释氏多言定一,圣人便言止。且如物之好,须道是好；物之恶,须道是恶。物自好恶,关我这里甚事？若说道我只是定,便无所为,然物之好恶,亦自在里。故圣人只言止。所谓止,如'人君止于仁'、'人臣止于敬'之类是也。《易》之《艮》言止之义曰：'艮其止,止其所也。'言随其所止而止之。人多不能止。盖人,万物皆备,遇事时各因其心之所重者,更互而出,才见得这是重,便有这事出。若能物各付物,便自不出来也。"或曰："先生于喜怒哀乐未发之前下动字,下静字？"曰："谓之静则可,然静中须有物始得,这里便是难处。学者莫若且先理会得敬。能敬则知此矣。"或曰："敬何以用功？"曰："莫若主一。"季明曰："某尝患思虑不定,或思一事未了,他事如麻又生,如何？"曰："不可。此不诚之本也。须是习,习能专一时便好。不拘思虑与应事,皆要求一。"或曰："当静坐时,物之过乎前者,还见不见？"曰："看事如何？若是大事,如祭祀,前旒蔽明,黈纩充耳,凡物之过者,不见不闻也。若无事时,目须见,耳须闻。"或曰："当敬时,虽见闻,莫过焉,而不留乎？"曰："不说道非礼勿视听言动,勿者,禁止之辞。才说勿字,便不得也。"或问："《杂说》中以赤子之心为已发,是否？"曰："已发而去道未远也。"曰："大人不失赤子之心,如何？"曰："取其纯一近道也。"曰："赤子之心与圣人之心,如何？"曰："圣人之心如镜,如止水。"[20]伊川

性即理也。所谓理,性是也。天下之理,原其所自,未有不善。喜怒哀乐未发,何尝不善？发而中节,即无往而不善,发而不中节,然后为不善。故凡言善恶,皆先善而后恶；言吉凶,皆先吉而后凶；言是非,皆先是而后非。[21]伊川"喜怒哀乐未发谓之中",只是言一个中一作本体。既是喜怒哀乐未发,那里有个什么？只可谓之中。如乾体便健,及分在诸处,不可皆名健,然在其中矣。天下事事物物皆有中。"发而皆中节谓之和",非是谓之和便不中也,言和则中在其中矣,中便是含喜怒哀乐在其中矣。[22]伊川

圣人未尝无喜也,"象喜亦喜"；圣人未尝无怒也,"一怒而安天下之民"；圣人未尝无哀也,"哀此茕独"；圣人未尝无惧也,"临事而惧"；圣人未尝无爱也,"仁民而爱物"；圣人未尝无欲也,"我欲仁斯仁至矣"。但其中节则谓之和。[23]

中者,天下之大本。天地之间,停停当当,直上直下之正理,出则不是,唯敬而无失最尽。[24]明道

"喜怒哀乐未发谓之中",中也者,言寂然不动者也,故曰"天下之大本"；"发而

皆中节谓之和",和也者,言感而遂通者也,故曰"天下之达道"。㉕伊川

致与位字,非圣人不能言,子思特传之耳。㉖明道

圣人修己以敬,以安百姓,笃恭而天下平。唯上下一于恭敬,则天地自位,万物自育,气无不和,四灵何有不至?此体信达顺之道,聪明睿知皆由是出。以此事天飨帝。㉗

中和,若只于人分上言之,则喜怒哀乐未发既发之谓也。若致中和,则是达天理,便见得天尊地卑、万物化育之道,只是致知也。㉘

建安游氏曰:极中和之理,则天地之覆载,四时之化育,在我而已,故曰"天地位焉,万物育焉"。然则三公所以燮理阴阳者,岂有资于外哉?亦尽吾喜怒哀乐之性而已。

延平杨氏曰:自"天命之谓性"至"万物育焉",《中庸》一篇之体要也。

怒者喜之反,哀者乐之反,既发则倚于一偏,而非中也,故未发谓之中,中者,不偏之谓也。由中而出,无人欲之私焉,发必中节矣,一不中节,则与物戾,非和也,故发而皆中节谓之和。中也者,寂然不动之时也,无物不该焉,故谓之"大本";和也者,所以感通天地之故,故谓之"达道"。中以形道之体,和以显道之用。致中则范围而不过,致和则曲成而不遗,故"天地位焉,万物育焉"。

喜怒哀乐未发谓之中,发而皆中节谓之和。学者当于喜怒哀乐未发之际,以心验之,则中之义自见。执而勿失,无人欲之私焉,发必中节矣。发而中节,中固未尝忘也。孔子之恸,孟子之喜,因其可恸可喜也,于孔、孟何有哉?其恸也,其喜也,中固自若也。鉴之茹物,因物而异形,而鉴之明,未尝异也。庄生所谓"出怒不怒,则怒出于不怒;出为无为,则为出于不为",亦此意也。若圣人而无喜怒哀乐,则天下之达道废矣。一人横行于天下,武王亦不必耻也。故于是四者,当论其中节不中节,不当论其有无也。

或问:正心诚意如何便可以平天下?曰:后世自是无人正心,若正得心,其效自然如此。此一念之间,毫发有差,便是不正,要得常正,除非圣人始得。且如吾辈,还敢便道自己心得其正否?此须于喜怒哀乐未发之际,能体所谓中;于喜怒哀乐已发之后,能得所谓和。致中和,则天地可位,万物可育,其于平天下何有?

河东侯氏曰:"喜怒哀乐之未发谓之中",寂然不动也;"发而皆中节谓之和",感而遂通天下之故也。中也,和也,非二也,于此四者,已发未发之间尔。未发之中,非时中之谓乎?中,一也。未发之中,时中在其中矣,特未发尔,伊川先生曰"未发之中,在中之义"是也。譬之水也,湛然澄寂谓之静,果其所行,则谓之动。静也,

动也,中和二字譬焉,思过半矣。然则中谓之大本,和谓之达道,何也?中者,理也,无物不该焉,故曰"大本"。由是而之焉,顺此理而发,君臣、父子、兄弟、夫妇、朋友之交,达之天下,莫不由之,以之修身则身修,以之齐家则家齐,以之治国则国治,以之平天下则天下平,故曰"达道"。致此者,非圣人不能,故曰"致中和,天地位焉,万物育焉"。

河南尹氏曰:吕与叔初解出《中庸》,世方大行,伊川谓"不识大本",其说"以赤子之心为未发",伊川则曰"谓之发而未远则可也"。且如今之小婴儿,逆情则啼,顺情则笑,怎做得未发也?近时人言中,便说无一事如土木偶,人怎生未发时便无一事得?释氏之说如此,伊川只说个不倚之谓中。

宽问曰:宽辄以二字形容中字曰:喜怒哀乐未发之前不为无,发而不为有。不知如何?尹曰:甚好。只是个"有""无"字,便似释氏。然喜怒哀乐未发只是无所倚便是中,发而皆中节谓之和,除著个"中"字,别字形容便有病。

宽又曰:如颜子之不迁怒,此是中节,亦只是中,何故才发便谓之和?尹子曰:虽颜子之怒,亦是倚于怒矣。喜怒哀乐亦然,故只可谓之和与时。

紫芝问:中与诚只是一理,意谓中即是诚,诚即是中。曰:非也。诚者,尽乎此者也;中者,形容乎此者也。又问。曰:只于"喜怒哀乐之未发谓之中"上体究得。

蓝田吕氏曰:此章明命中和,及言其效。情之未发,乃其本心,原无过与不及,所谓"物皆然,心为甚",所取准则以为中者,本心而已。由是而出,无有不合,故谓之和。非中不立,非和不行,所出所由,未尝离此大本根也。达道,众所出入之道。极吾中以尽天地之中,极吾和以尽天地之和,天地以此立,化育亦以此行。

人莫不知理义,当无过不及之谓中,未及乎所以中也。喜怒哀乐未发之前反求吾心,果何为乎?《易》曰:"寂然不动,感而遂通天下之故。"《语》曰:"子绝四:毋意,毋必,毋固,毋我。"《孟子》曰:"大人者,不失赤子之心。"此言皆何谓也?"回也其庶乎,屡空",唯空然后可以见乎中。空非中也,必有事焉。喜怒哀乐之未发,无私意小知挠乎其间,乃所谓空。由空然后见乎中,实则不见也。若子贡聚见闻之,多其心已实如货殖焉,所蓄有数,所应有期,虽曰富有,亦有时而穷,故"亿则屡",而未皆中也。"权,然后知轻重;度,然后知长短,物皆然,心为甚",则心之度物,甚于权度之审,其应物当无毫发之差。然人应物,不中节者常多,其故何也?由不得中而执之,有私意小知挠乎其间,故理义不当,或过或不及,犹权度之法不精,则称量百物,不能无铢两分寸之差也。此所谓性命之理出于天道之自然,非人私知所能为也,故推而放诸四海而准,前圣后圣,若合符节,故曰"喜怒哀乐之未发谓之中"。

昔者尧之授舜曰:"天之历数在尔躬,允执其中。"舜亦以命禹曰:"人心惟危,道心惟微。惟精惟一,允执厥中。"虽圣人以天下授人,所命者不越乎此。岂非中之难执难见乎?岂非道义之所从出乎?后世称善治天下者,无出乎尧舜禹,岂非执中而用之无所不中节乎?无过不及,民有不和,世有不治者乎?圣人之治天下,犹不越乎执中,则治身之要,舍是可乎?故苟得中而执之,则从欲以治,四方风动,精义入神,利用出入可也,故曰"中者,天下之大本"。自中而发,无不中节,莫非顺性命之理而已,莫非庸言庸行而已。人心之所同然,人道之所共行,不越乎合君臣、父子、昆弟、夫妇、朋友之交而已。故曰"和者,天下之达道"。致中和者,至诚尽性之谓。故与天地合德而通乎神明者,致中者也;察乎人伦、明乎庶物、体信以达顺者,致和者也。惟至诚为能尽其性,能尽其性则能尽人之性,能尽人之性则能尽物之性,能尽物之性则可以赞天地之化育,可以与天地参矣。人者与天地并立而为三,尽人之性则人道立,人道立则经纶天下之大经,而天尊地卑,上下定矣。人道不立则经不正,经不正则颠倒逆施,天地安得而位诸?尽物之性则昆虫草木与吾同生者也。不合围,不掩群,至于不麛、不卵、不杀胎、不覆巢,此虽赞天地之化育,犹政事之所及,而至诚上达,与天地同流,化育万物者,致中和之效也。

子贡

　　新安朱氏曰:此第一章第三节。喜怒哀乐,情也,其未发,则性也,无所偏倚,故谓之中;发皆中节,情之正也,无所乖戾,故谓之和。大本者,天命之性,天下之理皆由此出,道之体也;达道者,循性之谓,天下古今之所共由,道之用也。此言性情之德,以明道不可离之意。致,推而极之也。位者,安其所也。育者,遂其生也。自戒惧而约之,以至于至静之中无少偏倚,而其守不失,则极其中而天地位矣;自慎独而精之,以至于应物之处无少差缪,而无适不然,则极其和而万物育矣。盖天地万物,本吾一体。吾之心正,则天地之心亦正矣;吾之气顺,则天地之气亦顺矣。故其效验至于如此。此学问之极功,圣人之能事,初非有待于外,而修道之教,亦在其中矣。是其一体一用,虽有动静之殊,然必其体立而后用有以行,则其实亦非有两事也。故于此合而言之,以结上文之意。[29]

或问：此一节何也？曰：此推本天命之性，以明由教而入者，其始之所发端，终之所至极，皆不外于吾心也。盖天命之性，万理具焉，喜怒哀乐，各有攸当。方其未发，浑然在中，无所偏倚，故谓之中；及其发而皆得其当，无所乖戾，故谓之和。谓之中者，所以状性之德、道之体也，以其天地万物之理，无所不该，故曰"天下之大本"；谓之和者，所以著情之正、道之用也，以其古今人物之所共由，故曰"天下之达道"。盖天命之性，纯粹至善，而其于人心者，其体用之全，本皆如此，不以圣愚而有加损也。然静而不知所以存之，则天理昧而大本有所不立矣；动而不知所以节之，则人欲肆而达道有所不行矣。唯君子自其不睹不闻之前，而所以戒慎恐惧者，愈严愈敬，以至于无一毫之偏倚，而守之常不失焉，则为有以致其中，而大本之立，日以益固矣；尤于隐微幽独之际，而所以谨其善恶之机者，愈精愈密，以至于无一毫之差谬，而行之每不违焉，则为有以致其和，而达道之行，日以益广矣。致者，用力推致而极其至之谓。致焉而极其至，至于静而无一息之不中，则吾心正而天地之心亦正，故阴阳动静，各止其所，而天地于此乎位矣；动而无一事之不和，则吾气顺而天地之气亦顺，故充塞无间，欢欣交通，而万物于此乎育矣。此万化之本原，一心之妙用，圣神之能事，学问之极功，固有非始学所当议者。然射者之的，行者之归，亦学者立志之初所当熟思而审知也。故此章虽为一篇开卷之首，然子思之言，亦必至此而后已焉，其指深矣！㉚

曰：然则中、和果二物乎？曰：观其一体一用之名，则安得不二？察其一体一用之实，则此为彼体，彼为此用，如耳目之能视听，视听之由耳目，初非有二物也。㉛

曰：天地位，万物育，诸家皆以其理言，子独以其事论。然则自古衰乱之世，所以病乎中和者多矣，天地之位，万物之育，岂以是而失其常耶？曰：三辰失行，山崩川竭，则不必天翻地覆，而已为不位矣；兵乱凶荒，胎殰卵殈，则不必人消物尽，而已为不育矣。凡若此者，岂非不中不和之所致，而又安可诬哉！今以事言者，固以为有是理而后有是事；彼以理言者，亦非以为无是事而徒有是理也。但其言之不备，有以启后学之疑，不若直以事言，而理在其中之为尽耳。曰：然则当其不位不育之时，岂无圣贤生于其世，而其所以致夫中和者，乃不能有以救其一二，何耶？曰：善恶感通之理，以及其力之所至而止耳。彼达而在上者，既曰有以病之，则夫灾异之变，又岂穷而在下者所能救也哉？但能致中和于一身，则天下虽乱，而吾身之天地万物，不害为安泰；其不能者，天下虽治，而吾身之天地万物，不害为乖错。其间一家一国，莫不皆然，此又不可不知耳。曰：二者之为实事可也，而分中和以属焉，将不又为破碎之甚耶？曰：世固未有能致中而不足于和者，亦未有能致和而不本于中者也,未有天地已位而万物不育者,亦未有天地不位而万物自育者也。特据其效而推本其所以然,则各有所从来,而不可紊耳。②

有问:"若一介之士致中和,如何得天地位万物育?"先生曰:"有此理便有此事,有此事便有此理。且如一日克己,如何天下便归仁? 为有此理故也。"③

程、吕问答,考之文集,则是其书盖不完矣。然程子初谓"凡言心者,皆指已发而言",而后书乃自以为"未当"。向非吕氏问之之审,而不完之中又失此书,则此言之未当,学者何自而知之乎? 以此又知圣贤之言,固有发端而未竟者,学者尤当虚心悉意,以审其归,未可执其一言而遽以为定也。其说中字,因过不及而立名,又似并指时中之中,而与在中之义少异。盖未发之时,在中之义,谓之无所偏倚则可,谓之无过不及,则方此之时,未有中节不中节之可言也,无过不及之名,亦何自而立乎? 又其下文皆以不偏不倚为言,则此语者,亦或未得为定论也。吕氏又引"允执厥中"以明未发之旨,则程子之说《书》也,固谓允执厥中所以行之,盖其所谓中者,乃指时中之中,而非未发之中也。吕氏又谓求之喜怒哀乐未发之时,则程子所以答苏季明之问,又已有"既思即是已发"之说矣。凡此皆其决不以吕说为然者,独不知其于此何故略无所辨,学者亦当详之,未见其不辨,而遽以为是也。曰:然则程子卒以赤子之心为已发,何也? 曰:众人之心,莫不有未发之时,亦莫不有已发之时,不以老稚贤愚而有别也。但孟子所指赤子之心纯一无伪者,乃因其发而后可见,若未发,则纯一无伪,又不足以名之,而亦非独赤子之心为然矣。是以程子虽改夫心皆已发之一言,而以赤子之心为已发,则不可得而改也。曰:程子"明镜止水"之云,固以圣人之心为异乎赤子之心矣,然则此其为未发者耶? 曰:圣人之心,未发则为水镜之体,既发则为水镜之用,亦非独指未发而言也。曰:诸说如何? 曰:程子备矣,但其答苏季明之后章,记录多失本真,答问不相对值,如耳无闻、目无见之答,以下文前旒黈纩之说参之,其误必矣。盖未发之时,但为未有喜怒哀乐之偏耳,若其目之有见,耳之有闻,则当愈益精明而不可乱,岂若心不在焉,而遂废耳目之用哉? 其言静时既有知觉,岂可言静,而引《复》"以动见天地之心"为说,亦不可晓。盖当至静之时,但有能知觉者,而未有所知觉也,故以为静中有物则可,而便以才思即是已发为比则未可,以为《坤》卦纯阴而不为无阳则可,而便以《复》之一阳已动为比则未可也。所谓无时不中者,所谓善观者,却于已发之际观之者,则语虽要切,而其文意亦不能无断续,至于动上求静之云,则问者又转而之他矣。其答动字静字之问,答敬何以用功之问,答思虑不定之问,以至若无事时须见须闻之说,则皆精当。但其曰当祭祀时,无所见闻,则古之人制,祭服而设旒纩,虽曰欲其不得广视杂听，而致其精一，然非以是而全蔽其聪明，使之一无见闻也。若曰屡之有绚，以为行戒，尊之有禁，以为酒戒，然初未尝以是而遂不行不饮也。若使当祭之时，真为疏纩所塞，如聋瞀，则是礼容乐节，皆不能知，亦将何以致其诚意，交于鬼神哉？程子之言，决不如是之过也。至其答过而不留之问，则又有若不相值而可疑者。大抵此条最多谬误，盖听他人之问，而从旁窃记，非惟未了答者之意，而亦未悉问者之情，是以致此乱道而误人耳。然而犹幸其间纰漏显然，尚可寻绎以别其伪，独微言之湮没者，不复传，为可惜耳。吕氏此章之说，尤多可疑。如引屡空、货殖及心为甚者，其于彼此盖两失之。其曰由空而后见夫中，是又前章虚心以求之说也，其不陷入于浮屠者几希矣。盖其病根，正在欲于未发之前求见夫所谓中者而执之，是以屡言之而病愈甚。殊不知经文所谓致中和者，亦曰当其未发，此心至虚，如镜之明，如水之止，则但当敬以存之，而不使其小有偏倚；至于事物之来，此心发见，喜怒哀乐，各有攸当，则又当敬以察之，而不使其小有差忒而已，未有如是之说也。且曰未发之前，则宜其不待著意推求，而了然心目之间矣；一有求之之心，则是便为已发，固已不得而见之，况欲存而执之，则其为偏倚亦甚矣，又何中之可得乎？且夫未发已发，日用之间，固有自然之机，不假人力。方其未发，本自寂然，固无所事于执；及其当发，则又当即事即物，随感而应，亦安得块然不动，而执此未发之中耶？此为义理之根本，于此有差，则无所不差矣。此吕氏之说所以条理紊乱、援引乖剌而不胜其可疑也。程子讥之，以为不识大本，岂不信哉！杨氏所谓"未发之时，以心验之，则中之义自见，执而勿失无人欲之私焉，则发必中节矣"，又曰"须于未发之际，能体所谓中"，其曰验之、体之、执之，则亦吕氏之失也。其曰"其恻其喜，中固自若"，疑与程子所云"言和则中在其中"者相似。然细推之，则程子之意，止谓喜怒哀乐已发之处见得未发之理，发见在此一事一物之中，各无偏倚过不及之差，乃时中之中，而非浑然在中之中也。若杨氏之云中固自若，而又引庄周出怒不怒之言以明之，则是以为圣人方当喜怒哀乐之时，其心漠然，同于木石，而姑外示如此之形，凡所云为，皆不复出于中心之诚矣。大抵杨氏之言，多杂于佛老，故其失类如此。其曰"当论其中否，不当论其有无"，则至论也。[34]

涑水司马氏曰：喜怒哀乐，圣人所不免，其异于众人者，未尝须臾离道。平居无事，则心常存乎中庸；及其既发，则以中庸裁之，喜不失节，怒不过分，哀不伤生，乐不极欲。中者，君子之所常守也，故曰"大本"；和者，君子之所常行也，故曰"达道"。

东莱吕氏曰：自其天地之位，而以中言之；自其万物之育，而以和言之。朱氏如此区别,固未有害也。深观其所从来,则天地之所以位,万物之所以育,盖有不可析者。子思曰:"致中和,天地位焉,万物育焉。"龟山曰:"中,故天地位焉;和,故万物育焉。"参观二者之论,则气象自可见矣。

临川王氏曰:人之生也,皆有喜怒哀乐之事,当其未发之时谓之中者,性也;能发而中喜怒哀乐之节谓之和者,情也。后世多以为性为善而情为恶,夫性情一也,性善则情亦善,谓情而不善者,说之不当而已,非情之罪也。《礼》曰:"人生而静,天之性也,感物而动,性之欲也。"则是中者,性之在我者之谓中;和者,天下同其所欲之谓和。夫所谓大本也者,性非一人之谓也,自圣人愚夫,皆有是性也;达道也者,亦非止乎一人,举天下皆可以通行。"致中和,天地位焉,万物育焉",此论中和之极,虽天地之大,亦本中和之气。天位于上,地位于下,阳气下降,阴气上蒸,天地之间,熏然春生夏长而万物得其生育矣。《易》曰"天地交而万物生"⑤,其中和之致也。

延平周氏曰:喜怒哀乐之未发,正性也,故谓之中;发而皆中节,正情也,故谓之和。性以情为用,和以中为体。故以体言之,则中为天下之大本;以用言之,则和为天下之达道。中譬则见也,和譬则利也。七情言其四者,言善则兼爱欲,言怒则兼恶也。

长乐陈氏曰:喜怒哀乐未发,则浑然在中;及发,则有中节有不中节,而惟中节为和。和者,与理会也,浑然则中,故为大本;发与理会,故为达道。天地之所以变化,万物之所以生育,皆中和而已。故致其中和之极,则天地可得而位,万物可得而育也。

龙泉叶氏曰:按《书》称:"人心惟危,道心惟微,惟精惟一,允执厥中"。道之纪,统体用,卓然百圣所同,而此章显示开明,尤为精的。盖于未发之际,能见其未发,则道心可以常存而不微;于将发之际,能使其发而皆中节,则人心可以常行而不危。不微不危,则中和之道致于我,而天地万物之理遂于彼矣。自舜、禹、孔、颜相授最切,其后唯此言能继之,《中庸》之书,过是不外求矣。然患学者涵玩未熟,提命未审,自私其说,以近为远,而天下之人不得共由之,非其言之过,而不知言者之过也。此道常在无阶级之异,无圣狂贤不肖之殊,皆具于此章,但不加察尔。

高要谭氏曰:《中庸》大要,指出本心,教人存养,而后发之乎外,以应事物之变。何谓本心?求于喜怒哀乐未发之时,则可见矣。欲见此心,当极其精微,不可少差。盖人生而静,是之谓性,感物而动,是之谓情。曰"未发"云者,以为静耶,却有动意,以为动耶,却有静意。既不可以动静言,但以未发二字,微见性有觉知,可以出而应物之意，就此便见本心，故指名为中，将使人精意求索，默而识之也。识得此中，则性之理，道之体，昭然具在。于是一意涵养，须臾弗忘，积久纯熟，胸中便有前定规模，出而应物，皆有准则，裁量斟酌，无不中节矣。事事中节，乃名为和，和即中之发也。设使中之体不先立，则发之于外，颠倒缪戾，其能和乎？故中者，君子用力之处；和，特发用之可见者尔。中为体，贵乎有立，故曰"大本"；和为用，见于有行，故曰"达道"。极中和之理，广大精微，靡不该备，故天地之所以奠位，万物之所以生育，皆不外乎此理也。

广安游氏曰：中有二义，在内之谓中，如乐在其中之中；在两者之间以为中，如三以有中，五亦有中之中。喜怒哀乐之未发为在内之中，亦为两者之中。所谓在内之中，谓未发而存乎杳冥之内也；两者之中，谓其未发而本心纯全、至正、至中、无过差不及之患故也。人之本心，方其至静而不与物交也，本与天地相似；及其感于物而动而丧其本心，则失其中正，而过与不及之患生矣。惟发而中节即谓之和，此言中之动而为和也。大本，以本心言也；达道，言其道通达于天下也。天地本有定位，万物本有发育，所以失其位而不能育者，人乱之也。故圣人能致中和，则天地位，万物育。

建安真氏曰：致中和而天地位、万物育，此参天地、赞化育之事也，可谓难矣。然求其所以用功者，不过曰敬而已。盖不睹不闻之时而戒惧者，敬也；己所独知人所未知之时而致谨者，亦敬也。静时无不敬，即所以致中；动时无不敬，即所以致和。为人君者，但当恪守一敬，静时以此涵养，动时以此省察，以此存天理，以此遏人欲，工夫到极处，即所谓致中致和，自然天地位，万物育。如箕子《洪范》所谓肃乂圣哲谋而雨旸燠寒风应之[⑳]，董仲舒所谓人君正心以正朝廷、正百官、正万民，则阴阳和，风雨时，诸福百物，莫不毕至，[㉑]皆是此理。

蔡氏曰：喜怒哀乐未发则性也，谓之中者，以其未发而无所偏倚也；发则情也，谓之和者，以其发而无所乖戾也。大本者，万殊一本也；达道者，万世常道也。致中和，天地位，万物育，推极中和之妙而言也。此圣人之能事，问学之极功，故子思子合而结之也。

自"天命之谓性"至"万物育焉"，为一篇之体。下言德者，主中而为言也；言道者，主和而为言也；言至诚者，即致中和之义也。

新定顾氏曰：天地定位于上下，万物并育于两间，亦惟本于此中，达于此和。故非此中，非此和，天地无由而位，万物无由而育，奚以知其然耶？天地之所自出，万物之所自来，惟此中也；天地之所以顺动，万物之所以化生，惟此和也。故舍中和，则无以为天地,无以为万物矣。推中和之极致,乃至于此,学者可不从事于此乎?

或曰:子思以《中庸》名篇,而此乃推言中和,何也?曰:道无定名,言有归趣,故道一也。自其寂然未发形而言之谓之中,自其悠久不变而言之谓之庸,自其顺动协应而言之谓之和,岂有二道哉?

【注释】

①《程氏遗书》卷四,《二程集》,页 75。《程氏粹言》卷一《论道篇》(《二程集》,页 1176):"不偏之谓中。一物之不该,一事之不成,一息之不存,非中也。以中无偏故也。此道也,常而不可易,故既曰中,又曰庸也。"

②《程氏遗书》卷十八,《二程集》,页 191。

③《程氏遗书》卷一,《二程集》,页 3。

④《程氏遗书》卷四,《二程集》,页 73—74。

⑤《程氏遗书》卷二上,《二程集》,页 24。

⑥《程氏遗书》卷十八,《二程集》,页 224。

⑦《程氏遗书》卷十四,《二程集》,页 141。

⑧《程氏遗书》卷二上,《二程集》,页 30。

⑨《程氏遗书》卷六,《二程集》,页 80—81。

⑩《程氏遗书》卷十三,《二程集》,页 139。

⑪《程氏遗书》卷二十五,《二程集》,页 325。

⑫"焉"字后原有"言"字,根据前段,实衍,今删。见《礼记解·中庸》,《蓝田吕氏遗著辑校》,页 273 注一。

⑬《中庸章句》,《朱子全书》6/32—33。

⑭《中庸或问》上,《朱子全书》6/554—556。

⑮《中庸或问》上,《朱子全书》6/556—557。

⑯《通书·师》,《元公周先生濂溪集》,岳麓书社,2006 年,页 58。以下只注明本书页码。

⑰《程氏文集》卷九《与吕大临论中书》,《二程集》,页 605—609。另见《程氏粹言》卷一《论道篇》,《二程集》,页 1182—1183。

⑱《程氏遗书》卷二上,《二程集》,页 44。

⑲《程氏遗书》卷十八,《二程集》,页 200—201。

⑳《程氏遗书》卷十八,《二程集》,页 201—202。

㉑《程氏遗书》卷二十二上,《二程集》,页 292。

㉒《程氏遗书》卷十七,《二程集》,页 180—181。

㉓《程氏外书》卷十,《二程集》,页 403。

㉔《程氏遗书》卷十一,《二程集》,页 132。

㉕《程氏遗书》卷二十五,《二程集》,页 319。

㉖《程氏遗书》卷十二,《二程集》,页 136。《程氏粹言》卷二《人物篇》(《二程集》,页 1271):"子曰:'致中和,天地位焉,万物育焉'。曰致曰位,非圣人不能言。子思盖得之云尔。"

㉗《程氏遗书》卷六,《二程集》,页 80—81。《程氏粹言》卷二《人物篇》(《二程集》,页 1271):"子曰:'上下一于敬,则天地自位,万物自育,气无不和,四灵何所不至? 此圣人修己以安百姓之道也。'"

㉘《程氏遗书》卷十五,《二程集》,页 160。

㉙《中庸章句》,《朱子全书》6/33。

㉚《中庸或问》上,《朱子全书》6/558—559。

㉛《中庸或问》上,《朱子全书》6/559。

㉜《中庸或问》上,《朱子全书》6/559—560。

㉝《朱子语类》卷六二,《朱子全书》16/2051。

㉞《中庸或问》上,《朱子全书》6/560—564。

㉟《易·泰彖》:"天地交而万物通"。

㊱《尚书·洪范》:"庶征:曰雨,曰旸,曰燠,曰寒,曰风。曰时五者来备,各以其叙,庶草蕃庑。一极备,凶;一极无,凶。曰休征:曰肃,时雨若;曰乂,时旸若;曰哲,时燠若;曰谋,时寒若;曰圣,时风若。曰咎征:曰狂,恒雨若;曰僭,恒旸若;曰豫,恒燠若;曰急,恒寒若;曰蒙,恒风若。"

㊲《汉书》卷五十六《董仲舒传》:"《春秋》深探其本,而反自贵者始。故为人君者,正心以正朝廷,正朝廷以正百官,正百官以正万民,正万民以正四方。四方正,远近莫敢不壹于正,而亡有邪气奸其间者。是以阴阳调而风雨时,群生和而万民殖,五谷孰而草木茂,天地之间被润泽而大丰美,四海之内闻盛德而皆徕臣,诸福之物,可致之祥,莫不毕至,而王道终矣。"

卷三

【原文】

仲尼曰:"君子中庸,小人反中庸。君子之中庸也,君子而时中;小人之中庸也,小人而无忌惮也。"

郑氏曰:庸,常也。用中为常,道也。"反中庸"者,所行非中庸,然亦自以为中庸也。

孔氏曰:自此至"不行矣夫"一节,子思引仲尼之言,广明中庸之行。

唐陆氏曰:王肃本作"小人之反中庸也"。

河南程氏曰:君子之于中庸,无适而不中,则其心与中庸无异体矣;小人之于中庸,无所忌惮,则与戒慎恐惧者异矣,是其所以反中庸也。①伊川

小人更有甚中庸? 脱一"反"字。小人不主于义理,则无忌惮,无忌惮所以反中庸也。②伊川

且唤做中,若以四方之中为中,则四边无中乎? 若以中外之中为中,则外面无中乎? 如"生生之谓易,天地设位,而易行乎其中",岂可只以今之《易》书为易乎? 中者,且谓之中,不可捉一个中来为中。③明道

欲知《中庸》,无如权,须是时而为中。若以手足胼胝,闭户不出,二者之间取中,便不是中。若当手足胼胝,则于此为中;当闭户不出,则于此为中。权之为言,称锤之义也。④伊川

苏季明问:"'君子时中',莫是随时否?"曰:"是也。中字最难识,须是默识心通。且试言一厅则中央为中,一家则厅中非中而堂为中,言一国则堂为中而一国之中为中,推此类可见矣。且如初寒时,则薄裘为中;如在盛寒而用初寒之裘,则非中也。更如三过其门不入,在禹稷之世为中,若居陋巷,则不中矣。居陋巷,在颜子之时为中,若三过其门不入,则非中也。"或曰:"男女不授受之类皆然?"曰:"是也。男女不授受,中也;在丧祭,则不如此矣。"⑤伊川

杨子拔一毛不为,墨子又摩顶放踵为之,此皆是不得中。至于子莫执中,又欲执此二者之中,不知怎生执得? 识得则事事物物上皆天然有个中在那上,不待人安排也。安排著,则不中矣。⑥伊川

可以仕则仕,可以止则止,可以久则久,可以速则速,此皆时也,未尝不合中,故曰"君子而时中"。⑦伊川

横渠张氏曰：时中之义甚大，须精义入神，始得观其会通，行其典礼，此方是真义理也，行其典礼而不达会通，则有非时中者矣。君子要多识前言往行以畜其德者，以其看前言往行，熟则自能见得时中。⑧

蓝田吕氏曰：此章言中庸之用。时中，当其可而已，犹冬饮汤、夏饮水之谓。无忌惮，所以无取则也。不中不常，妄行而已。

墨子

君子蹈乎中庸，小人反乎中庸者也。君子之中庸也，有君子之心，又达乎时中；小人之中庸也，有小人之心，反乎中庸、无所忌惮而自谓之时中也。时中者，当其可之谓也。时止则止，时行则行，当其可也；可以仕则仕，可以止则止，可以速则速，可以久则久，当其可也；曾子、子思易地则皆然，禹、稷、颜回同道，当其可也；舜不告而娶，周公杀管、蔡，孔子以微罪行，当其可也。小人见君子之时中，唯变所适而不知当其可，而欲肆其奸心，济其私欲。或言不必信，行不必果，则曰"唯义所在"而已，然实未尝知义之所在；有临丧而歌，人或非之，则曰"是恶知礼意"，然实未尝知乎礼意。猖狂妄行，不谨先王之法，以欺惑流俗，此小人之乱德，先王之所以必诛，而不以听者也。

执中无权，虽君子之所恶，苟无忌惮，则不若无权之为愈。

建安游氏曰：道之体无偏，而其用则通而不穷。无偏，中也；不穷，庸也。以性情言之，则为中和，以德行言之，则为中庸，其实一也。君子者，道中庸之实也。小人则窃中庸之名而实背之，是中庸之贼也，故曰"反中庸"。君子之于中庸，自幼壮至于老死，自朝旦至于暮夜，所遇之时、所遭之事虽不同，其为中一也，故谓之"时中"，言行小变而不失其大常也。小人之于中庸，则居之似忠信，行之似廉洁，而居之不疑，或诡激以盗名，进锐退速，此所谓"无忌惮"而"反中庸"者也。

延平杨氏曰：事各有中，故执中必有权，权犹权衡之权，所以称物之重轻而取中也。中无常主，惟其时焉耳。时者，当其可之谓也。"仲尼不为己甚者"，而孟子曰圣人之时，以其仕止久速，各当其可也。君子之趋变无常，盖用权以取中也，小人不知时中之义，反常乱德，以欺世其为中庸也，乃所以为无忌惮也。

或问：有谓"中所以立常，权所以尽变。不知权则不足以应物，知权则中有时乎不必用矣",是否？曰：知中则知权，不知权则是不知中也。曰：既谓之中，斯有定所，必有权焉。是中与权固异矣？曰：犹坐于此室，室自有中，移而坐于堂，则向之所谓中者，今不中矣。堂固自有中，合堂室而观之，盖又有堂室之中焉，若居今之所，守向之中，是不知权，岂非不知中乎？如一尺之物，约五寸而执之，中也。一尺而厚薄大小之体殊，则所执者，长短多寡之中，而非厚薄大小之中也。欲求厚薄小大之中，则释五寸之约，唯轻重之知，而其中得矣。故权以中行，中因权立。《中庸》之书不言权，其曰"君子而时中"，盖所以为权也。

中者，岂执一之谓哉？亦贵乎时中也。时中者，当其可之谓也。尧授舜，舜授禹，受之而不为泰；汤放桀，武王伐纣，取之而不为贪；伊尹放大甲，君子不以为篡；周公诛管蔡，天下不以为逆。以其事观之，岂不异哉？圣人安行而不疑者，盖当其可也。后世圣学不明，昧执中之权而不通时措之宜，故徇名失实，流而为子哙之让、白公之争，自取绝灭者，有之矣。至或临之以兵而为忠，小不忍而为仁，皆失是也。

新安朱氏曰：此第二章。已下十章，皆论中庸以释首章之义。文虽不属，而意实相承也。中庸者，不偏不倚、无过不及而平常之理，乃天命所当然，精微之极致也。唯君子为能体之，小人反是。王肃本作"小人之反中庸也"，程子亦以为然，今从之。君子之所以为中庸者，以其有君子之德，而又能随时以处中也；小人之所以反中庸者，以其有小人之心，而又无所忌惮也。盖中无定体，随时而在，是乃平常之理也。君子知其在我，故能戒谨不睹，恐惧不闻，而无时不中；小人不知有此，则肆欲妄行，而无所忌惮矣。变和言庸者，游氏曰"以性情言之，则曰中和；以德行言之，则曰中庸"是也。然中庸之中，实兼中和之义。⑨

或问：此其称"仲尼"，孙可以字其祖乎？曰：古者生无爵，死无谥，则子孙之于祖考，亦名之而已矣。周人冠则字而尊其名，死则谥而讳其名，则固已弥文矣，然未尝讳其字者也。故《仪礼》馈食之祝词曰"适尔皇祖伯某父"，乃直以字而面命之。况孔子爵不应谥，而子孙又不得称其字以别之，则将谓之何哉？

君子所以中庸，小人之所以反之者，何也？曰：中庸者，无过不及而平常之理，盖天命人心之正也。唯君子为能知其在我，而戒谨恐惧以无失其当然，故能随时而得中。小人则不知有此，而无所忌惮，故其心每反乎此而不中不常也。

"小人之中庸"，王肃、程子悉加"反"字，盖迷上文之语。然诸说皆谓小人实反中庸，而不自知其为非，乃敢自以为中庸，而居之不疑，如汉之胡广，唐之吕温、柳宗元者，则其所谓中庸，是乃所以为无忌惮也。如此则不须增字，而理亦通矣。曰：小人之情状，固有若此者矣，但以文势考之，则恐未然。盖论一篇之通体，则此章乃引夫子所言之首章，且当略举大端，以明别君子小人之趣向，未当遽及此意之隐微也。若论一章之语脉，则上文方言君子中庸而小人反之，其下且当平解两句之义以尽其意，不应偏解上句而不解下句，又遽别解他说也。故疑王肃所传之本为得其正，而未必肃之所增，程子从之，亦不为无所据而臆决也。诸说皆从郑本，虽非本文之意，然所以发明小人之情状，则亦曲尽其妙，而足以警乎乡原乱德之奸矣。⑩

又《语录》云：或谓："圣贤亦有不诚处，如取瑟而歌、出吊东郭之类。说诚不如只说中。"先生曰："诚而中，君子而时中；不诚而中，小人之无忌惮。"⑪

海陵胡氏曰：君子有一不善，虑为名教之罪人，小人由其无所畏忌，故弃中道而不顾也。

长乐刘氏曰：君子以大中之道为常久所行，造次必于是，颠沛必于是，故曰"君子中庸"也。小人不耻不仁，不畏不义，言动言反于中庸也。"君子而时中"者，谓夙兴夜寐之间，时省厥中，唯恐其为外物之所动而失其正也。夫性禀于天，而中出乎性，其本虽静，非自诚而明者，未始不为外物之所动也。目司其视，耳司其听，声司其言，形司其貌，而心也者，时省厥中，以役五事。俾夫声色之来而不能动吾中，则明出乎视而聪出乎听者，非耳目之所能为也，心省乎中而已矣；俾夫言行之出，应乎万变而不失吾中，则从出乎言而恭出乎貌者，非声形之所能为也，心省乎中而已矣。然则君子所以戒慎乎其所不睹，恐惧乎其所不闻者，心之所职，岂不重乎？苟非时刻之间，不忘警省，则性之存者几希矣，故曰"君子而时中"也。"小人之反中庸也，小人而无忌惮也"者，小人目悦乎色而不惮，伤其明也；耳悦乎声而不惮，伤其聪也；貌悦舒惰而不惮，伤其恭也；言悦顺情而不惮，伤其从也；心悦邪辟而不惮，伤其睿也。由其一心之无忌惮，而陷其身于不义，刑祸从而加焉。无他也，须臾之间，言行离乎其性则反于中庸矣，又不知以为忌惮，时省其失，则终于小人而冒于刑祸也。

广汉张氏曰："中也者，天下之大本也"，须识得此，然后时中之义可得而明；不然，则几何而不为子莫之执也。子莫之意，以为杨子不拔一毛为不及，而墨子摩顶放踵为过之，我但执此二者之中耳。殊不知中无乎不在，有时三过其门而不入，有时居陋巷而不顾，此所谓时中也。其所以能时而中者奈何？以其大本立故也。大本立，则周旋万变而中之体不乱，故曰时中也。惟精惟一，允执厥中，盖极精一之妙，则是中也；汤之执中，意亦类此。若子莫，则于过与不及之间求所谓中者而执之，不知既已昧其体矣，故曰"执中无权"，权者所以妙夫中也，故学者必先求仁，知仁则中体可见，应事接物，得所以权之者矣。若夫圣人，则无俟于权，而无时不中矣。

延平黄氏曰：君子以时中，则有时不中矣，此其所以为中庸。更而不可拘，续而不可穷。其纵不流，其守不固。流者，执庸而不及中者也；固者，执中而不及庸者也。执庸者，害道之常，此为庸者之无忌惮也；执中者，害道之变，此为中者之无忌惮也。杨墨失中，子莫失庸。

嵩山晁氏曰：中之所以为常道也，君子而时中，则无时而不中也；小人而无忌惮，须臾变改，莫之能中也。以是知先儒说用中为常道是也。

马氏曰：君子者，人之成名，而中庸者，人道之全者也，故曰"君子中庸"；小人，反人道者也，故曰"小人反中庸"。

晋陵喻氏曰：时中之君子，以天下誉之而不喜，以天下非之而不怒，举天下无以动其心者，毋意毋必毋固毋我，言不必信，行不必果，惟义所在，举天下之事，无大小焉，无适莫焉，无可无不可焉，唯时中而已。小人唯利之从，唯名是徇，其于君子之心，一切反之，闻君子之中庸也，乃欲窃取其名，居之似忠信，行之似廉洁，如紫夺朱，如郑乱雅，如乡原之乱德，是借以资其无忌惮者尔。

东莱吕氏曰：杨氏为我，墨氏兼爱，为其贼道也，举一而废百也。夫杨墨之叛道，孟子辟之固深切著明，却有子莫一等病难识，大抵近者却是远，"近"之一字，却是误子莫处。杨氏为我，墨氏兼爱，各守其偏，去中为甚远。然或有一人救之云：此非中道，未必不回归于中，却近；惟子莫自以为能执是中，却最害道。如《中庸》说"君子之中庸，君子而时中；小人之中庸，小人而无忌惮"，人说"小人中庸"欠一"反"字，亦不消著"反"字。盖小人自认无忌惮为中庸，如后世庄老之徒，亦子莫之学，如说不死不生，如说义利之间，皆是不得时中之义，止于两事中间求其中，如何会识得中？大抵时中最难识，故前辈论有长短之中，有轻重之中，因举扇以示人，云徒知长短之中，而不知轻重之中，则如子莫止于两事求其所谓中，不知有非仁而仁，非义而义，如何不审轻重？若使中有定所，如仁义礼智信，只须按定本去做，惟其无定，此君子所以欲明善。审是时中之义，子思发之于《中庸》，如孔子亦未尝不言，如《易》之消息盈虚，《春秋》之褒贬是非，未尝不是中。学者能看得《易》与《春秋》，自然识得中。

四明沈氏曰：因天下同然之理，行于其所当行而不用意，此之谓"君子中庸"。"小人反中庸"，反不是倍，计较揣度，用私意以为之，此之谓反。中庸之上，更著一个字不得，若著一个字，便是用意。君子中庸，何其安静简明哉！

吴兴沈氏曰：自"天命之谓性"而至于"君子谨其独"，自"喜怒哀乐未发谓之中"而至于"万物育焉",是皆总中庸之体要,而指中庸之功用也。体要功用,既极两尽,然后中庸之名,始立于此。中庸之名,前人未发之,子思不敢以私见立道之名,于是援仲尼之说以申之,庶几天下不以我为妄,此中庸之标目所由立也。中即喜怒哀乐未发者也,庸即喜怒哀乐已发而中节者也。庸非中之外复有所谓庸也,由中而发,无一之不中节者也。人莫不有喜怒哀乐也,惟其发而不中节,故不可以为庸;使其举皆中庸[12]也,无时而不中,兹其所以为庸也。然则时也、节也、庸也,是或一道也。若夫小人则不然,喜怒哀乐,随性而发,逐物而动,其与中庸,实相背驰,故曰"反中庸"。反中庸者,小人之常也,然又乐闻君子时中之说,乃同乎流俗,合乎污世,时尚纵横则为苏秦,时尚刑名则为申韩,时尚虚无则为黄老,窃时中之名而流入于无忌惮,此所以谓"小人之中庸"也。

高要谭氏曰:中之道出而应物,见于时措之宜者,谓之时中,此即和之义也。语其称量事物轻重适当,则谓之权,皆发而中节焉尔。曰时中云者,变通无滞,泛应曲当之谓也。循常而行之固中矣,适变而行之亦中也;考礼而行之固中矣,从俗而行之亦中也;师古而行之固中矣,度今而行之亦中也。天下之事,不胜其众,而君子泛应,无往非中,此君子用权之微意,非小人所可得与也。小人见君子之时中不执于一,往往窃取其说,以肆无穷之欲,纵横颠倒,无所不为,亦曰吾之所为皆时中也。然君子、小人则有辨矣,君子大本先立,故见于应物者,事事中节;小人大本先失,其见于行事,又安能中节乎?此其所以辨也。圣人恶其近似,故辨之曰"君子中庸,小人反中庸","君子时中,小人无忌惮"也。言君子有体斯有用,故为中庸;小人体不立而用常差,故为反中庸。君子发而中节,故为时中;小人发而不中节,但为无忌惮尔,可谓灼见小人之情状矣。使君天下者,得是说而通之,则辨君子小人,若辨白黑,又何知人之难矣!

钱塘于氏曰:全吾心之中和,乃所以为君子之中庸。中和二字,子思自吾心体之;中庸二字,乃自吾夫子发之。无和不能以为庸,其实一理也。

江陵项氏曰:此言君子小人之所由分,使修道者知所避就也。时中,由时敏时习也。戒惧,谨独之谓也。既君子矣,又时中焉,此圣所以愈圣,无忌惮者戒惧谨独之反也;既小人矣,又无忌惮焉,此愚所以愈愚,使君子而不时中则小人矣,使小人而有忌惮则君子矣。君子、小人之分无它,敬与慢之间耳。

仁寿李氏曰:曾子曰:"堂堂乎张也,难与并为仁矣。"子谓子夏:"女为君子儒,无为小人儒。"子张、子夏亦何至难与为仁,而流为小人之归,然师友警教如此其严,盖虑其或过或不及,而弗蹈乎中庸,则骎骎焉,行乎小人之涂而不自觉也。且此章论中庸,始言君子足矣,而遽及小人,何也?孟子曰:"道二,仁与不仁而已矣。"此为仁反此即为不仁。又曰:"欲知舜与跖之分,无他,善与利之间而已矣。"此为善反此即为利。故夫子平日每以君子小人对言之,而子思子首引此言,以示学者之决择。盖谓欲为君子者,当无一念非中庸,一或反之,则此之一念即为小人之念;当无一言非中庸,一或反之,则此之一言即为小人之言;当无一行非中庸,一或反之,则为小人之行。君子小人如阴阳、昼夜、冰炭、黑白之殊,而其差特在乎中庸向背之间。不偏不倚、无过不及之中,平常可久之庸,一或反之,则虽有绝人之才智、盖世

子夏

之事功,被之以小人之名而不得辞,甚可惧也。"君子之中庸也,君子而时中"之义,前辈备言之矣。物有万殊,事有万变,所居之位有高下,所遇之时有隆污。或出或处,或默或语,各惟其时,不必同也,然有同焉者,中也;可仕可止,可久可速,各惟其时,不执一也,然有一焉者,中也。皆非过也,皆非不及也,皆平常可久,而非诡异之行也,惟其君子之德,而又能时以取中,斯所以为君子之中庸。"小人之中庸也",脱一反字,小人者,君子之反也;无忌惮者,戒谨恐惧之反也。君子惟惧乎一出言而异乎中庸,小人则肆意巧言而不知畏也;君子惟惧乎一举足而违乎中庸,小人则纵欲妄行而不知畏也。惟其不知畏,故曰与中庸相背而驰,使其有所忌惮,则不至此矣。

晋陵钱氏曰:仲尼,孔子之字也,学者尊其师曰子,称仲尼所以别之,犹《舜典》先称舜,后称帝也。

雪川倪氏曰:"小人之中庸",无反字,《正义》为小人"亦自以为中庸",得之矣,王肃添反字,非也。忌者,有所疑也;惮者,有所畏也。人惟有所疑忌,故不肯为不善;有所畏惮,故不敢为不善。小人托中庸以自便,借中庸以文奸,曰吾亦中耳,我亦庸耳,何为不可?此之谓无忌惮也。无忌惮与戒谨恐惧相反,唯其无忌,是以不戒谨,惟其无惮,是以不恐惧。何谓无忌惮?因孔子圣之时,于是借以为说仕于不可仕之时,如汉末假儒者之说,以仕于莽朝,以干利禄,如孟子有"言不必信,行不必果"之说,于是借以自便,如乡原之"言不顾行,行不顾言",作伪欺世,故曰"无忌

惮"。

建安真氏曰:程氏之论时中,至矣。杨氏因其说而推明,亦有补焉。《易》之道以时义为主,如《乾》之六爻,当潜而潜,中也,当潜而见,则非中矣;当飞而飞,中也,当飞而潜,则非中矣。它卦亦然。《洪范》三德,当刚而刚,中也,当刚而柔,则非中矣。推之事事物物,莫不皆然。此乃抚世应物之大权,然必以致知为本。

新定顾氏曰:夫君子中庸,体道者也,纯乎天理,不以人欲参之也。小人没于私欲,失其本心,倡狂妄行,是之谓反中庸。然随时制宜,不失乎中,而后可以为中庸,不然,"执中无权,犹执一也",故曰"君子之中庸也,君子而时中"。良心善性,天之予我,以是则必望我以全乎是。今也私欲横生,从耳目之欲,是不知有本心也,不知有本心,是不知有天命也。夫以人而不知有天,其无忌惮孰甚焉,斯其所以敢于反中庸也,故曰"小人之反中庸也,小人而无忌惮也"。虽然,非时中不足以语中庸,然非体中庸之至,抑不足以语时中。故可与立也,而后可以语权,惟艮之止,而后动静不失其时,此君子之事也。彼小人之无忌惮也,惟其愚也,所谓天理,习闻其号,非有真见,所谓惟天聪明,所谓惟天明畏,所谓福善祸淫,彼以为天,未必切切然也,是以无忌惮而反中庸。不知天定斯能胜人,人非鬼责人祸天刑,每归于无忌惮、反中庸之徒。若夫君子,在舜则曰"兢业",在汤则曰"危惧",在文王则曰"敬忌",在孔子则曰"畏天命",在曾子则曰"战战兢兢",夫然故不失中庸。卒之,自天佑之,吉无不利,君子、小人之所以终其异也,如此夫。

蔡氏曰:"君子中庸,小人反中庸",夫子之言也。"君子而时中,小人而无忌惮也",子思释夫子之言也。

子曰:"中庸其至矣乎!民鲜能久矣!"

郑氏曰:鲜,罕也。言中庸为道至美,顾人罕能久行。

河南程氏曰:中庸,天下之至理。德合中庸,可谓至矣。自世教衰,民不兴于行,鲜有中庸之德也。⑬一说民鲜能久行其道也。

蓝田吕氏曰:人莫不能中庸,鲜能久而已。久则为贤人,不息则为圣人。

中庸者,天下之所共知,天下之所共行,犹寒而衣、饥而食、渴而饮,不可须臾离也。众人之情,厌常而喜新,质薄而气弱,虽知不可离,而亦不能久也。唯君子之学,自明而诚,明而未至乎诚,虽心悦而不去。然知不可不思,行不可不勉,在思勉之分,而气不能无衰,志不能无懈,故有日月至焉者,有三月不违者,皆德之不可久者。若至乎诚,则不思不勉,至于常久而不息,非圣人其孰能之。

建安游氏曰:德至于中庸,则全之尽之不可以有加矣,故曰"其至矣乎"。舜之为大知,则用此道而至也。颜渊之为贤,则择此道而求其至也。若舜之为大孝,武王、周公之为达孝,则由此道而成名也。子路问强,则将进此道而已。哀公问政,则将行此道而已。自修身以至怀诸侯,皆出于此道,不其至矣乎?然非至诚无息者,不足以体此;非自强不息者,不能以致此。故久于其道者鲜矣。

上蔡谢氏曰:中不可过,是以谓之至德,过可为也,中不可为,是以民鲜能久矣。

河东侯氏曰:民不能识中,故鲜能久。若识得中,则手动足履,无非中者,故能久。《易》之《恒》曰:君子"立不易方","恒,久也"。圣人得中,故能常久而不易。

延平杨氏曰:道止于中而已,过之则为过,未至则为不及,故唯中庸为至。

至,所谓极也。极,犹屋之极。所处则至矣,下是为不及,上焉则为过。

或者曰:"高明所以处己,中庸所以处人",如此则是圣贤所以自待者常过,而以其所贱者事君亲也而可乎?然则如之何?曰:高明即中庸也。高明即中庸之体,中庸者高明之用耳。高明亦犹所谓至也。

新安朱氏曰:过则失中,不及则未至,故唯中庸之德为至。然亦人所同得,初无难事,但世教衰,民不兴行,故鲜能之,今已久矣。《论语》无"能"字。⑭

或问:"民鲜能久",或以谓民鲜久于中庸之德,而以下文"不能期月守"者证之,何如?曰:不然。此章方承上章"小人反中庸"之意而泛论之,未遽及夫不能久也。下章自能择中庸者言之,乃可责其不能久耳。两章各自发明一义,不当遽以彼而证此也。且《论语》无"能"字,而所谓"矣"者,又已然之辞,故程子释之,以为民鲜有此中庸之德,则其与不能期月守者不同,文义益明白矣。曰:此书非一时之言也,章之先后又安得有次序乎?曰:言之固无序矣,子思取之而著于此,则其次第行列,决有意谓,不应杂置而错陈之也。故凡此书之例,皆文断而意属,读者先因其文之所断,以求本章之说,徐次其意之所属,以考相承之序,则有以各尽其一章之意,而不失夫全篇之旨。然程子亦有久行之说,则疑出于门人之所记,盖不能无差缪。而"自世教衰"之一条,乃《论语解》,而夫子之手笔也。诸家之说,固皆不察乎此,然吕氏所谓厌常喜新、质薄气弱者,则有以切中学者不能固守之病,读者合诸期月之章而自省焉,则亦足以有警矣。侯氏所谓"民不识中,故鲜能久;若识得中,则手动足履,皆有自然之中而不可离",则庶几耳。⑮

临川王氏曰:孔子叹此中庸为德之至,而当时之人鲜能久之语,亦曰:"中庸之德至矣乎!民鲜久矣。"盖孔氏重伤政化已绝,天下之人执乎一偏,中庸之道所以不能行也。

吴兴沈氏曰:世之说者曰:过非中也,不及亦非中,介乎过不及之间者,中也。

予曰:不然。过固非中,过而得其至焉,过亦中也;不及固非中,不及而得其至焉,不及亦中也。譬如天壤之间,洛为中地,自燕而望洛,则燕自有中,而洛为偏矣;自越而望洛,则越自有中,而洛亦偏矣。推而至于天地事物之间,莫不有至当之处,初无过不及之分也,夫是之谓“中庸其至矣乎”。至之为义,天理之自然,人为之不可加损,真理浑然,间不容发者是也。非夫“固聪明圣知达天德者,其孰能知之”,此民鲜能者亦已久矣。卒篇之诗曰:“‘德辅如毛’,毛犹有伦;‘上天之载,无声无臭’,至矣!”即是说也。

四明沈氏曰:至非极至之至,甚难言也。过非至不及,亦非至箭锋相遭于毫芒杪忽之微,用意以为之不可,无意以为之亦不可,百姓日用而不知者,安能久此哉?

晋陵钱氏曰:至,犹极也。民,亦人也。中庸之德,乃理之至极,而人鲜能之如此者久矣,叹道之废也。《诗》云:“周道如砥,其直如矢。君子所履,小人所视。眷言顾之,潸焉出涕。”亦此意。

仁寿李氏曰:中庸之为至,何也?理之极而不可加之谓至。譬如立乎天下之中,自东而西者,至乎此而止,自南而北者,至乎此而止,凡未至乎此与既至乎此而又过焉者,皆偏也。天之生物,固莫不有当然之则,非人之私知所能益损乎其间。《大学》言“止于至善”,意亦同此。然所谓至者,初非穷高极远之事,不过君之仁、臣之敬、子之孝、父之慈、与国人交之信,如此之类而已。但世教既衰,民鲜能之,其来已久。夫有周之末,先王之迹未远,圣人犹有“久矣”之叹,况后圣人又千数百年者乎!虽然,自物则言之,则过与不及皆不可以言至;自末世言之,则过乎则者少,不及乎则者多。学者试以事君之敬、事父之孝、与人交之信,反己而自省焉,则其至与否,可见矣。

广安游氏曰:学而至于中庸,人以为中和。庸,常而易能也,然非盛德不能至。此所谓盛德者,如谦也、冲也、勤也、晦也、谨也、广也、大也、博也、正也、中也、察也、精也、微也。如此数字,须博学之、明辨之、审思之、力行之些子工夫,不到便有差。德有盛于此乎?

新定顾氏曰:民之为言,指众人也,孟子曰:“庶民去之,君子存之。”中庸者,人心固有之理。论天下之理,无以尚之,故曰“其至矣乎”。天下之人,均有是心,均有是理,厥初浑然,与生俱生,而何不能久之?有惟夫利欲汩之,则能暂而不能久耳。然人之不能久于中庸,天下皆是也,不言“民不能久”,而曰“民鲜能久”,此圣人不以薄待人之意。《诗》曰“民鲜克举之”,《语》曰“盖有之矣,我未之见也”,皆此意也。

江陵项氏曰:"民鲜能久矣",言人之不能知不能行也。下曰"道之不行",言非不能行,由于不能知也。又曰"道之不明",言非不能知,由于不能行也。

子曰:"道之不行也,我知之矣:知者过之,愚者不及也。道之不明也,我知之矣:贤者过之,不肖者不及也。人莫不饮食也,鲜能知味也。"

郑氏曰:过与不及,使道不行,唯礼能为之中。

孔氏曰:道之不行为易,故"智者过之,愚者不及"。道之不明为难,故"贤者过之,不肖者不及"。变知为贤,变愚为不肖,是贤胜于知,不肖胜于愚也。饮食,易也;知味,难也。师旷别薪,张华辨鲊,符朗食鸡知栖半露、食鹅知其黑白,是谓"知味"。

河南程氏曰:刘元城问:"《明道行状》云:'昔之惑人也,乘其迷暗;今之入人也,因其高明。'既曰高明,又何惑乎?"程先生曰:"今之学释氏者,往往皆高明之人,所谓'知者过之'也。然此非《中庸》所谓'极高明'。故知者过之。若是圣人之知,岂更有过。"[16]伊川

圣人与理为一,故无过无不及,中而已矣。其他皆以心处这过道理,故贤者常失之过,不肖常失之不及。[17]

蓝田昌氏曰:此章言失中之害。必知其所以然,然后道行;必可常行,然后道明。知之过,无征而不适用,不及则卑陋不足为,是取不行之道也;行之过,不与众共,不及则无以异于众,是不明之因也。行之不著,习矣不察,是皆饮食而不知味者。如此而望道之行,难矣夫!

诸子百家,异端殊技,其设心非不欲义理之当然,卒不可以入尧舜之道者,所知有过不及之害也。疏明旷达,以中为不足守,出于天地范围之中,沦于虚无寂寞之境,穷高极深,要之无所用于世,此过之之害也。蔽蒙固滞,不知所以为中,泥于形名度数之末节,徇于耳目闻见之所及,不能体天地之化、达君子之时中,此不及之害也。二者所知,一过一不及,天下欲蹈乎中庸而无所归,此道之所以不行也。贤者常处其厚,不肖者常处其薄。曾子执亲之丧,水浆不入口者七日;高柴泣血三年,未尝见齿,虽本于厚,而灭性伤生,无义以节之也;宰予以三年之丧为已久,食稻衣锦而自以为安;墨子之治丧也,以薄为其道,既本于薄,及徇生逐末,不免于恩以厚之也。二者所行,一过一不及,天下欲择乎中庸而不得,此道之所以不明也。知之不中,习矣而不察也;行之不中,行矣而不著者也。是知饮食而不知味者也。[18]

延平杨氏曰:极高明而不知中庸之为至,则道不行,知者过之也;尊德性而己道问学,则道之不明,贤者过之也。夫道不为尧桀而存亡,虽不行不明于天下,常自

若也,人日用而不知耳,犹之莫不饮食,而鲜知味也。

若佛氏之寂灭,庄生之荒唐,绝类离伦,不足以经世,道之所以不行也,此知者过之也;若杨氏之为我,墨氏之兼爱,过乎仁义者也,而卒至于塞路,道之所以不明也,此贤者过之也。自知愚贤不肖言之,则贤知宜愈矣,至其妨于道,则过犹不及也。

圣人,人伦之至也,岂有异于人乎哉?尧舜之道曰孝弟,不过行止疾徐之间而已,皆人所日用,而昧者不知也。夏葛而冬裘,渴饮而饥食,日出而作,晦而息,无非道者,譬之莫不饮食,而知味者鲜矣。

建安游氏曰:知出于知性,然后可与有行,知者过之,非知性也,故知之过而行之不至也。己则不行,其能行于天下乎?若邹衍之谈天,公孙龙之诡辩,是知之过也。愚者又不足以与此,此道之所以不行也。行出于循理,然后可与有明,贤者过之,非循理也,故行之过而知之不至也。己则不知,其能明于天下乎?若杨氏为我,墨氏兼爱,是行之过也,不肖者又不足以与此,此道之所以不明也。道不违物,存乎人者,日用而不知耳。故以饮食况之,饮食而知味,非自外得也,亦反诸身以自得之而已。夫行道必自致知始,使知道如知味,是道其忧不行乎?今也鲜能知味,此道之所以不行也。

河东侯氏曰:知非仁知之知,如白圭治水之知;贤非贤哲之贤,如博弈犹贤乎己之贤。若引佛庄之学为知耶,彼内则无父,外则无君;君臣父子且不能知,谓之知,可乎?若以杨墨为贤,彼皆学仁学义而过之者,过于仁则为不仁,过于义则为不义,不及亦如之;不仁不义,禽兽也,谓之贤,可乎?此皆不可谓之贤知者也。子思乃曰过不及云者,参差毫发之间,不得中道,如师也过,由也兼人,求也退,商也不及,如此而已。故曰知者贤者过之,愚者不肖者不及也。是道也,若不约之以礼,则杨墨佛庄之弊,可驯致焉。故《易》曰:"差之毫厘,缪以千里。"此之谓也。孔门之学圣人者,唯颜子能知之。然以颜渊之学,始则钻仰高坚之,若不可入,次则瞻忽前后之,若不可及,及其进也,则曰"博我以文,约我以礼"。如可力致者,竭其才以求之,则又见卓尔独立,从容中道,神疲力乏,虽欲从之,末由也已。噫!颜渊其真知味者乎!不然,何叹中道之难也如此?后之学者,或以穿凿为知,或以谬悠为贤,终不可入尧舜之道,此道之所以不明不行。故曰:"人莫不饮食也,鲜能知味。"犹曰:人莫不学也,鲜能知道云尔。若以佛庄之学可乱我道,彼之为道,绝类离伦,章章然与我道为戾,不待较而知其为非也,稍自爱者不由也,恶能乱吾道而不行哉?孔子之所谓不明不行云者,以其似是而非,如世儒之学,同是尧舜,同非桀纣,同尊孔子,同称为儒,其说足以惑人,而终不可以入道。自期于贤知,而人亦贤知之,语道则与道为二,讲说则立说支离,其入人也,因人之高明,使学者醉中生,梦中死,终不自觉。此道之所以不明不行,盖谓此也。

新安朱氏曰:此第四章。道者,天理之当然,中而已矣。知愚贤不肖之过不及,则生禀之异而失其中也。知者知之过,既以道为不足行;愚者不及,知又不知所以行。此道之所以常不行也。贤者行之过,既以道为不足知;不肖者不及行,又不求所以知。此道之所以常不明也。"人莫不饮食,鲜能知味",言道不可离,人自不察,是以有过不及之弊。[19]

或问:此其言道之不行不明,何也?曰:此亦承上章"民鲜能久矣"之意矣。曰:知愚之过不及,宜若道之所以不明也;贤不肖之过不及,宜若道之所以不行也。今其互言之,何也?曰:测度深微,揣摩事变,能知君子之所不必知者,知者之过乎中也。昏昧塞浅,不能知君子之所当知者,愚者之不及乎中也。知之过者,既唯知是务,而以道为不足行,愚者又不知所以行也,此道之所以不行也。刻意尚行,惊世骇俗,能行君子之所不必行者,贤者之过乎中也。卑污苟贱,不能行君子之所当行者,不肖者之不及乎中也。贤之过者,既唯行是务,而以道为不足知,不肖者又不求所以知也,此道之所以不明也。然道之所谓中者,是乃天命人心之正,当然不易之理,固不外乎人生日用之间,特行而不著,习而不察,是以不知其至而失之耳,故曰"人莫不饮食也,鲜能知味也"。知味之正,则必嗜之而不厌矣;知道之中,则必守之而不失矣。[20]

临川王氏曰:中庸之道,不行不明于世者,孔子言我固知其然矣。当孔子之时,治化已绝,处士横议,各信一偏之见。是故知贤者止知用心之切,求过于道。中庸之理,所以不明不行。夫知者知其行道于世,使愚者皆可企及;贤者谓不行道于世,则当明之于己,而使不肖者皆可以法效。若舜之知,可谓能行也;颜回之择善,可谓能明也。愚不肖者固可以勉而行中庸之道矣,今因其知与贤者求过于道,是以望道而不可企及。所以圣人于此,深责其知与贤者之过,而非愚不肖之罪。若伯夷、柳下惠之徒,皆非中道,故孟子但言其圣人清和之一节耳。人孰不饮食也,然鲜能知正味,如酸醎辛苦之类,皆得其中和,可也。人莫不欲行道也,鲜能知中和之理,反弃圣道,而务为异行,孔子所以叹之也。

延平周氏曰:知愚,言其性。知,则知道者也;愚,则不知道者也。贤不肖,言其行。贤,则行道者也;不肖,则不能行道者也。故于道之不行而言,知与愚者,以其知之过而不知之不及也;于道之不明而言,贤与不肖者,以其行之过而不行之不及也。人非饮食无以生，而非道亦无以生。然人莫不资于饮食而鲜能知其味，犹莫不资于道而鲜能知其趣，故《易》曰"百姓日用而不知"，孟子曰"终身由之而不知其道者众也"。

海陵胡氏曰：道之不行，以知愚言之；道之不明，以贤不肖言之者。知者，有知之谓也；贤者，道艺德行之总称。行其道，凡有知之人皆能之也；明其道，非大才大德之人则不可也。故或言贤，或言知者，各系其轻重而言也。愚与不肖对贤知言之，因以别其名。肖者，似也，本有贤人之质，但以不能遵履贤人之业，故曰不肖。以此言之，道之不行重于道之不明，何哉？道之不行，尚有能明之者，但不能行耳；道之不明，是世无人能明之，则大中之道，几乎绝矣。

严陵方氏曰：《学记》："虽有嘉肴，弗食，不知其旨也；虽有至道，弗学，不知其善也。"此以味况知道，宜矣。

山阴陆氏曰：知愚，才也；贤不肖，行也。道之不行，以知之不察；道之不明，以行之不著。苟知味矣，不应不及，亦不应过也。

延平黄氏曰：知者过之，故夫妇之愚，不可以与知，此所谓愚者不及也。贤者过之，故夫妇之不肖，不可以能行，此所谓不肖者不及也。智者行之，然后愚者得以知焉；贤者明之，然后不肖者得以行焉。

莆阳林氏曰：不必分知愚、贤不肖之辨，但圣人欲发挥其言，而作《中庸》者，只欲辞达，故再言之不行不明，初无差别。

范阳张氏曰：知味者，当优游涵泳于不睹不闻之时可也。

永嘉薛氏曰：所贵乎知者，为其能有择也；所贵乎贤者，为其能有见也。人之望也，所赖以先民也。愚者固不及矣，知者又过中道，道何从而行乎？不肖固不及者，贤者又过中道，道何从而明乎？孔子兴道不行之叹，盖叹贤而知者，过犹不及。君子小人之间，不能以寸饮食而知其味之正，斯无嗜好之僻也。毋偏毋颇，则近道矣。

兼山郭氏曰：昔舜之命禹曰："人心惟危，道心惟微，惟精惟一，允执厥中。"盖言天下无二道，万化无二理，要之一而已矣。自其上者观之，则谓之知；自其下者观之，则谓之愚。知者过之，愚者不及，其于失道均矣。惟其失道，所以不能行道，此道所以不行也。自其力行者言之，谓之贤；自其自弃者言之，谓之不肖。贤者过之，不肖者不及，其于失道均也。惟其失道，所以不能明道，此道所以不明也。二者不知所谓"惟精惟一，允执厥中"者也。是犹饮食，人之常，而不能知天下之正味也。易牙之于味，得其所同；曾皙之于羊枣，得其所独为道者。弃其所同，徇其所独，此孔子所以叹道之不行也。

晏氏曰：知愚之过不及，宜曰道之不明；贤不肖之过不及，宜曰道之不行。今乃反言之者，何哉？盖知者专于明道，或怠于行道；贤者专于行道，或忽于明道故尔。《书》曰："非知之艰，行之惟艰。"盖不能知味者，以喻不能知道也。道既不能知，安能行道乎？

高要谭氏曰：知者贤者视愚不肖，固为有间，然不识大本所在，而求之或过，则与不及均矣，此中庸所以不明不行也。饮食者众，知味者鲜，道之精微，非言语笔墨之所能形容者，其犹味欤！此则全在精思默识之功，不加此功，终不能知味也。由其知味者鲜，故能久者亦鲜。

雪川倪氏曰：子思以过与不及皆非中道，是以至于不明不行，而贵于修道也。知固胜愚，贤固胜不肖，若以中道论之，则皆为未至。知味，不必如《正义》所引师旷、张华、符朗之知味。但人于饮食，苟知其味之旨，自然嗜之。犹学者于中庸之道，苟能含咀而知其味，则"理义之悦我心，犹刍豢之悦我口"，自不能已也。

新定顾氏曰：道之不行，由知者过而愚者不及，此知之不至则不能行也。夫知者才识有余，愚者才识不足，自其未学而言之，知者知其所知，而非圣人之所谓知也。彼其执荒唐缪悠之说以为信，主离世异俗之论以为高，自圣人言之，则过乎中庸矣。若夫愚者，本其资禀之凡陋，安于耳目之濡染，闻所谓广大配地，高明配天，悠久无疆，则惊骇疑沮，或且以为不然，自圣人言之，则不及乎中庸矣。夫行本于知者也，彼其知之差如此，何望其能行乎？故曰"道之不行也，我知之矣。知者过之，愚者不及也"。道之不明，由贤者过而不肖者不及，此行之不至则不能知也。夫贤者淳笃，不肖者轻浮，自其未学而言之，由其资禀而推之行事，贤者每过于厚，不肖者每流于薄，皆非中庸也。彼既过于厚，则其念虑惟知厚之趣耳，岂复知中庸？彼既流于薄，则其念虑惟知薄之趣耳，又岂复知有中庸？故曰"道之不明也，我知之矣。贤者过之，不肖者不及也"。呜呼！天下之理，知则必行，行则必知，二者常相待也。然使学者苟未能知，苟未能行，而愿学焉，其当先从事于知乎？抑当先从事于行乎？今夫水人知其能溺，火人知其能焚，人之不蹈于水火者，则以其知之明耳。人之知道而能若此，其有不行之者乎？孟子曰"始条理者，知之事也"，又曰"不明乎善，不诚其身矣"，言知之在所先也。夫子欲发明是义，故曰"人莫不饮食也，鲜能知味也"，而继之曰"道其不行矣夫"。夫人孰不饮食，而知味者鲜，盖必若易牙而后名为知味耳。人之于德，莫难于知，观圣人他日言"民可使由之，不可使知之"，又言"知德者鲜矣"，则可以见矣。不知乎德，则不知善之不可不为，不知恶之必不可为。况望其惟中庸之行乎！虽然，行之待于知固也，而前复言知待于行，何欤？盖知其大体，则必惟道之是行，而理之阔远微妙，事之纤悉委曲，容有未尽知者。迨其行之久，则所造愈深，所见益明，此知之所以有待于行也。

晋陵钱氏曰：行当为明，明当为行，文互差。智者贤者对愚不肖言之，非大智大贤也。或过或不及，患在不知，犹饮食而不知味，不知则不明，不明则不行，故下云"道其不行矣夫"。

蔡氏曰：言有达德而不能备者也。不行者失于仁，不明者失于智，饮食鲜能知味者失于勇。

人之所以不能中庸之道者，由其德不备也。智者贤者既偏于志仁，而愚者不肖者又昧于知仁，此所以或过或不及而不行不明也。然道之在人，如饮食之不可废，苟知其味之正，则必嗜之而不厌矣。

言达德而极乎道者，欲知本非用，不行不明，所以当推之用也；言达道而及乎德者，欲知用由本，可知可行，所以当反乎本也。

象山陆氏曰：愚不肖者不及焉，则蔽于物欲而失其本心；贤者知者过之，则蔽于意见而失其本心。故《易·大传》曰："仁者见之谓之仁，知者见之谓之知，百姓日用而不知，故君子之道鲜矣！"徇物欲者既驰而不知止，徇意见者又驰而不知止，故道在近而求之远，道在易而求之难。㉑

若愚不肖之不及，固未得其正，贤者知者过之，亦未得其正。溺于声色货利，狃于谲诈奸宄，梏于末节细行，流于高论浮说，其知愚贤不肖，固有间矣，若是心之未得其正，蔽于其私，而使此道为之不明不行，则其为病一也。周道之衰，文貌日胜，良心正理，日就芜没，其为吾道害者，岂特声色货利而已哉？杨墨皆当世之英，人所称贤，孟子之所排斥拒绝者，其为力劳于斥仪衍辈多矣，所自许以承三圣者，盖在杨墨，而不在衍仪也。㉒

子曰："道其不行矣夫！"

郑氏曰：闵无明君教之。

新安朱氏曰：由不明，故不行。此第五章。承上章而举其不行之端，以起下章之意。

江陵项氏曰："人莫不饮食也，鲜能知味也。"子曰"道其不行矣夫"，此复自知言之。人谁不行，惟其不知，则不能以实行也。下引"舜之大知"，犹曰古之人有能知者大舜也。又曰"人皆曰予知"以下，此复自言行之。人谁不知，惟其不行，则不能以真知也。下引"回之为人"，犹曰古之人有能之者颜子是也。

子曰："舜其大知也与！舜好问而好察迩言，隐恶而扬善，执其两端，用其中于

民。其斯以为舜乎！"

郑氏曰：迩，近也。两端，过与不及也。用其中于民，贤与不肖皆能行之也。

孔氏曰：此一经明舜能行中庸之行，先察近言，而后至于中庸也。端，谓头绪。执持愚知两端，用其中道于民，愚知俱能行之。

河南程氏曰：执，犹今之所谓执持使不得行也。舜执持过不及，使民不得行，而用其中，使民行之也。

又问："此执与汤执中如何？"曰："执只是一个执。舜执两端，是执持而不用。汤执中而不失，将以用之也。若子莫执中，却是子莫见杨墨过不及，二者之间执之，却不知有当摩顶放踵利天下时，当拔一毛利天下不为时。执中而不变通，与执一无异。"[23]

横渠张氏曰：今人所以不及古人之因，此非难悟。设此语者，盖欲学者存意之不忘，庶游心浸熟，有一日脱然如大寐之得醒耳。[24]舜之心未尝去道，故好察迩言。昧者日用不知，口诵圣言而不知察，况迩言？一择则弃，犹草芥之不足珍也。试更思此说，推舜与昧者之分寐与醒之所以异，无忽鄙言之迩也。

只是要博学，学愈博，则义愈精微。舜好问好察迩言，皆所以尽精微也。[25]

蓝田吕氏曰：舜之知所以为大者，乐取于人以为善而已。"好问而好察迩言，隐恶而扬善"，皆乐取诸人者也。两端，过与不及也。"执其两端"，乃所以用其时中，犹持权衡而称物轻重，皆得其平。故舜之所以为舜，取诸人，用诸民，皆以能执两端不失中也。

好问则无知愚，无贤不肖，无贵贱，无长幼，皆在所问。好察迩言者，流俗之谚，野人之语，皆在所察。广问，合乎众议者也；迩言，出于无心者也。虽未尽合于理义，而理义存焉。其恶者隐而不取，其善者举而从之，此与人同之道也。

延平杨氏曰：道之不行，知者过之也，故舜以大知之事明之。"舜好问而好察迩言"，取诸人以为善也。"隐恶而扬善"，与人为善也，取诸人以为善，人必以善告之，与人为善，人必以善归之，皆非小智自私之所能为也。"执其两端"，所以权轻重而取中也，由是而用于民，虽愚者可及矣。此舜之所以为大，而道之所以行也。

建安游氏曰："好问而好察迩言"，求之近也。"隐恶而扬善"，取之易也。此好善优于天下而为知大矣。"立天之道曰阴与阳，立地之道曰柔与刚，立人之道曰仁与义"，夫道一而已，其立于天下则有两端。故君子有刚克焉，执其义之端也；有柔克焉，执其仁之端也。执其两端，而用之以时中，此九德所以有常，而三德所以用人也。以先觉觉后觉，以中养不中，此舜之所以为舜也。其斯以为舜，则绝学无为也。

河东侯氏曰:舜所以为大知者,以其好问而好察迩言也。好问则不蔽,不蔽则明。察迩言则不惑,不惑则聪。既聪且明,所以能执过不及之两端而不由,用其中于民也。隐恶者,隐其过不及也。扬善者,用其中也。舜,大圣人也,何待问察而后能用中乎?如曰:舜,圣人也,犹问察以济其中;小知自私,苟贤自任,其可不学而自蔽乎?唯舜能之,故曰"大知",又曰"其斯以为舜乎"。

新安朱氏曰:此第六章。舜之所以为大知者,以其不自用而取诸人也。迩言者,浅近之言,犹必察焉,则无遗善可知。然于其言之未善者,则隐而不宣;其善者,则播而不匿。其广大光明又如此,则人孰不乐告以善哉?两端,谓众论不同之极致。盖凡物皆有两端,如大小、厚薄之类。于善之中,又执其两端而量度以取中,然后用之,则其择之审而行之至矣。然非在我之权度,精切不差,何以与此?此知之所以无过不及,而道之所以行也。㉖

或问:此其称舜之大知,何也?曰:此亦承上章之意,言如舜之知而不过,则道之所以行也。盖不自恃其聪明,而乐取诸人者如此,则非知者之过矣,又能执两端而用其中,则非愚者之不及矣。此舜之知所以为大,而非他人所可及也。两端之说,吕、杨为优,程子以为执持过不及之两端,使民不得行,则恐非文意矣。盖当众论不同之际,未知其孰为过,孰为不及,而孰为中也,盖必兼总众说,以执其不同之极处,而求其义理之至当,然后有以知夫无过不及之在此,而在所当行。若其未然,则又安能先识彼两端者为过不及而不可行哉?㉗

又《语录》曰:舜本自知,又能合天下之知为一人之知,而不自用其知,此其知之所以愈大。若愚者既愚矣,又不能求人之知,而自任其愚,此其所以愈愚。㉘

又问:回择乎中庸,舜分上莫不须择否?曰:好问、好察、执其两端,岂不是择?见诸友好论等级,不消得。且如说圣人生知安行,只是行得觉容易,如千里马也是四脚行,驽马也是四脚行,不成说道千里马脚都不动,会到千里,即是他行觉快,而今且学他如何动脚。㉙

长乐刘氏曰:夫知出乎性,凡人之所有。而舜则谓之大知者,以其非止于生知,而又聚天下之知以广其明,采天下之视以增其哲,揽天下之聪以滋其谋,故曰"辟四门,明四目,达四聪"也,是能兴天下之大利,弭天下之大害,立天下之大法,建天下之大中,此其所以为大也。

严陵方氏曰:庄子曰"不同同之之谓大",又曰"江河合水而为大",舜好问好察迩言,则能合众知而与人同矣,此所以为大知也。言有远近,近者察之,远者可知矣。言有善恶,恶者不隐,则适足以为言者之愧,善者不扬,则不足以为言者之劝,知之大又见乎此。凡物之立,必有两端,苟执其一,非过也,则不及矣。唯两端俱执,故不及不敢不勉,有余不敢尽,而能用中于民也。舜之所以为舜者,特此数端而已。故曰"其斯以为舜乎"。

山阴陆氏曰:大孝,行也。大知,知也。孟子曰:"自耕稼陶渔以至为帝,无非取诸人者。"然则惟迩言是听,诗何以刺,均迩言也,而一以为舜,一以为幽王者,其在听察之间欤。不言所以非,所以为舜也据,盖曰"文王之所以为文也"。

海陵胡氏曰:舜有大知,乐与人同为善,故好问于人,又好察迩近之言。有恶不隐,则人怀畏忌之心,迩言不来矣;有善不举,则人不知劝。故恶则隐之,善则扬之,所以来群言而通下情也。又执过与不及两端之事,用大中之道于民,使贤知则俯而就,愚不肖则企而及也。

永嘉薛氏曰:所恶于知者为凿也,舜好问而好察迩言,盖未始自用,而亦不轻信之也。迩言犹察,况其远者乎?天下之事,未有无二端者,好问而察迩言,遏恶而扬善,此执两端而用其中之道也。欲求中而二端之弃,吾见其执一而非中也。

嵩山晁氏曰:舜之所以为舜者,中庸也。明诚两尽,而道教行也。

莆阳郑氏曰:自用,则小;集众人之知以为知,则大。问也察也,皆集众知也。狂夫之言,刍荛之论,皆有至理,圣人不以其近而易之,善察言者也。舜乐取诸人以为善,人之善犹己之善,故善则必扬之;人之恶犹己之恶,故恶则必隐之。恕心所发,有自然也。天下事端,势必两立,有轻必有重,有刚必有柔,有宽必有猛,有亲必有疏,各欲适当,偏于此则过,偏于彼则不及。手持权衡,所以酌轻重之中,心持万事,犹手持权衡也。然则两端各有中,此舜所以执之而用之于民也。

兼山郭氏曰:极目力之所视而为明,极耳力之所听而为聪,其为聪明也,殆矣。故圣人兼天下之聪而为聪,用天下之明而为明,此大舜所以为大知也。好问好察迩言,隐恶扬善,盖言取诸人者如是也。执其两端,用其中于民,盖言用诸人者如是也。好问则不蔽于心,好察迩言则不蔽于物,隐恶扬善,所以与物亲而无弃物也。执者,去之之谓。舜所以治人,其纳民于大中之道,莫不皆然。

广安游氏曰:"学不厌,智也",好问则所谓学不厌也,所以为大知以此。迩言,左右亲近之言也。化,自上而下,自近而远。远者之化于善,近者之教也。近者之明于善,上之人辨之之详也。当舜之时,左右所亲近者非禹,皋陶之徒则共鲧之党也。其君臣吁俞都咈之际,相与论道,有善焉,有恶焉,此不可以不辩也。舜辩其善者行之[①],行之而日彰,日彰则扬,所谓"扬善"也;其不善者屏之,屏之而日消,日消则隐,所谓"隐恶"也。又知所以为过不及之故,谨守其中,用之于民,此所谓致中和之道也。

高要谭氏曰:道之不行,患在知者过之,使知者皆如舜之用中,则无恶于知矣。义理之言,不必高远,合于人情而易知,切于事宜而易行,语无藻饰,而意已独至,此舜所以尤好察此也。若不加察,则往往以为浅近而弃之矣。凡为恶已熟、善心已绝者,此真恶人也,是无复一善可录,弃之可也,诛之可也。若为恶未熟、善心未绝者,非真恶人也,犹有一言可称,圣人不忍诛弃,隐其恶、扬其善也。圣人以公恕待天下,唯恐人之无善可称也。设有一善可称,虽素常为恶,圣人犹为之隐也。"执其两端,用其中于民",何也?此舜时中也,是天理也。如此亦中,如彼亦中,是谓时中。时乎如此,时乎如彼,是谓两端。执两端,即"允执厥中"之谓也。此执两端,尔谓之允执厥中,何也?曰:两端,用中之准则也。执两端,乃圣人权轻重之微意,乃所以用其中于民也。执中贵知权,执中无权,犹执一也。中道之不行,患在执一而不知变,是以执两端。执两端则变通不穷,泛应曲当,亦如仲尼之无可无不可也。圣人之行事,至于无可无不可,则中之为用博矣。故可以损则损,可以益则益,而礼得其中矣;可以刚则刚,可以柔则柔,而政得其中矣;可以因则因,可以革则革,而为国之法得其中矣。推此类行之,将无适而非中,中之用,岂有既乎?

永康陈氏曰:古之知道之味者无如舜,故曰"大知",大知则非知者过之。常俯而合中,而后民有所赖。如好问好察迩言,此取诸人以为善也;如隐恶而扬善,此与人为善者也;如执其两端、用其中于民,此善与人同者也。孟子称大舜有大,盖得诸此。执两端者,执而不用,所用者,惟中耳。民协于中,岂无自哉?

新定顾氏曰:或疑舜非生知者欤,何其资人如此?曰:舜诚生知者也,何害其为资人。知资人之为当务,斯其所以为生知也。

新安③钱氏曰:好问即所闻者广,幽远无不上达矣,而或迩言之不察,则未免浸润肤受之蔽。

吴兴沈氏曰:大舜之为大知,非徇己也,一本于至而已,惟舜得夫至以行之,故极天下之大全。好问则不徇己也,察言则不徇人也,隐恶则刚亦不吐,柔亦不茹也,扬善则人之有善,若己有之也。凡是二端,皆天下所难能也。舜以此处己,而不敢以此望人,故执夫好问察言、隐恶扬善之两端于己,而用夫可以问或可以不问、可以察或可以不察,恶可以隐或不必尽隐、善可以扬或不必尽扬。就二者之中,可以使之常行者用之于民,舜之所以为大,端有在乎此。

江陵项氏曰:舜之大知,非强明自用之知也。好问而好察迩言,隐恶而扬善,其好善如此,知不足以言之也。执其两端,用其中于民,不主一说,惟善是从,其从善如此,行不足以言之也。此舜所以为大知。

仁寿李氏曰:中庸达德,知为先,仁次之,勇次之。舜好问,知也。回服膺,仁也。子路问强,勇也。上章言知者过之,愚者不及,故此章首言舜之大知,以明其无过不及,得知之中也。帝舜,生知之圣,宜必有以知夫人之所不能知者。《中庸》独以好问言之,何哉?盖舜之大圣,正以其不自用而取诸人耳。夫苟自用,则一己之知,终有所偏,不失之过,必失之不及,其为知小矣。舜则"自耕稼陶渔以至为帝,无非取诸人者",合天下之知以为知,非大知而何?故此章始终专言好问一事,以舜之圣而好问,于人固为不可及矣。至于迩言,则言之浅近,人所忽者,而舜必察之,斯又好问之至焉者也。迩言未必尽善也,略而不问,固不可问,而不察又不可必加察焉,然后善不善有所分。未善者不必显其失也,故隐之;善者不可匿而不宣也,故扬之。夫如是,则不善者不吾惑,而善者无所弃。若是可以已乎?未也。言之善者,不徒扬之而已,必执其两端,而见之用焉。执,持也。有人焉,将任之未可也,必参之众人之言,或曰可任,或曰不可任,此两端也,持其两端而度其中,则人之可任与否见矣;有事焉,将行之未可也,必参之众人之言,或曰可行,或曰不可行,此两端也,持其两端而用其中,则事之可行与否见矣。故知轻重之两端,则见其轻重之中;执长短之两端,则见长短之中;执厚薄之两端,则见厚薄之中。凡事莫不然。两端具而中道见,于是乎举而用之于民。然则舜于人之言,既问之,又察之,又择其善者而扬之,及执其两端,得其中而用之,片言之长,尽为己有,天下之知,孰加于此。舜之所以聪明睿知者,不在乎他,在是而已,故曰"其斯以为舜乎"。

蔡氏曰:此主智而言也。两端,谓迩言之过与不及者。执,谓执之使不行。执与隐义同,用与扬义同。隐恶扬善,主己为言。执两端用中,主迩言为言耳。

子曰:"人皆曰予知,驱而纳诸罟擭陷阱之中,而莫之知辟也。人皆曰予知,择乎中庸,而不能期月守也。"

郑氏曰:予,我也。言凡人自谓有知,人使之入罟,不知辟也;自谓择乎中庸而为之,亦不能久行,言其实愚又无恒。

孔氏曰:此一经明无知之人。罟,网也。擭,谓柞椟。陷阱,谓坑也,穿地为坎,竖锋刃于中以陷兽也。言禽兽被人所驱,纳于罟擭陷阱之中,而不知违辟,似无知之人,为嗜欲所驱入罪祸之中,而不知辟也。

建安游氏曰:定内外之分,辩荣辱之境,见善如不及,见不善如探汤,则君子所谓知也。今也乘时射利,而甘心于物役,以自投于苟贱不廉之地,是犹纳之罟擭陷阱之中而不知避也。此于荣辱之境昧矣,其能如探汤乎?择乎中庸,则知及之矣,而不能以期月守,则势利得以夺之也。此于内外之分易矣,其能如不及乎?若是者,彼自谓知,而愚孰甚焉。故继舜言之,以明其非知也。

延平杨氏曰:用知必至于陷险,是自驱而纳诸罟擭陷阱之中也。射利而甘心于物役以自投于苟贱不廉之地,是犹纳之罟擭陷阱之中而不知辟也。不能以期月守,则势利得以夺之也。择乎中庸而不能期月守,非所谓知而不去者,则其为知也,乃所以为愚者之不及也。

新安朱氏曰:此第七章。承上章"大知"而言,又举不明之端,以起下章也。擭,机槛也。罟擭陷阱,皆所以掩取禽兽者。择乎中庸,辨别众理,以求所谓中庸,即上章好问、用中之事也。期月,匝一月也。言知祸而不知避,以况能择而不能守,皆不得为知也。㉜

临川王氏曰:孔子叹人既以知称,反不能辟罗网陷阱之患,是岂足为知哉?君子之知则不然,守乎中庸之道,能周旋委曲、俯顺天下之情,时刚则刚,时柔则柔,可行则行,可止则止,素患难行乎患难,素夷狄行乎夷狄,故祸不能及也。宋桓魋欲害孔子,而孔子曰"天生德于予",唯有德者能受正命,则死生岂患之乎?又厄于陈蔡,而弦歌不衰,此见其穷而不困,忧而不畏,知祸福之终始而不惑者也。盖能守中庸,所以然也。

长乐刘氏曰:择于中庸,以为至德,力将行之,而弗措也。踊跃以为得,愤发以自强,若将终其身然。及夫美色悦于前,美音悦于后,重利摇其心,腆仕夺其志,情动于中,守失于外,谄邪谀佞,阿党狠愎,凡可利其身、快其欲者,无所不至,心知中庸之美,行反中庸之道,莫能期月守其素志也。始则择之,谓之不知,不可也;终莫能守,谓之知也,可乎?夫知也者,性之所自有也,厚于前而薄于后,非性也。物至无穷,欲侈乎内,以蚀其厚,则其自有者,不得不薄矣。

马氏曰:所恶于知者,为其凿也。舜用中于民,而顺其性命之理,所以为知之大也。所贵于知者,以其见险能辟,见善能守也。驱而纳诸罟擭陷阱之中者,害之所易见。中庸者,善之所易明,害之所易见者,而莫之知。人于其善之所易明者,择之不能期月守,其可谓知乎?然而择乎中庸者,择之在己,纳诸罟擭陷阱之中者,驱之在人,其在己者不能择乎中,则有制于彼而为人役也。

海陵胡氏曰:人至于杀身辱亲,如鱼兽然,为人驱而纳诸罟擭陷阱之中而不知避,如此又乌得为知?

延平黄氏曰:莫之知辟者,不知罟擭之为害也。不能期月者,不知中庸之为善也。不知其为善,则不知其为害。故不知辟与不知守者,皆非有智者。

兼山郭氏曰：道之不明，则天下之人，蔽于所利，而昧于至理。是非汩乱，吉凶混淆，率趋于危亡之途。日以泯泯，醉生梦死，曾不自悟，恶睹孔子之所谓中庸者乎。子曰："吾见蹈水火而死，未见蹈仁而死者。"此之谓也。

东莱吕氏曰：不能择乎中庸而守之，便是纳诸罟擭陷阱之中而莫知辟也。盖不入此，必入彼也。且如行道，若知此是坦涂，决然自此行去，若稍有坎轲崎岖处，必不肯行。况明知罟擭陷阱之害乎！所以莫知辟者，只是见之未明耳，若见之果明，不待劝勉而自行坦涂矣。圣贤只是从安稳处行而已。

范阳张氏曰：人皆用知于铨品是非，而不知用知于戒谨恐惧；人皆用知于机巧术数，而不知用知于喜怒哀乐未发已发之间。惟其不留意于戒谨恐惧，故虽驱而纳诸罟擭陷阱、嗜欲贪鄙之中，而不自知；惟其不留意于喜怒哀乐未发已发之间，故虽中庸之理暂见，而不能期月守也。此篇直指学者用知处，故举舜、颜之事以发明之。

晏氏曰：罟擭陷阱，人之所以获禽兽者也。知其设险而莫知辟，其异于禽兽者几希。虽知择中庸，而不能守者，其见善虽明，惜乎用心之不刚尔。

高要谭氏曰：夫利欲之害，能危人，能败人，能灭人，虽罟擭陷阱之害，何以过此。而无知之人，贪得竞取，奔趋而不止，此无异于自投罟擭陷阱之中而不知辟也。于是人欲日肆，天理日消，为恶之心愈深，而为善之心愈薄。往往得一善而忽亡之，其能期月守乎？是人也，虽自言予知，然实非真知也，使其果真知也？夫岂不知罟擭陷阱之不可入而反趋之，又岂不知中庸之不可失而反舍之欤？

雪川倪氏曰：以罟擭陷阱言，欲其避害也；以择中庸而守言，欲其趋善也。是以其两者而对言之。

钱塘于氏曰：由舜之大知而观，天下之自言知，不能资人之善以处已，而日堕于不善之域，不能推一己之善以与人，反丧其所守，岂不为中庸之罪人乎？

蔡氏曰：知，即智也。守，即仁也。言智结上，言仁起下。

仁寿李氏曰：此因上章之大知而言，众人之不知也。纳诸罟擭陷阱之中而莫之知辟，是谓不知择乎中庸而不能守，可谓知乎？中庸之择，何也？辨析众理而取其中之谓也。圣人虽不可以择言，然如上章所云问之、察之、隐之、扬之，执其两端而取之，是亦择之之事也。由学者言，则博学之、审问之、慎思之、明辨之，皆所以择乎中庸也。虽然，中不可不择，又不可不守。择而不守，终非己物。既能择之，又能守之，然后可以言知。夫子尝因仁以言知矣："择不处仁，焉得知。"择而不处，谓之知不可也。孟子尝因仁义以言知矣，曰："知之实，知斯二者，弗去是也。"知而去之，谓之知不可也。夫子之所谓处，孟子之所谓弗去，《中庸》之所谓守，其义一也。

【注释】

①《程氏遗书》卷四,《二程集》,页 75。

②《程氏遗书》卷十五,《二程集》,页 160。

③《程氏遗书》卷十二,《二程集》,页 135。

④《程氏遗书》卷十五,《二程集》,页 164。

⑤《程氏遗书》卷十八,《二程集》,页 214。《二程粹言》卷一《论道篇》(《二程集》,页 1177)曰:"或问:'何谓时中?'子曰:'犹之过门不入,在禹稷之世为中也。时而居陋巷,则过门不入非中矣。居于陋巷,在颜子之时为中也,时而当过门不入,则居于陋巷非中矣。盖以事言之,有时而中;以道言之,何时而不中也?'"

⑥《程氏遗书》卷十七,《二程集》,页 181。

⑦《程氏遗书》卷二十五,《二程集》,页 319。

⑧《横渠易说·系辞上》,《张载集》,页 192—193;《经学理窟·礼乐》,《张载集》,页 264;《语录下》,《张载集》,页 328。

⑨《中庸章句》,《朱子全书》6/34。"二"原为"三",实误,今据《朱子全书》改。

⑩《中庸章句》,《朱子全书》6/564—565。

⑪《中庸章句》,《朱子全书》15/1638。

⑫"庸"疑为"节"。

⑬《朱子语类》卷三三,《朱子全书》15/1184。

⑭《中庸章句》,《朱子全书》6/34。

⑮《中庸或问》上,《朱子全书》6/565—566。

⑯《程氏遗书)卷十八,《二程集》,页 196。

⑰《程氏遗书》卷二十三,《二程集》,页 307。

⑱此段原在上段之前,根据文意,应置于后。

⑲《中庸章句》,《朱子全书》6/34—35。

⑳《中庸或问》上,《朱子全书》6/566。

㉑《陆九渊集》卷一《与赵监》,中华书局,1980 年,页 9。以下注明本书页码。

㉒《陆九渊集》卷一《与邓文范》(页 11)曰:"愚不肖者之蔽在于物欲,贤者智者之蔽在于意见,高下污洁虽不同,其为蔽理溺心而不得其正则一也。然蔽溺在污下者往往易解,而患其安焉而不求解,自暴自弃者是也。蔽溺在高洁者,大抵自是而难解,诸子百家是也。"

㉓《程氏遗书》卷十八,《二程集》,页 213。

㉔《近思录》卷二《为学》，见陈荣捷《近思录详注集评》，台湾学生书局，1992年，页159，第91条。

㉕《经学理窟·气质》，《张载集》，页270。

㉖《中庸章句》，《朱子全书》6/35。

㉗《中庸或问》上，《朱子全书》6/566—567。

㉘《朱子语类》卷六三，《朱子全书》16/2058。

㉙《朱子语类》卷六三，《朱子全书》16/2062。

㉚"行之"原无，根据后句，应有此二字。

㉛"安"疑为"定"，因"集说名氏"中只有"新定钱氏"而无"新安钱氏"。

㉜《中庸章句》，《朱子全书》6/35—36。

卷四

【原文】

子曰："回之为人也，择乎中庸，得一善则拳拳服膺而弗失之矣。"

郑氏曰：拳拳，奉持之貌。

孔氏曰：此一节明颜回能行中庸。膺，谓胸膺。言奉持善道，弗敢弃失。

河南程氏曰：颜子择中庸，得一善则拳拳，中庸如何择？如博学之，又审问之，又谨思之，又明辨之，所以能择中庸也？虽然，学问思辨，亦何所据，乃识中庸？此则存乎致知。致知者，此则在学者自加功也。大凡于道，择之则在乎知，守之则在乎仁，断之则在乎勇。人之于道，则患在不能守，不能择，不能断。①伊川

问："颜子如何学孔子到此深邃？"曰："颜子所以大过人者，只是得一善则拳拳服膺，与能屡空耳。"②

横渠张氏曰：知德以大中为极，可谓知至矣；择中庸而固执之，乃至之之渐也。唯学然后能勉，能勉然后日进无疆，而不息可期矣。③

"君子庄敬日强"，始则须拳拳服膺，出于强勉，至于中礼却从容，如此方是为己之学。④

颜氏求龙德正中，而未见其止，故择乎中庸，得善则拳拳服膺，叹夫子之忽焉前后是也。⑤

蓝田吕氏曰：自"人皆曰予知"以下，中庸之可守，人莫不知之，鲜能蹈之，恶在其为知也欤？唯颜子之择中庸而能守之，此所以为颜子也。众人之不能期月守，闻

见之知，非心知也。颜子服膺而弗失，心知而已，此所以与众人异。

择乎中庸，可守而不能久，知及而仁不能守之者也。知及之，仁不能守之，自谓之知，安在其为知也欤？虽得之，必失之。故君子之学，自明而诚。明则能择，诚则能守。能择，知也；能守，仁也。如颜子者，可谓能择而能守也。高明不可穷，博厚不可极，则中道不可识，故仰之弥高，钻之弥坚，瞻之在前，忽焉在后。察其志也，非见圣人之卓，不足谓之中。随其所至，尽其所得，据而守之，则拳拳服膺而不敢失。勉而进之，则既竭吾才，而不敢缓，此所以恍惚前后，而不可为象，求见圣人之止，欲罢而不能。一宫之中，则庭为之中矣；指宫而求之一国，则宫或非其中；指国而求之九州岛，则国或非其中。故极其大则中可求，止其中则大可有。此颜子之志乎！

建安游氏曰：道之不行，知者过之，如舜之知，则道之所以行也；道之不明，贤者过之，如回之贤，则道之所以明也。

择乎中庸，见善明也；得一善则服膺不失，用心刚也。

延平杨氏曰：道之不明，贤者之过也，故又以回之事明之。夫得一善，拳拳服膺而弗失，此贤者所以不过也。回之言曰："舜何人也，予何人也。有为者亦若是。"用此道也，故继舜言之。

河东侯氏曰：知者，如舜之大知，颜子之服膺，可以谓之知矣，故又以颜子明之。"人皆曰予知，驱而纳诸罟擭陷阱之中，而莫之知辟也"，"予知"云者，自知之知也，"人皆曰予知，择乎中庸，而不能期月守也"，亦自知之知，皆非大知也。知者致知，则可以择中庸矣，舜之大知，则不待择也，颜子则进于此者矣，故曰择。然而中庸岂可择也？择则二矣。此云择者，如博学之、审问之、明辨之、勉而中、思而得者也，故曰"择乎中庸"。颜子之学造圣人之中，若有未至焉者，故得一善则拳拳服膺而勿失之，勿失则能久中矣。呜呼！学者精微，非颜子，孰知之？岂待期月而守哉！

新安朱氏曰：此第八章。服，犹著也，奉持而著之心胸之间，言能守也。颜子盖真知之，故能择能守如此，此行之所以无过不及，而道之所以明也。⑥

或问：此其称回之贤，何也？曰：承上章"不能期月守"者而言，如回之贤而不过，则道之所以明也。盖能择乎中庸，则无贤者之过矣，服膺弗失，则非不肖者之不及矣。然则兹贤也，乃所以为知也欤？又曰：程子所引"屡空"，张子所引"未见其止"，皆非《论语》之本意，唯吕氏之论颜子，有曰："随其所至，尽其所得。据而守之，则拳拳服膺而不敢失；勉而进之，则既竭吾才而不敢缓。此所以恍惚前后而不可为象，求见圣人之止，欲罢而不能也。"此数言者，乃为亲切确实而以见其深浅缜密之意，学者所宜讽诵而服行也。但"求见圣人之止"一句，文亦未安耳。⑦

临川王氏曰:《易》曰:"有不善未尝不知,知之未尝复行。"在《易》言颜子之去恶,在《中庸》言颜子之就善也。

延平周氏曰:舜之所以为舜者,以其"好问而好察迩言";颜回之所以为颜回者,以其"得一善则拳拳服膺而弗失之"也。然用之于民则必言舜,而择乎中庸则必言颜回者,盖圣人达而用之者莫如舜,贤人穷而择之者莫如颜回。于贤人则言中言庸,于圣人则止言中者,圣人则能变矣,而庸不足以言。

严陵方氏曰:圣人之中庸,无适而非中庸也,又何择之有? 择乎中庸,则贤人之事尔,故以之言颜回焉。

山阴陆氏曰:舜言知,回言仁,其曰"回之为人也"以此。拳言握持之固,膺言服念在前,是其所以弗失也。

新定顾氏曰:中庸即善也,善即中庸也,舍中庸无以为善。

海陵胡氏曰:一善,小善也。得一小善,拳拳然奉持于胸膺之间弗失之,言能躬行之也。

江陵项氏曰:回之为人也,"择乎中庸,得一善",知之明也;"拳拳服膺而弗失之",行之笃也。

吴兴沈氏曰:由乎中庸者,圣人也;择乎中庸者,贤人也;叛乎中庸者,众人也。舜由乎中庸者也,天下其可皆责其如舜哉? 得如贤人者斯可矣,故复以颜子之事明之。夫喜怒哀乐欲发之际,丽于善恶是非邪正之境,间不容发,差之毫厘,缪以千里,其可不知所择乎? 择之为义,非区区拣择之谓也。以吾天知之见,照夫善恶是非之机,苟得夫中节之善,则谨守而不失,其于中庸也,庶几焉。然犹未善也,至于忘夫善,而舜之用中,则为至矣。子思子欲发中庸之精粹,于群圣贤事为之际,必首证以知之事。盖圣道之妙,无不自知入也。既明舜之知如此,又辨人之知如彼,复以颜子之事勉天下之人,可谓善明中庸者。

雪川倪氏曰:前举舜,取达而在上之圣人,此举颜子,取穷而在下之贤人,以为则法也。颜子,贤而在下,率性而行,虽不能行其道于当时,而可以为万世学者之准的,是亦修道之教也。

永康陈氏曰:如回择乎中庸,能体认之也。体认得分明,则得其固有之善,如失其故物而得之,敬而守之,如恐不及,肯失之乎? 兹回始可谓知。

子曰:"天下国家可均也,爵禄可辞也,白刃可蹈也,中庸不可能也。"

郑氏曰:言中庸为之难。

孔氏曰:此节言中庸之难。天下,谓天子。国,谓诸侯。家,谓卿大夫。

河南程氏曰:"克己最难,故中庸不可能也"。^⑧明道

蓝田吕氏曰:此章言中庸之难也。均之为言,平治也。《周官》冢宰"均邦国",平治之谓也。平治乎天下国家,知者之所能也;让千乘之国,辞万钟之禄,廉者之所能也;犯难致命,死而无悔,勇者之所能也。三者,世之所难也,然有志者,率皆能之。中庸者,世之所谓易也,然非圣人,其孰能之?唯其以为易,故以为不足学而不察,以为不足行而不守,此道之所以不行也。

建安游氏曰:天下国家之富可均以与人,为惠者能之;爵禄之贵可辞为,廉者能之;白刃可蹈,为勇者能之。然而中庸不可能者,诚心不加,而无择善固执之实也。

延平杨氏曰:有能斯有为之者,其违道远矣。循天下固然之理,行其所无事而已,夫何能之有?

新安朱氏曰:此第九章。亦承上章以起下章。均,平治也。三者亦知仁勇之事,天下之至难也,然皆倚于一偏,故资之近而力能勉者,皆足以能之。至于中庸,虽若易能,然非义精仁熟而无一毫人欲之私者,不能及也。三者难而易,中庸易而难,此民之所以鲜能也。^⑨

问:中庸如何是不可能?曰:急些子便是过,慢些子便是不及。^⑩

或问:中庸不可能,何也?曰:此以三者之难,明中庸之尤难也。盖三者之事,亦知仁勇之属,而人之所难,然皆取必于行,而无择于义,且或出于气质之偏、事势之迫,未必从容而中节也。若曰中庸,则虽无难知难行之事,然天理浑然,无过不及,苟一毫之私意有所未尽,则虽欲择而守之,而拟议之间,忽已堕于过与不及之偏而不自知矣。此其所以虽若甚易,而实不可能也。故程子以"克己最难"言之,其旨深矣。游氏以舜为绝学无为,而杨氏亦谓"有能斯有为之者,其违道远矣。循天下固然之理,而行其所无事焉,夫何能之有?"则皆老佛之绪余,而杨氏下章所论不知不能为道远人之意,亦非儒者之言也。二公学于程氏之门,号称高弟,而其言乃如此,殊不可晓也已!^⑪

长乐刘氏曰:三者虽难,然皆一事之仁,一时之义,见几而作,顷刻可成。非如中庸之为道也,自始及终,从微至著,造次必于是,颠沛必于是,戒慎乎其所不睹,恐惧乎其所不闻,言其常久,则没身而后已。是常久之道,才明知术,忠臣义士,有所不能也。故才如管仲,可以均天下国家矣,未必有中庸之德也;廉如仲子,可以辞爵禄矣,未必有中庸之德也;勇如子路,可以蹈白刃矣,未必有中庸之德也。则常久之道,在乎其心之不忘,在乎其守之弗失,在乎其自强之不息,然后庶乎其可能也。

海陵胡氏曰:天子十倍于诸侯,诸侯十倍于卿大夫,是不可均也,若以大中之道

较之,尚可均也,中庸则不可能。君子须得位,然后可以行道,是爵禄不可辞,然而尚可辞,中庸则不可辞。白刃自非死君亲之难则不可蹈,然而尚可蹈也,中庸则不可蹈。中庸乃常行之道,孔子言其难如此,盖设教以勉人也。

延平黄氏曰:均天下国家,能义而已;辞爵禄,能廉而已;蹈白刃,能勇而已。不可均而均之,则伤义;不可辞而辞之,则伤廉;不可蹈而蹈之,则伤勇。在乎天下国家也可均,在乎中庸也不可均,而弗均之,斯能义矣;在乎爵禄也可辞,在乎中庸也不可辞,而弗辞之,斯能廉矣;在乎白刃也可蹈,在乎中庸也不可蹈,而弗蹈之,斯能勇矣。

马氏曰:天下国家者,人之所擅,而均之者难,唯知者能之;爵禄者,人之所欲,而辞之者难,唯廉者能之;白刃者,人之所惧,而蹈之者难,唯勇者能之。至于中庸,其道易行而不可能也,故曰"中庸其至矣乎,民鲜能久矣"。天下国家,人之所难均,而知者能均之,然知者伤乎凿,盖知其可均,而不知其有不可均之理。爵禄,人之所难辞,而廉者能之,然廉者有以伤乎介,知其可辞,而不知其有不必辞之理。白刃,人之所难蹈者,而勇者能之,然而勇者有以伤乎暴,知其可蹈,而不知其有不必蹈之理。凡此,皆非中庸之道也,故曰"中庸不可能也"。

永嘉薛氏曰:天下之事,可以强为者,是皆可能者也。中庸,天道也,不可以能之也,能之非道也,执中而无方者也,故曰"神而明之,存乎其人"。

长乐陈氏曰:天下国家可均,此知者能之,第恐作聪明而非中庸耳;爵禄可辞,此廉者能之,第恐务沽激而非中庸耳;白刃可蹈,此勇者能之,第恐轻死生而非中庸耳。荀子曰:"君子行不贵苟难,说不贵苟察,名不贵苟传,惟其当之为贵。"当者,中庸之谓也。中庸非难能,但不可苟以是三者为之耳。

高要谭氏曰:凡最高难行之事,皆可以能为之,惟中庸天理,不可以能为之也。天下国家之大,非寻常赀产之比,疑不可均以与人,然而巢、由之徒视天下若将浼己,燕子哙举国以授子之殊无难色,则是天下国家虽大,在高者处之,均以与人可也。爵之贵,禄之富,天下之人所同欲,疑不可强为辞辞也,然慕为夷、齐之洁者,虽赋邑万钟,系马千驷,亦不之顾,则是爵禄虽荣,在廉者处之,辞而不受可也。白刃凶器,天下之人所同畏,疑不可冒死而蹈之,然贲、育、专诸、北宫黝之伦,虽千万众在前,犹不少慑,是白刃虽凶,在勇者处之,以身蹈之可也。蹈白刃不畏,百千人中无一焉;辞爵禄不受,千万人中无一焉;均天下国家以与人,虽数千年中亦无一焉。此皆所谓超世绝伦之行,非常人之所易能也,而圣人皆以此为可能。至于中庸之道,虽愚者可以与知,不肖者可以与行,而圣人乃曰不可能,何也? 曰:圣人于此示人以天理所在,非谓中庸之道难知而难行也。"能"之一字,最为学者大害。盖人之于中庸,才有能之之心,则其所为所行,皆近乎好名,皆出乎有意,皆入乎妄作,为善之功狭矣,其能常久不息乎?故高者于天下国家,能之则可均矣;廉者之于爵禄,能之则可辞也;勇者之于白刃,能之则可蹈也;凡超世绝伦之行,能之则皆可为也。虽然,能则能矣,此岂常人之道哉?今日行之,后日不可复继矣。惟中庸,每事皆任天理,故不以能为之心为之。天理所在,即吾所行也,天理所不在,即吾所不行也。事事循理,而吾无所用其能焉,夫然后可以久于其道,而万善所归,皆萃于我。圣人之示人,其旨深矣。此能字与"民鲜能久矣""丘未能一焉",意义不同,夫言非一端而已,各有所当也。

永康陈氏曰:均天下国家之富以与人,辞爵禄而不受,蹈白刃而不顾,揆之人情,至难也,适当其前,有志类可为之。中庸乃日用不易之理,至简至易,体而得之,如反掌耳,彼犹可为而此不可能,可谓舍近而慕远矣。不为疑辞,直曰"不可能"者,甚之也,与"民可使由之,不可使知之"同意。说者谓举此三者以见中庸难能,非也。彼其奋然于是三者,必其心有所不欲,有所不为,达其所不欲于其所可欲,达其所不为于其所可为,则其至中庸也。孰御此圣人变动人心之术,肯以日用之理为难而绝之乎?

四明沈氏曰:均天下国家、辞爵禄、蹈白刃,中庸之门,无是法也。理有可则有不可,若为名义所激,血气所扶,直意而行,率情而为,更不顾天理如何,则知其可而不知有不可。惟一概之以天理,审度其可不可而行之,则虽行天下难能不可继之事,无非君子之时中。

晋陵钱氏曰:均,犹平也。均平天下国家,才者能之;辞爵禄,廉者能之;蹈白刃,勇者能之。欲其合于中庸,非才者、廉者、勇者所可能也。

江陵项氏曰:生知者为上,力行者次之,勉强者又次之,此知仁勇三德也。上两章已言知行,此章自勉强言之。强于外者易,强于内者难。勉强于知,亦足以有知;勉强于行,亦足以有行。下引"子路问强",犹曰古之人有能知者,子路是也。舜不可得,如颜子足矣;颜子不易,如子路足矣。

宣城奚氏曰:事有可强而能者,有不可强而能者。可以强而能,则人皆能之;不可强而能,非功深力到者不能也。天下国家可均也,公者能之;爵禄可辞也,廉者能之;白刃可蹈也,勇者能之。至于中庸,则非可以拟议料想、模仿附会也,必也博学、审问、谨思、明辨而加之以力行,庶乎其能之矣。其曰"不可能"者,非终不可能也,使其果不可能,则舜与颜子,何以独得之?学者宜优游日求,餍饫自得,毋以不可能而自沮也,毋以不可能而过用其心也。

雪川倪氏曰:天下国家,大小有差,固不可均,就能均之,非中庸也;爵禄富贵,义所当得,则不可辞,就能辞之,非中庸也;白刃在前,不可轻冒而蹈践,就能蹈之,非中庸也。是三者虽能为人所不能为,皆失之过,以中庸之道言之,不可谓此为能也。

蔡氏曰:均国家者,智也;辞爵禄者,仁也;蹈白刃者,勇也。言智、仁结上,言勇起下。

新定顾氏曰:此设为之辞,以明中庸之为难事耳。耸天下之听,示此道之重也。中庸,人心固有之理,曷为而难能若是?盖私欲一毫之萌,则非能中庸者也。而私欲未易息绝也,且以七十子之善学,仅曰"日月至焉而已矣"。逾日逾月,则未免私欲一念之萌,挺然杰出者,惟颜子,而曰"三月不违仁"。三月之久,亦未免私欲一念之萌,至于生而知之,安而行之,有若孔子,犹曰"我学不厌",又曰"吾尝终日不食,终夜不寝,以思,无益,不如学也"。文王则曰亹亹,至于不显亦若有所临,无射亦若有所保,舜则曰业业而无怠无荒,伯益且勤于致戒。圣人之用其力若此,凡皆以中庸之难能也。

子路问强。子曰:"南方之强与?北方之强与?抑而强与?宽柔以教,不报无道,南方之强也,君子居之。衽金革,死而不厌,北方之强也,而强者居之。故君子和而不流,强哉矫!中立而不倚,强哉矫!国有道,不变塞焉,强哉矫!国无道,至死不变,强哉矫!"

郑氏曰:强,勇者所好也。言三者所以为强者异也。"抑而强与",抑辞也,而之言女也,谓中国也。南方以舒缓为强,不报无道,谓犯而不校也。北方以刚猛为强。衽,犹席也。流,犹移也。塞,犹实也。国有道,不变以趋时;国无道,不变以辟祸。有道无道一也。矫,强貌。

孔氏曰:此一节,子路见孔子美颜回能择中庸,故问如己之强,亦兼有中庸否。南方谓荆扬之南,其地多阳,阳气舒散,人情宽缓和柔。和柔为君子之道,故云"君子居之"。北方沙漠之地,其地多阴,阴气坚急,故人性刚猛,恒好斗争,故以甲铠为席,寝宿于中,至死不厌,非君子所处,而强梁者居之。惟云南北,不云东西者,南北互举,与东西俗同也。矫者,壮大之形,故郑云"强貌"也。塞者,守直不变,德行充实也。

河南程氏曰:南方人柔弱,所谓强,是义理之强,故君子居之。北方强悍,所谓强者,是血气之强,故小人居之。凡人血气,须要以义理胜之。"⑫伊川蓝田吕氏曰:此章言强之中也。南方之强,不及乎强者也;北方之强,过乎强者也。而强者,汝之所当强者也。南方,中国;北方,狄也。以北对南,故中国所以言南方也。南方虽不及强,然犯而不校,未害为君子;北方则过于强,尚力用强,故止为强者而已,未及君子之中也。得君子之中,乃汝之所当强也。柔而立,宽而栗,故能"和而不流";刚而寡欲,故能"中立而不倚";富贵不能淫,故"国有道,不变塞焉";贫贱不能移,威武不能屈,故"国无道,至死不变"。是皆以己之强力矫其偏,以就中者也。夫矫之为言,犹揉木也,木之性能曲能直,将使成材而为器,故曲者直者,皆在所矫,故皆曰"强哉矫"。不羞污君,不辞小官,与乡人处,由由然不忍去,虽祖裼裸裎于我侧,尔焉能浼我哉!其和而不流者,与非其君不事,非其民不使,与夫独立不惧、遁世无闷者,其"中立而不倚"者欤!塞,未达也。君子达不离道,故当天下有道,其身必达,不变未达之所守,所谓"不变塞焉"者也。

建安游氏曰:中庸之道,造次颠沛之不可违,惟自强不息者为能守之,故以子路问强次。颜渊所谓强者,非取其胜物也,自胜而已,故以南方之强为君子强也者。道之所以成终始也,故自和而不流至于至死不变,皆曰"强哉矫",盖其为中虽不同,而其贵不已一也。

延平杨氏曰:天地之仁气盛于东南,义气盛于西北,故南北方之强,气俗如此。"宽柔以教,不报无道",以自胜为强也,故君子居之。"衽金革,死而不厌",以胜物为强也,子路之强若是,故曰"而强者居之"。而,汝也。与"暴虎凭河,死而无悔"同意。夫君子以自胜为强,故自和而不流至于至死不变,皆曰"强哉矫",所以自胜其私以趋中也。矫,与矫枉之矫同。亦因之以进子路也。公孙衍、张仪一怒而诸侯惧,安居而天下息,可谓强矣,而孟子曰妾妇之道也,至于富贵不能淫,贫贱不能移,威武不能屈,然后谓之大丈夫;君子之强,至于至死不变,然后为至。

河东侯氏曰:前言中庸不可能也,恐学者中道而废,故引子路问强以勉之,明君子自强不息,虽愚必明,虽柔必强,岂不可能哉?强有二说:强悍勇敢与胜己之私,皆谓之强,故曰"南方之强与?北方之强与?""宽柔以教,不报无道",南方之强也。克己复礼,有若无,实若虚,犯而不校,颜子之强似之,故曰"君子居之"。"衽金革,死而不厌",北方之强也。尚勇兼人,行行如也,子路之强似之,故曰"而强者居之"。君子以自胜为强,故曰"强哉矫"。矫,如矫木之矫,矫曲以从直也。君子之矫矫,过与不及,从乎中而已。故国有道,则所守不变,所行不塞;国无道,则至死不变焉。《大壮》之《象》曰"君子以非礼勿履",岂非强哉矫乎?学者若知自强之道,何中庸之不可能哉?

新安朱氏曰：此第十章。子路好勇，故问强。宽柔以教，谓含容巽顺，以诲人之不及也。不报无道，谓横逆之来，直受之而不报也。南方风气柔弱，故以含忍之力胜人为强，君子之道也。金，戈兵之属。革，甲胄之属。北方风气刚劲，故以果敢之力胜人为强，强者之事也。矫，强貌，《诗》曰"矫矫虎臣"是也。倚，偏著也。塞，未达也。国有道，不变未达之所守；国无道，不变平生之所守也。此则所谓中庸之不可能者，非有以自胜其人欲之私，不能择而守也。君子之强，孰大于是？四者，夫子以是告子路者，所以抑其血气之刚，而进之以德义之勇也。⑬

或问：此其记子路之问强，何也？曰：亦承上章之意，以明择中庸而守之，非强不能，而所谓强者，又非世俗之所谓强也。盖强者，力有以胜人之名也。凡人和而无节，则必至于流；中立而无依，则必至于倚；国有道而富贵，或不能不改其平素；国无道而贫贱，或不能久处乎穷约。非持守之力有以胜人者，其孰能及之？故此四者，汝子路之所当强也。南方之强，不及强者也；北方之强，过乎强者也；四者之强，强之中也。子路好勇，故圣人之言所以长其善而救其失者类如此。曰：和与物同，故疑于流，而以不流为强。中立本无所依，又何疑于倚，而以不倚为强哉？曰：中立固无所依也。然凡物之情，唯强者为能无所依而强立，弱而无所依，则其不倾侧而偃仆者几希矣，此中立之所以疑于必倚，而不倚之所以为强也。又曰：诸说大意则皆得之，惟以矫为矫揉之矫，以南方之强为矫哉之强与颜子之强，以抑而强者为子路之强与北方之强者，为未然尔。⑭

又《语录》曰：和而不流，下惠是。中立而不倚，夷齐是，文王善养老，他便盍归乎来，及至武王伐纣，他又自不从而去。强哉矫，赞叹之辞。⑮

涑水司马氏曰：南方之强，不及强者也；北方之强，过强者也；而强者，汝之所当强者也。南方，中国；北方，狄也。以北对南，故中国所以言南也。矫者，矫其偏以就中；矫之为言，犹揉木也。塞，未达也。君子当天下有道，其身必达，不变乎未达之所守，故曰"不变塞"也。

临川王氏曰：强哉矫者，言此强可以矫北方之过，矫枉而归诸道者也。国有道者，泰通之时，君子出而行道，不可变而为蔽塞焉，此其强可以矫素隐行怪之枉也。《语》曰："邦有道，贫且贱焉，耻也。"国无道。上下不交之时也，当守道于己，至死而不变其节。孔子盖恶当时之人为中庸，道不用于世，遂半涂而废，故曰"至死不变"，此其强可以矫半涂之枉。下文盖伤之也。

嵩山晁氏曰：强，疑其非中也，盖惟中庸能强也。强也者，诚也。曾子论孝曰："仁者，仁此者也。义者，宜此者也。强者，强此者也。"强既有南方之异，则责子路之所安，以勉乎中也。夫所谓君子者，既和既中，而诚明之守，安于治乱之世，勤而勉之也。国有道，君子或易仕而改其度，不变塞焉，强也。

严陵方氏曰：子路能勇而不能怯，近于北方之强，故孔子因其问而言之于北方之下，亦退之之意也。抑者，逆料之词，与孟子言"抑王"同义。阳为德，阴为力。南方之强，以德而已；北方之强，以力而已。居，犹"居仁"之居。居其道，不必居其地也。强于德，固君子之所居。要之，中庸之道亦未免有弊，何则？德之所尚者柔，力之所尚者刚，柔则失之懦，刚则失之暴。故君子必矫其弊，以一归乎中庸之道焉。矫，高而使下，矫枉而使直也。夫和故无刚之失，不流故无柔之失，故曰"君子和而不流，强哉矫"。中立则处乎刚柔之间，不倚则不偏于柔，不偏于刚，故曰"中立而不倚，强哉矫"。强于矫弊，则中庸之道充塞乎中，故国有道，虽富且贵而富贵不能淫，是道也。国无道，虽贫且贱而贫贱不能移，是道也。至死，言终身由之也。上言塞，下言死，互相备尔。

延平周氏曰：孟子曰："可以死，可以无死，死伤勇。"所谓"衽金革，死而不厌"者，知其可以死，而不知其可以无死者也。"和而不流"，依于仁也；"中立而不倚"，据于德也；"国有道，不变塞焉，国无道，虽死不变"，志于道也。

山阴陆氏曰："和而不流"，柳下惠是与；"中立不倚"，伯夷是与；"国有道，不变塞焉；国无道，至死不变"，伊尹是与。三圣人者，皆有矫焉，故曰"强哉矫"。若孔子，集大成者也，无矫也，无弊也。

广安游氏曰：强者，强力也，犹言坚强而不可变也。喜怒哀乐者，气也。治气者，心也。治心者，强也。孟子之不动心，本之以勇。孔子论治心，以为中庸，持之以强。孟子之说，盖出于此。前所言南北方之强，君子有取于南而不取于北。后所言"和而不流，中立而不倚"以下，主中国之强，而言中国之性，中和而厚重，君子因其性以导之。夫气偏则不中，气偏则不和，气偏则倾，倾则易动。今中国之人，其禀气不偏，不偏则中，不偏则和，不偏则厚重。圣人因其中，而道之以中庸之中，使其中立而不倚；因其和，而道之以中和之和，使之和而不流；因其厚重，而道之以守道不变之厚重，所谓"不变塞"也。塞，犹实也。《诗》曰"秉心塞渊"，言其秉心深实也。秉心实，则心有所主矣。夫以中国之强，不刚不柔，中和厚重，而道之以君子之道，于是乎不逐物而流，不依物而倚，不为险易而变，至中至正，至精至纯，所守如此，所立如此，此其为强，所以为壮大也。《易》为刚健、中正、纯粹，其意同此。

范阳张氏曰：南方北方，与夫子路之强，皆血气也，非中庸也。然"衽金革，死而不厌"，谓之血气之强，可也；"宽柔以教，不报无道，君子居之"，是亦足矣，乃谓血气之强,何哉?盖强当从戒谨不睹、恐惧不闻中来,则此强为中庸之强。若乃山川风气使之如此,而中无所得,岂非血气乎?子路天资好勇,其鼓琴流入北鄙,其言志则曰军旅,此北方之强,故曰"而强者居之"。然则,何以为中庸之强?曰:和而不流,此喜怒哀乐之中节也,故其强矫然不挠;中立不倚,此喜怒哀乐未发时也,故其强亦矫然不挠。故其见用于有道之世,不变于厄塞之节,无道之世,胁之以死,亦不变其节,其强皆矫然不挠。夫不变者,不流不倚之发也。矫之为言,刚毅之貌,非矫揉之矫也。子路闻之,得不悼其平时之无益,而潜养之不可已乎!

延平黄氏曰:南方阳明而主生,有君子之道焉。生,则子民之仁;明,则君国之智。北方阴险而主杀,有强者之道焉。君子之强,而不强不足以名之者,以其能强能弱也。"宽柔以教",所谓能弱;"不报无道",所谓能强。"衽金革,死而不厌",所谓能强而不能弱。能强则不流,能弱则不倚。

"富贵不能淫",故国有道,不变塞焉;"贫贱不能移,威武不能屈",故国无道,至死不变。

永康陈氏曰:子路问强,夫子开端以启发,因强以明理,所以变动子路之强也。南方之强,孟施舍以之,北方之强,北宫黝以之,要之,皆守气也。君子之强,即曾子之大勇、孟子浩然之气,此守约之理。"强哉矫",有卓立气象,孟子所谓"至大至刚",盖有见于此。

莆阳林氏曰:孔门学问,皆各从长技以入圣人之道,如曾子之问孝,子游之问礼,颜子之问仁,终身所问,不过以其所长者。此子路所以有问强之说也。

晏氏曰:仲尼答子路以北方之强,乃曰"而强者居之",则谓子路能勇而不能怯,安于北方之强,所以救其失也。哀十五年,蒯聩之难,子路结缨而死,则死而不厌验矣。国有道矣,众人皆逐于浮华,君子矫之,则笃于充实,故曰"不变塞焉"。国无道矣,众人皆有始而无终,君子矫之,则终始一节,故曰"至死不变焉"。此皆君子矫世以中庸之道,非南北之强所能与也。

江陵项氏曰:"君子居之",犹曰此君子之徒也。"而强者居之",而,汝也,犹曰此汝之徒也。同则流,和则不流矣;偏则倚,中则不倚矣。犹有不流不倚云者,为勉强者言之也,斯二者言道之中也。和者无过不及之中,中立者不偏之中,欲其强于知之也,不流不倚尽矣。犹有二不变云者,亦为勉强者言之也,斯二者言道之庸也。死生通塞,变之大者,能不为死生通塞之所变,则可谓庸矣,欲其强于行之也。舜,圣人也,故言其与人者;颜子,学者也,故言其守身者;子路,困而学者也,故言其矫揉气质者。《孟子》"人告以有过"章,其次序亦如此。

晋陵钱氏曰：南北之方，土风不同，其不知中庸则一。然君子处南方之强，而世之号为强者，乃处北方之强，则所贵于强，不在刚猛。矫，犹抑也。哉，疑辞也。强哉矫，犹言强其矫也。君子于中庸，知而行之，非矫抑而然也。塞，实也。国有道，不变其实以趋时；国无道，不变其实以辟害。此中庸之强，非矫抑所能。

雪川倪氏曰：衽者，衣衿也。金者，铁也。革者，皮也。联铁而为铠甲，被之于身，如衣衿然，故曰衽也。南方之强，言其禀于风土者然也。子路恃血气为强耳，非南方、北方之强，故孔子劝之抑也。子路好勇，是过强者，不能以抑为强，故孔子曰"暴虎凭河，死而无悔者，吾不与也"，所以抑之也。其后死于卫国之难，反为伤勇，非中庸也。

蔡氏曰：此主勇而为言也。君子和而不流，依乎庸也；中立而不倚，依乎中也。君子依乎中庸，不以得志不得志而或变，变则失其所依而息矣。

仁寿李氏曰：凡人和而不节，或至于同流而合污，惟强者为能和而不徇乎物。中者本无所倚，或至于力弱而易挠，惟强者为能独立而不惧。国有道而富贵，或不能不改其平日之素，惟强者不变于此身之通塞。国无道而贫贱，或不能久安乎义命之常，惟强者终身不见是而无闷。此非有弘毅之力，坚决之见，笃信天理，尽克己私，岂能守是四者而勿失？然则所谓中庸之不可能者，此也。

子曰："素隐行怪，后世有述焉，吾弗为之矣。君子遵道而行，半途而废，吾弗能已矣。君子依乎中庸，遁世不见知而不悔，唯圣者能之。"

郑氏曰：素，读如傃，乡也。言方乡辟害隐身，而行诡谲以作后世之名。身虽遁世而名欲彰也，弗为之矣，耻之也。废，犹罢止也。弗能已矣，汲汲行道，不为时人之隐行。

孔氏曰：自此至"察乎天地"一节，论夫子虽隐遁之世，亦行中庸。又明中庸之道，起于匹夫匹妇，终则遍于天地。"素隐行怪，后世有述焉"，谓身虽隐遁而名欲彰也。

河南程氏曰："素隐行怪"，是过者也；"半涂而废"，是不及也；"不见知而不悔"，是中者也。⑯

蓝田吕氏曰：此章论行之所以求乎中也。素隐行怪，未当行而行之，行之过者也。半涂而废，当行而不行，行之不及者也。素，读如"傃乡"之傃，犹"傃其位"之素也。君子之学，方乡乎隐，则隐而未见，行而未成，潜龙所以勿用也。然其志嘤嘤然曰：古之人！古之人！夷考其行而不掩，则怪者也。君子之学，方遵道而行，不勉则不中，不思则不得，进德修业，所以欲及时也。然莫之御而不为，力非不足而画焉,则自已者也。怪者,君子之所不为也;已者,君子之所不能也。不为其所太过,不已其所不及,此所以"依乎中庸",自信而不悔也。依,与违对者也。依于仁则不违于仁,依乎中庸则不可须臾离也。圣人择天下之善,知天下之本,不出乎中庸,反之于心而悦,行之于己而安,考之于理而不谬,合之先王而不违,措之天下国家而可行,则将自信而不疑,独立而不惧,举世非之而不悔,非知道之至,乌能及是哉?

建安游氏曰:"吾弗为之",处其实而遗其名也。"吾弗能已",乐其内而忘其外也。其用心若此,则可以入中庸之道矣。故继言"君子依乎中庸"。依之为言,无时而违也,非至诚无息者,不足以与此,若"三月不违仁",未免于有所守也。"遁世不见知而不悔"者,疑虑不萌于心,确乎其不可游也,非离人而立于独者不足以与此,若"不远复"者,未免于有念也。故曰"惟圣者能之"。

延平杨氏曰:不以成德为行,而以诡异矜世,则其流风足以败常乱俗矣,后世虽有述焉,君子不为也。以道为高,疑若登天,然则半涂而废者盖有之;见其若大路,然则行之者必至矣。尚谁已之此,颜渊之所以欲罢不能也。依者,对违之名。依乎中庸,则无违矣,盖不待择而从容自中也。君子之道,造端乎夫妇,岂有异于人哉?循天下同然之理而已,非小智自私者之所能知也。知之,其天乎!人虽不知,何悔之有?非夫确乎其不可拔者,其孰能之?

新安朱氏曰:案《汉书》,素当作索。此第十一章。素隐行怪,言深求隐辟之理,而过为诡异之行也。然以其足以欺世而盗名,故后世或有称述之者。此知之过而不择乎善,行之过而不用其中,不当强而强者也,圣人岂为之哉?遵道而行,则能择乎善矣;半涂而废,则力之不足也。此其知虽足以及之,而行有不逮,当强而不强者也。已,止也。圣人于此,非勉焉而不敢废。盖至诚无息,自有所不能止也。不为素隐行怪,则依乎中庸而已。不能半涂而废,是以遁世不见知而不悔也。此中庸之成德,知之尽、仁之至、不赖勇而裕如者,正吾夫子之事,而犹不自居也。故曰"惟圣者能之"而已。子思所引夫子之言,以明首章之义者止此。盖此篇大旨,以知仁勇三达德为入道之门。故于篇首即以大舜、颜渊、子路之事明之。舜,知也;颜渊,仁也;子路,勇也。三者废其一,则无以造道而成德矣。余见第二十章。[17]

或曰:吕氏从郑注,以素为傥,固有未安。惟其旧说有谓"无德而隐为素隐"者,于义略通,又以遁世不见之语反之,似亦有据。但素字之义,与后章"素其位"之素,不应顿异,则有若有可疑者。独《汉书·艺文志》刘歆论神仙家流引此,而以素为索,颜氏又释之以为求索隐暗之事,则二字之义既明,而与下文"行怪"二字语势亦相类,其说近是。盖当时所传本犹未误,至郑氏时乃失之耳。游氏所谓"离人而立于独"与夫"未免有念"云,皆非儒者之语也。⑱

涑水司马氏曰:素隐行怪,谓处心发论,务趣幽隐,使人难知;力行谲怪,使人难及。皆非中庸,中庸贵于能久。故孔子弗为。

临川王氏曰:申屠负石赴河,仲子辟兄离母,是行怪也。君子必遵中庸之道,行之悠久,不为变易,苟半途而废,非君子所为也。昔子贡谓孔子之道至大,天下莫能容,而请少贬焉,公孙丑谓孟子宜若登天然,使人不能几及。此二子者,不知孔孟遵中庸之道而行之,故反欲贬之也。樊迟请学稼,此盖废圣人之道,欲学野夫之事,故夫子鄙之。

长乐刘氏曰:富贵贫贱,天之命也,非力之可求。行道君子居夫贫贱而有悔,则为凡人矣;居夫贫贱而无悔,则为圣人矣。是悔也者,凡圣人之间也。行道君子临小利,害一暂进退,而弗利厥躬,弗快己欲,则悔心勃然而生焉。不知夫中庸之道,从之而失也,不知圣人之德,从之而远也,可谓知之乎?然而仲尼之意,不在乎是也。乐之于悔,参与商也。内尽其性,寂然无为,应乎万变,莫不适于其宜,而未始有微动焉,是与天地相似,是与鬼神相通,又何进退?隐显足以动其心,故性得于内而乐,不可胜其荣也;情失于外而悔,不可胜其辱也。非仲尼之心乎?

兼山郭氏曰:素,以隐为事,而行怪焉,过也。半涂而废,卒自画焉,不及也。

海陵胡氏曰:隐者,非谓山林常住、巢栖谷处之谓也,韬藏其知、不见于外之谓隐。故《论语》称宁武子之知"邦无道则愚",此所谓愚者,韬光晦智,若愚人然,如此者非愚也,盖隐也。凡人见有人才能在己下,而爵禄居己上,则必有怨心;见有人才知在己下,而名誉在己上,则必有怨心。此中知所不能免也,故不见知而不悔者,惟圣人能然。《易》称"遁世无闷,不见是而无闷",故知惟圣人能之。此既陈隐之道,又恐人之轻于隐,故再言君子隐遁之道。

延平周氏曰:无功而禄,谓之素飡,则无德而隐,谓之素隐。修身以俟命,谓之行法,则不修身以逆命,谓之行怪。

山阴陆氏曰:此龙德也,故惟圣者能之。

莆阳林氏曰:隐者,本非美事。素隐者,徒然隐也。如长沮、桀溺、荷蓧丈人、晨门之徒,往而不反,故孔子以隐字目之,以谓欲洁其身而乱大伦。夫人之生,便有五典之分。若退居岩穴之下,是无上下之分,如此等人,在国为叛臣,在家为逆子。伯夷叔齐或以为隐者,非隐者也,夫子当时亦称道之。夫天生一人,便要办天下之事。自上古以来,作舟车,为宫室,辟田畴,便有纪纲法度,无非天工,人其代之,岂可徒隐?行怪者,为怪异之行,使后世之人学之。

广安游氏曰：学中庸者，其病有二：一则急于人知，一则困而易悔。惟君子能"依乎中庸，遁世不见知而不悔"，此非圣者不能也。怪则诡谲，诡谲则易以动人耳目，藉此为名，使后世称述，学者之失，多在于此。若半涂而废，则用力已多而有困悔之心。孔子曰："力不足者，中道而废，今女画。"画者，止也，止言不进也。失于力之不足，则又贤乎？止而不进也。孔子言彼则中道而止，吾则弗能已也。

吴兴沈氏曰：先儒类以"君子遵道而行"之文属"半涂而废"，"君子依乎中庸"之文属"遁世不见"，恐非通论。尝因文会理，盖夫子因言弗为行怪钓名之事，故以"君子遵道而行"断之；因言弗为半涂而废之事，故以"君子依乎中庸"断之。是二者皆君子之事也。至于时止则止，时行则行，动静不失其时，则圣人之事也，故以"惟圣者能之"断之，则文顺理明。

范阳张氏曰：素隐行怪，谓终身行乎隐晦而行怪以钓名。

永康陈氏曰：君子于日用间体认得实然不易之理，如饮食之知味，敬以守之，异行必弗为，半涂必弗止。"依乎中庸"，与之俱也，"遁世不见知而不悔"，与之安也，至乎此则圣人。其曰"惟圣者能之"，非绝人也，直以为圣人，成能在日用间耳。

晏氏曰：无德而素隐，谲诡而行怪，有闻其风而悦之者，是之谓"后世有述焉"，若人者常失之太过。君子有所弗为者，欲其俯而就也。遵道而行，虽有好善之心，半涂而废，俄有自怠之失，若人者常失之不及。君子弗能自已者，欲其跂而及也。既俯而就，又跂而及，所以能依乎中庸矣。盖有过，行而遁世，虽见知于世，亦不能无悔。惟依乎中庸而遁世者，虽不见知于世，亦无吝焉，非圣人不能及此。

新安[19]顾氏曰：素，空也。圣人，以仁天下为心者也。闵民物之不得其所，未始一日而忘斯世。方天之未欲平治天下也，遁世无闷，全其身所以全其道也。彼其不离乎群，日用常行，周旋于人伦之中，虽曰"不见知而不悔"，然而事久论定，"潜虽伏矣，亦孔之昭"，其在人君，易于知之，亦易于求之，道不难于行也，天下庶其治乎！彼偏曲之士，遁迹山林，去人也远，为一身计则得矣，如民物之不得其所何？民物不得其所，天下泯泯棼棼，深山茂林，亦何自而获安？

晋陵钱氏曰：自"天下国家可均"至此，谓中庸之道在知而能行。素，犹固也。固隐不仕，又行奇怪之行，人乐称之，故有述于后世。吾弗为之，能知也；半涂欲废而不肯已，能行也。遁，犹避也。惟弗为，故依乎中庸；惟弗已，故虽避世，人不见知而不悔。然谓圣者能之，盖夫子之谦。

江陵项氏曰："素隐行怪"，徒行而实未尝知也；"半涂而废"，徒知之而终不能行也。君子依乎中庸，则非徒行也；"遁世不见知而不悔"，则非徒知也。故曰"惟圣者能之"。上章既分知仁勇之三等,此章复极言知行之难,欲人尽其心也。然又恐人谓其难,故下章以所知所行之近,反复言之。

雪川倪氏曰:素者,平素也。言以隐居为常,而不知通变者也。不知通变,未害也,而又行怪以求名,则伪也。后言素贫贱行乎贫贱,以中庸之道行之,故可也。此乃素隐行怪,怪则非中,怪则非庸,正背驰矣。依与倚不同:依者,从也;倚者,偏也。中立则可,偏倚则不可。注谓素为傃,是改经文以从其说。朱氏援汉史为证,谓素为索,虽有所据,亦不免改经文。且探赜索隐,《易》以为圣人之学,岂行怪者可言索隐乎?

蔡氏曰:此再辨知仁勇而总结之。索隐之知,非君子之知;行怪之行,非君子之仁;半涂而废,非君子之勇。君子之知仁勇,则"依乎中庸,遁世不见知而不悔"者是也。君子至此,则其德与圣人同矣,故以"惟圣者"结之。

林氏曰:观夫子以"隐居放言"为"我则异于是",则知"我弗为"之说。观夫子以"今女画"责冉求,则知"我弗能已"之说。此章讲明中庸之旨,首举二者,以开其端,而后终之以圣人之能事。盖中者,无过不及之名;庸者,常行之道。素隐行怪,过而反庸者也,岂得为庸?半涂而废,安于不及者也,岂足为中?是必依乎中庸,则无过而反常之事,是必遁世不见知而不悔,则无安于不及之忧。是理也,非从容中道,纯亦不已,孰能与此?故曰"惟圣者能之"。

【注释】

① 《程氏遗书》卷十五,《二程集》,页170。

② 《程氏遗书》卷二十二上,《二程集》,页279。

③ 《正蒙·中正》,《张载集》,页27。

④ 《经学理窟·气质》,《张载集》,页269。

⑤ 《正蒙·大易》,《张载集》,页50。

⑥ 《中庸章句》,《朱子全书》6/36。

⑦ 《中庸或问》上,《朱子全书》6/567。

⑧ 《程氏遗书》卷十一,《二程集》,页128。

⑨ 《中庸章句》,《朱子全书》6/36。

⑩ 《朱子语类》卷六三,《朱子全书》16/2063。

⑪ 《中庸或问》上,《朱子全书》6/568。

⑫ 《程氏遗书》卷二十二上,《二程集》,页289。

⑬ 《中庸章句》,《朱子全书》6/36—37。

⑭《中庸或问》上,《朱子全书》6/568—569。

⑮《朱子语类》卷五七,《朱子全书》15/1818。

⑯《程氏遗书》卷十五,《二程集》,页 160。

⑰《中庸章句》,《朱子全书》6/37—38。

⑱《中庸或问》上,《朱子全书》6/569。

⑲此"安"与卷十三"新安顾氏"之"安"疑为"定",因"集说名氏"中只有"新定顾氏"而无"新安顾氏"。

卷五

【原文】

君子之道费而隐。夫妇之愚,可以与知焉;及其至也,虽圣人亦有所不知焉。夫妇之不肖,可以能行焉;及其至也,虽圣人亦有所不能焉。天地之大也,人犹有所憾。故君子语大,天下莫能载焉;语小,天下莫能破焉。《诗》云:"鸢飞戾天,鱼跃于渊。"言其上下察也。君子之道,造端乎夫妇;及其至也,察乎天地。

郑氏曰:与,读如"赞者皆与"之与。憾,恨也。天地至大,无不覆载,人尚有所恨,况于圣人能尽备之乎?语,犹说也。所说大事,谓先王之道;所说小事,谓若愚、不肖夫妇之知行也。察,犹著也。言圣人之德,至于天则鸢飞戾天,至于地则鱼跃于渊,是其著明于天地也。

孔氏曰:"赞者皆与",《冠礼》文。天地如冬寒夏暑,人犹有怨。莫能载者,天下之人无能胜载之者。莫能破者,言似秋毫不可分破也。圣人之德,上至于天,则鸢飞戾天,是翱翔得所;下至于地,则鱼跃于渊,是游泳得所。言圣人之德,上下明察。此《大雅·旱麓》美文王之诗。今文鸢飞喻恶人远去,鱼跃喻善人得所。此引断章,与诗义殊。君子行道,初始造立,端绪起于匹夫匹妇所知所行,及其至极之时,明察于上下天地也。

河南程氏曰:费,日用处。①伊川

问:"圣人亦何有不能、不知也?"曰:"天下之理,圣人岂有不尽者?盖于事有所不遍知、不遍能也。至纤悉委曲处,如农圃百工之事,孔子亦岂能知哉?"②伊川

"鸢飞鱼跃,言其上下察也。"此一段子思吃紧为人处,与"必有事焉而勿正"之意同,活泼泼地。会得时,活泼泼地;会不得,只是弄精神。③

"鸢飞戾天",向上更有天在;"鱼跃于渊",向下更有地在。④明道

横渠张氏曰:"君子之道费而隐",费,日用;隐,不知也。匹夫匹妇可以与知与行,是人所常用,故曰费;及其至也,虽圣人有所不知不能,是隐也。圣人若夷惠之徒,亦未知君子之道,若知君子之道,亦不入于偏。⑤

君子之道达诸天,故圣人有所不能;夫妇之知涉诸物,故圣人有所不与。⑥

戾天则极高,跃渊则极深。君子之道,天地不能覆载。

此言物各得其所,上者安于上,下者安于下,是上下察尽也。

匹夫匹妇,非天之聪明不成其为人。圣人,天聪明之尽者尔。⑦

"语大,天下莫能载焉;语小,天下莫能破焉",言其体也。言其大则天下莫能载,言其小则天下莫能破,此所以见其虚之大也。⑧

蓝田吕氏曰:此已上论中,此已下论庸。此章言常道之终始。费,用之广也;隐,微密也。费则常道,隐则至道。唯能进常道,乃所以为至道。天地之大,亦有所不能,故人犹有憾,况圣人乎?天地之大犹有憾,语大者也。有憾于天地,则大于天地矣。此所以"天下莫能载"。愚不肖之夫妇所常行,语小者也。愚不肖所常行,虽圣人亦有不可废,此所谓"天下莫能破"。上至乎天地所不能,下至于愚不肖之所能,则至道备矣。自夫妇之能,至察乎天地,则常道尽矣。

庸者,常道也。费,用也;隐,不用也。用者显著而易知,不用者微密而难知。易知者易能,难知者难能。盖易知易能者,常道也;难知难能者,至道也。音者瞽蒙之所及知,味者饔人之所及知,及其至也,虽圣人之知,而知音知味不如师旷、易牙之精。故尧舜之知,不遍爱物,孔子自谓不如老农老圃,此"圣人亦有所不知"者也。见孺子将入井,人皆有怵惕恻隐之心。呼蹴而与之,行道之人皆所不屑。及其至也,充不忍人之心,充无受尔汝之实,则博施济众,尧舜其犹病诸。君子之道,四孔子自谓未能,此"圣人亦有所不能"者也。"圣人亦有所不知",语小者也。知音知味,为农为圃,虽小道也,专心致意,亦能贯乎至理,造于精微,周天下之用而不可阙,此"天下所莫能破"也。"圣人亦有所不能",语大者也。天地之大,人犹有所憾,则道固大于天地矣。圣人尽道,财成辅相,以赞天地之化育,合乎天地人而无间,此"天下所莫能载"也。鸢飞于上,鱼跃于下,上下察之至者也。愚不肖之夫妇可以与知,可以能行,则常道尽矣,此所以谓"造端乎夫妇"者也。孝弟之至,通乎神明,光乎四海。无所不通,则至道成矣。此所谓"及其至也,察乎天地"者也。

上蔡谢氏曰:鸢飞戾天,鱼跃于渊,非是极其上下而言,盖真个见得如此。此正是子思吃紧道与人处。若从此解悟,便可入尧舜气象。

"鸢飞戾天,鱼跃于渊",无些私意。"上下察",以明道体无所不在,非指鸢鱼而言也,若指鸢鱼言,则上面更有天、下面更有地在。知勿忘勿助长则知此,知此则知夫子与点之意。

《诗》云"鸢飞戾天,鱼跃于渊",犹韩愈所谓"鱼川泳而鸟云飞",上下自然,各得其所也。诗人之意,言如此气象,周王作人似之。子思之意,言上下察也,犹孟子所谓"必有事焉而勿正",察见天理,不用私意也。故结上文云"君子语大,天下莫能载;语小,天下莫能破"。今人学《诗》,章句横在肚里,怎生得脱洒去?

建安游氏曰:道之用,赡足万物,而万物莫不资焉,故言费;其本则视之不见,听之不闻,故曰隐。犹言肆而隐也。唯费也,则良知良能所自出,故夫妇之愚不肖,可以与知而能行焉;唯隐也,则非有思者所可知,非有为者所可能,故圣人有所不知不能焉。盖圣人者,德之盛而业之大者也。过此以往则神矣,无方也不可知,无体也不可能,此七圣皆迷之地也。"大地之大,人犹有所憾"者,则祁寒暑雨之失中故也。君子之道,无往而非中也。其大无外,而中无不周,故"天下莫能载";其小无间,而中无不足,故"天下莫能破"。上极于天,下蟠于渊,中无不在也,故"上下察"。是道也,以为高远邪,则造端乎夫妇;以为卑近邪,则察乎天地。《孝经》曰:"事父孝,故事天明;事母孝,故事地察。"盖事父母之心,虽夫妇之愚不肖亦与有焉,及其至也,天地明察,神明彰矣。则虽圣人之德,又何以加此?此中庸所以为至也。

延平杨氏曰:道者,人之所日用也,故费;虽曰日用,而至赜存焉,故隐。盖自可欲之善,至充实辉光之大,致知力行之积也。大而化之,至于不可知之神,则非知力所及也,德盛仁熟,而自至焉耳。故及其至也,圣人有所不知不能焉。

祁寒暑雨之变,其机自尔,虽天地之大,不能易其节也。大道之不可能也,如是而人虽有憾焉,道固自若也。故下文申言之。

大而无外,天下其孰能载之?小而无伦,天下其孰能破之?道至乎是,则天地之大,万物之多,皆其分内耳,故曰"鸢飞戾天,鱼跃于渊,言其上下察也"。鸢飞鱼跃,非夫体物而不遗者,其孰能察之?虽然,其端岂远乎哉?始于夫妇之愚不肖与知能行者而已,故又曰"君子之道,造端乎夫妇,及其至也,察乎天地"。

河东侯氏曰:前章言"唯圣者能之",子思恐学者以谓中者之道极乎高深不可及而止也,故又曰"君子之道费而隐"。皆日用之事,虽夫妇之愚不肖亦能知之,亦能行之。及其至,则虽圣人亦有所不知不能焉。谓其不能者,非圣人不能,于此力有所不逮也。如孔子问礼于老聃,访官名于郯子,谓异世之礼制,官名之因革,所尚不同,不可强知故也;又如圣而不可知之神、大德、禄位、名寿,舜之必得,而孔子不得;又如博施济众,修己以安百姓,欲尽圣人溥博无穷之心,极天之所覆,极地之所载,无不被其泽者,虽尧舜之仁,亦在所病也;又如民可使由之,不可使知之,日用之费,民固由之矣,其道中庸,则安能人人知之?虽使尧舜之为君,周孔之为臣,所过者化,所存者神,立之斯立,道之斯行,绥之斯来,动之斯和,其化者不越所过者尔,又安能使穷荒极远、未绥未动未过者皆化哉?此亦圣人之所不能也。

新安朱氏曰:此第十二章,子思之言,盖以申明首章道不可离之意也。其下八章,杂引孔子之言以明之。费,用之广也。隐,体之微也。君子之道,近自夫妇居室之间,远而至于圣人天地之所不能尽,其大无外,其小无内,可谓费矣。然其理之所以然,则隐而莫之见也。盖可知可能者,道中之一事,及其至而圣人不知不能,则举全体而言,圣人固有所不能尽也。人所憾于天地,如覆载生成之偏,及寒暑灾祥之不得其正者。鸢,鸱类。戾,至也。察,著也。子思引此诗以明化育流行,上下昭著,莫非此理之用,所谓费也;然其所以然者,则非见闻所及,所谓隐也。[9]

道之用广,而其体则微密而不可见,所谓费而隐也。即其近而言之,男女居室,人道之常,虽愚不肖亦能知而行之;极其远而言之,则天下之大,事物之多,圣人亦容有不尽知尽能者也。然非独圣人有所不知不能也,天能生覆而不能形载,地能形载而不能生覆,至于气物流行,则阴阳寒暑,吉凶灾祥,不能尽得其正者尤多,此所以虽以天地之大,而人犹有憾也。夫自夫妇之愚不肖所能知行,至于圣人天地之所不能尽,道盖无所不在也。故君子之语道也,其大至于天地圣人所不能尽,而道无不包,则天下莫能载矣;其小至于夫妇之愚不肖所能知能行,而道无不体,则天下莫能破矣。道之在天下,其用之广如此,可谓费矣,而其所用之体,则不离乎此,而有非视听之所及者,此所以谓费而隐也。子思之言,至此极矣,然犹以为不足以尽其意也,故又引《诗》以明之曰"鸢飞戾天,鱼跃于渊",所以言道之体用,上下昭著,而无所不在也。"造端乎夫妇",极其近小而言也;"察乎天地",极其远大而言也。盖夫妇之际,隐微之间,尤见道之不可离处,知其造端乎此,则其所以戒慎恐惧之实,无不至矣。《易》首《乾》《坤》而重《咸》《恒》,《诗》首《关雎》而戒淫佚,《书》记厘降,《礼》谨大昏,皆此意也。

诸说如程子至矣。张子以圣人为夷惠之徒,既已失之;又曰达诸天、淆诸物,圣人所不知、所不与,则又析其所不知不为而两之,皆不可晓也已。曰:诸家以夫妇之能知能行者为道之费,圣人之所不知不能而天地有憾者为道之隐,其于文义协矣。若从程子之说,则使章内专言费而不及隐,恐其有未安也。曰:谓不知不能为隐,似矣。若天地有憾,鸢飞鱼跃,察乎天地,而欲亦谓之隐,则恐未然。且隐之为言,正以其非言语指陈之可及耳，故独举费而常默具乎其中，若于费外别有隐而可言，则已不得为隐矣。程子之云，又何疑邪？

曰：然则程子所谓鸢飞鱼跃“子思吃紧为人处，与‘必有事焉，而勿正心’之意同，活泼泼地”者，何也？曰：道之流行，发见于天地之间，无所不在。在上则鸢之飞而戾于天者，此也；在下则鱼之跃而出乎渊者，此也；其在人则日用之间、人伦之际、夫妇之所知所能而圣人之所不知不能者，亦此也。此其流行发见于上下之间者，可谓著矣。子思于此指而言之，唯欲学者于此默而识之，则为有以洞见道体之妙而无疑。而程子以为“子思吃紧为人处”者，正以示人之意为莫切于此也。其曰“与‘必有事焉，而勿正心’之意同，活泼泼地”，则又以明道之体用，流行发见，充塞天地，亘古及今，虽未尝有一毫之空阙，一息之间断，然其在人而见诸日用之间者，则初不外乎此心，故必此心之存，而后有以自觉也。“必有事焉，而勿正心，活泼泼地”，亦曰此心之存，而全体呈露，妙用显行，无所滞碍云尔，非必仰而视乎鸢之飞，俯而观乎鱼之跃，然后可以得之也。抑孟子此言，固为精密，然但为学者集义养气而发耳。至于程子借以为言，则又以发明学者洞见道体之妙，非但如孟子之意而已也。盖此一言，虽若二事，然其实则“必有事焉”，半词之间已尽其意，善用力者，苟能于此超然默会，则道体之妙，已跃如矣，何待下句而后足于言邪！圣贤特恐学者用力之过，而反为所累，故更以下句解之，欲其虽有所自，而不为所累耳，非谓“必有事焉”之外，又当别说此念，以为正心之防也。

吕氏分此已上论中，以下论庸，又谓“费则常道，隐则至道”，恐皆未安。谢氏既曰“非是极其上下而言”矣，又曰“非指鸢鱼而言”，盖曰子思之引此诗，佑借二物以明道体无所不在之实，非以是为穷其上下之极，而形其无所不包之量也；又非以故二物专为形其无所不在之体，而欲学之者必观乎此也。此其发明程子之意，盖有非一时同门之士所得闻者，而又别以夫子与点之意明之，则其为说益以精矣。但所谓察见天理者，恐非本文之训，而于程子之意，亦未免小失之耳。游氏之说，其不可晓者尤多。如以良知良能之所自出为道之费，则良知良能者，不得为道，而在道之外矣。又以不可知不可能者为道之隐，则所谓道者，乃无用之长物，而人亦无所赖于道矣。所引天地明察，似于彼此文义两皆失之。至于所谓“七圣皆迷之地”，则庄生邪遁荒唐之语，尤非所以论中庸也。杨氏以大而化之非知力所及，为圣人不知不能，以祁寒暑雨虽天地不能易其节，为道之不可能，而人所以有憾于天地，则于文义既有所不通。而又曰“人虽有憾而道固自若”，则其失愈远矣。其曰“非体物而不遗者，其孰能察之”，其用体字、察字，又皆非经文之正意也。大抵此章若从诸家以圣人所不知不能为隐,则其为说之弊,必至于此而后已。尝试循其说而体验之,若有以使人神识飞扬,眩瞀迷惑,而无所底止。子思之意,其不出此也必矣。唯侯氏不知不能之说,最为明白,但所引"圣而不可知"者,孟子本谓人所不能测耳,非此文之意也。其他又有大不可晓者,亦不足深论也。⑩

又《语录》曰:子思言"鸢飞鱼跃"与孟子言"勿忘勿助长",此两处语意各自别。后人因程子此两处皆是吃紧为人处,只管去求他同处,遂至牵合。⑪

永嘉周氏曰:呜呼! 中庸之难能也,而亦不可以苟为也!

或者曰:道易知也,吾殚聪明以审之,道不过乎仁义礼乐而已。曰:仁义礼乐是道之用,非吾所谓道也。或者曰:道易行也,吾尽心力而为之,道不过乎君臣、父子、夫妇、兄弟、朋友之交而已。曰:君臣父子夫妇兄弟朋友之交是道之所寓,非吾所谓道也。吾之所谓道者,体之一心无不足,施之天下为有余,沛然行乎仁义礼乐之涂、君臣父子夫妇兄弟朋友之间而不乱,然而吾不自知焉。非特不自知焉,则亦无所知焉,故子思之论,至所言"君子之道费而隐",则曰"夫妇之愚,可以与知焉,及其至也,虽圣人亦有所不知焉;夫妇之不肖,可以能行焉,及其至也,虽圣人亦有所不能焉"。愚读《中庸》至此,卷伏而思之,盖始而疑,中而知,终而觉,然后知子思果知道也,果不吾欺也。其至也,果不可以知也? 岂不谓大而能化,与道一体,而不吾知也? 世之论者,或以谓道之至,圣人实有所不知,君子则曰百工之事,各有其至,而圣人盖有所不知者,是皆过不及之论也。夫道之至,虽圣人有所不得知,是果不可以知也? 道而不可以知,然则人安取夫道哉? 是以道为虚名,不可为之事,而自弃者之论。若子思论中,发其大义,至于语圣人,又止区区论其百工之事,抑何浅期子思哉! 是又不及之论也。《中庸》之书,语道之要,学者宜以志虑考之,不疑于其间,不察其奥,而唯迹之穷猥,与尘编断简俱腐,至于老死而不能一言,悲哉!

严陵方氏曰:知之者,存乎知,故于夫妇曰愚行之者;存乎才,故于夫妇曰不肖。以道则虽小,犹为有余;以形则虽大,犹为不足。有余则无不慊,不足则有所慊。所谓天地者,亦以形言之而已,故曰"天地之大也"。人犹有所慊,《素问》曰:"天不足西北","地不满东南"。此天地之形,有所不足也。《书》曰:"夏暑雨,小民惟曰:'怨咨。'冬祁寒,小民亦惟曰:'怨咨。'"此人犹有所慊也。惟君子为能出乎形而入乎道,又何慊之有? 凡有量者,皆可载;凡有质者,皆可破。君子之道显诸仁,则充实光辉,至大不可围,岂复有量哉? 此语大所以天下莫能载也;藏诸用,则微妙无迹,至精无形,岂复有质哉? 此语小所以天下莫能破也。然道之为物,方其小也,未尝不大;方其大也,未尝离小。君子体之,众人观之,乃强为事名尔,故每以语称之。

山阴陆氏曰：夫道，不言而足，故凡有言，皆费也。虽费，君子有不得已也。费，故可以与知焉；隐，故虽圣人有所不知。圣人无所不觉，有所不知。鸢飞戾天，有见于上；鱼跃于渊，有见于下。

温陵陈氏曰：此一章最切吾体。中庸之道，只在日用之间，而不可他求。虽在日用之间，而有至微至妙之理焉。"及其至也"一语，指道之极处言也。极处，即中也，在《书》为皇极，在《礼》为中庸。若过与不及，便非中矣。今俗学以圣人有所不知，有所不能，驱驾太高，谓人皆不可企及，遂分圣贤为等级。初不知圣人岂有绝人为道之路？至者，无欠无余也。圣人盖知之以不知，能之以不能也。学者功用在于察之一字，孟轲云："习矣而不察。"习尧舜文王之道，苟不致察，则为杨为墨矣。盖有似是而非，如章子之孝、仲子之廉、尾生之信，固当致察。察之者，视之详也。舜能致其察，故能执其中；颜子能致其察，至于问仁，则有请事斯语；而曾子尤致其察者，故能三省其身；子张亦能致其察，故有书绅之语。鸢鱼之飞跃，圣人何以见之？上下致其察故也。吾之道亦犹鸢鱼之飞跃，皆在目前，初不离性分之内。由是心以推之，则鸢飞鱼跃之理，可以至乎道，亦在乎察之而已。

莆阳郑氏曰：无一事一物而遗乎此理者，岂不费乎？举天下行之而鲜有知其道，岂不隐乎？唯费而隐，乃为君子之道。若乃弃人伦，幻形色，空谈废事，而卒无归隐，则隐矣，而非费也。道与事离而为二，则偏矣，岂所谓中庸之学？天地之大，人犹憾焉者，以祁寒暑雨之偏也。至君子之道，无所往而不适中，如日月之明，容光必照，岂有大小之间？大莫能载者，言生天生地，此道也，道又大于天地，所以大莫能载；小莫能破者，至纤至悉，亦此道也，愚夫愚妇之所能，虽圣人亦不外是，所以莫能破。此理所该，安有限量，飞潜所至，无不遍满，故曰"上下察"。君子之道，其上达乃至于此，及其用也，不出乎人伦世故，故曰"造端乎夫妇"。

莆阳林氏曰：圣人岂直不知不能哉？知到不知处，能到不能处，此圣人所以为圣人也。六合之外，圣人存而不论，是不知也；寂然不动，感而遂通天下之故，此不能也。若夫胸中更有知有能，则其知道浅矣。故圣人以不知不能为到处。

兼山郭氏曰：道者，无不在也。夫妇之能知能行，亦道也；圣人之不能知不能行，亦道也。然则圣人何为而不知乎？今夫积土成山，积水成渊，自其积之始，虽愚夫愚妇之所能为；及其至也，草木、禽兽、蛟龙、鱼鳖之所生，悉而为云气，降而为雨露，其神化妙用，变通百出，虽圣人亦所不能知，理亦然也。

长乐陈氏曰：中庸犹五谷，愈食愈有味。若其他，虽珍异，一食而喜，再食而厌。惟五谷，日日食之，虽没齿，无厌也。君子之道，其所谓费者，其日食之谓乎！所谓隐者,其没齿无厌之谓乎!

江陵项氏曰:费,犹博也。隐,犹约也。道虽甚博,为之甚约。此章先言道之费。自"夫妇之愚"至"人犹有所憾",言道之所该,形气不足以尽之。故圣人之圣,有不能兼于愚夫愚妇之事;天地之大,有不能免于小人之憾。皆形气之限也。故君子语道之大处,则丽于形气者,虽毫末,犹为大也。"鸢飞戾天,鱼跃于渊,言其上下察也",凡形气之所至,无非道者。"君子之道,造端乎夫妇,及其至也,察乎天地",此言君子之道,非言君子也。近起于愚夫愚妇,远极于天地之间,道无不该。夫妇、天地,以喻大小之极,非论其精粗浅深。此章专言其费,下章始言其隐。

范阳张氏曰:君子之道,即中庸也。中庸不离喜怒哀乐已发未发之间,此日用所不免,岂非费乎?费,当为费用之费。虽夫妇之愚不肖,岂有无喜怒哀乐者?此所谓"可以与知""可以能行"者。然由戒谨不睹,恐惧不闻,以养喜怒哀乐,使为中为和,以位天地,育万物,虽圣人犹皇皇汲汲,自谓有所不知,有所不能焉,岂非隐乎?盖自以为知,自以为能,则止矣,止非中庸也。唯若有所不知,有所不能,则戒谨恐惧,其敢一日而已乎?此理微矣,力行者能识之。

天地虽大,不免有日月薄蚀,彗孛飞流,山川震动,草木倒植,寒暑失中,雨旸差序,水旱相继,札瘥流行。此人所以不免有憾。然则财成其道,辅相其宜,弥纶范围,真有待于中庸耳。

君子之道,所以大莫能载,小莫能破,以其戒谨不睹,恐惧不闻,察于微茫之功也。戒谨恐惧,则于未形之先,未萌之始,已致其察。察之至,至于鸢飞鱼跃,而察乃在焉。居人伦之先者,夫妇是也。欲识不睹不闻之实,当于夫妇而察之。夫妇之道正,则天地之道皆正矣。察之何如?非心一形,邪意一作,无不见其所自起,知其所由来,戒谨恐惧而不敢肆焉。察之既熟,岂待夫妇间?凡象生于见,形起于微,上际下蟠,察无不在。所以如鸢之飞于天,如鱼之跃于渊,察乃随飞跃而见焉,而况日月星辰之运动,山川草木之流峙乎?大含元气而天下莫能载,小入无间而天下莫能破,察之之功如此,君子于谨独之学,其可忽邪?

四明沈氏曰:"人犹有所憾",憾只是有不足天地之意。人憾天地之大,固知有大于天地者。然人能憾天地之大以为小者,亦非常人,必其见卓然出于天地范围之外者,然后能憾之也。天地之大犹有憾、圣人不知不能、"上天之载,无声无臭",此君子语道之大处;造端乎夫妇、与知与能、"德輶如毛",此语道之小处。六合虽大,未离其内,一天之下,何能容之,所以莫能载也;秋毫虽小,待之成体,百姓日用,何能间之,所以莫能破也。

　　高要谭氏曰：夫天地犹有憾，圣人犹有所不能，此则语之大也，语之大则高深而难穷，故曰"天下莫能载"；道造端乎夫妇，而愚与不肖皆可与知，此则语之小也，语之小则切当而可验，故曰"天下莫能破"。夫推道之始终，自夫妇之微而极于天地之大，学者当于此取则，以极其性分之所至可也。若更欲穷高极深，则荡然无下工用力处，故夫子复引《诗》以譬之曰："鸢飞戾天，鱼跃于渊，言其上下察也。"察字犹要玩绎。夫天之高不可得而穷，鸢飞所戾之处，则人之所见极矣；地之深不可得而测，鱼跃而出之处，则人之所见极矣。圣人示人以中庸常行之道，极其所至，以此为准。天地之间，有鸢之飞，有鱼之跃，自得其得，自乐其乐，各极性分所至，有不能自已者。人能默识此理，便可涵泳一己之性，优游愉怡，其乐无穷，孟子所谓"乐则生，生则乌可已，乌可已则不知手之舞之，足之蹈之也"。盖学道者，贵乎识此道生动之意，若不识此道生动之意，则郁结滞碍，其居也如被桎梏，其行也如触墙壁，乌能久而不已乎？学者欲见飞跃端的，要当以自己胸次，与天地相准，涵养此心，一息不忘，久久便自见矣。

　　永康陈氏曰：惟费，故隐。横渠曰："聚则明，散则隐。"[12]道以知为始，以不知为至。《诗》曰："不识不知，顺帝之则。"道以能行为始，以不能为至。《易》曰："不疾而速，不行而至。"天地之大也，犹有所憾。《易》曰："天地设位，圣人成能。"语大道之全体，语小道之致用。"鸢飞戾天，鱼跃于渊"，鼓万物而无乎不在者，天理也，故君子无所不至其察乎！夫妇可以与知，可以能行之地也；天地有所不知，有所不能之地也。造端于可以与知、可以能行之地，此"精义入神""利用安身"之事也；致察于有所不知、有所不能之地，此"过此以往""穷神知化"之事也。要之，可以与知，便是有所不知之端；可以能行，便是有所不能之端。君子之学，动有依据，不如异端之修然直指，泛然无著也。

　　严陵喻氏曰："天地之大也，人犹有所憾"，天地，气形也，此道非气形所能囿，天地在此道中，特物之最巨者耳。故有憾于天地者，以其虽大，而实囿于气形，非若此道之无方无体，非气形之所能囿也。非气形之所能囿，非天下之至大者与？无气形之可见，非天下之至小者与？语大而至于此，非推而广之也，其大无外，孰能载之？语小而至于此，非敛而藏之也，其小无内，孰能破之？

　　宣城奚氏曰：天下事可以加思者，皆可知也；可以致力者，皆可能。至理所在，无言可传，无象可则，明目而视，不可得而见，倾耳而听，不可得而闻，是岂可以加思致力也哉？不可加思，则无所容吾知也；不可致力，则无所容吾能也。《易》曰："过此以往，未之或知。"经曰："中庸不可能。"凡可知可能者，理之粗者也。吾夫子性、天道之不可闻，一贯之理，非由学识，知与能何庸施焉？如回之卓尔，参之一唯，点之咏归，自有不容言之妙，诚非可以区区之精神，强揉而力取也。

蔡氏曰：此总言达道也。男女居室，人伦之始，故首以夫妇言之。"与知"者，智之端；"能行"者，仁之端；"及其至"者，勇之义。道非德不凝，故以智、仁、勇起之。圣人不知不能，盖道德之至，四时自行，百物自生矣。"鸢飞戾天，鱼跃于渊"，言道之流行，上下昭著，无物不在，即下之所谓体物不遗者，同时同义，但一主乎体，一主乎用耳。

"费而隐"，犹柔而立也，三字只是形容一道字。自夫妇之愚不肖与知与能，至圣人有所不知不能，皆隐[13]而隐也。

人莫不有是性，故虽夫妇之愚不肖可以与知能行。及其至也，则尽性至命矣。至命，故虽圣人有所不知不能。

"及其至也"，即所谓形、著、动、变之积而至于至诚之化也。

圣人有所不能不知，即"生物不测"之义。《易》曰"过此以往，未之或知"，正与此义同。

"语大，天下莫能载"者，言道之费也；"语小，天下莫能破"者，言道之隐也。盖将自其费者而言之，则其用广，天下莫有能具载之者；自其隐者而言之，则其体微，天下莫能破之者。所以赞其费隐之盛也。

"鸢飞戾天，鱼跃于渊"，赞上文"及其至也"之妙。道体流行，上下昭著，莫知所以然而然，至此，亦岂圣人所知所能哉？

晋陵钱氏曰：此一节谓中庸之道，自察而入，君子之道，不能语人，亦在夫人察之而已。夫妇可以与知能行，此君子之入道，所谓造端也。察乎天地，则天地之间，无非此道，非圣人所能知能行也。故求中庸在乎知，求知之在乎察。《大学》曰"致知在格物"，格物亦察也。

东莱吕氏曰：天下莫能载者方是大，天下莫能破者方是小。

嵩山晁氏曰：语夫天下莫能事之大，则其大者诚也；语夫天下莫能分之小，则其小者诚也。盖虽大而中也，其小亦中也。人谁有憾于予哉？

新定顾氏曰：道之本体，莫测其始，莫穷其终，天地不得不施生，日月不得不代明，万物不得不消息，圣人知其出于此道尔，安能知此道之所以然邪？故曰"圣人亦有所不知焉"。今夫天下之生久矣，一治一乱，圣人汲汲皇皇，立经陈纪，垂世立教，凡以求天下之长治而无乱也。然而卒不能也，尧汤有水旱之灾，则其不能得之天者如此；夫子有陈蔡之厄，则其不能得之人者如此。说者因是归之于数，夫数出于道者也，圣人容有不能转移者，故曰"圣人亦有所不能"。

新定钱氏曰：举天下之有形者无不载矣，所以莫能载者何物？举天下之有形者皆可破矣，所以莫能破者何物？于鸢之飞、鱼之跃而有会焉，则其说昭昭矣，故曰"上下察"。察处呈露，焉可诬也？

子曰："道不远人。人之为道而远人，不可以为道。《诗》云：'伐柯伐柯，其则不远。'执柯以伐柯，睨而视之，犹以为远。故君子以人治人，改而止。忠恕违道不远，施诸己而不愿，亦勿施于人。君子之道四，丘未能一焉：所求乎子，以事父，未能也；所求乎臣，以事君，未能也；所求乎弟，以事兄，未能也；所求乎朋友，先施之，未能也。庸德之行，庸言之谨；有所不足，不敢不勉，有余不敢尽；言顾行，行顾言，君子胡不慥慥尔！"

郑氏曰：则，法也。言持柯伐木，将以为柯近，以柯为尺寸之法也。人有过，君子以人道治之，其人改则止赦之，不责以人所不能也。违，犹去也。圣人而曰"我未能一焉"，明人当勉之无己。庸，犹常也。德常行也，言常谨也。慥慥乎，笃实言行相应之貌。

孔氏曰：自此至"徼幸"一节，明中庸之道去人不远，但行于己则能及物。所引诗《豳风·伐柯》之篇。柯，斧柄也。《周礼》云："柯长三尺，博三寸。"柯柄长短，其法不远，人犹以为远，明为道不可以远也。"所求乎子"以下四者，言欲求之于他人，必先行之于己；欲求乎子以孝道事己，须以孝道事父母。夫子，圣人，犹曰"我未能"，凡人当勉之无己。又譬如己为诸侯，欲求于人以忠事己，己当先忠于天子；欲求朋友以恩惠施己，则己当先施恩惠也。

河南程氏曰：执柯伐柯，其则不远，人犹以为远。君子之道，本诸身，发诸心，岂远乎哉？[14]伊川

以己及物，仁也；推己及物，恕也。违道不远是也，忠恕一以贯之。忠者天道，恕者人道；忠者无妄，恕者所以行乎忠也；忠者体，恕者用；大本、达道也。此与"违道不远"异者，动以天尔。[15]明道

"忠恕违道不远"，"可谓仁之方"，"力行近乎仁"，"求仁莫近焉"。仁道难言，故止曰近，不远而已；苟以力行便为仁，则失之矣。"施诸己而不愿，亦勿施于人"，"夫子之道忠恕"，非曾子不能知道之要，舍此则不可言。[16]

忠恕两字，要除一个除不得。[17]明道

"忠恕犹曰中庸，不可偏废。"[18]

或问忠恕之别。曰："犹形影也，无忠则不能为恕矣。"[19]

尽己之谓忠,推己之谓恕。忠,体也;恕,用也。[20]

尽己为忠,如心为恕。[21]或问:"恕字,学者可用功否?"曰:"恕字甚大,然恕不可独用,须得忠以为体。不忠,何以能恕?看忠恕两字,自见相为用处。"[22]伊川

忠恕所以公平。造德则自忠恕,其致则公平。[23]伊川

事上之道莫若忠,待下之道莫若恕。[24]伊川

人谓尽己之谓忠,尽物之谓恕。尽己之谓忠固是,尽物之谓恕则未尽。推己之谓恕,尽物之谓信。[25]伊川

曾子曰:"夫子之道,忠恕而已矣。"《中庸》以曾子之言虽是如此,又恐人尚疑忠恕未可便为道,故曰:"忠恕违道不远,施诸己而不愿,亦勿施于人。"此又掠下教人[26]

曾子言夫子之道忠恕,果可以一贯,若使他人言之,便未足信,或未尽忠恕之道,曾子言之,必是尽仍是。一作得也。又于《中庸》特举此二义,言"忠恕违道不远",恐人不喻,故指而示之近,欲以喻人,又如禘尝之义,如视诸掌,《中庸》亦指而示之近,皆是恐人不喻,故特语之详。[27]

问:"'吾道一以贯之',而曰'忠恕而已矣',则所谓一者,便是仁否?"曰:"固是。只这一字,须是子细体认。一还多在忠上?多在恕上?"曰:"多在恕上。"曰:"不然。多在忠上。才忠便是一,恕即忠之用也。"[28]

或问明道先生,如何斯可谓之恕?先生曰:"充扩得去则为恕。""心如何是充扩得去底气象?"曰:"天地变化草木蕃。""充扩不去时如何?"曰:"天地闭,贤人隐。"[29]

有余便是过。愠,愠笃实貌。[30]

横渠张氏曰:所求乎君子之道四,是实未能。道何尝有尽?圣人,人也。人则有限,是诚不能尽道也。圣人之心则直欲尽道,事则安能得尽!如博施济众,尧舜实病诸。尧舜之心,其施直欲至于无穷,方为博施。然安得若是!修己以安百姓,是亦尧舜实病之,欲得人人如此,然安得人人如此![31]

虚者,仁之原,忠恕者,与仁俱生,礼义者,仁之用。[32]

以责人之心责己则尽道,所谓"君子之道四,丘未能一焉"者也;以爱己之心爱人则尽仁,所谓"施诸己而不愿,亦勿施于人"者也;以众人望人则易从,所谓"以人治人,改而止"者也。此君子所以责己、责人、爱人之三术也。[33]

蓝田吕氏曰:此章言治己治人之常道也。苟非其人,道不虚行。人能弘道,非道弘人。故道虽本于天,行之者在人而已。妙道精义,常存乎君臣、父子、夫妇、朋

友之间，不离乎交际、酬酢、应对之末，皆人心之所同然，未有不出于天者也。若绝乎人伦，外乎世务，穷其所不可知，议其所不可及，则有天人之分，内外之别，非所谓大而无外，一以贯之，安在其为道也与？柯，斧之柄也，而求柯于木，其尺度之则，固不远矣，然柯犹在外，睨而视之，始得其则。若夫治己治人之道，于己取之，不必睨视之劳，而自得于此矣。故圣人推是心也，其治众人也，以众人之道而已。以众人之所及知责其所知，以众人之所能行责其所行，改而后止，不厚望也。其爱人也，以忠恕而已。忠者，诚有是心而不自欺；恕者，推待己之心以及人者也。忠恕不可谓之道，而道非忠恕不行，此所以言"违道不远"，孔子谓"吾道一以贯之"者也。其治己也，以求乎人者，及于吾身。事父、事君、事兄、先施之朋友，皆众人之所能尽，人伦之至，通乎神明，光于四海，有性焉，君子不谓之命，则虽圣人亦自谓未能，此舜所以尽事亲之道，必至瞽瞍、底豫者也。故君子责己、责人、爱人，有三术焉：以责人之心责己则尽道，所谓"君子之道四，丘未能一焉"者也；以爱己之心爱人则尽仁，所谓"施诸己而不愿，亦勿施于人"者也；以众人望人则易从，所谓"以人治人，改而止"者也。庸者，常道也。事父孝，事君忠，事兄弟、交朋友信，庸德也，必行而已；有问有答，有唱有和，不越乎此者，庸言也，无易而已。不足而不勉，则德有止而不进；有余而尽之，则道难继而不行。无是行也，不敢苟言以自欺，故"言顾行"；有是言也，不敢不行而自弃，故"行顾言"。言行相顾，知造乎诚实以自信，此君子所以慥慥造乎，诚实之谓也。

上蔡谢氏曰：问忠恕。曰：犹形影也。无忠，做恕不出来。"己所不欲，勿施于人"，"施诸己而不愿，亦勿施诸人"，说得自分明。恕，如心而已。恕，天道也。伯醇曰："'天地变化，草木蕃'，是天地之恕；'天地闭，贤人隐'，是天地之不恕。"

朱震问：天地何故亦有不恕？曰：天因人者也。若不因人，何故人能与天地为一？故有意、必、固、我，则与天地不相似。

建安游氏曰：仁，人心也。道，自道也。则是道不离自心而已，夫何远之？有人之为道而不本于心，则违道也远矣，故终不可以入道。为道而不本于心，则执柯伐柯之譬也，故曰"其则不远"，此尽己之忠也。然道非彼也，心非此也，以心望道，犹为两物也，故"睨而视之，犹以为远"。由此观之，道固不可以顿进也，修身犹然，而况于治人乎？故君子不以道责人，而以人治人，取其改而止，此尽物之恕也。使其尽道以望人，则改而不止则是中也。弃不中，非中庸之道也。夫道一以贯之，无物我之间也，既曰忠恕，则已违道矣。然忠以尽己，则将以至忘己也；恕以尽物，则将以至忘物也。则善为道者，莫近焉，故虽违而不远矣。"施诸己而不愿，亦勿施于人",则以忠恕之方而参彼己之道也。参彼己者,亦将致一而后已也。"丘未能一"者,夫子之得邦家也,则人伦正而五品逊矣,何未能之有?唯夫子之道不行于天下,则有求于世人而未得者矣,其曰"丘未能一"者,自任以天下之重,而责己之周也。孟子谓"舜为法于天下",而"我犹未免为乡人",亦是意也。所谓"出则事公卿,入则事父兄","何有于我"者,以在己者言之,非有所求于他人者也。"庸德之行",是行以德成,而德之外无余行;"庸言之谨",是言以行出,而行之外无余言。"有所不足,不敢不勉",将以践言也,则其行顾言矣;"有余不敢尽",耻躬之不逮也,则其言顾行矣。言行相顾,则于心无馁,故曰"胡不慥慥尔"。慥慥,心之实也。

延平杨氏曰:"仁者,人也,合而言之,道也",道岂尝离人哉?人而为道,与道二矣,道之所以远也。执柯以伐柯,与柯二矣,为道之譬也。睨而视之,犹以为远,为道而远人之譬也。执柯以伐柯,其取譬可谓近矣。睨而视之,犹且以为远,况不能以近取譬乎?则其违道可知矣。故"君子以人治人,改而止"。"以人治人",仁之也,伊尹以斯道觉斯民是也。"改而止",不为己甚也,盖道一而已,仁是也。视天下无一物之非仁,则道其在是矣。然其道终不可为乎?曰:自道言之,则执柯伐柯,犹以为远也;自求仁言之,则唯忠恕,莫近焉。故又言之,以示进为之方,庶乎学者可与入德矣。"君子之道四,丘未能一"者,圣人岂有异于人乎哉?人伦之至而已。孔子于君臣、父子、兄弟、朋友之间,皆曰未能者,不敢居其至也。君子之学,常若不及,犹恐失之,自谓能焉,其失远矣。子夏既除丧,与之琴,使之弦,侃侃而乐,作而曰:"先王制礼,不敢不及也。"闵子既除丧,与之琴,使之弦,切切而悲,作而曰:"先王制礼,不敢过也。"夫哀未忘,而断之以礼,"有余不敢尽"也;哀已忘而引之,以及礼不足,"不敢不勉"也。此"庸德之行,庸言之谨"也。有所不足,必践而及之;有余不敢尽,所以趋中也。可言不可行,君子不言也,故"言顾行";可行不可言,君子不行也,故"行顾言"。言顾行,行顾言,内外进矣,故曰"胡不慥慥尔"。慥之言,造也。

孟子言舜之怨慕,非深知舜之心,不能及此。据舜惟患不顺于父母,所谓其尽孝也。《凯风》之诗曰:"母氏圣善,我无令人。"孝子之事亲如此,此孔子所以取之也。孔子曰:"君子之道四,丘未能一焉。"若乃自以为能,则失之矣。

河东侯氏曰:前章言道之大也,不可载;小也,不可破。子思又恐学者穷高极远,游心天地之外,以求所谓道者,则其于中庸也远矣,故曰"道不远人,人之为道而远人"。为道,如世儒言颜子乐道同,故曰"不可以为道",为字不可重看,若父子之仁,君臣之义,道也,是岂远哉?即父子而父子之道明,即君臣而君臣之义立,此人之道也。孟子曰"民之秉彝，故好是懿德"是也。故引《诗》"执柯伐柯，其则不远"以明之。又曰"执柯以伐柯，睨而视之，犹以为远"，谓柯之则，不在他柯，而柯自有天然之则，故曰"睨而视之，犹以为远"也。谓其犹二也，譬如君子之道本诸身，发诸心，不在于他，率性修道而已。其加诸庶民，亦若是，故曰"君子以人治人，改而止。忠恕违道不远，施诸己而不愿，亦勿施于人"。噫！施诸己而不愿，然后勿施于人，故已违道矣，然而谓之不远者，以其善推其所为而已。虽然如是，君子一视而同仁，"吾道一以贯之"，曾子谓"夫子之道，忠恕而已矣"，孔子亦曰"老者安之，朋友信之，少者怀之"，恶在其为施诸己而不愿而勿施于人也？忠恕一也，性分不同，夫子，圣人也，故不待推颜子、子思、孟子、子贡之忠恕，其知之所及，仁之所守，勇之所行，皆至于斯。故或曰"无施劳"，或曰"施诸己而不愿，亦勿施于人"，或曰"老吾老以及人之老，幼吾幼以及人之幼"，或曰"吾不欲人之加诸我也，吾亦欲无加诸人"，此安仁、行仁、求仁之序也。

此章"道不远人。以人治人，改而止。忠恕违道不远，施诸己而不愿，亦勿施于人"，子思恐学者低看却理，故举父子、君臣、兄弟、朋友之常，虽圣人有所未能以明之。父子之仁，天性也，君臣则义也，兄弟亦仁也，朋友亦义也，孔子自谓皆未能，何也？只谓恕己以及人，则圣人将使天下皆无父子、无君臣乎？盖以责人之心责己，则尽道也。夫圣，孔子不居。此四者，圣人言未能，亦不得已。孟子曰："口之于味也，目之于色也，耳之于声也，鼻之于臭也，四肢之于安佚也，性也，有命焉，君子不谓性也。仁之于父子也，义之之于君臣也，礼之于宾主也，知之于贤者也，圣人之于天道也，命也，有性焉，君子不谓命也。"孔子，圣人也。圣人，人伦之至，岂有不能哉？云未能者，非不能也，有命焉，有性焉，不得不可以为悦者也。事君而尽臣道焉，不得乎君，犹以为未尽也；事亲而尽子道焉，不得乎亲，犹以为未尽也；事兄弟、朋友亦然。若己尽其道而不得焉，自曰能之，非也。舜之于尧，尧之于舜，君臣之道尽也，过此焉，谓之尽者，吾未见其可也。以孔子之圣，犹曰未能者，此也。然而不敢厚诬天下而曰终不能者，犹幸其一二焉，故皆曰未能，亦圣人之时中也。虽然，命也者，性存焉，故又继之以"庸德之行，庸言之谨，有所不足，不敢不勉，有余不敢尽，言顾行，行顾言"，慥慥而诚实，至于中则不敢不勉也。孟子曰："欲为君尽君道，欲为臣尽臣道，二者皆法尧舜而已。"今人有君亲而不尽其心以事焉，曰：圣人犹未能尽，而曰恕己以及人。皆非也，是祸天下、君臣、父子也。

曾子说出忠恕二字，子思所以只发明恕字者，何故？曰：无恕，不见得忠；无忠，做恕不出来。诚有是心之谓忠，见于功用之谓恕。

曰：明道言"忠恕二字，要除一个除不得"，正谓此与？曰：然。

新安朱氏曰：此第十三章。睨，邪视也。言人执柯伐木以为柯者，彼柯长短之法，在此柯耳，然犹有彼此之别，故伐者视之，犹以为远也。若以人治人，则所以为人之道，各在当人之身，初无彼此之别。故君子之治人也，即以其人之道还治其人之身，其人能改，即止不治。盖责之以其所能知能行，非欲其远人以为道也。张子所谓"以众人望人，则易从"是也。尽己之心为忠，推己及人为恕。违道不远，言自此至彼，相去不远，非背而去之之谓也。道，即其不远人者是也。施诸己而不愿，亦勿施于人，忠恕之事也。以己之心度人之心，未尝不同，则道之不远于人者可见。故己之所不欲，则勿以施之于人，亦不远人以为道之事。张子所谓"以爱己之心爱人，则尽仁"是也。子、臣、弟、友，四字绝句。求，犹责也。道不远人，凡己之所以责人者，皆道之所当然也，故反之以自责而自修焉。庸，平常也。行者，践其实；谨者，择其可。德不足而勉，则行益力；言有余而切，则谨益至。谨之至，则言顾行矣；行之力，则行顾言矣。慥慥，笃实貌。言君子之言行如此，岂不慥慥乎！赞美之也。凡此，皆不远人以为道之事。张子所谓"以责人之心责己，则尽道"是也。"道不远人"者，夫妇所能，"丘未能一"者，圣人所不能，皆费也。而其所以然者，则至隐存焉。下章仿此。[34]

或问：子以为以人治人谓以彼人之道还治彼人，善矣。又谓责其所能知能行，而引张子之说以实之，则无乃流于姑息之论，而所谓人之道者，不得为道之全也邪？曰：上章固言之矣。夫妇之所能知能行者，道也；圣人之所不知不能而天地犹有憾者，亦道也。然自人而言，则夫妇之所能知能行者，人之所切于身而不可须臾离者也；至于天地圣人所不能及，则其求之当有渐次，而或非日用之所急矣。然则责人而先其切于身之不可离者，后其有渐而不急者，是乃行远自迩、升高自卑之序，使其由是而不已焉，则人道之全，亦将可以驯致。今必以是姑息，而遽欲尽道以责于人，吾见其失先后之序，违缓急之宜，人之受责者，将至于有所不堪，而道之无穷，则终非一人一日之所能尽也，是亦两失之而已焉尔。

曰：子、臣、弟、友绝句，何也？曰：夫子之意，盖曰我之所责乎子之事己者如此，而反求乎己之所以事父则未能如此也；所责乎臣之事君者如此，而反求乎己之所以事君则未能如此也；所责乎弟之事兄者如此，而反求乎己之所以事兄则未能如此也；所责乎朋友之施己者如此，而反求乎己之所以先施于彼者则未能如此也。于是以其所以责彼者，自责于庸言庸行之间，盖不待求之于他而吾之所以自修之，则具于此矣。今或不得其读，而以父、君、兄、友之四字为绝句，则于文意有所不通，而其义亦何所当哉!

诸家说《论语》者,多引此章以明一以贯之之义;说此章者,又引《论语》以释违道不远之意。一矛一盾,终不相谋,而牵合不置,学者盖深病之。及深考乎程子之言,有所谓动以天者,然后知二者之为忠恕,其迹虽同,而所以为忠恕者,其心实异。非其知德之深,知言之至,其孰能判然如此而无疑哉!然尽己推己,乃忠恕之所以名,而正为此章违道不远之事。若动以天而一以贯之,则不待尽己,而至诚者自无息;不待推己,而万物各得其所矣。曾子之言,盖指其不可名之妙,而借其可名之粗以明之,学者默识于言意之表,则亦足以互相发明,而不害其为同也。余说虽多,大概放此,推此意以观之,则其为得失,自可见矣。违道不远,如齐师"违穀七里"之违,非背而去之之谓,诸说于此多所未合,则不察文义,而强为之说之过也。夫齐师违穀七里,而穀人不知,则非昔已至穀而今始去之也,盖曰自此而去以至于穀才七里耳。《孟子》所云"夜气不足以存,则其违禽兽不远矣",非谓昔本禽兽而今始违之也,亦曰自此而去以入于禽兽不远耳。盖所谓道者,当然之理而已,根于人心而见诸行事,不待勉而能也。然唯尽己之心而推以及人,可以得其当然之实,而勉无不当。不然,则求之愈远而愈不近矣。此所以自是忠恕而往以至于道,独为不远。其曰"违"者,非背而去之之谓也。程子又谓"事上之道莫若忠,待下之道莫若恕",此则不可晓者。若姑以所重言之,则似亦不为无理;若究其极,则忠之与恕,初不相离。程子所谓要除一个除不得,而谢氏以为犹形影者,意可见矣。今析为二事而两用之,则是果有无恕之忠、无忠之恕,而所以事上接下者,皆出于强为而不由乎中矣,岂忠恕之谓哉?是于程子他说,殊不相,似意其记录之或误。不然,则一时有为言之,而非正为忠恕发也。张子二说,皆深得之。但"虚者仁之原,忠恕与仁俱生"之语,若未莹耳。吕氏改本大略,不尽经意。旧本乃推张子之言而详实有味,但"柯犹在外"以下为未尽善。若易之曰:所谓则者,犹在所执之柯,而不在所伐之柯,故执柯者必有睨视之劳,而犹以为远也。若夫以人治人,则异于是。盖众人之道,止在众人之身,若以其所及知者责其知,以其所能行者责其行,人改即止,不厚望焉,则不必睨视之劳,而所以治之之则,不远于彼而得之矣。忠者,诚有是心而不自欺也;恕者,推待己之心以及人也。推其诚心以及于人,则其所以爱人之道,不远于我而得之矣。至于事父、事君、事兄、交友,皆以所求乎人者责乎己之所未能,则其所以治己之道,亦不远于心而得之矣。夫四者,固皆众人之所能而圣人乃自谓未能者,亦曰未能如其所以责人者耳。此见圣人之心,纯亦不已,而道之体用,其大天下莫能载,其小天下莫能破。舜之所以尽事亲之道,必至乎瞽瞍底豫者,盖为此也。

如此,然后属乎庸者常道之云,则庶乎其无病矣。且其曰"有余而尽之,则道难继而不行",又不若游氏所引"耻躬不逮"为得其大意也。谢氏、侯氏所论《论语》之忠恕,独得程子之意。但程子所谓天地之不恕,亦曰天地之化,生生不穷,特以气机阖辟,有通有塞。故当其通也,天地变化草木蕃,则有似于恕;当其塞也,天地闭而贤人隐,则有似于不恕耳。其曰不恕,非若人之闭于私欲而实有忮害之心也。谢氏推明其说,乃谓天地之有不恕,乃因人而然,则其说有未究者。盖若以为人不致中则天地有时而不位,人不致和则万物有时而不育,是谓天地之气因人之不恕而有似于不恕,则可;若曰天地因人之不恕而实有不恕之心,则是彼为人者,既以忮心失恕,而自绝于天矣。为天地者,反效其所为,以自己其於穆之命也,岂不误哉!游氏之说,其病尤多。至谓"道无物我之间,而忠恕将以至于忘己忘物",则为已违道而犹未远也,是则老庄之遗意,而远人甚矣,岂中庸之道哉?杨氏又谓以人为道,则于道二,而远于道,故戒人不可以为道,如执柯以伐柯,则于柯二,故睨而视之,则其违经背理,又有甚焉。使经而曰"人而违道则远人,故君子不可以为道",则其说信矣。今经文如此,而其说乃如彼,既于文义有所不通。而推其意,又将使道为无用之物,人无入道之门,而圣人之教人以为道者,反为误人而有害于道,是安有此理哉?既又曰:"自道言之,则不可为;自求人言之,则忠恕者莫近焉。"则己自知其有所不通,而复为是说以救之,然终亦矛盾而无所合,是皆流于异端之说,不但毫厘之差而已也。侯氏固多疏阔,其引颜子乐道之说,愚于《论语》已辨之矣。至于四者未能之说,独以为若止谓恕己以及人,则是圣人将使天下皆无父子君臣矣,此则诸家皆所不及。盖近世果有不得其读而辄为之说曰,此君子以一己之难克,而知天下皆可恕之人也。呜呼!此非所谓将使天下皆无父子君臣者乎?侯氏之言,于是乎验矣。⑤

又《语录》曰:"人之为道而远人",如"为仁由己"之为;"不可以为道",如"克己复礼为仁"之为。⑯

北溪陈氏曰:伊川谓:"尽己之谓忠,推己之谓恕。"忠就心说,是己之心无不真实者;恕就待人接物处说,只是推己心之真实者以及人物而已。推己心以及人,要如己心之所欲便是恕。夫子谓"己所不欲,勿施于人",只是就一边论,实不止是勿施己所不欲者,凡己之所欲,须要施于人方可。如己欲孝,人亦欲孝,己欲弟,人亦欲弟,必推己之所欲孝欲弟者以及人,使人亦得以遂其欲孝欲弟之心。上蔡谓忠恕"犹形影",说得好。大概忠恕只是一物,存诸己者既忠,则发于外便是恕,应事接物处不恕,则在我必不十分真实。故发出忠底心,便是恕底事,做成恕底事,便是忠底心。无忠而恕,便流为姑息,非所谓由中及物。《中庸》说"忠恕违道不远",正谓学者之忠恕;曾子说"夫子之道忠恕",乃是说圣人。圣人忠恕,是天道;学者忠恕,是人道。

范忠宣公谓"以责人之心责己",则是;"以恕己之心恕人"一句,不是。据此说,只似个饶人意思,似今人说且恕不恕之意。如此,则己有过且自恕,己人有过又并恕,人相率为不肖之归,岂古人推己恕之义乎?

涑水司马氏曰:伐柯,犹须睨而视之,至于求道,只在己心。

长乐刘氏曰:故人能尽其性者,可使治人,则人人各改其过不及者,而止乎中道,此之谓"以人治人,改而止"也。君臣、父子、兄弟、朋友、夫妇五者,君子所以位乎其道也。仲尼自诚而明,学而不厌,身为万世之法,行为五常之师,无所施而不得其至。使之事君,万世不能过其忠也;使之事父,万世不能过其孝也;使之事兄,万世不能过其弟也;使之处朋友,无所不务于先施也。不幸生而无父,不得尽乎其为子之诚也;不幸仕而无君,不得尽乎其为臣之忠也;不幸长而无兄,不得尽乎其为弟之顺也;不幸贫而无财,不得尽乎其朋友之先施也。故曰"君子之道四,而丘未能一焉",所以自伤以为歉也。

嵩山晁氏曰:忠恕之为中也,均率是性而为,道莫之或远也。远于人,则可须臾离也,以其不远人,而忠恕之名立也。为人父而忠恕,则己与一家,去道不远也;为人君而忠恕,则己与天下国家,去道不远也。忠恕以人治人,犹己肫肫其中也。

海陵胡氏曰:此言忠恕之道,不远于人情。内尽其心谓之忠,如己之心谓之恕。人能推己之欲以及人之欲,推己之恶以及人之恶,己爱其亲必思人亦爱其亲,己爱其子必思人亦爱其子。至于好安恶危殆,趋欢乐恶死亡,是人情不相远也,故忠恕之为道,不远于人情。远人者,谓己欲之,不顾人之不欲也,己恶之,不顾人之不恶也,是非忠恕,故云"不可以为道"。引《豳》诗以证不远人之义,执其柯以伐柯,其法则不过于手目之间耳,固不远也。伐柯之时,犹须邪视,顾其长短,恐有所差,若比之于忠恕,则伐柯犹以为远,何者?忠恕积于心,发于外,所为必中,不劳思虑,自然合于人情,是则执柯伐柯,尚劳顾视。"犹以为远"者,言忠恕近人情之甚也。"忠恕违道不远"者,此复言忠恕之美也。道者,五常之总名。违,去也。去道不远者,夫忠恕以博爱言之,仁也;以合宜言之,义也;以退让言之,礼也;以察于物情言之,知也;以不欺于物言之,信也。故曰"违道不远"。"君子之道"已下,又说忠恕之难。夫为人父者,莫不责其子以孝,推其责子之心以事其父,不可胜孝也;为人君者,莫不责其臣以忠,推其责臣之心以事其君,不可胜忠也;为人兄者,莫不责其弟以弟,推其责弟之心以事其兄,不可胜弟也;己之于朋友,莫不责人以先施,推其责友之心以处于己,不可胜义也。其道至广,其行至难,圣人犹言未能,他人则须当勉之不已也。

兼山郭氏曰:道不远人,则人于道,举相似也,本之一身而准,移之于人而准,放之天下而准,推之古今而准。君子尽己之心,而尽人物之心,则无事矣。此"执柯伐柯,犹以为远"也。"改而止"者,乃所以用夫忠恕也,盖言用忠恕而行,其违道也不远。闻之先生曰:"尽己者,忠也;乾道变化,各正性命,恕也。"推是而言,不过乎体用而已矣。"施诸己而不愿,亦勿施于人","君子之道四,丘未能一焉",皆恕也。以此而尽行,"庸德之行"也,以此而尽言,"庸言之谨"也,以此而知"不足不敢不勉",以此而知"有余不敢尽",终于言行不违,而造于诚实而后已。

"以人治人",小人不知,出此则以禽兽异类治之,故暴虐糜烂,无所不至。

范阳张氏曰:先察知一己之难克,然后察见天下皆为可恕之人,不敢妄责备焉。皆曰求者,所以致察也。夫自以为能则止矣,故终身不能;自以为未能,则皇皇汲汲,其敢已邪?《羑里操》曰"臣罪当诛兮,天王圣明",此臣以事君而未能之意。舜祗见瞽瞍,负罪引慝,此子以事父未能之意。

四明沈氏曰:"君子以人治人",两人字皆是已。天下万物之理,皆己所自有,不必求诸他。人之为道而远人,便不是以人治人。中庸本无止法,其曰改而止,未改自不可止,已改自不容不止,是无止也。才说出忠恕字,便已是违道了,但去本未甚远耳。

莆阳林氏曰:道体浑全,初未尝破散,求于为道,则道始破散不全。夫求道之初,圣人众人,何尝有异,唯为道,则非圣人矣。且如颜子,是甚等气质,及其为道,则仰弥高,钻弥坚,瞻之在前,忽焉在后,不知颜子所谓坚高前后者是何物也,是颜子又不免为道之累。子思此语,非为学道者而言,为体道见道者而言也。

高要谭氏曰:所谓道,即性之理也。凡受命于天而为人者,均有是理。"人之为道"一句,当精意玩绎。有人方有道,苟无人焉,道安在哉?故孟子亦曰:"仁者,人也,合而言之,道也。"道与人本不相离,既名为道,而与人相远,是不可以为道也。道之在人,其近有甚于伐柯,即人可以得道,初不假于睨视而外求也。唯夫道常不远于人,是以君子之治人,亦未尝求其道,不过以人之道治人,使改而复为人则止,更不外为治之之术也。"以人治人,改而止",君子忠恕之道,其在斯乎?忠者尽己,恕者尽物,与中庸之道无异致也。中庸之道,合内外彼己而为一,故以忠恕求中庸,极为切近。昔曾子指忠恕便为夫子之道,而子思却因忠恕以见道之不远,何也?

曾子所指,诚者之事也,天之道也;子思所记,诚之者之事也,人之道也。夫子尝曰:有一言而可以终身行之者,"其恕乎!己所不欲,勿施于人。"此正合子思所记之说,乃学者以人求天之事也。孟子从而为之说曰:"万物皆备于我矣。反身而诚,乐莫大焉。强恕而行,求仁莫近焉。"此亦言诚之者之事,以人求天者也。以人求天,行之不已,其至则与天道为一。学者欲求至于圣人,当自体忠行恕而积之可也。何谓"体忠行恕"?下言"君子之道,四丘未能一焉",即夫子开示体忠行恕之微旨也。父子、君臣、兄弟、朋友之常道,虽甚易知,甚易行,及其至也,圣人亦有所不能知,亦有所不能行。夫子若曰:吾于此道,自谓能尽之。则天下之人,皆知其易而不知其难,且将言不顾行,行不顾言,自以为有余而不勉其所不足,不务力行,而唯以虚言相尚,固有所行未极其至,而所言先过其实者矣。故夫子以身示之曰:此四者,虽常道,若其至处,则吾皆未能也。此示学者体忠行恕之旨也。故继言吾于常德,则行之而不敢已;吾于常言,则谨之而不妄出。又言自知有所不足,则勉强而力行;自知行有余力,则尝抑之而不敢尽出。又言言必顾行,行常恐不及于言;行必顾言,言常恐有过于行。味此数字,则知"丘未能一"之旨,固有在矣。曰丘未能一云者,所以示学者内不敢自欺,外薄责于人,此乃体忠行恕之微旨也。末云"君子胡不慥慥尔",盖夫子开诱后学,皆欲务实,不浮于言。务于实者,尽己之未至,即所谓忠也;不浮于言者,不夸人以难能,即所谓恕也。

吴兴沈氏曰:道不外乎性,则人之于道,未尝须臾相离,又何假于作为邪?苟有意于为道,则道远于人矣。道远于人,则不足以为道。何者?以道不可为也。故夫子举《伐柯》之诗以证之。君子将以觉天下之未悟,亦曰"以人治人"而已。仁义礼知之心,道之所自存,人皆有之,孟子所谓"仁者,人也,合而言之,道也"。人皆有是理,特未之觉耳。君子以是理而治人,俾改其所止。向也为人臣而不知所谓忠,今也改而为忠,苟反于忠,则自然止于忠矣。向也为人子而不知所谓孝,今也改而为孝,苟反于孝,则自然止于孝矣。至于为君为父与国人交,莫不皆改止于仁,止于慈,止于信。若然者,非君子外夫人以治人也,特因其有是道,俾变易其伪而反还其真,自然得所止,而不复有所迁徙也。"君子之道,四丘未能一",夫子所谓未能,非未能也,惟其于是四者,深体而力行之,故有未能之叹也。

晋陵钱氏曰:此一节谓中庸之道,取则于己。道,人道也。人道,自人为之,为道而远人,则非道矣。伐木为柯者必以柯,其法则惟取于柯,可谓不远,视之犹以为远,以所执、所伐,二物故也。人之修身,则是以人而治人,初非二物,权衡尺度,本之吾心,即其不如吾心者,改之足矣,何必他求。

江陵项氏曰："道不远人，人之为道而远人，不可以为道"，此言人之修道，其实甚约。"执柯伐柯"至"改而止"，谓修道者，以人之道治人之形，使改其不合乎人者而合乎人，则止矣，岂有费哉？"忠恕违道不远"至"君子之道四"，此以人治人之目也。我所施于人者，我愿之乎？否也。以我所愿，治我所施，则不敢以施于人矣。我所求于人者，我能之乎？否也。以我所求，治我所未能，则必求有以能于我矣。"庸德之行，庸言之谨"，此求于我之事也。"有所不足，不敢不勉"，己之行必顾己言，不敢以不及也。"有余不敢尽"，己之言必顾己之行，不敢以过也。"言顾行，行顾言，君子胡不慥慥尔"，申言之，欲其加厚于此也。上文"四求"犹以人与己相顾，至此直以己之言行自相顾也。人已相顾，恕也；已自相顾，忠也。慥慥，忠之至也。观此章，则所知所行，皆近在吾身，而道固未尝费也。

建安真氏曰：忠者，尽己之心也；恕者，推己之心以及人也。忠，尽乎内者也；恕，形于外者也。己之心既无一毫之不尽，则形之于外亦无一毫之不当，有忠而后有恕。忠者，形也；恕者，影也。在圣人则曰诚，在学者则曰忠。诚是自然而然，忠则须用著力。在圣人则不必言恕，在学者则当恕，盖圣人不待乎推，学者先尽己而后能及人，故有待乎推也。然学者若能于忠恕二字著力，于尽己尽人之间，无不极其至，久之亦可以到至诚地位。

恕者，恕之谓，非宽厚之谓也。如我能为善，亦欲他人如我之善；我无恶，亦欲他人如我之无恶；我欲立，亦欲人之立；我欲达，亦欲人之达。大概是视人如己、推己及物之谓。

雪川倪氏曰：篇名《中庸》，论中之理详矣，而论庸则庸德庸言，盖庸德而能行，庸言而能谨，所谓庸者，不过如是而已。能合于中，则能庸矣。"言顾行，行顾言"，不曰视而曰顾者：视，正视也，顾，反顾也；正视其前而无失，未为尽也，必反视其后而无失，乃为尽也。

李氏曰：父子、君臣、兄弟、朋友四者，人伦之所当然，固皆众人之所能。而圣人乃曰"丘未能一焉"，亦曰"吾反求诸己者，未能如其所以责人者"耳。

四明宣氏曰：道之在人，人皆可能，及其至也，虽圣人犹以为难。君子之道四，人伦之大者，莫过如此。孔子以恕求诸人，不敢以其难者责诸人；以忠责乎己，不敢以其易者信乎己。故所求乎子以事父，在我不敢自信其能也。且子之事父，使若愚夫愚妇，皆知有尊，孰不可以为孝？况于圣人，何不能之有？惟夫人情之变无穷，而居其间者，有出于意料之所不及，故虽圣人不敢自信以为能。推是而论，则舜之所以处父子，伊尹、周公之所以处君臣，舜、周公之所以处兄弟，自后世观之，曰父子，

国学经典文库

中庸

中庸集说

图文珍藏版

533

曰君臣,曰兄弟,固以为圣人可以无愧,自圣人观之,终不敢自信以为能至。若朋友先施之,缺圣贤所讲,犹曰不可竭人之忠,而曾子、子夏相与切责之深,降此未必能受。然则处朋友之间,又敢自必其能邪?凡人处己待人,每以为吾无慊然者,其终必至于归过于人而后己。是非纷争,彼此各立,相刃相靡,纲常或紊,皆圣道不明之故。然则忠恕一贯之学,其可忽诸?

林氏曰:此章,圣人示人以切近诚实之学,欲使学者反身而求,故于言行之间,必致其审。庸者,常也。人情于常者易忽,而圣人尤所加意也。庸德必行,庸言必谨,岂以常而忽之哉?

新定顾氏曰:"道不远人",所谓君子之道,本于人心,夫何远人之有?"人之为道而远人,不可以为道",人之行事,崖异奇诡,外乎人心之正理,非百世之可通行者也。申生之于孝,陈仲子之于廉,道其所道,非吾所谓道也。道之本体,寂然不动,君子之见于行事,则有忠恕。忠恕所以行道,去道不远也。发于本心之谓忠,推己之心之谓恕。于文:中心为忠,如心为恕。详味中心、如心之义,而忠恕之说可明。观此一章,"忠恕违道不远"一语,其纲领也:上文数句,大抵言忠之事;下文数句,大抵言恕之事。今人于恕之一辞,但知其为宽之义尔,古人于恕之一辞,盖备如心之义焉,谓恕但为宽邪?则吾之所欲宽者,己也,而因以宽于人,彼此相与于宽天下,荡然无事,纵驰之失,毋乃自是而生与?德业毋乃自是而废与?且夫子异日尝曰:"无服之丧,内恕孔悲。"又岂宽之义邪?孟子曰:"强恕而行,求仁莫近焉。""仁者必有勇","有杀身以成仁",谓恕但为宽,而乃近于仁,则仁之为道,无乃已浅邪?夫子以恕告子贡而曰:"己所不欲,勿施于人。"举一隅之言尔,学者不以三隅反,宜其失于浅也。盖人之情,切责之意,每施于人而不喜施于己;宽假之意,每施于己而不常施于人。圣人不然,以其施于人者而施于己,以其施于己者而施于人,是为如心,是夫子之所谓恕。

钱塘吴氏曰:道不远人,道在迩也;人之所以与道远者,为之者远之也。墨氏兼爱,是为仁也,卒至于无父;杨氏为我,是为义也,卒至于无君。故人不可以为道。《诗》云:"伐柯伐柯,其则不远。执柯以伐,柯睨而视之,犹以为远。"仁义一也,"由仁义行"与"行仁义"者不同;气一也,"集义所生"与"义袭而取之"者不同;伐柯一也,则由中出与睨而视之者不同。君子以人治人,忠也;不以人治人,而治之以己,非忠也。改而止,恕也;改而责人无已,非恕也。故继之曰"忠恕违道不远"。如愚

四明袁氏曰:"以人治人"者,人昧于为人,而以教人道,故曰治。不曰我治人,而曰以人治人,我亦人耳。人道不离吾身,亦不离各人之身。吾有此则,人亦有此

则。以则取则，天则自然，非彼柯假此柯之比也。人有过焉，能改则止，若责人已甚，违天则矣。故曰"忠恕违道不远"。忠恕二字，见得以人治人最明，何则？中心为忠，如心为恕，试以心体之，人以不愿施于我，必非吾之所愿。人我一也，而我乃以不愿施诸人，岂中心、如心之谓乎？中心、如心者，以人治人而已。

【注释】

①《程氏遗书》卷十八，《二程集》，页 226。

②《程氏遗书》卷十八，《二程集》，页 226。

③《程氏遗书》卷三，《二程集》，页 59。《程氏粹言》卷二《心性篇》（《二程集》，页 1261—1262）："子曰：'鸢飞戾天，鱼跃于渊，言其上下察也。'此子思开示学者切要之语也。孟子曰：'必有事焉，而勿正心，勿忘'，其意亦犹是也。有得于此者，乐则生，生则乌可已也？无得于此者，役役于见闻，知思为机变之巧而已。"

④《程氏遗书》卷三，《二程集》，页 61。

⑤《语录中》，《张载集》，页 322。

⑥《正蒙·至当》，《张载集》，页 35。

⑦《正蒙·至当》，《张载集》，页 35。

⑧《语录中》，《张载集》，页 322。

⑨《中庸章句》，《朱子全书》6/38。

⑩《中庸或问》上，《朱子全书》6/569—573。

⑪《朱子语类》卷四十，《朱子全书》6/1443。

⑫《正蒙·大易》、《横渠易说·系辞上》（《张载集》，页 54、190）："显，其聚也；隐，其散也。显且隐，幽明所以存乎象；聚且散，推荡所以妙乎神。"

⑬"隐"疑为"费"。

⑭《程氏遗书》卷十八，《二程集》，页 230。

⑮《程氏遗书》卷十一，《二程集》，页 124。

⑯《程氏遗书》卷七，《二程集》，页 97。

⑰《程氏外书》卷十下，《二程集》，页 428。

⑱《程氏粹言》卷一《论道篇》，《二程集》，页 1173。

⑲《程氏外书》卷十一，《二程集》，页 411。

⑳《程氏经说》卷六《论语解》，《二程集》，页 1138。

㉑此句不见于《二程集》，而朱熹曾引之曰："尽己为忠，如心为恕，是乃所以为一也。言仁义亦可也。"（《论孟精义》卷二下，《朱子全书》7/152）。

㉒《程氏遗书》卷十八,《二程集》,页184。

㉓《程氏遗书》卷十五,《二程集》,页153。

㉔《程氏遗书》卷二十五,《二程集》,页325。

㉕《程氏遗书》卷二十三,《二程集》,页306。

㉖《程氏遗书》卷一,《二程集》,页8—9。

㉗《程氏遗书》卷十五,《二程集》,页153。

㉘《程氏遗书》卷二十三,《二程集》,页306。

㉙《程氏外书》卷十下,《二程集》,页424。

㉚《程氏外书》卷二,《二程集》,页365。

㉛《语录中》,《张载集》,页317。

㉜《语录中》,《张载集》,页325。

㉝《正蒙·中正》,《张载集》,页32。

㉞《中庸章句》,《朱子全书》6/39—40。

㉟《中庸或问》上,《朱子全书》6/573—577。

㊱《朱子语类》卷六三,《朱子全书》16/2079。

卷六

【原文】

君子素其位而行,不愿乎其外。素富贵,行乎富贵;素贫贱,行乎贫贱;素夷狄,行乎夷狄;素患难,行乎患难。君子无入而不自得焉。在上位不陵下,在下位不援上。正己而不求于人,则无怨。上不怨天,下不尤人。故君子居易以俟命,小人行险以侥幸。子曰:"射有似乎君子,失诸正鹄,反求诸其身。"

郑氏曰:援,谓牵持之也。无怨,人无怨之者也。易,犹平安也。俟命,听天任命也。险,谓倾危之道。反求于其身,不以怨人。画布曰正,栖皮曰鹄。

孔氏曰:素,乡也。乡其所居之位,而行其所行之事,不愿行在位外之事。乡富贵之中,行道于富贵,谓不骄不淫也。乡贫贱之中,行道于贫贱,谓不谄不慑也。行乎夷狄,谓夷狄虽陋,亦随其俗,守道不改。行乎患难,谓临危不倾,守死不变。无入而不自得者,言君子所入之处,皆守善道。在上位不陵下,此"素富贵行富贵"也。在下位不援上,此"素贫贱行贫贱"也。身处贫贱则安之,宜令自乐,不得援牵富贵者。正己而不求于人则无怨,此"素夷狄行夷狄"也。若入夷狄,当自正己而行,不求于彼人,则彼人无怨己者。上不怨天,下不尤人,此"素患难行患难"也。尤,过责也。易,平安也。言君子以道自处,常居平安之中,以听待天命也。小人以恶自居,常行险难倾危之事,以徼求荣达之道也。正,谓宾射之侯。鹄,谓大射之侯。

横渠张氏曰:责己者当知无天下国家皆非之理,故学至于不尤人,学之至也。[1]

蓝田吕氏曰:达则兼善天下,得志则泽加于民,"素富贵,行乎富贵"者也,不骄不淫不足以道之也。穷则独善其身,不得志则修身见于世,"素贫贱,行乎贫贱"者也,不謟不慑不足以道之也。言忠信,行笃敬,虽蛮貊之邦行矣,"素夷狄,行乎夷狄者"也。文王内文明而外柔顺,以蒙大难,箕子内难而能正其志,"素患难行乎患难"者也。爱人不亲反其仁,治人不治反其智,此在上位所以不陵下也。彼以其富,我以吾仁,彼以其爵,我以吾义,吾何慊乎哉,此在下位所以不援上也。陵下不从,则罪其下,援上不得,则非其上,是所谓尤人者也。庸德之行,庸言之谨,居易者也。国有道,不变塞焉,国无道,至死不变,心逸日休,行其所无事,如子从父命,无所往而不受,俟命者也。若夫行险以徼一旦之幸,得之则贪为己力,不得则不能反躬,是所谓怨天者也。故君子正己而不求于人,如射而已,射之不中,由吾巧之不至也。故失诸正鹄者,未有不反求诸身,则德之不进,岂吾忧哉?

建安游氏曰:"素其位而行"者,即其位而道行乎其中,若其素然也。"舜之饭糗茹草,若将终身",此"素贫贱行乎贫贱"也;"及其为天子,被袗衣,鼓琴,若固有之",此"素富贵行乎富贵"也。饭糗袗衣,其位虽不同,而此道之行一也。至于夷狄患难,亦若此而已。道无不行,则"无入而不自得"矣。盖道之在天下,不以易世而有存亡,故无古今;则君子之行道,不以易地而有加损,故无得丧。此君子之得于心者然也。至于"在上位不陵下",知富贵之非泰也;"在下位不援上",知贫贱之非约也。此唯正己而不求于人者能之。故能"上不怨天",以在我者有义也;"下不尤人",以在物者有命也。此君子之见于行者然也。盖君子为能循理,故"居易以俟命",居易未必不得也,故穷通皆好;小人反是,故"行险以徼幸",行险未必常得也,故穷通皆丑。学者要当笃信而已。"射有似乎君子"者,射者发而不中,则必反而求其不中之因,意者志未正邪?体未直邪?持弓矢而未审固邪?然而不中者寡矣。君子之正身,亦若此也:爱人不亲,反其仁;治人不治,反其智;礼人不答,反其敬。行有不得者,皆反求诸己而已,而何怨天尤人之有哉?"失诸正鹄"者,行有不得之况也。

延平杨氏曰:君子居其位,若固有之,无出位之思,素其位也。"万物皆备于我,反身而诚,乐莫大焉",何愿乎外之有?故能"素其位而行","无入而不自得"也。鲁侯之不见孟子也,臧仓实尼之,而孟子曰:"予之不遇鲁侯,天也,臧氏之子焉能使予不遇哉?"盖孟子非有求于鲁侯也,故其不怨天不尤人如此。"居易以俟命",行其所无事也;"行险以徼幸",不受命者也。诡遇而得禽者,盖有焉?君子不为也。"射有似乎君子"者,射以容节,比于礼乐为善,"内志正,外体直,然后持弓矢审固。持弓矢审固,然后可以言中"。射而失正鹄者,未能审固也。知射者,岂他求哉?反而求诸身,以正吾志而已。此君子居易之道也。世之行险以徼幸者,一有失焉,益思所以诡遇也,则异于是矣。

河东侯氏曰:富贵、贫贱、夷狄、患难,行其素则无事矣,《易》曰"素履,往,无咎"是也。

总老尝问一士人曰:"《论语》云'默而识之',识是识个甚?子思言'君子无入不自得',得是得个甚?"或者无以为对。侯子闻之曰:"是不识吾儒之道,犹以吾儒语为释氏,用在吾儒,为不成说话。既曰默识与无入不自得,更理会个甚?识个甚事?是不成说话也。今人见笔墨须谓之笔墨,见人须谓之人,不须问。'默而识之',是默识也,圣贤于道由是也。'庸言之信,庸行之谨',是自得也,岂可名其所得所识之事乎?"

新安朱氏曰:此第十四章。子思之言也。凡章首无"子曰"字者放此。素,犹见在也。言君子但因见在所居之位而为其所当为,无慕乎其外之心也。"素富贵"以下,言素其位而行也。"在上位"以下,言不愿乎其外也。居易,素位而行也。俟命,不愿乎其外也。易,平地也。徼,求也。幸,谓所不当得而得者。正鹄,皆侯之中、射之的也。子思引此孔子之言,以结上文之意。[②]

"诡遇"是做人不当做底,"行险"是做人不敢做底。[③]

此章文义,无可疑者,而张子所谓"当知无天下国家皆非之理"者,尤为切至。吕氏说虽不免时有小失,然其大体则皆平正悫实而有余味也。游氏说亦条畅,而存亡、得丧、穷通、好丑之说尤善。但杨氏以反身而诚为不愿乎外,则本章之意初未及此,而诡遇得禽亦非行险徼幸之谓也。侯氏所辨常总默识自得之说甚当。近世佛者妄以吾言传著其说,而旨意乖剌如此,类者多矣,甚可笑也。但侯氏所以自为说者,却有未善,若曰识者知其理之如此而已,得者无所不足于吾心而已,则岂不明白真实,而足以服其心乎![④]

海陵胡氏曰:位者,所守之分。外者,分外之事。富贵、贫贱、夷狄、患难,皆守己分而行不过分也。君子向富贵之时则得富贵之中道,贫贱之时则得贫贱之中道,在夷狄处患难亦然。所谓富贵,圣人固无心于此,假之以行其道耳。博施济众,举贤援能,是富贵之中道也。"不为苟进,不求苟得",此贫贱之中道也。"言忠信,行笃敬",此行夷狄之中道也。患难有二:或一身之患难,或天下之患难。处天下之患难,生重于义,则舍义而取生;义重于生,则舍生而取义。一身之患难,但自守其道,不变其志,此行患难之道也。入,犹向也。

严陵方氏曰:素,与庄子所谓"素逝"之素同,而与经所谓"素隐"之素异,盖因其自然、无所与杂之谓也。居是位,则素是位,而行是事,所以不愿乎其外也。富贵、贫贱、夷狄、患难,随所遇而安之,此非"素其位而行不愿乎其外"者乎?是以朱轮驷马,而舜不以为泰;箪食瓢饮,而回不以为忧;九夷之居,孔子不以为陋;三年之征,周公不失其圣。君子素其位而行,盖有见乎此。故曰"君子无入而不自得焉",言入乎富贵则得乎处富贵之道,贫贱则得乎处贫贱之道,入乎夷狄、患难,亦若是而已。"在上位不陵下",虽富贵而无骄故也;"在下位不援上",虽贫贱而不谄故也。"正己而不求于人,则无怨",《论语》所谓"躬自厚而薄责于人,则远怨矣"是也。无怨者,非特人无怨于己,己亦无怨于人也。"上不怨天",以处己有命也;"下不尤人",以处己有义也。莫非命也,君子道其常,小人道其怪。道其常,故居易以俟之;道其怪,则行险以徼之。幸亦命也,君子不谓之命,而谓之幸焉,故孔子曰"罔之生也幸而免"。

兼山郭氏曰:素者,豫定乎内之谓也。豫定乎内,视万变皆吾素有也,又焉有陵下援上、怨天尤人之累乎?天人同功也,则同乎天人;义命一致也,则同乎义命。故"居易以俟命"。顾义之所存,而君子不独谓命也。小人不知天命而不畏,所以行险以徼幸,其免也,幸而已矣。

长乐陈氏曰:《易》曰:"素履之往,独行愿也。"故"素富贵行乎富贵,素贫贱行乎贫贱,素夷狄行乎夷狄,素患难行乎患难",皆独行其愿而无待乎外,则所往无咎,宜其"无入而不自得"也。夫如是,则在上位不骄,必不陵下矣;在下位不忧,必不援上矣。此所以"正己而不求于人"也,此所以"上不怨天,下不尤人"也,此所以"居易以俟命"也,此所以如射失正鹄反求其身也。小人反是,是故"行险以徼幸"。呜呼!君子求诸己,小人求诸人,于此可见矣。至于君子之道,如行远自近,登高自卑,欲孝父母自妻子始,则亦反诸身、求诸己耳,皆忠恕之所致,中庸之所成也。

四明沈氏曰:富贵、贫贱、夷狄、患难,不是位,正是外也。《易》之"正位居体",孟子居"天下之正位",乃位也。人处富贵、贫贱、患难、夷狄之变,便忘却正位,驰逐于外而不反。所谓行乎富贵,行乎贫贱,行乎夷狄,行乎患难,此位不变也,无入看去何处也,不用拣择,不须把捉,非孔子不至此境。

高要谭氏曰:何谓行?践履是也。何谓外?在天在人者是也。所居之处,虽险易穷通之不同,而身之履践,无造次颠沛之或变,此所谓"素其位而行","无入而不自得"也。自得云者,所乐在内不在于外故也。彼在外者,一豪已上,君子皆以为无预于己,而未尝容心于其间,或归之天、归之人,皆非我也。故得时而在上位,君子谓于我无加,我何敢骄倨以陵下邪?不遇而在下位,君子谓于我无损,我何所歆羡而援上邪?专务正己不求于人,不得于天,我无怨焉,不得于人,我无尤焉,此所谓"不愿乎其外","居易以俟命"也。凡此皆君子立命之说,颜子之屡空,孟子之不动心,皆有得于是。学者唯知所以立命,然后存心养性有用力之地;傥不知立命,则将心驰于是非、利害、荣辱、祸福之境,而忿懥、恐惧、喜乐、忧患日交战于胸中,又何以存其心、养其性邪?命者,贵贱、贫富、死生、寿夭皆禀于天者也。一心之中,坦然平易,凡贵贱、贫富、死生、寿夭之在天者,但俟其来而顺受之,初无毫发芥蒂于胸次,故曰"君子居易以俟命"。

范阳张氏曰:素,犹雅素。终始富贵,则以忠恕之道行乎富贵,尧是也;终始贫贱,则以忠恕之道行乎贫贱,颜子是也;素夷狄,则以忠恕行乎夷狄,箕子是也;素患难,则以忠恕行乎患难,孔子是也。富贵、贫贱、夷狄、患难,皆天所以命我者,吾其如何哉?姑听之而已。然我有忠恕之道,无入而不自得,故尽其在我,不责备于人。其在上也,以忠恕待人,故不陵下;其在下也,以忠恕自处,故不援上。援者,欲己与之齐也。反求诸身,在我有杪忽之差,则在彼有寻丈之失,然则失诸正鹄,岂正鹄之罪哉?

永康陈氏曰:"素其位而行",道自行也,无所不通之谓行。富贵以顺来,而道常公之;贫贱、夷狄、患难极有窒处,而道常通之。回旋曲折,皆有乐地,如水由地中行,行因地而见,而行非地也。"居易以俟命",信得及也,无所逃于天地之间。身者,天地万物之准也,为道之基也。修其身至于与道为一,由是推之,无有不准。一豪不准,必有一豪不尽处,盍亦观诸射乎?

吴兴沈氏曰:位,非名位之谓也,立太极、奠三才、列万物、止其所止之谓也。孟子曰:"君子所性,虽大行不加焉,虽穷居不损焉。分定故也。"《中庸》所谓"素其位而行,不愿乎其外"者,此理也。惟其性分所止,无不具足,极天下之富贵、贫贱、夷狄、患难,皆不足为吾加损也。故以之处富贵,则此位行乎富贵;处贫贱,则此位行乎贫贱;处夷狄,则此位行乎夷狄;处患难,则此位行乎患难。富贵、贫贱、夷狄、患难虽纷扰于外,君子之位于内者,常自若也,何往而不自得焉?君子之位于内者如是,势之尊卑,人自以为上下耳,于君子何荣辱焉?故居上位则不陵下,在下位则不援上,亦其理宜然也。君子则然,小人反是,故曰"君子居易以俟命,小人行险以徼幸"。

东莱吕氏曰:"居易以俟命",如"天命之谓性"之命,非特为贵贱穷通也。

延平周氏曰:"射有似乎君子",君子不罪其在彼者。

钱塘于氏曰:君子无求中之心,谓君子似射则不可。

新定钱氏曰:此章当看一行字,正是"君子无入而不自得"处,所以"不愿乎其外"者也。若但碌碌苟安,素分亦何足道?直是随所遇而行焉,方是自得。

晋陵钱氏曰:素,犹固也。安于固然,则道无时而不可行,所以不愿乎其外。入者,自外之辞。安于固然,则于其所入,犹固然也。而道无不行,是以自得。陵,迫胁也。援,攀引也。下不从,不迫胁之;上不用,不攀引之。易,犹平也。正己则居易,失己则行险。居易则待天命,而无所容其心;行险则徼幸于得利,而丧其本心矣。正鹄,皆鸟名,义取其难中也。君子在上位而不得乎下,在下位而不得乎上,犹射之失正鹄也。反而正己,犹射之求诸身也。此一节谓中庸之道,不求诸人。

林氏曰:富贵、贫贱、夷狄、患难,所居之位不同,而道行其中则一也。君子思不出其位,安有愿乎其外者哉?外慕之心一生,居富贵而必骄必淫,居贫贱而必谄必慑,居夷狄而变所守,居患难而丧其志,皆非"素其位而行",外慕之心移之也。

援,攀引也。在上位而陵下者必骄,在下位而援上者必谄。骄者失其所以行富贵之道也,谄者失其所以行贫贱之道也。君子则不然,谓居富贵而非泰,在下者不可陵也;处贫贱而非约,在上者不足援也。吾惟正己而不求乎人,则远怨矣;不怨天不尤人,则知命矣。苟知正己而不求乎人,虽以之行乎夷狄,可也;苟知不怨天不尤人,虽以之行乎患难,可也。君子之所以能行此者无他,"居易以俟命"也;小人所以不能行此者无他,"行险以徼幸"也。夫易与险,不难知也,君子、小人所以异其趣者,何也?盖居易本乎循理,行险由乎趋利,君子循理,小人趋利,其所以异也。然而居易以俟,未必不得,虽或不得,亦曰有命;行险以徼,未必可得,虽或苟得,不过曰幸。君子观此,可以审其所择矣。

雪川倪氏曰:素者,其旧所居已然者也。入者,今方自此而入也。假如生于富贵,是其素富贵也。或贫贱之士,逢时而得富贵,是其入富贵也。下之三者皆然。素者,以道行之,故无所不行。入者,以道行之,故无往不得。自得,即孟子所谓"自得之,则居之安"之自得。自得其道,而有以自乐,故"无入而不自得"也。富贵,顺境也;贫贱、夷狄、患难,逆境也。顺居其一,逆居其三,以此见人少有不经忧患者。

君子所以能居易俟命者，以其视富贵、贫贱、夷狄、患难为一也；小人所以行险徼幸者，贪欲之心炽，必以人力胜天理也。"君子素其位而行"，以为如我已居之位，皆可以行道，是以不愿乎外，而他有所求，此所以能居易俟命者。小人，君子之反也。此曰君子居易俟命，乃曰行法以俟命。于易言居静而待也，于法言行动而待也。法者，正理，与小人行险相反也。俟命者，世俗以为俟命之亨通，如此则是欲达而恶穷，欲富贵而恶贫贱，或不如志，不免失望。君子则达亦俟命，穷亦俟命，穷之与达，听天命之何如尔，故曰得之自是，不得自是，以听天命。射以譬君子处贫贱、夷狄、患难无所怨，尤于居易以俟命之时，常反求诸身，惟恐有一之未至，而益加进修，及达则兼善天下矣。小人则唯怨天尤人而已。

蔡氏曰：此言正心修身之事。"素其位而行"，"无入而不自得"，则心不外驰而正矣。"不愿乎其外"，"正己而不求于人"，则身安而修矣。

君子之道，辟如行远必自迩，辟如登高必自卑。《诗》曰："妻子好合，如鼓瑟琴。兄弟既翕，和乐且耽。宜尔室家，乐尔妻帑。"子曰："父母其顺矣乎！"

郑氏曰：自，从也。迩，近也。行之以近者卑者，始以渐致之高远。瑟琴，声相应合。翕，和也。耽，亦乐也。古者谓子孙曰"帑"。此《诗》言和室家之道，自近者始。

孔氏[⑤]曰：自"射有似乎君子"至此"其顺矣乎"为一节，复明行道在身之事，以射譬之。所引诗《小雅·常棣》之篇，美文王之诗。

蓝田吕氏曰：不得乎亲，不可以为人；不顺乎亲，不可以为子。故君子之道，莫大乎孝，孝之本，莫大乎顺父母。故仁人孝子欲顺亲，必先乎妻子不失其好，兄弟不失其和。室家宜之，妻帑乐之，致家道成，然后可以养父母之志而无违也。行远登高者，谓孝莫大于顺其亲者也；自迩自卑者，谓本乎妻子兄弟者也。故"身不行道，不行于妻子"。文王"刑于寡妻，至于兄弟"，则治家之道，必自妻子始。

建安游氏曰："行远必自迩"，自家以达国也。"升高必自卑"，由人以之天也。妻子好合，然后兄弟翕；兄弟既翕，然后父母顺。盖"刑于寡妻，至于兄弟"，以顺父母，则家道正矣。于治国也何有？家道正，则人道立矣。于天道也何有？知事于迩且卑者，则远且高者之理得矣。

延平杨氏曰："身不行道，不行于妻子"，故齐家自身始，行远自迩之辟也。盖妻子之不好合，兄弟之不翕，而能顺父母者，未之有也。

新安朱氏曰："妻子好合，如鼓瑟琴。兄弟既翕，和乐且耽。宜尔室家，乐尔妻帑。"然后父母其顺矣乎。则顺父母自妻子始，登高自卑之辟也。此第十五章。辟、譬同。夫子诵此诗而赞之曰：人能和于妻子，宜于兄弟，如此则父母其安乐之矣。子思引《诗》及此语，以明行远自迩，登高自卑之意。⑥

或问十五章之说。曰：章首二句承上章而言，道虽无所不在，而其进之则有序也。其下引《诗》与夫子之言，乃指一事以明之，非以二句之义为止于此也。诗说唯吕氏为详实，然亦不察此，而反以章首二言发明引《诗》之意，则失之矣。⑦

涑水司马氏曰："行远必自迩"，自家以达国也；"登高必自卑"，由人以之天也。

延平周氏曰：自迩而行远者，自室家而及乎天下者也；自卑而登高者，自妻子好合而至乎父母其顺者也。

严陵方氏曰：君子之道，自诚意正心，推而广之，以至于平天下。自可欲之善，积而进之，至于"圣而不可知"之神。伊尹曰："若升高必自下，若陟遐必自迩。"又言"父母其顺矣乎"者，言父母顺，则天下无不顺也。此皆有所自之意也。

兼山郭氏曰：《易》曰："夫乾，确然示人易矣；夫坤，聩然示人简矣。"推是而言，圣人之道与天下之至理，皆易知易从，而天下莫能从之者，凡以行之不自迩自卑故也。惟其自迩自卑，所以易知易从，而终于必达其成德也。反在于真积力、久不息之后，所以莫能知，莫能从，此中庸之难能也。孟子曰："舜尽事亲之道而瞽瞍底豫，瞽瞍底豫而天下化。"则化天下者，必始于顺父母。父母之道，必始于乐室家、同兄弟。夫何难哉？顾行之不至而已。《关雎》之诗"用之乡人""用之邦国"，亦此之谓也。

晋陵喻氏曰："譬如行远必自迩，譬如登高必自卑"，步步著实，何忧乎迩之不远、卑之不高哉？身既正矣，则处夫妇兄弟之间，下至妻帑，何忧不乐？以此奉亲父母，有不顺者乎？

晏氏曰：《常棣》本燕兄弟之诗，乃曰"妻子好合"者，盖人之兄弟，少长嬉戏，譬如新昏，初未尝不和，良由娶妇，则外姓入家，争长竞短，为人夫者，唯妇言是用，则兄弟始不和矣，故兄弟之翕者，必本于妻子之合焉。《书》云："孝乎！惟孝，友于兄弟。"⑧故顺于父母，必本于兄弟之和焉。昔舜之孝，"厘降二女于妫汭"，"观厥刑于二女"，有"钦哉"之语，则妻子之合，可知矣。故虽傲象有言"二嫂使治朕栖"，不以为愠，亦诚信而喜之，非兄弟之和乎？所以父顽母嚚，亦能顺之，而克谐以孝也。

高要谭氏曰：诚身之学，治家治国治天下皆不外是，而其用心自家始，故曰"譬如行远必自迩，譬如升高必自卑"。盖切近于身者，唯家为然。一家之内，妻子兄弟最为难处。人子所以顺其亲者，在于处妻子兄弟之间，得其道也。道行乎妻子，而妻子睦；道行乎兄弟，而兄弟和。由是而上，得父母之悦，则修身及家之道得矣。推此而施之国,施之天下,又何足治乎？

晋陵钱氏曰：君子之道,始于夫妇,至于兄弟,则父母无不顺,亦行远自迩、登高自卑之意。此一节谓中庸之道,行于一家。

蔡氏曰：此言齐家之事。自身修以后,皆理物也。齐家乃理物之始,故以自迩自卑为言。

子曰："鬼神之为德,其盛矣乎！视之而弗见,听之而弗闻,体物而不可遗。使天下之人齐明盛服,以承祭祀,洋洋乎如在其上,如在其左右。《诗》曰：'神之格思,不可度思！矧可射思！'夫微之显,诚之不可掩如此夫。"

郑氏曰：齐明,明,犹洁也。洋洋,人想思其傍僾之貌。格,来也。矧,况也。射,厌也。思,声之助。言神之来,形象不可亿度而知,事之尽敬而已,况可厌倦乎？"微之显,诚之不可掩",言神无形而著,不言而诚。

孔氏曰：此一节明鬼神之道无形而能显著诚信。中庸之道与鬼神之道相似,亦从微至著,不言而自诚也。"齐明盛服",齐戒明洁,盛饰衣服,以承祭祀也。鬼神之情状,人想象之,如在人之上,如在人之左右。所引诗《大雅·抑》之篇,言神之来至,以其无形,不可度知,常须恭敬,况于祭祀可厌倦乎？"微之显"者,鬼神之状,微昧不明,而精灵与人为吉凶,是从微之显也。"诚之不可掩"者,鬼神诚信,不可掩蔽,善者必降以福,恶者必降以祸。"如此夫"者,此诗人所云,何可厌倦？此鬼神即《易·系辞》"知鬼神之情状,与天地相似,以能生万物也"。彼注云："木火之神生物,金水之鬼终物。"彼以春夏对秋冬,故以春夏生物,秋冬终物。其实鬼神皆能生物终物也,故此云"体物而不可遗"。此虽说阴阳鬼神,人之鬼神亦附阴阳之鬼神,故此云"齐明盛服,以承祭祀",是兼人之鬼神也。

河南程氏曰：夫天,专言之,则道也；分而言之,则以形体谓之天,以主宰谓之帝,以功用谓之鬼神,以妙用谓之神,以性情谓之乾。⑨伊川

鬼神者,造化之迹也。⑩

鬼是往而不返之义。⑪

立清虚一大为万物之原,恐未安。须兼清浊虚实乃可言神。道体物不遗,不应有方所。⑫明道

上天之载,无声无臭,其体则谓之易,其理则谓之道,其用则谓之神,故说神"如在其上,如在其左右",包小大事而只曰"诚之不可掩如此"。夫彻上彻下,不过如此。⑬

问："世言鬼神之事,虽知其无然不能无疑,如何可以晓悟其理？"曰："理会得

精气为物、游魂为变与原始要终之说,便能知也。鬼神之道,只恁说与贤,虽会得亦信不过,须是自得也。"⑭

诚神不可语。⑮

横渠张氏曰:鬼神者,二气之良能也。⑰

天道不穷,寒暑已;众动不穷,屈伸已。鬼神之实,不越二端而已矣。⑱

鬼神,往来屈伸之义。故天曰神,地曰祇,人曰鬼。神示者,鬼之始;归往者,来之终。神示者,归之始;归往者,来之终。⑲

天体物而不遗,犹仁体事而无不在也。"礼仪三百,威仪三千",无一物之非仁也。"昊天曰明,及尔出王。昊天曰旦,及尔游衍",无一物之不体也。⑳

凡可状皆有也,凡有皆象也,凡象皆气也。气之性本虚而神,则神与性乃气所固有,此鬼神所以体物而不可遗也。㉑

蓝田吕氏曰:此章论诚之本。唯诚所以能中庸。神以知来,知以藏往。往者,屈也;来者,伸也。所屈者不亡,所伸者无息。虽无形声可求,而物物皆体。弗闻弗见,可谓微矣。然体物不遗,此之谓显。不亡不息,可谓诚矣。因感必见,此之谓不可掩。

鬼神者无形,故视之不见;无声,故听之不闻。然万物之生,莫不有气,气也者,神之盛也;莫不有魄,魄也者,鬼之盛也。故人亦鬼神之会尔,此"体物而不可遗"者也。鬼神者,周流天地之间,无所不在,虽寂然不动,而有感必通,通虽无形无声,而有所谓昭昭不可欺者,故"如在其上,如在其左右"也。弗见弗闻,可谓微矣。然体物而不可遗,此之谓显。周流天地之间,昭昭而不可欺,可谓诚矣。然因感而必通,此之谓不可掩。

鬼神者,二气之往来尔。物感虽微,无不通于二气。故人有是心,虽自谓隐微,心未尝不动,动则固已,感于气矣,鬼神安有不见乎? 其心之动,又必见于声色举动之间,人乘间以知之,则感之著者也。

上蔡谢氏曰:动而不已,其神乎! 滞而有迹,其鬼乎! 往来不息,神也;摧仆归根,鬼也。致生之,故其鬼神;致死之,故其鬼不神。何也? 人以为神则神,以为不神则不神矣。知死而致生之,不智;知死而致死之,不仁。圣人所为圣,明之也。

或问死生之说。谢曰:人死时,气尽也。曰:有鬼神否? 谢曰:余当时亦曾问明道先生。明道曰:"待向你道无来,你怎信得及? 待向你道有来,你但去寻讨看。"谢曰:此便是答底语。又曰:横渠说"得来别这个,便是天地间妙用。"须是将来做个题目,入思议始得,讲说不济事。曰:沉魂滞魄影响底事,如何? 曰:须是自家看得破始得。张亢郡君化去,尝来附语,亢所知事,皆能言之。亢一日方与道士围棋,又自外来,道士封一把棋子,令将去问之。张不知数便道不得。又如紫姑神,不识字底把著写不得,不信底把著写不得。推此可以见矣。曰:先生祭飨鬼神则甚?曰:是他意思别。三日斋七日戒,求诸阴阳四方上下,盖是要集自家精神,所以格有庙,必于萃与涣言之。虽然如是,以为有亦不可,以为无亦不可。这里有妙理于若有若无之间,须断置得去始得。曰:如此却是鹘突也。谢曰:不是鹘突。自家要有便有,自家要无便无。使得鬼神在虚空中辟塞满,触目皆是,为他是天地间妙用,祖考精神便是自家精神。

建安游氏曰:道无不在,明则为礼乐,幽则为鬼神,鬼神具道之妙用也,其德顾不盛欤?夫欲知鬼神之德者,反求诸其心而已。神将来舍,则是"神之格思"也。若正心以度之,则乖矣,所谓"不可度思"也。正己度之犹不可,又况得而忘之乎?所谓不可射思也。不可度故视不见,听不闻,不可射故"如在其上,如在其左右"也。夫"微之显"如此,以其"诚之不可掩"也。诚则物,物皆彰矣,故不可掩。为之显者,其理也。诚之不可掩,以其德言也。

延平杨氏曰:鬼神之德,唯诚而已。诚无幽明之间,故其"不可掩如此"。夫不诚则无物,所谓"体物而不可遗"者,尚何显之有?知此其知鬼神矣。

鬼神体物而不可遗,盖其妙万物,而无不在故也。

河东侯氏曰:鬼神之德,天地乾坤、阴阳造化之理而已。有是道,有是理,故"视之而弗见,听之而弗闻";有是物,有是用,故"体物而不可遗"。消息盈虚,往来神明,皆是理也;吉凶悔吝,刚柔变化,皆是物也。妙而无穷,微而至显,"使天下之人齐明盛服,以承祭祀,洋洋乎如在其上,如在其左右。《诗》曰:'神之格思,不可度思!矧可射思?'"射,读作石字。故曰"鬼神之为德,其盛矣乎"。

或曰:鬼神其诚乎?曰:只是鬼神,非诚也。曰:非诚,则经言"诚之不可掩"何也?曰:诚者,诚也,充塞乎上下,无物可间者也。以阴阳言之,则曰道;以乾坤言之,则曰易;贯通乎上下,则曰诚。盖天非诚,其行也不健;地非诚,其载也不厚;人非诚,其形也不践。总摄天地,斡旋造化,动役鬼神,阖辟乾坤,万物由之以生死,日月由之而晦明者,诚也。经不曰鬼神,而曰"鬼神之为德,其盛矣乎",鬼神之德,诚也,诚无内外,无幽明,故可格而不可度射。《易》曰"形而上者谓之道,形而下者谓之器",鬼神亦器也,形而下者也,学者心得之可也。

新安朱氏曰:此第十六章。张子以二气言,则鬼者阴之灵也,神者阳之灵也。以一气言,则至而伸者为神,反而归者为鬼。其实一物而已。为德,犹言性情功效。

鬼神无形与声，然物之终始，莫非阴阳合散之所为，是其为物之体，而物之所不能遗也。其言体物，犹《易》所谓"干事"。齐之为言齐也，所以齐不齐而致其齐也。洋洋，流动充满之意。能使人畏敬奉承而发见昭著如此，乃其体物而不可遗之验也。孔子曰："其气发扬于上为昭明，焄蒿凄怆，此百物之精也，神之著也。"正谓此尔。诚者，真实无妄之谓。阴阳合散，无非实者。故其发见之不可掩如此。此前三章以其费之小者而言，此后三章以其费之大者而言，此一章兼费隐、包小大而言。不见不闻，隐也；体物如在，则亦费矣。[22]

或问：鬼神之说，其详奈何？曰：鬼神之义，孔子所以告宰予者，见于《祭义》之篇，其说已详而正，郑氏释之，亦已明矣。其以口鼻之嘘吸者为魂，耳目之精明者为魄，盖指血气之类以明之。程子、张子更以阴阳造化为说，则其意又广，而天地万物之屈伸往来，皆在其中矣。盖阳魂为神，阴魄为鬼。是以其在人也，阴阳合则魄凝魂聚而有生，阴阳判则魂升为神、魄降为鬼。《易·大传》所谓"精气为物，游魂为变，故知鬼神之情状"者，正以明此。而《书》所谓"徂落"者，亦以其升降为言耳。若又以其往来者言之，则来者方伸而为神，往者既屈而为鬼。盖二气之分，实一气之运，故阳主伸，阴主屈，而错综以言，亦各得其意焉。学者熟玩而精察之，如谢氏所谓做题目、入思议者，则庶乎有以识之矣。

吕氏推本张子之说，尤为详备。但改本有"所屈者不亡"一句，乃形溃反原之意，张子他书亦有是说，而程子数辨其非，《东见录》中所谓"不必以既反之气，复为方伸之气"者，其类可考也。谢氏说则善矣，但"归根"之云，似亦微有反原之累耳。游、杨之说，皆有不可晓者，唯"妙万物而无不在"一语近是，而以其他语考之，不知其于是理之实，果如何也。侯氏曰："鬼神，形而下者，非诚也；鬼神之德，则诚也。"案经文本赞鬼神之德之盛，如下文所云，而结之曰"诚之不可掩如此"，则是以鬼神之德所以盛者，盖以其诚耳非，以诚自为一物，而别为鬼神之德也。今侯氏乃析鬼神与其德为二物，而以形而上下言之，乍读如可喜者，而细以经文事理求之，则失之远矣。程子所谓"只好隔壁听"者，其谓此类也。曰：子之以干事明体物，何也？曰[23]：天下之物，莫非鬼神之所为也。故鬼神为物之体，而物无不待是而有者。然曰为物之体，则物先乎气，必曰体物，然后见其气先乎物，而言顺耳。干，犹木之有干，必先有此，而后枝叶有所附而生焉，贞之干事，亦犹是也。[24]

长乐刘氏曰：鬼神之为德，所以盛者，以其主宰于万化也。无形也，而形由之以生；无气也，而气由之以兆。其体虚空，故能役用于万有；其用冲寂，故能造化于三才。不可得而见也，而钦敬畏仰，孰敢慢之于无形？不可得而闻也，而恭肃恐惧，孰敢忽之于无声？不可得而名也，随其用而名其功；不可得而体也，随其物而体其德。是故用其健顺者，强之曰乾坤；用其覆载者，强之曰天地；用其气者，强之曰阴阳；用其道者，强之曰仁义；用之为燠润者，强之曰水火；用之为鼓挠者，强之曰雷风；用之为养悦者，强之曰山泽；归之于主宰者，强之曰鬼神。然则鬼神无体，万物流行，莫非其体也，资其物者，莫不荷鬼神之功，故曰"体物而不可遗"。《易》曰"神也者，妙万物而为言"，资其功而享其妙，又可遗哉？故"使天下之人齐明盛服，以承祭祀"。不遗其覆载之德，而祀乎天地也；不遗其照临之功，而祀乎日月也；不遗其仁义之道，而祀乎尧舜也；不遗其生育之恩，而祀乎祖先也；不遗其变化之勤，而祀乎四时、风霆、雷雨、山川、丘陵也。故曰洋洋"如在其上，如在其左右"。以言乎无所入而不仰乎鬼神之功，无所至而不沐乎鬼神之德也。

海陵胡氏曰：鬼神以形言之则天地，以气言之则阴阳，以主宰言之则鬼神。鬼神无形，故视之弗见；无声，故听之弗闻；无体，以物为体。视其所以生、所以成，莫非鬼神之功，故天下之人不可遗忘。以神无形无声，故其来也不可亿度，人当敬事之不暇，况可厌射之乎？

莆阳林氏曰：此一段自非深于道德性命之理，未易到此。盖唯性能知之，知之然后能言之。明而礼乐，幽而鬼神，一而已矣。以有求之，则窈窈冥冥，而不见其迹；以无求之，则又洋洋如在其上，如在其左右者也。子思作《中庸》，而有及于鬼神之事，是其穷理至此，有得于此矣。人多见子路问鬼神之事则疑之，不知当时发此一问，亦子路穷高极远见到此，方有此问。孔子答之以未知生、未事人，则往往以为鬼神又道德之别一事，不可学也，今人不会此意，只说能事人便能事鬼，失之远矣。殊不知孔子之言，谓子路不可躐等，须学至此，然后可以知此也。此乃子路之幼学，其后燔台结缨，想子路亦知之矣。然则子思之言可谓深于道德性命之理，然后能形容此言也。如致中和一事，则知天地之位、万物之育；孝一事，则知其通神明、光四海。皆学之极到处，然后能知而言也。

范阳张氏曰：惟鬼神之德如此，是以发天下之敬。

高要谭氏曰：诚者，实理也，贯幽明，通昼夜，亘古今，穷万世。此理常在，不亡不息，未尝有纤毫间断也；虽隐于至微，不可以形声求，然物物皆体，随所遇而著见。惟其如是，故天下之物莫能拟其形容，独鬼神变化无方，可以推见其理之不可掩者。此夫子所以称鬼神之德为盛也。"微而显"者，鬼神之德如此，盖实有是理故也。若无是理，安得随感而著见乎？诚之为道与鬼神之德，更无异理。方其隐于至微，有如鬼神之不可闻见也，此所谓"往者屈也"；及其著见而不可掩，又如鬼神之随感殖应也,此所谓"来者伸也"。圣人知鬼神之情状,不过往来屈伸之理,方其往而屈也,若甚隐微,及其来而伸也,尤为显见。因以见诚之不可掩者,其理如此,故曰"微之显,诚之不可掩如此夫"。

吴兴沈氏曰:中庸之道,显则有人事,幽则有鬼神。曰忠恕,曰舜之大智,曰颜子之择善,曰子路之强,曰君子之道四,皆人事也。至此又指其幽者,示之其实,皆中庸也。

严陵喻氏曰:晦庵曰"其言体物,犹所谓干事",旨哉言乎! 木非干则不能生,筑非干则不能立。不曰"物之体"而曰"体物",犹不曰"事之干"而曰"干事"也。

宣城奚氏曰:世之言鬼神者,皆失之诞谩荒怪,惟圣人之论,极乎实理。经曰:"明则有礼乐,幽则有鬼神。"其曰有者,实理也,知礼乐则知鬼神矣。盖盈乎天地之间,凡其可名状者,皆有也,皆实理也。名之曰鬼神,虽弗见弗闻,本无真体,而默体于物,自有不可遗者。故在天地则有天地之鬼神,在山川则有山川之鬼神,在宗庙则有宗庙之鬼神,凡报本反始之有乎物者,皆鬼神之不可遗者也。惟君子知其不可遗,故"齐明盛服,以承祭祀,洋洋乎! 如在其上,如在其左右"。此岂故为是勉强矫饰之态哉? 亦曰实有是理耳。夫以其弗闻弗见而乃使人敬之若是者,"微之显"也。人之所以敬鬼神若是者,"诚之不可掩"也。此鬼神之德所以为盛也。彼惑于世俗诞谩荒怪之说者,至谓真闻真见,可惊可愕,此岂知鬼神之德哉?

钱塘于氏曰:此章发鬼神之为德,而著诚之不可掩。诚之一字,始开于此。

新定顾氏曰:"陟降厥士,日监在兹",非是虚语。鬼神充塞天地间,司察生人,但人不见尔。如今人请大仙,大仙便降,法师行法,神将便至,何其相去之近也。有疑人死后神识散不散者,答曰:人之智虑浅未到,这地如何探? 先臆度死了,神识散不散,所可知者,"明则有礼乐,幽则有鬼神",此是决定。若要尽测鬼神中事,如何容你识尽? 且如禽兽,亦有灵性,他只知得他类中事,如何知得人事曲折? 人之神识,自道中生出来,亦有神识复归道体之理,但其间曲折不齐,不可尽知。

或问:神识亦有坏时否? 答曰:以理推之,鬼神亦有代谢,才著于有,便有坏时。惟神其神者,不坏不灭。

人才动念,鬼神便知此。某所洞见者,吾人但当正心诚意,戒谨恐惧,到得德重鬼神钦田地也,早得,何须更说过头事? 人之所为善恶,报应迟缓者,自是天道。长远不如此,屑屑定,须次序报来。

或问:释氏轮回之说如何? 答曰:姑存之。若果有天堂地狱,为善者定不到得堕恶地狱分明。

或问:《东莱书说》云:"后人祭山神,须泥塑木刻为人形。不知峙而为山,流而为川,飞走而为禽兽,灵而为人,各自有个形。若谓山神之形如人,则人之形亦可为山矣。"此说有理?答曰:固是。但鬼神之形,不必指定形貌而论,安知山神必为人形、必不为人形?所谓"游魂为变",却自有变,现时不可执定说。答问

实有之理,是谓诚。夫惟实有是理,则无隐而不章者。郑康成曰:"可,犹所也。"言不有所遗,鬼神无往不在,暗室屋漏,可以隔绝人之视听,不可以隔绝神之往来,"体物而不可遗"之谓也。讲义

蔡氏曰:此言感应微妙之理。君子之道,自家齐以前,人力可至;其国治、天下平之事,非诚之至与造化同体者不能也。君子至此,其功用与圣人同矣。子思特举此义以合之,故下文即以圣人之事接之也。

凡物之体,无非鬼神体之,故曰"体物而不可遗"。此体字虚,非若形体之体实,盖体其体之谓也。

又曰"诚之不可掩",诚字恐是指人之成德而言也。

子曰:"舜其大孝也与!德为圣人,尊为天子,富有四海之内,宗庙飨之,子孙保之。故大德必得其位,必得其禄,必得其名,必得其寿。故天之生物,必因其材而笃焉。故栽者培之,倾者覆之。《诗》曰:'嘉乐君子,宪宪令德。宜民宜人,受禄于天。保佑命之,自天申之。'故大德者必受命。"

郑氏曰:保,安也。名,令闻也。材,谓其质性也。笃,厚也。言善者天厚其福,恶者天厚其毒,皆由其本而为之。栽,犹殖也。培,益也。覆,败也。宪宪,兴盛之貌。保,亦安也。佑,助也。

孔氏曰:此一节明中庸之德,故能富有天下,受天之命也。舜禅与禹,何言子孙保之?谓子孙承保祭祀,周时陈国是舜之后也。天之生物,随物质性而厚之。善者厚其福,舜禹是也;恶者厚其毒,桀纣是也。己德自能丰殖,天则因而培益之;无德自取倾危,天则因而覆败之。所引诗《大雅·嘉乐》之篇,美成王之诗。嘉,善也。言成王宪宪然有令善之德。宜民谓宜养万民,宜人谓宜官人,故天乃保安佑助,命为天子,又申重福之。记者引证大德必受命之义。《诗》本文"宪宪"为"显显"。

河南程氏曰:"知天命",是达天理也。"必受命",是得其应也。命者是天之付与,如命令之命,天之报应,皆如影响,得其报者是常理也。然而细推之,则须有报应,但人以浅狭之见求之,便为差互。天命不可易也,然有可易者,唯有德者能之。如修养之引年,世祚之祈天永命,常人之至于圣贤,皆此道也。⑤伊川

横渠张氏曰:德不胜气,性命于气;德胜其气,性命于德。穷理尽性,则性命于

天。天命天德，气之不可变者；可变者，独死生修天而已。故论死生则曰"有命"，以言其气也；语富贵则曰"在天"，以言其理也。此大德所以必受命。[20]

蓝田吕氏曰：中庸之行，孝弟而已。如舜之德位皆极，流泽之远，始可尽孝。故禄位名寿之皆得，非大德其孰能致之？

天命之所属，莫逾于大德，至于禄位名寿之皆极，则人事至矣，天命申矣。行父母之遗体，敢不敬乎？则敬亲之至，莫如"德为圣人，尊为天子"之大也；以天下养，养之至也，则养亲之至，莫如"富有四海之内"之盛也；积厚者流泽广，积薄者流泽狭，则继亲之至，莫如"宗庙飨之，子孙保之"久也。舜之德大矣，故尊为天子，所谓"必得其位"；富有四海之内，所谓"必得其禄"；德为圣人，所谓"必得其名"；宗庙飨之，子孙保之，则福禄之盛，享寿考而无疑也，所谓"必得其寿"。天之于万物，其所以为吉凶之报，莫非因其所自取也。植之固者，如雨露之养，则其末必盛茂；植之不固者，震风凌雨，则其本先拨。至于人事，则得道者多助，失道者寡助，是皆"因其材而笃焉，栽者培之，倾者覆之"也。古君子既有宪宪之令德，而又有宜民宜人之大功，此宜受天禄矣，故天保佑之，申之以受天命，此大德所以必受命，是亦"栽者培之"之义与。

命虽不易，唯至诚不息，亦足以移之。此大德所以必受命，君子所以有性焉不谓命也。

建安游氏曰：中庸以人伦为主，故以孝德言之。虽外物不可必要，不害其有必得之理也。

延平杨氏曰：圣人之德无加于孝，故称舜之德，以大孝言之。夫"天之生物，必因其材而笃焉"，此理之固然也。然其日夜之所息，雨露之所润，与夫人事之尽其力无不齐也，而有所不同者，地有肥硗也。古之圣人之在上，岂独舜而已哉？而禄位名寿之必得，独惟舜为然，盖舜犹之生得其地也。当尧之时，上有好贤之诚心，下无蔽贤之私党，虽商、均之不肖，宜若宗庙弗飨，子孙不能保也，而又有禹以继其后，此禄位名寿所以皆必得也。若孔子之厄穷，则异于是矣。当衰周之时，犹之生非其地也，虽其雨露之滋，而牛羊斧斤相寻于其上，则其濯濯然也，岂足怪哉？然颜、跖之夭、寿不齐，何也？老子曰："死而不亡，寿也。"颜虽夭，其不亡者犹在也。非夫知性知天者，其孰能识之？

河东侯氏曰：《易》曰："大人者，与天地合其德，与日月合其明，与四时合其序，与鬼神合其吉凶，先天而天弗违，后天而奉天时。天且弗违，而况于人乎？况于鬼神乎？"鬼神之为德，诚而已。前曰"微之显，诚之不可掩"，而继之以"舜其大孝也与"。舜,匹夫也,而有天下,"尊为天子,富有四海之内",以天下养,"宗庙飨之,子孙保之",孝之大也,此所谓"必得"者,"先天而天弗违"也。孔子亦匹夫也,亦德为圣人也,而不得者,"后天而奉天时"也。必得者,理之常也;不得者,非常也。得其常者,舜也;不得其常者,孔子也。舜之必得而为舜之事功,舜之中庸也,孔子不得而为孔子之事业,孔子之中庸也,"与四时合其序,与鬼神合其吉凶"者也。然而"天之生物,必因其材而笃焉,栽者培之,倾者覆之",如孔子者,培之邪?覆之邪?何其穷也?曰:培之覆之,非谓如孔子者也。孔子德为圣人,其名与禄寿孰御?固已培之矣。孟子所谓天爵者也,何歉于人爵哉?《诗》曰:"嘉乐君子,宪宪令德。宜民宜人,受禄于天。保佑命之,自天申之。"天非特私于圣人也,保佑其命,申顺其理而已,"天且弗违"是也。圣人何与焉?舜自匹夫而有天下,"栽者培之"也。桀自天子而为匹夫,"倾者覆之"也。天非为舜桀而存亡之也,理固然也,故曰"大德必受命"。必,言其可必也。

新安朱氏曰:此第十七章。子孙,谓虞思、陈胡公之属。舜年百有十岁。材,质也。气至而滋息为培,气反而游散则覆。假,当依此作嘉。宪,当依《诗》作显。申,重也。受命者,受天命为天子也。此章由庸行之常推之以极其至,见道之用广也;而其所以然者,则为体微矣。后二章亦此意。[27]

程子、张子、吕氏之说备矣。杨氏所辨孔子不受命之意,则亦程子所谓非常理者尽之。而侯氏所推以为舜得其常而孔子不得其常者,尤明白也;至于颜、跖寿夭之不齐,则亦不得其常而已。杨氏乃忘其所以论孔子之意,而更援老聃之言,以为颜子虽夭而不亡者存,则反为衍说,而非吾儒之所宜言矣。且其所谓不亡者,果何物哉?若曰天命之性,则是古今圣愚公共之物,而非颜子所能专;若曰气散而其精神魂魄犹有存者,则是物而不化之意,犹有滞于冥漠之间,尤非所以语颜子也。侯氏所谓孔子不得其常者善矣,然又以为天于孔子固已培之,则不免有自相矛盾处。盖德为圣人者,固孔子之所以为栽者也;至于禄也、位也、寿也,则天之所当以培乎孔子者。而以适丁气数之衰,是以虽欲培之,而有所不能及尔,是亦所谓不得其常者,何暇复为异说以汩之哉![28]

延平周氏曰:《传》曰:"父子之道,天性也。"[29]舜之大孝,言天性也。有天性,所以致天德,故曰"德为圣人"。有天德,所以获天位,故曰"尊为天子"。有天位,所以享天禄,故曰"富有四海"。有天位,有天禄,则天祚之所以传,故曰"宗庙飨之,子孙保之"。

海陵胡氏曰:"子孙保之"者,武王下车而封舜之后胡公满于陈,是子孙长保其福禄也。"尊为天子",是"必得其位"也。竭天下之产,以奉一人,是"必得其禄"也。万世而下,言帝王者必称尧舜,是"必得其名"也。舜年三十而登庸,在位五十载,陟方乃死,是"必得其寿"也。宜民者,兴庠序,务农桑,使男不释耒,女不废机,薄赋敛,节用度,若此之类,是宜民也。宜人者,内朝廷,外方国,自宰辅以至于百执事,自方伯连率以至于邑宰里长,官皆得其人,人皆称其职,若此之类,是宜人也。

严陵方氏曰:舜不传于子而传于贤,乃曰"子孙保之",何哉?盖圣人则以天下为一家,中国为一人也。舜为法于天下,可传于后世,乃天下之所飨,万民之所保,宗庙飨之,子孙保之,孰大于是?

范阳张氏曰:天之生万物,初无容心也,因其材而成之耳。如鸾凤为瑞物,自取尊荣,鸱鸮为妖祥,自取弹射,梗楠自取栋梁,蒲柳自取烟爨,夫亦因其材而成之耳。栽者,本根深固,自取培益;倾者,本根摇荡,自取颠覆。亦岂有心哉?是以知大德者,自取名位禄寿;而无德者,自取贫贱刑戮也。此所以勉天下之为德者。而论者曰:孔子,大圣人,而名、位、禄不著;颜子,大贤,而寿亦不闻。斯言岂欺我哉?曰:大德受命,天下之正理也。至于孔颜,非可以为常也。

江陵项氏曰:上四章已极言用力之隐,故自此以下三章,皆言道之功用,以明其费;独以舜、武王、周公言之者,皆处人道之变,可以见圣人之功用也。舜居侧微,父母欲杀之,本无得位、得禄、得名、得寿之理。文王事商而武王以兵取之,武王与子而周公以臣代之,皆处危疑之地。而舜卒受命,天不能穷也。武王卒不失显名,人不能訾也。周公阐幽明之情,极古今之变,为武王立八百年之纪纲制度,使在天之灵,慰喜而无憾,万世之下,祖述而无以逾也。此皆功用之至难而极盛者也。然而用力之初,则甚隐矣,故皆以孝言之。孝者,仁心之所发也,天下之实者莫加焉。于武王、周公之事,独言丧祭,亦此意也。知至于舜,谓之大知;行至于舜,谓之大孝。舜为人道之极,万世仰之,不可加也。周为王制之备,万世由之不可易也。此盖古之尽伦尽制者,故举之以为训也。宜民,以在下者言之;宜人,则尊卑远近,无不包也。又举文王之无忧者,明舜与武王、周公所居之地,皆不若文王之易于以见,独举舜、武王、周公之意也。

建安真氏曰:舜以圣人之德居天子之位,其福禄上及于宗庙,而下延于子孙,此所以为大孝也。然舜所知者,孝而已,若禄位名寿,则天实命之,非舜有心于得之也。孔子以天之眷舜如此,因言天之生物,必因其材质而加厚焉。其本固者,雨露得以滋培之;其本倾者,风霜得以颠覆之。其培之也,非恩之也,其覆之也,非害之也,咸其自取焉耳。又引《诗》以明之,以见大德者之必受命,知舜"德为圣人,尊为天子,宗庙飨之,子孙保之",然后为大孝,则夏、商后王,不敬厥德,而至于覆宗绝祀者,其为不孝可知。

晋陵钱氏曰:物有栽植者,遇雨露则培益;有倾欹者,遇风雨则覆败。嘉乐,今《诗》作假乐。假,大也。宪宪,作显显。申,加美也。《诗》言大乐,此君子有显显之令德,宜民人而受禄矣;又有保佑而命之者,谁乎?乃自天而加美之也。

永嘉薛氏曰:舜之受命,所谓与天地合其德者,原其宗本,不过充事亲之孝,天因材而笃之耳。栽培倾覆,皆天道之当然者,舜何与焉?达天之德而不能得,天者未之有也,而况于迩者乎?

四明宣氏曰:大孝,惟于舜见之。《书》与《孟子》论舜之孝,皆言孝之始;《中庸》论舜之孝,则言孝之终。盖《书》与《孟子》指其事亲之实,《中庸》则发明其用功之大。

夫天人之应,至难言也,而圣贤常若有可必之论?曰:积善之家,必有余庆;积不善之家,必有余殃。今曰大德而谓之必得其位,必得其禄,必得其名与寿,圣贤何若是为必然之论,而亦岂能尽取必于天哉?或者以有其不可必也,故为之说曰:至贵在我,所谓必得其位;至富在我,所谓必得其禄;至善在我,所谓必得其名;生生在我,所谓必得其寿;则亦以其不可必也,故为之自反之说云耳。夫所可必者,理也;所不可必者,命也。由声色臭味之欲,以至于四肢之安佚,孟子皆曰"有命焉",至于夭寿不贰,修身以俟之,亦曰"所以立命也"。是知言天下之理者,常有必然之论,而言天下之命者,则不敢有取必之说。故进乎德者,圣人之事也;名位禄寿者,非圣人之所得与也。虽然,天道之可必,亦惟人心之可必也。讴歌之所归从者如归市,非有大德者不能至是。至于期之以万年,颂之以福禄,申之以令闻,名位、禄寿,凡有是德者,皆人心之所共祝。人心之可必,即天理之可必也。天人之际,又当以是观之。

天命之于人,犹其于天下之物也。均是物也,而生之有不同,天岂或私于其物哉?均是人也,而命之有不同,天岂或私于其人哉?地有肥硗,人事有不齐,而雨露润泽之功,有得其养,有不得其养,皆因其材而笃之之谓也。惟人亦然,名位禄寿因其有是德而畀之,无是德者不及也。《假乐》之诗以为"假乐君子,显显令德",又有"宜民宜人"之功,则"受禄于天,保佑命之,自天申之"。夫申之者,非有心于命之,因以申之而已。《书》曰"天其申命用休",所谓"栽者培之,倾者覆之"之谓也。然则"大德者必受命",观《假乐》之诗,益知取必于天者,皆可取必于人者也。虽然"素富贵行乎富贵,素贫贱行乎贫贱,素夷狄行乎夷狄,素患难行乎患难",在我固

"无入而不自得"也。奚必区区计福禄于其后,而取必于其在彼者哉?盖尽其在我者,圣人之德也;必其在彼者,中庸所以示行险侥幸之戒也。

蔡氏曰:自此至"治国其如示诸掌",言国治天下平之事。舜,性之者也,故曰大孝,大孝者,不违乎天;武王、周公,反之者也,故曰达孝,达孝者,不违乎人。天人之难格,人鬼之难享,圣人莫不各极其感应之妙。子思举此以明显而为天下国家者,宜无有毫厘之不平且治也。故前以鬼神为德之盛者起义,而复以明郊社禘尝之义者结之也。

自"君子之道费而隐"至"其如示诸掌乎",言达道之事。首言夫妇,次言君子之道四者,达道所事之自也。自物格以至天下平者,达道所施之序也。圣人之中庸,本一贯也。由教而言,不分内外体用,则节目不明,故有达德、达道之分。学者于此,又当有以深察其融会贯通之义,庶几中庸之至,可得而能也。

大孝、大德、大道,皆以天道而为言。达孝、达德、达道,皆以人道而为言。

【注释】

①《正蒙·中正》,《张载集》,页30。

②《中庸章句》,《朱子全书》6/40。

③《朱子语类》卷五,《朱子全书》15/1799。

④《中庸或问》上,《朱子全书》6/577—578。

⑤"氏"原为"子",实误,今改。

⑥《中庸章句》,《朱子全书》6/40—41。

⑦《中庸或问》上,《朱子全书》6/578。

⑧《论语·为政》。《尚书·君陈》原文为:"惟孝,友于兄弟,克施有政。"

⑨《周易程氏传》卷一,《二程集》,页695。另,《程氏遗书》卷二十二上(《二程集》,页288):"又曰:'天与上帝之说如何?'曰:'以形体言之谓之天,以主宰言之谓之帝,以功用言之谓之鬼神,以妙用言之谓之神,以性情言之谓之乾。'"《程氏粹言》卷二《天地篇》(《二程集》,页1225):"或问天、帝之异。子曰:'以形体谓之天,以主宰谓之帝,以至妙谓之神,以功用谓之神鬼,以情性谓之乾,其实一而已。所自而名之者异也。夫天,专言之则道也。'"

⑩《程氏粹言》卷二《人物篇》(《二程集》,页1270):"聚为精气,散为游魂;聚则为物,散则为变。观聚散,则鬼神之情状著矣。万物之始终,不越聚散而已。鬼神者,造化之功也。"朱熹《中庸章句》(《朱子全书》6/41)引曰:"鬼神,天地之功用,而造化之迹也。"《程氏遗书》卷二十二上(《二程集》,页288):"又问:'《易》言

"知鬼神之情状",果有情状否?'曰:'有之。'又问:'既有情状,必有鬼神矣。'曰:'《易》说鬼神,便是造化也。'"

⑪《程氏遗书》卷六,《二程集》,页81。

⑫《程氏遗书》卷二上,《二程集》,页21。

⑬《程氏遗书》卷一,《二程集》,页4。《程氏粹言》卷一《论道篇》(《二程集》,页1170):"子曰:'上天之载,无声无臭之可闻。其体则谓之易,其理则谓之道,其命在人则谓之性,其用无穷则谓之神,一而已矣。'"

⑭《程氏遗书》卷十八,《二程集》,页190。

⑮《程氏遗书》卷七,《二程集》,页98。

⑯《程氏遗书》卷二十二上,《二程集》,页288。

⑰《正蒙·太和》,《张载集》,页9。

⑱《正蒙·太和》,《张载集》,页9。

⑲《正蒙·神化》,《张载集》,页16。

⑳《正蒙·天道》,《张载集》,页13。

㉑《正蒙·神化》,《张载集》,页63;《语录中》,《张载集》,页323。

㉒《中庸章句》,《朱子全书》6/41—42。

㉓"曰"字原无,今据《朱子全书》增入。

㉔《中庸或问》上,《朱子全书》6/578—579。

㉕《程氏遗书》卷十五,《二程集》,页161。

㉖《正蒙·诚明》,《张载集》,页23。

㉗《中庸章句》,《朱子全书》6/42。

㉘《中庸或问》上,《朱子全书》6/579—580。

㉙《孝经·圣治》。

卷七

【原文】

子曰:"无忧者,其惟文王乎!以王季为父,以武王为子,父作之,子述之。武王缵大王、王季、文王之绪,壹戎衣而有天下,身不失天下之显名。尊为天子,富有四海之内,宗庙飨之,子孙保之。武王末受命。周公成文武之德,追王大王、王季,上祀先公以天子之礼。斯礼也,达乎诸侯大夫,及士庶人。父为大夫,子为士,葬以大夫,祭以士。父为士,子为大夫,葬以士,祭以大夫。期之丧,达乎大夫。三年之丧,达乎天子。父母之丧,无贵贱一也。"

郑氏曰:圣人以立法度为大事,子能述成之,则何忧乎?尧舜之父子则有凶顽;禹汤之父子则寡令闻。父子相成,唯有文王也。缵,继也。绪,业也。戎,兵也。衣读如殷,声之误也。"壹戎殷"者,壹用兵伐殷也。末,犹老也。"追王大王、王季"者,以王迹起焉,先公组绀以上至后稷也。"斯礼达于诸侯、大夫、士、庶人"者,谓葬从死者之爵,祭用生者之禄。言大夫葬以大夫,士葬以士,则追王者改葬之矣。"期之丧,达于大夫"者,谓旁亲所降在大功者,其正统之期,天子诸侯犹不降也。大夫所降,天子诸侯绝之不为服,所不臣乃服之也。承葬、祭说期、三年之丧者,明子事父以孝,不用其尊卑变。

孔氏曰:此一节明夫子论文王、武王圣德相承,王有天下,上能追尊大王、王季,因明天子以下及士、庶人葬、祭之礼。王季能制作礼乐,文王奉而行之,武王又能述成文王之道,故无忧也。郑注:组绀,大王之父,一名诸盩。《周本纪》云:"亚圉卒,子大公叔类立。大公卒,子古公亶父立。"又《世本》云:"亚圉云生大公组绀诸盩。"则叔类、组绀、诸盩是一人也。大王、王季,身为诸侯,葬从死者之爵,则大王、王季祇得为诸侯葬礼,不得言"追王",从天子法。故郑知追王之时,更改葬,用天子礼。案《大传》云:"武王追王大王亶父、王季历。"此云周公追王不同者。武王既伐纣,追王布告天下,周公追而改葬,故不同也。父既为大夫,祭以士礼,贬其先人而云尊之者,欲明以己之禄祀其先人也。"期之丧达乎大夫"者,欲见大夫之尊,犹有期丧,谓旁亲所降在大功者,得为期丧,还著大功之服,故云"达乎大夫"。若天子、诸侯旁期之丧,则不为服也。"三年之丧,达乎天子"者,谓正统在三年之丧,父母及适子并妻也。"达乎天子"者,谓天子皆服之。不云"父母"而云"三年"者,包适子也。天子为后服期,以三年包之者,以后卒必待三年然后娶,所以达子之志,故通在三年之中。是以昭十五年《左传》云:"穆后崩","大子寿卒"。叔向云:"王一岁而有三年之丧二焉。"是包后为三年也。直云"达乎天子",不云"诸侯"者,诸侯旁亲尊同则不降,故《丧服·大功章》云:"诸侯为姑姊妹嫁于国君者"是也。《丧服》云:"始封之君不臣诸父昆弟,封君之子不臣诸父而臣昆弟。"但不臣者,皆以本服服也。案熊氏曰:"此对天子诸侯,故云'期之丧,达乎大夫'。其实大夫为大功之丧得降小功,小功之丧得降缌麻。"是大功小功,皆达乎大夫也。

蓝田吕氏曰:追王之礼,古所无有,其出于周公乎!大王避狄去邠,之岐山之下而居,从之者如归市,则王业始基之矣。王季成大王之业,至文王受命作周,故武王

"壹戎衣而有天下","缵大王、王季、文王之绪"而已。故追王大王、王季、文王者，明王业之所基也。《武成》曰："大王肇基王迹，王季其勤王家。我文考文王，克成厥勋，诞膺天命，以抚方夏，大邦畏其力，小邦怀其德。惟九年，大统未集，予小子其承厥志。"此追王之意欤！追王之礼，文王之志也，武王承之。武王之业也，周公成之。武王末年，始受天命，于是礼也，盖有所未暇，此周公所以兼言"成文武之德"也。推是心也，故上祀先公亦以天子之礼，而下达乎诸侯、大夫、及士、庶人。盖先公祖绀以上，追王所不及。如达其意于大王、王季，岂无是意哉？故上祀先公以天子之礼，所以达追王之意于其上也。葬从死者，祭从生者，则自诸侯达乎大夫、士、庶人，亦岂无是意哉？故"父为大夫，子为士，葬以大夫，祭以士；父为士，子为大夫，葬以士，祭以大夫"。葬之从死者之爵，祭之用生者之禄，上下一也，所以达追王之意于其下也。"期之丧达乎大夫"者，期之丧有二：有正统之期，为祖父母是也；有旁亲之期，为世父母、叔父母、众子、昆弟、昆弟之子是也。正统之期，虽天子诸侯莫敢降；旁亲之期，天子诸侯绝服，而大夫降，所谓尊不同，故或绝或降也。大夫虽降，犹服大功，不如天子诸侯之绝服，故曰"期之丧达乎大夫"也。如旁亲之期亦为大夫，则大夫亦不降，所谓尊同，则服其亲之服也。诸侯虽绝服旁亲，尊同亦不降。所不臣者犹服之，如始封之君不臣诸父昆弟，封君之子不臣诸父而臣昆弟是也。"三年之丧达乎天子"者，三年之丧为父为母，适孙为祖为长子为妻而已，天子达乎庶人一也。父在为母及妻，虽服期，然本为三年之丧，但为父为夫而屈者也。故与齐衰期之余丧异者有三：服而加杖，一也；十一月而练，十三月而祥，十五月而禫，二也；夫必三年而后娶，三也。父母之丧，则齐疏之服，饘粥之食，自天子达于庶人。盖子之事亲，所以自致其诚，不可以尊卑变也。

建安游氏曰：武王之事，言圣人所优为也，故曰"壹戎衣而有天下，身不失天下之显名"，谓之不失，则与必得异矣。乃如其道，则"尊为天子，富有四海之内，宗庙飨之，子孙保之"，与舜未始不同也。

武王于《泰誓》三篇，称文王为文考；至《武成》而柴望，然后称文考为文王，仍称其祖为大王、王季。然则周公追王大王、王季者，乃文王之德，武王之志也，故曰"成文武之德"。不言文王者，武王既追王矣。武王既追王，而不及大王、王季，以其末受命而序有未暇也。《礼记·大传》载牧野之奠"追王大王亶父、王季历、文王昌"，亦据《武成》之书，以明追王之意出于武王也。世之说者，因《中庸》无追王文王之文，遂以谓文王自称王，岂未尝考《泰誓》《武成》之书乎？君臣之分，犹天尊地卑，纣未可去，而文王称王，是二天子也，服事殷之道，固如是邪。《书》所谓"大统未集"者,后世以"虞芮质厥成"为文王受命之始故也。当六国时,秦固已长雄天下,而周之号微矣。辛垣衍欲帝秦,鲁仲连以片言折之,衍不敢复出口,盖名分之严如此。故以曹操之英雄,逡巡于献帝之末,而不得逞,彼盖知利害之实也。曾谓至德如文王,一言一动,顺帝之则,而反盗虚名,而拂天理乎?且武王观政于商,而须暇之五年,非伪为也,使纣一日有悛心,则武王当与天下共尊之,必无牧野之事。然则文王已称之,名将安所归乎?此天下之大戒。故不得不辨,亦所以正人心也。

延平杨氏曰:武王之武,盖圣人之不幸,非其欲也。然而"身不失天下之显名"者,以其"一怒而安天下之民"故也。谓之不失,与舜之必得异矣,故《泰誓》曰:"受克予,非朕文考有罪,惟予小子无良。"盖圣人虽曰"恭行天罚",而犹有"受克予"之言,不敢自必也,谓之不失,不亦宜乎?

追王大王、王季,上祀先公以天子之礼,以《金縢》之书考之,其礼宜未备也。周公居摄七年,而后礼乐备,故追王大王、王季,上祀先公以天子之礼,则文武所以严父尊祖之义,于是尽矣。此文武之德,盖周公成之也,故《孝经》曰:"孝莫大于严父,严父莫大于配天,则周公其人也。""斯礼也,达乎诸侯、大夫,及士庶人",谓上祀先公以天子之礼也。葬不从死者,是无臣而为有臣也。祭不从生者,是不以其所以养亲者事其亲也。

河东侯氏曰:中庸之道,参差不同,圣人之时中,当其可而已。文王"三分天下有其二,以服事殷",此文王之中庸也;舜以"匹夫而有天下",此舜之中庸也;"武王缵大王、王季、文王之绪,壹戎衣而有天下",武王之中庸也。此谓"不失天下之名"者,非谓武王之有天下不及舜也。谓之"天下之显名"者,谋从众而合天心也,是与舜之有天下不异也,故亦曰"尊为天子,富有四海之内,宗庙飨之,子孙保之",易地皆然故也。有一毫不与舜受天下之心同,有一人不讴歌狱讼而归之,非中也,篡也,乌有显名哉?武王末年,方受天命,而有天下未及有作,周公成文武之德,追王先公□礼、丧葬之制,皆古先所未有也,此又周公之时中也。

新安朱氏曰:此第十八章。自"无忧者,文王乎"至"子述之",言文王之事。书》言"王季其勤王家",盖其所作,亦积功累仁之事也。自"武王缵大王、王季、文王之绪"至"子孙保之",言武王之事。大王,王季之父也。《书》云:"大王肇基王迹。"《诗》云"至于大王,实始剪商。"戎衣,甲胄之属。壹戎衣,《武成》文,言一著戎衣以伐纣也。自"武王末受命"至"无贵贱一也",言周公之事。追王,盖推文武之意,以及乎王迹之所起也。上祀先公以天子之礼,又推大王、王季之意以及于无穷也。制为礼法,以及天下,使葬用死者之爵,祭用生者之禄。丧服自期以下,诸侯绝,大夫降,而父母之丧,上下同之,推己以及人也。[①]

游氏引《泰誓》《武成》以为文王未尝称王之证,深有补于名教,然欧阳、苏氏之书,亦已有是说。[②]

涑水司马氏曰:"壹戎衣而有天下",盖言武王取天下之易耳,岂得以孟津还师为嫌,改易旧文,以衣为殷乎?礼:大夫、士皆三月而葬,已而其子升为大夫,受禄多,故祭以大夫。岂有因追王而改葬乎?

延平周氏曰:文王虽可以无忧,而未尝无忧。可以无忧者,以其有父之作,而有子之述;未尝无忧者,以其天人之责在于己,故《书》曰:"自朝至于日中、昃,不遑暇食"。

海陵胡氏曰:上言舜以匹夫积德而有天下,此言周家累世积德而有天下,以为天子。凡父能作之,或无子以述成之;子能述之,或无父以倡始之。尧、舜之子则朱、均,舜、禹之父则瞽、鲧,三圣父子之间,不令如此。唯文王以王季为父,以武王为子。王季作之,文王述成之;文王作之,武王述成之。上有贤父,下有圣子,夫何忧哉?圣人非其道、非其义杀一不辜而得天下,不为也。武王仗大义、诛残贼而有天下,身不失天下之显名,而又尊为天子。

山阴陆氏曰:"壹戎衣",一挂戎衣伐殷也。汤十一征,自葛始,文王专征伐,其服戎衣屡矣。"身不失天下之显名"者,嫌于失之,是以言之。舜言"德为圣人",此言名者,各以其宜言言之也。周之受命,本在文王,末在武王。此经不言追王文王者,以上言周公成文武之德,追王之意,文王与焉故也,《大传》则言武王之事而已。"期之丧,达乎大夫",则诸侯虽期不服,然则天子唯为其亲、为妻、为长子服,诸侯仍服天王。郑氏谓"旁亲所降在大功"者,其正统之期,天子、诸侯犹不降,大夫所降,天子、诸侯绝之,不为服所不臣,乃服之误矣。盖所不臣,虽服,暂服也,变也;即封君之孙,尽臣诸父昆弟,以是为常,亦经不言诸侯,则诸侯所服,不识也。父母之丧,无贵贱一也。据此礼,父在为母期,天子、诸侯亦服,然所谓"三年之丧,达乎天子"犹信,故经有"连而不相及也,动而不相害也"。盖如此,若《丧服》传云:"君之姑姊妹女子子嫁于国君者,何以大功?曰:尊同也。尊同则服其亲服"[③],亦是类矣。故善说礼者,不以变妨常、寡妨众。且天子为三公九卿锡衰,为诸侯缌衰,为大夫士疑衰,其所为服,亦广矣,其于亲亲,虽不为服,可也。亦若所谓诸父昆弟者,未有无爵者也,故秦伯之弟针仕诸晋君,子以为千乘之国,而不能容其母弟,谓之出奔。

兼山郭氏曰:有忧莫如舜,无忧莫如文王。忧勤者,文王也。无忧者,后人之言文王也。

延平黄氏曰：舜言德为圣人，而武王不言者，其避文王欤！此亦周公思兼三王，以施四事，不及文王之意。然而功之为盛也，不足以德言。

广安游氏曰：中庸之道，常患乎失其传。夫无失其传之忧，其唯文王乎！即文王而言之，居其前者，常患乎无以授之，而文王以王季为父，则王季授之矣；其居后者，常患乎无以承之，而文王以武王为子，则有以承之矣。此所谓父作子述也。至于此，武王用中之效，始大见于天下。身享其报，则其道之相承，而格于天心矣。以一戎衣而有天下，言其得之之易也。以臣伐君而不失显名，既有其位，又有其禄，既有其祖，又有其后，此所谓报之厚全，美而可观也。武王老而受命，七十而崩，未及追王，上祀以天子之礼，周公能终其志，而成其德，文武之志，于是为慊。然礼之有是也久矣，惟周为能具之，盖非周创为之，其礼达乎诸侯、大夫，及士庶人，礼例当如是也。父，大夫也，以子之故，而士祭焉；父，士也，以子之故，而大夫祭焉。此言士、大夫之子，其礼可以及其父，则天子、诸侯之礼，可以及其父，犹此意也。推而上之，则孙之礼，亦可以及乎其祖矣。故因追王上祀，泛论礼例之当然。不特此也，旁亲之丧，达乎大夫，而不达乎诸侯、天子，至于父母三年之丧，则天子至于庶人，莫不皆然。以丧言之，知子孙之厚于父祖；以祭言之，亦知子孙之当厚于父祖。圣人惧天下之人，徒见文武之追王上祀为异礼，故举诸侯、大夫、士礼例之所常有者而言之，又举三年之丧、贵贱之所通行者而告之也。

晋陵喻氏曰：父作之，子述之，文武之心一也。大勋未集，其势然也。壹戎衣而有天下，亦其势然也。尧、舜、汤、武，易地而皆然也。然则曰“予有惭德”，何也？圣人之不得已也。何为不得已？曰：天命也，其可已乎？非汤武，天下之祸宁止如夏殷之季而已哉？当是时，犹有管叔、蔡叔、霍叔也，犹有武庚、淮夷也，故曰：“予弗顺天，厥罪惟均”。然则汤武之事，其心可知矣，如此故“身不失天下之显名”。孔子曰“汤武革命，顺乎天而应乎人”，孟子曰“天吏也”，学者其可信矣！不然，安有“尊为天子，富有四海之内，宗庙飨之，子孙保之”，乃与舜同称哉？《礼》曰“后世虽有作者，虞帝不可及已”，言时不同也。

高要谭氏曰：称武王则曰“末受命”，末之为言终也，言文王之修德，虽末受命，逮武王而终受命也。文王所以无忧者，以王季为父，则不忠不获尽其孝；以武王为子，则不忠不能承其孝。文王以父作之，所以立受命之基；武王以子述之，所以终受命之报。文武受命，相为始终，故称武王末受命者，所以终文王末受命之事也。文王之孝，其志在于追王大王、王季，然而末受命，则追王之志，有所不得行。追王之志，虽不得行于文王之时，而武王受命，则可以成文王追王之志矣。故称武王末受命者，又所以见文王追王大王、王季之志，于此得成其孝也。文王作之于前，武王述之于后，至周公遂推广文武之德，而成之以追王之孝，而见之于天子祭祀之礼，又推其类以达乎诸侯、大夫、士、庶人，而制为葬、祭、丧纪之节，则文武之孝，至周公遂广及于天下矣。

钱塘于氏曰：诗人谓文王"不识不知，顺帝之则"，天下岂足以动其心哉？夫子论武王"尊为天子，富有四海之内，宗庙飨之，子孙保之"，与舜同；至于"德为圣人"，则不与。盖求之文王，则天其人；武王，则人其天矣。其曰缵大王、王季之绪，是述于后者，文王未始违乎天，故其绪不息而有以得天下。不然，使武王不循其序，文王之志荒矣。故大王、王季、文王，皆无取天下之心，而自有以得天下之实，武王缵大王、王季之绪，虽有以得天下之实，亦未始有取天下之心，然则皆天也。

子曰："武王、周公，其达孝乎！夫孝者，善继人之志，善述人之事者也。春秋修其祖庙，陈其宗器，设其裳衣，荐其时食。宗庙之礼，所以序昭穆也。序爵，所以辨贵贱也。序事，所以辨贤也，旅酬下为上，所以逮贱也。燕毛，所以序齿也。践其位，行其礼，奏其乐，敬其所尊，爱其所亲，事死如事生，事亡如事存，孝之至也。郊社之礼，所以事上帝也。宗庙之礼，所以祀乎其先也。明乎郊社之礼、禘尝之义，治国其如示诸掌乎！"

郑氏曰：修，为埽粪也。宗器，祭器也。裳衣，先祖遗衣服，设之当以授尸也。时食，四时祭也。序，次也。爵，谓公、卿、大夫、士。事，谓荐羞也。"辨贤"者，以其事别所能也。若司徒"羞牛"，宗伯"共鸡牲"矣。《文王世子》曰："宗庙之中，以爵为位，崇德也。"宗人授事以官，尊贤也。"旅酬下为上"者，谓若《特牲馈食》之礼，宾弟子、兄弟之子，各举觯于其长也。"逮贱"者，宗庙之中，以有事为荣也。燕，谓既祭而燕以发色为坐，祭时尊尊也，至燕亲亲也。齿，亦年也。"践其位"，践，犹升也。"其④"者，其先祖也。社，祭地神，不言后土，省文也。示，读如"寘诸河干"之寘，寘，置也。物而在掌中，易为知力者也。序爵、辨贤、尊尊、亲亲，治国之要。

孔氏曰：此论武王、周公上成先祖，修其宗庙，行郊社之礼，所以能治国如置物掌中也。"善继志"者，若文王有志伐纣，武王能继成之。《尚书·武成》曰："予小子，其承厥志"是也。"善述事"者，言文王有文德为王基，周公制礼以赞述之。《洛诰》云："考朕昭子，刑乃单文祖德"是也。昭与昭齿，穆与穆齿，是序昭穆也。公、卿、大夫各以其爵位齿列而助祭祀，是"辨贵贱"也。旅，众也。逮，及也。祭末饮酒之时，使一人举觯之后，至旅酬之时，使卑者二人各举觯于其长者。卑下者先饮，是下者为上，贱者在先，是恩意先及于贱者也。燕时以毛发为次序，是序年齿也。"践其位，行其礼"者，孝子升其先祖之位，行祭祀之礼也。

蓝田吕氏曰：此章言达孝所以为中庸。武王、周公所以称达孝者，能成文王事亲之孝而已。故修其祖庙、陈其宗器、设其裳衣、荐其时食者，善继文王事亲之志也；序爵、序事、旅酬、燕毛者，善述文王事亲之事也。践文王之位，行文王之礼，奏文王之乐，敬文王之所尊，爱文王之所亲。其所以事文王者如生如存，如继志述事，上达乎祖，此之谓达孝者欤！祖庙者，先王先公之庙祧也。宗器者，国之玉镇大宝器，天府所掌者也。若有大祭，则出而陈之以华国，如《书》所谓赤刀、大训、弘璧、琬琰、大玉、夷玉、天球、河图之类是也。裳衣者，守祧所掌先王先公之遗衣服，祭祀则各以其服授尸是也。时食者，四时之物，如笾豆之荐、四时之和气是也。宗庙之礼，所以序昭穆、别人伦也，亲亲之义也。父为昭，子为穆。父，亲也。亲者迩，则不可不别也。祖为昭，孙亦为昭；祖为穆，孙亦为穆。祖，尊也。尊者远，则不嫌于无别也。故孙可以为王父尸，子不可以为父尸，此昭穆之别于尸者也。丧礼：卒哭而祔，男祔于皇祖考，女祔于皇祖妣，妇祔于皇祖姑。《丧服小记》："士大夫不得祔于诸侯，祔于诸祖父之为士大夫者，亡则中一以上而祔，祔必以其昭穆。"此昭穆之别于祔者也。有事于大庙，子姓兄弟亦以昭穆别之，群昭群穆，不失其伦。凡赐爵，昭与昭齿，穆与穆齿，此昭穆之别于宗者也。序爵者，序诸侯、诸臣与祭者之贵贱也，贵贵之义也。《诗》曰："相维辟公，天子穆穆。"此诸侯之助祭者也。序事者，别贤与能而授之事也，尊贤之义也。孰可以为宗为诏相，孰可以为祝而祝嘏，孰可以赞裸献，孰可以执笾豆，至于执爵沃盥，莫不辨其贤能之大小而序之也。旅酬下为上者，使贱者亦得申其敬也，下下之义也。若《特牲馈食礼》宾弟子、兄弟子，各举觯于其长，以行旅酬。燕毛者，既祭而燕，则尚齿也，长长之义也。毛，发色也，以发色别长少而为之序也。祭则贵贵，贵贵则尚爵；燕则亲亲，亲亲则尚齿。其义一也。天下之大经，亲亲、长长、贵贵、尊贤而已。人君之至恩，下下而已。一祭之间，大经以正，至恩以宣，天下之事尽矣。郊社之礼，所以事上帝；宗庙之礼，所以祀乎其先。事上帝者，所以立天下之大本，道之所由出也；祀乎其先，所以正天下之大经，仁义之所由始也。故坛庙之别，牲币之殊，升降裸献之节，俎豆奇耦之数，酒醴厚薄之齐，燎膰腥胹，小大多寡，莫不有义。一俊之均，则四簋黍见其修于庙中；一胎肉之均，则羔豚而祭，百官皆足，非特是也。知鬼神为可敬，则鬼神无不在，洋洋乎如在其左右；虽隐微之间，恐惧戒慎而不敢欺，则所以养其诚心至矣。盖以不如是，则不足以立身。身且不立，乌能治国家哉？故曰"明乎郊社之礼，禘尝之义，治国其如示诸掌乎"。此之谓也。

建安游氏曰：大孝，圣人之绝德也。达孝，天下之通道也。要其为人伦，则一也。故继志述事之末，亦曰"孝之至也"。事死如事生，以慎终者言之；事亡如事存，以追远者言之。始死谓之死，既葬则曰反而亡焉，此死、亡之辨也。唯圣人为能飨帝，孝子为能飨亲。飨帝一德也，飨亲一心也，要不过乎物而已，其于庆赏刑威乎何有？故曰"明乎郊社之礼、禘尝之义，治国其如示诸掌乎"。成王自谓"予冲子夙夜毖祀"，此迓衡之要道也。

祭祀之义，非精义不足以究其说，非体道不足以致其义。盖唯圣人为能飨帝，为其尽人道，而与帝同德；孝子为能飨亲，为其尽子道，而与亲同心也。仁孝之至，通乎神明，而神祇祖考安乐之，则于郊社之礼、禘尝之义，始可以言明矣。夫如是，则于为天下国家也何有？

延平杨氏曰：武王缵大王、王季、文王之绪，文王追王大王、王季，上祀先公以天子之礼，所以继其志、述其事也。夫将祭必思其居处，故"庙则有司修除之，祧则守祧黝垩之"，严祀事也。宗器，天府所藏是也，若赤刀、大训、天球、河图之类，历世宝之，以传后嗣，祭则陈之，示能守也，于顾命陈之，示能传也。裳衣，守祧所藏是也，祭则各以其所服衣授尸，所以依神也。时食，若四之日献羔祭韭之类，以生事之也。夫祭有昭穆，所以别父子、远近、长幼、亲疏之序也，故有事于大庙，则群昭群穆咸在而不失其伦焉，此"宗庙之礼，所以序昭穆也"。"尸饮五，君洗玉爵献卿；尸饮七，以瑶爵献大夫；尸饮九，以散爵献士及群有司"，此序爵而尊卑有等，"所以辨贵贱也"。玉币，交神明也；裸鬯，求神于幽也。故天地不裸则玉币尊于鬯也，故大宰赞之鬯则大宗伯莅之裸，将又卑于鬯也，故小宰赞之若此类。所谓"序事"也。先王量德授位，因能授职，此"序事，所以辨贤也"。馈食之终，酳尸之献，下逮群有司，更为献酬，此"旅酬下为上，所以逮贱也"。既祭而以燕毛为序，"所以序齿也"。序昭穆，亲亲也；序爵，贵贵也；序事，尚德也；旅酬逮贱，燕毛序齿，尚恩也。敬亲者不敢慢于人，况其所尊乎？爱亲者不敢恶于人，况其所亲乎？事死如事生，若余阁之奠是也；事亡如事存，若齐必见其所祭者是也。《记》曰："入门弗见也，上堂又弗见也，入室又弗见也，亡矣丧矣！"盖死而后亡也，始死则事之如生，既亡则事之如存，著存不忘乎心，孝之至也。夫上祀先公以天子之礼，而下达乎庶人，推亲亲之恩，至于燕毛序齿，仁之至、义之尽也，武王、周公所以为达孝也欤！《诗》云："孝子不匮，永锡尔类。"此之谓也。

推先王报本反始之义,与夫观盥不荐、涣萃假有庙之象,则圣人所以自尽其心者,于是为至。非深知鬼神之情状,其孰能知之,则于治国乎何有?

河东侯氏曰:所谓达孝者,达诸人情,达诸天下,通万世而无弊,等天地而不穷,行夷貊而不窒者也。"郊社之礼,所以祀上帝也",祀上帝天子之事也。"宗庙之礼,所以祀乎其先也",天子、诸侯皆有宗庙,谓祀乎其先者,各有其先也。其,与"颜子不改其乐"之其同。天子宗庙,天子之先也;诸侯宗庙,诸侯之先也。天子有天子祀先之礼,诸侯有诸侯祀先之礼,故曰"宗庙之礼,所以祀乎其先也"。鲁侯也,以天子祀先之礼,祀其先非礼也,渎也,不祀乎其先。孔氏曰:"禘自既灌而往者,吾不欲观之矣。"灌之祭礼也,自首至尾,皆非其祀故也。禘其帝之所自出,鲁周公之封也。何帝之所自出哉?非其物故也。子思于"武王末受命"章中,备言其礼矣。

武王、周公之达孝,继之以践其位,行其礼,奏其乐,敬其所尊,爱其所亲,事死如事生,事亡如事存,孝之至也。岂不曰鲁之君臣践其位者,"天子穆穆,相维辟公";行其礼、奏其乐者,"克开厥后","肇定尔功"乎?若犹未也,是不敬其所尊,不爱其所亲,以诬伪不诚之道祀其先,不孝之至者也。故于达孝之后,特申言之曰"宗庙之礼,所以祀乎其先也",为鲁发之也,及其甚也,季氏用八佾,三家以雍彻矣。孔子于卫,其所先者必曰正名,故君子名之必可言。鲁之礼乐可名言乎?其曰"明乎郊社之礼,禘尝之义,治国其如示诸掌乎","明乎"二字,极有功。后世所以汩名分、乱上下,自三代而下,随事维持,不能成善治而篡夺相继者,由不明乎礼也。子思于《中庸》引斯礼而发斯义者,岂偶然哉?"所以祀上帝","所以祀乎其先","所以"字与"其"字,更与玩味。

新安朱氏曰:此第十九章。达,通也。承上章而言武王、周公之孝,乃天下之人通谓之孝,犹孟子之言达尊也。上章言武王缵大王、王季、文王之绪以有天下,而周公成文武之德,以追崇其先祖,此继志、述事之大者也。下文又以其所制祭祀之礼通于上下者言之。祖庙:天子七,诸侯五,大夫三,适士二,官师一。宗器,先世所藏之重器,若周之赤刀、大训、天球、河图之属也。时食,四时之食,各有其物,如春行羔、豚、膳、膏、芗之类是也。昭,如字。解见《王制》宗庙之次:左为昭,右为穆,而子孙亦以为序。有事于大庙,则子姓、兄弟、群昭、群穆咸在而不失其伦焉。爵,公、侯、卿、大夫也。事,宗祝有司之职事也。旅,众也。酬,导饮也。使亦得以申其敬也。燕毛,祭毕而燕,则以毛发之色别长幼、为坐次也。齿,年数也。践,犹履也。其,指先王也。所尊、所亲,先王之祖考、子孙、臣庶也。始死谓之死,既葬则曰反而亡焉，皆指先王也。此结上文两节，皆继志、述事之意也。禘，天子宗庙之大祭，追祭大祖之所自出于太庙，而以太祖配之也。尝，秋祭也。四时皆祭，举其一耳。礼必有义，对举之，互文也。示，与视同。视诸掌，言易见也。此与《论语》文意大同小异，记有详略耳。⑤

酬，导饮也。主人酌以献宾，宾酌主人曰酢。主人又自饮，而复饮宾曰酬。其主人又自饮者，是导宾使饮也。谚曰："主人陪食。"疑即此意。"下为上"之为，音于伪反，为上先饮也。⑥

五峰言无北郊，只社便是祭地，此却说得好。⑦

涑水司马氏曰：凡设官分职，所以待贤者，非以禄不肖也。人君择贤而授之官，则宗庙之中执事者，皆贤人也。郑氏谓羞牛、共鸡牲，乌足以别所能乎？

长乐刘氏曰言：其孝德幽则达于鬼神，明则达于庶士，莫不用夫中庸以济其美，故曰"武王、周公，其达孝矣乎"。"善继人之志"者，谓大王、王季、文王之志，在乎率人民于中和也，赞天地之化育也，而武王、周公善行斯道，以继其志，而益光大之。"善述人之事"者，谓三王之事业，存于礼乐政刑也，武王善能述而行之于天下也，周公善能述而载之于六官也。著成万世帝王之大法，使大王、王季、文王之绪业，垂诸方策而仁于无强，则圣子神孙，所以昭显乎亲者，其有大于此乎？

延平周氏曰：孝之为孝一也，然于舜则言大，于武王、周公则言达，何也？盖德为圣人之类，非通乎天下之所可行者也，故曰大；武王、周公之孝，则在乎继前人之志、述前人之事而可以通乎天下者也，故曰达。虽然，特以迹言耳，以心言之，则易地皆然。始于修其祖庙者，盖庙者，神之所依，苟神之所依者，莫之能修，则事神之礼，盖阙如也，《春秋》书大室坏者，亦此意也。然其终止于荐新者，盖荐新者，时祀之小者也，其小者犹能尽礼，则若所谓禘祫者又可见矣。序昭穆，所以别父子也。若公卿者，爵也；若冢宰司徒者，官也。言序爵，则知其所谓序事者官也；言序事，则知其所谓序爵者位也。位者，言其所与祭事者。言所共祭与祭者，未必共祭。所谓共祭者，若司徒奉牛牲也。方其序爵，则以辨贵贱为主；方其序事，则以辨贤为主。言贵贱而不言贤否者，盖先王之择其可与祭者皆贤也，而所辨者特其事之各有所施耳。逮贱者，仁也；序齿者，义也。先王之于燕，仁、义而已矣。于天神言郊，地祇言社，则知言郊者，举其大以兼五帝，言社者，举其小以见后土也。禘对祫，则祫为大。于间祀言禘，所以知有祫也；于时祀言尝，所以知有烝之与祠禴也。然必言尝者，举其始也，盖祭之备物，始于秋而丰于冬，春则少损，而夏则愈薄故也。礼必有义，义必有礼，而于郊社言礼，以禘尝言义，何也？郊社之所以飨帝者，义也；宗庙之所以飨亲者,仁也。于义而言礼,则示其有礼以节义;于仁而言义,则示其有义以济仁。礼以节义,则有权而有经;义以济仁,则能仁而能反。明其礼与义,而治国如指诸掌者。郊社禘尝之说,于物则以礼乐为主,于己则以齐明盛服为主。果于礼乐度数之间而推其性命之理,与齐明盛服之际而求其性命之情,则其于天下乎何有?

海陵胡氏曰:达,明达也。人,谓其先文王。文王之志,在于天下生灵,故视民如伤,保民如赤子,恶纣残暴,有志伐之,然而志未果而终。武王能仗大义,诛残贼,救涂炭之苦,解倒悬之急,以承文王之志,岂非善继志者也? 文王有文德,创王基,周公能辅相成王,制礼作乐,以述成文王之业,岂非善述人之事欤? 以天子之尊,莫之与抗,然上知报天之功,下知报地之力,中知事祖宗之灵,至尊尚如此,况于卿、大夫之卑,士、庶人之贱,固当恭谨而事其上矣。在《易》观卦曰:"观:盥而不荐,有孚颙若。"言在上之人,于宗庙之终,致其孝谨;在下之人,观而化之,孚信颙然。故圣人之制祭祀,为教化之本原,其于治国之道,如指掌中之物。禘,夏祭之名。尝,秋祭之名。

严陵方氏曰:宗庙之礼,非特序死者之昭穆,亦所以序生者之昭穆焉。《王制》所谓三昭三穆者,即死者之昭穆也;《祭统》所谓群昭群穆者,即生者之昭穆也。"敬其所尊"者,尊其祖而敬之也;"爱其所亲"者,亲其祢而爱之也。"事死如事生"者,主人道言之也,《论语》所谓"祭如在"是也;"事亡如事存"者,主神道言之也,《论语》所谓"祭神如神在"是也。地虽载万物,而万物乃本乎天;地虽生万物,而万物乃始乎天。夫郊社之祭,皆所以报本反始,谓之事上帝,岂为过哉?

马氏曰:大则有不可继之意,而达则有可传之理也。以不可继,故曰"德为圣人";以其可传,故曰"善继人之志,善述人之事"。志者,蕴于中而未发;事者,发于外而已行。蕴于中而未发,则在知其志而弼成之,所以为善继;发于外而已行,则循而润色之,所以为善述。霜露之变殊,而君子怵惕凄怆之心生,故"春秋修其祖庙";将以行礼,而达其孝爱之心,故"陈其宗器,设其裳衣,荐其时食"。序贵贱所以贵贵,则贱者有所略;辨贤所以责其才之所胜、能之所任,则老者在所简矣。然而祭者,教之本,而德均则政行。先王于既祭之末,而行燕之礼:其旅酬则以下为上,欲其恩之有以及于贱者也;其燕毛,则以齿为先,欲其恩之有以及于老者也。践其位,行其礼,奏其乐,此备在外之物也。"敬其所尊,爱其所亲"至"事死如事生,事亡如事存",此尽其在内之诚也。郊社者,外祭之重者也;禘尝者,内祭之重者也。礼者,文也;义者,本也。言礼则有义,言义则有礼。文可陈而本难知,非明不足以见之,明其义者,唯君子而已。指者,言其体;示者,言其用。

　　兼山郭氏曰：武王、周公，孝之达者，故继志述事，得以成其志，而尽文王受命之大德，而为有国无穷之休，故《中庸》详言之也。夫事出于诚，则义不苟遗，故一字不该，非诚意之所存也。惟诚意之常存，故不遗一事，不废一义，进退可观，动作可法，以之推于天下，无不可者，如郊社、禘尝之礼是也。既序尊卑贵贱，以明其分，辨贤逮贱序齿，以通其情，又敬其所尊，爱其所亲，以端其本，不崇朝而大义遍举。古之明王，为国以礼者，盖谓是也。

　　广安游氏曰：达孝者，犹言孝道至是而达，凡先王之志，至是而通达也。故"善继人之志，善述人之事"，所以为孝也。天下之礼，不可以一端而尽，则夫行之有不得而周浃者矣。人而有父子之亲也，昭穆不可以不辨；人而有贵贱之等也，爵不可以不序；人之贤而有大小之差也，事不可以不序；人而有父兄之爱也，子弟之贱不可以不逮；人而有老少之差也，毛发不可以不优。是皆人情之所当有而阙一不可者。古之行礼，未有能周浃而备举者也。欲其道之备举而礼之周浃，此固先王先公之志，而武王、周公能终成之，所以为达也。践其所当践之位，行其所当行之礼，奏其所当奏之乐，敬其所当敬之尊，爱其所当爱之亲，所以事上帝，所以事乎其先，声明文物，雍容委曲，粲然繁兴，自四代之乐，四代之器，四代之衣服、车旗、宫室之类，莫不兼举并用，而用之各有其时，行之各当其处，故天下之至文，未有如周家之全美而中节者。孔子曰："周监于二代，郁郁乎文哉！吾从周。"孔子之取于文者，非徒取其文也，取其礼也；非徒取其礼也，取其道之四达而交通也。昔者文王"望道而未之见"，文王之所望，望此也；望而未见，则未达也。武王、周公能继其志，述其事，以达文王之道，此所谓达孝也。此圣人之得志，圣人之盛也。孔子之欲从周，乐其得志，而无有所不慊乎其道而已。虽然，此岂一日之故哉？盖自后稷、公刘，下至大王、王季、文王、周公，相承不绝，而后得以至于如此。故孔子先言其追王上祀之礼，次言能推本归美于其亲，则为人子孙之志，于是为得矣。此言宗庙之礼，治国之道，又以见其为人君上，欲行道于天下之志，于是为得矣。夫武王、周公，内得志于其家，外得志于天下，此固孔子之所愿望见而不得者，故吾从周云者，斯以寄其意焉尔。

　　施氏曰：舜之大孝，则充而塞乎天地，溥而横乎四海，武王、周公之达孝，则施诸后世而无朝夕，推而放诸四海而准，何则？盖德谐顽嚚，则已所独也，故于舜谓之大孝；继志述事，则人所同也，故于武王、周公谓之达孝。非帝王之德有优劣，易地则皆然。

　　晏氏曰：天下之理，有本必有末，举其本而末从之。所以然者，得其要尔。天地者，生之本也，而以郊社祭之；先祖者，类之本也，而以禘尝祭之；君师者，治之本也，又能明乎郊社之礼、禘尝之义,可谓知所以报本而得其要矣。推此以治国者,其末尔,所以如指示诸掌之易也。

高要谭氏曰:周公称达孝,可也,然而与武王并称,何哉?曰:周公所以推之天下者,即武王之事也。武王为其事,周公广其意,此所以并称为达孝也。继文王之志,述文王之事者,武王之达孝也,故能壹戎衣而有天下,以终文王之受命;继武王之志,述武王之事者,周公之达孝也,故能制礼以化天下,而成文武之德。

吴兴沈氏曰:其妙则藏乎性命之间,其微则寓乎器数之内。况鬼神之道,见于幽明有无之际,精粗隐显兼得之,欲知中庸之理,观诸鬼神祭祀之间,斯可矣。故以武王、周公之事明之。

治道不在多,端在夫致敬之间而已。"郊社之礼,所以事上帝也",当其执圭币以事上帝之时,其心为何如?"宗庙之礼,所以祀乎其先也",当其奠爵牟,以事祖宗之时,其心为如何?是心也,举皆天理,无一毫人伪介乎其间。鬼神之情状,天地万物之理,聚见于此。推此心以治天下,何所往而不当?故曰"明乎郊社之礼,禘尝之义,治国其如指诸掌乎"。于郊社言礼,礼者所以敬而已;于禘尝言义,义者敬之义而已。

建安真氏曰:自"无忧者,其唯文王乎"以下至此章,亦犹前章之称舜也。大抵为人君,以光祖宗、遗后嗣为孝。周自大王实始剪商,至文王三分天下有其二,而武王遂成之。躬衣戎服诛独夫,受而有天下,此武王之继志述事也。周公追王大王、王季,祀先公以天子之礼,又制礼作乐,使世世子孙奉承宗庙之祀,事死如生,事亡如存,此周公之继志述事也。舜之孝,如天之不可名,故曰大;武王、周公之孝,天下称之无异辞,故曰达。后世人主有志于孝治者,当合大舜、文、武、周公之事而考之。盖大舜以瞽瞍为父,处人伦之变者也;文王以王季为父,处人伦之常者也。舜、文所遇不同,而其心则一,使舜遇文王之时,必能尽处常之道,使文王遇舜之时,亦必能尽处变之方,所谓易地则皆然也。至于继志述事,则当持守而持守,固继述也;当变通而变通,是亦继述也。

钱塘于氏曰:夫亲亲、贵贵、尊贤、下下、长长,此五者具见于宗庙。一祭之间,大经以正,至恩以宣,善继志述事如此,可谓盛矣。此皆大王、王季、文王之所未为,武王、周公通变而为之,不谓之达孝,可乎?达者不拘,故常固有通变之义。先儒以前所言,达礼通天下可行,因谓之达孝。殊不思此谓其达者,指善继志、善述事而言,非可指达礼为达孝也。

山阴陆氏曰:以社之礼为事上帝者,盖祀昊天上帝,则百神与,虽及地祇,是乃所以事上帝也。

晋陵喻氏曰:学者或疑武王之事,不出于《中庸》,故夫子称舜称文王,而后继以武王、周公之事而加详焉。其曰达,又曰善继善述,又曰孝之至者,尚何疑于武王哉?

新定顾氏曰:周自大王肇基王迹,王季其勤王家,文王克成厥勋,考其用心,唯欲措斯世于平治而已。则论武王、周公之继志述事,莫先于卒其伐功也。今也语不一及,而独备言祭祀之事,何邪?王者功成,作乐治定,制礼祭祀,礼乐之至盛者也。论武王、周公之继志述事而及于祭祀者,言其功成治定,制礼作乐之事实也。示,读如"寘诸河干"之寘。寘,置也。物在掌中,易为知力者也。孟子言:"武丁朝诸侯有天下,犹运之掌。"上古人譬言事之易,大抵以此。因论祭祀,纵言至于此耳。郊祀言礼,禘尝言义,互文也。

新定钱氏曰:达孝,当就继志述事上看。若以无改父道为孝,则武王不宜伐商;若以友于兄弟为孝,则周公不当诛管蔡。未可与权者,未足与议也。故以达孝称之,是其伐也,其诛也,乃所以善继志述事者也。

【注释】

①《中庸章句》,《朱子全书》6/42—43。

②《中庸或问》下,《朱子全书》6/581。

③《仪礼·丧服》原文为:"君为姑姊妹女子子嫁于国君者。传曰:何以大功也?尊同也。尊同则得服其亲服。"

④"其"原为"先",实误,今据通行本改。

⑤《中庸章句》,《朱子全书》6/43—44。

⑥《朱子语类》卷六三,《朱子全书》16/2097。

⑦《朱子语类》卷九十,《朱子全书》17/3021。

卷八

【原文】

哀公问政。子曰:"文武之政,布在方策。其人存,则其政举;其人亡,则其政息。人道敏政,地道敏树。夫政也者,蒲卢也。故为政在人,取人以身,修身以道,修道以仁。仁者人也,亲亲为大;义者宜也,尊贤为大。亲亲之杀,尊贤之等,礼所生也。在下位不获乎上,民不可得而治矣!故君子不可以不修身;思修身,不可以不事亲；思事亲，不可以不知人；思知人，不可以不知天。

郑氏曰：方，版也。策，简也。息，灭也。敏，勉也。树，谓殖草木。人之无政，若地无草木也。蒲卢，蜾蠃谓土蜂也。《诗》曰："螟蛉有子，蜾蠃负之。"螟蛉，桑虫也。蒲卢取桑虫之子，去而变化之，以成为己子。政之于百姓，若蒲卢之于桑虫然。"为政在人"，在于得贤人也。"取人以身"，言明君乃能得人也。"在下位不获乎上，民不可得而治矣"，此属在下，脱误在此。

孔氏曰：自此至"成功一也"一节，明孔子答哀公问政之道在于取人修身，并明达道有五、行之者三。言文王、武王为政之道，皆布在于方牍简策。

河南程氏曰：螟蛉蜾蠃，本非同类，为其气同，故祝则肖之，又况人与圣人同类者？[①]

"政也者蒲卢也"，言化之易也。螟蛉与果蠃，自是二物，但气类相似，然祝之久，便能肖。政之化人，宜甚于蒲卢矣。然蒲卢二物，形质不同，尚祝之可化。人与圣人，形质无异，岂学之不可至耶？[②]

昔者圣人"立人之道，曰仁与义"。孔子曰："仁者人也，亲亲为大；义者宜也，尊贤为大。"唯能亲亲，故"老吾老以及人之老，幼吾幼以及人之幼"；唯能尊贤，故"贤者在位，能者在职"。唯仁与义，尽人之道；尽人之道，则谓之圣人。[③]伊川

不知天，则于人之知愚贤否，有所不能知，虽知之有所不尽，故"思知人不可不知天"；不知人，则所亲者或非其人，所由者或非其道，而辱身危亲者有之，故"思事亲不可不知人"。故尧之亲九族，以明俊德之人为先。盖有天下者，以知人为难，以亲贤为急。[④]

蓝田吕氏曰：所谓文武之政者，以此道施之于为政而已。有文武之心，然后能行文武之政；无文武之心，则徒法不能以自行也。故曰"其人存，则其政举；其人亡，则其政息"。敏，速也。得于性之所宜，则其成也速。木之所以植，土性之所宜也；政之所以行，人性之所宜也。庸者，人道也。政不离于人道，则民之从之也。敏植木于地，则木之生也敏，故曰"人道敏政，地道敏树"。政者，所以变化其不为人者，使之为人而已。如蒲卢化其非己者，使之如己而已。为政之要，主乎治人而已，故曰"为政在人"。人道不远，取诸其身而已，故曰"取人以身"。亲其亲，长其长，而天下平，取诸身也；施诸己而不愿，亦勿施于人，取诸身也。道者，人伦之谓也。非明此人伦，不足以反其身而万物之备也，故曰"修身以道"。非有恻怛之诚心，尽至公之全体，不足以修人伦而极其至也，故曰"修道以仁"。夫人立乎天地之中，其道与天地并立而为三者也。其所以异者，天以阴阳，地以柔刚，人以仁义而已。所谓

道者,合天地人而言之;所谓仁者,合天地之中所谓人者而言之。非梏乎有我之私也。故非有恻怛之诚心尽至公之全体,不可谓之仁也。亲亲而仁民,仁民而爱物,爱虽无间而有等差,则亲亲大矣。所大者,行仁之本也,故曰"仁者人也,亲亲为大"。行仁之道,时措之宜,则有义也。天下所宜为者,莫非义也,而尊贤大矣。知尊贤之为大而先之,是亦义也,故曰"义者宜也,尊贤为大"。亲亲之中:父子,首足也;夫妻,判合也;昆弟,四体也。其情不能无杀也。尊贤之中:有师也,有友也,有事我者也。其待之不能无等也。因是等杀之别,节文所由生,礼之谓也,故曰"亲亲之杀,尊贤之等,礼所生也。"君子修身,庸行而已。事亲者,庸行之本也。不察乎人伦,则不足以尽事亲之道,故人伦者,天下之大经,人心之所同然者也。人心之所同然,则百世以俟圣人而不惑矣,知人者也。人心之所同然者,天地之经也。顺天地之经而不违,则质诸鬼神而无疑矣,知天者也。

建安游氏曰:蟓蛉有可化之质,踝蠃有能化之材。知是说,然后可与言政也。然则政之所托,可非其人乎?故曰"为政在人"。人固未易知,若规矩准绳在我,则方圆曲直无所逃矣,故曰"取人以身"。规矩准绳无他,人道而已,故"修身以道,修道以仁"。在上欲得乎民,在下欲获乎上,皆以修身为本。失其身而能事其亲,吾未之闻矣。至于能事亲,则修身之至也。知事亲,则德之本立矣。而不知人,则上以事君,下以取友,去就从违,莫知所向,而贻其亲之忧者有矣。能知人,则事亲之至也。知人者,智也。而明或不足以自知,将逆诈亿不信,而不肖之心应之,莫知其然也。盖知人者,可与言理;知天者,可与言性。至于能知天,则知人之至也。"亲亲之杀",事亲者能之;"尊贤之等",知人者能之。

延平杨氏曰:人存则政举,故"为政在人"。君子有诸己而后求诸人,故取人必以身。修身而不以道,非有诸己也,则身不足以取人矣。"道二,仁与不仁而已",故修道必以仁。"仁者人也",合天下之公,非私于一己者也。盖无公天下之诚心,而任一己之私意,则违道远矣。然仁者人也,爱有差等,则"亲亲为大"。义者,行吾敬而已,时措之宜,则"尊贤为大"。"以三为五,以五为九,上杀、下杀、旁杀,而亲毕矣",此"亲亲之杀"也。有就之而不敢召者,有友之而不敢臣者,此"尊贤之等"也。因其等杀而为之别,礼之所由生也。孟子曰:礼者,"节文斯二者是也。"其斯之谓欤!"君子不可以不修身"者,"修身以道,修道以仁",事亲仁之实也,故修身以事亲为本。仁者人也,非私于一己者也。事亲而不知人,则其锡类不广矣。视天下无一物之非仁也,其知人乎!知人而不知天,则夷子之二本也。盖五品之差,天叙也,先王惇五典,而有厚薄隆杀之别焉,明天叙而已。

河东侯氏曰:文武之政,或举或息,系乎人之存亡。若待文武兴而举之,则旷千古而无善政也。谓其能由文武之道,行文武之政,是亦文武而已。文武之政,顺天理人事,施于有政,以人治人尔。以人治人,民之从之也轻,故曰"人道敏政"。人道,仁也。尧舜之治天下,仁而已。为政以仁,则不见而章,不动而化,不言而信,不疾而速,不行而至矣,犹地道之敏树也。虽然,所以然者,诚也。天地不诚,不能生万物,为政不诚,不能化万邦,故又曰"政也者,蒲卢也"。化螟蛉之子而子之,无非诚也。螟蛉、蜾蠃二物,感之以诚,宜通显微,尚能化而类也。况至诚为己,始乎为士,终乎为圣人,施之有政,其有不化乎?此为政所以在人也。然而天下之大,万机之繁,非一人所能举也,必得天下贤圣而共之。身苟不修,则贤者不屑也,故"取人以身,修身以道",在乎率性修道之教,在乎为仁仁人也。人之大,亲亲也。亲亲如瞽瞍底豫,而天下之为父子者,定是也。父子定,则人道立矣。人道立,则施之有政者,义也。义之所宜者,"尊贤为大"。"亲亲为大",内则父子也;"尊贤为大",外则君臣也。父子、君臣之道,天下之大经也,中庸之大义也,礼之所生也。礼之所生者,不越君臣、父子、夫妇、兄弟、朋友之交,各当其分而已尔,故又曰"君子不可以不修身,思修身不可以不事亲,思事亲不可以不知人"。人实难知,知人则哲,能官人。欲知人而不知天,则贤不肖或失其宜;虽知,有所未尽,亦非知人也。人之道,天理也。尽天理,则道尽矣。己不能尽天理,安能知人乎?故曰"思知人,不可以不知天"。逆天悖礼,知人者鲜矣。尧之亲九族,亦曰"克明俊德"而已。

新安朱氏曰:自此至"虽柔必强"是第二十章,此第二十章第一节。哀公,鲁君,名蒋。有是君,有是臣,则有是政矣。敏,速也。蒲卢,沈括以为蒲苇,是也。以人立政,犹以地种树,其成速矣,而蒲苇又易生之物,其成尤速也。言人存政举,其易如此。"故为政在人,取人以身,修身以道,修道以仁",此承上文"人道敏政"而言也。为政在人,《家语》作"为政在于得人",语意尤备。人,谓贤臣。身,指君身。道者,天下之达道。仁者,天地生物之心,而人得以生者,所谓"元者,善之长"也。言人君为政在于得人,而取人之则又在修身。能仁其身,则有君有臣,而政无不举矣。仁者人也,人,指人身而言。具此生理,自然便有恻怛慈爱之意,深体味之可见。宜者,分别事理,各有所宜也。礼,则节文斯二者而已。为政在人,取人以身,故不可以不修身;修身以道,修道以仁,故思修身不可以不事亲。欲尽亲亲之仁,必由尊贤之义,故又当知人。亲亲之杀,尊贤之等,皆天理也,故又当知天。⑤

或问:蒲卢之说,何以废旧说而从沈氏?曰:蒲卢之为蜾蠃,他无所考,且于上下文,义亦不甚通也,唯沈氏之说,乃与地道敏树之云者相应。故不得而不从耳。⑥

石林叶氏曰：策，大而方小。《聘礼》：束帛加书，"百名以上书于策，不及百名书于方"；《既夕礼》："书赗于方，若九若七若五，书遣于策"。策，以众联方一而已。

海陵胡氏曰：尧舜率天下以仁而民从之，文武兴而民好善，是人道敏疾于政也。蜾蠃无子，取螟蛉之子，化而为己子。如圣人以善政善教化于民，化其邪归于正，化其恶归于善，化其佻薄归于醇厚，如蒲卢。然则圣人欲善政善教之被于天下，何道则可？在乎得贤人为之辅佐。欲得贤人以何道？在乎从己之身以观之。何者？惟圣知圣，惟贤知贤。周公摄政，则召公疑。仲尼见互乡童子，而门人惑。以召公之贤，孔门之哲，尚疑周公，惑仲尼，故将欲知人，必先自修身。以至于圣人之域，然后从而观人，则无不知矣。虽亲亲为大，然恩当有隆杀，如三年周期，大功小功之服，下至缌麻祖免，是各有隆杀也。虽则尊贤，然德有小大，爵有高下，礼者所以辨其隆杀高卑之别，故曰"礼所生也"。思事其亲，不可以不知人，须得贤人而亲附之，则知所以事亲之道，故《尚书》载尧之事曰"克明俊德，以亲九族"。尧能明俊德之人而与之处，故九族之人相与亲睦。思欲知人者，必知天之心，知天心则知⑦圣贤之心也。天以生成万物为心，而圣人以生成天下为心，其体虽异，其德一也，故孟子曰"尽其心者知其性，知其性则知天矣"。能知天则是知性者也，知性则知人矣，故曰"思知人，不可以不知天"。

严陵方氏曰：以文武对哀公之问者，以迹言之，其政则详而易明；以时言之，其政则近而可考。子贡曰"文武之道，未坠于地，在人，贤者识其大者"，亦以相去之时为近故也。方策，与《周官》内史所言同义。木曰方，竹曰策，先方而后策者，小大之序也。"布在方策"，言其具载于书也。政非人则不能速成，树非地则不能速生。"修身以道"者，亦导其性之所有而已，"率性之谓道"是也。仁不止于亲亲，特以亲亲为大耳；义不止于尊贤，特以尊贤为大耳。孟子曰"礼之实，节文斯二者"，盖谓是矣。

新定顾氏曰：蒲卢，水草，兼葭之类易生之物也。夫子以蒲卢譬政之敏，犹孟子以置邮传命譬德之流行也。论政之行固如此，原政之立，则惟在于得人。有虢叔、闳夭之徒，则文王之政可举；有乱臣十人，则武王之政可举。然非文、武，则虢叔、闳夭之徒亦见其遐举远引耳。云之从龙，风之从虎，贤臣之从圣主，自然之理也，故"取人必以身"。

延平周氏曰：仁不止于亲亲，而入则以亲亲为大；义不止于尊贤，而出则以尊贤为大。

山阴陆氏曰："文武之政，布在方策"，其人于其不可传也死矣，故下文云"人存则政举,人亡则政息"。"人道敏政",言政之所以敏,存乎其人也。蒲卢,所以祝而化之,岂自外至哉?是以肖之速也。"取人以身",言在我者无以揆之,则所谓贤者未必贤也,故王者贵学。"修身以道",若颜子是也,其所以修之,仁而已。天下之道,一仁而已。义,宜此者也;礼,体此者也;知,知此者也;乐,乐此者也。"亲亲之杀,尊贤之等",若墨子尚贤,爱无差等,失是矣。知人而后知天,序也。今其言如此者,知天不尽,则人岂能尽哉?盖二类相资,同时俱妙也。

晋陵喻氏曰:政之在人,犹木在地中,其生日升,盖无暂刻之不敏也,非人从而伐之,则未尝不升也。人之于道,无日而不进,犹天之行健,君子以自强不息也,息则吾所得于天者消矣。修身之道,不本乎仁,则孰知其轻,孰别其重?仁也者,所以为知轻别重者也。三代之得天下以仁,其失天下也以不仁。所谓仁者,非谓日以布帛衣之,以谷粟食之也,亦心知夫天下之所当为者,吾则为之,知夫天下之所不当为者,吾则不为耳。所当为者,必可以爱人也,必可以利物也,必可以行之悠久而不病也。吾一举之,子孙不能废也,万世不能废也,岂不为天下之大利哉?所不当为者,必为人之害也,必为物之害也,必可施于近,而不可施于远也,必利一而害十也。吾轻举之,子孙不废,后世不废,岂不为天下之大害哉?其得天下,其失天下,岂不昭昭然哉?故所谓得天下以仁,非谷粟布帛之谓也,无轻举措而已。如舜有天下,举皋陶,不仁者远矣;汤有天下,举伊尹,不仁者远矣。此修道所必以仁也。孔子之于门人,未尝轻言仁也,欲识仁乎?"仁者人也",此言甚切,可以识仁矣。人也者,与天地并生,配天地而谓之三才,尽人道而后可以谓之人,"唯圣人然后可以践形",言尽人道也。义者,宜也。以一身应天下之事,无不得其宜也。

吴兴沈氏曰:《论语》一书,首以学而次以政,盖言学然后为政也。夫子所谓学而时习,岂诵习云乎哉?致知、格物、正心、诚意之学也。以之临政,岂非治国平天下之事乎?《中庸》自天命之谓性,充而为周公之达孝,皆圣学之妙也。为政之道,虽寓乎其间,曾未标目之也。至此以哀公问政继之,亦本末先后之序也。文武之政,灿然于方策间。然文武之人存,则文武之政举;文武之人亡,则文武之政息。非直文武然也,有知人知天之人,是亦文武之人也,文武岂异于人哉?尽人道,全天理,推己之道,合彼之道,一天下于人道者也。故人道莫敏于政,地道莫敏于树。人君以人理化天下,则天下翕然从之,如万物得雨露沾濡,雷风鼓舞,勃然皆生天下化,人君之政,亦若是已。螟蛉之类蜾蠃,以其气之同也;人道之敏于政,以其理之同也。呜呼!政之化人,其速如此。然则人君为政,将何如邪?诚在夫人理而已。或谓得人非也,人理者何?仁义礼智之心,人皆有之。今人乍见孺子将入井,则必有怵惕恻隐之心。思与乡人立,望望然去之,则必有羞恶之心。有宾主则辞逊之心生,遇邪正则是非之心生。皆天理之自然,人心之所自有者也。以是四者为政,亦因其所自有以复其理耳,故曰"为政在人"也。然是道将何取之? 近取诸身足矣。天下有是理,我身亦有是理也,欲求天下之理,以吾一身观之可也,故曰"取人以身"。然身不修,则仁义礼智之理弗见矣,而修身要必以道,道之为体,弥满六合,将何以为准的? 仁自性出,性以道会,必以仁为准也,故"修道以仁"。然仁岂外夫人理哉? 今人乍见赤子入井之时是也,无是心,则非人也,故继以"仁者人也"。仁固不外乎人理,而亲亲则为仁之大,因言仁而及义,岂仁之外别有所谓义哉? "思与乡人立,望望然去之,若将浼焉"之时是也,故曰"义者宜也"。义固所以为宜,而尊贤则为义之大。亲亲必有隆杀,尊贤必有等差,则礼之所在也。孟子曰"仁之实,事亲是也;义之实,从兄是也;礼之实,节文斯二者是也",与子思之意,不约而同然。而"为政在人,取人以身","故君子不可以不修身";"仁者人也,亲亲为大",故"思修身不可以不事亲";"修身以道,修道以人",故"思事亲,不可以不知人"。呜呼! 人可知也,天难知也;人可至也,天难至也。知人,则天斯知矣。然则天者何? 以性、道、教言之,则"天命之谓性"者,天也;"率性之谓道,修道之谓教"者,人也。以中和言之,则"喜怒哀乐之未发"者,天也;"喜怒哀乐之已发而中节"者,人也。苟能知天,则知人理之所在矣。故曰人理天理,是或一道也。

高要谭氏曰:此指明天下事业,皆自人之一身中出也。故论政当自人道始,为政之要在人而已。身,即人也。求人之理,当近取于吾身。修身则人理著矣,故曰"为政在人,取人以身"。夫子论政,自人道始,以人道反求诸身,又自身推类以及人,又自人推本于天,以明天者性理之所自出,而修道之本也。精粗本末,包括无遗,此足以见中庸之道,简而大,约而博也。

晏氏曰:郑氏及诸儒皆以"在下位不获乎上"此句属在下,脱误在此,非也。《礼记》他篇有脱误,《中庸》无脱误矣。大抵君子先能修身事亲,则虽处下位,而仰可以获乎上,俯可以治乎民,所以继此而言,故君子不可以不修身、不事亲也。大抵知天性则知人道,知人道则知子道,知子道则修身之道尽矣。由是而上见知于君,下见法于民,一举而两得之,不亦善乎?

涑水司马氏曰:天子以德教加于百姓、刑于四海为孝,诸侯以保其社稷为孝,卿、大夫以保其宗庙为孝,士以保其禄位为孝。四者非得贤人以为师友,不能全也,故"思事亲,不可以不知人"。夫仁义礼智信,皆本于天性,其引而伸之,则在人矣。君子知五常之本于天,有之则为贤,无之则为不肖。以此观人,人焉廋哉? 故"思知人，不可以不知天”。

兼山郭氏曰：知人次于事亲者，不知人之贤不肖，则失所亲，至于危亲之道，或陷之矣。知天所以次于知人者，不明夫所谓天德，则人之贤不肖，亦莫得而知之矣。“在下位不获乎上”，说者谓错简重出。

江陵项氏曰：自此至“明则诚矣”，总费而隐之义而极言之，使学者循知仁勇之三等，而用其知行之力，以会于至一之地。自首章而下，大意皆总于此章。文武之政费矣，而在于修道以仁，仁卒本于知天。天下之达道五费矣，而行之者三，三卒归于一。天下国家有九经费矣，而必本于至一之素定。素定之目费矣，而必本于诚身明善。此皆发明费而隐之义也，道总言之也。“仁，人心也”，隐心而发为仁，仁之所形为义，仁义之节文为礼，礼之所从来为知，皆本于仁，故曰“修道以仁”。求仁必以知，故事亲必本于知人、知天。知人者，知人道之不得不然也，费也；知天者，知天道之不能不然也，隐也。尊贤为上，则足以取人矣；礼所生也，则足以为政矣。政而本于人，费而隐也；仁而推于义与礼，隐而费也。

“亲亲之杀，尊贤之等，礼之所生也”，此言礼义皆出于仁，以明修道之必以仁也。“仁者人也”，即指此身言之；“义者宜也”，即指道理言之。此身全体，无有不仁，则其发用处，自无往而不为义也，义即天下之达道也。古人言道，多以礼义言之，《表记》言“人者仁也，道者义也”，正与此章义同。天下之人物，虽皆此身之所当体，然未有亲于父母者，故曰“亲亲为大”；天下之事理，虽皆当以义制之，而未有先于尊道而尚贤者，故曰“尊贤为大”；既有大小，则便有隆杀等差，而礼节兴庶政出矣，故曰“亲亲之杀，尊贤之等，礼所生也”。言仁既生义，而仁与义又共生礼也，凡此皆以明仁能修道之义。“思修身，不可以不事亲，思事亲，不可以不知人，思知人，不可以不知天”，此言修道以仁之方也。修其事亲，仁之事也；知人知天，人之理也。欲为其事者，不可不知其理也：“生曰人，死曰鬼”，人之所以为人者，以其生也。“仁者人也”，仁者，天地之心，圣贤之德也。有人之形，即有人之理，此形此理，皆受之于父母者也。知此则知人之所以为贵，而亲之为大矣，故曰“思事亲，不可以不知人”。然而此形此理，父母孰从而得之？等而上之至于百世之前，不知其所始也；等而下之至于百世之下，不知其所终也。是孰为之哉？此即天地生物之心，流行而不已者也，此仁之大本也，故曰“思知人，不可以不知天”。此中庸之言道，所以必自天命之性言之也。

广安游氏曰：自后世观之，武王之政不行于天下，非无是政也，考之方策，文武之政，具在其中，特患乎无其人以行之耳。夫七庙之制，礼之当然也，惟周能备有焉。四学之制,亦礼之当然也,惟周能备用焉。如此之类,不可概举。假如尊尊、贤贤、亲亲、老老、幼幼,古未有能兼举者也,惟周能备举之。四代之礼,四代之器,四代之乐,四代之宫室、车旗、衣服,亦惟周能备举之。上文言"践其位"者,其所当践之位也,惟周能践之;"行其礼"者,其所当行之礼也,惟周能行之;以至"敬其所尊,爱其所亲,事死如事生,事亡如事存",凡此者惟周能尽之。此所谓"其人存,则其政举;其人亡,则其政息"也。植物于此,忽然而生长茂遂;为政于此,忽然而黎民于变。天地以位,万物以育,此所谓敏也。乡也桑虫之子,今为蒲卢;乡也未位之天地也,今为已位之天地;乡也未育之万物也,今为已育之万物;乡也商纣之天下也,今为郁郁乎文之周。盖得其人,则变之易、化之速也。"为政在人",人者,谓帝王之佐也。天下之理,于其相须者,固有契合而响应者也。尧有舜,舜有禹,禹有益,汤有伊尹,武王有周公,所谓人也。然是人,必吾能知之,又能用之,然后其人可得而取也。身能明中庸之道,然后能知中庸之人,身能行中庸之道,然后可以尽中庸之才之用。故曰"取人以身"。修身不可不以道,道之用无乎不有,然其所自,则起于仁。"仁者人也",此以人理言也。假以恻隐仁之端言之,夫人有是心,所谓人理也。推是以往,为孝为悌为忠信为博施,皆由是人理而起,故曰"仁者人也"。然仁实起于亲亲,有亲亲则有尊尊,亲亲有其杀,尊贤有其等,经礼曲礼,由此而生,故经礼三百,曲礼三千,若不胜其繁也,本于"亲亲之杀,尊贤之等"二者而已。自杀与等言之,亦若不胜其繁也,总而名之曰仁、义而已。仁与义,岐而二也,生于亲亲而已。亲亲尊尊,生于意之所安。意之所安,生于心而已。心正而意诚,意诚而仁立,仁立而义起,义起而礼生,天下之治,灿然毕陈于前矣。修身,本也;事亲,修身之本也。君子之于修身事亲,而要之于知人、知天。则天地万物之理,咸具于此,无有不得其所者矣。

莆阳林氏曰:"思修身,不可不事亲"者,人欲修身,莫先于承顺父母,苟父母不能承顺,则如何谓之修身?"思事亲,不可不知人"者,欲尽事亲之道,必在其得正,人苟日与正,人亲则可以起敬起孝矣。"思知人,不可不知天"也,天者,道德性命之理,欲知人有道德性命之理,必知吾天性先有此也。

建安真氏曰:道之与仁,非有二致。然圣人之教,人既曰"志于道"矣,又必曰"依于仁"也;曰"修身以道"矣,又必曰"修道以仁"也。盖道者,众理之总名;而仁者,一身之全德。志乎道而弗他,可谓知所向矣;仁则其归宿之地,而用功之亲切处也。思昔圣贤言仁,何莫非要?至于"仁者人也""仁,人心也",则直举其全体以示人,学者尤当深味也。夫人之所以为人者,以其有是仁也,有是仁而后命之曰人,不然则非人矣。仁者,心之生理,人而不仁,则丧其所以为心,犹粟谷焉,生意不存,枵然死物耳,此孟子言仁之至要也。

东莱吕氏曰:"思修身,不可以不事亲",此隐之于心,固安。"思事亲,不可以不知人;思知人,不可以不知天",此两句若非《中庸》道出来,如何思量得到?若随文解义也,说得;若要真实者,看得于心果与否,则非易事。《大学》言自致知格物以至平天下,此虽难知,然隐之于心,犹自见得实有是理,若知人知天,则真是难见。古人立言,句句真实,又非可以移换增损也。须见得灼然,移换增损得不得方尽。

严陵喻氏曰:春秋之时,王迹已熄,时君莫非富国强兵是务,而哀公独以政为问,其天资加于人一等矣。理之所在,身与亲一,亲与人一,人与天一。子思子因论修身之道,极本穷原,而归于"不可不知天",盖曰能事亲则能修身,能知人则能事亲,能知天则能知人,未有不能于此而能于彼者,深以发明是理之本一。非谓因欲修身而后思所以事亲,因欲事亲而后思所以知人,因欲知人而后思所以知天也。子思子之旨,明白已甚,学者傥或泥于辞而不逆其志,何以达是道之一贯哉?

天下之达道五,所以行之者三。曰君臣也,父子也,夫妇也,昆弟也,朋友之交也,五者天下之达道也。知,仁,勇,三者天下之达德也,所以行之者一也。或生而知之,或学而知之,或困而知之,及其知之一也。或安而行之,或利而行之,或勉强而行之,及其成功一也。"子曰:"好学近乎知,力行近乎仁,知耻近乎勇。"知斯三者,则知所以修身;知所以修身,则知所以治人;知所以治人,则知所以治天下国家矣。

郑氏曰:达,常行者,百王所不变也。"困而知之",谓临有不足,乃始学而知之。利谓贪荣名也。勉强,耻不若人。"知斯三者,则知所以修身",谓修身以此三者为基。

孔氏曰:言百王用此三德,以行五道,其义一也,古今不变也。自"好学"而下,夫子更为哀公广说修身治天下之道。"好学近乎知"复说前文"学而知之","力行近乎仁"复说前文"利而行之","知耻近乎勇"复说前文"困而知之""勉强而行之"也。

河南程氏曰:天地生物,本无不足之理。常思天下,君臣、父子、兄弟、夫妇,有多少不尽分处。[8]明道

大凡于道,择之则在乎知,守之则在乎仁,断之则在乎勇。人之于道,则患在不能守,不能择,不能断。[9]伊川

王彦霖问:"道者一心也,有曰'仁者不忧',有曰'知者不惑',有曰'勇者不

惧'，何也？"曰："此只是名其德尔，其理一也。得此道而不忧者，仁之事也，因其不忧，故曰此仁也。智、勇亦然。不成却以不忧谓之智，不惑谓之仁也？凡名其德，千百皆然。但此三者，达道之大也。"⑩

知仁勇三者天下之达德，学之要也。⑪

所以行之者一，一者诚也。止是诚实此三者，三者之外，更别无诚。⑫

生知者，只是他生自知义理，不待学而知。纵使孔子是生知，亦何害于学？如问礼于老聃，访官名于郯子，何害于孔子？礼文官名，既欲知旧物，又不可凿空撰得出，须是问他先知者始得。⑬伊川

生而知之，学而知之，亦是才。问："生而知之要学否？"曰："生而知之固不待学，然圣人必须学。"⑭伊川

"尧舜性之"，生知也；"汤武身之"，学而知之也。⑮伊川

问："才出于气否？"曰："气清则才善，气浊则才恶。禀得至清之气生者为圣人，禀得至浊之气生者为愚人。如韩愈所言、公都子问之人是也。然此论生知之圣人。若夫学而知之，气无清浊，皆可至于善而复性之本。所谓'尧舜性之'，是生知也；'汤武反之'，是学而知也。孔子所言上知下愚不移，亦无不移之理，所以不移，只有二，自暴自弃是也。"⑯伊川

或曰："圣人，生而知之者也。今谓可学而至，其有稽乎？"曰："然。孟子曰：'尧舜，性之也；汤武，反之也。'性之者，生而知之者也；反之者，学而知之者也。"又曰："孔子则生而知也，孟子则学而知也。后人不达，以谓圣本生知，非学可至，而为学之道遂失。不求诸己而求诸外，以博文强记、巧文丽辞为工，荣华其言，鲜有至于道者。则今之学，与颜子所好异也。"⑰

尧与舜更无优劣，及至汤、武便别。孟子言性之反之。自古无人如此说，只孟子分别出来，便知得尧、舜是生而知之，汤、武是学而能之。文王之德则似尧、舜，禹之德则似汤、武，要之皆是圣人。⑱

刚毅、木讷，质之近乎仁者也；力行、学之，近乎仁者也。若夫至仁，则天地为一身，天地之间，品物万形为四肢百体。夫人岂有视四肢百体而不爱者哉？圣人，仁之至也，独能体是心而已，曷尝支离多端而求之自外乎？故能近取譬者，仲尼所以示子贡以为仁之方也。医书谓手足风顽谓之四体不仁，为其疾痛不足以累其心故也。夫手足在我，疾痛不与知焉，非不仁而何？世之忍心无恩者，其自弃亦若是而已。⑲

"忠恕违道不远"，"可谓仁之方"，"力行近乎仁"，"求仁莫近焉"，仁道难言，

故止曰近，不远而已。苟以力行便为仁，则失之矣。[20]

大抵生而知之与学而知之，及其成功一也。[21]

横渠张氏曰：天下之达道五，其生民之大经乎！经正则道前定，事豫立，不疑其所行，利用安身之意莫先焉。[22]

知仁勇，天下之达德，虽本之有差，及其所以知之成之则一也。盖谓仁者以生知、以安行此五者，知者以学知、以利行此五者，勇者以困知、以勉强行此五者。[23]

蓝田吕氏曰：天下古今之所共谓之达。所谓达道者，天下古今之所共行。所谓达德者，天下古今之所共有。虽有共行之道，必知之体之勉之，然后可行。虽知之体之勉之，不一于诚，则有时而息。求之有三，知之则一；行之有三，成功则一。所入之涂，则不能不异；所至之域，则不可不同。故君子论其所至，则生知与困知，安行与勉行，未有异也。既未有异，是乃所以为中庸。若乃企生知安行之资为不可几及，轻困学勉行为不能有成，此道之所以不明不行，中庸之所以难久也。愚者自是而不求，自私者徇人欲而忘反，懦者甘为人下而不辞，有是三者，欲身之修，未之有也。故好学非知然足以破愚，力行非仁然足以忘私，知耻非勇然足以起懦，知是三者，未有不能修身者也。天下之理，一而已。小以成小，大以成大，无异事也。举斯心以加诸彼，远而推之四海而准，久而推之万世而准，故一身修而知所以治人，知所以治人而所以治天下国家，皆出乎此也。此者何？中庸而已。

性一也，流行之分，有刚柔昏明者，非性也。有三人焉，皆有目以别乎众色，一居乎密室，一居乎帷箔之下，一居乎广庭之中，三人所见，昏明各异，岂目不同乎？随其所居，蔽有厚薄尔。凡学者，所以解蔽去惑，故生知、学知、困知，及其知之一也。安得不贵于学乎？

建安游氏曰：人伦，天下所共由也，故谓之达道。知仁勇，天下所同得也，故谓之达德。德者，得乎道也，故曰"所以行之者三"。三德之成功，至诚而已，故曰"所以行之者一"。知者，知此道也，故曰"好学近乎知"。仁者，体此道也，故曰"力行近乎仁"。勇者，进此道也，故曰"知耻近乎勇"。盖知耻则能有所不为，有所不为而后可以有为矣。"仁者不忧，知者不惑，勇者不惧"，此成德也，孔子自谓我无能焉，夫成德岂易得乎？能知好学，力行知耻，则可以入德矣。

延平杨氏曰：五品，人之大伦，天之性也，不可须臾离焉，故谓之达道。知仁勇三者，所以行达道而得于身也，故谓之达德。于是五者之道，生而知，安而行，仁也；学而知，利而行，知也；困而知，勉强而行，勇也。三者天下之达德，而人欲不得而私焉，故曰"所以行之者一也"。一者何？诚而已。虽其心之所至有差焉，其为达德无二致也，故曰及其知之、成功则一也。夫五品之叙，天也，先王惇五典、敷五教以迪之，所以事天也。盖天下之为天下，唯是五者而已。离此以为道，则冒险阻犯荆棘，非通道也，行之天下，人伦绝而天理灭矣。圣人之所以为圣，亦岂有他乎哉？人伦之至而已。故上言"不可以不知天"，而继之以此。好学以致知，故近知；力行则能推其所为，故近仁；知耻则必思徙义，故近勇。三者，入德之方，故知此则知所以修身，知所以修身则成己之道得矣。成己所以成物也，则知所以治人；知所以治人，则天下国家之本在是矣。

河东侯氏曰：知耻非勇也，能耻不若人，则勇矣。

新安朱氏曰：此第二十章第二节。达道者，天下古今所共由之路，即《书》所谓"五典"，《孟子》所谓"父子有亲，君臣有义，夫妇有别，长幼有序，朋友有信"是也。知，所以知此也；仁，所以体此也；勇，所以强此也。谓之达德者，天下古今所同得之理也。一则诚而已矣。达道虽人所共由，然无是三德，则无以行之；达德虽人所同得，然一有不诚，则人欲间之，而德非其德矣。知之者之所知，行之者之所行，谓达道也。以其分而言，则所以知者知也，所以行者仁也，所以至于知之成功而一者勇也。以其等而言，则生知安行者知也，学知利行者仁也，困知勉行者勇也。盖人性虽无不善，而气禀有不同者，故闻道有蚤莫，行道有难易。然能自强不息，则其至一也。子曰："好学近乎知，力行近乎仁，知耻近乎勇。""子曰"二字，衍文。此言未及乎达德，而求以入德之事。通上文三知为知，三行为仁，则此三近者，勇之次也。斯三者，指三近而言。人者，对已之称。天下国家，则尽乎人矣。言此以结上文修身之意，起下文九经之端也。[24]

曰：达道达德有三知三行之不同，而其致则一，何也？曰：此气质之异，而性则同也。生而知者，生而神灵，不待教而于此无不知也；安而行者，安于义理，不待习而于此无所咈也。此人之气禀清明、赋质纯粹、天理浑然、无所亏丧者也。学而知者，有所不知，则学以知之，虽非生知，而不待困也；利而行者，真知其利，而必行之，虽有未安，而不待勉也。此得清之多而未能无蔽、得粹之多而未能无杂、天理少失而能亟反者也。困而知者，生而不明，学而未达，困心衡虑，而后知之者也；勉强而行者，不获所安，未知其利，勉力强矫而行之者也。此则昏蔽驳杂、天理几亡、久而后能反之者也。此三等者，其气质之禀，亦不同矣，然其性之本，则善而已。故及其知之而成功也，则其所知所至，无少异焉，亦复其初而已矣。曰：张子、吕、杨、侯氏皆以生知安行为仁，学知利行为知，困知勉行为勇，其说善矣。子之不从，何也？曰：安行可以为仁矣，然生而知之则知之大，而非仁之属也；利行可以为知矣，然学而知之则知之次，而非知之大也。且上文三者之目，固有次序，而篇首诸章，以舜明知，以回明仁，以子路明勇，其语知也不卑矣，夫岂专以学知利行者为足以当之乎？故今以其分而言，则三知为智，三行为仁，所以勉而不息以至于知之成功之一为勇；以其等而言，则以生知安行者主于知而为智，学知利行者主于行而为仁，困知勉行者主于强而为勇；又通三近而言，则又以三知为智，三行为仁，而三近为勇之次，则亦庶乎其曲尽也欤！㉕

海陵胡氏曰：君臣、父子、夫妇、昆弟、朋友五者，人伦之大端，百王不易之道，可通行于天下，故曰达道。博通物理谓之知，广爱无私谓之仁，果于行事谓之勇。无知则不足以知事之是非，无仁则不能行知，无勇则不能果敢而行。三者皆人之性，内得于心谓之德，可以通行于天下，故曰达德。行此五者，在乎知仁勇。知仁勇三者，行之在乎至诚，一者至诚也。困者，临事不通之辞。安行者，从容中道，舜由仁义行、非行仁义也。利而行之者，谓不由中有所利而行之。勉强行之者，谓有所不足或有所畏惧，不得已而为之也。

天下之事至广也，圣人之言至深也，惟圣人能通之，贤人以下必学，然后可以几近于圣人之道。博学之、审问之、慎思之、明辨之、笃行之如此，故天下之事可以通，圣人之言可以知，是能几近圣人之知。仁之道至大，孔子曰："若圣与仁，则吾岂敢？"至于子路、冉有、公西赤，但言治千乘之赋，为百里之宰，"仁则吾不知也"，是圣人之重仁也。彼若能勉强于道，力行孝于其亲，力行忠于其君，力行慈于其民，则可以几于圣人之仁矣。圣人之勇勇于义，能知有所耻，则可以几近于圣人之勇。如耻其不仁而为仁，耻其不义而为义，《孟子》曰"舜何人也？予何人也？""舜为法于天下"，"我未免为乡人"，此知耻者也。知自修身，则可以治于人，知治一人，则千万人之情是也。知所以治人之道，则至天下之大，国家之众，皆可知也。

东莱吕氏曰：知仁勇，终恐难分轻重，盖三者，天下之达德，通圣、贤、常人而言之也。在圣人，则知也仁也勇也，皆生知安行也；在贤人，则知也仁也勇也，皆学知利行也；在常人，则知也仁也勇也，皆困知勉行也。恐难指定知为学知利行，勇为困知勉行。龟山之说，终不免有疑也。

严陵方氏曰：孔子云："生而知之者，上也；学而知之者，次也；困而学之者，又其次也。"即此知之事也。孟子曰："尧舜，性之也；汤武，身之也；五霸，假之也。"即此行之事也。《表记》曰："仁者安仁，知者利仁，畏罪者强仁。"亦此之意。知之存乎心，故曰"及其知之一也"。行者见乎事，故曰"及其成功一也"。

晋陵喻氏曰：人伦之道五，天下之理尽于此矣。然自天子至于庶人，未有不须友以成者,故五者朋友为急。苟非朋友,则君臣未信之谏以为谤也,父子责善之离至于贼恩也,兄弟至于阋,夫妇至于怨。四者其道甚大,何自而讲之?讲而后明,明而后行者,其谁哉?夫生而知与学而知、困而知相远也,而圣人乃以为"及其成功一也"者何也?道无迟速,无先后,苟真知之,则其知一而已,学者乌可自画哉?

莆阳郑氏曰:中庸之道,本无二也。知,其几也;仁,其量也;勇,其力也。近之为言要也:知无所不知,好学好问则知愈广矣,此为致知之要;仁无所不济,力行则不为私夺,不为利回,则仁愈固矣,此为克济之要;勇无所不任,耻于不善则断然为善矣,此为胜任之要。有此三者,其何理之不烛?何善之不充?圣人所以为人伦之至者,有此而已矣,君子不可不知其端也。能躬行于吾身,则国家天下无余事,治身治人,岂有二道也哉?

吴兴沈氏曰:行天下之达道者,在夫三德。则知仁勇之所以为达德也者,皆吾性之所发见者也,故所以行是三德者一也。一者何也?性也。生知、学知、困知虽不同,及其致知而见于性一也;安行、利行、勉强而行虽不同,及其成功而复于性一也。子思论为政,言此于知天之后,有旨哉!

江陵项氏曰:知者生知安行,天之道也,此之谓性;仁者学知利行,勇者困学强行,皆人之道也,此之谓教。上言思修身、思事亲、思知人,三思皆求之也。知斯三者:知所以修身,知所以治人,知所以治天下国家,四知皆得之也。求之者自费而隐,得之者自隐而费。

永康陈氏曰:无所不通之谓达,天下共由之谓达道。五品,通天下所共由者也,知其至谓之知,至其至谓之仁,力其至谓之勇,是知仁勇所以得夫吾心者也。通天下而共得之,故谓之达德,得之之要在诚其身,故曰"所以行之者一"。知者,知吾之有是达德达道也;行者,行吾之达德达道也。尝试观之童孩之良能,则生知安行,不独于圣人而得也,圣人能不失耳。吾既已化物而失之矣,丧心失灵,其谁之咎?能知其咎,则学而知,利而行,以复吾性之所固有。不然,则无耻也。既已无耻,固当自反,故困知勉行。知无耻之耻,卒亦复其所固有。有宝于此,既失复得,与本不失者同。宝既无缺,我亦何损?此圣人所以达而归之于一,亦其本然也。反其本而示之耻,待其自至,而要其终不使天下有自弃之人,其圣人立言之本意也哉!虽然,知而不行,不足为知,行而不知,不足为行。生而知则安而行,学而知则利而行,困而知则勉而行,非二道,中庸所以兼言之。学不外驰,必能知其至;行所当行,必能至其至;耻其不及,必能力其至。至者何?以达德行达道也。推斯心以往,则知所以修身者在此。由身而推之人,推之国家,推之天下,无不在此,其道不既要矣乎?

若夫由知仁勇而行,道自尔达,无所事乎推矣。

晏氏曰:说者皆以"行之者三"为知仁勇,"行之者一"为至诚,非也。为是说者,盖泥夫经言知仁勇,断于"行之者三"之后,故遂以"行之者三"为知仁勇,则似之矣。奈何于"行之者一"之后,即无一言以及至诚?讵可便指一以为至诚乎?殆亦不思之甚矣。大抵人伦之五者,天下之所共由,故曰达道;知仁勇之三者,天下之所同得,故曰达德。达道之五者,君臣之道行于朝廷,父子、夫妇、昆弟之道行于闺门,朋友之道行于乡党,推而行之,大概有三矣,此非行之者三乎?达德之三者,知之德则不惑,仁之德则不忧,勇之德则不惧,三者虽不同,其归于修身则一而已,非行之者一乎?盖经于文下言"好学近乎知,力行近乎仁,知耻近乎勇,知斯三者,则知所以修身",以是见之也。知之者存乎智,行之者存乎仁。是是非非之谓智,爱人利物之谓仁。智之所知,虽有顿渐,及其能辨是与非,则一而已,故曰"及其知之一也"。仁之所行,虽有优劣,及其能爱人利物,则一而已,故曰"及其成功一也"。知者,所以穷理,好学之人,虽未能穷理,而亦庶几于明理,故曰"近乎知";仁者,为道则远,力行之人,虽未必能极,而亦庶几于致远,故曰"近乎仁";勇者,所以为义,知耻之人,虽未必能尽义,而亦庶几于徙义,故曰"近乎勇"。

高要谭氏曰:天下之达道,即中庸之道也;天下之达德,即中庸之德也。道出于天命之性,而所以行此道者,知仁勇也。知则见道明,仁则守道固,勇则进道速,此三德者,行道之器也。犹人适千里之远也,道如大路,然知譬则目也,仁譬则身也,勇譬则足也。目能视,身能起,足能到,三者交相为用,然后可行也。故身为体而目明足健,然后可以行路而至于远;仁为体而知明勇决,然后可以行道而至于圣。"所以行之者三",即此知仁勇之谓也。"所以行之者一",何也?一者,本心之实理也。理该万殊,皆同一本,故总谓之一也。达道五,一一皆有实理,无实理则非道也;达德三,一一皆有实理,无实理则非德也。道有五名,而实理则一;德有三名,而实理则一。"所以行之者一",即实理是也。何以见实理之为一也?天命之性即理之所在也,人之才质虽有知愚贤不肖之殊,而天命之性未尝有知愚贤不肖之异。循是理而求之,果臻其极,则同归于圣可也。人之才质,上焉者生知安行,中焉者学知利行,下焉者困而知勉强而行,三者之相去虽甚绝远,要其同归,略无少异。

建安真氏曰:君臣父子以至朋友之交,此五者,天下共由之路也,故曰达道;知仁勇三者,人所同得也,故曰达德。道虽人之所共由,然非知足以及之,则君之当仁,臣之当敬,子之当孝,父之当慈,未必不昧其所以然。知虽及之而仁不能守,仁虽能守而勇不能断,则于当行之理,或夺于私欲,或蔽于利害,以至灭天常而败人纪者多矣,故曰"所以行之者三"。德虽人所同得,然或勉强焉,或矫饰焉,则知出于数术,仁流于姑息,勇过于强暴,而德非其德矣,故行之必本于诚。一者,诚也。三者皆真实而无妄,是之谓诚。德至于诚,则以之为君必尽君道,以之为臣必尽臣道,处夫妇、昆弟、朋友之间,无不尽其道者矣。

既言三达德,又教人以入德之路。夫知必上智,仁必至仁,勇必大勇,然后为至,然岂易遽及哉?苟能好学不倦,则亦近乎智矣;力行不已,则亦近乎仁矣;以不若人为耻,则亦近乎勇矣。盖好学所以明理也,力行所以进道也,知耻所以立志也。能于是三者用其功,则所谓三达德者,庶乎可渐致矣。知斯三者,则修身治人之道,不外乎此。自家而国,自国而天下,特推之而已尔。

林氏曰:好学、力行、知耻,虽未足以尽三德之要也,故以近为言。圣人设教,未尝以难者轻语乎人,亦未尝以难者重绝乎人,如刚毅木讷则曰近仁,忠恕则曰违道不远,皆此意也。盖知本难言,惟好学则足以致知,斯近知矣;仁本难言,惟力行则不患乎道远,斯近仁矣;勇甚难言,惟知耻则不难于徙义,斯近勇矣。此圣人诱学者入德之方也。若指好学以为知,力行以为仁,知耻以为勇,则非矣。修身治人以至治国平天下,成己成物之功也,三者苟知,特举而措之耳。诸儒以生知安行为仁之事,学知利行为知之事,困知勉行为勇之事,其说如何?曰:此非知道之言也。夫子曰:"君子道者三,我无能焉:仁者不忧,知者不惑,勇者不惧。"圣人于三德不轻如此,曾谓可以优劣等级论乎?《中庸》以舜言知,以回言仁,以由言勇,特以事相比而已,非谓由不如回,回不如舜也。今以生知安行为仁,学知利行为知,困知勉行为勇,是勇次于知,知次于仁,而勇特中人以下之事,岂夫子意欤?

钱塘于氏曰:谓"所以行之者一",非止以此一行知仁勇三者,乃谓知仁勇三者行于达道,亦此诚之一有以为之也。此穷源反本之论。

新定顾氏曰:上言致知,人君之先务,下文遂具陈知天理之说。"天下之达道五",曰君臣,曰父子,曰夫妇,曰昆弟,曰朋友之交,通行于天下,惟此五者也。"所以行之者三",有德则道行,无德则道废,曰知则知乎此理者也,曰仁则行乎此理者也,曰勇则果断于有行者也。通于天下之谓达,得于中之谓德,"所以行之者一也"。上文之所谓天,三德之行,天理之运动也。因又推明致知力行之说,致知一也,有生而知,有学而知,有困而知;力行一也,有安而行,有利而行,有勉强而行。禀资有卑高,造道有难易,"及其知之一也",皆知乎此天理尔;"及其成功一也",皆行乎此天理尔。呜呼!夫子之告哀公,本以答为政之问也,而详及于学,学其政之本欤!

知,知道之至者也,人而好学,则足以知此道当适从,虽未能尽知,而近乎知矣。仁,体道之纯者也,人而力行,则其所学形于日用,虽未必纯乎道,而道与身不为二物,故近于仁。勇,无所沮挠者也,人而知耻,则断不为不善,夫于不善断有所不为,虽未必尽勇,而近乎勇矣。知知、仁、勇之极致,又知好学、力行、知耻为近之,则凡修身之事,其有不知者乎? 故曰"知斯三者,则知所以修身"。体验于己,推行于人,非有二事,故曰"知所以修身,则知所以治人"。一人之事,即千万人之事,数有多寡,理无彼此,故曰"知所以治人,则知所以治天下国家矣"。讲义

知仁勇,夫子屡屡兼三者言之,见得阙一不可。知能知了,仁能守之,又须是勇始得,不勇当不得大事。答问

施氏曰:可以由之一身,不可与天下共由,非达道;可以得之一身,不可与天下同得,非达德。知者不惑,则明足以见之;仁者不忧,则静足以守之;勇者不惧,则动足以行之。所以行五者必以知仁勇,是不以天废人也;所以行三者必以诚,是不以人灭天也。

【注释】

①《程氏遗书》卷二十三,《二程集》,页306。

②《程氏遗书》卷十八,《二程集》,页203。

③《程氏遗书》卷二十五,《二程集》,页306。

④《程氏遗书》卷四,《二程集》,页72。

⑤《中庸章句》,《朱子全书》6/44—45。

⑥《中庸或问》下,《朱子全书》6/586。

⑦"知"字原无,根据文意,疑脱,今增入。

⑧《程氏遗书》卷一,《二程集》,页2。

⑨《程氏遗书》卷十五,《二程集》,页170。

⑩《程氏遗书》卷一,《二程集》,页2。

⑪《程氏遗书》卷十一,《二程集》,页126。

⑫《程氏遗书》卷二上,《二程集》,页19。

⑬《程氏遗书》卷十五,《二程集》,页152。

⑭《程氏遗书》卷十九,《二程集》,页253。

⑮《程氏遗书》卷二十四,《二程集》,页312。《程氏粹言》卷二《圣贤篇》(《二程集》,页2233):"尧舜,生而知之者也;汤武,学而至之者也。文之德似尧舜,禹之德似汤武。虽然,皆圣人也。"

⑯《程氏遗书》卷二十二上,《二程集》,页292。

⑰《程氏文集》卷八,《二程集》,页578。

⑱《程氏遗书》卷二上,《二程集》,页41。

⑲《程氏遗书》卷四,《二程集》,页74。

⑳《程氏遗书》卷七,《二程集》,页97。

㉑《程氏遗书》卷十八,《二程集》,页213。

㉒《正蒙·至当》,《张载集》,页34。

㉓《正蒙·中正》,《张载集》,页29。

㉔《中庸章句》,《朱子全书》6/45—46。

㉕《中庸或问》下,《朱子全书》6/586—587。

卷九

【原文】

凡为天下国家有九经,曰:修身也,尊贤也,亲亲也,敬大臣也,体群臣也,子庶民也,来百工也,柔远人也,怀诸侯也。修身则道立,尊贤则不惑,亲亲则诸父昆弟不怨,敬大臣则不眩,体群臣则士之报礼重,子庶民则百姓劝,来百工则财用足,柔远人则四方归之,怀诸侯则天下畏之。齐明盛服,非礼不动,所以修身也;去谗、远色、贱货而贵德,所以劝贤也;尊其位,重其禄,同其好恶,所以劝亲亲也;官盛任使,所以劝大臣也;忠信重禄,所以劝士也;时使薄敛,所以劝百姓也;日省月试,既廪称事,所以劝百工也;送往迎来,嘉善而矜不能,所以柔远人也;继绝世,举废国,治乱持危,朝聘以时,厚往而薄来,所以怀诸侯也。凡为天下国家有九经,所以行之者一也。

郑氏曰:体,犹接纳也。子,犹爱也。远人,蕃国之诸侯也。不惑,所谋良也。不眩,所任明也。同其好恶,不特有所好恶于同姓,虽恩不同,义必同也。尊重其禄位,所以贵之,不必授以官守,天官不可私也。官盛任使,大臣皆有属,官所任使,不亲小事也。忠信重禄,有忠信者,重其禄也。时使,使之以时。日省月试,考校其成功也。既读为饩,饩廪,稍食也,《稾人职》曰:"乘其事,考其弓弩,以下上其食。"一谓当豫也。

孔氏曰:此孔子为哀公说治天下国家有九重,及复说九经功用,并行九经之法。齐,谓整齐。明,谓严明。盛服,谓正其衣冠。尊其位,谓授以大位。重其禄,谓多其禄。崇重而已,不任以职事。好,谓庆赏;恶,谓诛罚。同姓有亲疏,恩亲虽不同,义必须等,故不特有所好恶,是"劝亲亲"也。日省,言每日省视百工功程。月试,每月试其所作之事也。既禀称事,功多则禀厚,功少则禀薄,《周礼》"月终均其稍食"是也。注引《稾人》证"既禀称事":乘,谓计筭其所为之事;"考其弓弩",善恶多少;"以下上其食",下谓贬退,上谓增益也。治乱持危,有乱则治讨之,危弱则扶持之。厚往,谓诸侯还国,王者以其财贿厚重往报之。薄来,谓诸侯贡献,使轻薄而来,如此则诸侯归服。

河南程氏曰:尊贤也,亲亲也。盖先尊贤,然后能亲亲。夫亲亲固所当先,然不先尊贤,则不能知亲亲之道。[1]伊川

"体群臣"者,体察也,心诚求之,则无不察矣,忠厚之至也。故曰:"忠信重禄,所以劝士。"言尽其忠信而厚禄食,此所以劝士也。[2]

蓝田吕氏曰:经者,百世所不变也。九经之用,皆本于德怀,无一物不在所抚,而刑有不与焉。修身,九经之本。必亲师友,然后修身之道进,故次之以尊贤。道之所进,莫先于家,故次之以亲亲。由亲亲以及朝廷,故敬大臣,体群臣。由朝廷以及其国,故子庶民,来百工。由其国以及天下,故柔远人,怀诸侯。此九经之序。视群臣犹吾四体,视庶民犹吾子,此视臣视民之别,"自天子至于庶人,壹是皆以修身为本"。我之于道也,知崇则无不知,知有诸己矣;礼卑则无不敬,能有诸己矣。故貌足畏也,色足惮也,言足信也,颠沛造次,一于礼而不违,则富贵所不能淫,贫贱所不能移,威武所不能屈,所谓"强立而不反"者也,故曰"修身则道立"。

"齐明盛服,非礼不动,所以修身也",礼义由贤者出,知贤为可尊,则学日进而知益明。然谗、色、货之害,皆足以夺夫正,唯知之审、信之笃、迎之致敬以有礼,则患贤者不至,未之有也,故曰尊"贤则不惑"。

"去谗远色。贱货而贵德,所以劝贤也",尊之欲其贵,爱之欲其富,所好则与同其乐,所恶则与同其忧,此诸父昆弟所以相劝而亲,故曰"亲亲则诸父昆弟不怨"。

"尊其位,重其禄,同其好恶,所以劝亲亲也",大臣不可不敬,是民之表也,非其人,黜之可也。任之则信之,信之则敬之,故谏行言听,膏泽下于民;既任之矣,又使小臣间之,谏必不行,言必不听,而怨乎不以内适足以自眩,外不足以图治矣。托之以大任,则小事有所不必亲,必使慎简乃僚,惟所任使,则大臣劝于事君矣,故曰"敬大臣则不眩"。

"官盛任使,所以劝大臣也",君视臣如手足,则臣视君如腹心,所报可知矣。待之以忠信,养之以重禄,此士所以愿立乎其朝矣,故曰"体群臣则士之报礼重"。

"忠信重禄,所以劝士也",爱之如子,则凡可以安之者,无不为也。使之所以佚之,取之所以治之,虽劳而不怨,此农所以愿耕于其野矣,故曰"子庶民则百姓劝"。

"时使薄敛,所以劝百姓也",不通功易事,以羡补不足,则男不得专事于农,女不得专事于桑,且将为陶冶、为梓匠、为釜甑以食,为宫室以居,为耒耜钱镈以耕耨,欲其谷不可胜食,材木不可胜用,得乎?故曰:百工之事,国家之所不可无也,虽曰末技,所以佐其本业者,得以尽力,此财用所以足也。所以来之者亦能辨其楛良,而制其食,则工知劝矣。如槀人,春献素,秋献成,书其等以饷工,乘其事,试其弓弩,以下上其食而诛赏,此所谓"日省月试,既廪称事"者也。然则来百工而不来商贾者,盖百工之所须,皆商贾之所致也。百工来则商贾自通,有不必道也。远人惟可以柔道御之,远者不柔,则迩者不可能,故圣人贵乎柔远,送往迎来,嘉善而矜不能,皆以柔远也,柔远能迩,此四方所以归也。继绝世者,无后者为之立后也;举废国者,已灭者复之也;治乱者,以道正之也;持危者,以力助之也。朝聘以时,所以继好也。厚往而薄来,燕赐多而纳贡薄也。凡此,皆所以怀诸侯也。怀其德,则畏其力矣。九经虽曰治天下之常道,无诚以行之,则道为虚矣,虽终日从事,而功不立也,人不信也,此不诚所以无物也,故曰"凡为天下国家有九经,所以行之者一也",一即诚也。

建安游氏曰:经者,其道有常而不可易,其序有条而不可紊。取人以身,故修身然后知贤之可尊。齐明,所以一其志;盛服,所以修其容。非礼勿动,则内无逸德,外无过行,内外进矣,富贵不能淫,贫贱不能移,故"修身则道立"。去逸则任之专,远色则好之笃,贱货则义利分,故"尊贤则不惑"。尊其位,所以贵之;重其禄,所以富之。同其好以致其利,同其恶以去其害,则礼备而情亲,诸父兄弟所以望乎我者足矣,故亲亲则不怨。

不惑在理,故于尊贤言之;不眩在事,故于敬大臣言之。

人情莫不欲逸也,时使之而使有余力,莫不欲富也,薄敛之而使有余财,则子庶民之道也,故百姓劝。日省月试,以程其能,既廪称事,以偿其劳,则惰者勉而勤者说矣,此来百工之道也,故财用足。送往迎来,以厚其礼,嘉善而矜不能,以致吾仁,待之者甚周,责之者甚约,此柔远人之道也,故四方归之。继绝世则贤者之类无不说,举废国则功臣之后无不劝,乱者惧焉,危者怙焉,其来也节以时,其往也遣以礼,则怀诸侯之道也,夫如是,则德之所施者博,而威之所制者广矣,故天下畏之。经虽有九,而所以行之者一,诚而已,不诚,则九经为虚文,是无物也。

延平杨氏曰："体群臣则士之报礼重"者,君臣一体也,君之视臣如手足,则臣视君如腹心矣。"子庶民则百姓劝"者,赤子之无知,虽陷阱在前,莫之知辟也,使之就利而违害,在保者而已,其子之也如是,百姓宁有不劝乎?

"齐明盛服,非礼不动",收放心而间之也。"去谗远色贱货"者,人君信谗邪,迩声色,殖货利,则尊德乐义之心不至,而贤者不获,自尽矣,虽有尊贤之心,而贤者不可得而劝也。"尊其位",亲之欲其贵也。"重其禄",爱之欲其富也。"官盛任使",不累以职,则以道事其君者,得以自尽矣,故曰"官盛任使,所以劝大臣也"。遇之不以忠信,养之不以重禄,则士不得志,有窭贫之忧,尚何劝之有?故曰"忠信重禄,所以劝士也"。时使之不尽其力,薄敛之不伤其财,则农者愿耕于其野,商贾愿藏于其市,行旅愿出于其涂,而养生送死无憾矣,此所以"劝百姓"之道也。

天下国家之大,不诚,未有能动者也。虽法度彰明,无诚心以行之,皆虚器也。

自修身推而至于平天下,莫不有道焉,而皆以诚意为主,苟无诚意,虽有其道,不能行也,故《中庸》论"为天下国家有九经",而卒曰"所以行之者一",一者何?诚而已。盖天下国家之大,未有不诚而能动者,然而非格物致知,乌足以知其道哉?《大学》所论诚意、正心、修身、治天下国家之道,其原乃在乎物格推之而已。若谓意诚便足以平天下,则先王之典章文物,皆虚器也,故明道先生尝谓"有《关雎》《麟趾》之意,然后可以行周官之法度",正谓此耳。

新安朱氏曰:此第二十章第三节。经,常也。体,谓设以身处其地而察其心也。子,如父母之爱其子也。柔远人,所谓无忘宾旅者也。此列九经之目也。"修身则道立"以下,言九经之效也。道立,谓道成于己而可为民表,所谓"建其有极"是也。不惑,谓不疑于理。不眩,谓不迷于事。敬大臣,则信任专,而小臣不得以间之,故临事而不眩也。来百工,则通工易事,农末相资,故财用足。柔远人,则天下之旅皆悦而愿出于其涂,故四方归。怀诸侯,则德之所施者博,而威之所制者广矣,故曰天下畏之。"齐明盛服"以下,言九经之事也。官盛任使,谓官属众盛,足任使令也,盖大臣不当亲细事,故所以优之者如此。忠信重禄,谓待之诚而养之厚,盖以身体之,而知其所赖乎上者如此也。往则为之授节以送之,来则丰其委积以迎之。朝,谓诸侯见于天子。聘,谓诸侯使大夫来献,《王制》:"比年一小聘,三年一大聘,五年一朝。"厚往薄来,谓燕赐厚而纳贡薄。一者,诚也。一有不诚,则是九者皆为虚文矣。此九经之实也。[③]

曰:九经之说,奈何?曰:不一其内,则无以制其外;不齐其外,则无以养其中。静而不存,则无以立其本;动而不察,则无以胜其私。故齐明盛服,非礼勿动,则内外交养，而动静不违，所以为修身之要也。信谗邪，则任贤不专；徇货色，则好贤不笃。贾捐之所谓"后宫盛色，则贤者隐微；佞人用事，则诤臣杜口"，盖持衡之势，此重则彼轻，理固然矣，故去谗远色，贱货而一于贵德，所以为劝贤之道也。亲之欲其贵，爱之欲其富，兄弟昏姻欲其无相远，故尊位重禄，同其好恶，所以为劝亲亲之道也。大臣不亲细事，则以道事君者得以自尽，故官属众盛，足任使令，所以为劝大臣之道也。尽其诚而恤其私，则士无仰事俯育之累，而乐趋事功，故忠信重禄，所以为劝士之道也。人情莫不欲逸，亦莫不欲富，故时使薄敛，所以为劝百姓之道也。日省月试，以程其能，既禀称事，以偿其劳，则不信度作淫巧者无所容，惰者勉而能者劝矣。为之授节以送其往，待以委积以迎其来，因能授任以嘉其善，不强其所不欲以矜其能，则天下之旅，皆说而愿出于其涂矣。无后者续之，已灭者封之，治其乱使上下相安，持其危使大小相恤，朝聘有节而不劳其力，贡赐有度而不匮其财，则天下诸侯，皆竭其忠力，以蕃卫王室，而无倍畔之心矣。凡此九经，其事不同，然总其实，不出乎修身、尊贤、亲亲三者而已。敬大臣，体群臣，则自尊贤之等而推之也；子庶民，来百工，柔远人，怀诸侯，则自亲亲之杀而推之也；至于所以尊贤而亲亲，则又岂无所自而推之哉？亦曰修身之至，然后有以各当其理而无所悖耳。曰：亲亲而言任之以事者，何也？曰：此亲亲、尊贤并行不悖之道也。苟以亲亲之故，不问贤否，而轻属任之，不幸而或不胜焉，治之则伤恩，不治则废法，是以富之贵之、亲之厚之而不曰任之以事，是乃所以亲爱而保全之也。若亲而贤，则自当置之大臣之位而尊之敬之矣，岂但富贵之而已哉！观于管蔡监殷，而周公不免于有过，及其致辟之后，则唯康叔、聃季相与夹辅王室，而五叔者有土而无官焉，则圣人之意，亦可见矣。曰：子谓信任大臣而无以间之，故临事而不眩，使大臣而贤也则可，其或不幸而有赵高、朱异、虞世基、李林甫之徒焉，则邹阳所谓"偏听生奸，独任成乱"，范雎所谓"妒贤嫉能，御下蔽上，以成其私，而主不觉悟"者，亦安得而不虑耶？曰：不然也。彼其所以至此，正坐不知九经之义而然耳。使其明于此义，而能以修身为本，则固视明听聪，而不可欺以贤否矣。能以尊贤为先，则其所置以为大臣者，必不杂以如是之人矣；不幸而或失之，则亦亟求其人以易之而已，岂有知其必能为奸以败国，顾犹置之大臣之位，使之姑以奉行文书为职业，而又恃小臣之察以防之哉？夫劳于求贤而逸于得人，任则不疑而疑则不任，此古之圣君贤相，所以诚意交孚、两尽其道而有以共成正大光明之业也。如其不然，吾恐上之所以猜防畏备者愈密，而其为眩愈甚；下之所以欺冈蒙蔽者愈巧，而其为害愈深。不幸而臣之奸遂，则其祸固有不可胜言者；幸而主之威胜，则夫所谓偏听独任、御上蔽下之奸，将不在于大臣而移于左右，其为国家之祸,尤有不可胜言者矣,呜呼!危哉!曰:子何以言柔远人之为无忘宾旅也?曰:以其列于怀诸侯之上也。旧说以为蕃国之诸侯,则以远先近,而非其序。《书》言"柔远能迩",而又言"蛮夷率服",则所谓柔远,亦不止谓服四夷也。况愚所据授节委积者,此长遗人、怀方氏之官掌之,于经有明文耶。又曰:杨氏之说有"虚器"之云者二,而其指意,所出若有不同者焉。何也?曰:固也。是其前段主于诚意,故以为有法度而无诚意,则法度为虚器,正言以发之也。其后段主于格物,故以为若但知诚意而不知天下国家之道,则

李林甫

是直以先王之典章文物为虚器而不之讲,反语以诘之也。此其不同,审矣。但其下文所引明道先生之言,则又若主于诚意,而与前段相应;其于本段上文之意,则虽亦可以婉转而说合之,然终不免于迂回而难通也。岂记者之误邪?然杨氏他书,首尾衡决,亦多有类此者,殊不可晓也。④

严陵方氏曰:九经,所以为天下国家而已。孟子曰:"天下之本在国,国之本在家,家之本在身。"则身者,天下国家之本也,故以修身为先。道无废立也,自体之于身言之,修之则立,不修则废而已。尊贤则能远佞人,而不为所惑,故"尊贤则不惑"。"亲亲,以三为五,以五为九",固不止于诸父昆弟,止言"诸父昆弟不怨"者,盖诸父不怨,以其能孝故也,昆弟不怨,以其能弟故也。亲亲之道,孝弟而已。谓之贤,则宜有大臣之位;谓之大臣,则宜有贤之德。自其修身言之,故以德为主而曰贤;自其治国言之,故以位为主而曰大臣也。以德为主,故于贤曰尊;以位为主,故于大臣曰敬。言群臣,则上有以别于大臣;言士,则下有以别于庶民。士亦臣也,而群臣不止于士。于体言群臣,以见君之于臣,无所不体也;于报言士,以见卑之于尊,皆知所报焉。为民父母者,君也,故于庶民曰子。百姓,举其政之成;庶民,言其类之众。百姓贵而少,庶民贱而多。以庶民之贱,犹且子之,则百姓之贵可知;以百姓之贵,犹且知劝,则庶民之贱可知。百姓庶民,亦互言之尔。来百工者,使无他之之谓来。工,则居官府者也。所以生财者在乎农,所以运财者在乎商。农非器则财不能以自生,商非器则财不能以自运。由是言之,财所以足于用者莫如器,器所以

足于用者莫如工,故曰"来百工则财用足"。农之器,则耒耜之类是也;商之器,则舟车之类是也。远人各在东西南北之方,故以四方言之;诸侯则溥天之下所与共守也,故以天下言之。心不为欲恶所贰,德不为情伪所蔽,此之谓"齐明"。谗足以乱人之聪,色足以蔽人之明,去谗远色,则所听者贤言,所见者贤行。贤所以资禄,德所以制爵,贱货则所以养贤之禄厚矣,贵德则所以命贤之爵优矣。若是,则足以尊贤而劝之也。去,则去之而不留。远,则远之而不近。尊之欲其贵,故尊其位,爱之欲其富,故重其禄,则亲无贱贫者矣。与其亲之富贵,而去其亲之贫贱,则同其好恶矣,若是,则凡所亲之亲,其有不劝者乎?凡有治者,皆曰官,若所谓天官、地官是也。盛任使,则若天地四时之官,其属皆六十是也。盖大臣所以任道而逸,小臣所以任事而劳,官盛任使,则所以代大臣之劳者至矣,故足以敬大臣而劝之也。忠信重禄,则非忠信者,其禄轻矣,体群臣之道于是乎在,盖体者,待之大小,各有体也。时使,若岁不过三日是矣;薄敛,若法不多乎什一是矣。使之时,则民力不竭;敛之薄,则民财不匮。爱养之至,则父母之于子,亦不过若是而已,故百姓所以劝。百姓劝,则庶民无不劝矣。日省者,视其勤惰,以防其冗食;月试者,考其功治,以要其实效。视其勤惰,宜数而详;考其功治,宜疏而简。若季春之月,所谓百工咸理,监工日号者,日省之谓也;若孟冬之月,所谓物勒工名,以考其成者,月试之谓也。省试尽矣,苟无以养之则不可,故继之以"既廪称事"。既其所廪之食,则上之禄啬出;称其所作之功,则下之力不虚役。若是,则百工其有不劝,财用其有不足者乎?"送往迎来,嘉善而矜不能"者,于其往不足追也,送以出之而已;于其来不必拒也,迎以入之而已。善者不足举也,嘉之而已;不能者不足教也,恤之而已。凡以其俗慢易,风化之所难易,其地荒辟,政令之所难及故也。若是,则远人其有不柔,四方其有不归者乎?世者,人之统绪;国者,地之封域。世以人而绝,国以地而废。绝世,则继之使续;废国,则举之使兴。乱者,治之使理;危者,持之使安。或春夏,或秋冬,所谓朝以时也;或比年,或三年,所谓聘以时也。燕与时赐无数,所以厚其往;已聘而还圭璋,所以薄其来。厚往,则我于彼无虚拘;薄来,则彼于我无烦费。若是,则诸侯其有不怀天下,其有不畏者乎?九经之别如此,所以行之一,归乎中而已。

延平周氏曰:先庶民而后百工,抑末也。言工不言商者,为工者尚且来之,则通有无于道路者可知矣。远人先于诸侯者,其犹序六月之诗,以《蓼萧》先于《湛露》,盖示其柔远能迩之意。群臣者,兼士言之也。果上之人有以体察之,则其所谓见危授命、见得思义者出焉,故曰"报礼重"。《诗》曰:"四国于蕃,四方于宣。"言四方以对四国,则四方为四国之外;言天下以对四方,则天下为四方之内。

齐明,以致一;盛服,以尽恭。非礼不动,以克己,所以修身也。尊其位,所以贵之;重其禄,所以富之。君子之于亲也,岂特富贵之而已?又将端吾之好恶,而与之同也。日省月试,所谓稽其功绪者也;既禀称事,所谓均其稍食者也。送往迎来,礼也;嘉善而矜不能,仁也。先王待中国,固异于远人。厚往而薄来,所以待中国也;送往迎来,所以待远人也。继绝世,举废国,仁也;乱者治之,危者持之,义也;朝聘以时,厚往而薄来,礼也。然是数者皆言劝,唯修身与柔远人、怀诸侯不言之者,盖修身无意于劝而劝自存,故曰"大人正己而物正"。远人责之略,则劝莫得以言;诸侯责之详,则劝不足以言。行之者一,致一也。

马氏曰:治天下国家之道,必有以致其要,亦必有以致其详,故修身者所以致其要也,而九经者所以致其详也。夫身者,政之大本,身立则政立,故先修身。而贤者,修身之辅也,故继以尊贤。修身则内有所守,尊贤则外有所正,内外之德成,然后可以有为于天下。以其为治之序,则先亲而后疏,故言亲亲,而继之以敬大臣、体群臣;自贵及贱,故继之以子庶民、来百工;自近及远,故继之以柔远人、怀诸侯。此其序也。齐明,所以内洁;盛服,所以外庄。非礼勿动,则所谓"心不苟虑,必依于道;手足不苟虑,必依于礼"⑤。贤者任之,能者使之,此官盛任使也。

山阴陆氏曰:"所以行之者一也",一谓诚也。在《易》有之乾是也,故曰:"君子行此四德者,故曰乾:元、亨、利、贞。""不眩",见道者也,非直不惑而已,盖道不可以声音貌象求焉,以目求之则眩矣,以耳听之则眩矣。"齐明盛服",若颜子是已,故曰不远,复以修身也。外能去谗,内能远色,所宝惟贤,此贤者所以劝也。变云劝者,言尊贤而贤不劝,非所以尊贤也。他言劝,皆仿此。"同其好恶",异之私恩也,同之公义也。既,读如字,《说文》曰"小食也"。"送往迎来",主道也,非君道也。"嘉善而矜不能",母道也,非父道也。

海陵胡氏曰:"修身则道立"以下,明九经之效。"敬大臣则不眩"者,大臣尽忠竭节,以事其上,贤不肖乃分辨,故上之瞻视,无所眩惑。"体群臣"者,君之视臣如手足,则臣视君如腹心。"来百工则财用足"者,制度修举,器用充给,故财用足。"齐明盛服"者,既齐洁严明,以治性于内,又盛饰其服,以整饬于外。"去谗远色"者,谗人不退则贤人不进,色惑人则性昏,性昏则善恶不能别。"贱货而贵德"者,国宝于贤,不宝于货。"重其禄",不言与之政者,亲族之间,有贤则任之,不贤者但尊其禄位而已。"同其好恶"者,富贵人之所共欲也,贫贱人之所共恶也。"官盛任使"者,大臣之居朝廷,总纲领而已,繁细皆委之有司,然后大臣得安逸而正其纲领。

"忠信重禄"者,既推忠信以待人,又副之以重禄。"行之者一也",至诚也。

广安游氏曰:孔子曰:"老者安之,朋友信之,少者怀之。"孔子之学,圣人之学,而其道则君天下之道也。《中庸》所言,亲者亲之,大臣敬之,群臣体之,庶民子之,百工来之,远人柔之,诸侯怀之,是孔子三言之推也,言天下国家之人,亲疏、远近、贤否、大小之齐,无不得其所也。古之为天下者,内之有家,外之有王畿之国,又外之有天下。亲亲者,家之事也。尊贤也,敬大臣也,体群臣也,子庶民也,来百工也,则国之事也。柔远人也,怀诸侯也,自天下而言也。圣人之治天下,内治其家,外治其国,又外治其天下,而其原,本于知所以治人,治人之原,本于修身。经者,言所以经纪天下者也。

三纲五常之道,本出于修身;"修身则道立",道立则八者沛然顺治矣。贤者不尊,愚不肖者不卑,则贤愚不辨;贤愚不辨,则民惑而不知卿方矣。大臣而不敬,廉陛下迫,则贵贱大小之分不明,贵贱大小之分不明,则出政于此,人将眩惑而不知所从矣。

中庸之学,本以修身,而修身亦列于九经者,圣人之身,出居明堂,以临天下,其动容貌、正颜色、兴居进退之际,即是治天下国家第一事。齐,言其齐一。明,言其如日月之明。盛服,言其弁冕端委,以临其下,兴居之际,非礼不动。此皆修身之体,圣人坐庙堂象貌也。体者不可以骤为也,中和积于中,而诚正之体见于外。圣人只消修身到这里,才出坐朝廷,治象固已见矣。自此以下八者,皆是政事,惟去逸远色、贱货贵德以劝贤,此一事亦是圣人身上事。以下七者,皆德之发于政者,有司之事也。"尊贤则不惑"者,《书》曰"任贤勿贰",尊贤而有贰心,则人惑矣。其惑者何也?其意若曰:吾君之用是人也,用之不力,意者蔽于逸邪?蔽于色邪?蔽于货邪?不知德之为可贵邪?不然,何用贤之不力也?何用贤而以小人参之也?君蔽于逸,则人相劝于逸矣;君蔽于色,则人相劝而好色矣;君蔽于货,则人相劝而货殖矣;君不以德为贵,则人不知德为贤矣。如此,则人惑而不知乡方矣。

晏氏曰:箕子陈《洪范》,则有九畴,子思作《中庸》,则有九经,事虽不同,其取于九数则一而已。《洪范》九畴,一曰五行者,本于天道,故曰"惟天阴骘下民"也;《中庸》九经,一曰修身者,本于人道,故曰"凡为天下国家"也。远人在外,诸侯在内,先内后外,乃其序尔。今则先远人而后诸侯,何哉?盖远人不柔,则四夷交侵,而吾征伐四出,救患有所不给,何暇怀诸侯乎?是先柔远而后怀诸侯者,乃急缓之序,不得不然尔。《旅獒》言"明王慎德,四夷咸宾。无有远迩,毕献方物",然后"昭德之致于异姓之邦","分宝玉于伯叔之国",皆先柔远人而后怀诸侯,正与此合。

不然，柔远能迩，《书》何以屡言之也？《语》曰："君子不施其亲，不使大臣怨乎不以。"此先亲亲而后敬大臣之序也。此与夫骨肉咸怨、侮慢自贤者异矣。财用者，商贾之事也，当言来商贾则财用足，今乃言来百工，何哉？盖备物制器者百工也，财用之所由出也。故攻玉之工至，则宝玉之用足焉；攻金之工至，则金币之用足焉；耒耜之器成，而谷人足于昼；蚕桑之器成，而丝人足于夜。然则百工来矣，财用胡为而不足邪？

温陵陈氏曰：古之为天下者，赖诸侯以治之，《比》之"建万国，亲诸侯"，是其意也。然有畿内之诸侯，畿内属乎天子，自畿之外，环视天下，皆诸侯也，故诸侯能怀之，则天下畏之。舜于类帝之后，即行巡狩之礼，人以为舜之警动诸侯，而不知舜之巡狩，所以慰安之也。武王《时迈》之诗，亦此意也。然必继绝举废者，盖诸侯世有其国，而不至于废绝者也。殷能革夏之天下，而不能革夏之诸侯，周能革殷之天下，而不能革殷之诸侯，故其废绝者，亦从而继之举之。

涑水司马氏曰：体者，元首股肱，义犹一体。柔远人者，驭以宽仁，不强致也。敬大臣者，苟其人不足任大臣之重，则勿寘诸其位，既寘诸位而复疑之，舍大臣而与小臣谋，则谗慝并兴，大臣解体矣。嘉善，谓抚其怀服。矜其不能，谓不责其骄慢。

江陵项氏曰：道立，则为之基址也。不惑，然后讲之明矣。不惑者，我不惑也。不眩者，人不眩也。齐明盛服，内外交修也。逸也、色也、货也，三者害德之具，三者不去，有德者不可得而贵也。听公伯寮，受女乐，用田赋，则夫子之道废矣。贤也、亲也、大臣也、士也、民也、工也，皆言劝者，皆同舟共济之人，必有以兴起其劝心而后可。《孝经·孝治章》言治天下、治国、治家，皆欲"得人之欢心"，即此意。

晋陵钱氏曰：修身、尊贤、亲亲，一家之经；敬大臣、体群臣、子庶民，一国之经；来百工、柔远人、怀诸侯，天下之经。道立，谓取人以身。不惑，谓人知所尚。不眩，谓人知所同敬。百工，庶官也，谓之工者，以其才能足称其职也，《书》曰："允厘百工，庶绩咸熙"。来者，取诸他国，广求之也。财，当为材。官盛任使，所以劝大臣，言官之盛，又任使之，后世乃有尊为三公，而不任以事者。矜不能，不责其来。继其绝，举其废，治其乱，持其危，皆保全之以时，不烦也。厚往薄来，重恩而轻利也。

建安真氏曰：九经之说，朱熹尽之矣。或谓《大学》先言诚意正心，而后修身，《中庸》九经之序，乃自修身始，何邪？曰：齐明盛服，非礼不动，此所谓敬也，敬则意诚，心正在其中矣。诸儒以一为诚，何也？曰：天下之理，一则纯，二则杂，纯则诚，杂则妄。修身不一，善恶杂矣；尊贤不一，邪正杂矣。不二不杂，非诚而何？故舜曰"惟一"，伊尹曰"克一"，《中庸》曰"行之者一"。

长乐陈氏曰：此即文武之政也，其要惟一，其别有九，而其序则《尧典》所谓"钦明文思"至于"黎民于变时雍"，夫子所谓"修己以敬"至于"安百姓"也。

永康陈氏曰：九经为政，以德为本也，尧舜至治之所由出也，此一定不易之理。欲知其要，即是以心达心；欲知其道，只是居敬行简。故九经必自吾身而出。"修身则道立"，有本也。"尊贤则不惑"，本固也。"亲亲则诸父昆弟不怨"，爱始达也。"敬大臣则不眩"，则民具尔瞻也。"体群臣则士之报礼重"，上下交孚也。"子庶民则百姓劝"，相勉于善也。"来百工则财用足"，经制有余也。"柔远人则四方归之"，视犹父母也。"怀诸侯则天下畏之"，如临师保也。

钱塘于氏曰：以尊贤为劝贤，亲亲为劝亲亲，敬大臣为劝大臣，体群臣为劝士，来百工为劝百工，皆加以劝之一字者，岂无意哉？古之圣君，所以为天下国家，用经而不用权，用劝而不用惩，苟有一毫用惩之意，而无贬损谦抑之诚，则非所以为经矣。劝道既行，始可以言尊贤、言亲亲、言敬大臣、言来百工也，如曰柔远人，怀诸侯，此亦用劝之意，不复赘言也。玩经者，盍深味之？

严陵喻氏曰：吾夫子既列九者之经，终之曰"凡为天下国家有九经，所以行之者一也"，盖经虽有九，所以行乎九经者，未尝九也，亦本乎一心而已。自古圣相传之要曰"惟精惟一"，曰"咸有一德"，曰"无贰尔心"，无非存养至一之本也。此心惟一，则九者各得其序；经有九，心亦从而九焉，则颠倒错乱，而失其所以为常道矣。散于九而归于一，其示人君以心法之要，岂不深切矣哉！

嵩山晁氏曰：谗、色、货能惑我，而不惑则尊贤之功也。有百官之当任使，各尽其材，大臣凛然在上，天下名实，不眩则敬大臣之功也。不眩，犹不惑也。

雪川倪氏曰：经者，常也，即所谓庸也。《大学》自诚意、正心、修身、齐家而后治国、平天下，《中庸》论九经，亦自修身始，而曰"凡为天下国家有九经"，以是知《中庸》《大学》一理也。齐明者，齐洁其心则明矣。服，外饬也，修身而曰盛服，何哉？盖服其服者，必有君子之容，未有服黻冕而心不敬者，所谓外内交相养也。前言"修身以道"，言其修之者必以道，未言其所以修也；此曰"齐明盛服，非礼不动"，言所以修其道者，自此而始也。

金华邵氏曰：九经之目，其先后固自有序。然尊贤先于亲亲，柔远人先于怀诸侯者，盖礼义由贤者出，不知尊贤，则不能尽亲亲之道；外宁则无内忧，远人未柔，则诸侯不可怀。此九经之序也。

宣城奚氏曰：一者何？诚而已。姑以修身言之："齐明盛服"，俨然而端庄；"非礼不动"，肃然而敬畏。非诚乎？诚于尊贤，自然谗色之远；诚于亲亲，自然好恶之同;诚于敬大臣,自然任使之专;诚于体群臣,自然忠信之笃。以至来百工而劝百姓,柔远人而怀诸侯,一皆以诚行之焉,有无实效者哉?

新定顾氏曰:此夫子平日之议论,而子思子记录于此。为,犹治也。以一身而膺天下国家之寄,为之仪表,可不修乎? 身诚修,则人有所观感,有所效法,不劳经理,而天下自治,所谓"修其身而天下平"者也,故曰"修身则道立"。然非尊贤,则讲明之功,开导之力,规正之益,其将谁赖? 苟无所赖,则将茫然昧所适从,故惟尊贤然后不惑。古者立三公,与之坐而论道,此其故也。汉儒有言,人之情"恩深者其养谨,爱至者其求详。夫戚而不见殊,孰能无怨? 此《常棣》《角弓》之诗所谓也"⑥,是故"亲亲则诸父昆弟不怨"。君,犹元首也。臣,犹股肱也。分任天下之治者惟大臣,可不敬乎? 敬之则言焉而听,谏焉而行,无面从,无后言,天下事理,无所欺隐,一举一措,可无所疑,故曰"敬大臣则不眩"。眩,亦惑也。人君之于群臣,势分稍相远,贵贱稍相绝,则其休戚劳逸,易于不相知,不相知则不相恤,此所以贵于体之。体云者,休戚劳逸,视均一体之谓也。然则又焉有不尽忠竭节,以报其上者乎? 故曰"体群臣则士之报礼重"。人君之于庶民,势分相辽远,贵贱相殊绝,则其利害得失,尤不相知,抑不思"天生民而立之君,使司牧之",君其可不视民如子乎? 人之爱其子者,何所不至? 以爱子之心而爱民,民不被其泽者寡矣。民被其泽,则感发兴起,亦惟恐其不至耳。尊君亲上,不待论也。故曰"子庶民则百姓劝"。人之生也,必资财用,曰农则所以致地利者也,曰工则所以作器用者也,曰商则所以通珍异者也,是三者,财用之所出。非人君劝率招徕之,则怠惰废弛,财用不足,将至于民力困穷,而礼义消亡矣,此来百工以足财用,所以不可已也。不言农若商者,举工而言农,商不待论也。天下之势有远近,人君之治无彼此。治道立矣,治功著矣,远人闻风而来,固当柔之,抚以恩礼之谓柔,若是则来者愈众,所谓"四方归之"也。治道立矣,治功著矣,不恃其所能致,而有轻侮诸侯之心,则固当怀之,念之不忘之谓怀,若是则诸侯协心佐助于我,势莫大焉,威莫盛焉,天下其有不畏之者乎? 虽然,就九经而论之,言之先后,诚有大旨,然非必曰次第始终,断断不易,使人循序而行之也。得其大旨于讲明之初,而遇事接物,兼举并行,各得其当,则庶几无负圣人之训矣。帝舜有庳之封,"尊其位,重其禄"之谓也。"同其好恶",均其休戚之谓也,遇其所喜则有庆贺,遇其所忧则有吊恤之类是也。

新定钱氏曰:上言达德,"所以行者一",而先之曰知天;此言九经,"所以行者一",而继之曰明善。明善即知天也,所谓一也。不知不明,安知一之为何物哉?

凡事豫则立,不豫则废。言前身定则不跲,事前定则不困,行前定则不疚,道前定则不穷。

郑氏曰：跲，踬也。疚，病也。人不能病之。

孔氏曰：此一节明九经之法，唯在豫前谋之。将欲发言，能豫前思定，然后出口，则言得流行，不有踬蹶困乏也。欲为事时，豫先思定，则临事不困。行而豫思定则不病，道而豫谋定则道无穷。

横渠张氏曰：事豫则立，必有教以先之；尽教之善，必精义以研之。精义入神，然后立斯立、动斯和矣。⑦

博学于文者，只要得习坎心亨，盖人经历险阻艰难，然后其心亨通。博文者皆是小德应物，不学则无由致之。故《中庸》之欲前定，将以应物也。⑧

蓝田吕氏曰：豫，素定也。素定者，先事而劳，事至而佚，既佚则且无所事其忧；不素定者，先事而佚，事至而忧，而亦无所及于事。寇将至则为干橹，水将至则为堤防，其为不亡者，幸也。故素定者，事皆有成，言有成说，事有成业，行有成德，道有成理，用而不括，动而有功。所谓精义入神以致用，则精义者，豫之谓也。能定然后能应。能定者，豫之谓也。拟之而后言，议之而后动，拟议以成其变化，则拟议者，豫之谓也。致用也，能应也，成变化也，此所以无跲、困、疚、穷之患也。言有成说，则使于四方，不忧乎不能专对也；事有成业，则千乘之国，摄乎大国之间，加之以师旅，因之以饥馑，不忧乎不能治也；行有成德，则富贵不忧乎能淫，贫贱不忧乎能移，威武不忧乎能屈也；道有成理，则征诸庶民，考诸三王，质诸鬼神，百世以俟圣人，不忧其不合也。

建安游氏曰：豫者，前定之谓也。唯至诚为能定，唯能定为能应，故以言则必行，以事则必成，以行则无悔，以道则无方，诚定之效如此，故继九经言之。

新安朱氏曰：此第二十章第四节。凡事，指达道、达德、九经之属。豫，素定也。此承上文，言凡事皆欲先立乎诚，如下文所推是也。⑨

所谓前定何也？曰：先立乎诚也。先立乎诚，则言有物而不踬矣，事有实而不困矣，行有常而不疚矣，道有本而不穷矣。诸说惟游氏诚定之云得其要，张子以精义入神为言，是则所谓明善者也。⑩

涑水司马氏曰：言前定，谓拟之而后言也。行前定，谓行无越思也。道前定，谓止于至善也。

海陵胡氏曰：所行之事，必豫定乃能立，若豫思之，豫为之，豫修之，豫防之，则事无不立。不然，则必有废败。"建邦能命龟，田能施命，作器能铭，使能造命，升高能赋，师旅能誓，山川能说"，至于"丧纪能诔，祭祀能语"⑪，是能豫定，则临事而言，无有颠踬。困者,临事不通之辞。凡事或施之一身,或施之一家,或施之一国,或施之天下,皆当豫定,则无有不通。所行之事,如欲事君,必豫思其事君之道,莫非以忠;若事其父,必豫思其事父之道,莫非以孝;至于朋友以信,事兄以弟,皆当豫思之,则心无疚病也。道者,五常之总名。道能前定,则施诸一身,施诸天下,施诸万世,无有穷匮也。

长乐陈氏曰:此继上而言诚也。凡九经,必有言、有行、有事、有道,而不行之以诚,则忽焉忘焉,乌能前定而豫?不能前定而豫,则不诚无物,而言、行、事、道皆废矣,跲、困、疚、穷,必至之患也。然前定而豫,岂先时而起哉?能定能应,亦理之当然尔,孟子曰:"必有事焉,而勿正心勿忘。"

施氏曰:豫者,不为其事,而为其所以事,不察其然,而察其所以然之谓也。时过而后为,则不足以当务,乌能不废乎?事至而后虑,则不足以应卒,乌能不困乎?

范阳张氏曰:诚者,岂一日遽然,安坐定气,闭目正容,便以为诚哉?当平居暇日,戒谨恐惧,积久以养之可也。此所以有豫、有前定之说也。豫、前定,以言养之有素也,养诚于未有事时,所以言"事豫则立,不豫则废"。又,言前定则不跲而可行,事前定则不困而常通,行前定则不疚而常全,道前定则不穷而常久。此盖深明豫与前定之不可不留意,而欲学者养诚于平居暇日也。

江陵项氏曰:言诚而必曰豫者,教人素学之也。知之素明,行之素熟,而后出之则不穷矣。自"事豫"以上,言政;自"事豫"以下,言学。

吴兴沈氏曰:豫者,动之微,吉之先见者也。《易》坤下震上为豫,其《象》曰"雷出地奋",豫是元气有事之初也。夫子于六二断之曰:"君子见几而作,不俟终日。"即吾性情有事之始,喜怒哀乐未发之际也,其几间不容发,君子于是知其所处,则事无有不立矣。否则,鲜有不败,故曰"不豫则废"。凡言也、事也、行也,莫不欲豫,前定即豫也,前定则不跲、不困、不疚。然道之前定,将如何邪?天命之性,至虚极静,其体本无穷也,惟其本体无穷,故其用亦无穷也,故终之曰"道前定则不穷"。然则前定之义,果何如也?孟子所谓"必有事焉,而勿正心勿忘勿助长"也,学者宜思之。

高要谭氏曰:凡事云者,总谓吾心之所泛应者也。豫,即前定也。前定,谓胸中先有规模也。一心至微,万事至众,泛应之际,傥规模不先定于胸中,几何不为事之所变乱哉?言也、事也、行也、道也,四者皆要前定,而四者之前定,又皆相因以为本。故言之前定,本乎事之有实,无是事则言亦无实矣,安得不跲乎?事之前定,本乎行之有实,无是行则事亦无实矣,安得不困乎?行之前定,本乎道之有实,无是道则行亦无实矣,安得不疚乎？此三者,皆归本乎道。道者,至理之所在也。欲是道之前定,当于喜怒哀乐未发之时求吾本心,求之既得,从而诚之,使有诸己,涵养纯熟,至于充实,则道斯立矣,此所谓规模也。出而应事,动有准则,靡不曲当,又何穷之有哉？不跲则言立,不困则事达,不疚则行全,不穷则道久,故道前定则行前定矣,行前定则事前定矣,事前定则言前定矣。四者虽殊,而皆相因以为本,此皆前辈之所未讲,使人思而得之也。

严陵俞氏曰：言之前定,非择言之谓也,易其心而后语也,故不跲。事之前定,非逆计之谓也,能定而后能应也,故不困。行之前定,非详虑之谓也,安其身而后动,何疚之有？道之前定,非预期之谓也,本立而道生,何穷之有？欲其知一,则告之以豫,欲其知豫,又告之以定。圣人教人,拳拳之意如此。

钱塘于氏曰：言先于事,事举行随,而道亦存矣。此四者之序也。⑫

凡言行与事,固贵前定,而《易》有太极,在天地先,道固未尝不前定也。"生生之谓易",道岂有穷也哉？"穷则变,变则通",是道无穷也。此乃以"道前定则不穷"为言,何与？盖此所谓道,因人而言也。杨墨之于仁义,惟其不前定,故其穷至于无父无君,杨墨不足言也。伯夷、柳下惠其于道也,非无定见,而定于前者,与夫子或异,要其终卒至于隘与不恭,亦未免于有穷焉,不至如杨墨之害道耳。孔子曰："我则异于是,无可无不可。"此孔子所谓道前定也。孟子曰："乃所愿,则学孔子也。"此孟子之所谓道前定也。《豫》之《彖》曰："豫之时义大矣哉！"于斯可见矣。

柯山周氏曰：自此以上言用,自此以下言体。中庸之道,言其用,见于修身、齐家、治国、平天下；语其体,则本之于诚。《中庸》所谓明善、诚身,即《大学》所谓致知、格物、正心、诚意。《大学》之书,由体起用,故先言致知、格物、正心、诚意,而后及于修身、齐家、治国、平天下；《中庸》之书,即用明体,故先言修身、齐家、治国、平天下,而后本于诚身、明善。先后虽殊,相为表里,所谓一以贯之也。将言诚之道,必先言所谓豫者,盖非一朝一夕之积,如雷在地中为复,至四阳大壮,然后奋发而出,天地之间,温温乎其和可知,是乃所谓豫。圣人致中和,至于天地位、万物育,亦岂一朝一夕之积哉？其道盖前定矣。凡事,盖总言之。言能前定则不跲,事能前定则不困,行能前定则不疚,况天下国家,其道可不前定乎？道而不能前定,则用之有时而穷矣,非所谓豫也,故下文"在下位不获乎上,民不可得而治",反本造约,卒归于诚身明善,由明善以诚身,由诚身以顺亲信友,由信友以获乎上。素位而行,得志泽加于民,非豫之至,能若是乎？不然,如沟浍之水,乍盈乍涸,其废也可立而待,乌在其为不穷邪？孟子之学,得于子思,故其论诚,亦云四明。

袁氏曰:是非不两立,邪正不两大。听谗者,必不听忠;好色者,必不好德;重利者,必不重义。故必去谗,必远色,必贱货,则纯于天理,而邪不干正矣。"凡为天下国家有九经"章内。

【注释】

①《程氏遗书》卷十九,《二程集》,页257。

②《程氏遗书》卷十一,《二程集》,页126。

③《中庸章句》,《朱子全书》6/46—47。

④《中庸或问》下,《朱子全书》6/587—590。

⑤《礼记·祭统》:"心不苟虑,必依于道;手足不苟动,必依于礼。"

⑥《汉书》卷八十五《谷永杜邺传》。

⑦《正蒙·中正》,《张载集》,页29。

⑧《经学理窟·学大原下》,《张载集》,页285。

⑨《中庸章句》,《朱子全书》6/48。

⑩《中庸或问》下,《朱子全书》6/590。

⑪《毛诗正义》卷三"定之方中传"曰:"建国必卜之,故建邦能命龟,田能施命,作器能铭,使能造命,升高能赋,师旅能誓,山川能说,丧纪能诔,祭祀能语,君子能此九者,可谓有德音,可以为大夫。"

⑫本章出现两段"钱塘于氏曰",此段原在"严陵俞氏曰"一段上,今置于其下,而与后一段"钱塘于氏曰"合为一处。

卷十

【原文】

在下位不获乎上,民不可得而治矣;获乎上有道,不信乎朋友,不获乎上矣;信乎朋友有道,不顺乎亲,不信乎朋友矣;顺乎亲有道,反诸身不诚,不顺乎亲矣;诚身有道,不明乎善,不诚乎身矣。

郑氏曰:获,得也。不获乎上,言臣不得于君,则不得居位治民也。不明乎善,不诚乎身,言知善之为善,乃能行诚。

孔氏曰:此明为臣为人,皆须诚信于身,然后可也。

河南程氏曰:"止于至善","不明乎善",此言善者,义理之精微,无可得名,且以至善目之。"继之者善",此言善,却言得轻,但谓继斯道者莫非善也,不可谓

恶。①伊川

这一个道理，不为尧存，不为桀亡。只是人不道他这里，知此便是明善。②

明善在明，守善在诚。③

人患事物系累，思虑蔽锢，只是不得其要。要在明善，明善在乎格物穷理。穷至于物理，则渐久后天下之物皆能穷，只是一理。④

且省外事，但明乎善，唯进诚道，其文章虽不中不远矣。所守不约，泛滥无功。⑤明道

学者必知所以入德，不知所以入德，未见其能进也。故孟子曰："不明乎善，不诚其身。"《易》曰："知至至之。"⑥

蓝田吕氏曰：不得乎亲，不可以为人，不顺乎亲，不可以为子，则人之所以信于朋友者，岂声音笑貌为哉？内诚尽乎父母，内行孚于家人，则朋友者不期信而信之矣，故曰"不顺乎亲，不信乎朋友矣"。获乎上者，有善而见信，有功而见知，所施于民者，莫非善也；不获乎上者，德进而见忌，功高而见疑，身且不保，尚何民之可治哉？故曰"不获乎上，民不可得而治矣"。

建安游氏曰：欲诚其意，先致其知，故不明乎善，不诚乎身矣。学至于诚身，安往而不致其极哉？以内则顺乎亲，以外则信乎友，以上则可以得君，以下则可以得民，此舜之允塞，所以五典克从也。

延平杨氏曰：不明乎善，虽欲择之、固执之，未必当于道也，故欲诚乎身，必先于明善。不诚乎身，则身不行道矣，"身不行道，不行于妻子"，况能顺其亲乎？故顺乎亲，必先于诚身。不顺乎亲，则于其所厚者薄也，况于朋友乎？故欲信乎朋友，必先顺乎亲。夫责善，朋友之道也，不信乎朋友，则其善不足称也，已而欲获乎上，不亦难乎？不获乎上，则身不能保，况欲治其民乎？不可得也。

反身者，反求诸身也。盖万物皆备于我，非自外得，反诸身而已。

明善在致知，致知在格物。号物之多至于万，则物盖有不可胜穷者，反身而诚，则举天下之物在我矣。《诗》曰："天生烝民，有物有则。"凡形色具于吾身者，无非物也，而各有则焉，反而求之，则天下之理得矣。

新安朱氏曰：此第二十章第五节。此又以在下位者，推言素定之意。反诸身不诚，谓反求诸身，而所存所发未能真实而无妄也。不明乎善，谓未能察于人心天命之本然，而真知至善之所在也。⑦夫在下位而不获乎上，则无以安其位而行其志，故民不可治。然欲获乎上，又不可以谄说取容也，其道在信乎友而已，盖不信乎友，则志行不孚而名誉不闻，故上不见知。然欲信乎友，又不可以便佞苟合也，其道在悦

乎亲而已，盖不悦乎亲，则所厚者薄而无所不薄，故友不见信。然欲顺乎亲，又不可以阿意曲从也，其道在诚乎身而已，盖反身不诚，则外有事亲之理而内无爱敬之实，故亲不见悦。然则欲诚乎身，又不可以袭取强为也，其道在明乎善而已，盖不能格物致知，以真知至善之所在，则好善必不能如好好色，恶恶必不能如恶恶臭，虽欲勉焉以诚其身，而身不可得而诚矣。此必然之理也，故夫子言此，而其下文即以天道、人道、择善、固执者继之。盖择善所以明善，固执所以诚身。择之之明，则《大学》所谓物格而知至也；执之之固，则《大学》所谓意诚而心正、身修也。知至，则反诸身者将无一毫之不实；意诚、心正而修身，则顺亲、信友、获上、治民将无所施而不利。而达道、达德、九经，凡事亦一以贯之而无遗矣。⑧

此章之说虽多，然亦无大得失，唯杨氏反身之说为未安耳。盖反身而诚者，物格知至，而反之于身，则所明之善无不实，有如前所谓如恶恶臭、如好好色，而其所行自无内外隐微之殊耳。若知有未至，则反之而不诚者多矣，安得直谓但能反求诸身则不待求之于外，而万物之理皆备于我而无不诚哉？况格物之功，正在即事即物而各求其理，今乃反欲离去事物而专务求之于身，尤非《大学》之本意矣。⑨

《原道》中举《大学》，却不说"致知在格物"一句，苏子由《古史论》举《中庸》"不获乎上"后，却不说"不明乎善，不诚乎身"二句，这两个好做对。司马温公议仪、秦处说"立天下之正位，行天下之大道"，却不说"居天下之广居"，看得这样，都是个无头学问。⑩

海陵胡氏曰：必先得上之信任，然后道得以行，民得以治。朋友信之，然后声誉闻达，可以取信于上，朋友未信，况可取信于君乎？闺门之内，其亲且未能顺，朋友肯信之乎？顺亲有道，当以至诚，自持其身，何者？凡所为善，则亲喜悦，所为不善，则亲愧辱，故不能以至诚自持，则不顺其亲矣。事有善恶，若诚于恶，则失所以诚身之道，当明于善而固执之，然后可以诚身矣。

司马温公

广安游氏曰：此言为人辅相，佐其君治天下之道也。天子之相，名为人臣，实行君之事，治君之民。用君之爵，禄以为赏，用君之刀，锯以为罚，生杀进退，皆得专之，此之谓宰相之事。不如此，不可以为政，然必得其君，然后可以如此。然获乎上，必信乎友；舜之道，信于四岳，而后获乎尧；禹之道，信于契、皋陶，然后获于舜；周公不为召公所说，则周公以为忧，求所以释召公之意而作《君奭》，召公既说，周公获乎成王矣；管仲见信于鲍叔，而获乎威公；子产见信于子皮，而获于郑伯。古之人臣，莫不如此。然不顺乎亲，则不能信乎朋友。盖君子之道，自内以及外，自近以及远，于其亲而不顺，况能及他人乎？孟子论舜，专言其得乎亲，而后可以治天下，此章所言，全以舜为法，故曰"不以舜之所以事尧事君，不敬其君者也"。舜为尧相，上获乎尧，下见信乎禹、稷、契、皋陶，其道盖出于此。顺乎亲又必反诸身，舜之事亲正如此：瞽瞍不豫，常反求诸己，负罪引慝，终至于瞽瞍亦允若，志诚感神。此顺乎亲，必反身以诚而后可也。诚身有道，必明乎善，舜之诚身，亦本于此，孟子曰"舜明于庶物，察于人伦"，《记》曰"舜其大智也欤，舜好问而好察迩言"，此则舜之明善也。不明乎善，则下不知人，上不知天，而不得中庸。不得中庸，则不能诚身矣。

东莱吕氏曰：此段盖自末至本。居下者固欲有获于上，不知所以获者自有道。擎跽曲拳，岂足以获于上？直言正谏，岂足以获于上？甚者乃云：我能取信，自然获于上。不知其平日之心不诚信，安能一旦为诚信？须是平日见信，然后可故曰"不信于友，不获于上矣"。信于友者，又须是能悦亲，如不能悦亲，于朋友交际间，虽有诚信，而非发之于内，常时固可遮藏，偶然遇一大君子，则不能掩，故曰"不悦于亲，不信于友矣"。悦亲有道，非三牲五鼎为足，悦亲须是承颜顺色。方为悦亲，又须是出于诚，诚者乃与生俱生，固结而不能自解，故曰"反身不诚，不悦于亲矣"。此章一句紧一句，渐渐入来，盖明善乃理之极，虽尧、舜、禹、汤、文、武、周公、孔子所以相继者，亦不过明善，于明善之外，更无所加损，故曰"不明乎善，不诚乎身矣"。止是要从近处看。今之人其于事亲、从兄、事上、交友之际，固有时乎中理，然有时又差了，盖虽到九分九厘尽，有一毫差，则并前都差，如行九十九里，忽差路头，则都不济事。此所以要明善，明善要明得尽。居仁

范阳张氏曰：人性皆善，特吾学非其道，而世无师友以指示之耳。使吾知格物致知之学，内而一念，外而万事，无不穷其原流，穷其终始，穷之至于极尽之地，人欲既尽，一旦豁然，则惟善昭昭，无可疑矣，此所谓"一日克己，天下归仁焉"，故诚之为用，无不感动。以此事亲，则吾亲感动而无不悦；以此交朋友，则朋友感动而无不信；以此事上，则在上感动而无不获；以此治民，则天下感动而无不治。是故不忧民之不治、上之不获、朋友之不信、亲之不悦，独忧身之不诚，善之不明耳。使明乎善，则吾身、吾亲、吾友、吾君、吾民之机，皆已总摄乎此矣。

新定顾氏曰:所谓善者,何如哉? 孟子曰:"万物皆备于我矣",又曰:"仁人之安宅也,义人之正路也",曰万物皆备,称其善也,曰安宅,曰正路,喻其善也。善之为言,美也,穷天地,亘万世,所谓事物,皆于此乎出,譬如枝叶之生于本根。是故事物有大小,而此善无大小;事物有高下,而此善无高下;事物有变迁,而此善无变迁;事物有彼此,而此善无彼此。非有气也,而气皆于此乎出;非有形也,而形皆于此乎生。故有行焉,而人莫能御,是谓正路;有居焉,而人莫能移,是谓安宅。不疾而速,不行而至,自得于我,无羡于彼,是谓万物皆备,事物莫之能及也,故谓之善。伏羲之为《易》,尧、舜、禹之相传以中,箕子之言皇极,孔子之言仁,惟此善也。子思子之为是书,始明之以天命之性,中目之以至诚,末以为上天之载,异时孟子又明之以仁义,亦惟此善也。能明此善,则知身果不可以不诚。

晋陵喻氏曰:夫子之教曰"出则事公卿,入则事父兄",事公卿乃与事父兄等。逮德下衰,士或以事公卿为耻,夫子其知之矣,故以是垂教焉。其事君尽礼,人至以为谄;其栖栖于行道,人至以为佞。后世之君子,视孔子不翅千万也,而天下之人,莫有疑其谄佞者,是其有过于孔子哉? 盖其于天下,无孔子皇皇之心,不以得君行道为己任;无孔子之德,行而不敢自信;无孔子之毋我,而不能忘其己私。故终于嚣嚣然,无翻然而改者也。如此,则夫谄佞之讥,又何疑哉? 噫! 无怪乎道之不行,而斯民之不受赐也,安得以孔子中庸之道告之?

延平周氏曰:信乎朋友,是内足以自信,而外则足以取信,此上之所以获,而民可得而治也。故孔子之教止于信,而漆雕开之学亦主于信。

吴兴沈氏曰:上既言"事豫则立"至"道前定则不穷"之义,此复申以明善,推而至于民,可得而治,盖一理也,特子思欲理明而事切,故谆谆反复言之。能明乎善,即所谓豫也。性之至善,自本自根,无昏迷之间,人伪一萌,则失先见之明,而善不复见矣。惟于喜怒哀乐未发之时,即事而明,不为物感,则性善明矣。明乎至善,则一性之间,无一毫人伪,皆天理之自然。以之修身则诚,以之事亲则顺,以之交朋友则信,以之在下位则必获乎上,以之在上位则必得乎民,无所往而不当矣。

诚者,天之道也;诚之者,人之道也。诚者,不勉而中,不思而得,从容中道,圣人也;诚之者,择善而固执之者也。博学之,审问之,慎思之,明辨之,笃行之。有弗学,学之弗能,弗措也;有弗问,问之弗知,弗措也;有弗思,思之弗得,弗措也;有弗辨,辨之弗明,弗措也;有弗行,行之弗笃,弗措也。人一能之,己百之;人十能之,己千之。果能此道矣,虽愚必明,虽柔必强。

郑氏曰:言诚者,天性也;诚之者,学而诚之者也。因诚身说有大至诚。果能此道矣,虽愚必明,虽柔必强,劝人学诚其身也。果,犹决也。

孔氏曰:此经明至诚之道。自"博学之"以下,申明"诚之者,择善而固执"之事。郑注"大至诚",则经云"诚者,天之道",圣人是矣。"有弗学,学之弗能,弗措也",谓身有事,不能常学习,须勤力学之。措,置也。言学不至于能则不置,必待能之乃已也。以下诸事皆然。

濂溪周氏曰:诚者,圣人之本。"大哉乾元,万物资始",诚之源也。"乾道变化,各正性命",诚斯立焉。纯粹,至善者也,故曰"一阴一阳之谓道,继之者善也,成之者性也。"元亨,诚之通;利贞,诚之复。大哉易也,性命之源乎![11]

圣人,诚而已矣。诚,五常之本,百行之源也。静无而动有,至正而明达也。五常百行非诚,非也,邪暗塞也。故诚则无事矣。至易而行难。果而确,无难焉。故曰"一日克己复礼,天下归仁焉"。[12]

河南程氏曰:无妄之谓诚,不欺其次矣。一本云:李邦直云:"不欺之谓诚。"便以不欺为诚。徐仲车云:"不息之谓诚。"《中庸》言至诚无息,非以无息解诚也。或以问先生,先生云云。[13]

诚者天之道,敬者人事之本。敬者用也。敬则诚。[14]明道

主一之谓敬,一者之谓诚。敬则有意在。[15]

诚然后能敬,未及诚时,却须敬而后能诚。[16]

只是一个诚。天地万物鬼神本无二。[17]

诚则自然无累,不诚便有累。[18]

诚为统体,敬为用。敬则内自直。诚合内外之道,则万物流形,故义以方外。[19]

"不勉而中,不思而得",与勉而中,思而得,何止有差等耳,是相去悬绝。"不勉而中"即常中,"不思而得"即常得,所谓从容中道者,指他人所见言之。若不勉不思者,自在道上行,又何必言中?不中、不勉、不思,亦有大小深浅。至于曲艺,亦有不勉不思者。所谓日月至焉,与久而不息者,所见规模虽略相似,其意味气象迥别,须心潜默识,玩索久之,庶几自得。学者不学圣人则已,欲学之,须熟玩味圣人之气象,不可只于名上理会。如此,只是讲论文字。[20]伊川

问:"致知与力行兼否?"曰:"为常人言,才知得非礼不可为,须用勉强,至于知穿窬不可为,则不待勉强,是知亦有浅深也。古人言乐循理谓之君子,若勉强,只是知循理,非是乐也。才到乐时,便是循理为乐,不循理为不乐,何苦而不循理,自不须勉强也。若夫圣人不勉而中,不思而得,此又上一等事。"[21]伊川

知至则当至之,知终则当遂终之,须以知为本。知之深则行之必至,无有知之

而不能行，只是知得浅。饥而不食乌喙，人不蹈水火，只是知。人为不善，只为不知。知至而至之，知之事，故可与几。知终而终之，故可与存义。知至是致知，博学、明辨、审问、慎思四者，皆知至之事，笃行便是终之。如始条理、终条理，因其能始条理，故能终条理，犹知至即能终之。㉒

博学、审问、慎思、明辨、笃行，五者废其一，非学也。㉓

"思曰睿"，思虑久后，睿自然生。若于一事上思未得，且别换一事思之，不可专守著这一事。盖人之知识，于这里蔽著，虽强思亦不通也。㉔伊川

"思曰睿，睿作圣。"致思如掘井，初有浑水，久后稍引动得清者出来。人思虑，始皆溷浊，久自明快。㉕伊川

问："张旭学草书，见担夫与公主争道及公孙大娘舞剑，而后悟笔法，是心常思念至此而感发否？"曰："然。须是思方有感悟处，若不思怎生得如此？然可惜张旭留心于书，移此心于道，何所不至？"㉖伊川

不深思则不能造于道，不深思而得者，其得易失。然而学者有无思无虑而得者，何也？曰：以无思无虑而得者，乃所以深思而得之也。以无思无虑为不思而自以为得者，未之有也。㉗

问："人有日诵万言，或妙绝技艺，此可学否？"曰："不可。大凡所受之才，虽加勉强，止可少进，而钝者不可使利也。唯理可进。除是积学既久，自能变得气质，则愚必明，柔必强。"㉘

横渠张氏曰：勉，盖未能安也；思，盖未能有也。㉙

以心求道，正犹以己知人，终不若彼自知彼，为不思而得也。㉚

性通极于无，气其一物耳；命禀同于性，遇乃适然焉。人一己百，人十己千，然有不至，犹难语性，可以言气；行同报异，犹难言命，可以言遇。㉛

形而后有气质之性，善反之则天地之性存焉，故气质之性，君子有弗性者焉。㉜

蓝田吕氏曰：诚者，理之实然，致一而不易者也。天下万古，人心物理，皆所同然，有一无二，虽前圣后圣，若合符节，是乃所谓诚。诚即天道也，天道自然，无勉无思，其中其得，自然而已。圣人诚一于天，天即圣人，圣人即天。由仁义行，何思勉之有？故从容中道而不迫。诚之者，以人求天者也。思诚而复之，故明有未究，于善必择，诚有未至，所执必固。善不择，道不精，执不固，德将去。学问思辨，所以求之也；行，所以至之也。求之至，非人一己百、人十己千，不足以化气质。

诚者，理之实，致一而不可易者也。大而天下，远而万古，求之人情，参之物理，皆所同然。有一无二，虽前圣后圣，若合符节，理本如是，非人私知之所能为，此之

谓诚。诚即天道也,天道自然,何勉何思,莫非性命之理而已。故"诚者,天之道",性之者也;"诚之者,人之道",反之者也。圣人之于天道,性之者也;贤者之于天道,反之者也。性之者,成性与天无间也,天即圣人,圣人即天,纵心所欲,由仁义行也,出于自然,从容不迫,不待乎思勉而后中也;反之者,求复乎性而未至,虽诚而犹杂之伪,虽行而未能无息,则善不可不思而择,德不可不勉而执,不如是犹不足以至乎诚。故学问思辨,皆所以求之也;行,所以至之也。君子将以造其约,则不可不学;学而不能无疑,则不可不问;未至于精而通之,则不可不思;欲知是非邪正之别、本末先后之序,则不可不辨;欲至乎道,欲成乎德,则不可不行。学以聚之,聚不博则约不可得,博学而详说之,将以反说约也。为学之道,造约为功,约即诚也。不能至是,则多闻多见,徒足以饰口耳而已,语诚则未也,故曰"有弗学,学之弗能,弗措也"。学者不欲进则已,欲进则不可以有成心,有成心则不可与进乎道矣,故成心存则自处以不疑,成心亡然后知所疑矣。小疑必小进,大疑必大进。盖疑,不安于故而进于新者也。颜渊学为孔子而未得者也,故疑之。"仰之弥高,钻之弥坚,瞻之在前,忽焉在后",皆疑辞也;孟子学为舜而未得也,故疑之;"舜为法于天下,可传于后世,我犹未免为乡人",亦疑辞也。所谓疑者,患乎未知也。如问之审,审而知,则进孰御焉? 故曰:"有弗问,问之弗知,弗措也"。学也问也,求之外者也;闻也见也,得之外者。不致吾思以反诸身,则学问闻见非吾事也。故知所以为性,知所以为命,反之于我,何物也? 知所以名仁,知所以名义,反之于我,何事也? 故曰"思则得之,不思则弗得也"。慎其所以思,必至于得而后已,则学问闻见,皆非外铄,是乃所谓诚也,故曰"有弗思,思之弗得,弗措也"。理有宜不宜,时有可不可。道虽美矣,胶于理则乱;诚虽至矣,失其时则乖。不可不辨也。辨之者,不别则不见,不讲则不明,非精义入神,不足以致用,故曰"有弗辨,辨之弗明,弗措也"。四者,致知之道,而未及乎行也。学而行之,则由是以至于诚,无疑矣。知崇者,所以致吾知也;礼卑者,所以笃吾行也。学之博者,莫若知之之要;知之要者,不若行之之实也。行之实,犹目之视、耳之听,不言而喻也,如日月之运行,不可得而已也。笃之犹有勉也,笃之至于诚则不勉矣。行之弗笃,犹未诚也,故曰"有弗行,行之弗笃,弗措也"。"人一能之己百之,人十能之己千之"者,君子所贵乎学者,为能变化气质而已。德胜气质,则柔者可进于强,愚者可进于明;不能胜气质,则虽有志于善,而柔不能立,愚不能明。盖均善而无恶者,性也,人所同也;昏明强弱之禀不齐者,才也,人所异也。诚之者,反其同而变其异也。思诚而求复,所以反其同也;人一己百、人十己千,所以变其异也。孟子曰:"居移气,养移体。"况学问之益乎! 故学至于尚志,以天下之士为未足,则尚论古之人,虽质之柔,而不立者寡矣;学至于致知格物,则天下之理斯得,虽质之愚,而不明者寡矣。夫愚柔之质,质之不美者也,以不美之质,求变而美,非百倍其功不足以致之。今以卤莽灭裂之学,或作或辍,以求变不美之质,及不能变,则曰天质不美,非学所能变,是果于自弃,其为不仁之甚矣!

上蔡谢氏曰:诚是实理,不是专一,寻常人谓至诚,止是谓专一。实理则如恶恶臭,如好好色,不是安排来。

诚是无亏欠,忠是实有之理,忠近于诚。

学者且须是穷理。物物皆有理,穷理则能知天之所为。知天之所为,则与天为一。与天为一,无往而非理也。穷理则是寻个是处。有我不能穷理,人谁识真我?何者为我?理便是我。穷理之至,自然不勉而中,不思而得,从容中道。曰:理必物物而穷之乎?曰:必穷其大者。理一而已,一处理穷,触处者皆通。恕,其穷理之本欤!

延平杨氏曰:道一也,有天人之辨、贤圣之别者,诚与诚之者异而已,其归无二致也。孔子曰"上智与下愚不移",而此曰"虽愚必明",何也?曰:天地之性一而已,为上智,为下愚,气禀异也,故善反之,则天地之性存焉。气质之性,君子不谓之性也。若夫学之而弗能,问之而弗知,思之而弗得,辨之而弗明,行之而弗笃而遂措焉,不知人一能之己百之,人十能之己千之,则是愚者之不移也,尚何明之有?《中庸》只论诚,而《论语》曾不及一诚,何也?《论语》之教人,凡言忠信恭敬,所以求仁而进德之事,莫非诚也。《论语》示人以人之之方,《中庸》言其志也,盖《中庸》,子思传道之书,不正言其志,则道不明。孔子所罕言,孟子常言之,亦犹是矣。

河东侯氏曰:"诚者,天之道",生而知之,尧舜性之者是也;"诚之者,人之道",学而知之,汤武反之者是也。诚者,天之道;圣人,人伦之至。化而无迹,从容中道,思勉不在言也。诚之者,择善而固执之者也。博学、审问、慎思、明辨、笃行之,择善者也。弗能、弗知、弗得、弗明、弗笃,弗措而固执之者也,所谓勉而中、思而得者也。人一能之己百之,人十能之己千之,则又困而学之者也。果能此道,则愚必明,柔必强,曲能有诚也。尧舜性仁,无时而不中,不必更言中不中,由仁义行者也,不待乎思勉也,与人一己百,人十己千,相去甚远。学者若于此有所得,则气味深长,不可放过,潜心力久,玩味绝熟,庶可也。诚者,天之道,只于圣人分上言之,犹未尽诚之蕴,必须自得,仍于天道、人道上分别得从容处,方见诚与诚之者不同,若只恁地说过,亦不济事。

新安朱氏曰:此第二十章第六节。承上文"诚身"而言。诚者,真实无妄之谓,天理之本然也;诚之者,未能真实无妄,而欲其真实无妄之谓,人事之当然也。圣人之德,浑然天理,真实无妄,不待思勉而从容中道,则亦天之道也。未至于圣,则不能无人欲之私,而其为德不能皆实。故未能不思而得,则必择善,然后可以明善;未能不勉而中,则必固执,然后可以诚身。此则所谓人之道也。不思而得,生知也;不勉而中,安行也。择善,学知以下之事;固执,利行以下之事也。学、问、思、辨,所以择善而为知,学而知也;笃行,所以固执而为仁,利而行也。此诚之之目也。"有弗学"而下,言君子之学,不为则已,为则必要其成,故常百倍其功,此困而知、勉而行者也,勇之事也。明者,择善之功。强者,固执之效。此言引孔子之言,以继大舜、文、武、周公之绪,明其所传之一致,举而措之,亦犹是耳。盖包费隐、兼小大,以终十二章之意。章内语诚始详,而所谓诚者,实此篇之枢纽也。又案:《孔子家语》亦载此章,而其文尤详。"成功一也"之下,有"公曰:子之言美矣!至矣!寡人实固不足以成之也。"故其下复以"子曰"起答辞。今无此问词,而犹有"子曰"二字,盖子思删其繁文,以附于篇,而所删有不尽者,今当为衍文也。"博学之"以下,《家语》无之,意彼有阙文,抑此或子思所补。[3]

或问:诚之为义,其详可得而闻乎?曰:难言也。姑以其名义言之,则真实无妄之云也。若事理之得此名,则亦随其所指之大小,而皆有取乎真实无妄之意耳。盖以自然之理言之,则天地之间,唯天理为至实而无妄,故天理得诚之名,若所谓天之道、鬼神之德是也。以德言之,则有生之类,唯圣人之心为至实而无妄,故圣人得诚之名,若所谓不勉而中、不思而得者是也。至于随事而言,则一念之实亦诚也,一言之实亦诚也,一行之实亦诚也,是其大小虽有不同,然其义之所归,则未始不在于实也。曰:然则天理、圣人之所以若是其实者,何也?曰:一则纯,二则杂,纯则诚,杂则妄,此常物之大情也。夫天之所以为天也,冲漠无朕而万理兼该,无所不具,然其为体则一而已矣,未始有物以杂之也。是以无声无臭,无思无为,而一元之气,春秋冬夏,昼夜昏明,百千万年,未尝有以息。盖天下之物,洪纤巨细,飞潜动植,亦莫不各得其性命之正以生,而未尝有一毫之差,此天理之所以为实而不妄者也。若夫人物之生,性命之正,固亦莫非天理之实,但以气质之偏、口鼻耳目四支之好得以蔽之,而私欲生焉。是以当其恻隐之发,而忮害杂之,则所以为仁者有不实矣;当其羞恶之发,而贪昧杂之,则所以为义者有不实矣。此常人之心,所以虽欲勉于为善,而内外隐显,常不免于二致,其甚至于诈伪欺罔而卒堕于小人之归,则以其二者杂之故也。唯圣人气质清纯,浑然天理,初无人欲之私以病之。是以仁则表里皆仁,而无一毫之不仁;义则表里皆义,而无一毫之不义。其为德也,固举天下之善,而无一事之或遗;而其为善也,又极天下之实,而无一毫之不满。此其所以不勉不思、从容中道而动容周旋莫不中礼也。曰:然则常人未免于私欲,无以实其德者,奈何?曰:圣人固已言之,亦曰择善而固执之耳。夫于天下之事,皆有以知其如是为善而不能不为,知其如是为恶而不能不去,则为善去恶之心,固已笃矣。于是而又加以固执之功,虽其不睹不闻之间,亦必戒慎恐惧而不敢懈,则凡所谓私欲者,出而无所施于外,入而无所藏于中,自将消磨泯灭,不得以为吾之病,而吾之德又何患于不实哉?是则所谓诚之者也。曰:然则《大学》论小人之阴恶阳善,而以诚于中者目之,何也?曰:若是者,自其天理之大体观之,则其为善也诚虚矣;自其人欲之私分观之,则其为恶也何实如之,而安得不谓之诚哉?但非天理真实无妄之本然,则其诚也,适所以虚其本然之善,而反为不诚耳。又曰:诸说,周子至矣。其上章以天道言,其下章以人道言。愚于《通书》之说,亦既略言之矣。程子"无妄"之云至矣。其他说亦各有所发明,读者深玩而默识焉,则诸家之是非得失,不能出乎此矣。

曰:学、问、思、辨,亦有序乎?曰:学之博,然后有以备事物之理,故能参伍之以得所疑而有问;问之审,然后有以尽师友之情,故能反复之以发其端而可思;思之谨,则精而不杂,故能有所自得而可以施其辨;辨之明,则断而不差,故能无所疑惑而可以见于行;行之笃,则凡所学、问、思、辨而得之者,又皆必践其实而不为空言矣。此五者之序也。曰:吕氏之说之详,不亦善乎?曰:吕氏之说,最为详实,然深考之,则亦未免乎有病。盖君子之于天下,必欲无一理之不通,无一事之不能,故不可以不学,而其学不可以不博,及其积累而贯通焉,然后有以深造乎约而一以贯之,非其博学之初已有造约之心,而姑从事于博以为之地也。至于学而不能无疑,则不可以不问,而其问也或粗略而不审,则其疑不能尽决,而与不问无以异矣,故问之不可以不审。或曰成心亡而后可进,则是疑之说也,非疑而问、问而审之说也。学也,问也,得于外者也,若专恃此而不㉔反之心以验其实,则察之不精,信之不笃,而守之不固矣,故必思索以精之,然后心与理熟而彼此为一。然使其思也,或大多而不专,则亦泛滥而无益,或大深而不止,则又过苦而有伤,皆非思之善也,故其思也,又必贵于能慎,非独为反之于身,知其为何事何物而已也。其余则皆得之,而所论变化气质者,尤有功也。

曰:何以言诚为此篇之枢纽也?曰:诚者,实而已矣。天命云者,实理之原也。性,其在物之实体。道,其当然之实用。而教也者,又因其体用之实而品节之也。不可离者,此理之实也。隐之见,微之显,实之存亡而不可掩者也。戒慎恐惧而慎其独焉,所以实乎此理之实也。中和云者,所以状此实理之体用也。天地位,万物育,则所以极此实理之功效也。中庸云者,实理之适可而平常者也。过与不及,不见实理而妄行者也。费而隐者,言实理之用广而体微也。鸢飞鱼跃,流动充满,夫岂无实而有是哉!"不远人"以下至于大舜、文、武、周公之事,孔子之言,皆实理应用之当然。而鬼神之不可掩,则又其发见之所以然也。圣人于此,固以其无一毫之不实,而至于如此之盛,其示人人也,亦欲其必以其实而无一毫之伪也。盖自然而实者,天也;必期于实者,人而天也。诚明以下累章之意,皆所以反复乎此。而其所以至于正大经而立大本、参天地而赞化育,则亦真实无妄之极功也。卒章"尚絅"之云,又本其务实之初心而言也。内省者,慎独克己之功。不愧屋漏者,戒慎恐惧而无已。可克之事,皆所以实乎此之序也。时靡有争,变也。百辟刑之,化也。无声无臭,又极乎天命之性,实理之原而言也。盖此篇大指,专以发明实理之本然,欲人之实此理而无妄,故其言虽多,而其枢纽不越乎诚之一言也。呜呼!深哉![⑤]

北溪陈氏曰:诚于忠信极相近,须有分别,诚是就自然之理上形容此一字,忠信是就人用功夫上说,后世说诚都差了。伊川方云"无妄之谓诚",晦翁又谓"真实无妄之谓诚",尤见分晓。今人动以"至诚"两字加诸人,只成谦恭敬谨之意,不知诚者乃真实无妄之谓,至诚乃真实极至,无一毫不尽,惟圣人可以当之,如何可容易加诸人?

天道流行,自古及今,无一毫之妄。暑往则寒来,日往则月来,元亨利贞,终始循环,万古常然。又如天行一日一夜,一周而又过一度,与日月五星之运行,躔度不差。至于万物之生,一花一叶,文缕相等对,自古至今,无一毫差错,尽是真实道理,此所谓"其物不贰,则生物不测"。就人论,则实理流行,付予于人,在吾身日用,常常流行发见,但人不察耳。如孩提之童,无不知爱亲敬兄,无非实理发见,良知良能,不待安排。又如乍见孺子将入井,便有怵惕之心,至行道乞人,饥饿濒死,而蹴尔嗟来之食,乃不屑就。此皆降衷秉彝,真实道理,自然发见,虽极恶之人,物欲昏蔽,良心之实,终不可殄,皆天理流行真实处。及就人做工夫处论,则只是悫实不欺之理,全体悫实,固诚也,一言一行之实,亦诚也。

"君子诚之为贵","诚之者,人之道",此皆就做工夫上论,要得真实无妄。

延平周氏曰:不勉而中,不思而得,从容中道,天也,而圣人不以天废人;择善而固执之者,人也,而贤人必以人助天。学而有所未能,则问之;问而有所未知,则思之;思而有所未得,则辨之;既辨矣,然后行之。盖求之于人,而又求之于己者,善学者也。愚之对者知,而不言知,柔之对者刚,而不言刚,何也?盖言其性,则愚不止乎知,而必至于明者;言其才,则柔不止于刚,而必为强者也。何以言之?庄周尝谓使知者求之不得，然后使明者求之，是明对知为重。皋陶之九德，则强出于刚，是刚对强为次。

广安游氏曰：春秋以来，人各以意之所见为善：自以为孝，而陷于不孝，申生是也；自以为忠，而陷于不忠，荀息是也；自以为仁，而陷于不仁，宋襄公是也；自以为义，而害于人伦，于陵仲子是也；自以为廉，而害于大体，楚子发是也。若此者，各自以其所见为善。孔子忧之，作《春秋》以明至善之归，以为当世之人，其所以陷于不善者，其意皆以善为之而不知其义，心非不善，择之不精，讲之不详，故至于此。故曰："博学之，审问之，慎思之，明辨之，笃行之。"凡此者，皆所以精择之，以求明乎至善也。人一己百，人十己千，皆所以求至乎至善也。学之、问之、辨之、行之而弗措，凡以善之难明而易，以有毫厘之差也。

范阳张氏曰：欲择善固执，不由学、问、思、辨、笃行中求，所谓善者未必善，而执者非所当执也。学必有疑，疑则必问，问而未喻必思，思之至深必辨，辨之已彻必行，自然之理也。怠慢之心，常起于无味，有志之士，常弗措于可措，此所以不畏天资之愚，而畏怠惰而自绝者也。苟加学问，昏气自除，愚者明矣；懦气自去，柔者强矣。愚懦者尚可进，道况秀艾之士哉？

施氏曰：自然而然谓之天，使然而然谓之人。诚者，得之于天，自然而然者也，故言天之道，则以天合天而已；诚之者，成之于人，使然而然者也，故言人之道，则以人相天而已。以天合天，则无事于有为，故不勉而中，不思而得，动则合道而已，此人之所以圣也；以人相天，则假修为而后至，见善不明，则不足以择善，用心不刚，则不足以固执之者也。学以穷其理，故欲博；思以精其义，故欲慎。学之博矣，而继之以审问，则日造其所无，而好其所新矣，此则阅理多矣。思之慎矣，而继之以明辨，则日减其所有，而损其所成矣，此则见理明矣。然后知其所要，勤而行之，则能有所至，故不可以不笃。笃者，力行而至也。

江陵项氏曰：学所未能，问所未知，思其所以然，辨其所不然，行其所当然。

学之于古，问之于今，思之欲其契于心，辨之欲其合于道，行之则为我有矣。

学而又问，则取于人者详，思而又辨，则求于心者精，如是而后可以行矣。

象山陆氏曰："欲修其身者，先正其心；欲正其心者，先诚其意；欲诚其意者，先致其知；致知在格物。"自《大学》言之，固先乎讲明矣。自《中庸》言之，"学之弗能"，"问之弗知"，"思之弗得"，"辨之弗明"，则亦何所行哉？未尝学、问、思、辨，而曰吾唯笃行而已，是冥行者也。自《孟子》言之，则事盖未有无始而有终者。讲明之未至，而徒恃其能力行，是犹射者不习于教法之巧，而徒恃其有力，谓吾能至于百步之外,而不计其未尝中也,故曰:"其至,尔力也;其中,非尔力也"。讲明有所未至,则虽才质之卓异,践履之纯笃,如伊尹之任,伯夷之清,柳下惠之和,不思不勉,从容而然,可以谓之圣矣,而顾有所不愿学。拘儒瞀生,又安可以其硁硁之必为,而傲知学之士哉?[3]

吴兴沈氏曰:性一也,语其无所不在则曰道,语其有一而未形则曰中,语其真实而明妙则曰诚,其归皆性也。《中庸》之说,其始曰性,其中曰中,及其终也,又变其目曰诚,命名虽有不同,其出于性则一也,特有毫厘之辨耳。夫诚一也,有即事而诚,当机而会,所谓天之道也;有因学问而复明,人之道也。天之道,舜之大智是也;人之道,颜子之拳拳服膺是也。子思又以诚之者之事,必待乎指入之路,学、问、思、辨与行以下是也。《易》曰"举而措之",又曰"礼义有所措",措之为言,处其所当安之义也。知夫诚之所在,则得夫博学、审问、慎思、明辨、笃行之力。至于有所措,则至夫诚矣,与从容中道,其归一揆也,故人一己百,人十己千,果能此道,盖必然之理。果者,决也,决然能是道者也。

宓氏曰:人之禀性,有利有钝,故其得道,有易有难。一能之,十能之,此其性之利者也。性之钝者,勿苦其难而自弃也,他人一能之,己当百以及之,他人十能之,己当千以及之,盖骐骥一日千里,驽马十驾亦将千里也。"果能此道矣,虽愚必明,虽柔必强",所谓"或生而知之,或学而知之,或困而知之,及其知之一也;或安而行之,或利而行之,或勉强而行之,及其成功一也"。

雪川倪氏曰:天性昏愚,求变而为贤明,非百倍其功,不足以致之,然必立志之坚,然后可。

晏氏曰:非见善明者,不能择善,非用心刚者,不能固执,唯贤者然后能此。颜渊"择乎中庸,得一善则拳拳服膺而弗失之"是也。博学者,学之广,欲其强记,审问者,问之详,欲其多闻,所以外资诸人也;慎思者,精思其意旨,明辨者,辨白其是非,所以内资诸己也。资诸人者,既致其广大,资诸己者,又尽其精微,然后继之以笃行之,则非苟知之,亦允蹈之也。《易》曰"学以聚之,问以辨之",而终于"仁以行之",杨子曰"学以治之,思以精之",而卒于"不倦以终之",与此同意。

蔡氏曰:"不勉而中,不思而得",先言仁,后言智。"择善而固执之",先言智,后言仁。亦可见圣人君子之德阙而不乱。

"虽愚必明",求智之事也;"虽柔必强",求仁之事也。

自诚明,谓之性;自明诚,谓之教。诚则明矣,明则诚矣。

郑氏曰:自,由也。由至诚而有明德,是圣人之性者也。由明德而有至诚,是贤人学以诚之也。有至诚则必有明德,有明德则必有至诚。

孔氏曰:此一经显天性至诚,或学而能,两者虽异,功用则相通。

河南程氏曰:自其外者学之,而得于内者,谓之明;自其内者得之,而兼于外者,谓之诚。诚与明一也。㊲伊川

君子之学,必先明诸心,知所往,然后力行以求至,所谓自明而诚也。故学必尽其心,尽其心则知其性,知其性则反而诚之,圣人也。㊳

孔子之道,发而为行,如《乡党》之所载者,自诚而明也。由《乡党》之所载而学之,以至于孔子者,自明而诚也。及其至焉,一也。㊴

问:"横渠言'由明以至诚,由诚以至明',此言恐过当。"曰:"'由明以至诚',此句却是。'由诚以至明',则不然。诚即明也。"㊵

横渠张氏曰:自诚明者,先尽性以至于穷理也,谓先自性理会来,以至于理;自明诚者,先穷理以至于尽性也,谓先从学问理会,以推达于天性也。㊶

儒者则因明致诚,因诚致明,故天人合一,致学而可以成圣,得天而未始遗人,《易》所谓不遗、不流、不过者也。㊷

以诚而明者,既实而行之明也,明则民斯信矣。㊸

诚明所知乃天德良知,非闻见小知而已。㊹

天人异用,不足以言诚;天人异知,不足以尽明。所谓诚明者,性与天道不见乎小大之别也。㊺

"自明诚",由穷理而尽性也;"自诚明",由尽性而穷理也。㊻

蓝田吕氏曰:自诚明,性之者也;自明诚,反之者也。性之者,自成德而言,圣人之所性也;反之者,自志学而言,圣人之教也。

谓之性者,生之所固有以得之;谓之教者,由学以复之。成德者,至于实然不易之地,理义皆由此出也。天下之理,如目睹耳闻,不虑而知,不言而喻,此之谓"诚则明";志学者,致知以穷天下之理,则天下之理皆得,卒亦至于实然不易之地,至简至易,行其所无事,此之谓"明则诚"。

建安游氏曰:"自诚明",由中出也,故可名于性;"自明诚",自外入也,故可名于教。诚者因性,故无不明;明者致曲,故能有诚。学不可以已加之,诚意而已。其诚不息,则"虽愚必明",况其本智乎?"虽柔必强",况其本刚乎?"及其成功一也",岂不信哉?

延平杨氏曰:自诚而明,天之道也,故谓之性;自明而诚,人之道也,故谓之教。天人一道,而心之所至有差焉,其归则无二致也,故曰"诚则明矣,明则诚矣"。

新安朱氏曰：此第二十一章。子思承上章夫子天道、人道之意而立言也。自此以下十二章，皆子思之言，以反复推明此章之意。⑰

程子诸说，皆学者所传录，其以内外道行为诚明，似不亲切。唯"先明诸心"一条，以知语明，以行语诚，为得其训，乃《颜子好学论》中语，而夫子之手笔也，亦可以见彼记录者之不能无失矣。张子盖以性、教分为学之两涂，而不以论圣贤之品第，故有由诚至明语。程子之辨，虽已得之，然未究其立言本意之所以失也，其曰"诚即明也"，恐亦不能无误。吕氏性、教二字得之，而于诚字以"至简至易，行其所无事"为说，则似为得其本旨也。且于性、教皆以"至于实然不易之地"为言，则至于云者非所以言性之之事，而不易云者亦非所以申实然之说也。然其过于游、杨则远矣。⑱

自，由也。德无不实而明无不照者，圣人之德，所性而有者也，天道也。先明乎善而后能实其善者，贤人之学，由教而入者也，人道也。诚则无不明矣，明则可以至于诚矣。⑲

兼山郭氏曰："自诚明，谓之性"，由性以诚也；"自明诚，谓之教"，由教以诚也。本乎性，故有生知；由乎教，故非学则不得也。"率性之谓道"，自诚而言之也；"不明乎善，不诚乎身"，自明而言之也。明之与诚，及其成功一也。

涑水司马氏曰：率由诚心，而智识自明，此天授圣人之性也；由智识之明求知道者，莫若至诚，故诚心为善，此贤者修圣人之教也。所禀赋于天有殊，然苟能尽其诚心，则智识无不明矣。

高要谭氏曰：夫唯已极其至，无所用力，故六通四辟，无所不知，故曰"自诚明，谓之性"。谓之性云者，指性示人，使人知所至之处也。夫唯未极其至，须先用力，致知格物，始见本性，故曰"自明诚，谓之教"。谓之教云者，用此立教，使人知修习之方也。自诚而明者，性合天道，自然开廓明达，如人安居本舍，坐观庶事，故曰"诚则明矣"；自明而诚者，先明乎善，然后反身而诚，如人出外复归，先须辨认本舍，然后入而居之，故曰"明则诚矣"。谓之性者，圣人之事；谓之教者，学以成圣之事。唯能自明而诚，即能自诚而明矣。此相终始之说也。

新定顾氏曰：所谓体乎天理，无一毫之伪，诚之谓也；知乎天理，无一毫之蔽，明之谓也。由诚而明，资禀至粹，人伪不萌，则于天下之事理，自无不知，此圣人之事，出乎天理之本然者也，尧舜性之，此之谓也；由明而诚，讲学既精，灼见此理，私欲克除，复乎天理之真，此贤人之事，出乎教习之使然者也，汤武反之，盖其人也。"诚则明矣"，譬如太虚，纤翳不生，万象呈露；"明则诚矣"，晨光既升，阴邪屏息，大虚湛然。

蔡氏曰：言性、教之道虽异，而本末一贯也。诚明，谓无息而仁智自著；明诚，谓由智仁而造无息。下言圣人君子之德者，即此义而推衍之也。

自"哀公问政"至"明则诚矣"，盖夫子之言，而子思述之。上以结修道与教与达德达道之事，下以起圣人君子天人之道，而备论之也。

【注释】

①《程氏遗书》卷十五，《二程集》，页170。

②《程氏遗书》卷二上，《二程集》，页29。

③《程氏遗书》卷六，《二程集》，页85。

④《程氏遗书》卷十五，《二程集》，页144。

⑤《程氏遗书》卷二上，《二程集》，页20。

⑥《程氏外书》卷七，《二程集》，页396。

⑦《中庸章句》，《朱子全书》6/48。

⑧《中庸或问》下，《朱子全书》6/590—591。

⑨《中庸或问》下，《朱子全书》6/591。

⑩《中庸或问》下，《朱子全书》18/4257。

⑪《通书·诚下》，《元公周先生濂溪集》，页55。

⑫《通书·诚下》，《元公周先生濂溪集》，页55。

⑬《程氏遗书》卷六，《二程集》，页92。

⑭《程氏遗书》卷十一，《二程集》，页127。

⑮《程氏遗书》卷二十四，《二程集》，页315。

⑯《程氏遗书》卷六，《二程集》，页92。

⑰《程氏遗书》卷六，《二程集》，页83。

⑱《程氏遗书》卷六，《二程集》，页87。

⑲《程氏外书》卷二，《二程集》，页364。

⑳《程氏遗书》卷十五，《二程集》，页158。

㉑《程氏遗书》卷十八，《二程集》，页186。

㉒《程氏遗书》卷十五，《二程集》，页164。

㉓《程氏外书》卷六，《二程集》，页379。

㉔《程氏遗书》卷十八，《二程集》，页186—187。

㉕《程氏遗书》卷十八《二程集》，页226。

㉖《程氏遗书》卷十八，《二程集》，页186。

㉗《程氏遗书》卷二十五，《二程集》，页324。

㉘《程氏遗书》卷十八，《二程集》，页191。另见《程氏粹言》卷一《论学篇》，《二程集》，页1187。

㉙《正蒙·中正》，《张载集》，页28。

㉚《正蒙·中正》，《张载集》，页31。

㉛《正蒙·乾称》，《张载集》，页64。

㉜《正蒙·诚明》，《张载集》，页23。

㉝《中庸章句》，《朱子全书》6/48—49。

㉞"不"字原无，于义不通，今据《朱子全书》增入。

㉟《中庸或问》下，《朱子全书》6/591—595。

㊱《陆九渊集》卷十二《与赵咏道》二，页160。

㊲《程氏遗书》卷二十五，《二程集》，页317。

㊳《程氏文集》卷八《颜子所好何学论》，《二程集》，页317。

㊴《程氏遗书》卷二十五，《二程集》，页323。

㊵《程氏遗书》卷二十三，《二程集》，页308。

㊶《语录下》，《张载集》，页330。

㊷《正蒙·乾称》，《张载集》，页65。

㊸《经学理窟·学大原下》，《张载集》，页285。

㊹《正蒙·诚明》，《张载集》，页20。

㊺《正蒙·诚明》，《张载集》，页20。

㊻《正蒙·诚明》，《张载集》，页21。

㊼《中庸章句》，《朱子全书》6/50。

㊽《中庸或问》下，《朱子全书》6/595。

㊾同上。

卷十一

【原文】

唯天下至诚，为能尽其性；能尽其性，则能尽人之性；能尽人之性，则能尽物之性；能尽物之性，则可以赞天地之化育；可以赞天地之化育，则可以与天地参矣。

郑氏曰:赞,助也。育,生也。

孔氏曰:此明天性至诚,圣人之道也。

河南程氏曰:尽己为忠,尽物为信。极言之,则尽己者,尽己之性也;尽物者,尽物之性也。信者,无伪而已,于天性有所损益则为伪矣。《易·无妄》曰:"天下雷行,物与无妄",动以天理故也。①

"赞天地之化育",自人而言之,从尽其性至尽物之性,然后可以赞天地之化育,可以与天地参矣。言人尽性,所造如是,若只是至诚,更不须论。所谓"人者天地之心",及"天聪明自我民聪明",止谓只是一理,而天人所为,各自有分。②

至诚可以赞化育者,可以回造化。③

至诚可以赞天地之化育,则可以与天地参。赞者,参赞之义,"先天而天弗违,后天而奉天时"之谓也,非谓赞助,只有一个诚,何助之有?④明道

心具天德,心有不尽处,便是天德处未能尽。何缘知性知天?尽己心,则尽人尽物,与天地参,赞化育。赞则直养之而已。⑤

凡言充塞云者,却似个有规摹底体面,将这气育实之。然此只是指而示之近耳。气则只是气,更说甚充塞?如化育则只是化育,更说甚赞?赞与充塞,又早却是别一件事也。⑥伊川

天人无间。夫不充塞,则不能化育,言赞化育,已是离人而言之。⑦

横渠张氏曰:二程解"穷理尽性以至于命""只穷理便是至于命",亦是失于太快,此义尽有次序。须是穷理,便能尽得己之性,即尽得己之性,则推类又尽人之性;既尽得人之性,须是并万物之性一齐尽得,如此然后至于天道也。其间煞有事,岂有当下理会了?学者须是穷理为先,如此则方有学。今言知命与至于命,尽有近远,岂可以知便谓之至也?⑧

性者,万物之一源,非有我之得私也。唯大人为能尽其道,是故立必俱立,知必周知,爱必兼爱,成不独成。彼自蔽塞而不知顺吾理者,则亦末如之何矣。⑨

大其心则能体天下之物,物有未体,则心为有外。世人之心,止于见闻之狭。圣人之尽性,不以见闻梏其心,其视天下无一物非我。孟子谓尽心则知性、知天以此。天大无外,故有外之心不足以合天心。⑩

幽赞天地之道,非圣人而能哉!诗人谓"后稷之穑,有相之道",赞化育之一端与。⑪

蓝田吕氏曰:至于实理之极,则吾生之所固有者,不越乎是。吾生所有,既一于理,则理之所有,皆吾性也。人受天地之中,其生也,具有天地之德。柔强昏明之质

虽异,其心之所然者皆同,特蔽有浅深,故别而为昏明,禀有多寡,故分而为强柔。至于理之所同然,虽圣愚有所不异。尽己之性,则天下之性皆然,故能尽人之性。蔽有浅深,故为昏明;蔽有开塞,故为人物。禀有多寡,故为强柔;禀有偏正,故为人物。故物之性与人异者几希,唯塞而不开,故知不若人之明;偏而不正,故才不若人之美。然人有近物之性者,物有近人之性者,亦系乎此。于人之性,开塞偏正,无所不尽,则物之性未有不能尽也。人也物也,莫不尽其性,则天地之化几矣。故行其所无事,顺以养之而已,是所谓"赞天地之化育"者也。如尧命羲和,钦若昊天,至于民之析因夷隩,鸟兽之孳尾希革,毛毨氄毛,无不与知,则所赞可知矣。天地之化育,犹有所不及,必人赞之而后备,则天地非人不立,故人与天地并立为三才,此之谓"与天地参"。

建安游氏曰:"万物皆备于我,反身而诚,乐莫大焉",故"唯天下至诚,为能尽其性"。千万人之性,一已之性是也,故"能尽其性,则能尽人之性"。万物之性,一人之性是也,故"能尽人之性,则能尽物之性"。同焉皆得者,各安其常,则尽人之性也;群然皆生者,各得其理,则尽物之性也。至于尽物之性,则和气充塞,故"可以赞天地之化育"。夫如是,则天覆地载,教化各任其职,而成位乎其中矣。

延平杨氏曰:性者,万物之一原也,非夫体天德者,其孰能尽之。能尽其性,则人物之性斯尽矣。言有渐次也。赞化育,参天地,皆其分内耳。

孟子曰"万物皆备于我,反身而诚,乐莫大焉",知万物皆备于我,则数虽多,反而求之于吾身可也,故曰"尽己之性,则能尽人之性;尽人之性,则能尽物之性",以己与人物,性无二故也。

河东侯氏曰:或问:天下将乱,何故贤者便生得不丰厚?曰:气之所钟便如此。曰:有变化之道乎?曰:在君相干施之力尔。若举贤任能,使政事治而百姓和,则天地之气和而复淳厚,此天下所以有资于圣贤,有赖于君相也。子思曰"赞天地之化育",正谓是耳。若曰治乱自有数而任之,则何赖于圣贤哉?子思所以言赞化育也。《书》亦曰"祈天永命",如此而已。

新安朱氏曰:此第二十二章。言天道也。天下至诚,谓圣人之德之实,天下莫能加也。尽其性者,德无不实,故无人欲之私,而天命之在我者,察之由之,巨细精粗,无毫发之不尽。人物之性,亦我之性,但以所赋形气不同而有异耳。能尽之者,谓知之无不明而处之无不当也。赞,犹助也。与天地参,谓与天地并立为三也。此自诚而明者之事也。[12]

或问:至诚尽性,诸说如何?曰:程子以尽己之忠、尽物之信为尽其性,盖因其事而极言之，非正解此文之意，今不得而录也。其论"赞天地之化育"而曰不可以赞助言，论"穷理尽性以至于命"而曰"只穷理便是至于命"，则亦若有可疑者。盖尝窃论之，天下之理，未尝不一，而语其分，则未尝不殊，此自然之势也。盖人生天地之间，禀天地之气，其体即天地之体，其心即天地之心，以理而言，是岂有二物哉？故凡天下之事，虽若人之所为，而其所以为之者，莫非天地之所为也。又况圣人纯于义理而无人欲之私，则其所以代天而理物者，乃以天地之心而赞天地之化，尤不见其有彼此之间也。若以其分言之，则天之所为，固非人之所及，而人之所为，又有天地之所不及者，其事固不同也。但分殊之状，人莫不知，而理一之致，多或未察。故程子之言，发明理一之意多，而及于分殊者少。盖抑扬之势，不得不然，然亦不无小失其平矣。唯其所谓止是一理，而天人所为，各自有分，乃为全备而不偏，而读者亦莫之省也。至于穷理至命、尽人尽物之说，则程、张之论虽有不同，然亦以此而推之，则其说初亦未尝甚异也。盖以理言之，则精粗本末初无二致，固不容有渐次，当如程子之论；若以其事而言，则其亲疏近远、深浅先后，又不容于无别，当如张子之言也。吕、游、杨说皆善，而吕尤确实。杨氏万物皆备云者，又前章格物诚身之意，然于此论之，则反求于身，又有所不足言也，胥失之矣。[13]

涑水司马氏曰：人皆有仁义礼智之性，惟圣人能以至诚充之。如能尽其性，然后修其道以教人，使人人皆尽仁义礼智之性，如此则其道光被四表，格于上下，阴阳和，风雨时，鸟兽蕃滋，草木畅茂，取之有时，用之有节，万物莫不遂其性，岂非可以赞天地之化育，而功德参于天地哉？《易》曰："后以裁成天地之道，辅相天地之宜，以左右民。"此之谓也。

嵩山晁氏曰：人物之性与天地之化育，皆吾性之诚也，天地之性不可见，而见之于化育也。然此非次第而言之也，犹曰：能尽其性，则能尽人之性，则能尽物之性，则能赞天地之化育，而与天地参也。其所言之若彼者，何也？以其理相因，非心知其意者，莫之能喻也。物性之粗，非后于人之性而得之者也。

广安游氏曰：尽，犹极也，言极乎其性之理，而得其性之正也。尽者，生于有者也。孟子曰"有诸己之谓信"，下文又云"不诚无物"，夫无得于中，未有自信者也，夫是物也，惟其有之，故信其物之有是，不诚不信，则无是物也。惟至诚能有其信，故能尽其性，耳目鼻口，与物相泪，则不知夫性之所在，不知夫性之所在，何所尽之哉？惟天下至诚，为能以仁智勇治其心，心治而喜怒哀乐得其正，而性之全体，可得而尽矣。尽性之理，而得其正，圣人能事毕矣。非特己也，惟人亦然；非特人也，惟物亦然；非特物也，天地亦然。己也，人也，物也，天地也，其性之理，则一而已。

长乐陈氏曰：天下一性耳，能尽己性，则必能尽人之性，而物之性亦可自此推之，故能尽人之性，亦能尽物之理。但所以尽者，有次第也，不先尽己之性，于人物何有哉？天地之化育，不过及夫人物而已，能赞天地之化育，自然与天地参也。

晏氏曰：所谓尽性者，充足其四端之善，弥满于一性之中，而无余蕴也。非天下至诚，不能臻此。

海陵胡氏曰：性者，五常之性，圣人得天之全性，众人则禀赋有厚薄。圣人尽己之性，以观人之性，然后施五常之教以教人，使仁者尽其所以为仁，义者尽其所以为义，至于礼、智、信皆然，则天下之人，莫不尽其性。物，万物也。万物之性，虽异于人，然生育之道，爱子之心，至深至切，与人不殊。故圣人将尽物之性，设为制度，定为禁令，不使失其生育，如獭祭鱼，然后渔人入泽梁，豺祭兽，然后田猎。交于万物有道，故物无不尽其性，物既尽性，则可以赞助天地化育之功。天地以化育为功，圣人以生成为德，可以辅相天地之宜，赞助天地之化育，其功与天地参，美矣！

高要谭氏曰：何谓至诚？极实理之至云尔。实在我已极其至，即能尽一己之性矣。一性之初，圣人众人所得均也。然众人后知后觉，必待先知先觉者为之开明，然后能复其初。圣人既尽在我之性，此所以能尽人之性也。一人之身，物理皆备。圣人既能尽人之性，则推以及物，故能使草木昆虫，皆遂其生，鸟兽鱼鳖，罔不咸若，此所以能尽物之性也。《诗》云："立我烝民，莫匪尔极。"此尽人之性也。《诗》云："王在灵囿，麀鹿攸伏。王在灵沼，于牣鱼跃。"此尽物之性也。人者天地所生，物亦天地所生。天地生之，圣人成之，天地化育之道，待圣人而后备，此则赞之义也。人之为号，本与天地并称，唯其在己者，有所未尽，不能推之于人物，无补造化，故于天地不相似。圣人尽己之性，而进乎赞化育之功，则是上下与天地同流，此则参之义也。或曰：圣人在下，道不得行，尽己固可，亦安能尽人、尽物、赞化育、与天地参乎？曰：圣人有德有位，其道行乎天下；圣人有德无位，其道明乎天下。功用皆同，无二事也。

新定钱氏曰：洞彻底蕴，略无纤毫欠阙，非谓有加于其所固有也。譬之日月，而或蚀焉，有一分之未复，即有一分之未尽，复之如故，全体全明，所谓能尽，如斯而已。贤者觉其本性，虽已明彻，然未到知天命，未到从心所欲不踰矩之地，犹是未可谓之能尽也，必圣人而后可也。

雪川倪氏曰：或曰：人之性一，故"尽己之性，则能尽人之性"。若万物之性与人不同，而曰"能尽人之性，则能尽物之性"，何也？曰：物之性固不与人之性同，然其好生恶死一也，是以圣人生之不伤，使之各遂其性，故可以赞天地化育也。此曰

"尽性",孟子乃曰"尽其心者知其性",何也?孟子推原子思之义,又本之于心也。然尽心而合于天理,去其私心,则可以尽性矣。

其次致曲。曲能有诚,诚则形,形则著,著则明,明则动,动则变,变则化。唯天下至诚为能化。

郑氏曰:其次,谓"自明诚"者也。致,至也。曲,犹小小之事也。形,谓人见其功也。著,形之大者也。明,著之显者也。动,动人心也。变,改恶为善也,变之久,则化而性善也。

孔氏曰:此一经明贤人习学而致至诚。

河南程氏曰:"其次致曲"者,学而后知之也,而其成也,与生而知之者不异焉。故君子莫大于学,莫害于画,莫病于自足,莫罪于自弃。学而不止,此汤武所以圣也。[14]伊川

"致曲"者,就其曲而致之也。[15]伊川

致曲不要说来大。[16]

人自孩提,圣人之质已完,只先于偏胜处发,或仁或义,或孝或弟,去气偏处发是致曲,去性上修便是直养,然同归于诚。[17]

自明而诚,虽多由致曲,然亦自有大体中便诚者,虽亦是自明而诚,谓之致曲则不可。[18]明道

曲,偏曲之谓,非大道也。就一事中用志不分,亦能有诚,如养由基射之类是也。"诚则形",诚后便有物,如参前倚衡,如有所立卓尔是也。"形则著",又著见也。"著则明",是有光辉之时也。"明则动",诚能动人也。君子所过者化,岂非动乎?或曰:"变与化何别?"曰:"变如物方变而未化,化则更无旧迹,自然之谓也。庄子言变大于化,非也。"[19]伊川

横渠张氏曰:致曲不贰,则德有定体;体象诚定,则文节著见;一曲致文,则余善兼照;明能兼照,则必将徙义;诚能徙义,则德自通变;能通其变,则圆神无滞。[20]

仁者不已其仁,姑谓之仁;知者不已其知,姑谓之知。是谓致曲,曲能有诚也,诚则有变,必仁知会合乃为圣人也。[21]

言继继不已者善也,其成就者性也。仁知各以成性,犹勉勉而不息,可谓善成,而存存在乎性。仁知见之,所谓"曲能有诚"者也。不能见道,其仁知终非性之有也。[22]

致曲于诚者,必变而后化。[23]

蓝田吕氏曰:至诚者,与天地参,则无间矣;致曲者,人之禀受存焉,未能与天地

相似者也。人具有天地之德,自当致乎中和。然禀受之殊,虽圣贤不能免乎偏曲,清者偏于清,和者偏于和,皆以所偏为之道。不自知其偏,如致力于所偏,用心不二,亦能即所偏而成德。故致力于所偏,则"致曲"者也;用心不二,则"曲能有诚"者也。能即所偏而成德,如伯夷致清为圣人之清,柳下惠致和为圣人之和,此"诚则形"者也。德有定体,则遂其所就,文节著明,故曰"形则著"。一曲之德,致文成章,则无以加矣,无以加则必能知类通达,余善兼照,曲之果为曲也,故曰"著明"。几者,动之微也。知至而不能至之,则不可与几矣。故知至,则舍其曲而趋其至,未有不动而徙义者也,故曰"明则动"。君子豹变,其文蔚也;大人虎变,其文炳也。有心乎动,动而不息,虽文有小大之差,然未有不变者也,故曰"动则变"。变者,复之初。复于故则一于理,圆神无滞,不知其所以然,与至诚者同之,故曰"变则化",惟天下至诚为能化。

变者如病始愈,以愈为乐;如迷始悟,以悟为得。及其久,则愈者安然无忧,不知所以为乐;悟者沛然自如,不知所以为得。故能纯一不杂,混混一体,无形色可求,无物我可对,然后可以谓之化。

建安游氏曰:诚者,不思不勉,直心而径行也。其次,则临言而必思,不敢纵言也,临行而必择,不敢径行也,故曰"致曲"。曲,折而反诸心也。拟议之间,鄙诈不萌,而忠信立矣,故"曲能有诚"。有诸中,必形诸外,故"诚则形"。形于身必,著于物,故"形则著"。诚至于著,则内外洞彻,清明在躬,故"著则明"。明则有以动众,故"明则动"。动则有以易俗,故"动则变"。变则革污以为清,革暴以为良,然犹有迹也,化则其迹泯矣,日用饮食而已。至于化,则神之所为也,非天下之至诚,孰能与于此?

延平杨氏曰:"能尽其性"者,诚也;"其次致曲"者,诚之也。学、问、思、辨而笃行之,致曲也。用志不分,故能有诚。诚于中,形于外,参前倚衡,不可掩也,故形。形则有物,故著。著则辉光发于外,故明。明则诚矣,未有诚而不动,动而不变也,"鸣鹤在阴,其子和之",非动乎?曲能有诚,诚在一曲也。明则诚矣,无物不诚也。至于化,则非学、问、思、辨、笃行之所及也,故"唯天下至诚为能化"。

新安朱氏曰:此第二十三章。言人道也。其次,通大贤以下凡诚有未至者而言也。致,推致也。曲,一偏也。形者,积中而发外。著,则又加显矣。明,则又有光辉发越之盛也。动者,诚能动物。变者,物从而变。化,则有不知其所以然者。盖人之性无不同,而气则有异,故唯圣人能举其性之全体而尽之。其次,则必自其善端发见之偏,而悉推致之,以各造其极也。曲无不致,则德无不实,而形、著、动、变之功自不能已,积而至于能化,则其至诚之妙,亦不异于圣人矣。

或问致曲之说。曰:人性虽同,而气禀或异。自其性而言之,则人自孩提,圣人之质悉已完具;以其气言之,则唯圣人为能举其全体而无所不尽,上章所言至诚尽性是也。若其次,则善端所发,随其所禀之厚薄,或仁或义,或孝或弟,而不能同矣。自非各因其发见之偏,一一推之,以至乎其极,使其薄者厚而异者同,则不能有以贯通乎全体而复其初,即此章所谓致曲,而孟子所以扩充其四端者是也。程子之言,大意如此。但其所论不详,且以由基之射为说,故有疑于专务推致其气质之所偏厚,而无随事用力,悉有众善之意。又以形为参前倚衡、所立卓尔之意,则亦若以为己之所自见,而无与于人也,岂其记者之略而失之与? 至于明、动、变、化之说,则亦无以易矣。若张子之说,以明为兼照,动为徙义,变为通变,化为无滞,则皆以其进乎内者言之,失其指矣。盖进德之序,由中达外,乃理之自然,如上章之说,亦自己而人,自人而物,各有次序,不应专于内而遗其外也。且夫进乎内之节目,亦安得如是之繁促哉? 游氏说亦得之,但说"致曲"二字不同,非本意耳。杨氏既以辉光发外为明矣,而又引明则诚矣,则似以明为通明之明;既以鹤鸣子和为动矣,而又曰化非学问笃行所及,则似以化为大而化之之化。此其上下之意,不相承续。且于明动之间,本文之外,别生无物不诚一节,以就至诚动物之意,尤不可晓。今故不能尽录,然亦不可不辨也。

新定顾氏曰:上章言自诚而明之事,此章言自明而诚之事也。自明而诚,学者之事也,较之自诚而明,则抑其次矣。曲之为言,与直对立,至诚之道,自性而推之则为直,致自学而反之,则为致曲。《易》曰"反复其道",子曰"克己复礼为仁",孟子曰"汤武反之也",皆致曲之谓也。"曲能有诚",即前章所谓"及其知之一也""及其成功一也"。"唯天下至诚为能化",推言化之本于至诚也。上章发端言"唯天下至诚,为能尽其性",推其极至于"与天地参";此章发端言"其次致曲,曲能有诚",推其极至于"变则化"。子思子惧人以此二章所言为有优劣也,欲示人以其所同,则断之曰"唯天下至诚为能化"。夫前后二章,发明功用,若有不同,而"唯天下至诚"一辞,则无不同。夫苟均之曰"唯天下至诚"也,则其功用又安可以二观哉?

兼山郭氏曰:"致曲"者,曲尽之也。"曲能有诚",由力使之然也。至于"诚则形",以至"变则化",驯致其道,而终于诚,则无异也。

虑氏曰:自内以达外者,诚之所以成已;由浅以至深者,诚之所以成物。盖君子之道,出乎身者,固有其序,入于人者,亦有其渐也。"诚则形,形则著,著则明",所谓自内以达外也;"明则动,动则变,变则化",所谓由浅以至深也。君子之诚,存于心者至矣，及其发于外也，有不可掩焉。形则形于身，著则著于行，明则明于天下。"睟然见于面，盎于背，施于四体"，所谓形也。爱敬之道，著而为仁义，中和之德，著而为礼乐，所谓著也。非特人知之，鬼神其知之矣，非特鬼神知之，天其知之矣，所谓明也。君子之诚已如此，庸非自内以达外乎？唯其诚之已至于明，则所积者厚矣。及其推之以成物，始则有以感动乎众心，中则有以变易其旧习，终则有以化成其德性。如风之震荡鼓舞，所谓动也；如春之枯荣甲拆，所谓变也；如夏之长养成遂，所谓化也。君子之成物如此，庸非由浅以至深乎？文王若日月之照临，光于四方，显于西土，所谓"诚则形，形则著，著则明"，此可见矣。由德广所及以至于道化之行，由无犯非礼以至于犹恶无礼，故序《诗》章亦言"风以动之，教以化之"，所谓"明则动，动则变，变则化"，此可见矣。然文王生知之圣人也，自诚者也；此之所言，致曲之贤人也，思诚者也。由贤以至于圣，自人而入于天，盖亦同归一揆而已矣。故《中庸》言此，必终之曰"唯天下至诚为能化"，盖以曲能有诚者，可与天下至诚者为一体也。

温陵陈氏曰：或以曲为小善，已非矣，又以为偏曲之曲，道何尝有偏？偏则非道矣。曲，如扬雄所谓"途虽曲而通诸夏"，"川虽曲而通诸海"。入道之门户，固应曲致也，如孔门或以愚、或以勇、或以鲁、或以达而入道，所谓委蛇致曲而入乎道也。致，如"学以致其道"之致。"小德川流"，亦是致曲之意。

高要谭氏曰：致曲之为言，致其委曲，以求本性之实理，非直造径达之谓也。既非生而知之，直造径达，容有所未能，当随才识高下，专心致志，委曲以求之。求得本性，因而诚之，使有诸己，则亦与从初自诚者，无以异矣，故曰"曲能有诚"。能化云者，言至诚之妙用，所过者化也。语至诚极于能化，则知其所谓存者，有不测之神矣。赞化育与天地参，皆不外是，此所谓"及其成功一也"。孟子言"可欲之谓善，有诸己之谓信"，即此"曲能有诚"之说也；"充实之谓美，充实而有光辉之谓大"，即此"诚则形，形则著，著则明"之说也；"大而化之之谓圣，圣而不可知之之谓神"，即此"明则动，动则变，变则化"之说也。

永康陈氏曰：一室皆暗，必有容明之所。从其容明之处而辟之，此致曲之法也。

严陵喻氏曰：至诚之理，自所性而达乎外者，直也；由学问以复乎内者，曲也。

建安真氏曰：前章赞化育、参天地，乃至诚之极功，而其本则尽己之性而已，此圣人所以可学而至也。"其次致曲"，即学之事。曲，犹曲礼之曲。盖圣人生知安行，不待致曲，自能尽性。自大贤以下，则必于纤微委曲而用其功，即前博学、审问、慎思、明辨、笃行之意。颜子之四勿，曾子之三省，皆致曲之事也。

晋陵钱氏曰：曲，谓行事之委曲，若曲礼之类。致力于曲，亦能有诚。"诚则形"，谓有诸内，必形于外也。"形则著"，人得而见之也。"著则明"，其德昭明，人不能掩也。"明则动"，人为不善者，不能自安也。"动则变"，人从之也。"变则化"，化民成俗，不知其所以然也。

至诚之道，可以前知。国家将兴，必有祯祥；国家将亡，必有妖孽。见乎蓍龟，动乎四体。祸福将至：善，必先知之；不善，必先知之。故至诚如神。

郑氏曰："可以前知"者，言天不欺至诚者也。前，亦先也。四体，谓龟之四足，春占后左，夏占前左，秋占前右，冬占后右。

孔氏曰：此言身有至诚，可以豫知前事。祯祥，吉之萌兆。本有今异曰祯，国本有雀，今赤雀来是也；本无今有曰祥，国本无凤，今有凤来是也。言国家之将兴，必嘉善庆祥。妖孽，谓凶恶之萌兆。妖，伤也，伤甚曰孽。《左传》云："地反物为妖。"《说文》云："衣服、歌谣、草木之怪为妖，禽兽、虫蝗之怪为孽。"见乎蓍龟，卦兆动于龟之四体也。善谓祥，不善谓祸。至诚之道，豫知前事，如神之微妙，故云"至诚如神"。

河南程氏曰：人固可以前知，然其理须是用则知，不用则不知。知不如不知之愈，盖用便近二，所以释子谓又不是野狐精也。[26]

蜀山人不起念十年，便能前知。[27]

《中庸》言诚便是神。[28]

蓝田吕氏曰：诚一于理，无所间杂，则天地人物，古今后世，融彻洞达，一体而已。兴亡之兆，犹心之有思虑，如有萌焉，无不前知。盖有方所，则有彼此先后之别；既无方所，彼则我也，先即后也，未尝分别隔碍，自然达乎神明，非特前知而已。

至诚与天地同德，与天地同德，则其气化运行，与天地同流矣。兴亡之兆，祸福之来，感于吾心，动于吾气，如有萌焉，无不前知，况乎诚心之至，求乎蓍龟而蓍龟告，察乎四体而四体应，所谓"莫见乎隐，莫显乎微"者也。此至诚所以达神明而无间，故曰"至诚如神"。动乎四体，如《传》所谓"威仪之则以定命"者也。

建安游氏曰：至诚之道，精一无间，心合于气，气合于神，无声无臭，而天地之间，物莫得以遁其情矣，不既神矣乎？此非人所能测也。至于前知之实，则近考诸身，远验诸物，大有以知国家之兴亡，小有以知一身之祸福。此人之所同见也，故"至诚如神"，"如神"云者，因人所言见之也。

延平杨氏曰：诚即神也，上下与天地同流，则兆乎天地之间者，庸有不知乎？以上言"见乎蓍龟，动乎四体"，则善不善已形焉，故曰"如神"而已。

君子一于诚而已,唯至诚为可以前知,故"不逆诈,不亿不信",而常先觉也,抑亦以是为贤乎?若夫不逆不亿,而卒为小人所欺焉,斯亦不足观也已。

河东侯氏曰:至诚之道,学者须是心明意得,然后可以知之。如"国家将兴,必有祯祥;国家将亡,必有妖孽",可以理得,不可以迹考,可以默识,不可以言穷。今夫四时之代谢,日月之晦明,鬼神之吉凶,皆至神之道也。知其所以然,则国家之兴亡,其祯祥,其妖孽,焕然知之矣。一人之心,天地之心;一人之为,天地之为;一物之理,天地之理;一身之气,天地之气。喜怒哀乐,少动于中,则达乎面目,见乎四体,况天地之广大,国家之盛衰,其有不见乎?故问之蓍龟,而蓍龟动以应;候乎四体,而四体动以知。祸福善恶,各以物至,如高宗之梦,文王之卜,神降于莘,星入于秦,皆其物也,故曰"至诚如神"。神即诚也,不可以行至疾速言之。

河南尹氏曰:嵩前有董五经,隐者也。伊川闻其名,谓其亦穷经之士。董平日未尝出庵,伊川至其舍,语甚款,亦无大过人者,但久不与物接,心静自明也。尹子问于伊川,伊川曰:"静则自明也。"祁宽问于尹子曰:"岂非《中庸》所谓'至诚之道,可以前知乎'?"尹子曰:"也不必如此说。只是久静自明也。"㉙

新安朱氏曰:此第二十四章,言天道也。祯祥者,福之兆。妖孽者,祸之萌。蓍,所以筮。龟,所以卜。四体,谓动作威仪之间,如执玉高卑、其容俯仰之类。凡此皆理之先见者也。然唯诚之至极,而无一毫私伪留于心目之间者,乃能有以察其几焉。神谓鬼神。㉚

问"至诚之道,可以前知"。先生曰:无私伪则常虚明。㉛

或问至诚如神之说。曰:吕氏盖得之矣,其论动乎四体为威仪之则者,尤为确实。游氏"心合于气,气合于神"之云,非儒者之言也。且心无形而气有物,若之何而反以是为妙哉?程子"用便近二"之论,盖因异教之说,如蜀山人董五经之徒,亦有能前知者,故就之而论其优劣,非以其不用而不知者为真可贵,而贤于至诚之前知也。至诚前知,乃因其事理朕兆之已形而得之,如所谓不逆诈、不亿、不信而常先觉者,非有术数推验之烦、意想测度之私也,亦何害其为一哉!㉜

延平周氏曰:祯祥者,将兴之兆朕也;妖孽者,将亡之兆朕也。"见乎蓍龟",验之物也;"动乎四体",验之已也。祸之将至,福已伏之,而其所以召福之善,必先知之;福之将至,祸亦倚之,而其所以召祸之不善,必先知之。故言祸则先于福,而言不善则次于善也。

海陵胡氏曰:此一节言至诚前知之事。由身有至诚,而其性明,性既明,则可以豫知前事,虽未萌未兆,可以逆知国家将兴将亡之理。若进贤退不肖,其政教皆仁义,虽未大兴,至诚之人,必知其将兴也,又天必有祯祥之应;若小人在位,贤人在野,政教废弛,纲纪紊乱,虽未绝灭,至诚之人,必知其将亡也,又天必有妖孽之应。此皆至诚前知,默契天意者也。蓍龟,先知之物。圣人有先知之见,如蓍龟之灵也。人有四体,四体之动,必先知之,圣人于祯祥之兆,亦先知之。神者,阴阳不测之谓也。

江陵项氏曰:此一章言性者处处明白,与天无间,天之道也;下章"诚者,自诚也"而下,言教者处处笃实,与人无间,人之道也。

施氏曰:一身之所有,至理具焉;一心之所存,神明舍焉。反身而诚,则清明在躬,犹日中天地,容光必照矣。故不待兴亡之已至,而知之于祯祥妖孽之始;不待乎祸福之已形,而知之于善不善之初。非前知者,其能是乎?《易》曰:"知几其神乎!"

莆阳林氏曰:人之精神,当阒寂无人之所,景物幽闲之处,内外豁然,是得其本性,少顷思虑一起,便坐不得,故曰"人生而静,天之性也"。今人终日于胶胶扰扰之地,得少顷闲静,便觉快乐,是其本性然也,况终身受用于诚者乎?且居乎环堵之室,更历岁月之久,户外之屦,皆能逆知其为某事,以其心静故也。以此观之,周公、仲尼虽无天子之位,然逆定之数,可以前知,故曰"至诚之道,可以前知"。祯祥如火流为乌、凤鸣朝阳之类,妖孽如三川之震、夷羊在牧之类,故可以前知也。如尧有九年之水,汤有七年之旱,此皆逆定之数,为尧汤者,能为之先具尔,乌能使之必无也?见乎蓍龟,谓人有吉凶祸福之事,尽见于蓍龟。四体者,谓吉凶祸福,尽见于人之俯仰屈伸之际。

长乐陈氏曰:"清明在躬,志气如神",嗜欲将至,有开必先,天降时雨,山川出云,至诚之道也。高宗"恭默思道,梦帝赉予良弼",果得;《传》说宣王有拨乱之志,侧身修行,上天佑之,为生贤佐,果得申、甫。此其明验欤!

范阳张氏曰:福将至,则善念见;祸将至,则欲念形。既先知,则以诚造化,转移变易,使祸为福,妖孽为祯祥,将亡反为将兴,盖无难事也,故曰"至诚如神"。

兼山郭氏曰:自君子观之,谓之知几;自众人言之,谓之前知。《易》曰:"知几其神乎!"

高要谭氏曰:"至诚之道,可以前知",自不学者言之:事似渺茫,近乎怪诞而不可信;自笃学者言之,事皆性中所有,才能存养,不失其全,便能至此,无足疑也。夫何故识得性与心之体,即灼然见此事,皆存养所致也?性之在人,非槁木死灰,兀然寂然,不生不出而已。其中虚明,自然透彻,物有动乎其外,而吾必觉知于其内。凡天下事物，有形有声，有臭有味，有名有数，与吾耳目口鼻手足相接者，莫不皆先觉知。不特如此，天地之间，薄海内外，凡实有是事，实有是物，虽吾耳目口鼻手足之所未尝及者，一有感乎其中，亦莫不皆有觉知。此乃一性之灵，可以应无方之变者，盖天机将动之时也，夫是谓之心。识得此理，当其本心觉知之时，专精致一，固守勿失，使此一性之灵，常存不散。性本虚静，虚极则通，静极则明，正如持鉴，当中一影一像，靡不毕见。天下祸福善恶之事，既实有而不虚，端兆才萌，无有不知者矣，故曰"至诚如神"。胡不观诸《易》乎："寂然不动，感而遂通天下之故"。寂然不动者，存养之力也；感而遂通者，前知之验也。此章重处，全在至诚，而前知之说，特以明其效验。非如俗学，专尚神怪，而不知理之所在也。

柯山周氏曰：祯祥非必甘露醴泉，如"思皇多士，生此王国"，"维岳降神，生甫及申"，则周室将兴可知矣。妖孽非必石言神降，如"妇有长舌，维厉之阶"，"人之云亡，邦国殄瘁"，则周室将亡可知矣。况假之于蓍龟，动之于四体，祸福将至，有显然之理乎？

晋陵钱氏曰：祯祥，若麟凤嘉禾之类；妖孽，若雊雉桑榖共生之类。蓍，龟卜也。四体，以身喻国家之四方也。《闲居》曰："四方有败，必先知之。"福将至以善，而知其福；祸将至以不善，而知其祸。盖幽明一理，人欲蔽之，至诚则无不知矣。

蔡氏曰：此主诚者之用为言。至诚前知，是言圣人既尽人物之性，则知之无一而不明，处之无一而不当，不疾而速，不行而至，如造化之神也。

广汉张氏曰：此谓神，指造化之迹者，故曰如谓至诚，则感应不穷也。若如所谓"所存者神"，则诚即神矣。

新定顾氏曰：至诚之道，极天下之清明。清明，天德也。惟秉天德，故能知天数，故曰"至诚之道，可以前知"。"至诚如神"，鬼神之灵，于事先知固也，而至诚者，实似之。

诚者，自成也；而道，自道也。诚者，物之终始，不诚无物。是故君子诚之为贵。诚者，非自成己而已也，所以成物也。成己，仁也；成物，知也。性之德也，合外内之道也，故时措之，宜也。

郑氏曰：物，万物也，亦事也。以至诚成己，则仁道立；以至诚成物，则知弥博。此五性之所以为德也，外内所须而合也。外内，犹上下。时措，言得其时而用也。

孔氏曰：人有至诚，则能与万物为终始；若无至诚，则不能成其物。诚者，非但自成己身，又能成就外物。若能成就己身，则仁道与立；若能成就外物，则知力广远。"合外内之道"者，无问内外，皆须至诚。时措之宜，措，犹用也。得其时而用，无往不宜也。

河南程氏曰:"诚者自成",如至诚事亲,则成人子,至诚事君,则成人臣。"不诚无物,诚者物之终始",犹俗语"彻头彻尾,不诚更有甚物"也。[33]伊川

圣人言忠信者多矣,人道只在忠信。不诚则无物,且"出入无时,莫知其乡"者,人心也,若无忠信,岂复有物乎?[34]明道

只著一个私意,便是馁,便是阙了他浩然之气处。"诚者物之终始,不诚无物。"这里阙了他,则便这里没这物。[35]

学者不可以不诚,不诚无以为善,不诚无以为君子。修学不以诚,则学杂;为事不以诚,则事败;自谋不以诚,则是欺其心而自弃其志;与人不以诚,则是丧其德而增人之怨。今小道异端,亦必诚而后得,而况欲为君子者乎?故曰:学者不可以不诚。虽然,诚者在知道本而诚之耳。[36]

成己须是仁,推成己之道成物便是知。[37]

"古之学者为己",其终至于成物;今之学者为物,其终至于丧己。[38]伊川

"性之德"者,言性之所有,如卦之德乃卦之韫也。[39]明道

须是合内外之道,一天人,齐上下,下学而上达,极高明而道中庸。[40]

问:"观物察己,还因见物,反求诸身否?"曰:"不必如此说。物我一理,才明彼即晓此,合内外之道也。语其大至天地之高厚;语其小,至一物之所以然。学者皆当理会。"[41]伊川

"时措之宜",言随时之义,若"溥博渊泉,而时出之"。[42]

诚者合外之道,不诚无物。[43]

蓝田吕氏曰:诚不为己,则诚为外物;道不自道,则其道虚行。既曰成矣,苟不自成就,如何致力?既曰道矣,非己所自行,谁与行乎?实有是理,乃有是物。有所从来,有以致之,物之始也;有所从亡,有以丧之,物之终也。皆无是理,虽有物象接于耳目,耳目犹不可信,谓之非物可也。天大无外,造化发育,皆在其间,自无内外。人有是形,而为形所汩,故有内外生焉。惟生内外之别,故与天地不相似。若性命之德,自合乎内外,故具仁与智,无己无物,诚一以贯之,合天德而施化育,故能时措之宜也。

理义者,人心之所同然者也。吾信乎此,则吾德实矣,故曰"诚者自成也";吾用于此,则吾道行矣,故曰"道自道也"。夫诚者,实而已矣。实有是理,故实有是物;实有是物,故实有是用。实有是理,故实有是心;实有是心,故实有是事。是皆原始要终而言也。箕不可以簸扬,则箕非箕矣;斗不可以挹酒浆,则斗非斗矣。种

禾于此,则禾之实可收也;种麦于此,则麦之实可收也。如未尝种,而望其收,虽稂莠且不可得,况禾麦乎?所谓"诚者物之终始,不诚无物"也。故君子必明乎善,知至则意诚矣。既有恻怛之诚意,乃能竭不倦之强力;竭不倦之强力,然后有可见之成功。苟不如是,虽博闻多见,举归于虚而已。是诚之所以为贵也。诚虽自成也,道虽自道也,非有我之得私也,与天下同之而已。故思成己必思所以成物,所谓仁知之具也。性之所固有,合内外而无间者也。夫天大无外,造化发育,皆在其间自,无内外之别。人有是形而为形所梏,故有内外生焉。内外一生,则物自物、己自己,与天地不相似矣。反乎性之德,则安有物我之异、内外之别哉?故具仁与知,无己无物,诚一以贯之,合天德而施化育,故能时措之宜也。

子贡曰:"学不厌,知也;教不倦,仁也。"学不厌所以成己,此则成己为仁;教不倦所以成物,此则成物为知何也。夫尽性之德,合内外之道以成己,则仁之体也。推是以成物,则知之事也,自成德而言也;学不厌所以致吾知,教不倦所以广吾爱,自入德而言也。此子思、子贡之言所以异也。

上蔡谢氏曰:或问:"言有物而行有常",如何是有物?曰:妄则无物,是不诚也,"不诚无物"。"诚者,物之终始",终始者,有常之谓也。物只是个实存,诚则有物。问:敬是存诚之道否?曰:须是体,便见得。

建安游氏曰:诚者,非有成之者,自成而已;其为道,非有道之者,自道而已。自成自道,犹言自本自根也。以性言之为诚,以理言之为道,其实一也。

延平杨氏曰:诚,自成;道,自道。无所待而然也。其为物终始,天行也。诚则形,形故有物。不诚而著乎伪,则有作辍,故息,息则无物矣。犹四时之运,已则成物之功废焉,尚何终始之有?故以习则不察,以行则不著,以进德则不可久,以修业则不可大,"故君子唯诚之为贵"。万物一体也,成己所以成物也。成己,仁也,合天下之公言之也;成物,知也,即成己之道而行其所无事也。知、仁具性之德也。有成己之仁,故能合内外之道;有成物之知,故知时措之宜也。

《大学》自正心诚意至治国家天下只一理,此《中庸》所谓"合内外之道"也。若内外之道不合,则所守与所行,自判而为二矣。孔子曰:"子帅以正,孰敢不正。"子思曰:"君子笃恭而天下平。"孟子曰:"其身正而天下归之。"皆明此也。

知合乎内外之道,则禹、稷、颜回之所同可见,盖自诚意正心推之至于可以平天下,此内外之道所以合也。故观其意诚心正,则知天下由是而平;观天下平,则知非意诚心正不能也。兹乃禹、稷、颜回之所以同也。

"精义入神",乃所以致用;"利用安身",乃所以崇德。此合内外之道也。

河东侯氏曰：上言诚者自成，道自道，子思恐学者以内外为二事，知体而不知用，故又曰"诚者，非自成己而已也，所以成物也"，犹言"能尽其性，则能尽人之性；能尽人之性，则能尽物之性"者也。岂有能成己，而不能成物者？不能成物，则非能成己者也。人物虽殊，理则一也，故曰"成己，仁也；成物，知也"。

新安朱氏曰：此第二十五章。言人道也。言诚者物之所以自成，而道者人之所当自行也。诚以心言，本也；道以理言，用也。天下之物，皆实理之所为，故必得是理然，后有是物。所得之理既尽，则是物亦尽而无有矣，故人之心一有不实，则虽有所为，亦如无有。此诚之所以为物之终始，而不诚之所以无物也，下文所谓"自成者"盖如此，故君子贵之。诚虽所以成已，然在我者无伪，则自然及物矣。⑭

内外虽殊，然皆性之德，而唯诚者能之。所以见于行事者，以时措之，而各得其宜也。然必先成己，乃能成物，此道之所以必自道也。自成自道，如程子说，乃与下文相应。游、杨皆以"无待而然"论之，其说虽高，然于此为无所当，且又老庄之遗意也。"诚者物之终始，不诚无物"之义，亦唯程子之言为至当，然其言太略，故读者或不能晓，请得而推言之。盖诚之为言，实而已矣。然此篇之言，有以理之实而言者，如曰诚不可掩之类是也；有以心之实而言者，如曰反诸身不诚之类是也。读者各随其文意之所指而寻之，则其义各得矣。所谓"诚者物之终始，不诚无物"者，以理言之，则天地之理，至实而无一息之妄，故自古至今，无一物之不实，而一物之中，自始至终，皆实理之所为也；以心言之，则圣人之心，亦至实而无一息之妄，故从生至死，无一事之不实，而一事之中，自始至终，皆实心之所为也。此所谓"诚者物之终始"者然也。苟未至于圣人，而其本心之实者，犹未免于间断，则自其实有是心之初以至未有间断之前，所为无不实者；及其间断，则自其间断之后以至未相接续之前，凡所云为，皆无实之可言，虽有其事，亦无以异于无有矣。如曰三月不违，则三月之间，所为皆实，而三月之后，未免于无实，盖不违之终始，即其事之终始也。日月至焉，则至此之时，所为皆实，而去此之后，未免于无实，盖至焉之终始，即其物之终始也，是则所谓"不诚无物"者然也。以是言之，则在天者，本无不实之理，故凡物之生于理者，必有是理，方有是物，未有无其理而徒有不实之物者也。在人者，或有不实之心，故凡物之出于心者，必有是心之实，乃有是物之实，未有无其心之实而能有其物之实者也。程子所谓"彻头彻尾"者，盖如此。其余诸说，大抵皆知诚之在天为实理，而不知其在人为实心，是以为说太高，而往往至于交互差错，以失经文之本意。正犹知爱之不足以尽仁，而凡言仁者遂至于无字之可训，其亦误矣。吕氏所论子贡、子思所言之异亦善，而犹有未尽者，盖子贡之言主于知，子思之言主于行,故各就其所重而有宾主之分,亦不但为成德、入德之殊而已也。杨氏说物之终始,直以"天行"二字为解,盖本于《易》"终则有始,天行也"之说,假借依托,无所发明。杨氏之言,盖多类此,最说经之大病也。又谓"诚则形而有物,不诚则辍而无物",亦未安。诚之有物,盖不待形而有,不诚之无物,亦不待其辍而后无也。其曰"由四时之运,已则成物之功废",盖亦辍而后无之意,而又直以天无不实之理,喻夫人有不实之心,其取譬也亦不亲切矣。彼四时之运,夫岂有时而已者哉?[45]

海陵胡氏曰:学其所未能,行其所未至,思其所未得,是所以自成于己也。修其道,以自引导其自小贤至于大贤,自大贤至于圣人,是自道达其身也。合内外之道者,外则成于物,内则成于己,皆本至诚相合而行。

嵩山晁氏曰:诚与道,一体而二名也,其所以率性则一也,皆无待于外者也。

涑水司马氏曰:凡物自始至终,诚实有之,乃能为物;若其不诚,则皆无之。譬如鸟兽草木之类,若刻画而成,或梦中暂睹,岂其物邪?况于仁义礼智,但以声音笑貌为之,岂得为仁义礼智哉?内则尽己之性,外则化成天下,皆会于仁义礼智信,故曰"合内外之道"。

马氏曰:夫成己者,自爱之至,所以为仁也;成物者,知周乎万物,所以为知也。仁与知,同出于德性而有得于己,故曰"性之德也"。仁由于内以成己,知由于外以成物,合而言之,所以为内外之道也。然措之,必宜其时也,盖当其成己,则不可以不知其成物之时,当其成物,则不可以不知其成己之时,措之宜也。

吴兴沈氏曰:诚与道,同出而异名也。诚者非有所假而成也,自然而诚者也;道非有所假而道也,自然而道者也。性之为诚,道,天理之自然也,容有一毫加损于其间哉?虽曰有所成、有所道,皆不知所以然而然者也。诚者,性也。性之为体,举天地人物,所从始、所从终也。仰观于天,则日月星辰、风云雷电、雨露霜雪亦物也;俯察于地,山川河海、草木丘陵亦物也。远取诸物,则鸟兽鱼鳖、跂行喙息亦物也;近取诸身,则鼻目口耳、百体四肢亦物也。在人伦,则君臣父子兄弟夫妇朋友亦物也;在人理,则仁义礼智信亦物也。是数者,皆出入消长于一性之中,不曰"物之终始",可乎?此诚之为体如是,惟见性者能知之。然诚之为体,固不在人加损也,而人不可以不有诚焉。人而不诚,则何天地人物之有乎?尽性而至于尽天地之性者,诚也;致曲而至于形、著、明、动、变、化者,诚之者也。故"君子诚之为贵",唯君子之诚,而天地人物从而有立,则诚之为道,岂特自成己而已,抑所以成物也。成己谓之仁,成物谓之智,指仁智之定体也。诚者性也,仁知德也,故曰"性之德也"。语其在己,则谓之内;语其在物,则谓之外。揆之以诚,则已与人物天地,皆一体也,无彼己之间也,是合外内之道也。诚至于合内外,则已与人物天地之理,皆曲成而不遗,随所措而无不宜矣。

范阳张氏曰:有始无终,有终无始,皆非诚也。成己即是成物,以己与物,同一源也。使止知成己而不成物,杨朱之为我也;止知成物不知成己,墨翟之兼爱也。自人而观之:己者,内也;物者,外也。自诚而观之:己与物一体。而已合外内而无所择者,此诚也。

晋陵喻氏曰:君子之于诚,自成而已,其于道,自道而已,非由外铄我也,我固有之也。生乎由是,死乎由是,盖终始不渝,然后可以言诚。不诚则无物,何以使人观而化与夫动天地、感鬼神哉?是故"君子诚之为贵"也。君子岂自成己而已哉?使天下之民、匹夫匹妇,莫不被其泽,百谷草木,莫不蕃庑,鸟兽鱼鳖,无不咸若,则君子之志也。人皆以成物为仁,君子则曰成己者仁也,成物者知也。使吾之诚未至,则未能正心而修身,其何以成哉?必意诚而后心正,心正而后身修,身修而后家齐,家齐而后国治,国治而后天下平,此成物之知,舜所以为大知也与!当是时,视人如我,视我如人,天地即我,我即天地,所谓"合内外之道也,故时措之宜也",圣人之能事毕矣。

临川王氏曰:以实于己者言之则为诚,以诚而行之则曰道,其实一理也。是理也,本与生俱生,非由外铄,使人能反身而诚,则是诚也,岂非自成也?人能率此以行之,则是道也,岂非自道乎?使自外而为之,则非诚、道矣。

高要谭氏曰:"诚,自成也","道,自道也",盖明为己之学也。天命之性,已所固有。诚者,实此者也,实有诸己,故曰"自成";道者,行此者也,力行由己,故曰"自道"。"自"云者,言非他求,皆自己分内事也。诚与道,皆己所固有,非由外求。故言其自成,则命之曰诚;言其自道,则命之曰道。要皆自己性命之理,无二致也。凡天下之物,诚之则有,不诚则无,故物之终始,全系于诚也。物之始,谓物之所起处也;物之终,谓物之极尽处也。指诚为物之所由起与物之所由尽,则是诚则有物,不诚则无物也。盖实有是理,方有是物,不诚则无是理,故无是物也。凡可名言者,皆物也。只如天命之性,虽已所固有,傥不能反身而诚,实有诸己,则固有之性,亦堕于虚无中矣,所谓"不诚无物"者如此,故"君子诚之为贵",言贵乎实有诸己也。一人之身,万物皆备,反身而诚,既足以成己,推此施之,亦足以成物。成己者,其体全,故谓之仁;成物者,其用周,故谓之知。盖非仁则无以尽体诸己,非知则不能推用于物故也。仁知具足,体用兼备,此诚所以为性之德、合内外之道也。性之德,言实理之可据者也,成己成物即此德也。合内外之道,言实理之兼体用也。具仁与知，即此道也。其为德为道也如是，故举措唯时、咸适其宜也。夫诚之体为仁，诚之用为智，诚之实理可据曰德，诚之实理可知曰道。凡欲识仁、知、道、德之所以名，观此即见之矣。夫天理一也，仁者体此，知者知此，礼者履此，义者宜此，信者有此，故仁、知、道、德与时措之宜，皆以诚为本，亦犹孟子言仁义礼知之端而不及信，明人之有是四端，无不以信为本也。此章虽不言义与礼，如所谓时措之宜，则义与礼，在其中矣。即此论之，则尧舜之孝弟，夫子之忠恕，子思之言中庸，孟子之言仁义，皆一出于诚而已，所谓一以贯之，其在是欤！

延平周氏曰：必于性言德，于外内言道者，盖性在我也，故以其自得而谓之德；内可以言道，而外不可以言德，故以其可由而谓之道。仁不止于成己，而以成己为主，故孔子之教不倦，亦谓之仁；知不止于成物，而以成物为主，故孔子之学而不厌，亦谓之知。

雪川倪氏曰："万物皆备于我矣，反身而诚，乐莫大焉"，不诚无物者，岂有此乐哉！

蔡氏曰：此主诚之者之用为言。诚者，是言天之道；诚之为贵，是言人之道。

诚者，生知安行，成固自然，成道亦自然，道乃天道，生物不测之机也，故曰"物之终始"。不诚则不能有物，是故"君子诚之为贵"。苟能致曲尽诚之之道，则其诚也，非特成己，所以成物也。学而至此，则物我一源，仁智两尽，性德合乎外内，而时措皆宜于诚者，天道之诚无间矣。

新定钱氏曰：孟子云："哭死而哀，非为生者也。"诚者，已分当然之事，岂为人而诚哉？有一毫为人之心，即非诚矣。故诚乃自成，而其道乃自道也，非有假于外也，我固有之也。

新定顾氏曰：诚之于物，犹水之于波涛也。水，本质也；波涛，由水而生者也。诚，本质也；物，由成而出者也。波涛由水而生，及波涛之泯，则归于水；物由诚而出，及物之终，则归于诚。此物之所以始于诚，而终于诚也，故曰"诚者物之终始"。以物之由诚而出也，非诚其何以有物，故曰"不诚无物"。其曰"成己，仁也"，体是道于己谓之仁；"成物，知也"，知物之当成谓之知。要之，成己成物，皆此诚之运用流行。仁、知特强名尔，其实则性之德也，合内外之道也。外成物也，内成己也，分而言之，则曰"成己，仁也；成物，知也"，总而言之，则曰"性之德也，合内外之道也"。合者，兼总之意。夫莫切于己，赖诚而成，仁之名由是得焉；莫众于物，赖诚而成，知之名由是得焉。一性之德，于是乎在内外之道，于是乎合则诚也者。夫岂可以斯须废？是以宜于时措。时措云者，无时而不用之也，故"时措之"绝句，"宜也"

又自是一句。

有问:物始生于诚,终复归于诚,如此则人死后,归于大通,不复为鬼?答曰:不然。鬼神亦物也,凡丽于阴阳者皆物,事亦物也。物之始生,不应一顿,便突出来。其化生之序,气感成象,体具成形,凡几节奏,死后不应便灭,亦有几许变化。但未知为鬼神后,其存灭又如何耳。此却智虑所不能及,人之所知,固有限耳。

【注释】

①《程氏遗书》卷二十四,《二程集》,页315。

②《程氏遗书》卷十五,《二程集》,页158。

③《程氏遗书》卷十一,《二程集》,页120。

④《程氏遗书》卷十一,《二程集》,页133。

⑤《程氏遗书》卷十一,《二程集》,页78。另见《程氏粹言》卷二《心性篇》,《二程集》,页1260。

⑥《程氏遗书》卷二上,《二程集》,页35。

⑦《程氏遗书》卷二上,《二程集》,页33。

⑧《程氏遗书》卷十八,《二程集》,页115。

⑨《正蒙·诚明》,《张载集》,页21。

⑩《正蒙·大心》,《张载集》,页24。

⑪《正蒙·乐器》,《张载集》,页55。

⑫《中庸章句》,《朱子全书》6/50。

⑬《中庸或问》下,《朱子全书》6/595—596。

⑭《程氏遗书》卷二十五,《二程集》,页325。

⑮《程氏遗书》卷二十五,《二程集》,页322。

⑯《程氏遗书》卷六,《二程集》,页85。

⑰《程氏遗书》卷六,《二程集》,页81、82。

⑱《程氏遗书》卷十一,《二程集》,页126。

⑲《程氏遗书》卷十八,《二程集》,页203。"'变与化何别?'曰"原无,不通,今据《二程集》增入。

⑳《正蒙·中正》,《张载集》,页31。

㉑《横渠易说·系辞上》,《张载集》,页187。

㉒《横渠易说·系辞上》,《张载集》,页187。

㉓《正蒙·中正》,《张载集》,页27。

㉔《中庸章句》,《朱子全书》6/50。

㉕《中庸或问》下,《朱子全书》6/596—597。

㉖《程氏遗书》卷三,《二程集》,页 65。

㉗《程氏遗书》卷六,《二程集》,页 83。

㉘《程氏遗书》卷十一,《二程集》,页 129。

㉙《程氏外书》卷十二,《二程集》,页 438。

㉚《中庸章句》,《朱子全书》6/51。

㉛《朱子语类》卷六四,《朱子全书》16/2121。

㉜《中庸或问》下,《朱子全书》6/597—598。

㉝《程氏遗书》卷十八,《二程集》,页 203。

㉞《程氏遗书》卷十一,《二程集》,页 127。

㉟《程氏遗书》卷二上,《二程集》,页 29。

㊱《程氏遗书》卷二十五,《二程集》,页 326。

㊲《程氏遗书》卷六,《二程集》,页 82。

㊳《程氏遗书》卷二十五,《二程集》,页 325。《程氏粹言》卷一《论学篇》(《二程集》,页 1197):"子曰:古之学者为己而物成,今之学者为人而丧己。"

㊴《程氏遗书》卷十一,《二程集》,页 125。《程氏粹言》卷二《心性篇》(《二程集》,页 1256):"子曰:德性云者,言性可贵也。性之德,言性所有也。"

㊵《程氏遗书》卷三,《二程集》,页 59。

㊶《程氏遗书》卷十八《二程集》,页 193。《程氏粹言》卷一《论学篇》(《二程集》,页 1272):"子曰:物我一理,明此则尽彼,尽则通。此合内外之道也。语其大至天地之所以高厚,语其小至于一草一木所以如此者,皆穷理之功也。"

㊷《程氏遗书》卷十八《二程集》,页 226。

㊸《程氏遗书》卷一,《二程集》,页 9。

㊹《中庸章句》,《朱子全书》6/51。

㊺《中庸或问》下,《朱子全书》6/598—599。

卷十二

【原文】

故至诚无息,不息则久,久则征,征则悠远,悠远则博厚,博厚则高明。博厚,所以载物也;高明,所以覆物也;悠久,所以成物也。博厚配地,高明配天,悠久无疆。如此者,不见而章,不动而变,无为而成。天地之道,可壹言而尽也:其为物不贰,则其生物不测。天地之道,博也,厚也,高也,明也,悠也,久也。今夫天,斯昭昭之多,及其无穷也,日月星辰系焉,万物覆焉。今夫地,一撮土之多,及其广厚,载华岳而不重,振河海而不泄,万物载焉。今夫山,一卷石之多,及其广大,草木生之,禽兽居之,宝藏兴焉。今夫水,一勺之多,及其不测,鼋鼍、蛟龙、鱼鳖生焉,货财殖焉。《诗》曰:"惟天之命,於穆不已!"盖曰天之所以为天也。"於乎不显,文王之德之纯!"盖曰文王之所以为文也,纯亦不已。

郑氏曰:征,犹效验也。此言至诚之道,著于四方,其高厚日以广大也。征,或为"彻"。可一言而尽,要在至诚也。为物不贰,言至诚无贰,乃能生万物也。昭昭,犹耿耿,小明也。天之高明,本生昭昭;地之博厚,本由撮土;山之广大,本起卷石;水之不测,本从一勺。皆合少成多,积小至大。为至诚者,亦如此乎!振,犹收也。卷,犹区也。引《诗》者,言天所以为天,文王所以为文,皆由行之无已,为之不止,如天地山川之云也。

孔氏曰:前欲明积渐先悠久,后能博厚高明,下言既能博厚高明,又须行之长久,谓至诚之德也。天之与地,清浊二气所分,非是以小至大。今以天地体大,假言由小而来,以譬至诚,非实论也。所引《诗》者,《周颂·维天之命》文也。"盖曰"以下,是孔子之言。

河南程氏曰:"维天之命,於穆不已",此是理自相续不已,非是人为之,如使可为,虽有万般安排,也须有息时,只为无为,故不息。《中庸》言"不见而章,不动而变,无为而成,天地之道,可一言而尽也。"①伊川

明道曰:"维天之命,於穆不已,不其忠乎。天地变化草木蕃,不其恕乎。"②

伊川曰:"维天之命,於穆不已,忠也;乾道变化,各正性命,恕也。"③

问:义还因事而见否?曰:非也。性中自有。或曰:无状可见?曰:说有便是见,但人自不见,昭昭在天地之中也。且如性,何须待有物方指为性?性自在也。贤所言见者事,颐所言见者理,如曰"不见而章"是也。④伊川

子在川上曰:"逝者如斯夫,不舍昼夜。"自汉以来,儒者皆不识此义。圣人之心,纯亦不已。纯亦不已,是乃天德也。有天德,便可语王道。其要只在慎独。⑤明道

天命不已,文王纯于天道亦不已。纯则无二无杂,不已则无间断先后。⑥

《诗》曰:"上天之载,无声无臭。仪刑文王,万邦作孚。"上天又无声臭之可闻,

只看文王便万邦取信也。又曰："维天之命,於穆不已。"盖日天之所以为天也。"文王之德之纯。"盖日文王之所以为文也。然则文王之德,直是似天。"昊天曰明,及尔出王。昊天曰旦,及尔游衍。"只为常是这个道理。此个亦须待他心熟,便自然别。⑦

敬则无间断,体物而不可遗者,诚敬而已矣,不诚则无物也。《诗》曰:"维天之命,於穆不已,於乎不显,文王之德之纯","纯亦不已",纯则无间断。⑧

蓝田吕氏曰:实理不贰,则其体无杂;其体不杂,则其行无间。故至诚无息,非使之也,机自动耳。乃乾坤之所以阖辟,万物之所以生育,亘万古无穷者也。如使之则非实,非实则有时而息矣。久者,日新无敝之谓也。征,验也。悠,远长也。天地运行而不息,故四时变化而无敝,日月相从而不已,故晦朔生明而无敝,此之谓"不息则久"。四时变化而无敝,故有生生之验,晦朔生明而无敝,故有照临之验,此之谓"久则征"。生生也,照临也,苟日新而有征,则可以继继其长,至于无穷矣,此之谓"征则悠远"。悠远无穷者,其积必多,博者能积众狭,厚者能积众薄,此之谓"悠远则博厚"。有如是广博,则其势不得不高,有如是深厚,则其精不得不明,此之谓"博厚则高明"。博厚则无物不能任也,高明则无物不能冒也,悠久则无时不能养也。所谓配地、配天、无疆者,以形而上者难明,故以形而下者明之也。配之为义,非比类之谓也。天道至著,常以示人,故万象纷错,终古不变,盖已成而明者也,故曰"不见而章"。一阖一辟,天机自然,无作无息,以生万变,盖神而化之者也,故曰"不动而变"。至诚不息,日新无穷,万物之成,积日之养而已,盖为物不贰者也,故曰"无为而成"。所以载物、覆物、成物者,其能也;所以章、所以变、所以成者,其功也。能非力之所任,功非用而后有,其势自然,不得不尔,是皆至诚不贰而已,此天地之道所以一言而尽也。天地所以生物不测者,至诚不贰者也;天地所以成者,积之无疆者也。如使天地为物而贰,则其行有息,其积有限,昭昭撮土之微,将下同乎众物,又焉有载物、覆物、成物之功哉?虽天之大,昭昭之多而已;虽地之广,撮土之多而已。山之一卷,水之一勺,亦犹是矣。其所以高明博厚、神明不测者,积之之多而已。今夫人之有良心也,莫非受天地之中,是为可欲之善。不充之则不能与天地相似而至乎大,大而不化则不能不勉不思、与天地合德而至于圣。然所以至于圣者,充其良心德性,纯熟而后尔也。故曰过此以往,未之或知也;穷神知化,德之盛也。如指人之良心而责之与天地合德,犹指撮土而求其载华岳、振河海之力,指一勺而求其生蛟龙、殖货财之功,是亦不思之甚也。天之所以为天,不已其命而已;圣人之所以为圣,不已其德而已。其为天人德命则异,其所以不已则一,故圣人之道可以配天者,如此而已。

建安游氏曰:至诚无息,天行健也,若文王之德之纯是也。未能无息无不息者,君子之自强也,若颜子三月不违仁是也。不息则可久,非日月至焉者也,故曰"不息则久"。久则根于心,而施于四体,四体不言而喻,故曰"久则征"。不息而有征,则其行将与天同,运其立将与地同处,故曰"征则悠远"。夫如是,则下与地同德,上与天同道矣,故"悠久则博厚,博厚则高明"。博厚如地,故能任天下之重,是所以载物;高明如天,故能冒天下之道,是所以覆物。博厚而不久,则载物之德堕矣;高明而不久,则覆物之道阙矣。是则悠久者,天地所以成终成始也,故所以成物。诚至于此,则非人为所能及也,天德而已矣。故未施敬于民而民敬之,是不待见而章也;未施信于民而民信之,是不待动而变也。夫何为哉?恭己正南面而已矣,是无为而成也。由此观之,天覆地载,而圣人所以成天地之功者,至诚而已。故曰"天地之道,可以一言而尽也,其为物不贰,则其生物不测"者,此又申言天地之道,可尽于一言也。"其为物不贰",天地之德一也,一则不已,故覆载万物,雕刻众形,而莫知其端也,故曰"生物不测"。圣人所以参天地而应无方,亦若此而已。博厚也,高明也,悠久也,此不贰之实也。至于昭昭之无穷,则日月星辰系焉,撮土之广厚,则载华岳而不重,振河海而不泄,此生物不测之验也。非特天地为然,如山之广大,则宝藏兴焉,况载华岳者乎?水之不测,则货财殖焉,况振河海者乎?载物者犹然,况覆物者乎?故天地之所以为天地,文王之所以为文王,皆原于不已。纯者,不已之谓也。然则一言而尽,岂不信乎?

延平杨氏曰:诚自成,非有假于物也,而其动以天,故无息。无息者,诚之体也,不息所以体诚也。日月之运行,寒暑之往来,无终穷也,非久乎?四时行焉,百物生焉,非征乎?"征则悠远",言其久而不御也,故下云"悠久无疆",不言悠远者,盖推本之也。远而不御,则其极也博,博而无不容,故其积也厚。厚故高,高则物莫能蔽也,故明自不息。积而至于博厚,高明则覆载,成物之能事备矣。其用则不可得而见也,故以配天地无疆言之,所以著明之也。然天地之道,圣人之德,其为覆载成物之功,则无二致焉,故又曰"天地之道,可一言而尽也",所谓一言者,诚而已,互相明也。精一而不贰,故能"生物不测",不诚则无物矣。天之无穷,昭昭之积也;地之广厚,撮土之积也;山之广大,卷石之积也;水之不测,一勺之积也。天地之道,博也,厚也,高也,明也,悠也,久也,而诚一言足以尽之。不息之积也,若夫择善而不能固执之,若存若亡,而欲与天地合德,其可乎?故又继之"天之所以为天","文王之所以为文",皆原于不已,所以征前说也。

河东侯氏曰：自"鬼神之为德"至"时措之宜"，皆诚也。至诚之道也，以体言之则一也，以用言之则合万殊，其事若不同者，各有妙用存焉。至于言诚，则曰无息而已，《乾》之《象》曰："天行健君，子以自强不息。"不息，乾之刚健也。惟其不息，故能"时乘六龙以御天"。御天，当天运也，故能久。久，则四时行焉，故征。征，则百物生焉。征，信也，验也。既征，则博厚高明悠久，可驯致也。博厚所以载物，坤之德也；高明所以覆物，乾之道也；悠久所以成物，乾、坤之功也。悠久与悠远不同，悠久是二事；博厚所以配地，高明所以配天，悠久所以无疆也。配，合也，与《孟子》"配义与道"之配同。天地、阴阳，二物也，运动天地，使之成物而不息者，诚也，故曰"至诚无息"。如此者，"不见而章，不动而变，无为而成"。天地之道所以一言而尽者，诚也。"为物不贰"，"无为而成"，不贰，专也，一也；贰，则非诚也。诚本不可以有无言，云无息与不息，同也，不息则或息矣。至诚则未尝息，亦未尝不息，惟其至诚也，然后有"不息"以下六字，不诚安能不息哉？无息非为诚言，为息字设，而所以形容诚也。明道先生曰："亦无始，亦无终，亦无因甚有，亦无因甚无，亦无有处有，亦无无处无。"此言极有理。如此，则可以言诚矣。

天地之道，博厚、高明、悠久者，诚而已。天之昭昭，诚而不息，则覆物无穷；地之撮土，诚而不息，则载物广厚；山之卷石，诚而不息，则兴物广大；水之一勺，诚而不息，则生物不测。《诗》曰"维天之命，於穆不已天命"之不已，诚也。文王之诚，纯亦不已也，纯则无二无杂，故亦无不已，不已则无间断先后，此文王之天德也，故曰"天之所以为天也"，"於乎不显，文王之德之纯"，纯亦不已。

新安朱氏曰：此第二十六章，言天道也。至诚无息者，既无虚假，自无间断。久，常于中也。征，验于外也。悠远、博厚、高明，此皆以其验于外者言之。郑氏所谓"至诚之德，著于四方"者是也。存诸中者既久，则验于外者益悠远而无穷矣。悠远，故其积也广博而深厚。博厚，故其发也高大而光明。悠久，即悠远，兼内外而言之也。本以悠远致高厚，而高厚又悠久也，此言圣人与天地同用。配地配天，言圣人与天地同体。见，犹示也。不见而章，以配地而言也。不动而变，以配天而言也。无为而成，以无疆而言也。天地之道，可一言而尽，不过曰诚而已。不贰，所以诚也。诚故不息，而生物之多，有莫知其所以然者。此以下复以天地明至诚无息之功用也。博也、厚也、高也、明也、悠也、久也，言天地之道，诚一不贰，故能各极其盛，而有下文生物之功。天之昭昭，此指其一处而言之。及其无穷也，犹十二章"及其至也"之意，盖举全体而言之。振，收也。卷，区也。此四条，皆以发明由其不贰不息，以致盛大而能生物之意。然天地山川，实非由积累而后大，读者不以辞害意可也。於乎不显,於,叹辞。穆,深远也。不显,犹言岂不显也。纯,纯一不杂也。引此以明至诚无息之意。⑨

此章诸家之说,最为繁杂。如游、杨无息不息之辨,恐未然。若如其言,则"不息则久"以下,至何地位,然后为无息耶?游氏又以"德一⑩"形容"不贰"之意,亦假借之类也,字虽密而意则疏矣。吕氏所谓"不已其命""不已其德",意虽无爽,而语亦有病,盖天道、圣人之所以不息,皆实理之自然,虽欲已之而不可得,今曰不已其命、不已其德,则是有意于不已,而非所以明圣人、天道之自然矣。又以积天之昭昭以至于无穷,譬夫人之充其良心以至于与天地合德,意则甚善。而此章所谓至诚无息以至于博厚高明,乃圣人久于其道而天下化成之事,其所积而成者,乃其气象功效之谓,若郑氏所谓"至诚之道,著于四方"者是已,非谓在己之德亦待积而后成也,故章末引《文王》之诗以证之,夫岂积累渐次之谓哉?若如吕氏之说,则是因无息然后至于诚,由不已然后纯于天道也,失其旨矣。杨氏"动以天故无息"之语甚善。其曰"天地之道、圣人之德无二致焉",故方论圣人之事,而又曰"天地之道,可一言而尽",盖未觉其语之更端耳。至谓"天之所以为天,文王之所以为文,皆原于不已",则亦犹吕氏之失也。大抵圣贤之言,内外精粗,各有攸当,而无非极致。近世诸儒,乃或不察乎此,而于其外者,皆欲引而纳之于内,于其粗者,皆欲推而致之于精。若致曲之明、动、变、化,此章之博厚、高明,盖不胜其繁碎穿凿,而于其本指,失之愈远,学者不可不察也。⑪

高厚,人之形体。悠久,人之元气。本以悠久致高厚,而高厚又悠久也。

"天斯昭昭"是指其一处而言;"及其无穷"是举全体而言。⑫

嵩山晁氏曰:诚明之极,配天地而一之也。诚,斯一也。一,斯诚也。此盖当云征则博厚,博厚则高明,高明则悠远,考下文而不诬也。夫言天地之体,则高明博厚而足矣。人之体乎天地之高明博厚,则必待悠久以为之中也。盖非悠久之中,则其高明将堕,博厚将蹷也。博厚高明,譬诸形体也;悠久,譬诸精神也。曾子曰:"君子尊其所闻,则高明矣;行其所知,则广大矣。"高明广大,不在于他,在加之意而已矣。曾子所谓至者,子思所谓悠久是也,曰悠远,曰悠久,其实同也。夫不见、不动、无为者,中也,既章、既变、既成,则亦中也,此不贰之道也。

莆阳林氏曰:物者,事物之物。今人做一件事,彻头彻尾,若不是诚,如何恁地做得?此君子所以有贵于诚也。如《易》所谓"贞固足以干事",同意。凡物之章著,必显见而后章,今则不见而章;物之变化,必动而后变,今则不动而变;物之成遂,必为而后成,今则不为而成。故"天地之道,可一言而尽"者,惟实理而已。天地之为物也，正体不变，纯一而不杂也。太极既判以来，至于说之今日，正体未尝变，故四时行焉，百物生焉，生生不穷之实理，何尝有间断耶？《易》曰"乾：元、亨、利、贞"，"坤：元亨、利牝马之贞"，是天地之贞体不变也。贞体不变，即所谓至诚无息也，此其所以不贰也。万象森罗，皆从一中出，若得这一字，则天清地宁，以至圣人之道，可默识而心通矣。"其生物不测"，如杨子所谓"天俄而可度，则其覆物也浅矣；地俄而可测，则其载物也浅矣"，惟其不可测度，此所以博厚高明悠久也。山水谓可积而成，天地何假于积哉？盖《易》谓："太极生两仪，两仪生四象，四象生八卦。"自有太极便有两仪、四象、八卦，不是有两仪方有四象，四象方有八卦。今系《易》如此者，盖欲发挥古语，使其辞畅故也，故理义无害今欲说。下文圣人非由一朝一夕之积，故以天地山水为言，是发挥古说者也。文王之德之纯，至纯亦不已云者，以言圣人非由一朝一夕之积，其所由来者久矣，故亦无穷已也。

涑水司马氏曰：一言而尽，即为物不贰也。于穴隙之间窥天，不过昭昭之多；以手撮地，不过撮土之多；初陟山足，不过卷石之多；观水之原，不过一勺之多。及穷其高厚，究其幽远，然后知其远大也，犹圣贤尽诚于小善，日新不已，乃至于圣德也。

海陵胡氏曰：诚，故无休息；无休息，故能久于其道；能久于其道，则其德著验，则可以施于久远；能施久远，则德业深固而博厚；既博厚，则功高明。以博厚言之，则配地；以高明言之，则配天；以悠久言之，则可以传之无穷，施之罔极。圣人能如此，心不欲功之显，而自然章著；身无所动作，而民自然从；上无所营为，而治道自成。皆至诚而然也。物谓诚也。天地以至诚纯一不贰之德，乃能生育万物，不可测量。举目而视天，目之所见，不过昭昭之多，甚小也；及究其无穷，日月之所系著，万物之所覆帱，临照无有遗者，诚故也。举足而履地，足之所著，不过一撮土之多；及究其广大，承载华岳而不重，振起河海而不泄，万物皆承载而无穷者，诚故也。於，叹嗟之辞。

高要谭氏曰：人所以与天地并者，至诚而已。实理在我，已极其至，则日用之间，动静语默，此理常行乎其间，无有间断，是之谓"至诚无息"，言诚之至者，自然无息也。人欲求诚之至，当自不息始。既不息矣，是以能久而不穷；既能久矣，是以有征而可验。所谓有征而可验者，如尽己之性、尽人之性、尽物之性等事，皆辉光发见，焕然而不可掩也。既有征矣，悠远、博厚、高明，有不期然而然者。夫何故？以其愈至而愈不息，故愈博、愈厚、愈高、愈明、愈悠、愈久，而莫知其所终穷也。博厚高明者，人道成就之全体，故能覆载万物，而配乎天；地悠久者，人道无穷之妙用，故能曲成万物，而进乎无疆。盖人道至于高明博厚，固无可与伦比者矣，而不息之机，犹亹亹不已,如是又何加焉?悠久之中,自然显出至神有不可测度者,故"不见而章,不动而变,无为而成",皆至神所为不可测度之事也。自不息积而至此,方见至诚无息之与天地并也。人之所以克配天地者,一本于诚之不息,天地之所以高明、博厚、悠久者,亦不出于此道而已,故"天地之道,可以一言尽"者,其唯不贰乎?不贰云者,纯始纯一、无有间断之谓也,唯其如是,所以日进而不已。昭昭、一撮、一卷、一勺之多,始虽甚微,久久遂有覆载高深之体,无足疑者。如是而愈不已,则神化不测之妙,皆由此出也。故能覆能载,则天地之体大;能悠能久,则天地之用神。人之道至于博厚配地,高明配天,是其体之全也,此乃大人之事;若夫悠久无疆,则其用进乎妙矣,此乃圣神之事。天地与人之道,皆自至诚不息中得之,无异理也。故天之所以为天者,以其命之不已,如使其或已,则所以覆物者,有时而穷矣。文王之所以为文者,以其纯一不已,如使其或已,则所以配天者,亦有时而穷矣。

吴兴沈氏曰:无息者,至诚之本体;不息者,至诚之妙用。不息,则有常而不已,故不息则久。能久则立见参于前,在舆则倚于衡,故久则征。有征则弥满六合,著见四极,故征则悠远。悠远则积而在下者,博厚也,形而在上者,高明也。就天地间所高厚者配之,则诚之博厚足以配地,诚之高明足以配天。天地,犹有形也,无疆则超天地之外,无有畔岸,惟悠久配之。悠久,盖诚之本体也,至此则复吾自然之诚。"寂然不动,感而遂通天下之故",则"不见而章,不动而变,无为而成"。盖必然之理,天地虽大,不外乎此。前既历言诚之妙用,未见夫诚者果何物也,又指诚之真体以示人,如曰诚之所以能覆物载物、变化不穷者,以其为物不贰而已。天下之理,惟不与物耦者,然后能生生化化,古人谓之"凝独"者,此也。诚之为物,精纯虚一,无作无息,无始无终,所谓不贰也。惟其如是,故生己生人生天生地,始而终,终而始,运转周流,无有穷已,夫是之谓"生物不测"也。前既言博厚、高明、悠久可以配天地,至此又申言诚之所以为博厚、高明、悠久者,自不息之积,天地之所以博厚、高明、悠久者,亦不息之积,故详言天地间不息之积,以证吾至诚之亦如是也。天以不息,故其无穷也,系日星,覆万物;地以不息,故其广厚也,载华岳,振河海,载万物;山自卷石不息,故其广大则生草木,居禽兽,兴宝藏;水自一勺不息,故其不测也,生鱼龙,殖货财。凡若是者,皆积小至高,积微至明,著不已之效也。天地山川之积如此,而圣人之不已如是也,故援《诗》以证不已即不息也,不息即诚也。

新定顾氏曰:此章子思子之于道,极其称赞之辞也。夫有是理,谓之至诚,则至诚云者,子思子所以名此道也。由是,曰无息,曰久,曰征,曰悠远,曰博厚,曰高明,皆称赞之辞也。夫"不息则久,久则征,征则悠远,悠远则博厚,博厚则高明",非谓其有次序、必若彼而后能若此也,盖谓之不息则固久矣,久则固征矣,征则固悠远,悠远则固博厚,博厚则固高明。要之,同为赞至诚之辞。立文造辞,不得不然,而岂有次序者哉?请尝试论之。至诚之道,无声无臭,无方无体,不可得而见也。即其发形者而观之,天地之覆载,日月之运行,四时之推移,万物之化生,机缄之运,无须臾停,则不息可见,亘千古而无终穷,则久可见。此道显然,有心知者,皆可识也,则所谓征也。极宇内而无不在,非有此疆尔界之限,即所谓悠远也。俯而察之其下,非有所穷极,则所谓博厚者也。仰而观之其上,亦非有所穷极,则所谓高明者也。既曰博厚矣,则万物实此道之所载也,故曰"博厚,所以载物也"。既曰高明矣,则万物实此道之所覆也,故曰"高明,所以覆物也"。夫物之成也,非必寸地尺天之所能成,亦有待于悠远而后能成,非必一时一日之所能,成亦有待于久而后能成,故曰"悠久,所以成物也"。博厚配地云者,人知地之为博厚,而岂知此道之为博厚也哉?故子思言此道之博厚,与地相配。高明配天云者,人知天之为高明,而岂知此道之为高明也哉?故子思言此道之高明,与天相配。配地配天云者,犹《大传》所谓"与天地准"也。要之,地之博厚,天之高明,犹未足以喻此道之博厚高明也。言其悠久,而曰无疆,则其无封域,无终穷者,抑可知矣?如此者,"不见而章,不动而变,无为而成"。盖道者,自然之理,非有意于章而不能以不章,非有意于变而不能以不变,非有意于成而自尔成。显然昭著者,章也。循环代谢者,变也。有功可指者,成也。是则章也,变也,成也,皆此道之妙用,自然而然。岂若人之求见、动、有为而致之者哉?

新定钱氏曰:人见其章也,而实不见也;人见其变态万状也,而实不动也;人见其无所不成也,而实未尝有所为也。舜受尧禅,庶务众职,从头整顿,若不胜其繁矣,而曰"无为"。禹乘四载,八年于外,三过其门而不入,若不胜其多事矣,而曰"行其所无事"。文王受命,伐犬戎,伐密须,败耆国,伐邘,伐崇,而又作邑迁都,若不胜其扰扰矣,而曰"不识不知"。呜呼!此岂囿形泥象者,所可知哉?

江陵项氏曰:此章言性者之道德无穷,下章言教者之事业无穷。久,以时言。悠远,以地言。博厚,以业言。高明,以德言。历时之久,及物之远,故其业愈广,而德愈崇。业广德崇,则愈能悠久。始于悠久,终于悠久,此所谓"至诚无息"也。无息者,理也。不息者,人也。无疆者,如天地之无尽处,无已时也。

不贰者,博厚、高明、悠久也。不测者,不见而章,不动而变,无为而成也。

章者,始著于外。变者,渐入于人。成,则治道成矣。

永康陈氏曰:"至诚无息",运动不能自已也。"其为物不贰,则生物不测",一故生生,则乌可已。昭昭,无非天。撮土,无非地。卷石,无非山。一勺,无非水。一曲,无非诚。不能积之,均弃物也。孟子曰:"日月有明,容光必照焉。"此至诚所以无息。子思发明诗人之意,谓"纯亦不已",以明文王即天,天与文王,只是至诚。不已,便是无息。

延平周氏曰:言天地而复言山与水者,天地之所结者莫大乎山,而所融者莫大乎水,故复言之,以喻其悠久之道也。山非无货财,以兴宝藏为主;水非无宝藏,以殖货财为主。

钱塘于氏曰:四条皆以"今夫"言之,盖指今人见天地山川,其所多者若甚微,而不知其实甚大于此,以表天地之道,诚为博厚高明悠久,不可以其所见者之多,而谓其止于此而已也。天斯昭昭,小明也。若曰:见其小明者微也,其大者不止是。他皆类此。

晋陵钱氏曰:载物,以天下为己任也。覆物,善恶无不容也。成物,久于其道而天下化之也。悠久,则配天之无疆。其为物不贰,谓诚。生物不测,谓博厚、高明、悠久。此一节谓诚本成己乃所以成物。昭昭之多,户牖间所见也。六十四黍为圭,四圭为撮。撮,以指撮取也。华,中华,岳,四岳也,谓中华之地,四岳之山也。振,犹撼也,虽振撼之,水亦不泄。卷,犹块也,谓块石卷挛然也。宝藏,玉石之类。勺,饮器,以挹取也。鼋,如鳖而大。鼍,如鱼而有四足。蛟,如龙而无角。此一节以天地山川喻人之一言一行,皆诚也。所谓至诚,惟在不已。

临川王氏曰:"於乎不显,文王之德之纯",《传》注以为文王之德,非不显也,此固不然。此言文王之德,纯粹不露,人不可得而见。如《诗》之"遵养时晦",《易》之"内文明而外柔顺",孟子曰"文王视民如伤,望道而未之见",此皆言文王之守其德而不显也,此其所以为文王也。纯亦不已者,所以通上句言文王之所以为文王,以其守之以至诚,纯而不穷已,亦如天之高明不已也。盖周家惟文王受命作周,积德无穷,故《诗》曰:周家"世世修德,莫若文王",又曰:"不识不知,顺帝之则",又曰:"陟降庭止,在帝左右"。凡《诗》之美文王,皆美其至诚不已也。

建安真氏曰:"纯亦不已",纯是至诚,无一毫人伪之杂也。惟其纯诚无杂,自然能不已。如天之春而夏,夏而秋,秋而冬,昼而夜,夜而昼,循环运转,一息不停,以其诚也。圣人之自壮而老,自始而终,无一息之懈,亦以其诚也。既诚,自然能不已。

严陵喻氏曰:曰昭昭,曰撮土,曰卷石,曰一勺,指一端之小者以为言也。曰无穷,曰广厚,曰广大,曰不测,举全体之大者以为言也。始言其小,而终极其大,姑以明其由不贰,以致不测之旨,非真谓天地山川必由积累而后盛大也。读者毋以辞害意。

大哉!圣人之道!洋洋乎!发育万物,峻极于天。优优大哉!礼仪三百,威仪三千,待其人然后行。故曰:苟不至德,至道不凝焉。故君子尊德性而道问学,致广大而尽精微,极高明而道中庸,温故而知新,敦厚以崇礼。是故居上不骄,为下不倍;国有道,其言足以兴;国无道,其默足以容。《诗》曰:"既明且哲,以保其身。"其此之谓与!

郑氏曰:育,生也。峻,高大也。凝,犹成也。德性,谓性至诚者。道,犹由也。问学,学诚者也。广大,犹博厚也。温,读如"燖温"之温,谓故学之熟矣,后时习之谓之温。"其言足以兴",谓兴起在位也。保,安也。

孔氏曰:自"大哉"至"不凝焉",明圣人之道高大,苟非至德,其道不成。洋洋,谓道德充满之貌。优优,充裕之貌。《周礼》有三百六十四官,言"三百",举成数耳。《仪礼》虽十七篇,其中事有三千。"尊德性"至"崇礼",明贤人学而至诚也。《左传》哀公十二年,子贡曰:"盟,可寻也,亦可寒也。"注云:"寻,温也。"又有司彻云:"乃燅尸俎。"是燅为温也。"居上不骄"而下,明贤人学至诚之道、中庸之行,若国有道,则竭尽知谋,其言足以兴成其国;若国无道,则韬光潜默,足以自容其身,免于祸害。所引《诗·大雅·烝民》之篇。

河南程氏曰:自"大哉圣人之道"至"至道不凝焉",皆是一贯

《中庸》言"礼仪三百,威仪三千",方是说"优优大哉",又却非如异教之说,须得如枯木死灰以为得也。[13]

德性者,言性之可贵,与言性善其实一也。[14]

须是合内外之道,一天人,齐上下,下学而上达,极高明而道中庸。[15]

"极高明而道中庸",非二事。中庸,天理也。天理固高明,不极乎高明,不足以道中庸。中庸乃高明之极也。[16]

理则极高明,行之只是中庸也。[17]

"极高明,道中庸",所以为民极。极之为物,中而能高者也。[18]

横渠张氏曰:天体物而不遗,犹仁体事而无不在也。"礼仪三百,威仪三千",无一物之非仁也。"昊天曰明,及尔出王。昊天曰旦,及尔游衍",无一物之不体也。[19]

不尊德性,则问学从而不道;不致广大,则精微无所立其诚;不极高明,则择乎中庸失时措之宜矣。[20]

"尊德性而道问学,致广大而尽精微,极高明而道中庸",皆逐句为一义,上言重,下语轻。"尊德性"犹"据于德",德性须尊之。道,行也;问,问得者;学,行得者,犹学问也。尊德性须是将前言往行、所闻所知以参验,恐行有错。致广大须尽精微,不得卤莽。极高明须道中庸之道。㉑

今且只将尊德性而道问学为心,日自求于问学有所背否? 于德性有所懈否? 此义亦是博文约礼,下学上达,以此警策一年,安得不长? 每日须求多少为益。知所亡,改得多少不善。此德性上之益。读书求义理,编书须理会有所归著,勿徒写过,又多识前言往行,此问学上益也。勿使有俄顷闲度,似此三年,庶几有进。㉒

致广大,极高明,此则尽远大,所处则直是精约。㉓

温故而知新,多识前言往行以蓄德,绎旧业而知新益,思昔未至而今至之,缘旧所见闻而察来,皆其义也。㉔

蓝田吕氏曰:礼仪、威仪,道也;所以行之者,德也。小德可以任小道,至德可以守至道。故道不虚行,必待人而后行;故必有人而行,然后可名之道也。

道之在我者,德性而已,不先贵乎此,则所谓问学者,不免乎口耳,为人之事矣;道之全体者,广大而已,不先充乎此,则所谓精微者,或偏或隘矣;道之上达者,高明而已,不先止乎此,则所谓中庸者,同污合俗矣。温故知新,将以进吾知也;敦厚崇礼,将以实吾行也;知崇礼卑,至于成性,则道义皆从此出矣。居上而骄,知上而不知下者也;为下而倍,知下而不知上者也;国有道,不知言之足兴,知藏而不知行者也;国无道,不知默之足容,知行而不知藏者也。是皆一偏之行,不蹈乎时中。惟明哲之人,知上知下,知行知藏,此所以卒保其身者也。

建安游氏曰:"发育万物,峻极于天",至道之功也。"礼仪三百,威仪三千",至道之具也。"洋洋乎",言上际乎天,下蟠于地也。"优优大哉",言动容周旋中礼也。夫以三百三千之多仪,非天下至诚,孰能从容而尽中哉? 故曰"待其人而后行"。盖盛德之至者,人也,故曰"苟不至德,至道不凝焉"。至德非他,至诚而已矣。

惩忿窒欲,闲邪存诚,此"尊德性"也。非学以聚之,问以辨之,则择善不明矣,故继之以"道问学"。"尊德性而道问学",然后能致广大。尊其所闻,行其所知,充其德性之体,使无不该遍,如卷石之山,积之至于广大,如一勺之水,积之至于不测,此"致广大"也。非尽精微,则无以极深而研几也,故继之以"尽精微"。"致广大而尽精微",然后能极高明。始也未离乎方,今则无方矣,始也未离乎体,今则无体矣,离形去知,廓然大通,此"极高明"也。非道中庸,则无践履可据之地,不几于荡而无执乎？故继之以"道中庸"。高明者，中庸之妙理，而中庸者，高明之实德也，其实非两体也。"尊其⑤德性而道问学"，人德也；"致广大而尽精微"，地德也；"极高明而道中庸"，天德也。自人之天，则上达矣，而下学者，不可以已也。故"温故而知新"，所以博学而详说之也；"敦厚以崇礼"，所以守约而处中也。约之之道，舍礼何以哉？以此居上，则舜之袗衣鼓琴，若固有之，故不骄；以此为下，则孔子之乘田委吏，各任其职而已，故不倍。或出或处，或默或语，时措之之宜也，岂干时犯分，以蹈大祸哉？

延平杨氏曰：道之"峻极于天"，道之至也。无礼以范围之，则荡然无止，而天地之化，或过矣。"礼仪三百，威仪三千"，所以体道而范围之也，故曰"苟不至德，至道不凝焉"，所谓至德者，礼其是乎！夫礼，天所秩也。后世或以为忠信之薄，或以为伪，皆不知天者也，故曰"待其人而后行"。盖道非礼不止，礼非道不行，二者常相资也，苟非其人，而梏于仪章器数之末，则愚不肖之不及也，尚何至道之凝哉？

尊德性而后能致广大，致广大而后能极高明，道问学而后能尽精微，尽精微而后能择中庸，则固为入德之序也。

国无道，可以卷而怀之，然后其默足以容。此明哲保身之道，非遵养之有素，其何能尔？不然，虽欲卷而怀之，其可得乎？

道止于中而已矣，出乎中则过，未至则不及，故惟中为至。夫中也者，道之至微，故中又谓之极，屋极亦谓之极，盖中而高故也。极高明而不道中庸，则贤知之过也；道中庸而不极乎高明，则愚不肖之不及也。世儒以高明、中庸析为二致，非知中庸也。以谓圣人以高明处己，中庸待人，则圣人处己常过之，待人常不及，道终不明不行，与不肖者无以异矣。

新安朱氏曰：此第二十七章，言人道也。"大哉圣人之道"，包下文两节而言。"洋洋乎！发育万物，峻极于天"，此言道之极于至大而无外也。优优，充足有余之意。礼仪，经礼也。威仪，曲礼也。此言道之入于至小而无间也。"待其人而后行"，总结上两节。至德，谓其人。至道，指上两节而言也。凝，聚也，成也。尊者，恭敬奉持之意。德性者，吾所受于天之正理。敦，加厚也。尊德性所以存心而极乎道体之大也，道问学所以致知而尽乎道体之细也，二者修德凝道之大端也。不以一毫私意自蔽，不以一毫私欲自累，涵泳乎其所已知，敦笃乎其所已能，此皆存心之属也。析理则不使有毫厘之差，处事则不使有过不及之缪，理义则日知其所未知，节文则日谨其所未谨，此皆致知之属也。盖非存心，无以致知，而存心者又不可以不致知。故此五句，大小相资，首尾相应，圣贤所示入德之方，莫详于此，学者宜尽

心焉。㉖

　　自尊德性至敦厚，皆是德性上工夫。自道问学至崇礼，皆是问学上工夫。德性曰尊者，把做一件物事崇尚他；问学曰道者，只是行将去。㉗

　　诸说，程张备矣。张子所论"逐句为义"一条，甚为切于文义。故吕氏因之，然须更以游、杨二说足之，则其义始备尔。游氏分别至道、至德为得之，惟"优优大哉"之说为未善，而以"无方无体""离形去知"为极高明之意，又以人德、地德、天德为德性广大、高明之分，则其失高远矣。杨氏之说，亦不可晓。盖道者自然之路，德者人之所得，故礼者道体之节文，必其人之有德，然后乃能行之也。今乃以礼为德，而欲以凝夫道，则甚误矣，而又曰"道非礼，则荡而无止"，"礼非道，则梏于仪章器数之末，而有所不行"，则是所谓道者，乃为虚无恍惚、元无准则之物，所谓德者又不足以凝道，而反有所待于道也，其诸老氏之言乎！误益甚矣。温故知新，敦厚崇礼，诸说但以二句相对，明其不可偏废。大意固然，然细分之，则温故然后有以知新，而温故又不可不知新；敦厚然后有以崇礼，而敦厚又不可不崇礼。此则诸说之所遗也。大抵此五句，承章首道体大小而言，故一句之内，皆具大小二意，如德性也、广大也、高明也、故也、厚也，道之大也；问学也、精微也、中庸也、新也、礼也，道之小也。遵之、道之、致之、尽之、极之、道之、温之、知之、敦之、崇之，所以修是德而凝是道也。以其于道之大小无所不体，故居上居下，在治在乱，无所不宜。此又一章之通旨也。㉘

　　涑水司马氏曰：君子虽贵尚德性，然必由学，乃成圣贤。德至广大，犹不敢忽细事，智极高明，不为已甚，必为其中庸。力学不倦，至诚积德，而折衷于礼。

　　海陵胡氏曰：礼仪，礼之大经。威仪，曲礼也，委曲繁细之威仪。至德者，至诚之德也。德性，善性也。道，由也。崇，尚也。为下不倍者，不巧言令色，倍叛于圣道也。有道之世，其言足以兴起国家；无道之世，知几识微，全身远害也。

　　嵩山晁氏曰：明道先生谓此一以贯之也。思尊德性而必道问学，问学斯德性也。思致广大而必尽精微，精微斯广大也。思极高明而必道中庸，中庸斯高明也。思温故而必知新，知新斯温故也。思敦厚而必崇礼，崇礼斯敦厚也。德性犹悠久也，广大犹博厚也，故二程先生与横渠先生说皆同。近世瞀学谓既极高明而反道中庸，本乎中庸也，分而为二事，莫知诚之一致也。

　　延平周氏曰：至德，中庸之人德；至道，高明之天道。由天而为人者，必归乎中庸，由人而入天者，必始乎中庸，故曰"苟不至德，至道不凝焉"。尊德性然后致广大，道问学然后尽精微。致广大然后极高，尽精微然后极明。高明既极矣，而天下为难继，故俯而道乎中庸。温故者，月无忘其所能也；知新者，日知其所亡也；温故而知新者，学也。敦厚者，言其美质也；崇礼者，言其文也；敦厚而崇礼者，礼也。方其为高明之天道，则学与礼，乃为其成终者也；方其为中庸之人道，则学与礼，乃为其成始者也。故其序如此，能高明，能中庸，则其于进退也知有义，而于废兴也知有命。惟其知有义、知有命，则进而居上不骄，穷而为下不倍。国之有道则知，故其言足以兴；国之无道则愚，故其默足以容。

新定顾氏曰：有道而言，君子所易；无道而默，君子所难。故又举《诗》之言"明哲保身"，以申其旨。夫以默容身，疑于偷生，然爱其死以有待，养其身以有为，是明哲者之事也。

晏氏曰：洋洋乎大者，圣人之道；优优其大者，天下之礼。非有洋洋乎大之道者，不能行优优其大之礼，故曰"待其人而后行"，谓礼待圣人而后行尔。

高要谭氏曰："圣人之道，洋洋乎！发育万物，峻极于天"，可谓至矣。而"礼仪三百，威仪三千"，未尝少废也。礼仪三百，无大不该，威仪三千，无细不尽，皆圣人践履实处，非圣人纯一不已，则未免有所遗，故"必待其人然后行"者，指言惟圣人乃能行之不已也。行之不已，三百三千，无不该尽，是谓至德，故孟子曰"动容周旋中礼者，盛德之至也"。惟至德，乃能成其道，苟不至德，则发育峻极之道，安能坚凝乎？"大哉！圣人之道"也，其践履实处，只在礼仪三百、威仪三千之间，此文王所以"陟降在帝左右"者也。自尊德性以后，皆连续用功，终之以崇礼，则礼者终身之所践履也。动容周旋，皆中于礼，乃为盛德之至，而礼仪三百，威仪三千，无不该尽，此则纯亦不已之事也。君子既进乎德盛之至，则凡所践履，动与理俱，出处语默，无不适宜。故以此处上，则合乎天道之下济，故不骄；以此处下，则合乎地道之上承，故不倍。以此处有道之时，则明乎阳长阴消之义，故其进也，言足以兴；以此处无道之世，则察乎阳消阴长之几，故其退也，默足以容。一身之间，而天地阴阳之理，举无违者，以其本之先立故也。《诗》所谓"明哲保身"，岂非以本既先立，而后能保其身耶？

钱塘于氏曰：前论圣人之道必归于礼，次论君子求圣人之道亦必归于礼。君子尊德性有若茫昧者矣，未始无道问学之实；致广大有若浩渺者矣，未始无尽精微之要；极高明有若超出于无外者矣，未始无道中庸之常。以尊德性、致广大、极高明是上达者之事也，君子犹且道问学，尽精微，道中庸，尽心于下学之事，犹未已也。温故而知新，其心愈小，不自以为穷神知化；敦厚以崇礼，其道愈降，不自以为超出无形。以君子之求道，一本于其实，而不为崭绝崖异者如此，学者其可不三复斯章，有以见中庸之道,诚非异端之所可共论也? 此章前后相为表里,宜反复玩味之。

东莱吕氏曰:"大哉! 圣人之道。洋洋乎! 发育万物,峻极于天",而继之以"礼仪三百,威仪三千",圣人之道,正是如此,若无理以行之,便是释氏。

永康陈氏曰:"待其人"者,欲其实得之也。苟非实德,何以为德之至凝,与我为一也?

兴,如"绥之斯来,动之斯和"。容,如"磨而不磷","涅而不缁"。

晋陵喻氏曰:极高明而复道中庸,异乎贤者之过乎高而知者之过乎明者矣。温故者,"念终始典于学"也。知新者,"厥德修罔觉"而"日日新"者也。言足以兴,君子之美也。默足以容,君子之难也。然有国有天下者,其可使人默而容哉! 此治乱之分也。

莆田郑氏曰:性具天德,本与天地参,惟人不学,则自卑自小,戕贼梏亡,鲜有尽其性者。使之以德性为尊,则学问不敢有废,唯知学问,则广大、精微、高明、中庸、知新、崇礼,可以驯致也。广大无外,性天等无外,人蔽于小己之私,则广大者狭矣。使力学以彻之,则吾心与天地同其大,道心唯微,不探不得,其赜竭知,烛以照之,则可以极深而研几,穷神而知化矣。知高明之中,本有中庸,人情事物,本有程度,尊卑大小,本有品节,离人而谈天,离中庸而谈高明,老释之说也。慕高明而亡准的,趣虚无而背绳墨,喜希奇而废日用,流寂灭而事怪诞,是故知者过于用,知而愚者,惯随流俗,中庸之德,所以鲜能也。通古今一理,本无新,亦无故,在人以日闻者为新,有新则有故矣。习故常之道,而我有所见,知新者也。圣人制礼,使人道不偷,岂至薄者所能为? 故曰"敦厚以崇礼"。礼所以裁天下万物之中,而古今通用,即中庸也。学至广大精微,而终不离于中庸者,合内外,贯精粗,而不偏者也。此所以为孔颜之学。

晋陵钱氏曰:反复言道之大也。圣人,古圣人也。洋洋,如水洋洋,显而可见也。发育万物,高极于天,言天地之间,无非此道。优优然饶裕,亦大矣哉。在国曰礼仪,亦曰经礼,上所行也;在人曰威仪,亦曰曲礼,下所习也。左氏《春秋》曰:"有威而可畏,谓之威;有仪而可象,谓之仪。"三百,言其多也。三千,言尤多也。道虽大,散于礼,非人不行,故言道者,必曰圣人之道,君子之道。"故曰",举古语也。凝,犹聚也。《周礼》云:"至德以为道本。"道问学,道中庸,犹行也,由也。温,习也,习古者不知变。敦厚者,多任情,故贵于知新而崇礼。足以兴,兴人之国也。足以容,自容其身,若箕子为之奴,以保其身,不轻于死也。此一节谓君子以身任道。

宣城奚氏曰:圣人之道,至于"洋洋乎! 发育万物,峻极于天",可谓大矣。然此犹是形而上者，未易以言语求也。若乃形而下者，如礼仪之三百，威仪之三千，则亦未易行也，故必"待其人而后行"。孟子曰："动容周旋中礼，盛德之至。"能行是礼，则至德在我，而至道可凝矣。何者？本末一理也，体用一源也，洒扫应对即精义妙道之所寓，形而下者即形而上者存焉。德之未至，而曰有得于道，吾恐其无实也。故君子之于"道尊德性而道问学，致广大而尽精微，极高明而道中庸，温故而知新"，可谓博约两全，知行互进，超然有日新之功矣。而犹且"敦厚以崇礼"，盖不如是，则无以凝至道也。夫德性固不可以不尊也，非道问学，则德性何由而明？致广大，极高明，所以尊德性也。于广大之中而尽精微，于高明之中而道中庸，则问学之功也。以吾平日之所问学践履者，反复绎绎之，而又知所未知焉，则"温故而知新"矣。君子之心，犹虑夫睨高而遗下，忽小以遗大也，既崇礼而且加之以笃厚焉，于以见古人务学之实如此。欲观吾夫子者，观诸《乡党》一书，则其敦厚崇礼之气象，可以见其为学矣。彼以礼为圣人之为、忠信之薄者，乌足以语此？

雪州倪氏曰：前章言自小而大，自微而著，此则既极其至，又加以学，大而不遗其细也。著而反求其微，学无止法也。温故知新者，博之以文也。敦厚崇礼者，约之以礼也。

【注释】

① 《程氏遗书》卷十八《二程集》，页 226。

② 《程氏外书》卷七，《二程集》，页 392。

③ 《程氏外书》卷七，《二程集》，页 392。

④ 《程氏遗书》卷十八，《二程集》，页 185。

⑤ 《程氏遗书》卷十四，《二程集》，页 141。

⑥ 《程氏遗书》卷五，《二程集》，页 77。

⑦ 《程氏遗书》卷二上，《二程集》，页 41。

⑧ 《程氏遗书》卷十一，《二程集》，页 118。

⑨ 《中庸章句》，《朱子全书》6/52—53。

⑩ "德一"原为"得一"，与上引游氏之言不符，今据《朱子全书》改。

⑪ 《中庸或问》下，《朱子全书》6/598—599。

⑫ 《朱子语类》卷六四，《朱子全书》16/2131。

⑬ 《程氏遗书》卷二上，《二程集》，页 42。

⑭ 《程氏遗书》卷十一，《二程集》，页 125。

⑮ 《程氏遗书》卷三，《二程集》，页 59。

⑯《程氏外书》卷三,《二程集》,页367。

⑰《程氏遗书》卷十一,《二程集》,页119。

⑱《程氏遗书》卷十八,《二程集》,页246。

⑲《正蒙·天道》,《张载集》,页13。

⑳《正蒙·中正》,《张载集》,页28。

㉑《朱子文集》卷五十五《答万正淳》,《朱子全书》22/2400。

㉒《近思录》卷二《为学》,陈荣捷《近思录详注集评》,台湾学生书局,1992年,第94条,页162。

㉓《语录下》,《张载集》,页332。

㉔《正蒙·中正》,《张载集》,页30。

㉕"其"字疑衍,当删。

㉖《中庸章句》,《朱子全书》6/53。

㉗《朱子语类》卷六四,《朱子全书》16/2136。

㉘《中庸或问》下,《朱子全书》6/600—601。

卷十三

【原文】

子曰:"愚而好自用,贱而好自专;生乎今之世,反古之道。如此者,灾及其身者也。非天子,不议礼,不制度,不考文。今天下车同轨,书同文,行同伦。虽有其位,苟无其德,不敢作礼乐焉;虽有其德,苟无其位,亦不敢作礼乐焉。"子曰:"吾说夏礼,顾不足征也;吾学殷礼,有宋存焉;吾学周礼,今用之。吾从周。"

郑氏曰:礼,谓人所服行也。度,国家宫室及车舆。文,书名也。此天下所共行,天子乃能一之也。"今天下",孔子谓其时。"虽有其位"以下,言作礼乐者,必圣人在天子之位也。"不足征",征,犹明也,吾能说夏礼,颐杞之君不足与明之也。"吾从周",行今之道。

孔氏曰:自"愚而好自用"至"礼乐焉"以上,论圣人学诚,或语或默,以保其身。孔子因自明以此之故,不敢专制礼乐也。"车同轨"复上"不制度"。"书同文"复上"不考文"。自"吾说夏礼"以下,为上文言身无其位,不敢制作二代之礼,夏、殷不足可从,所以独从周礼之意。

蓝田吕氏曰:无德为愚,无位为贱。有位无德而作礼乐,所谓"愚而好自用";

有德无位而作礼乐，所谓"贱而好自专"；生周之世而从夏殷之礼，所谓"居今之世，反古之道"。三者有一焉，取灾之道也。故王天下有三重焉：议礼所以制行，故行必同伦；制度所以为法，故车必同轨；考文所以合俗，故书必同文。唯王天下者行之，诸侯有所不与也。故国无异政，家不殊俗，盖有以一之也。如此则寡过矣。

延平杨氏曰：愚无德也，而好自用；贱无位也，而好自专。居今之世，无德无位，而反古以有为，皆取灾之道，明哲不为也，故继之曰"非天子不议礼，不制度，不考文"。盖礼乐、制度、考文，必自天子出，所以定民志，一天下之习也。变礼易乐，则有殊焉，况敢妄作乎？有其位，则可以作矣，然不知礼乐之情，则虽作而不足为法于天下矣，故有其位，无其德，亦不敢作也，况无其位乎？

建安游氏曰："愚而好自用"，非其言足以兴也；"贱而好自专"，非其默足以容也。"虽有其位，苟无其德，不敢作礼乐焉"，以有义也，何自用之有？"虽有其德，苟无其位，不敢作礼乐焉"，以有命也，何自专之有？"生乎今之世"，则无得位之理，乃欲复古之道，是干义是犯分也，故"灾及其身"。义理所以正天下之行，制度所以定天下之器，考文所以一天下之道。"今天下车同轨"则度无所事制矣，"书同文"则文无所事考矣，"行同伦"则礼无所事议矣，况其位非天子乎？孔子于卫先正名，于鲁先簿正祭器，使孔子而得志于天下，则其制作，必有先后缓急之序矣。

河东侯氏曰："吾学夏礼，杞不足征也。吾学殷礼，有宋存焉。吾学周礼，今用之。吾从周"，明三代之礼，皆可沿革也。宋、杞不足征吾言则不言，周礼今用之则吾从周，此孔子之时中也。颜渊问为邦，子曰："行夏之时，乘殷之辂，服周之冕，乐则《韶》舞"，此沿革之大旨也，通天下，等百世，不弊之法也。使孔子而有位焉，其独守周之文而不损益乎？

新安朱氏曰：此第二十八章。承上章"为下不倍"而言，亦人道也。反，复也。孔子之言，子思引之。"非天子不议礼"以下，子思之言。礼，亲疏贵贱相接之体也。度，品制也。轨，辙迹之度。伦，次序之体。三者皆同，言天下一统也。末又引孔子之言。杞，夏之后。征，证也。宋，殷之后。三代之礼，孔子皆尝学之而能言其意，但夏礼既不可考证，殷礼虽存，又非当世之法，唯周礼乃时王之制，今日所用。孔子既不得位，则从周而已。[①]

或问：子思之时，周室衰微，礼乐失官，制度不行于天下久矣，其曰"同轨""同文"，何邪？曰：当是之时，周室虽衰，而人犹以为天下之共主，诸侯虽有不臣之心，然方彼此争雄，不能相上下，及六国之未亡，犹未能更姓改物而定天下于一者也。则周之文、轨，孰得而变之哉？曰：周之车轨、书文，何以能若是其必同也？曰：古之有天下者,必改正朔,易服色,殊徽号,以新天下之耳目,一其心志,若三代之异尚,其见于《书》《传》者详矣。轨者,车之辙迹也。周人尚舆,而制作之法,领于冬官,其舆之广六尺六寸,故其辙迹之在地者,相距之间,广狭如一,无有远迩,莫不齐同。凡为车者,必合乎此,然后可以行乎方内而无不通,不合乎此,则不惟有司得以讨之,而其行于道路,自将偏倚枕楎而趑步不前,亦不待禁而自不为矣。古语所谓"闭门造车,出门合辙",盖言其法之同。而《春秋传》所谓"同轨毕至"者,则以言其四海之内,政令所及者,无不来也。文者,书之点画形象也。《周礼》司徒教民道艺,而书居其一,又有外史掌书名于四方,而大行人之法,则又每九岁而一喻焉。其制度之详如此。是以虽其末流,海内分裂,而犹得不变也。必至秦灭六国,而其号令法制有以同于天下,然后车以六尺为度,书以小篆、隶书为法,而周制始改尔。孰谓子思之时而遽然哉?[②]

涑水司马氏曰:"愚而好自用",谓无德而作礼乐者也;"贱而好自专",谓无位而作礼乐者也。此无德无位之人,生今之世,强欲反古之道,必不为今人所容,故"灾必及其身"。文,谓声名文物。轨,谓辙间之广。文,六书之体。伦,善恶之理。征,谓求访引证,殷人差近宋人,宋人虽不足征,而散落差少,故曰"有宋存焉"。周礼今所用,其文最备,故"吾从周"。

海陵胡氏曰:礼乐自天子出,非天子不可议礼。度,法度也,律度量衡之事皆是,非天子不可制之。文者,文教之令。考,成也。文教非天子不可成。

延平周氏曰:愚,言其性;贱,言其分。上以道揆,故议礼以顺其时。制度以齐其政,考文以一其道,若"修五礼""同律、度、量、衡"[③]、"论书名"[④]者是也。下以法守,故于礼也执之而已,于度也谨之而已,于文也守之而已,此先王之盛时,所以"同四海于一堂之上"者也。春秋之衰世,上无道揆,下无法守,而犹有"车同轨、书同文、行同伦"者,盖其理出于性命,而本在于人心者,虽虐政不能泯,又况先王之遗风流泽,犹或有未息者哉? 位非天子,则礼乐非所主;德非圣人,则礼乐非所知。唯其位为天子,德为圣人者,然后可以作礼乐也。《传》曰:"夏礼,吾能言之,杞不足征也;殷礼,吾能言之,宋不足征也。文献不足故也。"[⑤]此反谓"吾学殷礼,有宋存焉",何也? 夫以公而责之详,则二国皆不足征;以恕而责之略,则彼善于此者有之。《春秋》之法,书宋公而未尝书杞公者,亦以此欤。《传》曰:"如用之,则吾从先进。"[⑥]而此反谓"吾学周礼,今用之。吾从周",何也? 盖从野人所以矫弊,而用周礼所以尚文,唯其能矫弊而又能尚文,此圣人所以不为一曲之论也。

兼山郭氏曰:"时为大,顺次之",自孔子"述而不作,信而好古",此圣人在下,不当时命者,举皆然也。是以君子行礼,不求变俗,祭祀之礼,居丧之服,皆如其国之故。谨修其法,而审行之,上则有时王之制,下则有国之成俗故也。周公,圣人之在上,故礼乐无所让;孔子,圣人之在下,故时命有所不得为。况愚而自用,贱而自专,生今之世,反古之道者乎?孔子作《春秋》,必书"王正月",意者天下无王,则礼乐、制度、纲纪、文章,或几乎息矣,王正月,无非从周之义也。

范阳张氏曰:苟无其位,礼未当道,度未合法,文未从宜,非吾之职也,吾其如之何哉?夫子虽灼见,当"行夏之时,乘商之辂,服周之冕,乐则《韶》舞"。然不在相位,不得相周天子以制作,徒有其德而已,岂敢自用自专,乱天子之法,以取灾祸乎?

莆阳林氏曰:文籍典议,朝廷之所以纪纲天下,非天子则不得考文,虽然穷而在下者,固当著述传之来世,考文亦何害?何必须天子方考文乎?盖考文最是天子一件事,仲尼尝曰:"知我者,《春秋》;罪我者,《春秋》。"又曰:"其文则史,其义则丘窃取之。"以仲尼之修《春秋》,但因鲁史也,述而不作,未尝考文。以此愈知非天子不得考文也。

长乐陈氏曰:天子之于天下,以道揆者也,故礼必议之而后行,度必制之而后颁,文必考之而后达,夫然后朝信道而无异礼,工信度而无异度,史信书而无异文。此天下所以如出乎一家,中国所以如出乎一人也。"今天下车同轨",工非不信度也,"书同文",史非不信书也,"行同伦",朝非不信道也,然而礼乐不达乎天下者,德位不并,无以知礼乐之情故也。

晋陵钱氏曰:杞,夏后也。宋,殷后也。杞微,故不足征。宋在春秋时,犹为大国,故欲求征而已,乃知其不足征耳。"今用之",谓周礼今方施用,不得不从也。案《论语》云:"夏礼,吾能言之,杞不足征也;殷礼,吾能言之,宋不足征也。文献不足故也。"又《礼运篇》云:"我欲观夏道,是故之杞,而不足征也,吾得夏时焉。我欲观殷道,是故之宋,而不足征也,吾得坤乾焉。"三者不同,当是先后言之。盖夫子欲兼三代,酌文质之中,而不能自专,故曰"吾从周"。

蔡氏曰:夏礼殷礼,当孔子时,所谓"虽善无征"者也。

长乐刘氏曰:"今天下车同轨"者,古者天子、公、侯、伯、子、男、士、庶人,宗庙宫室、车旗冠冕、衣裳器用、城邑井赋,自贵逮贱,皆有等降,居其位,守其制,不敢逾也。上而陵下谓之逼,下而陵上谓之僭,故制度行而天下莫敢纵其情,则五材之用,足于天下矣。今孔子之时,天下之车,乃器物之显而用乎外者也,贵贱同其轨,法无等降焉,则僭逼公行而制度之道乱矣。"书同文"者,古者"礼乐征伐自天子出",而号令臣民,俾遵乎大中,无敢过与不及也。是以君出号令,以首政教,而公、侯、伯、子、男，奉而行之，所以承流宣化，齐天下之不齐，一天下之不一，故典、谟、诰、誓之文，非贵为天子，不可得以专之也。今孔子之时，夷、狄称王，子、男称公，天子丑于诸侯，典、谟、誓、诰之文，得以行于小国，故曰"书同文"也。"行同伦"者，古者天子祭天地七庙，公、侯祭境内山川五庙，则其下者，递以等降，莫不随其位，以行其礼也。是君臣、父子、兄弟、夫妇、朋友之交，性与道虽同，礼与位必异，则其行也，不可得以贵贱同伦矣。今季氏，陪臣也，而旅于泰山；三家，卿庙也，而以《雍》彻。臣道失其位，而中失其措，人乱其伦可知也。孔子伤其时之如是，又叹时之天子，虽有其位，而无其德，不可以作礼乐焉；己虽有其德，而见弃于时，又无其位，不可以作礼乐焉。天时自然，德位相背，非圣人无意于生灵也，既不得救于其时，乃将从周之礼，述而明之，于后世以俟圣王而兴之也。

新安顾氏曰：此章言君子之行有攸当也。夫德有大小，位有尊卑，以大德而履尊位，宰制自我，裁成自我，则曰礼乐，曰法度，曰文章，经纶图回，与时变通可也。德之与位，一有阙焉，而有意于斯，非妄则僭矣。故谓之愚，则无德者也；谓之贱，则无位者也。若是而曰自用自专，以今之人，变古之道，则灾且必及其身矣。何则？有位无德，轻于改作，天下之心，将有所不厌，人心一摇，危亡且至，非灾及其身者乎？有德无位，敢于改作，在上者之所不平，刑戮将至，非灾及其身者乎？是以，圣人谓夫礼节之可损可益，固所当议也；法度之或得或失，固所当制也；文章之有是有非，固所当考也。然是三者，皆天子之任也。今之天下，周之天下也。四海一统，则"车同轨"矣；诗书之训，家传人诵，则"书同文"矣；文武之道，未坠于地，则"行同伦"矣。此文、武、周公之所建置者也。使上之人而能持循也，则治平自可致，使下之人而能持循也，则德行自可成，何必他求哉？圣人之作《春秋》也，期望时王，惟曰"守文王之法度"，语门弟子，一则曰"吾从周"，二则曰"吾从周"，谓夫君子之行所宜尔也。虽然，有位而无德，当尽夫己之所为；有德而无位，当听夫天之所为。盖己之所为者，性也；天之所为者，命也。性之尽，则居位而改作若帝王，礼乐不相沿袭，而不为妄命之听，则若大舜有天子之荐，周公相成王之治，有昕改作而不为僭，斯又夫子言外之意。

王天下有三重焉，其寡过矣乎！上焉者虽善无征，无征不信，不信民弗从；下焉者虽善不尊，不尊不信，不信民弗从。故君子之道，本诸身，征诸庶民，考诸三王而不缪，建诸天地而不悖，质诸鬼神而无疑，百世以俟圣人而不惑。质诸鬼神而无疑，知天也；百世以俟圣人而不惑，知人也。是故君子动而世为天下道，行而世为天下法，言而世为天下则。远之则有望，近之则不厌。《诗》曰："在彼无恶，在此无射，庶几夙夜,以永终誉!"君子未有不如此而蚤有誉于天下者也。

郑氏曰:三重,三王之礼。上,谓君也,君虽善,善无明征,则其善不信也。下,谓臣也,臣虽善,善而不尊君,则其善亦不信也。知天知人,谓知其道也。鬼神,从天地者也,《易》曰:"故知鬼神之情状,与天地相似。"圣人则之,百世同道。射,厌也。永,长也。

孔氏曰:君子行道,必须本于身,达诸天地,质诸鬼神,使为天下后世法。孔子微自明己之意也。案:《檀弓》曰"今丘也,殷人也。"两楹奠殡哭师之处,皆法于殷。今云"从周者",言周礼法最备,鲁与诸侯皆用之,孔子身之所行,杂用殷礼也。三重,谓夏、殷、周三王之礼,其事尊重,若能行之,寡少于过也。"君子之道本诸身",谓行道先从身起。"征诸庶民"者,征,验也,谓立身行善,使有征验于庶民也。"建诸天地",建,达也。不悖,谓与天地合。所引《诗·周颂·振鹭》之篇,言微子之德,在彼宋国,民无恶之,在此来朝,人无厌倦,故庶几夙夜,以长永终竟美誉。君子之德亦如此,故引以结之。

河南程氏曰:三重,即三王之礼。三王虽随时损益,各立一个大本,无过不及,此与《春秋》正相合。⑦伊川

三重言三王所重之事。上焉者,三王以上、三皇已远之事,故无证。下焉者,非三王之道,如诸侯伯者之事,故民不尊。⑧伊川

理则天下只是一个理,故推至四海而准,须是质诸天地、考诸三王不易之理。故敬则只是敬此者也,仁是仁此者也,信是信此者也。⑨

蓝田吕氏曰:征,谓验于民;尊,谓稽于古。上焉者,谓上达之事,如性命道德之本,不验之于民之行事,则徒言而近于荒唐;下焉者,谓下达之事,如形名度数之末,随时变易,无所稽考,则臆见而出于穿凿。二者皆无以取信于民,是以民无所适从。故君子之道,必无所不合而后已。有所不合,伪也,非诚也。故于身、于民、于古、于天地、于鬼神、于后,无所不合,是所谓诚也,非伪也。物我古今,天人之所同然者也。如是则其动也、行也、言也,不为天下之法则者,未之有也。此天下所以有望不厌,而蚤有誉于天下者也。三重说见前章。

建安游氏曰:夏礼,杞不足征;殷礼,有宋存焉;周礼,今用之。盖去当世滋远,则文献益不足征也,况三代而上乎?故"王天下有三重"而已。三重者,三代之礼也。礼者,王天下之道莫重焉,故圣王重之。上焉者,五帝之礼,其事不可考,而无以示民;下焉者,五霸之功,其道不足称,而无以动民。是以圣人稽古之礼,不过三王,而师古之道,上及五帝。若"通其变,使民不倦;神而化之,使民宜之",虽百世

圣人不能易也，如其损益之礼，止言夏、殷、周而已。然五帝之道，至尧舜而明，三千之礼，至文王而备，此经所以言"仲尼祖述尧舜，宪章文武"也。全体不偏之谓中，利用不穷之谓庸，此三极之道，万世不可易之理也，以此修身则有本，以此施之庶人则有征。三王者，推此道以尽制也，天地者，体此道以成物也，故"考诸三王而不缪，建诸天地而不悖"。鬼神者，主此道以应物也，圣人者，守此道以尽伦也，故"质诸鬼神而无疑，百世以俟圣人而不惑"。由明则为天地，由幽则为鬼神，故建诸天地而不悖，则质诸鬼神而无疑矣。由前则为三王，由后则为百世之圣，故考诸三王而不缪，则百世以俟圣人而不惑矣。三王，以业言也，故称不缪；天地，以性言也，故称不疑；圣人，以德言也，故称不惑。鬼神与天地同德，故质之不疑，为知天；圣人与人为徒，故俟之不惑，为知人。天人之道至矣，则动而为道，行而为法，言而为则，不独可以行于一方，固可以善天下，不独可以行于一时，固可以传后世。远者慕之，近者怀之，盛德之实著矣，令闻安所逃哉？

河东侯氏曰："王天下有三重焉"，言三王之法，各有可重者，如子、丑、寅之更，建忠、质文之迭，尚损益而得中，所以寡过也。过此，则上焉者，三代而上，远而难考，故虽善无征，无征则不信，不信民所以弗从也；下焉者，三代而下，杂霸苟且之政，不根乎道，故虽善不尊，不尊则不信，不信民所以弗从也。君子之道，可行于天下者，不过近取诸身而已，故子思又以切近之道明之，如仁之于父子，义之于君臣，口之于味，目之于色，耳之于声，鼻之于臭，皆吾生之固有，性之自然。推吾之固有、性之自然，验诸庶民，亦与吾之心同然。又考诸三王以参之，"考诸三王而不缪"，则中庸之道至矣。又建诸天地以自试焉，"建诸天地而不悖"，则与鬼神合其吉凶矣。又何疑焉？"质诸鬼神而无疑"，知天也，天之心即吾之心也。"百世以俟圣人而不惑"，知人也，前圣人之道，后圣人之道是也。天也人也，无他理也，是理也，惟圣人能尽之，故"动而世为天下道，行而世为天下法，言而世为天下则"。道也，法也，则也，非吾一己之私，天下之道，天下之行，天下之言，吾由之而不悖尔，所以"远之则有望，近之则不厌"。《诗》曰："在彼无恶，在此无射。庶几夙夜，以永终誉。"庶几夙夜，"无终食之间违仁"，"君子终日乾乾"也。

新安朱氏曰：此第二十九章，承上章"居上不骄"而言，亦人道也。上焉者，谓时王以前，如夏、殷之礼虽善，而皆不可考。下焉者，谓圣人在下，如孔子虽善，于礼而不在尊位也。故"君子之道"以下，指王天下者而言。其道，即议礼、制度、考文之事也。本诸身，有其德。征诸庶民，验其所信从也。建，立也，立于此而参于彼也。天地者，道也。鬼神者，造化之迹也。百世以俟圣人而不惑，所谓"圣人复起，不易吾言"者也。知天、知人,知其理也。动,兼言行而言。道,兼法则而言。所谓未有不如此者,指"本诸身"以下六事而言。⑩

三重,诸说不同,虽程子亦因郑注,然于文义皆不通,唯吕氏一说为得之耳。至于上、下焉者,则吕氏亦失之,惜乎其不因上句以推之,而为是矛盾也。曰:然则上焉者以时言,下焉者以位言,宜不得为一说,且又安知下焉者之不为霸者事邪?曰:以王天下者而言,则位不可以复上矣;以霸者之事而言,则其善又不足称也。亦何疑哉?曰:此章文义,多近似而若可以相易者,其有辨乎?曰:有。三王,以迹言者也,故曰不谬,言与其已行者无所差也。天地,以道言者也,故曰不悖,言与其自然者无所拂也。鬼神无形而难知,故曰无疑,谓幽有以验乎明也。后圣至远而难料,故曰不惑,谓远有以验乎近也。动,举一身兼行与言而言之也。道者,人所共由,兼法与则而言之也。法,谓法度,人之所当守也。则,谓准则,人之所取正也。远者,说其德之广被,故企而慕之。近者,习其行之有常,故久而安之也。⑪

涑水司马氏曰:三王之礼,王天下者所宜重也。上于三王者,谓高论之士,称引太古,以欺惑愚人,然无验于今,故民莫肯信而从也;下于三王者,谓卑论之士,趋时徇俗,苟求近功,然不为人所尊尚,故民亦莫肯信而从也。惟中庸之道,内本于身而可行,外施于民而有验;前考于三王,不差毫厘,后质于来圣,若合符契;大则能配天地之高厚,幽则能合鬼神之吉凶;知天者,穷性命之精微,知人者,尽仁义之极致。如此,故天下法而效之,慕而爱之,生荣死哀,令闻长世也。

海陵胡氏曰:上焉者,天子居天下之上,诸侯居一国之上,卿、大夫居一邑之上。下焉者,诸侯、卿、大夫居天子之下。考,稽也。知天者,天地鬼神之道,不过生成以圣人之德,质之而无疑,是知天之道也。知人者,君子之道,百世相俟而不惑,是知人也。

永嘉薛氏曰:三重,三节也。上焉,"不可使知之"者也。下焉,"日用而不知"者也。故君子用其中,必本于修身。"本诸身,征诸庶民",匹夫匹妇,皆可与知之。上无太高,下无太渎,百姓心悦诚服,知所征信,则敬而从之,所以适道也。天地鬼神,先圣后圣,其道一而已矣,莫不以人为本。知天知人,不过内外之合而已。民有所征而能信,无思不服,不可得而远近吾,修道之教也。见誉有由矣,外是而求誉,非永终誉者也。

临川王氏曰:传注之学,多谓三重接上下之意,此甚不然。盖言王天下之事者,有三最重,有此三者,则可以寡过矣。何为三重?下文征信民从是矣。上焉者,居富贵之地,虽有善,当必有征验于民,无征验不足为信矣。既已不信,则天下之民,安能服从哉？国不从矣。三重者，言有征而可信，可信而民从是也。下焉者，居贫贱之位者也，既居贫贱，虽有善，亦当不失其自重之道可也。尊者，如上文尊德性，尊其性之所自得，而重其所为也。虽有善，不自致其尊且重，则不信于外，不信则民弗从矣。居上而必欲有征者，乃是达则兼善天下也。居下而必欲尊者，乃是穷则独善其身也。

嵩山晁氏曰：孔子思教之行也，或说，或学，或不足征，或有存，或用之，远近之势然也。中也，天下万变，而有是三重，而寡过为要也，寡过则中也，唯中则有征而且尊也。上焉者，过之也，荡而无征；下焉者，不及也，屑而不尊，虽善而民不信从之也。

延平周氏曰：人不能无过，王天下之所以寡过者，以其有三重焉。所为三重者，有善于己，而后有以征于人，有以征于人，而后人信之。此上焉者，虽远于民而民必从之也。有善于己，而后有以尊于人，有以尊于人，而后人信之。此下焉者，虽近于民而民必从之也。然必于上焉者言征，而于下焉者言尊，何也？盖上焉者，入而为天道，则患乎迂阔而无征；下焉者，出而为守道，则患乎亵近而不尊。则不足以言，故称法；法不足以言，故称道。所谓动者，非言非行，而有以见于吾身者，皆动也。法详而则略，必于行为详而于言为略者，君子欲讷于言而敏于行也。唯其世为道而世为法则，故远于己者有望，而近于己者不厌，夫然后有天下之誉。然为君子者，果有志于天下之誉邪？盖无名者，圣人所以入而处己者也。名誉以崇之者，圣人所以出而待人者也。

莆阳林氏曰：君子之道，须从身上做去，便有本领，如"行远必自迩，登高必自卑"。此一个道理，在吾身问最是好。如何知得当处？但验诸庶民可知。验诸庶民，见天下熙熙皞皞，如在春风醇酎之中，道德一风俗，同人情，皆无有差缪。"建诸天地而不悖"，谓建立乎天地之中，而此理不悖逆也。"质诸鬼神而无疑"者，盖幽明无殊涂，明而为人，幽而为鬼神，明则有礼乐，幽则有鬼神，幽明之故，死生之说，其实一理。今以此道质之天神、地示、人鬼，而无可疑者，则其当时可知。"百世俟圣人而不惑"，谓千百世而下，虽有圣人复起，必从吾言矣。

兼山郭氏曰：上章审礼之时，此章言稽古之治。所谓三重者，言三王之至重也。盖时更三代，政历三王，有以见王道之大备也。然而不能无过与不及之差，则在所损益者也。孔子酌三王之道，明三王之制，观其告颜子亦曰夏之时、殷之辂、周之冕，盖可见矣。上焉者，出于三代之前，故远而无征。下焉者，出于三代之后，故近而不尊。必也本诸身，征诸庶民，考三王，建天地，质鬼神，百世以俟圣人，舍此道何以哉？

高要谭氏曰：化民之道，则当本之于身。彼上焉者，专言道德虽善矣，然微妙而无征；下焉者，专言刑政虽善矣，然卑陋而不尊。是二者皆不足以示信于民，而民弗从焉。唯君子之道，一本于身。盖身者，实理之所在，而仁义礼知所从出也。求之在我，既有可言之实，验之于民，则亦天下之所同然。自尧、舜、三代以来，未有舍是而能化天下者，故"考诸三王为不缪"也。是道之大，可与天地并立，故"建诸天地为不悖"也。是道出于天命之性，其理为不欺，故"质诸鬼神为无疑"也。是道前圣之所共传，后圣之所当用，以人治人，古今一理，故"百世以俟圣人而不惑"也。

晏氏曰：观太史公之论夏之政尚忠："忠之敝，小人以野"，则不能无过矣，"故殷人承之以敬"；"敬之敝，小人以鬼"，则不能无过矣，"故周人承之以文"；"文之敝，小人以僿"，则不能无过矣，又当救之以忠。是三重之道，皆不免有过，唯寡而已。上焉者，过乎忠质文者，鸿荒之世，圣人恶之，故虽善无征，有所不可从矣。下焉者，不及乎忠质文者也，所谓同乎流俗，合乎污世，故虽善不尊，有所不足从矣。然则可从者，其三重乎？君子之道，不特信于既往，亦信于将来，以知人之所为，无以异乎已也；不特信于在明，亦信于在幽，以知天之所为，无以异乎人也。盖知己则知人，知人则知天，此所以先言本诸身也。

广安游氏曰：古之圣贤，以有名誉为贵，名誉以蚤为贵。名誉蚤，则人信之也蚤。人信之也蚤，则其化民成俗也，易为力矣。大道之行，天下为公，而毁誉信，如舜之侧微，年方三十，耕于历山，渔于雷泽，陶于河滨，而人之从之也如归市，此所谓"蚤有名誉于天下者也"。及至后世，人之如舜者，亦未易得也，故名誉难致，而有名誉者，或失之不公而毁之，系于人者始轻矣。孔子曰"君子疾没世而名不称"，孟子曰"令闻广誉施于身"，以此观之，古之圣贤，亦以名誉为贵。

晋陵钱氏曰：重，犹难也，于三者重，难之不敢轻也。上焉者，三王之前也，如夫子所闻，虽有善政，而制度不存，无以为征。下焉者，三王之后也，如《春秋》所褒，虽有善事，而令闻不彰，非人所尊。二者，民不信从，故必中考之三王。此谓圣人之在上者，可以有为矣，犹审于古，不敢轻用。君子之道，本诸身，征诸民，然后考诸三王，建诸天地，则于三王亦不敢轻。知天，知天理之同；知人，知人心之同。有望，人向之；不厌，人爱之。不如此而蚤有誉，则一时之名，不足以传万世，君子不为也。此一节谓君子之道，不敢自用，而监于先王，故能传之后世。

蔡氏曰：三重，谓有德、有位与征诸庶民三者。上焉者，有其位而无其德，不能证诸庶民也。下焉者，有其德而无其位，不得证诸庶民也。盖有位，有德，又能证诸庶民,三者皆备,然后可以王天下而寡过,故曰三重。"君子之道,本诸身,征诸庶民",则有备乎三重者矣,故可以考三王而不缪,以至百世以俟圣人而不惑。

金华邵氏曰:鬼神,至幽也,何所质而无疑?百世圣人,未来也,何所以而不惑?盖鬼神之理即天之理,吾能知天,则知无疑于鬼神。百世圣人即人之理,知人,则知不惑于圣人。此又一贯之妙也。

新定顾氏曰:此章言君子之道,必出于中庸,不容过,亦不容不及也。以王天下者言之,其所归重必在三王,于兹取法,心无他适。藉曰有过,亦云寡矣,何则?三王之道,本于中庸,惟三王之为重,宜其过之寡也。否则,上焉者,贤知之过于中庸者也,考其所行,未必无善,惟其可行于一身,不可行于天下,则是无证验于众人,无证验于众人,人所不信,其谁从之?下焉者,愚不肖之不及于中庸者也,考其所行,亦未必无善,惟其可行于一身,不可行于天下,则是不见尊于众人,人所不信,又谁从之?是以,君子监观乎此,惟道中庸,本之于身,证之于庶民,察诸三王而无差谬,立诸天地而无悖逆,正诸鬼神而无所疑,百世以待圣人而无所惑,中庸一理,贯通无间,己之与人,天地之与鬼神,前圣之与后圣,断断乎必出诸此,不容有所增也,亦不容有所损也,夫是之谓中庸。子思子深欲发明此理,一定天人,攸同重言。"质诸鬼神而无疑",由于知天,"百世以俟圣人而不惑",由于知人。盖君子聪明睿知,知天知人。夫然,故惟中庸之为依,夫惟其依乎中庸也。故以鬼神处乎幽隐,宜有间于显明者也,而曾无疑贰;百世圣人处乎未来,宜有间于今日者也,而曾无惑乱。则以中庸之理,贯通焉而已矣,自君子之中庸也,是以其动不期于为天下道也,而不能不为之道;其行不期于为天下法也,而不能不为之法;其言不期于为天下则也,而不能不为之则。远之有望,近之不厌,皆不期而自致,有如诗人之言"彼无恶,此无射,庶几夙夜,以永终誉",良以是尔。子思推言"君子未有不如此而蚤有誉于天下",诗人之言"永终誉",要之,于后之无穷也。子思子言如此而蚤有誉,反之于其初之有自也。

晋陵喻氏曰:必以蚤有誉为言者,盖所以激劝学者。不尔,则忘毁誉,亦非中道也。犹言富与贵,是人之所欲也,此圣人制行不以己也。

仲尼祖述尧舜,宪章文武;上律天时,下袭水土。辟如天地之无不持载,无不覆帱;辟如四时之错行,如日月之代明。万物并育而不相害,道并行而不相悖。小德川流,大德敦化。此天地之所以为大也。

郑氏曰:律,述也。帱,亦覆也。

孔氏曰:此一节子思申明夫子之德与天地相似。祖,始也。宪,法也。章,明也。袭,因也。

河南程氏曰:孔子既知宋桓魋不能害己,又却微服过宋,舜既见象之将杀己,而又象忧则忧,象喜则喜,国祚长短,自有命数,人君何用汲汲求治？禹、稷救饥溺者,过门不入,非不知饥溺而死者自有命,又却救之如此其急。数者之事,何故如此？须思量到"道并行而不相悖"处可也。[12]伊川

"小德川流,大德敦化",只是言君子川流是日用处,大德是存主处。敦[13],如俗言敦本之意。[14]伊川

"大德敦化",于化育处敦本也;"小德川流",日用处也。此言仲尼与天地合德。[15]伊川

横渠张氏曰:接物皆是小德,统会处便是大德[16],更须大体上求寻也。

"大德敦化",仁知合一,厚且化也;"小德川流",渊泉时出之也。"大德不逾闲,小德出入可也",大者器,则小者不器矣。[17]

敦厚而不化,有体而无用也;化而自失焉,徇物而丧己也。大德敦化,然后仁智一而圣人之事备。性性为能存神,物物为能过化。[18]

"形而上者"是无形体者,故形而上者谓之道也;"形而下者"是有形体者,故形而下者谓之器。无形迹者即道也,如大德敦化是也;有形迹者即器也,见于事实即礼义是也。[19]

蓝田吕氏曰:此言仲尼辟夫天地之大也。其博厚,足以任天下;其高明,足以冒天下;其化循环而无穷,达消息之理也;其用照鉴而不已,达昼夜之道。尊贤容众,嘉善而矜不能,并育而不相害之理也;贵贵尊贤,赏功罚罪,各当其理,并行不相悖之义也。礼仪三百,威仪三千,此小德之所以川流;洋洋乎发育万物,峻极于天,此大德所以敦化也。

祖述者,推本其意;宪章者,循守其法。川流者,如百川派别;敦化者,如天地一气。

五行之气,纷错于太虚之中,并行而不相悖也。然一物之感,无不具有五行之气,特多寡不常尔;一人之身,亦无不具有五行之德,故百理差殊,亦并行而不相悖。

建安游氏曰:中庸之道,至仲尼而集大成。故此书之末,以仲尼明之道著于尧舜,故祖述焉,法详于文武,故宪章焉。体元而亨,利物而贞,一喜一怒,通于四时,夫是之谓"律天时"。修其教不易其俗,齐其政不易其宜,使四方之民,各安其常,各成其性,夫是之谓"袭水土"。上律天时,则天道之至教修;下袭水土,则地理之异宜全矣。故博厚配地,无不持载,高明配天,无不覆帱,变通如"四时之错行",照

临如"日月之代明",小以成小,大以成大,动者植者,皆裕如也,是谓"并育而不相害"。或进或止,或久或速,无可无不可,是谓"并行而不悖"。动以利物者,知也,故曰"小德川流";静以裕物者,仁也,故曰"大德敦化"。言川流,则知敦化者,仁之体;言敦化,则知川流者,知之用。

河东侯氏曰:自"吾说夏礼,杞不足征"至此,皆言仲尼之事。仲尼不有天下,修此道以传天下,后世能永终誉者也,故继之曰"仲尼祖述尧舜"。尧舜之道,天理、中庸也。道不为尧、桀存亡,非出于尧舜者也,尧舜能由之尔。仲尼亦由此道,顺此理,无加损焉,故曰"祖述尧舜"。祖,犹因也。述,犹仍也。因仍其道而不作也。述,与"述而不作"之述同。宪章文武,尧舜垂衣裳而天下治,法度犹未大备也,故曰"祖述"。文武之道,尧舜之道也。法度章礼乐备,有仪可象,有物可则,故曰"宪章"。"上律天时",则天明也;"下袭水土",因地利也。"无不持载","无不覆帱",其广大也。"如四时之错行",其变通也。"如日月之代明",其不息也。"万物并育而不相害,道并行而不相悖",从容中道也,颜子见其"所立卓尔,虽欲从之,末由也已"是也。"小德川流",其日用处,"礼仪三百,威仪三千"是也;"大德敦化",其存主处,"洋洋乎! 发育万物,峻极于天"是也。此孔子之所以为大也。子曰:"下学而上达,知我者其天乎!"孔子之学,自"率性之谓道"至"天地之所以为大也",驯而致之耳。圣人虽"生而知之",然"好古,敏以求之"之心,未尝无也。其间参差不齐,小大抑扬,或进或退,或久或速,事虽不同,其于时中则无异也。犹《乾》之诸爻,或潜或见,或跃或飞,反复进退,皆期于道则一也。《易》曰"其唯圣人乎! 知进退存亡而不失其正者,其唯圣人乎"者,孔子也。"辟如天地之无不持载,无不覆帱","万物所以并育而不相害"也。"辟如四时之错行,如日月之代明","道所以并行而不相悖"也。"天地之所以大",仲尼之德也。《传》曰:"唯天为大,唯尧则之。"仲尼则之也。

延平杨氏曰:尧舜道之,大成也。文武盖闻而知之者,故于尧舜,则祖述之,以其道之所从出也。其文至周而大备,故于文武,则宪章之。宪,法也。章,章之也。用之,"吾从周"是也。"上律天时",则天明也,"下袭水土",因地利也,故能与天地之大相似也。自"万物并育"至"大德敦化",则与天地一矣,故不曰仲尼之大,而曰天地之所以为大,盖圣人与天地一体也,论圣人以明天地之道,言天地以见圣人之德,无二致也。

新安朱氏曰:此第三十章,言天道也。祖述者,远宗其道;宪章者,近守其法。律天时者,法其自然之运;袭水土者,因其一定之理。皆兼内外,该本末而言也。如天地、如四时、如日月,言圣人之德。错,犹迭也。悖,犹背也。天覆地载,万物并育于其间而不相害;四时日月,错行代明而不相悖。所以不害、不悖者,小德之川流;所以并育、并行者,大德之敦化。小德者,全体之分;大德者,万殊之本。川流者,如川之流,脉络分明,而往不息也;敦化者,敦厚其化,根本盛大,而出无穷也。此言天地之道,以见上文取辟之意也。[20]

或问小德大德之说。曰:以天地言之,则高下散殊者小德之川流,於穆不已者大德之敦化;以圣人言之,则物各付物者小德之川流,纯亦不已者大德之敦化。以此推之,可见诸说之得失矣。曰:子所谓兼内外、该本末而言者,何也?曰:是不可以一事言也。姑以夫子已行之迹言之,则由其书之有行夏时赞《周易》也,由其行之有不时不食,迅雷风烈必变也,以至于仕止久速之皆当其可也,而其所以律天时之意可见矣。由其书之有序《禹贡》述《职方》也,由其行之有居鲁而逢掖也,居宋而章甫也,以至于用舍行藏之所遇而安也,而其袭水土之意可见矣。若因是以推之,则古先圣王之所以迎日推策、颁朔授民,而其大至于禅授放伐各以其时者,皆律天时之事也;其所以体国经野、方设居方,而其广至于昆虫草木各遂其性者,皆袭水土之事也。使夫子而得邦家也,则亦何歉于是哉![21]

涑水司马氏曰:祖,犹宗也,本也。水土者,地也。小德川流者,言其顺序易行,昼夜不息也。大德敦化者,言不肃而成,不言而喻也。

永嘉薛氏曰:天地之大,诚而不已者也。仲尼远继前圣,合德二仪;博厚高明,体物无迹;大小咸德,体合万殊;小者如水之流通,异行而俱入于海,大者如物之自化,不可见而未始逾闲。天德之至,所以为夫子哉!

兼山郭氏曰:祖其道而述之,宪其道而章之。"天地之所以为大"者,以其无不覆也、无不载也。"四时之错行","日月之代明","万物并育而不相害,道并行而不相悖"也。孔子之所以为大者,以其如天地、四时、日月之运,"小德川流,大德之敦化"也。小德川流,言其用之沛然莫御也;大德敦化,言其体之寂然不动也。非德之大小,顾其为体用者如此,是以异。夫大德不逾闲,小德出入者也。

广安游氏曰:凡后世之法度礼乐,皆由尧舜而来,而其为法章,明于后世,则莫盛于文武之时,所以于尧舜言"祖述",于文武言"宪章"也。考之于《春秋》,以尧舜之道拨大乱反之正,此其祖述、宪章者也。《春秋》具四时及灾异之事,此其"上律天时"者也;《春秋》记诸夏之事、山川之异,此其"下袭水土"者也。非特《春秋》然也,见其礼而知其政,闻其乐而知其德,无不然也。持载覆帱,言其道所包之广大也。错行代明以至川流敦化,言其道之通变而泛应曲当也。

延平周氏曰：帝道成于尧舜，王道备于文武。帝道辟则神也，故孔子祖述之而已；王道辟则明也，故孔子宪章之也。律天时，所以兴天下之大顺；因水土，所以致天下之大利。有大顺则天人所以和，有大利则天人所以同，和同天人之际而无间者，孔子也。唯其与天人无间，故言其广大，则如天地之无不持载，无不覆帱；言其变通，则如四时之错行；言其能微能显，则如日月之代明。天地之育，其物则与之并育而不相害；天地之行，其道则与之并行而不相悖。"小德则出入可也"，故川流，所谓川流者，合所谓敦化万殊，而归乎一也；"大德则不逾闲"，故敦化者，如《行苇》之诗是也，所谓化者，如《汝坟》之诗是也。至乎"并育而不相害"，"并行而不相悖"，则极矣，而又能有小德川流，有小德则已矣，而又能有"大德敦化"。盖能崇能卑，能粗能精者，乃其圣也。然终必曰"天地之所以为大"者，言天地之为大，则天地也；天地之所以为大，则孔子也。此孔子所以为成能者。

嵩山晁氏曰：仲尼之所以为仲尼者，中庸也。诚明两尽，而道教行也。观天地于仲尼，则足矣。

莆阳林氏曰：自鸿荒茫昧之时，道即在人日用饮食之间，无人摘出道之大原，尧舜始发之。"仲尼祖述"之者，述其道统所自出也。"宪章文武"者，谓夫子去文武之世为甚近，文武之道，夫子躬行，宪法之于身，昭昭然常章著也。"律天时"谓随时出处，可以速则速，可以久则久，可以仕则仕，非律天时，安能如此？"袭水土"谓五方之俗，皆能谙识，当时之齐、之楚、之宋、之卫，非袭水土，何以如此？"如四时之错行"者，夫子之时也，如焚石烁金之时，一阴之所生，固阴沍寒之时，一阳之所生，阴中生阳，阳中生阴，此之谓错行也。"如日月之代明"者，夫子之道，如日往则月来，寒往则暑来，此之谓代明也。

马氏曰："祖述尧舜，宪章文武"，体人道也；"上律天时"，体天道也；"下袭水土"，体地道也。人道成于尧舜，备于文武，故于尧舜则祖述之，于文武则亦宪章之。盖尧舜，帝道之盛者也；文武，王道之备者也。天之变通在于时，故于时则上律之；地之发育在于水土，故于水土则下袭之。律，言其所法也。袭，言其因之也。天地人之道备于我，故"辟如天地无不持载，无不覆帱"，言其体也；"如四时之错行，如日月之代明"，言其用也。天地之育万物，孔子与之并育而不相害；天地之行道，孔子与之并行而不相悖。此孔子之道，其妙至于神而不可测，泯然与天地为一体矣。小德出而成物，则如川之流；大德体而成已，其妙至于敦化。

莆阳郑氏曰：万物散殊于天地之间，而一理行乎其中。如雨露之施，而山川草木，随其沾足；如春风之荡，而根芽小大，遂其生成。圣人之道，泛应曲当，随事而宜,随用而周,亦犹是也,岂有并育而相害、并行而相悖邪? 若夫此通而彼碍,则相害相悖矣。中庸之道,岂如是哉? 一气分而万殊,乾坤散而六十四卦,德岂有小大? 以分而万也,则曰小德;以总而一也,则曰大德。坎,一水也,而百川异流;道,一本也,而万用随适。圣人敦化之道,知其一而天下之事毕矣。

临川王氏曰:《中庸》论道,欲合天人,一精粗,使学者知精之由于粗,天之始于人,则用力而不为诞矣。故由夫妇之与知,而极之于圣人之所不知,致曲之诚,而极之于圣人之能化。故以仲尼之事实之,亦以其始之稽前圣,法天地,而后至于与天地相似,由与天地相似而化,遂至于与天地为一。尝观孔子之道,至于从心之妙,而本之于十五之志学;性与天道之不可闻,而本之于日用之文章。子思言道,则极于变化之诚,而其本自致曲之诚。孟子言道,则由仁之于父子,而至于圣人之于天道;由可欲之善,而至于不可知之神。君子之教人,将使人之皆可为也,必使之由易以至难,而皆有用力之地,故起于夫妇之有余,而推之于圣人所不及。举天下之至易,而通之于至难,使天下之至难者与其至易者无异也。

长乐陈氏曰:道原出于尧舜,祖述者,以为宗主也;礼法备乎文武,宪章者,以为准度也。变通莫大乎四时,律之者,法之也;生养莫大乎水土,袭之者,充之也。故如天地之覆载,即前所谓"博厚配地,高明配天";如四时之错行、如日月之代明,即前所谓"悠久无疆";物并育、道并行、川流、敦化,即前所谓"不见而章,不动而变,无为而成";此天地所以为大,即前所谓"为物不贰,则其生物不测"。而仲尼得之,不曰仲尼而曰天地者,仲尼其天地欤!

雪川倪氏曰:祖,始也。述者,"述而不作"之述。于尧舜曰"祖述"者,《书》之断自唐、虞是也。宪,法也。章,文章也,"周监于二代,郁郁乎文哉! 吾从周"是也。"上律天时",律,法也,作《春秋》而先春后秋是也。"袭水土",袭,因也,重也,"述职方以除《九邱》"是也。持载如《坤》之"厚德载物"也,覆物如天之遍覆,无所不及也。季札美舜如天之无不覆,如地之无不载,是夫子之德与舜同矣。《易》曰"与四时合其序",合其体也,此曰"错行",合其用也;《易》曰"与日月合其明",合其体也,此曰"代明",合其用也。

范阳张氏曰:不曰夫子,而曰"此天地所以为大",意谓夫子没矣,不可得而见也,观诸天地,其亦庶几乎!

晋陵钱氏曰:律、袭,言与天地无所违异。帱,冒也。地有方使物不流,能载使物不陷,故谓之"持载"。天覆物之上,冒其四表,故谓之"覆帱"。四时错行,言其道时中;日月代明,言其德日新。并育不相害物,以异而和;并行不相悖道,以异而通。

小德,德之用也,如川之流,其行不穷;大德,德之体也,敦厚而化,人莫能测。德至此,则与天地同其大矣。

江陵项氏曰:此以下凡三章,引夫子之道德,以明性者之事。尧舜以道言,文武以事言,天时水土亦然。覆载,言其大德。错行代明,言其小德。

钱唐于氏曰:始也,以天地辟夫子;终也,以夫子为天地。盖以迹而论,当取天地以为喻;以道而论,夫子即天地矣,非复于夫子之外,别有所谓天地也。

严陵喻氏曰:夫子之时,去尧舜虽远,而其道常存,故从而祖述,祖也述也,皆本之之谓也;去文武为近,而其典具在,故得以宪章,宪也章也,皆法之之谓也。

新定钱氏曰:"祖述尧舜",道统传也;"宪章文武",治具备也。"上律天时",健也;"下袭水土",顺也。自其日用言之,则如百川之分流;自其大原言之,则如造化之醇厚。

新定顾氏曰:此道何所不育?万物虽多,并得以遂其生,何相害之?有此道何往不行?虽事物之纷错,各行于所不得不行,何相悖之有?德之小者,运动不息,如川之流;德之大者,厚重不移,物自尔化。非天地之大,何以能兼有万象如此?此虽一章,始之以祖述、宪章、上律、下袭之辞,则犹若有意于取法;继之以辟如之辞,则犹指其为相似;终之以"此天地之所以为大",则夫子之大即天地之大。考乎其辞,有始终浅深之异,非夫子之德然也;子思子之于学者,有诱进之意,初示之浅,而后告之深也。

唯天下至圣,为能聪明睿知,足以有临也;宽裕温柔,足以有容也;发强刚毅,足以有执也;齐庄中正,足以有敬也;文理密察,足以有别也。溥博渊泉,而时出之。溥博如天,渊泉如渊。见而民莫不敬,言而民莫不信,行而民莫不说。是以声名洋溢乎中国,施及蛮貊,舟车所至,人力所通,天之所覆,地之所载,日月所照,霜露所队,凡有血气者,莫不尊亲,故曰配天。

孔氏曰:"发强刚毅,足以有执",发,起也;执,犹断也。言发起志意,坚强刚毅,足以断决事物也。溥,谓无不周遍。博,谓所及广远。"渊泉如渊",言润泽深厚,如川流也。

河南程氏曰:"溥博渊泉,而时出之",须是先有溥博渊泉,方始能时出。自无溥博渊泉,岂能以时出之?[22]

蓝田吕氏曰:此章言圣人成德之用,其效如此。"聪明睿知,足以有临"者,天之高明也;"宽裕温柔,足以有容"者,地之博厚也;"发强刚毅,齐庄中正"者,乾坤之健顺也;"文理密察"者,天地之经纬也。圣人成德,固万物皆备,应于物而无穷矣。然其所以为圣,则停蓄充盛,与天地同流而无间者也。至大如天,至深如渊,时而出之如四时之运用、万物之生育。所见于外,人莫不敬信而说服,至于血气之类,莫不尊亲。非有天德,孰能配之。

延平杨氏曰:《书》曰:"惟天生聪明时乂。"《易》曰:"知临,大君之宜,吉。"则"聪明睿知",人君之德也,故"足以有临";"宽裕温柔",人之质也,故"足以有容";"发强刚毅",以致果,故有执;"齐庄中正",以直内,故有敬;"文理密察",理于义也,故有别。临而不容,不足以得众,容而无执,不足以有制,执而不敬,或失于自私,敬而无别,或无以方外,非成德也,德成矣,故"溥博渊泉,而时出之"。"溥博如天",则其大无外;"渊泉如渊",则其流不穷。渊泉,言有本也,而时出之,则其流不息矣,故民莫不敬信而说服。"凡有血气之类,莫不尊亲",则与天同德矣,故曰"配天"。

新安朱氏曰:此第三十一章,承上章而言小德之川流亦天道也。聪明睿知,生知之质。临,谓居上而临下也。其下四者,乃仁、义、礼、知之德。文,文章也。理,条理也。密,详细也。察,明辨也。溥博,周遍而广阔也。渊泉,静深而有本也。出,发见也。言五者之德,充积于中,而以时发见于外也。如天、如渊、民莫不敬、信莫不说,言其充积极其盛,而发见当其可也。"舟车所至"以下,盖极言之。配天,言其德之所及,广大如天也。㉓

文理密察,文是文章,如物之文缕;理是条理。每事详审密察,故曰足以有别。㉔

临川王氏曰:聪明者,先聪明于己,而后聪明于天下。睿,则《书》之"思曰睿"。知,则《易》之"知周万物"。有聪明而无睿知,以行则不可。《书》曰"无作聪明乱旧章",独任聪明,则乱旧章矣,故全此四者,然后可以有临于天下也。宽,则宽大。裕,则有余。温,则温良。柔,则《书》之"柔而立"是也。《易》曰"容保民无疆",是有此四者,然后可以有容于天下也。发者,遇事而发其端绪。强者,若上文"强哉矫"之强。有执,非子莫之谓,若"择善而固执之"之谓也。中者,处中道。正者,守之以正。守正而不处中道则不可,处中道而不守正亦不可,二者必在相须。足以有敬于天下,常人论敬,不过指敬鬼神、敬祭祀而言,未尝有言敬天下之民。此言圣人亦不敢轻天下之民也,能敬于民,民亦敬于上。文理者,人伦之理。密,谨严也。察,明察也。虽有文理,不加密察,则制度文法,必有乱于天下。既以谨严明察,则足以有别于天下,则天下之人,亦自知有别矣。溥博者,广大也。渊泉者,深浚也。上能有此五者之德,而又上下能察乎天地,然须时而出之,若上文"君子时中",又曰"时措之宜"是也。苟时可以温柔,而反用刚毅,则不可;时可以刚毅,而反用温柔,则亦不可。此言中庸之道,所贵者,应时而已。

涑水司马氏曰:此泛言圣人之德。"文理密察,足以有别",谓圣人制礼,"曲为之制","事为之防"㉕,可以别嫌明微也。"溥博渊泉",谓其心;"时出之",谓其言行。

范阳张氏曰:"溥博渊泉",无非诚之运用于其中也。时乎溥博,则涵容而不露;时乎渊泉,则应接而无穷。故其见也民敬,言也民信,行也民说,为声名也,中国蛮貊,所至、所覆、所载、所照、所队,凡有血气,无不尊亲,是与天地并立于两间,而造化天下矣,故曰"配天"。配,非比也,并也。夫敬信民说以至尊亲,皆诚之为用,理当如此,使一有不敬、不信、不说、不尊、不亲,是必吾诚有不至也。盖在我有丝毫之差,则在诚有寻丈之失,此君子所以慎其独。

海陵胡氏曰:兼听之谓聪,善视之谓明,智虑深远之谓睿,有知之谓智。宽裕则不暴,温柔则不猛,故可涵容天下之人。发谓奋发,强能任事,刚则不挠,毅则果敢,故能临事固执而不回。齐,洁也。庄,端庄也。中正,则不诡,足以保其敬之道。文理者,言动之间有文理,如枝叶葩华是其文,经理条贯是其理。密而不泄,察而能辨。君子身既文理,然后从己之身,观人之身,密察而不泄其机,故足以有别于天下。溥,言溥遍。博,言广博。时出之者,以时发见,出其政教号令。溥博,如天高之不可穷。渊泉,如渊深之不可测。发见于政教,民皆敬之,言而民皆信之,行而民皆说之,是以声名洋溢,莫不尊而亲之。

永嘉薛氏曰:帝德广运,乃圣乃神,乃武乃文,所见不同,一终广运之德尔。成配天之德,则其处身接物,皆顺而不妄,动而愈出,惟有本者能之尔。天地之大,何所不容,何所不逮,苟能此道,则有不言之信,无为之教,声容言动,其有不格者乎?此为天道之当然,所谓"无思不服"者也。此言也,可以见天地,可以贯金石,有血气者,而能外于是乎?

兼山郭氏曰:此章言圣人之道,可以配天。圣者,极至之谓。圣人究极乎中庸,其成德之大,有所谓"聪明睿知,足以有临",以至于"文理密察,足以有别"也。如天之神化妙用,日月星辰、风雨霜露之变,水火土石、邱陵川泽、草木昆虫之化,其用之自一,其应之不穷,如是也。夫惟如是,故能"溥博渊泉,而时出之"也。溥博近中,时出近庸,故能使民敬信说服,"凡有血气者,莫不尊亲",得其尊亲,所以配天也。

莆阳林氏曰:天下之大,四海之远,圣人渺然之身,托于士民之上,若非聪明睿知,则何以临人?非宽裕温柔,则何以容人?发,奋也;强,无作也;刚,特操也;毅,果敢决断也;执,有执著也。齐,一其志也;庄,俨然,人望而畏之也;中,立而不倚也;正,则无邪也。四者,所以敬其身也。"文理密察",精密审察也,此所以别君子小人,使贤不肖不至于混淆也。"溥博渊泉,而时出之",此一句见子思形容圣人极到处。昧者以为圣人徒然有许多"聪明睿知,足以有临"至"文理密察,足以有别",而不知圣人胸中停蓄渊深,浑厚有本者如是,自然发得许多等事出来。子思可谓善形容圣人者也。

高要谭氏曰:夫所谓天下至圣者,其蓄养成就,极大而不可度,极深而不可测。极大,则溥博是也,谓其不可度,故以如天言之;极深,则渊泉是也,谓其不可测,故以如渊言之。如天如渊,形容之意止矣,其不可度、不可测之处,终不可得而言,其可得而言者,特时出之用耳。所谓"聪明睿知,足以有临;宽裕温柔,足以有容;发强刚毅,足以有执;齐庄中正,足以有敬;文理密察,足以有别"者,皆时出之用也。盖其盛德充实,辉光发越乎外,见于应事而不可掩,有此五者,可得而言。至其溥博之大,渊泉之深,不可以常知测度,唯有如天如渊,可以形容之耳。唯其德之至盛如此,故一行之见,民莫不敬,一言之出,民莫不信,血气之属,莫不尊亲,则不特民而已,禽兽虫鱼,皆知所依归矣。语盛德至此,非天固莫能尽其形容,故止言配天,不及其他,至矣哉!非吾夫子为天下之至圣,其孰能与此?

江陵项氏曰:临者,知及之也。容者、执者,仁能守之也。敬者,庄以莅之也。别,动之以礼也。皆自隐而费也,故自天而渊,自渊而见。

明足以照矣,恐其不能容;量足以容矣,恐其不能执;强足以执矣,恐其诚意之不孚;诚足以感人者,恐其不周于事物之变。

聪明,言其表;睿知,言其里。齐庄,言其表;中正,言其里。宽裕,言其容物;温柔,言其气味。亦是表里。"发强刚毅","文理密察",皆然。

此章言至圣,言其德之著,见于外者,其费如此。下章至诚,言其德之根,本于内者,其隐如此。

东莱吕氏曰:"文理密察",初非为秘密之密、观察之察也。谓如《易传》中"以形体谓之天,以主宰谓之帝,以功用谓之鬼,以妙用谓之神,以性情谓之乾"[26]等语,铢分粒剖,各有攸当,而未尝有割裂阢陧之病。析理精微如此,乃可谓之"文理密察"耳。

钱塘于氏曰:夫天下至圣,必能具"聪明睿知"之德,可以临天下,故凡"宽裕温柔""发强刚毅""齐庄中正""文理密察",有容、有执、有敬、有别,悉本于聪明睿知以发之,未有昏暗愚昧而有此四者,未有聪明睿知而不全此四者。

新定钱氏曰:此足以形容集大成之妙矣。"溥博如天",大无不包也;"渊泉如渊",澄然不动也。喜怒哀乐未发之先,安有许多名号?溥博而已,渊泉而已。及其时出之,则曰有临,曰有容,曰有执,曰有敬,曰有别,互见迭出,变化无方,参错纵横,自然中节,非是"聪明睿知"而下五者,临时逐项安排出来也。人皆有是心,心皆具是理,惟至于圣,方尽此妙,所谓"配天"。于是乎,在非待到莫不尊亲处,方谓之"配天"也。下面是其效自如此。

新定邵氏曰:圣人者,道之极也。唯天下至圣,则中庸之道融会于心,而众美万善,迭形于外。故言其"聪明睿知",则洞然无蔽,"足以有临"焉;言其"宽裕温柔",则恢乎不迫,"足以有容"焉;言其"发强刚毅",则卓乎不挠,"足以有执"焉;其"齐庄中正"也,肃然穆然,而"足以有敬";其"文理密察"也,灿然秩然,而"足以有别"。举天下之盛德,无踰此数者。圣人悉兼而有之,是非圣人容心于为此,复用力于为彼也。道体浑融,全体具在,随感而应,众善自形。故自其全体言之,则溥博也,渊泉也,何善不该?何美不具?自其形见者言之,当其有临,则为聪明睿知,当其有容,则为宽裕温柔,以至发强刚毅也,齐庄中正也,文理密察也,皆时出之也。上章所言,"辟如四时之错行,如日月之代明",正谓此也。夫惟圣人之德,其大无外,而溥博如天,其深莫测,而渊泉如渊,故时而出之,备道全美。"见而民莫不敬,言而民莫不信,行而民莫不说"者,此心同,此理同故也。人心感孚如此,则声名闻望,自迩及远,始也洋洋乎中国,久也施及于蛮貊,又其久也,尽舟车所至之境,极人力所通之处,穷天覆之所及,罄地载之所容,凡日月照临之下,霜露飘坠之所,血气心知之属,莫不尊之如神明,亲之如父母,谓之"配天",不亦宜乎?圣人非薪乎声名之显赫也,明效大验,自若是其不可掩也。上章云"此天地之所以为大",此章止云"配天",举其最大者言之也。

【注释】

①《中庸章句》,《朱子全书》6/54。

②《中庸或问》下,《朱子全书》6/601—602。

③《尚书·舜典》:"同律、度、量、衡。修五礼、五玉、三帛、二生、一死贽。"

④《周礼·秋官·大行人》:"属瞽史、谕书名、听声音"。

⑤《论语·八佾》。

⑥《论语·先进》。

⑦《程氏遗书》卷二十三,《二程集》,页309。

⑧《程氏遗书》卷十八,《二程集》,页226。

⑨《程氏遗书》卷二上,《二程集》,页38。

⑩《中庸章句》,《朱子全书》6/55。

⑪《中庸或问》下,《朱子全书》6/602—603。

⑫《程氏遗书》卷十八,《二程集》,页208。

⑬"敦"字原无,不通,今据《二程集》增入。

⑭《程氏遗书》卷十五,《二程集》,页145—146。

⑮《程氏遗书》卷十五,《二程集》,页151。

⑯《宋元学案》卷十八《横渠学案》下,《黄宗羲全集》第三册,浙江古籍出版社,2005年,页918。

⑰《正蒙·至当》,《张载集》,页32—33。"大者器,则小者不器矣"一句原无,于语意不完整,今据《张载集》增入。

⑱《正蒙·神化》,《张载集》,页18。

⑲《横渠易说·系辞上》,《张载集》,页207。

⑳《中庸章句》,《朱子全书》6/55—56。

㉑《中庸或问》下,《朱子全书》6/603。

㉒《程氏遗书》卷十五,《二程集》,页146。

㉓《中庸章句》,《朱子全书》6/56。

㉔《朱子语类》卷六四,《朱子全书》16/2145。

㉕《汉书》卷二十二《礼乐志》:"周监于二代,礼文尤具,事为之制,曲为之防,故称礼经三百,威仪三千。"

㉖《朱子语类》卷六五。《程氏遗书》卷二二上(《二程集》,页288):"以形体言之谓之天,以主宰言之谓之帝,以功用言之谓之鬼神,以妙用言之谓之神,以性情言之谓之乾。"

卷十四

【原文】

唯天下至诚,为能经纶天下之大经,立天下之大本,知天地之化育。夫焉有所倚?肫肫其仁!渊渊其渊!浩浩其天!苟不固聪明圣知达天德者,其孰能知之?

郑氏曰:安有所倚,言无所偏倚也。肫肫,读如"诲尔忳忳"之"忳"。忳忳,恳诚貌也。非"达天德者,其孰能知之",言唯圣人乃能知圣人也。

河南程氏曰："肫肫其仁"，盖言厚也。[①]

圣贤论天德，盖谓自家元是天然完全自足之物，若无所污坏，即当直而行之；若小有污坏，即敬以治之，使复如旧。所以能使如旧者，盖为自家本质元是完足之物。若合修治而修治之，是义也；若不消修治而不修治，亦是义也。故常简易明白而易行。[②]

《订顽》立心，便达得天德。[③]

"毋不敬，俨若思，安定辞，安民哉"，君德也。君德即天德也。[④]

人心莫不有知，惟蔽于人欲，则亡天德一作理也。[⑤]

蓝田吕氏曰："唯天下至圣"一章，论天德唯圣人可以配之；"唯天下至诚"一章，论道唯圣人为能知之。大经，天理也，所谓庸也；大本，天心也，所谓中也。育，天用也，谓化也。反而求之，理之所固有而不可易者，是为庸，亲亲、长长、贵贵、尊贤是已，谓其所固有之义，广充于天下，则经纶至矣。理之所自出而不可易者，是为中，赤子之心是已，尊其所自出而不丧，则其立至矣。理之所不得已者，是为化，气机开阖是已，穷理尽性，同其所不得已之机，则知之至矣。知者，与"闻一以知十""穷神知化""乐天知命"之"知"同，所谓与天地参者也。至诚而至乎此，则天道备矣，天德全矣。夫天之所以无不覆者，不越不倚于物而已，有倚于物，则其覆物也有数矣，由不倚，然后浑然至于纯全，故曰"肫肫其仁"。肫肫，纯全之义也。至于纯全，则深幽而难测，故曰"渊渊其渊"。纯全而深幽，其体大矣。不至于天则不已，故曰"浩浩其天"。浩浩如江海之浸，上下与天地同流者，非至诚而达天德，孰能知之？

君子反经而已矣，经正则庶民兴。所谓经者，百世不易之常道。大经者，亲亲、长长、贵贵、尊贤而已。正经之道，必如舜尽事亲之道，而瞽瞍底豫，然后亲亲之经正；必如王者父事三老，兄事五更，然后长长之经正；必如国君臣诸父兄弟，大夫降其兄弟之服，然后贵贵之经正；必如尧飨舜迭为宾主，汤于伊尹学焉而后臣之，然后尊贤之经正。

建安游氏曰：自"唯天下至圣"以下：聪明睿知，圣德也；宽裕温柔，仁德也；发强刚毅，义德也；齐庄中正，礼德也；文理密察，知德也。溥博者，其大无方；渊泉者，其深不测。或容以为仁，或执以为义，或敬以为礼，或别以为知，唯其时而已，此所谓"时出之"也。夫然，则外有以正天下之观，内有以通天下之志，是以见而民敬，言而民信，行而民说，自西自东，自南自北，莫不心说而诚服，此至圣之德也。天下之大经，五品之民彝也，凡为天下之常道，皆可名为经，而民彝为大经。经纶者，因性循理而治之,无汨其序之谓也。立天下之大本者,建中于民也。渊渊其渊,非特如渊而已,浩浩其天,非特如天而已,此至诚之道也。德者,其用也,有目者所共见,有心者所共知,凡有血气者莫不尊亲。道者,其本也,非道同志一,莫窥其奥,故曰"苟不固聪明圣知达天德者,其孰能知之"。盖至诚之道,非至圣不能知,至圣之德,非至诚不能为,故其言之序相因如此。

延平杨氏曰:大经,天理也,惇典敷教,所以经纶之也。大本,中也,建其有极,所以立之也。化育,和也,穷神而后知之也。三者皆天也,故唯天下之至诚能之,非私知所能与也,故曰"夫焉有所倚"。有倚,则人欲之私而已,非诚也。肫肫,纯全也。渊渊,静深也。浩浩,广大也。惟肫肫,故能合天下之公。惟渊渊,故能通天下之志。惟浩浩,故能与天地同流。其渊,非特如渊而已,其天,非特如天而已,此道之至也,非夫达天德者,其孰能知之?上言至圣,此言至诚,何也?以人言之,则与天地相似而已,故如天如渊;以至圣言之,诚者天之道,诚即天也,故其天其渊,以至诚言之,此其异也。

河东侯氏曰:"天下之至诚,为能经纶天下之大经,立天下之大本",经,常也,可久而不乱。可久而能通,非诚以经纶之,不可也。经,如经纬之经。纶,如丝纶之纶,《易》曰"弥纶天下之道"是也。大本,中也,物物皆有中;"天下之大本",言中之大而尽,天下之中者也。立,非建立之立,如"天地设位","《易》立乎其中",与"立不易方"之立同;"立天下之大本",则又见诚之大也。"知天地之化育",知,与"乾知大始"之知同。天地之化育,天地为之尔,知其化育者,诚也。天下之大经,庸之大者也,诚则经纶之。天下之大本,中之大者也,诚则立乎其中。天地之化育,天地之极功也,诚则知其事。故曰:"夫焉有所倚?肫肫其仁,渊渊其渊,浩浩其天。"焉有所倚,中也;肫肫其仁,仁也;渊渊其渊,无穷也;浩浩其天,广大也。如是之诚,若不固聪明圣知达天德之人,孰能知之?知之,言能尽其理也。由是观之,中庸之道至于诚,斯至矣、大矣、无以加矣。《中庸》言诚处不一,或因鬼神,或因政事,或自修身以言之,或自内及外以言之,或言天地之道,或言人之道,或自诚而明,或自明而诚,或言祯祥,或言妖孽,或曰自诚,或曰自道,或曰诚己,或曰诚物,或曰不贰,或曰不已,或曰如神,或曰无息,虽然不同,皆合内外之道也。然而理不可低看,如"微之显,诚之不可掩",主鬼神而言之也。鬼神,造化之迹也,造化之显微,可穷而不可诘,如四时之代谢,万物之死生,皆其迹也。《易》曰"原始要终",又曰"精气为物,游魂为变,是故知鬼神之情状"是也。如"政也者,蒲卢也",体诚而为政者也,不诚未有能化者也。为政之诚,修身为本,修身之本,自明善始,故曰"不明乎善,不诚其身矣"。"诚者,天之道;诚之者,人之道。"自诚而明,生知者也,天之为天,亦曰诚而已,故曰天之道;自明而诚,反之者也,人之为人,修道而已,故曰人之道。"诚则明矣,明则诚矣。"诚固明矣,明而未至诚,非明也。"尽其性,则尽人之性"至于"赞天地之化育,与天地参"者,言人能体夫诚而至于天德,则与天地参赞,犹非天地也,德与天地并故也。致曲亦能有诚,习而至于诚,化不知为而为之矣。祯祥妖孽,应各不同。《易》曰:"积善之家,必有余庆;积不善之家,必有余殃。"至诚一道,流通上下,与物无间,故"必先知之"。

至诚如神,非得已也。天地至诚,故能成功。圣人至诚,故能践形。成功践形,自成也自道也。自诚自道,成己成物,非二也,一也。此皆体夫诚者也。不息、不贰、不已,言其诚之专也,此诚之功用也。若止言诚,则无息而已,无息非言诚也,形容诚之体,叚情性耳。故又曰"经纶天下之大经,立天下之大本,知天地之化育,夫焉有所倚?肫肫其仁,渊渊其渊,浩浩其天",如斯而已。学者至此,全无著力处,非自得之,不能知也。此言形而上者也。

新安朱氏曰:此第三十二章,承上章而言大德之敦化亦天道也。经、纶,皆治丝之事。经者,理其绪而分之;纶者,比其类而合之也。经,常也。大经者,五品之人伦;大本者,所性之全体也。唯圣人之德极诚无妄,故于人伦各尽其当然之实,而皆可以为天下后世法,所谓经纶之也。其于所性之全体,无一毫人欲之伪以杂之,而天下之道,千变万化,皆由此出,所谓立之也。其于天地之化育,则亦其极诚无妄者有默契焉,非但闻见之知而已。此皆至诚无妄,自然之功用,夫岂有所倚著于物而后能哉?肫肫,恳至貌,以经纶而言也。渊渊,静深貌,以立本而言也。浩浩,广大貌,以知化而言也。其渊、其天,则非特如之而已。固,犹实也。前章言至圣之德,此章言至诚之道。然至诚之道,非至圣不能知,至圣之德,非至诚不能为,则亦非二物矣。此篇言圣人天道之极致,至此而无以加矣。⑥

或问至圣至诚之说。曰:杨氏以聪明睿知为君德者,得之而未尽,其宽裕以下则失之。盖聪明睿知者,生知安行而首出庶物之姿也。容执敬别,则仁义礼知之事也。经纶以下,诸家之说,亦或得其文义,但不知经纶之为致和,立本之为致中,知化之为穷理以至于命,且上于至诚者无所系,下于焉有所倚者无所属,则为不得其纲领耳。游氏以上章为言至圣之德,下章为言至诚之道者,得之。其说自德者其用以下,皆善。⑦

堂堂然流出来,焉有所倚。⑧

涑水司马氏曰:此以后复论孔子有至诚之德,人莫能知,亦莫能掩。经,犹纲也。删《诗》《书》，定《礼》《乐》，作《春秋》，赞《易》道，是"能经纶天下之大纲，立天下之大本，知天地之化育"也。

马氏曰：大本者，性之始，所谓中德也。大经者，性之成，所谓庸德也。唯至诚无息，则于大本有以立之，于大经则有以经纶之，极中庸之效，有以知天地之化育，然后能赞之也。"夫焉有所倚"者，言其不蔽于一曲也。"肫肫其仁"，尽人道也。"渊渊其渊"，尽地道也。"浩浩其天"，尽天道也。

山阴陆氏曰："知天地之化育"，赞外也，知内也。上言"唯天下至诚，为能尽其性"，言所以成内，此言"唯天下至诚，为能经纶天下之大经，立天下之大本"，言所以成外。成内而致外之，人也；成外而致内之，天也。然则浩浩其天，岂直参之而已。

长乐陈氏曰：经，常也。大经，大常，所谓庸也。大本，所谓中也。天地化育，所谓和也。方言至诚，先庸后中和，盖惟至诚为能体常，能体常则中立而和达也。夫是三者，皆诚以为之，而不倚乎一偏，则无所不备也。故肫肫，然其仁之纯全也；渊渊，然其渊之幽深也；浩浩，然其天之广大也。而三才之道，非果聪明圣知达天德者，其孰能知？此于至圣言，如天如渊；于至诚言，其天其渊。"如"则有二，"其"则一而已。

莆阳郑氏曰：心无偏倚名曰中，此性之中也；发而中节名曰和，此事之中也。凡事失中，未有不乖者，唯中则和。心有偏倚，则先有主矣，岂能虚应？不虚应则不中节，何故？水随器而有形，心随事而有中，有主则必固矣，岂能随事而得中哉？中和虽异名，寂感虽殊势，其为中则一也。是道也，乃感应之根，故曰大本；乃万事之常，故曰大经。唯圣人则能经纶以建是中。天贵中气，人贵中德，五行以土为主，五声以宫为君，五味以甘为和，九畴以皇极为宗，天下万物，以中为归会，此千万世所常行者，故曰大经。反此，则为偏颇怪僻之行。

晏氏曰：天下大经者，理之常；天下大本者，性之中；天地化育者，命之正。能穷理，则能经纶天下之大经；能尽性，则能立天下之大本；能至于命，则能知天地之化育。唯天下至诚，则能穷理尽性而至于命，其于三者之道，全之尽之矣，又岂倚于一偏乎？故曰"夫焉有所倚"。肫肫者，纯之至，复性之初，纯而不杂，故曰"肫肫其仁"。渊渊者，深之至，左右逢原，若泉始达，故曰"渊渊其渊"。浩浩者，大之至，浩然之气，塞乎天地，故曰"浩浩其天"。前言"赞天地之化育"，此言"知天地之化育"，盖赞者辅相以道，知者默契于心，唯心为能会道，既能知之，必能赞之，相为表里而已。前言"溥博如天，渊泉如渊"，今言"渊渊其渊，浩浩其天"，盖如天如渊者，与《易》言"与天地相似"同意,其天其渊者,与《易》言"与天地准"同意。

高要谭氏曰:所谓天下至诚者,积夫形、著、明、动、变化之效,而极乎博厚、高明、悠久之道者也,是以"能经纶天下之大经"。其伦则三纲,其用则九法,天下万世之所行,此所谓大经也。经纶,犹条理。大经以为民纪,使有条而不紊也,是以"能立天下之大本"。至中而不倚,至正而不偏,天下万理之所自出,此所谓大本也。立者,建极之谓。建立大本,以为民极,使不至于堕废也,是以"能知天地之化育"。四时所以运行,万物所以化生,天地功用者,有不能自已,此所谓化育也。知者明其所以然也,明化育之所以然,盖裁成辅相之道,得参乎其间故也。此三者皆圣人所以立人之道,而成位乎天地之间者。其在我则广大而无私,其于物则曲成而不遗,尚安有所偏倚哉?夫唯无所偏倚,则仁之体于是乎可见,故曰"肫肫其仁"。肫肫者,纯全敦厚之称也。仁体最难形容,止言其大,则不见其本心之微,止言其微,则不见其全体之大,故孟子尝解之曰:"仁者,人也。"此以肫肫言仁,盖明其有纯全敦厚之体,而本心之微,全体之大,皆可具见,孟子之言,盖本于此也。圣人所以与天地并者,仁也。仁之体,既肫肫然,纯全而敦厚,则夫所谓渊渊浩浩如者,皆仁之蓄养成就至于如此也。仁之所蓄者极深,故曰"渊渊其渊",言不可测也;仁之所养者极大,故曰"浩浩其天",言不可度也。渊渊浩浩,形容之意,亦止是耳,而其不可测、不可度之处,亦终不得而言也。夫所谓渊渊浩浩者,大而化之之事,进乎不可知之神者也。唯圣人躬行允蹈,亲入其阃域,然后能知其所至。苟不实聪明圣知而达于天德者,则于渊渊浩浩之事,未免乎揣度也,安能深知其所以然哉?

永康陈氏曰:子思论夫子至圣之用,运而无私,要必有藏乎其中者,故又言天下之至诚,而论其实然不易之理。天下之大经自有常序,便是经纶天下大经各正其序,则大本浑然藏乎其中,便是立大本。浑然藏乎其中,则化育分明,在我便是知大经自正,化育自行。大本运动,阖辟浑然,而不与之俱往,故曰"夫焉有所倚"。肫肫、渊渊、浩浩,不已之实也;其仁、其渊、其天,从而名之也。肫肫,厚也,而有纯一之意;渊渊,深也,而有清明之意;浩浩,广大也,而有运用不已之意。此天德也,非固其聪明圣知,安得到此地位?聪明圣知,如上所谓也,固退藏于密也,惟其运用不已,故密不用,则昭然矣。达,如"中心达于面目"之达。达乎此,则知乎此矣。

莆阳林氏曰:"夫焉有所倚"者,言圣人之道,中立而无所偏倚,如所谓"中天下而立,定四海之民","居天下之广居,立天下之正位,行天下之大道"是也。肫肫者,浑厚无间断之貌。仁,即是生生不穷之意。尧舜极到处,只是一个仁字。尽得如天如渊,犹未足发挥圣人,尚有比拟于其间。其渊其天,直是得圣人极到处,苟不断然是聪明圣知达天德者,孰能知至诚之说也?

晋陵钱氏曰:唯天下至诚,为能有德,至于圣,唯诚为能大。经,若九经。大本,若修身以道也。又知天地之化育,自吾身为之,此君子之诚所为异于人,唯其所存者大,不倚一偏耳。是谓至诚为能即之则恂恂焉其仁,测之则渊渊然其渊,穷之则浩浩然其天,固犹自然也。达,犹至也。唯圣人与天同德,乃能知之非常情所识也。自圣而归之诚,自诚而归之天德,此一节谓夫子之圣同于天德。

金华邵氏曰:天下至圣,其极至于配天,若夫天下至诚,又不止是。天下之大经,待之而经。纶,则显摄运用之也。天下之大本,待之而立。大本,人之性也。立,则不使其失其固有也。天地之化育,待之而知。化育,造化万物者也。知,则明其消息之理也。"肫肫其仁,渊渊其渊,浩浩其天",兼三者而备之,则所以经纶、所以立、所以知,皆其运量间尔。其者,指诚而言。仁与天、渊,皆其所自有之物,非如天如渊比也。君子欲知此理,惟固聪明圣知而德与天为一者能之,固如《易》"成性存存"之义。

新定邵氏曰:上章言天下至圣,此章言天下至诚,明至诚所以为至圣也。诚者,天之道,谓之至诚,则纯乎天理,无纤毫人为之伪者也。故天下之大经,唯至诚为能经纶之;天下之大本,唯至诚为能立之;天地之化育,唯至诚为能知之。何谓"经纶天下之大经"?疆理天下,纲纪四方,使尊卑小大,各循其分,内外远近,咸得其宜,所谓"立纲陈纪""为万世法程"是也。何谓"立天下之大本"?开明天理,扶植民彝,使人知有礼则生,无信不立,于以正万化之原,建无穷之基,所谓"立我烝民,莫匪尔极"是也。何谓"知天地之化育"?仰观俯察,而幽明之故可通,原始反终,而死生之说可明,凡大道化生之机,元气发育之妙,无不洞见于方寸,所谓"通乎昼夜之道而知"是也。言大经大本,而遂及于天地之化育,明此道与天地贯通无间,经纶大经,植立大本,非知化育者不能。苟化育之妙,未能深知,则其所经纶,其所植立,欲无遗憾,不可得也。观隆古帝王,功用宏博,与天地参,后世虽号为贤君,设施浅陋,终不足以望古,则唯天下至诚,然后能之,信不诬矣。夫至诚之用,其大如此。尝试论是诚之本体,夫岂有所倚著,然后能尔哉?思而得者,倚于思也,至诚则不思而自得;行而至者,倚于行也,至诚则不行而自至。浑然寂然,感而遂通,验之毂觫过堂下之时,察之匍匐将入井之际,一念恻然,天机呈露,唯见"肫肫其仁"耳。肫肫,恳至之貌也。视之弗见,听之弗闻,莫测其际,莫究其极,唯见"渊渊其渊"耳。渊渊,静深之貌也。洞乎其虚,旷乎其达,其大无伦,其广无外,唯见"浩浩其天"耳。浩浩,广大之貌也。向言"溥博如天,渊泉如渊","如"之一字,犹待比拟;今言

"渊渊其渊,浩浩其天",则至诚之道,即天即渊,一体无二。是诚也,非谫闻寡见所能知,抑非徇口耳、凭臆度所能知,必也聪明圣知达天德之秘,乃能灼知其所以然耳,故曰"苟不固聪明圣知达天德者,其孰能知之"。固,犹实也。天德,即至诚也。天地之化育,即天德之所为也。上文兼言天地,又并言天渊,此独言天德,举其大者言之也。能达天德,则能知至诚矣;能知至诚,则能知天地之化育矣;能知天地之化育,则能经纶天下之大经,立天下之大本矣。

《诗》曰:"衣锦尚絅",恶其文之著也。故君子之道,暗然而日章;小人之道,的然而日亡。君子之道,淡而不厌,简而文,温而理,知远之近,知风之自,知微之显,可与入德矣。《诗》云:"潜虽伏矣,亦孔之昭!"故君子内省不疚,无恶于志。君子所不可及者,其唯人之所不见乎!《诗》云:"相在尔室,尚不愧于屋漏。"故君子不动而敬,不言而信。《诗》曰:"奏假无言,时靡有争。"是故君子不赏而民劝,不怒而民威于鈇钺。《诗》曰:"不显惟德,百辟其刑之。"是故君子笃恭而天下平。《诗》曰:"予怀明德,不大声以色。"子曰:"声色之于以化民,末也。"《诗》曰:"德輶如毛",毛犹有伦;"上天之载,无声无臭",至矣!

郑氏曰:禅为絅,锦衣之美而君子以絅表之,为其文章露见似小人也,淡其味似薄也。"简而文,温而理",犹简而辨,直而温也。"知风之自",自,谓所从来也。"三知"者,皆知其睹末察本,探端知绪也。"入德",入圣人之德。"亦孔之昭",孔,甚也;昭,明也。"省不疚",疚,病也,君子自省,身无愆病,虽不遇世,亦无损于已志。"相在尔室,尚不愧于屋漏",相,视也。室西北隅谓之"屋漏",视女在室独居者,犹不愧于屋漏,屋漏非有人也,况有人乎?"奏假无言,时靡有争",假,大也。此《颂》也,言奏大乐于宗庙之中,人皆肃敬。金声玉色,无有言者,以时大平,合和无所争也。"不显惟德,百辟其刑之",不显,言显也;辟,君也。言不显乎文王之德,诸侯尽法之。"予怀明德,不大声以色",予,我也;怀,归也。言我归其明德者,以其不大声为严厉之色以威我也。輶,轻也。伦,犹比也。言毛虽轻,尚有所比。

孔氏曰:"衣锦尚絅",《卫风·硕人》之篇,言庄姜初嫁在涂,衣著锦衣,为其文之大著,尚以禅縠为衣,以覆锦衣也。案《诗》本文"衣锦褧衣",此断截《诗》文也。"潜虽伏矣,亦孔之昭",《诗·小雅·正月》刺幽王之诗,喻贤人君子身虽隐而其德昭著。"相在尔室,尚不愧于屋漏",此《大雅·抑》篇刺厉王之诗,诗人意称王朝小人不敬鬼神,视女在庙室,尚不愧于屋漏之神。"奏假无言,时靡有争",《商颂·烈祖》美成汤之诗,本文云"奏^⑨假无言",无有喧哗之言也。"予怀明德,不大声以色",《大雅·皇矣》美文王之诗。"德輶如毛",《大雅·烝民》美宣王之诗,言用德化民,举行甚易,其轻如毛也。"上天之载,无声无臭",《大雅·文王》之诗,载,生也,言天之生物,寂然无象而物自生也。

河南程氏曰:学始于不欺暗室。[10]

不愧屋漏,便是个持养气象。[11]伊川

不愧屋漏,则心安而体舒。[12]

所谓敬者,主一之谓敬。所谓一者,无适之谓一。且欲涵泳主一之义,一则无二三矣。言敬无如《易》:"敬以直内,义以方外。"须是直内,乃是主一之义。至于不敢欺、不敢慢、尚不愧于屋漏,皆是敬之事也。[13]伊川

君子所不可及者,其惟人之所不见乎!《诗》曰:"相在尔室,尚不愧于屋漏。"君子慎独。[14]伯淳

圣人修己以敬,以安百姓,笃恭而天下平。唯上下一于恭敬,则天地自位,万物自育,气无不和,四灵何有不至? 此体信达顺之道,聪明睿知皆由是出。以此事天飨帝,故《中庸》言鬼神之德盛,而终之以微之显,诚之不可掩如此。[15]

一道本也。或谓以心包诚,不若以诚包心;以至诚参天地,不若以至诚体人物,是二本也。知不二本,便是笃恭而天下平之道。[16]明道

君子之遇事,无巨细,一于敬而已。简细故以自崇,非敬也;饰私知以为奇,非敬也。要之,无敢慢而已。《语》曰:"居处恭,执事敬,虽之夷狄,不可弃也。"然则执事敬者,固为仁之端也。推是心而成之,则笃恭而天下平矣。[17]伊川

"毛犹有伦",入毫厘丝忽终不尽。[18]明道

圣人之言依本分,至大至妙事,语之若寻常,此所以味长。释氏之说见得些,便惊天动地,言语走作,却是味短。只为乍见,如《中庸》言道,只消道"无声无臭"四字,总括了多少释氏言,非黄非白,非咸非苦,多少言语。[19]伊川

《中庸》之说,其本至于"无声无臭",其用至于"礼仪三百,威仪三千"。自"礼仪三百,威仪三千",复归于"无声无臭",此言圣人心要处。与佛家之言相反,尽教说无形迹、无色,其实不过无声无臭,必竟有甚见处? 大抵语论间不难见,如人论金曰黄色,此人必是不识金,若是识金者,更不言,设或言时,别自有道理。张子厚尝谓,佛如乍富贫子,横渠论此一事甚当。[20]伊川

横渠张氏曰:暗然,修于隐也;的然,著于外也。[21]

蓝田吕氏曰:自此至篇终,言得成反本,自内省至于不动而敬、不言而信,自不动不言至于不大声以色,自不大声色至于无声无臭。声臭微矣,有物而不可见,犹曰无之,则成一于天可知。暗然而日章,中有本也;的然而日亡,暴于外而无实以继

之也。故君子贵乎反本。君子之道，深厚悠远而有本，故淡而不厌，简而文，温而理，本我心之所固有也。习矣而不察，日用而不知，非失之也，不自知其在我尔。故君子之学，将以求其本心之微，非声色臭味之得比，不可得而致力焉。唯循本以趋之，是乃入德之要。推末流之大小，则至于本原之浅深，其知远之近欤！以见闻之广、动作之利，推所从来，莫非心之所出，其知风之自欤！心之精微，至隐至妙，无声无臭，然其理明达暴著，若悬日月，其知微之显欤！凡德之本，不越是矣。知此，则入德其微矣。

　　自此至篇终，凡七引《诗》，皆言德成反本，以尽中庸之道，所谓固聪明圣知达天德者，必由是入也。推衣锦尚絅之心，则所以为己者，遁世不见知而不悔矣。暗然日章，为己而中有本者也；的然日亡，为人而无实以继之者也。故君子之道，深厚悠远而有本，所以淡而不厌，简而文，温而理，此入德之渐也。君子之学，视所至而得其所起，循其末而见其所本，即其著而明其至微，故知远之近，知风之自，知微之显，此入德之门也。舜为法于天下，我未免为乡人，欲求为舜，则不越孝弟而已，又求其所以行之，则徐行后长者固足谓之弟矣，其"知远之近"欤！墨子兼爱，杨子为我，其始未有害也，其风之末，则至于无君无父，而近于禽兽，伯夷之不屑就以为清，柳下惠之不屑去以为和，其风之末，不免乎隘与不恭，君子不由，则其端不可不慎也，故曰差之毫厘，缪以千里，其"知风之自"欤！鬼神之为德，视之不见，听之不闻，然有所谓莫见乎隐，莫显乎微，洋洋如其上，如在其左右者，其"知微之显"欤！三者，皆出乎心术而已。本心，我之所固有者也。小人习矣而不察，日用而不知其在我者尔。君子之学，求其本心者也。本心之微，非声色臭味之比，不可得而致力焉，唯循本以趋之，是乃入德之要也。推"潜虽伏矣，亦孔之昭"之说，盖所以养其衣锦尚絅之意而已。衣锦尚絅，为己者也。为己者，吾心诚然乎此而已，岂系人之见与不见乎？唯内省不疚，无恶于吾志，斯可矣。"相在尔室，不愧于屋漏"者，非特无恶于吾志，又将达乎神明而无慊者也。达乎神明而无慊，则其德有孚矣，此所以不动而民敬，不言而民信也。"奏假无言，时靡有争"者，则德之有孚，非特使民敬信于我，而我之德可使民劝而民威。盖德之孚者，养人于义理之中，知善为可慕而迁之，知不善为可耻而远之，岂待赏之怒之而后然哉？"不显惟德，百辟其刑之"者，盖要其所以不动而敬、不言而信、不赏而劝、不怒而威，岂有他哉？在德而已。君子之善与人同，合内外之道，则为德非特成己，将以成物，故君子言货色之欲、亲长之私，必达于天下而后已，岂非笃恭而天下平者哉？"予怀明德，不大声以色"者，又明德之化民，不在乎声音笑貌之间，莫非至诚孚达而已。"德輶如毛"者，言人之所以不为德者,以德为重而难举也。如童而知爱其亲,长而知敬其兄,此不肖之夫妇之所能行,其轻而易举也。如此而已,何惮不为哉?虽然谓之德者,犹诚之者也,未至乎诚也,若至乎诚,则与天为一。所谓德者,乃理之所必然,如春生夏长,日往月来之比,无意无我,非勉非思,浑然不可得而名者也。声臭之于形微矣,有物而不可见,犹曰无之,则上天之事可知矣。《中庸》之书,其始也言"天命之谓性",其卒也言"上天之载,无声无臭,至矣",盖言此道出于天。不及于天,则为未至,如乾之德曰"大哉",坤之德曰"至哉",至者,至乾之大而后已也。其篇之中,言君子"动而世为天下道,行而世为天下法,言而世为天下则",及言天下至圣则曰"见而民莫不敬,言而民莫不信,行而民莫不说",及其终则曰"君子不动而敬,不言而信",又曰"不赏而民劝,不怒而民威于鈇钺",动也、言也、行也,世以为法则,犹在法度之间也;莫不敬、莫不信、莫不说,则忘乎法度,而犹有言动之迹存焉;至乎不动而敬、不言而信、不赏而劝、不怒而威,则德孚于人,而忘乎言动矣,然犹有德之声色存焉;至于不大声色,然后可以入乎无声无臭,而诚一于天,此中庸之终也。

建安游氏曰:自此以下,皆言中庸之道,以至诚为至也。君子用心于内,故"暗然而日章",作德而休也;小人用心于外,故"的然而日亡",作伪而拙也。无藏于中,无交于物,泊然纯素,独与神明居,此淡也,然因性而已,故不厌。不失足于人,不失色于人,不失口于人,此简也,然循理而已,故文。其心顺其气,平其容,婉其色,愉熏然慈仁,此温也,然行而宜之,故理。"淡而不厌",天德也。"简而文",地德也。"温而理",人德也。若是为成德,若"知远之近,知风之自,知微之显"者,入德之途也。欲治其国,先齐其家,知远之近也,"人人亲其亲、长其长,而天下平",可不谓近矣乎?欲齐其家,先修其身,知风之自也,《易》于《家人》曰"风自火出","君子以言有物,而行有恒",可不谓所自乎?欲修其身,先正其心,知微之显也,夫道"视之不见,听之不闻",而常不离心术日用之间,可不谓显矣乎?知所以入德,则成德其庶几乎?正心之道,诚意而已,故继言"君子内省,不疚无恶于志。君子所不可及者其唯人所不见乎"。言慎独,不息则久,久则天,故"君子不动而敬,不言而信"。天则神,故"君子不赏而民劝,不怒而民威于鈇钺",言不怒之威,严于鈇钺也。德至于神,则甚显而明,亲誉息矣,故"君子笃恭而天下平"。夫何为哉?恭己正南面而已,岂徒见于声音颜色之间哉?盖明德化民之本也,声音颜色之于化民末也,故君子务本而已。所谓德者,非甚高而难知也,甚远而难至也,举之则是,故曰"德輶如毛"。既已有所举矣,则必思而得,勉而中,是人道而有对也,故曰"毛犹有伦"。若夫诚之至,则无思无为,从容中道,是天道也,故曰"'上天之载,无声无臭’，至矣”。无声无臭，离人而立于独矣，是天命之性也，故曰中庸于是终焉。

延平杨氏曰：君子之道，充诸内而已，故“暗然而日章”；小人骛于外，不孚其实，故“的然而日亡”。此衣锦所以尚絅，而恶其文之著也。淡，疑于可厌。简，疑于不文。温，疑于不理。淡、简、温，所谓暗然也。“淡而不厌，简而文，温而理”，则暗然而章矣，此充养尚絅之至也。“知远之近”，天下本诸身也。“知风之自”，由必择中也。“知微之显”，必慎其独也。世之流风，皆有所自，清之隘，和之不恭，知其自此，则君子不由也。夫如是，乃“可与入德矣”。《诗》云：“潜虽伏矣，亦孔之昭。”则微而显可知矣。夫道不可须臾离也，惟慎独为能终之，故曰“君子所不可及者，其唯人所不见乎”。《诗》云：“相在尔室，尚不愧于屋漏。”盖言慎独也。动而天下道之，言而天下则之，形于言动，而天下从之也。大而化之，则言动不形而人敬信，望之恍惚前后，虽欲从之，末由也已，而其卒也，至于“不赏而民劝，不怒而民威于鈇钺”，“笃恭而天下平”，国非政刑所及也。《记》曰：“天则不言而信，神则不怒而威。”合乎神天，亦唯诚而已。君子之慎其独，不欺于屋漏，则其诚至矣。诚于此，动于彼，盖天之道也，是岂声音笑貌之所能为哉？所怀者，明德而已。德者，得于心之所同然者也。虽夫妇之愚与有焉，其輶如毛，举之易胜也，而人莫能举之者，无诚心而已。德輶如毛，未至于无偏，犹有德也，有而不化，非其至也，故“上天之载，无声无臭”，然后为至。自“天命之谓性”至“万物育焉”，《中庸》一篇之体要也。大经，庸也。大本，中也。天地之化育，和也。三者皆天也，岂人之私知所能与哉？“经纶天下之大经，立天下之大本，知天地之化育”，循而达之于天下，修道之教也。夫道不可须臾离也，以其无适而非道也，故于不闻不睹，必恐惧戒慎焉，所以慎其独也。“相在尔室，尚不愧于屋漏”，其充此之谓乎！夫如是，诚之至也，故合乎神天，而卒曰“‘上天之载，无声无臭’，至矣”。盖道本乎天，而其卒也反乎天，兹其所以为至也。

孟子言大人“正已而物正”，荆公却云“正已而不期于正物，则无义；正已而必期于正物，则无命”。若如所论，孟子自当言“正已以正物”，不应言“正已而物正”矣。物正，物自正也。大人只知正己而已，若物之正，何可必乎？唯能正已，物自然正，此乃“笃恭而天下平”之意。荆公之学，本不知此。

河东侯氏曰：古之学者为己，率吾性以达天理，自可欲之善至于不可知之神，非由外铄我也，如身日长而不自觉焉，“原泉混混，不舍昼夜”，“有本者如是”也，故“暗然而日章”。小人之学为人，塞浅虚浮，色取仁而行违，居之不疑，如火销膏而不自知焉，如“七八月[②]之间雨集，沟浍皆盈；其涸也，可立而待”，故“的然而日亡”。

"衣锦尚絅",絅,衣之表也,必表而出之是也;衣锦而尚絅,所以"恶其文之著"也,文,非本故也,君子之道也。"淡而不厌",淡,无味可悦,其理易直,故不厌。简,非繁华,质而有理,故曰文。温,非险诐之邪,纯而和粹,故曰理。"知远之近",知本诸身也;"知风之自",知过不及也;"知微之显",知修省也。如此,则入德之自也,"内不足者,急于人知;沛然有余,厥闻四驰"㉓。舜自侧微而登庸,"潜虽伏矣,亦孔之昭"也,亦"微之显,诚之不可掩"之道也。"内省不疚",不欺天也,行有不慊于心则馁,恶于志也。"君子之所不可及者,其唯人之所不见乎",人之所不见者,屋漏也,君子"仰不愧于天,俯不怍于人",不愧屋漏也。不愧屋漏与慎独不同,慎独,学者之事;不愧屋漏,近于诚而未至也。"不动而敬,不言而信",则诚矣。《诗》曰:'奏假无言,时靡有争。'君子不赏而民劝,不怒而民威于鈇钺",正已而物正,成已所以成物也。"《诗》曰:'不显惟德,百辟其刑之。'是故君子笃恭而天下平夫"。何为哉?恭已,正南面而已矣。"《诗》云:'予怀明德,不大声以色。'子曰:'声色之于以化民,末也。'"王者之民,皞皞如也,恶知乎所谓声色者,然哉!故"《诗》曰:'德輶如毛。'毛犹有伦;'上天之载,无声无臭。'至矣!"輶,至轻也。毛,至微也,犹有轻重。毛发之伦,可拟可象者存焉,是犹化民而不大声色者也。若夫上天之载,则无声无臭,莫可得而拟议。非无物也,所谓"焉有所倚?肫肫其仁,渊渊其渊,浩浩其天",大而不可载,小而不可破,无物不该焉故也。《中庸》之书,自"天命之谓性"至"孰能知之",其理无精粗之殊,"天命之谓性,率性之谓道,修道之谓教",言其始也本也,至于"苟不固聪明圣知达天德者,孰能知之",言其成也终也,所谓"物之终始"也。天之道,人之事,"合内外之道,故时措之,宜也",君子之能事毕矣。古所传者,《中庸》之书,终也自"衣锦尚絅","无声无臭,至矣",子思再叙入德成德之序也。自"率性之谓道,修道之谓教",有诸已而后方能入德,充实辉光而后至于不可知之神。神则诚,而无肫肫、渊渊、浩浩其仁、其渊、其天也,故曰"无声无臭,至矣"。无声也、无臭也,犹无方也、无体也云尔。子思之书,《中庸》也,始于寂然不动,中则感而遂通天下之故,及其至也退藏于密,以神明其德,复于天命,反其本而已。其意义无穷,非玩味力索,莫能得之。知之者,其唯文王乎!"不识不知,顺帝之则",如斯而已。知之者,其唯文王乎!

新安朱氏曰:此第三十三章,前章言圣人之德极其盛矣,此复自下学立心之始言之,而下文又推之以至其极也。《诗·国风·卫·硕人》《郑》之《丰》皆作"衣锦褧衣",褧、絅同;禅,衣也。尚,加也。古之学者为己,故其立心如此。尚絅,故暗然;衣锦,故有日章之实。淡、简、温,絅之袭于外也,不厌而文且理焉,锦之美在中也。小人反是，则暴于外而无实以继之，是以的然而日亡也。远之近，见于彼者由于此也；风之自，著乎外者本乎内也；微之显，有诸内者形诸外也。有为己之心，而又知此三者，则知所谨而可入德矣。故下文言慎独之事，引《诗》"潜虽伏矣，亦孔之昭"，承上文"莫见乎隐，莫显乎微"也。无恶于志，犹言无愧于心，此君子慎独之事也。引《诗》"相在尔室，尚不愧于屋漏"，承上文又言君子之戒慎恐惧，无时不然，不待言动而后敬信，则其为己之功益加密矣。故下文引"奏假无言，时靡有争"，并言其效。奏，进也。承上文而遂及其效，言进而感格于神明之际，极其诚敬，无有言说而人自化之也。威，畏也。鈇，莝斫刀也。钺，斧也。"不显惟德"，不显，说见二十六章，此借引以为幽深玄远之意。承上文言天子有不显之德，而诸侯法之，则其德愈深而效愈远矣。笃，厚也。笃恭，言不显其敬也。笃恭而天下平，乃圣人至德渊微，自然之应，中庸之极功也。引《诗》"予怀明德，不大声以色"，以明上文所谓不显之德者，正以其不大声与色也。又引孔子之言，以为声色乃化民之末务。今但言不大之而已，则犹有声色者存，是未足以形容不显之妙。不若《烝民》之诗所言"德輶如毛"，则庶乎可以形容矣，而又自以为谓之毛，则犹有可比者，是亦未尽其妙。不若《文王》之诗所言"上天之载，无声无臭"，然后乃为不显之至耳。盖声臭有气无形，在物最为微妙，而犹曰无之，故唯此可以形容不显、笃恭之妙。非此德之外，又别有是三等，然后为至也。子思因前章极致之言，反求其本，复自下学为己慎独之事推而言之，以驯致乎笃恭而天下平之盛，又赞其妙，至于无声无臭而后已焉。盖举一篇之要而约言之，其反复丁宁示人之意至深切矣。学者其可不尽心乎！[24]

或问卒章之说。曰：承上三章，既言圣人之德而极其盛矣，子思惧夫学者求之于高远玄妙之域，轻自大而反失之也，故反于其至近者而言之，以示入德之方，欲学者先知用心于内，不求人知，然后可以慎独诚身而驯致乎其极也。君子笃恭而天下平，而其所以平，无声臭之可寻，此至诚盛德自然之效，而中庸之极功也，故以是而终篇焉。盖以一篇而论之，则天命之性、率性之道、修道之教与夫天地之所以位、万物之所以育者，于此可见其实德。以此章论之，则所谓"淡而不厌，简而文，温而理，知远之近，知风之自，知微之显"者，于此可见其成功，皆非空言也。然其所以入乎此者，则无他焉，亦曰反身以慎独而已矣。故首章已发其意，此章又申明而极言之，其旨深哉！其曰不显，亦充尚絅之心，以至其极耳，与《诗》之训义不同，盖亦假借而言，若《大学》敬止之例。又曰诸说，程子至矣。吕氏既失其章旨，又不得其纲领条贯，而于文义尤多未当。如此章承上文圣诚之极致，而反之以本乎下学之初心，遂推言之，以至其极而后已也，而以为皆言德成反本之事，则既失其章旨矣。此章凡八引《诗》：自"衣锦尚絅"以至"不显惟德"，凡五条，始学成德疏密浅深之序也；自"不大声以色"以至"无声无臭"，凡三条，皆所以赞夫不显之德也。今以"不显惟德"通前三义而并言之，又以后三条者亦通为进德工夫浅深次第，则又失其条理矣。至以"知风之自"为知见闻动作皆由心出，以"知微之显"为知心之精微明达暴著，以"不动而敬，不言而信"为人敬信之，以货色亲长达诸天下为笃恭而天下平，以德为诚之之事，而犹有声色至于无声无臭，然后诚一于天，则又文义之未当者然也。然近世说者，乃有深取乎其知风之自之说，而以为非大程夫子不能言者，盖习于佛氏"作用是性"之谈，而不察乎了翁序文之误耳，学之不讲，其陋至此，亦可怜也。游氏所谓"无藏于中，无交于物，泊然纯素，独与神明居"，所谓"离人而立于独"者，皆非儒者之言；"不失足于人，不失色于人，不失口于人"，则又审于接物之事，而非简之谓也；其论三知，未免牵合之病，其论"德輶如毛"以下，则其失与吕氏同。杨氏"知风之自"与吕氏旧本之说略同，而取证又皆太远，要当参取吕氏改本，去其所谓见闻者，而益以言语之得失，动作之是非，皆知其有所从来，而不可不谨，则庶乎其可耳。以德輶如毛为有德而未化，则又吕游之失也。侯氏说多疏阔，唯以此章为再叙入德成德之序者，独为得之也。㉕

"知风之自"，凡事自有个来处，所以与"微之显"厮对著。㉖

兼山郭氏曰：大凡欲人之敬，敬先于动可也；欲人之信，信先于言可也。不如是，虽家至户晓，训告命令，靡所不至，民不违而去之者鲜矣，是谓"不显惟德，百辟其刑"者也。君子敬以直内，义以方外，人知之亦为之，人不知亦为之，天之大反之于一心，万物之众反之于一身，既而无我也、无物也，意、必、固、我，一物不存焉，故能"笃恭而天下平"也。"君子笃恭而天下平"，是以声色之为末也，孔子曰"天何言哉？四时行焉，百物生焉"，此之谓也。且天之生物，未尝与物私，而风雨之所膏，寒暑之所成，日月之所照，霜露之所化，未尝一物遗者，何哉？以其大且一也。反求其大，廓然无外，物与无极，宜若不与物交，而造化之功，品物咸遂，若有期会相应，亘古今而不穷，然后可知上天之载与夫中庸之所以为中庸也。

江陵项氏曰：此一章自其用功于隐至发见于费者而总言之，其末复归于隐，正与本篇"自天命之谓性"至"苟不固聪明圣知达天德者，其孰能知之"相对，盖以一章具一篇之义也。

"淡而不厌"，无味而味自长也。"简而文"，无文而文自著也。"温而理"，不肃而成，不严而治也。

"知远之近",言乎天下之本也。"知风之自",言动之机也。"知微之显",言"潜虽伏矣"之事也。即以上四章之意,反复言之耳。

高要谭氏曰:《中庸》之书,始以慎独,终以慎独。始以慎独者,欲立其本,以应事于外;终以慎独者,极其大归,而合理于天。则渊渊浩浩之体,可以心识,不可以说尽也。夫文者,美在外也,"恶文之著",恶其饰外而忘本失实也。"君子之道,暗然而日章",务本务实,故美在其中,而畅于四肢也。"小人之道,的然而日亡",无实无本,故外虽饰伪,而良心内丧也。君子所尚,皆本也,故"淡而不厌",则真实而可久也;"简而文",则存诸中者有要,而发于外者自然成理也;"温而理",则和顺积中,而施为皆当。此其所以暗然自晦,而愈不可掩也。小人反是,此其所以的然自表,而愈无所据也。复本之要,在乎"知远之近,知风之自,知微之显"。所谓远者,万理之散在天下是也;所谓近者,本心之在我是也。知天下万理,皆总会乎吾之本心,此即"知远之近"也。所谓风者,施化于外是也;所谓自者,本心所在是也。知施化之用,皆本心之所出,即"知风之自"也。所谓微者,本心所存,人不得见,唯我自知是也;所谓显者,几微发露,无隐不见,人皆知之是也。知内之所存,终必发露,不可得而掩,此即"知微之显"也。知此三者之理,然后能见本心,故处而于德之奥,有所从入,故曰"可与入德矣"。三知者,复本之要也。唯君子知此三者之理,所以尝用力于人所不见之处。故知隐伏之孔昭,夫然后能"内省不疚,无恶于志"。在人所不见之处,尤切兢也,知屋漏之不可有愧,夫然后能笃诚于言动未发之前,而使人敬信于言动未形之始也。知至静无言可使不争,夫然后能渊默存诚,无物无我,使善者见之乐,不善者见之愧,而不必赏之劝、刑之威也。知不显之为德,百辟自然仪刑,夫然后能笃恭于内,对越在天,纯一不杂,使天下化之,皆知反身自求,各止其分,而无不平也。凡是数者,皆由三知以入德者也。于是又推其精微,至于不大声色,知声色之为末,则知本心所存之微,虽声色之不大,未足为喻也。于是又益推其精微,至于德之易,举其轻如毛,如毛虽细微,尚有伦理之可见,则知本心之所存,微而又微,虽毛之细,亦未足以为喻也。于是又从而更推精微之极,至于无声无臭,盖无声可闻,无臭可知,天之事也,本心所存,其微至此,则与天为一,不可以有加矣。

三衢周氏曰:自此以下,凡八引《诗》。或疑其无序,不知所以证修身齐家治国平天下,与夫诚者诚之者。其说甚明,第学者未深考尔,苟明其序,则一篇之意灿然矣。"衣锦尚絅","潜虽伏矣,亦孔之昭",此修身之证也。君子之学为己,不患人之不已知,故衣锦尚絅,恶其文之昭著。然诚之所发,终不可掩,所以"暗然而日章"。小人之学为人,掩其不善而著其善,惟恐人之不知,故心劳日拙,人之视已,如见其肺肝,所以"的然而日亡"。"淡而不厌,简而文,温而理",此暗然日章之道,其德参乎天地者也。虽淡而不厌,以言其易而可亲;虽简而有文,以言其居之以敬;虽温而能理,以言其中和之德,足以立天地、育万物。是三者,若远而近,若风有自,若微而显,知其远者必自迩,斯能极于博厚,知家人之象风自火出,斯能极于明诚,知莫显乎微之不可掩,斯能极于高明,夫是之谓"可与入德"。必言知者,其要在于致知,知而不至者有矣,未有不知而能至者。"潜虽伏矣,亦孔之昭",此自近、自内、自微之谕也。"故君子内省不疚,无恶于志",志者,心之所之也,志无所恶,则内省吾心,无所慊愧矣,此君子谨独之学。用力于人所不见之地,非人所能及也,故曰"君子之所不可及者,其唯人之所不见乎"。"相在尔室,尚不愧于屋漏",此齐家之证也。屋漏者,室之西北隅。既祭犹敬,心无愧于幽明,则暗室无所欺矣。故其处家也,言必有物,行必有恒,不动而人莫不敬,不言而人莫不信,其诚之至乎!"奏假无言,时靡有争",治国之道,莫大乎赏罚,固足以示劝惩矣。至于"不赏而民劝,不怒而民威于鈇钺",如在宗庙之中,自生肃敬之心,此诚之所格,非赏罚之所及也。"不显惟德,百辟其刑之",此平天下之证也。平天下者,岂以力服人哉?不显惟德,百辟自然仪刑,如七十子之服孔子也。不显者,暗然日章之道,其舜之恭已无为,文王之不识不知者乎!是故"笃恭而天下平"。"予怀明德,不大声以色",此特言诚也。诚之为德,以已昭昭,使人昭昭,岂可以声音笑貌为哉?"德輶如毛",仲山甫举之,固为明哲君子,然犹有伦之可见,未足以为至,此证诚之也。惟天运于上,於穆不已,无声臭可听闻,如文王之纯亦不已,然后为至,此证诚者也。

严陵方氏曰:君子仰不愧于天,俯不怍于人,故内省察而不疚焉。以其不疚,故无恶于志,言心之所之未始有恶也。为善于显明之中者易,为善于幽隐之中者难,故"君子之所不可及者,其唯人之所不见乎",经曰"戒慎其所不睹",与此同意。动而敬,言而信,赏而劝,怒而威,末矣;唯不动而敬,不言而信,不赏而劝,不怒而威,然后为至。怒必以鈇钺为言者,先王之所以饰怒是也。笃恭,谓笃厚于恭也。不大声以色,言化民以德也。无声无臭,言化民以道也。声之化民,则闻而化;色之化民,则见而化。声色非不可以化民也,特非化民之本尔。

长乐陈氏曰:上言至诚如是其至,简复何言哉?世之人所以每每不诚者,非不知中庸之本乎诚也,亦非不知诚之可以有为也,第从事于外也速,而致力于内也寡,故诚不至,而德不诚。《中庸》之书,终言成效亦足矣,而此所以言,恐人之不知所以为诚也,故据《诗》委曲以谕之。然自"衣锦尚絅"至终篇,大抵不过欲人致力于内，而不必从事于外也。惟"恶其文之著"，故曰"暗然而日章"，与的然日亡异矣。淡而不至乎厌，简而能文，温而能理，及夫三知入德，虽伏而昭，内省不疚，屋漏不愧，皆欲致力于内而已。夫不必动而敬，不必言而信，不必赏而劝，不必怒而威，岂必从事于外哉？笃恭而天下自平耳。呜呼！声色不可以化民，而从事于外者，果何为哉？"德辖如毛"固美矣，而毛犹有伦，不若"无声无臭"之为至也。然则为中庸者，致力于内而已。

山阴陆氏曰：简，疑于不文。温，疑于不理。"简而文，温而理"，至矣。"知远之近"，所谓"千里之行，始于足下"。"知风之自"，所谓"《关雎》后妃之德也，风之始也"。"知微之显"，所谓"莫显乎微"是也。"图难于其易，为大于其细"，知所谓远者在此。"戒慎乎其所不睹，恐惧乎其所不闻"，知所谓显者在此。"正身以正朝廷，正朝廷以正百官，正百官以正万民"，知所谓风之自者在此。夫如是，"可与入德矣"。"故君子内省不疚，无恶于志"，言虽心之所之，不萌恶也，与形而后绝之异矣。

范阳张氏曰：子思《中庸》，大抵以戒慎不睹、恐惧不闻为入德之阶，故言之重，辞之复，何止三致意乎？纵横反复，无非此理而已。既言暗然日章之理矣，言内省不疚之理矣，今又言"君子所不可及者，其唯人之所不见乎"，故举《诗》"不愧屋漏"以证之。

或见而敬，或不见而章，或言而民莫不信，或言而世为天下则，或不言而信，或动而世为天下道，或不动而变，或行而世为天下法，或行而民莫不说，或无为而成，或不赏而劝，或不怒而威，卷舒阖辟，纵横上下，无不可者，则以"微之显，诚之不可掩也如此"。"不大声以色"者，是其意专于德，而不俟形于动、言、赏罚、声色之间，而天下自化也。孰为德乎？即戒慎恐惧，不睹不闻是也。养之既久，功深力到，举意即成，未萌即应，所以不动、不言、不赏、不怒而敬且信、劝且威也，其效如此，天下必以为难到也。圣人乃曰"德辖如毛"，其意谓：谁不能举之乎？其要止在戒慎恐惧，此亦人之所易为也。"毛犹有伦"，是德犹有形象也，自德而上，即喜怒哀乐未发以前也，此岂有形象哉？此天命之性也，学不到此，奚足为中庸？

莆阳郑氏曰：夫行远者必自迩。察乎天地，其造端必出于夫妇；行乎天下，其所推不出于闺门。本立而后道生，若舍近而务远，则无本矣，故曰"知远之近"。天下风俗，皆有所自，黄老之说自于窦太后、曹相国，方士神仙自于秦皇、汉武，清谈自于王何，浮屠自于汉明帝。楚王英邪说一胜，千载颓风，孟子距杨墨，韩退之斥佛老，恐其为千载风俗害也，故曰"知风之自"。人皆知微之微，不知微之显，夫所谓"微之显"何也? 日用之道也。道虽精微,而百姓之所日用。夫子曰:"谁能出不由户,何莫由斯道也?"《易》曰:"百姓日用而不知。"孟子曰:"行焉不知,习焉不察。"君子下学上达,不敢忽其日用显显者,故曰"知微之显"。

海陵顾氏曰:"君子内省不疚,无恶于志"者,君子内自省察,无所疚病,又无过恶于其志,是盖能知显微本者也。"相在尔室"者,视尔室中助祭之人,皆怠慢无肃敬之心,尚不愧于屋漏之神。"声色之于以化民,末也"者,声色之事,以德校之,乃化民之末也,化民当以德为本。毛尚有伦,以其有形体,德固无形,而易举也。上天以生成为事,无闻其声音,无知其气臭,窈然无象,天下之物,自然生成。

涑水司马氏曰:苟内省不疚,虽谤议沸腾,刑祸交至,亦非其所恶也。

莆阳林氏曰:"奏假无言,时靡有争",奏大乐而无喧哗之声者,是写出太平气象,正属四方无侮无拂之时。是时也,天下不赏而民劝,不罚而民畏也,此唯尧、舜、成、康可以当此。不显,言其甚显也,人君有甚显之德,则左右公卿之人,皆仪刑之。"君子笃恭而天下平",盖自我一人,正心诚意,则左右近习可化,则朝廷之上可化,则都鄙之间可化,岂不谓之"笃恭而天下平"乎?

晋陵钱氏曰:此七节言君子之德,不著于外,极于天下之无声臭,故子贡曰:"夫子之言性与天道,不可得而闻也。"的然,显然也。"温而理",温,犹和也;理,犹治也。"远之近","风之自",自外而知之;"微之显",自内而知之。"无恶于志",志,犹记也,虽有人志之,君子所不恶,言屋漏则通于天所当愧也。"不大声以色",言大舜、文王之明德,所以广大其声誉者,不以颜色,故夫子云声与色皆末也。

晏氏曰:淡者,所以合乎天;不厌者,所以通乎人;"淡而不厌",则天人兼备矣。简者,居其实而略;文者,撼其华而详;"简而文",则华实相副矣。温者,以仁存心;理者,以义制事;"温而理",则仁义并行矣。尽此三道者,全德之人也。入德,盖由君子之道,而入圣人之德也。自敬者,不敢慢于人,故虽不动而人皆敬之,况于有动乎? 自信者,不敢诈于人,故虽不言而人皆信之,况于有言乎? 上文言"内省不疚",而继之以此,盖欲其以自敬自信为克尔。说者谓笃恭者,厚于恭而无所薄之谓也。此说非矣,是不知经者之谈。《表记》不云乎:君子"笃以不掩,恭以远耻"。则笃也、恭也,分而为二矣。盖笃以笃实,在内言其德也;恭以恭逊,在外言其行也。"有觉德行,四国顺之",此天下所以平欤!

建安真氏曰:引《诗》"潜虽伏矣,亦孔之昭",明虽潜深隐伏之地,而其昭著章灼,有不可掩者,"故君子内省而不疚",无愧于心。苟人心至灵,毫发之微,少有自欺,必有不能慊于中者,此所谓疚也,此所谓恶也。惟夫处幽如显,视独如众,反之于己,无所疚恶也,此君子之所以大过人,而人之所不能及也。又谓于处室之时,当无愧于屋漏,故君子静而常敬,默而常信,不待动作语言而后见也。存养之功至此,非盛德其孰能之乎?

蔡氏曰:"衣锦尚絅"至"可与入德矣",言戒谨恐惧之事。"潜虽伏矣"至"人之所不见乎",言谨独之事。"相在尔室"至"不言而信",言家齐之事。"奏假无言"至"威于鈇钺",言国治之事。"不显惟德"至"天下平",言天下平之事。故于家则不言民,于国则称民,至"笃恭而天下平",则直言天下矣。"予怀明德"至"无声无臭,至矣",言君子道德精至,人道之极致也。"知远之近,知风之自",外必由乎内也;"知微之显",内必著乎外也。言能知夫内外轻重之至,则可许以入德之事矣。

钱塘于氏曰:入德之门:"知远之近",必由此以之彼;"知风之自",必由内以达外;"知微之显",必知天下之显本乎微。能知近而知自,则是知微也;近而远,自而风,则是微之显也。故"知微之显"一句,异于远之近、风之自也。知微之显,非慎独之学不能造也。

延平周氏曰:以声色而方于德,则德为本;以德而方于道,则道为妙。盖毛譬则德也,上天譬则道也。毛虽微,然未免乎有体,有体,故有伦。唯上天之造始,则不唯无体,而又且无声无臭也。

新定邵氏曰:君子之道,谦冲务实,不求人之我知也,而芬芳外达,人自知之,故在己虽暗然自晦,而其道日彰而不可掩。小人之道,夸诩炫耀,唯恐人之不我知也,而行潦无本,涸可立待,故在己虽的然自彰,而其道日亡而不可久。《孟子》"声闻过情"一章,即所以推明此意。《正月》之诗所云"潜虽伏矣,亦孔之昭",此即渊鱼喻,谓鱼潜于渊,宜若人所不见矣,而终不免于网罟之患,则以其实有此鱼,终不能逃人之知也。君子而审乎此,则反观内省,实无一毫之疚病可也。一毫隐于方寸,人之视之,如见其肺肝,亦犹此鱼,虽伏而甚昭也。岂不凛乎可惧哉?君子德化所感,不赏而民自劝于为善,不怒而民自威于鈇钺。盖人心均有此天理,宗庙之中,未施敬而民敬,墟墓之间,未施哀而民哀,何待赏而后劝乎?讼而有愧者,望贤者室庐而遽返身,为不义者,不畏其罪,而畏贤者之知,何待怒而后威乎?夫其随触而感,与夫乡间所敬者,其所兴起,其所愧惕,犹且若此,而况君国子民者,躬率表倡于其上,则其感化之效,又当若何耶?载字,训诂不同,《文王》诗云:"上天之载无声无臭。"说《诗》者曰:载,事也。释《中庸》者音栽,谓天之造生万物也。以愚观之,俱所未安。载,犹地载、神气之载。言上天所载之道,无声无臭也。

【注释】

①《程氏遗书》卷十一,《二程集》,页 126。

②《程氏遗书》卷一,《二程集》,页 126。《程氏粹言》卷二《心性篇》(《二程集》,页 1257):"天德云者,谓所受于天者未尝不全也,苟无污坏,则直行之耳。或有污坏,则敬以复之耳。其不必治而修,则不治而修,义也。其必治而修则治而修,亦义也。其全天德一也。"

③《程氏遗书》卷五,《二程集》,页 77。

④《程氏遗书》卷十一,《二程集》,页 117。

⑤《程氏遗书》卷十一,《二程集》,页 117。

⑥《中庸章句》,《朱子全书》6/57。

⑦《中庸或问》,《朱子全书》6/603—604。

⑧《朱子语类》卷六四,《朱子全书》16/2147。

⑨《诗经》本文为"畟"。

⑩《程氏外书》卷一,《二程集》,页 351。《朱子语类》卷六四,《朱子全书》16/2145。

⑪《程氏遗书》卷二上,《二程集》,页 44。《程氏遗书》卷二上(《二程集》,页 30)亦曰:"要修持它这天理,则在德,须有不言而信者。言难为形状。养之则须直不愧屋漏与慎独,这是个持养底气象也。"

⑫《程氏遗书》卷六,《二程集》,页 95。

⑬《程氏遗书》卷十五,《二程集》,页 169。

⑭《程氏外书》卷二,《二程集》,页 365。

⑮《程氏遗书》卷六,《二程集》,页 81。"故《中庸》言鬼神之德盛,而终之以微之显,诚之不可掩如此"一句原无,于句意不完整,今据《二程集》增入。

⑯《程氏遗书》卷十一,《二程集》,页 117—118。"或谓以心包诚,不若以诚包心;以至诚参天地,不若以至诚体人物,是二本也"一句原无,于句意不通,今据《二程集》增入。

⑰《程氏遗书》卷四,《二程集》,页 73。又见《程氏粹言》卷一《论事篇》,《二程集》,页 1221。

⑱《程氏遗书》卷二十三,《二程集》,页 307。

⑲《程氏遗书》卷十五,《二程集》,页 153—154。《程氏遗书》卷五(《二程集》,页 79)曰:"《中庸》言'无声无臭',胜如释氏言'非黄非白'。"

⑳《程氏遗书》卷三,《二程集》,页 62。

㉑《正蒙·至当》，《张载集》，页 37。

㉒"月"字原无，实误，今据《孟子》本文增入。

㉓《韩愈集》卷十二《知名箴》。

㉔《中庸章句》，《朱子全书》6/57—59。"言慎独之事"原在"亦孔之昭"四字后，不通，今据《朱子全书》调整。

㉕《中庸或问》，《朱子全书》6/604—605。

㉖《朱子语类》卷六四，《朱子全书》16/2149。

附录

礼记集说魏序

人生而莫不有仁义之性存乎其心，经礼三百，曲礼三千，圣人禀诸天地，所以合内外之道而节文乎仁义者也。自周衰，诸侯去籍，虽以二代之后，而不足征，犹赖夫子之所雅言，群弟子之所记录，故尚有存者。迨是古挟书之令作，而《礼》再厄，又得河间献王、二戴、马、郑相与保残补坏，晋、宋、隋、唐诸儒迭为发挥，三《礼》得不尽亡。自《正义》既出，先儒全书，泯不复见，自列于科目，博士诸生，亦不过习其句读，以为利禄计。至金陵王氏又罢《仪礼》取士，仅存《周官》、戴《记》之科，而士习于《礼》者滋鲜。就戴《记》而言，如《檀弓》《丧礼》诸篇，既指为凶事，罕所记省，则其所业，仅一二十篇耳。苟不得其义，则又诿曰此汉儒之说也，弃不复讲，所谓解说之详，仅有方、马、陈、陆诸家，然而述王氏之说者也。惟关洛诸大儒，上接洙泗之传，乃仅与门人弟子难疑答问，而未及著为全书。呜呼！学残文阙，无所因袭，驱一世而冥行焉，岂不重可叹与！平江卫氏，世善为《礼》，正叔又自郑《注》、孔《义》、陆《释》以及百家之所尝讲者，会稡成书，凡一百六十卷。如范宁、何晏例，各记其姓名，以听览者之自择，此非特以备《礼》书之阙也。洒扫应对进退、恭敬辞逊撙节，非由外心以生也，非忠信之薄也，非人情之伪也，凡皆人性之固有，天秩之自然，而非有一毫勉强增益也，学者诚能即是仅存而推寻之，内反诸心，随事省察，充而至于动容周旋之会，揖逊征伐之时，则是礼也，将以宅天衷而奠民极，岂形器云乎哉？正叔名湜，自号"栎斋"，今为武进令云。宝庆元年冬十有一月甲申，临邛魏了翁序。

礼记集说自序

《礼记》四十九篇，自二戴分门，王郑异注，历晋迄陈，虽南北殊隔，家传师授，代不乏人。唐贞观中,孔颖达等详定疏义,稍异郑说,罔不芟落,诸家全书,自是不可复见。繇贞观至五代,逾三百年,世儒竞攻专门之陋学,《礼》者几无传矣。本朝列圣相承,崇显经学,师友渊源,跨越前代,故经各有解,或自名家,或辑众说,逮今日为尤详。《礼记》并列六籍,乃独阙焉,诸儒间尝讲明,率散见杂出,而又穷性理者略度数,推度数者遗性理,欲其参考并究,秩然成书,未之有也。予晚学孤陋,滥承绪业,首取郑《注》、孔《义》,剪除芜蔓,采撷枢要,继遂博求诸家之说,零篇碎简,收拾略遍。至若说异而理俱通,言详而意有本,抵排孔郑,援据明白,则亦并录,以俟观者之折衷。其有沿袭陈言,牵合字说,于义舛驳,悉置弗取。日编月削,几二十余载而后成,凡一百六十卷,名曰《礼记集说》。传《礼》业者,苟能因众说之浅深,探一经之旨趣,详而度数,精而性理,庶几贯通,而尽识之矣。或曰:是书粹聚诸家之善,逾数十万言,毋乃务博而忘约乎?予曰:"博学之,审问之",夫子尝以诲人也;"博我以文,约我以礼",颜子亲得于师也;"博学而详说之,将以反说约也",孟子之所深造也;"吾道一以贯之",为曾子言之也;"予欲无言",子贡有未省也。陵节而求,躐等而议,越见闻以谈卓约,后学大患也。钞会《礼》之家,名为聚讼,悦率意以去取,其能息异同之辨,绝将来之讥乎?近世朱文公著《诗传》,多刊削前言,张宣公谓诸先生之见虽不同,然自各有意,在学者玩味如何尔,盖尽载程、张、吕、杨之说,而诸家有可取者,亦兼存之。予之《集说》,窃取斯义,是则此书之博也,非所以为学者造约之地邪?犹愧寡闻,访论未尽,然六经之典,敷畅发明,至是粗备,或于圣代阙文小有补云。宝庆丙戌七月既望,吴郡卫湜正叔叙。

礼记集说提要

《四库全书总目提要》卷二十一

《礼记集说》一百六十卷(两江总督采进本)

宋卫湜撰。湜字正叔,吴郡人。其书始作于开禧、嘉定间。自序言日编月削,几二十余载而后成。宝庆二年官武进令时,表上于朝,得擢直秘阁。后终于朝散大夫,直宝谟阁,知袁州。绍定辛卯,赵善湘为锓版于江东漕院。越九年,湜复加核订,定为此本。自作前序、后序,又自作跋尾,述其始末甚详。盖首尾阅三十余载,故采撷群言,最为赅博,去取亦最为精审。自郑《注》而下,所取凡一百四十四家。其他书之涉于《礼记》者,所采录不在此数焉。今自郑《注》、孔《疏》而外,原书无一存者。朱彝尊《经义考》采撷最为繁富,而不知其书与不知其人者,凡四十九家,皆赖此书以传,亦可云礼家之渊海矣。明初定制,乃以陈澔注立于学官,而湜注在若隐若显间。今圣朝《钦定礼记义疏》,取于湜书者特多,岂非是非之公,久必论定乎?又湜后序有云:"他人著书,惟恐不出于己。予之此编,惟恐不出于人。后有达者,毋袭此编所已言,没前人之善也。"其后慈溪黄震《读礼记日抄》、新安陈栎《礼记集义详解》,皆取湜书删节,附以己见。黄氏融汇诸家,犹出姓名于下方案此见《黄氏日钞》。陈氏则不复标出案栎书今不传,此见《定宇集》中栎所作自叙。即此一节,非惟其书可贵,其用心之厚,亦非诸家所及矣。

第四章　中庸感悟

第一节　体味中和,和谐中正

子曰:"中庸其至矣乎! 民鲜能久矣。"意思是,孔子说:"中庸是最高的德行了吧! 人们很少能长久地实行它。"可见,中庸之道是最高的德行,原因就在于很少有人能够真正去履行它,我们这些平常人往往不明白其中的真谛,甚至居于高位的人同样也不能按照中庸的道理行事。所以中庸才显得最高,行中庸之道才显得难能可贵。

"中庸之道"的现代意义

提倡"中庸之道"似乎有点不合时宜,因为这一思想曾一度被认为是一种处世圆滑、态度暧昧、明哲保身的处世哲学而遭受人们的大加鞑挞和批判。其实,从"中庸"思想的本意看,它并不是奸猾,置仁义于不顾,为保全自己而明哲保身,而是一种至高无上的德行和智慧。

何谓中庸呢? 孔子认为"中庸"即为"中和"。孔子说:"中"是有喜怒哀乐之情而未表现出来;"和"是感情表达时合乎节度。"中",是天下事物的根本;"和",是天下遵循的通则。如果人们能达到中和的境界,那么,天地间的一切就会各得其所,万物也就顺其自然而生了。

凡事,取乎中,是应付时代和任何事情的良方。中是不偏不倚,不左倾也不右斜的。非中则不能正,非正则不能稳,非稳则不能久。人生处世的要点,就在于"执中致和"。传说,远古时期的舜帝就是一个善于遵循"中庸之道"的智者,他不仅善于听取别人的意见,同时又能加以审视,扬其善,隐其恶,取其中,而施行于民,从而使天下化而治之。治理朝政者若能采用"中庸之道",就可以处于无为而治的自由境地,避免过于专制,过于偏激,表面看似愚拙,内心里却实在是一种智慧,一种明亮。

孔子对"中庸"的评价甚高,他认为这是一种至高无上的德行,几乎没有什么东西能够超过它,若能把握中庸的道理,就达到了至高无上的境界。但是,一般人又很少能做到这一点。这是为什么呢?主要是因为:"知者过之,愚者不及也。"这就是说,聪明的人过于聪明,认为它不值得去实行,而愚蠢的人又理解不了。君子和小人在这方面表现就截然不同。君子的所作所为都合乎中庸之道,而小人的所作所为都违反中庸之道。君子之所以能合乎中庸之道,是因为君子能时时居于中,不过亦无不及;而小人所以违背中庸之道,是因为小人对什么都太在乎或肆无忌惮,不知也不遵循中庸的道理。孔子深知"中庸之道"不是谁都能明白的,也不是常人所能做到的。只有那些有修养的君子才能够坚守。

在市场经济条件下,价值导向容易使人们急功近利,追求表面的外在的东西。而两极对立的思维方式又容易使人们往往简单地理解矛盾的两个方面。对满足、成功、富贵、权力等,总是期望达到顶峰,人人在我脚下才好,而对空虚、失败、贫穷、低下等,则惟恐降临自己身上。这样,他们处高位不觉得满足,处低位反而一蹶不振。这两个极端都不会使人安宁和快乐,并且,对位高者而言,他们难以守成,很快会转入低下;而对位低者而言,他们欲速不达。结果是成功也好失败也罢,一切都处在不安与失意之中。他们所缺乏的正是先哲提出的并加以践行的"中庸"智慧。

《中庸》上说:"喜怒哀乐之未发,谓之中;发而皆中节,谓之和。中也者,天下之大本也;和也者,天下之达道也。致中和,天地位焉,万物育焉。"意思是说:人的欢喜、愤怒、哀伤、快乐的情感还没有表现出来,就是"中";即使表现出来但是都合乎时宜和礼节,就是"和"。"中"是天下人的根本;"和"是天下人所遵从的原则。达到了"中和"的境界,天与地也就各在其位了,万事万物也就生长发育了,由此我们得知,倘若一个人没有表现出喜、怒、哀、乐的情感时,心中就会平静淡然,这就叫做"中"。喜、怒、哀、乐都是人们的正常反应,是人们受到外界事物的刺激后产生的自然情感。之所以说喜、怒、哀、乐的情感没有表现出来的时候叫做"中",是因为在这种情况下这些情感是被控制的,内心保持着平静和均衡,这是合乎正道的。然而,人的感情无法正常宣泄是不可能的,因此宣泄需要有个尺度,这个尺度就是:不要看到好的事物就喜形于色,遇到不高兴的事情就勃然大怒,极度悲哀或是过度高兴都是不合理的,情感表现得合常理、合时宜、有节度,这就是"和"。

子曰:"鬼神之为德,其盛矣乎!视之而弗见,听之而弗闻,体物而不可遗。使天下之人,齐明盛服,以承祭祀,洋洋乎!如在其上,如在其左右。"意思是,孔子说:

"鬼神的德行，真是很大呀！看它却看不见，听它也听不着，但它却体现在万事万物之中而没有遗漏。让天下的人，斋戒沐浴后穿上庄重服装，来祭祀它们，浩浩荡荡啊！祭祀时他们好像在人们的上方，又好像就在人们的左右。"

孔子的这段话通过对鬼神特点的分析来说明中庸之道是不可离的。我们现在通常认为"鬼"是不吉利的、可怕的，但是古代人却不是这样。他们认为，鬼神是祖先死后的魂灵，不但不可怕、可恶，还可以保佑他们的后代。古代人经常祭祀鬼神，以求得它们的佑护。鬼神处于天地之中，可谓盛大，虽然人们所看不到、听不到，然而人们却不得不对它们产生敬畏和谨慎之情，同样，中庸之道也是如此。

众所周知，"大道"是无言无声、无形无相的。无论谁都没有听到过"大道"的声音，也无从知晓"大道"的形象。然而，世上万物都是"大道"创造的，都是"大道"的载体，都必须按照"大道"的规律去行事，顺道而行就有发展，背道而驰就必然失败。"大道"主宰着我们，就像老子所说的那样："寂兮寥兮，独立而不改，周行而不殆，可以为天下母"，也就是说，它寂寞无声，广阔无形，独自存在又永恒不变，循环运行而不会停殆，它是天地万物的渊源。

《易经·系辞传》中说："观天之神道，而四时不忒；圣人以神道设教，而天下服矣！"意思是说，观察天下的造化之道，四季周而复始，圣人仿效自然造化的万物之道教化人民，而使天下信服。这说明圣人也是以自然运行法则作为统治管理天下的依据的。

《易经》书影

在我们的生活中，既有有形的、看得见的东西，比如我们的身体、树木、动物等，也有我们无法看见的东西，比如各种规律、自然法则等。看得见的东西，我们很容易把握，但是对于看不见的东西，人类就无法用直观的方法加以认知了，这时就需要运用智慧的思考，总结和归纳它们。中庸之道就是这样无形无相却又真实存在而不离我们左右的。中庸之道就是。视之而弗见，听之而弗闻，体物而不可遗。使天下之人，齐明盛服，以承祭祀，洋洋乎！如在其上，如在其左右。"

中庸的"大道"就是这样，虽然我们看不见它，它却可以通过"无所不在"的形式使每一个人都心悦诚服。我们常常以为看不到的东西就是不存在的，所以在违反规律做事时自以为神不知、鬼不觉，殊不知规律会暗中考察我们的行为，然后做出相应的奖励或惩罚。所以，我们为人处世只有真诚地遵循"中庸大道"，才能不招致灾祸，取得最终的胜利。

中庸之道倡导和谐

"中"与"和"是中庸之道的重要概念。中，就是不偏不倚，保持一种适可而止、恰到好处的处世态度，合乎自然的中正之道；和，就是和谐，是指对待一切事物都能保持一颗平常心，不与自然规律背道而驰。无论是在自然环境还是人类社会中，只有在"中和"的和谐环境里，万事万物才能平等共存。所以说，"中"是我们人性的根本；"和"是我们必须遵从的原则。达到了"中和"的境界，天与地也就各在其位了，万事万物也就欣欣向荣地生长发育了。

"和"字在中国历史上出现较早。《尚书》中出现42次"和"字，《老子》一书中出现了5次，《论语》中出现了8次。而"和为贵"出自《论语》："礼之用，和为贵。先王之道，斯为美；小大由之。有所不行，知和而和，不以礼节之，亦不可行也。"之后，出现了很多以"和"字为中心思想的古训，如和为贵、和气生财、和气致祥、和衷共济、家和万事兴、百忍堂中有太和、一争两丑、一和两有等，说的都是"和"。儒家的"太和"观念，包括自然的和谐，人与自然的和谐，人与人的和谐以及自我身心的和谐。儒家正是通过道德修养达到自身的和谐，再推广到"人与人的和谐"。

"和为贵"是中国文化的优秀传统和重要特征。不仅儒家，构成中国传统文化有机部分的流派，如佛、道、墨诸家，也大都主张人与人之间、族群与族群之间的"和"。佛教反对杀生，主张与世无争；道家倡导"不争"，以"慈""俭""不敢为天下先"为"三宝"；墨家则主张"兼相爱，交相利"，尤为反对战争。

"和"是宽容主义精神的表现，是理性的体现。和谐的人际关系，和谐的社会环境，对于人的生存和发展至关重要。人类自古到今，因国界、宗教、种族、主权、经济利益的歧义，思想、语言的差别，乃至因家庭、财产、感情等诸多问题，所引起的冲突不胜枚举，以至常常上演"争地以战，杀人盈野；争城以战，杀人盈城"的惨剧，以和为贵的观念，对于纠正今天社会上人们浮躁、暴怒的心态大有裨益。

人与人的关系中不可以无"和"。"和"是人际关系的减震器、润滑油，是生活的芳香剂。"和"可以在我们出现误会、产生分歧、发生矛盾时，充当调停人，化一切既恼人又难堪又剑拔弩张的干戈为玉帛。所以，当我们争吵得面红耳赤几乎兵刃相向时,为何不试着听从"和"的召唤和教诲,心平气和地伸出双手与对方相握?当我们冷战静坐相对无言时,为何不让"和"来修补我们生活中的裂痕。"和"是光与热,驱散我们心中的阴云与寒冷。

战国时代的赵国将军廉颇武功高强,沙场之上历经百战,常常以一当十,屡立战功。然而,当文官宰相蔺相如官职比自己高出一截时,他心中非常不满,认为蔺相如只是一个耍嘴皮子的文官,官职不应该比自己高,就到处公开扬言要让蔺相如受点羞辱。蔺相如知道后就千方百计躲开廉颇,避免与他直接见面。廉颇见蔺相如不敢见自己就很得意,以为蔺相如真的怕他。人们也以为蔺相如惧怕廉颇。后有好事的人就问蔺相如为什么要怕比自己职位低的廉颇,蔺相如说:"我并不害怕廉将军羞辱我,更不怕廉将军让我在众人面前丢面子。我个人的荣辱算得了什么呢。秦国人正盼着我们将相出矛盾、国内出乱子呢。若我与廉将军天天互相仇视、互不服气或者互相拆台,不是正好给秦国创造了攻打我们的机会吗?为了国家的长治久安,我只好先避免与廉将军见面了,等廉将军想明白了也就理解我了。"廉颇听说后,感到非常惭愧,向宰相蔺相如负荆请罪,从此将相二人齐心协力,共同保障了赵国的繁荣与安全。

负荆请罪

这则"将相和"的故事之所以能成为千古美谈,就是因为"和"的可贵,"二人同心,其利断金",在这里得到了最充分的佐证。

道家始祖庄周,把"和"的重要性发挥到了极致,主张要天和、人和、心和。而孔子所倡导的中庸之道也提出,处世要讲究情理并用、恩德兼用。讲道理要讲轻重,做事情要先用人,看能不能通融、接洽。

有一天,孔子的学生子贡问老师:"有没有一个字可以作为终生奉行不渝的法则呢?"孔子回答:"其恕乎!己所不欲,勿施于人。"这里的"恕"是凡事替别人着想的意思。其意思是,自己不喜欢做的事,不要强加在别人身上。

战国时梁国与楚国相邻,两国在边境上各设界亭,边界的人们都喜欢在各自的地里种西瓜。梁国的边民很勤劳,日日锄草浇水,瓜秧长势极好,而楚国的边民有些懒惰,不事瓜事,瓜秧又瘦又弱,根本不能与对面瓜秧相比。楚国的人觉得失了面子,有一天乘夜色,偷跑过去掐了梁国的瓜秧,梁国的人第二天发现后,气愤难平,报告给边县的县令宋就,说我们也过去把他们的瓜秧铲除好了!宋就说:"这样做显得我们太不仗义了!我们明明不愿他们祸害我们的瓜秧,那么为什么再反过去祸害人家的瓜秧?别人不对,我们再跟着学,那我们不也与他们一样没有理性了吗。你们听我的话,从今天起,每天晚上去给他们的瓜秧锄草浇水捉虫,让他们的瓜秧长得更好,但是你们这样做的时候,一定不要让他们知道。"

梁国的人就照宋就的话办了。过几天,楚国的人发现自己的瓜秧长势一天比一天好,仔细观察,发现每天早上地里的草都被人锄过了,也让人浇过了,原来是梁国的人在黑夜里悄悄为他们做的。楚国的边县县令听到边民们的报告,感到十分惭愧又十分敬佩,于是把这件事报告了楚王。楚王听说后,也感于梁国人修睦边邻的诚心,就特意备重礼送梁王,以表自责和酬谢,结果这一对敌国成了友好的邻邦。

以恶制恶,以暴制暴,冤冤相报都是使仇恨加深、矛盾加剧、损失加重、人际关系更加恶化的非理性处世方式,而以"和"为贵却可以化仇恨为友谊,化愤怒为笑脸,化怨恨为理解。"和"是中庸之道中最博大精深的处世哲学。

"和"是中华民族的传统美德,也是中国文化的宝贵遗产。即使在两国已经敌对到枪炮相见的程度时,中国人还是要抱着求"和"的理念,尽最大可能地避免流血事件。"和"充满了大智大慧的深刻哲理。有了"和",就不会有绝人之路,就会找到问题的解决办法;有了"和",就不会失去平衡,就不会发生你死我活的恶斗。"和"对争斗者来说是手与手的相握,是心与心的相融,是笑与笑的相迎。五声和,则可听;五色和,则成文;五味和,则可食。和是做人立身之本,以和立身,就能够化凶险为祥瑞,化野蛮为文明,化争斗为和平,和是人生走向成功的根基所在,人生什么都可以抛弃,惟独不能抛弃以和立身的做人原则。

不明中庸之道,则难以立身

谁都想成为事业有成的强者,但能遂人愿者毕竟寥寥,究其原因,是绝大多数人没有找到成为强者的最佳通道：有的人推崇强势哲学，处处用强，时时争先；有的人希冀别人的成全，一味曲从，丧失自我。

正确的做法应该是既要保持应有的尊严，又要不怕丢面子，这也正是中庸做人的一种表现。

古往今来成就大业之人，无不是胸怀宽广、从善如流者。他们不但心中有大志，而且气平若缓流，能够礼贤下士，倾听逆耳忠言；相反，一些同样有抱负的人，虽然在开始时顺风顺水地取得了一定的成功，但他们却因此而骄傲自大，不可一世，渐渐地就众叛亲离，一路下坡，最终导致了失败。

宋代著名的大文学家苏东坡在评论楚汉之争时就曾说：汉高祖刘邦之所以能胜，楚霸王项羽之所以失败，关键在于他们对待敌对意见的态度上。项羽不能忍受批评，白白失去了自己百战百胜的勇猛；刘邦能忍，养精蓄锐，等待时机，直攻项羽弊端，最后夺取胜利。刘项之争，从多方面说明了这一点。刘邦懂得忍下人之言，而项羽气大，什么都难忍难容，不懂得"小不忍则乱大谋"的道理，大业未成身先亡，可悲可叹！

下面几件事足以说明刘邦与项羽的不同。楚汉战争之前，高阳人郦食其拜见刘邦，献计献策。他一进门看见刘邦正坐在床边洗脚，便不高兴地说："假如您要消灭无道暴君，就不应该坐着接见长者。"刘邦听了斥责后，不但没有勃然大怒，而是赶忙起身，整装致歉，请郦食其坐上座，虚心求教，并按郦食其的意见去攻打陈留，将秦积聚的粮食弄到手。刘邦围困宛城时，被困在城里的陈恢溜出来见刘邦，告诉他围城与攻城都不如对城内的官吏劝降封官，这样化敌为友，就可以放心西进，先入咸阳为王。刘邦采纳了他的意见，使宛城不攻自破。

与刘邦容忍的态度相反，项羽则刚愎自用，自以为是。一个有识之士建议项羽在关中建都以成霸业，项羽不听。那人发牢骚："人们说，'楚人是沐猴而冠'。果然！"项羽知道后，大怒，立即将那人杀掉了。楚军进攻咸阳时到了新安，只因投降的秦军有些议论，项羽就起杀心，一夜之间把二十多万秦兵全部活埋，从此他的残暴名闻天下。他怨恨田荣，因此不封他，致使田荣反叛。他甚至连身边最忠实的范增也怀疑不用，结果错过了鸿门宴杀刘邦的机会，最后气走范增，成了孤家寡人。

在这场楚汉之争中，刘、项都想成为最后的强者，但两个人的行为方式是一个用强，一个折中。于是，一个转劣势为优势，最终取胜，而另一个则截然相反。可见放平心气、接纳批评意见对于做人做事以及在激烈竞争中取胜是多么重要。

认识到中庸做人的重要性其实并不难，但要真正做到所谓"不偏不倚"就不那么容易了。这对于高高在上、有资格用强的人更是如此。贞观六年(公元 632 年),唐太宗在政治、军事、经济、外交等方面都取得了较大的成绩,开始出现了所谓的"贞观之治"。在一片歌功颂德声中,他确实有点昏昏然、飘飘然,生活也逐渐奢侈腐化起来了。就纳谏而言,他也不像过去那样"寻之使言、悦而从之",而是先有"难色",而后"勉从",不像建国初期那样谦逊纳谏了。此时他听颂歌听得心里舒服,对于逆耳之言很有些反感,也不再提什么兼听则明了,有时兴致所至,则任性而行事。

一天,太宗早朝,文武大臣们高呼万岁已毕,恳请太宗到泰山封禅,以扬显太宗的文治武功。国舅长孙无忌说:"封禅是历代的盛事,秦始皇统一天下后,遍封名山,在泰山、碣石山等处都勒碑刻石以纪念他的巍巍功德,汉武帝也曾封禅泰山。如今陛下德行可以和尧舜媲美,功劳比秦始皇、汉武帝还要大,应该封禅泰山,以扬显功德。"群臣一致赞成。群臣的封禅建议,正好对上了太宗此时好大喜功的心理,但他表面上还是笑着说:"封禅不封禅,有什么关系,重要的是把国家治理好。"大臣们再一次敦促请求,太宗一拍玉如意说:"封就封吧!"于是任命太常韦挺为封禅使,令诸儒详细拟定有关封禅的礼仪、规模、费用及日程安排等。

这时魏征站起来,果断而坚决地反对说:"封禅不封禅,并不妨碍陛下的功德和政绩。如果天下安定,国家富强,人民乐业,即使不封禅,又有何妨呢? 过去秦始皇封禅而汉文帝不封禅,难道后世认为汉文帝的贤能不如秦始皇吗? 再说,祈天祭地,难道只有登上泰山封禅,才能表达诚敬的心意吗?"一席话仿佛在李世民和大臣发热的头上泼了一瓢冷水。

李世民一听,非常不高兴,便质问魏征说:"你反对我封禅,难道是因为我功劳不高吗?"魏征老实地说:"很高!"李世民说:"难道是因为恩德不厚吗?"魏征说:"很厚!"李世民说:"难道是因为国家不安定吗?"魏征说:"安定!"李世民说:"难道是因为四夷不服吗?"魏征说:"臣服呀!"李世民说:"难道是因为年岁不丰吗?"魏征说:"丰实呀!"李世民说:"难道是因为祥瑞不来吗?"魏征说:"来了呀!"李世民一连问了六个关于能否封禅的条件,魏征都应声说条件达到了。李世民最后将脸一沉,大怒说道:"那我为什么不能封禅?"

魏征回答说:"陛下功劳虽高,而人民还没有得到实惠;恩德虽厚,而泽惠还没有广泛施行;国家虽安,而百姓还不算富裕;四夷虽服,而他们的要求还不能满足;祥瑞虽来,而不好的兆头还很多;年岁虽丰,而仓库还很空虚。这就是我认为不能封禅的原因。"

太宗憋了一肚子气,面子上也感到非常难堪,便宣布退朝。群臣们也认为魏征这个人不知道进退。魏征心想,太宗一走,事情就不好办了,于是,他立即站起来拽住太宗的衣襟说:"陛下请留步,让我把话说完。"魏征考虑,这样的进谏,效果不会好,要阻止这件事,必须另换一个角度来说。于是,魏征说:"愿陛下让我做良臣,不要让我做忠臣。"李世民问道:"良臣与忠臣怎么区别?"魏征说:"良臣自己身获美誉,君主声名显赫,富贵传之子孙,福禄无疆,如稷、契等人;忠臣就不同了,自己身受诛戮,君主蒙受恶名,家和国同时丧败,如比干等人。"李世民说:"那我让你做良臣。"魏征说:"事实上,现在陛下盛怒,臣冒死进谏,这是让我做忠臣啊!"太宗的气色缓和了一些。

魏征继续进谏说:"陛下虽有这六个方面的优越条件,但我认为泰山封禅劳民伤财,于国家和人民没有益处。就拿隋炀帝杨广的巡幸江都的事情来说吧,他三次坐着豪华龙舟到江都游玩,王公、妃子、僧尼、道士乘坐几千艘豪华富丽的大船,首尾相连2万多里,随从10万人,光拉纤的壮丁就有8万多人,还有大队骑兵夹岸护送。船上的人纵酒寻乐,声闻数十里。沿途500里内的老百姓,都要贡献美食。巡游的队伍像蝗虫一样,把沿途农民弄得倾家荡产,啃树皮,嚼草根,甚至被逼得人吃人。于是,王薄振臂一呼,响应者数10万,起义的烽火迅速燃遍大江南北。试问这样的巡幸有什么好处?"

魏征又打个比方说:"比如一个人患有10年的长病,瘦得仅存皮骨。刚治好,便要他挑一石米,日行百里,一定不可能。而隋朝混乱,不止10年。陛下好像是个良医,人民的痛苦虽然在你手中解除了,但身体还没有恢复。现在国家初定,就要告天祝地,这不是自欺欺人吗?陛下到泰山封禅,车驾东巡,千乘万骑,国内的王公大臣,四夷的君长都要护从,单就饮食供给这一项来说,就不易置办,更不用说其他费用开支了。"

他停了一下又说:"如今伊水、洛水以东,一直到渤海、泰山一带,莽川巨泽,茫茫千里,人烟断绝,鸡犬不闻;不说饮食供应不上,就连行路都很艰难。再说,竭尽财力用在这无偿的浪费上,还不一定能达到要求;要保障丰盛的供给,一定会加重百姓的负担,崇尚虚名而深受其害,我想这样的事情,陛下是不会做的。"

魏征可以说是有理有据有节,或迂回,或单刀直入,占尽道理,唐太宗无言以对,但是仍然不愿放弃封禅泰山的念头。魏征见状,言词转而激烈地说:"这样劳民伤财,天怒人怨,一旦有水旱天灾、风云变幻,匹夫百姓则揭竿而起,到那时就追悔莫及了呀!"唐太宗此时才省悟其中的道理,虽然心有遗憾,但最终还是下令停止封禅。

唐太宗没有一直坚持"刚"下去,他做人断事的天平最终偏向了"中庸"的一边,为此不怕丢面子,并以这种磊落为自己挣足了"面子"。这也正是刘邦、李世民们的可贵和高明之处。

君子中庸,小人反中庸

子曰:"中庸其至矣乎!民鲜能久矣。"意思是,孔子说:"中庸是最高的德行了吧!人们很少能长久地实行它。"

那么,为什么"中庸"这种智慧曲高和寡呢?因为我们每个人都有趋利避害的天性,这种天性使我们不仅仅满足于吃得饱、穿得暖,还有更多的欲望、有更多对于美好事物的追求。然而,对美好事物的追求如果无节制地膨胀下去,就会变成贪婪的欲望,即使再美好的事物也会变得丑陋了。人们为了自己生活得更好,社会地位更优越,得到更多的赞誉和尊敬,就产生了追名逐利的欲望。于是,人们不再仅仅为了生存而忙碌,还为了名与利去拼杀,欲望贪婪的人,无法正常生活和工作,他们没有满足的时候,于是就违背事物的规律做事,在恰当的时候做不恰当的事,渐渐偏离了事物发展的正轨,这就是孔子所说的做事"过了"。这样的人自然无法依照中庸之道立身处世。古今中外,那些恃才傲物,好大喜功,不明白见好就收,不知道"水满则溢、月满则盈"道理的人屡见不鲜,这恰恰就是中庸之道不容易施行的最好证据。

与此同时,我们趋利避害的天性催生出了另外一类人。这类人与那些为了达到目的而肆无忌惮的人不同,他们甘于平庸,不思上进,凡事都偷懒拖拉,做事差不多就行",根本无心干一番轰轰烈烈的事业;这类人做事就是所谓的"不及",他们同样也不能以中庸之道来待人处世。这样说来,中庸之道确实是很难施行的,所以更应该把它当作一种行为规范,加以提倡。

中庸之道实质上就是要行当行之事,不做不及或者过分的事情。除此之外,良好的语言表达与得体的待人接物,也能体现"中庸"的道理。说话时,既不出言不逊,又能直指主旨;遣词造句既符合当时的场合,又符合自己的身份,能恰当地表达出自己的观点;既妙语连珠,又不会给人夸夸其谈的坏印象。倘若能做到这些,就达到了"中庸"的境界。我们来看看下面的这些演说记录。

在历史上记载了一次冗长的演讲纪录,一位美国参议员为了使"私刑拷打黑人的案件归联邦法院审判"的法案得以通过,竟然在参议院高谈阔论了5天,据说他在讲台前踱步75公里,做了1090个手势。另一次长得过分的演讲是一个众议员用马拉松式的演讲来阻止美对英的宣战,直到战火烧到家门口,形势迫在眉睫了,这位议员仍在喋喋不休。时至半夜,听众席上鼾声四起,最后一个议员忍无可忍,把一个痰盂扔到演讲者头上,才终止了他的发言。

这两位演讲者都忽略了"中庸"的做人做事原则,不知道做事恰到好处才能获得良好的结果。

中庸之道虽然看似平常普通,但是越平常普通的事情往往越难做到极致。不过,即使中庸之道"民鲜能久矣",但却绝对不是不可能做到之事,只要按照上面提及的原则去做,相信你一定可以成为贯彻"中庸"之道的典范。

权衡两端,取其中道

子曰:吾有知乎哉?无知也。有鄙夫问于我,空空如也。我叩其两端而竭焉。

通过对儒家诸多言论和著作的研究,我们很容易发现,尧、舜、禹、周文王、周武王以及周公等都是儒家十分推崇的古代圣贤。这些人既是领袖人物,也是笃行中庸之道的典范,他们的许多行为确实值得我们效法和学习。

周文王

孔子认为,舜是一个大智慧者。天下的事理是无穷无尽的,人的知识与能力也有限,一个人即使再聪明,也总有不知道的事理,因此必须虚心好学,即使在某个方面强于其他人,也不值得炫耀。关于舜为人处世的美德,有这样的传说。

舜的母亲去世很早,他的父亲瞽叟是一个糊里糊涂的人,为舜找了一个继母,这个继母生了一个儿子,取名叫象。继母心地褊狭,弟弟又傲慢蛮横,舜在家中的处境可想而知。然而,舜却始终做到体恤父亲,孝顺继母,宽容弟弟,即使生活十分辛劳也毫无怨言。不过,舜的宽广胸怀起先并没有得到家人的回报,继母和弟弟依旧想方设法加害于他。有一次,象与继母企图烧死他,舜在险境中机智逃生;后来,象又企图在舜打井的时候用石块砸死他,舜又逃过了。正当象高兴地对继母说"舜被我用石块砸死了"的时候，舜推门而入，若无其事地拜见父母，然后对象说："弟弟，我还有很多事情要做，以后麻烦你多多帮忙料理家事吧。"象听了这句话幡然悔悟，从此一家人冰释前嫌，变得和和睦睦了。

同样，舜治理天下也没有什么诀窍，只是把握住了"中庸"的道理，就是权衡事理的两端，去除不及和过之的做法，取其中道而行顺乎万事万物的自然规律。尧对大舜的忠告就是证据。

尧

《论语·尧曰篇》中记载着，尧对大舜说："大舜呀！上天所安排的命运落在了你的身上，公允地遵守那中道吧；天下四海困苦贫穷，上天福禄永远完结。"大舜也是以这番话禅位于大禹的。

舜天分过人，可是他十分谦虚，广泛地向他的臣民征询意见或建议。就算是听来的话很浅显，他也要仔细斟酌，力图从中发现有益的东西。如果听到的话不合情理，甚至是恶言，即使他不采用，也绝不会去给对方宣扬，以免于对方不利。哪怕听来的话只有一点可取之处，他也会替对方宣扬，使人们从中受益。

值得我们体味的是，尧告诫舜要"允执其中"，就是要舜行中庸之道，坚守公平，不偏不倚，无过无不及。大舜正是听从了尧的告诫，在治理国家中，才能做到包容别人的恶言，宣扬别人的善言，审察并掌握别人认识上的两个极端，看到了事物的正反两面，采纳"适中"的办法引导百姓，自然做到了不偏不倚，这是最合乎尺度的，也得到了全天下人的智慧。这就是行中庸之道的妙处。

可见，"执其两端，中道而行"是一种认识事物的好方法，我们在日常生活中常常会遇到我们所不了解的事物，对于陌生的事物，如果我们试着从它的正反两方面入手研究，就可以避免产生片面的认识，如此一来，探寻事物的本来面目就变得比较容易了。

中庸而行，可以无忧

看这样一个典故：

墨子和杨朱要进行辩论大会，听众云集，而子莫却无动于衷。学生们问子莫：

"老师,你为什么不去辩论会上听一听呢?"子莫回答道:"辩论会的结果我已经知道了,为什么还要去听?"学生门问:"老师,墨、杨两家,谁胜谁败?"子莫说:"没有胜者,也没有败者。杨朱以自我为中心,哪怕取一毛而利天下的事都不愿意去做,这样的人活在世上还有什么用呢?墨翟提倡兼爱非攻,哪怕是丢头舍足而利天下之事也要去做,这样的人活在世上有什么意思呢?我主张持中原则,既不像杨朱那样偏右,也不像墨翟那样偏左;物守中道,不偏不倚,有利而作,无利而歇,所以我子莫最终取胜。"

子莫的话充分体现了"中庸"的思想,就是为人处世不偏不倚,坚持中道。这对当下的管理者有着巨大的启示意义。

众所周知,领导和下属之间是一种相互依赖、相互制约的关系,如果这种关系处于良好的状态中,上下级的需要就都会得到满足。因此,上级需要下级对本职工作尽心尽责,圆满完成任务;而下级则希望上级对自己加以重用,在成绩上给予肯定,在待遇上合理分配,在生活上适度关心。美国著名的石油资本家洛克菲勒在对待下属的问题上真可谓是做到了"一碗水端平"。

在洛克菲勒即将退休时,当时有望成为继任者的两位副总裁,其中一位是洛克菲勒的弟弟。在培养继任者的过程中,洛克菲勒从未因为亲缘关系而对弟弟有一些特殊照顾,给他一些特权。在竞选之中,洛克菲勒采用了公平竞争的原则,两位副总裁受到了平等的待遇,其结果是,另外一位副总裁获得了总裁职位,而自己的弟弟失败了。洛克菲勒在他后来的回忆录中写道:"我觉得自己亏待了弟弟,弟弟帮助我打下了江山,却没能继任总裁之职。"

洛克菲勒这种不徇亲情,平等对待下属的做法深得民心。所以说,在处理领导与下属的关系时,领导者必须一视同仁,公平对待,不分亲疏。不能受外界或个人情绪的影响,表现得时冷时热。当然,有的领导并无厚此薄彼的意思,但在实际工作中,难免愿意接触与自己爱好相近、脾气相似的下属,无形中冷落了另一部分人。有的领导对工作能力强、得心应手的下属,亲密度能够一如既往;而对工作能力较差,或者话不投机的下属,亲密度就不能持久,甚至冷眼相看,这样相互之间的关系就会逐渐疏远。

因此,领导要适当地调整情绪,增加与自己性格、爱好不同的下属的交往,尤其对那些曾经反对过自己的下属,更需要经常交流感情,以免造成不必要的误会和隔阂。在处理内部问题时,一定要"一碗水端平",做到不偏不倚,坚守中道。

"众恶之,必察焉;众好之,必察焉。"孔子的这句话,告诉我们在日常生活中,要立正自身,着眼于事实,待人处世要经过大脑的思考,以自己的是非评判观,理性进行判断,不能人云亦云,也不能随便趋同朋友的观点,这就是君子"中庸而时中"。下面这个故事可以帮助我们理解生活中的"中庸"之道。

有一家公司宣布了裁员名单,小王就在其内,他有两个月的时间另寻出路,这种事情无论发生在谁身上都会很不舒服,小王心里自然也很难受。从名单宣布的第二天开始,小王就变得情绪十分激动,想到自己几年来的辛苦工作居然换来了这样的结局,他的心里很不平衡,思想上也无法想通。

于是,他先去找同事诉苦,后来又去找主任伸冤,不久又托人到经理那里说情,根本没有心思好好工作。然而,他的这些"努力"都没有奏效,这次公司裁员的决心十分坚定。奔走了将近一个月,小王感到精疲力竭,他想事情既然不会有什么转机了,干脆就死心吧。他一边开始着手寻找新的工作,一边决心把职责内的工作做好。于是,小王心里渐渐平静了,就像根本没有裁员一样,依旧努力工作着。

两个月很快就过去了,主任告诉小王,公司认为他是一个合格的员工,希望他留下来继续工作。

小王面对裁员的打击,行为从不理智变为理智放弃了两种极端的态度,通过自己的理性分析,终于做出了正确的决定。所以说,一个人活在世,站稳自己的立场至关重要。然而,在现实生活中,每个人的人生观、价值观和世界观都有所差别,所以朋友的正确观点和判断,我们要予以肯定和支持,反之,错误的观点和判断,我们则不能随便附和,要做到权衡两端,时中而立。

大家都知道"鹦鹉学舌"这个典故,其中学舌的本意就是模仿别人说话。鹦鹉就是自己没有主见、别人说什么就跟着趋同别人的人。

宋朝释道原在《景德传灯录》记载:有行者问:"有人问佛答佛,问法答法,唤作一字法门,不知是否?"师曰:"如鹦鹉学人语,话自语不得,为无智能故。"

英国首相撒切尔夫人小的时候,过5岁生日那天,父亲把她叫到跟前,语重心长地说:"孩子,你要记住,凡事都要有自己的主见,要用自己的大脑来判断事物的是非,千万不要人云亦云。"

同时,一个人要立正自身,不仅仅只是能做到不人云亦云这么简单,而且在那些关于个人道德品质和价值观方面,也不能盲目与朋友相和。严子陵就是在这方面做得比较好的人。

严子陵年轻的时候很有名望,后来游学长安时,与刘秀结为朋友。后来,刘秀打败了王莽,在洛阳建立了东汉王朝,史称光武帝。刘秀登基以后就找到了老朋友严子陵，请他入宫。二人谈论以前的事十分投机，晚上，二人又共卧一榻，严子陵在睡梦中把脚放在刘秀的肚皮上，刘秀也没有丝毫怪罪。

当刘秀想要严子陵做他的谏议大夫时，严子陵却不辞而别，隐居于富春山下。范仲淹任睦州知府的时候，写了一篇《严先生祠堂记》："云山苍苍，江水泱泱，先生之风，山高水长。"以此来赞扬严子陵的高风亮节。

朋友贵在贫富之交。"一贫一富乃知交态，一贵一贱交情乃见。"即便是朋友日后身居高位，也要端正自己，可以为朋友

撒切尔夫人

的成就感到高兴，但不能贪图富贵而攀附于他。《汉书》说："势利之交，古人羞之"，这是一个人做人的道德准则，这比不随便附和朋友的言行更加重要。

中庸与成功之道

中庸的思想自古以来就作为人们的思想准则，在追求成功的道路上如何以中庸之道来指导自己呢，我们可以通过"中庸与目标追求""中庸与竞争双赢""中庸与欲望取舍""中庸与明辨是非""中庸与进退尺度"来一一释疑，具体内容如下：

实现目标靠中庸

做人做事应该树立明确的目标，但有的人在这方面走向了极端：不管这个目标是不是适合自己，非要一条道走到黑，结果只能是离自己的目标越来越远。目标的确定和实施也需要有一个中庸的态度，即高度适中，适时调整。

中国的一句老话叫做"好马不吃回头草"，对于目标的追求，回头草该吃的时候就必须回头，因为我们对目标的选择和确定本来就是一个选择之后再达成的过程。选择就是以自己的条件为中心，向周围搜索。有时把目标定得远了，难以实现，就要做适时的调整。

罗大佑的《童年》《恋曲1990》等经典歌曲影响和感动了一代人。但是罗大佑起初是学医的，后来他发觉自己对音乐情有独钟，所以他弃医从乐。事实证明，他

对自己人生目标的及时调整是对的。篮球飞人乔丹成名前曾尝试转行到一家叫伯明翰·巴伦斯的二流职业棒球队打棒球,只取得了很一般的成绩悻悻而归。伽利略是被送去学医的,但当他被迫学习解剖学和生理学的时候,他学习着欧几里得几何学和阿基米德数学,偷偷地研究复杂的数学问题,当他从比萨教堂的钟摆上发现钟摆原理的时候,他才18岁。

离斯特拉福德镇不远有一座贵族宅邸,主人是托马斯·路希爵士。有一天,刚20岁出头的莎士比亚伙同镇上几名好事之徒,扛着大猎枪溜进爵士的花园,开枪打死了一头鹿。结果莎士比亚被当场抓住,在管家的房间里被囚禁了一夜。莎士比亚在这一夜受尽侮辱,被释放后便写了一首尖刻的讽刺诗,贴在花园的大门上。这下子惹得爵士火冒三丈,扬言要诉诸法律,严惩那写诗的偷鹿贼。于是莎士比亚在家乡呆不下去了,只好走上去伦敦的旅途。正如作家华盛顿·欧文所说:"从此斯特拉福德镇失去了一个手艺不高的梳羊毛的人,而全世界却获得了一位不朽的诗人。"

俄罗斯著名男低音歌唱家奥多尔·夏里亚宾19岁的时候,来到喀山市的剧院经理处,请求经理听他唱几支歌,让他加入合唱队。但他正处在变音阶段,结果没被录取。过了些年,他已成了著名歌唱家。一次他认识了高尔基,给作家谈了自己青年时代的遭遇。高尔基听了,出乎意料地笑了。原来就在那个时候,他也想成为该剧团的一名合唱演员,而且被选中了!不过,很快他就明白,他根本没有唱歌的天赋,于是退出了合唱队,最终却成为举世闻名的作家。可见,一个人要成功,必须找准自己的最佳位置。

目标的实施,实际上是一个动态调整的过程,是随机转移的。若发现你原来确定的目标与自己的条件及外在因素不相适合,那就得改弦易辙,另择他径。

这种动态调整有以下的基本形式:

①主攻方向的调节。若原定目标与自己的性格、才能、兴趣明显背离,目标实现的可能性就会减小。这就需要适时对目标作横向调整,要及时捕捉新的信息,确定新的、更易成功的主攻目标。

扬长避短是确定目标、选择目标的重要方法。在科学、艺术史上,大量人才成败的经历证明,有的人在某一方面具有良好的天赋和能力,但不可能有多方面的强项。有的人在研究、治学上是一把好手,而一到管理、经营的岗位,他就一筹莫展,其能力平平,甚至很差。

②在原定目标基础上的调节。即主攻方向不变,只是在层次上的调整。若是

原目标定得过高了,只有很小的实现可能,必须调低,再继续积累,增强攻关的后劲。若原目标已实现,则要马不停蹄地制定新的更高层次的目标。若原目标定得太低,轻易就已跃过,则要权衡自己的能力、水平,将目标向上升级。

③在获得信息反馈之后的调节。即在原定目标受挫后幡然醒悟,重新把目标定在自己更易成功的领域。如美国科学家迈克尔逊,青年时入海军学校,但他在学校的成绩很差,特别是军事课,长期不及格,学校多次批评教育,仍然不起作用。学校不得不把他开除。但是,他对物理实验却非常感兴趣。被开除后,他投入到对物理的学习和研究中,很快就在物理学上展露锋芒。他长期孜孜不倦,苦苦钻研,不断攀登了一个又一个高峰,终于作出被荣称为"迈克尔逊光学实验"的伟大创举,并为相对论奠定了实验基础,成为美国第一个获得诺贝尔奖的人。

④从预测未来中进行调节。社会的需要和个人的兴趣、才能、性格等都经常会发生变化。如才能的发展与年龄大小关系极大,任何才能都有其萌发期、发展期和衰退期,所以,对未来的走向还应该考虑年龄因素。

⑤对具体的阶段目标视情况进行调节。大的目标要终生矢志追求,而小的阶段目标则可以进行适当的调节。如科研人员在研究方向的选择上,有时为了能快出成果,不断改变思路,从而取得成功的结果,这在科学史上不乏先例。

1962年获得诺贝尔生理学或医学奖的克里克和沃森,本来都不是分子生理学家。克里克在物理学界卓有成绩,二次大战期间致力于军事武器的研究;而沃森在大学时学的是生物学,对鸟类学、遗传学兴趣正浓。他们从物理学家薛定谔的《生命是什么》这一著作中得到启示,了解到分子生物学是未被人们开垦的处女地,他们即从原来的专业转到了核酸的研究。

其实,调整就是向现实妥协而采取的折中方案。不偏不倚谓之中,出现了偏差就要果断调整,这不正是中庸智慧的体现吗?

竞争双赢靠中庸

在一般人的观念中,竞争的状态应该是以你死我活的竞争结局收场。在整个过程中,明枪暗箭、尔虞我诈是最常用的竞争手段。在竞争最激烈的时候,和平竞争可以突发为恶性竞争,直至两败俱伤。但有一部分人的观念却与此相反,他们希望竞争的双方都能够在整个过程中获利,在竞争中求合作,在合作中求生存。双赢是他们追求的最高境界。概括地讲,双赢就是折中地追求双方利益的最大化,即互惠互利,利人利己。

利人利己可使双方互相学习、互相影响及共同获利。要达到互利的境界,必须具备足够的勇气及与人为善的胸襟。培养这方面的修养,少不了过人的见地和积极主动的精神,并且应以安全感、人生方向、智慧与力量作为基础。

品格是利人利己观念的基础,以下三项品格特质尤其重要:

①真诚正直:真诚正直可以带来友谊、信任和尊重。许多人也愿意和真诚正直的人交往,因为与之交往内心是安稳的,同时精神也能得到一种净化和升华。所以正直者很容易成为公众崇拜的偶像。美国曾经数度评选历史上最伟大的总统,那些名列前茅的,一般并不是以才能取胜的人,而往往是以品格,尤其是以其真诚正直获胜的人。正因为如此,亚伯拉罕·林肯、华盛顿总是榜上有名。而我国最近几年推选的"感动中国"的人物,有许多也正是因为他们的良知和正直才入选的。人类之所以充满希望,很大成分是因为人类热爱正直,崇尚正直。

②成熟:也就是勇气与体谅之心兼备而不偏废。有勇气表达自己的感情与信念,又能体谅他人的感受与想法;有勇气追求利润,也顾及他人的利益,这才是成熟的表现。许多招考、晋升与训练员工使用的心理测验,目的都在测试个人的成熟程度。

林肯

只可惜常人多以为魄力与慈悲无法并存,体谅别人就一定是弱者。事实上,人格成熟者严于律己,宽以待人。在需要表现实力时,决不落于损人利己者之后,这是因为他不失悲天悯人、与人为善的胸襟。

徒有勇气却缺少体谅的人,即使有足够的力量坚持己见,却无视他人的存在,难免会借助自己的地位、权势、资历或关系网,为私利而害人。但过分为他人着想而缺乏勇气维护自己的立场,以致牺牲了自己的目标与理想,这一做法也不足为训。

勇气和体谅之心是双赢思维不可或缺的因素,两者间的平衡才是真正成熟的标志。有了这种平衡,我们就能设身处地为对方着想,同时又能勇敢地维护自己的立场。

富足心态:一般人都认为世界如同一块大饼,并非人人能得而食之。假如别人多抢走一块,自己就会吃亏。难怪俗语说:"共患难易,共富贵难。"见不得别人好,甚至对至亲好友的成就也会眼红,这都是"乏匮心态"作祟。抱持这种心态的人,甚至希望与自己有利害关系的人小灾小难不断,疲于应付,无法安心竞争。他们时时不忘与人比较,认定别人的成功等于自身的失败。纵使表面上虚情假意地赞许,内心却妒恨不已,唯独占有才能够使他们肯定自己。

相形之下,富足的心态源自厚实的个人价值观与安全感。由于相信世间有足够的资源,人人得以分享,所以不怕与人共名声、共财势,从而开启无限的可能性,充分发挥创造力,并提供宽广的选择空间。

成功并非压倒别人,而是追求对各方都有利的结果。经由互相合作,互相交流,使个体难成的事得以实现,这便是富足心态的自然结果。

要想潜移默化地扭转损人利己者的观念,最有效的方式莫过于让他们和利人利己者交往。此外,还可阅读发人深省的文学作品与伟人传记,或观看励志电影。当然,正本清源之道还是要向自己的生命深处探寻。

建立在利人利己观念上的人际关系,有厚实的感情账户为基础,彼此互信互赖。于是个人的聪明才智可集中于解决问题上,而非浪费在猜忌设防上。这种人际关系不否认问题的存在或严重性,也不强求泯灭各方分歧,只强调以信任、合作的态度面对问题。

然而,合理的关系若不可得,与你交手的人偏偏坚持,双方不可能都是赢家,那该怎么办? 这的确是一大挑战。这时候,制胜的关键在于扩大个人影响圈:以礼相待,真诚尊敬与欣赏对方的人格、观点;投入更长的时间进行沟通,多听而且认真地听,并且勇于说出自己的意见,以实际行动与态度让对方相信,你由衷希望双方都是赢家。

双赢是一种典型的中庸观念,持这一观念做人,就能应付各种复杂的局面,战胜各种难缠的对手,从而置自己于不败之地。

欲求欲取靠中庸

以中庸的哲学看待金钱以及金钱与生活的关系,对于我们如何做人甚至对我们的人生有重大的意义。

金钱是维持我们生存的必要条件。没有金钱的支持,生存可能会出现危机。所以,我们为了生存和生存得更好去赚钱无可厚非,只要赚钱的途径正当、正确,就可以了。但变赚钱观为贪钱观就会铸成生活的负重,甚至会使自己失去自由。

一个贪婪金钱的人是不会懂得他所拥有的一切的价值,不断地索取追逐财富使他慢慢地失去了自己的本性，使原本拥有的东西都离他而去。因此，对金钱切不可太贪婪。

贪婪会让美丽变得丑陋。列夫·托尔斯泰和他妻子本应该是最幸福的。托尔斯泰是世界上最著名的小说家之一，他的两部著作《战争与和平》和《安娜·卡列尼娜》被作为人类文学宝库的经典，他们拥有财富、地位和可爱的孩子们。然而，惊人的变化发生了。托尔斯泰渐渐对他写出的巨著感到惭愧。此后，他全力撰写呼吁和平、制止战争和消除贫困的小册子。他放弃了全部财产，过着清贫的生活。而他的妻子喜爱奢华，她追求社交界的名声和赞誉，这些丝毫不能引起托尔斯泰的兴趣。她渴望金钱和财产，而他却认为财富与私产是一种罪恶。当他违拗了她的意志时，她就歇斯底里地发作，把装着鸦片的小瓶子凑到嘴边，在地板上打滚，发誓要自杀。

他们刚刚结婚时是心心相印、幸福美满的。可是 48 年之后，托尔斯泰甚至连看妻子一眼都忍受不了。一天晚上，老态龙钟、心灵破碎的妻子跪在丈夫面前，恳求他为她大声朗读他日记里那些描写从前爱情的精彩片段。当托尔斯泰重读这些记载着幸福美好时光的片段时，两人都失声痛哭，他们清楚地意识到，那甜蜜的日子一去不复返了。

82 岁的托尔斯泰再也忍受不了家中悲惨的不幸，于 1910 年 10 月的一个飘着雪花的夜晚离开了自己的妻子，进入黑夜的寒冷之中。他自己也不知道要去什么地方。11 天之后，他在一个火车站上死于肺炎。他临终前最后的要求是，不许他的妻子看他最后一眼。

托尔斯泰的这段婚姻的悲剧一经曝光，人们的惋惜之情充斥了整个世界，人们对他的妻子进行谴责。有的文章甚至称她是卑鄙和愚昧的女人。这就是托尔斯泰伯爵夫人为了物质的追求给自己留下的耻辱和无法挽回的损失。

现在，随着物质生活的日新月异，不少人崇尚享受，追求物质生活，物欲无法获得满足就起贪念，抢劫、盗窃、绑架，种种恶行层出不穷。

金钱原该是工作的回报，而且应该是工作越好，金钱的回报越多。问题是，当一个人把注意力由工作转向金钱之后，分散了对工作的专注，偏离了工作原来的指标，掺入了功利的杂念，急功近利，为求迅速达到赚钱的目的而急于完成，为求较普及的市场而迎合俗众，误以初步的成功所赚来的金钱为终极的成功巅峰，不再追求精进，只在浅薄的水平上重复一项初步的完成。我们看到，太多有天分的钢琴学生为了教琴赚钱，终于未能成为一位更好的钢琴家；我们看到，太多的艺人在刚起步时的成功之后，就停留在这一阶段，在舞台上蹦跳一阵之后，迅即消失。急功近利的做事态度，使人直接奔向金钱而无心顾及理想，更无暇完成理想。

希望你能在直接的财富之外，有眼力见到间接财富；在狭义的财富之外，有胸襟见到广义的财富。创事业的人，追求理想的人，要能避开"商业念头"的侵袭，才算是走上了成功的第一步。

西蒙·波娃在她的回忆录中说过，不可过分追逐金钱，金钱本身不能给你带来什么；追逐金钱，会给人一种为了活着而活着的感觉。为活着而活着是一种原始的生活，是真正文明的现代人所不能容忍的。

金钱有时带给我们的并不都是快乐，有时也可能是烦恼。人生一世，折磨我们的不一定总是贫穷，也可能是各种各样的贪欲。

沉湎于物质的追求，会产生对财富、名誉甚至知识的执着。为了这无止境的人生追求，人会日夜渴望增强自己的力量，变成欲壑难填的怪物。人所拥有的越多，越引以为豪，越能向他人展示自己存在的优越性，就越易被引入思想的迷途，带来无尽的烦恼。

有一次，英国女王参观著名的格林尼治天文台，当她得知任天文台台长的天文学家詹姆·布拉德莱的薪金的级别很低时，表示要提高他的薪金。布拉德莱得悉此事后，恳求女王千万别这样做，他说："如果这个职位一旦可以带来大量收入，那么，以后到天文台来工作的人，将会不是天文学家了。"

为钱工作，这是残酷的。如果可能的话，别让钱支配你的生活。

尝试以中庸的态度看待金钱吧，这样才能真正地让金钱为你服务，也才能因为找到了金钱与生活之间的平衡而品尝到乐趣。

明辨是非靠中庸

中庸、折中，听起来再简单不过，但实际做起来难上加难。比如，在现实生活里，有几个人在具体的做人做事的过程中认真听取过他人的意见？听取意见就是对自我的修正，就是实现中庸的一种途径，遗憾的是，我们总是在这一点上犯错误。

年轻人都很容易相信那句"走自己的路，让别人去说吧"的豪言壮语。然而，有多少人正是因为太相信这句话而吃尽苦头！走自己的路当然没错，但如果能够多听一听别人的意见，尽量少走弯路不是更好？

俗话说："一处不到一处迷"，很多事不是仅凭我们自己的想当然能解决问题的，一定要去见识一番才能了解情况。如果全靠自己去闯，受伤的机会就比较多了，因为你无法预料那个陌生的地方有没有陷阱和荆棘，有没有毒虫与猛兽。若是向过来人问一问,安全系数就大大提高了。当然,你不能像小马过河那样,全听他人意见,还应该结合自己的实际情况亲自实践一下。

有一个年轻人想独立创业开一家服装店。母亲知道他这个创业计划后,劝他说:"你叔叔以前做过好多年生意,现在不做了,经验还在,你不如去请教请教他。"

年轻人心想,叔叔做生意都是几年前的事了,他那点老经验拿到网络时代来用,只怕过时得太久了。他决定按自己的思路做事。

年轻人租了一个临街的门面,这周围只有几家食品店和百货店。他想,在这儿开服装店,没有竞争对手,生意肯定错不了。没想到开业后,他的生意十分冷清,别说买主,连进来瞧一瞧的人都很少。他以为这是刚开业,没有知名度的缘故,做下去就好了。谁知过了半年,生意仍没有多大起色。眼看苦熬下去没有什么意思,宣布倒闭又心有不甘。正在犹豫时,母亲替他请来叔叔,帮忙看看生意不景气的原因。叔叔看了一眼就说:"你这地方开服装店不行,周围一家服装店也没有,不招客。"

年轻人奇怪地问:"为什么?"

"你的店面小,花色品种有限,对顾客的吸引力本来就不大,加上没有对手竞争,价格没有比较,顾客怎么愿来呢?"

年轻人心想:看来前辈的经验还没有完全过时,说得还是有点道理的。既然这地方"风水不好",那就只好关门大吉了。后来,他在叔叔的指点下,在另一个地点重开了一家服装店,这回生意做得很不错,不久便扩大成服装超市了。

我们经常听到别人的忠告,自己也常常对别人提出忠告。然而,当人们给予你建议或忠告时,你是仔细聆听,还是认为人们故意找你麻烦呢?对于你而言,分清别人的意见是否切实可行,是最宝贵的一笔财富。

有个猎人抓到一只鸟儿,神奇的是,这只鸟儿居然能说70种语言。

被关在笼子里的鸟儿哀求说:"求求你,放了我吧!只要你放了我,我就送给你三个生存秘诀。"

猎人思考了一下,回答说:"好,不过你得先说,我才放你走。"

鸟儿听了之后,怀疑地看着猎人。

猎人看见鸟儿似乎不大相信,他举起手立誓:"我发誓,只要你说了,我一定会放你走。"

鸟儿看见猎人发誓了,便说:"那么你听好了!第一条是,做了就不要后悔。第二条是,如果有人告诉你一件事,只要你认为不可能,就千万别相信。第三条是,当你做不到时,就别勉强去做。"

忠告说完后,鸟儿便问猎人:"可以放了我吧?"

虽然猎人还没消化完这些忠告,不过他仍然遵守诺言,将鸟儿放了。

鸟儿开心地飞到树上,接着朝着猎人大声喊道:"你这个蠢蛋,谢谢你放了我!不过,你一定没有料到,我嘴里正含着一颗价值连城的大珍珠,就是这颗珍珠,让我如此聪明的。"

猎人一听,连忙跑到树下,他瞪大了眼,心中开始盘算着,如何再将这只鸟儿捉住。

猎人懊悔地站在树下,过了一会儿,只见他开始往上爬,但是当他爬到一半时,却不小心掉了下来,还摔断了腿。

这时,鸟儿嘲笑他说:"笨蛋!我刚才不是告诉你了吗?怎么马上都忘了呢?我不是说一旦做了就别后悔,为什么你现在又后悔了呢?还有,我说,如果有人对你说了你认为是不可能的事,就千万别相信他。可是,你居然相信我的小嘴含得住大珍珠。最后我不是说,如果做不到时,就别勉强自己吗?你看看,你为了捉住我,勉强爬上这棵大树,结果却摔断了腿,真是得不偿失啊!"

鸟儿在飞走前,还送了猎人这么一句话:"对聪明的人来说,只要受过一次教训,他就会警惕;然而,愚笨的人即使遭受了一百次挫折,恐怕还不一定知道问题所在。"

就像这只会说70种语言的鸟儿所说的,如果不能从经历中吸取教训,那么,即使人们告诉他前面有个陷阱,他也一样躲不过。

不要偏狭地看待人们给出的意见,我们需要的是有鉴别地听别人的建议,并根据实际情况,灵活运用这些建议。

听一听他人的意见,并不会让我们有任何的损失,或许我们真的能从这些建议中找出自己的缺失,调整自己的步伐,让我们能够不断从失败的教训中,获得最完整的经验累积,找到最便捷的通道。这便是中庸做人的妙用之一。

进退尺度靠中庸

做事鲁莽而无虑者,那是个傻瓜;反之,太过谨慎,甚至杞人忧天者,那就该是胆小鬼了。走任何一个极端都将预示着人生的失败,都违背中庸做人的哲学。所以,我们可以谨慎,但不可以太谨慎。在周密而严谨的思考之后,倘若有机可循,便可乘势出击。切不可太注重小节而失大利。在这一点上,诸葛亮就是一个最好的例证。

诸葛亮虑事周全,谨小慎微,对他这种性格描述比较贴切的是《三国演义》里他第一次兵出祁山的一节。

诸葛亮用马谡的反间计使曹睿削掉司马懿的兵权后,开始北伐中原,曹睿派驸马夏侯楙为大都督迎战诸葛亮,于是魏延向诸葛亮献策:

诸葛亮

"夏侯楙乃膏粱子弟,懦弱无谋。延愿得精兵五千,取路出褒中,循秦岭以东,当子午谷而投北,不过十日,可到长安。夏侯若闻某骤至,必然弃城望横门邸阁而走。某却从东方而来,丞相可大驱士马,自斜谷而进,如此行之,则咸阳以西,一举可定也。"

孔明笑曰:"此非万全之计也。汝欺中原无好人物,倘有人进言,于山僻中以兵截杀,非唯五千人受害,亦大伤锐气。决不可用。"魏延又曰:"丞相兵从大路进发,彼必尽起关中之兵,于路迎敌,则旷日持久,何时而得中原?"孔明曰:"吾从陇右取平坦大路;依法进兵,何忧不胜!"遂不用魏延之计。

其实魏延此计正合兵家奇袭之计,妙不可言,当时在关羽、张飞死亡,刘备大败于孙权,死于白帝城后,曹魏方面认为蜀汉已经没有力量作战了,在陕甘方面的守备力量不强,所以,诸葛亮出祁山后,不但甘肃东部三州叛魏归蜀,而且关中震动。

这是一个极好的机会,但是诸葛亮没能很好地利用它。此后即使马谡不失败,诸葛亮占领了甘肃东部后,南方蜀军和主要由北方人组成的曹魏大军交战,在西北荒原上周旋,也很难占便宜。此外,甘肃东部的战略要地不多,即使占领了,从全局上看其价值也不够大。甘肃不如关中富饶,在那里驻军很容易产生粮食不足的问题。合理的战略应该是利用曹魏方面短时间惊惶失措占领关中,实现诸葛亮在隆中对中所规划的"率益州之众,以出秦川"的战略。一旦占领了长安,甚至潼关,局势变成魏攻而蜀守城,曹魏的铁骑就显不出优越性了。以此看来,魏延提出由子午谷偷袭的方案是比较高明的。当然,魏延的建议未必是最合理的,但是,完全抛弃它,按照常规战法绕大圈子,绝不能说是高明。收复甘肃诸郡,要用去很多时间,魏方有时间从东部调兵遣将,蜀军出奇兵的优势完全丧失。合理的做法是完善魏延的建议,以突袭关中为目标,在魏方没有准备的条件下,力争取得最大胜利。司马懿重掌兵权之后,分析说:"如果是我进兵,我一定要从子午谷进攻,奇袭长安,这样长安一带便唾手可得。"魏延与司马懿可谓英雄所见略同,可过于谨慎细致的诸葛亮却不用此计,实在遗憾。当时,诸葛亮认为:曹魏在关中虽有一些驻军,而从战局进程看,曹魏在甘肃东部驻军是极弱的,蜀军一到就投降。此外,蜀汉和羌、氐各族人的关系较好,也是有利因素。所以,看来出祁山占领陇东是十分有把握的。只可惜,最有把握的未必是最佳的。过度谨慎在军事上常常不占便宜。

后来邓艾率五千精兵,偷渡阴平,逢山开路,遇水搭桥,奇袭成都,一举成功,他没按正规进攻路线攻打成都,避开姜维剑门关的大军,灭了蜀汉政权,此计与魏延之计如出一辙。

诸葛亮北伐中原能够成功的唯一一次机会就在这里,因为魏主曹睿连续犯了两个错误:一是中了马谡的反间计,夺了司马懿的兵权;二是派不懂战事的夏侯楙为帅来拒蜀。这正好给了诸葛亮天赐之机,如果诸葛亮能抓住这一机会,按魏延之计,率五千精兵直取长安,自己再率军出斜谷,那么大事几乎成矣。再加之其他兵马呼应,谁能定天下就难说了。

机会是均等的,也是短暂的,成功者的素质就在于能抓住短暂的机会,哪怕是瞬间也不错过,只有如此,才能成功。古往今来成功者无不如此,不管是谁,只要机会闪现,他们便绝不放过。

然而,诸葛亮毕竟是诸葛亮,太过细致谨慎造就他在任何事情面前都不会铤而走险。谈笑间,他失去了一个千载难逢的一统天下的机会,仅此一次就让他一生的心血付诸东流。

诸葛先生是因为谨慎而失去一统天下的机会,可见,就连如此聪明的人,太过谨慎都无法取得成功,我们就更不能小视这一人性的弱点了。

第二节　修身以道,修道以仁

人是有欲望追求的,通过对人的观察孔子总结出:明知不可为而为之的事情,在具备了常人所不具备的大智慧、大仁义、大勇气的条件下,确实有可能成功,因此对于万物之灵的人来说,也就不是什么最难的事情了。然而,中庸之道所倡导的恰到好处、适可而止,却需要人们剔除本性中贪婪、自私的因素,时时注意修身养性,使自己具备仁、义、礼、智、信等品德,更要有永不放弃的勇气与毅力,才可能做得到。

修身正己，以得天下

一个人的品貌是先天生成的，本事再大的人也无能力选择自己的品貌长相，无论是丑是美，是高是矮，只能听天由命。然而，一个人的教养却可以经后天的学习、修炼得到提升。中庸之道始终强调人必须重视修身，必须养成良好的教养。

孔子常常教导自己的学生说："朝闻道，夕死可矣。"意思是说一个人早晨明白了做人修养的道理，就是到了晚上死去也值得的。可见孔子对修身的看重程度。诸葛亮则说："鞠躬尽瘁，死而后已。"他是把尽职尽责的做人素养当作高于人生一切的第一原则，因而震撼了千百年来的人们。而文天祥说："人生自古谁无死，留取丹心照汗青。"这种大无畏的人生教养，仿佛具有感天动地的魅力，让人油然而生敬意。

如果说，他们的教养涉及的是人生的大道理，离我们这些凡夫俗子相去甚远，我们也没有必要整天想"死而后已"这样的生死大问题的话，那么，发生于我们身边许许多多的小事却值得我们每个人深思，也许这样的教养更有现实意义，这也正是本文题中应有之义。培养一个人的教养，从大处说，体现着一个人的综合素质；从小处看，体现了一个人的做人品性。孔子说："勿以恶小而为之，勿以善小而不为。"就是在告诉人们，一个人是否拥有较高素养，不在于他做的事情的大小，恰恰是一件件微不足道的小事构成了一个人的整体教养。

俗语说："站有站相，坐有坐相。"这是要求人们站、坐、行都要体现一种教养。一个人在公开场合亮相，举手投足无不给人留下一种印象。如果站没有站相，坐没有坐相，就给人一种很缺乏教养的感觉。这样，即使他或她的相貌很出众，也会因缺乏教养的举止而使自己的形象大打折扣。相反，即使相貌平平或其貌不扬，也会因为举手投足的洒脱有礼，而给人留下美好的印象。

相传曾国藩在选人时非常注重观察人的举手投足等不被人重视的细节，为此，他总结出通过人的举手投足而观人识人的九种方法，即观神识人，就是要察看一个人的神态是否平和端庄；观精识人，就是识别人的智明愚暗；观筋识人，就是要看人的胆量；观骨识人，就是看一个人的强和弱；观气识人，就是看一个人是否沉稳安静；观色识人，就是看一个人是否仁慈厚道；观信识人，就是看一个人素质好坏，修养高低；观容识人，就是看一个人是否心怀他念；观言识人，就是通过听其言，察其心。说到底，这九种识人方法都是察看人是否具有教养的方法。曾国藩对此也总结说:"中和之才最为贵",他说:"凡人之质量,中和最贵矣。观人察质,先察其平淡,后求其聪明。""中和"既包含了中庸之意,也含有教养之意。在曾国藩看来,具有这种"中和"品质的人,心性平和,为人处世稳重,不声不响,又让人信赖,有王者风范而无霸气。

一个人是否拥有较高的教养,总会从其神态形色或举手投足上表现出来。大凡那些成为达官显贵的人,有的也不乏出生于平民白丁,但他们都是极重视举手投足的细小修养,使自己逐步具有贵人的气质,站在一群人中就能凸显出尊贵与不凡。总的来说,这样有教养的人总能给人容颜干净整洁、端庄稳重、举止大方、打扮适当的良好印象。

天津南开中学教学楼门口悬挂着创始人严范孙为学生制定的"仪容格言":"面必净,发必理,衣必整,纽必结;头容正,肩容平,胸容宽,背容直;气象勿傲勿暴勿怠,颜色宜和宜静宜庄。"这些仪表风度方面的要求堪称现代学生仪容礼仪方面的准则。

"人靠衣装,佛靠金装"。三分长相,七分装扮。有教养的人都非常讲究穿戴,未必要穿名牌,也未必要华贵,但必须干净整洁,举手投足一定要温文尔雅。

堂堂正正,遵守道义

中庸要求一个人不断地自我修养、自我教育、自我完善,为什么呢? 因为人生中的诱惑多多,只有通过自身修养的提高,才能把选择的砝码倾向于道义一边。

提到义与利的抉择,就不能不提到万世楷模关羽。

三国时期,曹操为争天下,蓄谋除掉刘备,他发兵二十万,分五路下徐州攻打刘备。刘备因寡不敌众而大败,单枪匹马投奔青州袁绍。

当时关羽保护着刘备的两个夫人死守下邳(今江苏睢宁西北)。曹操十分敬慕关羽的武艺人才,渴望关羽能够成为自己的部将。他便用计攻破下邳,又派自己部将中与关羽有过一面之交的张辽去请关羽暂时栖身曹营。

而后,曹操费尽心机对其施予厚恩,以图关羽归顺自己。

曹操安排关羽与刘备的两个夫人同居一室,企图以此扰乱刘备与关羽的君臣之礼、兄弟之义。但关羽手持灯烛护卫于门外,通宵达旦,毫无倦色。曹操一计不成,但在心里却愈加敬佩关羽。到了许昌(今河南建安区东),曹操领关羽见过汉献帝,献帝下诏封关羽为偏将军。曹操摆筵席请关羽坐上座,会见众谋臣武士。曹操又拨给关羽一座府第,赠关羽早已准备好的绫帛、金银器皿及十名美女。自此三日一小宴,五日一大宴地款待关羽。

关羽将府第分为两院。内院请两位嫂嫂居住,派由下邳跟随而来的将士十人把守,自己居于外院。又将曹操所赠金银财帛都送到二位嫂嫂处收存,并命十名美女好生服侍她们。自己每三日一次到内院门外施礼问安,直到二位夫人说"叔叔自便",方敢退回。

曹操见关羽穿的战袍已旧,便估算其身量,选用上等织锦请人精心缝制一件战袍赠予关羽。关羽穿上新衣,却将旧袍罩在外面,曹操笑问关羽为何如此节俭,关羽说:"并非节俭,只因这战袍是刘皇叔所赐,穿着它就好像看见了哥哥。"曹操听罢又喟叹了一番。

关羽在曹营时时思念刘备,有时理着髯须自言自语:"活着不能报效国家,而今的处境又违背结义兄弟的初衷,真是白白地活着!"曹操便命人缝制一只精美的锦袋,送与关羽护髯。

曹操见关羽的马瘦,便命左右牵来一匹马赠送他。只见那马浑身赤如火炭,形状高大雄伟,背上的鞍辔十分精致秀美。关羽一眼认出这是吕布曾经骑过的赤兔马,立即躬身一再拜谢。

曹操不解地问:"我送你那么多的金帛和美女,你不曾拜谢,而今送了一匹马,你却高兴得一拜再拜,为什么把畜生看得比人还贵重呢?"关羽答道:"这马一日可行千里,今天我很幸运能得到它。有朝一日如果得知兄长刘备的下落,我骑上这匹马只需一天就能跑到兄长所在的地方。"

曹操见自己如此厚待关羽,关羽却毫无归顺之意,心中着实不悦,便将心事说与张辽听了。张辽去拜访关羽并与他叙谈。关羽说:"我自然知道曹丞相待我厚恩,但我已与刘备、张飞誓共生死,决不背弃。我虽不能留在曹营,但一定要立功报答曹丞相的厚恩而后离去。"张辽又问:"如果刘备已经不在人世,您将做何打算?"关羽答道:"愿随兄长于九泉之下。"张辽知道关羽迟早要离开曹营,只好如实报告曹操。曹操长叹说:"事主不忘其本,真乃天下义士!"后来,关羽知道了刘备的下落,在斩颜良、诛文丑报答了曹操之后,立即到丞相府拜辞曹操。曹操在门上挂着回避牌,有意不见。关羽一连去了几次都没见到曹操,又去拜别张辽,张辽推说有病也不相见。关羽只好写了封书信派人送与曹操,同时将曹操所赠金银财帛原数留下,十名美女安顿在内宅,汉寿亭侯印悬于堂上,而后带上原来人员及随身行李,护着两位嫂嫂,出北门而去。

此后,关羽过五关、斩六将,历尽艰险,终于与刘备、张飞在古城相聚,并为刘备建立蜀汉王朝,形成魏蜀吴"三国鼎立"立下了汗马功劳。

关羽放弃了曹操给予的名位和重赏的金银美女,为了义气,为了忠于刘备,毅然辞别了势力强大的曹操,回到了一无所有、几度寄人篱下的刘备身边。关羽真正能配得上"义薄云天"四字。刘备也正是有了这样讲义气、靠得住的二弟和同样义薄云天的众多大将,才有了他三分天下的蜀国。

做人就应该堂堂正正,讲求仁义,遵守道义,重义轻财,不可为贪图一时的小利而见利忘义,忘恩负义。如果因为过分追逐名利而落下一个"不讲义气""靠不住"的恶名,那最终的结局将可想而知。

节制自己的欲望

人有欲望,也有善良的本心,引导自己的欲望适可而止,恰到好处地满足自己基本的欲望,而不损害他人的利益。倘若做到了这一步,就能得"中庸"处世之道了。

可是人们常常害怕失去眼前的小利益,而对他人的内心需求却漠然不知,结果失去了更多的东西。这是人性的弱点,不能中庸处事的人,其缺点暴露无遗。对此,人们发现了一种处世之术,即你掌握了对方的弱点并进行利用,处理问题或求人办事就可以被对方认可与接受。这是一种主动出击的战术,一切都将得心应手,称心如意,但是要利用得恰到好处。我们来看历史上的一个小故事就很容易理解了。

历史记载:楚、汉在荥阳一带展开拉锯战,势均力敌。于是双方约定,以鸿沟为界,中分天下,其西归汉,其东归楚。

后来,项羽解围东撤,刘邦也引兵西归。张良充分认识到此时的项羽由于刚愎自用,已经到了众叛亲离、捉襟见肘的地步。于是,张良、陈平二人同谏刘邦,希望他趁机灭楚,免得后患无穷。刘邦听从了他们的建议,亲自统率大军追击项羽,另外派人约韩信、彭越合围楚军。汉军追到一个叫固陵的地方,却不见韩信、彭越二人前来支援。项羽回击汉军,刘邦又一次败北。刘邦躲在山洞中,不胜焦躁,询问张良道:"诸侯不来践约,那将怎么办?"张良是一位工于心计的谋略家,他时刻关注着几个影响时局的重要角色的一举一动,并筹划应对之策。

当时,虽然韩信名义上是淮阴侯、彭越是建成侯,实际上却只是空头衔,没有一点实权。因此，张良回答刘邦道："楚兵即将败亡，韩信、彭越虽然受封为王，却没有确定疆界，二人不来赴援，原因就在于此。主公若能与之共分天下，当可立招二将。若不能，成败之事尚无法预料。我请主公将陈地至东海的土地划给韩信，睢阳以北到谷城的土地划归彭越，让他们各自为战，楚军将会很容易被攻破。"

刘邦一心解燃眉之急，听从了张良的劝谏，不久，韩信、彭越果然率兵来援。公元前202年农历九月（汉初以十月为年首），各路兵马会集垓下。韩信设下十面埋伏，与楚决战。项羽兵败，逃到乌江自刎。长达4年之久的楚汉战争，以刘邦的胜利而告终。

在处理韩信、彭越索要实惠这件事情上，张良做得十分周到，也充分利用了人好名利的弱点，划归一些封地给他们，满足了他们的欲望，使他们尽力而战。人没有不自私的，与其让别人为你办事，不如让他们为自己办事，后者比前者的成功率要高得多。再来看姜太公钓鱼的典故。

周文王在渭水的北岸见到了正在直钩钓鱼的姜太公，太公认为用人办事的道理和钓鱼有点相似之处：一是禄等以权，即用厚禄聘人与用诱饵钓鱼一样；二是死等以权，即用重赏收买死士与用香饵钓鱼一样；三是官等以权，即用不同的官职封

姜太公

赏不同的人才，就像用不同的钓饵钓取不同的鱼一样。姜太公接着说："钓丝细微，饵食可见时，小鱼就会来吃；钓丝适中，饵食味香时，中鱼就会来吃；钓丝粗长，饵食丰富时，大鱼就会来吃，鱼贪吃饵食，就会被钓丝牵住；人食君禄，就会服从君主。所以，用饵钓鱼，鱼就被捕杀；用爵禄收罗人时，人就会尽力办事。"

可见，每一个人都有特殊的欲望，而这个欲望就是他特有的弱点，只要你抓住了他的弱点，并满足了他的欲望，别人就会效力于你。利用人们心中真正的欲望去制约他，让别人为自己办事，姜子牙的方法可谓恰到好处。

慎独是自我修养的一种方法

慎独是一种思想，也是自我修养的重要手段。在古代的典籍中，人们一般把慎独理解为"在独处无人注意时，自己的行为也要谨慎不苟"（《辞海》），或"在独处时

能谨慎不苟"(《辞源》)。

其实,慎独,关键是一个"独"字。"独"是什么?独是别人看不见听不见的地方,它不仅是指外在的空间,更重要的是指人的心灵,朱熹就说过:"独者,人所不知而己所独知之地也。"只要心中有道德,脑海有纪律,手脚有约束,把独处也当作光天化日,就能做到慎独。朱子讲过:"非特显明之处是如此,虽至微至隐,人所不知之地,亦常慎之。小处如此,大处亦如此。显明处如此,隐微处亦如此。表里内外,精粗隐显,无不慎之"。

子夏是孔子的弟子。

有一天,子夏去拜见曾参,曾参也是孔子的得意弟子,一向严于律己,以孝行著称。曾参看了看子夏,打趣地说:"怎么一阵子不见,你就如此发福啊。"子夏不以为意,反而乐呵呵地回答说:"我打了一个大胜仗,心情舒畅无忧,所以身体就胖起来了。"曾参有些摸不着头脑了,疑惑地问:"这话是什么意思?"子夏说:"我终日在家读书,学习先王(泛指贤帝尧舜等)之道,觉得他们的仁义道德和高尚的德行,实在是高山仰止,令我心生敬佩仰慕之情,觉得能效仿他们一定很快乐。可是出门之后,当我看见富贵人家身穿绫罗绸缎,享受豪宅美食,夜夜笙歌曼舞,逍遥自在,我又不由得心生向往之情,觉得能那样生活一定很幸福。两个念头不断出现在我的脑海中,激烈争斗,难分胜负,我寝食难安,心中不宁,所以身体日益消瘦。现在先王之道终于在心中占上风,取得了绝对胜利,我的心情又恢复了安宁祥和,所以身体自然发胖了。"

曾参听了,连连称赞子夏,对他更为敬重。

古圣今贤们所说的"人恒过""不犯错误的人没有",并不是人们可以不自律、不严己、不加强道德修养、不追求高尚品格的遁词。孔子认为,人们如果要不断提高自己的道德品质,就必须"躬自厚""求诸己""内自讼"。他的门生子夏无疑是遵照其教导,严格要求自己的典型。如果一个人通过反身自省,感到自己是忠诚踏实的,那便是最大的快乐。正因为这样,子夏才由瘦而胖,并因此而欢欣愉悦。

古往今来,慎独境界者不乏其人。

柳下惠坐怀不乱,曾参守节辞赐,萧何慎独成大事。东汉杨震的"四知"箴言,"天知、地知、你知、我知"慎独拒礼;三国时刘备的"勿以恶小而为之,勿以善小而不为"。范仲淹食粥心安,宋人袁采"处世当无愧于心",李幼廉不为美色金钱所动。元代许衡不食无主之梨,"梨虽无主,我心有主";清代林则徐的"海纳百川,有容乃大;壁立千仞,无欲则刚",叶存仁"不畏人知畏己知",曾国藩的"日课四条":

慎独、主敬、求仁、习劳,其所谓慎独则心泰,主敬则身强。以上种种,无一不是慎独自律、道德完善的体现。

慎独是一种人生境界。慎独是一种修养,慎独是一种自律,慎独是一种自我的挑战与监督。

慎独的最高境界是孔子所说的"随心所欲"。这里讲的随心所欲不是我们日常所说的想干什么就干什么,而是指道德修养到一定程度后所达到的一种道德境界。慎独虽然是古人提出来的,但并没有因时代的更迭变迁而失去现实意义,是因为它是悬挂在你心头的警钟,是阻止你陷进深渊的一道屏障,是提升你自身修养走向完美的一座殿堂。

自省是大智大勇

内省不仅是了解自己做了什么,最重要的是透过它了解自己真正的意图;柏拉图更进一步说,内省是做人的责任,没有内省能力的人不配做人,人只有透过自我内省才能实现美德与道德。

自省,简而言之就是自我反省,自我检查,以能"自知己短",从而弥补短处,纠正过失。

力求上进的人都是重视自省的。因为他们知道,自省是认识自己、改正错误、提高自己的有效途径,自省使人格不断趋于完善,让人走向成熟。孔子的学生曾参说,他每天从三方面反复检查自己:替人办事有未曾竭尽心力之处吗? 与朋友交往有未能诚实相待之时吗? 对老师传授的学业有尚未认真温习的部分吗? 他就是这样天天自省,长处继续发扬,不足之处及时改正,最终成为学识渊博、品德高尚的贤人。

自省是道德完善的重要方法,是治愈错误的良药,它能给我们混沌的心灵带来一缕光芒。在我们迷路时,在我们掉进了罪恶的陷阱时,在我们的灵魂遭到扭曲时,在我们自以为是沾沾自喜时,自省就像一道清泉,将思想里的浅薄、浮躁、消沉、阴险、自满、狂傲等污垢涤荡干净,重现清新、昂扬、雄浑和高雅的旋律,让生命重放异彩,生气勃勃。

自省的主要目的是找出过失及时纠正,所以自省绝不可以陶醉于成绩,更不可以文过饰非。

"静坐常思己过",以安静的心境自查自省,才能克服意气情感的干扰,发现自己的本来面目,捕捉到自以为是的过失。

只有善于发现并且敢于承认自己的过失,才可以进一步纠正过失。我们常常看不到自己的短处,很多缺点都是通过旁人的指出才知道。这就要求我们用一颗平常心来对待别人善意的规劝和指责,反省自己的过失。俗话说"忠言逆耳利于行",那些逆耳忠言常常能照亮我们不易察觉的另一面。

阿光是位应届大学生,他学的是英文,自认为无论听、说、读、写,对他来说都只是雕虫小技。

由于他对自己的英文能力相当自豪,因此寄了很多英文履历到一些外资公司去应征,他认为英文人才是就业市场中的绩优股,肯定人人抢着要。

然而,一个礼拜接着一个礼拜过去了,阿光投递出去的应征信函却了无回音,犹如石沉大海一般。

阿光的心情开始忐忑不安,此时,他却收到了其中一家公司的来信,信里刻薄地提道:"我们公司并不缺人,就算职位有缺,也不会雇用你,虽然你认为自己的英文程度不错,但是从你写的履历看来,你的英文写作能力很差,大概只有高中生的程度,连一些常用的文法也错误百出。"

阿光看了这封信后,气得火冒三丈,好歹也是个大学毕业生,怎么可以任人将自己批评得一文不值。阿光越想越气,于是提起笔来,打算写一封回信,把对方痛骂一番,以消除自己的怨气。

然而,当阿光下笔之际,却忽然想到,别人不可能无缘无故写信批评他,也许自己真的太过自以为是,犯了一些错误是自己没有察觉的。

阿光的怒气渐渐平息,自我反省了一番,并且写了一张谢卡给这家公司,谢谢他们指出了自己的不足之处,用字遣词诚恳真挚,把自己的感激之情表露无遗。

几天后,阿光再次收到这家公司寄来的信函,他被这家公司录用了!

自省是一次自我解剖的痛苦过程。它就像一个人拿起刀亲手割掉身上的毒瘤,需要巨大的勇气。认识到自己的错误或许不难,但要用一颗坦诚的心灵去面对它,却不是一件容易的事。懂得自省,是大智;敢于自省,则是大勇。割毒瘤可能会有难忍的疼痛,也会留下疤痕,但它却是根除病毒的唯一方法。只要"坦荡胸怀对日月",心地光明磊落,自省的勇气就会倍增。古人云:"君子之过也,如日月之食焉。过也,人皆见之;更也,人皆仰之。"这句话的意思是:日蚀过后,太阳更加灿烂辉煌;月蚀复明,月亮更加皎洁明媚。君子的过错就像日蚀和月蚀,人人都看得见,但是改过之后,会得到人们更崇高的尊敬。

人往往只看得见别人的过错,却看不见自己的缺失,面对别人的指责,也常不加自省,反倒以恶言相向来掩饰自己的心虚。这样的人怎能进步,怎能是一个完美的人?

有一天,天神说:"所有的动物们听好,如果有谁对自己的相貌或形体不满意的,今天都可以提出来,我会尽量帮你们修正。"

于是,天神转身对猴子说:"猴子过来吧!你先说,你和他们比较之后,你认为谁最完美呢?你对自己的外形满意吗?"

猴子回答说:"我啊!我觉得我的四肢完美,相貌更是无可挑剔,所以我十分满意!要跟其他动物比较的话,我倒觉得熊老弟的长相挺粗笨的,如果我是他的话,这辈子我再也不要看见自己这个蠢模样!"

这时,大熊蹒跚地走过来,大伙都认为他也会这么认为。

可是,没想到他却开始吹嘘起自己,不仅认为自己外表威武雄壮,还不客气地批评起大象。他说:"你们看一看大象老哥吧!虽然他十分壮硕,但是尾巴那么短,耳朵又太大,身体笨重得毫无美感可言!"

老实的大象听到大熊这番话,虽然没有辩驳,却批评起其他的动物:"以我的审美观来看,海中的鲸鱼比我肥胖多了,而蚂蚁则太过渺小!"

这时,小蚂蚁抢着说:"微生物才渺小呢!和他们比较起来,我简直就像巨象一样!"

大殿前,没有一只动物懂得反省自己,全都在互相批评与指责对方,更没有一个动物肯承认自己的不足。

天神无奈地摇了摇头,只好挥手叫他们离开。

这些动物们口沫横飞地指责别人的缺点,失去了完善自己的一个绝佳机会。

批评容易自省难,对许多人来说,缺点永远长在别人的身上,而自己的过错却可以用很多种角度去原谅。

还是赶紧站到镜子前照一照吧!仔细地看着镜里的自己,是否长了斑点,多了好些不妥,可能也会发现一丝进步,那就将好的继续发扬,不好的赶紧改正吧!

成大事者皆自律

大部分拥有顶级成就的企业,都是善于自律的企业。他们的领导人都具有这样一个品质,那就是极其善于控制自己。他们很清楚自律者才能律人的道理,清楚以身作则的作用。所以他们在很多方面都是一个行为的标准。这为他们树立了威望,赢得了员工的拥护,同时也使很多政策能够很好地被执行。

比尔·盖茨创建并壮大了微软王国,被评为世界首富,他的顶级成就,就是源于他的高度自律。

比尔·盖茨只是哈佛大学的一个二年级的肄业生,他不仅没有计算机专业的博士学位,甚至连本科文凭也没有获得。但是,他却成了"计算机革命的点火人,软件的天才",他是第一个靠观念、智慧、思维致富的人。比尔·盖茨的成功与他超强的自律能力是分不开的。正如他本人所说:"我个人以为,既然想要做出一番事业,我们就不能太善待自己,只有自律的人,才能够最后取得事业的成功。"他几乎所有的时间都花在工作和学习上,从不轻易放松自己。在中学的时候,他就靠自学、靠钻研,掌握了高深的计算机技术。

比尔·盖茨的成功,再一次验证了西方的那句谚语:成功是1%的天才加上99%的汗水。比尔·盖茨是科学研究者,也是企业家,令人欣赏的是两个角色他都扮演得极其成功。

比尔·盖茨出生于华盛顿州西雅图市,自小家境富裕,他的父亲威廉·盖茨是一位杰出的律师,母亲是华盛顿大学评议员及第一州际银行董事。为了让孩子接受良好的教育,父母将盖茨送进管教严格的西雅图湖滨私立中学就读。也就是在这里,盖茨接触到了他一生最重要的两样东西——自律的品质与电脑。

自中学8年级起,盖茨便从来没有闲暇时间,经常坐在电脑桌前不知黑夜白天地从事电脑程序设计,经常连续工作十多个小时,然后吃一个汉堡,也不确定是中餐或晚餐,再趴在桌上睡几个小时。他甚至可以免费为别人设计软件,只为了有使用电脑的机会。

1975年的冬天,盖茨从MITS的Altair机器得到了灵感,看到了商机和未来电脑的发展方向,于是就给MITS创办人罗伯茨打电话,说可以为Altair提供一套BASIC编译器。罗伯茨当时说:"我每天都收到很多来信和电话,我告诉他们,不论是谁,先写完程序的可以得到这份工作。"于是盖茨和他的同伴保罗回到哈佛,从1月到3月,整整8个星期,他们一直呆在盖茨的寝室里,没日没夜地编写、调试程序,他们几乎都不记得寝室的灯几时关过。最后,他们终于成功了,两个月通宵达旦的心血和智慧产生了世界上第一个BASIC编译器,MITS对此也非常满意。两个年轻人,当别人正在花前月下享受生活的时候,他们却为了自己的梦想,不得不用自己高度的自律精神,把自己全部的精力投入到事业中去。

一直到后来正式创立微软公司,盖茨也才 19 岁。公司刚起步的时候,冲劲十足、精力充沛的盖茨和保罗根本就不知道什么是疲倦和劳累。他们在一间灰尘弥漫的汽车旅馆中租用了一间办公室,开始了艰苦的创业旅程。他们挤在那个杂乱无章、噪音纷扰的小空间中,没日没夜地写程序,饿了就吃个比萨饼充饥,实在累得受不了了就出去看场电影或开车兜兜风解困。

盖茨一直是一个以工作狂而著称的人物,即使到了 39 岁结婚的时候,他还经常加班工作到晚上 10 点以后,对于以前任何一个亿万富翁来说,这都是不可思议的事。尽管微软公司一向以员工习惯性加班拼命工作而闻名,但那些工作得眼冒金星的员工还是心悦诚服地说,他们之中几乎没有谁能比盖茨更能这样严格地对待自己。

他每周工作差不多 60 个小时。虽然他每年能够休两周的假,但他还是会利用这个时间来看看软件,以便能够跟上现在迅速变化的形势。比尔·盖茨曾说过:"我热爱我的工作,所以我也喜欢长时间地工作。"

他的人生哲学是:我要赢,赢就是我的哲学,赢的本身就是目的;他的目标是:向前,向前,充满活力;他的风格是:永远先人一步;他的胆识是:向万有引力挑战。这些是他取得成功的重要原因。而这些所有的要素,全都靠严格的自律支撑着。

其实,在通往微软帝国辉煌的道路上,盖茨经历过无数次极端痛苦和无奈的选择,每当他的价值观与事实发生冲突的时候,他的自律精神就会立即发挥作用,帮助他维护好自己的事业。

比尔·盖茨证明了自律所具有的强大力量。没有任何人可以在缺少它的情况下获得并维持住成功。甚至可以这么说,无论一个领导者有多么过人的天赋,如果他不运用自律,就绝不可能把自己的潜能发挥到极致。自律能促使领导者步步攀向高峰,也是领导者的领导能力得以卓有成效地维持的关键所在。

有个孩子曾经这样问他的老师:"我们的眼睛为什么不对着长,使两只眼睛对看,可以马上看到自己的样子,不必担心牙齿上有菠菜屑,也不必担心嘴边的饭屑?"

这个只有小孩会想到的问题,你会怎么回答?

很多动物的眼睛都是分别长在两侧的,这是生物进化的结果,因为两侧可以看到更广的视野,因为动物们要时刻关注着周围的环境,伺机而动。而人类就不同了,脑后无眼,身后事不回头是不能知道的。于是孔子感慨于:"人苦于不自知"。我们人类眼睛演化的目的是朝前看,"明察秋毫而不见舆薪",看得见别人脸上的小雀斑,但是看不见自己脸上的青春痘。为此,人类发明了镜子,"以铜为镜可以正衣冠,以人为镜可以明得失",但是有了镜子以后,人类就真的有了自知之明了吗?

在心理学上曾有个很有趣的实验,用镜子来测试动物知不知道什么叫自我。

实验者先把一面镜子放进黑猩猩笼中,十天之后,将黑猩猩麻醉,在它额头上点一个无臭无味的红点。黑猩猩醒来后,镜子还没有放进来前,它并不会用手去摸额头,但是当镜子放进笼子后,黑猩猩一看到镜子中的"倩影",便立刻用手去摸额头,而且用力去搓,表示它知道镜中是自己,而且知道自己原来是没有红点的。

后来实验者又将另一只猩猩先麻醉,给它额头上点上红点,然后把镜子放进笼子里。猩猩表现出认得镜子中的是自己,但却没有去关注额头上那个红点,更没有用手去摸甚至是搓。

这个实验很让人震惊,当一个人不晓得自己原来是什么样,就会很自然也接受目前的自己,不管自己的变化会是多么巨大,不管这个变化是好是坏,都泰然接受,因为没有对照,所以没有任何疑义地接受。但是一旦照过了镜子,知道自己是什么样了,那么一有非自主的改变便立刻发觉,而且这个觉察出现后,不可逆转,已经知道便无法再假装不知道,便会在"镜子"前面一直看,所以有没有自知是非常重要的。

小小的、薄薄的镜子也许并不是每个人都经常用得着,它可以让我们看清自己,发现脸上的灰尘,把自己打扮得更漂亮。

但生活中还有另一类镜子,我们的眼睛或许看不见它,很多时候甚至感觉不到它,但它确实每时每刻都存在,并如影随形相伴在我们的左右。那就是人,古语云:"以铜为镜,可以正衣冠;以古为镜,可以见兴替;以人为镜,可以明得失。"人作为自己和别人的镜子,既可鉴己又可照人,这也许就是古人热衷于"以人为镜"的最好理由了。

唐太宗以魏征为镜,看到了自己处理朝政时的得失,使自己颁布的政令更合乎民意,因而他能赢得天下太平,博得盛世美名。司马迁因受宫刑,绝望至极,但他看到:文王被拘,始有《周易》,屈原放逐,乃赋《离骚》,左丘失明,才写《国语》……历史上诸多不幸的伟人都能成就一番事业。司马迁以他们为镜,看到了自己生存的意义,看到了希望并汲取着无穷无尽的力量。于是,他发愤著书立说,以顽强的意志,忍辱负重,终于完成了中国历史上第一部纪传体通史。

以人为镜,可以知得失,可以让自己在生活的道路上少走弯路。把伟人、成功者当作镜子,可以让我们信心百倍地迎接挑战,鼓励我们前行,也可以让我们接受他们失败的教训，工作上少走弯路。以人为镜，不可一味模仿，一味邯郸学步，要根据自身情况，灵活运用。以人为镜，要多学习别人的长处，避免犯同样的错误。以人为镜好处多，但要选对镜子，选对自身有益之镜，如若拿错了镜子，就不能正确认识自己，要么自卑，要么自大。

德国著名的作家歌德有个比喻很形象："行为是一面镜子，每一个人都在里面显示出自己的形象。"确实，我们每个人也是自己的镜子，别人通过我们的一言一行观察、揣摩、了解并最终把我们定性和归类，于是我们成了别人眼里的好人、坏人、可信的人、不可信的人……别人如果觉得你真心诚意待他，他就会真心诚意地对待你；你待别人高尚，别人也会高尚地待你。这就是所谓的"镜子效应"，人们对此有更为朴素和直接的认知：生活本身是一块镜子，你对它微笑，它也会对你微笑，反之亦然。

歌德

其实，生活中许多东西都可以作为我们的镜子，可以借鉴，伟人可以为镜，凡人也有值得学习之处，正面人物值得借鉴，反面人物值得自省。总之，以人为镜，可以让自己在生活的道路上少走弯路，少受挫折，取得更大的成就。

每天总结自己

有一位香皂推销员，甚至主动要求人家给他批评。当他开始为高露洁推销香皂时，订单接得很少。他担心会失业，他确信产品或价格都没有问题，所以问题一定是出在他自己身上。每当他推销失败，他会在街上走一走想想什么地方做得不对，是表达得不够有说服力？还是热忱不足？有时他会折回去，问那位商家："我不是回来卖给你香皂的，我希望能得到你的意见与指正。请你告诉我，我刚才什么地方做错了？你的经验比我丰富，事业又成功。请给我一点指正，直言无妨，请不必保留。"

这个态度为他赢得许多友谊以及珍贵的忠告。他后来升任高露洁公司总裁。

中庸感悟

图文珍藏版

他就是立特先生。

人不可能避免犯错,但切不可一错再错。"人非圣贤,孰能无过"。世界上没有一个人能保证自己永远不犯错。但是,为什么有的人成就卓著,而有的人却成就低下?其实,答案很简单:有的人一错再错,没有及时地从错误中吸取教训,而延缓了前进的步伐。

孔子曾夸他的一个弟子颜回,说他:"不迁怒,不二过。"孔子非常重视的一项品质就是"不二过",就是不第二次犯同样的错误。在现实生活中,如果你总是犯同样的错误,可能还会有另一些你没想到的后果。

后果1:暴露了你的思维模式及行为习惯。

如果你老是犯同样的错误,这表明你的思维模式出现了僵化之处。在做错事之后,也许你想很好地反省自己,但你却没有发现问题所在,所以下次做事时还是出错;也许你发现了问题,但因为受到长期累积下来的行为习惯的束缚,下次做时还是明知故犯。这种人若是带兵打仗,定会吃败仗;待人处事时,也会生出许多是非。

由于你何种场合出错早就被人料定,那你在与人竞争时还有什么胜算的可能呢?

后果2:影响他人对你的评价。

当人们评价一个人时,往往先看外表,再看其所做出的具体事情。事情做得好,进行得越深入,评价就高。如果老是做错事,人们对你的评价就低。若是一再犯同样的错误,评价就更低了,因为别人会对你的反省能力、做事能力及用心程度产生怀疑。即使你是无心之过,犯的是小错,别人也会对你的评价大打折扣。

人应慎重地面对犯错及其后果。首先,你要反省与检讨自己,彻底了解自己犯错的原因何在,是能力问题、技术问题?还是性格问题、观念问题?尤其是后面的二者,有必要毫不留情地予以检讨,这样才不会自我欺骗,逃避真正的问题。其次,要反思自己及别人错误的经验,借反思来提高自我警觉。人会犯错,经常是因为性格及习惯所造成的,反思错误的经验有助于修正自己性格及习惯上的偏差。

古时候,曾子说:"吾日三省吾身。"古人也讲究"慎独",把这当成圣人之道。因为只有每天反省自己的人才能从自己的经验中获得启示,才能获得精神上的进步。苏格拉底说:"不经过反思的生活不值得过。"不对自己的生活进行反思,我们的宝贵经验就白白流失了。

实际上我们本来可以从自己的生活中学会很多东西,但大多数人却没有对自己的生活做出总结。如果一个人要想从一个"初生牛犊"变成成熟老练的人，就必须要经常反省自己，这样才能加快自己的成熟。这是自我总结出来的经验。

"君子慎其独"，其突出特征在于事无巨细，都谨言慎行，时刻反省自身的行为思想，因为，积沙聚塔，积水成渊，高尚的道德修养就是从一点一滴的小事开始的。所以，儒家特别提倡"克己"的修身方法，要求人们时刻警醒自身，克制不该有的私心杂念。

我国北宋时期的赵叔平就是一位克己修身的典范，流传于世间的数豆正心的故事正是他慎独的真实写照。

赵叔平与欧阳修是挚友，他自小学习勤勉，才学过人，于天圣年间一举考中进士，入朝为官。他十分注重道德修养，一生品性高洁，乐善好施，以善念为宝，深受世人好评，后来他与欧阳修因不满朝政，不愿攀附权贵，双双辞官归隐，而得到"清风明月两闲人"之名句。

赵叔平认为，人生在世最重要的是要有善念，多做善事，绝不能心生恶念，与人为恶。可是善恶往往在一念之间，想做善事不难，难的是一辈子做善事，不做恶事。这对人的意志力无疑是极大的挑战。因此，赵叔平十分注重锤炼自己的意念，正心克己，力图不断清除私心杂念，使善心永远战胜恶意。

为了检验自己的善恶之心，赵叔平曾经找来三个器物，其中一个器物用来装黑豆，放在另一边的一个用来装白豆，中间的器物空着。头脑中每萌生一个善念，他就取一颗白豆投入中间的容器中，若有一点儿私念或恶意，就取一颗黑豆投入中间的容器中。到了晚上，他把容器中的白豆和黑豆倒出来数一数，用以检验自己一天中的善念和私心杂念各有多少。

第一天过去了，赵叔平数了数容器中的白豆和黑豆，结果是黑豆多而白豆少。显然，这表明自己的道德修养远远不够。他暗自决心继续修炼，克制。

第二天。赵叔平又数了数白豆和黑豆，仍然是黑豆多而白豆少，但和第一天比起来，黑豆少了一个，白豆增加了一个。

第三天，仍然是黑豆多白豆少，但和第二天比起来，黑豆又少了一个，白豆又增加了一个。

过了一段时间，白豆和黑豆一样多了。

又过了一段时间，白豆多而黑豆少了。

就这样，时间一天天过去，赵叔平一天天用黑豆、白豆鞭策自己好好修身养性。终于有一天，容器中只有白豆而无黑豆了，这意味着赵叔平心中只有善意而无私心杂念了。

赵叔平就是以这样的方法克己正心，自我监督，终于德学双修，成为一个胸怀坦荡、与人为善，而自觉摒弃无数恶意私念的正直之人。其高尚的德行、自我约束的品格为时人所赞颂、推崇，也为后人所学习借鉴。

赵叔平无疑是克己正身的典范，他以黑豆、白豆作为自我反省的标志，充分体现出道德修养的自觉性和主动性。

《第五项修练》一书的作者彼得·圣吉曾在书中提及："成功者普遍具有自省的特质。"他认为，自省让一个人更接近生命的本质，了解生命的意义，更懂得感恩与包容。祷告让我们心灵获得平安，在平安中，心情沉淀下来，困扰、痛苦如尘埃般被过滤了，我们的眼睛也变得更为清明澄澈，能把自己与外在世界看得更清楚。

在俗世运转的轨道里，我们的一生常像陀螺一般，在庸碌繁琐中旋转不休。小时候是念书、联考、升学的压力，长大后则为工作、业绩、生计、家庭而疲于奔命，很少有机会停下来，好好想一想。

苏联的氢弹之父——安德烈·D·萨哈罗夫，也是放弃简单思维的人，仅仅因为他这个专业者无法忽视的一个事实："我开始觉得自己对由核爆炸造成的放射性污染问题负有责任，事实表明，核爆炸时产生的放射性物质，如果被地球上生存的上亿人吸收将会导致几种疾病的发病率增长和更多的婴儿出生时带有缺陷。造成这种情况的原因是所谓的阈下生物效果，例如对遗传的负荷者——DNA 的破坏。核爆炸时产生的放射性物质进入大气时，每一百万吨级的爆炸力就意味着上千人成为未知受害者。"这个最大杀伤武器的创造者最后得出的结论却是：无论不公正和暴力在哪里出现，都应当认为它是不正当的。他获得了诺贝尔和平奖。

有一期《经济学人》的封面文章是《忽有芳邻》，描述了普京总统一个非常有见地的认识：导致俄罗斯威信下降的，并非西方国家的恶意，而是俄罗斯自己的政治、经济窘境。把自己从假想的危机关系中走出来，认真提升自己国民的尊严，这种见识恐怕是建立于对立的冷战思维想破脑袋也想不出来的。

一个左右为难的作家，一个自我否认的物理学家，一个反躬自问的大国总统，在他们身上，可以轻易找到自知的谱系，这种自知的思维指向摒弃仇恨，更多地以人为本。

古今许多大思想家、大作家、大科学家都是很重视对自身品德、言行进行省察的。鲁迅曾说："我的确时时解剖别人，然而更多的是无情地解剖我自己。"《鲁迅全集》中有许多文章都是他进行内省的产物。而在与亲友的书信中，他对自己的思想弱点更是直言不讳。如在致李秉中的信里有这样的话："我自己总觉得我的灵魂里有毒气和鬼气，我极憎恶他，想除去他，而不能。我虽然竭力遮蔽着，总还恐怕传染给别人，我之所以对于和我往来较多的人有时不免觉到悲哀者于此。"鲁迅怕的就是自己灵魂中的"毒气"和"鬼气"会传染给别人。因此，作者对自己的言行进行内省，必须从严要求，要像鲁迅那样勇于剖析自己灵魂里的"毒气"和"鬼气"，即思想深处的不良思想和性格中的弱点、错误。

勤于内省要有自我批评的精神并勇于改正缺点和错误。正如毛泽东所比喻的地要常常扫、脸要常常洗一样，只有经常清除各种错误的非科学的思想灰尘和微生物对我们思想和肌体的侵蚀，我们才能保持思想意识的正确和健康。

人的特质不同、天赋不同，无法量化来看。

有时候，某些人看到别人有所发挥，似乎得到好处时，就心怀嫉妒，产生酸葡萄的心理，这也是没有必要的。有一句老话说得好，人人头上一片天，与其心怀嫉妒，不如将负向思维转为正向的力量，认识自己、看清自己、活出自己。

有一个有趣且引人思索的故事：有个父亲面对两个顽皮又不听话，经常闯祸又难以管教的孩子无计可施，他在深深的苦思中渐渐地省悟到：孩子的错，孩子闯的祸，固然是孩子本人造成的，然而根子却在自己，在做父亲的身上。而要孩子改错，首先自己必须改变教育的方法，假如要惩罚孩子，就必须首先惩罚自己。于是他做出了一个勇敢而令人惊奇的决定：孩子再次犯错后，他解下皮带，不再是抽孩子，而是脱去自己的上衣命令孩子抽自己，抽轻了不行，抽少了也不行。孩子们惊呆了，又不得不服从。当他们含着泪水在自己父亲赤裸的脊背上留下了道道伤痕之后，他们也下定了决心：立即改正自己。

这当然只是一个极个别的例子。但事实上，一个进取的社会就和一个有追求的人一样，出现问题，产生矛盾都是极其正常的现象，所谓人无完人，金无足赤，所有心智健康的人应当都能够理解，也不至于蛮横地苛求；但是假如在问题和矛盾面前抱着逃避、漠视甚至视而不见不予承认的态度，那肯定不是理性和良善的办法，也不是一个健康的社会所能容忍的态度。

只有学会自省的人，才能成为自己的园丁；只有善于自省的人，才能通过检点自己的荣辱得失来激励自己；只有敢于自省的人，才能克服困难开辟一片新的天地，同时也重塑新的自我。同样，只有懂得自省的社会，才是在面临种种困难和矛盾时依然能够给予人们希望的社会；只有敢于自省的政府，才是面对重重阻力时也能获得百姓理解和支持的政府。

敢于自省的人给人以值得信赖的感觉。健康的社会就像健康的人，善于在进步中不断地反躬自省，并且以强烈的自我批判精神直面现实，正视矛盾，然后竭尽所能地化解矛盾，解决问题。

所以，我们每个人都要有直面现实、正视矛盾、解决问题的信心，学会勇敢地自省。

第三节　诚于中，信于外

西晋大臣、文学家傅玄在他的著作《傅子·义信》中引用了一个历史典故来说明为人处世不可不"诚"的道理：春秋时期，齐襄公令连称、管至父戍守葵丘，当时正是瓜熟的时节，齐襄王答应他们明年瓜熟时由他人接替，结果失信，二人便以此为借口作乱并杀死齐襄公。傅玄以此得出结论说，如果君王诚信，那么万国安宁；如果诸侯诚信，那么国境之内和平。治天下的"诚"如此，我们普通人虽然没有失天下之虞，但是不"诚"也会影响到人生的成败。

诚于中，信于外

"人无一内省之事，则天君泰然，此心常快足宽平，是做人第一自强之道，第一寻乐之方，守身之先务也。"这就告诉我们先审视自己的良心，不要做伤害他人的事情，行动之前以良心监督自己，行动之中诚实讲信用。《后汉书》里记载了这样一个故事。

东汉时期，杨震奉命到别的地方任太守，中途经过好几个县，其中有一个县的县令叫王密，这个王密是杨震一手提拔上来的，所以王密想借这个机会，向杨震表示谢意。

晚上，王密就带着礼物来到杨震的住处，献上黄金以表感激之情。杨震坚决不收，王密推托一番，说："没有人会知道的。"杨震说："没有人知道吗？天知道，鬼神也知道；你知道，我也知道。怎么能说没人知道呢？"王密很惭愧，只好失望地走了。

俗话说："不做亏心事，不怕鬼敲门"，旨在要求和规范人们在做人处世中一定要做到耿直中正，利用别人不知道而欺瞒别人是为人所不齿的事，这就违背了"中庸之道"。我们再来看一个现代的故事。

一个美国游客到泰国旅游,在路边的货摊上看到了一种纪念品,选中几件后问价钱。商贩说每件100铢。游客还价到80,可商贩不同意,说:"我每卖出100铢,才能从老板那里得到10铢。如果只卖80,我就什么也得不到了。"

游客想了想,对商贩说:"这样吧,你卖给我60铢一个,我再额外加你20铢,这样就比你老板给的还要多,而我也少花钱,你我双方都得到了好处,这样行吗?"游客以为商贩会马上答应,但又只见她摇头,游客又说了一句:"别担心,你老板不会知道的。"女商贩听了这句话,看着这位游客,更加坚决地摇头说:"佛会知道的。"

泰国是信奉佛的国家,当然觉得"佛"万事皆知,这不是说什么迷信,而是一个人在面对是非面前,要能做到不为不明之利而动,更不能因为老板不知道就卖给别人,要耿直诚实地处理每一件事,这是一个人的修养问题。耿直光明、严于律己、背后不做有愧于己有愧于人的事,这就是君子;而心理狭隘、自私自利、喜欢在暗地里害人的,就是小人。

当代学者朱伯昆在诠释儒家伦理中的"信"时,说过这样的话:信有二义:信任和信用。其内容是诚实不欺。显而易见,"信"的含义就是恪守诺言,不欺诈,忠实地履行自己的承诺。但反其道而行之的人不在少数,请看下面这位。

有一个人总是向同事炫耀自己在市房管局有熟人,办房产证很容易且花钱少、效率高,同事们大都信以为真。

有一次同事找到他,说急着要办理房产证,便交钱相托,但过了很多天,也没有回音,于是这个同事就跑过来问,他支吾半天才说:"近来人家事儿太多,你再等等看,包在我身上,肯定行的。"拖得时间长了,同事对他的办事能力就产生了怀疑,便向他要钱,他却又说:"谋事在人,成事在天。你的事虽然没办成,可我该跑的跑了,该请的请了,你总不能让我为你掏腰包吧?"言下之意,钱是还不了了。从这件事以后,他的话就再也没人信了,以至于同事们在闲暇聊天的时候,只要他往人群里一站,大家就好像有一种默契似的,不再言语,继而纷纷散了。

良好人际关系的开端就是看信用与否,如果你真的做到了讲信用,别人也就会对你讲信用,反之亦然。

可见,人们在与他人交往共事的时候,首先要有耿直诚实的本性,之后言行才能与自己的本性相吻合,才不会反复无常、欺骗狡诈。只有这样,才能更好地维持社会的秩序,建立更好的人际关系,也才能保证世界和人类自身的和谐。

做人做事都必须把握一定的分寸,哪些事是自己可以做到的,哪些事自己很难做到,必须心中有数。否则,轻易就对人许愿,结果困难一来就只能干瞪眼了,就会失信于人。一旦失信于人，留下"不守信用"的坏印象，就会给自己的前程埋下隐患。

"君子一言，驷马难追"，这是从正面鼓励人们要谨守信义，不能违背诺言。你不违诺就是一个君子，就是人上人，就能受到人们的敬重，就会从中受益。

"人而无信，不知其可"，这是从反面警告人们不能不讲信义，不能违背诺言，如果你出尔反尔，你就不是东西，会遭到人们的鄙夷，会被排斥到主流社会之外。

孔子说："言必信，行必果。"在他看来，诚实待人，不说假话，不骗人，是做人的基本准则。

孔子把"仁"作为最高的品德，"人者，仁也"，仁是区分人与动物的根本标准。而"信"则是"仁"的主要内容之一。孔子告诉人们，做人要"主忠信"，要把"忠"和"信"作为品德的基础。他还说："信则人任焉。"你讲究信义，就能得到他人的信任，才能被别人任用。

墨家的开山鼻祖墨翟也说："言而不信者，行不果。"如果你说话不诚实，不讲信用，那你就休想得到别人的信任和帮助，也就办不成事了。

主张"法、术、势"的法家代表韩非子也主张"信"。他认为一个英明的君主，应当注意取信于民。同时，他认为形成讲信用这种优良品德是一个逐渐积累的过程。韩非子讲究领导人应当"积信"，只有从每一件小事上做起，遇到大事才能讲信用，即所谓"小信成则大信立"，君子的权威来源于时时处处注重信义。

《中庸》上说："唯天下之至诚，为能尽其性；能尽其性，则能尽人之性；能尽人之性；则能尽物之性；能尽物之性，则可以赞天地之化育；可以赞天地之化育，则可以与天地参矣。"

"诚"是中庸德性观的轴心，它是联结天人，使之合一的规范，它是人无条件地依此规范而行的存在，是人的道德思想与行为规范的凭借；"诚"是贯通天地人的普适规范，它能够将三者有效连接，从而使人的生存处在一种相互和谐的格局之中；"诚"允诺了在具体的、不完满的伦理实践中，达到全体的、完满的道德理想的可能性，从而开启了中庸作为实践伦理的大门。

诚信可表现天地之真，充实天地之美，完成天地之善。有了诚信，才见天地之所以为天地，神明之所以为神明。有了诚信，才见人之所以为人，英雄豪杰之所以为英雄豪杰。诚信为人性中第一美德，为英雄豪杰、伟大人物立德立言的第一要素。

"人无信不立"，答应了别人什么事情，对方自然会指望着你。一旦别人发现你开的是"空头支票",说话不算数,就会产生强烈的反感。"空头支票"不仅增添他人的无谓麻烦,而且也损害了自己的名誉。对别人委托的事情既要尽心尽力地去做,又不要应承自己根本力所不及的事情。

齐桓公之所以能获得"春秋五霸"之首这一称号,主要是由于他的一系列行动使天下人信任他,各国的诸侯都愿意推他为盟主。这其中就有他信守诺言,言出必行的做人风格的一份功劳。

齐国与鲁国曾经是世仇,两国交战多年,不分胜负。齐桓公即位之后重用宰相管仲,实行了一系列的改革,经济得以快速发展,国力迅速增长,军事实力远远超过了鲁国。于是齐桓公决定进攻鲁国,为齐国报多年未胜之仇。

由于实力相距悬殊,齐国一战就打败了鲁国,于是双方决定在"柯"这个地方会集天下诸侯,召开一个和会。

会议当天,天下诸侯云集于柯镇,鲁庄王同意签署投降文书。正当鲁庄王提笔要签字时,鲁国将军曹沫突然冲到台上,从怀中掏出一把匕首劫持了齐桓公。

大家一阵慌张,齐桓公心中也十分紧张,他问曹沫:"你想干什么?"

曹沫说:"你赶快把从鲁国夺去的土地交出来,否则我要你的命!"说着把匕首移到齐桓公的脖子前。

本来土地就是抢来的,再还回去虽然有点舍不得,但还不会痛彻骨髓,何况曹沫用匕首逼着他,生命危在旦夕,人死不能复生,想来想去还是命更重要。于是齐桓公咬牙答应道:"可以,我答应退地!"

曹沫听了齐桓公这句话,立即松开了他,一甩手把匕首丢在地上,退后三步,深深地向齐桓公鞠了一躬,转身便退回到他原来的位置上去了。

一场风波就此平息了。

从柯镇回来后,齐桓公越想越有气:"鲁国人太卑鄙了,居然敢在和会上安排刺客,让我当着天下人出丑。我劳师动众费尽千辛万苦才夺得一点土地,他们派个刺客就又要了回去,这不是侮辱我齐国人没有本事吗?说什么我也不能履行这个屈辱的条件,天下哪有这么便宜的事情?我一定要想办法不退地!"

于是,齐桓公找来管仲,商量如何对待和会上的约定。齐桓公说他是在受到胁迫的情况下被逼无奈才答应退地的,鲁国使用了不光彩的手段,所以不能履行协定。要派杀手干掉曹沫,让这事死无对证,不了了之。

管仲不同意,他说:"您虽说是被逼无奈答应了对方的条件,但是当时您所面对的是天下的诸侯,既然您已经许下诺言,那就应当严格履行,让天下人知道您是讲信用的。

"如果您杀掉对方毁约,那就违背了信义。虽然能暂时发泄心里的怨恨,但会毁坏您在诸侯心中的声誉,会让天下人唾弃您背信弃义,不守信用!这个损失可比退还一块土地大多了。没有信用的君主,土地再丰厚也没有资格成为天下的盟主!"

听了管仲的分析,齐桓公改变了主意,履行了与曹沫的约定,还回了夺自鲁国的土地。

消息传开以后,天下的人都对齐桓公赞不绝口:"齐桓公是一个重信义、守诺言的君主,在被逼无奈情况下许下的诺言他也兑现,这种人值得信赖,与齐国结交没有错。"

齐桓公守约退地之后,天下人都把他当成重信义的人,有什么事情都请他出面解决,许多国家都争着和齐国结盟。在短短一年之后,齐桓公被诸侯拥戴为霸主,成为中国历史上"第一霸"。

诚信做人,不失信于人是一条不可儿戏的原则。华盛顿曾说过:"一定要信守诺言,不要去做力所不及的事情。"这位先贤告诫他人,因承担一些力所不及的工作或为哗众取宠而轻诺别人,结果却不能如约履行,是很容易失去信赖的。

诺言是必须信守的,不管在何种情况下许下的诺言都一定要信守。即使是在迫不得已的情况下许下的诺言,也不能当作权宜之计,因为人们只看重是否履行诺言这个原则。不重视、不遵循这一原则,不仅是做事的失败,做人也不会获得真正的成功。

对人对己都要讲诚信

现代人最难的处世原则也许是"诚信"了,不只对他人诚信,也要对自己诚信。君子不失足于人,不失色于人,不失口于人。送玫瑰花给别人的人,自己手中常留有余香,多计较一点,你便多失去一点,不如诚以待人,诚以待己,这才是人生旅程中最美好的一种报酬方式。

有这样一个故事也许能够给我们很多的启发:

一年一度的丰年祭即将来临,由于今年的收成特别好,因此村长决定要大肆庆祝一番,以祈求来年的丰收。

为了使庆典更加隆重热闹,村长在空地上摆了一个大得可以容纳十几个人的酒缸,要求每一户人家贡献一壶自己酿制的小米酒,好让大家有喝不完的酒,可以把酒言欢,狂欢到天明。

庆典开始前,每一户人家都郑重其事地把自己带来的酒倒入大酒缸中,很快,大酒缸就被装满了,然后大家围着酒缸跳舞歌唱,好不快活。

到了庆典即将落幕时,村长带领众人伏地谢天,感谢上天的恩德,并舀起酒缸里的酒,人手一杯。

待村长念完一段酬神的祝祷文之后,大家纷纷举杯向天,然后一饮而尽,没想到酒还没喝完,大伙儿的脸色就全变了,每个人皆面有愧色,你看我,我看你,面面相觑,良久说不出一句话来。

原来,每户人家所提供的酒壶里装的都不是酒,而是清水而已。

每个人都以为在这么一大缸酒之中,用区区一壶清水充数是不会被发现的,于是大酒缸里装的都是水,没有一滴酒,令原本欢乐无比的丰年祭尴尬地收场。

如果村里的每户人家拿出的都是自家的上好小酒,那他们享用的就不是一家的,而是全村的美酒了。在我们的人生旅途中,我们可能由于诚信而暂时错过或付出一些东西,但是,从长远的人生来看,那些简直都算不了什么,因为我们需要的是建立信用,树立诚信的名声,累积我们做人的资本,让别人知道我们值得信赖,而这些是不能用简单的得失来衡量的。

神话中的那位樵夫在河边砍柴,一不小心,斧头掉到了深水里。他丢了谋生的工具,无脸回家,于是坐在河边嚎啕大哭,悲叹自己运气很坏。赫耳墨斯来了,问他因为什么要哭。他把自己的不幸告诉了赫耳墨斯,赫耳墨斯就跳到河里。第一次打捞出一把金斧头,问他落到水中的是不是这一把。樵夫摇摇头:"不是。"赫耳墨斯再次下水,又捞上一把银斧头。樵夫还是摇头。赫耳墨斯第三次下水,这次捞上来的正是樵夫落水的那把旧的木斧头。樵夫大喜:"就是这把。"赫耳墨斯非常称赞他的诚实,就把金斧头和银斧头也送给他了。

樵夫在金斧银斧面前,因为诚信而拒绝了一些他想要的东西。他家境贫寒,金子银子不正是他迫切需要的吗?但是用自己的诚信获得了神的信任,最终也给自己带来了更大的财富。

为人一生,对人对己都要讲诚信,诚信是美德,诚信是财富,诚信不是一句口号,诚信要从身边的点点滴滴做起。

林肯年轻时曾担任过邮政局长。1830年林肯才二十一岁时,全家为了谋生,从印第安纳州迁到伊利诺伊州的纽萨拉姆小镇。初到时,林肯在一些小店里干杂活,不久镇上年长些的人,见林肯干活勤快,为人忠厚又老实,大家一致推荐他在新开设的邮政局里当局长。那时邮票还没有问世,当时的"邮局"设备极其简陋,连一张像样的办公桌都没有。林肯为了收藏钱和账本,只得用一双补过补丁的破袜子当"保险箱",账本和钱都被放在破袜子里。林肯名义上是这个纽萨拉姆镇上的邮政局长,实际上只是个"光杆司令"。用现在的话来说,由于这个"邮局"生意欠佳,开张才两个多月后就关门了。林肯接到上级停办的通知后,把账目理得一清二楚,装进了那双破袜子里,并把它悬挂在屋角的房梁上,等待上级来接受交差。但岂料,由于这个单位太小不起眼,上面迟迟没派人来结账。这下可把林肯急坏了,他左等右等,日复日、月重月,房梁上的钱袋早已盖满厚厚一层灰,还是不见上面派人来。后来,大约过了一年多,有一次林肯终于在大街上偶然碰到了上一级的邮政局长,于是他连忙把那位头头拉到"邮局",把账目和钱款一一交点清楚后,才如释重负。纽萨拉姆镇上的人把林肯如此尽职尽责的事传了开去,从此"诚实的邮政局长——林肯"就这样出了名。

"诚信"是我国传统道德文化的重要内容之一。"信"字是"人"从"言"。俗话说:听其言观其行。所言成真就是"诚"。"真实不欺"就是诚。中国古代思想家把"诚信"作为统治天下的主要手段之一。唐代魏征把诚信说成是"国之大纲",更显"诚信"之重要。古今中外任何社会都把诚实与信用作为美德加以推崇,诚实守信的人总能优先赢得别人的赞赏或认可。诚实与信用是上天赋予一个人最好的礼物,拥有这两种品质的人,无疑是天生的高贵者。

一个商人临死前告诫自己的儿子:"你要想在生意上成功,一定要记住两点:守信和聪明。"

"那么什么叫守信呢?"焦急的儿子问道。

"如果你与别人签订了一份合同,而签字之后你才发现你将因为这份合同而倾家荡产,那么你也得照约履行。"

"那么什么叫聪明呢?"

"不要签订这份合同!"

这位商人指明的道理不仅仅适用于商业领域。既然你已经许下诺言,那么不管是什么样的事情,你都不能反悔。你就必须履行诺言而不能失信。但是怎样才能做到不失信于人呢?就是不要签订这份合同!

这是精明的商人留给儿子的一份遗产是:为人,就要言而有信。这份遗产也是我们每个人都应该继承的。

做人无信不立

做人无信不立,别人也许不小心吃了你一次亏,却不表示他会继续吃一百次亏。

果菜外销一向是中国主要的外汇收入来源之一,大市场一天的成交量可达上亿人民币,在国民经济中占据重要的地位。

几年前,流行起养生风,人们开始喜欢吃绿色蔬菜,由于中国的气候环境特别适合培育山野菜,因而种出的山野菜十分新鲜甘甜,利润丰厚且供不应求,是农民的重要生财之道。

麻烦的是,山野菜的最佳收成时间只有十天左右,采收完毕之后,还要摊在阴凉处晾晒一天,隔天翻面再晒一天,把水分充分蒸发。如此一来,主妇们买回去之后,只需要再用冷水浸泡一下,就可以吃到又鲜嫩又青脆的山野菜了。

但是种山野菜的农地有限,步骤又繁琐,一些农民于是开始想办法增加山野菜的收成,不管三七二十一,只要长到了适当的大小就采集下来。而且,为了省去晾晒的时间,干脆直接放在炉子上烘烤,不到两个小时便干透了。

这些赶工出来的山野菜,外表看来并没有什么不同,只是食用时,不管在水里浸泡多久,还是一样又老又硬,难以下咽。

经销商纷纷提出抗议,可是这些农民还是屡劝不听,商人只好对山野菜进行全面封杀。

最后,这些农民投机取巧的行为不但没有增加收益,反而换来了一堆卖不出去、又食不下咽的山野菜。

当你认为自己很聪明的时候,请记得别人也不是笨蛋。

对人诚信也就等于让自己好过,投机取巧或许能得到眼前的小利,却将失去更重要的信誉和大利。

三国时代,征战连年。有一回,蜀、魏两军于祁山对峙,诸葛亮所率领的蜀军只有十多万,而魏国的司马懿却率有精兵三十余万。

两军交锋时,蜀军原本就势单力薄,偏偏在这紧急关头,军中又有一万人因兵期将到,必须退役还乡,一下子少了许多兵力,对蜀军来说无疑是雪上加霜。

然而,服役期满的老兵也都归心似箭,忧心大战将即,可能有家归不得。两相权衡之下,将士们向诸葛亮建议,让老兵延长服役一个月,待大战结束后再还乡。

这似乎是最好的办法了,但是诸葛亮却断然地否决道:"治国治军必须以信为本,老兵们已为国鞠躬尽瘁,家中父母妻儿望眼欲穿,我怎能因为一时的需要而失信于军、失信于民呢?"于是下令所有服役期满的老兵速速返乡。

老兵们接获消息,感动不已,个个热泪盈眶,想到如果自己就这么走了,岂不是弃同胞和家国于不顾?

丞相有恩,军民也当有义,此时正是用人之际,于是,老兵们决定上下一心,打赢最后一场战争再走。

老兵的拔刀相助,大大振奋了其他在役的士兵,大家奋勇杀敌,士气高昂,抱着必胜的决心,在诸葛亮的领导下势如破竹,赢得了这场战争的胜利。

与其说诸葛亮神机妙算,不如说他以诚待人,贯彻始终,因此深得军心,不愧为一代名帅。

越在紧急的时刻,越能看出一个人的品德。最大的考验往往不是来自外界,而是取决于自己;最重要的评价也不是别人怎么说,而是如何面对自己的良心。

的确,我们不应该亵渎我们所说出的每一个承诺。因为,我们的承诺将会影响我们周围的亲朋好友。甚至极端一点,我们的承诺也许会改变他们的人生,那么我们又怎么能够不认真对待承诺呢?尤其是当我们有一天成为父母,教育我们的孩子的时候,更应当成为信守承诺的榜样。

从前,有一个贤明且受人爱戴的老国王,由于他没有孩子,以至于王位没有继承人。有一天,他宣告天下:"我要亲自在国内挑选一个诚实的孩子做我的义子。"

他拿出许多花的种子,分发给每个孩子,说:"谁用这种子培育出最美丽的花朵,那孩子就是我的继承人。"

于是,所有的孩子都在大人的帮助下,播种、浇水、施肥、松土,照顾得非常尽心。

其中,有一个男孩,整天用心培育花种。但是,十天过去了,半个月过去了,一个月过去了……花盆里的种子依然如故,不见发芽。

男孩有些纳闷,就去问母亲。

母亲说:"你把花盆里的土壤换一换,看看行不行?"

男孩换了新的土壤,又播下了那些种子,仍然不见发芽。

国王规定献花的日子到了,其他孩子都捧着开满鲜花的花盆涌上街头,等待国王的欣赏。只有这个男孩站在店铺的旁边,手捧空空的花盆,在那流着眼泪。

国王见了,便把他叫到跟前,问道:"你为什么端着空花盆呢?"

男孩如实地把他如何用心培育,而种子却都不发芽的经过,详细地告诉了国王。

国王听完,欢喜地拉着男孩的双手,大声叫道:"这就是我忠实的儿子。因为我发给大家的种子,都是煮熟了的。"

后来,这个男孩继承了国王的王位。

有一句德国俗谚说:"一两重的真诚,其值等于一吨重的聪明。"

其他的孩子也一定和这个男孩遇到了同样的事情,发现种子始终不发芽,他们也一定和这个男孩一样,去求教于自己的父母,但是只有这个男孩的母亲,以身作则教导了自己的孩子,告诉了他诚实的价值。

国王发布公告的前提就是要找寻诚实的人,但家长们却为了让孩子能中选而不惜施用欺瞒的手段。

以谎言堆砌而来的赞赏一点也不值得骄傲,成人,往往知道得太多,也因此狭隘了心灵,投机取巧的结果,却是给孩子树立了最坏的榜样。

诚信是一枚凝重的砝码

不欺骗,不隐瞒,才是正确的人生态度。远离尔虞我诈,圆滑世故,多一份真诚的感情,多一点信任的目光,脚踏一方诚信的净土,就可浇灌出人生最美丽的花朵,夯筑起人生坚不可摧的铜墙铁壁。

早年,尼泊尔的喜马拉雅山南麓很少有外国人涉足。后来,许多日本人到这里观光旅游,据说这是源于一位少年的诚信。

一天,几位日本摄影师请当地一位少年代买啤酒,这位少年为之跑了3个多小时。第二天,那个少年又自告奋勇地再替他们买啤酒。这次摄影师们给了他很多钱,但直到第三天下午那个少年还没回来。于是,摄影师们议论纷纷,都认为那个少年把钱骗走了。第三天夜里,那个少年却敲开了摄影师的门。原来,他只购得4瓶啤酒,尔后,他又翻了一座山,蹚过一条河才购得另外6瓶,返回时摔坏了3瓶。他哭着拿着碎玻璃片,向摄影师交回零钱,在场的人无不动容。这个故事使许多外国人深受感动。后来,到这儿的游客就越来越多。

美国的前总统林肯在竞选总统时,对选民讲话时很注意诚实。他没有钱,竞选时没有坐专车,而是按普通乘客买票坐车,每到一站,朋友们就为他准备好一辆耕田用的马拉车。他就站在马车上向选民们演说:"有人写信问我有多少财产,我有一位妻子和一个儿子,都是无价之宝。此外还租有一个办公室,室内有桌子一张,椅子三把,墙脚还有大书架一个。架子上的书值得每个人一读。我本人又穷又瘦,脸蛋很长,不会发福。我实在没有什么可依靠,唯一可依靠的就是你们!"林肯这些话给人们留下了很深刻的印象,被称为"诚实的林肯"。他之所以能当选总统及在美国人的心目中排在历届总统之首,甚至超过开国总统华盛顿,主要就靠他的诚实。

在华盛顿举办的美国第四届全国拼字大赛中,南卡罗来纳州冠军——十一岁的罗莎莉·艾略特一路过关,进入了决赛。当她被问到如何拼"招认"(avowal)这个词时,她轻柔的南方口音,使得评委们难以判断她说的第一个字母到底是 A 还是 E。

评委们商议了几分钟之后,将录音带倒带后重听,但是仍然无法确定她的发音是 A 还是 E。

解铃还得系铃人。最后,主评约翰·洛伊德决定,将问题交给唯一知道答案的人。他和蔼地问罗莎莉:"你的发音是 A 还是 E?"

其实,罗莎莉根据他人的低声议论,已经知道这个字的正确拼法应该是 A,但她毫不迟疑地回答,她错了,发的是 E。

主审约翰·洛伊德又和蔼地问罗莎莉:"你大概已经知道了正确的答案,完全可以获得冠军的荣誉,为什么还说出了错误的发音?"

罗莎莉天真地回答说:"我愿意做个诚实的孩子。"

当她从台上走下来时,几乎所有的观众都为她的诚实而热烈鼓掌。

第二天,有一篇报道这次比赛的短文:《在冠军与诚实中选择》。短文中写道,罗莎莉虽没赢得第四届全国拼字大赛的冠军,但她的诚实却感染了所有的观众,赢得了所有观众的心。

年幼的艾略特给我们所有人做出了榜样。然而,我们中的很多人都在不同程度上具有不劳而获的欲望,这种欲望引导人们不知不觉地放弃了诚信。并且,它还能加深人的错觉,让人一如既往地做下去,对现实完全辨认不清,最终导致不良后果。所以,如果我们想获得持久性的成就,就必须确立并坚持诚信这一原则,在生命航船受到诱惑之风袭击时,保持高尚的道德品质,不致偏离航向。

总之,诚信是一枚凝重的砝码,放上它,我们生命的天平就不会摇摆不定,我们生命的指针将稳稳地指向一个方位,那里,正是我们的理想。

那是很多年前的一个暴风雨之夜。乔治·伯特作为一家旅馆的服务生正在柜台里值班,有一对老年夫妇走进大厅要求订房。

乔治·伯特告诉他们,这里已经被参加会议的团体包下来了,而且附近的旅馆也已经客满。

当他看到老夫妇焦急无助的样子时,又真诚地对他们说:"先生,太太,在这样的夜晚,我实在不敢想象你们离开这里却又投宿无门的处境,如果你们不嫌弃的话,可以在我的休息间里住一晚,那里虽然不是豪华的套房,却十分干净。"

这对老夫妇谦和有礼地接受了伯特的好意。

第二天,当这对老夫妇提出要付钱给伯特时,他却坚决不收。他真诚地说:"我的房间是免费借给你们住的。昨天晚上我已经额外地在这儿挣了钟点费,房间的费用本来就包含在里面了。"

老先生临走时,温和地告诉伯特说:"你这样的员工是每一个老板梦寐以求的,也许有一天,我会为你盖一座旅馆的。"

伯特当时以为这位老人在开玩笑,他只是笑了笑,并没有往心里去。

过了几年,乔治·伯特还在那家旅馆里上班,仍旧当他的服务生。有一天,他忽然收到一封老先生的来信,邀请他到曼哈顿去,并附上了启程的机票。

当他赶到曼哈顿时,在第五大道和三十四街的一栋豪华的建筑物前,见到了老先生。老先生看着惊讶的伯特,微笑着解释说:"我的名字叫威廉·渥道夫·爱斯特。这就是我为你盖的饭店,我认为你是管理这家饭店的最佳人选。"

于是,乔治·伯特成为这家饭店的第一任总经理,他不负厚望,在短短的几年里,将饭店管理得井井有条,驰名全美。

这个饭店就是美国曼哈顿城那座著名的渥道夫·爱斯特莉亚饭店,它的第一任总经理乔治·伯特,以前只是一家旅馆的普通服务生,一个偶然的机会,使他用诚信改善了自己一生的命运。

有人说,乔治·伯特是命运的宠儿,是一个偶然的机遇,使他得到了幸运之神的垂青。然而,更多的人认为,乔治·伯特的成功,源于他良好的为人处世之道,因为,一个拥有诚信和爱心的人,最终会得到善意的回报。

诚信让人快乐

星期五的傍晚,一个贫穷的年轻艺人仍然像往常一样站在地铁站门口,专心致志地拉着他的小提琴。琴声优美动听,虽然人们都急急忙忙地赶着回家过周末,还是有很多人情不自禁地放慢了脚步,时不时地会有一些人在年轻艺人跟前的礼帽里放一些钱。

第二天黄昏,年轻的艺人又像往常一样准时来到地铁门口,把他的礼帽摘下来很优雅地放在地上。和以往不同的是,他还从包里拿出一张大纸,然后很认真地铺在地上,四周还用自备的小石块压上。做完这一切以后,他调试好小提琴,又开始了演奏,声音似乎比以前更动听更悠扬。

不久,年轻的小提琴手周围站满了人,人们都被铺在地上的那张大纸上的字吸引了,有的人还踮起脚尖看。上面写着:"昨天傍晚,有一位叫乔治·桑的先生错将一份很重要的东西放在我的礼帽里,请您速来认领。"

人们看了之后议论纷纷,都想知道是一份什么样的东西,有的人甚至还等在一边想看个究竟。过了半小时左右,一位中年男人急急忙忙跑过来,拨开人群就冲到小提琴手面前,抓住他的肩膀语无伦次地说:"啊!是您呀,您真的来了,我就知道您是个诚实的人,您一定会来的。"

年轻的小提琴手冷静地问:"您是乔治·桑先生吗?"

那人连忙点头。小提琴手又问:"您遗落了什么东西吗?"

那个先生说:"奖票,奖票。"

小提琴手于是就从怀里掏出一张奖票,上面还醒目地写着乔治·桑,小提琴手举着奖票问:"是这个吗?"

乔治·桑迅速地点点头,抢过奖票吻了一下,然后又抱着小提琴手在地上疯狂地转了两圈。

原来事情是这样的,乔治·桑是一家公司的小职员,他前些日子买了一张某银行发行的奖票,昨天上午开奖,他中了五十万美元的奖金。昨天下班,他心情很好,觉得音乐也特别美妙,于是就从钱包里掏出五十美元,放在了礼帽里,可是不小心把奖票也扔了进去。小提琴手是一名艺术学院的学生,本来打算去维也纳进修,已经定好了机票,时间就在今天上午,可是他昨天整理东西时发现了这张价值五十万美元的奖票,想到失主会来找,于是今天就退掉了机票,又准时来到这里。

后来,有人问小提琴手:"你当时那么需要一笔学费,为了赚够这笔学费,你不得不每天到地铁站拉提琴。那你为什么不把那五十万美元的奖票留下呢?"

小提琴手说:"虽然我没钱,但我活得很快乐;假如我没了诚信,我一天也不会快乐。"

康德说过:"这个世界上只有两样东西能引起人内心深深的震动,一个是我们头顶上灿烂的星空，一个是我们心中崇高的道德准则。"如今，我们仰望苍穹，星空依然晴朗，而俯察内心，崇高的道德却需要我们在心中每次温习和呼唤，这个东西就如诚信。诚信是一种力量，它让卑鄙伪劣者退缩，让正直善良者强大，诚信无形，却在潜移默化塑造无数有形之身，永不褪色，诚信以卓然挺立的风姿和独树一帜的道德高度赢得众人的信任和爱戴。诚信作为一种传统美德，是人际交往的"信用卡"，也是维系人与人感情的"信誉链"。有了诚信，人与人交往才会充满温情。

你的诚信也要因人而施

唐朝大将李抱贞坐镇潞州的时候，经费相当缺乏，而且没地方筹措，他实在想不出其他办法，居然打起了歪主意，把脑筋动到一位在地方上广受信徒尊敬的老和尚身上。

没多久，李抱贞便派人恭恭敬敬地把和尚请来，对他说："我想仰赖您的德望，筹措一些军饷，可以吗？"

老和尚答应后，李抱贞又说："那就请您向信徒们宣布，您将选择一个良辰吉日，在球场自焚而死。不过，您不必担心，其实这只是个噱头，我会事先在附近的一间房屋中，挖一条地道，与球场相通，等大火点着之后，供您逃生之用。"

老和尚觉得能为军队做点事，就毫不迟疑地接受了这项要求。

回家后，老和尚就开始准备相关事宜，而李抱贞也着手在球场堆放柴薪、油脂等工作，当一切都准备就绪后，便开始了七天的法事。

这段期间，李抱贞也邀请老和尚进入地道仔细察看，以进一步取得他的信任。

法事开始了，老和尚登上祭坛，手拿着法器，煞有介事地对众人讲经说道；李抱贞则率领着部下，恭敬地和信徒们一起站在祭坛下顶礼膜拜。

当法事进行到了尾声，老和尚依照先前所宣称的，准备引火自焚，没想到，李抱贞却早已暗中派人把地道给堵死了。

结果可想而知，好心没好报的老和尚，当然是与柴火一同化为灰烬。

由于李抱贞第一天就率先把自己的俸禄全数捐了出来，作为供佛之用，信徒们受到这番感召，个个争先恐后地慷慨捐献。

就这样，七天下来，布施的财物可以说是累积得相当可观。

可是，老和尚死了，一切秘密皆归于尘土。最后，李抱贞一一清点财物，达到了他借机筹措军饷的目的。

李抱贞为达目的不择手段,竟然利用信徒对老和尚的敬重,以及老和尚对他的信任,大费周折设计了一桩神不知、鬼不觉的骗局。这对人间的诚信而言,却是惊心动魄的侮辱与警惕。

对于老和尚而言,抱着好心,却很粗心,竟然同意以骗人自焚的极端方式,来成全筹措军饷的"公益"目的,没想到竟是骗局一桩,连自己的命都赔了进去。

可见,任何美好的目的,若没有正当的手段,就是一种丑陋的行为、骗人的伎俩,更可能潜藏着看不见的危机。所以说,凡我平凡众生,光有好心还不够,可不能太粗心啊!

有一位老人临死前,将他的律师、医生和牧师全叫到床前,并分送给每个人一个装有两万五千美元现金的信封。

老人希望自己死后,他们能遵照自己的交代,将这些钱放到棺木里,让他能有足够的钱长眠于天堂。

不久之后,老人便去世了。

在入殓的过程中,律师、医生和牧师都将信封放在老人的棺材中,并祝他们的委托人能够安息。

几个月之后,这三个人在一场宴会中相遇。

牧师一脸歉疚地说,在他的信封里,其实只放了一千美元,他认为与其全部浪费在棺材里,不如将其中一部分捐给福利机构。

医生被牧师的诚实深深地打动,也供出了自己把钱捐给一个医疗慈善机构,信封里只装了八百美元。他也认为,与其把钱无谓地浪费掉,还不如用在其他有意义的事情上。

这时,律师却对他们的作为露出不以为然的表情。

他慢条斯理地说道:"我是唯一对死去的老朋友最守信用的人,我必须让你们知道,我真的在信封里放了全部的金额,因为我在这个信封中,放了一张面额两万五千美元,写了我的大名的私人支票。"

非常有意思的小故事,谁才是真正信守诺言的人呢?

律师把金钱放进自己的口袋,并把两万五千美元以支票取代,毫无疑问的,他才是最聪明、最守信用的人,因为,他"真的"一点也没有违背对朋友的承诺。

这是一个简单的价值认定,对一个临死老人的请托,"数字的完整"才是他所要的,所以,当牧师与医生各取所需地把金钱挪用时,他们便已违背了承诺,因为数字已经不完整了。

他们应该像律师一样,把钱全数交给福利机构,并开立一张两万五千美元的支票以告慰死者!

也许有人对律师将金钱据为己有的行径不能认同,不过在"金钱生不带来,死不带去"的现实生活中,我们既要遵守对生者的承诺,也要让他的遗愿更具意义地完成。

对律师而言,他的价值认定就在这一念之间,虽然做法或许有瑕疵,却也没什么大错!

诚信才能够取胜

凯瑟琳·格雷厄姆是一位具有犹太血统的女人,她出身名门,性格孤僻、软弱,处事缺乏经验,一直在家里当家庭主妇。可是,1963 年她的丈夫自杀身亡后,她不得不接替丈夫管理他们家族创办的报纸——《华盛顿邮报》。

开始的时候,她没有信心,不知怎么做才好。后来一位朋友告诉她,应该每天阅读自己报社办的报纸,这样可以增强自己的信心。她按朋友说的去做,每天清晨的第一件事就是阅读自己报社办的报纸。几天以后,她发现《华盛顿邮报》并不是一份最好的报纸,这份报纸有支持政府的传统,经常有一些吹捧政府官员的报道。于是,她就找来一些工作在第一线的记者、编辑,征求他们的意见。报纸改进以后,成了一份诚实、公正的报纸,许多其他报纸不敢公开的事情,《华盛顿邮报》都敢报道,不久报纸的销量大增。

1971 年,《华盛顿邮报》的两名记者发现:现任的美国总统尼克松在参加总统竞选时,曾经使用不正当手段,使用窃听器窃听了对手的机密,这就是美国历史上有名的"水门事件"。

这是现任政府的丑闻,如果揭露了这件事,说不定会被投到监狱,报纸也会被查封。可是凯瑟琳觉得,新闻应该把诚实作为第一原则,既然有这样的事情,就应该如实报道。不久,"水门事件"第一次在《华盛顿邮报》上被揭露。

当时尼克松正准备参加总统连任竞选,他曾经警告凯瑟琳,如果他连任竞选成功,将对《华盛顿邮报》进行特别报复。基辛格也提醒凯瑟琳,如果不马上停止对这件事的调查和报道,会有很大的风险。可是凯瑟琳认为,正义一定会战胜邪恶,诚实、公正的报道一定会得到人们的认可。于是,她顶住各方面的压力,一面继续调查"水门事件",一面在《华盛顿邮报》上连续报道。

经过两年的努力,"水门事件"终于真相大白,尼克松总统成了新闻媒体指责的对象。1974 年 8 月 9 日,尼克松向全国发表广播电视讲话,宣布辞去总统职务。

对"水门事件"的诚实报道,使《华盛顿邮报》顿时成为全世界知名的报纸,曾被列为全世界九大报纸之一,被认为是诚实的新闻楷模。凯瑟琳从此成为华盛顿最有影响力的女人以及世界十大女杰之一。

保持诚信不是一件容易的事。生活的琐细和繁杂严格地考验着我们能否诚实、自我控制、公正和坦诚。唯其难能所以可贵,那些经受了考验、没有被玷污并且能保持诚实的人会得到人们的信任,他们将被赋予更重大的任务,也就有机会获得更伟大的成就。他们的人格也成了人生的最大财富。

日本著名的企业家吉田忠雄在回顾自己的创业成功经验时说过,为人处世首先要讲求诚实,以诚待人才会赢得别人的信任,离开这一点,一切都成了无根之花,无本之木。

吉田忠雄在创业的初期,曾经做过一家小电器商行的推销员。开始的时候,他做得并不顺页利,很长时间业务并没有什么起色,但他并没有灰心,而是坚持做下去。有一次,他推销出去了一种剃须刀,半个月内同二十几位顾客做成了生意,但是后来他发现,他所推销的剃须刀比别家店里的同类型产品价格高,这使他深感不安。经过深思熟虑,他决定向这二十多家客户说明情况,并主动要求向各家客户退还价款上的差额。他的这种以诚待人的做法深深感动了客户,客户不但没收价款差额,反而主动要求向吉田忠雄订货,并在原有的基础上增添了许多新品种。这使吉田忠雄的业务数额急剧上升,很快得到了公司的奖励,这给他以后自己创办公司打下了良好的基础。

人的一生,实际上是同环境做斗争的一生。每个人都想创造良好的生存环境,在诚实信用的基础上再利用自己的聪明才智,才是创造辉煌未来的根本。一个诚信的人,就是一个心地善良的人,一个心胸宽阔的人,一个心底坦荡的人,一个能够成就事业的人。

魏文侯,名斯,战国时期魏国的创立者。有一次,魏文侯与掌管山泽园圃和田猎的官员虞人约定,将于某一天一同去附近的一个山上打猎。二人说好不见不散。

这一天到了,几个大臣在宫里陪着魏文侯,一边饮酒,一边欣赏歌舞。文侯很高兴,大臣们看到文侯高兴,自然也很愉快。正在这个时候,突然下起雨来。文侯也突然想起来,今天是他与虞人约好打猎的日子。于是他就命令下人赶快为他准备马和弓箭,准备去打猎。

左右的官员们都非常不解,问道:"主公,刚才我们一起喝酒,欣赏歌舞,大家都很高兴,何不继续呢。更何况现在下起雨来,您这要去哪里啊!"文侯说:"刚才我忽然想起来,今天是我和虞人约好去打猎的日子。我不能违约啊,虽然刚才我们在一起喝酒欣赏歌舞,也很快乐,但是既然我和人家约好了,而且说定不见不散,那么我就一定要去的。"大臣们都劝他说:"主公,现在下雨了,您不去的话,虞人不会有什么意见的。更何况您是主人,他是臣子,主人做什么都是对的,臣子不能给主人挑毛病。您还是不要去了。"

子夏

　　魏文侯不肯,仍旧让下人们赶快准备马匹、弓箭,自己到内堂换上了打猎的行装,准备出发。大臣们还想说什么,可是魏文侯一句都不听,坚持去履约打猎。此时,虞人正在他和魏文侯约定的地点等候,看到突然下起雨来,他想,文侯肯定不会来了,下这么大的雨,万一淋病了怎么办,他想等等看,文侯不来自己也回去吧。可是就在这时,他听到远处有马蹄的声音,接着就看到文侯骑着马向自己奔来。虞人感动得热泪盈眶,赶忙上前给文侯行礼,对他说:"主公,下雨了,您不必来赴约啊。"文侯却说:"我和你约好的,即使下再大的雨我也得来啊,否则就是不讲信用啊。"说着就拍拍马屁股,往树林中打猎去了。

　　与别人做个简单的约定,只不过是张张口的事情,十分简单,但是真正做到守信就不那么简单了,只有真正的诚信之人,才能够在任何条件下都不爽约。

　　守信践约是诚信的具体要求和表现,魏文侯作为一国之君,什么事情全凭他一个人说了算,可是他并不倚仗自己的权力而随便失信于臣子,即使大雨如注也坚决赴约,这就是真正的诚信之人。

　　一艘货轮在烟波浩渺的大西洋上行驶。一个在船尾搞勤杂的黑人小孩不慎掉进了波涛滚滚的大西洋。孩子大喊救命,无奈风大浪急,船上的人谁也没有听见,他眼睁睁地看着货轮托着浪花越来越远……

　　求生的本能使孩子在冷冰冰的水里拼命地游,他用全身的力气挥动着瘦小的双臂,努力使头伸出水面,睁大眼睛盯着轮船远去的方向。

船越来越远,船身越来越小,到后来,什么都看不见了,只剩下一望无际的汪洋。孩子的力气也快用完了,实在游不动了,他觉得自己要沉下去了。"放弃吧!"他对自己说。这时候,他想起了老船长那张慈祥的脸和友善的眼神。不,船长知道我掉进海里后,一定会来救我的!想到这里,孩子鼓足勇气用生命中的最后力量又朝前游去……船长终于发现那黑人孩子失踪了,当他断定孩子是掉进海里后,下令返航,回去找。这时,有人规劝道:"这么长时间了,就是没有被淹死,也让鲨鱼吃了……"船长犹豫了一下,还是决定回去找。又有人说:"为一个黑奴孩子,值得吗?"船长大喝一声:"住嘴!"

终于,在那孩子就要沉下去的最后一刻,船长赶到了,救起了孩子。

当孩子苏醒过来之后,跪在地上感谢船长的救命之恩时,船长扶起孩子问:"孩子,你怎么能坚持这么长时间?"

孩子回答:"我知道您会来救我的,一定会的!"

"怎么知道我一定会来救你的?"

"因为我知道您是那样的人!"

听到这里,白发苍苍的船长扑通一声跪在黑人孩子面前,泪流满面:"孩子,不是我救了你,而是你救了我啊!我为我在那一刻的犹豫而耻辱……"

一个人能被他人相信也是一种幸福。他人在绝望时想起你,相信你会给予拯救更是一种幸福。他人眼中的诚信,可以帮助我们救赎灵魂,这该是什么样的神奇力量啊!

拉尔夫·沃尔都·爱默生说:"人生最美丽的补偿之一,就是人们真诚地帮助别人之后,同时也帮助了自己。"

第四节 情动于中,仁者爱人

一个人选择了中庸之道,得到了好处,就应该牢牢地放在心上,再也不能失去它。从"中庸"里得到了"有谋"的好处,就要一直实践下去,不能半途而废,更不能走入"欺诈"的歧途。一个人要是胸怀谋略,就容易时常怀疑别人,别人未必都是狡诈,而自己则已成为一个狡诈的人了。

己所不欲，勿施于人

"忠恕违道不远，施诸己而不愿，亦勿施于人。"

"一个人做到忠恕，离道也就差不远了。什么叫忠恕呢？自己不愿意做的事，也不要施加给别人。"

孔子思想学说的最大贡献，就是创立了以"礼""仁"为核心的道德学说。其中"仁"的核心思想就是"爱人"，要求做人应该心地善良，同情别人，以友好、真诚的态度与别人交往沟通。这种仁德的具体表现就是"己所不欲，勿施于人"。这就告诉我们要以己度人，将心比心，同情和了解他人的处境，施威的同时为对方着想，以仁爱之心去行事。

"己所不欲，勿施于人"的思想体现在为人处世上，请看下面这个小故事。

从前，有个财主专门刁难别人。一天，他拿空瓶要求隔壁一个穷人家的小孩帮他买酒。小孩问："没钱怎么能买酒呢？"他却说："花钱买酒谁不会，没钱买酒才算真本事！"

过了一会儿，小孩回来了，把酒瓶递给财主说："酒打来了，请喝吧！"财主一看，是个空瓶子，便问："一滴酒也没有，叫我喝什么呀？"小孩不紧不慢地说："有酒谁不会喝，没酒喝出来才是真本事！"

"搬起石头砸自己的脚"往往是"己所欲，强施于人"的后果。此外，这种思想不仅适用于个人，而且也适用于国家与国家之间。

在第二次世界大战期间，日本偷袭美国太平洋舰队基地珍珠港，美军猝不及防，损失惨重，被击沉和重创战舰 8 艘、轻巡洋舰 6 艘、舰队驱逐舰 1 艘，损毁飞机约 270 架，伤亡人员 3400 余名。日军从此夺得制海权，并进攻菲律宾、马来西亚、印度尼西亚等地，导致太平洋战争全面爆发。

美国决定使用原子弹加速日本的溃败。没过多久，一颗长 10 英尺的原子弹从广岛上空落下爆炸，广岛市 60% 的建筑被摧毁，8 万人丧生，5 万余人受伤或失踪，因灼伤或核辐射病不断死亡者近 10 万。面对第一颗原子弹爆炸，日本仍拒绝宣布投降。3 天以后，另一颗原子弹从长崎上空落下爆炸，长崎市中心被夷平，约 3.5 万人死亡，受伤者不计其数。

这种惨况，肯定不是日本人希望发生的。既然日本不希望出现这样的结果，又何必去侵略别国呢？

所以为人处世，应当时时在意，注意人际交往中的原则性，同时掌握交往过程中的技巧性。任何事情都应当有一定的分寸、尺度，威严并不是时刻都需要展现的，宽恕那些值得宽恕的，自己不愿干的事，就不要强加于他人身上，这才是为人处世的真谛。

施之以恩，动之以情

人人都有欲望，都有积极向上的想法。贤能的人希望自己更贤能，尊贵的人向往自己更尊贵，富裕的人渴望自己更富裕。作为一个精明的领导者，就得学会利用人们的这一点，在施威之后懂得善后，采取适度激励的办法鼓舞士气，提高大家的积极性。对于这一点，拿破仑的做法就值得我们借鉴。

拿破仑25岁时，新任法国将军。在他统帅的军队中，有很多是破衣褴衫的意大利士兵。于是，他开始刺激他们衣食的欲望，暗示他能满足他们衣食的需要。拿破仑对他们说："兄弟们，目前大家已是半饥饿、半赤裸了，我要带领你们到世界上最富裕的地方去，你们在那里可以找到繁华的城市、美味的食物和漂亮的衣服。"他这种物欲刺激的方法，以及预约券的支给策略，经常被后来的许多大小军事将领们所运用，用来驱使士兵在枪林弹雨中前进。

当拿破仑的军队占领米兰后，拿破仑明白再采用满足对方衣食欲望的方法已经不能奏效了，于是他改为以满足对方自尊心的激励方法。他赞颂自己的军队是历史的创造者，是国家的英雄。他说："只要你们一回到故乡，父老乡亲们会介绍给人说：'瞧，这就是意大利军队中的军人。'"在金字塔的战役中，他大声疾呼："兄弟们！千百年光荣的历史在看着你们。"

由此可见，采用奖励的办法是激起士兵奋勇杀敌的秘诀之一。在工作中，倘若一个领导者能掌握这种方法，就可以使下属尽心尽力地工作。日本桑得利公司老板井信治郎就是个极善于应用奖励方法的人。

有一次，总务股的办事人员一不小心写错了商品的价格和数量并且寄了出去，井信治郎知道后，马上命令另一员工将它取回。这个员工发牢骚说："我怎么知道他投在哪一个邮筒，叫我做这种事，实在是没有道理。"

"他可能投在了附近的邮筒中，附近的邮件全部集中在船场邮局，你快去取回来！"经董事长的提醒，那个员工立刻前往船场邮局，总算把邮件取回，放在董事长的面前，看到邮件的井信治郎露出欣喜的微笑，安慰那个员工说："辛苦了！"接着他拿出非常贵重的礼物奖赏他。

井信治郎经常拿出非常贵重的物品犒赏员工，毫不吝啬。而且他发奖金的方式也很特别。他把员工一个个叫到董事长办公室发奖金，而且常常在员工答礼后，正要退出时，叫道："稍等一下，这是给你母亲的礼物。"

待他要退出去时，又说："这是给你太太的礼物。"

拿到了这些礼物，员工心想应该没有了，正要退出办公室时，又听到董事长大喊："我忘了，还有一份给小孩的礼物。"

如此一来，员工当然会大受感动，心悦诚服。奖励下属，除了能鼓舞士气、振奋人心，也能使员工对公司产生向心力。在中国人眼里，"重赏之下，必有勇夫"是用勇者的常见方法，而在"施之以恩，动之以情"之后再"委之以重任"才是智者的做法。

春秋战国时期，燕太子丹为了谋杀秦王，四处寻找杀手。后来有人推荐荆轲，说他是齐国大夫庆封的后人，十分神勇，而且喜怒不形于色，是一位很好的人选。

燕太子丹听了这个消息后，立刻到酒市里去找荆轲，想方设法地笼络他，给他修筑了一座住宅，名为"荆馆"，一切设施在当时都是最先进、最气派的，平日锦衣玉食，精选美女。有一次荆轲与太子丹一块游东宫，看见水池旁边有一只大龟，荆轲一时高兴就拣起一块瓦片掷了过去，太子丹看见后，就赶快让人捧来金丸，让荆轲用来代替瓦片，投掷取乐。

还有一回，荆轲与太子丹一块儿骑马，太子丹的马是一匹日行千里的宝驹，平日十分宠爱。荆轲说马肝的味道不错，没过多久，厨师就给荆轲送来一盘炒马肝，荆轲一问，原来燕太子丹已经把他的宝马杀了，特地取出马肝，为他下酒。

尽管荆轲最终没有完成太子丹的宏愿，但是太子丹笼络人心的做法仍受到后人称道。

作为领导者，高高在上，有钱有势，威严固然重要，但是若不懂通融，在施威之后不去善后，就往往会民心大失，得不偿失，这是每一个现代的管理者应该尤其注意的。

互助互进，互惠互利

世事难料，一个人活在世上难免会有身处危难、举步维艰的时候，所以，帮助他人就是帮助自己。我们来听听爱因斯坦的说法。

一个富人对爱因斯坦说:"人们都不喜欢我,都说我太自私小气。可是我的遗嘱上已经写好,要把我所有的财产捐给慈善机构。"爱因斯坦说:"也许有个牛和猪的故事,可以给你一点启示。有一头猪到牛那里,抱怨说:'别人总是说你很友善,因为你给他们牛奶。可是他们从我身上带走的东西更多,他们得到的香肠、火腿、肉什么的不都是我的吗? 就连我的蹄子也让他们拿去炖了。可是谁都不喜欢我,对他们来说,我只是一只令人讨厌的猪,你能不能告诉我为什么会这样呢?'牛想了一会说:'可能是因为我活着的时候就给予他们了。'"

一个平时一毛不拔的人,是不可能有朋友的;但如果把自己的一切都给了别人,自己便一无所有了。可见,人际关系存在着一个"成本"问题,使用的方法得当,就降低成本,从而获得人心。比如,社会上的捐助、义卖等公益事业,表面上资助一方是毫无利益而言的,但是在活动过程中,他们却变相地做了"广告",并且这种"广告"所取得的利益要远远比其他方式得到得多,所以,每一个资助的人就从中收回了成本。

古人说:"滴水之恩,当涌泉相报",当你在他人危难的时候伸出援手,从而帮他渡过难关的话,他一定会记着你,也必然要感激你。要想别人将来帮助你,你就必须先去关心、感动别人,这样才有可能赢得他人对你的感激或回报。李嘉诚就是最好的证明。

香港的塑胶原料全部依赖进口。当年,金融危机波及香港,而当地的进口商趁机垄断价格,有不少厂家被迫停产,甚至是濒临倒闭。就在这涉及香港大部分企业命运的时刻,李嘉诚毫不犹豫地站出来,在他的倡议和领导下,数百家塑胶厂家入股组建了联合塑胶原料公司。原来单个塑胶厂家由于规模小,需求量也少,从而无法直接从国外进口原料,现在由联合塑胶原料公司出面,需求量比那些作为中介的进口商还要大,因此国外的原料商也都愿意与他们直接合作。公司所购进的原料,按实价分配给股东厂家,这样,进口商的垄断不攻自破了。李嘉诚也因此被称为香港塑胶业的"救世主"。

不管你是一个多么有才能的人,也不可能孤身一人打拼天下,避免不了要与他人打交道。如果你见死不救,甚至是怕他东山再起对你不利而落井下石,那么,当你遇到困境的时候,别人就会隔岸观火、袖手旁观。

你在关键的时候助人,别人也就会在关键的时候帮你,这看起来似乎是一个等价交换,但这就是互助,是双向关系。

庄子说,"君子之交淡如水,小人之交甘若醴","君子周而不比,小人比而不周"。孔子说:"君子和而不同,小人同而不和"。意思都是说小人心胸狭窄,不能善意地对待别人。而君子则会以德服人,以善待人。总是对人施以恩德而不是怨恨别人,正是中庸待人的最好方法。

自古以来,中国历史舞台上就上演了一幕幕令人伤心不已的小人斗君子的人间闹剧。如屈原投江、韩非因秦、孙子膑脚、贾谊痛哭、杜甫落魄、李白飘雪、苏轼贬放、嵇康下狱、岳飞被害……每每提及这些人间悲剧,善良的人们无不为之扼腕叹息,悲愤不已。

司马迁《史记》卷六一中历数小人得志、君子落难的史实后,对天道常常助佑天下善良的说法,表示了绝大的怀疑和绝深的困惑!一千年后,韩愈在《与崔群》书中又写道:自古贤良的人少,恶劣的人多。虽然贤良的人生存艰难,不贤良的人处处得意,但那些贤良的人却不会放弃自己的贤良。针对这样的社会现状,韩愈也发出了同样的困惑和诘问:"不知上天什么时候才会扭转这样的局面,让贤良的人得志,让不贤良的人受难?"

司马迁

就韩愈的困惑,李国文在《谢宣城之死》中说:"如果有上帝的话,一定是他老人家有这种恶作剧的偏好;当一个有才华的文人出生在这个世界上的时候,他总要安排一百个嫉妒有才华的小人在其周围。"

萧乾先生在回忆了历史惨痛遭遇后,曾谓"我对人生失去了信心"。

这些先贤名人对小人的痛恨而又无奈之情由此可见一斑。有句话说:"惟小人和女子难养也。"小人之所以难养,不在于他身矮体弱身材小,而在于心胸、气量以及他的所作所为。小人通常心胸狭窄,记仇就记一辈子,任你再做千件事也抵不上你得罪他的那一件事。

公元前527年,楚国的国君楚平王给儿子娶亲,选中了一位秦国姑娘,楚平王让大夫费无忌前去迎娶。费无忌到秦国看到姑娘后大吃一惊,这姑娘太漂亮了,美若天仙。在回来的路上,费无忌开始琢磨起来,他认为这么美丽的姑娘应该献给正当权的楚平王。这时,车队已接近国都,国人也早知太子要娶秦国姑娘为妻,但费无忌还是抢先一步到王宫,向楚平王描述了秦国姑娘的美丽,并说太子和这位姑娘还没见面,大王可先娶了她,以后再给太子找一个更好的姑娘。楚平王好色,被费无忌说动了心,便同意了,并让费无忌去办理。费无忌稍做手脚,三下两下,原本是太子的媳妇,转眼就成了楚平王的妃子。完成这事后,费无忌既兴奋又害怕,兴奋的是楚平王越来越宠信他,害怕的是这事得罪了太子,太子早晚会掌大权的。于是,费无忌又对楚平王说:"那事之后,太子对我恨之入骨,我倒没什么,关键是他对大王也怨恨起来,望大王戒备。太子握有兵权,外有诸侯支持,内有老师伍奢的谋划,说不定哪天要兵变呢!"楚平王本来就觉得对不起儿子,儿子一定会有所动,现在听费无忌这么一说,心想果不出所料。便立即下令杀死太子的老师伍奢及其长子伍尚,进而又要捕杀太子,太子与伍奢的次子伍员只好逃离楚国。

用"小人"两字来形容费无忌实在是再合适不过了。如果谁得罪了这样的人,不被他弄死也得被他剥了一层皮,日子一定不会好过,因为这样的小人是没有情义可言的,他们心里想的只有自己的利益,为了维护自己的利益,他们绝不会心慈手软,什么歹毒的办法和歹毒的手段都会使得出来,在他心里没有半点中庸的仁慈可言。

君子好名,小人爱利;君子成人之美,小人坏事有余;君子大度,小人小气;君子坦荡荡,小人常戚戚;君子爱财,取之有道,小人好色,苟苟且且;君子好色,纳之以礼,小人爱财,不择手段;君子知恩图报,小人恩将仇报;君子助人为乐,小人损人利己;君子不念旧恶,小人睚眦必报;君子爱脸如命,小人没皮没脸……君子之比小人,犹如泰山之比沙丘,黄河之比细流,阳光之比阴暗。得罪了君子,君子自然不会放于心上,大家仍是亲朋好友,而得罪了小人,却等于给自己树立了一个顽敌,早晚会受到小人的报复。

这个世界里,只要有君子存在的地方,就必然有小人存在,就像有真必有假,有明必有暗一样,有君子的存在,小人就永远不会灭绝。既然处世之中,我们都免不了要与小人接触,与小人共事就很有必要多长几个心眼,不要在言语上刺激他们,更不要在利益上得罪他们。自古以来,君子常常斗不过小人,因此小人得志便张狂。但邪不压正,小人为恶,终究会有力量克制他们。

首先,应与小人保持应有的距离。用中庸待人的方法即不要和小人太亲密,只保持淡淡的关系就行,但也不要过于疏远,好像不把他们放在眼里一样。否则,他们会这么想:有什么了不起,看我怎么收拾你,那你就要倒霉了。

其次,不要乱说话。祸从口出,不知道哪句话就会得罪了小人,让他们抓住了口实,这实在是得不偿失。

第三,不要有利益纠葛。千万不要与小人有利益上的往来,不然你的那点血汗钱就会被人算计跑了。到那时,没有人能帮助你。

最后,与小人交往要做好"吃亏"的心理准备。小人也会因为无心之过而伤害了你,如果是小事就算了,千万不要与他计较。因为你计较了,就会使你们的积怨加重,结下不能解开的仇恨。那就莫如咽下这口恶气。如果是重大原则问题,则可以以理服人、以情感人,通过中庸之策妥善加以处置。

言多语失祸从口出

人不可能不说话,交际办事,人来人往,语言是沟通的工具。有的人口才颇佳,总是口若悬河,舌吐莲花;也有的人寡言少语,吐字如钉。真是世上有万人,便有万种说话方式、说话风格。但不管是那一种说话方式,说出来的话都是为了给别人听。古人说:"君子慎言,祸从口出。"就是说,作为一个君子,不要对人对事妄加评说,有些事自己心知肚明就行了,有些话能不说就不说,实在没办法,几句闲聊,也就过去了。说话多了,就不可能全是好听耐听的话,往往会有口误,或者攻击了别人,伤了人家的自尊,或者留下话柄,成为别人攻讦的口实。因此,说话也要遵循"中庸之道"。

话不在多,声不在高,恰到好处,理最关键。

明朝洪应明先生道:"十语九中未必称奇,一语不中则愆尤并集;十谋九成未必归功,一谋不成则訾议丛兴。君子宁默勿躁,宁拙勿巧。"这段话的意思是说:做人要谨言慎行。即使话你能说对九句也未必会有人称赞你,但是假如你说错了一句话就立刻会遭到别人的指责,即使十次计谋有九次成功也未必会得到奖赏,可是其中只要有一次失败,埋怨和责怪之声就会纷纷到来,不绝于耳。所以一个有修养的君子,为人宁肯保持沉默寡言的态度,不骄不躁,宁可显得笨拙一些,也绝对不自作聪明,喜形于色,溢于言表。

佛说"不落言论",也有一种语言文字无法达意,容易被人误解的无奈。当初,释迦牟尼在莲花池上,面对诸位得道弟子,拈花微笑,而只有一位尊者领悟了佛的意思,遂有了禅宗的起源。这个故事总是令人感动不已。

人际关系是那样的难以处理,有时你以好心规劝别人,不料却会惹恼别人,轻则伤了和气,重则引火烧身。君不见在今天的互联网上,你方闭口他登场,大家整天沸沸扬扬地吵来吵去,有人抛出一个观点,马上就有人予以驳斥;就连北京大学的于丹教授写就了《论语心得》这样一部著作,也引起很多人的斥责及轰动,令人不得不噤若寒蝉。一些学术批评,让内行人看来,批评者和被批评者几乎是风马牛不相及的事情,很多不入流的批评者都在夸夸其谈,煞有介事地评论一些影响很大的作品在某个史实上的失误,把自己自愿贬低到不如被批评者的位置,反倒让人很看不起。批评者往往吹毛求疵,达不到被批评者的高度和深度。但无论是原作者还是批评者,都违背了"中庸之道"的处世哲学,都是在思想和语言上踏上了自以为是的极端,世人如此执迷不悟,实在令人寒心。

孔子观于后稷之庙,有三座金铸的人像,几次闭口不说话,只在他的背上铭刻了"古之慎言人也,戒之哉!无多言,无多事。多言多败,多事多害。"

有一首诗说:"缄口舍人训,兢兢恐惧身。出言刀剑利,积怨鬼神嗔。简默应多福,吹嘘总是蠢。"如果说一句话而坏风俗,而损名节,而发人阴私,而启人仇怨,那么,这样的话害处就太大了,离灾祸临头也就不远了。这样的话,是千万不可以说的。一个人有缺点,有错误,你不妨指出来,让他改正,但前提是你必须深深了解他,保证他能接受你的批评。不然,你说也白说,还会结下仇怨。如果你还看不到利害所在,继续多言,可真是"闲吃萝卜淡操心"了。

"誉我则喜,毁我则怒",本是人之常情。聪明的人知道,别人可以以毁誉加于我,我不可以毁誉加于人。唇齿之伤,甚于猛兽之害;刀笔之烈,惨于酷吏之刑。只是一句话,却可以侮辱一个人,并辱其子孙,辱其祖父,那种伤人的感情,会积攒数世,不但一般人会寻机报复,就是天理也不能容忍啊。

每个人的经历都是不同的,所接触的人、所听到的话就更不相同了,相同的一件事,在不同的人眼里,就会有不同的看法和观点,这是很自然的事。但是,如果谁都不肯让步,谁都不承认自己的观点是错的或者说是偏的,大家就会吵个不休。只反一端不及其余,其实于理不通,于事不周,若又对批评意见听不进去,私逞其强,刚愎自用,这是天下的大害。

没有善恶之心,常作阿媚之态,工逢迎之计,习善柔之辞,这种人只逞口舌之能,终究是不会成就大事的。有些人喜欢直言快语,肚子里放不住几句话;有些人说话不经脑子,自己也知道"嘴巴比脑子还快",自己说出的话大脑还没分辨出是对是错,就已经伤了别人的自尊;也有些人爱说自己个性坦白,不会说假话,知道什么就一五一十地把它搬出来。其实,这都不是正确的处世做人方法。

吕坤在《呻吟语》中说:"到当说处,一句便有千钧之力,却又不激不疏,此是言之上乘。除外虽十缄也无妨。"这就是说,保持沉默比许多废话更有益处和涵养。

不然,什么事都乱说一通,只会给自己带来灾祸。三国时曹操手下的杨修若不是心无城府地到处乱说,岂能丢掉自己的身家性命?历史上这样的教训真是太多太多了。

谨行中庸之道,不让自己的嘴巴成为惹祸之根,这一点虽很难做到,但我们必须学会去做。

结朋交友　亲疏有度

人是群体性动物,行走于社会上,不能当个孤家寡人,总是要结朋交友的。中国的传统文化中一直把交友看得十分重要。交友就是要达到相知相悦、相帮相助的目的。

孔子一生都很注重与人的交际,他在率领弟子周游列国时,就多次讲到交友的原则。其中,最重要的一条就是要亲疏有度。孔子认为,交友太过疏远和太过亲密都不是最佳状态,所谓"过犹不及"。

孔子的学生子游说:"事君数,斯辱矣;朋友数,斯疏矣。"意思是说,作为臣子的,如果有事没事总是跟国君亲近,离自己受到羞辱的日子就不会久远了;作为朋友,有事没事总要跟朋友在一起,虽然看上去很亲密,但离自己受到疏远的日子也不会久远了。

有一个名叫《豪猪的哲学》的寓言:有一群豪猪,身上长满尖利的刺,大家挤在一起过冬。开始它们总是不知道大家应该保持一种什么样的距离,互相离得远些,就借不着热乎劲了,于是就往一块凑;一旦凑得近了,尖利的刺就彼此扎破了身体,就又开始疏离;而离得远了,大家就又觉得寒冷……经过很多次的磨合,豪猪们才终于找到了一个既不扎伤彼此,又能让彼此感到温暖的距离。

这个故事用于人与人之间的朋友交往真是恰如其分。无论怎样亲密的朋友,也还是要保持一定的距离为好。所谓"花未全开月未全满",才是最好的境界。

古语道:"不责人小过,不发人隐私,不念人旧恶。三者可以养德,亦可以远害。"又云:"持身不可太皎洁,一切污辱垢秽要纳得;与人不可太分明,一切善恶贤愚要容得。"

大千世界,芸芸众生,可谓什么样的人都有。我们立身处世不可太过自命清高,过分挑剔别人,责难别人,而应学会"清浊并包,善恶兼容",这样既可以养德远害,又可结交众多的朋友,左右逢源,以利于自己的发展。诚如秦丞相李斯在《谏逐客书》中所说:"泰山不让土壤,故能成其大;河海不择细流,故能成其深;王者不却众庶,故能明其德。"

郑板桥在交朋结友这方面很看重交情,同时也与朋友亲疏有度,保持与朋友最恰当的距离,对朋友去留、结交和散伙都顺页其自然,所以他深受文人雅士推崇。朋友间的沟通是不应带有任何功利目的的,其真谛在于心灵上的共鸣。古语说:"君子以淡泊相近,小人以利益相近。"真正的朋友,其关系绝不能以利益相维系,那样只能是为人们所唾弃的"酒肉朋友"。

君子之交,应重在心灵的交流。朋友之间的交流应"淡而不断"。交往过密便有势利之嫌,而断了"交往",时间便会无情地冲淡友情。特别是在生活节奏加快的今天,朋友间也许很难有机会在一起聊天、交流,因此更需要注意友情的维护,比如平时多打一些电话,相互问候一番,也会起到加深感情的作用。朋友间超脱了利害关系的交往会使双方更加珍视友情。

德国诗人海涅有一次收到一位友人来信,拆开信封,里面是厚厚的一沓白纸,一张紧紧包着一张,他拆开一张又一张,总算看到最里面的很小的一张信纸,上面郑重其事地写着一句话:"亲爱的海涅,最近我身体很好,胃口大开,请君勿念。你的朋友露易。"

过了几个月,这个叫露易的朋友也收到了海涅寄来的一个很大很沉的包裹。他不得不把它抬进屋里,打开一看,竟是一块大石头,上附一张卡片,写道:"亲爱的露易,得知你身体很好,我心上的石头终于落下来了,今天特地寄上,望留作纪念。"

这肯定成为露易一生最为难忘的一封信。这不仅让人感到朋友间的坦诚与随和,更让人想到了朋友间的友爱与热情。

有一首《半糖主义》的歌里唱道:我要对爱坚持半糖主义,永远让你觉得意犹未尽,若有似无的甜才不会觉得腻;我要对爱坚持半糖主义,真心不用天天粘在一起,爱来得不易,要留一点空隙彼此才能呼吸……这是一首爱情歌曲,讲的是恋爱的道理,但其实半糖的含义,不仅对爱情有益,对生活的各个层面都有益,它其实就是指人们对交朋结友乃至工作生活的中庸把握。

中国有句老话,"君子之交淡如水",这句话与半糖的主张有异曲同工之妙,有一点亲密,有彼此的关心,但又不会太近,不会妨碍他人的私密空间。比如我们对事业成功的追求,应该努力争取,顽强拼搏,但又不能急功近利;我们对友情的向往,应该懂得珍惜,好好把握,但却不能束缚他人,掌握亲密有间的原则,给对方以足够的快乐和自由。

结朋交友,亲疏有度,是一种健康有益的交友态度,太亲近了,会使人觉得为友所累,让朋友觉得自己是个负担;而太疏远了,又会使朋友感到形同陌路,失去了作为朋友的本来意义。所以,交友的最佳状态就是掌握亲与疏的尺度,在若有若无间体会交友的乐趣,领悟甘苦参半的人生真谛。

德刑并用　四方敬服

最成功的为官者是不屑于以权压人的。他们让人口服心服的手段除了其独特的人格魅力外,大都在行事上秉承赏罚分明这一中庸之道。对于实绩和政绩突出者给予重奖,对于成绩平平或者没有政绩者给予一定的惩罚,这样就会让能力卓越的人看到希望,使能力平庸的人看到不足,从而更加努力地履行好自己的职责。

皇太极是后金大汗努尔哈赤的第八个儿子。他从小就嗜好读书,尤其熟读历史典籍,并善于借鉴,运用于领兵治军。他身材高大,体魄健壮,武功很好,尤其擅长步射、骑射;对勇士也特别喜欢,继承父位后,也就十分重视擢拔勇士。

1628年,皇太极率十万大军包围了明朝的遵化城。天刚放亮,皇太极下令攻城。这是一场异常惨烈的攻坚战。明军壁垒森严,箭矢、滚石如雨,八旗兵士冒着炮火,迎着箭矢、滚石,奋勇攻城。很多战士抬着云梯冲到城下,攀梯而上。士兵萨木哈图不顾乱石飞矢,第一个奋勇登上城头,挥舞着明光闪亮的大刀,一连砍倒十几个守城的明军,使后援的清军乘机一拥而上,攻破了明军的城防,并迅速扩大战果,占领了全城。

萨木哈图勇猛奋战,第一个登城而入的事很快就被皇太极知道了,皇太极十分高兴,立即召见了萨木哈图,并与之畅谈了许久。

过了几年,皇太极在遵化城举行庆功大会。会上,凡立功的都被叫到他面前,由他亲自授奖。当萨木哈图走到皇太极跟前时,皇太极端着最名贵的金卮,亲手斟满美酒,赐予萨木哈图,并看着他把酒喝下去,然后当众宣布封他为"备御",授予"巴图鲁(英雄)"的荣誉称号。顿时,整个会场欢声雷动,沸腾起来,因为萨木哈图原来只是一个普通士兵、无名小卒。

接着,皇太极又赐给萨木哈图一批贵重物品予以嘉奖,一峰骆驼、一匹蟒缎、二百匹布、十匹马、十头牛,还规定萨木哈图的子孙后代承袭备御爵位,他本人今后如有过失可以一律赦免。

在以后的战斗中,皇太极对萨木哈图一直予以爱护,不再让他冒险冲杀。但此次凭功授奖,让皇太极手下的兵将们看到,只要有真本事,能够杀敌立功,即使是无名之辈,也会受到提拔和奖赏。由此,每逢攻坚,将士们都冲锋陷阵,争当勇士,清军的战斗力也大为提高。

论功赏罚是领导者管人的最佳手段。当官者对人功过清楚,赏罚分明才能激发下属的积极性、主动性和创造性,才会调动人们向着争取奖赏的目标努力。同样,对拒不努力者施以必要的惩罚,鞭打懒驴,才会对下属有警诫作用,使之克服人性的弱点,努力投身于争取奖赏的工作中去。

早在先秦时期,韩非子就明确指出:"凡治天下,必用人情,人情有好恶,故赏罚可用。"

数千年的中国历史中,大凡有作为的政治家,不论是刘邦、曹操,还是李世民、朱元璋等,无不是深谙赏罚诀窍的好手。

奖赏是正面强化手段,即对某种行为给予肯定,使之得到巩固和保持。而惩罚则属于反面强化,即对某种行为给予否定,使之逐渐减退。这两种方法,都是领导者驾驭下属不可或缺的。

领导者运用时,必须掌握两种不同特点,适当运用。一般说来,正面强化立足于正向引导,使人自觉地行动,优越性更多些,应该多用。而惩罚,由于是通过威胁恐吓方式进行的,容易造成敌对情绪,要慎用,应将其作为一种补充手段。

强化激励,可以获得领导者所希望的行为。但并非任何一种强化激励都能收到理想效果。从时间上来说,如果一种行为和对这种行为的激励之间间隔时间过长,就不能收到好的激励作用。因此要做到"赏不逾时"。

对违背了规章制度的人进行惩罚,必须照章办事,该罚的一定要罚,该罚多少即罚多少,来不得半点仁慈和宽厚。这是树立领导权威的必要手段,西方管理学家将这种惩罚原则称之为"热炉法则",十分形象地道出了它的内涵。

抗战时期,第五战区司令长官李宗仁将军受命组织徐州会战。在台儿庄战役中,山东战区的韩复榘为了保存自己的实力,拒不执行合围命令,以致丧失战机,给了日本人喘息的机会。对韩复榘此举,李宗仁既冷静又愤怒,果断给予军法从事,就地执行枪决。此举极大振奋了民心、军心,为台儿庄大捷扫清了思想障碍。

历史上,孙武杀吴王宠姬,一下子就慑服了宫女;吴起重赏士卒,魏文侯为将士父母妻儿摆宴,使数万士卒不令而战。可见,赏罚分明不失为有效的执法手段和激励人心、鼓舞士气的方法。

奖赏人是件好事,奖一人就可以鼓励更多的人为之献计出力。惩罚显然会使人痛苦,但也是绝对必要。领导者必须兼具软硬两手,实施起来要坚决果断。

无论你的能力是否超越了上司,只要你的职位还在上司之下,就不要表现出比上司更有能力、更有水平的样子。如果为官者没有这样的自知之明,时时让上司感受到来自你的威胁,你的位子很快就会不保,这也会轻而易举地断送掉自己的晋升之路。

身在江湖,每天面对的都是聪明之人,即使有的人可能尚很卑微,但也绝对不可有丝毫的轻视之心,对待自己的上司就更是如此。始终要有这样的理念:也许你的上司不如你优秀,但他既然是你的上司,就必有他的过人之处,绝对容不下你的高明。如果认识不到这一点,处处想表现自己能干上司,自己的为官之路恐怕很快就会遇到阻力,任何一个上司都不会眼睁睁地任由你逞能,必然会想尽办法掐掐露出来的"尖子",让你有苦难言。退一步说,即使眼下容忍了你的逞能,在心里也会给你记下一笔账,等时机一到,就会给你来一次彻底的清算。

"唐初四杰"之一的王勃在文章中说自己"命途多舛",但他的命运与他喜欢在上司面前逞能有很大关系。当时,年纪轻轻的他就名声显赫,高宗的几个儿子都争相礼聘他,打算把他召进自己的王府。后经高宗批准,他来到刚刚受封的沛王李贤府中,担任修撰,充当指导教师和谋士的角色,深得沛王信任。其时宫中盛行斗鸡的游戏,沛王也是一个斗鸡爱好者。他有一只毛色鲜美、体高性烈的公鸡,多次比赛中都大获全胜,但却屡屡战败于英王李显的"鸡王"之下。英王无限得意,神色飞扬,而沛王却十分尴尬。年轻气盛的王勃,当即产生了创作灵感和冲动,提笔立成一篇游戏文章——《檄英王鸡》,当场吟诵,博得一阵阵笑声。后被高宗发现,读了盛怒不已,指责说:"无比庄重的文体竟以儿戏出之,如此放肆,这还得了! 文章说是檄鸡,实则意在挑动兄弟不和,真是可恶得很。"于是,下令免去王勃官职,并逐出王府。

韩信是汉朝的第一功臣,在汉中献计攻打陈邑,平定三秦,率军打败魏,俘获魏王豹,攻破赵,斩成安君,捉住越王歇,收降燕,扫荡齐,力挫楚军。连最后消灭项羽垓下之战,也主要靠他率军前来合围。司马迁说:汉朝的天下韩信打下了三分之二。但是他功高盖主,犯了兵家的大忌。当年刘邦曾问韩信:"你觉得我能带多少兵?"韩信说:"陛下带兵最多也不能超过十万。"刘邦又问:"那么你呢?"韩信自显其能,夸夸其谈:"我是多多益善。"这样的回答让刘邦很没有面子,一直耿耿于怀于韩信之能。也许韩信真的在带兵打仗方面高明于刘邦,但他却不懂得作为臣子应善于推功揽过,相反却又常常在刘邦面前逞能,与刘邦讨价还价,终于一步一步地把自己逼上了绝路。

人人都想表现聪明，在上司面前尤其如此。但是，如果不懂得掌握示能的分寸，而把功劳都揽到自己身上来，不给上司丝毫表现的机会，把话说满，把事做绝，就会弄巧成拙。这样逞能实际上是给了上司难堪，让上司出了丑，这样结出的苦果子当然只能由自己吞咽了。而聪明的为官者绝不会这样不识时务，相反，他们善于把表现的机会留给上司，宁可自己表现拙劣一些，宁可自己丢尽面子，也要维护上司的面子。这种看似愚蠢实则聪明的为官之道正是中庸为官的魅力所在。

一次，子路穿着很华丽的衣服来拜见孔子，孔子说："仲由，你这样衣冠楚楚，是什么原因呢？过去长江从岷山流出，开始在其发源地水流很小，只能浮起酒杯，流到大水的渡口，若不用两只船并列，不避开大风，就不能渡河，这不就是因为流水大有危险的缘故吗？今天，你衣着华丽，脸上显出得意的样子，那么天下有谁愿意规劝你呢？"子路快步退出，改穿朴素的衣服进来，表示顺从。孔子说："仲由，你记住，把聪明都显示在脸上，显出能干的样子，那是小人的作为。所以，君子知道就说知道，不知道就说不知道，这是言谈的要领，能够就说能够，不能就说不能，这是行为的准则。说话有要领，就是智。行为有准则，就是仁。言行既智又仁，哪里还有不足的地方呢？"

中庸处世，不可明目张胆讨好人。和珅和其他大臣，为了迎合乾隆"自视甚高"的心理，就在抄写给乾隆看的书稿中，故意于明显的地方抄错几个字，以便让乾隆校正。这是一个奇妙的方法，这样做能显示出乾隆学问深，比当面奉承他学问深，能收到更好的效果。

和珅工于心计，头脑机敏，善于捕捉乾隆的心理，总是选取恰当的方式，博取乾隆的欢心。他还对乾隆的性情喜好、生活习惯，进行细心观察和深入研究，尤其是对乾隆的脾气、爱憎等了如指掌。往往是乾隆想要什么，不等开口，他就想到了，有些乾隆未考虑到的，他也安排得很好，作为一名臣子，和珅真是做到了登峰造极的程度。而且他也确实从中得到了实实在在的好处。只就和珅的为官策略而言，他无疑是成功的。

而故意在上司面前逞能，什么时候都显得比上司更高明，堵住了上司的回旋余地，实在是一种愚蠢的处世策略。当上司感到岌岌可危，同事们感到你爱表现、不谦虚时，你会觉得自己轻松吗？相反，即使自己很聪明，很有能力，也不表现出来，给上司留下说话的机会，让你的上司占上风，对上司表现出足够的尊重和诚意，不是更有利于你的进步和提升吗？

法沃尔斯基是苏联的写生画家,被誉为"苏联人民艺术家"。他是现代木刻艺术学校的创始人,曾做过剧院美术师和建造纪念碑的建筑师。法沃尔斯基作品的特点是形象鲜明,含义隽永,在木刻艺术上更是神工鬼斧,在 1962 年获得了列宁奖章。

然而,每当法沃尔斯基画完一本书的插图后,他总是在一幅画的角上不伦不类地画上一只猫和一只狗,毫无疑问,美术编辑一定要他把猫狗去掉。而法沃尔斯基却总是与编辑争论不休,固执己见,非要保留猫或狗。争论到最后,法沃尔斯基才做出让步。这时,编辑不再提出别的要求,因为编辑的自尊心得到了维护。但更满意的却是法沃尔斯基本人,他的巧计成功了——将以他拟定的形式出版画册。如果没有编辑所讨厌的那只猫或者狗,编辑在画上还不一定要改什么呢!

第五节 天命之谓性,率性之谓道

所谓中庸,就是为人处世要遵循事物内在的规律,顺乎事物的自然秉性。既然自然规律是客观存在的,那么我们以之为标准待人接物就是自然而然的行为。

遵循规律,合乎自然

所谓中庸,就是为人处世要遵循事物内在的规律,顺乎事物的自然秉性。既然自然规律是客观存在的,那么我们以之为标准待人接物就是自然而然的行为。

然而,孔子多次感慨中庸之道不易施行,甚至认为与行中庸之道相比,把天下国家治理得井然有序反而是简单的。将天下国家治理得公平、公正,需要有大智慧;放弃诱人的官爵俸禄需要有大仁义;从雪白的刀刃上踩踏过去需要有大勇气。把大智慧、大仁义、大勇气发挥到极致已经很不容易了。有大智慧而平天下者,有尧、舜、大禹、商汤、周文王、周武王等;有大仁义而淡然名利者,有伯夷、叔齐、虞仲、朱张、柳下惠、少连、陶渊明等;有大勇气而为正义牺牲生命的仁人志士更是不胜枚举。

那么,为什么做到这些常人所不能做到的事情之后,却不一定能遵行中庸之道呢?对于这个问题,我们可以这样理解:倘若一个人拥有大智慧、大仁义和大勇气,就说明这个人的头脑中有智慧与愚笨、仁义与不义、勇气与怯弱的概念,也就有善恶、美丑、正邪、高低、贵贱等的判断。头脑中有了这些相对立的概念，就好像有了佛教中所说的"分别心"，故而思考问题和做事情时就难免被这些概念所左右，戴上"有色眼镜"，产生偏见，就不可能做到"执两用中"，因此也就不可能做到永远正确。

其实，中庸之道已经超越了这些相对的概念，这些概念对于那些行中庸之道的人来说没有本质差别，他们已经达到了如同道家所说的"返璞归真、自然无为"的境界，跳出了只关注事物表面的阶段，做事情只是依据事情的本质去做，只是按照"自然无为"的状态去做，这样处理任何事情都是游刃有余的。有这样一则故事：

舜

战国时期，有一只美丽的海鸟飞到鲁国京城的郊外，停在一棵树上。京城的人谁也没见过这种鸟，都以为是一种神鸟。鲁国国王看到了十分高兴，心想："飞来了神鸟，这是个好预兆，看来要有大富大贵降到我的头上了。"于是，他命令手下把那只鸟逮住，供养在庙堂里。每天吹乐打鼓给它听，献出最好的菜酒让它喝；杀猪宰羊，把最肥最鲜的肉献给它吃。他对鸟照顾得够好了，可是那只鸟却一点儿也不领鲁王的情，吓得惊慌失措，在庙堂的顶棚上，一会儿飞来飞去，一会儿又躲藏起来。一天，两天，海鸟不吃也不喝。到第三天，那只海鸟就死了。

这则故事告诉我们，外表再美丽的鸟，它的本质仍然是鸟，而中庸的境界如同老子所说的"无为而治"一般，不会违背事物的本身的规律。有大智慧的人，在治理天下与国家的时候，会有意识地施予百姓仁爱，对百姓的行为加以干涉。这些手段都能够把天下治理好，做到这些对于有智慧的人来说，并不是难事。然而，如果要一个人对百姓既不强施仁爱，也不横加干涉，在珍惜百姓的同时，又给予他们一定的自由，教导他们按照正确的规律和自身的意识去生活，那么他就不一定能做到。而恰恰这样做才符合中庸之道。

面对高爵厚禄，为了道义而毫不动心，不贪图利益，不出卖人格，这是有大仁义的人容易做到的。但是如果要这个人在处于某个官位时做到"执两用中"，工作起来恰到好处，他就不一定能做到。就更不要提那些因为一时耍小聪明或一时激愤而遭到惩罚或是丢官弃爵的人了。而这同样也是中庸之道的要求。

同样的，为了达到目的而赴汤蹈火，置生死于度外，不贪生怕死，是有大勇气的人容易做到的。然而，要他做到顺其自然、适可而止，不恣意妄为或一意孤行，却可能是难上加难。而这恰恰又是中庸所提倡的。

总之，人是有欲望有追求的，通过对人的观察孔子总结出：明知不可为而为之的事情，在具备了常人所不具备的大智慧、大仁义、大勇气的条件下，确实有可能成功，因此对于万物之灵的人来说，也就不是什么最难的事情了。然而，中庸之道所倡导的恰到好处、适可而止，却需要人们剔除本性中贪婪、自私的因素，时时注意修身养性，使自己具备仁、义、礼、智、信等品德，更要有永不放弃的勇气与毅力，才可能做得到。

大自然赋予我们每个人以"天性"，这些"天性"中既有生、老、病、死等自然规律的共性，又有每个人特有的个性，比如脾气、爱好、特长等。当然，这种天性还包括人类拥有自己的精神和意志，并且能用自己的精神和意志去思考和判断一些问题。既然"天性"是大自然赋予我们的，那么就一定会有我们主宰不了的方面，这就是人类自身认识的片面性、局限性以及我们能力的有限性。所以人们常常说："心有余而力不足"，有时我们做事又常常是"力有余而心不足"。

所以从这个意义上说，只有遵从大自然的规律、定理做事情，一切顺其自然，遵从了自然的本性，才会获得成功。

然而，顺乎自然的本性做事情绝对不可以理解为"什么事情也不去做"，干脆守株待兔、听天由命。顺乎自然地做事情，只可以理解为是我们为人处世的"隐规则"，是以"做"事情为前提的，凡事不能蛮干，不要做与本性相违背的事情，不自以为了不起而做事张狂，不逞强好胜地扭曲自己的本性，这才是"顺乎自然"的真正寓意。这里有两个小故事可以帮助我们更好地理解这一点。

第一个故事是说有一个人在回家的路上看到树杈间的一只小茧上裂开了小口，他从来没有见过这种情形，于是停下来观察。那是一只蝴蝶的茧，一只新生的蝴蝶正在艰难地从小裂口中一点点地挣扎出来，很长时间过去了，蜕变似乎一点进展也没有，蝴蝶似乎已经是竭尽全力了。

这位观察者看得实在着急，就决定帮一帮蝴蝶。于是他找来一把剪刀，小心翼翼地把茧剪开，以便于小蝴蝶能轻松地从茧中挣脱出来。可是，蝴蝶并没有像他想象那样展翅飞舞，而是身体萎缩，不久就死了。这个助人为乐者期待蝴蝶的翅膀伸展起来，成为一只美丽的蝴蝶，然而，这一刻却始终没有出现。

而另一个故事则发生在寺庙里。春天来了，寺庙的院子里还是一片萧条，师父让小和尚准备一些草籽。小和尚问师父什么时候撒种,师父回答说:"随时。"

春天总是刮风,小和尚撒的草籽有一些被风吹走了,他慌了神,对师父说:"不好了! 好多草籽被风吹走了。"师父说:"那些被风吹走的草籽多半是空的,随性。"

夜里下了一场雨,第二天清晨,小和尚着急地对师父说:"师父! 许多草籽被雨水冲走了。"师父说:"冲到哪里都会发芽的,随缘。"

一个星期过去了,枯黄的草下面泛出了绿意,草籽长出了青翠的小苗。小和尚高兴地跑去告诉师父,师父说:"随喜。"

从这两个故事中,我们不难发现第一个故事中的那个所谓的"助人为乐者"其实并不知道,蝴蝶只有靠自己努力从茧中挣扎出来,才能将体液挤压到翅膀上,从而展翅飞舞,这是无法改变的自然规律。做事不遵从这个规律,即使努力了,也不会获得成功。所以我们更应该向第二个故事中的师父学习,依照事情的本性而动,自然会有不小的收获。

推而广之,那些不正确的观点、态度,即使是极容易被人们忽视的,也会积少成多,结果最终暴露,即使骗得了别人,也骗不了事物发展的最终结果。所以,真正值得我们去认真把握的,就是我们的心理状态和思想意识。这种意识,常常是隐藏着的,既不易被别人察觉,又不易被我们自己察觉。是我们平时听不到、看不到,却又真实存在的。只有在"慎独"的状态下,我们的内心才能处于一种平静、淡然的状态之中,才能科学地判断各种事物,不偏不倚。

真正的聪明人,正是由于认识到了这一点的重要意义,才会真心实意地依此去做事,即使在没有人看见的时候也会行为谨慎,在没有人听见的时候也会心存戒惧。一个人在独处时候的行为态度,会渐渐成为一种习惯,从而在做事时产生习惯性的影响,在独处时的那些所谓的"隐私行为",并不一定就永远不见天日,思想稍有松懈,就会显现出来。这就是"没有比隐藏更明显的,没有比微小更显著的"的含义所在。那些只是装样子给别人看的人,他的行为可以隐藏一时,却隐藏不了一世,最终将会在不知不觉中暴露出来。所以,君子在一个人独处的时候,也会谨慎而严格地要求自己。这种儒家思想所提倡的"慎独",其实具有非常现实的行为指导意义。

做事情顺乎自然、合乎本性是值得我们借鉴的为人处世方法。也许有人会问:"人们有欲望的本性,那么是不是做事情就应该遵从这种欲望而为之呢? 这不也是自然规律吗?"诚然,我们人的欲望是与生俱来的,是一种自然本性,但实际上,我们人的这种本能欲望只不过是宇宙万物中的一点尘埃罢了,我们做事情要遵从的是最大的"道",我们的生存更要遵循大的自然规律。因此我们的自私与贪婪的欲望如果不加以控制和正确的引导,最终会导致人们之间相互争斗、尔虞我诈,带来无尽的痛苦和悲哀。所以,真正地遵从自然和本性来行事,是要我们获得生存的智慧,返璞归真,而非是依照那些小小的欲望行事。

我们每一个人做事,都想求得一个圆满的结果。从事物发展的角度来看:成事须有条件,须顺应客观规律,一味去强求,只会适得其反。

两千多年前,老子告诉我们,做事需顺其自然,顺应客观规律,乱来不得。所谓顺其自然,就是要顺时而动,依势而动;就是要冷静行事,相机行事。需要等待时便等待,需要行动时便行动,而且行必果断,行必迅速。

孟子说:"我们厌恶使用聪明,就是因为聪明容易陷于穿凿附会。假若聪明人像大禹治水,使水循着正常的轨道运行,就不必厌恶聪明了。大禹治水,就是行其所无事,顺其自然,因势利导。假若聪明人也能行其所无事,不违反自然之理而努力实行,那么他的聪明也就不小了。"

孟子这里说顺其自然,一是说要顺应事物运行的客观规律办事,二是说要依凭客观条件和情势办事。从行事有为的情况看,顺应事物运行的客观规律,往往就能占尽天时、地利、人和;违逆了客观规律,往往天时、地利、人和全失。比如治水:因为水能流,总往下流,所以我们就可以或堵或导,以使它更好地流。人类学会治水以后,大体上都采取堵导结合的方法,修堤筑坝,疏浚河道,该堵则堵,当导则导,堵和导都是为了让水好好地流,驯服地流。如果像上古鲧那样,只是一味去堵,人类今天会是什么状况?

围绕这一主题,还有一个典故:

楚灵王派其弟公子弃疾灭掉蔡国后,想封弃疾为蔡公,心里未决,便与上大夫申无宇商议怎么办。

申无宇答曰:"'知子莫如父,知臣莫如君。'关于此事,还是大王您自己决定吧。若要臣表态,那我就给您讲一个故事吧——从前,郑庄公建成栎城后,派子元去防守。子元去后,招兵买马,扩充实力,其势越来越大。到了郑昭公时代,子元的势力能够箝制王室,逼得昭公连'公'字也称不起了。有这么一种说法:不能同时把五个身份高贵的人置于远方,也不能同时把五个身份低贱的人留在朝廷。不能让血亲到外界去,也不能让外臣进入朝廷机要处。这是治国安邦的好方法。大王您不依这个道理办事,竟想让弃疾戍守在外,而使郑丹为臣居于朝内,这将招致大祸呀!请大王明察!"

灵王认为申无宇说得有道理，便听从了他的建议。接着他又问道："国内筑大城是好事，还是坏事？"

申无宇回答："郑昭公因筑栎城而见杀，宋子游为建亳城而被诛，齐无知因渠城被害，卫献公却因蒲城而遭放逐。栎、亳、渠、蒲都是大城，甚至与国都相等。这好比大树一样，当树枝的末梢过大时，树干就不堪其累而折断，又如动物一样，其尾太粗，超过了头部，它就无法摇动、辗转。因此，敦请君主再慎重斟酌。"

申无宇以他头脑清晰、思维敏捷的辩才，为灵王提供了答案。他的回答深入浅出、有理有据、立论环环相扣，简直无懈可击，不怕灵王不听。同时也为我们提供了一个很好的借鉴：做事一定要遵循客观规律，头脑发热盲目地去办事不但不能达到预期的目的，还会受到客观规律的惩罚。

循序渐进，顺应潮流

"中庸"告诉我们，要遵循大道规律。大道规律告诉我们，万事万物的发展变化总是循序渐进的，所以我们做任何事都不可操之过急，否则就会"欲速则不达"，效果适得其反。这正是孔子劝诫弟子需要注意的地方。

孔子的学生子夏担任了莒父县的县长。当时莒父县由于长期管理不善，正处于百废待兴的时候，子夏上任后急于大刀阔斧、有所作为。于是，他向孔子请教应该怎样处理政务。孔子并没有告诉他具体怎样做，而是提醒他说："不要想着快速，不要只看见眼前微小的利益。想着快速，反而不能达到；只看见微小的利益，就办不成大事。"意思是告诫子夏，不要急功近利、好高骛远、拔苗助长，要懂得"欲速则不达"的道理。

对于我们每一个人来说，这一点尤为重要，要想工作有成效，就必须分出轻重缓急，看清眼前小利与长远大利之间的关系。无独有偶，佛教经典《百喻经》中有一个故事叫作"三重楼喻"，说的也是这个道理。

有一个人，富有却愚昧无知，他看到别人家有一座三层的高楼，宽敞高大，十分羡慕，于是找来工匠打算也为自己建造一座这样的高楼。工匠来了之后开始打造地基，这个人看见了心里十分疑惑，问工匠："你这是准备干什么？"工匠回答道："准备建造三层楼啊。"这个人又说："我不想要下面的两层，你先给我建第三层吧。"人们听了以后纷纷嘲笑他，哪有不建下面一层就能造出第二层、第三层的道理？

佛教用这样一个故事来譬喻要想修得正果，就不可懒惰懈怠，要先证得前三果，才可证得第四果。

由此可见，我们做任何事情都要循序渐进，只有先积累才会取得成功。为了说明这一道理，《中庸》一书中引用了《诗经·小雅·常棣》的句子："与妻子和儿女感情和睦，就好像弹奏琴瑟和谐美妙。兄弟之间关系融洽，和谐快乐。使你的家庭美满和谐，使你的妻子儿女快乐。"这也顺和了孝道，因此孔子说："父母这样也就顺心如意了吧！"家庭和睦，一家人共享天伦之乐，我们自己也获得了心灵的安宁和欢悦，心里没有了后顾之忧，才能全神贯注干事业。如果没有做到先修身、齐家，那么，自身缺乏修养，不具备干事业的能力，或者即使有能力却常常"后院起火"，也同样干不好事业。可见，君子的大道，也存在于日常生活的孝道之中。这与中庸之道"造端乎夫妇，及其至也，察乎天地"的说法是一致的。

如今，急功近利似乎已经成为我们现代人的通病。然而，如果不重视基础只看重长远目标，即使这个目标唾手可得，也只是虚幻而已。从心理学上说，急功近利是由"即时强化"导致的。所谓"即时强化"，是说当人们在看到了结果的情况下，就会强化自己的行为，以结果为导向对自己的行为进行指引。就比如家长对孩子的教育：有些家长不管孩子平时是不是努力学习，只看考试的结果。考得好，就大加奖励；考得不好，就会批评惩罚。结果孩子急功近利，尽管考分上去了，综合素质却没有任何改观，即使一时找到了好的工作，也会缺乏长期发展的动力，结局流于平平。再比如说：有些企业在经济发展时，也有急功近利的行为，其结果就是效益搞上去了，却牺牲了生态环境，浪费了资源，忽视了可持续发展。

儒家思想认为，一个人事业理想的实现，是遵循"修身、齐家、治国、平天下"这一循序渐进、推己及人的过程完成的，也就是"身修而后家齐，家齐而后国治，国治而后天下平"，这是实践经验的总结。我们常说"先做人，后做事"，就是说一个人干事业要从自身的修养抓起，从自己身边的小事做起，修养好自身，才能成就更大的事业。自身的品德提高了，家庭才会协调好；家庭协调好了，国家才会治理好；国家治理好了，才能使天下太平。做到了修身、齐家，然后再去考虑治国、平天下的事业，这才是脚踏实地、循序渐进的做法。这也体现出了"君子之道，辟如行远，必自迩；辟如登高，必自卑"的真意。无论是个人行为，还是企业行为，甚至是政府行为，都应该参考中庸之道，切不可揠苗助长、急功近利。

常言道，识时务者为俊杰。事业做大做强，突破发展，并不是短时间内可以完成的，而是一个积累的过程，需要与时代的节奏同步。也就是说，在时势变化中，你必须跟上时代的"节拍",应当学会随机应变,寻找出路,不然你就会处于被动地位。所以,每一个人都必须顺应时势,善于变通,及时调整自己的行动方案,这是我们适应现实的一种方法。这也正是"中庸"所要求的。在这里我们以曾国藩为例,虽然他并不处在我们这个时代,但从他的一生"三变"中,我们可以看到一个成大事者的人生策略。

曾国藩的为人处世之道,实际上是一种灵活辩证的处世态度和方法。虽然在他的一生中勤于功名,以儒家思想为核心,恪守仁义的宗旨未改,但在为人做事的"形"上,却是一生"三变"。正是因为这"三变",才引发了后来人们对他的褒贬。不过无论如何,倘若曾国藩没有这适时的"三变"的话,就不会有如此大的成功和名声。

有记载说:"曾国藩一生'三变':书字初学柳宗元,中年学黄山谷,晚年学李黄海;而参以刘石,故挺健之中,愈饶妩媚。"这是说习字的"三变"。"其学问初为翰林辞赋,即与庸镜海太常游,究心儒先语录,后又为六书之学,博览乾嘉训诂诸书,而不以宋人注经为然。在京为官时以程朱为依归,至出而办理团练军务,义变而为申韩。尝自欲著《挺经》,言其刚也。"这里说的是学问上的"三变"。

纵观曾国藩一生的思想倾向,他是以儒家为本,杂以百家通用。各家思想,几乎在他的每个时期都有所体现。但是,随着形势、处境和地位的变化,各家学说在他思想中体现的强弱程度又有所不同,这些都反映了他深谙各家学说的"权变"之术。曾国藩的同乡好友欧阳北熊认为,曾国藩的思想一生有"三变":早年在京城时信奉儒家,治理湘军、镇压太平天国时转为法家,晚年功成名就后又采用了老庄的道家。这个说法大体上描绘了曾国藩一生三个时期的重要思想特点。

曾国藩用程朱理学这块"敲门砖"敲开了做官的大门之后,并没有把它丢在一边,而是对其进行了深入的研究,同时又由于受到唐鉴、倭仁等理学大家的指点,他在理学素养上也有了巨大的飞跃。他不仅对理学证纲名教和封建统治秩序的一整套伦理哲学,如性、命、理、诚、格、物、致、知等概念,有深入的认识和独到的理解,而且还进行了理学所重视的身心修养的系统训练。这种身心修养在儒家是一种"内圣"的功夫,通过这种克己的"内圣"功夫,最终达到他治国平天下的目的。

此外,曾国藩还发挥了儒家的"外王"之道,主张经世致用。唐鉴曾对他说:"经济,即经世致用包括在义理之中。"曾国藩完全赞成并大大地加以发挥。他非常重视对现实问题的考察,重视研究解决问题的办法,提出了不少改革措施。曾国藩对儒家,尤其是程朱理学的深入探究,是他这个时期的重要思想特点,而对于这一套理论、方法的运用,则贯穿了他整个一生。

太平天国起义后,曾国藩返回故里组建了一支湘军。在对待起义军和管理湘军的问题上,他的一系列主张措施表现出他对法家严峻刑法思想的极力推崇。他提出要"纯用重典",认为只有采取烈火般的手段才能处理好一切事情。而且,他还向朝廷表示,即使由此而得残忍严酷之名,也在所不惜。他设立审案局,对抓捕到的农民严刑拷打,任意杀戮。同时还规定,不纳粮者,一经抓获,就地正法。在他看来,儒家的"中庸"之道,在这个时候是行不通的。

曾国藩在《与魁联》的信中解释说:"我在公寓内设立了审案局,10天之内已处斩了5个人。世风不厚之后,人们都怀有不安分的心思,一些恶人造谣惑众,希望天下大乱而去作恶为害,稍微对他们宽大仁慈些,他们就更加嚣张放肆,光天化日之下竟敢在市井抢劫,将官府君子视同无物。不拿严厉的刑法处治他们,那么坏人就会纷纷而起,酿成大祸就无法收拾了。因此,哪怕只能起一丁点作用,也要用残酷的措施来挽回这败坏已久的社会风气。读书人哪里喜欢大开杀戒,是被眼下的形势所逼迫的,不这样就无法铲除强暴,从而安抚我们软弱的人民。这一点,我与您的施政方针,恐怕比较吻合吧!"

曾国藩在为官的后期,恪守的是"清静无为"的老庄思想。他常常表示,于名利之处,须存退让之心。在太平天国败局已定,即将大功告成之时,他的这种思想愈加强烈,一种兔死狗烹的危机感就时常萦绕在心头。他写信给弟弟说:"自古以来,权高名重者没有几个能善始善终的,而要将权力推让几成,才能保持晚节。"天京攻陷之后,曾国藩立即遣散湘军,并做出了功成身退的打算,以免除清政府的疑忌。

不同的时期有不同的思想倾向,说明曾国藩善于从诸子百家中吸取养分以适应不同的情况。容闳说:曾国藩是"旧教育中之典型人物"。无疑,在曾国藩身上,融合了中国传统文化的各种基因,正是这些基因,才使曾国藩成了中国古代社会的"三个不朽人物"之一和最后一个精神偶像。

由此可见,我们为人处世必须顺应时代发展的潮流,遵循其规律而动,"中庸"也就在这样的行为中不知不觉地实现了。

适者生存而不是强者生存

在达尔文的进化论里,提出了一个残酷的理论:"物竞天择,适者生存。"适应环境,随着环境而改变自己,这样才能顺页应中庸之道。反之,则会遭到淘汰。我们做人处世也是一样,一味地顺着自己的心思禀性去做人处世,免不了要遭受挫折和排挤,毕竟别人是没有义务要忍受你的个性的。

海洋所在的公司要进行裁员。不过在海洋看来,公司裁员行动应该是和自己没有关系的。多年以来,海洋一直都是公司财务部的总监,过硬的专业知识和超强的能力使他一直受到老总的器重和赏识。

不过这次情况好像没有海洋想象得那么简单。宣布要进行裁员的当晚,老总竟然打电话给他要他到自己家里去一趟。

达尔文

这次老总带给海洋的可谓是一个坏消息,老总要求海洋考虑一下,根据目前公司的情况,是不是可以先考虑一下到分公司的财务部工作。这个要求被海洋当场拒绝了。他相信自己的能力和才华绝对不会只屈居到一个小小的分公司,况且从总公司降到分公司,这也太没面子了。

海洋和老总不欢而散。临出门的时候,老总还在后面诚恳地说:"你还是再考虑考虑,考虑好了再给我一个明确的答复。"

"不用了,肯定不行。"海洋头也不回地对老总说。他甚至有些恼怒老总居然对自己提这种要求,这也未免太看低自己了,难道这就是自己这些年来兢兢业业努力工作的结果吗?

几天后,公司裁员的名单下来了,随着裁员名单一起下发的,还有公司内部机构调整的名单。虽然遭到了海洋的拒绝,不过老总还是把海洋的位置放在了分公司的财务部。

"能不能给我个理由?"海洋拿着调令找到了老总。

"这是董事会的决定,"老总站起来摊开双手对海洋说,"我想你还是先干一段时间,然后……"

没等老总说完,海洋就把调令放在了老总的办公桌上,然后对老总说:"不用再说了,我下午会把辞职信交上来的!"

海洋交辞职信的时候,老总神色有些黯然:"你不能再考虑一下吗?一起合作这么多年，我个人是非常欣赏和信任你的，真的不希望失去你这么好的合作伙伴。"老总诚恳地说。海洋摇头，但心里还是小小地震动了一下：原来老总还是赏识自己的，只是形势所迫啊。

"那么好吧，"老总的语气里有些无奈，"晚上你到我家去，我为你饯行！"

老总为海洋准备了很丰盛的宴席。来之前海洋打定主意，饯行是饯行，但绝对不牵涉到公司内部调整的话题，只要老总的话转到这方面，那么自己马上站起来告辞。

奇怪的是，老总真的没有再规劝海洋的意思。吃完饭后，老总对海洋说："时间还早，跟我一起看一部片子吧，好久没有看电影了。"海洋不知道老总葫芦里卖的什么药，答应了下来。

老总播放的电影是一部科学纪录片，描述的是在白垩纪、侏罗纪时代地球上的种种生物，包括恐龙、鳄鱼、蜥蜴、变色龙等爬行动物。海洋实在想不出这有什么好看的，不过，他既然答应了老总，也只能勉强看完。

影片是随着恐龙的灭绝而结束的。海洋站起来要走的时候，老总忽然说了句奇怪的话："那么强大的恐龙灭绝了，而小小的变色龙却繁衍生息到现在。适者生存，而不是强者生存啊！"回家的路上，海洋在心里回味着老总的这句话。虽然这句话是对影片而发出的感叹，但对他却触动很大，难道自己就是职场上的那只恐龙？

后来，公司里有很多人都奇怪为什么海洋会改变自己的决定，而老总则好像从来没有收到过什么辞职信。拿到调令，海洋去分公司的财务部报到了，而且不带一点情绪，工作做得很认真。

半年之后，公司情况好转，同时恢复了海洋的职务。原来，内部调整和裁员，是因为公司那时在市场上遭遇了同类产品的强烈竞争，所以公司只好通过内部调整和裁员来渡过难关。

而海洋因为在分公司财务部期间发现了不少以前没有发现的问题，财务总监做得更加得心应手了。

在海洋的办公桌上出现了一条橡胶的变色龙的模型，他常常在工作之余默默把玩。有人问海洋，为什么喜欢这个看起来丑陋的家伙？海洋总是笑笑，什么也不说。

海洋的"成功"暗合了中庸的意蕴：顺应自然，才能获得更好的发展机会；凭借着一时的冲动和盲目的自信，其实未必能取得成功。听起来这个道理会让很多自信心强烈的人反感，可是细细思量，难道不是很有道理吗？

改变是这个时代的主题,如果不能够适应社会的改变,就会被时代所淘汰。俗话常说:"树挪死,人挪活。"树木要移植,如果水土不适应,或是移植中处置不当,就会枯死,谁见过苹果树顶着满枝头的苹果随意搬家的? 可是人不一样,人是有着极强的适应能力的,所以,要适应社会的变革,也要灵活变通做人处世的方式。

曾国藩被称为清代中兴之臣,然而荣耀得来并非易事,他多次陷入不利的处境,都是用信心鼓舞自己,不至于一蹶不振。事物发展的方向,要么有利于自己,要么不利于自己,曾国藩深得柔忍之道,既非不切实际地奋然一搏,也不永远销声匿迹,而是在貌似"不动"中寻求"变化"的契机。

他在日记中写道:"静中细思,古今亿百年无有穷期,人生期间数十寒暑,仅须臾耳,当思一搏。大地数万里,不可纪极,人于其中寝处游息,昼仅一室,夜仅一榻耳,当思珍惜。古人书籍,近人著述,浩如烟海,人生目光之所能及者,不过九牛一毛耳,当思多览。事变万端,美名百途,人生才力之所能及者,不过太仓之一粒耳,当思奋争。然知天之长,而吾所历者短,则忧患横逆之来,当少忍以待其定;知地之大,而吾所居者小,则遇荣利争夺之境,当退让以守其雌。"可谓甚解做人处世的智慧。

只要不失去信心,处境再糟糕,也能够适应,并将之向着有利于自己的方向转变。

20世纪初,在美国伊利诺伊州的奥克布洛市,一个名叫雷·克洛克的男孩出生了。在高中二年级的时候,因为贫穷,他不得不离开学校。后来,克洛克想在房地产方面有所作为,就开始在佛罗里达推销房地产。好不容易打开了局面,不料第二次世界大战烽烟四起,房价急转直下,结果他破产了。回家的路上,他没有大衣,没有外套,甚至连副手套也没有。想到一直伴随着自己的逆境、挫折和不幸,他心灰意冷。

可是走到家门前,望着厚厚的窗帘缝中透出的橘黄色的光,克洛克忽然泪流满面,对于一个男人来说,这一刻,对家庭和亲人的责任是他活下去的唯一理由。

接下来的日子,克洛克依然努力寻找着适合自己的工作。虽然时运不济,但是他并没有像当时的其他一些人那样把时间浪费在怨天尤人上,他深信并非没有时运,而是时候未到。他执着地认为通往成功的大路是为那些审时度势、自强不息的人铺就的。

半年后,克洛克遇到一个名叫普林斯的人,他发明了一种多轴奶油搅拌机。克洛克认为这种机器里蕴藏着巨大商机,于是他立即与对方谈判取得机器的专售权,并辞掉工作致力于该机器的市场推销,一干就是15年。

1954年,克洛克前往加利福尼亚的圣伯纳地诺城考察,那里有一个小店一次性订购了8台多轴奶油搅拌机,而在他过去15年的推销生涯中,从来没遇到过这样大的客户,凭直觉他感到这位客户的买卖一定很兴旺。

果然,到了圣伯纳地诺城,他看到了马克和狄克兄弟开设的一家小汉堡店。室内没有座位,菜单上只有汉堡、饮料、奶油等速食产品,人们可以在不到一分钟的时间内点单,并得到食物。虽然店内的伙计们忙得不可开交,但顾客仍然排起了长队。那一刻,克洛克看出他的客户经营的餐馆简直就是一座金矿。

克洛克问马克兄弟为什么不多开几家分店,狄克笑着指了指不远处山坡上的一座白色的建筑说:"那是我们家族世代居住的地方,冬天我们可以躺在房子前面的斜坡上晒太阳,夏天我们可以在屋后的池塘里戏水玩耍。如果我们开了连锁餐馆,就不得不一次次到陌生的地方去照看我们的生意,那样的话,我们永远不会有这样的闲暇时光了。"

克洛克意识到自己的机会来了,他对马克兄弟说,如果他们能授权自己在全国各地开分店的话,自己将给他们兄弟提取利润的5%作为回报。面对不劳而获的收益,马克兄弟立刻答应下来。

克洛克开始着手分店的选址工作。1955年4月15日,第一家分店在芝加哥开业,随后,增设分店的速度越来越快。1961年,克洛克以270万美元的高价向马克兄弟买下了名号、商标所有权和烹饪处方等各项专利,自己完全拥有了这一品牌。如今,克洛克创下的连锁快餐店已经在全世界5大洲的121个国家拥有3万家门市中心,年营业额超过了400亿美元。

克洛克所创建的快餐店的名字无人不知,它就是世界两大快餐航母之一,与肯德基并驾齐驱的另一快餐巨头麦当劳。

人的一生总会有不如意的时候,但是人的承受能力不同,有的人会毫不在意,认为这是生命中必然会碰到的事;有的人很快就能挣脱沮丧的枷锁,重新出发;而有的人却被挫折击败,倒地不起。

只有奉行中庸之道的人才能够适应困境,并找到改变它的办法,所以,他总能战胜困难,成为生活的强者。

学会接受无法改变的事实

很多人的情绪会受到环境的影响,比如当阳光明媚时心情也就开朗,做事也有劲;而阴雨绵绵之时便会情绪低落,做什么都提不起精神来。但是我们要明白,外界环境是客观的,而我们的心情则是主观的,我们不能改变外界环境,但是可以控制自己的主观感情。也就是说,快乐还是不快乐,选择权在我们自己手上。

有一个智者遇到一个失恋的女子,女子正伤心地哭个不停,为自己被男朋友抛弃而痛苦。智者对她说:"他抛弃你,是他的损失。因为你只是失去了一个不爱你的人,而他却失去了一个爱他的人。说到底,是他的损失比你大,该哭的人是他才对。"女子听了之后深觉有理,心情慢慢开朗起来,不再像当初那样难过了。

这个小故事告诉我们,心情的转换只在一念之间,而选择一个快乐的心情却可以影响我们做人的态度。无论我们的心情怎样,客观现实都是不可改变的。天气不会因为你的心情而变异,已经发生的事情也不会因为你的心情而改变结果,我们唯一能做的就是调节好自己的心情,以积极的心态来面对人生。很多时候我们甚至会因为这一念之间的转换而改变自己的人生。

其实每个人都想拥有完全称心如意的生活,但是谁都知道这是不可能的事,地球不会按照某一个人的意愿来转。人们往往会忘记这一点,总是希望别人或是周围的环境来适应自己,却不知道要主动去适应别人和周围的环境。

而懂得糊涂做人哲学的人才知道要征服自己、改变自己,从而获得战胜一切挫折的力量。

从前有一个国王,他统治着一个富足的国家,但是那个时候还没有发明鞋子,所以这个国家的人都不穿鞋。有一天,国王徒步去一个离王宫较远的地方视察民情。因为是第一次步行出远门,而且路上崎岖不平、沙石遍地,国王感觉脚底十分疼痛,于是国王下令将他要去的道路上统统铺上皮革,但是这需要成千上万张牛皮,而且恐怕把全国的牛都杀了剥皮也不够用。

于是一位大臣向国王建议说:"英明的国王陛下,其实我们不需要花那么多钱,您只需要割下一小块牛皮,包上您的双脚,就可以起到同样的作用。"

国王惊讶不已,立刻接纳了大臣的建议。从此,这个国家开始有了鞋子。

这个小故事告诉我们,如果强行让外界适应我们的话,可能会花费巨大的代价,而且还不一定能取得成功,倒不如改变自己来适应外界更容易些。

当然,改变自己来适应外界也不是一件很容易的事,毕竟每个人都有自己独特的个性,想融入这个社会也需要过程。然而,聪明的人善于运用中庸的思维来调整自己,并最终完善自己。

当我们不能改变环境的时候,我们就要适应环境;当我们不能解决困难的时候,我们就要改变自己。如果我们有信心去适应一切环境,那么在哪一种环境里会不能成功呢?

其实在生活中,有很多琐碎的小事需要我们去适应,比如过集体生活时难免要吃自己不爱吃的菜,如果过于挑剔,只会给人留下"此人婆婆妈妈"的印象,倒不如稍稍改变一下自己的口味,也就不会给别人添麻烦了。再比如,在工作中或许会遇到合不来的同事,可是工作上又必须与之打交道,如果抱定不融洽的心态去合作,肯定会出问题,倒不如忍耐几分、大度一点,欣赏他的优点,找出交流的渠道,这样也有利于工作的开展。

有一位著名的经济学教授,凡是被他教过的学生,少有顺利拿到学分的。因为这位教授平时不苟言笑,教学古板,分派作业既多且难,结果学生们不是选择逃学,就是浑水摸鱼,宁可被罚,也不愿多听老夫子讲一句。但这位教授可是国内首屈一指的经济学专家,叫得出名字的几位财经人才,都是他的得意门生。谁若是想在经济学这个领域内闯出一点儿名堂,首先得过了他这一关才行!

一天,教授身边紧跟着一名学生,二人有说有笑,惊煞了旁人。后来就有人对那名学生说:"干吗对那种八股教授跟前跟后地巴结呀! 你有点儿骨气好不好!"那名学生回答:"你们听说过穆罕默德唤山吗? 教授就好比是那座山,而我就好比是穆罕默德,既然教授不能顺从我想要的学习方式,只好我去适应教授的授课理念。我的目的是学好经济学,既然要入宝山取宝,宝山不过来,我当然是自己过去喽!"

这名学生果然出类拔萃,毕业后没几年,就成为金融界响当当的人物,而他那些骄傲的同学,都还停留在原地"唤山"呢!

想想我们所面对的人生,随着外在环境的变异及时调整适应能力,要比一厢情愿地抛出自我的喊声等待回响更有现实意义。

在工作中我们会遇到很多问题,有的人动辄以"专家"自居,认为自己是最有经验的,自己的方案是最好的,别人则都是"业余"。是的,你的方案可能是最好的,问题是为什么屡被抗拒呢?

事实上,别人反对你,并不是因为你的解决方案不好,而是你的态度和方式别人无法接受。因为无法接受你的态度,进而否定你的方案。并不是每个人都会和你保持一样的工作方式和节奏,要求别人与自己同一步调,显然也并不现实。如果我们可以先调整自己,和别人保持同一频率,然后再将他带到自己的频率上来,那么效果就会很好。做人处世常常也就是一种相互妥协的过程,不能适应者迟早是要出局的。

所以，当任何尝试都无法改变什么的时候，不妨学着改变自己。有时，适应后的融入反而更能激发出生命的潜能，等到你具备了一定的条件与能力时，该适应你的，自然就会适应了。山不过来，我们过去，会达到同样的效果。

做人不可硬充好汉

有很多人不能忍一时之气，喜欢硬充好汉，结果撞得头破血流，连自己都不能保全，更别提打败对手了。所谓"直如弦，死道边；曲如钩，反封侯"，这话听起来虽然可悲，但细思之，正直固然可敬，但曲径通幽地以中庸的智慧达到正义的目的，是不是更有作用？

西汉景帝时，窦婴担任大将军之职，是朝廷中的百官之首。做这样的高官，巴结他的人很多，窦婴也十分得意。

朝中大将灌夫为人耿直，是个典型的武夫，他不仅不去讨好自己的顶头上司，反在私下里说："人们都是势利眼，巴结那些有权势的人，这真是太无耻了，正人君子是不会这样的。"

窦婴后来知道此事，就向灌夫说："你不喜欢我，不和我结交就是了，为何还要挖苦我呢？"

灌夫也不回避，回答说："我心直口快，想说什么就说什么，我只想提醒你不要太骄傲，否则就乐极生悲了。"

窦婴没有责怪他，却好心对他说："你这个人有勇无谋，虽然刚直，但难当大事。如若碰上奸诈小人，吃亏的一定是你。我不和你计较，难道别人也会原谅你吗？你才应该小心。"灌夫对窦婴的话不以为然。

灌夫对上不巴结，对下却是恭敬尊重，不敢有一点怠慢。当别人都赞赏他这一点，夸他是个十足的正人君子时，有位朋友却表示了忧虑，对他说："在朝廷做官，就要符合官场上的规矩。现在是官大一级压死人，你顶撞上司，反而讨好下属，这哪里是晋升之道呢？你不识时务，反以为荣，早晚必惹大祸。"但灌夫对此仍是充耳不闻。

后来窦婴被免职，孝景皇后的弟弟田蚡当上了丞相。田蚡是个十足的小人，灌夫十分看不起他。

百官见窦婴失势，就开始巴结田蚡，灌夫却和窦婴来往密切。窦婴十分感动，说："我得势时,你从不和我交往,现在你不去趋炎附势,可见你为人的品德高尚。"

灌夫的朋友又给他泼了一盆冷水,说:"你的言行不合官场之道,实属不智之举。作为下级,你疏远丞相,结交失势的人,这虽是君子行为,却也难为小人所容。表面文章还是要做的,你该有所反省了。"

田蚡骄横,对灌夫的耿直早有不满,他时刻想整治灌夫。

一次,在酒宴上灌夫和田蚡发生了冲突,田蚡借机将他关进大牢。窦婴为了救灌夫而四处奔走,也被田蚡诬陷。结果,灌夫和窦婴一起遇害。

窦婴对灌夫的评价其实是一语中的:"有勇无谋,虽然刚直,却难当大事。"只可惜灌夫以直为荣,以曲为耻,最后落得个家破人亡的凄惨下场。

唐高祖李渊起兵造反时,当时的晋阳县令刘文静积极响应,立下不少功劳,是开国的功臣之一。裴寂是刘文静的朋友,刘文静和他无话不谈,还多次向李渊夸奖裴寂的才能。

唐朝建立后,论功行赏,不想刘文静的官职远在裴寂之下。刘文静心中十分不满,于是常向别人发牢骚。有人劝刘文静说:"你虽有才干,却缺少处事的谋略。你每次进谏都和皇上力争,自认有理便不谦让,就算你是对的,但谁不喜欢听顺耳的话呢? 你不懂得委婉,皇上会喜欢你吗? 而那裴寂却很会做人,他事事都恭颂皇上,讨皇上欢心,难怪他要位居你之上了。这是官场之道,你有什么可抱怨的呢? 倒不如也学学裴寂的手段,逢迎一下皇上,官也升得快些。"

刘文静不服气,说:"我为国尽忠,为民请命,怎会无故讨好皇上呢? 裴寂这样阿谀奉承,是个奸诈小人,我一定要除掉他。"

于是,刘文静在面见李渊时,都要指出裴寂的错失,他还动情地说:"亲贤臣远小人,这样国运才能长久,皇上不可再受小人蒙蔽了。裴寂只会讨取皇上欢心,而不干实事,这哪里是忠臣所为呢?"

面对刘文静的攻击,裴寂完全采取了另一种应对方式,他表面上并不记恨刘文静,而且也从不直接说刘文静的坏话,只是装出一副委屈忍让的样子,好像是为了皇上考虑,说:"刘文静功劳实在太大,他瞧不起我是应该的,我并不恨他。我只是担心,他如此居功自傲,恐怕连皇上都不敬畏了,这就是大患了。"

他说的正是李渊最忌讳的事,李渊马上对刘文静厌恶起来。刘文静更加苦恼,有人就劝他改变方法,不正面攻击裴寂,说:"裴寂虽是小人,可他的阴谋手段不能小看。他能让皇上听信他的谗言而不相信你,你还敢轻视他吗? 你要多用些智谋,讲究些方法,和他正面冲突是不可取的。"

一次刘文静和弟弟刘文起饮酒时,忍不住又破口大骂裴寂。一时性起,他竟拔出刀子,砍击屋中木柱。刘文静一位失宠的小妾把他的牢骚话告诉了自己的哥哥,她哥哥为了邀功领赏,竟向朝廷诬告他谋反。

裴寂受命审理此案,趁机劝说李渊杀了刘文静,以绝后患。于是,李渊也不听刘文静申辩,就下令将他处死了。

刘文静的死虽然冤枉,可是他不会做人,得罪了皇上,也是一大原因。至于他对裴寂的不满,究竟是因为看出了裴寂的卑劣,还是因为官阶的高低引起了不快;是因为他的心胸狭小,还是因为他刚正不阿,那就需要史学家去深入研究了。

总而言之,有许多人尽管在处理工作等事项上很有才干,但在做人处世上却很没有技巧,这就不免使他处于劣势,不能翻身了。

做人处世切忌强人所难

无论是工作还是生活,我们总难免会遇到需要他人帮助的时候,如何让别人帮助自己也是一门学问。而强人所难,是做人做事过程中的一大禁忌。比如,托人办事,要考虑到人家是否能办得到。如果人家诚心诚意向你表示他爱莫能助,就不能强求人家非给你办成不可,否则就会产生误解。

有的人做什么事都只从自己的利益出发,根本不在乎别人有什么困难;一旦自己有事相求,就要求别人非答应他不可,完全不考虑别人的实际情况。这种做法是非常令人反感的。

一次,王德求领导办事。为了让领导答应自己,他频繁地往领导家里跑,尤其在下班以后。他也不管人家愿意不愿意,是不是有别的事情要做,在领导家一"泡"就是几个小时,和领导东拉西扯套近乎,领导虽然在谈话中笑脸相对,但是事情终归是没有办成。

王德不知道,他这种行为不管有心无心都会使人很不耐烦。家庭是一个人的私人空间,不可受到别人的侵扰,而王德的做法显然给领导带来了不便,已经引起了他的反感,他当然也就不会帮助王德了。

李响得知老同学赵东的亲戚在政府部门掌权,便找赵东,希望能通过赵东的亲戚把他从乡下调到城里。赵东见老同学相求,虽然犹豫,但还是答应了。赵东问过他的亲戚后,亲戚说办不了,赵东便向李响说明情况。但李响却认为是赵东不尽心,立即拉下了脸说:"你真不够朋友,这么一件小事都不帮忙。"说罢便转身走人。

赵东感觉自己费力不讨好,心里很不是滋味。他原打算讲完这件事后,还要说另一个和他关系不错的人有可能办成这件事。但看李响的态度,他也不敢再说这层关系了,他怕如果再办不成,不知李响会怎样对待他了。

李响的这种意气用事的做法,就是不讲分寸,是求人办事时最为忌讳的。当你有事需要求人帮忙时,朋友当然是第一人选,但你不能不顾朋友是否情愿。如果朋友有不方便的地方,而你硬要朋友帮忙,朋友若是答应了,就会给他自己造成不便,若不答应又怕伤了你的面子。或许朋友勉强答应,但是心里就难免不快,认为你太霸道,不讲道理。所以,你对朋友有所求时,应该采取商量口吻讲话,尽量在朋友方便或情愿的前提下提出所求。

求人办事绝对不能强人所难。如果对方不愿帮忙,也不能因他不帮忙就让他难堪。他不愿意肯定有不愿意的理由,求人者就应该体谅对方的难处,另想办法。如果对方有顾虑,就应给他充分的考虑时间,千万不能因对方一时没有答应便意气用事,强人所难。

小孟有一次打电话给朋友小丁,向他借几千块钱。小丁当时正是经济困难的时候,但是朋友开口,他还是东拼西凑地把钱借给了小孟。本来小丁以为小孟是有急用,可是没想到小孟拿这笔钱是要给女朋友买礼物的,而当小丁需要这些钱的时候,他又推三阻四隔了好久才把钱还给小丁。本来这些钱有一大部分都是小丁靠自己的人情借的,因为推迟了还钱的时间,令那些朋友对小丁也很不满意。小丁从那以后就疏远了小孟,而小孟却还不知道是怎么回事。

提出让人为难的要求,不外乎两种结果,一是遭到人的拒绝,因为每个人办事都会从自己的利益出发,没必要为了别人而让自己为难;二是可能这次满足你的要求,但这可能是最后一次,以这次帮忙彻底回报了你全部的人情,关系很可能从此发生转折或终止。每个人都不是万能的神,能力都有限,提出人能力所不及的要求,是对他人的伤害。

所以,人与人之间的交往应该以自然为宜,双方都觉得没有压力,这才是人际交往的理想境界。提出让别人为难的要求,说明你对别人的期望和要求过高,这本身就是一种压力。我们以中庸处世,一定要避免强人所难的情况出现。

中庸帮你把不利因素变有利因素

我们在生活中不免会遇到这样的人,他们常常是"见人说人话,见鬼说鬼话",

一方面令人羡慕他们在人际关系中游刃有余的能力,一方面也令人讨厌他们的圆滑。其实,在社会上还真少不了这种圆滑的人,就是我们自己,在遇到一些左右为难的情况时,也免不了要中庸一些的。

纪晓岚认为做人要"处世圆滑,内心中正,不同流合污,而为人谦和",也就是说在处理具体事情的时候可以依情况不同而采取不同的方法,然而内心一定要诚实忠厚,保持诚信,该坚持的要坚持,但是可以采取委婉的方式来坚持。如果遇到需要妥协的事,也应该设身处地去理解别人,做出适当的妥协。如果一个人什么事情都坚持己见,只会被人看作顽固不化,甚至觉得你情商偏低,是个好斗的公鸡;而如果一个人什么事都听别人的意见,那就会失去别人的尊敬。

在柔与忍的做人哲学中,圆滑一点是提高社会交往能力和适应力的表现,有助于做人处世,而且有助于你把不利的因素变得有利。

汉武帝刘彻之所以能登上皇位,就离不开他的母亲王美人的处世圆滑。

当年景帝即位时立薄夫人为皇后,但是薄皇后没有儿子,因此被废。汉景帝的长子刘荣被立为太子,刘荣的生母栗姬因此成为皇后的不二人选,同时栗姬深受景帝的宠爱,因此她有恃无恐。

景帝的姐姐长公主刘嫖见栗姬得势,便想把女儿阿娇嫁给太子刘荣,以此增加自己的势力。这本来是栗姬的一个千载难逢的好机会,如果她接受这门亲事,她做皇后及太子以后的地位就会得到强大

汉武帝

的支持和巩固,毕竟长公主在景帝和皇太后面前都很有发言权。可是栗姬却一口回绝了。

有几个受景帝宠爱的妃子、美人都是长公主刘嫖推荐入宫的,这让善妒的栗姬嫉恨不已,对长公主更是恨得咬牙切齿,所以栗姬根本不想和长公主搞好关系。她直接回绝了长公主,扫了长公主的面子,泄了心头之火。

栗姬的回绝刺伤了长公主的自尊心,她下定决心要报仇,说什么也不能让栗姬当上皇后。于是长公主开始四处活动,造谣中伤栗姬,而这个机会被王美人抓住了。本来王美人并不受景帝的宠爱,但是她也有一个儿子,就是刘彻。王美人借故

亲近长公主,还主动要求长公主把阿娇许配给刘彻,以取得长公主的支持。

长公主刘嫖先是在景帝面前中伤栗姬,说:"栗姬与诸贵夫人幸姬会,常使侍者祝唾其背,挟邪媚道。"意思是说栗姬用邪媚之术来迷惑景帝。当时的皇家很迷信这些,对于邪术更是十分戒备——刘彻登基后就曾因为小人诬陷太子在宫中行邪术而废黜了太子,还杀了不少人。景帝因此开始疏远栗姬。

长公主又在景帝面前说王美人的好处,但是景帝还是没有下决心废除太子刘荣。王美人便安排景帝与刘彻享受天伦之乐,这一精心的安排赢得了景帝对刘彻的好感。

有一次,景帝感到身体不适,觉得自己去日无多,便对栗姬说:"希望你以后要好好对待我在各地为王的儿子。"但是善妒的栗姬不但没有答应,反而出言不逊,这令景帝大为心寒,促使他下定了另立太子的决心。

不久之后,景帝就废除了太子刘荣,并降为九江王。在王美人和长公主的策划下,刘荣自杀,栗姬也被打入冷宫忧郁而死。

而刘彻则顺理成章地成了太子,王美人也因此一步登天。

其实王美人入宫之前嫁过人,而且还有一个女儿,论姿色她是比不过青春正盛的栗姬的,但是她处世圆滑,能够主动出击,把对自己不利的因素转化成有利的,结果不通世故的栗姬落得个凄惨的下场,而圆滑的王美人却享尽荣华富贵。

这个例子很残酷。王美人的所作所为并不可取,但是对于做人处世来说,能有王美人这样的中庸手段还是有作用的。只要我们能在处世圆滑的同时记住一个原则:内心中正,诚信为本,我们就能够处世灵活而心态成熟,待人处事时能保持适度的弹性,学会婉转和含糊,以保持平衡的人际关系。

第六节　道不远人,远人非道

《中庸》云:"文武之政,布在方策。"

古代兵法上说:"谋政谋兵,谋敌谋友,谋战谋和,谋进谋退,都要以近于神秘为上策。守住了这个秘密,使敌人不知道;使用了其中的妙计,使敌人不能测定,这就是谋略学中的神秘原理。"

布在方策，谨慎谋划

《中庸》云："文武之政，布在方策。"

古代兵法上说："谋政谋兵，谋敌谋友，谋战谋和，谋进谋退，都要以近于神秘为上策。守住了这个秘密，使敌人不知道；使用了其中的妙计，使敌人不能测定，这就是谋略学中的神秘原理。"

随着时代的进步，科学的发展，人与人之间，事与事之间的关系越来越微妙、复杂，因此，攻防的法门也就越趋向于神奇玄妙。

凡是在策划重大事情的时候，它的秘密性就更加重要。战略与决策谋略获胜的秘诀，全在于趁敌人或对方不防备时出奇制胜。而出奇制胜的法宝，一在于计策的周全详备，二在于严守机密。我们来看一个历史故事。

《说苑》中记载：齐桓公与管仲谋划攻打莒国的计划，计划还没有实行，就被国人知道了。桓公觉得很奇怪，就问管仲，管仲回答道："国中必有圣人在。"

于是，齐桓公命令仪仗队进来，分级站立，管仲指着东郭垂说："你就是讲伐征莒国的人吧！"

东郭垂一愣，然后回答说："是的。"

管仲瞪了他一眼，说："我不说攻伐莒国，你为什么要说攻伐莒国呢？"

东郭垂镇静了一下，回答说："我听说君子善于用计谋，小人善于用心意，我私下猜测到的。"

管仲皱了皱眉头，接着问："我不说攻伐莒国，你是怎么猜测到的呢？"

东郭垂回答："我听说君子有三种表情，悠然喜乐的人，是钟鼓的神色表情；神色严肃、清静的人，是一副悲哀沮丧的表情；神色充满着兴旺的人，这是要兴兵作战的表情。前几天，我望到您在台上，充满旺气的样子，就知道要兴兵作战了，而且我考虑小诸侯国中，还没有顺从的，不就只有莒国吗？所以我这样说。"能从一个人的表情上，做出这样的判断，虽不是圣人，但也可以说是个天才了，而且分析得合情合理，这也同时说明，隐藏秘密而不露半点痕迹，确实是很不容易的。所以圣人掩藏起聪明不露痕迹，把足迹藏于无为之中。郑国的国君郑庄公就是这样一个人。

春秋时代，郑庄公是一个很有作为的君主。他的弟弟共叔段却桀骜不驯，既不听从兄长的号令，也不把君主放在眼里，并且有谋逆之心。庄公的臣僚们都劝说郑庄公及早除掉共叔段，免得将来成为祸患。庄公非但不听，反而更加优抚自己的弟弟,更加纵容共叔段的恣意妄为。直到后来共叔段认为有机可乘,起兵谋反了,庄公才名正言顺地兴师问罪,一举荡平了共叔段的势力。

其实,庄公并不是不想除掉共叔段,而是在等待时机成熟。共叔段虽然怙恶不悛,但他的作为并没有恶劣到该死的地步,如果当时就杀他,难免师出无名。因此不妨先纵容他一下,等他更多的恶行暴露出来以后,再收拾不迟,那时他也就无话可说了。

决策贵在谋略使人无法测定,把想法隐匿起来,出乎人们的意料,使对方无法防备,这才是最重要的智慧。

对比效应,心理操纵

孔子曾经说过这样的话:"君子坦荡荡,小人常戚戚""君子怀德,小人怀土;君子怀刑,小人怀惠""君子喻于义,小人喻于利"。可见,孔子说话善于运用对比手法。你是做富有智谋的君子,还是做奸诈欺骗的小人? 这就是一种心理操纵。

说此言彼,相互参照,事情在对比中明晰起来,意见在对比中整合了,选择在对比中定下了范围,人们的心理活动也就无处藏掖了。这一点对于现在的领导者来说有着至关重要的作用,管理者的智谋往往在这时得到充分体现。

作为领导者,如果能够巧妙地运用对比,就可以使下属欣然接受调职命令。当你必须告诉你的下属,他已经被从总公司调到分公司时,你要怎样说服他呢? 如果他绝不答应时,你该怎么办呢?

在这时,假如你能巧妙地运用心理操纵术,一定可以说服这个下属:"其实,在上一次董事会上,我们就曾考虑过把你调到南部的分公司,但后来想想那边实在太远,对你来说太辛苦,所以最后决定还是把你调到离这边近一点的中部分公司,怎么样? 让你换一个环境,也会有一些新鲜感。"对一个员工来说,把分公司的职务与总公司比较,任何人都不愿接受,但如果再给他一个更差地做比较,他就比较容易接受了。

只要先将对方意识不到的前提隐藏起来,就可以使"对比效果"成为一种强有力的说服工具。美国著名的口才研究家赫拉就曾做过一个有趣的实验。

每年岁末,一些职业棒球选手就纷纷与球队谈论明年的薪水问题。因为在年度的交替期间,如果不将待遇问题谈妥的话,到第二年就会麻烦不断。

在调薪的谈判会议上,那些百战百胜的王牌选手,往往一口气要求将年薪提高一倍。这时,如果你是球队的负责人,应该如何去说服这个人呢?

首先应该清楚的一点就是,如果你对这个王牌选手说:"事实上,20万元对球队来说并不是问题。"那么,这项谈判很可能就会破裂,虽然你坚持只给10万元,但王牌选手一听到你刚才的话,就一定会执意要20万元。

所以,根据潜在心理操纵术,你就必须用下面的说法才能达到说服的目的。"以你的实力,要求20万元并不高,是很合理的价钱,但是我们球队只能付8万元,不过我想10万元还是值得考虑的,也许这件事你我都应该好好考虑一下。"

如果此时这个选手说:"10万元也可以。"

"不,只是说10万元还有商量的余地,事实上,如果你真要10万元的话还是很困难的,不过,如果是8万元,我可以马上和你签合同,怎么样?"

如果这个王牌选手说:"既然如此,那就10万元,否则我是绝对不干的。"

这时,你可以叹一口气,表现出一副无可奈何的样子,然后下结论:"好吧!既然你这么坚决,我也只好认了,就10万元吧!"

有人或许认为这种方式未免太过于顺利了,但如果就人的潜在心理来看,这种方式是完全可以达成协议的。因为一般人在谈判时,不知不觉中总会将两件事拿来做比较,所以,如果在这时你给对方一个选择的范围,对方的思考就会限制在这个范围之内,当然,他会选择对自己有利的一面,但是,无论他做哪种选择,都是在你的掌控下。即使对方所选择的未必对他有利,但对方却不能马上感觉出来,所以他会立刻接受,尤其当你提出一个上限和下限的时候,对方的潜在心理就会产生一种"对比效果"。

作为企业或者机关的领导者,为人处世的智谋是不可或缺的,它能使你在两难的境地中将事物的发展推至有利于自己的一端,也能使你把一切事务放置在自己掌控的范围之内,这是每个成功的管理者必修的课程。

处世不能太固执

有一天,东郭先生派了三个弟子到襄阳去。

东郭先生送他们到路口时说道:"从这儿往南走,全是畅通的大道,你们沿着这条道路走就对了,别走岔路啊!"

这三个弟子分别是左野、焦苕和南宫无忌,他们三个人向南走了五十多里时,却遇上了一条大河流,横在老师指示的正前方。他们左右观察了一下,发现沿河走半里左右,便有一座桥可行。

这时,南宫无忌说:"那儿有座桥,我们从那儿过河吧!"

左野却皱着眉头说:"这怎么行? 老师要我们一直往南走啊! 我们怎么能走弯路呢? 这不过是个水流罢了,没什么可怕的。"

说完之后,三个人互相扶持,一起涉河而过,由于水流相当湍急,好几次他们都险些葬身河底。

虽然全身都湿透了,但也总算安全地过河了,他们继续赶路,又往南走了一百多里时,再次遇上了阻碍。

这回,他们遇到一堵墙,挡住了前进的道路。

这次,南宫无忌不再听其他两个人的意见了,他坚持说:"我们还是绕道走吧!"

左野和焦茗却固执地说:"不行,我们要遵循老师的教导,绝不违背,因为我们一定能无往不利。"

于是,焦茗和左野朝着墙面撞去,只听见"嘭"的一声,两个人猛烈地弹倒在地上。

南宫无忌恼怒地说:"才多走半里路而已,你们干嘛不考虑呢?"

东野说:"不,我就算死在这里也不后悔,与其违背师命而苟且偷生,不如因为遵从师命而死!"

焦茗也附和地说:"我也是,如果违背老师的话,就是背叛者。"

两个人话一说完,便相互搀扶,奋力地往墙面撞了上去,南宫无忌想挡也挡不住,于是他们两个人就这么撞死在墙下了。

在人际交往的过程中,思维不能变通与转弯的人,只会陷在死胡同中,永远找不到自己的出路。

不知变通的人,不仅无法宽容别人,更糟糕的是还会害人又害己。现实生活中的应对进退之道也是如此,若不想让故事中的蠢事发生,那么面对刻薄的人的时候就多绕几个圈,别老是钻牛角尖。

当你在死胡同里绕不出来时,先定下心想想,你是不是一味坚持走直路,宁可硬碰硬而不肯跨上通往目的地的那座桥?

别把自己的脑子加上大锁,多以开放的心来接纳外界的讯息,才能彼此互动,激荡出创意的火花。

大多数人最向往的一件事就是,能够有一条绝妙的计策在手中,把难以办成的事办成。是的,每个人做事都不一定顺手,有的会曲曲折折,费了九牛二虎之力,尚无好结果。当然也不排除,有些人神通广大,能力超强,一下就能做成事情。但前者毕竟是多数,后者为少数。天下事都是人做出来的,什么样的想法,就可以导致什么样的行动,什么样的行动就可以引发什么样的结果。

天下大小事情,都自有其道理,如果不善于精明求变,则可能会走到绝路上去。毫无疑问,没有人想走绝路,不但不想走绝路,而且活路越多越赏心悦目。凡是善于谋划自己心事的人,拿手绝活就是精明求变,让自己全身灵活起来。这样做,一则可以让自己摆脱被动状态,给对手以不可捉摸之感,二则可以用反控制的计策,给对手设置难题,从而为自己争取主动。

做任何事,都力戒莽撞,应摸透对方心思之后再行动,这样可以增加成功率。怎样做到这一点呢? 首先要把自己变成一个"侦察专家",多方面看、走、问、想,运用排除法,把对方的信息过滤一遍,最重要的留下来,然后再反复验证几遍,即可。与对手较量,这种"摸透心思术"极为重要,是知根知底的唯一手法。

强弱之分,关键在于算与变

变与算的关系是什么?《孙子兵法》中有一句话极其深刻,即"多算胜,少算不胜"。它告诉我们这样一个道理:做任何事之前,必须先在脑海中盘算好才出手,切记不要盲目冲动,不知对手底细就稀里糊涂动手。再者,还要注意"多算"与"少算"的关系——越反复思虑,越周密推算,越能赢得胜利;反之,就可能大打折扣,甚至招致惨败。因此,我们必须明白,一个"算"字的重要性,即不算不胜,多算必胜。"变"字的最高境界是神算。

(1)不算不胜,善算必胜。人人都想有善算之变术,以便取得胜局,但有人能为之,有人不能为之。

(2)神算高招,神算之变,常令人叫绝。三国风云,变幻万千,其中搅乱风云者,无非是军师、谋士。众所周知,诸葛亮是一名"神算子",他智谋过人,胆量过人。人人皆知的"草船借箭"就是诸葛亮的得意之作。它是《孙子兵法》算计高招的巧妙运用。

算与不算,大不相同。算则能巧取妙胜,不算则任意而去,哪管西东。特别值得注意的是:在以弱抗强时,只有认真算计,才能巧妙地打败对手。此为精明善变之计,即神算之计。

大千世界,总有一些人很有本事,做什么事都易如反掌,所以让人佩服。问题是：有些人本可以把自己的本事显出来，但由于情况特殊，反而掩藏自己的本事，以免给人造成威胁感，这是善用巧变之功，左右应对。这里面透露出一种灵活之计。

殷纣王不分昼夜地饮酒，白天也闭窗点烛，以日为夜，以致忘记了时间，问一问身边的侍从，也都喝得稀里糊涂不知道，便派人去向担任太师之职的叔父箕子去打听。箕子说："身为天下之主而自己和左右的人都忘记了日期，国家就很危险了。所有的人都不知道而只有我知道，我也就危险了。"便推辞说自己也喝醉了酒，不知道日期。

这则故事给人的启发是，无论在什么问题上都不要表现自己过于高明，掩藏自己的智慧和自己的能力，才可避免遭到猜忌。

但深藏不露不同于胆小怕事，它是对于真实感情的一种掩饰而不是扼杀，是为了保全自己而不是苟全性命，它的"不露"是暂时的，最终是要大显峥嵘的。

无论何人，只要心中有"精明善变"四个字，便多多少少能练就察言观色的本事，他们会根据你的喜怒哀乐来调整和你相处的方式，并进而顺着你的喜怒哀乐来为自己谋取利益。你也会在不知不觉中，意志受到了别人的掌控。如果你的喜怒哀乐表达失当，有时会招来无端之祸。

因此，高明的成大事者一般都不随便表现这些情绪，以免被人窥破弱点，予人以可乘之机。上面的故事告诉我们，欲求成功，必须求变，不怕天下人耻笑。当决战的时机还不成熟而对方咄咄逼人之时，要求变，求变，再求变。目前的求变负重是为了未来的胜利，暂时的退却和忍耐，并非懦夫的表现，而是意志坚定、目光远大的表现。

月有阴晴圆缺，脸有喜怒哀乐。脸色是内心的表达，是内心的晴雨表。不同的人脸色不同，是因为心事不一。在古代，为人处世，需要应付各种各样的人，所以只有一手是不行的，必须做到红脸白脸都能唱，也就是一文一武，一软一硬，既刚柔相济，又恩威并施，相互包容，各展所长。《菜根谭》说：任何一种单一的方法只能解决与之相关的特定问题，都有不可避免的副作用。对人太宽厚了，则约束不住，结果无法无天；对人太严厉了，则万马齐喑，毫无生气。有一利必有一弊，不能两全。

高明的人深谙此理，为避此弊，莫不动用红白脸相间之策。有时两人连档合唱双簧，一个唱红脸，一个唱白脸；有更高明者，犹如高明的演员，根据角色需要变脸谱。

东魏独揽大权的丞相高欢临死前，把儿子高澄叫到床前，谈与大患侯景相抗衡的人才是慕容绍宗。说："我故不贵之，留以遗汝。"当父亲的故意唱白脸，做恶人，

中庸感悟

图文珍藏版

不提拔这个对高家极有用处的良才，目的是把好事留给儿子去做。

由此看来，要善于变化脸色，既要有丰富的阅历，又要有很高的技巧，真正演好它需要花很大的功夫。从上面的故事中，我们可以发现：善谋事者，总是不断地因变换心事而变换脸色，以便应对各种可能出现的特殊情况，这种变脸角色，令人想到川戏变脸，那急如闪电的改换面具的招数令人叫绝。怎样变脸才不为人察觉，这可是一门学问。聪明人的脑中自有一套功夫。

当遇到"障碍"时，不可行则变是硬道理，因为如果你不变，则会遭受更大的打击和挫折，变则可以柳暗花明，找到冲破障碍的突破点。处世应当机立断，有时一变则通。雍正用人从不墨守成规，他有几句座右铭：不可行则变；因时而定；因人而定；因事而定。这也成了他操纵胜局的高明法术。

常言说"只有大乱才能大治"，当朝政出现危机，内部混乱、人心骚动时，许多的投机钻营者"江山易改，本性难移"，纷纷显现出了本来面目。雍正看到了这些，他极需要从中揪出一两个反面典型，杀一做百，惩前毖后。于是年羹尧、隆科多不幸撞到了刀刃上，雍正也正好借此机会在除去心腹大患的同时，警示大臣们要有所收敛，不要故步自封、无法无天了。

为了置年羹尧于死地，除了大臣们揭批年的九十二条大罪外，雍正大帝还特意罗织了年的第一大罪：图谋不轨欲夺皇位。最后，雍正念年平定青海有功，遂施恩令其自裁。可见，不可行则变，是雍正琢磨再三的天机。

雍正凭自己的智慧，抓住时机，及时应变，把大难题变为小问题，这是他的果敢之处。其实，在生活中，难题和问题并不多，关键在于你要有"不可行则变"的果敢性，并一定要落实到行动中去。

这个世界上有一种人，不会花言巧语，不懂得运用计谋，可能四肢发达，却只知道直线思考。

很多人表面上说他们单纯、天真，其实内心多半在嘲笑他们是"白痴"，然而，他们真的白痴吗？真的一无是处吗？难道那些嘲笑他们的人就真的胜过他们吗？

有这么一个有趣的故事，可以让我们检讨一下，这种不经意就会流露出来的优越感有多么可笑。

某日，一位被众人视为白痴的人对天才说："你猜，我的牙齿能咬住我的左眼睛吗？"

天才盯着白痴看了几眼，笃定地说："绝对不可能啊！"

白痴说："那，我们来打个赌！"

天才认为这绝对是不可能的事,于是同意打赌,但只见白痴将左眼窝里的假眼球取出丢进口中,用上下牙齿咬着。

天才吓了一跳,说道:"没想到,真的可以呀!"

白痴又说:"那你信不信,我的牙齿也能咬住我的右眼睛?"

天才说:"不可能的!"他心想,难道这个家伙两只眼睛都是假的? 这绝对不可能,否则他就看不见东西了。

于是,两人再次打赌,只见白痴轻易地把假牙拿下,往右眼一扣。

天才再度吃惊了,说:"没想到,真的可以呀!"

你说,到底谁才是白痴呢?

其实,在这个社会上,对于白痴和天才的定义有很大的雷同之处。

第一,他们的人数不多。

第二,他们都异于常人。

第三,有时候所谓的天才想法,在没有成功之前,其实看来都像白痴;反之,很多白痴单纯执着的举动,最后却能激发出天才的灵感。

像爱迪生小时候就曾被视为白痴,还让家人担忧了好一阵子,可见天才和白痴只有一线之隔。

所谓天才的想法,有时候因为太过惊世骇俗,超过凡人的想象太多,所以根本无法被接受,甚至遭到排斥,但究竟谁才是真的白痴呢?

无法被人接受的点子,或是被人视为天真、愚蠢的想法,真的毫无用处,只是浪费时间吗?

恐怕并不是如此吧。

保持一颗纯真、无往无染的心,以单纯与开阔的态度来面对生活难题,并不丢脸。别把自己的脑子加上大锁,人类就是需要扬弃自己脑中食古不化的观念,多以开放的心来接纳外界的讯息,才能彼此良好地互动,激荡出创意的火花。

现实生活中,不管处理任何事情,都要灵活应变。此招不行,赶快换招,否则,即使你用尽了力气,恐怕也难达到目的。

琳达小时候生活在一个比较富裕的家庭。由于是家里年纪最小的,父母和哥哥们对琳达都特别宠爱,她养成了一种自以为是的习惯,认为一切都是理所当然的,不管什么事,都习惯用命令或大叫的方式来表达。

家里的仆人和亲戚对她都是言听计从,可琳达在跟社区的其他孩子相处时却遇到了麻烦。她看到他们一群人玩着一个足球,不时兴奋地吆喝着。琳达按捺不住了,飞快地跑过去,用她最平常的语气喊道:"喂,把球给我玩。"他们谁都没听到,仍然你一脚、我一脚地踢着。

琳达有些不耐烦了,跺跺脚,冲进他们的队伍去抢球。

看到琳达过来,控制球的那男孩一脚把球踢开了,另一个男孩接住了。琳达又向接球的男孩跑去,快到时,那男孩又一脚踢给了别人。周围的男孩也配合着大笑起来。琳达终于发现他们是故意捉弄她,于是十分生气,更加卖力地跑起来,想要把球夺过来。

过了不久,琳达明智地停住了。她一个人确实跑不过他们一群人,再跑下去,也是充当被捉弄的对象而已。

琳达一抹头上的汗珠,边骂边向家走去。她发现旁边的长椅上坐着一位老人,正笑呵呵地望着她。

他一定也看到了刚才的一幕,正嘲笑自己呢。琳达更生气,为挽回面子,她大步向他走去。

"喂,老头,你笑什么?"琳达盛气凌人地问他。

"琳达,我可以教你怎样将球夺过来。"老人用夸张的表情回答:"不过你得先心平气和地坐下来听我讲故事。"

琳达嘟囔了两句,一屁股坐在了老者旁边,看着他。

"有一次啊,太阳和风为争论谁最强大而吵起来了。"老人绘声绘色地讲开了。

风先说:我们来比试比试吧。看到那个穿大衣的老头了吗?谁让他更快地脱掉大衣,谁就最强大。我先来。

于是太阳躲在了一边,风朝着那老人呼呼地吹起来。风越吹越大,最后大到像一场飓风。可老人随着风的变大,反而把大衣裹得更紧了。

风放弃了,渐渐停了下来。这时,太阳出来了。他用温暖的微笑照在老人身上,不久,老人觉得热了,他脱掉了大衣。

太阳对风说道:看到了吧,温暖和友善比暴力和粗鲁要强大得多。

讲完故事,老人又笑了起来。他摸着琳达的头说:"去跟那群孩子道歉,用另一种方式,就会得到你想要的。"

琳达向老人鞠了一躬,离开了。

当然,最后她顺利地加入了玩足球的行列。可老人给她讲的故事却远比那天的玩耍更深刻。

人不可无刚,无刚则不能自立,不能自立则不能自强,不能自强也就不能成功;

人也不可无柔,无柔则不亲和,不亲和就会陷入孤立,四面楚歌,自我封闭,而拒人于千里之外。

自觉、灵活地运用更多的方式,去打开人的心头之锁。劝说的一个重要方式是谈心。谈心,犹如弹拨人的心弦,弹拨的方式得当,则成一首妙曲,顿生亲和感;弹拨不当,便成噪音,只能使人心烦。

充满弹性地处世

人活在世上,就要讲究灵活。比如,面粉放上水揉一下,然后一捏,面粉很容易散开,但是你继续揉,揉过千遍万遍以后,它就再也不会散开了,这是因为它有了韧性。

人进入社会的过程就如同一团散沙般的面粉,被社会不断地搓揉,最后变成有韧性的面团的过程。蹂躏、折磨、压迫都是对人的考验,你必须灵活应对,此招不行,赶快换招。

加拿大魁北克有一条南北走向的山谷。山谷没有什么特别之处,唯一能引人注意的是它的西坡长满松、柏、女贞等树,而东坡却只有雪松。这一奇异景色之谜,许多人不知所以,然而揭开这个谜的,竟是一对夫妇。

那年的冬天,这对夫妇的婚姻正濒于破裂的边缘,为了找回昔日的爱情,他们打算做一次浪漫之旅,如果能找回就继续生活,否则就友好分手。他们来到这个山谷的时候,下起了大雪,他们支起帐篷,望着满天飞舞的大雪,发现由于特殊的风向,东坡的雪总比西坡的大且密。不一会儿,雪松上就落了厚厚的一层雪。不过当雪积到一定程度,雪松那富有弹性的枝丫就会向下弯曲,直到雪从枝上滑落。这样反复地积,反复地积,反复地弯,反复地落,雪松完好无损。可其他的树,却因没有这个本领,树枝被压断了。妻子发现了这一景观,对丈夫说:“东坡肯定也长过杂树,只是不会弯曲才被大雪摧毁了。”少顷,两人突然明白了什么,拥抱在一起。

做人不可无傲骨,做事不可能总是昂着高贵的头。生活中我们承受着来自各方面的压力,积累着,有时会让我们觉得难以承受。这时候,我们需要像雪松那样弯下身来,灵活应对。弹性的生存方式,是一种生活的艺术。

商朝末年纣王荒淫无道,残暴不仁,只知沉湎酒色,不问国家大事,使得奸臣当道,天下大乱,无辜的忠良不是被杀就是被疏远,人民生活非常艰苦。姜子牙因不满纣王暴政,毅然辞官离开商都朝歌,躲到渭水河边过着隐居的日子。

渭河一带是周文王姬昌的管辖范围,周文王胸怀大志,很爱惜人才,四处寻访智谋之士。姜子牙是个有雄才大略的人,他胸怀济世之志,想施展自己的抱负,可是一直怀才不遇,大半生在穷困潦倒中度过。他曾经在朝歌宰过牛,又在孟津卖过面,岁月蹉跎,转眼已到了暮年,两鬓白发苍苍。当他听说当朝贤主周文王的圣名后,便来到渭水河畔,假借垂钓之名来观望时局,希望能得到周文王的常识,使自己的才华得以施展。为了吸引周文王的注意,姜子牙天天坐在河边钓鱼。他的鱼钩是直的,没有鱼饵,离水面有三尺高。他一边钓一边说:"鱼儿呀,你快点上钩吧?"有人好意地告诉他这样钓不到鱼,姜子牙只是笑着说:"鱼儿自己会上钩的。老夫在此,虽然名义上是垂钓,但是我的本意不在鱼,鱼儿自己会上钩的。我宁可直中取,不向曲中求,不为锦鳞设,只钩王与侯。"人们听了之后都嘲笑他,他也不理会。姜子牙异于常人的做法最终惊动了求贤若渴的周文王。周文王心想他可能是个有才能的奇人,就派士兵去请他来。姜子牙看到是士兵,不但不理睬,还继续钓鱼,嘴里还一边念着:"钓、钓、钓,鱼儿不上钩,虾米来捣乱!"士兵只好回去报告。周文王到底是有心之人。他对垂钓老人的言行举止苦思冥想许久,终于恍然大悟了:也许这个不同凡俗的老人正是自己苦苦寻求的天下奇士,智谋非凡的大贤人。

其实,周文王的想法一点也不错,垂钓渭水之滨的正是大贤大德之人姜子牙。他早知道周文王有心兴师伐纣,解除天下黎民疾苦,自己也想助他一臂之力。

周文王一改往日的矜持,亲自去请姜子牙。他毕恭毕敬地来到渭河边向老人家施礼,姜子牙说:"我久闻大王贤良,也愿出山相助。只是不知大王是否能信得过我?大王是否真的真情相邀。"周文王赶忙说:"本王真是求贤若渴呀!"随后向他请教兴国大计。两人谈得非常投机。让周文王惊讶的是,一个天天以钓鱼为乐的穷老头,对天下大事以及国家的武攻文治知道得这样清楚,知识又是如此的渊博,而且观点新颖见解独到。他还发现这个钓鱼的穷老头对五行数术及用兵之法有很深的造诣。

求贤若渴的周文王从姜子牙睿智、机敏的谈吐中发现,此人正是自己所要寻访的贤士。他高兴地感叹:"我的先祖太公,早就寄希望于你啦!"于是周文王用最隆重的礼节款待他,并把他让上自己坐的马车。

于是,83岁的姜子牙出山当上了西周国师。他大力辅佐周文王姬昌。由于他辅国有方,安民有法,因此文王得辅,国势初定,西周国力日渐昌盛起来。周文王对姜子牙以"尚父"相称,尊为自家老人一般,几乎是言听计从。姜子牙后来辅助周武王,起兵伐纣,经过多次血战,终于完成兴周八百载大业。

一粒种子,若落到肥沃的土地上,能得到充分的水分和阳光,就可能长成参天大树。但如果落在贫瘠的土地上,再没有水分和阳光的滋润,就可能先天不足,长得十分弱小。"姜太公钓鱼,愿者上钩"是对姜子牙"钓"的机遇和时势的最好写照。

事物在不同的时间有不同的时势,在不同的地点、地位、位置,也会有不同的位势。对于人来说,时势就如同肥沃的土地和阳光水分一样。古人讲:"良禽择木而栖,良臣择主而侍。"一个人要想充分发挥才干,就要选择或把握时势。总之一条:要强化自身,形成强大的势能,才是调整位势的上上之策。

周公是中国古代杰出的政治家,周文王的第四个儿子,周武王的弟弟、周成王的叔叔。他曾先后两次辅佐周武王东伐纣王,并制作礼乐,大治天下。因其采邑在周,爵为上公,故称周公。

周文王在世时,周公就很孝顺、仁爱,行动从不敢自主,规规矩矩,做事向来不敢自专。他在父亲面前,尽行儿子之道。与此同时,辅佐武王伐纣,被封于鲁。但周公并没有到自己的封国去,而是留了下来辅佐武王。

武王死后,成王继位。当时成王还是个十多岁的小孩子。而当时的形势迫切需要一位既有才干又有威望、能及时处理问题的人来应付复杂的局面,这个责任便落到周公肩上。周公摄政,顺理成章,理所当然。然而受封在东方监视武庚的管叔和蔡叔,对周公摄政很不满意。按照兄弟间排行,管叔行三,周公排四,管叔是兄,周公是弟,不论是继位,还是摄政,管叔都比周公有优先权。所以管叔不服。蔡叔虽然行五,但他的态度是支持管叔。他们散布谣言,说周公"将不利于孺子(成王)",想谋害成王,篡夺他的王位。

灭商后的第三年,管叔、蔡叔鼓动下的商朝旧势力发动叛乱。响应的有东方的徐、奄、淮夷等几十个原来同殷商关系密切的大小王国。周王室处于风雨飘摇之中。

周公临危不乱。他首先稳定内部,保持团结,说服太公望和召公。他说:"我之所以不回避困难而主持政务,是担心天下背叛周朝。否则我无颜回报太王、季王、文王。三王忧劳天下已经很久了,而今才有所成就。武王过早地离开了我们,成王又如此年幼,我是为了成就周王朝才这么做的。"

周公统一了内部意见之后,于第二年举行东征,讨伐管、蔡、武庚的叛乱。出征前进行了占卜,他说:"殷人刚刚恢复了一点儿力量,就想乘着我们内部混乱,起来造反。重新夺回他们已经失掉的权位,妄图再让我们成为他们的属国。这是白日做梦！我告诉大家，殷人里头有一伙人，愿意出来帮助我们，有了他们的帮助，我们一定能够平定叛乱，一定能保住文王和武王的功业。"又说："我们小小的周邦，是靠了上天的保佑才兴盛起来的，我们承受的是天命。为了这次出征，我又占卜一次，卜兆表明，上天又要来帮助我们了，这是上天显示的威严，谁都不能违抗，你们应该顺从天意，帮助我成就这个伟大的事业！"大家听了，众志成城，随同周公一起东征。

周公东征持续了三年，终于平定了管叔、蔡叔、武庚联合的武装叛乱，粉碎了以武庚为首的复辟阴谋，把周朝的统治地区延伸到东部沿海地区。

后来，当东都洛邑建成时，周公的礼乐也制成。这时成王已经长大，周公便把政权交给成王，自己退居辅佐地位。周成王迁都洛邑后，周公召集天下诸侯举行盛大庆典。在新都正式册封天下诸侯，并且宣布各项典章制度，也就是所说的"制礼作乐"。

周成王执政后，周公担心成王年少，贪图安逸，便写了一篇《无逸》，劝勉成王：要懂得勤劳辛苦的好处，不要一味贪图享受。要学习商代几个贤王和周文王的榜样，爱护百姓，励精图治，以便长久地享有王位。他谆谆告诫成王，要成为一个有作为的国君，要像文王那样礼贤下士，治理好国家。

成王执政后，按照周公制定的典章制度治理国家，重视农业和手工业的发展，并在中原和沿海地区进行贸易活动，使商业走向发达。成王执政 37 年，继位的康王执政 26 年，出现了"成康之治"的繁荣景象，这是我国奴隶制发展的鼎盛时期。

为人处世，贵有自知之明。聪明的人，时时刻刻都能很好地把握自己在社会中所处的位置。人的一生是复杂多变的，人之于世，往往要扮演多个角色，在不同的场合、不同的历史阶段、与不同的人相处，都在经历着完全不同的人生体验。

如果用一个框框待人处世，将会四处碰壁。应区分不同情况，采取不同的办法。正如人与人有所不同，事与事有所差异，时与时又有先后。因此，对人对事对时不能一样对待，必须因人因事因时而采取不同的对策。

学会辩证处世

孔子是春秋末期著名的思想家、政治家、教育家，儒家学派的创始人。

他 3 岁丧父，随母亲颜征移居阙里，并受其教。孔子少时家境贫寒，15 岁立志于学。年龄稍大，做过管理仓库的"委吏"和管理牛羊的"乘田"。他虚心好学，相传曾问礼于老聃(即老子,道家学派的创始人),学乐于苌弘,学琴于师襄。30岁时,已博学多才,成为当地较有名气的一位学者,其思想核心是"仁","仁"即"爱人"。他把"仁"作为行仁的规范和目的,使"仁"和"礼"相互为用。主张统治者对人民"道之以德,齐之以礼",从而再现"礼乐征伐自天子出"的西周盛世,进而实现他一心向往的"大同"理想。

当时,孔子为国君介绍自己的治国思想,都不被接受,于是就带领弟子周游列国,另寻施展才能的机会。但是,很遗憾,他始终没有机会来施展自己的才能。公元前484年,鲁国季康子听了孔子弟子冉有的劝说,派人把他从卫国迎接回来。

孔子回到鲁国,虽被尊为"国老",但仍得不到重用。他也不再求仕,转而集中精力继续从事教育及文献整理工作。

孔子大约在三十岁时,开始收徒讲学。在我国教育史上,以私人身份从事讲学活动四十多年,而且影响最深远的,当首推孔子。相传他有弟子三千人,得意门生七十二人。当时孔子的学生中,从地区说,有鲁国的颜渊、冉求,卫国的子夏、子贡,宋国的司马耕,吴国的子游,楚国的公孙龙,秦国戎族的秦祖;从出身来说,有贵族出身的孟懿子和南宫适,有贫贱出身的冉雍,有商人出身的子贡,还有大盗颜涿聚。

一天,有一位鲁国的大夫前来拜访孔子。谈话间,这位大夫问孔子说:"听说先生致力于教书育人,收了许多门徒,他们个个都有过人之处。那么请问先生您的学生颜渊的优点是什么?"孔子回答道:"颜渊是个有仁爱之心的人,我自叹比不上他。"那人接着又问道:"那子贡有何长处呢?"孔子回答说:"他能言善辩、口若悬河,很少有人能比得上他,我虽为他的老师但也比不上他。"那人停了停,又问道:"那您如何评价您的学生子路呢?"孔子回答说:"他勇敢过人,我这点也比不上他。"这人便质问:"照先生的说法,这三人都在很多方面优于先生,那为何还要跟随先生学习,听从先生的教诲呢?"孔子听后静静思考了一会说道:"是这样的。我不仅有仁爱之心,而且也有严厉残忍之时;需要的场合我会能言善辩,不适宜的场合我会言语钝拙,保持沉默;有时我表现得很勇敢,有时我就表现得胆怯。只有如此,灵活处世,才能应付自如。上面您提到的三人,各有自己所长,我单方面皆不如他们。但是,他们又不具备我的辩证处世为人之道。所以会跟随我学习,听从我的教诲啊!"那人听罢,连连点头称是,佩服先生的智慧。

孔子以自己的学问与德行深得学生们的爱戴,他在七十三岁那年病死。他的死使弟子们十分悲痛。他们在他的坟前搭棚连住了三年,表示哀悼。子贡甚至一共住了六年。临别时,他们都哭了。弟子们认为孔子就像江水洗过、太阳晒过那样

中庸感悟

图文珍藏版

洁白光明。

万事万物都具有矛盾性,矛盾着的事物又具有自己的特点。因此,要具体问题具体分析,"一把钥匙开一把锁",不同的情况要有不同的处理方法,恰到好处,辩证处理正是处世的智慧。

现实生活情况错综复杂,人际交往亦是如此,身处其中要想如鱼得水,就需运用辩证处世的智慧,灵活处理,学会具体情况具体分析,察言观色,审时度势,应付自如,做到恰到好处。

寇恂和贾复都是东汉名将,共同辅佐光武帝刘秀,位列"云台二十八将"。这两人之间有一段"廉颇与蔺相如"式的故事。

有一次,贾复驻守汝南的时候,他的部将在颍川杀了人,寇恂当时正好在颍川担任太守,维护当地的治安是他的职责所在,因此就下令将那个部将拘捕起来,送进了监狱。当时国家正处于百废待兴的时候,因此法制还很不完善,尚处在草创阶段。如果是军营中的人犯了法,大多数的官员都是宽容处理,搪塞了事,并不加以深究。但是寇恂却把这个人明正典刑,将杀人者斩首示众。贾复认为寇恂不给他面子,以此事为自己的耻辱,常常叹息,并且怀恨在心,他对左右的侍从说:"我与寇恂都是位列将相的人,谁也不比谁差。但是现在他却一点面子都不给我,杀了我的部将,这是对我天大的侮辱。身为男子汉大丈夫,岂能眼睁睁地遭受这种侮辱。如果我看到了寇恂,一定会毫不犹豫地将他杀死!"左右的人劝道:"将军还是息怒吧。如果把事情闹大的话,对将军您也没有什么好处啊!"但是,贾复固执己见,不为所动。

寇恂听说了这件事情后,为了避免引起不必要的争斗,就不再与贾复见面了。贾复就在外面对人大肆宣传说:"寇恂是个胆小鬼,现在他都不敢见我了。"寇恂的侄儿谷崇担心寇恂有危险,自告奋勇来充当寇恂的保镖,说道:"我是一名将军,可以佩带宝剑站立在您的两旁。如果有什么危险的情况发生的话,我自信可以保护您的安全。"寇恂却意味深长地对他说道:"你这样的话,只会让贾复变本加厉,因此,你大可不必这样。想当年,蔺相如不畏惧一代枭雄秦王,廉颇向他挑衅,蔺相如却处处让着廉颇,不与他计较。这是为国家的利益着想啊!古人尚且如此,我怎么可以忘记呢?正确的办法是像蔺相如那样,从大局出发,个人利益算得了什么。"谷崇赞叹道:"您真是让我佩服。我明白您的心意了。"有一次,贾复率军队从寇恂管辖的地方经过,想借机向寇恂报复。寇恂知道后,就命令他所属的各县盛情款待贾复的部队,还为他们每个人都准备了两个人的酒饭。贾复带领部队到来的时候,寇恂亲自出门在路上迎接他们,然后称病先回去了。贾复带着队伍想去追赶他,无可奈何的是,手下的将士个个都酒足饭饱了,动弹不得,因此贾复只好作罢。

事后,寇恂派谷崇将这件事情告诉了光武帝,光武帝便下令贾复与寇恂入朝。贾复先一步到达,当寇恂进京叩见光武帝的时候,贾复正好在大殿之中,他看到寇恂之后,就想起身回避寇恂。哪知,他还没有站起来,光武帝就说:"天下还尚未安定,你们两人都是我的猛将,我谁也不能缺少。你们现在为了一些个人的恩怨争斗起来的话,两虎相争必有一伤,何必呢?朕今天就做一回中间人,来给你们俩人调节一下,你们尽弃前嫌,和好如初吧。"于是命令两人并坐,一起欢饮,出时共车,结友而去。

把握主要矛盾是解决问题的捷径。寇恂将个人恩怨放在次要位置,为大局谦虚相让,一心以国家为重,不能不用顾全大局来评价他。

识大体、顾大局,重视主要矛盾,不仅是一个人处世能力的体现,更是一个人自身修养的体现。其中有一颗宽容的心是不可少的。能宽容的人,都因其有雅量。有雅量的人能恕人,因而能容人。即使是仇人,也会变成朋友。可以说,凡伟大的事物,都来自宽容。

在主动和被动中变化

清朝乾隆年间,国丈庞荣是个千人恨、万人骂的人,仗着位居军机大臣,皇帝是他姑爷,他欺压百姓,搜刮钱财,什么伤天害理的事都干得出来。刘墉恨死了他,他也恨死了刘墉。两个人你想除掉我,我想干掉你,就是狗咬刺猬,无从下嘴。

一天刘墉在早朝的时候递上了一个奏本,要求告老还乡。乾隆一看忙说:"御弟,这可使不得,满朝文武谁告假我都准,就是不准你。"刘墉脾气还挺犟说:"你不准,我也走。"他是太后的干儿子,太后又曾封过他,乾隆也得让他三分。乾隆想:也好,让他回去休息个一年半载,以后有啥事再宣召他来京供职,他也不能不来,就准了。

刘墉回了山东历城老家,之后就没有人常给乾隆出主意了,虽说有的是大臣,可把他们绑在一起也比不过刘墉。乾隆有心把刘墉请回来,可又怕他摆架子,不买账。想来想去,终于想出了一个办法。一天早朝,他对满朝文武说:"我这有个问题,限你们三天内答上来,答不上来,统统撤职。"他说:"什么上,什么下,什么东,什么西,什么肥,什么瘦。"文武大臣听了,一个个心里犯嘀咕:这怎么答呀。又想:

要是刘墉在就好了，他准能答上来。他们找到了九门提督和珅，请他深夜赶往历城，请教刘墉，救大家一救。和珅对刘墉是又怕又恨，巴不得他不在朝上。可是大伙一个劲求他去，他不去的话，别人的官不保，自己的官也不保啊，只好硬着头皮去了。和珅快马加鞭赶到了刘墉家里，此时刘墉正在拾掇菜园子，和珅见了他喘着气，不管情愿不情愿只好叫了声："老，老师，快，快救救我，我们吧。"然后把乾隆出题的事说了，可只说了"什么上，什么下，什么东，什么西"，后边两句"什么肥，什么瘦"却给忘了。刘墉说："这还不好答"，指着菜园子那些菜说："黄瓜上，茄子下，冬瓜东，西瓜西。"和珅一听，一拍脑袋，哎呀，这么简单，高兴得他一翻身上了马，照马屁股一鞭子，马撒开蹄子就跑回了京城。

第二天早朝，他赶忙穿好朝服，上了金銮殿。乾隆说："已经三天了，我的那个问题谁能答上来。"和珅跪奏："臣能答。"乾隆说："你说给我听听。"和珅说："黄瓜上，茄子下，冬瓜东，西瓜西。""那什么肥，什么瘦呢?"和珅一拍脑门说：哎呀，忘了问了。乾隆心里明白，可故意发怒："什么黄瓜茄子，冬瓜西瓜的，胡说八道，拉出去给我斩了。"和珅心里正恨着刘墉呢，就大叫："皇上息怒，这不是我说的。""谁说的。""是刘墉。""好个刘墉，把他给我带来。"和珅得意了，心里想：刘罗锅呀刘罗锅，这回该叫你吃不了兜着走了吧。

太监捧了乾隆的圣旨来到了山东历城宣刘墉进京。刘墉进了金銮殿，乾隆问他："什么上，什么下，什么东，什么西，什么肥，什么瘦，你能答上来吗?"刘墉说："臣能答上来，君为上，臣为下，文为东，武为西。肥，肥不过春天的雨，瘦，瘦不过九月的霜。"乾隆又问："那你为什么告诉和珅黄瓜、茄子?"刘墉说："我这叫在哪里说哪里的话，那会儿我在菜园子里说的自然是黄瓜、茄子。今天我是在朝廷，说的当然是天下大事。"乾隆连说："有理，有理。"亲自下殿拉着刘墉的手："御弟，你可不能再走了呀。"他心里美滋滋的，为自己用"计"请回来了刘墉而高兴。刘墉比他更高兴，心想：我把和珅和你耍了个够，你们还蒙在鼓里呢。

宋代罗大经《鹤林玉露·临事之智》中云："大凡临事无大小，皆贵乎智。智者何? 随机应变，足以得患济事者是也。"从一定意义上说，智者便是能随机应变，见风使舵之人。应变的最终目的是使自己永远处于主动地位，驾驭事态发展，以实现既定目标。具体一点地说：应变从功用上讲不外乎保持主动和变被动为主动两种。在这种情境下，善于见机行事，处世变通，是一个人在日常交际中人情操纵水平的重要表现。乾隆皇帝就是巧妙地抓住了这一点才使自己处于主动地位。

一次，乾隆皇帝突然问刘墉一个怪问题："京城共有多少人?"刘墉虽猝不及防却非常冷静,立刻回了一句:"只有两人。"乾隆问:"此话何意?"刘墉答曰:"人再多,其实只有男女两种,岂不是只有两人?"乾隆又问:"今年京城里有几人出生?有几人去世?"刘墉回答:"只有一人出生,却有十二人去世。"乾隆问:"此话怎讲?"刘墉妙答曰:"今年出生的人再多,也都是一个属相,岂不是只出世一人?今年去世的人则十二种属相皆有,岂不是死去十二?"乾隆听了大笑,深以为然。确实,这刘墉的回答极妙——皇上发问,不回答显然不好;答吧,心中无数又不能乱侃,这才急中生智,转眼间以妙答趣对皇上。

大太监李莲英为人机灵、嘴巧,善于取悦于慈禧,这种机灵常常为慈禧和下属解脱困境。

慈禧爱看京戏,常以小恩小惠赏赐艺人一点东西。一次,她看完著名演员杨小楼的戏后,把他召到眼前,指着满桌子的糕点说:"这一些赐给你,带回去吧!"

杨小楼叩头谢恩,他不想要糕点,便壮着胆子说:"叩谢老佛爷,这些尊贵之物,奴才不敢领,请……另外恩赐点……"

"要什么?"慈禧心情高兴,并未发怒。

杨小楼又叩头说:"老佛爷洪福齐天,不知可否赐个'字'给奴才。"

慈禧听了,一时高兴,便让太监捧来笔墨纸砚。慈禧举笔一挥,就写了一个"福"字。

站在一旁的小王爷,看了慈禧写的字,悄悄地说:"'福'字是'示'字旁,不是'衣'字旁!"杨小楼一看,这字写错了,若拿回去必遭人议论,岂非有欺君之罪,不拿回去也不好,慈禧一怒就要自己的命。要也不是,不要也不是,他一时急得直冒冷汗。气氛一下子紧张起来,慈禧太后也觉得挺不好意思,既不想让杨小楼拿去错字,又不好意思再要过来。

旁边的李莲英脑子一动,笑呵呵地说:"老佛爷之福,比世上任何人都要多出一'点'呀!"杨小楼一听,脑筋转过弯来,连忙叩首道:"老佛爷福多,这万人之上之福,奴才怎么敢领呢!"慈禧正为下不了台而发愁,听这么一说,急忙顺水推舟,笑着说:"好吧,隔天再赐你吧!"就这样,李莲英为二人解脱了窘境。

李莲英的应变巧在借题发挥,将错就错。对于错误生硬地指正或否认,都是不成熟的做法,借力使力把错误说"圆",方见应变的机智。

从一定意义上说,智者便是能随机应变。应变的最终目的是使自己永远处于主动地位,驾驭事态发展,以实现既定目标。

第七节　审时度势,能屈能伸

中庸处世讲的是不管在什么样的情况下,都能做到"中",不偏不倚,恰到好处。前面已经讲过,"退"是一种为人处世的策略,是大智慧,但"退"并不是懦弱,更不是逃避,而是等待时机更进一步。

退让折中,隐忍适度

中庸处世讲的是不管在什么样的情况下,都能做到"中",不偏不倚,恰到好处。前面已经讲过,"退"是一种为人处世的策略,是大智慧,但"退"并不是懦弱,更不是逃避,而是等待时机更进一步。我们仍旧从历史中寻找证据。

楚庄王即位不久,只知道寻欢作乐,不理朝政,甚至下了一道命令:如果有议论国君之得失者,格杀勿论! 朝中大臣们都噤若寒蝉,有话也不敢说。这天,楚庄王在后宫左搂右抱,手下的伍举觐见,楚庄王很不高兴,就对伍举说:"你有什么要紧的事赶快说,没看见本王正忙着吗?"伍举笑着对楚庄王说:"倒也不是什么大不了的事,只是微臣听说大王特别喜欢猜谜语,臣这里有一个,许多人都猜不出来,所以今天特地来献给大王,看大王能否猜出来。"楚庄王很不耐烦:"快讲给我听!"伍举看楚庄王已经中了自己的圈套,知道自己的生命无忧,当下一字一顿地说:"山上有只鸟,三年不飞,三年不鸣,请问大王这是什么鸟?"楚庄王明白伍举是在说自己:"我以为是什么样的谜语呢,原来是这个呀,这有什么可奇怪的呢? 三年不飞,一飞冲天;三年不鸣,一鸣惊人。"

事实上,楚庄王表面上寻欢作乐,暗地里却一直在寻找忠臣。后来,大夫苏从直言敢谏,楚庄王才告诉大家真相:"我整整等了三年,才遇到像伍举、苏从这样的忠臣,你们是楚国振兴的希望所在!"之后下令,杀掉所有那些只会拍马屁的人,重用伍举和苏从,全力发展生产,整顿军队,使楚国日益壮大起来,终于打败了晋国,成为春秋五霸之一。

原来楚庄王的目的是使其他国家放松警惕,然后,得到贤臣,壮大自己的实力,最终"一飞冲天,一鸣惊人。"这可谓是楚庄王得以胜出的杰作,让自己的国家停滞三年,这也就是"退让"巧妙之所在了。可见,楚庄王并不是一味地退让隐忍,也不是因为害怕而逃避,而是为了让国家得到更大发展。

在当今社会中,与人交往也好,与人共事也好,如果一味地强调自己该怎么样进步,该怎么样出人头地,哪怕是身处逆境的时候,还硬着脖子,不让不退,那是多么危险的事。

在现实社会中有很多人会认为,退让是懦弱的表现,是自己不自信,这无疑是一个思想认识上的误区。退让并非是因为自己做不到或是做不好而逃避,也并非是害怕别人,或是不自信不坚强,而是分情况、分时间、分场合,符合"中"的尺度。

所谓适中的"退让",就是见好就收,不能贪得无厌,因为社会有它存在的规律,这是自然法则,谁也打破不了。好人不可做完,好事不能做尽,懂得这一点,不管是进还是退都有尺度,才不会因此而失去更多的原本属于自己的东西。

真正有才华的人不会自以为是

《孟子》有两句话:将军不敢骑白马,亡人不敢夜揭烛。它的主旨是:不要过于引人注目,否则很容易成为众矢之的。

越是锋利的宝刀,越不可轻易出鞘,如果自恃削铁如泥而不善加保护,不但锋芒会被磨损,更容易惹出祸患。所以越是有才华的人,如果不会自我保护就会使才华过早地埋没。

真正聪明的人,不会自以为是,他们为人处世,以谦虚好学为荣。常以自己的无知或不如人而惭愧,以期能够得到更多的学习机会,向别人求教,丰富和完善自我是他们的目的。即使自己确有才智,也不会四处去出风头,不去刻意地炫耀或展示自己。

在一般情况下,忍住显示自己才智的欲望,可以获得更多的才能,保持不自满的心态同时也可以避免因为炫耀自己的才能,招致他人对自己的妒忌、诋毁、攻击乃至陷害。过于夸耀和显示自己的才智是不智之举。三国时的杨修有才,但他不知道保护自己,耐不住性子,总是在曹操面前显露出来,那不是自己找死吗?

就一般中国人而言,总是愿意大家彼此差不多,你好我也好,否则就会是"枪打出头鸟"。而这句话也是说那些在日常工作中因为有特殊才能,或有特别贡献而冒了尖的人,往往容易成为受打击的对象。古人云"木秀于林,风必摧之",所以要是谁在哪一方面出人头地,便往往会受到人们的攻击、嘲讽、指责。更有甚者,由于妒忌心重还可能给你使绊子,让你生活在一种无形的压力之下,时时处处都有障碍,让你人做不好,事干不成。可以说妒忌是人世间非常有害的心理,它可以使妒忌者自己形成一种非常低下的、丑陋的心态,使妒忌者走向一条狭窄的人生道路,也使受妒者受到极大的伤害。

在日常生活和工作中,这种妒忌却又是无时不有,无处不在。妒忌的形式也是多种多样的。朋友之间、同事之间、同学之间,甚至兄弟姐妹之间,也都会出现妒忌现象。由于每个人所处的社会环境和家庭环境不同,获得的社会和他人的认同也就相应不同。人在一起工作生活,自然要相互攀比,而妒忌也就是通过比较,看到他人的卓越之处,看到他人的成功之处,而使自己产生了羡慕、烦恼和痛苦,于是对别人的才能、地位、名誉优越于自己而产生了怨恨。受人妒忌绝非好事,所以即便你能力很强,也不要掩盖其他人的光芒,不要对别人的生存造成威胁。

有些人是自私的,你呼风唤雨,一定惹来这些人的妒忌。表面上,他们或许阿谀奉承,甚至扮作你的知己和倾慕者,必然有人会锦上添花地向你说:"看来,老板就只信任你一个!""唔,经理这个位置,非你莫属了!""嘿,他日一旦一人之下万人之上,千万别忘记我啊!""你的聪明才智,公司里没人可及啊!"切莫被美丽的谎言冲昏了头脑,聪明的人必须是理智的。你应该明白,这些人只是表面热情,私底下却恨你入骨。为了避免遭人放暗箭,请收敛你的得意之态,谦虚一点。你可以告诉他们:"不要乱开玩笑,公司有太多人才呢。""我的意见只是一时灵感,没啥特别的!""我还有更多的东西要学。"

人当然应该尽其所能地发挥自己的能力,但行走社会,如果太强调个人,而忽略了别人的存在,迟早是要吃苦头的。在一个团体里,个人能力太强,会掩盖其他人的光芒,使他们在相较之下黯然失色,于是会产生几种心理状态:怀疑自己的能力;对自己的处境感到不安。随之而起的便是自卫,表现出来的则是抗拒和攻击。抗拒是抵制你,拒绝和你合作;攻击则是找你的弱点和小辫子,加以渲染、扩大、中伤你、打击你,欲将你除之而后快。由于他们有这种心理,你当然就难以和他们相处了。

而且这种状况也会造成上司在领导上的难题——他要买你的账,又要安抚其他人的不平,多累! 因此虽然你的能力创造了你个人的荣耀,实际上已为你自己埋下了一颗又一颗的不定时炸弹。

能力强不是罪过,但却常遭到排挤,反而容易不得志,这不能说是别人心胸狭窄,而是人类自卫本能所造成的,因此在一个团体里与人共事,即使你能力很强,也必须注意:

1.懂得谦卑。通常能力强的人容易在荣耀中自满、骄傲。目中无人,这是大忌,因此必须懂得谦卑、尊重别人,这样别人就不会感受到你的威胁,至少不会处处与你为敌。

2.适度收敛。有时表现十分的能力,有时则只表现八分,好让别人也有表现的机会,就好比一位超级球员,尽管个人得分能力超强,可有时也应给队友传传球,让大家也有机会表现。

许多人都知道"山外有山,天外有天,能人背后有能人"的道理。这是一种与人共事的艺术。

进退结合乃做人之真谛

进退之学,历来为人重视,其隐含着做人办事之道。我们知道,人生中总有迫不得已的时候,该怎么办呢?大凡人在初创崛起之时,不可无勇,不可以求平、求稳,而在成功得势的时候才可以求淡、求平、求退。这也是人生进退的一种成功哲学。

1.后撤是一门做人的哲学

为什么要后撤?因为再往前面冲,就可能遭遇大麻烦,甚至大危险。换句话说,退一步是为了更好地前进一步。这个道理人人皆知,但有许多人就是做不到后撤一步,总是想向前逼近,结果是适得其反。在做人之智中,后撤哲学令人深思、反复玩味。

2.在进退之间明白人生道理

早在安庆战役后,曾国藩部将即有劝进之说,而胡林翼、左宗棠都属于劝进派。劝进最积极的是王闿运、郭嵩焘、李元度。当安庆攻克后,湘军将领欲以盛筵相贺,但曾国藩不许,只准各贺一联,于是李元度第一个撰成,其联为:"王侯无种,帝王有真。"曾国藩见后立即将其撕毁,并斥责了李元度。在《曾国藩日记》中也有多处诚勉李元度慎审的记载,虽不明记,但大体也是这件事。曾国藩死后,李元度曾哭之,并赋诗一首,其中有"雷霆与雨露,一例是春风"句,潜台词仍是这件事。

在进退关系上,曾国藩把握得极好,他不愿只做一个只知进而不知退的人,因为他相信这样一句话:"退身可安身,进身可危身。"

3.不善进退者,自然是败者

不善进退者,自然是败者。我们知道过于急进者,常会自以为聪明至极,从而在某一天突然遭到大败。因此,进是基于摸准对方心理的行为——只有摸准对方,才能进行有效的行动,这是人际交往的基本道理。有头脑的人在这方面做得很出色,即摸透对手的弱点,以退为进,把"退功"发挥得淋漓尽致。

身处各种角逐场中的人,常会遇到意想不到的危机。我们从历史上看到,李斯得到秦始皇的信任,却死于秦二世手里,贾谊得到汉文帝的赏识,却遭到一批老臣的排挤。有赤诚之心者,如比干、如屈原尽忠而死者比比皆是,因而留下了美名。文天祥的两句诗对此做了概括:"人生自古谁无死,留取丹心照汗青。"有狡猾手段的如赵高,如后来的秦桧之流,虽然曾经一时得势,终究不能长久,也常常有大祸临头的时候。

进退之道是一种在不得已的情况下,解决问题的最稳妥的办法。也许,对于那些有头脑的人来说,暂时的退是为了下一次更猛烈的进。

4.身处劣势,以退为进

退步有时是为了获得更大的进步,就像体育运动中的跳远一样,为了跳出好成绩,退几步是必须的。许多人对后退常常不理解,认为是一种倒退。事实上,在前进中,双方对峙势均力敌的时候,干耗不是出路。当有一方出现异常而后退时,他的目的很明显:打破僵局,争取最大的冲击力。同样,生活和学习也是一样,在走进犄角而不能摆脱时,我们把问题放下,做一些其他的事情,在经过一段时间的放弃和精神松弛后,原本复杂的难题此时也许会变得非常简单,这就是以退为进,调换思维的结果。

身处弱势者,一定要巧妙避开对方的锋芒,从对方弱处找机会,寻找以退为攻的机会。

屈伸相对,屈可为退,伸可为进,合为躲闪之功。在较量的各种场合,都不能不注意屈伸,否则就会掉进悬崖。有人说,屈伸有度,进退自如行天下,这是明白人熬过难关的智举。

在长期的军事斗争生涯中,朱元璋非常注意斗争策略,从不凭匹夫之勇蛮冲蛮打、鲁莽行事。有时候,敌人的力量相对强大,朱元璋能够保持清醒的头脑,不冒险攻击敌人,甚至做出某些让步,从长计议,以免吃眼前之亏。他很清楚,在军事斗争中,只贪一时之功,图一时之快,解一时之恨,危害是非常大的,有时还可能导致全军覆没,前功尽弃。只有具备了长远眼光和全局观念,有屈有伸,善于斗争,才有可能得到发展,夺取最后的胜利。

上例讲战事中的攻守屈伸,做人办事也应当如此,因为人生的硝烟不亚于战场。应该善于把握时机,屈伸有度,熬过难关。

古人说:"好汉不吃眼前亏";而这里我们要变通一下:"好汉能吃眼前亏"!这是因为吃眼前亏是为了换取其他利益,为了获得存在,为了实现更高远的目标。

可是有不少人一碰到眼前亏,会为了所谓的面子和尊严而与对方展开搏斗,有些人因此而一败涂地不能再起,有些人虽然获得惨胜,但已元气大伤!

自古以来就流传着不少好汉能吃眼前亏的典型,汉代开国名将韩信就是一例。乡里恶少要他从胯下爬过,不爬就要揍他,韩信二话不说,爬了。如果不爬呢?要么他自己吃亏,要么把人打死打伤惹祸上身,把自己陷于麻烦之中,甚至可能一失足成千古恨,哪来日后的统领雄兵,叱咤风云?他吃眼前亏,为的就是保住有用之躯,留得青山在,不怕没柴烧啊!越王勾践,卧薪尝胆二十年,为的是将来的报仇雪恨!

韩信

所以,当年轻人在社会上碰到可气但又对你不利的环境时,千万别逞血气之勇,也千万别认为士可杀不可辱,倒要宁可吃点眼前亏。

能吃眼前亏,可保百年身呀!

"痴迷"既可以用来描述一些不很正常的人,如痴呆、傻子,也可以用来形容一些正常人对感情、信仰、事业的忠诚、全身心地投入。后者所涉及的范围很广,凡是构成人生主要内容的,几乎都成为某些人痴迷的对象:如情痴、书痴、戏迷、歌迷、球迷、棋迷、影迷、电视迷等,也有对人的痴迷,如追星族。

作为一个现代人完全有自己的自由,尽可以选择自己的爱好。爱好也是千差万别的,有的人工作就是最大爱好,有所谓工作狂,有开会迷,有写作狂,也有废寝忘食地做学问的。

这种太投入太痴迷好不好呢?有好的一面。有助于集中精力,专心致志、心无旁骛地干自己的事情,并且有可能获得成功。伊索寓言中龟兔赛跑的故事其实就是一场专心与耐力的比赛,它证明谁投入得多,坚持得持久一些,谁就能获得桂冠。懂得坚持投入的人,它的心血不会白费,出现在他面前的将是一条康庄大道。所以不要轻视樵夫手上的斧子,只要心无旁骛地坚持下去,再粗的大树,也会被一斧一斧地砍断。

但任何事物都有一个度,超过了一定的度,太痴迷、太投入,就会走向它的反面。因此,做任何事情都必须能钻得进去也能跳得出来,正如王国维所说,既能"入乎其内"又能"出乎其外"。不入乎其内,不钻进去,你做不好任何事情。不出乎其外,你的视野就会受到限制,既看不清对方的真实情况,也不容易给自己以客观的评价,尤其有毛病有缺陷也不自知,还自我感觉良好呢。这是一种自恋的人。

比如,一个人写文章刚刚脱稿的那一刹那,常常自以为是写出了绝代佳作,内心激动不已,自恋自赏没完没了,其实他的文章写得并不怎么样。痴迷,遮住了自己的双眼,缺乏自知之明。再比如一个情痴,钟情于一女子,以为天下再也没有美貌超过她的了,并且非她不娶,谁知对方又提出了分手,结果失恋了,茶不思,饭不想,痛不欲生,冲不出爱情的罗网,不知天涯处处有芳草。

苏轼有首诗说:"横看成岭侧成峰,远近高低各不同。不识庐山真面目,只缘身在此山中。"所以必须跳出来,站在更高的山顶上,方能有大视野、大境界。

既能进得去又能跳出来,往往都是出类拔萃之人。孟子认为孔子就是这样的人:同为走兽,麒麟为贵;同为飞鸟,凤凰为俊;同为山丘,泰山为高;同为水流,河海为大;同为生民,孔子为圣。这就是出于其类拔乎其萃的精义。出类拔萃就是追求卓越。这也就是我们主张"入乎其内"、"出乎其外"的目的所在。若要谈生存智慧,这也许是最具隐喻性的生存智慧;若要谈价值观,这也许是最具指导意义的价值观。

每个人都有自己的生活方式和生活准则,而忍耐则是为人处世的一种学问。对于同一种境况,我们合理地利用忍,就有可能受到人们的称道,我们克制不住而不忍,就有可能受到人们的不齿。譬如,公共场合下被人踩脚或碰撞一下是再平常不过的事了,你如果不堪忍受而出口伤人或大打出手,那么你的"不忍"就会遭人唾弃。

忍耐是一种修养,既可以体现出人性的宽容,又可以反映一个人的素质高低。

如果你能在他人的"错误指责"中顶住压力,你就能等待事情的水落石出,你就能让自己的尊严在别人那儿体现出来。如果你能在别人的讥笑和漫骂中,在无须再忍的情况下选择一条合理的解决途径,那你就能使他们明白其实你并不是弱者,而是不愿争强而已。

也许,我们每一个人都有类似迈克·乔丹小时候的遭遇,此时有人会建议你坚持那种毫无原则的忍让,也有人会叫你采取以牙还牙的报复。事实上,不管是前者还是后者都不能很好地帮助你在事后确立起自己的形象,因为生活的内容远非如此简单。如果别人的行为超出了你的忍耐程度,那你就应该像迈克一样起来行动,用另一种方式解决,结果你可能发现其实别人没有你想象中的那样无可救药,或者坏入骨髓。

在生活中,我们应该与人为善,也应该学会维护尊严和权利。要做到二者兼顾,就需要把握好分寸,需要坚持有原则的忍让,这样才能使自己充满力量,而这种力量将会促使我们走向成功的人生,让我们迈出坚实的步伐。

方与圆、刚与柔两者的含义具有内在的一致性。圆为和谐、变通、灵活性,体现了柔韧、柔弱的一面,方则为个性、稳定、原则性,体现了刚直、刚强的一面。刚而能柔,这是用刚的方法;柔而能刚,这是用柔的方法。强而能弱,这是用强的方法;弱而能强,这是用弱的方法。在处理天下事时,有以刚取胜的,有以强取胜的;有以柔取胜的,也有以弱取胜的。做人亦同此理。

自然界中弱小者常靠柔韧的品性战胜强大。天下之物莫柔于水,而攻坚强者莫之能先。雪压竹头低,地下欲沾泥;一轮红日起,依旧与天齐。飓风狂暴地侵袭小草,小草只摇晃了一下身子,依然保持了生命的绿色。

人也如此。年轻时,孔子曾去求教老子,老子不跟孔子说话,只是张开嘴让孔子看。深奥的哲理不必用语言交流,但却可以体悟。两位哲人心领神会,张嘴而不说话的哲理:牙齿掉了,舌头还在。牙齿是硬的,舌头是软的,硬的东西因其刚强而死亡,软的东西因其柔弱而存在。所以人到老年,刚硬的牙齿不在了,而柔弱的舌头仍旧灵活自如。刚往往只是外表的强大,柔则常常是内在的优势。因此柔能克刚便成了一条辩证的法则。

刚直容易折断。曾有人这样说:方与严是待人的大弊病,圣人贤哲待人,只在于温柔敦厚。所以说广泛地爱护人民,这叫作和而不同。若只任凭他们凄凄凉凉,保持自身冷傲清高,如此,便是世间的一个障碍物。即使是持身方正,独立不拘,也还是不能济世的人才。充其量只能算一个性情正直、不肯同流合污的人士罢了。但是,只有柔又会怎样呢?倘若世界上只有柔,那就会成为可悲的柔弱,它就可任意扭曲,像一根在水里浸泡了许久的藤条一样。

刚与柔如鸟的两个翅膀,车子的两个轮子缺一不可。只刚就容易方,只柔就容易圆。为人处世,最好是方圆并用,刚柔并济,这才是全面的方法,也是成功之道。如果能刚而不能柔,能方而不能圆,能强而不能弱,能弱而不能强,能进而不能退,能退而不能进,注定失败而此生永无翻身之日。

刚柔相济,大可以用来治理国家天下,小可以用来处世持身。聪明的拳击手常常以此取胜。中国的太极拳和日本的柔道也因此长盛不衰。晚清重臣曾国藩对此领略颇深,他说:做人的道理,刚柔互用,不可偏废。太柔就会萎靡,太刚就容易折断。但刚不是说要残暴严厉,只不过不要强矫而已。趋事赴公,就得强矫。争名逐利,就得谦退。所以他虽居在功名富贵的最高处,却能全身而归,全身而终。

做人处世若能刚柔相济,把方与圆的智慧结合起来,做到该方就方,该圆就圆,方到什么程度,圆到什么程度,都恰到好处,那就是方圆无碍了。方圆无碍,按现在的说法是原则性与灵活性的高度统一,这是一种最高级的战略,最高级的政策,也是为人处事最高级的方式、方法。要做到这一点,则需要高度的智慧和修养。

大智若愚,字面上的意思是指真正有智慧之人表面都显得很愚笨。史书上记载,孔子去访问老子,老子对孔子说:"君子盛德,容貌若愚。"这句话的意思是指那些才华横溢的人,外表上看与愚鲁笨拙的普通人毫无差别。

大智若愚,在外表的愚笨之后,隐含无限巧计,如同大巧无术一般,愚的后面隐含着大彻大悟、大智大慧。大智若愚,藏锋露拙,实在是一种智者的行为,用以修身养性,则是一种智慧人生。用来处人待世,则是一种智慧之术。用它可以保全自己,免遭灭顶之灾。

常言道:木秀于林,风必吹之;行高于岸,流必湍之。如果一个人锋芒毕露,一定会遭到别人的嫉恨和非议。这种例子在现实生活中比比皆是。在整个自然界中,各种昆虫被人们视作最无能、最让人任意宰割的生命体了。岂不知昆虫自有一套避凶趋吉的妙法,这就是它们的保护色和伪装术。如变色龙的身体颜色会随着环境的颜色而改变;竹节虫爬附在树枝上如同竹节一般,以此来骗过天敌的眼睛;枯叶蝶在遇到天敌时会装成枯黄的树叶,它的天敌哪里会想到这枯黄的树叶竟然是它苦苦寻找的美味,还有的动物遇危险时装死以迷惑敌人。在人们看来,这些方法未免太低级了,可正是这些看似无能的方法使动物种群得以生存和发展。

信奉大智若愚的是真正的聪明人。他们以大智若愚的方式来保护自我。

嫉贤妒能,几乎是人的本性,所以《庄子》中有一句话叫"直木先伐,甘井先竭"。一般所用的木材,多选挺直的树木来砍伐;水井也是涌出甘甜井水者先干涸。人也如此。有一些才华横溢的人,因为锋芒太露而遭人暗算。《红楼梦》中的王熙凤正是"机关算尽太聪明,反误了卿卿性命"。还是那句千古名训"大智若愚"为妙。

大智若愚,不仅是一种自我保全的智慧,同时也是一种实现自己目标的智慧。俗语说"虎行似病",装成病恹恹的样子正是老虎吃人的前兆,所以聪明不露,才有任重道远的力量。这就是所谓"藏巧于拙,用晦如明"。现实中,人们不管本身是机巧奸猾还是忠直厚道,几乎都喜欢傻呵呵不会弄巧的人,因为这样的人不会给对方造成巨大的威胁,会使人放松戒备和设防。所以,要达到自己的目标,没有机巧权变是不行的,但又要懂得藏巧,不为人识破,也就是"聪明而愚"。

大智若愚并非让人人都去假装愚笨,它强调的只不过是一种处世的智慧,即要谨言慎行,谦虚待人,不要太盛气凌人。这并不是一种消极被动的生活态度。倘若一个人能够谦虚诚恳地待人,便会得到别人的好感;若能谨言慎行,更会赢得人们的尊重。

在复杂的世界中,一个人如果能用大智若愚的方式去生存,那他就能够避免很多烦忧,达到一种逍遥的境界。

锋芒不要太露

智者告诫仁者说:一个聪明而富于洞察力的人身上会潜藏着危险,那是因为他喜欢批评别人。雄辩而学识渊博的人也会遭遇相同的命运,因为他暴露了别人的缺点。所以,一个人还是有所节制为好,采取谨慎的处世态度,不可处处占上风。如果一个人锋芒毕露,一定会遭到别人的嫉恨和非议。就像出头的椽子会先烂掉,太高的树容易遭大风折断。这样的例子在现实生活中比比皆是。

世上的高人往往其貌不扬,由于不太抢眼,可以避免别人的注意力,所谓真人不露相,露相非真人;练就一笔好字的人谎称不会书法,这样可以推掉许多违心的差事;力大无比的人往往装成手无缚鸡之力,紧急时才能够出乎意料地打败来犯者。做人,锋芒太露,就等于把自己的底细给对方交代得一清二楚,一旦交起手来,就首先输掉了一半,实难收到突见奇功的效果。

但做人又不能不露锋芒或藏而不露。不露锋芒、藏而不露,总给人一种遮遮掩掩、躲躲藏藏的感觉,让人觉得你这人虚伪无比。不可不露,却又不能太露或乱露,那就只有深藏不露。深藏不露的真谛就在于,不刻意显露。有能力终究是要露出来的,只要时机、地点、人事三者合适。如果有一样不合适,那就不要乱露,以免招来不必要麻烦,徒然增加自己的苦恼。

这种深藏不露的处世智慧与西方张扬个性注重表现有所不同。西方教育注重

"表现",主张"有能力就要表现出来,有一手就要露出来",否则和没有能力没有什么两样。西方人不但好表现,到处表现,而且还要随时告诉别人自己表现了些什么东西,甚至随身携带一些以资佐证的物件,证明自己确实如此。

中国人当然也明白"表现"的道理,知道"老虎不发威,很容易被当作病猫"。不过我们更了解"虎落平阳被犬欺"的惨痛苦境,在表现之前,先做好"等到达那里,先打听一下当地的情况,再做打算"的准备工作。所以两者的区别不在于表现不表现,而是怎样表现。前者是舍身哲学,主张能露就露,露光了就走路;后者是守身哲学,主张先打听一下,看一看露到什么程度最合理,然后才合理地显露。

深藏不露是为了看一看有没有比自己更合适的人走出来。若大家都争着要露,特别是那些才能平庸,又缺乏自知之明的人,其结果只能是埋没了真正的有才华的人,阻了他们的道。不强出头,其实就是在不应该自己出头的时候,千万不要出头,非要出头不可,也应该设法让别人先出头。万一让不过,才抱着我是不得已而为之的心情来出头。当然,没有什么本领的人无须讲究什么深藏不露。因为自己很平庸,就算利用深藏不露来"藏拙",充其量也只能隐瞒一时,最终会被人识破,结果原形毕露。

大凡英雄豪杰,胸怀大志,打算干一番轰轰烈烈的事业的人,都能屈能伸。这就好比一个矮小的人,要登高墙,必须要寻找一个梯子作为登高的台阶,假如一时寻找不到梯子,那么,即使旁边有一个马桶,未尝不可利用作为进身的阶梯。假如嫌它臭,就爬不到高墙上去。

韩信年少时曾受过胯下之辱,但他并不是懦夫。他之所以忍受这样大的屈辱,是因为他的人生抱负太大了,没有必要小不忍则乱大谋。他后来跟随刘邦逐鹿中原,风云际会,先后作过齐王和楚王。在他与部下谈起这件事时说:难道当时我真没有胆量和力量杀那个羞辱我的人吗?如果杀了他,我的一生就完蛋了,我忍住了,才有今天这样的地位和成就。

人们在制定理想目标时,在实践过程中都会遇到这样那样的困难和挫折,致使你气愤、胆怯、自卑、情绪冲动、灰心丧气、意志动摇等,立志愈高,所遇到的困难就愈大,猝然临之而不惊,无故加之而不怒,这就是大丈夫能屈能伸、乐观坚毅精神的表现。

苦难是一种前兆,也是一种考验,它选择意志坚韧者,淘汰意志薄弱者。要达到奇伟瑰怪的人生境界,要成就任重道远的伟业,必须具有远大的志向和极端坚韧的品质。

人世间的冷暖是变化无常的,人生的道路是变化无常的,当你在遇到困难走不通时,或许退一步就会海阔天空;当你在事业一帆风顺的时候,一定要有谦让三分的胸襟和美德,应该把功劳让与别人一些,不要居功自傲,更不要得意忘形。该进则进,该退则退,能屈能伸。

　　一个人要想在世上有所作为,"低头"是少不了的。低头是为了把头抬得更高更有力。现实世界纷纭复杂,并非想象的那么一帆风顺,面对人生旅途中一个个低矮的"门框",暂时的低头并非卑屈,而是为了长久的抬头;一时的退让绝非是丧失原则和失去自尊,而是为了更好地前进。缩回来的拳头,打出去才有力。只有采取这种积极而且明智的方法,才能审时度势,通过迂回和缓而达到目的,实现超越。对这些厚重的"门框"视而不见,傲气不敛,硬碰硬撞,结果只能是头破血流,成为摆在风车面前的"堂吉诃德"。

　　富兰克林终生难忘前辈的忠告,将"学会低头,拥有谦逊"作为自己生活的准则和座右铭,并且身体力行,后来终成大器,卓有建树,被誉为"美国之父"。

　　也许你做出了一点成绩,你就以为自己是最优秀的;也许你拥有某方面的能力,就以为很少有人超过自己。这是很多人常有的心态。实际上,当你有这种心态时,你正是处于危险状况。因为强中自有强中手,山外青山楼外楼,世上总有比你强的人。即使你在某方面很优秀,你也不可能在各方面都优秀。每个人都有自己的弱项,如果骄傲自大,将会给自己带来意料不到的损失。

　　当你越来越深入你的领域之后,你就会发现外面的世界很大,外面的天空更加高远,周围的人群中有无数奇人高手。你永远不可以断定:"我就是最了不起的"。

　　我们无论面对比自己强的人还是比自己差的人,都要谦虚地和他相处。因为三人行必有我师。

　　谦虚自然地与人相处,别人舒服,自己也舒服。谦虚不是抬高别人,也不是踩低自己。谦虚恰恰是一种容忍他人的能力,是一种成功者的胸怀。

　　阳子居有一日西去徐州,恰巧碰到老子西去秦国。郊外相逢,阳子居自以为有学问,态度傲慢,老子便为阳子居深感惋惜,当面批评阳子居:以前我还认为你是个可以成大器的人,现在看来不可教诲啦。

　　阳子居听了老子的话,心里很不舒服,后悔自己为什么当时那样。老子也很失望。回到旅店后,阳子居觉得自己应当做得自然一些,起码要敬重长者,敬重有道德学问的老子,便主动给老子拿梳洗的工具,脱下鞋子放在门外,然后膝行到老子面前,谦虚地说:学生刚才想请教老师,老师要行路没有空闲,因此不便说话。现在老师有空了,请您指教我的过失。

老子说:想想看,你态度那么傲慢,表情那样庄严,一举一动又如此矜持造作,眼睛里什么都没有,这样,将来谁和你相处呢?人,没有他人围绕着你,行吗?应该懂得:最洁白的东西好像总有些污秽的感觉,德行最高尚的人总认为自己远不十全十美,学问虽了解了,在许多方面他是不行的。知道自己不行,你才知道自己真正行的地方;眼睛里只看到自己行,实际上,你哪个地方都不明白。

阳子居先是吃惊,渐渐地脸上浮现惭愧的神色,谦虚地说:老师的教导使我明白了做人的真正道理。

起初,阳子居去徐州的路上,旅舍客人恭敬地迎送他。他住店时,男老板为他摆座位,女老板为他送手巾,大家也给他让座。虽然恭敬,彼此都不舒服。接受老子教诲后,阳子居态度随和,为人谦逊。归途住店,客人都随意地和他交谈,他也感到和大家相处得很亲切。

一位哲学家说过:"如果你要得到仇人,就表现得比你的朋友优越吧;如果你要得到朋友,就要让你的朋友表现得比你优越。"这句话可以说是至真哲理。

之所以这样,是因为人都有一种心理,当别人表现得比自己优越时,他心里不自觉地产生嫉妒和自卑的情绪,从而感到不快。而如果你表现得不如他,他和你在一起比较容易感到舒服。学识丰富的人,由于对知识过于自信,多半不容易接受别人的意见。不仅如此,他们往往强迫别人接受自己的判断,或擅自做决定。一旦这么做,将会导致什么后果呢?被压制的人,会觉得受到侮辱、伤害,而不会心甘情愿地听从。他们可能会愤怒、反抗。更严重的,也许会诉诸法律。人应懂得,知识要丰富,态度要谦虚。

为避免上述情况,随着知识量的增加,你必须要更加谦虚。即使谈到自己有把握的事,也要装出不太有把握的样子。陈述自己的意见时,切勿太过武断。若想说服别人,就先仔细倾听对方的意见。这种谦虚,是不可或缺的。要是你讨厌被批评为假道学或俗不可耐,也不喜欢被认为没有学问,那么,最好的方法就是不要故意卖弄学问,用和周围的人同样的方式说话。不要刻意修饰措辞,只要纯粹地表达内容即可。绝对不可让自己显得比周围的人更伟大,或更有学问。

知识恰似怀表,只要悄悄地放在口袋里就好。没有必要为了炫耀而从口袋中取出来,也不必主动告诉别人时间。若有人问你时间,只要回答那个时间即可,因为你并不是时间的守护者,所以假如别人不问,也不必主动告知。

学问,好似不可缺少的有用装饰品。如果我身上少了这样东西,想必会觉得丢脸。不过，为了避免犯下前述的过错而招致诽谤，则必须十分谨慎。

很多步入社会的年轻人，最容易忽视这个问题，由于年轻，所以气盛，互不相让，从而使自己和他人陷入尴尬的境地。

当你指出别人的错误时，无论你采取什么方式，即使一个蔑视的眼神，一种不满的腔调，一个不耐烦的手势，都会使对方产生极大的不满。你以为他会同意你所说的吗——即使你说的是对的。一般不会。因为你否定了他的智慧和判断力，打击了他的荣耀和自尊心，同时还伤害了他的感情。他不但不会改变自己的看法，可能还会进行反击，这时，你就是搬出所有柏拉图或康德的逻辑也无法说服他。

永远不要对别人说："看着吧！你总有一天会知道我是对的！"这等于说：我会让你改变看法，我比你更聪明。——这难道不是一种挑战吗？在你还没有开始证明对方的错误之前，他已经准备迎战了。这样只会增加说服的困难。

人类的嫉妒心理是相当普遍的。因此，我们对于自己的成就要轻描淡写，永远不要得意忘形。我们要谦虚，只有这样，才会受到欢迎。做人要做到：比别人聪明，但不要告诉人家你比他更聪明。这样才是明智的。比别人聪明，而却显得愚钝，这才是大智慧，正所谓：大智若愚。

三国中的曹操可谓乱世枭雄，当世豪杰他没把谁放在眼里，"青梅煮酒论英雄"，更是预见准确，那些所谓"英雄"都被他琢磨透了。

"智者千虑，终有一失。"他的这一疏忽，就被司马氏抢了江山。

据说曹操知道司马懿有大志。又听说他有"狼顾"之要。什么是"狼顾"，狼的头和脖子可以左右转180度，司马懿生有异相，身躯、肩膀不动，头可以向后转180度曹操认为司马懿"狼顾"，就是狼心狗肺，心术不正。

司马懿每天勤于公务，废寝忘食；从公文到马匹，从内务到外勤，事必躬亲，吃苦耐劳，工作做得井井有条；对曹操更是毕恭毕敬，马首是瞻。久而久之，生性多疑的曹操也放下心来，认为他是一个胆小怕事的人。殊不知这些都是司马懿装出来的。

司马懿不仅骗过了曹操，也骗过了曹丕。他无论身居何职，都用各种方式不温不火地向曹丕表示忠诚。在他的努力下，曹丕一步步登顶，司马懿的权力也越来越大。

密藏不露是自我保护的重要手段，它会减少遭到别人暗算或报复的机会。

曹芳继位后，曹爽掌权，为排挤司马懿，对司马懿明升暗降，剥夺了兵权。自此曹爽放心玩乐，后来听说司马懿有病，派人假意辞行以探虚实。司马懿老态龙钟，听不清说话,双手颤抖,进食困难(当然这又是装的),至此曹爽心中的戒备一丝都没有了。谁想当他在野外游猎正浓时,却被司马懿父子端了老窝,稍后又夺取了兵权,曹爽后来被斩首。

司马懿在自己的上司面前,巧妙地表现了自己的"懦弱",从来没有功高盖主的举动,将自己的真实力量和野心都掩藏起来,最终赢得了天下。

古人云:"鹰立如睡,虎行似病,正是它攫鸟噬人的法术。故君子要聪明不露,才华不逞,才有任重道远的力量。"因此,以弱点示人,既可以保护自己免受伤害,当条件成熟时,则可叫敌人防不胜防,一举成功。

孙膑和庞涓都是鬼谷子的学生,后来各为其主领兵打仗,昔日同窗今日却成了对手冤家。孙膑技高一筹,斗智不斗力,隐强示弱,逐渐减少兵灶数目,庞涓认为孙膑兵力在逐渐减少,自然大喜,命令手下军士抛下辎重,轻装上阵,紧迫不舍。最后两军战于马陵,孙膑集合全部兵马给庞涓以迎头痛击,大煞敌人威风。可怜庞涓羞败,只好自刎而死。孙膑减灶,逼死庞涓,传为千古美谈。

生活中也是如此,适当地表现出自己的"懦弱"并不意味着真的胆小怕事,以弱示人往往会有更大的收获。

圆通而不圆滑

做人做事必须圆通,只有圆通才有方式方法可言。

一个国家,一个社会,必须分清是非,建立自身的道德原则和价值标准,这是"方","无方则不立"。但是,只有方,没有圆,为人处事只是死守着一些规矩和原则,毫无变通之处,过于直率,不讲情面,过于拘泥于礼仪法度,不懂得根据具体情况灵活把握,则会流于僵硬和刻板。比如,郑人买履的故事,他在去市场买鞋之前,先量好自己脚的大小尺寸,等到了市场才想起自己忘了拿尺码。卖鞋的告诉他为什么不用脚试一试呢?他回答说,宁可相信尺码,不信自己的脚。还有刻舟求剑的故事等,就是指这种做人拘泥于已有的条条框框,刻板、僵化、不知变通。做人,要学会圆通,但不能圆滑。

圆通就是通常人们所说的持经达权。它意味着一个人有一定的社会经验,对社会有一定的适应能力,能处理得好人与人之间的关系,对复杂的局面能控制得住。

圆滑这两个字,人们一般是不太喜欢的。那么,究竟什么是圆滑呢?它是指一些人在做人做事方面的不诚实、不负责任,油滑、狡诈、滑头滑脑。圆滑的人外圆内也圆,为变通而变通,失去原则。有圆无方失之于圆滑。离经而叛道,表面上看是对人一团和气,实际上已丧失了原则立场。

圆滑是一种"泛性"。它可以表现在一个人如何做人的各个方面、各个层次之中:既可以表现在他的"政治行为"之中,也可以表现在人的"工作行为"之中,还可以表现在一个人待人接物的细小事务之中;有成熟意义上的圆滑,如"老奸巨猾",也有一般意义上的圆滑,如为了占小便宜之类的圆滑。

圆滑的人在回答问题时,不是直截了当地表达自己的立场和观点,而是含含糊糊,模棱两可,似是而非。比如:"请问要喝咖啡,还是红茶?"圆滑的人不是明白爽快地回答"咖啡"或"红茶",而是这样回答:"随便"或"哪样都可以"。林语堂先生把这种表现称之为"老猾俏皮"。他打了一个比方:假设一个九月的清晨,秋风倒有一些劲峭的样儿,有一位年轻小伙子,兴冲冲地跑到他的祖父那儿,一把拖着他,硬要他一同去洗海水浴,那老人家不高兴,拒绝了他的请求,那少年忍不住露出诧异的怒容,至于那老年人则仅仅愉悦地微笑一下。这一笑便是俏皮的笑。不过,谁也不能说二者之间谁是对的。

在对某些问题的判断和看法上,圆滑的人常以"很难说"或"不一定"之类的话来搪塞。每一句话都对,听起来很有道理,但是说了等于没说。在遇到什么重大的事或难办的事时,圆滑的人更是一般不会轻易表态。往往只在有了"定论"之后才发表他的"智者的高见",事后诸葛亮的"妙语"比谁说得都好听。

圆滑的人一般都是"随风倒"的人。像墙头上的草,善辨风向,见风就转舵。这类人,没有是非标准,"风向"对他们来说是唯一判别的标准,谁上台了就说谁的好,谁下台了又开始说谁的不好。还是毛泽东形容得好,圆滑的人是:山中竹笋,嘴尖皮厚腹中空;墙上芦苇,头重脚轻根底浅。

圆滑的人,情感世界复杂多变。待人接物显得非常"热情",充满了"溢美"之辞,然而只要你细细地观察,这类"热情"中不乏虚伪的成分。这类人,当面净说好话,可一转脸就变成骂娘的话了。这类人,怀揣一种肮脏的心理,设置一些圈套让一些不通世故的人往圈套里钻。甚至"坑"了人家还要让他人说一句感激的话。

满脑子"圆滑"的人,看什么事情都觉得相当圆滑,连带看什么人都觉得丑魅、卑鄙。圆滑者可鄙,提倡做一个圆通而不圆滑之人。

第八节　人前藏智,话中藏锋

子曰:好学近乎知,力行近乎仁,知耻近乎勇。

在人们日常的社交过程中难免与别人产生矛盾,这时作为当事人应该主动地"礼让三分",多从自己方面找原因。俗话说:"大丈夫能屈能伸",克己忍让是为了让时间、让事实来表白自己,为了恢复自己应有的形象,得到公允的评价和赞美,为了以后更好地"伸展"。

宠辱不惊,委曲求全

子曰:好学近乎知,力行近乎仁,知耻近乎勇。

在人们日常的社交过程中难免与别人产生矛盾,这时作为当事人应该主动地"礼让三分",多从自己方面找原因。俗话说:"大丈夫能屈能伸",克己忍让是为了让时间、让事实来表白自己,为了恢复自己应有的形象,得到公允的评价和赞美,为了以后更好地"伸展"。

忍让不是懦弱可欺,相反,它更需要自信和坚韧的品格。古人讲"忍",有两层意思:一是坚韧,二是抑制。中国古代的名将韩信,家喻户晓,其武功盖世,称雄一时,他就十分善用屈伸之术。

韩信未成名之前,并不恃才傲世,目中无人。相反,倒是谦和柔顺,能屈能伸。

有一天,韩信正在街上走。忽然,面前出现了三四个地痞流氓。他们抱着肩膀,叉着双腿,趾高气扬地眯着眼睛斜视韩信。韩信先是一惊,随即抱拳拱手道:"各位仁兄,莫非有什么事吗?"

其中一个撇了撇嘴,怪笑道:"我们哥儿们是有点事找你,就看你敢不敢做!"

韩信依然很平静地说:"不知是什么事,蒙各位抬爱竟然看得起我韩信?"

那些人都哈哈大笑起来,说:"我们不是要抬你,而是要揍你。"

韩信看看他们,依旧平心静气地问:"各位,不知我哪里得罪了大家。你我远日无冤,近日无仇,为什么要揍我?我实在不明白。"

那人说:"不为什么,只是听说你的胆子很大,今天我们几个想见识见识,看你到底有多大的胆子,是不是比我们哥儿们胆子还大?"

韩信一听,知道对方是在故意为难自己,他心中很是气愤,却忍住了怒火,脸上赔笑道:"各位,想是有人信口误传,我哪里有什么胆识,又岂能跟你们相提并论,我没有胆识,没有胆识。"

那群人轻蔑地望着韩信,依然不肯放他过去。领头之人对韩信说:"看你老实,今天我们不动手,你要有胆识,你把剑拿起来,砍我的脑袋,那就算你有种。要不然,你就乖乖地从我的胯下钻过去。"

韩信皱了皱眉,围观的人早已议论纷纷,都非常气愤,让韩信拿剑宰了这狂妄之人。韩信暗暗咬咬牙,缓缓屈身下去,从那人的胯下爬了过去。众人无不惊愕,连那群流氓也愣在那里。韩信站起来掸掉身上的尘土,头也不回,扬长而去。

从那以后,那群流氓再也没找过韩信的麻烦。而韩信后来功成名就,又提拔当年的那个流氓作了小小的官吏,那人自然是感恩戴德,尽心尽力。

韩信可谓是一个聪明的人。试想,如果当时韩信火冒三丈,一怒之下杀了那个人,必然会有一场恶战,纵使是韩信胜了,也免不了要吃官司,平空出横祸,那对他日后的发展定会留下隐患。

在生活中,当别人向你挑衅的时候,你一定要保持冷静,权衡利弊,千万不可凭一时冲动而率性而为,要记住:小不忍,则乱大谋,克己忍让才是君子所为。

树高于林,风必摧之。人高于群,人必妒之。这是人性丛林中的法则,生于世上的人不得不面对。通常看来,"深藏若虚"的处世之道,会给人造成一种深不可测之惑,其中隐含着忽明忽暗的道理,可以让人随时变被动为主动,从而起到"翻盘"的作用。

各人都有自己的时运,应该对自己的时运心中有数,并不宜滥用阴谋,以免弄巧成拙。冷静、清醒的头脑是人们所推崇的素养。耐心等待自己时来运转,不可轻举妄动。

为人处事非有城府不足以立世,含蓄来自自我控制的黑白转化之功。能够像冰山一样只露出一角,让人摸不透你的心思,但你会自保无虞,而且具有强大的威慑力。要做之事莫讲出,说出的话莫照作,让人无法掌握透视你的深浅,此为黑白不倒翁之法宝。

聪明人如果想得到别人的尊敬的话,就不应该让别人看出他有多大的智慧和勇气。让别人知道你,但不要让他们了解你:没有人看得出你天才的极限,也就没有人感到失望。让别人猜测你甚至怀疑你的才能,要比显示自己的才能更能获得崇拜。你要不断地培养他人对你的期望,不要一开始就展示你的全部所有。隐瞒你的力量和知识的诀窍是要胸有城府。"黑"的一种基本的形式便是受辱而不惊，也就是说，当别人侮辱自己的时候，能够克制情绪，而不马上觉得自己丢了脸、失了面子，因此火冒三丈、恼羞成怒，抱着一种"人不犯我，我不犯人；人若犯我，我必犯人"的心理，大打出手，破口大骂，非要把面子争回来不可。在这种情况下，首先是心平气和地接受这一事实。至于以后如何，等等再说。

巴顿

巴顿是"黑白不倒经"的反面教材，他毫无城府，不但使上司颇为难堪，而且自己也失去了不少人缘，被同事们称为"和平时期的战争贩子"。1925年巴顿到夏威夷的斯科菲尔德军营担任师部的一级参谋。一年后，他被升为三级参谋。巴顿的工作主要是负责对战术问题和部队的训练提出建议并进行检查，但他经常越权行事。1926年11月中旬，他观看了第二十二旅的演习，对这次演习非常不满。他直接向旅指挥官递交了一份措辞激烈的意见书。他的这种做法是纪律所不允许的，因为他只是一名少校，无权指责一名准将指挥官。这样一来，他便招致了上司的非议和怨恨。

但巴顿并未吸取教训。1927年3月，在观看了一场营级战术演习后，他又一次大发其火。他指责营指挥官和其他人员训练无素，准备不足，没有达到预定的目标。虽然这次他很明智地请师司令部副官代替师长签了名，但其他军官心里很清楚，这又是巴顿搞的鬼，所以联合起来一致声讨巴顿。众怒难犯，师长没有办法，只好把这位爱放大炮的参谋从三级参谋的位置上撤下来，降到二级。

一个人即使是天才，如丝毫不懂收敛，也是很难立足的，而且会招致难料的厄运。崭露锋芒是正常的，但应认清形势，把自己的位置摆正，才能做到自我保护。心直口快有时往往陷己于不利之地。

保留自己的底牌

为人处世应设法保持自己的神秘，亮出自己底牌的人让别人按牌来攻，肯定会输掉。混得再不好，也不要向别人诉苦，而要做出成功的样子。即使很成功也不要亮底曝光，出人意料更能使人心悦诚服。

桥牌手都有过这样的经历，当你做庄打三家时，防守方一上来就奔吃一门五张套，定约一下，眼看着手上的赢墩拿不到，正在懊恼牌叫得不好，慌急之中又乱了方寸，被防守方乘机切断了你的交通，唾手可得的八墩牌，现在仅拿到六墩。坏消息常常影响情绪，轻则失望，重则沮丧，都会使你神不守舍，影响竞技水平的发挥。当然，更多牌手在实战中培养了自己坚韧的性格，始终保持着清醒的头脑，克制情绪，对意外的打击安之若素，柳暗花明也很常见。

一次混双大赛，一位牌手因叫牌失误抬高了定约，正在懊悔不已，担心搭档责备时，搭档却似乎置身"事故"之外，经过一番思考之后，竟然打出了只在书上才看到过的双紧逼打法，成功地完成了定约，挽回了损失不算，还获得了意想不到的高分。当一方陷搭档于危难之中时，搭档仍不动声色，力挽狂澜，令人敬佩。令人难忘的不只是那次比赛的胜利，而是搭档表现出的那种临危不乱的大将风度。如果一遇叫牌失误便乱了阵脚，便不会有最后的胜利，相反，有条不紊地攻防可令对手误以为点力与叫牌约定非常协调。

不亮底牌，直到最后一刻。这是多么重要的处世原则啊！

公司的老板往往会对守口如瓶的人进行提升，这是非常有道理的，因为这类人是身心成熟的。

尤其在大公司中，因为人多，难免会有争权夺利、钩心斗角的事情发生。而有许多人正是善于钻营奔走、挑拨离间。每逢公司有人事上的升迁调动时，不仅流言满天飞，同事见面亦是言不由衷，尴尬万分。何以会有这种情形？当然是有人泄露了人事上的机密，于是乎加油添醋，以讹传讹，搞得人心惶惶，既破坏公司的和谐，更影响士气。

一般说来，如果你是上级所赏识的人，遇到有升迁的机会时，你的上司必定会召见你，对你的工作、生活等有所垂询慰勉，此时不管你的上司是否对你有具体的承诺，你一定要守口如瓶，装得若无其事，甚至亲如太太也不要透露一点口风，如果你能做到这个境界，那么你才会让别人认为你是可共大事的人。这个人事动态便是你的一张底牌。日本前首相佐藤荣作就是一个能够严守秘密的人。当年他担任运输省次官时，吉田藏邀请他出任内阁官房长官，他按手续向运输大臣提出辞呈，只字不提自己被内定为官房长官的事，甚至对其夫人也都闭口不谈。他这种性格深为吉田藏所赏识，最后终于登上首相宝座。到目前为止，他是日本战后在位最久的首相。

　　要做到严守底牌的最好办法是以静制动，或是干脆置之不理。如果说你的地位重要到能够引起人们的期待心理，此种情况更是如此。即使你必须亮出真相，也最好避免什么都和盘托出。不要让人把你里里外外一览无余。小心谨慎是靠小心缄默来维持的。

　　你决心要做的事一旦披露，就很难获得尊重，反倒常常招致批评。如果事后结局不佳，则你更易遭到双倍的不幸。

　　另外，切记不要抱怨诉苦。恶意中伤总是瞄准我们的痛处或软肋，而这些人肯定是你亲近的人。一副心灰意冷的样子，只会引得别人拿你取笑。心怀恶意的家伙总是想方设法惹你生气，他们想尽办法来刺痛你已结痂的伤口。

　　聪明人应当对不怀好意的人置之不理，并且深藏起你个人的烦恼或家庭的忧虑，因为即使是命运女神有时也喜欢往你的痛处下手。你的那些好事或不好的事，都应深藏不露，以免前者不胫而走，后者烟消云散。

　　一定不要和盘托出全部真情，因为吐露真言如从心脏放血，需要极高之技巧。并非所有真相皆可讲。冲动是泄露的大门。最实用的知识在于掩饰之中。亮出自己底牌的人可能会输掉人生的很多机会。

　　人心险恶，世事难料。真诚固然可贵，却不是人人都是以真诚相待。害人之心不可有，防人之心不可无。

　　为人处世不能一白到底，一味地对人热情。对人对事有时不妨冷一些，淡一点。没有比漠视更好的报复了。平息流言，面对傲慢，方法之一就是黑下脸来置之不理。

　　为人处世，当然应该热情些。但是，人和人不一样，情境和情境不一样，有时，"冷"一些反倒有好处。

　　（1）对不合理要求，不妨冷漠置之

　　对不合理的要求，不妨冷漠些。这类人分两种：一种是明知不合理，欺你软弱，你给他一寸，他就要求一尺；另外一种是没有自知之明者，这种人，你冷漠些，他就会仔细考虑自己的要求是否恰当。

　　（2）对闲言碎语，不妨当作耳边风

　　小刚大学刚毕业时，充满了工作热情和交际热情，这种热情引起了很多同事和上司的好感，也让一些同事开始背后说闲话，什么"真能溜"啊，什么"八面玲珑"啊，什么"真能显"啊。

如果我们遇到这种情况,怎么办?与对方展开舌战吗?把那些闲言碎语当成耳边风好了,只要自己能静思一下是否有这些错误,有则改之。

(3)对那些冷眼视人者,不妨冷淡些

大多数人,你对他热情,他也对你热情,你对他笑脸相迎,他也会对你满面春风。也有些人,你越是主动与之交往,他就越是拿腔拿调摆架子,对待这种人,不妨冷淡些。

冷处理在交际中的作用远不止上述几条。但要在交际实践中尝试和运用这种方法,还需要有一定的心理素养来保证。

其一,要有涵养。能采用冷处理的方法,是人们具有一定的文化、生活素养决定的,是一种文明的体现。这种涵养表现为对人要力求宽容大度,不斤斤计较;设身处地为他人着想,不为泄自己一时之气愤而忘乎所以;遇事三思而行,不冒冒失失地草率从事。所有这些实际上是在激烈的矛盾冲突面前自我处理的内功,具备了这种内功,才可以化干戈为玉帛。

其二,要有忍性。"忍"是指对方气势汹汹地兴师问罪时,要有很强的忍耐性,要吃得住挑衅,要耐得住对方采用各种形式带来的刺激。《三国演义》中的司马懿在诸葛亮的戏弄面前忍得住性子,才使自己立于不败之地;周瑜正因为缺少忍性,才气得口吐鲜血。这种忍只是一种策略,绝不意味着对方打左脸一个巴掌,马上把右脸转过去让他再打,那样是丧失气节。

其三,要以静代动。挑起事端的一方常常是有备而来,必须要弄清对方来意与其最薄弱的地方是什么,然后才能确定进攻的突破口,从而一举制服对方。要采取"静"的策略,让对方出击,哪怕是狂轰滥炸也要泰然处之,待对方"三鼓而竭"之后,针对在静中侦察到的突破口,猛击对方痛处,方可使对方败下阵去。

其四,要以守为攻。防守尽管是消极的策略,但在防守时也可以采取进攻的态势,只不过这种出击仍是建立在守的基础上的。面对情绪激动的一方,不失时机地插上一两句话,使对方火上浇油,尽情发泄;面对咄咄逼人的对方,抛出一两句切中要害的话,对对方进行火力侦察,面对锋芒毕露的对手,边应付边弄清对方来意,设计反击的方案,摸准对方的要害之后,边周旋边选择最有战斗力的"炮弹"……采取这些方针,貌似防守,其实却在组织和酝酿着成功的进攻。

事急则缓,欲速则不达。手中的沙子不要握得太紧,太用力则沙子会漏掉。任何事情都不要过于热切地急功近利。

多思多想

著名作家海明威小的时候很爱空想，于是父亲给他讲了这样一个故事：

有一个人向一位思想家请教："你是一位伟大的思想家，你成功的关键是什么？"思想家告诉他："多思多想！"

这人听了思想家的话，仿佛很有收获。回家后躺在床上，望着天花板，一动不动地开始"多思多想"。

一个月后，这人的妻子跑来找思想家："求您去看看我丈夫吧，他从您这儿回去后，就像中了魔一样。"

思想家跟着到那人家中一看，只见那人已变得形销骨立。他挣扎着爬起来问思想家："我每天除了吃饭，一直在思考，你看我离伟大的思想家还有多远？"

思想家问："你整天只想不做，那你思考了些什么呢？"

那人道："想的东西太多，头脑都快装不下了。"

"我看你除了脑袋上长满了头发，收获的全是垃圾。"

"垃圾？"

"只想不做的人只能生产思想垃圾。"思想家答道。

我们这个世界缺少实干家，而从来不缺少空想家。那些爱空想的人，总是有满腹经纶，他们是思想的巨人，却是行动的矮子；这样的人，只会为我们的世界平添混乱，自己一无所获，也不会创造任何价值。

在父亲的教导下，海明威后来终其一生也总是喜欢实干，而不是空谈，并且在其不朽的作品中，塑造了无数推崇实干而不尚空谈的"硬汉"形象。作为一个成功的作家，海明威有着自己的行动哲学。海明威说："没有行动，我有时感觉十分痛苦，简直痛不欲生。"正因为如此，读他的作品，人们发现其中的主人公们从来不说"我痛苦""我失望"之类的话，而只是说"喝酒去""钓鱼吧"。

海明威之所以能写出流传后世的名著，就在于他一生行万里路，足迹踏遍了亚、非、欧、美各洲。他文章的大部分背景都是他曾经去过的地方。在实实在在的行动下，他取得了巨大的成功。

俗话说："独木难支。"任何事物都不可能单独存在，所以人对事物的理解方式一旦陷入片面，就难免会陷入形而上学的泥潭而不能自拔。上面的故事讲的就是这个道理。

隐藏自己不等于埋没自己

南宋时，岳飞的部将董先奉命去迎击南侵的金兵。金兵有上万人，而岳家军则只有几千人。怎样以寡击众，以少胜多呢？董先想出一条妙计。

他首先纵兵深入，但一与金兵交锋便全身而退，一日退百里，连退三日，手下的兵士越退越少。有些部将极不满意，说与其现在接连退却，还不如先前战死疆场。一直到第三天，董先眼见大家的愤慨之情都已被激发起来，这才告诉大家到了拼死作战的时候了。于是，全军上下齐心协力，一鼓作气打反击，打得敌人步步后退。

当溃不成军的金兵退到唐州的牛蹄、白石二地的时候，正想放下兵器吃饭，谁知董先两天前纵兵深入时埋伏在此地的军队猛地杀出来，大败金军。

毛泽东有过一句名言：拳头收回来，是为了更有力地打出去。董先是依靠隐藏而取得胜利的，但如果没有最后的反击，他的隐藏有什么意义？

可见，隐藏自己并不等于埋没自己，不是与世无争，更不是逆来顺受，任人宰割。大清朝与西方列强相比，绝对称得上是谦谦君子，也绝对锋芒内敛，宽宏大量，但人家可不领这个情，不吃这一套。先是鸦片，后是炮舰，大清皇帝也不再顾虑丧权辱国有失面子，割地赔款签条约，直把大好河山弄了个支离破碎，民不聊生。

《易经》上说："君子藏器于身，待时而动。"隐藏也是如此，关键在一个"动"字上。它不是单纯地为了藏而藏，而是为了更好地表现，为了取得更大的成绩、获取更大的成功而藏的。正是从这个意义上说，隐藏，作为提升生命境界的技能和手段，所追求的是和这个生命境界相应的辉煌。

所以说，我们不仅要知道藏什么，更需要知道为了实现我们的目的怎么去藏。

"藏"是手段，不是目的，是为了更好地表现，是为了取得更大的成功。

有一条大河，河水波浪翻滚。河上有一座独木桥，桥很窄，仅用一根圆木搭成。

有一天，两只小山羊分别从河两岸走上桥，到了桥中间两只山羊相遇了。但因桥面太窄，谁也无法通过，而这两只山羊谁也不肯退让。结果，两只山羊在桥上用角顶撞起来。双方互不示弱，拼死相抵，最终双双跌落桥下，并被河水吞没了。

这则寓言很简单，但蕴含着深刻的道理：在狭窄的路口处，不妨让别人先行，自己退让一步。表面看来，自己吃亏，但实际上，如果彼此都不相让，势必会两败俱伤，倒不如稍做退让，免去麻烦。

人毕竟是羔羊所不能比拟的，于是有人说："人情反复，世路崎岖。行去不远，须知退一步之法，行去远，务加让三分之功。"确实，这种做法明为退，实为进，是一种比较圆熟的做法。一条道路本就狭窄，再加上拥挤更是无处下脚，若是自己退一步让人先走，那么自己也就相当于有了两步的余地，可以轻松走路。两相对照，自然是应选择有利于自己的做法。

有一位留美的计算机博士，毕业后在美国找工作，结果好多家公司都不录用他，思来想去，他决定收起所有的学位证明，以一个普通身份再去求职。

不久他就被一家公司录用为程序输入员。这对他来说简直是"高射炮打蚊子"，但他仍干得一丝不苟。不久，老板发现他能看出程序中的错误，绝不是一般的程序输入员。这时他亮出学士证，老板就给他换了个更高级的职位。

过了一段时间，老板发现他时常能提出许多独到的有价值的建议，远比一般的大学生要高明，这时，他又亮出了硕士证，老板见后又提升了他。

再过了一段时间，老板觉得他还是与别人不一样，就对他"质询"，此时他才拿出了博士证。此时，老板对他的水平已有了全面的认识，毫不犹豫地重用了他。

人不怕被别人看低，怕的恰恰是人家把你看高了。看低了，你可以寻找机会全面地展现自己的才华，让别人一次又一次地对你"刮目相看"，你的形象会渐渐地高大起来。可被人看高了，刚开始让人觉得你多么地了不起，对你寄予了种种厚望，可你随后的表现让人一次又一次地失望，结果是越来越被人看不起。

曾国藩练兵时，每天午饭后总是邀幕僚们下围棋。一天，忽然有一个人向他告密，说某统领要叛变了。告密人就是这个统领的部下。曾国藩大怒，立即命令手下将告密者杀了示众。一会儿，被告密要叛变的统领前来给曾国藩谢恩。曾国藩脸色一变，阴沉着脸，命令左右马上将统领捆绑拿下。

幕僚们都不知为什么，曾国藩笑着说："这就不是你们所能明白的了。"说罢，命令把统领斩首了。他又对幕僚们说："告密者说的是真实的，我如果不杀他，这位统领知道自己被告发了，势必立刻叛变，由于我杀了告密的人，就把统领骗来了。"

日本的前围棋高手高小秀格，曾以"流水不争先"为座右铭。他在和别人对弈时，常把阵式布置得如同缓缓的流水一样悠闲散漫，让对手掉以轻心，丝毫不加戒备。一旦进攻，他的阵势却能在瞬间聚涌流水波澜中所蕴藏着的无限能量，使对手在惊慌失措中迅速被击溃，投子认输。

这种"明修栈道、暗渡陈仓"的做法，无论是在战场、官场还是商海中都屡见不鲜，而且往往能够出奇制胜，收到奇效。

钓过螃蟹的人或许都知道，篓中放了一群螃蟹，不必盖上盖子，螃蟹是爬不出去的,因为只要有一只想往上爬,其他螃蟹便会纷纷攀附在它的身上,结果是把它拉下来,最后没有一只出得去。

动物界如此,人间又何尝不是呢? 如果你下决心要做一件事,是不是要让别人知道呢? 亲友要是知道了,会把他们的经验、想法甚至是想象的东西统统讲给你,让你无法分辨、无所适从。"小马过河"就是一个最贴切的例子。你的对手或者敌人知道了,更会千方百计地给你出难题设障碍,即使最终你的目的达到了,也是疲累欲死,满身伤痕。

所以说,人活着,学会隐藏自己的意图非常重要。一方面,它可以使你始终保持清醒的头脑,避免失误;另一方面也可以借此迷惑你的对手和敌人,减少干扰,等到他们惊觉时,你早已是一骑绝尘,他们也只有望洋兴叹的份了。

控制好自己的情绪

要想把握自己,必须控制你的思想,你必须对思想中产生的各种情绪保持着警觉性,并且视其对心态的影响是好是坏而接受或拒绝。乐观会增强你的信心和弹性,而仇恨会使你失去宽容和正义感。如果你无法控制自己的情绪,你的一生将会因为不时的情绪冲动而受害。

情绪往往只从维护情感主体的自尊和利益出发,不对事物做复杂、深远和智谋的考虑,这样的结果,常使自己处在很不利的位置上或为他人所利用。本来,情感离智谋就已距离很远了,情绪更是情感的最表面部分,最浮躁部分,以情绪做事,焉有理智的? 不理智,能有胜算吗?

但是,我们在工作、学习、待人接物中,却常常依从情绪的摆布,头脑一发热(情绪上来了),什么蠢事都愿意做,什么蠢事都做得出来。比如,因一句无甚利害的话,我们便可能与人打斗,甚至拼命(诗人莱蒙托夫、诗人普希金与人决斗死亡,便是此类情绪所为);又如,我们因别人给我们的一点假仁假义,而心肠顿软,大犯根本性的错误(西楚霸王项羽在鸿门宴上耳软、心软,以至放走死敌刘邦,最终痛失天下,便是这种妇人心肠的情绪所为);还可以举出很多因情绪浮躁、简单、不理智等而犯的过错,大则失国失天下,小则误人误己误事。事后冷静下来,自己也会感到其实可以不必那样。这都是因为情绪的躁动和亢奋,蒙蔽了人的心智所为。

楚汉之争时,项羽将刘邦父亲五花大绑陈于阵前,并扬言要将刘公剁成肉泥,煮成肉羹而食。项羽意在以亲情刺激刘邦,让刘邦在父情、天伦压力下,自缚投降。

刘邦很智慧,没有为情所蒙蔽,他的大感情战胜了儿女私情,他的理智战胜了一时心绪,他反以项羽曾和自己结为兄弟之由,认定己父就是项父,如果项某愿杀其父,剁成肉羹,他愿分享一杯。刘邦的超然心境和不凡举动,令项羽所想不到,以至无策回应,只能草草收回此招。

三国时,诸葛亮和司马懿祁山交战,诸葛亮千里劳师欲速战决雌雄。司马懿却以逸待劳,坚壁不出,欲空耗诸葛亮士气,然后伺机求胜。诸葛亮面对司马懿的闭门不战,无计可施,最后想出一招,送一套女装给司马懿,羞辱他如果不战小女子是也。古人很以男人自尊,尤其是军旅之中。如果在常人,定会接受不了此种羞辱。司马懿另当别论,他落落大方地接受了女儿装,情绪并无影响,而且心态继续甚好,还是坚壁不出。连老谋深算的诸葛亮也对他几乎无计可施了。

这些都是战胜了自己情绪的例子。生活中,更多是成为情绪俘虏的人。诸葛亮七擒七纵孟获之战中,孟获便是一个深为情绪役使的人,他之不能胜于诸葛亮,非命也,实人力和心智不及也。诸葛亮大军压境,孟获弹丸之王,不思智谋应对,反以帝王自居,小视外敌,结果一战即败,完全不是对手。孟获一战既败,应该坐下慎思,再出敌招,却自认一时晦气,再战必胜。再战,当然又是一败涂地。如此几番,把个孟获气得浑身颤抖。又一次对阵,只见诸葛亮远远地坐着,摇着羽毛扇,身边并无军士战将,只有些文臣谋士之类。孟获不及深想,便纵马飞身上前,欲直取诸葛亮首级。可想,诸葛亮已将孟获气成什么样子了,也可想孟获已被一己情绪折腾成什么样子了。结果,诸葛亮的首级并非轻易可取,身前有个陷马坑,孟获眼看将及诸葛亮时,却连人带马坠入陷阱之中,又被诸葛亮生擒。孟获败给诸葛亮,除去其他各种原因,孟获生性爽直、缺乏脑筋、为情绪蒙蔽,当也是一个重要的因素。

情绪误人误事,不胜枚举。一般心性敏感的人,头脑简单的人,年轻的人,爱受情绪支配,头脑容易发热。问一问你自己,你爱头脑发热吗?你爱情绪冲动吗?检查一下你自己曾经因此做过哪些错事、犯傻的事,以警示自己的未来。

如果你正在努力控制情绪的话,可准备一张图表,写下你每天体验并且控制情绪的次数,这种方法可使你了解情绪发作的频繁性和它的力量。一旦你发现刺激情绪的因素时,便可采取行动除掉这些因素,或把它们找出来充分利用。

将你追求成功的欲望,转变成一股强烈的执着意念,并且着手实现你的明确目标,这是使你具备情绪控制能力的两个基本要件,这两个基本要件,具有相辅相成的关系,而其中一个要件获得进展时,另一要件也会有所进展。

《三国演义》中有一段"曹操煮酒论英雄"的故事。

当时刘备落难投靠曹操,曹操很真诚地接待了刘备。刘备住在许都,为防曹操谋害,就在后园种菜,亲自浇灌,以此使曹操放松对自己的注意。一日,曹操约刘备入座饮酒,论起天下谁为当世之英雄。刘备点遍数人,均被曹操一一贬低。曹操提了英雄的标准——胸怀大志,腹有良策,有包藏宇宙之机,吞吐天地之志。刘备问:"谁人当之?"曹操说:"只有刘备与我才是。"

刘备本以韬晦之计栖身许都,被曹操点破是英雄后,竟吓得把筷子也丢落在地上。恰好当时大雨将到,雷声大作。刘备则从容俯身拣起筷子,并说:"哎呀,这一声震雷,吓了我一跳!"巧妙地将自己的惶恐掩饰过去,从而也避免了一场劫数,堪称英明之举。

喜怒哀乐是人的最基本情绪,人们也在当中暴露自己的弱点。如果喜怒哀乐表达失当,有时还会召来无端的横祸,因此,我们在为人处世的时候,切记要时时克制自己,把喜怒哀乐隐藏起来。

没有喜怒哀乐的人并不存在,他们只是不把喜怒哀乐表现在脸上罢了。而在人性中,这一点是很重要的。所以,要把喜怒哀乐藏在暗处,不轻易拿出来给别人看。

这究竟是为什么呢?

人为了生存,会采取各种方法和行动来结纳力量、分享利益、打击对手。而任何人,只要在社会上锻炼过一段时间,便多多少少练就察言观色的本领,他们会根据对方的喜怒哀乐来调整和你相处的方式,并进而顺着对方的喜怒哀乐来为自己谋取利益。可是谋取利益的另一面,有时却是对对方的伤害,就算不是伤害,对方也在不知不觉中,意志受到了别人的控制。

比如一听到别人奉承就面有喜色的人,有心者便会以奉承他们来接近,向他们要求,甚至向他们进行软性的索取;一听到某类言语或碰到某种类型的人就愤怒的人,有心者便会故意制造这样的言语,指使这种类型的人来激怒对方,让他们在盛怒之下丧失理性,迷乱智慧,失去风度;一听到某类悲惨的事,或对方遭到什么委屈,就哀感满胸,甚至伤心落泪的人,有心者了解他们内心的脆弱面,便会以种种手段来博取对方的同情心,或是故意打击对方情感的脆弱处,以达到目的;一个易因某事就"乐不可支"的人,有心者便可能提供可"乐"之事,来迷惑对方,以遂行其意图……

说起来,连喜怒哀乐都不能随意表达,这种人生没太大意思。因此,人没有必要做一个喜怒哀乐见不着痕迹的人,但把喜怒哀乐放在暗处还是有好处的。

其实,这样做的好处共有两点:

第一,把喜怒哀乐由情绪中抽离出去,我们便可以理性、冷静地看待事物,思索它对我们的意义,并进而训练自己对喜怒哀乐的控制能力,做到该喜则喜,不该喜则绝不喜。

第二,把喜怒哀乐放在心里就是不随便表现这些情绪,以免被人窥破弱点,给人以可乘之机。

孔子年轻的时候,曾经受教于老子。当时老子曾对他说:"良贾深藏若虚,君子盛德,容貌若愚。"意即善于做生意的商人,总是隐藏其宝货,不令人轻易见之;而君子之人,品质高尚,而容貌却显得愚笨。其深意是告诫人们,收敛自己,是对自己最好的保护了。

一个人不应该将他心境里的宁静寄托在外面的事物上,应当尽可能地把主轴握在自己手中,轻易不容许自己表现喜悦与悲伤的极端感情。

"藏术"的经典应用

"藏术"主要是在进退、取舍、强弱之间尺度的把握,具体的经典应用如下:

谦而不争的智慧

丙吉是西汉鲁国人。他自幼学习律令,曾任鲁国狱吏,因有功绩,被提拔到朝中任廷尉右监,后来调到长安任狱史。宣帝即位后任御史大夫、丞相等职。

汉武帝末年,发生了"巫蛊之祸",祸及卫太子。汉武帝在盛怒之下命令追查卫太子全家及其党羽。卫太子被迫自杀,全家被抄斩,长安城有几万人受到株连。当时,后来成为汉宣帝的病已刚生下来几个月,也因卫太子的事被牵连入狱。丙吉奉诏令检查监狱时,发现了这个小皇曾孙。丙吉知道卫太子被害并无事实根据,因此,对于皇曾孙的遭遇很是同情。丙吉就暗中让两个比较宽厚谨慎,又有奶的女犯人轮流喂养这个婴儿,每天亲自检查喂养情况,不准任何人虐待这个孩子。若是没有丙吉的关怀爱护,可怜的皇曾孙或许早就死在狱中了。

后元二年,汉武帝生病,有一个会看天象的人说:"我们看到长安监狱的上空有天子贵人之气。"汉武帝便下令将监狱里的囚犯统统杀掉,并派郭穰连夜来到监狱。丙吉得知后立即关闭监狱门,不准郭穰进去,还说:"监狱里面是有一个无辜而又可怜的皇曾孙,无缘无故地杀死普通的人都不应该,何况这个孩子是皇帝的亲曾孙啊!"说完,丙吉就坐在监狱门口,双方一直僵持到天明。郭穰进不了监狱,便回去向汉武帝告丙吉的状。汉武帝听了禀报后，有所醒悟并说："这大概也是天命吧！"于是下令把监狱里关的死囚一律免去死罪，皇曾孙得以保全下来，但是皇曾孙体弱多病，在一次大病痊愈后，丙吉给皇曾孙起名叫"病已"，意思是病已全好了，再也不会得病了。

丙吉知道把皇曾孙长期放在长安监狱中总不是办法，他听说有个叫史良娣的人忠厚可靠，就驾车把皇曾孙送到她家抚养。汉昭帝继位后不久，就死了，由于昭帝无子，造成了无继承王位之人的局面。大将军霍光与车骑将军张安世便商议如何立新帝。丙吉此时任大将军府长史、光禄大夫、给事中等职务。他对霍光说："如今国家百姓的性命就掌握在将军手中了。皇曾孙病已寄养在民间，现年已十八九岁了。他通晓经学儒术及治国之道，平日行为谨慎，举止谦和，是理想的继承人。希望将军明大义，参考占卜的结果，先让他入宫侍奉太后，待天下人明白真相后，再决定大策，辅立即位，这是天下人的大幸啊！"霍光采纳了丙吉的奏议，辅佐皇曾孙登基，这就是汉宣帝。汉宣帝即位后，封丙吉为关内侯。

丙吉为人深沉忠厚，从不炫耀自己的长处和功劳。病已在危难之中有养育呵护的大恩大德，丙吉绝口不谈自己的护驾之功，因此，汉宣帝根本就不知道丙吉对自己有如此大的恩德，朝中也没有人知道他的大恩大德，丙吉依然毫无怨言地为国事尽心尽力。等到霍氏被诛灭，宣帝亲政，并亲自过问尚书省的事情。但是，出乎意外的是，一位名叫则的宫婢说她曾经有保护养育皇帝的功劳。汉宣帝诏令官员查问此事，宫婢就说："此事的详情丙吉都知道。"丙吉认识这个宫婢，她根本就不是喂养过皇帝的乳母。丙吉指着宫婢说："是曾经让你照顾这皇曾孙，但是你不尽心喂养，你还有什么功劳好讲的。只有渭城的胡组、淮阳的郭征卿才是对皇帝有恩的人。"这样汉宣帝才恍然大悟，知道丙吉是自己在大难之际的救命恩人。汉宣帝立即召见丙吉，称赞他有如此大的功德，平日却只字不提，真是难得的贤臣。于是下令封丙吉为博阳侯，升任丞相。

临到受封时，丙吉正好病重，不能起床。皇帝就让人把封印纽佩戴在丙吉身上，表示封爵。但是，丙吉依然是那样的谦恭礼让，一再辞谢。当他病好后，正式上书辞谢对他的赏赐，谦虚地说："我不能无功受禄，虚名受赏。"汉宣帝感动地说："我对你进行封赏，是因为你对朝廷确实立有大功，而不是虚名。可是你却上书辞谢，我要是同意了你的辞谢，就显得我是一个知恩不报的人了。现在天下太平，没有太多的事，你尽管安心养病，少操劳，只要你把身体保养好了，其他一切事你就放心好了。"就这样丙吉才不得不接受封赏，从此，为朝廷更加尽忠尽职。

常言道："救人一命，胜造七级浮屠。"在腥风血雨中，丙吉冒着生命危险，不但救了皇曾孙的命，将他抚养长大，而且辅佐他登上皇帝的宝座，此恩可谓深似海，此德可谓比天高。但是丙吉却绝口不提。这既说明了他有高尚的品德，也表现出了他深沉的处世智谋。

因为，从处世的智谋说，大德不言谢，是一种避祸自保的韬晦之计。侯门似海，君心难测，皇帝对臣下的要求，历来是只准你出力，不准你邀功。丙吉对此是不会不知道的。

此外，在现实生活中，谦而不争，可以赢得他人的敬佩。而在领导看来，对一个稳妥的下属，也会比较信任和器重。

躬身待人的智慧

齐桓公是春秋初期齐国国君，军事统帅。姜姓，名小白。

春秋时，齐国的国君有两个儿子：一个叫纠，一个叫小白。齐桓公就是后者——公子小白。当时，管仲跟随公子纠，而他的朋友鲍叔牙则跟随公子小白。当齐国发生内乱时，纠与小白分别逃到邻国。后来，齐国君齐襄公被杀，公子小白率鲍叔牙等人，公子纠率管仲等人，分别向齐国进发，争夺王位。两股队伍在山东路上相遇。管仲为把公子纠扶上王位，对准公子小白射了一箭，而且正好射中。管仲等人都以为公子小白已死，便带着公子纠慢悠悠地向齐国前进。然而，公子小白

管仲

并没有死，那一箭只射在了衣钩上。公子小白带领人马加紧前进步伐，抢先回到了齐国，于是登上了王位，当上了齐国的国君，他就是历史上有名的齐桓公。

齐桓公为了感谢鲍叔牙，决定任用鲍叔牙为相，并下令捉拿管仲。鲍叔牙却推荐自己的好朋友管仲为相，自己情愿当副手。齐桓公很是想不通，但鲍叔牙却说："那时我与管仲都是各为其主，管仲在射您的时候，他心中只有公子纠。我们二人相比，管仲要强我千万倍。如果您想富国强兵，成就霸业，非得用管仲为相不可。您要是重用他，他将为您射得天下，哪里只射得衣带钩呢？"于是，齐桓公便不计前嫌谦恭地拜管仲为相。

齐国在今山东省的北部，是东方一个大国。它地处海滨，拥有丰富的渔盐和矿藏，从太公开始，就"通商工之业，便渔盐之利"，到了春秋年间，农业、手工业，特别是冶铸、纺织取得了迅速的发展。当管仲被拜为相后，他心里万分感激，忠心效主，对内积极地推行一系列富国强兵之策，实行经济、政治、军事诸多方面的整顿改革，使齐国国力骤增；对外打着"尊王攘夷"的口号，组织齐、鲁等八国，讨伐不向周王进贡的蔡、楚两国，另一方面又帮助燕、卫等国反击少数民族的进攻，终于使齐国成为众诸侯国的领袖，齐国也由乱而治，称雄于诸侯，并使齐桓公成为春秋五霸之一。

除了齐桓公谦恭得管仲外，齐桓公还谦恭礼待下士深得人心，为他的霸业奠定了坚实的基础。《吕氏春秋·下贤》中记载了这样一个故事。

有一次为请教霸业之事，齐桓公去拜见小臣稷，他一日之内去稷那拜访了三次，都没见到稷，跟随齐桓公的侍从们都不耐烦了。侍从们说道："尊敬的万乘之君，您去见这么一个小小的官吏，一天之内来了三趟都还没见到，就此作罢，别再去了吧。"齐桓公回答道："那怎么能行？蔑视权贵的臣子，固然会轻视他的主人；而蔑视霸业的主人也会轻视他的臣子。纵然你蔑视权贵，我哪敢轻视霸业呢？"侍从们听后都暗自佩服齐桓公的宽阔胸襟和谦恭待士的高贵品格，都不再多说什么了。

于是，齐桓公锲而不舍连续五次拜访后最终见到了稷，虚心向他请教霸业的事情。稷得知齐桓公已五次来访的事后很受感动，与齐桓公促膝长谈。齐桓公受益匪浅。这件事很快就传为了佳话。大家都说："桓公都能礼贤下士，何愁国家不兴！"于是，众士归之。桓公所以九合诸侯，一匡天下者，遇士于是也。有诗云："有觉德行，四国顺之。"齐桓公就是最好的例子。

躬身待人，是对人的尊重，而敬人者人恒敬之，人与人之间的关系往往就是如此。有大才之士不会屈膝求人，居高位的人要向他请教，就要恭身以待，他才会因为感激而尽力相助。齐桓公身为一国之君主，为求教霸业之士，不计身份五次拜见布衣之士，不厌其烦，最终得见。足见其为实现称雄诸侯的千秋伟业的气魄，也有礼贤下士、谦恭待士的心胸气度。

即便你有雄才大略、足智多谋，但一个人的力量有时往往是单薄的。"众人拾柴火焰高"，"三个臭皮匠顶个诸葛亮"，身居高位的人要有礼贤下士的胸怀，谦恭地对待属下，集众人的力量为己所用，以实现自己的既定目标。在一个团队中，领导者特别要注意运用这种智谋。

明哲保身的智慧

王翦是秦代杰出的军事家，是继白起之后秦国的又一位名将，与其子王贲在辅助秦始皇统一六国的战争中立有大功,除韩之外,其余五国均为王翦父子所灭。

战国末年,秦王嬴政灭了韩、赵、魏三国,赶跑了燕王,多次击败楚军。秦王准备一鼓作气,吞并楚国,继续统一中国的大业。为此,他召集文臣武将们商议灭楚战争。

青年将领李信在攻打燕国时,曾以少胜多,逼得燕王姬走投无路,燕王只好杀了专与秦王作对的太子姬丹,向秦王谢罪求和。秦王认为李信忠勇贤能,很是赏识他。所以,他首先问李信:"李将军,你看吞并楚国需要多少人马呢?"李信年轻气盛,不假思索地回答:"二十万人足够了!"秦王暗暗称赞李信果然是少年英雄。秦王又把目光转向老将王翦,问道:"王将军,您的意见呢?"久经沙场的老将王翦,已经觉察出秦王对李信意见的倾向,他神色凝重地面对秦王,回答说:"灭楚,非六十万大军不可。"秦王听了,冷冷地说:"哼,哼,看来,王将军果真是老了,为什么这么胆怯呢?还是李将军有魄力,我看他的意见是对的。"于是,秦王就派李信和蒙恬率领二十万大军南下攻楚。王翦因为意见没有被秦王采纳,就托病辞官,归老家频阳养老。这时的秦军在李信的率领下攻平与,蒙恬攻寝丘,大破楚军。李信又乘胜攻鄢、郢,均破之。于是引兵向西与蒙恬军会师城父。谁知项燕率领的楚军乘机积蓄力量,楚军趁势尾随追击秦军,三天三夜马不停蹄,攻入秦军的两个壁垒,杀死七名都尉,李信的部队大败而归。

秦始皇闻秦军失败,非常生气。他终于知道王翦的确有远见,因此,立即将李信查办革职。然后,亲自飞马前往频阳,请老将王翦出马,统帅灭楚大军。秦王向王翦道歉,说:"由于寡人没有听从将军的意见,轻信李信,李信终使秦军受辱,误了国家大事。现在楚军天天西进。将军虽有病在身,怎能忍心背弃寡人?务请将军抱病上阵,出任灭楚大军的统帅。"王翦推辞道:"老臣体弱多病,狂暴悖乱,脑筋糊涂,希望大王另选良将。"秦王嬴政恳求道:"好了,老将军就不要再推辞了。"王翦说:"如果大王一定要任用我为灭楚大军的统帅,那就非六十万人马不可。"秦王连忙说:"我完全按照老将军的意见办。"

随后,王翦率领六十万大军出发攻楚,六十万人马,几乎是秦国的全部军力。王翦统帅六十万军队,等于完全掌握了秦国的兵权,秦王嬴政当然不会完全放心。大军出征那天,秦王亲自率领文武百官送行到灞上。王翦深知秦王嬴政为人多疑不信,因此,喝了饯行酒后,王翦便请求秦王赐给他一大批良田、住宅和园林。秦王听了,笑道:"老将军放心地去作战吧。你是寡人的股肱之臣,我富有四海,你还用得着担心贫穷吗?"王翦说:"大王废除了裂土分封制度,臣等身为大王的将领,虽立战功却终不得封侯。所以只得趁着大王还相信我的时候，请求多恩赐些良田、池塘、住宅、园林，作为留给儿孙们的产业。"秦王笑着答应了。

王翦到达函谷关后，先后五次派使者回朝廷，请求恩赐良田、住宅、园林和池塘。有的部将对王翦的做法不理解，问王翦说："老将军这样不厌其烦地请求赏赐，不是太过分了吗？"王翦说："我这样做，是为了解除后顾之忧。秦王的为人你们不是不知道，他粗暴又对人不轻易相信。为了灭楚，他如今把六十万大军全部交给我指挥，他心里不会不对我产生疑虑。我只有以多请田宅作为子孙基业的方法来稳固自家，打消秦王对我的怀疑，认为我并没有什么野心，从而使他不再疑心我军权在握会威胁到他的王位。"

秦王果然因此而相信王翦没有异心，放手让他统军对楚作战，不到一年的时间就吞并了楚国。王翦功著而晋封武成侯。

大凡有心计的政治家，都知道释疑避谗，必须讲究艺术，而不能直来直去地争辩。在事业上，老黄牛的实干精神是必要的，但不能只埋头拉车，不抬头看路。只有时刻提防来自四面八方的谗言，消除来自顶头上司的疑忌，才能保证劳而有功。这也是一种与上司相处的智谋。

高出立身的智慧

班超是东汉著名的军事家和外交家。他外表虽不修边幅，却自小胸怀大志，希望干一番大事业。在家的时候，他脏活累活都是抢着干，照顾母亲，打理家务，从不觉辛苦。他从小勤奋好学，博览群书，能言善辩。对问题分析透彻清晰，并能权衡轻重。明帝永平五年，班超的兄长班固被召入朝任校书郎，班超和母亲也跟着迁居洛阳。因为家境十分贫寒，他经常到官府担任抄写文书以维持生计，奉养自己的母亲。

班超

班超在官府帮忙抄写文书，认真细致。这一天，班超早早来到官府的办公地。收拾打理好一切后，就开始伏案抄写文书。他一字一句地分析，每个问题都要斟酌再三。突然，他被所抄的一段内容所触动，心有灵犀，猛然顿悟。不禁丢下笔站起身来，透过窗户，面向远方感叹道："堂堂三尺男儿大丈夫应该有宏伟的志向，就算是没有更高的志气和胆略，也应当像傅介子、张骞一样，到国外去建功立业,博取功名,又怎么能长期坐在这里,老是从事笔墨工作,虚度了大好时光呢!"

一起抄书的几个人听到班超的这番话以后,都纷纷报以讥笑嘲讽。有的人对他蔑视地说:"就凭兄台你现在的境况,还想去建功立业啊? 安分点! 老老实实在这抄抄书混口饭吃吧,别做白日梦了。"也有人嘲笑道:"贫贱之人还想登什么大雅之堂,为国君开疆拓土! 建功立业你这样的人有资格谈吗? 快省省吧! 继续抄吧! 待会交文书了!"接着便是阵阵哄笑声。

班超听了他们的这些话,正言厉色地说道:"你们这些庸碌小人怎能会理解壮士的胸怀与志向! 古人有'燕雀安知鸿鹄之志'的豪言壮语,吾辈为何不能高一步立身,胸怀大志,为国贡献自己的力量呢?"

过了一段时间,明帝问班固:"你的弟弟现在做什么呢?"班固说:"为官抄写文书,领取薪俸来照顾母亲。"明帝于是任命班超为兰台令史,掌管奏章和文书。凭此从高立身的意识,班超日后投笔从戎,并通过一番努力,终成长为东汉著名的军事家、外交家,有了施展抱负的机会。

永平十六年,班超跟随窦固击退北匈奴后,奉命率吏士三十六人赴西域,巩固了汉在西域的统治。建初三年,他率疏勒、于阗等国兵大败姑墨的侵犯,又上疏请兵,欲平定西域。从章和元年到和帝永元六年,班超陆续平定莎车、龟兹、姑墨、焉耆等国,西域遂平。班超任西域都护,封定远侯。班超在西域活动长达31年之久,平定内乱,外御强敌,为西域的安全以及丝绸之路的畅通做出了卓越的功绩。

纵观任何领域的古今中外的名人,无一人不是立大志而得以成大业的。高一步立身就能够强化自己对社会的责任感,更严格地磨砺自己,充实自己,促使自己为人民的事业、国家的利益去拼搏,踏实工作。

立身不高一步立,如尘里振衣、泥里濯足,如何超达? 洪应明以疑问的语气,肯定地说明了为人处世应立大志、立高志,唯有比别人高一步立身,才可以超越眼前事物所带给人的那些局限,否则,就如在尘土飞扬之时晒衣服,在泥泞中洗脚……展开的只能是一团糟的人生。反观历史与现实,常常可以看到,成功者与失败者之差,往往仅是一步之遥、一分之差。高一步立身,高一步的追求,往往就能使一个人成为生活中的强者、竞争中的赢家。

趋利避祸的智慧

萧何是中国历史上著名的丞相,汉初"三杰"之一,沛县丰邑人。他不论在战争期间,还是在汉初恢复时期,都表现出了中国古代杰出政治家的风度和治国才能,几千年来都被人们所称颂。

汉高祖十一年,陈豨谋反,刘邦亲自率兵出征,到了邯郸,还没等罢兵,淮阴侯韩信谋反关中,吕后采用萧何的计谋,诛杀了韩信。刘邦听说韩信被诛杀后,便派使者来拜萧何为相国,同时加封五千户,并派了五百名士兵和一名都尉作为萧何的侍卫队。当天,一些官员前来祝贺,萧何在府中摆酒款待他们,喜气洋洋的。突然有一个名叫召平的人,穿着白衣白鞋,进来吊丧。萧何见状大怒。召平却不慌不忙地对萧何说:"相国,我是来给您提醒的,您的大祸就要临头了。"萧何大惊,忙问:"我又没有犯什么过错,没犯什么法,怎会有什么大祸?相反的是,当今皇上还对我恩宠有加,你难道不知道皇上对我的赏赐吗?"这人说:"我当然知道,可是,你仔细想一下,您现在身为相国,功列第一,还能有比这更高的封赏吗?况且您一入关就深得百姓的爱戴,到现在已经十多年了,百姓都拥护您,您还在想尽办法为民办事,以此安抚百姓。皇上在外风餐露宿,而您长年留守在京城,并没有冒被弓箭射中的危险,却加官晋爵,添置卫队,这并不是宠爱你。韩信起兵谋反,刚刚被镇压下去,皇上对您的忠心也产生了怀疑。皇上赏赐你,不是为了奖赏你的功劳,而是为了试探你。希望您不要接受皇上的封赏,并且把全部家产献出来用以资助军队,才能消除皇上对您的疑心。"萧何听从了他的建议,刘邦见萧何如此谦逊,非常高兴。

同年秋天,黥布谋反,汉高祖又率兵出征,但是他身在前方,每次萧何派人输送军粮到前方时,刘邦都要问:"萧相国在长安做什么?"使者回答,萧相国爱民如子,除办军需以外,无非是做些安抚、体恤百姓的事,就像皇上从前讨伐叛子陈豨时所做的那样。刘邦听后总默不作声。使者回来后告诉萧何,萧何也没有识破刘邦的用心。

有一次,萧何偶然和一个门客谈到这件事,这个门客忙说:"这样看来您不久就要被满门抄斩了。丞相,您想想,现在皇上带兵在外打仗,他之所以几次问您的起居动向,就是害怕您借关中的民望而有什么不轨行动啊!如今您何不贱价强买民间田宅,发放一些低利息的贷款以玷污自己的声誉,故意让百姓骂您、怨恨您,制造些坏名声,这样皇上一看您也不得民心了,才会对您放心。"萧何长叹一声,说:"我怎么能去剥削百姓,做贪官污吏呢?"门客说:"您真是对别人明白,对自己糊涂啊!"萧何又何尝不知道这个道理,为了消除刘邦对他的疑忌,只得故意做些侵夺民间财物的坏事来自污名节。不多久,就有人将萧何的所作所为密报给刘邦。刘邦听了,像没有这回事一样,并不查问。当刘邦从前线撤军回来,百姓拦路上书,说相国强夺、贱买民间田宅,价值数千万。刘邦回长安以后,萧何去见他时,刘邦笑着把百姓的上书交给萧何,意味深长地说:"你身为相国,竟然也和百姓争利!你就是这样利民的?你自己向百姓谢罪去吧!"

刘邦表面让萧何自己向百姓认错,补偿田价,可内心里却窃喜。对萧何的怀疑也逐渐消失。

辩证法告诉我们:矛盾是推动事物发展的动力,矛盾的双方既相互依赖又在一定条件下可以相互转化。要善于看到由福到祸和由祸到福的相互转换,并采取相应的对策,使事情向有利于自己的方向发展。

"福兮祸之所伏;祸兮福之所倚。"福来之时不必过喜,要能恰如其分地承受;祸来之时也不必沮丧,要学会及时适当地自救,注意看透它们所有或即将有的过渡转化,推动事情向有利于社会大众,有利于自己的方向发展。

慎言慎语的智慧

贺若弼,字辅伯,河南洛阳人。父亲贺敦是周朝的一名大将,因武功卓著而闻名,立有大功。因为对朝廷赏赐不公心怀不满,便口出狂言,结果被权臣宇文护害死。临刑之前,他把儿子贺若弼叫到跟前对他说:"我决心要平定江南,但是这个想法没有成功,你要成就我的这一志向。我因为口舌之祸而遭诛杀,你今后说话不可以不加考虑。"为此,他拿起锥子把贺若弼的舌头刺出了血,以此来告诫他今后说话要慎重。

贺若弼年轻的时候慷慨、正直,胸有大志,矫健勇敢,精熟骑马射箭,能写文章,博览书史,在当时很有名望。北周齐王宇文宪听到这些,非常敬重他,召他做自己的属下的参军。不久,又封他为当亭县公,升任王国内史。后来成为隋朝的要官。

刚开始的时候贺若弼还能记住他父亲的话,经常以"君不密则失臣,臣不密则失身"来提醒自己,遇事三缄其口。可随着他在隋朝功劳日大,地位日高,便把父亲的告诫忘到脑后去了。同父亲一样,他也因对朝廷封官不满而大发牢骚,被免去了官职;他不接受教训,反而怨言更多,于是被逮捕下狱,隋文帝斥责他道:"我用高颖、杨素为宰,你在下面散布说这两个人只配吃干饭,这是什么意思?"

有人因此奏请将他处死,文帝因他立有大功,免他一死,但一针见血地向他指出:"你有三犯:嫉妒心太猛;自以为是,看不起别人的心猛;目无君主之心太猛。"

这的确是贺若弼的致命要害,同僚有功他妒忌,同僚升官他不服气。有一次,皇太子杨广同他谈起朝中几位杰出将领,问他:"杨素、韩擒虎、史万岁三个人都是良将,他们的优劣如何?"贺若弼口无遮拦,毫无顾忌地回答:"杨素是员猛将,但没有谋略;韩擒虎是员战将,但不会带兵;史万岁是员骁将,别的本领平常。"

杨广问:"那么谁可以称之为大将呢?"

贺若弼深深一拜说:"这就要看殿下的眼光了。"

他自以为比别人都高明,贬低一切,殊不知这样一来,既得罪了同僚,又引起了杨广的戒心。后来杨广当了皇帝(即隋炀帝),对他便十分疏远。

最为致命的要害还是最后一个太猛:"目无君主之心太猛"。在隋文帝平定江南的战役将要开始时,他便对人说:"江南倒是不难平,可谁知道将来会不会出现'飞鸟尽,良弓藏'之事呢?"明显地表示了对隋文帝的不信任。

还有一年,他随从隋炀帝出巡北方,在榆林,好大喜功的隋炀帝设置了一个可坐千人的大帐,来招待少数民族首领。这事其实和贺若弼毫无关系,他又在私下里评头品足,乱发议论,说皇帝太奢侈。这事被人告发,他被处以死刑,重蹈了父亲的覆辙。

当今世道,极为复杂,没有机智权变的能力,极难应付。而趋利避害又是人的本能。这就要求我们要明察秋毫,耳听四方,深思熟虑。正如在职场面试时,只有随机应变,相时而"言",才可以立于不败之地。

第九节　执其两端,取其中正

人心向善。良心是一个人的做人底线,丢什么也不能丢了良心。否则,丢掉了这根"底线",就必然会把自己送入失败的人生"黑洞",为天下人所不齿。

仰不愧天　俯不怍地

人心向善。良心是一个人的做人底线,丢什么也不能丢了良心。否则,丢掉了这根"底线",就必然会把自己送入失败的人生"黑洞",为天下人所不齿。

孟子说:"仰不愧于天,俯不怍于地。"意思就是告诉我们,为人处世不能愧对天地,愧对自己的良心,做人必须光明磊落,问心无愧。

孟子在其一生中都强调要做个"大丈夫",要养"浩然之气",要"富贵不能淫,贫贱不能移,威武不能屈",这也是一种可贵的做人良心。简而言之,良心就是一个人注重自己的做人修养,只做善事,不为恶行的心态,拥有了这样的心态,就会像孟子那样,浑身都闪耀着大丈夫的浩然正气;就会知恩图报,见义勇为,助人为乐,爱岗敬业;就会把自己的利益置于相对次要的位置,成为一个真正问心无愧的人。无论时代如何变迁,做人的良心是不应该缺失的,热情而不冷漠,人世间就会少了许许多多的悲剧。

2005年1月28日上午,格尔木市火车站的站台检测人员在站台西北侧的一个角落里发现了一名流浪产妇,当时她用单薄的身躯紧紧抱着刚刚生下不久的婴儿。然而,围观者当时没有一人伸出援助之手。10时左右,车站女职工张西娟在打水路上听到了站台发现产妇的事情,就急忙赶过去察看。在站台两侧的一面围墙下,一名身上污浊、面色铁青的产妇裹着破棉絮在寒风中瑟瑟发抖,怀中抱着的婴儿早已冻僵。张西娟放下手中的事务,紧急投身到救助产妇的行动中来。虽然婴儿没能保住性命,但所幸产妇度过了危险期。

每年天寒地冻的时候,北京市民政部门总是调动大量的人力物力,组织许许多多的社会志愿者,投身于帮助那些无家可归者的行动中。大量的棉衣、棉被、食品被送到无家可归者身边,许多无家可归者在严寒中感受了来自社会的温暖。他们感到社会不再冷酷,人与人之间不再冷漠,温暖和关爱正在回归到我们的身边。

社会缺失了良知,往往使人们的心态发生扭曲和失衡,使人际关系变得越来越冷漠,好在金钱至上的非理性现象不是社会的主流。和谐、友善、博爱的中庸处世智慧经历了中华民族几千年的洗礼和检验,有着强大的生命力。事实证明,秉持中庸做人道德,永远坚守做人的"良心"底线,才是一个和谐社会所应该有的道德。

良心不可欺,欺了良心,就会寝食不安,心神不宁,就会受到来自心底的自我谴责。摘了人家眼球的医生,收了天价医疗费的医生,平白无故多收了学费的老师,缺斤短两的小商贩等,当他们静下心来的时候,一定会为自己的行为而脸红。"认认真真做事,清清白白做人",无论是当官、经商、打工、种田,都应"对得起天地良心",于人于己问心无愧,不要以为自己做的事很巧妙,没有人会知道自己的劣行,即使真的没有别人知道,还有自己的良心在悄悄地记着一笔账呢。

一个人应该时时审查自己的良心,做每件事、说每句话都要扪心自问,看看是否伤害了别人。曾国藩说:"人无一内愧之事,是天君泰然,此心常快足宽平,是做人第一自强之道,第一寻乐之方,守身之先务也。"做什么事都问心无愧,对父母尽孝,对朋友尽义,对事业尽忠,就会一辈子都活得坦然,活得轻松,活得有模有样。否则,就会活在良心的不安和自责之中。

人的言行如果不能被人欣赏,那么,这个人也一定不会被人欣赏。"言为心声,行为事语",言行最能体现一个人的品性。"听其言、观其行、识其人",可见,言行对一个人的立身处世是何等重要。

中庸之道讲究言行一致，表里如一。出口之言，如覆水难收。"言行就是德行"，《论语·宪问》篇中记载孔子说："有德者必有言，有言者不必有德。仁者必有勇，勇者不必有仁。"在孔子看来，有道德、有修养的人，一定有文章著作流传于世，既有德又有言。有道德的人之所以有言，都是来自道德的体验与实践。让别人欣赏自己的言行，而且也只有别人欣赏自己的言行，才更有可能获得人生和事业上的成功。

齐国的相国晏子出使晋国的返回途中，路过赵国的中牟，远远地瞧见有一个人头戴破毡帽、反穿皮衣，正从背上卸下一捆柴草，在路边歇息。

走近一看，晏子觉得此人气度非凡，神态、气质、举止都不像粗野之人，可是为什么会沦落到如此地步呢？于是，晏子让车停止前进，并亲自下车询问："你是谁？是怎么到这里来的？"那人如实相告："我是芹国的越石父。三年前被卖到赵国的中牟，给人家当奴仆，失去了人身自由。"

晏子

晏子又问："那么，我能把你赎出来吗？"越石父说："当然可以。"于是，晏子就用自己车左侧的一匹马作代价，赎出了越石父，并带着他回到了齐国。晏子到家以后，没有理会越石父，就一个人下车径直进屋去了。

这件事让越石父很生气。他要求与晏子绝交。晏子百思不得其解，派人出来对越石父说："我过去与你素不相识，你在赵国当了三年奴仆，是我将你赎了出来，让你重新获得了自由，应该说我有恩于你。为什么这么快你就要与我绝交呢？"越石父回答说："一个有真才实学而且自尊的人，受到不知底细人的轻慢，是没有必要生气的。任何人都不能自以为对别人有恩，就可以不尊重对方；同样，一个人也不必因为接受了别人的恩惠就卑躬屈膝，丢掉了尊严。你花钱把我赎了出来，是你的好意。可是，在回国途中，你却一直没有让座给我，我认为这可能是你一时疏忽，没有计较，现在到家了，你竟不跟我打一声招呼却只管自己进屋，这不说明你依然把我当奴仆看待吗？你的言行表明你并没有尊重我,这让我觉得你与那些买我做奴仆的人没有区别。因此,我还是回去做我的奴仆好了,请你再次把我卖了吧!"

晏子听了越石父这番话,深感自己的言行确实有失礼节,赶紧弯下身子向越石父施礼道歉,他诚恳地说:"我在中牟时只看到了你不俗的外表,现在才真正发现你高贵的内心和非凡的气节,请你原谅我的过失,不要弃我而去,行吗?"从此,晏子将越石父尊为上宾,以礼相待,渐渐地,两人成了相知甚深的好朋友。

其实,言是行的一种,做任何事首先都会从语言中表现出来。行有时只是言的具体化的表现。晏子开始时欣赏的是越石父的行为举止,后来听了越石父的话语,又开始欣赏他的言了。总之,越石父通过自己的言行征服了晏子,得到了欣赏,使自己从奴仆的身份一跃成为相府里的红人。

分析越石父的言行,我们不难发现其中的特点:

一是不卑不亢,令人折服。越石父出身很卑微,但在高贵的晏子面前却能不卑不亢,以理服人,所行所言,非常得体恰当,令人折服。以理服人,就会让人信服。与其口若悬河地说个不停,不如一句话就切中要害,反而更让人欣赏。

二是不直接指责别人。圣经上说:"你们不要做诋毁别人的伪证。"约束自己不说别人的闲话,是很重要的让别人欣赏的处世方式。越石父尽管产生了离开晏子的想法,却没有到处散播晏子的过错,而只是自己心知肚明。我们必须记住这样一句话:"你自己不欣赏的东西,千万不要用到别人身上,因为别人与你一样不欣赏你讨厌的东西。"

三是善于打圆场,敢于说道歉。交谈陷入僵局是难免的,因此善于打圆场和敢于道歉就显得非常重要了。一方面会让人觉得你很精明;另一方面又会让人感到你很宽容豁达。这样的言行很容易征服别人,给人留下深刻的美好印象。就像晏子主动向越石父道歉那样,打圆场和道歉都是中庸处世的最佳方法。

一个有德之人总能在为人处世中说出受听的语言,做出令人赞赏的举止行为。而且这样的人十之八九都拥有极好的人缘,在人际交往或官场、职场中占据主动的、有利的地位。为人者,一定要善于修自己的身心,陶冶自己的言行,用得体的言行树立自己的形象,而不是又臭又硬又蛮又横地为所欲为,自贬身价,自毁前程。

通行四海　礼孚众望

做人要占尽一个礼字,做一个彬彬有礼的人。

孔子说："不知命，无以为君子也；不知礼，无以立也；不知言，无以知人也。"意思是说，不知道命运，就不能够做君子；不懂得礼，就不能够立身；不善于识别言语，就不能够识别人。

孔子的全部学说归根结底落到了命、礼、言这三个支点上，这是千古以来对人们都具有永恒指导和约束意义的立身处世的学说。而其中的礼又具有承前启后的作用。一个人缺少了相应的礼，就像孔子所说，必然难以存命立身。

可以说，孔子是中国历史上第一位礼仪专家，他认为礼仪是一个人"修身养性持家立业治国平天下"的基础。有时候，一个才能平庸的人，如果深谙礼仪的妙用，具备人格魅力，也能够吸引住一些杰出人才，为他所用，促进事业的成功。

汉朝刘邦文不如萧何，武不及韩信，却能将萧何、韩信笼络于自己的手下，一个重要原因就在于他真正做到了礼贤下士，把对萧何、韩信的推崇和尊重发挥到了极致，使两人极尽才能地效命于他。

三国时的刘备是一位缺点很多甚至才能平庸的人。然而，他却是一位颇孚众望的君主，其中最大的原因就是他很得人心。他是一位礼仪专家，也是一位社交高手，非常有个性的关羽、张飞都被刘备所吸引，连诸葛亮这样的旷世英才也对他心悦诚服，帮助他创下了三足鼎立的伟大事业。

孟子说："诚者，天之道也；思诚者，人之道也。至诚而不动者，未之有也；不诚，未有能动者也。"在现实生活中，与人交往共事，都必须持之以礼、持之以诚、持之以和、持之以爱。不管对师长、对朋友、对同事，处处时时不忘礼貌待人，就会成为一个受到人们欢迎的人。否则，如果总是昂着头，一副趾高气扬的模样，对别人说句话也是爱理不理或者根本就不置可否，就会被人指为缺乏礼数，没有教养，一旦背上了这样的名声，恐怕就难以立足了。

晋朝时有个叫周鲂的人，他的儿子叫周处，体力过人，却不注意自己的品行，在乡里整日为非作歹，鱼肉百姓，更不用说以礼待人了，人们见之如同瘟神一样，唯恐避之不及。时间久了，周处觉得很奇怪，也越来越感到孤独和无助，非常苦恼。于是，周处就去问年长的人："现在四季调顺，收成富足，可是人们为什么不高兴呢？"长者叹息道："乡亲们高兴不起来，是因为有三个祸害没有除掉啊。"周处问："三个祸害是什么呢？"长者回答："南山的白额虎，义兴的长蛟龙，再加上你就是三害了。"周处感到很惭愧，说："如果祸害仅此而已，我将除掉它们。"

从此，周处历经磨难，使出浑身解数射杀了老虎，捆住了蛟龙。他自己也收敛言行，以礼待人，还专门学习礼数知识，最终成了一名有用的人才。

礼是与人相处中最基本的待人方法。一个人的品性如何,往往能从他对人的态度和处世的方法中表现出来。心怀礼数的人,总是能逢凶化吉,遇难呈祥。因为他待人以礼时,就已经为自己的将来结下了善缘,给自己留下了活路。这样的事例无论在历史上还是在今天的现实中,都屡见不鲜。

著名学者台静农先生是一个重"身教"的人,他是以人格魅力教化学生的。他温良恭俭让,具有强烈的平民意识,在家事母之孝,在校理事之忠,处世待人之诚,有口皆碑。他执掌台湾大学中文系20年,办公室大门永远敞开,任何人进去不必喊"报告"。他的朋友说:"中文系是一个大平等,是一个大庄严;是一个庄严的平等,是一个平等的庄严;更是一个和谐的秩序,是一个秩序的和谐。"他对学生像待儿女一样,亲切、谦和又富耐心。有一次,一位学生向他诉说,想看泱泱五百卷的《太平广记》中某一册。台静农说:"下次我带一套借给你看。"同学们听了哄堂大笑,以为老师在说笑话。下周上课时,同学们果然见台老师捧来了一函十册《太平广记》。

《水浒传》里的宋江被人送外号"及时雨",正是这位文不如吴用、武不及林冲的小衙司,一朝上梁山,就坐上了第一把交椅,原因固然很多,但其中一个重要方面便是他处处以礼待人,时时厚待那些江湖侠客,所以受到了梁山好汉的一致拥戴。

陶觉说:"凡是待人接物,必须是自己做主,千万不可因人起见。如果他人薄待我,我也薄待他;他人怠慢我,我也怠慢他;甚至他人毁谤我,我也毁谤他,这就是与他一般见识了。最好是他薄我就厚,他傲慢我就恭敬,他毁谤我就称誉,才能扭转人,而不被人扭转。"这一段话也是在告诫我们,在待人时,绝对不能他不仁,我就不义,而应以中庸的心态处之。遇到欺诈的人,以诚心感动他;遇到残暴的人,用和气熏陶他;遇到贪得无厌的人,把廉耻送给他;遇到倾邪私欲的人,以仁义气节激励他。总之,对人施以善心,出以礼义,就会去除各种怨恨,使人际关系更加和谐。

曾经有一名商人在漆黑的路上小心翼翼地走着,心里懊悔自己出门时为什么不带上照明的工具。忽然前面出现了一点光亮并渐渐地靠近。灯光照亮了附近的路,商人走起路来也顺畅了一些。待到他走近灯光时,才发现那个提着灯笼走路的人竟然是一位盲人。商人十分奇怪地问那位盲人说:"你本人双目失明,灯笼对你一点用处也没有,你为什么要打灯笼呢?不怕浪费灯油吗?"盲人听了他的问话后,慢条斯理地回答道:"我打灯笼并不是为给别人照路,而是因为在黑暗中行走,别人往往看不见我,我便很容易被人撞倒。而我提着灯笼走路,灯光虽不能帮我看清前面的路,却能让别人看见我。这样,我就不会被别人撞倒了。"

礼遇别人就是礼遇自己。盲人虽然看不见路,但他的灯笼却给别人带来了光亮,使别人能够远远地看见他,使自己免受伤害。正如印度谚语所说:"帮助你的兄弟划船过河吧!瞧,你自己不也过河了吗!"

可悲的是,今天我们的人际关系中,礼遇正在被人们所淡漠,礼仪出现了事实上的缺失。对父母、师长缺之以礼,对同事、朋友施之以怨的现象虽不是比比皆是,但也是时有耳闻。诸如公交车上的抢座争座,公共场所中的吵闹喧哗,兄弟姐妹的反目成仇,同事朋友的拳脚相加,为蝇头小利的杀人害命等,以礼待人已越来越显得弥足珍贵。

朱熹说,中庸处世待人,能在有过中寻出无过,在不可宽恕中寻出可宽恕的东西,在不可原谅中寻出原谅。恪守自己的忠诚,容纳他人的意见,小错予以包涵,使对方受感化而无怨恨,使犯错误的人改过从善,这就是敦厚之心、盛德之事。

礼的内容包罗万象。待人温和是礼,容人过错是礼,劝人改过是礼,助人为乐是礼,乃至一切给予他人的方便都可称之为礼。礼是人际关系中最重要的处世原则。小到握手、鞠躬、微笑,大到出手相助、施人以恩,都是礼的重要内容。俗话说,礼多人不怪。讲礼的人受欢迎,不讲礼的人永远不会讨人喜欢。中庸处世就必须做一个彬彬有礼的人。

平者居多　完美少有

一个人如果对自己和他人要求过高,总是追求完美,这种性格就被称为完美主义者。完美主义的性格往往表现为固执、刻板、不灵活,给自己或他人设定一个很高的标准,并且非要达到不可。这样的人一旦受到挫折,就会感到很痛苦甚至难以接受。

哲人说:"完美本是毒。"事事追求完美是一件很痛苦的事,它就像是毒害你心灵的药饵。因为这个世界本来就不是完美的,过去不是,现在不是,将来也不是,它本来就是以缺陷的形式呈现给我们的。人如果事事追求完美,那就无异于自讨苦吃。

从前,一位老和尚想从两个徒弟中选一个做衣钵传人。一天,老和尚对两个徒弟说:"你们出去给我拣一片完美的树叶。"两个徒弟遵命而去。

不久,大徒弟回来了,递给师傅一片树叶说:"这片树叶虽然不完美,但它是我看到的最完整的树叶。"二徒弟在外面转了半天,最终却是两手空空而归,他对师傅说:"我看到了很多很多的树叶,它们不是这儿少了一个角就是那儿缺了块边,再不就是颜色不鲜美,总也挑不出一片最完美的……"

自然,老和尚把衣钵传给了大徒弟。

"拣一片最完美的树叶",人们的初衷总是最美好的,但如果不切实际地找下去,一心只想十全十美,最终只能是两手空空。直到有一天,你才会明白,为了寻找一片最完美的树叶,而失去了许多机会,这是多么可惜呀!世间许多悲剧,正是因为一些人热衷于追求虚无缥缈的完美,而忘却了任何一种正常的选择都可以走向完美,完美不是一种既定的现象,而是一种日臻完善的执着追求的过程。

从前,在英格兰有个叫约翰斯的青年,总是喜欢追求完美。他遇到一位绝顶漂亮的姑娘,他马上就被姑娘迷住了;而姑娘也倾心于他。约翰斯感到很满意,于是两人很快成了夫妻。但不久以后,约翰斯发现,姑娘虽然漂亮,可她一说话就结巴,一做事就粗心大意,两人心灵无法沟通,于是,就与姑娘分手了。

约翰斯决定,自己的下一个婚姻对象,除了绝顶漂亮以外,还得加上绝顶聪明和绝顶能干。这样的女人还真的让他找到了,所以他又结了婚。可是,没有多久,他发现这个女人脾气很坏,个性极强。聪明成了她讽刺约翰斯的本钱,能干成了她捉弄约翰斯的手段。他不像是她的丈夫,倒像是她的仆人、她的工具,约翰斯实在无法忍受这种折磨。不久,他又与第二个妻子离了婚。

约翰斯第三次结婚时,他选妻子的条件又加上了脾气要好这一条。婚后,两人和睦亲热,恩爱非常。不料,刚刚半年,妻子患了重病,卧床不起,一张病态的黄脸,很快失去了年轻漂亮。此时,能干已如水中之月,聪明也已一无所用,只剩下毫无魅力可言的好脾气。显然,从道德角度看,约翰斯应与妻子厮守终身。但从生活的角度看,无疑很是不幸。想到人生只有一次,约翰斯狠下一条心,把妻子逐出了家门。

经历了这几次折腾,约翰斯更加成熟了,交际老练了许多,并和一位年轻、漂亮、能干、聪明、温顺,天使一样的女郎有了密切交往。他心花怒放,以为自己找到了一位完美的妻子,可以与她成婚了。正打算向对方求婚时,不想这位女郎很快了解到,约翰斯毫不留情地逐出了患病的妻子,就断然拒绝了他。

屡屡受到打击的约翰斯,伤心地在人生路上踯躅,忽见前方竖着一个路标,上面写着:"完美是一种理想,即使允许你修改10次,也不会没有遗憾。"

完美主义的人往往不愿意接受自己或他人的弱点和不足,非常挑剔。他们往往谁也看不上,甚至会因为别人的一些微不足道的小毛病,而否决了别人的主要优点。其实，每个人都有缺点和不足，都会有这样或那样的毛病，这些都是正常的，必须学会接受它们，而不能一概否决。

爱因斯坦上小学时，老师让学生交一件劳动作品。爱因斯坦把一只笨拙又丑陋的小板凳交给老师。老师看后很不满意。爱因斯坦又从身后拿出两只更丑陋的小板凳，对老师说："刚才我交的是第三次做的，虽然它不太令人满意，但它要比这两只强得多。"人生中应该有爱因斯坦这样的勇气，不苟求完美，但心中却不忘记完美。

人生的缺憾有其独特的意义，我们不能杜绝缺憾，但我们可以升华和超越缺憾，并且在缺憾的人生中追求完美。缺憾可以当作我们追求的动力，如果我们能做到这点，就不会为种种所谓的人生缺憾而耿耿于怀了。

一个完美的人，在某种意义上说，也是一个可怜的人。他永远无法体会有所追求、有所希望的感受，他也永远无法体会得到他一直梦寐以求的东西时的喜悦。

当你接受现实的不完美时，当你为生命的继续而心存感激时，你就能够成就完美，而另外的人却总在渴求完美，当他们为完美而困惑的时候。

假如你是一个完美主义者，那你的生活理想是吃要山珍海味，穿要名贵品牌，住要花园洋房，行要名贵轿车，妻要国色天香，儿要聪明伶俐，财要富可敌国……光凭你的一双手，能达到这样的目标吗？可想而知，为了这幅虚幻的图画，你的心会受到怎样的煎熬。

但如果你是一名知足主义者，能够正视人生的缺憾，那么你一定会认为自己的生活已经很好了，吃的营养充足，穿的整齐美观，住的能避风雨，行有汽车，妻有中等身姿，儿有健康体魄，钱财够花够用，再加上自己有一份安逸的工作，每月能拿回一笔可观的收入，这样想来就会感到，自己已经得到了别的生命永远得不到的完美人生！

为人处世　忍让为高

中庸之道强调做人处世不能逞强好胜，特别是在受到刁难或者被人欺侮之时，更应有理智的头脑，千万不能意气用事。所以，孔子多次强调说："小不忍则乱大谋。"

忍让别人的欺侮，忍让别人的刁难，忍让难以忍下的人或事，对自己来说是一件很残酷的事。所以，古人造字时把"忍"字造得很恐怖——就如心脏上插了一把滴血的刀。人们在忍耐时,内心是很痛苦的,但一旦克制了胸中的怒火,忍住了难忍之忍,就会发现,忍让真是一种大智大勇。

春秋战国时期的楚庄王是一位很会忍让的贤明君主。一次,楚庄王大摆宴席,邀请朝中文武大臣赴宴,同时又令自己的妃子向诸位大臣敬酒。君臣正喝到酒酣耳热之时,突然一阵风起,将堂内蜡烛吹灭,屋内顿时漆黑一片。这时,楚庄王的宠妃突然感觉到旁边有人对她非礼,她十分冷静,立即抓住那人的帽缨,用力拽了下来。然后,她在黑暗中摸索到楚庄王身边,把这事告诉了他,希望楚庄王找出非礼者加以惩罚。

不料,楚庄王听了事情经过后,并未暴跳如雷,反而令人不要点亮蜡烛,并对大臣们说:"今天君臣难得一聚,大家要尽情畅饮,不醉不休。请大家不必拘泥小节,都把自己的帽缨拔下来,以示畅快。"于是,大家纷纷摘下了自己的帽缨。这时,楚庄王才令人点着火把,与诸臣继续开怀畅笑。事后,妃子埋怨楚庄王不替她出气。楚庄王说:"一时的酒后失礼,岂可认真惩处?"以后再也未提及此事。

三年后,楚晋相争,双方战于沙场。楚军中一员猛将唐狡冲锋陷阵,勇猛异常,立下了赫赫战功。但当楚庄王论功行赏时,唐狡反而叩头谢罪,原来他就是那个酒席上冒犯了楚庄王妃子的人。

楚庄王的忍让换来了一员战无不胜的大将,如果他当时也像妃子那样怒不可遏,毫不留情地斩杀这员大将,不仅会使一场君臣宴变成充满了血腥味的刑场,还会引起人人自危,丢去人心,使自己处于被动局面,也就更不会出现后来的"春秋五霸"了。

宋朝时有位叫郭进的人,时任山西巡检,有个军校到朝廷控告他。宋太祖召见了那个军校,审问一番后,发现是那个军校诬告郭进,便命人把他押送回山西,并交给郭进处置。许多人劝郭进杀了他,而郭进却没有这样做。当时,正值敌国入侵,郭进就对那个军校说:"你敢到皇帝面前去诬告我,说明你确实有点胆量。现在我赦免你的死罪,如果你能打败敌人,我就向朝廷推举你;如果你打败了,你就自己投河吧。"那人听后非常感动,在战场上奋不顾身,打败了敌人。不久,郭进就向朝廷推荐了他。这位军校因此升了官。

凡是能创大事业的人一定要有容忍人的度量。容忍小人虽然在实际上很难做到,但一旦做到了,就会从中受益颇丰。"厚德载物,雅量容人",忍让是人生的美德,更是走向成功的智慧。

"处世让一步为高,退步即进步的张本;待人宽一分是福,利人实是利己的根基。"为人处世,忍让为本。因为人生在世,谁也保证不了不犯错误,谁也难免会得罪人,但能得到人家的理解与容忍,自然就会感激不尽。当然,人家也会有意或无意地冲撞于你,冒犯了你的尊严,同样也需要你忍一忍心头怒火,给人家一个笑脸,就会得到一个歉意的回报。

中国有句格言:"忍一时风平浪静,退一步海阔天空。"不少人都将它抄下来贴在墙上,奉为处世座右铭。为人处世,切忌一味地争强、逞能,示强并不是聪明之举,退让、妥协、牺牲有时也很必要,不失为化解矛盾、消除隔阂的灵丹妙药。俗话说,退一步不为低。能够退得起的人,才能做到不计个人得失,才能站在更高的境界,才能与人和谐相处。

贪心不足　灾祸临头

有贪心和贪欲是人的本性。人饿时想温饱,饱暖而思淫欲。面对一个性感的女人,有人会想,只要握握她的手就满足了;可握手之后,会想亲吻;亲吻之后,会想搂抱;搂抱之后,会想云雨同欢;得到她之后,又会想别的女人。这是人性中贪欲最直接的反映。每个人都有贪欲,财不厌多,色不厌美,食不厌精,衣不厌丽。但是,社会是有规则的,不是可以由着我们的贪欲而为所欲为的。如果对我们的贪欲不加克制,只想满足,必然会侵害别人的利益,受到应有的惩罚。贪欲无度正是中庸思想所唾弃的。

孟子曾说:"养心莫善于寡欲:其为人也寡欲,虽有不存焉寡矣;其为人也多欲,虽有存焉寡矣。"佛曲《大智度论》中也说:"哀哉众生,常为五欲所恼,而求之不已。此五欲者,得之转剧,如火灸疥。五欲无益,如狗咬炬。五欲增争,如鸟竞肉。五欲烧人,如逆风执炬。五欲害人,如践恶蛇。五欲无实,如梦所得。五欲不久,如假借须臾。世人愚惑,贪着五欲,至死不舍,为之后世受无量苦。"面对难填的欲壑,我们必须节制,应尽量享受已有的。这样的生活才是真实的、富有质感的。否则,大难临头,一切都将得而复失。

古时候,有个放羊的男孩,一个偶然的机会,他发现一个深不可测的山洞,这个地方很隐蔽,他从未涉足过。好奇心促使他一步步地往山洞深处走去。突然,就在洞的深处,他发现了一座金光闪闪的宝库。天啊,这是不是人们常说的天下第一宝藏呢?放羊的男孩很是好奇,他从来没见过这么多金子,他很高兴。小心地从金山拿了小小一条,他自言自语道:"要是财主不再让我帮他放羊的话,这几十两银子也够我生活几年了。"他边说边从金洞回到放羊的山上。然后不急不忙地将羊赶回了财主家，又如实地把一天的经历告诉了财主。还把自己捡到的那块金子拿出来给财主看，让他辨别真假。财主一看、二摸、三咬后，一把将放羊的男孩拉到身边，问藏金子的山洞在哪里。男孩把藏金子的山洞的大体位置告诉了他，老财主马上命令管家与手下的打手们直奔山洞，还担心找不准位置，就让男孩为他们带路。

财主很快就到了山洞，见到了金光闪闪的金山。他顾不得其他事情了，赶忙把金子往自己的衣袋里装，想带走所有的金子。洞里的神仙发话了："人啊，别让欲望负重太多，天一黑下来，山门就要关了。到时候，你不仅得不到半两金子，连老命也会在这里丢掉，别太贪婪了。"

可是财主面对金山，哪里还听得进劝告，他想，就是天大的石头掉下来，也砸不到自己的头上，何况这里有这么多金子！拥有这些金子，出去以后我就是大富翁了，还怕负重吗？于是财主不停地搬运，非要把金山搬完才能满足。忽然，一阵轰隆隆的雷声响过后，山洞全被地下冒出来的岩浆吞没了，财主别说当富翁，连自己的命也丢在了火山的岩浆之中。

人是感性动物。无论什么人，只要进入社会，接触到物质社会的利益，都会在心里产生种种欲望。有人贪钱，有人贪权，有人贪酒，有人贪色，大凡"贪"字当头，就会忘乎所以，丢掉理性，走上极端，最终毁在"贪"字之上。

《后汉书·岑彭传》中有这样一句话："人若不知足，既平陇，又望蜀。"意思是说既想取得陇右，又想进攻西蜀，后来便用"得陇望蜀"来形容人的贪得无厌，或不知满足，用一句俗语就是"这山望着那山高"。

英国作家史密斯写道："人生追求的目的有：一是得到想要的，二是享受拥有的。可惜往往只有最聪明的人才能达到第二个目的。"生活中，一些人总认为吃不到的葡萄才是最甜的。这种人贪欲太盛，从来就不知道珍惜已经得到的东西，从而失去了人生的乐趣，总是处于企盼的煎熬中。

人在进入社会后会有各种各样的欲望。人有欲望是无可厚非的。有的人的欲望是客观的，有节制的，这样的欲望则会是一种目标，一股动力，它可以使人具有方向性，这样的欲望为中庸之道所称颂。而有的人的欲望则是主观的，无限制的，甚至连他自己也说不清楚需要多少才会满足。这样的欲望就会给自己增加压力，引导自己走上与中庸所倡导的欲望的对立面，直至毁身损誉。

人有七情，也有六欲。这本属正常，也是作为一个人在物质社会里不可或缺的东西。可是六欲不能太重，七情亦不能太多，只有这样，才符合中庸之道的做人之理,也才能不为欲望所左右,否则,总有一天,用自己的贪心铸就的美好生活会变得灰飞烟灭。

豁达大度　宽阔胸怀

豁达是做人的高尚境界。中庸处世的一个核心思想就是要求人们能够拿得起、放得下,要像山一样高耸,像水一样绵长。正如《菜根谭》中所说的:面前的田地要放得宽,使人无不平之叹;身后的惠泽要流得久,使人有不匮之恩。

孔子把人分为"君子"与"小人"两类,他常讲"君子坦荡荡,小人常戚戚"。君子为人豁达大度,真心实意,没有"弯弯绕",人品如岁寒之松柏而小人则不然,他们私欲缠身,只想占便宜,吃不了一点亏,整日只会为自己的得失精打细算,结果像背负着一座大山一样活着。更令人厌恶的是,小人的强项是论人是非,无论春夏秋冬,白天黑夜,他们都是如此,他们喜欢三五一伙,四六一堆,把"是"变为"非",把"正"变为"反",一句话,把纯正透明的人际关系搅成了一潭泥水。

其实,小人们活得并不快乐,因为他们见不得别人快乐,所以整日都会沉迷于算计别人之中。相反,豁达的人却会整日活在快乐之中,一切尘世的烦恼都会成为过眼之烟,转瞬即逝,所以,他们放下了烦恼,把自己的人生变得有滋有味。

《中庸》上说:"修养人道要用仁的美德。"而"仁的美德"的最基本含义便是豁达处世。而且也只有豁达处世,才能站在中正的角度,而不是用过左或过右的极端方法处理各种矛盾和问题,"处世中正,就是通达的道理"。可见,豁达处世是处世的优良原则之一。

朱衮在《观微子》中说:"君子忍人所不能忍,容人所不能容,处人所不能处。"豁达处世的一个关键是做人不能自命清高。因为一个自命清高的人往往容不下羞辱、委屈和脏污。而豁达处世就不会理会这些,可以适应一些恶劣的环境、恶劣的人物、恶劣的语言、恶劣的行为,在他看来,这些都是一种不可持久的"污浊",只要怀有一颗容忍和包容的心,它们就会自然而然地消退于无形,"还我于真形"。

孔子说:"君子成全别人的好事,不促成别人的坏事。小人恰恰与此相反,他们不愿成全人,却会忌妒人。"例如,君子坦然豁达,天天吃得香,夜夜睡得稳,而小人却因为存有害人之心,常常在夜深时就会反省自己,使自己不能入眠,陷于痛苦之中。

人与人是不同的,甚至个体之间的差异很大。但人与人又是相通和相连的,一个人绝对不可以孤立于人群之外生存。在这样的一个整体中,如果一个人不愿成人之美,道人之善,生就了一双鳝鱼眼睛、一副小肚鸡肠,专门挑剔人、嫉妒人、算计人,过不了多久,他就会成为人人弃而远之的瘟神。这样的人还能有什么作为呢?他又如何能够豁达起来呢? 而那些不责人之过,不夸己之能,乐于帮助人,成全人的人,就像一块巨大的磁石,放在哪里都会展现他的人格魅力,都会让人们主动接近他,帮助他,成为孔子所说的具有君子之风的人。

佛家历来提倡为人要豁达,所以,我们在许多庙里都会看到笑口常开的弥勒佛。这尊代表了宽容、喜悦、吉祥的弥勒佛像,给人们带来了无限的遐思。他袒胸露腹,肚子滚圆凸出,笑口常开,正是表达了仁爱、宽厚、豁达的生活智慧。

东汉时,班超一行在西域联系了许多国家与汉朝和好,但龟兹却恃强不从。

班超便去结交乌孙。乌孙国王派使者到长安来访问,受到汉朝的友好接待。使者告别返回时,汉帝派卫侯李邑携带不少礼品同行护送。

李邑等人经天山南麓来到于阗,传来龟兹攻打疏勒的消息。李邑害怕,不敢前进。于是上书朝廷,中伤班超只顾在外面享福,拥妻抱子,不思中原,还说班超联络乌孙牵制龟兹的计划根本行不通。

班超知道是李邑从中作梗,叹息说:"我不是曾参,被人家说了坏话,恐怕难免见疑。"他便给朝廷上书申明情由。

汉章帝相信班超的忠诚,下诏责备李邑说:"即使班超拥妻抱子,不思中原,难道跟随他的一千多人都不想回家吗?"诏书命令李邑与班超会合,并令班超收留李邑,与他共事。

李邑接到诏书,无可奈何地去疏勒见了班超。

班超不计前嫌,友好地接待了李邑。他改派别人护送乌孙的使者回国,还劝乌孙王派王子去洛阳朝见汉帝。乌孙国王子启程时,班超打算派李邑陪同前往。

有人对班超说:"过去李邑毁谤将军,诋毁将军的名誉,这时正可奉诏把他留下,另派别人执行护送任务,您怎么反倒放他回去呢?"

班超说:"如果把李邑扣留,那也太没有将军的风度了,正因为他曾经说过我的坏话,所以才让他回去。只要一心为朝廷出力,就不怕别人说坏话。如果为了自己一时痛快,公报私仇,把他扣留,那就不是忠臣的行为。"

李邑知道后,对班超十分感激,从此再也不诽谤他人了。

生活中,一个心狭气窄的人,凡事都与人斤斤计较,必然招致他人的不满,自己也难以快乐起来。而一个豁达的人,总能善以待人,多行义举,受到人们的称赞,从中得到快乐。法国作家雨果说:"世界上最宽阔的是海洋,比海洋宽阔的是天空,比天空宽阔的是胸怀。"

"宠辱不惊,闲看庭前花开花落;去留无意,漫随天外云卷云舒。"官场少有常青树,财富终有用尽时,只有豁达的心境才是长久的财富。豁达是一种开朗的胸怀,是一种不可战胜的力量,它可以给人以智勇、以快乐、以悠闲,使人生充满光明。

第十节　高标处世,低调做人

《中庸》:君子之道,造端乎夫妇,及其至也,察乎天地。

志存高远,就会自我激励,奋发向上,克服自身的弱点和眼前的困难,去实现宏伟的志愿。所以,人人都要认真地审视自我,分析理想实现过程中的艰辛,要有远大的抱负,要志存高远。

远大志向,辉煌人生

《中庸》:君子之道,造端乎夫妇,及其至也,察乎天地。

志存高远,就会自我激励,奋发向上,克服自身的弱点和眼前的困难,去实现宏伟的志愿。所以,人人都要认真地审视自我,分析理想实现过程中的艰辛,要有远大的抱负,要志存高远。我们通过一个事例来加以说明:

维斯卡亚公司是美国最著名的机械制造公司,其产品代表着当今重型机械制造业的最高水平,销往全世界。许多名牌大学毕业生都到该公司求职,但均遭拒绝,原因是公司的高技术人员已经饱和。但是令人垂涎的待遇和足以自豪、炫耀的地位仍然使那些有志的求职者趋之若鹜。

史蒂芬是哈佛大学机械制造业的高才生。和许多人的命运一样,在维斯卡亚公司每年一次的招聘测试会上被拒绝。史蒂芬并没有灰心,他发誓一定要进入这个伟大的公司。于是,他找到公司人事部,提出为公司无偿提供劳动力,希望人事部可以分派给他工作,而且不论是什么工作他都可以不计报酬地完成。公司起初觉得很不可思议,但考虑到不用任何花费,也不用操心,于是便分派他去打扫车间里的废铁屑。

一年来,史蒂芬勤勤恳恳地重复着这种简单却劳累的工作。为了糊口,下班后他还要去酒吧打工。这样,虽然得到老板及工人们的好感,但是公司仍然没有录用他的迹象。

后来,由于产品的质量问题,公司的许多订单纷纷被退回,公司为此蒙受了巨大的损失。董事会为了挽救颓势,紧急召开会议商议对策。当众人无计可施时,史蒂芬闯入会议室声称自己有一些建议。

史蒂芬对问题出现的原因作了令人信服的解释,并且就工程技术上的问题提出了自己的看法,随后拿出了自己对产品的改造设计图。这个设计非常先进,恰到好处地保留了原来机械的优点,同时克服了原来的弊病。

总经理及董事会成员发现这个清洁工竟然如此精明在行,便询问了他的背景以及现状,之后不久,史蒂芬被聘为公司负责生产技术问题的副总经理。

原来,史蒂芬在做清扫工时,利用清扫工到处走动的特点,细心观察了整个公司各部门的生产情况,并做了详细记录,发现了技术性问题并研究出了解决的办法。为此,他花了近一年的时间统计数据、做设计,为最后的一鸣惊人奠定了基础。

可见,人应当有远大志向,才可能成为杰出人物。自古以来,凡是能成大事者,无不立高远之志,以勤为径、以苦作舟去实现自己的理想。

昔时少年项羽因为看到秦始皇出游的赫赫声势,就产生了取而代之的念头,才有之后的楚汉相争;诸葛亮躬耕南阳,因为常"好为梁父吟,自比管仲乐毅",才出现了魏晋时期的三国鼎立;霍去病因为有"匈奴未死,何以家为"的壮志,才演义出一曲英雄赞歌;周恩来因为从小便有"为中华之崛起而读书"的豪气,成了开国总理;巴尔扎克因为年轻时的挥笔豪言"拿破仑用剑无法实现的,我可以用笔完成",才有了350部鸿篇巨制的源远流长;苏步青教授因为少年时有"读书不忘救国,救国不忘读书"的志向,后来才成为国际公认的几何学权威。

正如道格拉斯·勒顿说的:"你决定人生追求什么之后,就做出了人生最重大的选择。要想如愿,首先要弄清你的愿望是什么。"有了志向,你就看清了自己的目标,你就有了一股勇往直前的动力。

高标做事的人都对自己的人生饱含热忱,对事业富有激情。这是一种天性,是生命力的象征。正是有了这股热忱和激情,才有了灵感的火花,才有了鲜明的个性,才有了人际关系中的强烈感染力,才有了解决问题的魄力和方法。比尔·鲍尔曼和菲尔·耐特正是靠着强烈的热忱和激情取得了最后的成功。

比尔·鲍尔曼,曾经是美国尤金市俄勒冈大学三年制学院里的一名田径运动教练。他是一名事业心很强的教练,他的理想就是要使自己的运动队超过其他队,但是他的运动员都有一个非常头疼的毛病,那就是经常得脚气病。其实,很多球队都有这样的问题,大家都不去想怎么样才能没有脚气,因为像这样的运动,脚部肯定会出汗,汗流多了闷在鞋子里,当然会有脚气。

比尔·鲍尔曼却不如此认为,他认为,自己一定能想出办法来解决这个问题。他认为要消除这样的情况就必须为运动员定做一双适合自己的鞋子。这样的鞋子必须具备底轻而且支撑又好,摩擦力小稳定性强的特点,这样才可以减少运动员脚部的伤痛,有助于跑出好成绩。于是,在闲暇之余,他开始画鞋样,并找几家制鞋公司定做,但是都被谢绝了,因为厂家认为,这个教练对鞋子一窍不通,没有资格对制鞋指指点点,这只是比尔·鲍尔曼的一时冲动而已。

比尔·鲍尔曼并没有气馁,他开始激励自己来做,他请教了补鞋匠,并拜皮鞋工人为老师,亲手为自己的运动员做鞋子。结果,在运动会上,他的学生穿着他亲手制作的鞋子跑出了很好的成绩。

同时,教练的这种充满激情和百折不挠的精神以及所取得的成果,使他的学生菲尔·耐特很受感动。比尔·鲍尔曼的这种激情真正感染了菲尔·耐特。菲尔·耐特当时是一名很好的运动员,但是在他毕业的时候,却用这个故事写了自己的论文,并与鲍尔曼商量,决心与他一起做。他认定这不仅仅是一双鞋的事,而是一项大有作为的事业,是一项为运动员造福的大好事。菲尔·耐特,就是后来耐克(NIKE)公司的真正创始人。

可见,是激情让这对师徒最终走到了一起,为了同一个目标而努力。对此菲尔·耐特曾经感慨道:"当年的激情使我们明白:成功永远没有过去式,只有未来式。"菲尔·耐特早在攻读硕士学位时,就梦想着自己能够有一个世界头号运动鞋公司,他的学期论文上就是探讨如何在运动鞋的领域里建立一家小型的企业,生产一种价格便宜和品质优良的运动鞋出来,并在市场上打响名号。

菲尔·耐特一毕业就开始了自己的行动,他找到一家仿制阿迪达斯产品的虎牌运动鞋公司,说服该公司总经理让菲尔·耐特担任虎牌运动鞋在美国的代理商。回国之后,菲尔·耐特找到了比尔·鲍尔曼,他们每人投资500美元,正式成立了名为蓝缎带的运动用品公司。菲尔·耐特把公司定位在制造各种体育运动和健身活动设计及行销运动鞋类、服装、设备和附件,并在第二年开发出了第一款轻质耐磨尼龙马拉松跑鞋,这个时候菲尔·耐特又一次得到了教练鲍尔曼的投资,成立了蓝缎带体育公司。

公司创建起来了,产品打出去了,师徒二人此时想的是如何让人们记住他们。

那个时候电视屏幕上有全天候的广告,宣传介绍包装精美、不用熨烫的运动服和式样新颖的运动鞋,以及几乎天天都有的体育比赛实况转播,使任何人都无法抵挡体育运动的诱惑,即使从来不参加体育活动的人也为之怦然心动。体育运动的魅力、活力、意志力和胜利的喜悦,促使人人都去穿运动鞋和运动服。于是,人们开始将美国黑人流行艺术引用到运动衣和运动鞋上,使之成为时髦的标志,这对于菲尔·耐特师徒来说是一个很好的时机。菲尔·耐特巧妙地迎合了美国人的流行艺术意识,在做广告上尤为注意这一点:广告既强调体育运动,又具有强烈的煽动性,产生着流行时尚的领导作用。由于他们过去曾经是运动员和教练,认识很多有名气的运动员、教练,于是他们开始和当下的名人合作:网球名将阿加西,他留胡子,长发蓬乱,将牛仔裤剪短当网球裤,而这种牛仔网球裤也就成了耐克公司的特色产品;黑人篮球明星乔丹,他是美国青少年心目中的榜样与英雄,由他参与设计生产的乔丹运动鞋,成了耐克公司最畅销的产品;巴西超级球星罗纳尔迪尼奥,拥有亿万的拥戴者,他穿的正是耐克公司特制的球鞋……

在激烈的商业竞争中,菲尔·耐特并没有改变自己的立场和初衷,他明白自己在做什么。对事业充满热忱和激情的菲尔·耐特一直把品质问题看得非常重要,和教练一起经营了两年之后,就自己去做教练了,开始了自己的独立经营,他要在实践中体验运动员对鞋子的细节要求。菲尔·耐特一直潜心研究运动鞋式样的改进和品质的提高。菲尔·耐特明白运动员都想要这样一双鞋子:穿上它之后,底轻而支撑又好,摩擦力小且稳定性强,这可以减少运动员脚部的伤痛,有助于得到好成绩。菲尔·耐特不仅自己研究,还请教修鞋匠,在这个过程中,菲尔·耐特一方面坚持当初创业时的信念,坚持办体育用品公司而不办时装公司,另一方面又采取了产品多样化策略,除生产运动鞋外,还推出了童鞋、非运动休闲用鞋、旅游鞋、工作鞋和运动服装。

随着公司的产品销售在海外的增加,菲尔·耐特开始把原来在日本的生产转移到了韩国和中国台湾,因为那里的劳动力相对低廉,借此又向这些地区推出中等价格的跑步鞋。不久,耐克又在中国内地合资开工厂,耐克牌运动鞋自然也就随之打入了中国这个世界上最大的鞋类市场。

这样,菲尔·耐特就把"耐克"这个牌子逐渐做出来了,销售额开始增长,且速度是惊人的,就连菲尔·耐特的对手也开始对他进行大力地赞扬。新布兰斯公司营业部的副总裁瓦尔特就佩服得五体投地:"他们的每一件事都做得很漂亮。"

其实仔细想想,比尔·鲍尔曼和菲尔·耐特的成功就是一种热忱和激情在支撑着他们,给了他们无穷的动力。

我们都需要热忱和激情,需要开拓,让我们从现在做起,兢兢业业,开拓创新,扎扎实实做好本职工作,在平凡的工作中实现伟大的人生抱负!

埋头做事,抓准时机

心理学家皮瑞拉博士说过:"有很多困境,其实都是自己造成的。"在现实生活中,总有不尽如意的事情发生,如何面对和解决完全取决于个人的心理状态。有的人会往好里想,所以日子过得安稳太平,而有些人就是喜欢认死理,自找麻烦。怨天尤人者往往忙于对别人的批评以及对环境、运气的抱怨,以至没有多余的时间和精力来改正自己。所以,我们要想做一个处世高调的人,就必须放下抱怨的情绪,全身心地投入到自己的事业中,在埋头做事中等待时机。

高标做事要善于把握时机,但并不是每一个人都能像林肯那样得心应手。

林肯是一位勤奋好学的人,他通过自学,领到了律师营业执照。他在法庭上的机智是有口皆碑的,有一次,林肯竟一言不发就击败了原告律师。

在法庭上,原告律师先发言,把一个简单的论据翻来覆去讲了两个小时,讲得台下一片嗡嗡声,有人竟打起瞌睡来;接着是林肯上台替被告辩护,只见他走上讲台,一言不发。台下嗡嗡声没了,大家感到很奇怪。林肯等了一会,先把外衣脱下,放在桌子上,然后拿起玻璃杯喝了一口水,然后把玻璃杯放下,重新穿上外衣,然后又把外衣脱下,又喝水,这样循环了五六次。屋里的听众被林肯的哑剧逗得捧腹大笑,而林肯竟始终一言不发,在一片笑声中走下讲台,他的对手就这样被笑输了。作为律师,一言不发地打赢官司是十分罕见的。原告律师已经把听众讲得耐心全无,林肯如果再长篇大论的话,效果是可想而知的。他的高明之处,即在于以哑剧的方式攻击对手的弱点。

只有懒惰的人才会去抱怨上天不给机会,而勤劳的人永远不停地奋斗着、努力地创造机会。对于强者而言,碰到的每一件小事、遇到的每一个人,都是一个机会,都会让他学到更多有用的知识,都会使他们的能力更加突出。我们来看一个例子。

美国运输业巨头、著名企业家科尼里斯·范德比尔特在汽船行业看到了自己的机会。他认定自己要在汽船航海方面发展事业。他的这一决定使家人和朋友十分震惊,他竟然放弃了原本蒸蒸日上的事业,到当时最早的一艘汽船上去当船长,年薪仅有1000美元。当时,富尔顿已经取得了汽船在纽约水面航行的专有权。但范德比尔特认为,这项法令不符合美国宪法的精神。他一再要求取消这个法令,并最终获得成功。不久之后,他拥有了一艘自己的汽船。

在当时,政府要为往来于欧洲的邮件付出大笔补贴,然而,范德比尔特却提出他愿意免费送邮件并提供更好的服务。他的这一请求很快就被接受了。依靠这种方式,他很快建立起了一个庞大的客运和货运体系。后来,他预见到在美国这样一个地域辽阔、人口众多的国家,铁路运输将会大有作为。于是,又积极投身于铁路建设中,为后来建立四通八达的范德比尔特铁路网奠定了坚实的基础。

可见,在做好准备的时候,要积极主动地寻找机会,谁先创造了机会,成功将属于谁。

所以说,高标做事者要杜绝抱怨情绪,把握各种机会,只有这样,才能把握命运,才能将自己的想法变为现实,无论遇到什么困难都勇往直前。

顺势而为,善于借物

一个人有没有智慧,能否顺势而为,往往体现在他做事的方法上,借助别人的智慧取得成功,是实现成功人生必不可少的手段。美国历史上的两个罗斯福总统都是精通此道的成功人士。

在美国历史上,有两个罗斯福总统,老罗斯福是指西奥多·罗斯福,小罗斯福是富兰克林·罗斯福,他们是叔侄关系。

富兰克林·罗斯福进入哈佛大学以后,一直想出人头地。哈佛同美国其他大学一样,把体育活动放在很重要的位置,但是富兰克林的体质使他无法在这方面有所发展。因此,在参加橄榄球队、划船比赛时都未能入选,只能做一个旁观者。女孩子们打趣地叫他:"妈妈的乖儿子""羽毛掸子"。

于是,富兰克林决定另谋他途。他看中了哈佛校刊《绯红报》,校刊的编辑是受人关注的,但也不是随随便便就能做到的,为了达到目的,他巧妙地利用了堂叔老罗斯福的关系。

老罗斯福当时是纽约州的州长。一天,富兰克林来到老罗斯福家中,对他说哈佛学生都很崇拜老罗斯福,尤其想听听老罗斯福的演说,希望一览州长的风采。老罗斯福一时兴起,便抽空来到哈佛进行了一场演说。演说从头到尾都是富兰克林一手操办,而且演说完后,老罗斯福又接受了富兰克林的单独采访。这样一来,校刊编辑部开始注意他,认为富兰克林有当记者的天才,就允许他做了助理编辑。

国学经典文库 中庸 中庸感悟 图文珍藏版

不久,老罗斯福作为麦金荣的竞选伙伴,与民主党的布赖恩竞选总统。哈佛大学校长查尔斯·埃利奥特的政治倾向自然是引人注目的。富兰克林决定再次充分利用这个机会,向主编提出要访问校长。主编认为是徒劳的,而富兰克林却坚持要尝试一下。

校长埃利奥特接见了这位一年级的新生。面对威严的校长,小罗斯福表现得十分执着,他坚持要求校长表明自己的立场。埃利奥特很赏识他的勇气,很高兴地回答了他的问题。此后,不但《绯红报》上刊登了富兰克林采写的独家消息,全国各大报纸也纷纷转载。富兰克林一时成为人们谈论的话题。临近毕业时,他当上了《绯红报》的主编。

富兰克林大学毕业后,不顾母亲的反对,宣布与远房表妹安娜·埃利诺·罗斯福订婚。埃利诺是西奥多·罗斯福兄弟的女儿。他们在纽约举行了婚礼,富兰克林特别邀请了身为总统的堂叔参加。经过这次婚礼,富兰克林的名气更大了。

好风凭借力,送我上青天,外部环境和才干同样重要,一个有才干的人如果没有外力的帮助,那么他的才干便不会得到淋漓尽致地发挥。

因此,充分地了解环境,发现自身优势,利用工具,才能用最小的努力发挥最大的效率,这与武术中的"四两拨千斤"有异曲同工之妙,也是众多实现人生目标的有效路径之一。

自我克制,谨慎小心

一个人只懂得如何做事是不够的,还要学会如何做人。做事和做人是硬币的两面。高调做事者,必须同时追求人际关系的和谐;低调做人者,也必须学会不避嫌怨,高调做事。

做人、做事都难免会有不如意的时候,这时若能低调一下,也许就会峰回路转了,掌握了自我克制,也就掌握了一条低调做人的方法。生于乱世的魏晋时期的名士阮籍,就很善于运用这种心术来保全自己。

当时,政权交替频繁,社会动荡不安,许多读书人都惨遭杀身之祸。为此,阮籍一心饮酒,全然不问政事。司马昭曾想为儿子司马贵向阮家求婚,阮籍却烂醉如泥,司马昭无法和他讲话,此事作罢。钟会几次去征求他对时局的意见想以此罗织他的罪名,阮籍居然因为大醉不作回答,最终得以免祸。

将真实意图隐藏起来,自我克制,不但可以免祸,而且可以给竞争对手造成假象,使之判断失误,上当受骗,最终被一举击溃。再来看一个故事。

王叔文经常和皇太子下棋。有一次,二人边下棋边谈论时政,谈到宫市的弊病时,太子说:"我正想劝谏皇上废止宫市呢。"在场的人都称赞太子,唯有王叔文不说话。众人走后,太子单独留下王叔文,问他不说话的原因。王叔文说道:"太子的职责是侍奉皇上的饮食起居,早晚问安,不应议论其他的事情。陛下在位多年,如果怀疑太子劝谏废止宫市是为了收买人心,太子如何解释呢?"太子大吃一惊,说:"若不是先生指点,我哪里知道这个道理!"于是对王叔文格外宠信。

王叔文教给太子韬晦之术,并不是简单地免除灾祸,而是为实行改革朝政的伟大事业而采取的权宜之计。王叔文是后来"二王八司马"革新运动的领袖,而这个皇太子就是后来的顺宗,是这场革新运动的坚定支持者。他们的韬晦之为,是整个行动的一个组成部分。

与此相类似,更明显的是颜真卿的例子。

颜真卿在做平原太守时,安禄山反叛的行为已昭著天下,颜真卿假托"防止连绵大雨,重新修城浚壕"之名,暗中征集壮丁,充实粮草,而在表面上又假命文人才士饮酒作乐。安禄山秘密侦探,见此情景,以为颜真卿等就是一介书生,不足为虑。不久,安禄山发动暴乱,河朔失陷,唯有平原有防备,因此,在高标做事的同时我们应该低调做人,在待人处世中自我克制,当自己处于不利地位,或者危难之时,不妨先退让一步,这样做,不但能避其锋芒,脱离困境,而且还可以另辟蹊径,重新占据主动;当处于有利形势时,更要放低姿态,谨慎处事。这才是一个高明的"中庸"之士应该具备的大智慧。

人一旦兴旺发达、功成名就之后,就容易成为众人注目的焦点,被人品评。因此,越是位居显要,就越是要经常反躬自省,越是要讲究低调做人,不自满、不骄傲,融入大众之中。只有这样,才能做到更有效地保护自己。让我们看一个外国人在中国的例子。

5年前,美国青年丁大卫来到中国。他到了中国一所最普通的郊区小学教学。这个美国青年因为做人与教学深得师生的喜欢,后来居然当上了校长。此后,想到中国西部去看一看的丁大卫到了甘肃兰州。他到西北民族学院应聘当了大学教师。

丁大卫不是一个能侃的人,在接受采访时,他显出了"西北人"的朴实。

"丁大卫,你去大学应聘的时候,是不是这样说的:我曾是一名小学教师,积累了一些教学经验,所以来你校应聘大学教师?"没想到丁大卫这样回答:"大概就是这样的。"

　　大卫的话让现场很多观众都会心地笑了。但更有意思的还在后头。学校给大卫定的工资是每月1200元。大卫去问别人，1200元在兰州是不是很高了？别人说，是算高了。于是，大卫主动找到学校，让人把工资降到900元。学校一再坚持，大卫不让，说："怎么也不能超过1000元！"最后，学校给他每月950元。这段经历本来很好笑，但是现场没一个人笑。

　　主持人问："大卫，你每月工资够用吗？"大卫说："够了，我每月的钱除了买些饭票，就用来买些邮票，给家里打打电话，三四百元就够了！"观众中有不少人"哇"的一声发出惊叹，有人灵魂受到触动了，而这种触动是我们的教科书和父母的教化所达不到的。而真正让人感动的还是以下一幕：

　　别出心裁的编导在做这一期节目时，让丁大卫带来了他所有的家当：一只还不及我们平常出门旅游背的那么大而"内容"丰富的帆布袋。而让我们怎么也想不到的是，这便是一个美国青年在中国生存5年积累下的全部财富。主持人让丁大卫向大家展示一下他的家当，大卫的脸红了一下，打开了他的帆布袋，里面的东西是这样的：

　　一顶大卫家乡足球队的队帽。他戴着向人展示时，我看见了他眼里的骄傲。

　　一本相册。里面是他亲人、朋友，还有他教过的学生的照片。

　　一个用精致相框镶好的一家人温馨亲昵的合影（大卫从包里掏出时，相框面上的玻璃被压碎了，大卫的脸上露出不易察觉的心痛的表情。不一会儿，节目组的人把一个赶着去买来的相框送给了大卫。中央台这一看似平凡的举动令人感动和叹服，它是那么及时地体现了善解人意的内涵和我们对外国友人的尊重）。两套换洗的衣服。其中有一件军装上装；那是大卫爸爸年轻时当兵穿过的，整整40年了。大卫向观众展示时，很有些骄傲地说：因为它漂亮啊！

　　一双未洗的普通的运动鞋，那甚至不是一双品牌球鞋，大卫将它拿出来的时候，说什么也不让主持人碰一下，他说："这鞋很臭的！"

　　几件以饭盆、口杯、牙刷、剃须刀为阵容的生活必需品。一面随身带着的鲜艳的五星红旗。

　　李白曾在《将进酒》中说："古来圣贤皆寂寞，唯有饮者留其名。"圣贤之士之所以寂寞，是因为他们志存高远而淡泊名利，因为他们高调做事却低调做人。空虚者是没有理想、没有期盼的；落寞者是有理想有期盼但无法实现的；彷徨者是能实现而不能把握的。这些都是他们不懂人生所要经历的几大境界，也不能正确适度地处理理想和现实的关系造成的。

淡泊名利、无私奉献，使人们有更加开阔的胸怀和更加高远的志向。个人的名利得失比之于社会主义建设，是微不足道的，古代人有"先天下之忧而忧，后天下之乐而乐"的情怀，我们现代人更应该有淡泊名利、无私奉献的精神境界。

心态平和，宽容待人

平和的心态是一种美德。秉持这种心态做人，自然能妥善地对待世间的人和事，既尊重自己，又赢得别人的尊敬，是低调做人的要义所在。让我们从宋代韩琦的身上来体会这一点。

宋代有个叫韩琦的人，长期担任宰相职位。有一次，韩琦在定武统帅部队时，夜间伏案办公，一个侍卫拿着蜡烛为他照明，一不小心，蜡烛烧了韩琦鬓角的头发，韩琦没说什么，只是用袖子蹭了蹭，又低头写字。过了一会儿一抬头，发现拿蜡烛的侍卫换人了，韩琦怕主管侍卫的长官鞭打那个侍卫，就赶快把他们招来，当着他们的面说："不要替换他，因为他已经懂得怎样拿蜡烛了。"

军中的将士们知道此事后，无不感动佩服。

按理说，侍卫拿蜡烛照明时走神，把统帅的头发烧了，本身就是失职，韩琦责备一句也是应该的，可他不但忍着疼没有作声，还担心那个侍卫受到责罚。他这种平和与容忍更有利于士兵改正缺点、尽职尽责，而且韩琦统帅的是一个大部队，事情虽小，影响却大，兵将知晓，谁不愿意为这样的统帅卖命呢？

韩琦镇守大名府时，有人献给他两只玉杯，这两只玉杯毫无瑕疵，是稀世珍宝。韩琦非常珍爱，送给献宝人许多银子。每次大宴宾客时，总要专设一桌，铺上锦缎，将两只玉杯放在上面。结果有一次在劝酒时，一个官吏不小心碰到地上摔碎了。碰坏玉杯的官吏吓傻了，趴在地上请求治罪。可韩琦却毫不动容，笑着对宾客说："大宝物，是成是毁，都有一定时数的，该有时它出来了，该坏时谁也保不住。"说完又转过脸对趴在地上的官吏说："你偶然失手，并非故意，有什么罪呢？"这番话说得十分精彩。既然玉杯已经打碎，无论怎样也不能复原，责骂、痛打肇事者都于事无补，可能会导致众位宾客十分尴尬，一场聚会就可能不欢而散，况且也会大大有损于自己的形象。而韩琦此言一出，立刻博得了众人的赞叹，而肇事者对他更是感激涕零，恐怕给他做牛做马也心甘情愿了。

元代吴亮在谈到韩琦时说："韩琦器量过人，生性淳朴厚道，不计较繁琐小事。

功劳天下无人能比,官位升到臣子的顶端,但不见他沾沾自喜;经常在官场中周旋,也不见他忧心忡忡。不管在什么情况下,他都能做到泰然处之,一生不弄虚作假。在处世上。被重用,就立于朝廷与士大夫们公平议事;不被重用,就回家享受天伦之乐,一切出自真诚。"

韩琦一生处于危险之地而又一直立于不败之地的原因正如他自己所说的那样:"天下之事,没有完全尽如人意的,一定要用平和的心态去对待。否则,连一天也过不下去。即使是和小人在一起时,也要以诚相待。只不过知道他是小人,就同他少来往罢了。"这就是韩琦处世高人一筹的秘密。

用平和宽容的心态去面对人和事,以"和"为要,才能把大事化小,求得和睦相处,如此低调做人才是打开成功之门的钥匙。

和颜悦色,放低姿态

与人交往时,和颜悦色、主动放低自己的姿态也是低调做人的表现之一,特别是当对话的双方地位悬殊时,地位高者采用适当的低姿态会满足对方的心理需求,这样的讲话方式理所当然地会受到对方的欢迎。下面的这位总统就充分做到了这一点。

美国有位总统,在庆祝自己连任时开放白宫,与100多位小朋友亲切"会谈"。

"您小的时候,哪门功课最糟糕,是不是也挨老师的批评?"小约翰问总统。

"我的品德课不怎么好,因为我特别爱讲话,常常干扰别人学习。老师当然要经常批评的。"总统说道。他的回答,使现场气氛非常活跃。

后来有一个来自芝加哥贫民区叫玛丽的女孩对总统说,她每天上学都很害怕,因为她害怕路上遇到坏人。

此时,总统收起笑容,严肃地说:"我知道现在小朋友的生活不是特别如意,因为有关毒品、枪支和绑架的问题,政府处理得不够理想,我希望你们好好学习,将来有机会参与到国家的正义事业之中。也只有我们联合起来和坏人做斗争,我们的生活才会更美好。"

总统告诉小朋友们,自己的过去和他们一样,也常被老师批评,但只要经过自己的努力,一定会成长为有用的人。总统在认同小朋友对社会治安担心时,还鼓励小朋友参与正义事业,因为那样正义者的力量会更大。

这位总统紧紧抓住了小朋友的心,使小朋友在心里面认为总统是他们的好朋友。即使场外的大人们看到这样的对话场面,也会感到总统是一个平易近人的人。

总统放低姿态的谈话方式使小朋友们发现,总统和他们之间没有任何距离,也像他们一样是普通人,是可亲近的、可以信赖的"大朋友"。大人物和普通人说话时放低姿态,不仅拉近了双方的距离,而且更容易沟通,更容易让对方从心理上接受自己。

除此之外,放低姿态还表现在与自己地位相当的人交往的时候。当一个人身处优势时,如果别人一奉承,就马上陶醉而喜形于色,这就会无形中加强别人的嫉妒心理。所以,面对同事或者朋友的赞许,应做到谦和有礼、虚心,这样不仅可以显示出自己的君子风度,还能博得同事对你的敬佩。在办公室里,言谈中多一些谦虚的话,就能有效地减弱同事们的嫉妒心理。

一个低调、谦虚、不骄不躁的人才是团队中真正受欢迎的人,只有这样的人才会得到大家的信任和支持,而大家的信任和支持是一个员工在团队中有所发展并对公司有所贡献的前提。

低调做人是一种境界,一种修炼,一种体悟。不但要在心态上调整好自己,更重要的是要在行为上放低姿态、保持低调,这样才能真正走好自己的人生之路。

中庸

国学经典文库 图文珍藏版

线装書局

赵证⊙主编

第五章　中庸名言解读

第一节　修身正己，和谐中正

当今社会越来越复杂，人际交往也越发反复无常，变幻万端。如何在与人交往过程中得心应手？有所谓"极高明而道中庸"，"求外不如求内"，就应该先做到修养自身，先摆正自己的心态，而"致中和"。"中"是人人都有的本性，"和"是人们共同遵循的原则。按照"中庸"的原则规范自身，如果每个人都能先做到修身正己，都能心平气和，这样就可以实现人际关系的和谐，社会秩序的井然，天下也就相安无事了。

诚于中，信于外
——诚信是与人交往的基石

1.至诚可以感召人

唯天下之至诚，为能尽其性；能尽其性，则能尽人之性；能尽人之性，则能尽物之性；能尽物之性，则可以赞天地之化育；可以赞天地之化育，则可以与天地参矣。

——《中庸》

"诚"是《中庸》道德观念中最重要、也最不可缺失的一环。它将天、地、人三者有机、合理地结合在一起，并且用它来启承三者，而三者又是以"诚"为轴心相辅相成的。天下万物则各用其能，各尽其职。"致中和"，从而使人与人，人与天，人与地相互协调，天下太平。

"诚"具体体现在人身上就是中"性"，而"至诚"则符合了"中庸之道"，是道德品行最理想的境界。为了达到这个理想境界而修身养性，则能上通天道，下通万物，生息病患，是人与人之间和谐相处的最佳途径。

只有天下极其真诚的人才能充分发挥他的本性,才能充分发挥众人的本性;只有充分发挥众人的本性,才能充分发挥万物的本性;只有充分发挥万物的本性,才可以帮助天地培育生命;帮助天地培育生命,就可以与天地并列为三了。所以,只有先对自己真诚,才有可能在与人交往中对别人真诚。

宋明理学的开山鼻祖周敦颐,在他的《太极图说》中把"人"放在最重要的地位:"万物生生而变化无穷,惟人也得其秀而最灵。"而何谓之"秀"呢?即人纯粹至善的品质——"诚"。"诚者,圣人之本。""圣,诚而已矣。"人极则圣,圣人则诚。所以,人只有得到"诚",用以身作则的方法去诠释它,把它当作一面镜子,才能从中更加透彻地认识到自己的"真性",从而推及他人以及整个天地万物的"真性",正所谓"至诚可以参天地"。

三国时期的诸葛孔明就是"至诚至信"之人。四出祁山时,所率兵马只有十多万,而司马懿却有精兵三十万,双方在祁山对阵。恰好在这个时候,蜀军中有一万人因服役期满,需退役还乡。可想而知,这个时候离去一万人马,会大大影响蜀军的战斗力。这时,将士们共同向诸葛军师建议:延期服役一个月,待大战结束再让老兵们还乡。

诸葛亮断然说:治国治军必须以信为本。老兵们归心似箭,家中的父母妻儿都望眼欲穿,我怎能因一时的需要而失信于民呢?说完就下令各部,让服役期满的老兵速速返乡。老兵们一个个热泪盈眶,激动不已,都决定不走了。"丞相待我们恩重如山,如今正是用人之际,我们要奋勇杀敌,报答丞相。"老兵们的激情对在役的士兵则是莫大的激励。蜀军上下群情激奋,士气高昂,在形势不利的情况下击败了魏军,诸葛亮以诚带兵取得了以少胜多的战绩。以"至诚"待人,人亦以"至诚"待之。试想,如果诸葛亮接受了将士们的建议,下死命令,那样那些老兵定是心存不满,当然在作战时候也不可能全力以赴。

"诚",在现代社会中不单单作为与人相处融洽的方法,而是每个社会人都必须遵守的最重要的法则。用"至诚"去感召人,再用"至诚"去解决矛盾,这样就会赢得意想不到的效果,就会赢得别人的信任。

曾国藩觉得自己一身毛病,他说这些毛病就源于不诚实。他认为天地万物之所以运行,国家之所以建立,圣贤的德业之所以可以光大,可以持久,都是因为诚实的作用。他曾经在给贺长龄先生的信中,猛烈抨击当时社会种种不诚实的现象。那什么叫作"诚"呢?在曾国藩看来,当然有"专心纯一"的意思。他常以孔子为例,他认为,孔子是专心诚意的典型。"至诚",可以达到神奇的功效,所以曾国藩称之为"诚神"。可见《中庸》思想中的"诚"在他修养身心体系中占有不可替代的位置。

翻译家傅雷先生说:"一个人只要真诚,总能打动别人的。"

程颐说:"用诚来感动人,人也用诚来回报你。用权来驾驭人,人也用门道来对付你。"

孟子:"诚者,天之道也;思诚者,人之道也。至诚而不动者,未之有也;不诚,未有能动者也。"

在当今社会中,与人交往,都要先做到"诚于中",而后才能"信于外"。做到真诚的心,真正修养本性而至善。

2.诚实可以成就人

诚者,物之终始;不诚,无物。是故,君子诚之为贵。诚者,非自成己而已也,所以成物也。

——《中庸》

美国一位著名的行为科学家丹尼斯·韦特莱博士说:所谓"因果定律法则",无非是看一个人诚实与否,经过一段时间以后所显示出来的结果。一个人不能只做到自我真诚,那样就无法拥有真正的成功。就好比用蜡塑成的人或房子,在某些情况下会融化。但内心不真诚的人,最终必将显露出自己的真面目。诚实是人生中无可替代的财富,是人与人之间处好关系和人的尊严方面的财富。很简单的道理,在这方面进行投资的人,虽然不能在世俗的物质方面变得富有,但是,他可以从赢得的尊敬荣誉中得到回报。

真诚是一个人最大的也是最值得骄傲的资本,没有人能将真诚置之脑后。真诚是自我完善的根基,也是与人交往的发端和最终的归宿。如果没有了真诚,人性和事物就无法达到统一,也就无法谈及家庭的和谐、社会的和谐。不过,真诚并不是只是为了让自己问心无愧,而是更要以"诚"为基准,要完善事物。完善自我是"仁",完善事物是"智","仁"和"智"是人和事物之间共有的"本性",是人融入社会而又不与他人发生冲突或矛盾的准则。所以,修养"真诚",表现"真诚",在任何时候、任何地方施行都是适宜的。

"诚"充实天地之"和",能够完善天地。只有先做到了自我完善而且能"至诚",则圣人才可以为圣人,英雄豪杰才可以为英雄豪杰,我们才能在人际关系中做正自我,不偏不倚,合乎"中庸之道"。你所得到的就是你应该得到的,社会上的每个人都毫无怨言，和谐至此，又何乐而不为呢？

西魏时期，北雍州一带因为山林茂密，经常有盗贼出没，官府拿他们也没辙。当地的刺史韩褒了解实情之后，心里很是着急，于是连忙派人四处明察暗访，结果手下人风风火火地跑回来，说那些盗贼都是当地豪门望族的弟子，以前的盗窃案也都是他们干的。韩褒了解情况以后，不作声响，假装还不知道是这些纨绔子弟干的勾当，表面上对这些豪门望族还是挺客气。

等到有一天，韩褒把这些大家族里的人都召集在一起，用十分恳切的语气对他们说："我这个刺史是个书生起家，哪里懂得什么缉拿盗贼，所以，只好依赖诸位共同帮韩某分担这个忧愁了。"开完会，就让那些平时在乡里为非作歹的子弟，分别临时做各个地方的主要负责人。他还声明，有发现盗贼而不捕获的，就按故意放纵罪论处。这下子，这些有"公命"在身的纨绔子弟们，没有哪个不惊慌失措，几经商议，纷纷到官府投案自首，说前些时候发生的偷盗的案子，都是他们干的。韩褒倒也没有严厉地处罚他们，把他们偷的东西交还失主之后，让这些子弟继续做主管。他们也都变得积极起来，把所有的同党都供了出来，那些逃跑的躲藏起来的，也都说出了具体的位置。

韩褒拿过名单，嘱咐那些主管先回去。第二天就在城门边贴了一张告示，让那些干过偷窃的人，赶快到州府自首，可以免除他们的罪行，而对于那些在十日内不自首的人，一旦抓捕马上当众处决。果然在十天里，各路盗贼都纷纷前来自首。韩褒拿过名单一看，一个人也不差。那些盗贼都战战兢兢，怕韩褒说话不算话要杀他们的头。韩褒二话不说赦免了他们，给他们机会让他们改过自新，而这些盗贼十分佩服刺史，从此不再为恶了。

韩褒能做到对盗贼真诚，而最终让他们不再就犯，可见"真诚"的作用可以感动人心。没有感动不了的人，如果有，那也是因为你诚意不足。只要人将自我修养

"至诚",则可以感动他人,成就所想成就的。此《中庸》所谓"至诚自成"。

人际关系的好坏,当然也取决于"真诚"与否。"成己,仁也;成物,知也。"做到了真诚,别人也就待你至诚。这样,天下人都将真诚作为交往中的规范,也就没有什么人会做出违反规则的事了,你来我往,融融乐乐,不亦乐乎?

3.诚实可以得到他人的青睐

唯天下至诚,为能经纶天下之大经,立天下之大本,知天地之化育。

——《中庸》

诚实可以使一个人在实际与人交往共事的时候,保持正直不阿,保证自己不被世事所迷惑而失去本性。诚实也是一个人自我修养的最高境界。将诚实恰到好处地表达出来,对于这个人来说应该是一件莫大欣慰的事。即使没有达到预期的效果,但自己离"至诚"已经不远了,也就做到了"仰不愧于天"了,也正如《中庸》所说:"夫焉有所倚?"

正如有一位作家所说,诚实作为人性中第一美德,懂的人多,做的人却极少。有人把诚实作为一种遮掩丑陋的面具,而实际上却是一肚子坏水,想方设法地要怎样、怎样算计别人,对朋友口是心非,对别人两面三刀,结果也可想而知。这种人没有一个朋友,如果有,也都是一些沆瀣一气的朋友。究竟要做什么样的人,是诚实还是欺诈呢?每个人都有自己最理想的答案吧。

在美国的圣多加诺广场,素来以和平鸽而闻名于世,当你手捧面包屑站在广场上,和平鸽就会成群地飞过来,站在你的头上或肩上,分享你手中的面包,也同时让你分享到那种令人感动的和谐。有时,你甚至只要挥挥手,它们也会飞到你面前和你合影,可是现在不行了,因为越来越多的人做着同样的手势,而手里却什么也没有,鸽子飞过来又飞走,飞走又飞回来,它们被一次次地欺骗。结果,即使你手中有面包,它们也不再飞过来。人不是鸽子,鸽子都知道自己被欺骗了,何况人呢?多么可悲的一个玩笑!

宋代大词人晏殊去参加殿试,拿过试题一看,就对皇上说:"请皇上换别的题目吧。这个题目我几天前就已经做过了,而且文章的草稿还保留着。"宋真宗一听非常欣赏晏殊的这种诚实。

宋真宗有一次特别允许臣子们出去旅游举行宴会,各级官员都十分高兴地张罗筹备,而晏殊却独自在家读书。这一天,宋真宗在臣子中挑选辅助太子的官员,当下就选中了晏殊,宰相就问真宗的用意,真宗就说:"我听说各级官员都出去游山玩水,大嚼大饮,通宵达旦歌舞不绝,唯有晏殊闭门在家读书,如此谦厚,当然可以担当辅佐太子的重任了。"晏殊听说之后,便老老实实地对真宗说:"我并不是不喜欢吃喝玩乐,只是因为我现在没有银子。如果有,我也一样会出去参加的。"宋真宗越发佩服晏殊的诚实,又因为晏殊懂得为臣之道,便越来越受到真宗的重用。到宋仁宗时,晏殊位居宰相之职。

人与人之间都彼此能够坚守诚心,能够以"诚"与之相处,能够以"诚"为契合点,而不是互相揣摩心计,勾心斗角,尔虞我诈,不是互相掩盖,不是互相利用,那世间还有什么事不能办到呢? 人与人之间哪来那么多抵牾和丑恶呢? 人际交往处世怎么会不和谐呢?

中华民族古往今来都十分崇尚"诚实"这一美德。的确,如果人与人之间的来往缺少了诚实,任何一方都不可能得到自己想要的东西。人,不是单独一个个体,不可能与世隔绝,与人相交的地方很多。"信人者,人未必尽诚,己则独诚矣。"(《菜根谭》)虽然别人不一定都是诚实的,但只要自己先做到了,那也就行了。

讲"诚",并不是要一个人将自己圈宥在一个无形的规则当中,但是,这个无形的规则却在现实生活中发挥着越来越重要的作用。如何让自己融进这个社会,以"诚心"作为法则是缺少不了的。"种瓜得瓜,种豆得豆。"这个最浅显易懂的道理谁都可能明白,而在人际关系上更要讲究这种因果关系。"以诚换诚",用诚心待人,别人也一样会用诚心待你,你也就有更大的可能获得别人的尊重和信任,而将那些有可能在交往过程中发生的矛盾用"诚心"软化,从而得到最完满的解决。

有人也许因为一时的侥幸,以欺瞒待人而得到一粒芝麻,他也很有可能因此沾沾自喜,以为拣得了个大便宜,孰不知,用"至诚"可以得到一个大大的西瓜。诚实会给一个人带来长远的利益,这种利益不是用金钱可以衡量的,可不要用自己的"诚心"去做"买卖"。

4.与人交往要讲信用

大人者,言不必信,行不必果,惟义所在。

——《孟子》

孟老夫子这句话并不是鼓励人们言行不一,而是要坚持"信"的道德标准,要求讲"信"必须以义理为宗旨。

当代学者朱伯昆老师在诠释儒家伦理中的"信"时,说过这样的话:信有二义:信任和信用,其内容是诚实不欺。显而易见,"信"的含义就是恪守诺言,不欺诈,忠实地履行自己的承诺。正如孟子所说："诚者天之道,思诚者人之道。"《中庸》也说"诚者自成也,而道自道也。""诚"和"信"都是符合"人道",也是顺应"中道"的。

中国古代的信用观是基于对宇宙存在价值的肯定和补充,更进一步,是对人的本性、人类道德价值的肯定和补充。它总体是强调人的存在、人类道德与人的本性完整统一,而这种统一也是出白天地万物的自然的本性。要求人们在充分认识到自我存在之后,能够尊重和认同天地万物的本性,再按照人的本质去对待、去生活、去行动,使出于自然的德性融入人类自身和实际的社会交往生活中,不勉强,不做作。

某化肥厂职工小唐,没事的时候就向同事炫耀自己在市房管所有熟人,办房产证很容易,而且花钱少、办事快。同事们一开始还信以为真,有一次老王找到他,说急着要办理房产证,便交钱相托,但过了很多天,也没有回音,老王趁休息就跑过来问到小唐,他支吾半天才说:"近来人家事儿太多,老王你再等等看,包在我身上,肯定行的。"拖得时间长了,老王对他的办事能力就觉得怀疑,便向他要钱,他却又说:"谋事在人,成事在天。你懂不懂?你的事儿虽然没办成,可我该跑的跑了,该请的请了,你总不能让我为你掏腰包吧?"言下之意,钱没啦。打这件事以后,小唐的话就再也没人信了,以至于同事们在闲暇聊天的时候,只要小唐往人群里一站,大伙儿好像有一种默契似的,就不再言语,继而纷纷散去了。

荀子说:"君子耻不修,不耻见污;耻不信,不耻不见信。"孔子也说,一个国家可以没有食物、没有士兵,但不能没有"信","自古皆有死,民无信不立。""信"是立人之本,也是人际交往、为人处世的一种德行——人类最自然、最无瑕的本性。"君臣不信,则百姓诽谤,社会不宁;处官不信,则少不畏长,贵贱相轻;赏罚不信,则民易犯法,不可使令;交友不信,则离散忧怨,不能相亲;百工不信,则器械若伪,丹漆不贞。夫可与为始,可与为终,可与尊通,可与卑穷者,其惟信乎!"(《吕氏春秋》)作为一个完整的社会构成体系、秩序和行为规范来讲,应该是一个完整的稳定的真实体,而不是虚妄的。每个人在与人交往共事的时候,他的言行必须与自己的本性相吻合,不能反复无常,只有这样,才能更好地维持社会的秩序,建立更好的人际关系,也才能保证世界和人类自身的和谐。

当代学者台静农先生是一个注重"身教"的楷模,他待人处世可谓是"至诚至信",他执掌台湾大学中文系二十年,办公室的大门永远向人敞开着,任何人进去不必喊"报告"。而他对学生也更是和蔼可亲,有求必应。有一次上课,一位学生站起来对他说,想看看泱泱五百卷的《太平广记》中的某一卷,台静农笑笑说:"下次上课,我带一套给你看看。"同学们听了都大笑起来,觉得他在开玩笑。第二天上课的时候,同学们果然看见他抱着一卷十册的《太平广记》进来。可见台先生是一位十分讲信用的人,让人不得不佩服。

做人如此,做生意也是如此。李嘉诚说:"一个企业的开始,就意味着一个良好的信誉的开始。有了信誉,自然就会有财路,这是必须具备的商业道德。"

良好人际关系的开端就是看信用与否,如果你真的做到了讲信用,别人也就会对你讲信用。反之,亦然。做一个狡诈的人,信用对于他而言是一种忌讳;做一个讲信用的人,信用就是他一生的财富。

5.如何使人信任你

其次致曲。曲能有诚。诚则形。形则著。著则明。明则动。动则变。变则化。

——《中庸》

"诚信者,天下之结也。"(《管子》)诚信是人与人之间和谐相处的道德准则。为人处世,要想拥有自己独特的人格魅力,和让人觉得亲善的性格特质,这就需要先要求自己做到"诚于心","诚"与"信"是一个整体,有"诚"才使人"信"。"信于外",即是在实际与人交往中"诚"的最完满的表达。

真诚待人、恪守信用是赢得人心、提高亲和力的道德前提。只有做到了诚信,才能得到别人更多的帮助和支持,也才能更多地获得成功的机会。一个人要打扮、装饰自己的外表很容易,但在修养自身方面,要做到"诚信"的确很难,这就需要用心去做到"诚""信",我们不要觉得困难而放弃它,在与人交往共事的时候,还是要坚持以诚待人,以诚取信于人。这样,我们的社会就会变得平和,人与人之间也就变得更加和睦。

"择善而固执之",这是做人的一种主观精神,是一种道德观。《中庸》上说:"修养自身,要根据道的规定。"用"道"来要求自身,多从自身找原因,发现自己的缺点和错误。"道"即是人生来与万物共有"本性",这种"本性"是将人与世界、自然、万物联系在一起,让人学会从外界找到修养自身,修养"诚信"的契机,而后才能"固执之",并得到解决,从而实现自我道德观的升华。就好比是看病求医,医生总得先找到病人的病根在哪,然后才可以科学地治疗、下药,不找症结而盲目下药的,那是庸医。

从前有这样一则寓言,一条鳄鱼很想爬到岸上去看一看,就从水里爬了出来,不知不觉走到了沙漠中,由于天气炎热,鳄鱼浑身没了力气,这时,它看到一个小伙子走了过来,鳄鱼就对他说:"看得出来,你是个勇敢的人。不仅勇敢,而且还是个大力士吧。我快要死了,你能不能帮助我回到水里? 我一定会报答你的!"善良的小伙子同意了,背起鳄鱼就走,快到河边的时候,鳄鱼在想:这么强壮的人,他的肉一定很好吃,到了河里我就可以饱餐一顿了。小伙子把它放到河里,它却一口咬住他的腿:年轻人,我好几天没吃东西了,你好事做到底,把你的腿给我当晚餐吧。

"你这个忘恩负义的家伙,怎么不讲信用?"小伙子骂道,"你说我把你背到河边你就会报答我的,可你现在却要吃我,这能算是报答吗?""你误会我了,要是在平时,你落在我手里,我早就把你整个吞下去了,现在我只要吃你的一条腿,这已经是对你报答了。"小伙子找在一旁的河马说理,河马怎么也不相信,"鳄鱼这么重,你怎么能背动啊,要让我相信就再背一次。"小伙子没办法,只好把鳄鱼又背到了原来的地方,河马这时候才说:"小伙子,你现在还想救鳄鱼吗?"

这个故事告诉大家,一个人不诚实不讲信用,是没有好下场的。同样道理,在处理人际关系的时候,缺乏诚实,不讲信用,是没办法得到别人的信任的,这样的人在社会上也是举足艰难,在社会上也就无法立足。

荀子强调即使是普通的言谈也一定要做到诚实可信,即使是一般的举止行为也一定要恪守诚信。不效法世俗的欺骗,不自以为是,像这样的人就可以称为诚信的人了。"诚信"不光是对自身而言,对别人更应该如此。"诚于心"是"信于外"的前提条件,所以,只有先做到自我"诚信",不做有违自己良心的事,不说有违自己良心的话,才能做到对他人"诚信",他人也才会待你以"诚信"。"诚可格天,诚可感人。"这句很有道理。

人作为一个社会人,与人交往时,要时刻记着自己是这个社会的一员,如何让自己在人际关系中既符合自己的意愿而又不违背社会道德规范呢? 这一点,就要先立正自我,找准自己在社会中的位置,在实际交往过程中,以诚信待人处世,此所以天地之为天地,人之为人。一个讲究诚信的人,最痛恨那些不诚不信的人。举一个最简单例子,打牌的时候,人人都痛恨那些喜欢出老千的人。

6.欺诈之人永远没有好下场

择乎中庸,得一善,则拳拳服膺,而弗失之矣。

——《中庸》

选择了中庸之道,得到了它的好处,就牢牢地把它放在心上,再也不能让它失去。这句的话外音就是：从"中庸"里得到了"诚"的好处，就要一直践行下去，不能半途而废，更不能因此而走入"欺诈"的歧途。"疑人者，人未必皆诈，己则先诈矣。"（《菜根谭》）一个人要是时常怀疑别人，别人未必都是狡诈，而自己已经先成为狡诈的人了。

在与人交往的过程中，要恪守"中庸"之道，说话办事要都能做到恰如其分，不偏不倚，而且以"诚信"立身，对人待事要由衷而做。有所谓"害人之心不可有，防人之心不可无。"但对于"防"这个字，也要做到"中"，当今社会有很多人为人处世，时常"以小人之心，度君子之腹。"这是不可取的。而对于那些既有防人之心又有害人之心的人，他们信奉的是"人无诈不立"，"无毒不丈夫"的信条。他们见利忘义（又或者说在他们心里从来没有"义"这个概念），蝇营狗苟，机关算尽。对于这样的人，一个诚实守信的人，应该退而避之。因为在他们眼里，利益、金钱至上，"诚信"在他们看来根本就狗屁不是，诚信的人也应该有清醒的头脑，更要擦亮眼睛。

隋炀帝杨广为了从太子杨勇手中夺得皇位，其欺诈世人的手段可谓是一流的。他不喜声色，虽然有众多姬妾，但他也不和她们在一起寻欢作乐，只与肖妃一人住在一起。房间里所挂的琴弦都断了，表面上都蒙着灰尘，让人看起来是很久没用过了。每天早上上朝的时候，车马随从，都很是俭朴，对待朝臣也都恭敬有礼。有一次下雨的时候，侍从连忙递过雨衣，他却说：土卒皆沾湿，我独衣此乎？因此，上到皇上下到侍从，都交口称赞杨广仁义。

谁也想不到，那杨广夺得太子之位以后，就凶相毕露：他趁隋文帝病重，入宫侍寝，趁机奸淫其父的妃子，又因被父亲发现就使人杀了他，伪诏将皇位传与自己，并赐杨勇死刑。即位以后，更是变本加厉，专制残忍，排挤和打击旧臣，对献媚自己的人给以高官厚禄，而那些忠诚之士往往惨死在他的屠刀之下。

这样的欺诈手段实在是令人瞠目结舌，而大家都知道，杨广最终是"搬起石头砸了自己的脚。"身败名裂，而且也得到了像夏桀、商纣那样的暴君应有的下场。

胡林翼说过这样的一段话：诚信的最好道理，能够挽救人走出欺诈的极端。一个人能欺骗一件事，不能欺骗所有的事；能欺骗一个人，不能欺骗所有的人；能够欺骗一时，不能欺骗万代。

在实际的人与人交往过程中，怎样分辨诚实的人还是欺诈的人呢？诚实的人，品格高尚，为人正直，待人处世不愠不怒；诚实的人，会有一大群要好的朋友，而且都是正直的朋友；诚实的人，能将你托付的事情办理得很好，而不求回报；诚实的人，不会斤斤计较，也不会背弃信义；诚实的人，不一定有钱，但会让你觉得和他在一起很快乐;诚实的人,不一定会长得好看,但当你"看"到他"至诚至信"的心之后,你会发觉他是世界最美的人。欺诈的人,花言巧语,弄虚作假,曲意奉承;欺诈的人,可能也有一大群朋友,不是狐朋狗友就是酒肉朋友;欺诈的人,他有不声不响让你上当的手段,会在你面前数落别人的不是;欺诈的人,也许会很有钱,但你时常会闻到那钱的臭味,有时也会装着可怜兮兮的样子;欺诈的人,可能外表看起来很漂亮很英俊,但当你揭开他的面具的时候,你会发现他就像一只怕见光的老鼠,猥琐而丑陋。

荀子在论人性的篇章中说,人的本性看起来如果善的,那也是他努力做的伪装,人性本来就是丑恶的。对于人性的"善"与"恶",在真正意义上的人际交往中并没有多大的指示作用,"善"和"恶"对于每个人都有不同的理解。但是,只要先修养自己致诚致信,自己先做到对他人"善",那么,别人"善"的大门也会向你开放。像欺诈这样的"恶",自会有人评判,最终招致恶果。或许,荀子的话应该这样理解:那些向来诚实的人,其本性就是善的;而那些惯于欺诈的人,其本性就是恶的。

不要自以为做得巧妙,神不知鬼不觉,就心存侥幸,"巧诈不如拙诚。"(《说苑》)人际关系不是要你怎样去用谎言或欺瞒去取悦于人,而是要求你用对自己的真诚去对待他人,只有如此,你在与人交往共事的过程中才会得到欺诈的人所得不到的,比如友善、和睦。

用真诚作为你的座右铭,即使你生前一无所有,即使你生前穷困潦倒,即使你生前残手断臂,当你死后,有人在你的碑铭上写到这样的话:他是一个诚实的人!我想你也应该没有什么好抱怨的了。不要以为生前因为欺诈而得来金钱、名誉而风光,即使死后,你的坟墓做得再豪华,而你的石碑上永远都只有两个字:欺诈!做人先做到"诚"吧!世界上,没有人能永远靠欺骗而生存,也没有永远瞒得住的谎言。

国学经典文库

中庸

中庸名言解读

图文珍藏版

7.勇于面对和改正错误

君子之过也,如日月之食焉。过也,人皆见之;更也,人皆仰之。

——《论语》

在与人相处的时候,总难免会有这样或那样的错误,有的人因为自己犯了错,就强词夺理,拼命找借口,甚至为求自保而在背后诋毁他人。所谓"见善则迁,有过则改。"(《周易》)犯了错误之后,不管是不是无意的,只要真诚对待,能改正过来就行了。如果不想犯错误,那就什么事也不要做,可能吗?要想搞好人际关系,就先得在错误面前勇于承认,并能改过。

有道是:"人非圣贤,孰能无过。"而后"知错能改,善莫大焉。"然而至于承认错误,说起来容易,而真正能做到的人,少之又少。不是圣人越来越少,而是能勇于认错、改错的人越来越少。圣人之所以为圣人,并不是因为他没有缺点,不犯错误,而是他能真诚地去面对,而且能适时地改过,能够总结经验,并能够为后人提供借鉴,警示后人不能重蹈覆辙,不能犯同样的错误。

古时候有一个十分懒惰的人,每天都是依靠偷鸡摸狗来维持生计。有个好心的邻居就劝告他:你到处偷人东西,闹得人家鸡犬不宁,这可不是好人的行为啊。那人听了,想了想说:那么,从今天开始我就少偷一点,每天一次改成一个月一次,等到明年我就不干了。邻居听他这样说,摇了摇头:你也明明知道这样做是错误的,就应该马上停止,为什么还要等到明年呢?而且还以为减少数量就能减少自己的错误吗?你的恶习看来是改不掉了!

既然都知道自己做错了,就应该马上改过来,而不是存心去找推脱的理由,要真诚地去剖析自己的错误,然后改正过来。上述故事里的那个人,既然能够去偷鸡摸狗,就是一个体格健全的人,完全可以用自己的双手去劳动,为什么他没有去做呢?因为他懒惰。为什么一个好端端的人这么懒惰呢?因为他不知错、不改错。在当今这个社会上,却更有胜者,听一个编辑说:"有人问一个男孩:'鸡蛋是从哪里来的?'那男孩不假思索地回答说:'从冰箱里来的。'"大家看了可能会笑,而笑过之后,你能想想是什么原因吗?男孩这样回答,错在哪?而最终又是谁错了呢?

"知己之过失,即自为承认之地。改去这无吝惜之心,此最难之事。豪杰之所以为豪杰,圣贤之所以为圣贤,便是此等处世磊落过人。能透过此一关,寸心便异常安乐,省得多少纠葛,省得多少遮掩装饰丑态。"(《曾文正公全集》)

曾国藩两次自杀,都是一个叫李元度的人舍身相救。李元度,字次青,湖南平江人。曾国藩失败以后,就召集幕僚,让大家指出失败的原因,但大家都不敢说。曾国藩就指着李元度:"次青,你大胆地说。"李元度倒也真大胆,"岳州之败,师未集而因大风阻于洞庭湖,故察我困,大股围入,其败可谓天意,于理于势者都是如此结局。并且,师出不为退路着想,乃行军这大忌。犯此,则不能不败。"李元度的话如芒刺在背,一针见血。曾国藩不但没有惩罚他,而是十分赞同。可见,曾公能承认自己的错误,而且还能够接受别人的意见。这种求过的方法,即是真诚者也,可谓是大人者。

在现实中,不管是做事还是与人交往,做到真诚认错,真诚改错,都非常不容易,这个时候就看个人的修养是否完善了。

讲修养并不是要每个人都忍气吞声,同样,所强调的"中庸之道",也不要人去做缩头乌龟,而是强调每个人所做所言都能合乎"本性",真诚当然也是其中之一。能做到这一点,社会就和谐了,人与人之间的关系也就和睦而无犯了。

对于自己的缺点或是错误,自身要先有个清醒的认识,真诚地承认自己的缺点和错误不是丢人的事,而是为了提升自己在他人心目中的位置,能够更好地得到他人的尊重,这样,每个人都能找准自己在社会上的位置,抱着一颗至真至诚的心待人待事。

错误并不可怕,可怕的是一个人不敢承认,不愿改正。

8."诚信"并非愚诚愚信

至诚之道可以前知。国家将兴,必有祯祥;国家将亡,必有妖孽。见乎蓍龟,动乎四体。祸福将至,善必先知之;不善,必先知之。故至诚如神。

——《中庸》

为人处世要像周敦颐在《爱莲说》中所讲的,需做到"中通外直"。为人正直、不卑不亢,对人讲究诚实守信,这是一个人生存在社会上的最基本的道德观,而这种道德观并不是只做到对自己诚信就可行了,而是要在与人交往或商业往来中,(只要是与人交流沟通的情况下)也能做到对他人讲究诚信,要想做到这一点,就需要看一个人的修养功夫是否到位了。

世界上假的东西很多,那些投机取巧的人能把假的做得像真的一样,真是处心积虑至极了。"假"当然包括方方面面,吃的、喝的、穿的、用的,一句话,只要能赚钱的东西,都是做假者谋取暴利的对象。做人似乎没有了吧?其实不然。俗话说:你敬我一尺,我敬你一丈。这或许是一种最理想的思想,现实生活中,不管是什么样的交往,只要能联系到"利益"的、"金钱"的都可能有人站出来推翻这句话。那些做假的人想的是,不管你是敬我一尺还是只有一寸,我没有一分一毫敬你,那么我就"赚"了。对于做人诚信与否这方面来讲亦然。可以待人以诚以信,但不能忘了,讲诚信是双方的,是互动的,所以,要区别对待,万万不能"一根筋",不能一味的愚诚愚信。

春秋时期,有一个名叫尾生的少年,长的风度翩翩,仪表堂堂。这一天与他心仪的姑娘相约在桥下会面,但姑娘因故未能及时赶到。后来下起了大雨,河中涨起了洪水,而尾生为了恪守承诺,坚持不走,抱着桥下的石柱,直至溺死。

坚守诺言是一个人得到别人尊重、喜爱的重要原因,这自然是无可厚非的,但如此坚守实在罕见,真有"泰山崩于前而心不惊"的气势了。诸位看过又得笑了,而且一定很是惊讶。的确,像尾生这样的人的确千年难得一见。此可谓是"愚诚愚信"到了极点,这种方式,每个人都不会赞同的。就比方说,一个人甜言蜜语地请求你,要你历经千难万险地帮他从天山上采到一朵雪莲,你答应他。回来递给他,他不仅不答谢你而且还抱怨你浪费了他的时间。这个时候,你的第一反应是什么样的呢?

大家都知道宋代的陈世美,是如何如何的忘恩负义,陈世美派手下的韩琦去刺杀秦香莲母子。当时对韩琦来讲真是信、义无法两全,但他以义为重,宁可失信于陈世美,也不能刺杀无辜。最终,韩琦自刎而死。

在人手下办事,就得竭心尽力地为他去做,但是韩琦能做到可以为义而死,真是一个对自己良知至端诚信的人,也算得上是对自己道德品行的肯定。在现实社会上,如何处理人际关系,诚信固然至关重要,但讲到忠诚,也要分清对象,不能盲目地跟随别人,他人要你怎么做你就怎么做,在此之前都得仔细考虑,切不可"随风倒"。为人处世"诚信"可以,但也要记住,自己永远不是他人的走狗。

所以,在与人交往的过程中,"诚信"是一个前提,只要做到了才能问心无愧。但是,在讲诚信的时候,一定要充分搞清楚前提,那些不讲对象的诚信是不可取的,自己也要吃亏的。对方不讲诚信,当然你会觉得自己上当受骗了,绝对不能愚诚愚信,要把握住这中间的一个"度",用"中庸之道",做人做事,要做到恰到好处,才有可能得到别人的帮助和敬佩。愚诚愚信,这是讲究"诚信"的一个误区,不能陷入此中而不能自拔。

韬光养晦，明哲保身

——如何在交际中处在有利地位

1.为人处世首先学会保全自身

诗曰："既明且哲，以保其身。"其此之谓与？

——《中庸》

孔子说："危邦不入，乱邦不居。天下有道则见，无道则隐。"就是说：局势危急的国家不能进入，局势混乱的国家不要在那里生活。天下有道的地方，就去施展你的才能，不讲道行的地方，就应该隐居而不出。孔子的这句话就是要让人认清局势，在乱世要采取全身而退的方略。在面对危急、混乱情况的时候，要做到该退则退，该忍则忍。

在我国古代的历朝历代，因"不隐"而落得妻离子散，死不知何所的大有人在；也有深知"隐忍"而保全自身，全身而退的人。至于"隐"与"不隐"，这就是"中庸"上讲到的"两端"，如何在面临这种"进则可能死，退则可能生"的两难境界的时候，该怎么取舍？这就得适时地运用"中庸"思想，所谓"执其两端，而用其中。"

在与人交往的过程中，也要学会保全自身，不能过于冒进，不能偏激，要时时处处掌握好这个度。俗话说：人在屋檐下，不得不低头。这中间的"不得不"就是迫不得已的意思，如果强出头，后果就是"头破血流"，谁也不会傻到这样的地步。其实，说起来容易，但做起来却很难，这就需要在遇到这种情况的时候，就要懂得运用"中庸"万事不可偏激，不可走极端的思想态度，做到恰当地处理方式，"退进"都能合乎"中道"。

萧何为吕后设计除了韩信之后，解除了刘邦的心腹大患，也因此萧何由丞相升为相国，封地也增加了五千户，朝中大臣无不向他表示祝贺。但有一个人对他说：你不日将有大祸临头，如今大王风餐露宿转战在外，而你坐镇京师，并未立下战功，大王必定会对你心存怀疑，请你将自家的家产来资助前方军队，大王肯定会很高兴。萧何觉得很有道理，便依计而行，刘邦果然十分高兴。

后来，英布谋反，刘邦带兵出征，却一直派人询问萧何在京师干什么。这时又有人对萧何说：你现在位居相国，功列第一，官不可再升，功不可再加，如今大王派人来打听，是担心你名声太大，会对他构成威胁。你何不到处压价买田，高利放债，使民有怨言,只有如此,大王才会对你放心。萧何听从了他的意见这样做了,刘邦听说后就觉得很放心了。当刘邦回来后,百姓都上来告发萧何,刘邦没有责怪萧何,反而笑着对萧何说:你自己处理吧。

"进步处便思退步,庶免触藩之祸;著手时先图放手,才脱骑虎之危。"(《菜根谭》)这句话并非没有道理。像范蠡这样的高人,深知在进步后退步,善于放手,最终以度晚年;而文种不听他的劝告,最终落得个自刎的下场。可见,进退之间,虽只有一念之差,但是联想到结果,却又是天壤之别。

在处理人际关系中,暂时的退让,并不是说你没用,而是一种保护自己的方式。因为让一步,就是为了以后的多进一步。大丈夫能屈能伸,要在实际中运用"中庸"思想中的变通之道:当事业不顺或人际关系僵持的时候,就应该找一个抽身退隐的方法,不要因为一时的顺利而得意忘形,那样不栽跟头才怪;也不要因为一时的失败,而失去信心。总之,在"进"与"退"的过程中,要切实掌握局势的变化,对自己有利就"进",不利则退,这样才能做到保全自己,而不受伤害或攻击。

2.退让并非懦弱

处世让一步为高,退步即进步的张本。

——《菜根谭》

楚庄王刚即位不久,整天与妻妾寻欢作乐,不理朝政,还下了一道命令:如果有敢议论国君的得失者,格杀勿论! 朝中大臣们都噤若寒蝉,有话也不敢说。这天,楚庄王在后宫左搂右抱,手下的伍举再也看不过去,说要觐见,楚庄王一脸的不高兴,就对伍举说:你有什么要紧的事赶快说,没看见本王正忙着吗? 伍举笑着对楚庄王说:倒也不是没什么大不了的事,只是微臣听说大王特别喜欢猜谜语,臣这里有一个,许多人都猜不出来,所以今天特地来献给大王,看大王能否猜出来。楚庄王很不耐烦:快讲给我听! 伍举看楚庄王已经中了自己的圈套,知道自己的生命无忧,当下一字一顿地说:山上有只鸟,三年不飞,三年不鸣,请问大王这是什么鸟?楚庄王明白伍举是在说自己:我以为是什么样的谜语呢,原来是这个呀,这有什么可奇怪的呢? 三年不飞,一飞冲天;三年不鸣,一鸣惊人。

实际上,楚庄王只是表面上寻欢作乐,却无时无刻不在寻找忠臣。后来,大夫苏从直言敢谏,楚庄王才告诉大家真相:我整整等了三年,才遇到像伍举、苏从这样的忠臣,你们是楚国振兴的希望所在啊! 之后下令,杀掉所有那些只会拍马屁的人,重用伍举和苏从,全力发展生产,整顿军队,使楚国日益壮大起来,终于打败了晋国,成为春秋五霸之一。

原来楚庄王用三年的时间来等待时机,目的就是使晋、秦等一些国家放松警惕,然后,得到贤臣,壮大自己的实力,最终"一飞冲天,一鸣惊人。"这可谓是楚庄王得以胜出的杰作。此中,让自己的国家停滞三年,这也就是"退让"巧妙之所在了。大家可以看出,楚庄王并不是一味地退让隐忍,也不是因为害怕而逃避,而是为了让自己的国家,能够得到更大的发展,这也就是在退步中等待进步的时机了。

在当今社会中,与人交往也好,与人共事也好,如果一味地强调自己该怎么样进步,该怎么样出人头地,因为社会是大家的社会,也不可能万事一帆风顺,当遇到逆境的时候,还硬着脖子,不让不退,那是很危险的事。

荀子认为,做人处世要恪守"中庸"之道。聪明人做事,在富有的时候要能想到自己不足的时候;平稳的时候要能想到自己也会陷入艰难的时候;安全的时候要能想到危难的时候。自己十分小心地行事,还恐怕有祸及身,这样,无论做什么事都不会陷入困境了。从这个意义上说,凡事都要谦虚谨慎,得退让时就得退让,这样就不会因为自己的偏激而走上极端,也就不会在与人交往中处处受人辱骂、抵牾、陷害了。

中庸处世讲的是不管在什么样的情况下,都要能做到"中"。"中"者,不偏不倚,恰到好处,不能只想着怎么"进",也不能因为顺利而忘乎所以,要适当地"退"。前面已经讲过,"退"并不是完全放弃,更不能是逃避,而是要等待时机而更进一步。

所谓适中的"退让",说白了就见好就收手,不能贪得无厌。因为社会的存在,就有它存在的规律,这是自然法则,谁也打破不了。好人不可做完,好事不能做尽,懂得这一点,不管是进还是退都有尺度,才不会因此而失去更多的原本属于自己的东西。

在退让的同时,要时刻提醒自己要增强自己的实力,以备进步之用。"得寸进尺"即是要"先得一寸而后再进一尺",得不到的时候就暂且退让。可能在现实社会中有很多人会觉得,在与人交往的时候退让,是懦弱的表现,是自己不自信,这无疑是一个思想认识上的误区。不管怎么说,退让并非是因为自己做不到或是做不好而逃避,也并非是害怕别人,或是不自信不坚强什么的。这个道理也得分情况、分时间、分场合,退让也要符合"中"的尺度,要不别人还真以为你是脓包。

3.急流勇退是保全自身最好的方法

人皆曰:"予知",驱而纳诸罟擭陷阱之中,而莫之知辟也。

——《中庸》

急流勇退也是一种明哲保身的方法,在我国古代有许多人不明白其中道理,而招致杀身之祸的人很多,像韩信、年羹尧,他们都有不世之才,帮助别人得到天下,可谓是汗马功劳,功勋卓著,但不谙明哲保身的处世方法而最终被杀。"伴君如伴虎"这个道理,他们身为一代名将怎么可能会不懂呢?但他们没有想自己会到"功高盖主"的地步,等到后悔时就已经晚了。

"功成身退",这是一个极其明了的道理。"狡兔死,走狗烹;飞鸟尽,良弓藏。"这句话不是为人处世的定理,却是人人都以为是的公理。历史上最出名的要数韩信了。韩信领兵打仗的确是技高一筹,很有一套,当初刘邦拜他为大将军是选对人了。韩信也最终帮助刘邦逼得项羽自刎垓下,但是刘邦对他很不放心,怕他恃功谋反。韩信的手下有个叫蒯通的谋士,他早已察觉刘邦对韩信有猜忌,就劝韩信趁早离开刘邦,自立门户,否则后果不堪设想,可是韩信听了却无动于衷。刘邦正式登上皇位之后,将韩信从以前的齐王改封为淮阴侯,韩信心里很是不痛快,于是就装病,没有随刘邦征讨谋反的陈豨,吕后就借此机会,向韩信下手,并捏造了韩信通谋,韩信莫名其妙:此话从何说起?吕后说:现在是主上的命令,说陈豨谋反都是你指使的,你的随从都能出来作证,你还有什么话可说?说完,不等韩信申辩,吕后下令立即将韩信处死。

一代名将就这样冤屈而死。照现在看来,如果韩信当时能听蒯通的话,大概也不会招此祸患了。或者能够及早地像张良等人那样懂得明哲保身而引功而退,也不至于这样死得不明不白。记得看过这样一个故事:一个人因为和别人打牌而口袋赢得满满的,但他还不知足,叫别人快去借钱回来继续玩,谁知道别人"借"来了一把刀,把他捅死了。其实,不管什么时候,什么情况下,都要能做到见好就收,激流

勇退,不可以贪图一时富贵,要以前人为借鉴,大概社会上也就没有这么多讲不清的是是非非了。

越王勾践和吴王夫差的故事,大家都耳熟能详。越王勾践有两个最出名的谋

士,一个是范蠡,一个是文种。二人为越王出谋划策,要勾践忍辱负重,而勾践也懂得其中道理,在被俘期间卧薪尝胆,最终在范,文二人的帮助下,励精图治,打败了夫差。范蠡就规劝文种和他一起退隐,但是文种不以为然。勾践再三劝说范蠡,但是他执意要走。过了一天,勾践召见范蠡,但回来的人说范蠡已经走了。后来也才有了"陶朱公"的故事。

而勾践本人就深深担心臣子会功高盖主,会失去自己的威信。这时正好身边的一个奸佞进献谗言说文种自恃功高对大王心存不满。这一天,文种病了,勾践亲自跑来"探病","你有七法,而现在只用了三法就灭了吴国,剩下的四法,你准备怎么用呢?"说完递给文种一把宝剑。文种取过宝剑一看,上可"属镂"二字,文种知道自己难免一死了,因为这把宝剑是夫差赐给伍子胥自杀的剑。文种哀叹:大功大德不得好报,我到底被奸佞给构陷了,唉,我好后悔不听范蠡之言。

韩信、文种皆乃智谋之人,但是不懂得功成名就之后引身而退的道理,不知道避难趋安当退则退,这一点上,就不如张良和范蠡了。

对于古人,我们现在人可以为项羽"妇人之忍,刚愎自用"而扼腕叹息;也可以为赵高"指鹿为马,搬弄是非"而嘲笑鄙薄;也可以为关羽"温酒斩华雄,刮骨疗伤"而击节叫好、拍手称快。但我们效法不了他们,也不要重蹈覆辙,这就是历史的作用,这就是它留给后人的一大笔取之不尽、用之不竭的经验财富。

在与人交往接触的时候也要以史为鉴,只有懂得了功成身退,对于那些名利就全把它当作镜花水月,浮云尘烟。用大度的心态去做好每一件事,哪怕是退让再退让。不要死盯着一块"骨头"不放,"咬"的太用力就有可能伤了自己的牙齿。

4.在人际交往中不要锋芒毕露

澹泊之士,必为浓艳者所疑;检饰之人,多为放肆者所忌。君子处此,故不可稍变其操履,亦不可露其锋芒!

——《菜根谭》

三国时期,有个叫杨修的名士,此人思维敏捷,在曹操手下任行军主簿,曹操也很看重他,杨修却经常耍些小聪明。有一次,曹操命令建造一座花园,刚刚搭好大门的框架,曹操看过之后,没说行也没说不行,只是提笔在门上写了个"活"字,工匠们都不解其意,杨修跑来看了看说:"门内添'活'字,乃'阔'字也。丞相嫌门太大了。"于是工匠们把门有改小了点,曹操看过后问是谁的意思,大家都说是杨修的,曹操嘴上赞美了几句,心里却很不舒服。还有一次,从塞北边关送来一盒酥,曹操在面儿上写了"一盒酥"三个字，被杨修看到了，就和大家一人一块地吃了。曹操知道后又问是谁的意思，大家又说是杨修。曹操就去问杨修，杨修说："盒上明明写着一人一口酥，谁敢违背丞相的意思啊？"曹操虽然面有笑容，心里越来越厌恶他了。

后来，刘备进军定军山，蜀魏双方在汉水一带对峙，使曹操进退两难，进又害怕刘备大军，退又害怕遭人耻笑。这晚，曹操坐在帐中想对策，恰好厨子端进一碗鸡汤，曹操看见碗中有根鸡肋，心中感慨万千。这时夏侯惇进来问夜间号令，曹操随口说：鸡肋，鸡肋。大家听到这样的口令之后都觉得奇怪，而杨修就开始收拾行装，准备班师回去。夏侯就问杨修为什么，杨修说："鸡肋鸡肋，弃之可惜，食之无味。今进不能胜，退恐人笑，在此何益？"曹操得知情况后大发雷霆："匹夫怎敢造谣乱我军心！"于是叫人杀了杨修，并把他的脑袋挂在辕门上，以告诫不听军令者。

看过这个故事以后，大家肯定都心知肚明了。一个有才能又能做到淡泊的人，一定会受到那些急功近利的人的怀疑；一个谦虚谨慎而有处处检点的人，也会受到那些毫无忌惮的小人的忌妒。所以，一个真正有才能的人，如果处在这种被怀疑、忌妒的环境中，当然不可以改变自己的操守，也不要锋芒太露，而刻意表现自己的才能和操守。虽然杨修无疑是个聪明的人，但他不了解曹操是一个小肚鸡肠的人，他不知道自己的聪明会遭到曹操的猜忌，最后只得赔上了性命。

推此及彼，可想而知，在待人处世的时候也不能锋芒毕露，不要咄咄逼人，放任自己而口无遮拦，如若不然会给你带来许多无味的烦恼。与人交往的时候，自己知道的事，能说出来也要说得恰到好处。自己不了解的事，就不要说三道四，不要张家长李家短的。还有一点就是说话的时候，尽量少用"大概""可能""我猜"，因为你自己根本不知道，而以为自己聪明，胡乱地联系。做人聪明可以，但不能逢人逢事就要小聪明，那聪明就会变成自己与人交往中绊脚石，一不小心就会引火上身。

"中庸之道"要求做人做事不能过火也不能太消极，万事都要适度，就对待自己的才能来讲，该你表现的时候就表现出来，不该表现的时候或是表现也无益的时候，就要把自己的才能掩藏起来，就装作不知道，不要反其道而行之，更不能去走极端。不要锋芒毕露是为人处世的一种保全自我，明哲保身的策略。大家都知道有钱是好事，但钱一旦多了，就会有许多的事找上自己。所以，看起来是一个穷光蛋，实际上是资产上千万，这就是一个策略。而它的反面就是看起来很有钱，其实是一身穷债的人，这就是一个笑话了。

一个人的聪明就像一把锋利的刀子，如果用得恰当就能帮助自己完成许多的事,或者在社交过程中处在有利的位置。但这把刀子的使用也有它的规律,比如在切菜的时候,要按顺序来切,不能乱切一通,要不然也会划伤你的手。

5.忧患意识时时在

子曰:"素隐,行怪,后世有述焉:吾弗为之矣。"

——《中庸》

人生在世,荣枯瞬息。不要说能够预测未来,就连目前也未必都能尽知,世事难料,有时让人先苦后甜,有时又让人先甜后苦,它对人都是平等的,不会让人一直风光,也不会让人一直穷苦。而明智的人,不管在什么情况下都会有自己一套思想:居安思危,退进有度,明哲保身。对于明智的人来说,这是一个人必须懂得的为人处世的精髓。管仲说:祸患在没有发生之前就应该做好预防的准备。

对于人的一生来讲,总有顺境和逆境,在顺境中适可而止,不可目空一切,不可趾高气扬。在逆境中适时退让,不可垂头丧气,也不能自暴自弃。其前提就是需要人在为人处世的时候能够做到全面考虑到两个极端。"中庸"上说,"执其两端,用其中。"在处理人际关系的时候,要能做到不偏不倚,将忧患意识放在首位,遇到对自己不利的境地的时候,该退则退,该隐则隐。

孙叔敖有一天在路上遇到了狐丘丈人,两人寒暄过后,狐丘丈人就问孙叔敖:我听说在世上有三种有利的事,也就一定会有三种不利的事,你知道吗?孙叔敖一听觉得他是在说自己,说:我不够聪明,怎么会知道呢?请问什么叫三利,什么又叫三害呢?狐丘丈人说:爵位高的人,别人一定会嫉妒他;官做的大的人,君子一定会提防他;俸禄多的人,别人一定会怨恨他。我指的就是这三种。孙叔敖说:我的爵位越高,我的志向就越低;我的官做得越大,我的心气也就越小;我的俸禄越多,我施舍的人也就越多。这样做可以躲避灾祸吗?狐丘丈人说:你说得太好了。这样就可以免于灾患了。

为了赢得良好的人际关系,得先做到居安思危,加强忧患意识,在实际与人交往的时候要能做"先忧"。"先忧而后乐",能与人同忧同乐,做人至此,虽不能说人际关系的十全十美,但也应该没有什么好怨恨的了。

"君子之立志也,有民胞物兴之量,有内圣外王之业,而后不忝于所生,不愧为天地之完人。故其为忧也,以不如舜,不如周公为忧也;以德不修,学不讲为忧也;是故顽民梗化则忧之,蛮夷猾夏则忧之,小人在位贤才赋闲则忧之,匹夫匹妇不被己泽则忧之,所谓悲天命而悯人穷,此君子之所忧也。若夫一身之曲伸,一家之饥饱,世俗之荣耀得失贵贱毁誉,君子固不暇忧及此也。(曾国藩)可见,君子不管是为小我还为大我,都能先做到"忧","忧"即可参透世事,可更好地指导君子该做的事。

不管做什么事,都得事先考虑全部的可能性,居高位时要能想到有朝一日被贬为庶民,富有时要能想到自己有可能一夜之间变得一无所有,成功时要能想到失败,欢乐时要能想到苦痛。正所谓"福兮祸所倚。"只要能做到这一点,就能分清什么情况对自己有利,什么情况对自己不利。有利的更要战战兢兢,如履薄冰,不能得意忘形;不利的更不能放弃,要学会适时而退。忧患常在,忧患意识常在,以不变应万变,用"中庸"思想来变通,绝对不能不瞻前只顾后,那样很容易摔跟头。

当今社会,物质文明繁荣,社会生活稳定,当然人们不用再为温饱而犯愁,然而谁也不能保证将来会怎么样,说不定你上班的工厂倒闭,你将下岗;说不定你炒的股票暴跌,你将血本无归;说不定你开的饭店生意不好,经营不善最终关门,你将一无所有。人生就像是在和别人打牌,今天你赢了十块钱,说不定明天你就输了一百块。其实道理,大家都明白,所以在你赢的时候要考虑到输的时候,这样才能谨慎行事。正所谓:居安思危,有备无患。

6.忍小节才能干大事

君子语大,天下莫能载焉;语小,天下莫能破焉。

——《中庸》

孔子说:小不忍则乱大谋。"忍"是为人处世的一种精神境界,是积蓄力量的一种缓和的方法,是为了做大事才会忍小节。在现实生活中,我们也会经常遇到许多需要自己忍让的情况,不管是因为人还是因为事,面对自己不利的境况的时候,就要学会先退让一步,不要违背"中庸之道",而走极端。

之所以要提到"忍",是因为在与人交往的时候,有些人血气方刚,嫉恶如仇,不管是遇到同事或朋友的善意的批评和意见,或是受到一些不安好心的人的唆使或阴谋,这个时候就会不经过考虑而对对方进行攻击或诋毁,因而会失去做成大事的机会,也会失去良好的人际关系。所以在这样的情形下就要更好地用"中庸"思想中"忍"来缓和矛盾,然后再解决它,不能一味地走直路,要学会变通,若不然自己就会撞到路边电线杆什么的。变通是为了绕过它,才能不被他人有空隙所乘。

汉代有个叫吕蒙的人,被皇上任命担任宰相之职。这天上朝要去面见皇上,就听见有人在私下里议论,指着吕蒙说:这小子就是刚任命的宰相啊?吕蒙装作没听见。这时，和吕蒙同行的一个官员一定要上去问问刚才说话的是谁，但被吕蒙拦住了，说：我刚上任，别人有这么一问也很正常。倘若知道了他的姓名，自己一辈子也忘不了，心里就会想找机会教训他，那么就不知道该怎么做事了，还不如不问的好。苏轼说："所就者大，则必有所忍。"

在《忍字辑略》中有这样一句话：古圣贤豪杰所以立大德而树立业者，莫不成于忍，而败于不能忍。像韩信、刘邦，照理说项羽也应该听说过韩信曾受胯下之辱，但他没能学会变通之道。忍让是一种智慧，是一种豁达的胸襟，只有真正做到了修养身心而致完满的人才有的胸襟。谁都知道，当年项羽兵败垓下，所剩只有二十八骑，手下人叫他赶快过江，以图卷土重来，但项羽就是不肯，还说什么天意忘他，无颜见江东父老，最终只落得个自刎的下场。如果当时项羽能够退让一步，刘邦虽然一时得势，但凭借项羽的力量，"卷土重来未卜可知"。何必计较一时得失，有道是：退一步海阔天空。而现在我们再翻看历史的时候，只有为项羽而惋惜，甚至为他的"妇人之忍"而鄙薄他。

为人处世做到"忍"，不光在社会关系上，在家庭中也一样重要。唐代宰相张公艺以九代同居而为世人瞩目。唐玄宗李隆基听说后就问他，为什么能和家人这样和睦呢，张公艺在纸上只写了一个"忍"字，当下，玄宗敬佩不已，赐玉帛而去。

古人说：百行之本忍者为上。不要只看到自己失利的地方，也不要为此而一蹶不振，当忍则忍，此大丈夫也。所谓"忍"并不是要心眼，跟别人斗一时之气，而是为了先忍让而后前进，只要明白这个道理，忍一时之必忍，才能做到进一步必进，不可急于求成，而枉费心机。在与人交往的时候，也是同样道理，要做到以"和"为贵，不能因为一些鸡毛蒜皮的小事，就逞一时口舌之快或是拳脚相向，而应该采用"中庸"的处世之道，控制住自己的情绪，忍让一事又有何妨呢？

但是"忍"，并不是说我们不反抗或是没有反抗的力量，也绝对不是不讲原则，也不是低三下四甘愿受人摆布，而是要在"忍"中等待时机，才能用明智的头脑取得更大更多的好处。

做人做事都要讲原则，在不违背个人的"本性"和社会道德准则的范围内，要忍得恰到好处。在大是大非面前，不能一味地委曲求全，那样就是软弱无能、任人欺凌的无用之人了。有道是：是可忍，孰不可忍。所以，能在社交中做到忍一时小节，即使不能像预期的那样取得成功也没什么关系，因为你在是非中学会了"忍"，这一样是你的成功。

7.小人物也可能是你的"救命符"

> 君子以人治人。

——《中庸》

君子总是根据不同情况对不同的人采取不同的处理方法。所以,即便是一个不起眼的小人物,他也有可能是你成功路上的台阶,当然也有可能是一块绊脚石。

"明哲保身"的本身就有两种背道而驰的心态:一种是为了保全自己,但不会损害到别人;另一种就是为了达到目的,而不惜采用一切手段。对于这两种心态,在实际运用明哲保身的方法的时候也要做到适中,前者自然是无可厚非,但是后者则得不偿失。

当人们遇到对自己处身不利的情况时,就要考虑到自己应怎么样先保护好自己,而不是硬着头皮执意求进。"明知山有虎,偏向虎山行。"这不说一个有多么的勇敢,多么有坚韧精神的人,而是一个不知变通、盲目的人。而明明知道眼前是一堵墙,还不知道躲让,一味地往前撞的话,结果只有头破血流。其实,不管眼前是一堵墙还是一只老虎,你大可以借助众人的力量去推倒或打死它,这样也就保全了自己。这样的道理最明白不过了。得到别人的帮忙从而保全自己,这不是容易的事情,因此只有先修养自身,先得到别人尊重、欢迎,这样做起事来就容易多了。

战国时期,齐国有一个叫夷射的大臣。有一天他受邀请去参加齐王的酒宴,因为喝多了,就跑到门外吹吹风,以便快点清醒。守门人走到夷射的身边说:大人,这酒的味道闻起来真好,可不可以赏我一杯? 夷射不答应:像你这样的人还敢跟我要酒喝? 守门人还想再恳求,但夷射已经走了。这时,刚好下了阵小雨,门外积了一摊水。第二天,大王刚出门就看到门前的水滩,就厉声喝问守门人:是谁在这里小便? 守门人说:我不是太清楚,昨晚只有夷射大人在这待了会儿,也没看到其他人来过。结果,齐王命人赐夷射毒酒自尽了。

一杯酒对于夷射大人来说是小恩小惠,但他都不愿施舍,结果赔上性命。如果当时把酒给了那个守门人,说不定,大王问的时候,他就会这样说:大王,昨晚您和大臣们喝醉了,所以下雨也不知道。我们不排除在人际交往难免会遇到小人,但是只要处理好和他之间的关系,能退让的时候就退让,可能他也是你全身而退不可缺少的人。

齐国还有个叫孟尝君的人,此人乐善好施,门客多达一千三百多人。其中有些人也没有什么本事,就是混口饭吃。秦王派人请孟尝君说是要拜他为丞相,实际上是为了拆散齐楚联盟。孟尝君带着一批门客来到咸阳，却被秦王软禁起来，孟尝君十分着急，就派人四下打听，了解到最近得到秦王宠爱的妃子燕姬，就联系上她，而她回话说要帮忙可以，不过她想要一件银狐皮袍。孟尝君就和门客商量，一人站出来说他可以弄到。于是那门客夜里跑到秦国内库里把皮袍偷来献给了燕姬。燕姬得到银狐皮袍后就马上请求秦王放了孟尝君他们，秦王立即就答应了。

孟尝君接到文书，他怕秦王反悔，就连夜赶到关口要出关，但守卫说鸡还没叫不能开城门，大家又犯难了，这时有个门客捏着鼻子学鸡叫，跟着全城的公鸡都开始叫起来，守卫打开门，孟尝君带领门客们出关了。后来秦王果然反悔了，就派兵追赶，但是孟尝君等人早已离开秦国了。

这就是"鸡鸣狗盗"故事的由来，孟尝君最终依靠自己门客的帮助而逃出秦国。试想，如果孟尝君手下没有这些门客，那结果可想而知。这里讲的依靠他人的帮助而最终保全自己，其前提并不是要贿赂别人，让别人先得到你好处才肯帮你的。对于此，也是为人处世的一个误区，有些认为，"吃人的嘴短，拿人的手短。"觉得只要给人家好处就可以了，其实像孟尝君那样乐善好施的人，他自己也没有想到门客竟然可以帮助他渡过难关的。这期间必然会有一个积累的过程，这方面把握不好，即使别人得到你再多的好处也不会帮你的。

以恶待人，人亦以恶待你；以善待人，人亦以善待你。所以，待人接物，不管是大人物还是不起眼的小人物；不管是大事还是小事，我们都不可以忽视，都应该加以认真对待。在与之交往中，说话、办事、待人都能合乎"中"道，那么，别人也就乐于帮助你。在现实中，只有做到了以上这些，想借助别人而保全自己就是很容易的事了，在处理人际关系的时候也会如鱼得水了。

宠辱不惊，居以俟命

——为人处世，心态至关重要

1.学会待人宽容

忠恕违道不远。

——《中庸》

所谓"金无足赤，人无完人。"就是要求人们在为人处世的时候，要学会适可而止，要懂得宽容别人。"君子贤而能容罢，知而能容愚，博而能容浅，粹而能容杂，夫是之谓兼术。"(《荀子》)明智和愚蠢，博大和浅薄，纯粹和芜杂，这些无疑都是截然相反而又相互对立的东西，但是，对于这些截然相反的东西却不可以用截然相反的心态去对待。若不然，在现实社会中，不管是与人交往还是与人共事，都会陷入一种尴尬而且是负面影响的境地。聪明的人要做到宽容愚笨的人，博学的人要做到宽容浅薄的人，精纯的人要宽容杂驳的人。

"中庸之道"要求人们做到不偏不倚，无过与不及，一切都做到恰到好处。孔子认为，君子是可以对不同的人进行调和的，因而君子是大公无私的君子，是宽容大度的君子。在实际生活中，如果能够将中庸思想切实地运用到人际关系的处理中，这样天下之人才都能相互宽容，世间的纷扰也就会随之而减少，天下之人也才能更加和睦的相处。

方孝孺说过这样一段话：贵为君子的人，就能兼容并蓄，使才智能够自现；愚昧不肖的人可以自全，所以天下没有遗弃的怨恨。

蔡元培到北京大学做校长的时候，北大师生像往常一样列队欢迎，老师们都会向新来的校长鞠躬敬礼，在他们看来是很稀松平常的事，也是对校长的一种尊敬。而让人怎么也想不到的是，蔡元培也立即给大家鞠躬敬礼。蔡元培作为新校长，对北大所有师生都一视同仁，从无贵贱尊卑之分。而蔡元培真正对北大做的贡献就是他提倡"兼容并包"的为人和治学思想，这一思想源于蔡元培为人处世的包容性，他对北大当时的教师们，没有太大的要求，不管是不是像辜鸿铭那样扎着辫子的老学究，还是西装革履留洋回来的具有西方新思想、新认识的胡适，都一概聘用，对于当时来讲是不容易的。正是因为蔡元培自身的包容性，而创建了北大新的学术思想。从后来看，他对北大的贡献是巨大的。

松下幸之助说:如果我们能承认品质各有差异的客观存在,便会对彼此的差异感到快乐。你有你的思考方式,我有我的思考方式,若是我们都能互相学习,彼此宽容,便能一团和气。的确,不管是从个人修养来说也好,还是与人交往共事,都能够彼此宽容,彼此体谅,那么当然天下是一团和气。但是要做到宽容,就必须有一颗善于宽容的心,善于宽容的心从哪里来,就必须要先修养身心。

韩信被封为齐王之后,回到自己的家乡,找到了曾经让他受胯下之辱的那个人,那人得知韩信已被封为齐王,吓得跪在地上。但他怎么也想不到,韩信却把他封为自己手下的督尉,对大家说:这是一个壮士,当初他侮辱我,我杀不了他吗?可是杀了他又有什么用呢?我忍下来才有了今天,所以也不会杀他的。按照常理来讲,韩信有权杀了那个人,而且韩信也并不是个不知耻辱的人。但他没有,反而招为己用,可见韩信有一颗宽容的心,在那样的时代是很不容易做到的。

学会了宽容,学会了忠恕,自己离君子也就不远了,离"中庸"之道也就不远了。

老子说:"上善若水。"水既至刚又是至柔的,有偌大的抵触性和包容性,即强调不管君子是与君子相处还是与小人相交,都应该做到以水的性格去宽恕别人,只有做到既能至刚又能至柔的态度去为人处世,那么,君子就能和君子相处融洽,也就能做到宽恕小人的过失,与之和谐相处,世间也就没有所谓的争端和烦恼了。

宽容是一种豁达的心态,那如何在当今纷繁复杂的社会中达到这种心态呢?这就需要在与人交往之前,先做到自我修养,增强自身的包容性,必须以宽容大度的度量去权衡他人,只有能有宽容之心,才能在现实当中做到宽容,才能在现实当中与人和谐相处,也才得到他人尊敬和认同。"记人之长,忘人之短。"真正的君子是能做到这一点的,不管君子这种豁达的心态是天生的还是在后天的学习中达到的,有一点就是,君子之所以成为君子,是因为他做到了自我修养,做到自我宽容和对他人宽容,这是一般庸俗之人可望而不可即的,也只能自叹不如的。

2.面对称赞,为人不可得意忘形

子曰:道之不行也,我知之矣;知者过之,愚者不及也。道之不明也,我知之矣;贤者过之,不肖者不及也。

——《中庸》

孔子说:我知道了中庸之道为什么不能推行了,明智的人超过了它而愚笨的人又达不到。我知道了中庸之道为什么不能让世人明白了,贤能的人超过了它而不肖的人又达不到。所以,"过"和"不及"都达不到最好的效果,与人交往共事的时候也应该注意这一点。

得到别人的称赞，应该是件好事。但是，不管别人称赞是否中肯，在他人面前都不可以得意忘形，忘乎所以。其实不管是对待他人的赞赏还是贬低，也都要能做到顺应"中庸"之道，即"喜怒哀乐之未发，谓之中；发而皆中节，谓之和。"喜怒哀乐没有表现出来的时候，叫作中；表现出来又能合乎礼节，叫作和。就是在别人赞美你的时候，要做到不大喜，一笑而过之；别人责骂你的时候，你就像平常一样，态度自然，要做到不怒。而表现出来的时候又都能合乎礼节，这样就能达到"中和"的境界了。

为人处世忌骄傲自满，忌恃才傲物，忌自表其功，当然也包括得意忘形之徒。或许有人觉得会没有道理，别人称赞你，你得意有什么过错吗？的确，不过有句话说得好，"得不得意，失不失志。""得不得意"即是对于别人称赞时候，自己应该做到的。"满招损，谦受益。"就是说任何事情做得过分都会得不偿失。要能做到遵循"中庸"之道，无过无不及，恰当的时候表现出来而又能符合礼节，这样在处理人际关系的时候也就少了许多因为自己骄傲而引起的不必要的麻烦。

"初唐四杰"中王勃可谓是才华横溢之人，年少时就因写了《滕王阁序》有很大的名气，所以唐高宗的几个儿子都争相礼聘，要网罗他进入自己的王府。后来，唐高宗授意，他来到沛王李贤的府中做修撰，也就是充当谋士和指导李贤读书的角色，李贤对他的才华大加赞赏也十分信任他，交给他的事情也都能很妥善的完成。当时宫中盛行斗鸡，沛王也加入其中，每次都能大获全胜，唯独打不过英王李显的那只"骁勇善战"的公鸡，沛王很尴尬，这时王勃就写了一篇《檄英王鸡》的游戏文章，当场吟诵，大家都听得很开心，夸奖王勃，王勃也得意扬扬。谁想这件事被高宗知道了，大发雷霆，说这样庄重的文体竟用来写这样的文章，如此放肆。文章说是檄鸡，实际上是挑拨是非，真是可恶。于是高宗下令，免除王勃的官职，并逐出王府。

后来，王勃在文章中说自己"命运多舛"，实际是因为他恃才傲物的关系。有才华又能得到大家的认同和赞赏，理应是一件很值得骄傲的事，但是王勃没有把握好分寸，得意自己的才华，而得到庶贬，实在是可惜。但是大家可以看出来，得意忘形会招致小人的忌妒，他就会想方设法地要"谋害"你，"树大招风"，也不是没有道理的。

魏晋时期著名的"竹林七贤"里有个叫阮籍的人，此人也是才华横溢，经常受到别人的赞誉，但当时司马氏的黑暗专制统治，让他不得不收敛自己的才华，常常以酒为伴，长歌当哭，不问人事，最终得以保全自己。或许，像阮籍所处的那个时期是一个特定的社会环境。如果当时，他也像王勃那样恃才傲物，因为自己有不可一世的才华而沾沾自喜，免不了也会像向王勃一样为统治者所不容而招来杀身之祸。

为人处世要懂得物极必反的道理。事业有所成功，得到称赞的时候不要表现出很得意的样子，表现出来的时候又要中规中矩。这样，在为人处世方面，能给人以好感，自己就也会少了许多不必要的"敌人"，人与人之间也就会更加和善。记住这一句话：得意可以，但不可忘形。

3.失意时不要怨天尤人

正己而不求於人。则无怨上不怨天，下不尤人。

——《中庸》

人生在世总会有得意和失意的时候。得意而失于流俗，失于精神上的"贫穷"，就比那些失意但不失人不失志的人来讲就显得更加"贫穷"。庄子曾经说：眼睛看不见的瞎子，耳朵听不见的聋子，只是外在生理上的；知识上的瞎子，知识上的聋子，就无可救药了。所以，失意的时候一味地怨天尤人，那是自欺欺人了。

有些有财富、有地位的人，觉得自己很有本事而得意。现实生活中还有些人富有，表面上并不显露出来，其实心里面总觉得自己高人一等，对那些贫穷的人就另眼相看，就有了"青眼"和"白眼"之分。

贫穷的人，可能没有财富，没有地位，在茫茫人海里只是一介草民，如果总觉得自己想得到财富太难了，觉得生不逢时，自己是"虎落平阳""英雄无用武之地"，那么这个人不仅物质上贫穷，思想上也十分贫穷了。没有财富并不代表这个人精神境界也就贫穷，低人一等，富有和贫穷并不是只体现在物质财富的多少。实际中，有金钱没学问的，有学问没金钱的，没学问又没金钱的人比比皆是，那该怎样区别对待呢？这就需要运用"中庸"思想进行修养。只有真正做到了贫而不怨，富而不骄,才能对社会、对不同的人做到不同的却又合乎道德观念全新的认识和正确的评价。

梁漱溟是我国近代有名的儒学大师。"十年文革"时期,那些所谓的"红卫兵"们把他的藏书、手稿、字画统统烧了,人又隔三岔五地被拉去游街,批斗,这对于一般人来说,是多么大的羞辱,同时面临这样的失意,稍有想不开就会走上极端,一了百了。但是梁漱溟没有,当造反派们厌倦后把他关在一间小屋子里,他没有为此而怨天尤人,也不呼天抢地,而是潜下心来认真地做自己的学问,其《儒佛同异论》还有《东方学术概论》,可谓是我国学术界开天辟地的伟大成就,其超然物外的胸襟和气度确是令人折服。

从这个小小的例子中,我们可以看出,梁漱溟真正懂得了并很好地运用"中庸"思想中"明哲保身"的处世方法,也真正做到了"失意不失志",从而取得了非比常人的成就。对于有才能的人,命运是公平的,不要因为一时的成功而得意,也不要因为一时的失意而怨天尤人。"失败是成功之母",只有真正品尝过失败的人,为了成功才会更加努力地争取,成功后也才会更加珍惜。

人生在世,得失在所难免,那就看你怎样去面对了。我有一个朋友,因为三年高考落榜而心灰意冷,总是抱怨时运不济,决定不想干下去了,要去外地打工。我当时也不知道怎么劝说,就告诉他不要气馁,再用心努力拼一次,真的不行也就没什么遗憾的了。后来他如愿以偿地考上了自己理想的大学,回来时跟我说:原来命运真的很公平。我为我这个朋友感到高兴,我知道他最终考上了大学并不仅仅是因为我劝他的那些话,而是在他心里并没有完全放弃自己的理想和抱负。其实,每个人只要不失志,总会有成功的一天,只是有些人不能做到才一味地沉溺于怨天尤人,而丧失了许多的机会。

在现实生活和在处理人际关系中,如何应对和处理得志与失意这两个极端呢?那就需要做到不怨天尤人,坚持下去,不管最终是不是能够得到你想要的,起码你在自己心态方面已经成功了。运用"中庸"思想的最终目的是要人做到"中和",不管什么时候,都要做到不偏不倚,用适中的态度去面对,这样既符合了"中"道,也避免走上极端。

4.保留一颗羞耻心

子曰:好学近乎知,力行近乎仁,知耻近乎勇。

——《中庸》

人贵知耻。一个人只有知廉耻，才能做到高风亮节，不与世俗苟同。孟子说：人不可以无耻，无耻之耻，无耻矣。"知耻近乎勇"即：只有知道廉耻，人的言行举止才会更加接近"勇"，人与人之间也才会变得和谐。

最早关于"廉耻"的当数《诗经》中的《相鼠》篇，其曰：相鼠有皮，人而无仪；人而无仪，不死何为？其意思大概是说，像老鼠这样的动物都还有一张皮，作为人怎么能够没有廉耻心呢？没有廉耻心的人，还活着干什么？

有这样一则小故事：老虎嘲笑猴子说，你们整天被人家牵着翻跟头、耍小本事，真是我们动物的耻辱！猴子说，我们被人家牵着是迫不得已，而你呢？老虎就不解地问，我怎么了？我是森林之王！猴子笑了笑说，别人用枪杀了你，又把你的皮剥下来做皮袄、做装饰，那你觉得我们猴子和你到底那一个不知羞耻呢？死了连皮都不能保全，真是兽耻！

在我国古代，许多的圣贤名士，对"耻"都有精辟的见解。孔子说：君子耻其言而过其行。管仲也说：国有四维，一曰礼，二曰义，三曰廉，四曰耻。四维张，则君令行；四维不张，国乃灭亡。近代康有为也说：风俗之美，在养民之耻。耻者，治教之大端。可见"耻"是为人在世的一种最基本的道德观。只有知廉耻，才会谨言慎行，也才能做到在实际与人交往的时候不会丢失人的本性。

汉高祖刘邦这个人，被李宗吾称为是天下脸皮最厚而心又最黑之人。刘邦年轻的时候去县令家祝贺，竟然空许"贺钱一万"。更有甚者，到了楚汉相争的时候，一次楚军大败，刘邦只带领着几十名将士突围，情急之下，刘邦竟亲手把自己的儿子刘盈和鲁元公主推下车，这时手下的滕谷下车把他俩救起，可又被刘邦推了下去，这样屡次三番。为了逃命，竟然置亲生骨肉的性命于不顾，真是有违人伦，厚颜无耻了。虽然此人最后有所成就，但是耻辱是实实在在刻在脸上了。

中庸处世讲求平和，对于荣辱有一整套的理念，通俗点说，就是不管遇到荣耀或是耻辱的时候，都能做到"中正"而不折不扣。对于那些不知廉耻的人，中庸思想也视为耻辱。孔子曾经赞扬弟子子路，虽"衣敝缊袍，与衣狐貉者立"，但孔子不以为耻。"古者言之不出，耻躬之不逮也。"儒家认为个人出世的主要目的是以道济天下。在有道之邦，个人应该出仕，如果这个时候因为没有能力出仕，而身居贫穷，是可耻的事了。反过来说就是，如果一个出仕，身居高位，却无所事事，那就是尸位素餐，就更是可耻的事了。

平常我们所说的无耻小人，大多是对那些手段卑鄙的人来说的。小人自古就有，像祸害功臣的赵高，像趋炎附势的丁谓，落井下石的吕惠卿，同样，当今社会也不能排除。在实际与人交往共事的时候,对于那些不知廉耻的人要多加防范,以免一不小心就会掉进那些无耻之徒的圈套里。而对于个人来讲,要始终把荣辱观放在首位,在面对或处理事情或人际关系的时候,要能做到无愧于心、无愧于人,万事合乎"中庸"之道,而不做违背社会道德观念和自己良知的事。

知廉耻,是为人处世的美德。在与人交往共事中,如果没有廉耻心,就失去了做人之根本,也就不算是真正意义上的人。

5.社交处世中要保持冷静的心态

君子居易以俟命。

——《中庸》

当今社会生活节奏越来越快,人们承受的压力也越来越大,人们也时常会感到疲惫,那么,怎样在现实生活和交际中保持冷静的心态呢? 这就必须在平时学会运用"中庸"思想来修身养性,保持清醒的头脑,对人对事也才会有更清醒的认识。

君子时常以平常的心态等待命运的安排,但绝不是安以天命,不做任何努力,而是用平静的心态去面对现实生活中或交际中的一切,像什么功名啊、荣辱啊、金钱啊等等,因为君子不会做出违背中庸之道的事来,也就是不会急于求成、贸然而进,而是要在修养自身的同时,能够保持一颗冷静的心。

"忙处不乱性,须闲处心神养得清;死时不动心,须生时事物看得破"。(《菜根谭》)就是人们在忙碌的时候不会乱了自己的本性,这就需要平时的修心养神;即便是面对死亡的时候也毫不畏惧,就必须在平时的日常生活和人际交往中,看清事物的真相和规律。

诸葛亮因为错误用人而失去了战略要地街亭,就有了有名的挥泪斩马谡的一出,而十五万魏军在司马懿的率领下当然趁势而进,直奔西城而来。当时,诸葛亮身边缺少了关羽、赵云等人,手下没有真正能够打硬仗的人,而此时也只有五千兵马,与司马懿军力量悬殊太大。士兵们听说司马懿亲率十五万大军蜂拥而来,大家都惊慌得不得了,马上禀报诸葛亮,希望军师会有什么对策。诸葛亮登上城楼一望,就见山角司马懿浩浩荡荡的人马,当下吃惊不小,但诸葛亮毕竟不是凡人,对众人说:大家不必惊慌,我略用计策,即可使司马老贼退兵。于是命几个老兵扮成百姓打开城门,打扫街道。诸葛亮则在城楼上抚琴而奏,琴韵之声不绝于耳。故事的结尾,大家也都明了了。

如果不是诸葛亮能做到遇事不慌乱,换作旁人坐镇,取西城对于司马懿来说就犹如探囊取物了。当然这只是个例子,却能表示遇事不慌乱而保持冷静的心态的重要性。不光这种心态的重要性表现在战争上,在为人处世中也同样重要。

老王是一家出租车公司的老板,最近手下的小李由于不服从管理,在上班期间喝酒还打伤了人,老王跟他讲明了道理,就要开除了小李。但是小李不服,不顾大家的劝阻,冲进老王的办公室,指着老王的鼻子大骂。老王没抬头看他,一直坐着看报纸,小李见他不搭理就越骂得凶起来。门外的同事们看到这样的情景,都觉得老王肯定也要发脾气了,两个人打起来的可能性都有。但是老王还坐在那没动,看完了这面再翻看另一张,就是不理睬小李的"狂轰烂炸"。小李渐渐平息下来,因为一个人在大发雷霆的时候,没人反击他,他就坚持不了多久的。同事们进来把小李拉出去了。后来小张问老王当时怎么忍得住的,老王笑了笑说:对于无理取闹的人,就要保持沉默。保持平静的心态,不去理睬他就行了。

与人交往的时候,也难免会遇到这种情况,这时唯有保持冷静、沉着,虽然对方急不可耐,只要自己做到依然故我,雷打不动,对方也就没有可乘之机。

所谓"淡泊以明志,宁静以致远。"就是要人们无论在什么时候、在什么情况下都能坚持自己的操守,甘于寂寞和宁静,遇人遇事不慌乱,冷静沉着地对待。这样,在你争我夺的当今社会上,处之泰然,就不会走上极端,也就不会像"仇人见面,分外眼红",见到面都恨不得动刀子那样,把人际关系闹得不可开交。与此相反,那些遇人遇事就乱了套路,不够冷静的人,总觉得山不转水转,都觉得无所谓,说话办事根本不想什么后果,像一只无头苍蝇,撞来撞去。

一个人不管对什么人,或是遇到什么焦急的事都能做到冷静,就不会偏激,也才能在与人交往共事的时候不会与人发生争端。而冷静,最终来讲还是一种心态,还是要靠每个人平时的修养功夫。

6.小事可糊涂,大事必精明

子曰:愚而好自用,贱而好自专。

——《中庸》

提及于此,人们就会很自然地想到郑板桥的那句名言:聪明难,糊涂难,由聪明而转为糊涂更难,是聪明亦难,糊涂亦难。的确,聪明遭人猜忌,糊涂遭人嘲弄。有句话是这样说的:"水至清则无鱼,人至清则无友。""至"则"极"也,即是中庸里反对的极端。水极端的清就不会有鱼,人极端的清就不会有朋友。这也不是没有道理的。

中庸名言解读

图文珍藏版

　　事实上，人生在世确实有许多事不能太较真，特别是人际交往，人与人之间不是简简单单说说话就完了的，而其中的关系犹如老树之根，盘根交错，要是太认真了，就会牵一发而动全身，关系越搞越乱，越搞越复杂，自己不定会有什么好后果。

　　现实中有些人往往就是大事糊涂，小事精明，对别人，哪怕是芝麻大的错也要斤斤计较。这些人对别人的要求过于严格，甚至是苛刻。他们总是想自己日日面对的人也好、事也好都能按照他自己的要求去做去发展，一旦觉得别人犯了错，就大动肝火。其实，只要是不涉及原则性的小错，大可以睁一只眼闭一只眼，但前提是不涉及做人做事的原则。

　　晋代有个叫裴遐的人，有一次去朋友周馥家里吃饭，酒菜还没有准备好，于是裴遐就在旁边与人下棋。过了一会儿，周馥叫吃饭了，并端了杯酒给裴遐，由于裴遐正在兴头上，所以朋友递过来的酒没有及时地喝，周馥就很生气，以为裴遐是故意怠慢了他，就顺手拖了一下裴遐的衣袖，谁知道就这样一下把裴遐拖倒在地上，旁边的几个朋友都吓得不得了，觉得这种场合，被人家摔倒了是难以忍受的。可是裴遐慢慢爬起来，回到座位上继续下棋。后来，裴遐另外的一位朋友就问他为什么，裴遐说："仅仅是因为我当时很糊涂。"

　　朋友之间开开玩笑，即使像故事中被拖倒了，也并没有什么可计较的。要是都能像裴遐那样，不因为当时认识朋友都在场害怕丢了面子，就大声责骂别人或是记恨在心，反倒是表现出宽宏大量，不为小事而计较的豁达的风度，也得到大家的尊重。

　　历史上有过著名的"吕端大事不糊涂"的故事，说的也正是小事装糊涂，大事精明的典型的例子。宋太宗赵匡义因为太子楚王元佐残暴无道，就废了他。吕端知道后就秘密地把新太子赵恒迎进宫。但是王后不同意，执意要元佐当皇上。太宗死后，吕端巧使妙计，顺利地让赵恒当了皇帝，即位那天，吕端怕王后在暗中使诈，就请求垂帘听

朝，他跑上去仔细看了看，确认是赵恒以后才退了下来，带领群臣三呼万岁。吕端

认准了是自己拥戴的皇帝后才行礼,确实是大事不糊涂。

实际上,除了小事糊涂,大事精明之外,还有一种装糊涂法。一九五三年,英国首相丘吉尔到百慕大参加英、法、美三国首脑会议。他说自己年事已高,听力不好,在需要回避的问题上就装作没听见,不予回答。而在感兴趣的问题上,又能听得清清楚楚。丘吉尔靠装糊涂与美国总统艾森豪威尔、法国外长皮杜尔不时地讨价还价,争个不停。为此,艾森豪威尔幽默地说:"装糊涂成了丘吉尔的一种新的防卫武器。"

其实例子只是例子,真正要做到小事糊涂,大事精明,或是装糊涂都不是件容易的事。这需要有一定的修养,这种修养无疑也是来自"中庸"思想,"执其两端,折中而用。"不可对人或待事过于计较,太认真也是一种极端。

所谓"大智若愚,大巧若拙。"都是相对而言的。同样,小事可以糊涂,但只要遇到属于原则上的大事情,就要讲究原则,据理力争,绝不能再睁一只眼闭一只眼了。

7.坦然面对得失

中庸其至矣乎! 民鲜能久矣。

——《中庸》

古代的圣贤们都将得失看得淡泊,他们实际看重的就是个人的修养,不患得患失,以平常的心态坦然去面对。他们都知道,这世上有许多的事,越想得到就越容易得不到,越害怕失去就越容易失去。在现实生活和人际交往过程中,也总难免会遇到得与失之间无法选择的情况,这就要个人在平时注重修养,才能做到恰到好处,不偏不倚,才能做到不患得患失。否则,一味地渴求,最终也只是得不偿失。

患得患失,左右两难的时候,中庸处世思想即是要"折中",心态要平和,不可偏激。有些事情,就好比是感情,是强求不来的。大家都知道徐志摩这个人,心里十分喜欢当时的才女林徽因,但最终林徽因嫁给了著名的建筑学家梁思成。为此,徐志摩说过这样一句话:"得之吾幸,失之吾命"。

朱熹说:凡物皆有两端,中大小厚薄之类;于类之中又执其两端,而量度以取中,然后用之。意思就是说,所有的东西都分为两个极端,就像大小、厚薄之类的东西,而在每一类中又可以把它分成两个极端,只有通过度量它得到其中点,然后再加以采用。朱熹的这句话其实就是翻版了"中庸"思想,"执其两端而取其中。"

柳下惠曾经是鲁国的大夫,先后三次被罢官,可他依然待在鲁国。有一天,一个朋友就问他,为什么不离开呢?他回答说:我正直清白地做官,到哪里去不会被罢黜呢?没有正义感的做官,我又何必离开自己的国家呢?孟子说:柳下惠被免了官职,却没有任何怨言,即使生活穷困也没有显出可怜的样子。柳下惠对于当时罢免,没有怨言,即使落魄,也没有患得患失,都能够以平常的心态,坦然去面对,而从不计较,这一点也是值得现代人学习的。

曾国藩说:道微俗薄,举世方尚中庸之说。闻激烈之行,则訾其过中,或以罔济尼之,其果不济,则大快奸者之口。夫忠臣孝子,岂必一一求有济哉?势穷计迫,义无反顾,效死而已矣!其济,天也;不济,吾心无憾焉耳。(《曾文正公全集》)世道衰微而世俗浅薄,所有的人都崇尚"中庸"之道,听说谁有激烈的言行,便责怪说太过了,而有的则以不能成功的借口加以阻止。等到没有成功的时候,奸诈的小人就会嘲笑。作为忠臣、孝子,何必计较每件事都要成功呢?因为形势所逼,义无反顾,也好死而后已。事情做成功了,是天命;失败了,我们心里也没有什么好遗憾的了。虽然曾国藩所言,他把成功和失败都归结于天命,当然免不了有些唯心,但是对于得失,却始终是以一种坦然的心态去面对。

人们常说:谋事在人,成事在天。这也是一种坦然,只要自己努力过了,得到与失去都没有那么重要了,也就没什么遗恨的了。为人处世,尤为如此,如果太过计较得失的话,自己也就没办法去认真地做以后的事。

患得患失的人常常是把个人得失放在首位的人。人活一世,即使得到的东西再多,死的时候也带不进坟墓的。而对于那些以欺骗、处心积虑、巧取豪夺而得到的人,是不值一提的。

如果人人都能够将个人的得失看得淡一点,让心态平和下来,便能够对于身边发生的事处之泰然,也就不会对于一时的得失而斤斤计较,这样,即使是遇到了失败也能以平常心去应对,也就会明白了一个道理,得到并不意味着不会失去,而失去也未尚不是一种福气。正所谓"塞翁失马,焉知非福。"

在交往处世当中,也要坦然面对,不过于计较得失,才能有真正的收获。因为人活一世并不是只为了获得,而是在于修养自身,做到"中和",也就能着眼于长远。不过在此要强调一点,不过于计较得失并不是毫不在乎,对那些必须争取的就应该适时地出手,否则,"机不可失,失不再来"了,那也只有遗憾了。

修身以道，修道以仁

——以仁道修养本性

1.要对家人做到"仁爱"

仁者，人也，亲亲为大。

——《中庸》

"爱人者，人恒爱之；敬人者，人恒敬之。"（《孟子》）人际交往是互动的、双向的。所以，一个能以仁爱之心爱别人的人，别人也就用仁爱之心爱他；一个尊敬别人的人，别人也会尊敬他。要想得到别人的敬爱，就必须首先敬爱别人。

世界需要"仁爱"，人类需要"仁爱"，只有有了仁爱，才能让世界和谐，让人类和谐。人生在世，能爱人或被他人爱，我们才会体会到人与人之间最和谐之处，也才会体会到生之欢乐。"仁爱"是修养身性、待人处世的根本。《中庸》说：力行近乎仁。就是说，不管是修养身性还是待人处世，努力实行就接近了"仁"。

"仁爱"是人生在世的第一美德，也最基本的道德观。所谓"亲亲为大"，即是亲爱亲族，在家要以"仁爱"侍奉自己的父母，居外要以"仁爱"对待自己的兄长。对父母的"仁爱"叫作"孝道"，对兄长的"仁爱"叫作"尊敬"。

有一个外地的官员进京拜会宰相，在客厅里左等不来右等不来，正在纳闷地档儿，就听见内堂里传来声声不成调儿的戏文，听着让人忍俊不禁。这个官员见四下无人，就好奇地探头张望，原来平时不怒自威的宰相大人，正穿着戏服，涂着画脸，正在投入的表演，官员十分吃惊。等宰相洗刷一番出来后，官员看着他到不知道说什么了。宰相笑着说："你一定是对我刚才的举动感到好奇吧？其实你只看到了我表演，并没有看到我七十岁的老母亲坐在我对面，只有我表演的时候，她才会很开心。我每天在外人面前都是个位高权重的当朝一品大员，可在家，在我母亲面前，我只不过是一个逗乐的小丑。"

堂堂的一朝宰相竟能在母亲面前放下架子，卸下虚伪的面具，真心诚意的为母亲的开心而表演，这就是"亲亲"，就是"孝道"。如果没有将自我修养到一定的程度是很难办到的，真是"亲亲"至极，"孝道"至极。乌鸦都有反哺之心，如果为人而不孝，那岂不是连乌鸦都不如了吗？不知道大家看了会有什么感想？

孔子说：仁离我们远吗？我要仁，仁就来了。孔子说的"仁"，可以认为是他心目中最高的道德标准,一般人都会认为自己是办不到的,离我们真的很远,甚至是高不可攀。于是,就不愿意下功夫修养自身,也就不去追求了。然而"仁"真的离我们很远吗?孔子给我们了答案,其实并不远。只要用心,只要去追求,俗话说:天下无难事,只怕有心人。

中华民族自古是一个崇尚孝道的民族,可是孝也不是一味地愚孝。"侍奉父母,要是父母有错就应该娓娓地规劝,如果自己的意见不被接受,依然恭敬不违背,操劳却不埋怨。"(《论语》)父母有错,做子女的理应婉转规劝,否则就违背了道德,也就于心不安。不过,向父母说出自己正确的意见,当然满心欢喜,也就尽了自己的孝道,万一父母不接受,这时也要恭敬不违,也不埋怨。

"仁就是人的心。"(孟子)这不仅继承了孔子的思想,并进一步直指人心。如何用心去做到仁,心即性也,修养为之。修养就是为了使人的"本性"达到至善,至善即仁。所以君子真正的标志就是"仁"。

有仁的人是安守仁道,明白事理的人善于用仁。孔子将"仁"提升为做人的基本,可见圣人之所以为圣人,就是心中有仁,而且善于用仁,也就是强调,在与人交往共事都要以"仁"来约束自己,以仁爱之心待人。而他在论语人伦篇里强调的"孝",就是将"仁"实际地运用到对待自己父母和长辈。

"是故君子不可以不修身。思修身,不可以不事亲。""敬其所尊,爱其所亲。"所以,君子不能不修养自我。要修养自己,不能不侍奉亲族。

2.为人处世多一点仁爱之心

君子所以异于人者,以其存心也。君子以仁存心,以礼存心。仁者爱人,有礼者敬人。

——《孟子》

仁爱之心就是人心,就是天道。"用仁爱来保存做人真性",也就保存了天道。仁爱之心绝对是温和的、博大的、宽厚的,是人与人之间交往的一个必要前提。《中庸》里强调以心为仁,即是从的本性上来阐释"仁",所以孔子说:"里仁为美。"只要修养得到了仁爱,那么仁爱就存在内心。待人处世,有了仁爱之心,也就顺应了"人"道,也就符合了"中庸之道。"

"仁者爱人"就是去爱那些值得爱的人。道德高尚,做人做事都有利于社会和人类的人就是好人,就值得去爱。仁爱不是施舍,也不可怜,而是一种牺牲,但这种牺牲是将自己的一切都奉献给那些值得自己爱的人,同时你就会感到一种充实,这就是爱的回报，而谁都明白，这种牺牲和回报都不是能用金钱买来的。

追求仁义是一个人做到修养身心的归宿。曾国藩说："求仁者，体则存心养性，用则民胞物与，大公无我，故人悦。"求仁，就是从人的本体上讲的，有民胞物与之怀，做到大公无私，所以人们敬慕热爱。

美国一位大学教授和他的助手，到非洲黑人贫民窟里做了一项调查，其中有一个选题就是对当地的二百五十名黑人儿童做一个预测，几天之后，报告出来了，教授看过忧心忡忡。三十年后，教授去世了，他的同事在帮忙整理他的遗物时发现了这个报告，他决定帮忙教授完成这项调查。于是他来到贫民窟，竟意外地了解到这二百五十名儿童里除了有几个人离开之外，其他的都做出了成绩。他分别采访了他们，追问他们成功的秘密，而这些人说得最多的就是：应该感谢我们小学老师。教授的同事找到了那名小学老师，她已经头发花白、口齿也不太清楚了，但有一句话就是：我爱这些孩子。

这位小学老师肯定不知道中国的"中庸"思想里"仁爱"，但她说出那六个字的时候，不但知道了，也让我们知道了这个世界上最珍贵的就是"爱"，与"仁爱之心"同出一辙。孩子们之所以成就，就是"爱"的力量，更是这位老师"仁爱之心"最好的体现，当然也是最好的回报。

子曰："我未见好仁者，恶不仁者。好仁者，无以尚之；恶不仁者，甚为仁矣，不使不仁者加乎其身。有能一日用其力于仁矣乎？我未见力不足者，盖有之矣，我未之见也。"孔子为没有见到真正的仁爱之人而感到惋惜，为此孔子呼唤"仁"，维护"仁"，发展"仁"，力行"仁"。因为他知道"仁"是维系社会文明的精神纽带，也是人与人之间和谐相处的桥梁。实际上，世界上的每个人的本性中都不缺乏"仁爱"，只不过没有表现出来罢了，表达出自己的"仁爱之心"并不那么难，只在于你肯不肯表达而已。

英国伟大诗人罗杰斯，在世的时候和别人谈的最多的一个话题：有一个小女孩人见人爱，特别讨别人喜欢，有人就问她：为什么大家都这么喜欢你呢？小女孩说：大概是我爱每个人的缘故吧。这句话说得真好，"爱每一个人"，这种"博爱"从一个小女孩的口中说出来，很平淡，但又是那么有力。不禁让人想起一首歌：只要人人都献出一点爱，世界将会变成美好的人间。

孔子说："唯仁者能好人。"只有真正具有"仁爱之心"的人才有可能去爱别人，如果"仁"于心中，而不用之，那也不能算是仁者。将"仁爱"存于心中，才能去爱别人，别人也就会用同样的"仁爱"待你。所以，修养本心，要依靠"仁"来完成；交往处世,要依靠"仁"来维系。

3.学会对他人"忠恕"

尽己之谓忠,推己及人谓之恕。

——《中庸》

"尽己"即是"克己",先修养自身,而后"推己及人"。所谓"己欲立而立人,己欲达而达人。"曾国藩说:我要步步站得稳,须知他人也要站得稳,这就是"立"。我要处处行得通,须知他人也要行得通,这就是"达"。只有深刻地领会了这种人情世态的人,才会与他人同爱恶,才会立己也立人,达己也达人。曾国藩处世,常以"恕"字自惕,这也正符合了中庸思想中"忠恕"的内涵。

互乡难与言,童子见,门人惑。子曰:"与其进也,不与其退也,唯何甚?人洁己以进,与其洁也,不保其往也。"生活在互乡的人,外人是很难与他们打交道的。有一天,有个互乡的孩子来见孔子,孔子的弟子们都困惑不解,孔子说:对待别人要既往不咎,要看到他们的进步,不要一直盯着他们过去的错误。

有这样一个故事:一个风流浪子,二十年前曾是庙里的小沙弥,得到方丈的宠爱。方丈将自己毕生所学全部传授给他,希望他能成为的佛门弟子。但他在一夜间动了凡心,偷偷跑下了山,从此花街柳巷,放浪形骸。

二十年后的一个深夜,他陡然惊醒,窗外月色如洗,澄明清澈地洒在他的身上。他忏悔了,于是披衣而起,快马加鞭赶到寺庙。"师父,你肯饶恕我,再收我做弟子吗?"方丈见到自己曾经百般宠爱的弟子,如今是这般浪荡模样,叹了口气,摇摇头:"不,你罪过深重,要想得到佛祖的饶恕,除非……"方丈信手一指供桌,"连桌子也会开花。"浪子失望地离开了。

第二天早上,方丈做完早课,来到佛堂,一下惊呆了:一夜间,供桌上开满了大簇大簇的花朵,红的、白的,每一朵都芬芳袭人,佛堂里没有风,那些盛开的花朵却摇摆得厉害。方丈在瞬间大彻大悟,于是连忙下山寻找,可已经来不及了,浪子心灰意冷,重新堕入了他过去的那样生活。

供桌上的花,只短短地开了一天。夜里,方丈在悔恨中圆寂了,临终的时候说了几句话:这世上,没有什么歧途不可以回头,没有什么错误不可以原谅。一个真心向善的念头,是最罕见的奇迹,好像佛桌上开的花。而让奇迹陨灭的,不是错误,是一颗冰冷的、不肯原谅、不肯相信的心。

"忠恕","仁"也,也即中庸之道也。方丈因为没有做到对弟子的"忠恕",所以，只能在悔恨中死去，而方丈最后说的几句话，由衷而发，道出了"忠恕"对一个改过自新的人是何等的重要。因为他明白了，没有什么是不可回头的，也没有什么是不可原谅的，但他却没做到。佛家讲众生平等，人人皆是佛，虽然与中庸里的"仁"大相径庭，但也是同样的道理，就是要人们在与人交往中能够做到待人以宽，能够原谅和理解他人。

子贡问道："有没有一句可以终身奉行的话呢?"孔子说："大概就是忠恕吧! 自己不乐意的事，不要强加到别人头上。"孔子用一个基本的思想贯穿其思想学说，就是"夫子之道，忠恕而已矣。"(《里仁篇第四》)

"忠恕"，作为孔子的一种处世的方法论，自始至终地贯彻在他的思想和学说中，并且，在继承前人的基础上，丰富、发展了它，把它作为"仁"的基本体系中最重要的一个环节。当然，作为现代人一种修身养性的方法，也要能够将"忠恕"和"仁"联系起来，在现实生活中遇到别人的过错，要切合实际地运用"仁"和"忠恕"，这样，人与人之间也就变得更加和谐。

4.对弱者多一点恻隐之心

恻隐之心，仁之端也。

——《孟子》

一提到恻隐之心，肯定有许多人会将它和"怜悯、同情"等同。"恻隐之心，人皆有之。""恻隐之心，仁也。"古代圣贤都将之归于"仁"，也就是中庸思想里的"仁爱"。这种发自肺腑的"仁爱"，不是做作也不是为了得到别人的赞誉，而是人之本性，人性释然。

洪应明说:为鼠常留饭，怜蛾不点灯，古人此等念头，是吾人一点生生之机。无此，便所谓土木形骸而已。古人常常害怕老鼠饿着而留些饭给它，害怕飞蛾自取灭亡而不常点灯，既然对像老鼠、飞蛾这样的动物都有恻隐之心，那么，何况是对人呢? 古人尚且如此，那么现代人呢? 从刘海洋用硫酸泼动物园的黑熊，到日本无聊男子专门喜欢将小猫放进微波炉，活活烤死……每每听到或看到这些事情我无语以对。

孔子见到穿丧服的人或残疾人，虽然这些人年纪比自己小，他也要站起来，以示敬意。有一次，一个盲人乐师来见孔子，孔子迎接他，走到台阶时会说:这是台阶。走到座席时会说:这是座席。大家都坐下后，孔子告诉乐师自己在这里。对老弱病残者的关爱与尊重难道不是作为现代人的我们所需要的吗? "恻隐之心"的存在需要真正地实行,而不是只在口上说说而已。

京剧名旦梅兰芳的父亲,小的时候学拉胡琴,学成后,就跟随那些名伶戏子到处表演。积攒银子五千多两,家中来信催他回去完婚。一日,乘马车返乡,走到京南的时候,就看到道路两旁有许多茅棚,所住的都是灾民,因为遇到灾年,许多人都成群结队地奔来京南。梅君一见,顿生恻隐之心。心里想,我现在有五千两银子,如果舍去三千两,余两千两,也足够回去完婚的了。当即拿出三千两,布施灾民。但是灾民太多,三千两银子根本就不够,还有许多灾民苦苦哀求,梅君确实心有不忍,又将余下的两千两银子取出全部分给灾民。多年的血汗钱,一日全都散尽,而心中却十分安慰,但是,这次回家怎么完婚呢?梅君拿定主意,决定改后几年再完婚,于是又回到北京。人问之,你回家完婚怎么这样快就回来了呢?梅君将救灾之事告诉朋友,人多笑其愚。梅君又在北京工作了三年,才回去完婚。若干年后,天赐佳儿,后来梅兰芳名震全球,富甲伶界。

君子之于人,无贵无贱,无长无少。对于那些应该帮助的人,君子都是义不容辞也义无反顾地去帮助。在现实生活中,恻隐之心不是看到别人过得困苦,就施舍给他二百块钱。如果这样,那在你眼中把他看成和乞丐就毫无分别,他人当然不会接受你的"同情"和"怜悯"。因为他会觉得你这种恻隐之心伤了他的自尊,那就更谈不上和谐相处了。

孟子时常以"不忍人之心言仁:人皆有所不忍,达之于其所忍,仁也。"在人际交往中,对于那些老弱病残,我们正常人不应该嘲笑他们,也不应该因此而鄙薄他,应该也要有"不忍人之心",再多一点由内而外的恻隐之心,给予他们帮助,这样,他人就会觉得你对他们没有任何偏见,没有任何抵触,他们也才会以真心与你来往。

对待动物和对待人也一样。人类生存在地球上,如果能做到能够与其他生物和谐而不敌对地相处,那么,人不仅与人能够和谐,与动物也能和谐。中庸里所说的不要偏激,不要走极端,也就是这个意思。但是,其中也必然会提到一个"度"的问题,因为万物的生息都有自然的规律,人不能打破这种规律,只能顺应它。

"恻隐之心",归根到底讲的也就是人的修养,除了需要"仁爱",需要把握住中庸思想里的"度",绝不能厚此薄彼。虽然现实生活中的"弱者"是需要人们怜悯的,但"弱者"也有他的尊严,不能因为他是弱者,不能因为你对他怜悯,就可以鄙视、辱骂他。相反,你的恻隐之心要建立在真诚、尊重的基础上,归根结底,也就是看一个人的修养功夫的到位与否。

5.为人处世要常存感恩之心

君子之道,造端乎夫妇,及其至也,察乎天地。

——《中庸》

"唐棣之华,偏其反而。岂不尔思? 室是远而。"孔子引用《诗经》里的这四句话,其深层含义就是,只要把仁放在心里,就无所谓远。反之,要是心里没仁,即使再近,那又有什么用呢?

君子"仁"在心中,即使和其他平凡的人同居一室,但只要心里有仁,就可以知远近、知天地了。中庸思想里的"仁",当然也就囊括了"感恩",而需要区别的就是,感恩不同于恻隐之心:它是一种博爱的心态,是一种博爱的处世态度。待人待事,有了感恩之心,就会对他人宽容、温和,才不会走上极端。

"谁言寸草心,报得三春晖","谁知盘中餐,粒粒皆辛苦"。懂得感恩的人,往往是有大德的人。不管是对自己的父母亲人还是每天与你擦肩而过的人,都要抱有一颗感恩的心,一颗对人平等、感激、火热的心。

湖南有一对姐妹,小的时候因为不小心而落水,被一个过路的好心人救了上来,而那个人没有留下姓名就走了。两姐妹和她们的父母都觉得,生命是人家救的,却连一声谢谢的话都没有对人家说,一家人决定要找到这个恩人,一定要当面对他说声"谢谢"。这一找,就是二十年,父亲去世了,两姐妹和母亲接着千方百计地继续找,终于找到了这位恩人,为的就是感恩。两姐妹跪拜在地上向恩人感恩的时候,她们两人和那位恩人以及过路的人都禁不住落下了眼泪。

那感恩的一瞬间,世界变得多么的温馨和谐! 感恩的心可以感动他人,可以感动天地,现实生活中的我们为什么不能抱有一颗感恩的心呢?

作家肖复兴讲过一个他亲身经历的故事:那天,我在崇文门地铁站等地铁,一个四五岁的小男孩,从站台的另一边跑了过来。他问我到雍和宫坐地铁哪边近,我告诉他就在他那边。他高兴地又跑了回去,我看见他妈妈在那边等他。等了半天,地铁也没有来,我走了,准备去打"的"。我已经快走到楼梯最上面的出口处了,就听见小男孩在后面"叔叔,叔叔"地叫我。我不知道他要干什么,便站在那等他。我问他有事吗,他气喘吁吁地说:我刚才忘了跟您说声谢谢了。妈妈问我说谢谢了吗? 我说忘了,妈妈让我追你。

一个四五岁的小男孩,一位母亲,一个最平凡的故事,一句最简单的"谢谢",给人震撼却是那么大,都是因为有一颗感恩的心,一句"谢谢"也可以触动人的心弦。我们也要学会说"谢谢",也要学会感恩,对世界上不管是什么人给予自己的哪怕是最微不足道的帮助和关怀,也都不要忘记了感恩。

感恩也是一种"仁",也是一种靠修养得来的"仁"。

西方有个感恩节,就是要感谢自己的父母。在那一天,人们要吃火鸡、南瓜馅饼和红莓果酱。在那一天,无论是天南地北的孩子们,也要赶回家。在我们中国,我们可以吃火鸡、南瓜馅饼、红莓果酱,我们也可以不辞千山万水地回到父母身边,但我们跟自己的父母说过一声"谢谢"吗?虽然有地域的差异,但是,一句"谢谢"是全世界最容易开口,也全世界最相通的语言和心声。

有一个朋友家境不是很好,大学毕业以后找到了工作,家境也渐渐好起来。有一次朋友说:每次看到父亲和母亲他们忙碌的时候,我总是想对他们说声'谢谢'或是其他感激他们的话,但总是说不出口。为此,每到夜里,躺在床上想想以前困苦的日子,只能一个人用被子蒙着头大哭一场。我很了解这位朋友,也知道他说的都真的。其实,那些感激的话真的不难开口,不要不愿意开口。

不管是对自己的家人还是对他人,能说一句"谢谢"之类感激的话,就说明你已经接近了"仁",因为你有一颗"仁爱"的心,有一颗"感恩"的心。

6.求"仁"当从自身做起

故为政在人。取人以身。修身以道。修道以仁。

——《中庸》

《中庸》上说:"修养人道要用仁的美德","圣人把修养人道当作对人民的教养"。一个人的修养得先从其自身找原因,要把"仁"作为自己修养与身体力行的前提,并能够帮助他人实行"仁道"。孟子说:"仁者如射:射者正己而后发,发而不中,不怨胜己者,反求诸己而已矣。"这与中庸思想也是殊途同归的。

朱熹在他的《四书集注》分析《中庸》的文章里指出:中无定体,随时而在,是乃平常之理也。君子知其在我,故能戒谨不睹,恐惧不闻。而无时不中。小人则不知有此,则肆欲妄行,而无所忌惮矣。意思就是说,君子能把握自己的内心世界,对外界的刺激能够做出反应并能够调节自己的心理和行为,使内心一直处在适中的状态,而小人则办不到。当然,"仁"在君子的内心里,才能做出正确的判断。

有一个人,平时乐于助人,但当自己遇到困难的时候,就去向那些自己帮助过的朋友们求助。但他们都不理不睬,他就骂他们:"全是一群忘恩负义的家伙。""帮助人是好事,但你却把它做成了坏事。"卡耐基说:"首先,你开始就缺乏识人之明,那些没有感恩的人根本就不值得你帮助,你却不分青红皂白,这是你眼浊;其次,你手浊,假如你在帮助他们的时候也能培养他们的感恩之心,不至于让他们觉得你帮助他们是天经地义,可你又没做到;第三是你心浊,在帮助他们的时候,应该怀着一颗平常心,不要时时觉得自己在行善,觉得自己在物质和道德上都优于他们,你应该只想着自己是在做一件力所能及的小事。"

现实生活中可能会遇到故事中的情况,所以,就得先从自己身上找原因。是因为自己没做好还是他们本来就不值得自己帮助,等到自己心里有了个正确的判断后,事情的原委也就找出来了。

"樊迟问仁。子曰:居处恭,执事敬,与人忠。虽之夷狄,不可弃也。"(《子路篇第十三》)"仁"在什么地方呢? 孔子说,仁在平居谦恭当中,在处事认真当中,在与人交往的忠诚当中。不管在什么地方,只要坚持这些优良的品质,"仁"也就在其中了。由此,追求"仁",就得从自身做起,从日常生活做起。

人生在世,一定要找准自己的位置。自己有的优点、缺点都应该知道,做错了事,不能一味地指责别人,而是要先正视自己的缺点,是不是因为自己的缺点而做错的呢? 这一方面在人际交往或与人共事中十分重要,不能以为自己总是对的,因为每个人都有缺点。若不然,他人就不愿意与你来往,那就谈不上和谐。

孟子说:"仁则荣,不仁则辱。今恶辱而居不仁,是犹恶湿而居下也。"做人做事,当以"仁"为先,以"仁"为荣。只要先用"仁"来修身正己,能够从多方面来寻找因由,并将之转化为修养的动力,这样,做到了仁又将自己的心态摆正,也就更有利于人际交往。对于那些不仁的人、不仁的事,要以此为耻辱。以此为辱而自己又做不到仁,这就更加的不仁,就更是耻辱了。

所以,只要修养好自身,存"仁"于心,待人待事能多从自己身上找原因,发现错误就马上改正,那么,他人也就乐于与你交往。

7.当仁不必让

子曰:"当仁,不让于师。"

——《论语》

子张问仁于孔子。孔子曰:"能行五者于天下为仁矣"。"请问之"。曰:"恭、宽、信、敏、惠。"孔子说只要能够在天下实施谦恭、宽厚、信诚、敏捷、施惠五种品德,就是仁了。"仁"发自内心,这五种品德就是"仁"的外在体现。

在这里,孔子把实现"仁德"放在了第一位,把"仁德"作为衡量一切是非善恶的最高准则。只要把维护"仁"作为个人行为的最高准则，只要是符合上面五种仁的表现，就不管是朋友、同事、甚至是长辈、老师都不必谦让。在实际与人交往中，当仁不让，是恪守和维护"仁德"的体现，也是获得自己正当利益所必要做到的。

有这样一则故事：一家电视台的新闻主持人，在这家公司干了五年多，他主持的新闻节目最近被评为当地第一流的节目，可是这五年来，事业的发展也不是一帆风顺的。三年前，当他不得不电视台谈判签订合同时，遇到了一些严重的阻力。电视台经理向他暗示，继续签合同而没炒他鱿鱼已经很幸运了。

当他要求修改合同时，电视台经理大发雷霆，但他坚信自己有能力做好，也有他本身的价值，坚决不让步。为此，每天新闻部主任都把他叫进办公室，对他横加指责，而且每次训斥结束时总是说："你就签了这合同吧。"几个月过后，他依然不动摇。最后，电视台经理答应了他提出的所有要求。但是，在他签合同之前，他把那份合同拿给律师看，想征求一下律师的意见。这位律师建议在措辞上要改动几处。他回到公司跟经理这么一提，经理又一次责骂他，说他自私、不讲道德，但他就是不让步。最终，根据双方都能接受的意见，对合同的措辞进行修改。

最近，他与这家电视台又续签了一份为期三年的合同，这一回容易多了。他说：现在，他们都知道我是一个什么样的人，我说到做到。跟我在一块工作的人都对我说，我应该要求比我真正想要的更多，然后再让步，这样使主管们有胜利感。可是我不以为然，我要求他们给我提供必要的条件，而其他锦上添花的条件我不会奢求。

这个故事的意义不在于他强硬的态度，而是说明一个道理：没有任何条条框框可以左右你应该得到的东西。只要自己对这份工作有足够的能力，也能在工作中真正发挥自己的价值，你就有能力坚持得到自己想要的。

中庸思想要求做人处世不能偏激也不要走极端，但是，当遇到对自己明显不公的情况，就应该据理力争。只要是自己的言行举止都能符合"恭、宽、信、敏、惠"这五种品德，那么就合乎"仁道"，也就不违背中庸处世原则，也就不会与"仁道"相背离。

"当仁不让"，首先要先修养自身，而且要有明辨是非的洞察力，是"仁"则为之而不须让，不"仁"则拒而不沾。其次，还需要保持旺盛的进取心，是"仁"则孜孜以求，锲而不舍。"当仁不让"，表现在工作上就是职责所在，份内的工作就一定要竭尽全力地把他做好。

修养是"仁"的前提，"仁"又是言行举止的前提，要在现实生活中学会运用中庸思想,将"仁"用最佳的方式表达出来与人交往,那么,人际关系也会达到最佳的境界。

第二节 情动于中,仁者爱人

人在社会关系中好比是一个零件,直接或间接带动人际关系的良好运转,而不是独立的、封闭的。人与人之间是相互有交集的,缺少其中任何一环都不能发挥正常作用。孔子说:"发乎情,止乎礼",如何在社交过程中让感情自然流露,而又有节制呢? 这就要靠"中""仁"。"有仁的人是安守仁道,明白事理的人善于用仁"。用真情去打动别人,用适中的仁爱之心去体谅、理解别人。那么,人际关系这台关乎你我的机器就会正常运转了。

与人为善,信誉为重

——善与信誉都不可或缺

1.以善心与他人交往

诗云:"维天之命,於穆不已。"盖曰:"天之所以为天也。於乎不显,文王之德之纯。"盖曰:"文王之所以为文也。纯亦不已。"

——《中庸》

中庸说:"隐恶而扬善"。即人要有"善心""善行"的自我意识,并能够将其推行到实际生活中。人要有"善心",方能有"善行"。

孟子说:大舜有大焉,善与人同,乐取于人以为善。至其隐恶扬善,即为大智中之美德。唐代孙思邈在《千金要方》里提道:夫养性者,所以习以成性,性自为善……性既自善,内外百病皆不悉生,祸乱灾害亦无由作,此养生之大径也。"善心"是一个人生来的本性,通俗点说就是心眼好,心术正,心地善良,不会做坏事,人与人交往会变得和谐。

有一对夫妇下岗后,就在街坊邻居的帮助下在新兴的服装市场里开了家饭馆。小店刚开张,生意冷清,全靠街坊邻居们的光顾。几个月后,夫妇俩便以待人热忱、价格公道而赢得了大批的"回头客",生意也便一天天地好起来。而每到吃饭的时候,城了大小七、八个乞丐就跑来行乞。这对夫妇就像对待自己的客人一样,总给乞丐们的破碗破盆里盛上热菜热饭,而并不是客人吃不了的剩菜剩饭。乞丐们都很知趣,讨了饭菜就走了,从不在饭店门口逗留而影响夫妇俩做生意。

大约一年后的一个夜晚,一家从事服装批发生意的老板,因为打麻将而忘了关掉烧水的煤气炉,结果引发了一场大火。因为都是棉麻织品,见火就着,转眼市场成了一片火海。恰好这天,丈夫去了外地,只剩下一无力气二无帮手的妻子在家,眼看辛辛苦苦张罗起来的饭馆就要毁于一旦。危急时刻,那些平时来乞讨的乞丐们,在一个老乞丐的带领下,从火海中先将笨重的液化气罐都搬了出来,接着又将那些易燃的物品抢救出来,城里的救火车赶到了。虽然饭馆受了点损失,但终于还是保住了。

火灾过后,人们都说这对夫妇是善有善报。第二天下午,饭馆就正常营业了。夫妇俩寻思着一定要好好答谢那些乞丐,但令人想不到的是,那几个乞丐却失踪了。后来有人说在另外一个城市里见过这几个乞丐,夫妇俩专程去探望。老乞丐满眼热泪地说:在小城乞讨的时候,从来没有人把我们当人看待,只有你们夫妇俩,是你们的尊重,使我们重新恢复了自尊和信心。我们之所以离开,是因为想开始新的生活,尽管我们现在以捡垃圾为生,但我们觉得很快乐、很幸福。

老子说:"上善若水"。虽然是一些乞丐,虽然施舍给他们是简单的事,但是,这对夫妇对待他们不仅没有一丝偏见,也没有一丝讨厌,而是心如水一样包容、宽待他们,也最终好人得好报。

中庸思想的精华,虽然许多人并不一定都明白,但作为中华民族的一分子,都潜移默化地继承和发展了它,这是为人的幸事,是整个中华民族的幸事。

"善心"不是装模作样,"善行"也不是沽名钓誉。"勿以恶小而为之,勿以善小而不为。"对于自己来讲,即便是一件不起眼的善事,也要竭尽自己的"善心"而为之。

一个人正是因为有了"善心",才能在做人做事的准则上有清醒的认识,也才能为他人着想,"人生在世,不如意常八九。"只要保有善心,多做善事,不是为得到什么回报,而是发自内心的。对他人是一种由衷的帮助,对自己也是一种心得,也是一种快乐。那么,这世界上,这人生间还有什么不如意的呢?

2.与人交往要讲信誉

人而无信,不知其可也。大车无輗,小车无軏,其何以行直哉?

——《论语》

"信誉",按照现在意义说就是:个人或社会集团履行承诺和义务的水平,以及他们在人们心目中的可信任程度,是个人或社会集团的社会信用和相应的社会赞誉的统一。"诚,信也。""信,诚也。"(《说文解字》)"诚"与"信"在相互连通的,提到"信"就必然要提到"诚",二者不离不分。

《中庸》说:"诚者天之道也,诚之者人之道也。"只有诚实的人才会在与人交往中对他人讲信誉,讲信誉的人就是诚实的人。讲诚实和信誉都要符合天道、人道,并顺应天之本性、人之本性。

在处理人际关系中要恪守信誉,做到不欺不诈,为人处世当无愧于心了。特别是在当今社会经济交往中,信誉更是重要。如果只知道一味地占别人便宜,那第二次还有人敢和你打交道吗?所谓:"圣人之诺己也,先论其理义,计其可否;小人不义亦诺,不可亦诺,言而必诺,故其诺未必信也。故曰:必诺之言,不足信也。"(《管子》)

已经是千万身价的富翁,讲了一个故事:那还是两年前,我的事业刚刚起步,每天只能骑着自行车上班。有一天傍晚,我急匆匆地往家赶,可没走多远就扎了胎。推着车子走了很远,才看到一个修理铺。当时正要下暴雨,我恳求那位年迈的师傅赶紧帮忙修一修。

当我声明口袋里没带钱时,那个师傅说:行啊,留下点什么作抵押,明天来取。我说行,就把工作证递给了他。车子修好以后,他很抱歉地对我说:孩子,我没有文化,做得可能不对。不是我俗气,我是迫不得已啊!按说,谁没有个需人帮忙的时候,谁能万事不求人啊?留下您的证,您多担待着点吧。我说:没您的帮忙我可怎么回家啊。心里想,付出劳动得到报酬是天经地义的事。而他要的仅仅是两元钱。

第二天下班的时候,我来到车摊,想把钱给他。可他却一脸惶恐,说昨天下雨走得匆忙,把工作证丢了。今天尽管自己还在发烧,但为了等我,坚持强撑着到此摆摊。我控制不住自己的情绪,说了他一通。而他只是一个劲儿地道歉。后来,我也渐渐忘了这件事。一个月后,老人却找到我公司里来,送来一百五十块钱,说是给我重新办证用的。我知道,那几乎是老人这一个月的劳动所得。尽管我一再说明不需要,但老人执意要把钱留下,还很歉意地说:"真对不住啊,收下吧。做人总该讲信用的,那是老天教人做人的本分。"

从那一天起,我一直感谢老人给我上了关于信用的最好的一课。事实上,这件事给了我很大的震动,老人的言行让我重新思考公司的立足之本。公司得到发展之后,在我的恳求下,老人来到公司,成为一名出色的仓库管理员。

当人们开始进入这个充满竞争的经济社会时,有许多人已经丧失了"信誉"这一为人本性。代替的是耍小聪明,使用阴谋诡计,弄虚作假,拍马投机,大街小巷皆见教人智谋,学生的手中竟是厚黑之书,真是令人难以想象。难道我们的社会和人都犯什么病了吗?

实际上,经济有经济的规则,做人有做人的规则,处世有处世的方和圆,从过去到现在,从国内到国外,都一样有规则。"忠者何? 不欺之谓也;信者何? 不妄之谓也。良心之存,诚实无伪,斯可谓忠信矣。"(《陆九渊集》)今天的我们就能将"信誉"抛之脑后吗? 如果没有了"信誉",这个社会将是个什么样子啊? 人际交往又会是什么样子啊?

3.人心真善,金石可缕

择善而固执之。

——《中庸》

段正元在论《中庸》里说:"'用中'者,须如戥平之权物,执其两端,使其天针对地针,无太过,亦无不及。然后用于民,而民无不服。"就是说,能够在人际交往过程中做到"中",就像古代的称一样,权衡之后,不偏不倚,这也就是"中庸之道"了。

孔子说:"守节至死不离善道。""人心一真,便可霜飞,城可陨,金石可缕;若伪妄之人,形骸徒具,真宰已亡,对人则面目可憎,独居则形影自愧。"(《菜根谭》)一个人只要真心向善,就可以感动上天。一个如果心存虚伪邪恶的念头,那他只不过是空有人形的架子而已,肉体虽在,而其灵魂已亡。做到"不离善道"亦即不离"本性"。

一个人是否能达到"心善"的境界,主要在于是否能树立正确的道德标准。也可以说,心善的养生之道,主要讲的是道德修养的养生之道。所谓"养性"者,核心问题也是道德修养。以"善"养"性",从而达到"心善"而致"行善"。

"思古圣人之道莫大乎与人为善。以言诲人,是以善教人也;以德薰人,是以善养人也,皆与人为善之事也。然徒与人则我之善有限,故又贵取诸人以为善。人有善,则取以益我;我有善,则与以益人。连环相生;故善端无穷;彼此把注,故善源不竭。"（曾国藩）就是说想到古代圣人为人的原则，没有比与人为善更为重要的事。以言语教诲人，是以善教人；以道德教育人，是以善培养人，这些都是与人为善的事。然而如果只向别人施予，那么自己的长处是有限的，所以又贵于能够吸取别人的长处。别人有长处，则吸取过来以有益于自己；自己的长处，则施予别人，以有益于别人。人人互相学习，那么善就会无穷无尽：彼此相互施予，所以善的源头就永远也不会枯竭。

曾国藩强调的是"为善"，既予人，又取之于人，若要"为"，得先"善"，"善"在哪呢？张履祥说："非善不存于心，非善不出口，非善不付诸行动"，"善"即好品德，好思想，好学风、好语言，好行为。那"善"又怎么达到呢？一是靠教，一是靠养。虽说人的本性中有"善"的一端，但后天若不加以教育、培养，也可能会走上歧途。"养善"就是要注重在后天的修养身性。

"善心"并不仅仅是给予钱财，精神上的给予也同样重要。俄国作家屠格涅夫从街上走过的时候，被一个衰弱不堪的穷苦老人拉住，面对那双无力、颤抖的手，屠格涅夫窘极了，因为他摸遍身上所有的口袋，也没摸到一分钱。于是屠格涅夫紧紧地握住那双手："别见怪，兄弟，我身上一无所有呢。""哪里的话。"老人口齿不清地慢慢说道："就这也该谢谢您啦，兄弟。"

禅语说："善心如水"。即使是那些身无分文、穷苦不堪的人，你施舍的钱财、食物对于他来讲可能只能解决一时的温饱，但有时只要你能用"善心"，即便你不给予他任何东西，他也会感激你，因为你尊重他，对于他来说是一种毫无杂念的同情，也是一种激励。"乃若其情，则可以为善矣，乃所谓善也。"

"与人为善"，这是一种美好的道德品质，也是做人做事的基本原则。不使恶，不做坏事，待人可以同情可以怜悯，但都要符合"中"道，都要有"分寸"。

4.背地里不做亏心事

君子内省不疚,无恶于志。君子之所不可及者,其唯人之所不见乎!

——《中庸》

孟子说:"仰不愧于天,俯不怍于人。"做人光明磊落,做事心安理得,就可以上无愧于天,下无愧于自己也无愧于别人。

"人无一内省之事,则天君泰然,此心常快足宽平,是做人第一自强之道,第一寻乐之方,守身之先务也。"曾国藩的这句话道出了孟子的心声。为不做对不起人的事,就应该先审视自己的良心,是不是缺失了。在行动中时刻以良心监督自己;行动之后,良心又对事情的后果进行评价和反省。

《后汉书》里记载了一个"杨震四知"的故事:东汉时期,杨震奉命要到别的地方去任太守,中途经过好几个县,其中有一个县的县令叫王密,这个王密是杨震一手提拔上去的,所以王密想借这个机会,向杨震表示谢意。于是,这天晚上,王密就带着黄金来到杨震的住处,并献上黄金以表感激之恩。杨震坚决不收,王密劝说了半天,没办法,说:不要紧的,没有人知道吗?这夜里没有人会知道的。杨震说:没有人知道吗?天知道,鬼神也知道,你知道,我也知道。怎么能说没人知道呢?王密很惭愧,只好失望地走了。

俗话说:"不做亏心事,不怕鬼敲门""身正不怕影子斜",旨在要求和规范人们在做人处世中"中正"而行。利用别人不知道而欺瞒别人是为人所不耻的事。明和暗,是两个相反的极端,不能一味地要求一切都明白,因为有些事过于明了也不好。同样,如果过于隐藏的话,也就走上了不可挽回的极端,这就违背了"中庸之道"。

有一个美国游客到泰国去旅游,在路边的货摊上看到了一种非常好看的纪念品,选中几件后就问价钱。商贩说每件一百铢。游客还价到八十,可商贩不同意,她说:我每卖出一百铢,才能从老板那里得到十铢。如果只卖八十,我就什么也得不到。

游客想出个主意,他对商贩说:这样吧,你卖给我六十铢一个,我再额外加你二十铢,这样就比你老板给的还要多,而我也少花钱,你我双方都能得到好处,这样行吗?游客以为商贩会马上答应,但又只见她摇头,游客又说了一句:别担心,你老板不会知道的。女商贩听了这句话,看着这位游客,更加坚决地摇头说:佛祖会知道的。

泰国是信奉佛教的国家,当然觉得佛祖万事皆知,这不是说什么迷信,而是一个人在面对是非面前,要能做到不为不明之利而动,更不能因为老板不知道就卖给别人,这也涉及一个人的修养问题。

孔子说:"专心致志于仁""君子成人之美"。这是因为君子有着与人为善的宽阔胸怀,常把他人的成功当作自己的成功,把他人的快乐当作自己的快乐。不成人之恶,是因为君子爱人以德,不愿看到他人承受灾难,不愿看到他人翻船落水的不幸。所谓推己及人,"己所不欲,勿施于人。"

相反,小人就不会这样,总是在背后成己之恶,成人之恶。比如说,别人落水他就高兴,甚至在岸上趁人不注意再丢几块石头。看到别人成功、快乐,他就满肚子的嫉妒,甚至暗地里搞小动作,造谣中伤,无所不用其极。这种君子和小人的两种截然相反的与人交往的态度,归根到底就是君子和小人的思想境界和心态不同。

光明磊落,思想境界高,背后不做有愧于己有愧于人的事,这就是君子。而心理阴暗,思想境界低,喜欢在暗地里害人的,就是小人。用当今的话说就是,在人际交往和与人共事中,个人的世界观、人生观、价值观的不同,造成了君子和小人的分水岭。

5.讲信用是人际沟通的桥梁

诗云:"相在尔室,尚不愧于屋漏。"故君子不动而敬,不言而信。

——《中庸》

有子曰:"信近于义,言可复也。"在人际交往中要讲究信用,而且还要契合于"义",一个人在社交处世上要讲话算数,不能背信弃义。这样,也顺应了中庸思想,就能做到"不动而敬,不言而信"。

信用,不管是在任何国家、任何民族,都是与人交往的前提。十六世纪末,荷兰人为了打破西班牙和葡萄牙人对印度洋航线的控制,试图寻找一条属于自己的通往东印度群岛和中国的航线。在一五九六年,荷兰人组织了一次探险航行。在这次探险中,巴伦支的名字让全世界都知晓了,北冰洋西面的一部分海域就是以他的名字命名的。但是,让人们永远记住的不是这次航行的经历,而是那些无名水手的诚实和信用。

在探险船队起航前,阿姆斯特丹有钱的商人们,把一些准备与印度和中国进行贸易的货物装上船。当船队行至北冰洋海域时,夏季已经结束,这就使得船队被冻结在海面上,无法进行。在这饥寒交迫的环境中,他们没有丢弃那些货物,当水手们获救上岸后,他们所做的第一件事就是把商人的货物晾干。

这次航行没有成功,探险船回到了阿姆斯特丹,水手们早已财尽囊空,但在离开之前,将商人所托付的货物全部归还给他们。虽然这些水手们没有留下姓名,但这种守信的态度确实能够感动人,其身上体现出来的责任感和使命感,都源自"信用"二字,这种道德的约束和良知的守诺,也是"信用"的力量。

只有有了信用,彼此之间才有可能以诚相待。只有有了信用,人与人之间也才有可能彼此更好地进行沟通和合作。

"君子遵道而行,半途而废,吾弗能已矣。"(《中庸》)君子时时处处都要遵循"中庸之道",如果半途而废,也就违背了它。诚实和信用也同样如此,要是说话不算话,他人也不可能再相信你。但是还有一点,讲信用和讲诚实一样,都是双向的,如果他人不讲信用,你就不可傻到一直相信他的话。

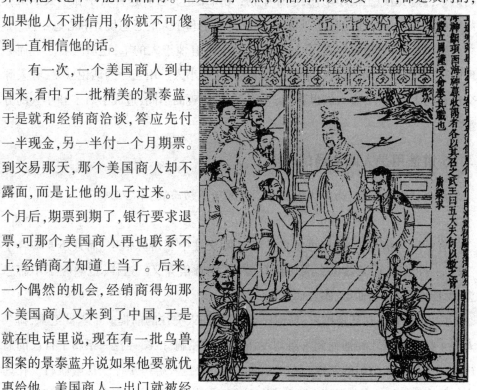

有一次,一个美国商人到中国来,看中了一批精美的景泰蓝,于是就和经销商洽谈,答应先付一半现金,另一半付一个月期票。到交易那天,那个美国商人却不露面,而是让他的儿子过来。一个月后,期票到期了,银行要求退票,可那个美国商人再也联系不上,经销商才知道上当了。后来,一个偶然的机会,经销商得知那个美国商人又来到了中国,于是就在电话里说,现在有一批鸟兽图案的景泰蓝并说如果他要就优惠给他。美国商人一出门就被经销商堵在门口,"我的钱呢?""我没欠你的钱,那合同是我儿子签的。"美国商人大声地说:"儿子欠债让老子还,是不符合美国法律的。"经销商说:"你在中国人面前不讲信用,中国人也就不会对讲信用的。而你现在是在中国,今天你要不还钱,你就休想走出门。"美国商人知道抵赖也不管用了,只得乖乖地签了支票。

在经济关系上需要讲信用,即使在普通生活中与他人来往也是相同道理。比如,张三答应李四帮他弄一张足球门票,李四就觉得张三这人太够哥们了,可等到足球赛结束,也不见张三的人影儿,李四就该骂张三太不够哥们,不讲信用了。等到张三有事要委托李四买一张篮球票的时候,李四当然也不会讲信用。这样,两个平时要好的朋友也就吹了。所以说,朋友之间、家人之间、同事之间都不讲信用了,那一个人还怎么与人来往啊?

信用,是人际交往和与人良好沟通的桥梁,哪一头不够诚实不够守信,那这座桥就无法连通,也就无法存在,就更谈不上人际关系的和谐了。

6.独处时也不能做坏事梁

君子戒慎乎其所不睹,恐惧乎其所不闻。莫现乎隐,莫现乎微,故君子慎其独也。

——《中庸》

《中庸》里的"滇独"是就一个人的正直和邪恶的区分而言的。品德高尚的人即使是在没人看见的地方也是谨慎的,在没人听见的地方也是有所戒惧的。越是隐蔽的地方就越明显,越是细微的地方就越是显著。中庸思想要求人们,即使是一个人的时候,也不能以为别人不知道而做坏事。

品德高尚的人,时常检查、审视自己,而那些放肆妄为、邪恶的人则正好与此相反。总的来说,一个品德高尚、以心存善的人是不会产生邪恶的念头,更不会做邪恶的、有违自己良心的事,即使会有恶心,君子也会立刻把自己从这种邪念中拉出来。因此,真正的君子哪怕是一人独处时,也会有警觉性,从而不会做坏事。所以孔子说:"君子内省不疚,无恶于志。君子之所不可及者,其唯人所不见乎!"

"慎独则心安:自修之道其难于养心。心既知有善知有恶而不能实用其力,以为善去恶,则谓之自欺。方寸之自欺与否,盖他人所不及知,而己独知之。故大学之诚意章,两言慎独。果能'好善如好好色,恶恶如恶恶臭',力去人欲以存天理,则大学之所谓'自慊',中庸之所谓'戒慎恐惧',皆能切实行之。……故能慎独,则内省不疚,可以对天地,质鬼神。……人无一内愧之事,则天君泰然,此心常快足宽平……"(《曾文正公集》)可见,人自慎独,人自有善,而无一件会让内心觉得愧疚的事,那么心里就会泰然,也因此常常感到愉快、平和。在与人交往的时候,也就能感到和睦。

春秋战国时期,宋昭公众叛亲离,只得驾车出逃。在路上,宋昭公就对车夫说:我知道自己为什么要出逃了。车夫就问是为什么呢? 昭公说:以前,不管我穿什么衣服,别人都说这衣服华美。不管我说什么、做什么,别人都说我英明。这样,我内外都发现不了自己的过错,所以今天才会这样狼狈。从此,宋昭公改行易操、以仁善治理国家。他死后,谥为"昭",昭就是明显,就是能够自我反省。所以,一个人有过失并不可怕,可怕的是一个人没有反省的勇气和智慧。"慎独",即是强调人的自我反省,增加修养,与人为善,从而使他人愿意亲近你,人际关系也就会得到良好的发展。

有一本书里这样写道:夜深人静,万籁俱寂时,一个人独立静思省察自己的内心,才会发现自己的妄念全消而真心流露,当此真心流露之际,皓月当空,心旷神怡,精神十分舒畅,感觉体会到了毫无杂念的细微境界。假如这种真心能够常在,然而已经感到了真心偏偏难以全消妄念,于是心灵上会感到惭愧不安,在此中感到悔悟而有改过向善的意念。

一个人只要在独处的时候,能将心思用在自省上,而不是殚精竭虑地想为恶。那么,就像曾国藩所说的,"天君泰然,快足宽平"了。

王船山在他的《四书训义》提到"慎独",是这样说的:及其一念之动也,是天理之所发见也,而人欲亦于此而乘之;是吾性之见端也,而情亦于此而感焉。君子既常存养,以灼见此理于未动之先矣,则念之所发,或善或恶,有自知之审者。故其动也,在幽隐之际,未尝有是非之昭著也,而所趋之途自此而大分,莫见于此矣。其动也,亦起念之微,未尝有得失之大辨也。

独处之时,更要分清善与恶,"善"与"恶"都源自人的"~念",同时人的许多欲求也随之而来。而君子则能在没有行动之前考虑再三,绝不能贸然行进。若不然,就有可能会走上"恶"的极端,这就很显然是违背了"中庸"思想。

7.信誉是一笔永远增值的财富

诗曰:"神之格思,不可度思,矧可射思?"夫微之显。诚之不可揜如此夫。

——《中庸》

做人,要讲信誉;做事,也要讲信誉;办企业、搞经营,更离不开信誉。先"信"而后能有"誉",何谓之"信"?"诚善于心谓之信。"(《正蒙》)

寓"诚"于心,寓"善"于心,中庸思想中把二者结合为一体,谓之"仁道",即以"诚善"演化而出的"博爱"。韩愈说:"天地的大德叫作生,圣人的大德叫作仁。仁是生命的根本,生命又是仁的作用。所以产生生命的叫作仁,博爱就是仁。"所以,"信"是"仁"的体现,也是博爱的体现。

埃及亿万富翁奥斯曼讲述了一个关于信誉的故事:一九四〇年,奥斯曼毕业于开罗大学,获得了工学院学士学位。他想自谋出路,当一名建筑承包商,而此刻奥斯曼陷入了困境,因为他当时身无分文。一九四二年,他离开老家,带着仅有的一百八十埃镑,筹办起了自己的建筑承包行。奥斯曼相信事在人为,人能改变环境,而不能成为环境的奴隶。根据舅舅承包行的经验,他首先确立了自己的经营原则:谋事以诚,平等相待,信誉为重。创业初期,奥斯曼不管业务大小、赢利多少,都积极争取。渐渐地得到了别人的信任,他的承包行发展得也越来越好。

　　到了二十世纪五十年代,海湾地区发现了大量的石油,这给奥斯曼一个获得更大发展的机会。他以创业者的远见率领自己的公司开进了海湾地区。他面见沙特阿拉伯国王,陈述自己的意图,并向国王保证:他将以低投标、高质量、讲信誉来承包工程。后来,工程完工的时候,奥斯曼请国王主持仪式,国王对他的工程极为满意。奥斯曼讲究信誉,保证质量的为人处世方法和经营原则,使他的影响不断扩大。随后几年,他在中东许多国家都建立了自己的分公司,成为享誉世界的顶级建筑承包商。

　　奥斯曼讲究信誉的做法,在一定情况下会使自己吃亏,但是有亏必有盈,这给公司长远的发展带来非常积极的影响。

　　当今社会上总有一部分人,错误地认为生活中以奸诈的手段而发家致富的大有人在,从而对诚信产生了质疑,觉得不讲诚信也照样可以。其实,只要我们仔细地看一看,就不难发现,那些以奸诈之道致富的都往往是昙花一现,转瞬即逝,最后真正取得成功的,还是那些恪守诚信的人。大家都知道北京"同仁堂"药店,三百年来一直遵守着"同修仁德,济世养生,以义为先,以义取利"的古训,到现在依然长盛不衰。它之所以受到人们的信任,就在于它以诚信的方式实现了企业的价值。

在现代的商品经济运营中,有人总会说:无商不奸,无奸不商。这是显然一个误区。诚然,在经济运行当中肯定会有竞争和抵触,而这是市场经济必然的规律。但竞争必须采取合乎规则的正当手续。如果经营者都奉欺诈、谎言为圭臬,那么经济也就无法正常运转,社会也会随之乱了套路。其实,只要每一个经营者都能与人为善,都能以诚信为标榜,那么经济社会也能够成为和谐的经济社会。市场经济如此,那人际关系也是如此,所谓"人之情,心服于德不服于力"(《文子》),诚信为德,才会让人心服。

"君子所保,唯在诚信。"(《贞观政要》)一个讲诚信的人,在修养自身美德的同时,还能给予他人充分的信任。那么,推而广之,人与人之间也都能彼此讲诚信。同时,再多一点"仁爱",世界何尝不是一个大家的和谐的世界呢?

和而不流,中立不倚

——与朋友来往要身正行直

1.选择志趣相投的朋友

子曰:"君臣也,父子也,夫妇也,昆弟也,朋友之交也;五者,天下之达道也。"

——《中庸》

人生在世不可能是孤立的。孩提时有共同玩耍的朋友;学生时代有共同学习生活的朋友;出入社会有同事和生意上的朋友;年老时有一起下棋聊天的朋友。总之,人的一生,朋友必不可少。那怎样选择志趣相投的朋友呢?

人以类聚,物以群分。一个道德品格高尚的人,他的朋友也多是道德品格高尚的人;一个阴险狡诈的人,他的朋友也多是与他沆瀣一气的人。所以,看一个人是否能做自己的朋友,孔子说要"视其所以,观其所由,察其所安",选择朋友,就得先看看他的身边的朋友是什么样的人。

孔子在关于交朋友的问题上,也与"中庸"有紧密的联系。子曰:"不得中行而与之,必也狂狷乎! 狂者进取,狷者有所不为也。"要是能够交上中庸之人做朋友,那自然最好。而当你交不到这样的朋友时,你又可以和激狂的、狷介的人交朋友。"狂"与"狷"是两种相对立的品质,一个是流于冒进、有进取心、敢作敢为;一个是流于退缩、不敢作为。孔子认为"中行",就是不"狂"不"狷",即是不偏不倚。在与这两种人交朋友的时候，个人的气质、作风、德行也都不偏于任何一方，那么，对立的双方互相牵制，互相补充，这样，也就符合了中庸的思想。

俗话说：一个篱笆三个桩，一个好汉三个帮。曾国藩就深晓其理，刚到北京之际，他就开始寻找与自己情投意合的朋友，此刻远离家乡，身处官场，究竟要交什么样的朋友呢？交几个政友，固然可以使自己在日后的仕途上有所帮助，但也会有危险，因为这样结交朋友，会给人以拉帮结派的嫌疑，一旦犯事，必有牵连，所以交政友也要慎之又慎，绝对不能与人太过亲密。交几个乐友，固然可以在一起吃喝玩乐，但时间久了，学业俱废，所以交乐友也当慎重，不可沉湎于中。

曾国藩为人淳朴端正，不光仕途走得顺当，他的诗文也做得不错。他在京师数十载，所交的大都是文友，有的擅长诗赋，有的精通书法，有的棋艺甚佳。他们的才华使曾国藩倾慕不已，以致在他身退之后，就在这方面不断地发展自己。

交朋友有交朋友的原则，与朋友相处也有其原则。朋友，有时可以把他看作是自己的良师，可以帮助我们提高自身的品德修养。当我们需要实现某种崇高的价值或理想时，志同道合的朋友的帮助是缺少不了的。真正的朋友，就是和自己有相同的志趣，有相同的理想，能够与自己一起吃苦、奋斗的人，所谓"二人同心，其利断金"。

孔子认为，结交朋友要交优秀的、德才兼备的人。子曰："君子不重，则不威，学则不固。主忠信，无友不如己者，过则勿惮改。"只有这样才能见贤思齐，有道而正。另外，我们还要结交正直的、讲究诚信的、见识广博的人，而不同那些谄媚的、背后毁信的、夸夸其谈的人交朋友。洪应明说："教弟子，如养闺女，最要严出入，谨交游。若一接近匪人，是清净田种下一不净的种子，便终身难植嘉禾矣。"

择友是人际交往一个非常重要的环节。结交朋友最重要的一点原则就是:应该以他人之长补己之短。只要具备了这条原则,你所结交的朋友就是益友,否则,可能是损友。朋友好,你就会从朋友身上获得人格的熏陶,道德的感召,学业也就会随之长进,这当然是受用无穷。相反,朋友不好,你就会受到意想不到的伤害,要是一不小心在这种朋友面前掉进水里,那就惨了。

2.一个有德行的人总会有好朋友

子曰:德不孤,必有邻。

——《论语》

你是个有德的人,必定会有有德的人与你亲近,你就不会觉得孤单。《史记》云:"同明相照,同类相求。"孟子也说:"友也者,友其德也,不可以有挟也。"显然,交朋友是与真正有德的人相交,所以,只要自己能够修身正德,那就不可能没朋友。

孔子强调先修养自己的内在精神,而后再将这种精神修养扩展出来,能够为他人、为社会做出贡献。"夫仁者,己欲立而立人,己欲达而达人。"孔子的中庸处世思想也本于此。以"仁道"来修养自己的道德品质,这种道德品质最终表现出来的不光是自己对社会的贡献,而且在与人交往处世的过程中的真诚与和谐。

子曰:"君子和而不同,小人同而不和。""和"可视为朋友之间的开放和包容:"同"则为封闭和单一。从朋友相交上来说,"和"就是指与不同类型的人交朋友,"同"则是只与自己气息相投的人交朋友。而中庸思想要求,不管是与什么样的朋友相交,也都能够用自己内在的道德品质去感化和影响朋友。

当今社会,人与人之间的联系和交往越来越密切,也越来越广泛,许多的事根本就不可能是一个人能够完成的,这就要求人与人之间互相合作、相互帮助。朋友的多少、好坏直接取决于你个人的内在品质,也直接影响你能成就多大的事业。所以说,与有德的朋友相交,是借力办事的基础,是事业成功的阶梯。

其实说时容易做到难,特别是当自己遇到困难的时候,不离不弃的才是真正的朋友,但那些满脑子金钱利益的人,不能算朋友。

廉颇被免官还乡的时候,府中的门客都走光了:等到他重新赴任的时候,那些个门客又都回来了。廉颇很生气,就问他们:你们不是都走了吗,怎么又回来了?有一个门客说:廉将军,话不是这样讲的。当今天下结交朋友,就好像做生意一样,你有权有势,大家就跟着你,等你无权无势的时候,大家就会离开你。世道如此,廉将军又何必这样气愤呢?廉颇对此很是感慨,从此交友谨慎起来。

大家可以看出，一个德行的人，他的朋友并不一定也都是讲究德行的人。很显然，这位门客的话是在讽刺那些毫无德行的门客。如果，朋友都成了这样的朋友，那还有什么人敢结交朋友呢？真正的朋友也不是说什么既要同生又要共死的朋友，更不是树倒猢狲散，这同样是两个极端，在处理这两种朋友关系的时候，也要遵循中庸的态度，不能一棒子打死。

真正有德行的人，是可以帮助朋友的人，不是见钱眼开、更不是落井下石的人。战国时期的孟尝君，他也是个有德行、有仁义的人。有个叫冯骥的人，听说孟尝君礼遇宾客，就穿着草鞋赶来拜见。几天之后，孟尝君就问客监：冯骥在做什么。客监回答说：冯先生十分贫穷，只有一把剑，他经常一边弹剑一边唱到："长剑，回去吧！饭菜连鱼都没有。"孟尝君听后，就在吃饭时添加了鱼这道菜。几天后，客监又跑来说：冯先生又弹着剑唱歌："长剑，回去吧！出门没有车子坐。"于是，孟尝君就把自己的车子给他用。又过了几天，孟尝君又问起冯骥的情况，回答说：他又弹剑歌唱："长剑，回去吧！这里不是自己的家。"孟尝君听了很不高兴。

有一次，他就叫他的门客冯谖去薛国帮忙收租，可是，冯谖不但没收回租子，反而把那些租票当着老百姓的面给烧了，给孟尝君收回了"仁义"。后来，孟尝君被罢官回家的时候，全城的老百姓都出城迎接他。他流着泪对他冯谖说：你为我收来了我永远也买不到的东西。

这位门客就是孟尝君真正的朋友，他不收租，而且还把租票烧了，照现在的话说就是不服从、不履行上级的命令，一定会被挨贬的。而孟尝君手下门客三千，靠得并不是让他们每天酒足饭饱，有安身之所，而是以他的德行，以他的仁义感召他们，最终门客也没有让孟尝君失望。这就是朋友的帮助，就是有德行的朋友。

真正有德行的朋友，不仅仅是帮你度过一时的难关，而是一生都陪伴在你左右的人。

与有德行的人交朋友，是一个人一生的取之不尽、用之不竭的财富。

人，不要为没有知音而苦恼，只要你有德行，那些有德行的人也就会来到你的身边。应该注意的是，这种朋友关系的维系永远都是靠你自己的德行的。

3.不一样的朋友会给你带来不一样的东西

君子与君子以同道为朋，小人与小人以同利为朋。

——欧阳修《朋党论》

大千世界，芸芸众生，三教九流，无所不包。人生在世不可能只和与自己志趣相同的人做朋友,而那些"志不同,道不合"的朋友,其人生观、价值观有着相当明显的差异。在与这些人做朋友的时候,不是说要放弃自己的立场、观念和志趣,而是要能够吸取他人的长处以利于自己。但应该记住的是,不同的朋友会带给你不同的意识的冲击,这个时候,一定要站稳立场,不偏不倚,顺应中庸之道。

所以说,君子与君子交往是有着共同的志向;而小人之交则是因为有着共同的利益关系;君子和小人之间则"道不同,不相为谋"。其实,在当今社会,人际关系日益复杂,"君子"也可能会与"小人"打交道,做朋友,但更多的时候,恐怕就是认错了人。孔子"以言取人,失之宰予;以貌取人,失之子羽。"孔老夫子都有看走眼的时候,何况我们平常之人呢?

我国近代著名的学者王国维,博闻强识,智力过人,是我国近代的国学大师,同时他在甲骨文的研究上也很高的造诣。当时,有个叫罗振玉的人,得知了王国维这个人的才华,很是赏识,于是就和他结成朋友,后来又结成了儿女亲家。虽然王国维满腹经纶,家境却很是贫穷,此时的罗振玉把王国维当作自己赚钱的工具。罗振玉在外面大量收购甲骨,然后回来拿给王国维研究,当在报刊杂志上发表文章的时候都用罗振玉的名字,这使他赚了不少的钱。后来,王国维不知何故,在颐和园投湖自尽。

罗振玉这个人没有多少德行,这可能也是王国维隐痛的地方,交朋友找错了人。朋友之间不是相互利用或一方利用另一方的关系,若不然,与小人并无两样了。

由于鲁迅交友慎重,结果与王国维截然不同。早年,鲁迅从著名学者章太炎而学,后来又与蔡元培结交为友,还结交了许多革命青年,特别是结交了像瞿秋白、冯雪峰等共产党人为友,这就对鲁迅的革命思想产生了很大的影响。鲁迅和瞿秋白在文化战线上经常合作,介绍和翻译马列主义和一些苏联的进步文学。在危险关头,鲁迅让瞿秋白在自己家中避难。瞿秋白牺牲后,鲁迅怀着悲痛的心情,带病将朋友的遗言编成《海上述林》,并在前言中,把瞿秋白比作自己的"知己",并以有这样的"知己"为人生的最大满足。

后来,郭沫若在比较鲁迅和王国维的时候,说过这样的话:王国维之所以戛然止步,甚至遭到牺牲,主要是朋友害了他。而鲁迅之所以始终前进,一直在时代的前头,也未始不是得到了朋友的帮助。

在志同道合的基础上建立起来的友谊,并且都能以正直和德行相交,是可以为双方提供促进作用的。爱因斯坦说:世间最美的东西,莫过于有几个头脑和心地都很正直且严正的朋友。

因为有一个正直的朋友,可以让自己也学会正直;一个有德行的朋友,可以让自己懂得德行的重要;一个胸怀豁达的朋友,也可以让自己用包容和大度待人接物。反之,一个奸诈的、口蜜腹剑的、狭隘的朋友,只会让自己在为人处世中,时常违背自己的道德良知。

刘禹锡、柳宗元、王叔文三人是好朋友。王叔文犯事之后,刘禹锡被贬播州,柳宗元被贬柳州。柳宗元说:播州是不适宜人生活的地方,而且刘禹锡的父母还健在,如果一起搬到那个地方,他的父母双亲还能活下去吗?我愿意拿柳州换播州。后来因为柳宗元的请求,刘禹锡改贬其他地方去了。为了朋友而甚至不惜牺牲自己,如果都能交到这样的朋友,那你还会有什么怨言吗?

每个人都知道,真正的朋友很少,可能人的一生只有那么一两个,但不要因为仅有一两个知己而失望,因为他让你更加明白了真朋友可贵。

4.正确对待朋友的过失

诗云:"鸢飞戾天;鱼跃于渊。"言其上下察也。

——《中庸》

看到朋友身上有缺点,要善意的指出,并且要用适当的方法对朋友进行启发和规劝,希望他能够改正。一般情况下,作为一个朋友,能做到这样就行了,但朋友屡次三番不听劝告,也不接受,那你就要适可而止,否则一味地蛮劝,朋友非但不会领情,弄得不好,你也就会招来不必要的难堪,甚至是羞辱。

子曰:"君子易事而难说也。说之不以道,不说也;及其使人也,器之。小人难事而易说。说之虽不以道,说也;使人也,求备焉。"孔子说的这两种情况是相对于君子和小人,以不同的方法和态度待己待人。在对待朋友的过失上,君子要么不说,要说就会符合"中"道,而且还能够依然器重朋友;而小人不管能说不能说,都一股脑地说出来,说话就容易背离了"中庸之道"而偏激。之后,就对朋友一味地求全责备而不再器重朋友。

一天苏轼来到丞相府中,恰巧王安石不在,苏轼在书房里看到王安石写的诗稿,"西风昨夜过园林,吹落黄花满地金。"苏轼立马提笔写道"秋花不比春花落,说与诗人仔细吟。"指的是王安石弄错了,菊花是不会凋谢的。后来,苏轼在黄州任职的时候亲眼见到了菊花落瓣,立马认识到错改了王安石的"咏菊"诗,想向王赔罪,只是找不到机会。后来,苏轼忽然想起了王安石在他被贬黄州前提过的一件事,原来王安石嘱托他取瞿塘峡的江水。当时因为被贬，苏轼心中不服气，倒忘了这件事，现在想一定要办得妥当，于是，顺流而下。谁想由于车马劳顿，苏轼竟睡着了。醒来时就问船公现在到哪了，船公说到了下峡，苏轼没办法，只得从下峡中取了水。

等见到了王安石，苏轼对改错诗句一事向王安石谢罪。王安石说：你没看过菊花落瓣，我不怪你。然后朋友二人，就谈到了取水之事，苏轼说已经带到了，王安石赶紧叫人生火烧水煮茶，而茶色半晌才现。王安石就问：此水何处取来？苏轼说是中峡的，王安石笑着说：又骗我了，这是下峡的水，怎么说是中峡的呢？苏轼听后大惊，问何从知晓，王安石教育他说读书人不可轻举妄动，凡事要寻根究底，并向他解释：上峡水性太急，下峡太缓，只有中峡缓急相半。太医院官乃明医，知老夫患中脘变症，故用中峡水引经。此水煮茶，上峡味浓，下峡味淡，中峡浓淡之间。今见茶色半晌方见，故知是下峡。

苏轼心悦诚服，离席谢罪。王安石又安慰他说没什么罪，并指出他因为过于聪明，容易疏忽。王安石对苏轼做错了事，不但没有斥责他，而是中肯地劝说他，并且还指出苏轼被贬是因为过于聪明、容易疏略造成的，这也正符合了"忠告而善道之"的原则。此后，苏轼再也不敢自视清高，他虚心求教，细心钻研，终成为我国文学史上著名的诗词大家。

朋友有过错，这是很正常的事，圣人也有犯错的时候，"人无完人"是也。所以，对待朋友的过错，应该委婉地劝告，即使他当时不明白不理解，事后回想起来，也会觉得你劝说的是对的。

孔子说：人的过错，各有其类。观察一个人的过错，就知道他是什么样的人了。（《里仁篇第四》）看待朋友的过失也当如此，如果朋友犯了错，不知道悔改，而且还固执己见为自己的过错找借口，我们就知道这个人不是一个坦诚的人；如果朋友一味地把自己的过错归结在他人身上，并在你面前抵牾他人，我们就知道这个人是狡诈、喜欢搬弄是非的人。

指出或劝告朋友的过失，有同于《中庸》里提及的"忠恕"，所谓"己所不欲，勿施于人"。一个人在对待朋友的过失或大是大非面前，能够做到"忠恕"二字，那么离"中庸之道"也就不远了。

5.对待朋友不可苛求

子曰："所求乎朋友先施之，未能也。庸德之行，庸言之谨。有所不足，不敢不勉。"

——《中庸》

有什么需要朋友帮助的,得先给朋友以帮助。对朋友要一心一意,如果一味地想苛求或责怪朋友,那就"有所不足"了。这个时候,就要努力纠正自己。曾国藩说:"凡事皆贵专。求师不专,则受益也不入;求友不专,则博爱而不亲。"人生在世,所做的事都要专心、专一。若不然,学习知识的时候就学不进东西。对待朋友不专,虽然朋友多,但也都不会亲近自己。由此看来,不仅是在处理朋友关系上,在社交过程中,对他人也不能苛求。

子曰:"可与共学,未可与适道;可与适道,未可而立;可与立,未可与权。"孔子说:可以和朋友一起学习,但不一定可以和他趋向正道;可以和他趋向正道,也未必可以和他有相同的道德品质;可以和他有相同的道德品质,也未必可以和他权衡世事。所以,对待自己的朋友,不能片面地苛求他都与你相同,如果过于偏激,就会伤害到朋友。

张三和李四是很多年要好的朋友,大学毕业后,进了同一家公司。星期一上班的时候,张三因为工作没做好,被老板大骂了一顿,为此情绪很低落。李四这个人比较勤快,一大早来,就忙着打扫办公室,就看到张三一个人闷闷不乐地坐在沙发上看报纸,李四就知道可能张三工作出了什么问题,也就没要他和自己一起收拾。

李四收拾茶几的时候,没注意把张三的茶杯碰到地上摔碎了。这茶杯是张三的舅舅从美国捎回来的,张三一直把它视为珍宝,而现在成了一堆碎片,当下脸就拉长了。李四马上说了对不起,可张三还是抱怨,李四的火气一下子也上来了:不就是一个杯子吗?你发什么脾气啊,难道朋友连个杯子都不值吗?不要受了老板的气,就来给我脸色看,拿朋友当出气筒算什么英雄好汉。

张三本来工作中的麻烦就令他痛苦和沮丧的了,这时又在这么多同事的面前,被李四嘲讽挖苦了一番,心里很不好受:你李四得老板的宠哦。李四也不经考虑:那是,说不定我哪天就当主管了。随着情绪的失控,两个人都偏离了就事论事的轨道,越吵越厉害。张三趁李四不注意,拿起李四的杯子就摔在地上。一对朋友就因为这样一件小事,而争吵不休,最终两人的朋友关系也就结束了。之后,李四不在这家公司做了,路上遇到的时候,两人就当是陌生人,看都不看对方。

一对本来要好的朋友,因为都不懂得相互谦让,而是不理智地苛求对方,言行举止也走上了偏激,最终只得散伙。如果当时有一方,能够平心静气地处理这件事,也就不会发生了这样的事了。

曾国藩和左宗棠的故事,大家可能都知道。有一次,左宗棠手下的一个人就问他:为什么别人都叫你们俩曾、左,而不是左、曾呢?于是就有了曾、左交恶一说。

真正的朋友很少,朋友之间能够相知、相敬,同甘共苦,其实,曾国藩和左宗棠并非交恶,两人乃是要好的朋友。虽然,一人虽有龃龉,却交情至深,正像左宗棠说的:"同心若金,攻错若石"。

俗话说多一个朋友多条路,意思是说朋友越多越好。如果是志同道合,这样的朋友当然是多多益善;如果志不同道不同,那就是乌合之众,那也算不得朋友的。有真心相交的朋友是好事,但绝对不能像故事中的张三和李四那样彼此苛求。当抱怨或苛求朋友的时候,得多从自己身上找原因,不能盲目地只从朋友身上找原因。

6.立正自身,不随便趋同朋友

君子之中庸也,君子而时中。

——《中庸》

"众恶之,必察焉;众好之,必察焉。"(《论语》)孔子的这句话,是叫我们在与朋友相处的时候,不能人云亦云,也不能随便趋同朋友的观点,而是要立正自身,着眼于事实,待人处事也要经过大脑的独立思考,以自己的是非评判观,理性地进行判断,而后才能做出结论,所以君子"中庸而时中。"

由于每个人人生观、价值观不尽相同,所以朋友的正确的观点和判断,我们要予以肯定和支持,反之,错误的观点和判断,我们则不能随便与之附和了。不是有这样一句话吗?君子成人之美而不成人之恶。

甲在稻田里看见一只青蛙,一时心血来潮回来告诉朋友乙;乙第二天又见到朋友丙,说他的朋友甲某年某日看见一只三条腿儿蛤蟆。丙看见朋友丁时说某某看见三条腿儿蛤蟆一只眼;丙觉得特别奇怪,见到甲的时候又是这么一说,甲也一齐称奇,自叹见识不广。

一个人与朋友交往的时候,站稳自己的立场至关重要,不能朋友说是三条腿儿的青蛙,我们也不管他正确与否就跟着说,而且还加上只有一只眼。这岂不是一个笑话?如果,在现实生活中,我们交的都是这样的朋友,那么类似的笑话还会少吗?

我国古代就有"鹦鹉学舌"的典故,其中学舌的本意是模仿别人说话。鹦鹉嘴比喻的是自己没有主见,别人说什么就跟着别人也说什么。就像鹦鹉学人说话那样,呆头呆脑地照本宣科,人云亦云。宋朝释道原在《景德传灯录》有载:"有行者问:'有人问佛答佛,问法答法,唤作一字法门,不知是否?'师曰:'如鹦鹉学人语,话自语不得,为无智能故。'"对待朋友说过的话,我们当然不能再学习一遍"鹦鹉英国首相撒切尔夫人小的时候，过五岁生日那天，父亲把她叫到跟前，语重心长地说："孩子，你要记住，凡事都要有自己的主见，要用自己的大脑来判断事物的是非，千万不要人云亦云。"

一个人要立正自身，不仅仅只是能做到不人云亦云这么简单，而且在那些关于个人道德品质和价值观方面，也不能随便与朋友相和。严子陵当然是在这方面做得比较好的人，他年轻时就很有名望，后来游学长安时，与刘秀结为朋友。公元二十五年，刘秀打败了王莽，在洛阳建立了东汉王朝，即光武帝。刘秀登基以后就找到了老朋友严子陵，请他入宫。二人谈论以前的事十分投机，晚上，二人又共卧一榻，严子陵在睡梦中把脚放在刘秀的肚皮上，刘秀也没有丝毫怪罪。

当刘秀想要严子陵做他的谏议大夫时，严子陵不辞而行，隐居在富春山下。到北宋，范仲淹任睦州知州的时候，写了一篇《严先生祠堂记》："云山苍苍，江水泱泱，先生之风，山高水长。"赞扬严子陵的高风亮节。

朋友贵在贫富之交。"一贫一富乃知交态，一贵一贱交情乃见。"（《史记》）即便是朋友日后身居高位，也要端正自己，可以为朋友的成就而感到高兴，但不能贪图富贵而攀附于他。《汉书》说："势利之交，古人羞之"，这是一个做人的道德准则，从这个意义上讲，就要比不随便附和朋友的言行更加重要了。

7.最好不与庸俗的人做朋友

人皆曰："予知"，择乎中庸，而不能期月守也。

——《中庸》

庸俗的人虽然知道适可而止的好处，也知道要选择"中庸之道"作为立身处世的原则，但他们的好胜心、好利心永远也不能满足，结果不要说坚守"中庸之道"了，就连一个月都坚持不了。

孔子在《论语》季氏篇第十六里提到了"益者三乐，损者三乐"，这也就是相对于君子和庸俗之人而言的。君子以调节礼乐、赞美别人、多交贤能为快乐，这就得益了。而庸人则以骄矜自大、纵情游荡、宴饮无度为快乐，这就有害了。所以，君子的朋友多是有才能、能够坚守"中庸"的人，而不是那些没有才华又势利的庸俗之人。

管宁和华歆是好朋友。这天，二人都没有其他的事，就一起在园中锄草，管宁发现了埋在土中的一块黄金，他也毫不理会，如同见到石块一样，继续往前锄，等锄了会儿回头看华歆却把黄金拿在手中看了又看,华歆抬头看到管宁正在看着自己,就很不情愿地把黄金丢掉了。还有一次,管宁和华歆正在家中温习功课,门外正好有一顶大官的轿子招摇经过,管宁照样坐在位子上读书,而华歆却放下手中书,跑出门外去看热闹。管宁不愿与迷恋金钱、趋炎附势的华歆为伍,就把席子割开,两人分坐。第二天就对华歆说:算了,我们分手吧,您不是我的朋友。

两人绝交的原因很简单,实际上就是两人的志趣不同,可以说是背道而驰。志不同、道不合而断交,这也是很正常的事,但也要注意朋友绝交不出恶声。现实中有些人交友没有原则,只要在一起吃喝玩乐,便称兄道弟,视为密友,但谁都知道这只是酒肉朋友,这种朋友关系是靠不住的,而且也不可能长久的。一旦遇事翻脸就立即口无遮拦,甚至互相谩骂不休,从此便成仇人。所以交友时,一定要慎重,最好不与庸俗的人做朋友。

山涛和嵇康、阮籍第一次见面的时候,就情投意合,结为异姓兄弟。山涛的妻子韩氏,发现丈夫和这两个人不是普通的朋友,就询问山涛,山涛说:我活到这个年纪,认为可以做朋友的,只有这两个人而已。韩氏说:我听说古时候僖负羁的妻子,也曾经亲自看过狐偃、赵衰,我想偷看他俩一眼,可以吗?

有一天,嵇康和阮籍来到山涛家做客,韩氏劝山涛留他们在家过夜,并准备酒肉款待他们。夜里,她从墙缝中偷看他们,一直看到天亮。山涛进来问:这两个人怎么样?韩氏说:你的才气远远比不上他们,只可在见识度量方面做他们的朋友。

后来,山涛投靠了司马氏政权,为此嵇康写了有名的《与山巨源绝交书》,对司马氏的黑暗统治予以抨击,也为自己因为错识了朋友而感到后悔,这个选择朋友的一个很典型的例子,希望大家都能以此为鉴。

庸俗的人是缺乏道德品质的人,是不值得引以为自己的朋友的。当然,在选择朋友的时候,也得先注意修养自身,才能对眼前的这个人做出正确的判断,是不是值得自己愿意与他相交。如果经过一段时间的交往之后,发觉他是个庸俗的人,也当与他断交,而不能与之随波逐流。

8.真心朋友的情谊

子游曰:"事君数,斯辱矣;朋友数,斯疏矣。"

——《论语》

真心相处的朋友,是不会为一个人的得失而斤斤计较,不会为对方有些过错而一味地埋怨,也不会为对方的地位、贫富而另眼相看的。而且,真正的朋友,是一辈子不离不弃的朋友,更不会因为在一起时间久了,就感觉到厌倦或厌烦的。

真正的友情不仅可以满足双方的情感表达交流的需要,还可以让彼此获得价值上的认同,另一方面,我们在与朋友的交往中能够产生共鸣。子曰:"有朋自远方来,不亦乐乎?"真正的朋友是没有时间和地域的限制的,这种超越时空的情感是永不褪色的。

与这样的朋友交往,可以提升自己的道德品质,也可以帮助自己及时地发现自己的错误。狄梁公任并州法曹之职,他的同僚郑崇质应诏出使边远地区,郑崇质的母亲年老体弱,狄梁公说:"他的母亲只有这么一个儿子,怎么能够让她为儿子远行而担忧呢?"于是他去拜见上司兰仁基,请求代替郑崇质远调。兰仁基与司马李孝廉不和,他看到狄梁公都能这样为自己的朋友,于是就找到李孝廉,对他说:"我们俩怎么能不惭愧呢?"从此,兰仁基和李孝廉又和好如初了。

真正的朋友就是可以勇于认错,勇于改正的,而不是相互抵牾,相互揭短的。我们要是能在当今物欲横流的社会中交到这样的朋友,那我们该是多么的幸运啊。

有一个做裁缝的,姓荆名元,五十多岁,每天替人家做衣服,空余时间就弹琴、写字、作诗。他有一个老朋友,姓于,住在山背后。一日,荆元抱琴来到老于家,于老焚下一炉好香,荆元慢慢地调好弦,弹奏起来,声调时而铿铿锵锵,时而凄清婉转,于老听到深微之处,不觉凄然泪下。自此之后,二人一直往来。

朋友也叫"知音""知己",这是多么的可贵,俗话说:良将易得,知音难求。的确,一个人活在世界上,虽然不可能封闭自己,必然会与他人相处,但是能够得到一个知音,那也就平生无憾了。孔子说过:"朋友切切,兄弟怡怡。"朱熹在他的《论语集注》中也这样说道:"朋友,以义合者。"

钟子期和俞伯牙的故事是"知音难求"的最好的例子。俞伯牙出身贵族,善于鼓琴,身上难免会有官气和俗气,认为山野中没有听琴之人。而钟子期虽然只是个乡野村夫,但博学多才,精通五音六律,谙熟琴史琴理,当他在山野之中听到俞伯牙弹奏的《高山流水》之后,深有感触,当下对俞伯牙的曲子做出了中肯的评价。俞伯牙深感佩服,认识到自己的错误,遂与钟子期结为刎颈之交。后来,钟子期病死,俞伯牙五内俱裂,为失去知音而痛不欲生。他一到钟子期的坟前,将琴摔碎,从此不再鼓琴。

"中庸之道"即中正不偏、经常可行之道。从伦理道德的角度讲,中庸是一种伦理原则,是对人们思想、情感方面的原则性约束。从实践性的社会角度讲,中庸又是一种人与人之间互动的方式、方法,具体体现为日常各种事务中的实践活动。

正因为这种无处不在的渗透性与广泛性,中庸之道才如此深刻地影响着我们的生活,成为社会政治、经济、文化生活的指导原则。而朋友之间的交往也正是基于"中庸"之道的渗透性和广泛性,真心相处的朋友是能彼此融合在一起的。

朋友之情不同于亲情、爱情,它是一种并非血缘关系的双方思想和道德品质上的认同,是不依靠金钱、地位来维系的情感。而真正朋友的情谊则是在此基础上,情感进一步的锤炼和升华。只要能拥有真正的朋友,那么即使是与其他人交往也一样会变得完满和谐的。

无徵不信,不尊不信
——怎样与上级或下级交往

1.如何在下属面前树立威信

子曰:"文武之政,布在方策。其人存,则其政举;其人亡,则其政息。人道敏政,地道敏树。夫政也者,蒲卢也。"

——《中庸》

"言必信,行必果","君子一言,驷马难追",这些格言说明人们要能做到言行一致,讲诚实讲信用,是做人的学问,也是作为一个领导者树立威信的学问。

"以力服人者,非心服也,力不赡也;以德服人者,中心悦而诚服也。"(《孟子》)一个高明的领导者不是用强有力的手腕,甚至是使用暴力来征服人心的,而是以自己的德行来对待人、感召人,这才是一个使下属心服口服的领导者的风范。说话守信,行为适中,待人以宽,律己以严,这些都是符合"中庸"之道的,在下属面前能做到这些,也就有了人心和威信。

普鲁士陆军元帅布吕歇尔是德国历史上一位诚实守信的人。有一次,他率领大批部队要赶去增援前线的部队。但已经不分昼夜行了两天两夜,将士们都疲惫不堪,而且道路泥泞。布吕歇尔身先士卒,不停地激励士兵们加油:"快点,勇敢的将士们——向前,再快一点。"士兵们个个汗流浃背,真的是精疲力竭了,布吕歇尔还是不停地替他们加油:"将士们,我们必须全力前进,必须准时到达目的地。我已经答应了前方的部队,你知道吗? 你们千万不能让我失信!"在他的激励和感召下,将士们一鼓作气,终于及时地到达了目的地,赢得了战斗的先机。

能够以诚信待人,就能获得他人的信任。领导者立信于上,下属就能遵守于下；领导者示信于人，就能得到人才和人心。那么，领导者的威信就在于此了。

朱元璋起兵攻破采石矶后，大军直指集庆，水陆并进，接着攻破了陈兆先的军营，降伏大量士兵和物资。而朱元璋并没有像项羽那样坑杀降兵，而是从中挑选了几百名精壮的士兵，直接归纳于旗下。这些个士兵们很是惶恐，朱元璋了解他们的情况后，便想着怎样才使他们信任自己呢？当天晚上，就让这些士兵进入营区站岗放哨，自己卸下盔甲就寝，而且还把自己原来的将士们调开，只留下冯国用一人侍睡在榻前。那些投降的士兵们见朱元璋如此，也都决定跟随他。在攻打集庆城时，冯国用就率领着这几百士兵，首先冲锋陷阵，在蒋山下一举击溃元军，接着朱元璋集结各路人马，攻下了南京城。所以说，一个卓越的领导者没有威信，就不能诚服他人；没有威信，也就不可能役使人。

孟子说："君之视臣如手足，则臣视君如腹心。"尊重和体谅下属也是领导者树立威信的好方法。老李平时待人责全求备，员工们时常在私下里议论甚至是骂他。七月份老李又承包了一项工程，由于时间比较紧，所以老李决定让员工们加班。就是因为一件小事，让老李认识到和员工们建立良好关系的重要性。

这天老李在工地上注意到小方搬运木头十分懒散，他就很生气地骂起来：你在干什么？没吃饭啊？给我抓紧点。小方很平静地回答说：好的，老板。不一会，老李从其他员工口中了解到小方由于昨天加班，手被划伤了，他本可以去接受治疗的，但他还是坚持留了下来。得知这个情况后，老李走到小方身旁，说：真是对不起，我刚才不应该发火的。现在我带你去医院看看手吧。小方和其他的员工们听老板这么一说，大家都很开心地笑了。之后，老李与员工们的相处更加地和谐了，工程也很快就完工了。

一个好的领导者就应该多多体恤下属，不能不分青红皂白，就胡乱地责怪他们，否则，自己的威信扫地不说，这个集体也就不可能团结一致。所以说，一个领导者的威信对于领导和管理下属中起着十分重要的作用，而威信则直接决定着领导者的成功与否。

2.不要轻易地怀疑下属

上焉者虽善，无徵。无徵，不信。不信，民弗从。下焉者虽善，不尊。不尊，不信。不信，民弗从。

——《中庸》

信任是领导者成功的第一步。要相信自己下属的忠诚，不要轻信他人的话，自己没有确实所见所闻的，就不要盲目地怀疑甚至是批评责备下属。但是信任也得做到适中，如果过于信任，就会产生依赖感，甚至一不小心就会被自己所信任的人"出卖"的。一个能顺应"中庸之道"的领导者，只要能做到适"中"，在领导和管理下属的时候，就是有百利而无一害的了。

俗话说："用人莫疑，疑人莫用。"把它换成现在的话说就是："既然需要用这个团体，就不要怀疑它的成员，否则，就不要用他们。"这个道理很容易明白，但想到做不到，说什么也没用。事实摆在眼前，当今社会，一个人不可能办到的事，当然就需要和别人共同去完成，团结在一起也才能发挥更高的效率。如果在这个团体中，每个人都彼此猜疑，这个团体必然人心涣散，也就无法取得预期的成功。

信任，不是只挂在口中的，而是要把它牢记于心，并且时时处处能做到这一点，这才是领导者的英明。春秋战国时期，魏文侯打算征伐中山国，上朝讨论的时候，让众人举荐能人。堂下就有一位大臣举荐一个叫乐羊的人，说他文武双全，一定能够胜任。但旁边的一位说乐羊的确能征善战，但他的儿子在中山国里做大官，所以就怕他不忍心下手。魏文侯也不好做出决断。后来，魏文侯听说乐羊曾经拒绝了儿子要他到中山国任职，而且还听说乐羊劝说儿子不要再跟着荒淫无道的中山君做事。魏文侯当下不顾群臣的反对，决定重用乐羊，派他带兵去攻打中山国。

乐羊率领军队一直打到中山国的国都，然后驻扎在城下，按兵不动。几个月过去了，乐羊还是没有起兵攻打。这时的魏国，议论四起，可是魏文侯都不听他们的，并不断派人给乐羊送去军需粮饷。一个月后，乐羊发动攻势，没过几天，终于攻下了中山国的都城。魏文侯听到消息很高兴，亲自为乐羊接风。筵席完毕，魏文侯送给乐羊一个只大箱子，笑着说要让他回家之后再打开看。乐羊回到家打开箱子一看,原来全是自己在攻打中山国时,大小群臣诽谤自己的奏章。

如果当时魏文侯听信了群臣的话,中途对乐羊采取行动,那么自己托付的事也就无法完成,也就不可能攻下中山国。一个领导者的正确的判断是信任的前提,也是至关重要的。如果无法做出正确的判断,也就无法对下属信任,那么,就会走上怀疑的道路,这比直接地怀疑下属更严重。

苏联教育学家马卡连柯在他的学术思想中,把信任他人作为一个管理教育原则,并圆满地取得了实验研究的成果。他曾把一张金额较大支票交给一个正在改造的青年,叫他去银行帮忙把钱取回来。由于他信任这个青年,也就得到了这个青年的信任,终于完成了取款的任务。由此可见,信任别人的人,也能得到别人的信任,这个青年是正在监狱里改造的人,如果怀疑他心术不正,也就不可能信任他。而马卡连柯能够做到这一点是难能可贵的。

一个团体有它内在的运行程序和规则,一个团体的领导者在不违背这个程序和规则的前提下,要能信任团队成员,而不是怀疑或否认。如果你的领导是一个经常怀疑别人的人,那你作为下属的就要考虑跳槽了。因为这样的领导不信任你,你也就不必信任他了。

3.不能刚愎自用,要善于听取下属的建议

子绝四:"毋意,毋必,毋固,毋我。"

——《论语》

作为一个出色的领导者,就应该有从谏如流的器量,不光能够听取不同意见,而且还能鼓励下属敢于提出不同意见,这样于己于人都有好处。如果一味地固执己见甚至刚愎自用,那不可能与下属处好关系,整个团体也就无法步调一致。

唐太宗问魏征:"历史的国君,为什么有明智和昏庸之分呢?"魏征说:"兼听则明,偏信则暗。"的确,秦二世只亲信赵高的,隋炀帝偏听虞世基的,结果两个国君耳目闭塞,导致国灭家亡。所以领导者能否借鉴历史而做到"兼听",直接影响着整个集团甚至是一个国家的命运。

三国时的关羽就是一个因为不听取下属建议而最后失败的典型。东吴大都督吕蒙,知道关羽是死脑筋,于是想暗中用计夺回荆州。这天,吕蒙诈称得了重病,让东吴一个名不见经传的陆逊代替自己大都督一职。陆逊一上任,便以友好的言辞写了一封信,并备了厚礼,遣使拜见了关羽。关羽听说吕蒙病重,现在是一个小毛孩子当大都督,警惕性顿时减了一半,还嘲笑说:孙权真是没眼光,怎么用这小子

呢？他丝毫没有把陆逊放在眼里，认为一个小毛孩子奈何不了荆州，于是就把荆州守兵抽出去打樊城。但是，手下的司马王甫知道这件事后，马上赶来对关羽说，东吴肯定有什么阴谋，并劝关羽不要轻易撤走荆州的兵马，可是关羽就是不听。

当荆州失守的时候，关羽还不相信：此乃敌方的讹言，乱我军心！东吴吕蒙老匹夫病重，陆逊那小子还不知道荆州在什么地方呢，凭他就想来夺我荆州，岂不是笑话。不久探马回来说荆州确实已落他人之手，关羽大惊失色。

如果说荆州失守是关羽大意所致，那最后败走麦城则是不听建议的缘故了。当被困麦城之时，内无粮草，外无救兵，关羽决定抛弃麦城，突围奔西川。去西川有两条路可走，一条大路，一条则偏僻小道，关羽打算从取小道，王甫得知后，害怕敌人会在小路设有埋伏，连忙建议关羽改行大路。这时关羽又犯了老毛病，依然不听王甫的话，还扬言说：纵有埋伏，又有何惧？王甫无可奈何，料定关羽此行凶多吉少。结果，关羽和义子关平双双遭擒身死。一代英雄因不能兼听不同意见最终以悲剧收场。后来，刘备急着要为二弟报仇雪恨，也是不听他人之言，惨遭惨败。可见，一个领导者因为刚愎自用不听建议而最终失败，这个领导者必须负全部的责任。

"人无完人"，即使是作为领导者，也不可所有的判断决策都是正确的，如果将下属的意见、建议置之不理的话，那就无药可救了。这个方面可能与个人的性格、品质有关。但是，只要自己善于兼听，那么性格、品质也是可以改正的。

历史上还有这样一个故事：齐威王曾下了一道求谏的旨令，"群臣和百姓能当面指责寡人之过的，受上赏；上书规劝寡人的，受中赏；能在公众场合议论寡人过失的，受下赏。"这道指令一下，果然收到了好的效果，几年之后，再也没有人进言了，齐国在很长的一段时间内，国泰民安，丰衣足食。

不管是一个国家，还是一个小的团体，领导者的作用虽说是不可替代的，但也不可带领大家完成每一件事，而且在做事的时候也不可能都是准确的。如果这个时候，领导者依旧自以为是、刚愎自用，而不善于听取下属的意见和建议，这就十分危险了。

4.相见必敬,开口必诚

在上位,不陵下;在下位,不援上。

——《中庸》

孔子说:处在上位的人,不要欺侮在下位的人;处在下位的人,不攀援在上位的人。在处理上级和下级的关系时都要先正直自身,不以贵欺贫,不以幸欺不幸;不以贫攀贵,不以不幸附幸。而在路上遇见上司或下级的时候,不能因人而异,都要尊重、敬畏;说话是也不能厚此薄彼,都应该诚恳不欺。

诚信,是人立身之本。"人而无信,不知其可也"。苏轼说:"天不容伪"。也许你能欺骗一个人,却不可能欺骗所有的人;即使你诡计多端,可以骗得了别人,但能骗得过自己的良心吗? 人只有先做到了诚信,然后才谈得上待人恭敬;做到了恭敬,才能取悦别人,受惠于己。其实不管是身居高位,还是地位卑微,或是在两者之间,待人处事都要尊敬、诚信。

在现实生活中,我们会时常听到人说:我们单位的领导,官不大架子倒不小。每天早上上班的时候总得打个招呼吧,他倒好不理不睬,有时候他都懒得看你一眼;开会轮到他讲话,总是高声高调,有的话还要重复好几遍,怕人听不懂似的。真让人受不了。对于那些爱摆架子的领导,不光与其他领导之间的关系难处,下属们也当然不喜欢。他们总绷着脸,轻易不下基层,轻易不和下属接触,更不要说对下属尊敬和诚信了。

领导之所以是领导,是因为他在某个方面有高人之处,并不等于任何方面都会比下属强。但是爱摆架子的领导,是过于抬高了自己。"高处不胜寒",有时候并不只是说明某个人有多厉害,多么有能力;有时候则是因为故意抬高自己,令人"仰高而止",这不是领导者的魄力也不是魅力,而是习惯性地走上了极端,当然也就违背了"中庸之道"。优秀的领导则正好相反,卡耐基说:"一个优秀的领导人既不是温温吞吞的好好先生,也不是穷凶极恶的暴君。他们不会令部属瞧不起,也不会让部属心生畏惧。"

做下属的,地位低但不代表自己的品格低,对于领导正确的判断、决策,做下属的应该积极地去做。如果,看到领导的错误而不指出来,这就是做下属的错了。与领导相处,不是卑躬屈膝,也不能趋炎附势、拍马屁,更不能做有违自己做人的道德观和自己良心的事。在现实生活中,那些因为势利而得到好处的人不在少数,但是,大家也可以从报纸电视上看到,中国的贪官要么不挖他,要挖就是一批。其中,投机的、谄媚的,当然也少不了势利的。"趋炎附势之祸,甚惨亦甚速"(洪应明)所以,即便你现在身为他人下属,也不能一味地昧着道德和良知,做那些为了讨好领导而做的事。对领导尊敬、讲诚信,这是一个做下属的应该做到的,也是合乎常理的。

曾国藩对自己也约法三章:大凡往日游戏随和的人,性格不能马上变得孤僻严厉,只能少往来,相见必敬,才能改掉自己的陋习:平日夸夸其谈的人,不能很快变得聋哑,只能逐渐低卑,开口必诚,才能力除狂妄的恶习。

第三种情况就是那些处在上与下之间的人,"诚"和"敬"就更加重要了。这种人也即相对领导,自己是下属;而相对于下属,自己又是领导。也可以说是一个团体里面最接近下属的一类人,他们可谓是"执其两端",这个时候就更加立正自己,正视领导和下属。如果对领导一个面孔,对下属又是一个面孔,那就两头不讨好。当然也就不可能在处理上下级的关系中做到"诚"和"敬",在这个团体里,也不会招人信任和喜爱。

所以,不管是一个团体里做领导的,还是做下属的,在与他人交际往来的时候,都能做到身正言正,既不因为在上而欺凌下属,也不因在下而巴结奉承领导。抛开上级和下级这两个概念来讲,"相见必敬,开口必诚"都是做人应该做的。

5.上级面前不要过分张扬自己

君子之道,淡而不厌,简而文,温而理;知远之近,知风之自,知微之显,可与入德矣。

——《中庸》

"满招损,谦受益"(《尚书》),为人处世最忌讳自表其功、自矜其能,特别是在领导面前,如果不能谦虚谨慎,反而过分地张扬自己的话,就很有可能遭到猜忌。继而在工作中受到种种阻碍,当然无法顺利完成任务。

中庸之道是一种高明而实用的处世哲学,遗憾的是,能够真正理解和掌握并能运用到现实生活的人际交往中的人寥寥无几。孔子说:中庸之道之所以不能畅行,我知道是什么原因了,聪明的人往往超过了它,而愚蠢的人又达不到。愚蠢的人达不到,这是情有可原的。但是那些自以为聪明的人,往往自恃其能,为人处世方面总要表现的比别人强,这极有可能会让你在这个团体里得不偿失。

一个团体里的领导,一般可以容忍自己的下属在学问、气质上超过他,但十有八九不喜欢下属在智力上超过他,因为智力往往是他之所以成为领导的重要标志。如果你认为是一件小事,你的判断或建议要比领导高明的话,在你看来是无关大局,但领导时常不会也这么认为,而是觉得你胜了他的智力,让他在别的下属面前丢了面子,这就比其他方面胜过他更严重了。所以,表现或张扬自己之前,得先看看你的领导是怎样的人,如果开明的,你也要表现得适合、适中,如果是爱面子的,大家都心知肚明了吧。

小李从小就跟爷爷学棋,棋艺甚高。大学毕业以后,小李被分配到一家国有企业当技术员。一次偶然的机会,他随同本局的局长去外地开会,小李得知局长喜欢下棋,于是就主动陪局长下了几个晚上。开会回来不久,小李就从基层被调到局机关当了局长的秘书。

小李知道局长的脾气,既不能胜他,以免背上骄傲自满的罪名,也不能轻易让他取胜,让他认为自己没本事。于是,局长和小李下棋常常是和局。每次去什么地方开会都把小李带着,一有空就杀几盘,局长逢人就说:小李,人聪明但一点也不骄傲,实在是难得啊。过了半年,小李被提为局长办公室主任。

后来,局里各个系统举行象棋大赛。小李都要报名参加,局长叫他也给自己捎带报个名。局长虽然喜欢下棋,但从未在众多人面前施展过,但经常和小李切磋,觉得自己棋艺大长,他觉得这次比赛正好是自己表现智慧的大好机会。决赛的时候,是小李对局长,经过几个小时的"厮杀",最终局长获胜,局长高兴地拍着小李的肩膀。局长退到二线的时候,极力推荐小李做自己的接班人,他在给组织部门的报告中强调,小李不仅符合提拔干部的标准,而且还具有谦虚、谨慎的好品质。

下两盘棋,当然是小事,但在输赢之中也能表现一个人的性格、品质。在领导面前应当尽力地表现谦虚,不能自以为聪明就目空一切,因为你毕竟是当下属的。虽然比不上历史上因为功高盖主而最终被害的那些人,但为人处世,谦虚谨慎是没有害处的。

一天,孔子带着弟子们来到太庙。供桌上一只向一边倾斜、形状怪异的器具引起了孔子的注意。孔子便问那是什么器具? 守庙人说:"是君王放在座位边、作为铭志的酒壶"。孔子说:"我听说这种酒壶空着的时候一边倾斜,装酒到合适位置就端正了,装的太满了,就会翻倒。"正所谓:"虚而欹,中而正,满而覆"。

这时,有一位弟子就端来水,灌进这只怪壶里,果然像自己老师所说的那样。子路就在一旁问:"老师,这里面包含了什么道理呢?"孔子说:"做人的道理其实也和这酒壶一样,博学的人要看到自己的无知,功高的人要懂得谦虚,勇敢的人要善于自爱,富裕的人要谨守节俭。人们常说不要骄傲自满、要取长补短就是这个意思。"

一个做下属的有才能,是一个团体的幸事,当面对领导时,张扬自己要有"度",要能做到顺应"中庸"之道,切记不能过分,不能偏激。如果该自己表现的时候,适中地显露当然也是无可厚非的了。

6.良禽择木而栖

子曰:"百世以俟圣人而不惑,知人也。""

——《中庸》

一个有才能的人如果做不了领导,就要善于选择一个有才能的领导,若不然,本身能举起一百斤,领导却只让你举五十斤,那岂不是骏马守门,大材小用吗?领导者如果不能知人善任,量才器使的话,那就像曾国藩所说的:"虽有良药,苟不当于病,不逮下品;虽有贤才,苟不过于用,不逮庸流。……故世不患无才,患用才者不能器使而适用也。"的确,"千里马常有,而伯乐不常有"。所以,一个有才能的人,不能得到赏识,抱负不得施展的时候,就应该另投明主了。

孔子周游列国,这天来到齐国,齐景公和手下的一班大臣们就商量准备给孔子一个什么职位。齐景公说:若季氏,则吾不能;以季、孟之间待之。吾老矣,不能用也。孔子踌躇满志地来到齐国,而齐景公却是这样的态度,就知道事不可为,壮志难酬,当下就离开了齐国。识时务者为俊杰,如果得不到重用或施展才能的机会,就要审时度势,走为上策。

韩信最初并不在刘邦手下。秦末天下大乱,陈胜最先揭竿起义,项梁也起兵反秦,大军渡过淮河来到了淮阴。韩信见建功立业的时机已到,遂仗剑投奔项梁,但是,直到项梁战死也没有重用韩信。后来,又成为项羽的部下,这一次情况稍稍好点,项羽任韩信为郎中,相当于警卫员,充其量也只是个基层干部。好在天天能与项羽见到面,韩信就时常献计献策,可是就得不到项羽的赏识。在项羽看来,一个"跨下之夫"算什么东西,当然韩信的计策也都不予采纳。

韩信一气之下,跑到刘邦这边。起初,刘邦也没拿他当回事,只给做了个"连敖"的小官,也只算是军队中的基层干部。期间,因违反军规差点送了性命,当时犯法当斩的有十几个人,行刑时,前面三个人都被杀了头,轮到韩信了,韩信对监斩夏侯婴说:汉王不是要夺取天下吗?为什么要斩杀壮士?夏侯婴"奇其言,壮其貌",将韩信松绑,并把韩信的事告诉了刘邦。刘邦碍着夏侯婴是老乡的面子上,就提拔韩信为治粟都尉。这件事也让萧何知道了,连忙找到韩信谈了大半天,觉得韩信见解不凡,就急忙向刘邦举荐,可刘邦认为韩信不过是个出身低贱、没有出息的无能之辈。

韩信决定逃跑。这个时候,秦王朝已经土崩瓦解了,刘邦率先进入咸阳,对那些逃跑的士兵们也不在意。后来听手下说萧何追韩信去了,刘邦一听大惊失色。

过了一两天,萧何自己回来了,刘邦就很生气:跑了那么多人,你为什么偏偏去追一个没用的韩信啊?萧何说:诸将易得,至如韩信,国士无双。大王若只想称霸汉中则用不着他,如果想称霸天下,非用他不可。刘邦这才重视韩信了,拜他为大将军,而且还亲自为韩信主持了隆重的拜将仪式。当然,最后韩信的功劳是无人替代的,可以说没有他,刘邦也就不可能得天下。

一般来讲跳槽的都是那些有才能有抱负的人。所以,一个团体的领导者若不能任人唯贤,就不可能留得住"凤凰"的。可还有一种情况是值得领导们注意的,如果一不小心把那些口蜜腹剑、两面三刀的阴谋家、野心家当"良禽"培养和使用的话,势必会造成不堪设想的后果。曾国藩说:"不铲除荆棘,那么兰蕙也会没有芳香。不赶走害群之马,那么良驹也会短命。"

"良禽择木而栖,贤臣择主而侍",这也正符合了当今竞争激烈的社会情况,但前提是自己得是"良禽、贤臣",同时得有"良木、明主"。

7.立足本职,不可权责越位

子曰:"不在其位,不谋其政。"

——《论语》

做人要安守本分,不要越权干涉不属于你管的事,否则就容易引起麻烦。孔子说:"居之不倦,行之以中"。处在岗位上要勤奋不倦怠,做事要忠于职守。如果自己的本份本职工作都没有做好,就张家长、李家短地管起别人的工作来,那在领导看来你会是一个狂傲的人。在这个团体里,你将是一个不受领导和其他人喜欢的人。

"不在其位,不谋其政",是封建社会统治者为了维护社会稳定,尽可能地抑制百姓"犯上作乱"而制定的"缓兵之计",然而它对后世也间接地产生了不良的影响,尤其是对民众不关心国家大事,安于困苦的心态起着诱导作用。在现实社会中当然不存在那么严重的影响,但将它归于一个团体里,特别是处理与上级的关系中,又是值得人们去遵守的。

南宋和岳飞齐名的大将韩世忠,因为奸臣秦桧当权,把他的兵权取消以后,每天骑一匹驴子,在西湖喝酒游赏风景,绝口不提国家大事。就像后来有人说的:"英雄到老皆皈佛,宿将还山不论兵",这就是"不在其位,不谋其政"的执行者。

韩非子强调严惩那些侵官越职、爱管闲事的人。他讲了这样一个故事:有一次韩昭侯因为心情不好多喝了几杯,喝醉了就趴在几案上睡着了,这时专门为他管帽子的人就怕他着凉,就在他身上披了件衣服。韩昭侯一觉醒来,看见身上加了衣服,很高兴,就问下人:谁给我加的衣服?下人说是管帽子的。韩昭侯于是下令,把管衣服和管帽子的一同治罪。可见权责越位的人不光得不到好处,而且由于疏忽的那个人,因为没做好本职工作,也一样被治了罪。

那有人就要说了,自己本职工作都做完了,管管别人的事应该没什么了?如果是领导的话,那当然没什么,如果你只是个下属,那也还是不要做的。人们都把"画蛇添足"当成笑话,要是每个人都去管别人的事,那整个团体里的对你之前做的本职的事,都有可能予以否定,就会像那个人把蛇画的最像也最快,如果丢开"足"不看,可能就是他是一帮人里面画的最好的也说不定。

《庄子·逍遥游》里有个"越俎代庖"的故事,是说尧想让天下给许由,许由不愿接受,推辞说:"您已经把天下治理得很好了,我再来代替你,这是为什么?鹪鹩在森林里筑巢,占一根树枝的地方就行了,鼹鼠在河边饮水,顶多喝满一肚子也就够了。算了吧,我的君主!我要天下干什么用呢?厨师在祭祀的时候,又做菜,又备酒,忙得不可开交,可是掌管祭祀的人,并不能因为厨师很忙,忘记自己的本职工作,丢下手中的祭祀用具,去代替厨师做菜、备酒啊!你就是丢开天下不管,我也决不会代替你的职务。"说罢,许由就到田间劳动去了。

人们常说:要干一行爱一行,不能吃着碗里的还望着锅里的。就是要求做人做事要根据自身情况,将自己分内事很好地完成了也就行了,不要插手其他的事情,其实也就是"不在其位,不谋其政"的意思。

反过来说就是,在其位就要谋其政,哪怕是像"当一天和尚撞一天钟"那样。如果团体里的每个成员都能努力做好自己的本职工作,那么这个团体就会提高效率,发展就会稳定。要是都去忙着管别人的事,那么团体正常运行的秩序就会被打乱。不管是一个团体还是整个社会,每个人的社会分工都是一定的,这是社会乃至世界稳定和谐的法则,谁先打破了这个法则,必然会先受到法则的惩罚。试想一下,就拿一座寺庙来说,如果和尚都不撞钟了,都跑出去当商贩、当银行家、当 CEO了,那寺庙不就荒芜了吗?

8.注意团结同事

是故居上不骄,为下不倍。

——《中庸》

一个团体能否得到长足的发展,成员之间相处是否融洽,能否团结一致向前是起着决定性作用的。这就要求团体中的领导与下属之间，要齐心协力，不能顾外不顾内，注意团结每个成员。当然，厚此薄彼、骄傲自满、自视清高都是不足取的。

其中，人们可能会有陷入一个误区，那就是有些人认为团结同事就是拉帮结派，结果没有去做正事，而是排挤或打击其他的人。孔子说："君子矜而不争，群而不党"，就是说，真正的君子仪态庄重而不和别人争论，与人合群而不结党营私。谦虚自律、克己奉公，孔子眼里的君子，正是因为庄重合群，不营私利，所以才值得尊敬。相反，小人"群居终日，言不及义"。所以，团结同事是必要的，但也要走出这个误区才行。

明朝嘉靖年间，有一位大臣叫艾自修，他与张居正是同科中举的，但艾自修是倒数第一名。一次闲谈中，张居正很随便地对艾自修说，现在我有一副上联请教："艾自修，自修没自修，白面书生背虎榜。""虎榜"即是最后一名的意思。说者无意，听者有心，张居正说完就说完了，但这副上联一直记在艾自修的心头，使他时刻留意张居正的一言一行，以便寻得下半联报仇雪恨。

万历初年，国事由张居正主持，真是大权在握，显赫一时。一天大清早，艾自修就在上朝前拜访张居正，家人告诉他说张大人在花园里。艾自修便到花园里，远远地就看到张居正在一座假山旁，可一转眼就不见了。艾自修怕出意外，连忙跑过去，只见一块石板刚刚盖上，还有一截被卡住的衣角正在往里缩。艾自修灵机一动，抽出佩剑割下衣角，离开了花园。

这天早朝，张居正没来，艾自修心想，他去了哪里呢？于是，艾自修找了个机会，从石板下的洞里钻进去，这原来是一条暗道，出口恰好是太后娘娘的卧室。艾自修此刻心里有了底了，久久无法对上的那句上联现在终于有对了。于是，他把下联写在黄绢上，并包着张居正的衣角，呈给了皇上。皇上打开一看竟是一块衣角也没注意，再看绢上写的："张居正，居正不居正，黑心宰相卧龙床。"可想而知，皇帝老儿也不是傻子，见此，恨不得剥了张居正的皮，这时艾自修在一旁说，皇上不可伸张，得顾及皇家面子，微臣这里有一计。

腊月初八是"晒袍节"，由礼部派人一一查找，破旧的换成新的，理所当然对张居正的袍子特别关照。虽然张居正请人修补了官服，但还是露出了破绽。于是，皇上大怒，定了张居正"猥亵皇恩"的罪名，削职为民，发配边疆，永不赦返。张居正临行前，艾自修给他送行，并给了他一张纸，张居正打开一看，是艾自修所对的下联，这才恍然大悟，悔不当初了。

现代社会工作的性质和要求，都不可能离开同事的帮助和合作，也离不开上司和下属的支持。经常有人说自己在公司里与人相处不融洽,工作中也时常有举步维艰,为此感到很苦恼。而有些善于处理同事和上下级关系的人,则工作顺利,左右逢源。张居正可能只是与艾自修开个玩笑,但这个玩笑开得太过火了,自己付出的代价也就大了。所以,同事之间的交往,言行举止都要适中。能否团结同事,关键还是在于个人的道德品质,而自己的一言一行也都是出自此。

团结同事不是在一起说说笑笑、吃吃喝喝,也不是施以小恩小惠那么简单。工作或生活中同事有困难的时候,能帮得上的地方,应当尽力去帮。同事说话,不要东张西望,好的地方就表现出羡慕和赞扬的样子,不好的地方,态度要诚恳谦虚地提出建议。与同事相处要"待人以宽,律己以严"。

与同事关系处好了,那么在这个团体里面,大家都能团结一致,那这个团体就是一个攥紧的拳头,劲往一处使,还有什么任务不能完成呢? 所以说,一个团体的成功与否,直接取决于每个成员之间团结与否。

言顾行,行顾言
——如何与异性相处

1.工作中的男女关系

有馀,不感尽。言顾行,行顾言。君子胡不慥慥尔。

——《中庸》

日常工作中,不可能只与同性同事来往,男女同事之间的交往也免不了的。但是,与异性交往不像与同性同事交往的那么简单。《中庸》说:"庸德之行,庸言之谨。有所不足,不敢不勉,有余不敢尽。言顾行,行顾言,君子胡不慥慥尔?"就是说:平常的德行要努力实践,平常的言谈要尽量谨慎。德行实践有不足的地方,不敢不勉励自己努力,言谈却不敢放肆而无所顾忌。说话符合自己的行为,行为符合自己说过的话,那么这样的君子怎么会不忠厚诚实呢? 当然,在处理异性同事之间的关系时,也应当做到这几点。

不管他(她)是你的上司还是下属,都要言行相符,不能"见人说人话,见鬼说鬼话",更不能说话不算话,答应他(她)的事都要尽力做好。即使他(她)有什么过失,自己的言行举止都不要超过他人的承受力。这样的人,才是真正的君子,在现实工作当中与异性的相处也就会变得融洽。

某个时装店,有很长一段时间内,许多顾客都向老板抱怨、指责售货小姐服务态度不好,经常是爱理不理的。老板了解情况后,解决的方式很是与众不同,而且还收到了非比寻常的效果。下班的时候,老板对她说下班后去他办公室一趟。那位小姐吓得不得了,心想这次肯定要挨骂了。然而令她想不到的是,老板并没有指责她而且还大加赞扬:许多客人都称赞你服务亲切,还说你对他们很有礼貌。希望你日后多多努力,争取做到更好。这么一来,她逐渐改变了以前的态度,每天上班都是笑脸欢迎每一位顾客,时装店的生意也越来越好。

如果换一个老板,那这位小姐的境遇可能就会与之相反,不仅会大骂她而且还有可能以克扣工资作为惩罚。谁都知道,任何一个人都会反抗意识,设想一下,当她受到老板的指责,就会伤到她的自尊心,使她心里产生抵触,就有可能觉得不服气,反而在日后的工作中变本加厉。

指责他人之过,需要稍做保留。不能直接地攻讦,最好采用委婉暗示的譬如,使对方自然地领悟,切忌露骨直言。举个例子:即使是父子关系,有时儿子挨了父亲的责骂,也会无法忍受而顶嘴。父子之间是血缘关系,不能割舍的,更何况其他人呢?

异性同事或下属做出好的成绩,当然应当给予表扬和奖励,但在赞扬他(她)的时候,也需要适可而止,都要能应合"中庸之道"。如果过于褒奖的话,很有可能就使他(她)感到满足,而不思进取,甚至是故步自封,这样就得不偿失了。

对于女性来说,不管是与异性同事还是与异性朋友交往,言谈举止都要有分寸。关心别人、互相帮助、温柔大方是女性美丽温柔的体现,但不要有过分亲昵的表示(不论是有意还是无意)。有一个女孩性格开朗,热情大方,工作时常常与异性同事们说说笑笑,经常和他们一起吃饭、逛街、唱卡拉 OK,这应该说没什么可说的。但是时间一长,同事中有几个同时追求她,上班的时候送花、递纸条,下班时甚至还在路上"尾追堵截"。当然单位、邻居就流言四起,这令她真的不知所措了。

一般来说,与男同事一起出去,最好与其他的女孩结伴,对男同事的热情要明确表态,及时制止,不可拖泥带水。这样,有柔有刚,刚柔并济,就可以防患于未然了。

与异性同事的交往要把握尺度,不能有过也不能不及,言行举止符合"中"道,中规中矩,则无愧于己、无愧于人了。

2.异性交往要注重礼节

子曰:"人莫不饮食,鲜能知味也。"

——《中庸》

与异性交往要能"发乎情,止乎礼"。以"礼"为先,以"礼"为重。俗话说:礼多人不怪。这句话一方面强调人与人之间交往要有礼,另一方面,讲"礼"也得有个度,如果礼气太多太重的话,他人也会受不了的。

孔子说:每个人都要吃喝,但很少有人能真正品尝出是什么味道。"礼节",在孔子思想里着重阐释的,不管是《中庸》还是《论语》等其他一些著作,"礼"都占有很重要的地位,是为人处世的一种包含着道德品质、伦理观念的内在法则,这也可能就是中国被称为"礼仪之邦"的缘故吧。

就像吃喝一样,礼节虽然重要,但孔子还是感叹:"鲜能知其味"。孔子的弟子有若将"礼"做了进一步的阐释:"礼之用,和为贵"。什么叫"和"?《中庸》给出了最佳答案:"喜怒哀乐之未发谓之中,发而皆中节谓之和。"

"饮食男女,人之大欲存焉"(《礼记》)。"人欲"不光是单一的先天的本性,而且后天的影响也是相当重要的。当今社会,青年女子在生活和工作中与男子接触越来越多,自然会令一些男子心动神移。除了男子个人的要加强修养、控制情感外,女子适时地引导更为重要,引导固然重要,但也要讲究个"度",讲究个"礼"。

"爱美之心,人皆有之",所以一个漂亮的女子得到男子的追求是很正常的。有一位女子,才能相貌都很出众,大学刚毕业就在一家公司负责产品销售策划的工作,经常和别的公司的经理谈判合作。有一次,和南方一家大公司的经理谈判后,那位经理悄悄地对她说:小芹,晚上陪我吃饭好吗?小芹按时赴约,见面后,那位经理喜出望外,两人边吃边谈。小芹竭力地向经理劝酒,滔滔不绝地向他介绍公司的发展计划,并不时地赞扬这位经理,称他是一位有修养、有气质、受人尊敬的年轻企业家。经理听着颇为受用,故意谦虚地说:小芹,你过奖了。临别时,经理握着她的手说:你是个自尊自爱的女孩子,我会记住你这个完美的形象的。

子曰:关雎,乐而不淫,哀而不伤。(《论语》)孔子认为《关雎》之诗,喜乐而不淫荡,哀悲而不伤感,在感情的抒发上,哀与乐都不过分,把握得恰到好处,是非常难能可贵的。现实生活中,表达自己的情感也要适度,不能没有分寸更不能不择手段。人欲可以抑制,不要得了十块钱就想得到一百块钱,该你得的总会有的,不该你的就不生非分之想,对于追求男女感情这方面也是如此。

男女之间相处，言行举止都要合乎礼节，不能超过"礼"的界限。即使是在拒绝某个人的时候，也不能为了使他打消念头，就恶意中伤。俗话说：交情不在人情在。如果都不讲礼节，都不讲情面，那他人当然也不会待你以"礼"。能够做到"礼节"，就能够让他知道退步，也不至于影响到彼此的关系。

所谓"礼节"，即有"礼"有"节"，能够尽量节制自己偏激甚至是恶意的言行举止，特别是在回避他人感情的时候，要注意留台阶给人下，尽量做到"以和为贵"，不能因此而影响了自己和他人的正常工作、学习和生活。

中庸与人处世，就是要人们先着眼自身，把自己修养好。在世界观、人生观、价值观上，做到"中正"而不偏不倚，以"仁""礼"辅助也当"中节"。

3.男女交往不存邪念

从容中道，圣人也。

——《中庸》

不管是生活中还是工作中，你总免不了要与异性接触，而这当中有你喜欢的异性，也是很正常的。但也要学会运用"中庸之道"无过无不及地处理两性之间的关系，才能在男女关系上变得和谐。如果心存邪念，那双方相处就会变得僵持，因为她觉得你不怀好意，这就让对方对你产生了戒备意识，你就很难再与之接近了。

男女之间多是领导和被领导、同事、朋友的关系，领导与被领导的关系是因为在同一个团体里工作的需要而建立起来的。同事当然也是工作中相同的分工而建立的关系，而朋友关系形成的情况之一也是依靠工作中的相互协作。男人、女人、领导、同事、朋友，这就是整个社会人际关系的主要参与者和运行者，这种人际关系也大多是相互交叉的。如果能够很好地处理这种交叉关系，就会给生活、工作、学习上带来方便，遇到棘手的问题就可以借助他们来完成。反之，不光工作上有麻烦，而且在人际圈中也不会讨人喜欢。

有这样一个部门经理，因为工作的需要，就提拔了一个有能力性格又外向的女助理。刚开始的时候，公司里其他人就有很多流言，尽管他们之间什么事都没有发生。可见，男女之间的关系，不管什么工作、什么场合受重视的程度都是非同一般的。

男女之间相处的时间长了，就避免不了会产生爱慕之心。人是有感情的动物，在同一个工作、学习氛围中互相擦出火花、产生感情这是人之常情，当然也是无可厚非的了。如果只是一厢情愿，那也没关系，但要是死缠烂打、纠缠不清那就不是别人的错了。要是心存邪念,想要把这个人怎么、怎么样,那就更不得了了。我见过的比较和谐的氛围,就是有不同性别的人在一起工作,却彼此之间都有一种默契和尊重,对待同事就像对待自己的兄弟姐妹一样,除了工作的交流,也没有其他的奇怪的甚至是危险的想法了。

一个有着健全的心理、完整的道德观的人,即使是对他人产生了好感而对方不知道或不接受的时候,也不会想着要怎样去对付他(她),也不会逃避这个问题。有恋情发生,而且又是两情相悦,彼此就知道应该怎么做,以及这样做会有什么后果。如果一门心思地强求的话,最终伤害的是自己。报纸上不是经常看到因爱生恨、杀之而后快的例子吗?这是多可怕的极端!

所以孟子说"动容周旋而中礼"。如果一个人都不能节制自己的邪念,都丧失了做人最起码的道德伦理的话,这个社会将是什么样的社会?人与人之间是不是都要戴着面具拿着盾牌说话、共事呢?那世界也不成为人能生存的世界了。

孔子也说与人交往要"克己复礼","克己"与"复礼",都是一个人内心和外表都要执守的,是个人的修养功夫。内心能做到"克己""复礼",其表现出来的外在也就会遵守内心的想法的道德伦理观。做到"内"与"外"有机的统一,绝不口是心非。那么在与他(她)以后交往中也就以真心对待,更不会因爱而生非分之想。

法国思想家帕斯卡是这样说的:一个人若不将自己的伟大表现出来,只表现自己的兽性,那就很危险了。相反,一个人只图掩饰自己的缺点,而夸张自己的伟大,也是危险的。然而,既不表现缺点也不表现优点,就更危险了。只有两者都表现出来,才是有益的。帕斯卡的这段话,无疑帮孔子佐证了什么样的人性才是符合"中庸"的人性,在男女交往中也当如此。

你可以对身边的异性表示好感,甚至必要时袒露爱意,但动机要真纯。男人和女人都是奇怪而又敏感的动物,当你对异性稍有念头,就会被周围的人看出来,隐藏只可以瞒过一时。只要你对其有好感有爱意,那么是不可能隐藏的住的,这样只会影响你的形象。所以,一般的男女关系而非情人关系的男女,在一起的时候,心念正是与之交往或是想进一步发展的必要前提,否则,你就等着挨骂或是挨揍吧。

4.怎样与女上司相处

虽有其位,苟无其德,不敢作礼乐焉。虽有其德,苟无其位,亦不敢作礼乐焉。

——《中庸》

如果工作中领导或主管是女性,那你做下属的言行举止就更要学会把握分寸,不要因为是女上司就歧视她,更不能为了讨好她而卑躬屈膝。孔子说:"君子庄敬自重,而与人无所争。"做下属的要端正自重而不失尊严。

一个人只要能做你领导的人(不管是男性还是女性),就说明他(她)在某特定方面有过人的能力和见解,比如在策划、销售等方面做得比你好。进一步说,对待一个女上司更多的要听从指挥、服从调度,最好不要与她相抵触。荀子说:君子才德过人,但也不会因此骄人,与人争高下,就像一个力大如牛的人不与牛斗力量,走得快似马的人而不与马比速度,他聪明过人但并不与人比聪明。在实际工作当中,即使你在工作经验上比女上司更丰富,这个时候,你不必为此瞧不起她,应该做的就是谦虚地与她协商,而且不带个人偏见地说出自己的想法。

某公司的前任主管因为贪污而被免了职,留下个烂摊子给这个刚刚走马上任的女主管。老王、小李、小张星期一上班的时候,发现领导变成女的了,各自心里都有不一样的想法。老王在这个部门里资历最老的,也是最有经验的人;小李是刚进来的,但为人有些高傲;小张虽说也干了几年,但毫无成绩,整天老想着怎么去巴结领导。

女主管第一天接手公司就分别找了这三个人谈话。老王对这位女主管说了自己对公司人员改制以及公司发展的前景和弊病等方面的看法,态度诚恳,丝毫没有因为她是刚来的就处处以教训的口吻与她说话;小李等老王出来后,门也不敲就进去了,也不等女主管叫他坐就坐下了。主管就问他对公司有什么看法,小李看都不看她一眼,口中自然是高谈阔论一番;轮到小张的时候,小张还特意整了整衣服才进去。女主管当然也问了相同的问题,小张因为之前只知道跟那位贪污的领导打成一片,没有工作历练,也没有经验,于是随便答了几句,然后站起来又是给女主管倒水,又是擦桌子的。

过了一个星期,小李和小张同时收到了被辞退的通知。后来,老王就找了个机会问女主管为什么,女主管说小李那个人太孤傲,也不见得多么有能力;小张那个人则只知道奉承,这样的人是不能留在身边的。

对待女上司,做下属的不要对她有什么成见而孤立她,也不要厚着脸皮趋炎附势,因为女性都是讨厌庸俗的小人。女上司有她做事和管理的方式,下属们只要认真执行,并努力完成就可以了。如果她有什么不得当的或不成熟的想法、做法,那就要及时的提出来。那怎样与女上司相处呢? 以下几点仅供参考:

(1)应当遵守公司或女主管所有的合理的规定,在上班期间不能违反。

(2)出席会议,不论大小,都应按时参加。轮到自己发表意见时态度诚恳,表情严肃庄重,不要涉及女上司的隐私,或在女上司面前说他人坏话。

(3)工作期间,尽量不占用时间去处理家庭或其他的事,有特殊情况要事先向主管说明情况。对于因自己迟到或缺席时同事给予你的帮助,事后要表示感谢。

(4)对自己的本职工作要按时按量地完成,不要等到她催促你。

(5)不要在女上司面前责怪他人。若不然,女上司就会把你和小人联系起来。

(6)女上司的家庭生活和私生活不要过问,也不要在同事中间议论,或发表带有强烈个人感情色彩的意见。

(7)注意修养和克制自己,不要在女上司面前说粗话,当然,说话办事都要讲究分寸。

(8)忠于职守,不刻意奉承女上司,不能丢失自尊和男子汉的气概。

(9)最后还要注重自己的仪表,上班期间不能强调个人个性而奇装异服,在衣服的搭配上也不能过于抢眼。

5.怎样与男下属相处

简子曰:"《诗》云:'不失其驰,舍矢如破。'我不贯与小人乘,请辞。"御者且羞于射者比;比而得禽兽,虽若立陵,弗为也。如枉道而从彼,何也?且子过矣:枉己者,未有能直人者也。

——《孟子》

作为一个女上司,工作中与男下属相处和沟通的好坏,会直接影响到团体成员的团结。特别是批评和检查业务、工作成绩的时候,如果不注意方法,很容易就会伤害到下属的自尊心,使之产生抗拒心理。

女上司有她的优点,除了在团体里工作、管理等方面有能力外,在与男下属处理工作上的问题时,能够尽可能地发挥女性天生的特性,如善于沟通合作、忍耐力强等。而且女性的自信心一般情况下都要比男性强,如果女上司可以在工作中都能表现出自信,并能够不偏激不偏袒,都能做到恰到好处,这样就很容易让男下属心服口服。

有些女上司常会遇到这种情况:"我的助手是一位男士,有时候我交给他的任务,他总不能按我的要求去做。等他做完之后,我总觉得他做的结果不理想,是我当初没有说清楚,还是因为我是个女上司,他不尊敬我?"其实,并不是他不尊敬你,而是因为女上司吩咐下属要去做什么的时候,一般都会像男上司那样直接。所以更大的可能性就是你的要求没说清楚。如果你说:"我知道起草这项合同很伤脑筋,请你多费心。"那倒不如直截了当地说:"请在今天下班之前交给我。"这样,他就知道这项合同的重要性,而你的表达也就明白无误了。

在公司做了一年的秘书之后,孙小姐就被提升为销售部经理。孙小姐明白在这个只有自己一个女性,而下属无论是从年龄还是资历上都比她长的部门里,她要进行严格管理并不容易。果然,不到一个星期,那些男下属们就给孙小姐一个下马威,交代的事情,不是不去做就是一味地拖延。孙小姐明白,如果还对他们苦口婆心的劝导是毫无用处的了。于是,孙小姐一反过去对他们礼貌有加的态度,拿出了经理的权威。

她先把财务叫进办公室,请他说明每一张单据的出处,然后一项一项地核对,面对经理明察秋毫的目光和严肃的态度,财务不得不拿出将近一半的假票据,孙小姐当即开除了他。孙小姐就是这样慢慢地形成了自己公正、严格但又不失柔和的管理作风,下属们也渐渐适应了她的主管风格,在她的领导下,销售部的工作业绩逐渐提高。

后来孙小姐说到自己的经验,她认为恰到好处地运用批评警告是一种很好的方法,尤其是对那些自负的男下属,面对和处理他们工作中的不足时,不妨采取"欲抑先扬"的方法,先对他以前的功绩表扬几句,再指出他在这件事上的问题和局限性,最后具体地提出建设性的批评意见和建议。

另外,女性在注重礼节方面要远比男性细心。西方有句谚语说:"女人是礼仪的守护者"。作为一个在职场上有建树或想有建树的女性来说,对待下属用礼仪比用严厉要好得多,表现出优雅又不出格的礼仪,能让你不论是在处事还是待人接物上都能得心应手。下面有几点仅供女性领导参考:

(1)先要遵守公司或团体的规定。因为公司不是你一个人的公司,如果你作为上司都不能身先士卒,那就不可能在下属面前树立你女性上司的威信。

(2)对公司里的每一位员工,都要平等相待,不以个人好恶判断下属的好坏。不徇私情,也不要偏袒任何一个下属。

(3)发挥女性的优点,在工作中和蔼可亲,不盲目地发表意见,也不要在公司下属面前发脾气,更不能拿下属当出气筒。

(4)关心下属要适中,不能过分干预他们的家事。

(5)公司例会或其他需要召集下属的会议,你最好都要准时参加、主持,如果确实有事情耽搁,那要在下属面前澄清,不要让下属们觉得你高傲。

(6)不因下属有过失而大加责骂,也不要在公司或团体里颐指气使,而是要经

（7）上班期间最好不要浓妆艳抹，注意个人形象。

6.恋人之间

如此者，不见而章，不动而变，无为而成。

——《中庸》

两个人从相识到相处到相恋，这就是爱情产生的过程。男女情爱，幸福之中也会有苦恼，两人世界，相处是一门学问，其中滋味，是浅情人所不知的。

恋人之间最与众不同的就要数斗嘴了。有些恋人间的斗嘴，外人看起来就和真的吵架一样，你奚落我，我挖苦你，毫不相让，锱铢必较。但恋人斗嘴的这种方式是和别的情况有所不同的：双方如果都是以轻松的、欢快的态度说出那些在别人听起来甚至是尖刻的话，但两人之间的感情是铁定的，那斗嘴就成了两人之间只有刺激性、愉悦性的一种交流方式，也成了表现对对方亲密的最好方式。比如说：你女朋友哭了，她就会骂你"死人""你混蛋"，但脸上还是带着笑容，如果换成冷冰冰的表情，那就真的是准备与你吵架了。

现实生活中，恋人之间虽说心里都有对方，但在一起的时候，说话之前得掂量双方感情的深浅。"浅交不可深合"，说明白一点就是，如果两个人虽然都喜欢对方，但感情并没有到那种该谈婚论嫁的时候，说话方面还是不可太直露。如果这个时候想要用斗嘴的方式来增加对他（她）的了解的话，尽量找那些不涉及双方感情或带有个人色彩的话题。比如和他（她）去看一场电影之后，可以对剧中的情节、人物等方面说出和他（她）不一样的看法，如果你的他（她）不愿意和你计较或斗嘴什么的，你就不能一直说这个话题，表达出自己的看法后，就可以适可而止了。

每个人都是有自尊的，即使是无话不谈的恋人之间也是如此。在斗嘴中一定不要说那些能刺伤对方自尊的话。就拿我一个朋友来说，正准备和女朋友结婚而缺钱。朋友就说："你怎么了，愁眉苦脸的，好像人家欠你钱似的。"女朋友就回了一句："还知道说啊，找你这样的穷光蛋，我真是倒八辈子霉了。"这样，两人之间的感情就会出现一个本不该出现的隔阂，这对双方都是一种伤害。要是在斗嘴的时候，话语中涉及对方的缺点或是父母，那就没有任何意义了。

她和她的男友相恋了三年，她应该顺理成章地成为他的妻子，但在她的记忆中，男友从来没对她说过一句"我爱你"，觉得他一点都不浪漫。直到有一天，男友对她说："我们该结婚了"，她怎么也找不到拒绝他的理由，也找不到立即答应的理由。她说要再考虑一下,想让男友给她个理由。而他竟然点头同意了,没有表示任何疑义。两人之间永远隔着一个严峻的问题。其实真正的爱情体现在日常的细节当中,看似无心的举动,也都包含着心与心的共鸣和爱的默契。

年轻的时候总是想追求个性,追求浪漫,其实两个人在一起,只要双方都是真心的,那个性就是两个人会共同表现出来的个性,浪漫是可以慢慢培养的,这些都无关紧要,如果你一味要求他(她)要有个性、要浪漫,你大可以放弃他(她)啊,可你觉得又不忍心,既然不忍心,你又何必强求他(她)一切都照你的意愿去做的呢?年轻的时候不懂得珍惜感情,老的时候,后悔的还是自己。

有一歌不是这样唱的吗:恋爱就像放风筝。的确,爱情的风筝需要两个人齐心协力地放起来,更要两个人一起关心呵护,如果风筝坏了还可以再做一个,那要是维系爱情的线断了呢?风筝就随风飘走了,也最终会摔碎的。所以,恋人在一起是一种彼此都要维护的幸福,少了任何一方,只会留下遗憾和痛苦。

真正爱一个人,其实不需要那么多的甜言蜜语,也不需要刻意追求所谓的浪漫。你只需要用心,用心去体会他(她)的每分每秒的感受;用心去分担他(她)每时每刻的欢喜和忧愁;用心去陪伴他(她)度过生活和工作中的风风雨雨;用心去赞美你的他(她),因为他(她)是你一生最正确的选择,也是你一生最值得赞美的人。

7.夫妻之间

中心藏之,何日忘之。

——《诗经》

夫妻,不是衣服,衣服穿破了穿旧了可以换新的,真心相爱的夫妻是可以相伴到老的。夫妻之间谈的最多的恐怕就要数两个人的感情和子女问题了。现代人把婚姻当作儿戏,想结就结,想离就离,有这样心态的人,其道德伦理观上有误区。不要把婚姻看作是两个人一起玩的感情游戏,因为男女感情是道德伦理观最重的一方面。

夫妻之间有争吵也是正常的,不要觉得拌了两句嘴,就觉得和他(她)的感情不稳定或出现什么隔膜,就把头一甩:"咱们离婚!"。孟子给出了个解决或缓解矛盾的好方法:人皆有所不忍,达之于其所忍。能够把忍不住的心事或脾气用到能承受能忍耐的事情上。一旦夫妻双方发生了争吵,即使是自己一方合情合理,也应该避免过分地数落、指责或是嘲笑,最好能把矛盾转移到别的容易化解的事情上。这个时候,使用幽默的言语来浇灭对方心头的怒火,应该是最好的方式了。但得注意的是,幽默可以,必须能达到冰释矛盾的效果,否则,就有可能适得其反了。

有一个夫妻,妻子的虚荣心很重,当夫妻俩商量出席朋友的聚会的时候,她就缠着丈夫要买一顶价格昂贵的帽子。此时,夫妻俩正在闹经济危机,丈夫自然是不肯花这笔钱了。争吵中,妻子就抱怨说:"你看人家小金的丈夫多大方,上礼拜就给她了好看的衣服还有首饰什么的,哪像你,小气鬼!"丈夫不愿争论,只是故意夸张地说:"可是,她有你这样漂亮吗? 我敢说,她要也有你这么美,根本就不用买那么多好看的装饰品了,不是吗?"妻子一听丈夫幽默的赞美,不觉转怒为笑,这场争吵也就风消云散了。夫妻之间有了芥蒂,要及时地交流和沟通,不能都闷在心里。

有人把婚姻比作是一条船,而夫妻二人就是两个船夫。如果双方都不肯出力,那船只能停在原地;如果只有一方出力,那这条船必然行得很慢;如果二人同时出力,却朝不同的方向划,那船就有可能被搅翻。只有二人朝着一个方向,一同出力,那婚姻的这条船才有可能越行越远,也才会看到沿途的风景。

夫妻之间对他(她)宽容多一点,计较少一点,在婚姻的旅程中,不可能只有春天,也同样有寒冬酷暑,在面对生活中的一些小矛盾、小分歧,多以宽容的胸怀包容他(她),你就会发现,幸福并不远。对他(她)信任多一点,怀疑少一点,既然在茫茫人海中选择了要和他(她)度过一生,那就要相信他(她)为你或为整个家庭所做的一切,因为他(她)是爱你的,是爱这个家庭的。沟通多一点,冷战少一点,夫妻之间生活上可以在一起,但工作中不可能永远在一起,下班回家,多与他(她)交流、沟通,说说你这一天工作的情况和感受。关心多一点,冷漠少一点,婚姻殿堂里的夫妻,多说关心、呵护对方的话,哪怕是一句最简单的话:"你今天过得好吗?"

"有没有什么让你不开心的呢?",婚姻和爱情是相等的,不要结婚前一个样,结婚后又是另一个样。

妻子是幸福的,丈夫也是幸福的,不要把种幸福建立在"不在乎天长地久,只在乎曾经拥有"的借口上。真正的爱情可以预示着婚姻的美满,美满的婚姻可以验证真正的爱情。记住白朗宁的那句话:"我是幸福的,因为我爱,因为我有爱,所以我幸福。"没有真心的爱情,没有爱情的婚姻,都只是沙滩上搭建的房子,是不会长久的。

8.注意异性交往中"湿柔"的陷阱

诗云:"予怀明德,不大声以色。"子曰:"声色之於以化民,末也。"

——《中庸》

人生在世,因为每个人的道德品质以及人生观不同,所以在处世待人方面也不尽相同,有些就是以欺骗、虚假为之,经常设置看似"温柔"的陷阱,这是值得人们注意的,也应该小心的。若不然,掉进他的陷阱里,就成了他的"囊中之物"了。

一九九六年四月的一个周末的傍晚,天津某学院学生张某,登上了开往泰山的豪华旅游车。渐渐入夜了,张某就睡着了。等醒来的时候,发现一个人正斜靠在自己身上睡着了,他刚想推开,却不由自主地住了手,因为是一个妙龄女郎。姑娘醒来后,看到这样的情景,当下羞红了脸,张某连忙道歉:"对不起,对不起,小姐实在太漂亮了。"接着,两个人就谈开了,姑娘叫武某某,是和张某同一所院校的学生。谈话中,张某无意地炫耀父亲现任国家某部司长,母亲是一家大公司的总裁。武某某也有意无意间透漏自己尚名花无主。风光无限的泰山已经失去了吸引力,张某大胆地拉着武某某的手。姑娘不但没有拒绝,反倒含情脉脉地看了他一眼,身子向他靠得更紧了。

就这样,过了大概一个月,张某就带着武某某回到北京家中,张父、张母见宝贝儿子领回来一个相貌俊秀的研究生女友,都高兴得合不拢嘴。高心归高兴,一向精明的夫妻俩没有被高兴冲昏头脑,他们心里知道:儿子没才没貌,身体又有残疾,姑娘一定还不知道,也很有可能是看上了这个地位不菲的家庭,而不是看上儿子本人。老两口决定见机行事,想瞒下去,等木已成舟再说。为了抓牢她,就开始向她展示自己家中的迷人之处。房子、电器,并不失时机地从密码箱里拿出几张巨额存折,还有一大堆金银首饰,还说这些都是给张某结婚用的。武某某见到如此情景,差点叫了出来。

吃完饭,张母把武某某悄悄拉进卧室,拿出一条二十四 K 的金项链,武某某情不自禁地喊了一声"妈",张母心里像喝了蜜糖一样。于是,姑娘就趁机提出毕业分配的事,并提出要去某某出版社。张父觉得很为难,但为了儿子还是答应下来。姑娘很是开心就拉着张某去逛街,临出门时,张母塞给她两千块钱,对她说:想买什么就买。

其实,武某某早就有了男朋友了,而且在北京工作。所以,她只是想趁此机会也到北京工作。在张家时,她看出张某父母的用心,她觉得应该从中索取更多的东西。看到这里,大家可能都已经知道结果了。武某某到北京工作之后,就不再认识张某了。

现实生活中,报纸杂志上经常会看到类似的报道。有很多人,就是看准了别人的隐情,并利用自己的身体、容貌,耍手段以达到自己的目的。所以,不管在什么时候,都要对他人多留个心眼,这并不是说对任何人都像防贼一样,而是一种必要的保护自身利益不受损害的方法。

现在是网络时代,这是一个社会发展的结果,极大地方便了人们生活、工作,但在网络上行骗的人大大多于实际的人际交往中。记得有一期的报纸上说:一名高中生因网恋而被人强奸。这名女高中生,平时成绩很好,但通过朋友知道网络后,就经常一个人去外面的网吧上网,有时都玩个通宵。后来在聊天中结识了一个差不多年纪的人,那人一通花言巧语就让她相信了,并约定某天在某地方见面。见面那天,那个人看起来倒也很正派,但喝过酒就暴露出原形。

网络和现实的人际交往中,特别是与异性交往,不能与人谈了两次就觉得他是好人,就把自己所有的事都无遮无掩地告诉他。有人说网络是个虚假的东西,可是,为什么还会有人上当受骗呢?有一部分人,不管是在现实还是虚拟的生活当中,都是个狡诈而且会玩手段的人,这就要人们时时处处当心了,在见人做事的时候都要看清楚、听清楚,不能盲目地相信。否则,吃亏的只是自己。

第三节 素位而行,恭敬中礼

善于交际的人,往往就有好的人缘,与人相处时,左右逢源。那如何让人对你有好感,愿意诚心与你交往呢?"君子素其位而行,不愿乎其外"。在交际中,要着眼自身,做自己应该做的事,说自己应说的话,同时又能恭敬合乎礼节。对人要平等相待,"忠恕"可信。那么,在与人相处时,就会让人更加对你感兴趣,更加容易接近。好的人缘,其实离你并不远。

中正平和,不露锋芒
——使人感到你平易近人

1.不偏不倚地与人相处

唯天下至圣为能聪明睿智,足以有临也;宽裕温柔,足以有容也;发强刚毅,足以有执也;齐庄中正,足以有敬也;文理密察,足以有别也。

——《中庸》

孔子认为人的道德上出现了两种错误的倾向:一是偏激,一是退缩。为了指出和纠正这两种错误的倾向,孔子提出了"中庸"的处世思想,"中庸"即"适中""适时",在处理人际关系中都能做到恰到好处,那也就符合了"中庸之道"。但是,在现实中的许多人,与人交往的时候正好与之恰恰相反,待人做事不是过分就是不到位。而且,在道德伦理观、人生价值观上出现了变向或变形,这是违背"中庸之道"的。

《南华经》中说:"庸就能用,用就能通,通就能得"。能够真正做到处世"中庸"的人,就可以学会变通,变通就能得到想得到的,换一种思维和眼光去看待人际交往,不能一根筋,处世片面,更不能死板教条。

在处世上恪守中庸,才有好的人际基础。尽管每个人的社会角色和社会地位不同,但每个人都需要尊重,都需要维护自己的面子。如果都不能对他人尊重,不给他人留面子,别人又怎么可能尊敬你,给你留面子呢? 如果你不承认这一事实,在与人交往的时候,总戴有色眼镜,对那些重要人物礼待有加,而对那些小角色态度冷漠,这样自然就会伤害后者的自尊,也有可能众叛亲离,自取其辱。

刘备这个人虽然比董卓、曹操宽厚一点,但也不是全无芥蒂的人。那一年攻打西蜀的时候,刘备与刘璋在路上相遇,刘璋部下张裕因为脸上长了不少胡须,刘备就拿他开玩笑:"我从前在老家涿县,那地方姓毛的人特别多,县城东南西北都是姓毛的,县令说:'诸毛怎么都绕涿县而居呢?'"张裕回敬说:"从前有人做上党郡潞县县长,迁为涿县县令,调动之际回了一趟老家。正好这时有人写了封信给他,信封上不知道如何题署才好,如果写'潞长'就漏了'涿令',写'涿令'又漏了'潞长',最后只好写上'潞涿君'"。言下之意,就是借"潞"为"露"的谐音,讽刺刘备脸光露嘴无须。这一来,刘备一点都没有讨到好处,反而被他嘲笑了一番。

人类所有的道德伦理、言行举止都要符合"中道",使之无过也无不及。像刘备这样嘲弄别人,是不符合中庸思想的。为人处世的态度如果过了,就会和刘备一样,容易受人看不起,也会招来同样甚至是更厉害的"回报"。

现实生活中的类似情况也经常有的。老张请科室的科长和几个同事吃饭,老张坐在科长身边,又是添酒又是夹菜,而对其他几位同事只是敷衍地说声"别客气,请"。面对"尊卑有别"的场面,不知道老张的几位同事会有什么想法?饭真的是吃不下去了,因为他们觉得很难堪,其中两位竟未等宴席结束,就站起来说"有事"先告辞了。的确,这样的饭局,这样的主人,搁谁都吃不下去的了。老张眼里只有科长,而怠慢了同事,当然就使同事们的自尊心受到伤害,也觉得很没面子,这顿饭不但不能促进主客之间的情谊,反而造成了隔阂。

松下幸之助在他的《关于中庸之道》一文中说,中庸之道的真谛是:"不为拘泥,不为偏激,寻求适度、适当",中庸之道"不是模棱两可,而是真理之道,中正之道"。最后他还呼吁:"但愿真正的中庸之道能普遍实践于整个社会生活中。"一个日本人都能想到这些,那么我们本土的中华民族呢?

儒家推行"中庸"思想,其根本目的就在于使天下的人能够通过自己的努力,最终达到人际关系的理想境界。所谓理想境界也就是"和谐""中道",并以二者为出发点,进而产生适中、适当、合理,然后产生礼仪。使世界上的人与人之间都能和谐、中道,这就是"中庸之道"的归宿点。

2.与人交往不可失态

子曰:"敬而不中礼,谓之野;恭而不中礼,谓之给;勇而不中礼,谓之逆。"

——《礼记》

选择什么样的态度和方法与人交往,每个人都有不一样的理解,这是个人的差异性,但人总会有共同性,那就是:每个人在待人处世中必须遵守的——礼节。如果一个人不管见到谁都是大呼小叫,办什么事都只顾着自己,那就是不懂礼节,也就很有可能好心办"坏"事。推行中庸的处世思想,就是要人们在日常生活中言语适当、行为适中,同样在对待"礼节"这个问题上,也要注意适当和适中。

人都爱面子,不管是一个公司里的老板还是街头上摆地摊的小商小贩,不管是身价千万的富豪还是衣衫褴褛的乞丐,你给他面子就等于是送他一份厚礼。子曰:"礼乎礼,夫礼所以制中也。"孔子所谓"中",也是以"礼"的要求作为标准的,给人面子,当然也是种"礼"。

"礼",要做到无处不在、无时不在,即使是在同情、怜悯他人的时候也当如此。有一个商人在街头看到一个铅笔推销员,心中顿时生起怜悯。他走过去,把一块钱丢进销售铅笔的人的杯中,就走开了。没走几步,就听后面有人好像很生气地叫他,他一回头,只见那个卖铅笔的人红着脸冲着他大声地说:"你为什么无缘无故地给一个身体健康的,而且还是推销的人一块钱呢?"商人好像意识到了什么,转身回来从铅笔堆里拿了几支:"对不起,小伙子,我忘了拿了,希望你不要介意。"卖铅笔的说:"你我都是商人,我卖东西,而且是明码标价。你给我一块钱,又为什么不拿东西呢?你是不是瞧不起我,认为我是一个值得同情的小商贩?"商人连忙说了几声"对不起",然后离开了。

谁都知道,社会上只要那些有独立人格的人,都不可能接受你看似善意的施舍或同情,虽然你尽量表现出礼貌和无心,但在这些人看来,你伤了他做人的自尊,而且他是一个健全的人。

不光是在日常生活当中,礼节非常重要,在好朋友、好同事之间的交往中也同样重要,不能以为熟识就可以无所顾忌。抗战胜利后,张大千要从上海返回老家四川。平时的一些要好的朋友就为他饯行,并邀请了梅兰芳等人作陪。宴会上,大家都理所当然地请张老上座,张老说:"梅君是君子,应坐首座,我是小人,应陪末座。"梅兰芳和众人都大惑不解。张老解释道:"不是有句话'君子动口,小人动手'吗?梅先生唱戏的是动口,我作画的是动手,我理该请梅先生首座。"大家一听都笑起来,并请他和梅兰芳并排坐首席。梅兰芳是君子,张大千更是君子。能像这样有礼节地对待要好的朋友,那做朋友的还有什么话说呢?

"路径窄处,留一步与人行;滋味浓时,减三分让人食。此是涉世一极乐法。"(《菜根谭》)讲的意思就是:与人交往不能好人做尽、好事做尽,注意给他人留一点情面。在狭窄的小路上行走,要留一点余地好让别人过去;遇到美味可口的食物,要留出一点分给别人吃。这就是立身处世的最安全也最快乐的方法了。

与人交际,无论在什么情况下,都能保持冷静,待人公平尊重,使自己在他人面前不失态,并能懂礼貌、讲礼节,这是取得良好人际关系的前提,当然,在保证自己不失态的情况下,也尽量不要让别人在你面前失态。即便你不会计较那么多,但那样你会让他人觉得你是故意装出来的。所以,待人要讲究礼节,注意给别人留余地,这样,既不会让自己失态,也不会让别人觉得尴尬。

3.发自内心地向人学习

子曰:"见贤思齐焉,见不贤而内自省也。"

——《论语》

孔子说:三个人走在一起,一定有我可以学习的老师。选取他们身上的优点进行学习,扬弃他们身上的不足并加以改正。另一方面还要做到"温故而知新",不能学到新的知识而忘记或抛弃以前学到的。孔子认为,一个人要是能够在不忘旧知识、温习旧知识的基础上获得新知识,那么这个人就必定是个善于学习的人。

与不同的人交往,就有可能学到不同的知识和待人处世的方式,所谓"近朱者赤,近墨者黑"。如果一个人在交际中不能把握住自己的观念和立场,就很容易陷进他人思维和行为方式中。所以,孔子说"见贤思齐""见不贤而内省",这是在教人们学会坚持向"贤"人学习,对"不贤"的人,我们应该相对地远离他们,并从他们身上得到教训,然后自己在实际与人交往中加以改正。如果做不到,一味地毫不在乎,随波逐流,那势必会变"黑",这也违背了"中庸之道"。

人通过学习才会变得更完善,那该向谁学习,又怎样学习呢?向品德高尚的人学习,你会从内心深处感到他由内而外的品德魅力,让你觉得自愧不如,甚至是自惭形秽,你就会觉得自己真的要向他学习了;向学识渊博的人学习,这是一个增加自身知识的最好的方法,你会从他身上看到智慧,看到知识的魅力,和这种交朋友当然也是明智的选择;向善于交际的人学习,你可以从他身上找到处理人际关系的契合点,不仅如此,当你和他交往成功了,你就真正学到东西了。向为人处世"中庸"的人学习,他会教会你怎样控制自己的不良情绪,怎样做到恰到好处。总之,一句话:向那些在某些方面

比你强的人学习。只要你真的学到了东西，就说明你由内而外地在进步。

汉代文学家扬雄说："人之性也善恶混，修其善则为善人，修其恶则为恶人。"宋代诗人杨万里在《庸言》中写道："见人之过，得己之过；闻人之过，得己之过。"这都是要求人们向品质好的人学习，看到或听到别人有过错，自己的内心里就要觉得自己不能和他犯同样的过错。

另外，孔子还强调：学到知识还要能够活用它。向那些比自己有才华、有能力的人学习是必要的。但是，如果仅仅是学过，一点都不能在人际交往中运用它，那岂不等于没学一样吗？所以孔子在《论语》里说：诵读《诗经》三百篇，要是把政事交给他，他却不能通；要让他出使四方，又不能独立应对。这种人即使书读得再多，也没有什么用处。这就是说学以致用、理论用于实践，是检验和运用自己所学知识的最好的方法。

当然，人类社会不可能都是贤人，必定会有相对意义上的不贤之人，但这些所谓的"不贤"之人就真的没有一丝一毫的优点或胜过其他人的地方吗？回答当然是否定的。社会是平等的，人类社会需要美满和谐，也必须要平等。所以，关于向什么样的人学习的时候，不能狭限在一个小圈子，而是要敞开内心，既要与那些"贤人"交往学习，也要与那些"不贤"的人交往学习，这样，你才会从他们身上找到不同点，也才更加有利于自己提高。

所谓"见不贤而内自省"中"省"字，从某种意义上讲与"戒"是相通的，"戒"是要人们戒什么？孔子也做出了回答：君子有三戒：少之时，血气未定，戒之在色；及其壮也，血气方刚，戒之在斗；及其老也，血气既衰，戒之在得。见到别人不足的地方就要学会自"戒"，从而能够明辨是非，便不会走入人生的歧途。

4.避免与他人争吵

君子不失足于人，不失色于人，不失口于人。

——《礼记》

朋友之间、恋人之间、夫妻之间在一起不要为彼此"谁付出得多，谁付出得少"而斤斤计较。虽说这是正常的，但如果处理不好，就像一盘可口的菜肴中撒上一把沙子，那就吃不下去了，可能彼此之间的交流、沟通也就会有了障碍。所以吵归吵，不能老是抓着不放。争吵是会伤害彼此感情的，即使你觉得自己在情在理，也要尽量避免，假如和朋友的争辩是一个毫无意义的话题，这件事很快就会自然而然地过去。头一天争了几句，第二天见面就好像什么事都没发生过，而不要接着昨天争吵的话题继续各执己见、不依不饶的。也许是彼此在某件事上的观点和看法不统一，其实也没有什么大不了的，只要彼此都能静下心，都能够听听对方的意见或建议，争吵也就可以避免的。双方争吵大多的情况可能就是，不是任何一方的错，或者是两个人都错，或者是争吵双方都没有搞清楚真正错的是谁。不去做深的追究，才是解决彼此矛盾的最好的方法。

争吵过后，要努力寻找和尝试言归于好的时机和方法。有很多人，在与他人吵架之后，总会有种担心的心理，即使是想主动言归于好，也是怕遭到对方的拒绝，与其这样倒不如不理他。这是一个极端的错误。但也不能装作什么事都没有发生，要用真诚的、积极的态度唤回对方的信任。"你还生气呢？其实也没有什么的。""有空我们聊聊。""对不起，我想听听你的意见，告诉我你是怎么想的好吗？"说这些并不难，关键就是有人做不到。假如你说这些话或面对他说这样的话的时候，不妨带着真诚的笑容，尽量表现出积极与他言归于好的意思。如果对方也想解决矛盾的话，肯定也就会笑着跟你说"没事的，当时我也有点冲动""嗨，你也不要放在心上，我们还是好朋友嘛。"

经过争吵之后，不能毫不在意，而应该多想想，是对方的不足或错误，自己要能尽量宽容他。如果是自己的不对，是你使争吵恶化，那事后就要找个机会向他认错，这是解决争端和矛盾的最主观的也是最佳的途径，绝不能事后不理不睬，除非你对有没有这个朋友无所谓。

大家在与人争吵的时候，很大可能都是身不由己的，但也不能因为是对方逼你的就可以口无遮拦。在现实生活中，我们可以看到或听到他人的争吵，有时甚至拳脚相向，最后两败俱伤。有人说如果两个人相差太多的话，那弱的那方绝对不会先动手，而解决矛盾也多是那些弱者。其实，这也是个与人交往的误区，不要以为他人软弱就可以欺辱，万事都不是绝对的，这一点，在争吵中要注意。如果真的是到了不得不吵的份上，这时候，也当理智一点，只要把事情局限在就事论事上，那事后还有可能得到解决。如果过于偏激、急躁而且还涉及他的亲人的话，那彼此就无法和好了。所以不管怎么说，只要能避免的尽量不让它发生，能大事化小的尽量不让它扩大。

避免争吵是有方法的，下面有几点是值得注意的：

（1）任何争端都是事出有因，不能借题发挥。更不能带有报复性的夸大，故意制造事端。

（2）不要碰他人最敏感的地方。比如，有人是个秃顶，就很有可能介意别人在他面前说什么"光""亮""秃"之类的话题。如果你偏偏不知好歹,硬要去揭他的疮疤的话,他人也会借你的缺点或敏感的地方进行炒作。即使是开玩笑,他也会恨你入骨,因为你伤了他的自尊。

(3)不要有意或无意间透露你对他的偏见。

(4)当争吵不可避免,你也不能说些涉及他的家人或朋友,否则你会成为众矢之的。当你占上风的时候,也不能为此洋洋自得,若不然,对方可能当时拿你没办法,但他也会想方设法地在日后奉还今天的耻辱。

(5)不能因为有争端而与他人发生肢体冲突,除非是出于自卫,否则绝对是最疯狂也最得不到好结果的举动。

5.与人交往谦虚点为好

子曰:"君子动而世为天下道,行而世为天下法,言而世为天下则。远之,则有望;近之,则不厌。"

——《中庸》

谦虚,是一个人与人交往时必须具备的一种美好的品德。谦虚的人不露锋芒,不会恃才傲物,这也就是符合了"中庸之道"的"中和",而毫不偏激、急进。一个人能拥有和做到谦虚这一美德,在人际关系中就加重了自己吸引人的砝码,就能更容易的为接受。那么,在处理事情或与人交往的时候就容易办了。

鲁国大夫叔孙武叔有一天在朝廷上对官员们说:"子贡的贤能可以超过孔子了。"自服景伯就把这话告诉了子贡,想听听他的看法。子贡说:"要是用围墙来做个比喻的话,我的围墙高与肩齐,站在墙外就可以看到屋子的美好。而孔老师的围墙高达好几丈,要是摸不到大门进去,就看不到宗庙的雄峻、房舍的富丽。能够摸到大门进去的人或许很少。叔孙武叔讲的,不就是这样吗?"子贡是个有着谦逊美德的人,所以听到叔孙武叔的赞美时,就用了个形象的比喻,在自谦的同时不忘赞美自己老师德行的宏大。

所以,一个胸怀谦虚的人,在与他人交往的时候,不仅能够自谦,而且还会提高别人。这就是"谦虚"的最高境界,也是最佳境界了。

廉颇和蔺相如同为赵国的大臣。廉颇是赵国有名的大将,蔺相如由于完璧归赵和渑池会上的表现而立了大功,赵王就封他为上卿,官职要比廉颇高。廉颇就很不高兴,他在手下人面前说:"我身为将军,有攻城略地的大功,而蔺相如只不过是口舌之功,竟然位居我上,况且他出身卑贱,我真的感到羞耻。"并且扬言说:"我见到蔺相如,一定要侮辱他。"

这一天,蔺相如坐车出去,远远地就看到廉颇骑着高头大马过来,他赶紧叫车夫往回赶。蔺相如的手下人就看不过去,说主人害怕廉颇。蔺相如知道后就对他们说:"廉颇将军和秦王哪个厉害?"他们说:"那当然是秦王厉害了。"蔺相如说:"秦王我都不怕,我会怕廉将军吗?大家都知道,秦国之所以不敢攻打我们赵国,就是因为我们赵国武有廉颇,文有蔺相如,如果闹不和,那秦国不就有了可乘之机吗?我避着他,是为赵国的安危着想啊。"后来,有人把这些话告诉了廉颇,廉颇幡然醒悟,赤膊背着荆条来向蔺相如请罪。从此,赵国出现了将相和睦的大好局面。

蔺相如有这么大功劳,做个大官是理所当然的事,在廉颇想侮辱取笑他的时候,他不但没有以功臣自居,反而以谦虚的态度避让他人的锋芒,并能苦口婆心地说出自己这样做的目的,为的就是能让他人从大局出发,而不要计较地位的高低。

王阳明说:"谦者,众善之基;傲者,众恶之魁。"意思就是说:谦虚,是诸多善行的基础;骄傲,是诸多过失的罪魁。所以曾国藩也说:"人必虚中,不着一物,尔后能真实无妄,盖实者不欺之谓也。"所以,做人一定要谦虚,不讲任何的条件,然后在实际与人交往中才能做到真实无妄。所谓真实就是不欺不骗。二人的论点都是在强调一点,那就是要做个谦虚的人,从而避免出现过失。

一个人能在处理人际关系中,表现出谦虚,从而使人在与之相处的时候,没有紧迫感,没有太大的压力,你觉得和他在一起很自在,这个人就可以称得上是真正"谦虚"的人。《周易》上说:"谦谦,君子。"做君子难,要做"谦谦"的君子则难上加难。但是,不要因为难,就放弃。只要你能在待人接物中做到"谦虚"就可以了,不一定非要达到那最完美也最理想的境界。

6.不要刻意追求完满

气忌盛,新忌满,才忌露。

——吕坤

"满",就中庸善行来讲就是"过","过"则极端,是"中庸之道"不提倡的。《孟子》说:"人要有所不为,然后才可以有所作为。"如果事事都想做,事事都想完满,不但是不可能的,也是没有好处的。成功了不要骄傲,骄傲就有可能失去你所得到的;功劳不可以盈满,盈满就会招损。这是历史的总结。所以《礼记》上是这样讲的:"傲不可长,欲不可纵,志不可满,乐不可极顶点。"

人生在世不可能处处圆满,不是这里有不足,就是那里有欠缺,所以不必费尽心机地追求完满。那有人就要说了：你的意思就是叫人们放弃理想，放弃追求吗？你问得太严重了，有些事本来就不可能如人意的。就像对待感情上的事，你明明知道不可能，你还会一味地强求吗？抱残守缺，并不失为一种处世方法，对待有些事，不可求全责备。

佛果禅师在当主持时，五祖法演送了他"法演四戒"，他是这样说的："势不可使尽，势若用尽，祸一定来。"人们往往是顺着"势"去做某些事的，但没有想到，势盛的时候，不知不觉地就播下了毁灭的种子。"福不可受尽，福若受尽，缘分必断。"就像那些爱打扮的女子，整天顾影自怜，而不能用心地去做事，那么顾盼之间，红颜老去，也只好自叹"红颜多薄命了。""规矩不可行尽，若规矩行尽，会予人以麻烦。"这就是对那些领导们说的，如果事事限制，那下属们一定成不了大器。"好话不可说尽，好话若说尽，则流于平淡。"任何好话都不必说的过于直白，否则别人听起来就索然无味。

洪应明说："帆只扬五分，航船便能安稳；水只注五分，器具便能稳定。"之后，他又举了几个例子说：韩信因勇略震撼刘邦，所以被害；陆机因才名盖世，所以被杀；霍光的失败在于以权势威逼君主；石崇的死是因为他的财富太多。如果一个人能在极端中，留下一个缺口，给自己一个回旋的余地，千万不要以为自己已经圆满了，而从中走不出来。陶朱公成为巨富，但他明白这个道理，最后都散尽了。"凡事做到九分半就已经差不多了，该适可而止，非要百分之百，或者过了头，那么你将适得其反。"（南怀瑾）

任何事情都有它的内在规律，也就是它的限度，如果做事的时候，没有把握好或超过了这个规律和限度，那么也就不可能把这件做好。所以，在为人处世中要善于灵活地运用中庸思想，善于把握火候，使之无过无不及，符合"中"道，这样也就不用为有缺陷而垂头丧气了，反而是值得高兴的事。

世界本来就是个有缺陷的世界，人心本来就是圆满。我们应当以圆满的人心，去圆满这个有缺陷的世界，不应当用缺陷的世界，来缺陷圆满的人心。人类没有缺陷是一个神话，拥有缺陷是每个人都应该看到的事实。"人心圆满"即是人生在世将自己该做的能做的事做好，那对于你来说就是"圆满"，而并不需要苛求自己或他人时时处处都能做到极点。就像李商隐当年写的那句感人肺腑的诗："此情可待成追忆，只是当时已惘然。"这是种缺陷的美感，就好比那件有缺陷的艺术品——维纳斯塑像。

外在的条件不好，我们可以用内在的条件弥补它；外在的环境有缺陷，我们可以用内在的精神、道德来填充它。如果已成"追忆",已是"惘然",我们何不学学李密庵"饮酒半酣正好,花开半时偏妍"呢？这何尝不是一种圆满呢？

7.当别人有危难时要伸手援助

"杨子取为我,拔一毛而利天下,不为也。墨子兼爱,摩顶放踵得天下,为之。"

——《孟子》

世事难料,每个人活在世上都有可能身处危难,所以,帮助他人就是帮助自己。对别人的帮助,要做到恰到好处,也就是要顺应"中庸之道",关键就是及时以及你帮助得适当。所以孔子说:"君子救人急难,但不锦上添花。"也就是这个道理。如果一不小心帮了倒忙,那就吃力不讨好了。

一个有钱人对爱因斯坦抱怨说:"谁都不喜欢我,都说我太自私小气。可是我的遗嘱上已经写好,要把我所有的财产捐给一家慈善机构。"爱因斯坦说:"也许有个牛和猪的故事,可以给你一点启示。有一头猪到牛那里,抱怨地说道:'别人总是说你很友善,这点倒是没错,因为你给他们牛奶。可是他们从我身上带走的东西更多啊,他们得到的香肠、火腿、肉什么的,不都是我的吗？就连我的蹄子也让他们拿去炖了。可是谁都不喜欢我,对他们来说,我只是一只令人讨厌的猪,你能不能告诉我为什么会这样呢？'牛想了一会说:'可能是因为我活着的时候就给予他们了。'"

一个平时一毛不拔的人,是不可能会有朋友的。如果把自己的一切都给了别人,自己又怎么办呢？所以,中庸之道是既不太小气,也不能太大方。人际关系存在着一个"成本"问题,使用的方法得当,就降低成本,从而获得人心。比如,社会上经常举办的捐助、义卖等公益事业,表面上是资助一方是毫无利益而言的,但是就在这些活动过程中,给他们做了变相的"广告",并且这种"广告"所取得的利益要远远比在报纸、电视上做得到的多。同时,还能获得好的名声和支持,所以,每一个资助的人就从中收回了成本。

古人说:"滴水之恩,当涌泉相报""一饭之恩必报"等等。当你在他人危难的时候雪中送炭,他得到你的帮助而渡过难关后,他一定会记着你,也当然要感激你。在这里要申明一点:如果你在帮助他人的时候,就抱着想得到他人回报的想法,这是不值得提倡和赞扬的。若不然,你种有目的性的帮助,在他人看来,可能是一种有意的嘲弄或是炫耀。

要想别人将来帮助你,你就必须先去关心、感动别人,这样才有可能赢得他人对你的感激或回报。香港的塑胶原料全部依赖于进口,二十世纪七十年代,石油危机波及香港,而当地的进口商趁机垄断价格,将价格提到厂家难以接受的高位,因而有不少的厂家被迫停产,甚至是濒临倒闭。就在这涉及香港大部分企业生死存亡的时刻,李嘉诚毫不犹豫地站出来,在他的倡议和领导下,数百家塑胶厂家入股组建了联合塑胶原料公司。原先单个塑胶厂家无法直接从国外进口原料,是因为厂家规模小,需求量也少,现在由联合塑胶原料公司出面,需求量比那些作为中介的进口商还要大,因此国外的原料善也都愿意与之直接合作。公司所购进的原料,按实价分配给股东厂家,这样,进口商的垄断不攻自破了。李嘉诚也因此被称为香港塑胶业的"救世主"。

《水浒传》上就有救人于危难的"及时雨宋江",他上梁山后,正是那些曾经受过他帮助的人,使他稳稳地坐上了水泊梁山的第一把交椅。所以为人处世,当别人有困难的时候,你伸手帮助他一把,这不仅体现了个人的社交魅力,也会为你后来所要成就的事业做一个铺垫。

不管你是多么有才能的人,但不可能可以孤独一人打拼天下,避免不了地要与他人打交道。你在关键的时候助人,别人也就会你关键的时候助你,看起来好像是一个等价交换,但这是互助,是双向的。如果你见死不救,甚至是怕他东山再起对你不利而落井下石,那么,当你遇到困境的时候,你会发现他们在笑着看你。

8.做人不能贪得无厌

君子素其位而行,不愿乎其外。素富贵,行乎富贵;素贫贱,行乎贫贱;素夷狄,行乎夷狄;素患难,行乎患难。君子无入而不自得焉。

——《中庸》

一切的罪恶源于欲望。而欲望本身最大的特点就是永远没有止境,这就是它最可怕的地方。当你千方百计、不择手段得到了目标后,欲望并没有因你的困乏而停止,反而转到另一面。于是,新的更有刺激性的欲望又在频频地向你招手。这时的你会停下脚步还是步履蹒跚地又要开始一场新的追逐呢?

《中庸》说:"君子要安守本分,做自己该做的事,不要妄生非分之想。富贵的时候,就做富贵之人应该做的事;贫贱的时候,就应该做贫贱之人应该做的事;处在边远地区,就做在边远地区应做的事;处在困难的环境下,就做在困境中应做的事。那么,君子无论在什么情况下都能安然自得。"

贪得无厌的人时常是那些自以为聪明过人的人,其实只是个厚颜无耻的人,更直白点说只是被欲望所奴役的奴隶,是一件令人生厌、唾骂的"工具"。中庸思想要求人们适可而止,要求人们恰到好处,但往往就被这些贪得无厌的人视为无物,在他们眼里只有进一步的目的,只有永远没有满足的心思。《孟子》说:"养心莫善于寡欲",但在他们看来,只是因为得不到而说的垂头丧气的话。事实真是如此吗?

从前有个秀才,为了认真读书,准备科举考试,所以独自一人搬到深山里面。这天,秀才正用功读书,突然听到有人敲门,他出来一看,是一个白胡子老者。老者对秀才说:"听说你人品高尚风雅,所以特地到此想与你交个朋友。"秀才一听当然高兴,连忙把老者扶进屋内。二人谈古论今,引经据典。秀才十分佩服老者的学问:"前辈真是才高八斗,我平常不能理解的道理,您都分析得太好了。"老者说:"其实我不是人类,而是一个狐仙。"说完,老者就真的变成了一只白狐,接着说:"我就住在后山的山洞里,久闻秀才的才气过人,才变成人形来交个朋友。"说完又变了回来。

秀才说:"既然你是狐仙,就一定懂得法术,您替我变些钱财好吗?这样我就不用这样辛苦的读书、考科举,就可以过上好日子了。"老者一听,不禁皱了一下眉头,秀才又说:"您看我这么穷,何不帮我个忙呢?"老者说:"好吧,但是你得给我几个铜钱做母钱,才能变出来。"秀才立即答应了,拿出几个铜钱交给老者。老者拿着铜钱默念了几句咒语,然后将铜钱往空中一抛,大喊一声"变",只见天空中下起了一阵铜钱雨,一会就把房屋堆满了。秀才说再加点,再加点,钱已经将屋子里所有的空地都占满了,秀才才叫行了,行了。老者解了咒语,对秀才说:"我们的法缘已尽了,告辞。"秀才送老者出门,高兴地转身回家,说:"这下发财了,再也不用看书了。"可一进屋子,里面什么都没有了,地上只剩下几枚刚才做母钱用的铜钱。秀才连忙追上老者,问道:"你为什么耍把戏玩弄我?让我空欢喜一场。"老者说:"我本来和你以文字论交,不想你却是一个欲壑难填之辈,我不会和这样的人交朋友的。"说完就消失了。

穷也好,失意也罢,但也不能像这个秀才这样只图走捷径,贪得无厌。世事是公平的,该你的总归会是你的。如果不能控制住自己的欲望的话,那要再想得到,就只有一条路可走了,那就是歪门邪道。

洪应明说:"只一念贪私,便销刚为柔、塞智为昏、变恩为惨、染洁为污,坏了一生人品。故古人以不贪为宝,所以度越一世。"一个人只要心中出现哪怕一丁点的贪婪和偏私的念头,那他就很容易把原本刚直的性格变为软弱,原本聪明的性格变为昏庸,原本慈善的心肠变得残酷,原本纯洁的人格变得污浊不堪,结果只能是毁了一生的品德。所以古代的圣贤们都认为"不贪"二字为宝,这样才能超越和战胜欲望,从而平安地度过一生。

所以,在现实生活中,与人交往不要计较从对方那里得到什么,如果有,你也要做到适可而止、见好就收。如果贪求过多的话,就会变得厚颜无耻,就会使人生恶,也就不可能会有什么好下场的。

有进有退,中规中矩
——怎样在交际中运用好口才

1.口才是交际中的催化剂

凡事行,有益于理者立之,无益于理者废之,夫是之谓中事。凡知说,有益于理者为之,无益于理者舍之,夫是之谓中说。事行失中谓之奸事,知说失中谓之奸道。

——《荀子》

人与人之间的社会交往,首先是通过语言交往开始的。离开了语言,人与人之间的信息交流就失去了基础,人们就失去了沟通的桥梁。古人云:"三寸之舌,强于百万之师。"可见,出色的语言在交际中的威力和功效。

成功的社会交往离不开一副好口才,然而口才并不是简单地动动嘴皮子,它需要个人能够在与人交往中有语言的突破,好口才体现的是语言魅力和个人的综合品质。尽管每个人都能把话说得巧妙悦耳,说得鲜活生动,但真正的好口才是需要下一番功夫的。同样的一句话,有的人说出来,可以让人捧腹开怀,有的却令人心生讨厌甚至是气愤恼怒,这其中的关键,就是如何掌握好交谈的分寸和技巧,既不过分也不是一味地不着边际,遇到这两个极端,就需要运用"中庸"思想了,说话做事顺应"中"道,都是恰到好处,口才在交际中的魅力也就在此了。

人际交往中,如果一个人不善于沟通,那实在是一个相当尴尬的场面。所以,在与人交谈中找准话题至关重要。假如你在码头见到一个熟人,大家一起上船,一时没有话说,这时最简单的一个办法就是从眼前的事物中寻找话题。比如说"嗨,你看那广告牌,你觉得怎么样?""对面那个人的衣服挺新潮的,我觉得你穿上也很不错。"如果他手中正翻着一份报纸,看到头条新闻,你可以问他对当今时局的看法,等等。只要你愿意和对方交谈,就地取材,不可能没有话题的。

有的人会时常觉得自己要说的话题,他人不感兴趣,这也是很尴尬的。这个时候如果不知道转换话题,自己还津津有味地说个不停,那别人就会觉得你这个人真烦。所以,交谈中要找双方都感兴趣的话题也十分重要。你大可以从脑袋中思索,甚至可以联想,譬如说看到一盏灯,我们就可以从"灯"出发,灯是谁发明的呢?是爱迪生,由爱迪生我们又可以联想到电影《爱迪生传》,由影片我们又可以联想到最近的新电影,或是联想到哪位明星……等,这样,双方就会找到很多的话题。

另外,在交谈中要机智敏捷,能够准确地措辞,不能天南地北地乱说一气,别人都还不知道你想说什么。著名的谈话艺术家德川梦声说:"我们日常与人谈话的目的,不外乎以下几种:基于意志的;基于感情的;基于求知的。"找准目的之后,措辞就很重要了。同一句话,措辞略有不同,他人的理解和回答也不同。例如:"你知道保龄球馆在哪里?"和"在哪里有保龄球馆?"便有不同的答案。注意了这差异性之后,与人交谈要措辞得当,不能说了半天,别人都还不知道你想要表达什么意思,那你就需要个话题了。

一副好口才不是天生的,而是在后天学习和实践中取得的。好的口才也表现出一个人机智和心态。有一次,一位英国记者采访作家梁晓声,记者走到梁晓声面说:"梁先生,下一个问题,请您做到毫不迟疑地用'是'与'否'来回答。"梁晓声点头答应。"没有文化大革命,可能不会产生你们这一代青年作家,那么"文化大革命"在你们看来究竟是好是坏呢?"梁晓声一怔,提问的竟如此刁钻,他灵机一动回答说:"没有第二次世界大战,就没有以反映二战而著名的作家,那么您认为第二次世界大战是好是坏呢?"回答得如此巧妙,这位英国记者一愣,摄像机也立即停止了拍摄。

现实生活中,我们也可能会遇到这种情况:"你喜欢他吗?""你真的讨厌他吗?"回答者如果直接地回答必定会带有个人的感情色彩,双方也有可能不欢而散。其实你不妨这样问:"你对他的印象如何?"既不让对方不好回答,也可以达到自己问话的目的。

口才是取得良好的人际关系的催化剂。一副好口才,可以缩短双方的距离。这中间需要注意的是并不是要尽拣别人喜欢听的说,也不是只说奉承别人的话,而是在事实的基础上利用语言的魅力和技巧,将自己的意见或建议表达得恰到好处,而不让对方感到压力或紧迫感,这才是真正的好口才。如果天花乱坠、不着边际、尽说些空话、大话、废话,即使你说得再精彩再吸引人,别人当面不说你是个不切实际的人,背后也会说你这个人不够踏实,那么你不可能与别人相处得融洽。

2.要善于向别人推销自己

子曰:"故大德者必受命。"

——《中庸》

在人际交往中,如何让别人接受你呢?这就需要与之沟通、交流,也就是用口才向别人推销自己。

推销自己并不是一味地在人前人后表现自己。表现,是一个人刻意地将自身的优点暴露给别人看,目的是使别人从内心里佩服他,他说话办事常常会以一种高屋建瓴的姿态表达出来。有时在与那些见到不如自己的人交往时,他会趾高气扬、不可一世。中庸讲适可而止,但他偏不,往往会让人觉得这个人太高傲,看不起人。这是人际交往需要注意的一点。推销自己,是将自己的优点以恰到好处的言语表达出来,使人容易接受,这是一门学问,也是取得良好人际关系的一种技巧。

推销自己是需要方法的。有一天,一个叫微生亩的年老的隐士在路上见到孔子,就问孔子:"孔丘,你为什么这样忙碌呢?莫非也想借着口才以谋取功名富贵吗?"孔子想了一会说:"我并不想谋求功名富贵,只是生怕赶不上时代而已。"(《论语》)孔子还说:"如果有个国君肯用我来治理国政,满一年就可以使政教略有进步,三年便有成功的治绩了。"(《论语》)孔子周游列国,为的就是宣扬自己的儒家思想,也就是为了向世人推销自己。

有两个人同时去一家公司应聘。主管问:"你对电脑懂得多少?""懂得一点,我戴过电子表,玩过任天堂,房间里有一台电视机,还有,我看过同学用 Dos 开机。"主管说:"好了,你可以出去了,下一位。"问的也是同一个问题。第二个应聘者说:"那就要看是哪一种电脑了。一般的超薄掌上型的单晶片脉冲输入电脑(电子表)比较简单,我小学时候常常使用它的解译编码作业流程(闹铃功能)。至于多功能虚拟实境模拟器(任天堂)就复杂得多,不过我曾经测试过许多静态资料储存单元(就是玩卡带游戏)。长大后我对于复频道超高频无线多媒体接受仪器(电视)开始感兴趣,至于传统的电脑,我手下的一位工作伙伴(同学)经常在我的监控之下进行主储存的单晶体与磁化资料存取之间的信号交换(指 Dos 开机)。"面试的主管就对他说:"你明天就可以来上班了。"

人们往往对那些简单的事实嗤之以鼻,反而欢天喜地地被那些华而不实的语言蒙蔽。在这里并不是要读者讲那些不切实际的话,而是要大家注意的是第二个应聘者推销自己的方法。所以,就像第一个应聘者那样,不讲方法只能被淘汰。一个人在社会交际中口才的重要性也可见一斑了。

当今社会是个越来越复杂，也越来越强调竞争的社会，如果不能很好推销自己，不能为他人接受，那这个人就不可能在社会中站稳脚跟，同样道理，也就不可能有良好的人际关系网，做起事来就很困难了。

3.寻找说话的最佳时机

子曰："唯天下至圣，为能聪、明、睿、知，足以有临也；宽、裕、温、柔，足以有容也；发、强、刚、毅，足以有执也；齐、庄、中、正，足以有敬也；文、理、密、察，足以有别也。"

——《中庸》

"中庸"的"中"绝非是折中或调和，而是合宜、适中，也就是合乎一定的标准。为人处世不能偏激，不能走极端。说话办事都以"中"为准则，能够找准最适当的时机，那就不会有过分和不及了。

俗话说："话不投机半句多"，这中间的"机"，有两种解释：一是时机，二是兴趣。如果话说的不是时候，别人当然不会理你。如果你说的话题别人一点都不感兴趣，那也谈不来。所以，说话的时候要注意别人是不是在做别的事或正在与别人说话，不能打断他人的谈话，除非你有特别重要的而且是有关于他的。还有就是要注意他人的兴趣，比如说他喜欢篮球，你却和他一直说足球，那就不可能有共同点，谈话也不可能继续下去。

范雎逃离魏国来到秦国，由于结识了王稽而见到了秦昭王。秦昭王是一个善于用人的君主，他从王稽口中得知范雎是一个贤能的人，于是就叫手下的人退下，要单独和他谈谈秦国的国家大事，就对他说："有幸请得先生教导我。"范雎只是唯唯诺诺而已，不说一句话。昭王再请他谈话，他还是如此，一直到了第四次，范雎只凭空大放厥词。到第五次，才挨得上边际。第六次，畅谈外事还是不涉及秦国内政。等到秦王拜他为客卿，采用他的话有几年了，自己有了充分的把握，就痛陈内事。于是秦昭王废除了宣太后，驱逐穰侯、高陵、华阳、泾阳君到关外。

后来大家才知道，范雎之所以这样，是因为当时的秦国，内有太后专横，外有穰侯的跋扈，再有高陵、华阳、泾阳君等人为虎作伥，所以不敢与秦昭王深谈，只能一步一步地谈，并慢慢等待时机，避免说话达不到目的，反而可能招致灾祸。

关于说话的时机问题，韩非子在他的《说难》中，谈到很多："凡是所说的务本，在于装饰所说的应慎重，而要灭去他人的所耻；他有私急，必须以公义而强横他。

他有意于下,然而不能不已;说话的人要装饰他的美,而少说他一些不能做的方面。他有心攀高,实在不能及,说话的人为他举出过错,使他看到这方面的坏处,多使他不能这样做。有要想慎重智能的,就为他举出不同事的同类,使话利于我,却装着不知,以资助他的智慧。要想保存自己说的话,就必以美名来明示于他,而使他能看到合乎自己私利。想陈述危害的事情,就显示出对事情的毁谤,也能使他看到合乎自己私利的坏处。称誉他人与同行的人,规劝他事与同计谋的人,有与同于美玉的人,就必须大肆装饰他,使他没有伤害。与同样失败的人,就必须以明理劝他,使他不失去信心,使他自己多做努力,就没有因他的难而感慨他。自勇其断,就不以他的过失而恼怒他。自智其计,就不以他的失败而没有智谋。大意没有违逆,说话无所抨击,然后及时以智慧来辩解,这就做亲近不疑,而能尽自己的所说。"

韩非子所说的这些,虽然是为游说人士所立的原则,但今天对于朋友、同事、上级和下级之间的关系,只要是与别人进行谈话,都有很好的启发。

总的来说,说话的最佳时机就是要看准对方的目的,投其所好,再加上掌握谈话的时机的变化,以及其他一些细小方面的具体事项,这些不是能讲得明白、透彻的东西,而是要靠每个人在实践中去领会,去发挥的。

在立足于事实的前提下,寻找到彼此谈话的最佳时机是最重要的。就好比赞美一位漂亮的女士,必须事先发现她值得称赞的地方,然后加以赞美。如果称赞的不得法的话,或是称赞她还没有确实令她引以为自豪的地方,那你只能是自讨没趣,也当然是徒劳无功的了。

4.如何掌握说话的要领

可与言而不与之言,失人;不可与言而与之言,失言。

——《论语》

历史上有人成于言,也有人败于言。所以鬼谷子把人的嘴看作是祸福的开关,所以能否管好自己的嘴巴,是为人处世的关键。洪应明说:"十语九中未必称奇,一语不中则愆尤骈集;十谋九成未必归功,一谋不成则訾议丛兴,君子所以宁默无躁,宁拙无巧。"所以说话要注意技巧,不能因"语"得祸,但也不能因此而讨好、奉承别人。最好的办法就是顺应"中庸之道"而不偏不倚。

这天,子路穿着十分好看的衣服来见孔子。孔子就说:"仲由,你这样衣冠楚楚,是什么原因呢?过去长江从岷山流出,开始在其发源地水流很小,只能浮起酒杯,流到大水的渡口,若不用两只船并列,不避开大风,就不能渡河,这不就是因为流水大有危险吗？今天，既然你穿着华丽，脸上显得得意的样子，那么天下有谁愿意规劝你呢？"子路出去换了件朴素的衣服进来。孔子说："仲由，你记住，把聪明都显示在脸上，显出能干的样子，这是小人。所以，君子知道就说知道，不知道就说不知道，这是言谈的要领。能够就说能够，不能就说不能，这是行为的准则。说话有要领，就是智。行为有准则，就是仁。言行既智又仁，哪里还有不足的地方呢？"

大家可以从中看出来，孔子劝说子路的这段话，不是直接地要他换回原来的衣服，而是用了长江之水的比喻。后面则是孔子教导子路的话了，说白了就是该说的说，该做的做，不该说的、做的，千万也不要说或是做。

明代开国皇帝朱元璋，出身贫寒，少年时候就放牛，给有钱的人家打工，甚至一度还为果腹而出家当和尚。但是朱元璋胸怀大志，风云际会，终于成就一代霸业。有一天，他儿时的一位穷伙伴进京求见。朱元璋也很想见见旧时的老朋友。那人一进大殿即行大礼，高呼万岁，说："当年微臣随陛下扫荡芦州府，打破罐州城。汤元帅在逃，拿住豆将军，红孩儿当兵，多亏菜将军。"朱元璋听他说的动听含蓄，心里高兴得很，回想起当年大家饥寒交迫时有难同当、有福同享的情形，心里很激动，当下重重封赏这个老朋友。

这个消息一传出，另一个当年和朱元璋一起放牛的伙伴也觐见皇上，他说："我主万岁！您不记得吗？那时候咱俩都给人家放牛，有一次我们在芦苇荡里，把偷来的豆子放在瓦罐里煮着吃，还没等煮熟，大家就抢着吃，把罐子打破了，撒下一地的豆子，汤都泼在泥地里，你只顾从地下抓豆子吃，结果把红草根卡在喉咙里，还是我出的主意，叫你用一把青菜吞下，才把那红草带下肚子里。"当着文武百官的面，朱元璋又气又恼，哭笑不得，当即喝令左右将士："哪里来的疯子，把他轰出去。"

世界上总是有两种人，一种是喜欢说实话的人，另一种正好相反，谎话连篇。但是有些人就喜欢听或是因为有忌讳而宁愿听谎话、假话和恭维他们的话，而不喜欢那些说大实话的人。所以这个时候，就要讲究技巧了。既要说实话又要考虑到对方现在的身份或能否接受，所以要将实话说得委婉动听，这样才不会像朱元璋对待第二个人的那样。那有人就要说了"这不是让人们都去拍马屁吗？"其实不然，一个人要是能够将那些本来毫无意义或对他人有害的实话变一种方式说出去，这也是值得大家学习的。有的时候"拍马屁"不见得是坏事。

一个人如果想在人际关系中不受人挤兑，或是不想受人猜忌，那说话就得注意。不是有句话叫"病从口入，祸从口出"吗？如果你觉得对人说那些骗人的话不符合道义，而宁愿说实话，甚至是不顾对方的情面，那后果可能就是自己受伤害了。

所以孔子说"不可与言而与之言,失言。"这句话背后的道理就是,不要把话说尽了,若不然,就会走上"中庸"思想所反对的偏激。

与人交往,说话很重要,事先总得考虑对方是不是能接受,是不是会有损他人的形象,能做到这一点,也就后备无患了。

5.委婉地发泄心中的不平

不迁怒者,求诸己;不贰过者,见不善之端而止之也。

——王安石《礼乐论》

人生在世不可能时时得意,处处顺心,总会有意想不到的挫折和磨难,虽说是人之常情,但有道是:"不平则鸣"。的确,遇到不公正的待遇,或是失意的时候,心中总难免会有一股怨气,这也不要紧,关键是看你怎么发泄它。如果这股怨气发泄得过于直露,就不免偏激,可能吃亏的还是自己。所以,换一种表达的方式,委婉地发泄胸中的不平之气,既能达到一吐这口恶气的目的,又不会招惹别人。

苏洵曾经说过这样一句话:"忘其小丧而志其大得。"说的意思就是不要因为小小的挫折而丧失自己对远大志向的追求,也就是不要因小失大。

苏轼就真的做到了这一点,他几次遭到迫害,但他并没有怨天尤人,而始终以宽广的胸怀,豪放的性情对待一切,忍受不平,机智地与那些官场小人进行斗争。他在诙谐的谈笑中,曲折不露地发泄自己心中的不平怨气,他自己也说过:"我心里有什么话,我非说出来不可,正像饭里有只苍蝇,非吐出来不可一样。"正因为这样,他经常在几个好友面前,现编现说,以发泄胸中的抑愤不平之气。

乌台诗案中,苏轼先被朝廷贬了湖州太守,后被投进汴京大牢,备受狱吏们的摧残凌辱。出狱后,到山东任了一段时间的登州知州,不久又调回汴京任礼部员外郎。恰好这一天,偶然遇见了当年迫害他的狱吏。当着苏轼的面,狱吏惭愧不安,当年的那股横暴之气也不知道跑哪去了。苏轼看他诚惶诚恐的窘态,又好像吃了一只苍蝇,觉得非吐出来不可,于是,当场给大家编了一个故事:

有一条毒蛇因为咬死了人,阎罗王判处它赔命,毒蛇一听,苦苦哀求说:"我有罪也有功劳啊,请您将功折罪,饶我一命吧。"阎罗王说:"你一条毒蛇有什么功劳啊?"毒蛇说:"我肚子里有蛇黄,可以治病,都已经治好几个人的病了。"阎罗王叫手下一查,确有其事,便赦免了它。过了不久,手下又带来一只牛,因为用角抵死人了,阎罗王宣布办它死刑。牛也哀求道:"我有牛黄,包治百病,请允许我将功折罪。"阎罗王叫手下一查也果真是,照例也放了它。正在这时,手下又捉来一个长相凶恶的人,问其缘由,手下人说此人作恶多端,蓄意杀人。阎罗王一听,大声说道:"杀人偿命,法理不容,押下去斩首。"

那个人不服气,大喊道:"我也有黄啊,请您让我也将功折罪。"阎罗王大怒:"你不是人吗?难道也有什么可以像蛇黄、牛黄那样能治病的吗?"那人结结巴巴,没话可说了,最后哭丧着脸承认:"我肚里没有别的黄,只有些恐慌、惊慌。"

那个狱吏被苏轼这么一说,只觉得无地自容,灰溜溜地逃走了。虽说我们比不上苏轼的口才和机智,但是换一种发泄的方式应该做得到的。所以说,发泄归发泄,那也要看在什么情况,如果世道昏暗,而你只图一时口舌之快的话,招来的必定是更严重的打击,甚至有灭顶之灾的可能。当然,就现在的社会,是不可能的了,但也不能不注意。在他人面前说话总得要留几分,锋芒毕露的话,就会招来他人的嫉恨的。

不平则鸣,这不是不能忍不平,相反是谋求消除不平的办法之一。"鸣"也要讲分寸、适度,要"鸣"的是胸中的不平之气,这也就涉及向谁"鸣"的问题,对于那些自以为他是天下最公正的人去谈你的不平的话,他会置若罔闻;对那些明白事理的人发泄不平,他才有可能帮助你。

人生在世,不如意十之八九,遇到不公正的待遇,要学会中庸处世的宽容豁达,更要学会在不利的情况下保护自己,即使是发泄不平,也要给自己留后退的余地,因为世事都不是一成不变的。

6.旁敲侧击说服他人

子曰:"不息则久,久则徵。"

——《中庸》

为人处世,口才的重要性已经不言而喻,能够与他人很好地进行沟通和交流,关键在于说话者要掌握表达的技巧。能恰到好处地表达出自己想要说的主要内容,能让听者很好地通晓其意,那说话者的目的也就达到了,那也就有了效果。

旁敲侧击,是委婉地表达自己意见或建议的最常用的一种技巧。就是在不超出事实或说话者所要表达的内容的范围内,从另外一个方面去表达,比如用比喻、举例等等。如果掌握不好其中的分寸,就很有可能"画虎不成反类犬",要是这样,还不如直接表达的好。能够掌握其中要意,那在与人处世中就会得心应手。特别是在说话者说服别人的时候,能否做到这一点就很重要了。

邹忌是齐国人,是一名琴师。听说齐威王爱听音乐,特来拜见。齐威王很高兴,就把邹忌招进宫里。邹忌拜见之后,调音试弦好像要弹的样子,但两只手却搁在琴上不动。齐威王好奇地问:"你调了琴弦,为什么不弹呢?"邹忌说:"我不只会弹琴,还明白弹琴的道理。"齐威王就要邹忌说说。而邹忌说了半天也没摸着边际,齐威王有些不耐烦地说:"你说得真动听,为什么不弹给我听听呢?"邹忌说:"大王瞧我拿着琴不弹,有点不乐意吧?难怪齐国的人瞧见大王拿着齐国这把大琴,九年来没摸过一下,都有点不乐意呢!"齐威王站起来说:"原来先生拿着琴来劝我,我明白了。"于是拜邹忌为相国,在邹忌的建议下,重用有才能的人,增加生产,训练兵马,国家渐渐强大起来。

还有一次,邹忌早晨起来穿戴完毕,偷偷地照着镜子,对妻子说:"我同城北徐公比起来,谁更漂亮?"妻子说:"你漂亮极了,徐公怎么能比得上你呢?"徐公是齐国著名的帅哥,邹忌不相信,又跑去问小妾和手下的门客,他们都说邹忌比徐公漂亮。过了几天,徐公来了,邹忌上看下看,左看右看,自认为没有他漂亮。晚上睡觉的时候就想:"妻子说我漂亮,是偏爱我;小妾说我漂亮,是害怕我;门客说我漂亮,是有求于我。"

第二天上朝的时候,邹忌就把这件事说给齐威王听:"我确实知道自己没有徐公漂亮,我的妻偏爱我,我的妾害怕我,我的门客有事求我,都说我比徐公漂亮。现在齐国有疆土千里,城邑一百二十座,宫里的妇女和左右的人没有不偏爱大王的,朝中的大臣没有不怕大王的,国内人没有不想求大王的,如此看来,大王受的蒙蔽太深了。"于是,齐威王就向全国颁布了命令,凡是劝谏大王的,分不同级别给予赏赐。一年之后,再也没有人说齐王不是的了。齐国也越见强大起来。其他的国家知道这件事之后,都纷纷派使臣来齐国取经。

大家不得不佩服邹忌能说会道的口才,但更值得大家佩服的是他能够从日常生活中,找出劝谏齐王的例子,而且是那样的恰如其分,这一点是非常难得的。这就是说服他人的技巧,既能达到说服的目的,又不至于让对方不高兴,委婉适中,不偏激不冒进,只有真正懂得"中庸之道"的,能够真正理解和善于运用"中"道的人,才有可能有这样恰到好处的水平。那大家又要说了,我们都不是邹忌,也不像他那样善于口才,那怎么办啊?其实做到这一点并不难,只要你能够善于从平常中找出相似的话题来,并能找准说服他人的时机,但是有一点,千万不能说得驴唇不对马嘴。

社交过程中,常常会遇到需要他人帮忙的事,大家肯定想说服他来帮助自己,但有些人总害怕别人不同意,也不敢开口。之所以不能说服别人心甘情愿地帮你,原因很简单,就是你说话不懂得运用技巧,不能使人有足够的理由相信你而帮助你。所以口才是重要的,技巧更加重要,说服他人的时候,不能没有口才,也不能没有技巧,你不妨试一下旁敲侧击的方法,可能会有意想不到的效果。

7.与人交往不要言过其实

"增之一分则太长,减之一分则太短;著粉则太白,施朱则太赤。"

——宋玉《登徒子好色赋》

孔子是反对人大言不惭、言过其实的,所以他说:"其言之不怍,则为之难也。"如果一个人在与他人交往时,说话办事不能符合实际,都过了头,那就是:"巧言令色,鲜仁矣。"朱熹在注解这句话的时候是这样说的:"好其言,善其色,致饰于外,务以说人。"意思就是与他人说话,时常把自己伪装起来,一味地花言巧语,不着边际。这很显然就违背了"中"道,因为"中庸"上说"过"与"不及"都不是真正的"中庸之道"。

现实生活中有很多人,口才是很好,能把死的说成活的,讲得天花乱坠,也不在意别人愿不愿意听。我们也经常看到一大帮的人围着一个人,听他在那瞎掰,这个人一定觉得自己口才不错而且很有影响力,其实,大部分人只听你说笑话而已。

有一天,一个叫白圭的人对孟子说:"我治理洪水的本领和成就胜过古代的大禹。"孟子说:"你大错特错了。当年大禹治水,是根据水流的规律,采用疏通的方式,由高向低,最终把洪水引导到大海里去,因而是以四海为储水的沟壑。而你的作法正好相反,是把洪水引向邻国,把邻国当作储水的沟壑。水只要蓄满邻国,堵塞倒流,就会使洪水泛滥成灾,殃及生命。你这种只为自己,不替别人着想的做法,大凡有道德和良心的人都会反对。因此,我说你大错特错。"白圭一听,一句话也说不上来。

原来白圭自认为的功劳和成就,就是靠牺牲他人而得来的,还扬言说自己要比大禹厉害,所以孟子说出了原因,并十分地鄙薄他这样的做法。孔子说:"古者言之不出,耻躬之不逮也。"古人对信誉非常重视,所以对于自己做不到或是做不好的事从不轻易开口。要是开口应允了,就会千方百计,努力做到,否则就将引以为耻辱,感到无法做人了。

虽然说当今社会越来越复杂,就要求人们多与他人交流、沟通,这是毋庸置疑的,但是说话说不到点子上,办事办不到正题上,那就和没说没做一样,别人也不会再相信你。所以,君子少讲话,三缄其口,谨慎说话,并且要多做事,手脚麻利。要说就必定说中,不像有的人一说话就"也许""大概""可能"什么的,根本就没有把握。如果言过其实,故意地夸大,那么这个人就是好居功的人,大家要注意这一点。

有这样一则故事,张三遇到李四,嘴发痒,没话找话地对李四说:"有个农家的孩子刚上幼儿园,就把小学毕业考试的语文、数学卷子答了个双百。"李四当然不太相信,张三便说:"可能是单科吧。"李四仍不信,张三又说:"那是单科九十分。"李四还是不信。最后李四厌烦了,说:"你为什么不会增加那孩子的年龄呢?"张三说:"我听来的消息是成绩嘛!"李四便不理他了。不料张某又开口说:"听说上个月有个肿瘤病人动手术,挖出来的那颗瘤长三十丈,宽十丈。"李四不信,张三改口说:"那么就是二十丈长。"李四仍不信,张三再说:"那么是十丈。"李四很生气,骂他说:"天底下有长十丈的瘤吗?你看没看到过?就在这里跟我胡谄!"张三红着脸回答说:"这些事我也都是听人家说的,信不信由你。"

大家试想一下,如果当时不是李四而是孔老夫子,那该什么样的情景?肯定孔子气得要吐血。怪不得孔子要说:"在路上听到一言半语就沿途散播,这是道德所不取的啊。"谁都知道道听途说、言过其实只能是骗人骗己。

8.与人交往切忌夸夸其谈

孔子曰:"侍于君子有三愆:言未及之而言谓之躁,言及之而不言谓之隐,未见颜色而言谓之瞽。"

——《论语》

《周易》上说:"吉人之辞寡,躁人之辞多。"就是那些思想修养好的人,语言简洁,而且不会乱发意见;而那些性情浮躁的人,时常是滔滔不绝,却让人听起来言之无物。话说多了就难免会过,这个"过"倒不是孔子讲的"贤者过之"的"过",当然,同样是偏激、极端,是不可取的。

有这样一则小故事:子禽问他的老师墨子:"老师,多说话有好处吗?"墨子说:"池塘里的蛤蟆,禾田里的青蛙,无论白天黑夜,总是叫个不停,可是从来就没有人注意它们,但是雄鸡在黎明时的报晓啼叫,虽然只有几声,然而天下全都震动了。所以,多说话有什么好处呢?重要的是,说的话要有用处,要说得切合时机。"墨子用一个最常见也最简单的事例来说明这个问题,不但是恰到好处,而且还能充分说清楚了道理。的确,如果一个人话多的话,就像那些蛤蟆、青蛙一样,不仅没人注意,很多时候只会招人烦。

有很多人都属于这种情况,就是一个人独处时,话不多;当他与自己的亲人相处时,话也很少。一旦与要好的朋友在一起,那话就会说个不停,如果恰好异性朋友也在一起的话,那话就更多了,可谓是标新立异,妙语连珠,语不惊人死不休了。再加上有人附和,说到得意处,更是手舞之,足蹈之,不亦乐乎。

这一切都是因为人这种动物具有一种表现欲,虽说在其他动物界里面也有表现欲,但那纯粹是为了生存和繁殖后代的需要。这种表现欲体现在人身上,表现的是一种气质,或者是一种才情,或者是一种风度,又或者是一种智慧,总之,就是想表现一种优越感,不排除掩饰自卑的嫌疑。一般来说,一个人若要想表现某一方面的长处,一定有某一方面的短处。

曾国藩年轻的时候,就是一个有很强表现欲的人。有一天,曾国藩没什么事,就跑到好友陈岱云的住处,与岱云谈论诗歌。曾国藩"倾筐倒箩,言无不尽",他把自己看到的,听到的,想到的,一股脑地全部吐露出来,一直到半夜才回家。可是回到家里,曾国藩就后悔了,觉得自己整天沉溺于诗文,而从来没有在戒惧、慎独上下功夫,已经自误了,难道还要误人吗? 第二天,另外一位好友冯树堂来访,于是曾国藩把陈岱云也约到家中。三人略备酒菜,畅谈起来。冯树堂和陈岱云都很有节制,而曾国藩又犯老毛病了,就他一个人在那高谈阔论,无休无止。所谈的内容也多是昨天晚上的话题,然而曾国藩反反复复,沾沾自喜。朋友散后,曾国藩又检讨起来,忘记了韩愈《知名箴》中的训告,只重视外表,而轻视了内修,夸夸其谈,几乎成了每天的恶习了。

大家应该记住《诗经》中的这句话:"匪言勿言,匪由勿语。"废话少说,没有根据的话也要少说。

孔子有位学生叫司马牛,这个人生性急躁,喜欢发表意见。有一次,他就问孔子什么叫"仁",孔子就对他说:"讲起话来稳重而不轻易开口,这就是仁。"司马牛不明白孔子的意思,所以又问:"不轻易开口,就称得上是仁了吗?"孔子又说:"看上去容易做起来难,况且有仁的人言出必行,正因为这样,你讲起话来还能够不考虑再三吗?"孔老夫子的意思就是叫司马牛不要多说话,而且在说话之前要考虑一下这话能不能说,能做到这点,就是一个有仁的人了。

许多人都不喜欢那些话多的人,总觉得他们说话没有根据,随口就来,也不考虑这句话说出去,在别人听来有什么感受。在与人交往的时候,千万不要乱开口,该你发表意见或建议的时候,最好能做到简洁明了而不拖沓冗长,不能为了表现就让自己变得像蛤蟆、青蛙那样,不知休止。

9.学会幽默

"善戏谑兮,不为虐兮。"

——《诗经》

幽默,是一个人魅力和智慧的体现,它可以在人际交往中展现一个人的才华和素养,也可以帮助我们更好地融洽合群。莎士比亚说:"幽默是智慧的闪现。"在与人相处时要善于使用幽默,这需要具备一定的智慧,对于一个才疏学浅、孤陋寡闻的人来说,是很难产生幽默感的。幽默可以,但也要把握分寸,不可过头。

幽默可以分为语言和行为幽默两种,这里只对语言幽默作简单的分析。语言幽默也可以分成几种方式,可以是偷换概念;可以是以偏概全;可以是不加限制的夸张;可以是正话反说;也可以是巧妙的自嘲等等。幽默不能简单地理解为笑话,不讲究场合和时机,不懂得其中的技巧是很难办到的。幽默是异于寻常的思维,其要领在于随机应变。

传说,希腊哲学家苏格拉底的妻子是当时有名的泼妇,若有不顺,就冲苏格拉底发脾气,也不管有没有其他人在场。苏格拉底也知道他的朋友、学生们都知道这个事,于是就对他们说:"讨这样的老婆好处很多,可以锻炼我的忍耐力,加深我的修养。"有一天,老婆又大吵大闹起来,很长时间都没有停下来,苏格拉底只好跑到屋外躲一躲。谁知道他刚从家门出来,就被他怒气难消的老婆从楼上倒下的一盆水淋得像只落汤鸡,大家都哈哈大笑,苏格拉底打了个寒战,不慌不忙地说:"我早就知道,打雷过后必有大雨,果然不出我所料。"大家都可以看出来,苏格拉底根本没有办法,但他带有自嘲意味的讥讽,使他一下子从窘境中解脱出来,显示了自己极深的生活修养。

要学会幽默确实不简单,这就需要自己打开自己的心灵,开放眼界,从外界获得更多的知识,从而对人生、社会的各种现象有自己深刻的判断和领悟。只有能做到这一点,你的幽默让人听起来既能让大家高兴又不至于唐突。

有一次,马克·吐温坐火车远行,列车员要检查车票。马克·吐温翻遍了身上所有的口袋都没有找到车票,那个列车员好像认识他,于是就对他说:"没什么关系,实在找不到也不要紧。"马克·吐温可不是这么认为的,他一边找一边说:"怎么会不要紧呢?我必须找到这张该死的火车票,要不我怎么知道我要到哪儿去呢。"

生活中类似的例子很多,也常常为人津津乐道,这就是幽默吸引人的地方。善于幽默的人,对生活有着较高的体验和理解,能够把原本严肃的东西以轻松的方式表达出来,因此能够减轻生活或工作中的压力和枯燥,即使身处黑暗也能保留一个明亮的心,即使在人潮汹涌中也能留一份宁静,而用这份宁静的心去观察去体验,得到的知识或感悟,就是一切幽默的源泉。

在与人交往中,乐观爽朗的态度容易使人接受和靠近你,如果还能够主动找笑料,适时地讲句俏皮话,或是一些逸闻趣事,这样就会在很短的时间里,拉近交往双方的心理距离。但是,幽默并不一定都是靠临场发挥的,自己可以在日常生活中多积累一些,遇到有关场合适当地说出来,说不定就会有好的效果。

最后值得注意的就是要适中,千万不能过头。本来是很好听很好笑的,但要是不分场合、没有分寸地表达出来,就得不到效果,甚至还会害人害己。如果幽默流于嬉皮笑脸,或是含沙射影、中伤别人,那就很危险了,不光会损害你在他人心目中的形象,而且,也间接地说明自己不认真、不严肃,当然在以后的交往中,别人也不会对你"口"下留情的。

物极必反,兼听则明
——善于听取和采纳他人意见

1.要懂得物极必反的道理

子曰:"天下国家,可均也;爵禄,可辞也;白刃,可蹈也;中庸不可能也。"

——《中庸》

现实生活中,大家可能都有这样的体验:运动较少的人,如果心血来潮,剧烈运动过后,会感觉肌肉酸痛,身上没有力气;肚子饿的时候,一下子吃太太多的食物,就会觉得肠胃不舒服,甚至有可能导致肠胃产生疾病。所以,为人处世就像运动和吃饭一样,不能太过,尽可能地做到"适中",那也就是最舒适的状态。

孔子说:"天下国家可以治理,官爵俸禄可以放弃,雪白的刀刃可以践踏而过,世上却很少能做到中庸的人。"孔子为此感到疑惑,为什么能做到中庸的人不多呢?"贤者过之,不肖者不及也。"不肖的人因为能力不够而做不到,是情有可原的,关键是那些聪明的或自以为聪明的人,不懂得物极必反的道理,所以,他们在为人处世的时候,往往过了头。

宋代的张商英说过这样一段话:"事不可做尽,势不可用尽,话不可说尽,福不可享尽。凡事不尽处,则意味深长。"

　　曾国藩就很好地体会和实践了这句话。当他率领湘军围剿太平天国的时候,他身在前线,却不知道这时的朝廷对他是一种极为复杂的态度:用他,则让汉人手握重兵(湘军是曾国藩亲手带出来的部队),怕他对清廷有威胁;要是不用他,太平天国势力强大,无人能敌。曾国藩深知其意,叫你办事却不给你高位实权。所以,曾国藩在打败太平军之后,对每件事的处理都小心翼翼、恰到好处,也警惕下属们不可得意忘形。由于湘军抢走了太平天国的大量的金银财宝,使当时原本金银如山、百货充盈的天京一时间化为乌有。这令朝野上下议论纷纷,甚至有人上书弹劾曾国藩。

　　曾国藩知道后,既不想将财物充入国库,也不想让人留下口舌之嫌。进京之后,曾国藩做了四件事:首先,他怕功高盖主而交出了一部分的兵权;第二,裁减湘军,让一些年老体弱的士兵返乡;第三,他怕朝廷怀疑南京的防务,从而建造大量的旗兵营房,并请旗军驻扎南京,还从自己的私房钱里提出一部分给他们发全饷;第四,建造学校,提拔江南有识之士。曾国藩的四项措施落到实处的时候,朝廷上下果然交口称赞,再加上他平定太平军有无人可代的功劳,朝廷也没有借口再追究什么了,反而显示出曾国藩为人恭敬和对朝廷的忠心不二。因此,曾国藩更加得到朝廷的重用。

　　王留耕说:"留下余不尽的巧,以还造化;留下余不尽的禄,以还朝廷;留下余不尽的财,以还百姓;留下余不尽的福,以还子孙。"

　　陈毅同志特别喜欢《尚书》中的"满招损,谦受益"这句话,视其为座右铭,他说:"满招损,谦受益,莫伸手,终日乾乾,自强不息。"一个人的名利富贵观也应该如此,该你得的就是你的,如果"行险以侥幸"的话,即使是得到了,但人的欲望是很难填满的,就想得到更多,殊不知物极必反,有可能一朝一夕就会让你变得一无所有。

　　事物的发展和人生的起伏有着同样的规律,是经常变化的。为人处世中,如果能看清这种规律,能清醒地认识到物极必反这个道理,能时时处处收敛一点,适中就好,那于现时于日后都会有好处的。而那些现在看起来是不变的东西,谁能保证它维持长久呢? 祸在福中藏。当你已是巅峰的时候,就应该想一想退路了,若不然,巅峰之上,只有一片难以立足的白云。

2.生活上不能奢侈

　　将欲取天下而为之,吾见其不得已。夫天下神器也,非可为者也。为之者败之，执之者失之，故物或行或随、或嘘、或吹、或强、或羸、或培、或坠。是以圣人去甚、去奢、去泰。

——《老子》

有人说老子的思想消极，但大家真正看透的话，你会发现他的一些思想是和"中庸"思想有共通之处的，所以他说：不要走极端，不要奢侈不知节俭，不要太过分等等，都符合"中"道，这也是《老子》思想中的积极的方面。

"由俭入奢易，由奢入俭难"。的确，不管是古代还是现实生活中，真正做到节俭的人很少，而更多的人都抱着"及时行乐"的处世态度，常常是挣一块钱花两块钱，大手大脚。"奢"即是"过"，奢侈的人将"中"置之不理。大家可想而知，一个人过于奢侈，一般人看起来都会觉得他高傲，如果你去劝，对于他来讲，你就是多管闲事。

曾国藩虽然身居要职，但他的家常穿着十分俭朴，大部分都是妻子、儿媳们做的。他认为："居家之道，惟崇俭可以长久，处乱世尤以戒奢侈为要义。衣服不宜多制，尤不宜大镶大缘，过于绚烂。"曾国藩嫁长女时，陪嫁的费用不超过二百两白银，这就成了定制，直到嫁四女时，依然没有增加分毫。据说，当时湖南有一姓常的名门贵族，有好几次都想与曾国藩结为儿女亲家，但是曾国藩不同意，因为他听说这家人生活习气骄奢跋扈，不可一世。他们所穿的极为华丽富贵，更令曾国藩厌恶的是他的儿子依仗其父亲的势力作威作福。所以，几次提亲都被曾国藩婉言拒绝了。

曾国藩说："家败，离不得个'奢'字。"这是有历史根据的。在《汉书》中记载了一个叫霍光的人，他是汉代的大将军，总揽朝政二十多年，当然他的儿孙及女儿女婿们无不高官厚禄。书上这样记载："起阴宅，缮阳宅，宴游无度，骄横无礼。"最后被诛族，连坐诛灭者有几千家。当时霍家奢侈挥霍，在茂陵有个书生就预言："霍氏一定灭亡。他奢侈又不谦逊，不谦逊必定轻怠皇上，轻怠皇上就背了礼。权倾朝野，妒忌他的人很多。天下人妒忌他，他言行又不注意，怎能不亡！"

中国有句古话："俭而不奢，家道恒兴；俭而不奢，居官清廉。"借历史教训，所以曾国藩在他的家训中，时时强调一个"俭"字。为了做到俭而不奢，曾国藩对子弟做了许多规定，比如："居家之道，不可有余财，多财则终为患害。""出门宜常走路，不可动用舆马，长其骄惰之气。""'俭'字工夫，第一莫着华丽衣服，第二莫多用仆婢雇工。"这就是曾国藩的持家之道，有许多是值得大家学习的。

中庸作为文化现象已经成为中华民族性格的重要组成部分，时常影响着人们。现实生活中，我们也常会听到别人这样说："你做的太极端了""怎么这样绝对呢？"

"你也太过分了"等等，这些都说明中庸思想已经深入人心。而老子的"去甚、去奢、去泰"一说，也顺应"中庸之道"，也同样是为人们解决矛盾提供的方法。"甚、奢、泰"，都是一种思想和行为上的极端，极端则偏离了中道，是不可取的。

戒"奢"首先得戒"贪"，也就是"人欲"。林则徐小时候，靠母亲和姐妹制作纸花卖点小钱维持生计，这让林则徐从小就养成了俭朴的作风。道光十八年，林则徐在广州查禁鸦片，在办公的衙门外贴了一张告示：乘轿坐车雇船，一律自己掏钱；随行人员，不许暗受分毫；餐食行准，概照市价付现钱。这在当时自朝廷到平民都奢华糜烂的社会是多么不容易啊。

当你听有人说你太奢侈的时候，你会怎么想，会怎么做？是依然故我，还是谦虚改过？

3.反对你的人往往是真心待你的人

诚者，天之道也。诚之者，人之道也。诚者，不勉而中不思而得；从容中道，圣人也。

——《中庸》

现实中，不管是学习上还是工作上，许多人都不愿听到反对他的意见，因为他觉得有人反对就是否定他的成绩，就是在与他作对。其实，当你静下心来听别人说出他的意见，你会发现他说的大部分真的是你自己没有做好，如果是你因为不能容忍，堵上了这条渠道。结果，你会发现你已经是孤家寡人了，而被你拒绝、赶走的多是真心对你的朋友。

清代有个叫钱大昕的人说得好，他说："诽谤自己而不真实的，付之一笑，不用辩解；诽谤确有原因的，不靠自己的修养进步是不能制止的"。所谓"事出有因""无风不起浪"。所以，有人站出来反对你的时候，应该冷静地观察一下自己，是不是真的有地方做错了，如果真的有，就要虚心听取别人的意见，更要善待这些反对你的人。如果一个人在社会上到了没人反对的份上，那后果就不堪设想了。

刘备听说二弟关羽死于麦城，当下大怒，发誓要为关羽报仇。于是率领大军要来攻打东吴。东吴这边，孙权听取阚泽的意见，起用陆逊为主将，统率三军对抗西蜀大军。

刘备就问这个陆逊是什么人？手下的谋士马良说是东吴的一名书生，年轻有为，偷袭荆州使他用的计。刘备一听，这还了得，非要擒杀陆逊为关羽报仇。马良深知刘备的脾气，只能劝道："陆逊有周瑜之才，万万不能轻敌。"刘备犯了和关羽同样的错误，不听劝告，嗤之以鼻地说："朕用兵老矣，难道还不如一个黄毛小子吗?"刘备看不起陆逊，讥讽他是毛头小孩。结果，陆逊用计火烧连营八百里，令刘备吃了败仗。

刘备这个故事启示我们，统兵之理，用兵之道，在于把握时机，运用谋略，而不是简单地靠经验一意孤行。刘备不听马良的劝说，一意孤行，最终证明了刘备是错的，而谋士马良是正确的。这个反差就是在警告那些自以为是的人，要多听听不同意见，并能够采纳他人正确的意见或建议。

荀子说，一个有涵养的人，在心志宽广时，就敬重天道，遵循常规;在心志狭窄时，就敬畏礼法，自守节操。自己能想通的，就会很精明并且通达事理，触类旁通;当自己思想不周全的时候，就老老实实地遵守法纪。

当这样的人被重用的时候，他能在处世中做到恭敬，不会轻举妄动;如果不被重用的话，他也能端庄自重。心情好的时候，就和颜悦色地做事:心情不好的时候，也能冷静。

一个没有涵养的人却不是这样，他心志宽广的时候，时常表现出傲慢无礼;当他失意时，就不择手段，奸诈倾轧。自己能想通的时候，就欺诈掠夺;想不通的时候，就落井下石，陷害别人。当这样的人受到重用的时候，就逢迎巴结，傲慢而没有节制;不被重用的时候，就怨天尤人。心情好的时候，就轻浮飘忽;心情不好的时候，就垂头丧气，胆小怕事。

所以，一个有涵养的人，犯的错误肯定要比那些没有涵养的人少。即便有时犯了错，他也会及时地改正。如果有人提出他哪里有毛病需要他注意和改正的时候，有涵养的人会虚心地接受，而且，他常常会把这些曾经反对他的人留在身边，和他们做朋友。反过来，那些没有涵养的人，犯的错不少，但他们不愿承认，更谈不上改正了。当有人向他提出反对意见时，他不但不会听取，也不会采纳，反而有可能觉得别人是要害他。这样的人，是不值得做朋友的。

朋友也好，同事也罢，他给你提意见或建议，要善于倾听，因为有些时候是"旁观者清"。只要是他人的正确意见或建议，我们都应该予以采纳。不要像有些人，一旦听到有不同意见，就火冒三丈，甚至都想"吃"了人家，这是多么可笑又多么愚蠢的人！有道是"兼听则明，偏信则暗"，"兼"即取二者"中"也，符合"中道"即可行，这是"中庸"思想的要义。

4.学会适可而止

"中者，无过无不及之名也；庸，平常也。"

——朱熹

朱熹是宋明理学的集大成者，他在《四书集注》里将《中庸》归在四本书中最重要的地位。他强调的"中庸"也就是在人们日常生活中，能做到"无过无不及"恰到好处，也就是符合"中"道了。程颢解释说："不偏谓之中，不易谓之庸。"都是在强调要实施中庸之道，避免处世偏激和片面性。

适可而止，也就是中庸思想的通俗表达，为人也好做事也罢，都能做到适可而止，也就做到了和谐。在处理人际关系的时候，要特别注意这一点。待人待事，都不能片面地看问题，更不能因此走上思想上和行动上的极端。所以古人说："君子处患难而不忧，当宴游而惕虑，遇权豪而不惧，对茕独而惊心。"不管在什么时候，面对什么情况都要保持平衡的心理状态，才有可能"比中而行"。

我们时常会听到身边的人说："既要拿得起，又能放得下"，现实生活中，有人只能做到前者，因为"拿得起"是指一个人踌躇满志、春风得意时的心态，这时所谓的"拿得起"免不了有骄傲自夸的成分在里面。而"放得下"则是一个人遭受挫折或身处逆境时的心态，甚至有"激流勇退"的意思。不管怎么说，"拿得起""放得下"，两者结合在一起，就是为人处世、顺逆安危的中庸心态，并不是所有人都能做到的。

歌德说："一个人不能永远做一个英雄或胜者，但一个人能永远做一个人"。人生在世祸福无常，悲喜难定。当你失意时，你也许会说："不是我的我就放得下"。的确，人类社会从古至今，成功者几何？"拿不起"就应该勇敢尝试"放一放"，说不定你就会从中找出你真正所在的位置，这未尝不是一件好事啊。当你很自信地说："我一定会成功"时，说明你已经是一个成功者了，但是当你站在最高的山峰上，会不会觉得孤单和危险呢？如果有，请调整你的心态，不要过于留念巅峰上的荣耀和风光,适可而止地从上面下来,也许你会发现更美的风景。

有一个奥运会柔道金牌的获得者,在许多场胜利以后,突然宣布退役,而这一年他才二十八岁。这令很多的人感到不可思议,于是人们中间就有了许多的猜测,都以为他身体出了毛病。其实,并不是像人们猜测的那样,而是他觉得自己已经不在巅峰状态了,而且好胜心经过这几年的"战斗"也已经削弱了,所以他决定在没有被打"败"的时候退下来,他觉得现在退役对他来说是一种精神上和肉体上的解脱。相对于那些硬充好汉的人来说,他是明智的。

"体操王子"李宁,退役后做出的一番成就也照样令人称赞、羡慕。名誉这个东西就好像现在流行的那些影星、歌星一样,大部分都只是昙花一现,转瞬即逝,若干年后,他们也就变得和平常人一样。如果以"长青"自居,更多的都是"狗尾续貂"那就不值得一提了。

适可而止,是一种心态,一种善于"适中"的心态。所谓"知足者常乐",不无道理。能做到这一点,我相信一个人就没有什么好抱怨、遗憾的了。

中庸思想的精义就是"恰到好处""适可而止""无过无不及",每个人都能在为人处世中都能以此为初衷,并在实践中能很好地适用它,那么,巅峰时的精彩,你有过,即便退身下来,也照样有你的精彩。

5.善于分析对错,找出自己的缺点

辟如天地之无不持载,无不覆帱;辟如四时之错行,如日月之代明。

——《中庸》

一个人在为人处世中除了要立正自身,还需要善于"明听""明察",听取他人的正确意见并要改正,若不然,东耳朵进西耳朵出,不就等于没听吗? 明朝大将戚继光说:"居官不难,听言为难;听言不难,明察为难。"当然,"明听""明察"不仅仅表现在官场中,平常人也应该做到这一点,别人是对的,我们就要找出自己不足的地方;别人是错的,我们更要善于从他身上找出为什么错了。这样,"明听""明察"的效果也就达到了。

商朝末代君主纣王,为讨好妲己,就命手下的人给她打造一双象牙筷子,工匠们日夜辛苦地雕琢,在筷子上雕了游龙戏凤的图案,很是精美玲珑。纣王见后,十分欢喜,上早朝的时候,就拿给大家伙儿看,一群浑浑噩噩的大臣,都点头称赞。只有纣王的叔父箕子默不作声,面色凝重。

纣王一见,大觉扫兴,于是就问箕子。箕子抹了把眼泪说:大王,一双象牙筷子

不足为奇，但是有了它，那些陶制的杯碗就不相配了，非得金樽玉盘不可；有了金樽玉盘，那就要盛龙凤佳肴；既然吃了山珍海味，就不能再穿粗布的衣服，住土窑竹棚了；凭彩栏，临秀屏，夙夜听歌赏舞，这才更加舒服啊。由此看来，由俭入奢是很容易的。而如今各诸侯国都在增加生产、富国强兵，大王怎么能终日昏昏呢？象牙筷子是奢侈的开端啊，它使我预感到我们商朝的末日就要来临了。

纣王一听大怒：你不要在这危言耸听。我的大商朝现在国盛民富，有你要担心的吗？不就是一双象牙筷子吗？用得着这么小题大做吗？天塌下来我一个人顶着就是，你真是瞎操心。纣王不听箕子的劝告，日后变得更加穷奢极欲，不理朝政，结果没几年，诸侯兵变，就有了史上著名的"武王伐纣"，纣王大势已去，最终在鹿台抱柱自焚。

苏轼说："一炬有燎原之忧，而滥觞有滔天之祸"。一双象牙筷子，在纣王看来只不过是一个小小的错误，但箕子能够"见微知著"。但是纣王不听，这样的小错误不觉得是错误，所以也就发现不了自己的缺点，不知道加以改正，最终只能灭亡。

人不可能是一个事事皆通，样样皆能的人，人的思想和其他人也不尽相同，思维方式当然也有差异。所以，当有人向你提出不同的意见或是反驳你的时候，大部分人会觉得这个人真不讲"道理"，我自己的事，你干嘛要插手？这种心态是危险的，因为别人既然能指出你的缺点和过失，就一定有他的理由，也可能有他的观点，你不妨多听听他的意见和建议，然后在自己实际运行中加以运用，就可能会有和你一意孤行时不一样的效果。

与人交往、沟通的各种能力中，除了口才，最重要的就是聆听的能力，有效的沟通也是先从聆听开始的，而实际上真正善于聆听的人，在现实中是少之又少。摩托罗拉公司品管部处长布伊托说："我可不是高高在上，自己定出一个应该达到的目标。我必须从其他同事和所有部属身上找到共识，也就是说我得常常听人说话。"即使像布伊托这样擅长沟通的人，随时随地都能宣扬公司远景的人，也得学会何时不该讲话，只是倾听。用他自己的话说就是："你得关掉自己的发送机，转到接收功能上，好好聆听，鼓励别人说点什么。"

聆听，对于那些自以为是、夸夸其谈的人来说是不可能的，我们平时在与人交往中，想对他提出一些意见或建议，你总会听到他说"我很忙""还有个会议等着我参加"。一个不能"明听"的人，是不能"明察"的，即便是自己有错误有缺点，他也不可能承认，这样的人，在人际关系网中是不可能有好人缘的。

6.聪明人听劝,勇于改过

苟不固聪明圣知,达天德者,其孰能知之?

——《中庸》

"中庸"是"执其两端"时采取的态度和方法。一个聪明的人,是顺应"中"道的人;是善于听取他人意见的人;是知错能改的人。子贡说:"君子之过也,如日月之食物焉。过也,人皆见之;更也,人皆仰之。"而愚蠢的人正好相反,他们处世偏激,即使听到别人的意见,也不会从自身找原因,更谈不上改正了。

不管是一个团体的领导还是平民百姓;不管是硕士、博士还是目不识丁的文盲;都会犯错误,大家可能都有这样的感觉,就是那些犯错误的人多是地位、学问相对较高的那部分人,这些人不能说不聪明,但他的聪明或许都没有用到点子上。而更可怕的是那些自认为聪明的人,他看不起地位、学问比他低的人。他的错误,不容许别人提;他的决定,不容许别人反对。如果你的团体里有这样的人,那就值得注意了。

朱元璋利用元末农民起义,推翻了元朝,建立了明朝。建立初期,朝中就有一些随同朱元璋征战沙场、同仇敌忾的官员们,贪图享受,并且凭借手中的权力贪污受贿,过着奢华糜烂的生活。朱元璋出身贫苦,但他是个聪明人,他看到朝中大臣们都是如此堕落,似乎已经忘了这个政权的来之不易,于是,朱元璋就想找个机会整治一下这样猖獗的腐败之风,但是他也有所顾忌,涉及的人太多,如果处理得不好,那后果就不乐观了,为此他忧心忡忡。

这天,朱元璋来到后宫,把事情这样一说,曾经与他共患难的马皇后一听,连忙说:"皇上圣明。长年战乱使老百姓流离失所,而且帝业初创,要做的事还很多,如果让他们肆意妄为下去的话,老百姓必定有怨言,我们千辛万苦得来的江山,转眼就会葬送。"朱元璋一听有理:"是啊,我也考虑这个问题,可是一时也没有好的办法。"马皇后对朱元璋说:"皇上,正人先正己,后天是我的生日,就先从我们做起吧。"朱元璋点点头。

马皇后寿诞这天,文武百官都纷纷献礼庆贺。随后,宣布开席。令大臣们又是吃惊又是遗憾的是,第一道菜竟然是萝卜。你想啊,众人平时都大鱼大肉、山珍海味的吃惯了,突然上了盘萝卜,大家都面面相觑,迟迟不动筷子。朱元璋一见,举筷夹了片送进嘴里,笑着说:"萝卜进了城,药铺关了门;萝卜进了口,百病都赶走。"大家看皇上都吃了,也纷纷举筷勉强吃点吧。第二、三道菜竟然又是韭菜和青菜,朱元璋说："碗中菜儿青又青,长治久安得人心;群臣吃了这道菜,明朝天下得太平。"说完又带头吃起来。第四道菜是碗葱花豆腐汤,朱元璋又开始说:"葱花豆腐青又白,一清二白过日月;两袖清风勤廉政,大明江山千秋业。"

大家听后,都知道皇上是什么意思,都拍手叫好,而那些平时奢侈浪费的人,都心惊胆战、头冒冷汗。从此,在朱元璋的领导下,明朝初期社会繁荣稳定,百姓安居乐业。

所以说朱元璋是个聪明人,他深知得江山易,守江山难的道理,并且听取马皇后的建议,以巧妙的形式,提倡大家要节俭,不要奢侈,而且还提醒和警告了那些生活奢华糜烂的臣子。这是朱元璋的聪明,也是马皇后的聪明。一个聪明在善于听劝,一个则聪明在看清世相,出谋划策。明朝初期有这样贤明的君主,而君主又有这样聪明的皇后,也无怪以后群臣齐心协力,百姓毫无怨言了。

与此相反的,历史上有许多朝代,大多都是因为朝廷腐败、奢侈毫无节制而最终灭亡的,这对现在也是一个有力的借鉴吧。所以,一个团体有一个善于听劝、勇于改过的领导者,而且是一个聪明的领导者,应该是这个团体最值得庆幸的事了。

7.从共通点出发,注意休整自己

人心譬如盘水,正错而勿动,则湛浊在下,而清明在上,则足以见须眉而察理矣。

——《荀子》

除了做到听取别人的意见或建议,还要把握分寸,如果别人提出的意见和建议确实是正确的,而且对你目前的工作有很大帮助,那就及时地拿过来使用。如果也不是很周全,那么,就要善于找出双方的共通点,进一步完善和休整自己,这对于完成一件比较重要的任务,是有百利而无一害的。

如果心里总是记着别人的过错,或总是记着自己对别人的恩情,不能时时地反省自己,心里不免横生骄狂,在与他人交往的时候,就不能正视自己或他人的错误,那么,人际交往也就陷入了偏激。

孟尝君被放逐一段时间后,又恢复了官职,返回齐国。当时有个叫谭拾子的人就在路边迎接。他见到孟尝君就问:"大人,您会不会埋怨齐国的士大夫放逐您,而想杀了他呢?"孟尝君不假思索地说:"会!"谭拾子又说:"大人,有件事是一定会发生的,有个道理是必然的,您知道吗?"孟尝君说:"你不说,我怎么能知道啊?"谭拾子说:"死,是一定会发生的事;而追求富贵,摒弃贫贱则是必然的道理。拿市场来做个比方,早上的时候,市场的人就很多,人来人往,拥挤不堪;而到了晚上,市场就空荡荡的了;这并不是市场喜欢早上而憎恨晚上啊!为了求生存,所以就争着去,为了躲避灾害,所以就四处奔逃,这是同样的道理啊!希望您不要怨恨在心。"孟尝君听了,觉得他说的很有道理,于是将一份记着几百个他所怨恨、想报复的人的名单,拿出来撕毁了。

这个故事中除了谭拾子的口才和技巧之外,还有就是孟尝君这个人,能够听取别人的意见,并做出了正确的回应和休整,这是值得人佩服的。

唐太宗李世民和魏征的故事,大家都耳熟能详了。李世民发动"玄武门之变"后,杀死了哥哥李建成和弟弟李元吉,自己当上了太子。李世民知道魏征是李建成的心腹,而他又十分有才能,这时有人就劝李世民把魏征杀了,可李世民也是聪明的人,反其道而行,决定召见魏征。李世民问:"你为什么挑拨我们兄弟呢?"魏征不卑不亢:"人生在世各为其主。如果太子早听信我的话,就不会有今天的下场,我忠于太子又有什么错呢?管仲不是还射中齐桓公的带钩吗?"

李世民听他说的既坦率又有理,而且还提到管仲和齐桓公的故事,心想自己也不能显得没有器度。于是赦免了魏征,而且还封他做主簿。李世民登上皇位,就提拔魏征为谏议大夫。君臣二人,同样是聪明之人,二人共同对唐王朝的贡献是不容抹杀的。

以上两个故事都说明,自己有过对他人的帮助,不要经常挂在嘴边或一直记在心上;自己有对不起他人的地方要经常地反省,不能装糊涂。别人对我有恩情,我要时刻记在心上;别人做了什么对不起我的事,我就要忘掉它。

人生在世,总免不了要帮助别人或得到别人的帮助,哪怕别人仅仅给你提出了一些看似微不足道的建议,(就像谭拾子对孟尝君)也是值得听取和注意的,不能因为别人的地位啊、学识不如自己,而不理不睬,现实生活中有很多时候会因为不听别人的话而走错了路,这也是屡见不鲜的。

著名的31冰淇淋及奶酪公司前任董事长萨弗尔说:"最重要的是聆听,在你进去开口告诉别人你有多了不起之前,你一定要先聆听。你先得学会了解你自己,然后你才能开始认识别人,与别人交谈,千万别高高在上。多跟别人交谈,用心倾听,不要太快做决定。""不要太快做决定",就是在听取别人的意见或建议后,注意将其与自己的思维方式进行融合,并进行休整,从而得到最正确最全面的结论。

8.倾听的艺术

视强,则目不明;听甚,则耳不聪;思虑过度,则智识乱。

——《韩非子》

韩非子这几句话所要指出的就是一个"过"字。如果一个人看得多了,眼睛就会看不清;听得多了,也就会听不清;思考过度,那么思想意识就会紊乱。所以说,不管做什么都不能"过",都要顺应"中"道,才可以做到恰到好处。

倾听,不是盲目的,也不是毫无用途的,它需要倾听者与提出意见者之间的共同趋向,如果找不出共同点,那么,建议者的意见就不一定正确,倾听者也就不愿意倾听,这是很简单的道理。那要怎样才算是恰到好处呢? 请看下面卡耐基是怎么说的:

卡耐基说:"我们应该倾听别人的最佳理由起码有两个;第一,只有凭借聆听,你才能学习他人的长处;其次,一般人只对听他说话的人感兴趣。"的确,一个人从学习知识这方面,都是先从听自己的父母、老师开始的,在聆听中学会理论知识,然后将它运用到实践的过程,就是从知识转化为实用的过程,所以,聆听是学习知识的必要的前提。第二就是,一个人在发表意见或建议的时候,最不愿看到的就是别人没有用心地听,所以,卡耐基把这一点也列为理由了。

智利有一个著名的李弗公司,负责许多美国产品在南美的经销,其中包括了著名的派索登牙膏厂。该公司的负责人马基托有一次欣然接受了一位作业员的建议,因为他觉得这位作业员的建议实在是棒极了。起因是他发现生产流程常常因为钢槽需要清洗而中断。他说:"我们只有一个钢槽,而这位作业员建议我们应该安装第二槽。清洗第一槽时,我们可以用第二槽,这样就再也不必因为清洗而中途停顿了。这边加装一个螺闩,那边加装一个槽,就帮我们节省了百分之七十的转换时间,效率也因此提高了。"

马基托得到第二个有关生产牙膏的点子,也是在生产线上诞生的,并且同样重要。一直以来,工厂在牙膏输送带下装设精密昂贵的仪表,它的功能是监控每个牙膏纸盒中均装入了一管牙膏。不过,这样高科技的仪器也偶尔会出故障。马基托说:"我们有时候还是把空纸盒封起来送进去。""又是那位作业员。他的意见是把这些昂贵的机器换掉,只要在输送带旁装一个小型的空气喷射器。把气压设定好,喷到纸盒上,就足以把空纸盒吹到输送带之外。"

为了一家牙膏厂的发展,公司的员工能够提出这样既有价值又方便快捷的建议,是值得公司领导采用的,这样,既节约了时间又节省了设备,而且还提高了生产效率。大家试想,如果公司的领导不加以采纳,反而指责员工"都这么长时间了,不也过来了吗?""现在用得着改吗?"这样,员工的积极性就受到了打击,公司内部也就不可能团结一致,当然效率也不可能提高。所以,除了一个善于提出意见或建议的人,还需要一个倾听者,还需要倾听者善于做出正确的判断。二者同样重要,缺一不可。

聆听者虽然很少开口,但事实上聆听者往往都能积极地参加对话。当然,这也很难做到:首先,要全心全意的聆听,还要善于发现问题,并提问对方,而且鼓励对方多谈谈他的看法。其次,就是聆听者参与谈话的方式很多,绝不要动不动就打断对方正在说的话。如果我们在聆听的时候,多善意或表示肯定地点点头,偶尔回应几句,(注意:要与谈话内容有关的)有的人喜欢换个姿势,比如,俯身向前,表现出你对他的意见很感兴趣。有时候也可以用眼神告诉他:"我正在认真地听你说些什么。"如果谈话中断,你可以提出一两个相关的问题,以便使他继续下去。有时候,要注意自己的言行,尽量使气氛变得轻松、和谐。

以上只仅仅讲了一些倾听的技巧,大部分时间,你只要能够认真地聆听也就可以了。

小德川流,大德敦化
——让人感受你崇高的品格

1.交往细节中体现个人品格

子曰:"待其人而后行。"

——《中庸》

一个人是否有崇高的品格,大的方面就是看他在大是大非面前的表现,小的方面,就比如日常生活中与人交往的言行举止。《中庸》说:"君子之道,淡而不厌。""知微之显,可与入德矣"。中庸处世,不管是大的方面还是看似平常的细节,都要不偏不倚,恰到好处,而实际上,最能表现出一个人的品格也正是在细节中。

有这样一个故事:一天下午,阴云密布,不一会就下起大雨来,一位浑身湿淋淋的老太太,蹒跚地走进费城百货商店。看到她狼狈的样子和简朴的衣裙,所有的售货员都对她不理不睬。只有一位年轻人热情地对她说:"夫人,我能为您做点什么吗?"老太太笑着说:"不用了,我在这躲会儿雨,马上就走。"但是,她的脸色明显地露出不安,因为雨水不断地从她的脚边淌到门口的地毯上。正当她无所适从的时候,那位年轻人又走了过来,他亲切地说:"夫人,您一定有点累,我给您搬一把椅子放在门口,您坐着歇一会儿吧!"两个小时后,大雨停了,老太太找到那个小伙子,向他说声谢谢,并向他要了张名片,然后就消失在人群中了。

几个月后,费城百货公司的总经理詹姆斯收到一封来信,信中指名要求那位年轻人去一趟苏格兰,收取一份装潢材料订单,并要求让他负责几个大家族公司下一个季度办公用品的供应。詹姆斯很吃惊,大略地算了一下,这封信带来的利益,就相当于他们两年的利润的总和。当他与写信人取得联系后,才知道她正是美国亿万富翁"钢铁大王"卡内基的母亲,也就是几个月前曾在他的百货商店躲雨的那位老太太。

詹姆斯马上把这位叫菲利的年轻人推荐到公司董事会。当菲利收拾好行李准备去苏格兰的时候,他已经是这家百货公司的股东了。不久,菲利应邀加入卡内基的公司。随后几年,他以一贯的踏实和诚恳,成为"钢铁大王"卡内基的左膀右臂,在事业上扶摇直上,越渐成为美国钢铁行业仅次于卡内基的灵魂人物。

菲利对一个陌生的老太太,几句简单的话,一个简单的搬椅子的行为,就为他赢得事业铺下了基石。这样简单的话语、搬椅子的举手之劳,对于现在来讲,是再平常不过的事,但真正做到的没有几个。所以孔子感叹:"我未见好仁者恶不仁者。"

通常,一个希望成功的人,总会不遗余力地获取"得到"的机会,这对于现在社会来讲是再正常不过的了。而真正聪明的、有品格的人,不仅善于抓住每一个"得到"的机会,而且,他们更会抓住每一个"给予"的机会。首先肯定的就是"给予",而能"给予"没有想得到回报的就更加难得,只有一个胸怀宽广博爱仁厚的人才有可能做到。结果,他可能会因此一次小小的"给予"而"得到"了很多。

我们时常听到有人感叹"生不逢时""英雄无用武之地",这样的人时常是那些自视清高而又没有多少才能的人,他们常以这种借口来博得别人的认可或同情。其实,一个真正有才能的"英雄",不可能没有"用武之地"。往往说这句话的人,都是"小事不想做,大事做不了""手高眼低"的人。这些并不是说他没有崇高的品格,而是他不愿把自己的品格表现出来,甚至会觉得这个世界上没有人值得他表现,这是多么愚蠢的人!如果,我们的周围都生活着这样一群人,我们或许也会像孔子那样感叹了吧。

一个真正有崇高品格的人,在生活和与人交往中都会尽力表现出来,哪怕是别人看来最稀松平常的小事,他也会像对待大事一样。如果一个人时常忽略这些细节,即便他是个有才能有品格的人,也不一定会为别人认可。举个例子说:别人正在睡觉,而你却毫不在意,在旁边大吵大闹,结果把别人吵醒了。就算彼此是好朋友、好伙伴,他肯定也会抱怨你几句的。所以,在细节上多下功夫,是一个有着崇高品格的人或是想赢得良好人际关系的人,应该做到的。

2.心中常有一把悔悟的"镜子"

小德川流;大德敦化。此天地之所以为大也。

——《中庸》

人是自然界中最懂得进取的动物。为什么能进取呢?因为人时常"悔悟"自己做过的事,犯过一次错,就绝对不能犯同样的错。"悔悟"是"进取"的前提,如果人人都能有一把"悔悟"的"镜子",时常拿出来观照、检查、约束自己,那将是整个人类的进步。

洪应明说:"此心常看得圆满,天下自无缺陷之世界;此心常放得宽平,天下白无险恻之人情。"世界之所以是世界,缺陷依然是缺陷,美好也依然是美好,因为世界不会因为人的思想而改变。人只能从镜子中看到自己,却无法看到整个世界,而一个人的世界观、人生观是否圆满,也直接取决于这面"镜子"。

爱因斯坦十六岁那年,由于成天同一群调皮贪玩的孩子在一起,致使几门功课不及格。一个周末的早晨,爱因斯坦正拿着钓鱼竿准备和那群孩子一起去钓鱼,父亲却拦住了他。父亲心平气和地对他说:"爱因斯坦,你这样贪玩,功课不及格,我和你母亲真为你的前途担忧。"爱因斯坦很不服气地说:"有什么好担忧的,他们也没及格,不照样去钓鱼吗?""孩子,你千万不能这么想啊。在我们村子里有这样一个寓言,我希望你能好好的听一听。"

"有两只猫在屋顶上玩耍。一不小心,一只猫抱着另一只猫掉进烟囱里。当两只猫从烟囱里爬出来时,一只猫脸上沾满了黑烟,而另一只的脸上却干干净净的。干净的猫看到满脸黑灰的猫,以为自己的脸又脏又丑,便连忙跑到河边洗了脸。而黑脸猫看见干净的猫,以为自己的脸也是干净的,就大摇大摆地走了。"

"爱因斯坦,谁也不能成为你的镜子,只有你自己才是自己的镜子。拿别人做自己的镜子,天才也许会照成傻瓜。"爱因斯坦听好,羞愧地放下鱼竿,回到自己的小屋里。从此,爱因斯坦,时常拿自己作为镜子来审视和映照自己,并不断地自我暗示:我是独一无二的,我没必要像别人一样平庸。这就是爱因斯坦之所以成为爱因斯坦的原因。

一千个人有一千种生活方式,有一千种愿望,因为不同的生活方式和愿望,就会产生不同的生活态度。你完全可以参照别人,别人也同样可以参照你,但是,别人永远不会照着你的生活态度去做,当然,你也不能照着别人的想法去做。因为你就是你自己,就像爱因斯坦说的,"我是独一无二的。"人必须认清你自己,并且要清楚地知道你想追求的是什么,这不是取决于别人怎么做,而是取决于你自己。

一个人,如果能像"亡羊补牢"的那个人一样,就真的是"未为晚矣"了。相反,那些死脑筋、不知道悔悟的人,是永远也不会成功的,及时是侥幸有所成就,那也只是"守株待兔"者捡到的唯一的一只兔子。

人不可以不反省自己。孔子说要随时约束和检点自己,使自己的言行举止不违背道德。人不可以不悔悟,自己做错的事,要仔细想一想为什么会错,以后绝对不能再犯。别人做错的事,我们也要想一想他为什么会做错,反过来想一想自己,也不能和他犯同样的错误。这就是参照自己、参照他人的"镜子",就是"悔悟"。

在处理人际关系中,心中应当有一把"晦悟"的镜子,时刻拿出来,观照自己的言行,观照自己的内心世界。这样,你就会发现,你和世界原来就是相通的。

3.要有锲而不舍的精神

子曰:"君子依乎中庸,遁世不见知而不悔,唯圣者能之。"

——《中庸》

孔子说:"真正的君子遵循中庸之道,即使一生默默无闻、不被人知道也不后悔,这只有圣人才能做得到。"孔子的意思就是,找到正确的道路,不能走到一半就停下来,而应该坚持不懈地走下去。荀子在其《劝学》篇里这样说道:"骐骥一跃,不能十步;驽马十驾,功在不舍。"这就是坚持。

人生之道,说长不长说短不短,面对挫折和困境时,我们都应该有"路漫漫其修远兮,吾将上下而求索""鞠躬尽瘁,死而后已"的精神去追求。一个人想实现自己的理想就应该有恒心,就应该锲而不舍,有道是:"锲而不舍,朽木不折;锲而不舍,金石可镂。"懂得了坚持的道理,才能得到自己想要的东西。

在美国有一份著名的杂志,叫《黑人文摘》。在一九四三年,杂志刚刚创刊,前景并不被看好。它的创办人约翰逊为了扩大该杂志的发行量,积极地准备做一些宣传。他决定组织撰写一系列"假如我是黑人"的文章,目的就是请白人把自己放在黑人的立场上,严肃地看待这个问题。他想,如果能请到罗斯福总统夫人埃莉诺来写这样一篇文章是最好不过的了。于是约翰逊便给她写去一封非常诚恳的信。

罗斯福夫人回信说她太忙，没有时间写。但是，约翰逊并没有气馁，又给她写去一封信，但她回信还是说太忙。以后，每隔半个月，约翰逊就会准时的给罗斯福夫人写去一封信，言辞也愈加恳切。不久，罗斯福夫人因公事来到约翰逊所在的芝加哥市，并准备在这里逗留两天。约翰逊得到消息后，喜出望外，立即给总统夫人发了一份电报，恳请她趁在芝加哥逗留的时间里，给《黑人文摘》写一篇文章。罗斯福夫人收到电报后，没有再拒绝。

这个消息一传出去，全美国的人都知道了。直接的结果是，《黑人文摘》杂志在一个月内，由两万份增加到了十五万份。后来，约翰逊又出版了黑人系列杂志，并开始经营书籍出版、广播电台、妇女化妆品等事业，终于成为闻名全球的富豪。

一个人的成功之路，绝对不可能一帆风顺、风清日晏，而是充满着挫折和荆棘。当我们面对每一次的失败，我们不能够自暴自弃，我们要始终怀有"再试一次"的勇气和信心，也许再试一次，我们就会听见成功的脚步声越来越近。

在国民革命中，有一位很有成就的将领，他就是黄兴。他除了天生勇敢，最重要的也是最值得后人学习看齐的是他一刻也不忘战斗的精神，只要有机会，就决不放弃，将生命置之度外，赴汤蹈火也在所不惜。他曾经说："天下没有难事，只有坚忍二字，才是成功的要诀。"正是凭借他这种坚忍的精神，让他在"国民革命"中千载留名。

孟子说："自暴的人，不必与他交谈；自弃的人，不必与他同事。"我们通常意义上讲的"自暴自弃"，就是指一个人缺乏上进心，不能坚持自己的理想和立场。我们在现实生活与人交往中对于那些自暴自弃的人，要谨慎地与之来往。因为这种人畏惧挫折和困境，只能与你同甘而不能共苦。

在古今中外的历史上，大部分成功的人物，都是从艰难困苦中，甚至是危险中坚持不懈地奋斗过来的，像拿破仑、华盛顿，都是这样的。再如舜只是出自一个庄稼汉；傅说只是一个建筑工；孙叔敖只是一个靠打鱼为生的渔民；管仲也只是个贫苦的农民。而他们最终的成就，是人们不敢想象的。他们的成功来自什么？绝非运气和机遇，而都是靠着坚持不懈、锲而不舍的向上精神。他们最终的成功也证明了，只有坚忍才是成功的法宝。

一个人活在世上，怕的不是挫折和失败，而是怕没有上进心、一蹶不振。

4.踏实是成功的阶梯

子曰:"君子之道,辟如行远,必自迩;辟如登高,必自卑。"

——《中庸》

中庸说:"君子能够实行中庸之道,就像走远路一样,必定要从近处开始;就像登高山一样,必定要从低处起步。"如果操之过急的话,就容易走上极端而偏激。

老子说:"合抱之木,生于毫末;九仞之台,起于累土;千里之行,始于足下。"人有远大的理想和抱负当然是好事,但是一味求快的话就会流于冒进,也不一定会得到效果。所谓:"欲速则不达""其进锐者,其限速"。就是说为人办事,只有一步一步地来,老老实实的学习,踏踏实实的行动,才有可能最终达到目标。

今天有今天的事,明天有明天的事,没有人可以撇下今天而直接做明天的事。如果好高骛远、脱离实际,想一口吃个胖子的话,那就在成功的操作方法上犯了大错,不经过程而能达到目标的理想只是"黄粱一梦"。荀子说的好:"不积跬步,无以至千里;不积小流,无以成江海。"没有雄心壮志的人,是懦弱无能的人,是自暴自弃的人,但是有了志向,却只是不切实际,一味地空想,那就是好高骛远、自以为是的人。志向也就成了空中楼阁、海市蜃楼,这是成功路上的陷阱,也是人生的悲剧。

成功并不是天才的专属,没有一个成功者是依靠他天生的才能而成功的,都是历经艰难和失败,一步一步达到的。"天将降大任于斯人也,必先苦其心志,劳其筋骨,饿其体肤,空乏其身,行拂乱其所为;所以动心忍性,增益其所不能。"这虽然只是古人认为成功的必经之道。的确,大家翻看历史:司马迁受宫刑而忍辱负重,用二十年的时间,著成"史家之绝唱"的《史记》;曹雪芹身居贫困,屡易其稿,最终成就中国小说史上的巅峰之作——《红楼梦》;杜甫一生颠沛流离,却始终以"两字三年得,一吟双泪流"的精神,艰苦地成就其一生"诗圣"的名号。鲁迅说:"世上哪有什么天才,我是把别人喝牛奶的时间挤出来工作的。"的确,不能踏踏实实、只抱幻想、不付诸行动的人,一辈子也不可能做出惊天动地的事业。

陈蕃在他十五岁的时候,曾经独居一室,发愤用功,却极不讲究卫生,致使庭宇芜秽。有一天,有位客人造访,看到这种情况,不免就规劝他,说:"何不洒扫以待宾客?"岂知少年陈蕃慷慨言道:"大丈夫处世,当扫除天下,安事一屋乎!"宾客说:"一屋不扫,何以扫天下?"是啊,有这么远大的理想,是值得人们敬佩的,但反过来说,连一间小小的房间都不愿打扫,那又怎么去"扫除天下"呢?

不能踏踏实实、一步一个脚印地学习和行动,这样的人没有立足社会的真正的能耐,只有纸上谈兵的功夫。有很多人在面对失败和困境时,就喜欢问自己:"怎么会这样? 是我的命不好还是我比别人愚笨呢?"其实都不是。一个人有"鸿鹄"之志,不是成天坐在那想就可以达到的,不问耕耘又哪来的收获呢? "宝剑锋从磨砺出,梅花香自苦寒来",只有立足实际,亲手去争取、去拼搏,否则,就像鲁迅先生说的:"开首太自以为有非常的神力,有如意的成功,幻想飞得太高,坠在现实上的时候,伤就格外重了。"

许多时候,有许多人常常因为有远大的抱负,而把一些小事情忽略掉,这是值得反省的。你想成功就得从小事做起,从此时此刻开始,因为你相信千里之外的地方,有非常迷人的景致,有你想要的一切。

那么,你现在就开始起步吧,不要站在原地空想,如果连步子都不想挪的话,那你就看别人"享受"那万千的美景吧。

5.要有"天生我材必有用"的自信

子曰:"舜其大孝也与! 德为圣人,尊为天子,富有四海之内。宗庙飨之,子孙保之。故大德,必得其位,必得其禄,必得其名,必得其寿。故天之生物必因其材而笃焉。"

——《中庸》

毛泽东青年时代就有诗云:"自信人生二百年,会当击水三千里。"想成就大事业,就应该有"舍我其谁"的自信! 但是拥有自信,必须以提高自我评价为前提,要正确地认识自我,不能不切实际地过分自信,这是值得注意的一个方面。

有一位生活在美国费城的年轻人,整天唉声叹气,愁眉不展,逢人就说:"我实在太不幸了。父母没有给我留下任何遗产,我没有别墅,没有小汽车,甚至连到海边度一次假的钱都没有。"

有一位老人就对他说:"我有办法让你很有钱,但你必须用你所拥有的东西来交换。你愿意吗？"年轻人很高兴地说："我有什么东西值钱吗？如果有，你要什么我都愿意，只要你能让我成为富翁。"老人停顿了一会儿说："我出五十万买你的一只手，你愿意吗？""啊？一只手？我舍不得，我不愿意！"年轻人毫不犹豫地拒绝了。"那么，我用一百万买你的一条腿，可以吗？"年轻人又坚决地摇了摇头。"一只眼睛，二百万呢？"年轻人恐慌地直摇头。

老人笑了："你看，你现在至少已经拥有了三百五十万，只是暂时还不想要这笔钱。年轻人，一个有手、有脚、有眼睛的人还怕没有钱吗？实际上，凭你所有的一切，你已经是一位亿万富翁了。一位亿万富翁还有什么可抱怨的呢？"

听完老人的话，年轻人怔了片刻，羞愧地走了。他悟出一个道理：在这个世界上我们什么都有了，如果我们还不快乐，那是因为我们缺少了一样东西——自信。

自信，是一个人成功的动力，作为一个四肢健全的人，就应该有"千金散尽还复来""天生我材必有用"的自信。如果一个人缺乏自信，那就是自卑，就是畏首畏尾，这样的人是永远也没法成功的。

盖蒂是一家生产飞机零件的公司的老板。创业初期他就接到一笔订单，许多人都为此对他表示怀疑，六个月的时间他能生产那么多的飞机配件吗？盖蒂没有犹豫，他从公司里挑选了几十名充满自信的优秀的工作人员，送他们接受严格的训练和学习，同时制造工具的准备工作也在紧锣密鼓地展开了。不久，几十名工作人员学成回来，那几套工具也准备就绪。开工之后，盖蒂每天都和工人生活在一起，在他的领导下，工人们的生产效率竟是其他同样机型飞机制造工厂的十倍。六个月的时间没到，工人们生产出规定的零件，而且全部合格。

当有人问及盖蒂成功的秘诀时，他说："一个人的成功，关键是应该坚信自己的判断，有自己的主见，对成功充满自信和乐观的态度。不要满足于已拥有的成绩，局促于自己熟悉的范围，也不要迷信权威。"成功是每一个人所渴求的，但为什么只有一部分人会成功呢？这是因为这部分人敢于接受挑战，有足够的自信心，他们相信自己有能力成功。

梁启超说："凡任天下大事者，不可无自信心，每处一事，既看得透彻，自信得过，则以一往无前之勇气赴之，以百折不挠之耐力持之。虽千山万岳，一时崩溃而不以为意。虽怒涛惊澜，蓦然号于脚下，而不改其容。"但是有的人在风调雨顺的时候，都能够慷慨陈词，信心百倍，可一旦遇到逆境就萎靡不振，如霜打秋荷一样。其实，不管顺境、逆境，都需要自信，都需要励精图治。

在通常情况下，我们都应该要求自己上进，要求自己做事要正确，要成功，但一个人体力、智力、适应力毕竟有限，不可能在每一件事上都能领先别人，"天外有天，人外有人"，这是我们必须承认的事实。所以，一个人有自信是好事，但是过于自信的话，那就是高傲，也必定会自己封闭自己。

现代社会竞争范围越来越广泛，也越来越激烈，如果一个人不能自强不息，整天垂头丧气、畏首畏尾、缺乏自信心的话，那就成为一个随着世俗浮沉的庸碌之辈，就等于自己放弃了获得成功的工具，就只有等着被淘汰吧。

6.在穷困中坚守操守

国有道，不变塞焉；强哉矫。国无道，至死不变；强哉矫。

——《中庸》

孔子说："圣人，我看不到了；能够看到君子，也就可以了。"孔子又说："善人，我看不到了；能够看到有操守的，也就可以了。把没有当成拥有，把空虚当成充满，把贫穷当成富裕，这种人就难以有操守了。"孔子认为，天底下的事，都要以操守为前提。的确，如果一个人没有操守，那也不能算是人了吧。孟子说："富贵不能淫，贫贱不能移，威武不能屈"，都是要求人们坚守自己为人的操守。

大家都知道汉朝苏武牧羊的故事。汉武帝派苏武以中郎将的身份出使匈奴，和苏武同行的还有副使中郎将张胜和兼吏常惠。正当他们准备回国的时候，以前投降匈奴的汉将虞常来见张胜，他对张胜说，他和过去一起投降匈奴的那些人准备谋反，张胜就答应了。这天，单于出外打猎，宫中只留下王后和她的几个孩子，虞常准备第二天动手，但就在这天夜里，手下有一人叛逃，并进宫将虞常谋反的事告诉了王后。在随后战斗中虞常被抓。

张胜知道后，就把这件事告诉了苏武，苏武说："事情既然已经到了这个地步，肯定会牵连到我们，与其被侮辱之后再死，还不如现在死了。"当时苏武就想自尽，在张胜和常惠的劝说下才放弃了这个念头。

果然不出苏武所料，虞常果然把大家都招供出来。于是单于就召见苏武等人。苏武对常惠说："如果屈自己的节操，辱国家的使命，即便是活着回到汉朝，又有什么脸见人！"于是拔刀自刎，又被常惠等人阻拦。单于十分佩服苏武的气节，于是就想办法让苏武留在匈奴。但是苏武对荣华富贵毫不动心，单于没办法，只好把苏武关在地窖里，不给一点吃的东西。后来又把苏武迁到遥远的没有人烟的北海，叫他去放羊。没有吃的东西，就挖野鼠洞里储存的植物种子吃。在这种极其艰难的情况下，苏武始终没有丢掉自己的气节。

匈奴扣留苏武十九年，一直等到汉昭帝即位的时候，才被放还，当他回来时，胡子和头发全都变白了。苏武在匈奴期间，完全可以得到单于官位，可以享尽荣华富贵，但苏武做到的是坚守节操，不变不移，从而青史留名。

孟子曾说过：不要我所不要的东西，不干我所不干的事。求我所必求，为我所必为。这就是强调一个人要有做人的尊严和节操，不要成为外物的奴隶。

一九四八年，朱自清的胃病越来越严重。这天吴晗来到他家，递给他一份抗议美国扶日政策并拒绝领取美援面粉的宣言书。朱自清看过就在上面签了自己的名字。两个月后，朱自清便逝世了。当时，对于他的胃病，面粉是不可多得的好食品，如果他不签字，别人也能理解，但他没有。我们可以想象，他忍受不了美国面粉的侮辱性，而宁愿承受病痛的折磨，这种选择显然是他做人的价值取向。文天祥说："人生自古谁无死，留取丹心照汗青。"一个人只要坚持自己做人的操守，那么，死也没有什么可怕的了。

孔子周游列国到陈国的时候，随从的学生都饿倒了。子路满脸不高兴地问老师："君子也穷得这副模样吗？"孔子说："君子在穷困中坚守节操，小人就无所不为了。"孔子的意思就是说同样的穷困潦倒，但是君子和小人却用不同的态度处之。君子"不食嗟来之食""不饮盗泉之水"。而小人却与之相反。

作为一个有独立人格的人，是不会为"五斗米折腰"的，这种坚守操守的精神，是现实生活中每个人都值得钦佩和学习的。

7. 以直报怨，以德报德

子曰："肫肫其仁！渊渊其渊！浩浩其天！"

——《中庸》

孔子说："君子不像器物。"为什么要这样说呢？这是因为君子之品德，无所不施，不像一器一物，作用有所限制。君子为人处世，要拿正直来报答怨恨，拿恩德报答恩德，所以孔子又说："君子之德如风。"

孔子所谓的"德"，主要体现在"温、良、恭、俭、让"。这五个字，集中体现了孔子的品德修养，以及对"德行"的诠释。"温"是平和的；"良"是善良的、道德的；"恭"是恭敬的、严肃的；"俭"是节约、不浪费；"让"就是谦让。所以，君子能以直报怨，以德报德，即包容了这五个字。但是值得大家注意的就是要符合"中"道，把握其中的"度"，无"过"也无"不及"，为人处世能如此，那也就无愧自己的良知和品格，当然人际关系也就能变得更加和谐了。

同行悖径,这是文人的通病。齐白石虽然誉满华夏,但他对前辈和同辈的画家都非常恭敬,显示出一位大师、一位有修养的长者应有的品格。他曾经写了一首诗:"青藤雪个远凡胎,老缶衰年别有才。我愿九泉为走狗,三家门下轮转来。"齐白石所说的"三家"是指徐渭(号青藤)、朱耷(号雪个)和吴昌硕三人。对老前辈可谓是恭敬有加。齐白石对同时代的画家也十分尊敬,他常以一句话来自律:"勿道人之短,勿说己之长;人骂之一笑,人誉之一笑。"所以,他与同时代的许多画家都保持着深厚的友情,在艺术上也能取长补短。上世纪三十年代,外界有人造谣说齐白石瞧不起徐悲鸿,认为徐悲鸿只不过在国外镀了一层金而已。齐白石听说后,不以为然。后来他对人说:"悲鸿是我多年的知己。他画人画马冠绝当世,我佩服之至。"

还有一次,又有人造谣说张大千为人太狂妄了,一点儿都瞧不起齐白石,还自诩说"大千可以怒视一切"。齐白石听过,微微一笑,不说一句话。不久他刻了一枚"我怒视一人"的印章,门下的弟子就问"一人"指谁? 齐白石说:"我是指造谣说"大千可以怒视一切"的那个人。"此语一出,谣言便自然而然的平息了。后来,张大千来北京办画展,齐白石不顾年事已高,亲往助兴,走时还买了一幅画,来表达对大千的厚意。

可见齐白石先生不仅艺术成就为世人叹服,而且其人格也令人景仰。齐白石可谓是艺术界的大人物了,但他一点也没有所谓"大人物"的架子,这就是一个有高品格的人的魅力。相反,有许多人,不但没有什么可以值得人们称赞的,而且还处处与人为难,不可一世,对于这些人,人们只好"以怨报怨"了。

晋代有个叫刘道真的读书人,因为遭受战乱,流离失所,无以为生,只好到河边当纤夫。一天,刘道真正在河边拉纤,看见一个年老的妇人在一只船上摇橹,他就嘲笑说:"女子为什么不在家织布,而跑到河边划船呢?"那老妇人反唇相讥道:"大丈夫为什么不跨马挥鞭,而跑到河边替人拉纤呢?"又有一天,刘道真正在与别人共一只碗吃饭,见到一个妇女领着两个小孩从门前走过,三人都穿着青衣,于是,刘道真嘲笑说:"青羊引双羔。"那妇人看了他一眼,说:"两猪共一槽。"刘道真无言以对。

通常来说,天底下做事,大致可分为两种:一种是君子做事,一种就是小人做事。孔子说:"君子做事用道义作基础,按礼仪来施行,用谦虚来表达,凭信誉来促成。"而小人则言不及义,为人气量狭小,爱占人便宜。做事如此,为人也是如此。一个人能够以直报怨、以德报德,那就是君子,相反则是小人了。

第四节 中道而立,和以立中

在与人相处的时候发挥自身的亲和力很重要,这就需要时时检查、审视自我。态度庄重而不过于呆板,与人为善又不失于放肆。在交际中注重适可而止,言行举止都要符合"中道"。这样,用自身的亲和力与人相处,别人也乐于与你交往,那就没有什么好埋怨的了。适中才能取得和谐的理想境界,沟通是"桥梁",发挥亲和力为你赢得通往良好人际关系的"通行证"。

正道直行,正己无怨

——与人相处要实事求是

1.立足实际,设定严密的计划

凡事,豫则立,不豫则废。言前定,则不跲。事前定,则不困。行前定,则不疚。道前定,则不穷。

——《中庸》

高明的人,首先是一个能够登高望远、能够准确预见事物未来发展趋势的人。预见力,需要一个人有多方面的素质,但是预见还是要以自身或事物发展实际为基础。美国有位学者说:"预测未来最可靠的方法就是现实。"

当你有了一定的预见力,下面该做的就是设定严密的计划。一个没有计划的人是很难取得成功的,有人说:"没有计划,就是正在计划失败。"你是否也在计划失败呢? 当然,绝对没有人愿意失败。高明的人,有了预见力,有了严密的计划,就可以未雨绸缪、防微杜渐,并能把握事物发展的态势,就可以为下一步的行动做好应对的准备。

吴国的兴起与衰落,是和吴王夫差信任和排斥谋臣伍子胥是分不开的。史书记载,伍子胥不仅骁勇善战,而且还有深邃的政治远见。如果夫差能够听信伍子胥的劝谏,执行"联齐抗越"的谋略和计划,那么最终被消灭的不是吴国,而是越国了。

越王勾践在危难之际采纳了文种、范蠡提出的委曲求全的策略,假意投降,以图后举。而吴王夫差听信小人之言,准备放勾践一马。伍子胥听到消息后,坚决说

"不"。他认为,争霸中原与灭越比较,后者更有利,但是夫差不听。后来,夫差率兵攻打齐国,伍子胥劝他暂时不要攻打对吴国没什么威胁的齐国,而应实行"联齐抗越"的策略,吴王还是不听。最后吴国在艾陵打败了齐国,正当满朝文武举杯庆贺的时候,唯独伍子胥忧心忡忡,他预见吴国要最终灭亡。不久,夫差听信谗言,以"私通齐国""阻挠抗齐"的罪名,逼迫伍子胥自刎。伍子胥在自杀前说:"把我的眼睛取下来放在吴国的东门上,我将亲眼看一看越国打进东门来灭吴国。"十年之后,伍子胥的预言真的应验了,夫差兵败自杀。

吴国的灭亡充分证实了伍子胥的"灭越""联齐抗越"主张是正确的,有力的证明他出色的战略远见。只可惜夫差刚愎自用,没能听信他的话,也没及时制定计划。夫差的失败也就在所难免。伍子胥的预见力和夫差的悲剧告诉人们:对未来预测的正确程度,取决于对主观过程及其运动规律的认识和计划的筹备。没有科学的预见力,就不可能在处世办事中取得成功;有了预见而没有设定相应的计划,这是失败的最直接的原因。

《孙子兵法》中有这样一段关于预见的精妙的论述:"夫末战而妙算胜者,得算多也;未战而妙算不胜者,得算少也。多算胜,少算不胜,而况于无算乎?"其实,科学的预见力的重要性不仅仅表现在战争上,就现在社会来讲,每一个人做每一件事,预见的正确与否,直接影响着发展的进度。进一步说,如果不能立足实际设定严密的应对的计划,那就无法取得良好的效果。

举个例子看一下:一个国家的建立,应该有一个整体的建设计划,每一个部门有各自的计划,如经济建设计划、农业建设计划、国防建设计划等等。只有每一个部门的计划具有合理性和应对性,那整个国家的建设计划才能更好地进行。而一个人,也要能够立足自身实际以及各自具体倾向的差异性,做出正确的预见并设定相应的计划。人一生应该有一个长远的计划,一年就要有一年的计划,一件事就要有一件事的计划,然后按预先的计划行事,按部就班地完成它。如果都没弄清楚怎么回事,就盲目地去做,那就是急于求成,当然也就不可能取得成功。

计划,就是立足实际排列优先顺序的方法。人的一生,不可能做对每一件事,但你可以做对最重要的事,这就需要长远的预见和严密的计划。俗话说:"计划是行动之父",只有有了计划,才能有取得成功的把握。

2.要遵守"游戏"规则

不以规矩,不能成方圆。

——《孟子》

孟子认为:即使有离娄那样好的视力,公输班那样好的技巧,如果不用圆规和曲尺,也不能准确的画出方圆;即使有师旷那样好的审音力,如果不用六律,也不能校正五音。《诗经》上说:"不要偏高不要遗忘,一切遵循原来的规章。"

比如说你去菜市场买菜,本来青菜是两毛钱一斤,而现在商贩们把它变成二十块一斤,我想你以后再也不想吃青菜了吧。经济有经济的规则,文化有文化的规则。当然,我们生活、工作、人际交往,都有它内在的规则,人们也只有遵循这一规则,才能更加体会到其中的乐趣,如果人们都不顾这些规则,各行其是,那社会必然会乱了套。

唐玄宗时,有李适之和李林甫两位宰相共同辅政,虽然两人表面上都很客气,但私下里经常是勾心斗角、尔虞我诈。唐玄宗整日沉湎于酒色,穷奢极欲,最后弄得国库日渐空虚,满朝文武都很着急,想劝谏却又畏惧两位宰相。最后,唐玄宗也感觉到了财政危机,于是就召集两位宰相,要他俩想想对策。皇上的命令,两人不敢不听,也都很着急。可是李林甫此刻想到的就是如何趁这个机会斗倒李适之,从而独揽大权,看着李适之急得像热锅上的蚂蚁,李林甫终于想出一条毒计来。

退朝之后,李林甫装作无意中说出有人在华山挖出金子的消息。他看李适之眼睛一亮,就知道目的已经达到。李适果然中计,慌忙回到家中写起奏章,将开采金矿的事宜写得明明白白。唐玄宗见到奏章之后大喜,连忙召见李林甫来商议具体事项。李林甫装出欲言又止的样子,玄宗说:"有话快讲!"李林甫说:"华山有金矿谁不知道?只是这华山是皇家龙脉所在,一旦开矿就会破了风水,国运难测啊。"这一番话让玄宗陷入沉思之中。李林甫见时机已到,就连忙说:"听人说,李适之常在背后议论皇上的生活小节,话说得很难听,说不定,这个开矿破风水的主意是他有意提出来的。"

自此,唐玄宗见了李适之就觉得不顺眼。最后找了个过错,把他革职了。这样朝廷的实权就落在李林甫的手上。但是,像李林甫这样踩着别人的肩膀爬上去,就失去了正当的竞争规则,致使唐朝人心惶惶,国家也越来越混乱。所以,无论是在官场还是商场或最普遍的人际交往中,都要有合理的"游戏"规则,而且每个人都要懂规矩。否则人与人之间明争暗斗,那社会也随之失去平衡,当然那些人的行为也就违背了"中庸之道"。

"不以规矩,不能成方圆"的说法已经成为人们在日常生活中常用的格言警句。特别是在当今日益紧张激烈的社会竞争,许多的新生事物不断的涌现,所以有时候,是与非、正与邪,人们并不能够分清,往往感到困惑或明知道是非却又难以评说,这个时候,人们对"不以规矩,不能成方圆"的感受和需要就更加真切和深刻了。所以,应该健全各项法律法规,让所有能够遵循规则的人生活在法制法规的社会中。

有人说"人生如棋",每一步都不能超越这盘"棋"的内在法规,总得按部就班的、一步一步地下,没有可以打破这个规则。其实,人生如棋也好,"游戏人生"也罢,每个人在这个社会中都会扮演着他自己的角色,不要试图打破这个"游戏"的规则。

中庸思想要求人们行为举止都要"适中""适度","中规中矩",不能为了达到自己私利而违反社会中人们共同遵守的各项规则。若不然,定会遭到他人的指责和唾骂,臭名远扬。

3.不要偏袒别人的过错

不为不可成,不求不可得,不处不可久,不行不可复。

——《管子》

世上大多数罪恶的起因,都是由于理智的蒙蔽。理智的蒙蔽来自自身,也来自别人的袒护。孔子说:"君子成人之美,不成人之恶"。当你发现身边的人犯了什么过错,就应该直言规劝,绝对不能因为怕影响彼此的感情而偏袒于他,更不能"为虎作伥"。这是与人交往的一个道德上的根本原则。

我们常常可以从报纸杂志上看到类似的例子:有个人犯了杀人罪,四处逃命。最后被逮捕了,他的父母、兄弟都有可能被抓。这是因为他们犯了包庇罪。在法律上,包庇和袒护虽然不是同一个概念,但是在性质上是相同的。一个人犯了一次错之后,除了他自己知道悔过,还要他身边的人能够及时地提醒、阻止他,让他"悬崖勒马"。如果你不但没有做到,反而还帮他"拉缰绳"的话,也很有可能连你一起拉下去。

大家都知道,三国时期诸葛亮挥泪斩马谡的故事。魏军在司马懿的率领下要夺取街亭,因为街亭是战略要地,当然也是司马懿军马必争之地。当时,诸葛亮和一群将士正在商讨派谁前去,在司马懿军队之前占领街亭。这时,马谡自告奋勇地站出来,说他愿意领兵去守街亭,诸葛亮心中知道马谡个人的作战和领导能力,就不想让他去。但马谡坚决前往,并表示愿意当众立军令状,如果失败就请丞相处死他全家,诸葛亮这才勉强同意他出兵,并指派王平将军随行,告诉他在安置营寨妥当后须立刻回报,有什么事情要与王平将军多做商量,马谡一一答应。

马谡率领军马确实赶在魏军前面到达了街亭。安营扎寨时,马谡执意在山上屯兵,完全不听王平将军的建议,不但如此,而且还没有遵守约定,将安营的阵图绘制下来送给丞相诸葛亮。等到司马懿领兵进攻街亭,命令将士们在山下切断蜀军的粮食及水的供应,致使马谡兵败如山倒,重要据点街亭失守。事后诸葛亮不听众将的劝说,为维持军纪而挥泪斩了马谡,并自请处分降职三等。

作为军队的最高指挥官,诸葛亮完全可以对马谡从轻发落,但是他没有,因为他知道治理好军队就需要奖罚分明,绝不能偏袒任何一人。这是诸葛亮治军的原则,也是关系到军队战斗力的内在的原则。

偏袒就是纵容,绝不是宽容。在现实生活中与人交往,应该不偏袒、不包庇,不管是对家人、朋友、同事,犯了错就应该批评,就应该阻止他下一次再犯。若不然,别人发现你"偏心眼"。可想而知,偏向的一方,自然会得到好处,但是另一方,特别是在大是大非面前站在情理的一边,就会怨声载道。那么你就会众叛亲离,甚至是"反目成仇",而你偏袒的一方,也会因此与别人"格格不入"。

人们常说,整体功能大于局部功能之和,这是很显然的道理。这对于那些作为一个团体的领导,更应该注意的。如果偏袒犯了错误的人,那这个团体内部也就"分裂"了,一个分裂的整体,当然"元气大伤"。作为一个领导,你的下属因你的不公而不团结,那就是你最大的失败了。

在人际交往中不能与其中一部分人过于亲密,而同时疏远另一部分人。因为每个人都难免会犯错误,但是要根据他错误的大小和性质加以理智的、客观的判断。在共同面对他人的错误上,更应该一律平等,绝不能戴着"有色眼镜"看人,或因为你平时对某个人感觉很好就可以纵容他的错误,因为有些错误是于情于法都不可饶恕、不可宽容的。

所以,在面对和处理身边人的错误时,要实事求是,对的就是对的,错的就是错的。这种时候,千万不能偏袒,不能带有一丝一毫的主观感情在上面,要时刻坚持客观公正的态度。

4.不要试图走歪门邪道

君子之道,黯然而日章;小人之道,的然而日亡。

——《中庸》

人们常说世界的美好,的确,它是有美好的一面,但是当我们享受美好的时候,有没有想到人心险恶呢?真的都是那么美好了吗?其实不然。即便中庸里的"安贫乐道""知足常乐"等一些规劝人们莫贪求的思想深入人心,但人的欲望的沟壑是永远也填不满的,生活中不免就有人抱着侥幸心理,耍一些卑鄙的伎俩,甚至是丑恶的行径。所以,在与人交往中要注意这一点。

荀子《性恶》篇中说:尧向舜问道:"人情怎么样?"舜回答说:"人情很不好,又何必问呢?有了妻子,对父母的孝敬就差了;嗜好、欲望达到了,对朋友的信赖就差了;高官厚禄的愿望满足了,对君主的忠诚就差了。"这虽然说得有点绝对化,但毕竟是有道理的。而其中原因都是来自"人欲"二字,即使是得到了一定程度上的满足,但眼光又会盯上更大更远的地方。孔子说:"君子坦荡荡,小人常戚戚。"一旦"小人"的欲望得不到满足的时候,他就会不择手段、处心积虑地要得到。那要靠什么得到?只有歪门邪道而已。

楚烈王没有儿子,宰相春申君(黄歇)也为此而忧愁。春申君门下有个舍人叫李园,他把妹妹嫁给了春申君,当他得知妹妹有了身孕的时候,就私下里诱导妹妹劝说春申君:"楚王很喜欢你,他待你就像待他自己的兄弟,你已经做了三十年的宰相了,但大王没有儿子。当他百年之后,大王必定立他的兄弟,到那时各以自己的亲戚朋友为贵,你又怎能继续得宠呢?何况你做了这么多年的宰相,难免会失礼于大王的兄弟,等他即位后,难保你不会大祸临头,又怎能保证相印和江东的封地呢?现在妾已有身孕,又和你结婚不久,外人不知道,假使你以将来为重,就不如把妾献给大王,然后生下的儿子,就顺理成章地继承他的王位,那么将来,楚王就是你的儿子了,也就不会有什么顾虑了。"

春申君听完,觉得很有道理,于是上朝的时候,就把妾带到殿外,楚烈王果然召见,又非常喜爱,于是纳入后宫。后来,生下儿子叫棹,楚王立为太子。李园的妹妹被封为皇后,因此李园也身价百倍,他就想找机会除掉春申君灭口。等楚烈王一死,李园就杀了春申君,并拥立棹为楚幽王。而春申君怎么也想不到,这一切都是自己的舍人李园的阴险的伎俩,可是想回头已经晚了。当然,后来李园也没有什么好下场。春申君的下场告诉人们,为了得到更多的东西,甚至连自己怎么丢了性命都不知道,是不值得的。这个世界有它运行的规则,如果有人心存侥幸地想打破它的话,最终也只有以悲剧收场。

有一位年轻的职员为了升为科长,就四处托关系,送烟送酒,但是都没有作用。于是有人帮他出了个主意。他没事的时候就找几位爱打牌的领导一起打麻将,常常是输得精光。而这几位靠"劳动"所得的领导心里都很舒坦。这样,不出半年,他终于如愿以偿地登上了科长的位子。但他不满足,还想往上爬,甚至厅长的位子都想过。后来爬到处长的位子时,因为涉嫌行贿而被捕,一下子牵出一大帮的官员,个个都得到了应有的惩罚。

所以说,不管是为了升官还是为了发财,除了真的有能力,还要站得直,行得正,自己不走歪门邪道,不要自以为聪明的手段,也不给其他人留下任何可钻的空子。这才是一个正直的、有道德的人。若不然,控制不了自己的私欲,也就无法拒绝别人的诱惑,不免就会同流合污、沆瀣一气,那自然有法律来惩办你。

在人际关系上,我们不管是在什么样的地位,也不管是不是所谓的"门当户对",都要做个真正意义上的人。不能为了达到目的而抛弃自己的人格和尊严,也绝不要欺骗自己、欺骗他人去走歪门邪道,因为那样是不可能有好结果的。

5.用正当的手段获取名利

子曰:"富与贵,是人之所欲也,不以其道得之,不处也。贫与贱,是人之所恶也,不以其道得之,不去也。君子去仁,恶乎成名?君子无终食之间违仁,造次必于是,颠沛必于是。"

——《论语》

孔子说:富与贵都是人们想得到的,不用正当的途径而达到目的,是不能承受的。贫与贱都是人们所嫌弃的,不用正当的途径得到富贵,是不可能脱离贫贱的。君子抛弃了"仁义",那怎么能成就名声呢?君子在任何时候都不会违背"仁",生活忙碌时与"仁"同在,颠沛流离时也与"仁"同在。孔子这段话的意思,也就是说:"君子爱财,取之有道。"

任何人都不甘愿过着贫困潦倒、流离失所的生活,都希望得到富贵,这也是人之常情。但是,取得富贵的手段正确与否,也就成了君子和小人的分界线。凭自己的本事、经过自己辛勤的劳动所得到的,就是正当的途径。以蝇营狗苟、坑蒙拐骗而得到的,则是"不以其道得之",这是圣人所不齿的。所以孔子说:"不义而富且贵,于我如浮云。"这就是真正的君子所崇尚的名利观。

　　现代人困惑的莫过于"天下熙熙,皆为利驱;天下攘攘,皆为利往"的传统的"义利"观,很多人都把此奉为圭臬,为取得名利的正当的借口,这是大错特错了。宋代学者叶适说:"正宜不谋利,明道不计功""占人以利与人,而不自居其功,故道义光明"。如果不能"仁中取利,义中求财"的话,那也就不可能与他人共赢,"仁义道德"也就成了一句空话了。

　　根据《清稗类钞》中记载,清代乾隆年间,有一位以经营绸缎布帛而闻名的王姓商人,当时人称"缎子王"。他的生意之所以兴隆,就在于他有一套商贾理念。他认为做生意"忠厚不蚀本,刻薄不赚钱",要想生意兴旺,财源茂盛,不仅要靠灵活的经营方法,良好的服务态度,而且更应该货真价实,市不二价,童叟无欺,要以"德"经商,来赢得市场的信誉。

　　在乾隆年间,一些外国使臣常来访问。一天,乾隆皇帝询问诸国使者的观感,使者们回答说:来中国以后,不仅看到士大夫知书达理,就连市井商人也很讲信用,行仁义、布公道。并指出"缎子王"就是其中一位。有一次,使者们去"缎子王"的店铺买绸缎,忘了带银两,"缎子王"很爽快地赊给他们,并备好酒菜热情款待,使得外国使者们受宠若惊,深感中国不愧为礼仪之邦。

　　后来,乾隆帝召见"缎子王",问他为什么能这样做。"缎子王"回答说:行仁义,布公道是为人之本,经商更应该如此。利于顾客,能赢得顾客的赞许和信任,是商人的无价之宝;顾客的良好的口碑,是商人的财源,这是千金难买的。乾隆帝听了"缎子王"的话非常高兴,随即给"缎子王"表彰和重奖。此后,"缎子王"名声大振,生意也更加红火,先后在全国各地开分店达五十家,成为一代名贾巨商。

　　相反,那种昧着良心,掺假使巧,靠"卖狗皮膏药""挂羊头卖狗肉"坑害顾客的做法,虽然能一时获利,但决不会得利一世,最终也会名誉扫地,身败名裂,人财两空。"将予取之,必先予之",这个道理不光只局限在经商,就连日常生活与人交际中都应该做到,只有敢于付出和善于与他人共利,才能得到他人的信任。

　　任何一件事都有完成它的内在的程序,我们只能一步一步地走,如果急功近利,只看到眼前的好处,就会为了获取名利而不择手段,甚至不惜铤而走险,这样求一时之快,而将要以痛苦为代价,值得吗?

　　我们活着,可以设计自己的生活,并为之奔波忙碌;我们可以设计自己的人生,并为之努力奋斗。但是人活着不是简单地为了人类的延续,而重在怎样体现人生的价值。孔子说:"朝闻道,夕可死。"这就是人生价值的取向。绝不能为了获得那些浮名浮利而丧失甚至是践踏自己的良知,以不正当的手段得到的名利,来得快,走得也快,不要到年老体弱时你才发现你这一生一无所有。

6.平静下来,做好自己的事情

故君子居易以俟命,小人行险以徼幸。

——《中庸》

孟子对那些不明智的人感觉很无奈,他举个例子说:即使是一种天下最容易成活的植物,晒它一天,又冻它十天,也不可能再生长了。比如下象棋,这是一种比较好学的技艺,但是"三天打鱼,两天晒网",不专心致志地学习,也是学不好的。

现实生活中,不管是学习还是人际交往,都要能立足自身实际,做好自己应该做的事,不能急于求成,更不能三心二意。若不然时间再多,也不可能得到预期的效果。

有一位年轻人,寻了几年才在深山中找到一位异人,年轻人就请他教自己剑法:"师父,假如我努力学习,需要多长时间能练成?"师父说:"也许要十年吧。"年轻人一听就急了,嫌时间太长:"师父,我父亲年事已高,我得回去服侍他。如果我从今天开始勤奋地练习,那需要多长时间呢?"答道:"这样大概需要三十年。"年轻人越发慌乱:"您先说十年,而现在又说三十年,我一定要不惜任何劳苦,要在最短的时间里练成。"哪知师父说:"这样就得跟我学七十年了。"

这世上的许多事就像这学剑术一样,除了看一个人的基质,还得看一个人是否能平静心思,能否全心全意,这是关键。如果一味地追求进度,必然无法领悟剑术中的深奥之处,也就不可能真正的学成。同样,做其他事情都要先立足自身的情况,循序渐进的才能做得好。如果自己做不到,就不要枉费心机地强求了。

孟子讲了这样一个故事:有一个宋国人,每天都要跑到田边去看看禾苗,可他总觉得它们长得太慢了。这一天他起了个大早,来到田里,将一棵一棵的禾苗都往上拔了一截。回到家对家里人说,今天真是累坏了,我帮助禾苗生长了。他儿子赶快跑去一看,禾苗都已经枯槁了。这个"拔苗助长"的故事,告诉大家,做任何的事情都要顺应它自身的规律,如果违反了这个规律,不仅做不好反而有害。所以在办事中要反对急躁冒进、急于求成。

"事有急之不白者,宽之或自明,毋躁急以速其忿;人有操之不从者,纵之或自化,毋躁切以益其顽。"(《菜根谭》)世上的很多事情越是急着想弄明白就越难弄清楚,倒不如暂时地放一放。也许冷静之后事情自然而然地就弄明白了,千万不能太急躁,以免增加情绪上紧张的气氛;世上也有很多人,你指挥他,他根本不愿意服从,这倒不如放松他,让他自由发展,这样他自己也就慢慢地觉悟。千万不能操之过急,以免增加他的专横和固执。

现代社会中,人们的生活节奏越来越快,物质方面空前富足,竞争也愈演愈烈,许多人在这样的情况下,言行举止就会不自觉地违背社会的道义和规则。其主要原因是人在有压力的时候,心态上有重大的变化,有过大的压力和竞争。一个人的心态一旦因为外界的原因而变得急躁,那就无法平静情绪,所以总是想一下子把事情做完做好,急于求成,很显然是偏激的,也不符合"中庸"之道了。

真正取得成功的人,通常都能举重若轻、临危不乱,而且还能很快地使自己的情绪平复下来。这是一个成功的人的定力和自信,当然也是一种非比寻常的能力。凡事只要尽力而为,真正安静下来,才能专心致志地去做自己的事。如果在没做之前就想着要怎样怎样的成功或因为不自信而担心失败,那一个人心思完全被"成功"和"失败"这两个词操纵了,分散自己的精力和注意力,也降低了成功的可能性。

所以,只有当你真正地平静,你的心才是你的,你也才有可能做好自己应该做的事。

7.要有合理的时间观念

子曰:"溥博,渊泉,而时出之。"

——《中庸》

子在川上曰:"逝者如斯夫!不舍昼夜。"对于孔老夫子的这句话,历来的学者们都认为这是孔子慨叹岁月的流逝,进一步说就是勉励人们不要枉费年华。的确,容颜易老,韶华难再。如果一个人不懂得合理安排时间的话,到头来也都只是一场空了。

时间就像流水一样,流走了就不可能再回来,而人们常说的"见机而作""机不可失,失不再来"也是同样的道理。时间和时机是息息相关的,特别在当今社会中与人交往,如果没有一个合理的时间概念,(简单说就是不守时)那人与人之间的信用度就会变得低得可怜。当然,遇到的机会也往往会流走了。

机会是永远不会等迟到的人。在处世交友中,守时也就是守信。有一次,拿破仑邀请他属下的将领吃饭,可到了开饭的时间也没见他们的身影,拿破仑就独自吃起来。当他吃完了,将领们才赶过来,拿破仑摊了摊手说:"很遗憾,吃饭时间已过,我们立即办事。"很显然吃饭只是小事情,但万一碰到大事呢?拿破仑曾经说过,他之所以能战胜奥地利人,是因为他们不知道五分钟的价值。实际上,即使是一分钟的不准时也会让自己遭受一场不幸。而每次约会都准时的人,无形中就会增加自己可以利用的时间。

机会往往就只在那一瞬间,而现实中的很多人也常常因为不准时,从而失去很多的机会。比尔斯是一个非常守时的人,在他看来,不准时是一种不可容忍的罪恶。有一次比尔斯与一个请他帮忙的青年约好,在某天上午的十点钟在自己的办公室里会面,然后带那个青年去见见火车站站长,应聘一个铁路上的职位。而到了那天,那个青年竟然比约定的时间迟了二十分钟,所以,当那位青年到比尔斯的办公室时,比尔斯已经离开,开会去了。

过了几天,那位青年找到比尔斯。比尔斯问他那天为什么没有准时到,那青年说:"比尔斯先生,那天我在十点二十分到的。""但是,我们约定是在十点钟啊。"那个青年支支吾吾地说:"比尔斯先生,迟到一二十分钟,应该没有太大的关系吧?""谁说没有关系?"比尔斯很严肃地说:"你要知道,能否准时赴约是件极为重要的事情。就这件事来说,你因为不能准时已经失去了拥有那个职位的机会。因为就在那一天,铁路部门已经准备接纳另外一个人了。而且我还要告诉你,你没有权利看轻我的那二十分钟,没有理由让我觉得白等你二十分钟是不要紧的。老实告诉你,我在那二十分钟的时间里,我必须准时地去赴另外的约会,我决不会让人家白等的。"

纳尔逊侯爵曾经说过:"我的事业要归功于总是提早一刻钟的习惯。准时是国王的礼貌、绅士的品位和商人的必要习惯,是处世交友的规则。"说的意思就是,不管对待什么人、做什么事都要有准时的习惯。那什么叫准时?也就是"中庸"思想里的"中",不偏不倚。你和别人约定是什么时间,你就得在那个时间出现,早到没关系,如果你迟到了,别人就不会等你。同样,机会也不会等你,不守时就是你自己主动放弃了机会。

一个人在人际交往中,除了要准时还要能够合理地安排时间,因为就像《大学》中说的："苟日新，日日新，又日新"，时间是一分一秒地流走，这就等于可以让自己利用的时间越来越少，生活中没有不需要时间就可以完成的事。所以，当你真正懂得珍惜时间的时候，你会将这一分一秒看得贵重，自己也才会更好地利用这些时间，做好自己的事情。如果不懂得珍惜和分配时间，等你也像孔子那样慨叹时，你只会发觉自己真的不再有时间了。

8.把握人生的每个阶段

子曰："吾十有五而志于学，三十而立，四十而不惑，五十而知天命，六十而耳顺，七十而从心所欲，不逾矩。"

——《论语》

孔子认为"中庸"是最高的德行了，同时他有感叹能实行的人太少了。的确，人生在世想走好每一步都是不容易的，更不用说达到自己理想的境界了。孔子为了让人们能多实行"中庸之道"，从而提出了年龄与设定行为方向和标准的关系，是借自己学习和修养的每个阶段，来教导人们要把握人生的每个阶段。

"十有五而志于学"。人从十五岁开始走向成年，随着年龄的增长，个人的思想修养以及对外界的认识也逐渐成熟。孔子认为仅仅如此还是不够的，要开始学习知识技能，并能进一步学习社会实践能力。孔子的那个时代，十五岁就应该帮着自己的父母，在田间地头干农活了。所以，这里讲的"志于学"不是现代意义上的读书、写字，而更多的是对知识的实践。十五岁，对社会和人际关系知道一点，但又不是完全懂，所以除了要学习书本上的知识，还要在为人处世上多向人学习。

"三十而立"。就是自己的思想修养以及知识经过十五年的积累和实践，已经有了初步的成就。之所以"立"，也就是从少年到成年的这个过程。按现在人来说，三十岁就已经有了自己的家庭和事业。但这个年龄段，对于有些事情还是不能很好地认识，所以要坚定信心，要克服对自己家庭、事业的不利因素，不能因为小有成就而沾沾自喜。

"四十而不惑"。人到四十岁的时候，其事业和家庭已经基本定型，其知识、能力、生活经验都储备足够，可以单独地应对社会上的方方面面，并能控制自己的情绪和私欲，不受外界的诱惑。"不惑"是指什么？《论语》中给出了这样的解释：经过十年的教化，能够在学中知不足，在教中知困；而且能够有不足就补充，有困惑就解决，也能够在社会各个方面，都可以处理得游刃有余。现代人在这个年龄段，虽然事业上已经稳定，但婚姻走上了平淡期，所以要注意与异性交往的分寸，以免出现不必要的婚姻危机。

"五十而知天命"。人到五十,阅历的增多,经验的丰富,就知道人生在世什么可做,什么不可做;什么能做成,什么做不成。这个时候,人们往往知道了怎么样适应和顺应自然,因为他们时常觉得一切都是天意,都不是人为可以改变的,也因此变得迷信,以寻找心灵上的寄托和安慰。这个年龄段,因为精力的匮乏和思想意识的陈旧,不能很好地接受外界的新知识,就会与子女产生了思想意识上的分歧。即使这样也不能"破罐子破摔",也要努力学习新知识,来填充自己。如果一味地迷恋天命的话,待人办事就没有足够的信心,也就会走上偏激和极端。

"六十而耳顺"。花甲之龄,什么事情都能听得进去,也变得通情达理。人在前五十年,听到的大多是怨言牢骚,那个时候,常有好胜之心,不免就会与他人发生争执。但到了六十岁,就知道了生气只会让自己徒增烦恼,也就不会再执着什么了,耳朵也就顺了。这个时候,事业上已经可以放手了,子女们也有了着落,自己也没有什么可担心的了,即使如此也要能坚持住自己,不能做出"晚节不保"的事来。所以已经到晚年的人,要保持心理上的平衡,多一些淡泊,少一些世俗。

"七十而从心所欲,不逾矩"。"从心所欲"就是人到了这个时候,吃喝无忧,子女孝敬,可以安享晚年了,非常自由自在。"不逾矩"就是强调人即使到了这个时候,可以自由自在了,也不能超过一定的范围,比如道德伦理、社会公德等范围。人到七十,说话办事都能自由自在的,又不失规矩,这就是孔子"中庸"思想追求的真正境界了。

所以,孔子认为要实行"中庸之道"不是一朝一夕就可以做到的,而是要经过不断的学习和积累,并且要有一个循序渐进的过程。要是每个人都能在大家共同遵守的道德伦理、社会公德等范围内,做好每个阶段的事,努力修养完善自己,那么"中庸之道"也就不遥远了。

推心置腹,开诚布公
——以坦诚的魅力去打动人

1.虚伪是为人处世的大忌

子曰:"自诚明,谓之性;自明诚,谓之教。诚则明矣;明则诚矣。"

——《中庸》

坦荡之人，心存浩气，一身正气。而那些虚伪的人，靠撒谎欺骗可以得逞一时，却不可能得意一世。一旦谎言被揭穿，虚伪的人也终将遭到世人的唾骂。

虚伪的人不乏聪明，但他的聪明却为人不齿。他们时常心存侥幸，以为可以用"精妙"的伪装来蒙蔽别人，从而达到自己的目的，但他没有想到，有朝一日，他的伪装被撕下，人们都认清他的本质，那么他还有什么颜面面对这阳光灿烂的世界呢？

汉代时，有个叫少翁的人，他向汉武帝吹嘘说自己会鬼神之术，因此被招进宫中。当时，汉武帝有个特别宠爱的妃子刚死不久，汉武帝对她念念不忘，甚是怀念。少翁知道后就对汉武帝说他可以招回妃子的魂魄，汉武帝当然高兴，于是少翁叫武帝坐在屏风后面，略施伎俩，汉武帝真的在屏风后面看到一个与妃子很相像的身影，抑郁的心情也得到缓解。汉武帝就封了少翁做文成将军，并赐给他很多东西。

一年以后，他的法术渐渐不灵验了，做法时鬼神也不再来临。少翁感到情况不妙。于是，他就暗地里写了一卷帛书，让牛吞下，然后故意装出不知道的样子，就对汉武帝说："这头牛最近很奇怪，肚子里肯定有什么东西。"汉武帝就命人把牛杀，取出那卷帛书，上面的言辞十分怪诞，汉武帝怀疑是少翁做了什么手脚。拷问之下，少翁只得俯首认罪，汉武帝怒不可遏，将他斩首示众。

那些虚伪的人，只会凭着他的小聪明耍一些小把戏，当这些把戏被揭穿的时候，他就千方百计地想对策，要保住自己得到的利益。但比他聪明的人一眼就可以看出来，这个时候，他的原形就暴露在世人面前，也将无处可逃了。

在《笑林》中还有这样一则故事，来讽刺那些没有真才实学而虚伪的人。有个人想在县令手下谋个差事，于是就去拜见县令。到了县衙，就向旁边的差役打听："县令平时最喜欢什么？"差役说："我们老爷平时最喜欢读《公羊传》"。这个人心里就有底了，进去求见。县令问："你读过书吗？是些什么书？"他回答说："只是读了《公羊传》"。县令一听觉得终于找到知音了，就试探地问："你读《公羊传》，那么你知道是谁杀了陈他吗？"这个人想了好久，才支支吾吾地回答说："大人，我平生实在没有杀过陈他。"

县令听他这么一说，就知道他什么都不懂，就故意开玩笑说："你没有杀陈他，请问那是谁杀的呢？"一下子把这个人吓坏了，光着脚就从县衙跑了出来。那些衙役就问他为什么这么狼狈，他说："我去见县令，他就问我杀人的事，以后我再也不敢来了，等天下大赦的时候再出来吧！"

上面两个故事，都以谎言被人识破告终。很明显，不管你掩饰的手段有多高明,编造的谎言有多美丽,总有水落石出的一天,真相也必然为世人所知。那些喜欢耍把戏玩手段的人,也应该收敛了。但谁都知道,这世上的伪君子何其多啊,所以在现实中与人交往,不要只看一个人表面工作,也不要听信他那些天花乱坠的谎话,而应该注意他平时的一言一行,还有就是看看他身边都是什么样的朋友。如果发现他只是外表鲜丽,内心却极度虚伪的人,那你就没有必要和他来往。

有子说:"信诚近于义,讲的话可以兑现;庄敬合乎礼,那他就可以远离耻辱。"这是一个人应该有的社交处世的方法论:人际交往的坦诚信约要契合于"义",还要与他人保持一定的距离。在与别人交往中要庄重,不失威严。相反,虚伪的人从来不会觉得什么叫耻辱,而且越陷越深,面具越来越多,社会上还会有人对这些人坦诚庄敬吗?

2.背后不议论他人是非

凡人行事,年少立身,不可不慎,勿轻论人,勿轻说事,如此则悔吝由何而生,患祸无从而至矣。

——李秉

在我们的日常生活中,我们总易于发现别人的缺点、错误,而时常对自己的缺点浑然不觉,就像人们常说的:"自丑不觉,人丑笑煞"。一旦发现别人的过错,就在背后指指点点,数落再三。所谓"良言一句三冬暖,恶言伤人六月寒""积毁销骨",足见人言可畏。

在社交处世中,如果时常人前人后地议论他人是非,害人不浅,最终必将害己。所以,为了人际关系的和谐,请先立正自己,做一个坦诚的人。中庸思想要人们在与人相处时,要讲"诚信",既不失言也不妄言,这也只有真正的君子才能做到的。

对背后轻易议论他人是非,古人都是十分慎重的。曾国藩说:"凡事后悔己之隙,与事后而议人之隙,皆阅历浅耳。"曾国藩的意思就是:凡事后或背后议论他人是非的,都是涉世未深的表现。事实上,事后议人,也于事无补;背后议人,也于人无功。朋友之间,同事之间,夫妻之间,都是你敬我一尺,我敬你一丈的。如果对方有什么过错,你大可以当面指出,并不需要在背后指责或抱怨。

后汉时期,有个叫马援的人,世称伏波将军。他在给他兄长的儿子写信时这样说道:"我要你们听到人家的过失,如同听到父母的名字,耳朵可以听,但嘴上不能说。喜好议论人家长短,妄评政事法令的是非,这是我最厌恶的,宁死也不愿子孙有这类行为! 龙伯高敦厚周密而谨慎,口中没有挑剔别人的语言,谦虚自制而节俭,廉明公正有威望,我爱他看重他,希望你们仿效他。"这段话是马援将军教导子侄以"诚"为本,能"诚"则不妄语,能"诚"则不架空,学做真正的君子,需从不妄言开始。

清代山阴人胡兆龙就是一个不轻言人长短的人。当时,胡兆龙为翰林院庶常。有一天,同馆的学士们都相交出去游玩,唯独胡兆龙依然在里面看书。顺治皇帝不知为什么事来到翰林院,看到胡兆龙正在认真地看书,也没打扰,就在他身后站了好长时间。胡兆龙偶然回首见到皇上,大惊而起,伏身下拜。顺治笑着问他:"其他人呢?怎么就你一个人在啊?"胡兆龙虽然知道其他人的行踪,却这样回答说:"大家都已经完成了今天的任务,都回家有事了。只微臣愚钝,学习常常都落在他们后面,所以只好私下补习了。"顺治笑着说:"我知道他们在干什么。正在外面下棋饮酒呢。"回宫后,顺治立即传旨,升胡兆龙三级官职为侍读。

背后议论他人过失,就好像用黑暗驱逐黑暗。在议论者那里,可以得到一时发泄胸中块垒的快感,但在被议论者那里,他得到的只是伤害。人都是有报复心的动物,如果你在背后与人议论他人的是与非,他肯定会记恨在心,一旦有机会,他就会把你变成被议论者,而等待你的也只是永久的伤害。

李鸿章是曾国藩的学生。他的才气是曾国藩欣赏的,但是曾国藩觉得李鸿章有些虚伪。有一次,李鸿章假装有病不吃早饭,曾国藩知道后就对他说:"既入我幕,我有言相告,此处所尚唯一'诚'字而已。"李鸿章为之悚然。可见李鸿章后来的功业,未尝不是曾国藩一番苦心所成就的。所以,人只有做到心"诚"、行"诚"、言"诚",也才能真正得到人缘,别人也才愿意与你交往。

3.要有承认错误的勇气

子曰:"诚者自成也,而道自道也。"

——《中庸》

雨果在其《悲惨世界》中这样写道:"尽可能少犯错误,这是做人的准则;不犯错误是天使的梦想。尘世上的一切人都是免不了犯错误的,错误就如一种地心吸引力。"的确,"人无完人",没有错误的人是不存在的,关键就是在于犯了错误之后,有没有足够坦诚的勇气去承认它,改正它。

有一次,棘子成说:"君子有个好的本质就可以了,还要文饰干什么?"子贡说:"可惜啊,先生谈论君子竟做这样的理解!驷马之快追不上语言。文饰犹如本质,本质犹如文饰。比如虎豹去掉彩毛的外皮,就好比狗和羊去掉毛皮。"本质和文饰,也即内在和外表。真正的君子是一致的，绝不会口是心非，掩盖自己的过错的。

有个故事发生在一九五四年，那时，杰克只有十二岁。他是一个勤劳懂事的孩子，除了上学，他还帮着附近的邻居送报纸，以此赚取他所需的零用钱。在他的"客户"中有一位老太太，现在杰克已经记不起她叫什么了，但他说老太太曾经给他上了一堂有价值的人生课，依然令他记忆犹新。杰克从来都没有忘记过这件事，他希望有一天把它传授给别人，让别人也能从中得到教益。

杰克说那是在一个下午，他和几个小伙伴躲在那位老太太的后院里，朝她的房顶上扔石头。他们很新奇地看着石头像炮弹一样飞出去，又像流星一样从天而降，而且还发出很响的声音，这让他们觉得很开心。杰克也拣起一块石头，也许是因为石头太滑了，当他用力掷出去的时候，偏离了方向，只听"喤"的一声，把老太太的后窗打破了，当他们听到玻璃破碎的声音，马上就逃走了。

那天晚上，杰克一夜都没有睡着，一想到是自己把她的玻璃打破，他就很害怕，担心会被她知道。很多天过去了，一直很平静。每次给她送报纸的时候，她都微笑着和他打招呼，但后来杰克觉得很不自在了。杰克终于做了一个决定，要用送报纸攒下来的钱，帮老太太修玻璃。三个星期后，杰克已经有七美元，他计算过，这些钱已经够了。于是，他写了一张便条，把钱和便条一起放在一个信封里。他向老太太解释了事情的经过，并说出了自己的歉意，希望能够得到她的谅解。

第二天，他又坦然地去给她送报纸，这次杰克对她说："您好，夫人！"老太太看起来很高兴，说了"谢谢"后，就递给杰克一样东西，她说："孩子，这是我送给你的礼物。"原来是一袋饼干。当杰克吃了几块后，发现里面有一个信封。他小心地把信封打开，发现里面装了七美元和一张彩色信笺，上面大大地写了一行字："诚实的孩子，我为你感到骄傲。"

勇敢地承认错误，是一个人的坦诚，是一个人的美德。一个人在世上做了错事是遗憾的，如果做了错事还加以掩盖，还挖空心思躲避的话，那将是一个更大的遗憾。通常，人们都可以原谅做错事的人，但他们永远也不会原谅那些掩饰过错的人，因为他们知道这是一种欺骗，做错事本身可能是无意的，但逃避就是有意的了。

社会是复杂的，人是复杂的，事物无疑也是复杂的，表面现象往往具有很大的欺骗性。如果我们不能看到它的本质的话，我们就很容易被欺骗，也就很容易犯错误。记得有这样一句十分精妙的话："最大的错误是认为你从来不犯错误。"所以，我们在社交处世中，应该先承认这一点，以坦诚的心去面对错误，正视错误，如此，也才会有愉快轻松的心情与人交往。

4.与人相处,以诚心才能换诚心

子曰:"诚者,成己仁也。成物知也。"

——《中庸》

《菜根谭》中说:"文章做到极处,无有他奇,只是恰好;人品做到极处,无有他异,只是本然。"一个人的思想、品格、言行,都要发自内心,由衷而释然,"诚"也当如此。中庸里也说:"不诚无物",一个人如果没有诚心,也就没有了一切。

"诚"是一个人的人格的表现,是感召他人的魅力。有诚心的人,说话诚实,做事诚实,没有什么隐瞒的、不可告人的东西,内心至诚总会使他人信服。因为真正的诚心可以消除隔阂,可以化干戈为玉帛,促进人际关系向着和谐的方向发展。俗话说"精诚所至,金石为开",就是说"至诚"的力量可以贯穿金石,何况是人心呢?只要你以诚心待人处世,也就会得到他人的"诚心"。

张良在没有遇到刘邦之前,也只是个普普通通的人。这一天闲来无事,就在外面转悠,恰好走到一座桥上,碰到个老头儿,他走到张良所站的地方,不小心鞋子掉到桥下。老头儿让张良下去帮忙拣上来,张良很惊讶,觉得从来没见过这么傲慢的人,但看他是一个老人家,也不好发作,只好勉强地帮他把鞋子拣来。老头儿又对他说:"帮我把鞋子穿好。"张良没说话,就跪在地上,又帮他把鞋子穿上,可老头儿一句谢谢都没有说,走的时候说:"孺子可教矣。过几天你还在这里等我。"几天转眼就过去了,张良想起老人的话,就连忙赶到桥边,那老头儿已经在那儿等着了。老人说:"与长辈相约,你为什么迟到啊?再过五天,你再来。"五天后,张良起得特别早,赶到桥边,见老人还没来。等到老头儿来了,看张良先到了,特别高兴。老头儿从怀里拿出一本书,对张良说:"读好这本书,你就可以辅助别人完成帝王的事业。"说完飘然而去。张良回到家中,原来是本兵法,他感到非常珍贵,于是细心研读,融会贯通,终于功夫不负有心人,后来张良在刘邦手下发挥了自己的聪明才智,为刘邦建立汉朝做出了不可磨灭的贡献。

"诚"就是不自欺、不欺人、不虚妄,以"诚心"待人,以"诚心"才能感人。学习上,工作上,为人处世上,都要做到"诚"。"诚"是一个人所有崇高品德的基础,如果连诚实都不能做到,那就谈不上其他的品德了。

一九六八年,美国学者安德森做了一项调查,他列出了几百个描写人们品质的形容词,请大学生选择他们最喜爱的品质。结果出来后,在八个被评价最高的品质中,有六个都是与"诚"有关的。可见,"诚"作为人的品质,是每个人都需要和喜欢的。没有了诚心也就没有了爱心,那世界就处处都是欺骗、狡诈、罪恶了,那样的世界,人们还能和谐相处吗?

"吾辈总以诚心求之,虚心处之。心诚则志气专而气足,千磨百折,而不改其常度,终有顺理成章之一日;心虚则不客气,不挟私见,终可为人共谅。"(《曾文正公全集》)我们活在这个世界上,要追求诚心,以虚心处世,心诚就志气充实专一,即使历尽磨难,也不能改变原则,因为总会有顺理成章,获得成功的一天。虚心,就不会矫揉造作,就没有私心,终会为大家谅解的。所以,《中庸》说:"诚者自成"。坦诚的人必定会有所成就,也必定会得到有诚心的人的帮助。

诸葛亮对孟获七擒七纵,最终还是以诚心打动了他,使他心悦诚服,化解了蜀军和少数民族长期积累的矛盾。可见,一个能以诚心待人的人,也必定会换来他人的诚心,那么,我们还在等什么呢?

5.指责他人不可过头

夫龙之为虫也,柔可狎而骑,然其喉下有逆鳞径尺,若有人婴之者,则必杀人。

——《韩非子》

龙在温顺的时候,人可以骑在它的背上,如果你摸它咽喉下逆生的鳞片,它就觉得你要伤害它,它就会把你吃了。人与人之间也是如此,如果因为对方犯了错误,就以此为借口而盛气凌人地指责对方,从而使他无地自容,那你就违背了"中庸之道",一旦过激就会毫无顾虑,那你就要当心了,因为对方总有一天会报这一箭之仇的。所以,交往处世中,指责他人也要注意给他留一点余地。

孔子说的"两端",就是说明事物的对立,所以他鼓励人们采取"中"的方法去解决,即无过无不及,不能做得过分,也不能做的不够,从而避免出现不必要的麻烦。俗话说:"打人不打脸,揭人不揭短""责人要含蓄"。在指责他人过失时,不要把将话说得太尽太露,最好用适当的办法先缓和矛盾,然后双方共同寻找解决的切点。

现实生活中总有一些人,喜欢把别人的过错大加渲染,这种人往往小题大做,唯恐天下不乱。当然,这种人与他周围的人的关系也必然不会太好。其实,他人出现过错也是正常的,你能保证你不犯错吗?当你发现他的错误时,你就应当考虑口中的话说出去后,别人能不能接受,洪应明说:"攻人之恶,毋太严,要思其堪受"。每个人都不想把关系闹僵,所以这个时候也正是你展示社交能力的时候,也是对你自身素质的一种临场的考验。

指责他人最好的一个办法，就是正话反说。有一个马夫，杀掉了齐王经常骑的那匹马，原来那匹马生了病，久治不愈，马夫因为害怕它把疾病传染给其他的马，所以就把它杀了。齐王知道后很生气，就斥责那个马夫，一气之下竟要杀了他。马夫吓坏了，没想到齐王竟会为一只生了病的马而要杀他。这时候，晏子走过来对齐王说："大王，您这样急于杀他，而他连他自己的过错都不知道就死了。我请求为大王历数他的罪过，然后杀他也不迟。"齐王就答应了。

晏子对马夫说："你为我们大王养马，却把马给杀掉了，此罪当死。而你使我们的大王因为马被杀而不得不杀掉养马的人，此罪又当死。而因为这件事，传遍各诸侯国，使别人都知道我们大王爱马不爱人，从而得一个不仁不义之名，此罪又当死。所以，今天我就替我们大王杀了你。"晏子还要再说下去，被齐王拦住："夫子，放了他吧，免得我落个不仁不义的恶名，让天下人笑话。"就这样，那个马夫就被晏子救了下来。

现实生活中，如果是因为自己的失误，而造成对方不好下台，最聪明的办法就是：正话反说，多一些调侃，少露一些锋芒；多一点自我剖析，少一点自以为是、固执己见。这样，

既能达到劝说或指责别人过错的目的，又不至于使对方丢面子，万事不能意气用事，要适当地给别人台阶下。

孔子说："忠告而善道之，不可则止"，这是社交处世的学问。不管是对朋友还是同事，以诚意提出忠告，如果对方不听劝告，那就要暂时终止。如果"得理不饶人"，喋喋不休，那只会使对方厌烦，根本听不进去你的话。即便你说的都是正确的，那也得不到什么好的效果，相反，彼此的关系也有可能变得僵硬。

"指责他人之过，需要稍做保留。不要直接攻讦，最好采用委婉暗示的譬如，使对方自然地领悟，切忌露骨直言。"(《呻吟语》)所以，要适当地运用"中庸"思想，善于将矛盾转化，做到无过无不及，给对方余地也就是给自己留了余地。

6.坦诚的人毫无隐瞒头

子曰:"知之为知之,不知为不知,是知也。"

——《论语》

孔子有一次对他的弟子们说:"你们这些人以为我有什么事隐瞒吗?我的所作所为没有什么不和你们在一起参与的,这就是我。"孔子认为胸襟开朗、心地坦荡的人,是没有什么不可告人的事。《儒效》篇中有云:"知之为知之,不知曰不知。内不自以诬,外不自以欺。"知道就知道,不知道就不知道,要做到不自欺也不欺人,不管是做学问还是社交处世都应当如此。

坦诚的人是"守中如一"的,胸怀坦荡,表里如一。华裔科学家丁肇中就是一个非常坦诚的人。他在科学探索中一直坚守着"执中"的思想和研究态度:既然有"物质",难道就没有"反物质"吗?也就是说矛盾都是有两端的,彼此必不可少,因为世界中的一切物质都是平衡的。他不仅在科学研究中"守中如一",在为人处世中也是这样。有一次,丁肇中在南京航空航天大学作研究报告,下面有学生问:"您觉得人类能在太空找到暗物质和反物质吗?"丁肇中坦然地回答说:"不知道。"又有一个学生问:"丁教授您好,您觉得您从事的科学实验有什么经济价值吗?"丁肇中说:"不知道。"这时,下面的学生一阵唏嘘。另一个学生站起来问:"您能不能谈谈物理学未来二十年的发展方向呢?"他仍然说:"我不知道。"对此,很多学生都觉得迷惑不解。在他们看来,那些学生提的问题算不上刁钻,不用说想丁肇中这样的大师,就连一般的人都可以敷衍搪塞过去的。

对丁肇中来说,"不知道"是一个人坦诚的表现,因为他一直牢记着"知之为知之,不知为不知"的古训。在任何场合,对任何事情都应该有这样坦然的态度,不能自欺欺人,其实,这也是做人的原则了。丁肇中教授在接受中央电视台《东方时空》节目主持人采访时,他也是本着作为一个科学家做研究的态度,坦然面对。主持人问了几个问题,他都说"不知道"。场下有的观众就觉得不可思议。

殊不知,丁肇中教授向来都是以心说话,既然自己真的不知道,或者不能说得恰如其分、不偏不倚,倒不如诚实地说"不知道"。当然,大家都明白,坦诚地说"不知道"真的需要勇气,如果丁肇中教授在科学研究上没有实事求是的态度,也就不可能有所成就。在他看来,坦诚地说"不知道"要比那些胡说八道、误人子弟的人强得多。

现实中,每个人都不喜欢那些不懂装懂、自以为聪明的人,其实他们只是想掩盖自己的缺点,怕被别人看到他贫乏的一面。这种人不管是在做学问上还是交友处世上,都会存心隐瞒自己的短处。因为他不够坦诚,甚至是缺乏坦诚,是不值得与之交往的。

坦诚,是一个人的修养,当然也是一种可贵的品质。自己不清楚或确实没有把握的事,都应该实事求是,不知道就是不知道。或许会有很多人觉得,在那么多人面前说自己"不知道"很丢面子,会损害自己在别人心目中的形象。这是一种思想和个人品质上的误区,是个人虚荣、自私的心思在作怪,一旦出现这种情况,那在处理事情的时候,就无法做到坦诚,也就不可能在与人交往中推心置腹、开诚布公。

说了这么多,关键就在于看一个人是否坦诚,能否做到"知之为知之,不知为不知"的做人处世的态度。隐瞒自己的缺点的人当然不是个坦诚的人,那有人就要说了,你叫人毫无隐瞒,不就等于把自己剥光了让人看吗? 其实,这也走上了极端,这里要求人们做人做事要坦诚,并不是说每个人都把自己的隐私告诉别人。如果你是国家某部门的主管,你会傻到把国家机密透露给别人吗?

7.堂堂正正是做人之本

子曰:"在下位不获乎上,民不可得而治矣。获乎上有道:不信乎朋友,不获乎上矣。信乎朋友有道:不顺乎亲,不信乎朋友矣。顺乎亲有道:反者身不诚,不顺乎亲矣。诚身有道:不明乎善,不诚乎身矣。"

——《中庸》

古代的圣贤教导我们:做人胸怀磊落、光明正大。这就是为人"方"的本质,做得正、行得直,就是一种高尚的品质,是一种伟岸的气度,是一种不流俗的精神。一个人想做出一番事业,就要真正懂得为人处世中"方"的重要性,就得首先具备这种优秀的品质。

中庸思想要求人们"居中而行""不偏不倚",就是人的一言一行都应该由"中"而发。人的外在表现是内在品质的反映,内心没有的东西,外表就无法显露;内心有了,外表就自然而然地表现出来。所以,一个要想在社会上有所成就,或取得良好的人际关系,就得修养自己的内在,品德、气质、威望等等,这些都是不可或缺的。

无论现实怎么变化,只要是一个堂堂正正的人,无论走到哪里,他永远都是社会乃至整个民族的脊梁。看过武侠小说的人都知道,每一本书中的人物只有具有"方"的灵魂的角色才会为人喜欢。而那些卑鄙、阴险、有悖于社会伦理道德的角色,时常都会遭到人们的唾骂和仇视。而现实生活中为人处世也是如此,只有内在有"方"、行为有"方"的人，才有取得真正成功的机会。

有一只蝎子想渡河，可又不会游水，正不知道怎么办时，水中钻出一只青蛙。蝎子就说："青蛙大哥，麻烦你把我送过去吧。"青蛙说："你不会用尾刺来蛰我吧！"蝎子急忙分辩道："绝对不会的。你知道我不会游水，如果我蛰了你，你死了，我也得淹死啊。咱们同舟共济，我要是害你，也不可能连自己的命也不要吧。"青蛙想了想：道理也确实如此。于是它就背起蝎子向对岸游去。

可青蛙没想到，刚到河中央，蝎子就忍不住用尾刺蛰了它。青蛙在水中很艰难地回过头，看着蝎子说："你不是说不会蛰我的吗？还说咱们是同命运的，现在我们都要死了。"青蛙的四肢已经麻痹了，开始往下沉。这时，蝎子拼命从水中伸出头来，对着天空说："我也不知道为什么，我的天性就是这样的啊！"黑心的蝎子，最终和青蛙一起葬身水中。

近代的中国人，从小就从父母、老师那里学到了善良、正直，人们一直也在朝着"方"的方向发展、努力。但当人们出入社会，却发现世态炎凉，人们儿时的纯真的梦想遭到现实最严重的打击，甚至被击得粉碎，于是人们开始质疑人性中的"方"，开始抛却它，取而代之的是圆滑、世俗、狡诈，但他们并不会以此为耻，因为他们觉得这不是他们个人的错，而是整个社会的错。

事实真是这样的吗？其实不然，社会是大家的社会，如果每个人都能立正自己，找准自己的位置，又怎么会将内心的"方"丢弃呢？一个堂堂正正的人，又怎么会让内心的"方"在社会中变得圆滑呢？

有人说，社会就是一条河，能把那些有棱有角的石头磨成卵石。所以，人在社会中变"圆"是在所难免的。人们时常会走进这样的误区里，我们说为人处世要恰到好处，要"方""圆"并行，而这里的"圆"不是抛弃自己的道德、良知，而是要学会变通，但内心的"方"依然是有棱有角，不能改变的。

伟人之所以成为伟人，并不是说他们身上所有的东西都能超过平常的人，如果有差距的也只有个人的品质上的差距。一个具备优秀品质的人，无论在什么环境、在什么条件下，都能坚守内心的"方"，为人堂堂正正，不趋同世俗，不随波逐流，制约他们的因素必然会很少，也就无法阻止他们的成功。

所以，只要是一个向往优秀品质的人，就应该保留内心中的那份"方正"，并日益完善它。参天大树，离开了"根本"，就会死去；那么，为人放弃了"方正"的根本，也必定一无所成。

8.从历史中吸取教训

恶忌阴,善忌阳,故恶之显者祸浅,而隐者祸深;善之显者功小,而隐者功大。

——《菜根谭》

洪应明说,一个人做了坏事最可怕的是故意遮掩而不想让人知道,做了好事最忌讳的是自己宣扬出去。如果做的坏事能及早地被人发现,那灾祸就小一点,要是不容易被人发觉,那灾祸就大一些;如果一个人做了好事,就到处宣扬,那功劳就小一些,只有默默地做好事,才会功德圆满。

所谓"矫枉过正""物极必反"。的确,事物是变化发展的,也会从一端走向另一端。如果过于偏激的话,就很有可能适得其反。中庸思想具体提出了"适中""适当"的方法,让人们学会在"执其两端"时,要用"中道"解决。而历史上因为不懂得这个道理最终毁灭的大有人在,所以现代人要善于从中吸取教训。

纣王宠幸妲己又爱听谗言,而对那些忠贞正直的老臣们的劝告置之不理,甚至视之如仇。为了威慑他们,纣王采用了许多酷刑。当时三公中的九侯有个女儿,因对纣王的荒淫无道表示不满而被杀,纣王又觉得不解气,又下令把九侯处死,而且惨无人道地把尸体剁成肉泥,这就是惨绝人寰的"醢刑"。三公中的鄂侯知道后,就冒死进谏,结果又被纣王碎尸切皮,晒成肉干,名曰"脯刑"。还有更残忍的就是"炮烙",先在铜柱上涂上油,然后在下面燃起木炭,把人抓来,放到有滑又热的铜柱上赤脚行走过跪爬,自然就会掉下去烧死,而纣王和妲己则在一旁饮酒取乐。

由于纣王穷凶极恶,昏庸无度,导致天下大乱民怒沸腾。周文王周武王父子揭竿而起,统治中国五百余年的商朝一时间土崩瓦解,纣王最后不得不自杀身亡。

下面还有个故事:王莽被提升为光禄大夫以后,逐渐暴露出他丑恶的嘴脸。当时的卫尉淳于长,当时十分受皇帝的宠信。王莽认为他是自己前途路上的障碍,于是他在侍奉自己的叔叔王根(当朝大司马)时,趁机攻击淳于长的隐私,后来又跑去报告给汉成帝和皇太后。成帝认为王莽敢于揭发奸臣,可见他忠心耿耿,所以,不久就升王莽为大司马。

几年之后,汉成帝去世,王莽已经大权在握了,他用各种卑鄙的手段对付政敌,而另一方面又对三朝元老的宰相孔光毕恭毕敬。最后,凡是向王莽靠拢的人都得到了重用,而那些平时与他作对的人,一律处死。这样又过了几年,王莽毒死了汉平帝,并篡夺了西汉政权。但是,天不佑奸,王莽最终死在刘秀的乱军之中,不得善终。

以上两个故事的主角，最终都没有好下场，也不可能有什么好下场。纣王、王莽倒行逆施、残忍无道、作恶多端，殊不知物极必反，作恶者必自食其果。历史已成为历史，它的作用就在于给现实的人们提供借鉴，劝诫后人不要重蹈覆辙。所以，在为人处世中首先要做到自我完善，修"善""诚"于心，然后以历史为鉴，历史始终教给人们一句话：善有善报，恶有恶报。

己所不欲，勿施于人
——尊重他人是社交成功的关键

1.不能只看到别人的缺点

故君子，不可以不修身。思修身，不可以不事亲。思事亲，不可以不知人。思知人，不可以不知天。

——《中庸》

中庸思想教导人们为人处世不要以偏概全，不走极端。但是现实生活中，有许多人只看到别人身上的缺点，而不能辩证地评价一个人。如果在社交处世中忽略了这一点，那就无法正确地对待他人，更不用说尊重他人了。

如果从整体与部分、共性与个性的角度来讲，社会就是指不同物质和个性的个体和谐共存，允许在遵守共同规则的前提下发展个性。各个民族、各个国家相互协作、相互尊重和学习，也才有了世界多元化的发展。具体到人与人之间的关系，那也需要将共性和个性分清，"学他人之长""补自身之短"，而这个前提就是得从他人身上发现优点。

在唐、宋之间，有过著名的"五胡作乱"，几十年间都是胡人统治。五个朝代，都请一个叫冯道的人出来做官，而他对每一个君主都表现得极为忠心。对冯道这种行为，后人欧阳修骂他无耻，认为他替胡人做事，没有汉人的气节。但是，和欧阳修同时代的王安石、苏轼等人却认为冯道这个人很了不起，是"菩萨位中人"。冯道尽管在胡人的朝廷做官，但他本人的生活却十分严谨，不贪财不好色。在他的谨慎和圆滑中，他始终坚持自己的人生的原则，这就是他值得后人肯定的优点，而不能一概地加以否认。

《左传》上记载：齐桓公和公子纠是当时齐襄公的弟弟。而齐襄公为政无道，为不受牵连，齐桓公在鲍叔牙的侍奉下逃到莒国；公子纠则由其老师召忽和管仲护卫,逃到鲁国。后来,齐襄公被杀,齐桓公在鲍叔牙的帮助下重返齐国,当上了齐国的国君,接着,兵伐鲁国。鲁国在齐军的压力下杀了公子纠,召忽见公子纠已死,也就自杀了。此时,管仲不但没有自杀,反而在鲍叔牙的举荐下,当上了齐桓公的重臣。于是有人说管仲这个人不仁义。但孔子却说管仲这个很了不起,因为他后来帮助齐桓公九合诸侯,没有使用武力,就使天下得到安宁,而且老百姓也得到了他的恩惠。孔子说,如果没有管仲,我们今天很可能都成了野蛮人了。他为天下做出了这么杰出的贡献,不是一个只知道自己上吊,倒在水沟里默默无闻、白白死去的人所能比的。

管仲背弃旧主,为齐桓公做事,对旧主公子纠来说是不忠、不仁、不义。从个人处世角度看,是为了保全性命,可谓是圆滑至极。但是,他为天下人做出了贡献,为天下人尽了大忠、大仁、大义。从这个方面来说,管仲的做法又没有违反做人的原则。所以,孔子能够辩证地评价他,并没有局限在小的方面,而且还充分肯定了他的优点,这就是对人的尊重。

中庸思想要求人们在现实生活中学会变通,也就在不违反原则性的前提下,能够做到灵活性,能够将原则性和灵活性有机地结合在一起,也就是人们常说的"圆中有方""方中有圆",从而在为人处世上,既不呆板也不失于圆滑。这样,在评价他人的时候,才不会过于偏激,也就不会因为别人有缺点就"一棒子打死"了。

孔子说:"君子以人治人""施诸己而不愿,亦勿施于人"。真正的君子是根据不同人的情况区别对待,如果是自己不愿意、不喜欢的事,也不要施加给别人,这才是君子之道。不要被表现蒙骗,而要能看到其本质,也就不会对他人的评价失之偏颇了。

2.尊重他人的意见

敬人者,人恒敬之;爱人者,人恒爱之。

——《孟子》

一个能够尊重别人的人,首先应该是一个自尊的人;一个能够尊重别人的人,也必定会得到别人的尊重。

如果你做错了什么事,除了有坦诚地承认错误的勇气之外,还要能够听取别人的意见。著名的心理学家罗杰斯说:能了解别人的想法,你会获益很大。也许你会觉得奇怪,真有必要去了解别人吗?我想是的。我们对许多"陈述"的第一个反应常常是"估量"或"评断",而不是去"了解"。每当有人表达自己的感受、态度或是信念时,我们通常即时做出的反应是:"这是对的""这好蠢""这是不正常的""那毫无道理""那是错的""那个不好"。我们很少要求自己去了解陈述者话中的真正含义。

罗杰斯的这段话是对于那些不善于听取意见的人而言的。因为人们常常是自以为是,而从来不去理会别人的意见,这种人常常得不到别人的尊重。卡耐基讲了这样一个故事:有一次,我请了一位室内装潢师设计家中的窗帘。等账单送来的时候,价钱着实让我吓了一跳。隔了几天,有个朋友来访看到了那些窗帘。她问起价钱,然后以夸张的态度宣称:"什么?别吓人!我想你是受骗了!"我想她说得不错。但很少有人听得到他人讲出这种真话、这样的宣判。于是,我为自己辩解,提出便宜非好货的道理。

第二天,另一个朋友来访,对那窗帘赞不绝口,还说希望她也能买得起这种漂亮的货色。我的反应与前一天截然不同:"啊,老实说,我也差点付不起。我买贵了,真后悔没先问好价钱。"当我们犯错的时候,也许会私下承认。当然,假如别人的态度温和一些,或显得有些技巧,我们也会向他们认错,甚至自认为坦白、心胸宽大。但是,假如对方有意让你难堪,情况又不同了。

卡耐基举了这样一个例子,是为了说明:人们如果过于直率地指出别人的错误,即使是非常好的意见,也不一定会得到别人的尊重和采纳。反过来说,你过于坦白的话,就会伤害他的自尊心,也让自己成为人们讨论中不受欢迎的一部分。

洪应明认为为人处世:"气象要高旷,而不可疏狂;心思要缜密,而不可琐屑;趣味要冲淡,而不可偏枯;操守要严明,而不可激烈。"所以说,不管是对别人提出意见,还是对待别人对你提出的意见,都不能过于偏激,要恰到好处地表达,这样才不会伤害别人的自尊心,也不会伤害到自己。

有人曾经问马丁·路德·金,为何身为一个和平主义者,却倾向于白人空军将领詹姆士,而不是黑人高级官员呢?金回答说:"我以别人的原则去判断他们,而不是用我自己的原则。"一个伟大的人,是不会刚愎自用的,而是善于听取和尊重别人的意见。能够多听听别人的看法,就能够集思广益,才能正确地对待别人而没有任何偏颇。

尊重他人的意见首先要做到正确地评判他人的意见。别人对你提出的意见,很大部分都只是就事论事,而不带有任何的感情色彩,这是一个朋友或同事应该做到的。但是,现实生活中,有些人遇到这种情况,如果对方反对你的时候,你总会觉得对方居心叵测,因为他否定了你之前的所有判断和做法。这应该是很正常的事,而往往就有人因此与别人发生争执,甚至"怒不可遏"而直接进行人身攻击,这是非常愚蠢的举动。

所以说,尊重别人的意见可以体现一个人的修养。同时,在给他人提出意见时也要尊重他人本身的判断,不能否定到底,要注意给对方留些情面。

3.人要有自尊

子曰:"或安而行之;或利而行之;或勉强而行之;及其成功,一也。"

——《中庸》

自尊,就是一个人的人格、尊严。一个人只有先做到自我尊重,才能"推己及人"尊重别人。现代社会物欲横流,现代人利欲泛滥,有很多人为了谋取私利,以牺牲自己做人的人格和尊严为代价。实质上,他们的种种做法完全玷污了做人的根本,是为人所不齿的。

中庸说"中立不倚""正道直行",都是在提醒人们不要随着社会的变化而丢弃自己做人的本质,要维护和坚守人性中"方"。自尊自爱,就是爱惜自己的名节。能够自尊自爱的人,绝不会自轻自贱、自暴自弃,从而可以在社会上自全。爱护自己的身体就要保证身体不受到意外的伤害;爱护自己的德行就要修养自己的德行,而不至于丧失。这就是自尊自爱的人,就是以人格、尊严为重的人。

俗话说:"名节不亏",就是自尊自爱的体现。庄子说:"圣人体休焉则平易矣,平易则恬淡矣,平易恬淡,则忧患不能入,邪气不能袭,故其德全而神不亏。"庄子这里所说的完全是自爱自全的道理。

自尊的人是坦诚的人,不会为名利动心,即使是身处穷困,也不会丢弃自己的人格和尊严。《中庸》上说:"天所命令给予的是性,根据本性的规定行事是道。""君子素其位而行,不愿乎外。"历史上的颜子一竹筒饭,一瓢水,以经典为枕,悠然自得。不懂得自尊自爱的人是不可能做到的。

春秋时期,宋国由子罕执掌大权。这时有人想讨好他,就私下送了一块美玉给他,但子罕不受。那个人就说:大人,这可是块难得一见的宝贝啊。子罕说:"你以玉为宝,而我以不贪为宝。我要收下了你的宝贝,你我二人不都失去了自己的宝吗?"还有这样一则小故事:明代有一个叫曹鼐的官员。有一次捕获一名女盗,两人共处一室,女盗以女色引诱他,而曹鼐不为所动,并写了一横幅"曹鼐不可"贴在墙上。可见,子罕和曹鼐二人都把自己的名节看得很重,绝不能为自己的私利而背弃尊严和人格。

面对当今社会上金钱、权力、美色等诱惑时，我们要树立正确的世界观、人生观、价值观，保持清醒的头脑。"不妄没于势利，不诱惑于事态，心有长城，能挡狂澜万丈。"只要自觉地在心中筑起坚不可摧的人格"长城"，那么任何的诱惑我们都可以战胜。

中庸思想要求人们在现实生活中要学会变通，要灵活，但变通、灵活都得有个限度。如果做人没有人生准则，没有人格尊严，甚至是卑躬屈膝、摇摆不定，那还能得到别人的尊重吗？历史上有奴才、有汉奸，在别人看来，永远都只是一条哈巴狗，不可能像对待人一样对他的。想获得成功的人，就要立正自己，要维护自己做人的尊严，而不能像浮萍一样，漂泊不定、随波逐流。

我们时常可以看到两种人：一种人虽然有钱、有地位，但看上去就觉得不必重视；而另一种人，没有钱也没有地位，但你会觉得他不容轻侮。这就是差异，就是人格和尊严上的差异。后者，在于他们自尊自爱，看重自己的人格；而那些连人格都可以丢弃的人，就是不把自己当人，在别人眼里也只有贬低的份。一个人都不能尊重自己，又怎么会得到别人的尊重呢？所以，在社交处世中，人格尊严是永远不可丢失的。

许多人都会不自觉地找这样的借口"近朱者赤，近墨者黑"，认为在当今社会上没有人格尊严的大有人在，自己也是理所当然的，有这种思想的人，忘记了一句话："出淤泥而不染。"这是多么严重的错误！

4.要尊重自己的竞争对手

古之君子其责己也重以周，其待人也轻以约。重以周，故不怠；轻以约，故人乐善。

——韩愈《原毁》

中庸强调人与人之间要和谐相处，但现实生活中却很少有人做到。短时间还可以，一旦时间久了就不免出现矛盾，特别是双方存在着竞争关系的时候，为了打败竞争对手，甚至不惜使用各种卑劣的手段，那么人与人之间就处处戒备和设防，继而笑容少了，冷眼多了；知心话少了，抵牾多了。

社会理所当然地需要竞争，"物竞天择，优胜劣汰"，是竞争的规则。没有竞争，就没有蓬勃的生命力，社会就不会进步，但竞争不是尔虞我诈，不择手段地欺压和排挤，更不是"你死我亡，势不两立"。过火的竞争只会导致彼此理性的倒退和丧失，最终也只能是两败俱伤。

竞争，无疑是对强者的偏爱，对弱者的残酷。它一面将一切优良的"基因"、强壮的实体、精明的才智和进步推向胜利辉煌的巅峰；一面把一切软弱的、懒惰的、愚昧的东西击垮、击碎，把它们无情地抛到世界运转的轨道之外，压迫进毁灭、死亡的深渊。从某种意义上说，竞争是不公平的、残忍的，但这是世界进步、人类进化的必然的规律，没有人可以置身事外，更没有人可以打破。

尊重自己的竞争对手是在竞争中必须的。当我们取得成功时就希望有人为你鼓掌，为你道好。可是当你身边的竞争对手取得成功时，你是欣赏还是嫉妒呢？会不会为他叫好呢？如果你做不到，那么别人也有足够的理由做不到。有人说："为竞争对手叫好，并不代表自己就是弱者"。的确，当你看到他人成功时，你为他叫好，为他鼓掌，就可以化解对方对你的偏见和不满，改变竞争对手对你的态度，让他觉得你的真诚。那么，当你困难时，他会给你帮助和支持；当你取得成功时，他也会为你叫好，为你鼓掌。那彼此之间也就可能将竞争简化，也很有可能变成要好的合作伙伴。

亚历山大和大流士在伊萨斯展开激烈的战斗，大流士失败后逃走了。大流士就询问一个刚从亚历山大军中逃回来的一个仆人，仆人回答说："大王，您的母亲、妻子和孩子们都活着，而且人们对待她们就像您在的时候一样。"大流士又问他的妻子是否忠贞于他，仆人回答说："大王，您的王后跟您离开时一样。亚历山大是最高尚的人，最能控制自己的英雄。"大流士听完仆人的话，对着苍天说："啊！宙斯大王！您掌管着人世间帝王的兴衰。既然您把波斯和米地亚的主权交给了我，我祈求您，如果可能，就保佑这个主权天长地久。但如果不属于我了，我希望您千万别把这个主权交给别人，只交给亚历山大，因为他的行为高尚无比，即使是对敌人也不例外。"

松下幸之助说："竞争本身是好事。通过竞争，为了使自己立于不败之地，势必相互发挥各自的智慧去努力工作，从而使产品质量提高了，成本降低了。没有竞争的地方，怎么做也仍然是质量上不去，成本下不来。"他这段话是相对于市场竞争而言的，但我们可以从他的话了解到竞争的重要性，人与人之间的竞争就和行业之间的竞争是一样的，这就需要人们从哪个角度看待了。

尊重自己的竞争对手，是竞争规律的需要。不要把每一个竞争对手看作是自己的敌人，相反，要把他看成朋友。在尊重他们的同时，需要不断地提升和完善自我，这才是竞争的真正意义。

社会交往当然也是一种竞争，因为没有太多的利害得失，所以这种竞争要比商业竞争缓和得多,即使如此,我们也不能在交际中忘记了尊重别人,这是为人处世的基本也是资本。

5.注意控制自己的不良情绪

喜、怒、哀、乐之未发,谓之中。发而皆中节,谓之和。中也者,天下之大本也。和也者,天下之达道也。

——《中庸》

我们作为社会的一份子,每个人都是区别他人的独立的个体,所以每个人都有他相应的世界观、人生观和价值观,当然每个人的特性也是千差万别的,而特性在某种情况下表现在人际关系中就是个人的情绪,也就是《中庸》中所说的"喜怒哀乐",能够在为人处世中适当地控制自己的不良情绪,做到"喜怒哀乐之未发""发而皆中节",那么我们在社交关系中待人接物就会如鱼得水,得心应手了。

现实生活中,人们由于实现目标的愿望过于强烈,往往希望"罗马在一日之间"建成。一旦自己的这种愿望受到阻挠和挫折,那就很难控制自己,从而"点燃"不良情绪的"导火索",导致许多愚蠢和鲁莽的事来。所以,当我们想达到自己的目标时,首先要拥有调整和控制自己情绪的功夫,从这一点来说,就是能将自己的情绪控制在别人能承受的范围内,即尊重他人。

马尔蒂是法国西南小城塔布的一名警察,有天晚上他身着便装来到市中心的一家烟草店门前,他准备进去买一包香烟。这时门外的一个流浪汉伸手向他讨一支烟。马尔蒂说他现在口袋里还没有,正准备去买。流浪汉就在门外等着,以为他买了烟之后会给他一支。

当马尔蒂出来时,喝了不少酒的流浪汉缠着他要烟抽。马尔蒂不给,于是两人发生了口角。随着谩骂和嘲讽的升级,两人的情绪也越来越激动。马尔蒂从口袋里掏出警察证和手铐,说:"如果你不放老实点,我就会给你一些颜色看。"流浪汉反唇相讥道:"你这个混蛋警察,看你能把我怎么样。"在言语的刺激下,两人扭打成一团。这时旁边有人过来拉开二人,劝他们不要为一支香烟而发那么大的火。

流浪汉被人拉开后,骂骂咧咧地向附近一条小路走去,他一边走还一边喊:"臭警察,有本事你来抓我啊!"这时的马尔蒂已经失去了理智,拔出手枪,冲过去,朝着流浪汉连开几枪。法庭最终判决,以"故意杀人罪"判马尔蒂服刑三十年。

一个人死了,一个人坐了牢,而起因呢? 只是一支香烟,罪魁祸首还是两个人无法控制的情绪。在现实生活中常有类似的事情发生,往往都是因为一件小事,而最终双方都搅得不可开交。明代人吕坤说："忍、激二字是祸福关系。"忍就是忍耐，激就是激动、偏激，二者的区别只在于能不能控制住。能控制住就避免了麻烦，就是福；不能控制，那势必要逞强好胜，就有可能带来灾祸。马尔蒂和流浪汉的故事，不正好验证了吕坤的话吗？

的确如此，如果上面那个法国警察能够改变自己的想法，能够尊重那个流浪汉，或许这样认为：这个人真可怜，他要的只是一支香烟而已。那么他就不会做出那样疯狂的举动了。如果流浪汉也能改变自己的想法：不就是一支烟吗，他不给我还可以向别人要。这样也可以避免最终的杀身之祸。可见，人际关系中产生的矛盾，不是没有可能解决，关键就是看你能不能变一种思维方式，能不能尊重他人，这是我们应该学习的。

孔子说："约束个人的言行归于礼制叫仁。要是一旦能够约束个人的言行归于礼制，那么天下就归仁了。"天下归于仁了，那天下就相安无事了。孔子后面还说了句话："实行仁全由自己，难道还由别人吗？"就是说，只要自己先做到仁，能够控制自己不良的言行，那就可以避免灾祸的发生了。所以说，中庸思想能否实行于全民，直接关系到社会的安定和繁荣，是刻不容缓的大事。

6.语气谦和，切忌霸道

子曰："果能此道矣，虽愚必明，虽柔必强。"

——《中庸》

在日常交际中，我们常常会遇到这种情况。某人在公众场合显得畏首畏尾，不敢发表自己的意见或建议，因为他的学历和地位不高；某人在交往中低声下气，因为他可能有求于人；某人在众人面前总是藏头藏尾，不敢正视别人，因为他有可能做了对不起别人的事。所以，当我们遇到这种情况的时候，更加应该注意自己的言行举止，切忌流露出霸道或偏激的语气、眼神或让人不能接受的肢体语言。

同样的一句话，在不同的场合，对不同的人，可能使人捧腹大笑，也可能使人怒火冲天。俗话说"言者无意，听者有心"，是有道理的。所以孔子说："君子讲话要谨慎"。其实不光讲话要谨慎，还要谦虚、平和，不能以一种指责或压迫的口吻说别人。只有这样，别人才会觉得你是尊重他的，那么你也就会赢得别人的尊重。

我们来看一个小故事：新战士小燕在一次班务会发言时，无意中涉及了老兵小李的某些问题，小李误认为小燕是有意地要让她在大家面前出丑，便指桑骂槐地数落了小燕一番。事后有人对小燕说："你当时怎么不顶她？"小燕说："事情会弄明白的，即使小李不明白，你们大伙不也都明镜似的吗?"从这以后，小李还经常向别人散布说小燕这人只会巴结班长，爱表现自己。对此，小燕也一笑了之，她说："我帮班长干活是应该的，别人不帮大概是有原因的，要么累了，要么有别的事要做，班长有事我帮忙做，别人有事我也没看热闹啊，时间长了她会了解我的。"果然，经过一段时间的朝夕相处，小李对小燕的人品有了全新的认识，主动向小燕赔礼道歉，全班同志也都乐意和小燕共事，甚至只要小燕参加勤务劳动时，大伙都不好意思偷懒了。

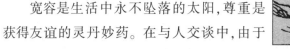
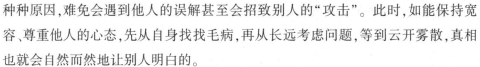

　　宽容是生活中永不坠落的太阳，尊重是获得友谊的灵丹妙药。在与人交谈中，由于种种原因，难免会遇到他人的误解甚至会招致别人的"攻击"。此时，如能保持宽容、尊重他人的心态，先从自身找找毛病，再从长远考虑问题，等到云开雾散，真相也就会自然而然地让别人明白的。

　　在与人交往时，无论谈话的对象是谁，都应该给人一种谦和的感觉，让人觉得你是在尊重他而没有带有任何的偏见或抵牾，千万不要咄咄逼人。有一为哲学家说："尊重别人是抬高自己的最佳途径。"事实也是如此。

　　有一个年轻的报社编辑，刚刚从学校毕业，心高气盛，可是同报社的编辑们也不好说什么，他觉得自己总是胜人一筹，而沾沾自喜，而同事们也不太愿意与他相处。后来，是一位年长的总编教会了他怎样与人交往。每天一到报社，他都看见总编带着一脸的微笑，并且和每一位编辑记者乃至杂勤友好地打招呼。如果有什么问题向他汇报或请教，他也总是微笑着，身体微微向前倾，认真听人说话，然后以感激的口吻说："真是辛苦你了!"或者以商量的语气说："你看是不是这样，或许会好一点。"所以，这位年轻的编辑每次从总编室里出来，心里都是暖暖的，哪怕是有些建议没有被采纳，也会从那儿得到一句让人心暖的话："这个主意不错，不过还是不太成熟，让我们一起好好研究研究。"这位年轻的编辑终于知道了与人交往中态度、语气的谦和和尊重别人的重要性，他也学会了怎样与他人相处，工作上也变得顺利多了。

每个人都讨厌那种颐指气使、咄咄逼人,甚至是故意刁难别人的人,因为从这种人口中说出的话,总是让人听起来不顺耳,不舒服,所以这种人也无法与他人和谐相处。很明显,语气和态度的谦和,是尊重他人的表现,做到这一点,那么在他人看来,你才是一个值得他们尊重、喜欢的人。

7.要适当地赞美别人

子曰:"溥博如天;渊泉如渊。见而民莫不敬;言而民莫不信;行而民莫不说。"

——《中庸》

每个人都渴望被人肯定,被人赞美,因为这是我们对成就感的需要。当然,在人际交往中,赞美也是少不了的,能够得到别人的赞美,是你的成功;能够适当地赞美别人,表现出你对他人的认可和尊重,就像在一道菜中加上了更加可口的佐料。

赞美一个人,首先得细心观察他,要善于发现他人的优点,比如你可以就他的外表、穿着、品位、谈吐、学识、工作的态度以及内在的修养等方面去赞美他,绝对不要在与人交往中吝啬你的赞美。因为几乎没有人喜欢吹毛求疵、斤斤计较的人。但是,值得大家注意的一点就是:赞美不是为达到自己的某种目的,也不是拍马屁。

赞美必须是真诚的发自内心的,并通过语言以及眼神表达出来的。若不是出自内心的,让别人从你眼中发现"不真"的话,那你的赞美转瞬间就变成无用的吹捧,而你在别人眼中也可能会变成一个虚伪的马屁精。凡事都有"过犹不及"的情况,赞美也不例外。如果在交往中,频频向对方灌迷汤,那当然是令人肉麻的,甚至是恶心的。所以赞美别人也不能过头,都要做到恰到好处。

赞美应该越具体越好,那些大而化之的、毫无对象的赞美,在人际交往中最好不用,因为过于空泛的赞美,往往没有什么明确的评价的原因,这样会引起别人的误会,而且让对方怀疑你的是非辨别能力和审美鉴赏能力,觉得你的赞美是不可接受的,那么,你的赞美之词就达不到效果。而明确的、具体的赞美,因为是特指的、实在的,其有效性往往要好得多。

赞美要选准时机。有人说劝告或指责别人时,要在无人的地方,而赞扬别人则要在人多的场合,这话很有道理的。但与此同时,还要注意一个时机问题,不能盲目地胡乱赞美一通。比如,当对方的上司也在场的时候,你赞美他的领导才能较强,这肯定会让他觉得比较尴尬,无所适从,而且还有可能引起对方上司的不满,这当然不是你的初衷。所以,赞美要在最适合的场合和时机,否则,你原本满怀诚意的赞美,也有可能会造成负面影响。

赞美要有与众不同的地方。人际交往中,赞美一个人往往是针对他最突出、最明显的特点的,如:"嗨!你看起来真漂亮!""你真是越来越年轻了!""你发型真帅"等等,这些都是外在的,也是最能引起别人关注的。但这种赞美法似乎已经老套了,别人听起来也不一定受用。所以,赞美除了要达到自己赞美的目的外,还需要有新意,能够不落俗套,这样让对方听起来有不一样的感觉,也会让对方觉得你是一善于观察的人,也无形中表示了你对他的关注。虽然说发现别人不易为人发现的优点不容易,但只要你能够细心地观察对方,深刻地了解对方,你总会找到不一样的切点。澳大利亚心理学家贝维尔说过:"如果你想赞美一个人,而又找不到他有什么值得赞扬之处,那么,你大可赞美他的亲人或和他有关的一些事物。"这当然也不失为一种赞美的技巧。

另外,赞美不能过多过滥。在某一个特定的场合或时间段内,你赞美一个人的次数越多,那么你赞美的作用力就越低。因而,尽管每个人都需要赞美,但赞美不是随便就给予的。如果你过于频繁地赞美别人,你就极有可能被对方认为你是沽名钓誉的人,甚至让他觉得你是有某种不可告人的企图,那就麻烦了。

赞美别人能够更好地拉近彼此的距离,也可以保持双方的自尊心。赞美不需要刻意地掩饰什么,也不需要从对方那里得到什么,只要是发自内心的,只要是感情的自然流露,再掌握其中分寸和要点,那你的人际关系就会变得愈加和谐。

明则诚,诚则明
——怎样与陌生人交往

1.会微笑的人总能受欢迎

诗曰:嘉乐君子,宪宪令德,宜民宜人。受禄于天。保佑命之,自天申之。

——《中庸》

如果一个人在别人面前表现的冷淡、孤傲,那他必定不会受欢迎。相反,那些表情亲切、温和的人,则让人感觉如沐春风,则会让人非常喜欢。当然,学习、工作中,我们都应该如此。即使是遇到陌生人,如果你冷若冰霜,别人定会拒你于千里之外;如果你对他微笑,他就像是你面前的一面镜子,他也会向你微笑着表示友好。

中庸思想要求人们在为人处世中"恰到好处""不偏不倚""无过无不及"。在现实中与陌生人交往也是如此。冷淡即"不及",而刚一见面就特别热情,那就是

"过"了。所以，给陌生人一个浅浅的微笑，才是真正的"中道"。

　　有一个人说他年轻时候是个讨人嫌的家伙，因为他脸上没有微笑，而且有时对人还十分冷漠。有一天，他决定要做一个受人欢迎的人，所以他必须改变他以往的态度。于是，他第二天早上梳头时，就对着镜子中自己说："嗨！你得微笑，你得把此刻脸上的愁容一扫而光。现在就开始微笑，微笑，去对每一个人。"他转过身对他妻子说："早上好，亲爱的。"并对她微笑。他妻子一怔，自然是惊讶不已。他说："亲爱的，从此以后，你不必惊讶，因为我的微笑将成为寻常的事。"两个月的时间里，他坚持每天见到妻子就对她微笑。结果怎么样呢？他在这短短的两个月中，体味到了从来未有过的幸福。

　　他去上班时，对地铁的出纳小姐微笑；对卖早点的大叔微笑；对大楼的电梯管理员微笑；对路上那些从来没见过的人微笑。于是，他渐渐发现了一个令人激动的事情，因为他向别人微笑时，别人也在向他点头或微笑，同时他觉得世界真的是如此的美好。有一次，老板交给他一份巨额的订单，让他单独完成这个任务。他起先还在担心，怕自己做不到，回到家也是闷闷不乐的。他的妻子就对他说："别担心，你已经进步了。只要你面对他们的时候，能够保持你平时的微笑和自信，我想你一定没问题的，不是吗？""是的，亲爱的，你是对的。"谈判那天，他意想不到的事发生了，在短短的一个小时时间里，对方已经答应了所有的条件，并给他一半的保证金。后来，这个大客户一直与他保持联系，他微笑着问那位经理："为什么当时那么快就答应了呢？"那位经理说："我想是因为别人在谈判时总是冷冰冰的，使我觉得好像只是一种生意上的往来。但你不一样，你打电话约我的时候，我似乎可以看到你正在微笑着与我交谈。你可以相信，我在听电话的时候也是微笑着的。"

　　的确，如果说行动比言语更具有力量的话，那微笑就是一种无声的行动，它所要表达出来的是："我很满意""我很高兴见到你""你真是太棒了"。有人说："你希望别人高兴来见你，你就必须高兴会见别人。"所以一个有经验的人说："微笑是成功者的先锋。"

微笑是社交处世的技巧之一,是一种文明的表现,它显示出来的是一个人涵养和崇高的品德。一个微笑,可以让人记住你;一个微笑,可以使别人信任你;一个微笑,可以感化那些一筹不展的人;一个微笑,就是一种力量。

现实生活中,我们时常会抱怨,说:"怎么有那么多冷酷的人呢?"其实当你问这句话的时候,你有没有好好地审视一下自己呢? 人都是有感情的,即便是你见过一面的陌生人,只要你向他微笑,你就会发觉事实上每个人都不是冷酷的。因为,微笑体现出了一种宽容、一种接纳,它会拉近你和对方的心理上的距离,你也才能更加容易地走进对方的新的天地。

2.第一印象至关重要

子曰:"视之而弗见;听之而弗闻;体物而不可遗。"

——《中庸》

印象通常是指人在遇到某种新的社会情境时,主观地按照自己已有的经验为基础,将新情境中的人或事物进行某种固有理念的归类的过程。第一印象,主要是指第一次见面所形成的印象。它主要获取于对方的外在表现,但第一印象的好坏,会影响到整个印象,它往往是以后交往的根据。

善于交际的人,通常都会有这样的感觉,那就是当你和别人第一次见面时,你会很清楚将对方的容貌、服饰、言谈、举止记下来,这个过程就是在你脑海里形成印象的过程。当他第二次出现在你眼前时,你的脑海里就会马上做出反应,那么你就知道这个人是某天前见过的,而他的一举一动又会诱发你的某种情感体验。

与陌生人交往,第一印象特别重要,它直接关系到你与他交往的程度以及情感投入的多少,也必定会影响到双方的关系。一般情况下,我们看到别人初次见面,会说:"你看起来怎么这么面善,我好像在哪里见过你。"说这句话时,就说明你愿意与他交往,或想对他做进一步的了解。那你能否在初次见面时给人留下好印象呢?

首先要注意自己的仪表。仪表是一个人内在思想的外在表现,它反映了一个人的内在涵养,和个人情感的倾向。在服饰上要注意整洁、得体,如果你所穿戴的不符合你的年龄、性别、个性或初次见面的场合的话,那就不免会给一种"东施效颦"做作的感觉。这里强调一点,就是女性在与陌生人交往时,不要第一次见面就浓妆艳抹,打扮得花枝招展,也不要追求怪异,这样会给人浮华轻薄的感觉。一个人的穿着要符合自己的审美观,不标新立异,根据自身条件选择合身的服装,颜色最好不要过于华丽。另外就是服装上点缀,恰到好处的点缀就是锦上添花,如果过于追求的话,可能会适得其反。

其次要注意自己的言谈。有人说第一次见面时最难堪的就是找不到恰当的话题,这是很正常的,因为第一次见面,大家都很拘谨,不可能像老朋友一样。一个人的谈吐可以充分地体现自己的魅力、才学以及修养,当双方找到共同的话题时,千万不要信口开河、文不对题,要不会给人不诚实、不认真的感觉。在语言表达上要尽量温和点,节奏不能太快,这一点有的人就做不到。比如说两个人都喜欢看NBA,你喜欢乔丹,而他喜欢纳什,你滔滔不绝地在那发表自己的意见,说你多么、多么喜欢乔丹,说你不太喜欢纳什,甚至说到动情处,手舞足蹈,那你和他下次见面时就不可能谈得来。还有重要的一点,就是注意倾听,不要轻易打断对方的话,即使你很想表达自己的看法或观念,也一定要等对方把话说完,否则就会破坏谈话的气氛。

最后值得大家注意的是自己的举止。如果我们想在第一次见面时,给对方留下好印象的话。一个人的行为举止,通常会把一个人气质、性格表现得淋漓尽致。粗俗或难看的动作,是令人生厌的,而保持举止大方又不失谨慎,对方就会觉得你有自信而不狂傲。这就要求我们在平时的站立、行走、就坐等方面加以刻意的训练。俗话说"站似一棵松""坐如一口钟",身体要坐正坐直,不能像没有骨头一样,站着就想坐着,坐着就想躺着。走路的姿态也要注意,特别是与异性第一次见面时,要配合对方的脚步,双腿要协调,不能一时快一时慢,另外就是要保持一定的距离,以免不必要的误会。

所以说,要想取得与陌生人交往的成功,千万不能忽视自己的外在表现,要能够恰到好处地表达出自己的气质、性格和个人修养,给对方留下一个好的第一印象,这样才有可能让对方愿意继续与你交往。

3.从细节处关心对方

凡人好傲慢小事,大事至然后兴之务之,如是则常不胜夫敦比于小事者矣。

——《荀子》

许多人为成就其伟大的抱负,从而心志高远,但他们往往会忽略一些最基本的东西。曾国藩在劝诫弟子们说:"皆雄才大略,有经营四海之志""则约旨卑思,敛抑己甚",就是说有远大的志向是好事,但都要从卑微处着想。而人们与陌生人交往时,也应该从小事做起,多关心对方,因为对方可能就是你获得成功的基石。

细心需要有亲切感、人情味，还要有与人方便、替人着想的心态，有一位成功人士说："大事留给上帝去抓吧，我们只能注意细节。这世界上所有伟大的壮举都不如生活在一个真实的细节里来得有意义。"所以，即便是与对方第一次见面，也要尽量注意细节上的问题。比如见面时说一声"您好"，"很高兴见到你"等等，这都是细节上的事，却往往会给人一种亲切感，这也是与陌生人交往成功的前提之一。

　　初次见面的人，如果你能把大部分的注意力从自身转移到对方身上，或是对方的兴趣上，那和他交谈就容易多了。霍利是一家公司的地区销售经理。他们公司一直在争取拉到一个叫梅诺斯基的大零售商，以前有好几个推销员都找过他，但都没有结果，回来都说这个人不好说话。但是公司的上层领导觉得这样一个大客户无论如何都要争取的，于是，就委派霍利再去一趟。

　　霍利接到通知后，所做的第一件事就是向公司里的每一位推销员去调查，而每个人都告诉他同样的话：梅诺斯基先生特别在意自己名字的发音和拼写。因此，霍利到附近的图书馆里去查找梅诺斯基姓名的民族起源，然后再去拜访他。第二天早上，霍利在梅诺斯基的办公室见到了他："我很早就想见到您，梅诺斯基先生，您知道我一直对姓名的民族起源很感兴趣，这是我的一种爱好。我知道您的名字源于斯洛伐克语，但我没查到它的意思是什么。我知道您的首字'彼得'是可靠、可信赖的意思，但字典上却查不到您的姓是什么意思。您能告诉我吗？"

　　梅诺斯基盯着霍利说："你是怎么知道我是斯洛伐克人？你怎么知道我不是波兰人？所有的推销员好像都认为我是波兰人！""那可能是因为您的名字。""你真聪明"梅诺斯基先生说："我想我愿意和你做生意。"之后，又跟霍利谈到了以前的事，霍利总是都表现出很感兴趣的样子。然后，霍利带着迄今为止批发量最大的订单离开了。从这以后，梅诺斯基先生成了霍利他们公司最大最稳定的客户。

　　霍利的推销无疑是成功的，他能从对方的姓名起源着手，从而拉近了双方的距离。当霍利问及姓名起源的时候，梅诺斯基先生一定觉得对方很关注他，所以才愿意和霍利交谈下去。如果霍利不能做到这一点，反而开头就说"您对我们的产品感觉怎么样？""您能不能考虑、考虑？"等等，那不一定会取得这么好的效果。所以说，细节上的问题，看起来是很小的事情，但如果你做不到，一味地夸夸其谈或开门见山的话，那你就等着吃闭门羹吧。

　　另外，在与陌生人交谈时，你也可以先从他的业余爱好谈起，比如有的人喜欢钓鱼，有的人喜欢下棋，打保龄球、唱歌等等。虽然都只是细节，如果你能把握好的话，在对方眼里会觉得你对他很重视，是在关心他，这有可能就是双方成功交际的前奏,从而为以后做进一步的交往做好准备。

4.帮助别人就是帮助自己

仁,人心也;义,人路也。舍其路而弗由,放其心而不知求,哀哉!人有鸡犬放,则知求之;有放心,而不知求。学问之道无他,求其放心而已矣。

——《孟子》

生活与人际交往是有相同道理的,都像山谷的回音一样,你付出什么,就得到什么。大家可能听说过这样一则小故事:一个生气的小男孩对着山谷大喊:"我恨你",山谷传来的回音也是"我恨你"。小男孩很奇怪,就跑到家中问他的妈妈,妈妈交给他一个办法。于是第二天,小男孩对山谷喊:"我爱你。"结果山谷中传来的回音也是"我爱你"。这个小故事说明,在与人交往中,你对别人怎样,别人也会同样待你。如果你帮助了别人,别人也同样会帮助你。

另外,向一个从来不认识的人施与帮助,除了个人要有乐于助人的品德之外,还要掌握其中的分寸,不能因为自己的帮助而让人觉得你有什么企图,或是在某种程度上伤了对方的自尊心,那你的帮助就毫无意义了。

对别人帮助无疑是一件于人于己都有好处的事,但现实生活中常常会有"好心办坏事"或"办了好事,别人不领情"的情况,这是因为你根本不了解对方是不是真的需要帮助,或是否愿意接受你的帮助。中庸思想说"恰到好处",《论语》中也说"君子雪中送炭"。要在别人最困难最需要帮助的时候,你去帮助他。

有这样一个故事:两个女中学生看到一个孤独的盲人,而且又都是邻居,所以两个人在一起商量,决定为他做点好事。这天中午,她们发现盲人的院子里,有一盆已经洗好但没来得及晾的衣服,她们俩就悄悄地去帮他晾晒衣服,可当她俩晾好,就看见盲人回来了,一个女生说:"他回来了。"两个人就要离开,可是盲人已经听到了有人说话。他发现自己的衣服不在盆里了,就觉得一定是她们把衣服藏了起来,他顿时感到自己受了她们的欺负和羞辱,就破口大骂起来。

不久,邻居们也知道了这件事,都以为是她们欺负了盲人。两个女生的父母也听说了,就批评了她们,可是两个女生感到很委屈,她们并没有欺负那个盲人,而是真心地想帮助他。可见,两个女生本来是出自好心,结果弄得双方都不痛快。关键就在于她们没有掌握好方法,如果直接对盲人说"我们来帮你晾衣服吧。"结果就不会这样了。

每个人都有自尊心和荣辱观,即便是在需要别人帮助时,也会不卑不亢。如果你把握不了其中的分寸,在他看来,你就是在同情他甚至是可怜他,他当然不愿意接受你的帮助。所以,在给人以无私的帮助时,一定要注意给对方留点面子,与陌生人交往更应该如此。

你耕种什么,就收获什么。帮助一个素不相识的陌生人,不要觉得自己只是在付出,而当你有一天遇到困难的时候,这个陌生人或许就会伸出援助之手,帮助你渡过难关。

现实生活中可能有很多人会觉得,干嘛要帮助一个陌生人呢?觉得没必要。这你就错了,不仅错在你的想法,而且还表明你是个自私的人。比如,当你在路上遇到一个提着重物的人,你是帮他还是袖手旁观呢?现在社会提倡公民道德建设,和谐的社会环境是需要社会中的每个人的共同努力,共同建造的。

帮助一个人,首先不能想从对方身上得到什么回报,而是出自自己内心的,只有真心诚意地帮助别人,别人才会乐于接受,同时,你就会在帮助的过程中提升自己。但是孔子说:"君子成人之美,不成人之恶"。帮助别人时也要分清情况,不能帮助别人成就其作恶,这一点在与陌生人交往中更应该值得注意。

5.善于发现对方的优点

仁者,人也,亲亲为大。义者,宜也,尊贤为大。亲亲之杀,尊贤之等,礼所生也。

——《中庸》

与陌生人交往除了第一印象之外,还需要善于发现对方身上的优点。通常,人们都只会看到别人的缺点。因为每个人都有虚荣心,怕别人比自己强。如果与人第一次接触就这样的话,那别人会你看成是一个虚伪的人。能发现别人的长处是为了向他学习、借鉴。《中庸》上说"隐恶而扬善",这才是与人交往的真正目的。

一个人如果只能看到别人的缺点,甚至为此斤斤计较、批评或指责对方,自己不仅不会有好的心情,反而会使自己心情烦躁。反过来说,只看到对方的缺点,有时是因为妒忌他,所以你才会想方设法地找他的缺点,来平衡自己的妒忌心理,这绝对是要不得的。改变一下自己的心态,努力寻找对方的优点,你可以从中取长补短,也说明你肯定他,这岂不是两全其美吗?

长辈们时常会这样教导我们:"跟好人学好人,跟老虎学咬人",就是要我们在与人处世中,善于结交那些比自己优秀的人。从某种意义上说,跟那些比自己优秀的人相处,会提升自己的各方面素质,也会为自己的成功添砖加瓦。

怀特是美国印第安纳州小乡镇上的铁道电信事务所的新雇员。当他十六岁时就决心要独树一帜,二十七岁他当上了管理所所长。后来,调到西部合同电信公司,接着又成为俄亥俄州铁路局局长。当他的儿子上学时,他给儿子的忠告是:"在学校要和一流人物结交,有能力的人不管做什么都会成功。"这句话听起来,可能会觉得它很庸俗、势利,但只要一个想成功的人,就得先与那些优秀的人做朋友是永远没错的。

的确,与那些比自己强的人相处,无疑会有一种紧迫感,而对方的优点通常都是我们不具备的,或是缺少的,所以结交优秀的人,可以更好更快地促使我们成熟,同时也是对对方的尊重。萨加烈说:"如果要求我说一些对青年有益的话,那么,我就要求你时常与比你优秀的人一起行动。就学问而言或就人生而言,这是最有益的。学习恰当地尊敬别人,这是人生最大的乐趣。"

能否善于发现对方的优点,关键还是在于一个人的心态问题,当然嫉妒是最大的障碍。嫉妒的人像一个失去理智的动物,见到比他高大的人就会不分青红皂白地上去乱咬一通。黑格尔说:"有嫉妒心的人,自己不能完成伟大的事业,就尽量去低估他人的伟大,贬抑他人的伟大使之与他相齐。"可以说,嫉妒不会带来任何的快乐,只会产生怨气和狠毒,这些卑劣的情感会让人坠入痛苦的深渊,那人际关系也就谈不上和谐了。

当然,陌生人之中总有比自己差的和比自己好的人,那就要看你如何分辨了,除了从他的外表,还需要从他的言行举止来看,只要是对方能做得好的,而你自己做不到的,或做不好的,你就应该向他学习。

美国有一个农家少年,在一本杂志上看到某个成功人士的故事,就很希望能得到他对后来者的忠告。有一天,少年跑到纽约,早上七点钟就到了那个成功人士的办公室。起初,这个成功人士觉得这个少年很无聊,然而一听少年问他:"我很想知道,我怎样才能赚得百万美元?"成功人士的表情便柔和并微笑起来。两个人在办公室里谈了一个多小时,随后,成功人士还告诉少年,该去访问的其他实业界的名人。少年按照他的指示,遍访了一流的商人、总编辑及银行家。过了两年,少年成为他学徒的那家工厂的所有者,之后,不到五年的时间,他就如愿以偿地拥有百万美元的财富了。后来有人向他请教,他说:"所有的成功者,必定是这个方面的佼佼者,你只有向他们学习,与他们结交,你才有可能从他们身上学到你想要的知识和经验。"

所以,能善于发现对方的优点,并结交那些比你强的人,就说明你已经取得了一半的成功，另一半就是你个人的实力和努力了。

6.要能听取别人的建议

左右皆曰贤，未可也；诸大夫皆曰贤，未可也；国人皆曰贤，然后察之，见贤焉，然后用之。左右皆曰不可，勿听；诸大夫皆曰不可，勿听；国人皆曰不可，然后察之，见不可焉，然后去之。

——《孟子》

《中庸》说："君子之道，造端乎夫妇"。它肯定了个人的差异性，并证明了"君子之道"是源于最普通的人。对于同一件事情，每个人都会有不同的看法，这就是差异性。而真正的"君子之道"就是能兼容并蓄，立中而行，不会偏向任何一方。

大家在寺庙里都可以看到一尊菩萨，那就是笑口常开的"弥勒佛"，他袒胸露腹，肚子滚圆凸出，这就是人们通常说的"大肚量"。法国作家雨果说过这样的话："世界上最宽阔的是海洋，比海洋宽阔的是天空，比天空宽阔的是胸怀。"只有宽阔的胸襟才能容纳更多的人，更多的知识，相反，那些气量狭小、小肚鸡肠的人，容不下任何与自己不同的意见，也不可能取得成功。

一个真正有肚量的人，是不会刻意掩饰自己的缺点的人，是可以听取别人意见的人。肚量也就是平常所说的"宽容"，它不仅是一种社交艺术，更是一种增强自己实力和完善自己的方法。欧阳修在滁州当太守时，经常去琅琊山游玩，并时常与琅琊寺的主持谈论诗文。后来，主持在山道旁盖了一座亭子，特意请欧阳修前去参加落成典礼。欧阳修将这座亭子命名为"醉翁亭"，并为亭子作了一篇文章。

欧阳修命人抄了几份，叫衙役把它们贴在城墙上。衙役们不知道太守大人是什么意思，于是就问："大人写的文章，为什么要贴在城墙上呢？"欧阳修说："让过路人帮我改文章啊。人常说，一人才学浅，众人见识高。大家一定会把我的文章改得更好。"这样，整个滁州城都热闹起来，城里城外的人都纷纷跑来观看，有人说："太守写的文章，还要老百姓帮他修改，真是古今少有的新鲜事。"

欧阳修就坐在府衙内，不停地派人出去打听，一直到傍晚时分，衙役们才回来说："报告大人，琅琊山李氏老人前来帮您改文章。"欧阳修一听，马上出去迎接，寒暄一番过后，欧阳修就问老人："老人家，你觉得我的文章中有哪些地方需要改正呢？"老人说："大人，不瞒您说，您的文章我听人读了，句句讲的是实情，但我觉得开头稍嫌啰唆了。"欧阳修便从头将文章背下来："滁州四面皆山也，东有乌龙山，西有大丰山，南有花山，北有白米山，其西南诸峰……"刚背到这，老人打断了他，说："大人，毛病就是在这里。"欧阳修是何等聪明之人，顿然醒悟："您的意思，是不必点出这些山的名字？"老人笑了笑说："正是。大人。"欧阳修沉思了片刻，提笔将文章的开头改成："环滁皆山也，其西南诸峰……"然后一句一句念给老人听。老人满意地点点头说："改得好！改得好啊！"这才有了后世流传的《醉翁亭记》，欧阳修也因其做学问和为人处世宽厚的态度，为后人称颂。

孟子说："人之患在好为人师"，相信大家都听说过，就是不要处处表现得要高人一等，一副教训人的架势，特别是对那些身为上司的人来说，对待自己的下属，应该以宽容为主，能够听到他们的意见并接受其中的好意见，这才是好上司的风范。

当然，在社交处世中确实有些恃才傲物的人，他们总喜欢对别人指手画脚。对待这种人，可以奉上清代申居郧的一句话："才子多傲，傲便不是才。"可以说这种人与别人相处是不会融洽的，我想，这也不是你想见到的吧。

7.切忌占人便宜

子曰："诚者，非自成己而已也。所以成物也。成己仁也。成物知也。性之德也，合外内之道也。故时措之宜也。"

——《中庸》

人们常说："严以律己，宽以待人"，就是要求人们在为人处世中立正自己，不是你的，你绝不能要；不能做的，你绝不能做。要时刻做到"立中不倚"，不能贪图一点蝇头小利就丢弃了做人的原则。《孟子》说："仰不愧于天，俯不怍于人"，只有能"正道直行"的人才配得上这句话。

一个人所有的成功都是要靠自己的奋斗，依靠自己的实力去实现，而不是以自己的人格、尊严为代价换来的一点点便宜积攒下来的。但是，在现实生活或人际交往中，总会有一些爱占便宜的人，殊不知你的一言一行，一举一动都被别人看得一清二楚，不要以为对方默不作声，其实他对你的言行已经做出了准确的判断，他之所以没有当面指出,或者是碍于情面,或者是不想小题大做,或者有其他的什么原因。但不管怎么说,在他心里已经告诫自己:"这个人不值得结交。"

现在人都在讲究如何实现双赢,如何实现互利。这只有通过合作,如果没有互利互惠的共同目的,合作的各方也不可能走到一起。而对于结交别人时,也应该做到这一点,孔子说:"道不同,不相为谋"。如果彼此没有共同的语言、志向、爱好等等,那两个人的关系也不会太好。而当两个人建立起合作关系时,就应该处处为双方着想,而不能只为了达到自己的目的就毫不在意别人,这是与人交往中一个严重的错误。

很明显,"个人英雄主义"的时代已经离我们远去了,一个人不可能独立地完成所有的事,总得有需要别人帮助的时候,朋友、同事,都是能够帮助你完成目标的对象,而往往就有很多人信奉着"鸟尽弓藏,兔死狗烹"的思想,一旦达到了自己的目的,就立马"过河拆桥",甚至有人不择手段,"落井下石"。虽说这种人暂时得到了自己想要的,但这样爱贪图别人便宜的人,绝对没有好下场,等到"众叛亲离","孤家寡人"的时候,也只有叹气的份了。

明代有一个叫杨继盛的人在临终前,对他儿子这样说道:"宁让人,勿使人让;吾宁容人,勿使人容;吾宁吃人亏,勿使人吃吾之亏;宁受人气,勿使人受吾之气。人有恩于吾,则终身不忘;人有仇于吾,是即时丢过。"这是一个老人对人生、人性的彻悟,蕴涵着多么丰富的人生意义。他只讲了一个"恕"字,"宁人负我,我勿负人"。

而曾国藩对此的理解更加通俗一点。他认为,从前那些施恩于我的人,都是另有所图,少则数百,多则数千,不过都是钓饵而已。将来万一我做了总督或者学政,不理他们,又说明我为人刻薄;而理会他们,即使施一报十,也不能满足他们的欲望。正是因为曾国藩对此有如此透彻的理解,在京城为官的几年时间里,他从来不肯轻易接受他人的恩惠。他在给弟弟曾国荃的信中这样写道:"情愿人占我的便宜,断不肯我占人的便宜",并一再嘱托:"凡事不可占人半点便宜,不可轻取人财。"

曾国藩不愧为精明之人,或许身处官场中人,没有不赞同他的话的。而在普通的人际交往中固然没有官场中的那样可怕。但占便宜,无论是怎样的形式,是怎样的性质,是怎样的目的,用一句作家的话来说,那就是:便宜好占,或者难堪,或者麻烦。

第五节 不偏不倚,恰到好处

社交过程中不可能一顺百顺,会遇到这样或那样令人难以抉择的情况,这时就不能过于偏激,不能死钻牛角尖,更不能片面地处理。要学会运用"中庸"思想,万事之前,权衡两端,透析明辨,把握其中症结,找到正确方向,用变通的技巧,"不偏不倚""深中肯綮"的方式,去区别对待。这样,在与人交往中就能够实现双赢,人际关系就会达到最佳的效果,人与人之间也就会更加和谐。

执其两端,用其中
——注意场合,言行举止要适中

1.保持适中的人生态度

子曰:"故大德,必得其位,必得其禄,必得其名,必得其寿。"

——《中庸》

中庸为人处世的态度就是对任何人、任何事都要本着不走极端的方式,适可而止。良好的人际关系的建立需要个人保持适中的人生态度。

现实生活中,许多事情坏就坏在人们不能把握其中的分寸,坏就坏在过于偏激。人是有理性的,能够在清醒的时候分辨是非好歹,可一旦遇到自己不可接受的事情时,往往就容易一叶障目,往牛角尖里拼命地钻,甚至陷入难以自拔的境地。这个时候,个人的理性已经丧失了作用,从而做出令人不可理喻的行为。而实行"中庸"的意义,便是在于克服这种非理性的行为。

因为人生来就是存在着差异性的,所以每个人都应该根据自身情况,量力而行,适可而止,千万不可眼高手低,或走上难以回头的极端。古人都说:"水满则盈""过犹不及",这是在告诫后人们,哪怕是那些自己完全有能力争取到的东西,最好也是要留点分寸、留点回旋的余地,这是为人处世的客观需要。因为就个人而言,一旦处在非常极端的地步或状态,往往就是自己感到最被动的时候。

洪应明说:"居盈满者,如水之将溢未溢,切忌再加一滴;处危急者,如木之将折未折,切忌再加一搦。"现实生活中,有很多人只要能抓住机会,就会尽力地展现自己。如果从个人自我价值的实现的角度来说，当然是无可厚非的。但是，如果掌握不了其中的"度"，一旦表现过头，就会造成适得其反的结果。其实并不仅表现在这个方面，在社会生活中的方方面面，都是如此。有人说："哪怕是再好、再美味的佳肴，尽管非常合自己的口味，也最多只能吃个七成饱。"的确，"吃"多了，只会让人感到难受。

"中庸"要求人们在为人上要不偏不倚，一切要做到"以和为贵"，所谓"致中和，天地位焉，万物育焉。"任何人都必须与人打交道，都必须与人合作，这其中少不了合脾气、对口味的朋友、同事等等，当然也免不了会遇到一些在性格、气质、爱好、甚至于思维方式和行为方式都格格不入的人。通常情况下，人们都会亲前者而远后者，这种极为明显的待人接物的态度，其结果往往会给你在生活、工作中带来诸多不利。

中庸思想不是一种虚伪的，或是假心假意的，而是一种科学的人生智慧。不能因为自己的好恶，就区别对待或有着明显的交往界限。对那些自以为"情投意合"的人，不能走得太"黏糊"，而应该保持一定的距离，不要因为对方而改变自己的思维和行为方式。而对那些自认为合不来的人，应该在生活、工作、学习中积极地采取接近和表现出愿意与之合作的态度，俗话说："要团结一切可以团结的力量"。

在对待工作上，我们一定要谨慎，不要急躁、冒进。一般来说，如果一个人做事拖拖拉拉、拖泥带水的话，是无法做好工作的。但是，不经过仔细的思考、冷静的分析，而草率行事、鲁莽上阵，那也不可能把事情做好。"中庸"的态度就是要克制人们的偏激，冷静地对待每一件事，另外就是不能"到处撒网"，如果什么事都想干，一会做这个一会做那个，结果还是一事无成。

我们不可能趋同别人，也千万别奢望别人趋同你。为人，要做到"中立不倚"，不偏向别人也不拒人于千里之外；做事，也要做到"居中而行"，不偏激不走极端。这样就是适中的人生态度，也就是"中庸"思想的要义所在。

2.众人面前要注重自己的仪表

宗庙之礼，所以序昭穆也。序爵，所以辨贵贱也。序事，所以辨贤也。旅酬下为上，所以逮贱也。燕毛所以序齿也。

——《中庸》

社交的行为规范，一般称之为礼仪，也就是人们在社会交往中的条约。正如戴圣所说："人之所以为人者，礼义也。礼义之始，在于正容体，齐颜色，顺辞令。"也就是说要在日常生活和人际交往中注意自己的仪表。

仪表也就是指一个人的外在形象,由容貌、服饰、发型等组成。人的仪表可以反映出一个人内在精神和素养,前面已经讲过人的"第一印象"的重要性,所以要想很好地融入社交关系中,就得先从自己的仪表开始。如果不重视的话,即使是"天生丽质",也不一定会给人留下好印象。反过来说,如果刻意修饰自己,或打扮的奇装异服、妖里妖气的话,那也同样不会给人留下好的感觉。所以,只要适合自己的装扮就可以了。

达·芬奇提出,人体各部分之间的比例,都合于某些"黄金分割定律"。一般认为人的头长是全身高度的七分之一,肩宽为身长的四分之一,两腋宽度与臀部宽度相等。两眼之间的距离正好是一只眼睛的长度,耳朵的长度与鼻子的长度相等。当然,这些都人体的自然标准,现实生活中不可能都是如此完美的人,高矮胖瘦,容貌丑俊,都是很正常的。对绝大多数人来讲,需要通过着装、化妆以及配饰来掩饰不足,扬长避短,其主要目的就是在人际交往中给人以美感,也就是仪表。

俗话说:"人靠衣服马靠鞍""佛靠金装,人靠衣装",都充分说明了穿着的重要性,美的服饰可以在社交中给人带来美的享受。那什么样的着装最能展现个人魅力,服饰怎样才能算美呢? 首先,无论在什么场合,穿什么衣服,我们都应该保证衣服的整洁,若不然就会给人以不好的印象。其次要注意服装搭配的协调,一个人着什么装,怎样打扮都必须与个人的性格、气质、职业、年龄以及穿戴的环境、季节相协调。对于这一点,孔子在他那个年代就已经注意了,他说:君子的衣裳不用天青色和铁灰色镶边,不用红色和紫色做家居的便服。接着孔子又具体介绍了夏天和冬天的穿着,以及参加祭祀和丧礼时的着装。可见,维护礼仪就得从着装开始。

因为社交场合的不同,所以,人们的着装也应该随之变化。除了上述内容之外,人际交往中的举止投足也十分重要。站立时应挺拔向上,也就是人在自然直立时的姿势,人们说"站有站相"就是这个意思。不同的场合,人的站姿也有很多种,比如教师,常常把双手撑在讲桌上,以减少双腿的压力。但无论何种情况,都不要将手插在裤袋里或双手交叉在胸前,更不能有意无意地做些小动作,或是东倒西歪、耸肩勾背等,这样只会破坏自己的形象。

另外坐姿和走路的姿势也很重要。坐的时候不要将双腿分开过宽或将脚伸得过远,腿脚也不宜不停地抖动,也不可目中无人地跷起二郎腿。走路的姿势,按照性别、性格以及美学的要求,男女的步态应该是有很大的区别的,男性走路一般以大步为佳,女性则以碎步为美。但男女都应该注意的就是,走路时要两眼平视前方,不要左顾右盼,脚步要干净利索,有鲜明的节奏感。

很多的社交场合中,无声胜有声,举手投足间展现个人魅力常常超过夸夸其谈、高谈阔论,它不仅可以充分体现一个人的内在精神状态,还表现出对对方的尊重,让别人觉得你是一个有教养的人,切忌不修边幅,邋遢不堪。

3.心存公正,为人正直

子曰:"故君子和而不流,强哉矫。中立而不倚,强哉矫。"

——《中庸》

人们常说:"入乡随俗",也就是因为场合的不同,要尽量适应所在的场合。但"随俗"可以,千万不可以丢弃做人的根本,也就是"公允""正直"。《中庸》上说"正己则无怨",就是立正自身,绝不能因为个人好恶而偏袒或打击别人。

苏章是东汉顺帝时的冀州刺史,他的一个故交好友贾明在清河任太守。有一天,苏章奉旨来到清河检查工作,意外中发现了贾明的一些不法行为。这一天,苏章把贾明请来,为他摆了一桌酒席。两个人边喝边聊,诉说平生的友谊以及一起度过的时光。贾明悬着的心就放了下来,高兴地说:"别人只有一个青天,唯独我有两个青天。"苏章却一脸严肃地说:"今晚我和你喝酒,这是我们俩的私人交情。明天我作为冀州刺史审查你的问题,则是公事公办,不会徇私情的。"

第二天,苏章果然很快落实并查办了贾明的罪行,这件事一传出去,人人都知道了苏章是大公无私、心存正直的人,因此不正之风也大大收敛了。苏章的可敬之处就在于他公私分明,不会因为两人从前的交情而放纵对方,做官就应该先公后私。其实,做官的人和平常人一样,有父母兄弟、妻子儿女、朋友同事,他们也珍惜父子之情,手足之情以及朋友之情,但一个正直的官员,绝对不会因情而忘理的。

孔子说:"假如端正自己了,对于从政来说还有什么困难呢?不能够端正自身,又怎么能够去端正别人呢?"(《论语》)其实不管是当官的还是平民百姓,如果一个人自己不端正,办事不公正,别人都会看在眼里,记在心上。那么在以后的交往中,谁还会理你那一套呢?俗话说:"身正不怕影子斜""不做亏心事,不怕鬼敲门",只有真正心存公正、为人正直的人,才会得到别人的尊敬。

宋朝有一个叫种世衡的将军。在瀛州时,他哥哥的儿子因为喝醉了酒,杀死一个平民,被抓到大牢里。按照当时的法律应当判处死刑,为此,有很多人都为他的侄子求情,连被害人的家属都跪在地上请求他:"大人,您侄子和我们家无冤无仇,完全是因为醉酒,一时糊涂。这应该按照过失伤人罪论处,不能判处死刑。"

种世衡执意不肯,他说:"我是本地的长官,我的侄子伤人,明明就是仗势欺人,哪里是什么无心之错呢?如果我不是这里的长官,他敢杀人吗?国家的法律是大公无私的,我怎么能徇情枉法呢?如果我徇情饶恕了他,那我以后怎么管理乡民呢?"结果,种世衡毅然处死了自己的侄子,并很好地处理了受害人的丧事和善后事宜。

种世衡的做法肯定让很多人不能理解,他的侄子只是因为喝了酒,并非故意杀人,况且受害人家属都为之求情,本可以大事化小,小事化了的,但种世衡还是坚持自己的判决,没有因为是自己的侄子或因为别人的求情就放他一马。这是法律的公正,更是一个法律执行者的公正。

大家可以试想一下,一个没有法律的社会,一个没有正直的法律的执行者的社会,那将会怎么样?要想达到"有法可依,有法必依",就需要执法者"执法必严,违法必究",同时,社会是大家的社会,不是仅有公正的执法者就可以的,而是社会的每一个人都要学会用法律保护自己,从而不会做出偏激的、疯狂的举动,也不会骄纵违法者。

一个人在社交场合中,可以与别人谈私人交情,但要永远遵守秉性"中""直"的待人接物之道,在大是大非面前,绝不能徇私情。因为,正直是社交过程中不可缺少的做人原则,当然也只有正直的人才会受到人们的称赞。

4.为人处世不宜过于精明直

精明也要十分,只需藏在浑厚里作用。古今得祸,精明者十居其九,未有浑厚而得祸者。今之人唯恐精明不至,乃所以为愚也。

——《呻吟语》

翻开《二十四史》,我们可以从中看到,那些曾经站在历史的风口浪尖而最后纷纷落马者,十有八九都是精明之人。那我们可能会觉得很奇怪,既然是精明的人,又怎么会得到这样的下场呢?其实很简单,因为他们用尽心思、算尽机关,不免在于人于事中过于偏激。也必定会招致别人的嫉恨。

其实,在为人处世这方面,精明是一个人成功所必需的,但也要掌握好火候,没有分寸的精明那就成了"奸诈"了。过头的精明,就变成了小聪明,这种人往往是聪明反被聪明误,说不定哪天就搬起石头砸在自己脚上了。

盆成括做了大官,可孟子断言他的死期到了。果然,盆成括不久就被杀了。孟子的学生就问孟子是如何知道盆成括必死无疑,孟子说:"只有点小聪明而不知道君子之道,那就只能伤害自身。"孟子在这里所讲的"君子之道",就是"中庸之道",就是分寸。小聪明不能称之为智慧,充其量也只是小道末技,可能有人会凭借着小道末技得逞一时,而最终是没有什么好结果的。

《红楼梦》中王熙凤,可谓是一个绝顶聪明的人,她有着无与伦比的政治头脑和治家才能,而她应付各色人等的技巧,更是令人折服。但曹雪芹在给她的判词中是这样说道:"机关算尽太聪明,反送了卿卿性命",王熙凤算得上是"聪明反被聪明误"的典型了。

王熙凤在贾府可算是"巾帼英雄"。她想尽各种办法,用尽各种计谋,想使贾府在她的一手领导下,可以重新振作起来,或者至少维持着大家的局面,不至于继续凋零。但她所有的努力,却招来了贾府上下的不满,最终也没能使贾家恢复以前的辉煌,死后连自己的女儿也保不住。在《红楼梦》中也是一个悲剧形象,但又完全不同于其他人。

王熙凤在贾家承受了比一般人更多更深刻的痛苦和折磨,且不说她在背后遭骂挨咒、劳心竭力,就是死时的凄凉也会让她感到无比的苦楚。而与之相反的,在小说中还有个李纨,并不劳心竭力,却落得自由自在,人缘也好,到中年时,儿子又功成名就。事实上,王熙凤只知道要小聪明,只知道进,不知道退;不会给别人留后路,也不会给自己留余地;不知道厚道待人,只知道损人利己。最后连她的丈夫也数落她,背叛她,这一切都只能给她痛苦,而这根源,却只在于她的小聪明。

聪明,是一笔财富,关键就在于看你怎么用它。聪明,又是一把双刃剑,它可以帮助人战胜困难,又可以轻而易举地毁灭一个人。

好算计人的人,无不以为自己是天下第一聪明之人,而谁也不可能将自己的算计掩藏得没有一丝一毫的痕迹,一旦暴露于光天化日、众目睽睽之下,那他的算计就被人识破,到那时,算计者无处遁形,"老鼠过街,人人喊打"的场面,也许不是一般人可以承受得住的。

"赔了夫人又折兵"的典故,是在讽刺那些设计整人整不到,反而贴了老本的人。周瑜不能说不聪明,但"山外有山,人外有人",在诸葛亮的计谋下,使周瑜"偷鸡不成,反蚀把米"。可见,喜欢要小聪明的人,只会落人耻笑。

真正聪明的人,是善于使用聪明的人,主要是深藏不露,或者不到刀刃上,或者不到火候时,是不会轻易使用的。所以,在社交处世中,精明可以,但千万不能过头,要"适中""适当"而行,掌握其中分寸之后,才不会做"赔本生意"。

5.日常生活中要给人留台阶

子路问强。子曰:"南方之强与,北方之强与,抑而强与?宽柔以教,不报无道,南方之强也。君子居之。衽金革,死而不厌,北方之强也。而强者居之。"

——《中庸》

在实际与人交往中,我们都会有这样的感觉,那就是尴尬。为什么会这样呢?原因就在于你没给对方留余地,或对方没给你留台阶。这个时候,如果是一个器量小的人,一定会翻脸不认人了,最后连朋友没得做。

人总是爱面子的,当双方在一起说话办事的时候,都要时常考虑一下,这句话说出去,会不会让对方难堪,或做这件会不会替他招惹什么麻烦,如果都能这样想的话,那说话办事也就不会有那么多磕磕绊绊了。《中庸》说:"立中不倚",就是人们在说话办事中,以自己的原则和是非观进行判断,如果自己都觉得这话太伤人了或做这事太对不起朋友了,那就不可能会说出来、做出来了,这岂不是更好吗?

有这样一个生活小品,幽默而亲切:在一家餐馆里,一位老太太买了一碗汤,在餐桌前坐下,忽然想起来,面包忘了拿,于是她又站起来,去柜台上取面包。当她回来时,却发现在她的座位上坐着一位黑人,而且更令人吃惊的是那位黑人正在喝自己的汤。"他无权喝我的汤。"老太太寻思道,"可能他太穷太饿了吧。算了,不跟他计较,不过,不能让他一个人把汤全喝了。"于是老太太坐在黑人对面,拿起汤勺,不声不响地开始喝汤。

就这样,两个人都默默无语地喝着一碗汤。黑人忽然站起来,端来一盘面条,放在老太太面前,面里插着两把叉子。两个人也不说话,又埋头共吃一碗面条。等到吃完了,各自起身,准备走了。"再见!"老太太说。"再见!"黑人说。他显得很愉快,因为他做了一件好事。当黑人走后,老太太才发现旁边的一张餐桌上,摆着一碗汤,一碗显然被人忘了喝的汤……

看过这个故事,大家可能都明白了。当然,那位黑人有足够的理由,不让老太太和他喝同一碗汤,但他没有拒绝,或许他也就像老太太所想的,"她太穷太饿了吧。"所以,他不声不响地与她喝过汤,还特意端了盘面条,还继续与老太太共享。大家试想一下,如果把那个黑人换成自己,你会怎么做?

如果不能给别人台阶下,别人也绝对不会给你台阶下的;你嘲弄别人,别人也一样会嘲弄你。大家都知道《晏子使楚》的故事,楚王为羞辱晏子,就故意与他站在前厅说话,然后押上来一个"盗贼",说是齐国人,很显然就是想让身为齐国人的晏子难堪。可晏子却用了一个比喻就把楚王的嘲弄推翻,还弄得楚王很难堪。"大王,江南有橘树,如果把他移栽到江北,就变成了枳树,之所以如此,那是随着地方的不同而发生了变化。当今的齐国人,在齐国很守本分,从来不偷不盗,到了你们楚国就胡非作为,这大概是你们楚国的恶习熏染的吧。"让对方丢脸,这只适用于对方妄图丢我们的脸,使我们难堪的情况,绝对不能故意嘲弄对方。

康奈利是美国的剧作家,他的作品《绿色的牧场》深受观众的好评。康奈利最为突出的特征就是他那难寻一毛的秃头,有人认为这是智者的象征,而有人却拿它取笑。有一天下午,在阿尔贡金饭店里,康奈利遇到了一位中年人,这位中年人看到康奈利的秃头,就用手摸了摸,然后一脸得意地说:"康奈利先生,我觉得,你的头顶摸上去就像我老婆的臀部那样光滑。"听完他的话,康奈利看了看他,然后也用手摸了摸自己的头顶,说道:"你说得一点也不错,摸上去确实像你老婆的臀部一样。"一句话让那位中年脸色大变,灰溜溜地走了。

所以说,即便是最寻常的事,也要注意给别人留台阶下,如果不分场合,故意刁难或嘲弄别人的话,那你也绝对不可能讨到任何的好处,甚至会让你颜面扫地。

6.行动要有章法可循

权然后知轻重,度然后知长短。

——《孟子》

这里所说的章法可以把它理解成国家的法律、法规,以及人们共同遵守的社会公德等等。毋庸置疑,为人处世当中的言行举止当然不能超越于它。还可以把它理解成说话做事的"度",也就是要"适度""适中",不可有过也不可不及,要能顺应"中庸之道",那么说话办事也就不会失去章法、法度。

饮食无"度",便会伤身;荒淫无"度",便会误国;贪婪无"度",便会招致灾祸。同样,为人处世,行动取舍无"度",无度便会乱套,便会办坏事,理所当然地会受到应有的惩罚。孔子及其弟子们推行的"中庸儒学",目的就是要求通过人们的努力,使社会达到和谐。何以达到"和谐"呢?即是"中""和",即是个人行为的章法。"不以规矩,无以成方圆"。如果每个人都不遵从这个"规矩",那整个社会、整个人际关系也势必会乱了套。

洪应明说:"清能有容,仁能善断,明不伤察,直不过矫。是谓蜜饯不甜,海味不咸,才是懿德。"意思就是说:一个人清廉就有容忍的肚量,心地仁慈就能善断是非,精明而不失之于苛刻,性情正直而不会矫枉过正。这种道理就好比蜜饯虽然浸在糖水里而不至于过甜,海里产的鱼虾腌制在盐水里不至于过咸,一个人要能把握其中的法度,才算是为人处世的美德。

有这样一个故事:郑板桥在外地做官时,有一天收到一封家书,原来是其弟弟郑墨写来的。兄弟二人平时通通信也是很正常的,但这次却非比寻常。郑墨在信中说,要做哥哥的在当地的县令面前说说情,这令郑板桥很不自在。原来是这么回事,郑家与邻居的房屋共用一墙,郑家现在想将老房子装修一下,而邻居就出来干预,说那堵墙是他们祖上传下来的,不是郑家的,郑家无权拆掉。其实,在契约上都写得明明白白,那堵墙是郑家的,但是邻居不领情。于是这官司就打到县里,尚无结果,双方都不免会托人说情。郑墨当然就得找自己做官的哥哥了,想有契约在手,再加上哥哥出面,这场官司一定打得赢。

郑板桥考虑再三,给弟弟回了一封信,劝他息事宁人,信里面寄去一张条幅,上面写着"吃亏是福"四个大字,而且还写了一首打油诗:千里告状为一墙,让他一墙又何妨;万里长城今犹在,何处去找秦始皇?

弟弟郑墨收到回信,本以为哥哥肯定将一切事情都做好了,可打开一看,当下羞愧不已,于是马上叫人撤了诉状,并表示不再跟邻居争夺。那邻居见郑家这样做,当然也没有理由在继续闹下去了,于是两家重归于好,还是共用一墙。从这个例子中,我们可以看出,"吃亏"并不代表自己的软弱,能做到这一点,说明郑板桥为人涵养的深厚,并没有因为自己身居官位而欺世凌人,这就是为人的"度",就是达到与人和谐相处的"章法"。

其实道理大家都明白,关键就在于能不能做到。在日常生活中就有许多事情都应该权衡的,看似一件小事,但你如果不愿意做的话,也就等于犯了这种"无度"的错误。比如说,公交车上,一位年老的残疾人,拄着拐杖,而写着"老年人、残疾人专座"的位子上,却坐着一个年纪轻轻的小伙子。这不就是最寻常的事吗?古人都说要"为长者折枝",可现实生活中就有人不理那一套。所以,经常坐公交的人都时常会听售票员说:"哪位同志让一下座",如果是无人售票车又怎么办呢?

的确,人们都希望自己能够自由一点。但我们都知道,自由只是相对而言的,绝不是没有任何约束,想干什么就干什么的自由,而是有"法度"、有"章法"可循的自由。也只有在这种条件下,我们才能享受到不触犯法律和社会公德的自由。

7.酒席上的言行举止

《记》曰:"清明在躬。"吾人身心之间,须有一种清气。使子弟饮其和,乡党薰其德，庶几积善可以致祥。饮酒太多，则气必昏浊；说话太多，则神必躁扰。

——曾国藩《书赠仲弟六则》

一般来说，社交应酬免不了要坐在酒桌上。俗话说："酒越喝越厚。"讲的就是人际交往中，酒桌上会显得双方更加亲密。处世办事，以酒会友，以酒托人，以酒解难者大有人在。但要是处理得不恰当，也得不到预想的效果。

所以，曾国藩在给他弟弟的信中是这样说的："《礼记》上说：'清明在躬。'就是说我们身心之间，应该有一种清纯之气，从而使后辈们感受到你的恬淡祥和，邻居们也可以感受到你的高风亮节，这样才可以积善行德，带来吉祥。如果喝酒过量的话，那神思必定混乱不清，说话过多，情绪就必然会烦躁不宁。"显而易见，曾国藩的目的就是要他们少喝酒、少酒后说话，当然也就是要注意一个"度"的问题，"适中"就可以了。

下面有几点在酒桌上要值得大家注意的。首先，大家在一起喝酒，应该融融乐乐，不能带有个人情绪在里面，也不能窃窃私语。在酒桌上应该尽量多谈一些大部分人都能参与的话题，从而得到多数人的认同。因为个人的兴趣、爱好、知识面的不同，所以要避免话题太偏，避免一个人在那里高谈阔论，这样就忽略了众人，显得对别人不尊重。要特别注意的就是尽量不要与邻座的一两个人贴耳私语，给别人一种神秘感，往往会产生"就你们好"的嫉妒心理，影响气氛的融洽。

喝酒的时候，劝酒是少不了的，但有些人或许是出于热情，总喜欢劝人多喝，这种情况虽然不会伤害彼此的感情，但也应该注意。另外就是有一种人，喜欢看别人的笑话，所以经常以"酒量大"欺负"酒量小"的人，这是最值得注意的。一般来说，只要让对方喝好就差不多了，不能劝酒过分，以免伤感情。小李家装修房子，就请了一大帮朋友帮忙，当然喝酒是少不了的。酒桌上，小李仗着自己酒量大，就拼命地劝酒，谁不喝都不行，造成朋友之间大动干戈，结果小李住进医院，朋友都气愤地走了。虽说"礼多人不怪"，但是过于劝酒的话，那也毫无礼仪可言了。

如果酒桌上还有自己的长辈或领导，那就要敬酒。敬酒一般情况以年龄大小、职位高低、宾主身份为序。敬酒前一定要考虑到对方的身份，分清主次，以免出现尴尬的场面。某公司举行酒宴，公司里的大小领导都参加了。这时邻桌的小孙前来敬酒，按理说应该先给董事长敬酒，而小孙却先给副总敬酒。看到这个场面，董事长当然不太高兴了，这个时候，秘书老马说："你小子挺会办事啊，人常说给老板敬酒解酒劲，给老总敬酒后反劲，你倒是有长远意识嘛。"一句话把大家都逗乐了，既消除了尴尬的场面，又使酒宴保持良好的气氛。当然，小孙也就知道自己失礼了。大家试想一下，如果当时没有秘书打圆场，那小孙会处在什么样的境地啊？所以说，敬酒一定要分清情况，不能以个人好恶就区别对待，厚此薄彼。

酒桌上说话，是可以展示一个人聪明才智、学识修养的。有时一句话，可以使大家笑逐颜开，给人留下一个好印象。如果不会说话，那就无法让人对你产生好感了。幽默是酒桌上说得最多的，因为大家在一起都开心。而幽默也应该注意一个分寸，绝对不能太过火。有一次，某单位请老师傅去调试设备，办完事，单位里几个年轻的技术员就要请他吃饭。酒桌上，当然他的岁数最大，所以大家都向他敬酒，技术员小王说："来，师傅，今晚我一定让你躺着回去！"这句话一出，让老师傅大吃一惊，说什么也不喝，这时小王笑着说："我让您躺着回去，是说我们已经给您买好了卧铺车票了，让您躺在卧铺上睡回去。"听到小王的解释，老师傅哈哈大笑，接连喝了几杯，大家都高高兴兴地结束了酒宴。

酒作为一种最常用的交际媒介，为大家彼此沟通，传递感情，发挥了独特的作用，但是万事要有"度"，酒桌上言行举止的"适中"才能达到最佳的效果。

8.商务社交中的言行举止

知斯三者，则知所以修身。知所以修身，则知所以治人。知所以治人，则知所以治天下国家矣。

——《中庸》

人类因为合作，战胜了洪荒猛兽，一旦离开了合作，一个孤立的人注定会一事无成。俗话说"商场如战场"。且不谈人在商场是不是身不由己，如果想在商场的竞争中获得一席之地，就绝对离不开千根万结的交际，如果缺少了与人交际，缺少了双方的精诚合作，那在残酷的竞争中就会寸步难行，甚至是一败涂地。

客户永远是商务社交中的核心词汇。因为一切商务往来的利益都是源于客户，只有与他们友好往来，你才能使商业利益滚滚而来，因此，每一位成功的商人，首先都是一位善于结交客户的高手。商品社会中的买家和卖家，都是为了一个"利"字，这是毫无疑问的。但"君子爱财，取之有道"，这是不能忘记的。

"将予取之，必先予之"，商务社交中，只有先让别人得到好处，才有可能从对方那得到实惠。如果做大生意的人都像小商小贩那样斤斤计较，那是不可能成功的。所以，商务社交要正确对待"利益"，不能为了得到一时的好处，就不择手段、使奸使诈，那样的利益是不会长久的。

有这么一位企业家，想为一位朋友在一家酒店订个房间，他平时常在那个酒店租房进行商务会谈,而且他因此认识了酒店的老板。所以他就打电话到酒店,而接电话的是那位酒店老板的秘书,她当即给他安排一间比较好的房间,而且答应房价优惠。几分钟后,这位企业家意外地接到一个电话,是酒店老板亲自打来的,原来他已经从秘书那里知道了订房的事。他对企业家说:"先生,这个周末我们正好住店的客人不多。如果我可以向你的朋友提供一晚的免费住宿,我将感到非常荣幸。"

企业家高兴地连声称谢,他感到的不仅仅是意外之喜,而且还有酒店老板的慷慨大方。他对这家酒店的态度和印象就变了,并不是简单的租房间谈生意,谈生意过后付租金这样了,而是觉得愿意和这家酒店长期合作。所以,这位企业家以后的商务活动不再找其他的酒店,到本地来的生意上的朋友也一概推荐到这家酒店去住。

美国《亚洲华尔街日报》曾有这样一则报道:一名美国游客在日本东京游玩时,在一家百货公司买了一台电唱机,回到旅店一看,发现漏装了零件。第二天,他准备去那家百货公司进行交涉,而令他没想到的是那家公司先行一步,打电话来表示道歉。大约半个小时以后,公司的经理和一位年轻的职员又亲自上旅馆来向他道歉,并送来一台新的电唱机,同时还赠送给他一盒蛋糕、一条毛巾和一张著名的唱片。他们还向这位美国游客讲了发现这一错误之后,公司所做的努力,这其中包括他们为查找这位游客,曾打了三十五次国内国际的紧急电话的情形。

商务往来难免会出现这样或那样的失误,也难免会遇到一些不测的事情,这时应当把对方的利益放在首位考虑。即使是本方受到了一定程度上的损失,也不能因为自己有损失就可理所当然地让客户受损失,这时候是维护企业或公司形象的关键时刻,集团内的成员都应该努力保证本企业在利益受到损失的时候,不让集团名誉受到损失。

另外,商务社交中的朋友,不同于私人之间的朋友,虽然也免不了因为合作的关系而成为好朋友,但也应当明白商务社交的复杂性,有些生意上的朋友,同他们保持业务上的联系就可以了。至于有些人以谈生意为借口,而跟着别人出去花天酒地、烟窟赌场里鬼混,这是绝对要不得的,应当绝对避免。

君子中庸,小人反中庸
——与人交往中的"过"与"不及"

1.在磨炼中完善自己

博学之,审问之,慎思之,明辨之,笃行之。

——《中庸》

人的一生不可能一帆风顺,总会遇到或大或小的困难,如果人们不能承受一时的挫折,或者不能重整旗鼓的话,那一个人的一生就在悔恨和痛苦中度过了。人生就是一个学习、学习、再学习的过程,在学习过程中要有信心和勇气怀疑前人的经验,遇到什么疑问就要努力地去求证,只有在不断的怀疑、考证中才能学到真正的学问。当一个懂得了如何去学习,也就真正懂得了人生的真谛。

人生的磨炼就是一个长久而艰巨的学习过程,需要每个人都能正视每一次的挫折或失败,从而从中找到失败的原因,进而思考下一步该怎么走。孔子说:"学而不思则罔,思而不学则殆。"只有在人生的经验中学习、思考,这样在人际交往中才不会走上极端,也就能很好地面对和处理其中的"过"与"不及"了。

如果你去过人才市场,你会发现虽然是不同的公司,但都需要应聘者有一定的工作经验,也就是说,只有通过磨炼、打拼出来的人,才可以做一个好员工、好领导。因为一个人经过一定程度的磨炼之后,他的各方面都会发生一些变化,比如能够有计划有系统地去接受新知识、新技术,从而淘汰以前学到的根深蒂固的陈旧的、正在死亡的知识和技术,这样才能够在公司或集团里发挥更大的作用。

只有通过磨炼,才能放弃以前所拥有的,才能在新的岗位上获得所需的各种资源和能力。当然,这里所讲的磨炼,不是鼓励人们在某个地方待一段一段时间之后就马上跳槽,而是要人们能够在磨炼中更好地完善自己、突破自己固有的学习和工作模式,从而改进自己在工作中的态度以及处理问题时的方法。

曾国藩曾经说过这样一段话:"袁了凡所谓从前种种譬如昨日死,从后种种譬如今日生,另起炉灶,重开世界,安知此两番之大败,非天之磨英雄,使予大有长进乎? 语云:吃一堑,长一智。吾生乎长进全在受挫受辱之时,务须咬牙励志,蓄其气而长其智,切不可自馁也。"(《曾文正公全集》)就是说,面对挫折或遭受屈辱的时候,一定要咬紧牙关,鼓舞自己的斗志,积蓄勇气,增长智慧,而决不能灰心气馁。

磨炼是一种不可多得的经验,只有经过磨炼出来的人才能担当重任。相对于人际交往,也只有经过磨炼的人,才有可能在实际为人处世中得心应手,不会在面对和处理事情中过于偏激,也才可以处理得恰到好处、不偏不倚。

"如果想进入公司,就得拿出你的忠诚来。"这是每一个去索尼公司应聘者经常听到的一句话。索尼公司采用的是终身雇佣制和年功序列制工资制,也就是在公司辈分越高、越有功绩的人,工资越高。一旦进入公司就要把自己的一生交给公司,任何人都会以此为荣,对公司忠心耿耿。索尼公司认为,一个不能忠于公司的人,即使他再有能力也不会被录用,机会通常只有一次,要么是成为公司的终生员工,要么彻底地被排除在这个组织之外。他们对"忠诚"是这样诠释的:在这里衣食无忧,但你必须积极进取,努力发展自己的聪明才智和工作经验,只有这样你才有可能得到一份奶酪。

磨炼,可以使一个人成长,也可以使一个成熟。所以《中庸》上说:学习更多的知识;认真考证所学的新知识;用心去思考它;清醒地辨别是非;在实际工作或为人处世中应用它。这就是一个磨炼的过程,只有不断地从日常的学习、工作的磨炼中获取新知识和经验,才能不断地完善自己,才会有足够的信心和资本去应对前面的挑战。

2.做事要有条理

或生而知之;或学而知之;或困而知之:及其知之,一也。

——《中庸》

煎过鱼的人都知道,鱼身的两面都要煎。如果只煎一面,就很有可能一半都已经煎煳了,而另一面则可能还没有熟透,那别人见到这盘鱼就没了胃口。其实,为人处世也同这煎鱼差不多,如果不能有条有理地去做,正反两面都考虑到,一会看看这个,一会碰碰这个,结果只是一团乱麻,剪不断,理还乱了。

洪应明说:"仁人心地宽舒,便福厚而庆长,事事成个宽舒气象;鄙夫念头迫促,便禄薄而泽短,事事得个迫促规模。"人的能力都是有限度的,如果能对准备工作尽量做到慎重研究、仔细分析,就可以使本身的能力得到更大的发挥。比如赤壁之战,吴军做了充分的研究和长时间的准备,结果才能顺利地用火攻将曹操击退。如果头脑中没有一丝一毫的条理,只是走一步算一步的话,就不可能很好地完成任务。

　　有一位成功的企业家谈起他遇到的两个人。一个是性急的人，不管是在工作的时候，还是平时在路上遇到他，他都表现得风风火火的样子，像是有什么很重要的事等着他去做。如果你有什么事要找他谈话，他通常只能给你几分钟的时间，时间一长，他就会不停地看手表，暗示他时间很紧张。他的公司业务做得虽然很好，也有可观的收入，但他的开支也大。这是什么原因呢？原来是他在安排工作时，常常颠七倒八，毫无程序可言，而开会的时候，也时常丢三落四的，不知道自己应该主要讲哪几点。做起事来，也是一团糟，也常为杂乱的东西所阻碍。你看他的办公室，你会发现他的桌子上摆放得乱七八糟，简直就像一个垃圾堆。"我很忙！""我真的没有时间"，这是他最经常说的话。像他这样，即使有时间，也不会知道要怎么安排和利用。

　　而另外一个人就恰恰相反。每次见到他，他总是一副很悠闲的样子。能够把最重要的事放在前做，一些小事就留在后面，做事也非常冷静沉着。当你有什么找他的时候，他总是彬彬有礼，绝对不会开口提醒别人他没有时间了，或是有其他的约会什么的，他喜欢将下一个星期的约会写在一个本子上，都安排得有条不紊，恰到好处。在他的公司里，所有的员工都会将自己的桌子收拾得整整齐齐，而你看他的办公桌，也同样是整齐的。他说他每天晚上下班的时候，都会整理办公桌，有什么需要批阅的文件都能及时地批阅，有什么重要的信件他也会立即回复。有自己的公司，工作肯定会很忙，但他表面上从来没有一丝的慌乱，都是紧紧有条的。

　　"你的工作有程序，处理工作中的事务有条理，在办公室里决不会浪费时间，这样就不会因为一些琐事而扰乱自己的心志，那么做起事来，效率必然会很高。从这个角度来看，你的时间也一定很充足，你的事业也就会按照你的预定计划一步一步走向成功。"企业家这样总结道："如果像前面所说的那个人那样，确实整天都在忙啊忙的，但你看一看他的年终结算，你就会明白他原来是在瞎忙活。当然公司也就不可能得到长足的发展。"

　　古人说："不作无益害有益"，照现在话说就是不要做"无用功"。在社交处世中，做任何事情都应该循序渐进，有条有理，如果没有任何章法可循，那就没有了原则，关系网也必定杂乱不堪。一旦遇到什么事的时候，也可能会尽心竭力地去做，只会像一只无头苍蝇一样撞来撞去，最后还是起不到任何效果，甚至是好心办坏事，也就谈不上做事"适中""适度"了。

3.屈伸之间要把握好分寸

　　君子崇人之德，扬人之美，非谄谀也；正议直指，举人之过，非毁疵也；言己之光美,拟于舜、禹,参于天地,非夸诞也;与时屈伸,柔从若蒲苇,非慑怯也;刚强猛毅,靡所不信,非骄暴也。以义变应,知当曲直故也。

——《荀子》

虽说坚守"中庸"的根本原则不应该改变,但应根据时间、地点或事情的不同而做出相应地理解和运用,在某一场合认为是顺应"中庸之道"的,但当它的外在条件或其执行者不同时,那就不能称之为"时中"了。所以,真正的智者应当根据不断变化的条件去选择和执行自己的行事准则。《诗经》中说:"往左往左,君子能适应;往右往右,君子也能适应。"这就是君子之所以能按中庸屈伸,做出相应的变化。

荀子说:真正的君子推崇他人的德行,赞扬他人的美德,这并非是阿谀奉承;正直地议论和指出他人的过错,这并非是出于毁谤和挑剔;客观地表现自己的优点,可以与舜、禹相比,可以与天地相参合,这并非是虚夸狂妄。真正的君子能够随时势能屈能伸,柔顺如同蒲席,可卷可张,这并非是出于胆小怕事;刚强勇敢,从来不会屈服于别人,这并非是出于骄傲和暴戾。所以,真正的君子会用"义"应对各种变化,知道什么时候应该"屈",什么时候应该"伸"。

屈,无疑是一种保全自身的智慧;伸,当然也是一种光大自己的智慧。屈于当屈之时,伸于当伸之机,这才是真正的君子应该做到的。现实生活中只有把握其中的分寸,才能不失软弱又不失狂傲。

我们常常会在电影或小说中看到这样的情节:两个男孩同时喜欢一个女孩,而她与两个男孩都非常要好,甚至是青梅竹马,而两个男孩之间也如同兄弟手足,朝夕相处,共进共退。在这种情况下,姑娘更喜欢甲,可是甲碍于兄弟的情面,从来不敢向姑娘表达自己的爱意,当他知道乙也在喜欢姑娘时,一种兄弟之间的情谊和男女之间的情谊不断地在他的脑袋里冲突,也不断地在折磨他。最后,故事的发展常常是甲"忍"住了自己对姑娘的情谊,毅然决然地把姑娘"让"给兄弟乙,自己或是不辞而别,或是断然拒绝姑娘的爱意。

我们或许都会为这样的故事而感叹,的确,甲的做法虽然对于他的兄弟乙来说,无疑是一种忍让,是一种成全别人的"屈",但反过来说,甲不仅不尊重自己,也不尊重女方。这就不是表示一种高尚,它只是一种虚伪、可耻。"生命诚可贵,爱情价更高",如果从这个方面来说,男女之间的爱情是重要的,为了追求自己的爱情和幸福,是当仁不必让的。没有分寸的"屈让",或是因为外界的因素而改变自己的追求,那岂不是令自己抱憾终生?

日常生活中，人们常说："大丈夫能屈能伸"，也就是应当把握"屈"与"伸"之间的分寸，做到"与时屈伸"。朱熹编撰的《河南程氏遗书》中有这样一个形象的比喻：当天气刚冷的时候穿上薄裘衣就可以称为"中"，而到了三九天极冷的时候，再穿刚冷时穿的薄裘衣就不符合"中"了。

过度的"屈让"只会让自己受气，也会让人觉得你软弱可欺，这是绝对要不得的。在某大学的一个班集体里面，有一位同学比较胆小怕事，遇到什么事他都过分地忍让，虽然班级里的其他同学对他并无恶意，但在他们的头脑中就自然而然地形成了就应该"牺牲"他的利益的思想。由于他过分的软弱和极度的忍耐，而且这种情况一直持续了很久。终于有一天他忍无可忍了，原来一场十分精彩的演出又没有他的票，他脸色铁青，激动的声音令在场的人都震撼了。爆发过后，他拿走了属于他的票，摔门而去。同学们在惊讶之余，似乎也领悟到了什么。在以后的日子里，大家对他的态度不再像从前那样了，也没有敢未经他的同意而随便拿他的东西了。

所以说，只有把握"屈伸"的分寸，不能过分忍让，也不能过于张扬。一切都应当"适中"，"与时屈伸"，才可以避免受人欺辱或遭人嫉恨。

4.不要过分地恭维对方

故天之生物必因其材而笃焉。故栽者培之，倾者覆之。

——《中庸》

人际交往中任何语言的沟通都少不得要恭维对方，因为赞美的话通常是顺利与人交往的润滑剂，能够活用赞美是取得和保持良好人际关系的关键之一。那如何让自己的恭维使对方听起来高兴而又乐于承受呢？那就是"适中"，绝对不可恭维过分。

人是禁不住恭维的动物，对领导、同事、朋友来说都是如此，要想与对方保持密切的关系，要想使别人接受你的意见或建议，要想请求别人帮助你，那么恭维的是否恰当，话说的是否到位，就要注意其中的分寸，不能有过也不能有不及。

有一个公司的部门经理针对总经理抓好公司业务的同时，还结合自己的工作经验写了一本《经商之道》的书，部门经理这样称赞道："您在企业工作是一个错误的选择，如果您专门研究经营管理，我相信您一定会成为商务管理的专家，肯定也会有更加突出的成果问世。"总经理听完他的话，不满地说："你的意思是说我不适合做公司的总经理，只有另谋他职了？"听到总经理这样一说，部门经理本来是想给他"戴高帽"的,这时吓得满头是汗,连忙解释道:"不,不,不是,我不是这个意思,我是说……"最后还是旁边的秘书给打了个圆场:"部门经理的意思就是说,您是一个多才多艺的人,不仅本职工作抓得好,其他方面也很出色。"可见,同是恭维一个人,恭维一件事,秘书的表达方式就要比那个部门经理好得多,不同的表达的方式,其效果也会有很大的悬殊。

美国心理学家詹姆士说:"人类本性上最深的企图之一就是渴望被赞美、钦佩、尊重。"但是需要注意的一点就是赞美或恭维不等于献媚。赞美的目的是帮助对方发现其自身的价值和优点,从而使他获得一种成就感和优越感。而献媚拍马、阿谀奉承是令人生厌的,它的目的是为了一己私利,骗取他人的信任,如果被人识破的话,那原本的关系也就会随之破裂。而赞美则不同,它可以帮助双方消除隔阂,加深彼此的关系。

其实,现实生活中,只要稍微留心,就可以分辨出什么是真诚的赞美,什么是虚假的献媚。虽然二者的本质上有很大的差异,但外在表现却时常让人混淆。所以,赞美应合乎"中度",如果运用不当的话,就很容易让人误解成献媚,那就远远背离了我们赞美或恭维的初衷了。美国一位著名的社会活动家,讲了这样一个他自己的经历:在一次餐会上,碰到有位朋友穿着与我前不久买的一模一样的套装,于是我就对他说:"告诉你一个好消息,哪天我们可以同台演出了,怎么这么巧啊,我也买了一件和你一样的衣服,真是有默契,下次穿给你看看!"那天,我和他谈得很开

心,因为我和他的品位相同。在沟通中,为了注意保证对方的自尊心不伤害,我们必须时时运用恰当的赞美和恭维,能够令对方开心,又会加深对方对你的印象。

另外,在赞美或恭维女性的时候,也应该注意其中的分寸,因为女性对于别人的赞溢之词很敏感。如果身为男性,我们不妨试着发现她的某些与众不同的地方进行赞美。如果你对一般已被公认为"美女"的人说"你真美!"对方不见得会显得很高兴,因为她听了太多的这样的话,这时你不妨变一种方法,"好漂亮的戒指!""你今天穿得这件衣服显得特别迷人!""你的人漂亮,字写得也一样漂亮!"当我们

这样称赞她的时候,已经足以显示出我们对她的关注和热心了。切记,如果你想在生活、工作中与女性保持良好的关系,则绝对不要随便揭穿对方的缺点,千万不可毁谤她们。

因此,根据场合的不同,恭维对象的不同,需要做出相应的变化,但始终要注意一点:赞美或恭维不可过头,要赞美得实事求是,恰到好处。

5.不要在别人面前夸耀自己

君子之道,费而隐。

——《中庸》

《中庸》第一章就是这样教导人们:"君子应当谨慎有所看不到的地方,害怕有所听不到的东西。看不见的善于隐蔽,不明显的似乎微弱,所以君子必须慎防。"就是说为人处世中,不可能不表现自己,但要注意自己看不到、听不到的东西,如果在别人面前过于表现、夸耀自己的话,必定会遭到别人的嫉恨,从而引来不必要的麻烦。

高明的人,能上能下,达则兼济天下,穷则独善其身。要想做到这一点,就得先从做事留余地来说。老子的"知足"哲学也就包括这种思想:过分自满,不如适可而止;锋芒太露,势头难保长久;金玉满堂,往往无法永远拥有;富贵而骄奢,必定自取灭亡。所谓"物极必反",达到一个巅峰之后,如果不能适时地退身,那势必会走向其反面。

历史上凡是自表其功、自称其能,不分场合地夸耀自己的人,十有八九都会遭到猜忌甚至会招致杀身之祸。刘邦曾经问韩信:"将军看我带多少兵马?"韩信说:"陛下带兵最多也不能超过十万。"刘邦一听,当然很不高兴,就问韩信:"那么你能带多少兵马呢?"韩信说:"我和大王不同,我带兵则是多多益善。"韩信说出这样的话,肯定让刘邦觉得丢了面子,又怎么不耿耿于怀呢?即使是自己有功劳,有才能,也要注意对方的感受,不能口无遮拦而让对方觉得难堪。

唐朝郭子仪平定安史之乱的事迹已为人熟知,但很少有人知道,这位在千军万马中叱咤风云、指挥若定的将军,在为人处世中却是极为小心的。公元七六一年,也就是唐肃宗上元二年,郭子仪进封汾阳郡王,因此郭家住进了金碧辉煌的王府。而令人不解的是,堂堂汾阳王府每天总是门户大开,任人出入,不闻不问,与其他官宅门第守卫森严的情况截然不同。有客人来访的时候,郭子仪也无所忌讳地请他们进入内堂,并且命家中的姬妾出来侍奉。有一次,某将军离京出去任职,就到王府来辞行,看见郭子仪的夫人和女儿正在梳妆打扮,差使郭子仪一会拿这个一会拿那个的,就像使唤仆人一样。郭子仪的儿子觉得父亲身为王爷,这样子总不太好,就来劝谏父亲,以免遭人嘲笑。

郭子仪笑着说:"你们根本不知道我的用意,我的马吃公家草料的有五百匹,我的部属、仆人吃公家粮食的有一千人。现在我可以说是位极人臣,受尽恩宠了。但是谁能保证没有人正在暗中算计我们郭家呢?如果我在王府四周修筑高墙,关闭门户,不准人随便进出,和朝廷内外不相往来,假如有人与我有什么仇怨,在朝廷里诬陷我怀有二心,那我就百口莫辩了。现在我大开门户,无所隐瞒,这样就使那些流言蜚语没有滋生的余地,就是有人想诋毁我们郭家,也找不到什么借口了。"郭子仪的几个儿子听了父亲的一席话,都拜倒在地,对父亲的深谋远虑深感佩服。

了解中国历史的人都知道,历朝历代的大将,多数没有几个有好下场的。而郭子仪历经唐玄宗、肃宗、代宗、德宗数朝,身居要职六十年,虽然也几度沉浮,但总算保住了自己和家庭,这不能不归功于他的这种"居安思危""留有余地"的谨慎。

曾国藩曾经研究过《易经》,他说:"日中则昃,月盈则亏,天有孤虚,地阙东南,未有常全不缺者。"事物就是这样此消彼长、祸福相依的。所以清代的朱柏庐在劝诫后人时说:"凡事当留余地,得意不宜再往。"一旦什么事情做过了头,就要注意它会走向对立面。

在与人交往的时候,即使是需要表现自己的时候,也要把握分寸,尽量让自己的言行举止都做到"适中"、恰到好处,千万不要过分表现、夸耀,若不然就有可能会遇到意想不到的麻烦或灾祸了。

6.适时地满足对方的欲求

施诸己而不愿,亦勿施於人。

——《中庸》

人有欲望,更得有善良的本性,从而将欲望控制在道德和良知的范围内。如果能适时适地地满足别人的欲求,而做到不损害自己也不损害对方,那差不多就是"中庸之道"了。

欲求,是人性的弱点,在为人处世中,如果不能很好地处理自己的欲求和对方的欲求之间的关系,就无法做到待人接物的"适中"。人们通常都是不愿意失去,即使是几块钱都不情愿让给别人,甚至时常为失去一点小利而耿耿于怀,为此就一概否定别人的努力和付出,其结果只会失去更多的东西。

周文王四处寻找姜子牙,这天终于在渭水之滨见到了仙风道骨的姜子牙,正在直钩钓鱼。于是周文王就向他询问治理国家的方法。姜子牙说:"钓丝细微,饵食可见时,小鱼就会来吃;钓丝适中,饵食味香时,中鱼就会来吃;钓丝粗长,饵食丰富时,大鱼就会来吃。鱼贪吃饵食,就会被钓丝牵住。"接着,姜子牙有说:"用人办事的道理就和这钓鱼差不多:一是禄等以权,就是用高官厚禄聘人与用诱饵钓鱼一样;二是死等以权,就是用重赏收买死士与用香饵钓鱼一样;三是官等以权,就是用不同的官职封赏不同的人才,就像用不同的饵食钓取不同的鱼一样。人食君禄,就会服从君王。所以,用饵食钓鱼时,鱼就被捕杀。用爵禄网罗人才时,人就会尽心尽力地帮你办事。"这也就是适时满足对方欲求的目的。

楚河汉界划分之后,项羽率军东撤,刘邦也引兵西归。这时张良已经充分了解到项王的刚愎自用,到了众叛亲离的地步,于是张良就向刘邦建议,劝他趁机领兵灭楚,免得养虎为患。刘邦接受了张良的建议,亲自统率三军追击楚军,另外还命令韩信、彭越相助。

但是当刘邦追到一个叫固陵的地方,却始终未见韩信和彭越二人率军前来。这时项羽回击,挫败刘邦。刘邦就问张良此刻该怎么办,张良犹豫了片刻说:"大王,虽然韩信名义上是淮阴侯,彭越是建成侯,实际上两个人都没有一点实权,再加上大王还没有将疆界划分给他们,这就是他们不来援助的原因。"刘邦不知道张良是什么意思,就问道:"那目前我应该怎么办呢?"张良说:"大王若想二人来援助,我请大王将陈地至东海的土地划分给韩信,将睢阳以北到谷城的土地划分给彭越,让他们得到实实在在的好处,肯定会竭尽全力地来救大王。"刘邦没办法就同意了张良的计策,不久韩信和彭越果然率兵来援。接下来的几个月中,各路兵马聚集垓下,韩信设下十面埋伏,与项羽决战。项羽不敌,兵败自刎。长达四年的楚汉之争,以刘邦获胜告终。

你想要一个人心甘情愿地帮你办事,就不如让他感觉是在为他自己办事。张良在韩信和彭越索要实惠的这件事上,处理的就十分周到,他充分利用了人类共同的缺点,就是人的功利心。所以他请求刘邦将韩信和彭越名不副实的名号变成实际的,划了封地给他们之后,就满足了他们的心愿,使他们尽力而战。

一个人有特殊的欲求,而你又偏偏是可以满足他们的那个人,当你遇到困难时,你还会将这种特殊的权力握在手中吗?当你满足了他的欲求,他就乐于为你办事,这不是你的手段卑劣,也不是你诡计多端,而是你想完成任务所必要的方法,只要能适当地制约对方的欲求,就不会违背"中道"了。

7.社交中自嘲的妙用

天下有中,敢直其身。

——《荀子》

幽默一直被人们称为只有聪明人才能驾驭的语言艺术,而自嘲又被称为幽默的最高境界。有人说,能自嘲的必须是智者中的智者。的确,自嘲是缺乏自信者不敢使用的技术,因为它经常要求你自己"骂"自己。自嘲,不失为一种中庸退让、保全自己的方法。当你被人羞辱或遇到尴尬的境地时,用自嘲的方式来解决,不仅能产生幽默的效果,还可以让自己从羞辱或尴尬的境地中解脱出来。

中国古代文人是善于自嘲的,自嘲不仅好笑有趣,而且含蓄、意思深远。苏轼有一个儿子,取名遁儿。在生下三天"洗三"的时候,他赋诗曰:"人皆养子望聪明,我被聪明误一生。惟愿孩儿愚且鲁,无灾无难到公卿。"聪明的人多灾多难,愚鲁的人反而平平安安,甚至可以居高位。养儿子,谁不希望他聪明呢?写这首诗时,苏轼正被贬在黄州,昔日高官要人今天形同农夫。这首诗中难免有不满,有怨气,有牢骚,但以轻松幽默的笔调,自我解脱,自我调侃,便又显出了他几分大度、几分豁达、几分超脱。

传说古代有个石学士,一次骑驴不慎摔到地上,一般人一定会不知所措,可这位石学士不慌不忙地站起来说:"亏我是石学士,要是瓦的,还不摔成碎片?"一句妙语,说得在场的人哈哈大笑,自然这石学士也在笑声中免去了难堪。以此类推,一位胖子摔倒了,可以说:"如果不是这一身肉托着,还不把骨头摔折了?"换成瘦子,又可以这样说:"要不是重量轻,这一摔就成了肉饼了!"

自嘲是一种人生哲学,也是一种生活方式。一句轻松的自嘲,是对人生百味的咀嚼,是人生智慧的体现,但是值得注意的是,自嘲与"阿Q"那样的自欺欺人是不可同日而语的。只有能清醒地自我认识、自我观照的人,才敢于自嘲。

在社交中,当你陷入尴尬的境地时,借助自嘲往往能使你从中体面地脱身。在某俱乐部举行的一次招待会上,服务员倒酒时,不慎将啤酒洒到一位宾客那光亮的秃头上。服务员吓得手足无措,全场人目瞪口呆。这位宾客却微笑地说:"老弟,你以为这种治疗方法会有效吗?"在场的人闻声大笑,尴尬局面即刻被打破了。这位宾客借助自嘲,既展示了自己的大度胸怀,又维护了自我尊严,消除了耻辱感。

社会中有些人往往会因为自己的某些生理上的缺陷而感到无比的尴尬,也会在人际交往中感到自己不如别人,其实这大可不必。只要能正视自己的缺陷,并注意一定的场合,适当地运用自嘲,就可以化解尴尬和别人的偏见。

此类例子很多,一些相声演员、笑星或节目主持人常以此赢得观众的好评。生活中也不乏这样的人。一位教师,虽然只有四十多岁,但头发大多秃光了,露出一片"不毛之地"。以前常有学生在背后叫他秃顶老师,后来他干脆在课堂上向同学们讲明了因病而秃发的原因,最后,他还加上了这样一句自嘲:"头发掉光了也有好处,至少以后我上课时教室里的光线可以明亮多了。"同学们发出一片友好的笑声,此后再也没有人叫他秃顶老师了。当然,自嘲不是自我辱骂,不是出自己的丑,这里当然也要把握好分寸。

自嘲,不是以讨好别人为目的,更不是以自轻自贱为代价。适当的自嘲,在处理人际关系时就有可能获得意想不到的效果。鲁迅《自嘲》诗:"运交华盖欲何求,未敢翻身已碰头。破帽遮颜过闹市,漏船载酒泛中流。横眉冷对千夫指,俯首甘为孺子牛。躲进小楼成一统,管他冬夏与春秋。"这里,鲁迅并不是说丧失了与黑暗势力战斗的信心,而是一种自勉。

由此可见,适时适度的自嘲,不失为一个人良好的素质修养,一种充满智慧的社交能力。如果你"海拔"不够高,你不妨可以说"浓缩的都是精华";如果你不太英俊,想找一个美丽的她,你不妨可以对她说"我很丑但我很温柔";即便你如刘墉那样在背上也背了个小罗锅,也不妨说你是背弯人不弓。

齐明盛服,非礼不动
——人际交往中礼仪的分寸

1.人际交往要以礼仪为先

齐明盛服,非体不动,所以修身也。去谗远色,贱货而贵德,所以劝贤也。尊其位,重其禄,同其好恶,所以劝亲亲也。官盛任使,所以劝大臣也。忠信重禄,所以劝士也。时使薄敛,所以劝百姓也。日省月试,既廪称事,所以劝百工也。送往迎来,嘉善而矜不能所以柔远人也。继绝世,举废国,治乱持危,朝聘以时,厚往而薄来,所以怀诸侯也。

——《中庸》

促使人与人之间相处融洽的最好的方法,就是"礼仪"。它代表着交往双方的尊重、亲切、体谅等等,同时也表现出一个人的修养。社交礼仪与每个人的生活、工作都是密切相关的。谦而有礼的人生是成功的,彬彬有礼的生活是幸福的,合乎礼仪的交际是和谐的。所以孔子说:"恭而无礼则劳,慎而无礼则葸,勇而无礼则乱,直而无礼则绞。"

中国是历史悠久、具有深厚的文化积淀的文明古国。在这文化积淀中,"礼仪"占有重要的地位。《中庸》说:"优优大哉,礼仪三百威仪三千。"所以中国人较西方人含蓄,也更加讲究礼节。但是,由于中国几千年的封建文化传统,致使很多人太重视繁文缛节,使得人们对"礼"的认识发生偏差,这无疑就违背了"中庸"思想中的"礼"。现实生活中缺礼、少礼,是最轻率的交际态度。而过于注重礼节,则有可能适得其反。只有适当地、正确地运用社交礼仪,才符合现代人与人交往的基本要求,才能给自己的人生提供宝贵的发展机遇。

通常来说,礼仪就是人们常说的礼貌。而有的人认为,礼貌只是人际交往的一种外在表现,或是一种手段,并没有其他实际的价值。如果每个人都这么想的话,那人与人之间的交往岂不成了"钱货两讫"的交易关系了吗? 这和做生意又有什么两样呢? "礼"真的只是人际交往中的虚假的表象吗?

事实并非如此。孟子说:"敬人者人恒敬之,爱人者人恒爱之"。如果当你得不到别人的尊重的时候,你就会觉得气恼,你也不会尊重他。相反,当别人尊重你,你会感到快乐,也就会尊重他。现代心理学认为:"自尊是维持心理平衡的要素"。可见,每个人都有维持心理平衡和健康的要求,只有得到了别人的尊重,才能进一步肯定自己存在的价值。所以,尊重、体谅等"礼节",不是什么明文规定,也绝不是虚假的表象,而是发自人内心最基本也最真诚的言行举止。

俗话说:"先学礼而后问世。"没有人生下来就懂礼的,都是经过后天的学习培养成就的,家庭、学校、社会,都是人们学礼的环境,也只有通过这样的学习,才能逐渐让我们成为一个彬彬有礼的人。在现实生活中学习礼节虽说不是件难事,但一个人要能时时刻刻保持彬彬有礼的为人处世的态度,也不是容易的事。因为它在某种程度上体现了个人的道德、伦理、学识等素养,如果其他方面跟不上,"礼"也不可能得到很好表达和应用。

讲究"礼节",不能只讲究形式,要保持或让人感受到你彬彬有礼的态度,一定要从对别人的关心、尊重开始。在生活中,要有随时随地关心别人、尊重别人的精神。那么,在一些特定的社交环境中,就会自然而然的以平实有礼的态度与人交往。所以有人说:"要学习礼节,最好是从公众场合中待人接物做起。"这句话是很有道理的。只要我们平常多留心人们交往的各种行为,就不难学到许多有"礼节"

的待人接物的方法。

讲究礼节本身是好事，但也并不是对每个人、每件事都有一整套刻板的礼节，那岂不是缚手缚脚了吗？有许多的礼仪，事实上都是现实生活中的一部分，是潜移默化的，也是习惯成自然的，我们并不感觉到它的约束。另外一些比较特殊的场合中的礼节，只要我们基于尊重、体谅别人的心情，也都是不难做到的。

虽然说现代人对有些礼节并不太重视，但人与人之间的交往是不可能忽视礼节的。只要以礼仪为先，恰到好处地运用礼仪，就会给你带来良好的人缘，交际关系也就随之变得和谐了。

2.拜访的礼节

大哉圣人之道！洋洋乎，发育万物，峻极于天。优优大哉，礼仪三百威仪三千。

——《中庸》

拜访他人是我们日常与人交往中必不可少的，古人云："出门如见大宾"，就是说在拜访他人的时候一定要庄重得体，不失分寸。

一般说来，拜访可以分为正式的和非正式的。正式的拜访是指有正式的理由，还要通过事先预约，确定见面的时间和地点，并按时赴约而进行的拜访。比如，一些商务交往。而非正式的拜访则多出现在朋友之间的往来。当然两者之间并没有多大的界限，是可以相互转化的。但不论是正式的还是非正式的，都应该遵循一定的礼仪规则。

首先，拜访前要做一定的准备，要事先预约。拜访他人应该先约好时间，既可以避免成为不速之客，又可以防止"吃闭门羹"。如果对方工作繁忙，就最好选择节假日，尽量避免在对方吃饭时前往，更不要在对方临睡前拜访，以免影响对方的休息，引起对方的反感和不满。另外约定时间以后，一定要准时到达，如果确实有什么意外的情况发生而不能赴约或需要改期，要事先通知对方，并表示歉意，因为失约或赴约时迟到都是对对方的不尊重，这一点应该注意。

中国有句古话，叫作："无事不登三宝殿"。意思就是说，拜访者都有一定的目的性。如需要商量什么事情，或者请对方帮忙，应该在拜访之前考虑一下怎样交谈更为妥当，都要认真地设想和安排。如果是看望老人、病人或走亲访友，需要哪些礼品，也要事先准备好。

拜访者的言行举止会直接影响到拜访目的的实现。到朋友家或是拜访对象的办公室，事先都要敲门或按门铃，等有人应声允许或出来迎接时方可进去，千万不要擅自闯入,即使是好朋友之间也是如此。否则,就会被视为缺乏教养。如果对方家中铺有地毯等地面装饰物,则要征求主人的意见,是否需要换鞋后再进入。进房间以后,如果还有其他人在,不管认不认识都应该向对方打招呼。如果主人端上来茶水,应从座位上欠身,双手接过来,并表示感谢。还有吸烟者也要注意场合,尽量避免在别人面前抽烟。如果要抽的话,也应该征求主人或在场女士的同意。

拜访时注意交谈的时机和技巧,要随机应变,处理妥当。交谈中除了要充分表达自己的思想观点外,还要注意倾听对方的谈话内容,观察对方的情绪变化与周围环境的变化。比如,对方谈兴正浓,交谈的时间可以适当长些,反之就短些。自己说话时应注意给对方留一点插话或建议的时间和机会,切忌一个人高谈阔论、滔滔不绝,以免喧宾夺主。

专程拜访和朋友之间的闲聊不同,一般都具有较强的目的性。如果想请对方帮忙,应该开门见山,不要兜圈子,用几句话把事情讲清楚,不要一会谈谈这个,一会说说那个,令主人无从做起。如果对方由于什么原因不能帮助你的话,也不能强人所难,硬逼着他去办,否则会伤害彼此的感情。

在与对方的交谈中,如果发现对方心不在焉,或时不时地长吁短叹,说明他心情烦躁,根本没有听进去你的话。或者对方另有朋友来访,就要把握好时机,有礼貌地提出告辞。不管拜访的目的达到与否,告辞的方式也要注意,千万不可显得急不可耐。辞行时,应向主人及其家属或在场的客人一一握手或点头致意。

总的来说,拜访别人一定要遵循“客随主便”的规矩。还有一点值得大家注意的是:对待不同的人,应尽量采取符合对方特定身份和环境的不同礼节,不能一概而论,以免顾此失彼。

3.接待的礼节

诗曰:“奏假无言,时靡有争。”是故君子不赏而民劝,不怒而民威於鈇钺。

——《中庸》

"礼尚往来",是我国的传统美德。既然有拜访,就有接待。所谓:"来而不往,非礼也"。拜访需要礼节,接待也需要讲究礼节。

事先约好别人到你家做客,就应该做好各方面的准备。比如个人的仪表要整洁朴素,居室要收拾干净,招待客人的必备物品如茶水、点心、香烟等要提前准备好。如果约对方在办公室见面,也要做一些必要的准备。

客人到达,不论职位高低、是否熟悉,都应该一视同仁,热情相迎,亲切地打招呼。如果在场的还有其他人,应及时予以介绍,以表示友好的气氛。如果是长辈或领导,应请其上坐,主人在一旁陪同。如果是晚辈或下属,则请随便就座。在斟茶递水时应请长辈或上辈先用,然后再端给平辈或下属,在交谈中,应适时地为对方添水,以免出现尴尬的场面。在用点心或糖果时,主人既不可只顾自己吃,也不可只让客人吃而自己不吃,这样会使对方觉得不好意思,也会让他觉得拘谨,这都是失礼的。

环境对人的情绪和精神状态影响也很大。因此,在与对方交谈时,应该注意调节室内的温度、湿度等。夏天要选择一有电扇或有空调的环境接待客人,冬天在开空调时应注意不要与室外温度相差太大。如果来访者和主人家中其他人不太熟悉,其他人最好不要随便插话,如果无处可避,其他人应尽量各自做各自的事,比如看看电视、听听音乐,但要把音量调小一点,保持安静的环境。

在接待客人的时候,不但要讲究礼节,还要尽量注意不要触犯禁忌,不应该发生的事,最好就不让它发生。下列的情况应加以杜绝:对方来访时,主人蓬头垢面或室内脏乱不堪;客人进门,主人依旧在"我行我素"地忙自己的事;与客人交谈时心不在焉、东张西望;把客人带来的礼品当场打开、乱翻乱弄;不经客人同意而打开对方随身携带的公文包。凡此种种,都是极端不礼貌、不文明的,甚至是极为丢脸的行为,在接待客人的时候应绝对避免。

尽管有些来访者并不受主人欢迎,但来者都是客,主人不能根据自己的好恶而不顾别人的情面下逐客令,而应该采取一些合乎礼节的做法。比如:要热情而不失分寸;尽量站在对方的角度考虑问题;耐心听取对方的谈话内容,认真分析其中的合理性,不能因为不欢迎他而置之不理;对于自己能办到的事情,应该尽力而为;对于自己办不到或力所不能及的事情,应该婉言谢绝,并说明原因,以求对方能谅解,等等。

客人准备告辞时,主人适当地表示一下挽留也是不可缺少的礼节,但不可强行阻拦。客人执意要走,一定要等客人先起身,然后主人再站起来相送,送客应送到住房门口或楼梯口，握手后，嘱咐对方慢走。对于年长的客人或上级，应送至楼下，如果送至电梯，则要等电梯关门后再走。不要等对方刚出门，就马上关上房门，并且关得很响，这是很不礼貌的。

待客之礼，最关键的就是，让对方高兴而来，满意而归，决不能因为自己的失礼使对方扫兴而归。

4.忠言不应逆耳

故君子尊德性，而道问学，致广大，而尽精微，极高明，而道中庸。温故而知新，敦厚以崇礼。

——《中庸》

忠告，对于帮助他人和建立良好的人际关系，是起着不可替代的作用。反过来说，不能给予他人忠告的人不是真诚的人。因为这种人不愿意将自己的真实想法、感受告诉对方。也就是说，不爱别人的人不会给予他人忠告的，也同样得不到别人真诚的忠告的。因此，我们在人际交往中，应该欢迎忠告，更应该给人以忠告。

尽管如此，一般情况下人们都是不愿意听忠告的，因为"忠言逆耳"。即使是内心有理性的认识，但人们往往会被"逆耳"而造成的反感情绪所控制，这样就很难听得进去了。其实，"忠言"不一定"逆耳"，只要提出的忠告恰到好处，充分表现出尊重和真诚，就不会发生这种令自己尴尬也令对方尴尬的事情。

有一位学生，因为厌倦了游荡而感到后悔，暗暗下定决心要回家好好学习。当他刚进家门的时候，他的母亲就这样说他："你又到哪去了？还不赶紧去复习功课，看你现在这个样子，将来怎么考得上大学！""哼！上大学，上大学，我就不信不上大学就混不出人样！"由于受到逆反心理的驱使，一气之下，儿子又跨出了家门，母亲的一番苦心算是白费了。

仅仅有好的愿望还是不行的，忠告也需要一定的技巧，否则就不可能收到效果。如果我们能做到以下几点，你的忠告就容易被人接受，"忠言"也就不会逆耳了。

首先，态度一定要谦和诚恳。大家心里都明白，忠告说到底还是为了对方，为对方好是忠告的根本出发点。因此，要尽量让对方明白你的一番好意，就必须谨慎自己说话时的语气、表情、措辞等等，千万不可疏忽大意，草率行事。说话时，态度要自然，不要表现出你对他已经失去信心的样子，用语不太过于激烈，但也不能太委婉，否则他会认为你是在求他，或是让他觉得你是在假惺惺地表演。

其次，要选择适当的场合和时机。如果你的下属尽管做了最大的努力，但事情最终没有办好，此时最好不要向他们提出忠告。如果你这时说："你如果当时不那样做就不会发生现在的事了"之类的话，那么这是一句让人生厌的废话。即便你真的指出了问题的要害，而且说的也很在理，但你要注意，当对方正在努力做这件事的时候，而你自己没有做。这个时候，对方虽然口中不说什么，但在他心里可能就会这么想："有本事，当时你自己做""只会教训人，那么难，你也不一定能做好"等等。对方有了这样的心理，那你的忠告就没有任何用处了。

相反，如果此时你能多说这样的话："辛苦你了""我知道你已经做了最大的努力了""这件事确实不好办，要是我做也不一定做得好啊"。先安慰对方一下，让他调整自己的情绪，然后再不失时机的与他一起分析失败的原因，那么他就会很乐意接受你的忠告。

当然，选择在什么场合提出忠告，也应当值得注意。原则上讲，提出忠告最好是一对一，没有第三人在场。如果在办公室，大家都埋头认真工作的时候，你就当面说他，即使你当时觉得很气愤，但对方不会管你有什么感受，他在乎的是自己的感受和其他在场人的感受，他会觉得很没面子，那么你就无形中伤害了他的自尊心和自信心，对以后的工作也就没有任何的激情和积极性了。

最后，不要以事与事、人与人相互比较的方式提出忠告。因为在比较两个人的时候，总有意无意地会将别人的长处和对方的短处做比较，这样就更加容易伤害对方的自尊心了。我们看一个例子：有一位母亲是这样忠告自己的儿子的："我说儿子，你看看隔壁家的小明多有礼貌，多乖啊！你和他是同年生的，可你比他还大两个月呢，你怎么就不如他呢？儿子，你可要好好向他学习、做个好孩子啊。"这是中国最经常出现的家庭式教育，我们来看她的儿子是怎么回答的："哼！嘴里整天就说他这好、说他那好，你干嘛要把我生下来啊？你干脆让他做你的亲生儿子算了！"

可见，忠告有时候是令人难堪的，但是只要多站在对方的角度上想一想，言行举止中多一点关爱和尊重。那么，你的忠告就不会"逆耳"了，才有可能取得效果。

5.尊重他人，消除沟通中的障碍

子曰："使天下之人，齐明盛服，以承祭祀。洋洋乎，如在其上，如在其左右。"

——《中庸》

在日常生活中，我们都是以自我为中心与人交往，但不可以以自私的心态去要求他人。"中庸"思想的目的就是要使人们在平等的地位上达到人与人之间的和谐。人与人之间的交往的目的在于双方实现真正的沟通，而沟通的前提就是要相互尊重，相互坦诚。

沟通就是追求交际双方彼此的认同，认同需要勇气、耐心和尊重。勇气使你能舍去自己的执着，甚至是固执，学会多站在对方的立场上考虑和理解问题。耐心可以使你认真倾听，对于别人好的意见或建议，能接受他人的意志；尊重可以减少彼此之间的功利心，能够一视同仁地对待每一个人，不会把自己的意志强加在别人头上了。认同，是交际双方相互的，也就是你愿意接纳别人，别人也要接纳你一样，如果缺少了其中一方，那也就不可能相互尊重，相互沟通了。

心理学家坎贝尔教授说："我始终不明白，为什么要有机器人这个说法。只要词语中带有'人'字，无疑意味着人为地拔高物质的高度。"与人交往中，不要把对方看作是机器人，可以由你想怎么控制就怎么控制。只有学会尊重他人，意识到对方也拥有充分的智慧，拥有完整的人格和独立的个性，才会有真正意义上的有效沟通。

与别人交流尽量多采用含蓄的暗示方法。既然对方不是机器人，你就理所当然地要尊重他。暗示就是为了保全对方的自尊，不直接指责或指使别人，可以间接地暗示别人做你希望他做的事。暗示可以成为他人行动的动力，对方在接受暗示的时候，就已经感受了你对他的尊重，他就会尊重的意见或建议，也就会主动帮助你达到你希望的结果。

在沟通之中，人们彼此观察着对方的态度、行为乃至每一个极微小的细节，这样做是为了判断对方的强弱。所以，一个人要想使沟通顺利，就得在态度和行为上把握分寸。一般来说，在心理状态上要和他人平起平坐，不要高估自己，也不要看低对方。既然你和他人正在沟通，就要信任他的诚意和能力，哪怕你面前坐着的是一个乞丐，你也应该明白，在他那里是有些东西是你不具备的。

另外，要注意倾听他人，这是沟通中必须的，也是尊重他人的一个方法。在倾听中了解他人，就等于为他人倾听你打下相互尊重的基础。在相互倾听的过程中，力争求同存异。你会发现，在彼此共同认同的同时，相异的观点常常也会不自觉地彼此融合，变成了相同点。从而得到双方都可以接受的共同点，达成共识。

语言是彼此共同最常用也最重要的一种方法，如果能巧妙地运用好语言这一工具，就不需要其他的形式了。除了语言之外，身体语言也很重要，如果与人交谈时，你做侧头或低头沉思的动作，对方就会明白这个问题你有疑问，这就比直接说出来更有效，不至于立刻和对方抵触。这时对方一定会问："有什么地方不对吗？"

这样就可以顺利地向他表达自己的疑义和意见,也不会伤害对方的自尊心了。

　　沟通时,个人要保持内心的稳定,内心目标要和自己的言行举止相符合。在重要的问题上,要注意仔细地倾听对方,领会每一句话的意义,时刻让自己的内心保持平静。如果我们认可他的观点,就会不自觉地改变或修改自己的观点。如果不能保持内心的稳定,即使对方是正确的,你还是会一意孤行,这就犯了沟通中最严重的错误。结果双方也不可能达到相同的观点,当然别人就会觉得你不尊重他,沟通也将无法继续进行。

6.道歉也是一种礼貌

　　人之过误宜恕,而在己则不可恕;己之困辱宜忍,而在人则不可忍。

——《菜根谭》

　　儒家倡导的礼仪,其根本目的就像有子所说的:"礼之用,和为贵","和"就是《中庸》所说的"中和",就是"喜怒哀乐之未发""发而皆中节"。我国古代既崇尚礼,更崇尚中和。上至国家下到个人,为人处世以"中""和"为贵,所谓不激不厉,不偏不倚,如此则能进能退,左右逢源。

　　现实生活当中,人们都应当遵守"待人宜宽,律己宜严"的原则。别人有什么过错,只要不涉及大是大非,我们都可以宽恕别人。当自己有了过错,就要勇于承认,做错的事要改正过来,做了对不起别人的事,要勇于诚恳地道歉,从而不会因为自己的过错失去礼节。

　　道歉的目的就是维持彼此的关系,它是一个人自身素养的体现,是人际关系中不可少的润滑剂。道歉能使友人和好,仇人变友人;能使恋爱顺利,婚姻幸福;能使家庭和睦,邻里愉快;能使工作得心应手,同事相处融洽。因此,犯了错误之后,衷心的道歉不但可以弥补破裂的关系,而且还可以进一步增进彼此的感情。

　　真正的道歉不只是认错,而是出自内心的一种诚意,一种希望重归于好的诚意。罗斯福总统在一次记者招待会上斥责一名睡意蒙眬的记者:"我不在乎你代表的那家报纸!是我容忍你待在这儿的。既然在这儿,你就得做笔记!"对于这位记者来说,总统对他大喊大叫,使他难受得简直想找个地洞钻下去,或是冲上去把罗斯福掀下台。事后,这位记者向罗斯福表示歉意,说他昨天晚上因为工作时间太长,又没有睡好觉,所以今天注意力不集中。罗斯福总统也诚恳地向他表示自己的歉意,然后说扑克牌真是好玩意,他好长时间没和他们一起玩几局了。说完他要自己的秘书去安排一顿自助晚餐,晚上要和他们一起玩牌。

可见，罗斯福总统能教训人，也能反省自己的错误，做错的事就能真诚地表示歉意。在生活中，我们该道歉的时候为什么不道歉呢？一个国家总统都能做到这一点，我们常人在社会交往中不更应该这么做吗？

有时候当我们道歉时，也会出现对方不原谅，碰了钉子下不了台的情况。那么我们在这种时候应该用什么样的态度去面对呢？首要的一点是，既然自己做错了，人家生气也是合理的，这枚苦果还是自己吞下为好，相信对方最终会原谅你的。这个时候千万不要意气用事，以为自己已经道歉了，就可以反过来责怪对方不通情理，那将会把你自己越描越黑。其次，我们还是应该多从主观上找原因，也许是因为自己道歉的方式或场合不太恰当，不能以为道过歉就万事大吉了。

其实，道歉也是有规律可循的。

道歉并不是人格上的耻辱，而是真诚、有教养的表现。既然是道歉，就说明你已经意识到自己的错误，也真的有悔改之意。那么认错就一定要出于真心，否则就没有一点效果。道歉是值得尊敬的事，不必卑躬屈膝，我们想纠正自己的错误，这何羞之有啊？

如果应该向别人道歉，自己也决定道歉了，就应该马上去做。时间的长短通常与道歉的效果成反比。万一因为你的原因而丧失了道歉的机会，那你将悔恨一生，别人也将抱怨你一生。但有一点要注意，如果确实不是自己的错，就不必为息事宁人而向对方认错。这种没骨气、没原则的做法，对双方都不会有什么好处的。

当你向别人道歉时，加上自己的诚意和礼貌，相信对方一定会理解和原谅你的。即使一时不能接受，只有你的诚意和礼貌一直在，那也就问心无愧了。

7.馈赠礼物的技巧

子曰："吾说夏礼，杞不足徵也。吾学殷礼，有宋存焉。吾学周礼，今用之。吾从周。"

——《中庸》

人际交往中，不管是寄寓感情还是增加友谊，送礼都是免不了的。但是馈赠礼物还需学礼、知礼，俗话说："礼轻情意重"，如果时机不当或是馈赠方式不妥，都会使送礼流俗甚至被对方拒绝，那就没有"情意"可言了。所以，馈赠礼物也有一定的技巧。

"世事洞明皆学问，人情练达即文章。"在当今复杂的社会里，要求得立足之地，除了需要真才实学，还需通晓人情世故，而要想懂得人情世故，就要从"礼"开始,学"礼"知"礼"。孔子说:"不学礼。无以立。"也就是这个道理。

中国人凡事讲究"中庸之道",过与不及都是不恰当的,送礼也是如此。自古"宝剑赠英雄,红粉送佳人",就是说礼品的价格要符合常理,不能太贵也不能太便宜,适中就好。另外,礼物要适合受礼者的身份地位。比如说,你送一双溜冰鞋给满头白发的老人;第一次见面就买一件昂贵的衣服给女性;或者买了一张摇滚 CD 给保守的男士等等,这些无疑都是不恰当的,所以选择礼品时要仔细考虑这件礼品是不是合适,还有对方是不是喜欢这种颜色。要想送礼得到效果,礼品的恰当与否是不能忽视的。

送礼要把握好时机和场合。通常送礼都是当面赠送,这时就要注意场合和时机了。如果只给一群人中的某一个人赠送礼物是不合适的,因为受礼人会有"受贿"和受愚弄的感觉,同时,周围的那些人也会因此感到受了冷落和轻视。一般给关系密切的人,比如给你的恋人送一束鲜花,不要在公开场合进行,以免给人留下你们之间的关系完全是靠物质来维持的感觉。如果是一般朋友,送给对方一本书,或者是一件很有价值的纪念品,才适宜在公众面前相送,因为这时公众已变成你们真挚友情的见证人。

送礼时态度要亲善。送礼绝对不会是把礼品往对方桌上一放就走了的,如果那样就不是送礼,而是意味着示威或是其他的意义。平和友善的态度、落落大方的动作、彬彬有礼的言辞,才是受礼人乐意接受的。在我国一般习惯上,送礼人总会说:"一点小意思!""很对不起……"之类的话,这种做法最好避免。当然,如果送礼人说:"这是件很贵重的礼物""这是我花了多少、多少钱买的"也不合适。如果有必要对礼物进行介绍时,应该强调的是自己对受赠一方怀有的好感和情义,而不是强调礼品的实际价值。否则,就落入了重礼轻义的地步,甚至会使对方有一种受贿的感觉。

送礼要注意习俗和礼俗。因人因事因地施礼,是社交礼仪的规范之一,对于礼品的选择也要符合这一规范要求。一般来说,对待家贫者以实用为佳,对富裕者以精巧为好,对恋人、爱人以纪念性为佳,对朋友以趣味性为好。

就礼品本身所引发的直接后果而言,由于民族、生活习惯、宗教信仰以及对方的性格、爱好的不同,不同的人对同一礼品的态度也是不同的,或是喜爱或是忌讳或是厌恶。因此,我们要注意礼品的适合性,特别是对待别人忌讳的方面,如果你冒犯了对方的禁忌,不管是有意还是无意的,这会使原本好心好意的赠送变成一种挑衅或嘲弄,当然会使对方误会,甚至不满。

如果能在送礼时把握好其中的分寸，那"礼"就会有效。古希腊哲学家苏格拉底说："最有希望的成功者，并不是才干出众的人，而是那些善用方法发掘开拓的人。"要想在处理人际关系中得心应手，要想事业有所成就，送"礼"是最有效的方法之一。如果你能恰到好处地施礼，则已经在向着成功迈进了。

8.家庭内部也要注意礼节

诗曰："妻子好合，如鼓瑟琴。兄弟既翕，和乐且耽。宜尔室家，乐尔妻帑。"子曰："父母其顺矣乎。"

——《中庸》

现实生活中，每个家庭都可能会有一点矛盾，比如夫妻矛盾、婆媳矛盾、兄弟矛盾等等，究其原因，可能都是因为"礼"没做到位。那有人就要说了：一家人还需要讲究什么礼节啊？其实并非如此。曾国藩说："家和则福自生"，"福"从"和"中来，而"礼之用，和为贵"。所以，一家人在一起融融洽洽，和气蒸蒸，就不会有什么矛盾了。相反，夫妻之间两相计较，婆媳之间彼此扯皮，兄弟之间相互争斗，像这样的家庭又怎么能和睦呢？

现代家庭一般都是三口之家，家庭关系比较单纯，因此矛盾也就相对较少。但矛盾少并不意味着没有矛盾，相反，这种矛盾以一种更精细、更微妙的形式存在着。总之，只要人与人之间存在着家庭这一关系，那就不可避免地会有矛盾存在。

家庭矛盾并不可怕，家庭成员之间产生矛盾也是很正常的。大家可能都会有这样的经历，就是自己一个人的时候，也会遇到自己会跟自己过不去的事，更何况是每天都在一起的家人呢？因为每个人的性格、兴趣、观念和相对的独立性，这就会使双方产生一些分歧，这个时候如果都不能很好地控制住自己的坏情绪，都不讲"礼节"，那矛盾就产生了。或许有人会说，我可以不理，去躲或逃，但你知道即使你躲过了，矛盾依然存在。所以，解决家庭矛盾的唯一办法就是"求和"。

左宗棠也说过："家庭之间，以和顺为贵"，关键在于家庭中成员是否尊重别人的独立性，是否理解并宽容别人的性格、兴趣和观念。"和顺"并不是在矛盾产生的时候才表达出来，而是在于平常的生活中自然而然要这样做的。要时时刻刻有解决和防止矛盾的意识，所谓："防患于未然"。如果家庭成员都能随时随地地对家人尊重、爱护，那即使是遇到不同的意见，也就会静下心来彼此进行商量，而不是因为一点私利就要与家人扯破脸皮，相互抵牾，这是很愚蠢的做法。

夫妻关系，是家庭关系的核心。如果夫妻关系处理不好，将直接影响家庭的其他关系。夫妻不和,往往导致婆媳之间不和。那么该如何对待和处理夫妻关系呢?当然你首先得承认自己是爱他(她)的,如果谈不上爱他(她),也就不可能关心、体贴对方。虽然现在不是要求"举案齐眉"的封建时代,但夫妻之间最起码的礼节还是必要的。另外,不要太过于苛求对方的爱,因为爱情是脆弱的敏感的,你越苛求,爱就越稀少;在家庭中,你创造的爱越多,你获得的爱也就越多;你越是吝啬你的爱,当然你获得的爱就越少。

夫妻之间之所以会离婚,就是因为双方的矛盾已经到了无法解决的地步。那到底是谁让矛盾严重到这个地步的呢?这是两个人的错。一般情况下,离婚之前,夫妻之间会有一段"冷战"期,这个时候,如果其中有一方能暂时放下自己的观念和独立性,耐心地与他(她)好好谈谈,如果确实没有任何可挽回的余地,或对方根本不领情,那婚姻也就到了该结束的时候了,你也就没有必要再强求了。

另外不管是夫妻矛盾、婆媳矛盾还是兄弟矛盾,还有一个解决的方法,那就是荀子所讲的:"无宿问",说的就是当天的矛盾,当天解决,不要等它过夜。如果都能平心静气地坐下来,将各自的观点说出来,大家在一起共同商量、讨论不是很好吗,没有必要弄得"反目成仇",非要争个你死我活。只要做到这一点,夫妻之间也好,婆媳、兄弟之间也罢,都会珍惜和理解对方的观点,那矛盾也就渐渐化解了。

解决家庭矛盾,无论是哪一种方式,都应该以"和"为出发点,多从自己身上找原因。孟子这样说:"我爱别人,别人却不亲近我,自己要反躬自省,自己的仁爱是否有不到的地方;我以礼待别人,别人却不理睬我,自己要反躬自省,自己的礼仪是不是不周到。"如果家庭成员都以"仁爱"为先,"礼仪"为重,那又怎么会有矛盾呢?

鱼和熊掌,适可而止
—— 正确对待为人处世中的利害得失

1.有志者事竟成

三军可夺帅也,匹夫不可夺志也。

——《论语》

孔子说:"三军可以劫夺其主帅,而对于一个人却无法改变他的志气。"一个人想取得成功,只有先确立志向,然后才能向着这个目标努力奋进,最终达到成功。如果一个人整天浑浑噩噩、无所事事,即使有再强的能力也是很难得到成功的。

中庸思想要求人们不能偏激、冒进，要立足实际，为人处世都要做到不偏不倚、恰到好处。当然，对于立志也是如此。人们想达到预定的成功，就需要根据自身实际情况，以及眼前和长远目标的实现的可能性去立志。举个例子说：一个人只有一百斤的力气，如果想举起一千斤的重量，这就不切实际，只是妄想了。

对于"志向"，我国的先贤们都有不同的解释和理解。曾国藩说："有志则不甘为下流"，"人才以志气为根本"。谢良佐也说："人须先立志，立志则有根本。譬如树木，须先有根本，然后培养，方成合抱之木。"

作为人来说，生活在这个世界上，就要有自己的理想，有自己的抱负，绝对不能糊涂一生。理想与抱负就是人生的志向。但现实生活中的人们也时常开口"志气"，闭口"志向"，真正能实现自己的志向的人，毕竟只是少数。或许有人就要说了，那些实现其志向的都是天才，有与生俱来的才能。事实是这样的吗？其实不然。立志是做人的根本，也是做人的力量；"志向"是做人的目标，也是做人的道理。立志做大人，就会以圣贤为业；立志做大事，就会以英雄豪杰为业；立志于富贵，就会以名利为业；立志于小人，就以衣食暖饱为业。但是人们需要永远牢记于心的就是，没有志向的实现不是通过个人努力的结果，天上是永远不会掉馅饼的！

王阳明说："志不立，天下无可成之事。虽百工技艺，无有不本于志者。今学者旷废坠惰，而百无所成，皆由志之未立耳。故立志而圣则圣矣，立志而贤则贤矣。志不立如无舵之舟，无衔之马，漂荡奔逸，终亦何所抵乎！"唯有立了志，才能有"舵"于"舟"，有"衔"于"马"。立了志，不变移，不动摇，才能有所成就。

胸无志向之人，就像航船没有了罗盘，只能漂泊在茫茫大海之中。古人云："泽无水，困，君子以致命遂志。"就是说，君子处在困境之中，也要积极实现自己的志向，以生命相终始，身可死而志不可夺，虽困境毫不气馁。苏轼说："古之立大事者，不唯有超世之才，必有坚忍不拔之志。"所以，不管做什么事或是想得到什么，都必须先有志向，有了志向才会有自己努力的方向。但光有志向也不是什么事都能做成的，立下大志后，尤其要有坚忍不拔、不惜以生命相搏的气概。正如朱熹所说："立志不坚，终不济事。"

在立志的同时，一定要分清可行与不可行，只有和自己的素养、才能相对应的志向，才有可能获得成功。如果，立下了济世救民、匡扶正义的远大志向，这无疑是值得敬佩的，但如果立下这样志向的人，只是一个无能之辈，那志向也只是自己永远也无法实现的愿望而已，那不等于没有志向是一样的吗？嵇康说："无志者，非人也。"而有志者，还需符合个人不同的实际情况，只有这样，才能有实现目标的可能性。

所以说,我们要想改变人生、创造人生,必须从设定符合实际的"志向"做起。志向确定以后,就要坚持不懈地履行其志、涵育其志,这样,我们在社会生活中就会充满动力和自信,就会得到别人的尊重和帮助,就会有更大的成就,这样一举多得的事,我想没有人不愿意去做的吧。

2.充分准备,争取属于自己的一切

博厚,所以载物也。高明,所以覆物也。悠久,所以成物也。

——《中庸》

说话要考虑清楚,提前准备就不会方寸大乱;做事提前有决定就不会头绪不清、慌里慌张;道路选定以前有目标就不会踟蹰不前、举棋不定。俗话说:"磨刀不误砍柴工"。《中庸》也说:"凡事豫则立,不豫则废。"只有做到"未雨绸缪"才能事半功倍。所以,要想取得成功就必须提前做好充分的准备。

每一位成就事业的人,都不是成于他成功的时候,而是成于他距成功很久以前的许多时间以及他为了取得成功所做的各种努力。曾经有一位著名的企业家说:"我无论与任何人谈判,在此时此地此事上,应该怎样说,以及对方大概会怎样回答我,我又应当怎样回答对方,等等,许许多多问题,在没有考虑妥当以前,我是情愿在他门外徘徊几个小时,甚至回家思索几天,等到有把握以后,才与对方会晤谈判的。"

儒家学说认为:存在于内的人,是为了储藏学问和道德;存在于外的人,是为计划、力量的准备,使之成为"事业资本"的准备。不管是治理国家还是经营企业,都得重视事前的准备活动,功到自然成。

《世说新语》中有这样一句话:"以明防前,以智虑后。"就是说一个人如果不能时刻准备着成功,那么当他一旦遭到失败和挫折,就很难振作起来。有些人一辈子碌碌无为,并不是说他们没有才能、不懂得成功需要努力,只是在于不是时刻为成

功做准备,不懂得"耕耘"与"收获"的关系,以至于盲目。同时,因为自身没有积蓄一定的知识和能力应对各种事务,结果在成功的路上遇到一点小困难、小失败,就唉声叹气、怨天尤人。

一个人能否抓住每一个可能成功的机会,就要看他是否在做准备,是否已经储存了足够成功的力量。有一位作家是这样说的:"人的一生中最有价值的事情,就是能够贮藏着可供一生应用的充足的力量,力量贮藏得愈多愈能应付变故。"还有一句重复无数遍的话:"机遇偏爱有准备的头脑"。现实生活中我们会时常听到有人说"时运不济""英雄无用武之地"之类的话。其实,说这样的话的人,可能是很有才华,能够取得成功的人,但他们因为没有做好各项准备,而让机遇白白地溜走。而这次的机遇溜走了之后不等于永远没有了,而偏偏这些成天沉湎于"千里马常有,伯乐不常有"的思想中,不去做任何的准备,那么即使再有机会,他们也不可能抓住,这是令人悲哀的事。

有一个不会游泳的人来到海边,他认为不会游泳也不会淹死的,因为上帝会在他危难的时候救他。就在他快被淹死的时候,从对面来了一艘船,船上的人叫他赶快上去,他回答说:"不用了,上帝会来救我的。"这个人继续在水中挣扎。一会儿又过来一只小船,渔夫说:"快上来吧,要不你就要淹死了。"这个人又回答说:"不用了,上帝会来救我的。"正当他要沉下去的时候,因为接到报警,空中飞来一架直升机,并放下来一根绳子,"快点抓住绳子,我们把你拉上来。"这个人还是回答说:"不用了,上帝会来救我的。"最后他被淹死了。于是他的魂魄就去找上帝,他问上帝为什么不去救他?上帝说:"你说什么?我派了两只船和一架直升机,而是你自己没能抓住机遇。"

这个人不能说没有准备,他认为上帝会来救他,的确,上帝也救他了,但他自己放弃了三次机会,这就怪不得别人了。在平常生活中,确实有很多机会就在眼前。可是,有的人却忽略了它,视而不见。那么,即使你之前做好一切的准备,如果不善于抓住机遇的话,那也是没用的。

所以说,一个人要想取得成功,首先得做好各项准备,有了准备才能做到得心应手。另外,不要昂着头在那等上帝给你机会,而是自己要善于寻找和把握每一个可能成功的机会,这样再加上百折不挠的精神和毅力,那么,成功已经在向你招手了。

3.贪婪的人,永远没有好结果

贪得者,分金恨不得玉,封公恨不受侯,权豪自甘乞焉;知足者,藜羹旨于膏粱,布袍暖于狐貉，编民不让王公。

——《菜根谭》

孔子说："食、色，性也。"人有七情六欲，本是天性。但是由于物欲与情欲容易使人获得某种心理上或肉体上的快感，也就很容易使人满足。如果放纵人的本性去寻求满足，就会使人沦丧其中，以致迷失心声，引发无穷无尽的"贪念"。人的理智一旦丧失，就成为"欲念"的奴隶，如同跌入万丈悬崖，不可自拔。

正如老子所说："祸莫大于不知足，咎莫大于欲得。"那么，用什么来控制人的"欲念"呢？"中庸"思想说"适中""适当"，当然也就是"知足"。"知足常乐"并非是劝导人们消极避世，而是一种高明的为人处世智慧。人生活在社会中，就必须遵守社会中的每一个准则、法规，任何人一旦践越，必定会受到惩罚。所以，只要能够将"欲念"控制"适当"，才不会触犯社会准则和法规，才是允许的、正常的。

人之贪求，无非是寻求名利、声色，来满足物质上的富有和精神上的快感。据史书记载，范晔的确是犯了谋逆大罪，以致不得善终。与范晔同谋的还有一个叫孔熙先的人，此人阴险狡诈、野心勃勃，他与范晔所拥立的是一个专横跋扈、骄奢淫逸的彭城王刘义康，他们三人搅在一起，目的就是要推翻当时有着"元嘉治世"美誉的宋文帝刘义隆。范晔因倒行逆施受到惩罚是理所当然的事，而他的死，主要一方面是因为他的贪婪。

范晔这个人，虽然在修撰史书上有所成就，但他不注意个人的品德修养。他既贪权，又贪财贪色。他贪图权位，根据史书中记载，当时他已"迁左卫将军、太子詹事"，照理说已经是位极人臣了，可他还是不满足。当时他与一个叫沈演之的人共事，因为沈演之资格比较老，什么大事都要有他的参与才行，但是范晔嫉妒心强，并"以此为怨"。在与孔熙先谋反的时候，范晔还想当上"中军将军、南徐州刺史"。他贪财，他常常与孔熙先在一起赌博，而孔熙先在赌博中玩弄"以输代贿"的把戏，所以在赌博中就故意输给范晔很多钱，范晔赢了钱，当然高兴，于是他就把孔熙先看作"莫逆之交"。他贪色，更是令人惊异，在他亲生母亲的丧礼上，他还"携妓妾"参加，又时常因为不能与皇室通婚而闷闷不乐。可见其"贪"已经到了"登峰造极"的地步。最终，使他善恶不分、恩仇不分，认贼作父，最后招来杀身之祸，也不足为怪了。

贪婪来源于个人不良的嗜好，或是控制不了自己的嗜好，进而产生不可遏制的"欲望"。欲望永远也没有满足的时候，俗话说："人心不足蛇吞象。"人为了满足私欲，常常会不择手段，用尽各种卑鄙的伎俩，这就等于把欲望这把利剑磨得越来越锋利,最终只会害了自己。

人有"欲望"是为了激励自己去努力、奋斗,这当然是无可厚非的。但是一个人所能得到的东西,是与个人的才能、劳动以及付出的多少成正比的,没有人可以不劳而获,世界上也不存在一本万利的事。每一个成功的人,在他的背后付出了多少精力、多少汗水,没有人可以知道,但人们可以从他们身上看到成功的不易。这也就是社会的规则,就是人类的规则。

曾国藩一生执着追求的是名和利,他说:"古人称立德、立功、立言为三不朽。"同时他又说:"名利两淡,寡欲清心","富贵功名,皆人世浮荣",这岂不是矛盾的吗?但是,曾国藩有解决这矛盾的方法:其一就是叫"花未全开月未圆",他求福求禄,遵循"不可享尽"的原则;他求权求势,遵循"不可使尽"的原则。其二就是"常存冰渊惴惴之心",在为人处世中,曾国藩要人们如履薄冰,如临深渊,时时处处谨言慎行,三思而后行,才不致铸成大错、招来大祸。其三就是"天地间唯谦谨是载福之道",就是要谦让别人,不与别人争抢风头。

所以说,人有欲求不足为惧,关键是注意把握其中分寸,再加以正确的方法和正确的思想引导,就不会不满足。但是控制不住,变成贪婪的话,那就只有等着惩罚了。

4.不要做损人利己的事

子曰:"放于利而行,多怨。"

——《论语》

孔子认为,真正有修养、真正称得上君子的人,他是不会只关心他个人利益的得与失,更不会一心想去追求个人的私利,否则,就会招来怨恨和指责。

《中庸》说:"修身以道,修道以仁。"只有用"仁道"修养自己的人,才会施"仁"于人。如果一个人首先都不能立正自己,没有好的修养,那在为人处世中,就只会以自己的私利为与人交往的前提,一切以自我为中心,这就是自私。一个人要是"自私"了,就难免会做出损人利己的事。

"仁者爱人",就是一个能以"仁道"立身的人,会毋庸置疑地仁爱他人。爱与憎是相对的,有爱就会有憎,有憎也才会有爱,热爱那些值得"仁爱"的人,憎恨那些邪恶的人,这就是爱憎分明。只要你实心实意地实行"仁爱",就不可能会与那些邪恶的人朋党为奸、沆瀣一气,就不可能做出损人利己的事。

日本的技术之先进,经济之发达,世人有目共睹。但是他们在众多国际事务中我行我素、损人利己的行为也为人们所不齿。在对待海洋资源的保护问题上，历来是日本与世界许多国家冲突的一个焦点，日本无视国际公约大肆捕杀鲸鱼的做法已经引起全球的不满。《全球禁止捕鲸公约》是一九八六年国际捕鲸委员会通过，四年后方生效的一项国际性权威性公约。这个公约的出台曾使鲸鱼受到了有效的保护。一九六五年全球在南极水域的鲸鱼捕杀量是两万两千只，而一九八七年这项公约被执行后，被捕杀的鲸鱼数量下降到两千七百只。这使人们看到了对鲸鱼保护的曙光。但是，仅时隔一年，由于日本等一些国家的违约行为，使鲸鱼再一次面临大量被捕杀噩运。

二十世纪八十年代，在南太平洋大约存在七十六万只鲸鱼，不过随着人类捕杀活动的日益加剧，这些鲸鱼的数量正在减少，而对抹香鲸来说，它们的危险不仅来自人类，而且还有来自自然的因素，最大的危险来源于环境污染、大气变暖。为了保护这个种群，有关方面建议采取区域性捕杀的办法，以限制对它的灭绝性捕杀。一项数据表明，世界对抹香鲸的总捕量大约为一百万只，而仅日本就占七十五万只。

难怪相声演员郭德纲这样调侃道："守法朝朝忧闷，强梁夜夜欢歌。损人利己骑马骡，正直公平挨饿。修桥补路瞎眼，杀人放火儿多。我到西天问我佛，佛说——我也没辙。"这是对那些邪恶之人的讽刺，但那些邪恶之人不以为意，继续做着令人不齿、令人难容的事。这个时候，就需要靠所有人共同联合起来，同仇敌忾来制裁他，"消灭"他。

程子说："欲利于己，必害于人"。朱熹也说："凡事只认己有便宜处便做，便不恤他人，所以多怨。"在人们看来，谋取个人利益并无什么不合理的地方。的确，孔子都说过这样的话："邦有道，贫且贱焉，耻也。"但他还讲过："君子爱财，取之有道"。在为人处世中，不能只为个人私利，就可以不择手段、唯利是图。如果老想着损害别人的利益，如何占人便宜，就会时刻只为自己着想，小气贪婪。这样的人，在社会上是不会有市场，也不会有人缘的。

5.学会放弃

鱼，我所欲也；熊掌，亦我所欲也，二者不可得兼，舍鱼而取熊掌也。
生，亦我所欲也；义，亦我所欲也，二者不可得兼，舍生而取义者也。

——《孟子》

鱼是我喜欢吃的，熊掌也是我喜欢吃的，如果不能两样都吃，我就舍弃鱼而选择熊掌;生命是我想拥有的,正义也是我想拥有的,如果两样也不能同时拥有,我宁愿舍弃生命而坚守正义。"鱼和熊掌""生与义",的确是我们在人生旅途中时常遇到的两难境地。那究竟如何选择,如何舍弃?

在人欲膨胀、物欲横流的今天,要人们必须时刻警惕各种诱惑,防范各式陷阱。在取舍两难的时候,要学会放弃,有所为有所不为,有所取有所不取。喜欢的东西不是都能得到的。纵观人的一生,可供选择的机会和东西并不多,而要放弃的东西却很多。

智者曰:"两弊相衡取其轻,两利相权取其重"。学会选择,就是学会权衡利弊,着眼全局,注重发展;学会放弃,就是学会审视自己,扬长避短,量力而行。但说起来很容易,实际做起来却很难,只有真正洞察世相,彻悟人生,善于克制个人欲望,敢于超越自我,又能掌握取舍艺术的人,才有望既会选择,又能放弃,才能有一个相对自由、相对超脱的人生。

放弃是一种智慧。汉代司马相如所著《谏猎书》有云:"明者远见于未萌,而智者避危于未形。"卧薪尝胆的故事便说明了这一问题。春秋时期,吴国军队把越国的军队打得落花流水,越王勾践暂时放弃了王位和自己的国家,忍辱负重,给吴王夫差当了奴仆。三年以后,勾践被释放回国,他立志洗雪国耻、发愤图强,每天睡在草堆上,吃饭时尝尝苦胆的滋味,以不忘亡国之耻。公元前四三七年,勾践率领大军灭了吴国,做了春秋时期最末的一个霸主。在我们现实生活中,也需要有一种放弃的智慧。当你与人发生矛盾或冲突时,只要不是什么涉及大是大非的原则性问题,你完全可以放弃争强好胜的心理,甚至甘拜下风,就可能化干戈为玉帛,避免两败俱伤;当你在家庭生活中发生摩擦时,放弃争执,保持缄然,就可以唤起对方的恻隐之心,使家庭保持和睦温馨……

"鱼与熊掌不可兼得。"生活也是如此。我们常常对伤心的往事念念不忘,满心的不舍,想要让这回忆永远保存。其实,不如放弃它,找回自己的快乐。要知道当我们对一个即将消逝的机会惋惜、依依不舍时,另一个机会也即将逝去。

放弃固然可惜,但是放弃让我们学会珍惜。其实我们在放弃的同时,也在为下次的努力做着准备。没有昨天的放弃,人类可能还在吃生食、住山洞、树叶裹身,停留在蛮荒时代。"小桥、流水、人家"固然美如诗画,但我们不能因此放弃给我们带来许多便捷的、现代化的大都市。放弃不是简单的否定,放弃是更好的选择,也是一种进步。

生活原本是纯朴、简单的。人因为不懂得舍弃才会有许多痛苦。当自己舍弃时其实是释放出了新的空间,兼容性越高兼得的可能就越大。天地因此豁然开朗,生命会向你展现出另外一个截然不同的景致。

《卧虎藏龙》里有一句很经典的话:当你紧握双手,里面什么也没有,当你打开双手,世界就在你手中。当鱼和熊掌不能兼得的时候,继续为了"兼得"而不做舍弃,这就不是智者的行为。

精明者敢于放弃,聪明者乐于放弃,高明者善于放弃。人其实天生就懂得放弃,但放弃非盲目的,而是选择放弃,重在选择,次在放弃,不轻言弃。而是放弃失落带来的痛楚,放弃屈辱留下的仇恨,放弃心中所有难言的负荷,放弃耗费精力的争吵,放弃没完没了的解释,放弃对权力的角逐,放弃对金钱的贪欲,放弃对虚名的争夺——放弃的是烦恼,摆脱的是纠缠,收获的就是快乐,拥有的就是充实。

有一位作家在他的博客上这样写道:"放弃是为了更好地拥有。放弃是一种超脱,是一种气度,更是一种升华,一种境界。"

6.必要时采取"非常"手段

有弗学,学之弗能,弗措也。有弗问,问之弗知,弗措也。有弗思,思之弗得,弗措也。有弗辨,辨之弗明,弗措也。有弗行,行之弗笃,弗措也。

——《中庸》

苏格拉底说过:"真正高明的人,就是能够借助别人的智慧,来使自己不受蒙蔽。"当自己身处危难之时,人们可以充分利用自己人际关系的"资源",关系越广,朋友越多,办起事的阻力就会减小,从而获得成功的希望就越大。"中庸"思想强调"适中""适当",也就是说,在采用"非常"手段的时候,也要注意不能过头,不能做损人利己的事。

清代后期,想进入官场一般都是靠后台、走后门,求官职高的人写一封举荐信就可以了。而军机大臣左宗棠是从来不给人写推荐信的,他说:"一个人只要有本事,自会有人用他。"左宗棠有个朋友的儿子叫黄兰阶,因为在福建候补知县多年也没得到真正的职位。他见别人都请大官帮他们写推荐信,想到父亲生前和左宗棠关系很好,于是黄兰阶马不停蹄地跑到北京来找左宗棠。左宗棠见了故人之子,十分客气,盛情款待黄兰阶。可当黄兰阶提出想让他写推荐信的时候,左宗棠顿时变了脸色,几句话就把黄兰阶打发走了。

黄兰阶见事不成,又气又恨,离开左相府,就到附近的琉璃厂看书画散心。忽然,他看到一个小店的老板正在学写左宗棠字体,十分逼真。黄兰阶灵机一动,想出一条妙计。于是他让老板在扇子上写几个字，得意扬扬地回到福州。

等回到福州，就赶上了参见总督的日子。黄兰阶手摇纸扇，径直走到总督堂上。总督见了很奇怪，他问："外面很热吗？都立秋了，你怎么还拿着扇子摇个不停呢？"黄兰阶把扇子一收："不瞒总督大人，外面天气并不热，只是我这柄扇子是此次进京，左宗棠大人亲手送的，所以舍不得放下。"

总督大吃一惊，心里想："我以为这姓黄的没有后台，所以候补几年也没有正式任命，不想他却有左宗棠大人做后台。左宗棠天天与皇上见面，要是我不小心得罪了他，他若在皇上面前参我一本，那我就惨了。"总督想是这样想的，但还是不太相信，于是，要过黄兰阶的扇子仔细查看，上面确是左宗棠的手迹，一点不差。他这才相信，于是对黄兰阶说："你先回去，明天你再来。"总督大人见黄兰阶走后，就进后室与师爷商量此事。第二天，黄兰阶又来到总督府，总督大人当面给黄兰阶挂牌任知县。没有几年，黄兰阶就做了四品道台，官场得意一时。

黄兰阶最后能够官拜道台，当然是以左宗棠这个皇上跟前的大贵人为背景，让总督这个小贵人给他升了官，实在是棋高一着的"妙计"。当然，欺世盗名、瞒天过海，是应该受到指责的，从这一点来看，清政府已经腐朽不堪了。不过，这里讲的是"非常"手段，单从借力的角度来看，能够为自己寻求贵人作为背景，从而使自己尽快地得到提拔，使英雄有用武之地，却是值得人们借鉴和学习的。

俗话说："攀龙附凤"，意思就是说攀附在龙或凤的身上，就会得到它们仙气的庇佑，一旦"龙凤"高举冲天，攀附者也就会随之高升。所以，在现实生活中，能够善于结交成功的、有才能的人，是自己取得成功的"阶梯"。但是，要值得注意的就是，"攀附"不是趋炎附势，不是卑躬屈膝，更不是献媚奉承，只要在"适当""适中"的范围内，"攀附"也并不是不可取的。

第六节　变通之道，比中而行

人际交往中往往难免处在两难的境地。孔子说过：执其两端，用其中。在实际生活中要能变通地把矛盾转化，"比中而行"，采用"中庸"的态度与人相处，因势利导，换一种方式去解决矛盾，交际双方都感到适中，人际关系就会更进一步。绝不能"一条道走到黑"。学会灵活地运用"中庸"思想，从而达到"中"的境界。但是，在人际关系中强调的还是"游戏规则"，不能反其道而行，否则会得不偿失。

权衡两极，处之适当
——掌握交际尺度，万事不可走极端

1.改变自己消极处世的态度

天地之道，博也、厚也、高也、明也、悠也、久也。

——《中庸》

所谓"中庸"，就是要以人的内在要求为出发点和根本价值依据，在外部环境中寻求"中道"，也就是使内在要求，在现有的外部环境和条件下，得到适当的、无过也无不及的表达与实现。一个人为人处世的态度，取决于个人的内在要求。一个自作聪明的人，其外在表现出的是骄傲；一个谨慎、稳重的人，其外在表现是踏实与谦虚；而一个处世消极的人，他的外在表现就是软弱、胆小怕事。

每个人在人际关系中都想拥有更多的精彩。可是，在现实生活中，很多人的希望并不能实现，也得不到满足。为此，他们总是慨叹世界上缺少真情、缺少友爱、缺少欢乐，他们时常会感到孤独、困惑。其实，这一切的一切，并不是像他们想象的那样无可挽回，而是因为他们在人际交往中总是采取消极的、被动的态度，本该得到的东西却让它失去了，得不到的东西是永远也得不到。虽然这种人也生活在人来人往的场所，但他们畏惧一切的外在。在他们看来，只有他自己的内心才是真正实在的，才是真正无拘无束的。

如果想在人际关系中，得到别人的帮助和尊重，就必须将内心所有的禁锢打破，摆脱孤独与困惑的纠缠，就必须主动地与人交往。

心理学家研究表明,人们之所以不能主动地与人交往,而采取退让的、被动的交往方式,有两种原因:一方面是因为这种人害怕自己的主动交往不会引起别人的积极响应,害怕因此使自己陷入窘迫、尴尬的境地,进而会伤害到自己本来就脆弱的自尊心。实际上,在现实生活中,每一个人都有交往的需要。因此,当我们主动与人交往的时候,对方不予响应的情况是很少的。大家可以试想一下,如果你走在大街上,别人跟你打招呼或是陌生人向你问路,你难道会采取拒绝的态度吗?

　　有一个作家对此举了一个非常有趣的例子:在硬座火车上,坐在一个"隔间"里面有四个人,如果这四个人里面至少有一个是主动交往的人,那么他们总是谈得热火朝天,一路上充满欢声笑语;如果这四个人里面没有一个愿意主动交往的人,那从起点到终点,他们会始终处在无聊的气氛中,看书觉得没劲,对望又觉得尴尬,所以干脆闭目养神。与其尴尬一路,还不如主动地打个招呼,换得一路的轻松。

　　另一方面,人们心里对主动交往有很多误解。比如有的人会认为先同别人打招呼或攀谈,显得自己低贱。或是觉得我又没和他打过交道,他怎么会愿意帮我呢?或是反过来看,有人主动与你说话,或是主动帮你提东西,你就会觉得这个人是不是有什么坏心,会不会想要我的东西,等等。往往就是这些念头在阻止自己的主动。其实,这些害人不浅的误解,没有任何可靠的证据能证明其正确性,一切都只是一个人的消极态度所导致的。

　　悲观绝望、自暴自弃,承认自己无能的人,是永远也不可能取得什么成功的。因为他怕,他怕一切的外在因素,也永远不会主动地与人交往。一般来说,这种人就是人们常说的内向的人。当他因为一次主动交往的失败,就会将自己的内心永远地封闭起来。内向的人时常会用悲观消极的态度来面对挫折和失败,在既有的挫折和失败中制造更多、更新的挫折和失败。

　　实际上,当你因为某种原因变得消极,不敢主动与人交往的时候,最好的办法就是去尝试、去实践,用事实去证明你的担心是多余的。而不断地尝试和实践,会积累你成功的经验,增强你的自信心。这样,在以后的与人交往中,你也能拥有属于你的那份精彩。

2.为人处世,态度不能过于随便

故君子尊德性,而道问学,致广大,而尽精微,极高明,而道中庸。

——《中庸》

在人际关系中,一般性情豪爽的人,都会有不错的人缘。因为这种人比较好相处。但是,性情豪爽也要符合一定的规矩,如果流于随便的话,在为人处世中就会遇到很多难堪的事。比如,过于随便的人由于说话不注意分寸,常常会有意或无意地中伤别人。不顾场合地开玩笑,经常会伤害朋友,等等,明白这一点对于那些刚刚步入社会的年轻人是很重要的。

一个过于随便的人,通常都是一个没什么涵养的。在别人看来,与这种人相处只是简单地为了逗乐,而并不是真心诚意的交往。以我们自己的生活体验,在一些娱乐性的场合,我们经常会邀他们参加。比如,因为那个人歌唱得很好听,我们感觉和他在一起会很愉快;或者因为他舞跳得很好,所以我们乐意找他去参加舞会;或者因为他喜欢讲笑话,非常有趣,所以我们高兴约他一起去吃饭。在人际交往中能受到别人的欢迎,这是值得高兴的事。但如果过于随便的人,即使别人也会与之交往,但事后还是"你走你的阳关道,我走我的独木桥"。

就像上面举的例子那样,人们之所以在这些场合找他,主要是为了娱乐的需要,如果人们只能在这种时候想到他,那并不是件好事,也不是真正的出自内心地夸赞他,甚至有可能是在贬低他。一个只在"逗乐"方面有"优势"的人是不会被别人委以重任的,因而也不可能得到别人的尊重。

那么,怎样才能得到别人的喜欢和尊重呢?一个重要的为人处世的原则就是,不论在什么时候、什么场合,都要保持一种"稳重"的生活方式和处世态度。所谓"稳重",就是在待人接物中要始终保持一定的"威严"。当然,"威严"与那种骄傲自大的态度是完全不同的,甚至可以说是与之相反的。这种反差就好比鲁莽不是勇敢的表现,乱开玩笑不是智慧的表现一样。每个人都知道,那种傲慢、自大的人是不受人欢迎的,甚至会让人嘲笑或轻蔑。

一个稳重的人,是绝对不会随便向别人溜须拍马的:他也不会八面玲珑,四处讨好别人;更不会随意地造谣生事,在背后指责别人。稳重的人,不仅会将自己的意见谨慎、清楚地表达出来,而且还能平心静气地倾听和接受别人的意见。所以说,只有具有稳重态度的人,才值得人们尊重、欢迎。

一个稳重的人,无论与什么人相处,做什么事情,都会正直、谨慎。在现实生活中,看一个人是不是一个稳重的人,我们可以先从他的外在表现来看,因为每个人的外在表象都是他内在精神和修养的反映。当你发现他是一个稳重的人,你才会愿意与他相处。相反,如果一个人凡事都采取一种嘻嘻哈哈、无所谓的态度,在外在的言行举止上,随随便便、虚实难定,那你就会觉得他十分轻浮,你当然不想与这样的人交往。推己及人,如果你自己都不喜欢随便的人,那么如果你过于随便的话,别人也不会喜欢你。

特别是在与异性交往的时候,如果一方过于随便,过于轻浮,就很有可能产生难堪的误会。男女之间,除了有爱情之外,还有友情,因为朋友关系是两个人最好的也是最恰当的交往方式。而男女之间的友谊,是禁不起任何的风吹雨打的,一旦其中有一方表现得过于随便,就无法与对方"交心",那男女之间的友谊是不会长久的。所以说,为人处世中,尽量收敛自己,如果你想继续与人相处的话。

3.朋友交往不要过于亲密

人之于就兼相爱、交相利也,譬之犹火之就上、水之就下也,不可防止于天下。

——《墨子》

人生在世,得几个真朋友确实不容易。伯牙鼓琴,子期知音,高山巍巍,流水潺潺,朋友之间的那份真挚的友谊也确实可贵。如果能保持这份友好的情谊,使之能够经受风吹雨打,则更难能可贵了。

大家都知道,朋友是为了相互帮助、相互促进而结成的一种人际关系。交友的过程又往往是彼此吸引的过程,但它不同于男女之间的吸引。可能是因为对方的气质,或是对方的良好的涵养和品德,又或者是因为有共同的爱好和志向。总之,当彼此发现了对方与自己有共通的地方,于是两人"惺惺相惜",甚至是"一见如故,相见恨晚",一下子就越过了彼此之间的鸿沟,结为知己。但值得注意的一点就是,彼此之间再怎么相互吸引,双方都还是有一定的差异的,因为彼此可能来自不同的环境,受过不同的教育,因此世界观、人生观、价值观再怎么接近,也不可能完全相同。

当两个人由于经过一段时间的交往之后,彼此之间的差异就会自然而然地显现出来。于是从尊重对方,开始变成容忍对方,由容忍对方进而发展到要求对方,当一方的要求不能为对方认同时,彼此之间的融洽、和谐的关系就开始破裂,直至结束这段友谊。

当你事业顺利、有名有利的时候,凡彼此来往多的都可以称之为朋友,大家你来我往,杯盏应酬,互相关照,这自然是一件乐事。但当你事业失意、穷困潦倒的时候,连你自己倒霉不用说,就连平时昔日那些在一起优哉游哉、笑脸相迎的朋友们也将受到严峻的考验。他们会将彼此的距离拉开,对你的态度也必定不同于以前。那时,势利小人就会退避三舍,躲得远远的;那些担心自己受连累的人,就会与你划清界限;而那些平时的酒肉朋友,因为没有了酒肉,就会另找饭局;还有的人,会不顾以前的一切,落井下石,甚至踩着你的肩膀往上爬。当然也有始终如一的人继续陪在你身边,把一颗金子般的心毫无怨言地捧给你,与你同甘也与你共苦。古人说:"居心叵测,甚于知天,腹之所藏,何从而显?"就是人们常说的"知人知面不知心"。所以,只有与你共患难的人,才是你真正的朋友。

西方有一种"刺猬理论"。它是这样说的:刺猬浑身长满针状的刺,天一冷,他们就会彼此靠拢,凑在一块。但经过仔细观察后发现它们之间始终保持着一定的距离。原来,距离太近,它们身上的刺就会刺伤对方;距离太远,它们又会感到寒冷。只有若即若离,距离适当,才能既保证理想的温度,又不至于伤害对方。

同样道理,朋友之间的关系,如果太近的话,就会刺伤对方。一般来说,人与人密切相处当然是好事,但任何事情都不能过分,过分就会走上极端。俗话说:"过俭则吝,过让则卑",就是这个道理。反过来说,是不是要我们与朋友之间的距离越远越好呢?当然也不是。按照"刺猬理论"的说法,离远了就会感到寒冷。所以,"刺猬理论"就给出了一个最佳的答案,那就是"适中"。要做到这一点,就必须做到以下四个原则:一是"不卑不亢"做人;二是"不歪不斜"立身;三是"不偏不倚"办事;四是"不亲不疏"交友。

所以,荀子说:"人不可以不慎重地选择朋友。"

朋友相处,重要的就是彼此相互尊重、相互理解,当遇到困难的时候又能相互帮助。一般来说,对朋友要毫不欺骗、毫不隐瞒,如果对方是一个值得信赖、品行端正的人,可以说你是幸运的。如果对方本来就不是真心与你交往,而是以此为借口另有所图的话,那后果就不堪想象了。因此,对待朋友最好还是留一点距离,不能过于亲密。孔子说:"君子之交淡如水",就是这个意思。

4.与人交往不要过于客气和顺从

诗云:"伐柯伐柯,其则不远。"执柯以伐柯,睨而视之。犹以为远。

——《中庸》

推行"中庸"思想的目的就是要使人与人之间相处和谐、融洽,以达到"中""和"。要做到"中和",除了个人的品德修养,还需要个人为人处世的态度,对别人是不是客气、是不是尊重,是不是能帮助别人等等。但是"中庸"思想还要求人们为人处世不能过于偏激,不能走极端。所以,不要对别人"百依百顺""有求必应",要敢于说"不"。

有些人对别人的任何要求或命令都采取无条件的认同。驯服的态度已形成一条铁律,他们不愿让别人失望,害怕因此激起请求者的恼怒和怨恨。他们希望自己是一个老好人、大能人。他们觉得说"不"是一种无礼和否定,如果想与人和谐相处,"不"字就不能说出口。长此以往,他们不仅一直不说"不",就算想说的时候,也不知道该怎么说了。

是不是一味地迎合、满足别人的要求,就能营造出和谐顺畅的人际关系呢? 那当然不是。由于不会说"不",不会拒绝的人,常常对别人的要求说"好"。当别人要求你的时候,你会勉强地接受你并不喜欢的邀请;去买一些你并不需要的东西;陪人乏味地聊天;忍受你并不欢迎的人。这些无疑都是违背你的原则的事,你只能勉为其难地做着,但是会满怀厌恶和沮丧,这些厌恶和沮丧反而会损害你的人际关系。另一方面,你会因此感到生活中的大部分时间,自己都是别人的,你感觉自己无法主宰自己,你戴着一副老好人、大能人的面具,不断地说谎话。如果都是以这种形象与人交往,别人怎么会尊重你、欢迎你呢? 在别人眼里,你也许只是一个工具,甚至是一个百依百顺、有求必应的"奴隶"。

不要太多礼貌和客气。与人交往当然少不了礼貌,但是过于客气就像一道无形的墙,妨碍双方的进一步交流。人之所以相交,贵在知心。如果太注重那些繁文缛节的话,对方会感到不舒服,他当然不会觉得你是个懂礼貌的人,反而把你看作是个啰唆、麻烦的人。

不要过于谦让。谦让无疑是与人交往中的好品格,但是不分场合、不分情况地过分谦让的话,就有可能与机遇失之交臂。有一位非常善于交际的人这样说:通过频繁的社交活动可以使人获益良多,而他自己的诀窍就是"勇字当头"。他认为,人的能力是在实际生活中磨炼出来的,看再多的社交方面的书籍而不去实践,都不可能增长社交能力。一个人要主动寻找社交活动的机会,公司里有什么事需要与人交涉,或者有什么重要的接待工作,他都尽量揽下来,结果把事情办得风生水起。要是朋友之间碰到需要走关口的难题,他也会设身处地出谋划策,牵线拉桥,四处奔走。人只有在社会实践中,才能提高自己的社交能力。

在与人交往中,很多人都有相同的缺点,那就是谦让太多,常常把好多事推给别人,常常表现为"口欲言而嗫嚅,足欲行而趑趄"的犹豫不决。所以,在日常社交活动中,应该"勇"字当头,积极地参与各种社交活动,绝不在社交任务前有过多的谦让。若不然,不仅自己得不到实际锻炼社交能力的机会,别人也会把你看成是一个软弱无能的人。

要想有良好的人际关系,首先要增加自己的各方面修养,有才能、有学识,然后还要记住一点,就是不能抛弃自己为人的个性,能做的事就把它做好,不能做的坚决不做。只有这样才不会觉得左右为难、模棱两可,也才能将人际关系处理得恰到好处。

5.义利分明,不轻易相信生意上的朋友

天地之道,可一言而尽也。其为物不贰,则其生物不测。

——《中庸》

俗话说"和气生财"。的确,生意上除了有竞争之外,还需要共同合作,进而成为生意上的合作伙伴,成为朋友。但是生意归生意,朋友归朋友,有些生意上的伙伴只适合在一起做生意,并不适合做知心朋友。

"朋友",按字体来讲,是两弯相映的明月的组合,这就是说,朋友之间讲究肝胆相照,义字当先,这只是相对于通常意义上的朋友而言的。当今社会物欲横流,见利忘义、翻脸无情之人是大有人在的。特别是在生意上,有些人是从来不会把合作伙伴当朋友的,他们是欺骗情感的骗子、强盗,他们只想利用对方来获取自己的私利,这种人在日常生活中也是屡见不鲜的。所以,想在生意场上交朋友,就一定要多留个心眼,谨防上当受骗。

"亲兄弟,明算账",这句话之所以流传多年,至今仍普遍运用在人际关系之中,就是因为国人一般都无法做到这一点。在生意伙伴之间,在"义"与"利"的矛盾中,人们往往是将理智的"利"让与感情的"义"。但必须看到的一点就是在实际的商战中,以"义"代"利"的做法,不仅违背了追求利润的商业法则,也常常会带来事与愿违的隐患。

"杀熟",是一种当前极为普遍的"宰"朋友的手段。如某年六月,江苏国营新洋农场油米场给深圳一位董姓的朋友骗走六百吨大米,价值六十三万元;某年在某市,二百一十名穷教书匠,给一位代理新疆某油田内部债券的朋友骗走一百多万;而"杀熟"手段一流的就要数全国最大案犯的曾利华了,她惯用的手法就是以朋友的推心置腹和朋友的热情奔走,帮助要房地产的朋友"打通关节",当然其"打通费"还是要收的。其中一次是四十四万人民币和一千美金,还有一次是六十万人民币和两万八千美金,到手后则大大咧咧地装进自己的口袋。

商场如战场,在这场战争中,为了求生存,为了谋发展,就必须要有谨慎的生活方式和态度,擦亮自己的眼睛,这样才不至于落入某些狡诈的人的圈套,任人鱼肉。就像上面的几个例子,与其说欺骗的人是不道德的行为,是卑鄙的手段,倒不如说

那些上当受骗的人头脑简单，粗心大意。天底下真有那么多好事吗？真的有的话，那些骗子不早就发达了吗？就不用出来行骗了不是？所以说，在生意场上交朋友，就必须提防留神。所谓"害人之心不可有，防人之心不可无"，就是这个道理。

"人无害虎意，虎有伤人心"。所谓无商不奸，虽然你不至于处处打别人的主意，但别人是不是在算计你也不可知。生意伙伴通常都是为了共同的利益聚在一起的，如果不涉及彼此利害关系的时候，你可以与他"哥俩好"。一旦有了某种利益的驱使或诱惑，即使是你最值得信任的人也有可能出卖你，所以每次做生意或做什么决定的时候，什么人都不要相信，只信掌握在手中的事实。反过来说，如果不关乎重大利益的，就不妨让对方一步，放手让对方去做，因为那些阴险狡诈的人是不会因为蝇头小利，而花费时间和精力去算计你的。

既然你已经置身商场，就应该遵守在商言商的原则进行"游戏"，对待生意上的朋友，能远则远之，尤其是彼此之间有着利益冲突关系的朋友，尽量保持一点距离，能够做到"中庸"思想里的"适中""适当"也就可以了，千万不可以对之掏心挖肺，对他太信任。否则，我们在生意场上就有可能荆棘满路，寸步难行。

6.为人不可心胸狭窄

恃陋而不备，罪之大者也；备豫不虞，善之大者也。

——《左传》

"中庸"处世之道在于知足常乐、适可而止。做事有做事的原则，做人也更应该有做人的原则。做事不可眼高手低，做人不可傲慢自大；做事不可抓大放小，做人不可心胸狭窄；事不可做尽，言不能说尽，人亦不可斤斤计较、狭隘偏激。唯"适中"而行，唯"适当"而动，才不失"中庸之道"。

人生在世，都不甘于平凡，总想有点作为。这种想法是推动社会前进的动力，当然也是没错的。许多人认为，如果一个人的一生，都是在平凡、单调、呆板的日子中度过，那就太没意思了。尤其是刚刚步入社会的年轻人，都想珍惜自己一生难再得青春，总想在历史的长河中翻几朵浪花。然而，古往今来，普天之下，还是平凡的人多于非凡的人。实际上，要做一个非凡的人不容易，而能安于做一个平凡的人更不容易。

一个人想成就自己的事业、实现自己的理想，除了要有真才实学，能够做好成功前的各方面的准备，还需要修养自己各方面的素质。比如，为人处世的原则、面对荣辱的心态、言行举止的"法""度"等等。如果其中一个方面没做好，那么想超越平凡，做个非凡的人就不是那么容易了。

三国时候，蜀国有位重臣叫杨仪，因为没有受到重用，而口无遮拦，乱发牢骚。结果被小人告发，被贬为庶民，最后含羞自刎而死，这真是太不值得了。

诸葛亮去世以后，刘禅遵从他的遗言，任命蒋琬为丞相、大将军兼录尚书事；并晋升费祎为尚书令，同理丞相事。而杨仪虽然为官多年，而且还有新功，但他不迁不贬，仍为原职，在这种情况下，心中自然不痛快。于是，杨仪就经常找费祎谈心，发发牢骚，诉说他对蒋琬的不满，并且提起诸葛丞相死后，将全军指挥权托付给他的手下，还说如果当初带兵投魏，也不至于得个像现在这样的官职。这当然是气话，但这气话非比寻常，所以说话的对象应该是平生至交。费祎在杨仪最苦闷的时候，被他找来谈心，无疑是杨仪的老朋友，这些牢骚话也不至于传出去。但谁也没想到，费祎打了小报告，差点要了杨仪的命。

其实，当时杨仪已经官至长史，已经是个不小的官儿了，但因为杨仪心胸狭窄，觉得蒋琬不配做丞相，而心生怨言。他在敌人压境，内忧外患之际，诸葛亮将许多大事都交给他处理，说明杨仪的个人素质、能力和应变能力是一般人比不了的；但是诸葛亮并没有向后主刘禅推荐他做"任大事者"，可知杨仪有他的个人局限性。杨仪就好比是一位有着丰富实战经验的将才，虽然能够在瞬息万变的战争态势下，率领千军万马从容对敌，但他却缺少和平时期与上下左右和谐相处的气量。因此只能胜战，不能治理国家。诸葛亮也正是出于这个原因，没有让杨仪担当重任。

杨仪缺少气量，以至于心胸狭窄，实际上就是崇尚做官的虚荣。"长史"已经是大官了，可是还有比"长史"更大的官。当他从战场上归来，满怀希望地觉得自己这次一定会封个更大一点的官做做，但当现实没有实现他的希望时，就产生了抵触情绪，就满腹牢骚、口不择言，最终害了自己。

道光二十三年，曾国藩三十岁刚出头，那时他修养还欠火候，思虑还欠深湛，胸襟也欠宽阔，常常为一点小事，或者是斤斤计较，或者是大发雷霆。他的日记中就有这样的记载："予与人往还，最小处计较，意欲俟人先施，纯是私意萦绕。""饭后，语及小故，予大发忿，语不可遏，有忘身及亲之忿，虽经友人理论，犹复肆口谩骂，此时绝无忌惮。"由此可见，曾国藩确实有点心胸狭窄、斤斤计较，但他不仅知道自己的过失，而且还知道改正的方法，这一点就难能可贵了。

为人也好，做事也罢，只要自己能够从大处着眼，能忽略的地方就不必太计较，不可动辄得咎，大光其火。越是计较小事，越见短拙，越没意思。所以，为人处世应该豁达一些，知足一些。即使是一个平凡的人，也有不平凡的乐趣的。

7.收藏好自己的优越感

诗曰:"不显惟德,百辟其刑之。"是故君子笃恭而天下平。

——《中庸》

一个人有才华、有能力,当然是好事,也因此会在心理上衍生出高人一等的优越感,这也是理所当然的。但如果处理不当的话,就会直接影响人际交往。"木秀于林,风必摧之",中国古人在总结优秀者不幸结局时做出了这样的结论。所以,为人处世,只可行"中庸之道",无过亦无不及,恰到好处,才是人际交往的最佳境界。

古书《周易》上就有这样的卦辞:"谦,亨,君子有终。""谦,亨,天道下济而光明,地道卑而上行。天道亏盈而益谦,地道变盈而流谦,鬼神害盈而福谦,人道恶盈而好谦。谦尊而光,卑而不可逾,君子之终也。"就是说,为人处世,谦虚会使人"亨通",也就是办事顺利。因为"谦虚"的人,是尊重别人的人,他不会锋芒毕露、咄咄逼人。

有一位留学美国的计算机博士,学成以后就在美国找工作,有"博士"这样的头衔,一般来说求职标准当然不可能低。可谁也不会想到,结果他是连连碰壁,好多公司都没有录用他。后来,他想明白了,他决定收起所有的学位证明,以一种最低的身份,再去求职。不久,他顺利地进入一家电脑公司,当程序输入员。这对于一个计算机博士来说,就是小菜一碟,但他仍然干得认认真真的,一点儿也不马虎。不久,老板发现他能看出程序中的错误,老板就觉得这不是一般程序输入员可比的。这个时候,他才亮出了学士学位证明,于是老板就给他换了一个与大学毕业生相称的工作。

又过了一段时间,老板又发现他能经常提出一些非常有价值的建议,远比一般的大学毕业生要强,这个时候,他拿出了自己的硕士学位证明,老板又提升了他。就这样他继续做了一段时间,老板觉得他还是与别人不一样,于是就问他,此时,他只好拿出博士学位证明。这时,老板对他的技术水平已经有足够的了解和信任,毫不犹豫地重用了他。这位博士最后的职位,也就是他当初理想中的目标。

这个博士的做法是聪明的。他先放下"博士"的"帽子"和"架子",甚至让别人看低自己,然后再寻找机会全面地展现自己的才华,让别人一次又一次地对他刮目相看,他的形象也就慢慢地变得高大。如果刚一开始,就毫不掩盖地表现自己多么、多么有才华,那别人就会觉得你了不起,对你寄予了种种希望,可当你随后的表现一次又一次地让他们失望,结果只能被人越来越看不起。这个时候,一个人从以前无比的优越感中一下子坠入无比的痛苦之中,那么这个人就会在心理和行为上发生变化,这种变化甚至会影响一个人的一生。

古人云:"良贾深藏宝若虚,君子盛德貌若愚",这句话的意思就是说,真正精明的商人总是隐藏自己的宝贝,而真正的君子品德高尚,而从外表看起来却显得愚笨。所以,为人处世中,当需要展示自己的时候,就应该出手,让别人对你另眼相看,但必要时,还是"藏其锋芒,收其锐气",不可将自己的优势让人一览无余,只有这样,才是恰到好处的"中庸"处世智慧。

在处理人际关系中,也应该将自己的优越感收敛一些,该自己表现的时候表现,不该自己表现的时候,就把机会留给别人。这样既给足了别人的"面子",也给自己保存了一定的实力。能做到这点的人,也就是我们通常所说的"谦虚"的人,他会经常得到别人的尊重和喜欢。法国哲学家罗西法古说:"如果你要得到仇人,就表现得比你的朋友优越吧;如果你要得到朋友,就要让你的朋友表现得比你优越。"我想,所有人都想要得到朋友,不会想得到"仇人"的吧。那么,从现在开始,就为得到朋友行动吧。

刚柔并用,进退有度
——与人交往不要硬碰也不应逃避

1.与人交往要刚柔并济,不可偏废

性之德也,合外内之道也。故时措之宜也。

——《中庸》

孟子曾经称赞孔子为"圣之时者"。因为孔子能根据一时一地的不同情况,灵活地决定自己的行动:"可以速而速,可以久而久,可以处而处,可以仕而仕。"《中庸》里也说:"君子之中庸也,君子而时中",就是说真正的君子可以根据外界环境和条件的变化,而做出相应的变化,言行举止都能符合"中"道。

曾国藩说:"做人的道理,刚柔互用,不可偏废。太柔就会萎靡,太刚就容易折断。"从这句话我们可以看出,曾国藩领悟"中庸"思想的透彻性。了解曾国藩的人都知道,曾国藩一生为人处世都能恪守"中"道,虽然身居高职,最后却能全身而退,这不能说不是他"刚""柔"并济思想的功劳。

《老子》的思想与《中庸》是有着相通之处的。在处理天下事时,有以刚取胜的,也有以柔取胜的;有以强取胜的,也有以弱胜强的。一次,商容问老子:"我的

舌头还在吗?"老子说:"在!"商容又问:"我的牙齿还在吗?"老子回答说:"不在!"商容说:"您知道其中的道理吗?"老子说:"不就是刚硬的东西容易败亡,柔弱的东西能长存的道理吗?"商容说:"是啊!天下的事情完全是这样的啊!"这就是老子以"柔弱守雌"的思想和方法。

老子还说:"人活着的时候,身体是柔软的,而死了以后身体就变得僵硬。草木生长时是柔软脆弱的,死了以后就变得干硬。所以坚强的东西属于死亡一类,柔弱的东西属于生长一类。"后来他又说:"天下最柔弱的东西,可以攻入天下最坚强的东西里面去,可以说是无孔不入。""普天之下,再没有什么东西比水更柔弱的了,而能攻克最坚强的东西,却没有什么可以胜过水了。弱胜过强,柔胜过刚,这个道理普天之下没有谁不知道,就是没有人去实行。"我们可以看出,老子的这些个思想只注意到了过"强"过"刚"的矛盾转化的规律,但对于过"弱"过"柔"没有做进一步的阐释。而"中庸"思想却注意到了这两个极端,什么事都不能偏激,都不能有"过",否则都会失败。

事物不可到极点,到了极点就必然会走向反面。《周易》里说:"太阳到正中的时候就要往西边倾斜了,月亮圆满了就要缺损了。"这也很好地解释了"物极必反"的道理。所以,为人处世,要做到恰到好处,就要懂得这个相互转化的道理。

孙子说:"凡战者,以正合,以奇胜。"正就是刚,奇就是柔。在为人处世中,刚就容易方,柔就容易圆,如果一个人过分地方方正正,棱角分明,就势必会碰得头破血流;反过来说,要是一个人八面玲珑,圆滑透项的话,就会给人华而不实,不可信任的感觉。

某公司总部从下面的子公司调来三名员工,甲就像往常一样我行我素,保持本色,结果在总经理眼里是个"不知道天高地厚"的人,没有予以重用;乙这个人则和甲相反,一改以前的高傲性格,为人处世唯唯诺诺,总经理当然讨厌这种人,理所当然地不予重用;而丙则能洞察环境,不断地调整自己的交际位置,在办事的时候,能刚则刚,能柔则柔,不久就进入了新角色,而且很快赢得了总经理的重用,遇到什么重要的会议或与重要的客户谈判的时候,总把丙带在身边。没过多久,丙就得到了提升。因此,为人处世必须根据外界环境和条件的不同,采取不同的应对方法,刚柔并用,才不失"中"道。

古人云:"矫矫者易折,皎皎者易污。"所以为人处世,最好是刚柔并济,这样才能做到不偏不倚。如果只刚不柔,或只柔不刚,都不可能达到全面的效果。因此,要确定什么样的姿态与人交往,还需有"中庸之道"加以适时地调整。

2.有进有退,海阔天空

夫妇之愚,可以与之焉,及其至也,虽圣人亦有所不知焉。夫妇之不肖,可以能行焉,及其至也,虽圣人亦有所所不能焉。天地之大也,人犹有所憾。

——《中庸》

儒家强调"内外之道",一方面,"中"是指一个人内在的某种主观状态,以及主观地对外界事物的判断,也就是一种"含而未发"的内在要求;另一方面,"中"又是外在的,它表现在外表行为上"中节",也就是"度"。二者是统一的,缺一不可。在"中庸"处世思想中,要能做到二者的高度协调,有进有退,能进能退,收放自如,以达到真正的和谐、融洽,才不失偏颇。

人无疑是一种社会性很强的动物,人的一切活动在很大程度上不是一种个人行为,而是一种社会行为。同时,人与社会、人与人,都是彼此紧密联系在一起的,社会是每个人的社会,每个人又都是社会的个人,因此,人的活动就会受到社会各种因素的影响和制约。这也就注定了人的活动不能完全按照自己的主观愿望进行,那些不顾外界客观因素限制一意孤行的人,注定最终是要失败的。就是因为有许多因素的影响和制约,所以人们在做任何事情的时候,要注意其中的"分寸"。

通常意义上来说都是"以退为进",在"退"中等待"进"的时机。另外人们在按照既定方针进行努力的同时,还要根据实际情况的变化随时改变计划,不能一味地追求冒进。就是说当你不断在前进的时候,要懂得"退"。当然,这时的"退"不是要求人们停止不前,更不是故步自封,而是为了积蓄更多更强大的力量,为了更好地"进"做准备,这也就是"以退为进"的真正意义所在。

列宁曾经写过这样一篇文章,叫《退一步,进两步》,讲得也就是这个道理。当我们看运动会的田径运动员在进行比赛的时候,往往就是先向后退,看准目标,然后猛然向前。

"退"是为了积聚力量,为更好的"进"带来爆发力,这是一种自然行为的例子。在从事社会活动或与人交往的时

候,就更加应该知道,"当进则进,当退则退",想要做成大事,就决不能像象棋中过河的兵卒一样,只知进,不知退,那样看似勇猛,实际上只是逞一时一地的匹夫之勇,是不可能有大作为的。

洪应明说:"风斜雨急处,要立得脚定;花浓柳艳处,要著得眼高;路危径险处,要回得头早。"所谓"风斜雨急""花浓柳艳""路危径险"都是比喻,比喻人生路途中会遇到各种艰难险阻,"立得脚定""著得眼高""回得头早"就是要适可而止,不能不知凶险,需要后退的时候决不向前半步,当然,应该向前的时候也不能停步。总之,就是要根据外界环境和条件的变化做出相对应的调整,才不会钻进牛角尖、死胡同。

俗话说:"狡兔死,狗肉烹;飞鸟尽,良弓藏。"明朝有著名的张献忠起义,开始的时候都还比较顺利,但敌人有一名老将左良玉,让张献忠吃尽了失败,逼到最后,张献忠托人给左良玉带去一封信,信上说,如果我张献忠不在了,你左良玉也就危险了。左良玉身居官场多年,当然明白其中道理,于是下令撤军,张献忠得以一时保存。再就是曾国藩"英雄自剪羽翼"的故事,当曾率领湘军打败了太平天国以后,曾下令解散湘军,当时手下一员大将说:"曾大人,英雄不可自剪羽翼啊!"但是曾国藩是何等聪明之人,他凭借李鸿章的淮军照样保存了实力。世界著名的福特汽车公司的老总,因为执迷于全能,认为自己生产的梯形黑色轿车是天下最好的,但是当它的市场占有率由百分之五十降到百分之二、三十的时候,他还是执迷不悟,反对研发新产品,而且将研发出来的新车样送进垃圾粉碎机里。在后来几年的中,福特公司的老总垂垂老矣的时候,才知道悔悟,但为时已晚。

常言道:"退一步海阔天空"。等到时机成熟的时候,就可以任意翱翔了。但是值得注意的一点就是,"退"不是为了追求安逸的隐匿,"退"只是一种手段,是为了更好地"进"。

3.立身要高,处世宜让

彼求之而后得,为之而后成,积之而后高,尽之而后圣。

——《荀子》

真正聪明的人,在为人处世中是能坚守"中庸"之道的。而为人处世又直接取决于个人的"内"与"外","内"就是个人内在的基本素养,包括思想、道德、学识等等;"外"也即个人内在素养的"外显",是个人为人处世的姿态和方法。

《菜根谭》中有这样一句话:"立身不高一步立,如尘里振衣,泥中濯足,如何超达？处世不退一步处，如飞蛾投烛，羝羊触藩，如何安乐？"也就是说，为人处世要能洞察时事，在"立高"自身的同时，要学会适时的"退让"，才不至于招来不必要的麻烦。

春秋时期，有一个叫孟简子的人，他在梁、卫两国为相，因获罪而逃到齐国。管仲就出来迎接他，问他："你在梁、卫两国的时候，手下有多少人啊？"孟简子回答说："三千人。"管仲又问："那今天陪你一同来的有多少呢？"孟简子答道："三人。"管仲说："都是些什么人呢？"孟简子回答说："其中一个人的父亲死了，因为他无力安葬，我帮他安葬了；一个人的母亲死了，我也帮他安葬了；另一个人的兄长不幸被捕关进大牢，我把他释放了。就是这三个人与我一起来的。"管仲把孟简子迎上车，说："我也一定有困窘的时候，我不能以春风风人，不能以夏雨雨人。我也一定会有困窘的时候啊。"

孟简子当然就是一个"立身"高尚的人，他能够为自己的下人们做到这些，可谓是"恩重如山"，下人们也定当以"涌泉"相报了。其实，这里所说的"立身"不仅仅只是帮助有困难的人，而且还需要用自己的思想和实际行动去感召别人，能够让每个人都能有"仁爱之心""恻隐之心""辞让之心""是非之心"等等。其目的就是要做到无愧与己，无愧于人，这才是真正"立身"的人。

战国时候，梁国与楚国邻接，两国在边境设有界亭，管理两国的人员进出。而两边界亭里的人也都在各自的地界里种西瓜。梁亭的人很勤劳，经常锄草浇水，因此瓜苗长得很好，而对面的楚亭里的人，十分懒惰，就让地里的瓜苗自生自灭，从来没问过，当然瓜苗长得就很瘦弱了。看到梁亭那边的瓜苗长得那么好，再看看自己这边的，楚亭的人就觉得很没面子，于是趁有天夜里没有月亮，就偷偷跑过去把梁亭的瓜苗全给扯断了。梁亭的人第二天浇水的时候，发现瓜苗都蔫了，大家都很气愤，于是把这件事报告给边县的县令宋就，说我们也过去把他们的扯断！宋就说："这样做显然是很卑鄙的，我们知道是他们扯断我们的瓜苗，但我们没有必要再反过去扯断他们的瓜苗。别人不对，我们再跟着学，那不是知错犯错吗？你们听我的话，从现在开始，你们每天去给他们的瓜苗浇水，让他们的瓜苗长得好。但你们这样做，一定不可以让他们知道。"

梁亭的人就按照宋就的话去做了。楚亭的人发现自己的瓜苗一天比一天长得好，经过仔细观察，才发现每天早上都是梁亭的人在帮他们浇水。楚国的边县县令知道这个情况以后，感到很是惭愧，于是就把这件事报告了楚王，楚王听说以后很感动，就马上叫人备重礼送给梁王，既以示自责，也表示感谢，结果这一对敌国成了友好的邻国。

这个故事中主要人物宋就,他深知"中庸""己所不欲,勿施于人"的"恕"道,所谓:"反求诸己""推己及人",这样做的结果不仅可以使自己无害于人,反而让那些"作恶"的人无地自容。而那些自私自利的人,往往不懂得其中的道理,从不顾及别人的利益,把自己的利益建立在损害他人的基础上,这种人无疑是可耻的。所以,为人处世,首先要立正自身,需要退让的时候就退让,只要不违反自己为人处世的原则。

4.藏锋露拙,匿锐示弱

人一能之,己百之。人十能之,己千之。

——《中庸》

有个成语叫"锋芒毕露",锋芒本来是指刀剑的尖端,人们时常用它来比喻一个人出众的才干。古人认为,一个人如果无锋无芒,那就是扶不起来的阿斗,也不会取得成功。所以有锋芒是对一个人才干的肯定,是事业成功的基础,在适当的场合显露出来既有必要,也是应该的。然而,锋芒是可以刺伤别人的,当然也会刺伤自己,运用起来还是得多加小心。"中庸"思想要求为人处世无过无不及,要懂得"物极必反"的道理,如果过分显露自己的才华,就很容易导致失败,甚至会丢了自己的性命。

《庄子》里面有这样一则寓言:吴王乘船渡过长江,登上一座猴子山。猴子们看见国王率领大队人马上山来了,都惊叫着逃进树林里,躲藏在树丛茂密的地方。而有一只猴子却十分从容自得,抓耳摸脑,在吴王面前蹿上跳下,故意卖弄技巧。吴王很讨厌这只猴子的轻浮,便张弓搭箭,向它射去。这只猴子存心要显露本事,因此当吴王的箭射来时,它就敏捷地跃起身,一把抓住飞箭。吴王这下真是火了,转过身示意随从们一齐放箭,这时箭如雨下,不可躲闪,那猴子终于被射死了。

这里所说的要"藏锋露拙""匿锐示弱",并非是要人埋没自己的才能,而是为了保护自己,不招来祸端,从而更好地发挥自己的才能和专长。在社会交往中,要使别人知道你,当然先要引起别人的注意。而想引起别人的注意,单单从言语行动方面努力的话,就难免在言语或行动中暴露锋芒。你只要稍微注意一下,就会发现我们周围一些有人缘的人,往往看起来都是毫无棱角,无论是他的言谈还是举止,个个都是深藏不露,好像他们都是庸才。其实他们之中,有的才能要远远高过你。他们个个都很"讷言",但其中颇有能言善辩者;他们好像胸无大志,其实不乏雄才大略、不愿久居人下者。但是他们都不肯在言语行为上表现出来,这是什么道理呢?

因为他们有所顾忌,言语锋芒便会得罪别人,得罪别人就会成为自己的阻碍,成为自己的破坏者;行动锋芒便会招人妒忌,别人妒忌就成为自己的阻力,也必定成为自己成功的破坏者。如果你的四周,都是阻碍或阻力,都是破坏者,试想你还能做成功什么事呢?

战国末期韩非与吴起、商鞅的政治思想一致,著书立说,鼓吹社会变革。他的著作流传到秦国,被秦王嬴政看到,极为赞赏,就设法邀请韩非到秦国。但才高招忌,韩非到了秦国以后,还没有得到秦王的重用,就被李斯等人诬陷,屈死在狱中。宏图未展身先死,纵使满腹经纶又有何用呢?如果当时韩非不是招摇显露才华,而是谦卑抱朴等待时机,或者婉转上奏,或者另投明主,使自己的政治抱负得以施展,相信他不仅仅就是一个思想家,应该会成为一代名臣,而不是一个悲剧人物了。

还有一个这样的故事:某人年轻的时候,就拥有所谓"三头"的自负,即笔头写得过人,舌头说得过人,拳头打得过人。在学校读书的时候,可谓是天不怕地不怕,以为别人都不及他。刚刚踏入社会还是那样锋芒毕露,结果得罪了许多人。但是幸好,总算觉悟得快,一经别人的提醒,便连忙负荆请罪,倒也消除了不少嫌怨,但是无心之过还是难免的,终究在事业上遭到了别人的排挤和打击。

《易经》说:"君子藏器于身,待时而动。"这里的"器"即是一个人拥有的各种才能。当然,一个人没有才能是不足为道的,但是有才能一定要在特定的时候表现出来,这样才不会伤人伤己。千万别学那只爱出风头、招摇卖弄的猴子,若不然,就有可能成为众矢之的。

5.避免与人正面冲突

修身,则道立。尊贤,则不惑。亲亲,则诸父昆弟不怨。敬大臣,则不眩。体群臣,则士之报体重。子庶民,则百姓劝。来百工,则财用足。柔远人,则四方归之。怀诸侯,则天下畏之。

——《中庸》

待人处世无疑是复杂的,有些事情因为种种原因,总是公说公有理,婆说婆有理,这种事情根本就是争论不清的。所以遇到这种情况,要尽量做到适可而止,能退让就退让,不可与对方发生正面冲突。

明朝陈耀文在其《天中记》里讲了这样一则寓言:有一次,夜里睡觉白天出来的燕子和白天睡觉夜晚出来的蝙蝠争论起来。燕子认为日出是在早晨,日落是在傍晚;而蝙蝠却说日落是早晨,日出是傍晚。它俩叽叽喳喳,争论个不休。其实,大家都知道,由于燕子和蝙蝠的生活习性和所处的环境不同,因此对早晨和傍晚就有各自不同的看法,这样相异的观点通过这样的争论是永远是不可能达到统一的,当然也就毫无意义了。

第二次世界大战结束不久,某天晚上,卡内基在伦敦参加一个爵士的宴会。宴席中,坐在卡内基旁边的一位先生讲了一个幽默的故事,并引用了一句成语,大意就是中国人所说的"谋事在人,成事在天"。他说这句话是出自《圣经》。"什么?《圣经》?"卡内基知道这句话并不是出自《圣经》而是出自莎士比亚的《哈姆雷特》。为了表现自己的优越感,卡内基当即纠正了这位先生的错误,可是,这位先生却反唇相讥道:"什么?你说是出自莎士比亚?不可能!绝对不可能!那句话确实是出自《圣经》的。"

卡内基的老朋友葛孟先生也在场,他研究莎士比亚已经很多年了。这时,他在桌子下用脚踢了踢卡内基,说道:"卡内基,你弄错了,这位先生是对的,确实是出自《圣经》"在回家的路上,卡内基不解地问:"葛孟,你不是明明知道那句话是出自莎士比亚的吗?""是的,"葛孟回答说:"《哈姆雷特》第五幕第二场。可是卡内基,我们是宴会上的客人,为什么一定要证明他错了呢?那样会使他喜欢你吗?为什么要与他抬杠呢?卡内基,应该永远避免跟人家正面冲突。"

为人处世中不要轻易与人争论,即使非争论不可的时候,也要注意场合,分清对象,与根本没有争论基础的人争论,是争论不出什么名堂的。在不同的场合,面对不同的对象,我们的言行举止一定要慎之又慎。好朋友在一起的时候,我们可以用幽默的口吻或者是开玩笑的口吻来指出对方的错误,既然彼此是好朋友,对方知道自己错了,也不会与你斤斤计较的。但是,遇到好抬杠的人,或是不管有理无理就喜欢争论的人,我们最好适可而止,哪怕装一回愚笨,也不要与之争辩。因为这种人本身就是一个无理取闹、心胸狭隘的人,如果你过于指责他的话,他会口不择言,甚至诋毁、辱骂于你,这就远非是争论的范畴了。

有一次,华盛顿率领他的军队驻扎在亚历山大里亚。那里正在选举弗吉尼亚议会的议员。当时有一个叫佩思的人反对华盛顿所支持的候选人。据说华盛顿与佩思在关于选举问题的某一具体问题上发生了激烈的争论,情绪激动的华盛顿就说了一些冒犯佩思的话,而被激怒的佩思则将华盛顿一拳打倒在地。华盛顿的部下马上开了过来,摩拳擦掌,准备为他们的司令报仇,华盛顿阻止了部下们的冲动,并劝说他们返回营地。

第二天早上,华盛顿递给佩思一张便条,要求他尽快赶到一家小酒店。不一会儿,佩思便如约赶来,他是准备进行一场决斗的。而令他感到惊奇的不是手枪而是酒杯。华盛顿站起来迎接他,并笑着伸手过去:"佩思先生,犯错误是人之常情,我想纠正错误是一件光荣的事。我相信我昨天是不对的,你已经在某种程度上获得了满足。如果你认为到此可以解决的话,那么请你握我的手,让我们交个朋友吧。"从此以后,这位佩思先生成为华盛顿最坚定的支持者。

6.得饶人处且饶人突

微则悠远。悠远,则博厚。博厚,则高明。

——《中庸》

孔子说:"君子舒泰而不骄矜,小人骄矜而不舒泰。"孔夫子这里讲的"舒泰"与"骄矜",是就君子和小人的器量、见识而言的。由于君子"舒泰"、胸襟宽广,所以表现在待人接物上则"宽容""博爱";与此相反,小人由于"骄矜",则处处表现的狭隘、计较。所以说君子和小人因为各自不同的"修炼",在言行举止上也是不尽相同的。

与人相处,关键就在于是否有容人之心。我们在人际交往中,需要有好人缘,要想有好人缘就需要与别人友好相处。那么,怎样才能做到这一点呢?答案就是:以善良、仁爱的心对待一切,时时处处检点自己,严以律己。同时,要宽以待人,得饶人处且饶人。这就是与人交往要求个人素质的体现。通常来说严以律己还不是太难,而是要具备宽以待人的品质则不是那么容易了。

现实生活中的人各种各样,在性格、爱好、职业以及习惯等诸多方面都存在着很大的差异,而且因为每个人的人生观和价值观的不同,在对待事物、问题的认识与理解也不相同。因此,当我们在与人交往时,要时刻记住双方的差异。《中庸》说:"忠恕违道不远。施诸己而不愿,亦勿施於人。"也就是说,在承认这种差异性的前提下,我们不能要求别人什么都要与自己一样,不能以自己的标准或经验来衡量别人的所作所为,其关键就在于"忠恕"二字。

人非圣贤,孰能无过。宋代文士袁采说过:"圣贤犹不能无过,况人非圣贤,安得每事尽善?"人与人之间相互往来,不可避免地要出现或大或小的错误,这个时候不要动不动就横加指责,大声呵斥,甚至恨不得将其置于走投无路的境地才罢休,而要做到乐道人之善,多看到别人身上的亮点。对于这一点,孔子早在几年前就已经知道了用辩证法来对待。他说:"君子不因为言辞动听就提拔人,也不因为人品不端就否定他讲的话。"对待别人说的话应辩证地看待,当然对于别人的行为也该如此,也只有这样才会避免偏激,避免走上极端,也就顺应"中庸之道"了。

晋代有一个叫谢万的人,是谢安的弟弟。有一次,去别人家吃饭,谢万就和一个叫蔡系的人争抢同一个座位,蔡系不小心把谢万从椅子上推了下来,把帽子和头巾都弄得快掉了。在场的人都以为谢万要发火了,甚至要动拳头了,可谁也没想到,谢万慢慢站起来,拍拍衣服,边坐边说:"你差点儿弄伤我的脸。"蔡系说:"本来就没有考虑到你的脸。"后来两个人都没有把这件事挂在心上,当时甚是为人称道。这的确是值得人钦佩的,如果换了别人,那结果可能就是另外一个样子了吧?

《菜根谭》里有这样的话:"彩笔描空,笔不落色,而空亦不受染;利刀割水,刀不损锷,而水亦不流痕。""待人而留有余,不尽之恩礼,则可以维系无厌之人心;御事而留有余,不尽之才智,则可以提防不测之事变。"也就是说,不管是待人还是接物,都应该留一点余地。对于别人的过失,就应该像用彩笔在天空画画,用快刀斩水,做到适可而止,就可以保存天空的干净,绿水的长流,就可以保存彼此原本的关系,不会因为对方的过失而影响到彼此的和谐、融洽。

在日常交往活动中,若是对方未能满足自己的要求,或是有什么过错,我们都不应该怀恨在心。因为怨恨只会加深彼此的误会,而且还会扰乱我们的正常思维,引起急躁、偏激的情绪。所以说,彼此的交往是缘分,不必计较太多,也不必苛求对方尽善尽美,多一些宽容和体谅,得饶人处且饶人,那么,彼此之间一切不愉快,都会迎刃而解。

7.维护自己的利益,绝不能退缩

君子遵道而行,半途而废,吾弗能已矣。

——《中庸》

看过《动物世界》的人,都会发现在动物王国里,狮子惯于在一群数以千计的羚羊中,挑选那些老弱病残的那只作为腹中餐。这是"优胜劣汰"的自然规律,当然也是狮子的本性。但是在为人处世中,我们如果过于软弱,就会受到那些残忍、狡诈如狮子的人的攻击。孔子说"当仁不让",就是要人们敢于维护自己的利益,敢于和邪恶做斗争。这个时候,我们决不能惧怕而退缩。

与那些不讲理的人交往,一个人的正直不仅表现在对自己的严格要求上,而且在与之交往中,还需要表现出合理的要求绝不放弃,绝不做无谓的牺牲,放弃刚正的品质。

在美国南北战争之前,大卫是一个农庄的主人,拥有不少的黑奴。有一天下午,大卫正在磨坊里磨麦子,这时房门被推开,一个黑奴的孩子走了进来。大卫回头看了看,语气恶劣地说:"小家伙,什么事?"那孩子声清气朗地说:"我妈让我向您要回五毛钱。""不行!你这小兔崽子,给我滚回去!""是!"孩子答应了,可是一点也没有离开的意思。大卫只专心在工作,根本没觉察他还站在那儿。好一会儿抬头才看到他还是静静地站在门边,"我叫你回去,你听不懂啊?再不走。我让你好看!"孩子依旧应了一声:"是!"却依然一动不动地站在那儿。

大卫真的很恼火,顺手从身边抓起一把秤杆,气愤难当往门口走去。眼看着严重的事情要发生了。然而那个孩子不等大卫走过去,反而向前上了一步,凛然的眼神仰视着面前这个凶恶的主人,斩钉截铁地说:"我妈说无论如何都要拿到五毛钱!"大卫一下愣住了,缓缓放下秤杆,从口袋里掏出五毛钱给他。

一个孩子,在与强人的交涉中,展现的是一种刚毅正直的品格。面对凶恶的主人,他不但没有被吓倒,也没有因为对方的气势而退缩,反而勇敢地往前进了一步,这种沉着的力量,完全挫败了主人的锐气,最终将五毛钱给了他。

张作霖是民国时期的大军阀,但他强烈主张抵御日本侵略,这一点可谓是深得人心。有一次,张作霖出席一个名流集会。席间,有几个日本浪人突然声称,久闻张大帅文武双全,请即兴赏一幅字画。张作霖当然知道这是在故意刁难他,但在这大庭广众之中,也不能直接拒绝。于是满口答应,吩咐笔墨伺候。他站在桌前,大笔一挥写就了一个"虎"字,然后得意地写上落款"张作霖手黑"。那几个小日本面对题字,一时像丈二和尚,摸不着头脑。

机敏的秘书一眼发现了错漏,"手墨"怎么写成了"手黑"了?他连忙贴近张作霖耳边小声道:"大帅,您写得'墨'字下面少了一个'土','手墨'变成'手黑'了。"张作霖眉梢一动,计上心头,故意呵斥秘书道:"我还不晓得这'墨'字下面有个'土'?因为这是日本人索要的东西,不能带'土',这就叫作寸土不让!"话音刚落,满堂喝彩。那几个小日本这才看出张作霖不好惹,都觉得没趣,只好悻悻退场了。

张作霖在自己丢了脸的情况下,并没有乱了阵脚,而是将错就错,巧妙地暗示大家,他把"墨"写成"黑",不是因为自己不会写,而是因为他有一颗拳拳的爱国之心,对于日本的侵略坚决寸土不让。

所以,当自己的利益受到损害,或受到别人的威胁时,我们不能因为怕得罪别人或自己会遭到报复就畏缩,就不敢作反抗。而是应该理直气壮地站起来,大声地说:"这是我的,你没有任何权力夺走!"要勇敢地维护自己的权利,否则就是弱者,弱者当然是不值得一提的。

失诸正鹄,反求其身

——变换思维,多从自身找原因

1.社交处世要始终保持自我本色缩

子曰:"射有似乎君子。失诸正鹄,反求诸其身。"

——《中庸》

孔子曾经表扬他的学生子路说:穿一身破旧的棉布衣服,和穿着华贵的裘皮的人站在一起,而丝毫不自惭形秽的,恐怕只有子路一个人吧!据说子路是"卞之野人",从小就在农民家庭长大。乡人只要不饥不寒,就不会因非分之想而做出种种恶事的淳朴性格,再加之孔子的教育,使他形成了自尊自重自强的独立人格,这就是为人的本色和真性。这一点对于今天的我们,依然具有很大的启示。

《中庸》里说:"只有天下至诚,才能称之为性,便能参天地的化育;能参天地的化育,便能参天参地了。"所谓"物我一体""与天人一体",就是为人必须的修养,它完全囊括在"尽其性"里面。做人要自己相信自己、自己尊重自己,重视自己与别人平等的人格。这样,不仅能不自轻自贱,而且能对他人做到"仁爱",不嫉妒、不奉承,堂堂正正地立身于天地万物之间。

朱熹说:"君子所具备的本性,虽然大行却不添没用的东西,虽然贫困却不会损伤自己。"所以只要能得到为人的"本性""真性",又何必去添增损失呢?朱熹在这里又说:"正因为他的良心发现他的微妙之处,猛然觉醒提示,使自己的良心不糊涂,便是作功夫的本事。本事有了,自然不学而上达。如果不观察良心发现处,渺渺茫茫,终究难有下手的地方。"这就是要求人们在做人的时候,要善于发挥其本性。能发挥本性的"真",就能发挥天地万物人我的真;能发挥本性的"善",就能发挥天地万物人我的善;能发挥本性的"美",就能发挥天地万物人我的美。所以,孟子这样赞美孔子:"孔夫子如同天地。"其实,只要人人都能尽其"真"、尽其"善"、尽其"美",只要保持为人的本色,不仅孔夫子如同天地,世上的每个人都能如同天地。

做你自己! 这是美国作曲家柏林给后期的作曲家格希文的忠告。柏林与格希文第一次会面时,柏林已经声誉卓著,而格希文还一个默默无闻的年轻作曲家。柏林很欣赏他的音乐天赋和才华,就以格希文所能赚的三倍薪水请他做音乐秘书。可是柏林也诚恳地劝告格希文:"不要接受这份工作,如果你接受了,最多只能成为柏林第二。要是你坚持下去,有一天,你会成为第一流的格希文。"格希文接受了柏林的忠告,并最终成为当代极有贡献的美国作曲家。就像大家都喜爱电影大师卓别林一样,当卓别林开始拍片的时候,导演要他模仿当时的著名影星,结果他一事无成,直到他开始成为他自己,才有后来人们看到的成功。

爱默生在他的短文《自我信赖》中说过:"一个人总有一天会明白,嫉妒是无用的,而模仿他人无异于自杀。因为不论好坏,人只有自己才能帮助自己,只有耕种自己的田地,才能收获自家的玉米。"

"本性"是"情"的主体,而"情"又是"本性"的行动。做人应该"心体莹然,不失本真。"正如洪应明所说:"夸逞功业,炫耀文章,皆是靠外物做人。不知心体莹然,本来不失,即无寸功只字,亦自有堂堂正正做人处。"

诗人马洛奇有这样一首诗:
如果你不能成为山巅上一棵挺拔的松树,
就做一棵山谷的灌木吧!
但要做一棵溪边最好的灌木;
如果你不能成为一棵参天大树,
那就做一片灌木丛林吧!
如果你不能成为一丛灌木,
何妨就做一棵小草,给道路带来一点生气!
你如果做不了麋鹿,
就做一条小鱼也不错!
但要是湖中最活泼的一条!
我们不能都做船长,总得有人当船员,
不过每人都得各司其职。

不管是大事还是小事，我们总得完成分内的工作。

做不了大路，何不做条羊肠小道，

不能成为太阳，又何妨当颗星星；

成败不在于大小——

只在于你是否已竭尽所能。

2.做事要符合自己的身份

故君子之道，本诸身，徵诸庶民。

——《中庸》

中庸为人处世思想要求我们既不能跟坏人学坏，也不能标新立异，故作清高，故意与众不同；做事既不可以处处侵犯他人、惹人生厌，也不能阿谀奉承博取他人欢心。所以《菜根谭》中说："处世不宜与俗同，亦不宜与俗异；做事不宜令人厌，亦不宜令人喜。"这才是为人处世的"中"道。

荀子在《儒效》中阐述人的等类：有思想上没有去掉私心杂念，却希望别人说他公正的人；有行动上没有去掉龌龊卑鄙，却希望别人说他品德善良的人；有愚昧无知，却希望别人说他知识渊博的人。思想上抑制私心杂念，然后才能一心为公、正直不倚；行动上抑制放纵的性情，然后才能使个人的品德善良，仁爱别人；有智慧而又好问，然后才能学到更多的知识，才能多才多艺。能够做到公正、善良又有一定的才干，就可以称作小儒了。思想上习惯公正，行动上习惯于善良，智慧能通晓各类事务的基本原则，这样就可以叫作大儒了。

如果一个人有私心杂念、龌龊卑鄙、愚昧无知的特征，就说明这个人在某种程度上不能做到"适中""适当"。所以孔子说："中庸之道之所以不能畅行，我知道其中的缘故了，聪明的人常常超过中庸之道，而愚笨的人又总是达不到；中庸之道之所以不能明晓于世，就是因为贤能的人常常超过它，而不肖的人又达不到。"所以在这一点上，荀子的思想和"中庸"思想也是有共通之处的。都是要求人们在立足自身的前提下，摒弃那些私心杂念、龌龊卑鄙、愚昧无知，在为人处世中切实实行"中庸之道"，做人做事都要符合自己的身份、角色。

明代嘉庆年间，有一个叫李乐的官员，此人为官清正廉洁。有一次他发现科场中有徇私舞弊的现象，按他的性格，他当然看不过去，于是立即写奏章呈递给皇上，希望皇上出面整治这股不正之风。可是皇上不予理睬，他又上朝面奏，结果把皇上惹火了，以故意揭短的罪名，传旨把李乐的嘴巴贴上封条，并下令谁也不准去揭。

封了嘴巴,就不能进食,无疑就是判了李乐死刑。这个时候,旁边的一位官员走到李乐身边,不分青红皂白,大声责骂:"君前多言,罪有应得!"这个人一边大骂,一边叭叭叭地打了李乐几个耳光,当即就把封条打破了,掉在地上。

皇上见此情景很生气,可是这个人又是在帮他责骂李乐,皇上当然也不好怪罪他。其实,打李乐耳光的人就是他的学生,在这关键的时刻,他马上换了个角色,"曲"意逢迎皇上,巧妙地救下自己的老师。如果他不顾情势和身份犯颜"直"谏,非但救不了自己的老师,恐怕连他自己也会被连累。可见,为人处世身份要变,就要变得巧妙,不守不行,死守也不行。

孔子说:"不在其位,不谋其政"。就是要求人们注意身份地位,不能超越自己的能力的限度去做自己不该做的事。在孔子看来,一个人坚定信念,持守正道,才能帮助君主治理国家。天下有了道德、政治开明的时候,那就出来做官,治理百姓;天下无道,黑暗残暴,那就闭门读自己的书,不为暴君出力。国家有道开明的时候,如果自己还是贫穷卑贱,那一定是自己没有尽力宣扬教化,传播文明,这是可耻的事情。国家没有道义,暗无天日,而自己反而富裕显贵,这一定是自己出卖灵魂,亵渎人类文明圣洁,这更是可耻。

所以说一个人要善于根据外界环境的变化,适时地调整自己的身份和社会地位。不能为了自己的私利,就可以做出龌龊卑鄙的事,不能出卖自己的尊严和人格,只要做好那些符合自己身份、角色的事,那就可以了。

3.做事要考虑利害大小

见其可欲也,则必前后虑其可恶也者;见其可利也,则必前后虑其可害也者;而兼权之,熟计之,然后定其欲恶取舍,如是,则常不失陷矣。

——《荀子》

可欲与可恶、利与害,都是相互对立的关系。如果只看到其中一面就是"偏激",所以要"兼陈万物而中悬衡焉",才能"众异不得相蔽以乱其伦也"。所谓"兼陈万物",就要在为人做事的时候,要看到问题个每一个方面,然后"兼权""熟计"之,做出正确的判断,从而不会被矛盾的表现所迷惑。荀子要求看到事物的正反两面,也就是符合"中庸"思想的不偏不倚的比较、鉴别的方法,都是符合辩证法的。

一个人如果不能全面地看问题,做人做事都只能看到对自己有利的一面而不考虑不到其中隐藏着的危险,那就会偏激,就会走上极端。大家都知道商鞅变法,它促成了秦国的强大,但是商鞅的手段过于残酷,只为了自己的利益,只看到变法带来的好处，而忽略了变法带来的负面影响，致使商鞅自己也丧命在自己制定的法令之下。

明代的于谦因为对人太苛刻，做事好走极端，违背中庸思想行事而最终被奸人所害。现在看来，于谦的所作所为，无疑都是为正义、为人民的，但在当时的人际环境中，他不仅不被人理解，反而成为招致怨恨的主要因素。

于谦的主要功业就在于明朝的两次重大事件：土木之变和夺门之变。土木事变之后，让于谦成为民族和国家的英雄，举国上下一致拥戴；而夺门事变则让他身败名裂，命丧刑场。大家可能都会感到困惑，于谦一身正气，为什么那些之前与他同仇敌忾的人为什么会倒戈相向呢？

土木之变，使明英宗沦为瓦剌军队的阶下囚，致使京城岌岌可危。就在这为难之际，掌管兵部的于谦挺身而出，排除外界各种干扰，率领各方面力量，顽强战斗，击退了瓦剌军。与此同时，他还同一班文武大臣拥立朱祁钰称帝，重新建立明朝政权。本来想要挟明朝的瓦剌部族首领见到这种情景，只好被迫放回明英宗。

从这里看来，于谦不是功不可没吗？怎么说他对人苛刻呢？接着往下看就明白了。当时明朝有一个文臣叫徐有贞，因为在瓦剌军队进攻京城的时候，率先提出"南迁"的主张而遭到于谦的严正驳斥，为此徐有贞经常遭到别人的嘲笑，也因此一直得不到提拔。他多次请求于谦举荐，希望谋取国子监祭酒一职。于谦也曾经在明景帝面前提到过这件事，但是明景帝认为徐有贞在国家危急关头要"南迁"，造成极坏的影响，就不同意提升他。而徐有贞并不知道其中缘故，反而怀疑是于谦从中作梗，影响了自己的前程，因而对于谦恨之入骨。

而当时明朝还有一名武将叫石亨，掌管着京师驻军的兵权，因为刚开始与瓦剌军队作战遭败而被贬。但是不久在于谦的保荐下，石亨又官复原职，并且在于谦的领导下，扭转败局，立下大功，石亨也因此被封为世侯。如此优厚的封赐使石亨受宠若惊，为了表达对于谦的知遇之恩，因此他向皇帝请求封赏于谦的儿子于冕。可谁也想不到，于谦为此在朝廷上义正词严地拒绝了，还当着众人的面指责石亨徇私。于是，石亨和于谦二人的关系就此破裂，积怨日深。

由于处理事情不婉转，说话直露，也不知道给人留面子，因此于谦得罪了本可以不得罪的人。就这样，文臣武将联合在一起，形成了一股"倒谦"势力。经过一番密谋之后，以徐有贞为行动的策划者，石亨等人为行动的执行者，他们趁明景帝病重之际，猝然发动宫廷政变，夺门成功，把原来的废皇帝明英宗又送上了皇位，而于谦的性命也就在这场事变中不明不白的丢了。

可见,一个人不管做什么事都要做全面的考虑。孟子说:"权,然后知轻重;度,然后知长短;物皆然,心为甚。"而像于谦那样,本身是正直无私的,但为人过于偏激,不能分辨其中的利害关系,而最终付出了生命的代价,这是不值得的。这一点在现实生活中,也值得大家注意。

4.目光长远,学会"冷庙烧香"

子曰:"文武之政,布在方策。其人存,则其政举;其人亡,则其政息。"

——《中庸》

一个人要成功处世,能顺顺当当地办成各种事情,首先必须给人留下一个好印象,有个好人缘。一般人缘好的人,在社会交往中的形象就好,社会评价也高,因而求人办事也容易得到对方的理解、支持、信任和帮助。所以,一个要有长远的目光,要学会"冷庙烧香",就是在别人遇到困难时主动帮助他,而不计回报,这样日积月累下来,留下来的都是好人缘。

佛家教诲世人要"广结善缘"。那么什么是"善缘"呢?"善"的动机就是出于一个人"仁爱"之心,就是出于互助的一种精神状态。与人交往,你有需要,我帮助你;你有困难,我帮助你。我的帮助纯粹是为了你,但是我的所作所为,既不是想讨好你,也不是想要人情债。一旦能做到这一点,将来我如果有需要,你就会来帮助我;我有什么困难,也不待我请求,你就自动来帮忙解决。你的帮助既不是为了报恩,也不是为了还债。

所以,总体看来,想要得到别人帮助的前提还是自己先学会帮助别人。如果你都不能尽心竭力地帮助别人,那别人又怎么会来帮助你呢?平时一炷香都不烧,临时抱"佛脚","菩萨"即使有灵,也不会来帮助你的,因为你平时眼中根本就没有"菩萨",等到有什么难以解决的事才去请求"菩萨",那"菩萨"怎肯做你的利用工具呢?但是要记住一点,平时"烧香"完全是出于敬意,而绝非买卖交易,一旦你有事求他,他自然就会帮助你。

在你的人际圈中有没有"怀才不遇"的人呢?如果有,他就是"冷庙",这个人就是会显灵的"菩萨",你就应该对待他像对待"热庙"一样,时常去"烧烧香"。逢年过节,送些礼物。他当然是穷"菩萨",所以你送的东西一定要实惠。虽然他不一定会还礼,一旦他有一天否极泰来的时候,他第一个要还的人情就是你的,因为是你在他最困难的时候帮助了他。即使他仍在人生的坎坷中,当你请求他帮你办事,他也一定会尽力去完成。所以,"冷庙烧香",是有利而稳健的人情投资。

人情投资最忌讳急功近利,讲"功利",就有如人情的买卖,就是一种变相的贿赂。对于这种情形,凡是讲骨气的人,都会觉得不高兴,即使勉强收受,心中也是不以为然的。即使他想回报你,也顶多是个半斤八两,绝对不会让你占便宜的。如果你想得到别人更多的帮助,就必须在平时往"冷庙烧香"。如果你平时都不在意,有事的时候才想起来还有一个可以帮助你的"菩萨",那他也不会稀罕你上的这一柱买卖式的香。一般人都会认为"冷庙的菩萨"不显灵,要不怎么会成为"冷庙"呢?殊不知穷困潦倒的英雄,是常有的事,只要风云际会,他就能一鸣惊人,一飞冲天。

总之,一个人要想取得成功,仅仅靠一个人的力量求发展,则发展必定有限,而能够多与各方朋友结交,多在"冷庙烧香",则发展的后劲就不可估量。古人说:"纣有人亿万,为亿万心;武王有臣十人,惟一心。"纣之所以败亡,武王之所以兴周,就在于有没有这份人心的无形资产。所谓:"得天下者得其人也,得其人者得其心也,得其心者得其事也。"

所谓"高明",就是要站得高,看得远。待人处世,只有广结善缘,只有时常"冷庙烧香",才能真正地为长远作打算、做准备,那成功之日就可以期待了。

5. 为人处世要亦动亦静

好动者云电风灯,嗜寂者死灰槁木;须定云止水中,有鸢飞鱼跃气象,才是有道的心体。

——《菜根谭》

一个好动的人,既像乌云下的闪电,霎时之间就消失得无影无踪,又像一盏在风中的灯,摇摆不定,忽明忽暗。一个好静的人,就像已经熄灭了的灰烬,已经丧失生机的树木。所以说过分的变化和过分的沉静,都不是合乎理想的人生观,只有缓缓浮动的云彩和平静的水面,才能出现鹞鹰飞翔和鱼儿跳跃的景象,用这两种心态来观察万物,才算是理想的境界,也才是为人行事都能符合"中"道的人。

由于现代社会生活节奏的加快,竞争的日益激烈,有许多人都向往陶渊明那种"种豆南山下,草盛豆苗稀""此中有真意,欲辩已忘言"的境界,以及"闲云野鹤"无拘无束的生活,这当然是现代人在当下躁动的环境中,心灵上渴求宁静的愿望,甚至可以说是奢望。现代人被"名""利"绊住了手脚,绊住了思想和灵魂,那种心灵和身体上的宁静却随之渐行渐远。

有一个成功人士说,我现在几乎没有一个节假日,没有休息的时间。半夜两点钟回家是最正常的时间。睡不到几个小时，眼睛又得睁开，爬起来又得去上班了。因此我有一段时间，咳嗽得特别厉害，几乎说不出话了。一天半夜咳出一口热乎乎的东西，后来一看是血。人家说的那句话我特别相信：现在我是拿命换钱，将来我是拿钱换命。

还一位女经理是这样说她的一天的：早上六点钟随着闹铃钟响，我就起身刷牙洗脸，同时把丈夫和孩子叫醒，然后做早饭。七点钟，丈夫送孩子上学校，自己化好妆便去赶公交车。从家到公司，中途要转两站车，要折腾几十分钟才能到地方。在办公室刚刚坐下来，客户的电话便不停地打进来，接电话打电话，处理文稿和订单，直到公司送来盒饭，才知道已经是中午了。草草地吃完饭，就感觉眼睛发胀，脖子发酸，刚想躺下睡一会儿，一看手表，公司的例会又要开始了。原本想早点下班回家，给儿子烧一顿好吃的红烧肉，可是老总突然打来电话，说来了客户，要安排吃晚饭，只好打电话说不回家吃饭了。晚上吃饭、喝酒，再谈业务，快到十一点，才身心疲惫地赶到家。看到家中有点凌乱，又要赶紧收拾一下，快到一点的时候才能上床休息。再过五个小时又将是今天的重复……

以上两种情形，都是多动而少静。其实，不管动与静，都不可极端，走极端无疑是有坏处的。动与静是相对应的两种状态和行为，是人生修养中属于极端的两种状态和行为。任何人都有动的时候，也有静的时候，但只有动静得宜才是合乎"中庸之道"的，这也就是人们常说的"劳逸结合"，动中有静，静中有动，亦动亦静才不失人生的节度。这样即使在一个寂灭压抑的世界中，仍会鼓足勇气，重新开始；即使处在惊涛骇浪的混乱时代，也能平复心境，适应环境寻求生存之道。所以处乱不惊，宁静思远，超然物外，把一切平淡与忙乱都控制在"中"道，那就是"道"之心体了。

过分地生活、工作、学习，无疑都是人们在透支自己的精神和身体，所以有人就提出了"劳逸结合"的办法来缓解"动"与"静"之间的矛盾，这是正确的。但是能够真正做到的人却很少，因为生活负担重，因为心浮气躁、急功近利，因为欲望太盛等等,他们被生活、欲望压迫得"奄奄一息",于是有人就渴望追求以为不可得的"宁静"。

其实"动"中取"静","静"中有"动"并非可遇不可求的。陈毅元帅担任国务院副总理兼外交部长的时候,公务繁忙,但他很会"闹中取静",用吟诗作赋、琴棋书画来培养和锻炼他的"静"功。其中有一首小诗叫《一闲》:"志士嗟日忙",这是他在"动"中为求得一份"静"的感悟。

"动"不是盲目的、偏激的躁动,而是"适时"而动。在某一个时间段,在某一个精神状态下为了达到自己的目标所做出的所有努力;"静"不是冷淡的、空虚的死寂,而是在"动"中求得精神和身体上的休憩,达到休养生息的目的,从而为进一步的前进做好充分的准备。所以,在为人处世中,只有做到亦动亦静、时动时静,根据不同的情况做出相应的调整,"适中""适当"而行,就不会"动"的时候流于盲目、偏激,"静"的时候流于冷淡、空虚了。

6.不能只看到自己的不足

万物并育而不相害。道并行而不相悖。

——《中庸》

"中庸"思想要求人们"合内外之道",就是在为人处世中要能够全面地、正确地认识自己。要善于发现自己的优势,又要勇敢地正视自己的不足。既不能一叶障目只看到自己的长处,而忽视自己的短处,甚至为此沾沾自喜、骄傲自大;当然也不能消极片面地只看到自己的短处,忽视自己的长处而妄自菲薄。夸大其中的一方面而忽视或否定另一方面都是无法全面、正确认识自己的,也就免不了在为人处世中走上极端。

在日本有一个五音不全的男人,竟以唱歌大受欢迎。每次大家聚会的时候,他必然被大家的掌声请上台。他完全无法拒绝大家的热情,只好每次都唱同一首歌,他就是被大家亲切地称为"阿滨"的渡边先生。

阿滨虽然五音不全,但他很聪明,每当大家要求他唱歌的时候,他总会巧妙地利用自己五音不全的特点,唱起美空云雀小姐的歌——《五月的天空》,而不可思议是,只要阿滨的这首歌一唱出来,其他美妙的旋律都因此而失色,完全不能与他的歌声相抗衡。

大家在要求他唱歌的时候,一定会很整齐地用一首广告歌曲的旋律这样唱着:"五音不全的渡边,唱首歌吧!虽然唱得很烂,让人听了头痛,还是请你唱首歌吧!"阿滨在人们的欢呼声中带着一脸的笑容走出来。他用手推了推那落伍的大黑眼镜,以立正的姿势,开口唱出:"无月的天空,太阳又上升……"

他每次唱这首歌的时候,都很认真,不管走到哪里都是这首歌,而且总是固定地慢半拍。当他开始唱"五月的……"时候,速度还算正常,等唱到"天空……"的时候就很奇妙地慢下来。阿滨既不害羞,也不恐惧,仍然以他那认真的表情,继续唱下去。听他的歌的人,几乎都笑得弯了腰,而人们的眼中却忽然流出感动的眼泪,无法停止。在大家笑得快喘不过气的时候,阿滨仍然继续唱着:"太阳……又上升……"

大家的笑声中,绝对没有一丝轻蔑,因为个性温和的阿滨,用他的歌声缓和了聚会稍显沉闷的气氛。他不像一些自以为很会唱歌的人那样,在台上炫耀自己的优点。相反,他是以另一种风格来为大家制造欢乐。听了他的歌以后,大家都觉得血脉畅通,神清气爽,这个"五音不全"的阿滨先生的魅力还真不小呢!

这个故事给我们的启示是:现实生活中的每个人都会有这样或那样的不足,只要我们善于发挥利用自己的缺点,它便会成为我们独有的特点,而不会被人瞧不起。但现实生活中往往就有很多人,从来不会看到自己的缺点,即使看到了也会努力地遮掩。但是他忘记了,一个人的缺点、优点,在别人面前都会被看得很清楚,如果故意掩饰的话,别人就会觉得他是一个虚伪的人。

人们时常会因为自己有缺点而产生自卑心理,缺乏自信,孤僻,悲观等等,特别是当遇到周围人的嘲弄或讽刺的时候,常常会以愤怒或自暴自弃两种偏激的方式表达自己的不满。其实根本不需要,一个人能看到自己的缺点,已经是自己的优点了,而在认识到自己的缺点的同时,又该清醒地知道别人也不是十全十美的,都是有缺陷的,因此从中就可以找到心理上的平衡,就可以正确地对待别人的嘲弄或讽刺,从而不会产生过度自卑的心理。这一点,大家是应该注意的。

一个人总会有两面,一面是长处,一面是短处。只有正确、全面地认识到这两点,才有可能在为人处世中不偏不倚,这就是"中"道,就是"合内外之道"了。

7. 如何避免自我束缚

博厚,配地。高明,配天。悠久,无疆。

——《中庸》

孔子说:"多闻阙疑,慎言其余,则寡尤;多见阙殆,慎行其余,则寡悔。言寡尤,行寡悔,禄在其中矣。"就是说在为人处世中,要多听,有疑问则保留,谨慎地谈有把握的问题,就会减少错误;要多看,远离危险,慎重地实行有把握无疑难的事,就能减少悔恨。言论减少了错误,行动减少了悔恨,那么爵禄就在其中了。

与人交往不仅仅是一个多听、多看的过程。《中庸》上说:"博学之,审问之,慎思之,明辨之,笃行之。"就是要人们要注意外界环境的变化,要学习,要有疑问,要考虑,要分辨,要实行,只有做到这几点,才能避免为世俗束缚,也就避免了自我束缚。

郑板桥说"难得糊涂"。的确,世间的许多时候,不是"糊涂"就可以看穿和解决的。郑板桥有一次看事走眼,恰恰不是他装糊涂的时候。当时,扬州有一个盐商叫王德仁,做生意赚了不少的钱,是当时扬州有名的大款。有钱了就相信什么东西都可以用钱买到,这位大款就决定去买一幅郑板桥的画。可是画倒是买来了,但画竟然没有郑板桥的题款。大款当然很生气:"好你个郑板桥,跟我玩大腕,看我怎么收拾你!"

郑板桥是个食肉主义者,尤其爱吃狗肉。当时谁想要他的画,最好的办法就是请他吃狗肉。有喷香的狗肉招待,他就喜欢得不得了,全不知别人是想得到他的画。大款王德仁知道这个消息后,高兴地差点蹦起来,计上心来。

这一天,郑板桥觉得无聊,就出去散散步,来到一处,已经中午了,肚子也已经饿得直叫了,可四下看看竟没有吃饭的地方。就在这个时候,忽然听到悠扬的琴声从远处传来,郑板桥循声寻去,发现前面有一片竹林,竹林中有两三间茅舍。他走到茅舍近前,一股肉香扑鼻而来。茅屋里有一位老者,须眉皆白,正襟危坐地弹琴,旁边有一小童正在烧狗肉。

郑板桥一见是自己心爱的狗肉,当下馋得不得了。他对老者说:"老先生也喜欢吃狗肉吗?"老者笑着说:"世间百味,唯有狗肉最佳,看来你也是个知味者。"郑板桥笑着说:"我不知道这世上还有什么比狗肉更好吃的东西了。"老者说:"太好了,我正愁着没人和我一起饮酒赏景,咱俩也算有缘,就留下来吧。"于是,郑板桥和老者边吃边喝,不亦乐乎。

郑板桥说:"老人家,你这屋子空荡荡的,怎么不挂些字画呢?"老者说:"唉!现在的画家都是为了赚钱,画得东西都是世俗的东西。听说城内有个郑板桥,人品不俗,书画也不俗,要是能有他的一幅画,老朽这一生就没白走这一遭了。"郑板桥一听老者这样地赞扬他,再加上多喝了两杯,不由自主地说:"您老信不信,您眼前的这个人就是郑板桥。"老者立刻站起来,一把握住郑板桥的手,激动得差点眼泪都掉下来,说:"哎呀!真是我老眼昏花,有眼不识泰山了啊!得罪,得罪!"

接下来，郑板桥当着老者的面画了幅画。老人说："贱字'昌义'，请先生题个款，也不枉今天一面之缘啊。"郑板桥一愣："'昌义'不是盐商王德仁的字吗？老人家怎么和他同字呢？"老者说："我取名号时，他还没出生呢，是他与我相同，况且天下同字之人太多了。"郑板桥觉得有理，就在画上写了自己的名字。

第二天，郑板桥越想越不对劲，于是就派人去大款王德仁家打听。仆人回来说，王德仁将您的画悬在中堂，正在发柬请客呢。郑板桥听后一拍脑袋，大呼"上当"。

可见，人想糊涂的时候不一定就能糊涂，不想糊涂的时候，他还照样犯糊涂。所以一个人想避免自我束缚，就要在与人交往中多听、多看，多问几个为什么。若不然，自己都还不明白怎么回事，错误就来了，悔恨也就来了。

道不远人，远人非道

——变通，让自己更好地融入社交圈

1.为人处世先学会变通

子曰："道不远人。人之为道而远人，不可以为道。"

——《中庸》

子思将孔子的"中庸"思想作了充分的发展，把"中庸"从"执其两端，用其中"的方法论提高到了世界观的角度。他认为："中也者，天下之大本也；和也者，天下之达道也；致中和，天地位焉，万物育焉。"就是说，"中"与"和"乃是宇宙中最根本、最普遍的法则。只有每个人都能遵循这一法则，才能让事物平衡、和谐地发展，就可以让世间万物各得其所，繁荣兴盛。所以，"中庸之道"是人们片刻也离不开的，即"道不远人"。那么如何才能遵循和实行"中庸之道"呢？那就要在社会中实践它，就是要人们能够融进这个社会。

遵循和实行"中"道，不能毫无方法，毫无目的。子思提出了"率性"以行的方法，而"致中和"则是其目的。只有将方法与目的结合在一起的时候，个人的所作所为，就是符合"中"道的了。"尊德性而道学问，致广大而尽精，极高明而道中庸"，就是要求人们在实际生活中，将天赋本性中的普遍原理和学问思辨与为人处世的具体实践结合起来。只有这样，人们的一言一行都无"过"与"不及"，随"时"以处"中"了。在这个过程中，必须注意一个"时"的问题，也就是接下来要说的"变通"。

所谓变通，就是以变化自己为途径通向成功的方法。正如诸葛亮说："因天之时，就地之势，依人利而所何无敌。"一个人当然改变不了过去，但你可以改变现在。无论是对内变通还是对外变通，可以变通就是好事，因为外界的客观情况在不断发生变化，我们如果想在外界客观情况变化中取得成功，就需要不断地随之变化而变化。

如果我们想到达彼岸，但是面前的河水奔腾不息，浩荡东流，挡住了我们的去路，使我们陷入了困境，该怎么办呢？我们的双脚虽然在走，但是陆路已经走到了尽头。这个时候就要学会变通，一些人学会了游泳而到达了彼岸，一些人就地取材，扎成竹筏划了过去。然而还有些人，不懂得变通，只有望"水"兴叹的份了。萧伯纳说："明智的人使自己适应世界，不明智的人只会坚持世界适应自己。"

对于许多问题，人们通常会觉得执着是好事，但是太过于执着就会像"守株待兔"的宋人，那样就是固执、呆板。烛之武没有执着地对秦穆公大谈郑国，毫无保留地表现自己的爱国之情；邹忌也没有直言其见，而是变通地从另一个角度挽救了齐国；触龙也只是借儿女之情将自己的观点陈述，而使赵国得以保全。如果他们一味地直言，不仅达不到目的，反而自身难保。齐鲁"长勺之战"是有名的以少胜多的战役。正是曹刿变通地分析了战争的心理因素决定胜负的内在联系，才在对方三鼓之后，一鼓作气，结果大获全胜。然而战争史上亦有冒全军覆没之险走山道而失败的事例，这就是变通出了错的结果。

人际关系虽然不像治理国家、领兵打仗那样艰难、残酷，但是"变通"还是需要的。"知惧而思诚，遇时而勃发"。前面的章节已经提过为人处世不要与人硬碰硬，要善于变通，多从另一个方面考虑和行动，等到时机成熟的时候，就可以一举成功。

在这里还需强调的一点就是，讲"变通"并不是不讲"原则"，更不是践踏"原则"。做人当然有做人的原则，做事也有做事的原则，不能因为有"原则"的束缚而试图走歪门邪道，那绝不是"变通"。"变通"的根本目的就是要让人们在实际与人交往中，灵活地应对和处理人与人之间的关系和解决各种矛盾，更好地与人相处，最后达到"中和"，这也就是遵循和实行"中庸"思想的最终目的。

2.正面受阻要从反面入手

诗曰："在彼无恶，在此无射；庶几夙夜，以永终誉。"君子未有不如此，而蚤有誉於天下者也。

"中庸"思想是反对人们在为人处世中走极端的,"过"与"不及",都无法达到最佳效果。事物都有两面,有好的也有坏的;有善的也有恶的。所以,当遇到正面行不通的时候,就要赶紧变换思路,从其反面入手,不能钻在牛角尖里还不知道找出路。

春秋时期的晋国,自晋文公即位以后,发奋图强,使得国家日益发展壮大起来,成为春秋时代的一大强国,晋文公也成了一代霸主。可是接下来,晋襄公、晋灵公却不思进取,只贪图享乐。晋国的霸主地位也不知不觉地为楚庄王替代。

晋灵公即位不久,大兴土木,修筑宫室楼台,以供自己和嫔妃们享乐游玩。有一年,他竟然挖空心思,想要建造一个九层高的楼台。大家可以试想,在当时的各种技术和条件下,想修筑如此宏大的工程,要耗费多少的人力、物力!这无疑会给老百姓带来沉重的负担,使国力衰弱。因此,大臣和老百姓都反对。但是晋灵公就是不肯罢手,并且在上朝的时候严厉地对大家说:"敢有劝阻建楼台者,立即斩首!"一些想保全身家性命的大臣,都吓得噤若寒蝉,不敢作声,谁愿意去送死呢?这样,晋灵公很高兴,因为再没有人敢说反对他的话了。

有一天,有个叫荀息的大夫求见。晋灵公以为他是来劝谏的,便命手下人拉弓引箭,只要荀息开口劝说,他就马上命人放箭射死荀息。谁知荀息进来后,像是没看见他的架势一样,非常轻松自然,笑嘻嘻地对晋灵公说:"大王,我今天特地来表演一套绝技给您看,让大王开开心。不知道大王有没有这个兴趣呢?"晋灵公一听有玩儿就来了劲,连忙问道:"是什么绝技,别在那光说不练,快表演给我看看!"荀息见晋灵公"上钩"了,便说:"大王,我可以把九个棋子一个一个叠起来,然后再在上面放九个鸡蛋。"

晋灵公一听,这事倒新鲜,便急忙说:"我从未听过,也从来没见过这种事,今天就请你给我摆摆看!"荀息当然清楚,如果大王认为自己是在骗他,那就会有杀头之祸。晋灵公叫人拿来棋子和鸡蛋,荀息便动手摆起来。他先是将九个棋子小心翼翼地堆了起来,然后又慢慢地将鸡蛋放置在棋子上。只见他放上一个鸡蛋,又放第二个,第三个……战战兢兢,如履薄冰。这时,大庭里的气氛紧张、沉寂,只能听到鸡蛋相碰的声音,围观的大臣们全都屏住呼吸,生怕荀息不小心,将鸡蛋打破。荀息也是紧张得满头大汗。

晋灵公看到这样的情景,禁不住大声叫了出来:"这太危险了!这太危险了!"晋灵公刚说完,荀息却从容不迫地说:"大王,我倒是不觉得这样有什么危险,还有比这个更危险的呢!"晋灵公觉得很奇怪,因为对他来说,这样已经够危险,够刺激了,难道还会有什么比这个更精彩的吗? 便迫不及待地说:"是吗? 那你快表演给我看!"这时,只听见荀息一字一句,非常沉痛地说:"九层之台,造了三年,还没有完工。而这三年的时间里,男人不能在田地里耕种,女人不能在家里纺织,全都在这里搬运木头、石块。国库里的金银也快用光了,兵士们得不到给养,武器没有金属铸造。而邻国正在计划乘机侵略我们。这样下去,国家很快就要灭亡。到那时,大王您将怎么办呢? 这难道不比垒鸡蛋危险吗?"晋灵公听到这种十分合理又十分可怕的警告,不由得吓出一身冷汗,这才意识到自己干了一件多么荒唐、多么危险的事,犯了多么严重的错误。当下便对荀息说:"建造九层之台,是我的过错啊!"立即下令停止修造。

古语说"伴君如伴虎",稍有一句不慎的话,就有可能人头落地,荀息深知此意,并没有犯颜直谏,而是用了一点小手段,引晋灵公入局,然后从反面直接指出他的过错,令他警醒。所以说,在与人交往中,虽然不存在这种危险的境况,但是当你受阻的时候,不能一味地求进,而应该学会变通,巧妙地从反面入手,这样既能达到效果,又不至于违背"中庸之道"。

3.从别人忽略处做起

故曰:"苟不至德,至道不凝焉。"

——《中庸》

中庸处世思想不仅仅可以用在与人交往中,而且还可以用在市场营销或产品研发上。俗话说"物以稀为贵",越是稀少的东西,在市场上越好销售。荀子也说:"以义应变,知当曲直。"这个世界上就有不少人做别人认为冷门生意而发财的,看到别人看不到的地方,从别人的忽略处做起,就有可能得到意外的收获。

日本绳索大王岛村芳雄,原来只是在一家包装公司当店员。有一天,他在街上漫无目的地散步,偶然间注意到许多花枝招展的太太小姐们,除了手中拿着自己的皮包外,每个人手里还提着漂亮的纸袋。这些纸袋是她们在买东西时,商店给她们用来装东西的,既实用又方便。经过几天的观察,岛村发现用纸袋的人越来越多,看来纸袋是有一个极有发展前途的行业。于是岛村又到造纸厂参观,发现造纸厂果然都忙得厉害。于是岛村断言,将来纸袋一定会风行,那么,提纸袋的绳索也一定会有大量需求。因此他决定辞职大干一番。

经过努力,岛村从银行申请到了一百万的贷款。资金有了,厂房有了,工人也有了,于是开始大量生产绳索。在销售的时候,岛村决定先舍后赚,采用了一种奇怪的"原价销售法",就是他在产麻地以五毛钱一条的价格大量收购长四十五公分麻绳,又照原价以每条五毛的价格卖给东京一带的纸袋厂。完全无利润反而赔本的生意做了一年以后,"岛村的绳索确实便宜"的名声传扬四方,各地的订单源源不断地飞来。于是岛村按部就班地采取了他的第二步计划。

岛村拿着进货单据前去与订货客户们洽谈:"到现在,我是一分钱也没赚到你们的,但如果长期这样下去,我只有破产一条路可走了。"这样与客户交涉的结果,自然是他的诚实感动了客户,使他们心甘情愿地把货价提高到五毛五一条。与此同时,岛村又来到产麻地与当地的厂商协商:"你卖给我五毛一条,我是照原价卖的,所以才有了这么多的订货,不过这样赔本的生意我是不会再做下去了。"供货商们看了岛村的销售价格,确实是五毛钱一条卖出去的,于是都答应,将价格降低到四毛五一条。

这样两头交涉的结果,岛村在每卖出一条绳索时就赚了一毛钱。就这样,短短的几年,岛村从一个一文不名的穷光蛋摇身一变成为日本著名的绳索大王,创业十三年后,他的日交货量超过五千万条。现在的绳索更加讲究,有塑料带、缎带、绢带等等,每条售价五元左右,利润更加可观。可见岛村的眼光实在是高明,懂得发现社会发展的趋势,从中寻找到不可估量的商机。

还有这样一个著名的事例:早在一九八五年的时候,沃尔玛公司的创始人沃顿就被《福布斯》杂志称为"全美第一富豪"。而沃尔玛公司的领导核心,沃顿家族就有五个人包揽了《福布斯》全球富翁榜的第七至十一位,成为世界上最富有的家族。

沃尔玛的成功首先要归功于它的创始人沃顿。二十世纪四十年代,沃顿只是在美国一个小镇上做零售业务。当时大型公司多在城市发展,而沃顿却盯住了这一市场空白,采取"农村包围城市"的战略,逐渐做大。然后扩展到其他州,直至整个美国,再从美国扩展到世界。为了迅速传输大量数据,沃尔玛公司投入七亿美元巨资建立了一个卫星交互式通讯系统,借助该系统,公司总部得以同全球数千家连锁店和几十个分销中心进行及时的联络。

大家可以从看出,别人最容易忽略的地方,往往蕴涵着巨大的商机,然而不是每一个人都可以发现的,只有那些明智的人,才会这样做。但是大部分人,都会觉得这样做是傻瓜,就像岛村那样做赔本生意,那可能是任何一个人都不敢想象的,也不敢做的。但是你只需看结果,你就会明白不管是人际交往还是市场营销都离不开"适时"的变通。

4.该低头时就低头

金入火生光，草入火生烟，苦难一也。此言耐苦犹耐火也。善忍者成如金，炼去心渣益明，不善忍者反是，怒气所薰，无不染也。

——《忍字辑略》

"海纳百川，有容乃大"，这就是人们常说的器量。要想成就一番事业就必须具有"海纳百川"的气度和超人的气量。而气度和气量的表现又多是一个"忍"字。为什么这样说呢？这主要是因为，作为一个具有七情六欲的人来说，尤其是那些血气方刚、嫉恶如仇的人，要他去接受一些与自己不同的观点和看法，有时甚至是带有攻击和敌意的言论和行为，不能说不是一件难事。在这种情况下，个人在情感上是难以接受的，而且又是痛苦的。如果缺少了气量，就会做出偏激的行为来，这就完全违背了"中"道了。

一个人如果容不得人，容不得物，容不得世，怎么能开物成务，创业立功呢？有容量便是气度。气度盖人，才能容人；气度盖物，才能容物；气度盖世，才能容世。与人为善，取人为善，用人成事，用世立功，有容乃有济。这个容量就在于气度，气度大则容量大，成就也就大；气度小则容量小，成就也就小。所以，为人处世，须忍则忍，须让则让，该低头时就低头，千万不可固执、古板，不知变通。若不然，只会害了你自己。

有一位农村青年，打算开发本村后山的一大片荒地，种茶树、搞果园。本来这是一件非常有意义也十分有潜力的事，然而就有一些人认为他是"癞蛤蟆想吃天鹅肉"，不予支持。当然也有一些认为，这片荒地过去有人动过脑筋，也有过尝试，但都因为各种原因失败了，因而觉得这个年轻人的打算不符合实际。

如何应对这些不同的意见呢？这位青年起初是十分恼火。他心里想，自己是抱着满腔热情，想为全村老小做点事情，却遭到这样的评论，实在太不公平了，不如不干算了。但事后一琢磨，别人这么说也没有办法，总不能把他们的嘴堵上吧。唯一的办法就是先忍着，等我干出个样子，给他们看看。

村里的老队长知道这件事情后，就找到了这位青年，语重心长地对他说："年轻人，你有这样的决心是好样的。但是，你也要听得进别人的意见，哪怕是反对你的人，而且还要争取他们的支持，这样才有希望把事情办成功。"听了老队长的这番话，青年也觉得自己势单力薄，而且对这片荒地的情况也不太了解。可这时候又让他为难了，因为最熟悉这片地的这个人却又是对此事冷嘲热讽最厉害的人。怎么办呢？青年赔着笑脸上门请教，可一而再、再而三地被挡了回来。

青年几乎都灰心了，想着就算自己再做一回孙子吧！于是，又一次登门请教。那个人见他如此诚恳的态度，心里也有了好感，一改常态，比较热情地接待了青年，并详细地向他介绍了这片荒地的具体情况，包括土质、水源、阳光的照射、野兽的干扰等等。他还告诉青年："每年春季，一逢下雨，必有山洪暴发。那时随着大水的冲刷，这块荒地必将受到严重的影响。如果要想做出点名堂，就必须先把山顶上溢洪道修好。过去因为该工程工作量比较大，村里没有钱，这块地一直未能改造。"听了这番话，这位青年如获至宝。

后来取得成功的这位青年回忆此事的时候，深有感触地说：一个人要有海纳百川的广阔胸襟，一定要善于忍，该低头的时候不能硬顶着。这样才能得到各方面的帮助，吸收各方面的营养。有时候你自己会很不乐意，但你必须克制自己。

这位青年的最终成功说明了一个人的气度和容量的重要性。如果当时因为受到种种阻拦，依然是强硬的态度，那也就不可能得到别人的支持和帮助。这位青年最后说的这番话，其目的就是要告诉大家，一个人要取得成功，就要懂得因势利导，学会变通，不能一条道走到黑。多想、多忍，前面就会出现另一条路的。

5.巧妙地化解危机

子曰："生乎今之世，反古之道。如此者灾及其身者也。"

——《中庸》

有这样一则寓言：从前，有一个靠卖草帽为生的人，每一天都很努力地吆喝着四处卖。有一天，他叫卖得十分疲惫，刚好路边有一棵大树，他就把帽子放下，坐在树下打起盹来。等他醒过来的时候，发现身旁的帽子都不见了。抬头一看，树上有很多猴子，而每只猴子头上都有一顶草帽。

他十分惊慌，如果帽子不见了，他就无法养家糊口。突然他想起来，猴子喜欢模仿人的动作，于是他就试着举起左手，果然猴子也跟着举起手；他拍拍手，猴子也跟着拍手。他想，机会来了。于是赶紧把头上的帽子拿下来，丢在地上。猴子们也跟着将帽子纷纷扔在地上。卖帽子的人高高兴兴地拣起帽子回家去了。回家之后，就将这件事告诉他的儿子和孙子。

很多年以后，他的孙子继承了家业。有一天，在他卖帽子的途中，也跟他爷爷一样，在大树下睡着了，而帽子也同样被树上的猴子拿走了。孙子想到爷爷曾经告诉他的方法。于是他举起手，猴子也举起手；他拍手，猴子也照样跟着拍手。果然，爷爷说的话很管用。最后,他脱下帽子丢在地上。可是奇怪了,猴子们竟然没有跟着他去做。不久,猴王出现了,它把卖帽人的孙子扔在地上的帽子捡起来,还用力地对着孙子的后脑勺拍了一巴掌,说:"开什么玩笑!你以为只有你有爷爷会吗?"

这个寓言是要告诉大家,当人们遇到困难的时候,要学会变通,要巧妙地化解"危机"。这一点,卖帽子的老爷爷就做到了。大家再看他的孙子,不懂得变通,仍然使用他爷爷曾经用过的办法。但是最后猴王的那番话,让人们知道了,为人处世不可因循守旧,不可古板。因为事物是不断变化的,只有根据情况的变化,做到"因时而动"。否则,身处危机不知道如何应对、化解,那就可笑又可悲了。

中华民国建立后不久,袁世凯就窃取了革命果实,当上中华民国的大总统。但是他还不满足,在其洋顾问朱尔典的怂恿下做起了当皇帝的美梦。满脑袋封建迷信的袁世凯,整日为自己是不是"真龙天子"而心烦意乱,坐卧不宁。

一天中午,天气异常闷热,袁世凯迷迷糊糊地进入梦乡,朦朦胧胧中感到有些口渴,于是便喊:"倒茶来!"侍女听见他说要茶,就连忙将茶端来,不料袁世凯翻了个身又呼呼大睡过去,侍女当然不敢叫醒他,转身退下。可一不小心将茶杯摔碎在地。这只茶杯是袁世凯的心爱之物,平时常常把玩在手。侍女知道这次闯了大祸了,心中非常害怕,慌慌张张地跑去找她的情人。她的情人外号叫"小谋士",这个人非常了解袁世凯的心理,经过一番考虑后,他给侍女出了一个主意。

袁世凯一觉醒来,得知自己心爱的茶杯被摔碎了,不禁大怒,叫人传来侍女。侍女虽然得了小谋士的妙计,但心里还是没有什么把握,她跪在地上,战战兢兢地说:"奴婢闻听大总统要茶,忙将茶送上。谁知进来一看,着实把奴婢吓坏了,只见大床上卧着一条大龙,故而失手打坏了宝贝。奴婢该死,请大总统处罚。"

袁世凯听了这番话之后,本来一肚子的怒气顿时烟消云散了,并且喜悦之情油然而生。他笑着挥挥手,示意侍女退下,没有给她任何惩罚。

侍女之所以能够打坏了袁世凯的宝物而不受罚,就是因为她听从了小谋士的计策,抓住了袁世凯一心想当皇帝的心理,巧妙地化解了危机,使自己摆脱了有可能被杀头的危险。可见,要能把握形势的变化,充分了解他人,做出相应的对策,从而使自己免遭于难。

6.仕途不是唯一的选择

古人之未尝不欲仕也,又恶不由其道。不由其道而往者,与钻穴隙之类也。

——《孟子》

　　孔子的学生子贡感到学习太累了，就向孔子请教说："我对学习产生了厌倦，想去当官，可以吗？"孔子回答说："当官不是件容易的事！"孔子对于子贡的请求并没有作正面的回答，没有说你可以去当官，也没说不可以，只是提醒子贡当官不容易。这说明什么问题呢？说明了当官虽然是人们向往的，但是儒家对当官的要求很高，"学而优则仕"，这个"优"就是指当官需要较高的道德修养。人人都想去当官，那就势必会走极端，就无法真正推行"中庸之道"，这也正是孔子担心子贡要去做官的真正原因。

　　荀子提出："学者非必为仕，而仕者必如学"。这什么意思呢？并不是官不能当，而是当官不是唯一的选择。孙中山先生曾经说过："要立志干大事，不要立志当大官"。只要有干大事的雄心壮志，并不是只有当官这一种方式可以实现的。另外还需提到一点，那就是官场并非每个人都可以适应或者说适合每个人施展才能。所以说，要变换一下思维，不能所有的人都去挤当官这座独木桥，那是很危险的。

　　隋朝有一个很有才华的人叫王通。他曾经上书《太平十二策》，但是没有被皇帝采用，于是放弃仕途，打点行李就回家了。回家后就在家乡河汾开馆授徒。后来，朝中屡次征用他去当官，他都没去。越国公杨素对他也十分器重，劝他出来做官。王通还是不愿意，他说："我有先祖留下的草庐，已经足够挡风遮雨；家里的几亩薄田，已经足够吃喝；而我现在教书授徒，也已经可以自以为乐了。但愿你能公正无私地帮助朝廷治理天下，使天下和顺，年成丰收，那我也等于受到了很多赏赐。但我确实不想做官了。"

　　宋代一个叫陈亮的文人，与朱熹非常要好，著有《龙川文集》。陈亮的才华超群，在淳熙年间上书给皇上，极力言谈当时的事态，皇上很欣赏，准备封他做官，他却谢绝回家，并说："我想为国家打下几百年的基业，难道是想做官吗？"当官也是一种事业，但陈亮认为自己的学问在于为人，而不在于求官得禄。

　　而现实中，有些人做官是为了追名逐利，光宗耀祖，出人头地，他们时常将自己的聪明才干用在谋权、谋钱上，只为自身谋福利。你说你当官之后，要做个好官、清官,但有时你的官职有限,不是你想怎么做就可以怎么做的。其实要成就大事可以有很多途径。如果仅仅把个人的志向就定在当官上,那么你的人生之路就越走越狭窄。只要个人努力去干,各行各业都有许多机会可以实现你的人生价值。王永明在汉字输入方面干出了大事;袁隆平在杂交水稻领域做出突出贡献;陈景润在数学研究方面干出了大事;张艺谋在电影导演这一行照样做出了令人瞩目的成就……

《菜根谭》里有这样一句话:"平民肯种德施惠,便是无位的卿相;仕夫徒贪权市宠,竟成有爵的乞人。"很显然,无论是什么人,只要在生活中肯"种德施惠",乐于奉献,便可以做成大事,便是"无位的卿相"。如果为官贪图享受,以权谋私,那就无异于一个披着高官厚禄的"乞丐",遭人唾弃。

可见,古人在对待做官和不做官这个问题上,都是有不同的理解。但是不管何种理解,其根源只有一个,那就是要做官就要做个真正有作为,真正为老百姓谋福利的官;如果做不了,也不可强求,强求无疑就是走极端,走上了极端,心理就会不平衡,那就什么事都有可能发生了。因此,做不做官并不重要,只要有真本事,只要学会变通地考虑问题,无论在哪一行,都可以做出一番事业。

7.永远不要轻信命运的安排

天命之谓性;率性之谓道;修道之谓教。道也者,不可须臾离也;可离,非道也。

——《中庸》

《管子》"宙合"篇里所谓:"中正者,治之本也"。"白心"篇里说:"和以反中,形性相葆"。这些都是与"中庸"思想相通的。孔子认为为人处世,如果用"折中"的办法而不进行整体权衡区别的话,那就等于片面、偏激。"权"就是用来区分轻重缓急,它是指个人内在的整体判断,一个人只有达到善于"权衡"的程度,才有可能"一以贯之",才能消除个人对事物判断的偏颇。

洪应明说:"人之际遇,有齐有不齐,而能使己独齐乎?己之情理,有顺与不顺,而能使之皆顺乎?以此相观对治,亦是一方便法门。"意思就是说,人的一生,各自的际遇各不相同,机运好的时候可以施展平生的抱负,机运不好的话,虽满腹才华却一事无成。在不同的情况下,自己如何能做到让际遇垂青呢?自己的情绪有好有坏,有顺心的时候也有不如意的时候,这样你又怎么能让别人事事都能顺从你的意愿呢?假如,我们可以改变自己的命运,那不就可以事事顺心,人人快活了吗?但只是假如。因为人生下来就是要尝遍人间百味、人生百态的,所以不要违抗命运,也不要顺从命运为你安排的一切。

杨布问他的哥哥杨朱:"有两个人年龄相近,面貌相似,可是他们却一个长寿富贵,美名远扬;一个却短命贫贱,恶名昭彰。这是为什么呢?"杨朱说:"生死有命,各有不同,你可以任意而为。你想拼命追求,没有人会阻止你,也没有人会反对你。日出日落,各忙各的,谁知道为什么他会那样呢?说明了,这都是命啊!"

事实也确实如此:当一个人身处困境的时候,他常常会相信命运,他也相信自己之所以身处困境,都是命运的安排。当一个身处顺境的时候,但他只会相信一切都是人为的结果。命运真的存在吗?那命运到底又是什么样的呢?没有人知道。

但是只有相信自己的人,常常会把命运当作自己的对手,他需要一个强大的对手来证明自己的力量。而相信命运的人,则常常会把命运当成菩萨,甚至是一根救命稻草。因为他觉得他自己可怜,他需要一个菩萨怜悯他,他需要菩萨救他。而结果呢?两种人,两种不同的结局。

有一个作家这样说道:"相信自己的人,他从与命运的搏斗中享受到了有限的乐趣;而不相信自己的人,往往成为命运的奴隶,他在祈求中滋生了无限的哀怜。"

的确,相信自己而不相信命运的人,奋发图强,兢兢业业,会大有作为。反过来,相信一切都是命运的安排而不相信自己的人,故步自封,悲天悯人,将是一无所获。

大家都知道张海迪、霍金,他们无疑在肉体上是被命运抛弃的人,但他们的成就却超过了命运的安排,这多么值得人们敬佩!

有人说,人的一生从出生到老死就是一个经受磨难的过程,是痛苦的,是无奈的。但也有人说,人的一生是不断享受新体验的过程,这个过程是快乐的,是令人兴奋的。人们不能抗拒自己的一生所要经历的一切,但人们可以变换一种体验的方式。我们可以为了自己的追求锲而不舍,但不可以朝秦暮楚;我们可以为了自己的追求循序渐进,但不可以急于求成;我们可以为了自己的追求斗志昂扬,但不可以垂头丧气……

《中庸》说"天命之谓性",人只有真正地认识自我,相信自我,才能在这一生中懂得"享受",享受成功,享受失败;享受快乐,享受痛苦;享受命运对你的恩赐,也享受命运对你的残忍。懂得了享受这些,那么还会有谁在乎是不是一切都是命运的安排呢?

第六章　中庸的做人之道

第一节　时而中

不偏不倚，一以贯之，情理均衡，事不强成，这是中庸的智慧，即做人的出发点和着眼点。

《中庸》说："大哉圣人之道！洋洋乎！发育万物，峻极于天。优优大哉！礼仪三百，威仪三千。待其人而后行。故曰苟不至德，至道不凝焉。故君子尊德性而道问学，致广大而尽精微，极高明而道中庸。"

态度决定行动，信念决定方向，看准了便要积极地去做，矢志不渝。但积极不是极端，如极左与极右，都会从根本上动摇正确的信念。

永远保持乐观的心态

"苟不至德，至道不凝"的意思是讲，一个人如果没有极高的德行，就不能成功极高的"道"。儒家思想之所以在中国占主导地位，在于它是积极人世的，"天行健，君子当自强不息"，没有乐观的心态，就不能成功极高的"道"。乐观者容易信赖别人，也愿意涉入险境。但其实他也能察觉别人的恶意或缺点，只是他不愿将之视为障碍而犹豫不前。他相信每个人都有优点，并努力唤醒别人的优点，使人与人之间和睦相处。

英国作家查尔斯·兰姆一生坎坷不平。他的传记这样写道："兰姆受到工作的召唤，他一直独身，却使自己同他姐姐的悲惨命运结了婚。"兰姆15岁就离开学校去做事持家了，21岁时因精神失常而在疯人院过了6个礼拜。出院不久，年长他10岁的姐姐又突然发疯，误杀了自己的母亲，被关进了疯人院。兰姆不忍心把精神健全、不过一年里有几天会神经错乱的姐姐永久关在疯人院里，决定把姐姐由疯人院里接出，并决心终身不娶，保证由自己来照顾姐姐一生。这对一个21岁就有了这么多凄惨经历的年轻人来说，是一个多么沉重的负担。兰姆每天忙完工作还要回家陪伴姐姐,时而写点文章,得些钱,以勉强维持家用。他的所有著作都是这样忙里偷闲做出来的。

这样悲惨的际遇没有把兰姆击倒,他的《伊利亚随笔》里充满轻松的俏皮话、双关语,是对普通生活经验的玩味和爱好,对生活没有一丝一毫地抱怨和厌弃。在他母亲死后不久,他写信给好友柯尔律治说:"我练成了一种习惯不把外界事物看重——对这盲目的现在不满意,我努力去得一种宽大的胸怀;这种胸怀支持我的精神。"他姐姐病好了,他写信给柯尔律治说:"我决定在这塞满了烦恼的悲剧里,尽量得那可得到的瞬间快乐。"他又说:"我的箴言是'只要一些,就须满足;心中却希望能得到更多'"。在这里我们看到了兰姆快乐的人世精神,正是佩特在兰姆评传里说的:快乐。是面对事物的最佳态度。兰姆的作品里始终流露出一种人生和谐的精神,故而柯尔律治也称他的朋友为"'心地温和"的查尔斯。

大多数时候,我们不会把乐观与成功联系起来。表面上看起来,乐观主义与悲观主义在本质上有相似之处,而且两者正好具备了相反的缺点和优点。我们往往认为乐观的人在行动上虽然此较积极,但往往低估了实际上的困难,因此比较容易碰到意外的失误和偏差。

这种看法不完全正确。真正的乐观者,并不是对未来的盲目狂想,也不是在困难面前毫无畏惧和不假思索地前进。可取的乐观态度,是尽管知道人生会遇到风险和意外,也相信前进的道路上会有不少的阻碍和挫折,但是他始终坚信自己最终会成功。对生命抱着积极的、乐观的看法。因此,乐观绝不代表盲目,乐观的人则并非一些没有头脑的狂热分子。相反。他们坚定的信念促使他们不断学习、进步,从容不迫地面对意外的出现。

1933 年,美国发生了经济危机,许多工厂纷纷破产,市场十分不景气。对于哈德逊纺织公司来说,更是祸不单行,一场大火偏偏在这个时候袭击了它,整个公司几乎化为灰烬。愁眉苦脸的工人们回家等待着管理者宣布破产的消息。这个时候失业,对于工人们来说,无异于雪上加霜,因为他们不可能在这样的困难时期找到新的工作。但是,哈德逊的管理者显然并不那么想,他们没有绝望,在这样的困境下。他们仍然相信公司可以渡过难关。绝望的工人们接到了哈德逊的管理者发出的通知,让全体员工回公司支薪一个月。一个月后,再次为生活犯难的员工们再次收到了支薪一个月的通知。困境中,公司的支持让员工们感激万分,满怀热情的工人们再次回到了公司投入工作,三个月后,公司重新运转自如。

哈德逊纺织公司之所以能够再次获得新生,和管理者的平和心态是分不开的。他们用长远的眼光看未来,在困境中依然保持着坚定的信心,能够和自己的员工同甘苦,才激发起员工的斗志,挽救了公司的危机。

乐观者看起来勇往直前,毫无畏惧,但他们并非不加思考地吸纳,而是有所选择地采取行动。相形之下,乐观者比悲观者单纯、朴直多了。他也能察觉别人的恶意或缺点,只是他不愿将之视为障碍而犹豫不前。他相信每个人都有优点,并努力唤醒别人的优点,使人与人之间和睦相处,从而大家都能做一番事业。

当然,乐观者也比较容易克服困难。因为他会积极寻找新的解决方法,在很短的时间内就把不利的条件转变成有利的条件。悲观者则会因为一下子就看到困难而心生畏惧、退缩不前。其实在很多情况下,只需要一点想象力,再加上勇气的推动,情况就会完全改观,朝有利于成功的方向发展。

乐观者之所以能成功,首先便是在任何时候他们都相信自己,相信社会,并且相信无论如何都会有胜利的一天。

乐观的人面对现实的态度,是冷静的、客观的、主动的。他们从不否认事实,也不追求虚荣,而是脚踏实地地向前走。只有乐观的人能冷静、客观地面对挫折。他们会认真分析失败的原因,探索新的方法,只要是能够战胜的困难,他们绝不回避;以一己之力无法战胜或即便取胜了也得不偿失的障碍,他们会考虑其他更有利于自己发展的方法。总之,任何的困境和挫败,都不会使他们失去信心,相反却会成为他们走向成功的奠基石。

乐观的人具有一种巨大的感召力,能使他们身边聚集起一大批有志之士。谁又愿意跟在胸无大志、成天唉声叹气的人身边,使自己永远感受到的只是失落、无奈、叹息呢? 生活中人们喜欢聚集在乐观的人身边。他们昂扬的斗志、乐观的个性、永不止息的精神。会鼓舞、带领着每一个人向前走,达到人生的梦想之地。因而,乐观的人人缘很好,不论什么时候,身边总有同他们一样志向远大的人们帮助他,也反过来激励他。

没有目标的人生将一事无成

"与天地参",出自《易经》说卦传"参天两地而倚数"。后人便又以此作引申配天与地而为参。《中庸》说:"可与天地参矣。"一个人当有远大志向,这样才可以配天与地。

《荀子·大略》说,子夏家贫,平时穿得破破烂烂。有人问他:"子何不仕?"子夏说:"诸侯之骄我者,吾不为臣;大夫之骄我者,吾不复见。柳下惠与后门者同衣而不见疑,非一日之闻也。争利如甲而丧其掌。"这里好像子夏性格有点怪异,其实不然,他是"向志于学",所以被孔子誉为文学第一,与子游同列。

一天,孔子对子路、曾皙、冉有、公西华这几个学生说:"你们平时总说:'没有人了解我呀!'假如有人了解你们,那你们要怎样去做呢?"子路赶忙回答:"一个拥有一千辆兵车的国家,夹在大国中间,常常受到别的国家侵犯,加上国内又闹饥荒,让我去治理,只要三年,就可以使人们勇敢善战,而且懂得礼仪。"

孔子听了。微微一笑。孔子又问:"冉求,你怎么样呢?"冉求答道:"国土有六七十里或五六十里见方的国家,让我去治理,三年以后。就可以使百姓饱暖。至于这个国家的礼乐教化,就要等君子来施行了。"

孔子又问:"公西赤,你怎么样?"公西赤答道:"我不敢说能做到,而是愿意学习。在宗庙祭祀的活动中,或者在同别国的盟会中,我愿意穿着礼服,戴着礼帽,做一个小小的赞礼人。"

孔子接下来问曾点:"你怎么样呢?"曾点回答说:"我想的和他们三位说的不一样。"孔子说:"那有什么关系呢? 也就是各人讲自己的志向而已。"曾点说:"暮春三月,已经穿上了春天的衣服,我和五六位成年人,六七个少年,去沂河里洗洗澡,在舞雩台上吹吹风。一路唱着歌走回来。"……

人的一生是自我塑造的一生。有的人形象高大完美,有的人渺小卑琐;同样是学识丰富,有的人是学界泰斗,文坛巨匠,有的人却学无所成,甚至一生碌碌无为;同样是德行高尚,有的人功高万代,彪炳千秋,有的人却只立下了一时的功德;同样具有顽强的意志,有的人光耀千古,有的人却遗臭万年。奥妙是什么? 奥妙就在于是否设定了人生目标。

每个人都有欲望和梦想,但大多数人没有明确具体的人生目标,这便是成功和幸福总是钟情于少数人的重要原因之一。人生的胜者占总数的1%抑或更少,但都有一个明显的特征,与他人截然可分,这,就是生活和奋斗的鲜明的方向性,即由欲望和梦想演化而成的行动目标。

欲望和梦想在没有化成明确具体的奋斗目标之前,是比较模糊的,不确定的,短时间的。只有将欲望梦想化成人生明确具体的大小目标,走向成功与卓越才有基础。

目标不但使我们的行动有依据,人生有意义,还能激发我们的斗志,开掘我们的潜能。这如同是个定律,在人生的前方设定一个目标,不仅是一个理想,同时也是一个约束,就像跳高,只有设定一个高度目标,才能跳出好成绩来。

成功者,无一不对自己随时随地的去向一清二楚。他们有目标也有行动。知道自己所要的是什么,也知道在哪里可以得到它。他们确立目标,同时又决定通往那个目标必须走的路。

　　爱迪生是世界著名的科学家、发明家，他的全部发明多得叫人简直难以相信。1928 年，美国国会颁发给他一枚金质奖章，估计他的发明对人类的贡献约值 56 亿美元。这些发明对我们今天的价值实在太大了，根本无从估计。

　　爱迪生的全部在校教育总共只有三个月的时间，在校期间，他的老师曾说他是一个只会做白日梦的少年，断言他的一生绝不会有什么成就。

　　然而，爱迪生却成功了。他的秘密在哪里？其中之一是，他具有设定目标的能力和追求目标的热情。一旦设定一个目标之后，他便使他的生活去全力配合那个目标，使它成为他的生命。因此，他把生命献给他的目标，并从目标获得生命。

　　他竭尽全力去阅读跟他的计划有关的书籍——读了一本又一本，读完了再买。等他读够了书，使他足以从事实验之后，他才在他的实验室开始工作。接着他不分昼夜地工作，往往在清晨 8 点钟进入实验室，不到次日凌晨两三点钟不肯罢手。他的注意力总是十分敏锐确切，连一个动作也不会浪费。他从事过数以百计的实验工作，选取和抛弃实验模型，承受不可避免的失败。

　　爱迪生有明确的目标，并且是经过审慎的选择。他对目标专注并倾以全部热情，加上丰富的想象和智慧，使他成为人类历史上伟大的发明家之一。

　　维克多·弗兰克尔曾用事实最贴切地说明了"人不能没有目标地活着"的道理。

　　第二次世界大战期间，在越南行医的精神医科专家弗兰克尔不幸被俘，后被投入了纳粹的集中营。三年中他所经历的极其可怕的集中营生活使他悟出了一个道理——人是为寻求意义而活着。他和他的伙伴们被剥夺了一切——家庭、职业、财产、衣服、健康甚至人格。他不断地观察着丧失了一切的人们，同时思考着"人活着的目的"这个"老生常谈"的最透彻的意义。他曾几次险遭毒气和其他惨杀，然而他仍然不懈地客观地观察着、研究着集中营的看守与囚犯双方的行为。据此他撰写了《夜与雾》一书。

　　可以说，弗兰克尔极其真实、有力、生动的论据和论点，对于世界上一切研究人的行为的权威学者来说，都是极有价值的。他的理论是在长期的客观观察中产生的。他观察的对象是那些每日每时都可能面临死亡，即所谓失去生活的人们。在亲身体验的囚徒生活中，他还发觉了弗洛伊德的谬误，并且反驳了他。

　　弗洛伊德说："人只在健康的时候，态度和行为才千差万别。而当人们争夺食物的时候，他们就露出了动物的本能，所以行为变得几乎无法区别。"

　　而弗兰克尔却说："在集中营中我所见到的人，完全与之相反。虽然所有的囚犯被抛入完全相同的环境,有的人却消沉颓废下去,有的人如同圣人一般越站越高。"他还从实际中悟到,"当一个人确信自己存在的价值时,什么样的饥饿和拷打都能忍受。"而那些没有目的活着的人,都早早地毫无抵抗地死掉了。

据说,从奥斯威辛集中营活下来的人不到1/20,他们差不多无一例外都是深知生命的积极意义的人。他们顽强地活下来的原因,就是因为他们的心里存着明确的目的——"要做的事情还没有做完";期待着和"活着与爱着的人重逢"。

在那充斥死亡意味的集中营里,弗兰克尔的一位好友曾对他说:"我对人生没有什么期待了。"弗兰克尔否定了这位朋友的悲观人生态度,他鼓励说:"不是你向人生期待什么,而是生命期待着你!什么是生命?它对每个人来说,是一种追求,是对自己生命的贡献。当然,怎样做才能有所贡献?自己的追求是什么?每个人都不一样。而怎么回答这些问题是我们每个人自己的事情。"

你为自己的人生设立了什么目标呢?

孔子说:"道不行,乘桴浮于海,从我者,其由与?"无论你的愿望是什么,你只要希望成为什么样的人,你就会有意识地、自觉地朝实现愿望的方向运动。

选对道路,做对人

孔子说:"吾未见好德如好色者也。"一个人如果"好德"像"好色"一样,热情积极,那么什么事办不成呢?"贤哉,回也!一箪食,一瓢饮,在陋巷,人不堪其忧,回也不改其乐。贤哉,回也!"孔子这样夸奖颜回,并不是颜回如何聪明听话,而是他有自己坚定的人生志向,能够克服自己的短处和缺点。不断完善自己的优点,"回也,其心三月不违仁。"

初开车的朋友,都有过这种感受:当车驶上立交桥时,望着纵横交错的道路,会茫然不知所措。目标明确,也就是知道自己要到什么地方去,但如果选错了路,下一个出口不定在什么地方,想到达目的地,就要多费曲折。

其实人生也是这样,今天你站在哪里并不重要,重要的是你下一步该迈向哪里。通向目标的方向正确,永远比跑得快重要。"条条道路通罗马",而选择哪一条路。更节省时间呢?条条道路也通向任何你并不想去的地方!选错了道路,哪怕你奔波劳碌,不眠不休,终其一生,也不能到达你向往的乐园。反之,只要路选正确,你根本用不着那么辛苦,也能比别人更快地到达成功的彼岸。

一位研究人员用纸做了一个纸筒,里面仅能容纳几只半大不小的蝗虫。

他捉了几只蝗虫,投进纸筒,结果它们在里面拼命地挣扎,最后全部死在了里面。

蝗虫虽然有铁钳般的嘴和强壮的大腿,却只知在细长的纸筒中横冲直撞,不知一直向前,就可从另一端爬出。

研究人员又把几只同样大小的青虫从纸筒顶端放进去,然后挡上这一端,奇迹出现了:仅仅几分钟时间,小青虫们就一个接一个地从纸筒的另一端默默地爬出来。

蝗虫的死是因为它们方向感不强,当它们遇到困境时,不知道去寻找一条生路,只知道不停地挣扎,挣扎,结果只有死路一条;而青虫恰恰相反,它们为自己选择了一条正确的路,所以它们活了下来。

许多人也同蝗虫一样,他们虽然有良好的自身条件和优越的外部环境,可他们东奔西跑一生,终究无所作为。因为他们方向感不强。当他们遇到困境,或事业陷入僵局难以突破时,他们以为需要勤奋、知识和经验,于是付出百倍努力,去获得这些素质。而事实上,他们什么也不缺少,需要的只是一个方向,一条正确的道路。

为什么这样说呢? 当你在工作中业绩不佳时,你缺少的也许不是能力,而是一个充分发挥能力的环境;当你努力表现却不获重用时,你缺少的也许不是勤奋,而是一个知人善任的老板。这时候,你让自己变得更有能力或更勤奋,又有何益呢?

所以,一定要搞清问题的真正原因是什么,然后从原因出发,向目标前进。这是选定正确方向的要诀。选好了方向,如古人所说"真积力久则入",那么你的劣势就会变成优势。所谓笨鸟先飞,它不是乱飞,而是有方向性的飞,飞往它看准的地方。

李嘉诚先生曾经说,盲人的眼睛虽然看不见东西,却很少受伤,反倒是眼睛好好的人,容易跌跤或撞倒东西。这都是自恃眼睛看得见,而疏忽大意所致。盲人走路非常小心,一步步摸索着前进,脚步稳重,精神贯注,像这么稳重的走路方式,明眼人是做不到的。人的一生中,若不希望莫名其妙地受伤或挫折,那么,盲人走路的方式,就颇值得引以为鉴。前途莫测,大家最好还是不要太莽撞才好。

李嘉诚对下属说这段话的主要目的是,要求人们凡事三思而后行,谨言慎行,该进则进,不该进就要退。人生的舞台是旋转的,不定的,我们应该慎重选择自己的路,走好每一步,堂堂正正、光明正大地为人处世,朝着既定的目标前进。

路走错了,你再有本事也没用,再好的目标,也实现不了。有人说,优势就是优势,劣势就是劣势,它们之间是对立的关系,它们之间有着不可逾越的鸿沟。而且处于优势的人总比处于劣势的人强,强者也总是处于优势地位。其实,有时候人的劣势未必就是劣势,也有可能成为优势。

你尽管某些方面不如人，但是可以想办法来弥补劣势。人生在世，应该相信自己的能力，也应该相信自己的实力，毕竟一个人如果连自己都不相信的话，又有谁能相信你呢？尽管优势与劣势是一个对比的关系，但是，你搞清了自己能想做什么，能做什么，路走对了，那么目标越来越近，你在这方面的能力就会一日比一日强，从而改变了劣势，成为优势！

坦然面对人生的失败和挫折

人在有生之年，势必遇到许多不快的经历，它们是无法逃避的，也是我们难以选择的。我们只能接受不可避免的事实来自我调整，抗拒不但可能毁了自己的生活，而且也许会使自己精神崩溃。儒家推崇顽强的拼搏精神，但同时又反对不切实际地硬碰瞎撞，白刃可蹈，固然了不起，可"中庸不可能"，就会使自己陷入绝境。

当然，接受既成的事实，并不是阿Q式的精神胜利法，也不是沙漠中将头埋入沙里的鸵鸟。阿Q的悲哀在于对可为之事而不为，任凭事态的恶化，等待成为牺牲品；而鸵鸟的愚蠢则在于昏昧的逃避。

孔子说："暴虎冯河，死而无悔者，吾不与也。必也临事而惧，好谋而成者也。"接受既成的事实，是要勇敢地正视，在平静地面对中，走出一条希望之路。当我们无法以主观的力量控制事态的时候，或者面对无法改变的事实，已经尽了主观努力的时候，此时与其抱怨，不如平静以对。

时间是最具魔力的涂改液，再糟糕的事实也总有过去的时候，你不会永远生活在一种情绪状态之中。但是，要想产生让时间更改生活图像的效果，没有相应的心理状态与时间相互作用，是达不到目的的。这种心理状态就是平静。平静以对，让时间来改写不平的生活事实，让自己能够聚集足够的智慧和勇气，与不公平的生活事实相处，在默默地忍耐中开创崭新的生活。

摩丝奶奶一直快到80岁时，才开始拾起画笔；葛洛夫·马克斯在65岁时才开始一段崭新的生涯：主持电视节目；另有一位漫画家，年近82岁，又自修刺绣，并取得相当成功的事业……类似实例，不胜枚举。

他们之所以成功，就是到了晚年，他们拒绝让年龄以及退休等不是理由的理由，为自己的未来画上句号。

倘若你渴望造就自己，补救早年失学等一些缺憾，那么你必须学会接受既成的事实，重新认识自己，审视生命中余下的时间，这是每个人成长与成功过程中的必修课程。永远不要让"来不及"、"太晚了"之类的话。出现在你的人生辞典上。

生活中,我们无法控制不幸事情的发生,但可以控制自己对于不幸的反应。假如我们被人欺骗,我们总不能永远因此愤恨懊恼不已;假如我们遭受委屈,我们不能因此而总是萎靡不振。

最好的办法就是以饱满的情绪和积极的态度来对付不幸的事,这种办法总能收到良好的效果。这种办法可以是合理地利用时间,做自己现阶段可以做的事,值得做的事。

总之,当你情绪饱满、态度积极地投入某种有益的活动时,你就已经以勇者和智者的坦然心境,接受既成的事实,挑战所谓的人生不幸,这必定能开创一片希望的蓝天。

王杰15岁那年,半工半读。有一次在茶楼打工,肚子太饿了,客人埋单离去后,王杰趁人不注意偷吃了一个客人剩下的叉烧包,谁知被经理看见了,他硬说王杰偷吃茶楼的食物,王杰死不承认,经理恼羞成怒给了王杰一个狠狠的耳光。当时一阵眩晕,眼泪不受控制地流下来了,他被开除了。

王杰一边哭一边走回自己租住的地方。其实那只是一个两层铁架床的上层。香港称之为“笼屋”。王杰跟住在隔壁床位的老伯哭诉。老伯慈祥地安慰王杰。王杰问老伯:“为什么我的命这么苦?12岁爸妈就离婚不要我了,上学受人欺负,打工也被人冤枉,难道我注定要一辈子这么倒霉吗……”

老伯看着王杰好一会儿,突然笑出了声:“嘿!小鬼头,胡说八道!谁告诉你人是要被注定的?要是这样那还有什么惊喜,连做百万富翁也没什么意思了。你这个小笨蛋!”说完他便去上班了。他是个当夜班的保安员,平时总是喋喋不休,王杰向来把他的话当耳边风,但他这一句“人是不可能被注定的”却让王杰一言惊醒。

王杰热爱音乐,无论路有多难走,都坚持走下去。正是由于王杰的执着和信心,10年之后,《一场游戏一场梦》面世了。多年来《一场游戏一场梦》销量惊人,超过1800万张。

在世事动荡中,王杰对那位老伯的话有了更加深切的体会。人的一生是不可能被注定的,人来到这个世上,就是为了体验惊喜与激情,同时,跌宕也难免。有过不一样的体验的人才是真正幸福的人,就像那位老伯,他只是个守夜的,可是谁能想到他心里的快乐与富足呢?所以,尽一切可能改变自己、丰富自己,享受生活中的各种惊喜,这才是我们来到这个世界的目的!

中国人自古喜欢说,要胜不骄,败不馁。就是说要根据自己处境和情况的变化来调节自己的心态和认识,坦然面对。当我们春风得意的时候,不能忘乎所以;当我们失意的时候,也不能轻易地否定自己。这样,一条光明的人生大路才摆在我们眼前。

我们再来看一个故事。在宋代,有一段时期战争频频,国患不断,一位大将军叫李卫,带领人马杀赴疆场,不料自己的军队势单力薄,寡不敌众,被困在小山顶上,注定被敌军吞没。

就在士气大减,甚至有要举手投降的可能之际,将军李卫站在大家的面前说:士兵们,看样子我们的实力是不如人家了,可我却一直都相信天意,老天让我们赢,我们就一定能赢,所以我这里有9枚铜钱,向苍天企求保佑我们冲出重围,我把这9枚铜钱撒在地上,如果都是正面,一定是老天保佑我们,如果不全是正面的话,那肯定是老天告诉我们不会冲出去的,我们就投降。

此时,士兵们闭上了眼睛,跪在地上,烧香拜天企求苍天保佑,李卫摇晃着铜钱,一把撒向空中,落在了地上。开始士兵们不敢看,谁会相信9枚铜钱都是正面呢?可突然一声尖叫:"快看,都是正面!"大家都睁开了眼睛往地上一看,果真都是正面。士兵们跳了起来,把李卫高高举起喊道:我们一定会赢,老天保佑我们了!

李卫拾起铜钱说:那好,既然有苍天的保佑,我们还等什么,我们一定会冲出去的,各位,鼓起勇气,我们冲啊!

就这样,一小队人马竟然奇迹般战胜强大的敌人,突出重围,保住了军队。后来,将士们谈起了铜钱的事情时说:"如果那天没有上天保佑我们,我们就没有办法出来了!"

这时候李卫从口袋里掏出了那9枚铜钱,大家竟惊奇地发现,这铜钱的两面都是正面!

李卫说:"上天保佑不了我们,保佑我们的是我们自己!"

事在人为,没有什么事情是没有可能的,只要心中有坚定不移的信念,一切的困难都可以克服,成功是你自己手中的手纹,全在掌握之中。

盲目结交与追随他人是危险的

现在有太多的人并不理解中庸的真正内涵,它们往往仅凭字面上的判断就误以为中庸是"和稀泥"。若要朋友交得长久,温良恭俭让的谦和之德与礼貌之举,是必不可少的。不过,朋友之间倘太重视让,老是打躬作揖,自贬而崇人,则恐怕更加糟糕。所以,朋友间的交往要恰如其分,不强交,不苟绝,不面誉以求新,不愉悦以苟合,其关系的处理,恐怕用得上这么一副对联:"大着肚皮容物,立定脚跟做人。"也就是"君子为人,和而不流",小事"和",大事"不流"。

朋友之间,在非原则问题上应谦和礼让,宽厚仁慈,多点糊涂,但在大是大非面前,则应保持清醒,不能一团和气。见不义不善之举应阻之正之;如力不至此,亦应做到不助之。如果明明知道有人在行不义不善之事,却因他是长辈、上司、朋友,即默而容之,这就是一种很自私的趋避。有时候,立定了脚跟做人,的确是会冒风险的,也可能会受到暂时的委屈,受到别人的不理解,但是,这种公正的品德,最终会赢得人们的尊敬的。

尉迟恭是一名勇猛的将军,也是一位以"和而不流"著称于世的君子。有一次,唐太宗李世民与吏部尚书唐俭下棋。唐俭是个直性子的人,平时不善逢迎,又好逞强,与皇帝下棋却使出自己的浑身解数,架炮跳马,把唐太宗的棋打了个落花流水。唐太宗心中大怒,想起他平时种种的不敬,更是无法抑制自己,立即下令贬唐俭为潭州刺史。尚不干休,又找了尉迟恭来,对他说,唐俭对我这样不敬,我要借他而诫百官。不过现在尚无具体的罪名可定,你去他家一次,听他是否对我的处理有怨言,若有,即可以此定他的死罪!尉迟恭听后,觉得太宗这种张网杀人的做法太过分,所以当第二天太宗召问他唐俭的情况时,尉迟恭只是不肯回答,反而说,陛下请你好好考虑考虑这件事,到底该怎样处理。唐太宗气极了,把手中的玉版狠狠地朝地下一摔,转身就走。尉迟恭见了,也只好退下。

唐太宗回去后,一来冷静后自觉无理,二来也是为了挽回面子,于是大开宴会,召三品官入席,自己则主宴并宣布道:"今天请大家来,是为了表彰尉迟恭的品行。由于尉迟恭的劝谏,唐俭得以免死,使他有再生之幸;我也由此免了枉杀的罪名,并加我以知过即改的品德,尉迟恭自己也免去了说假话冤屈人的罪过。得到了忠直的荣誉。尉迟恭得绸缎千匹之赐。"

唐太宗这样做,当然主要还是为了显示自己的"明正",同时,他当然也感激尉迟恭。设想尉迟恭真的按他的话去陷唐俭而致其死,又安知唐太宗"明正"起来,不治罪尉迟恭呢?这就是"和而不流",该坚持自己的一定要坚持。与朋友相处也是一样,如果是真心待人,就应该对他加以爱护,不但帮助他渡过种种的难关,而且也要帮助他克服种种弱点,天长日久,朋友们自然了解你的为人和品质。

古罗马最杰出的演说家、教育家、古典共和思想最优秀的代表西塞罗曾经说过:"人类从无所不能的上帝那里得到的最美好、是珍贵的礼物就是友谊。但是友谊之花需要人们精心呵护和培养。这其中坦荡正直的心理很重要。"

真正的君子遵循中庸之道,即使一生默默无闻不被人知道也不后悔,这只有圣人才能做得到。精神力量的"强"体现为和而不流,柔中有刚;体现为中庸之道;体现为坚持自己的信念不动摇,宁死不改变志向和操守。品德高尚的人,和顺而不随波逐流,这才是真强! 保持中立而不偏不倚,这才是真强!

洪应明说:"用人不宜刻,刻则思效者去;交友不宜滥,滥则贡谀者来。"生活中的确如此,用人要宽厚而不可太刻薄,如果太刻薄,即使想为你效力的人,也会由于受不了你的刻薄而离去;交友太轻率随便,那些善于逢迎献媚的人就会设法接近你,来到你的身边。

人们明白社会关系的重要,所以很多人希望攀到靠山结交到有用的朋友,可是一旦怀才不遇,便郁郁不得志。人怀才不遇是很普遍的现象,一是由于自己的才华没有被人发现,所以也就不可能被使用;二是虽然胸怀大志,满腹文韬武略,但是生不逢时,像姜太公那样,不愿意把自己的聪明才智用在助纣为虐上,而要与明主共事。这种人的处世策略是:退居一隅,审时度势,伺机而动。用现在的话说,不急于让人接受、认可,不随便地把自己推销出去,不为了眼前的功名利益,放弃自己的追求。

真正有大志的人,即使平生不得志,也会廉洁自守,刚正不阿。不会依附权贵,更不会与奸人同流合污。不怕失败,也不畏惧别人的嘲讽。看似是退。实际上是矢志不渝地向着既定奋斗目标前进。他就能平静对待一切不公正的待遇,忍受别人无法忍受的精神折磨和肉体创伤……

王猛慧眼识君,他不是见一个君主便要委身于他,而是经过耐心地分析,选择一个适合自己的上司,这也是怀才不遇的人的一个重要性格特征。

王猛年轻时,曾经到过后赵的都城——邺城,这里的达官贵人没有一个瞧得起他,唯独有一个叫徐统的,见了他以后非常惊奇,认为他是一个了不起的人物。于是,徐统便诏请他为功曹,可王猛不仅不答应徐统的召集,反而逃到西岳华山隐居起来。因为他认为自己的才能不应该干功曹之类的事,而是帮助一国的君王干大事的,所以他暂时隐居山中,看看社会风云的变化,等候时机的到来。

公元351年,氐族的苻健在长安建立前秦王朝,力量日渐强大。354年,东晋的大将军桓温带兵北伐,击败了苻健的军队,把部队驻扎在灞上。王猛身穿麻短衣,径直到桓温的大堂求见。桓温请他谈谈对当时社会局势的看法。王猛在大庭广众之中,一边把手伸到衣襟里面去捉虱子,一边纵谈天下大事,滔滔不绝,旁若无人。

桓温见此情景,心中暗暗称奇,认为面前这位穷书生非同凡响,授予他高级官职"都护"。王猛拒绝了,继续隐居华山。他本来是想出山显露才华,干一番事业的,但最后还是打消了这个念头。因为他考察桓温和分析东晋的形势之后,认为桓温不忠于朝廷,怀有篡权野心,未必能够成功,自己投奔到桓温的手下,很难有所作为。这是第二次拒绝人的邀请和提拔。

前秦的苻健去世后,继位的是苻生。他昏庸残暴,杀人如麻。苻健的侄儿苻坚想除掉这个暴君,于是广招贤才,以壮大自己的实力。他听说王猛不错,就派人去请王猛出山。

苻坚与王猛一见面就像知心的老朋友一样,他们谈论天下大事,双方意见不谋而合。王猛觉得眼前的苻坚才是值得自己一生效力的对象。于是,他十分乐意地留在苻坚的身边,积极为他出谋划策。他终于干出了一番轰轰烈烈的大事业,成为中国封建社会杰出的政治家。

古人说:"良禽择木而栖,贤臣择主而事。"王猛不像一般人那样求遇心切,他不急于求取功名富贵,认定了真正的人选,才投身仕途。这是他获得成功的重要经验。也告诉我们,在处世中,应该尽力去选择一个你认为合适的领导,这样才是你事业顺利发展的前提。

在时机不对、机遇不佳的时候,要沉住气,甘守寂寞,认真寻找一个适合于自己发展的环境,切不可操之过急。发现上司真的不赏识自己,感到自己的前程将被耽误,可以选择离开。不要盲目地追随人,要认真观察,否则你或许因为选择错了上司,他的不顺利连带着自己不顺利,影响仕途的进取。

学会在特殊的环境中把握自己

"中立而不倚"的中庸之道,是儒学中最为高深的道行。中立不是做老好人,也绝不是一种保持中立的骑墙派主张,而是儒家所标举的一种难能可贵的君子节操。"中立不倚"就是说"中"的道德信念和准则一旦确立,就永不偏离,无论治世乱世、有道无道,君子都要坚守信念,保持节操,"至死不变"。

"人生减省一分便超脱了一分,如交游减便免纷扰,言语减便寡愆尤,思虑减则精神不耗,聪明减则混沌可完,彼不求日减而求日增者,真桎梏此生哉!"《菜根谭》如是说。的确如此,人生在世能减少一些麻烦,就多一分超脱世俗的乐趣。如交际应酬减少,就能免除很多不必要的纠纷困扰,闲言乱语减少就能避免很多错误和懊悔,思考忧虑减少就能避免精神的消耗,聪明睿智减少就可保持纯真本性。假如不设法慢慢减少以上这些不必要的麻烦,反而千方百计去增加这方面的活动,那就等于是用枷锁把自己的手脚锁住。

传说,缯国旧地疆界的执掌官,看见了楚相孙叔敖,说:"我听说,做官久了的人,士人嫉妒他,俸禄多了的人,百姓怨恨他,官位高的人,君主憎恨他。如今你孙相国居官久,俸禄厚,职位尊三者都具备,却没有得罪楚国的士人和民众,这是什么原因呢?"孙叔敖说:"我三次做楚国的相国,思想上更加谦卑,每当俸禄增加,施舍就更加广泛,地位越高,礼貌就越恭敬。因此,才不得罪楚国士人和民众。"

所以古人说:"君子处患难而不忧,当宴游而惕虑;遇权豪而不惧。对茕独而惊心。"现在同样有这样的人,生活中保持心理平衡,虽然在恶劣的环境中也不忧愁,到了社交场合,尤其在灯红酒绿中能知道自我警惕,以免无意中误入迷途,遇到有权有势蛮不讲理的人不畏惧,而遇到孤苦无依的人却具有同情救助之心。

孟子说:"无同情之心者,不可称之为人;无羞耻之心者,不可称之为人;无恭敬之心者,不可称之为人;无是非之心者,不可称之为人。"人有报复心,人能对那些不能善待自己的人施以报复,这大约是显示人类的严厉和人事的严酷的一个很重要的方面,人间的许多杀伐征战,人类的许多冤冤相报的争斗,都由此而来。比如邹国与鲁国发生冲突,邹国死了33个官吏,老百姓没有一个去营救的,邹国国君对孟子发牢骚,说这些老百姓实在可恨。孟子"中立不倚",他说:"时逢灾荒,在你的国中,百姓们年老体弱者抛尸荒野,年轻力壮者四处逃荒,而你的谷仓里堆满了粮食,库房里存满了珠宝,你的官吏却不向你报告,让你开仓济民,这等于是残害百姓。曾参曾经说过:'警惕啊,你怎样对待别人,别人将怎样回报你。'现在,你的百姓终于得到报复的机会了!你有什么可责备他们的呢?"

俗话说:"拿得起,放得下。"这是对人生顺逆安危的中立不倚态度。所谓"拿得起"指的是人在踌躇满志时的心态,而"放得下"则是指人在遭受挫折或者遇到困难或者办事不顺畅以及无奈之时应采取的态度。一个人来到世间,总会遇到顺逆之境、迁谪之遇、进退之间的各种情形与变故的。歌德说得好:"一个人不能永远做一个英雄或胜者,但一个人能够永远做一个人。"这里,"做一个英雄或胜者",指的便是"拿得起"时的状态;而"做一个人",便是"放得下"时的状态了。说到底,如何对待这"放得下",才是真正衡量一个人是否有英雄气概或者胜者风范的重要标尺。范仲淹说"不以物喜,不以己悲",有了这样一种心境,就能对大悲大喜、厚名重利看得很小很轻很淡,自然也就容易"放得下"了。"莫将戏事扰真情,且可随缘道我赢",王安石的这两句诗,将"戏事"与"真情"区分得十分分明。按照我们的理解,所谓"戏事",就是指那些能拿得起、也该放得下的事;一个人能做到如此随和且随缘地看待人生旅途中的一切利害得失与祸福变故,岂有不会"道我赢"之理?

纵观一个人的人生道路,大都呈波浪起伏、凹凸不平之状,难怪乎古人要说"变故在斯须,百年谁能持"了。但是,当一个人集荣耀富贵于一身时,他是否想到会有高处不胜寒的危机、有长江后浪逐前浪的窘迫呢?好吧,那就不要过分贪恋巅峰时的荣耀和风光,趁着巅峰将过未过之时,从容地撤离高地,或许下得山来还有另一番风光呢!

有一个叫秦裕的奥运会柔道金牌得主,在连续获得203场胜利之后却突然宣布退役,而那时他才28岁,因此引起很多人的猜测,以为他出了什么问题。其实不然,秦裕是明智的,因为他感觉到自己运动的巅峰状态已是明日黄花而,以往那种求胜的意志也迅速落潮,这才主动宣布撤退,去当了教练。应该说,秦裕的选择虽然若有所失,甚至有些无奈,然而,从长远来看,却也是一种如释重负、坦然平和的选择,比起那种硬充好汉者来说,他是英雄,因为他毕竟是消失于人生最高处的亮点上,给世人留下的毕竟是一个微笑。

有"体操王子"美誉的李宁,退出体坛后选择了办实业的道路,不也取得了令人称羡的成功吗? 如同一切时髦的东西都会过时一样,一切的荣耀或巅峰状态也都会被抛到身后或烟消云散的。因此,做一个明智的人,既然"拿得起"那颇有分量的光环,也同样应当"放得下"它,从而使自己在特殊的环境特殊的时候,"中立不倚"地做出回应,或不走极端地做出另一种有意义的选择。这样,我们又有什么惆怅或遗憾的呢?

事情于己不利时的应对措施

中庸之道里蕴涵了那么丰富、那么强大的精神力量。假如世界人人都能随顺天道,尽自己的本分做力所能及的事,随遇而安,不做非分之想,那么,我们这个世界便能成为一个清宁、安和的美好世界!

一个人的事业、功绩,发展到了相当的时期,尤其要知道怎样去妥善对待、处理。即使不急流勇退,也得避祸有方。

刘克庄《后村诗话》中写道:"杭相李文靖乞去,《题六和塔》诗云:'经从塔下几春秋,每恨无因到上头;今日始知高处险,不如归去卧林丘。'"一个人能体会到"高处的危险",自然能居安思危,溢满思退,就能知足知止,淡泊藏用。知足知止,就能不骄不矜,无得无失。

历代之中,有多少英雄豪杰,功败垂成。稍有成功,事业稍大时,便自满得意,骄矜无忌,贪得无厌,树敌无数,惰怠荒废,随心所欲,不知谨守不失的道理。要想谨守不失,全在于知足知止。知足知止,就知道创业的艰难,就能战战兢兢,诚惶诚恐,如临深渊,如履薄冰。庄子借北海之神的口气说:"懂得道的人,一定能通达事理;通达事理的人,一定明了而随机应变;明了而随机应变的人,不会受到外物的伤害。道德崇高的人,火不能烧他,水不能淹他,寒暑不能损伤他,禽兽不能伤害他。

这不是说人有意去触犯有害之物。因此说,不要用人事毁灭天然,不要用世事毁灭天命,不要因考虑得失而为功名做出牺牲。牢记这些道理,就达到了反归真性的境界。"

《菜根谭》说:"恩里由来生害,故快意时须早回首;败后或反成功,故拂心处莫便放手。"

王翦作为秦始皇的大将,统帅兵马60万,继李信、蒙恬之后,再次攻击楚国,秦始皇亲自送他到灞上。王翦临行前,向秦始皇要很多好的田宅园池。秦始皇说:"你放心去吧,何愁贫穷呢?"王翦说:"我作为您的大将,有功劳,不能得到封侯,所以作为您的乡臣,我也及时请求田地产业,好为子孙立足。"王翦开拔到楚国后,又陆续派人向秦始皇请要好田好地。有人询问王翦这样做的原因,他回答说:"秦王疑心重,又不相信人,现在出尽全国将士,以大权给我,我不多请求田宅,为子孙立产业,以消除他对我的不信任,我战胜归来,性命将很危险。"这就是王翦自保的策略。

秦昭王时期,蔡泽评论范雎辞相位说:"古语说'太阳正中就要西斜,月亮正圆就要缺损,物盛必衰'。这都是自然常理,进退盈缩,随时变化,这是圣人的常理。所以国家清平就做官,国家昏乱就隐退,而且大雁、犀牛、大象,它们的寿命不是不长吧?之所以容易死去,就是被饵所诱惑。苏秦、智伯的智慧,并不是不能避开受辱而死,所早死的原因,就是被利益所诱而不知足、知止。所以圣人以礼法来节制欲望,取民心有限度。使用时,用有止境。所以志向不横溢,行为不骄狂,抱守着道而不失去,顾承天下不会灭绝。从前齐桓公九次集合诸侯,一统天下,至于蔡丘的集会上,有骄矜的神态,陪伴的有九位国君。吴王夫差,用兵天下无敌手,依仗着勇猛刚强,轻视诸侯,攻击齐晋兵败,以致受到杀身的灾祸,败亡了国家。"

张良成为千古良辅,被后世谋臣推崇备至,不仅在于他能运筹帷幄,决胜千里,佐刘邦创立西汉王朝,还在于他能因时制宜,适可而止,最后,既完成了预期的事业,又在那充满悲剧的封建专制时代里保存了自己,功成名就。

自从汉高祖入都关中,天下初定,张良便托词多病,杜门不出,屏居修炼道家养身之术。汉六年正月,汉高祖剖符行封。因张良一直随从画策,特从优厚,让他自择齐地三万户。张良只选了个万户左右的留县,受封为"留侯"。他曾说过:"今以三寸舌为帝者师,封万户,位列侯,此布衣之极,于良足矣。愿弃人间事,欲从赤松子(传说中的仙人)游。"他看到帝业建成后君臣之间的"难处",欲从"虚诡"逃脱残酷的社会现实,欲以退让来避免重复历史的悲剧。的确如此,随着刘邦皇位的渐次稳固,张良逐步从"帝者师"退居"帝者宾"的地位,遵循着可有可无,时进时止的处事准则。在汉初消灭异性王侯的残酷斗争中，张良极少参赞谋划。在西汉皇室的明争暗斗中，张良也恪守"疏不间亲"的遗训。张良堪称"功成身退"的典范。

而韩信却不善中庸，他被捕时，自我感叹地说："果然像人们所说的，狡兔死，走狗烹；飞鸟尽，良弓藏；敌国破，谋臣亡；天下已经安定了，我固然应当死啊！"这就是韩信不能急流勇退，又没有避祸的方法的结局。

汉十一年，萧何建议刘邦杀韩信，这正合刘邦的心意，张良一出走，马上封萧何为相国，加五千户，兵卒500人，一个都尉为警卫。陈平前来拜见萧何说："你的祸患从现在开始了！最好是让封不要接受，并出尽家财，资助军队，这样刘邦才高兴。"萧何听从了他的计谋，果然刘邦大为高兴。

汉十二年秋天，黥布谋反，刘邦亲自带兵征讨，一举击灭。萧何又拿出很多家产，安抚百姓，并资助军队。在征讨黥布回来后，有人拜见他时说："你灭族的灾祸不远了！你尊位相国，功劳又第一，还能增加吗？然而你当初入关中，深得百姓的信赖，已有十多年了！民心归附你，你这样孜孜不倦地得民心，刘邦必然十分注意你，怕你倾动关中。现在你多买田地，低息放贷款，用以自污，刘邦才放心。"萧何听从了那人的计谋，刘邦听说后，十分高兴。这就是萧何采用了避灾自保的策略。

如何做到每天进步一点点

不进则退，而冒进更会带来毁灭性的打击。《中庸》说："行远自迩，登高自卑。"意思是说行千里路总得从短程起步，就算攀登上千仞高山也得由低处开始，如果基础打不好，是不可能有很高的成就的。

老子说："合抱之木，生于毫末；九层之台，起于累土；千里之行。始于足下。"你就从那细小的萌芽开始生长，就从那一撮泥土筑起，就从此时此刻开始，从坚实的土地上迈步，一步一个脚印地往前走。

你心性高傲、目标远大固然不错。但目标犹如靶子，必须在你的射程之内才有意义。

如果你好高骛远，那就在人生操作上犯了一个大错误。你以为可以不经过程而直取终点，不从卑俗而直达高雅，舍弃细小而直为广大，跳过近前而直达远方。结果，黄粱美梦一场。也许你这场梦做得很长很长，梦中昏昏沉沉，翻来覆去。你忽儿好似神思泉涌，著作等身，做了享誉世界的学者；忽儿财源滚滚，成了腰缠百万的大亨；忽儿官运亨通做了国王，成了总统。

王永庆从创业到成功，从小米行到大公司，一步步走过来，他被人们称为"经营之神"，但他自己却认为这一路走来没有神话。曾有佩服王永庆的人写文章称他是"收集树枝桠的人"。事情是这样的。有一年，由于台湾木材销路好，商家大量砍伐，可是他们要的只是树干部分，有大量树枝桠权，都被白白地抛弃而浪费了。王永庆想，台湾的棉花产量严重不足，一直靠进口来补充，如果利用这些废弃的树枝桠制造人造纤维，以替代天然纤维，一定会有广阔前景。

经过考察论证，1964 年，王永庆开始创办台湾化学纤维工业公司。两年半以后，台南新化八卦山下矗立起了一座当时世界首创的连贯作业的人造纤维工厂。它使大量过去被抛弃的木材废料变成了纺织纤维，既节省了外汇，又降低了成本。

王永庆一生干过不少行业，而他无论干什么，都表现出"拣树枝桠"式的独到眼力。15 岁那一年，他走出山区，挣钱帮助母亲养活一家人。他独自一人来到台湾南部的嘉义县县城，在一家米店里打工。后来自己开起了米店。他的米店的营业额大大超过了同行店家，生意越来越兴旺。他接着买来碾米设备，买进稻子碾米出售，这样不但利润高，而且米的质量也更有保证。

抗战胜利后，台湾的经济也开始复苏，建筑业起步最快。王永庆敏锐地发现了这一点，便抓住时机，抢先转向经营木材，结果大发了一笔。这个一无所有的农民的儿子，居然成了当地一个小有名气的商人。

后来，经营木材业的商家多起来，竞争越来越激烈。王永庆看到这一点，便毅然决定退出木材行业，大胆决定进入塑胶业。虽然他对塑胶工业是外行，但他向许多专家讨教，还拜访了一些有名的实业家，对市场情况做了深入细致地调查，发现了别人忽略的东西。他认为，烧碱生产地遍布台湾，每年有 70% 的氯气可以回收利用来制造 PVC 塑胶粉。这是发展塑胶工业的一大优势。

1954 年，他与人合作，筹措了 50 万美元的资金，创办了台湾岛上第一家塑胶公司。3 年以后建成投产，首批产品 100 吨，在台湾只销出了五分之一，明显地供大于求。按照常规，供过于求时就应该减少生产，可王永庆却反其道而行之，下令扩大生产。这一来，连他当初争取到的合伙人，也害怕得不敢再跟着他冒险了。纷纷要求退出。

精明过人的王永庆，把前途看得很光明，他毅然变卖了自己的全部财产，买下了公司的全部产权，使台塑公司成为他独资经营的产业。

王永庆当然是经过审视分析的，绝不是瞎胡闹。他研究过日本的塑胶生产行情，当时日本的 PVC 塑胶粉产量是 3000 吨，而日本的人口不过是台湾的 10 倍，所以，他相信自己产品销不出去是暂时的，并不是真的供过于求，而是因为价格太高。他知道自己接下来该怎么做。

第二年，他又投资创办了南亚塑胶工厂，直接将一部分塑胶原料生产出成品投放市场。事情的发展，证明了王永庆的决策是正确的。随着产品价格的降低，销路自然打开了。台塑公司和南亚公司双双获得了很高的效益。从那以后，王永庆塑胶粉的产量不断增加，从最初的年产1200吨，发展到100万吨，使他的公司成了世界上最大的PVC塑胶粉粒生产企业。

进入90年代，王永庆的产业已发展成一个跨行业的企业集团，包括16家大企业公司，拥有员工4万多人，股东10万人，每年的营业额高达1650万新台币。

王永庆"行远自迩"，做大做强，在企业界赢得了广泛的声誉，人们把他与被称为日本"经营之神"的松下电器的创始人相比，称他为台湾的"经营之神"……

不切实际地求大求强，想成功想疯了都没用。你越是厌卑近而好高远，你便越深地陷在卑近，高远永远对你高远着。为什么？果真是命运之神压制你，限定了你吗？绝对不是。你心性高傲、目标远大固然不错。但目标犹如靶子，必须在你的射程之内才有意义。如果目标太偏离实际，反而无益于你的进步。同时，有了目标，还要为目标付出代价，如果你只空有大志，而不愿为理想的实现而付出辛勤劳动，那"理想"永远只能是胡思乱想，一文不值的东西。

好高骛远者首要的失误在于不切实际，既脱离现实，又脱离自身。他总是这也看不惯，那也看不惯。或者以为周围的一切都与他为难，或者他不屑于周围的一切，成天牢骚满腹，认为这也不合理，那也不公平。张三不行，李四也不怎么样，唯有自己出类拔萃——不能正视自身，无自知之明，是好高骛远者的突出特征。一个人该掂量自己有多大的本事，有多少能耐。沾沾自喜于过去某方面的那一点点成绩，从来就不知道自己有什么缺陷，总是以己之所长去比人之所短，于是心中唯有自己的高大形象，从不患不知人，罹患人之不知己。一天又一天，一年又一年，总是抱着怀才不遇的感觉，无用武之地的感觉。

脱离了现实便只能生活在虚幻之中，脱离了自身便只能见到一个无限夸大的变形金刚。没有坚实的根基，只有空中楼阁，只有海市蜃楼。没有真正的本领和能耐，只有夸夸其谈和牛皮掀天。没有切实可行的方案和措施，只有空空洞洞的胡思乱想。

其次，好高骛远者都是懒汉，害怕吃苦，情绪懒散，从精神到行动都游游荡荡，好逸恶劳，贪图享受。他甚至打心眼里瞧不起那些刻苦耐劳者，认为是愚蠢。他也打心眼里瞧不起每天围绕在身边的那些小事，不屑于做它。此为形成好高骛远者人生悲剧的根本性原因。

好高骛远者在人际关系中也是最不受欢迎的一类人。对地位比他高的人，或者巴结奉承、奴颜婢膝;或者不屑交往,认为对方也没有什么了不起。而对地位比他低的人,则一律鄙视瞧不起。若他是个工人,则瞧不起农民,开口闭口都是乡里人这样脏那样丑。若他是个干部,则瞧不起工人,开口闭口"工贩子"这样没修养那样没德行。结果,地位比他高的人瞧不起他,地位比他低的人也同样瞧不起他,他两头受鄙视,成了被抛弃的人。

孔子说:"欲速则不达,见小利则大事不成。"老子说:"图难于其易,为大于其细。天下难事,必作于易;天下大事,必作于细。是以圣人终不为人,故能成其大。"陆九渊说:"昆仲为学,不患无志,患在好进欲速,反以自病,闻说日来愈更收敛定帖,甚为之喜,若能定帖,自能量力随分,循循以进,傥是吾力之所不能及,而强进焉,亦安能有进,徒取折伤困吝而已。"

要想度过人生的难关,战胜人生中的种种磨难,完成天下的难事,要在你年轻单纯的时节,觉得为人处世容易和顺利的时候就开始。要想成就高远弘大的事业,实现你的理想和追求,必须从最细小最微不足道的地方做起,从最卑贱的事情开始,路在脚下。

不要畏惧陌生的领域与事物

《中庸》说:"故天之生物,必因其材而笃焉。"意思是讲上天生养万物,必定根据它们的资质而厚待它们。能成材的得到培育,不能成材的就遭到淘汰。现在谈竞争,其实就是人才的竞争。人才的显著的特征就是敢于创新,敢于探索。历史上许多伟大的人物如富兰克林、贝多芬、达·芬奇、爱因斯坦、伽利略、罗素、萧伯纳、丘吉尔以及许多其他巨人,大多也是创新的先驱者。其实他们在许多方面与普通的人一样平常,唯一区别只不过他们敢于走常人不敢走的路,人类的一切都不会使其感到陌生。如果一个人充分相信自己有能力进行任何活动,那么,他极有可能获得成功。

一旦你敢于探索那些陌生的领域,你就会拥有那种心跳的感觉。你能切实体验到人世间的种种乐趣。想想那些被称为"天才"的人们,那些在生活里颇有作为的成功者,他们从不试图回避心跳的感觉。你应该用新的观念重新审视自己,打开心灵的窗户,进行那些自己一向认为力所不能及的活动,否则,只会以同样而固定的方式重复进行同样的活动,直到生命终结。而伟人之所以伟大,往往体现在探索的品质以及探索未知的勇气上。

要积极尝试新事物,就必须摒弃一些会对自己个性构成压抑的观点:例如改变现状不如苟且偷安,因为改变将带来许多不稳定的未知因素;认为自己非常脆弱,经不起摔打,如果涉足于完全陌生的领域,会碰得头破血流等,这显然是些荒谬的观点。如果改变生活中单调的常规因素,你会感觉到精神愉悦和充实;相反,厌倦生活则会削弱意志并产生消极的心理影响。一旦失去了对生活的兴趣,就可能导致精神崩溃。然而,如果在生活中努力探索未知,坚持坚定必胜的信念,则你的心理一定会更加健康而强大。

此外,人们还常常抱有这样一种心理:"这件事非比寻常,我不如躲远些好。"这种心理状态使人不能面对挑战,积极尝试新的经历,所以也必须坚决摒除。

"做任何事情一定要有某种理由。否则做它又有什么意义呢?"这也是许多人不能尝试创新的一种习惯心理。其实只要你愿意,便可以去做任何事情,而不必一定要有理由。没有必要为自己所做的每一件事寻找理由,只要你能心跳,你人生能够快乐,什么不可以去做呢? 当你还是个孩子时,逗蚂蚱玩上一个小时,其理由只不过是你喜欢逗蚂蚱玩。可当你成为大人时,你却不得不为做每一件事情找一个充分的理由。这种对理由的"热衷"阻碍了自己的成长发展。

因此,在一定程度上,你可以想做什么就做什么。其原因只不过是你愿意这样做,这种思维方式将为你拓展生活的新天地,并勇敢地进入创新的领域。

创新在于找出新的改进方法。创新不是某些人专有的,创新也不是超常智慧的人才才具备。

什么叫创新?《伊索寓言》里的一个小故事给我们一个形象的诠释:

有一天下起了大雨,一个穷人来到一户富人家讨饭。

"滚开!"仆人说,"不要来打搅我们。"

穷人说:"只要让我进去,在你们的火炉上烤干衣服就行了。"

仆人以为这不需要花费什么,就让他进去了。

这个穷人,这时请求厨娘给他一个小锅,以便他"煮点石头汤喝"。"石头汤?"厨娘说,"我想看看人怎样能用石头做成汤。"于是她就答应了。穷人于是到路上拣了块石头洗净后放在里面煮。"可是,你总得放点盐吧。"厨娘说,她给他一些盐,后来又给了青豆、薄荷、香菜。最后,又把能够收拾到的碎肉末都扔在汤里。

当然。你也许能猜到,这个可怜人后来把石头捞出来扔回路上,美美地喝了一锅肉汤。

如果这个穷人对仆人说:"行行好吧! 请给我一锅肉汤。"会得到什么结果呢?因此,这个寓言给我们的启示是:"坚持下去,方法正确,敢于创新,你就能成功。"

你应该在每天的生活中保持那种创新的感觉,如果你没有保持,原因在哪里?

你必须找到原因,解决这原因,目的只有一个,那就是,保持创新的感觉会使你走向成功。

世界上因创新而获成功的人简直就是不胜枚举。

法国美容品制造师伊夫·洛列是靠经营花卉发家的,他在一次新闻发布会上感触颇深地说道:"能有今天,我当然不会忘记卡耐基先生,他的课程教给了我一个司空见惯的秘诀,而这个秘诀我尽管经常与它擦肩而过,但却从未能予以足够的重视,也没有把它当作一回事来对待。而现在我却要说,创新的确是一种美丽的奇迹。"

伊夫·洛列 1960 年开始生产美容品,到 1985 年,他已拥有 960 家分号,各个企业在全世界星罗棋布。

伊夫·洛列生意兴旺,财源茂盛,摘取了美容品和护肤品的桂冠。他的企业是唯一使法国最大的化妆品公司"劳雷阿尔"惶惶不可终日的竞争对手。这一切成就,伊夫·洛列是悄无声息地取得的,在发展阶段几乎未曾引起竞争者的警觉。

他的成功完全依赖于他的创新精神。

1958 年,伊夫·洛列从一位年迈女医师那里得到了一种专治痔疮的特效药膏秘方。这个秘方令他产生了浓厚的兴趣,于是,他根据这个药方,研制出一种植物香脂,并开始挨门挨户地去推销这种产品。

有一天,洛列灵机一动,何不在巴黎最著名的杂志上刊登一则商品广告呢?如果在广告上附上邮购优惠单,说不定会有效地促销产品。这一大胆尝试让洛列获得了意想不到的成功,当他的朋友为他的巨额广告投资惴惴不安时,他的产品却开始在巴黎畅销起来,原以为会泥牛入海的广告费用与其获得的利润相比,显得轻如鸿毛。

当时,人们认为用植物和花卉制造的美容品毫无前途,几乎没有人愿意在这方面投入资金,而洛列却反其道而行之,对此产生了一种奇特的迷恋之情。

1960 年,洛列开始小批量地生产美容霜,他独创的邮购销售方式又让他获得巨大成功。在极短的时间内,洛列通过各种销售方式,顺利地推销了 70 多万瓶美容品。

如果说用植物制造美容品是洛列的一种尝试,那么,采取邮购的销售方式,则是他的一种创举。时至今日,邮购商品已不足为奇了,但在当时,这却是闻所未闻。

1969 年,洛列创办了他的第一家工厂,并在巴黎的奥斯曼大街开设了他的第一家商店,开始大量生产和销售美容品。

伊夫·洛列对他的职员说:"我们的每一位女顾客都是王后,她们应该获得像王后那样的服务。"

为了达到这个宗旨,他打破销售学的一切常规,采用了邮售化妆品的方式。公司收到邮购单后,几天之内把商品邮给买主,同时赠送一件礼品和一封建议信,并附带着制造商和蔼可亲的笑容,这竟使得邮购几乎占了洛列全部营业额的50%。洛列式邮购手续简单,顾客只需要寄上地址便可加入"洛列美容俱乐部",并很快收到样品、价格表和使用说明书。

这种经营方式对那些工作繁忙或离商业区较远的妇女来说无疑是非常理想的。如今,通过邮购方式从"洛列美容俱乐部"获取口红、描眉膏、唇膏、洗澡香波和美容护肤霜的妇女已达6亿人(次)。伊夫·洛列通过邮购建立了与顾客的固定联系。他的公司每年收到近8000余万封函件,有些简直同私人信件没有两样,附着照片和亲笔签名,畅叙友情,表达信任,写得亲切感人。当然,公司的建议信往往写得十分中肯,绝无生硬地招徕顾客之嫌。这些信中总是重复地告诉订购者:美容霜并非万能,有节奏地生活是最佳的化妆品。而不像其他商品广告那样,把自己的产品说得天花乱坠,功效无与伦比。

公司通过电脑建立了1000万名女顾客的卡片,每逢顾客生日或重要节日时,公司都要寄赠新产品和花色名片以示祝贺。

这种优质服务给公司带来了丰硕成果。公司每年寄出邮包达900万件,相当于每天3—5万件。1988年,公司的销售额和利润增长了30%,营业额超过了25亿,国外的销售额超过了法国境内的销售额。

如今,伊夫·洛列已经拥有了400余种美容系列产品和800万名忠实的女顾客。伊夫·洛列通过辛勤的劳动和艰难的思考,找到了走向成功的突破口和契机。化妆品市场竞争的激烈程度令人触目惊心,如果亦步亦趋,墨守成规,那肯定只能成为落伍者。

洛列曾说过一句著名的话:"如果你想迅速致富,那么你最好去找一条创新捷径,不要在摩肩接踵的人流中随波逐流。"

提到创新,有些人总是觉得神秘,似乎它只有极少数人才能办到。其实,创新有大有小,内容和形式可以各不相同。创新活动已经不仅是科学家、发明家的事,它已经深入到普通人的生活中,很多人都可以进行创新性的活动。生活、工作的各个方面都可以迸发出创造的火花。人们在事业上新的追求、新的理想、新的目标会不断产生,在为新的事业创造奋斗中,实现了这些新的追求、理想和目标,就会产生新的幸福。创新是永无止境的,人的幸福的实现就是一个不断发展、不断创新的过程。人的可贵之处在于创新性的思维。一个想有所作为的人只有通过有所创造,才能为人类做出自己的贡献,才能体会到人生的真正价值和真正幸福。创新思维在实践中的成功,更可以使人享受到人生的最大幸福,并激励人们以更大的热情去从事创造性实践。

你为了取得未来的成功,总是要探索前人没有运用过的思维方法,寻求没有先例的办法和措施去分析认识事物,从而获得新的认识和方法,锻炼和提高你的认识能力。

孔子说:"不患莫己知,求为可知也。"人生就是一个不断探索与追求的过程。美国总统林肯说:"创新是力量、自由及幸福的源泉。"英国著名哲学家罗素把创新看作是"快乐的生活",是"一种根本的快乐"。苏联教育家霍姆林斯基认为:创新是生活的最大乐趣,幸福寓于创新之中,他在《致儿子的信》中写道:"什么是生活的最大乐趣?我认为,这种乐趣寓于与艺术相似的创新性劳动之中,寓于创新性思维之中。如果你热爱生活,你就不能不体验这让人心跳的感觉。"

不断用知识垫高自己的价码

儒家认为一个人要成为君子,得不断提高自己的道德修养和能力。用什么办法提高呢?学习——实践——学习,且视学习是一种快乐的事情,"学而时习之,不亦悦乎?有朋自远方来,不亦乐乎?人不知而不愠,不亦君子乎?"

人没有爱好与追求,精神会陷入空虚,也没有与人交际的资本。在当今社会,知识不断更新,学习是一个人必要的生存手段。

明初著名学者宋濂年幼的时候,家境十分贫苦,但他苦学不辍。他自己在《送东阳马生序》中讲:"我小的时候非常好学,可是家里很穷,没有什么办法可以寻到书看,所以只能向有丰富藏书的人家去借来看,借来以后,就赶快抄录下来,每天拼命地赶时间,计算着到了时间好还给人家。"正是这样他才学到了丰富的学识。

有一次天气特别寒冷,冰天雪地,北风狂呼,以至于砚台里的墨都冻成了冰,家里穷,哪里有火来取暖?手指冻得都无法屈伸,但仍然苦学不敢有所松懈,借来的书坚持要抄好送回去。抄完了书,天色已晚,无奈只能冒着严寒,一路跑着去还书给人家,一点不敢超过约定的还书日期。因为这么诚信,所以许多人都愿意把书借给他看。他也就因此能够博览群书,增加见识,为他以后成材奠定了基础。

面对贫困、饥饿、寒冷,宋濂不以为意,不以为苦,努力向学。后来他觉得这样学习不是长久之计,于是就到学校里拜师学习。一个人背着书箱,拖着鞋子,从家里出来,走在深山峡谷之中,寒冬的大风,吹得他东倒西歪,数尺深的大雪,把脚下的皮肤都冻裂了,鲜血直流,他也没有知觉。等到了学馆,人几乎冻死,四肢僵硬得不能动弹,学馆中的仆人拿着热水把他全身慢慢地擦热,用被子盖好,很长时间以后,他才有了知觉,暖和过来。

为了求学,宋濂住在旅馆之中,一天只吃两顿饭,什么新鲜的菜,美味的鱼肉都没有,生活十分艰辛。和他一起学习的同学们一个个华装美服,戴着有红色帽缨镶有珠宝的帽子,腰里佩着玉环,左边佩着宝刀,右侧戴着香袋,光彩夺目,像神仙下凡一样。但是宋濂不以为那是什么快乐,丝毫也没有羡慕他们,而是穿着自己朴素无华的衣服,不以为低人一等,不卑不亢,照样刻苦学习,因为学问中有许多足以让他快乐的东西,那就是知识。他根本没有把吃的不如人,住的不如人,穿的不如人这种表面上的苦当回事。

正是宋濂能忍受穷苦,自得其乐,才能成就一番事业。我们再来看从一个打工仔成为英语人才的感人故事。

他叫张立勇,1993 年,小张揣着几本高中课本南下广州,在竹艺厂、玩具厂打工。玩具厂生产的玩具大都销往国外。订单、包装等都是英文字母,张立勇看不懂这些外国文字,玩具的尺寸、颜色、填充物要多少等都无法确定,更无从下手。他从帆布包里掏出了高中英语课本,又买来英语词典当助手,对照着包装箱上的英文,再翻译出汉字来。他为没有大学文凭、不懂英语、不会电脑带来的尴尬而苦恼,暗暗下定了学习的念头。

1996 年,张立勇来到清华大学,成为第 15 食堂厨师,一名切菜工。到清华的第三个月,他听说第三教学楼的露天平台上有个英语角后,就鼓足勇气,走进了大学生中间。从那以后,他成了英语角的常客,并在清华师生的帮助下开始系统学习英语。为了学英语,他甚至捡别人丢弃的英语书。他上班的路上塞着耳机听英语新闻;缩短吃午饭的时间躲在食堂的饭柜后面背诵英语课文;吵闹的宿舍里无法安心看书,他就到操场上的路灯下夜读,大概每天能有七八个小时自学时间。无论是寒冬还是酷暑。他对英语的学习从来都没有中断过,乐此不疲。他用毛笔写着儒家格言"克己"和清华的校训"行胜于言",贴在床头上,以告诫自己不许偷懒。

1999 年、2000 年,张立勇分别通过了国家英语四、六级考试。2001 年,他又在托福考试中获得了 630 分的高分。他还考取了北京大学成人教育学院,主修对外经济与国际贸易专业,并顺利获得本科文凭。

在清华园里,张立勇以英语知名,被学子称为"英语神厨",但他并不是只攻英语一门。他自学了计算机课程,还省吃俭用买了一台电脑;广泛阅读与新闻采访有关的专业书,旁听经济和法律课程,甚至还到北京大学成人教育学院读了三年的国际贸易专业,拿了一个货真价实的大专文凭。张立勇还听过麦肯锡、比尔·盖茨这些赫赫有名的人物的讲座,这是令他骄傲的一笔财富。听讲座让他学到了很多知识,也拓宽了视野,他知道钱不是靠自己节约几分就积攒起来的,有了知识和能力可以挣更多钱;何况学知识也不完全是为了挣多少的薪水,而是你的思想、你的能力是不是真的超过别人……这是个很高的境界。

"不亦悦乎",孔子把学习的快乐视同见到老朋友的快乐,强调了牢固掌握知识的重要性。当我们把学习知识当成了结识朋友、把复习知识当成与同学聚会,当然就不会产生厌学的心态,也就不会把学习当成是一种苦差事了。

变失败的感觉为成功的信念

孔子既是一位思想家,又是一位积极的社会实践者,他在推行自己的学说与政治主张时,历经了一次次的失败。然而失败对于他,只是一种感觉而已,这感觉更坚定了他的信念,"朝闻道,夕死可矣!"

人没有信念,行路就不会平稳,不是急躁,就是迟缓。有信念的人遇到逆境,也会内心平静。孟子说:"天将降大任于斯人也,必先苦其心志,劳其筋骨,饿其体肤,空乏其身,行拂乱其所为,所以动心忍性,增益其所不能。"孔子认为,一个人即使不幸处在患难之中,只要能择善而从之,不气馁,不放弃,同样有能力做一条铁铮铮的汉子。

因此,一个人的地位、身份高低并不重要,重要的是如何做人,立身行事能够本着诚信,规规矩矩地去做,无论自己处在什么地位,都一样可以成为君子(好人);无论自己是什么身份,都一样可以活得悠然自得。

大浪淘沙,优胜劣汰,成功总是属于那些备尝艰辛、异常顽强的人们! 芸芸众生在对成功者头上的光环顶礼膜拜的同时,不禁悄悄地哀叹:成功者如同凤毛麟角,何年何时,成功之神才能对自己格外关照几分呢? 在自艾自叹的消极心态中,他们早已错过了一次又一次成功的机会。

当我们纵观历史,横览世界,会不难发现,一个出乎意料却又合情合理的论断如同闪电一样照亮了漆黑的脑海——成功者无一不是战胜失败而来! 成功无一不是血汗与机运的结晶!

当你想在未来成功时,你必然会遭受到失败,你有必要去体验一下失败的感觉。能承受住失败的心理才是强有力的心理。

试着去做一件你不可能做成的事,真实地体验一下失败的感觉并学会正确对待失败。

在失败面前,至少有三种人。一种人,遭受了失败的打击,从此一蹶不振,成为让失败一次性打垮的懦夫,此为无勇亦无智者。第二种人,遭受失败的打击,并不知反省自己,总结经验,但凭一腔热血,勇往直前。这种人,往往事倍功半,即使成功,亦常如昙花一现。此为有勇而无智者。另一种人,遭受失败的打击,能够极快地审时度势,调整自身,在时机与实力兼备的情况下再度出击,重振雄风。这一种人堪称智勇双全,成功常常莅临在他们头上。

在一定的意义上,研究成功要从研究失败开始,超越失败则必然通向成功的彼岸。正视失败,洞见失败,最终必定超越失败。

同其他人一样,你也许曾经做过这样的梦:你是一个成功者,得到了许多鲜花和掌声,你为自己的成功而欢呼雀跃……但是,你却没有把这梦中的鲜花和掌声变成现实,尽管你是一个屡败屡战的坚强者、一个有远大抱负的有志者、一个善于算计的精明者、一个被众人普遍赞赏看好的优秀者。

一切怎么会是这样?你的失败令自己困惑,到底怎么了?你的屡战屡败只是你潜移默化地在失败和成功的问题上形成了一个心理误区。存在着一个心理症结。你扭曲了失败与成功的关系,认为只要不怕"失败",必然能"成功",而没有去深入想一想"失败"这个词的潜在意义。

走向成功的捷径是从失败的地方再次开始。成功不是一片云彩,风吹来雨送来;成功是一种"实在",以往的"失败"就是它的骨架,我们不从这里开始又从哪里开始呢?失败给予我们的那些"东西",也就是"成功"能给予我们的,有经验的人都会赞同这种观点。

美国明尼苏达州柴油公司的赛德里亚分厂,创办初期经营很不景气,产品的质量不稳定,机器的利用率低,工人的缺勤现象严重且工伤事故经常发生,各种内忧外患使其几近破产。工厂的处境使厂长史密斯焦急万分,但是面临挫折和压力,他没有一味地蛮干下去,更没有退缩,而是找来各方面的专家人士研究分析工厂经营不佳的原因。经分析发现,其症结在于实行的多层次领导管理体系。在这种管理体系下,领导与职工之间及各领导之间缺乏沟通。他们各自为政,致使整个工厂没有通盘的计划,处于一种得过且过的混乱状态。

于是史密斯对症下药,实行了一套新型的管理法,重新设计工作范围,改善劳动环境,全厂从经理到操作工全部编成以 20 人为一个单位、从事一系列的所谓垂直性工作。如清点存货、采购原料、记录生产费用、检验进货、登记考勤和工作表现、编制预算、监督安全措施等。他给予每个组以较大的自由权,使他们有权自主地招雇新工人,辞退不称职的组员。

由于柴油机的很多部件需要几个小组合作制造,这样无形中给速度慢的小组造成了一种压力,促使他们提高工作效率。史密斯给每个小组指派了一个顾问,取消了从前凌驾于工人之上的令人讨厌的监工。顾问的任务是培训工人,帮助小组提高自治能力。新管理体系实行两层领导制,最高一层是由厂长和董事组成的工厂作业组。它负责与公司总部共同制定生产任务,拟订全厂的生产计划及做出政策决定。第二领导层是工人代表会,由各部门推选产生,定期召开会议讨论厂里的各种问题。工人的意见由工人代表带给工厂作业组。此外,史密斯本人还每星期都邀请一部分工人促膝谈心。由于他注意谈话内容的保密,因而很快取得了工人的信任。

总方案实施后,取得了令人鼓舞的成功,不仅令赛德里亚厂获得了新生,而且很快成为总公司的明星分厂,而史密斯本人也因其在赛德里亚的成绩被调往总部担任了副总经理的职务。试想,假如史密斯当时在挫折面前不认真分析原因,不改变原来的管理体系而一味蛮干下去,无论他如何兢兢业业,恐怕等待他的只能是又一次失败。

因而,屡战屡败者的处方就是:认真地对待你的每一次失败。要痛定思痛,找出自己失败的原因。在下一次奋进中引以为戒。万不可好了伤疤忘了痛,甚至自虐的流着鲜血还不知痛。这样下去,总有一天,你会因伤痕累累或失血过多而变得无力拼杀,只有扼腕叹息,悔恨终生。

一个人,如果在失败之后,不去挖掘自己潜在的力量,不去重新奋战,那么等待他的还会是失败。只有在失败后发现自己真正能量的人,才能获得成功。

奥里森·马登对年轻人这样说道:"我们的身边有许多人不知道自己到底能做什么,只会羡慕别人的成功;还有一些人是知道自己该做什么,但就是做不好。这些人都共同存在一个问题,那就是他们还没有找到自己真正的力量。"因此,逆境会像恶魔一样缠绕在你身边,引起你的恐慌。但是对逆境存有一种恐慌心理,是没有用的,对于那些成功者而言,所有的逆境都不是恐怖地带,而战胜逆境是在展现自己真干的力量。

拿破仑有一员大将叫马塞纳,平时他的真面目是显示不出来的,但是当他在战场上见到遍地的伤兵和尸体时,他内在的"狮性"就会突然发作起来,他打起仗来就会像恶魔一样勇敢。

除非遭到巨大的打击和刺激,人类有几种本性是永远不会显露出来,永远不会爆发的。这种神秘的力量深藏在人体的最深层,非一般的刺激所能激发,但是每当人们受了讥讽、凌辱、欺侮以后。便会产生一种新的力量来,一旦这种力量发挥出来,就能做从前所不能做的事。

有许多人虽然已经丧失了他们所拥有的一切东西,然而还不能把他们叫作失败者,因为他们心中仍然有一种不可屈服的意志,有着一种坚韧不拔的精神。

真正伟大的人,无论面对多么大的失败,从不失去镇静,自信精神,却依然存在,这样的人终能获得最后的胜利。在狂风暴雨的袭击中,那些心灵脆弱的人唯有束手待毙。

当阿里第一次走人拳击栏时,瘦弱的他令观众认为,他不出 5 个回合就会被对手打趴下。

然而,就是这个不起眼的年轻人,在一生 61 场比赛中,却创造了 56 场胜的拳坛神话,成为拳击史上第一位三度夺得世界重量级冠军、获得"20 世纪最伟大运动员"荣誉的拳王。他说过一句话:"'不可能'只是别人的观点,是挑战,绝非永远。"

后来,莱拉·阿里出现在了阿迪达斯最新的广告片中,她就是拳王阿里的女儿。原来拳王阿里的女儿也打拳! 她甚至与父亲老拳王在拳击台上同场竞技,演绎了又一个"挑战不可能"的故事。

"我是莱拉-阿里,我是一个职业拳击手。我身上背负着 3 条世界重量级拳王金腰带,职业生涯的战绩是 16 胜、0 负,曾 13 次击倒对手。当我第一次在电视里看到女子拳击,就像一根导火线在我脑中点燃,我对自己说:我也要那样!"莱拉·阿里如是说。

"我想我面对的最大挑战就是:成为莱拉·阿里,而不是永远被人称为穆罕穆德·阿里的女儿。告诉你们,我的父亲是个大男子主义,他甚至不喜欢我穿短裤和运动衣。但是,我从不认为女人和拳击是一对矛盾。我想成为一名战士,同时也是一个让人激动不已的漂亮女人。"莱拉·阿里这样解释自己的选择。

至于她的父亲老阿里,后来每次看完女儿的比赛,都会对她说:"你是最优秀的!"终于,莱拉·阿里赢得了 3 项世界冠军。面对荣誉,她这样回答:"有人说女人不该打拳击时,你认为我会怎么做? 是的,没错,我现在是世界上最知名的也是最优秀的女战士。当人们走向我,告诉我他们受到了鼓舞,我使他们相信'没有不可能'时,我的心情棒极了! 那让我感觉到自己的意义,我必须继续做得更好。"

对不可能的超越,才是最华丽的生命乐章。一个男人如此,一个女人也如此。成功的人一定有些挫折的经历,而战胜挫折,就获得成功。一些看似不可能的事却因为努力而变成可能,只要敢去做,就没有什么不可能。

如何把命运掌握在自己的手中

孔子说仁,孟子说仁义;孔子说志,孟子说志气。儒家思想是个发展与完善的过程,剔除了一些不合理的说法与偏见的认识。到了子思手上,中庸处世智慧被梳理凸显出来,"志气"也到了一个很高的位置,强调"无恶于志",认为"坚持操守,宁死不变,这才是真强"。人的主观意志与人格力量,在做人处世中的作用不可替代。

做人有志气,就不怕挫折和逆境。李密生下来六个月,父亲就去世了,但他牛角挂书,努力不辍;苏洵到成年后对人生才有所醒悟,开始发愤读书;韩愈年幼便成为孤儿,他立志成材,后来终于成为一代儒者。周文王被拘禁而演周易,左丘明眼瞎了而作国语,孙膑被砍断双腿,成为一名军事家,司马迁受宫刑而撰写出"史家之唱绝"的《史记》,蔡文姬颠沛流离而写出《胡笳十八拍》,等等,这些故事家喻户晓,耳熟能详。

人不怕身残,就怕心残,心残就是"丧志",就是"自辱其身"。那些身残而心不残的人,人生更加辉煌。台湾棉纸撕画家温鹏弘儿时患了重度脑性麻痹症,无法站立行走,从出生直到 14 岁以前都是过着在地上爬行的生活。一直到 14 岁时,才拥有了第一辆轮椅代步行走。

虽然人生如此坎坷,但他从未向命运低头,而是不屈不挠、奋发向上,曾经荣获"终生学习楷模奖章"。

虽然比别人失去了很多正常的生理功能,但是他从小就刻苦自学,还想办法克服语言发音的障碍。1992 年,他以口试的方式正式通过小学学历鉴定,那一年他刚满 28 岁。后来十几年中,他仍然顽强地坚持自学,达到高中的教育水平。

他 30 岁时才开始学习棉纸撕画创作,起初他以为只是将棉纸撕碎、搓揉,然后贴在画纸上而已,学起来应该很容易,可是等到深入钻研以后,他才发觉并不是想象中那么简单。然而他并没有放弃,而是凭着爬行了 14 年的顽强意志,自创了温馨工作室,专门研究撕画。

后来他还多次到学校演讲,给孩子们做报告,将自己人生奋斗的经验和他们共同分享。

他常常鼓励年轻人说:"不要放弃自己,不要放弃热爱的生命,我辛苦爬行 14 年都没有放弃,你们碰到一点儿挫折算什么? 我可以,大家一定也可以。"

14 年的爬行经历,最后在轮椅上成就了一名撕画家。

谁也不愿意经受苦难,但是苦难往往也是一种经历,一种启迪,甚至是一种资本。它能让你更好地面对困难,面对自己,面对未来的艰辛和辉煌。杰克逊对于他遭遇的第一次意外,已全无记忆。他只记得那是 10 月一个温暖的晚上。杰克逊当时 21 岁,聪明英俊,人缘很好,踢美式足球及演戏剧都表现突出。要知道 21 岁是人生最美好的时光,而且刚从著名的哥伦比亚大学戏剧学院毕业,可以说意气风发、前程似锦。

一辆重型卡车从第三大道驶出来时,杰克逊一点都没看见。他唯一记得的,就是醒来时自己身在加护病房,左小腿已经切去。

其后 6 年,杰克逊全力以赴,要把自己锻炼成全世界最优秀的独腿人。他康复期间饱受疼痛折磨,但从不抱怨,终于熬过来,开始在舞台和电视上演出,也交过不少女朋友。

失去左腿后不到一年,他开始练习跑步,不久便常去参加 10 公里赛跑。随后又参加纽约马拉松赛和波士顿马拉松赛,成绩打破了伤残人士组纪录,成为全世界跑得最快的独腿长跑运动员。

接着他进军三项全能。那是一项本身就极其艰难的运动,再加上他只有一条腿,要一口气游泳 3.85 公里、骑脚踏车 180 公里、跑 42 公里的马拉松。这对于杰克逊来说,无疑是一个巨大的挑战。

1994 年 5 月的一个下午,杰克逊在犹他州的三项全能运动比赛中,骑着脚踏车以时速 60 公里疾驰,带领一大群选手穿城越镇,群众夹道欢呼。突然间,杰克逊听到群众尖叫声。他扭过头,只见一辆黑色小货车朝他直冲过来。

一般情况下,比赛场地周围马路几乎全部封锁,几个未封锁的路口也有警察把守,没人知道是什么缘故,让这辆小货车闯了进来。

杰克逊的身体被撞飞,一头撞在路边的电灯柱上,颈椎"啪"地折断。他还记得自己被抬上救护车,随后就昏了过去。

杰克逊接受紧急脊椎手术后醒来时,发现自己躺在重伤病房,一动也不能动。他清楚记得周围的护士个个都流着眼泪,一再说:"对于你的遭遇我们很难过。"

杰克逊四肢瘫痪了,那时才 28 岁,28 岁就已经尝遍了人间的冷暖。杰克逊的四肢都因颈椎折断而失去功能,但仍保存少量神经,使他能稍微动一动,手臂能抬起一点点,坐在轮椅上身子可倾前,双手能做一些简单动作,双腿有时能抬起两三厘米。

杰克逊知道四肢尚有感觉时,有点激动。因为这意味着他有了独立生活的可能,无须 24 小时受人照顾。经过艰苦锻炼,自认为"很幸运"的杰克逊渐渐进步到能自己洗澡、穿衣服、吃饭,甚至开过特别改装的车子。医生对此都大感惊奇,是呀,有谁不为这坚强的生命力感到惊讶呢。

医院对脊椎重伤病人的治疗,好似施行酷刑。他们先给杰克逊装上头环:那是一个钢环,直接用螺钉装在颅骨上,然后把头环的金属撑条连接到夹在杰克逊身体两侧的金属板上,以固定杰克逊的脊椎。安装头环时只能局部麻醉,医生将螺钉拧进杰克逊的前额时,杰克逊痛得直惨叫。

护士常来给杰克逊抽血,或者把头环的螺钉拧牢。每次有人碰到他,他都痛得尖叫。直到此刻,他才觉得自己没有了自我,没有过去,没有将来也没有希望。

两个月后,头环拆掉,杰克逊被转送到科罗拉多州一家复健中心。在他那层楼里,住的全是最近才四肢或下身瘫痪的病人。他发觉原来有那么多人和他命运相同。眼前的处境也并不陌生,伤残、疼痛、失去活动能力、耐心锻炼——所有这些他都经历过。

于是,他那种顽强不屈、永不向命运低头的精神又回来了。他对自己说:"你是过来人,知道该怎样做。你要拼命锻炼,不怕苦,不气馁,一定要离开这鬼地方。"

其后几个月,杰克逊再度变得斗志昂扬,康复速度之快,出乎所有人预料。

脖子折断之后仅仅半年,他便重返社会,再次开始独立生活,又大约半年之后,他在一次三项全能运动员大会上,以《残疾人也能做到》为题,发表了一篇激动人心的演说,事后人人都围着他,称赞他勇敢。"杰克逊真行!"大家异口同声地说。

即使康复过程起先顺利,病人迟早会遇上一道墙:康复中止,残酷的现实浮现。杰克逊就撞上了这道墙。当时他身体可复原的已复原了,不管怎样努力,有些事实始终无法改变:手臂永远不可能再抬到高过头顶,而且他永远不能再走路了。杰克逊明白了这一点之后,向来不屈不挠的他也泄气了。

1998 年,杰克逊获得 480 万美元赔偿金,决定迁居夏威夷。当时他对朋友说,去那里是为了写回忆录。只有他自己清楚,这完全是为了逃避。杰克逊有个不想让任何人知道的秘密:他染上了毒瘾。他脖子折断之后两年左右,认识了一个女人,那女人递给他一些可卡因,同情地说:"试试这个吧。你苦够了,这个能帮助你减轻你的痛苦,没人会怪你这么做。"

杰克逊心想:"是啊,有多少人经历过这么多打击,他们一定会理解的。"

一天凌晨,杰克逊吸毒之后,转着轮椅来到一条寂静公路的中央,他清楚地记得,他曾在这条公路上跑过马拉松。

杰克逊在这里赢得过辉煌胜利,而这时却在这里思量去哪里再弄些可卡因。他知道该下决定了:要死还是要活?"我才 30 岁,我还有很长的路要走,还不想离开这个世界,"他想,"当然我也不想四肢瘫痪,但既然无法改变。除了接受事实,我只能干一件事了,那就是好好活下去。"

杰克逊很清楚,要是继续吸食可卡因,那他一定就没得救了。于是,他试着从另一角度看自己的问题:"也许我的遭遇并非坏事,而是上天给我的美妙赏赐,令我有机会真正了解自己。这是上帝的旨意:制造事端,让我变得坚强。"从此,他彻底远离了可卡因。天气好的早晨,他会从床上下来,插上导管,来个淋浴,穿上衣服,离开自己的住处。这一切,他不用3小时就能完成。然后他到体育馆去锻炼一两小时,例如在水里步行、骑健身脚踏车。他也会埋头撰写论文。主题是神话史上的伤残人士。

外表看来,残疾人似乎比正常人多了很多的劣势,使得他们无论在哪个方面都不容易扬帆远航。然而,肢体的残缺恰恰是他们的优势,他们有着比健全人更加踏实的心态,更加刻苦的作风,所以他们往往能取得健全人都不容易取得的成功。

引导自己正当的欲望

人须有正当的欲望,且不能成为欲望的机器。古人以"不贪为宝",有不贪的态度和洁身自好的信念,乃深味中庸之道。乐喜,字子罕,春秋时宋国的贤臣。公元前546年,由于宋国左师向戌的调停,晋楚两大国议和,十四国在宋都召开了停战议和大会。会上,列国共奉晋楚两个"超级大国"作为盟主,签订了盟约,约定:晋楚不以兵相见,同恤灾危,同救凶患。还规定列国要为晋楚两国纳贡。停战议和大会之后,各国出现了一时平静。向戌自恃有奔走发起之功,于是请求宋平公赏赐城邑。平公觉得中原战火停息,列国百姓有了喘息机会,向戌的功劳是很大的,于是写了赏赐其六十邑的简册。

当向戌拿着简册喜滋滋地向乐喜展示时,这位才智明决的秉政权臣却不以为然,他认为军队是威慑敌国,稳定自己国家的力量,兴乱治废都有赖于能打仗的军队,向戌谋求去掉维持生存竞争的武力,不过是一种欺蒙诸侯的行为,还大言不惭请得赏邑。乐喜一时激动,就将平公写的赏六十邑的简册用刀割掉了,并扔在地上。向戌明白乐喜的用意,称颂乐喜是救了自己的大恩人。

乐喜还是一位很注意个人道德行为修养的人。一次,他在自己府邸接待楚国聘使。楚使见乐喜府邸南邻的墙弯弯曲曲的,西邻的水竟然流经府邸院内,觉得不可理解。乐喜解释说,南邻家是从事皮革制鞋生产的工人,如逼着他迁走,一来宋国买鞋的人将不知道去哪里购买,二来这户工人生活也就没有着落了,所以不能逼南邻迁走。至于西边的邻居,是因他家所处的地势高,我家房子地基低,他家出水流经我家是很自然的,要是禁止人家的水东流,实属不近情理。一番话,使楚使大为叹服,回到楚国,立即上殿谏阻楚王:千万不可攻打宋国。因为宋国国君贤明,而且还有仁相乐喜辅佐,很得人心,要是攻打宋国的话定会失败。宋国正因为君臣同心同德,体恤百姓,故虽然南有楚、北有晋、东有齐三个强国包围,可哪家也不敢轻易进攻它。

作为掌权大臣,乐喜很重视民众的力量。他规劝国君要节制自己的奢望,尽量不违农时,顾及民生的疾苦。当宋国出现大饥荒时,他力主拿出国库储粮救济灾民,同时动员各级官吏都要向灾民出借粮食。他本人则在出借粮食时不写契约,以示并不求归还。这种散粮救荒的举动,很能赢得民众。

乐喜向来不贪不占,崇尚节俭。宋国有人获得了一块美玉,非要献给乐喜不可,结果遭到了乐喜拒绝。献美玉的人起初以为乐喜怕宝玉是假的而受蒙骗,便再三陈明已经请行家鉴定过了,确实是块稀世美玉。乐喜听后,淡然一笑说,我以不贪的品行为宝,你是以美玉为宝,我如果接受了你的宝玉,咱们双方就都失去了最宝贵的东西。由此,乐喜获得了不贪为"宝"的美名。

《管子·宙合》篇所谓"中正者,治之本也",《白心》篇所谓"和以反中,形性相葆"等等,都与儒家的中庸之道有相通之处。

在经济社会,人的品德和功绩也是无形的财富,要想拥有它,也非易事。《论语》说:"一个受了教育有知识有头脑的人,不可以没有宽广的基础和强韧的毅力。因为无论是自己有建树,还是以天下为己任,都是一副沉重的担子,挑上这副担子,一直到死才放下,没有宽广的基础和强忍的毅力,是不行的。"

有三位年轻人在一个小镇上看到一支送葬的队伍。他们打听到死者原来是他们的两位朋友:一位叫"友谊",一位叫"快乐",他俩被一个外号叫"死亡"的人谋杀了。三位中一位年龄最小的人对他的两个朋友说:"这个外号叫"死亡"的家伙到底是谁? 咱们一起去找他,为咱们的朋友报仇!"

半路上,他们遇上了几位神色慌张的人,其中一位老太太告诉他们,"死亡"正在追赶他们,必须赶快逃走,否则便会被杀害,并劝其他人也一起逃走,如果遇上"死亡"便没命了。他们告诉老太太,他们就是来杀"死亡"的。在他们的再三要求下,老太太告诉他们,"死亡"就在小村子后面那座山的山顶上的一棵老橡树下。

他们三人兴奋地向山顶走去,并拿出随身携带的尖刀,随时准备捕杀"死亡",但出乎意料的是,当他们高度戒备地来到那棵老橡树下时,没有看到想象中的面目狰狞的"死亡",却发现一箱子金光闪闪的金币。他们马上丢下尖刀,欣喜若狂地数起金币来,把寻找"死亡"的事忘得一干二净。那个领头的年轻人说:"我们必须守住这些金币,否则会被认为是偷的而被投进监狱。这样吧,我们来抽签,谁的签最短,谁就去镇上买吃的,另外两人就留下来守住这金币,明天我们就把金币分了各奔东西。"最年轻的小伙子抽到了那支最短的签,他拿着几块金币到小镇上买吃的去了。

两个守金币的人各怀鬼胎,最后他俩想出一个共同的计划:等他们的朋友带着吃的回来时,把他杀掉,然后吃掉食物,再把本该分成三份的金币分成两份。那个买吃的年轻人走进小镇时则想:如果在这些吃的食物里放进毒药,那么,那些金币就可以归我一人所有。于是,他先吃饱了,然后在食物和饮料里放进一种无色无味的烈性毒药,并于当晚回到朋友身边。不料他刚回来,便被两个朋友杀害了。他们得意地吃着同伴买回的食物和饮料,几分钟后,他俩也中毒身亡。

他们怎么也没想到,他们也会像他们的朋友"友谊""快乐"那样被"死亡"杀害。更想不到的是:杀害他们的"死亡",其实是蕴藏在金币后面的贪婪。

贪婪是人身上最大的弱点之一,然而从有人的那一天起就有了贪婪的存在,这是多么可怕,只有让自己的欲望值最低,尽量减少贪婪的心理,或许那时候社会就和谐了。

1875 年 2 月 21 日,卡尔基生于法国阿尔勒小镇的一个富裕家庭,过着吃穿不愁的小康生活。1996 年 2 月 21 日,是卡尔基的 121 岁生日。女记者莎燕・雷伯采访了她。问:您老怎么能活这么久? 答:上帝太忙,把我忘了! 问:您的长寿秘诀是什么? 答:没有秘诀。要是有,我早就高价卖给你们了。问:您早晨一起床最想干的事是什么? 答:上厕所。问:然后干什么? 答:卸完"货"后上"货"——吃早餐,接着晒太阳,爬山。

玩笑归玩笑,老太太还是讲了对健康长寿的认识和体会:"人要乐善好施,千万别琢磨人、算计人! 健康是福,是最大的财富,花几百亿也买不来寿命。"

为了进一步说明自己的看法,老太太又向记者讲了一个亲身经历的耐人寻味的故事,想以此证明,人有好心易长寿,心术不正者易短命。

那是 1965 年,她已 90 岁,一位不速之客找到她家,非要每月给她一笔养老金不可。此人叫拉伯莱,是法国小有名气的法律公证人。他先念了一阵慈善经:为使卡尔基老太太生活富裕,享受天伦之乐。他将慷慨解囊,每月发给老太太 25 法郎养老金。老太太喜出望外。但心想:这不是天上掉馅饼吗? 世间哪有这种好事! 在老太太追问下,拉伯莱终于说出了全部的盘算。养老金不是自给的,老太太去世后她祖先留下的那幢房子要归拉伯莱所有。老太太微微一笑,答应了,并到公证处做了公证。

当时拉伯莱年富力强,仅46岁。他胸有成竹、稳操胜券地展望,百岁的卡尔基顶多再活七八年就要走人了。贪心的拉伯莱天天盼老太太快死,但她却一直健康如常,而且越活越带劲儿。而工于心计的拉伯莱却郁郁寡欢,每况愈下,终于在1995年77岁时患心肌梗塞撒手西归。到拉伯莱死时,30年间先后给卡尔基老人90万法郎养老金,高出房产4倍多。真是有心栽花花不开,机关算尽太聪明,反误了卿卿性命!卡尔基老太太得知拉伯莱死时,伤心地流泪,十分惋惜地说:"他有很高的文化,可惜不虚心!为什么不找我要一瓶APC备用呢?"当时老太太还嘟囔一句:"唉!拉伯莱先生!这么聪明绝顶的人怎么也会做亏本的生意呢?"1997年6月3日上午8时28分,卡尔基老太太于阿尔勒湖泊养老院无疾而终。法国总统希拉克为她拍来了唁电:喜娜·卡尔基老人——虔诚的灵魂,两次世界大战的见证者,安息吧!她女儿念完唁电,跪在遗体前大声痛哭。突然,遗体动了,许多人都吓跑了。女儿摇动遗体,老太太微微抬手,哺哺地说:"我……要……喝水……"

卡尔基老太太又创一项起死回生的世界纪录!她神奇地又活了两个月零一天,于同年8月4日上午9时18分去世。

卡尔基老太太享年122岁零164天,成为正式载人吉尼斯纪录的世界最长寿的老人。

人人都想长生不老。自古至今,也有不少的人为此付出努力。炼制丹药,修习功法,注意饮食,加强锻炼,人们想尽了办法。可是,真正的办法只在心里。保持一个乐观、善良、平和的心态,且引导自己正当的欲望,才是长寿的要诀,也是使每一天都活的快乐的不二法门。

使自己被更多的人接纳

有些人原本能成就大事,建立大业,但往往失败了,其原因在于这些人不被他人接受与支持,他们有主观猜疑之心,有固执己见之心,有自私之心。

内心始终将"我"摆在第一位,认为自己比别人聪明,比别人有本领,于是滋生自高自大的念头。宋代薛文清说:"人有这样那样的毛病,就是因为有'我'。面临一件事时,只想自己富有,只想自己高贵,只想自己平安,只想自己快乐,只想自己健康,别人是否贫贱、苦难、危险、艰辛,不去体贴,漠不关心。这样,和动物有什么分别?克制自己,对人公平一些,对事公正一些,就会到处受欢迎,到处受尊敬。"

《曾宪梓传》中写道:曾宪梓事业的成功,与他处世作风有着极大的关系。曾宪梓说:"无论各地的情况如何不同,各个顾客的要求如何差异,只要我们本着以诚待客、处处设身处地地为客人着想的精神，就会被人们接纳，一切问题都可以得到解决。"曾宪梓不仅是这样说的，也是这样做的，并达到了他所说的效果。他从来都不会忘记为他人着想，从来都不会遗漏任何一个顾客是他一贯的工作作风。

有一次，一个瑞典顾客结着金利来的真丝领带去打网球，结果汗水使得领带上的染料染坏了他的 T 恤衫。之后，这位顾客写信到金利来投诉真丝领带脱色。曾宪梓知道这个情况后，亲自接见了这个客人，并很认真地跟他解释说："真丝领带是不宜沾汗的。因为所有丝质领带遇上带酸性的汗水，都会产生化学作用而脱色。"而且，曾宪梓在请对方提出进一步的意见的同时，赔偿了他新 T 恤衫和新领带，并仔细告诉客人一些关于领带和 T 恤衫的日常保养办法。

当客人跟曾宪梓告别的时候，又激动又开心地说："曾先生，我实在佩服你对顾客的真诚，以前我也曾遇到类似的情况而投诉其他的牌子，但都没有下文。这一次我实在是太开心、太惊喜啦。"曾宪梓笑着说："你开心，我比你还开心。你能来提意见，证明你对我们的牌子是很关心、很爱护的。我应该多多感谢你才是。"

曾宪梓常告诉下属："你要是希望这个朋友是长期的，这个关系是长久的话，你只有自知之明，才可能站在对方的立场上去想一想，看看对方是否能够得到合理的利益。这叫'推己及人'。这个世界上永远不会有单方面长久的商业关系。是的，我们是应该为自己着想，立场坚定地维护公司的利益，但是只维护公司的利益、没有考虑对方的利益、甚至伤害了对方的利益，这种关系绝对无法长久。"

1960 年代末期，当曾宪梓还是做泰国丝领带的时候，位于香港中环的龙子行是当时中等偏上的百货公司之一，也是曾宪梓早期的重要客户。

有一次，曾宪梓因为急着要去泰国订购泰国丝领带原料。临行前给龙子行订购泰国丝带的经理报了价。对方也及时预订了二十打领带。不过因为时间关系，双方当时都没有签订合同，只是限于口头协议。

当曾宪梓在泰国进货的时候，发现泰国丝的价格已涨，如果按照自己原来的报价领带卖给龙子行，就意味着这笔生意会亏本。但曾宪梓想到做生意最关键的是"执事以信"，宁可自己亏本，也要坚守信诺。所以从泰国回香港后，虽然前后的价格已经大有不同，而且，龙子行的经理也是行家，也十分了解不断变化的市场行情，但是曾宪梓还是按照当初口头协议的价格，将领带卖给他们。

龙子行的经理十分佩服曾宪梓诚实可信的经商作风，因为曾宪梓在当时那个时刻要为六口之家的生存奔波的日子里，能够做到信守诺言，是非常不容易的。这以后，大家相互合作，十分信赖亦十分默契。

所谓自知之明，就是要知道自身哪些东西有害于做人；要想得到更多人的接纳,不可有太重的私心,尤其不可有欺心。要人不可欺,心不可欺;心可欺,天不可欺。我们每做一件事,别人都会看到,都会听到,"要想人不知,除非己莫为"。一件坏事,一句谎言,能欺骗一人,不能欺骗十人,不能欺骗百人,更不能欺骗所有的人;能欺骗一时,不能欺骗一生,不能欺骗一世,更不能欺骗千百世。做人肩负重大使命,做事心系事业盛衰,所以上不能欺骗苍天,下不能欺骗大地,内不能欺骗自己,外不能欺骗别人。存心动念之间,举手投足之际,光明磊落,没有什么不可公开的,没有什么不可言说的,这才称得上适当和自知之明,才会被人接纳。

欲做到自知之明,欺心非戒除不可,否则处世不会成功。真诚能粉碎欺骗,忠诚能粉碎虚假,真实能粉碎奸诈,呆拙能粉碎智巧。所谓欺心,也就是伪心、假心。一个人怀着虚假之心,就不可能有真诚之心。心不真诚,就会去欺骗。《大学》告诫人们:"不要自欺欺人。自欺欺人的人不仅可耻,而且没有道德。"

培养做事的主动性和耐心

中庸就是要在复杂、多变的环境中,审慎而冷静地选择最好的解决方案;中庸就是要在诸多对立统一的因素中,敏锐智慧而主动地寻找最佳的均衡状态。我们先来看一个故事:

有位极具智慧的心理学家,在他的小女儿第一天上学之前,教给宝贝女儿一项诀窍,这位心理学家开车送女儿到小学门口,在女儿临下车之前,告诉她在学校里要多举手,尤其在想上厕所时,更是特别重要。小女孩真的遵照父亲的叮咛,不只在内急时记得举手,教师发问时,她也总是第一位举手的学生。不论老师所说的、所问的她是否了解,或是否能够回答,她总是举手。

日复一日,老师对这个不断举手的小女孩,自然而然印象极为深刻。不论她举手发问,或是举手回答问题,老师总是不自觉地优先让她开口。而因为累积了许多这种不为人所注意的优点,竟然令这位小女孩在学习的进度上、自我肯定的表现上,甚至于许多其他方面的成长上,都大大超越其他的同学。

故事中那位深具智慧的父亲所教给女儿的举手观念,正是成功者积极主动的态度。

因此说,进攻,必须强调主动。一切自卑、畏缩不前和犹豫不决的行为,都只能导致人格的萎缩和做人处世的失败。

在东汉后期的群雄纷争中,刘备能后来居上,能在三国鼎立中称雄巴蜀,根本原因就在于诸葛亮主谋的主动进攻,不仅是行为上的,更是心理谋略上的。

赤壁之战爆发前夕,曹操占襄阳、破荆州,80万大军顺江东下,此时刘备势单力薄,惶惶如漏网之鱼。但诸葛亮当机立断,主动请求出使东吴,他说:"事情紧急呀,请您让我去东吴一趟。"这是刘备日后转机的开始。

一到东吴,诸葛亮继续实施进攻策略:首先是舌战群儒,使东吴众多谋臣儒将理屈词穷,这是以攻为守,先声夺人。

见到孙权,诸葛亮又用激将法刺激孙权的自尊心与荣誉感。他说:"现在,将军外表上服从曹操,内心却另有打算,事情紧急却不能决断,这样大难就要临头,你何不下决心早点向曹操投降呢?"这一激果然奏效,当孙权了解了刘备的态度后,遂决心孙刘联军与曹决战。这样,刘备在战略上不仅转危为安,实际上已胜利在握。

主动进攻的谋略,不仅使伟大的历史人物力挽狂澜,回天有力,也是平常人于生存中必须了解的立身之谋。它使个人的价值得到确认,使他人,尤其是不怀好心的人不敢小视于你。

摒弃那种因我们时常碍于面子,或恐惧遭到拒绝,或者怕遭受批评,或因自己的热情总是遭对方冷漠的回应,而使得自己积极主动的力量逐日减弱的思想和行为吧! 只要我们增强一分积极的力量,便足以削弱一分消极的困扰。

让我们去除无谓的怀疑,让自己更单纯一些、更热诚一点;充分掌握主动积极的力量,凡事多举手,多去协助别人,成功就在眼前。世上的事,只要不断努力去做,就能战胜一切。哪怕事情再苦、再难,只要我们"再坚持一下",我们就有希望,就有成功的可能。

"再坚持一下",是一种不达目的誓不罢休的忍耐精神,一种对自己所从事的事业的坚强信念,也是高瞻远瞩的眼光和胸怀。它不是蛮干,不是赌徒的"孤注一掷",而是在通观全局和预测未来后的明智抉择,它更是一种使命感,即"见危致命",不懈努力,直至成功。

梅贻琦的父亲梅臣只中过秀才,后来沦为盐店职员。梅臣生子女各5人,贻琦为长子,1900年,贻琦11岁,他随父母到保定避"庚子之乱"。秋后返回天津,只见家当又被洗劫一空,父亲失业,生活越加困难。1904年,梅贻琦到天津南开学堂读书,成为著名教育家张伯苓先生的得意门生。在校期间一直是高才生,1908年毕业时名列榜首,他的名字一直被铭刻在南开校门前的纪念碑上。毕业后,被保送至保定"直隶高等学堂"。

1909年夏,清政府"游美学务处"招考第一批庚款留学生。梅贻琦以优异成绩考上。10月赴美,他成为清华"史前期"的第一批学生中的一个。抵美后,他进入伍斯特工业大学学习电机专业。在校期间勤苦攻读,且省吃俭用,常把节省下来的余钱积少成多寄回贴补家用。1914年夏,梅贻琦毕业,获工学士学位。在美期间,他曾担任过留美学生会书记、伍斯特世界会会长、《留美学生月报》经理等职。1915年春回国,于天津基督教青年会服务半年,9月,即应母校清华之聘来校任教。1921年,他利用休假机会再度赴美,进入芝加哥大学研究物理一年,1922年秋,"遍游欧洲大陆"后返国,继续在清华任教。

1925年,清华学校增设大学部,梅贻琦担任物理系的"首席教授"。第二年春天,教务长张彭春辞职,师生群起挽留,发展成一场"校务改进运动",成果之一是从这以后教务长一职不再由校长指定,而是由全体教授公选。4月,梅贻琦被公选为改制后的第一任教务长。

天下没有免费的午餐。个人奋发向上的辛勤实干是取得杰出成就所必须付出的代价,任何杰出成就都必然与好逸恶劳的懒惰品行无缘。正是辛勤的双手和大脑才使得人们富裕起来,事实上,任何事业追求中的优秀成就都只能通过辛勤的实干才能取得。没有辛勤的汗水,就不会有成功的喜悦与幸福。

越是在困难的时候,越要坚持。有时,在顺境时,在目标未完全达到时,也要"再坚持一下",不要因为小小的成功就停步不前。要想成功,就要"作之不止",决不能半途而废。当然,方法、计划可以调整,但绝不要让失败的念头占据了上风。

第二节　致中和

中庸之道的实用价值,在于它是以保护生存者共同利益为前提的,一切为人处世的方法与策略都得讲"共赢",不能失之于"和谐"。这是最根本的"博弈原则",是做人的大法则。

《中庸》说:"喜怒哀乐之未发,谓之中;发而皆中节,谓之和。中也者,天下之大本也;和也者,天下之达道也。致中和,天地位焉,万物育焉。"

偏颇的手段,过激的行为,都是有伤"中和"的。随心所欲不是中庸,自律状态下的持重稳定均匀才是中庸。

好人缘比能力更能成就事业

《中庸》记载:鲁哀公向孔子询问政事。孔子说:"周文王、周武王的政事都记载在典籍上。他们在世,这些政事就实施;他们去世,这些政事也就废弛了。治理人的途径是勤于政事;治理地的途径是多种树木。说起来,政事就像芦苇一样,完全取决于用什么人。要得到适用的人在于修养自己,修养自己在于遵循大道,遵循大道要从仁义做起。仁就是爱人,亲爱亲族是最大的仁。义就是事事做得适宜,尊重贤人是最大的义。至于说亲爱亲族要分亲疏,尊重贤人要有等级,这都是礼的要求。所以,君子不能不修养自己。要修养自己,不能不侍奉亲族;要侍奉亲族,不能不了解他人;要了解他人,不能不知道天理。"

孔子的弟子冉有有句名言:"礼之用,和为贵。"认为维护等级、贵贱的"礼"的社会作用主要在于"和"。继孔子之后,孟子也倡导"和"。孟子重人,重"人和",他认为,"得到者多助,失道者寡助"。以民心的背向作为战争胜负和政治成败的关键,做人也是如此。孟子重"和",还在于它在天人关系上提出系统的"天人和一"观点,这是中华民族深邃智慧的结晶,是中国和人类文化宝库中一颗灿烂夺目的明珠。

后来的荀子也说要"上得天时,下得地利,中得人和",还说:"天有其时,地有其财,人有其治,夫是之谓能参。"《易传》则明确讲天、地、人三者的统一,提出"三才之道"。

贾思勰的《齐民要术》吸收了这一思想,其中说道:"顺天时,量地利,则用力少而成功多。任情返道,劳而无获。"《齐民要术》要求遵循天时、地宜的自然规律,而不赞同仅凭主观而违反自然规律的"任情返道",这就是要实现天时、地利、人和的三者统一。

人是群居的物种,一个人的能力再大,也比不上集体的力量。天时不如地利,地利不如人和。一个城池,内城城墙方圆三里,外城城墙方圆七里,包围着攻打却不能拿下。既然能够包围着攻打,交战双方必有得天时的;如果得了天时仍没有打胜,证明这一方的天时不如另一方的地利。城墙不是不高,护城河不是不深,武器不是不锋利,盔甲不是不完备,但是却放弃了城池,逃走了,证明地利之便,不如人和重要。因此说,欲让民众安居乐业,不在于划定边界,限制来往;欲使国家稳固,不在于山川河流的险要;欲威震天下不在于武器设备先进无比。得道的人自然会得到众人的拥戴,失道的人自然会受到众人的摒弃。失道到了极点,就连亲人也会背叛他。得道到了极点,整个天下都会归顺他。带领整个天下的归顺之人去攻打那众叛亲离者,贤人君子不打则已,如果攻打,肯定获胜。

中国有名的清朝大商人胡雪岩深悟中庸之道,他生前名满天下,广结人缘。杭州知府王有龄助他站稳脚跟,左宗棠助他飞黄腾达。胡雪岩和王有龄认识时,王有龄正处于落魄之中。当时,胡雪岩还是钱庄的伙计,他冒着危险将钱庄的500两银子挪出来,慨然赠予王有龄,在他打通做官的环节中出了一臂之力。王有龄得到胡雪岩相赠的 500 两银子后找到了昔日的同窗何桂清,在何桂清的帮助下,他顺利当上了浙江海运局坐办,专门主管海上运粮的船只,这个职位在清末算得上是肥差,从此王有龄鸿运大发,胡雪岩也有了东山再起的机会。

接下来的左宗棠让胡雪岩的事业更上一层楼。他们相遇之时,左宗棠正忙于攻陷杭州城,当时军队急需粮草和军饷,官兵吃不饱,没有力气作战,又没有钱发军饷,因此更没心思卖力打仗。胡雪岩没有提出任何条件,出钱出力解决了这两项难题,从此两人结为生死之交。

一个人进入社会,开始过群体生活,意味着要与他人交往共事。可有的人却由于社交能力差,不善于为人处事,结果人生成长与事业发展的过程处处受阻。相反,有的人能力虽然不是很强,但是他对人礼貌,善于交际,于是办事总是比别人容易成功。

台湾作家刘墉说:"一个人人缘不好,大小事情只能靠自己去做,能力再强,又能做多少事?你的素质再高,如果只是将本身的能量发挥出来,不过能比常人表现得好一点而已;如果你能集合别人的能量,就可能获得超凡的成就。"

是啊,正因为如此,有好人缘者在社会上越来越受重视。许多公司在招聘高级管理者时,要考查他的人际关系,没有好的人缘,能力再强,不能录用。如在人际关系上有超群的能力,有非常好的人缘,其他条件可以放宽。

莫洛是美国摩根银行的股东兼总经理,年薪高达 100 万美元。其实他以前不过是一个法院的书记,后来做了一家公司的经理,他诚信待人,人缘极佳。他之所以能被摩根银行的董事们相中,一跃而成为全国商业巨子,登上摩根银行总经理的宝座,据说是因为摩根银行的董事们看中了他在企业界的盛名和极佳的人缘。好人缘给莫洛带来的是地位和事业的成功,给公司带来的是良好的经营业绩。

有一位明星大腕投资搞实业,与某地农民合作,利用他们的土地建厂房。可是几年后,这个发了财的大腕却不按合同兑付农民的土地股金,使农民蒙受了巨大的经济损失。农民们联名把大腕告上了法庭。这位大腕利用"名人效应",在社会上套取无本生意,欺骗那些善良的人,结果却把自己的人缘市场弄丢了。

没有"人和"的意识与行为,不会有太大的成就。李嘉诚是世界级富豪,他能取得成功,与人重视"人和"有很大关系,李嘉诚说得最多的一句话就是:"钱来自社会,应该用于社会。"他在取得巨大的物质财富之后,便积极推行有利于国家和人民的慈善事业。为了替家乡人民办一点实事,1990 年代北京亚运会筹资阶段,李嘉诚是捐献资财的最大户头。1991 年,我国华东地区遭受特大洪涝灾害,李嘉诚个人捐款 5000 万港元,成为当时个人捐款最多的企业家。1992 年,李嘉诚与中国残联主席邓朴方会晤，他对邓朴方说，他和两个孩子经过考虑，再捐一亿港元，也作为一个种子，通过各方面的共同努力，为全国的残疾患者办点实事。李嘉诚先生对祖国的捐资援助从不吝于投入。捐款数额庞大，超过了几十亿港元。他认为这样做是恰当的，符合他的做人处世之道，他以此建立了广泛的人缘，受到世人的爱戴和尊敬。

谨小慎微，切莫得意忘形

做人，当以互助共赢为原则，像自然界一样，万物一起生长而互不妨害，道路同时并行而互不冲突。所以儒家认为，小的德行如河水一样长流不息，大的德行使万物敦厚淳朴。这就是天地的伟大之处啊！在现实生活中，有些人一旦取得一点成就便得意忘形，不知道自己是谁了。要知道这个时候正是危险的时候，许多人正在虎视眈眈地看着他，随时准备拉他下水。所以，在这个时候，一定要了解月盈月亏的道理，否则，所得到的东西也只是昙花一现。

东汉时期，北方边境的匈奴经常越境扰民，当朝皇帝深感忧虑，遂派班超出使西域，希望团结西域诸国共同对抗匈奴。

地处大漠西缘的莎车国，煽动周边小国，归附匈奴，反对汉朝。班超决定首先平定莎车，显现天朝皇威。莎车国王北向龟兹求援，龟兹王亲率五万人马，援救莎车。班超联合于阗等国，兵力仅仅二万五千人，敌众我寡，难以力克，必须智取。班超决定施用声东击西之计，迷惑敌人。他派人在军中散布对班超的不满言论，制造获胜无望准备撤军的假象。士兵们故意在俘虏营帐前嘀嘀咕咕，让莎车俘虏听得一清二楚。到了黄昏，班超命于阗率大军向东撤退，自己率部向西撤退，故意做出慌乱不堪的样子，让俘虏趁机脱逃。俘虏逃回莎车营中，急忙报告汉军大撤退的消息。龟兹王大喜，误认班超惧怕自己而慌忙逃窜，下令兵分两路，杀向汉军。他亲自率一万精兵向西追杀班超。班超胸有成竹，趁夜幕笼罩大漠，撤退仅十里地，部队即就地隐蔽。龟兹王求胜心切，率领追兵从班超隐蔽处飞驰而过，班超立即集合部队，与事先约定的东路于阗人马，迅速回师杀向莎车。班超的部队如从天而降，莎车军队猝不及防，迅速溃败。莎车王惊魂未定，逃走不及，只得请降。龟兹王气势汹汹，快马扬鞭追赶了一个晚上，连汉军的人影也没见着，突然得知莎车已被平定，大军已经溃败，方知大势已去，只好收拾残部，悻悻然返回龟兹。

"得意忘形"，反过来说就是"得意不可忘形"。班超之所以以少胜多，就在于龟兹王得意过头，自以为是。倘若他只要稍许清醒一些，半路杀回，汉军未必能大获全胜。人生道路上。无论春风如何得意,切不可顾此失彼,落入笑柄。

现实中,有些人总喜欢夸耀自己,往往认为自己的学识、兴趣高人一筹。每遇亲朋好友,就迫不及待地大肆吹嘘自己的心得、经验。却不知这样常令一旁的好友不知所措。

有一次,一位先生约了几个朋友来家里吃饭,这些朋友彼此都是熟识的。他们聚拢来主要是想借着热闹的气氛,让一位目前正陷低潮的朋友心情好一些。

这位朋友不久前因经营不善,关闭了公司,妻子也因为不堪生活的压力,正与他谈离婚的事,内外交迫,他实在痛苦极了。

来吃饭的朋友都知道这位朋友目前的遭遇,大家都避免去谈与事业有关的事,可是其中一位朋友因为目前赚了很多钱,酒一下肚,忍不住就开始谈他的赚钱本领和花钱功夫,那种得意的神情,在场的人看了都有些不舒服。那位失意的朋友低头不语,脸色非常难看,一会儿去上厕所,一会儿去洗脸,后来他提早离开了。

一出门,他便愤愤地说:"老吴会赚钱也不必在我面前说的那么神气!"

人人都会经历人生的低谷,人人都会遇上不如意的时候,这时,在失意的人面前炫耀自己的得意之处,无异于把针一根根地插在别人心上。伤害了别人,对自己也没有什么好处。

如果你正得意,要你不谈论不太容易,哪一个意气风发的人不是如此?所以这种心理也没什么好责怪的。但是谈论你的得意时要看场合和对象,你可以在演说的公开场合谈,对你的员工谈,享受他们投给你的钦慕眼光,更可以对路边的陌生人谈,让人把你当成神经病,就是不要对失意的人谈,因为失意的人最脆弱,也最多心,你的谈论在他听来都充满了讽刺与嘲弄的味道,使失意的人感受到你"看不起"他。当然有些人不在乎,你说你的,他听他的,但这么豪放的人不太多。因此你所谈论的得意,对大部分失意的人是一种伤害,这种滋味也只有尝过的人才知道。

一般来说,失意的人较少有攻击性,郁郁寡欢是最普遍的心态,但别以为他们总是如此。听你谈论了你的得意后,他们普遍会有一种心理——怀恨,这是一种心底深处的对你的不满,你说得口沫横飞,却不知不觉已在失意者心中埋下一颗炸弹,多划不来。

失意者对你的怀恨也许不会立刻显现出来,因为他暂时无力显现。但他会透过各种方式来泄恨,例如说你坏话、扯你后腿、故意与你为敌,主要目的则是——看你得意到几时,疏远你,避免和你碰面,以免再听到你的得意事,于是你不知不觉就失去了朋友。

当你有了得意事,升了官、发了财或是一切顺利,切忌在正失意的人面前谈论。

就算在座没有真失意过的人，但也总有境况不如你的人，你的得意还是有可能让他们起反感的。人总是有嫉妒心的，这一点你必须承认。

所以，得意之时就少说话，而且态度要更加地谦逊，避免自吹自擂。

人们最感兴趣的就是谈论自己的事情，对于那些与自己毫无相关的事情，多数人会觉得索然无味。对你来说是最有趣的事情，常常不仅不能引起别人的共鸣，甚至还会让人觉得可笑。年轻的母亲会热情地对人说："我的宝宝会叫'妈妈'了"，她这时的心情是很高兴的，可是，旁人听了会和她一样地高兴吗？这是很清楚的。谁家的孩子不会叫妈妈呢？你可不要为此而大惊小怪，这是很正常的事情，如果不会叫妈妈的孩子才是怪事呢。所以，在你看来是充满了喜悦的事，别人不一定会有同感。

竭力忘记你自己，不要老是谈你个人的事情，你的孩子，你的生活，以及其他的事情。人们最喜欢的是自己最熟知的事情，那么，在交往中你就可以明白别人的弱点，而尽量去逗引别人说他自己的事情，这是使对方高兴的最好方法。你以充满了同情和热诚的心去听他叙述，你一定会给对方留下最佳的印象，并且他会热情欢迎你，热情接待你。

爱自我夸大的人，是找不到好朋友的，因为他自视甚高。鄙视一切，不大理会别人的意见，只会自己吹牛。他一心只想找那些奉承和听从他的朋友。他常自以为是最有本领的人，如果他做生意，他觉得没有人比得上他；如果他是艺术家，他就觉得自己是一代大师。要是他在政治舞台上活动，他会觉得只有他自己是救世主。面子是别人给的，脸是自己丢的。你自己若是具有真实本领，那些赞美的话应该出自别人的口，自吹自擂，其结果是自己丢脸面。凡是有修养的人，必定不会随便说及自己，更不会夸张自己，他自己很明白，个人的事业行为在旁人看来是清清楚楚的，不必要自己去说，人们自会清楚。

不要自吹自擂，与其自己夸张，不如表示谦逊。也许你自以为很伟大，但别人不一定会同意你的看法。自己捧自己，决不能捧得太高，好夸大自己事业的重要性。间接为自己吹擂，纵使你平日备受崇敬，听了这些话别人也觉得不高兴。世间没有一件足以向人夸耀的事情，自己不自吹自擂时，别人还会来称颂，自己说了，人家反而瞧不起了。

有时，不妨有意识地暴露自己的弱点。在特定的情况下公开承认自己的短处，有意暴露自己的某些方面的弱点，可以说是一种高明的交际策略。

示弱可以减少乃至消除不满或嫉妒。事业的成功者，生活中的幸运儿，被人嫉妒是难免的，在一时还无法消除这种普遍心理之前，用适当的示弱方式可以将其消极作用减少到最低程度。

交际中,要使别人对你放松警惕,造成亲近之感,你就必须很巧妙地,不露痕迹地在他人面前暴露某些无关痛痒的缺点,出点小洋相,表明自己并不是一个高高在上,十全十美的人物。这样就会使人在与你交往时松一口气,不以你为敌。而你的交际活动也能因此而从容不迫,游刃有余。

学会适当地恭维和赞美

与人相处,要隐藏人家的坏处,宣扬人家的好处。隐藏不是护短,而是选择恰当的时机指出人家的缺点;宣扬不是成天奉承人家,而是视别人的优点为自己行为的参照。

在人和人的交往中,适当地恭维对方,总能创造出一种热情友好、积极肯定的交往气氛。恭维还具有引人向善的作用,促使对方形成良好的行为规范。孔子说,“君子成人之美”。丘吉尔曾经说过:“你想要人家有什么样的优点,你就怎样去赞美他吧。”适当地恭维对方,能够很自然地赢得对方同样的回报。

恭维本身往往并不是交际的目的,而是为双方进一步交往创造一种融洽的气氛,从而找到双方的共同语言。与人说话千万不要用挑剔的口吻,即使看到某些不足,也不必过于认真,以免使对方情绪不快。

语意恳切,可以增强恭维的可信度。在恭维的同时,明确地说出自己的愿望,或者有意识地说出一些具体细节,都能让人感到你的真诚,而不至于使人以为你说的是过分的溢美之词。如恭维别人的发型可问及是哪家美容店做的,或说明你也很想做这样的发型。美国前总统罗斯福在赞扬张伯伦时说:“我真感谢你花在制造这辆汽车上的时间和精力,造得太棒了。”罗斯福总统还注意到了张伯伦费过心思的一切细节,特意把各种零件指给旁人看,这就大大增强了夸赞的诚意。

恭维时注意场合,不使旁人难堪。有多人在场的情况下,恭维其中某一人必然也会引起其他人的心理反应。比如你恭维某次成人考试成绩好的人,那么在场的其他参加同次考试成绩较差的人就会感到受奚落、被挖苦,这时你就应寻找某些因素:如某人复习时间太短,某人出差回来仓促上阵等等客观原因来照顾他们的面子。

恭维时措辞精当,不使人产生误解。在现实生活中往往会出现这样的事:说话者好心,而听话者却当成恶意,结果弄得不欢而散。因而恭维的语意要明确,避免听话者多心。

孔子说:"信近于义,言可复也。"恭维时要掌握分寸,不要弄巧成拙。不合乎实际的评价其实是一种讽刺。违心地迎合、奉承和讨好也有损自己的人格。适度得体的恭维应建立在理解他人、鼓励他人、满足他人的正常需要以及为人际交往创造一种和谐友好气氛的基础上,那种带着不可告人的目的曲意迎合是孔子所鄙视的"谀鬼神"。

恭维与赞美不是一个概念,但对人赞美同样不是一件容易的事,正如水能载舟亦能覆舟一样。适当的赞美之词,恰如人际关系的润滑剂,使你和他人关系融洽,心境美好;而肉麻的恭维话却让人觉得你不怀好意,从而对你心生轻蔑。

要做到恰如其分地赞美他人,就要正确地认识赞美的作用、宗旨和赞美的方法。

赞美对方的宗旨是尊重对方,鼓励对方以及创造友好的交往气氛,所以应该真心实意,诚恳坦白,措辞适当。如果是因为有求于人而表示赞美,会令对方感到你的动机不良,所以当你没有需求对方什么的时候,表示赞美才真诚可信。对别人的赞美也不能过于频繁,过于频繁就失去了鼓励的意义,并且显得滑头俗气,反遭轻视。

恰如其分的赞美还表现在赞美题材的选择上,即根据不同的对象,不同的关系,不同的场合选择不同的赞美题材。比如对年长者,可赞美他的健康、经验、知识、地位或成就;对于同辈人,可以赞许他的精力、才干、业绩和风度;初次见面者,主要赞美其可见的外表或已知的实绩;在公共场合,赞美对方那些可以引起众人同感的品德、行为、外表和长处比较适宜;到别人家中做客,可以赞美其孩子的聪明,妻子的烹调手艺或居室布置等。实际上,除了对方的忌讳和隐私外,只要实事求是,态度诚恳,赞美的题材随手可拾。

恰如其分的赞美的方法有:

直接的赞美:当着对方的面,以明确具体的语言,提及对方的名字(或尊称、昵称),微笑地赞美对方的行为、能力、外表或他拥有的物品。如果能在直接的赞美后,用一个问题衔接下去,效果则更好。

间接含蓄的赞美:即运用语言、眼神、动作、行为等向对方暗示自己赞赏的心情。比如在公共场合特地请某人签名留念,或特地向某人请教,聚精会神地倾听对方讲话,并不时地微笑点头,这也是一种表示赞美的方式。

如果对方有较强的自尊心和一定的领悟力,那么也可以按照你对他的希望预先赞美他,这样可以激发他的自尊心,鼓励他朝你热切希望的方向发展,而约束他朝反方向发展。比如,希望对方能准时赴约,不妨用预先赞美的方式,说:"你的工作效率和时间观念给我留下了深刻的印象……那么好,咱们说定了,明天下午两点半见面。"

心理学家威廉·杰姆斯说:"人性最深层的需要就是渴望别人欣赏。"如果在人际交往中,懂得这一点,懂得赞美,善于赞美,那么你将成为一个有同情心、有理解力、有吸引力的人。

不要被自己的话语堵住后路

孔子在论"和"的精神、"和"的价值时,继承了前贤"和实生物,同则不继""相成相济"的思想,但又有新的发挥和升华。孔子讲"和",是先讲个人心性之"和",然后再往外推,由己及人,从小到大。

人与人相处,原则是"和",最好的状态是"和"。杯子留有空间就不会因加进其他液体而溢出来,气球留有空间便不会因再灌一些空气而爆炸,人说话留有空间,便不会因为"意外"出现而下不了台,因而可以从容转身,这便做到了"和"。所以,很多人在面对记者的询问时,都偏爱用这些字眼,诸如:可能、尽量、或许、研究、考虑、评估、征询各方意见等。这些都不是肯定的字眼,他们之所以如此,就是为了留一点空间好容纳"意外",否则一下子把自己说死了,结果事与愿违,那不是很难堪吗?

例如,某项工作有相当的困难,老板将此事交给一位下属,问他:"有没有问题?"他拍着胸脯回答说:"没问题,放心吧!"过了三天,没有任何动静。老板问他进度如何,他才老实说:"有些困难!"虽然老板同意他继续努力,但对他的拍胸脯已有反感。又如,有一位老兄和同事之间发生了不愉快,他对同事说:"从今天起,我们断绝所有关系,彼此一刀两断!"说完话还不到两个月,他又去找他的同事办事。同事说:"咱们不是一刀两断了吗?"。

这都是把话说得太满而搬起石头砸自己脚的例子。凡事总有意外,使得事情产生变化,而这些意外并不是人能预料的,话不要说得太满,就是为了容纳这个"意外",所以说话时应该注意。

在做事方面:对别人的请托可以答应接受,但不要"保证",应代以"我尽量,我试试看"的字眼。上级交办的事当然接受,但不要说"保证没问题",应代以"应该没问题,我全力以赴"之类的字眼。这是为了万一自己做不到所留的后路,而这样说事实上也无损你的诚意,反而更显出你的谨慎,别人会因此而更加信赖你,即便事没做好,也不会责怪你!

在做人方面：与人交恶，不要口出恶言，更不要说出"誓不两立"之类的话，不管谁对谁错，最好是闭口不言，以便他日需要携手合作时还有"面子"。对人不要太早下评断，像"这个人完蛋了""这个人一辈子没出息"之类属于盖棺定论的话最好不要说，人一辈子很长，变化很多呢！也不要一下子评断"这个人前途无量"或"这个人能力高强"；球王贝利曾对世界杯的预言被各大媒体当作笑话，他也因此背上了"乌鸦嘴"的恶名，原因很简单，他自以为是直截了当的预测把他推上了绝境，以至于2002年世界杯巴西队有望夺冠之时，他也三缄其口，生怕自己大嘴一张带走了巴西队的好运气。

说话不留余地等于不留退路，要么成功，要么失败的简单逻辑不适合复杂多变的社会。为此付出的代价有时是你无法承受的，与其同自己较劲，还不如多用"是……不过……如果"之类的话语方式。

当然，把话说满，除非有时有实际的需要，否则还是保留一点空间为好，既不得罪人，也不会使自己陷入困境。多用中性的、不确定的词句，效果会很好。用不确定的词句一般可以降低对方的期望值，你若不能顺利地完成任务，对方因对你期望不高而能用谅解来代替不满，有时还会因此而看到你的努力，不会全部抹煞你的成绩；你若能出色地完成任务，对方往往喜出望外，这种增值的喜悦会给你带来很多好处。

"月满则亏，水满则溢"。为人处事更不可把自己逼进死胡同，所以，精明之人总是寻求一条安全的路线。

如何把祸福掌握在自己的手上

洪应明认为，一个有才德的君子，当不如意时要适应环境，遇到横逆磨难应能忍耐，在平安无事时要想到危难的来临，假如人们确实能够做到这种程度，这样就连上天也无法施展他捉弄人的伎俩了。

祸福在人自取，因此人能求福，也能避祸，求福与避祸，也全在自己，安而不忘危，存而不忘亡，治而不忘乱。思危才可以求安，虑退方能得进，惧乱然后可以保治，戒亡然后可以求存。有一次，孟子学生问他如何才能使国家免于灾患，孟子的回答很耐人寻味。孟子说，那自然首先在于行仁政，但还不仅于此，还要尽力防患于未然。国家无内忧外患，就趁此靖平之时修明政治法典，那样，纵使强大的国家也会惧怕了。这就是《诗经》上说的："趁着雨未下来云未起，桑树根上剥些皮，门儿窗儿都修理，下面的人们谁敢把我欺。"假使在靖平之时追求享乐，怠惰优游，那就等于自找祸害。

刘备死活不听诸葛亮等下属的劝谏,强行伐吴,遭到惨败,悔恨成疾而死就因为"行乎患难"的时候,没有把握好自己。

事情起因于吴蜀荆州之战,那场战争关羽被东吴大将吕蒙所俘,孙权劝降不从,把关羽杀害了。刘备闻知痛不欲生,要兴兵伐吴。殊不知这不是伐吴的最佳时机,只会把自己的老命搭进去。

五虎上将赵云劝刘备说:"哥呀,窃国的是曹操,而不是你的小舅子孙权,如果能出兵先把老曹给解决了,小孙自然会屈服于你,所以你不应该把曹魏置于一边,而与吴国作战。仗一打起来,一时是结束不了的,姓曹的那帮小子就会来打我们。伐吴不是上策!"

刘备不听劝,执意要伐吴。诸葛亮是他的铁杆追随者,他说:"陛下初登宝位,如果征讨汉贼魏国曹丕,以伸大义于天下,陛下可以亲自统帅六师;如果只想伐吴,叫他人领兵去就可以了,何必亲自出马呢?"刘备不听,反正军权在握,他可以说了算。他说:"我要兴兵,你们阻挡我,太不体谅我和关云长的感情了。"

诸葛亮说:"孙权用奸诡之计,使我们丢失了荆州,关羽老兄不幸遇难,此情哀痛诚不可忘,但篡汉之首者是曹操,影响蜀国统一天下的,并非孙权,如果铲除魏国,则吴国自服,愿陛下纳大臣和众将之言,以养士卒之力,别作良图,则国家幸甚,天下幸甚!"诸葛亮尽管是大话连篇,但从整个战略上看,他反对刘备出兵伐吴是正确的。

谁也劝不住刘备,他亲率75万大军讨伐东吴,沿江而下,到达巫江峡,从建平起到彝陵700里间,沿江河、水草之地,安营扎寨,共设了几十个大营。诸葛亮得知如此布阵,哀叹道:"如此败军之阵,吴军如果火攻,蜀军必败无疑。"

正如诸葛亮所言,东吴大将陆逊善于用兵,笑谈刘备如此布阵,不懂兵法,下令火攻蜀军。夜间吴军乘东南风起,手持火把,突袭蜀营,火烧蜀营700里,蜀军惨败,尸体遍地,吴军锐不可当,刘备几乎丢了性命。他回来后,羞愧交加,无脸见大臣们,积郁成疾,染病不起,不久就去世了。

感情用事,把自己的命搭进去,多划不来,或许老刘真的有与老关"同年同月同日死"的念头,但是自杀都比让东吴陆逊逼得好没面子的气死强。至少手下那些当兵的不会为了他兄弟之间的义气去当炮灰。

二弟关羽死在没眼力上,三弟张飞死在没眼力上,大哥刘备也死在没眼力上,三个没眼力的人在一起,让一个有眼力的诸葛亮也无可奈何。

当自己变成身系众多人生命或利益的角色时,应该意识到自己的责任与义务,不可瞎胡闹；自己说了算，却是出于对个人利益的考虑，尽管树一些好听的名义，但很容易被人看出这种人目光的狭窄。

避免与人硬对硬地碰撞

现在人看来，明哲保身似乎是胆小怕事、遇事就躲的怯懦者的代名词。但在儒家的中庸思想里，明哲保身却不是这意思，而是说人应懂得如何在激烈的矛盾冲突中保全自身，以图东山再起，而避免不明不白地去做无谓的牺牲。应该说是一种高明的智慧，而不是一种贪生怕死的表现。那些贪生怕死、一味退缩的人，并不是明哲保身，而是误了自身，他们的行为不符合中庸。

汉代公孙弘年轻时家里很穷，后来他当上丞相，但生活依然十分俭朴，吃饭只有一个荤菜，睡觉只盖普通棉被。就因为这样，大臣汲黯向汉武帝参了一本，批评公孙弘位列三公，有相当可观的俸禄，却只盖普通棉被，实质上是使诈以沽名钓誉，目的是为了骗取俭朴清廉的美名。

汉武帝便问公孙弘："汲黯所说的都是事实吗？"公孙弘回答道："汲黯说得一点没错。满朝大臣中，他与我交情最好，也最了解我。今天他当着众人的面指责我，正是切中了我的要害。我位列三公而只盖棉被，生活水准和普通百姓一样，确实是故意装得清廉以沽名钓誉。如果不是汲黯忠心耿耿，陛下怎么会听到对我的这种批评呢？"

汉武帝听了公孙弘的这一番话，反倒觉得他为人谦让，就更加尊重他了。

公孙弘面对汲黯的指责和汉武帝的询问，一句也不辩解，并全都承认，这是何等的一种智慧呀！汲黯指责他"使诈以沽名钓誉"，无论他如何辩解，旁观者都已先入为主地认为他也许在继续"使诈"。公孙弘深知这个指责的份量，采取了十分高明的一招，不做任何辩解，承认自己沽名钓誉。这其实表明自己至少"现在没有使诈"。由于"现在没有使诈"被指责者及旁观者都认可了，也就减轻了罪名的份量。公孙弘的高明之处，还在于对指责自己的人大加赞扬，认为他是"忠心耿耿"。这样一来，便给皇帝及同僚们这样的印象：公孙弘确实是"宰相肚里能撑船"。既然众人有了这样的心态，那么公孙弘就用不着去辩解沽名钓誉了，因为这不是什么政治野心，对皇帝构不成威胁，对同僚构不成伤害，只是个人对清名的一种癖好，无伤大雅。

生活中不难发现这样一种人，虽然其人思路敏捷，但一说话就口若悬河，显得很狂妄，令人很难接受他的观点和建议。这种人大多是因为太爱表现自己，总想让别人知道自己很有能力,处处想显示自己的优越感,从而获得他人的敬佩和认可,结果却往往适得其反,失掉了在人们当中的威信。

人与人之间理应是平等和互惠的,正所谓"投之以桃,报之以李"。那些谦让而豁达的人才能赢得更多的朋友。相反,那些妄自尊大,高看自己,小看别人的人总会激起别人的反感,最终使自己变得孤立无援,别人都敬而远之,甚至是"厌"而远之。

在交往中,任何人都希望能得到别人的肯定评价。都在不自觉地强烈维护着自己的形象和尊严,如果他的谈话对手过分地显示出高人一等的优越感,那么无形之中是对他自尊和自信的一种挑战与轻视,排斥心理乃至敌意也就不自觉地产生了。

有个朋友是某地区人事局调配科一位相当得人缘的骨干,按理说搞人事调配工作难免会得罪人,可他却是个例外。当然,这也是吃了一番苦头才获得的。在他刚到人事局的那段日子里。几乎在同事中连一个朋友都没有,因为他正春风得意,为自己的机遇和才能满意得不得了,每天都使劲吹嘘他在工作中的成绩,每天有多少人找他请求帮忙,哪个几乎记不清名字的人昨天又硬是给他送了礼等等"得意事",但同事们听了之后不仅没有人分享他的"成就",反而与他发生了碰撞,后来还是由当了多年领导的老父亲一语点破,他才意识到自己的症结到底在哪里。从此他就很少谈自己而多听同事说话,因为他们也有很多事情要吹嘘,把他们的成就说出来,远比听别人吹嘘更令他们兴奋。后来,每当他有时间与同事闲聊的时候,他总是先请对方滔滔不绝地把他们的成就炫耀出来,与其分享,而只是在对方问他的时候,才谦虚地说一下自己的成就。

因此,我们对自己的成就要轻描淡写,这样的话,我们才能永远受到欢迎。要知道,从彻头彻尾的本质上讲,谁都不比谁更优越,百年之后,今天的一切也许就被忘得一干二净了。生命如白驹过隙,不要在别人面前大谈我们的成就和不凡。

戴尔·卡耐基曾有过一番相当精彩的论述:"你有什么可以炫耀的呢?你知道是什么东西使你没有变成白痴的吗?其实不是什么大不了的东西,只不过是你甲状腺中的碘罢了,价值才5分钱。如果医生割开你颈部的甲状腺,取出一点点的碘,你就变成一个白痴了。5分钱就可以在街角药房中买到的一点点的碘,是使你没有住在病人院的东西,价值5分钱的东西,有什么好谈的?"——这番话确实值得我们仔细回味。

明哲保身,是手段,而不是终极目的。一个有才华的人,在当今社会应该是大有作为的,可是嫉贤妒能,几乎是人的本性,所以有才华的人也可能得不到利用,甚至难免遭受很多的不幸和磨难。

《庄子》中有一句话叫"直木先伐，甘井先竭"。一般所用的木材，多选择挺直的树木来砍伐；水井也是涌出甘甜井水者先干涸。由此观之，人才的选用也是如此。有一些才华横溢、锋芒太露的人，虽然容易受到重用提拔，可是也容易遭人暗算。

隋代薛道衡，13岁时能讲《左氏春秋传》。隋高祖时他做上内史侍郎。炀帝时任潘州刺史。大业五年，被召还京，写了一首《高祖颂》。炀帝看了不高兴，说："这只是文辞漂亮。"炀帝自认文才高而傲视天下之士，不想让他们超过自己。御史大夫乘机说道衡自负才气，不听训示，有无君之心。于是炀帝便下令把道衡绞死了。天下人都认为道衡死得冤枉。然而他不正是太锋芒毕露遭人嫉恨而命丧黄泉的吗？

避免与人直接碰撞，凡事预先留条退路，不过分炫耀自己的才能，这种人才不会犯大错。这看似平庸，但是却能按自己的方式生存的一种方式。

南朝刘宋王僧虔，东晋王导的孙子。宋文帝时官为太子中庶子，武帝时为尚书令。年纪很轻的时候，僧虔就以善写隶书闻名。宋文帝看到他写在白扇子上面的字，赞叹道："不仅是字超过了王献之，风度气质也超过了他。"当时，宋孝武帝想一人以书名闻天下，僧虔便不敢露出自己的真迹，常常把字写得很差，避免与上司碰撞，因此而平安无事。

所以有才华的人必须把保护自己也算作才华之列。一个不会自我保护的人即使有才华，却使才华过早的埋没，而不能为社会做更多的事。在洛阳有一位男子因与人结怨而处境困难。许多人出面当和事佬，但对方一句话也听不进去，最后只好请郭解出面，为他们排解纠纷，郭解晚上悄悄地造访对方，热心地进行劝服，对方逐渐让步了。如果是普通人，一定会为对方的转变而沾沾自喜，但郭解却不同。他对那位接受劝解的人说："我听说你对前几次的调解都不肯接受，这次很荣幸能接受我的调解。不过，身为外地人的我，却压倒本地有名望的人，成功地排解了你们的纠纷，这实在是违背常理。因此，我希望你这次就当作我的调解失败，等到我回去，再有当地的有威望的人来调解时才接受，怎么样？"这种做法实在是异于常人，细想起来真是一种使自己免遭众人嫉恨的明智之举。既保护了自己，又留下了为人称道的美名。谁能说郭解不是大智之人呢？比较起来，那些极力显示自己才能的人，不过是小聪明罢了。

唐代的顺宗在做太子时，亦好做壮语，慨然天下为己任。太子有能力，服人心，自然也是使自己顺利当上皇帝的一个先决条件。但太子能过父皇，又往往有逼父退位的举动,所以又会常遭父皇的猜忌而被废黜。聪明的太子因此不能表现出太强的才干,造成太响的名气。顺宗做太子时,曾对东宫僚属说:我要竭尽全力,向父皇进言革除弊政的计划! 他的幕僚王叔文于是告诫他:"作为太子,首先要尽孝道,多向父皇请安、问起居饮食冷暖之事,不宜多言国事,况且改革一事又属当前敏感问题,你若过分热心,别人会以为你邀名邀利,招揽人心,如果陛下因此而疑忌于你,你将何以自明?"太子听得如雷贯耳,于是立刻闭嘴黜言。德宗晚年荒淫而又专制,太子始终不声不响,直至熬到继位,方有了唐后期著名的顺宗改革。在特定的体制内和环境中,顺宗"明哲保身"不无妥当,如果他表现过于直露,必会与其父发生直接碰撞,那么他可能没当上皇上,太子之位就被废除了。

在竞争中不失君子风范

文质彬彬,常用来形容才华横溢、知书达理、温文尔雅、气度非凡的人。一个人,朴实胜过文采,就未免庸俗、粗野,文采多于朴实,又未免虚浮,只有质朴和文采搭配恰如其分,才能算是一个君子,正所谓文质彬彬也。过于朴实、憨厚,就会给人以没有头脑,缺乏理智、有勇无谋的感觉,不能形成完整的自我,缺乏独立的思想,总是被他人所左右。

人虽然也属于动物,但毕竟不等于动物,其根本的分别就在于文明性。如果人类没有文明,那就不称其为人类,无法与天地并立为三才了。人的本质是物,形式是文。文质相合而彬彬,那才是一个真正的君子。在社会竞争中,人做到文质彬彬,就是恰到好处地把握了自己。

1936 年的柏林,希特勒对 12 万观众宣布奥运会开始。他要借世人瞩目的奥运会,证明雅利安人种的优越。当时田径赛的最佳选手是美国的杰西·欧文斯。但德国有一个跳远项目的王牌选手鲁兹·朗,希特勒要他击败杰西·欧文斯——黑色人种的杰西·欧文斯,以证明他的种族优越论——种族决定优劣。

在纳粹的报纸一致叫嚣把黑人逐出奥运会的声浪下,杰西·欧文斯参加了 4 个项目的角逐:100 米、200 米、4×100 米接力和跳远。跳远是他的第一项比赛。希特勒亲临观战。鲁兹·朗顺利进入决赛。轮到杰西·欧文斯上场,他只要跳得比他最好成绩少过半米就可进入决赛。第一次,他逾越跳板犯规,第二次他为了保险起见从跳板后起跳,结果跳出了从未有过的坏成绩。

他一再试跑,迟疑,不敢开始最后的一跃。希特勒起身离场。

在希特勒退场的同时,一个瘦削、有着湛蓝眼睛的雅利安人种德国运动员走近欧文斯,他用生硬的英语介绍自己。其实他不用自我介绍,没人不认识他——鲁兹·朗。

鲁兹·朗结结巴巴的英文和露齿的笑容松弛了杰西·欧文斯全身紧绷的神经。鲁兹·朗告诉杰西·欧文斯,最重要的是取得决赛的资格。他说他去年也曾遭遇同样情形,用了一个小诀窍解决了困难。果然是个小诀窍,他取下杰西·欧文斯的毛巾放在起跳板后数英寸处,从那个地方起跳就不会偏失太多了。杰西·欧文斯照做,几乎打破了奥运会纪录。几天后决赛,鲁兹·朗破了世界纪录,但随后杰西·欧文斯以微弱优势战胜了他。

贵宾席上的希特勒脸色铁青,看台上情绪昂扬的观众倏忽沉静。场中,鲁兹·朗跑到杰西·欧文斯站的地方,把他拉到聚集了12万德国人的看台前,举起他的手高声喊道:"杰西·欧文斯! 杰西·欧文斯! 杰西·欧文斯!"看台上经过一阵难挨的沉默后,忽然齐声爆发:"杰西·欧文斯! 杰西·欧文斯!"杰西·欧文斯举起另一只手来答谢。等观众安静下来后,他举起鲁兹·朗的手朝向天空,声嘶力竭地喊道:"鲁兹·朗! 鲁兹·朗! 鲁兹·朗!"全场观众也同声响应:"鲁兹·朗! 鲁兹·朗!"

没有诡谲的政治,没有人种的优劣,没有金牌的得失,选手和观众都沉浸在君子之争的感动里。

杰西·欧文斯创造的8.06米的纪录保持了24年。他在那次奥运会上荣获4枚金牌,被誉为世界上最伟大的运动员之一。

多年后杰西·欧文斯回忆说,是鲁兹·朗帮助他赢得4枚金牌,而且使他了解,单纯而充满关怀的人类之爱,是真正永不磨灭的运动员精神,他所创的世界纪录最终有一天会被后起的新秀打破,但这种运动员精神永不磨灭。

竞争在当今社会是再平常不过的事了。面对竞争,你的态度是什么呢? 是积极的迎头赶上,还是消极的避让不理? 是在竞争中保持君子风范,还是进行可能更有效果的恶性竞争? 孰是孰非,不用多说了吧。

不从正面迫使对方屈服自己

清朝名将曾国藩曾位高权重,趋炎附势的人很多,曾对此总是淡然处之,既不因被人拍马而喜,也不因拍马过火而恼。曾的一个手下对那些趋炎附势溜须拍马的人非常反感,总想找机会教训他们一下,于是就在一次批阅文件时,将其中一位拍马的官员狠狠讽刺一翻。曾看过该批阅后对手下说,那些人本来就是靠这些来生存的,你这做法无疑是夺了他们的生存之道,那么他们必然也将想尽办法置你于死地。

曾的一番话让手下恍然大悟,进而冷汗淋漓!事物的作用力都是相互的,你若给予对方的作用力大,对方反馈给你的反作用力也会同样大!这个道理在人与人之间的交往中也适用。咱们不去惹事,是非就会少了很多。如果咱们经常处在主动的状态去指责人,那么咱们一定备受关注,并因此而成为众人指责与鞭挞的焦点。

面对是非,维持了自己的基本立场就可,无须强求对方完全臣服在自己的立场下。因为人的视角与性格不是一朝一夕形成,而一旦成型又很难改变,因此,想要征服对方等于是要彻底动摇人的信念根基。所以有时,不妨换一种方式,以削弱对方的锋芒。

《明史》记载,有一次明武宗朱厚照南巡,提督江彬随行护驾。江彬素有谋反之心,他率领的将士,都是西北地区的壮汉,身材魁伟,虎背熊腰,力大如牛。兵部尚书乔宇看出他图谋不轨,从江南挑选了一百多个矮小精悍的武林高手随行。

乔宇和江彬相约,让这批江南拳师与西北籍壮汉比武。江彬从京都南下,原本骄横跋扈,不可一世。但因手下与江南拳师较量,屡战屡败,气焰顿时消减,样子十分沮丧,蓄谋篡位的企图也打了折扣。乔宇所用的是"以柔克刚"的策略。

在领导管人中,这一招也是非常有用的。人的性格千奇百怪,这个世界上什么人都有,如果你是一个管理者,而你的团队里恰好就有一些不好管理的人,软硬不吃,你该怎么办呢?其实,以柔克刚就是一个很好的方法。

任何人的不合作态度都是有原因的,或者因为待遇太低,或者工作量的分配不匀,或者在对员工的各项政策上有所误解,而这些都是与做决策的领导者有关。也许你不是领导者,而只是个执行者,那你又应该怎么面对下属的这种不满情绪呢?也许有的人会说,不听指挥的我就辞掉他!这真的是最好的办法吗?

要知道一个企业解聘一个员工很容易,如果不是太差的企业招进一个员工也不难,可是要找到一个适合的员工就真的非常难,如果因为这样的原因失去了一些好的员工,对企业就是相当大的损失,而且会直接影响整个集体的战斗力。

不从正面强迫对方屈服于自己,"难得糊涂"也是一种高明地做人学问。假装糊涂,让人认为你无能,让人忽略你的存在,而在必要时,能够不动声色,先发制人,让人失败了还不知是怎么回事。这是兵家的计谋,也是儒家处世的方略。试想,事事皆在人家的预料之中,你做人还有什么意思?就好比是武林高手过招,你出什么招,他都了如指掌,你还有获胜的机会吗?

让人"看不破"说起来容易,但做好却并非易事,"看不破"的关键在于"藏巧"。因为再狡猾的狐狸也有露尾巴的时候,因此,如何收好自己的"尾巴"就显得尤为重要。"处事不惊,必凌驾于事情之上;达观权变,当安守于糊涂之中"是最重要的法则。如果你要想一时让人"看不破"就需要藏巧于拙,让人永远"看不破",就应该时刻检点自己的"破绽"。

老子告诫世人:"企者不立,跨者不行。自见者不明,自足者不彰,自伐者无功,自夸者无长。"而如果一个人不懂得"藏巧",一定会遭到别人的嫉恨和非议。如此让人"看破"的例子,历史上和现实生活中比比皆是。老子还告诫世人:"不自见,故明;不自是,故彰;不自伐,故有功;不自矜,故长。"这句话的大意是,一个人不自我表现反而显得与众不同;一个不自以为是的人会超出众人;一个不自夸的人会赢得成功;一个不自负的人会不断进步。这与孔子告诫自己的"毋意、毋必、毋固、毋我"的意思是差不多的。

当然,这绝非是让你故弄玄虚、装神弄鬼,刻意造作的表面现象反倒招惹是非。一旦被人看破就更会使人生出厌恶。此时再做什么弥补都会让人觉得你是一个虚伪的人,真是这样,你的做人就太失败了。

一般说来,人的本性都是喜直厚而厌机巧的,而胸怀大志的人,要达到自己的目的,没有机巧权变,又绝对不行,尤其是当他所处的环境并不如意时,那就更要既弄巧权变又不能为人所厌弃,所以就有了鹰立如睡、虎行如病、藏巧如晦的各种处理应变的方法与对待人事的方法。

让对方暂时超越一下自己

真诚是没有止息的。没有止息就会保持长久,保持长久就会显露出来,显露出来就会悠远,悠远就会广博深厚,广博深厚就会高大光明。广博深厚的作用是承载万物;高大光明的作用是覆盖万物;悠远长久的作用是生成万物。广博深厚可以与地相比,高大光明可以与天相比,悠远长久则是永无止境。

《孟子》有两句话:"将军不敢骑白马,亡人不敢夜揭烛。"它的意思是:不要过于引人注目,否则很容易成为众矢之的。所以越是有能力的人,如果不会自我保护,始终跑在别人前面,就可以变成别人的枪靶子,或者易被别人盯着跑,而最终被其超越。

最好的方法是适度收放。有时表现十分的能力,有时则只表现八分,好让别人也有表现的机会。让别人超越,绝不是后退,而是从快速到匀速的节奏调整,故意让对方或他人暂时超越一下自己,就像长跑比赛一样。实际上做人就是一场马拉松长跑,一个人不可能始终快速奔跑,如果像百米冲刺一样跑下去,必休克不可。

让别人超越一下自己,这样别人一般不会感受到你的威胁,至少不会处处与你为敌。所以,对于一个高明处世的人,在一般情况下,会忍住显示自己才智的欲望,反而可以获得更多的才能,保持不自满的心态同时也可以避免因为炫耀自己的才能,招致他人对自己的妒忌、诋毁、攻击、陷害。过于夸耀和显示自己的才智是不智之举。曹冲有才,他的才智至少比曹植要多出"三十里地",但他不知道保护自己,耐不住性子,总是在曹植面前显露出来,那不是自己找死吗?

就一般中国人而言,总是愿意大家彼此差不多,他好我也好,那些在日常工作中因为有特殊才能,或有特别贡献而冒了尖的人,往往容易成为受打击的对象。古人云:"木秀于林,风必摧之。"所以要是谁在哪一方面出人头地,便往往会受到人们的攻击、嘲讽、指责。更有甚者,由于妒忌心重还可能给你使绊子,让你生活在一种无形的压力之下,时时处处都有障碍,让你人做不好,事干不成。可以说妒忌是人世间一种非常有害的心理,它可以使妒忌者自己形成一种非常低下的、丑陋的心态,使妒忌者走向一条狭窄的人生道路,也使受妒者受到极大的伤害。

在日常生活和工作中,这种妒忌却又是无时不有,无处不在。妒忌的形式也是多种多样的。朋友之间,同事之间,同学之间,甚而兄弟姐妹之间,也都会出现妒忌现象。由于每个人所处的社会环境和家庭环境不同,所获得社会和他人对其认同也就相应不同。人在一起工作生活,自然要相互攀比,而妒忌也就是通过比较,看到他人的卓越之处,看到他人的成功之处,而使自己产生了羡慕、烦恼和痛苦,于是对别人的才能、地位、名誉优越于自己而产生了怨恨。受人妒忌绝非好事,所以即便你能力很强,也不要掩盖其他人的光芒,不要对别人的生存造成威胁。

有些人表面上或许对你阿谀奉承,甚至扮作你的知己和倾慕者,内心却是不服你的,妒忌你的,他向你说:"看来,老板就只信任你一个!""唔,经理这个位置,非你莫属了!""嘿,他日一旦一人之下万人之上,千万别忘记我啊!""你的聪明才智,公司里没人可及啊!"切莫被美丽的谎言冲昏了头脑,聪明的人必须是理智的。为了避免遭人放暗箭,请收敛你的得意之态,谦虚一点。你可以告诉他们:"不要乱开玩笑,公司有太多人才呢。""我的意见只是一时灵感,没啥特别的!""我还有更多的东西要学。"

人当然应该尽其所能地发挥自己的能力,但行走在社会上,如果太强调个人,而忽略了别人的存在,迟早是要吃苦头的。在一个团体里,个人能力太强,会掩盖其他人的光芒,使他们在相较之下黯然失色,于是会产生几种心理状态:怀疑自己的能力;对自己的处境感到不安。随之而起的便是自卫,表现出来的则是抗拒和攻击。抗拒是抵制你,拒绝和你合作;攻击则是找你的弱点和小辫子,加以渲染、扩大、中伤你、打击你,欲将你除之而后快。由于他们有这种心理,你当然就难以和他们相处了。而且这种状况也会造成上司在领导上的难题——他要买你的账,又要安抚其他人的不平,多累!因此虽然你的能力创造了你个人的荣耀,实际上已为你自己埋下了一颗又一颗的不定时炸弹。

能力强不是罪过,但却常遭到排挤,反而容易不得志,这不能说是别人心胸狭窄,而是人类自卫本能所造成的。让别人暂时超越自己,是做人的对策,尤其在面对重大问题时,可以降低风险,因为对方超越了你,你就不在对方的视线中了,而对方以为你退步了、落后了,你呢,却牢牢地盯着他,必要时再次超越对方。

与上司说话要切忌指手画脚

子路性格刚强,时常说话不考虑对方的心理,对老师也是这样。孔子在鲁国官场失利,跑到卫国。卫灵公的老婆南子的名声不太好,作为卫国第一夫人,她不但插手政事,而且还时常和外人私通。南子听说孔子来了,提出要见见这位名人。孔子去了,与南子进行了短暂的会谈,然后回到住处。子路开口就指责说,老师,你不应该去见这样的女人!孔子很尴尬。不高兴地说:"我做得不对的话,上天嫌弃我!上天嫌弃我!"

孔子对子路不感冒,而对颜渊时常夸奖,这与他俩说话方式有关,颜渊是"谨言"的好学生,而子路对老师"指手划脚"的味道。现实中,像孔子这样不喜欢向自己直言的下属的人是很多的。

《周易》说:"言行,君子之所以动天地也,可不慎乎?"《鬼谷子》说:"捭阖者,道之大化,说之变也。必豫审其变化。吉凶大命口焉。口者,心之门户也。心者,神之主也。志意、喜欲、思虑、智谋,此皆由门户出入。故关之矣捭阖,制之以出入。"

人长了一张嘴不说话不行,但嘴——这门户得由自己掌管,如果说话不动脑子,信可开河,那么口之门也就成了灾祸之门,甚至地狱之门。

朱元璋当上皇帝后,当年一块放牛的伙伴也找上门来了,见到朱元璋,他高兴极了,生怕皇帝忘了自己,指手画脚地说道:"我主万岁!你不记得吗?那时候咱俩都给人家放牛,有一次我们在芦苇丛里,把偷来的豆子放在瓦罐里煮着吃,还没等煮熟,大家就抢着吃,把罐子都打破了,撒下一地的豆子,汤都泼在泥地里,你只顾从地下抓豆子吃,结果把红草根卡在喉咙里,还是我出的主意,叫你用一把青菜吞下,才把那红草根带进肚子里。"

当着文武百官的面,"真命天子"朱元璋又气又恼,哭笑不得,只有喝令左右:"哪里来的疯子,来人,快把他拖出去砍了!"

这个故事是否真实并不重要,而一个人对于一切事情总是喜欢发表主张,就可能发生"语言事故"。一般来说,做人应该有独立的主张,这说明你善于观察分析而能有所得,当然是一件可喜的事。但是,你是不是一定要发表它呢?

有些人喜欢急于表现自己,一有所得就想发表出来。尤其是年轻人不懂得这个道理,以为同事都是毫无主张的庸才,只有自己抱有真知灼见,于是在一个团体内,多有主张,结果被采纳的百分比恐怕很低。即使非采取你的意见不可,做上司的,也许会故意加以不重要的改变与补充来表示他的见解,以此高你一等,你也许因此有些不服气,要在背后加以批评,要知道这是你不懂得人情世故的结果。

言语要有价值,必须以行动来支持。只开花不结果的树通常是无心无髓,人要分清哪种树结果实,哪种树只能用来遮荫。

"人微言轻"四个字,你必须记牢,你要忠于自己的本职,少谈主张,多想办法。

但是你的办法是否妥善,也有两种意思,一是办法本身的妥善,二是上司心理上的妥善。不合上司心理的办法,是善而不妥。合于上司心理的办法,才是善而且妥,因此如何揣摩上司心理,这是很要紧的问题。

有的上司喜欢详尽的办法,有的上司喜欢简明的办法,你把详尽的办法给喜欢简明的上司看,这当然不妥;你把简明的办法,给喜欢详尽的上司也是不妥。揣摩的方法如下:

第一,请教老同事,他们能够把经验告诉你,只要你执后辈之礼,他自然肯说的。

第二,两手准备,同时拟就两样办法,一种是详尽的,一种是简明的,一起交给上司,请他选定。经过此次试探,他的心理你明白了,以后可以单做一种办法。经过此次试探,同时使得上司知道你的办法不止一种,他对你的印象格外好些。

第三,有备而来。当你向上司请示"这件事应该如何处理"时,上司或许会反问你:"那么你要怎么处理呢?"当上司这样反问你的时候,你会不知所措,无法回答吗? 如果是这样,这就等于没有自己的思考和判断。所以当你要去请示上司时,心里一定要先想好自己要怎么做,然后再去请示他是否同意你的做法。

在提出你的做法之前,同样要收集许多正确的情报,然后整理、分析,这样才能获得上司的认可。有时候自己精心想出来的应对方案可能被上司一口回绝,但是千万不可以因自己提的方案很可能被驳回,就依赖上司的判断,自己不动脑筋。无论如何还是要提出自己的方案,把自己的想法整理一下,再和上司的比较看看,就可以看出自己在分析问题的深度和周全性方面,还有哪些不足的地方。

当自己提出的方案和上司的决定有出入时,你只要慢慢去体会上司的思考倾向,久而久之自然能了解上司的想法,下次再遇到同样的问题时,就会考虑得更周到了。这是年轻人磨炼实力的最好办法。

另外,有了自己的方案以后,不能就自以为是地把结论丢给上司,而不提供一些正确的情报,也不能任性地觉得只有自己的方法才能解决问题,对于别人的话一概不听。因为最后下判断的还是上司,下属对上司的决定还是得服从的。

在公司中有一些人员只会对公司的经营方针、管理组织、上司的做法指手画脚,甚至加以批评,而自己却从来没有实际行动,这种人被称为"评论家",在公司里是最不受欢迎的。因此,不可妄加评论,在发表意见前,要多想办法,少做主张。

培养审时度势料事如神的能力

"预则立,不预则废",要准确地把握时机,便能事半功倍;一旦失去时机,两手空空一无所获不说,走向失败甚至毁灭的境地也有可能。而良机不能坐等,捕捉时机,转移视角或重新选择都贵在积极的行动。

审时度势是识时务者最基本的功夫之一。看透世事发展的趋势,并顺应世事发展,及时采取应变之策,才是识时务的要义之一。

曹操征伐张绣,有一天突然率兵撤退。张绣大喜,亲自带兵追击曹操。谋士贾诩对张绣说:"不要去追,追的话肯定要吃败仗。"张绣不听贾诩的意见,领兵前进与曹操交战,结果大败而归。

贾诩见张绣吃了败仗回来,马上对张绣说:"赶快再去追击,再次交战必定能够取得胜利。"

张绣不好意思地说:"先前没有采用您的意见,以至于到这种地步。如今已经失败,怎么又要追呢?"

贾诩说:"战斗形势起了变化,赶紧追击必能得胜。"

张绣听了,连忙聚集败兵追击,果然大胜曹军而归。

张绣打了胜仗,却莫名其妙,他问贾诩:"我先用精兵追赶撤退的曹军,而您说肯定要失败;我败退后用败兵去袭击刚打了胜仗的曹军,而您说必定取胜,为什么会精兵失败、败兵得胜呢?"

贾诩说:"这好理解,您虽然善于用兵,却不是曹操的对手,曹军刚撤退时,曹操必然亲自殿后;我们追兵虽然精锐,但不是他们的对手,因此我知道我军必败。曹操先前在进攻时突然退兵,肯定是后方出了什么乱子急于回去,他打败您的追兵,一定会轻装快速前进,即使留下一些将领在后面掩护,那些将领们也不是您的对手。因此,您虽用败兵而打起来必定得胜。"

"识时务"从本质上讲是一种"变"的哲学。"穷则变,变则通"实乃千古不变之理。

要成功卓越,就要审时度势,睁大眼睛,不断进行人生步伐的调整。只要能根据时势条件的变化而适时调整人生步伐,就一定能使你找到通向成功的捷径。

唐玄宗在位时,姚崇和张说曾一起在玄宗手下做宰相。虽然天天低头不见抬头见,但两人也常为一些日常事务闹过不少矛盾。隔阂很深。由于张说常斗不过姚崇,因此十分记恨,总想找机会报复。

不久,姚崇患了重病,估计将不久于人世,一天,他把儿子喊至床前,谆谆告诫道:"张丞相与我素来不和,我死后,他很可能会找岔子整你们。不过,也有一种办法可以避凶。张说这人有个弱点,特别喜欢首饰、玩物之类东西,我死后,你们把我所有的服饰和玩物都摆出来,张说来吊唁时让他选择。如果他对服饰和玩物不感兴趣,你们则性命难保,必须赶快办完丧事找个地方躲躲;如果他很留神这些东西,你们就把它们记下来,并一一送到他家里,他肯定很高兴。这时,你们趁机请他为我写篇神道碑文,他写好后马上记下来,并立即请人刻到事先准备好的碑石上,同时将张说为我写碑文的事报告皇上,并请皇上过目。张说考虑问题思维较缓慢,几天以后他一定会很后悔为我写了祭文。如果他要收回碑文,你们就告诉他皇上已过目,并且同意刻到碑上。他若不信,就带他去看已刻好的石碑。"

姚崇死后,张说果然前来吊唁,当看到姚府陈列的首饰和玩物时,张说兴趣倍增。姚崇的儿子看在眼里,记在心头,按照父亲说的去做了。

张说很高兴,并欣然答应为姚崇写祭文。没过几天,张说的祭文写好了,派人送到了姚府。文中对姚崇的生平事迹记载得很详细,而且赞扬的笔墨也不少。可还没过几天,张说突然派人来取祭文稿本,说是文章有些地方还需要修改。姚崇的儿子见张说所为应验了父亲的话,便领着张说的使者去看碑文,并告诉使者皇上已过目。使者无可奈何,只好垂头丧气地回去报告张说,张说听后后悔已极,捶胸顿足道:"死去的姚崇还能算计活着的张说,我至今才明白姚崇果真比我智高一筹啊!"

孔子说:"视其所以,观其所由,察其所安。"姚崇料事如神的功夫莫不是得力于他平日对张说的观察与了解。所以,任何事"预则立",成功属于有准备的人!

第三节　诚则明

中庸的"中",是一种真实的本质状态,如果人性失去本质上的"真",谈何实现天下的正道?天、地、人为"三才",人在中间。如果人不能把自身做好,那么就无法担当顶天立地的责任。

《中庸》说:"自诚明,谓之性;自明诚,谓之教。诚则明矣,明则诚矣。唯天下至诚,为能尽其性;能尽其性,则能尽人之性;能尽人之性,则能尽物之性;能尽物之性,则可以赞大地之化育;可以赞天地之化育,则可以与天地参矣。"

做人,以什么样的姿态和形象与人相处,决定于品位与修养。以内心的诚效用于他人,效用于社会,蔚然成风,必然会得到丰厚的回报。

如何让自己变得更加聪明

要做一个有品位有涵养的人,先得牢牢地抓住"诚"。诚作为一般概念,具有真诚、无妄、纯正等含义。《中庸》的作者子思认为"遵道而行",要有"择善而固执之"的主观精神——诚。诚也表示人们精神专一的状态,但诚的这种主观精神状态,又被子思夸大为贯通天人的绝对精神。他以"诚"为本体,认为"诚"就是天道。掌握中庸做人学问,诚是最基本的原则和思想。

儒家一直把"诚"视作中庸德性观的轴心,它是联结天人,使之合一的规范,它是人无条件地依此规范而行的存在,是人的道德思索与行为规范的凭借;"诚"是贯通天地人的普适规范,它能够将三者有效连接,从而使人的生存处在一种相互和谐的格局之中;"诚"既允诺了在具体的、不完满的伦理实践中,达到全体的、完满的道德理想的可能性,从而开启了中庸作为实践伦理的大门。

"诚"体现在人的身上就是"性",人们修养到"至诚"的境地,就能通达天德、懂得万物的道理,以及懂得什么才是最佳的为人处世方法,从而成为一个真正聪明的有作为的人。

诚可表现天地之真,充实天地之美,完成天地之善。有了真诚,才见天地之所以为天地,神明之所以为神明。诚为人性中第一美德,为英雄豪杰、伟大人物立德立言的第一要素。有了真诚,才见人之所以为人,英雄豪杰之所以为英雄豪杰、伟大人物。

《左传·僖公二十五年》载,晋文公重耳于公元前635年围攻原国,原因是原国

国学经典文库

中庸

中庸的做人之道

图文珍藏版

不愿臣服于他。原国虽小,不仅不愿承认从国外逃亡归来的重耳作为他们的霸主,还不断挑衅,制造事端。晋文公为平息动乱,完成霸业,才决定讨伐原国。

晋文公在战前亲自部署作战方案,并到士兵当中开誓师大会,他激情高昂地说:"根据我们的军事力量和原国的战斗实力,我们能够速战速决。以七天为期,降服原国!"话音一落,一片欢呼声,群情振奋。

可是。战争的进程并非预料的那样七天拿下原国。原国的将士在强大的晋国面前,虽然伤亡惨重,给养跟不上,陷于困境,但人人英勇顽强,沉着应战,大有拼死决战的势头。

七天限期很快就到了,原国士兵仍然十分顽强。这时晋文公面临着两种选择,一是把仗继续打下去,直到胜利;二是遵守诺言,停止作战。晋文公坚定地下达了撤离的命令,军官们纷纷向晋文公进谏,说原国已濒临绝路,请求再坚持一下,只要再坚持三天,原国军队就会完全崩溃,只有投降臣服的路了。

面对军官们纷纷请战的局面,晋文公坚定地说:"原国已陷入绝境,我不是不知道,可作为君主应该言而有信。遵守诺言是国家得以昌盛的珍宝,也是军队能真正立于不败之地的珍宝,为了降服原国而失掉如此贵重的东西,我们犯得起吗?合算吗?"

这一仗晋文公虽然没有用武力征服原国,但他言而有信、遵守诺言的名声传开了,传到了周围许多国家。第二年,晋文公又发兵攻打原国,这一次他没再许下具体取胜的时间,而是告诉士兵们:"我们必须坚持到底,达到彻底征服和得到原国的目的后再返回。"并向外发布了这一决定。

原国人听到这个消息,知道晋文公不达目的不会罢休,于是战争没有打响他们就宣布投降了。另外一个一直不肯臣服的卫国,也归附了晋文公,不久其他一些国家纷纷而降,把晋文公推到霸主的地位。晋文公是聪明的,其言行专一,恪守"诚"的精神感动了天下,其事迹被人传颂下来。

鲁迅先生说过:"诚信为人之本也!诚信比金钱更具有吸引力,比美貌更具有可靠性,比荣誉更有时效性!"孟子说:"诚者,天之道也;思诚者,人之道也。"孔子说:"言必行,行必果。"诚信,是一种美德,是一种源源不断的财富;诚信是一种取之不尽,用之不竭的智慧。

朱熹说:"谓之风者,以其被上之化以有言,而其言又足以感人,如物因风之动以有声,而其声又足以动物也。"凡是自己用什么办法来对待人,人也用什么方法来对待你,可以说是分毫不差,一报还一报。所以最聪明的做人,就是讲诚信!讲诚信会使自己越来越有市场,生存空间越来越大,也就变得越来越聪明。

影星成龙,被人们称为非常有表演天赋,但他的聪明与他讲诚信分不开。25岁那年,他已稍有名气,业内有位姓何的先生请他出演一个新剧本的男主角,承诺除了应得的报酬,由此产生的 10 万元违约金,何先生也替成龙支付,并当面塞给成龙一张支票,就离开了。

成龙拿起支票一看,上面竟然签着 100 万。他从没看到过这么大的一笔款子!他从小受尽苦难,尝遍艰辛,不就是盼望能有今天吗?可转念一想,如果自己毁约,手头正拍到一半的电影就要流产,公司必将遭受重大损失。于情于理,他都不忍弃之而去。

这一夜成龙失眠了,翻来覆去睡不着。第二天,他急忙找到何先生,送还了支票。何先生很是意外,竟然 100 万打动不了一个青年。成龙直言道:“我也非常爱钱,但是不能因为 100 万就失信于人,大丈夫当一诺千金。”

何先生很感动,这种感动冲消了他的失望。他把成龙的事情传出去了。成龙所在的公司老板得知后也非常感动,主动买下了何先生的剧本,交给成龙自导自演。就这样,成龙凭借电影《笑拳怪招》创造了当年的票房纪录,大获成功。

在一次电视访谈中,成龙回忆起这件往事,感慨万千,深情地说道:“坦率地讲,我现在得到了很多东西。但是,如果当初我背信弃义,从戏班逃走,没有这身过硬的武功,或者为了得到那 100 万一走了之,我的人生肯定要改写。我只想以亲身经历告诉现在的年轻人,金钱能买到的东西总有不值钱的时候,做人就应当诚实守信,一诺千金。”

做事先做人,最珍贵的莫过于一诺千金!

程颐说:“以诚感人者,人亦以诚而应。以术驭人者,人亦以术而待。”人的毛病就是在于用智,在于用权,过分了,聪明反被聪明误,都是“不诚无物”的表现。曾国藩曾经有所感慨地说:“天地之所以不停止,国家之所以建立,圣贤之所以高大长久,都是诚来体现的。”

诚,就是最真,最真就能达到最美,最美就能达到最善,这样便是天地的大德。做人没有诚信,也就失去了社会人际关系的基础。

塑造一个真实的自我

真诚者只有首先对自己真诚,然后才能对全人类真诚。真诚可使自己立于与天地并列为三的不朽地位。《中庸》说:“诚则形,形则著,著则明,明则动,动则变,变则化。唯天下至诚为能化。”

有一则寓言故事：一个富翁死后被判下地狱，他不服，找上帝申辩，要求进入天堂。上帝问他："是否曾经抛弃了一样最重要的东西？"富翁回答："年轻时有一次乘船回乡，遇上狂风巨浪，老艄公让我丢弃一样东西，以减轻小船的重量。我舍不得美貌、金钱、荣誉……最后，选择了抛弃'诚信'。后来，对患病的母亲不闻不问，背叛妻子养了情人，靠出卖朋友发了横财……"上帝打断了他的话，严厉地说："天堂是圣洁的，岂能容你这等卑劣的鬼魂？你还是老老实实地下地狱去吧！"

儒家经典《论语》有 38 处讲到"信"，其中 24 处包含诚实守信的意思。"人无信不立"，讲诚信，这是做人的标准。有一个很有名的"季札挂剑"的故事，讲的就是做人要讲诚信、做真实的自我的道理。季札是吴国国君的公子，有一次他出使他国路过徐国，与徐国国君会晤，席间，徐君被季札腰间的宝剑深深吸引，想要却不好意思表达出来。季札本想将宝剑相赠，但考虑到自己还要出使别的国家，而佩剑是使者的必备之物，不能送人，于是就没有表态。等他完成出使任务回国时，又经过徐国，他想把宝剑送给徐君，可是徐君却已经过世了。季札十分惋惜，他来到徐君的墓前，把宝剑挂在墓前的树上，怅然而去，完成了自己心中的约定。

季札并没有因为徐君的过世，而把诚信同时埋葬，他认为自己的允诺生发于内心之中，实现自己内心的想法，就是维护真实的自我。这种"信"到极处的行为，着实令人感动。孟子说："心之官则思。"人内心的真诚表露于外，即"诚不可掩"，那么就不会相互欺诈了。

美国有个名叫圣多加诺的广场，有不少鸽子，起初与人亲近，只要你手捧面包屑站在广场上，这些鸽子就会飞过来，站在你的头上、肩上、臂上，啄你手中的食物，有时你甚至一招手或做出手捧面包屑的样子，它们也会飞过来和你合影，供你抚摸；可是后来不行了，因为在这儿做样子的人太多了，有些赌徒和酒鬼手里没有面包屑，只是做出样子，鸽子一次次地飞起来，一次次地被欺骗，结果，在鸽子眼里，人不再是真实的人了，变成了另一种东西。有人手里即使捧着面包屑，鸽子也不飞来了。

可见信用是多么的重要，鸟儿被骗都会如此反应，何况人。16 世纪末，为了打破西班牙和葡萄牙人对印度洋航线的垄断，同时也为了攫取更大的利润，荷兰人试图寻找一条属于自己的通往中国和东印度群岛的航线。1596 年，荷兰人组织了一次探险航行。在这次航行中，威廉·巴伦支成为举世瞩目的英雄，北冰洋西面的海洋也以他的名字命名。但是，让人们久久难以忘怀的并不是巴伦支那传奇般的探险经历，而是那些无名水手的诚实与信用。

探险队启程前，阿姆斯特丹的商人们，把一些准备与中国进行贸易的货物装上航船。当探险队抵达北冰洋后,夏季结束,使得探险船被冻结在冰水中,在饥寒交迫的极端的环境下,他们没有丢掉那些货物,当水手们获救上岸后,他们所做的第一件事,就是把商人的货物晾干。探险队回到故乡后,队员们早已财尽囊空,但临行前商人们所托付的货物却全部归还他们。这些水手们身上所体现出的信用使命感和忠诚感,这种道德约束,良心的承诺,就是信用的力量。有了信用,彼此间才能够以诚相待;有了信用,彼此间才能够沟通、合作。

明代著名的教育家冯从吾说:"论交往,应当亲近君子而疏远小人;论度量,应当敬重君子而宽容小人;论学术,应当效法君子而感化小人,不能开化的就施以仁德。"明初思想家方孝孺说:"贵为君子的人,就能兼容并蓄,使才智能够自现,愚昧不肖的人可以自全,所以天下没有遗弃的怨恨。"

与人交往贵在以道相合,以义相聚,以信相守,以心相应;贵在互相敬重,互相信赖、互相体谅、互相爱护,互相帮助。而最要禁忌的是,以权利相交、以势力相交的朋友,势力倾倒就会绝交;以利益相交的朋友,利益没有就会疏散;以富贵、功名的利害相背就会离开。唯有以道义相交、性情相交、肝胆相交、真诚相交,才会深切长久,才不至于被富贵与贫贱、患难与共难、利与害所分离,人性也不会扭曲。

人与人之间如果不能互相操守大道,互相勉励大义,互相守住忠信,互相以心相应,互相劝导为善,互相规范于过,互相砥砺以清廉,互相鼓励以廉耻,却只是互相装饰,互相凭借引援,互相以朋党相利用,互相以比周相给予,就是朋友满天下,称誉天下,也是庸俗之辈;就是功成名就,显身扬名,也是奸雄狡诈之徒,也无益于人民,无益于社会。因为首先失去的是一种真实,而虚假的表面的光彩再怎么艳丽也不会保持长久。

古人把君子(真实诚信的人)与小人(虚伪狡诈的人)进行对照,非常鲜明。吕坤在《呻吟语》中说:"见利向前,见害后退,共同有功专美称自己,共同有错就推罪于他人,这是小人的常态,更是大丈夫所感到耻辱的行为。"天玄子说:"见利也不跑向前,遇到祸害也不躲避,这是君子所做的事。有名声就揽给自己,有毁败就归于他人,这是小人所做的事。"他又说:"从善如流,嫉恶如仇的人,是君子;从善好像登天,从恶好像山崩,是小人。"

同样是明代的学者,苏伯衡说:"有求于人而不加以亲近。无求于人也不加以疏远,这就是君子的行为。有求于人而唯恐不亲近,无求于人而唯恐不疏远,这就是小人的行为。有求于人而不更加恭敬,无求于人而不更加骄傲,这是君子的行为。有求于人就奴颜媚骨,无求于人就盛气凌人,这是丧失'真我'的小人的行为。"

这些话告诉我们,在日常各个方面,都可以看出一个人的品质好坏;人的品质反映在人的各种行为上,不失"真我","诚不可掩"——把人性美好的东西打开,送给我们这个世界。

把人缘变成机缘的有效途径

孔子称赞颜回选择了中庸之道,得到了它的好处,就牢牢地把它放在心上,再也不让它失去。孔子自己对于中庸之道也是:"吾道一以贯之"。追求道,即是追求做人的品位。一个有修养的人,重视人我的关系,深知好的人缘是一笔难得的财富。

成功需要好的人缘,没有好的人缘,做事办事不顺,处理事情很难;没有好的人缘,你成功的希望渺茫,得到的机会少;有了好人缘,处境就会大有改观,事情就会好办,常言道,"事在人为",成事靠人缘!那么怎样才能有好的人缘,让成功的机会更大,少走些弯路,尽快走向成功呢?

首先要有与人密切合作的精神。乔布斯大学毕业后,在硅谷华纳利电子公司上班。1976年,乔布斯和朋友渥兹尼克分别卖掉了心爱的福特汽车和惠普65型计算器,这样,他们筹措到1300美元,成立了"苹果"电脑公司。当时乔布斯仅21岁,渥兹尼克26岁。

由于资金严重不足,他们先在一个博览会上以20美元一台的价格买到了新推出的6502微型处理器,然后乔布斯千方百计说动在华纳利公司工作的印刷电路板专家康丁,凭老交情以特别便宜的价格制作电路板。他们又从其他公司搞来一些电子元件,决定以最少的元件设计制造出最好的电脑。就像他们没有多少经历与经验一样,他们把这个世界看得很单纯。

不久,苹果公司第一台自制的微电脑在"土产电脑俱乐部"展示了。乔布斯将这一部电脑命名为"苹果1号"。"苹果1号"虽然风格新颖,但却没有人买它。原因是人们对新东西有一种不敢轻易接受的心理。

乔布斯正感到失望时,电脑零售店的泰瑞尔在俱乐部看到苹果1号后,认为它日后一定大有作为,拍着年轻人的肩膀说:"乔布斯,咱们目标一致,以后一定有出息。"乔布斯心里暖和起来,第二天他就去了泰瑞尔那里。泰瑞尔打算开电脑连锁店,他爽快地答应买50台"苹果1号",每台500美元,货到后立刻付现金。

乔布斯备受鼓舞,他四处推销,当年年底,公司卖出"苹果1号"电脑150台,销售额达95000美元,其中半数为利润,显示出个人电脑这一行前景极其乐观。

好的合作获得人缘,许多人都明白这个道理,但人与人真正合作起来却不容易,需要诚心的感应或呼应。著名的物理学家、诺贝尔物理奖获得者杨振宁教授堪称与人合作的典范,1942年,杨振宁在西南联大读研究生时,就对电荷守恒与规范不变性之间的关系,特别是电磁本身的结构可由规范不变性这单一的要求所唯一地确定这一事实有了深刻的印象,后来杨振宁在芝加哥大学做博士研究生期间,接触到一些新的理论与实验之后,他又试图发展他的想法:把规范不变性推广到其他守恒上去,倾注了12年心血,终于发明了"杨—密耳斯的规范场理论"。

到了美国后,杨振宁碰到了密耳斯,他无私地把自己的思想告诉这位素昧平生的同行。当时的密耳斯只是一名研究生,只因他与杨振宁相识不久,互相发现兴趣相同,心灵相通,便一同投入到杨—密耳斯的规范场理论的研究中去。在合作中,密耳斯为杨振宁的真诚与慷慨所感动,把自己的长处无私地用在研究上,很快他们在关键问题上获得了突破,于是杨—密耳斯的规范场理论诞生了。

当今社会人与人之间的联系与交往更加密切,需要解决的问题越来越复杂,如果只凭个人的能力是办不了大事的,这就要求人与人之间的合作。而这种合作的强弱往往又决定了你能办成多大事,能成就多大的事业。所以说,好人缘是借力办事的基础,是事业成功的阶梯。

其次,要乐于助人。赵朴初先生对经济困难者,经常资助,从不索还。农民治病,无钱求医者,助以药费。然而,他自奉甚俭,生活十分简朴。他家里看不到城市使用的奢侈工业品。对粮食和用水更为节约,洗脸水用一小碟盛用,不过二两。五寸见方小毛巾,便足够用。教育家吴贻芳说:"人生的目的,不光是为了自己活着,而是要用自己的智慧和能力来帮助他人和造福社会,这样,不但有益于别人,自己的生命也因之而更丰富。"

一个人总有需要别人帮助的时候,得到别人的帮助,你不可能不感激别人。有个学生,在没有困难的时候,他总是伸手帮助有难处的同学,被帮助的人,很感激他。后来,这个同学毕业后参加了工作,天有不测风云,他遇到了困难,就在他一筹莫展时,一位曾经接受他帮助的同学,出现在了他的眼前,帮他渡过了难关。当初,接受帮助的同学,感激不已,一直心怀回报的念头。有困难互相帮助,这叫人际关系的"同频共振"现象。所以,不要不理睬帮助你的人,不要遗忘别人对你的帮助。

有些人吝于帮助别人,当自己遇到困难而难以解决时,或处理自己难以处理的事情时,却又想得到别人的帮助,当没人帮助时,便怨天尤人。所以,平时要多想想别人的难处,多帮助帮助别人,这样你遇到困难也不怕了。

真心待人，挡不住回报

一个人的精神修养功夫如果能做到至诚地步，就可以感动上天，变不可能为可能。据说邹衍受了委屈感动了上天，竟在盛夏降霜为他打抱不平；杞植的妻子由于悲痛丈夫的战死竟然哭倒了城墙，甚至就连最坚固的金石也会由于真诚的精神力量把它凿穿。

反之，一个人如果心存虚伪邪恶的念头，那他只不过是空有人的形体架势而已，肉体虽存，其实灵魂早已经死亡，由于心术不正，与人相处，也会使人觉得面目可憎而惹人讨厌。

晋商乔致庸就是一个以真心待人而获得丰厚回报的典范，他刚接管的乔家商业，濒临衰亡，股东折股，债主逼债，密谋吞并乔家店铺和老宅，他借银经商，可途中又遭土匪抢劫，商号已到了奄奄一息、难以为继的地步。受命于危难之中的乔致庸在一个又一个的险滩与暗礁中挣扎、周旋，用智谋和勇气，恰到好处地抗击着他的竞争对手。他不仅面对商界对手们的竞争挑战，还要应付官府的讹诈、土匪的抢掠，挽回了一个又一个败局，转危为安，渐开生机。

乔致庸对商场中那种司空见惯的恶习：欺诈、蒙骗、以邻为壑、互设陷阱、大鱼吃小鱼等疾恶如仇，也一次次赢得胜利。他是商人，但却反对奸诈，更不唯利是图，提倡"诚信""仁义"。在顺境中由于重金捐款资助海防，受到朝廷的嘉奖。官府要他花银买官，为人清正廉洁的乔致庸却严词拒绝了。

为了体现商家的诚信行风，乔致庸主动向被"战败"的对手"达盛昌"握手言和；为了取信于民，他处罚了将麻油掺假的掌柜等人，并加倍退钱、补油于民；为了调动积极性，整顿商铺，他大胆启用正气贤才，重新立规，使商号的面貌焕然一新。

《菜根谭》中说："人心一真，便霜可飞，城可陨，金石可镂；若伪妄之人，形骸徒具，真宰已亡，对人则面目可憎，独居则形影自愧。"

张良是韩国人，对于西汉政权的建立，发挥了很重要的作用。公元前230年，韩国为秦国所灭，张良决心为韩国报仇，对此进行了策划，准备搞一次"斩首行动"，在秦始皇东巡车队经过的地方进行突然袭击，置嬴政于死地，可由于判断错误没能成功。

然而张良"遁世不悔"，暂时的隐藏不等于自己永远销声匿迹，否则就是真的害怕与退缩了。后来一件事对张良的影响很大，尤其在做人上，他明白了什么叫"至诚感天"。一天，张良无事，走到邳桥上，碰到一个老人。老人走到张良所站的地方,恰巧一只鞋子掉到桥下去了。老人对张良说,你去把鞋子捡上来。张良听了,愣了一下,他从来没有见过这样傲慢的人,但他还是帮老人把鞋子捡上来。老人又对张良说:"帮我把鞋子穿好。"张良心里很不高兴,转而又想,我既然帮他捡了鞋子,就帮他穿上吧。于是他跪在地上帮老人穿好了鞋子。

老人连一句谢谢也不说,边走边说:"孺子可教矣。过五天天刚亮的时候,与我在这里会面。"过了五天,天刚亮,张良如约前往,老人已先在那里等着。老人说:"与长辈相约,你却后到,这是为什么?"说着扬长而去,临走,对张良说:"过五天再来,再早一点来。"五天后,张良还没等到半夜就去了。过了不久那老人来了,看到张良先到,高兴地说:"应该这样。"拿出一册书交给张良说:"读好这本书,你就可以辅佐别人完成帝王事业。"说罢飘然而去。

天亮了,张良看到这书,名叫《太公兵法》。他觉得非常珍贵,深入钻研,融会贯通,后来在西汉建立过程中成为有贡献的人物。这个故事耳熟能详,但它却揭示了"至诚感天"的道理。

所谓至诚感天,华裔科学家丁肇中就是恪守这种信念的一个人。2004年10月,丁肇中教授到南京航空航天大学做报告,有学生问:"您觉得人类在太空能找到暗物质和反物质吗?"丁肇中坦然回答:"不知道。"又一个学生问:"您觉得您从事的科学实验有什么经济价值吗?"丁肇中说:"不知道。"另一个学生问:"您能不能谈谈物理学未来20年的发展方向?"他仍然说:"不知道。"对此,很多人感到大惑不解。在他们看来,南航学生所提的问题极为普通,绝对算不上刁钻古怪,不用说像丁肇中这样的大师,就是一般人也能敷衍搪塞过去。他即使真的不想说假话,也要顾及自己的面子和影响,怎么能"三问三不知"呢!

殊不知丁肇中教授坚守的是"诚"——他说"不知道",即对问题的"遁",不是逃避问题,而是以心说话,既然自己真的不知道,或者不能说得不偏不倚,还不如诚实地说"不知道"。在他看来"不知道"比胡说八道误人子弟强,也不会因说了违心话而让自己事后后悔。

对丁肇中来说,"不知道"是一件很正常的事,他一直牢记"知之为知之,不知为不知"这条古训,在任何场合,对任何事情,绝不"强不知以为知"。他在接受中央电视台《东方时空》节目主持人采访时,面对主持人的提问,也一连说过几个"不知道"。在其他重要场合包括级别很高的学术交流会,他对自己不清楚或没有把握的问题,都内心坦然地说自己"不知道"。人们常常为他这种可贵的精神而感动,给予热烈的掌声。丁肇中的"真",赢得的回报是科学上的丰硕成果和人们对他的尊重。

关爱他人的最通行的方法

什么是为仁之道？孔子回答颜回问仁时说："约束个人言行归于礼制叫仁。要是一旦能够约束个人言行归于礼制，那么天下就归于仁德了。实行仁德全由自己，还由别人吗？"颜回又说："请问约束个人言行归于礼制的要领是什么呢？"孔子说："不合礼的不看，不合礼的不听，不合礼的不说，不合礼的不做。"颜回说："我颜回虽然不聪敏。请让我照着这话去做。"

这就是说，做到四条，就可以去行仁了。

怎样做才合乎仁呢？孔子说："出门好像迎接贵宾，役使老百姓好像承当重大祭祀。自己不喜欢的事情，不要加在别人头上。这样就无论治国或者治家都不会有人怨恨你了。"这就是以敬恕之道来说明仁。自己不想做的，不要强加于人，就是以自己的仁心去推及他人，也就是说自己要首先立人，自己首先要达到做人之道。所以孔子回答樊迟问仁时的答案是"爱人"。如果扩充它就是：把自己所想的施于人，这样自己的仁心就更厚实了。两者就是："刚强，坚毅朴实，慎言，这种人近于仁德。"又如："仁德的人，说起话来稳重。""躬身力行接近仁。""有仁德的人无忧愁。""有仁德的人清静恬淡。""有仁德的人必然勇敢，勇敢的人必然有仁德。"这些话都是"行仁"的条目。做人只要从这些方面去做，就能达到仁的境界。

西奥多·罗斯福是深受美国人民爱戴的总统。他之所以获得了惊人的声誉，是因为他能够真诚地对待每一个人，无论他是一名议员还是一名仆人。

他的贴身男仆安德烈曾向人们讲述了一个故事：

有一天，安德烈的妻子问罗斯福总统野鸭是什么样子，因为她一生都没离开过华盛顿，她没机会到野外去看野禽。罗斯福总统耐心地向她描述野鸭的模样和习性。安德烈和他的妻子住在一栋小房子里，离罗斯福总统的住处很近。

第二天，安德烈房里的电话响了，电话那头传来了罗斯福总统的声音，那声音告诉安德烈的妻子，他们房子外面的大片草地上就有一只野鸭。

安德烈的妻子推开窗户，看见了对面房屋窗户里罗斯福微笑的面庞。

像这样的人，谁会不热爱他呢？即使他不是总统。

还有一次，老罗斯福拜访了白宫，他没有去客厅，也没有去接待室，而是去了厨房。他友好地向每个人打招呼："嗨，桃瑞斯，最近很忙是吗？""杰克，胃口还好吗？我想你是离不开酒瓶，什么时候我们喝一杯？"

就这样，他跟每个人都打了招呼，就像多年不见的老朋友一样。后来，在白宫服务了 30 年的厨师史密斯含着热泪说:"罗斯福总统是那样地热情,那样地关心人,这怎能不让人感动呢?"

在生活中,大事不多,小事不少,你想从小事上体现对他人的关怀,随时可以如愿。由于小事不易记住,你在一些不经意的小事上展示你的诚意,别人意外之余,会有一种真心的感动。

维也纳著名心理学家亚佛·亚德勒,写过一本叫作《人生对你的意识》的书,他在书中写道:"不对别人关爱的人,他一生中的困难最多,对别人的伤害也最大。所有人类的失败,都出自这种人。"

亚德勒这句话真是意味深长。生活中很多很多的问题,就是因为一方不把另一方放在心上,或者双方互相不把对方放在心上引起的。种种仇视和敌意,也因此而生,并带来数不清的麻烦。你对别人多一份关注,多一份敬重,自然会建立良好的人际关系。

一个有钱人对爱因斯坦抱怨:"谁都不喜欢我,他们说我太自私小气。可是我的遗嘱上已经写好,要把我所有的财产捐给一家慈善机构。"

爱因斯坦向这个人讲了一个故事:一头猪到牛那里,对牛抱怨:"别人总是说你很友善,这点倒也没错,因为你给他们牛奶。可是他们从我身上带走的东西更多啊,他们得到的香肠、火腿、肉不都是我的吗? 连我的猪蹄子都拿去炖了! 可是,谁都不喜欢我,对人来说,我就是一只让人讨厌的猪! 怎么会这样呢?"牛想了一会儿说:"可能是因为我在活着的时候就帮助他们了。"

爱因斯坦说的这个寓言故事用意很清楚,要在平时多给别人帮助。"佛争一炷香,人争一口气",待人用人,不仅当别人有困难的时候,要伸手援助;平时心里要始终装着他人的冷暖。尤其不能在一些日常小事上得罪他人。

仁者能建立事业,能成就仁德。心中存在仁,就能树立道德,就能成就自己。孔子的圣学,以仁为中心主旨,以行仁为最高理想,以成仁为最高境界,三者不能离开片刻。所以孔子说:"有志向和有仁德的人,不会贪求生存而损害仁,只会牺牲生命来成就仁。"又说:"富裕和高贵,是人们所喜欢的,但不用正道得来,就决不接受;贫困和下贱,是人们所厌恶的,不因常理而来到身边,就不要急于去摆脱。君子如果失去仁,怎么能够成就君子之名呢? 君子不会有片刻工夫违背仁,即使仓促匆忙之间也一定和仁做伴,颠沛流离之间也一定和仁为伍。"

成为圣人,成为仁人,这是内心的东西,而富贵功名是外表的东西。重视内心,轻视外表的人,就是君子;重视外表,轻视内心的人,就是小人。所以,君子安守仁而达到仁,小人正好相反。

人的真性真情之所以能保全与扩充，全在于能否守得住仁。所以孔子说："富而可求也，虽执鞭之士，吾亦为之。如不可求，从吾所好。"推行仁义，也就是孟子所说的"实行仁义"。孟子说："君子之于物也，爱之而弗仁；于民也，仁之而弗亲。亲亲而仁民，仁民而爱物。"知道了仁爱二字，却不能守住它，即使得到了它，也会失去它。知道了它，心中的仁能守住，不是庄严而谨慎地对待它，行动也就没有礼规，也就不是好的了。

守住了仁爱，就能看到人的性情，人的心血；守住了仁，就能看到人的德行，人的威严，人的仪表。行动有礼节，就能看到人的规范与法道。三者结合起来，就可以看到圣人的风范与气象。

有宽宏的度量与宽厚的仁德，就会得到别人的赞赏与信任。圣人以体行天地之道来作为自己的立人之道，体行天地之心作为自己的立人之心。天地之道就是仁道，天地之心就是仁心。

北宋时代唯物论者张横渠在《西铭》中说："乾称为父，坤称为母，我不能轻视！天地给了我的形体，天地统帅着我的性格。百姓与我都是同胞，万物与我都是一体。"大意也就是以天下为一家，以四海为一人，以天地万物人我浑然一体而不分。

《西铭》中还讲到一个人如果尊重年纪大的人，就能赡养他人的长辈，以及自己的长辈；慈悲孤儿，就能抚爱他人的小孩，也能爱护自己的小孩。圣人的仁德贤惠而清秀。凡是天下的残疾人，孤寡老人，都如我的长辈兄弟一般。时时保护他们，时时帮助他们，使他们快乐而不忧愁，纯粹是一片孝心，一片兄弟之情。违背了仁就是逆德，损害了仁就是盗贼。作恶的人没有才能，因为他践踏了自己做人的形象。

这里所说的意思就是以天地人类为一个大家庭，以对待父母兄弟的真情，来对待天下，对待全人类，这是何等的仁心慈怀？何等的博大清明？

儒家的理想世界是大同，完全要求以仁来覆盖天下，以仁来承载天下。所以孟子说："老吾老以及人之老，幼吾幼以及人之幼。"浅白一点说，就是"尊敬我家里的长辈，从而推及尊敬别人家里的长辈；爱护我家里的儿女，从而推广到爱护别人家里的儿女。"

掌握与人相处的最佳方式

孟子说："至诚而不动者，未之有也；不诚，未有能动者也。"在现实生活中，与人们相交相处，都要以诚心待人，以善意待人，以和气待人，以礼貌待人。不管对师对友,对上对下,总得以诚实相处,也就是古代的哲人所说的:"诚可格天,诚可感人。""给人以诚实,虽疏远也亲密;给人以虚伪,虽戚谊也疏远。"

遇到欺诈的人,以诚心感动他;遇到残暴的人,用和气熏陶他;遇到贪得无厌的人,把廉耻送给他;遇到倾邪的私曲的人,以仁义气节激励他。这样,天下就都在自己的陶冶中了。

著名学者台静农先生是一个重"身教"的人,他是以人格和性格的魅力教化学生的。他温良恭俭让,具有强烈的平民意识,在家事母之孝,在校理事之忠,处世待人之诚,有口皆碑。他执掌中文系 20 年,办公室大门永远敞开,任何人进去不必喊"报告",儒雅、祥和。他的朋友说:"中文系是一个大平等,是一个大庄严;是一个庄严的平等,是一个平等的庄严;更是一个和谐的秩序,是一个秩序的和谐。"他对学生像待儿女一样,亲切、谦和又富耐心。有一次,一位学生向他诉说,想看泱泱五百卷的《太平广记》中某一册。台静农说:"下次我带一套借给你看。"同学们听了哄堂大笑,以为老师在说笑话。下周上课时,同学们果然见台老师捧来了一函十册《太平广记》。

1937 年 6 月,周恩来在峡山遇险,护卫他的十多名警卫战士光荣牺牲。事后,周恩来和另外三个虎口脱险的同志合影留念,周恩来在照片背后写上"峡山遇险,仅余四人"。这张照片一直珍藏在他贴身的衬衣口袋里,直至病逝才被人发现。

"滴水之恩,当涌泉相报"。这就是周恩来与人相处的最佳方式,体现了他的人格魅力。难怪在举行遗体告别仪式时,围绕安卧在鲜花丛中的周恩来的遗体,群众的泪水把地毯洒湿了一米多宽的一圈。难怪会出现十里长街送总理,长夜无言,天地同悲的动人一幕。

民国参政员陶觉先生说:"凡是待人接物,必须是自己做主,千万不可因人起见。如果他人薄待我,我也薄待他;他人怠慢我,我也怠慢他;甚至他人毁谤我,我也毁谤他,这就是与他一般见识了。最好是他薄我就厚,他傲慢我就恭敬,他毁谤我就称誉,才能扭转人,而不被人扭转。"

《宋史》中记载:王旦经常荐举寇准,而寇准数次说王旦的错处,真宗告诉了他,王旦反而称赞寇准是忠臣。几次以后,寇准也自叹不如了。这就是以德报怨的实例。

中庸做人处世,能在有过中寻出无过,在不可宽恕中寻出可宽恕的东西,在不可原谅中寻出原谅。恪尽自己的忠诚,容纳他人的意见,小错予以包涵,使他人受感化而无怨恨,使他人改过从善,这就是敦厚之心,盛德之事。

一代宿儒,清代思想家李西沤说:"攻击人的过错不要过于严厉,要考虑到他能否接受；教育人从善要求不能过高，要使他能做到。称赞人的善，应当根据他的事迹，不应该苛求他的心；攻击人的过失应当原谅他的心，不应当拘泥于他的劣迹。"这都是与人相处的最佳方式。

关于对待人的方法，有人说："对待君子容易，对待小人困难。对待有才能的小人更难，对待有功劳的小人就相当难了。"何不以宽大浑厚来对待人呢？对待君子要这样，对待小人更加如此。无论对待任何人，总要为他留有余地，使他存有顾惜。

吕坤说："人到了无所顾惜时，君父之尊，不能使他严肃；锅煮的酷刑，不能使他害怕；千言万语，不能使他明白。到了这个地步，就是圣人也无可奈何了。圣人知道他是这样的，每次就会保留他的面子，体恤他的私情，而不致使他无所顾忌。"做到待人"顾惜"这一步，可谓达到了"修道以仁"的境界。

要让自己的话真实可信

中庸思想贯穿于儒家所有著作，子思著《中庸》是一项总结与概括性的工作。《论语》《大学》《孟子》等处处闪烁中庸处世智慧，如《大学》说："所谓诚其意者，毋自欺也，如恶恶臭，如好好色。"

荀子则强调即使是普通的谈吐也一定要诚实可信，即使是一般的行动也一定要谨慎小心，不敢效法流行的习俗，不敢自以为是，像这样就可以叫作诚实之士了。诚实是对别人而言的，也就是说诚实是有对象的。自己对自己是透明的，无所谓诚实与不诚实，就像含蓄一样，含蓄是一种对象化的装饰风格，当一个人愈是在乎另一个人，就愈是含蓄得淋漓尽致；当一个人面对自己或最知己的人时，他是用不着含蓄的。诚实就是彻底地卸掉所有的伪装或技巧，把自己像一朵花那样打开，自然、朴实、亲切。说真话、实话，是一种胸怀，一种力量。

福克斯是美国历史上著名的政治家，他以诚实和真言立身，赢得了别人的尊敬，团结了许多公民。当时美国政坛充满了欺骗，公民对政治并不感兴趣，认为政治就是撒谎，没有人比政客更会撒谎了。所以，一开始有许多公民对福克斯的演说持怀疑态度。

一次，福克斯受邀参加大学的演讲，有大学生问他："你在从政的道路上有没有撒过谎？"

福克斯说："不，从来没有。"

大学生在下面窃窃私语，有的还轻声笑出声来，因为每一个政客都会这样表白。他们总是发誓，自己从来没有撒过谎。

福克斯并不恼，他对大学生说："孩子们，在这个社会上，也许我很难证明自己是个诚实的人，但是你们应该相信这个世界上还有诚实，它永远都在我们的周围。我想讲一个故事，也许你们听过了就忘了，但是这个故事对我很有意义。"接下来，他声情并茂地讲起来：

有一位父亲是位绅士，一天，他觉得园中的那座旧亭子应该拆了，于是让工人把亭子拆了。而他的孩子对拆亭子很感兴趣，他对父亲说："爸爸，我想看看怎么拆掉这座旧亭子，等我从寄宿学校放假回来再拆好吗？"

父亲答应了。孩子上学后，工人却很快把旧亭子拆了。孩子放假回来后，发现旧亭子已经拆除了，他闷闷不乐。他对父亲说："爸爸，你对我撒谎了。"

父亲惊异地看着孩子。孩子说："你说过的，那座旧亭子要等我回来再拆。"

父亲说："孩子，爸爸错了，我应该实现自己的诺言。"

父亲很快召集来了工人，让他们按照旧亭子的模样重新在原地造一座亭子。亭子造好后，他叫来了孩子，对工人们说："现在，你们开始拆这座旧亭子。"……

福克斯讲完故事后，说："我认识这位父亲和孩子，这位父亲并不富有，但是他却为孩子实现了自己的诺言。"

大学生们问："请问这位父亲叫什么名字，我们希望认识他。"

福克斯说："他已经过世了，但是他的儿子还活着。"

"那么，他的孩子在哪里？他应该是一位不欺诈、不说谎言的人。"大学生们说。

福克斯平静地说："他的孩子现在就站在这里，就是我。"停顿了一下，福克斯接着说，"我想说的是，我愿意像父亲一样，为自己的诺言而为你们拆一座亭子。"

他的话讲完，台下掌声雷动。学生们感叹，这是个多么伟大的父亲，亲身为孩子上了一堂好课，让他的孩子受益终身。

不兑现的话，说得巧妙，一流入人的智慧里，怎么能战胜得了天理？所以清代政治家胡林翼说："诚信的最好道理，能够挽救人走出欺诈的极端。一个人能欺骗一件事，不能欺骗所有的事；能欺骗一人，不能欺骗所有的人；能欺骗一时，却不能欺骗万代。"说得多么透彻！

北魏太武帝让崔浩负责编写魏国历史，太子的老师高允也参加了编写，他为了扩大影响，竟把国史刻在石碑上，让百官阅读，这使皇帝非常不高兴，责问高允说："国史都是崔浩写的吗？"

高允老老实实地回答说："不，崔浩管的事多，只抓个纲要。具体内容，都是我和别的著作郎写的。"

太武帝转过头对太子说："你看，高允的罪比崔浩还严重，怎么能饶恕呢？"

太子对太武帝说："高允见了陛下，心里害怕，就胡言乱语。我刚刚还问他来，他说是崔浩干的。"

太武帝又问高允："是这样的吗？"

高允说："我犯了罪，怎么还敢欺骗陛下。太子刚才这样说，不过是为了想救我的命。其实太子并没问过我，我也没跟他说起过这些话。"

魏太武帝看到高允这样忠厚直率，心里也有点感动，对太子说："高允死到临头，还不说假话，这确是难能可贵的。我赦免他的罪就是了。"

《菜根谭》说："信人者，人未必尽诚，己则独诚矣；疑人者，人未必皆诈，己则先诈矣。"一个肯信任别人的人，虽然别人未必都是说话算数的，但是自己却先做到了说话算数，一个常怀疑别人说话不算数的人，别人虽然未必都是虚诈，但是自己已经先成为虚诈别人的人。我结识一位出版人，他向作者约稿，并承诺付对方订金，打完电话就把订金寄过去了。我问："如果对方不写或不认真写怎么办？"他说："只能证明这个作者不讲诚信，我大不了损失两千块钱。说话算数，是信任人家。多数作者收了订金会更加认真写作的，因为收了钱会有压力，被信任感会转化为激情。"

考量自己能否广种善缘

人需要爱，世界需要爱。爱使世界相互联结，使世界成为人的世界。地球本是人居于其中的一个大家庭，人字的一撇一捺本就意味着人与人的相互支撑——无爱不成为世界。

人要爱人，世界应该充满爱。有爱，人的世界才会充满盎然生机；有人爱，能爱人，我们才能品尝到生之欢乐，才能有不竭的生之热情——无爱的世界只是一片冷寂的荒漠。以仁心待人，仁心是我们固有的天性。

顾准的座右铭是："宁可天下人负我，我不负天下人。"一次，女同事张纯音与顾准争论，"别人要是打了你的左脸，你再将右脸送上去，完全是一种奴隶哲学。我的观点是针锋相对，以牙还牙。以眼还眼。"顾准回答道："人类社会正是因为有强烈的报复之心，你打我一拳我还你一脚，才总是斗争不已。如果大家都有宽容仁爱之心，这个世界会好得多。"

在"清理阶级队伍"运动中，顾准的一位老朋友兼老上司林里夫曾用荒诞牵强的推理"揭发"顾准，指斥他在 20 世纪 30 年代就是执行右倾投降主义路线的"内奸"，弄得顾准百口难辩。很久以后，直到周扬得到解脱，顾准的"内奸"问题才告解决。1972 年顾准回京,对林里夫却多方照顾,考虑到这位老友也处境凄苦,逢年过节总是备下酒菜,约他共餐对酌。吴敬琏先生是顾准的同事,他后来写下了这件事,并对顾准的为人的态度很不以为然,认为顾准完全不必当东郭先生,对林里夫这样的人,不去回敬他一拳已算仁慈。顾准却说:"你真是不懂世事,老林这种古怪个性和奇特的思想方法,完全是由党内不正常的政治生活和逼供讯'审干'做法造成的,是这套制度毁掉了他的一生,悲惨的人生遭遇形成了他的古怪脾性,我们应当同情他才是,怎么可以苛责呢?"

顾准的为人处世就是儒家的中庸恕道,所以他与很多人包括林里夫的友谊得以维系始终。1974 年 10 月中旬,顾准病倒后,林里夫每天赶到社科院经济所宿舍,为顾准炊煮饮食照料生活。顾准住院后,虽有经济所一位同事照顾,但林里夫仍然每天三次看望照料,那时候林里夫的政治处境也很艰难,经济条件尤其窘迫。人们不能不认为林里夫一定是被顾准的人格彻底感动了。

仁者维护"道义",而自己是否种下善缘,可以从处理"道义"与"功利"的关系的方式上来进行考量。穆律罗是 17 世纪西班牙最有名的画家和贵族。在他众多的奴仆中有一名叫塞伯斯蒂的青年奴仆,对画画有种与生俱来的喜好。穆律罗给学生上课时,塞伯斯蒂就在一旁偷偷地学习。

一天晚上,塞伯斯蒂一时兴起竟然在主人的画室里画起画来,以至于穆律罗和他的贵族朋友出现,他都没有发现,穆律罗并没有惊动塞伯斯蒂,而是静静地望着他笔下优美的线条出神。塞伯斯蒂画完最后一笔,这才发现身后的主人,他慌忙跪下,在那个等级森严的年代里,塞伯斯蒂是可以因此而被主人处死的。

这事成了贵族们津津乐道的话题,就在他们纷纷猜测穆律罗会以何种方式严惩他的奴隶时,他们却听到了一个令人震惊的消息,穆律罗不仅给了塞伯斯蒂自由,而且还收他做了自己的弟子。

这是贵族们决不允许的,他们开始疏远穆律罗,也不再去买他的画,贵族们都说穆律罗是个十足的傻瓜。穆律罗对此却不以为然,他听了只是一笑:那些傻瓜又怎能明白,塞伯斯蒂将会是我穆律罗最大的骄傲。

300 年后,一位历史学家在写到这个故事时,补充了两点:一、事实证明,改变一个人命运的,往往是他自身的才华,塞伯斯蒂证实了这一点;二、一个受后人尊敬的人,不仅仅是他的传世作品,更重要的是他的品格,穆律罗正是如此。

在意大利的馆藏中,塞伯斯蒂的作品与他恩师穆律罗的名画摆在同等重要的位置,都是价值连城。意大利人是这样看待这件事的:他们是 17 世纪最杰出的两位画家,他们是师徒,都很伟大,那些说穆律罗是傻瓜而没有买他的画的人,才让人觉得是多么的浅薄。穆律罗内心是装着"人道"的,置换成儒家的概念就是"道义",他暂时失去了别人的支持,但他却种下了长久的善缘的种子。在这个世界上,人道,或者道义永远胜过功利。

中庸做人,当道义与功利的目的发生冲突时,应该舍利而取义。三国时,魏延杀了太守韩玄投靠刘备时,刘备、关羽等高兴地忙着为魏延敬酒庆功。这时诸葛亮却突然吩咐刀斧手把魏延拿下,说魏延"食其禄而杀其主为不仁,居其地而献其土为不义,此不仁不义之人,日后必反"。刘备等人不信,坚持要留下魏延。诸葛亮死后,魏延果真谋反、被诸葛亮生前定下的锦囊妙计所擒,被马岱斩杀。

苏轼是伟大的人道主义者,之所以千百年来为中国人民爱戴传颂,主要在于他种下了永世的善缘,他追求善举坚定执着。早在徐州任太守时,遇到荒歉之年,他曾绕城拾取弃婴,还发起建立收养弃婴的机构。他说他"独敬乐天",乐天是指白居易,苏轼为什么敬重白居易呢? 白居易就是一个广种善缘的人,他在任何地方当官,都把老百姓的利益挂在心上,解人民之所难,在杭州,防水灾,他带领人民修了一条功在千秋的长堤。对于人道与利益的关系,他也是取人道而舍利益。苏轼敬重白居易,并向他学习,他被贬到杭州后,也修了一条长堤,当然不是形象工程,而是善缘工程。苏轼和白居易也正因为时时检阅自己的德行,心中装着的是大爱,坚守着儒家"仁者爱人""舍生取义""舍利取义"地做人准绳,他们被少数人所不容,却获得了大多数的爱戴,他们生前没有为自己的行为遗憾,死后他们受到了千百年来人们的敬爱。

韩愈在《原道》中说:"博爱之谓仁,行而宜之之谓义,由是而之焉之谓道。"仁是生命的根本,生命又是仁的作用。仁用在处世上,就是博爱。贾谊说心兼有爱人叫作仁,所以说仁者爱人。爱人就没有偏颇、没有遗弃,这样天下就归顺了。

尊重他人是一种永久的历练

只有仁者才能喜好人,才能厌恶人。为什么只有仁者才能好人,能恶人呢? 因为仁者爱人、不怀偏私。仁人,当自己爱别人却得不到别人的亲爱时,他会反问自己是否有问题;治理别人却未能治理好,他会反思自己是否聪明;以礼待人却得不到相应的回答,他会反而更加敬爱别人。

孔子见到穿丧服的人和残疾人,虽然这些人年纪比自己小,他也要站起来,以示敬意。有一次,一个盲人乐师来见孔子,孔子迎接他,走到台阶上时说:"这是台阶。"走到座席边时说:"这是座席。"大家都坐下后,孔子告诉乐师自己在这里。对老弱病残者的关爱与尊重难道不是我们现在所需要的？仁在现代社会，就是对人的普遍尊重，不怀偏见。

《汉书·董仲舒传》说："仁人者，正其谊不谋其利，明其道不计其功。"李泽钜和李泽楷是李嘉诚的两个儿子，他俩很小时，李嘉诚就非常注重培养他们尊重他人和独立生活的能力。当李泽钜和李泽楷还只有八九岁时，父亲李嘉诚就让他们参加董事会列席旁听，他希望孩子从小能够看到大人是怎样工作的。而且，他从来不觉得孩子什么都不懂。在李嘉诚的心目中，两个儿子就是两个男子汉。在列席旁听期间，李泽钜和李泽楷虽然没有权利，但却可以对他们自己感兴趣或者有意见和建议的问题发表见解。通过参加董事会，孩子们不仅学到了父亲以诚信取胜的生意经，而且学会了以大人的要求看待自己。

在这样的环境熏陶下，两个孩子通过不断努力，最终都以优异的成绩考上了美国的斯坦福大学。毕业后，他们都真诚地向父亲表示想留在企业里供职，帮父亲干一番事业。李嘉诚断然拒绝了他们的请求，只对兄弟两人说："现在，我的公司不需要你们！请你们自己去社会闯荡，打一番江山，用实践证明你们是合格的人才，再来我这里应聘。"

李嘉诚这么做，看起来是不给孩子留一点情面，实际却是用心良苦。这是父亲尊重和发挥孩子们才干，给孩子锻炼的机会，让他们真正地脱离父亲的庇护，到社会证实自己的才干。结果，李泽钜和李泽楷俩人一个做了地产开发，一个做了投资银行，成为加拿大商界出类拔萃的人物。他们在自己后来的商业道路上，也从父亲那里学会了一条对待他人的准则——尊重他人，给他人自由选择和发展的机会。

李嘉诚用自己的行为，影响了孩子们与人交往的基本态度，使他们从小了解怎样才是真正的尊重。李嘉诚教子方法，是一种仁的精神的体现。

一个人如果能够生活在仁德的环境中，那么一定会感到幸福与安详。乡里的仁风，是各个家庭共同建立的。有了仁风，居民相互团结，互助友爱，和睦共处，谁也不会跟谁过不去，有福同享，有难同当，怎么能够不幸福呢？

当然，我们再深层地理解一下，如果我们所交往的朋友都是仁厚的人的话，那么我们的生活也一定会幸福自在的。否则，我们的朋友全是奸猾狡诈之徒，整天都是尔虞我诈，我们自己又怎么能够安心生活，享受人间的美好生活呢？所以，孔子才会发出感叹道："里仁为美！"

不"敦厚崇礼"的人，不从心底上热爱他人的人，不遵守礼仪道德的人，他决不会长久地处在困窘的地步，一定会想方设法使自己富有起来，膨胀起来；他不会长久地处在欢乐之中，因为安乐一久，他就会心生邪念，叫作饱暖思淫逸。一旦放纵自己,就可能害人害己。所以,"敦厚崇礼"对于一个人来讲很重要,那就是它可以决定一个人的本性或者素质。

敦厚崇礼的人心存善良,热爱同类,以及其他,所以会安于仁道。即使是自己长久地处在穷困之中,那也没有关系,只要不妨碍自己做人就行了。他们没有贪欲,所以无处、无时不能生活幸福;纵然生活富有,那么他们也不会因此而放纵自己,或者铤而走险,或者依势凌弱。而智慧的人,正是因为认识了仁义道德有利于自身或者人类的发展,所以才会义不容辞地去实践。小聪明的人为财而害人,终于害己;大智慧的人为仁而富贵,利人终于利己。

真正的君子的标志,就是仁德。一旦离开了仁德,那么君子也就不会是君子了;没有了实质,标志自然也就没有了作用。因此,即使是顿饭的时间,君子也不会违背仁德;即使是匆忙急遽之间,颠沛流离之际,他也不会离开仁德。可以说,仁德是君子的真实生命,他的一切事业和成就都是依靠仁德的结果。

正是因为仁德之难行,所以行仁德者才为君子,小人是不行仁德的。放眼望去,茫茫人海,孔子没有看见喜好仁德的人,也没有看见什么憎恶不仁德的人,所以不胜感慨。喜好仁义,那么行为完善贤良,天下的人都会逐渐响应,自然再好不过了。不喜好仁义,只要厌恶不仁道,那也好啊。他不喜欢那些不仁道的事情被施加在自己的身上,那么不仁道的事情也会慢慢绝迹的。只要你努力去实施仁德,天天进步,没有谁力量不足够的。

仁德只是一心,只要诚心诚意地办任何事情,几乎不需要任何额外的力量。孔子说他没有见过行仁德而力量不够的人,那就是说,天下的任何人都可以实行仁德之道,而且会有所成就,就看你去做不做了。

心里装得下别人才显得人格的高大

智和愚,善和恶,这都是截然对立的东西,但是,对这截然对立的东西却不能用截然相反的态度去对待,因为对智愚和善恶的爱憎分明的立场往往会落于俗见,给具体问题的处理带来负面影响。所以,《荀子·非相》中提出了"兼术"思想,意思是:君子贤能而能容纳不贤的人,聪明而能容纳愚笨的人,博学而能容纳浅薄的人,精纯而能容纳杂驳,这就是所谓的兼术。

这里所说的"兼术"指的是包容,即一种好的美德能包容不好的东西,只是因为君子立身正直,所以这种包容不仅不会损害自己的美德,反而会给君子的美德增辉。

"知而能容愚,博而能容浅",这事实上也反映一个人的胸怀,也是做人处世的雅量。雅量体现着一个人的修养,其中虽有天生的成分,如有的人生来就心平气和,不急不躁,有人生来就是急脾气,但它更多的还是体现着后天的品行。所谓"辨材须待七年期",就是说人是变化的,只有通过一定的时间才能把一个人真正地看清楚,所以成长为什么样的人,起主要作用的还是后天因素。

蔡元培到北大的那一天,北大师生照例列队相迎。像往常一样,工友们向新来的校长鞠躬。出乎人们的意料,蔡元培立即给工友鞠躬还礼,这么一个名人、大校长给工友鞠躬,这在当时是不可想象的,此举震惊了北大校园。蔡元培对于所有北大中人,都能一视同仁,从无尊卑之分。老北大的人,不论师生员工,都称蔡元培为"蔡先生",几十年来一直如此,从不称他的名号和职称。这反映了老北大的人对蔡先生的景仰和热爱。

蔡元培的确了不起,首先是他能认识人,使用人,关爱人。用人得当,各尽其才,使每个人都能发出自己的光和热。他在学问上虽不是一个专家,但对儒家思想特别精通,在为人处世上,通达事理,明辨是非,不固执,无偏见,胸襟豁达而又虚心,对不同主张、不同才品的人都能兼容并包。

中庸是不偏不倚,无过不及,孔子认为君子是可以对不同的人进行调和,因而是大公无私的。蔡元培就是这样的君子,他说:"我素信学术上的派别,是相对的,不是绝对的。所以每一种学科的教员,即使主张不同,若都是'言之成理、持之有故'的,就让他们并存,令学生有自由选择的余地。"他在延聘教员时,不完全依据资历,不拘一格选拔人才。由于重视延聘选拔有真才实学的各方面人才,容纳各种学术和思想流派,使北大的教员队伍发生了很大变化。

再来看个故事:有个英俊的年轻人在森林里迷路3天,水尽粮绝,筋疲力尽,最后昏倒在地上。醒来以后,他发现自己躺在一间小木屋里。他左顾右盼,看到一位丑陋的巫婆走进门来,年轻人万分感激地说:"是你救了我吗?我非常感谢你。"

巫婆用沙哑的声音说:"年轻人,正是我救了你。你必须答应和我结婚,以报答我对你的恩情。"

年轻人一脸难色,心里很不情愿,但巫婆毕竟是自己的救命恩人,所以只好同意与她成婚。

结婚那天,巫婆在喜宴上的吃相很难看,还不时发出难听的怪声,不知道有多少客人因此而私下窃笑。可是,为了报答救命之恩,年轻人忍受着这样的窘境。

晚上两人一起进入洞房,巫婆脱下礼服,就在那一瞬间,年轻人简直不敢相信自己的眼睛:巫婆摇身一变,竟变成了一位美若天仙的少女。

少女对年轻人说："因为你容忍我在喜宴中的放肆行为，所以我决定每天有12小时变成美若天仙的少女。由你决定我是在白天变还是在晚上变，一旦决定就不能反悔。"

年轻人陷入了进退两难的选择。如果选择在白天，带着美若天仙的少女出门，可以让人羡慕，但晚上却必须和丑陋的巫婆共枕；如果选择晚上，白天就得忍受众人的指指点点，但却可以与美若天仙的少女共度良宵。这两种选择都不是最理想的，于是年轻人叹息道："我的确不知道该怎么选择。这样吧！你自己决定要扮演什么角色，我不干涉你的生活。"

巫婆听了很感动、很开心，温和地说："谢谢你对我的包容，我现在的决定是，每天24小时都是美若天仙的少女，时时刻刻与你相伴在一起。其实，我本来就不是巫婆，而是一个留恋人间的仙女。我之所以变成巫婆，是为了寻找一个能真正包容我一切缺点的伴侣。"

我们遇到的绝没有像这个年轻人那样大的考验，而他都能有一颗包容的心去对待丑陋的妻子，我们为什么不能用一颗包容的心去对待身边的人和事呢。

成大事者须有一颗不浮躁的心

儒家推崇"知者动，仁者静"的人品气质，动不是盲动、躁动，静不是一潭死水，而是动中有静，静中有动，达到一种和谐圆融的状态，而其中主导的精神是"诚"，诚则明，明白，明朗，不犯糊涂，不冲动。现在浮躁成为人心的通病，心不静，而处处乱动，结果招来的是打击和痛苦。

不仅儒家推崇仁静，老子也说："重为轻根，静为躁君。""牝常以静胜牡。"虚则能守，静则能观。人的心灵本来就是虚明寂静的，昏昧紊乱是为私欲所蔽。致虚守静就是去私、去欲，使本心回复到本性的清明寂静，以使其不为外物搅扰，体察其万物演化与归根，并悟道修道。静不仅能察，也能胜躁、胜动，以静制动是也。虚静的优势还在于能成己、成物。

李嘉诚先生深味中庸做人的智慧，他说："人有五商（智商、情商、财商、逆商、心商），若想人生成功，须五商具备。在我看来，五商无一不可从中庸中获益。"李嘉诚11岁那年，来到香港。到了14岁，由于父亲去世，他辍学打工。再后来，他舅父让他到他的钟表公司上班，但是他没有答应，因为他要自己找工作。从他年纪轻轻就不肯接受帮助而要自己闯这点上，就表现出独立和自信的性格。

这种性格，将培养出他以后的稳健的工作作风、不浮躁的工作态度。他先是想到银行寻找机会,因为他觉得银行一定有钱,因为银行是同钱打交道,它也不可能倒闭。但是银行的梦想没有成功,他当了一名茶馆里的堂倌。在当堂倌的时候,他就胸怀大志。从小事做起,一步步地迈向目标。

这些小事是这样的:他给自己安排课程,以自觉养成察言观色、见机行事的习惯。这些课程包括:时时处处揣测茶客的籍贯、年龄、职业、财富、性格,然后找机会验证;揣摩顾客的消费心理,既真诚待人又投其所好,让顾客既高兴又付钱。后来他又以收书的方式读了很多书,并把看过的书再卖掉。

就这样,李嘉诚既掌握了知识,又没有浪费钱。一段时间后,他觉得在茶馆里没有前途,就进了舅父的钟表公司当学徒。他偷师学艺,很快学到了钟表的装配及修理的有关技术。其后,他建议开钟表公司的舅父迅速占领中低档钟表市场。结果大获成功,因为香港对低档表的需求确实很大。

1946年,他17岁,辞别舅父,开始自己的创业道路。结果他屡遭失败,几次陷入困境。但这个时候,他仍然不浮躁,而是踏踏实实地一步一步往前走。

1950年夏,才22岁的李嘉诚创立了长江塑胶厂。他之所以要创立这个厂,也是他的稳健的思考观察的结果。他通过分析,预计全世界将会掀起一场塑胶花革命,而当时的香港,塑胶花是一片空白。

这是一个机遇。可以说,他有审时度势的判断力。而这审时度势的判断力,亦来自他的稳健。作为一个不浮躁、稳健的人,李嘉诚是很会判断机遇、抓住机遇的。在工厂经营到第7个年头的时候,李嘉诚开始放眼全球。

他大量寻求塑胶世界的动态信息。一天,他翻阅英文版《塑胶杂志》,读到一则简短的消息:意大利一家公司已开发出利用塑胶原料制成的塑胶花,并即将投入生产,向欧美市场发动进攻。他立即想到另一个消息,那个消息说欧美人生活节奏加快,许多家庭主妇正逐渐成为职业妇女,家务社会化的要求越来越强烈。他于是推想,欧美的家庭,都喜好在室内外装饰花卉,但是快节奏使人们无暇种植娇贵的植物花卉。塑料插花可以弥补这一不足。他由此判断,塑胶花的市场将是很大的。因此,必须抢先占领这个市场,不然就会失去这个机遇。

于是,李嘉诚以最快速度办妥赴意大利的旅游签证,前去考察塑胶花的生产技术和销售前景。

正是由于他的这种稳健的工作作风,一条辉煌的道路,由此展开。

正当李嘉诚全力拓展欧美市场的时候,一个重大的机会出现了。一位欧洲的大批发商在看到了李嘉诚公司的产品样品后,前来与李嘉诚联系。这位批发商是因为李嘉诚公司的产品价格低于欧洲产品的价格而来找他的。但他通过一些渠道得知长江公司是资金私有制。为保险起见,他表示愿意同李嘉诚合作,但合作条件是他必须有实力雄厚的公司或个人进行担保。李嘉诚知道这位批发商的销售网遍及欧洲主要的市场——西欧和北欧,如果能与他取得联系,是十分有利的。可惜,他竭尽全力都没有找到担保人。

但只要有一线希望,就要全力争取,这是他成功的一个法宝。他与设计师一道通宵连夜赶出9款样品。批发商只准备订一种,李嘉诚则每种设计了3款。第二日他来到批发商的酒店。批发商望着他因通宵未眠而红的眼睛,欣赏地笑了,答应了谈生意。在李嘉诚没有担保的情况下,签了第一份购销合同。按协议批发商提前交付货款。从而解决了长江公司扩大再生产的资金不足问题。

长江公司很快占领大量的欧美市场。仅1958年一年,长江公司的营业额就达1000多万港元。纯利100多万港元。塑胶花使长江实业迅速崛起。李嘉诚也成为世界"塑胶大王"。

成功的路是很漫长的,在这条路上,对手也是众多的。但最大的对手与敌人是自己。放弃、浮躁、轻敌、懒惰,每一样都会给你的成功造成巨大的障碍。不急不躁,看准时机,胆大心细,诚心待人,通过李嘉诚,我们能学到的很多。

在忍耐中抓住成功时机

忍耐是通过一定的修养获得的一种美好品格。世事纷繁、人心复杂,充满着偏见,也存在着误解,"睚不能少自忍者必败,此实未知利害之分、贤愚之别也。"

孔子在主张入世的同时,也提出了"隐"的观念,"有道则见,无道则隐",可以理解为,在有利于自己的环境中要积极表现自己,在不利于自己的情况下,要善于忍耐,等待不利之时过去,就可能完全改变现状,解决问题,使困难变得无阻于你,甚至让困难给你带来全新的机遇。

隋末唐初的李密是一位乱世的枭杰,也是几起几落,遇到了不少挫折和失意。他是隋朝上柱国、蒲山公李宽的儿子。公元618年,李密败在东部王世充的手中,因势力穷尽暂时归顺李唐。尔后又起兵叛唐,失败后被杀。

这不能不提到一位魏先生。他生于北周,除博涉儒家经籍外,对于乐章尤为精通,但其人生性淡泊,不喜欢当官,以琴瑟为友,以饮酒为乐。在隋末天下大乱的时期,他避世乡野,过着隐者的生活。

隋大业九年,隋朝尚书杨玄感在黎阳举兵反隋,由于他很好地利用了时机,势力发展得很快。在短短的时间内,他聚集了10多万兵力,并且围困了隋朝的东都洛阳。但是,杨玄感在此之后,却多次失去有利的战机,逐渐走入困境;后来,被隋军在阌乡击败。杨玄感战败身亡之后,党羽四散。李密作为他的谋士之一,是朝廷要捉拿的要犯,罪在不赦,无奈,只得只身逃往雁门。

三十六计走为上,对一个失败者、屡屡受挫之人而言,也只能忍受一时的不得势,先保存自己。一次次遭受挫折和处于困境的李密,别无他法,只能先忍受住挫折、失败的考验,慢慢再图东山再起。

李密逃到雁门,为躲避朝廷的通缉,改名换姓,操起书本,当教书匠糊口;而魏先生也恰巧逃避战乱生活在雁门。魏先生与李密有同乡之谊,两人相叙之后,经常相互往来,并不时探究些音乐方面的问题,各自摆出与世无争的超脱模样。但是,任何超然的议论总难免透露出议论者的情志和性格。李密是一个受过良好教育,又生性聪明过人的才子,在与魏先生的交谈中,不自觉地便流露出他的才能,流露出他失意之后的情绪。这一切自然都引起精于乐道又善于察人的魏先生的关注。

一天,二人又相聚于茅屋之中,屋外依然是和风清徐,屋内的魏先生话锋已不似寻常。他以玩笑的口吻,对李密说道:"我看你气色沮丧而目光不稳,心旌摇动而谈吐含混。请允许我对此妄作猜测:气色沮丧必然是因为事业破败所致,目光紊乱也必是胸无主见所致,心旌摇动则是精神未定的表现,至于谈吐含混、欲言又止,这必定是心中有事想找人商量啊!"魏先生这番话揭出李密的心底隐事,李密如坐针毡,外露不安之色。魏先生见状,知道自己所断无误,随即单刀直入挑开李密的真面目说:"今天朝廷上下都在搜捕杨玄感的党羽,你恐怕也是反抗杨隋暴政的人吧?"魏先生这一句话,如晴天霹雳,震得李密愕然良久,然而心中则深深地为魏先生犀利的目光所折服,连忙起身,对魏先生说道:"先生高明能识我,先生的睿智又何不能救我呢!"

魏先生见眼前的李密态度诚恳,便以诚相待,说道:"你既没有帝王的风姿,也不是做将帅的人才,恕我直言,只是乱世的雄杰啊!"然后,魏先生以睿智的目光,审视了当时群雄争起的形势,认定李密要想富贵,唯一可以选择的是投奔拥兵晋阳的李渊。

由此可见,等待是一门艺术。有许多事情是不可能一蹴而就的,需要在等待中抓住时机,以体现一种坚忍顽强的精神。

时机常常属于守时的人

《大戴礼记·文王官人》说:"多私者不义,扬言者寡信。"现在人们常说要抢占先机,但首先要明白自己凭什么寻找机会,不错,靠能力;但比能力更重要的是人的品性和修养,一个说话算数的人远比轻诺寡信的人拥有更多成功的机会。

慎重对待自己的许诺,那么时间就会发生效益,"时机"中的"时"字内涵很深,其中有"守时"的意思。做到守时,人的品性决定了机会是否青睐光临。古代的圣人说:"见机而作,不等待日子完。"又说:"机不可失,时不再来。"形势的维系处为机,事情的转变处为机,事物的紧切处为机,时节的结合处为机。在目前就是机,一瞬间过去就不是机,有隙可乘就是机,失去它就没有机。谋就得深远,藏就得绝密,这就决定于见识,利在于决断,当以诚信为基础。

朱元璋强大的兵力有两个来源,一是征召,一是改编敌军,后者显示了他宽阔的胸怀。朱元璋在起兵攻破采石矶后,长驱直入攻集庆,水陆并进,先攻破陈兆先的兵营,转手就利用他们。在降兵中挑选精壮的骁勇的士兵500人,直接归纳于军中。这500人都感到惊恐不安。朱元璋了解到他们心理后,便筹划着怎样才能让他们安稳不害怕,信任而不怀疑。最后,决定采用以自己对他们的信任,而招致他们相信的策略。在晚上进入宿区,让他们环卫侍候,自己也解甲就寝,而且把自己原来的人员调开,仅留冯国用一人侍睡在床前。此后,人心大定,都相信了他对降兵不怀疑,没有二心。

攻打集庆时,冯国用率领这500降兵,首先冲锋陷阵,在蒋山下打败元军,威逼城下。各路兵马快速奔进,一举攻克南京。这500人确实出了大力,立了大功。所以,一个人不守信,是难以让人服从的。

守信的表现形式是多方面的,例如"守时"就是守信的一种形式,一个约会常常迟到、付款常常延期的人,其信用度必定小得可怜,机会常常在身边流失。

要考虑到不守时的危害性。每次约会都准时的人,无形中也会增加自己的时间。拿破仑曾经说过,他之所以能战胜奥地利人,是由于奥地利人不知道5分钟的价值。而实际上,即使1分钟的不准时也会让自己遭遇一场不幸。兵贵神速,拖拖拉拉的军队必败无疑。如前文提到的汉朝张良授兵书的故事就喻示着"谁占有时间,谁就是胜者"的哲理。神秘老者约张良于某日凌晨于某座桥上相见,张良接连几次赶到那个地点的时候,老者已先于他待在那里,老者让张良回去,另约时间,直到张良在桥上等待老者的那一次,老者才把兵书授给他。

机会不会等待迟到的人。在处世交友中,你守时,也是守信。有一次,拿破仑邀请他属下的一些将士来吃饭,到了时间也不见他们的身影,拿破仑就独自吃起来。在他吃完的时候,将士们来了,拿破仑摊了摊手,说:"很遗憾,中饭时间已过,我们立即办事。"

很多人因为办事不准时，而失去拥有高等职位的机会。

范德·比尔特一贯非常守时。在他看来，不准时就是一种难以容忍的罪恶。有一次，范德·比尔特与一个请求他帮忙的青年约好，某天上午的10点钟在自己的办公室里见那位青年，然后陪那位青年去会见火车站站长，应聘铁路上的一个职位。到了这一天，那个青年比约定时间竟迟到了20分钟。所以，当那位青年到范德·比尔特的办公室时，范德·比尔特先生已经离开办公室，开会去了。

过了几天，那个青年再去求见范德·比尔特。范德·比尔特问他那天为什么失约，谁知那个青年人回答道："呀，范德·比尔特先生，那天我是在10点20分钟来的！"

"但是，我们约定的时间是10点钟啊！"范德·比尔特提醒他。

那个青年支支吾吾："迟到一二十分钟，应该没有太大的关系吧？"

范德·比尔特先生很严肃地对他说："谁说没有关系？你要知道，能否准时赴约是一件极紧要的事情。就这件事来说，你因不能准时已失掉了拥有你所向往的那个职位的机会，因为就在那一天，铁路部门已接洽了另一个人。而且我还要告诉你，你没有权利看轻我的20分钟时间，没有理由以为我白等你20分钟是不要紧的。老实告诉你，在那20分钟的时间中，我必须赴另外两个重要的约会，我也不能让别人白等。"

准时、准时、再准时，这就是中庸的处世智慧。已故的金融大亨摩根把每一个钟头都看成1000美元。许多年轻人处世经历少，吃亏也少，所以尚不知守时的重要，对于摩根每分钟是1000美元的话不以为然，但是想没想到，也许到了某一天，你就觉得自己的时间和摩根的时间一样值钱，甚至比他的更有价值。

要做到守时，就要养成对任何约定的事都按时办的习惯。准时的习惯也像其他的习惯一样，要早日加以训练。纳尔逊侯爵曾经说过："我的事业要归功于总是提早一刻钟的习惯。准时是国王的礼貌、绅士的品位和商人的必要习惯，是做人的学问。"

第四节　慎其独

人只要有所行动，初始都是由心思和愿望引起的。善恶一念间，但一念并非凭空而起，它决定于一个人的良知与境界。有所为有所不为，这是处世"优位"选择，心中装着"正道"，即合乎"大义"的规范，跌入恶的可能性就小。

《中庸》说:"道也者,不可须臾离也,可离非道也。是故君子戒慎乎其所不睹,恐惧乎其所不闻。莫见乎隐,莫显乎微。故君子慎其独也。"

做人的良知不可丢失,丢失了良知,人心变坏,人与人就会相互设防。所以,恪守良知不变,常常静思自己的行为,检阅自己思想,保持健全的灵魂,才是人生的最高境界。

做到不受他人谴责

"慎独",主要是就正直和邪恶的区分而言的。只要有所行动,初始都是由心思和愿望引起的。比如,现象的显现开始于隐藏的愿望,明显的事情开始于内心微弱的意念。心思和愿望产生后,人们肉眼不能看到。《中庸》说:"君子的思想之所以超越普通人,就在于人们不能看到的地方。"指的就是这种情况。因为,当还未与事物接触时,已经有庄严和放肆的区别,事情到来而需要行动时,就产生了正直和邪恶的区别。

态度庄重严肃的人,常常检查、控制自己,放肆妄为的人与此正好相反。正直的人不被私念迷惑,而邪恶的人与此正好相反。即便时时保持庄重、正直,而见解一旦有错误时,还不可以说就是合理的。尽管智力能认识到事情的条理,如果不严肃认真,就会有所忽视和差错。如果不正直,处理事情时就都是虚伪。

当你心中的邪念刚一浮起时,你能发觉这种邪念有走向歧路的可能,你就应该立刻把这种欲念拉回正路上去。只要坏的念头一产生就立刻有所警觉,有所警觉就立刻设法来挽救,这才是扭转灾祸为幸福、改变死亡为生机的紧要关头,所以绝对不可以轻易放过这个机会。

春秋时,宋昭公众叛亲离,去国出逃,路上他对车夫说:"我知道我这次出逃的原因了。"车夫问:"是什么呢?"昭公说:"以前,不论我穿什么衣服,侍从无人不说我漂亮;不论我有什么言行,朝臣无人不说我圣明。这样,我内外都发现不了自己的过失,所以才落得如此下场。"从此,昭公改行易操、安义行道。不到两年,美名传回宋国,宋人又将他迎回国,恢复了王位。他死后,谥为"昭",昭就是明显,即能反省,有自知之明。所以,过失并不可怕,可怕的是没有反省的习惯、反省的勇气和反省的智慧。一个人没有过失是不可能的,如果他每天都能反省并且成为一种习惯,那么,他将是过失最少的人,也可以相信他是天下最完美的人。反省是一面镜子,反省是一剂良药,反省是所有美德中最值得珍视的美德,拥有反省也就意味着拥有完美。

反省、慎独，把自己引向的是一个有尊严有人格且与人和谐相处的人生境界。《菜根谭》说："宁守浑噩而黜聪明，留些正气还天地；宁谢纷华而甘淡泊，遗个清名在乾坤。"人宁可保持纯洁、天真、朴实的本性而摒除后天的聪明机诈，以便保留一些浩然正气还给大自然；人宁可抛弃世俗的荣华富贵而甘于过着淡泊、清虚、恬静的生活，以便留一个纯洁高尚的美名还给天地。

公元前100年，汉朝苏武出使匈奴，被匈奴扣下。单于想招降他，苏武不屈服，被关在大地窖中，并断绝粮食的供应。苏武只好吃雪吞旃（使节杖上的编织物），几天下来还活着，匈奴人非常惊奇，认为他是神。

单于于是又将苏武放在北海边上，要他牧养一群公羊，告诉他："等公羊生小羊，就放你回去。"

苏武靠着使节的仪杖牧羊，时间一久，仪杖的旄旌掉光了。没有人供给他食物，他就挖野鼠洞，把野鼠洞中的草根、野果取来充饥，长年与野鼠分食。

汉昭帝即位后数年，匈奴和汉朝恢复了和亲，汉朝派使者要求放回苏武等人。匈奴骗说苏武已经死了。当时常惠想了一个办法，私下告诉一个使者说，汉天子在上林苑打猎，找到一封系在鸿雁脚上的信，信上说苏武正在某个沼泽中。这个使者依靠常惠的话，责问单于，单于大惊，只好放回了苏武。

苏武流放的过程，就是他慎独的过程，他完全可以像卫律、李陵一样在遥远的匈奴当官享福，但那样做却是违背他的思想和志向的，那就不是苏武而是别人，他苏武要做的就是坚守节操，保持内心的平和，再大的苦没有比失去自我更可怕。有了这一精神支柱，苏武有了活下来的力量。诚可以感天，他最终不失晚节地回到了他的祖国。

曾子说："吾日三省乎吾身：为人谋而不忠乎？与朋友交而不信乎？传不习乎？"

三省，作为儒家自我道德修养的基本方法，作为对自己言行的严格要求，自觉地反省自己，经常进行自我批评，就能使自己修善成完美的理想人格。

在现实生活中，不管是为朋友谋事，还是谋其他事，事情不论巨细，只有全力以赴，怀着一份一心想把事情办好的忠诚，才能有所成就。如果进一步说，"为人谋而不忠乎"就是要讲奉献精神。一个人只有无私奉献，才能最终有所收获。春天种豆，秋天却想得瓜，世间怎会有如此美事？

古人云："黄金万两容易得，人生知己最难求。"是指知音难觅，不过，寻觅知己还是在于自己。与人交往，只有做到诚实无欺，才会得到别人的信任。信，是一个人立身处世的基石。

孔门弟子的"吾日三省吾身"的道德修养方式,在今天仍有值得借鉴的地方,因为它强调的是自觉性。

每个人都不可能是完美无缺的,只有具备了不断自我反省的能力,才能不断提高,逐渐走向完美。这里提到了反省的三个方面,基本上概括了一个男人的所有方面:其一,对待事业是否敬业;其二,与人交往是否诚信,虽然文字上是说"与朋友交往是否诚信",但我们可以扩大到与人交往的范围;其三,是否能温故知新,这一点与前面的"学而时习之不亦说乎"是相呼应的。

一个人如果能具备反省的能力,就自然会变得谦虚不傲慢,变得彬彬有礼不自以为是,在与人交往时也就能善于设身处地地思考问题,自然也就能养成独立思考的能力而不盲从。因此,我以为,一个人是否具备反省能力,是衡量其素质高低的一个重要标志。

设身处地地为别人着想

自己不想做的事,就不要强加给别人是"恕"。"己所不欲"是对自己的把握,"勿施于人"是推己及人,从而成为孔子中庸处世之道中的一个重要组成部分。

《论语》记载:仲弓问什么是仁,孔子回答说:"出门在外就像会见贵宾一般,役使民众就像承办大祭那样认真。自己不想做的事,不要施加于别人。在官府里做事无人怨恨,在家族中办事也无人怨恨。"仲弓说:"我虽然不聪明,请相信我一定要奉行这些教导。"

孔子的回答似乎与颜回问仁的答案是两回事,其实是有内在联系的。这里的仁,着重于敬、恕。"出门如见大宾,使民如承大祭"是敬;"己所不欲,勿施于人",就个人修身而言,这是对行为的一种约束。

"己所不欲,勿施于人",也是一种"克己复礼"的行为,设身处地为对方着想。人能像考虑自己、为自己着想那样来考虑别人、为别人着想,就可以进入"文明"层次了,就真正有点精神文明了。这一点推广开来,对于整个社会,意义是很了不得的。

子贡在孔门弟子中是一个全才,他比孔子小31岁,出身于商贾之家,后来在鲁国季孙氏手下做了不小的官,据说孔子晚年生活得以维持,子贡出不了少的力。孔子死后,子弟们多是服心丧三年,即待师如父,内心服孝三年,子贡却在孔子的墓旁搭了一茅棚子,亲自在那里守孝三年。在风水先生中还传说,孔子的墓地原先选在葬少皋帝的地方,但子贡看了后认为那只是一个帝王的风水,孔子是千古圣人,那处风水不行,然后才选了曲阜孔子坟墓所在的那块风水圣地。孔子不称许子贡,可见推己及人之难。

已故原中国科学院院士、中国工程院院士王选,很善于从别人的角度考虑问题,为别人着想。在接受《北京晚报》关于方正年轻人成长的采访时,他提到了很多年轻人,采访结束时,王选专门拿了一张纸,写下了一些年轻人的名字,以防记者在写稿时,不知道听到的这些名字到底该怎样写。记者被王选的精神感动了,"王选体质文弱,谈吐举止从容不迫,没有企业家雷厉风行的姿态和作风。但是他做事却干净利索,不拖泥带水,含含糊糊,这就是王选和别人打交道时的爽快和果断。我想这大概和王选处处为别人着想的性格有关。"

王选院士说,降一个层次,所谓好人就应该是为自己着想应该与别人着想一样多。北京大学季羡林教授说,所谓好人就是为别人着想比为自己着想多的人。

有时,我们发现,那些经历过贫贱、困难、挫折、痛苦的人,因为自己对这些东西有体会,所以为别人着想还容易一点。一帆风顺的人、条件优越的人、有名望地位、才高力大的人,办起事来碰钉子时少,走起路来抬轿子的多,自己达到目的很容易,为别人着想就不那么容易了。甚至,只要有一点权力的人,在运用这点权力时,为别人着想都不太容易做到。机关坐办公室的人,想不到前来办事的人的困难;超市站柜台的人,不愿体会购物者的心情;医院做医生的人,不善体贴病人……当然,相反的情况也有,不过前者更普遍些罢了。

几个朋友在一起讨论什么是"文明"的标准时,有的回答是,时时想到他人就是文明。这个回答通俗而又生动地反映了文明的本质。精神文明是人类社会生活的需要。有了社会生活,就需要有一定的规范来维持社会秩序的稳定,也要求人们自觉遵守这些规范,使自己的行为有利于而不是妨碍社会生活的发展。换句话说,就是要求人们时时想到他人、想到社会,这也就是文明的要求。己所不欲,勿施于人的做人准则,正是反映了文明和这个最基本的精神。

内心无怨,自在做人

一个人不可能一辈子不求人,连孔子也得求人,孟子说:"孔子三月无君,则皇皇如也。"但在不"正己"的情况下求人,就会受到他人的嘲笑或指责。反过来,当我们去求人家而没有达到目的时,不能去挖苦和妒忌人家。

人应该时时面对自己的灵魂,尤其在独处的时候。独处的时候不乱方寸、不失自我很难,所以儒家认为能不能做到"正己无怨",最重要的是看"慎独"的功夫。

嫉妒是"怨"的一种形式,每当嫉妒产生的时候,我们放弃行动,甚至放弃目标,只是一味期望对方不要成功。嫉妒是一种萎缩、后退,一心想要粉碎比自己优秀的人的畸形心理状态。妒心是一种最普遍的心理。王安石因推行变法而被排挤、打击、诋毁,事后他感慨地说:"诋毁生于嫉妒,嫉妒生于无能。"诋毁与嫉妒,历来是有识之士深恶痛绝的。做人没有嫉妒之心,没有诋毁之心,心境自然豁达大方、光明磊落,与人相处自然融洽。

然而,只要是人,就难免嫉妒之心。但是,过度的嫉妒不仅伤害他人,还会给自己带来不利。做人做事应戒除嫉妒心。有功劳而推给别人,这样就没有嫉妒心;有先人后己的德操,这样就没有嫉妒心。以包容天下作为志向,没有半点嫉贤妒能、好大喜功的心念,容纳每个人才、尊重每个人才,何愁工作不能展开?因他人有特长而制裁他,因他人有善举而诋毁他,因他人有贤才而陷害他,因他人有成绩而抑制他,以这样的心态和举止来做事,还有谁心甘情愿地服从指挥呢?

追求成功的过程,是个不断吸取、不断进步、不断竞争的过程。竞争是手段,进步是武器,而吸取创造是基础性的工作。这就像一个运动员,先是要学习别人的经验,以此来提高自己的水平。最后才可能和其他选手同台竞技,一争高下。

对于知识、经验、规律的不断吸取、如何吸取,决定了我们自身素质的好坏。因此,我们绝对不能忽略吸取与学习的重要性。

同时,有一条我们最容易轻视的规律:即从竞争中去吸取。竞争是智慧、体力、临场发挥的综合素质较量。每个人在竞争中都会全力争取胜利,使出浑身本领、抓住所有有利于自己的机会。因此,在竞争中最容易学习到别人的长处,吸取到别人最好的经验。很多人以为学习知识只是一个人的事,只要努力就足够,殊不知更重要的是开阔视野,在同别人的竞争中来充实自己。

当然,有些人懂得这个道理,但是他们不喜欢同别人竞争。只想在安定的环境中过日子。但是,看到别人超越他们,取得一个个辉煌的成就,他们又于心不甘。

举例而言,意大利人不喜欢被人视为竞争心很强,而且他们以拼命追求成功为耻。教育者尽量不让学生之间有比较或形成对照的情形,他们以评价的方式来取代分数。60年代与70年代,许多政治家与学者竭力批评能力主义——即愈有价值的人获得愈多、晋升愈快,主张不管做什么,每个人都应该获得同样的待遇,因为他们认为竞争是可耻的行为。

相反地,美国人认为竞争是有益的。他们主张每个人都应该为成功而奋斗,做得愈好的人,应该得到愈多的报酬与名誉。另一方面,美国人对公平的观念非常敏感。他们主张每个人都必须拥有竞争的机会,愈能够克服障碍和困难的人,受到的评价愈高。贫穷的人与条件较差的人必须受到人道上的援助,但是任何人都不能免于竞争,在他们眼里,碌碌无为才是最可悲的。

孔子所说的"均贫富",其实也是给每个人竞争的机会,否则他怎么会说,为了生存他可以去当车夫呢?

"求人不如求己",就是提倡主观努力,去竞争,这样而"无怨"。害怕竞争的社会是嫉妒心更强的社会。这或许听起来很奇妙,但却是无可辩驳的事实,令人不得不相信。

当然,在这样的社会中,他们不会嫉妒太遥远的人、太歧异的人或不同行的人。两个朋友,一个人成功,另一人未成功时,便会发生强烈的嫉妒。明星嫉妒其他明星,记者嫉妒其他记者,作家嫉妒其他作家,足球选手嫉妒其他足球选手,女人嫉妒女人,男人嫉妒男人,这种现象往复循环,处处可见。

很多时候,嫉妒发生于我们发觉原本与自己在同一层次的人,现在却凌驾我们的时候。当我们无法超越他,也无法与他竞争的时候,嫉妒便发生了。这时候,我们面前有两条道路。一条是肯定对方的成功,真心为对方鼓掌;一条是期望他失败与毁灭。

一个赞扬成功者的社会之所以较少被嫉妒左右,是因为这个社会既要求竞争,也要求承认别人的成功。反之,不愿意从竞争中吸取他人优点,不承认成功的社会,一定是充满了嫉妒与抱怨的社会。

无论什么情况,嫉妒者在面临竞争上的困难时,便想破坏他人的理想。在电影《阿玛迪斯》当中,意大利作曲家萨利耶里知道莫扎特是个天才后,为此而想杀掉莫扎特。因此,嫉妒者把伤害别人,作为保护自己的唯一手段。

不过,狡猾的嫉妒者会用公平或正义的面具来掩饰其嫉妒。尼采和席勒对此描述得很透彻。心怀怨恨的男人憎恶帅哥、强者、胜利者,而且深信那些人拥有的不是优点而是缺点。他深信真正具备优点和道德的人是贫穷、弱小、痛苦、落后、失败的男人,也就是他们这一类人。

嫉妒是一种到处都见得到的负面感情。但是,在具有竞争性传统的国家,大家以奖励竞争、肯定价值、为成功喝彩的方式,努力削弱这种感情。在这些国家之中,文化的力量可以防止个人的萎缩,让个人更积极地行动、探寻其他的路径和方法、乐于称赞卓越的人物,并努力学习他们的优点。这也是儒家开出的处方:"正己无怨"!

生活中善于吸取他人的经验的人,首先是不被嫉妒所控制的人。一旦被嫉妒的心态所左右,人的思想就会发生畸变,眼睛就会被蒙蔽,行为就会背离正常的轨道。

保留一颗敏感的知耻心

人贵有"羞耻之心"。知羞耻，是为人处事的崇高美德。一个人只有知羞耻，才能风霜高洁。孟子说："人不可以无耻。无耻之耻，无耻矣。""羞恶之心，义之端也。""无羞恶之心，非人心。"可见做人，不可一刻忘却耻字，用今天的话说就是树立正确的荣辱观，以廉洁从政、艰苦奋斗为荣，以贪污受贿、奢侈腐化为耻。

《诗经》是我国西周至春秋中叶约500年间的民歌和朝庙之乐的选编，其中有廉耻之说。如《鄘风·相鼠》："相鼠有皮，人而无仪；人而无仪，不死何为？"其大意说，看那老鼠还有一张皮（喻为脸皮），人岂能没有尊严廉耻；如果一个人不识尊严廉耻，还活着干什么？

儒家认为，人不论做任何事都要有羞耻之心，尤其是那些为政者，如果失去了廉耻，那将是非常可怕的。羞耻之心是"立人之大节""治世之大端"。"耻"的基本义项是"耻感"，就是指人在做了自己明知不应该去做或被人劝说去做不应该做的事时，心里就涌起逆向情感、逆向意识，感到脸面愧怍，甚至无地自容，继而幡然改正。

儒家既然坚持人应当践行"仁、义、礼"伦理体系，"为之，人也；舍之，禽兽也"，如果有人"言过其实"，行为背离了"仁道"，儒家便认为他们应当感到可耻，所以孔子说："君子耻其言而过其行。""古者言之不出，耻躬之不逮也。"

孟子也认为人应当坚持道德，不可以油嘴滑舌，"为机变之巧"："耻之于人大矣。为机变之巧者，无所用耻焉。不耻不若人，何若人有！"儒家赋予士一种"以道济世"的使命感，认为士应当追求"以道济世"的目标，而不应当追求物质的享受："士志于道而耻恶衣恶食者，未足以议也。"

孔子赞扬子路"衣敝缊袍，与衣狐貉者立"，而不以为耻。值得一提的是：儒家重视的是"乐道"，而不是无条件的安贫。儒家以为：个人出仕的主要目的是以道济天下。在邦有道之时，个人理应出仕；如果无能出仕，而身居贫贱，那是可耻之事。反过来说，倘若邦无道而个人身居富贵，领取国家俸禄（谷），却尸位素餐，一无作为，"立乎人之本朝而道不行"，或甚至是浪得虚名，"声闻过情"，更是十分的可耻。

在中国和外国文明史中，许多贤能圣哲、志士仁人，对"耻"有精辟的见解。管仲把"耻"字提高到关系国家生死存亡的高度。他说："国有四维，……一曰礼，二曰义,三曰廉,四曰耻。""四维张,则君令行……四维不张,国乃灭亡。"礼义廉耻四字是治国的大纲,如果没有了它,这个国家就要灭亡。

曾经大声疾呼"天下兴亡,匹夫有责"的学者顾炎武认为,在礼义廉耻四者中,耻是最重要的。一个人之所以不清廉,乃至于违犯礼义,做出种种不合乎道德的事,一个重要原因就在于不知羞耻。如果为政者没有"耻感",没有羞耻之心,就会背离人民的事业,会干出丑恶之事,就会给一个单位、一个地区带来不良影响,甚至使国家蒙受灾难和耻辱。正如法国莫洛亚所说:"寡廉鲜耻,在任何时代都足以促使统治集团的灭亡。"康有为说:"风俗之美,在养民之耻。耻者,治教之大端。"一个人知耻,便可以反省自己,而廉洁自律是知耻的结果和升华。

宋代的名将狄青,原是个脸上被刺字的小兵,当他做了将领后,提携他的范仲淹曾说过:"将不知古今,匹夫之勇不可尚也。"狄青并不气馁,而是听从了范仲淹的劝告,发奋读书,这才使他熟运韬略,屡屡建功。他升任高官后,宋仁宗劝他把脸上的刺字洗掉,狄青却说,他宁愿留着那些印记,以给士兵做榜样,让他们知道如何上进。

世界许多有作为的人,都有一颗知耻心,例如贫困潦倒的安徒生,他独自去哥本哈根寻梦时,受尽别人的苛责,就是在一间旧房的顶楼上,他没日没夜地写,终于成了一位伟大的作家。当别人提到他因嗓音沙哑而离开音乐学院的事时,安徒生非常豁达地说:"我是不合适演唱。"当别人轻蔑他父母卑微的身份时,安徒生镇静了一下,从容地说道:"对,就是这样一个洗衣工的儿子,才能用最真切的心去写童话,我创作的丑小鸭,其实就是我自己。"

回到自身来分清哪些东西是最需要的

冯友兰先生有人生的四种"境界"之说,最高的两种为"天地境界"与"道德境界",而"天地境界"又居于"道德境界"之上。如果用"天地境界"来说明儒家的最高境界的话,那么,它既是道德的,也是超道德的。所谓"超道德"的,并非是"非道德"的,也不是"离道德"的,而是"超道德"的本身包含着"道德"的。这根源于儒者对宇宙人生的体悟。从根本上讲,儒者以为,道德并不仅仅是人或者人类社会自身的事儿,而天地万物或者自然本身就是富有道德意味的。换句话说,自然是有目的的,万物之生长、发育、流行,就是此目的的最好体现。而人类的道德精神所赖以挺立的,也恰恰是此自然之目的。同时,也因此,人的道德实践本身,就是可以"参""赞"天地之化育的。

　　"夜深人静，万籁俱寂时，一个人独立静思省察自己的内心，才会发现自己的妄念全消而真心流露，当此真心流露之际，皓月当空，心旷神怡，精神十分舒畅，感觉体会到了毫无杂念的细微境界。假如这种真心能够常在，然而已经感到真心偏偏难以全消妄念，于是心灵上会感到惭愧不安，在此中感到悔悟而有改过向善的意念……"这是一个作家的心声，读到此，让我也颇感内心的平静。

　　现在不少人感到心里浮躁，不能自持，不知如何应对生活。洪应明说："风恬浪静中，见人生之真境；味淡声稀处，识心体之本然。"一个人在宁静平淡的安定环境中，才能发现人生的真正境界；一个人在粗茶淡饭的清贫生活中，才能体会到人性的真实面目。

　　诸葛亮在人的心目中几乎是智慧的象征，兼备宰相之器与将略之才，关羽、张飞这些赳赳武夫，在他的鹅毛扇挥动下东征西讨，决胜于千里之外。读过《隆中对》的人，即知诸葛亮对当时全国局势的认识多么深刻，对未来历史走向的预见多么准确深远，几句话就勾画了三国鼎立的蓝图，尤其令人叹服。他的智慧为什么这样超群，眼界为什么这样高远呢？

　　诸葛亮认为：大丈夫立身处世，应以静来提高自己的精神境界，以朴素来培养自己的道德，生活简朴、恬淡、寡欲，才能显示出自己的志趣；心境安定冷静，精神专一不杂，才能见识深远。要想学习有成就，心境就必须保持绝对的宁静。要想增长才干，就必须刻苦学习。不学习怎能增长才干，不静又怎么能进行学习呢？轻浮懈怠就不能思虑深远，心境险恶烦躁就不能陶冶性情。

　　美国著名的教育家海伦·凯勒在《假如给我三天光明》一文中表达了一位盲人对人生中仅有的三天光明的万分珍惜。假如给盲人三天光明，收入眼帘的当是葱郁的山林、碧碧的草地、油油的庄稼、可亲的身影……这些，对于一个视力正常的人来说，不过是司空见惯的事：熟视无睹，便漠然置之。有谁能在闲暇之时，特地抽空去林间听一听鸟鸣？有谁能对眼前的景物产生特别的惊喜？

　　美国著名哲学家梭罗曾说："我来到森林，因为我想悠闲地生活，只面对现实生活的本质，并发掘生活意义之所在。我不想当死亡降临的时候，才发现我从未享受过生活的乐趣。我要充分享受人生，吸吮生活的全部滋养……"

　　然而，身处现实生活中的我们，被太多的物欲驱使着——豪华的房子、尽可能多的金钱、漂亮的女人、体面的男人、出人头地的子女……随波逐流的追逐使我们精疲力竭，太多的追求使我们失去了心灵的自由。我们没有时间问自己这一切是为了什么，我们真的需要这些吗？还是孩子气的逞强好胜？简单生活就是静静聆听自己心灵的声音，弄清什么才是自己真正渴望的，不再按照别人的需要而活着，真正过自己的生活。

实现简单生活需要极大的创造力和决断力,完全投入,完全自觉。如果要买一幢大房子,就要意识到它的利弊关系,有利就有弊,任何选择都会有负面影响。一幢大房子的好处就是舒适,或许令人激动;但为了支付房钱,你得在工作上付出大量时间,还得放弃生活中其他一些东西。

某种舒适的享受是必要的。我们需要有生存所不可缺少的物质条件,于是找一份有报酬的工作。作为人,我们不能一无所有,我们需要一定程度地对美和美的事物的追求。但我们往往不知适可而止,显得饕餮不足。随之便陷入了债务、劳疾等困境,甚至因此失去了生活的激情。

简单生活是深入的生活,是亲密的生活,即与你生活中的人、物、环境建立起密切的联系。在你过简单、悠闲的生活时,要有自己的空间和时间去深入地了解并深切地爱戴周围的人们。你要完全地表现真实的自我,并创造一种对你来说完全真实的生活。只有当你轻松下来,开始悠闲地、有意识地生活时,你才能发现这种生活的精华。

孔子说:"三十而立,四十不惑,五十而知天命……"从复杂到简单,是一个从加法到减法的转变。一般来说,人进入社会,开始用的是加法来衡量人生,人活着要日积月累地发展,要滚雪球一般地赚钱。自经历了生活的变故之后,发觉人生适宜于减法,例如有个在事故中幸存的人,他想,假如上次我被压死,一切都不复存在;如果上帝要去我的两条腿,人生就会少去很多意义。不要把对自己太苛刻,"知天命",即人最重要的是健康地活着。比起健康地活着,一切都显得微不足道。只有健康地活着,才能为世人做点事儿。

人生的减法哲学,能让我们减去疲惫、减轻烦恼、减去沉重,更能减去不该早生的华发。那些身外之物,诸如金钱、地位、权势,本来就是炫目的虚伪,不要过度地猎取!

背地里不做亏心事

隋代初年,任西安州刺史的梁毗是一位率性的人,但具有"慎独"的功夫。他管辖的区域内,"蛮夷"酋长一度相互攻夺不已,搅得中国西部疆土很不安宁。其时,一些酋长纷纷向梁毗送礼,有的竟把黄金直接放到他的座位椅上。梁毗面对礼品黄金,竟失声恸哭起来,说:"此物饥不可食,寒不可衣,他们争相送此重礼,无非是来笼络。以此相灭,等于以此杀我。"他一概拒绝收受,结果却感动了酋长们,他们不再相互攻击。

明太祖朱元璋曾易服私访，走进一条陋巷，到了内朝臣罗复仁家，只见罗正爬在梯子上刷墙。朱元璋看后很感动，立即赏他一所房子予以表彰。清康熙年间，有个知县靳让上疏提出"察吏安民，实行教养"的建议，以使百姓"家给人足，无一冻馁"。后来康熙调靳让做通州知州，他身穿布衣，骑着一匹瘦马前去上任。在任上，靳让对肆意伤害百姓的人依法严惩。有奸商凭借权贵势力，图谋垄断麦豆买卖，靳让坚决惩处。康熙赞赏靳让"除弊务尽"的果敢，当朝廷商议学政人选时，康熙说："朕亦举一人。"推举靳让升任学政。

孟子说："仰不愧于天，俯不怍于人。"仰起头来看看觉得自己对天无愧，低下头去想想觉得自己不愧于别人。做人要光明磊落，问心无愧。

孟子是以"天爵"藐视"人爵"的思想家，他认为，道德人格是乐的真正主体，离开主体的自我感受、自我体验，所谓乐是不存在的。"仰不愧""俯不怍"之乐，完全是一种个体人格的自我写照，他所说的"大丈夫"精神，就是指此而言的。

道德教育要取得实效，必须一方面遵循知识论的规律，遵循人们的道德品质和心理成熟的规律。

另一方面，还要遵循生命成长的规律，遵循心性论的规律，用中西方文化来滋润生命。我们的教育资源中最好的东西是"仰不愧于天，俯不怍于人"的做人之道和修养理论，但后来道德教育内容体系中却忽视了这个基础，使概念化、理论化的教育内容成了空中楼阁，中国文化的基本精神在道德教育体系中成了稀缺资源。

"仰不愧于天，俯不怍于人"，儒家"为天地立心"的基点是在处理好个人志与气的关系的基础上，将个人的生命融入整个民族和社会国家的命运之中，为国家为民族承担起历史的重任。

哲学家康德说："有两种东西，我们对它们的思考越是深沉和持久，它们所唤起的那种越来越大的惊奇和敬畏就会充溢我们的心灵，这就是繁星密布的苍穹和心中的道德律。"这与孟子所说的意思完全一样。

做到"不愧不怍"，我们来看个故事。一个美国游客到泰国曼谷旅行，在货摊上看见了一种十分可爱的小纪念品，他选中3件后就问价钱。女商贩回答是每件100铢。美国游客还价80铢，费尽口舌讲了半天，女商贩就是不同意降价，她说："我每卖出100铢，才能从老板那里得到10铢。如果价格降到80铢，我什么也得不到。"

美国游客眼珠一转，想出一个主意，他对女商贩说："这样吧，你卖给我60铢一个，每件纪念品我额外给你20铢报酬，这样比老板给你的还多，而我也少花钱。你我双方都得到好处,行吗?"

美国游客以为这位泰国女商贩会马上答应,但只见她连连摇头。见此情景,美国游客又补充了一句:"别担心,你老板不会知道的。"

女商贩听了这话,看着美国游客,更加坚决地摇头说:"佛会知道。"

美国游客一时哑然。他为了达到自己的目的,就像钓鱼一样,设了一个诱饵,但女商贩并不上钩,关键在于她深深懂得:商人必须讲究商业道德,正经钱可赚,昧心钱不可得;别人能瞒得住,但良心不可欺。

做人处事的道理和经商的道理是相通的。"认认真真做事,清清白白做人。"这句话几乎包含了各种层面的人生活动,比如做官、种田、经商、打工等等,无论做什么事,都要"对得起天地良心",于人于己问心无愧,无论处于何种人生情境,无论是别人知道还是别人不知道,做人都要珍视"人"这个崇高的称号,必须保持个人品德的纯洁无瑕。

利用别人不知道而欺骗别人是一种最大的不道德。《后汉书》中记载了一则"杨震四知"的故事。东汉时期,杨震奉命出任东莱太守,中途经过昌邑时,昌邑县令王密是由杨震推荐上来的。这天晚上,王密拿着 10 斤黄金来拜见杨震,并献上黄金以感谢他往日的提拔。杨震坚决不收。王密说:"黑夜没有人知道。"杨震却说:"天知、地知、你知、我知,怎么说没有人知道呢?"

为了不做对不起他人的事,在行动之前,要审查自己的良心,是不是缺失了。在行动中,让良心起调整和监督作用;在行动后,良心对行动的后果进行评价和反省。"人无一内愧之事,则天君泰然,此心常快足宽平,是做人第一自强之道,第一寻乐之方,守身之先务也。"记住曾国藩这句话,对你做人处世大有益处。你无愧于人,对方自然对你信任,你何愁不被人接纳与认可呢? 这是一种积极的进取,相反,如果瞒着人做了亏心事,虽然得到了便宜,但实际上却是一种境界的倒退。

完善独立的人格

欧阳修说:"君子修养品德,内要端正自己的思想,外要修饰自己的仪表。"苏洵说:"脸脏了不忘擦洗,衣服脏了不忘清洗,这是做人起码的常识。"按照这个常识做人,完成了自我的人格,才能被人看得起。要被人看得起,平时做人要端重,要庄严,要恭敬;不要轻佻,不要苟且,不要散漫。

君子不重则威。人作为万物之灵,能超越自我,成就事业,这都要依靠自己去创建,依靠自己去奋斗。做人如果可以深入观察自己,唤醒自身沉睡的潜能,那么,伟大无比的力量和奇迹将会因此而产生。唤醒潜能后，你会惊奇地发现，你和圣人没有什么不同，圣人和你也没有什么不同；你就是英雄，英雄就是你，英雄和你没有什么区别。不过，你要不断完善自己的人格。

唐朝白居易，既是位了不起的诗人，又是位了不起的清官。他在杭州任刺史期间，除了饮水吃菜非得向当地购买以外，从不索取任何名贵物品。想不到他离任回家以后，竟发现自己做了一件错事，于是写下这样一首类似"自我检讨"的诗篇："三年为刺史，饮冰复食叶。唯向天竺山，取得两片石。此抵有千金，无乃伤清白。"

原来他在游天竺山时，带回来两片玲珑可爱的山石。他感到对不起杭州，对不起天竺山，要是每个游人都去带回两片可爱的石子，那么，天竺山还成什么样子，这不就破坏了大自然之美吗？这种损失，抵得上贪污千金，不像个为官清白的人所做的。

一个人一生中可能会遇到各种变化，如生活条件变化，家庭关系变化，职业变化，地位变化，或者受挫遭难，或者伤残，但无论什么情况，都应该保持独立的人格，自尊自敬，自爱自重。陆象山说："双手攀南斗，翻身倚北辰。举头天外望，无我这般人。"这就是自尊自重。陆象山又说："天下的事情，是每一个人的事情。"这就是自敬自爱。

做人处世力行中庸，并不排斥自尊，没有自尊，与中庸思想只会越来越远。自尊是自我规矩，自我规矩才能自成方圆。自尊不是自我夸大，唯我独尊。自夸的人狂妄，怪异，荒诞。做人要自尊，就是要自己看得起自己，在自己的心中确立这样的信念：天地赋予我的优势并不比别人少一分一毫，别人有的我也有，只要自强不息，锲而不舍，精进如斯，成功就不会少我一分。做人不能自暴自弃，以致辜负了天赋的才华，辜负了人生的美好。天作孽尤可恕，但自己不尊重自己，不自爱，那还有什么理由自怨自艾？

司马迁的童年，他家过着耕种牧畜的生活，父亲名谈，是一位太史令，"掌握秘籍、职司记载"，博学天文、史事，通晓诸子学术。司马迁从小受到良好熏陶，10岁时，他随父来到长安，诵读古人经书，有机会接触到许多珍贵文化历史资料。20岁以后，司马迁开始周游各地名山大川，他游历淮河、长江一带，深入乡野，探访古迹，采集传说，考察风土人情。他到过刘邦起兵的沛县等地，访问过萧何、曹参、樊哙、滕公等人的故家，了解了他们的一些事迹，他登上会稽山，去寻找民间传说已久的禹穴。为了勘察大舜所葬的地方，他又登上九嶷山。他考察过屈原的遗迹，参观了孔子的"庙堂车服礼器"，瞻仰过信陵君门客侯嬴曾经看过的夷门。他"读万卷书，行万里路"，增长了不少的知识，更重要的是接近下层人民，了解了人民的疾苦，为后来写《史记》准备了条件。司马谈死后三年，司马迁继续当了太史令。在他42岁时，开始了《史记》的著述。

公元前99年，司马迁因替李陵辩冤而遭大祸，司马迁在狱中受到奇耻大辱，本想"引决自裁"，但为了完成他不朽的著述，才"隐忍苟活"下来，狱中他想起以前周文王被商纣王囚禁时，曾推衍出《周易》的卦爻。他想起了孔子在陈、蔡二国遭了困厄而作《春秋》，屈原放逐江南而赋《离骚》，双目失明的鲁史官左丘明编撰《国语》，双脚受了重刑的孙膑忍着巨大的痛楚而作《兵法》……这一切给了他很大的鼓舞。在狱中他效法这些不朽的名家，发愤而作，为了完成自己的宏伟心愿，只能忍辱含垢，发愤著述。终于在公元前92年，他以极大的毅力和雄深雅健的文笔，完成了宏伟的历史巨著《史记》，也同时完善了独立的人格。

司马迁写《史记》的过程，说明了一个人心地如果光明磊落，即使立身在黑暗的狱中，过着暗无天日的非人生活，也像站在万里晴空的天下一样，能做出顶天立地的事来。反之如果一个人的观念邪恶不端，即使在光天化日之下，也只能终日战战兢兢，无所作为。

该以什么方式面对荣与辱

荣辱观是中华传统伦理学中最基本、最一般的道德范畴，儒道两家都谈到了它，儒家荣辱观以"仁""义"为标准。管仲说："仓廪实而知礼节，衣食足而知荣辱。"南宋学者吕本中说："当官之法唯有三事：曰清、曰慎、曰勤。知此三者，可以保禄位，可以远耻辱，可以得上之知，可以得下之援。"

老子《道德经》中也说过这样的话："宠辱不惊，贵大患若身。何谓宠辱不惊？宠为下，得之若惊，失之若惊，是谓宠辱若惊。何谓贵大患若身？吾所以有大患者，为吾有身，及吾无身，吾有何患？故贵以身为天下，若可寄天下；爱以身为天下，若可托天下。"

一般来看，道家思想是退缩的，保守的，但它有些话却切合了中庸理论，尤其在为人处世上，主张不伤害生命和真性为前提，也就是人是自在的，只有这个自在性的主体与自然达成和谐，才是最恰当的，否则违反天性与人性。

洪应明在处世上始终保持一种豁达的心态，他说："宠辱不惊，闲看庭前花开花落；去留无意，漫随天外云卷云舒。"一个人对于一切荣耀与屈辱无动于衷，用安静的心情欣赏庭院中的花开花落；对于官职的升迁得失都漠不关心，冷眼观看天上浮云随风聚散，那活得多自在啊。

人活在世上,总想比别人有钱,比别人有势,也因此惹是生非,种下苦根。于是聪明人意识到了这一点,把"宠辱不惊"视作一种境界。有一次,孟子本来准备去见齐王,恰好这时齐王派人捎话,说是自己感冒了不能吹风,因此请孟子到王宫里去见他。孟子觉得这是对他的一种轻慢,于是便对来人说:"不幸得很,我也病了,不能去见他。"

第二天,孟子要到东郭大夫家去吊丧,他的学生公孙丑说:"先生昨天托病不去见齐王,今天却去吊丧,齐王知道了怕是不好吧?"孟子说:"昨天是昨天,今天是今天,今天病好了,我为什么不能办我想办的事呢?"

孟子刚走,齐王便打发人来问病。孟子弟弟孟仲子应付说:"昨天王有命令让他上朝,他有病没去,今天刚好一点,就上朝去了,但不晓得他到了没有。"

齐王的人一走,孟仲子便派人在孟子归家的路上拦截他,让他不要回家,快去见齐王。孟子仍然不去,而是到朋友景丑家避了一夜。

景丑问孟子:"齐王要你去见他,你不去见,这是不是对他太不恭敬了呢?这也不合礼法啊。"

孟子说:"哎,你这是什么话?齐国上下没有一个人拿仁义向王进言,这才是不恭敬哩。我呢,不是尧舜之道不敢向他进言,这难道还不够恭敬?曾子说过,'晋国和楚国的财富我赶不上,但他有他的财富,我有我的仁,他有他的爵位,我有我的义,我为什么要觉得比他低而非要去趋奉不可呢?'爵位、年龄、道德是天下公认为宝贵的三件东西,齐王哪能凭他的爵位轻视我的年龄和道德呢?如果他真是这样,便不足以同他有所作为,我为什么一定要委屈自己去见他呢?"这就是孟子荣辱观的实践证明。

1807年7月,拿破仑与俄国皇帝亚历山大一世在提尔西特会晤。奥地利王后路易莎也来到这里,想请求拿破仑把北德意志马格德堡归还给奥地利。一见面,路易莎王后先是赞赏拿破仑的头"像恺撒的一样",然后直截了当地向拿破仑提出归还马格德堡的恳求。拿破仑也不好当面拒绝,但又不能轻易答应。他没话找话地赞美皇后的服装如何好看,想以此转移话题。路易莎王后回敬了一句:"在这样的时刻,我们要拿时装作话题吗?"她再次提出请求,拿破仑又用一些毫不相干的话来对付她。路易莎王后再三央求拿破仑宽大为怀,态度谦恭而又诚恳,使拿破仑多少有些动摇。这时,奥地利弗西斯国王进来了,拿破仑的调子当场冷下来了。

宴会结束时,拿破仑得体地向路易莎王后奉送了一朵玫瑰花。王后灵机一动,脱口而出:"不可否认,这是友谊的象征,我的请求已蒙答允?"拿破仑早有戒备,用一句不着边际的话把话题推开了。路易莎王后没有达到目的,失落地离开了提尔亚西特。拿破仑宠辱不惊，没被王后的热情和赞赏征服。

外交场合中，重要的是坚持自己的原则和立场，无论怎样被对方吹捧，不该做出让步的决不松口，同时又要做到言行得体，不失礼仪，自我成全，这是一门高超的艺术。

有效地节制自己的嗜欲

子思说，君子的道，平淡而有意味，简略而有文采，温和而有条理，由近知远，由风知源，由微知显，这样，就可以进入道德的境界了。洪应明说："有妍必有丑为之对，我不夸妍，谁能丑我？有洁必有污为之仇，我不好洁，谁能污我？"人都有爱好甚或嗜好，这本不要紧，关键是如何引导爱好与嗜好，有效地节制，不使之过度与极端。

我们来看历史上一些风云人物，原本没有什么文化，但经血与火的生死考验，风云变幻局势中从政的切身体会，使他们的见识往往高人一筹。比如放牛娃出身的皇帝朱元璋提倡"谨嗜好"，显然比他手下那些有文化的文臣僚属们看得深远；就是对今人的品德修养，也仍然有借鉴意义。

据《明太祖实录》载，洪武二十年（1387年）八月，朱元璋与侍臣有一段很精彩的对话。朱元璋说："人君一心当谨嗜好，不为物诱，则如明镜止水，可以鉴照万物。一为物诱，则如镜受垢，水之有滓，昏翳泊浊，岂能照物？"侍臣说："陛下谨嗜好，正心之道莫过于此。"朱元璋又说："人亦岂能无好，但在好所当好耳。如人主好贤，则在位无不肖之人；好直，则左右无谄佞之士。如此，则国无不治。苟好不当好，则正直疏而邪佞进，欲国不乱，难矣。故嗜好之间，治乱所由生也。"虽是古文，但话并不难懂，道理也很明白。朱元璋认为人应当有所好，但不能有不当嗜好，特别是要"不为物诱"，否则就会好坏不分、是非颠倒，危害巨大。应当说，这是朱元璋积几十年人生经验得出的真知灼见。

嗜好，也就是爱好、习惯、怪僻，可以说人皆有之。三联书店上海分店出版过一本《中外名人嗜好大观》，数百位古今中外名人，嗜好也是千奇百怪。如"建安七子"之一的王粲喜欢听驴叫，东晋著名书法家王羲之生性爱鹅，陈毅元帅业余爱好下围棋，美国前总统罗斯福酷爱集邮，大科学家爱因斯坦是小提琴迷，德国大诗人席勒只有闻烂苹果味才能激发创作灵感，如此等等，有的简直令人莫名其妙。明人张岱有言，"人之无癖，不可与交，以其无深情也"。有点嗜好，可以怡养性情，充实生活，且于他人于社会无碍，自然不能一概反对。

话虽这么说,但嗜好也不能不加节制地任其发展。特别是那些有可能向恶的方向发展的嗜好,按照朱元璋的话说,更是要"谨"。

凡事当有度,即使是有益的嗜好,也要适当把握,不能沉溺其中,以防贻误正事。像春秋时期卫国的国君卫懿公,喜欢养鹤,这当然不能算坏事,但这位先生爱鹤成癖,竟然让鹤享受大夫待遇,封给鹤卿的禄位,并配给一辆豪华专车。后来狄人进攻卫国时,卫懿公号召国人上前线作战,人们说,"让鹤去吧,鹤有官位官禄,比我们强。"结果狄人大败卫军,卫国很快灭亡了。对嗜好不加节制,导致人心离散,国破家亡,教训太深刻了。

对不良嗜好,更要十分警惕,千万不能沾染。例如黄、毒、赌之类,沾染此道的人,在尝试刺激的同时也把自己送进了火坑。赌得倾家荡产、嫖个妻离子散的、吸毒进了班房的并不少见。

要注意"不被物诱"。种种不良嗜好的实现,都要有金钱作物质基础;对钱与物的不择手段的追求,必然又引发新的不良嗜好。受钱与物的诱惑,就会是非不分,美丑颠倒,原则丧失。

人生在世,多少都有一点个人嗜好。我想,对嗜好不应该顺其自然,在做出有益、无益,甚至有害的区别之后,还是如朱元璋所说,"谨嗜好"为好。

人固然会有许多癖好。而一个有修养的人必须自省其所好的道德标准,看看和志向是否一致。孔子说过:"能近取譬,可谓仁之方也。"就是说,能以眼前的事为例一步步做去,就是最好的实现仁道的方法。比如推己及人:你自己想要的,人同此心,大家都想要,都应该得到;你自己不喜欢的,别人也不喜欢,所以你也不应该把它加在别人身上。

孟子则说:仁、义、礼智这些好品质,每个人都天然地禀有一点,像同情心、求知心、恋母心等就是明证,这些都是"善端",有了这些"善端",关键是要能很好利用,"求则得之,舍则失之",求与舍,全在自己。孜孜以求,尽管只是从自己禀性的那点端倪出发,达到目标也是不难的。

老子说:"甚爱必大费,多藏必厚亡;故知足则不辱,知止则不殆。"意思是说过度执着于权势地位,一定会磨损生命;财富储积过多,一家会失去很多。知足的人不会受辱,知止的人就没有危险。"知足之戒"可作中庸为人处世的座右铭。

自古以来,许多人以这种人生哲学为生活指针,以保身于乱世中。比如,后汉时的疏广以渊博的学识被朝廷征召为太子太傅,教导皇太子。5年后,当太子的学识有了长足的进步,他便引身求退,他说:"吾闻知足而不辱,知止而不殆,功成身退,天道也。今官仕至二千石,宦成名立,如不去,惧后悔矣!"于是便辞官返乡。

疏广的一些好友见他这样做颇为担心,就说:"如此子孙无一文",规劝他购置田产以遗后世,疏广不以为然,他说:"留给子孙过多的财产,无疑是告诉他们可以怠惰。贤而财多,则损其志;愚而财多,则益其过。而且富者易抬人怨,我不希望我的子孙犯错或得罪他人。"

疏广终得天寿而去世。后人提及他做人处世之道,均佩服地说:"行知足之计,免殆辱之果。"此等人才称得上中庸睿智。

"从欲惟危",欲望本是促进社会进步的原动力,但如果欲望过度,就会带来许多不幸的祸害,甚至祸及社会、国家。所以,古人对于贪欲特别严以告诫。

《韩非子》中记载着一则故事。晋献公想要攻取虢国,但必须经过虞国,正百思无计之际,苟息进言:"赠之以垂棘之璧和屈之骏马,再要求借路,如此必得应允。"献公不放心地说:"垂棘之璧为镇国之宝,而屈之骏马为我无价的坐骑。如果对方收我国礼物,却拒绝借路,那又该如何是好?"苟息道:"假如虞国无意借路,必不敢接受礼物。一旦收下礼物,必会借路我国,那时一切就成功了。这样宝物就好像由内库移到外库;骏马也好似由内庭马厩移至外庭马厩一般,根本用不着担心。""我明白了!"献公满意地说。随即派苟息为使臣,带着墨玉和骏马赴虞国,交涉借路之事。

虞公看了晋国送来的大礼,大喜之余便欲接受,这时有位大臣挺身阻止,他说:"且慢,此事千万不可行,对我国而言,虢国如同车之轴,车与轴互相依存,缺一不成。如今若借路给晋国,用以攻打虢国,等到虢国灭亡之际,虞国也必有亡国之忧,请王三思而行。"然而贪心的虞公未纳忠言,而接受了晋礼,同意借路。于是晋国便顺利地攻打虢国,胜利凯旋。

三年后,晋国再次起兵,这次打的是虞国。虞国不堪一击,很快就败亡了。苟息取回璧和骏马,献还给晋献公。献公喜出望外,说:"璧仍是完美无瑕;而骏马则强壮不少。"

韩非子对此做了以下的评论:"虞公战败并失领土,乃因其短视近利,未考虑到损失的可能性。"并说:"顾小利,则残大利。"

嗜欲过度,就成为"贪"。贪是人性的一大弱点,虞公的愚蠢值得人们引以为戒,以免自己陷入贪的漩涡中。自古以来,多少人才毁于贪,多少英雄豪杰因贪而沦于万劫不复的泥潭;现实中,有些人面对小利的诱惑,难以把持,结果贪图眼前小利的人,常损失原来获得的大利。

老子说:"五色令人目盲,五音令人耳聋,五昧令人口爽,驰骋田猎令人心发狂。"老子的这种观念,现在人会认为保守落后,消极悲观,但对于利欲所浸泡的人,何不是一味良药。当过度的追求物质与官能享受,沉湎于中,不可自拔,最好的办法就是离开,回到一种中间状态,这是中庸的智慧。

人生的一切欲望,归纳起来不外乎物质欲望和精神欲望。为了满足这两种欲望,相应地产生了两大追求:物质追求和精神追求。有种人把物质欲望当作人生的全部,因此对精神欲望的追求不高,而另一种人精神欲望相当强烈,对物质却不十分看重。中庸做人之道:追求功名利禄时不要抢在前面,当进行品德修养创立事业时不要落于人后,享受物质生活不要超过一定的范围。

一个人过分追求物质享受,会养成各种不良嗜好,甚至会作威作福。不良的嗜好对人的危害好似烈火,专权弄势的脾气对心性的腐蚀如同凶焰。假如不及时缓和一下其强烈的欲望,那猛烈的欲火即使不将其烧得粉身碎骨,也一定是焦头烂额。正如老子所说:"祸莫大于不知足,咎莫大于欲得。"所以我们必须加强"慎独"意识,缓和自己的贪欲,尽量避免"伸过头""蛇吞象"的现象出现,如此才能潇洒地走好自己的人生历程。

一经发现过错就要勇于改正

孔子提出了君子应当具有的品德,这部分内容主要包括庄重威严、认真学习、慎重交友、过而能改等项。作为具有理想人格的君子,从外表上应当给人以庄重大方、威严深沉的形象,使人感到稳重可靠,可以付之重托。他重视学习,不自我封闭,善于结交朋友,而且有错必改。以上所提四条原则是相当重要的。作为具有高尚人格的君子,"过则勿惮改",就是对待错误和过失的正确态度。可以说,这一思想闪烁着真理光辉,反映出孔子理想中的完美品德,对于研究和理解中庸思想有重要意义。

先要了解什么是过。在孔子看来,过有三种,第一,说君子在学习方面要仪态庄重,否则就会缺乏威信,学过的东西难以巩固。有的人在学习过程中,哼哼哈哈,嬉皮笑脸,知识只是在他脑子中稍做停留,如此又怎能谈做学问呢?

第二,君子为人处世,最要讲究忠诚和信誉。忠于国家,忠于事业,办事讲信誉,不欺不诈。做到了这一点,就能赢得别人的尊重,使自己永远立于不败之地,否则就是过。

第三,君子处世交友,不要与没有修养的人交朋友。别人的道德品质、学习修养远不及你,交他这个朋友又有何益?因为"近朱者赤,近墨者黑"。可是不少人都有这方面的过。

"人非圣贤，孰能无过"，为人要敢于正视自己的缺点，勇于改正自己的错误。难得的是知错能改。

据心理学的研究，人对于自己的过错，很容易发现。每个人自己做错了事，说错了话，自己晓得不晓得呢？绝对晓得，但是人类有个毛病，尤其不是真有修养的人，对这个毛病改不过来。这毛病就是明明知道自己错了，很快就找出很多理由来，支持自己的错误完全是对的，越想自己越没有错，尤其是事业稍有成就的人，这个毛病一犯，是毫无办法的。所以过错一经发现后，就要勇于改过，才是真学问、真道德。

从闻过则善，闻善言则拜，到与人为善，虽然有程度的不同，但其性质都是一样的，这就是善于吸取别人的优点而改正自己的缺点。在《论语·学而》篇里，孔子曾经说过："丘也幸，苟有过，人必知之。"把别人能够给自己指出过错看作一大幸事。可见，孔、孟在如何正确对待自己的缺点和别人的优点这个问题上也是一脉相承的。当然，在实际生活中，要真正按孔、孟的要求做是非常难的。这里面的原因多种多样，但最根本的一点，还是有没有宽广的胸襟和肚量的问题。没有宽广的胸襟和肚量来处理人与我之间的关系，莫说与人为善，就是闻过则喜也是绝对做不到的。做得到的，只有闻过则想，文过饰非而已。

孔子在处理过失和改过的关系方面，强调改过，他把道德修养过程也看作是改过迁善的过程。他承认自己犯有过错，并认为过错被别人所了解，是自己的有幸。他反对有人对过错采取不承认的态度，"小人之过也必文"，文过饰非，把过错掩盖起来，这是不对的。他还说，"君子之过也，如日月之食焉。过也，人皆见之，更也，人皆仰之"。他认为君子的过错，好比日蚀和月蚀；他有过错，人人都看得见，他改正了，人人都仰望他尊敬他。孔子还说："过而不改，是谓过矣，不善不能改，是吾忧也"。

孟子把"改过"与"与人为善"联系起来，他说，子路，别人指出他的过错，他就很高兴。大禹听到有教益的话，就给人家敬礼。伟大的舜帝又更为了不得，总是与别人共同做善事。舍弃自己的缺点，学习人家的优点，非常快乐地吸取别人的长处来行善。从他种地、做陶器、捕鱼一直到做帝王，没有哪个时候他不向别人学习。吸取别人的优点来行善，也就是与别人一起来行善。君子最重要的就是要与别人一起来行善。

今天我们说，与人为善，是指善意帮助别人。这与孟子所说的意思既密切相关又略为有所不同了。

要正确对待自己的过错，也要正确对待别人的过错，要容许别人犯错误，对别人过去的错误采取谅解的态度。孔子提出,"既往不咎",即已经过去的事不要责备了,着重看现在的表现。

总之孔子要人知过、改过的思想,涉及人犯错误的必然性以及人如何对待自己的错误和改正错误的问题,还涉及如何对待别人的批评和如何对待别人的错误的问题,这些思想与经验,对我们今天仍有启发意义。

当我们不愿承认自己错了时,完全是情绪作用,与事情本身已经没有关系。当我们错的时候,也许会对自己承认。如果对方处理得很巧妙而且和善可亲,我们也会对别人承认,甚至以自己的坦白直率而自豪。但如果有人想把难以下咽的事实硬塞进我们的食道,那我们是决不肯接受的。

美国第一任总统华盛顿小的时候,父亲送给他一把崭新、小巧锋利的小斧头,他当然是既兴奋又开心!天真的他心想全新的大斧头就能够砍倒大树,那么,我的新小斧头是否也能砍倒小树呢?他实在难挡好奇心驱使,只想证实新斧头的锐利与否,当他看见院子里一株小樱桃树随风飘曳、纤细的枝干不堪一击的样子时,就再也按捺不住跃跃欲试的念头,而举起小斧头砍向那株羸弱的小樱桃树,只听到"咔嚓"一声,小树应声倒地并且断成两截,不知已经闯了大祸的华盛顿还洋洋得意地在院子里玩起了骑马打仗的游戏。当他的父亲回家看到心爱的樱桃树断枝倒地的样子时,气得火冒三丈,怒斥道:"是谁砍了我的树?"小华盛顿在惊慌、恐惧下怯怯地承认是因为想试一下新斧头是否锐利才砍了樱桃树。小华盛顿的诚实、勇于认错让盛怒的父亲竟和缓了脸色,不仅没处罚、责骂他,反倒称赞他:"我的好儿子,爸爸宁愿损失一千株樱桃树,也不愿你说一句谎话。所以,爸爸当然原谅诚实、敢担当的孩子,但是,以后再也不能因为好奇、调皮而砍树了。"也许是父亲的明理、宽容使得华盛顿自小培养了良好的品格、道德修养,以至于后来能成为一国之尊,带领美国走进强盛、领导的地位。

某公司财务科小王一时粗心,错误地给一位请过几天事假的员工发了整月的工资。在他发现之后,匆匆找到那位员工,要他把多发的钱退回来,可是却遭到了拒绝。那位员工说要退也得分期退。双方争吵了起来。过了不久,小王平静下来,对那位员工说:"好吧,既然这样,我只能告诉老板了,我知道这样做一定会使老板大为不满,但这一切都是我的错,我只有在老板面前坦白承认。"就在那位员工还没有反应过来的时候,小王已来到老板的办公室,把前因后果都陈述了一遍,并请他处罚。老板听后十分恼火地说,这是人事部部门的原因。但小王重复地说这是他自己的粗心造成的错误。老板于是又大声地指责会计部门。小王又解释说,不怪他们,实在是他自己的过错。最后老板没有处罚别人,而是按规章制度,处罚了小王。

这些勇于认错的人令人佩服，但是一个人越重面子，认错的人代价就越大：把个人的面子、名誉看得越重要，认错就需要更大的勇气。要是处于权威地位，那么认错就几乎比死还难了。"不能认错、不能认错"，这样不断告诫自己的人，社会压力多么大啊。然而人要活得健康，学习进步得快，错了便得承认。这里不是不赞成人爱惜名声，而是希望人更重实际，无须把形象看得那么重要。

与人相处，认错可以改善自己的心境和处世环境，让阳光进驻心间，从而也给别人一些阳光。如果每一个人都能培养勇于认错，对自己的言行负责到底的态度，相信那种内心的宁静与喜乐，将会不断地扩散开来，让每个人都在谦让中成长，进而创造出更好的业绩。

了解自己，不迷失自我

"安身立命，反求诸己"，用现在的话说，就是人要把握命运，只有关注自身。处世成功者善于融入群体，但又不失个性。只有首先认识自己，把持住自己，自觉修正自己的行为，保证不出过错，才能立于不败之地。

人不可能不考虑自己与外界的关系，儒家主张应时而动，与时俱化，与外界合作，随机应变。把握机遇，就是"应运"而适应外界，但不迷失自我。静如中流砥柱，动似水中行船。

中庸最重要的两个原则："时"和"中"，即运用智慧，发挥主观能动性，随时调整自身与外界的关系，永远占据时空坐标中的最佳位置。在一定意义上和限度内，个人的命运掌握在自己手中。人若对自己认识不足，就会受到种种诱惑，掉进陷阱，不可自拔或迷失自我。

看一个寓言故事：森林中，动物在举办一年一度的比"大"比赛。老牛走上台，动物们高呼："大。"大象登场表演，动物们也欢呼："真大。"这时，台下角落里的一只青蛙气坏了，难道我不大吗？它一下子跳上一块巨石，拼命鼓起肚皮，同时神采飞扬地高声问道："我大吗？""不大"台下传来的是一片嘲笑声。青蛙不服气，继续鼓着肚皮。随着"嘭"的一声，肚皮被鼓胀破了。可怜的青蛙，到死也还不知道它到底有多大。

人在某种环境中容易迷失自己，尤其是积极融入群体的人，自觉不自觉地牺牲个性，以投合别人。还有一种人是对自己不了解，盲目随大流，结果丢失了自我。

有一位登山队员，一次他有幸参加了攀登珠穆朗玛峰的活动，到了 7800 米的高度,他体力支持不住,停了下来。当他讲起这段经历时,朋友们都替他惋惜,为什么不再坚持一下呢? 再往上攀一点高度,再咬紧一下牙关,爬到顶峰呢? "不,我最清楚,7800 米的海拔是我登山生涯的最高点,我一点也不为此感到遗憾。"他说。这种人不会迷失自己,不会无自我的被别人推着走。他知道他如果继续攀登,生命是很危险的。

青蛙不了解自己,受到了命运的惩罚;登山队员了解自己,所以他安然无恙。了解自己,这是一种明智,是一种美好的境界。了解自己、把握自己才不会迷失自我。

现代人都有一种通病,那就是不了解自己。我们往往在还没有衡量清楚自己的能力、兴趣、经验之前,便一头栽进一个过高的目标——这个目标是比较得来的,而不是了解自己与环境之后订出来的。所以每天要受尽辛苦和疲惫的折磨。

人如果在生活中总是与别人比较,总是希望获得他人的掌声和赞美,博取别人的羡慕,那么,他就会慢慢地迷失自己,否定自己。一个人成天乞讨获得别人的掌声,他的生活必然是空虚的。久而久之,他的生活就变成了负担和苦闷,而不是充实和享受。所以,人贵在静下心来了解自己,根据自己的能力去做人做事,那才有真正的喜悦。人彼此都不相同,有的人聪明,有的人平庸,有的人强壮,有的人羸弱。每个人的性格、能力、经验也各不相同。我们只有依照自己的潜能去发展,那才有真正的快乐。

俗话说,"旁观者清,当局者迷"。苏东坡在《题西林壁》一诗中说:"横看成岭侧成峰,远近高低各不同。不识庐山真面目,只缘身在此山中。"我们自己看不清自己的主要原因,就和身在庐山反而看不清庐山真面目是一个道理。要使自己对自我有自知之明,还得让自己跳出自我的小圈子,站在旁观者的立场来分析和评价自己。鲁迅先生曾经说过:"我有时解剖别人,但常常更严格地解剖自己。"这样才能对自己有清醒的认识。

你对自己的了解越明确,所表现的行为越适合本身的情况,你的表现也会越自然,越能给予他人一个正确的印象。同时他人根据那些印象来与你交往时,将不致引起什么困难。所以就我们自己来说,对本身有一个明确了解之时,也等于有了一个做人的准绳;尽管在不同的情况之下,我们还能表现颇为一致的姿态与行为模式,别人也知道该怎样和我们维持适当的关系,如此处世既能与人友好相处又不迷失自己,真是恰到好处。

以满足感来避免祸患的发生

如果人们想要的东西没有比生命更重要的,那么,一切保住生命的手段,哪有不采用的呢? 如果人们厌恶的没有比死亡更厉害的,那么,一切可以避开祸患的事情,哪有不采用的呢? 靠某种不义的手段就可以苟全生命,有的人却不肯采用。靠某种不义的门道就可以避免祸患,有的人却不肯去干。这样看来,喜欢的有比生命更重要的东西,厌恶的有比死亡更厉害的东西,不仅仅有道德的人有这种精神,每个人都有这种精神,不过有道德的人能够最终不丧失掉罢了……这是孟子发自肺腑的感慨之言。

有一则故事说,一个穷人与妻子、六个孩子,还有儿媳、女婿,共同生活在一间小木屋里,局促的居住条件让他感到活不下去了,便去找智者求救。他说,我们全家这么多人只有一间小木屋,整天争吵不休,我的精神快崩溃了,我的家简直是地狱,再这样下去,我就要死了。

智者告诉他,你按我说的去做,情况会变得好一些。穷人听了这话,当然是喜出望外。智者听说穷人家还有一头奶牛、一只山羊和一群鸡,便说,我有让你解除困境的办法了,你回家去,把这些家畜、家禽带到屋里,与它们一起生活。穷人一听大为震惊,但他是事先答应要按智者说的去做的,只好依计而行。

过了一天,穷人满脸痛苦地找到智者说,智者,你给我出的是什么主意? 事情比以前更糟,现在我家成了十足的地狱,我真的活不下去了,你得帮帮我。智者平静地说,好吧,你回去把那些鸡赶出屋子就好了。过了一天,穷人又来了,他仍然痛苦地诉说,那只山羊撕碎了我屋子里的一切东西,它让我的生活如同噩梦。智者温和地说,回去把山羊牵出屋就好了。过了几天,穷人又来了,他还是那样痛苦万分的样子,他说,那头奶牛把屋子搞成了牛棚,请你想想,人怎么可以与牲畜同处一室呢?

是啊,赶快回家,把牛牵出屋去! 智者回答。

过了半天,穷人又来见智者,他笑逐颜开地说,谢谢你,你又把甜蜜的生活给了我。现在所有的动物都出去了,屋子显得那么安静,那么宽敞,那么干净,你不知道,我是多么开心啊!

一个人生活得幸福与否,从来没有一个恒定的标准,在更多的情形下,幸福与否是一个人的现实生活感受,是与先前的生活、与周围人的生活比较后的体会。人心要是不知足,永远都得不到幸福。这个故事虽然与现在的价值观有冲突,但是当你被欲望折磨，为现实而痛苦时，守住已有的，莫不是最大的幸福。为什么要待双目失明才感到光明的重要，为什么走进了牢房中才知道自由的珍贵，生命的无价？

急于出头露面，急功近利，这是许多人在职场、官场上的表现。官场最忌急躁，急是一种急于升官的心态的外露，有了这种表现必招来对手的攻击。戒骄戒躁是最好的心态，何况是你的跑不掉，不是你的争也白搭。

自古仕途多变动，所以古人以为身在官场纷纭中，要有时刻淡化利欲之心的心理。利欲之心人固有之，甚至"生亦我所欲，所欲有甚于生者"，这当然是正常的，问题是要能进行自控，不要把一切看得太重，到了接近极限的时候，要能把握得准，跳得出这个圈子，不为利欲之争而舍弃了一切。

所谓"泰然处之、不急不躁"，并不是听天由命，而是敢于正视矛盾，认识现实，对现实生存环境和理想之间的冲突和矛盾持乐观豁达态度。明智的人知道什么时候该让一匹马退役，他们不会坐等它在比赛的中途颓然倒下，成为众人的笑柄。

古往今来，安世处顺者大有人在；曲径通幽，最终成大业者也不少。今日社会竞争日趋激烈，人生的绝大部分时间或主动或被动地投入竞争和角逐之中，生活一方面为人们提供了太多可选择的机会，同时也给人们精神上、心理上带来了巨大的压力。顺应自然、泰然处之，会在你失衡时，甚至绝望时为你调整心态，重建人生信念，塑造新的自我。

人生在世，除了生存的欲望以外，人还有各种各样的欲望，自我实现就是其中之一。欲望在一定程度上是促进社会发展的动力，可是，欲望是无止境的，欲望太强烈，就会造成痛苦和不幸，这种例子举不胜举。因此，人应该尽力克制自己过高的欲望，培养清心寡欲、知足常乐的生活态度。这是现实生活中的一种美德和智慧。这种采取均衡状态的智慧，即是儒家的"中庸"，以避免祸患的发生。

古人留下了许多关于"中庸之道"的金玉良言，如："人生太闲，则别念穷生；太忙，则真性不现。故士君子不可不抱身心之忧，亦不可不耽风月之趣。"同理，在追求快乐的时候，也不要忘记"乐极生悲"这句话，适可而止才能掌握真正的快乐。大凡美味佳肴吃多了就如同吃药一样——只要吃一半就够了；令人愉快的事追求太过就成为败身丧德的媒介——能够控制一半才是恰到好处。

所谓"花看半开，酒饮微醉，此中大有趣。若至烂漫酩酊，便成恶境矣。履盈满者，宜思之。"意即赏花的最佳时刻是含苞待放之时，喝酒则是在半醉时的感觉最佳。凡事只达七八分处才有佳趣产生，正如酒止微醺，花看半开，则瞻前大有希望，顾后也没断绝生机。如此自能悠然长存于天地之间。

又如："宾朋云集，剧饮淋漓乐矣，俄而漏尽烛残，香销茗冷，不觉反而呕咽，令人索然无味。天下事多类此，奈何不早回头也。"痛饮狂欢固然快乐，但是等到曲终人散，夜深烛残的时候，面对杯盘狼藉必然会兴尽悲来，感到人生索然无味。天下事大多如此，为什么不及早醒悟呢？

因此，注重中庸并保持淡泊人生、乐趣知足的心态，才能使自己体会出无尽的乐趣，达到人生的理想境界。

我们常常看见有些人为了谋到一官半职，请客送礼，煞费苦心地找关系，托门路，机关用尽，而结果还往往事与愿违；还有些人因未能得到重用，就牢骚满腹，自暴自弃，甚至做些对自己不负责任的事情。凡此种种，真是太不值得了！这样做都是因为太重名利，甚至把自己的身家性命都压在了上面。其实生命的乐趣很多，可选择的东西也不少，何必那么关注功名利禄这些身外之物呢？"取舍由己"，少点欲望，多点情趣，人生会更有意义。

"心不动"是对自己最好的交代

孟子将"羞恶之心，人皆有之"视为人的"本心"，告诫人们在任何时候都要恪守人的"本心"。人一旦丧失了"本心"，就会做出有损于人格的事来。

世上有许多诱惑，孔子说："奢则不孙，俭则固。与其不孙也，宁固。"挡得住诱惑，最根本的是对自己心的把握，内心恪守自己的人生价值，那么就"不惑"了。

唐朝时广州法性寺举行的一次讲经会上，两位僧人对着风中一面翻飞的布幡，争论布幡飘动的原因。一个说：如果没有风，幡怎么会动呢？所以说是风在动。另一个反驳：没有幡动，又怎么知道风在动呢？所以说是幡在动。二人各执一词。六祖慧能听后对他们说：既非风动，也非幡动，是二位的心在动啊！

春秋时，宋国的子罕执掌重权，有人献玉给他，遭其拒绝。献玉者说，这可是罕见的宝贝啊。子罕回答说，你以玉为宝，我以不贪为宝。我若收了你的玉，你我两人岂不都失去了宝？另一则故事是，明代官员曹鼐一次捕获一名女盗，二人独处一室，女盗屡以色相诱之，曹不为所动，书一横幅"曹鼐不可"贴于墙上。在这里，子罕和曹鼐都把自己的名节看得比什么都重要。

"不妄没于势利，不诱惑于事态，心有长城，能挡狂澜万丈。"面对权力、金钱和美色等形形色色的诱惑，一个人只要树立正确的世界观、人生观、价值观，保持清醒的头脑，自觉地从思想上筑起一道防腐拒蚀的堤坝，做到心不动、眼不迷、嘴不馋、手不伸，任何诱惑都会被战胜。

北宋著名文人范仲淹，一生为官清正廉洁，勤劳奉公，生活节俭。他出身寒微，但受其父范墉的为官清廉、从不奢侈享乐影响很深。他"少有大节,于富贵贫贱毁誉欢戚不一动其心,而慨然有志于天下"。他从小就立下远大志向,不论贫贱富贵都丝毫动摇不了他的志向。这里仅以下面的一件事来表现他不为贫贱富贵动摇其志,一生俭约的风尚。

范仲淹早年在醴泉寺求学时,家境贫寒,只得每天吃粥度日。晚上,他用少量的米煮成一盆稀粥,到第二天早晨便凝固成块,然后再将粥划成四块,早晚各吃两块,没有钱买菜,他便把少许菜叶菜根用盐水淹渍,切碎了就粥吃。后来,被一位南京留守的儿子看到后,便从做留守的父亲那里拿来一些饭菜,送给范仲淹。过了几天,这位留守的儿子看到送来的饭菜已经变质了,还放在一边一点没动,很不高兴,问他为什么不吃。范仲淹诚恳答谢道:"我并非不感激令尊的厚意,只因我平时吃稀饭已成习惯,并不觉得苦。现在如果贪图这些佳肴,将来怎么能再吃苦呢?"

后来,范仲淹显贵了,仍然"非宾客不食重肉(两份肉),妻子衣食,仅能自充。"他依然注重节俭。家人在他的教导下,也衣着朴素,他对家人说:"吾贫贱时,无以为生,还得供养父母。吾之夫人亲自添薪做饭。当今吾已为官,享受厚禄,但吾常忧恨者,汝辈不知节俭,贪享富贵。"范氏子孙个个认真聆听。

其实心动很简单,每个人,每一天,每一秒,都必须心动。当然,更深层意义上的心动,是一种情感神经末梢的触动,重感情的人往往波动比较大,受伤的机会也比较大,受伤后基本上很难复原,犹如心死了人也就死了,这种症状没有药物可以治疗。为什么有些人可以耐得住寂寞,而有的人耐不住呢? 其实都与各自的自控力有关。

我有一个好友,他"功成名就",一些朋友不时为他张罗物色女朋友,可是他始终没有心动过,不是那些人不好,只是他认为猎色、猎财都会有代价的,甚至得不偿失。一些人跌倒在不义之财和石榴裙下,再也没有爬起来。

吕本中说:"然世之仕者,临财当事不能自克,常自以为不必败,持不必败之意,则无所不为矣。然事常至于败而不能自己,故设心处事,戒之在初,不可不察。"现实并不允许我们太多的心动。把握自己,不让心动,因为刹那毕竟不能代表永远,把感情像商品的价格一样算计,如此处世,贩卖自己而已。

心不动,就要遵守办事的规则。一个瑞士人到海外旅行,回来时将一颗宝石藏在鞋里企图不通过纳税入境,结果被当地海关查出遭到扣留。与瑞士人同行的犹太人看到这种情况时,奇怪地问道:"为何不依法纳税,堂堂正正地入境?"如果照国际惯例,像宝石之类装饰品的输出费,一般最多不超过8%,如果照章缴纳"输入费",堂堂正正地进入国境,若想在国内再把宝石出卖时,只要设法提价8%就行了。

因此说,犹太人的依法纳税实在是一个明智之举。按规矩办事,心就不会乱动,给自己制造麻烦。

心不动,就要顺应客观规律办事。顺应事物运行的客观规律,就能占尽天时、地利、人和,违逆了客观规律,天时、地利、人和将全失。

心不动,就要公正办事。范仲淹当宰相时曾经办理过这样一件事:他挑选了一批精干的官员,到各地去检查看看那里的官员是否称职,不称职的就在名册上画一个圈,结果有不少官员的名字被圈起来了。他的手下知道范仲淹要把画了圈的都免去官职,就劝他说:"你勾掉一个人的名字是件容易的事,可你知道,这一笔下去,他的一家人都要哭了。"范仲淹说:"一家哭,总比千家万户哭要好。"

一个人办事能公正,他的心自然没有私欲;一个人办事能正,他的心自然不存偏见;一个人办事能明,他的心自然没有隐情;一个人办事能大,他的心自然深涵广博。

第五节　和为贵

没有规矩不能成方圆,没有中庸不能求实效。《南华经》中说:"庸就能用,用就能通,通就能得。"做人,在中庸这条大道上行驶,不伤害别人,同时不被别人伤害,是最佳的效果。

《中庸》说:"子曰:'道不远人。人之为道而远人,不可以为道。'《诗》云:'伐柯伐柯,其则不远。'执柯以伐柯,睨而视之,犹以为远。故君子以人治人。改而止。'忠恕违道不远,施诸己而不愿,亦勿施于人。'"

权衡利与弊,找到一种恰到好处的处世方法,营造良好的人际环境,活着就感到很轻松,很快乐。

不偏不倚地与人相处

现在有不少人将"中庸之道"视为贬义词,并攻击它腐朽没落,这是对中庸的不了解或曲解。古希腊的哲学家亚里士多德和中国的孔子都发现了道德的两种错误倾向:一是偏激,一是退缩。而又同时认为在上述两种错误倾向之外,唯一正确的行为是"中庸"即"适中"。但现实生活中,人们却恰恰相反,有的人凡做事不是过分,就是"不到位",而且又随风倒,朝令夕改,朝三暮四,在信念上、观念上变来变去。

所谓中，就是本体，就是方法；所谓庸，就是实用，就是实行。孔子说的中庸，就是用于中，行于中的大道。《南华经》中说："庸就能用，用就能通，通就能得。"

中庸是种权衡，使自己不被自己的所为绊倒。例如获取成功的道路数不胜数，诸如难得糊涂、能屈能伸、甘心吃亏、以柔克刚等等，掌握了其中一条，运用得当，都能让你在一些特殊场合或在对某一具体事情的处理中获得成功。但它们都只是在某些情况下行之有效的成功法门，并不具有普遍性。而真正具有普遍意义的，一切成功之道的鼻祖、具有至高无上地位的成功法宝，只有中庸。

孔子说："舜帝真可算得是一个极其明智的人了吧！他喜欢向别人求教，而且善于对那些浅近的话进行仔细审察。听到不合理的恶言便包涵起来，听到合理的善言便加以表扬，他度量人们在认识上两个极端的偏向，而用中庸之道去引导他们。这就是虞舜之所以能成为舜帝的原因啊！"这是说舜用最美好最高尚的道治理百姓。

儒家推行中庸，目的在于使天下的人达到理想境界。所谓理想境界，也就是达到中道的境界。中道产生适当，适当产生合理，合理产生礼仪。所以说人类全部的道德行为，法律行为，都需要符合中庸之道，使之无过无不及，以致达到至善。孔子告诉曾子说："我的学问始终用一贯穿着。"孔子又告诉子贡说："我用一贯穿着我的整个思想。"这个"一"，就是中庸智慧。

在处世上恪守中庸，才有好的人际基础，不至于朋友反目，众叛亲离，才不会一意孤行，自取其辱。唐代人诗人李白。初入长安便与诗人贺知章结成亲密好友。为了能使李白考中进士，贺知章专门找主考官杨国忠和太监高力士说情。这两个人以为贺知章像他们一样受了贿而来干做人情，于是记了李白的名字，等李白交卷，杨国忠便拿笔将卷子一涂说："这样的文章也来考试，只能给我磨墨。"高力士接着骂道："磨墨也不配，只好与我脱靴。"李白气极而回。

不久，渤海国派一使者送给唐朝廷国书一封，文字奇特，满朝文武无人认得，玄宗怒道："堂堂天朝，济济百官，竟连一封番书都不认识，岂不被小邦耻笑。三日内如无人认出，在朝官员一概罢免。"贺知章上朝回来，闷闷不乐，李白得知原委后，笑道："这有何难，可惜我不能去看看。"次日，贺知章奏闻玄宗，召见李白，李白边看边将番书译成汉文。原来书中威吓唐朝割让城池，否则起兵攻打。霎时间，君臣都很紧张。李白则泰然自若，说："待臣写一回书，恩威并用，即可让渤海国归服。"

玄宗即赐座于李白，命文墨侍候。李白见机奏道："臣前应试，遭杨国忠、高力士等侮辱，今二人站在陛下之前，臣神气不旺。臣今代皇上起草诏书，非比寻常，乞圣旨命杨国忠磨墨，高力士脱靴，以示宠异，也使外邦使者不敢轻视。"玄宗正值用人之际,下令照办。杨高二人只好一个磨墨,一个脱靴。他俩偏见待人,遭到了报复,很恼羞。李白立即用番文写成诏书,交使者带回,使者出宫门后,问贺知章:"写诏书的是谁,竟使宰相磨墨,太尉脱靴。"贺知章答道:"李学士乃天上的谪仙,偶来人世,宰相、太尉怎能相比。"番使大惊而回,渤海国从此臣服唐朝……

人们的社会角色和社会地位尽管不同,但都需要受到尊重,需要维护面子。如果你忘记这一事实,与人们交际时,对重要人物恭敬有加,对小角色却态度冷漠,这样自然会伤后者的自尊。

有这样一场家宴:宴席上坐着男主人、科长,以及男主人的几位同事,圆桌上的酒菜已经摆得非常丰盛了,可是,围着花布裙的主妇还是一个劲地上菜,嘴上直说,"没有什么好吃的,请对付着用点!"

男主人则站起来,把科长面前还没有吃完的菜盘撤掉,接过热菜放在科长面前,热情客气地给科长夹菜、添酒,而对其他同事只是敷衍地说声"请"。

面对这样"尊卑有别"的款待,试想男主人的几位同事将做何感想?他们很难堪,其中两位竟愤然起来,未等宴席告终,就"有事"告辞了。

像这样的宴席,男主人眼里只有科长,而慢待他人,使同事们的自尊心和面子受到损伤,非但不能增进主客间的友谊,反而会造成隔阂。

如何校正他人的过激行为

孔子在讲人类之"和"时,并不是讲一团和气,掩盖矛盾,而是讲原则、讲礼制的。在孔子及孔门弟子看来,"和"是人生的追求、人类的目标。

寇准家在华州下邽(今属陕西省),少年时英俊豪迈,通晓《春秋》三传,19岁就考取了进士。他诚实守信、正直敢谏的精神为世人所称道。

当时录取进士时,皇帝常常举行殿试,对考生当面提问,考其学问,对于年纪轻的人,往往不予录取,许多人都知道这种情况。在寇准参加殿试之前,有人让他增报几岁年龄,以免落榜。寇准却回答说:"我目前刚刚要踏上仕途,怎能搞欺骗呢?"于是他如实地上报了年龄。他在面试时对答如流,正大光明地考取了进士。

寇准考取进士后,被朝廷任命为大理评事、又先后担任巴东县和成安县知县。他任知县时,每到朝廷征收赋税和征发徭役的时候,他不是匆忙发公文,只是开列县中应该纳税或服役者的住址、姓名,张贴在县城门口,老百姓都知寇准的为官作风,对他很信任,所以没有一个耽搁日期的。

后来寇准升到殿中丞,做了郓州通判。这时,恰好遇到宋太宗下诏,让百官上书议论朝政。寇准大胆直言，陈说利害，因此越发受到宋太宗的器重。

有一次，寇准在朝廷上奏事，说话不合宋太宗的心意，宋太宗大怒而起，想要退朝回宫，寇准上前拉住宋太宗的衣服，让宋太宗重新坐下来，直到事情解决了，他才退下。

通过这件事，宋太宗不但没有生气，而且对他更加信赖，每当和大臣们谈论起寇准，总是称赞他说："我得到寇准，便如唐太宗得到了魏征一样。"

寇准一生正直敢言，成为北宋初年著名的政治家，为宋初政治做出了重要的贡献。他的正直敢言不是好走极端，恰恰是校正他人的过激行为。

现代科学家黄万里先生也以直言校正他人过激行为而享有美誉。三门峡水利工程是个败笔，在动议搞这个工程的时候，黄万里教授预见到了它的后果，在那特殊的年代，许多人三缄其口，明哲保身，但黄万里深受儒家文化的熏陶，成长为一个慷慨之士，他以一颗"至诚"之心，坚持讲真话。在上个世纪 50 年代，多次在黄河规划、工程筹建讨论会上说："你们说'圣人出，黄河清'，我说黄河不能清。黄河清，不是功，而是罪。"当时出席会议的专家大多同意苏联专家的设计。黄万里孤身舌战。有一次，他争辩了整整 7 天，但仍无效。黄万里退而提出：若一定要修此坝，建议勿塞 6 个排水洞，以便将来可以设闸排沙。这个观点被全体同意通过。但施工时，苏联专家坚持按原设计把 6 个底孔堵死了。上世纪 70 年代，这些底孔又以每个 1000 万元的代价打开。

黄万里被打成了右派，但他没有为自己的言行后悔，他对三门峡水利工程的分析和预见，从工程建成之日起便被一一验证了。三门峡水库 1960 年 9 月建成，从第二年起潼关以上黄河、渭河大淤成灾。两岸受灾农田 80 万亩，一个县城被迫迁走，西安受到严重威胁。至今黄河流域的水土日益恶化，下游河水所剩无几，每年平均断流 100 多天。黄万里一个人的力量是单薄的，他无法阻止一个工程的建设，但他在那个年代，敢于坚持科学见解，说出自己的反对意见，就非常了不起。他心中是有尺度的，盲目地随波逐流是一种偏激，而把自己的见解藏在心里不说，也是一种"不及"，这不符合他做人的原则。

中庸思想不是一般人认为的是一种圆滑的避世思想，也不是一味地折中思想。它是以"诚"，即以良知为基础的人世思想。当大家都在过激地普遍看好某事时，明智者会觉得这是种反中庸的行为，非常危害，于是提出不同的观点，以回到中庸的状态。

马寅初先生"新人口论"也是对他人过激行为的校正，却遭到了批判。他一生挫折很大，但他胸怀坦荡，在最艰难的日子，牢记"真理在胸笔在手，无私无畏即自由"这两句很有名的诗,身体力行。正因为真理在胸,所以他才能吟出"大江东流去,永远不回头!往事如烟云,奋力写新书"!因为无私无畏,所以他才能放言"不怕冷水浇,不怕油锅炸,不怕撤职,不怕坐牢,更不怕——死"!马寅初在快到80岁时遭受打击,不得不离开北大校长的位置,但想到同时离开喧闹的政坛,无不是欣慰。他在京郊的小院,生活在心灵的世界,"大江静犹浪,扁舟独且征",后来竟以百岁高龄重新出山,这是别人难以置信的。

多为他人保留面子

《中庸》认为德行的实施,道理都是一样的,有的人生来就知道它们,有的人通过学习才知道它们,有的人要遇到困难后才知道它们,但只要他们最终都知道了,也就是一样的了。又比如说,有的人自觉自愿地去实行它们,有的人为了某种好处才去实行它们,有的人勉勉强强地去实行,但只要他们最终都实行起来了,也就是一样的了。

例如,人与人相处方式很多,聪明人不会把话说死说绝,而是多给对方保留面子。例如:"我永远不会办你所搞砸的那些愚事。""谁像你那么不开窍,要我几分钟就做完了。""你跟××一样缺心眼儿,看他那巴结相。"如此种种,估计谁听了都会不痛快,人人都最爱惜自己的面子,而这样绝对的断言显然是极不给人面子的一种表现。

南宋大词人辛弃疾屡遭弹劾,晚年重被起用时,著名诗人陆游曾写长诗一首送行,结尾两句就是:"深仇积愤在逆胡,不用追思霸亭夜。"意思是希望辛弃疾能胸怀宽广,以国事为重,不要去计较个人之间的恩恩怨怨。

这里有个典故,说的是汉朝李广当年的做法不可取。李广罢官闲居时,曾在晚上与人到乡间饮酒,夜里回家时经过守护霸陵(汉文帝的陵墓)的亭驿,被守霸陵的尉官呵止,不让通过。本来对下台的将军似可网开一面,但喝醉的小尉偏要按章办事:"现任的将军尚不能犯夜行路,何况是旧任的!"遂勒令李广停宿在驿亭中。这就使李广怀恨在心了。不久,匈奴犯境,李广被起用为右北平太守。耿耿于怀的李广"即请霸陵尉与俱,至军而斩之"。这种公报私仇的举动显露了李广气量狭隘的一面,也有损"飞将军"的美誉,所以后人对此颇有非议。但换个角度,那个尉官由于不给人面子而埋下了祸根,做人处事很没学问!

《中庸》说:"修身则道立;尊贤则不惑;亲亲则诸父昆弟不怨;敬大臣则不眩;体群臣则士之报礼重;子庶民则百姓劝;来百工则财用足;柔远人则四方归之;怀诸

侯则天下畏之。"

来看个故事。汤姆·韦恩原先在电气部门的时候,是个一级天才,但后来调到计算部门当主管后,却被发现用非所长,不能胜任,但公司当局不愿伤他自尊,毕竟他是个不可多得的人才——何况他还十分敏感。于是,上级给了他新头衔:奇异公司咨询工程师。工作性质仍与原来一样,而让别人去主管计算部门。

此事汤姆很高兴。奇异公司当局也很高兴,因为他们终于把这位易怒的明星遣调成功,而没有引起什么风暴——因为他仍保留了面子。

保留他人的面子,这是何等重要的问题!而我们却很少会考虑到这个问题。我们常喜欢摆架子、我行我素、挑剔、恫吓、在众人面前指责同事或下属,而没有考虑到是否伤了别人的自尊心。其实,只要多考虑几分钟,讲几句关心的话,为他人设身处地地想一下,就可以缓和许多不愉快的场面。

《圣经·马太福音》有句话:"你希望别人怎样对待你,你就应该怎样对待别人。"这句话被大多数西方人视作是工作中待人接物的"黄金准则"。真正有远见的人不仅要在与同事一点一滴的日常交往中为自己积累最大限度的"人缘",同时也会给对方留有相当大的回旋余地。给别人留面子,其实也就是给自己挣面子。言谈交往中少用一些绝对肯定或感情色彩太强烈的语言,而适当多用一些"可能""也许""我试试看"和某些感情色彩不强烈,褒贬意义不太明确的中性词,以便自己"伸缩自如"是相当可取的。

小王和小李原来是很好的同事和朋友,可后来却关系紧张,大有"割袍断义"之势。不明真相的人以为他们之间肯定是发生了天大的事情,否则形影相随的两个人绝不至于搞成这个样子。可事实上远没有那么严重,他们只是为了一只钮扣而已,一只最多价值几分钱的钮扣。小李买了一套非常满意的高档西服,刚穿不到一周就丢了一只关键部位的钮扣,惋惜之余偶然发现整日挂在洗手阀上的那件不知是哪位清洁工的工作服上的扣子,与自己丢失的纽扣简直如出一辙。遂乘人不备悄悄地扯下了一粒,打算缝到自己的衣服上滥竽充数,并得意地将此"妙计"告诉了小王,不料未出数日,多数同事都知道了小李的这个笑料——小王竟然在大庭广众之下拿这件事跟小李开玩笑,弄得当时在场的人都笑做一团,而小李也终因太没面子而恼羞成怒,反唇相讥,大揭小王的许多很令其丢面子的"底牌",于是后果也就可想而知了。

人人都有自尊心和虚荣感,甚至连乞丐都不愿受嗟来之食。因为太伤自尊、太没面子,更何况是原本地位相当,平起平坐的同事。但很多人却总爱扫别人的兴,当面令朋友、同事、下属面子难保,甚至当面撕破脸皮,以致因小失大。

由真本事打造高境界

儒家鼓励人世,提倡竞争,但要凭真本事,而不是"利之所在,趋之若鹜"。有真本事,面对别人的挤压、打击,不害怕不退缩,也不张扬与过激反抗。

齐国的相国晏子就是一位有真本事且高境界的人。他将要出使楚国,楚王知道这个消息后,便对他左右的人说:"晏婴是齐国很善于言辞的人,现在正动身来我国,我想羞辱他,用什么办法呢?"左右的人出了个主意。

晏子来到了楚国,楚王举行酒宴来招待他。正当大家酒兴正浓的时候,两个差人捆着一个人,走到楚王的面前。楚王故意问道:"你们捆绑的这人,是干什么?"差人回答说:"他是齐国人,犯了偷盗罪。"

楚王笑嘻嘻地望着晏子,说:"齐国人本来就善于偷盗,是吗?"

晏子站起来离开席位,郑重其事地回答说:"我曾听说过这样一个故事:橘树生长在淮河以南,是橘树;生长在淮河以北,就成了枳树。橘树和枳树虽然长得很像,但它们结出的果实味道却不大相同。橘子甜,枳子酸,为啥呢? 由于水土不同啊! 如今,在齐国土生土长的人,在齐国时不做贼,一到楚国就又偷又盗,莫不是楚国的水土使老百姓惯于做贼吗?"

楚王听后苦笑着说:"德才兼备的圣人,是不能同他开玩笑的,我现在真有些自讨没趣了。"

晏子如果没有智慧、真本事,就不可能在被人羞辱的处境中保住尊严。尊严平等,尊严不容践踏,话虽这么说,但是你没有真本事,没有高境界,你就可能得不到尊严,或者无法应对别人的挑战与羞辱。这与落后就要挨打一个道理。人生在世,是个不断进取的过程,进取为了什么? 更好地生存,更有尊严地活着。

通过竞争获得平衡,得到尊严,这一点,从商界精英霍英东先生赞助中国的体育事业上也可以体现出来。他说,尊严是人与人之间的一种平衡,而获得平衡,就得以实力证明自己值得对方尊重,被人不敢忽视与漠视。他通过几个基金会(包括霍英东的基金会、霍英东教育基金会、霍英东体育基金会、霍英东番禺建设基金会),资助了110多个建设项目,分别以投资合营、捐赠低息贷款等方式进行,其支出金额几十亿港元。完成的具体项目有:中山温泉宾馆、广州白天鹅宾馆、北京饭店贵宾楼、北京首都宾馆、广珠公路4座大桥、广珠公路扩建、洛溪及三善大桥、沙湾大桥、番禺体育馆、中山大学体育中心、北京师范大学和仲恺农业技术学院教学大楼、广东省人民医院心脏中心、中山医科大学中山眼科中心、中国体育历史博物馆及中华武术研究中心、北京奥体中心游泳馆、中山运动场等。

体育竞技,包含着一种精神和超越体育本身的人生智慧。霍英东先生本人就是一位靠本事打天下的人,在港台的亿万富翁中,霍英东早年吃过不少苦,但他并没有被打垮,他在磨炼中取得丰富的人生经验,境界不断提高,他坚信自己将来一定会成为干大事业的人。

二战结束后,霍英东敏锐地捕捉到了一个发财的机会。日本侵略军投降后,留下了很多机器设备,价钱很便宜,但稍加修理就可以用,也能卖出较好的价格。霍英东很想做这种生意,于是他特别注意拍卖旧货的消息,及时赶到现场,以内行的目光挑选出那些有价值的东西,大批买进,迅速修好后卖出。有一次,他看准一批机器,并且在竞买中以 1.8 万港币中标。有一个工厂老板也看中了这批货,愿意出4 万港元从他手中买下。霍英东转手一下就净赚了 2.2 万港元,这是他最初积累的资本。

朝鲜战争结束后,霍英东就预料到,香港航运事业的繁荣,必然会带来金融贸易的发展,而这又将促进商业及住宅楼的开发。这是种线性思维,目光直射,链接速度快。霍英东先行一步把经营重点转向了房地产开发。1954 年 12 月,霍英东拿出自己多年积累的 120 万港元,另向银行贷款 160 万港元,在香港铜锣湾买下了他的第一幢大厦,并创办了"立信建筑置业有限公司"。开始,他效仿别人的经营方法,自己花钱买旧楼,拆了后建成新楼逐层出售。风险比较小,可资金周转不快,限制了发展步伐。

后来,他采用预售的方法,资金周转与积累都加快了,而且还大大推动了销售。因为房产价格非常昂贵,要想买一幢楼,就得准备好几十万元的现金,所以很多人没有购房能力。当时只有少数有钱人才买得起房产,这使得房地产的经营难以火爆。霍英东采取房产预售的新办法,只要先交付 10% 的定金,以后分期付款,就可以买到即将破土动工兴建的新楼。这对于购买房产的人来说,是一件好事,付一小笔钱,就可以取得所有权,待到楼房建成时,很可能地价、房价都已上涨,而已付定金的买方只要把房产转手出售,就有可能大赚一笔。因此,很快就有一批人变成了专门买卖楼房所有权的商人,这就是后来香港盛行的"炒楼花"。人们购房的热情空前高涨。预售对于房地产商人来说,利用人家交付的现金,原来只能盖 1 幢楼的钱,现在就可以同时动工盖 10 幢楼,建房速度大大加快了,房地产业出现了前所未有的兴旺发达的局面。

霍英东把预售比喻为"房地产业的工业化"。这一创造性的举措使霍英东的房地产生意顿时红火起来,他当上了香港房地产建筑商会会长,被人称为香港的

"土地爷"。

孔子说:"有德者必有言,有言者不必有德。仁者必有勇,勇者必有仁。"一个人有真本事,敢于竞争,文明竞争,必将获得尊严和很高的声誉。

竞争要避免互相损害

"和"的实现,要"以礼节之"。也就是说,制礼,守礼,是"致中和"的条件,只有"克己复礼",才能"天下归仁"。否则,和稀泥,作乡愿,不讲原则,放弃斗争,那就成了小人之"和",是不道德的。孔子认为,拉帮结派、党同伐异的小人之"和"的实质是"同"而不是"和",有道君子对这种形"和"实"同"的现象应坚决反对。

能充分发挥个人的本性,就能充分发挥众人的本性;能充分发挥众人的本性,就能充分发挥万物的本性;能充分发挥万物的本性,就可以帮助天地培育生命。社会充满竞争,一个人是在职场也好,还是在商场也好,最低风险的竞争是双赢式的。人与人相处,你不服我,我不服你,只会陷入窝里斗。双赢式竞争也叫竞争式合作,这是最高明的做人方法和策略。

双方看似水火不相容,竭尽全力火并,目的却不是打垮对方,而是相互激发,相互利用,以便共同做大市场,进而达到共同占领市场的目的。比如世界两大名牌饮料可口可乐与百事可乐,双方斗了多年,从国内打到国外,从20世纪打到21世纪,却谁也没有打垮谁,双方的实力反而越来越壮大。只不过,"混龙闹海,鱼虾遭殃",相当多的小牌饮料在它们的火并中失去市场,甚至销声匿迹了。

正因为如此,一些企业在发展战略创新的设计中,特别注意研究"合作竞争"或"竞争合作"的问题。这是在以往的企业战略研究中不大涉及的问题。因为理论总是在实践基础上概括出来而又指导实践的。正是市场竞争、企业竞争的新实践推出了企业战略理论的新发展。市场经济是竞争经济,也是合作经济或协作经济。竞争与协作是不可分割地联系在一起的。没有竞争就没有活力,但没有合作,没有协作,竞争也就无从谈起。

台湾统一集团和顶新集团的方便面大战,是合作式竞争的典范。

20世纪90年代,台湾顶新集团瞅准大陆方便面市场群龙无首的空档,强力杀进大陆市场,推出一种价廉物美、汤料香浓的方便面——"康师傅"。在大规模的广告轰炸下,"康师傅"很快就变成一种家喻户晓的名牌产品。

这时,统一集团看到了大陆方便面市场的巨大潜力,也大举杀进。它以"康师傅"为主要竞争对手,却刻意强调自身的特色。"康师傅"走"平民化"路线,"统一面"却以"贵族"身份出现,注重包装的档次和品位。

自此,双方轮番进行广告轰炸,看似双方在激烈交火,实质上挨炸的却是大陆原有的厂家。两强相争,一举垄断了大陆方便面市场。而许多原本很不错的大陆方便面品牌,却悄然消失了。

在经济全球化时代,我们越来越依赖对手的存在而存在。所以,我们不要总是思考如何将不利的事情强加给对手,更要考虑如何让对手从你这里得到好处。这是人际交往,需要思考的。

很多专家认为,在社会上摸爬滚打的人,要想成功并且感到身心的愉快,就要共同营造良好的生活环境,提高自己的竞争合作意识、角色转换意识、形象意识、敬业意识和学习意识,这些都是必不可少的。其中尤以竞争合作意识、角色转换意识和学习意识最为重要。

孔子说:"报怨以德。"美国总统林肯说:"如果我们能把所有的敌人变成朋友,这难道不是说我们消灭了所有的敌人吗?"

合作式竞争或者竞争避免互相损害,就得学会容忍让步,往往是淡化对手的敌意,最后不断走向强盛,再反过来使对手屈节的一条有用之计,在商业竞争中,这样的事例也不少。

1983 年,美国通用汽车公司执行经理史密斯,经过深思熟虑后做出重大决策,将公司属下坐落在加利福尼亚州费门托市的一家工厂,与日本丰田汽车公司合并,生产丰田牌小轿车。当时日本丰田汽车早已以其质优价廉的声誉进入美国市场,驰骋于美洲大陆。能将汽车工厂打入美国本土,自然是雄心勃勃的丰田公司求之不得的好事,因此美方建议一经提出,日方的人员、设备便跨洋过海来美国安家了。

美国人早就对日本汽车"侵入"美洲大陆、抢占美国汽车王国地位反感至极,史密斯竟公然把日本公司明目张胆地请到国内生产汽车,这不是"丧权辱国"的屈节投降,也至少是"引狼入室"的高度让步。为此,美国上下,尤其是汽车界纷纷向史密斯提出谴责和非议。

他的朋友打电话说:"史密斯,这样做,你为了什么呀? 我听到了不少对你的批评。这两天,你看过报纸吗?"

史密斯笑着回答:"听到了也看到了,别人有批评的理由,我也有自己的认识,他们不能忍受,但我能忍受。"

"你最好妥协,改变自己的做法,众怒难犯啊。"

"谢谢您的好意,不过我还不想改变自己的计划,我已做好了忍受一切谴责与谩骂的精神准备。"

到底是引狼入室、纯粹的屈节让步，还是另有一番苦心？史密斯自有他的打算和想法。他深切了解到，美国汽车界之所以在日本汽车大举进攻之下束手无策，一个很重要的原因就是过去太轻敌了。当初日本汽车刚刚打入美洲之时，几乎所有美国汽车商都认为日本不过是初学者的小玩意，是低廉产品。对日本汽车售价低、性能好、省燃料的特点缺乏正确的认识和态度。等到日本汽车在美国越来越畅销时，美国同行便一筹莫展了。到了现在，日本汽车在各方面都有优势，不承认这一点只能说明是狂妄自大。争取日本技术的帮助，增强自己产品的竞争力，才是争回面子、争回利润的唯一正确出路。

所以，史密斯与日本丰田汽车公司合并之举，表面上似是引狼入室的大让步，实际上则是把"老师"请到家里的一大进步；似乎是向日本俯首称臣，实际上了解对方，向对方学习，然后赶超对方。既避免了竞争的损害，又找到了好的竞争伙伴，他成功了。

找准改变自己处境的契机

没有止息就会保持长久，保持长久就会显露出来，显露出来就会悠远，悠远就会广博深厚，广博深厚就会高大光明。广博深厚的作用是承载万物；高大光明的作用是覆盖万物；悠远长久的作用是生成万物。广博深厚可以与地相比，高大光明可以与天相比，悠远长久则是永无止境。达到这样的境界，不显示也会明显，不活动也会改变，无所作为也会有所成就。

曾国藩被称为清代中兴之臣，然而荣耀得来可非易事，多次陷入不利的处境，他都用信心之火点燃了自己，不至于一蹶不振。事物发展的方向，要么有利于自己，要么不利于自己，他持中庸，既不不切实际地奋然一搏，也不永远销声匿迹，而是在貌似"不动"中寻求"变化"的契机。他在日记中写道："静中细思，古今亿百年无有穷期，人生其间数十寒暑，仅须臾耳，当思一搏。大地数万里，不可纪极，人于其中寝处游息，昼仅一室，夜仅一榻耳，当视珍惜。古人书籍，今人著述，浩如烟海，人生目光之所能及者，不过九牛一毛耳，当思多览。事变万端，美名百途，人生才力之所能及者，不过太仓之粒耳，当思奋争。然知天之长，而吾所历者短，则忧患横逆之来，当少忍以待其定；知地之大，而吾所居者小，则遇荣利争夺之境，当退让以守其雌。"可谓甚解中庸智慧。

人的信心不失，处境再糟糕，也有可能朝有利的方向发展。20世纪初，在美国伊利诺伊州的奥克布洛市，一个名叫雷·克洛克的男孩儿，降临在一个普通的城镇家庭里。读到高中二年级时，因为贫穷他被迫离开了学校。后来，克洛克想在房地产方面有所作为，开始在佛罗里达推销房地产。好不容易生意打开了局面，不料第二次世界大战烽烟四起，房价急转直下，结果"竹篮打水一场空"，他破产了。回家的路上，他没有大衣，没有外套，甚至连副手套也没有，走在冰冷的大街上，想到一直伴随着自己的低谷、逆境和不幸，他心灰意冷。

走到家门前，望着厚厚的窗帘缝中透出的橘黄色的光，克洛克忽然泪流满面，对于一个男人来说，这一刻，责任是他活下去的唯一理由。

接下来的日子，克洛克依然努力寻找着适合自己的工作。虽然时运不济，但他并没有怨天尤人，他深信并非没有时运，而是时候未到，他执着地认为大路是为那些审时度势、自强不息的人铺就的。

半年后，克洛克遇到一个名叫普林斯的人，他发明了一种多轴奶油搅拌机。克洛克认为这种机器里蕴藏着很大商机，于是他立即与对方谈判取得机器的专售权，并辞掉工作致力于该机器的市场推销，一干就是 15 年。

1954 年，克洛克前往加利福尼亚州的圣伯纳地诺城考察，之所以去那里是因为那里有一个小店一次性订购了 8 台多轴奶油搅拌机，而在他过去 15 年的推销生涯中，从来没遇到过这样大的客户，凭直觉他感到这位客户的买卖一定很兴隆。

果然，到了圣伯纳地诺城，他看到了马克和狄克兄弟开设的一家小汉堡店。室内没有座位，菜单上只有汉堡、饮料、奶油等速食产品，人们可以在不到 1 分钟内点菜，并得到食物。虽然店内的伙计们忙得不可开交，但顾客仍然排起了长队。那一刻，克洛克看出他的客户经营的餐馆简直就是一座金矿。

克洛克问餐馆的主人马克和狄克兄弟为什么不多开几家分店？狄克笑着指了指不远处山坡上一座白色的建筑说："那是我们世代居住的地方，冬天我们可以躺在房子前面的斜坡上晒太阳，夏天我们可以在屋后的池塘里戏水游玩儿。如果我们开了连锁餐馆，就不得不一次次到陌生的地方去照看我们的生意，那样我们永远不会有这样的闲暇时光了。"

听完狄克的话，克洛克马上意识到机会来了。他对狄克兄弟说，如果他们能授权自己在全国各地开分店的话，自己将给他们兄弟提取利润的 5% 作为回报。面对不劳而获的收益，马克和狄克兄弟马上答应下来。

克洛克开始着手分店的选址工作。1955 年 4 月 15 日第一家分店在芝加哥开业。随后，增设分店的速度越来越快。1961 年，克洛克以 270 万美元的高价向马克和狄克兄弟买下了包括名号、商标所有权和烹饪处方等各项专利，自己完全拥有了这一品牌。如今，克洛克创下的连锁餐店已经在全世界 5 大洲的 121 个国家拥有 3

万家门市中心,年营业额超过了 400 亿美元。

对于美国人雷·克洛克的名字,我们知之甚少,但他一手创建的快餐店的名字却无人不知,它就是世界两大快餐航母之一,与肯德基并驾齐驱的另一快餐巨头麦当劳。

人的一生当中绝对会碰上不如意的时候,这些不如意有很多种,由于不同的人承受能力的不同,这些不如意也会对不同的人形成不同的压力与打击,有人根本不在乎,认为这只是人生中必然会碰到的事;有人则很快就可以挣脱沮丧,重新出发;但有些人只被轻轻一击就倒地不起。

《周易》中有"天行健,君子以自强不息"的话,是说天道运行强健不息,君子也应该积极奋发向上,永不停息才对。《孟子》中那一段尽人皆知的"天将降大任于斯人也,必先苦其心志,劳其筋骨,饿其体肤,空乏其身,行拂乱其所为,所以动心忍性,增益其所不能"的话,也很好地总结了如何才能走向成功彼岸的道理。

接触一些不平凡的成功人士

"身居高位不骄傲,身居低位不自弃,国家政治清明时,他的言论足以振兴国家;国家政治黑暗时,他的沉默足以保全自己。"这是孔子积极倡导的。

不像道家不谈人与人如何交往,儒家倡导社会交往,"君君、臣臣、亲亲"等等,告诉人如何交往。孔子周游列国就是个广泛交际的过程,要想干事业,又不与人交往,是不可能成功的。"三人行必有我师",学习如何成功的最佳方式,莫过于与那些不平凡的成功人士接触。观察他们,学习他们,虚心地向他们请教。逐渐地,你会感觉到生命里注入一种新东西。你会逐渐地与他们一样看问题,思索问题,解决问题。

为了梦想,你必须不停地寻找一切对你有帮助的不平凡的人。每一个不平凡人的不平凡人生,都是一部奇书。你要睁大眼睛,学会观察周围的人,你会惊讶地发现周围有很多不平凡的人,他们都将给你的人生以莫大的帮助。

1836 年,林肯住在纽约沙勒。纽沙勒有个名叫杰克·基尔梭的人。此人一事无成,他的太太为了谋生,不得已收些房客搭伙,他自己则整天钓鱼,拉提琴,朗诵诗篇。大多数镇民都认为杰克·基尔梭是个失败者,可林肯并不这么看。林肯知道杰克·基尔梭是个满腹经纶的饱学之士,他见过数以千万计的金钱,只不过由于厌恶上流社会的生活,而甘愿流落纽沙勒做一个独居世外的人。

林肯认为杰克·基尔梭是个不平凡的人,去拜访他,向他请教一些问题。林肯说:"我觉得自己很不如杰克·基尔梭,很畏惧他,但我还是决定去拜访他,因为我预感到他会给我的人生以全新的启迪。"

林肯拜访杰克·基尔梭时,坦诚地表达了想与他交往的美好愿望。杰克·基尔梭也真的给林肯以全新启迪。

林肯在未认识杰克·基尔梭之前,莎士比亚和伯恩斯对林肯而言,只是一个虚无的人名罢了,没有什么具体的意义。可是,林肯坐着听杰克·基尔梭谈《哈姆莱特》,背《麦克白》,第一次体会出英国语言的美妙、丰富。它可以变化出多少华丽的文采!多么深远的智慧和澎湃的情感!

莎士比亚令林肯感到敬畏,罗勃·伯恩斯却得到林肯的热爱与共鸣。他甚至觉得自己跟伯恩斯有血缘关系。伯恩斯曾像林肯一样贫穷,他出生在一栋木屋里,环境也跟亚伯拉罕·林肯差不多。伯恩斯也曾是庄稼汉;伯恩斯犁田时,铲起一个田鼠窝,也大为不忍,要为这出小悲剧写一首诗。在伯恩斯和莎士比亚的诗篇中,林肯找到了一个有意义、有感情、可爱的全新世界。

最令他觉得吃惊的是:"莎士比亚和伯恩斯居然都没上过大学":他们所受的正规教育居然不比林肯多多少。

这使得林肯才敢梦想:也许没有受过太多教育的他——文盲汤·林肯的儿子,也可以做较高尚的工作,而不必一辈子卖杂货或者当铁匠。

此后,伯恩斯和莎士比亚成了他心爱的作家。他花在阅读莎翁作品的时间,比花在其他作家身上的时间的总和还要多,这对他日后的文风颇有影响,后来他入主白宫,为美国内战忧心,脸上皱纹满布,他依旧留下了不少时间来阅读莎士比亚的作品。尽管他很忙,仍要跟莎士比亚专家讨论剧本,为文中某些段落写信向人请教。就在他被枪杀的那一星期,还曾对着一群朋友们朗诵《麦克白》。

这一切,如果没有杰克·基尔梭的介绍,没受过多少教育的林肯也许一生就跟莎士比亚无缘了。正是林肯拜访了杰克·基尔梭,才打开了一个全新的世界,发现了一个全新的自我。

因此,有人这样说:"纽沙勒的杰克·基尔梭的影响力直达白宫。"

你也许会从林肯的这个故事中得到某种启发吧!知道不平凡的人会对你发生多么深远的影响,有时候这种影响会维持一生,有时候会对你人生重大抉择起到决定性作用。

当你去会见不平凡的人时,你应该懂得从他们身上取得你想要的东西。应该学会用他们来激励自己:"我与他们有同样的条件,他们能行。我也能行!"尽量克服畏惧心理,去拜访那些"道德高尚,性情良好,站在人生光明面"的不平凡人。这样所得到好处往往是十分惊人的。美国成功学大师拿破仑·希尔见过许多青年男女,他们想进入销售界,但却又害臊、内向、能力不足。拿破仑·希尔建议他们去拜访销售界成功人士,那些不平凡的销售界成功人士使这些后生之辈重新发现了自我。

孔子说,一个不善于处世的人,不尊重地位高的人,轻侮圣人之言的人:("狎大人,侮圣人之言")是自弃于社会。殊不知与不平凡人士接触,会得到许多精神上有益的东西;他对你的影响是极其深远的,你会从他身上吸收许多知识,陶冶自我的心灵。

当你克服了心理压力,去拜访一个不平凡的人时,实际上是你在拜访一个新的自我。

全新的自我既是一个人对自己的认识、评价和期望,也是自己的新的心理体验。即"我属于哪类人"的自我观照。具体讲,重新发现另一个自我包括如下这些问题:这是个什么样的人? 我有什么样的个性? 有什么样的优缺点? 我有什么价值? 有无巨大的潜能? 我期望自己成为什么样的人? 达到什么样的目标和如何达到目标?

重新发现另一个自我,是建立在我们对自身的认知和评价的基础上。这种重新认识和评价往往需要强烈的外在冲击力,而那些不平凡的人往往具备这种力量。

这种强大的力量可以摧毁你惯常的旧观念。在破坏一切的同时重建一切。

举世闻名的迪斯尼乐园是美国人沃尔特·迪斯尼创办的游乐事业,每天来自世界各地数万计的游人,在这梦幻般的世界里观赏、了解人类创造的各种奇迹。络绎不绝的游人带给迪斯尼公司巨大的利润,使迪斯尼公司成为控制美国经济的十大财团之一。

沃尔特·迪斯尼22岁时与哥哥沃伊向投资者集资1500元,成立了欢笑卡通公司,制作了一连串的神话卡通。然而由于成本过高,发行途径不畅,公司仅成立一年,便宣告破产。沃尔·迪斯尼一蹶不振,欲改行经商,但又不忍放弃自己所喜爱的卡通世界,就在他格外迷惘时,他拜访了卡通界前辈——著名的电影制片人约翰·里斯特。

里斯特接见了他并看了沃尔特·迪斯尼所制作的神话卡通。里斯特向迪斯尼讲述了自己青年时期所遭受的一连串的失败和挫折,但他追求卡通世界的理想始终没有改变,尽管多少年的风风雨雨,他最终还是实现了自己的梦想。里斯特鼓励迪斯尼振作起来,重建自己所努力追求的卡通事业。

沃尔特·迪斯尼访完约翰·里斯特,感觉就像一个人突然发现了一座宝矿,连日来的消沉绝望一扫而空,他觉得一个新的自我在体内诞生并不断壮大。他绝对能行,能重新建立自己的卡通世界。里斯特向他讲述自己青年时期奋斗史的声音在以后多年经常在迪斯尼的耳边响起。

沃尔特·迪斯尼经过多年奋斗,创造了一系列卡通明星。米老鼠、唐老鸭、白雪公主和七个小矮人,为20世纪的人们带来了巨大的欢乐和希望。沃尔特·迪斯尼也成为一名誉满全球的大艺术家。

不自弃才能与领导相处融洽

"为下不倍",是指身居低位而不自弃。与领导相处,有很大的学问。相处得好,领导不嫌弃,受器重;相处得不好,不受领导喜欢,工作上难以得到信任,职务难以得到提升。可以说,一个人先是自弃然后见弃于领导。自弃,即不善于与领导相处。

一些领导为了保持自己在群体中的权威地位,对"功高盖主"的下属会有一种敌意和警惕,这也是一种安全的本能,从维护自身利益出发,防范着别人超越他。所以,聪明的下属总是将成绩归功于领导。推功表明你目中有人,尊重领导,承认上司的权威地位;也显示了你对他的支持,并且可以避免因锋芒过露而使上司感到手中的权力受到威胁。你应明白,上司身边总需要一些忠心耿耿的追随者和支持者,一旦他把你当自己人看待,那就等于为你以后的发展打下了铺垫。

《道德经》上有一句话:"大巧若拙,大辩若讷。"意思是聪明的人,平时却像个呆子,虽然能言善辩,却好像不会说话一样,言外之意就是说人要匿强显弱,大智若愚。

李泌在唐代中后期政坛上,是一位颇有点名气的人物。他侍奉玄宗、肃宗、代宗、德宗四代皇帝,在朝野上下很有影响。

唐德宗时,他担任宰相,西北的少数民族回纥族出于对他的信任,要求与唐朝讲和,结为婚姻,这可给李泌出了个难题。从安定国家的大局考虑,李泌是主张同回纥恢复友好关系的;可德宗皇帝因早年在回纥人那里受过羞辱,对回纥怀有深仇大恨,坚决拒绝。事情僵在那里,正巧在这时,驻守西北边防的将领向朝廷发来告急文书,要求给边防军补充军马,此时的大唐王朝已经空虚得没有这个力量了,唐德宗一筹莫展。

李泌觉得这是一个可以利用的时机,便对德宗说:"陛下如果采用我的主张,几年之后,马的价钱会比现在低十倍!"

德宗忙问什么主张,李泌不直接回答,先卖了个关子,说:"只有陛下出以至公无私之心,为了江山社稷,屈己从人,我才敢说。"

德宗说:"你怎么对我还不放心! 有什么主张就快快说吧!"

李泌这才说:"臣请陛下与回纥讲和。"

这果然遭到了德宗的拒绝:"你别的什么主张我都能接受,只有回纥这事,你再也不要提了,只要我活着,我决不会同他们讲和,我死了之后,子孙后代怎么处理,那就是他们的事了!"

李泌知道,好记仇的德宗皇帝是不会轻易被说服的,如果操之过急,言之过激,不仅办不成事情,还会招致皇帝的反感,给自己带来祸殃。他便采取了逐渐渗透的办法,在前后一年多时间里,经过多达15次的陈述利害的谈话,才算将德宗皇帝说通。

李泌又出面向回纥族的首领做工作,使他们答应了唐朝的五条要求,并对唐朝皇帝称儿称臣。这样一来,唐德宗既摆脱了困境,又挽回了面子,十分高兴。唐朝与回纥的关系终于得到和解,这完全是由李泌历经艰苦,一手促成的。唐德宗不解地问李泌,"回纥人为什么这样听你的话?"

如果是一个浮薄之人,必然大夸自己如何声威卓著,令异族畏服,显示出自己比皇帝都高明,这样一来必然会遭到皇帝的猜疑和不满。李泌却是一个极富处世经验的人,他对自己一字不提,只是恭敬地说:"这全都仰仗陛下的威灵,我哪有这么大的力量!"

听了这样的话,德宗能不高兴,能不对李泌更加宠信吗?

将自己辛苦得到的成绩归于他人,是有点舍不得,心里难以平衡。可是你细想一想,你做出了成绩,谁来表彰你,谁来给你发奖金,不是你的领导吗?你把功劳给了他,他会亏待你吗?如果你非要从狼嘴里夺肉,大饱了口福之后又怎么办呢?怕是连命都保不住,你说你苦心得到那块肉还有什么意义呢?

除了将功劳送给领导,还得在必要时将过错留给自己。作为下属,不仅要善于推功,还要善于揽过,两者缺一不可。因为大多数领导愿做大事,不愿做小事;愿做"好人",而不愿充当得罪别人的"丑人";愿领赏,不愿受过。在评功论赏时,领导总是喜欢冲在前面;而犯了错误或有了过失后,许多领导都想缩在后面。此时,就需要下属出面,代领导受过或承担责任。

田叔是西汉初年人,曾经在刘邦的女婿张敖手下为官。一次张敖涉嫌与一桩谋杀皇帝的案子有关,被逮捕进京。刘邦颁下诏书说:"有敢随张敖同行的,就要诛灭他的三族!"

可田叔不计个人安危,剃光了头发,打扮成一个奴仆模样,随张敖到长安服侍。后来案情查清,与张敖无关,田叔由此以忠爱其主而闻名。

汉武帝非常赏识田叔,便派他到鲁国去出任相国。鲁王是景帝的儿子,自恃皇子的特殊身份,骄纵不法,掠取百姓财物。田叔一到任,来告鲁王的多达百余人,田叔不问青红皂白,将带头告状的二十多人各打五十大板,其余的各打20大板,并怒斥告状的百姓道:"鲁王难道不是你们的主子吗? 你们怎么敢告自己的主子?"

鲁王听了很是惭愧,便将王府的钱财拿出来一些交付田叔,让他去偿还给被抢掠的老百姓。田叔却不受,说道:"大王夺取的东西而让老臣去还,这岂不是使大王受恶名而我受美名吗? 还是大王自己去偿还吧!"

鲁王听了心里美滋滋的,连连夸赞田叔聪明能干,办事周到。

像田叔这样,将功劳归于领导,将过错留给自己,哪一位领导会不喜欢他呢?

大凡领导,管辖范围的事情很多,但并不是每一件事情他都愿意干,都愿意出面,都愿意插手,这就需要下属在关键时刻能够出面,代领导摆平,甚至出面护驾,替领导分忧解难,这样必能赢得领导的信任和赏识。

小张是某县委办公室的科员,经常会遇到上访者要求见领导解决问题的事情。领导精力有限,如果事事都去惊动领导,势必影响领导集中精力做好全局工作。每当有来访者吵闹着要见领导时,小张总是利用自己的特殊身份,勇敢地站出来,分清情况,解决纠纷,进行协调,必要时还使用强制手段把问题处理好。经常能够独自解决一些无理取闹、胡搅蛮缠的事件,不怕得罪人。对一些重大问题也是先调查清楚,安抚好上访者之后,再向领导请示,从不让领导直接面对棘手的问题。无论大事小情他总能处理得有条不紊,众人心服,同样也获得了领导的赞扬。

像小张这样的下属,哪个领导能不需要呢? 这就是领导所赞美的实干家,他比整天跟在领导后面只知道看领导脸色行事,遇到点大事就往领导后面跑的人要好得多。

一家饭店因产品质量问题,引起社会公众的投诉。电视台记者在这家饭店采访时,最先碰到了该饭店经理的助理小王,小王最怕这种阵式,怕被别人逼问,就对记者推卸道:"这件事我不清楚,我们经理正在办公室,你们有什么事直接去问他吧!"这下可好,记者闯进经理办公室,把经理"逮"个正着,经理想躲也躲不开了,又毫无心理准备,只好硬着头皮接受了采访。事后,经理得知小王不仅没有给自己挡驾,还把自己给推了出来,很是生气,把小王给炒了鱿鱼。

在工作中,经常会有一些比较艰难而且出力不讨好的任务,一般情况下领导也难以启齿对下属交代,只有靠一些心腹揣测领导的意思,然后硬着头皮去做。做好了,领导心里有数,但不一定有什么明确的表扬;做得不好,领导怪罪,承受着,到时候领导会"认账"的。可是在这种关键时刻不能挡驾反而出卖领导的人,领导就不会饶恕了。

如何赢得他人的尊重与感激

人与人之间的相处如不投机,即使是价值千金的重赏或恩惠,有时也难以换得对方的欢心,假如一个人有良心而又重道义,即使是在人贫困时给他一顿粗茶淡饭的小小帮助,也可能使他一生不忘此事,永远心存感激、回报之心。另外还有一种心理现象,就是当一个人爱一个人爱到极点时,如果一不小心感情处置不当就可能会翻脸成仇;还有一些平常不受重视或者淡泊至极的人,只要突然给予一点小惠,就会受宠若惊而对你表示好感成为好事。

郑国曾经派子濯孺子去攻打卫国,战败,便逃跑,卫国派庾公之斯追击。子濯孺子说:"今天我的病发作了,拉不了弓,我活不成了。"又问给他驾车的人说:"追我的是谁呀?"驾车的人回答:"庾公之斯。"子濯孺子便说:"我死不了啦。"驾车的不明白:"庾公之斯是卫国的名射手,他追您,您反说您死不了啦,这是什么道理呢?"子濯孺子回答说:"庾公之斯跟尹公之他学的射箭,尹公之他又是跟我学的射箭,尹公之他是个正派人,他所选择的学生、朋友一定也正派。"庾公之斯追了上来。庾公之斯见子濯孺子端坐不动,便问道:"老师为什么不拿弓呢?"子濯孺子说:"我今天病了,拿不了弓。"庾公之斯说:"我跟尹公之他学射,尹公之他又跟您学射。我不忍心拿您的技巧反过来伤害您。但是,今天我追杀您,是国家的公事,我也不能完全放弃。"于是,庾公之斯抽出箭,在车轮上敲了几下,把箭头敲掉,用没有箭头的箭向子濯孺子射了四下,然后回去了。

战国时兵家吴起,善用兵,屡建战功,被魏文侯任为西河守。吴起治军一个突出特点,就是爱兵如子,因而深得人心,得到广大将士的尊重。有一年,吴起统率魏军进攻中山国,军中有一个青年士兵,身上长了毒疮,痛得他满地打滚。吴起看到后,心急如焚。他听人说,毒疮里的脓血不排出来,病是好不了的。当时的医疗水平较落后,加上是出征的途中,各方面条件都很差,要想排出脓血,只能用嘴巴去吮吸。为了解除士兵的痛苦,吴起不顾毒疮的又脏又臭,亲自用嘴巴吮吸毒疮,脓血排尽了,士兵得救了,这个士兵感动得热泪滚滚。吴起为士兵吸毒的事情,在军营中传为佳话。

由于吴起爱兵如子,治军有方,公元前409年,吴起率兵讨伐秦国,所向披靡,一连攻克五个城池,夺得了西河地区。以后,在他镇守西河的 27 年间,先后率军与诸侯大战 76 次,全胜的就有 64 次,这与他体贴下士,治军有方是分不开的。

曾国藩在做人上,保持中庸姿态,惯于变通与权衡,知道上级与下级是"两端"关系,而最好的处理方式是找到结合点,即"执其两端,用其中"。他说,一个富贵的家庭待人接物应该宽容仁厚,可是很多人反而刻薄无理,担心他人超过自己,这种人虽然身为富贵人家。可是他的行径已走向贫贱之路,这样又如何能使富贵之路长久地行得通呢?一个聪明的人,本来应该保持谦虚有礼不露锋芒的态度,反之如果夸耀自己的本领高强,这种人表面看来好像很聪明,其实他的言行跟无知的人并没有什么不同,那他的事业到时候又如何不受挫、不失败呢!

曾国藩知道要提高士气和战斗力,上对下就得关爱,以关爱赢得尊重,让士兵在感激中迸发顽强杀敌的勇气。他说:"带兵之道,用恩莫如用仁,用威莫如用礼,仁者所谓欲立立人,欲达达人是也。待弁兵如待子弟之心,常望其发达,望其成立,则人知恩矣。礼者所谓无众寡,无大小,无敢慢,泰而不骄也。正其衣冠,尊其瞻视,俨然人望而畏之,威而不猛也。持之以敬,临之以庄。无形无声之际,常有凛然难犯之象,则人知威矣。守斯二者,虽蛮貊之邦行矣,何兵之不可治哉?吾辈带兵,如父兄之带子弟一般。无银钱,无保举,尚是小事;切不可使之因扰民而坏品行,因嫖赌洋烟而坏身体。个个学好,人人成才,则兵勇感恩,兵勇之父母亦感恩矣。爱民为治兵第一要义,须日日三令五申,视为性命根本之事,毋视为要结粉饰之文。"

诸葛亮也是个仁义之人,他说:"夫为将之道,军井未汲,将不言渴;军食未熟,将不言饥;军火未燃,将不言寒;军幕未施,将不言困;夏不操扇,雨不张盖,与众同也。"

近代反袁复辟著名将领蔡锷说:"古今名将用兵,莫不以安民爱民为本。盖用兵原为安民。若扰之害之,是悖用兵之本旨也。兵者民之所出,饷亦出之自民,索本探源,何忍加以扰害?"

多少仁人志士莫不是别人有财富我坚守仁德,别人有爵禄我坚守正义,所以一个有高风亮节的君子绝对不会丧失仁义之心。人的智慧一定能战胜大欲望,理想意志可以转变自己的感情气质。

孟子说:"晋、楚之富不可及也。彼以其富,我以吾仁;彼以其爵,我以吾义。吾何谦乎哉?"这都是以尊重他人而赢得他人尊重或感激的方法。

做人"呆"一点也无妨

中庸的处世方式,最终的目的在于缓和矛盾。在不违反各人根本原则的前提下，它像一道润滑剂，把人与人之间因棱角的摩擦而可能产生的矛盾及时化解。摒弃太过极端的做法和偏激的思想，能让自己少生许多不必要的烦恼，也能让自己在可能的冲突中避免不必要的伤害，及时保护好自己。宽广的胸襟和"大智若愚"的智慧，能让一个人在莫测的世事沧桑面前处变不惊，这便是中庸之妙！

古今中外的大智慧者，都有一种修身养性的功夫，他们超然的气度与风骨令人敬佩，但是这种气度和风骨是修炼出来的。中庸虽是儒家的一种思想，但道家的许多言论也符合中庸之道，这或许就是"殊途同归"吧。老子说："大智若愚，大巧若拙。"有智慧有才能的人，不炫耀自己，外表好像很愚笨。的确，人世间真正有大智慧的人都懂得深藏不露，不把自己的聪明显露在世人面前。

无论历史还是现实，那些耍小聪明的人到最后无不吃尽苦头，误了前程；而那些大智若愚、藏巧于拙的人往往成就大事。孔子的弟子颜回，就是一个善于守拙的人，他表面上唯唯诺诺，迷迷糊糊，其实他非常用心，课后总能把孔子的教导清楚而有条理地讲出来。深得孔子赏识。若愚并非真愚，大智若愚的人给人的印象是：虚怀若谷，宽厚敦和，不露锋芒，甚至有点木讷。在其"若愚"的背后，隐藏的是大智。

有一则关于法国人的故事：一天深夜，某先生驱车赶路，在一个十字路口，自动信号灯刚巧变红，尽管四周已无人影，那位先生也照例刹车停住。好半天，红灯还是不变，于是知道了灯碰巧失灵。于是他便回到车里，直等到第二天清晨有人来修好为止。

这则故事也许有些夸张，但法国人的那种近乎冒傻气地做人行事的性格，却是许多接触过法国人的人士都有所感受的。这种"傻气"，或者"呆"，会被许多"精明"的人当成笑话，但做人太精明未必就好，有点儿"呆"，反倒能保持住纯真的天性，于己于社会都有许多好处。

我们说，做人不妨有点"呆"气，其实质是保持单纯、诚实、正直的品行，而不去为了自己，动歪脑子耍小聪明。这种"呆"实则是大聪明——脱离了狡黠的动物习性的真正的聪明。另外，生活中也还有那么一种"呆"气，如果我们有，也不妨让它存在，这就是由于对学问和事业的执着与投入而表现出的一种"呆"气。

美国第九届总统威廉·亨利·哈里逊出生在一个小镇上。他是一个很腼腆的孩子，甚至见人不敢说话，很多人把他看作是傻瓜，以至一些人总是喜欢捉弄他，例如，经常把一枚五分的硬币和一枚一角的硬币扔在他面前，让他任意捡一个。威廉总是捡那个五分的，于是大家就都嘲笑他。有一天，一位妇人看到别人又这样捉弄他，觉得他很可怜，便对他说："威廉，难道你不知道一角要比五分值钱吗？""当然知道，"威廉慢条斯理地说："不过，如果我捡了那个一角的，恐怕他们就再也没有兴趣扔钱给我了。"

人世间也有许多人喜欢招摇过市,把自己擅长的技能在众人面前显示一下,以此招揽别人的羡慕与宠爱。他们唯恐别人不知道自己的小聪明与小技能,也惧怕被别人当作傻瓜,才会上演一幕幕引火烧身的悲剧。郑庄公准备伐许。战前,他先在国都组织比赛,挑选先行官。众将一听露脸立功的机会来了,都跃跃欲试,准备一显身手。

第一项目击剑格斗。众将都使出浑身解数,只见短剑飞舞,盾牌晃动,斗来冲去。经过轮番比试,选出了6个人来,参加下一轮比赛。第二个项目是比箭,取胜的6名将领各射3箭。以射中靶心者为胜。有的射中靶边,有的射中靶心。第5位上来射箭的是公孙子都,他武艺高强,年轻气盛,向来不把别人放在眼里。只见他搭弓上箭,3箭连中靶心。他昂着头,瞟了最后那位射手一眼,退下去了。

最后那位射手是个老人,胡子有点花白,他叫颍考叔,曾劝庄公与母亲和解,庄公很看重他。颍考叔上前,不慌不忙,"咚咚咚"三箭射击,也连中靶心,与公孙子都射了个平手。

只剩下两个人了,庄公派人拉出一辆战车来,说:"你们二人站在百步开外,同时来抢这部战车。谁抢到手,谁就是先行官。"公孙子都轻蔑地看了一眼对手,哪知跑了一半时,公孙子都却脚下一滑,跌了个跟头。等爬起来时,颍考叔已抢车在手。公孙子都哪里服气,提了长戟就来夺车。颍考叔一看,拉起来飞步跑去,庄公忙派人阻止,宣布颍考叔为先行官。公孙子都怀恨在心。

没有本事的人,要达到自己的目的,就只能耍小聪明,或锋芒毕露,虚张声势。就是有本事,关键时也得"呆"一点。真正地懂得中庸之道,掌握了做人学问的人考虑的是长久的利益。大智慧者外表跟愚人一样,但内心则知法明理,严格要求自己心性的提高,说话做事皆合乎道与义,不自夸其智,不露其才。不妄加评论他人之长短,不骄不馁,追求的是"和为贵"的境界。

宽容是一种无声的教育

胡适先生对待别人对他的漫骂曾有很精辟的一段话:"我受了十余年的骂,从不怨恨骂我的人,有时他们骂得不中肯,我替他们着急;他们骂得过火了,反损害他们自己的人格,我更替他们不安。"

杨继盛在告诫儿子的书信中说:"宁可让人,不要使人让我;宁可容人,不要让人容我;宁可吃人家的亏,不要让人家吃我的亏;宁可受人家的气,不要让人家受我的气。人们有恩于我,就要终生不忘;人们有怨于我,就要及时丢掉。看到人们的好处,就对人称赞不已;听到人们的坏处,绝对不对人说。有人向你说某个人对你要感恩报答,就说他有恩于我,我无恩于他,这样就使感恩的人感受更深。有人对你说某人恼恨你毁谤你,就说他平常与我最相好,怎么会有恼恨毁谤我的道理?这样,就使恼恨我毁谤我的人听到后,他的怨恨就自然化解了。"

黄石公说:"小怨不放弃,大怨必然会产生。"《尚书·君陈》说:"必有忍,其乃有济;有容,德乃大。"

穿梭于茫茫人海中,面对一个小小的过失,常常因一个淡淡的微笑,一句轻轻地歉语,带来包涵谅解,这就是宽容;在人的一生中,常常因一件小事、一句不注意的话,使人不被理解或不被信任。但不要苛求所有人,以律人之心律己,以恕己之心恕人,这也是宽容。所谓"己所不欲,勿施于人"也寓理于此。

宽容,意味着你不再心存疑虑。法国十九世纪的文学大师维克多·雨果曾说过这样的一句话:"世界上最宽阔的是海洋,比海洋宽阔的是天空,比天空更宽阔的是人的胸怀"。雨果的话虽然浪漫,却也不无现实启示。

相传古代有位老禅师,一天晚上在禅院里散步。突然发现墙角边有一张椅子,他一看便知有位出家人违犯寺规越墙出去溜达了。老禅师也不声张,走到墙边。移开椅子,就地而蹲。过了一会儿,果真有一小和尚翻墙,黑暗中踩着老禅师的背脊跳进了院子。当他双脚着地时。才发觉刚才踏的不是椅子,而是自己的师傅。小和尚顿时惊慌失措,张口结舌。但出乎小和尚意料的是师傅并没有厉声责备他,只是以平静的语调说:"夜深天凉,快去多穿一件衣服。"

老禅师宽容了他的弟子。他知道,宽容是一种无声的教育。

在日常生活中,当没有道德的"对手",出于内心的丑恶,在你背后说坏话做坏事时,此时你想伺机报复,还是宽容对待?当你亲密无间的朋友,无意或有意做了令你伤心的事情,此时你想从此分手,还是宽容他们?冷静地想一想,还是宽容为上,这样于人于己都有好处。

有人说宽容是软弱的象征,其实不然,有软弱之嫌的宽容根本称不上真正的宽容。宽容是人生难得的佳境——一种需要操练、需要修行才能达到的境界。

心理学家指出:"适度的宽容,对于改善人际关系和身心健康都是有益的,这种宽容,指的是对于子女或别人在生活、工作、学习中的过失、过错采取适当的'羞辱政策',有效地防止事态扩大和矛盾加剧,避免产生严重后果。"大量事实证明,不会宽容别人,亦会殃及自身。过于苛求别人或苛求自己的人,必定处于紧张的心理状态之中。紧张心理的刺激会影响内分泌功能,而内分泌功能的改变又会反过来增加人的紧张心理,形成恶性循环,贻害身心健康。有的过激者甚至失去理智而酿成祸端,造成严重后果。而一旦宽恕别人之后,心理上便会经过一次巨大的转变和净化过程,使人际关系出现新的转机,诸多忧愁烦闷可得以避免或消除。

宽容,意味着你不会再为他人的错误而惩罚自己。

气愤和悲伤是追随心胸狭窄者的影子。生气的根源不外是异己的力量——别人或事侵犯、伤害了自己(利益或自尊心等),一言以蔽之,认定别人做错了,于是勃然作色,咬牙切齿。凡此种种生理反应无非在惩罚自己,而且是为他人的错误!显然不值。

宽容地对待你的敌人、仇家、对手,在非原则的问题上。以大局为重,你会得到退一步海阔天空的喜悦,化干戈为玉帛的喜悦,人与人之间相互理解的喜悦。要知你并非踽踽单行,在这个世界里,我们各自走着自己的生命之路,纷纷攘攘,难免有碰撞,所以即使心地最和善的人也难免会伤别人的心,如果冤冤相报,非但抚平不了心中的创伤,而且只能将伤害者捆绑在无休止的争吵战车上。

三国时,诸葛亮初出茅庐,刘备称之为"如鱼得水",而关、张兄弟却不以为然。在曹兵突然来犯时,兄弟俩便"鱼"呀"水"呀地对诸葛亮冷嘲热讽,诸葛亮胸怀全局,毫不在意,仍然重用他们。结果新野一战大获全胜,使关、张兄弟佩服得五体投地。如果诸葛亮当初跟他们一般见识,争论纠缠,势必造成将帅不和、人心分离,哪能有新野大捷和以后更多的胜利呢?

宽容是一种博大,它能包容人世间的喜怒哀乐;宽容是一种境界,它能使人跃上大方磊落的台阶。只有宽容,才能"愈合"不愉快的创伤;只有宽容,才能消除人为的紧张。一个人只有胆量大,性格豁达方能纵横驰骋,若纠缠于无谓的鸡虫之争,非但有失体面,甚至终日郁郁寡欢,神魂不定。唯有对世事时时心平气和、宽容大度,才能处处契机应缘、和谐圆满。

唐朝谏议大夫魏征,常常犯颜苦谏,屡逆龙鳞,可唐太宗宽容为怀,把魏征看作是照见自己得失的"镜子",终于开创了史称"贞观之治"的太平盛世。

如果一语龃龉,便遭打击;一事唐突,便种下祸根;一个坏印象,便一辈子倒霉,这就说不上宽容,就会被百姓称为"母鸡胸怀。"真正的宽容,应该是能容人之短,又能容人之长。对才能超过者,也不嫉妒,唯求"青出于蓝而胜于蓝",热心举贤,甘做人梯,这种精神将为世人称道。

宽容的过程也是"互补"的过程。别人有此过失,若能予以正视,并以适当的方法给予批评和帮助,便可避免大错。自己有了过失,亦不必灰心丧气,一蹶不振,同样也应该宽容和接受自己,并努力从中吸取教训,引以为戒,取人之长,补己之短,重新扬起工作和生活的风帆。

当然,宽容绝不是无原则的宽大无边,而是建立在自信、助人和有益于社会基础上的适度宽大,必须遵循法制和道德规范。对于绝大多数可以教育好的人,宜采取宽恕和约束相结合的方法;而对那些蛮横无理和屡教不改的人,则不应手软。从这一意义上说"大事讲原则,小事讲风格",乃是中庸做人的学问。

如何让对方接受自己的意见

孔子讲"和",最突出的贡献在于他把人类社会与人类生活所依托的宇宙结合起来、贯穿起来,当成一个整体来看待,追求一种"天人合一"的高尚境界。孔子自称不语"怪力乱神",因而对于代表自然界的"天",他的态度非常鲜明,也非常严肃,没有一点儿神秘主义的气息。他说:"天何言哉?四时行焉,百物生焉,天何言哉?"孔子认为,孕育四时和万物的"天"虽然高大得很,人类不可违逆,违逆就是失"和";但它的规律可以认识,可以利用,人类可以效法"天",也只能效法"天"。

人与人交往也得效法"天",其提前是不相互漠视对方的个性。彼此不必是方都是方,是圆都是圆,友谊需要依靠彼此在尊重个性的基础上,进行思想和态度上的沟通。许多人苦于自己的意见不被采纳,其实是由于自己不了解对方的个性,不肯和朋友沟通意见,没有掌握"自己的意见怎样才能被人采纳的策略"的缘故。

要朋友采纳你的主意不是一件容易事,有时候还会因意见不合而闹得不愉快。因此,"推销"自己的见解也是一种才能。

有才干的人情愿牺牲个人的虚荣心而求自己的主意被采用并付诸实行,他们只是要得到一个使别人对他们的任何主意都完全信任的机会。许多人在实行一个毫无危险的计划之前,常常心中埋下所谓意见的种子,然后去互相讨论,以为这是他们自己要提出的计划,然后再去实行。但你倘若要别人采用你的意见,那么最好的方法就是使他们以为这意见是他自己的创见。

运用这个策略时要注意:诱导别人参加自己的事业时,应当先引起别人的兴趣。当你诱导别人做一些很容易的事情时,先给他一点强烈的刺激,使他对能够做这件事有一种更强烈的欲望,这样,求胜欲使他被一种成功的意识所支配,于是,他就很高兴地去尝试一下了。这种策略是使人合作的重要基础。

因此,要引起别人对你的意见的重视,必须先诱导他来参加你的计划。倘若可能的话,不妨使他先做一点容易的事,事情办成后,他们会高兴地把这件事当成是一种真正的成功。

国学经典文库

中庸

中庸的做人之道

图文珍藏版

有个故事：山顶住着一位智者，他胡子雪白，谁也说不清他有多大年纪。男女老少都非常尊敬他，不管谁遇到大事小情，他们都来找他，请求他提些忠告。但智者总是笑眯眯地说："我能提些什么忠告呢？"

这天，又有年轻人来求他提忠告。智者仍然婉言谢绝，但年轻人苦缠不放。智者无奈，他拿来两块窄窄的木条，两撮钉子，一撮螺钉，一撮直钉。另外，他还拿来一个榔头，一把钳子，一个改锥。他先用锤子往木条上钉直钉，但是木条很硬，他费了很大劲，也钉不进去，倒是把钉子砸弯了，不得不再换一根。

一会儿功夫，好几根钉子都被他砸弯了。

最后，他用钳子夹住钉子，用榔头使劲砸，钉子总算弯弯扭扭地进到木条里面去了。但他也前功尽弃了，因为那根木条也裂成了两半。

智者又拿起螺钉、改锥和锤子，他把钉子往木板上轻轻一砸，然后拿起改锥拧了起来，没费多大力气，螺钉钻进木条里了，天衣无缝。而他剩余的螺钉，还是原来的那一撮。

智者指着两块木板笑笑："忠言不必逆耳，良药不必苦口，人们津津乐道的逆耳忠言、苦口良药，其实都是笨人的笨办法。那么硬碰硬有什么好处呢？说的人生气，听的人上火，最后伤了和气，好心变成了冷漠，友谊变成了仇恨。我活了这么大，只有一条经验，那就是绝对不直接向任何人提忠告。当需要我指出别人的错误的时候，我会像螺丝钉一样婉转曲折地表达自己的意见和建议。"

有一种情况，两个人遇到与对方意见不合的时候，双方开始竭力为自己争辩。而最终谁的意见被对方接受，就取决于如何争辩。譬如，有人误会你拿了他的东西，你如何与他争辩澄清自己呢？你是冷静地列出自己清白的证据，还是死抱一句"我就是没拿！"我想，明智的你一定会选择前者。因为，生活的经验告诉我们：有理不在声高。

声高固然能增强气势，坚定语气，但这种粗鲁的争辩方式往往会使对方对你的意见、想法更加反感，无法说得人心服口服。而充实的论据才是你被对方理解与接受的保证。言之有理，对方自然能接受你的意见，这比举着高音喇叭大喊口号要有效得多。

"争辩"不是"争吵"，争吵以声压人，争辩以理服人。有理走遍天下，只要自己的想法、做法有道理，就不怕别人的诘难。嗓门大怎样？嗓门小怎样？最后还不是"理"定胜负！因此，我们在与人争辩时，应以"礼"相争，以"理"相辩，少一些野蛮，多一些理智，你将得到越来越多的人的支持和尊重。

不要瞧小起身边的小人物

孔子积极与上层建筑接触，为的是推行自己的理论与主张，他对学生以及老百姓，也是恭敬有加，没有偏见。他骂过一个学子，"朽木不可雕也"，那是因为那个学生是个"反中庸"的家伙，行为有碍于别人。爱之深，责之切，孔子没有恶意。对人偏见，有害于为人处事。西方小说《傲慢与偏见》反映了处世做人的种种人性问题，在一种偏见中，一些本来最可以值得信赖的人被冷落了。那个没人理睬地坐在一个小角落中默默抽烟的人，实际上是一个有着敏锐目光的人，他在寂寞中感受着世态炎凉，而他的信念之火却燃烧不熄。

百事公司派史坦芬·艾勒到加拿大分公司任总经理，正要离开纽约总部时，副总裁维克把一个很强壮的助手推荐给他。到任后，此人办事很老练，又谨慎，时间一长，史坦芬·艾勒很看重他，把他当作最信任的人使用。

史坦芬·艾勒任期满了准备回到总部。这个助手却不想跟他一起回去，反而要求辞职离开百事公司。史坦芬·艾勒非常奇怪，问他为什么要这样做，那人回答："我是维克先生身边的助手，跟了他多年，我知道他的为人，他叫我跟着你，无非是要让他认为最好的人带着我，你几年来在加拿大一直为公司忙着，并没有出现什么大差错。我辞职后去老总们面前说你的好话，也就不会让他们怀疑，我是想以后在你手下工作。"

史坦芬·艾勒听后吓坏了，好多天一想到这件事就心神不宁。幸亏自己的确在工作上不敢丝毫松懈，否则这样的公正无私的助手把我在加拿大的所作所为都如实汇报给总裁，那样我就完蛋了，多吓人哪！

这个例子告诉我们，不可轻视身边的那些"小人物"，在他们面前表现好非常重要。这些人平时不显山露水，但是到了关键时刻，说不定就会成为左右大局、决定生死的"重磅炸弹"。

当然，这是一家公司的一个事例，但在现实生活中，确实有不少人被下级认真地监督着，若不知他们的厉害，不把他们放在眼里，或者以为下属只会保护自己，那就错了，往往因此导致自己职位不保。所以一个领导者在日常工作和生活中，重视下属，讲究和他们说话的策略，是与下属保持良好关系的重要方面。

林顿·海曼先生曾向人讲过他报复主管的故事：我曾经在公司的营销部工作过，受尽了主管的气，后来我找到总裁要求把他调换一份工作，总裁从人事部了解到我过去的业绩不错，便调我做了秘书。按理说，此时营销部主管应该认真反省一下，向我表示一下歉意，可这位主管没把我放在眼里，仍然对我怀恨在心。因此，每当我到营销部了解业务情况要找主管的时候，主管却不予合作，总是装出一副无可奈何的样子，回答说"无法安排"。所以，每当总裁关心到他的情况时，我每每连忙说"不，不"，说他工作如何如何的差劲，还目中无人，恶待下属，有着记恨的德性。总裁感到这个主管大脑有问题，不会有能力去发挥团队的作用，于是免去了这位主管的职务。直到最后，主管也没弄清是怎样得罪了总裁先生。

平常无论是说话还是办事，一定要记住史坦芬·艾勒的一句话："把鲜花送给身边所有的人，包括你心目中的小角色。"不要总是时时处处表现出高人一等的样子，要知道，再有能力的人也不可能把所有的事情都办好，再优秀的篮球运动员也不可能一个人赢得整场比赛。在工作中，人的因素至关重要，有了人才会有事业，有情义，同时也会带来效益。说不定，你心目中的小角色会在某个关键时刻影响你的前程和命运。

在某一家公司，一个部门的正副经理都是博士毕业生，年龄相仿，经历差不多，都可谓极富才华。不同的是，一位经理为人和善，善于和员工交流。在日常工作中，对下属恩威并施，分寸得当。在业务上严格要求，从不放松，但偶尔出了什么差错，他却总能为下属着想，为下属担担子；出差回来，总是不忘带点小礼物、小玩意，给每个下属一份爱心。而另一位经理对下属严厉有余，温情不足，有时甚至很不通情达理，缺少人情味。例如一位平时从不误事的下属因为父亲急病而迟到了15分钟，这位经理还是对其进行了严厉的批评，并处以罚款若干。不久，公司内部人事调整，前者不但工作颇有业绩，而且口碑甚佳，更符合一个高层领导的素质要求，被提拔为公司副总经理。而后者尽管工作也干得不错，但领导认为他有失人情味的管理方式不利于笼络人心，不利于留住人才，于是取消了原打算提携他的意图。

可见，"小角色"的力量汇在了一起，足以推翻任何一个"大角色"。所以不要轻易得罪"小角色"，不要轻易与人发生正面冲突，以免留下后患。要学会与"小角色"合作，展示自己的说服力。不要用实用主义的观点去处理"小角色"的关系，不要平时怠慢人家，等到你需要他们合作的时候才去动员他们。

第六节　反中庸

做人处事须看得远，看得全，看得精微，如果急功近利，那么内心必然失去准则，行动必然没有尺度，陷入偏激与过及之中，伤人而自伤。

《中庸》说："仲尼曰：'君子中庸，小人反中庸。君子之中庸也，君子而时中。小人之反中庸也，小人而无忌惮也。'"

什么事做过头了、做过分了都没有好处。回避人生的禁区，离开做人的误区，当把握"时中"二字，即回到"适度""适当"上来。

不做行为偏执、刚愎自用的人

儒家强调中庸，因为发现什么事做过分了，结果都是糟糕的，《易经·比卦》上说："愚而自用，既不能内比，又不能外比，依一己之阴，随心造作，终无出头之日，是比之无首也。无首之比，空空一世，到老无成，自取其凶。此始终不知比人者也。"

做人居功自傲，无异于引火烧身；不骄不卑，才是保全自己的良策。因为，念念不忘自己长处的人，也常常会使别人想起他的短处。

刚愎自用是一种病态心理。这种病态心理能够让人迷失心智、思维简单、固执、守旧、教条主义。其显著的症状就是目中无人，唯我独尊；其次是死要面子，拒不纳言；再者是好大喜功，揽功透过。这种病态心理的危害在很多时候是无法估量的。

三国时蜀国的马谡是何等人物？他可谓熟读兵书战略，可是街亭却在他手上失守了。马谡斩首了，蜀军战败了。究其原因。主要是因为马谡违背了诸葛的依山傍水扎营，不理大将王平的劝谏，而自作主张、刚愎自用的扎营山上造成的。那么，马谡为何如此的刚愎自用呢？就因为其熟读兵书战略，就如他对王平所说的"某自幼熟读兵书战略，焉有不知之理"——这是他刚愎自用的资本。其实，历史上马谡并非刚愎自用的第一人，著名的还有楚霸王，那个力拔山兮气盖世的家伙。他因为刚愎自用，自以为老子天下第一，所以在"鸿门宴"上白白错失了杀掉刘邦的机会，结果落得的个四面楚歌，自刎乌江的结局。

刚愎自用者的第一个症状是目中无人，唯我独尊。自高自大、自我欣赏、自我陶醉甚至自我崇拜是这一症状的主要表现。他们虽然没有整天喊着"我是天下第一",也没有在自己的办公室里挂个条幅上书"我是天下第一",但他们的所作所为无不在说明着他们的目中无人,唯我独尊。在他们的语言里使用最多的词汇是"我怎么着"和"你错了"。

刚愎自用者的第二个症状是死要面子,拒不纳言。他们大多是领导和专家,所以他们很在乎自己的面子,自尊心都特别的强,如果有那位敢冒天下之大不韪的人指出其缺点和错误或是在某事的处理上向其进谏,那么就将"死"得很难堪了。因为对于这类人而言,劝谏就等于冒犯(特别是在有人在场的情况下),就是不服从领导;那他就等着吧,这类人一定会找个机会给他一双"小鞋"穿的,要不就在考核时给他个不及格,看他还敢不敢太岁头上动土。

刚愎自用者的第三个症状是好大喜功,揽功诿过。这类人的最大的嗜好就是自我肯定、自我表彰,做出一点成绩就四处炫耀、沾沾自喜。所以对于这类人来说,溜须拍马者就是他的"甜果",在他的四周尽是奴颜婢膝、献媚取宠之辈,那些敢于直言者早已被打入"冷宫"了。另外,这类人对自己的能力从不怀疑,自己的指导思想错了,是下属理解的错误;工作分配错了,是下属的配合不利;工作不能按时完成,是下属不积极工作;工作遗忘,是下属不能及时提醒;总之,这类人是不会错的,这类人只有成绩,没有错误。成绩永远是自己的,错误永远是别人的,不过最多的是下属的。

《管子》说:"凡论人有要:矜物之人,无大士焉。彼矜者,满也。满者,虚也。满虚在物,在物为制也。矜者,细之属也。"这段话告诉我们,评价一个人,是有一定标准的,凡是能够做出一番伟大事业的人,没有一个是具有骄矜之气的人。那些骄傲矜持之人,是自满的表现、空虚的表现,这不是什么好事。

行为偏执、刚愎自用的人好骄矜,骄傲专横,傲慢无礼,自尊自大,好自夸,自以为是。这样的人在现实生活中大多自以为能力很强,很了不起,做事比别人强,看不起他人。由于骄傲,则往往听不进别人的意见;由于自大,则做事专横,轻视有才能的人,更看不到别人的长处。

骄矜对人对事的危害性是很大的。这一点古人认识得十分清楚。

朱元璋能从一乞丐而成为一代王朝的开国皇帝,除去时势等诸多因素和朱元璋本人超群出众的智谋与韬略外,他的众多谋臣功不可没,这其中有一个人叫徐达。

被称为"指挥皆上将,谈笑半儒生"的徐达出生于一个农家,儿时曾与朱元璋一起放过牛。在其戎马一生中,有勇有谋,用兵持重,为明朝的创建立下了赫赫战功,是中国历史上著名的大将,深得朱元璋宠爱。

但是,就是这样一位战功赫赫的人,却从不居功自傲。徐达每年春天挂帅出征,暮冬之际还朝。回来后立即将帅印交还,回到家里过着极为俭朴的生活。按理说,这样一位儿时与朱元璋一起放过牛,且战功赫赫的人应该是不可一世的,但徐达却是一个小心谨慎之人。

朱元璋在私下对徐达说:"徐达兄建立了盖世奇功,从未好好休息过,我就把过去的旧宅邸赐给你,让你好好享几年清福吧!"朱元璋的这些旧宅邸,是其登基前当吴王时居住的府邸,可徐达就是不肯接受。万分无奈的朱元璋只好请徐达到这个府邸饮酒,将其灌醉,然后蒙上被子,亲自将其抬到床上睡下。徐达半夜酒醒后问周围的人自己住的是什么地方,内侍说:"这是旧邸内。"徐达大吃一惊,连忙跳下床,俯在地上自呼死罪。朱元璋见其如此谦恭,心里十分高兴,命有关部门在此旧邸前修建一所宅第,门前立一牌坊,并亲书"大功"二字。

徐达之所以能不居功自傲,除其个人良好的修养外,还有更深层次的原因。每个皇权的确立,无不依仗文臣武将的运筹帷幄而决胜千里,但功臣往往成为权臣。在中国历史上,功臣权臣夺取皇权或挟天子以令诸侯,甚至黄袍加身的例子也不鲜见。所以,历代皇帝总是在政权到手后,视功臣为最大威胁,千方百计收回其权力。"杯酒释兵权"已算是非常"客气"了。"狡兔死,走狗烹;飞鸟尽,良弓藏;敌国破,谋臣亡"这些都成为皇权统治下残酷的事实。

可有很多人不懂这些,刚愎自用,高傲自大。骄横自大的人,不肯屈就于人,不能忍让于人。做领导的过于骄横,则不可能指挥好下属,做下属的过于骄傲,则不会服从领导。做儿子的过于骄矜,眼里就没有父母,自然不会孝顺。

做人,尤其是想做一个成功的人,要做到既有效地保护自我,又能充分发挥自己的才华,不仅要战胜盲目骄傲自大的病态心理,做到凡事不太张狂,不太咄咄逼人,更要养成谦虚让人的美德。所谓"花要半开,酒要半醉",凡是鲜花盛开娇艳的时候,不是立即被人采摘而去,往往就是衰败的开始。人生也是这样,当你志得意满时,切不可趾高气扬,目空一切,不可一世。要是这样的话你不被别人当靶子打才怪呢!

所以,无论你有怎样出众的才智,也不要把自己看得太了不起,也不要把自己看得太重要,更不要把自己看成是救国济民的圣人君子,还是平心静气地老老实实地做人为好。

不做弄虚作假、欺骗撒谎的人

平常的德行努力实践,平常的言谈尽量谨慎。德行的实践有不足的地方,不敢不勉励自己努力;言谈却不敢放肆而无所顾忌。说话符合自己的行为,行为符合自己说过的话,这样的君子怎么会不忠厚诚实呢?

孔子患了重病,子路安排同学去做孔子的家臣。后来,孔子的病好了一些,他说:"仲由很久以来就干这种弄虚作假的事情。我明明没有家臣,我骗谁呢?我骗上天吗?我与其让家臣来安排我的后事,不宁可让你们这些学生来安排我的后事吗?而且即使我不能以大夫之礼来安葬,难道就会被丢在路边没人埋吗?"

"行经万里身犹健,历尽千艰胆未寒。可有尘瑕须拂拭,敞开心扉给人看。"要想得到知心朋友,首先应敞开自己的胸怀。要讲真话、实话、不吞吞吐吐、不遮遮掩掩,以坦率来换得朋友的赤诚和爱戴。

中庸智慧告诉人们,塑造真实自我是一种做人的艺术。真实带来的好处,将是长远的,它会增加一个人的可信度,得到更多的成功的机会。

一家著名的国际贸易公司高薪招聘业务人员,应征者络绎不绝。在众多的应聘者中,有一位年轻人条件最好,毕业于名牌大学,又有在市外贸公司工作三年的经验,所以他坐在主考官面前时,非常自信。

"你在外贸具体做什么?"主考官开始发问。

"做蔬菜。"

"哦,蔬菜。那你说说,对业务人员来说,是产品重要,还是客户重要?"

年轻人想了想,说:"客户重要。"

主考官看了看他,又问:"你做新鲜蔬菜应该知道,新鲜蔬菜中,菠菜出口主要是对日本,以前销路非常好,有多少收多少,可是最近几年,国外客商却不要了,你说说为什么。"

"因为菜不好。"

"那你说说,为什么不好?"

"嗯,"年轻人停顿了一下,"就是质量不好。"

主考官看了看他,说:"我敢断定,你没有去过产地。"年轻人看着主考官,沉默了30秒钟,没有说是,也没有说不是,却反问:"你说说怎么能看出我去没去过?"

"如果你去过,就应该知道为什么菜不好。采集蔬菜的最佳时间只有10天左右,这期间的菠菜鲜嫩好吃,早了不成,晚了就老了。采好后,要摊开放在地里晾晒一天,第二天翻个过,再晾晒一天,把水分蒸发干,然后再成把捆好,装箱。等食用时放在凉水里浸泡一下就可以了。可是当地农民为了多采多卖,把蔬菜采到家,来不及放在地上晾晒,而是放在热炕上暖,这样只用两个小时就烘干了。这样加工处理的菠菜,从外表上看都一样,可是食用时,不管放在水里怎么泡,都像老树根一样,又老又硬,根本咬不动。国外客商发现后,对此提出警告,一次,两次,还是如此。结果,人家干脆封杀,再不从我国进口了!"

年轻人听了,不好意思地低下头说:"我是没有去过产地,所以不知道你说的这些事。"

年轻人带着遗憾走出公司的大楼。这位最有希望人选的年轻人,最终没有被录取。这样的结局,从他离开主考官的那一刻,就已经知道了。

为对方的利益着想,就不会撒谎。如果总是想着自己的利益,那么就可能提供给朋友和他人虚假的信息。有一对朋友都是做生意的,一个人对一笔生意很犹豫,想做又有些害怕,他问朋友能不能做?朋友一听对这笔生意很感兴趣,觉得有利可图,他马上说,对方的老板如何不守信誉,某某受过他的骗。这番话结果打消了朋友做这笔生意的念头,而他却趁机做起了这笔生意。这个人就是完全站在自己利益的立场上,向朋友说了假话,其实那个老板是个很守信誉的人。

而恰到好处地对待朋友,就应该发出真实的信息。朋友先提出要做的生意,就不能抢,可以提出合伙做这笔生意,如果朋友不愿意,就算了,毕竟是人家向你吐露这笔生意的。

敢于听难听的真话,对方就会不撒谎。英国作家哈尔顿为编写《英国科学家的性格修养》一书,采访了达尔文。由于达尔文的坦率尽人皆知,哈尔顿就不客气地直接问达尔文:"您主要的缺点是什么?"达尔文回答:"不懂数学和新的语言,缺乏观察力,不善于合乎逻辑的思维。"哈尔顿又问:"您的治学态度是什么?"达尔文又答:"很用功,但没有掌握学习方法。"听了这些直截了当的回答,谁能不为达尔文的坦率鼓掌呢?按理,像达尔文这样的大科学家,完全可以不痛不痒地说几句话,或为自己的声望再添几圈光环。但达尔文却能做到一是一,二是二,不说谎话,这种把自己的缺点毫不掩饰袒露在人们面前,无不是高尚的品德,必能换来真挚的依赖和尊敬。

一般人会以谎话连篇企图取得别人的信任，而且大多数人也都以为说谎没什么大不了的，虽然几乎没有人是真正的绝对诚实，但为人处事切记不可以谎言欺骗对方。朋友之间交往，应该敢于说真话，让对方知道自己是考虑他的利益说话，朋友才能为你的诚实所感动，从心灵深处喜欢你，回报给你的也将是他的真话、实话。

如果不管什么情况都以说谎来解决，这种人可说是心态上已经有了病症。但是，不论什么，一旦开始了骗人的想法，就会一发不可收拾地继续下去，因为谎言像是滚雪球，越滚越大。

不做极端自私、贪占便宜的人

有种人为什么反中庸呢？孔子认为这种人肆无忌惮，专走极端。人要是没有什么可顾及的，那么什么事都会干出来。虽然说"人不自私，天诛地灭"，但自私有个"度"的问题。极端自私者，就是失之于"度"，无法无天，胡作非为，其结果必然得不偿失。

人除了自然属性，更多的具有社会属性，也就是说"因人成众"，每个人都无法脱离大众而生活。与人相处，克服自私的缺点，最好的办法是付出，付出才能得到，如果只要对方付出，而自己没有动静，这样的交往是不会长久的。在现实生活中，有的人却错误地认为友情是建立在利益互惠的基础上，这样的人，与他人交往，目的是在于对方有什么利用价值，天天盘算着与人交往会带来什么好处。当对方能满足自己的要求，为自己提供便利时，便心里乐哈哈，与他形影不离，仿佛情深义重，可是一旦对方没有了利用价值，或者遇到麻烦，便推诿责任，退避三舍，甚至落井下石。这实在是一种自以为聪明的愚蠢表现。这样做的结果，无疑向别人表明：自己是多么的无情无义，又是多么的无耻。以后当别人与他交往时，必然会小心提防，以免被其利用。

有一个人利用一位姓毕的人手中的权力为自己办事，当对方在位的时候，他对老毕恭维不已，把"真诚合作"几个字挂在嘴上。后来，他听说老毕将退居二线，他的合作的姿态马上就变了，甚至在一次宴请上，竟邀请了老毕单位的一个副职而没有邀请他。这件事正好被老毕知道了。不久，退居二线的人名单下来了，老毕不在其中。那个人后悔不已，自己往后的工作很难做了。

在人际交往中，很多事情都彼此联系，互相依存。人与人之间不免有些明争暗夺,有些摩擦,这一切都来源于是吃亏还是占便宜的心理,一切又都结束于吃亏与占便宜的行为。吃亏怎么样?占便宜又怎么样?吃亏了,既获得心灵的平静,又可以获得道义上的支持。一旦对方醒悟过来,你的我的自然一清二楚。相反,占便宜的人,心理上永无宁日,让天下人耻笑,别人的钱财你占有,是何滋味?明白了个中道理,吃亏、占便宜也就分得清楚了。

爱因斯坦说:"世间最美的东西,莫过于有几个头脑和心地都很正直且严正的朋友。"真正的朋友把友谊永恒为知心的倾诉,敞开心扉,乐于为对方付出,然后是愉快地享受彼此的劳动成果。生活实在需要太多太的友情,需要真诚的付出,而不是索取与占有。

李嘉诚认为自己吃亏可以争取更多人愿意与他合作。他说:"你想想看,虽然我只拿了6分,但现在多了100个合作人,我现在能拿多少个6分?假如拿8分的话,100个人会变成5个人,结果是亏是赚可想而知。"李嘉诚一生与很多人进行过或长期或短期的合作,分手的时候,他总是愿意自己少分一点钱。如果生意做得不理想,他就什么也不要了,愿意吃亏。这是种风度,是种气量,也正是这种风度和气量,才有人乐于与他合作,他也就越做越大。所以李嘉诚的成功更得力于他中庸处世智慧。

我们给予他人的,必须是爱。我们对给予的结果必须负起责任,同时又要尊重对方的付出,不要对对方的付出不屑一顾。

付出是没有条件的,有条件的付出就会变得丑态百出。就说笑容吧,你讨好别人的笑,也能表达你的亲切,但因为缺乏真诚,而变得生硬、勉强、令人厌恶。同样的,心中有所要求,才给予对方好处,对于真正的友谊没有实质性的益处。因为它可能带来更大的欲望,变成一个人对另一个贪婪地操纵。

朋友之间,还是合作伙伴之间,无论你给予与付出的是什么,都应该是发自内心的。

有一则寓言故事,蕴含着深刻的做人学问:

赵秀才与钱商人死后一起来到地狱,阎王翻看"功德簿"后,对他们说:"你们二人前生没有做什么坏事,我特准许你们来生投胎为人,但现在只有两种做人的方式让你们选择,一个人需要过付出给予的人生,一个人需要过索取、接受的人生。"阎王说完,便让赵秀才和钱商人慎重考虑后再做选择。

赵秀才心想,前生我的日子过得并不富裕,有时还填不饱肚子,现在准许来生过索取、接受的生活,那样真是太舒服了。他说:"我要做索取的人。"

钱商人看到赵秀才选择了来生过索取、接受的生活,自己只有付出给予这条人生之路可供选择了,他想自己经商赚了一点钱,来生就把它施舍出去吧,于是他心甘情愿地接受了付出的来生。

阎王看他们选择完了,当下判定二人来生的命运:"赵秀才甘愿过索取的人生,下辈子做乞丐去;钱商人甘愿付出的人生,下辈子做富豪吧,去帮助别人。"

孔子说:"君子中庸,小人反中庸。君子之中庸也,君子而时中;小人之中庸也,小人而无忌惮也。"后来,子思"推本尧舜以来相传之意,质以平日所闻父师之言",对孔子的中庸思想做了进一步的发挥,认为一个人的行为不合乎"中",那么必将失据。"喜怒哀乐之未发,谓之中;发而皆中节,谓之和。"

一个人如何做人,如何生活,其实在于选择态度。与人相处,或者与人合作,付出是获得友谊与利益的最佳方式。

不做故步自封、胆小怕事的人

好走极端,走偏锋,不知适可而止,不合中庸之道,这种人往往自投罗网而自己却还不知道。有种人知道中庸之道,可由于好胜心难以满足,欲壑难填,结果是越走越远,不知不觉间又放弃了适可而止的初衷,背离了中庸之道。另外,太保守,故步自封、胆小怕事,同样是违反中庸之道。

子思说:"知、仁、勇三者,天下之达德也。"孔子说:"仁者不忧,知者不惑,勇者不惧。"即使你有知识,又善待人,但你胆小怕事,缺乏勇气,故步自封,仍然不会成功。勇者大胆应对事物、环境的变化,更具有适应生存能力。

赵武灵王是赵国的一位奋发有为的国君,在与周边胡人的军事摩擦中,他发现胡人的短衣长裤、骑马作战非常灵活,于是主张穿胡人的服装,学习胡人骑马射箭的作战方法。为此,他力排众议,带头穿胡服,学骑马,练射箭,亲自训练士兵,使赵国军事力量日益强大,得以击退胡人,消灭中山,成为"战国七雄"之一。"胡服骑射"这个故事告诫人们不要故步自封,而要学习别人的长处,勇于改革。

胆小怕事,故步自封,给人一种懦弱者的形象。但这一形象是可以改变的,关键是你要重新塑造自己的心象。有一个叫李绍嘉的人,一直胆小怕事,甚至不敢做任何运动,凡是可能受伤的活动他一概不碰,就连三岁小孩都敢坐的过山车,他都觉得不安全。他从没想过这辈子要总是坐过山车和海盗船,更可怕的是居然还要参加高空跳伞。后来他结识了一个女孩,爱上了她。这个女孩热爱极限运动,那些过山车、海盗船之类的,对于她简直就是小儿科。他在和她的交往过程中,不得不故作镇定,陪她一次又一次坐上过山车、海盗船。有一天,他得知了她不想和别人一样,结婚的时候就在酒店摆上几桌菜,款待亲戚朋友。结婚是一辈子的事情,她要给自己的婚礼留下最难以磨灭的记忆——跳伞。当他听说的时候,差点没有把整个心脏吐出来。

在那以后,李绍嘉参加过几次发挥潜能的研讨会,他有了一些新的运动经验,从而知道自己事实上可以做到一些事,只要有一些压力即可。虽然他是这么想的,可是这些体验还不足以使他形成有力的信念,改变他先前的自我认定,顶多他自认为是个"有勇气高空跳伞的胆小鬼"。依他的说法,当时转变还没发生,可是他有所不知,事实上转变已经开始。他说其他的人都很羡慕他那些表现。告诉他:"我真希望也能有你那样的胆子,敢尝试这么多的冒险活动。"

一开始,他对大家夸奖的话的确很高兴,听多了之后他便不得不质疑起来,是不是我以前错估了自己。

随后,李绍嘉开始把痛苦跟胆小鬼的想法连在一块儿,因为他知道胆小鬼的信念使自己设限,从而他决心不再把自己想成是个胆小鬼。事情并不是这么说说便完了,事实上他的内心有很强烈的争战,一方是他那些朋友对他的看法,一方是他对自己的认定,两方并不相符。

结婚的日子到了,为了她——一个即将成为自己妻子的人,他不得不参加高空跳伞。他把它当成是改变自我认定的机会,更当成自己幸福的开始,要从"我可能"变成"我能够",而让想冒险的企图从而扩大为敢于冒险的信念。

当飞机攀升到 1.25 万英尺的高空时,李绍嘉望着那些没什么跳伞经验的队友,多数人都极力压抑着内心的恐惧,但故意装作兴致很高的样子。他告诉自己:"他们现在的样子正是过去的我,而此刻我已不属于他们那一群,今天我可要好好地玩一玩。"他运用了他们的恐惧,来强化出他希望变成的新角色,他心里说道:"那就是我过去的反应。"随之,他很惊讶地发现自己刚刚已历经了重大的转变,他不再是个胆小鬼,而成为一个敢冒险、有能力、正要去享受人生的男子汉。

他拉着妻子的手,头一个跳出飞机。下降时,他一路兴奋地高声狂呼,似乎这辈子就从没有过这么的活力和兴奋。他之所以能够跨出自我设限的那一步,主要的原因就在于,他一下子采取了新的自我认定,从而自心底想好好表现,以作为其他跳伞者的好榜样,更是新婚妻子心目中的英雄。

李绍嘉的转变很完全,因为新的体验使她能一步步淡化掉旧的自我认定,从而做出决定,要去拓展更大的发展空间。人在面对改变时,往往有些诚惶诚恐,但是故步自封、因循守旧往往于事无补。孔子说:"狂者进取,狷者有所不为也。"孔子要是视前途为畏途,只是在鲁国与齐国转一趟,那么他的路走不远,就没有后来的理论成就了。

不做自作聪明、自以为是的人

孔子认为,中庸之道不能实行的原因,是聪明的人自以为是,认识过了头;愚蠢的人智力不及,不能理解它。人与人之间能力大小不同,各人的财富多少也不一样,这是正常的,而对人耍小聪明,是极不尊重的一种表现,其实朋友同事之间有要求可以直接谈,你玩小聪明,对方能那么傻而不感觉到、不会发现吗?玩小聪明和《太极张三丰》里的君宝与天宝的差别一样,两个人天份差不多,一个玩小聪明,一个不玩小聪明,玩小聪明的人,占得不少便宜,但是到最后总是他的棋差一着甚至十着,最后是不玩小聪明的人成了大宗师,而玩小聪明的人被狠揍了一顿。

有一种最为简单也最容易赢得别人尊敬的处事方式,那就是以诚待人;有一种看上去很聪明其实很糊涂很愚蠢的处事方式,那便是耍小聪明。

有个故事,说有一个父亲,他有两个儿子。哥哥自以为有点小聪明,总喜欢偷懒。弟弟虽不是呆傻木讷之人,却也好不到哪里去。这兄弟俩差别实在是太大了。一天父亲突发奇想,想检验一下两个儿子的智商,就拿出了两块铁,一块如同鹅卵石,另一块坑坑洼洼,薄厚不均,有的地方十分锋利,甚至可以砍柴,他对两个儿子说:"这两块铁,你们一人挑一个,拿它去砍三天的柴,谁砍的多,我就把咱家里的鹅作为奖励。记住,磨刀不误砍柴工。"哥哥一看,砍柴刀当然是越锋利越好,于是拿走了那块坑坑洼洼的铁,虽然早就知道"磨刀不误砍柴工",但是既然它可以砍柴,也就索性不去磨它了,结果越用越钝,三天下来,只砍了一担柴。话说哥哥拿走了锋利的那块铁,弟弟立刻就把鹅卵石似的铁拿走了,反复琢磨父亲的话,终于想明白父亲是让他把铁磨成刀,然后去砍柴,第一天一点柴也没砍,只是把刀子磨锋利了,但在第二天、第三天,他每天都砍了两担柴,结果获得了奖励。

其实想想我们自己的小聪明,不也正像那块坑坑洼洼的铁一样,在看似锋利的外表下,隐藏着不为人知的本质——浮华。只有像故事中的弟弟那样,认真地磨炼自己的才智,才能称为大智慧。成为一个成功的人。

《庄子·秋水》中讲了一个河伯见北海若的故事:秋天来临时候,水流汇集到一处,河流变得更加宽阔,河中的神灵河伯开始自大起来,觉得自己非常伟大,天下无人能比。可是,当他顺流而下到达北海的时候,面对无边无际、烟波浩渺的大海。河伯惘然若失。在这个时候,北海中的神灵北海若教导河伯说:"我和你比较起来,的确是大得无可比拟,但如果和无限的宇宙比较起来。我就像大山中的一块小石子、一棵小树苗。"庄子借这个故事告诫人们:我们的心灵往往受到自己的生活环境、已有见识和固有成见等的限定,局限性有时候是不可避免的,但作为万物之灵的人类,具有一定的理性,我们应该认识到自己的有限,需要在无限的宇宙面前保持虚心,不要自作聪明,自以为是。

当你的工作遇到困难时,应该不耻下问,这是处世的明智表现,也是赢得人心的明智之举,以次求得更多的合作者。

不管你是谁,也不管你的明确的目标是什么,只要你计划通过其他人的合作努力而实现你的明确目标,那么,你一定要在你所寻求合作的每一个人的意识中培养出一个动机,而且这个动机要强烈到足以使他们同你进行完全彻底、毫不自私的充分合作,而不能玩小聪明。

相互尊重的相处,可使人们获得内心的平静,这是玩小聪明而不懂尊重的人所永远无法得到的。玩小聪明的人也许可以积聚庞大的物质财富。此一事实是不容否认的。但是他将会为了贪图一时的小利,而出卖自己的灵魂。

因为只有在正常动机中,中正地合作、友好地交往,才是明智的,无所不利的;也才是恰到好处的令人愉快的为人处事。

不做爱钻牛尖、唠叨不休的人

儒家并不反对争辩,孟子就是一个好争辩、敢于争辩的人,但争辩时要做到"温良恭谦让",不能讲死理。有种人爱钻牛尖,喜欢抬竹杠子,与人无论说什么,都要把对方的口封方,只顾自己头头是道,这显然是反中庸的。

有的人喜欢用唱反调来表现自己的与众不同。他们常为自己拥有与众不同的一得之见而自鸣得意,与同事谈话,发表个人见解是可以的,但一味地唱反调,把他人驳斥得一无是处,以示聪明,这样的人即使真的见识高明,也要不得的。

有这种习惯的人,朋友、同事多半会疏远他,没有人肯向他提建议,更不敢进忠告。也许他本来是很不错的一个人，可不幸的是养成了爱与人抬杠、唱反调的习惯，结果使人不喜欢他。

与同事相处难免会针对某个问题争论一下，但你不可唱反调。别人前面卖生姜而你后面说不辣，岂不是故意刁难吗？

倘若你的同事问你："我的发式好吗？"

"不好。"你回答。

"我的衣服美丽吗？"

"不大美丽。"你回答。

或者她说："这双黄色的鞋子真好看"。你却偏要说："不如黑色的。"她说："明天工作任务重，你应该早点来帮我一下。"你却说："急啥呀，迟点也不要紧。"

试想，这样与同事唱反调，会讨人家喜欢吗？

有这毛病的，大概都是聪明人居多，否则也是自作聪明的人。他也许太热心，想从自己的思想中提出更高超的见解，他以为这样可使人敬服，但事实上完全错了。一些平凡的事，是不必费心作更高深的研究的。既不是在讨论严重问题，又何必在琐屑的事情上抬杠呢？

说话的时候，应该特别要注意，即使一个很好的话题，对方感兴趣，你也要适可而止，不可无休无止，说个没完，否则，会令人厌倦。

说一个题材之后，你应当停顿一下，让人发言，若对方没有说话的意思，而整个局面由于你的发言而人心向你，这个时候仍由你来支持局面，那么就必须要另找新题材，如此才能引起大家的兴趣并维持其生动活泼的气氛。

在谈话当中，对方的发言机会虽为你所操纵着，但是，在说的过程中，应当容许别人说话，有别人说话的机会。这样就能使你们谈话的气氛更浓，大家的兴致更高，朋友之间也更融洽。

如果话题转了两三次，而没有改变原来说话的意思，就应该立即停止说话，否则会使说话效果更糟。比如：下面这个发生在我们身边的故事，我们姑且把它叫作一个"不会说话的故事"吧！

一位早年毕业于某高等院校的中文系，勤勤恳恳工作了几十年的老教师退休了，为此，学校为他和另一位曾多次荣获过"先进教师"称号的退休老同志一并举行了一个欢送会。领导对他们的工作和为人进行了热情洋溢而又非常得体的肯定和赞扬，相比之下，对那位曾多次荣获"先进"的老同志的美誉则尤多。当轮到两位受欢迎的退休老同志致答谢辞的时候,他们均对大家的赞誉作了特别的深情感谢。

一时间,会场里充满了一种令人动情的温馨气氛。作为答谢,话本该说到这里为止,可是那位老教师却并未就此打住,却由人们对另一位"先进"的赞扬中引起了感触,并做了颇为欠当的联想和发挥:"说到先进,很遗憾,我从来也没有得过一次……"

话犹未竟,坐在他对面的平日与他相处很不融洽的一位青年教师突然抢了话头:"不,那是我们不好,不是你不配当先进,是怪我们没有提你的名。"话语中带着一种不肯饶人而又让人难堪的"刺",冷不防,老教师的眼角眉梢被"刺"出了一股感伤表情,一时间会场中出现了一种快快不悦的尴尬气氛。

一位领导见势不对,马上接过话茬,想把气氛缓和一下。照理说,这时,他应避开"先进"这个敏感的话题,转而谈论其他,然而,他却反反复复劝慰那位退休老教师,叫他对"先进"的问题不要在意,说没有评过先进,并不等于不够先进,先进不仅在名义,更要看事实。如此等等,一席话,等于是把本应避而不谈的话题做了重复和引申,使本已尴尬的局面显得更为尴尬。

在这里,老教师、青年教师和那位领导均犯了一个错误,就是缠住了"先进"这个话题不放。尤其是那位领导,应及时避开敏感的话题。领导者领导能力固然表现在原则性上,在会场上一时出现了某种始料未及的尴尬局面或一个敏感的话题时,他没有去批评那位言之有失的青年教师,而是竭力肯定那位老教师的贡献,具有这种应急应变的意识并立即着手应变,这些都是无可厚非的。然而,从具体的应变能力和言语技巧的一面看,却又显得很不够。照理说,在这种场合,他应竭力避开"先进"这个敏感的话题,"顾左右而言他",巧妙地把话题岔开,使欢送会的气氛由暂时的不欢快而重新转向欢快,并顺势掀起新的高潮,而不是如他所做的那样,在这个敏感的话题上唠叨不休。能否机敏地避开某些不宜多说的话题,对于说话者的能力也是一种检验。

有一次,著名评剧演员新凤霞和丈夫吴祖光举办"敬老"宴会,邀请了齐白石、老舍、梅兰芳、欧阳予倩等著名的前辈。92 岁的白石老人由他的看护人伍大姐陪同前来。

齐白石坐下后。就拉着新凤霞的手目不转睛地看着她。过了一会儿,伍大姐带点责备的口气对白石老人说:"你总看别人做什么?"

白石不高兴了，说："我这么大年纪了，为什么不能看她？她生得好看。"老人说完，脸都气红了。

伍大姐的话未必是责备齐老看一个年轻女子，原本是指长辈不要让晚辈难为情。但齐白石老人听了一时有气，就不高兴了，这种情况下，如果处理不好，就会把老人气坏，甚至弄得宴会不欢而散。

新凤霞机敏巧妙地应付了这个难堪的场面，她拉着白石老人的手摇着说。"您看吧！我是演员，我不怕别人看。"一句话使白石老人转怒为喜，气氛变得融洽了。

可见，巧转话题可解决难堪的场面。本来，爱美之心人皆有之，而女性美则为美中之冠，因而魅力非凡。92岁著名国画家白石老人目不转睛地欣赏身材苗条、面容姣好、青春俊气的新凤霞便可见一斑了。而且，如果白石老人不高兴，"敬老"宴会便可能不欢而散。这时，新凤霞采取了巧转话题的言语策略，巧妙地应付了难堪的场面。

所以，说话时，你千万不要在一个话题上死做文章，唠叨不休，那种无视场面和有损于别人形象的话题是大悖其说话艺术之道的。

不做见异思迁、遇难则退的人

孔子说："力不足者，中道而废。"他还说："有些品德不错的人按照中庸之道去做，但是半途而废，不能坚持下去，而我是绝不会停止的。真正的君子遵循中庸之道，即使一生默默无闻不被人知道也不后悔，这只有圣人才能做得到。"

一个人最大的失败，是失掉自己的信心，对什么事都没有主意或主见，也就是平常人们说的，没有主心骨。你虽然有许多不足和缺点甚至错误，但你应该认为你是你自己，说你自己的话，做你自己的事，不要阴不是阴，阳不是阳。这样你对自己感到真实，别人也觉得你真实。让你去说别人的话，舌头肯定是硬的；让你不做自己的事，浑身肯定是痒痒的；让你不跟朋友说心里话，心里肯定憋得慌。你是否常向灵魂发问：我是什么？你是否常提醒自己：我是我吗？经常在没有人的地方，对着镜子一遍遍演练，久而久之，相信你走过的路，会有你自己的脚印；你到过的地方，会有你自己的身影；你工作过的单位，会有你自己的音容笑貌。

成龙出生在香港一个贫困家庭，很小就被家人送到戏班。那时，演戏是下九流的行当，只有走投无路的穷苦人家，才会送孩子去学戏。

旧时梨园行戏班里管教异常严厉，本该快乐成长的成龙，却在师傅的鞭子与辱骂下练功,吃尽了苦头。时间不长,他就偷偷跑回了家,父亲勃然大怒,坚决叫他回去:"做人应当信守承诺,已经签了合同,绝不能半途而废。咱人虽穷,志不能短!"他只好重新回到戏班,刻苦练功,一练就是十几年,终于学有所成。

戏曲行业曾一落千丈,成龙空有一身本事,却毫无用武之地。当时香港电影业正在迅速发展,但是男影星都是貌比潘安,威武雄壮。个子不高、大鼻子小眼睛的他,怎么在电影界混呢?

经人介绍,成龙进了香港邵氏片场,做了一个"臭武行",专门跑龙套。他扮演的第一个角色,居然是一具"死尸"。苦点累点不算什么,要命的是,跑龙套的没有尊严,时常遭人百般刁难,冷嘲热讽。在那样的环境里,他没有怨天尤人,依然刻苦勤奋。由于学了一身好功夫,加上为人厚道,几年以后,他开始担当主角,小有名气,每月能拿到 3000 元薪水。从影三十多年以来,成龙一直都很拼命,重伤 29 次,却从未趴下,拍了八十多部电影,在全世界拥有 2.9 亿铁杆影迷,还是惟一把手印、鼻印留在好莱坞星光大道上的中国演员。

在做事时,你该认识自己的优点,肯定自己的优点。你该保留自己、发展自己,提高自己,完善自己。

只要仔细想想,你一定可以找到许多优点,不妨把它一一开列出来,记录下来,你会惊奇地发现,你自己拥有的优点竟会这么多。

多年前,英国青年布莱恩的两条腿被火车碾断了。丧失劳动能力的他,比一贫如洗的人还要贫穷,因为他缺了两条腿。然而,布莱恩却靠着还剩下的优点,对登山的爱好而让自己重新站了起来。他装上假腿,攀登了瑞士境内所有的大山,募集慈善基金。他永不服输,攀登阿尔卑斯山的爱格峰,用他的假腿,蹒跚而行,攀过峭壁,终于登上了爱格峰峰顶。布莱思后来从事推广残障者户外活动,造福残障人群。布莱恩这样的人,能朝气蓬勃地生活,给人生增添了色彩,他把生命的意义发挥到了极致,个中原因是他对自己充满了信心,对自己所拥有的优点做了肯定。

我们必须了解任何一位小人物,只要能引发他的信心,便会积极进取。发觉自己的优点,依自己的本质去生活,就能发挥自己的潜能。一个人能发挥自己的特长,就容易获得成功,得到满足感。认识自己的优点,不要在与同行,同事或朋友对比时而自叹不如,你就是你,可以面对困难。

阿尔伯特·爱因斯坦收到一位农夫寄给他的一封信,农夫说他给自己儿子取个名字也叫阿尔伯特,希望他写几句话,作为孩子长大时的座右铭。爱因斯坦在回信中说："真正有价值的东西,并非从野心或只有责任感产生,而是从对人及事物的爱与热忱产生。"每个人必须对人及事物产生爱与热忱,这样才能使自己在处世中不至于产生万事不如人的自卑感与恐惧感。

不做不顾后果、盲目冲动的人

做人是一辈子的事,正所谓盖棺定论。孔子把事业看作永久性的,稍有懈怠,就可能前功尽弃,所以"战战兢兢,如履薄冰"。《孔子家语·困誓》有这样的记载:"子贡困于学,倦于道矣,问孔子何所而能息,孔子曰:'君子能息者,惟坟而已。'子贡曰:'大哉乎死也,君子息焉,小人休焉,大哉乎死也!'"

孔子告诫人们,君子要冷静地等待机会,不可做铤而走险妄图获得非分的东西的小人。他说:"君子立身处世就像射箭一样,射不中,不怪靶子不正,只怪自己箭术不行。"人要是行动不顾后果,喜欢冲动,那么必然招致祸端。诸葛恪是三国时吴国大臣诸葛瑾的儿子,蜀国丞相诸葛亮的侄子。他自幼聪慧过人,很有才名,特别是他的随机应变的辩才,颇得孙权的欢心和信任。一次孙权宴集群臣,他想让众人高兴一下,便想了一个恶作剧。命人牵一头驴到庭院,众人一看,驴脖上挂着"诸葛子瑜"的牌子,子瑜是诸葛瑾的字。诸葛瑾感到受到了戏弄,拉长了脸,恰似驴脸,众人不免哄堂大笑。其实,三国时人好学驴叫,这种恶作剧也不算过分。这时诸葛恪跪在孙权面前,请求加上两个字,得到允许后,他添写了"之驴"二字,这样,就成了"诸葛子瑜之驴"了。这一改使举座皆笑,孙权也顺水推舟,把驴奖给了诸葛恪。

不久,孙权宴请蜀国使者费祎,在请客前预先告诉部下说:"使者来吃饭的时候,你们只管低头吃不要抬头。"费祎来赴宴了,孙权吃到中途放下筷子不吃,而群臣仍在低头进食。费祎看到这样,便带着嘲谑的口气吟诵:"凤凰回旋而飞,麒麟停止吃食,只有驴骡无知,仍是低头咀嚼。"诸葛恪答道:"种植梧桐之树,为了等待凤凰,何方飞来燕雀,自称凤凰飞翔?何不弹射一弓。叫他飞还故乡!"孙权听了大笑不已,对他更加器重。

然而,知子莫过父,诸葛瑾却感到儿子那闪烁的才华是非常危险的,因为他知道儿子恃才傲物,必兴败端,并经常为此忧郁。

不久,吴国重臣陆逊病故,孙权任命诸葛恪为大将军,掌握军事大权。七年后,孙权病故,遗诏诸葛恪辅国,此时,他已处于吴国最重要的地位。这时,魏国利用吴主新丧,举国哀痛之机,兴兵伐吴。诸葛恪亲率大军迎击魏军于东兴,结果大败魏军。他因为这次功绩而声望扶摇直上，深得人心。当时人们一看到诸葛恪外出远行，就群集在他周围送行，诸葛恪非常得意。

沉浸在胜利中的诸葛恪，认为魏国不堪一击，准备出兵伐魏。但是，这次出战，遭到了吴国大臣的一致反对。他们认为吴国屡次用兵，军队疲劳，不能久战，且魏国强大，不能取胜。急于求成的诸葛恪认为凭他的才干，足以扫平中原，统一宇内，不顾众人反对，而下了全国总动员令。

骄兵必败。诸葛恪率20万大军包围魏的新城，两个月也没有攻下。这期间，士卒困乏，又值天气炎热，军中瘟疫流行，士兵多数病倒。部下天天报告士兵病倒的情况，但诸葛恪却认为是胡说八道，甚至将报告者斩首。以20万大军，攻一小城而不下，诸葛恪感到大伤体面，常常满面怒气申斥部下，当然也挽救不了败局。在无计可施的情况下，只好下令撤退。撤退之时，伤病兵东倒西歪堵住道路，或倒在沟里，或给敌人当俘虏，到处是呻吟、哭救之声，惨不忍睹。而诸葛恪却是衣冠整齐，仪仗威严，一副满不在乎的神气。随军众将，心中暗自愤恨。

这个战败的结局，使诸葛恪大失人心，并且处在朝廷内外的严厉批评声中。控制近卫军的武卫将军孙峻看到诸葛恪的失败，燃起了夺权的野心。他强迫皇帝孙亮设宴招待诸葛恪，暗中伏下刀斧手，在席间杀了诸葛恪，并灭其家族。诸葛瑾的担忧，竟成为事实。

以诸葛恪的才干，确实可以成就一番大事，但却因盲目冲动而自毁前程。

不做脾气暴躁、喜欢斥责的人

孔子说："愚昧却喜欢自以为是，卑贱却喜欢独断专行。生于现在的时代却一心想回复到古时去。这样做，灾祸一定会降临到自己的身上。"

有一种人为人处事刚性有余，柔性欠缺，走路昂着脖子，见到谁也不理睬；与人共事时，别人的意见一句也不听，却喜欢把自己的意志强加给别人，等等，这种人真的应该好好地反思一下，所有人都看不顺眼，只有自己好，结果常常自己把自己打败了都不知道。

亨利·福特二世从老头子手上接下董事长权力，喜滋滋的，他想，这下自己可是福特汽车公司的大老板了，世上谁人不知呢？就是这个亨利小子，让福特公司在他手上经营到上个世纪七十年代末，出现了前所未有的危机。问题出在他性格刚烈而容不得人才，下属能力不如他才放心，否则"功高震主"，心里堵得慌。他这种毛病赶走了与气走了不少杰出人才。

他对员工发脾气，有时甚至怒吼出这样的话："把他的头砍下来，然后让他滚!"他不经过公正地听取别人的意见，理由竟是他看对方不顺眼。作为公司老板，他这种看人态度，实在危险。

一天，亨利命令总裁李·艾柯卡解雇某一位高级职员，按他的看法，此人是搞同性关系的人。

"别犯糊涂了，"李·艾柯卡说，"此人是我的好伙伴，他已经结婚，还有一个孩子。上班在公司，我们一直在一起吃饭。"

"把他弄走，"亨利重复说，"他搞同性恋。你瞧他，他的裤子太瘦了。"

李·艾柯卡心平气和地说："他的裤子究竟和别的事情有什么关系呢?"

可亨利固执地坚持自己的错误看法，把那个人才赶走了。亨利的领导哲学是：假如一个人为你工作，就不要让他太舒服。不要让他舒舒服服地按他自己的习惯行事。你做的永远要和他所预期的相反，要使你手下的人处于提心吊胆的状态。

李·艾柯卡是亨利亲自提拔上来的，他工作也提心吊胆的，最后也让亨利二世看不习惯，落了个被赶走的下场。他说："其实，企业必须让员工有安全感，不能让员工上班如坐在火山口上，如果企业不考虑员工的'安全需要'，让员工每天上班像走钢丝似的，实际上，是企业在走钢丝，悬啊!"

企业竞争就是人才的竞争，亨利二世应该知道这一点，可他的双眼仿佛被什么东西蒙住了。1979 看 10 月 1 日，即在亨利·福特二世主持的最后一次股东会议五个月后，63 岁的他，孤立无援，辞去了福特汽车公司董事长的职务。福特公司从此走出了家族化管理模式，步人以专家集团管理的领导体制，福特公司才又一次进入了一个崭新的发展时代。

爱发脾气，斥责别人，是禁止某种思想行为，反过来要对方朝当事者所希望的方向去做。因为对其怀有某种期待，所以才会在失望中大声斥责。但切不可在大喊大叫中忘记了自己真正的目的。若感情用事地表示全部信心而厌恶对方，则无异于舍本逐末，达不到斥责的目的。所以这种斥责除了发泄情绪之外，没有什么意义，反而会在盛怒之下把一切搞砸了。

歌德与席勒曾是好朋友，有一次他们一起到剧院观看预演。歌德稍稍有些神经质，动不动就发脾气，说话语气全用命令式;而席勒则作风完全相反，他始终在称赞演员较为精彩的一面。剧本是席勒的作品，因而两人都怀着满心的欢喜。不料一看预演,发现已经到了正式上演的前一天,主角仍没把台词背熟。歌德不禁勃然大怒:"你们到底干什么去了,这样怎么能上演!"在歌德的斥责下,主角抓紧时间拼命背台词,但到了第二天上演,仍然明显的有些结结巴巴。第一幕结束后,席勒来到后台,用双臂使劲地拥住对方说:"演得不错,相当成功,说话语气也很恰当……"听了这些话,那位演员精神倍增,信心完全恢复。在以后的几幕中,台词都流利地背诵了出来,演技也发挥得淋漓尽致,台下掌声雷动。

遭人斥责,一般人都会感到紧张。一定的紧张对人有好作用,但紧张过度会使人心理、表情等变形,做事情变得畏首畏尾,越发不顺利起来。所以一味地斥责,让人无法忍受,会使人不是拼命反抗,就是破罐破摔,或者有人会对之产生"抗体",对你的斥责司空见惯,置若罔闻,到头来让你徒费唇舌。

那么,对于人与人的冲突,怎样做才符合不偏不倚的中庸之道呢?

了解自己的性格。如果自己的性格刚烈,就要克制自己,要发脾气时,不如先抽身离开,等自己冷静下来再处理问题。对他人训斥是没有好效果的,对方要么虽表面忍受,不反抗,但内心是恨你的,要么被你的怒气点燃,于是发生尖锐的冲突,事情的结果更坏。

明白自己的位置。你手上有权,并不必然就有随便骂人的权力。以势压制人,以权傲视人,以钱欺负人,都是浮浅之人。心里容忍不了别人,同时把自己推向了孤立的境地。在自负者眼里,别人都是无能无用之辈。不允许别人比自己有能力,这样的人周围不会有多少朋友,他的事业很难成功。

清楚自己的状况。对方向你发火,你要以柔克刚,不能对着来,等对方火发完后,再陈述自己的看法,但不可指责对方不该发火。老子说,刚强处上,柔弱处下,柔弱可以胜刚强。你让事实证明自己是对的。或者干脆走人,头顶处处有蓝天。如果你觉得对方发火是有理由的,那就多检查自己的不是。

不做两面三刀、阳奉阴违的人

不仅儒家经典中强调"诚",法家《韩非子》中也说:"巧诈不如拙诚。""巧诈"是反映姑息而表面掩饰的做法。巧诈乍看之下,好像是机灵的策略,但是时间一久,周围的人反抗的可能性会提高。

相反,"拙诚"是指诚心地做事,行为或许比较愚直,但是会赢得大多数人的心。韩非子认为,与其运用巧妙的方法来欺瞒他人,不如诚心诚意地来对待别人。

有种人喜欢运用巧诈,其实,人际关系的基本原则,古今无多大差别。喜欢诈术的人,虽然能一时欺瞒别人,也能获得利益。但是,久而久之,就一定会露马脚。失去别人对你的信赖,最终不但获利不多,反而损失更大。而拙诚的人也许不会一下子就抓住人心,但是时间一久,他的诚意就会逐渐渗入人心,赢得大家的信赖,从而获得事业成功。正可谓"路遥知马力,日久见人心"。

两面三刀、阳奉阴违的人惯用的"巧诈"方法是阿谀奉承,其奉承他人是有目的的,他会捧一个人,也会毁一个人,所以在与人交往中最好与阿谀奉承的人保持一段距离。如果他生活在你的身边而你又摆脱不了他,那么,你就在心里与他保持距离,不能被他的几句奉承话把你变成了一个平庸的爱听假话的人。

如果有人阿谀逢迎,极尽奉承之能事,作为我们是心悦诚服地领受,还是回避拒绝?接受了这种奉承,只能使小人得意,拒绝了这种奉承,于人于己都是有益的。

溜须拍马是人们在日常生活中经常碰到的事情,而且在有些时候,我们都自觉不自觉地就拍了别人的"马屁"。当然也会被别人自觉不自觉地拍了自己的"马屁",这些都是不可避免的。

"拍马屁"与"被拍马屁",本来也没有什么太多的坏处,大可不必过于在意。然而就领导而言,对于"被拍马屁"这件事还是应该多注意才是,尤其不能对"拍马屁"者大开绿灯。

在日常生活中,就有那么一帮人,专以"拍马屁"为生,而且他们还具有相当技巧,拍起"马屁"来不显山、不露水,让你浑然不觉,不知不觉中上了他的当,最终受害的还是你自己。况且,也确有不少人被奉承者弄昏了头,把升迁的制度变成了"党派之争":谁对他毕恭毕敬、阿谀奉承,就对谁恩宠有加,大加赞赏和关爱。无疑,这种人更助长了阿谀之风的盛行。但是,明智的人则不会这样做,他不会中这个圈套,也许反而会对喜欢拍马奉承的那些下属感到十分鄙视和厌恶。

我们应当保持一个清醒的头脑。哪些是实事求是的评价之辞,哪些又是阿谀奉承之辞;在阿谀奉承之中,哪些人是出于真心而稍稍过分地赞美几句,哪些人又是企图通过奉承而达到自己的某种企图;哪些奉承之辞中含有可吸取的内容,哪些奉承话都是凭空捏造、子虚乌有等等,诸如此类,对于这些绝对不能含糊。

对于实事求是的评价,要认真听,认真记,并注意在以后的工作中继续保持这种风格。赢得人们信任的同时,也会对自己的前途发展起到良好的促进作用。

对于出于真心而稍稍过分地赞美几句的人,不妨一笑了之,抑或谦虚一下。让别人在真心赞美你的能力的同时,也认识到你的人格魅力。这样,岂不是更有助于你赢得朋友的信任和尊重吗?

这的确是一个好机会,心与心之间真诚地交流,在这种会心的交流中,你的才华得到朋友的进一步认可,可以促使你更加充满自信地进行社会活动。

如果满足于小人对自己的吹捧而昏昏然,最终会导致自受其辱。

美国迪斯尼公司创办者沃尔特在给妻子写的一封信中说:"这个行业是最搅不清的。这个行业没有机智,没有应变能力,没有专业培训是不容易显露头脚的。有些一肚子诡计的人,看起来很可爱,往往是由于没经验,反而容易上当,之所以我没有像羊人狼群,是因为我庆幸我请教了一个人。我很乐观,自信……我认为很值得让人放心的是鲍维斯。"

然而,欺骗沃尔特的人,不是别人,正是他非常信任的那个鲍维斯。鲍维斯说,卡通影片录音,他拥有一组称为"电影声"的独立录音系统。据说只需要一两位音效人员和五六件乐器即可。沃尔特的信任,使一笔又一笔的钱流进了鲍维斯的口袋,最后他对沃尔特假惺惺地说:"我特别想帮助你。你的米老鼠也可用来推销我需要的电影。比大公司给你的钱还要多,我可以帮你做到。我可以负担卖到每一个州的放映卡通片的权利的一切费用,包括推销员的开销。给我十分之一的毛利就行了,咦!这是摄制卡通片的钱。我先借给你。"

一个月过去了,但一直没有支票汇过来,满怀希望的沃尔特派人去了一趟纽约,还是没有拿到,这时的沃尔特才恍然大悟:鲍维斯是个大骗子。

不做一本正经、表面认真的人

儒家推崇表里如一的人,"一以贯之"是中庸之道的"真谛"。与人相处,这一个"一"即是彼此的真诚。追求真诚是做人的原则。天生真诚的人,不用勉强就能做到,不用思考就能拥有,自然而然地符合上天的原则,这样的人是圣人。

唐朝李林甫是个嫉贤妒能,睚眦必报的家伙,他表面上故意装作一本正经的样子,好像办事特别认真,实际上是个地地道道的虚伪者。原中书侍郎严挺之,早年被李林甫排挤出京城。后来,唐玄宗想起他,问李林甫:"严挺之现在在哪儿?此人可用。"李林甫当晚把严挺之的弟弟严损之召到府中"叙旧",虚伪地以老朋友自居,说:"当授子员外郎。"李林甫又进一步套近乎说:"皇上对你哥哥很关心,须作一计,入城面见,当有大用。"并教严损之为其兄写一状纸,以身体不好为名,恳请入京就医。严损之不知是计，反倒心怀感激，一切照办。李林甫拿着严损之写的状纸，面奏玄宗说："严挺之年事已高，近患风疾，急需辞官就医。"玄宗听后，叹息良久，只好令严挺之到东京养病去了。一起被安排去东京"养疾"的还有李林甫憎恨的汴州刺史齐瀚。

回到现实生活中来，不难发现有这样一种人，其表面上原则性极强，实际上却是生活在私欲里的伪君子。这种人工作起来非常"认真"，简直令人难以消受。他们自命不凡，对他人的生活方式不屑一顾。每当不高兴时，便当场指责他人"你这家伙真笨""你简直像个乡巴佬，真是没见识"。这种人大多带有神经质的倾向，平时横行霸道，粗言粗语使人难以下台。如果你碰上这样的主儿，恐怕只有躲的份儿了。俗话说得好，惹不起躲得起！

有一位姓江的先生，中年人，是某公司业务部的经理，因为江先生反应灵敏，所以比同期进入公司的人升迁得更快。江先生是一位神经质的人，每当痛骂部属时，眼神会发射出两道凶狠的光芒，而且眉宇之间也会竖起两条纵形的皱纹，看上去十分恐怖。

江先生在私生活方面非常专制，他总是不顾自己女儿的意愿，一心一意地想把女儿嫁给有权有势有地位的人。其实与其说江先生是为女儿的幸福着想，不如说是为了赢得别人的高评价，以满足自己的私欲。

江先生很在意别人对自己的看法，无论是太太、女儿、亲戚、朋友、邻居等，都会不断地询问他们对自己的看法，所以，使得周围的人感到压力很大，甚至一见到江先生就开始紧张。江先生是一位完美主义者，经常认真得近乎神经质，即使是以认真闻名的江太太，也无法与之相比。

"我先生每天早晨固定7点整起床，洗过脸刮完胡子是7点15分，7点17分准时吃早餐，7点35分以前一定把早餐吃完。"

据说江先生家里的花瓶，即使稍微移动一公分，江先生也一定要求摆正，至于江先生的洗澡时间，冬天25分钟，夏天20分钟，绝对不会多一分钟或少一分钟。这种过分认真的态度，使得他的家人非常反感。

此外，江先生对于工作，也是保持认真态度。但他那种认真的态度，却几乎近于不正常。所以部属们都在背后称呼他"时钟人"。江先生不但对自己的生活态度非常认真，而且也要求部属要学习他这种认真的态度。他非常注意别人的缺点，当部属稍微粗心大意时，江先生就显得很不高兴。

"江经理,你是不是也感觉今天天气特别炎热,刚才听气象预报说,今天最高气温高达 36°呢!"江先生生气地对部属怒吼:"你为什么如此随便呢? 什么 36°,应该是 36.30°……听到了没有……"经年累月地压抑自己情绪的江先生,与传说中的狼人一样,大约每个月都会失去理智地乱发脾气,就如同对着满月而吠的野狼一般,但是,他发脾气的对象绝对不会是上司,而是职位比他低的同事或部属。曾经与江先生一同涉足酒吧的部属说道:"和江经理一起喝酒,千万不可超过 10 点,那个人哪! 没有酒品,时常酒后乱性,你如果看到他酒后的那德性,一定觉得不可思议……"

江先生酒后所说的话,往往粗俗不堪入耳,一些平时所听不到的话:"你这个混蛋""你这王八""你竟敢瞧不起老子我……"之类的粗坏话语,会源源而出。

此外,江先生非常瞧不起人,而且喜欢批评别人,但却不容许他人批评自己的过失,自以为是完美无瑕的圣人。面对这样一个假"认真"的冷面上司,作为他的部属一定会感到非常压抑。躲避冷面上司攻击的有效方法便是循规蹈矩,工作认真守时,使其无懈可击,并尽可能做到处事严谨,以免因激起对方反感而给自己平添无谓的麻烦。

不做依仗人势、狐假虎威的人

一个人得到领导栽培、长辈扶植、贵人帮助而感到荣幸,这无可厚非,但如果找到靠山后就把自己当山上的一块巨石,如何了不起;背靠大树后,就折树枝当作权力的大棒乱使,就危险了。

孔子说:"君子泰而不骄,小人骄而不泰。"汉武帝宠妃李娃的哥哥李广利;太平天国时有洪天王的两个哥哥洪仁发和洪仁达等等,这些本是心胸狭窄、顽劣龌龊的无能庸碌之辈,却"狐假虎威"负起了"国之大任",于是乎飞扬跋扈、胡作非为、公报私仇,落得个"身死,为天下笑"的下场!

杨国忠是杨贵妃的哥哥,他与宰相李林甫,起初一唱一合,互相利用。杨国忠为了向上爬,竭力讨好李林甫,李林甫也因为杨国忠是皇亲国戚,尽力拉拢。在李林甫陷害太子李亨时,杨国忠等人充当打手,并积极参与其活动。后来,李林甫与杨国忠由于新旧贵族之间的争权夺利产生了矛盾。杨国忠专权误国,好大喜功,穷兵黩武,动辄对边境少数民族地区用兵,不仅使成千上万的无辜士卒暴尸边境,给少数民族地区造成了灾难,而且使内地田园荒芜,民不聊生。

杨国忠为了笼络人心,发展自己的势力,让吏部选官不论贤不贤,年头多的就留下来,按照资历有空位子就授官。按惯例,宰相兼兵部、吏部尚书,选官应交给侍郎以下的官员办理,规定的手续十分严格,反复进行,从春至夏才能完成。杨国忠却自视精明,先叫胥吏到自己家里,预先定好名单,然后把左相陈希烈及给事中、诸司长官都叫到尚书都堂,读一名便定一名,一天就完了。当全部结束之后,杨国忠便当着大家的面说:"左相和给事中都在座,就算经过门下省了。"

选官大权就这样由杨国忠一人垄断了。从此门下省不再复查选官,侍郎仅仅负责试判,致使选官质量下降。然而另一方面,由于杨国忠迎合和满足了一些人的权欲,因而颇得众誉。为此,杨国忠的亲信京兆尹鲜于仲通、中书舍人窦华,侍御史郑昂等授意选人,请求玄宗给杨国忠在省门立碑,歌颂其选官有"功"。玄宗让鲜于仲通起草碑文,并亲自修改了几个字。鲜于仲通为了向杨国忠献媚,便把这几个字用黄金填上。

天宝十五年(756年)六月,叛军攻陷潼关,长安危在旦夕,玄宗根据杨国忠的建议,决定逃往四川避难。当走到马嵬驿(今陕西兴平市)时,将士们又累又饿,加之天气炎热,拒绝继续前进。此时,杨国忠的政敌太子李亨、宦官李辅国和陈玄礼一致认为,除去杨国忠的时机已成熟,并由陈玄礼出面对将士进行煽动,说这场叛乱全是由杨国忠引起的,杀了杨国忠就可止息叛乱。

这时,有20多名吐蕃使者在驿站西门外堵住杨国忠的马头,向他要饭吃。激怒了的士兵们立即将他们包围起来,大喊:"杨国忠与吐蕃谋反!"一箭射中了他的马鞍。杨国忠逃进西门内,军士们蜂拥而入,将其乱刀砍死。接着,杨贵记也被缢死,杨国忠的大儿子大常卿兼户部侍郎杨暄以及韩国夫人和秦国夫人也一并被杀……

杨国忠的下场是缺乏中庸智慧的必然结果,他不懂得"盛衰无常"的道理,没有掌握做人的学问,威权再显赫,也有走到尽头的一天。同在唐朝任宰相的郭子仪就比他聪明多了。

郭子仪的儿子郭暧娶了皇帝李豫的女儿升平公主。郭暧这小子一下子成为令人羡慕的驸马都尉,可是,他做了第一女婿,耿直的性格却不改,并不在意大男子主义作风对老婆的伤害,有一次在吵架中吼叫道:"你依仗你父亲是天子是不是?我父亲不屑于当天子,否则他早是天子了!"这是实话,郭子仪的确有机会当上皇帝,但他没有野心,始终拥护李家几代皇帝,帮助他们解除了多次危机。可是实话也不能说呀,尤其要不得的,他还搞家庭暴力,打了老婆一记耳光。

升平公主哭成一个泪人儿,当即就跑到娘家告状,把郭暧说过的话全抖给老爸听。李豫对别的事处理得如何不好评说,但对女儿的事情的处理,却非常恰当,体现出他很聪明,他对女儿说:"你真的不清楚,如果你公公当年想做天子,天下还会是你娘家所有吗?你孝敬公婆,对驸马礼让一些,以后再不要自负骄贵,引起争吵。"

就在郭暧的岳父大人正在训教升平公主时,郭子仪得知儿子把媳妇气回家,并且还说了不该说的话,拿绳子把儿子捆了起来,把他带到老亲家面前。郭子仪跪下叩头,说:"老臣教子不严,所以特来请罪。"老亲家李豫叫人把老郭扶起来,让他坐下,然后笑着说:"俗话说:'不痴不聋,不做姑翁',儿女们闺房里说的话,何必计较呢。"老郭马上谢老亲家,接着要老亲家亲自惩罚郭暧。李豫摇了摇头,有什么可惩罚的,他叫人把女婿郭暧从地上拉了起来,劝慰一对小夫妻,以后不要再争吵就是了。

社会是一时消除不了等级差别的,有等级就有人专意制造人格的不平等。有人把一个群体比作一棵大树,树上攀满了猴子。站在树上,往左右看都是耳目;往下看都是笑脸,往上看都是屁股。要想少看屁股多见笑脸,唯有向上高攀。正如树权的分布一样。在群体中,越到高处可供盘踞的位置越少。因此,生活中的绝大多数人,恐怕一辈子只能仰起笑脸看上头的屁股,碰到待人苛刻或脾气暴戾的狐假虎威者,更不免挨训受气。

狐假虎威者大约分为以下两种人,一是间接型,一是直接型。先来看间接型的狐假虎威者:

刘先生在一家民营企业担任人事经理已经两年多了。3个月前,公司准备在北京、深圳两地建立分公司,招兵买马的任务自然落到刘先生的头上,而刘先生也希望趁机为自己招一个副手。

就在刘先生准备刊登招聘广告时,老总却告诉他,已经给他找了个副手。这位副手是老总的朋友,一位30多岁的女士。仗着与老总的关系,她对刘先生一百个看不惯,而老总也是处处偏袒她。

"我真奇怪,怎么招了这样一个没水准的人?根本无法共事。"刘先生向副总抱怨。副总劝他忍一忍。可是不久后,听说老总准备提升副手当人事总监了。刘先生只好准备辞职。

遇到这种同事,别先顾着生气或吵架,更不能向老板告状,那只会招来更大的麻烦。既然已经成为同事,为了日后工作顺利,应尝试与她交朋友,想办法改善关系,尽量不要发生正面冲突。还有,要有防范意识,学会"留一手",化被动为主动。实在不行再考虑跳槽不迟。

再来看直接型的狐假虎威者:小李大学刚毕业就在一家刚成立的电脑公司做业务。他说自己是巨石下的小草,要拼命挺直身子。可一段时间下来,他发现自己辛辛苦苦联系的客户,在老板眼里却成了部门经理的业绩。

小李的部门经理资历颇深,有多年的市场销售经验。小李是新人,经理便以"老者"的身份处处"关照",就连小李的业绩也不放过。小李很郁闷。

像这种直接型狐假虎威者一般为主管等有一定的"权力"的人,所以又称"抢功型"。遇到这种爱"抢功"的上司,这口气的确难以下咽,与其恨得"咬牙切齿",不如想办法对付他。平日不妨在闲聊中多透露自己的工作进展,让其他同事知道你在做什么。有机会与其他领导接触时,也要多谈谈自己的工作,让上司无机可乘。一味地忍气吞声不是办法。

不做飞短流长、搬弄是非的人

公元前 527 年,楚国的国君楚平王给儿子娶亲,选中的姑娘是秦国人,楚平王派大夫费无忌前去秦国迎亲。费无忌到秦国看到姑娘后大吃一惊,这姑娘太漂亮了,美若天仙。在回来的路上,费无忌开始琢磨起来,他认为这么美丽的姑娘应该献给正当权的楚平王。

这时,车队已经接近国都,国人也早知道太子要娶秦国的姑娘为妻,但费无忌还是抢先一步到王宫,向楚平王描述了秦国姑娘的美丽,并说太子和这位姑娘还没见面,大王可先娶了她,以后再给太子找一位更好的姑娘。

楚平王动了心,想得到那个女人,于是让费无忌去办理。费无忌稍做手脚,三下两下,原本是太子的媳妇,转眼间成了楚平王的妃子。

办完这件事后,费无忌既兴奋又害怕,兴奋的是楚平王越来越宠信他;害怕的是因这件事得罪了太子,而太子早晚会掌大权的。于是费无忌又对楚平王说:"那件事之后,太子对我恨之入骨,我倒没什么,关键是他对大王也怨恨起来,望大王戒备。太子握有兵权,外有诸侯支持,内有老师伍奢的谋划,说不定哪一天要兵变呢!"

楚平王本来就觉得对不起儿子,儿子一定会有所行动,现在听费无忌这么一说,心想果不出所料。便立即下令杀死太子的老师伍奢及其长子伍尚,进而又要捕杀太子,太子与伍奢的次子伍员只好逃离楚国……

王安石在《致一论》中说:"以小善为无益,以小恶为无伤,凡此皆非所以安身崇德也。"可生活中有人偏偏喜欢到处散布别人的流言蜚语,搬弄是非。这类人也许只是没事练练舌头,或者增加一点儿饭后的谈资,但他们的言辞却对别人造成了很大的伤害。

我有个朋友小郑,她为人善良,又十分要强。高考落榜后,她进了一家公司,公司里就组织她们一同进来的40个女同事进行业务培训。4个月以后,只有小郑一人分到科室工作,其他人全分到车间。小郑很高兴,在科室工作许多事要从头学起,她虚心向老同志请教,勤奋学习,细心观察别人对问题的处理方法。小郑这个人不笨,脑子也比较灵,办事也有一定的能力。就在工作取得一定成绩的时候,她听到别人的议论,说她是靠不正当手段进科室的,说她与上司的关系不一般等等闲话。上司年轻有能力,但名声的确不好,而且粗鲁,经常开过头的玩笑。小郑对他也很看不惯,但毕竟是上司,又能怎么样? 所以小郑对他敬而远之。可是有些同事总是背后议论她的品行,这些无中生有的议论,使小郑心理压力很大,她没有使用任何手段使自己分到科室工作,她自认为是凭自己的本事得到这一份工作的。可是"人言可畏"! 自从听到传言之后,小郑处处小心,感到孤独、烦恼,工作积极性不高,精力很难集中起来。

这个事例中的小郑就是一位典型的被流言所伤的受害者,男女关系是爱搬弄是非者最喜欢传播的小道消息之一。当然了,这类同事散布流言不仅仅是这一方面,他们散布的话题非常广泛,比如,你工作有了一些成绩、家庭出现一些问题,甚至多接几个电话都会有流言产生。流言蜚语是软刀子杀人,使人陷入深深的痛苦之中而不能自拔。

人与人之间产生一些误会,有一些流言是不奇怪的。特别是有些人,为了自己的利益,总想制造一些谣言来骚扰别人。如果你由此十分生气,甚至痛不欲生,那大可不必如此。

你不做搬弄是非的人,但却可能与搬弄是非者交往,你可以采用以下方法对付:

一是给予拒绝。与不同类型的人交往要有不同的表现形式。与比自己强的人交往,需要诚恳、虚心;与不如自己的人交往,需要谦和、平等。而和那些搬弄是非的人交往,则需要正直、坦荡。

拒绝答应对同事间的闲言碎语或是流言蜚语保密,有问题就摆在桌面上,以便大家共同解决。认识事物要有正确的方法,要有一定的是非标准。一句话,就是看问题要全面,要有自己的见解,要不偏不倚,不能偏听偏信。

背后议论别人是一种不道德的行为,帮助别人改正这种习惯也是应该的。帮助搬弄是非者改变这种恶习,行之有效的方法是:尊重对方,以朋友式的姿态善意地规劝对方,要向他表示你的诚意和立场,适当的时候还要与他合作。

二是置之不理。有些人搬弄是非的恶习已成为其性格特点,那么你就干脆不理睬他。不要认为那些把是非告诉你的人是信任你的表现,他很可能是希望从中得到更多的谈话材料,从你的反应中再编造故事。所以,聪明的人不会与这种人推心置腹。而令他远离你的办法,是对任何有关传闻反应冷淡、置之不理,不作回答。

三是与这种人不宜过多交往。有时候,尽管你听到关于自己的是非后感到愤慨,但表面上你必须努力控制自己的情绪,保持头脑冷静、清醒。你可以这样回答:"啊,是吗?人家有表示不满,发表意见的权力嘛。"或者说:"谢谢你告诉我这个消息,请放心,我不会在意的。"如此,对方会感到无空子可钻,他也不会再来纠缠不休了。

《荀子》中有言:"君子崇人之德,扬人之美,非谄谀也;正义直指,举人之过,非毁疵也。"如果对方总是恶意地不厌其烦地把不利于你的是非、过错四处传播,以致对你的造成巨大的负面影响,你与此类人不宜过多交往。

国学经典文库 图文珍藏版

中庸

赵证◎主编

线装书局

第七章　中庸的做事之道

第一节　毋意，毋必，毋固，毋我

《论语》里讲述了人们做事"加分"几个要求："毋意"，是说做人处世，没有自己主观的意见，本来想这样做，假使旁人有更好的意见，他就接受了，并不坚持自己原来的意见；"毋必"，天下事没有一个"必然"的，所谓我希望要做到怎样怎样，而事实往往未必；"毋固"，不固执自己的成见；"毋我"，不什么事都为自己着想，而该替人着想，为事着想。有了这四个"毋"，天下还有什么事情是做不好的吗？

名不正则言不顺

《中庸》讲："上焉者，虽善无征，无征不信，不信民弗从。下焉者，虽善不尊，不尊不信，不信民弗从。"在上位的人，虽然行为很好，但如果没有验证的活，就不能使人信服，不能使人信服，老百姓就不会听从。在下位的人，虽然行为很好，但由于没有尊贵的地位，也不能使人信服，不能使人信服，老百姓就不会听从。做事情，关键一点就在于使自己做的事名正言顺，从而征服你的对手、朋友与下属。

许多领导往往过分注重自己的权威，希望下属对自己言听计从。但是，聪明的领导懂得：只要能够把工作做好，能不能施展手中的权力倒是次要的。

一位一家大型广播出版集团的部门的主管负责的那个部门，是该公司比较有影响力的一个部门，他手下有100多个作家、编辑和画家。这些人都非常聪明、有创造力并且富有经验，但是，他们也经常稍有不满就大发脾气。要想管理好这些人，管理人员首先必须要有耐性，还要有一定的伎俩和战术——而后者则不是这位主管所擅长的方面。由于他刚刚被调入该公司领导阶层不久。所以，一开始，他还不便于对公司事务说些什么。

几个月以后，他发现有一个编辑经常在一个重要的编辑方案上磨磨蹭蹭。于是，这位主管提出要求在近期内看到一些这个人所编辑的文字。但是，出人意料的是,这位编辑耸了耸肩,说了一个不能称之为借口的借口。

由于首次出击就遭受了挫折,这位主管决定要压一压这个编辑的锐气,便以势压人地说:"你必须按照我所说的去做,因为你是在为我工作!"

没有想到,这位编辑回答说:"你想得倒美。我根本就不是在为你工作。我是在为公司工作。你只不过是凑巧被公司安排过来,成了我的上司而已。"

也许,这位编辑只是在咬文嚼字而已。但是事后,这位主管对编辑的话再三品味,终于发现了问题。

《中庸》书影

如果说,一个领导的权威,是以员工忠诚地为他工作为基础的,那么,反过来,如果员工不是在忠诚为他工作的话,这就说明,他在那个员工的心目中没有权威,因此,也就谈不上对这个员工使用权威。作为一个领导,你不可能让所有的人都拥护你,总会有人恨你,有人怀疑你,不管他们到底出于什么原因。有时,即使有些人一开始对你忠心耿耿,他们也可能会收回他们对你的忠心和支持。就这些人来说,如果他们不对你表示支持的话,那么他们就会对你表示反对。这位主管是一个十分聪明的管理者,他最终设法使自己从这种对抗中走了出来。

这位主管是怎么处理这个问题的呢?后来,他解释说:"如果有人明确地告诉你,他不是在为你工作,那么他就是在明确地告诉你,你在他心目中根本就没有任何位置,他这是在你和他之间划了一条界线。因为他认为,和你在一起工作是很令人不愉快的。这根本就不是什么主观臆测的小摩擦,搞不好会演变成一场战争。"

很明显,那位编辑对这位主管的提升心怀嫉妒,并且已经是溢于言表了。

"这也不能说是什么坏事,"这位主管说,"从另一个角度来看,这也是一件好事。也就是说,那位编辑在教我怎么用我的智慧或者别的什么东西来对付他。情况是很微妙的。由于工作关系,我不可能不和他打交道,因为他是编辑,我总得要他做些什么。如果我对他直接提出要求的话,他总会找到借口来对抗我。如果我以权力压他,那么他可以阳奉阴违,因为我在他那里并没有什么权威可言。我应该怎么办呢?后来,我终于找到了一个办法。从那时起,如果我有什么事情需要那位编辑来做的话,那么我就不会直接向他提出来,也不会让别人告诉他我希望他做些什么。我会找一个关系跟他比较要好或者是他比较敬重的人,由这个人来向他提出建议或者暗示他应该怎么做,让他认为,这都是这个中间人的主意。通过这种办法,我就可以毫不费力地达到我的目的。无论如何,我来这个部门,不是为了来跟别人闹矛盾的,而是来工作的。只要能够把工作做好,能不能施展手中的权力倒是次要的。在别人心目中是否有权威,也是次要的,毕竟,你不可能让所有的员工都喜欢你、拥护你,并且忠心耿耿地为你工作。"

我们常听古人说:"宰相肚子里面能撑船。"其实就是需要领导要有宽大的胸襟,理由很简单,你身为领导,已经说明你具备了一定的能力,已经是一名强者了,你所要做的事情就是把工作做好,而一些鸡毛蒜皮的小事或者别人对你的意见都不应该成为你转移精力和目标的原因。但是,就有一部分领导,只是关注自己的威严能不能镇住自己的下属,看自己的权威能不能得到体现,这种做法恰恰证明自己并非是个强者,而是连自己的属下都不如的弱者。

所以,身为领导,要明确一点:自己就是一个强者,而制定游戏规则的原则只有一个,那就是如何把各项工作做好。

先给自己加压

《中庸》讲:"凡事豫则立,不豫则废。言前定,则不跲;事前定,则不困;行前定,则不疚;道前定,则不穷。"豫者预也,任何事情,事前有准备就可以成功,没有准备就要失败;说话先有准备,就不会辞穷理屈站不住脚;做事先有准备,就会战胜遇到困难挫折;行事前计划先有定夺,就不会发生错误后悔的事;做人的道理能够事先决定妥当,就不会行不通了。

在上司身边做事是需要陪着小心的,概因上司的性情,我们虽然了解却不可能把握,我们所能做的,只能影响上司而无法改变上司。

上司要求下属眉精眼细,说话仔细,办事干练,无可挑剔。但下属却无法要求上司如何如何。所以,有经验的人都知道,聪明固然需要,但小心则更为重要,唯有用心揣摩与忖度上司的心思,顺着上司,才能讨得上司的欢心,也才有可能发挥自己的作用。

某公司老板要赴海外公干,且要在一个国际性的商务会议上发表演说。他身边的几名要员于是忙得头晕眼花,要把他赴洋公干所需的各种物件都准备妥当,包括演讲稿在内。在该老板赴洋的那天早晨,各部门主管也来送行。有人问其中一个部门主管:"你负责的文件打好了没有?"

对方睁着那惺忪睡眼,道:"今早只得4小时睡眠,我熬不住睡去了。反正我负责的文件是以英文撰写的,老板看不懂英文,在飞机上不可能复读一遍。待他上飞机后,我回公司去把文件打好,再以电讯传去就可以了。"

谁知转眼之间,老板驾到。第一件事就问这位主管:"你负责预备的那份文件和数据呢?"这位主管按他的想法回答了老板。老板闻言,脸色大变:"怎么会这样。我已计划好利用在飞机上的时间,与同行的外籍顾问研究一下自己的报告和数据,别白白浪费坐飞机的时间呢!"

天!这位主管的脸色一片惨白。

作为一名独立的员工,任何时候,都不要自作聪明设计工作,期望工作的完成期限会按照你的计划而后延。成功的人士都会谨记工作期限,并清晰地明白,在所有老板的心目中,最理想的任务完成日期是:昨天。这一看似荒谬的要求,是保持恒久竞争力不可或缺的因素,也是唯一不会过时的东西。一个总能在昨天完成工作的员工,永远是成功的。其所具有的不可估量的价值,将会征服任何一个时代的所有老板。

特别在新世纪的今天,商业环境的节奏,正在以令人眩目的速率快速运转着。大至企业,小至员工,要想立于不败之地,都必须奉行"把工作完成在昨天"的工作理念。作为一名老板,百分之百是"心急"的人,为了生存,他们恨不能把每一分钟分成八半。按他们的速率预算,罗马三日建成也算慢。所以,要老板白花时间等你的工作结果,比浪费金钱更叫他心痛,因为失去一分钟,在那一分钟内能想到的业务计划,可能价值连城。

平心而论,没有哪个不讲效率者能成为老板的,也没有哪个老板,能长期容忍办事拖拉的员工。你要想在职场中一路顺风,炙手可热,最实际的方法,就是满足老板的愿望,让手中的工作消化在"昨天"。

也即,在罗马应该于昨天建成的心理状态下,对老板交代的工作,要在第一时间内进行处理,争取让工作早点瓜熟蒂落,让老板放心。成功存在于"把工作完成在昨天"的速率之中,正如未来的橡树,包含在橡树的果实里一样。

如果每次老板的嘱咐都获得尽快处理,你必会成为最能使他开心的人。

千万不要愚蠢地像上例中的那位主管,把昨天就能完成的工作拖延到明天。而如果你已完成,就不要愚蠢地等到老板开口,说那句"你什么时候做完那件事"时,才把成绩呈上,这样必会在印象上大打折扣。

当你的老板向你提出了苛刻的工作期限时,不要反驳,不要抱怨。将心比心,如果你是老板,一定会希望员工能像自己一样,将公司当成自己的事业,更加努力、更加勤奋、更加积极主动,以让工作在最短时间内有效完成。因此,假如你渴望成功,那么,就以老板苛刻的工作期限为基础,主动给自己再制定一个新的工作期限吧。

记住,新工作期限一定要比老板提出的还要苛刻。

做事中的"广告"

中庸之道在于"用",对于平常的做事者,也要学会利用资源,不用说,勤奋是一种美德,但是默默无闻的"老黄牛",虽然能够受到别人的尊重,可同时也是容易被遗忘的。

辛勤耕耘的"老黄牛"不应该再保持沉默,他完全有必要通过自己的表白,让领导或者同事知道或感受到你所付出的努力。工作中只会干不会"道"的人实在是太多了,这样的人也往往会吃亏。

领导所能目睹的你的工作最多限于"八小时以内",在下属与领导分开办公的地方,领导对下属的工作了解就更少了。有些人只顾埋头工作,工作完成后一交了事,与领导交流很少,自己究竟加了多少班、费了多大劲、流了多少汗水、耽搁了自己多少私事等情况,就都默默无闻的白白流掉了。聪明的下属要既会做又会说。

有一次,所长安排小李写一篇关于乡镇企业发展的稿子,小李立即行动起来,广泛查阅资料。下班时,所长对小李说:"下班休息吧!明天再干吧!"小李心里明白表现的机会来了,便回答所长说:"这篇文章需要很多数字材料,我今晚没事,正好整理一下统计资料明天用。"结果第二天就把初稿交给了所长。所长满意地说:"完成得很及时。"小李便接过来说:"加个班,总算很快拿出来了。"所长点头:"不错,好好休息两天吧,放你两天假。"小李实在也是有能力,仅用了二天就完成了任务。但他更有表现自己的技巧,这也是一种让领导感受到的技巧。即使小李自己不说,领导也会明白,效率高,肯定是加班加点牺牲了休息时间。

所以,给领导一个使他吃惊的效率,能够很巧妙地让他感受到你在背后付出的艰辛。

值得注意的是,不做默默无闻的"老黄牛",并不是说要你做一只下蛋就叫的"母鸡"。注意:你的表白一定要圆滑、不留痕迹。

超越自己

难和易,也是一对看起来处于两极的范畴,但我们做事情的时候,如果打破关于这两极的偏见,在两端之间找到一种中庸之道,就能找出一条从难到易的成功之路。

一位音乐系的学生走进练习室。在钢琴上,摆着一份全新的乐谱。"超高难度……"他翻着乐谱,喃喃自语,感觉自己对弹奏钢琴的信心似乎跌到谷底,消靡殆尽。已经三个月了!自从跟了这位新的教导教授之后,不知道,为什么教授要以这种方式整人。他勉强打起精神,开始用自己的十指奋战、奋战、奋战……琴音盖住了教室外面教授走来的脚步声。指导教授是个极其有名的音乐大师。授课的第一天,他给自己的新学生一份乐谱。"试试看吧!"他说。乐谱的难度颇高,学生弹得生涩僵滞、错误百出。"还不成熟,回去好好练习!"教授在下课时,如此叮嘱学生。

学生练习了一个星期,第二周上课时正准备让教授验收,没想到教授又给他一份难度更高的乐谱,"试试看吧!"上星期的课教授也没提。学生再次挣扎于更高难度的技巧挑战。

第三周。更难的乐谱又出现了。两样的情形持续着,学生每次在课堂上都被一份新的乐谱所困扰,然后把它带回去练习,接着再回到课堂上,重新面临两倍难度的乐谱,却怎么样都追不上进度,一点也没有因为上周练习而有驾轻就熟的感觉,学生感到越来越不安、沮丧和气馁。教授走进练习室。学生再也忍不住了。他必须向钢琴大师提出这三个月来何以不断折磨自己的质疑。

教授没开口,他抽出最早的那份乐谱,交给了学生。"弹奏吧!"

他以坚定的目光望着学生。

不可思议的事情发生了,连学生自己都惊讶万分,他居然可以将这首曲子弹奏得如此美妙、如此精湛!教授又让学生试了第二堂课的乐谱,学生依然呈现出超高水准的表现……演奏结束后,学生怔怔地望着老师,说不出话来。

"如果,我任由你表现最擅长的部分,可能你还在练习最早的那份乐谱,就不会有现在这样的程度……"钢琴大师缓缓地说。

性格决定成功,性格决定命运,性格决定人生!性格是人的特性,能不能改变?通过人的性格形成,分析性格与外环境、内环境的依附关系,我们可知:人的性格具有可塑性,是可以改变的。要成功,必须改变性格,培养好性格,戒掉不该有的坏性格。培养好的性格,便会拥有好的习惯,好的习惯决定好的行为,好的行为通向成功,拥有财富!

露露尖尖角

隐与露,是两种极端,露得太多,自然会有招摇的嫌疑;可隐得太深,也不容易被别人发现自己的才能。是颗宝石,就要发光,这就是做事的中庸之道。

古往今来,总是那些富有特点、惹人注目的人比不声不响、毫无个性的人占优势。日本古代武士一向肯于在主张自我、表现自我上下功夫。他们在两军交战的阵前,声嘶力竭地呐喊,为的是让大家都能看到自己的奋勇行动,以求先声夺人,增大胜利的可能性。只有在未被他人注意到的方面做与众不同的事情,才能真正使自己发展起来,从而在竞争中更占优势。

有时,人们会有些可悲的品质。一些本来只和自己有关的事情,把它作为自己一个人的秘密,悄悄去做就是了,但有时会忍不住偏要说给人听,以致使自己处于众目睽睽的处境之中,失去了行动的最初动机,以致痛苦不堪,反而不得已半途而废。那些戒烟者在告诉别人"我从上个月开始戒烟了",而以后的遭遇,不常常是上述情景吗!重要的是无言的行动。一个人若能让人感到其成功出乎他人的意料,"真没想到,他竟能做成那样的事情",这样的人才算是一个"高"人。

过分或过早宣传自己打算要做的事情,其结果经常是可悲的。在人们尚未关注的领域里,充分运用自己的特长,发挥自己的才能,其本身便是一种乐事,如果碰巧与他人的关注相同。也是很有趣的事。至于一个人暗自高兴,禁不住笑出声来的时候,那更是加倍地享受了欢乐。

一位办公人员写信给一位作家说,因为自己说话口音太重,极少在会议上发言,以至领导和同事们都认为他没能力、没思想、口才差,心里十分苦闷。作家回信说:"中国这么大,很多地方的人都有口音,不必为此自卑苦恼。只要能正确地把'我'这个字说好。慢慢就会看到变化了。"

果然,几年后这位办公人员又给作家写了封感谢信。信中说,他正是按照作家的提议,时时都注意拼命去讲好一个"我"字,而不再担心其他,久而久之,他便感到了一股自信的暖流,觉得自己其实有好多优点、好多与众不同的地方,没有必要为了同别人的谈话声调一样便否定自己的个性。如今,他已经被晋升为处长了。而成功的唯一经验便是:"成为你自己。"

的确,当我们一旦了解到自己,知道了自己的长处,就会扬长避短,用自己独特的长处去与他人的短处相竞争,而不是用自己的短处去和人家的长处相撞去,这样才会成功,才会有竞争力。

爱默森在散文《自恃》里说道:"每个人在受教育的过程当中,都会有段时间确信:嫉妒是愚昧的,模仿只会毁了自己;每个人的好与坏,都是自身的一部分;纵使宇宙间充满了好东西,不努力你什么也得不到;你内在的力量是独一无二的,只有你知道自己能做什么,但是除非你真的去做,否则连你也不知道自己真的能做。"

决定成败的不是你尺寸的大小,而在做一个最有个性的你。这个世界原本就没有天生的输家,只有天生的追随者、模仿者。在我们从事的任何一份职业中,请你都要记住:"做事不要忘了本——自己的个性。"

知不足则好学

关于学习的中庸之道最为简单,从不知到知,中庸之道无它,就是学习而已。《省心录》说:"知不足者好学,耻下问者自满。"这告诉我们知道自己的不足并努力学习就是聪明的人,不好问又骄傲自满的人是可耻的。

在美国,不远的过去,大多数成年人都是文盲。从1776年至1900年,大多数美国人生活在农村或小城镇,对于开垦土地种植庄稼来说,强壮的身体比良好的教育更有用处,价值更大。

正如古谚语所说:"有志者,事竟成。"有几个意志坚定的先驱者,如亚伯拉罕·林肯和那些精力充沛的奴隶们,都克服了自己身处的几乎不可改变的逆境,学会了如何读书。读书不仅改变了他们的生活,而且改变了美国的历史进程。

亚伯拉罕·林肯出生在肯塔基州的一个乡村小屋里。他接受正规教育的时间加起来不足一年。他的母亲会读书但从来不曾写过字,而他的父亲也仅能写他自己的名字。

可是,林肯却被书籍强烈地吸引着。他7岁时开始上学,每星期只去学校2—3天。从那时起,他开始了自己的启蒙教育。他把燃烧过的木头当成"铅笔",在粗糙的木板上练习写字母;夜晚,他向母亲大声朗诵《圣经》,还反复阅读《伊索寓言》,以致他能记住其中很多故事情节。

十几岁的时候,他从50里范围内的所有邻居那里寻找和借回很多书,包括《本杰明·富兰克林自传》《华盛顿的一生》和《天路历程》。林肯抓住一切机会认真阅读。当其他小伙伴在山上玩捉迷藏游戏的时候,他却手捧书本坐在一棵树下阅读;吃完饭后,他又很快拿起书本;在其他人休息时,他都会抓住一切时间认真读书。

林肯9岁时,他深爱的妈妈不幸去世。他和姐姐用读母亲最喜欢的《圣经》章节的方式来安慰她的在天之灵。

当他的父亲再婚时,新娘子带了几样家具和三本书到她的新家:《韦氏大字典》《鲁滨逊漂流记》和《天方夜谭》。年轻的林肯把这些书读了一遍又一遍。他渐渐成了一位精通写作的人,以至于他的邻居们愿意出钱请他写信和简单的遗嘱。

21岁时,林肯决定外出,最后在伊得诺依州的新萨洛蒙安顿下来,这是一个住有 100 多个新移民、位于西部边境的小村庄。幸运的是,新萨洛蒙有 6 位接受过大学教育的人,其中包括两位知识渊博的内科医生,他们允许林肯随时借阅他们的书籍。

此后的 7 年,林肯干了两份工作,都是允许他可以长时间读书而不受打扰的工作。第一份工作是商场店员,第二份工作是邮递员。他在接待顾客余下的时间里,广泛地阅读哲学、科技、宗教、文学、法律和政治学方面的书籍。事实上,通过阅读,他自己授予了自己一个优等的大学毕业文凭。1837 年,28 岁的亚伯拉罕·林肯,虽然连小学一年级都没毕业,却已经是伊利诺依州的执业律师。

无论从哪方面来说,亚伯拉罕·林肯都是聪明的,但他绝非天才。他不是一个有照相机般记忆力的快读手。与其说他聪明不如说他方法得当。他经常将书中的章节逐字逐句地摘录下来,以便自己能准确地记住并更好地理解。

林肯用勤奋读书弥补了自身才智的不足。他很早就懂得,阅读是人不断进步的最好工具。通过读书的惊人力量,他把自己从一个贫穷、未受正规教育的社会底层人士,塑造成了美国历史上最伟大的人物之一。

当年轻的亚伯拉罕·林肯在乡村学校的教室里进行启蒙学习的时候,一位 10 岁、名叫福德里克·道格拉斯的奴隶也开始了他的启蒙学习。当农场主的妻子向她的小女儿朗读故事时,他就在旁边偷听。而当农场主发现有奴隶在偷听读书,就会非常愤怒;如果道格拉斯在旁边,农场主便要求妻子停止给女儿读书。他害怕读书会给道格拉斯脑袋中灌输自由思想。

奴隶主们完全懂得读书的巨大力量。他们采用多种手段让黑人们保持文盲状况,使黑人没有力量改变人生。在当时的美国,南方政府颁布了一个所谓"黑人法典"的法律,规定奴隶没有受教育的权利。南科罗拉多州更是明文规定,如果一个白人教黑人读书,那么这个白人将受到 6 个月监禁和罚款 100 美元的处罚。政府的法律宣布,凡是奴隶因试图读书被抓住,将被处以 10 次鞭刑,以示惩罚。政府的法律还规定,对那些多次违规者的处罚是剁掉食指的一节。

道格拉斯知道这个"黑人法典",但他不理睬它。他深知书籍的力量。一旦读书的大门开了一条缝,道格拉斯就会拼命地把它推开。他用粉笔在墙上、栅栏上练习写字。他从工头的孩子和小伙伴那儿借书,利用每一点空余时间读书。17 岁那年,他得到一本《哥伦比亚演讲家》的书,这是一本选集,汇集了著名演讲家关于自由与解放的演讲。道格拉斯通过抄写来自学书写,一篇又一篇地抄。在抄写中,他记住了那些精彩的长篇辩论章节。后来,在废除奴隶制度的大会上,他不但能引述那些章节,而且还能有所发挥。

道格拉斯 21 岁时,把自己伪装成船员逃到纽约。在那里,他经常被邀请去在反对奴隶制的大会上演讲。他继续充实知识,大量地阅读文学、哲学、宗教、政治等方面的书籍。

然而,从当时美国法律的角度而言,他仍然是奴隶主的财产,不能受到法律的保护。道格拉斯担心自己会被抓住并送回给奴隶主,就带着妻子逃到了英格兰。他在那里演讲达两年之久,并通过演讲和在废除奴隶制支持者的帮助下赚到了足够的钱,回到美国,从奴隶主那里买回了自己的自由。

道格拉斯成了废除奴隶制和争取妇女权益的最优秀的演讲大师。在几十年中,他坚持出版《北斗星》。这是一份宣传废除奴隶制的报纸,其提倡的口号是:"权利无性别,真理无肤色。上帝是所有人类之父,我们都是兄弟。"

读书能把那些出身卑微的人转变成世界级的领导人。历史上充满了这类的故事。林肯和道格拉斯的故事之所以特别令人感动,是因为他们在学习读书的过程中所遇到的困难。现在,我们很多人无须像他们那样,为了读书而付出非凡的努力。我们只需利用好我们现在所拥有的良好条件,而不要对它视而不见就行了。

学道还要明道

古语说:"学而不知道,与不学同;知而不能行,与不知同。"这说的是学习知识不能从中明白一些道理,这和不学习没什么区别;学到了道理却不能运用,这仍等于没有学到道理。所谓中庸,则是两手都要抓,两手都要硬。

在这方面,三国时东吴的吕蒙的故事很能说明问题。

三国时,吴国有位将领,名吕蒙。这位吕蒙不愧为英勇的战将,然而,由于他自小未曾读书,所以,文墨没有,行事粗鲁,又全不懂礼仪文饰。大家都昵称他为"吴下阿蒙"。

一次,孙权与吕蒙在一起时,孙权说:"吕将军,你现在与我一起执掌国家大政,应该多读点书。学点历史和文化知识,这样才好。"

吕蒙一听,马上说:"我一天军务都忙不过来,哪有时间读书?以前,我不读书,不是照样带兵打仗吗?"

孙权笑着回答:"要说忙,你不会比我忙吧?我自渡江以来,就抽空读了《史记》《汉书》和各种兵书。要说读书与不读书,那可大不一样。书中有很多道理,可以使人聪明;书中的历史经验教训,可给人启示警惕。我治国理政,许多都是从书中受到教育启发的。"

听了孙权的这一番话,吕蒙才知读书的重要,从此以后,每天军务再忙,他都要抽一些时间来读书,他还聘请了两位文士做指导,由天苦读善学,他后来竟成为一位饱学之士。

周瑜去世后,孙权任命鲁肃为大都督。这位鲁肃是吴国一位名士,学问渊博,读书破万卷。他与吕蒙都在周瑜手下做过事,常戏谑吕蒙,"吴下阿蒙"就是由他叫出名的。

一次,鲁肃到吕蒙的驻军去巡视。空闲时,吕蒙主动与他谈起学问来,鲁肃大感意外。开始,吕蒙是以请教者的身份与鲁肃交谈;不一会,吕蒙提了几个问题,鲁肃都答不上来;后来,鲁肃只有听吕蒙一个人讲的份了。

听完吕蒙高谈阔论,引经据典,鲁肃十分惊叹地说:"想不到你这位昔日阿蒙,今日竟学富五车,本人敬服万分!"

鲁肃去世前,推荐吕蒙接替了他的职务,深受孙权的器重。

东吴自立国后,总想夺回关羽镇守的荆州,但一直没有成功。而荆州一日不夺回,就对东吴有一天威胁。

吕蒙当上统帅后,一面采取各种军事步骤,一面联合魏国,终于使一代名将关羽败走麦城,夺回了荆州。

苦肉计的技巧

强与弱,这是这个充满竞争的世界里本来的划分,然而,天下也没有绝对的强弱,"苦肉计"就是弱者以中庸之道在面对强者前所使用的技巧。不过,苦肉计不是谁都能用好的,所备条件是心狠手黑,

关羽

能演戏,另外还得看对谁。对方如是苦肉计的高手,割过的肉足有三斤,你割上三两肉去骗他,岂不自讨苦吃。苦肉计如随便模仿,就如东施愚效西施。

慈禧的一条苦肉计,就是设法与慈安太后交好。为了取得慈安的感动,她趁慈安生病时,狠狠地在自己大腿上割下一块肉来混在药中煎了给慈安服用。

慈安事后知道慈禧割股疗疾,感动得涕泪交流,乃决定与慈禧联手合作,打倒肃顺。

　　慈禧太后的这条苦肉计，不但路子走对了，而且里应外合，所以很顺利地将政权接掌过来。

　　按理来说，慈禧所以能够成功，主要得力于慈安与恭亲王。彼此既有患难与共、同舟一命的感情与经验，又有共同的利害及立场，其相互间的关系，应该不同凡俗才对。可是，由于慈禧的阴狠与精明，这两人都没得到好的结局。

　　恭亲王后来被授命为"议政王"，由他决定一切政事，且广植党羽，势力庞大，慈禧渐感无法控制，于是设法夺其大权，叔嫂间最后势同水火。

　　慈安太后自从和慈禧共同垂帘以来，感情日增，双方皆坦诚相待，共谋国事。慈安为人忠厚无用，所以大事都由慈禧来拿主意。

　　如此相安无事达 20 年之久，在这中间平洪杨、灭捻军、定大局，大都取决于慈禧的决策，所以慈安对慈禧是既感且佩。

　　忽然有一天，慈安从密箱中找到一张她早已遗忘的密诏，咸丰临终前怕慈禧弄权，交给她要宣示廷臣诛慈禧的诛谕。

　　她看着这张密诏，想想现在，觉得先帝的顾虑不免多余，不如毁掉比较好，以免一不小心泄露出去，造成极大波澜。

　　慈安太后相信这么多年来，与慈禧可谓以心换心，彼此容忍相让，以礼相待。自己何不以这密诏向慈禧宣示，让她大大地感动一番呢？

　　于是，她夜访慈禧，摒人密谈，详叙始末，最后她说："我们姐妹相处了这么多年，还留这个做什么呢？"一面说，一面就将那张遗诏在灯下焚烧了。

　　慈安太后的想法十分单纯，只以自己的苦心必为慈禧所感动，此后两人一定会更加水乳交融一条心。

　　可是这对慈禧来说，何尝是能够简单就忘记的事，自己一生争强好胜，偏偏有这么一个短处捏在别人手里，密诏虽然毁了，但永远无法挥去自己不如慈安受信赖的阴影。

　　与慈安天天见面，一见面就会想起密诏，无端端的心病使慈禧夜不安枕，食不甘味。同时还要时时防范着，不能得罪她，否则她会将这件事抖搂出来。

　　于是慈禧低声下气，刻刻留心慈安的喜怒，迁就她的好恶。这种日子怎么过得下呢？越想、心越烦，也越不安，为了铲除心腹大患，于是一不做，二不休，釜底抽薪之计就是将慈安除去。果然，不到几天，健康硬朗的慈安就暴毙了。

　　慈安暴崩，是慈禧指使心腹太监李莲英，在慈安的膳食中下毒药。20 多年来，她们姐妹俩人的感情非常好，好到没有人会怀疑是慈禧下的毒手。

　　慈禧太后用了条苦肉计，使自己成功地操持政柄，控制大清天下长达 50 年之久。

慈安也用了一条苦肉计,却给自己招来不测之祸,不明不白地死于非命。

可见苦肉计的运用,并不是那么简单,非有绝高的智慧,配合天时、地利、人和,是无法达到目的的。

"苦肉计"为什么能够迷惑对方?因为按照常理,一般人是不会自己伤害自己人的,如果受到伤害,那十有八九是因为别人加害的缘故。"苦肉计"就是利用人们这种"人不自害"的心理和"同情受难者"的人性弱点,逆人之常情,行自身伤害之举,所以容易取信于敌。当然,"苦肉计"也不可贸然使用,即使非用不可时,也要特别谨慎,安排要周密,扮演要逼真。否则,万一被敌人识破,白遭皮肉之苦事小,很可能丢掉性命,甚至贻误整个战局。

第二节　恃人不如自恃也

俗话说:"在家靠父母,在外靠朋友。"我们在这个社会谋生存、做事情,当然需要靠别人,不过"中庸之道"的精髓在于,我们既要看到"恃人"的必要性,更要看到"自恃"的决定性。如果一个人自己都不能展示出做事情的能力与信心,怎么能赢得别人的信任与支持呢?

自信是中庸之道的"方"

圆滑不是中庸之意,有圆必然有方,这"方"就是我们做事的原则,是我们不可丢掉的东西。自信,使人们做事达到自己的目的,蒙古人古语说:"宁肯折断骨头,不能放弃信念",正是说的这个"方"。

几年前,约翰逊经营的是小本日杂百货买卖。他过着平凡而又体面的生活,但并不理想。他家的房子既窄小又陈旧,也没有钱买他们想要的东西。约翰逊的妻子并没有抱怨,很显然,她只是安于天命,实际上生活得并不幸福。

但约翰逊的内心深处变得越来越不满。当他意识到爱妻和他的两个孩子并没有过上好日子的时候,心里就感到深深的刺痛和内疚。

就是那种对妻子和孩子的歉疚使他有了今天。现在,约翰逊有了一所占地2英亩的漂亮新家,对他们来说空间已经够大,而家里的设计能让人感觉很舒适。他和妻子再也不用担心能否送他们的孩子上一所好的大学了,他的妻子在花钱买衣服的时候也不再有种犯罪的感觉了。有一年,他们全家都去欧洲度假,并在欧洲度过了一个难忘的圣诞。约翰逊过上了真正的生活。

约翰逊说："这一切的发生并不是偶然的,是因为我利用了信念的力量。几年以前,我听说在休斯敦有一个经营日杂百货的工作。那时,我们还住在亚特兰大。我决定试试,希望能多挣一点钱。我到达休斯敦的时间是星期天的早晨,但公司与我面谈还得等到星期一。"

"晚饭后,我坐在旅馆里静思默想,突然觉得自己是多么的可憎。'这到底是为什么,上帝怎么这样对我!'我问自己:'为什么我总是逃脱不了失败的命运呢?'"

约翰逊不知道那天是什么力量促使他做了这样一件事:他取了一张旅馆的信笺,写下几个他非常熟悉的、在近几年内远远超过他的人的名字。他们取得了更多的权力和工作职责。其中一个原是邻近的农场主,现已搬到更好的边远地区去了;另一位约翰逊曾经为他工作过;最后一位则是他的妹夫。

约翰逊问自己:什么是这3位朋友拥有的优势呢? 他把自己的智力与他们做了一个比较,约翰逊觉得他们并不比自己更聪明;而他们所受的教育、他们的正直、个人习性等,也并不拥有任何优势。终于,约翰逊想到了另一个成功的因素,即主动性。约翰逊不得不承认,他的朋友们在这点胜他一筹,而他总是在被逼无奈时才采取某些行动。

当时已近深夜2点钟了,但约翰逊的脑子却还十分清醒。他第一次发现了自己的弱点。他深深地挖掘自己,发现缺少主动性是因为在内心深处,他并不看重自己,对自己没有信心,更别谈什么远大的抱负。

约翰逊回忆着过去的一切,就这样坐着度过了一夜。从他记事起,约翰逊便缺乏自信心,他发现过去的自己总是在自寻烦恼,自己总对自己说不行,不行,不行!他总在表现自己的短处,几乎他所做的一切都表现出了这种自我贬值。

终于约翰逊明白了:如果自己都不信任自己的话,那么将没有人信任你!

于是,约翰逊做出了决定:"我一直都是把自己当成一个二等公民,从今后,我再也不这样想了,我要成为一个优秀的公民,一个优秀的丈夫,一个优秀的父亲。"

第二天上午,约翰逊仍保持着那种坚定的自信心。他暗暗把这次与公司的面谈作为对自己自信心的第一次考验。在这次面谈以前,约翰逊希望自己有勇气提出比原来工资高一到两倍的要求。但是,经过这次自我反省后,约翰逊认识到了他的自我价值,因而把这个目标提到了三倍。

结果,约翰逊达到了目的。他获得了成功。

约翰逊凭借高昂的自信心获得了成功。其实,自信心恰恰是人人都有但少有人能"从一而终"的。每个人的能力能有多大区别呢？恐怕都只是皮毛而已，真正的差异就是对待问题的信念和决心。

只能靠自己

中庸最为关键的地方在于"用"，做人也好，做事也罢，离开这个用字一切都失去了意义，而所用的起点，就在于自己，这也就是我们要在人生中紧紧抓住的东西。

特维斯有幸在年少时，便学会了自立自强。他父亲在第二次世界大战时身在国外，当他九岁时，在圣地亚哥附近，有一个陆军制空炮兵团，驻扎的士兵和他成了好友，以消磨无聊的闲暇时间。他们会送给特维斯一些军中纪念品，像陆军伪装钢盔、背带及军用水壶，魏特斯则以糖果、杂志，或邀请他们来家中吃便饭，作为回赠。

特维斯永难忘怀那一天，他回忆道："那天我的一位士兵朋友说：'星期天上午五点，我带你到船上钓鱼。'我雀跃不已，高兴地回答：'哇哈！我好想上。我甚至从未靠近过一艘船，我总是在桥上。眼看着一艘艘船开往海中，真令人羡慕！我总是梦想，有一天我能在船上钓鱼。噢，太感谢你了！我要告诉我妈妈，下星期六请你过来吃晚饭。'

"周六晚上我兴奋地和衣上床，为了确保不会迟到，还穿着网球鞋。我在床上无法入眠，幻想着海中的石斑鱼和梭鱼，在天花板上游来游去。清晨三点，我爬出卧房窗口，备好渔具箱，另外还带备用的鱼钩及鱼线，将钓竿上的轴上好油。带了两份花生酱和果酱三明治。四点整，我就准备出发了。钓竿、渔具箱、午餐及满腔热情，一切就绪——坐在我家门外的路边，摸黑等待着我的士兵朋友出现。

但他失约了。

"那可能就是我一生中，学会要自立自强的关键时刻。我没有因此对人的真诚产生怀疑或自怜自艾，也没有爬回床上生闷气或懊恼不已，向母亲、兄弟姊妹及朋友诉苦，说那家伙没来，失约了。相反的，我跑到附近汽车戏院空地上的售货摊，花光我帮人除草所赚的钱，买了那艘上星期在那儿看过、补缀过的单人橡胶救生艇。近午时分，我才将橡皮艇吹满气，我把它顶在头上，里头放着钓鱼的用具，活像个原始狩猎队。我摇着桨，滑入水中，假装我将启动一艘豪华大油轮，驶向海洋。我钓到一些鱼，享受了我的三明治，用军用水壶喝了些果汁，这是我一生中最美妙的日子之一。那真是生命中的一大高潮。"

特维斯经常回忆那天的光景，沉思所学到经验，即使是在 9 岁那样稚嫩的年纪，他也学到了宝贵的一课："首先学到的是，只要鱼儿上钩，世上便没有任何值得烦心的事了。而那天下午,鱼儿的确上钩了! 其次,士兵朋友教给我了,光有好的意图并不够。士兵朋友要带我去,也想着要带我去,但他并未赴约。"

然而对特维斯而言,那天去钓鱼,却是他最大的希望,他立即着手设定计划,使愿望成真。特维斯极有可能被失望的情绪所击溃,也极可能只是回家自我安慰:"你想去钓鱼。但那位兵哥哥没来,这就算了吧!"相反的,他心中有个声音告诉他:仅有欲望不足以得胜,我要立刻行动,要自立自强,自己开发属于自己的那一片沃土——潜能。

生命的主动权永远是在自己手中的,为什么要靠别人呢? 为什么要听别人的呢? 也许朋友、家人的护佑是自己成功的阶梯,但这也是陷阱。因为总有一天,你只能靠自己。

中庸之道要求你相信自己

《孟子》说:"人必自悔然后人悔之",说的是外人对你做事的评论始终要从你自身而来,外在与内在,连接的关键就在中庸之道。许多人都害怕释放自己的激情,追求自己最向往的事情,因为这意味着冒险,甚至失败。但是去追求你的向往本身就是成功,所以我们应该寻找真正的自己。

在温哥华,罗宾是一位非常成功的经济学家,她在加拿大温哥华的一家主要金融机构担任很高的职位。她有两个孩子和一个温暖的家庭。但她总感觉自己好像失去了什么,生活并不是很完美。

当她 16 岁第一次上舞蹈课时,她就满怀激情地想要成为一名舞蹈家,虽然她不时地学习舞蹈,常做一些半专业化的表演,但她始终没有显示出在舞蹈方面成功所必备的才能。而在商务方面她却显得轻车熟路。可是她从没有放弃在一个完整的舞剧中创作和表演的梦想,尽管她总是说服自己是因为没有时间、能力、创造力和资金来使这件事成功。

有一次,她无意中从卫生间的镜子里看到了令她吃惊的一幕,自己仅有 32 岁,但是看上去却像个老妇人,也许再也不能在舞台上跳舞了,心中回味着不能实现自己梦想的一生。就在那时,她下定决心去练习舞蹈,搞一次表演,即使人们笑话她,即使她一个人在只有空荡座椅的剧场上跳舞,她也要将这个梦想变成现实。就在那天,她跳上了一辆计程车,怀着不可动摇的决心返回到舞蹈课程的学习中。

美好的事情也许会伴着激情和承诺发生。罗宾下定决心后没几天,一个朋友给她看了一篇有关安德韦·梅伊斯的报道。安德韦·梅伊斯是一个来自洛杉矶的舞蹈动作设计师和表演家,他将开班教课。罗宾犹豫了一下,但还是鼓起勇气给他打了电话。"简直像魔术一般,我们见了面,而且一拍即合,接下来的事情就是我们共同努力实现我的梦想。"

在他们的业余时间,罗宾和安德韦共同编写了剧本《不要打破玻璃》,一个关于一位妇女在舞台上和生活中步步妥协的音乐喜剧。他们编排了每个舞蹈段落,自担主角,并安排了许多演员和舞蹈家扮演其他的角色,罗宾认为安德韦就是自己最需要的老师和伙伴,"他知道怎样增强我的力量,通过高超的摄影技术,变换光线和拍摄角度使我看起来更好,他知道作为一名舞蹈者我能做什么,我不能做什么。"

罗宾与安德韦会面的七个月后,《不要打破玻璃》在温哥华的首映便取得了成功。人们的反映非常好,罗宾和安德韦决定延长演出。

在办公室和在舞台上,罗宾继续着自己的两个职业。她现在已经是英国哥伦比亚保险公司——加拿大最大的机构的总裁和总经理。作为她自己公司的总裁,她是一位深受欢迎的企业顾问和发言人;同时,罗宾仍然找出时间制作、编写、演出了四部舞剧,大量观众观看了演出,并且好评如潮。

罗宾通过自己的不懈追求使生活更加完整,因为她善于倾听自我内心的呼喊,并且用心去追求自己的梦想。

君子立志

世上本无绝人之路,有和无总是在相互转换,君子立志,这个志就需要从本人内心中寻找。有了志,自然会有属于你应该发挥能力的事情干。

有位中年妇女奥德瑞·布拉高坐在我的办公室里说她只有12岁。"我来到这个世界已经有55年了。"她赶忙解释,"但那是根据日历来算的。我真正的年龄是12岁。"我给搞迷糊了,因此我问她究竟说的是什么。她丈夫说出了这段了不起的故事:

奥德瑞·布拉高住在中国香港,布拉高太太的脑下垂体出了毛病,因此接受了激光照射的治疗。这种治疗伤了脑组织,结果是心智迟滞,不能说话。于是又动了一次神经方面的外科手术,情况改进了一些,她能重新说话阅读。奥德瑞的心智能力虽然已有了改进,不过经评定只能达到大约12岁大孩童的智商。她说话的时候仍带着孩子气,声音甜美娇嫩,但是却显示出某种成熟的知觉力。

"我有些东西要给你看看。"她说着,打开一卷东西。使我惊奇的是,她展现的是几幅很好看的中国画,都画在丝绢上,用纸裱起来。

"好漂亮啊！"我赞叹地说，"是谁画的？"

"我太太。"布拉高骄傲地回答。

在手术后的4年中，布拉高太太痛苦地知悉自己的智力的限制，觉得自己没有用了。不久她偶尔在一份法文杂志上看到一些古代中国画的复印品，介绍文字中说："西方世界的艺术在于刺激人的感觉，而中国艺术则寻求刺激人的心智。"这正是她所需要的东西，某种可以帮助她发展心智的东西。

于是她开始学画中国画。她第一次花了5个月的时间才完成一幅画。她向人求教，然后开始创造自己的构图。令人惊异的是她以前根本不知道中国画，现在却显示出有这方面的天分。

她在香港市政厅举行了一次100幅画的画展。杰出的艺术家都为她的天才而大为惊讶，她自己的解释却极为简单，"我请求上天赋予我新的智慧，他就给了我一份画画的灵魂和能力。"

每个人都会在某个时间发现自己正处于不快乐的心绪中。也许你在阅读本书的时候正是这样；果真如此，你要打起精神，因为你可以改变这种情况，在每一种困境中都必然存在着某种价值。相信这一点，然后开始去寻找。这些价值本来可能离你而去，但是由于你去寻，你就会发现。如果你认为它们是你的，它们就是你的了。或许你看这本书，就是希望要找到一些可以帮助你改变困境的东西，那么你就重新以客观和乐观的态度考量一下你的情况，找寻你本来不以为存在的价值——它们一定在那里。并且记着你也可以凌越在事情之上，能俯临你的问题。

希望再次掌握到你问题的关键，就要记着——你现在如何想和如何行动会决定最后的结果，亚里士多德说得好："人经常以某种方式行动就会获得某种品质。"

走自己的中庸之路

走自己的路，做自己的事，事业是属于你自己的，任何别人都不能进行干涉，这就是一个成功者的心得，也是中庸之道所谓的"内方"。

1842年3月，在百老汇的社会图书馆里，著名作家爱默生的演讲激励了年轻的惠特曼："谁说我们美国没有自己的诗篇呢？我们的诗人文豪就在这儿呢！……"这位身材高大的当代大文豪的一席慷慨激昂、振奋人心的讲话使台下的惠特曼激动不已，热血在他的胸中沸腾，他浑身升腾起一股力量和无比坚定的信念，他要渗入各个领域、各个阶层、各种生活方式。他要倾听大地的、人民的、民族的心声，去创作新的不同凡响的诗篇。

1854 年,惠特曼的《草叶集》问世了。这本诗集热情奔放,冲破传统格律的束缚,用新的形式表达了民主思想和对种族、民族和社会压迫的强烈抗议。它对美国和欧洲诗歌的发展起了巨大的影响。

《草叶集》的出版使远在康科德的爱默生激动不已。诞生了! 国人期待已久的美国诗人在眼前诞生了,他给予这些诗以极高的评价,称这些诗是"不仅是属于美国的诗,更是属于世界的诗""是奇妙无比的""有着无法形容的魔力""有可怕的眼睛和水牛的精神。"

《草叶集》受到爱默生这样很有声誉的作家的褒扬,使得一些本来把它评价得一无是处的报刊马上换了口气,温和了起来,并且开始大肆宣扬。但是惠特曼那创新的写法,不押韵的格式,新颖的思想内容,并非那么容易被大众所接受,大众接受一个新鲜事物往往需要一个漫长的过程,他的《草叶集》并未因爱默生的赞扬而畅销。然而,惠特曼却从中增添了信心和勇气。1855 年底,他印起了第二版,在这版中他又加进了 20 首新诗。

1860 年,当惠特曼决定发行第三版《草叶集》,并将补进些新作时,爱默生竭力劝阻惠特曼取消其中几首刻画"性"的诗歌,否则第三版将不会畅销。惠特曼却不以为然地对爱默生说:"那么删后还会是这么好的书吗?"爱默生反驳说:"我没说'还'是本好书,我说删了就是本好书!"执着的惠特曼仍是不肯让步,他对爱默生表示:"在我灵魂深处,我的意念是不服从任何的束缚,而是走自己的路。《草叶集》是不会被删改的,任由它自己繁荣和枯萎吧!"他接着说:"世上最脏的书就是被删灭过的书,删减意味着道歉、屈服、投降……"

第三版(草叶集)出版并获得了巨大的成功。不久,它便跨越了国界,传到法国,传到世界许多地方。

看准了的事情就放心大胆地做,不要被别人的劝告所左右,也不要被世俗的偏见所影响。坚信自己是正确的,事情就能成功。当然,你也要有足够的判断力,认定自己走的路是可行的,否则就犯了不纳人言的错误了。

学中庸做事,成功并不难

做事"中庸",也需要心中有激情。毫无疑问,成功都是"干"出来的,但干之前还必须有成功的欲望。人们都说"不想当将军的兵不是好兵",可真正当上将军的兵又有多少呢? 事情是不是完全取得成功,关键就在于是否把你所做的事情思考清楚了,如果你经过成熟的考虑,懂得了这件事情上的道理,做这件事情也就变得容易,而成功的机会则更大。这样的任务对于善于思考的人来说,难吗? 韩非子说:"思虑熟则得事理,得事理则必成功。"所以我们说请你把成功想得容易点,瞻前顾后,也就干不成大事情了。

1965 年,一位韩国学生到剑桥大学主修心理学。在喝下午茶的时候,他常到学校的咖啡厅或茶座听一些成功人士聊天。这些成功人士包括诺贝尔奖获得者、某一些领域的学术权威和一些创造了经济神话的人,这些人幽默风趣、举重若轻,把自己的成功都看得非常自然和顺理成章。时间长了,他发现,在国内时,他被一些成功人士欺骗了。那些人为了让正在创业的人知难而退,普遍把自己的创业艰辛夸大了,也就是说,他们在用自己的成功经历吓唬那些还没有取得成功的人。作为心理系的学生,他认为很有必要对韩国成功人士的心态加以研究。

1970 年,他把《成功并不像你想象的那么难》作为毕业论文,提交给现代经济心理学的创始人威尔布雷登教授。布雷登教授读后,大为惊喜,他认为这是个新发现,这种现象虽然在东方甚至在世界各地普遍存在,但此前还没有一个人大胆地提出来并加以研究。惊喜之余,他写信给他的剑桥校友——当时正坐在韩国政坛第一把交椅上的人——朴正熙。他在信中说,"我不敢说这部著作对你有多大的帮助,但我敢肯定它比你的任何一个政令都能产生震动。"

后来这本书果然伴随着韩国的经济起飞了。这本书鼓舞了许多人,因为他从一个新的角度告诉人们,成功与"劳其筋骨,饿其体肤""三更灯火五更鸡""头悬梁,锥刺股"没有必然的联系。只要你对某一事业感兴趣,长久地坚持下去就会成功,因为上帝赋予你的时间和智慧够你圆满做完一件事情。后来,这位青年也获得了成功,他成了韩国泛业汽车公司的总裁。

成功,听来遥远,实际它就在你的身边。只要有信心、有计划,沿着你指定的方向不断地努力,遇到坎坷也不要放弃,成功就一定会属于你。上帝对每个人都是公平的,别人有的你就没有? 那怎么可能呢! 敢想敢干、会想会干,则无往而不胜矣!

做事情的勇气

我们做事情做会遇到这样那样的困难,有时候甚至是毁灭性的挫折,但只要我们懂得中庸,懂得我们一定能找到困难与容易之间的联系,就可以做出一些对得起自己人生的事情,此所谓"不经一番彻骨寒,怎得梅花扑鼻香。"

杰克逊对于他遭遇的第一次意外,已全无记忆。他只记得那是 10 月一个温暖的晚上。杰克逊当时 21 岁,聪明英俊,人缘很好,踢美式足球及演戏剧都表现突出。要知道 21 岁是人生最美好的时光,而且刚从著名的哥伦比亚大学戏剧学院毕业,可以说意气风发、前程似锦。

一辆重型卡车从第三大道驶出来时,杰克逊一点都没看见。他唯一记得的,就是醒来时自己身在加护病房,左小腿已经切去。其后 6 年,杰克逊全力以赴,要把自己锻炼成全世界最优秀的独腿人。他康复期间饱受疼痛折磨,但从不抱怨,终于熬过来,开始在舞台和电视上演出,也交过不少女朋友。

失去左腿后不到 1 年,他开始练习跑步,不久便常去参加 10 公里赛跑。随后又参加纽约马拉松赛和波士顿马拉松赛,成绩打破了伤残人士组纪录,成为全世界跑得最快的独腿长跑运动员。

接着他进军三项全能。那是一项本身就极其艰难的运动,再加上他只有一条腿,要一口气游泳 3.85 公里、骑脚踏车 180 公里、跑 42 公里的马拉松。这对于杰克逊来说,无疑是一个巨大的挑战。

1994 年 5 月的一个下午,杰克逊在犹他州的三项全能运动比赛中,骑着脚踏车以时速 60 公里疾驰,带领一大群选手穿城越镇,群众夹道欢呼。突然间,杰克逊听到群众尖叫声。他扭过头,只见一辆黑色小货车朝他直冲过来。

一般情况下,比赛场地周围马路几乎全部封锁,几个未封锁的路口也有警察把守,没人知道是什么缘故,让这辆小货车闯了进来。

杰克逊对于这次车祸可记得一清二楚。他记得群众尖叫,记得自己的身体飞越马路,一头撞在路边的电灯柱上,颈椎"啪"地折断。他还记得自己被抬上救护车,随后他昏了过去。

杰克逊接受紧急脊椎手术后醒来时,发现自己躺在重伤病房,一动也不能动。他清楚记得周围的护士个个都流着眼泪,一再说:"对于你的遭遇我们很难过。"

杰克逊四肢瘫痪了,那时才 28 岁,28 岁就已经尝遍了人间的冷暖。

杰克逊的四肢都因颈椎折断而失去功能,但仍保存少量神经活动,使他能稍微动一动一手臂能抬起一点点,坐在轮椅上身子可倾前,双手能做一些简单动作,双腿有时能抬起两三厘米。

杰克逊知道四肢尚有感觉时,有点激动。因为这意味着他有了独立生活的可能,无须 24 小时受人照顾。经过艰苦锻炼,自认为"很幸运"的杰克逊渐渐进步到能自己洗澡、穿衣服、吃饭,甚至开经过特别改装的车子。医生对此都大感惊奇,是呀,有谁不为这坚强的生命力感到惊讶呢。

医院对脊椎重伤病人的治疗,好似施行酷刑。他们先给杰克逊装上头环:那是一个钢环,直接用螺钉装在颅骨上,然后把头环的金属撑条连接到夹在杰克逊身体两侧的金属板上,以固定杰克逊的脊椎。安装头环时只能局部麻醉,医生将螺钉拧进杰克逊的前额时,杰克逊痛得直惨叫。

护士常来给杰克逊抽血,或者把头环的螺钉拧牢。每次有人碰到他,他都痛得尖叫。直到此刻,他才觉得自己没有了自我,没有过去,没有将来也没有希望。

两个月后,头环拆掉,杰克逊被转送到科罗拉多州一家复健中心。在他那层楼里,住的全是最近才四肢或下身瘫痪的病人。他发觉原来有那么多人和他命运相同。眼前的处境也并不陌生,伤残、疼痛、失去活动能力、耐心锻炼——所有这些他都经历过。

于是,他过去顽强不屈、永不向命运低头的精神又回来了。他对自己说:"你是过来人,知道该怎样做。你要拼命锻炼,不怕苦,不气馁,一定要离开这鬼地方。"

其后几个月,杰克逊再度变得斗志昂扬,康复速度之快,出乎所有人预料。

脖子折断之后仅仅半年,他便重返社会,再次开始独立生活,又大约半年之后,他在一次三项全能运动员大会上,以《残疾人也能做到》为题,发表了一篇激动人心的演说,事后人人都围着他,称赞他勇敢。"杰克逊真行!"大家异口同声地说。

即使康复过程起先顺利,病人迟早会遇上一道墙:康复中止,残酷的现实浮现。杰克逊就撞上了这道墙。当时他身体可复原的已复原了,不管怎样努力,有些事实始终无法改变:手臂永远不可能再抬到高过头顶,而且他永远不能再走路了。杰克逊明白了这一点之后,向来不屈不挠的他也泄气了。

1998 年,杰克逊获得 480 万美元赔偿金,决定迁居夏威夷。当时他对朋友说,去那里是为了写回忆录。只有他自己清楚,这完全是为了逃避。杰克逊有个不想让任何人知道的秘密:他染上了毒瘾。他脖子折断之后两年左右,认识了一个女人,那女人递给他一些可卡因,同情地说:"试试这个吧。你苦够了,这个能帮助你减轻你的痛苦,没人会怪你这么做。"

杰克逊心想:"是啊,有多少人经历过这么多打击,他们一定会理解的。"

一天凌晨,杰克逊吸毒之后,转着轮椅来到一条寂静公路的中央。他清楚地记得,他曾在这条公路上跑过马拉松。

杰克逊曾在这里赢得辉煌胜利,而这时却在这时思量去哪里再弄些可卡因。他知道该下决定了:要死还是要活?"我才 30 岁,我还有很长的路要走,还不想离开这个世界,"他想,"当然我也不想四肢瘫痪,但既然无法改变。除了接受事实,我只能干一件事了,那就是好好活下去。"

杰克逊不知道下一步该怎样做,但有一点很清楚:要是继续吸食可卡因,那他一定就没得救了。于是,他试着从另一角度看自己的问题:"也许我的遭遇并非坏事,而是上天给我的美妙赏赐,令我有机会真正了解自己。这是上帝的旨意:制造事端,让我变得坚强。"从此,他彻底远离了可卡因。

目前,杰克逊住在华盛顿。天气好的早晨,他会从床上下来,插上导管,来个淋浴,穿上衣服,离开自己的住处。这一切,他不用3小时就能完成。然后他到体育馆去锻炼一两小时,例如在水里步行、骑健身脚踏车。

他也会埋头撰写论文,主题是神话史上的伤残人士。

外表看来,残疾人似乎比正常人多了很多的劣势,使得他们无论在哪个方面都不容易扬帆远航。然而,肢体的残缺恰恰是他们的优势,他们有着比健全人更加踏实的心态,更加刻苦的作风,所以他们往往能取得健全人都不容易取得的成功。

做事不可无志

朱子说:"百学须先立志。"对我们来说,做事情最要紧的不是背景,不是学识,更不是人脉,而是你的志向。

一位满头银发的老师正同家人一起在这个北方最著名的温泉旅行。这时听说有一位叫明的父母双亡的16岁男孩投海自杀,被警察救起。由于小的时候母亲和另外一个男人发生了一段风花雪月的故事,所以很多人肆意辱骂他,骂他是个杂种。从那以后,他变得愤世嫉俗,末路穷途。老师到警察局要求和青年见面。警察知道老师的来意后,同意她和青年谈谈。

"孩子,"她说话时,他扭过头去,像块石头,全然不理。老师用安详而柔和的语调说下去,"孩子,你可知道,你生来是要为这个世界做些除了你以外没人能办到的事吗?"

她反复说了好几遍,少年突然回过头来,说道:"你说的是像我这样一个出生在农村,连父母都没有的孩子?"

老师不慌不忙地回答:"对!正因为你出生在农村,正因为你没有父母,所以,你能做些了不起的妙事。"少年冷笑道:"哼,当然啦!你想我会相信这一套?一个什么都不是,什么都不会的废物能干什么呢?"

"跟我来,我让你自己瞧。"她说。

老师把他带回自己家,叫他在家后的菜园里打杂。虽然生活清苦,她对少年却爱护备至。生活在这样温暖的家中,处身在草木苍郁的环境,明慢慢地也心平气和了。老师给了他一些生长迅速的萝卜种,15天后萝卜发芽生叶,明得意地吹着口哨。他又用竹子自制了一支笛子,吹奏自娱,老师听了称赞道:"除了你没有人为我吹过笛子,明,真好听!"

少年似乎渐渐有了生气,老师便把他送到高中念书。在求学那3年,他继续在菜园内种菜,同时家里那些粗重的活几乎都被他包了。高中毕业,明白天在地下铁道工地做工,晚上在夜大深造。毕业后,在一所中学任教,他对那些即将参加高考的学生关怀备至,不仅仅是因为他们将面临人生的第一个转折点,更重要的是他要用自己那颗赤诚的心去影响他的学生。

"现在,我已相信,真有别人不能,只有我才能做的妙事了。"明对老师说。

"你瞧,对吧?"老师说,"你如果不是乡下人,如果不是孤儿,也就不能领悟孩子的苦处。只有真正了解别人痛苦的人,才能尽心为别人做美妙的事。你16岁时,最需要的就是有人爱惜你,没有人爱惜,所以那时想死,是吧?你大声呐喊,说你要的根本不可能得到,根本就不存在——可是后来,你自己却有了现在这份事业,更难能可贵的是有了一颗难得的爱心。"

明心悦诚服地点点头。

老师意犹未尽,继续侃侃而谈:"尽量爱护自己的快乐。等到你从他们脸上看到感激的目光,那时候,甚至像我们这样行将就木的人,也会感到活下去的意义。"

俗话说,哀莫大于心死。人一旦没了希望、没了念头,也就什么都没有了。这个时候,往往是一个人最需要帮助的时候了。在失望无助的边缘给一缕希望的阳光,不仅仅能够挽救一个人的生命,甚至能给他一个辉煌的未来。

只看自己所有的

说到中庸,这是孔老夫子留给我们的财富,而同样讲究"中道"的古希腊老夫子亚里士多德也有句名言"幸福意味着自我满足"。他要我们坚信自给自足,自己就是一切,这就是幸福最主要的品质。

她站在讲台上,不时地挥舞着她的双手;仰着头,脖子伸得好长好长,与她尖尖的下巴扯成一条直线;她的嘴张着,眼睛眯成一条线,注视着台下的学生;偶然她口中也会咿咿唔唔的,不知在说些什么。基本上她是一个不会说话的人(只是语言上),但是,她的听力很好,只要对方猜中,或说出她的意见,她就会乐得大叫一声,伸出右手,用两个指头指着你,或者拍着手,歪歪斜斜地向你走来,送给你一张用她的画制作的明信片。

她就是大名鼎鼎的迪娅茨,一位自小就染上小儿麻痹症的病人,小儿麻痹症夺去了她肢体的平衡感。命运对她是如此残酷,父母没有从她得小儿麻痹症的阴影中走出来,上帝又剥夺了她发声讲话的能力。从小她就活在诸多肢体不便及众多异样的眼光中,她的成长充满了血泪。然而她没有让这些外在的痛苦所击败,在祖母信任的目光中,她昂然面对,她以常人难以想象的行动,迎向一切的不可能,终于天道酬勤,她获得了加州大学艺术博士学位。她用自己的手当画笔,以色彩告诉人"我比一些健康的人,生活得更为快乐",并且灿烂地"活出生命的色彩"。全场的学生都被她不能控制自如的肢体动作震慑住了。这是一场倾倒生命、与生命相遇的演讲会。

"请问迪娅茨博士,"一个学生小声地问,"你从小就长成这个样子,请问你怎么看你自己?你没有怨恨吗?"这位学生的老师心一紧,真是太不成熟了,怎么可以在大庭广众之下问这个难堪的问题,太伤人了,很担心迪娅茨会受不了。

"我怎么看自己?这位小朋友问得真好,也就只有你们这些小鬼才敢问我这样的问题。"迪娅茨用粉笔在黑板上重重地写下这些字。她写字时用力极猛,整块黑板此时都有些颤抖,写完这个问题,她停下笔来,歪着头,回头看着发问的同学,然后嫣然一笑,回过头来,在黑板上龙飞凤舞地写了起来:

我觉得自己非常好,我有这么多的优点,为什么要难过呢?

一、我好可爱!

二、我的腿很长很美!

三、爸爸妈妈这么爱我!

四、朋友们这么爱我!

五、上帝这么爱我!

六、我会画画!我会写稿!

七、我有只可爱的小狗!

八、还有……

九、……

也许,现在你们很难理解,不过当你们到了我这个年纪的时候,你们想起这些,才会彻底明白我此刻的想法。

忽然,教室内鸦雀无声,没有人敢讲话。她回过头来深情地看着大家,再回过头去,在黑板上写下了她的结论:"我只看我所有的,不看我所没有的。"

掌声由学生群中响起,看看迪娅茨倾斜着身子站在台上,满足的笑容,从她的嘴角荡漾开来,眼睛眯得更小了,有一种永远也不被击败的傲然,写在她脸上。

小学老师坐在位子上看着她,不觉眼睛湿润起来。走出教室,迪亚茨写在黑板上的结论,一直在他的眼前跳跃:"我只看我所有的,不看我所没有的。"许多年过去了，小学老师将这句永远鲜活的话珍藏在自己美好的记忆中。

面对不幸，我们笑而置之。更多的，我们怀着感恩的心情看待我们所拥有的一切，这就能给我们带来无尽的快乐。同样是一辈子，为什么不快乐一点呢？

第三节　宽柔以教，不报无道

做事情，总有强弱之分，这强者，既有刚强的，也有以柔克刚的，这就是有精神力量的强。《中庸》讲真正的强不是体力的强，而是精神力量的强。什么是精神力量的强？它体现为和而不流，柔中有刚——这就是做事的中庸之道。

领会中庸中的柔韧

记得法国有个大科学家曾说过这么一句话："我有两个忠实的助手，一个是我的耐心，另一个就是我的双手。"有人把中庸之道比喻为"和稀泥"，虽然不完全正确，我们却不能忽视泥巴的柔韧性。做事情，双手自然很重要，但是缺乏了一颗耐心而匆忙下手，往往会把事情弄糟。不管是我们的工作也好，爱情也罢，心急就是吃不了热豆腐。回过头来想一想，人生说长不长，说短也不短，给自己 12 个小时，看看你会做出什么样的事情。

一对情侣在茶馆里发生了口角，互不相让。然后，男孩愤然离去，只留下他的女友独自垂泪。心烦意乱的女孩搅动着面前的这杯清凉的柠檬茶，泄愤似的用匙子捣着杯中未去皮的新鲜柠檬片，柠檬片已被她捣得不成样子，杯中的茶也泛起了一股难以入口的柠檬皮的苦味。

女孩叫来服务生，要求换一杯剥掉皮的柠檬泡成的茶。服务生看了一眼女孩，没有说话，拿走那杯已被她搅得很浑浊的茶，马上端过来一杯冰冻柠檬茶，只是，茶里的柠檬还是带皮的。原本就心情不好的女孩被服务生的举动完全激怒了，更加恼火了，她又叫来服务生，"我说过，茶里的柠檬要剥皮，你没听清吗？难道你分不清什么是去过皮的柠檬，什么是不去皮的柠檬？"她愤怒地斥责着服务生。

服务生显然已有心理准备，看着她，他的眼睛清澈明亮，"小姐，请不要着急"，他说道，"你知道吗，柠檬皮经过充分浸泡之后，它的苦味溶解于茶水之中，将是一种清爽甘洌的味道，这正是现在的你所需要的。所以请不要急躁，不要想在 3 分钟之内把柠檬的香味全部挤压出来，那样做会适得其反只会把茶搅得很浑，不仅于事无补，而且会将事情弄得一团糟。"

女孩愣了一下,心里有一种被触动的感觉,她望着服务生的眼睛真诚地问道:"那么,要多长时间才能把柠檬的香味发挥到极致呢?"

服务生笑了:"12 个小时。12 个小时之后柠檬就会把生命的精华全部释放出来,你就可以得到一杯美味到极致的柠檬茶,但你要付出 12 个小时的忍耐和等待,不知道小姐你可否愿意。"

女孩半信半疑:"12 小时?你开玩笑吧,难道别人喝一杯茶都需要等上 12 小时?"

"小姐,12 小时只是漫长人生很短的一瞬间,可是有时候 12 小时足以影响一个人的一生。"服务生顿了顿,又说道:"其实不只是泡茶,生命中的任何烦恼,不论事情大小,只要你肯付出 12 个小时忍耐和等待,就会发现,事情并不像你想象的那么糟糕。"

女孩看着他,似乎没有琢磨透服务生的话。她用一种迷茫同时又带点无助的眼神望着服务生。

服务生又微笑着说:"我只是在教你怎样泡制柠檬茶,随便和你讨论一下用泡茶的方法是不是也可以泡制出美味的人生。有机会的话,不如你自己亲手泡制一次柠檬茶,等上 12 小时,在这 12 小时中你可以仔细想想我今天对你说的话。在 12 小时过后,你自己看看是不是像我说的那样。"

说完,服务生鞠躬微笑着离去。

女孩面对一杯柠檬茶静静沉思。女孩回到家后迫不及待开始自己动手泡制了一杯柠檬茶,她把柠檬切成又圆又薄的小片,放进茶里。

女孩静静地看着杯中的柠檬片,她看到它们慢慢张开来,好像有晶莹细密的水珠凝结着。她被感动了,她感到了柠檬的生命和灵魂慢慢升华,缓缓释放。

12 个小时以后,她品尝到了她有生以来从未喝过的最绝妙、最美味的柠檬茶。女孩明白了,这是因为柠檬的灵魂完全深入其中,才会有如此完美的滋味。

门铃响起,女孩开门,看见男孩站在门外,怀里的一大捧玫瑰娇艳欲滴。

"可以原谅我吗,我的公主。"他深情地问。

女孩笑了,她拉他进来,在他面前放了一杯柠檬茶。

"今天在茶馆坐了那么久还没有喝够?"他露出她最为熟悉的笑容。

"让我们有一个约定,"女孩一本正经说道:"以后,不管遇到多少烦恼,我们都不许发脾气,定下心来想想这杯柠檬茶。"

"为什么要想柠檬茶?"男孩对此困惑不解。

"因为,我们需要耐心等待 12 个小时。"

所谓欲速而不达,操之过急往往一无所获。等待,看似是一种消磨,其实是另一种机会的开始。当然,不是所有的事情都适合用等待作为解决的方式。但当你绞尽脑汁,一筹莫展,而事情却毫无转机的时候,不妨试试等待,起码,你可以让自己逐渐地冷静下来。

修养才是敲门砖

《大学》有云:"身不修则德不立,德不立而能化成于家者盖寡矣,而况于天下乎。"大概意思就是要我们从自己的修养开始,注意自己修养的一点一滴,修养到了,才能塑造出良好的品德,道德优良,自然就可以干一番齐家治国的大事情。

有一批应届毕业生22个人,实习时被导师带到北京的国家某部委实验室里参观。全体学生坐在会议室里等待部长的到来,这时有秘书给大家倒水,同学们表情木然地看着她忙活,其中一个还问了句:"有绿茶吗?天太热了。"一秘书回答说:"抱歉,刚刚用完了。"

他看着有点别扭,心里嘀咕:"人家给你倒水还挑三拣四的。"轮到他时,他轻声说:"谢谢,大热天的,辛苦了。"秘书抬头看了他一眼,满含着惊奇,虽然这是很普通的客气话,却是她今天唯一听到的一句。

门开了,部长走进来和大家打招呼,不知怎么回事,静悄悄的,没有一个人回应。他左右看了看,犹犹豫豫地鼓了几下掌,同学们这才稀稀落落地跟着拍手,由于不齐,越发显得零乱起来。部长挥了挥手:"欢迎同学们到这里来参观。平时这些事一般都是由办公室负责接待,因为我和你们的导师是老同学,非常要好,所以这次我亲自来给大家讲一些有关情况。我看同学们好像都没有带笔记本,这样吧,王秘书,请你去拿一些我们部里印的纪念手册,送给同学们作纪念。"

接下来,更尴尬的事情发生了,大家都坐在那里,很随意地用一只手接过部长双手递过来的手册。部长脸色越来越难看,走到他面前时,已经快要没有耐心了。就在这时,他礼貌地站起来,身体微倾,双手握住手册恭敬地说了一声:"谢谢您!"部长闻听此言,不觉眼前一亮,伸手拍了拍他的肩膀:"你叫什么名字?"他照实作答,部长微笑点头回到自己的座位上。早已汗颜的导师看到此景,微微松了一口气。

两个月后,毕业分配表上,他的去向栏里赫然写着该部委实验室。有几位颇感不满的同学找到导师:"他的学习成绩最多算是中等,凭什么选他而没选我们?"导师看了看这几张尚属稚嫩的脸,笑道:"是人家点名来要的。其实你们的机会是完全一样的,你们的成绩甚至比他还要好,但是除了学习之外,你们需要学的东西太多了,修养是第一课。"

人的修养是无形的,但同时也是十分重要的。有修养的人,能够给人好的印象,这让你在今后的相处上占尽了优势。当然,这种从骨子里散发出来的东西是不可以用一时的奸巧诡计来比拟的。与人为善,怎么说都是有利的。

追求中庸的弹性

上司最头疼的是什么? 就是自己的下属和自己"拧着干"。要是做事的上下级都不"对付",怎么能把事情做好呢? 所以我们也需要在上司和下属的关系是找到追求平衡和恰到好处的中庸之道。

老板和员工之间,永远都是上下级的关系,也就注定了原则上是命令与服从的关系。然而每个人的性格喜好不同,即使遵从统一的道德法则,也会表现出不同的状态。当你的工作进度和内容与老板下达的命令恰巧相符的时候,这时你特有的工作方式即使与老板所期望的不一致也没有什么,他会认为这只是你的个人性格与他不同而已,无妨大局;而且在他的眼中,你的个性也许就会达到老板的某种期许。不过,你也别指望他会立即明白大声地褒奖你,你精明的老板是矜持的。在同事的心里,也许会羡慕或者妒忌你的运气。

只是,我们所处的世界不会总是风平浪静,大部分人的运气都不会那么顺,因为上帝不是带着和平而来,他是带着刀剑降临的,只有当人们自觉自愿、互助互救的时候,他才会懒洋洋地伸出他手中的橄榄枝,以向人昭示他的威仪和公正。

这样的事实并不可怕,也无须胆怯,这只是我们在工作中所必须面临的另一种自然的、无须怀疑并与之抗衡的法则,关键在于你如何随机应变。

小陈的专业技术和外语都很出色,但在一年之内,他频繁调换工作,每次均无大的起色,问原因,他的回答永远是:每次开会,每次同事一个不缺的时候,他提出的想法和建议总是不是被"枪毙",就是被"冷藏",看来他的头儿又是和我"犯相",没法对付。小陈的朋友问他:"你的老板都听你的,是不是就不'犯相'了?"

小陈自有其天分和才干,只是个性上比较自我和要强,导致他总是认不清自己的职责所在,进而摆不正自己的位置,而又习惯于将自己的想法不合时机地强加于他的老板,所以才会屡屡碰壁! 结果真的和老板"犯相"了。

例如,小陈总是在开会的时候,也就是大庭广众之时,众目睽睽之下,向他的老板提出自己完全相左的建议,即便是小陈的同事,恐怕心理上也难以接受,更何况他的老板。涵养好的不置可否,脾气暴的恐怕就会认为你是故意捣乱,一心与他过不去。

其实,只要小陈稍微改变一下自己的方式,将自己的个性变得"弹性"一些,就不会惹上这样不必要的麻烦。

首先,先分析一下自己的想法是否可行,好的想法人人都会有,但不见得就适合你所在公司的运行机制;其次,你可以有不同的意见,但首先应学会必要的服从。如果部门中的每一个人都只按自己喜欢的方式行事,而不讲协调和配合,试想,这个部门和公司将如何正常地运作。还有,就是个人修养问题,你完全可以私下向老板提出自己与老板相异的想法,平心静气地协商,或者把你的建设性报告放在他的办公桌上;即使不被采纳,也让老板了解了你的诚心和勇气,正所谓"投之以桃、报之以李",你给你的老板留足了"面子",相信你的老板也不会对此视而不见。这并非你的"圆滑",恰是你令人认可的素养和应变的机智。

当然,在同一个空间里,人人众口一词,千篇一律,即使一片歌舞升平,又有什么趣味可言?这对老板和员工而言,都无从谈什么成就感。因为这里没有盎然的生气!工作中,在保持对老板服从的前提下,适当适时地展露你个人的灵感和创造力,与部门和公司的整体节奏相协调,你个性的主张就不易被淹没,而映射出"真我的风采"!

学中庸,说好对不起

《论语》中有句话:"过而不改,是谓过矣。"讲的是有了过错而不改正,这就是真的过错了。所以对于追求平衡与恰到好处的中庸之道而言,对与错,都不重要,只要有一个错了就改的态度。现在任何一种工作都需要合作,决不再是单枪匹马闯天下的时代,一项任务,需要几个甚至更多的人共同完成。在这个合作过程中,如果你犯了错误怎么办?

因为你犯了一个错误,害得与你合作的另外一位同事必须解决更多问题,工作量也相应增加。可能你不好意思认错,也担心认错之后的后果。但你们属于同一个团队,又总不能老是躲着他,你又该怎么办?

当车子的设计出问题,美国车商通常会承认错误,然后把有问题的车子全都召回原厂,免费变更设计。因此,该是你承认错误,收回自己烂摊子的时候了。我知道,这不是件容易的事,从来就没有人会认为,挨骂很愉快,也没有人喜欢向别人道歉。然而,这却是唯一能解除你心中不安的途径,也是你唯一能显示负责任态度的

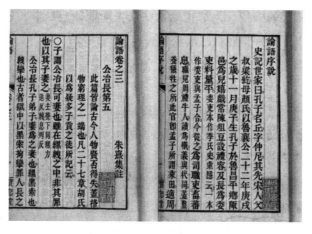

《论语》书影

方式,更是重建人际关系的唯一管道。要注意的是:好好表达你的歉意,博取同事的尊敬,而不是鄙视你。

把你的错误说出来,并且自己承担这个错误所造成的后果。暂且收起平常的推脱和交际手腕,你必须让她知道,你不但口头上承认这个错误,你心里也知道是自己错了。这可能是简单的一句话,如:"我把事情搞砸了",或是"在我允诺对方之前,我应该先来征询你的意见"等等。

让对方知道,你完全了解这个错误给对方造成的影响。这是最困难的部分。告诉他,你曾设身处地地想过,并能充分体会他的感觉;告诉他,这个错误给他添了多少额外的麻烦,你心里明白,而且愿意和他一起解决问题。

向对方解释你这么做的原因。道歉时最容易擦枪走火的一种状况是:对方以为你的"解释"是在"推卸责任"。你最好先在第三者面前练习一次,确保自己不会弄巧成拙,别让他以为你在给自己找借口。

诚恳表达你的歉意。你必须用正确的措辞,以及正确的表达方式。举例来说,边走边说、用电子邮件、通过第三者传话,都不是正确的方法。别选择方便你自己的时间和地点,相反的,挑一个能让他受用的场合。

记住,谁都会犯错误,不要害怕,勇敢地把你应该承担的责任承担起来吧。

中庸也要求注重形象

常听一些做事者说,自己办公室的张某是一条名副其实讨厌虫,大家见了都另眼相看。可知情的人或许会发现,张某工作表现特别认真,还是公司的重要骨干呢?为什么这样一个人会遭遇如此非议?或许是张某的一些形象有失同事的好感,那么究竟是张某的哪些行为举止令他在众人面前如此难堪？通常作为办公室文员,也不外乎以下几种歪曲自己形象地表现了。

1.谎话连篇

工作间里一些小打小闹式的玩笑无伤大雅,但要警惕它们发展成为令人望而生畏的闲话乃至伤人的谣言。很多不懂得三思而后语的人无意中成了各种流言的推波助澜者。

曾有一位小姐,在她没事可做的时候,总是喜欢到同事桌前大谈特谈老板的"性丑闻"。在那么敏感的场所,谈论那么敏感的话题,再加之自己的胡编乱造,真叫她的同事不知如何是好。甚至有些同事开始抱怨说"她的消息来源是否可靠先不说,她从来就不在乎我对她那一箩筐的'内幕秘闻'感不感兴趣!"如果你极其热衷于传播一些自己认为很有价值的流言,至少你不要指望旁人同样热衷于倾听。那些"道不同不足与谋"的同事迟早会对你避之唯恐不及。即使你凭借各种小道消息一时成为茶水房里的红人,但对一个口无遮拦的饶舌者,永远没有人会待之以真心。因此,你在老板身边做事,任何时候都要学习对自己分外的事守口如瓶,尤其在一些与同事私生活有关的话题上。记住,滴水可以穿石,在关键时刻你必定会意识到同事们的信任是多么的宝贵。

2.播毒者

牢骚满腹、怒气冲天,这些就是"播毒者"们最显著的特征。尽管偶尔一些"推心置腹"的诉苦能多少构筑出一种"办公室友情"的假象,但绵绵不休的抱怨会让身边的人苦不堪言,你把自己的苦闷克隆了一份,在无意识中强加给了无辜者。

"只要我的老板一出现在办公室里,我们就无法逃脱那长达数小时的心理折磨。"24岁的戴菲是一家公司的人事主管,"明明是些和自己无关的事情,可在她持续不断地连番轰炸之下,我们不得不想尽办法摆脱她那极具传染力的消极情绪。"

也许你把诉苦看作开诚布公的一种方式,但诉苦诉到尽头便会升华成愤怒。人们会奇怪既然你对现状如此不满,为何不干脆换个环境,远走高飞。

心中如何恨比天高,你也须牢记一句箴言:沉默是金。如果你已经给人造成了一个"办公室讨厌虫"的印象,不管你说些什么都很难得到同事们的任何回应。今后如果再有满腹的牢骚等待发泄,不妨试着把所有的不快诉诸文字,以E—mail形式发给一位并无工作关系的亲朋好友,她自会替你解难分忧。这样做最主要的好处是,你满腔的怨怒已在不知不觉中以最低调的方式得到了痛快的宣泄。

3. 乞怜者

每当旁人问及你的近况,你可能会习惯性地回答:"不太好。你可比我强多了……"

把生活中的创伤和痛苦作为谈资,是否真能使你从中得到缓释?请注意:一个可怜的人通常也会是一个孤独的人,因为没有人愿意和心理上的弱者交往。

"坐我旁边的一名女同事腿上有块地方蜕了皮,我可不敢问她怎么回事,"一位26岁的市场助理刘棋说,"我知道只要开口一问,她准会从交通状况谈到个人医疗保险,没半小时完不了。"

所以学会在同事面前把你那些悲伤的故事收起来,"祥林嫂"在旧社会尚还不受欢迎,何况现在?与其倒自己的苦水,不如关切同事们的近况,对他们的困难及时提供力所能及的帮助。

4. 攀贵者

这类人不太注重与下级甚至同级同事的交往,时时在伺机捕捉任何一个能趋炎附势、令自己一步登天的机会。人往高处走,这是一种普遍心态,但倘若做得太过火,"马屁精"的绰号恐怕是逃不掉了。

"我们部门几个同事一直都聚在同一张桌上共进工作午餐,有一个叫美琪的,每次她总是孤傲地独坐一隅。"25岁的外企行政秘书张荷说,"有一天,公司的副总裁亲临餐厅和我们一起进餐,美琪眼尖,飞也似的挤到了我们的身边,一来想营造一个'合群'的好印象,二来有机会和副总裁套个近乎。恶心!"应该对所有同事一视同仁,包括那些从底层干起的办公室新人,对他们报以真诚的尊重和欣赏。俗话说:真人不露相。你永远无法预知那些寂寂无闻的小人物背后一定就没有大人物撑腰,或是他们绝不会对大人物们产生影响。再说,如果老板感觉你处处树敌,这种印象对你毫无裨益,哪怕不喜欢你的人在公司里无足轻重。

5. 搔首弄姿者

自恃小有姿色,你会不失时机地在男同事面前充分施展女性魅力,不惜同时成为女同事们的笑料和眼中钉。"公司新来了一名文员,腰圆腿粗,却喜欢穿迷你超短裙,"28岁的广告公司美编助理陈欣说,"她的下场自然好不到哪儿去,办公室里的女职员几乎没人理她。"

即使你的狐媚行为的确吸引了部分男士,不要忘记其实更多的人根本无动于衷。"我以前有个同事,特别喜欢用若隐若现的吊袜带吸引男人,可她根本不知道办公室里男男女女都把她当笑柄!"25岁的美容顾问尤佳说。

其实在公务的外壳下你完全能巧妙地展示感性迷人的一面,大可不必力求以颠倒众生的美人形象出现,这样容易东施效颦。只有当你和异性有着亲密关系时,向对方频频"放电"才合乎情理。一般情况下,同事们会断定一个仅依靠姿色取悦他人的人缺乏实际工作能力,而这种看法绝对能成为你事业发展的绊脚石。

恰到好处

待人接物,不能直来直去,不管是好话还是坏话,总有些语言是只能对自己说的,所以当你做事的时候,需要眼观四路,耳听八方,想好了再去做。

一个刚满24岁的小伙子,就已经是一家公司的业务经理了,而且很有发展前途。每次各科长开会的时候,他都会去的,一屋子的老年和中年人,衬得他越发地显得有朝气。他总是先听,然后再三言两语地发表自己的意见,既中要害,又显得谦虚。因为他的存在,为老总省去了许多不必要的麻烦事,所以他深得老总的赏识。

老总也对他的意见和建议十分重视。可是他对这位"一把手"倒不那么恭敬,而对"二把手"却出人意料地亲近。逢年过节,必然登门拜访,且总要拎一点家乡的土特产过来。人们都感到非常奇怪,"一把手"明明是一个很难得的、有魄力、知人善任的人,"二把手"明明是一个本事不大,心眼不少的人,他为什么要变着法做蠢事呢? 同事、朋友想不明白。

于是,有位他要好的朋友去问他,他说,"一把手"是个正人君子,用不着顾及和他的关系,只要你好好干,他对你就满意了。"二把手"则不然,这种人虽然没多少业务方面的本事,但他的心眼都用在为人处事上,他不一定能给你起什么好作用,但如果在背后给你起点消极作用,你也吃不消呀。他之所以与他那么交好,就是希望他不要从中给自己起反面作用。光有这点他就心满意足了。

这个"二把手"对这个小伙子也很好,他经常向这位小伙子通报一些情况。两人处得还真是那么回事。

我们常听到的一句话就是"宁为鸡头,不为牛后",可以通俗理解为宁愿到小公司当"一把手",也不到大公司当副职。因此,副职的心态比较复杂,对别人对自己的态度也更为敏感,对别人的忽视也更加在意。

相对于"一把手"而言的,"二把手"相当于一个组织中位居第二的老板位置。

"二把手"虽然只和"一把手"差一级，但实际地位相去甚远。很多事，必须由"一把手"来点头，"二把手"一定要和"一把手"商量，而"一把手"往往只是征询一下"二把手"的意见。可是，秘书要不要因此而冷落"二把手"呢？当然不能！

在工作中，就是有许多秘书朋友们往往忽视了"第二把手"。因为他以为有劲要使在刀刃上，要找关键人物，要找说话算话，一句顶一句的人。只要"一把手"点了头，还有什么事不好办呢？至于"二把手"不得罪就行了。如果这样一来，反而欲速则不达。

现在的职场人际关系已变得比从前复杂多了，许多事情往往出乎我们的意料。这与长期以来人们已经形成的一种心理定式相悖——那就是什么人受人尊重，有能力、有学问、有头脑、有良好的品德，我们跟他比较亲近，而不论他是不是老板。这对我们非常重要。

相反，如果我们觉得有些人专门与你斗心眼，一心钻机，我们往往躲着他们，疏远他们。结果呢？只能就是自己给自己设置绊脚石，只好磕磕绊绊地走在艰难的谋职路上。

这个小伙子做得恰到好处，很多"二把手"虽然没有决策权，但却十分知情，对"一把手"有一定的影响力。尤其是上级的副手、上级的秘书、上级的太太，他们对一些事情往往有举足轻重的作用。

因此，事情不可一概而论，"二把手"出于其地位上的原因，有时比"一把手"更需要尊重和理解，他们虽然不能说一句顶一句，但有自己的圈子和能量，千万不要低估，更不能回避，否则容易产生一些不必要的误会，如果他本身并没有多少值得敬重的东西，就更要敬他三分了，免得牵动他敏感的神经，于人于己不利。所以在职场上，这是一个成功做事者必须慎重考虑的一步棋。

不管如何，当你在待人接物的任何方面，如果不能做到尽量周到，势必会吃败仗，甚至丢掉前途。

用笑容之柔化解百钢

宋代大诗人杨万里说："风力掀天浪打头，只需一笑不须愁。"讲的是如何在恶劣的环境下养成乐观的精神境界，从而达到良好的做事效果。

一个外出的商人，驾车行驶在漆黑无人的小路上，突然轮胎没气了，这时他看到远处农舍的灯光。他边向农舍走去边想："也许没有人来开门，要不然就没有千斤顶。即使有，小伙子也许不会借给我。"他越想越觉得不安，当门打开的时候，他一拳向开门的人打过去,嘴里喊道:"留着你那糟糕的千斤顶吧!"

这个故事也许会让你哈哈一笑,在商人敲门之前,他已经被自己设想的种种坏情景给击败了。

如果你总想着厄运和悲哀,那么这些就会摧毁你的快乐,不能给你任何鼓舞与支持。如果你是这样想要获得良好的感觉,那么你需要调整自己的思路。

杨万里

第一、调整你的思维

一位叫雨的妇女一见面就告诉医生说:"我知道你帮不了我。医生,我简直糟糕透了,我把工作干得一团糟,我肯定要被解雇了。昨天我的老板说要调动我的工作,他说是提升,可是如果我干得很好为什么还要调动呢?"

就这样,她越说越悲伤。其实两年前雨刚拿到工商管理硕士学位。薪水也不低。这听起来并不算失败。

第一次会面结束的时候,雨的治疗医生告诉她把平时所想的记下来,尤其是晚上难以入睡的时候。下次治疗,医生看到雨的记录这样写道:"我并不精明,我之所以走到这一步,只是一次又一次的侥幸。""明天将会有一场灾难。我从未主持过会议。""老板今天上午一脸怒气,我做错什么了?"

雨承认说:"仅仅在一天里,我就列出了26条否定自己的思想。难怪我总是无精打采,愁容满面呢。"

如果你是情绪低落,那么你肯定是在给自己输送消极信息了。听听你头脑中的话语。把这些话大声地读出或记下来,也许这样可以帮助你降服它们。

第二、排除毁灭性的词语

有些人总喜欢说,我"只不过是个小秘书""仅仅是个小职员。"我们就是用这些"只不过""仅仅"来贬低自己的职业,进一步说,就是贬低我们自己。

对于我们来说,罪魁祸首就是"只不过"和"仅仅"。如果把这些词去掉,就是"我是一个店员"和"我是一个秘书",这些话就毫无损坏意义了。两个陈述都向随后而来的积极一面打开了大门,就是说"我正走在成功的路上。"

第三、停止这种思想

当消极信息一开始,就用"停止"这个词阻止它进行。

"我该怎么办? 如果……"你一定要放弃这样的想法。

为了有效地"停止",你必须顽强而执着。当你下命令的时候,要提高嗓门,命令自己压倒内心中的恐惧的声音。

小李是个二十多岁工作勤奋的单身汉,在一家公司任经理。他很小的时候,母亲就死去了,爸爸哺养他长大。他们生活得很好,然而他父亲有时过于谨小慎微,致使小李的头脑充满了焦虑的念头。不知不觉地,他的内心世界受到了他父亲的影响,变成了一个满腹疑虑的人。尽管为公司的一个女人所吸引,可他从来不敢向她提出约会。他的多虑使他在这件事上无所进展:"向一个同事提出约会好不好?"或者"如果她说不去,那多么难堪呀。"

后来当小李停止了他内心的声音,约这个女人出来的时候,她却说,"小李,为什么你不早点儿向我约会?"

第四、往积极的方面想

有这样一个故事,一个男人去找一个精神病学家。"你怎么了?"医生问。

"两个月前我祖父去世,留给我 75000 元遗产,上个月,我一个表哥路过给了我 100000 美元。"

"那你为什么还这么不高兴呢?"

"可是这个月,什么也没有!"

当一个人心情沮丧时,他看一切事情都会令人失望。所以当你通过喊一声"停止",驱除掉那些消极的念头时,就要用好的思维来代替。

多想些以前的好事。想一想你被提升了或者一次愉快的旅行。

说说拍马屁的"圆"

内心有原则的方,这是不错的,然而既然在别人屋檐下讨一碗饭吃,也不能忘记一些"圆"的技巧,例如拍马屁。拍马屁是每一个公司成员或者机关下属需要选择的必修课,别瞧不起拍马屁的表现,因为如果你缺少了拍马屁的功夫,也就少了一项能够博得领导好感的利器。

公司的新主管来了,在第一次会议中,小柯抢在所有同事前面,大声称颂新主管在前一个单位中的贡献与成就,并肯定他的能力与学识,"相信在科长的领导下,本科会创下有史以来最好的成就!"小柯一副兴奋、期待的表情。而听了一番奉承话语的新任主管,尴尬中夹着自得,任何人都看得出来,小柯的话对他产生了作用。

小柯的确拍对了马屁,新任主管对他不错,不但有事咨询会找他,也交付他不少重要任务,小柯一夕之间成为同事口中的印第安人——红人!

一年后,新任主管走了,来接任的是原来主管的死对头,在第一次会议中,小柯又抢在所有同事前面对新主管大肆赞扬一番。但和上次不同的是,他也把前一任主管大骂一顿,说他如何不公、如何有私心、如何无能,听得新来的主管"平静的脸庞隐约漾起笑纹"。

小柯当然又成了"印第安红人"!

与其说小柯的行为"很恶心",不如说他深深懂得人性的需要,因此发展出他自成一套的秘书生存秘诀。

任何人都需要被肯定,小孩子你称赞他"很聪明""很乖",他便高兴;女孩子你称赞她"美丽大方",她便高兴;成年人你称赞他"能力好",他便高兴……"肯定"二字对一个人的心理的确有令人难以理解的"神效",因此"肯定"这个行为便被运用为横向及纵向人际关系的"处方"——不管这些"肯定"是真诚的还是虚假的。

一般的"肯定"多用在横向的同事、朋友之间及纵向中的主管属下之间。但事实上,主管也需要属下的"肯定",为他的领导寻找基础及"安全感",如果听不到"肯定"的声音,便会有高处不胜寒的孤寂。也就因为如此,所以才有"马屁精"的出现;有"需要"就会有"供给"这是很自然的现象。而"需要者"在获得满足后,给予"供给者"回馈更是人情之常,因此,对"马屁精"的"马屁话"感到"恶心"就大可不必了。有人靠实力求生存,有人靠"拍马屁"赚口饭吃,会拍马屁的人永远会拍马屁,不会拍马屁的人怎么也不会去拍马屁,人各适其性嘛!

至于小柯在新主管面前大骂旧主管,此种行径也不值得大惊小怪,因为世上就是有这种人,为了自己的利益可以不顾恩义。这种人虽然可以获一时之利,但长远来看,对他还是不利的;因为人性固然"利己",但对别人却还是要有一客观道德标准的(对自己另当别论)。而对小柯极为不利的是,他这种性格因为太鲜明,好掌握,终将成为有心人利用的对象,利用过后便弃之如敝屣,因为这种性格不具备被尊重、珍惜的元素。尤其是,利用他的人也害怕不知何时会被这种人反咬,所以不如"用过就丢"! 这是像小柯这种人的悲哀,更悲哀的是,这种人也永远不会知道、不会承认这种"悲哀"的存在及可能性。

话说从头,"拍马屁"有其必要及作用,那么该如何"拍"才能"恰到好处"?

或许人人各有巧妙,不过原理都一样——让对方感到受尊重、受肯定、感到高兴! 就对了。言语上的"拍马屁"最普遍,但要看对象,就有人不吃这一套,也有人不喜欢过度露骨的奉承,因为有些人不喜欢被他人看出他是个"爱听马屁话"的人。不过无论如何,一两句"马屁话"也是值得说的,这也是一种属于"礼貌"的"场面话"呢!

行动上的"拍马屁"最好不露痕迹,拍者与被拍者双方都自在,而且更能显出拍者的"真诚"!

批评的中庸之道

中庸最讲究外圆内方,原则是心中的动力与底线,但表现出来则不一定要那么有棱有角。这一个道理最能体现在对待他人的方面。方与圆,就看你如何掌握这条中道。

余小姐的第一个工作是一家建筑公司的秘书,她能力很强,为人又很上进好学,因此才进入公司2个月,与建筑有关的事已摸得一清二楚。

有一次,老板召集大家开会,轮到余小姐报告时,她提出某些工队偷工减料及成本太高的问题,而且还咄咄逼人地拿出种种数据:假如能降低5%的成本,每个月就能省下二三十万,说到激动处,还说那家供货商是"吃人不吐骨头"。

老板对她的报告没有发表任何意见,但从这一天开始,余小姐开始感受到负责采购的同事对她冷眼相看。

第四个月,余小姐无奈地离开了这家建筑公司。

年轻人最容易犯余小姐的错误,因为年轻人纯真、热情、有正义感,尤其第一个工作,更是力求表现。那么,余小姐到底犯了什么错误?请看以下的解析:

按照故事中所提供的资料,余小姐应该只是协助老板工作,关于公司的材料采购另有其人。负责施工的人理应有权对材料的品质表示意见,因为品质不佳,影响施工,施工部门也难逃被检讨的命运。但余小姐只是一名新进的秘书,年纪轻、职位低、资历浅,在公开的会议上检讨、批评别的部门所负责的工作,本身就要冒一些风险。

任何人都不喜欢被批评检讨,尤其是在公众场合。因为一则有伤自尊,二来任何批评检讨都会引起旁人的联想与断章取义的误解,总之,是带有伤害性的一件事。余小姐的批评,狠狠地踢了采购部门一脚,采购部门的同仁不"记在心里"才怪!

众所周知,任何单位都会有"油水部门",以建筑公司来说,采购部门就是"油水部门"。不管承办此项业务的人有没有拿到油水,被批评"品质不好、成本太高",就等于被人指桑骂槐,暗示"放水、拿回扣",此事有关面子及操守,承办人员的心情也就可想而知了。

事实上,余小姐的正直与勇气相当值得佩服及肯定,但这种人却常常成为人际斗争下的牺牲品,不是自己辞职,就是被孤立。说起来很悲哀,但人的世界就是这样,所以正直的人常有"天地之大,无容我之处"的慨叹。

某公司的秘书琴琴打开电脑,发现两封主题为"企业债券"的新邮件被人打开看过。大概是上两个星期,老板看到上海金茂大厦发行企业债券的消息,很感兴趣,让琴琴收集一些这方面的资料。由于琴琴对这方面懂得不多,便让在上海上证所工作的表哥帮她收集一些资料。表哥每次找到资料便用"企业债券"的主题发 e-mail 给琴琴。

是谁在琴琴不注意的时候看她的邮件?

通过一系列的推理和排除,琴琴想起来了,很有可能是王娜。一来她知道琴琴的密码;上个月为了筹备全国代理商年会,办公室将营业部的王娜借调到秘书科帮几天忙,她用的就是琴琴的电脑,知道她的密码;另外她也有这方面的兴趣,前几天她在电梯里无意对琴琴说起,她的男朋友在一家有相当规模的证券公司工作。也许王娜认为,老板对"企业债券"问题感兴趣,他们公司或下属的公司将来肯定就会发行"企业债券";如果能把这项业务介绍给她男朋友的公司来做,他们个人肯定会有好处。老板目前仅仅只是感兴趣,离实际操作还不知有多远的距离,但王娜可能就在做这方面的准备。不然,别人一般进不了琴琴的邮箱,即使进来了,也不一定单独对"企业债券"这样的邮件感兴趣。

当知道了这件事的别的同事劝琴琴宣布她的猜测时,琴琴只是笑了笑。琴琴觉得做秘书做人就应该像块铜钱,做人的原则要内方,一点也不能含糊;可处理问题的手段要外圆,必须方方面面都得想到。现在这种情况,怎么治王娜?说是她偷看的,有什么证据?请公安刑警介入?话说回来,即使能拿出确凿无疑的证据,就一定要"治治"她吗?她的方法虽有些下作,可她的目的,也就是想给自己的男朋友揽点业务,这是什么大错?为什么就一定要治她呢?如果把这事闹大了,除了给人一个"我琴琴是泼妇,今后你们谁也别惹我"的印象外,对当事人还有什么好处?

但这种事当然也不能容忍!即使琴琴不是秘书,琴琴也有她不容侵犯的权利,这是一个原则问题。如果容忍了她第一次,那么第二次、第三次的类似的事件不久就会到来。因为人家并不一定感谢你的忍耐,相反,人家会认为你是个"软柿子",活该受人欺负。但是,不能容忍是个原则问题,而怎么处理则是个方法问题,不能用原则代替方法,虽然她不"仁",你却不能不"义";用原则代替方法,采取简单的报复,最后只能让自己卷入一场连你自己也讨厌的无聊纠纷之中。秘书只是公司的一名普通职员,但是,在一些人的眼里,秘书总是在"一人之下,万人之上",所以,当你每做一件事的时候,应三思而后行,否则,很容易让人在背后骂你"狗仗人势"。

网易的邮箱是免费的,琴琴用了个化名又申请了一个新邮箱,并用"企业债券"的主题给自己发了个邮件。但在邮件里她只写了几句这样的话:"朋友,如果你想了解企业债券方面的信息,请给我的手机发短信息,我们可以找个时间当面谈谈;请不要在未经我同意的情况下,再次阅读我的邮件了。"

下班的时候,琴琴的手机上果然出现了"对不起"三个字,一看手机号码,就是王娜的。不要随便地对同事进行批评而在批评之前先谨慎地思量再三,这是每一个成功秘书与同事共同进步的绝招。秘书应尽可能地多些宽容与忍让。一份宽容与忍让,将来在工作中肯定会有两份回报。

因此,要想受大家欢迎,就不要轻易在言语上得罪人,面对余小姐所处的环境,比较好的处理办法是:

先和同事们建立良好的人际关系,如此可减低失言时对自己的冲击。

发现不合理的事,与其在会议上提出来,不如私下告知同事,但仅能点到为止,不宜深究。而且也应尽量避免和不相干的同事讨论,以免走漏"风声",让人误会你另有企图。当然,你执意要说也无不可,但要有充分的心理准备。

这是"开战",以后还有仗要打,而为了打好这场"仗",你就要了解对方的"实力",包括他的应变及人脉,也评估你自己的力量,包括应变及人脉,并且也要有打败仗辞职走人的最坏打算。

仁,不是妇人之仁

仁,是我们做事情的前提,是这个世界真善美的一面。然而,如果你将自己的"仁"极度发展,以至于成为"妇人之仁",则很可能拖了自己事业的后腿。"中庸"讲"仁",但没有必要的、甚至危害自己的仁,则不在此例。

明神宗最宠爱的郑贵妃不是正宫,她生的皇子做不上皇太子。郑贵妃在明神宗面前使尽招数,明神宗也没办法废除太子,另立郑贵妃的儿子。

一些奸臣、内侍看到皇帝最宠郑贵妃,就与郑贵妃里外勾结,要铲除皇太子。郑贵妃表面却装得十分平静,以至皇太后和皇太子都对她没有一点戒心。

古人都相信迷信。郑贵妃尤信妖术,她想用法术杀害皇太后、皇太子,神不知鬼不觉,是最好的办法。于是,她买通内侍姜严山等人,又找来几位懂法术的妖人,扎成草人,写上皇太后、皇太子的生辰八字,用金针刺在草人的要害处。做起法术来。

法术都是骗人的东西,自然不灵验。郑贵妃一计不成,又生二计,竟然命令她的亲信太监宠保、刘成,用重金收买杀手,要杀掉皇太子。

一位勇猛有力的男子,被人带入太子居住的慈庆宫,见人就杀,正准备杀害太子常洛时,被侍卫官韩本用等人抓获。

案件发生后,震动了朝野。明神宗马上派人调查审理。

郑贵妃随即找到主审官,授意不了了之,并扬言皇帝最后也得听她的。她还与犯人定下攻守同盟。

主审官不敢得罪郑贵妃,只得草草了案。他向明神宗禀报说,案犯原是一名精神失常的疯子。

刑部主事却发现,案犯神志清醒,要求重新会审。在十八位一品大官的会审下,案犯供出了主使人宠保、刘成。

这样一来,郑贵妃的幕后主谋已是人人皆知的了。

在郑贵妃的哀求下明神宗为了保住郑贵妃,竟让她向太子求情,又让太子出面,不准追查宠保、刘成。最后,皇帝亲自出面,证明案情与郑贵妃无关,硬是把这样大一件凶杀案压了下去,只是将案犯斩首就草草了事了。

神宗死后,朱常洛继位,是为光宗。这位光宗身为被谋杀的太子,本该将郑贵妃一伙正法,但以妇人之仁,反而放过不提。

郑贵妇在太子继位后,又献美女、又献珠宝,使光宗失去警惕,最终被郑贵妃一伙残害身亡。

两个皇帝,一个亲情难舍,一个妇人之仁,竟让谋杀太子的贵妃逍遥法外,太子最终被杀害。

当一个人有妇人之仁时,容易产生下列危险:

"妇人之仁"因为容易动摇意志与理性,因此常在放弃自己立场之后,伤害了自己。例如不怀好意的借债者,你在他的哀求之后借给他钱,结果却一毛钱也要不回来。

一个人的恶行因为你的"妇人之仁"获得了宽宥,但有时你的"妇人之仁"不但没有感动他,反而让他有另外的机会再次犯下恶行,对别人造成伤害。

你的"妇人之仁"会成为你的弱点,成为人人想利用的目标。在眼泪、温情、请求、孩子似的无辜与可怜之下,你将成为最大的受害者。

你的"妇人之仁"会弄得你对周遭的人与事是非不分,你的"仁"反而成为人际上、前途上的负担。

因此,"妇人之仁"不是好事。可是,天生有柔软之心的人怎么办?难道注定做个被剥削、被凌辱者？

这种人应该训练自己的思考与判断,用理性与智慧来指引你的行为,而不要让感情牵动你的思考。这需要时间,也需要面对"挥剑斩情丝"的痛苦,但总是要经过这种试炼,才能成长、果断。

"妇人之仁"的风险和代价很高,如果不能去除这种感情特质,那么也只有远离冲突点了。

中庸提倡默默无闻的享受

《中庸》有云:"素隐行怪,后世有述焉,吾弗为之矣。君子遵道而行,半途而废,吾弗能已矣。君子依乎中庸,遁世不见知而不悔,唯圣者能之。"寻找隐僻的歪歪道理,做些怪诞的事情来欺世盗名,后世也许会有人来记述他,为他立传,这是做事的一种方法。但做事还有一种方法,那就是真正的君子遵循中庸之道:即使一生默默无闻不被人知道也不后悔,这只有圣人才能做得到。

小文是科班出身的办公人员,出身名牌大学,学业优秀,一切自然而然,小文毕业那年,照例被分配到政府机关去担任某部门重要领导的秘书,按照不成文的规矩,女秘书是只能跟女领导的,小文的领导就是这样一位官衔不大、脾气挺大,而且自律很差、非常霸道的中年妇女。

在领导身边当秘书5年,小文最大的体会是活得很累,机关里微妙的人脉关系和复杂的是非恩怨,使小文明白了小人物如何在这种环境中察言观色见风使舵,又如何虚伪地应付与周旋在各种利益和关系之间做到八面玲珑。官场能把正直和善良洗得干干净净,让你口是心非到连自己都不敢相信,你唯一能够自我安慰的,就是服从。而和直接领导荣辱与共的特殊关系,又让你或者受领导赏识而脱胎换骨,从秘书到扶正为封疆大吏,或者受领导犯错的牵连打入冷宫再也不得重用,或者依仗权势干下伤天害理的事,触犯法律被革职下狱。

总之,官场的险恶,让所有的人都胆战心惊,身不由己,你要想在这中间保持自己做人的良心,你就会受到潜规则的惩罚,而且这种惩罚都是以冠冕堂皇的理由强加给你的。

给当官的领导当秘书,好比在政治的钢丝上跳舞,不仅得小心你的职业操守,更得注意你的政治表现。最令小文头痛的是,唯领导是从成了最大的政治,无论领导的人品怎样、素质如何、能力高低,反正一旦跟随,这一生就完全交付,由不得你自己,至于是非曲直,只能听命于领导,否则你的政治生命和人生前途就会因领导的喜怒哀乐而捉摸不定。

干了5年,领导换届,小文急流勇退,借口读MBA,向单位辞去公职,收拾起自己的本色,重新轻松地做回正常人。

老领导倒是有些念旧,虽然调到政协,只是一个虚职,但也希望小文过去,继续做她的助手,因为这些年来,她已经习惯对小文颐指气使,也习惯了小文的唯唯诺诺,一旦身边没有这样一个部下,她也觉得有些别扭。

小文本就是与世无争的人,好不容易摆脱淫威,怎么可能回过头去重新忍受。小文明白:并非所有的领导都是这样,但既然政府重用这样的女人做领导,她就是代表着政府,你不可能因为她的缺陷而埋怨政府,你更不可能因为她的得宠而看扁政府,政府是一个概念,但又是一个具体的人,一旦这个人就是你的领导,你还真的只能是听天由命,逆来顺受。

除非她犯了大错,除非别人有意整她,除非她自己良心发现,除非你活得不耐烦要去告她,否则,你是绝不可能在那张千丝万缕互相牵扯而且错综复杂的网中把她抠出来的。

更何况,她也没犯什么大错,只是有些更年期综合征提前发作,只是有些虚伪,有些昏庸,有些无能。这样的领导不是比比皆是嘛,体制制度的积重难返,人性弱点的根深蒂固。这是十分无奈的现实,只能慢慢去改变,但是至少现在,远离是非,让自己轻松一下,这还是可以做到的,小文就是抱着这种无奈和庆幸交织的心情,托词拒绝了老领导的好意。

第四节　小不忍则乱大谋

"忍让"即能达到事业的"和合",忍让是胸怀修炼的基本功,也是做事者必备的一种基本素质。孔老夫子、韩信还有司马迁等,这些伟人,莫不是给自己留出空间,而达名天下。自然,中庸之道不是说没有激烈,也不是说一味地退守忍让,其说的是恰到好处的状态,当怒则怒,当忍则忍;当强则强,当弱则弱。如水之流泄,行于所当行,止于所当止。

中庸之道让你退一步

中国人做事讲中庸,说到底还是为了把事情做得更好,列宁同志说得最好:"退一步是为了前进两步。"我们老祖宗早说:"退一步海阔天空。"空间大了,你才有大展拳脚的好机会。

他是一位留美的计算机博士,毕业后想在美国找份工作。由于自己是博士,所以找工作的时候,净挑一些职位高的,职位太低了他总觉得没面子。就这样跑了许多天,终究没有结果。

一天晚上,他思来想去,突然决定改变求职的方法。

第二天,他来到一家职业介绍所作了登记。不过,他没有出示任何学位证明,他要以最低的身份碰碰运气。

出乎意料的是,没过几天,就接到职介所的通知:他被一家公司录用了,职位是程序输入员。

对一个计算机博士来说,这个职位简直是用"高射炮打蚊子"。太大材小用了。不过,他知道这份工作来的并不容易,所以干得一丝不苟。

没过多长时间,老板就发现这个小伙子非一般的程序输入员可比。因为他能看出程序中不易察觉的错误。这个时候,他亮出了学士证,老板看了看,就给他换了个对应的职位。

又过了几个月,老板又觉得这个小伙子远比一般的大学生高明,因为他时常能提出许多独到的,而且非常有价值的建议。这个时候,他亮出硕士证,老板瞥了一眼,就立刻提拔了他。

又过了半年,老板觉得他还是和别人不一样,他几乎能解决工作中遇到的所有技术难题。于是,老板破例请他到自己家喝酒。在老板的一再盘问下,他说自己是个计算机博士,因为工作不好找,就隐瞒了起来。第二天一上班,老板就宣布了他的新职位。他还没有来得及出示计算机博士证,就成了公司的副总裁了。

事情就是这么奇怪,当你怕被别人看低的时候,往往别人还就看不起你;如果能把自己的位置放得低一些,谦恭一点,反而会被别人重视。司马懿一天到晚把"吾不如矣"放在嘴边,最终还是用行动证明了老对手诸葛亮在军事上处于自己的下风。当然,位置放低并不是自己看不起自己,"人不可有傲气,但不可无傲骨"就是这个道理。

做事情不是拼老命

对很多职业来说,劳碌一直被看作是一种美德,也许这和我们中国人的行事做人的风格有一定关系,但是,工作的劳碌与人生的享受,这两个极端如果你不能走出一条中庸之道,就很可能委屈了自己,如果你想当然地把毫无价值的劳碌当作做事的美德的话,那出力不讨好的苦头可有的吃了。

张丽从进公司时的销售部职员,做到了副总经理助理,名称稍稍有点变化,工作的实质却没有变。八年中公司老总换了五位,换来换去都是大鼻子老外——本着谁出钱谁主事的原则,这没什么让人不平衡的,好容易有一回换上个中国同胞,刚有点翻身得解放的感觉,就发现人家老先生是留学回来的,鼻子嗡嗡的外语讲得比中国话还溜,行事比老外更老外。

至于她的顶头老板就换得更勤了,从德国人、奥地利人、澳籍华人到中国留学生、香港人,先后六七位在任,业绩好的呆两年多,不走运的才几个月就道了Bye-bye。他们走马灯似的换,旧人已去新人未到时几个月的空当儿大家也习以为常,但张丽若是请假一周,销售部准得发生"混乱"——这么说实在有点抬举她的嫌疑。

每天一进办公室,她就开始忙得昏天黑地。桌上一摞纸张:内部通知、德国的发票、香港的船运通知、客户的传真、打印好的标书——都是前一天积下来还没处理完的;正四处归档,电话开始响了:副总指示做一份合同,传一份上月的销售统计,再去财务处核查客户的汇款到了没有,另外他明天到上海,要订酒店……一二三四项指示完毕;另一个电话机差点要炸了,赶快拿起来,是出差的同事拼命压着的上火腔调:她那订单做完没有?今天无论如何也得发货,客户要骂娘了!在外面跑份单子容易吗,怎么能不按期交货吗,这不是砸自己牌子吗!……

张丽踩着高跟鞋楼上楼下一溜儿小跑,办公室、车间、仓库、财务,快下班时好容易坐下来喘口气,忽然想起西安的展览会样机还没发出去,说明书不够用了该通知印刷厂赶印一批,广告公司怎么还没送来修改稿,还有……一位关系比较好的同事走进来,虽然周围没人仍然放低了声音:怎么一天就显你忙了!老板秘书那伙人正聚堆儿哪…她知道,那几位端着水杯聊着天,上下嘴唇一碰,老板出差回来,听见的是张丽上班迟到、私用公车,凭什么薪水高过别人……顶头老板与老板经过一凡"对话"后,又得掉过头来兴师问罪:你怎么惹得一帮人总告你状?幸亏还比较了解你……

就这么着,一呆就是八年,当初傻乎乎的一毛丫头,就变成了一个永远带着微笑,电话里永远是轻声细语的OK,化着淡妆穿着套裙,面上风光无限,心里累得几乎吐血的"植物人"。突然有一天,她终于下定决心要辞职。

在家赋闲才几个月,终是生就的劳碌命,有些呆不住了。这时以前一位同事,如今开公司自己做老板了,来电话说她那儿正缺一个人手。张丽嘿嘿一笑:"才熬出来,就要拉我回去?不成。"

转眼间,她进了一家小报社做兼职编辑。上班一周时,才认识的同事踱着步子过来闲聊:会用电脑吗？她朋友的公司要请个文员……去采访一位大集团公司的人事总监,谈完了之后,总监接着又特意问道:"我们总裁正要招一位助理,不知道你有没有兴趣……"

于是回到家中,她拼命照镜子,怀疑自己脸上哪儿刺了字,这么多人抬举自己——可惜都是请我做事,没人请我做做老总什么的。

人们不禁要问,做事真的如此辛苦、劳累吗? 回答是:不尽然。你之所以累,首先是你做了分外的工作,体力不支;其次,自己工作能力欠佳,心理素质不强,由于工作压力等造成心理不堪重负;最后,也是最重要的一条,在工作中没能恰当地表现自己,蛮干、死干总会累死人,在老板身边尽责更需悠着点。要想使自己摆脱困倦,恰当地执行与表现便必不可少。

学习孔子的糊涂

不认真不行,否则你做不好每一件事情;太认真也不行,否则你将丢掉做好一些大事情的机会。一个人不应留意他人的过失,他人所完成或未完成的事,而应注意本身的行为是否妥当。重要的不是看着远方模糊的东西,而是着手去做手边最重要的事情。

孔子东游列国,有一天看到两个穷人在指手画脚,好像为了一件极为平常之事而争论得面红耳赤,唾沫横飞。

孔子便询问他们在争论什么,原来为了一道算术题。瘦子说三五等于一十五,胖子坚持说三五等于一十四,各持己见争论不休,以至于几乎动起手来。

最后,二人打赌请一个圣贤做裁定,如果谁的答案正确,对方就将一天的食物给胜者。

这时,孔子来到他们的跟前。二人请圣人裁定。

孔子竟然叫认为三五等于一十五的瘦子将食物交给说三五等于一十四的胖子穷人。胖子穷人拿着食物走了。这种裁判瘦子当然不能答应。

他气愤地说:"三五等于一十五,这是连小孩子都不争论的真理,你是圣人却认为,三五等于一十四,看样子也是徒有虚名呀!"

孔子笑道:"你说得没错,三五等于一十五是小孩子都懂的真理,你坚持真理就行了,干嘛还要与一个根本就不值得认真对待的人讨论这种不用讨论也再明显不过的问题呢?"

瘦子穷人似乎有所醒悟,孔子拍拍他的肩膀,说道:"那个人虽然得到了你的食物,但他却得到了一生的糊涂;你虽失去了食物,但得到了深刻的教训!"

瘦子穷人听了孔圣人的话点了点头。

有的人喜欢较真,这本无可厚非。但也要看较真的内容。事事认真,只怕也是功过各半,因为你可能浪费了太多的时间精力;事事不认真,更是不可能有什么好结果了。难就难在该认真时认真,不该认真时一笑置之也就是了。怪不得"难得糊涂"流行了几百年。

懂得中庸中舍弃的真谛

所得与失去,看上去像是事情的两端,其实如果把握好了其中的中庸之道,便能达到有失必有得的最优效果。

在富兰克林报社前面的商店里,一位犹豫了将近一个小时的顾客终于开口问店员了:"这本书多少钱?"店员简洁地回答:"一美元。"

顾客又问:"一美元! 你能不能少要点?"

店员微笑着回答:"它的价格就是一美元,这是不二价。"

这位顾客又看了一会儿,然后问:"请问富兰克林先生在店里吗?"

"在,"店员回答:"他在印刷室忙着呢。"

"我要见见他,他会给我优惠价的。"

这个人坚持一定要见富兰克林——于是,富兰克林就被找了出来:

这人问:"富兰克林先生,这本书的最低价格是多少?"

"一美元二十五美分。"富兰克林不加思索的回答。

"一美元二十五美分?"

"这没错,"富兰克林说:"但是,如果我知道你为了这个原因找我,我情愿给你一美元也不愿离开我的工作。"

这位顾客惊诧了。他心里想,算了,结束这场自己引起的争论吧,他说:"好,这样吧,你说这本书最少要多少钱吧。"

"一美元五十美分。"

"又变成一美元五十美分? 你刚才不是还说一美元二十五美分吗?"

"对,"富兰克林冷冷地说,"我现在能出的最好价钱就是一美元五十美分。"

这人自知再问下去只会自讨没趣,于是默默地把钱放在柜台上,拿起书出去了。富兰克林给他上了终生难忘的一课:对于有志气要干一番大事业的人来说,时间就是金钱。

管理专家认为,做事者脑子里经常居于最高位置的想法应是:"我是不是在做一件工资、职业和能力都比我低的人也能做的工作呢?"美国麻省理工学院的摩文调查发现多数成功的人都有两条共同之处:一是精于安排自己的时间;二是善于限定自己的工作范围。

可见,能否有效地、高效率地支配时间,是衡量一个做事者素质的重要标准。如果一个人陷入一般事务中,那么,由于他只是增加时间的使用数量,并没有提高时间的使用质量,结果,不仅使管具体事务的人无所适从,他自己也一事无成。

要优先、系统地规划好可控时间,即事先知道已计划好必做事项的时间;尽量减少不可控时间,即处理发生出乎意料和紧急情况的时间。无论如何,秘书要尽力争取支配时间的主动权。

有无的不同

有与无,似乎处于两个不同的地步,拥有某一种优势仿佛就占据了做事情的有利位置,而没有优势,只能被动挨打。可现实往往却不是这样,老子说:"同于失者,失也乐得之!"有时候,拥有反而是一种累赘,失去了才换来一身轻松。

三个旅行者——赫德斯、安迪和乔治同时住进一家旅店。

早上出门时,安迪带了一把伞,乔治拿了一根拐杖,赫德斯则两手空空。晚上归来时,拿雨伞的安迪被淋湿了衣服;拿拐杖的乔治,跌得身上全是泥;而两手空空的赫德斯却什么事也没有。安迪和乔治都很奇怪,问赫德斯这是为什么。赫德斯没有回答,而是问安迪:"你为什么淋湿而没有摔跤呢?"

安迪说:"下雨的时候,我很高兴有先见之明,撑开伞大胆地在雨中走,衣服还是湿了不少。泥泞难行的地方,因为没有拐杖,走起来小心翼翼,就没有摔跤。"

赫德斯又问乔治。乔治说:"下雨时,因为没有伞,我就捡能躲雨的地方走或停下来休息。泥泞难行的地方,我便用拐杖拄着走,却反而跌了跤。"

赫德斯哈哈大笑:"下雨时,我捡能躲雨的地方走;路不好时,我细心的走。所以没有淋着,也没有摔跤。你们有凭借的优势,就不够仔细小心,以为有优势就没问题,所以反而有伞的淋湿了,有拐杖的摔了跤。"

有的时候,拥有并不一定是幸福的。拥有了,就会使自己放弃对它的珍惜。当然了,生活中的拥有不只是雨伞、拐杖这么简单,还有家庭、朋友、事业等等。拥有而不依赖才是长期拥有的保证。

失去并不可惜

中国古人说:"贫不足羞,可羞是贫而无志。"失去了一些外在的名誉或者利益,其实对于你的做事并没有太大的影响,只有保持自己内心的志向,失去一些东西反而更能激励你在某一方面取得大成就。

有一位父亲,在他很小的时候父母就去世了,他成了一名孤儿,孤苦伶仃,一无所有,流浪街头,受尽磨难。最后终于创下了一份不菲的家业,而他自己也已经到了人生暮年,该考虑辞世后的安排了。

他膝下有两子,风华正茂,一样的聪明,一样的踏实能干。几乎所有的人包括他自己,都认为应该把财产一分为二,平分给两个儿子,但是,在最后一刻,他改变了主意。

他把两个儿子叫到床前,从枕头底下拿出一把钥匙,抬起头,缓慢而清楚地说道:"我一生所赚得的财富,都锁在这把钥匙能打开的箱子里。可是现在,我只能把钥匙给你们兄弟二人中的一人。"

兄弟俩惊讶地看着父亲,几乎异口同声地问道:"为什么? 这太残忍了!"

"是,是有些残忍,但这也是一种善良。"父亲停了一下,又继续说道:"现在,我让你们自己选择。选择这把钥匙的人,必须承担起家庭的责任,按照我的意愿和方式,去经营和管理这些财富。拒绝这把钥匙的人,不必承担任何责任,生命完全属于你自己,你可以按照自己的意愿和方式,去赚取我箱子以外的财富。"

兄弟俩听完,心里开始有了动摇。接过这把钥匙,可以保证你一生没有苦难、没有风险,但也因此而被束缚,失去自由。拒绝它? 毕竟箱子里的财富是有限的,外面的世界更精彩,但是那样的人生充满不测,前途未卜,万一……

父亲早已猜出兄弟俩的心思,他微微一笑:"不错,每一种选择都不是最好,有快乐,也有痛苦,这就是人生,你不可能把快乐集中,把痛苦消散。最重要的是要了解自己,你想要什么? 要过程,还是要结果?"兄弟俩豁然开朗。哥哥说:"弟弟我要这把钥匙,如果你同意的话。"弟弟微笑着对哥哥说:"当然可以,但是你必须答应我,好好管理父亲的基业。如果你答应我的话,我就可以放心去闯荡了。"二人权衡利弊,最终各取所需。这样的结局,与父亲先前的预料不谋而合,因为这时候最了解儿子莫过于看着他们长大的父亲。

20多年过去了,兄弟俩经历、境遇果然不同。哥哥虽然生活舒适安逸,但是并没有沉沦,把家业管理得井井有条,性格也变得越来越温和儒雅,特别是到了人生暮年,与去世的父亲越来越像,只是少了些锐利和坚韧。弟弟生活艰辛动荡,几起几伏,受尽磨难,性格也变得刚毅果断。与 20 年前相比,相差很大。最苦最难的时候,他也曾后悔过、怨恨过,但已经选择了,已经没有退路,只能一往无前,坚定不移地往前走。经历了人生的起伏跌宕,他最终创下了一份属于自己的事业。这个时候,他才真正理解父亲,并深深地感谢父亲。

人生总要做出很多的选择,但是选择并不一定就意味着放弃,选择的只是方式。无论你怎么选择,最终都能走向成功。选了,就不后悔,一往无前地走下去,胜利,就在不远的前面。

中庸允许撒谎吗

撒谎骗人是应该的吗? 这个很难说,然而,对于许多做事者来说,不撒谎,或许就做不成事情。真诚与虚伪,如果把每一个极端都做得分毫不差,相信也没有好的成绩。所以中庸之道讲"允执厥中",就是在纯粹的诚实与虚伪中找到可行的方法。

一天下午两点多钟,安徽国雄公司的关总给北京某公司来电话,接电话的是公司的老金。

"你是老金吗? 我是安徽的关勇,我想跟孙总通通话。事情是这样的,我们委托你们公司进口的那套生产设备,现在压在上海港口,卸不下来。给你们进出口部的人打过几次电话,他们似乎不太积极,所以,我想与孙总通个话,请他给进出口部的打个招呼。我们这里的开工典礼都筹备好了,要是设备这个星期运不到,市领导看不到东西,白跑一趟,那就要了我们的命了。"

这事昨天老金已经向老板做了汇报。这是无可奈何的事,再急也没用,在合同中有他们的免责条款。"关总,您别急,"老金说,"孙总刚刚散会,我马上就去找他,请稍等,别挂电话。"

老金到孙总的办公室向他说了关总的情况。

孙总说:"刚才进出口部的人也给我打了电话。说天气预报说台风最迟明天就会过去。你说这个电话我还接吗?"

老金第一次见到孙总犹豫不决。对于这一点他能理解,接吧,也帮不上忙,解决不了问题,解释也是多余;不接吧,多年的客户,多年的朋友,而且还是安徽老乡。

"老金,还是你帮我处理一下吧。"孙总犹豫了一阵后说。

回来到自己的座位,老金拿起电话筒对关总说:"关总,实在对不起,几个办公室都找了,没见着孙总;等我见了他,我一定会把您的情况向他汇报。"

"谢谢,请你一定帮忙。"那边关总把电话挂了。

为了保证公司领导能集中精力静下心来考虑一些大事要事,或者协助领导处理一些他们不想处理的事,下属必须要给领导"过滤"一些来电来访。"挡驾"也是做事者的一项日常工作,而且是一项非常重要的日常工作。一个优秀的职业人应该对自己的领导比较熟悉;如果了解他的人际交往范围、思维方式、工作方法和价值观念的话,在一般的情况下都能判断自己是不是应该"挡驾"和用什么方法"挡驾"。

在场的同事问道:"老金,今下午孙总没开会,你为什么在电话里说孙总刚刚散会?"

"这就好像打仗一样,一有情况,我就得赶紧给自己找一个制高点,可以做到进可以攻,退可以守。"老金开玩笑说。

"进可攻,退可守,是什么意思?"

"因为这种电话来得突然,我吃不准孙总到底是不是愿意接,所以,我说'刚刚散会',就是给自己留下一个可以回旋的余地。我把对方的情况向孙总汇报,如果孙总愿意接电话,我就可以向对方说,我刚找到孙总,把电话转给孙总;如果孙总不愿意接,我就说还没找到孙总。"

"那说'孙总正在开会'不一样吗?现在大家似乎都用这个借口。孙总愿意接,他就出来接,孙总不愿意,你就说孙总开的这个会很重要,走不开。"

"你从对方的角度来考虑试试?如果你打电话找对方的领导,对方说自己的老总开的会很重要,他抽不开身,不能接你的电话,你会怎么想?你肯定会有些不痛快,心里会想:'第一,你们的会就一定那么重要吗?我这边火烧眉毛了,你们还能无动于衷吗?用户第一,客户至上的口号到哪里去了?第二,你们的会再重要,中断几分钟,接个电话,天就会塌下来吗?'如果是这样,就有可能把双方的关系弄僵。"

"这就是说,秘书和领导,像唱戏似的,一个唱红脸,一个唱白脸,是吧?"

"你理解完全错了。"老金说,"秘书在这里,既不是唱红脸,也不是唱白脸;秘书虽然撒了谎,但绝不是为了欺骗。给领导'挡驾',一是因为领导太忙、二是领导可能有苦衷,所以'挡驾'不是为了断绝外交关系,而是为了取得对方的谅解。如果老是抱着唱红脸的想法,会把所有的人都得罪光的,那你这个下属也就没法做了。"

"看来做事情还得学会撒谎。"同事似乎深有体会。

看得出对老金做法不理解的那位同事还不能品出其中滋味。这不能叫作撒谎,应该叫婉转拒绝的艺术,因为在保护他人的面子的同时,也保护了自己的形象。

给领导挡驾是一件千万不能掉以轻心的事。如果挡错了,肯定要挨骂;如果你不挡,更要挨骂。比方,有些客人虽没有提前约好,但他找领导谈的事很重要。你就要首先问清楚客人的身份,问清身份以后,问他来访的目的是什么。一般的客人都会详尽地告诉你,他来找领导有什么事情。如果领导正在开会,你就要根据他所要谈的事情的性质,决定接待的方法。如果只是一般的具体业务,就把他介绍给具体的业务部门;如果他来谈的事情的确很重要,就要请他在接待室稍等,自己以"我去找一下领导"为由,进去向领导请示;如果领导正在开会,就写张纸条递进去,请领导决定见与不见。当然也有客人情绪比较激动,架子比较大,直接要见领导。这时候,作为下属,态度一定要好,不管客人说话多冲,你的态度还是要热情和亲切。

随机应变很能考验做事者的能力,不管你用什么方法挡驾,无论是对公司内部的职员,还是对公司外面的客人,在拒绝之前先要倾听,尽可能地让对方把处境与需要讲得更清楚一些。耐心地倾听能让对方产生被尊重的感觉,当你婉转表明自己拒绝的立场时,尽量做到不伤害他,而且不会让人觉得你在应付了事。

总而言之,我们要在"挡驾"之后还能保持与各方面的良好关系,运用各种方法挡驾时,必须诚实。对内还好说一些,如果是对外"挡驾",给人一种要小聪明,为人不诚实的感觉,事后去补救就相当困难了。

小不忍会怎样

孔子说:"小不忍则乱大谋",其中一个重要性是人要忍耐,凡事要忍耐、包容一点,如果因一点小事不能容忍,脾气一来,就会坏了大事。许多大事失败,常常都由于小地方搞坏的。人人都有个性,人人也都有发挥自己个性的方法,但是一个人的成功与否往往并不是靠个性说了算的,毕竟决定你的前途的关键还在于你的上司这个有个性的人,所以如何通过伪装自己的个性适应你的上司便是值得探讨的课题。

在《三国演义》中讲了这样一个故事:

刘备驻扎小沛时,吕布忌恨他,亲自带兵出征攻打刘备,刘备战败跑去归附曹操。

俗话说:英雄识英雄,英雄爱英雄,英雄恨英雄,英雄杀英雄。刘备深深地懂得:自己任何政治锋芒的显露,都会招来杀身之祸。

刘备每天闭门不出,挑水灌园,但号称"一代枭雄"的曹操深信刘备绝非平庸之辈。有一天，曹操与刘备煮酒论英雄，对刘备说："今天下英雄，唯使君与操耳。本初之徒，不足数也。"曹操之言，恰似一串惊雷，震掉了刘备手中的调羹、筷子。

吕布

其实这是刘备借当时天上滚过的炸雷，掩饰自己内心的惊恐一处于曹操的控制之中，刘备不得不借助"韬晦"之术保护自己。

由于当今社会的复杂性，人与人之间产生了各种各样的社会关系。其中上司与下属之间的关系是较难处的，其中难相处的原因大部分是由于上司自身造成的。不幸的打工仔遍布天下，能够幸运地遇上一名爱护、关怀下属的公正上司，不知是多少下属的心愿。

有些上司，他们利用手中的职权谋取私利、为难下属，或者对下属加以误导利用。下属们都认为，天下最痛苦的事情莫过于替一名无德、无才、爱玩手段的上司工作。

对于这样的难缠上司，你必须有足够的心理准备，随时准备面对他的为难，甚至是对你的打击利用，要用恰当的策略去化解这些上司的"伎俩"，才不会在工作岗位上"屈死"。面对无德无能，却又时时刻刻为自己的私利挖空心思的上司，下属似乎只能有以下几种选择：

1、辞职不干，另谋高就

这好像是很洒脱，是一了百了的方法。但请记着，你有可能是从狼窝出来转眼又跳进虎穴。

2、想办法令公司高层炒了你的上司的鱿鱼。

问题是，接手的新人（你的新上司）可能比旧人还要差劲，那又何苦！

3、直接与上司对抗，拒绝接受他那套指使。

除非阁下中了彩票头奖，否则的话，你迟早会被炒鱿鱼。

可见以上三种方法并非最佳对策，不如你多一份防人之心，巧妙应对，坚持替这些上司工作，而且还要把工作做得妥妥当当，令他一刻也不能少了你，但不要使他感到你的存在对他构成威胁。你做到了这一点，至少已能"自保"；同时对这些已磨合了一些时日的上司"观其后效"。

在无德、无才、爱玩手段的上司手下工作，有时就要学学刘备，以一时之忍成就大事。

变则通

《易经》里面有句统领全书的话："穷则变，变则通。通则久远。"如果我们在做事情的时候遇到了"穷"，也就是不顺利的时候，还是莫要不撞南山不回头，有时候稍微一变，反而有柳暗花明的味道。

赖利和乔安是一对平凡的夫妻，住的是中等社区的普通房子。就像其他平凡的夫妻一样，他们努力挣钱、维持家计，同时积极为孩子的未来打算。

人说做夫妻没有不闹别扭的，当然，他们也会为了婚姻生活的不如意而吵架拌嘴，相互责备。

但有一天，一件不寻常的事情发生了。

"你知道吗，乔安，我有个神奇衣柜，每次我一打开抽屉，里面就摆好了袜子和内衣。"赖利接着对乔安说，"谢谢你这些年来帮我整理衣物。"乔安听了之后，摘下眼镜瞅着赖利问道："你想干什么？"

"我没别的意思，我只是想表达心中的谢意。"

乔安心想：反正这也不是赖利第一次说些莫名其妙的话，所以对这事也不特别在意。"乔安，这个月开出的 16 张支票中，有 15 张的号码登记正确，刷新先前纪录喔。"

乔安停下了手边的工作，一脸狐疑地望着赖利："你老是抱怨我把支票号码登记错误，今天怎么改变态度了？"

"没特别理由，谢谢你这么细心，注意到这些小事。"

乔安摇了摇头，继续拿针缝补衣物。"他到底哪里不对劲呀？"她不解地喃喃自语。

然而，乔安隔天在超市开支票时，她不自觉地留意是否写对了支票号码。"我怎么突然会去注意那些无聊的支票号码？"她自己也觉得纳闷。

乔安最初试着不去在意赖利的改变，但他的"怪异言行"却有"变本加厉"的趋势。

"乔安，这顿晚餐好丰盛呀！真是辛苦你了，过去 15 年来，你为我和孩子至少煮了 14000 多次饭。""乔安，屋子看来真干净，你一定费了不少力气打扫吧？""乔安，谢谢，有你陪在身旁真好。"

乔安心中的疑虑渐增："他以前不是老爱讽刺我，批评我吗？"

不只是乔安觉得奇怪，连 16 岁的女儿雪莉也发现老爸有一百八十度的大转变："妈，爸的脑袋坏了。我擦粉涂口红，穿得又邋里邋遢，他居然还说我打扮得很漂亮。这不像爸，他到底怎么了?"

即使妻女有百般怀疑与不解，赖利仍是不时表达他的谢意或赞美。

数周过后，乔安渐渐习惯了老公"诡异的甜言蜜语"，有时还会压着嗓子回他一句"谢谢"。虽然她心中颇受感动，但表面仍是副若无其事的模样。直到有一天，赖利走进厨房对她说："把锅铲放下，去休息吧，今晚的菜我来张罗就行了。"

乔安没停，只说："谢谢你，赖利，真的很谢谢你。"

乔安现在自信心大增，情绪也不似往常般起伏不定；她有时嘴上还会哼哼歌，连走路的步伐都要轻快许多。她心想："我还真喜欢赖利现在这个样子呢!"

也许故事到此应该结束了，但后来又发生了另一件极不寻常的事——这次换乔安开口说话了。

"赖利，谢谢你多年来辛苦工作养活这个家，我想我从没向你表示过心里的感激。"

不管乔安后来如何逼问，赖利却一直不肯解释当初为何会先改变，所以这个答案至今仍是个谜。

体现中庸里的谦谨

聪明与傻瓜，也是两个极端，傻瓜自然是不能当的，不过过于把自己当作聪明人，从而认为自己就是"老大"，也很危险。如果你想成功，不妨以老二的姿态出现在人们的面前，尤其是面对领导时。

中庸之道的实践在于:你可以尽量表现得谦虚、平和、朴实、憨厚，甚至愚笨、毕恭毕敬，使对方感到自己受人尊重，比别人聪明，在谈事时也就会放松自己的警惕性，觉得自己用不着花费太大精力去对付一个"傻瓜"了。当事情明显有利于你的时候，对方也会不自觉地以一种高姿态来对待你，好像要让着你似的，也就不会与你一争长短了。

其实，你做老二只是一种手段，是为了让对方从心理上感到一种满足，使他愿意与你合作。实际上越是表面谦虚的人越是聪明的人。当你表现出大智若愚来，使对方陶醉在自我感觉良好的气氛中时，你就已经受益匪浅。通常说来，做好老二要把握以下几点:

1.不显山不露水

老鹰站在那里像睡着了,老虎走路像有病,但这些正是它们准备抓鸟吃人前的手段。所以,需要做到不炫耀聪明、不显露才华,如此才能培养出肩负重大使命的毅力。一个有真才实学的人绝不会自我夸耀,因为他清楚学无止境;一个具有才华的人,最好能保持深藏不露的态度。人的精力是有限的,忙于小就忽视大,贪得多难以专,正因为如此不露才华、不显聪明才能为以后的大业积攒力量。

2.不摸"逆鳞"

俗话说:打人莫打脸,揭人莫揭短。被击中痛处,对任何人来说都不是件愉快的事,尤其是他人身上的缺陷。虽然事实是检验真理的唯一标准,但在这里千万不能用真话揭人的老底。在中国,有所谓"逆鳞"之说。据说在龙的喉部以下,约直径一尺的部位上有"逆鳞",如果不小心触摸到这一部位,必定会被激怒的龙所杀。事实上不管人格多么高尚伟大的人,身上都有"逆鳞"存在。所谓"逆鳞"就是我们所说的"痛处",也就是缺点、自卑感。只要我们不触及对方的"逆鳞",不仅不会惹祸上身,还能平步青云。

3.不处处占上风

据《史记》中记载,孔子曾经拜访过老子,向他请教礼。老子告诫孔子说:"一个聪明而富于洞察力的人身上经常隐藏着危险,那是因为他喜欢批评别人。雄辩而学识渊博的人也会遭遇相同的命运,那是因为他暴露了别人的缺点。因此,一个人还是节制为好,即不可处处占上风,而应采取谨慎的处世态度。"

老子还告诫孔子说:"君子盛德,容貌若愚。"这里的盛德是指"卓越的才能"。整句话的意思是,那些才华横溢的人,外表上看与愚鲁笨拙的普通人毫无差别。此外,据《庄子》的记载,当杨子去请教老子时,老子也谆谆告诫他不要太盛气凌人,而是要谨言慎行、谦虚待人。无论是谦虚还是谨慎,可能会让有些人觉得是消极被动的生活态度。实际上,倘若一个人能够谦虚诚恳地待人,便会得到别人的好感;若能谨言慎行,更会赢得人们的尊重。

累了就歇会儿

做事情,不可避免会搞得自己身心俱疲,如果一心只想着事情,却忘记了自己的承受能力,就违背了"有得有舍"的中庸之道。

在影片《假日》里有这样一段对话：

"我打算休一次假，需要休多久就休多久。"

"就为了出去玩玩？"

"不，我要搞清楚自己为什么要工作。答案不能只是为付账单或为了多攒钱。……坐在办公室里我是没法弄明白的。所以，刚攒够了钱，我就打算请一段假，待我弄清了自己的工作目的后，再回来上班。这说得过去吧？"

如果你从事的是一成不变的工作，不能得到充分休息，无法集中精力发挥自己的创造力，那么，请长假会成为你最明智的选择。即使你热爱自己的工作或职业，请长假也能给予你充分的时间去做自己想做的事：搞点业余爱好，上自己一直想上的课，和朋友一起去观光，望望天空或到外国旅游。如果你有家，可以把全家人都带上。有些夫妻轮流休假——她休第一年，他休第二年。一些有远见的雇主把休长假列入了职务说明。我的朋友曾在一家很先进但也很繁忙的律师事务所工作过。该事务所实行轮流工作制，为的是帮助精疲力尽的律师们定期恢复精力。律师们每年工作9个月，休假3个月。像钟表的发条一样，到第9个月末，每个雇员都真的开始考虑离职的问题了。然而休假3个月回来时他们肯定都会精力充沛，并且愿意全力以赴投入新的工作。每个人都会干得很出色。

休长假固然好，但也只有那些节俭过日子的人才有可能休假。如果债主天天追着你，或者银行催你交汽车款，或者百货公司催你交健身器或电视机款，你就无法请6个月或几个月的假。如果你没有债务但也没有积蓄，你也很难离开。当你在西藏的某个山顶上静思人生的意义时，你以什么为生活？你回家以后拿什么去支付房租或抵押贷款呢？

如果你打定主意请长假，就要从现在起还清欠款并开始储蓄。一旦你把财务方面的问题处理妥了，你就可以自由地安排自己的假期了。但怎样去做呢？

也许你应该想想下面的问题：(1)怎样定时间？(2)怎样跟老板说？(3)休一次长假对你的职业有什么影响？他们建议以放弃一次涨工资的机会或以放弃一笔奖金为条件提出请假，或者在生意淡季休无薪假。你也可以主动加几个月班或同其他雇员一起想想办法，看是否能拿出一个正式的休假方案。日复一日地工作，人人都会精疲力尽。

如果你喜欢休假，也可以选择一个本身带有假期的职业，比如教师、税金计算师或其他以工程项目为单位的职业，如木匠、某些销售工作，顾问和自由职业。

你能否把长假变成一个学习专业知识、增长才干的机会？如果这样做，你不仅可以继续自己的事业，同时还可以有机会重新审视一下生活的前景。

埃塞尔·惠兰停下她在美国的教学工作,请假一年要去洪都拉斯任教。她丈夫杰克支持她的想法,但自己不想去,所以埃塞尔带着5岁的儿子卢克去了。20多岁时,埃塞尔曾作为一名志愿者在国外工作过,并一直渴望再得到一次机会。现在有了孩子,有了工作,她需要摆脱的牵挂比以前多了。"我真的想去国外当一名志愿者",她说,"所以我决定看看合同。我发现有一小款是关于请假的。原来学校竟然还有一个专管休假的部门,他们帮了我很大的忙。"

根据合同,埃塞尔可以请假一年,校方不付工资,也不收罚金。她是通过北衣阿华的劳务市场找到的工作。该市场免费为教师们联系国外学校。教师必须有上岗证书和至少两年的教学经验,而劳务市场则保证所介绍的都是有信誉、有名气的国际学校。标准的合同是一到两年。如果教师干满合同期,校方将付给他们来回的机票钱。聘请埃塞尔的是洪都拉斯的一所说英语的国际学校。她和儿子住在别人家里,卢克可以到埃塞尔任教的学校去上学。

埃塞尔说,她相信找一份带有许多未知因素的临时工作会带来更大的收益。"你可以请上一年假,把假期里的一切都安排得井井有条。你也可以在这一年当中只对自己的基本需求做出安排,如安全问题和工资收入,其他因素顺其自然。"她说,"在顺其自然的前提下,你可以获得数千倍的收益,因而有许多问题都没有现成的答案,你可以从中学到许多东西。"

埃塞尔说,她的长假休得很值。离开一年使她更加珍惜自己在美国所拥有的一切,同时也对如何才能过上满意的生活这一点有了更加全面的认识。"我发现了自身的某些以前从未意识到的潜能,例如,我能在非常没有把握的情况下做出决定,并能调整自己,适应环境"她说,一连数日停水停电是常有的事儿。我学到了将生命需求降到最低限度的奇妙本领。洪都拉斯人并不为停水的事伤脑筋,而是耐心地等水来,因为他们知道自己反正也想不出什么办法。他们的欢乐和担忧都是最原始的:如果刮起了季风,整个村子都有可能毁灭。

埃塞尔学会了将生活需求降到最低限度:单纯的忧虑,单纯的欢乐。"倘若你晚上想出去遛遛,不会有45家餐馆供你选择,"她说,"在洪都拉斯,不管你多富有,也不可能有这么多的选择。我已适应了许多在家里不曾遇到过的情况。"

第五节　有大者,不可以盈

中庸之道,与天地之道没有区别:日中就得西斜,月圆就要月缺。人体验到了天地的道理,高就会自卑,盈就会自谦,尊就会自抑。所以孔子说:"君子做事不自大,有功不自傲。"君子不以他所能做到的而瞧不起别人,不以自己不能做到的自愧于人。虚己对人是我们在这个社会做成事的基础,自谦是受人尊敬的阶梯。

知道自己的身份

充满个性,是在这个社会上做事的原则,然而当我们"人在屋檐下"的时候,一味申明自己个性,就很可能给自己的工作前途带来麻烦。自卑与自大之间,我们也需要找到一条中庸道路。

我认识一位在一家美国公司驻香港分公司做第一助理的女士,她在商场上有很高的声誉,前些天我听朋友说她因一件小事而被迫辞职,我感到非常惊讶,后来才知道怎么回事。事情是这样的:美国总公司的几位最高领导者决定在港举行宴会。除了香港公司的总经理及一些要员外,美国总部的要员当然也少不了,再加上一向合作无间的大客户,宴会是非常的盛大。

作为香港分公司第一助理的她乐于以女强人自居。在任何方面,她都要求自己干得非常出色,这也是她引以为自豪的。不知是否被胜利冲昏了头脑,她在一些宴会中,展露的风头有时竟凌驾于总经理之上。总经理是一位好好先生,在不损及自己利益的情况下,每每让她发言。总公司与分公司联合宴会的机会很少,她还是头一次经历这样的场面。由筹备宴会开始,她抱着很谨慎的态度,务求取得母公司主管的赞许。

宴会当晚,她周旋于宾客间,确实令现场气氛甚为欢乐。直至分别由总公司的高层主管及分公司的总经理致辞时,她在旁边逐一介绍他们出场。轮到她的上司,即子公司总经理,她不知怎么在介绍之前,竟先说了一番致谢辞,感谢在场客户一贯的支持。虽然三言两语,已让总公司的主管皱眉,因为她负责的,只是介绍上司出场,而非独立发言。

在宴会中,总公司主管与她交谈,发现她提及公司的事时,总是以个人主见发表,全没有提及总经理的意见。给人的感觉是,她才是分公司的最高主管。结果,分公司总经理被上级邀请开会,研究他是否忠于自己的职位,而非懒散到由秘书代为处理日常业务。自此之后,总经理也对她的态度有所转变。最后,她终于自动辞职,原因是她认为被总经理削权,却不知道是自己的锋芒太露,喧宾夺主。

作为下属,你的任务主要是协助老板,在公司高层人物的眼中,你做出的成绩,自然也是公司主管领导下的成果。下属尽力完成上司指派的工作是分内的事,假如你硬要出风头，只会让人觉得你不自量力、不懂大体。另一方面，如果你锋芒毕露，上司会从心理上感到压抑、烦躁，在感情上会很反感。你就会变成上司的心腹之患，即使不会排挤你，你以后也别想有更大的发展了。而像我所提的第一秘书那样，因为她过于越位的表现，导致总部怀疑她的上司是否失职，那么她的上司再是好好先生，也会采取行动保全自己。

很多刚刚参加工作的、年轻气盛的人，都可能犯过这样的错误：当你和自己的顶头上司闹矛盾时，就直接向更高一层的上司去报告，以让其"主持公道"。可谁知最后的后果却往往不尽如人意。

一般情况下，向更高层公司打越级报告对自己是没有好处的，因为越级报告表示两者之间的关系完全破裂，不可能妥协，那么公司的高层必然洞悉这一点，认为两者不能共存于一个部门，在二者选其一时，低级员工必定成为淘汰的对象。此外，上司必须维护管理阶层，虽然低层下属说得有理，他也不会随便惩罚有错误的主管。况且越级报告的人，因为破坏公司的作业程序的事情，总会使上司头痛。就算侥幸成功，上司也会认为该员工有不忠的性格。就算是你的越级报告不是为了自己的个人私利，而是完全为企业的利益着想，成功的机会也是很小的。毕竟在中国目前的社会环境下，论资排辈的现象还不可能完全消除。

林小姐从某重点大学中文系毕业后，分配到某报社文艺部担任部门主任的助理。她理论基础扎实、才思敏锐。参加工作不久，由她负责组稿的不少作品被国内多种文摘类报刊转载。她自己还勤奋创作，先后在省内外报刊发表了大量作品，引起业内人士的关注。而且，在她的努力下，文艺部开展了不少群众性的工作，均取得成功。由于林小姐越来越受到同事及作者的尊重，影响渐大。部门主任慢慢地感到了她对自己的威胁，开始排挤林小姐，对她的合理性建议也不予采纳。林小姐不仅多才敬业，而且在事业上具有一定的开拓精神、创新意识。由于和部门主任关系的"不妙"，她的一些想法无法付诸实施。于是，她干脆越过部门主任直接和总编辑去谈，谈她的计划、设想，希望能得到总编的支持。结果不难预料，林小姐的计划不但没能得到支持，还引起了部门主任强烈的反感。对于总编来讲，在林小姐和部主任之间，他不能不考虑中层干部的威信、情绪等因素，不能不维护管理阶层；再者，越级报告，事实上破坏了正常的管理模式，这种事情的发生使总编忧虑万分。

越级报告失败，林小姐的处境更难了。和部门主任关系的恶化，致使她的工作极端被动。无奈，她只好提出申请，要求调离文艺部去其他部门工作。

所以你一定要切记：越级报告不可取，尤其是不可滥用，就算是在迫不得已的情况下采用，也一定要注意照顾自己顶头上司的尊严和威信，毕竟你是属于他直接

"管辖"的。

上司在任何时候都是你的上司,他永远不可能同你站在一条起跑线上,就算他对你再好,你也只是他的下属,你丝毫不可越雷池半步。

寻求人和

《孟子》说:"天时不如地利,地利不如人和。"想必朋友们都知道,即使一个再聪明的人,说不定也会败在一群愚笨的人手下。既然我们不是这个世界的唯一,又何必不吸收别人的智慧呢? 中庸之道在于:我们既不能不相信自己的力量,也不能过于迷信,过犹不及真是千古良言。

雷诺公司是专为核动力潜艇生产噪音降低设备的。公司的信誉有口皆碑。就在最近一次的订货合同中,由于各种原因,工程进度大大慢于预想的速度要求,如果继续让这种情况持续下去,公司将不能如期履行合同,此后果的直接经济损失将是8亿美元。公司领导亲自莅临施工现场,督促全公司上万名员工加快施工进程,经过一年的努力,公司终于追回了丧失的时间,并按期交送买方第一批订货,到手的3亿美元缓解了公司紧张的财政窘况。公司上下都为之松了口气。当完成第二批订货的时候,公司技术部对仓库中即将装运的设备进行了最后一次预检,结果让人大出意料。技术人员发现有一件设备的主机动力线被剪断了。如果将此安装到核潜艇的核反应堆侧时,超标准的排水水温会使核反应堆的核料达到临界状态,在一秒钟内就会因连锁聚合核反应带来大爆炸,其后果是不堪设想的。技术部立即封存了这批订货,并将情况详报了公司总裁。对于这样的事故,常规处理方法是将设备转移到安全地区予以全部拆毁。但如果这样做,不仅嫌疑犯没有了抓获的线索,而且公司数十年的金字招牌就有可能被砸得粉碎,"雷诺"将永无抬头之日。

总裁决定召集全公司职员,把问题的全部公之于众谋求最完善的解决办法,并且,时间只有二天。上万名员工来到装配车间,总裁向他们说明了公司面临的危机,"伙计们,如果我们不能顺利度过这场劫难,不只你们,还包括我,全都会流落街头,到贫民窟去寻找我们的立足点。这个棘手的问题关系到公司上下万名员工的共同利益,我没有权利独自做出决定,所以把你们召集起来,就是要寻求一个两全其美的办法来,保住公司的荣誉,保住你我的饭碗。好了,大家努力吧,上帝赐福我们。"

总经理立即成立了几个机动小组,分别就问题的关键环节殚精竭虑。他们花去五个小时,明确了事故责任的归属问题,这涉及具体任务执行人员和他们的直接授权人,又花去三个小时,找出了每个环节带来麻烦的责任负责人……

在这次危机事件的处理上,管理者把处理问题的权力下放,让每一名职员有机会提出自己的意见和建议——极有可能,它的适用性和价值会超过董事会对此做出的决定。你不必担心你的属下会对问题无所适从,不知如何处理危机,只要看看雷诺公司的员工的行动就可以明白。

据事后统计,在危机处理过程中,关于各环节问题由员工提出的成功行动计划超过了15000个,这是集体智慧的结晶,团体协作的积极效果。有这样的表现,危机的处理不过是个迟早问题。

雷诺公司面对生死存亡,能够上下一心,众志成城,放弃彼此间的私人恩怨,每人都能以大局为重,而公司管理者更是成功地施展了他的领导艺术,事态的发展受到他的密切关注。

10个月以后,雷诺公司摆脱掉了一直笼罩在公司上空的魔影,公司的运营完全恢复了正常。为了按期按质保证合同的完成,全体员工自发地将加班钟点增加了四个小时,有效地确保了工程进度。生产各环节受到更严密地监测,质量必须保证是一流的,才准进入下一工艺流水线。生产成本得到有效控制,而这又是公司赢利的重要措施。对前次破坏事件的调查取证行动也在秘密地进行。公司直接向国家调查局汇报了情况。嫌疑犯在三个月内被司法部门拘押并已向联邦大法院提起上诉。公司此举保证了内部员工的纯洁性,为以后工程的进展提供了人员保障。

卓越的成果来自实际的行动,它不是个人英雄主义施威逞强的时候,在大协作时代,那种以个人为中心,凭借个人能力完成重大举措已成为历史。

克服浮躁

心浮气躁是我们做事的大忌,古往今来的成功者无不是秉承着"欲速则不达"的古训在事业之路上如履薄冰。大富豪如李嘉诚者也一再提醒着我们:"成功就是简单的事情不断地重复地做!"杜绝浮躁,脚踏实地,才是成事之根本!

11岁那年,李嘉诚来到香港。到了14岁,由于父亲去世,他辍学打工。再后来,他舅父让他到他的钟表公司上班,但是他没有答应,因为他要自己找工作。

从他年纪轻轻就不肯接受帮助而要自己闯这点上,就表现出独立和自信的性格。这种性格,将培养出他以后的稳健前进的工作作风、不浮躁的工作态度。

他先是想到银行寻找机会,因为他觉得银行一定有钱,因为银行是同钱打交道,它也不可能倒闭。但是银行的梦想没有成功,他当了一名茶馆里的堂倌。

在当堂倌的时候,他就胸怀大志,从小事做起,一步步地迈向目标。这些小事是这样的:他给自己安排课程,以自觉养成察言观色、见机行事的习惯。这些课程包括:时时处处揣测茶客的籍贯、年龄、职业、财富、性格,然后找机会验证;揣摩顾客的消费心理,既真诚待人又投其所好,让顾客既高兴又付钱。

后来他又以收书的方式读了很多书,并把看过的书再卖掉。就是这样,李嘉诚既掌握了知识,又没有浪费钱。

李嘉诚

一段时间后,他觉得在茶馆里没有前途,就进了舅父的钟表公司当学徒。他偷师学艺,很快学到了钟表的装配及修理的有关技术。其后,他建议开钟表公司的舅父迅速占领中低档钟表市场。结果大获成功,因为香港对低档表的需求量确实很大。

1946年,他17岁,辞别舅父,开始自己的创业道路。结果他屡遭失败,几次陷入困境。但这个时候,他仍然不浮躁,而是踏踏实实地一步一步往前走。

1950年夏,才22岁的李嘉诚创立了长江塑胶厂。

他之所以要创立这个厂,也是他的稳健的思考观察的结果。他通过分析,预计全世界将会掀起一场塑胶花革命,而当时的香港,塑胶花是一片空白。

这是一个机遇。

可以说,他有审时度势的判断力。而这审时度势的判断力,亦来自他的稳健。

作为一个不浮躁、稳健的人,李嘉诚是很会判断机遇、抓住机遇的。

在工厂经营到第7个年头的时候,李嘉诚开始放眼全球。他大量寻求塑胶世界的动态信息。一天,他翻阅英文版《塑胶杂志》,读到一则简短的消息:意大利一家公司已开发出利用塑胶原料制成的塑胶花,并即将投入生产,向欧美市场发动进攻。他立即想到另一个消息,那个消息说欧美人生活节奏加快,许多家庭主妇正逐渐成为职业妇女,家务社会化的要求越来越强烈。他于是推想,欧美的家庭,都喜好在室内外装饰花卉,但是快节奏使人们无暇种植娇贵的植物花卉。塑料插花可以弥补这一不足。他由此判断,塑胶花的市场将是很大的。因此,必须抢先占领这个市场,不然就会失去这个机遇。

于是,李嘉诚以最快速度办妥赴意大利的旅游签证,前去考察塑料花的生产技术和销售前景。正是由于他的这种稳健的工作作风,一条辉煌的道路,由此展开。

正当李嘉诚全力拓展欧美市场的时候,一个重大的机会出现了。一位欧洲的大批发商在看到了李嘉诚公司的产品样品后,前来与李嘉诚联系。这位批发商是因为李嘉诚公司的产品价格低于欧洲产品的价格而来找他的。但他通过一些渠道得知长江公司是资金私有制。为保险起见,他表示愿意同李嘉诚合作,但合作条件是他必须有实力雄厚的公司或个人进行担保。李嘉诚知道这位批发商的销售网遍及欧洲主要的市场——西欧和北欧,如果能与他取得联系,是十分有利的。可惜,他竭尽全力都没有找到担保人。但只要有一线希望,就要全力争取,这是他成功的一个法宝。他与设计师一道通宵连夜赶出 9 款样品。批发商只准备订一种,李嘉诚则每种设计了 3 款。第二天他来到批发商的酒店。批发商望着他因通宵未眠而红的眼睛,欣赏地笑了,答应了谈生意。在李嘉诚没有担保的情况下,签了第一份购销合同。按协议批发商提前交付货款,从而解决了长江公司扩大再生产的资金不足问题。

长江公司很快占领大量的欧美市场。仅 1958 年一年,长江公司的营业额就达 1000 多万港元。纯利 100 多万港元。塑胶花使长江实业迅速崛起。李嘉诚也成为世界"塑胶大王"。

成功的路是很漫长的,在这条路上,敌人也是众多的。但最大的敌人是自己。放弃、浮躁、轻敌、懒惰,每一样都会给你的成功造成巨大的障碍。不急不躁,看准时机,胆大心细,诚心待人,通过李嘉诚,我们能学到的很多。

做事先讲礼

《礼记·曲礼上》中有这样一段形象的比喻:鹦鹉虽然能够学人说话,但仍然脱离不了飞禽的种群;猩猩虽然能够学人说话,但仍然脱离不了走兽的种群。现在有人如果不明礼仪,他的心不也是禽兽之心吗?只有禽兽不懂得礼仪,所以,父亲、儿子共同使用一只雌鹿也只能是禽兽而已。因此,圣人兴起,教人知礼、明礼,并使人们懂得道德仁义,并使他们明白作为一个人和禽兽应该有所区别。

这段话明白告诉我们:人与禽兽的唯一区别在"明礼"。明礼便为万物之灵长,不明礼便与禽兽无异。所以,古人、今人都为一个做人难、难做人、人难做而艰难地活着。殊不知,其全在一个"明礼"上下功夫。明礼者会做人,会做人者明礼;明礼者,为人所崇敬,为人崇敬者明达大礼;明礼者,能为社会树立成功的典范,成功者的思维、言行和事业都在"明礼"之中,不违礼而合于理,合于理而能成于礼。

诗经说:"谦谦君子,锡我百朋",礼多人不怪,原是人之常情。

某君是某机关的最高领导,高级职员去见他,他不但坐着不动,也不屑回你一声某先生,而且不肯重视你的陈述,你只好站在旁边说话,真是架子十足。有时不高兴,认为你说得不对,他竟始终不开口,好像听而不闻;始终不对你看,好像视而不见。你落得一场没趣,只好喟然退出。他对高级职员如此,对其他下属,不问可知,对待朋友,也是似理不理的神气,实在令人难受。

古人说:"施绝然声音颜色,拒人于千里之外"。某甲正是如此,当他得势的时候,大家只好背后批评,当面还是恭维,还是奉承,心里都是反对他。他种了这样恶因,后来形势逆转,一时攻击他的人,非常的多,当然还有其他重要原因,而待人傲慢,至少是一个方面。诗经说:"相鼠有皮,人而无礼,人而无礼,不死胡为!"你在社会上要多结人缘,要少结人怨。要多结人缘,多礼是一件必要的工具,礼是人为的,是后天的,必须要用心去学习,学习成为习惯,多礼便能行无所事,十分自然了。

学者王先生是以多礼出名的人,他见人必先招呼,招呼必先鞠躬,对朋友如此,对学生也是如此,说话轻而和气,点头不迭,笑容可掬。你如到他卧室里,或办公室里,请他写字,他虽写得一手很好的《十七帖》,还是十分谦虚,请你坐下来谈;你如不坐,他始终立着。无论是谁,一旦与王先生接触,如饮醇醴,无不心醉,所以他的人缘特别好。凡是他的学生,一见他来,立即鞠躬,让立一旁等他先过,这不是怕他,而是敬他,敬他完全由于他的多礼,多礼似乎虚伪,而关于人与人的感情却很大。所以孔子也说:"不学礼,何以立?"孔子的所谓学礼,向不单指礼貌一端而言,而礼貌必在其中,这是可以断言的。"不周旋中规,折旋中矩"。言语行动,声容笑貌,都要注意。文质彬彬,谓之君子;彬彬有礼,谓之君子。礼多人不怪,还是对人这方面的说法,礼多足以表示你是位君子呢!

但是多礼尤须诚恳,多礼而不能诚恳,反而使人讨厌。交际场中,见人握手,说几句客套话,最无聊的是连今天天气只哈哈哈,冷也不说,热也不说,虚伪已达极点,受之者觉得无聊,说之者也未必不觉得无聊。能诚恳,才能恭敬;能恭敬,才是真的礼貌。俗语说人熟礼不熟,这就是表示你对于熟人,也要有礼貌。"晏平仲善与人交,久而敬之"。晏平仲所以能够久而敬之,必先是他对人能够久敬,才能得人的久敬,久而敬之是指双方面而言,久而敬之更须先自你自身开始。

平凡中的不凡

赚钱是我们做事的主要目标之一,但世界上又有多少事情是本身就不平凡而彰显出赚钱的特质呢？所谓中庸之道，就是要我们在平常的事情中找到不平常的可用之处。利用这别人眼中的平凡为自己的不平凡开路。

在奥斯威辛集中营，一个犹太人对他的儿子说："现在我们唯一的财富就是智慧，当别人说 1 加 1 等于 2 的时候，你应该想到大于 2。"

纳粹在奥斯威辛毒死 536724 人，父子俩却奇迹般地活了下来。

1946 年，他们来到美国，在休斯敦做钢器生意。一天，父亲问儿子一磅铜的价格是多少？儿子答 35 美分。父亲说："对，整个得克萨斯州都知道每磅铜的价格是 35 美分，但作为犹太人的儿子，你应该说 3.5 美元。你试着把一磅铜做成门把看看。"

20 年后，父亲死了，儿子独自经营铜器店，他做过铜鼓，做过瑞士钟表上的簧片，做过奥运会的奖牌。他曾把一磅铜做成高价招牌，卖到 3500 美元，这时他已是麦考尔公司的董事长了。

然而，真正使他扬名的，是纽约州的一堆垃圾。

1974 年，美国政府为清理给自由女神像翻新扔下的废料，向社会广泛招标。但好几个月过去了，没人应标。正在法国旅行的他听后，立即飞往纽约，看过自由女神像下堆积如山的铜块、螺丝和木料，未提任何条件，当即就签了字。

纽约许多运输公司对他的这一愚蠢举动暗自发笑。因为在纽约州，垃圾处理有严格规定，弄不好会受到环保组织的起诉。就在一些人要看这个得克萨斯人的笑话时，他开始组织工人对废料进行分类。他让人把废铜熔化，铸成小自由女神像；他把木头等加工成底座；废铅、废铝做成纽约广场的钥匙。最后，他甚至把从自由女神身上扫下的灰尘都包装起来，出售给花店。不到 3 个月的时间，他让这堆废料变成了 350 万美元现金，每磅铜的价格整整翻了 1 万倍。

财富的源泉就是智慧。在今天看来，财富的源泉往往就是眼光。一个商人的眼光决定了生意的成败；一个学者的眼光，决定了他一生的学术生涯；一个艺术家的眼光，决定了他是红遍全球还是遭人白眼。因此作为一个普通的人，我们的眼光决定了我们一生的幸福。

你就是个凡人

你就是个凡人，不要以为这是对自己的贬低。凡人怎么了？比尔·盖茨是凡人，乔治·布什也是凡人，是凡人就会有胡思乱想，是凡人就可以被允许犯错误，是凡人就才能做出不凡的业绩，最重要的是：是凡人，在你做出不凡事业之前，不会有人在乎你,你的中心就是你自己。

罗伯茨身高不足 1.58 米,她的体重却达到了 66 公斤,在欧美国家里像她这样身型的人的确很难吸引别人的目光。她唯一的一次去美容院的时候,美容师说罗伯茨的脸对她来说是一个难题,由于头骨太大,脸上的脂肪根本没法抽取。

然而罗伯茨并不因那种以貌取人的社会陋习而烦忧不已,她依然十分快乐,自信,坦然。

罗伯茨在一家体育报社工作。她于是有机会去许多以前不可能去的地方。今年的意甲联赛有很多比赛的采访任务是由她跟进的,这一轮全国瞩目的米兰城的两支球队 AC 米兰 VS 国际米兰的德比大战,由她全权负责。她去米兰圣西罗球场报道那儿观众的情况的时候,在那儿遇到了一件事,它使她认识到那种试图去顺应世俗,去表现得比别人优越的行为是多么愚蠢。

有一个比她还要矮小还要肥胖的女人,穿戴得整整齐齐:高高的帽子,佩着粉红色的蝴蝶结的晚礼服,白色的长筒手套,手里还拿着一根尖头手杖。由于她是一个大胖子,当她把脚放在手杖上时,手杖尖戳椅子旁的细缝里。手杖戳得太深,一下子拔不出来。她使劲地拔呀拔,眼里含着恼怒的泪水。她最后终于拔了出来,但她却手握着手杖跌倒在地上。

罗伯茨看着她离去。她这一天就算毁了,本打算看一场激烈而又不失漂亮的足球比赛,令她想不到的是今天居然在大庭广众之下丢了脸。她没有给任何人留下印象;然而在她自己充满悲哀的泪眼里,她是一个彻头彻尾的失败者。

罗伯茨记得非常清楚,自己也经历过这种情况。那时候,她还没有真正认识到:没有人在真正注意你的所作所为。许多年来,她都试图使自己和别人一样,总是担心人们心里会把自己想成什么样的人。现在,罗伯茨知道他们根本就没有想过她。

罗伯茨还记得自己第一次跳舞时的悲伤心情。舞会对一个初次涉世的女孩子来说总是意味着一个美妙而光彩夺目的场合,起码那些不值一读的杂志里是这么说的。那时假钻石耳环非常时髦,当时她为准备那个盛大舞会练跳舞的时候老是戴着它,以致她疼痛难忍而不得不在耳朵上贴上膏药。也许是由于这膏药,舞会上没有人和罗伯茨跳舞,然而不管是什么原因,罗伯茨在那里坐了好几个小时。当她回到家里,罗伯茨告诉父母,自己玩得非常痛快,跳舞跳得脚都疼了。他们听到罗伯茨舞会上的成功都很高兴,欢欢喜喜地去睡觉了。罗伯茨走进自己的卧室,撕下了贴在耳朵上的膏药,躲在被子里伤心地哭了一整夜。夜里她总是想象着,现在有多少个家庭里,孩子们正在告诉他们的家长:没有一个人和罗伯茨跳舞。

有一天,罗伯茨独自坐在公园里,心里担忧如果自己的朋友从这儿走过,在他们眼里她一个人坐在这儿是不是有些愚蠢。当她开始打开书,读一段法国散文时,读到有一行写到了一个总是忘了现在而幻想未来的女人,她不禁想:"我不也像她一样吗?"显然,这个女人把她绝大部分时间花在试图给人留下印象了,而很少时候她是在过自己的生活。在这一瞬间,罗伯茨意识到自己整整15年光阴就像是花在一个无意义的赛跑上了。她所做的一点都没有起作用,因为从来就没有人注意她。

在艰苦中成长成功之人,往往由于心理的阴影,会导致变态的偏差。这种偏差,便是对社会、对人们始终有一种仇视的敌意,不相信任何一个人,更不同情任何一个人。爱钱如命的吝啬,还是心理变态上的次要现象。相反的,有气度、有见识的人,他虽然从艰苦困难中成长,反而更具有同情心和慷慨好义的胸襟怀抱。因为他懂得人生,知道世情的甘苦。

善心换善果

善心,不是让我们从此迷信于阿弥陀佛,而是挖掘自己的善良去做事。孔子说:"君子不可以不修身",就是要求我们勤于修己。有时候,好心做事,真的能换来好的结果。

一家新开业的礼品店热闹了一阵后,慢慢静了下来。年轻的女老板刘嘉雅刚把凌乱的柜台整理好,一位20多岁的男青年进了店。他瘦瘦的脸颊,戴副近视镜。他冷冰冰的目光在店中游弋、搜索,最后落在窗边那只柜台里。刘嘉雅顺着男青年的目光看去,见他正盯着一只绿色玻璃蛤蟆出神。这么喜欢蛤蟆的人还是第一次见到,不禁对他另眼相待。

她走过去轻声问道:"先生,如果你喜欢这只蛤蟆的话,不妨拿出来给你看看。"

男青年似乎对看与不看并不在意,伸手把钱包掏出来,问道:

"不用看了,多少钱一只?"

"20元。"

青年连价都没讲,"啪"地把钞票拍在柜台上,非常爽快。青年的举动又让刘嘉雅大吃一惊。

面对刘嘉雅递过来的蛤蟆,青年人眯起眼睛慢慢欣赏着,脸上的肉时不时地抽动一下,继而一丝笑容勉强地跳了出来。"癞蛤蟆想吃天鹅肉,做梦去吧。"他自言自语道:"好,把它作为结婚礼物是再好不过了,但是不知道,他们到底喜不喜欢,哈哈……"青年人的脸兴奋得有点扭曲,两眼灼灼闪着光。

刘嘉雅在一旁细心观察着青年人,她对青年人自言自语道出的那句话感到极大的震惊。虽然她刚刚离开校门不久,但她知道那种东西若出现在婚礼上,将无疑是投下一颗重磅炸弹。从有人类至今为止,历史上从未有结婚典礼上送癞蛤蟆的记载。

刘嘉雅表情平静地问道:"先生,结婚的礼物应当好好包装一下的。"说完弯腰到柜台下找着什么。"真不巧,包装盒用完了。"她说道。

"那怎么行,明天一早我就要急用的。"

刘嘉雅忙说:"不要紧,您先到别处转一下,20分钟以后再来,我现在马上让人送包装盒过来,包装好等你过来拿,保证让你满意。"

20分钟以后,青年人如约取走了那盒包装得极精美的礼物,像战士奔赴战场一样,去参加他以前曾经深深爱过的一位姑娘的婚事。

婚礼的第二天晚上,青年人终于等到姑娘打来的电话,当他听到那久违而又熟悉的声音时,双膝一软竟坐在了地板上。

这一天,他度日如年,是在悔恨和自责的心态中熬过的。他像一个等待法官宣判的罪人一样,等待着姑娘对他的怒斥。可他万万没想到,电话中传来的却是姑娘甜甜的道谢声:"我代表我的先生,感谢你参加我们的婚礼,尤其你送来的那件礼物,更让我们爱不释手……"爱不释手?他简直不相信自己的耳朵。他不知通话是怎么结束的……

青年人度过了一个不眠之夜。清早,他来到礼品店,进门一眼就看见那只蛤蟆还安详地躺在柜台里,此时他似乎一切都明白了。

对青年人的突然出现,刘嘉雅的确有些感到意外。望着他那红肿的眼睛,发现里面已不再是那绝望的冷酷。青年人嘴唇哆嗦了一下,他似乎要说些什么。突然他走到刘嘉雅面前深深地鞠了一躬,等他再抬头时,已是泪流满面。他哽咽地说道:"谢谢你,谢谢你阻止我滑向那可怕的深渊。"

刘嘉雅见青年人已经明白了一切,从柜台里取出一个盒子,交给了他,轻声说道:"这才是你送去的真正礼物。"原来那是一尊水晶制的一对情侣,这对情侣在尽情地接吻,什么力量也无法把他们分开。此时,一缕晨光透过窗子照在水晶上,折射出一串绚丽的七彩光来。

青年人惊叹道:"太美了,实在太美了。谢谢你替我选了个这么漂亮的礼物,难怪他们夫妻都很喜欢。可是这么贵重的礼物,我先前支付的那些钱一定是不够的。"

刘嘉雅忙打断他说道:"论价值它们是有差别的,但它如果能了却你们以前的恩恩怨怨,化干戈为玉帛,那它也就物有所值了。至于购买礼物之间所差的那点钱,也不必想它,将来你还会遇到更好的姑娘,那时候你再到我的店里多买些礼物送给她,就算感谢了。"

谁都有气急败坏的时候,如果你的朋友有一天在不理智的情况下准备做一件坏事,那么你是什么态度?是正义的劝阻,使他更加气愤;还是索性和他一起出了这一口恶气?也许,故事的主人公给我们的答案是最好的。善意的谎言,也好美。

把自己包裹起来

做事情,免不了抛头露面,这就很容易被人列为"打击对象",更何况如果你是个表情丰富的人,同事也好,客户也罢,人们总是希望从你的表情神态中看出些东西,并进而察觉你老板的想法和态度。过于表露,对于自己做事来说,肯定会有不利的影响,有时候,不如把自己包裹起来。

人类还有一个天性是善于掩饰自己。也许是和太多的女性打交道的原因,像李英这样经历沧桑,善解人性的人,仍然能够从女秘书一张一弛的情绪变化中,甚至眉眼神情中发现蛛丝马迹。当然,李英这样的本事也是为了随时调整自己和秘书之间的配合度,使工作更有效率。

这样做的结果,确实有些累,因为李英得察言观色,随时注意秘书的反应。这说起来有些不可思议,按理讲,秘书应该看老板的脸色行事才对。但是,如果身边的助手,例如秘书或司机,因为情绪不佳,老是不开心的样子,你说当老板的能不受影响吗?

所以,当老板的也很在意自己部下的情绪变化,这并不是迁就或者迎合,而只是人性避免冲突的理智反应。老板可以不去考虑部下的感受,但他不能不关心部下给他的心情。

这么多年来曾经先后有 20 多位女性做过李英的秘书,和她们打交道的经验告诉李英,每个月有那么几天,我们男上司对她们是必须比平时要宽容和呵护的,甚至有时候还得忍让多些,陪点儿小心。

那几天特殊日子的特征,从她们的脸上变化就能察觉,譬如眼圈发黑,眼神呆滞;还有她们的行为变化,例如莫名其妙的发火,做事没有耐性,神情倦怠,不修边幅,都能或多或少地感觉到。即使她们出于职业本能有所顾虑,或者因为多年职业修炼而能刻意控制,但细心的上司还是能够意识到一丝异样。

小鲁似乎天生就有不露声色的本事,她虽然年届 20,文化不高,没什么经历,但她气质不俗,心态平和,能在拥挤着上万求职者的人才大市场中,吸引住李英见多识广十分挑剔的眼光,请来做李英的秘书,足见她的与众不同。

无论待人接物处事,她总是有条有理,处置得当,而且脸上始终挂着温和的微笑,表现出与她年龄不相称的成熟。那天公司的招聘广告在报上登出来,一整天的时间,竟然有216个电话进来咨询或报名,三个电话机她一个人负责接听,还要抽空给李英整理文件,安排事务,但她仍能应付自如,从最初的电话到最终的电话,她接听与回答时的语气始终把握得非常职业,态度也始终非常客气。虽然到后来累得疲态尽现,她的脸上微笑依然,丝毫没有女孩子通常会有的烦躁与埋怨。

这样的涵养,岂是轻易就能修得?

更有意思的是,与她共事久了,李英越来越好奇,因为每个月李英总得小心翼翼在意的那几天特殊日子,在她身上居然无声无息。李英当然不能老是去想这件事,甚至测算她的日期,这有点太那个,动机不良的感觉。但是,她越是没有动静,李英就越是纳闷;以李英过去用过众多女秘书的经验,怎么一点儿也不管用?看她每天一如既往地上班下班,始终素面朝天平和安详的样子,不仅没有什么淡妆,连稍微地掩饰也没有。

这对上司来讲,无疑是件好事,因为一个月30天,她每天都能以良好的状态配合工作,上司不用提心吊胆看她脸色,而且工作效率也始终保持。过了很久,一次随意聊天,李英用长辈的口吻表示了自己的困惑和佩服,她听了淡淡一笑:"不会这么夸张吧!"再也没有其他反应。

也许对她而言,这是私人的问题,不在讨论之列,即使是自己的上司。

有一次电视台记者来采访,说是有人投诉公司经营中的问题。李英素来对记者敬而远之,所谓成也萧何,败也萧何,记者那张嘴或笔,可以把你捧上天堂,也能把你打入地狱,有些人品人格都很低下的记者更是过分,为了达到自己哗众取宠的目的,甚至别有用心地做出一些伤天害理的事,李英曾深受其害,所以就让小鲁去挡驾。

记者先入为主,向秘书提出了一些十分敏感的问题,但无论是记者威胁引诱,还是好言相劝,或者有意激怒,小鲁始终不卑不亢,不露声色地周旋应付,让那几个记者恼也不是,笑也不是,折腾了大半天,得到的收获并不如他们原先预想的那么有料可炒,结果这些恶意采访的记者只能悻悻然地告辞。

以小鲁这样的耐性及涵养,可想而知,她在待人接物处事时的平和与安详。曾有一次,客户因为沟通上的误会,情绪失控,叫来几个黑道上的兄弟,拿着杀猪刀打上门来。那天李英正好没在公司里,办公室里人也不多,仅有的几位员工哪见过这阵势,当时就吓呆了。小鲁是李英的秘书,那些人自然就找她麻烦,对她大声叱骂,凶神恶煞地逼她说出李英的下落。

小鲁虽然很害怕,但她更担心老板这时突然回到公司,如果李英不知情,很可能会吃大亏。于是她平静地告诉对方,她要打电话给李英,对方怕她通风报信,威胁她小心说话,她当然没得选择,只能按照对方的意思。她当着对方的面拨通李英的手机,脸上不露声色地告诉他:"老板,来了几位朋友,在这儿等您,您马上回来!"

李英第一次听她用这种直截了当的命令式口吻和他说话,而且如此严肃,甚至于连她常挂在嘴边的"请"字也没有。李英有些惊讶,这种非正常的态度一定有什么原因!他猛然意识到,她一定是遇上了什么麻烦,她不好明说,只能这样子暗示我。她有所顾忌,说明她身边一定有其他人。

李英心里一紧,立刻拨通公司里另外的电话,向其他员工打听,果然如他预感的那样,只是不知道何方神圣来此闹事,于是,李英一面打110报警,一面催司机开车赶回公司。

没想到小鲁还真能稳住对方,控制局面,等李英先于警察赶回公司里,看见的场景,却是秘书和对方坐在那里,谈得不错。李英走进去之后,对方知道李英是老板,居然都很客气和恭敬。为首的那位还拍拍李英的肩膀,连声说:"误会,误会!受人之托,一点小事而已,大家都是朋友。"

原来那位客户为了8000元港币的货款,和李英的采购部及财务部发生了一点儿误会,情急之下,出此下策。看来文化不高的人,总是有些粗俗,难免会做出一些"可爱"的举动。

老板问明情况,给那位客户通了电话,双方把话说清楚,他也同意李英的意见,大家按规矩办事。李英让秘书代他送这些朋友出门,临走时,为首那位特地对李英说:"你的秘书真厉害,兄弟佩服,佩服!我们把这么长的刀,"他用手比画了一下,"架在她脖子上,要她给钱,她居然一点儿也不害怕,相反嘲笑我们,为了这么点钱动粗,实在太有些小家子气!一下子把我们说得自己也觉得很没面子。"

他再一次握握李英的手:"不好意思,打搅了。"

一个小女子,长刀架在脖子上,竟然能面不改色,做到"泰山崩于前而不惊",除非有特殊的心理承受能力和应变能力,否则怎么可能?尤其能以平常心来化解危局,只一句普普通通的埋怨就刺到对方的自尊心,令对方顿觉悔悟,这样的功力岂非奇迹?

要想从小鲁的表情中探听虚实,或者是她的反应中了解究竟,几乎是不可能的事,对此,她的同事们都深有体会。但在危急关头,仍能平静如水。泰然处之,做到敌人也佩服之至,李英是第一次领教。这小女子真不简单!

第六节　善与不善,必先知之

卡耐基说过:"我们多数人的毛病是,当机会朝我们冲奔而来时,我们兀自闭着眼睛,很少人能够去追寻自己的机会,甚至在绊倒时,还不能见着它。"其实,这种情况也正是不明白做事的中庸之道所造成的,当我们以退让甚至隐忍为自己寻求进一步发展的空间的时候,不能忘记我们还必须观察所做事情的突破口,抓住了关键,你的退让才会有价值。

用中庸之道做事的敏感性

《中庸》有云:"祸福将至:善,必先知之;不善,必先知之。"善与不善,也是事情的两个极端,如何发展善的方面而防止"不善"的发生,所采用的中庸之道都是一个字:知。所谓知己知彼,方能百战不殆。

一天中午吃过饭,小梁就被人力资源部部长叫去了。回来的时候,小梁的脸色显得更加苍白,有明显哭过的痕迹。到底出什么事了?

事情是这样的,前几天公司开人事会,说是在新加坡办事处的洪刚病了,那边要求公司尽快派人去顶替,所以当时就定了出口部的雷鸣过去。九月一日正式发调令。那天开会正巧是小梁负责送水沏茶,她听见了调雷鸣去新加坡的事。而小梁和雷鸣原来是打算今年国庆节期间结婚的。

他俩昨晚约会时,小梁把雷鸣要派到新加坡去的事说了出来。如果小梁只对雷鸣说了,事情到此为止,也就没什么大事。可偏偏今天上午雷鸣不知是有意还是无意之间,把这事在办公室里说了出来。大家都是工薪阶层,谁有个升迁调动,特别是外派新加坡这样的美差,能不敏感吗?所以,没过几分钟,这件事就传到人力资源部部长的耳朵里去了。人力资源部部长马上找到雷鸣,问他是听谁说的,雷鸣只好说是听小梁说的。人事问题是公司机密中的秘中之秘,调令还没有正式公布,就已经满城风雨,人力资源部部长当然不能容忍这种事情发生,所以,他刚才把小梁叫去,狠狠地批评了一顿。这事怎么处理还没最后定。

会给小梁一个怎样的处分?是调离秘书科还是炒鱿鱼?大家一个下午都在默默地推测。

作为一个人,我理解小梁的做法。小梁这种情感是真挚的,不应该将调动这么大的事瞒着雷鸣。但是,我们都应该知道,在公司的所有机密里,人事问题永远是秘中之秘。从这个角度来看,人力资源部给小梁的任何处分,都不过分。秘书,顾名思义,就要严守秘密。不过,雷鸣毕竟是个普通的员工,不是公司的高层领导,这事还没有给公司造成什么实质性的危害,所以,小梁在这一方面并不是说就做大错特错了什么。

而对于其他做事者来说,大家每天辛辛苦苦地工作,到底是为了什么?不就是为了使自己的生活更加美好吗?在生活中,对于他们这样的女性来说,有什么比爱情和婚姻还重要的东西?所以小梁的做法还是很有一些人情的味道。

如果反思一下,小梁确实也违背了一个做事者的一个中庸之道,不知道自己所处的位置与环境,就很可能将"善"引向"不善",从这个角度来看,我们不应该用性别袒护自己,错了就错了,我们以此为戒。

公司对小梁的处理结果出来了,记过处分。听到这个结果,大家都松了一口气。但公司里近一段时期以来气氛比较沉重。每年到这个时候,都要进行例行的人事调整,对于工薪阶层来说,这是一个非常微妙的时期。当然,对于年轻的女秘书来说,没什么大影响,主要是那些男性的中层干部比较关心。调到外地的分公司、办事处或控股企业去,不知是甜还是苦,是福还是祸。

中午,在餐厅吃饭的时候,研发部的李龙科长端着饭盘来到了总经理秘书小方对面。

"小方,这次我们研发部人事有什么变动?"

"对不起,李科长,我不太清楚。"由于总经理的工作重点常放在研发上,小方平时跟李龙打交道也不少,他对小方的工作还是很支持的。

"你怎么会不知道呢?"他似乎没料到小方会这么回答他,所以脸上出现了尴尬。

"李科长,我真的不知道。所有人事方面的文件起草都是人力资源部在做。"

小方说的话一半是真的,一半是假的。文件是人力资源部起草的,但在送给孙总的时候,她看到了里面的内容。

"是吗?"李龙转移了话题,随后就怏怏地走了。

作为平常人,我们理解李龙的心情,他上有老、下有小,真的要是调到外地,的确会有许多实际困难,但职场的生存环境就是这么残酷。作为秘书,小方必须严守不泄露机密这条最基本的职业道德,否则,小方也不知道自己的饭碗什么时候会被砸掉。

用中庸之道寻求成功的机会

古语说："识时务者为俊杰,昧先几者非明哲。"这讲的是我们在做事情的时候,需要找准合适的突破口。勤奋苦干自然值得鼓励,但如果不找突破却一味蛮干,只能沦为傻干的地步。边干边找突破,这就是做事的中庸之道。

已故的哈伯博士原是芝加哥大学的校长,也就是他那一时代最好的一位大学校长。他喜爱筹募数额庞大的基金。洛克菲勒捐款数百万美元以支持芝加哥大学就是由他介绍的。

哈伯先生需要额外的 100 万美元来兴建一座新的建筑。他拿了一份芝加哥百万富翁的名单,研究他可以向什么人筹募这笔捐款。结果他选了其中两个人,每一个都是百万富翁,而且彼此是仇恨很深的敌人。

其中一位当时是担任芝加哥市区电车公司的总裁。哈伯是选了一天的中午时分——因为,在这时候,办公室的人员,尤其是这位总裁的秘书,可能都已外出用餐了——悠闲地走入他的办公室,发现外面的房间没有人看守,于是径自走入他这位"受害者"的办公室。对方对于他的突然出现,大吃一惊。

哈伯博士自我介绍说道:"我叫哈伯,是芝加哥大学的校长。请原谅我自己闯了进来,但我发现外面办公室并没有人,于是我只好自己决定,走了进来。"

"我曾多次想到你,以及你们的市区电车公司。你已经建立了一套很好的电车系统,而且我知道你赚了很多钱。但是,每一想到你,我总是要想到,总有一天你要进入那个不可知的世界。在你走后,你并未在这个世界上留下任何纪念物,因为其他人将接管你的金钱,而金钱一旦易手,很快就会被人忘记它原来的主人是谁。

"我常想为你提供一个让你的名字永垂不朽的机会。我可以允许你在芝加哥大学兴建一所新的大楼,以你的名字命名。我本来早就想给你这个机会,但是,学校董事会的一名董事先生却希望把这份荣誉留给 X 先生(这位是电车公司老板的敌人)。不过,我个人在私底下一向欣赏你,而且我现在还是支持你,如果你能允许我这样做,我将去说服董事会的反对人士,让他们也来支持你。

"今天我并不是来要求你做出任何的决定,只不过是我刚好经过这儿,想顺便进来坐一下,和你见见面谈谈。你可以把这件事考虑一下,如果你希望和我再谈谈这件事,麻烦你有空时拨个电话给我。

"再见,先生!我很高兴能有这个机会和你聊一聊。"

说完之后,他低头致意,然后退了出去,不给这位电车公司的老板表示意见的机会。事实上，这位电车公司老板根本没有任何机会说话，都是哈伯先生在说话。这也是他事先如此计划的。他进入对方的办公室就是为了埋下种子，他相信，只要时间来到，这个种子就会发芽，成长壮大。

他的这种想法并非没有基础。他刚回到大学的办公室，电话铃就响了，是电车公司老板打来的电话。他要求和哈伯博士订个约会，获得准许。第二天早上，两人在哈伯博士的办公室见了面，一个小时后，一张100万美元的支票已经交给哈伯博士了。

尽管事实上，哈伯博士个子矮小，其貌不扬，但据说他"具有特殊能力，能够使他得到他所追求的每一样东西"。至于他的"特殊能力"究竟是什么呢？那正是他在讲话时透露了若干信息，让对方能从中聆听到重要信息，并且进入了他所设下的"圈套"。

我们再来假设，他在和那家电车公司老板见面后，开头就这样说："芝加哥大学急需基金来建造大楼，我特地前来请求你协助。你已经赚了不少钱，应该对这个使你赚大钱的社会尽一份心力才对（也许，这种说法是正确的）。如果你愿意捐100万美元给我们，我们将把你的姓名刻在我们所要兴建的大楼上。"结果会如何呢？

第一，没有充分的动机足以吸引这位电车公司老板的兴趣。第二，他可能比较喜欢处于这个建议的攻击性的一面，而不愿处于防守性的一面。

但是，精于透露信息的哈伯博士，却以他特殊的方式提出说辞，而制造出如此突发机会。他使这位电车公司老板处于防守的地位。他告诉这位老板说，他（哈伯博士）不敢肯定一定能说服董事会接受这位老板想使他的姓名出现在新大楼的欲望，因为，他在那位老板脑中灌输了这个念头：如果他不予捐款的话，他的对手及竞争者可能就要获得这项荣誉了。还有，哈伯博士已经针对人类最常见的一个弱点，提出一项有力的攻击。他向这位电车老板指出，如何才能使自己的姓名永垂不朽。

哈伯博士是位杰出的推销员，当他请人捐款时，他总是先为自己能够成功取得这项捐款而铺路。他先在请求捐款对象的脑海中埋下为什么应该把钱捐出的一个充足的好理由；这个理由自然会向这个捐款对象强调捐款后的某些好处。通常，这种好处都是属于商业上的。同时，它也会去吸引这个对象天性中的某些兴趣，而促使他希望他的姓名能够在他死后永垂不朽。因此哈伯博士总是要根据一项事先仔细思索妥当的计划来加以进行，不光是善于倾听，而且要善于让对方更好地理解自己的意图。

该出手时就出手

我们总结"中庸之道"的时候,评论一句为"抓大放小、恰到好处",什么是大,什么是小,就是人与人做事效果不同的关键。有的人仿佛把握住了机会,可是无奈人云亦云,顶多维持了自己的温饱;有的人则抓准了关键,该出手时就出手,做事不愁没有大业绩。

很多年前,一则小消息平静地传播在人们之间:美国穿越大西洋底的一根电报电缆因破损需要更换。这时,一位不起眼的珠宝店老板却没有等闲视之,他几乎十万火急,毅然买下了这根报废的电缆。

没有人知道小老板的企图:"他一定是疯了!"

他呢?关起店门,将那根电缆洗净、弄直,剪成一小段一小段的金属段,然后装饰起来,作为纪念物出售。大西洋底的电缆纪念物,还有比这更有价值的纪念品吗?

就这样,他轻松地发迹了。接着,他买下了欧仁皇后的一枚钻石。那淡黄色的钻石闪烁着稀世的华彩,人们不禁问:他自己珍藏还是抬出更高的价位转手?

他不慌不忙地筹备了一个首饰展示会,当然是冲着皇后的钻石而来。可想而知,梦想一睹皇后钻石风采的参观者会怎样蜂拥着从世界各地接踵而至。

他几乎坐享其成,毫不费力就赚了大笔的钱财。

他,就是后来美国赫赫有名、享有"钻石之王"美誉的查尔斯·刘易斯·蒂梵尼,一个磨坊主的儿子!

这个年代,已经不是好酒不怕巷子深的年代了,挣钱和物美价廉,质量过人仿佛已经不能简单地画上等号了。如今,人们的消费层次在上升,精神上的消费所占的比例越来越大;再则,"眼球经济"也确实是当今经济的重头戏。能不能发财,就看你能不能"抓"住大家的眼球了。

敢想则敢做

想,是头脑中的风暴;做,则是风暴的外在表现,古语说:"大胆天下去得,小心寸步难行。"如何好好做事,则先要在头脑中掀起一场风暴。而且,能够利用想象力赚大钱的并不只是学者或者教授这一类型的做事者而已。不管是商界的生手或是已经"功成名就"的老手,都能够拥有这种伟大的力量。

有一天,铁钢大亨史威伯的私人汽车刚在他的贝泰钢铁工厂的停车场上停下来，当他从车上下来时，一个年轻的速记员立刻迎上前去。这位速记员说，他之所以立刻赶上前来，只是希望如果史威伯先生有任何信件或电报要写的话，他能够立即提供服务。没有任何人吩咐这位年轻人一定要在场，但他有足够的想象力，他这样做对自己的前途没有丝毫坏处。从那一天起，这位年轻人就被"注定"要升官发财了。史威伯先生之所以看中这个年轻人，是因为他做了贝泰公司其余十几名速记员可以去做但一直没做的事情。在今天，这位年轻人已是世界上最大规模的一家药品公司的总裁，拥有难以估计的庞大财富。

几年以前，某位老板接到了一位年轻人的来信，他刚从商学院毕业，希望到他的办公室工作。他在信中夹了一张崭新而从未折叠过的 10 元新钞。这封信的内容是这样写的：

"我刚刚自一家第一流的商学院毕业，希望能到您的办公室服务。因为我了解到，一个刚刚展开他的商业生涯的年轻小伙子，能够幸运地在像您这样的人的领导下从事工作，实在太有价值了。"

"随函附上的 10 元钞票，足以偿付您给我的第一周指示所花的时间，我希望您能收下这张钞票。在第一个月里，我愿意免费替您工作，然后，您可以根据我的表现，而决定我的薪水。我希望能获得这项工作，渴望的程度，超过我一生当中对任何事情的热望，为了获得这项工作，我愿意做任何合理的牺牲。"

这位年轻人如愿以偿地进入了这间办公室。他的"想象力"，使他获得了他所希望得到的机会。在他工作的第一个月即将届满前，一家人寿保险公司的总裁知道了这件事，立即请这位年轻人去当他的私人秘书，薪水相当高。今天，这位年轻人已是世界上最大一家人寿保险公司的重要干部。

几年以前，有位年轻人写信给发明大王爱迪生，希望能进入他的公司服务。由于某种原因，爱迪生没有给他回信。但这位年轻人并未因此而感到沮丧，反而下定决心，不仅要得到爱迪生的答复，更重要的是，还要得到他所寻求的工作。他居住的地方，距离爱迪生公司所在地的新泽西州西橘市很远，而且他连买火车票的钱也没有。但他却有丰富的想象力。他搭乘货车到了西橘市，接受面谈，亲口说出自己的经历，并得到了他想要的工作。

今天，这位先生住在俄罗里达州的布瑞登镇。他已经退休，已是百万富翁。如果你想查证我这些话的可靠性，我可以把他的姓名告诉你：巴尼斯。

巴尼斯运用他的想象力，看出了和像爱迪生这样伟大人物一起工作的好处。他看出了这样的工作环境使他有机会去研究爱迪生，同时又使他和爱迪生的朋友们有所接触，因为这些人都可以算作是世界上最有影响力的人物。

这些都是众所周知几件个案。在这些个案中,我看到了人们如何实际运用他们的想象力,而使他们获得了在这个世界中的高级职位,并且积聚了大笔财富。

用中庸评估自己的能力

有一种东西,比才能更罕见、更优美、更珍奇,那就是自知之明。自知之明不是一句客气话,倒更像是一个人做事之前的准备。为什么我们有一句"人贵有自知之明"的祖训,就在于自知方能达到"贵"的目的。

我有一个朋友经常向我发牢骚,看来他的工作已经让他心烦意乱了。他经常对我说,他的工作都必须在规定的时间内完成,但他却不得不浪费许多时间,用来说服团队中的每一个人接受他的想法。他已经受够了陪客户跳舞、向女士们亲吻手背道别的应酬。他想躲避这一切就像躲避自己的债主一样。

不久前,我住院观察,吃医院里的病人食堂,而躺在我旁边的人不停地嘀响咕咕。

"你怎么啦?"我问。

"这东西就算给我喂猪,我也不要!"他抱怨。

"你就不要把它当作食物,"我说,"就把它当作一种游戏,你不觉得把一些东西从饭盒里取出,其实就像在运动吗?这样有没有让你觉得舒服些?"

他有点困惑地看着我,过了一会儿,微笑着打开自己的饭盒开始用餐。

要病人餐做得和餐厅的菜一样好吃,是不切实际的要求。同样的道理,面对工作上你不得不去做你不愿意做的事情的时候,你也必须采取一种截然不同的态度。与其将它视为跳舞、应酬的苦差事,不如把它想成是"完成任务的方法"。因为,这的确就是应酬的最终目的;当你必须和一群要求高、反应敏锐、主观意识强烈的人一块儿工作,这是绝对无法避免的事情。而你的挑战,便是找出能让你应付自如、乐在其中的方法。

注意观察。在你公司里,最有效率的人如何将工作完成。二次世界大战期间,有一位成功者在欧洲担任高级采购主管。当人们问他,做这工作有什么成功秘诀,他说:"和对方喝几杯苏格兰威士忌。我最满意的一次,是用四件防水外套换来一部吉普车。"没错,这是政治手腕,但他了解体制的运作,而那些年轻的军官却一无所知。当然,苏格兰威士忌在第二次世界大战时行得通,在你公司里可能没什么用武之地;不过我相信,贵公司那些大官们一定想出了别的方式,以达到相同的目的。仔细观察他们,看看能不能学到一招半式。

事先评估你的工作所可能引发的各种效应,并做好准备。政治是无所不在的,因此,千万别天真地以为,人们只会从工作品质来评断你的表现。对于那些手握生杀大权的人,你也必须花点心思。我认识一位领班,就曾经领悟到这么做的好处。例如,他知道,他上司的上司对于他的能力怀有戒心,因此他总是把重要的工作交给别人,这一来,他和这些工作完全没有瓜葛;虽然,这让别人得到好处,但也使得他自己的工作总能顺利完成。

事先评估自己的能力。在我看来,肯尼·罗杰斯的歌,唱出了其中精髓:"知道什么时候该拥抱,知道什么时候该收手,知道什么时候该更新(你的履历表)。"任何一位职场高手都会告诉你:要知道自己能力的极限。

用中庸之道寻求自己的位置

找工作,办事情,对号入座很重要,有什么能力办什么事情,亘古以来,这就是一条真理。我们说中庸之道在于"有方有圆",方的不就是你适合这个"坑"的能力吗?

有一位外交大臣决定挑选某人当他的随从,当挑选结果宣布后,全部的人都感到非常惊讶,因为这个人根本不适合当随从。在众人眼中,随从都是勤勤恳恳、少言少语的,讲话很少,做事谨慎,对领导体贴入微。但是外交大臣选的人,处事完全不一样。他是一个大大咧咧的人,从来不会照顾人。每次外交大臣和他出国,都是外交大臣亲自走到他房间里说,快起来,到点了。对于日程安排,他有时甚至不如外交大臣清楚,原本 9 点的活动,他却说 9:30,经过核查,十有八九他是错的。

为什么外交大臣会选这么粗心大意的人当随从呢?外交大臣是在一项非常困难的谈判即将开始的情况下选此人当随从的。每当谈判的压力增大,外交大臣的脾气也会变得很大,有时候甚至和外国人拍桌子,回来以后一句话也不说。每次外交大臣回到房间后,其他人都不愿自讨没趣到他房间里来。唯有那位随从,每次不敲门就大大咧咧走进来,坐到外交大臣的房间就跷起腿,说他今天听到什么了,还说外交大臣某句话讲得不一定对等等,而且他从来都是直呼外交大臣的名字,就像是和一个普通人交往一样。

他还经常出一些馊主意,被大臣骂得一塌糊涂,但他最大的优点就是经得住骂。无论怎么骂,他都不大在意,5 分钟以后又回来了,我说呀,你刚才那个说法不太对。其实这位随从是个学者型的人物,他是这次谈判内容专题的专家,他对自己研究的问题简直像着迷一样,以至他对很多事情不敏感,人家对他的批评他也不敏感,所以在外交大臣脾气非常暴躁的情况下,在外交大臣当时难以听到不同声音的情况下,有那位经骂的随从对外交大臣就显得分外重要了。

谈判成功以后,外交大臣的脾气也好多了,稀里糊涂的随从已不再适合外交大臣的"胃口",于是外交大臣很快给他换了一个职位。

不要误解故事中的外交大臣是个过河拆桥之人,因为一个人在某个特定的历史背景、某个特定的历史时期,他做某件事情适合,但是换一个时间,他可能就不适合了。

诚然,外交大臣是位卓越的领导,因为他非常清楚什么时候什么人最适合什么工作,什么时候该用什么人,什么时候不该用什么人,这一点,是常人所无法望其项背的。所以,管理的任务简单地说,就是找到合适的人,摆在合适的地方做一件正确的事,然后鼓励他们用自己的创意完成手上的工作。

君子藏器

《中庸》讲:"君子藏器于身,待时而动。"待时,自然是时机尚未成熟,还不到获得做事最好突破口之际,而要使这种机会不至于白白丧失,便需要"藏器于身",随时接受命运的考验。

查里是在布鲁塞罗长大的,那时他非常胆小,而且说起话来口吃得厉害,他最怕被老师叫起来当着全班同学的面说话。有时,查里知道上课时老师会叫他,他就逃学,每逢躲不开的时候,查里就背着全班站着朗读,同学们常常取笑他。

查里真正得到解脱是在15岁的时候。那时正赶上经济大萧条,他不得不辍学,在曼哈顿地区帮父亲和叔叔把服装和鞋送到顾客家里去。父亲和叔叔付不起查里的工钱,但是干那种跑腿的差事改变了他的生活道路。

起初查里对歌剧的爱好不断增加——这主要是受妈妈的影响,他妈妈是一位业余歌手,她的嗓音优美。听到查里在家里唱歌,她就带他去拜见一位声乐老师。这位声乐老师的工作室就在大都会歌剧院里。查里心里充满了对老师的敬畏。他们交不起学费,但是老师同意靠奖学金教他唱歌。

查里利用午餐的时间,手里抱着一大堆鞋盒和衣物去上课,或是干完了活去上课。那时他已经累得精疲力竭。查里和妈妈都没有把上课的事告诉父亲,因为他们知道父亲是不会理解的。

一天上完课后查里回家晚了,父亲不知道他为什么这么晚才回家。查里不能再保密了,他忍不住就把上声乐课的事告诉了父亲。虽然父亲不知道什么是声乐课，但他没有阻止查里。

这以后不久，一天查里去第57街送货的时候，看见音乐大厅前围着一群人。原来是一个著名的旅游胜地要招收一名暑假帮工，正在这里进行面试。

查里唱了一首歌，压倒了40多名对手，得到了这份工作。那时候他18岁，因为缺乏实际经验，查里感到非常紧张。但是在工作中他什么活都得干，所以这种紧张感很快就消失了。男声合唱队唱歌的时候，查里给他们伴唱。查里同时还为一个青年喜剧演员当助手。第一次听到观众的掌声时，查里就知道他这条路是走对了。

连查里自己都不敢相信，他一上台演唱，口吃就消失了。每次站到一批新的观众面前，他的自信心就得到进一步增强，胆怯也随之消失。查里学到的最重要的东西是：使人变软弱的不利条件是有可能克服掉的。

那天如果查里不去送货，他就永远不会遇上那次面试，就不会有那第一次转机。这段经历告诉查里，只有投身到社会生活中去，在生活中摔打，才会知道能遇到的机会是无穷无尽的。

没有机会试着创造机会，有了机会决不能放过机会。机会在每个人的面前都是平等的，但是抓不抓得住可就看自己的了。那么怎么才能帮助自己抓住机会呢？制定合理的目标恐怕是个好办法。

自己的利益不可马虎

自尊自强，这是为人做事的根本，要做事，就要有自己做事的尊严，俗语说："没有斗狼的胆量，就不要牧羊。"如果你真有一个做事情的雄心，就要有为自己争取利益的勇气。

由于家里穷，王苇只能利用休息时间，做家庭教师来赚取大学生活中所需要的生活费。前几天，李小华请王苇到自己的家里。她在这里已经工作了一段时间，需要结算一下工资了。

李小华对她说："请坐，王苇！让我们算算这段时间以来您的工资吧。您也许要用钱，您太拘泥礼节，自己是不肯开口的……我和您讲妥，每月400元……"

"600元……"

"不，400元……我这里有记载，我一向按400元付教师的工资的……您呆了两月……"

"两月零5天……"

"整两月……我这里是这样记的。这就是说,应付您800元,扣除其中15天,实际上您这15天没有教李林什么东西,只是和他在一起玩,另外还有两个节日。我想我没有弄错吧。"

王苇骤然涨红了脸,牵动着衣襟,但一语不发。

"15天,3个节日一并扣除,应扣234元……李林有病4天没学习……您牙痛3天,我内人准您午饭后歇假……这应该扣85元,扣除……还剩……嗯……481元。对吧?"

王苇左眼发红,并且满眶湿润,下巴在颤抖。她神经质地咳嗽起来,擦了擦鼻涕,但一语不发!

"前一段时间,您打碎一个带底碟的配套茶杯。扣除25元……按理茶杯的价格远比这高,它是传家之宝……您要知道自从您来了之后,我们的财产到处丢失!由于您的疏忽,李林爬树撕破了才给他买的新衣服……扣除50元……丢失皮鞋一双,也是出于您玩忽职守,您应付一切负责,所以,也就是说,从您的工资当中再扣60元……1月9日您从我这提前拿了点生活费……"

"我什么时候,从您这里拿走过生活费?"王苇嗫嚅着。

"您可能是自己不记得了,您可以看看我这里的记录。"

"……那您的生活费就是481减135,再减掉您拿的50块生活费……也就是说您的工资就是296元。"

王苇两眼充满了泪水,鼻子渗着汗珠,令人怜悯的小姑娘啊!

她用颤抖的声音说道:"有一次我只从您夫人那里拿过20元钱,因为出来的时候忘了拿钱包了,我当时身上没有一分钱了,才找大姐借了20元。"

"这么说,我这里漏记了!从296元再扣除您从大姐那借的20元……呐,这就是您的工资,276元,请收下吧。"

李小华把工资递给了她……她接过去,喃喃地说:"谢谢。"

李小华一跃而起,开始在屋内踱来踱去。憎恶使他不安起来。

"为什么谢我?两个月您才拿了276元的工资,难道够您两个月的生活费吗?"李小华问。

"为了钱。"

"为了钱?应该得1200元的工资,但是现在才拿到276元,鬼晓得,这是抢劫!实际上我偷了您的钱!为什么还说:'谢谢'。"

"在别处,根本一文不给。"

"不给?不会吧,现在真的有那么多人这样做吗?不过您放心好啦,我在和您开玩笑,对您的教训是太残酷……我要把您应得的1200元钱如数付给您! 呐,事先已给您装好在信封里了! 何至于这样快快不快呢? 为什么不抗议? 为什么沉默不语? 难道生在这个世界口笨嘴拙行吗? 难道可以这样软弱吗?"

李小华没有等王苇辩解接着说,更重要的是,他知道她是不会进行辩解的:"您知道吗? 您这样做只会令那些不付人工资的强盗,更加大胆妄为。所以从今以后面时这样的情况,您不应该再保持沉默,而是要大胆维护自己的权利。"

她苦笑了一下,而他却从她脸上的神态看出了一答案,这就是"可以"。

李小华请她对自己的残酷教训给予宽恕,接着把使她大为惊疑的1200元递给了她。

她羞羞地过了一下数,就走出去了……

人善被人欺,马善被人骑。我们不能心存恶念,坑害别人,但却应该坚持维护自己应得的权益。当今社会,陷阱比比皆是,恶人也不算少,合理合法地保护自己是我们必备的意识。虽说是一份厚道一份福,但也得分时分地,对于要欺负我们的人,"迎接他的也要有猎枪"。

尽在你掌握

不管我们做什么,成功的关键只有一条,那就是这件事情究竟在不在我们的掌握之中。中庸之道在于抓大放小,放掉的可以是细枝末节的东西,而需要抓住的,则是你人生中不可多得的机会。这也是苏东坡告诉我们的:"来而不可失者时也,蹈而不可失者机也。"

曾有一位40出头的经理人员苦恼地来见心理专家拿破仑·希尔。他负责一个大规模的零售部门。

他很苦恼地解释说:"我怕会失去工作了,我有预感我离开这家公司的日子不远了。"

"为什么呢?"

"因为统计资料对我不利。我这个部门的销售业绩比去年降低了7%,这实在糟糕,特别是全公司的销售额增加了65%。最近,商品部经理把我叫去,责备我跟不上公司的进度。"

"我从未有过这样的感觉。"他继续说,"我已经丧失掌握的能力,我的助理也感觉出来了。其他的主管也觉察到我正在走下坡路。好像一个快淹死的人,旁边站着一群旁观者等着我没顶。我猜我是无能为力了,我很害怕,但是我仍希望会有转机。"

拿破仑·希尔反问他："只是希望能够吧？"接着希尔停了一下，没等他回答又接着问："为什么不采取行动来支持你的希望呢？"

"请继续说下去。"他说。

"有两种行动似乎可行。第一，今天下午就想办法将那些销售数字提高。这是必须采取的措施。你的营业额下降一定有原因，把原因找出来。你可能需要一次廉价大清仓，好买进些新颖的货物，或者重新布置柜台的陈列；你的销售员可能也需要更多的热忱。我并不能准确指出提高营业额的方法，但是总会有方法的。最好能私下与你的商品经理商谈。也许他正打算把你开除，但假如你告诉他你的构想，并征求他的意见，他一定会给你一些时间去进行。只要他们知道你能找出解决的办法，他们是不会做划不来的事情的。"

希尔继续说："还要使你的助理打起精神，你自己也不能再像一个快淹死的人，要让你周围的人都知道你还活得好好的。"这时他的眼神又露出勇气。

然后他问道："刚才你说有两项行动。第二项是什么？"

"第二项行动是为了保险起见，去寻找更好的工作机会。我并不认为在你采取积极的改进措施、提高销售额后，工作不会保住。但是骑驴找马，比失业了再找工作好十倍。"一段时间后，这位一度遭受挫折的经理打电话给希尔："我们上次见过以后，我就努力去改进。最重要的步骤是改变我的推销员。我以前都是一周开一次会，现在每天早上开。我真的使推销员们又充满了干劲。"

"成果当然也出现了。我们上周的周营业额比去年的业绩好得多，而且比所有部门的平均业绩也好得多。"

"喔，顺便提一下，还有个好消息，我们谈过以后，我就得到两个工作机会。当然我很高兴，但我都回绝了，因为这里的一切又变得十分美好。"

机遇之神以无与伦比的技巧向我们表明，与它的恩惠和仁慈相比，任何才华能力都是无用的。而最有希望的成功者，往往不是才干出众的人，而是那些善于利用每一时机去发掘开拓的人。

小中才见大

《韩非子》说："天下之难事，必作于易；天下之大事，必作于细。"大和小，看上去像两个极端，然而，在大、小之间找到中庸之道，从细节入手，以小博大的事例比比皆是。这里面最重要的是：要想成功，我们只有一心想着目标，不能被其他的想法所困扰，或者诱惑。

瓦伦达是美国一个著名的高空走钢索表演者，在一次重大的表演中，不幸失足身亡。他的妻子事后说，我知道这一次一定会出事，因为他上场前总是不停地说，这次太重要了，不能失败，绝不能失败；而以前每次成功的表演，他只想着走钢索这件事本身，而不去管这件事可能带来的一切。后来，人们就把专心致志于做事本身而不去管这件事的意义，不患得患失的心态，叫作"瓦伦达心态"。

美国斯坦福大学的一项研究也表明，人们大脑里的某一图像会像实际情况那样刺激人的神经系统。比如当一个高尔夫球手击球前一再告诉自己"不要把球打进水里"时，他的大脑里往往就会出现"球掉进水里"的情景，而结果往往事与愿违，球大多都会掉进水里。这项研究从另一个方面证实了"瓦伦达心态"。

但丁的伟大作品《神曲》，给人印象最深的，就是那一句千古名言。但丁在其导师、古罗马诗人维吉尔的引导下，游历了惨烈的九层地狱后来到炼狱，一个魂灵呼喊但丁，但丁便转过身去观望。

这时导师维吉尔这样告诉他：

"为什么你的精神分散？为什么你的脚步放慢？人家的窃窃私语与你何干？走你的路，让人们去说吧！要像一座卓立的塔，决不因暴风雨而倾斜。"

无论在哪里，无论你面对什么，"走你的路，让别人去说吧。"向着目标，心无旁骛地前进。

日本有位叫河村的船舶大王，他在创业之初曾以收捡别人丢弃的生菜为业。他每天将别人丢掉的菜叶洗干净，加盐做成酱菜卖给贫苦的劳工，当时许多亲戚和朋友都十分看不起他。

"那个家伙是一个乞丐！"

"那个家伙已经没有希望娶太太啦！"

河村并没有被他人的舆论所吓倒，别人越轻视他，他干得越起劲。后来，他不断改进酱菜的味道，成了规模很大的酱菜批发商，最后逐渐成为船舶大王。

人们在行动中应该只看到目标，这样就使人采取最与众不同的，最有创意的、最简单直接的方式达到目标。

传说公元前 233 年冬天，马其顿亚历山大大帝进兵亚细亚。当他到达亚细亚的弗尼吉亚城，听说城里有个著名的预言：

几百年前，弗尼吉亚的戈迪亚斯王在其牛车上系了一个复杂的绳结，并宣告谁能解开它，谁就会成为亚细亚王。自此以后，每年都有很多人来看戈迪亚斯打的结子。各国的武士和王子都来试解这个结，可总是连绳头都找不到，他们甚至不知从何处着手。

亚历山大对这个预言非常感兴趣,命人带他去看这个神秘之结。幸好,这个结尚完好地保存在朱庇特神庙里。

亚历山大仔细观察着这个结,许久许久,始终连绳头都找不到。

这时,他突然想到:

"为什么不用自己的行动规则来打开这个绳结?!"

于是,他拔出剑来,一剑把绳结劈成两半,这个保留了数百载的难解之结,就这样轻易地被解开了。

亚历山大立刻行动、一心朝向目标、不墨守成规、按自己的行动规则做事的作风,注定了他必然成为亚细亚王。

困难或许是美好的

我们做事情往往会遇到不如意,这份不如意往往隐藏着美好,因为最美好的事往往也是最困难的。爱默生也曾说过:"真正的快乐不见得是愉悦的,它多半是一种胜利。"没错,快乐来自一种成就感,一种超越的胜利。

有一位住在佛罗里达州的快乐农人,他曾将一个注定失败的现实变成走向成功的道路。当他买下农地时,他心情十分低落。土地贫瘠,既不适合种植果树,也不适合种庄稼,甚至连养猪也不适宜。除了一些矮灌木与响尾蛇,什么都活不了。后来他忽然有了主意,决定将负债转为资产。他要利用这些响尾蛇。于是不顾大家的惊异,他开始生产响尾蛇肉罐头。之后的几年,几乎每年有平均两万名游客到他的响尾蛇农庄来参观,他的生意好极了。他将毒液抽出后送往实验室制作血清,蛇皮以高价售给工厂生产女鞋与皮包,蛇肉装罐运往世界各地。甚至当地邮局的邮戳都盖着"佛罗里达州响尾蛇村",可见当地人很是以这位农人为荣。

一些社会学家曾对许多身体有缺陷的成功人士进行分析,最后得出结论:这些人的成功大部分是因为某种缺陷激发了他们的潜能。威廉·詹姆士曾说:

"我们最大的弱点,也许会给我们提供一种出乎意料的助力。"

没错,弥尔顿如果不是失去视力,可能写不出精彩的诗篇;贝多芬则可能因为耳聋才得以完成更动人的音乐作品;而海伦·凯勒的创作事业完全是受到了耳聋目盲的激发。

如果柴可夫斯基的婚姻不是这么悲惨,逼得他几乎要自杀,他可能难以创作出不朽的《悲惨交响曲》;托尔斯泰与陀思妥耶夫斯基都是因为本身命运悲惨,才能写出流传千古的动人小说。

达尔文在英国诞生的同一天,在美国阿肯色州的小木屋里也诞生了一位婴儿。他也是受到自己缺陷的激发而成功的,他就是亚伯拉罕·林肯。如果他生长在一个富有的家庭,得到哈佛大学的法律学位,又有圆满的婚姻,他可能永远不能在葛底斯堡讲出那深刻动人、不朽的词句,更别提他连任就职时的演说——可算得上是一位统治者最高贵优美的情操,他说:"对人无恶意,常怀慈悲于世人……"

冰冷的北极风造成了因纽特人。我们什么时候相信人们会因为舒适的日子,没有任何困难而觉得快乐?刚好相反,一个自怜的人即使舒服地靠在沙发上,也不会停止自怜。反倒是不计环境优劣的人常能快乐,他们极富个人的责任,从不逃避。我要再强调一遍——坚毅的因纽特人是冰冷的北极风所造成的。

如果你正处于极端失望与自怨自艾之中,这里有两个我们起码应该一试的理由,这两个理由保证我们试了只有更好,不会更坏。

第一个理由:我们可能成功。

第二个理由:即使未能成功,这种努力的本身已迫使我们向前看,而不是只会悔恨,它会驱除消极的想法,代之以积极的思想。它激发创造力,促使我们忙碌,也就没有时间与心情去为那些已经过去的事再忧伤了。

世界著名的小提琴家欧尔·布尔在巴黎的一次音乐会上,忽然小提琴的 A 弦断了,他面不改色地以剩余的三条弦奏完全曲。佛斯狄克说:"这就是人生,断了一条弦,你还能以剩余的三条弦继续演奏。"

谈判的资本

"资本"是一个影响做事者做事效果和业绩的重要因素,资本的大与小直接影响做事的后果,如果你还不清楚自己"几斤几两",那么最好就不要展现自己的资本,以免给自己带来过多的麻烦。

小徐刚从学校毕业,很顺利地进入一家小型公司担任人力资源部门人员,说好试用 3 个月,期满调薪。公司人不多,小徐自认工作胜任愉快,和学校的生活并没差多少。有次同学聚会,一比之下才发现自己拿的薪水和别人差很多。

"你的能力不应只拿这样的薪水!"同学这么说。小徐如梦初醒,愤愤难平,终于按捺不住,找老板"谈"。她向老板表示她有能力,不应只拿这样的薪水。

老板不置可否。小徐认为自己"胜券在握",谁知 5 天后,她的薪水并没调整,小徐十分尴尬,觉得进退两难,忍耐了半个月,终于辞职了。

人性虽然复杂,但在复杂中还是有不变的铁律。这些铁律在任何人身上、在任何时间及场合都不太可能会改变,王珊因为把握了这些铁律而功德圆满,而小徐很明显地触犯了这些铁律。因此也可以说,从这些铁律来观察,小徐的要求落空,根本不用等到发薪日就可以确定的。

小徐触犯了哪些铁律?

1、"资历"的铁律。资历不代表能力,但却代表了"力量",他可以让人在某些时机、场合取得优势。换句话说,资历深的人声音大,有"分量";资历浅的人不要说声音大小,甚至连发音的机会都没有,就算主管或老板让你有"发音"的机会,其他人也会有意见,哪怕他们的学历能力都不如你!这种人性的特质,连老板或主管也无可奈何,而这也就是有些初来乍到的人不随便开口,一开口就表示"我是来学习…'请多指教,"的原因。小徐来不到3个月,还在"试用"期间,而且也才刚从大学毕业,一般事都难开口了,更何况"薪事"呢!

2、"贡献"的铁律。人眼看高不看低,有成就有贡献,自然可以获得别人的尊敬与"臣服"。在一个单位,"贡献"更是奠定个人地位的重要条件,也是谈判时的重要筹码。有"贡献",说明了你是个有能力的人,也标明了你的"价值",老板需要你的能力,你的要求,他当然会接受!若没有丝毫贡献就去谈判,老板是不可能基于"善意"而答应你的!因为他不了解你的能力,而且他若答应你,他将如何面对他人?小徐才到公司,工作还不算熟练,这么草率就去找老板谈,实在是不知天高地厚!

3、"平衡"的铁律。一个无资历、无贡献的人是没有权利要求什么,也不可能得到什么的。这是因为一个团体里需要平衡,不仅老板或主管会主动去制造、维持平衡,同侪之间也会去制造、维持平衡。能有平衡的状态,则每个人都可受到"平衡"的庇护,而不致失去立足的根本。另外,老板也需要和下属维持一种平衡的相对关系,也就是说,老板不希望他的下属爬到他头上去。

因为一旦这种平衡遭到破坏,老板将会在领导统御上产生困扰,一旦属下壮大,他将失去统御的力量,成为被宰割者。以小徐为例,如果老板轻易在各种条件未备的情况下答应小徐的要求,以后怎么办?是不是任由小徐要挟?对其他员工又要如何交代?

小徐不自觉地触犯了这3个铁律,期望落空势所必然,理想的做法应是:先做满3个月,看老板是否调薪,如果没有,再去"了解",确定试用是否"及格";如果老板并无不用你的意思,那么可在工作上多表现,再去要求调薪。请记住,对所有的工作来说,活到老学到老都是增加你与老板谈判的资本。

总而言之,没有力量,是没有谈判的权利的! 这是人类社会中的铁律!

第七节 为山九仞功亏一篑

参天大树搏风雨,扎实根基为第一。做事情最怕的是什么? 就是心浮气躁,觉得什么都能一帆风顺,什么都能在短期内达到了不起的目标。很多朋友在工作上见异思迁,一个位子没坐暖就跳槽,结果一样本领也没掌握,这就是没有把手中的事情一一做好的结果。以中庸处世,则要重视学习工作的专心致志,反对三心二意,反对不切实际地盲目追求速度。

力所能及

做事情的中庸之道,过犹不及:确实,做得太好了,容易被事情拖住后腿,限制自己的进一步发展,甚至招惹别人的嫉妒;但是如果做得不好,可别想还能靠别的方面给予自己补助。要想保住饭碗,就得老老实实的力所能及,否则自己的温饱都解决不了,还谈什么发展呢?

老杨到机关时,大学刚毕业。在当时,大学生被视为天之骄子。领导当然重视,一进来,就让他做了秘书。杨秘书果然称职,写起报告、总结、典型材料来,洋洋洒洒,又快又好,深得领导赏识。领导是南下老干部,枪林弹雨中走出来的,他心里常想,单位一日不可无我,我一日不可无杨秘书啊。因而对杨秘书宠爱有加,杨秘书受此礼遇,十分感激。

杨秘书勤学苦练,几年下来,笔力果然练得炉火纯青。于是,"笔杆子"的美誉,就在机关传开了。

几年后领导退休,新领导上台,该升的升,该贬的贬。老杨当了办公室的副主任,主持工作。办公室同时进了一名刚毕业的学生做秘书。学生刚出道,笔力嫩着呢,加上没摸透领导的性格,写出的东西乱七八糟,改都没法改。领导就常让老杨操刀重来。为静心写材料,老杨就常常不坐班,躲在家里写。机关办公室事多,头儿不在,办起事来就不方便。领导考虑了一下,决定成立一个行政科,让小青年负责,以此来减轻老杨的担子。于是,主持工作的杨主任,实际上又回到了秘书工作岗位。

过了几年,领导提升了,又来了新领导。新领导一到单位,就握住老杨的手说:笔杆子,久仰久仰。他了解了一下办公室人员的情况,发现这秘书岗位,少了老杨还真不行。加上他觉得那学生做得还不赖,于是干脆就提他做了主任。老杨呢,还做秘书——谁叫他是笔杆子呢。

笔杆子老杨从此就成了机关雷打不动的秘书,从叫小杨一直到叫老杨,几十年光阴,全在那方格纸上度过了。看到办公室的同事一个个走出去,升上来,老杨心里不是滋味。有时听到别人恭维他是笔杆子时,他恨不得把手中的笔折成两段。但他工作起来还是一丝不苟,写起材料来依然花团锦簇,他不为别的,为的只是保住那"笔杆子"的名节。

有一天,老杨看到一则故事:一个车技很好的司机,几十年来一直跟领导开车,总提不上去,而车技差的,都被领导派去做行政工作了。老杨于是受到启发,此后给领导写讲稿、写总结时,总是前言不搭后语,条理不清。领导提醒甚至批评了他几次,他依然如此。领导便想:杨秘书只怕是老了,思维呆滞了,正好,机关要精简一批人,何不把他减掉呢?

于是做了几十年秘书的笔杆子老杨,就理所当然地被减掉了。这个结局,是老杨所没料到的。

老杨的故事,在我们的生活中并不少见,尤其是在中国,更是比比皆是。人多压力大,岗位总是不富裕的,那又有什么办法呢?其实,中国人也有很多的传统美德和优点,比如说踏实。中国人喜欢稳定,不喜欢奔波。踏实才能稳定,稳定就能平安。俗话说:不求有功但求无过,能平平安安、本本分分地过一辈子,又怎么不是一种福气呢?

当下最宝贵

很多做事不如意的人都会犯这样的错误:他们要么埋怨过去,要么希望未来,却总不能集中精力于当下。不要烦恼明天的事,明天自有明天的安排,只要把全部精力集中在今天就行了。我们应该为明天用心打算,但是绝不应该浪费时间去为不可知的事情做无谓的担心。

一位哲学家途经荒漠,看到一座很久以前的一座城池的废墟。岁月已经让这个城池显得满目疮痍了,但仔细地看却依然能辨析出昔日辉煌时的风采。哲学家想在此休息一下,他随手搬过来一个石雕坐下来。

他点燃一支烟,望着被历史淘汰下来的城垣,想象着曾经发生过的故事,不由得感叹了一声。

忽然,有人说:"先生,你感叹什么呀?"

他四下里望了望,却没有人,他疑惑起来。那声音又响起来,端详那个石雕,原来那是一尊"双面神"神像。

他没有见过"双面神"所以就奇怪地问:"你为什么会有两副面孔呢?"

双面神说:"有了两副面孔,我才能一面察看过去,牢牢地记取曾经的教训;另一面又可以展望未来,去憧憬无限美好的蓝图啊。"

哲学家说:"过去的只能是现在的逝去,再也无法留住,而未来又是现在的延续,是你现在无法得到的。你却不把现在放在眼里,即使你能对过去了如指掌,对未来洞察先知,又有什么具体的实在意义呢?"

双面神听了哲学家的话,不由得痛哭起来,他说:"先生啊,听了你的话,我至今才明白,我今天落得如此下场的根源。"

哲学家问:"为什么?"

双面神说:"很久以前,我驻守这座城时,自诩能够一面察看过去,一面又能瞻望未来,却唯独没有好好地把握住现在,结果,这座城池被敌人攻陷了,美丽的辉煌却都成了过眼云烟,我也被人们唾弃而弃于废墟中了。"

这个故事并不是说我们不应该用历史的眼光看问题。观今能见古,无古不成今。双面神的错,只是注重过去和将来,却完全地放弃了现在。在我们回忆过去的美好,放眼将来的辉煌的同时,应该自省一下,我们是不是太过于好高骛远,没有脚踏实地? 如果是这样,还是赶快从今天做起,从脚下做起,一点一点建造自己的将来吧。

做事的出发点

做事的中庸之道并不教给我们怎样做事,它只是告诉我们一种态度。很多人对自己的工作很不满意,总觉得是工作不如人意,然而,中庸之道要说的是:没有恰如人意的工作,只有可能选择一个更接近你所要走的路的出发点。

两个乡下人外出打工,一个去广州,一个去大连。可是在候车厅等车时又都改变了主意,因为邻座的人议论说,广州人精明,外地人问路都收费;大连人质朴,见吃不上饭的人,不仅给馒头,还送旧衣服。

去广州的人想,还是大连好,挣不到钱也饿不死,幸亏车还没到,不然真掉进了火坑。去大连的人想,还是广州好,给人带路都能挣钱,还有什么不能挣钱的? 我幸亏还没上车。不然真失去一次致富的机会。

于是,他们在退票处相遇了,互相换了票。原来要去大连的得到了广州的票,去广州的得到了大连的票。

去大连的人发现,大连果然好。他初到大连一个月什么也没干,竟然没有饿着。不仅银行里的纯净水可以白喝,而且大商场里欢迎品尝的点心也可以白吃。

去广州的人发现,广州果然是个可以发财的城市。干什么都可以挣钱。带路可以赚钱,开厕所可以赚钱,弄盆凉水让人洗脸可以赚钱。只要想点办法,再花点力气都可以赚钱。

凭着乡下人对泥土的感情和认识,第2天,他在建筑工地装了十包含有沙子和叶子的土,以"花盆土"的名义,向不见泥土而爱养花的广州人兜售。当天他在城郊间往返数次,就净赚了50元钱。一年后,凭着"花盆土"他竟然在广州拥有了一间小小的门面。

在常年的走街串巷中,他又有了一个新的发现:一些商店楼面亮丽而招牌较黑,一打听才知道清洁公司只负责洗楼而不洗招牌。他立即抓住这一空当,买了水桶和抹布,办起一个小型清洁公司,专门负责擦洗招牌。如今他的公司已有100多个打工仔,业务也由广州发展到深圳和珠海,自己做起了老板。

不久前,他坐火车去大连考察清洁市场。在大连车站,当他要把喝空了的饮料罐丢进垃圾桶时,一个捡破烂的人把手伸了过来,向他要饮料罐,就在递罐时,两人都愣住了,因为5年前,他们曾经换过一次票。

人的眼光不同、看法不同、出发点不同、路程不同,当然,结果也不相同。也许你认为,是环境慢慢地改变了他们,广州人的勤奋带给了他生财的思想,大连人的宽厚给了另一个人苟且的理由。但是,真正的决定,是从他们换票的一刻开始的……

奇迹也是做出来的

刘向说:"耳闻之不如目见之,目见之不如足见之。"不要说困难的事情,如果我们不去实践,事情再简单也做不好。

在圣路易斯有一个非常杰出的脑科大夫,他是华盛顿大学脑科手术室的主任,他所做的手术几乎就是奇迹,有许多人千里迢迢地来找他求医。"他只不过是个幸运儿",年轻的医科学生可能会这样说,"他只不过幸运地有这种才能",但是请别太早下结论,让我们看看这位欧内斯特·塞克斯大夫的过去吧。

许多年以前,当他还是一个实习医生,在纽约的一家医院实习的时候,一位上级医师因为无法拯救病人而感到痛心,因为大多数的脑瘤都是无法治愈的,但他相信有一天，一定有一些医生有勇气去挑战病魔，去拯救那些受苦的生命。年轻的欧内斯特·塞克斯就是这样一个有勇气面对挑战的人，他有勇气去尝试几乎不可能完成的任务。

当时，在美国从来没有过成功治愈脑瘤的先例，唯一能给这个年轻人一些指导的人是一位在英国的大夫，维克多·霍斯利爵士，他对脑的解剖结构的了解超过任何人，是英国脑科医学界的一位先锋人物。塞克斯获准跟从这位英国医学家工作学习，但在前往英国学习之前，他还做了另一件很有意义的事。因为想要在这位著名医学家手下工作打好基础，塞克斯花了6个月的时间到德国求学于那里最有能力的医师，这是许多年轻人不愿花时间去做的事情。维克多·霍斯利爵士对这个美国年轻人的认真和勤奋感到非常惊讶，为他仅仅为做准备工作就花了6个月时间而感动，所以直接就把他带回自己家里。在此后的两年时间里他们一起对猴子进行了多项实验，这为塞克斯未来的事业奠定了坚实的基础。

塞克斯回到了美国以后主动提出治疗脑瘤的要求，但是他却遭到了嘲笑，面临着各种障碍，他没有必需的设备，仅能靠不屈不挠的精神去努力实现自己的理想。正是靠着这股坚韧不拔的毅力，才使大多数的脑瘤在今天可以被治愈。塞克斯大夫通过训练年轻的医师来传授他的技能，他还在全国建立了许多脑科中心，让每一位有需要的患者都能够就近得到治疗。他的书《脑瘤的诊断和治疗》已经成为医治脑瘤病症的权威著作。

也许有些事你认为永远无法办到，但是有人却能把这些变为事实，这也许就是奇迹。别人可以，你为什么就不能创造奇迹呢？

当当当……一位塞尔维亚的牧羊少年在敲打一把长刀的刀柄，但因为刀锋被埋在了草地里，所以躲藏在玉米地里的来犯者听不到这个信号，但附近的牧羊少年则可以把耳朵贴在地上听到这个警告，正是这个简简单单的办法，使塞尔维亚牧民成功地对付了藏匿于草丛中夜幕下的罗马尼亚窃畜贼。

这些牧羊少年长大了之后就都忘记了这种通过地面传声发出警报的办法，但有一个人例外，他在25年之后以此为理论基础做出了一个划时代的伟大发明，他就是米哈伊洛·伊德夫斯基（1858—1935年，匈牙利裔美国物理学家和发明家）。他使本来只能在一个城市内通话的电话能够长距离使用，哪怕跨越大陆。

"我没有机会去自己创造什么"，你也许会这样说，没有机会？胡说！创造的机会在你每一天的生活中处处皆是，许多很伟大的发明就是通过对平常的东西进行不平常的思考而得来的。

永远都是刚开始

学习是做事情的重要保证,但不要以为学习就是学习,学习完了,就可以卷起袖子做事情。在做事的过程中,学习也无处不在。《荀子》讲:"学不可以已。"就说的是学习是不可以停止的。

美国东部一所规模很大的大学毕业考试的最后一天。在一座教学楼前的阶梯上,有一群金融系大四学生聚集在一起,正在讨论几分钟后就要开始的考试。他们的脸上显示出很有自信,这是最后一场考试,接着就是毕业典礼和找工作了。

有几个说他们已经找到工作了。其他的人则在讨论他们想得到的工作。怀着对四年大学教育的肯定,他们觉得心理上早有充分的准备,能征服外面的世界。

即将进行的考试他们知道只是轻而易举的事情。教授说他们可以带需要的教科书、参考书和笔记,只要求考试时他们不能彼此交头接耳。

他们喜气洋洋地走进教室。教授把考卷发下去,学生都喜形于色,因为学生们注意到只有五个论述题。

三个小时过去了,教授开始收考卷。学生们似乎不再有信心,他们脸上有难以描述的表情。没有一个人说话,教授手里拿着考卷,面对着全班同学。教授端详着面前学生们忧郁的脸,问道:"有几个人把五个问题全答完了?"

没有人举手。

"有几个答完了四个?"

仍旧没有任何动静。

"三个?两个?"

学生们在座位上不安起来。

"那么一个呢?一定有人做完了一个吧?"

全班学生仍保持沉默。

教授放下手中的考卷说:"这正是我所预期的效果。我只是要加深你们的印象,即使你们已完成四年金融教育,但仍旧有许多有关金融的问题你们全然不知。这些你们不能回答的问题,在日常操作中是非常普遍的。"

于是教授带着微笑说下去,"这个科目你们都会及格,但要记住,虽然你们是大学毕业生,你们的教育也刚刚开始。"时间消逝,这位教授的名字已经模糊,但他的训诫却不会模糊。

学习使人进步。学习的过程是一个不断解放思想、不断继承创新、不断加快发展的过程。只有不断地用新的知识武装头脑,我们才能把握新的发展机遇,才能够不断地接纳新事物和新观念。学无止境。"活到老、学到老"是句老话,我们应该用一种严谨的求学态度鞭策自己,警醒自己不能满足一知半解。注意知识的更新,也注重不断地进取。

每天的功夫

事情是否如人所愿,就看平日里人们所下了多大的功夫,上帝给每个人的机会其实都是平等的,时间也一样,只不过在某些人那里,每天积累的成绩可以被称为"无愧今生"。

有个女孩暗恋上了一个男孩,虽然已经好久好久了,但她不知道该怎样表达,毕竟自己是个女孩。女孩子都会矜持一点,不会像男孩一样"大举进攻"。

他高大的背影,灿烂的笑容,潇洒的举止都留给女孩无边的遐想和眷恋。

一天,女孩心烦意乱地经过一片草地的时候,终于做了一个决定。

第二天,男孩放学的时候,从课桌的书柜里拖书包时,带出了一个透明的小袋子,里边有一小袋柠檬茶叶,刚够泡上一杯柠檬茶。男孩没有任何反应,随手丢进垃圾桶,匆匆离开教室,走了。

从那天起,男孩每天都要扔掉一袋柠檬茶,但没有问过是谁送的。

有天早晨,太阳才刚刚升起,男孩就来到校园。

南边的草地上,有个女孩猫着腰,急急地寻找着什么。终于,女孩找到了自己不小心掉在地上的柠檬茶,女孩擦了擦柠檬茶的表面,拍拍身上的泥土,跑进教室。只见她细心地把一袋柠檬茶放进一个透明的袋子,撕了段胶布,黏在男孩的书柜里。看样子,好像还在祈祷着什么。男孩看见了,还是没有任何反应。放学的时候,悄悄地把它丢进垃圾桶,头也不回地走了。

就这样,一天又一天,在清晨的教室里,女孩不间断地将一袋柠檬茶放进一个抽屉里,然后在祈祷着什么。有时赖床就来得晚点,有时候忘拿了,还得回家去拿,不然她都没有心情上课。

可是,不知为什么,最近那个男孩再也没有见到习惯了的柠檬茶。他的心里闷闷的,一脸的愁容。

隔了几天的早晨,男孩来得特别早,当他打开抽屉,还是没有柠檬茶。

太阳好刺眼,男孩却清楚地看见,远处有一个身影。男孩眯着眼,想知道是谁会这么早就跑到学校对面的商店,对了!是那个女孩,她着急的表情带着些许害怕,却在勇敢地寻觅着什么。去商店买东西,又不是去抢,用得着这么紧张吗。

男孩跑到商店,看到女孩将一大包新的柠檬茶放进书包。女孩傻傻地呆在那里,看着男孩缓缓而来,却不知该说些什么。

男孩的脸上带着泪水,他说:"我寻找了好久,才发现了原来柠檬茶的味道是那么好。这几天,我心情一直很糟,现在我才明白,我已经习惯了你的柠檬茶……"

女孩傻傻地望着男孩,脸上开始泛红。

男孩继续喘着气说:"于是我有了一股勇气,想去找柠檬茶原来属于的地方,这几天我都来得很早,可是什么都没有发现,直到我来到这里。"

就是几袋柠檬茶吗?简直难以相信。当然不只是柠檬茶了,茶的背后,是一颗火热的心,一个美好的信念,和一段持之以恒的努力。世间万物,怕就怕认真二字,你努力了,坚持了,不管是爱情、事业、名誉、钱财,都会属于你的。

总是公平的

做事情要讲究一个心态,不能老以为上天会有负自己,但也不要总觉得自己就多么了不起。对于所有人、所有事来说,此一时必然也有彼一时,成功与失败都是平衡的,得意与失意也是我们的生活之中随处而在的。

有个宋国人很喜欢仁义道德,几十年来奉行不变,仗义疏财,自己却过着十分俭朴的生活,从不干偷鸡摸狗的事,别人要干,如果落在他的手里,他就坚决和他斗。周围的人都夸赞他。他也并不以此自矜。

他家里养了一头黑母牛,几年了黑母牛都不曾下过牛犊。这一年,这牛忽然怀上了,一家人十分高兴。可12个月以后,下出来的却是一头白牛犊,一家人十分诧异。就跑去问孔子这是怎么回事,孔子回答说:"这是天神降祥瑞到你家,快拿去杀了祭天,感谢他给你们家赐福吧!"于是,一家人照孔子说的办了。

可是,过了不久,他的父亲却双目失明了。一家人都埋怨孔子,说他撒谎,不但福没有降下来,反而降下了祸。

又过了两年,那牛又生了一只白牛犊,他父亲又叫他去请教孔子,他说:"上一次,孔子已骗得我家够惨了,你还相信他?"他父亲说:"圣人的话开始不灵验,必须经过很长时间才能得到验证,事情还没有结果,你就再去问一次吧。我虽然瞎了双眼,可心里有一种感觉,好像这是上天为了我们好,而不是害我们,也许我们会因祸得福呢。"

儿子就又来到孔子家中,说自己家中那头牛又下了一头白牛犊,问这是吉还是凶，孔子说："这是好兆头啊！是上天给你们家降了祥瑞，你们把它杀了祭天，也许会有好结果的。"

儿子回来之后，把孔子的话告诉了父亲，并问要不要照孔子的话办，父亲说："照孔子的话办。"于是一家人又把牛犊杀了祭天。过了一年时间，他自己的眼睛也无缘无故地瞎了。一家人都埋怨孔子，说他又说了假话，也决定不再相信他的话了。

过了几年，楚国进攻宋国，占了宋国大片土地，宋国的青壮劳动力都被征去作战，死伤无数。这两父子都因为瞎眼没有上前线，只是呆在家中饲养那头老牛。

后来，楚军撤回去了，宋国得以平安了。不久，这两父子的眼睛也恢复了视力。

中国人自古喜欢说：要胜不骄，败不馁。就是说要根据自己处境和情况的变化来调节自己的心态和认识。当我们春风得意的时候，不能忘乎所以；当我们失意的时候，也不能轻易地否定自己。这样，一条光明的人生大路才摆在我们眼前。

学中庸，抓住机会

《尚书》有云："人而不学，其犹正墙面而立。"说的是人如果不学习，就像面对墙壁站着，什么东西也看不见。中庸之道自然不是能从课本里可以学到的，有时候，多长一个心眼就能把握住很好的发展机会。

在这个世界上，有一种战争是受大众欢迎的，那就是商战。战火纷飞，就意味着实惠多多，经过战火洗礼的产品和服务更贴近人心。在这种战争中，销售人员就是站在前沿的侦察员，为企业收集着各种情报。

小许是酒厂的销售人员，每年有两个重点工作，就是参加全国糖酒春季、秋季交易会。这是我国食品界的盛会，绝大部分国内的和部分国外的食品生产商、食品机械和包装以及原辅材料的供应商、经销商、大商场的代表汇聚一处，洽谈贸易。

小许一半左右的时间在公司的展位接待客户，另一半的时间就伪装成客户，到同行的层位去观看，收集各种资料，包括企业介绍、产品价格、产品图片、新产品介绍等等。

一次，小许在某酒厂的层位上发现一种二两（即100克）的小瓶装酒，小巧玲珑，受人喜爱。这在当时全国白酒行业都采用一市斤大瓶装的情况下，很有新意。他敏感地意识到，这将成为一个发展方向。

展位上围观的客户很多。他将小酒瓶拿在手里看了一下，爱不释手，但还是很快把它放回去，害怕引起对方工作人员的注意。他已经拿到了价格表，但还是不甘心。他逗留了一会儿,看见一位已签了合同的客户拿着小酒瓶在品尝,已经喝了一半了,他挤过去说:"味道怎么样?给我品尝一下。"对方看了他一眼,他连忙露出笑脸,做出一副很贪酒的样子。对方有些不情愿,但还是把小酒瓶盖上后递给了他。他接过拧开盖就开始喝,脚下开始移动位置,做出一副随意走动参观展位的样子,看看四周没有人注意他,他就退出来了。

他立刻把小酒瓶带回了展位,老总乐了:"你捡回来一个宝贝了。"于是,立刻召集了同来参展的销售、财务、技术等各方面的骨干,在宾馆召开了紧急会议,电话初步落实了瓶子、瓶盖、标签的生产厂家和大致价格等,并在当地寻找广告公司连夜加班设计标签。

第二天早晨,小酒瓶被重新贴上标签,摆上他们的展位,作为新品种,隆重推出。虽然只有一瓶样品酒,但四周贴上了几张电脑设计的宣传画,烘托出了气氛。客户被吸引了,在订购其他品种的同时,都订了这种小瓶装,使它迅速成了主要产品之一,三天的订货金额就达到 50 多万元。

这小瓶酒比金子还宝贵,被工作人员重点看护起来。客户要求品尝一下,只能给其他酒品尝。因为这小瓶里的酒早已被喝光了,里面装的只是矿泉水。

学习在一个人一生当中的作用是不言而喻的。传统的学习包括知识的学习,能力的学习,技巧的学习等等。在现在看来,这些学习的内容已经不够用了。对别人点子的学习、发现的学习也是一种能力。如果你很好地学习到了别人的想法,又执行得比他还有效,那么最终的胜利自然是属于你的。

8 块钱的作用

他在美国的律师事务所刚开业时,连一台复印机都买不起。移民潮一浪接一浪涌进美国的这片沃土时,他接了许多移民的案子,常常深更半夜被唤到移民局的拘留所领人,还不时地在黑白两道间周旋。他开一辆掉了漆的本田车,在小镇间奔波,兢兢业业地做职业律师。终于多年媳妇熬成了婆,电话线换成了四条,扩大了办公室,又雇佣了专职秘书、办案人员,气派地开起了"奔驰",处处受到礼遇。

然而天有不测风云,一念之差,他将资产投资股票却几乎全亏,更不巧的是,岁末年初,移民法又再次修改,职业移民名额削减,顿时门庭冷落。他想不到从辉煌到倒闭几乎只在一夜之间。

这时,他收到了一封信,是一家公司总裁写的:愿意将公司 30% 的股权转让给他,并聘他为公司和其他两家分公司的终身法人代理。他不敢相信自己的眼睛。

他找上门去,总裁是个40开外的波兰裔中年人。"还记得我吗?"总裁问。

他摇摇头,总裁微微一笑,从硕大的办公桌的抽屉里拿出一张皱巴巴的8块钱汇票,上面夹的名片,印着律师的地址、电话。他实在想不起还有这一桩事情。

"10年前,在移民局……"总裁开口了,"我在排队办工卡,排到我时,移民局已经快关门了。当时,我不知道工卡的申请费用涨了8美元,移民局不收个人支票,我又没有多余的现金,如果我那天拿不到工卡,雇主就会另雇他人了。这时,是你从身后递了8美元上来,我要你留下地址,好把钱还给你,你就给了我这张名片。"

他也渐渐回忆起来了,但是仍将信将疑地问:"后来呢?"

"后来我就在这家公司工作,很快我就发明了两个专利。我到公司上班后的第一天就想把这张汇票寄出,但是一直没有。我单枪匹马来到美国闯天下,经历了许多冷遇和磨难。这8美元改变了我对人生的态度,所以,我不能随随便便就寄出这张汇票。"

如今虽然发展市场经济,讲究的是经济生活中的竞争,但也离不开"助人为乐"美德的弘扬。这个社会会使有些人在某些方面发生工作或生活的困难,会出现比较贫困的人群,在产业结构调整中也会出现相当数量的下岗失业者,这些人群都需要别人伸出援助的手。

成功就在你身边

内与外,人们做事情总把自己的眼光盯着外在,想得到别人的帮助,想获得外在的支援,却忘记了一个重要原则:深窥自己的心,而后发觉一切的奇迹在你自己。

在100多年前的美国费城,6个高中生向他们仰慕已久的牧师请求:"先生,您肯教我们读书吗?我们想上大学,可是我们没钱。我们中学快毕业了,有一定的学识,你肯教教我们吗?"

这位牧师名叫康惠尔,他答应教这6个贫家子弟。同时他又暗自思忖:"一定还会有许多年轻人没钱上大学,他们想学习但付不起学费。我应该为这样的年轻人办一所大学。"于是,他开始为筹建大学募捐。

当时建一所大学大概要花150万美元。康惠尔四处奔走。在各地演讲了5年,出乎他意料的是,5年辛苦筹募到的钱不足1000美元。康惠尔深感悲哀,情绪低落。有一天,他突然发现教堂周围的草枯黄得东倒西歪。他问园丁:"为什么这里的草长得不如其他地方的草呢?"

园丁回答说:"你觉得这地方的草长得不好,主要是因为你把这些草和别的草相比的缘故。我们常常看到别人美丽的草地,希望别人的草地就是我们自己的,却很少去整治自家的草地。"园丁的一席话使康惠尔恍然大悟,他跑进教堂开始撰写演讲稿。

他在演讲稿中指出:我们大家往往让时间在等待中白白流逝,却没有努力工作使事情朝着我们希望的方向发展。

他在演讲中讲了一个农夫的故事:有个农夫拥有一块土地,生活过得很不错。但是,当他听说可以找到埋有钻石的宝库时,他便想,只要有一块钻石就可以富得难以想象。于是,农夫把自己的地卖了,离家出走,四处寻找可以发现钻石的地方。农夫走向遥远的异国他乡,然而从未发现钻石,最后,他囊空如洗。有一天晚上,他终于在海滩自杀身亡。

真是无巧不成书。那个买下这个农夫的土地的人,在散步中无意间发现了一块异样的石头,拾起一看,它晶光闪闪,反射出光芒。仔细察看,发现这是一块钻石。这样,就在农夫卖掉的这块土地上,新主人发现了从未被人发现的钻石宝藏。

这个故事是发人深省的,康惠尔写道:财富不是仅凭着奔走四方才发现的,它需要自己往深处挖掘,它属于相信并依靠自己能力的人。

康惠尔作了7年这个"钻石宝藏"的演讲。7年后,他赚得了800万美元,这笔钱大大超出了他想建一所学校的需要。

他所建立的大学今天还耸立在宾夕法尼亚州的费城,这便是著名的学府坦普尔大学。

其实每个人都有别人所不具有的潜质。与其四处寻找,学习别人的先进、长处,不如先埋头寻找自己的优势。毕竟自己的东西离自己更近一些。从外面转上一圈,却忽视了原地的宝贝,实在太可惜了。

面面俱到的细节功夫

老子说:"天下难事,必做于易;天下大事,必作于细。"讲的是一个细节问题。细节向来与个人发展息息相关,俗话有曰:"细微之处见端倪",说的就是很多事情都可以从细节中看出个究竟,找出个所以然。而周到,则是一个处于别人下属地做事者需要做的必需之事,尤其在公司、机关中,如果你对周围的人和事没有能周到地考虑的话,就不要再想有其他的发展。

谈论处事周到的下属,也许最有名的可能就是斯科公司CEO钱伯斯的秘书格罗斯。据说她每天工作至少12个小时以上。她负责帮助钱伯斯制订全球工作计划表,向他汇报各种会议的内容和安排。虽然她仅仅是个秘书,可她的权力似乎比斯科公司的几十位副总裁的权力还大。钱伯斯虽然是她的老板,也是她的工作伙伴和朋友,如果需要,她也可以请钱伯斯为她拿三明治……

某公司的老总准备带刘秘书到澳大利亚去洽谈设立分公司的事,下班之前,刘像看电影似的,对将要进行十天的出国活动安排,在头脑里进行了预演。

由于住宿、交通和与当地有关部门会谈的联络工作都交给了澳大利亚的公司负责,所以刘秘书可以在这些方面轻松一些。她主要担心的是由于可能出现的飞机晚点或交通堵塞,造成时间不够,因为老总的日程安排得实在太紧张了,可以说是像走马灯似的。对方公司在什么时间,在什么地方接他们,什么时间上门拜访……

刘秘书翻开随身携带物品的清单,又一个个核对了一遍:电脑、照相机、名片、讲话稿提纲、药品……考虑到老总是个近视眼,如果因为来回转机和转车造成镜片损坏的话,老总也可能责备刘秘书的工作不周到,所以刘秘书自己偷偷地多准备了一副供老总使用的备用眼镜。

对于出国访问之类的活动,刘秘书心里承认这的确是个美差,但在她的心里美差绝不意味着轻松。刘秘书在出发之前还必须考虑到不同环境的语言、文化,思维方式等方面的差异,以及由此引发的工作方式和处理问题的方法有可能会有碰撞、不适应的情况,可想而知,从出发的准备到谈判结束归国的一段时间,刘秘书在整个出差过程中心里绝不会轻松,因为稍微有工作不周到的地方,在异乡,随时都有可能发生误会,引发不愉快的事情发生。

为领导做事,一定要细心周到,如果不是忘了什么文件,就是在日程安排上出现时间"撞车",都会给领导和做事者本人惹来不少麻烦。与平时在公司办公不同,领导在出差过程中工作的节奏更快,而且对下属的指示相应更多,因此,对我们的要求也就更高。但是,出差途中的环境毕竟不同于在公司,有许多不可预见的因素影响工作,因此,做事者工作不仅要更加细心,还要更加灵活。

生活细节往往在一定程度上反映出一个人的思想性格和处世为人原则,基本上相当于个人的"名片",是认识、了解一个人的一个重要的途径。所以,注重个人生活细节,保持好的细节习惯,是让自己表现得更出色,更能得到别人认可的一大关键,将对个人日后的发展有着不可忽视的帮助,甚至是必不可少的。

第八节　见贤思齐,见不贤而内自省

我们做事的时候会遇到各种各样的人物,有的人智慧而仁义,有的人愚蠢而邪恶。我们应该如何利用他们来成全自己的事情呢?如果遇到了贤良的人,那就想法赶上;见到了邪恶的事情,自己回过头来反省一下,自己有没有做这样让自己都讨厌的事情。做到这样的境界,就能知错就改,事事顺利了。

和下一代共事

很多朋友最头疼和下一代甚至下下代的"小孩子"一起共事,因为他们首先想到的就是"代沟"。事实证明,这样先入为主的感觉常常让我们感觉与下一代的人相处很困难,更不要说携手共事了。其实,只要我们把自己的心态放平和,留心下一代人们的生活细节,就能以中庸之道征服他们。

贝鲁奇的女儿露丝14岁时,那时的年轻人正流行穿着染得花花绿绿的T恤和显得破破烂烂的牛仔裤。

虽然贝鲁奇小时候曾经历过经济大萧条,穷得没钱买衣服,但也不至于穿得这么落魄。

有一天,她见到女儿站在门外,用泥土和石头猛擦新牛仔裤的裤脚。贝鲁奇心想:天呀!这可是我用钱买来的新裤子,你居然这样糟蹋!她立刻阻止女儿,然后又搬出"我幼年如何吃苦过日子,你现在有这么好的条件却如此不爱惜物资"的老调,跟她说教了一番。

没想到这孩子仍是不为所动,继续低着头使劲地擦着。贝鲁奇问她为何要把新牛仔裤弄成这样。

露丝一副理所当然的语气回答:我喜欢这样,我就是不能穿新的。

为什么不能?贝鲁奇感到十分好奇,要知道小的时候,要是有一件漂亮的新衣服不知道有多兴奋,爱惜还来不及,更不会莫名其妙地将新衣服弄旧。

"不能就是不能,一定要弄旧才能穿出门。那么新穿出去怎么行,土得掉渣,您到底懂不懂什么是时尚呀?"

这是哪一种逻辑呀?新的裤子不能穿,非要搞得像块烂布才行,还号称这是时尚!贝鲁奇感到难以理解。

每天早上女儿上学前,贝鲁奇总会盯着她一身打扮,然后叹口气:"我的女儿居然穿成这副德性,真是可怜。"

露丝身上挂着她爸那件旧 T 恤,上面染满了蓝色的圆点和条纹。而那条牛仔裤更是令人目不忍睹,低腰,裤身紧得像包粽子;裤管经过她的"加工",多了一把须须。她走路时,须须便在后面拖呀拖的。

然而,有一天露丝上学后,贝鲁奇突然像是听到上帝跟自己说话:"你记得每早女儿出门时,你都对她说什么? '我女儿居然穿成这副德性。'当她到学校和朋友们谈起整日唠叨的古板老妈时,她可有得讲了。你看过其他的初中女孩穿成什么样子吗? 何不亲自去看看呢。"

那天,贝鲁奇果真开车去接女儿回来,以便观察其他女孩的穿着。结果发现穿得比女儿更"惊世骇俗"的大有人在,女儿身上的穿着打扮显得她再正常不过了。

回家的路上,贝鲁奇向露丝表示:也许自己对"牛仔裤事件"反应是过度了些。她趁机跟女儿提出条件:"现在起,你去上学或和朋友出去玩,爱穿什么随你的意,我不过问。"

"太好了!"露丝听了这番话,异常兴奋。

"不过你在跟我一起上教堂,逛街,或拜访长辈时,你得要乖乖地穿些像样点的衣服。"

她没立刻回答,显然是在考虑母亲所提出的苛刻条件。

贝鲁奇继续说:"这样做你只需让步 1%,我却得退 95%,你说谁比较划算? 你要知道有几个母亲会像我做出这么大的让步。"

她听了之后,眼睛一亮,然后伸出手来跟贝鲁奇握了握:"那好吧,就这么说定了。"

从此之后,贝鲁奇每早快快乐乐送女儿出门,对她的衣服不再啰唆半句。而女儿和贝鲁奇一起出门时,也会自觉打扮很得体,这个约定让她们母女皆大欢喜。

代沟是每两代人都不可避免会发生的,尤其是在今天这个瞬息万变的世界,不同年代的人有不同的观念就更加正常不过了。作为老人,应该正确地认识到时代的发展是不可逆变的规律,而小辈人也应该理解父母对自己一些行为的批评是有道理的。其实只需很少的让步,就可以将代沟填平,然而这样得来的亲情和沟通的快乐,又怎么能衡量呢?

亲和的威力

什么是做事过程中与同事搞好关系的粘合剂? 这便是亲和,当然,过分的亲热也不是中庸之道,然而恰当的亲和甚至能化解关系不良的同事敌意。我们都知道要保持良好的同事关系并不容易,在实际工作中,我们很难同各种各样的同事都搞好关系,有时还会遇到一些根本不愿意与我们合作的同事。

我们这里说的不合作的同事并不是指那些主观上故意与你作对的同事,而是指那些躲避困难和责任而不愿意与你共同完成某项任务的同事。这样的同事不愿意与你合作有主观、客观上的许多原因,但不论何种原因,他们只是不愿与你共同完成某项工作或任务而已,绝对不是有意与你过不去,更不会费尽心机地陷害你。

尽管如此,但单位里存在这样的同事对你十分不利,因为对方的不合作会大大影响你的工作效率,让你的某项工作或任务因他的不合作而受到耽搁,有时甚至还会带来非常严重的损失。那么在实际工作中,如果遇到不合作的同事,我们该如何应对呢?

在遇到不合作的同事时,在认清他们的特点之后,我们首先应该用实际行动帮助不合作的人消除不合作的因素。

也许你知道 s·胡洛克这个人,他是美国第一流的音乐经纪人。他以当秘书的职业操守跟艺术家们打了 20 年的交道。他曾经担任著名的男低音歌唱家查里亚宾的经纪人达 3 年之久。这位男低音风靡大都会歌剧院,但他的脾气很怪,像一个被宠坏了的小孩,用胡洛克先生的话说:"常常令人头痛。"

有一回,查里亚宾在要上台演唱的那天下午,突然打电话给胡洛克。他说:"我的喉咙不舒服,像一块生的碎牛肉,今晚不能上台演唱了。"胡洛克先生这下可急坏了,但是他没有同他争吵。他知道这样做只会把事情弄僵。于是他马上赶到查里亚宾住的旅馆,一见面就表现得十分同情。"怎么啦,可怜的朋友?"他很忧伤地说:"你的感觉怎么样? 如果你不能演唱,我想应该把这场演唱会取消。这只不过使你损失一两千元而已,但是跟你的名誉比较起来,这算不了什么。"

这时,查里亚宾叹口气说:"5 点钟你再来一趟吧。也许那时候我的嗓子会好一点。"

下午 5 点钟,胡洛克先生赶到他的旅馆,仍旧是一副十分同情的姿态,他再度坚持取消演唱。查里亚宾又叹了口气,他要胡洛克过一会再去看看他,也许那时他会更好一些。

7 点 30 分,这位男低音终于表示同意登台演唱了。因为他得到了同情,他不能使胡洛克难堪。胡洛克说:"在那种情况下,理解他、同情他,是使他与你合作,走上舞台的唯一方法。"

因此,表示理解并同情是消除不合作的因素,争取对方合作的常用的方法,在日常相处中我们一定要善于发现这类同事不愿意合作的原因,然后通过自己的实际行动巧妙地消除这些因素,这样可以使我们与同事更好地合作,在工作中共同奋斗、共同进步。

在与不合作的同事相处时,你应该千方百计地想办法诱导不合作者参加你的工作。这是转变不合作者的又一重要措施。不合作者不和你合作,就是由于没有参加你的工作,如果你能巧妙地使其参加你的工作,那么,他在既成事实面前,往往会变得很合作了。

在实际工作中,很多时候,与你不合作的同事并不是主观上持有与你不合作的态度,而是他从没有参与过同你的合作,根本不了解你的工作,不知道与你合作的意义,所以,在这种情况下,我们应当想办法使对方加入自己的工作中来,让其在与你一起工作的过程中,亲身感受到与你合作的意义,这样,你就自然而然地得到了他的合作。

有一次,《纽约论坛报》的总编辑想物色一位有才干的记者。他瞄准了年轻的约翰·海,他刚从西班牙首都马德里被解除了外交职务回来,而且正准备到伊里诺州去从事律师工作。

怎样才能使约翰·海舍弃自己的志向,而肯在报馆里为自己工作呢? 看看总编是如何让他的秘书雷特做到的。

有一天中午,雷特请他到一家俱乐部吃饭。饭后,他提议请约翰·海到报馆里去玩玩,从许多电报中,他找到了一段重要的消息。那时恰巧国外新闻的编辑不在,于是他对约翰·海说道:"请帮忙,给明天的报纸写一段关于这消息的社论吧!"约翰自然不好意思拒绝,便提起笔来就写。社论写得很好,报社社长也同意了,于是雷特请他再耽搁一星期、一个月,渐渐地劝他担任了记者职务。约翰也就在不知不觉中放弃了他回家乡去做律师的志向,而留在纽约做记者了。

正是由于雷特诱使约翰参加了编辑工作,用既成事实消除了他与约翰可能不合作,去做律师的可能,即由可能的不合作而转变成真正的合作者。而相应的,作为秘书的雷特也成了一名资深编辑。

上例中的雷特正是成功地运用了"既成事实"这一巧妙的方法,才获得了约翰的合作,为自己找到了一位有才干的助理编辑,同时也给报社带来了一名优秀的新闻记者。

从这个例子中,我们可以看到"既成事实"是说服同事合作的又一巧妙方法,在实际工作中,如果有同事不愿与你合作,你可以事先通过各种方法诱导对方参与你的工作项目,然后再逐步地说服对方。

总之，与不合作的同事相处时，你应当静下心来认真分析对方的心理特点，寻找出对方不合作的原因，然后再有针对性地采取一定的方法和策略消除其不合作的因素，把不合作者变为合作者。这样，作为秘书的你一定会让眼前的"顽石"跳起舞来。

敌人也是良师益友

有个名叫西拉斯的人，面临着想不到的危机，进退维谷，差点砸了全家的饭碗。此人在一个小镇上开着杂货铺。这铺子是他爸爸传下的。他爸爸又是从他爷爷手里接过的。他爷爷开这铺子的时候，美国南北两边正在打仗。

西拉斯买卖公道，信誉很好。他的铺子对镇上的人来说，就像手足，不可缺少，西拉斯的儿子在长大，小铺子就要有新接班人了。

可是有一天，一个外乡人笑嘻嘻来拜访西拉斯，情况便变得严重了！

此人说，他想买下这铺子，请西拉斯自己作价。

西拉斯怎舍得？即便出双倍价他也不能卖！这铺子不光是铺子呀，这是事业，是遗产，是信誉！

外乡人耸耸肩，笑嘻嘻地说："抱歉。我已选定街对面那幢空房子，粉刷一番，弄个富丽堂皇，再进些上好货品，卖得便宜。那时你就没生意了！"

西拉斯眼见对面空房贴出了翻新告白，一些木匠在里面锯呀刨呀，又一些漆匠爬上爬下，他心都碎了！他无可奈何却又不无骄傲地在自家店门上贴了张告白：敝号系老店，95 年前开张。

人们对比读了，无不吃吃暗笑。

新店开业前一天，西拉斯坐在他那阴暗的店堂里想心事。他真想破口把对手臭骂一顿。

幸亏西拉斯有个好妻子。

"西拉斯，"她低低的声音缓缓地说，"你巴不得把对面那房子放火烧了，是不是？"

"是巴不得！"西拉斯简直在咬牙切齿，"烧了有什么不好？"

"烧也没用，人家保险过。再说，这样想也缺德。"

"那你说我该怎么想？"西拉斯冒着火。

"你该去祝愿。"

"祝愿大火来烧？"

"你总说自己是个厚道人，西拉斯，可一碰到切身事就糊涂了。你该怎么做不很清楚吗！你应该祝愿新店开业，祝愿它成功。"

"你这是脑筋出了窍吧，贝蒂。"

话虽这么说，西拉斯决定去一次。

第二天早晨新店还没开门，全镇人已等在外边。大家看着正门上方赫然写着"新新杂货店"几个金字，都想进去一睹为快。西拉斯也在人堆里，他快快活活，跨到台阶上大声说："外乡老弟，恭喜开业，祝你给全镇人添方便！"

他刚说完便吃了一惊，因为全镇人都围上来朝他欢呼，还把他举起来。大家跟他进店参观。谁都关心标价，谁都觉得很公道。那外乡老板笑嘻嘻牵着西拉斯的手，两个生意人像是老朋友。

后来，两家生意都做得兴隆，因为小镇一年年变大了像老西拉斯的年纪。

"三人行，必有我师。"和自己的老师学本领，你会进步。而和自己的竞争对手学本领，你将飞跃！掌握了对手的能力，那么，谁还是你的对手呢？

言多必失

做事离不开说话，说话也需要掌握分寸，一个人会不会说话，不在于他是否说得多或少，关键在于要说的得体与得时。中庸讲"过犹不及"，说得少了自然使自己的特征得不到体现；而说多了，自己很多缺点也毫无疑问地被暴露了。

明代开国皇帝朱元璋，出身贫寒，少年时就放牛，给有钱人家做工，甚至一度还为了果腹而出家为僧。但朱元璋却胸有大志，风云聚会，终于成就一代霸业。

朱元璋当了皇帝以后，有一天，他儿时的一位穷伙伴来京求见。朱元璋很想见见旧日的老朋友，可又怕他讲出什么不中听的话来。犹豫再三，总不能让人说自己富贵了不念旧情吧，还是让传了进来。那人一进大殿，即大礼下拜，高呼万岁说："我主万岁！当年微臣随驾扫荡芦州府，打破罐州城。汤元帅在逃，拿住豆将军，红孩子当兵，多亏菜将军。"

朱元璋听他说得动听含蓄，心里很高兴，回想起当年大家饥寒交迫时有福同享、有难同当的情形，心情很激动，立即重重封赏了老朋友。

消息传出，另一个当年一块放牛的伙伴也找上门来了，见到朱元璋，他高兴极了，生怕皇帝忘了自己，指手画脚地在金殿上说道："我主万岁！你不记得吗？那时候咱俩都给人家放牛，有一次我们在芦苇荡里，把偷来的豆子放在瓦罐里煮着吃，还没等煮熟，大家就抢着吃，把罐子都打破了，撒下一地的豆子，汤都泼在泥地里，你只顾从地下抓豆子吃,结果把红草根卡在喉咙里,还是我出的主意,叫你用一把青菜吞下,才把那红草根带进肚子里。"

当着文武百官的面,"真命天子"朱元璋又气又恼,哭笑不得,只有喝令左右:"哪里来的疯子,来人,快把他拖出去砍了!"

说话确实是一门艺术。会说话的凭着伶牙俐齿能说来一片天下;不会说话的,一语伤身的例子也不少见。讲究说话的方式、角度、深浅在当今的快节奏商业社会来说更是不可或缺的本事。那么,如果不能判断该如何讲话又当如何呢?哈哈,言多必实,还是慎言为妙吧。

君子之范

做事情,免不了在斗争场中你争我斗,然而,能够真正笑傲江湖者,一定要有宽阔的胸怀以及放得开的心态。此所谓孟子说:"敬人者,人恒敬之;爱人者,人恒爱之。"

1936 年的柏林,希特勒对 12 万观众宣布奥运会开始。他要借世人瞩目的奥运会,证明雅利安人种的优越。当时田径赛的最佳选手是美国的杰西·欧文斯。但德国有一个跳远项目的王牌选手鲁兹·朗,希特勒要他击败杰西·欧文斯——黑色人种的杰西·欧文斯,以证明他的种族优越论——种族决定优劣。

在纳粹的报纸一致叫嚣把黑人逐出奥运会的声浪下,杰西·欧文斯参加了 4 个项目的角逐:100 米、200 米、4×100 米接力和跳远。

跳远是他的第一项比赛。希特勒亲临观战。鲁兹·朗顺利进入决赛。轮到杰西·欧文斯上场,他只要跳得比他最好成绩少过半米就可进入决赛。第一次,他逾越跳板犯规;第二次他为了保险起见从跳板后起跳,结果跳出了从未有过的坏成绩。

他一再试跑,迟疑,不敢开始最后的一跃。希特勒起身离场。

在希特勒退场的同时,一个瘦削、有着湛蓝眼睛的雅利安人种德国运动员走近欧文斯,他用生硬的英语介绍自己。其实他不用自我介绍,没人不认识他——鲁兹·朗。

鲁兹·朗结结巴巴的英文和露齿的笑容松弛了杰西·欧文斯全身紧绷的神经。鲁兹·朗告诉杰西·欧文斯,最重要的是取得决赛的资格。他说他去年也曾遭遇同样情形,用了一个小诀窍解决了困难。果然是个小诀窍,他取下杰西·欧文斯的毛巾放在起跳板后数英寸处,从那个地方起跳就不会偏失太多了。杰西·欧文斯照做,几乎打破了奥运会纪录。几天后决赛,鲁兹·朗破了世界纪录,但随后杰西·欧文斯以微弱优势战胜了他。

贵宾席上的希特勒脸色铁青,看台上情绪昂扬的观众倏忽沉静。场中,鲁兹·朗跑到杰西·欧文斯站的地方,把他拉到聚集了12万德国人的看台前,举起他的手高声喊道:"杰西·欧文斯!杰西·欧文斯!杰西·欧文斯!"看台上经过一阵难挨的沉默后,忽然齐声爆发:"杰西·欧文斯!杰西·欧文斯!"杰西·欧文斯举起另一只手来答谢。等观众安静下来后,他举起鲁兹·朗的手朝向天空,声嘶力竭地喊道:"鲁兹·朗!鲁兹·朗!鲁兹·朗!"全场观众也同声响应:"鲁兹·朗!鲁兹·朗!"

没有诡谲的政治,没有人种的优劣,没有金牌的得失,选手和观众都沉浸在君子之争的感动里。

杰西·欧文斯创造的8.06米的纪录保持了24年。他在那次奥运会上荣获4枚金牌,被誉为世界上最伟大的运动员之一。

多年后杰西·欧文斯回忆说,是鲁兹·朗帮助他赢得4枚金牌,而且使他了解,单纯而充满关怀的人类之爱,是真正永不磨灭的运动员精神,他所创的世界纪录最终有一天会被后起的新秀打破,但这种运动员精神永不磨灭。

竞争在当今社会是再平常不过的事了。面对竞争,你的态度是什么呢?是积极地迎头赶上还是消极地避让不理?是在竞争中保持君子风范还是进行可能更有效果的恶性竞争?孰是孰非,不用多说了吧。

拒绝的艺术

做事情总会遇到不想做的时候,怎么拒绝呢?铁着脸难免让别人下不来台,可苦笑着把活儿揽下来,自己又不高兴,这时候我们就需要利用中庸原则,学一些拒绝的艺术。

对于我们大多数人来说,说"不"是一件十分棘手的事。配偶、朋友、孩子、老板,同事和社会团体等总可能在适当时机提出一些要求而占用我们的时间和金钱。一般情况下,我们能满足那些要求,但有时因为那些强加给我们的要求将严重影响我们的生活,我们不得不表示拒绝,"不"是每个人的权利,但用不着语气粗鲁或充满故意。

"我真的佩服你。"一影楼摄影师曾被邀请一起去一委员会协助工作时,她极委婉地表示了自己的拒绝:"对你的邀请,我感到十分荣幸,我真的佩服你的组织才能,但对你的邀请,我无能为力,我的日程计划确实不容我接受你的邀请。"其实,这样的方法在社交方面也比较管用,比如:当你要拒绝一次预约请客吃饭时,可以试试这样说:"据我了解你请的人中没人与我有相同的口味,不好意思太麻烦你。'或者说:"在你的宴会上,吉姆和我总是感到十分不开心。因此我感到十分遗憾,不能参加你这次聚会。"在工作上对老板委托的事,亦欲拒绝时,可以如是说:"你是一个十分体谅了解员工的老板,我知道,如果你不认为我能胜任这项工作,你是不会指派给我的,但我确实已经忙不过来了。"

"确实是个好主意。"一个海军陆战队军需官告诉对方最喜欢说的是"是一个好主意,但是我们不能马上采用它,"和用肯定的口气来表达你的否决,不会伤害对方的感情,而且"马上"和"眼下"也留下了一条退路。

"让我仔细考虑考虑。"教师常因为试图说"不",而把事情搞得一团糟,然而他的一个熟人介绍给他一种简单方法帮了他:"你没有必要当场非得表明你的态度!"比如,现在你面对一个不愿接受的要求,你可以说:"让我考虑考虑,"这种花招可以为你赢得时间去找到一个可以接受的借口;在工作上说:"在这件事上,我需要时间考虑才能答复。"并尽快权衡两种对立意见的理由,如果感到自己是正确的,他会明确地表示不同意,并说明一些理由,他解释说:"这样,雇员们会十分感激你严肃地对待他们的意见。"

"因为我小气。"幽默是表示"不"的最佳方法,有时我们会被意料不到的表达方式而逗得开怀大笑,而这时我们最容易接受不同意见。例如:"我猜你以为我拒绝是因为我小气,嗯,就算是这样吧!"孩子们特别喜欢开玩笑,如果你能使小孩子笑起来,他们往往会欣然听从你的反对意见。

"恰巧没时间。"一个邻居为解除一个约定打电话给我说:"星期五,我恰巧没时间。"她说这话时干巴巴的,没有任何理由,以至我对此事毫无印象,后来我想起一条古训:"沉默是金。"如果你的理由是无可辩驳的,什么都不说往往是最好的理由,而仅仅用一句话"我恰巧没时间"就够了。大多数人不愿被逼做出某种辩解,但是如果你被问起原因时就说:"恐怕,我只能谈到这了,其他无可奉告。"

"我无能为力"是一种无可争辩的拒绝方法。一次正同一个朋友在饭店吃饭,一个要求签名的男子靠上来,明星礼貌而坚定地说:"我无能为力。"然后继续与朋友交谈。在我学会这些小小技巧后的一个月,我收到一封书信,信中呼吁尽可能销售附寄上抽彩奖券,以帮助一本地慈善团体,我迅速寄上一小笔捐款,还写上一段话:"对不起,我确实无能为力。"当我干完这事情时,我从心里感谢那位明星,提供给我这样一种不带感情色彩又不可追问的拒绝方式,令人十分愉悦。

"我感到难过，"当你面临这些困难对于处境进退两难的人来说，表达"不"最好是通过暗示和叹息。例如：一个远方亲戚跟我说道："戴维只能在你们这个城市工作，要不是这里旅店住宿费高得惊人，我想我与戴维能住在一块儿。"这种境地使我很难受，同意他们住在我这吗？我又不是救世主，于是我同情叹息地说："格丽，我感到十分难过，你们面临这样的麻烦。"随后保持沉默，这种沉默一般会带来别人对你的理解和体谅，当格丽离开时我对她说："哎，这真是一件麻烦事，我期望不久你们能找到解决办法。"

直说"不"，有时最好的反对方法是直接说"不"，特别是当问题显得严重时，我们只有说"不"最好。我问一位繁忙的公司总裁，他也是支持肯定明确说"不"的人，他说："一个明确的反对可避免误解，一个明确的反对能使人不走错方向，防止走弯路浪费时光。"

确实，老师说的这些，给我们这些涉世尚浅的年轻人上了生动的一课。

我们既要学会拒绝，也要学会如何去拒绝。人人都有说"不"的权力，好好把握这个权力，你就会拥有更多的时间，精力，机会。也就能更走近成功。

明哲保身远纷争

中庸之道当然也有"圆滑"的一面，但这主要表现保护自己之上。当你第一天做事的时候，你就应该懂得你总有一天会遇到关于事情或者利益的明争暗斗，也应该知道这样的古语："功高震主者身危"。只有具备了精明的素质，你才能会看、会听、会想、会办事，而对于自己来说，精明才能使你能坐万年船。

某公司在关于人事调动的问题上已连续开了几天常务会了，大家围绕的焦点主要是在公司技术部的副经理人选。几天下来，大家初步划定了两个目标：技术部的江岸与开发部的路康。

陈瑾作为总经理助理从始至终参加了此次讨论。某天中午，当事人之一的江岸打电话给陈瑾，说有些事情想找她帮忙。陈瑾与江岸虽然很熟，但并没有多少私交。

在询问了几个很简单的工作常识问题后，江岸客气地请陈瑾坐下来，说中午没有什么事，聊聊天。东扯西拉一阵后，江岸好像不经意地问道："今天上午怎么没看见路康来上班，是不是昨天晚上和你们喝酒喝多了？"

昨天晚上老板请客，宴请从上海来北京列席公司常务会的上海公司经理。是陈瑾帮老板订的座，但陈瑾没有参加，路康也没有参加。江岸这样发问，虽然没有提老板的名字,但其实就是想通过拐着弯了解老板与路康之间的私人关系,特别是昨天晚上他们俩是否在一起。江岸问陈瑾路康昨晚是不是与老板他们一起喝酒时喝多了,实际上是给陈瑾下了个"套":不论陈瑾怎么回答,说路康出席或者没出席昨晚的宴会,说路康醉了或者没醉,他都能推测出老板与路康之间的私人关系。总之,作为老板身边的亲近人,陈瑾任何一种回答,都能给他一个明确的信息。

"呵呵,江岸同志,我又不是路康同志的保姆,谁知道昨晚路康是不是和老板他们一起喝酒了?"陈瑾尽力用打趣的语言轻松地说"昨天我只帮老板订了个包间,有哪些人出席我不太清楚,昨晚上我有课,没有去。"

江岸是个聪明人,看出了陈瑾的意思,于是很快在不经意中岔开了话题,问起陈瑾现在上的是什么课程、课程难不难,需不需要他帮忙,等等。

在一个公司内部,人事关系是最为复杂又最为敏感的关系。作为做事者,如果你掺和进去,即使你保持不偏不倚,凭良心发表自己的看法或办事,也有可能被人曲解,肯定会有人说你是在替某某说话,你跟某某是一帮的……事情会更加复杂。因为事实上,确实有一些秘书就是利用这种错综复杂的人际关系,拉帮结伙,私仇公报,浑水摸鱼。所以,一般的领导,都讨厌自己的秘书卷入公司内部的人事纠纷,免得给自己帮倒忙,添乱子。

下班的时候,陈瑾给公司副总送文件,副总问陈瑾连续记录几天吃不吃力、累不累之后,突然提出因为在关于近期公司人事问题上,部门经理王晓琴有违规的行为,让陈瑾先替代王的工作。

呵呵,幸亏秘书陈瑾够精明,否则她不仅会陷入当事人的矛盾中,还可能因为自己的一念之差丧失掉高级领导人的信任,正是她的处事精明才造就了这次在领导眼中的出色表现。

对于公司内部的这种是非漩涡,我们应该是躲得越远越好,在处理错综复杂的人际关系时,最好保持适当的沉默,不要热衷于打听公司里的"内幕"消息,即使自己知道一些内情也不要谈论。在遇到各种人际是非时装些"糊涂",避开人际里的争执,远离是是非非,这样就不至于被各种是非"漩涡"所吞没。

不得罪小人

庄子在其著作中曾经讲到"意怠",是一种以平庸的特色的鸟。别的鸟飞,它也跟着飞;傍晚归巢,它也跟着归巢。队伍前进时它从不争先,后退时也从不落后。吃东西时不抢食、不脱队,因此很少受到威胁。表面看来,这种生存方式显得平庸保守,但是仔细想想,这样做也许是最可取的。看似平庸,其实是这能有效自我保护的一种方法。

天宝元年,唐玄宗诏令荐举博学、文辞优秀及军谋武艺者,李白因诗名震动京师而被推荐。当他在安徽南陵接到征召去长安的诏书时,掩饰不住内心的狂喜和踌躇满志的心情,在《南陵别儿童入京》的诗中说:"会稽愚妇轻买臣,余欲辞家西人秦。仰天大笑出门去,我辈岂是蓬蒿人!"

由于受玉真公主(唐玄宗的妹妹)、贺知章等人的称誉,李白的《蜀道难》等诗作轰动长安,李白受到唐玄宗的隆重接见。接见那天,唐玄宗像汉高祖接待"商山四皓"一样,以七宝床赐食,亲手调羹给李白吃,并命人给诗人换便鞋。

李白便把脚向皇帝身边的宦官高力士伸过去,叫道:"给我脱靴!"高力士不得不委屈地给诗人脱下靴子。

高力士本是唐玄宗身边的红人,连宰相李林甫、杨国忠、武将安禄山都要巴结他,太子李亨称他为二兄。但在李白眼里却是比草芥还渺小。

后来,一次唐玄宗和杨贵妃在兴庆宫沉香亭观赏牡丹,把李白叫到营中,即席赋《清平调词》三首,描写了杨贵妃体态的美艳,杨贵妃很高兴。

杨贵妃再三吟唱,高力士乘机挑出其中"借问汉宫谁得似? 可怜飞燕倚新妆。"两句,悄悄说:"奴才原以为娘娘听了李白此词一定会恨入骨髓,娘娘怎么反而这样喜欢此词呢?"

杨贵妃吃惊地问:"翰林学士会用此词来侮辱我吗?"

高力士阴险地挑拨说:"他以赵飞燕来比喻娘娘,对娘娘真是莫大的侮辱!"原来,赵飞燕是汉成帝的宠妃,又与燕赤凤通奸。

从此杨贵妃常对玄宗说李白轻狂酗酒,无人臣之礼。宠妃、权贵的谗毁,使唐玄宗疏远了李白,不召他侍宴,也不留宿殿中。李白内心十分苦闷,经常"停杯投箸不能食,拔剑四顾心茫然",却又想着国家大事:"长风破浪会有时,直挂云帆济沧海。"

天宝三年,李白知道留在长安已再也不能有所作为,便上疏请求还山。玄宗问他有什么要求。李白答道:"臣一无所需,但得杖头有钱,日沽一醉足矣!"玄宗便给他一些赏赐。李白离开长安时,已44岁。

杜甫诗言李白"飞扬跋扈为谁雄",写尽李白的性格特征。这种人如果能在长安城里久事功名,那才不可思议。

像高力士这样的人,连割据一方的安禄山都不得不另眼相看,可李白偏偏就不给他这个面子,到最后落得如此下场,也不足为怪了。

人性中有妒忌的一面。谁都不愿意别人比自己强，无论是在才能上、名誉地位上，还是在品德上。妒忌的结果是远离乃至围攻那个鹤立鸡群的人，因为在鹤的反衬之下，鸡实在显得太鄙俗而缺乏光彩和神韵了。在这个意义上，妒贤嫉能、党同伐异可以说也是人类的天性。所以，对于人类中那些过于嫉妒者而言，还是远离为好。

"亲热"的烦恼

与人相处而共事，对于别人的表现，也可用中庸之道来看，过于冷淡的人自然不适合帮助你做事；而太亲密的人，尤其是自己的上司，则也未必怀着好心。一般来说，做事者在老板面前需要陪很多小心，所以一个有心计的老板常常会用渗透有个人情感的言辞来笼络员工不安的心。我们把这样的言辞称为"甜点"。"甜点"是老板常用的一种攻心战术，不过，从中也能反映出一些问题——在喂你"甜点"之前，至少老板还是赏识你的。

小李是刚进公司的新人，由于工作绩效出色，备受老板赏识，也赢得了同事们的支持。

在一次与老板的私人谈话中，老板意味深长地拍着小李的肩膀说："……你和他们不一样，你是我的心腹！你就是我在职员们那里的耳朵和眼睛，我需要你及时向我汇报其他职员的工作情况和他们私下聊的一些事情！"涉世之初的小李把老板所说的一切都信以为真，真的把自己当成了老板的心腹。

此后，他不仅在工作中投入了忘我的热情和精力，而且还经常向老板汇报同事们的情况，事无巨细，面面俱到。但时间长了，小李却发现他自己的生存空间越来越小，生存环境越来越困难。同事们和他不再像以前那样嘻嘻哈哈、打打闹闹了，什么事情也不和他提及了，同事们和他的关系变得敏感和紧张起来，真正待他当作老板的心腹和耳目。小李成了名副其实的牺牲品。

一个老板对下属的关心与问寒问暖一定不会离开工作目的。他希望你做的是一颗永不生锈的螺丝钉。涉世之初的新人不要被"你是我的心腹"的"甜点"迷住？不要天真地以为你有缘能和老板成为朋友。你一定要和老板保持距离，过分亲近老板，会让别人怀疑你的能力，同事也会反感和排斥你。

小兵是公司的销售主管，在一次老板出差的时候，老板信任地拉着小兵的手说："这里的一切全交给你了！我最信赖你！"

在老板离开后的第三天，客户打来电话，反映同类产品现在开始促销，并咨询该公司的产品是否也有相关的优惠活动？小兵突然想起来,老板离开前他曾经申请过相关事情,也提交了相关报告,老板做了口头批示,但未做详细的布置和工作安排。本应向老板汇报请示的小兵耳边响起了老板1临行前的重托,于是自作主张,实施了自己的促销方案。结果把在外地扩大市场的老板弄得很被动。老板回来不久,小兵就被炒了鱿鱼。

当老板离开,工作交给你时,通常会这样对你讲？但你要学会捕捉老板的"弦外之音",不要把老板所说的一切都信以为真。"这里的一切全交给你了!""我最信赖你!"之类的话,很大程度上是对你工作积极性的勉励。你要切记,交给你的只是工作而已,而不是老板的位置和权利。千万不要不知深浅,俨然把自己当成老板一样,自作主张,指点江山。最好的方式就是及时向老板汇报工作,请求指示,以电话的方式来扩大他的权威性,自作主张的结果往往是费力不讨好。

阿雅是公司的业务骨干,经常为自己的额外工作加班加点,并为此付出了很多精力和时间,而每一次老板都会扔个"甜点"给她,"好好干! 我是不会亏待你的!"但老板却丝毫没有支付加班费、奖金和补助的意思和行为。

和老板说"不"的确很难,但是自己也不是万能的机器,勉强自己的事情还是越少越好。要学会说"不",学会提出自己的要求,争取自己应该得到的利益。职场如战场,很多时候自己的忍耐和好脾气会使自己因小失大影响职场生活。

适时地舒展一下自己的个性,你的饭碗反而会端得更稳! 别让老板以为你好欺负,既然自己付出劳动就应该得到回报。

其实,人人都爱吃"甜点",许多经验说明,下属一旦被上司作为协商的对象,就会对上司萌发感激之情,于是,事后就不得不对自己当时的话负责。"有点儿事想和你商量……"这样一说,对此感觉厌恶的下属大概是没有的。下属一旦被上司挑起自身的某种尊严感,就一定不会觉得讨厌,对上司也就丧失了防范之心。

下属面对与自己同等或是比自己差的人,别人越是表现拙劣,自己就越建立起心理上的自尊,产生了几乎感到不好意思的优越感。

精明的上司正是利用下属的这种心态,拿出一些有问题的事情来找你商量,然后说你的意见正合他意,并且连连向你道谢。殊不知,此处却有一个大陷阱在等着你。如果事情真按你的意见去做,而发生了无可挽回的错误时,就该你倒霉了。

"事先不知道会闹出这样大的事。"上司以这样一句作结,那么你应该相当感恩了;如果他再来一句:"我太信任×××了",咬定完全是依你的意见行事的话,恐怕你得负最主要的责任!

所以说,如果上司一找你商量事情,你就得意扬扬的话,说不定什么时候就会被扯进麻烦里。

这个原理，还经常被上司运用在会议上。为了在重要会议上达到有利于自己的目的，这些上司以笼络出席者的手段说："敬请多多批评指教。"同时直率地向对方提出自己想要通过的议案，装作接受指导的样子："请多指教。"一听到这句话，下属心里就会产生一种优越感，而容易被上司所利用。

精明的上司有时还会利用你的虚荣心，采用使双方立场倒置的言辞对你进行诱导，从而达到他们自己的目的。

人天生有一种抗拒心理，特别是对上司不合理或有不可告人的目的的命令，都是不愿意服从的。然而，同样是上司的命令，如果用"拜托"这句话来扭转彼此的身份，即使对自己不利，人的反抗心理也会微乎其微，常常不会感觉出这也是命令。

在平时，一般上司给下属的命令都比较严肃，语言也运用"职务语言"，如"我现在把每个人的工作任务安排一下，……大家各就各位，开始工作。"而精明的上司为了掩饰自己不可告人的目的，他可能会故意走到下属的桌旁客气地对你说："有一件事想拜托你……"本来应该用命令的语气，上司却对下属称"拜托"，由于措辞使立场（身份）逆转过来，如此一来，下属的虚荣心膨胀，飘飘然起来，很容易按上司的意图去行动。有时候，上司还会用很亲和的字眼来称呼下属，这时，双方之间的情势也会扭转过来，使下属抱有优越感，对上司也会变得信赖、顺从，对其命令也容易失去戒备心。

能够跟上司这么近乎地打交道，在下属看来是一件很荣耀的事。精明的上司有时故意做出某个举动，说些熟络的话，把自己降到普通人的地位，甚至通过语言的印象，使下属格外受到尊重，这是借着立场的逆转，挑起对方的虚荣心。

对此下属要有清醒的认识，不能沉溺于上司的奉承之中。一旦出现这种情况，你就要提高警惕——是否又有难办的事交给你去做了。最好的办法是，当上司突然与你拉近乎、套关系时，你千万不要轻易答应上司，要先发制人改变话题。比如，当上司说："小李，我有件事想拜托你帮忙办一下。"你可以说："哎呀！这恐怕不好，您上次吩咐的事，我正好处理了一半，一旦中断，恐怕得从头干起了。"这时，你可以与他谈你正在办的事情，把他的注意力吸引到这件事上。

如果上司与你套近乎，你也千万别乐昏了头，你可以在对方问题还没有提出之前，先提出你的问题，让他围绕你的问题思考。

总之，一旦上司莫名其妙地与你亲热起来，你就要提高警惕，前后思量，注意防范。

应对"非分之念"

距离的远和近,我们已经见得太多,尤其对于女性来说,上司对自己的距离越近,反而说明问题越多,这就需要你在做事的时候一定要小心再小心,毕竟,距离近不一定就是好事。

性骚扰是一种白领职业的艾滋病,目前没有什么办法像消灭天花、霍乱那样,进行彻底根除,只能预防。办公室受到性骚扰的对象,往往是公司的新员工,因为工作环境不熟悉,只有忍气吞声的份。因为它不像对身体的侵犯那样比较容易辨别。黄色笑话、色情的眼神、与性有关的双关语、性玩笑、色情短信息、强邀共进晚餐、色情画片、追问个人的性生活、赠送与性有关的私人礼物等等,都可以用"开玩笑"来掩护。

刘玲的公司不大,只有两个专职秘书,另一个秘书是男的,正式头衔是总经理助理,三十来岁,两个秘书的桌子是挨着的。一开始,男秘书还只是把墙上的挂历,换成三点式的大美女,虽让刘玲挺恶心,但还不至于太过分。最近几天,男秘书时不时地往刘玲手机里发一些黄色短信息,大前天刘玲在给老板汇报工作时,他也朝刘玲手机里发黄色短信。刘玲跟他生过几次气,但一点用也没有,男同事总是嬉皮笑脸,说开开玩笑,何必当真。刘玲没办法跟他撕破脸皮,再说刘玲也不想跟他撕破脸皮,刘玲是新手,还有很多事要请他帮忙。

对于同事还好说一些,毕竟双方的地位相差不大,更可气的是刘玲的大老板,他也动了坏心思! 他老让刘玲一个人加班。由于最近要准备一个新产品发布会,准备材料,事是挺多,所以,刘玲也只好加班。加完班,老板就要请刘玲吃夜宵。他经常是一边吃,一边聊他是多么累,有一天他居然说他"不行"了,羞得刘玲满脸通红。上个星期四,加完班吃夜宵的时候,老板说和他老婆感情不好,准备离婚。甚至某天在老板的办公室,他居然说他非常爱刘玲。

不知多少次,刘玲也想找个机会到外国去,好一走了之! 但刘玲也知道天下乌鸦一般黑,到哪里都一样,这种事,中国有,外国也有。看克林顿,人家是大总统,不也是闹得满城风雨吗? 到国外去也解决不了问题。所以,她不想做秘书了。

对于这种性骚扰,只要有办公室的地方就会存在,但对于秘书来说,他们属于被性骚扰的高危人群,因为只要领导动了坏心思,他们就有更多合情合理的借口,创造与秘书单独相处的条件,从而进行性骚扰。

当上司频频邀你外出的时候,即使他真的没有非分之想,那你也要小心注意,因为这往往是使你们以后产生不寻常关系的前奏。

叶丽在一家规模很大的医药公司做销售。这是一份极具挑战性的工作，无论是在与人的沟通、对专业知识的掌握、对市场的把握上，还是在体力的支配上，都要经受不同寻常的考验。叶丽常常是几个小时前还在回客户电话，几个小时后就飞到别的城市了。在公司，每个人的业绩都是公开的，尤其是秘书，干得比别人多，业绩却不一定飙升，当你拿着工资的时候，你会感到有一种无形的压力。当你承受不了这种压力时，也就是你该离开公司的时候。所以叶丽做得很卖力，业绩一直在节节攀升，因此大受顶头上司、销售部经理的青睐。

叶丽刚进公司时，就碰上了一个对公司来说相当重要的国外大客户。谈判一开始，对方就拿来一些国际惯例跟她谈。由于双方文化背景、思维方式、运作方法的不同，谈判很快进入了僵局。但是叶丽绝不轻言放弃，她一遍又一遍地研究对方的资料，挖掘对方的弱点，用自己的认真和敬业来感化对方，一星期下来，谈判终于成功了。叶丽也欣然接受了老板出去吃饭的邀请："我当时的高兴劲儿真可以用眉飞色舞来形容。在上司面前也顾不上矜持，吃过饭，他邀我去跳舞，我也毫不犹豫地就答应了"。

以后老板便经常请叶丽吃饭、泡酒吧、打保龄球、桌球、壁球，多半是借口庆祝叶小姐的出色表现和业绩。有时叶小姐并不想去，但看到他那诚恳的眼神，又想想他是自己的上级，叶小姐就不好意思再拒绝。而老板每次出差都会给她带回些别致的小礼物，这当然逃不过外人的眼睛。

一来二去，难免有人在背后议论叶丽和她的上司，这其中不乏对叶丽的出色表现已怀妒忌者。老板听后淡淡一笑，叶丽却苦恼不已：相恋两年的男友听到传闻后深信不疑（因为叶丽时常晚归和失约）。他揣测好强的叶丽一定是利用了上司才做出那么好的成绩的。任凭叶丽怎么解释他也听不进去。而老板眼神里的暧昧也是叶丽一想起来就烦恼的。

其实，在公司里这是一种普遍现象，许多白领女性都经常会遇到这种情况，那么怎么办呢？要学会拒绝，要掌握说"不"的艺术。

微笑是最好的回答。当你遇到一个需要立即表示否定的问题时，微笑是说"不"的最好方式。李小姐的上司约她去吃晚餐，李小姐没有直接回答，只是微笑着做欲言又止状。"你有约会啦"？上司揣测地问。李小姐微笑着点点头。"哦，真对不起！"双方在微笑的气氛中完成了默契，并没有留下令人尴尬的印象。

幽默是说"不"的绝妙方式。小芳是一位活泼可爱的女孩，很受大家的喜爱。她同大家都保持着一份纯真的友情，而其上司却对小芳一往情深。在一个月色迷人的夜晚,俩人坐在露天咖啡馆的圆桌旁,品着浓香沁人的咖啡,上司突然双手握住小芳的手,激动地说:"你愿意做我的女朋友吗?"小芳马上反应过来,浅浅地一笑说:"我难道不是你的'女朋友'吗?"上司惊讶不解地望着她,小芳说:"我们是朋友,而我又是女孩子,我当然是你的'女朋友'啦。"上司立即明白了小芳话里的含意,放开她的手说:"是哦,你就是我的'女朋友'"。

作为女性,无论什么时候都要有自己的原则,工作中应该学会服从上司的安排,但其他方面更要学会以诚相待,不卑不亢。拒绝上司并非一定是坏事,许多时候能让上司发现你的成熟矜持和个人的尊严,让他对你产生敬重,也有助于抬高你在他心中的地位。

对于普通的做事者来讲,要工作、要生存,逃避不是办法。关键是你要明确你的态度,不让他们把你当作一只小绵羊。比方说,老板他再说他爱你,你就打印出来让他在上面签字,看他还敢不敢这么胡说八道。

问题是很多时候,我们不好跟老板说撕破脸皮就撕破脸皮。其实,就是要装出一副不怕撕破脸皮的架势给那些人看。这是一场无可奈何的心理游戏。在这种情况下必须有这种勇气和生存的智慧。他们想占你的便宜,为什么既不敢公开,又不敢硬来,就是因为他们顾及自己的公开形象。但是,他们就是利用了女性更怕撕破脸皮的这种弱势心理。你越害怕,他就越来劲。所以,你一旦做出一副不怕撕破脸皮的架势,我敢肯定,他们就不敢再这么猖狂了。

当然,我不是说老板一让你加班,你就跟他撕破脸皮;加完班,请你吃顿夜宵,你就一口回绝。作为捧着别人饭碗的人,当然不能这么神经过敏。但是,对老板这种明显的"假公济私"行为,那就得想点办法。如果你晚上加班,你就事先跟家里打个电话,说你晚上出去玩,让他们八九点给你打电话,提醒你早点回去。倒不是真的让你爸来接你,你只不过是给自己找一个开溜的借口罢了。总而言之,你这么做了几次后,人家就会明白,你不是一个随便而又软弱的人。这样,人家就会慢慢地减少对你的非分之想。

第九节　中也者,天下之大本也

一个做手工或工艺的人,要想把工作完成,做得完善,应该先把工具准备好。那么做事情应该准备什么样的"器"呢?心态、身体、方法、修养甚至对于领导的选择,这些都是你在成功之前需要磨炼的工具。假如你已经具备了天赋的聪明和后天的勤奋,希望你在这两个成功的必备的条件之外,再加上一份平淡轻松的心情,那才是真正的中庸之道。

好身体,好事业

以中庸而言,身体与事业,缺一不可,忽视了哪一项,都会影响事情的进展。英国有俗语云:"人到四十,如果不是傻子,就该知道保养身体。"其实,即使不到四十,我们也要保重身体。一个立志成功的人,一定十分看重自己,自我激励,准备在人生的竞技场上一露头角。他无时不在训练自己,正像那些运动员一样。从不荒废自己强健的身体和竞技状态,并刻苦奋斗,以争取比赛的胜利。

为了让自己有精神、有生气、能吃苦耐劳,我们不得不竭力克制自己,避免一切日常生活的越轨,我们戒绝烟酒,制止自己去吃那些有害于身体健康的食物。我们所吃的只限于有益于保持身体状态的食物。我们会有效地管理自己的睡眠、进食、运动,一切都有条有理,遵守一定的规律。

也许有些人会对此表示怀疑,认为何苦这样早睡早起,每天弄得满头大汗,仅仅为了去争一次短暂的胜利?

在粗心的人看来,一定以为这种见解是正确的,但是一旦到了重要关头或激烈的竞争时刻,一切本领就都显露出来了,光荣的胜利都被那些最刻苦、经过多年训练的人夺走了,到了这时,那些落第的人,才自怨自艾为什么不多吃点苦、多下些功夫、多操练一下、多学习一点,以便应付重要关头。

一个希望成功的人,总是时时思考着怎样把自己的才智、精神、体力用得恰到好处,有不少人对于自己的才智、精神、体力往往徒自耗费、糟蹋了,正像他们挥霍金钱一般。

世上很多人随时都在浪费自己的精力,不但如此,他们连自己成功的资本——身体——也毫不注意,把它糟蹋得像生了锈的机器一般。至于他们浪费脑力的方法,那更是五花八门,层出不穷,对自己的生命力造成了重大的损失。他们动不动就发怒、着急、烦恼、愁闷。这些情形比起别的坏习惯来,对生命力的损害真不知要大多少!

一个青年,如果他不时时注意积蓄自己的体力与心力的资本,不尽量避免损伤自己强健的躯体,那他无异于把自己的成功资本抛到大海里去,即使他的志向多么远大,也只好望洋兴叹,后悔莫及了。

我们随处可以看见那些年纪不到30,就已老态龙钟的年轻人,他们刚开始做事时,原也有着很大的"资本"——他们的脑力、才华、体格,样样都不在别人之下,但是现在还不到中年,他们那些巨大的资本就已完全用光了、破产了。

这种人,起初谁都觉得他是前途无量、希望远大的人。他有充足的领导力,生气勃勃,事事乐观。可是不久以后,我们就可以看见他已经遭遇了成功的敌人,他贮藏精力的保险箱已被敌人凿开,体力的机器已被渐渐破坏,随后,他从前那股干事的神秘的力量也被连带洗劫而去。于是他的自信力也渐渐不见了,自尊心也逐渐消失了,他多年来心血的结晶,只剩下一个残缺的空壳了。

当他失去了自信之后,人们当然也不再对他产生信任,他开始东做做,西弄弄,再也不会有所成就。从前那种生机勃勃、希望无穷的样子,现在一变成为一个废人了。他对于那期待已久的伟大目标,只能望洋兴叹了。

你应该明白,每天耗费精神去游乐,最易影响你工作、读书的效率,你将因此感到睡眠不足,终日浑噩,再也提不起精神来做事了。

守规律的生活,是一切人达到成功的最有力的保障,是每一个希望在生活竞赛场上夺取锦标的人所应学习的。你当然也不能例外,假使你没有足够的睡眠时间、充分的运动、适量的饮食,你迟早将受到严苛的责罚。

可是有些人偏要明知故犯,他们开足了自己身体的马力,工作、工作、工作,直到这架机器快要炸裂了,还不肯罢休。

在你的身体机器里加油最好的方法,就是适度的睡眠、定量的饮食、充分的运动,最好常到乡下去旅行,这样能使你所耗去的精神气力迅速恢复过来。如果你不这样做,一辈子也休想干出任何成功的事业来。

据许多精神病专家说,自杀的最大原因,大都是脑力用得过度所致。

当你觉得身心疲惫、生活乏味、遇到任何事情都再也打不起精神,引不起兴趣时,你该觉悟你自己非去多睡一会儿,或多到乡间散散步了。如果你确实能这样做,你的元气不久就可以恢复过来。

抽出几天闲暇,到乡野去散步、旅行、爬山、游泳,这样可以使你在不知不觉中赶走那些忧郁苦闷的恶魔,使你立刻恢复神清气爽、愉快振作的心情。

除了那些能够自知珍重,不为游荡淫乱所污染的人之外,没有一个人能够享受健康的幸福,同时也没有一个人可以算得上是强壮,除非他能珍惜自己的身体和脑力,不使它们操劳过度。

压力与动力

人们常说把压力转换为动力,其实这就是最实用的中庸之道。压力对于每一个身在职场的人来说都是不可避免的,怎么样抵抗压力并且化压力为动力成为现在做事的一项重要任务。

大学毕业后,王丽和一些同学以优异的成绩进入一家超大型的公司。刚到公司的那段日子,由于她所在的部门刚刚成立,文员需要的办公设备还不齐全,因此经常影响她的正常工作。

随着一些设备的增加,业务的增多,于是她开始频繁地加班。老板有个心腹——王主任,他像盯贼一样地整天盯着这些新来员工,不是训这个,就是要扣那个工资。一次,王主任走到王丽身边,怪里怪气地说:"我看了你的档案,在学校是个学生干部,而且父母在政府工作,为什么还出来打工?"她说:"我想锻炼一下自己。"他听王丽说完后,便没好气地哼了一声走了。

接下来的日子,他像是有意与王丽过不去,总是有意无意挑她的刺儿,还说:"别总记得是学生干部,你现在是个给别人打工的。"无数次的恶语讽刺,她都默默地忍下了。

几个月后,老板打算从这些新员工当中选几位组长,不料,选出的人都是平时和王主任打得火热的同事。这太不公平了!王丽一直向往办公大楼白领的世界。做一位总经理助理一直是她的心愿。一天,她鼓足勇气把简历和以前在媒体上发表的文章呈给老板,她说相信自己会做得更好。老板用欣赏的眼光看着她的文章与简历,并说明天给她答复。第二天,老板对她说:"王主任说,你才22岁,还要在生产线上多锻炼锻炼,今后大有发展……"那次她受到了第一次职场中的打击,开始变得灰心了,甚至想让父母帮忙找工作。最终,她还是挺过来了。

几天后,忽然一个调令,她被调到被视为天堂的办公大楼里工作,就这样突然间成了业务部的秘书。这时,她才想起上个月曾参加业务部招聘助理的考试,没想到竟以第一名的成绩入选。

她很感谢那段生产线的生活,那一段生活给了她从未曾遇见过的压力,它让她学会了坚持和忍耐,让她懂得在最困苦的日子不要轻言放弃。不懂得吃苦的人永远不会成长,自然也就不能在事业中求得发展,如果有一天你突然间身陷困境时,切不可灰心丧气,要知道,这些对你可能意味着一次事业与生命的转机。如果我们试问:"有哪一个成功人士没有吃过一些苦头呢?"可以肯定,我们得不到准确的答案。尤其是作为秘书经常身伴老板身边,更要有毅力使自己在困难面前支撑下去。非但这是自己的一种成长,也会因此而得到老板的器重,所以,不轻言放弃是一个合格职员综合素质的一种重要体现。

前些天,我遇到一位好久不见的朋友,没想到他现在看起来是那么糟糕。我知道他最近的压力很大,但没想到会对他有这么大的影响。

我还记得曾经去帮助一家公司解决一些问题。人事部主任告诉我,该公司的人员不但每天有很大的业务量,而且每月必须达到一定的工作目标。

"看来,他们的压力一定很大,"我说,"你如何帮助他们完成任务?"

接着她哗啦哗啦地念出一堆计划的名称:"生活形态管理""十分钟完成"等等。我发现,其中没有一个和消除压力有关,当我说出我的惊讶后,"噢,"她答道,"如果让员工知道他们的工作压力很大,他们搞不好会去告我们,而且可以胜诉。"

"我懂了,"我缓缓地说,"也就是说,贵公司处理压力的策略,就是绝口不提'压力'两个字?"

那女人不好意思的微笑,说:"正是。"

谁不希望能这么轻易地解决问题呢?问题是,压力并不会因为这样而消失,它需要用一种"个人再造"的方法来处理。

下列几个方法对我很有效,或许也能对作为秘书的你有所帮助。

你有没有办法消除导致压力的因素?我知道你会说:"废话,当然没办法,要不然怎么会有压力?"不过,退一步想一想,通常从一个更宽阔的角度出发,你会发现,许多我们以为非得立即亲自完成的事情,其实并不那么急迫,或许,可以交给别人去做,有的甚至根本没有做的必要。压力会随着新压力的出现,而呈几何级数加大;不过还好的是,压力也可以呈几何级数减轻。

假如你无法解决造成压力的因素,你能不能改变自己对于这些压力的态度?压力不仅来自"外在",也来自"内在"。我们对压力的"感觉",决定了这个压力的大小。我发现,在执行一项计划时,当我提醒自己"这么做一定可以达成目标",我会比较能控制自己对压力的感觉。这么做并不会让压力消失,但却可以让压力变得较容易承受。

另外,你可以采取"80分"标准。你一定听过人家说:"所有值得做的事,都应该把它做好。"其实,并不见得。不是所有事情,都需要达到同样完美的标准。当你手中有太多工作等着完成,排出优先顺序,然后用八十分的标准去做较不重要的事,用一百分的标准来完成最重要的任务。其他更不重要的事情,就放弃吧。

所有过来人都知道,假如不这么做,结果会更糟。曾经有一个业务员,参加表哥的葬礼,有人问他感觉如何,他耸了耸肩,答道:"比我表哥好多了。"

当我们无法改变现实的时候,调整自己的心态,努力找出现实的优点,是我们应该做的事情。

做事的分寸感

分寸,说来容易可把握起来就难上加难,就好像我们的老祖宗说了一辈子的"中庸",结果把自己搞得平庸一样,也许学一学把握分寸,对自己的职业前途很有用的。

"糟了! 糟了!"王总放下电话,就叫了起来:"那家便宜的东西,根本不合规格,还是原来林老板的好。"狠狠捶了一下桌子,"可是,我怎么那么糊涂,写信把他臭骂一顿,还骂他是骗子,这下麻烦了!"

"是啊!"秘书张小姐转身站起来:"我那时候不是说吗? 要您先冷静、冷静,再写信,您不听啊!""都怪我在气头上,想这小子过去一定骗了我,要不然别人怎么那样便宜。"王来回踱着步子,指了指电话:"把电话告诉我,我亲自打过去道歉!"

秘书一笑,走到王桌前:"不用了! 告诉您,那封信我根本没寄。""没寄?""对!"张小姐笑吟吟地说。"嗯。"王坐了下来,如释重负,停了半晌,又突然抬头:"可是我当时不是叫你立刻发出吗?""是啊! 但我猜到您会后悔,所以压下了。"张小姐转过身,歪着头笑笑。"压了三个礼拜?""对! 您没想到吧?""我是没想到。"王低下头去,翻记事本:"可是,我叫你发,你怎么能压? 那么最近发南美的那几封信,你也压了?"

"我没压。"张小姐脸上更亮丽了:"我知道什么该发,什么不该发……""你做主,还是我做主?"没想到王居然霍地站起来,沉声问。张小姐呆住了,眼眶一下湿了,两行泪水滚落。颤抖着、哭着喊:"我,我做错了吗?""你做错了!"王斩钉截铁地说。

张小姐被记了一个小过,是偷偷记的,公司里没人知道。但是好心没好报,一肚子委屈的张小姐,再也不愿意伺候这位"是非不分"的主管。

她跑去孙的办公室诉苦,希望调到孙的部门。"不急! 不急!"孙笑笑:"我会处理。"隔两天,果然做了处理,张小姐一大早就接到一份解雇通知书。

从这个故事中我们能学到一些什么呢? 或许你还是不明白,张小姐不是恰巧帮了王一个忙吗? 事情未必尽然,不论你怎么想:这是个"不是人"的公司? 王不是人,孙也不是人,明明张秘书救了公司,他们居然非但不感谢,还恩将仇报,对不对?

正如王说的——"你做主,还是我做主?"

假使一个秘书,可以不听命令,自作主张地把主管要她立刻发的信,压下三个礼拜不发,"她"岂不成了主管? 如果有这样的"黑箱作业",以后交代她做事,谁能放心? 再进一步说,自己部门的事,跑去跟别的部门主管抱怨,这工作的忠诚又在哪里?

如果孙收了她,能不跟王"对抗"? 而且哪位主管不会想:"今天她背着主管,来向我告状,改天她会不会倒戈,又跟别人告我一状?"

所以张小姐不但错,而且错大了,她非但错在不懂人性,更错在不懂工作伦理。

有一位在日商公司工作的女孩子说:"那些日本主管最假了。白天上班的时候,道貌岸然,可是下班后去 PUB,三杯下肚,就好像变了个人,完全没了主管的样子,跟我们下面这些人又唱又叫。"很鄙夷地一笑:"但是第二天,在电梯里碰到了,跟他轻松打招呼,他又恢复了死相。"

这位年轻小姐就是不懂"公是公、私是私"的道理。主管下班请客,一掷千金,不代表你吃中饭、买便当,就能跟他不分账。老板私下送你一个精美的记事本,不代表你可以把公司的铅笔、橡皮擦带回家。

无独有偶,有个杂志社要给一家企业的老总何先生作专访,出刊后,先送了一本给他,因为写得相当好,图片和编排也很讲究,他心想可以送一本给朋友,再多带一本回纽约。就打电话给杂志社主编,请她多给他两本。主编不在,是一位秘书小姐接的。"麻烦你转告主编,我希望多要两本这期的杂志。"何先生对她说。

"这个啊,没问题! 您派个人过来拿就成了。"小姐爽快地说。

于是,他立刻派人过去,把杂志拿了回来。

可是,紧跟着就接到主编的电话:"对不起! 何先生,您来电话的时候我不在,杂志收到了吧? 我特别多送了两本,一共四本。"停了一下,她又说:"可是,对不起啊! 我想知道的是我们公司的哪位小姐,说您可以立刻派人过来拿?"

何先生愣了一下,说:"有问题吗?"

"当然没问题,您要十本都没问题,我只是对工作伦理的一种考核。"

何先生没有告诉她是谁,据说她还专门查了一回,并对这位小姐做了处分。

作为老板,她何必这么计较呢? 她计较最少有三个原因。可以说,这些都应归于工作伦理问题,在不该说话的时候说话、不该做主的时候做主,是社会新鲜人常犯的毛病。你必须知道,无论你帮老板管了多少事情,也无论老板多糊涂,甚至依赖你,到了没你在,他连电话都不会拨的程度,你还是要有自知之明:我是员工,任何时候都不能让老板靠边站!

毕竟,老板还是老板。出了错,他最先承担。有面子,也该由他来卖。

你必须知道,老板永远是向着老板,就算在工作上对立,在立场上也一致的。

如果你还不清楚,这下可要记住了。

所以,一个不忠于自己主管的职员,很难得到别的主管欣赏。当你卖面子,表示自己有办法,偷偷把自己公司的消息,告诉别人,即使他得了好处,也不会尊重你,只可能窃笑说:"这人最没城府,以后找他下手。"

他甚至会拿你的"傻":来告诫自己的职员。那你就只能做一回活生生的教材了。当别人的笑料,这又何苦呢? 谁让自己好多嘴,好多管"闲事"呢?

有信用方能行事

中国古代有名言:"千金有信可在得,无信之而无千金。"获得千金难吗? 不难,只要你一直坚持自己的信用,坚持自己的信用容易吗? 这可不容易,需要你用一生的经历去体验,去证实。

晋文公重耳即位之后,有些诸侯小国却不愿臣服于他。原国虽小,可是得知始封之君是周文王的儿子,怎么甘愿承认从国外逃亡归来的重耳作为他们的霸主呢? 于是不断挑衅,制造事端。晋文公为平息动乱,完成霸业,决定讨伐原国。

晋文公

战前,晋文公亲自部署作战方案,到士兵中作战前动员,他与士兵约定:"根据我们的军事力量和原国的战斗实力,我们能够速战速决。以七天为期,降服原国。"

战争的进程出乎意料。原国的将士在强大的晋国面前,英勇顽强,沉着应战,尽管他们伤亡惨重,给养困难,但仍有拼死决战的势头。

七天限期已到,原国仍然十分顽强。晋文公为遵守诺言,便坚定地下达了撤离的命令。眼见原国已近绝路,军官们纷纷向晋文公进谏,请求再坚持一下,大家一致表示:"只要再坚持三天,原国军队就会完全崩溃,只有投降臣服的路了。"

面对原国陷入绝境,军官们纷纷请战的局面,晋文公坚定地说:"君主言而有信,遵守诺言是国家得以昌盛的珍宝,也是军队能真正立于不败之地的珍宝,为了降服原国而失掉如此贵重的东西,我们犯得起吗? 我们合算吗?"

这一仗晋文公虽然没有用武力征服,可是他言而有信,遵守诺言的名声却传到了周围许多国家。

第二年,晋文公又发兵攻打原国。这一次他与士兵约定并向外发布:"我们必须坚持到底,达到彻底征服和得到原国的目的后再返回。"

原国人听到这个约定,知道晋文公不达目的不会罢休,于是战幕尚未拉开就投降了。另外一个一直不肯臣服的卫国,也归服了文公。

鲁迅先生说过:"诚信为人之本也! 诚信比金钱更具有吸引力,比美貌更具有可靠性,比荣誉更有时效性!"诚信是一种美德,是一种源源不断的财富。诚信是一种取之不尽,用之不竭的智慧。诚信是一种寄托,是现代文明的财富!

赚钱的门道

《中庸》不是本不讲赚钱的书,里面也有如何做事以赢得金钱的原则,例如"明者因时而变,知者随事而制"讲的就是机遇问题。用我们自己的话说,就是"不怕来得早,就怕赶得巧。"中庸之道就在于一个巧劲之上。

有个年轻人决定凭自己的智慧赚钱,就跟着人家一起来到山上,开山卖石头。

当别人把石块砸成石子,运到路边,卖给附近建筑房屋的人的时候,这个年轻人竟直接把石块运到码头,卖给杭州的花鸟商人了。因为他觉得这儿的石头奇形怪状,卖重量不如卖造型。

就这样,凭借自己聪明的头脑,这个年轻人很快就富裕起来了。

三年后,卖怪石的年轻人,成了村子里第一座漂亮瓦房的主人。

后来,不许开山,只许种树,于是这儿成了果园。

当地的蟠桃汁浓肉脆,香甜无比。每到秋天,漫山遍野的桃引来了四面八方的客商。乡亲们把堆积如山的蟠桃整车整车地运往北京、上海,然后再发往韩国和日本。

蟠桃带来了的小康日子,村民们欢呼雀跃。这时候,那个卖怪石的年轻人却卖掉果树,开始种柳。因为他发现,来这儿的客商不愁挑不上好蟠桃,只愁买不到盛蟠桃的筐。现在村民们都在种蟠桃,而织筐要用的柳树却没多少。

五年后,他成了村子里第一个在城里买商品房的人。再后来,一条铁路从这儿贯穿南北。这儿的人上车后,可以北到北京,南抵广州。

小小的山庄更加开放搞活了。乡亲们由单一的种蟠桃卖蟠桃起步,开始发展果品加工和市场开发。

就在乡亲们开始集资办厂的时候,那个年轻人却又在他的地头,砌了一道三米高百米长的墙。

这道墙面朝铁路,背依翠柳,两旁是一望无际的万亩蟠桃园。坐火车经过这里的人,在欣赏盛开的桃花时,会醒目地看到这墙面上的广告。

据说这是五百里山川中唯一的一个广告。那道墙的主人仅凭这座墙,每年又有四万元的额外收入。

20世纪90年代末,日本某著名公司的老板来华考察。当他坐火车经过那个小山庄的时候,听到上述的故事,马上被那个年轻人惊人的商业智慧所震惊,当即决定下车寻找此人。

当日本人寻找到这个年轻人的时候,他却正在自己的店门口与对门的店主吵架。

原来,他店里的西装标价800元一套,对门就把同样的西装标价750元;他标750元,对门就标700元。一个月下来,他仅批发出8套,而对门的客户却越来越多,一下子发出了800套。

日本人一看这情形,顿时失望不已。但当他弄清真相后,又惊喜万分,当即决定以百万年薪聘请他。原来,对面那家店也是他的。他这样做,不仅不会压低利润,反而会使自己的生意更加红火,利润比以前更加丰厚了。

今天,我们可以说:"财富是生产力之母,智慧是生产力之父。"

哪里都能做事情

好与坏,也许在物质上是冷冰冰的表现,不过,对于我们做事情来说,好和坏还有一种标准,这就是我们的心态。对于中庸来说,好、坏是环境的两极,而我们需要找到两极的中道,即使是坏的,也能挖掘出好的地方,这就是所谓孔老夫子所讲:"一箪食,一瓢饮,在陋巷,人不堪其忧,回也不改其乐。"

苏格拉底是单身汉的时候,和几个朋友住在一间只有七八平方米的小屋里。尽管生活非常不便,但是,他每天总是乐呵呵的。有人问他:"那么多人挤在一起,连转个身都困难,有什么可乐的?"

苏格拉底说:"朋友们在一块儿,随时都可以交换思想,交流感情,这难道不是很值得高兴的事吗?"

过了一段时间,朋友们一个个相继成家了,先后搬了出去。屋子里只剩下了苏格拉底一个人,但是每天他仍然很快活。

那人又问："你一个人孤孤单单的,有什么好高兴的?"

"我有很多书啊!一本书就是一个老师。和这么多老师在一起,时时刻刻都可以向它们请教,这怎能不令人高兴呢?"

几年后,苏格拉底也成了家,搬进了一座大楼里。这座大楼有七层,他的家在最底层。底层在这座楼里环境是最差的,上面老是往下面泼污水,丢死老鼠、破鞋子和杂七杂八的脏东西,那人见他还是一副自得其乐的样子,好奇地问:"你住这样的房间,也感到高兴吗?"

"是呀!你不知道住一楼有多少妙处啊!比如,进门就是家,不用爬很高的楼梯;搬东西方便,不必花很大的劲儿;朋友来访容易,用不着一层楼一层楼地去叩门询问……特别让我满意的是,可以在空地上养一丛一丛的花,种一畦一畦的菜,这些乐趣呀,数之不尽啊!"苏格拉底情不自禁地说。

过了一年,苏格拉底把一层的房间让给了一位朋友,这位朋友家有一个偏瘫的老人,上下楼很不方便。他搬到了楼房的最高层——第七层,可是每天他仍是快快乐乐的。

那人问,"先生,住七层楼是不是也有许多好处呀!"

苏格拉底说:"是啊,好处可真不少呢!仅举几例吧:每天上下几次,这是很好的锻炼机会,有利于身体健康;光线好,看书写文章不伤眼睛;没有人在头顶干扰,白天黑夜都非常安静。"

后来,那人遇到苏格拉底的学生柏拉图,问道:"你的老师总是那么快快乐乐,可我却感到,他每次所处的环境并不那么好呀?"

柏拉图说:"决定一个人心情的,不是在于环境,而在于心境。"

这是一种多么难得的心态啊!人贵在能根据自己境况的不同调整心态。总以感恩的心态看待世界,乐观的精神对待自己,你将活得多么轻松惬意啊!相反,如果境况其实不怎么糟糕,而你只会一味地抱怨,那么,它自然也就会糟糕起来了。

学习中庸的坚持

《极书》中有句话:"一日一钱,十日十钱。绳锯木断,水滴石穿。"讲的是要我们懂得坚持的道理,只要坚持自己做事的态度与理想,也许你在事业上成功的次数并不多,但只要有所成功,那就是最关键的。

1832年,林肯失业了,这显然使他很伤心,但他下决心要当政治家,当州议员。可怜的是,他既无经济实力又没有什么名气,当然竞选失败了。在一年里遭受两次打击,这对他来说无疑是痛苦的。

为了能够在以后的竞选中处于有利地位,接着林肯着手自己开办企业,可一年不到,这家企业又倒闭了,在以后的一年多的时间里,他不得不为偿还企业倒闭时所欠的债务而到处奔波,历尽磨难。

随后,林肯再一次决定参加竞选州议员,这次他成功了。他内心萌发了一丝希望,认为自己的生活有了转机:"可能我要在政坛上平步青云了!"

1835年,他订婚了。未婚妻在仕途上帮他出谋划策,在感情上更是他的精神支柱。但就离结婚还差几个月的时候,未婚妻染病不幸去世。这对他精神上的打击实在太大了,他心力交瘁,数月卧床不起。1836年,他得了神经衰弱症。

1838年,林肯觉得身体状况良好,于是决定竞选州议会议长,他失败了。1843年,他又参加竞选美国国会议员,但这次仍然没有成功。

林肯虽然一次次地尝试,但却是一次次地遭受失败:企业倒闭、情人去世、竞选败北。要是你碰到这一切,你会不会放弃——放弃这些对你来说是很重要的事情?

林肯是一个聪明人,他具有执着的性格,他没有放弃,他也没有说"失败会怎样?"1846年,他又一次参加竞选国会议员,最后终于当选了。

两年任期很快过去了,他决定要争取连任。他认为自己作为国会议员表现是出色的,相信选民会继续选举他。但结果很遗憾,他落选了。

为了这次竞选他赔了一大笔钱,林肯申请当本州的土地官员。但州政府把他的申请退了回来,做出的解释是:"作本州的土地官员要求有卓越的才能和超常的智力,你的申请未能满足这些要求。"

接连又是两次失败。在这种情况下你会坚持继续努力吗?你会不会说"我失败了"?

然而,作为一个聪明人,林肯没有服输。1854年,他竞选参议员,但失败了;两年后他竞选美国副总统提名,结果被对手击败;又过了两年,他再一次竞选参议员,还是失败了。

林肯尝试了11次,可只成功了2次,他一直没有放弃自己的追求,他一直在做自己生活的主宰。他注定要成为一个伟人,1860年,他终于当选为美国总统。

阿伯拉罕·林肯的遭遇你我都曾经历。因为他是一个聪明人,他面对困难没有退却、没有逃跑,他坚持着、奋斗着。他压根就没有想过要放弃努力,他不愿放弃,所以他成功了。

胜利贵在坚持,要取得胜利就要坚持不懈地努力,饱尝了许多次的失败之后才能成功,即所谓的失败乃成功之母,成功也就是胜利的标志,也可以这样说,坚持就是胜利。

追随领导目标

对于做事者来说,自己与领导之间总需要找一种中庸的平衡。企业的成功意味着老板的成功,也意味着员工的成功,也就是说,你必须认识到,只有老板成功了,你才能够成功。老板和员工的关系就是"一荣俱荣、一损俱损",认识到这一点,你很快就能在工作中赢得老板的青睐。追随老板的目标你的使命是帮助你的老板完成他(或她)的现实目标。

然而,这些目标究竟是什么目标?有的时候,答案简洁明了,可有时,你不得不做一点更深层的挖掘。

汤姆是一家纺织公司的销售代表,对自己的销售纪录引以为豪。曾有几次,他向他的老板琼斯解释说,他如何如何卖力工作,劝说一位服装制造商向公司订货。可是,琼斯只是点点头,淡淡地表示赞同。最后,汤姆鼓起勇气,"我们的业务是销售纺织品,不是吗?"他问道,"难道您不喜欢我的客户?"琼斯和他的态度一样,直视着他,答道:"汤姆,你把精力放在一个小小的制造商身上,可他耗费了我们太大的精力。请把注意力盯在一次可订3000码货物的大客户身上!"

汤姆得到信息后,他把手中较小的客户交给一位经纪人。虽然他只收到少量的佣金,但更重要的是:他正在努力实现他的目标——找到主要客户。

人们在追求自己的目标时,很容易忘却最初的原因:老板认为你能为他(或她)的成功尽心尽力,做出贡献。不少职场人员验证了这一法则的价值所在。

一位负责家用电器连锁店的副经理,她和她的老板都认为:如果扩大连锁店的经营规模,生意便可扩大2倍。但老板还是有些犹疑不定,因为老板还难以确定经营管理的前景,即规模扩大能否带来适当的回报。在一次地区销售会上,这位副经理兴奋地说:"工作开展得不错,连锁店生意兴旺。多数经理们也许常常抱怨不能把所有商品和用户塞进如此狭小的空间,而我们,上周几乎把电视机直接从运货车上卖掉。如果有更大的地方,我们的销售额一定会增长,我们是在现有的条件下全力以赴进行工作的。"

几周之后,老板为她所在的连锁店增加了一间侧厅。正如预计的那样,销售量迅速增长,老板对她的杰出业绩给予了高度评价。

如果你不能完成优良的销售任务,如果你不能很好地扩展市场前景,那么你的表现肯定会很不成功。

通过表现帮助老板获取成功有许多方式,但不是拍马屁。杰克是一位国际市场部总经理助理。他接到了一项紧急任务,根据老板的笔记,准备好业务进展曲线图表。起草图表时,他注意到老板写道:"美元坚挺,则出口就会增加。"杰克知道,事实恰恰相反。于是,便通报老板,告知已经纠正了这一错误。

老板很感谢杰克发觉了他的疏忽。当第二天向上呈报未出丝毫纰漏后,老板对杰克做出的努力再次道谢,不久,杰克发现自己的薪酬有所增加。

老板并非全才,在工作中他会遇到许多难题。这些难题也许不是你的分内工作,可是这些难题的存在却阻碍着团队的前进,如果你能够帮助老板解决这些难题,无疑,你在成功的路上会进展得更快。而解决这些难题的关键在于你是否能有本事做出最为正确的判断。

卡尔是某学院的部门助理,他的老板罗格负责管理学生和教职员工。极其糟糕的签到系统使学生们常常因还未上课就被记名,许多班级拥挤不堪,而另一些班级却又太小,面临被注销的危险。意识到罗格承受着改进学生签到系统的压力,卡尔自告奋勇组织攻关,负责开发一个新的体系。老板高兴地同意了他的意见,于是这个攻关小组开发出一个大有改进的系统。之后的一次组织机构改组中,罗格升任了主任,随即,卡尔被提升为副主任。对卡尔开发并成功地完成了这套系统,罗格给予了高度赞扬。一般说来,时刻和老板保持一致并帮助老板取得成功的人,往往最终会成为企业的中坚力量,自己也会成为令人艳羡的成功人士。

临阵逃脱非好汉

苦和乐,是我们做事情可能遇到的两个极端感受,但事情从来不是绝对的,总会出现苦中有乐,乐中有苦的现象,如何把你所想追求的"乐"发挥到你能接受的地步,就需要从中庸之道入手。你听过海耶士·钟士令人兴奋感动的事迹吗?

他是 1960 年跨栏比赛的风云人物,他赢得一场又一场的比赛,打破了许多记录,真是轰动一时。他顺理成章地被选为参加当年在罗马举行的奥运会的选手。他参加 110 米跨栏赛,全世界都认为他能赢得金牌。

但是,出乎意料的,他并没有得到金牌,只跑了第三名;这当然是个极大的挫折。他的第一个想法是:"怎么办呢? 我或许该放弃比赛。"要再过四年才会有奥运会,而且他已经赢得所有其他比赛的跨栏冠军,何必再受四年更艰苦的训练? 看来唯一合理的路是忘掉比赛,开始在其他事业上寻求发展。

这当然非常合乎逻辑,但是海耶士·钟士却不能安于这种想法。"对自己一生追求的东西，"他说，"你不能够事事讲求逻辑。"因此他又开始了训练，一天三小时，一个星期七天。在尔后几年里，他又在 60 码和 70 码跨栏项目创造了一些新纪录。

1964 年 2 月 22 日，在纽约麦迪逊广场花园，钟士参加 60 码跨栏赛。赛前他曾经宣布这是他最后一次参加室内比赛。大家的情绪都很紧张，每个人的眼睛都看着他。他赢了，平了自己以前所创的最高纪录。钟士跑完，走回跑道上，低头站了一会儿，答谢观众的欢呼。然后 17000 名观众都起立致敬，钟士感动得泪下，很多观众也流下眼泪来。一个曾经失败的人仍然继续坚持下去。他不放弃，而爱他的人们就爱他这一点。

他参加 1964 年东京奥运会，在 110 米高栏跑出 13.6 秒的成绩，得了第一——终于赢得了金牌。

后来他在一家航空公司工作，担任业务代表。

他自愿协助推展所在城市的体能训练计划，他的活力得到极为了不起的成果。

有一次，他对一群年轻人演说，引诵了加拿大作家塞维斯的诗句，这些诗的每一句都应该记在心中，并且遵照着去做：

孜孜不倦会为你赢得胜利，临阵脱逃不是好汉。

鼓起勇气，放弃毕竟是太容易，

抬头继续前进才是难题。

为你受打击而哭泣——而死亡也是太容易；

撤退、爬行也容易；但是在不见希望时却要战斗。

歌德曾经说过："不苟且地坚持下去，严厉地鞭策自己继续下去。就是我们之中最卑微的人这样去做，也很少不会达到目标。因为坚持的无形力量会随着时间增长到没有人能抗拒的程度。"这也是说，继续努力，一切就没有问题。

人生在世，要想在这个芸芸众生的世界上留下自己的一笔，就需要做一番事情。而凡是做过事情或者正在做事情的朋友都知道，这一笔想留下来，可真不太容易。

怎么样才能达到我们做事的目的呢？或许中国传统中一个被我们有所忽视甚至误解的词语能帮助我们，那就是"中庸"。所谓"中"，就是不要太过分，也不要达不到；而"庸"，就是指一种平平常常的状态。"中庸"，就是要求人们在事物的两个极端之间选取或者把握一个中道，并可以在人们的日常生活中随时随地加以实践。

俗话说："欲速则不达""过犹不及"，中庸就是这个"度"，就是这个行事分寸的微妙把握，就是成就从容人生，从容事业的智慧。但是，"和稀泥""吞温水""老好人"也常常披上"中庸"的外套,因此我们更应该从《中庸》寻找做事的智慧。那里有"经纶天下之大经,立天下之大本,知天地之化育"的"至诚"之道,有博学笃行、诚者自成的聪明睿智……

其实,孔子就是实践中庸之道的做事者,孔子也常常是以这种态度和方法来看待人和事的。例如,他在评论他的弟子时,认为子张做事有点偏颇,他称为"过";子夏做事则常有点底气不足,显得拘泥,他称为"不及"。在他看来,"过犹不及",也就是"过分"与"达不到"这两者,都不能保持中道,二者的效果也没什么两样。显然他主张的是"无过无不及"。

孔子在评价《诗经》中的《关雎》一篇时,说它"乐而不淫、哀而不伤",也就是说,它表达出来的情感恰到好处,快乐但不至于放荡,忧愁又过于悲伤。孔子常有"欲而不贪,泰而不骄,威而不猛""温而厉"等等话语,就是要告诫人们:可以满足个人欲望,但不要贪婪;人要保持庄重,但不要骄傲;人要有威严,但不能显得凶猛。这些都是君子人格所具有的中庸之德的体现。

从孔子来看,可见做事的中庸之道其实也不难,最简单地说,做事也如同做人一样:内外平衡,抓大放小,可方可圆,收放自如。

中庸两个字确实不简单,尤其是在它的正确解读上更不容易。由于它覆盖着一切事物,包含了所有的道理,因此可以说,这世人能否真正领悟、适当地运用,对人类智慧也是一个考验,我相信,前人虽然初步悟出这两个字,可并不代表比今人更会运用,它的意义仅在于给我们开出了一条大道而已。

所以,剩下的路,还要我们这些后人自己去走。

第十节　大德必得其位

有人把人生简单地归为"争位子":出生争床位,出行争座位,出车还要争车位……其实这些人都把做人看得太复杂,只要我们对自己的力量充满自信,就必然会在人生中做出一番业绩,这也是《中庸》所谓"必得其位"之"大德"。

相信自己的中庸"大德"

《中庸》中所谓的"大德"在哪里?在我们自己的身上。成功者总是会引起我们的羡慕,实际上,我们不必去羡慕那些伟人,要知道"造物者"并没有注定谁配做大事,谁只配做个普通人。一个人只要有着坚定的信念,不论什么事都可以做,"造物者"决不会将成功的天赋给了我们,却又故意来愚弄我们,让我们经历过九九八十一难,还无法取得真经。

不要让你自己去动摇你的信念,去摧毁你的努力,因为这是你成就事业的基础,假使你不幸失去了它,你的全部计划也就失败了;只要你能握住它,你所希望的事情就会到你的地方来。因此,你应该完全信任自己,即使有时稍近鲁莽,但对于你的事业的成功,那是极其必需的。

一个生长在孤儿院中的男孩,常常悲观地问院长:"像我这样没有人要的孩子,活着究竟有什么意思呢?"院长总是笑眯眯地对他说:"孩子,别灰心,谁说没有人要你呢?"

有一天,院长亲手交给男孩一块普通的石头,说道:"明天早上,你拿着这块石头到市场去卖,但不是真卖。记住,无论别人出多少钱,绝对不能卖。"

男孩一脸迷惑地接下了这块石头。

第二天,他忐忑不安地蹲在市场的一个角落里叫卖石头。出人意料地,竟然有许多人要向他买那块石头,而且一个比一个价钱出得高。男孩记着院长的话,没有卖掉。回到院内,他兴奋地向院长报告,院长笑笑,要他明天拿着这块石头到黄金市场去叫卖。在黄金市场,竟然有人出比昨天高出十倍的价钱要买那块石头,男孩拒绝了。

最后,院长叫男孩子把那块普通的石头拿到宝石市场上去展示。结果,石头的身份比昨天又涨了十倍。由于男孩怎么都不卖,这块石头被人传扬成"稀世珍宝",参观者纷至沓来。

男孩兴冲冲地捧着石头回到孤儿院,他眉开眼笑地将一切情景禀报给院长。院长亲切地望着男孩,语重心长地说道:

"生命的价值就像这块石头一样,在不同的环境下就会有不同的意义。一块不起眼的石头,由于你的珍惜、惜售而提升了它的价值,被说成是稀世珍宝。你不就像这块石头一样吗?只要自己看重自己,自我珍惜,生命就有意义,有价值。"

你拥有坚定的信念吗?如果没有,那你无能为力的事情就做不了,你力所能及的事情却没有做。

你可以不相信天,不相信地,不相信伟人或名流,但是,你做人绝不能不相信你自己。天无法改变你,地无法改变你,伟人或名流也无法改变你,但是,你自己却可以改变自己。依靠自己、相信自己、挖掘自己、发挥自己,只有你自己才能主宰自己。这样,你才会得到中庸之道中提倡的"内外平衡、恰到好处"的"大德"。

学中庸之道要首先认识自己

中庸不是叫人们把自己修炼成圆滑的人,圆滑是生活的练就,而中庸坚持"收放自如、恰到好处",有时候可以圆滑,而有时候就需要棱角。人本来是充满棱角的,但是,面对着生活这块无情的磨刀石,棱角,就逐渐被磨灭了,剩下的就只是圆滑,甚至,产生为了活着而活着的生活态度。试问,这样的人生还有什么意思呢?毕竟,我们做人就是做自己,保留我们那些美丽"棱角"的前提就是先认识自己。

卡耐基经常提到这样一个故事:

"有一天,一个流浪汉来到我的办公室,要求与我谈谈。他说,昨天下午他本已经决定跳进密歇根湖,了此残生。但不知是谁,也许是命运之神,把一本我多年以前写的书放入他口袋。这本书给他带来了勇气和希望,并支持他度过昨天夜晚。他还说,只要他见到这本书的作者,他相信一定能帮助自己再度站起来。我问他,我能替他做些什么。

"在他说话的时候,我从头到脚把他打量了一遍,我不得不坦白地承认,在我内心深处,我并不相信我能替他做些什么。他脸上沮丧的皱纹、眼中茫然的神情,他的身体姿势、脸上十天未刮的胡须,以及他那紧张的神态,完全向我显示出他已经无可救药了。但我不忍心对他这样说。因此,我请他坐下来,要他把他的故事完完整整地告诉我。他说:他把他的全部财产投资在一种小型制造业上。1914 年,世界大战爆发,使他无法取得他的工厂所需要的原料,因此他只好宣告破产。金钱的丧失,使他大为沮丧,于是,他离开了妻子和儿女,成为一名流浪汉,他对于这些损失一直无法忘怀,而且越来越难过。到最后,甚至想自杀。

"他说完他的故事后,我对他说:'我已经以极大的兴趣听完你的故事,我希望我能对你有所帮助,但事实上,我却没有能力帮助你。'

"他的脸立刻变得苍白。他低下头,喃喃地说道:'这下子完蛋了。'

"我等了几秒钟,然后说道:'虽然我没有办法帮助你,但我可以介绍你去见本大楼的一个人,他可以协助你东山再起!'我把窗布拉开,露出一面高大的镜子,他可以从镜子里看到他的全身。我用手指着镜子说:

"我答应介绍你跟他见面的,就是这个人。在这世界上,只有这个人能够使你东山再起,除非你坐下来,彻底认识这个人,否则,你只能跳到密歇根湖里,因为在你对这个人作充分的认识之前,对于你自己或这个世界来说,你都将是个没有任何价值的废物。

"他朝着镜子向前走了几步,用手抚摸他长满胡须的脸孔,对着镜子里的人从头到脚地打量了几分钟,然后后退几步,低下头,开始哭泣起来。我知道我的忠告已经发挥功效了,便送他离去。

"几天后,我在街上碰见了这个人,我几乎都认不出他来。他的步伐轻快有力,头抬得高高的。他从头到脚打扮一新,看来很成功的样子,而且他也似乎有些感觉。

"他解释说:'我正要到你的办公室去,把好消息告诉你。那一天我离开你的办公室时,还只是一个流浪汉。但是,虽然我的外表落魄,我仍然替自己找到了一项年薪3000美元的工作。想想,一年3000美元。我的老板并且先预支了一些薪水给我,要我去买些新衣服,还让我先寄一部分钱回去给我的家人。我现在又走上成功之路了。'

"我正要前去告诉你,将来有一天,我还要再去拜访你一次。我将带去一张支票,签好字,收款人是你,金额是空白的,由你填上数字。因为你介绍我认识了自己,幸好你要我站在那面大镜子前,把真正的我指给我看。

"那人说完话后,转身走入芝加哥拥挤的街道,这时,我终于发现了:在从来不曾发现'自立'价值的那些人的意识中,原来隐藏了伟大的力量和各种潜能。"

一个人如果连自己都没看清,就不可能取得成功。有人说,自信的人才可爱,此话颇有道理。一个自信的男人,会使女人获得安全感;一个自信的女人,会使男人感到温暖安详。自信的人,与人交往时坦诚自然,能更多地流露出自己的本色,能更有效地与人沟通和交流,也就更容易建立起健康的人际关系,为自己赢得友谊和爱情。

学中庸,恢弘志士之气

中庸讲"修德",也就是儒家的"养气",气是什么呢? 诸葛亮曾将告诫后人:"恢弘志士之气,不宜妄自菲薄。"妄自菲薄,指的就是自己从心底都瞧不起自己,这样的人生自然会遇到各种各样的非难,因为你连自己都看低,怎么能向别人展示自己的优势,又怎么能赢得别人的尊重呢? 心理学家经过研究认为,希望自己受人尊重,爱好荣誉这都是每个人的高级心理需求,是无可厚非的。虽然想受人尊重要经过别人的权衡,实际上却取决于每个人自尊的程度,也就是说人格品性、道德修养的高尚或低下。

一个品格高尚、涵养很深的人,也就是所谓德高望重之士,必然受到社会的重视和人们的尊重。反之,小人的品性低劣,没有涵养,首先是自己轻贱了自己,更不必去指望别人尊重了。自身的轻重决定于自己,这是每一个有德性的人很清楚的,也是必须牢牢记住的古训。

社会交往中,人需要彼此尊重,在比自己强的人面前,不要畏缩;在比自己弱的人面前,不要骄纵。学问有深浅,地位有高低,但所有的人,人格都是平等的。

世界名著《简·爱》中的男主人公罗彻斯特身为庄园主,财大气粗,对女主人公说过:"我有权蔑视你!"他自以为在地位既低下其貌又不扬的简·爱面前,有一种很"自然"的优越感。但有着坚强个性,又渴望平等的简·爱,坚决地维护了自己的尊严,寸步不让反唇相讥:"你以为我穷,不好看就没有自尊吗?不!我们在精神上是平等的!正像你和我最终将通过坟墓平等地站在上帝面前。"这番话强烈地震撼了罗彻斯特,并使他对简·爱产生了由衷的敬佩。

一个人只要不是情操低下,行为卑劣兼酒囊饭袋。那就无论能力大小、地位高低、条件好坏,都应有充分的自信,而不应自感低人一等,这种平等观念是人际交往中所应具备的态度和风度。

宋人《艾子杂说》中讲到一则寓言:

龙王与青蛙一天在海滨相遇,打过招呼后,青蛙问龙王:"大王,你的住处是什么样的?"

龙王说:"珍珠砌筑的宫殿,贝壳筑成的阙楼;屋檐华丽而有气派,厅柱坚实而又漂亮。"

龙王说完,问青蛙:"你呢?你的住处如何?"

青蛙说:"我的住处绿藓似毡,娇草如茵,清泉沃沃,白石映天。"

说完,青蛙又向龙王提出了一个问题:"大王,你高兴时如何?发怒时又怎样?"

龙王说:"我若高兴,就普降甘露,让大地滋润,使五谷丰登;若发怒,则先吹风暴,再发霹雳,继而打闪放电,叫千里以内寸草不留。那么,你呢?青蛙!"

青蛙说:"我高兴时,就面对清风朗月,呱呱叫上一通;发怒时,先瞪眼睛,再鼓肚皮,最后气消肚瘪,万事了结。"

青蛙在龙王面前,充分表现了自我,龙宫固然美丽,我青蛙居所也别具一格,可谓不卑不亢。只有心灵健全的人,才能切实地做到这一点。

在现实生活中,往往有的人不惜降低自己的尊严,去逢迎那些在某一点上比自己强的人,哪怕逢迎者对自己的傲慢无礼。这种"卑己而尊人"的行为着实不妥。在人际交往中,我们不要忘了鲁迅先生告诫的一句话:"不要把自己看成别人的阿斗,也不要把别人看成自己的阿斗!"要充分自信,展现自己的信念。

学中庸，过坦荡的生活

做人，自然要"听其言，观其行"，所从我们的言行也要恰到好处。一个人的自信也体现在其生活风格之上，看一个人做人的成败，其实很容易，做得好的，行为语言一定让人舒服；做得不好的，自然让人一看就有种说不出来的恶感。当然这并不是绝对正确，不过一般而言，君子心胸开朗。思想上坦率洁净，外貌动作也显得十分舒畅安定。小人心里欲念太多，心理负担很重，就常忧虑、担心，外貌、动作也显得忐忑不安，常是坐不定，站不稳的样子。所以，我们也要让自己的生活变得"坦荡"一些。

很多人不是首先因为别人看不起而垂头丧气，而是因为自己总是爱贬低自己，所以变得无精打采，毫无斗志。这些人夸大了自己身上存在的缺点和毛病。如果你就是这样一个人，那么，你只会因为自我贬低而失败。

一位公司负责人，他身为董事长却总是蹑手蹑脚地走进董事会议室，就好像是一个无足轻重的人，就好像他完全不胜任董事长的职位。作为董事长的他竟然还感到奇怪，自己为什么只是董事会中一个无足轻重的人，自己为什么在董事会其他成员中威信这么低，自己为什么很少受人尊重。

他没有意识到自己应该好好反思一段时间。如果他给自己全身都贴满无能的标签，如果他像一个无足轻重的人那样立身、行事、处世，如果他给人的印象是他并不了解自己、相信自己，那他怎么能希望其他人好好地对待他呢？

由于我们往往总是往坏的方面、差的方面想，因此，我们总是认为自己渺小、无能和卑劣。如果我们想达到高贵杰出的境界，那我们应该向上看，应该多想想我们好的、崇高的一面。

为什么我们要哭哭啼啼、畏首畏尾地追随别人，做人家的跟屁虫呢？为什么我们总是亦步亦趋地去模仿他人，而不敢求助于我们本身的灵魂或思想呢？挺起胸来，昂起头来，学会善待自己，好好评价自己，相信自己有能力做成自己决心从事的任何事业。

低劣、平庸的自我贬低所产生的有效力量远没有伟大、崇高的自我评价所产生的有效力量强大。如果你形成了伟大、崇高的自我评价，那么，你身上的所有力量就会紧密团结起来，帮助你实现理想，因为人生总是跟随你确定的理想走，我们总是朝着人生目标确定的方向走。

一定要对自己有一种高尚而重要的自我评价，一定要相信自己有非同一般的前途。如果你坚持不懈地努力实现越来越高的理想,如果你坚持不懈地努力达到越来越高的要求,那么,由此而产生的精神动力就会帮助你去实现你的理想。

中庸讲述"当仁不让"

做人成功与不成功的主要差距在哪里?很多时候就表现在平凡者总喜欢说一句:"再等等。"买股票的时候"再等等",别人赚钱了,自己却被套牢了;冲锋陷阵的时候"再等等",别人杀敌立功,自己落在后面只能打扫战场了。中庸之道如果只是鼓励人们当"缩头乌龟"的话,那岂不是成了缩头之道。所以说:遇到应该做的好事,不能犹豫不决,即使老师在一旁,也应该抢着去做。这就是我们所鼓励的"当仁不让"。

有一次一个伞兵教练说:"跳伞本身真的很好玩,让人难受的只是'等待跳伞'的一刹那。在跳伞的人各就各位时,我让他们'尽快'度过这段时间。曾经不止一次,有人因幻想太多'可能发生的事'而晕倒。如果不能鼓励他跳第二次,他就永远当不成伞兵了。跳伞的人拖得愈久愈害怕,就愈没有信心。"

"等等"甚至会折磨得各种专家变得神经兮兮。有的播音员在面对麦克风之前总是满头大汗,一开始播音以后,所有的恐惧就都没有了。许多老牌演员也有这种经验,他们都同意治疗舞台恐惧症唯一的良药就是"行动",立刻进入情况就可以解除所有的紧张、恐怖与不安。

有一个野心勃勃却没有作品的作家说:"我的烦恼是日子过得很快,一直写不出像样的东西。"

"你看,"他说,"写作是一项很有创造性的工作,要有灵感才行,这样才会提起精神去写,才会有写作的兴趣和热忱。"

说实在的,写作的确需要创造力,但是另一个写出畅销书的作家,他的秘诀是什么呢?

"我用'精神力'。"他说,"我有许多东西必须按时交稿,因此无论如何不能等到有了灵感才去写,那样根本不行。一定要想办法推动自己的精神力量。方法如下:我先定下心来坐好,拿一支铅笔乱画,想到什么就写什么,尽量放松。我的手先开始活动,用不了多久,我还没注意到时,便已经文思泉涌了。"

"当然有时候没有乱画也会突然心血来潮。"他继续说,"但这些只能算是红利而已,因为大部分的好构想都是在进入正规工作情况以后得来的。"

每一个行动前面都有另一个行动,这是千古不变的自然原理。先使心理平静安详,思想才发挥作用。

有一家推销机构的经理解释他如何训练推销员用自动反应的方式工作,而获得很大成就时说:"每一个推销员都知道,挨户推销时心理压力很大。早上进行的第一次拜访尤其困难,即使资深推销员也有这种困扰。他知道每天多少都会遇到一点难堪,但是仍旧有机会争取到不少生意。所以,他认为早上晚一点出去推销没有什么关系。他可以多喝几杯咖啡,在客户附近多徘徊一下或做点其他事,来拖延对客户的第一次拜访。

"我用自动反应的方式训练新人。我对他们解释,开始推销工作的唯一方法就是立刻开始推销,不要犹豫不决,不要顾东顾西,不要拖拖拉拉。应该这么做:把汽车停好,拿着你的样品箱直接走到客户门口按门铃,微笑地对客户说'早安',并开始推销。这些都必须像条件反射一样自动进行,根本用不着多想。这样你的工作很快就可以熟悉起来。在第二次和第三次拜访时,就可以驾轻就熟,你的成绩也会很好。"

中庸讲自信,而不是自满

"君子之道,造端乎夫妇,及其至也,察乎天地。"自信的人当然更能塑造好自己的人生角色,然而,世界上许多成功者往往就是太迷信自己的信心,以至于信心爆棚,反而丢掉了自己过去辛辛苦苦打下的大好江山。《中庸》里说:"君子的道,开始于普通男女,但它的最高深境界却昭著于整个天地。"也就是说做人的道理也许普通的男女都能了解一二,可是涉及至高之道,连圣人都不敢妄言了。做人这门学问确实让任何人都不能产生自满情绪,在最高标准下,我们需要降低心气,因为我们本就是平凡的人。

我们很熟悉的秦池企业,其从辉煌到败落的短短数年,就昭示着企业领导并没有仅仅把自己只当做凡人,他们的为人在某种程度上依然令人钦佩,但信心爆棚就不是自信而是自狂、自大甚至丧失理智了。

1992年,军人出身的王卓胜"临危受命",接任亏损的秦池酒厂厂长。从1993年开始,王卓胜以广告为武器,带领"秦池兵团"开展了全国攻势。1993年,秦池占领沈阳;1994年,占领整个东北;1995年,秦池攻下西安、兰州、长沙等重点市场,销售额连续3年翻番。受到鼓舞的秦池1996开始统一全国,以6666万元的巨资,夺得中央电视台1996年广告标王。秦池的大手笔效果显著,1996年,秦池"每天开出一辆桑塔纳,赚回一辆奥迪",销售收入、利税分别达到9.5亿元和2.2亿元,一跃成为全国的明星企业。1996年底,秦池酒厂又喊出3.2亿元天价,蝉联1997年"标王",一时间声名显赫。但秦池广告轰炸战略很快失手,脆弱的经营链条因为"白酒勾兑"问题引发的危机而断裂,并从此一蹶不振。现在,秦池总裁胡福东称:"秦池商标当年值6亿多元,现在也值近2000万元。"受临沂中院委托,山东省价格信息中心认定秦池商标的价格为人民币1787.5万元。与当年的盛况相比,秦池商标的价格一落千丈,但就是不足2000万的评估价,业内人士也不看好。法院认为万一拍卖,秦池商标可能会跌破评估价。

中国自古便有"名利双收"之说,但在中国企业中,真正能够长时间地做到"名利双收"的并不多。这实际上也完全符合金字塔形的分布结构。近年来,一批企业凭借造名而迅速获胜。这是典型的一夜暴富现象,这种现象进而诱使更多的企业加入造名的行列。于是,中国企业界普遍存在着过度"造名"、忽视"造实"的现象,以至于最终"为名所累",完全掉进了造名的陷阱之中。

在总结教训时,王卓胜不得不承认:"秦池的遭遇表明,广告不是唯一的竞争手段。要在风云变幻的市场上长盛不衰,归根结底要靠产品质量、售后服务、价格、营销等多种因素。广告称王不等于市场称王,广告明星也绝不等同于市场明星。"

做人难吗?不难,连普通男女都可以知道,可以学习,也可以实践,所以我们要对自己有信心。做人容易吗?也不易,因为知道是一回事,一般性的实践是一回事,要进入其高深境界又是另一回事,所以我们也得时刻提醒着自己好好反思,不要被暂时的胜利冲昏了头脑。

"愚者"的本色

中庸讲的是不可过,也不可不及的恰到好处,所以聪明与愚笨并不是绝对的。再聪明的人也会有考虑失误的时候,即使再笨的家伙,说不定灵光一现,也会迸发出足够智慧的点子。话说的虽然是偶然性,但实际上却指的是我们不能轻视自身的力量,有谁承认自己是愚者呢?愚者尚且有"必有一得"的本色,那么我们的身上也一定会有独特的值得骄傲的智慧与力量。

美国北卡罗莱州的爱迪斯·阿尔雷德是一个极为敏感羞怯且胖乎乎的女孩,她的母亲非常古板,认为她把衣服穿得太漂亮是一种愚蠢,而且衣服太合身容易撑破,不如做得宽大一点。正因为如此,阿尔雷德从不参加任何聚会,也没有什么值得开心的事。上学后,她也不参加同学们的任何活动,甚至运动项目也不加入。原因是,她总觉得自己跟别人"不一样"。

长大后,她嫁了一位比她大几岁的先生,但她还是没有任何改变。她丈夫的家是一个稳重而自信的家庭。她想要像他们那样,但就是做不到。她努力模仿他们,也总是不能如愿。她丈夫也几次尝试帮她突破自己,却总是适得其反,她越来越紧张易怒,害怕见到任何朋友,甚至一听到门铃声都会惊慌!后来她是彻底地失败了。她害怕丈夫有一天会发现真相,所以每次在公共场合,她都尽量显得开心,甚至装得过了头。最后她竟然想到自杀。

但她终于没有自杀,而是很好地活了下来。

那么是什么事改变了这位几乎自杀的妇人呢?只是一句偶然的话。

有一天,她的婆婆和她谈到她是如何教育子女的,她说:"不论遇到什么事,我都坚持让他们保持自我本色……""保持自我本色!"这几个字像一道灵光闪过阿尔雷德的脑际,她发现所有的不幸都起源于她把自己套入了一个不属于自己的模式中去了。

一夜之间她变了!她开始保持自我本色。她首先研究自己的个性,认清自己,并找出自己的优点。她开始学会怎样配色与选择衣服样式,以穿出自己的个性和品位。她也开始主动交结朋友,并加入一个团体——虽然只是一个小团体。当他们请她主持某项活动时,她刚开始很害怕。但是通过多次上台,她都得到了更多的勇气。尽管这是一段相当漫长的过程——但现在她比过去快乐很多。

这样一个故事,就是在告诉我们,一个人最重要的就是保持自我的本色。

保罗·伯恩顿是一家石油公司的人事主任,他曾谈起求职者所犯的最大错误是什么。他面试过的人超过 6000 人,也写过一本《求职的六大技巧》,所以对这个问题他应该知道得很清楚。他说:"求职者所犯的最大错误,就是不能保持自我。他们常常不能坦诚地回答问题,只能说出他认为你想听的答案。"可是那一点用也没有,因为没有人愿意听一种不真实的、虚伪的东西。

做你自己!这也是美国作曲家欧文·柏林给后来的作曲家乔治·格希文的

卓别林

忠告。柏林与格希文第一次会面时,已声誉卓越,而格希文却只是个默默无名的年轻作曲家。柏林很欣赏格希文的才华,以格希文所能赚的三倍薪水请他做音乐秘书。可是柏林也劝告格希文:"不要接受这份工作,如果你接受了,最多只能成为个欧文·柏林第二。要是你能坚持下去,有一天,你会成为第一流的格希文。"格希文接受了忠告,并成为极有贡献的美国作曲家。

卓别林开始拍片时,导演要他模仿当时的著名影星,结果他一事无成,直到他开始成为他自己,才渐渐成为世界上的电影巨星。

你应该感到高兴,因为在这个世界上只有一个你,而且是独一无二的。归根究底,所有的人生艺术全都体现着你本身。你只能唱你自己、画你自己。在这个世界上,只有一个你,不管好坏,你只有好好经营自己的小花园,也不论好坏,你只有在生命的管弦乐中演奏好自己的一份乐器。

懂得用中庸之道铸就成功的人生

《中庸》里讲:"诚者,不勉而中,不思而得,从容中道,圣人也。"中庸里追求的内外平衡、恰到好处的境界,需要我们一生去体会。有的人,终其一生忙忙碌碌,无不是为了找到一条通往成功的理想人生之路,可是这样的人往往只顾了外在的一些东西,忘却了内在的宝贵。天生真诚的人,不用勉强就能做到,不用思考就能拥有,自然而然地符合上天的原则,这样的人是圣人。对于我们而言,真正宝贵的就在我们心中,只要我们的生活不违背自己的良心,去除那些欺骗和心眼,相信你一路走下去,人生的道路便会越来越宽。

三伏天,禅院的草地枯黄了一大片。"快撒点草种子吧! 好难看哪!"小和尚说。

师父挥挥手:"随时!"

中秋,师父买了一包草籽,叫小和尚去播种。

秋风起,草籽边撒、边飘。"不好了! 好多种子都被吹飞了。"小和尚喊。

"没关系,吹走的多半是空的,撒下去也发不了芽。"师父说,"随性!"

撒完种子,接着就飞来几只小鸟啄食。"要命了! 种子都被鸟吃了!"小和尚急得跳脚。

"没关系! 种子多,吃不完!"师父说,"随遇!"

半夜一阵骤雨,小和尚早晨冲进禅房:"师父! 这下真完了! 好多草被雨冲走了!"

"冲到哪儿,就在哪儿发芽!"师父说,"随缘!"

一个星期过去了。原本光秃的地面,居然长出许多青翠的草苗。一些原来没播种的角落,也泛出了绿意。

小和尚高兴得直拍手。

师父点头:"随喜!"

不要幻想生活总是一切顺利,每个人都会经历痛苦与失意,即使你正处于一个巅峰,也会有滑坡的可能。那些不知进退、自取其辱的人,错就错在不知足。

物欲的满足并不是最重要的满足,因为它是不可能最终满足的,满足了一个欲望,还会产生新的欲望。要想真正得到满足,首先必须知足,只有知足的人才能真正得到满足。

由于受到金钱、名誉、地位等等的诱惑,我们已经奔波得太久了,却往往忽视了自己,忽视了自己的内心生活,就像游子长久的离开了家乡一样。所以,忘掉自己所扮演的每一个角色,抛开你与外界或金钱的关系,忘却你的财产、成就、各种人际关系和约束,尽可能——哪怕一个小时也可以,摆脱那一切,并且专注于真正的自己。

安静且舒适地坐在录音机旁,或者,如果天气许可的话,就到一个宁静的地方散步,然后专心思索脱去这层层饰衣的人。除去这一切之后,你的生命会是什么样子?你又是谁?你会想些什么?你会把心思与时间花在什么地方?你的心中会有谁?

你所要找的并不是答案或讯息,甚至所浮现的问题也不重要。你所要的是感觉,纯粹的感知,那种没有名称,不受理性思考规范的感知,让这种状态持续久一点。即使你没有找到这种感知,也可视之为寻求更多内在的第一步。你可以马上更多花一点时间试试这种做法。

当你在思索"更高的自我"时,你就是在招呼一种力量进入你的生命。在那个时刻里,你整个人都提升到一个较崇高的层次,并且散发出光芒。这并不是说日常生活不重要——日常生活当然重要。这是说,生命也包括其互补之物——更高层次的你,这部分的你排除时空并活在一种永恒里,这种永恒你虽然只能偶尔瞥见,但是如果存心专注的话,就会比较了解:

设法认识你那个"较高的自我",这像其他任何一种关系一样,愈用心,它就愈成长。

第十一节　君子之道

既然是"中庸之道",自然少不了关于"道"是什么的讨论。简单来说,道就是我们人生需行走的路,而要把人生大道走好,就必须有一个正确的指引或内在的路标,这便是我们所说的"道"。

中庸之道润物细声

"君子之道,暗然而日章;小人之道,的然而日亡。君子之道,淡而不厌,简而文,温而理,知远之近,知风之自,知微之显,可与入德矣。"光彩照人往往不一定是最珍贵的,世界上最明亮的宝石,其价值或许抵不上一块能够制造原子弹的铀矿石。而真正的君子,其做人更是像春雨一般,有着"润物细无声"的味道。所以说:君子的道深藏不露而日益彰明;个人的道显露无遗而日益消亡。君子的道,平淡而有意味,简略而有文采,温和而有条理,由近知远,由风知源,由微知显,这样,就可以进入道德的境界了。

春秋末年,晋国有一个当权的贵族叫智伯。他虽名叫智伯,其实一点都不聪明,却是个蛮横不讲道理、贪得无厌的人。他本来有很大一块封地,却平白无故地向魏宣子索要土地。

魏宣子也是晋国的一个贵族。他很讨厌智伯的这种行为,不肯给他土地。他的一个臣子叫任章,很有心计,任章对宣子说:"您最好给智伯土地。"

宣子问:"我凭什么要白白地送给他土地呢?"

任章说:"他无理求地,一定会引起邻国的恐惧,邻国都会讨厌他;他如此利欲熏心,一定会不知满足,到处伸手,这样便会引起整个天下的忧虑。您给了他土地,他就会更加骄横起来,以为别人都怕他,他也就更加轻视他的对手,而更肆无忌惮地骚扰别人。那么他的邻国就会因为害怕他、讨厌他而联合起来对付他,那时他的死期就不远了。"

宣子非常高兴,马上改变了主意,割让了一大块土地给智伯。

智伯尝到了不战而胜、不劳而获的甜头,接下来,便伸手向赵国要土地。赵国不答应,他便派兵围困晋阳。这时,韩、魏联合,趁机从外面打进去,赵在里面接应,在里应外合,内外夹攻之下,智伯很快便死亡了。

当然,历史上还有不少明白人,他们深知做人切忌过于外显。当你拒绝了平静的心境时,也就是在放弃幸福的生活。

东汉时,有一个叫羊续的人到南阳郡做太守。

南阳是东汉开国皇帝光武帝刘秀的老家,这个地方北靠河南省的熊耳山,南临湖北省的汉水,土地平坦,气候温暖,水源充足,农业生产和工商经济比较发达。由于生活安定富裕,这里郡、县等各级政府机构中请客送礼、讲排场、比吃喝之风颇盛。

羊续到任后,对这种不良风气十分不满。但是,他知道要纠正一郡之风,先从郡衙和郡守做起。于是,他下定了决心。

一天,郡里的郡丞提着一条又大又鲜的鲤鱼来看望羊续。他向羊续解释说,这条鱼并不是花钱买来的,也不是向别人要来的,而是自己在休息的时候从白河里打捞上来的。接着他又向羊续介绍南阳的风土人情,极力夸赞白河鲤鱼的鲜美可口。他又表白说,这条鱼绝非送礼,而是出于同僚之情,让新到南阳的人尝尝鲜,增强对南阳的感情。羊续再三表示自己心领了,但是鱼不能收。那郡丞无论如何不肯再把鱼提回去,他说,要是太守一定不肯收,就是不愿意同他共事了。羊续感到盛情难却,只好把鱼收下。郡丞放下鱼,欢天喜地告辞走了。郡丞走了以后,羊续提起那条鱼想了一会儿,就让家里人用一条麻绳把鱼拴好,挂在自己的房檐下边。

过了几天,郡丞又来家里拜望羊续,手里提着一条比上次更大的鲤鱼。羊续很不高兴了,他对郡丞说:"你在南阳郡是除了太守以外地位最高的长官了,你怎么好带头送礼给我呢?"郡丞听了,不以为然地摇了摇头。刚想再说几句什么,可是抬头一看,上次送的那条鱼已经风干得硬邦邦了,一下子脸红到脖子根,很不好意思地离开了太守的家。从此,南阳府上下再也没有人敢给羊太守送礼了。

这件事情很快就传开了,南阳的百姓非常高兴,纷纷赞扬新来的太守。有人还给羊续起了一个"悬鱼太守"的雅号。

空气无声无色无味,谁也看不见听不到嗅不出,可是谁也离不开它。德行能到这种境界,当然是种至人了。可谁又能达到这种境界呢?就是孔圣人也未必就能达到吧。

所以还有次一等的境界,这就是"轻如鸿毛"的境界。借用诗圣杜甫的诗,是"好雨知时节,当春乃发生。随风潜入夜,润物细无声"的境界。这种境界,和风细雨,沁人心脾而入人肺腑,使人在潜移默化中受到感化,这大概就是圣人的境界吧。

时时注意自己的修行

"君子之中庸也,君子而时中。小人之中庸也,小人而无忌惮也。"怎么样能把人做到最好?这是个千古以来的大问题,聪明的中国人知道从内部找依据,我们的依据便是加强自身的道德修行。为什么说君子是中庸的?是因为君子随时做到内外平衡、恰到好处,无过无不及;而小人之所以违背中庸,是因为小人肆无忌惮,专走极端。想一想我们的身边,你所欣赏的人是否就是随时注意自己修为者,而你所不齿者是否就是那些"无所忌惮"的小人呢?

熟悉蒙牛公司的人都说,牛根生演绎了一个中国企业快速发展的传奇,而在这个掺杂着做人艺术和资本财富的故事中,牛根生的"修德"功夫也一次次地被大家提起。

"小胜凭智,大胜靠德",这是常挂在牛根生嘴边的话,因为"德"是制服人心的最佳利器。"想赢两三个回合,赢三年五年,有点智商就行;要想一辈子赢,没有'德商'绝对不行。"

牛根生所竖起的蒙牛大旗之所以有这样的号召力,这与牛根生的"德商"有着最为直接的联系。

在伊利工作期间,因为业绩突出,公司曾奖励牛根生一笔钱,让他买一部好车,而牛却用这笔钱买了四辆面包车,此举使得其直接部下一人有了一部车;据接近牛根生的人介绍,当时牛根生还曾将自己的108万元年薪分给了大家。

这就是牛根生给部下的一种心理预期,这样的预期让他们知道,只要牛根生能走向成功,牛根生绝不会亏待跟自己一起打天下的部下。也正是因为这样的预期,曾经的老部下便义无反顾地投其麾下。就好像牛根生离开伊利,卖掉伊利股票成立蒙牛时,原来跟随牛根生的兄弟便一起投奔到了牛根生的麾下。

人性很复杂,人心更是难以揣测,而牛根生却能自如地管理人心,也许这要源于牛根生"以德服人"的准则。牺牲自己,成全别人,听起来都像是不真实的歌颂之词,而牛根生做到了。

2005年1月12日,牛根生再次将自己的"德商"发挥到了极致,宣布将其个人所得股息的51%捐给"老牛基金会",49%留作个人支配;在他百年之后,将其所持股份全部捐给"老牛基金会",这部分股份的表决权授予其后任的集团董事长,家人不能继承其股权,每人只可领取不低于北京、上海、广州三地平均工资的月生活费。

与那些商学院科班出身的企业家相比,牛根生绝对称不上什么资本运作高手,事实上牛根生也反对这样的称呼,他甚至不愿意听到别人过多地提到"资本运作"这四个字。

牛根生对于资本有着自己最为朴素的理解,"如果我当初只用自己的100万块钱做事,肯定做不大,所以我想用1000万来做事,于是我就把别人的钱和自己的加起来。"

牛董事长的做人标准体现的正是"行贤而无自贤之心",他在外表上做出默默无闻的贡献,却树立了一个重视道德修为的光辉形象,他是一个成功者,更是一个有德者。如果你仔细观察一下真正成功的人,他们哪一个不是在自己的位置上默默完善自己呢?庄子说:"圣人无名",大概也就是这个意思吧。

中庸里面的得失观

《中庸》里说:"素富贵,行乎富贵;素贫贱,行乎贫贱;素夷狄,行乎夷狄;素患难,行乎患难。君子无入而不自得焉。"做人之"德"从根本而言与这个人的人生所"得"有很大的渊源,而能在做人的方面成就大德者往往就是能"自得"的人。什么叫作"自得",就是处于富贵的地位,就做富贵人应做的事;处于贫贱的状况,就做贫贱人应做的事;处于边远地区,就做在边远地区应做的事;处于患难之中,就做在患难之中应做的事。君子无论处于什么情况下都是安然自得的。

庄子名周,是战国时的魏国人,也是中国历史上的一位世外高人。他所著的《庄子》,被道教奉为《南华真经》,书中所讲的寓言、哲理,数千年一直为人们津津乐道。

庄子追求自然道德,于名、利俗物,都不放在眼里。

战国是一个重人才的时代。庄子的学问使他名扬天下,不少国家的国君都希望请他出来做官,但都被庄子谢绝了。

为了逃避不断的聘请,庄子逃到濮水去住。楚威王听说后,马上派了两名卿大夫,数百名随从,带着丰厚的聘礼,准备以相国的高位把庄子请到楚国去。

两位大夫来到濮水,说明要聘庄子为相的来意后,庄子仍然钓他的鱼,只是淡淡地说:

"请二位不要打扰我的雅兴。"

两位大夫只好静静地呆在一旁,等待庄子钓鱼。

庄子钓了四五个钟头后,才收竿往家里去。他就像没人来访似的,只顾走自己的路。

两位连忙跟上去,边走边不停地讲话,说什么楚王如何如何仰慕庄子啊,他们一定要把庄子请到楚国去呀!

庄子实在听不下去了,就对他们二人说:

"我听说楚国有一神龟,因为神灵得很,被人杀死了。杀掉的神龟被楚王供奉在庙堂中,庙堂修得华丽极了,收藏神龟的箱子是纯金做的,包裹神龟的是精美的锦缎。你们说,如果你们是它,是希望死后享受富贵呢,还是希望活着拖着尾巴爬行在泥途中？"

两位大夫听了庄子的话，知道不能勉强，只好扫兴而归，而庄子依然过着他淡泊自然、逍遥自在的隐士生活。

关于"得"，有一句俗语叫"这山望着那山高"，说的就是总不满足现在的所得，总是奢望向上爬，奢望高升。这种人就是没有认识到"一部机器，大的轮轴固然重要，但如果少了一个小螺丝钉，就会出故障，就会由松散而解体。所以每个部门、每个环节、每个人的工作都很重要，也唯有人人都能构成需要，才能形成整体的健全。"

如果一个人总不能自得，心存妄想，只知道羡慕，甚至嫉妒别人，不惜采取一切手段向上爬，"行险以侥幸"，结果只能是深深地陷入无休无止的勾心斗角和无尽的烦恼之中，迷失了本性，也失掉了中庸之道强调的"内外平衡、恰到好处"。

中庸里最能打动别人的法宝

中庸之道讲求内外平衡、恰到好处，以真诚做人，并不是为了要别人也以真诚回报。如果动机是以自己的真诚换回别人的真诚，这本身已不够真诚。真诚是晶莹透明的，它不应该含有任何杂质。有时真诚会使你的利益受到损害，即便如此，你却能获得意料不到的东西。什么最能打动你，真诚；同样，什么最能打动他人，也是真诚！

1969 年，美国著名的心理学家约翰·安德森在一张表格中列出了 500 多个描写人的形容词，他邀请近 6000 名大学生挑选出他们所喜欢的做人品质。调查结果显示，大学生们对做人品质与最高评价的形容词是"真诚"。在 8 个评价最高的候选词语中，其中有 6 个和真诚有关，它们是：真诚的、诚实的、忠实的、真实的、信得过的和可靠的。大学生们对做人品质给以最低评价的形容词是"虚伪"。在 5 个评价最低的候选词语中，其中有 4 个和虚伪有关，它们是：说谎、做作、装假、不老实。

约翰·安德森这个调查虽然距离今天已经将近半个世纪的时间了，但是他的研究结果在当今的社会上仍然具有普遍意义。在生活中我们总是喜欢真诚、让人信得过的人，讨厌说谎、让人觉得不老实的人。

日本著名的佛学大师池田大作说："一个诚实的人，不论他有多少缺点，同他接触时，心神就会感到清爽。这样的人，一定能找到幸福，在事业上有所成就。这是因为以诚待人，别人也会以诚相见。"

佛学大师想来应该是出世之人，但是能说出这样的话，可见为人真诚已经不是简简单单的做人原则了,它可以说是与人交际的基本准则,寻求做人之道、走向成功的黄金法则。一个人只要真诚地待人处事,则容易让人接纳,能交到更好的朋友;真诚地做人,就容易获得他人的合作,甚至有人为你吃亏也不在乎。

佛莱明是苏格兰一个穷苦的农民。有一天,佛莱明顶着烈日在田地里耕作,忽然,他听到不远处有人在呼救。佛莱明连忙放下锄头跑到出事地点,原来有一个小孩不小心掉到了深水沟里,佛莱明跳下去把他救了上来。

第二天,佛莱明家门口迎来了一辆豪华的马车,从马车里走下来一位气质高雅的绅士。见到佛莱明,绅士说:"我是昨天被您救起的孩子的父亲,我今天特地赶过来向您表示感谢。"

佛莱明真诚地说:"我不能因为救你的孩子而接受报酬。"

正在二人说话之际,佛莱明的儿子从外面回来了,绅士问道:"他是您的儿子吗?"

农夫不无自豪地回答说:"他是我儿子。"

绅士说:"我们订个协议。我带走您的儿子,并让他接受最好的教育。如果这个孩子像他父亲一样真诚,那他将来一定会成为令您自豪的人。"

佛莱明答应签下这个协议。教年后,他的儿子从圣马利亚医学院毕业,发明了抗菌药物盘尼西林,一举成为天下闻名的佛莱明·亚历山大爵士。他在1944年获得诺贝尔医学奖,并受封为骑士爵位。

有一年,绅士的儿子,也就是被佛莱明从深水沟里救出来的那个孩子染上了肺炎。是谁将他从死亡边缘拉了回来? 它是盘尼西林。那位气质高雅的绅士是谁?他是上议院议员丘吉尔。绅士的儿子是谁? 他是二战时期英国著名首相丘吉尔。

本杰明·富兰克林说:"一个人种下什么,就会收获什么。"佛莱明因为真诚而让自己的儿子有了成才的机会,并使之成为20世纪人类医学史上的风云人物;绅士因为真诚而挽救了自己的儿子的生命,并使之成为20世纪影响人类历史进程的政治家。

如果想要从中庸中寻求做人的道理,那么你应该记住:真诚是财富,而且是最宝贵的人生财富。在这方面进行投资的人,可以获得丰厚的回报。虽然没有谁必须做一个富人或做一个伟人,也没有谁必须做一个聪明人,但是每个人都必须做真诚的人。

有德方望远

胸怀远大,志存高远,这是人人心中都明白的"简单道理",可是真正能望到远方的人又有多少呢？当我们举目远眺的时候，是不是忘记了"内外平衡、恰到好处"的中庸之道：首先自己要有德，有德者才能修身，懂得修身的人才能平衡心态，只有把心态摆正，面对世间纷繁杂乱之人与事，方才能确定人生将达到的彼岸，须知道，做人的原则才是人生之帆迎风而行的基本动力。

美利坚合众国第一任管理者乔治·华盛顿在领导独立战争和组织联邦政府的过程中，发挥了巨大的领导和协调作用。华盛顿为美国的远大前途所做出的努力，直接得益于他的德行修为所产生的巨大的感召和激励作用。

身高6.2英尺的华盛顿身材伟岸，重约190磅，棕色头发，灰蓝眼睛，天庭饱满，脸上带着一些雀斑和太阳的晒痕，当他微笑时，几颗有明显缺陷的牙齿显露无遗。他的外貌呈现出习惯于受人尊重和服从，但决不傲慢自大的男人形象。

"亲切"和"谦虚"是人们对他的评价。见过他的人们经常描述他眼里不时掠过的温柔。"要平易近人，"他告诫他的军官们，"这是赢得尊重的必要条件。"除此之外，他还教育他的军官们，"要学会宽恕别人的错误，这是你赢得别人尊重的秘诀之一。"

当华盛顿还是一位上校的时候，他率领着部队驻守在弗州亚历山大历亚。在选举弗尼亚议会的议员时，有一个名叫威廉·佩恩的人反对华盛顿所支持的候选人。同时，在关于选举问题的某一点上，华盛顿与佩恩形成了对抗。华盛顿出言不逊，冒犯了佩恩。佩恩一怒之下，将华盛顿一拳打倒在地。华盛顿的部下闻讯，群情激愤，部队马上开了过来，准备教训一下佩恩。华盛顿当场加以阻止，并劝说他们返回营地，就这样一场干戈暂时避免了。

第二天一早，华盛顿派人送给佩恩一张便条。要求他尽快赶到当地的一家小酒店来。佩恩怀着凶多吉少的心情如约到来，他猜想华盛顿一定要和他进行一场决斗，然而出乎意料，华盛顿在那里摆开了丰盛的宴席。华盛顿见佩恩到来，立即站起来迎接他，并笑着伸过手来，说道："佩恩先生，犯错误乃人之常情，纠正错误是件光荣的事。我相信昨天是我不对，你已经在某种程度上得到了满足。如果你认为到此可以解决的话，那么握住我的手，让我们交个朋友吧。"华盛顿热情洋溢的话语感动了佩恩。从此以后，佩恩成为一个热烈拥护华盛顿的人。

除了平易近人，宽恕别人，华盛顿还有其他品行赢得了无数人的尊重：他目光远大、心地光明、坚定果断而又谦逊质朴，他一生的行事为人，处处让人体会到他的谦卑、真诚和执着。他功勋卓著却不贪恋权力，即使在处于权力巅峰、统率千军万马之时，他也从来没有自我膨胀，没有任何狂妄的野心。他作风平和，踏实认真，讲话不多，但他的每一次讲话都发自内心，真挚感人，能字字句句打入人的心坎。告别政坛之后,他毅然临危受命,再度应召为国服务,却断然拒绝了总统提名,他的每一次选择都证实了他纯洁无私的人格。

作为美利坚合众国的首位总统,他肩负起组建联邦政府机构的责任。他心胸宽广,把美国第一流的人物都纳入他的政府。为了确立政府的威信,他力求从人的才能和品德来判断选举人才。他对各部官员的选择有两个条件:第一要受到人们的欢迎和爱戴,第二要对人民有影响力,两者缺一不可。面对政府内阁中的党派之争,他总是冷静地用超人的智慧加以调解,对待联邦党人和共和党人的论争,他希望能不带偏见地将对美国有利的观点集中起来。他不想压制别人的意见。他对别人过人的才干,毫无卑劣的嫉妒之心,他把当代最伟大的政治家团结在自己周围,使之造福国家。他主张为人处世要襟怀坦白,光明磊落。

他虽然大权在握,却始终听从良知的召唤,谨慎谦卑地使用权力。后人可以从他身上看到,原来政治家还能够是这样一种形象。也正是他,用自己的言行,告诉世人,政治和道德可以良性结合到什么程度。华盛顿犹如一座政治人格的灯塔,时刻提醒着拥有或想拥有权力的人们,不要在权力的迷宫里晕头转向。

正是他的这种伟大品格,使他赢得了众人的信任和爱戴。所以才在独立战争期间,大陆会议决定授予他相当独断的军事指挥权,最终帮助美国获取了独立。而在联邦政府成立期间,他被一致推选为第一任总统。在宪政陷入争吵的时候,也正是凭借他的伟大人格,才有效地协调了各派的利益,把各种不同派别的人团结在自己的周围。他的伟大品格促成了他的丰功伟绩。

中庸追求的"仁"

《中庸》:"仁者,人也,亲亲为大。"中庸之道的理想追求就是"仁",而"仁"的现实意义无非是做人应该做的:仁就是爱人,亲爱亲族是最大的仁。我们当然会爱自己,但不能把爱全部放到自己身上,你的亲友族人其实都在默默陪伴在你的左右。也许你的工作很忙,但是不管怎样,都应当关怀一下家人,人生短短几十年,或许有些埋藏在心底的爱会找不到机会吐露的。

斯蒂姆勒拉山是座杀人山,所有在阿拉斯加高速公路上行驶的卡车司机都对它心怀恐惧。

某天,在这条高速公路的某一段,有许多加拿大皇家山地警察,还有几名正在用绞车从悬崖下拉吊卡车残骸的营救队员。一群神情严肃的司机正默默地注视着一辆被渐渐拉吊上来的卡车残骸。

一名山地警察走到司机们中间，声音非常低沉地说："非常遗憾，司机在我们找到之前就已经死了。这个，你们或许愿意读一下，我猜想他在被严寒冻死以前还活了几个小时。"

警察很少流泪，人们一向认为他们已经见过太多的死亡场面，因而已经感觉麻木。但是，他是一边抹眼泪一边把那封信放到一个司机手里的。每位司机都默默地读完了信，然后默默地走回自己的卡车。那封信深深地印在了每个人的脑海里。

我深爱的妻子：

这是一封任何一个男人都不愿写的信，然而，我还是十分有幸能在这段时间说出我多少次想说而未说的话。我爱你，我的小甜心。

你过去常常讥笑我爱卡车胜过了爱你，因为我大部分时间都和它在一起。我确实喜欢这个铁家伙，它已经成了我的好朋友。它跟我长途跋涉历尽艰险。我愿意开着它拉货，它在路上跑得飞快，从来也不拆我的台。

你想知道吗？我爱你也是出于同样的原因，你也同样目睹了我在艰苦岁月和艰难环境中的挣扎和奋斗。

还记得我们的第一辆卡车吗？它特别能耗油，以至于我忙碌一天赚来的钱却只够糊口。你走出家门找了一份工作，挣钱付房租和账单。我挣的每分钱都喂了卡车，是你的收入保证了我们能有饭吃和有一间房子住。

我记得我抱怨过那辆车，但我却不记得你有过丝毫抱怨，即使你浑身疲惫地下班回家，而我又向你要钱准备上路时，你也没有过怨言。假如你当时真的有怨言，我想我也听不到，我当时已完全陷入了自己的问题中，根本不会考虑你的抱怨。

我现在还记得你无私奉献给我的全部东西：衣服、假期、晚会、朋友。你从没抱怨过，而我却不记得自己说过谢谢。

当我坐下来和朋友们一起喝咖啡的时候，我总是不停地讲我的卡车，我的机器，我的收入，却忘了你是我的合伙人——即使没有和我一同坐在驾驶室里。正是因你所付出了同我一样多的牺牲，加上我俩的决心和坚定，我们拥有了一辆新的卡车。

我是多么骄傲自己有辆新车，我高兴极了。我同样为拥有你而感到骄傲，但我从未告诉过你这些。我想当然地认为你全都知道。但是如果我拿出和擦车一样多的时间和你说话，我或许就会把那些话告诉你。

这些年我一直在这条路上行车，我始终带着你的祈祷一同行驶，但是这次不灵了。

我受了伤，而且伤势很重。我正在走向死亡，但是我想说出那些从前就应当说许多遍的话。从前忘记讲这些话，是因为我过于关注我的卡车和工作。

我记起了那些被我错过的结婚周年纪念日和生日，那些因为我正行驶在路上而只好由你一个人去参加儿子的学校演出和曲棍球比赛。

我想起了那些你独自度过的孤独的夜晚，在辗转反侧中你猜想我到了何处，发生了哪些事。有多少次我想给你打个电话，只为问一声好，但我却从没付诸行动。我想起了当我想到你正在家里和孩子们等我归来时，我心里的那份踏实和宁静。

你在餐桌上讲的故事，我怎么就没有享受它呢？我正在忙着换油。我正忙着检查汽车零件，我正在睡觉，因为明早又要早早动身。我总是有个理由，但现在看来，它们对我都微不足道。

我们刚刚结婚时，你连一只灯泡都不会换，几年之后，当我在佛罗里达等待装货时，你却能够在暴风雪中临时修理火炉。你成了一位相当不错的技师，帮我维修汽车。当我看到你跳进驾驶室把车倒出玫瑰丛时，我感到无比自豪。

当我把车开进院子，看到你在汽车里睡着，却仍然在等我时，我感到骄傲。不论是在午夜两点，还是在午后两点，你在我看来都和电影明星一样美。你很漂亮，你知道。我不记得我最近告诉过你，但你的确很美。

我这一生犯了许多错误，但如果我还有过一个英明决断的话，那就是我求你嫁给我。你永远也不会知道是什么力量驱使我坚持开卡车，我也不知道，但这是我谋生的途径。你始终紧跟着我，无论岁月艰难还是顺利，你始终在我身边。我爱你，我的甜心，我爱孩子们。

我的身体受了伤，但我心上的伤势更重，当我要走向生命尽头的时候，你却不在我身边，这是自我们结婚以来我第一次感到真正孤独，我感到害怕，我特别需要你，但我知道已经太迟了。

可笑的是，现在陪伴我的竟是卡车。这该死的铁家伙长时间左右我们的生活，我在这堆奇形怪状的钢铁中一呆就是许多年，但是它并不能回报我的爱，只有你才能。

你此刻正在千里之外，但我感觉你仿佛就在我身边。我能看到你的脸，感到你的爱，我害怕一个人走完剩下的路。

告诉孩子们，我深深地爱他们，不要让男孩们将来以开卡车为生。

就此止笔了，亲爱的。上帝知道我是多么爱你。照顾好你自己。记住，这一生中我爱你，胜过其他的一切，我只是忘了告诉你。

我爱你！

贝尔

1994 年 12 月

学中庸，关心周围的人

我与别人如何能达到"内外平衡、恰到好处"的境界，这正是中庸之道所要强调的"不可偏废"。孟子的话教导我们尊敬、爱戴别人的长辈，要像尊敬、爱戴自己长辈一样；爱护别人的儿女，也要像爱护自己的儿女一样。虽然只是针对老幼，不过更广泛而言还是要我们有一颗心怀天下之心，无论我们遇到高兴或是悲哀，顺利或是失败，我们都应转过头看看他人，毕竟，我们可能需要别人，别人也需要我们。

阿红长得并不好看，学历也不太高，在一家房地产公司做文字工作，阿红的打字室与老板的办公室之间只隔着一块大玻璃，老板的举止她只要愿意就可以看得清清楚楚，但她很少向那边多看一眼，阿红每天都有打不完的材料，她知道工作认真刻苦是她唯一可以和别人一争短长的资本。她处处为公司打算，打印纸不舍得浪费一张，如果不是要紧的文件，她会把一张打印纸两面用。

一年后，公司资金运作困难，员工工资开始告急，人们纷纷跳槽，最后总经理办公室的工作人员就剩下她一个。人少了，阿红的工作量也陡然加重，除了打字，还要做些接听电话、为老板整理文件的杂活儿。有一天，阿红走进老板的办公室，直截了当地问老板："您认为您的公司已经垮了吗？"老板很惊讶，说："没有！""既然没有，您就不应该这样消沉。现在的情况确实不好，可很多公司都面临着同样的问题，并非只是我们一家。虽然您的2000万元砸在了工程上，成了一笔死钱，可公司没有全死呀！我们不是还有一个公寓项目吗？只要好好做，这个项目就可以成为公司重整旗鼓的开始。"说完她拿出那个项目的策划文案。隔了几天，阿红被派去搞那个项目。两个月后，那片位置不算好的公寓全部先期售出，阿红为公司拿到3800万元的支票，公司终于有了起色。

以后的四年，阿红作为公司的副总经理，帮着老板做了好几个大项目，又忙里偷闲，炒了大半年股票，为公司净赚了600万元。

又过了四年，公司改成股份制，老板当了董事长，阿红则成了新公司第一任总经理。老板与相恋多年的女友终于结婚了，在婚礼上，新郎一定要请阿红为在场数百名员工讲几句话。

阿红说："我为公司炒股赢利了，许多炒股高手问我是如何成功的，我说一要用心，二要关心。"

确实，很多人一面在为公司工作，一面在打着个人的小算盘，怎么能让公司赢利呢？

世上有些道理本是相通的，比如，夫妻双方应该彼此关心，公司和员工也应该彼此关心。只有这样，家庭才能和顺，公司才能发达。我们在任何时候都不能失去关心，因为它是我们的做人之本。

重视亲和的力量

人人都知道对自己要好一点，就不知对待别人也要达到"内外平衡、恰到好处"的境界。君子最大的长处就是用高尚、仁义的心去对待别人。笑脸是一个人最好的名片，而亲和则是你成功的一大保证。要把人做好，如果学着让自己在别人尤其是同事面前呈现出亲和的一面，肯定有助于你的才能发挥。

小丁与小孙同时进入某机关，两个人同样有较强的工作能力，无论领导交给他俩什么任务，他俩都能非常漂亮地完成。为此，俩人经常受到领导的表扬。但是，在同事之中，他们俩却有不同的地方：大家都喜欢小丁，有点什么事总是找他帮助。而小丁也的确为大家做了许多事，因为他谦逊又有能力，与大家非常合得来；而小孙则不同，虽然他能力也强，但大家都不太与他舍得来，有什么事也不会找他帮忙，因为小孙这个人个性有些高傲。

小孙也意识到了这种差别，但他并不想改变这种状态，他以为这样很好。无论同事们怎么对自己，领导总还是喜欢自己的，有领导撑腰，他不必总是顾虑再三。况且这样也不错，他可以按照自己的个性安排一切，不必因别人的看法而改变自己的生活。而且从心底里，小孙还有些看不起小丁。小孙认为小丁那种谦让态度十分虚伪，是一种做作的表现，很俗。当然，小孙并没有把自己这种感觉表露出来，他认为无论小丁怎么做，都是人家自己的事，别人不应该干涉他。可见，小孙也是具有一定容人之量的，但可惜他没有表现出来。

就在小孙按照自己的个性生活的时候，领导说要在他们之中提拔一名宣传干事，而且这次领导有明确指示，一定要坚持群众选举，任何人不得从中作梗。面对这样一个好机会，小孙从心底认为自己应该能上去，因为他不但喜欢这份工作，而且坚信自己一定能干好，绝对不会辜负领导的厚望。但是，听说这次不是领导任命，而是由群众直接选举，他的心真的有些凉了。他明白凭自己的群众关系，自己绝不是小丁的对手，况且小丁在搞宣传的方法上也有其独到的能力。小孙认识到了这种差距，但他不是一个小肚鸡肠的人，即使他明白自己有不足，他也要进行一番公平竞争。

结果正如他所预料的那样，小丁几乎以全票得到了这个职位。其实要是小孙去了,工作照样能做好。一个本来平等的机会,结果由于两者个性和人缘不同而导致巨大的偏差。这个教训值得每一个人认真思索。

对于自己和别人的关系,有的人马马虎虎,以为人与人之间无所谓,大可不必左右逢源,协调四邻;而有的人则极为看重,在他人中间拉帮结伙,并极力找领导做靠山,形成自己的势力,以为凭此就能高枕无忧。其实,这两种人都错了。

协调关系这样的人生大事切不能粗心大意。其中的功利关系自不必说,只一个人缘问题就够你头疼的了。可见,对待别人既不能漠不关心,不闻不问;也不能拉帮结伙,那样只能害了自己。要想有一帮适合自己开展活动的好伙伴,就必须真心帮助他们,在谦和中充分展露自己的个性。

事事为大家着想,处处关心他人,这在平时并不显眼,而且似乎还处于一种被动地位,所以有些人就是不愿意"干"。从小丁的例子来看,他与小孙能力相当,只是小丁的人缘要好些,所以同事选小丁也在情理之中了。像小丁这样的人才称得上"老谋深算",在平时就已经为自己日后的发达打下了基础,到时候只要有机会,就可以水到渠成了。你要把好事做在明处,大家的眼睛是雪亮的,不会有人视而不见的。

亲和,会让你积聚到很多的人气,只要你在单位中有人气、群众关系好,升职也好、加薪也好,都要容易得多。

第十二节　君子素其位而行

我们每个人都有自己的做人本份以及人生目标,而这一切都建立于我们把自己定于什么位置之上?中庸之道要得到发挥,就需要一个可发挥的基点,就好像发光现象一样,你体现人生价值的基点就是自己的位置。

人无信不立

"位"字的写法很有意思:一个人立起来,这表明人所处于的位置,在中庸之道中,人应该怎么使自己立起来呢?最基本的,也就是孔夫子讲的:不可无信。

信誉是个人的品牌,是个人的无形资产。我们常说的"君子一言驷马难追",讲的就是人的信誉。一个没有信誉的人,是为人所不齿的。公司、企业做广告做宣传,树立公司、企业在公众中的形象,就是想提高公司、企业的信誉度。信誉度高了,人们才会相信你,和你有来往,成交生意。

信誉是个人的品牌,是个人的无形资本。有形资本失去了还可以重新获得,而无形资本失去了就很难重新获得了,所以,人再困难也不能透支无形资本。

　　王先生是一家杂志社的编辑,曾用一种很好的社交形象树立起了他的信誉,结果由一个普通的编辑一跃为一家刊物的主人。最初,王先生在开始他的计划时,先向一家银行借了一笔他并不急需要用的钱,他说他之所以借这笔钱,目的是为了增加他的信用度。这笔钱借到后,他放在抽屉里并没有用它,当还款日期一到,便将它还给了银行。这样如此几次以后,他得到了这家银行的信任,慢慢地,借给他的钱款数目大了起来。最后一次他借的金额是一笔大额贷款,用它去发展自己的业务。

　　王先生又说,在开始萌生自己办杂志的念头时估计了一下,起码需要十万元,而他手头上总共不过六万元。于是,他再次到那家银行,也再次去找每次借钱的那个职员,当王先生将计划原原本本地告诉他以后,银行职员愿意借给四万元。不过,他要与银行的经理洽谈一下。最后,这位经理同意如数借出四万元,还说:"我虽然对王先生不太熟悉,不过我注意到多少年以来王先生一直向我们借款,并且每次都按时还清。"王先生就是这样光明正大地使用借款并获得别人的信赖。

　　获得众人的信任,铸就自己的信誉,做到这些的方法有时候非常简单,但笃诚、守信及勤劳是最根本的成功秘诀。王先生说,他现在已是当地几家银行中最受欢迎的人了。

　　在一篇名为《没有信誉就没有一切》的文章里,作者叶公先生这样写道:

　　"一个成熟的社会,一个有力量的社会,不但要考察每一个人,而且还要为他们建立必要的档案,这个必要的档案并不是黑档案,而是能够向有关方面证实你的可信度的。这样,银行才可以借钱给你,商人才敢与你做生意,别人才能与你合作,公司才好聘用你,当然他也可以分期付款购房购物……只要有证据表明你是一个信誉良好的人,信誉就是你的通行证,你就可以受人尊敬地通行于这个文明社会。如果你不讲信誉呢? 只要你敢欠钱不还,或者你敢乘车逃票、撕毁合同、偷税漏税、化公为私、说谎骗人,总之,只要你敢有一次不讲信誉,你就会上了没有信誉者的黑名单,你就会失去许多许多的机会,银行当然不可能再借钱给你,再没有人愿意跟你合作,邻居都要躲着你,哪家公司都不愿雇用你,自然也就没有人愿意跟你做朋友,你在这个文明社会就难以立足。"

　　我觉得有些话虽然简短,但是很有分量:没有信誉就没有一切。

素位而行

《中庸》中说:"君子素其位而行,不愿乎其外。"做人怕的是没有梦想,可只要是人,就不会没有梦想,所以做人更怕的是梦想过于不切实际。本身的任务都没有做好,还要去实现一些非分之想,这只能被称为不智。所以,是君子。就会安于现在所处的地位去做应做的事,不生非分之想。

如果一个人有太多的物欲和虚荣心,那么他在行走人生道路时,就会因为身背如此重负而寸步难行。

有一位禁欲苦行的修道者,准备离开他所住的村庄,到无人居住的山中去隐居修行,他只带了一块布当作表服,就一个人到山中居住了。

后来他想到当他要洗衣服的时候,他需要另外一块布来替换,于是他就下山到村庄中,向村民们乞讨一块布当作衣服,村民们都知道他是虔诚的修道者,于是毫不犹豫地就给了他一块布,当作换洗用的衣服。

当这位修道者回到山中之后,他发觉在他居住的茅屋里面有一只老鼠,常常会在他专心打坐的时候来咬他那件准备换洗的衣服,他早就发誓一生遵守不杀生的戒律,因此他不愿意去伤害那只老鼠,但是他又没有办法赶走那只老鼠,所以他回到村庄中,向村民要一只猫来饲养。

得到了一只猫之后,他又想到了:"猫要吃什么呢?我并不想让猫去吃老鼠,但总不能跟我一样只吃一些水果与蔬菜吧!"于是他又向村民要了一只乳牛,这样那只猫就可以靠牛奶维生。

但是,在山中居住了一段时间以后,他发觉每天都要花很多的时间来照顾那只母牛,于是他又回到村庄中,他找到了一个单身汉,于是就带着这无家可归的单身汉到山中居住,帮他照顾乳牛。

那个单身汉在山中居住了一段时间之后,他跟修道者抱怨说:"我跟你不一样,我需要一个太太,我要过正常的家庭生活。"

修道者想一想也是有道理,他不能强迫别人一定要跟他一样,过着禁欲苦行的生活……

这个故事如果按照原先的发展进行下去,那么很有可能用不了多久,整个村庄都要搬到山上去了。原来要禁欲修行,却因为这样那样的欲念打乱了自己的清修,这心又怎么能平静下来呢?

素位而行,换句话说,叫作安守本分,也就是人们常说的——安分守己。这是对现状的积极适应、处置,是什么角色,就做好什么事,如台湾著名漫画家蔡志忠所说:"自己是什么就做什么;是西瓜就做西瓜,是冬瓜就做冬瓜,是苹果就做苹果;冬瓜不必羡慕西瓜,西瓜也不必嫉妒苹果……"然后才能游刃有余,进一步积累、创造自己的价值,进而取得水到渠成的成功。

中庸之道并非要求面面俱到

《中庸》中说:"其次致曲,曲能有诚。"有收有放、恰到好处,这才能做到自如地做人。世界上不是每一个人生来都是圣人,所以也不可能做成一个面面俱到的成功者。对于比圣人次一等的人来说,面面俱到不行,可专注于某一方面还是行得通的。只要付出我们的努力,致力于某一方面也能做到真诚。真诚的结果?自然能够使你迈上人生的顶峰。

美国当代最伟大的一位推销员,本来是一家报社的职员。

他本来是个胆小的年轻人,个性多少有点内向。他也认为,凡事最好不跟人争先。有天晚上,他下了坚定的决心,要使自己脱离眼前的困境。

他去找报纸的业务经理,要求社方安排他当广告业务员,不支薪水,而按广告费抽取佣金。办公室里的每一个人都认为他一定会失败,因为这一类的推销工作需要最积极的推销才能。他回到自己的办公室,拟出一份名单,列出他打算前去拜访的客户类别。大家可能会认为,他名单上所列出的,一定是那些他认为可以轻松推销出去的广告客户,但事实上,他并未这样做。他的名单上的客户,都是那些别的业务员曾去招揽但未成功的客户。他的名单上只有12位客户的姓名。他在前去拜访这些客户之前,必定先走到市立公园,取出这12位客户的名单,把它念上100遍,一面对自己说道:"在本月底之前,你们将向我购买广告版面。"

然后,他开始去拜访这些客户。在第一天中,他和这12个"不可能的"客户中的3个人达成了交易。在第一个星期剩下的几天中,他又做成了两笔交易。到了那个月的月底,他和名单上的11个客户达成了交易,只剩下一位还不买他的广告。在第二个月里,他未卖出任何广告,因为,他除去继续去拜访这位坚决不登广告的客户之外,并未去拜访任何新的客户。每天早晨,这家商店一开门,他就进去请这位商人登广告,而每天早晨,这位商人一定回答说:"不。"这位商人知道他自己并不打算购买广告版面,但这位年轻人却不知道这回事。每一次,当这位商人说"不"时,这位年轻人就假装并未听到,而继续前去拜访。到了那个月的最后一天,对这位努力不懈的年轻人连续说了30天"不"的这位商人说话了,他说:

"年轻人,你已经浪费了一个月的时间来请求我买你的广告,我现在想要知道的是,你为什么如此浪费你的时间?"

这位年轻人回答说:"我并没有浪费我的时间,我等于是在上学,而你一直就是我的老师。现在,我已经知道,一个商人不买东西,仍然是一个商人,同时,我也一直在训练自己的自信心。"

接着,这位商人说道:"我也要向你承认,我也等于是在上学,而你就是我的老师。你已教了我坚持到底的一课,对我来说,这比金钱更有价值,为了向你表示我的感激,我要向你订购一个广告版面,当作是我付给你的学费。"·

费城《北美日报》的一个最佳的广告客户就是这样子吸收进来的。同样的,这也代表了这位年轻人良好名誉的开端,最后,他成了百万富翁。

当他坐下来拟出那份有着 12 位客户的名单时,他所做的正是 99% 的人都不会去做的事。他属于很难得的少数人之一。这些人都知道,所有的河流都是因为遭到抵抗,因此,才会弯弯曲曲的,但这些并不会阻拦河流的前进。

不可自专

《中庸》中说:"愚而好自用,贱而好自专,生乎今之世反古之道。如此者,灾及其身者也。"看看历史上地做人失败者,都逃不过愚昧却喜欢自以为是,卑贱却喜欢独断专行的家伙,甚至有些人生于现在的时代却一心想回到古时去。这样做的结果,除了迎来灾祸,估计再也没有什么可"奢求"的了。所以,我们从一开始,就不要把自己摆在"愚而自专"的位置,要知道,把自己放在自以为是的"高位",连认清自己到底是个怎样人物的机会都会变得很小。

1931 年 5 月 7 日,纽约发生了该市有史以来最轰动的一次剿匪事件。

经过了几个星期的搜寻,"双枪手"克罗里陷于穷途之境,被困于西尾街他情人的公寓里。150 名警员和侦探,包围在他顶楼的藏身之处。他们在屋顶穿洞,要以催泪弹把这位"杀警察者"克罗里熏出来。然后,他们把机关枪架在周围的建筑物上,于是有一个多小时,纽约一个最优美的住宅区,不断地响着手枪声和机枪声。克罗里伏在一张堆满杂物的椅子旁,不断地朝警方开火。一万名惊恐的民众,看着这场枪战。在纽约的人行道上,从来没有发生过这类的事情。

当克罗里被捉到的时候,警察总督莫隆尼宣布,这位双枪恶徒是纽约有史以来最危险的罪犯之一。"他杀人,"总督说,"连眼都不眨一下。"

但是"双枪手"克罗里对自己有什么看法呢?我们知道他的看法,因为当警方朝他的公寓开火的时候,他写了一封《致有关人士》的信。而当他在写这封信的时候,鲜血从他的伤口涌出,在信纸上留下一道红色的血迹。在信中,克罗里说:"在我的衣服之下是一颗疲惫的心,但这颗心是仁慈的——一颗不会伤害任何人的仁慈之心。"

在这不久之前,克罗里在长岛一条郊外的道路上跟女朋友温存。出其不意地,一位警员走到停在那儿的汽车旁,说:"让我看看你的执照。"

克罗里掏出他的手枪,一言不发地朝那位警员连发数枪。当那位警员倒下去的时候,克罗里从汽车里跳出来,又朝那不能动弹的尸体发了一枪。而这就是自称"在我的衣服之下是一颗疲惫的心,但这颗心是仁慈的——一颗不会伤害任何人的仁慈之心"的凶手。

"双枪手"克罗里不曾责怪自己任何事。

这并非匪徒中一种不寻常的态度。如果你以为是的话,那么听听这段话:

"我一生中最好的时光,都花在为提供别人轻松的娱乐、帮助他们得到快乐上,而我所得到的是辱骂,是一种被搜捕者的生活。"

克罗里还自以为是一个大众的恩人。在这一方面,监狱长刘易士说:"在这里的罪犯,几乎没有一个自认是坏人。他们跟你我一样是人。因此他们辩护,他们解释。他们会告诉我们为什么要撬开保险箱,为什么随时要扣动扳机。他们大多数人,都有意以一种不论是错误的或合逻辑的推理,来为他们反社会的行为辩论,甚至对他们自己也是如此,因此气势昂然地坚持他们根本不应该被下狱。"

孔圣人知道了这个杀人犯以后会做何感想呢?看来,他所奉劝的那些愚者,直到现在的文明社会也仍然因为其自省意识的缺乏而危害自身,更危害社会。

中庸里的低调做人

不怕不识货,就怕货比货,做人也一样,不比,则不能体现出中庸的道理。人生很多笑话,都是来自这个"比"字。所以,尽管你是一个强者,可是一定还有比你更强的人,所以不要在别人面前骄傲自满,自己夸耀自己。

三国时候,祢衡很有文才,在社会上很有名气,但是,他恃才傲物,除了自己,任何人都不放在眼里。容不得别人,别人自然也容不得他。所以,他"以傲杀身",被黄祖杀了。

祢衡所处的时代,各类人才是很多的,但他目中无人,经常说除了孔融和杨修,"余子碌碌,莫足数也"。即使是对孔融和杨修,他也并不很尊重他们。祢衡 29 岁的时候,孔融已经40岁了,他都常常称他们为"大儿孙文举,小儿杨德祖"。

经过孔融的推荐,曹操见了祢衡。见礼之后,曹操并没有立即让祢衡坐下。祢衡仰天长叹:"天地这么大,怎么就没有一个人!"

曹操说:"我手下有几十个人,都是当今的英雄,怎么说没人?"

祢衡说:"请讲。"

曹操说:"荀彧、荀攸、郭嘉、程昱机深智远,就是汉高祖时候的萧何、陈平也比不了;张辽、许褚、李典、乐进勇猛无敌,就是古代猛将岑彭、马武也赶不上;还有从事吕虔、满宠、先锋于禁、徐晃。又有夏侯淳这样的奇才,曹子孝这样的人间福将。怎么说没人?"

陈平

祢衡笑着说:"您错了! 这些人我都认识,荀彧可以让他去吊丧问疾,荀攸可以让他去看守坟墓,程昱可以让他去关门闭户,郭嘉可以让他读词念赋,张辽可以让他击鼓鸣金,许褚可以让他牧羊放马,乐进可以让他朗读诏书,李典可以让他传送书信,吕虔可以让他磨刀铸剑,满宠可以让他喝酒吃糟,于禁可以让他背土垒墙,徐晃可以让他屠猪杀狗,夏侯淳称为'完体将军',曹子孝叫作'要钱太守'。其余的都是衣架、饭囊、酒桶、肉袋罢了!"

曹操很生气,说:"你有什么能耐? 敢如此口出狂言?"

祢衡说:"天文地理,无所不通,三教九流,无所不晓;上可以让皇帝成为尧、舜,下可以跟孔子、颜回媲美。怎能与凡夫俗子相提并论!"

这时,张辽在旁边,拔出剑要杀祢衡,曹操阻止了张辽,悄声对他说:"这人名气很大,远近闻名。要是杀了他,天下人必定说我容不得人。他自以为了不起,所以我要他任教吏,以便侮辱他。"

一天,祢衡去面见曹操,曹操特意告诉看门人:"只要祢衡到了,就立刻让他进来。"祢衡衣衫不整,还拿了一根大手杖,坐在营门外,破口大骂,使曹操侮辱祢衡的目的没能达到。

有人又对曹操说:"祢衡这小子实在太狂了,把他押起来吧!"

曹操当然很生气,但考虑后还是忍住了,说:"我要杀他还不容易? 不过,他在外总算有一点名气。我把他送给刘表,看看结果又会怎么样吧。"就这样,曹操没有动祢衡一根毫毛,让人把他送到刘表那儿去了。

到了荆州,刘表对祢衡不但很客气,而且"文章言议,非衡不定"。但是,祢衡骄傲之习不改,多次奚落、怠慢刘表。刘表又出于和曹操一样的动机,把他送给了江夏太守黄祖。

到了江夏,黄祖也能"礼贤下士",待祢衡很好。祢衡常常帮助黄家起草文稿。有一次,黄祖曾经握住他的手说:"大名士,大手笔!你真能体察我的心意,把我心里要想说的话全写出来啦!"

但是,后来在一条船上,祢衡又当众辱骂黄祖,说黄祖"就像庙宇里的神灵,尽管受大家的祭祀,可是一点儿也不灵验。"黄祖下不了台,恼怒之下,把祢衡杀了。祢衡死时才26岁。

曹操知道后说:"迂腐的儒士摇唇鼓舌,自己招来杀身之祸。"

祢衡短短一生,没有经过什么大事,很难断定他究竟才高几何。然而狂傲至此,即使有孔明之才,也必招杀身之祸。

中庸中的忍

这一个主题很像大家理解的那个"中庸",但这一中庸,最重要的是内心的原则,有心方能忍。心字头上一把刀,多少人就是因为没有掌握好这把刀,从而害了自己的锦绣前程。学会忍术,最简单的就是:不该干的事,即使很想去干,但坚持不干。对小事不忍,没忍性,就会影响大局,坏了大事。

袁丽是一家信贷公司的秘书。她工作扎实,尽心尽力,在公司有较好的声誉。有一天早晨,她刚走进公司大门,便被老板叫到了办公室。

"袁小姐,你这个当秘书的是怎么工作的?我是不是告诉过你,所有的合同都要由我来亲自过目?可是你看看这个合同,到底怎么回事?"老板冲着她劈头盖脸就是一顿斥责,"公司现在蒙受了损失,你有不可推卸的责任。你当月的奖金全部扣除。"

袁丽心里不明白到底发生了什么事,她拿起合同来看了看,心理不觉得一阵委屈,即使有事也怪不上自己,她早就觉得这份合同存在着问题,曾经提醒过老板要注意一下,可是当时因为老板太忙,就放在一边了。

事后,她才搞清楚了事情的起因。原来,签署这项合同的"客户"是些骗子,拿了公司的贷款就消失了,让公司蒙受了一定的经济损失。老板就是为这个才发的火。尽管这样,袁丽还是有些想不通,责任又不在自己,为什么要训斥我,还要扣掉当月奖金呢?

袁丽思来想去始终想不通。心高气傲的她,委屈得直想哭。心想,自己平时工作那么认真,为了公司的安全付出了多么大的心血呀?老板平白无故为什么要处罚自己呢?

她想找老板论理,讨个说法。转念又想:"人在屋檐下,怎能不低头?如果为了这点事破坏了自己以往的形象实在有些不划算。算了,门牙打碎了,就往肚子里面咽,权且当一次替罪羊吧!"

自从这件事之后,袁丽并没有把自己的情绪带进工作中,依然兢兢业业,依然任劳任怨,见了老板依然彬彬有礼,好像什么也没有发生。

后来,司法机关介入了这起经济案件,那些骗子因为另外一起相同的案件被警方逮捕了,而负责这项业务的职员小陈,因为收取了那些骗子的好处费,涉嫌受贿,被依法逮捕了。小陈还交代了自己趁老板不在公司的时候,偷梁换柱,使这项合同躲过了老板的审查,至此,真相大白。

不久,公司对内部人员进行调整,充实了力量。在全公司的大会上,老板当着全体职工的面,向袁丽表示了歉意,年底的时候,还给袁丽包了一个大红包。

这就是"忍"的好处。试想如果袁丽在受到老板误解以后,心中不平去找老板争辩或一气之下一走了之,那又怎能有后来的结果?

因此要想得到每个人的欢迎,就先要学会受委屈,学会把自己的委屈和痛苦隐藏起来,不但要能接受上司的各种指派,还要能够承受被误解、被错怪、被无端训斥所带来的苦痛。不能顶撞、不能争辩、更不能和他对着干。只有这样,才能用内心的苦水保住你的职位,使上司不厌恶、不排斥你。毕竟上司们都是很注重自己的面子和尊严的,就算是他知道自己错怪你了,也不可能像袁丽的老板那样当面向你道歉,一切委屈你仍得承受。但是以后他良心发现会补偿你的,俗话说得好"吃得苦中苦,方为人上人"!

中庸就是避免极端

凡事都有一个限度,在度之内则称为合适,即是中庸之道许可的平衡、恰到好处的范围,然而,世事偏偏超乎人们的良好愿望。因为各种各样的原因,"不知足"总是左右着人们的心态,追求极端、弄巧成拙的苦头时常发生,这样该怪我们的定位不准吧。

韩列和陈会是大学同学，毕业后又同在一个部门工作。每当韩列向领导请示汇报工作时，总是滴水不漏，面面俱到，生怕让领导看出问题，挑出毛病。而陈会呢？时常丢三落四，想问题不周全，因此导致领导对他进行一番具体的评判指导。同一项工作，韩列总是靠自己去独立完成，而部门的其他人总是非常愿意帮助陈会，甚至领导也不时地对陈会的工作予以指点。

韩列与陈会大学相处四年，对他非常了解。在韩列的印象中，陈会非常细心，而且具有很强的独立完成工作的能力。同事们非常喜欢和陈会交往，领导也似乎并不因为陈会的粗心大意而不满，而且有什么问题还特别愿意找陈会商量，至于对待韩列总是不凉不热。一来二去，陈会在办公室的地位不知不觉地有了提升，大有成为未来主管的趋势。而韩列呢，尽管工作依旧十分努力，却总是无法得到领导的青睐，韩列对此颇为不解，因此陷入了深深的苦恼之中。

韩列想把每一件工作做得尽善尽美，不让领导挑出一点毛病，主观上的动机是好的，但客观上却没有给领导留下发挥的余地。此举给领导的暗示可能是：拒绝承认领导比自己高明。要知道，领导总会有办法证明自己比下属高明。虽然未必会给韩列穿"小鞋"，但不可否认的是，领导的心中是不会接纳韩列的。

而陈会则深知其中奥秘，在领导面前总是有意识地显得有些不"成熟"，从而引得领导对其工作评头论足，增加与领导接触的机会。而领导也由此充分展示了自己的才干，显示了比下属的高明之处，从中找到了优越的感觉，自然也就愿意对陈会的工作加以关照。因此，陈会受到领导重视是自然而然的事情。

作为具有高情商的陈会明白这种领导是典型的"武大郎开店"，既承认你的能力，又怕你取代他的位置。所以陈会要时时请教他并和他经常沟通，诚恳地请求他的指点，给领导展示才能的机会。当然，也要赞扬领导有下属没有的长处，这样才可以消除他的嫉妒，满足他的权力欲和自以为是的虚荣心。

如果你细心地观察你的老板，会发现：他并不是你想象中的那样才华横溢，但却是个事业上的成功者。或许会有人不服气，我是一名堂堂"大学士"，怎么会整天为这样的"平庸之辈"忙上忙下呢？面对这种情况，你"不信也得信、不服也得服"，虽然确实令那些不太得志的"鸿鹄"们英雄气短。

在职场上，智商的高只是成功的诸多要素之一，而你投身的事业肯定不是孤立于社会而存在的，你的才华首先要融于一个团队之中，与其他人的才华形成1+1大于2的合力效应，企业才能真正取得成功，从而彰显个人的成就。而在这个"融于"的过程中，人和人之间的差异相当明显。

才华横溢的人往往有意无意地表现出恃才傲物，缺少与周围环境的良好亲和力,情商的缺陷往往使他们与团队像油与水一样难以相溶。与此相对应的是,一些才智平平的人却由于懂得如何处人,如何把握机遇、把有限的才智用在最该用的地方,所以他们之中的一些人平步青云也就不难理解了。其次,指望一个人适应各种各样的环境,其实也不现实。那些才华横溢的人有时并不清楚目前所处的环境是不是真的适合自己,还有没有可能以自己的主观努力变换一个新的环境,使之更适合自己。聊起自己的专业来神采飞扬,可涉及一些直接关乎自己前程的、专业之外的"琐事",却又往往是除了叹息就是无奈。归根到底还是一个情商问题。

理论上的才华永远不等于能力,才华只有体现在调控与创新上才确有价值。要让才华变成实实在在的能力,指望"躲进小楼成一统"是不可想象的。相信职场上那些不太得志的精英们只要拿出其才华的一小部分,投入到自己的"情商建设"上来,真正的成功就不会太遥远。

生于忧患

安乐就是享受?忧患就是死亡?其实不然,既不可太安乐,又不能太忧患,在忧患中求生,在安乐中防死,这就是内外平衡、恰到好处的中庸之道。有一份享受,就有一份责任,这个世界上本来就没有免费的午餐,风光的背后其实隐藏着太多的风险,不管是主动还是无奈,要想保持长久的兴盛,你就必须让自己活在"忧患"之中。

在一般人的想象中,这世上没有人比回教国王哈里发更平安幸福的了。回教国王的权势无法表述,住在四周都是庭园的宏伟皇宫里,每天欣赏舞女们跳舞,或是在后宫歇息。到了晚上,就像哈伦·阿拉希德·阿巴斯王朝第五代国王一样,偷偷溜出皇宫,混入拥挤的民众之中,寻求新的冒险。他没有敌人的威胁,也没有必须解决的困难……

但是事实上,哈里发的权力经常处于不稳定的状态。由于回教的王位继承法并没有规定由长子继承,而为了争夺王位,兄弟经常透过内战解决纷争。掌权之后,回教国王也必须防止皇宫内的阴谋和外敌夺取王位。权力这种东西,即使获得了,也绝非从此高枕无忧,必须设法巩固,无论在何种政治体制下都是如此。

人们想象中的大金融家,都是住在华丽的别墅,在豪华的游艇上度长假,拥有数名年轻貌美的情人,只需向忠实的秘书下简单的命令就完事。人们往往将电影明星的生活想象为应接不暇的宴会,接二连三的风流韵事,并对此深信不疑。

但是,事实完全不是如此。无论是大金融家或大企业家,天天都忙着工作,大多无法抽空度长假,因为他们无法将风险大的问题交给别人处理。著名的电影明星也必须不断克服各种障碍。作家则必须埋首于自己的创作。而且这些工作没有一定的时程,并不会在傍晚或周末就结束。

在现实生活中,没有任何活动可以完全仰赖习惯。无论是读书、考试、求职,或开个小公司,都必须投入热忱、专注。自己必须不辞辛劳,埋首其间,才能克服困难。自己不去做,却期待别人做,将不会有成就。要实现某种目的的时候,别人不会比我们更敏捷、热心,因为事不关己。

"生于忧患,死于安乐",这是老祖宗留下来的至理名言,很多人总是认为一朝有了权力,一朝就能一劳永逸地享受这份安逸,他们万万没有想到的是,有了权力一分,就会增加不安全因素一分。当你用了象牙筷子以后,说不定接下来就是钢刀的伺候了。

人们对回教国王、金融家或电影明星的印象,认为他们什么都不需要做就能够活得很好,其实都只是梦想而已。就像人们梦想中奖券一样。随便找个人问问看,如果他突然得到一百亿元,会怎么做? 人们的回答几乎都一样,辞掉工作、环游世界、过优雅的生活……我们都很累,所以幻想有一天能够活在梦中乐园,拥有财富、权力、休闲,并远离任何忧虑与不安。

但是这世界上根本没有梦中乐园。中奖券的人如果那么做,很快就会回复原来的样子,就像不行动空等待、不努力光睡觉的人一样。

第十三节　君子而时中

做人处世,总会面对不断变化的外部环境,天地在变,事情在变,别人也在变,最可怕的就是自己也在变。当一切都在改变的时候,我们应该怎么办? 很简单,依中庸之道,保持内心信念,而在具体方式上适应那些变化。

中庸之道拒绝小聪明

常常面对这样的人,自己做人失败就不说,还老是找别人的理由来为自己解脱,仿佛自己的失败和自己一点关系都没有。其实冷静下来想一想,无论是好事还是坏事,事情都是我们人自己做的,灾祸幸福也全是由自己的言行招来的。

中午吃饭的时候,公司里的人都得知老板面前的"红人"黄敏昨天被老板炒鱿鱼了。

作为秘书,黄敏人长得漂亮,外语也好,再如上聪明,把老板玩得团团转,老板非常信任她。于是老板授权,他不在的时候,许多事情黄敏可以做主,比方在他不在的时候,黄敏有权签批3000元以下的费用。所以,当其他员工找黄敏报费用时,她是左一个不是,右一个不是,老刁难人家。相反,她自己总是一笔笔的加班费往自己卡里打。

老板不仅没觉察黄敏是在占公司的便宜,反而以为黄敏真正是在加班加点,所以更加信任黄敏。黄敏也就更加有特无恐,认为只要老板一走,什么都是她说了算。因此,当老板出差后,她去公司旁边的健身中心的游泳池游泳是经常的事。

不巧的是,这一次老板出差了,原来计划是下个星期二回来,不知什么原因,老板提前回来了;黄敏以为老板还要几天才能回来,所以这些天每天下午去游泳。老板提前回来,见不到黄敏,就问其他人黄敏到哪里去了,当然会有人告诉老板在什么地方能找到黄敏。

昨天下午三点多钟,黄敏在游泳,游到池边时,有人将浴巾递给她,这时她没有发现是老板来了,只是说了句"谢谢!"可老板幽默地说:"我已欣赏了你十几分钟的游泳姿势,很优美,休息一下再游,游完之后,到我的办公室来办理手续,我准备推荐你到专业的游泳队去。"

有人会说,黄敏作为秘书而被老板抓个正着是因为她的运气不好,可是细细想来,黄敏最大的失误还是在于自己没有能够明白自己身上的责任,对于一个缺乏责任感的人来说,额外的表现就不是什么好事了。

什么是责任感,让我一下子还真说不清楚。但是,你应该知道,有责任感的人能自己找到事做,领导在的时候忙,领导不在的时候更忙。比如某天一上班,平时负责打扫办公室清洁卫生的刘姐,不知什么原因昨天早晨她没来打扫卫生,阿发一进办公室见到这儿很乱,便带头打扫办公室。这就是责任感的表现。人不能像个陀螺那样,只有领导用鞭子使劲抽打,它才会动起来。

在公司、机关这种地方做事,彼此之间你死我活的竞争,大家拼的是什么?拼的就是智商,拼的就是聪明。如果你不聪明,你就是干活累死了,反而会被人家笑话。

做人,尤其身处职场,必须聪明,否则领导不会真正地信任你。但秘书必须明白,虽然每个领导都有他犯糊涂的时候,但领导很少弱智,跟领导玩聪明、耍心眼,最终结果往往是搬起石头砸自己的脚。像黄敏这样滥用老板信任的聪明,就只能说是一种小聪明,也就是古人说的"大道不足,小技有余"的表现。在为人处世上需要聪明,因为聪明可以帮助你认清自己的处境,但不要过于精明算计,不妨提醒自己豁达些，眼光放得长远些。如果少些小聪明，对于做人来说，有可能还是一件好事。

中庸帮你认识造成困境的原因

伤悲，是力求内外平衡、恰到好处的中庸之道力图避免的。

人们渴望改善自己所处的境况，但却不愿意提高自己的能力，因此他们的境况依旧。而那些在自我磨炼方面毫不退缩的人，总能实现他心中既定的目标。这个道理是放之四海皆准。甚至连那些把获取财富作为自己唯一目标的人们，在目标实现之前，都必须做好将付出巨大的个人牺牲的准备。试想一下，想获得成功的人，又怎么能不做出巨大的个人牺牲呢？

这里首先讲述一位非常不幸的穷人的例子。

有一位穷人，他热切期望着自己所处的卑劣境况能够得到改善，自己能够过上比较幸福的家庭生活。然而他在工作中做不到兢兢业业，总是爱开小差，他觉得既然老板给自己开的工资不高，那么自己想方设法欺骗老板也是公平合理的。他内心抱着懒惰的、欺骗的想法，没有一种努力奋斗、敢作敢为的男子汉气概，所以他不仅很难走出他所处的不幸，而且实际上他正把自己引向更大的不幸。

接下来讲述一位富人的例子。

有一位富人由于暴饮暴食，长期遭受疾病的折磨。他愿意花大笔金钱祛除疾病，然而他却不愿意节制暴饮暴食的欲望。他想尽情享用各种食物，而且又想拥有健康。像他这样一个人完全不适合拥有健康，因为他连健康生活的第一原则都没有学会。

最后再讲述一位老板的例子。

一位老板为了免交管理费，就要一些花招欺骗政府管理部门。另外他希望获得更多的利益，于是不惜大量降低员工们的工资。像这样一个人是很难达到发财致富的目的的，而且当他发现自己遭受破产，名声扫地的时候，他只是一个劲儿地指责时运不济，根本没有认识到其实他昔日所做的一切都是在作茧自缚。

我在此讲述这三个例子，只是想阐明一条真理：也许很多人没有意识到，造成这种困境的原因其实正是我们自己。

天将降大任

在这个世界上做人，不可能不会遇到挫折，但就好像孟子所说，既然挫折不可避免,你也应该往好处想——这何尝不是上天给我们好待遇之前对我们的考验?有的人以为挫折是人生不可承受的打击,必不能挺过的灾难,可能会因此颓废下去;而有的人以为挫折只不过是人生的一个小坎儿,就会想尽一切办法去找到一条迈过去的路。这种人多迈过几个小坎儿,就会不怕大坎儿,就能成大事。世事艰辛,不如意者十有八九,不必因不平而烦恼,也不必因挫折而泄气,只要自己努力,机会总会有的。

费希特年轻时,曾去拜访大名鼎鼎的康德,想向他讨教,不料康德对他很冷漠,拒绝了他。费希特失去了一次机会,但他没有灰心,也不怨天尤人,而是从自己身上找原因,心想,我没有成果,两手空空,人家当然怕打搅了!

于是他埋头苦学,完成了一篇《天启的批判》的论文,呈献给康德,并附上一封信。

信中说:

"我是为了拜见自己最崇拜的大哲学家而来的,但仔细一想,对本身是否有这种资格都未审慎考虑,感到万分抱歉。虽然我也可以索求其他名人函介,但我决心毛遂自荐,这篇论文就是我自己的介绍信。"

康德细读了费希特的论文,不禁拍案叫绝。他为其才华和独特的求学方式所震动,便决定"录取",亲笔写一封热情洋溢的回信,邀请费希特来一起探讨哲理。

由此,费希特获得了成功的机会,后来成为德国著名的教育家和哲学家。

一谈到小泽征尔先生,大家都知道,他堪称是全日本足以向世界夸耀的国际大音乐家、名指挥家,然而,他之所以能够有今天名指挥家的地位,乃是参加贝桑松音节乐的"国际指挥比赛"带来的。

在这之前,他不只与世界无关,即使是日本,也是名不见经传。因为他的才华没有表现出来,不为人所知。

他决心参加贝桑松的音乐比赛,来个一鸣惊人,经过重重困难,他终于充满信心地来到欧洲。但一到当地后,就有莫大的难关在等待他。

他到达欧洲之后,首先要办的是参加音乐比赛的手续,但不知为什么,证件竟然不够齐全,不被音乐执行委员会正式受理,这么一来,他就无法参加期待已久的音乐节了!

一般说到音乐家,多半性格是内向而不爱出风头的,所以,绝大多数的人在遇到这种状况时,必然就此放弃,但他却不同,他不但不打算放弃,还尽全力积极争取。

首先,他来到日本大使馆,将这件事说明原委,然后请求帮助。

可是,日本大使馆无法解决这个问题,正在束手无策时,他突然想起朋友过去告诉他的事。

"对了!美国大使馆有音乐部,凡是喜欢音乐的人,都可以参加。"

他立刻赶到美国大使馆。

这里的负责人是位女性,名为卡莎夫人,过去她曾在纽约的某音乐团担任小提琴手。

他将事情本末向她说明,拼命拜托对方,想办法让他参加音乐比赛,但她面有难色地表示:"虽然我也是音乐家出身,但美国大使馆不得越权干预音乐节的问题。"她的理由很明白。

但他仍执拗地恳求她。

思考了一会儿,卡莎夫人问了他一个问题:"你是个优秀的音乐家吗?或者是个不怎么优秀的音乐家?"

他刻不容缓地回答:"当然,我自认是个优秀的音乐家,我是说将来可能……"

他这几句充满自信的话,让卡莎夫人的手立时伸向电话。

她联络贝桑松国际音乐节的执行委员会,拜托他们让他参加音乐比赛,结果,执行委员会回答,两周后做最后决定,请他们等待答复。

此时,他心中便有一丝希望,心想,若是还不行,就只好放弃了。

两星期后,他收到美国大使馆的答复,告知他已获准参加音乐比赛。

这表示,他可以正式地参加贝桑松国际音乐指挥比赛了!

参加比赛的人,总共约60位,他很顺利地通过了第一次预选,终于来到正式决赛,此时他严肃地想:"好吧!既然我差一点被逐出比赛,现在就算不入选也无所谓了!不过,为了不让自己后悔,我一定要努力。"

后来他终于获得了冠军。

就这样,他赢得了世界大指挥家不可动摇的地位,我们可从他的努力中看出,直到最后,他都没有放弃,很有耐心地奔走于日本大使馆、美国大使馆,为了参加音乐节,尽了最大的努力,如此才能为他招来好运——获得贝桑松国际指挥比赛冠军、成为享誉国际的名指挥家、有了现在的地位。

费希特得以成为大教育家,小泽征尔得以成为大指挥家,这难得的机会是哪里来的呢?

一言以蔽之,面对"天降的大任",他们从来不因别人的拒绝而放弃,不因人生艰难而泄气,励精图治,尽情显现自己的才华,自己努力争取机会,如此心态、如此勇气,总会有机会光临,总会有伯乐赏识,只不过在时间上有早晚,形式上不同罢了。

抓住根本

中庸讲"道",我们说道在人的内心之中。君子致力于根本,确立了根本,"道"也就自然产生。那么我们做人的根本在哪里?我们从小到大,接受各种知识,但就在我们认识世界的同时,一个不可避免的框架也套在了我们的头脑里,这就是我们做人的根本指导。做人的成败,就看你对自己根本的态度如何。

一个小孩在看完马戏团精彩的表演后,随着父亲到帐篷外拿干草喂养表演完的动物。

小孩注意到一旁的大象,问父亲:"爸,大象那么有力气,为什么它们的脚上只系着一条小小的铁链,难道它无法挣开那条铁链逃脱吗?"

父亲笑了笑,耐心地为孩子解释:"没错,大象是挣不开那条细细的铁链。在大象还小的时候,驯兽师就是用同样的铁链来系住小象,那时候的小象,力气还不够大,小象起初也想挣开铁链的束缚,可是试过几次之后,知道自己的力气不足以挣开铁链,也就放弃了挣脱的念头,等小象长成大象后,它就甘心受那条铁链的限制,而不再想逃脱了。"

正当父亲解说之际,马戏团里失火了,大火随着草料、帐篷等物,燃烧得十分迅速,蔓延到了动物的休息区。

动物们受火势所逼,十分焦躁不安,而大象更是频频踩脚,仍是挣不开脚上的铁链。

炙热的火势终于逼近大象,只见一只大象已被火烧着,灼痛之时,猛然一抬脚,竟轻易将脚上铁链挣断,迅速奔逃至安全的地带。

有一两只大象见同伴挣断铁链逃脱,立刻也模仿它的动作,用力挣断铁链。但其他的大象却不肯去尝试,只顾不断地焦急转圈踩脚,竟然遭大火席卷,无一幸存。

在大象成长的过程中,人类聪明地利用一条铁链限制了它,虽然那样的铁链根本系不住有力的大象。

在我们的头脑中,是否也有许多看不见的链条系住我们?而我们却已经把这些视为习惯,理所当然,进而向环境低头。

其实,这一切都是我们心中那条系住自我的铁链在作祟罢了。或许,你必须耐心静候生命中来一场大火,逼得你非得选择挣断链条或甘心遭大火席卷。或许,你将幸运地选对了前者,在挣脱困境之后,语重心长地告诫后人,束缚我们发展的也许正是我们自己的头脑。

夸夸其谈不如脚踏实地

少说一点儿，多做一点儿，这就是中庸力求内外平衡、恰到好处的奥秘，想一想，把握自己的命运，又有什么难的呢？古人表扬那些君子不会夸夸其谈，做起事来却敏捷灵巧，说的就是口说一切都无用，最实际的还是甩开身手做实事。

汤姆·邓普西在几年前的橄榄球比赛中，一脚踢出令人难以相信的 63 码远，得分，轰动了运动界。

汤姆生下来的时候就只有半只右脚和一只畸形的右手。他的父母真了不起，他们从来不让他意识到因为自己的残障而感到不安。结果是任何男孩能做的事他也都能做，如果童子军团行军 10 英里，汤姆也同样走完 10 英里。为什么不能呢？他没有什么比人差劲的地方，其他孩子做什么，他也都一样可以做到。

后来他要踢橄榄球，而最重要的是，他有要在某一方面出人头地的欲望。他发现，他能把球踢得比任何在一起玩的男孩子都远。为了充分发挥这种能力，他要人为他专门设计一只鞋子。他从来不认为自己的半只右脚和畸形的右手有什么不妥当的地方，因此他参加踢球测验，并且得到了冲锋队的一份合约。

但是教练曾婉转地告诉他，说他"不具有做职业橄榄球员的条件"，请他去试试其他的事业。最后他申请加入新奥尔良圣徒球队，并且请求给他一次机会。教练虽然心存怀疑，但是看到这个男孩这么自信，对他有了好感，因此就收了他。

两个星期之后，教练对他的好感更深，因为他在一次友谊赛中踢出 55 码远得分。这种情形使他获得了专为圣徒队踢球的工作，而且在那一季中为他的球队踢得了 99 分。

然后到了最伟大的时刻。球场上坐了 66000 名球迷。球是在 28 码线上，比赛只剩下了几秒钟，球队把球推进到 45 码线上，但是根本就可以说没有时间了。"邓普西，进场踢球。"教练大声说。

当汤姆进场的时候，他知道他的球队距离得分线有 55 码远，这也等于是说他要踢 63 码远。在正式比赛中踢得最远的记录是 55 码，由巴第摩尔雄马队毕特·瑞奇查踢出来的。

球传接得很好，邓普西一脚全力正踢在球身上，球笔直地前进。但是踢得够远吗？66000 位球迷屏气观看，然后在得分线上越过，汤姆球队以 19 比 17 获胜。球迷狂乐呼叫，为踢得最远的一球而兴奋，这是由只有半只脚和一只畸形手的球员踢出来的！

"真是难以相信。"有人大声叫，但是邓普西只是微笑。他想起他的父母，他们一直告诉他的是他能做什么，而不是他不能做什么。他之所以创造出这么了不起的记录，正如他自己说的："他们从来没有告诉我我有什么不能的。"

永远不要告诉你自己你不能做这个、不能做那个，永远不要消极地认定那是不可能的。你要告诉自己你能。首先你要认为你能，再去尝试，最后你就会发现你确实能。

自强不息

困难之后是希望，这是追求恰到好处的中庸之道要告诉我们做人应该信守的原则。如果有一天你在森林里迷路了，不可能有人来帮助你，你该怎么做呢？无论你要做什么，只要活下去，就有希望。只要有希望，就有重见天日的一天。作为君子，应该有坚强的意志，永不止息的奋斗精神，努力加强自我修养，完成并发展自己的学业或事业，能这样做才体现了天的意志，不辜负上天给予君子的职责和才能。所以，就算当一切看上去都是绝望时，请保持好的心情，只有这样你才能追寻到希望的力量，体会到生命的真谛。

《背叛神明的十二人》一书的作者威廉·伯里梭曾说道："人生最可贵的事，并非投资生意之类的事情，这连愚者亦能为之。真正可贵的是从亏损中获取利润，此时必须靠智慧。这也是智者和愚者的区别所在。"这是伯里梭在失去一只脚（因火车车祸）后所说的话。

还有一个双腿瘫痪而"把副作用变成正作用"的男人，名叫宾·佛特逊。当人问起他双足致残的原因，他说："那是 1929 年的事情。"他微笑说道，"我想在院子里搭个豆棚架，需用打桩的木材，于是我开着车子出门砍伐一堆核桃木。回途中，有一根木材滑落在地，我来个急转弯想回头捡起，就在这时，方向盘突然失灵了，车子就此翻落在河堤上，我的脊椎骨被木头击伤，两腿就此瘫痪了。那时我才 24 岁，从此寸步不能行。"

24 岁的大好青春年华却遭遇到终其一生必须坐轮椅的厄运！问他何以能如此开朗欢愉？他答道："起初，我怨恨，我反抗，诅咒命运。但随着时日的消逝，我发觉反抗只是徒增自苦而已，而从我变成残废以来，所有的人——不论认识与否，都待我很亲切，所以，我要求自己也要以礼待人。"

再问他，他是否认为那次事故是一桩可怕的不幸？

"不，"他立即答道，"如今，我反倒有点庆幸。"他说，自他摆脱内心的冲击和怨恨后，开始进入新的生活天地，整日与文学名著为伍。14年来，他总共读了1400本书。这些书籍开拓了他的视野，使他的生活非常充实。此外，又可净化他的心灵，但最大的变化是他拥有了充分的思考时间。他说："从那次事故以后，我才具备观察世界的能力，能够判断事物的价值，我发觉我以前所向往的事物大部分都是无价值的。"

由于广泛阅读的结果，他开始对政治发生兴趣，除致力于公共问题的研究外，还经常推着轮椅到各地演讲。他结识了许多朋友，许多民众也认识他。

在我们身边的那些身体残疾，但意志坚强的人，其实都在传递着这句话：无论怎样我也要快乐地活下去！

学中庸，珍惜每一天

讲内外平衡、恰到好处的中庸，就是讲实用，陶渊明说："盛年不重来，一日难再晨。"当每天可供我们使用的时间匆匆溜走的时候，不知道大家有没有觉得可惜。要知道：美好的青春年华过去了就不会再来，一天不可能有两个早晨，要珍惜时光啊！

袁隆平，一个世人瞩目的名字。他为之奋斗的杂交水稻事业，被人们誉为"第二次绿色革命"，给整个人类带来了福音。而今，以他为首的一批农业科学家群体，即将掀起新一轮的绿色革命，攻克超级杂交稻这一世界难题。

现为中国工程院院士的袁隆平，从1964年开始致力于杂交水稻的研究，1973年成功实现了三系杂交水稻的"三系配套"。1981年，国家将第一个特等发明奖授予袁隆平及他的研究小组，袁隆平也因此获得联合国教科文组织"科学奖"等8项国际大奖，并被国际同行誉为"杂交水稻之父"。

面对接踵而至的荣誉，袁隆平没有沉醉，依然探索不止。1987年，袁隆平发表了具有里程碑意义的重要论文《杂交水稻育种的战略设想》，提出三系法品种间杂种优势利用，两系法亚种间杂种优势利用和一系法远缘杂种优势利用这样三个战略发展阶段。同年，国家"863"计划将两系法杂交水稻研究立为专题，袁隆平牵头组成了两系法杂交水稻研究协作组，开展了全国性的协作攻关。研究过程中几经波折，甚至出现重大挫折，袁隆平以中国科学家过人的胆识和丰富的经验，几度调整研究方案，使得两系法杂交水稻研究得以顺利进行。1995年袁隆平郑重宣布：两系法杂交水稻研究基本成功。在两系杂交水稻育种理论的启发下，两系法杂交高粱、两系法杂交油菜、两系法杂交棉花、两系法杂交小麦相继研究成功。我国农作物育种出现了史无前例的辉煌。

"21世纪谁来养活中国人？"这是美国经济学家布朗博士提出的尖锐命题。袁隆平相信中国人一定能依靠自己解决吃饭问题，他决定向更高峰发起冲击，选育超级杂交稻！计划用3—5年时间育成每公顷日产中晚稻100公斤或早稻90公斤、米质达部颁二级、抗两种以上主要病虫害的超级杂交稻。这一项目得到国务院总理朱镕基的高度重视，1998年，总理特批1000万元予以资助。

在跨入新世纪，进入知识经济时代之际，袁隆平称自己为农业科技战线上的一名老兵，他有两个最大的心愿：一是把超级杂交稻研究成功；二是让杂交水稻进一步走向世界。在袁隆平制定的选育超级杂交水稻技术路线与超高产稻株形态模式的指导下，科技人员克服"重库轻源"的倾向，将形态改良与杂种优势利用有机地结合起来，已培育出一批超级稻苗头组合。如两系亚种间杂交组合培矮64S/E32.1997年在江苏三个地方试种0.24.公顷，平均产量为13.26吨公顷，生育期130天，日产量达到102公斤/公顷。在小面积上达到了超级杂交稻的选育目标。1998年又在江苏、湖南几个点试种2.5公顷，部分点的平均产量仍然超过了12吨/公顷。今年仅在湖南已布百亩片点26个，显示出很好的发展前景。为了将杂交水稻推向世界，袁隆平担当了联合国粮农组织首席顾问，多次赴印度、越南、缅甸、孟加拉等国指导杂交水稻育种和繁殖制种技术。同时，还为这些国家培训杂交水稻技术骨干。袁隆平亲自倡导并积极创办了"湖南农平杂交水稻种子公司"和"杂交水稻培训中心"，面向全国、全世界推介杂交水稻，培训技术人员，至今已先后成功举办了3次国际学术讨论会和12期国际杂交水稻培训班，培训了来自20个国家的200余名科技人员。在中国的帮助下，越南和印度的杂交水稻发展很快，已应用于生产。

有关评估机构评估："袁隆平"名字品牌价值1008.9亿元。袁隆平虽然淡泊名利，不想用自己的名字去赚钱，但以"袁隆平"名字做品牌创办股份公司就可以融集社会资金，加速科技成果的转化。股份公司的创立在全国农业科研单位走向市场上实现了零的突破。股份公司拥有袁隆平、周坤炉、张继仁等一大批世界及国内知名的科学家和丰富的技术成果储备，具有知识、技术、产业三大优势，将把具有世界性先进水平的高科技成果推向市场，使更多的农民受益，使科研向高精尖方向发展发挥重大作用，为解决人类仍然面临的粮食问题做出贡献。

袁隆平在书房内挂有自己写的一首七绝："山外青山楼外楼，自然探秘永无休。成功易使人陶醉，莫把百尺当尽头。"诗词表明了他探秘杂交水稻永无休止的决心。现已年届七旬的袁隆平每天仍然要骑着自己的白色小摩托到杂交稻试验田观察研究,他已经将杂交水稻研究视为自己生活中不可缺少的一部分,依然执着地为杂交水稻事业的发展奋斗不息,耕耘不止。

连卓有成绩的老科学家都舍不得浪费每一天,我们这些平常人呢?

中庸之道讲述珍惜当下

行动,说明了一切,纵使语言再美,在行动面前仍然显得苍白无力。许多的人总是有意无意地回避行动,把自己的计划停留在白纸之上,就这样,命运随着岁月而渐渐失去了光泽。有一个幽默大师曾说:"每天最大的困难是离开温暖的被窝走到冰冷的房间。"他说得不错。当你躺在床上认为起床是件不愉快的事时,它就真的变成一件困难的事了。即使这么简单的起床动作,亦即把棉被掀开,同时把脚伸到地上的自动反应,都可以击退你的恐惧。

那些大有作为的人物都不会等到精神好的时候才去做事,而是推动自己的精神去做事的。

"现在"这个词对成功的妙用无穷,而用"明天""下个礼拜""以后""将来某个时候"或"有一天",往往就是"永远做不到"的同义词。有很多好计划没有实现,只是因为应该说"我现在就去做,马上开始"的时候,却说"我将来有一天会开始去做"。

我们用储蓄的例子来说明好了。人人都认为储蓄是件好事。虽然它很好,却不表示人人都会依据有系统的储蓄计划去做。许多人都想要储蓄,但只有少数人才真正做到。

这里是一对年轻夫妇的储蓄经过。毕尔先生每个月的收入是 1000 美元,但是每个月的开销也要 1000 美元,收支刚好相抵。夫妇俩都很想储蓄,但是往往会找些理由使他们无法开始。他们说了好几年:"加薪以后马上开始存钱""分期付款还清以后就要……""度过这次困难以后就要……""下个月就要""明年就要开始存钱。"

最后还是他太太珍妮不想再拖。她对毕尔说:"你好好想想看,到底要不要存钱?"他说:"当然要啊!但是现在省不下来呀!"

珍妮这一次下决心了。她接着说:"我们想要存钱已经想了好几年,由于一直认为省不下,才一直没有储蓄,从现在开始要认为我们可以储蓄。我今天看到一个广告说,如果每个月存 100 元,15 年以后就有 18000 元,外加 6600 元的利息。广告又说:'先存钱,再花钱'比'先花钱,再存钱'容易得多。如果你真想储蓄,就把薪水的10%存起来,不可移作他用。我们说不定要靠饼干和牛奶过到月底,只要我们真的那么做,一定可以办到。"

他们为了存钱,起先几个月当然吃尽了苦头,尽量节省,才留出这笔预算。现在他们觉得"存钱跟花钱一样好玩"。

想不想写信给一个朋友?如果想,现在就去写。有没有想到一个对于生意大有帮助的计划?请你马上就开始。时时刻刻记着班哲明·富兰克林的话:"今天可以做完的事不要拖到明天。"这也就是我们中国俗话所说的:"今日事,今日毕。"

如果你时时想到"现在",就会完成许多事情;如果常想"将来有一天"或"将来什么时候",那就一事无成。

用中庸之道面对错误

命运很奇妙,因为他会让我们变得很笨,以至于犯下这样那样的错误,我们也在为自己的做人课程买单,交学费。然而,有些人交了学费能毕业,有些人则不然,交了也白交,人生付之东流水,为什么呢?就是对待自己错误的时候没有做好。所以中庸之道告诉我们:犯了错误,不要迁怒别人,并且不要再犯第二次。

贞观四年,唐太宗感到原来隋代修建在洛阳的乾元殿有些破旧,便下令征调各地兵士前去修缮,以便用作巡视时居住的行宫。

侍御史张玄素听说后,劝谏说:"豪华壮丽的阿房宫建成了,秦国的民心却散了;楚灵王的章华台筑好了,楚国也众叛亲离;靡费民脂民膏的乾元殿完工了,隋朝人民的心也就碎了。陛下今天的财力物力,比得上当年的隋朝吗?"

唐太宗闷不作声,露出不悦的神情。

张玄素接着说:"我看还比不上当年的隋朝。现在应该是休养生息,让民众重建被战乱毁坏的家园的时候。如果役使饱受战争创伤的百姓,重犯隋朝灭亡的错误,恐怕比隋炀帝有过之而无不及吧?"

唐太宗瞪大眼睛,射出一丝怒光。朝廷众臣也暗暗为张玄素有些过激的言辞捏了一把汗。唐太宗是最看不起以侈靡亡国的隋炀帝的,张玄素这不是揭了疮疤又向上面撒盐吗!

唐太宗冷冷地说:"你认为我不如隋炀帝,那么,跟夏代的桀、商代的纣相比又如何呢?"

张玄素从容不迫地回答道:"如果乾元殿修建好了,老百姓、士兵不堪劳役、重税,同样会导致天下大乱。"

唐太宗用冷如冰霜的目光直视着这个诚信忠直的谏官，一时气氛十分紧张，仿佛一切暴风雨即将来临。但是，过了一会儿，唐太宗脸上渐渐云消雾散，终于微笑着说："你说得好啊！我没有仔细考虑，以至于失误到这般地步。所有的建造工程都应该马上停下来。我有魏征，有你这样的臣子做镜子，可以经常看见自己的过失，随时改正。"

有时，我们应该明白，错的是我们自己，但是，你有勇气承认吗？例如，许多人知道自己脾气暴躁，容易发火，是一个很大的毛病，也有决心改，可是一遇到令他发火的事情，却又旧病复发了。类似的事情很多，说到底，人们承认自己犯错并改正错误可并不容易。

第十四节　学而知之

学习不是学生在教室的课桌前聆听老师讲授那样，在我们的一生中，无时无刻没有学习的影子，即使是您在阅读这本小书的时候，难道不正是在学习做人的中庸之道吗？

学习中庸之道殊途同归

《中庸》中说："或生而知之，或学而知之，或困而知之；及其知之一也。或安而行之，或利而行之，或勉强而行之；及其成功一也。"人或许因为资质，或许因为环境，总要分出那么三六九等，可是，却常常发生"笨鸟先飞"的奇迹，这是为什么呢？因为，虽然看上去的成功大同小异，但达到成功的学习道路千差万别。对于做人的道理，有的人生来就知道它们，有的人通过学习才知道它们，有的人要遇到困难后才知道它们，但只要他们最终都知道了，也就是一样的了。又比如说，有的人自觉自愿地去实行它们，有的人为了某种好处才去实行它们，有的人勉勉强强地去实行，但只要他们最终都实行起来了，也就是一样的了。

如果你已经年过三十，还没有受过什么正规的教育。你大可不必为此而灰心。

从前有一个人，从一个生性懒惰、挥霍无度的人手里买到了一块田地。等到成交时已经是五月底了。以前那个懒惰的地主，在早春时分，不曾下种、不曾耕耘。许多邻近的人都去告诉这位新地主，说春天已过，除了种些蔬菜以外，种别的东西，现在已经太迟了。但是这个新地主是很有头脑、很能干的人；他下了些生长得为时较晚的谷类种子，并且得到了一次很丰盛的收获——一次超过其他邻居所得的收获。这类事实的发生,不仅仅限于耕田;在人生的各方面,都有后来居上的可能。

假使你真有向上的志愿,假使你真想补救你没有知识的损失,你应当记住,你每天所遇见的每个人,都能增益你的知识。假使你遇见的是一个印刷匠,他能灌输你许多印刷的技术;一个泥水匠,能告诉你建筑方面的技巧;一个普通的农夫,有他做人、做事的经验,你也能从他身上得到许多人情世故。

一般不曾受过大学教育的人,往往有过于看重大学教育的趋向。一般因家境困难,或身体残疾,而无缘进入大学的人,总以为他们是遭受了一种不可复得的损失,以为在他们的一生中是一个永远不可补救的缺陷。他们以为不管今后自己如何地自修,还是没有用处,无补于事。但就事实而论,那世间最有学问、最有知识、最有效率的人,往往是那些从未受过大学教育的人,甚至是那些连中学也没有跨入的人。

我认识一个青年。他连小学教育都没有完成。然而因为他后来阅览了许多历史传记的书籍,所以竟成了一个历史专家。遇见他的人都称赞他的学问。

不幸的是,许多成年人总以为人一过了青年时期,已成强弩之末,再受教育已是太迟了。

世间最可敬的就是那些仍然孜孜好学的中壮年人,他们以此来补救少年失学的遗憾,利用全部的空闲时间,全神贯注地汲取知识,而使自己成为一个更充实、更伟大的人。

假使你觉得有些学校科目不容易了解,而怀疑你的学习与记忆力不如从前,那你不必因此而灰心。教育的意义十分广泛,我们可以避免那些自己不感兴趣的课程。对于有些科目,成年人的学习力要比青年学生的学习力强得多,因为他有更多的经验,更成熟的见解,更正确的判断力。因为他们尝过失学的痛苦,所以他们比任何人更爱学好问。

有许多人在学校的时候,成绩平凡,但毕业后继续自修,往往有惊人的表现,原因也就在此。

更进一步说,人的一生都是受教育的时期。所谓活到老,学到老。社会就是我们的大学,我们所遇见的人,所接触的事物,所得到的经验,都是这所大学中的教师。只要我们开放自己的耳目,那每一分钟都可以汲取许多知识。

学,方能达

《中庸》中讲:"诚之者,择善而固执之者也。博学之,审问之,慎思之,明辨之,笃行之。"走好人生路，不能缺乏学习，因为上帝造我们出来，本来就有这样那样的不完善。如何学习？就要选择美好的目标执着追求：广泛学习，详细询问，周密思考，明确辨别，切实实行。说了那么多，每一个要求都可以做一篇文章，说到底，追求内外平衡、恰到好处的中庸之道就是把学习融入人生的方方面面。

苏秦是东周洛阳人，年轻时在齐国留学，曾拜鬼谷子先生为师，学当时最时行的纵横之术。经过几年艰苦的学习，苏秦辞别老师，走向社会。

苏秦先到秦国，游说秦惠文王实行连横的策略：先争取齐、楚等六国亲秦，然后乘机各个击破，一一兼并。不巧的是，惠文王刚处决了从卫国来的主张变法的商鞅，对那些游说之士非常反感，因此对苏秦的游说反应冷淡。

苏秦前后十次上书，全无下文。就这样，他在秦都耽搁了一年之久，所带盘缠耗尽，无法继续维持生计，只好回老家去。

一到家，父母见他那副落魄的模样，便拉下脸来责备他说："我们苏家一向做工经商，将本求利，可是你非要不务正业，想凭口舌取得富贵！现在弄得这个样子归来，不怕人笑话吗？"

不光是父母责备，妻子也不下织机相见，嫂子则不给他做饭。这一切，都深深地刺痛了苏秦的心。他心里明白，造成这种情况的原因，是他没有把荣华富贵带回家，而这又是由于自己学识还不够精深，没有能游说成功的缘故。

于是，他决心重新开始学习，并决定精心研读姜太公的兵法——《太公阴符》。

精心研读《太公阴符》，要花费很多的时间和很大的精力。苏秦日夜不息地边阅读边思考，记下自己的研读心得。累了想歇息一下，眼前浮现父母责备、妻子不下织机相见、嫂子不给做饭的身影，便想起要争回这口气，于是重新振作起来研读。

有时实在累得要打瞌睡了，他便用锥子刺自己的大腿。流出的鲜血，一直淌到脚背上，他让疼痛来迫使自己兴奋起来，继续研读。

与此同时，苏秦还仔细研究各国的地理形势、历史发展过程、政治情况和军事实力，使自己对各国各方面的情况了如指掌。

经过一年多的苦读，苏秦的学识突飞猛进。于是他第二次离家游说。他考虑到秦国不会任用自己，这样，不能再游说连横的策略，而应该游说合纵的策略。

苏秦以他渊博的学识及富有实践意识的合纵学说，先后说服了燕、赵、齐、楚、韩、魏等六国的国君联合起来抗击秦国，并一致同意订立合纵盟约。

从苏秦的例子我们可以知道，如果能够提高素质那么成果是必然发生的，作为根本的乃是人的素质。一个人之所以会遭受挫折，原因在于自己的能力还有所缺陷，只有回过头来，从根本上提高自己的能力，才能临事不慌、克敌制胜，这也好像

中庸的做事之道

图文珍藏版

有了良好的网不愁打不到鱼一样。

学与思

学和思作为两种方法,都不能偏废,所谓内外平衡、恰到好处的中庸之道,就是要把两者有效地结合起来。学习当然是必须的,做人的学问深得很,也多得很,不学习就不懂得怎么做人,然而学习也要掌握方法如果只学习却不思考就会感到迷茫,只空想却不学习就会疲倦而没有收获。思考,永远都在充当我们做人前进的路标。

斯太菲克在美国伊利诺伊州亨斯城退役军人管理医院疗养,在逐渐康复期间,他读了《思考致富》一书,感到非常高兴,因为这本书让他学会了思考。

他想到了一个主意。斯太菲克知道,许多洗衣店都把刚熨好的衬衣折叠在一块硬纸板上,以保持衬衣的硬度,避免皱褶。他给洗衣店写了几封信,获悉这种衬衣纸板每千张要花四美元。他的想法是,以每千张一美元的价格出售这些纸板,并在每张纸板上登上一则广告。登广告的人当然要付广告费,这样他就可以从中得到一笔收入。

出院后,他就投入了行动中。

由于他在广告领域中是个新手,他遇到了一些问题,虽然别人说,"尝试发现错误",但我们说,"尝试导致成功",斯太菲克最终取得了成功。

斯太菲克继续保持他住院时养成的习惯——每天花一定时间从事学习、思考和计划。

后来他决定提高他的服务效率,增加他的业务。他发现衬衣纸板一旦从衬衣上拆除之后,就不会为洗衣店的顾客所保留。于是,他给自己提出这样一个问题:"怎样才能使很多家庭保留这种登有广告的衬衣纸板呢?"解决的方法展现于他的心目中了。

他在衬衣纸板的一面继续印刷一则黑白或彩色广告而在另一面,他增加了一些新的东西——一个有趣的儿童游戏;一个供主妇用的家用食谱;或者一个引人入胜的字谜。斯太菲克谈到一个故事,一位男子抱怨他的一张洗衣店的清单突然莫名其妙地不见了。后来他发现他的妻子把它连同一些衬衣都送到洗衣店去了,而这些衬衣他本来还可以再穿穿。他的妻子这样做仅是为了多得些斯太菲克的菜谱!

但是斯太菲克并没有就此停滞不前,斯太菲克把他从各洗染店所收到的出售衬衣纸板的收入全部送给了美国染学会。该学会则建议每个成员应当使自己以及他的行业工会只购用斯太菲克的衬衣纸板。这样斯太菲克就有了另一个重要的发现,你给别人好的或称心的东西愈多,你所获得的东西也就愈多!

正是在十分宁静的心情下,我们才能想出最卓越的主意。当你抽出一部分时间从事思考时,不要以为你是在浪费时间。思考是人类从事其他事业的基础。你的一天有 1440 分钟;将这个时间的 10——仅仅 14 分钟——用于思考、学习和计划,你实现目标的速度将会是惊人的。

好玉应精琢

好刀自然是好钢锻炼出来的,然而,好钢却不一定能锻炼出好刀,这其中的关键就要看钢是否有被锻炼的机会。追求内外平衡、恰到好处的中庸反对那些"天才"说法,再厉害的天才也许要好好地打磨,所以我们说:玉石不经过雕琢,不能成为有用的玉器;人不经过学习,就不懂得事理。

魏文侯

魏文侯立小儿子挚为嗣子,而封长子击到中山,三年不让他入国都朝见。击的舍人赵仓唐对他说:"做儿子三年不看望父亲,不算孝敬;做父亲三年不过问儿子,不算慈爱。你何不派人到国都去请安呢?"

击说:"我早想派人去,没找到合适人选。"

仓唐说:"我愿奉使,不知道文侯有什么嗜好?"

击说:"他老人家嗜好晨雁、北犬。"

于是,赵仓唐带上晨雁、北犬去敬献给魏文侯。文侯很高兴,说:"儿子击爱我,他晓得我的嗜好。"

仓唐说:"臣来时,中山君有书信拜送国主。"

文侯指着他的左右辅臣说:"你的中山君与他们相比,谁更贤德?"

仓唐答道:"按照《礼经》,同辈才能相比,中山君是您的长子,诸侯、大臣不能与他相提并论。"

文侯问:"中山君平时学习些什么?"

仓唐回答:"他爱学习《诗》。"

文侯问:"他爱读《诗》的哪几篇?"

仓唐回答:"《晨风》《黍离》。"

文侯也爱读《诗》,这时,他情不自禁地吟唱《晨风》:"晨风飞快地吹过蓊郁的北林,我很久不见君子,实在忧心难忘,君子啊,你为什么忘记了我呢!"文侯心有所悟,对仓唐说:"你的中山君好像说我忘记了他。"

仓唐说:"他不敢说国主忘记了他,他只是表示对国主非常想念。"

文侯又吟哦《黍离》:"黍熟了穗下垂,稷苗儿肥,慢慢地走着,心里摇摇无所定。知道我的人说我忧愁,不知道我的人说我还有什么要求。辽远的苍天啊,我到底是怎么啦?"

文侯说:"你的中山君在埋怨我呢。"

仓唐说:"他不敢埋怨,他只是时刻在想念国主。"

于是,文侯送去一个衣箧,命仓唐赶在鸡叫时送给中山君。中山君迎拜受赐。打开衣箧一看,是一件衣服,颠倒着放。中山君高兴地说:"快点备车,君侯要召见我了。"

仓唐奇怪地说:"臣回来时没有得到召见你的命令呀。"

中山君说:"君侯赐我衣服,不是为了御寒。他想召见我,不便与近臣透露心事,所以派你鸡叫时赶到,要我自解其意。《诗》里不是说:'东方无光一片昏暗,颠颠倒倒把衣裳穿。忙乱里哪晓得颠倒了,国君派人把我召唤。'"

中山君快快西去谒见魏文侯。文侯非常欣喜,设酒席招待,称赞说:"想了解儿子,要看他母亲的表现;想了解其君主,要看他的使臣。你们是贤主有贤臣。我疏远贤者而亲近自己的偏爱的人,不是保住江山的长久之策。"

于是,魏文侯把少子挚派往中山,恢复长子击的储君之位。

《诗经》《尚书》《礼经》是古代儒家宣扬圣王之道的主要经典。越仓唐和击是以熟练运用这些经典来向魏文侯进行讽喻,证明他们是贤君贤臣的最佳组合,从而改变了击被疏远的地位的。所以,不必为成功或失败忧心忡忡,重要的是自身的素质,如果击和越仓唐缺德少才,不学无术,他们能得到魏文侯的垂青吗?

业精于勤,荒于嬉

追求恰到好处的中庸之道不赞成人人死学,是人,就会想着玩,玩也是人的本性,但玩也不能太过分。韩愈讲:"业精于勤,荒于嬉",就是说我们事业或学业的成功在于奋发努力，勤勉进取。太贪玩，放松要求便会一事无成；做人行事，必须谨慎思考，考虑周详才会有所成就。任性、马虎、随便只会导致失败。

有人很羡慕能够继承大笔财富者，其实大笔的财富对于初涉世事的人来说并非完全是好事，最主要的缺点在于，经常会使继承者变得懒惰及失去自信。

几年以前，麦克林夫人在华府生下了一位男婴，据说，他可继承将近一亿美元的财富。当这个小婴儿被放在婴儿车中推出去呼吸新鲜空气时，四周挤满了护士、侦探，以及其他各种仆人，他们的职务就是要防止这个小婴儿受到任何伤害。从那时候到现在已有很多年了，但这种警戒情况仍然继续维持着。这个小孩子用不着自己穿衣服，自然有仆人帮他穿衣服。不管他是在睡觉或玩耍，都有仆人看守着。只要是仆人能够做的事情，皆不准他自己去动手。他已长大到 10 岁了。有一天，他在后院玩耍时，发现后门没有关上。在他一生当中，他从未独自一人走出那个后门，因此，很自然的，他心里希望能够这样做。就在仆人们未注意到他的一瞬间，他立刻从那道后门冲了出去，向着街道跑过去，但还未冲到马路中央，就被一辆汽车撞死了。

他一向使用仆人们的眼睛，以至于忘了使用自己的眼睛，而他如果早点学会相信自己的眼睛，他们必然会为他提供服务。

10 年以前，有位先生将他的两个儿子送到外国上学，其中之一就读弗吉尼亚大学；另一个就读纽约的一所学院。秘书的工作之一就是，每个月各开一张 100 美元的支票给他们两人。这是他们的"零用钱"，可供他们随意花用。每个月开支票给他们时，这位秘书真是对这两个男孩子感到十分羡慕。他经常怨叹，为什么命运之神要把我降生在贫苦之家。他认为，将来这两个人会在社会上拥有很高的地位，而他却会一直是个卑微的职员。

后来，这两个人带着他们的"文凭"回家来了。他们的父亲是位大富翁，拥有银行、铁路、煤矿及其他各种高价值的财产。他们的父亲已在他的事业中安排了很好的职位等待着他们。

但是，10 年的光阴却可以对这些一生中从来不必奋斗的人，做下残酷的安排。这两个男孩还从学校中带回了文凭以外的其他东西。他们带回了久经训练的好酒量——因为，他们每个人每个月所收到的 100 美元，使他们不必去为生活奋斗，也因此使他们有机会去好好训练他们的酒量。

这里面还有一段既长又悲哀的故事，其中的细节可能不会吸引你的注意，但你一定会对他们的"结局"有很大的兴趣。他们的父亲已经破产，他那栋豪华大住宅已经公开拍卖求售。两兄弟中，有一人死于精神错乱，另一人现正住在精神病院中。

并不是所有的富家子弟都有如此悲惨的下场,但是,事实仍然是如此:懒惰会造成畏缩,畏缩则导致进取心及自信心的丧失,一个人缺乏了这些基本的优点,终其一生都要在不稳定中生活,就如同一片枯叶只能随风飘荡。

无止息地追求中庸之道

《中庸》里说:"故至诚无息,不息则久,久则征,征则悠远,悠远则博厚,博厚则高明。"从我们一生下来,就是一段不可停留下来的长跑,我们需要夜以继日地奔跑才能维持生命的价值。这就要求我们不断地学习,直到追求的最后一刻。生命不息,真诚不已,这是中庸修身的要求。极端真诚是没有止息的,没有止息就会保持长久,保持长久就会显露出来,显露出来就会悠远。悠远就会广博深厚,广博深厚就会高大光明。

美国有个叫约翰·歌德的人,20岁以前几乎一无是处,25岁时一个偶然的机会参加了美国成功学院的一个关于精神、信念和目标的讲座。听完讲座,他的内心受到很大的触动,从那时起,便按照学到的方法,为自己设定了123个目标。这些目标中,最大的是成为亿万富翁登上月球,最小的包括交友、收入、住所甚至一些生活中的琐事。30年过去了,他的123个目标实现了105个,其中包括成为亿万富翁。

追求不一定要崇高的、伟大的,只有大人物、科学家才配有"追求",在现实生活中每一个人都可以有,并且应该有追求。说到底,追求就是你到底想要什么。

"二战"期间,从奥斯威辛集中营活下来的人不到5%。据身临其境的犹太裔心理学家弗兰克观察研究,幸存者几乎毫无例外,都是深知生命的积极意义的人。他们顽强地活下来的主要原因就是他们心理都有一个明确的追求——"要做的事还没有做完""活着与爱着的人重逢"。

弗兰克的一个牢友在那个与死神相伴的环境里,曾绝望地对他说:

"我对人生没有什么期待了。"

"不是你向人生期待什么,"弗兰克说,"而是生命期待着你!什么是生命?它对每个人来说,是一种追求,是对自己生命的贡献。"

他通过不断地鼓励和分析生命的意义、目的,使那位牢友扭转了悲观的人生态度,重新燃起生活的渴望。

追求反映心态,心态决定了追求,没有脱离远大追求的积极心态,也不会有消极心态产生的远大追求。

同时,追求受利益的驱动,利益诱发欲望,欲望引起需要,需要确定目的。

人只要活着就会有各种各样的追求,比如需求、愿望、选择、追求、满足等,因此任何人都可以说有追求。大到"为真理而战",救黎民于水火;小到仅为了一顿饭,为了再来清水一杯,都是追求。正像人们常说的"有生命的地方就有希望,有希望的地方就有梦想",有梦想的地方当然就有追求。

固志方能不倦

学问的渊博在于学习时不知道厌倦,而学习不知厌倦在于有坚定的目标。晋代有人说:"学之广在于不倦,不倦在于固志。"如果你有了问题,而且是特别难于解决的问题,可能让你懊恼万分。这时候,有一个永远适用的基本原则。这个原则非常简单——永远不放弃。

放弃必然导致彻底的失败。而且不只是手头的问题没解决,还导致人格的最后失败,因为放弃使人形成一种失败的心理。

如果你所用的方法不能奏效,那就改用另一种方法来解决问题。如果新的方法仍然行不通,那么再换另一种方法,直到你找到解决眼前问题的钥匙,只要继续不断地、用心地循着正道去寻找,你终会找到这个钥匙的。

我有个朋友,他习惯在午餐桌上的餐巾纸上画图,说明他的意思。他说有个人曾面临着很困难的问题,但最后创造了了不起的成绩。

餐巾纸上的图是一个人面对一座高山。"他怎样才能到山的那一边去?"我的午餐同伴问我。

"绕过去。"我回答说。

"山太宽广了。"

"好吧,从山脚下打个隧道过去。"我提议。

"不行,山太深厚了。办法是这样的,他在心智上跨越了那座山。如果人能设计出飞越四万尺高的大山的机械,他也可以想出一套可以提升他的想法,使他能超越任何巨大如山的困难。"

这个想法真是高超,我很久以前就读过这种想法:无论任何人对这座山说,你挪开此地,投在海里。他若心里不惑,只信他所说的,山必挪开投在海里………

"是的,就是这种观念。"他热烈地表示同意,"你只要动脑筋,不要动情绪,并且坚持这个原则——轻易放弃总是嫌太早。"

最近我接到一封很鼓舞人的信,写信的人就成功地运用了这个原则。他告诉我,几年以前他研究出一种供活动房屋用的预铸墙壁系统,他组成了一家公司,把他所有的钱都投入进去。但是这种墙壁却不够坚固,一经移动就垮了。公司遭遇一连串的困难,他的合伙人要求他关掉公司。但是他不放弃。

他是有积极想法的人,具有"牢不可破"的信心,也可以说他有打不倒的性格。他认为这些困难打不垮他,他说:"我压根儿就没想过'放弃'这两个字。"因此,他用心做合理的、深入的思考,苦思冥想出了办法。只要你不惊慌失措,能够用心去想,总会想出办法的。他决定设计出一套预铸地板系统,来配合他的预铸墙壁系统。他成功了,一家制造活动房子的大公司买下了他的设计。他写信告诉我这前后情形,并且提出了这句了不起的话:"轻言放弃总嫌太早。"

你我都曾经一再看到这类不幸,我们看到很多有目标、有理想的人,他们工作、他们奋斗,他们用心去想,但是由于过程太艰难,他们愈来愈倦怠、泄气,终于半途而废。到后来他们会发现,如果他们能再坚持久一点、如果他们能更向前瞻望,他们就会得到结果。

学海无涯

现在的人总是感叹时光荏苒,岁月如梭,总是抱怨人生际遇的不如意是少年时代没有能勤奋学习的过错,这就是他们的领悟:年轻的时候不知道抓紧时间勤奋学习,到老了想读书却为时已晚。

凡是成就大业之人,都是全身心投入学习的人,正由于勤奋,他们才能取得成功。但从常人看来,他们却是又"呆"又"笨"。谁能想到大数学家陈景润上街不会买菜,李四光这位一代大地理学家竟在大街上不认识自己的女儿。其实这种"呆""笨",正是用心极为专注的表现。

王羲之小的时候,练字十分刻苦。据说他练字用坏的毛笔,能堆成一座小山。他家的旁边有一个水池,他常在这水池里洗毛笔和砚台,后来以致水都变黑了,人们就把这个水池叫作"墨池"。

长大以后,王羲之的字写得相当好了,还是坚持每天练字,有时连吃饭都忘了。有一天,丫鬟送来了食物,催着他吃,他好像没有听见一样,还是埋头写字。丫鬟没有办法,只好去告诉他的夫人。夫人和丫鬟来到书房的时候,看见王羲之正拿着一个沾满墨汁的馍馍往嘴里送,弄得满嘴乌黑。她们忍不住笑出了声。原来,王羲之边吃边练字的时候,眼睛还看着字,错把墨汁当成蒜泥蘸了。

夫人心疼地对王羲之说："你要保重身体呀，为什么要这样苦练呢？"

王羲之抬起头，回答说："我的字虽然写得不错，可那都是学习前人的风格。我要有自己的风格，自成一体，那就非下苦功夫不可。"

经过长时间的艰苦摸索，王羲之的书法终于形成了一种妍美流利的新风格。大家都称赞他写的字像彩云那样轻松自如，像飞龙那样雄健有力，最终成为我国历史上最杰出的书法家之一。

一个人如能在平时具有王羲之的勤奋与痴迷，就一定会大有所为的。

中庸思想的学习"三到"

朱熹说："读书有三到：谓心到，眼到，口到。"任何一门学问要想达到比较高深的层次，都不是一蹴而就的；要在某个方面形成高强的素质，不可能在短时间内实现。用心思考，用眼仔细看，有口多读，三方面都做得到位才是真正的读书。古往今来，凡读书有成就的，都很刻苦。想舒舒服服地就把书读好，几乎是不可能的。因而，我们在读书上仍提倡一种"傻劲"。

宋濂，字景濂，潜溪（今浙江金华）人。生于公元 1310 年，卒于公元 1381 年。这个人很有学问，散文写得很生动。明太宗起用他做翰林学士，当时朝廷上的重要文章都是他写的。他编修过《元史》，著有《宋学士集》七十五卷，在当时被人们誉为"开国文臣之首"。不知道底细的人，一定认为他大概有很好的学习条件，其实不然。他自己曾说：

我从小就特别爱学习、好钻研。那时候家里穷，没钱买书，我只好到有书的人家里去借；借来以后，就抓紧时间抄写，以便按预约时间送还人家。

有时天气特别冷，砚里的墨汁都冻成了冰，手也冻得弯不过来，但我还是赶着抄写，不敢有半点怠惰。抄写完了，总是赶快把书送还，绝对不敢稍稍超过还书的时间。

因为我守信用，所以好多人家都肯把书借给我看，我也因此能够遍览群书了。

到了成年，就更加羡慕学者们的成就和品德，想学到更多的东西，但苦于没有好的老师指导，也没有知名的朋友，互相切磋，只好赶到百里之外，找有名望的老师请教……

我向百里外的老师去求教的时候，自己要背上书籍和行李，爬过高山，越过深谷。那天气寒冷极了，又刮着大风，飘着大雪，脚下的积雪有好几尺深，脚上冻裂了口也不知道疼痛。等赶到老师的家里，冻得四肢僵直，都动弹不得了。老师家里的人给端来热水烫洗,又给我身上蒙上被子,好长时间才算暖和过来。

住不起学校,便和一个穷店主一起吃住,一天吃两顿饭,谈不上有什么鱼肉。和我一起学习的人,都穿着绣花的绫罗绸缎,戴着镶嵌明珠珍宝的帽子,腰里系着白玉环,左边佩戴着宝刀,打扮得光彩照人,神仙似的,而我却穿着旧衣破袍,夹杂在这些阔学生中间。但自己从来没羡慕过这些人,因为我自己得到了知识的极大乐趣,什么吃的不如人呀,穿的不如人呀,这些便根本不去理会了。

向往成功和幸福,是人类的天性。然而,天下没有白吃的午餐,没有足够的学识和能力,是无法达到目的的。所以与其沉浸于失败的痛苦之中,不如埋下头来,提高自己的素质和能力。因为只有当一个人具备了实现某目的的素质和能力,那一目标对他来说才是最现实的。

择贤而从,不贤则省

孔老夫子还有一句话,叫:"三人行,愆有我师,择善而从,则不善而改之。"说得差不多也是这个意思,从小我们的父母就教导我们要跟好孩子玩,大概就是这条古训的现代版本。放到做人的高度而言,则是见到有人在某一方面有超过自己的长处和优点,就虚心请教,认真学习,想办法赶上他,和他达到同一水平;见有人存在某种缺点或不足,就要冷静反省,看自己是不是也有他那样的缺点或不足。

很久以前,蜜蜂家族出现了两个王国,一个是"黄蜂王国",一个是"红蜂王国"。它们互相谁都不服谁,连年争斗,没有一天停下来。

两个王国各有特点,都有长处。"黄蜂王国"的蜜蜂非常团结,只要其中的任何一只蜜蜂受到"红蜂王国"的欺负,它们就会全体出动,甚至不惜拿生命的代价来赢得这场战斗的胜利。而"红蜂王国"则完全相反,它们的特点是每只红蜂都有勇有谋,身强力壮,习惯于单打独斗,各自为政。所以,两个蜜蜂王国争战了多年也并没有分出胜负。

然而,团队的力量是不容忽视的,"黄蜂王国"的群蜂依靠它们团结向上的力量,后来每次与"红蜂王国"交锋的时候都会略占上风,使得"红蜂王国"屡战屡败。为此,"红蜂王国"的国王异常地恼火,但又无计可施。

"红蜂王国"中有一只名叫"大头"的蜜蜂,它非常聪明,智力过人,常常能提出一些好主意,被誉为"智囊"。在这段日子里,"大头"清楚地看到了自己国家的败势,认为不采取些好措施的话,"红蜂王国"最终彻底失败是不可挽回的事情。

所以,"大头"每天钻在家里不出门,研究着一种"秘密武器"。

"大头"的智慧的确让人佩服,不到一个星期的功夫,它的"秘密武器"就研制成功了,它兴奋地冲进了宫殿,要把这个好消息在第一时间里报告国王。

　　原来,"大头"研制的"秘密武器"是一种特殊的蜂蜜,这种蜂蜜有一种奇异的香味儿,任何蜜蜂都无法抵御它的诱惑。"大头"将这种蜂蜜涂抹在城墙上,在城墙的中央开一个小洞,只能容一只蜜蜂出入,自己国家的士兵拿着武器在洞口守候,进来一只黄蜂就杀死一只,这样的话,不出两个月,就可以把黄蜂全部杀死。

　　国王一听"大头"的方法,高兴得在原地转了三个圈儿,拍着"大头"的脑袋,兴奋地说:"干得好,现在加封你为红蜂国的威武大将军。"

　　办法出来了,立即实施。这个"秘密武器"果然是非同一般,"黄蜂王国"因此损兵折将,但却无计可施,眼看着整个国家就要面临灭顶之灾。

　　"红蜂王国"的国王在这段日子中心里别提有多舒服了,这一天,它闲着没事儿,想出去走走,不知怎么就朝着城墙走去,一股奇异的香味儿把它吸引住了,不由自主地走到城墙边上,看到了由"大头"新研制出来的蜂蜜,看着看着它的口水顺着嘴角流了下来,于是命令手下拿些过来尝尝。这一尝不要紧,国王再也不想吃其他的东西了,一日三餐全改成了这种蜂蜜,而且胃口大开,饭量越来越大。

　　"大头"看到自己辛辛苦苦酿造出的蜂蜜就这样被国王浪费掉,不由得怒火中烧,闯入宫中找国王评理。国王此时正在大口大口地吃着这种蜂蜜,看到"大头"来了,高兴地说:"你做的蜂蜜真好吃,快过来,咱们一同享用。"

　　"大头"慌忙对国王说:"陛下,这些东西是用来对付敌人的,不是我们自己享用的。"

　　国王一听此言,勃然大怒道:"整个国家都是我的,难道我吃点蜂蜜还不行吗?你不要以为做出这个东西就可以为所欲为,你不想在这儿呆着,就给我滚蛋!"

　　"大头"眼里含着泪,头也不回地离开了"红蜂王国"。

　　"秘密武器"越吃越少,"红蜂王国"的士兵们全都像"泄了气的皮球"一样,整天没精打采似的无所事事。

　　没过多久,"红蜂王国"就覆灭了,国王临死的时候,嘴里还在吃着这种特殊的蜂蜜。

　　"红蜂王国"的国王因为一时的嘴馋,破坏了自己国家赖以御敌的重要资源。也许它认为,这么多的蜂蜜,吃一些无所谓。但是,它没有注意到,正是它没有学习到"贤者"的好地方,反而一味沉迷于"不贤"之处,整个蜜蜂家族的毁灭也是在所难免了。

接受批评,即是一种学习

苦的东西也有用处,逆耳的语言也能帮助做人,记得上小学的时候就学过这句话:好的药物昧苦但对治病有利;忠言劝诫的话听起来不顺耳却对人的行为有利。虽然现在已经有甜甜的药物也能治病,不过对于自己的批评还是逆耳得比较多,当听到这样的话时,最好还是首先选择冷静,甚至高兴,因为批评是一种最好学习机会。

唐太宗有一次派使臣去民间征兵,有大臣建议:中男虽未满十八岁,身强力壮的也可当兵。唐太宗批准了他的建议,已经写好了诏令。但是魏征坚持认为不能这样做。唐太宗很生气,对他大加指责。魏征回答说:"竭泽而渔,暂时虽然有鱼吃,但是,一次把大小鱼都捞尽了,以后就无鱼可捕。同样道理,假若毁林打猎,虽然暂时可得来不少野兽,但是将来就永远打不到野兽了。如果叫全国的中男都去当兵,那么租调徭役由什么人负担呢? 况且兵不在多,全在统帅得当,何必拿幼小的人凑数呢?"唐太宗一想,魏征说得很有道理,便接受了他的意见,撤销关于中男当兵的诏令。

后来,唐太宗到九成宫,随行的宫女住在围川县的官舍里,不久,宰相李靖和王珪也来了。当地的有关官吏把宫女迁到别处,把官舍让给李靖住。唐太宗知道这件事很生气说:"为什么轻视我的宫人? 难道这些人在此作威作福吗?"准备下令惩罚这个县令。魏征说:"李靖、王珪都是朝廷大臣,而宫人不过是后宫服役的奴仆。朝廷大臣到地方上巡视,县令要向他们请示公事;大臣回朝以后,陛下也要向大臣询问民间疾苦。官舍应作为接待朝廷官员之处,这是合情合理的事。至于宫人他们除了办理生活小事以外,根本不接待来访的客人。如果因此惩罚县令,将会引起天下人批评。"唐太宗听了魏征的话,认识了自己的错误,就不再查办县令了。

唐太宗纳谏的事例很多。他不仅能纳谏,并且主动采取措施引导大臣评论朝政,提出改进意见。例如:太宗登基不久,上朝的态度十分严肃,弄得大臣们战战兢兢,很长时间没有人敢发表意见。唐太宗发现这个问题以后,主动改变作风,自己有意识找大臣交谈,摆出一副和颜悦色的面孔,以减少大臣的畏惧情绪。对敢于批评朝政的大臣,给予赏赐。有一次,唐太宗准备把元律师判处死刑,当时孙伏伽不以为然,批评太宗说:"元律师没犯重罪,陛下判刑过严,实际这是滥加酷刑。"

他接受了孙伏伽的批评,并且把价值一百万的兰陵公主园赏给他,有人议论说:"赏赐得过分优厚了。"唐太宗说:"我从登基以来,大臣没有敢批评朝政的,这次厚赏孙伏伽,就是为了鼓励大家关心朝政多提意见。"

唐太宗为了给大臣创造批评朝政的条件,建立了一种新制度,即允许谏官史官参加政事堂会议。实行这种制度以后,谏官能及时了解朝政内幕,宰相不敢谎报政绩。军国大政如果有错误,谏官有权当面指责。同时,史官参加政事堂会议,可以及时了解皇帝和宰相的言行,然后根据第一手材料编写起居注,对于封建统治者是一种监督。

另一方面,唐太宗采取多种多样的形式叫臣下把意见反映出来。一是令文臣武将写书面材料;二是太宗自己先提出具体问题,主动听取大臣的意见;三是组织大臣进行辩论,择善而从。例如,贞观九年(631年),太宗令文武大臣写书面材料评论朝政。当时有个叫马周的人,在中郎将常何家做客。常何本人目不识丁,于是请马周代笔,写出二十条建议。唐太宗看了常何送来的意见,表示非常满意,并且嘉奖了他。常何面红耳赤地说:"臣下不会写字,这些意见是我的客人马周代笔的。"太宗立即召见马周,和他谈了一席话以后,提拔他任监察御史,后来还当了宰相。唐太宗李世民作为一代明君,兼听纳谏,不怕批评,择善而从的精神,在历史上传为佳话。

第十五节　庸德之行,庸言之谨

"庸",即是用,中国传统文化很有价值的一部分就在于切合百姓的实用需求。关于做人,最为实用的便是言行,不管朋友们是说得多还是做得多,都不能忽视:言行之间都要恰到好处。

言行自重

《中庸》中说:"庸德之行,庸言之谨。有所不足,不敢不勉;有余不敢尽。言顾行,行顾言,君子胡不慥慥尔?"做人最重要的是言行,什么样子的言行是为人的标准? 最平常的德行努力实践,平常的言谈尽量谨慎。德行的实践有不足的地方,不敢不勉励自己努力;言谈却不敢放肆而无所顾忌。说话符合自己的行为,行为符合自己说过的话,这样的君子怎么会不忠厚诚实呢? 你想给别人什么样子的感觉呢? 做出"忠厚"的秀来,想必能赢得更多人的青睐吧。

西汉有位杨恽,重仁义轻财物,为官廉洁奉法,大公无私。只可惜并没有一路平安,他正官运亨通,春风得意的时候,有人在皇帝面前告了他一状;大概是说他对皇帝陛下心怀不满,表现得那么出色是为了笼络人心,图谋不轨。

皇帝当然不喜欢贪官,但更厌恶有人和他唱对台戏,哪怕是你才干再好、品德再好,你如果对他稍有异议,便会招来灾祸。经人这么一告发,皇帝就把杨恽贬为平民。没有让他身首离异,就已经是宽大为怀了。

杨恽原先做官时,添置家产多有不便。现在下野了,添置一些家当,与廉政无关,谁也抓不到什么把柄。他以置办财产为乐,在每天忙忙碌碌的劳动中得到快慰。

他的好朋友孙会宗听说这件事,感到可能会闹出大事来,就写了一封信给杨恽,信里说,"大臣被免掉了,应该关起门来表示心怀惶恐,装出可怜的样子,免得人家怀疑。你不应该置办家产,搞公共关系,这样容易引起人们的非议。让皇帝知道了,不会轻易放过你的。"

杨恽很不服气,回信给老朋友说:"我自己认为确实有很大的过错,德行也有很大的污点,理应一辈子做农夫。农夫很辛苦,没有什么快乐,但在过年过节杀牛宰羊,喝喝酒,唱唱歌,来慰劳自己,总不会犯法吧?"

难怪杨恽做不好官,他连"欲加之罪,何患无辞"的常识也不懂。有人把他视为眼中钉、肉中刺,向皇帝告发说:杨恽被免官后,不思悔改,生活腐化。而且,最近出现一次不吉利的日食,也是由他造成的。皇帝命令迅速将杨恽缉拿归案,以大逆不道的罪名将他腰斩,还把他的妻儿子女流放到酒泉。

杨恽以不满皇帝而戴罪免官之后,本来应该学乖点,接受友人的劝告,装出一副堪于忍受损害与伤辱、逆来顺受的可怜样子,说不定皇帝和敌人还会放过他。即使是最凶恶的老虎,看到羔羊已经表示屈服,不会再穷追不舍。杨恽没有接受教训,他还要置家产,交朋友,这不是明摆着对自己被贬不满吗?好吧,治你一个大逆名,杀了你还能不满吗?不能压住自己的不满情绪,不会提防皇帝和敌人抓住自己不满的把柄,终于酿成了自己被杀、家人遭流放的悲剧。

"小辫子"这种东西,可是说抓就抓的,必要的时候,别人甚至可能给你加上一两个莫须有的小辫子,让你百口莫辩。所以,做人要懂得适可而止,保持一种内外平衡、恰到好处的人生态度是十分必要的。许多事情坏就坏在不能把握一个分寸,坏就坏在走了极端。

人,尽管有理性,能够在清醒的时候分清是非好坏,但是,作为有情感的人,却常常容易一叶障目,为一时的冲动和得意而忘乎所以。即便是在理性的指导下,也往往会由于过分地钻牛角尖,在一些事情上陷于难以自拔的地步,而追求内外平衡、恰到好处的中庸会帮你克服这样一种不良的行为方式。

学中庸，谨慎为人

《中庸》中说："君子戒慎乎其所不睹，恐惧乎其所不闻。莫见乎隐，莫显乎微。故君子慎其独也。"小心做人，人生未免太辛苦，可是现实中往往那些活得不尽人意者更多的就是不在乎"小心"之人。《中庸》里把品德高尚的人描述为：在没有人看见的地方也是谨慎的，在没有人听见的地方也是有所戒惧的。越是隐蔽的地方越是明显，越是细微的地方越是显著。这样的人即使在一人独处的时候也是谨慎的，正好像孔老夫子所谓的"瓜田李下"：帽子被李子树的树枝碰歪了，也不敢去扶一下。虚伪是虚伪了一点，不过真要是随着性子贸然去扶，遇到个找茬的主儿，"真诚"的你可就吃不了兜着走了。

众所周知，萧何是汉朝的第一任宰相，是辅佐刘邦创立汉室天下的第一大功臣。刘邦即帝位以后，论功行赏，就把萧何排为第一。可是，许多人并不知道，萧何如此忠心耿耿地跟随刘邦，但是最后还是被刘邦怀疑，险些丢掉了性命。试问，刘邦当上了皇帝之后，大杀功臣，他又怎么能独独落下萧何一个人呢？

在萧何帮助吕后诛杀了韩信以后，终于消除了刘邦的心腹大患。刘邦因此对萧何更加恩宠，除了给萧何加封外，还派了一名都尉率五百名士兵作相国的护卫。很多人都来祝贺，萧何自己也非常高兴。

当天，萧何在府中摆酒庆贺，喜气洋洋。突然有一个名叫召平的人，穿着白衣白鞋，进来吊丧。萧何见状大怒。召平对萧何说："相国，您的大祸就要临头了。皇上在外风餐露宿，而您长年留守在京城，您既没有什么汗马功劳，又没有什么特殊的勋绩，皇上却给您加封，又给您设置卫队，这是由于最近淮阴侯在京谋反，因而也怀疑您了。安排卫队保卫您，这可不是对您的宠爱，而是为了防范您。希望您辞掉封赏，再把全部私家财产都捐给军用，这样才能消除皇上对您的疑心。"

萧何听从了他的劝告，刘邦果然很高兴。

同年秋天，英布谋反，刘邦亲自率军征讨。他身在前方，每次萧何派人输送军粮到前方时，刘邦都要问："萧相国在长安做什么？"使者回答，萧相国爱民如子，除办军需以外，无非是做些安抚、体恤百姓的事。刘邦听后总默不作声。使者回来后告诉萧何，萧何也没有识破刘邦的用心。

有一次，偶然和一个门客谈到这件事，这个门客忙说："这样看来您不久就要被满门抄斩了。"萧何大惊，忙问为什么。

门客说："您身为相国，功列第一，还能有比这更高的封赏吗？况且您一入关就深得百姓的爱戴,到现在已经十多年了,百姓都拥护您,您还在想尽办法为民办事,以此安抚百姓。现在皇上所以几次问您的起居动向,就是害怕您借关中的民望而有什么不轨行动啊!如今您何不贱价强买民间田宅,故意让百姓骂您、怨恨您,制造些坏名声,这样皇上一看您也不得民心了,才会对您放心。"

萧何长叹一声,说:"我怎么能去剥削百姓,做贪官污吏呢?"门客说:"您真是对别人明白,对自己糊涂啊!"萧何又何尝不知道这个道理,为了消除刘邦对他的疑忌,只得故意做些侵夺民间财物的坏事来自污名节。不多久,就有人将萧何的所作所为密报给刘邦。刘邦听了,像没有这回事一样,并不查问。当刘邦从前线撤军回来,百姓拦路上书,说相国强夺、贱买民间田宅,价值数千万。刘邦回长安以后,萧何去见他时,刘邦笑着把百姓的上书交给萧何,意味深长地说:"你身为相国,竟然也和百姓争利!你就是这样'利民'啊?你自己向百姓谢罪去吧!"

刘邦表面让萧何自己向百姓认错,补偿田价,可内心里却窃喜。对萧何的怀疑也逐渐消失。

从此以后,萧何对刘邦更是诚惶诚恐,恭谨有加了。刘邦也照旧以礼相待。但萧何从此对国事总是保持着沉默寡言、小心翼翼,总算是得了一个善终。

做个"谦谦君子"

《中庸》中说:"愚而好自用,贱而好自专。如此者,灾及其身者也。"自信不是自卑,更不是自傲,孔老夫子这样教训那些自以为是的家伙们:"愚昧却喜欢自以为是,卑贱却喜欢独断专行。这样做,灾祸一定会降临到自己的身上。"这些家伙,倒大都是以为自己能够在历史舞台上善于"作秀"之辈,所以他们的文治武功倒也能写下好几页历史,然而,作秀也要分清环境,即使是天王老子还要顾及臣下百姓的感受,何况于处处受制于社会关系的大众之一呢?

大家熟悉的"文景之治"是讲西汉的汉文帝、汉景帝励精图治,促成西汉中兴。汉文帝是个有作为的皇帝,他敬重老臣陈平、周勃,得到了他们的有力辅佐。而陈平和周勃也互相尊重,互让相位,成为以"谦让"为做人之本的典范。

汉文帝是汉高祖的庶子,被封为代王。他为人仁慈宽厚,当残暴篡权的吕后死后,诸吕的反叛被粉碎后,朝中拥戴文帝继位。

一天,汉文帝上殿,各大臣一一叩见之后,汉文帝发现丞相陈平没上朝,他问道:"丞相陈平为何不来?"

站在下面的太尉周勃站出来说道:"丞相陈平正在生病,体力不支,不能叩见皇上，请皇上原谅。"汉文帝心里纳闷，昨日还见他身体好好的，怎么今天就病了？不过他不动声色，只是说："好。知道了，退下。"

退朝后，汉文帝想派人去请陈平，但又一想，陈平是开国老臣，自己应当把他当作父亲一样对待，父亲有病，儿子只能前去探望，哪有招见之理。于是文帝便到后宫换上平日穿的家常便服，到陈平家去探视。

陈平在家躺着正在看书，见汉文帝来慌忙起身行礼。汉文帝急忙把他扶起，说："不敢，朕视卿为父亲，以后除了在朝廷上，其他场合一律免除君臣之礼。"汉文帝扫视一下屋里的陈设，又说："今天听太尉说您病了，特地前来探望，不知是否请过御医诊视？你年岁大了，有病可不要耽搁呀！"

文帝如此关怀，使陈平非常感动。他觉得不能再隐瞒下去了，对文帝讲了心里话："皇上太仁慈了，可我对不起皇上的一片爱臣之心，我犯了欺君之罪呀！"原来陈平并没有病，是装病。他为什么要装病呢？他不想当丞相，要把相位让给周勃。汉文帝问："为什么？"

陈平就把他让相的理由说出来了，原来高祖刘邦在位时，为了保证汉朝宗室的传承，规定"非刘氏者不得为王"。高祖死后，惠帝懦弱，吕后不顾高祖遗训，又立吕氏家族子弟为王。使得诸吕势力越来越大，刘家的势力却日益衰微。吕后死后，诸吕结党，欲谋叛乱，丞相陈平认为时机已到，与太尉周勃，共商大计，灭掉诸吕夺取政权。陈平认为新帝继位，应记功晋爵。周勃消灭吕氏集团，功劳比自己大，自己应该把丞相的位子让给周勃，但是周勃不肯接受，认为消灭吕氏集团，主谋是陈平。陈平便假装有病，不能上朝。使文帝有理由任命周勃为丞相，也使周勃义不容辞担起丞相职务。

陈平把这一切都对文帝说清之后。又诚恳地说："高祖在时，周勃的功劳不如我；诛灭诸吕时，我的功劳不如太尉。所以我愿意把相位让给他，请皇上恩准。"

文帝本来不知消灭诸吕的细节，他是在诸吕倒台后，才被陈平和周勃接到长安的。听了陈平的解释，才知周勃立下了大功，便同意陈平的请求，任命周勃为右丞相，位居第一，任陈平为左丞相，位居第二。

文帝想做个有作为的皇帝，他要亲自过问国家大事。一天上朝时，他问右丞相周勃："现在一天的时间里，全国被判刑的有多少人？"周勃说不知道。文帝又问："全国一年的钱粮有多少，收入有多少？支出有多少？"周勃还是回答不上来，感到惭愧至极，无地自容。

文帝看周勃答不出来，就问左丞相陈平："陈丞相，那你说呢？"

陈平不慌不忙地回答说："您要想了解这些情况，我可以给您找来掌管这些事的人。"

文帝问："那么谁负责管理这些事呢?"陈平回答:"陛下要问被判刑的人数,我可以去找廷尉,要问钱粮的出入,我可以找治粟内史,他们会告诉您详细的数字。"

文帝有些不高兴,脸色沉下来说道:"既然什么事都各有主管,那么丞相应该管什么呢?"

陈平毫不犹豫地回答:"每个人的能力是有限的,不能事无巨细,每事躬亲。丞相的职责,上能辅佐皇帝,下能调理万事,对外能镇抚四夷、诸侯,对内能安定百姓。丞相还要管理大臣,使每个大臣能尽到自己的责任。"陈平回答得有条不紊,文帝听了觉得有道理,连连点头,露出满意的笑容。

站在一边的周勃如释重负,十分佩服陈平能言善辩,辅政有方,深感自己是个武夫,才干在陈平之下。他回到家里,心情久久不能平静。他想,自己虽说平定诸吕有功,但是辅佐皇帝、处理国政方面的才能比起陈平差远了,为了国家百姓着想,还是应该让陈平做丞相。于是周勃也假称有病,向文帝提出辞呈。

汉文帝非常理解周勃的心情,批准周勃的辞呈,任命陈平为丞相(不再设左丞相)。陈平辅佐文帝,励精图治,促成了汉朝中兴。

陈平和周勃两位老臣,都是汉朝开国元老,却"虚己盈人",互让相位,光彩照人,有这样的"谦谦君子"在旁,大汉焉能不兴?

明哲保身

《中庸》中说:"居上不骄,为下不倍。国有道其言足以兴,国无道其默足以容。"人这个东西最怕地位产生变化:变高了,就会有不知自己姓甚名谁的危险;变低了,又有点妄自菲薄的味道。到头来,受人不齿也好,被人打击也罢,吃亏总是自己,这就是不懂得明哲保身的后果。明哲保身,即是明白谦虚的益处,也就是身居高位不骄傲,身居低位不自弃,国家政治清明时,他的言论足以振兴国家;国家政治黑暗时,他的沉默足以保全自己。

晋襄公有个重孙,名叫晋周。

这位晋周生不逢时,晋献公宠信骊姬,晋国公子多遭残害。晋周虽然没有争立太子的条件,更无继位的希望,也同样不能幸免。

为保全性命,晋周来到周朝,跟着单襄公学习。

晋是当时的大国,晋周以晋公子身份来到周朝。但晋周自小受父亲教育,养成良好的品性,他的行为举止完全不像一个贵公子。以往晋国的公子在周朝,名声都不好听,晋周却受到对人要求严厉的单襄公的称誉。

单襄公是周朝有名的大臣,学问渊博,待人宽厚而又严厉,是周天子和各国诸侯王都很尊敬的人,晋周很高兴能跟着他,希望能跟着单襄公好好学习,成长为有用的人才。

单襄公出外与天子王公相会,晋周总是随从在后。单襄公与王公大臣议论朝政,晋周从来都是规规矩矩地站在单襄公身后,有时,一站几个小时,晋周都从未有一丝不高兴的神色。王公大臣都夸奖晋周站有站相,坐有坐相,是一个少见的恭谦君子。

晋周在单襄公空闲时,经常向单襄公请教。交谈中,晋周所讲的都是仁义忠信智勇的内容,而且讲得很有分寸,处处表现出谦虚的精神。

人虽然在周朝,晋周仍十分关心晋国的情况,一听到不好的消息,他就为晋国担心流泪;一听到好消息,他就非常高兴。一些人不理解,对晋周说:“晋国都容不下你了,你为什么还这样关心晋国呢?”晋周回答:“晋国是我的祖国,虽然有人容不下我,但不是祖国对不起我。我是晋国的公子,晋国就像是我的母亲,我怎么能不关心呢?”

在周朝数年,晋周言谈举止的每一个细节,都谦虚有礼,从未有不合礼数的举动发生。周朝的大臣都很夸奖他。

单襄公临终时,对他儿子说:“要好好对待晋周,晋周举止谦虚有礼,从未有不合礼数的举动发生。今后一定会做晋国国君的。”

后来,晋国国君死后,大家都想到远在周朝的晋周,就欢迎他回来作了国君,他成为历史上的晋悼公。

晋周作为一个无条件争当太子的王子,仅以谦虚的美德,便征服了国内外几乎所有有权势的人,最终被推上了王位,可见谦虚的力量有多么巨大。

许多人并不看重谦虚的美德。事实上,谦虚是一项积极有力的特质,只要妥善运用,就会使人类在精神上、文化上或物质上不断地提升与进步。

不论你想要取得什么样的成功,谦虚都是必要的品质。在你到达成功的顶峰之后,你会发现谦虚真的十分重要。因为只有谦虚的人才能得到智慧。

老子曾经告诫世人:“不自见,故明;不自是,故彰;不自伐,故有功;不自矜,故长。”这句话的大意是,一个人不自我表现,反而显得与众不同;一个不自以为是的人,会超出众人;一个不自夸的人会赢得成功;一个不自负的人会不断进步。

的确,你谦虚时就显得对方的高大;你朴实和气,他就愿与你相处,认为你亲切、可靠;你恭敬顺从,他的指挥欲得到满足,认为与你配合得很默契、很合得来;你愚笨,他就愿意帮助你,这种心理状态对你非常有利。相反,你若以强硬姿态出现,处处高于对手,咄咄逼人,对方心里会感到紧张,做事没有把握,而且容易让对方产生一种逆反心理,使交往和工作难以继续。

中庸之道追求付诸行动

《中庸》中说:"上焉者,虽善无征,无征不信,不信民弗从。"说自己很了得,却没有事情可证明,就如同默默无闻的做好事者一样,其业绩自然归于到万众之中去了,当你向别人说自己如何如何之时,别人估计也没有办法相信。当然,如果你真是个什么都不图的人,那大可不用在乎别人的信与不信,不过谁又真的能不食人间烟火呢? 所以我们说:在上位的人,虽然行为很好,但如果没有验证的活,就不能使人信服,不能使人信服,老百姓就不会听从。还是一句话:实践决定一切。

现在日本有 10000 多家麦当劳店,一年的营业总额突破 40 亿美元大关。创造这一辉煌业绩的藤田田,年轻时有一段不凡的经历。

1965 年,藤田田毕业于日本早稻田大学经济学系,毕业之后随即在一家大电器公司打工,1971 年,他开始创立自己的事业,经营麦当劳生意。麦当劳是闻名全球的连锁快餐公司,采用的是特许连锁经营机制,而要取得特许经营资格是需要具备相当财力和特殊资格的。而藤田田当时只是一个才出校门几年、毫无家庭资本支持的打工一族,根本无法具备麦当劳总部所要求的 75 万美元现款和一家中等规模以上银行信用支持的苛刻条件。

只有不到 5 万美元存款的藤田田,看准了美国连锁快餐文化在日本的巨大发展潜力,决意要不惜一切代价在日本创立麦当劳事业,于是绞尽脑汁东挪西借起来。

事与愿违,五个月下来只借到 4 万美元。面对巨大的资金落差,要是一般人也许早就心灰意冷了。然而,藤田田却偏有对困难说不的勇气和锐气,偏要迎难而上遂其所愿。

于是,在一个风和日丽春天的早晨,他西装革履满怀信心地跨进住友银行总裁办公室的大门。

藤田田以极其诚恳的态度,向对方表明了他的创业计划和求助心愿。在耐心细致地听完他的表述之后,银行总裁做出了"你先回去吧,让我再考虑考虑"。

藤田田听后,心里即刻掠过一丝失望,但马上镇定下来,恳切地对总裁说了一句:"先生可否让我告诉你,我那 5 万美元存款的来历呢?"回答是"可以"。

"那是我6年来按月存款的收获，"藤田田说道："6年里，我每月坚持存下工资奖金，雷打不动，从未间断。6年里，无数次面对过度紧张或手痒难耐的尴尬局面，我都咬紧牙关，克制欲望，硬挺了过来。有时候，碰到意外事故需要额外用钱，我也照存不误，甚至不惜厚着脸皮四处告贷，以增加存款。这是没有办法的事，我必须这样做，因为在跨出大学门槛的那一天我就立下宏愿，要以10年为期，存够10万美元，然后自创事业，出人头地。我坚信，在小事情上过得硬的人才干得成大事情。现在机会来了，我一定要提早开创自己的事业。"

藤田田一口气讲了20分钟，总裁越听神情越严肃，并向藤田田问明了他存钱的那家银行的地址，然后对藤田田说："好吧，年轻人，我下午就会给你答复。"

送走藤田田后，总裁立即驱车前往那家银行，亲自了解藤田田存钱的情况。柜台小姐了解总裁来意后，说了这样几句话："哦，是问藤田田先生啊。他可是我接触过的最有毅力、最有礼貌的一个年轻人。6年来，他真正做到了风雨无阻地准时来我这里存钱，老实说，这么严谨的人我真是佩服得五体投地！"

听完小姐介绍后，总裁大为动容，立即打通了藤田田家里的电话，告诉他住友银行可以毫无条件地支持他创建麦当劳事业。藤田田追问了一句："请问，您为什么要决定支持我呢？"

总裁在电话那头感慨万端地说道："我今年已经58岁了，再有两年就要退休，论年龄我是你的2倍，论收入我是你的40倍，可是，直到今天我的存款却还没有你多……我可是大手大脚惯了。光说这一句，我就自愧不如，敬佩有加了。我敢保证，你会很有出息的，年轻人，好好干吧！"

要取得成功，不光是靠智慧，最基本的就是行动。如果自己光凭脑子想，永远不付诸行动，那么永远也不会成功。

拿破仑说："想得好是聪明，计划得好更聪明，做得好是最聪明又最好。"

成功开始于心态，成功要有明确的目标，这都没有错，但这只相当于给你的赛车加满了油，弄清了前进的方向和线路，要抵达目的地，还得把车开动起来，并保持足够的动力。

有一个雅典人没有口才，可是非常勇敢。有一天开大会，许多人做了精彩的长篇演说，许诺说要办许多大事。轮到这个人发言，他站起来，憋了半天只说出一句话：

"大家说的事情，我都要做！"

成功并不需要你知道多少，而是依靠你做了多少。所有的知识、计划、心态都要付诸行动。不管你现在决定做什么事情，选定了多少目标，你一定要马上行动。

中庸之道更看重实践

社会是一座大舞台，要想在这个舞台上当一名好演员，就必须根据自己的素质、才能、兴趣和环境条件，选择好适合自己的社会角色。选择结束，就需要你认真揣摩，更需要认真考量身边的每一个细节。小东西有时候也会发挥大作用，所以对任何一件事，不要因为它是很小的、不显眼的坏事就去做；相反，对于一些微小的、却有益于别人的好事，不要因为它意义不大就不去做它。

一家著名的国际贸易公司高薪招聘业务人员，应征者络绎不绝。在众多的应聘者中，有一位年轻人条件最好，毕业于名牌大学，又有在市外贸公司工作三年的经验，所以他坐在主考官面前时，非常自信。

"你在外贸具体做什么？"主考官开始发问。

"做蔬菜。"

"哦，蔬菜。那你说说，对业务人员来说，是产品重要，还是客户重要？"

年轻人想了想，说："客户重要。"

主考官看了看他，又问："你做新鲜蔬菜应该知道，新鲜蔬菜中，菠菜出口主要是对日本，以前销路非常好，有多少收多少，可是最近几年，国外客商却不要了，你说说为什么。"

"因为菜不好。"

"那你说说，为什么不好？"

"嗯，"年轻人停顿了一下，"就是质量不好。"

主考官看了看他，说："我敢断定，你没有去过产地。"年轻人看着主考官，沉默了30秒钟，没有说是，也没有说不是，却反问："你说说怎么能看出我去没去过？"

"如果你去过，就应该知道为什么菜不好。采集蔬菜的最佳时间只有十天左右，这期间的菠菜鲜嫩好吃，早了不成，晚了就老了。采好后，要摊开放在地里晾晒一天，第二天翻个过，再晾晒一天，把水分蒸发干，然后再成把捆好装箱。等食用时放在凉水里浸泡一下就可以了。可是当地农民为了多采多卖，把蔬菜采到家，来不及放在地上晾晒，而是放在热炕上暖，这样只用两个小时就烘干了。

"这样加工处理的菠菜，从外表上看都一样，可是食用时，不管放在水里怎么泡，都像老树根一样，又老又硬，根本咬不动。国外客商发现后，对此提出警告，一次，两次，还是如此。结果，人家干脆封杀，再不从我国进口了！"

年轻人听了，不好意思地低下头说："我是没有去过产地，所以不知道你说的这些事。"

年轻人带着遗憾走出公司的大楼。这位最有希望入选的年轻人，最终没有被录取。这样的结局，从他离开主考官的那一刻，就已经知道了。他非常清楚：像这样著名的公司，是不会录取他这样一个在外贸工作三年、整天陪客户吃饭却没有去过一次产地的业务人员的！

现在人往往比较重视理论的学习，重视文凭和学位，反而忽略的更为重要的身边实践。古语有云：实践出真知。小平同志也说过：实践是检验真理的唯一标准。任何高妙的理论，也要经过现实的考验。尤其作为用人的人，我们在学习的过程中，更需要重视对生活的观察，对现实的考量，才能全面的丰富自己，完善自己。

躬自厚，薄责于人

在这个社会上做事，关键就要看别人对自己评价如何，要获得好的名声，从而成为做人方面的标兵，就需要在对待自我与他人上下一番工夫：干活抢重的，有过失主动承担主要责任是"躬自厚"，对别人多谅解多宽容，是"薄责于人"，这样的话，就不会互相怨恨。

日本前首富堤义明，他经营的事业和他所领导的西武集团影响着日本的经济。他建造的饭店被当作是日本人的脸。

在堤义明经营哲学里，有一条非常玄妙的语录："经营的目的不仅仅是赚钱。赚钱永远只是结果而不是目的。只要把你的事业做好了，钱自然而然地追随你而来。如果把赚钱当作目的，往往就赚不到钱。我要追求的境界，是常人所达不到的，那就是'共享愉悦'。"

"服务至上"就一般意义而言，是指服务行业视顾客为上帝，尽心尽力满足顾客的要求。

堤义明要推行的"服务至上"精神远不止于此。他不仅要求自己所经营的每一份事业为每一位顾客做好服务，在更广泛的意义上，他还希望西武企业整体为社会、为民众服好务。堤义明把自己的事业当作民族事业来做，他是以一种振兴民族、服务民众的心态来做事的。以这样崇高的心态和精神来做事，是没有什么事做不成的。

饭店的淡季通常没有多少客人，这在全世界似乎是一个通例。堤义明领导的休闲饭店也一样，休闲饭店是堤义明西武集团的一个重要组成部分。客人虽少，也不是说一个客人都没有。一大群服务员替为数极少的几个顾客服务，显然没有钱赚。

一般饭店的处理方式就是关闭饭店,让服务员去休假。以此来降低饭店的经营成本。实际上饭店的淡季加起来总共有半年左右,如果让服务员在半年中全部放假,势必给客人造成许多不便,达不到服务质量、服务要求。给顾客造成一种不可靠的感觉。

半年的休假,会使得饭店服务人员业务生疏,服务水准下降,不能保持饭店已有的服务水准。所以堤义明不这样做,他采取半休息半上班的方式解决这一难题。这种半休息、半上班的态度,虽然堤义明受了一点损失,但对客人的服务得到保证。

这就是典型的堤义明式作派:宁可自己吃亏,也不要让顾客受累。

堤义明正是以这种经营与服务的理念,使得他的事业大获全胜。当他的休闲饭店走过淡季之后,旺季一到来,他的饭店立刻门庭若市。因为他在淡季的经营方式吸引了许多的老顾客再次光顾西武饭店。

不断地口碑相传,不断地累积客户资源,两年后,堤义明饭店淡季的生意都人满为患了。这就是宁可自己吃亏,也不让顾客承担损失的益处。如果你的为人也学习堤义明这样,或许你的朋友就会像他的顾客一样,绵绵不断,朋友多的人,还不是个做人完美者吗?

第十六节　君子之道,辟如行远

"中庸"最反对一根筋,有的人总喜欢坚持自己所认为正确的原则,但他们却忘记了变通。世界的变化总是瞬息万变,如果你抱着一条道走到黑的"决心",那离撞南墙的日子也就不远了。

走好第一步

《中庸》中说:"君子之道,辟如行远,必自迩;辟如登高,必自卑。"人生之路好不好走,关键就看第一步迈得步调是否合适,当然不能说第一步迈得好就万事如意,但"好的开始是成功的一半"。做人成功者实行中庸之道,就像走远路一样,必定要从近处开始;这就像登高山一样,必定要从低处起步。走都没有学会,就要迈开脚步跑,除了狠狠摔一跤,估计也得不到什么旅途经验吧?

巴比伦的繁荣昌盛历久不衰。巴比伦在历史上一直以"全世界首富之都"著称于世,其财富之多超乎想象。但巴比伦并非一直就如此富裕。巴比伦能够富裕,是因为它的百姓懂得中庸之道。这里,阿卡德将教你让口袋饱满的简单方法。这是迈向财富殿堂的第一步,第一步站不稳的人,永远别想登上这个殿堂。

阿卡德问一位若有所思的先生:"我的好朋友,你从事什么工作?"

那位先生回答:"我是个抄写员,专门刻写泥板。"

阿卡德:"我最初也是刻写泥板的工人,即使靠同样的劳力工作,我也能赚得我的第一个铜钱。因此,你们也有相同的机会建立财富。"

阿卡德又问一位气色红润的先生:"能否请你说说,你靠什么养家?"

那位先生说:"我是个屠夫。我向畜农购买山羊来宰杀,再将羊肉卖给家庭主妇,将羊皮卖给制作凉鞋的鞋匠。"

阿卡德:"你既付出劳力,又辗转牟利,因此你比我更具有成功的优势。"

阿卡德一一询问每位学员的职业,问完后,他说:

"现在,你们可以看出,有许多贸易和劳动可以让人赚到钱。每一种赚钱方式,都是劳动者将劳力转换成金子流入自己口袋的管道。因此,流入每个人口袋的金子多或少,全看你们的本事如何。不是吗?"

大家都同意阿卡德的说法。

阿卡德继续说:"假如你们渴望为自己建立财富,那么,从利用既有的财源开始,是不是很聪明的做法呢?"

大家都同意。

阿卡德转身问一位自称是蛋商的小人物:"假如你挑出一个篮子,每天早晨在篮子里放 10 个鸡蛋,每天晚上再从篮子里取出 9 个鸡蛋,最后将出现什么结果?"

"总有一天篮子会满起来。"

"为什么?"

"因为我每天放进篮子里面的鸡蛋比拿出来的多一个。"

阿卡德笑着转向全班:"你们当中有人口袋扁扁的吗?"

大家起初听了觉得好玩,继而笑开,最后戏谑地挥动着他们自己的钱包。

阿卡德接着说:

"好了,现在我要告诉你们解决贫穷的守则。就照着我给蛋商的建议去做。在你们放进钱包里的每 10 个硬币中,顶多只能用掉 9 个。这样你的钱包将开始很快鼓起来,它所增加的重量,会让你抓在手里觉得好极了,且会令你的灵魂感到满足。"

"不要因为听来太简单而讪笑我所说的话。我说过,我将告诉你我致富的方法,而这便是我的第一步。我曾经同你们一样口袋空空,且憎恶自己没钱;钱包里毫无分文，我的许多欲望便无从满足。但是当我开始往口袋里放进 10 个硬币，只取出 9 个之后，我的口袋开始膨胀起来。你们的口袋也必如此。"

"现在，我在说一个奇妙的真理。这就是当我的支出不再超过所得的 9/10 以后，我的生活仍然过得很舒适，不比从前匮乏。而且不久之后，铜钱比以前更容易攒下来。凡将所得储存一部分而不花光的人，金子将更容易进他的家门。同样的道理，钱包经常空荡荡的人，金子也是进不了门的。"

"你们最渴望得到哪一种结果呢？你们每天最感满足的事岂不是拥有珍珠宝石、锦衣玉食，且能毫不在意地享受任何物资吗？或者拥有实质的财产、黄金、土地、成群的牛羊、商品和利润丰厚的投资？你从钱包取出的那些铜板会带来前一项满足，你存入钱包的那些铜板则会带来后一项满足。"

解决钱包空空的方法就是：每赚进十个铜板，至多只花掉九个。

一切须从自己做起，从自己身边小事做起。因为万事总宜循序渐进，不可操之过急。否则，"欲速则不达"，效果适得其反。

行路先三思

太慢了，时间耽搁不起；太快了，有时候反而比慢起来损失更大，这便是中庸之道为我们的担忧。我们过马路的时候，你是不是宁停三分，不抢一秒？因为你会思考过马路与自己性命的联系。而当我们走在人生的十字路口时，却往往因为冲动而忘却了这样的"三思"，所以给自己提一个要求：每做一件事情必须要经过反复的考虑后才去做。

小刘很幸运，前脚从学校刚出来，后脚就迈进了一家钢铁开发公司做职员，在学业与职业的交接点，他并没有间歇期。

公司正在推行 ISO9001 品质体系标准认证，他所学的专业是机电一体化，正统的科班出身，电脑也是不错的国家二级，又写得一手好文章，所以在经过两个星期熟悉生产车间以后，生产部刘经理把生产部 ISO9001 的文档管理工作交给了他，让他担当起了生产部的推行干事。

能得到刘经理这么信任和重视，小刘很是感动，在感激之余他把全部身心投入到了工作当中，所有工作都做得井井有条，还经常不计酬地主动加班。两个月以后，刘经理给小刘提前结束试用期，工资涨了，职位也提了，成了名副其实的助理，专职负责生产部 ISO9001 推行事务。

他知道是刘经理的信任成就了他的事业，因此，小刘用一种特殊的方式感激这位刘经理——工作上更加细致认真。

没想到不久总经理找他谈话,他直截了当地说公司 ISO9001 品质体系马上就要正式评审,他要调小刘到总办公室,专门协调整个公司的 ISO9001 事务。当然,小刘非常兴奋,能到总经理身边做事,以后他的机会就更多了。可是他突然想到刘经理,自己能有现在的业绩,还不都是他给的,况且公司的人老在私下议论,说总经理和刘经理经常有意见冲突,他如果这样走了,好像对刘经理很不够意思。

总经理说这件事可以由小刘自己决定,尊重员工的决定是公司的传统,总经理不会干涉。想了一个晚上,第二天他还是向总经理递交了一份报告,感谢他对自己的重视,同时,小刘说他是学技术出身的,更想在技术上有所建树。

不久,公司很顺利地通过 ISO9001 认证,庆功酒会后,人力资源部林经理拉小刘到公司外面的草坪上聊天。他跟小刘说起上次调职的事:"你啊,把刘经理的一番好意给曲解了。"原来,总经理想把小刘调离岗位是刘经理推荐的;他觉得小刘有潜力可挖,不能在生产部埋没了,总经理也赏识小刘,所以才有那次谈话。林经理说,总经理和刘经理是有一些矛盾,但他们在台湾地区已经合作很多年了,这些矛盾只是他们个性上的原因,对公司有利的事,他们不会舍大争小的。

难怪刚才酒会上总经理没有和小刘碰杯,那次谈话以后,他一定以为小刘是一个只满足于现状胸无大志的人。小刘只是想如果他走了会对不住刘经理,哪里想到这么多,看来,刚从学校出来的他,还有很多东西要学。

对于小刘,也许他确实属处于一片忠诚的热情,所以在没有征询别人意见或者给自己更多时间思考的情况下就急切地表达了自己的愿望,然而,他的冲动直接得罪了最高领导者,这对其前途影响有多大,自然是不言而喻的。所以,三思而行,尤其是对进入职场的人来说,职场上的机会不是轻易有的,对于新人来说,千万别因为一些个人感情错过让自己挖到人生黄金的机遇。

学中庸也要放宽眼界

天外有天山外有山,这可是俗得不能再俗的名言,可是实际上还是有很多人对此嗤之以鼻,为什么? 大概大家都认为:"我连自己几斤几两都不知道吗?"可是,现实往往就是这么捉弄人,或许你能知道自己的斤两,可是无形中你又做了一只只关心狭小环境的"井底蛙",天有多大,地有多厚,对你现在来说不过是个未知数,但对你的未来而言,则只会代表两个字:"失败。"

禹作敏,"中国首富村"的缔造者,在大邱庄一言九鼎是绝对权威。就连他自己也曾经说过,我去掉一个"土"字就是皇帝。许多人对禹作敏的评价是,他当政的时候,大邱庄和整个中国正处在改革开放初期。那个时候,如果禹作敏没有超前意识,大邱庄就不可能获得飞速发展;那个时候,禹作敏如果不采取某些强迫命令的方法,大邱庄的发展或许也不会这么快。历史造就了英雄禹作敏,但历史的发展又淘汰了跟不上历史脚步、甚至触犯了刑律的禹作敏。

禹作敏的故事起源于离渤海边不远的一个叫作团泊洼的盐碱地。这是一个贫穷、落后、荒凉的地方,"文革"期间这里曾是"文化部五七干校",十一届三中全会后,团泊洼才热闹了起来。特别是进入 1992 年以来,这里冒出了一个"中国首富村"——大邱庄。在当时,大邱庄之阔之富,竟使得京津地带流传着"南有深圳城,北有大邱庄"这样的顺口溜。大邱庄方圆 7.25 平方公里。全庄人口 4000 人,乘车在庄里兜一圈不用 10 分钟。可就是这么一个小地方,竟有各类企业 200 多家,产值过亿元的也不鲜见。企业密度和规模之大为全国之最。1992 年,全村工农业总产值达 25 亿元,人均年收入高达 2.6 万元。创造了改革 13 年,产值翻了 13 番的骄人业绩。

在这个村里,有美国、法国、日本等高级小轿车 200 多辆,其中"奔驰"就有十几辆。而此时,大邱庄周围大多数村庄还处在刚刚解决温饱的阶段。昔日"喝苦水,咽菜帮,糠菜代替半年粮"的大邱庄,既不处于对外开放的阳光地带,也不属于享受特殊政策的经济特区,短短十几年不仅来了个大翻身,而且跃上"九重天"。其奥秘所在,当然举世关注。

禹作敏 1930 年出生,是土生土长的大邱庄人。1976 年,身为大邱庄大队长的禹作敏立志带领村民脱贫。禹作敏的观点是:"以阶级斗争为纲,搞得人心发慌;以粮为纲,搞得穷当当。旧社会的地主,凡是单纯种地的,都是穷地主,只有在大城市有买卖的,才是大财主。大邱庄要想富,就得办工厂。"这在 1976 年,确实是远见卓识了。这一年,大邱庄筹资 8 万元办起了第一家工厂——冷轧带钢厂。当年盈利 30 多万元。此后,在大邱庄,企业如雨后春笋般冒了出来。作为领路人,可以说没有禹作敏,就没有大邱庄。

禹作敏把大邱庄及自己的作风概括为:"不求虚名的务实精神,敢担风险的改革精神,艰苦奋斗的创业精神,不断进取的竞争精神,强国富民的奉献精神。"

据知情者说,闻知邓小平南巡讲话消息后,兴奋不已的禹作敏当即做出一个惊人之举:将前些年收藏在小金库中以防不测的数亿资金,用于追加投资扩大再生产。禹作敏认为,"小平同志在关键的时候,在关键的地方,讲了关键的话。"

可以这么说,在改革之初,中国农村改革选择禹作敏这样的人作为象征,是一种必然。禹作敏无法无天的本性，使他能够完成许多超常的创举，但正是这一本性，又成为他在日后为所欲为、不可一世的原因。这就使禹作敏的大红大紫和大悲大戚带上了鲜明的时代烙印。

禹作敏用封建帝王的那一套来"统治"大邱庄，在大邱庄他的话就是圣旨，绝对说一不二。大邱庄的百姓，虽然很感激他，但却像敬神灵一样敬他，也像怕魔鬼一样怕他。禹作敏俨然是一个割据一方的诸侯，到最后竟然公然对抗国家司法机构。这位穿着西装、打着领带的大邱庄庄主成功之后，不仅自视为而且真正成了大邱庄无法无天的"皇帝"，甚至庄内违抗"旨意"者被打致死。1993年，禹作敏被依法判刑。

新希望集团的刘永好与大丘庄的禹作敏曾有过多次接触。1993年他们同是政协委员，一次禹作敏问："永好啊，我不懂，你在全国办那么多厂，你是怎么管的？我在外地办工厂都亏损……"刘永好说："我不知道，我需要看一看。"

回来之后，刘永好一个最基本的感受就是：禹作敏在大邱庄呆得太久了，所以他在中央电视台讲大邱庄是世界上最好的地方，说大邱庄的小伙子要娶美国的媳妇，讲大邱庄的农业已经超过了美国……这就是他走向失败的根本点：眼界太小，成了坐井观天的青蛙。

走到底的勇气

《中庸》中说："有弗学，学之弗能弗措也；有弗问，问之弗知，弗措也；有弗思，思之弗得，弗措也；有弗辨，辨之弗明，弗措也；有弗行，行之弗笃，弗措也。"走路最怕的不是不走，而是走到半道迈不开脚了，一般来说，面对人生大道，要么就不走，要么就走到底。就好像《中庸》所言：要么不学，学了没有学会绝不罢休；要么不问，问了没有懂得绝不罢休；要么不想，想了没有想通绝不罢休；要么不分辨，分辨了没有明确绝不罢休；要么不实行，实行了没有成效绝不罢休。一条路走到底，这就是成功者优于平凡者的秘诀。

1948年，牛津大学举办了一个"成功秘诀"讲座，邀请到了当时声誉已登峰造极的伟大的丘吉尔来演讲。三个月前媒体就开始炒作，各界人士引颈等待，翘首以盼。

这一天终于到来了，会场上人山人海，水泄不通。全世界各大新闻机构都到齐了。人们准备洗耳恭听这位大政治家、外交家、文学家（丘吉尔曾获诺贝尔文学奖）的成功秘诀。

丘吉尔用手势止住大家雷鸣般的掌声后,说:

"我的成功秘诀有三个:第一是,决不放弃;第二是,决不、决不能放弃;第三是,决不、决不、决不能放弃! 我的讲演结束了。"

说完就走下讲台。

会场上沉寂了一分钟后,才爆发出热烈的掌声,经久不息。

没有失败,只有放弃,不放弃就不会失败。正如乔治·马萨森所说:

"我们获胜不是靠辉煌的方式,而是靠不断努力。"

美国纺织品零售商协会做过一项研究:

48%的推销员找过一个人之后不干了;

25%的推销员找过二个人之后不干了;

2%的推销员找过三个人之后继续干下去,80%的生意是这些推销员做成的。

林肯曾说过"成功是屡遭挫折而热情不减",要维持奋斗的热情,除了要有远大的抱负,坚韧不拔的性格以外,用他人的事例激励自己也是一个好方法。

14世纪,蒙古皇帝莫沃尔在一次与强大敌军交战中被打败,溃不成军,皇帝本人躺在一个废弃的马厩里。

他垂头丧气,心灰意冷。这时,他看见一只蚂蚁正努力扛着一粒玉米,爬上一堵笔直的墙。这粒玉米比蚂蚁的身体大许多倍,蚂蚁尝试了69次,每次都掉下来。当它尝试第70次时,终于把那粒玉米一直推过墙头。

莫沃尔大叫一声跳了起来:"我也能获得最后胜利!"他重整军队,终于把敌军打得落花流水。

有了坚韧的毅力,饱满的热情,还要有清醒的认识。

爱迪生为找做灯丝的材料,做了5000多次实验都失败了。

一个报社记者对爱迪生说:"看来我们要用电灯照亮黑暗真是太难了。你已经失败了5000多次!"

爱迪生说:"不对! 我不是失败了5000多次,而是知道了这5000多种材料不适合做灯丝。我还要继续下去!"

经过10000多次实验,爱迪生终于"造"出钨丝,给人间带来了光明。

"永不放弃"不是目的,成功才是最终目的,每次错误都必须检讨、总结、改正、调整,只有这样才能使障碍成为前进的阶梯。成功的过程,就是不断克服障碍的过程。障碍不是来阻挡我们的,而是来帮助我们的,障碍会告诉我们怎样做才能更快成功。

藏器而动

有人把做人的中庸之道通俗地描述成"不战而战，不争而争"，话说得虽然功利了一些，不过却是实在的道理。因为君子就算有卓越的才能超群的技艺，也不会到处炫耀、卖弄。而是在必要的时刻把才能或技艺施展出来。

康熙末年，为了一个太子之位，康熙的儿子们争权夺势，闹得不可开交，最积极的要算是皇长子胤禔了，胤禔起初在康熙诸子中排行第五，因为前面四个皇子均早殇，按封建礼法，在成年皇子中他的年龄最大，所以被列为皇长子。但是，他的生母惠妃那拉氏只是一位庶妃，远不及皇二子胤礽的生母皇后的身份高贵，胤礽因是嫡出而被立为皇太子。

胤禔表面上遵从父命，内心里对太子的地位是十分觊觎。但是康熙素不喜欢他。康熙四十七年九月初四太子被废的同时，康熙便表示他没有立胤禔的意思。这使胤禔很沮丧，转而支持他认为很有希望的皇八子胤禩。胤禩为人工于心计，平时十分注意笼络人，因此名声很好，许多大臣揣度康熙可能嘱意于他，因此在议政大臣、大学士马齐和元老重臣佟国维等人支持下，联名保奏胤禩为皇太子。一时间胤禩夺储的呼声很高。胤禔看到这个风头转而支持胤禩。他向康熙推荐胤禩，说有个相面的先生叫张明德，曾给胤禩相面，说他日后必定大贵。同时还向康熙讨令由他处死胤礽。胤禔如此积极地参与夺位斗争，使康熙对他的不满达到极点。康熙根本没想杀掉太子，落一个父子相残的骂名。因此，他大骂胤禔不清君臣大义，不念父子之情，纯粹是天理不容的乱臣贼子。就在这个当口，皇三子胤祉告发胤禔曾使用巫术诅咒胤礽，康熙便将胤禔革爵圈禁，永远赶出了政治舞台。

胤禩的积极谋位使康熙怀疑他在朝臣大员中拉帮结党，收买人心。因此，他也不想立他。当胤禔以张明德保荐胤禩时，康熙借机指斥胤禩妄蓄大志，阴谋夺嫡，命将张明德凌迟处死。胤禩锁拿，交议政王大臣处理。明确排除了胤禩当太子的可能性。虽然胤禩后来继续活动在政治舞台上，但他已无望得到太子的位子了。

康熙皇帝废太子，本来是想解决储君与皇权不相容的矛盾，但未料想引起诸子之间更尖锐的争斗，更为严重的是外戚、贵族、朝臣都卷了进来，如果不迅速再立太子，斗争就不会停息，会愈演愈烈。在这种进退两难的情况下，康熙只好重新考虑胤礽。毕竟他当了30多年的太子，父子之间知之甚深，别人也说不出什么来。所以在当年十一月，康熙便放了胤礽，令他改恶从善，不许对揭发他的人打击报复，要他闭门省过。多读圣贤之书，修身养性，成为一个贤明的人。康熙四十八年（1709

年)三月,康熙再次下诏将胤礽重立为太子。结束了第一次储位危机。

胤禛(即后来的雍正皇帝)在这一次储位之争中显示了自己的才能和品质,受到康熙皇帝的表彰和注意。在诸皇子争夺皇太子之位时,胤禛清楚地知道自己没有实力,没有希望,因此采取维持太子的方法,胤礽被囚后,康熙令胤禛参与对他的监视。康熙将废太子的告天文书让胤礽看。胤礽说,我的皇太子是父皇立下,父皇要废就废,何必告天。胤禔将这话转奏了康熙,想激起康熙的火来落井下石。而胤礽表白他坏事是做了,但谋弑之事绝没有,让胤禔代奏,胤禔不奏。胤禛说:"这事应该代奏,你不奏,我奏。"康熙听了胤禛转达的胤礽的话,便下令拿掉了胤礽的锁链,康熙因此夸胤禛深明大义,性量过人。

康熙因废太子问题劳神伤心,生了一场大病。而储皇子多忙于经营自己势力、争夺储位,很少关心父皇的病,只有胤禛和胤祉问医问药,关怀备至。所以,在胤礽复立之时,康熙大封诸子,胤禛与胤祉、胤祺一起被封为亲王,超过了胤禩等人,得到了很大的胜利。此外胤禛很懂得韬光养晦、避免锋芒毕露而遭忌妒。他能在形势未明之前与各方面都维持良好的关系,有效地保护自己。他虽然对胤礽表示关心,同时也与胤禩保持某种联系。对其他兄弟,他在康熙面前只说好话不讲坏话。他得到亲王之封后,自己上奏要求降低世爵,提高其他兄弟地位。他这样的做法很得康熙好感,称赞他明白事理,获得了康熙的信任。

太子复立后仍不思悔改,反而纠集党羽,大肆活动,显然不把康熙放在眼里。康熙实在没有办法,只好再废太子。同时表示,暂不立太子。但这并没有平息储位之争。

胤禩在胤礽二次被废后又活跃起来、他有被众臣保举过的经历,希望有再次被推选的可能,但是康熙对他心怀戒备,曾当面对他说:"你看朕老了,活不了几天了。你有被人保举的经历,可以说即位万无一失了!"胤禩本人对康熙不太尊敬,常常失礼。一次打猎结束后给康熙送去一只将死的鹰,把康熙气得半死。但他工于心计,周围拉拢了一些官员贵族为他效力奔走,康熙对他看得很准,说他"党羽甚恶,阴险已极","此人之险百倍于二阿哥",所以康熙处处打击胤禩,让他继位也是不可能的。

皇三子胤祉是一个儒者,年龄较大,又封有王爵,很受康熙器重。命他主持修辑律吕、算法诸书;后又编成了《古今图书集成》这部我国第二大类书,胤祉在朝野上下很有威信。但是,胤祉的手下人孟光祖曾打着主子的旗号广泛活动、代表其主拉拢各地督抚大员,所为多不法,康熙帝十分恼火,派人将他捉拿处斩,并处理了一些和他往来的大员,虽然没牵扯胤祉,但胤祉还是因此失去了康熙的信任。

皇子中最受康熙赏识,蒸蒸日上的要数皇十四子胤禵了,胤禵与胤禛一母同胞,胤禵是康熙晚年比较喜欢的皇子之一。胤禵能够礼贤下士,在朝廷中很有些名气。康熙五十七年(1718年)三月,康熙皇帝将胤禵由贝子直接越级升为王爵,任命他为抚远大将军,全面负责西北军务。这一年胤禵年方30岁。当年十二月,胤禵率师西征,康熙亲自登殿授印,给他一切必要权力。胤禵在西北较好地完成了任务,平定了西藏。种种迹象表明,康熙很喜欢这个儿子,是立储的目标之一,但最后亦没有决定立他,否则便不会让他长期驻在西北了。胤禵远在西北,对他接替皇位是十分不利的。

巧于心计的胤禛从胤礽的再次被废便看清了胤禔、胤禩,包括胤祉都不可能被父皇选为嗣君了,他在其他诸皇子中年令居长,占据一个好的地位,当然也就产生了接班的想法。暗地里做些准备、胤禛的做法是尽可能地迎合康熙的意旨,取得康熙的喜爱。外紧内松,一方面加紧活动,一方面向康熙、向世人表现出自己对皇位没有兴趣,麻痹康熙和诸位弟兄。用表面上的闲适无志来掩盖紧锣密鼓的活动。

他悄悄地结纳党徒,建立自己的班底。而且对门下之人要求极严,对他们的忠诚要求极高。到康熙末年他手下已有步军统领隆科多,川陕总督年羹尧等朝廷大员了。

胤禛与康熙的父子感情在胤禛的刻意笼络下也很好。康熙晚年喜住畅春园,畅春园旁的苑园皆赐给各皇子,胤禛得到的是距畅春园最近的"圆明园"。在热河避暑山庄,胤禛得到的狮子园也离父皇最近。可以说康熙晚年,胤禛在争夺嗣君的斗争中渐占上风,成为康熙心目中的人选之一。

康熙六十一年十一月十三,康熙皇帝溘然长逝。皇四子胤禛继位,是为雍正皇帝。

言与信

说话谁都会,但"言"的旁边多了一个"人"就不一定人人都能做到了。"信",这就是做人的要求:说了的话,一定要守信用;确定了要干的事,就一定要坚决果敢地干下去。

普鲁士陆军元帅布吕歇尔就是一位极为诚实守诺的将军。有一次,他率领大军在崎岖的山路上急急忙忙地行军,他必须尽快去援助威灵顿。战时一刻值千金,但此时士兵已经疲惫不堪,道路泥泞,部队实在难以快速行军。布吕歇尔不停地鼓励士兵们加油:"快点,孩子们——向前,再快点。"士兵们已经汗流浃背,已经尽力了,已经不可能再快了。布吕歇尔还是不停地鼓励他们:"孩子们!我们必须全速前进,我们必须准时到达目的地。我已经答应了我的兄弟部队的,你知道吗?你们千万不可让我失诺!"在他的感召下,士兵们一鼓作气,终于准时到达了目的地。

能够征服他人,并获取他人信任,就能成为一位好的领导,好的用人者。而能够让他人动心的,只有他人本身的利害而已。要想掌管人作为己用,无论是大用还是小用,总要站在对方的利害观点上,为他人着想,不为自己着想,这是一条铁定不移的大原则。

历史记载:项羽率领诸侯大军进攻秦朝,秦朝大将章邯的军队驻扎在棘原,项羽的军队驻扎在漳南,相持而立,还没有拉开战幕。陈余派人送信给章邯说:"白起作为秦国大将,南面征伐楚国,北边驯服了马服,攻城占地,不知多少,难以计算,而得到的是赐死之下场。蒙恬作为秦国大将,北边驱逐胡人,开辟榆中地区几千里,竟然在阳周被杀。为什么有如此结果呢?

功劳太大,秦朝就不能封赏,就要用刑法诛杀功臣。现在你作为秦国大将,有三年了,所逃亡的人有十万之多,而诸侯并起,生事太多。你们的赵高历来喜欢谄谀,时间长了就不行,现在是事情急迫,也难免秦二世不杀你,所以总会想出办法来杀你而推卸责任,让人来取代你以推脱祸害(即历史所说的借人头的策略)。将军你住在外面,日子长久,朝内的仇隙多,有功也要杀你,无功也要杀你(这就是书信中的精要之处)。而且上天要灭亡秦国,不聪明的人都知道这点,现在你是内不能直谏,外成为亡国将领。孤苦独立,难道不觉得悲哀吗?将军你怎么不罢兵,同诸侯共同约定攻打秦国,共分土地,各自称王呢?这不比身受诛杀,妻儿受斩要强得多吗?"

章邯接到这封信后,便与项羽在洹水南面殷墟地方缔结盟约。

古人说:"言语忠信,行为笃敬,虽是在少数没有开化的民族中都行得通;话不忠实、不信用,行为不诚实、笃敬,就是在本乡也行不通!"这的确是真诚的话。

从前晋文公攻打原地,只带十天的粮草,并与大夫约期十天后到原地。时期到了,晋文公鸣锣退兵,罢休而去,却有来自原地的人说:"原地三日就可以攻下吧。"左右官员也认为对方的粮食和力量都快完了,请求等待。晋文公说:"我与士人约期十天,不去,就是我失去信用。得原地而失信,我不这样做。"原地的人听说后,就在晋国第二次出兵时,投降了,并说:"作为君主像他这样守信用,没有不归顺他的。"卫国人听说后,也投降了,并说:"作为君主像他这样守信用的,有不归顺他的吗?"

孔子听说后,记载下来,说:"攻打原地而得到卫国的人,是靠信用。"所以说:

"在人民中没有信用就不能立身。"作为国君，军队、粮食都可以丢弃，唯有信用不能丢。

国君、大将、元帅都是如此，那你会怎么样呢？

防微杜渐路自宽

做人不要被表面现象迷惑：千里大堤，因为有蝼蚁在打洞，可能会因此而塌掉决堤；百尺高楼，可能因为烟囱的缝隙冒出火星引起火灾而焚毁。看看过去时代那些做人的案例，许多人正是因为没有注意到小小的细节而丧失了机会甚至走上不归的失败之路。

某公司经理在报纸上刊登人事广告，要征聘一名行政助理。由于该公司福利颇佳，薪金甚高，应征者有数百人之多，但这位主管却只挑中了一个刚退伍的小伙子。部属很好奇地问道："你为什么只挑中那个年轻人，他既没带一封介绍信，也没有任何有力人士的推荐。"

"刚好相反，"这位经理说，"我观察了很久，他带来很多封介绍信。你看他在门口就蹭掉了鞋下的泥，免得弄脏地板，进门后随手关上了门，说明他做事小心仔细。看到有位残障的老人时，他立即起身让座，这表示他心地善良、能体贴别人。进了我的办公室，他先脱去帽子，态度谦恭，回答我提出的问题清楚果断，证明他既懂礼貌又有能力。"

"其他人都从我故意放在地板上的那支笔跨过去，而这个男孩却弯腰捡起笔，并放回桌子上。当我和他交谈时，我发现他衣着整洁，头发梳得整整齐齐，指甲也修得干干净净，处处显得有教养。难道你不认为这些细节就是极好的介绍信吗？我认为这比别人的推荐更重要。"

由此可见，细节是非常重要的，当你要想成功，必须注意细节。

你坐着的时候，要尽量把背挺直，将双脚靠近。当你舒服地坐着时，不能降低自己的身份；当你听你对面或旁边的人谈话时，你可以摆出一种轻松的而不是紧张的坐姿；你在听别人讲述时，可以通过微笑、点头或轻轻移动来表明你的兴趣与欣赏品位。请注意电视上一些访问节目的主持人，他们的坐姿和倾听的态度简直是一种艺术。

轮到你说话时，可以先通过手势来吸引听者注意力，强调说话内容的重要性。你可以将身体前倾，把手肘撑在桌子上，将手指头轻轻并拢；摘下眼镜，然后强调你的论点；用手轻快地掠掠头发。但你绝不要身体后仰，以典型的答辩的姿态把双臂抱在胸前;擦碰鼻子;清理嗓门;用手遮掩嘴巴;将口袋里的钥匙或硬物弄得叮当作响。

不管你打算用哪种手势,它们的运用都必须有助于听众对你所说的内容的理解。

看人要直视对方的眼睛。这是可以用来打掉对方锐气的最有效的一种技巧。如果他想同你争论,你什么也别说,只是注视着他,用不了多长时间他就会有紧张和不自在的感觉。你连一句话都不用说就证明了自己的论点。

你自己则要完全放松。并不是说你可以不修边幅、随随便便的,或者不注重自己的外观,放松的关键在于自信。假如你对自己的工作很熟练,工作起来你就没有必要紧张,更不会有什么恐惧心理。你完全可以轻松愉快地完成你的工作。

对一位积极进取的员工来说,有始无终的工作恶习,最具破坏性,也最具危险性。它会啃噬你的进取之心,它会使你与成功失之交臂。这不能说不是一个巨大的遗憾。

而一个人一旦养成了有始无终、半途而废的坏习惯,他永远不可能出色完成任何任务。这时他也许会运用一些小伎俩来蒙混过关,蒙骗老板。可惜,重过程更重结果的老板很少会受其蒙骗。

保护自己

中庸之道就本质来说,其实是在于争。我们不是让所有的人都当见义勇为的活雷锋,毕竟我们也尊重每个人的选择,但是,当你自己的尊严、利益遭到侮辱、欺凌却不挺身而出,这难道不是一种做人耻辱的表现吗?

在单位中,有时同事之间为了各自的利益,往往会互相猜忌,尔虞我诈。身处这种环境,就如同深入敌后孤军作战一样,而孤军作战的最高原则就是"保护自己,消灭敌人"。

许多在工作上力争上游的同事,很注意将对手打倒,却不善于保护自己,这是不足取的。一方面要友好竞争,一方面也要在众人的竞争中保护自己,在势单力薄的情况下,要夹紧尾巴做人,千万不要露出有某种野心的样子,成为众矢之的。尽管俗话说:"不招人忌是庸人。"但招人忌是蠢材。在积极做好自己本职工作的时候,最好摆出一副"只问耕耘,不问收获"的超然态度。

金先生是某公司的财务主管,由于为人厚道,因此人缘极好。

有一年,组里来了一个新同事,金先生一贯本着做人原则,尽力照顾,谁知这位同事竟因此而嚣张起来,不把其他同事放在眼里,而且煽动一两位较不安分的同事,结成一个小"帮派",向金先生要求利益。金先生因未事先防范,应变不及,为了维护办公室的安宁,只好向他们低头,真是哑巴吃黄连,有苦说不出。

金先生以为如其所愿,他们就鸣金收兵,谁知过了不久,他们竟连同其他单位的人向他发炮,欲逼他下台。由于金先生在工作上曾有一次不小的疏失纪录,加上事起仓促,无从防备,因而"中箭落马",而接他位子的,正是那位新进的同事。

有人的地方就有斗争,这是必然的。斗争也是一种求生存的方式,这一点你必须了解。

这则故事中的斗争行为很常见,并不特别,不过由此我们对一些人性的特质了解一二,对个人在社会上立足还是有帮助的。

一般来说,给人好处时会引起下列几种效应:感激;不足;得寸进尺、主动要索;强取、霸占。

这几种效应可能单独发生,也可能连锁化呈现。大部分人的反应是,给一次好处,多少会有感激之情,尤其在他有需要时,这种感激尤其强烈;再给,他慢慢会感到不足;又给,便得寸进尺,主动要索了。最糟糕的是,当你不能满足对方时,对方干脆采用激烈手段,争取这些"好处"——自己拥有,省得等他人"给予"。

当然,并不是给人好处必定会落到这步田地,但可能性是存在的,如果你手上有"好处",就必须注意到这点。

另外有一点必须说明。故事中的新同事是"会吵的孩子有糖吃"的一种典型,这也是很多人惯用的手法。这种人充分抓住了环境的脉动和主事者的弱点,甚至自己塑造环境,为自己营造有利条件,然后向资源拥有者叫阵,以求取利益。为了大局的"和谐",给会吵的孩子一些糖是无可非议的,但是其中也有一些问题存在,第一个问题是,如何对其他不吵的孩子交代?第二个问题是,有了第一次满足,便会有"不足",然后便会有第二次行动,到最后演变成"强取"的结果。而要从"给"过渡到"不给",虽然只是一个决定,但有时情势所逼,也是很难的。

因此,对于类似故事中金先生碰到的情形,金先生可以有三种做法:

(1)一开始就拒绝不当的索求,尤其是威胁式的索求。这是"意志实力"的展现,可摧折对方的勇气和企图。而因为一击未中,对方阵营中有人会意志不坚而动摇决心。

(2)以各个击破方式收买其中成员以分化对方阵营。但对方既来意不正,"收买"易有口实及养虎遗患之忧,并非良策。

(3)第一次未能满足对方,在对方重施故技时,必须以雷霆之势,采取非常手段打击对方,让对方知道,"吵得太厉害会挨打"。

第十七节 尽人之性

每当有成功人士回答记者提问时总要说:"最难战胜的,就是自己。"其实他们还有一句话没有说:"能战胜任何人的也只有自己!"中庸之道,本就属于你自己,关键就看你是否把所有的激情和力量发挥出来。

追求自己的力量

《中庸》中说:"唯天下至诚,为能尽其性;能尽其性,则能尽人之性;能尽人之性,则能尽物之性;能尽物之性,则可以赞大地之化育;可以赞天地之化育,则可以与天地参矣。"有人怀疑过自己的力量吗? 如果有,那你一定是一个自卑的人,因为蕴含在我们内心,是足以参天化育的巨大能量。只要我们充分将其开发出来,不仅能掌握自己的人生,很可能会影响到其他人的人生。当然,只有天下极端真诚的人能充分发挥他的本性;能充分发挥他的本性,就能充分发挥众人的本性;能充分发挥众人的本性,就能充分发挥万物的本性;能充分发挥万物的本性,就可以帮助天地培育生命;能帮助大地培育生命,就可以与天地并列为三了。

蒙牛集团的董事长牛根生四十多岁才开始自己的创业,7 年之间完成了企业飞跃,这可算得上现代的"一鸣惊人"了。

1999 年 1 月,蒙牛正式注册成立时,100 万的注册资本全是牛根生和他妻子卖伊利股票的钱。几个月之后,1999 年 8 月 18 日,"蒙牛"进行了股份制改造,注册资本猛增到 1398 万元,折股 1398 万股,发起人是 10 个自然人。

2002 年 12 月,蒙牛从摩根士丹利、鼎晖、英联三大国际财团获得了 2.16 亿元的风险投资,三家外资占蒙牛 32% 的股份,次年底,蒙牛再次获得三财团 3 亿元增资。这一切看起来,都好像是牛根生在牵着资本的鼻子在走。

2004 年,只有五岁的蒙牛在香港成功上市,成功募集 13.74 亿港元。自此,由伊利、光明、三元在资本市场上所构架的中国乳业"金三角"被打破,牛根生的资本故事演绎到了高潮。

不过,牛根生觉得蒙牛有些与众不同,因为蒙牛上市"拿的是外国人的钱"。"明天假设我们都关门,都倒闭了,谁给中国人民带来的损失大? 光明在上海上市,伊利也是上海上市,他们拿的钱都是中国股民的钱……而我呢,拿的是外国股民的钱。"

牛根生之所以要进行这样的对比,是因为在市面上有一些不利于蒙牛的传言,其大意是蒙牛引进外国投资者,对民族品牌存在风险。

"他们就是听到中国发展很快,内蒙古乳品资源丰富,奶牛好,就是凭着这个故事,就拿来那么多美元,那么多港币,那么多英镑。近 20 多亿拿到中国,发展中国……我在发展企业的过程中有一个思维,我想用钱,我想用有钱人的钱,有钱人在哪儿,不在中国,是在外国,外国人兜里的钱我怎么花?"

是的。外国人兜里的钱怎么花?这也许是很多人想问牛根生的。"财富不在口袋里,而是在脑袋里。"这就是牛根生的答案,听起来他似乎不太愿意过多地谈及其中的玄妙之处。

对于那些民族主义者的顾虑,牛根生认为是一种"多虑"。据牛根生透露,三家外国投资者当初投资蒙牛时就已经设定好了退出机制,"三家现在已经退出一半多了,可能到后年全部退出,今年下来退到 70%,明年就达到 90%。三家外国投资者不是和我们长期过日子,就结婚三到五年,最多不超过八年。"

蒙牛如今已在全国 14 个省级行政区拥有 20 多个生产基地,但据牛根生介绍,这 20 多个生产基地都是蒙牛自己建的,而没有采用收购的方式。因为在牛根生看来,改造比创造更难,自己建厂不用过多地考虑文化整合问题。

人生几十年,说长不长,说短也不短,为什么有些人一辈子只能被别人管,而有些人前半生被人管,后半生却摇身一变成为万千才俊的领导者?这不是命运,而是人的力量。如果你没有丧失对自己力量的信任,即使年龄已经苍老,也能开创一番美妙的事业。

自知其无知

世界是如此之大,人类是如此矮小,我们不可能什么都知道,什么都了解,所以没有必要为了虚假的脸面而强称"能耐"。知道就是知道,不知道应当说不知道,不弄虚作假,这才是中庸的行为。

几年前的"打工皇后"吴士宏没有任何高深背景,也未受过正规的高等教育,多年在歧视中感受地位的卑微。她曾在椿树医院做护士,获得自学英语大专文凭后,通过外企服务公司进入 IBM 公司,从沏茶倒水、打扫卫生的小角色做起,直至 1997 年出任 IBM 中国销售渠道总经理。1998 年,吴士宏从 IBM 跳槽,出任微软(中国)公司总经理,1999 年 6 月辞职。

吴士宏有一句开场白十分著名："你们知道我是谁吗？我是一个女人。"也许，没有谁比吴士宏更明白，她过去和现在一直能成为焦点，成为诸多媒体搬弄口舌的对象，很重要的一点是——她是一个女人，一个呆在通常不属于女人的位子上的女人。

看得出来，吴士宏很爱惜她所拥有的"女人"这个名分，这成了她的一道光环，让男人侧目，让女人自卑。吴士宏说过，她不很在意女性意识，但是在她要向微软辞职的那一刻，她强烈的女性意识空前地爆发了。她提到了她的尊严。难道她真的如某些媒体所说，不甘于被微软拿来作秀？吴士宏拿出了"吴四点"，力证她与微软的分歧严重阻碍了她这个实干女人大展拳脚。

能干的女人的确不多，而能经得起男人的评头论足，真正靠业绩使男人们心悦诚服的就更是凤毛麟角了。吴士宏在 IBM 的成绩不足挂齿，在任微软中国区总经理时的年销售额只有三千多万，未足全球总量的一个零头。至于在 TCL 所掌管的信息部分利润仅占集团 11%，李东生要她"下岗"也不足为奇。

也许，正是在她春风得意的时候，她忘记了自己的做人之道，从最低层获得崭露头角的机会不难，只要你知道自己无知，并且为自己的无知付出百般的艰辛从而踏实肯干。但是当遇到了人生的瓶颈，如果以为自己已经达到了"知"的地步，就再也不能有所突破了。

无欲则刚

"刚"是难于做到的，"欲"是人人皆有的。

人的欲望有两种：一种是作为一个正常的人所具有的正常的"欲望"，如鲁迅先生所说的"一要生存，二要温饱，三要发展"。这样的"欲望"，不影响他人，应当尽量予以满足。一种则是超出正常范围，变得贪得无厌，甚至是以破坏别人的正常的"欲望"为基础，这种"欲"，是应当批判和制止的。有人以为贪婪就是无良之欲，其实某些看上去"美好"的做法，也是超出正常欲望界限的非分之欲，同样值得人们舍弃。

我的一个朋友原本是一家公司的普通职员，后来被提升为主管，他在工作上全身心投入，几乎到了鞠躬尽瘁的地步。

部门经理交给他的任务，他从来不打马虎眼，对于上司布置的额外工作，他也毫无怨言地接受并按时按质完成。一些同事找他办事，不管是不是份内的职责，他总是碍于情面不忍拒绝，想方设法去办。后来几位下属见我这个朋友做人总是想面面俱到不愿意得罪别人，就纷纷寻找借口减少自己的工作量。我的朋友早已忙得分身乏术，焦头烂额，但他还是不好意思拒绝，强打精神地同意了下属的要求。

结果原本明明不该是我朋友干的事，好多就落在了他的头上，所干的事大大超过了能力负荷，把他累得半死，几乎到了崩溃的边缘。

很多人做人做事就像我这个朋友，处处都想顾及每一个人的面子和利益，面面俱到的结果是把自己推到了累得半死的境地。

一般来说，这么做事的人有以下几种心理：

不想得罪任何人，甚至想讨好每一个人，至于是非对错，不管啦！

本身就是没有主见之人，无法分辨是非对错，所以谁说得有理，就听谁的。

不管是什么样的心理，但你要知道一点：想面面俱到，不得罪任何人，又想讨好每一个人，那是绝对不可能的！因为在做人方面，你不可能顾及每一个人的面子和利益，你认为顾到了，别人也不一定这么认为，甚至根本不领情也有可能；在做事方面，你也不可能顾到每一个人的立场，每个人的主观感受和需要都不同，你要每个人满意，事实上，就会有人不满意！最后的结果只有两个：

一是为了面面俱到，反而把自己累死。因为你总是怕对方不满意，还得小心察言观色，揣摩他的心思，这多辛苦啊！恐怕非神经衰弱不可。

二是别人摸透了你想面面俱到的弱点，便会软土深掘，得寸进尺地索求，因为他们知道你不会生气，于是你就变成人人看不起，给人好处别人还不感谢的天下超级大笨蛋！

那么应该怎样做才能让大家尽量满意呢？

无欲则刚，也就是说做好你该做的事！你认为对的，你就毫不受动摇地去做，参考别人意见时要看意见本身，而不是看别人的脸色。这么做有时确实会让一些人不高兴，但如果你不受动摇，就可赢得这些人事后的尊敬，毕竟人还是服从公理的，除非你的坚持纯是为了私心！

这么做，会有人称赞你，也会有人骂你，但如果你想面面俱到，恐怕结果是一每个人都笑你！

付出与报酬

天下没有免费的午餐，这简直是千古名言，你要取得什么，不经过给予，估计是行不通的。所以我们不能认为只有获取别人的东西才是收获，却不知道给予别人也是一种收获。要知道，想要别人怎样对待你，你就怎样去对待别人，这就是做人的黄金法则。每一个人会因他的付出而获得相对的报酬。也就是说不管你付出的多少,你永远会得到与付出相对的报酬。你今天的收入是你过去努力的报酬。假如你要增加报酬,你就要增加你的贡献价值。从长远来看,你的报酬绝对不会超过你的付出。

在一个又冷又黑的夜晚,一位老人的汽车在郊区的道路上抛锚了。她等了半个多小时,好不容易有一辆车经过,开车的男子见此情况,二话没说便下车帮忙。

几分钟后,车修好了,老人问他要多少钱,那位男子回答说:"我这么做只是为了帮助你。"但老人坚持要付些钱作为报酬。中年男子谢绝了她的好意,并说:"我感谢您的深情厚意,但我想还有更多的人比我更需要钱,您不妨把钱给那些比我更需要的人。"最后,他们各自上路了。

随后,老人来到一家咖啡馆,一位身怀六甲的女招待员即刻为她送上一杯热咖啡,并问:"夫人,欢迎光临本店,您为什么这么晚还在赶路呢?"于是老人就讲了刚才遇到的事,女招待员听后感慨道:"这样的好人现在真难得,你真幸运碰到这样的好人。"老人问她怎么工作到这么晚,女招待员说为了迎接孩子的出世而需要第二份工作的薪水。老人听后执意要女招待员收下 200 美元小费。女招待员惊呼不能收下这么一大笔小费。老人回答说:"你比我更需要它。"

女招待员回到家,把这件事告诉了她丈夫,她丈夫大感诧异,世界上竟有这么巧的事情。原来她丈夫就是那个好心的修车人。

只要你在给予上多下功夫,你的获得一定会增加。永远多走一里路,永远做多于所应当做的,你就一定会获得倍增的补偿。

想得到爱,先付出爱;要得到快乐,先献出快乐。你播种终会收获,只问耕耘不问收获的人,没有什么事情做不成,也没有什么地方到不了。

我一直相信这样的一句话,同时也把这句话送给各位读者朋友。这句话是:"任何一份私下的努力,都会有双倍的回收,并能够在公众场合被表现出来。"

中庸之道教你把路走完

《中庸》中说:"君子依乎中庸,遁世不见知而不悔,唯圣者能之。"这个世界有太多的诱惑,我们的人生路上也有太多的虚名,很多时候我们往往为了手边的一两颗鲜美的草莓而停下脚步,忘记了自己正在做人。真正的君子遵循中庸之道,即使一生默默无闻不被人知道也不后悔,这只有圣人才能做得到。

一心坚守着自己做人的理想,摆正为人的态度,不去在意外在的虚名与利益,正道直行,一条大路走到底,这才是圣人所赞赏并身体力行的。或许当你走完这条路时,才会发现最甜美的果子。

"该干什么"和"不该干什么",是你对自己能否充分发挥自己优势而进行的慎重考虑!

如果你已经到了18岁,那么你可能要做出你一生中最重要的两个决定——这两个决定将深深改变你的一生,影响你的幸福、收入和健康,这两个决定可能造就你,也可能毁灭你。那么这两个重大决定是什么?

第一,你将如何谋生?也就是说,你准备干什么?是做一名农夫、邮差、化学家、森林管理员、速记员、兽医、大学教授,还是去摆一个摊子?

第二,你将选择一个什么样的人生伴侣?

也许对有些人来说,做这样两个决定就像抓六合彩一样。那么,怎样去做才能减低人们在选择时的赌博性呢?

首先,如果可能的话,应尽量找到一个自己喜欢的工作。有一次,轮胎制造商古里奇公司的董事长大卫·古里奇,在回答成功的第一要件是什么时,他回答:"喜欢你的工作。"他说,"如果你喜欢你所从事的工作,你工作的时间也许很长,但却丝毫不觉得是在工作,反倒像是游戏。"

爱迪生就是一个好例子。这个未曾进过学校的报童,后来却使美国的工业革命完全改观。爱迪生几乎每天在他的实验室里辛苦工作18个小时,在那里吃饭、睡觉。但他丝毫不以为苦。"我一生中从未做过一天工作,"他宣称,"我每天其乐无穷。"

正是因为他的热爱,才使他走向成功,进而使人类的进程发生改观,你不可否认这种热爱的力量。

有一句话是绝对正确的,"每个从事他所无限热爱的工作的人,都能取得成功"。也许你会说,自己刚刚步入社会,或者对社会还不太了解,对工作没有什么概念,怎么能说明白对工作的热爱呢?

艾得娜·卡尔夫人曾为杜邦公司雇佣过数千名员工,现为美国家庭产品公司的公共关系副总经理,她说:"我认为,世界上最大的悲剧就是,那么多的年轻人从来没有发现他们真正想做些什么。我想,一个人如果只从他的工作中获得薪水,而别无其他,那真是最可怜的了。"卡尔夫人说,有一些大学毕业生跑到她那儿说:"我获得了达茅斯大学的文学士学位或是康莱尔大学的硕士学位,你公司里有没有适合我的职位?"他们甚至不晓得自己能够做些什么,也不知道希望做些什么。因此,难怪有那么多人在开始时野心勃勃,充满玫瑰般的美梦,但到了40多岁以后,却一事无成,痛苦沮丧,甚至精神崩溃。事实上,选择正确的工作,对你的健康也十分重要。琼斯·霍金斯医院的雷蒙大夫与几家保险公司联合做了一项调查,研究使人长寿的因素,他把"合适的工作"排在第一位。这正好符合了苏格兰哲学家卡莱尔的名言:"祝福那些找到他们心爱的工作之人,他们已无须祈求其他的幸福了。"

面对竞争日益激烈的社会,你该怎么办?用什么方法来解决这一难题呢?

每一个人都有不同的选择,但是一定要明白,自己合适的、热爱的,才是最重要的。

多问自己一个为什么

"你今天顺利吗?"

"不,因为跟我合作的家伙太不会做人了。"

回想一下,你是否常常这么责备他人呢?工作完不成,总是怪别人脑子太笨或者抱怨别人缺乏帮助的热情,其实都是自己虚弱的表现。往往这个时候,尤其是做人的失败之际,是君子,则总会责备自己,从自身找缺点,找问题。而小人就会常常把目光射向别人,找别人的缺点和不足。

某天刚一上班,老板就通知夏丹,曾月这个星期去参加一个财务培训班,她的日常工作——主要是协助处理副总的日常事务,暂时由夏丹代替。

也不知道为什么,夏丹整个一上午心里都不痛快。马上又要召开公司董事会了,在提交给公司董事会讨论的年度经营业绩报告中,主任第一次让夏丹把主要经营指标用图形表示出来。主任说这么做有几个好处:直观、简单明了、印象深刻,而且能从图表上直接看出业绩指标的发展趋势等。夏丹对数字和画数据对比分析图,平时心里就有些怵,加上心情不太好,一直坐在那里发呆。

对于公司怎么突然安排曾月参加财务培训,夏丹是有预感的。上个星期二,夏丹替主任给老板送材料,老板突然问夏丹:"小夏,你是学什么专业的?"

夏丹回答说:"我是学文秘专业的,现在自学的是中文本科。"

老板又问:"你们秘书科有专门学财务会计的吗?"

夏丹想了想说:"秘书科没有专门学财务会计的。曾月是学机电专业的,但她自学已拿到了助理会计师证。"

当时老板再没有说什么了。现在事情明白了:出纳科的负责人下个月就要歇产假,当时老板就在物色接替人选。出纳科目前没有合适的人选,到外面招聘似乎又不合适,所以调曾月过去顶替。

"夏丹姐,曾月凭什么比你强?要去财务部也应该是你!"同事表面上似乎替夏丹打抱不平,其实她也在妒忌。

"不说这个好不好?!"夏丹心烦,真要生气了。

不说归不说,但让夏丹像个圣人一样,做到心静如水是不可能的。在这种职场,平时的关系再好,同事之间也存在着竞争,即使这种竞争是无意的,是友好的。竞争可以克服惰性,促使大家进步和向上。但有竞争就有胜负,有胜负就会有人不服气。

夏丹知道自己有些不服气,所以,整个下午,夏丹只是埋头整理文件,并且告诉自己,出纳科负责人这位置并不适合她。想到这里,夏丹打开 OFFICE 软件,不知是心情好了,还是这软件好用,那一堆平时看了就头痛的经营数据,居然被画得有模有样。

下班前,主任让夏丹到接待室,想跟夏丹单独谈一谈。

"小夏,你是不是有些妒忌曾月?"科长单刀直入。

"主任,我一开始真还有一点,但现在没什么了。"夏丹觉得自己很坦诚,没有说假话。

"很好,我相信你。"主任说,"作为秘书,我们经常要像部电梯,载着别人通向成功,让他们晋职加薪。由于我们对这些人常常是非常了解的,所以对他们其中的一些人不服气是常有的事。但是,如果你今天对这个看不惯,明天对那个不服气,那你这个秘书还当不当了?"

主任点燃了一支烟。"作为秘书,要完全消除妒忌心是很难,但是,如果一个秘书妒忌心太强,就会影响工作,因为秘书自己往往也处于是非漩涡之中。有些时候,如果控制不好自己的妒忌心,利用自己的有利条件去拨弄是非,甚至狐假虎威,打击报复,那就非常非常的危险。"

的确,嫉妒往往使人变得偏激,甚至做出非常出格的事情来。夏丹点点头,给他的杯里加满了水。

"小夏,我知道你是怎么想的。从严格意义上讲,你对曾月的妒忌心理并没有完全被克服,你只不过是暂时把它压抑了罢了。"

夏丹感到自己一阵脸红:我的确是在用一种吃不着葡萄就说葡萄是酸的想法在控制自己。主任不愧是主任,看事情就是能入木三分。

"小夏,你必须摆脱嫉妒这种恶劣情绪。首先,应该停止自己和别人的比较,正视自己的差距,然后扬长避短,去发现和开拓自己的潜能,不断充实和提高自己,改变现状。要有'你强我要通过努力比你更强'的积极心态，不要有'我不强也不能让你强'的消极情绪。冷静、达观，从病态的自尊中解脱出来，认识到每个人都会'自得其所'，各有归宿。这样就能达到一个新的思想境界，不当情绪的俘虏，从嫉妒的泥淖中自拔出来。其次，对自己要有一个客观的、恰如其分的认识，在制定自己的目标时，既不好高骛远，又不妄自菲薄，把长远目标与近期目标有机地统一起来，脚踏实地一步一个脚印地往前走。在这种职场竞争中，要能审时度势，扬长避短。一个人的需求、兴趣和才能是多方面的，如果在实际工作中注意挖掘，那么，很可能会出现'柳暗花明又一村'的局面。这样不仅能增加成功的机会，减少挫折，而且会打下进一步发展和取胜的好基础。当然，成功了固然可喜，失败了也问心无愧，如果从中悟出了一番道理，或者在竞争中学到了知识，增长了才干，那么这种失败或许更有价值。"

听着主任滔滔不绝的大道理，夏丹也不知道自己到底明不明白。作为秘书，有妒忌情绪是不好，这夏丹知道，但如何克服自己的妒忌情绪，听他这么一大通说教，夏丹似乎反而越来越糊涂。

"小夏，我告诉你一个克服妒忌心理最简单而又最有效的方法，那就是为曾月喝彩！"

主任也意识到自己对夏丹说的那一通大道理没有什么效果，所以调整了"战术"。"的确，不只是我这个办公室主任，就是公司的几位老总都认为你是个不错的秘书，虽然进公司的时间比曾月还晚一年，但无论是业务水平还是工作态度，都比曾月要强一些。但是，曾月也有自己的优点，虽然她灵活性不是很强，但办事认真踏实，而且已经拿到了助理会计师证，所以，调她去出纳科作负责人，我也认为她比你更合适，你说是吗？所以，作为同事，也作为朋友，你应该为她的进步而喝彩！"

夏丹从心里感谢主任给她的指点，真正使她解除因妒忌带来的烦恼。如果夏丹当初也像曾月那样抓紧时间学习，或许夏丹也会有机会。看来今后更得抓紧时间学习。"小夏，你大概还不知道，我们办公室的人由于机会比别的科室多得多，我们也是其他科室妒忌的对象。"

这一点夏丹有感受。

主任说："对于我们秘书来说，缺的不是机会，往往是不懂得如何珍惜和抓住已经到来的机会。"

夏丹真正明白主任找她单独谈话的目的了。

挑别人的刺是人之常情，因为没有谁愿意承认自己真的比别人差，但是如果把这种心态扩展到嫉妒的层面，对于为人来说，可能起到阻碍的作用。

第八章　中庸的处世之道

第一节　诚参天地

做一个讲诚信的人

"诚"是中庸德性观的轴心,它是联结天人,使之合一的规范,它是人无条件地依此规范而行的存在,是人的道德思索与行为规范的凭借;"诚"是贯通天地人的普适规范,它能够将三者有效连接,从而使人的生存处在一种相互和谐的格局之中;"诚"既允诺了在具体的、不完满的伦理实践中,达到全体的、完满的道德理想的可能性,从而开启了中庸作为实践伦理的大门。

子思认为"遵道而行",要有"择善而固执之"的主观精神——诚。诚作为一般概念,具有真诚、无妄、纯正、专一等含义。它也表示人们精神专一的状态。但诚的这种主观精神状态,又被子思夸大为贯通天人的绝对精神。他以"诚"为本体,认为"诚"就是天道。子思提出"诚"的概念是为了论证"天人合一"的思想。

"诚"体现在人的身上就是"性",人们修养到"至诚"的境地,就能通达天德、懂得万物的道理,以及懂得什么才是最佳的为人处世方法,从而成为一个真正有作为的人。

诚可表现天地之真,充实天地之美,完成天地之善。有了真诚,才见天地之所以为天地,神明之所以为神明。诚为人性中第一美德,为英雄豪杰、伟大人物立德立言的第一要素。有了真诚,才见人之所以为人,英雄豪杰之所以为英雄豪杰、伟大人物。

西魏时期,北雍州一带经常有盗贼出没,因为这一带山林茂密,盗贼进退很方便,官府拿他们没法子。本地的刺史韩褒心里委是着急,四处派手下暗中探访,结果手下人来报,盗窃行径全都是当地豪门大族家里的弟子干的。怎么办?韩褒假装不知道这些纨绔弟子干些什么勾当,对这些豪门大族还是挺客气的。

　　这天，他把这些大族家里的人都召集来开会，用恳切的语气对他们说："我这个刺史是个书生起家，哪里懂得缉拿盗贼，所以，只好依赖诸位共同分担这个忧愁了。"说罢，便让那些平时在乡里为非作歹的弟子，分别临时做各处的主管，划分地段分别管辖。声明有发现盗贼而不捕获，按故意放纵论处。这下子，被暂时任命的少年，没有哪个不惊恐害怕，纷纷自首认罪说："前时发生的偷盗案子，都是我们干的。"从此这些被任命为缉盗主管的盗贼，都变得积极起来，把所有党徒同伙的姓名全部列出。那些逃跑躲藏起来的，也都说出了他们躲藏的地方。

　　韩褒拿过名单，嘱咐那些主管一番，先打发他们回去。第二天便在州城门边贴上一张告示。让那些曾干过盗贼的，赶快来州府自首，马上免除他们的罪。过了这一月不自首的，除当众处决本人外，还要登记没收他的妻子儿女，赏给先前自首的人。

　　十天之内，众盗贼果然全部来自首了。韩褒拿过名单核对，一个不差。韩刺史赦免了他们的罪，让他们改过自新。这招还真灵，这些盗贼从此再也不敢为恶了。

　　朱熹说："不能感动人，都是诚意不到位。"程颐说："用诚来感动人，人也用诚来回报你。用权来驾驭人，人也用门道来对待你。"凡是自己用什么办法来对待人，人也用什么方法来对待你，可以说是分毫不差，一报还一报。程颐还说："人的毛病就是在于用智，在于用权，虽然是好事，但都是作为不诚无物的表现。"曾国藩曾经有所感慨地说："天地之所以不停止，国家之所以建立，圣贤之所以高大长久，都是诚来体现的。"然而诚就是最真，最真就能达到最美，最美就能达到最善，这样便是天地的大德。

曾国藩

如何让人走出欺诈的极端

　　荀子强调即使是普通的谈吐也一定要诚实可信，即使是一般的行动也一定要谨慎小心，不敢效法流行的习俗，不敢自以为是，像这样就可以叫作诚实之士了。诚实是对别人而言的，也就是说诚实是有对象的。自己对自己是透明的，无所谓诚实与不诚实，就像含蓄一样，含蓄是一种对象化的装饰风格，当一个人愈是在乎另一个人，就愈是含蓄；当一个人面对自己或最体己的人时，他是用不着含蓄的。诚实就是彻底地卸掉所有的伪装或技巧,把自己像一朵花那样打开,自然、朴实、亲切。诚实的力量是一种敞开的力量。

北魏太武帝让崔浩负责编写魏国历史,太子的老师高允也参加了编写,他为了扩大影响,竟把国史刻在石碑上,让百官阅读,这使皇帝非常不高兴,责问高允说:"国史都是崔浩写的吗?"

高允老老实实地回答说:"不,崔浩管的事多,只抓个纲要。具体内容,都是我和别的著作郎写的。"

太武帝转过头对太子说:"你看,高允的罪比崔浩还严重,怎么能饶恕呢?"

太子又对魏太武帝说:"高允见了陛下,心里害怕,就胡言乱语。我刚刚还问他来,他说是崔浩干的。"

太武帝又问高允:"是这样的吗?"

高允说:"我犯了罪,怎么还敢欺骗陛下。太子刚才这样说,不过是为了想救我的命。其实太子并没问过我,我也没跟他说起过这些话。"

魏太武帝看到高允这样忠厚直率,心里也有点感动,对太子说:"高允死到临头,还不说假话,这确是难能可贵的。我赦免他的罪就是了。"

《菜根谭》说:"信人者,人未必尽诚,己则独诚矣;疑人者,人未必皆诈,己则先诈矣。"一个肯信任别人的人,虽然别人未必都是诚实的,但是自己却先做到了诚实,一个常怀疑别人的人,别人虽然未必都是虚诈,但是自己已经先成为虚诈别人的人。

西晋时的石苞,面对不平,心底无私,使晋武帝终于自省,也消除了自己的不平之境。

石苞是西晋时期一位著名的将领。晋武帝司马炎曾派他带兵镇守淮南,在他的管区内,兵强马壮。他平时勤奋工作,各种事务处理得井井有条,在群众中享有很高的威望。

当时,占据长江以南的吴国还依然存在,吴国的君主孙皓也还有一定的力量,他们常常伺机进攻晋朝。对石苞来说,他实际上担负着守卫边疆的重任。

在淮河以南担任监军的名叫王琛。他平时瞧不起贫寒出身的石苞,又听到一首童谣说:"皇宫的大马将变成驴,被大石头压得不能出。"石苞姓石,所以,王琛就怀疑:这"石头"就是指石苞。

毫无理由地怀疑他人,陷人于不平之中,实在是不义之举。

于是他秘密地向晋武帝报告说:"石苞与吴国暗中勾结,想危害朝廷。"在此之前,风水先生也曾对武帝说:"东南方将有大兵造反。"等到王琛的秘报送上去以后,武帝便真的怀疑起石苞来了。

正在这时,荆州刺史胡烈送来关于吴国军队将大举进犯的报告。石苞也听到了吴国军队将要来进犯的消息,便指挥士兵修筑工事,封锁水路,以防御敌人的进攻。武帝听说石苞固守自卫的消息后更加怀疑,就对中将军羊祜说:"吴国的军队每次来进攻,都是东西呼应,两面夹攻,几乎没有例外的。难道石苞真的要背叛我?"羊祜自然不会相信,但武帝的怀疑并没有因此而解除。凑巧的是,石苞的儿子石乔担任尚书郎,晋武帝要召见他,可他过了一天时间也没有去报到,这就更加引起了武帝的怀疑,于是,武帝想要秘密地派兵去讨伐石苞。

武帝发布文告说:"石苞不能正确估计敌人的势力,修筑工事,封锁水路,劳累和干扰了老百姓,应该免他的职务。"接着就派遣太尉司马望带领大军前往征讨,又调整了一支人马从下邳赶到寿春,形成对石苞的讨伐之势。

王琛的诬告,武帝的怀疑,对石苞来说,他一点也不知道,到了武帝派兵来讨伐他时,他还莫名其妙。但他想:"自己对朝廷和国家一向忠心耿耿,坦荡无私,怎么会出现这种事情呢?这里面一定有严重的误会。一个正直无私的人,做事情应该光明磊落,无所畏惧。"于是,他采纳了部下孙铄的意见,放下身上的武器,步行出城,来到都亭住下来,等候处理。

武帝知道石苞的行动以后,顿时惊醒过来,他想:讨伐石苞到底有什么真凭实据呢?如果石苞真要反叛朝廷,他修筑好了守城工事,怎么不做任何反抗就亲自出城接受处罚呢?再说,如果他真的勾结了敌人,怎么没有敌人前来帮助他呢?想到这些,晋武帝的怀疑一下子打消了。后来,石苞回到朝廷,还受到晋武帝的优待。

《说苑》中说:"巧诈不如拙诚",巧妙的假话一流人人的智慧里,怎么能战胜得了天理?所以胡林翼说:"诚信的最好道理,能够挽救人走出欺诈的极端。一个人能欺骗一件事,不能欺骗所有的事;能欺骗一人,不能欺骗所有的人;能欺骗一时,却不能欺骗万代。"台湾济慈法师说,对人要诚,不怕受欺诈;你被人欺诈了,你反而显得更明亮,就像宝石一样,只有被磨才闪亮。说得多么透彻!

要诚实,不要虚假的诚实

《中庸》把"诚"放在很重要的位置,倘若人自身表达的思想是忠诚,对待别人的态度是宽恕,那么虽有过失,也不会太多。人生中,无论做什么事都要抱着一种求真的态度。我们往往追求代表真实的人和事物,因为它代表着最崇高的美德——诚实与正直。

美国著名的行为科学家丹尼斯·韦特莱博士说,所谓"因果定律法则",无非是一个人的诚实与否,经过一段时间后所显示出来的结果。一个人不能诚实地面对自己,就无法真正拥有成功。用蜡塑成的人或房子,在某些情况下会融化。内心不诚挚的人,最终必将显露真面目。诚实是最宝贵的财富,是人的良好意愿和人的尊严方面的财富。在这方面进行投资的人虽然不能在世俗的物质方面变得富有,但是,他可以从赢得的尊敬荣誉中得到回报。

诚实使一个人保持正直,给他以做事的力量和耐力,并且,诚实也是一个人精力充沛的主要动力。朱熹说:"君子所具备的性,虽然大行却不添上没有的东西,虽然贫困却不损伤自己。"

宦官石显虽不能位列三卿,但他充分利用皇帝对他的宠信而日益骄奢横逸,滥施淫威。在皇帝面前他却显出一副柔弱本分的小女人神态,不露一点锋芒,以博得皇帝的同情和信赖,同时却又更加胡作非为。严嵩是一代奸相,可谓臭名昭著了,他奸也是奸得很有水平,把皇帝玩得团团转。奸贼在皇帝面前往往是以忠臣的面孔出现的,总是显得比谁都忠于皇上忠于天朝;而在皇帝背后却欺凌百姓,玩弄权术,无恶不作。正是这种人才善于玩手腕。以他的所谓伪诚来战胜他的敌人,达到他不可告人的目的。他们往往长于对人客气,办事还挺"诚信"的,对手往往来不及防备便遭暗算。

日常生活中有的人总是毕恭毕敬的模样,一般而言,这样的人与人交际应对,大都低声下气,并且,始终运用赞美的语言。因此,初识之际,他往往感觉不好意思;但是,交往日久,就会察觉这种人随时阿谀,给人虚伪不诚实的感觉。

诚实作为人性中第一美德,懂的人多,做的人却极少。有些人喜欢用诚实来装饰外表,而内心总在欺骗别人。表里不一的人,虽能取巧于一时,终究难行久远,难成大器。

曾国藩曾经说:"勤能医治懒惰,慎能医治骄傲。在这两个字的前面,必须有个诚来立足根本。立志要把这事懂得透彻,辨得明白,专心诚意去做,就是坚于磐石的难事也能做到,鬼神也会避让,这就在于自己的诚意了。除尽自己的私心,对待什么事都能推心置腹,让人们都明白无疑,这是待人接物的诚实。以诚字为根本,以勤字为实用,大概可以免除罪过吧。"

与人交往以信相守

在美国圣多加诺广场,和平鸽起初是与人亲近的,只要你手捧面包屑站在广场上,这些鸽子就会飞过来,站在你的头上、肩上、臂上,啄你手中的食物,有时你甚至一招手或做出手捧面包屑的样子,它们也会飞过来和你合影,供你抚摸。可是现在不行了,因为在这儿做样子的人太多了,有些赌徒和酒鬼手里没有面包屑,只是做出样子,鸽子一次次地飞起来,一次次地被欺骗,结果,你手里即使捧着面包屑,它们也不飞来了。

可见信用是多么的重要,鸟儿被骗都会如此反应,何况人。16世纪末,为了打破西班牙和葡萄牙人对印度洋航线的垄断,同时也为了攫取更大的利润,荷兰人试图寻找一条属于自己的通往中国和东印度群岛的航线。1596年,荷兰人组织了一次探险航行。在这次航行中,威廉·巴伦支成了举世瞩目的英雄,北冰洋西面的海洋也以他的名字命名。但是,让人们久久难以忘怀的并不是巴伦支那传奇般的探险经历,而是那些无名水手的诚实与信用。

探险队启程前,阿姆斯特丹的商人们,把一些准备与中国进行贸易的货物装上航船。当探险队抵达北冰洋后,夏季结束,使得探险船被冻结在冰水中,在饥寒交迫的极端的环境下,他们没有丢掉那些货物,当水手们获救上岸后,他们所做的第一件事,就是把商人的货物晾干。探险队回到故乡后,队员们早已财尽囊空,但临行前商人们所托付的货物却全部归还他们。这些水手们身上所体现出的信用使命感和忠诚感。这种道德约束,良心的承诺,就是信用的力量。有了信用,彼此间才能够以诚相待;有了信用,彼此间才能够沟通、合作。

与人交往贵在以道相合,以义相聚,以信相守,以心相应;贵在互相敬重,互相信赖、互相体谅、互相爱护,互相帮助。而最要禁忌的是,以利害相交。以势力相交的朋友,势力倾倒就会绝交;以利益相交的朋友,利益没有就会疏散。以富贵、功名的利害相背就会离开。唯有以道义相交、性情相交、肝胆相交、真诚相交,才会深切长久,才不至于被富贵、贫贱、患难与利害所分离。

人与人之间如果不能互相操守大道,互相勉励大义,互相守住忠信,互相以心相应,互相劝导为善,互相规范于过,互相砥砺以清廉,互相鼓励以耻,却只是互相装饰,互相凭借引援,互相以朋党相利用,就是朋友满天下,称誉天下,也是庸俗之辈;就是功成名就,显身扬名,也是奸雄狡诈之徒,也无益于人民,无益于社会。

冯从吾说:"论交往,应当亲近君子而疏远小人;论度量,应当敬重君子而宽容小人;论学术,应当效法君子而感化小人,不能开化的就施以仁德。"方孝孺说:"贵为君子的人,就能兼容并蓄,使才智能够自现,愚昧不肖的人可以自全,所以天下没有遗弃的怨恨。"

如何掌握"观诚"的方法

《礼记·大学》云："诚于中，形于外。""心诚求之，虽不中，不远矣。"《易传·文言》在论述坤卦"六五"这一中爻的含义时也说："美在其中，而畅于四支，发于事业，美之至也！"这都可以与《中庸》所阐发的"中庸"之道互为启示。

俗话说，"知人知面不知心。"这种现象很多，例如，有两位战友在战争年代他们同甘共苦，后来一位因犯一般错误离开部队。在"文革"中，他的这段历史被当成严重历史问题，他因此被错误地批斗。为了说清问题，他去找当年的战友为自己的问题做个证明，可是这位当了领导的战友却怕连累自己，拒而不见，说不认识他。这位老兵伤心地掉下了眼泪。很显然这位领导在关键时刻太不够朋友了。这种做法和落井下石有什么区别呢？现实中"只共苦不同甘"的人可谓心黑！

当然，以诚待人，吃亏不计较，看重友谊的还是多数。但是，在利益得失面前，每个人总会亮相的，每个人的心灵会钻出来当众表演，想藏也藏不住。所以，此刻也是识别人心的大好时机。

有的人在一时一事上可以称得上是朋友，可日子久了，共事时间长了就会更深刻地了解他们的为人、他们的人品。"路遥知马力，日久见人心"，说的就是这个意思。如此长期交往，长期观察，便会达到这样的境界：知人知面也知心。

当某朋友对你，尤其你正处高位时，刻意投其所好，那他多半是因你的地位而结交，而不是看中你这个人本身。这类朋友很难在你危难之中施以援手。

与人交往既要知人知面，更要知心。对于观察人来说，不能一概而论，孔子有"以貌取人，失之子羽；以言取人，失之宰予"的感叹。要想做到谨慎周详，万无一失，就得做多方面的考察、推究。

富贵时观察他怎样施礼，贫穷时观察他怎样守德，受到宠爱时观察他是否骄傲，面对危难时观察他是否害怕。少年人观察他是否恭敬，壮年人观察他是否廉洁，老年人观察他是否忧虑。又如父子之间，观察他们的慈孝；兄弟之间，观察他们的信用与畏惧。审察他的住处，观看他的礼仪；审察他的丧哀，观看他的贞良；审察他的出入，观看他的朋友；审察他的交友，观看他的态度。考验他以观察他的信实，提携他观察他的知识；遇到难事观察他的勇气；麻烦的事观察他怎么做；让他进入利益之中，看他是否贪；以严厉对他，以观察他的不屈服；给他高兴的东西，看他是否轻浮；发怒时看他能不能持重，醉酒以后观察他的失态；放纵他以观察他的常态，指使他远行以观察他有没有二心；近处观察他是否倦；探取他的志向，以观察他的情怀;考察他的正反面,以观看他的诚心;遮盖他的微言,以观看他的信守。这些都是人们总结出来的观诚的方法。

要想观察人有没有诚心,会不会犯错误,可以因人而异。有的人爱好名声,就以名声利用他;爱好利益的人,可以用利来掌握他;重道的人,可以用道来支配他;重德的人,可以用德来支配他;以清高自任的人,可以用清高来支配他;以仁义自任的人,可以用仁义支配他;有所想的人,可以遂他所想而支配他;有所爱的人,可以因他所爱而支配他。或因他的聪明,或因他的愚笨,或因他的勇敢,或因他的怯懦,或因他的利,或因他的害,或因他贤,或因他的不肖,无所不因,则无所不支配。或左他,或右他,或反他,或激他,或怒他,或诱他,或安他等等,再变通灵活而用,这既是观人也是掌管人的方法。

如何培养坦诚面对错误的勇气

《中庸》上说:"修养自身,要根据道的规定。"用道来要求自身,常常会发觉自己的缺点和错误,因此《中庸》又说:"用仁的准则来修治培养道。"这是从修养自身进一步谈及对于人道的修治办法,因此提出仁义礼三种美德作为准则。

《周易》说:"见善则迁,有过则改。"《尚书》说:"改过不吝。"生活中,每个人都会犯这样或那样的过错,但只要真诚面对,把错误改过来就行了。

有个朋友对我说:"公司的业务上升得很快,而我就是其中业绩最好的人。骄傲的本性使得我在平时摆出了与众不同的姿态,我看不惯别人的工作生活方式,认为他们的业余活动都是在浪费时间。我总是想帮助他们,但是到了实际说出话来的时候,又变成了教训他们。冷眼与背后的流言渐渐地多起来了,最后,我明显地感觉到连老板也开始对我不满意起来了,不再赏识我。一年多的时间,我走到了悬崖的尽头,不得不离开了。"

你要得到上司的赏识,或者要搞好人际关系,为人坦诚是很重要的。但是,人要是想做事就难免犯错误,除非你什么也不做。在工作中犯错误是常有的事,但造成大问题的时候,许多人的做法往往是以隐瞒的手段来应付,久而久之,上司一旦知情,其局面就难以挽回。如果你能主动向上司报告。就会使你显得更加具有专业素质和职业道德并具有勇于承认错误的精神。要及早地发现问题并且及时报告,这样容易想出一个好的办法来控制局势,扭转乾坤。你一定要正确地去对待自己犯下的错误!

著名科学哲学家波普说:"错误在所难免,宽恕就是神圣。"躲躲闪闪不是处理过失的好办法,而开门见山说出事情的真相,通常是最好的策略。既然失误已经发生,上司迟早都会知道,隐藏或是将责任推开等,都是过错之后再犯过错。有些人出现差错后的第一个反应是逃避,想方设法兜圈子,不想涉及问题,可是弄巧成拙后反而让自己更下不了台。"纸始终是包不住火的"因此,你没有必要不坦诚,交代了事情经过,反而觉得心里没有压力感和负疚感,这时,你会发现,问题并不见得如你预想的那么糟糕和严重。因而开门见山地说出自己的失误,是为了找到失误的原因,从而与上司和同事共同讨论弥补过错的办法。

坦诚,需要一点勇气。你或许会说,原本也并不想错,而错了,已经超出了自己的想象。多数人在做事之前,想到的是积极的一面,极少会去想"错"的本身,结果,当事情真的出了错,思想上却无法积极面对。

所以,我们需要一些勇气,明白自己的目的是处理事情,而不能把事情搞大,能这样想的话,就会有勇气。支支吾吾的,会让人感到你是在"编故事"。而坦诚地对待问题,效果会更佳。详细说明事发背景,表达得越仔细越好,包括你介入此事的时间、心态和认识角度,以及你当时的计划。以让大家看清真实的一面。千万不要含糊其词,简单地陈述事发背景。

没有什么不好张口的!也不必担心说出真相来,怕别人会瞧不起自己。开诚布公地说出一切,上司会感到你具有专业道德,有承担责任的勇气和精神。

你不妨提出自己的处理意见,并积极听取大家的建议和意见。如果你是做完了以上步骤,却没有提出方案,上司常常会觉得你的价值也就那么一点。说不定他看问题的角度,与你有很大的分歧。关键是你能否与他产生排解问题的共识,不听他的意见,你又怎能让他顺心,怎能将工作做好呢?

事情做了才会错,不做是绝对没有错的,但在过失中要善于思考,找出其中的教训,并告诉上司,通过说出受到的启示,以让自己的想法和上司的想法保持一致,以减少上司对你的成见。所以把握了中庸之"诚",来看错误,会发现它不见得就是坏事。

告诉上司,造成事情的过错是自己的不对,但过错中也有正面的因素,将正面的东西放大出来,让上司真正看清你在这次过错中,也确实带来了一些好处,让他对哪些问题要注意,哪些问题要心中有数。

尤其要记住:同种错误不犯第二次。上司会给员工犯错误的机会,但是不会容忍下属犯同样的错误。

人非圣贤,孰能无过。聪明人的可贵之处不是他们不犯错误,而是能在犯了错误之后,接受教训,总结经验,不犯第二次。我们要培养这种素质,犯过一次错之后要敢于说:"这是我第一次犯这个错误,也是最后一次。"接下来的事就是一定要将自己的承诺兑现!

人心一真,金石可缕

一个人的精神修养功夫如果能做到至诚地步,就可以感动上天,变不可能为可能,如邹衍受了委屈感动了上天,竟在盛夏降霜为他打抱不平,而孟姜女由于悲痛丈夫的战死竟然哭倒了城墙。甚至就连最坚固的金石也会由于真诚的精神力量把它凿穿。反之,一个人如果心存虚伪邪恶的念头,那他只不过是空有人的形体架势而已,肉体虽存,其实灵魂早已经死亡,由于心术不正,与人相处,也会使人觉得面目可憎而惹人讨厌;一个人独处时,会忽然良心发现,不由得面对自己的影子也会觉得万分羞愧。

《菜根谭》说:"人心一真,便霜可飞,城可陨,金石可缕;若伪妄之人,形骸徒具,真宰已亡,对人则面目可憎,独居则形影自愧。"

张良是韩国人,在西汉建立的过程中是很有贡献的人物。公元前 230 年,韩为秦所灭,他决心为韩国报仇,准备在秦始皇东巡车队经过的地方进行突然袭击,但由于判断错误没能成功,他只能躲藏起来。一天无事,信步到邳桥上,碰上个老头,他走到张良所站的地方,恰巧一只鞋子掉到桥下去了。老头回头让张良把鞋子捡上来,张良听了,感到惊讶,他还从来没有见过这样傲慢的人,但见是一位老人,不好发作,只好勉强帮老人把鞋子捡上来。老头又对张良说:"帮我把鞋子穿好。"张良觉得既然帮他捡了鞋子,就帮他穿上吧。于是就跪在地上帮他穿好。老头连一句谢谢也不说,边走边说:"孺子可教矣。过五天天刚亮的时候,与我在这里会面。"过五天,天刚亮,张良如约前往,老头已先在那里等着。老人说:"与长辈相约,你却后到,这是为什么?"说着扬长而去,临走,对张良说:"过五天再来,再早一点来。"五天后,张良还没等到半夜就去了。过了不久那老头来了,看到张良先到,高兴地说:"应该这样。"说罢拿出一册书来交给张良说:"读好这本书就可以辅佐别人完成帝王事业。"说完飘然而去。天亮了,张良看到那册书,原来是《太公兵法》。他感到非常珍贵,深入钻研,融会贯通,后来在西汉建立过程中成为有贡献的人物。张良得兵书的过程证明了"至诚感天"的道理。

华裔科学家丁肇中是个非常诚实的人,他在科学探索上有一种"执中"思想——既然有"物质",难道没有"反物质"?也就是说有此端,该有彼端,他用这种思维逻辑进行大胆论证和实验;在为人处世上是"守中如一"。2004 年 10 月,丁肇中教授到南京航空航天大学做报告,有学生问:"您觉得人类在太空能找到暗物质和反物质吗?"丁肇中坦然回答:"不知道。"又一个学生问:"您觉得您从事的科学实验有什么经济价值吗?"丁肇中说:"不知道。"另一个学生问:"您能不能谈谈物理学未来20年的发展方向?"他仍然说:"不知道。"对此,很多人感到大惑不解。在他们看来,南航学生所提的问题极为普通,绝对算不上刁钻古怪,不用说像丁肇中这样的大师,就是一般人也能敷衍搪塞过去。他即使真的不想说假话,也要顾及自己的面子和影响,怎么能"三问三不知"呢!

殊不知丁肇中教授坚守的是"中",他以心说话,既然自己真的不知道,或者不能说得不偏不倚,还不如诚实地说"不知道"。在他看来"不知道"比胡说八道误人子弟强。

对丁肇中来说,"不知道"是一件很正常的事,他一直牢记"知之为知之,不知为不知"这条古训,在任何场合,对任何事情,绝不"强不知以为知"。他在接受中央电视台《东方时空》节目主持人采访时,面对主持人的提问,也一连说过几个"不知道"。在其他重要场合包括级别很高的学术交流会上,他对自己不清楚或没有把握的问题,都内心坦然地说自己"不知道"。人们常常为他这种可贵的精神而感动,给予热烈的掌声。

不要把自己的意志强加给别人

自己不想做的事,就不要强加给别人。"己所不欲"是对自己的把握,"勿施于人"是推己及人,从而成为孔子中庸处世之道中的一个重要组成部分。

"己所不欲,勿施于人",就个人修身而言,这是对行为的一种约束;从为政治国而言,它限制了过分残暴的政治。

孔子认为弟子冉雍有帝王之器,在学生当中是可以当大领袖的人物。他来问仁,孔子告诉他的仁,就是由内心修养的道,发挥到外面做人做事的用,尤其是在政治领导原则下的"待人"之用。出门到外面去,人与人之间的接触,处仁的道理:对任何人要恭敬,有礼貌,不能看不起任何一个人。看到任何一个人,都像看到贵宾,很有礼貌,很诚恳的,尊重任何一个人。尤其作为一个领导人,更应该如此,这是领导人的学问。尊重人家,这是很重要的修养。

自己所不愿意的事情,也替人家想想。可是相反的,许多人都是自己不愿意的,却推给人家。为人处世,这样做,长久了,谁都害怕他,不愿与他接触。你自己不愿意的,就要想到别人也不愿意。这样的人,就是吃点亏,也是不失人缘的。

孔子说过："在邦无怨,在家无怨。"这个"怨"字包括两点:一个是自己,一个是别人。我们每个人,自己心中都有好多的怨,即使对别人没有怨,也会怨自己的命真不好,怨不幸碰到这样的时代,这样的环境。这是对自己的怨。

人与人相处,同事相处,上司与下属相处,彼此之间无怨恨心,没有什么遗憾的事,这个非常难。在原则上要先做到"己所不欲,勿施于人。"我不愿意做的,也应替部下设想,他们也是不愿意做的。譬如一个任务交下去,要告诉他,这是很艰苦的,要抱牺牲精神,你愿意不愿意? 当然,领导部队作战时,那情形又不同,那是另外一回事了。

为什么有人会如此友善地考虑其他人呢?

真正的原因是:你种下什么,收获的就是什么。

播种一个善行,你会收到一个善果;播种一个恶行,你会收到一个恶果。

《文子·符言》道:"人之情,心服于德不服于力。"你有权利非公平地对待其他人,但你这种非公平的态度,将会使你"自食其果"。而且,进一步说,你所释放出来的每一种思想的后果,都会回报到你身上。因为你对其他人所有行为,以及你对其他人的思想,都经由自我暗示的原则,而全部记录在你的潜意识中,这些行为和思想的性质会修正你自己的个性,而你的个性相当于是一个磁场,把和你个性相同的人或情况吸引到你身边。

人能像考虑自己、为自己着想那样来考虑别人、为别人着想,就可以进入中庸和谐的人际环境了,社会就真正文明了。

有时,我们发现,那些经历过贫贱、困难、挫折、痛苦的人,因为自己对这些东西有体会,所以为别人着想还容易一点。一帆风顺的人、条件优越的人、有名望地位、才高力大的人,办起事来碰钉子时少,走起路来抬轿子的多,自己达到目的很容易,为别人着想就不那么容易了。甚至。只要有一点权力的人,在运用这点权力时,为别人着想都不太容易做到。机关坐办公室的人,想不到前来办事的人的困难;超市站柜台的人,不愿体会购物者的心情;医院做医生的人,不善体贴病人……当然,相反的情况也有,不过前者更普遍些罢了。

有人说,"己所不欲,勿施于人"它也是一切道德,特别是公共道德的基础。如果人们心中都只有自己,完全不顾他人,那也就不会有公共道德。现在社会上许多不良现象。都与缺乏这一思想有关。

有一个企业讨论什么是"文明"的标准,最后总结为,时时想到他人就是文明。这个回答通俗而又生动地反映了文明的本质。精神文明是人类社会生活的需要。有了社会生活,就需要有一定的规范来维持社会秩序的稳定,也要求人们自觉遵守这些规范,使自己的行为有利于而不是妨碍社会生活的发展。换句话说,就是要求人们时时想到他人、想到社会,这也就是文明的要求。

社会生活愈发展,人与人的关系愈密切,对文明的要求也就愈高;就愈要求人们自觉地把自己放到社会中,想到自己言行的社会影响,想到社会和他人。在现代世界已经愈来愈成为经济一体化的情况下,人们的一举一动都与社会、与他人有着密切的联系。

保留一颗敏感的知耻心

孟子说:"人不可以无耻,无耻之耻,无耻矣。"人贵有"羞耻之心"。知羞耻,是为人处世的崇高美德。一个人只有知羞耻,才能风霜高洁。可见做人、为政,不可一刻忘却"耻"字,用今天的话说就是树立正确的荣辱观,以廉洁从政、艰苦奋斗为荣,以贪污受贿、奢侈腐化为耻。

《诗经》是我国西周至春秋中叶约 500 年间的民歌和朝庙之乐的选编,其中有廉耻之说。如《鄘风·相鼠》:"相鼠有皮,人而无仪;人而无仪,不死何为?"其大意说,看那老鼠还有一张皮,人岂能没有尊严廉耻;如果一个人不识尊严廉耻,还活着干什么?

人不论做任何事都要有羞耻之心,尤其是那些从事公务事业的人,包括形象窗口的从业人员,如果失去了廉耻,那将是非常可怕的。羞耻之心是"立人之大节""治世之大端"。"耻"的基本义项是"耻感",就是指人在做了自己明知不应该去做或被人劝说去做不应该做的事时,心里就涌起逆向情感、逆向意识,感到羞愧,甚至无地自容,继而幡然改正。

儒家既然坚持人应当践行"仁、义、礼"伦理体系,"为之,人也;舍之,禽兽也",如果有人"言过其实",行为背离了"仁道",儒家便认为他们应当感到可耻,所以孔子说:"君子耻其言而过其行。""古者言之不出,耻躬之不逮也。"

孔子赞扬子路"衣敝缊袍,与衣狐貉者立",而不以为耻。值得一提的是:儒家重视的是"乐道",而不是无条件的安贫。儒家以为:个人出仕的主要目的是以道济天下。在邦有道之时,个人理应出仕;如果无能出仕,而身居贫贱,那是可耻之事。反过来说,倘若邦无道而个人身居富贵,领取国家俸禄(谷),却尸位素餐,一无作为,"立乎人之本朝而道不行",或甚至是浪得虚名,"声闻过情",更是十分的可耻。

儒家鼓励人们用"好学、力行、知耻"的方法"修身",目的在于培养能够践行在中国和外国文明史中,许多贤能圣哲、志士仁人,对"耻"有精辟的见解。管仲把"耻"字提高到关系国家生死存亡的高度。他说:"国有四维,……一曰礼,二曰义,三曰廉,四曰耻。""四维张,则君令行……四维不张,国乃灭亡。"

曾经大声疾呼"天下兴亡,匹夫有责"的学者顾炎武认为,在礼义廉耻四者中,耻是最重要的。一个人之所以不清廉,乃至于违犯礼义,做出种种不合乎道德的事,一个重要原因就在于不知羞耻。如果为官者没有"耻感",没有羞耻之心,就会背离集体的事业,会干出丑恶之事,就会给一个单位、一个地区带来不良影响,甚至使国家蒙受灾难和耻辱。法国莫洛亚说:"寡廉鲜耻,在任何时代都足以促使统治集团的灭亡。"康有为说:"风俗之美,在养民之耻。耻者,治教之大端。"一个人知耻,便可以反省自己,而廉洁自律是知耻的结果和升华。

顾炎武

第二节　恭敬中礼

与持不同意见的人和谐共事

在先秦,"和"与"同"是两个使用得很多的词。和与同的区别最早见之于两部古籍——《左传》与《国语》。《左传·昭公二十年》记齐侯与晏子论和。"公曰:'和与同异乎?'对曰:'异。和如羹焉。水火醯醢盐梅以烹鱼肉,之以薪。宰夫和之,齐之以味,济其不及,以泄其过。'"这话意思是:和与同是不同的。和好比做羹汤,用水、火、酱、盐、梅,来烹调鱼和肉。经柴火烧煮过的汤,各种元素已融为一体。厨工根据人的口味,适当加以调和,太淡就增加调料,太浓就加水冲淡。

《国语·郑语》则这样说"和":"夫和实生万物,同则不继。以他平他谓之和,故能丰长而物归之;若以同裨同,尽乃弃矣。……声一无文,味一无果,物一不讲。"这话出于史伯之口,他是对郑桓公说这番话的。意思是说:和谐才能生成万物,同一就不能发展。把不同的东西加以协调平衡就叫作和谐。这种和谐,丰富中见出统一,发展中见出方向。如果不是这样,把相同的东西相加,那用尽了也就完了。

"和"与"同"的三个重要区别:第一,"和"是众多的统一;"同"是单一重复。第二,"和"的统一是化合,各种参与"和"的元素并不消失,如盐放进汤中,盐味仍在,但元素原有的形态不存在了,它们以新的形态参与共同体;而"同"的统一是混合,事物原有的性质与形态均存在。第三,"和"具有创造性,"和"的统一产生新事物,故"和"是发展之本,前进之基,生长之根;而"同"只是同一事物的相加,不产生新事物,故不具创造性、再生性、持续发展性。

《周易》将"和"的这种众多的统一,归结为对立双方的统一——阴阳的统一。按周易哲学,阴阳统一是一种相应相感相交的统一,首先是相应,阴与阳应,阳与阴应;进一步则是相感;再进一步则是相交,最后实现二者的融合。《周易》咸卦就生动地记述了男女青年由相感到相交的全过程。开初,"咸(相当于现代汉语的"感")其拇",仅触及对方的脚指头,属于试探性地行动,继而"咸其腓",触及小腿肚,仍是试探,但有重大发展。身体的相感启动心灵的相通,于是,"憧憧往来,朋丛尔思"。最后身心相交,"咸其辅颊舌"——两人拥抱亲吻了。男女相交是生命之源,阴阳相交是万物之源。古老的《周易》将"和"的哲学发展成生命本体论哲学。

我们这个世界居住着各色人等,不同的肤色、不同的民族、不同的国家、不同的社会制度、不同的宗教信仰、不同的生活习俗……这些人群必然有交往,有冲突,有矛盾。但是,人们只有实现了"和"即和平地共处一个地球之中。才能构成一个美好的世界。最小的社会也许是一个家庭,一个小组。家庭成员、小组人员不会完全一致的,必然有分歧,有矛盾,有冲突。这很正常,但同样只有在相互交感中实现了和谐,才有集体的活力产生。

孔子常常将"君子"与"小人"加以对比。君子重义,所以能尊重对方不同于己的意见,又能和谐相处;小人重利,只有利益相投才能同处,但一遇利益冲突或意见相左,便不能相互尊重,和谐相处。朋友是重要的社会活动圈,如何交友,有许多重要的伦理原则。孔子讲"君子和而不同"。和与同在这里的重要区别,在于原则性,承认原则性,就是承认差异,有差异性的统一才是"和"。在伦理学上,"和"则是原则性基础上的统一。既然是朋友,当然要互相帮助,不分彼此,但不能因为是朋友就什么都干。原则性是必须坚持的。朋友之间只是讲"同",就没有原则了。那么好事做,坏事也同做,如果朋友中有人搞"黑社会",其他的人就很可能同流合污。

孔子深恶痛绝那种专搞小圈子"同而不和"的小人。欧阳修做《朋党论》,将孔子的思想加以创造性的发挥。他指出:"小人所好者利禄也。所贪者,货财也。当其同利之时,暂相党引以为朋者,伪也。及其见利而争先,或利尽而且交疏,则反相贼害。虽其兄弟亲戚,不能相保。"这种观点是深刻的。这种"同而不和"的小人,屡见不鲜。

和谐以共生共长,不同以相辅相成。和而不同,是社会事物和社会关系发展的一条重要规定,也是人们处世行事应该遵循的准则,是人类各种文明协调发展的真谛。

要学会容纳别人

智和愚,善和恶,这都是截然对立的东西,但是,对这截然对立的东西却不能用截然相反的态度去对待,因为对智愚和善恶的爱憎分明的立场往往会落于俗见,给具体问题的处理带来负面影响。所以《荀子·非相》中提出了"兼术"思想,意思是:君子贤能而能容纳不贤的人,聪明而能容纳愚笨的人,博学而能容纳浅薄的人,精纯而能容纳杂驳。这就是所谓的兼术。

这里所说的"兼术"指的是包容,即一种好的美德能包容不好的东西,只是因为君子立身正直,所以这种包容不仅不会损害自己的美德,反而会给君子的美德增辉。

"知而能愚,博而能容浅",这事实上反映一个人的胸怀,也是做人处世的雅量。雅量体现着一个人的修养,其中虽有天生的成分,如有的人生来就心平气和,不急不躁,有人生来就是急脾气,但它更多的还是体现着后天的品行。所谓"辨材要待七年期",就是说人是变化的,只有通过一定的时间才能把一个人真正地看清楚,所以成长为什么样的人,起主要作用的还是后天因素。

蔡元培到北大的那一天,北大师生照例列队相迎。像往常一样,工友们向新来的校长鞠躬。出乎人们的意料,蔡元培立即给工友鞠躬还礼,这么一个名人、大校长给工友鞠躬,这在当时是不可想象的,此举震惊了北大校园。蔡元培对于所有北大中人,都能一视同仁,从无尊卑之分。老北大的人;不论师生员工,都称蔡元培为"蔡先生",几十年来一直如此,从不称他的名号和职称。这反映了老北大的人对蔡先生的景仰和热爱。

蔡元培的了不起,首先是他能认识人,使用人,维护人。用人得当,各尽其才,使每个人都能发出自己的光和热。他在学问上虽不是一个专家,但对儒家思想特别精通,在为人处世上,通达事理,明辨是非,不固执,无偏见,胸襟豁达而又虚心,对不同主张、不同才品的人都能兼容并包。

中庸是不偏不倚,无过不及,孔子认为君子是可以对不同的人进行调和,因而是大公无私的。蔡元培就是这样的君子,他说:"我素信学术上的派别,是相对的,不是绝对的。所以每一种学科的教员,即使主张不同,若都是'言之成理、持之有故'的,就让他们并存,令学生有自由选择的余地。"他在延聘教员时,不完全依据资历,不拘一格选拔人才。由于重视延聘选拔有真才实学的各方面人才,容纳各种学术和思想流派,使北大的教员队伍发生了很大变化。

宽恕是文明的责罚

中庸之道的关键,是要找出一个"中"来,只有找到了这个"中",然后依此而行,才能取得成功。中庸之道关于找"中"的办法很多,包括既不这样,又不那样;或者既这样,又那样。还有预测法、包容法,如此等等,不一而足。

个人应该晓得如何饶人,绝对不能坚持一种仇恨、愤怒的态度去斤斤计较。否则只会增强他人的敌意,损伤身边人的心情,对自己的事业带来损失。有人认为"宽恕是一种比较文明的责罚"。只有在有权力责罚却不责罚的时候,才是一种宽恕,在有能力报复时而不报复,才是一种宽容饶恕。如果是一种无能为力的屈辱,却假冒宽大以自欺欺人,替自己装门面,便毫无价值与意义可言了。

用人管人的一大宝典,就是要有这种容饶宽恕的德性。孔子说:"有盛德的人不轻佻、欺侮,轻佻、欺侮的君子,会蒙蔽人心;轻佻欺侮的小人,欺罔而尽人力。"一个人内在的优良德性发挥出来,便是常人所说的"大度"。

测度一个人的成功大小,必须以容饶宽恕的大度去衡量他,只有能宽恕人,才能容饶人;只有能容饶人,才能管好人、用好人。这样才能成就自己的事业。

班超,他有显赫的武功,但是很少有人知道他的大度。当他决定把事业的基础建筑在西域以便统兵远征,李邑却在汉帝面前进他的谗言,说他西域的远征难以成功,并说他携着爱妻,带着爱子,在国外享受安乐,没有归汉的心思,又说了他子虚乌有的故事,请皇帝下诏书让他回国。事情被班超知道后,他便遣送妻子回来以示归汉之心。后来李邑因事奉旨到西域,诏书中说班超可以留李邑为从事。如果常人来处理这样的事,就认为李邑确实是班超事业前途中的一个敌手,奉诏留下李邑,就可以追究他从前的谗毁之罪,又能免除朝廷的心腹之患,但是班超并不因这些事耿耿于怀,斤斤计较,反而让他护送家属回京师。当时徐干劝班超按照诏书的旨意,留下李邑,以免再为自己添加麻烦。班超说:"我从内心省视没什么内疚的,何必顾虑他人的说法。"只从这一点,就可以看出班超为人之大度。

　　民国七年,孙中山重游欧洲,兴中会准备在柏林开会,同志王发科受到一个满洲学生的恫吓,说要报告政府,取消他的官费,甚至有生命危险。王发科窘迫不堪,来到巴黎想办法。在他来到巴黎后,又征得新加盟同志温芗铭的同意,等孙中山外出后,便到他房间盗取加盟的名单,跑到驻法国大使馆哭着告密,以此作为自首的礼物。却不知道当时的大使孙宝奇,瞧不起他的行为,又害怕发生驻伦敦大使馆同样的笑话,便呵斥他赶快交回名单,不然先撤销他的官费。王、温惊惶失措,狼狈地奔回旅馆,向孙中山痛哭流涕,说出了盗取名单的事。孙中山没有半点责备之词,反而好好地安慰他们。

　　松下幸之助说:"如果我们能承认品质各有差异的客观存在,便会对彼此的差异感到快乐。你有你的思考方式,我有我的思考方式,若是我们都能互相学习,彼此宽容,便能一团和气。

　　"无论彼此有何不同,你我都各有长处与缺点,如果我们能学习别人的长处,赞美别人的长处;努力改正自身的缺点,含蓄地指出别人的缺点,即可共同提高水平。不必去批评责难,也不必去互相排斥,更不用怀疑别人是否出了毛病。能做到此境界者,才是真正的君子。

　　"砂糖是甜的,精盐是咸的。它们是味道的两极,互为正反,如果想要使食物尝起来是甜的,只要加点糖就可以了。然而事实上若我们再加入些盐,反而更能增强砂糖的甜度与味道。这是因为调和了互为正反的两种味道而产生的一种新鲜滋味,这正是造物主绝妙的安排。

　　"事物都有对立,都有正反。有对立的关系,我们才能感受到自己的存在,才能体会得出那种类似砂糖里加入了盐的滋味。

　　"所以,与其苦思如何去排除那些挥之不去的东西,还不如苦思如何去接纳、调和它们。如此,必能产生新的天赐美味,而康庄大道也就在我们面前展开了。

　　"一般人往往认为人与人之间的关系,可以凭自己的意志来促成或断绝。但事实并非如此,人与人之间的关系,并不是个人的"意志"或"希望"所能左右的,而是由一种超越个人的意志或希望的力量来决定的。

　　"明白了这个道理,就应该珍惜自己的人际关系,心中常怀感激之情,在任何不平或不满之前,先以谦虚的态度想到彼此的缘分,然后以喜悦的心情,热忱的态度对待对方。如果每个人都能这样,必然可以产生坚强无比的力量。使社会由混乱变成和谐。"

委婉地发泄心中的不平之气

苏东坡的父亲苏洵说过:"忘其小丧而志其大得。"苏东坡做到了这一点,他几次遭到迫害,但他始终以宽广的胸怀,豪放的性情对待这一切,忍受不平,机智地与那些官场小人进行斗争。

苏东坡不仅才华横溢,而且为人正直,敢于批评时政的弊病,因而使人害怕,不喜欢他的人总想找他的岔子整治他。有一次御史台的官僚们拿苏东坡的诗作根据,断章取义,无根据地分析,硬说他讽刺朝廷,诬蔑皇上,把他从湖州刺史任上抓来,下在大牢里,几乎杀头。

苏洵

经他的弟弟子由和许多好友大力营救,苏东坡才保住了性命,被贬到黄州受管治。迫害并没有到此结束,以后他继续受到多次打击,新账旧账一起算,越算越多,被贬谪去的地方也越来越远。最后竟贬到荒僻遥远的海南岛。

苏东坡常常以嬉笑诙谐的形式,来曲折地发泄心中的不平之气。有一次,大家欢迎他讲故事,他当场编了一个新奇故事,说得大家前仰后合。他说:昨夜,我做了一个梦,梦见两个峨冠博带的人找我,说海龙王请我去吃饭。我也确实很久没吃过饱饭了,听说请吃饭,心中很高兴,便冲涛踏浪,跟着他俩到了龙王的水晶宫。水晶宫里琼楼玉宇,百宝纷呈。龙王带一大群臣僚,还有妃嫔出来迎接我。他们说了许多称赞我的话。满桌山珍海味,身边一个美人专给我斟酒。那美人身材窈窕,肤色白嫩,双目太液池里的秋波,一闪一闪地瞅着我,身上散发着香气,使我神魂颠倒。正在这时,龙王让我为今日之幸会题诗。我当即提笔挥就,盛赞龙王功德和水晶宫里的豪华,并颂扬君臣的才学与嫔妃们的艳美。龙王高兴极了,夸奖我的文笔,赏赐了我大量的珍宝。正在我得意的时候,忽然一个丞相模样的大臣,低声告诉龙王,说我写的诗里有讥讽大王的语气。龙王一听大怒,吩咐虾兵蟹将把我赶了出来。我一看这位相公,原来是王八变的。唉!我苏东坡处处受王相公的算计呀!

苏东坡就是这样,在诙谐的谈笑中,曲折不露地发泄自己心中的不平怨气,容忍艰难的遭遇,坚定自己的信心,什么样的环境也淹没不了他的智慧和才华。

苏东坡性格直爽,才思敏捷。他自己曾经说过:"我心里有什么话,我非说出来不可,正像饭里有只苍蝇,非吐出来不可一样。"正因为这样,他经常在从人面前,现编故事现说出来,以发泄心中的抑愤不平之气。

苏东坡

乌台诗案中,他被朝廷从湖州太守任上逮捕,押到汴京的大牢里,备受狱吏们的摧残凌辱。

出狱后,曾到山东任登州知州,不久调回汴京任礼部员外郎。有一天,他偶然遇见了当年迫害他的狱吏。狱吏惭愧不安,当年那股横暴之气不知跑到哪儿去了。苏东坡看着他诚惶诚恐的窘态,又好像吃了一只苍蝇,非吐出不可,于是,当场给大家编了一个故事:

一条毒蛇咬死了人,阎罗王判处它赔命。它苦苦哀求阎罗王:"我有罪,也有功,请将功折罪,恕我一条命吧!"阎罗王说:"你有啥功劳?"毒蛇说:"我肚里有蛇黄,可以治病,已经治好几个人的病了。"阎罗王一查,确有其事,便赦免了它,过了不久,一头牛因为用角抵死了人,也被捉来,要判死刑。牛申辩说:"我有牛黄,包治百病,请允许我也将功折罪。"阎罗王照例也赦了它的死罪。正在这时,几个小鬼捆了一个长相凶恶的人送来,说此人作恶多端,蓄意杀人,请阎罗王处置。阎罗王说:"杀人偿命,法理不容,押下去斩首!"

那人不服气,大喊道:"我也有黄,我也有黄呀!请让我也将功折罪呀!"阎王大怒:"你不是人吗?你难道也有什么蛇黄、牛黄可以治病吗?"犯人结结巴巴,没啥可说,最后,哭丧着脸承认:"我肚里没有别的黄,只是有些恐慌、惊慌……"

狱吏被苏东坡这一奚落,更觉无地自容,只好悄悄地逃离了现场。

大凡物,不平则鸣,这不是不能忍不平,相反是谋求消除不平的办法之一。"鸣"也要有分寸,要鸣的是不平,这就有一个向谁"鸣"的问题,对于那些自以为他是天下最为公正的人去谈这个问题,他会置之不理;对于明白事理的人去讲,他才能帮助你消除不平。

人的一生不可能不遇上一点曲折,也不可能不被人误解,天下之大,哪能什么利益、好处都被你占了去?遇到了不公正的对待,要豁达大度,不要以一事一时的不顺利为念,应该用发展的眼光看事论事,知道任何事情都不会一成不变。

不被理解的时候就觉得委屈,得不到好处就怨天尤人,失意时就抱怨命运的不公平,这样什么事情也做不好的。

多从自己身上找原因

朱熹对《中庸》分析认为:"能随时以处中也""中无定体,随时而在,是乃平常之理也。君子知其在我,故能戒谨不睹,恐惧不闻。而无时不中。小人则不知有此,则肆欲妄行,而无所忌惮矣。"意思是说,君子能把握自己的内心世界,对外界各种刺激随时控制和调节自己的心理体验,时刻使内心世界居于适中状态,即保持心理平衡。

一个乐于助人的青年遇到了困难,想起自己平时帮助过许多朋友,他于是去向他们求助。然而对于他的困难,朋友们全都视而不见,听而不闻。他骂道:"全是一帮忘恩负义的家伙!"

"助人是好事,但你却把好事做成了坏事。"卡耐基告诉他。

"为什么这样说呢?"青年大惑不解。

卡耐基接着说:"首先,你开始就缺乏识人之明,那些没有感恩之心的人是不值得帮助的,你却不分青红皂白地帮助,这是你的眼浊;其次,你手浊,假如你在帮助他们的时候同时也培养他们的感恩之心,不至于让他们觉得你对他们的帮助天经地义,事情也许不会发展到这步田地,可你没有这样做;第三,你心浊,在帮助他人的时候,应该怀着一种平常心,不要时时觉得自己在行善,觉得自己在物质和道德上都优越于他人,你应该只想着自己是在做一件力所能及的小事。比起更富者,你是穷人;比起更善者,你是凡人。不要觉得你帮助了别人。"

为人处世有一颗平衡心理,就会容人。实际上在人与人之间相处,也未尝不需要一种宽恕精神。人与人之间在社会中相处,难免会有各种矛盾、纠纷,难免会闹各种不愉快。既然已经成事实了,再劝也劝不转了,就不必再唠叨不休、追究不止了。评判事物得失应面向未来,而不是抓住人家的辫子不放,否则失去了批评的本意,就会挑起和激化人与人之间的矛盾。在现实生活中。我们许多的人就是缺乏一种"既往不咎"的宽恕精神,对别人的过错耿耿于怀、不依不饶,最后的结果是人际关系的紧张,自身心理状态的失衡。我们要认识到金无足赤,人无完人,任何人都有不足的地方。在工作中要能够善待别人,特别善待别人的错误。要求人们在坚持自己正确立场的前提下,互相理解,互相尊重,和平共处,快乐生活,求同存异,宽容忍耐，做到"成事不说，遂事不谏，既往不咎"。就是说，对已经做了的事不再过分指责，过去多年的事不再算老账，这样就能"宽以得众"，保持对社会的和谐，保持自己良好的心理状态。

对别人要宽恕，对自己也要宽恕。人非圣贤，孰能无过？我们经常会做错事，说错话，如果总沉湎在追悔之中，会带来许多心理问题，最终影响个人的发展。神经症患者很重要的一个人格特点是"追求完美"，对自己的不足、过错不能宽恕、原谅，常常生活在懊悔、怀疑和担心之中。允许自己犯错误，认识到自己不可能完美无缺，宽恕自己曾有的不足和缺点，是我们每一个人应该树立的一个很重要的认识。

有个学者，男女老少都非常尊敬他，不管谁遇到困难，他们都来找他，请他帮忙或求他提出一些忠告。

每次他都笑眯眯地说："我能提些什么忠告呢？"

这天，又有一位年轻人来求他提忠告。他说有个朋友做错了事，他真诚地提出了批评，可是忠言逆耳，朋友不仅听不进，反而开始冷淡他。为什么会这样呢？

学者拿来两块窄窄的木条，两撮钉子——一撮螺钉，一撮直钉，另外，还拿来一个榔头，一把钳子，一个改锥。他先用锤子往木条上钉直钉，但是木条很硬，他费了很大劲，也钉不进去，倒是把钉子砸弯了，不得不再换一根。一会儿功夫，好几根钉子都被他砸弯了。最后，他用钳子夹住钉子，用榔头使劲砸，钉子总算弯弯扭扭地进到木条里面去了。但他也前功尽弃了，因为那根木条也裂成了两半。

学者又拿起螺钉、改锥和锤子，他把钉子往木板上轻轻一砸，然后拿起改锥拧了起来，没费多大力气，螺钉钻进木条里，天衣无缝。他指着两块木板对年轻人笑道："忠言不必逆耳，良药不必苦口，人们津津乐道的逆耳忠言、苦口良药，其实都是笨人的笨办法。那么硬碰硬有什么好处呢？说的人生气，听的人上火，最后伤了和气，好心变成了冷漠，友谊变成了仇恨。我活了这么大年纪，只有一条经验，那就是绝对不直接向任何人提忠告。当需要被指出别人的错误的时候，我会像螺丝钉一样婉转曲折地表达自己的意见或建议。"

忘记别人的过错和对别人的恩情

心里老是记着自己的功劳，就会滋生骄狂，不时时反思自己的过错，就会铸成大错。魏信陵君杀了晋鄙（魏国带兵官），击破秦军，解除邯郸被围困的危机，救了赵国，赵王亲自出郊外迎接。唐雎对信陵君说："我听人说：'有些事无法得知，但有些事不可不知,有些事不能忘,但有些事不能不忘。'"信陵君说:"怎么说呢?"唐雎说:"有人恨我,我无法得知,但我恨人,却不可不知,别人有恩于我,不能忘记,但有恩于人,就不能不忘。先生杀了晋鄙解除邯郸受困的危机,救了赵国,这是大恩,希望你能忘记对赵国的恩惠。心里老是记着对别人的恩德,势必带来恩大仇大;对别人的怨恨不能及时化解,只能给自己带来更多的烦恼。"

孟尝君被逐,后来又恢复相位,重回齐国。谭拾子到边境去迎接,对孟尝君说:"您会不会埋怨齐国的士大夫放逐您,而想杀人呢?"孟尝君说:"会。"谭拾子说:"有件事是一定会发生的,有个道理是必然的,您知道吗?"孟尝君说:"不知道。"谭拾子说:"死,是一定会发生的事;而追求富贵,摒弃贫贱则是必然的道理。拿市场来比方吧!早上的时候,市场人潮汹涌,到了晚上,市场就空荡了;这并不是市场喜欢早上而憎恨晚上啊!为了求生存所以就争着去,为了避免危亡所以就逃离,这是同样的道理啊!希望您不要心怀怨恨。"孟尝君听了,就毁掉一份记有500个他所怨恨的人名单,不再表示要报复了。

一提取魏征,人们都知道那是个著名的谏臣,同时又佩服李世民的容人之量。当初,太子李建成听说一个姓魏名征的年轻人有才华,就把他找来,给了他一个管理图书的小官当。魏征是个闲不着的人,满脑子里经天纬地之念,一天,他对来拿书看的李建成说:"刘黑闼不堪一击,您带兵去攻打,一定能成,既可建立军功,又可暗结豪杰。"小李听信了魏征的建议,立即出兵,结果取得了圆满成功。

李唐政权把握了天下大势之后,李世民发动"玄武门之变",杀死了哥哥太子李建成、弟弟齐王李元吉,自己当了太子。有人劝李世民把魏征杀了,李世民知道魏征是李建成的心腹,可他非等闲人物,决定诏见他。

李世民打量了一眼魏征,然后责问说:"你为什么挑拨我们兄弟间的关系呢?"

魏征没有巧言机辩,而是据理回答,他说:"人生在世各为其主。如果太子早听信了我的话,就不会有今天的下场,我忠于李建成,又有什么错呢?管仲不是还射中齐桓公的带钩吗?"

李世民听他说得既坦率又有理,尤其他举出了管仲射小白的历史故事,自己不能显得没有气度,就赦免了他,并封他为主簿。李世民即位当上皇帝不久,就提拔魏征为谏议大夫。从此魏征拿着脑袋考验李世民的忍耐性,逮什么说什么,不把李世民弄烦不闭嘴。可李世民偏偏正眼瞧他,你说我听,认为说得有理就采纳。魏征跟对了人,他也知道自己跟对了人。李世民识对了人,他也知道自己识对了人。于是两个人最后心照不宣,谁也离不开谁了。

以上事例都说明,我虽然帮助或救助过别人,不要常常挂在嘴上或记在心里,但是假如有对不起别人的地方却不可不经常反省；别人曾经对我有恩应常记于心不可以轻易忘怀，别人做了对不起我的事不可不忘掉。

把反对自己的人留在身边

荀子说，有涵养的人，在心志宽广时，就敬重天道，遵循常规；在心志狭窄时，就敬畏礼法，自守节操。智虑所及，就精明通达事理，触类旁通；智慧闭塞时，就老实诚恳地遵守礼法。当被重用时，就恭敬处世，不轻举妄动；不被重用时，就肃敬庄重。心情愉快时，就和颜悦色的办事；心情忧虑时，就静待而守理。地位显赫时，就用文雅的话语阐明事理；处境贫困时，就用含蓄简单的话语阐明事理。而没有涵养的人却不是这样，他心志宽广时，就傲慢粗暴；他心志狭窄失意之时，就奸邪倾轧。智虑所及，就掠夺欺诈；在智慧闭塞时，就陷害他人，胡作非为。被重用时，就逢迎巴结，傲慢不逊；不被重用时，就怨天尤人，阴谋激动。心情愉快时，就轻浮飘忽；心情忧虑时，就垂头丧气，胆小怕事。地位显达，就骄傲偏激、不可一世；处境穷困时，就自暴自弃，颓废没落。

1860 年美国大选结束后，一天有位叫作巴恩的大银行家看见参议员萨蒙·蔡斯从林肯的办公室走出来，就对林肯说："你不要将此人选入你的内阁。"林肯问："为什么？"巴恩回答："因为他认为他比你伟大得多。""哦，"林肯说，"你还知道有谁认为自己比我要伟大的？"巴恩说："不知道了。你为什么要这样问。"林肯笑道："因为我要把他们全都收入我的内阁。"

不久，林肯真的把蔡斯收进了自己的内阁，蔡斯的确如银行家所说的，是个狂傲的家伙。不过，林肯很器重他，因为他是个大能人。林肯任命他为财政部长，并尽力与他减少摩擦。

蔡斯狂热地追求最高领导权，而且嫉妒心极重。他本想入主白宫，却没有成功，他不得已而接受了财政部长职务，但内心对林肯很忌恨。一天，《纽约时报》主编亨利·雷蒙特来见林肯。当他谈到蔡斯正在狂热地追求总统职位的时候。林肯给他讲了一个小故事："雷蒙特，你不是在农村长大的吗？那么你一定知道什么是马蝇了。有一次我和我的兄弟在肯塔基老家的一个农场犁玉米地，我吆马，他扶犁。这匹马很懒，但有一段时间它却在地里跑得飞快，连我这双长腿都差点跟不上了。到了地头，我发现有一只很大的马蝇叮在它身上，于是我就把马蝇打落了。我的兄弟问我为什么要打掉它。我回答说，我不忍心让这匹马那样被咬。我的兄弟说：'哎呀，正是这家伙才使得马跑起来的嘛！'"然后，林肯意味深长地说："如果现在有一只叫'总统欲'的马蝇正叮着蔡斯先生,那么只要它能使蔡斯的那个部不停地跑,我就不想去打落它。"

人们在处世中会发现,往往心地仁慈博爱的人,由于胸怀宽阔舒畅,所以能享受丰厚的福禄而且长久,事事都有宽宏大量的气度;反之心胸狭窄的人,由于眼光短浅思维狭隘,以致所得到的利禄是短暂的,落得凡事只顾到眼前而临事紧迫的局面。

第三节　和以反中

有识有力,胜私制欲

有人说"酒色财气四道墙,人人都在里面藏,只要你能跳过去,不是神仙也寿长",但是,"酒无不成礼仪,色无路静人稀,财无不成世界,气无反被人欺",所以,什么事都不能一概否定,要适度,不可过度。

《菜根谭》道:"胜私制欲之功,有曰识不早力不易者,有曰识得破忍不过者,盖识是一颗照魔的明珠,力是一把斩魔的慧剑,两不可少也。"

的确,战胜私情克制物欲需要一番功夫,有些人说是由于没及时发现私欲的害处而又没坚定的意志去控制,有的人说虽然能看清物欲的害处却又受不了物欲引诱。

自私自利是人类的劣根性之一,虽然每个人都知道这是一种不好的行为,可是每个人都难以控制,但自私或物欲太强的人,多半都会遭受别人的排斥,成为自己前途事业的一大障碍,到最后由于自私自利而自毁前程。

历史上因为自私贪权,小到足以害自己生命,大到可以招致亡国之祸。楚烈王没有儿子,春申君(黄歇)因国君无太子而忧虑。李园是春申君的舍人,把妹妹嫁给春申君,后来知道她怀有身孕,李园又诱导妹妹趁机劝春申君说:"楚王很喜欢你,就是兄弟也比不上,你做楚国宰相三十多年了,而大王没儿子。百年之后,大王必定立他的兄弟,到那时各以自己亲戚为贵,你又怎能受宠呢?何况你做宰相太久,处世难免失礼于大王的兄弟,等大王的兄弟即位后,恐怕祸患就会降临在你的身上,怎么能保住相印,及江东的封地呢?现在妾已怀孕,妾和你结婚不久,外人知道的不多,假使你以将来为重,不如把妾献给楚王,楚王必定喜欢妾,再顺理成章生了儿子,那么你的儿子就是将来的楚王,楚王就成了你的了,何必身临不可预测的罪过呢?"春申君听完以上的话,很高兴,于是把李园的妹妹放在外面,然后报告楚烈王,楚烈王果然召人,又非常喜爱,生下了儿子棹,立为太子,李园的妹妹就被封为皇后,李园因此身价高贵,专权用事,想杀春申君灭口。等楚烈王死后,李园就杀死春申君,灭掉春申君全家,立棹为楚幽王。春申君贪权亡身应该给世人留下深刻的教训。

唐朝有个县令,名叫王鲁,自从就任以来暗中贪污受贿。他手下的人也跟着效法,索取贿赂,百姓们怨声载道,苦不堪言。有一天,王鲁得知上司要来察访民情,肃整吏治,不禁担忧起自己头上的乌纱帽来。他在批阅公文当中,正好看到本县百姓联名告发他手下的主簿受贿的一叠状子,更是怀上加优,神情恍惚。忧虑中,他不由自主地在一张状子上批下"汝虽打草,否已惊蛇"八个红字,从而流露出唯恐主簿被告发而牵连到自己的恐惧之情。

清朝李密庵曾经写了首《半半歌》:"看破浮生过半,半之受用半无边。半中岁月尽幽闲,半里乾坤宽展。半廓半乡村舍,半山半水田园。半耕半读半经纶,半士半姻半眷。半雅半粗器具,半华半实庭轩。裘衣半素半鲜,肴馔半丰俭。僮仆半能半拙,妻儿半朴半贤。心神半佛半神仙,姓字半藏半显。一半还给天地,留将一半人间。半思后代之桑田,半想阎罗怎见?饮酒半酣正好,花开半时偏妍。半帆张扇免翻颠,马放半缰稳便。半少饶有滋味,半多反嫌纠缠。百年苦乐半相参,会占便宜只半。"

"心不动"者是处世高人

《中庸》上说:"天所命令给予的是性,根据本性的规定行事是道。"这是说平常所有事情都由性限定,而性又来自于天道。把握自己,才能把握命运。

唐朝时广州法性寺举行的一次讲经会上,两位僧人对着风中一面翻飞的布幡,争论布幡飘动的原因。一个说:如果没有风,幡怎么会动呢?所以说是风在动。另一个反驳:没有幡动,又怎么知道风在动呢?所以说是幡在动。二人各执一词。六祖慧能听后对他们说:既非风动,也非幡动,是二位的心在动啊!

春秋时,宋国的子罕执掌重权,有人献玉给他,遭其拒绝。献玉者说,这可是罕见的宝贝啊。子罕回答说,你以玉为宝,我以不贪为宝。我若收了你的玉,你我两人岂不都失去了宝?另一则故事是,明代官员曹鼐一次捕获一名女盗,二人独处一室,女盗屡以色相诱之,曹不为所动,书一横幅"曹鼐不可"贴于墙上。在这里,子罕和曹鼐都把自己的名节看得比什么都重要。

"不妄没于势利，不诱惑于事态，心有长城，能挡狂澜万丈。"面对当今社会上的权力、金钱和美色等形形色色的诱惑，我们只要树立正确的世界观、人生观、价值观，保持清醒的头脑，自觉地从思想上筑起一道防腐拒蚀的堤坝，做到心不动、眼不迷、嘴不馋、手不伸，任何诱惑都会被我们战胜。

我认识的一个人，他到外地打工，孤身一人，耐不住寂寞。曾经有一红颜知己追随左右，后发现他是骗财骗色之徒。可这个男人纵然可以敌过商场上的千军万马，却敌不过深夜的孤枕难眠。每次聊天，他都要慨叹，他害怕了，所以没办法心动了，可他还是想。

心理的麻木却没有办法让生理同样麻木，他说对相濡以沫的妻子那种已经是手脚般的亲情，很难再有最初时的激情。他的情况现在较普遍，一些人在事业上很有成就，感情上也非常的"多姿多彩"。有所不同的是，有些人能战胜自己，有些人却把自己的所有都赌了进去，不珍惜与亲人的感情。

其实心动很简单，每个人，每一天，每一秒，都必须心动，心不动，也就完蛋了。当然，更深层意义上的心动，是一种情感神经末梢的触动，重感情的人往往波动比较大，受伤的机会也比较大，受伤后基本上很难复原，犹如心死了人也就死了，这种症状没有药物可以治疗。为什么有些人可以耐得住寂寞，而有的人耐不住呢？其实都与各自的自控力有关。

还有一个好友，他"功成名就"，一些朋友不时为他张罗物色女朋友，可是他始终没有心动过，不是那些人不好，只是他认为猎色、猎财都会有代价的，甚至得不偿失。一些人跌倒在不义之财和石榴裙下，再也没有爬起来。

现实并不允许我们太多的心动。把握自己，不让心动，因为刹那毕竟不能代表永远，把感情像商品的价格一样算计，如此处世，贩卖自己而已。

心不动，就要遵守办事的规则。一个瑞士人到海外旅行，回来时将一颗宝石藏在鞋里企图不通过纳税入境，结果被当地海关查出遭到扣留。与瑞士人同行的犹太人看到这种情况时，奇怪地问道："为何不依法纳税，堂堂正正地入境？"如果照国际惯例，像宝石之类装饰品的输出费，一般最多不超过 8%，如果照章缴纳"输入费"，堂堂正正地进入国境，若想在国内再把宝石出卖时，只要设法提价 8% 就行了。因此说，犹太人的依法纳税实在是一个明智之举。按规矩办事，心就不会乱动，给自己制造麻烦。

心不动，就要顺应客观规律办事。顺应事物运行的客观规律，就能占尽天时、地利、人和，违逆了客观规律，天时、地利、人和将全失，所以就会见财起义，结果伸手必被捉。

心不动,就要公正办事。范仲淹当宰相时曾经办理过这样一件事:他挑选了一批精干的官员,到各地去检查看看那里的官员是否称职,不称职的就在名册上画一个圈,结果有不少官员的名字被圈起来了。他的手下知道范仲淹要把画了圈的都免去官职,就劝他说:"你勾掉一个人的名字是件容易的事,可你知道,这一笔下去,他的一家人都要哭了。"范仲淹说:"一家哭,总比千家万户哭要好。"

一个人办事能公正,他的心自然没有私欲;一个人办事能正,他的心自然不存偏见;一个人办事能明,他的心自然没有隐情;一个人办事能大,他的心自然深涵广博。

在失意时不要怨天尤人

有地位、有财富,成功了不骄傲。有人认为并不是很容易。例如有些人因为地位高了,看不出骄傲来,但是内心还是觉得自己了不起,在外面正人君子,在家里却打老婆。

有许多人想不骄傲,很难做到。富贵了,地位高了会骄傲;有钱会骄傲;学问高了也会骄傲。所以要修养到"无骄",实在不容易。不过在比较上,富而无骄和贫而无怨,两者之间,还是无骄容易一点。

"贫而无怨"的贫并不一定是经济上的穷;不得志也是贫;没有知识的人看到有知识的人,就觉得有知识的人富有;"才"也是财产,有很多人是知识的贫穷。庄子就曾经提到,眼睛看不见的瞎子,耳朵听不见的聋子,只是外在生理的;知识上的瞎子,知识上的聋子,就不可救药。所以贫并不一定指没有钱,各种贫乏都包括在内。人贫了就会怨天尤人,就牢骚多,人穷气大。所以孔子教人做到"安贫乐道"。

从前有个秀才,正在家里用功读书,突然听见外面有敲门声,他出来一看。原来是个白胡子老者。

老者对秀才说:"听说你人品高尚风雅,所以特地来与你交个朋友。"秀才一听很高兴,就把老者让进屋内,两个人论古道今起来。老者学问非常好。滔滔不绝地引经据典。秀才不由得佩服得五体投地,说:"前辈真是才高八斗,我平常不能理解的道理,您都分析得头头是道。"

老者微微一笑,说:"其实我不是人类,而是一个狐仙。"说完,老者就变成了一只白狐,接着说:"我住在后山的山洞里,久闻秀才的才气过人,才变成人形来交个朋友。"说完,又变回了老者。

秀才说:"您既然是个狐仙,就一定懂得法术,替我变些钱财行吗?"

狐仙不禁有些不悦，说："这恐怕不太好吧。"

秀才连连请求："您看我这么穷，何不帮我这个忙，变一下小法术呢？"

狐仙说："好吧，但是你得给我十几个铜钱做母钱，才能变呢。"

秀才立即答应了，拿出一些零钱，交给了狐仙。狐仙拿着铜钱念起咒语，然后将铜钱往空中一抛，大喊一声："变！"只见从天空中下起了铜钱雨，一会就把屋子填满了。老者让铜钱雨停下后，说："我们的法缘已经尽了，告辞。"说罢就离开了秀才家。秀才送走了老者，高兴地转身回家，说："这下发财了！"可是他一进屋，却发现屋子里什么都没有，刚才的那些铜钱都消失了，只剩下做母钱的那几个铜钱。秀才愤怒极了，就追出门要向老者问个清楚。当他追上老者的时候，就责问道："你为什么要玩把戏戏弄我，让我空欢喜一场？"

老者说："我本来和你以文字论交，并不想帮你做贼，要是你想发横财，应该去同贼寇交朋友，我可不会如你的心愿。"说完就消失了。秀才愣在那里，半天回不过神来。

穷当然是不愉快的事情，但是钱应该用劳动去换得。秀才想贪得非分之财，真是辜负了古圣先贤教化人的苦心。

现在有人拿"安贫乐道，知足常乐"这句话，批评中国文化，说中国过去长期不进步，是受了这种思想的影响。这种批评不一定对，"安贫乐道"与"知足常乐"，是个人的修养，而且也少有人真正修养到。我们当然更不能说中国这个民族，因为这两项修养，就不图进取。事实上没这个意思，中国文化还有"天行健，君子以自强不息"等鼓舞人的名言，我们不可只抓到一点，犯以偏概全的错误。

贫穷与否取决于外界的比较和自己的所需，人经常会说，"我要有很多很多钱，或者要有很多很多爱，要有个自己爱的并且爱自己的人在身边，我就满足了"类似的话。相对很多人来说，也许这辈子都难以达成一些小小的愿望，如果不明白这一点，终其一生，就会郁郁不乐。

劝慰一个人，总要不免提及，世界上有很多美好的事情，这并不是说我们不知道世事无常，世道险恶，而是我们懂得珍惜，去享受美好的，去捕捉一个好的心情。失意时不怨天尤人，贫穷时不为非作歹。孔子把人心看透了，才有这句地道的话。

贪求害人，欲望障道

荀子《性恶》中说：尧向舜问道："人情怎么样？"舜答道："人情很不好，又何必问呢？有了妻子，对父母的孝敬就差了；嗜好，欲望达到了，对朋友的信赖就差了；

高官厚禄的愿望满足了，对君主的忠诚就差了。这就是人情呀！这很不好，又何必问呢？"

照《宋书》记载，范晔的确犯了谋逆大罪。其主要同伙是一个阴险狡诈、野心勃勃的孔熙先；而所拥立者又是一个专横跋扈、骄狂侈靡的彭城王刘义康；期望推翻的却是一位有着"元嘉治世"善政之誉的宋文帝刘义隆。范晔的倒行受到了严厉惩罚是理所当然；他的死，只能说明由于他的贪心，使他自食其果。

范晔之贪，既贪权位，又贪财、贪色。他贪权位，已"迁左卫将军、太子詹事"仍"意志不满"；时与沈演之并为宋文帝"所知待，每被见多同"，然妒忌心强，"演之先至，尝独被引，晔又以此为怨"；谋逆中，"乃略相署置"，幻想当上"中军将军、南徐州刺史"。他贪财，一个"素不为晔所重"的孔熙先，招他"与戏""共博"，在赌博中玩弄以输代贿的把戏，"故为不敌，前后输晔财甚多"，便由赌友进而成为"莫逆之好"。他贪色，奔嫡母之丧，仍"携妓妾自随"；又因不能与皇室通婚而默默不乐。那个野心无厌的孔熙先的确阴谋有术。他为了摆脱"不为时所知，久不得调"的境遇，因彭城王有恩于其父的背景，趁彭城王获罪被黜之机，密谋反逆，企图从一个员外散骑侍郎的小官一跃而登上"扶军将军、扬州刺史"的高位。他"欲要朝廷大臣"，苍蝇不叮无缝的蛋，自然找到了这位贪字当头的范公。

按说，彭城王刘义康本不应被范晔所看好；相反，那骄横跋扈的皇室贵胄其实正应是范晔的政敌。因为，彭城王擅杀功臣檀道济，被杀者正是范晔当年的顶头上司；他曾亲自惩处范晔，由尚书吏部郎左迁宣城太守，仅因范在刘办丧事时"听挽歌为乐"这种小事。然而，范晔的贪，使自己恩仇不辨，善恶不分，认贼作父。可见，一个贪字，把一个才华横溢的文士搅得何等昏昧！

正因为不少人有贪欲之心，所以一些人在处世上就设下诱饵，达到目的，某公司长期承包一些单位的工程，公司老总利用人们贪欲之心，对这些单位的重要人物常施以小恩小惠，这位董事长的交际方式的不同之处是：不仅奉承公司要人，对年轻的职员也殷勤款待。

谁都知道，这位董事长并非无的放矢。事前，他总是想方设法将对方公司内各员工的学历、人际关系、工作能力和业绩，做一次全面地调查和了解，认为这个人大有可为，以后会成为该公司的要员时，不管他有多年轻，都尽心款待，这位董事长这样做的目的，是为日后获得更多的利益做准备。他明白，十个欠他人情债的人当中有九个会给他带来意想不到的收益。他现在做的亏本生意，日后会利滚利地收回。

所以，当自己所看中的某位年轻职员晋升为处长时，他会立即跑去庆祝，赠送礼物。年轻的处长，自然倍加感动，无形之中产生了感恩图报的意识。董事长却说："我们企业公司有今日，完全是靠您的抬举，因此，我向您表示谢意，也是应该的。"

这样，当有朝一日这些职员晋升至科长、处长等要职时，还记着这位董事长的恩惠。后来，这位总裁涉嫌行贿，被捕后，一下子牵出了一大帮人。

引导合理正当的欲望

孟子提出的养心原则与方法，它对于促进与保持心理健康是很有意义的。

他认为，养心的方法没有比尽量减少物质欲望更好的了。在那些平素物质欲望少的人中，虽然也有失去善良本心的，但为数却是不多的，而在那物质欲望多的人中，保存善良本心的却为数不多。孟子是以倡导"性善论"而著称于世的，在他看来，人生来即具有恻隐、羞恶、辞让与是非等四个"善端"，如果让此四端"扩而充之"，就可以发展为仁、义、礼、智的善性。可见，他所说的"养心"，是要人们保存已有的善良本心，从心理健康的角度看，则是要讲究心理卫生，促进与保持心理健康。

怎样才能达到养心的目的呢？我国古代所说的"欲"，就是欲求、欲望，也就是今天所说的"需要"。现代心理学认为，需要是人们对一定的生活和发展条件的需求性与占有性的倾向，是人们全部心理活动赖以形成和发展的基础或动力。适当的合理的需要是应当予以满足的，但过多的不合理的需要却必须加以节制。因为前者有利于人们的身心健康，后者则对身心健康有害。从这个意义来看，孟子所倡导的"养心莫善于寡欲"的原则是积极的，可取的。

欲是人心，情也是人心，但有所不同，欲是受外物之"引"而有的，这就会出现冲突。"其为人也寡欲，虽有不存焉者，寡矣；其为人也多欲，虽有存焉者，寡矣。"这里所说的"存"与"不存"者，就是指道德感或"良心"而言的。寡欲之人，其道德感虽有不存者，但不多；多欲之人，其道德感虽有存者，但已经很少了。这说明欲望与道德情感有相冲突的一面。"寡欲"并不是不要欲，"寡欲"和"无欲"还有所不同，孟子并不是完全地反对欲望；但"寡"到什么程度，什么限度，他并没有说也很难说清，但总要以不妨碍心之所存即道德情感为限。这足以说明，儒家对人的欲望持一种很谨慎的态度，不是一概反对欲望。所以，应当明确一点，孟子的所谓"寡欲"，只是要节制那些非分之欲，引导合理欲望并且尽可能得到满足。

洪应明说："只一念贪私，便销刚为柔、塞智为昏、变恩为惨、染洁为污，坏了一生人品。故古人以不贪为宝，所以度越一世。"

这是深刻的体会，一个人只要心中刹那间出现一点贪婪或偏私的念头，那他就容易把原本刚直的性格变得很懦弱,原本聪明的性格被蒙蔽得很昏庸,原本慈悲的心肠就会变得很残酷,原本纯洁的人格就会变得很污浊,结果是毁灭了一辈子的品德。所以古圣贤认为,做人要以"不贪"二字为修身之宝,这样才能超越他人战胜物欲度过一生。

古今中外的贪官都在受贿之后,变成由行贿者摆布的可怜虫。周宣帝皇后是杨坚的女儿,宣帝使杨坚任上柱国、大司马等重要官职,地位显赫,宇文氏家族的成员对杨坚的猜忌很大,谋害杨坚的阴谋一个一个接踵而来,后来,宣帝本人对杨坚也产生了疑忌之心,他想找个借口把杨坚干掉。

杨坚

宣帝有四个美姬,她们为了争宠,互相辱骂,经常闹得不可开交。宣帝想出一计。他让四个宠姬打扮得分外妖艳妩媚,站在他的两侧,又派人去召唤杨坚。宣帝对左右武士说:"如果杨坚进来神色有什么变化,你们就立即把他杀掉。"不料杨坚上殿,脸上始终一股正气,目不斜视,宣帝只好让他退出。

大业三年,宣帝因荒淫过度而死,他九岁儿子宇文衍即位,杨坚入朝主政,宣帝的弟弟汉王宇文赞早就想当皇帝。上朝听政时常与杨坚同帐而坐,杨坚对此非常恼火。杨坚知道宇文赞是个酒色之徒,就选了几个漂亮的姑娘送给宇文赞,宇文赞满心地接受了,他的权力欲望从此减退了,搬回了王府,天天与美女娱乐玩耍,不问政事。这样杨坚于公元 581 年 7 月 14 日称帝,建立了隋朝。宇文赞由于一念贪私,良知就自然泯灭,即使有点刚毅之气也化为乌有,只能任行贿者摆布,落得可怜的下场。

孟子说:"欲贵者,人之同心也。人人有贵于己者,弗思耳矣。"欲求富贵是人人同心的,但是每个人自己有更尊贵的东西,只是不去思考罢了。这"贵于己者"就是"良知",即自己的道德情感及其善性,这是别人不能给予的,也是别人拿不走的,因而能够表现人的尊严与价值。如果当二者发生冲突时,那就别无选择,只能选择道德人格。

既不绝欲也不纵欲

欲望最大的特点是它的本身永远没有止境；当你千方百计、筋疲力尽地达到了欲想中的目标后，不仅困乏和无聊就浸透了你，新的欲望又来劳你的神了，一个更大的诱惑在朝你频频招手，于是你又一摇一晃地走过去拥抱它。随着欲望的不断升高，你消耗的心力也愈来愈多，所以放纵欲望的程度与心理的空虚正好成正比。有人说，如果人完全戒绝掉情欲，是否意味着幸福安宁呢？现代心理学已指出这种做法是错误的，违背人性的。

任何事情都有一定的量度，做事达不到这个量度或超过这个量度都得不到预期的效果。纵欲绝欲是两个极端，我们要在两者之间寻求一个平衡点，也就是运用儒家的中庸之道。善于把握"中"的尺寸，随时做到适中。

中庸处世被洪应明深刻体会，他在《菜根谭》中写道："天地寂然不动，而气机无息稍停；日月昼夜奔驰，而贞明万古不易。故君子闲时要有吃紧的心思，忙处要有悠闲的滋味。""人生太闲，则别念窃生；太忙，则真性不见。故士君子不可不抱身心之忧，亦不可不耽风月之趣。""忧勤是美德，太苦则无以适情怡性；淡泊是高风，太枯则无以济人利物。"

忧勤过度则有损己身，淡泊过度则无以利人。忧虑天下悲悯众生而全力以赴地投身工作，这种人可敬可佩，但如果一个人成了工作机器，又何以适情怡性？恬淡寡欲，不与世争，这的确了不起，但是如果恬淡到对世界竟至于冷漠的地步，则其人生境界过于狭隘，他也难逃封闭自己之嫌。从时间的角度来看，天和地看起来虽然毫无变化，但光阴流逝，从不停息。所以曾子强调，人平素要有一份远大之志，并将它付诸实践。另一方面又必须看到，白天与夜晚虽然不停地交替，但日月的光明，却万古不变。所以我们置身社会，职场打拼，不妨有份从容不迫、悠闲自得的姿态，即使在超负荷运转时，也要保持悠然高远的心境。我们既不能使身心一味地放纵，因为只图享乐，缺乏责任心，坠陷于欲壑之中难以自拔；也不能绝欲，因为无欲会使人死气沉沉，毫无生趣，于己于人，皆无裨益。所以当执其中道而行，不偏不倚才能超凡入圣。

佛果禅师在当主持时，五祖法演给了他"法演四戒"：一是"势不可使尽，势若用尽，祸一定来。"人们往往顺着势去做某些事，但在势盛时，却不知不觉播下了毁灭的种子。二是"福不可受尽，福若受尽，缘分必断。"红颜少女如果整天对镜自照，想着处处展现自己的风韵，而不能安心于能尽其能的工作，那么顾盼之间，也就变为明日黄花,人老珠黄,只好自叹薄命了。三是"规矩不可行尽,若规矩行尽,会予人以麻烦。"当领导的,如果表现的精明能干,事事限制,则属下一定成不了大器。四是"好话不可说尽,好话若说尽,则流于平淡。"任何好话,如果说得太详细就会给人索然无味的感觉。这也就是常说的"话说三遍如稻草"之意。

急于求成的念头即使存在于潜意识中,也会给人的行为制造障碍。唐诗人韦应物在《对残灯》一诗中将此情景描述得非常生动:"独照碧窗久,欲随寒烬灭。幽人将遽眠,解带翻成结。"

有一位少年,到深山请求一位异人传授剑法时,问道:"师父,假如我努力学习,需要多久才能学成?"师父说:"也许十年吧。"少年一听着了急:"家父年龄渐高,我得服侍他。如果我更加勤奋地练习,需要多长时间才能学成?"师父答:"这样大概要三十年。"少年愈发慌乱,请求说:"您先说十年而现在又说三十年,我一定要不惜任何劳苦,要在最短的时间内学成。"哪知师父的回答更让他汗如雨下,说:"这样得跟我学七十年才成。"

欲望越迫切,目标越远,实现起来就越加艰难。

生活不能太奢侈

老子的一些言论也符合"中庸"思想,即行为不要走极端,不要奢侈,不要过分。

在老子看来,自然法则是不能改变的。如果谁想改变,只能以失败而告终。企图保持权力,结果必定会失掉。老子用了一些隐喻论述他的观点,他说,天下万物,有的在前面行走,有的在后面跟随,有的送暖气,有的吹冷风,有的强壮,有的羸弱,有的得胜,有的失败。当时,大小诸侯就是这样,你争我夺,争战不已。老子最后得出结论,从政者要戒除走极端,戒除奢侈,戒除过分。

有人说,老子处世消极,什么事都想取消矛盾或消解矛盾。这种理解是不公正的。老子提出了一种解决矛盾的方法,这种方法可以避免矛盾的激化和转化,也可保持事物的相对稳定。解决矛盾不是只有一种方法,即使矛盾激化,实现矛盾的转化,这要看是什么矛盾。解决"甚、奢、泰"这样的问题,如果等激化了再着手解决,那样就麻烦了。

希望通过执其两端,使矛盾得到和解。老子的中庸思想有其合理性。中庸作为文化现象已成为我们民族性格的组成部分,作为传统思维方式它一直影响着一代一代的中国人。我们常用"太极端了","太奢侈了","太过分了"等说法描绘某人的不良行为。这说明中庸思想是深入人心的。"去甚"是正确的,极端是偏离中道的,不代表事物的主流和发展趋势。事物普遍具有中心和两端三部分,不论从空间角度看,还是从时间角度看,都是这样。

袁世凯掌握了军政大权,就想当皇帝。袁世凯要是像华盛顿一样顺民心,"去甚、去奢、去泰",建立一个民主国家,他的结局就不一样了。

物极必反,所以要去掉那些极端的、奢侈的、过分的措施。一个团队,一个公司,要有明确的目标,这样可以帮助管理者对某一具体问题做出决定,明确的目标还有助于防止管理者遇事沉不住气,采取过分的措施,必搞乱大家的心。

天下通吃,是不理性的行为,而实际上很少有人能长时间地天下通吃,这不符合博弈原则。床榻之侧,岂容他人酣睡?这种霸权者,到最后弄得自己也没有睡觉的地方。镇关西夺了施恩的快活林酒店,凭的是自己力气,会打架,还有张都监这个保护伞,但是他还是被武松给治了。

同样,一个国家强大了,老想着称霸世界,动不动就插手干涉别国事务,指手画脚,它给别人制造麻烦的时候,自己也会惹麻烦,如秦国当时多强大,可是嬴政先生却遇到了一个恐怖分子荆轲,他差点没命了。总之,偏离中心,离开轨道,就会走入歧途。

去甚、去奢、去泰,这种意识建立得早,并一直深入有志之士心里。《礼记·曲礼上》曰:"欲不可从(纵)。"《定国寺碑》有"漂沦欲海,颠坠邪山"的教诲。从古到今,节制私欲,乃做人为官之准则。清代因虎门销烟而闻名遐迩的民族英雄林则徐,就深谙此理。为此,他在故居厅堂手书条幅:"海纳百川,有容乃大;壁立千仞,无欲则刚。"林则徐为官40年,行迹遍及14省,统兵40万,位列封疆大吏,始终廉明清正,堪为节制私欲的楷模。

第一,慎用权。林则徐历任河道总督、廉访使、巡抚、湖广总督、两广总督和云贵总督,并两次被朝廷委以钦差大臣,权不可谓不重,然其用权却十分审慎。在江苏任廉访使时,他提出"察吏莫先于自察",并在官府大厅上悬挂一副"但闻己过,求通民情"的堂联。赴广州后,给夫人修书一封:"做官不易,做大官更不易,我是奉命唯谨,毕恭毕敬。夫人务嘱二儿千万谨慎,切勿仰仗乃父的势力,和官府佞相往来,更不可干预地方事务。"意犹未尽,又提笔给在京翰林院供职的长子写道:"服官者应时时作归计,勿贪利禄,恋权位……须磨炼自修,以为一旦之为。"

第二,戒贪念。林则徐家道贫寒,小时候,靠母亲和姐妹制作纸花卖钱作为生计,小时即养成了俭朴的作风。因此,他在山东济宁担任运河河道总督时,便立下一方石碑,上书"人到无求品自高",这无疑反映了他清心寡欲的品格。道光十八年,林则徐赴广州查禁鸦片。出发前,向沿途经过的州县发出《本部堂奉旨前往广东查办海口事件传牌稿》，到广州后，又在办公的衙署前悬出《关防示稿》，申明：乘轿坐车雇船，一律自己掏钱；随行人员，"不许暗受分毫"礼物钱财；餐食行准，概照市价付现钱。晚年出任陕西巡抚时，在《自定分析家产书》中，自述"田地家产折价三百银有零"，"况目下均无现银可分"，这与当时权贵们巧取豪夺、贪得无厌的行径相比，形成了鲜明的对照。

不该要的东西不能要

古人认为一个人的志向要存清心寡欲的状态下才能表现出来，而一个人的节操都是从贪图物质享受巾丧失殆尽。

齐国大夫公行子到燕国去，路上遇见曾元，问："燕国的国君怎么样？"曾元说："没有远大的志向。没有远大志向的人就轻视事业，轻视事业的人，就不求贤人帮助，没有贤人帮助，怎么能胜任国家大事呢？他只能像氏族人和羌族人一样野蛮。这样的人不担心自己的国家的兴亡，而只担心他死后不能沿用氏族、羌族实行火葬。想的是蝇头小利，危害的是整个国家的大事啊！"孟子曾多次会见齐宣王，但并不与宣王谈论治理国家。孟子的学生十分疑惑，孟子说："我要先攻破他只讲功利、霸道的坏思想。"孟子讲仁说义，就是要让齐宣王胸怀国家，放眼天下！

有志向，不贪图享受，不该要的东西你就不能要。在生活中，有许多我们愿意，而且应该做的事。同时，在有些时候、某些情况下，许多事情是我们所必须做的。哪怕是一生只能做一次，哪怕因此而中断了自己生命的延续，我们都必须不顾一切地去做。与此相反，在这个世界中，有许多我们不必，而且不该做的事。同时，在有些时候，在有些情况下，有些事情即使要做出牺牲也不能干。比如，出卖朋友。

自然，在大千世界中，也有许多我们可求也该求的东西，有许多我们不可求也不该求的东西。因此，我们有必要在这里做出选择。

如何选择？如何抉择？1948年，朱自清的胃病越来越重，这天，朱自清正在家里躺着，吴晗来到他家。递给他一份抗议美国扶日政策并拒绝领取美援面粉的宣言书。朱自清看了，不说话，只是颤颤地提起笔。在宣言上签上了自己的名字。不到两个月，朱自清便逝世了。朱自清的胃病，对食品是必须严格选择的，在那时候面粉是不可多得的好食品。如果他不签字。别人也能理解。但他还是签了，虽然他的死并不一定仅仅因为这些。我们可以想象，他忍受不了美国面粉的侮辱性，却忍受了病痛的剧烈折磨，这种选择显然是他自己的取向。

孟子曾说过，不要我所不要的东西，不干我所不干的事。求我所必求，为我所必为；当取则取，当舍则舍，如此而已。我所不要的东西，既包括我们不该要的东西，也包括我们不必要的东西。不该要的东西不要，比如，来路不明的不义之财；不必要的东西也不要，比如，名不副实的空衔虚誉。不该要不必要的东西，如果要了，人就变成了外物的奴隶，本来受人驱遣被人役使的外物便转即控制了我们自己。更厉害的，贪小利而忘大义，派生出深深的欲壑，长成吞象的蛇心，最终会一个跟头栽进万劫不复的深渊，后悔不及。

相同的道理，不干我所不干的事。干不可以干的事，往往会损害别人，会被千夫所指，会受制裁。即使不受制裁，稍有良知，也会日不安夜不宁，问心惭愧有余；良知即便全失，也免不了担惊受怕，饮食难甘，夜不成寐。干不愿干的事，就必须勉强自己，甚至要强迫自己，不能随心所欲，也无法尽心竭力，虽是举手之劳，也会觉得苦不堪言。事情干不好不说，严重的还会因此扭曲了自己、改变了自己，最终失去了精神的舒展和心灵的自由。

话又说回来，不要自己不要的东西，不干自己不干的事，说说容易，真正做起来其实很难。比如，现在有人正巴巴地送了礼来，要还是不要，就可能十分地伤神费心。这里，不但有关系自己切身利益的取舍，同时还有人情面子、人际关系的考虑。说到底，我们都是凡人，是凡人就难以超凡入圣。

这里的关键，只怕还在于我们自身。一句话，当取则取，当舍则舍。只要来得正，黄金美玉不嫌轻；不当取则不取，来路不正，一瓢一饮也算重。至少，心术不正的礼总是不能接受的，该打回去也还得打回去。

不可损人利己

孔子认为，作为有道德修养的人，他是不会老关心个人利益的得与失，更不会一心追求个人利益，否则，就会招来怨恨和指责。

为什么按照个人私利行事会招来怨恨呢？理由很简单，自私，小则妨碍他人利益，中则妨碍集体利益，大则妨碍整个社会的利益，如此后果，岂不招致怨恨吗？

一个人基于利害而做人做事，最后招来的是怨怼；对于朋友，如果以利害相交，要当心，这种利害的结合，不会有好结果，最后还是怨恨以终。

仁者爱人，他们热爱的是仁爱的同类，因为热爱同类仁爱的人，所以就会憎恶那些邪恶的人。爱与憎都是相对的，有爱就会有憎，有憎才会有爱，叫作爱憎分明。爱得深才会恨得深，恨得深才会爱得深。惩恶才能扬善，扬善必须除恶。所以，只要你一心实行仁义道德，那么就不会去做恶事了。因为仁义与邪恶完全是水火不相容的。

必须坚信义中有利,利中有义,义利合一,不可分离。义利合一在孔子看来包含两层含义:一层含义是以公益为利,利即是义,义利不分。只要对国家公众有益的事业必定可久可大,应该出于义的考虑去做,即使是眼前有所亏损也在所不辞,而对国家公众无益的投机之利必不久远,不应该出于私利的考虑去做。另一层含义是,承认经商谋利活动有其正当的价值,不应该否定,但必须用道德对其进行规范指导,使符合伦理的目的。所以,《论语》中"放于利而行,多怨"是指如果只考虑他人的利益而不考虑自身的利益,是宋襄之仁,宋襄之仁是毫不利己的最高之仁。

孔子认为强调个人的主体性而不同时强调其责任是极易坠入损人利己的个人主义的。对此孔子是存有戒心的,虽然在他看来谋取个人利益并无什么不合理之处,他尚且鼓励说:"邦有道,贫且贱焉,耻也。"是所谓"君子取财有道",但如果因此而招致"多怨",则说明此一"己"已经"损人"。意思是说,"利己"与"损人"在实践上具有可能的联系,但这一联系又不是必然的。

不要以为"利己"则必"损人"。如程子所云"欲利于己,必害于人",朱子所谓"凡事只认己有便宜处便做,便不恤他人,所以多怨",这已经是对孔子的极端化了。

人生的幸福与苦恼全是由自己的观念所造成。释迦牟尼说:"名利的欲望太强烈就等于是跳进火坑,贪婪爱恋之心太强烈就如同沉入苦海;只要有一丝纯洁清净的观念就能像火坑变为清凉水池,只要有一点警觉精神就能使火海变成幸福乐园。"可见意识观念略有不同,人生的境界就会全面改变,因此一个人的所思所想必须慎重。老想着去损害别人的利益,如何去占便宜,就会处处为己,小气贪婪,令人憎恶。这样的人,在社会上是很难有市场、有人缘的。

不要使自己的格局显得太小

三军可以丧失统帅,但是一个人的志向却不可以改变。志,就是指人的志向、志气。"匹夫不可夺志",反映出孔子对于"志"的高度重视,甚至将它与三军之帅相比。小人物也不可没有志向,没有志气,为人处世,你如何处理各种关系,如何摆放自己的位置?生活中各个方面都会检验到你是不是一个"有志之人"。志,决定着人的格局大小。

汉代的大辞赋家司马相如,出川漫游,一篇《子虚上林赋》博得了海内文名。博雅之士,无不以结识司马相如为荣。但司马相如放任不羁,又不治生业,一派浪荡公子相,显得没志气。

这一年,司马相如外游归回成都的路上,路过临邓。临邓县令久仰司马相如之名,恭请他到县衙。此事惊动了当地富豪卓王孙。他也想结识一下,以附庸风雅。但他仍摆脱不了商人的庸俗,故而实为请司马相如,但名义上却是请县令王吉,让司马相如作陪。司马相如本来看不起这班无才暴富之人,所以压根没准备去赴宴。

到了约定日期,司马相如却没有来。卓王孙如热锅蚂蚁,王吉只好亲自去请。司马相如驳不过王吉面子,来到卓府,卓王孙一见他的穿戴,心中早已怀瞧不起之意,司马相如全然不顾这些,大吃大嚼,只顾与王吉谈笑。

忽然,内室传来凄婉的琴声,司马相如一下子停止了说笑,倾耳细听起来。原来这是卓王孙的女儿卓文君所奏。司马相如弹了一曲《凤求凰》,向卓文君表达爱意。卓文君也爱慕司马相如的相貌和才华,当夜私奔到司马相如处,以身相许。两人一起逃回成都。卓王孙知道后,气得暴跳如雷,发誓不准他们返回家。

人贵有志。正所谓"有志者事竟成"也。司马相如追女孩有一套,但在为人处世上却欠妥,给人一种格局太小的印象。他如果收敛一点,讲点礼仪。装得像有志气的小伙子一样,未来的岳父不至于发那么大脾气。爱情是美好的,但如果司马相如表现得为人敬恭一些,不至于有"拐人之女"的恶名。

为人处世不能失志,失志就可能失相。听到好话一定要加以分析,看看好的背后是个什么;听坏话,也要分析,看看坏处后面还有个什么。忠言逆于耳而利于身,虽逆必听而且要改过;甜言悦于耳而害于身,虽甜必拒而且要清醒。

人生格局大小跟个人欲望有关,跟与人交往的态度和行为也有关。人的欲望是各方面的,大到权势财富,小到想成为"能人"。有一种人在生活中显得很"活跃",什么事都离不开他,俗话说,"别人挑大粪,他也想伸只指头。"这种人是被一种不正常的欲望支配着,造成了不好的名声。这种人的格局同样很小,不是那种堂堂正正做人的大格局。

所以与人交往,你得注意,捕风捉影的话不要说,说话办事要有真凭实据,如果我们向对方说的悄悄话,如风如影,纯属无倍之谈,那是很危险的,尤其是对一个人的隐私更是不可在私下信口开河,胡编乱造。如你发现某某与某某在搞办公室恋情且把它传出,当事人可能恨你骂你,伺机报复你,甚至当面计较,对抗,要你说出个所以然来,你怎么说呢?

违纪泄密的话不要说,小至单位大至一个国家存一定时期,一定范围内都有秘密,只能守口如瓶,不可泄露。有的人轻薄,无纪律性,就私下把机密"悄悄"传出去了,弄得一传十,十传百,家喻户晓,有些心术不正的人如获至宝,拿去作为谋利的敲门砖,给单位乃至国家造成严重损失。即使诸如涉及人事变动的内部新闻,你也不要去向有关的人说悄悄话,万一中途有变,你如何去安抚别人呢?如果为此而闹出了矛盾谁负责呢?向亲友泄密,不是害人便是害己。你一片热心向他说了悄悄话,他可能认为这是泄露机密,于是,他当面批评、指责你。甚至状告你,你的体面何在?有些人并不喜欢听那些悄悄话,他不领你的情,这就没有意思了。还是封锁感情,守口如瓶吧。

披露悄悄话的话也不要说,要知道这世上有些人很怪,情投意合时无话不说,无情不表;一旦关系疏淡,稍有薄待,便反目成仇,无情无义,甚至添油加醋,不惜借此陷害,从而达到他不可告人的目的。殊不知,这些抖出悄悄话的人,也要吃亏的。我们知道,悄悄话大多是在两人之间传播,试问,你一个人能够证明我有此一说吗?甚至对方出于愤怒会狠狠还击,跟编小说一样编出你的悄悄话,以十倍于你的兵力将你置于有口难辩的境地,纵然两败俱伤,也没有白白被你出卖。结果如何呢?你本是讨好卖乖,求名逐利,或发泄私愤,算计别人,不巧却被悄悄话所害。所以,假使你听了悄悄话,也没有必要往外抖,任何人在这个世上都有一片自由的天地,还是讲究信义,以善良为本,何必让人反咬一口呢?

中庸处世,对于上级的工作一定要支持配合;对于朋友一定要信任;他所信任的人,一定是与自己志同道合的,这样才能相互激励,所以不要交那些乌七八糟的不如自己的朋友,否则就会把自己带坏。限制自己的人生格局。有了过错,千万不要害怕改正。改正了对自己有好处,不改正就会积恶满盈,自食其果。一个修行的人,怕就怕自己没志气,陷入鸡毛蒜皮的小事中。

第四节 仁者爱人

要始终保留人性中的仁爱成分

人类需要爱,世界需要爱。爱使世界充满和谐,使世界成为美好的世界。地球本是人居于其中的一个大家庭,人字的一撇一捺本就意味着人与人的相互支撑——无爱不成人世界。

人要爱人,世界应该充满爱。有爱,人的世界才会充满盎然生机;有人爱,能爱人,我们才能品尝到生之欢乐,才能有不竭的生之热情——无爱的世界只是一片冷寂的荒漠。以仁心待人,仁心是我们固有的天性。

孔子说:"有仁的人是安守仁道,明白事理的人善于用仁。"又说:"一个人如果专心致于仁,他就不会做坏事。"韩愈说:"天地的大德叫作生,圣人的大德叫作仁。仁是生命的根本,生命又是仁的作用。所以产生生命的叫作仁,博爱就是仁。"以博爱为仁,实不足以完全代表仁。孔子又解释说:"仁就是做人之道。"仁是做人的道理,仁是人性的实质。一个人抛弃了做人的真性真情,怎么能说他拥有为人之道呢?

孟子:"仁就是人的心。"这不仅继承了孔子的意思,并进一步深入直指人心。说仁体现得充足就可以入圣登真。所以说,天地只是仁的流行,圣人只是仁的体现。

英雄豪杰,除了"仁",没有别的条件可以使之立德立业。因为仁充满在天地之间,所以说尽是一派生机浩然,一派生趣盎然,一派生意灿然。圣人与天地同仁,所以说圣人与天地同大。又可以说,圣人的德行与天地同高。

仁就是义。儒家将上古圣贤秘传的意旨演化出以"仁义"来作为自己的思想。仁是孔门学说的中心,而义是"行仁"的体现。我国历代圣贤以死守大道,以死殉真理,与以死赴国难的精神,都是从"仁"里面产生的。孟子揭示的浩然正气和"富贵不能淫,贫贱不能移,威武不能屈"的大丈夫气概,都是从"仁"里面培养出来的。

"立天之道是阴阳,立地之道是柔刚,立人之道是仁义。"被儒家推崇的《易经》认为仁义的精神,也是人道主义精神。儒家以"实行仁义"著称于世,他们提倡的仁义精神,用今天的话来说,就是博爱精神、正义精神。而道的实质,也是正义的实质,即义不容辞,该进时就进,该退时就退,该行时就行,该止时就止,该生时就生,该死时就死。

人的行为,如果是有条件的行为,有目的的行为,便是功利的行为;只有无条件的行为,无目的的行为,才是有道德的行为,才是行道、行义的行为。这些行为是人与禽兽不同的地方。人如果不了解道德仁义的内涵,为了苟且偷生而抛弃仁义,这与禽兽有什么区别?

仁者爱人。子张向孔子请教仁,孔子说:"要是能够在天下实施五种品德,就是仁了。"子张请问哪五种品德?孔子说:"谦恭、宽厚、信诚、敏捷、施惠。谦恭就没人欺侮,宽厚就获得群众,信诚就有人任用,敏捷就做事有功,施惠就足以任用。"

有人研究《易经》说:"易经所教导的,是效法天的大公无私,克制利欲,安于各自的环境,敦厚仁爱的本性,而能博爱万物。"仁为爱的本体,爱为仁的实用。只有仁者才能爱人,爱人就得到人;只有仁者才能爱国,爱国就能得到国家;只有仁者才能爱天下,爱天下则得到天下。

《易经》中强调:"天地最伟大的德行,是使万物生生不息,圣人最大的宝物,是崇高的地位。怎样才能保守地位呢？要博爱；得到多数人的拥护才能守住地位。又怎样才能使人聚集呢？要靠财富。因而，治理财富，端正言行，使人民分辨是非善恶。禁止人民为非作歹，就是道义。"儒家说人必然说到仁。韦昭注解说："博爱的人是人。"道家庄子认为爱人利物叫作仁。贾谊说心兼有爱人叫作仁，所以说仁者爱人。爱人就没有偏颇、没有遗弃，这样天下就归顺了。概括地说："所谓仁，非但自己要站得住并且让别人也站得住，自己要通达并且让别人也通达。能够就眼前近事取譬做去，可说是实践仁的方法了。"

一个有教养的人不会瞧不起别人

只有仁者才能喜好人，才能厌恶人。为什么只有仁者才能喜好人，能厌人呢？因为仁者爱人、不怀偏私。仁人，当自己爱别人却得不到别人的爱时，他会反问自己是否有问题；治理别人却未能治理好，他会反思自己是否聪明；以礼待人却得不到相应的回答，他会反而更加敬爱别人。

孔子见到穿丧服的人和残疾人，虽然这些人年纪比自己小，他也要站起来，以示敬意。有一次，一个盲人乐师来见孔子，孔子迎接他，走到台阶上时说："这是台阶。"走到座席边时说："这是座席。"大家都坐下后，孔子告诉乐师自己在这里。对老弱病残者的关爱与尊重难道不是我们现在所需要的？仁在现代社会，就是对人的普遍尊重，不怀偏见。

《汉书·董仲舒传》曰："仁人者，正其谊不谋其利，明其道不计其功。"

正因为仁者无私、无怨、无敌，所以最能做到喜欢好人，憎恶坏人。

一个人真有了仁的修养，就不会特别讨厌别人了，对好人固然要去爱他，对坏人也要设法改变他、感化他，这样才算对。所以说一个真正有忠于仁的人，看天下没有一个人是可恶的，对好的爱护他，对坏的也要怜悯他、慈悲他、感化他。

一个人如果能够生活在仁德的环境中，那么一定会感到幸福与安详。社会的仁风，是各个家庭共同建立的。有了仁风，居民相互团结，互助友爱，和睦共处，谁也不会跟谁过不去，有福同享，有难同当，怎么能够不幸福呢？从这个角度上讲，居住生活，如果不选择具有仁风的环境去居住的话，那实在是不明智的。

当然，我们再深层地理解一下，如果我们所交往的朋友都是仁厚的人的话，那么我们的生活也一定会幸福自在的。否则，我们的朋友全是奸猾狡诈之徒，整天都是尔虞我诈，我们自己又怎么能够安心生活，享受人间的美好生活呢？所以，孔子才会发出感叹道："里仁为美！"

心中没有仁爱之术的人，从心底上不会热爱其他的人，不会遵守礼仪道德，所以他决不会长久地处在困窘的地步，一定会想方设法使自己富有起来，膨胀起来；他不会长久地处在欢乐之中，因为安乐一久，他就会心生邪念，叫作饱暖思淫逸。一旦放纵自己，就可能害人害己。所以，仁术对于一个人来讲很重要，那就是他的本性或者素质。

而仁爱的人心存善良，热爱同类，以及其他，所以会安于仁道。即使是自己长久地处在穷困之中，那也没有关系，只要不妨碍自己做人就行了。他们没有贪欲，所以无处、无时不生活幸福；纵然生活富有，那么他们也不会因此而放纵自己，或者铤而走险，或者依势凌弱。而智慧的人，正是因为认识了仁义道德有利于自身或者人类的发展，所以才会义不容辞地去实践。小聪明的人为财而害人，终于害己；大智慧的人为仁而富贵，利人终于利己。

所以真正的君子的标志，就是仁德。一旦离开了仁德，那么君子也就不会是君子了；没有了实质，标志自然也就没有了作用。因此，即使是顿饭的时间，君子也不会违背仁德；即使是匆忙急遽之间，颠沛流离之际，他也不会离开仁德。可以说，仁德是君子的真实生命，他的一切事业和成就都是依靠仁德的结果。

喜好仁义，那么行为完善贤良，天下的人都会逐渐响应，自然再好不过了。不喜好仁义，只要厌恶不仁道，那也还算好。一个人不喜欢那些不仁道的事情被施加在自己的身上，那么不仁道的事情也会慢慢绝迹的。只要你努力去实施仁德，天天进步，没有谁力量不足够的。

仁德只是一心，只要诚心诚意地办任何事情，几乎不需要任何额外的力量。孔子说他没有见过行仁德而力量不够的人，那就是说，天下的任何人都可以实行仁德之道，而且会有所成就，就看你去做不做了。

仅有仁爱之心还是不够的

依照《中庸》的讲法，智、仁、勇是用来充实人道的动力；仁、义、礼是被充实的内容。由于人有了血肉气质和心灵智慧才能谈及智、仁、勇，并非血气心知之外，另有天所给予的智、仁、勇。在人伦关系和日常生活里，才能谈及仁、义、礼。没有人伦日用，也就没有所谓的仁、义、礼。血气心知是从阴阳五行之气那里划分出来的，于是形成本性的基本因素，因此《中庸》接下来认为"天所命令规定的是性"。人伦关系和日常生活都属于血气和心知相关的事，因此《中庸》说"根据性所具有的特征去处世就称为道"。

智，就是指不受迷惑；仁，就是指没有私心；勇，就是指能够自强。若无法做到不受迷惑，没有私心及自强不息，那就不能说具有智、仁、勇三种德性。

智、仁、勇既然是用来推行人道的，那么这三者就是诚。倘若智、仁、勇还无法达到诚，那就是不智、不仁、不勇，如此又怎能叫智、仁、勇呢？

元朝蒙古族入主中原后，贤相耶律楚材有一句常挂在嘴边的名言，即"兴一利不如除一害，生一事不如省一事。"耶律楚材文功卓卓，他任过元太祖成吉思汗、太宗窝阔台的宰相，为使元的专制政治适应于中国的统治，维护各民族的生命财产，加强民族融和等等，他确实费过苦心。从他上面的这句话，就可想见他当时的治国之术的高超。在当时特别的历史背景下，中央集权统治下的各种矛盾非常尖锐，可谓危机四伏。为此，为了加强统治，就必须采取怀柔政策，行中庸之道。一方面加强民族团结，一方面休养生息，尽量以经济建设带动政治的展开。为求得政治统治的平衡，耶律楚材将自己的治国方针浓缩为上面的那句话了，这是非常贤明的做法。中国人甘心情愿地受平衡感的支配，不管工作上或日常生活态度上，都极力避免走极端，总希望四平八稳，这种希望有它独特的可贵之处。

兴一利不如除一害，生一事不如少一事，体现出中国人的中庸心态。虽然我们的祖先创造了"三十年河东，三十年河西"及"东方不亮西方亮"充满睿智、哲理性的通俗民谚，但自有文字记载，中国人就追求持续的、永恒的平衡。除了仁爱，还有智勇，目光远大，充满理性，善于变通。中国人不怕失败，不怕一时一地的损失。曾几何时，我们的国土遭受过列强铁骑的践踏，我们的肉体遭受过坚船利炮的创伤，但是我们在与强盗、土匪的搏击中练就了坚强的民族意志和坚忍不拔的民族性格，使我们巍巍如长城而屹立不倒。这是一种"失而复得"的平衡。我们深知"落后就要挨打"的残酷生存法则，因而"天行健，君子以自强不息"也就落到了每个中国人的行为之中。吸引与排斥、正流与异化、割裂与归流、改良与保守、激进与稳健、功利与平淡、盲目与清醒、堕落与升华、停滞与跳跃，等等，都将在这种"行动"中走向中庸。

怎样赞美才是最恰当的

谁都知道与人相处赞美的重要，但赞美别人并不是容易的事，弄不好就有"拍马屁""阿谀""谄媚"之嫌。

假仁假义，是交际的陷阱，对之设防的人很多，所以不顾分寸乱送高帽是不明智的。赞扬对方，对方会心里舒服，会喜欢上你，但他发现你言过其实时，常常因此感到自己受到了愚弄。所以宁肯不去恭维,也不宜夸大无边。

不分场合,不看对象,随口就是溢美之词会毁坏自己的名声和品位。不论用传统交际的眼光看,还是用现代交际的眼光看,一个人成为他人眼中的阿谀谄媚之徒都是一种不好的事。

在美国有一位农场主,由于他的勤奋与智慧,使得他所种的农作物每一年都获得当地农会竞赛的最高荣誉"蓝带奖"。而得奖后他也一定将他所获奖的最佳品种分送给他的邻居们。大家都觉得奇怪,难道他不怕别人获得了他得奖的品种。因而在下一次的比赛中胜过他?

他解开了大家的疑问,微笑着答道:"我无法避免因风吹而使邻居的花粉飘到我的田里。倘若我不将好的种子分享给每个邻人,那么飘过来的花粉不好,也必然会使我的田地产出不好的品种,唯有在我周围的品种都是好的,才能保证我的田里产出最好的品种。而我在得奖之后,不会就此松懈偷懒,坐享其成,仍然继续努力研究改良,因此我能连续不断地获得最高荣誉,当别人赶上我去年的水准时,我早已又往前迈了一大步。所以我从来不担心别人超越我,相反,若有人超越我,将带给我精益求精的动力,让我追求更大的进步空间。"

听到他如此自信的解释,令人不得不赞叹他是真正有大智慧的人,是实至名归的冠军。反观我们周围有许多做得不错的伙伴,常常敝帚自珍,不懂去成功去感谢、赞美别人,深恐别人知道了自己的成功方法,将超越自己。如此不但伤害了彼此的人际关系,也造成孤僻小气的形象。更重要的是丧失了自己再成长再进步的环境与动力。

赞美要坦诚得体,必须说中对方的长处。人总是喜欢被赞美的。即使明知对方讲的是恭维话,心中还是免不了会沾沾自喜,这是人性的弱点。换句话说,一个人受到别人的夸赞,绝不会觉得厌恶,除非对方说得太离谱了。

赞美别人首要的条件,是要有一份诚挚的心意及认真的态度。言词会反应一个人的心理,因而轻率的说话态度,很容易被对方识破,而产生不快的感觉。

罗斯福的一个副官,名叫布德,他对颂扬和恭维,曾有过出色而有益的见解:背后颂扬别人的优点,比当面恭维更为有效。

这是一种至高的技巧,在人背后称扬人,在各种恭维的方法中,要算是最使人高兴的,也最有效果的了。

如果有人告诉你:某某人在你背后说了许多关于你的好话,这时你会不高兴吗?不少人当面听到人赞美,要么脸上发烧,感到难为情,甚至在众人面前还十分尴尬,要么反而会感到虚假,疑心对方不是诚心地赞美。

德国的铁血宰相彼斯麦,为了拉拢一个敌视他的属员,便有计划地对别人赞扬这位部属,他知道那些人听了以后,一定会把他说的话传给他。

不要把溢美之词变成廉价之词。对于不了解的人,最好不要开口就夸奖。要等你找出他喜欢的是哪一种赞扬,才可利用你的溢美之词。最重要的是,不要随便恭维别人,有的人不吃这一套。

赞美别人,首先要让人乐于相信和接受。便不能把弱智说是天才一样的离谱;其次是用词高雅,不能俗不可耐;态度端正,不可低三下四,糟蹋自己也让别人倒胃口;再者便是不可过白过滥,毫无特点,不动脑子。否则就会落入"巧言令色,鲜矣仁"的不利局面。

如何成为一个富有爱心的人

仁者与天地同在。仁心是天心,也是人心。"用仁德来保存着做人的真心",也就是保存了天地之本心,保存了人之本心。保存了人的本心,他的仁就不会丢失。扩充它,就会受用无穷。人的仁心,每个人本身就具备,不必到外面寻求。所以孔子说:"仁离我们遥远吗?只要我想到仁,仁就来了。"也就是说,仁不会远离我们的身边,求取就能得到它,舍弃就会失去它。反求于内,仁心自然存在,并且上合于天道。这样,天道也就在我的心中。

这是一个真实的故事:

美国一位大学教授和他的学生来到黑人贫民窟搞调查研究,其中有一个课题是预测该地区的 250 名黑人孩子将来的前途。学生们认真地做着报告,几天后,这份报告的结果出来了,但它令教授忧心忡忡。学生们在报告中预测,这 250 名黑人孩子将来无所作为,只能成为社会的负担。

30 年后,教授去世了,他的一位同事从他的档案中发现了当年的那份报告。这位同事在好奇心的驱使下,来到了当年的黑人贫民窟。他看到,事实并没有报告的结论那么令人沮丧,相反,发生的一切让这位同事佩服得五体投地。原来调查的 250 名黑人孩子中,除了 18 人离开故土,无最新消息外,其余的 232 人都成就斐然,他们当中有的人成了银行家,有的人成了大律师,有的人成了为企业家,有的人成了著名影星。

教授的同事逐个采访了这 232 人,追问他们何以能成功?这些人说得最多的是:"应该感谢我们的小学教师,"同事费尽周折找到了那位小学教师。此时,她已是白发苍苍的老人,说话不太清楚,可是有一句话同事能听懂:"I love these children

（我爱这些孩子）。"

　　这个故事让人想到了英国伟大的诗人罗杰斯生前和朋友们谈得最多的一个话题。一个女孩子人见人爱，有人问她："为什么大家都这么喜欢你?"小女孩天真地说："我猜，大概是我爱每一个人的缘故吧。"

　　生命的目的在爱人。我们做人到底拥有多少成功和快乐，这要取决于我们到底付出了多少爱，又有多少人在爱着我们。

　　做人最博大的自由是爱，做人最富有的财产也是爱。爱的成就无限宽广，因为它能到达一切才智难以到达的心灵彼岸。

　　爱是一种活动的情感，不是静止的物体。爱是我们生活中一种很特殊的经验，要想拥有它，最佳办法是把它施舍给别人。诚如法国哲学家蒙田所说："我们每个人都有很多的同情、很多的爱心，比维持我们生存所需要的多得多，我们应该把它施舍给别人，这就是生命开花。"

　　一个人富有宽博的爱心，自然能够设身处地为别人考虑问题。爱，不仅仅局限于通常的情爱、性爱，宽容大度，给别人多一点同情的理解，也是一种爱。

　　人活在世界上，最重要的是要有爱人的能力。我们不懂得爱人，又如何能被人所爱? 我们之所以对生命做不到深刻透彻的认识，总认为做人难，是我们还没有意识到爱人的快乐，人与都是以心交心，以心换心的。爱人的心，自然会被人所爱。

　　富有爱心的人，不但自己的生活充实快乐，而且能感染别人。你富有爱心，可能并不富有，没有炫耀的地位，没有显赫的声名，没有巨大的财产，但在精神上，你却是"富甲天下"。

　　爱心必须具有包容力，容人所不能容，包人所不能包，有宽大的胸襟。你曾经给予过的，不一定就祈求有酬谢，也许，你本可以给予得更多一些。

　　当爱存在的时候，才感到"活着真好"。不可否认，在我们的身边，在我们的周围，总是不断地有报复、争斗、嫉恨、嘲讽、猜疑、欺骗，甚至凶杀等等发生，但这些肮脏的垃圾在爱的阳光下显得那么空虚无聊，那么可憎无耻。爱把温暖和幸福，带给亲人、朋友、家庭、社会、人类。爱是永恒的主题，持久的构思，多彩的内容。我们不能看到罪恶，就否定这个世界没有爱，就像不能看到礁石就厌恶海洋，看到死亡就否定生命一样。人类之爱是先哲圣贤追求的，也是他们所渴望的，更是平常百姓祈盼的。当人与人之间把真诚、善良、平等、团结、和睦相处、赐惠，这些爱的因素剧变为炽热的能量的时候，世界将不只是一个地球村，而是一个大家庭了。

以人格的力量打动对方

"温"是绝对温和的,平和的。"良"是善良的、道德的。"恭"是恭敬的,也就是严肃的。"俭"是不浪费的。"让"是一切都是谦让友好的、理性的、把自己放在最后的。上面这五个字,也可以说是五个条件。描写了孔子为人的风度、性格及他的修养。

这五个字包含了许多,也就是中国儒家教人作为一个人,要在这五个字上做重大的研究,多下功夫。

子贡所讲孔子的温、良、恭、俭、让,是讲孔子的修养,是集中国古代传统文化之大成,他有了这样高深的修养,他具有救世救人的思想,也就是他的千秋大业。千秋大业就是学问思想,千秋事业在当时是很寂寞的,在当时虽并未受人重视,可是德及万世,名震千古。

孔子之所以能获得政治消息,完全是以人格的力量打动对方,使对方国人出于对他的信任,主动透露给他。正因为孔子具有"温、良、恭、俭、让"的品格,所以就受到各国统治者的礼遇和器重。例如,这五种道德品质中的"让",在人格的塑造过程中,就起着十分重要的作用。"让"是在功名利权上先人后己,在职责义务上先己后人。让用之于外交如国事访问,也是合乎客观需要的一个重要条件。

孔子认为,好胜,争取名声;夸功,争取名利;争不到便怨恨别人,以及在名利上贪心不足,都不符合让的原则。据此可知,让这一基本原则形成社会风尚的可贵之处是:就人情而言,长谦让名利地位之风,人们就多学别人所长而鉴人所短。前者可以导人予团结、亲睦、向善;后者则诱人嫉贤妒能。二者的社会效果截然相反。

一代国画大师齐白石先生,不但艺术成就为世人所叹服,而且人格也别具魅力。来看几件事,就会发现齐白石的确恪守着为人处世的中庸之道,极好地保留了"温良恭俭让"的思想。1950 年,齐白石年近九旬,《人民画报》社请他赐画和平鸽,他慨然应允,却又迟迟没动笔。关门弟子娄师白问何故。齐白石说:"我以往只画过斑鸠,没画过鸽子,也没养过鸽子,不好下笔啊!"后来他专门买来鸽子放养院中,反复揣摩它的一举一动;又到养有鸽子的弟子家观看鸽子,边看边对身边的弟子说:"要记清楚,鸽子的尾巴有十二根羽毛。"

齐白石这样认真。一旦答应人家就要把事情做好。

同行相径,是文人的通病。齐白石虽然誉满华夏,但他对前辈画家和同辈画家都非常恭敬,显示了一位大师、一位长者应有的谦逊风范。他曾赋诗说:"青藤雪个远凡胎,老缶衰年别有才。我愿九泉为走狗,三家门下轮转来。"他说的"三家"是指徐渭(号青藤)、朱耷(号雪个)和吴昌硕三人。齐白石对同时代的画家也尊重有加,他常以一句话来自律:"勿道人之短,勿说己之长,人骂之一笑,人誉之一笑。"他与同时代的许多画家保持着深厚的友情,在艺术上取长补短。上个世纪三十年代,某记者造谣说齐白石看不起徐悲鸿,认为徐悲鸿只不过到国外镀了层金而已。齐白石得知此事后勃然大怒,对人说:"悲鸿是我多年的知己,他画人画马冠绝当世,我佩服之至!"

1936年张大千赴北平办画展,齐白石不顾年事已高,亲往助兴,临走时还买了一幅画,来表达对大千的一片厚意。过了段时间,有人在齐白石耳边吹风,说张大千太狂妄了,一点儿也瞧不起齐白石,自诩"大千可以怒视一切"。齐白石听后,拈须微微一笑,不置一词。不久他刻了"我怒视一人"的印,弟子问"一人"指谁? 齐白石说:"我就是怒视造谣说'大千怒视一切'的这个人。"此语一出,谣言便风息浪止了。

正是齐白石"温良恭俭让",才使他如海纳百川般吸收前人和他人的艺术的精华,从而使自己的笔下渐臻化境。

今天,如果我们把"温良恭俭让"那套君子作风,引用到人际关系之中来,提高自身修养,或许不无作用。

怎样做才能让别人感激你

人与人之间的相处如不投机,即使是价值千金的重赏或恩惠,有时也难以换得对方的欢心,假如一个人有良心而又重道义,即使是在人贫困时给他一顿粗茶淡饭的小小帮助,也可能使他一生不忘此事,永远心存感激、回报之心。另外还有一种心理现象,就是当一个人爱一个人爱到极点时,如果一不小心感情处置不当就可能会翻脸成仇;还有一些平常不受重视或者淡泊至极的人,只要突然给予一点小惠,就会受宠若惊而对你表示好感。

郑国曾经派子濯孺子去攻打卫国,战败,便逃跑,卫国派庚公之斯追击。子濯孺子说:"今天我的病发作了,拉不了弓,我活不成了。"又问给他驾车的人说:"追我的是谁呀?"驾车的人回答:"庚公子斯。"子濯孺子便说:"我死不了啦。"驾车的不明白:"庚公之斯是卫国的名射手,他追您,您反说您死不了啦,这是什么道理呢?"子濯孺子回答说:"庚公之斯跟尹公之他学的射箭,尹公之他又是跟我学的射箭,尹公之他是个正派人,他所选择的学生、朋友一定也正派。"庚公之斯追了上来。庚公之斯见子濯孺子端坐不动,便问道:"老师为什么不拿弓呢?"子濯孺子说:"我今天病了,拿不了弓。"庚公之斯说:"我跟尹公之他学射,尹公之他又跟您学射。

我不忍心拿您的技巧反过来伤害您。但是，今天我追杀您，是国家的公事，我也不能完全放弃。"于是，庾公之斯抽出箭，在车轮上敲了几下，把箭头敲掉，用没有箭头的箭向子濯孺子射了四下，然后回去了。

曾国藩处世保持中庸姿态，他说，一个富贵的家庭待人接物应该宽容仁厚，可是很多人反而刻薄无理，担心他人超过自己，这种人虽然身为富贵人家，可是他的行径已走向贫贱之路，这样又如何能使富贵之路长久地行得通呢？一个聪明的人，本来应该保持谦虚有礼不露锋芒的态度，反之如果夸耀自己的本领高强，这种人表面看来好像很聪明，其实他的言行跟无知的人并没有什么不同，那他的事业到时候又如何不受挫、不失败呢！

曾国藩在带兵上也提倡仁爱，他说："带兵之道，用恩莫如用仁，用威莫如用礼，仁者所谓欲立立人，欲达达人是也。待弁兵如待子弟之心，常望其发达，望其成立，则人知恩矣。礼者所谓无众寡，无大小，无敢慢，泰而不骄也。正其衣冠，尊其瞻视，俨然人望而畏之，威而不猛也。持之以敬，临之以庄。无形无声之际，常有凛然难犯之象，则人知威矣。守斯二者，虽蛮貊之邦行矣，何兵之不可治哉？吾辈带兵，如父兄之带子弟一般。无银钱，无保举，尚是小事；切不可使之因扰民而坏品行，因嫖赌洋烟而坏身体。个个学好，人人成才，则兵勇感恩，兵勇之父母亦感恩矣。爱民为治兵第一要义，须日日三令五申，视为性命根本之事，毋视为要结粉饰之文。"

诸葛亮也是个仁义之人，他说："夫为将之道，军井未汲，将不言渴；军食未熟，将不言饥；军火未燃，将不言寒；军幕未施，将不言困；夏不操扇，雨不张盖，与众同也。"

近代反袁复辟著名将领蔡锷说："古今名将用兵，莫不以安民爱民为本。盖用兵原为安民。若扰之害之，是悖用兵之本旨也。兵者民之所出，饷亦出之自民，索本探源，何忍加以扰害？"

多少仁人志士莫不是别人有财富我坚守仁德，别人有爵禄我坚守正义，所以一个有高风亮节的君子绝对不会丧失仁义之心。人的智慧一定能战胜大欲望，理想意志可以转变自己的感情气质。

孟子说："晋、楚之富不可及也。彼以其富，我以吾仁；彼以其爵，我以吾义，吾何谦乎哉？"

第五节　情动于中

如何让感情自然流露

《关雎》是《诗经》的第一篇诗歌,也是《诗经》全书的开卷篇。描述的是一君子"追求"窈窕淑女,思念时辗转反侧,寤寐思之的忧思,以及结婚时钟鼓乐之琴瑟友之的欢乐,是一首优美的动人情歌。

孔子认为,《关雎》之诗,喜乐而不淫荡,哀悲而不伤痛,在感情的抒发上,把握得恰到好处,哀与乐也不过分,是非常难能可贵的。

"乐而不淫,哀而不伤",正好体现了孔子的"《诗》三百,一言以蔽之曰:思无邪"的高雅艺术观。

孔子在《礼记》中提到人生的研究:"饮食男女,人之大欲存焉。"男女饮食不是"性"也,不是人先天形而上的本性,是人后天的基本欲望。一个人需要吃饭,自婴儿生下来开始要吃奶,长大了就需要两性的关系,不但人如此,生物界动物、植物都是如此,因此人类文化就从这里出发。

异性纠缠,这是令许多女子颇感烦恼的问题。当今社会,青年女子在生活与工作中与男人接触越来越多,自然令一些男人心动神移,生非分之想。除了男人自己要加强修养,控制情感外,女子适时地引导男人更重要。怎样使男人们打消念头,又不至于影响到彼此关系,这是摆在青年女子面前的一道难题。你可在谈话中先恭维对方,给其一个好听的称呼,从而使对方于盛名之下难以冲动。俗话说:"爱美之心人皆有之。"你长得年轻漂亮,别人想跟你亲近,不能一概斥之为"好色之徒"。不妨夸他是正人君子,是品质优秀的人,迫使其打消邪念。有一位女子,相貌出众,在一家公司负责产品销售策划。一次跟某公司经理谈判之后,经理悄悄主动邀请她:"小喻,晚上陪我吃夜宵好吗?"小喻不得不按时赴约。见面后,经理喜出望外,情意绵绵。两人边吃边谈。小喻竭力向经理劝酒,滔滔不绝地向他介绍公司的发展计划,并不时赞扬这位经理,称他是一位有修养、有气质、讲信用、受人尊敬的年轻企业家。经理颇为得意,故作谦虚地说:"你过奖了。"临别时经理握住女子的手,郑重地说:"你是个自尊自爱的女子! 我心里会永远记得你这个完美的女孩形象的。"

在朋友之间,只有在真性情中,才能表现出真诚的友谊;在男女之间,只有在真性情中,才能看到真正的爱情。情一深化到欲,就不是真和善了,必须忍痛斩断它。所以孔子说:"发于情,止于礼。"止于礼就是中途节制。人不可能无情,无情便不能表现"性",也不能再现出"人"。人性与人情,便是做人的明显的地方。人欲可以抑制,不使之膨胀,有的人当了宰相想做王侯,获得了一百万,又想一千万,欲望没有止境,而失去真性后,就不择手段了,升官与发财的途径都不正当,离开中庸之道,结果身败名裂。

性情的流露,最贵重的是真性真情,稍稍掺假,就倾向于伪君子了。伪君子不如真小人,为害更大。所以人们认为:只有在真性真情中,才能看出真豪杰;在真性真情中,才能看到真圣人;处于顺境中,唯有在真性真情中,才能看到真气象;处于困境时,唯有在真性情中,才能看到真骨气。

做人要完整一个真我,显示出一个真我,唯有从生到死,始终保全这份与生俱有的真性真情,才能和天理同流,与宇宙共存!如此,不仅能保全我的真,也能保全天地的真。并且得之于天地的人,仍然要还之于天地。只要有天地存在,便有我的存在。

控制好自己的情绪

喜怒哀乐的感情没有表露出来的时候,内心多半处于虚静淡然、不偏不倚的境界,这称为"中"。表露出来以后符合自然常理、社会法度,做到这一点,情感中正和谐,称为"和"。"中"是天下人们最大的根本;"和"是天下人们共行的普遍原则。达到了"中和"的境地,天地便各在其位而运行不息,万物便各得其所,生长发育了。

如果天地不能行中庸之道,长久了就会毁灭,就没有今天人类社会。从太阳系的各颗行星来说,都要走在适合自己的运行轨道上,这个轨道只能有一条,不能有二条。如果有二条,行星的运行就不符合规律,天地的秩序就会发生改变。为什么杞人忧天?小行星撞上地球,地球将是毁灭性灾难。

如何理解"喜怒哀乐之未发谓之中",这句话中的情感与"中"这一天地之本的联系呢?是否肯定了情感乃人之天性,之根本呢?没有了情感的生活,就谈不上率性之道了。否定了情感,就否定了人之根本,而道就在于"和",发而皆中节谓之和。

亚里士多德也认为,任何人都可能会发怒,那是件易事。但是对该发怒之人发怒,而且要发怒到恰到好处的程度,在恰当的时候发怒,并有恰当的目的,此外做到以恰当的方式发怒,要做到这些却不是一件容易的事。也就是说,应该发怒而不发怒也是不对的,发怒本身并不一定就是坏事,而是要做到恰如其分,在适当的时候做适当的事,这就是最富挑战的事。也就是"中庸"所说的"发而皆中节谓之和"。

按现代的讲法来说,中庸之道就是某种情感的智慧。喜怒哀乐是人类的情感,这种情感生活是人类生活的根本,它产生与体验于我们的心中,乃人生自然的最重要与有意义的部分。但是这种内在的情感如何控制,如何表达却是智慧与达道之所在。和的意义就是某种智慧,使人可以将喜怒哀乐控制于恰到好处。而恰到好处的标准是什么呢?那就是"道"。道就是率天命之性而行之。这才有"道也者,不可须臾离也;可离,非道也"。换句话说,道就像水对鱼儿一样,是不可能违背的自然法则,离开了"道",你就难以生存。可以违背的道,就不是道了。

真正的道是不会远离人生,远离人情的。如果某种修道要求你远离人生与人情,那一定不是真正的道,是不可以为的道。有人将中庸之道理解为老好先生,和稀泥的做法,这是一种偏见和误解。关于《中庸》首章喜怒哀乐一段,《四书笺解》谈到中和的区分:"盖言此性之存乎喜怒哀乐未发之时者,则所谓中也。此性之发而为情,能皆中节者,所谓和也。"这是说,中与和是指性与情而言,而性情皆统于心(心统性情);心具中和之德以应万事,所以能由存养以致中,由省察以致和;人的致中和不仅是个人修养的成就,还可以促进宇宙的和谐。

《四书笺解》也提到"未发"与"不睹不闻"的区别,"喜怒哀乐之未发,与不睹不闻不同。不睹不闻以事物未接言,未发以己之所以应物者未出而加一物言。彼所言者,道之常存于心;此所言者,德之可被于物也。"朱子认为"其所不睹不闻者,己之所不睹不闻也"。王船山把不睹不闻解释为事物未接于己(故对物无所睹闻),这与朱子一致。至于以"未发以己之所以应物者未出而加一物言"解未发,是说自己并未发出以加被于物。最后两句如果用以解说"不睹不闻"与"未发"的区别。更不如用来解说"中"与"和"的区别,即未发之"中"是指道之常存于心,已发之"和"是指德之可被于物。

为人不能感情用事

孔子认为,具有高深才德的人能控制住自己的情感,但操守必须严谨,行为要光明磊落,心境要平和稳健,气度要宽宏大量,绝对不可接近或附和营私舞弊的奸邪小人,也不要过分偏激激化矛盾而触怒那些阴险狠毒的奸诈之徒。

蜀国丞相诸葛亮率军北上攻打魏国,驻扎在祁山,命令李平负责后勤食粮的供给。当时正逢夏秋之交,阴雨连绵,道路泥泞,因此军粮没能及时供应,李平就派人假传圣旨让诸葛亮撤军。当诸葛亮率军返回后,李平对此装着吃惊,称军粮充足,不明白诸葛亮为何后撤,以此来推卸责任。同时他还向皇帝刘禅谎称他让诸葛亮撤军,是为了诱敌深入以便奸灭。诸葛亮将李平写给自己与皇帝的信相对照,揭穿了李平的谎言,查办他的渎职罪,削职为民流放到樟潼。对此诸葛亮又写信给蒋琬与董承说:"陈震过去对我讲,李平这个人很有心机。我认为既然如此,就不应干出这种蠢事。想不到李平却做出了像苏秦、张仪一样鼓舌如簧,颠倒是非之事来。"

所以,为人处世,感情是可贵的,但不能感情用事。如果说感情骤然爆发出事业成功的力量,那么理智则是通向事业成功的桥梁。感情一旦失去了理智的约束,就难免把人带人失败的深渊,

我们曾有过这样的体验,运动少的人,突然心血来潮,剧烈地运动,很可能会引起心脏停搏;肚子饿的时候,一下子吃太多的食物,就会造成肠胃的不适。一个人突然做出极端相反的事情,必定会产生副作用。所以,一个人言行若是走向极端,实在是很危险的。吉川英治所写的《宫本武藏》一书中的"断弦篇",有这样的记载:

宫本武藏打败吉冈七郎之后,回到投宿的客栈时,发现吉冈的门下为了替师父报仇,早已在客栈内设下埋伏。于是武藏被迫躲在吉野大夫的房里,惊恐地度过了一夜。吉野大夫便以琵琶弦为例,对武藏说了这样一段比喻:"你这样子太危险了!情绪过于紧张,内心丝毫不能松弛。如果琵琶的弦像你这样的话,用弹指稍稍一拨,别说弹不出有节奏的声音,甚至连琵琶弦都会断裂。"

要保持适度的情绪是很难的。怎样做到恰到好处,是无法用语言表述的,只能靠经验去体会。所以说,我们每天的一举一动,都只不过是在不断地追求中庸之道。

法国思想家帕斯卡在《思想》中提道:一个人若不将自己的伟大表现出来,只表现自己的兽性,那就很危险了。相反,一个人只图掩饰自己的缺点,而夸张自己的伟大,也是危险的。然而,既不表现缺点,也不表现优点,就更危险了。只有两者都表现出来,才是有益的。所以,一个人虽不能自以为与动物相近,也绝对不可自以为是天使。也就是说,人是一种介于动物和天使之间的生物。

一个人爱出风头、唠叨不休,必定会引起他人的反感。可是过于沉默,别人也会敬而远之。为人处世也是如此,过分精明或一点也不精明,人生都不会如意。总之,在生活的经验中,我们知道,极力偏向任何一方,都是不正确的。

结婚之前的情侣,正如俗语"恋爱是盲目的""情人眼里出西施"所言,明明对方其貌不扬,可看在眼里却觉得分外可爱和美丽。一旦结婚之后,由于看得太透彻,便把恋爱时的甜蜜抛在一旁,开始互相挑剔和责备,从而造成婚姻的裂痕。

法国诗人圣布福针对这种人提出了一项忠告:"在一起生活。某种错觉是必要的,如果把生活的意义看得过于透彻,人生就太乏味了。"

人生就好像在蜿蜒崎岖的道路上驾驶汽车一样,如果脾气暴躁,猛踩油门,车子便会横冲直撞;如果疑虑重重,常踩刹车会使车子行进缓慢,甚至完全停顿下来。如果过于紧张的话,会使方向盘向左或向右无所适从,而滑出道路。过于松懈的话,到转弯的地方又会因疏忽而来不及刹车。

所以,希望开车能够平稳,希望中途不出变故而平安到达目的地,最好不要感情用事。

另外也不要不轻易发怒。《北齐书·王琳传》说:"喜怒不形于色。"发怒,是一时感情冲动的表现,当面对与自己意愿背道而驰的事情,或听到什么逆耳之言,不能用理智的、正确的态度冷静对待,没有能耐用合理的方法准确而又恰当地处理,比如:找对方理论,打电话把对方痛骂一顿,立即找人申诉,警告胁迫对方,干脆拳头暴力解决,更严重者摔东西,头撞南墙,踢桌子或踢狗,骂娘,大吼大叫,暴跳如雷等等,这种粗暴的表现,当然也是动于"中"的一种"情",但必须控制住。因为愤怒者到一定程度时,会说出不该说的话,做出不该做的事。人们发怒之后,就后悔不已。

愤怒与生气,是拿别人的错误惩罚自己,伤害的也只能是自己。当一个人愤怒而情绪激动时,整个交感神经系统都运作了,造成瞳孔扩张,心跳加快,呼吸急促,动脉收缩,肾上腺分泌等等,甚至有人气得咬牙切齿,全身发抖。在这种情况下,很容易意气用事,结果是害人害己,造成了无法弥补的损失。

为人处世,完全不发怒是不可能的,但要把愤怒降到最低度,也就是说克制住自己而不走极端。就是到了忍无可忍的时候,也要合理地宣泄怒气。

有位商人,对自己发泄怒气的方法说得非常有趣,他说:"当我自知怒气快来时,连忙不动声色地设法离开,跑到健身房,或和拳师对打,或猛力捶击皮囊,直到发泄完我的满腔怒火为止。"

当你遭受不公正的待遇时,大有心中怒气冲决之势,不妨确立一个"假想敌",把无限不平之气都发泄在它的身上。古人留下了不少制怒的方法。有一个人性情特别急躁,一次受到过火的批评,他满肚子怨气,欲以拳脚施以报复。他的朋友见状,忙把他拉到菜地,命其挖土。他下意识地刨个大坑,尔后填上,再刨、再填,如此反复,终于胸中怒气消散了。还有人以笔作武器,将心中的话儿倾注到纸上,也是一种很好的自我宣泄方法。

如何体现对朋友的情谊

许多人交友常常涉及这样的误区:好朋友之间不需要讲究客套。他们认为,好朋友彼此互相了解，亲密无间，如兄如弟，讲究客套太拘束也太见外了。然而，他们不知道朋友关系是以相互尊重为前提的，容不得半点干涉、强求和控制。彼此之间只有情趣相投、脾气对味则合、交，反之，则离、绝。朋友之间再熟悉、再亲密，也不能不尊重对方，不讲客套，否则，默契和平衡将被打破，友好关系将不复存在。

充沛的感情能促进和谐深沉的交往，这种感情不是矫揉造作，而是真诚的自然流露。中国自古为礼仪之邦，用礼仪来维护和表达感情是人之常情。

好朋友之间讲究礼仪，并不是在一切情况下都过于讲究礼仪。一味打躬作揖，则更加糟糕。朋友间的交往要恰如其分，不强交，不苟绝，不面誉以求新，不愉悦以苟合。

朋友之间，在非原则问题上谦和礼让，宽厚仁慈，但在大是大非面前，则应保持清醒，不能一团和气。见不义不善之举应阻之正之，如果没有能力劝阻，也应做到不推波助澜。如果明明知道有人在行不义不善之事，却因他是长辈、上司、朋友，便装着没看见，这是自私的倾向。有时候，立定了脚跟做人，的确是会冒风险的，也可能会受到暂时的委屈，受到别人的不理解，但是这种公正的品德，最终会赢得人们的尊敬。

许多人只知道尉迟恭是唐朝一名莽勇的将军，却不知他也是一位以"和而不流"著称于世的君子。

有一次，唐太宗李世民在朝间与吏部尚书唐俭下棋。唐俭是个直性子的人，平时不善逢迎，又好逞强，与皇帝下棋却使出自己的浑身解数，把唐太宗的棋打了个落花流水。唐太宗心中大怒，想起对方平时种种的不敬，更是无法抑制自己，立即下令贬唐俭为潭州刺史，仍不觉解气，他又找来了唐俭的朋友尉迟恭，对他说，唐俭对我这样不敬，我想借他而诚百官。不过现在尚无具体的罪名可定，你去他家一次，听他是否对我的处理有怨言。若有，即可以此定他的死罪！尉迟恭听后，觉得太宗这种张网杀人的做法太过分，所以当第二天太宗召问他唐俭的情况时，尉迟恭只是不肯回答。反而说，陛下请你好好考虑考虑这件事，到底该怎样处理。唐太宗气极了，把手边的茶杯狠狠地朝地下一摔，转身就走，尉迟恭见了，也只好退下。

唐太宗回去后，一来冷静后自觉无理，二来也是为了挽回面子，于是大开宴会，召三品官入席，自己则主宴并宣布道："今天请大家来，是为了表彰尉迟恭的品行。由于尉迟恭的劝谏，唐俭得以免死，使他有再生之幸；我也由此免了枉杀的罪名，并教我以知过即改的品德，尉迟恭自己也免去了说假话冤屈人的罪过，得到了忠直的荣誉。因此，赐尉迟恭绸缎千匹。"

苏轼说："威不可立也，惟公则威；明不可作也，惟虚则明。"唐太宗这样做，当然是为了显示自己的"公正";同时,他也感谢尉迟恭。假使迟尉恭真的按他的话去陷害唐俭而致其死,又能保证唐太宗肯"公正"起来,不治罪于尉迟恭呢? 与朋友相处也是一样,如果是真的待人,就应该对他加以爱护,不但帮助他渡过种种难关,而且也要帮助他克服种种缺点。这才是珍贵的情感体现。

如何同情人好好相处

她和男友相恋三年,她应该顺理成章地成为他的妻子。但在她的记忆中,男友一直不曾对她温柔地说过"我爱你",觉得他一点都不浪漫。

直到有一天,男友郑重地对她说:"我们该结婚了。"她找不出拒绝的理由,但也找不到立即应允的感觉。她说要考虑一下,她想让男友给她讲出答应的理由。男友竟点点头,没有表示任何异议。结婚成了摆在她面前的严峻的问题,能不能嫁给一个缺少浪漫的人呢?

不少年轻人习惯于将爱情幻想成充满浪漫的故事,会得到许许多多出人意料的惊喜。但实际上,在爱的历程里,最让人感念一生的,往往不是那些平常总挂在嘴边的"浪漫"或"刺激",而是那些不经意地渗入两个生命中的小小细节,看似无心的一举一动,其实包含了心与心的共鸣以及爱的默契。

一对夫妻一起上街,并肩走着。到了一个拐角处,街道忽然变窄,本来在丈夫右边的妻子轻巧地向前一跳,跑到了他的前面,走在他的左边。丈夫忽然慌了,急忙跑步赶上,将妻子拉到右边,说了声"危险"! 一辆大卡车就在此时呼啸而过。

并没有惊魂的事情发生,只是卡车将地上的泥水溅了男友一身。他仍在嗔怪妻子:"不是告诉过你,走路要在我的右边,为什么不听?"这只是一瞬间,妻子却感到超过一生的感动和幸福。丈夫一直对她呵护有加,即使走路时也要将她放在右边的内侧,他用他的身体为她遮挡左边外侧的人流及一切。

妻子感到她是世界上最幸福的人,而在这之前她总是以为他不懂得爱,不够浪漫。

真正地爱一个人时,其实不需要用什么招式,你只需在一旁默默地注视着,用心去体会对方的快乐和痛苦,并在对方感到失意时及时伸出温暖的双手。

爱人在生活上给了我帮助;爱人在事业上给予我支持;爱人承担了家庭中许多的责任;爱人将和我一起度过人生的风风雨雨。你要真诚地赞美爱人!

发自内心的爱,最有力量,也最容易引发彼此的共鸣。在对方需要帮助的时候,伸出援助的双手;在自己遭受挫折的时候,对方也会鼓励你鼓起勇气,不断拼搏;在你寂寞的时候,爱人带给你心灵的安慰;在你快乐的时候,爱人和你一起分享;爱人带来了生活的甘泉;给了你工作的激情。所以要真诚地爱自己的妻子或丈夫!

明白这一点,你就知道什么比浪漫更珍贵了。

男女相识相爱,走进婚姻的殿堂,彼此之间要互存感恩的心态,感谢对方来到自己身边,无怨无悔地陪伴自己;感谢对方付出了真情实意,共同构建一个小家庭。

"我是幸福的,因为我爱,因为我有爱,所以我幸福。"记住白朗宁的这句话。夫妻相处久了,相互的缺点要能彼此忽视,彼此包容,要看到对方的优点,并经常赞扬对方,让对方在家庭里永远觉得自己是不可缺少的一个,感觉自己在家庭里的分量无可比拟。

虽然婚姻生活是琐碎而平淡的,但是只要我们用心去经营,努力去适应,同样我们也能够从中体会到无穷的乐趣。

情人间要多理解少斗嘴

男女情爱,幸福之中有苦恼,有人甚至说"爱情是枚苦果"。两人世界,相处是门学问,现在谈恋爱与分手前后过程比喝杯水还简单,一方面是受观念影响,另一方面与不善于彼此相处有关。

有的恋人分手只是为了一件小事,三句话不对路,就多愁善感,就大吵大闹,大可不必。恋人之间的斗嘴,一般并非要解决什么实质性问题、做什么重要决定,而仅仅是借助语言外壳的碰撞来激发心灵的碰撞,从而达到两颗心的相知与相通。因而恋人们常常为一句无关紧要的话、一件微不足道的事斗得不可开交,局外人很难领会到其中的奥妙与乐趣。

有些恋人间的斗嘴,从形式上看和吵嘴很相似。你奚落我,我挖苦你,毫不相让,锱铢必较。但与吵嘴根本不同的是:斗嘴时双方都是以轻松、欢快的态度说出那些尖刻的言辞,有了这层感情的保护膜,斗嘴就成了一种只有刺激性、愉悦性却无危险性的"软摩擦",成了表现亲密与娇嗔的最好方式。不难想象,当流泪说出"你该死,你混蛋"时,脸上是带着亲切而顽皮的笑容的。如果换一种冷若冰霜的态度,那么这句话就不再是斗嘴,而变成辱骂了。

正因为斗嘴具有形式上尖锐而实质上柔和的特点,它就比直抒胸臆式的甜言蜜语有了更大的展示人间真实感情与丰富个性的广阔空间。所以沐浴爱河的许多青年男女都喜欢进行这种语言游戏,在这种轻松浪漫的游戏中,加深彼此的了解,增进相互的感情,同时也调剂爱情生活,使恋爱季节更加多姿多彩。

要把握好感情的深浅。谈话有一个总的原则:"浅交不可深合。"这话同样适用于恋爱中。如果双方还处在相互试探、感情较浅的阶段，要想以斗嘴来加深了解，可以选择一些不涉及双方感情或个人色彩的一般话题，如争一争是住在大城市好还是住在郊外好，斗一斗是左撇子聪明还是右撇子聪明等等，这样双方可以不受拘束，安全系数也大。如果已是情深意笃，彼此对对方的性格特点都比较了解，斗嘴就可以幽默的方式进行。

最好不要刺伤对方的自尊。恋人间斗嘴，最爱用揶揄对方，往往免不了夸张与丑化。但是这种夸张与丑化，也要照顾到对方的自尊，最好不要涉及对方很在乎的生理缺陷或他（她）很敬重的父母，也不要挖苦对方自以为神圣的人和事，否则就有可能自讨没趣，弄得不欢而散。

要留心对方的心境。斗嘴因为是唇枪舌剑的交锋，就需要有一个宽松的环境、充分的心灵余裕，才能享受它的快乐。因此斗嘴时要特别注意恋人当时的心境。大家都有这样的体验，心情愉快时，可以随便耍嘴皮、开玩笑。可你的恋人正在为结婚缺钱而愁眉不展时，你却来一句："你怎么啦？满脸晦气，像谁欠你二百块钱。"没准会受到抱怨："人家心烦得要死，你还有心逗乐，我找你这个穷光蛋真倒透霉了。"这样，斗嘴的味道就会变得苦涩了。

工作上如何回避同事恋情

有个朋友在办公室里发展了一段"办公室恋情"，两年了。他说，刚开始战战兢兢，因为公司对这方面的事情态度有所保留，我进公司不久，怕丢了工作。后来虽然恋情公开，但最近我越来越觉得这种状态不能再维持下去了。我考虑到的是影响与前途问题。情绪上，我希望是自己离开，因为我已经有点厌倦公司里的某些人与事；理智上，男友离开比较合适，因为他起点比较高，容易谋求到一份更好的职业。现在我拿不准主意，要不要跟男友商量迈出那一步？我的工作能力比较强，领导也挺看好我，而且我现在还想读书，因为要不进修的话，迟早有一天要被淘汰。但读本行并不是我的兴趣，我更喜欢书法、乐器方面的东西，我是不是很不切实际？很不理智？

办公室恋情不可一概否定，你得在事业与爱情中有个权衡。真正地爱上一个人，你可以去追求，但婚姻外的恋情，必须理性对待。

如果你和办公室里的帅哥，仅止于约了几次会，而你们其中一人已打算中止恋情的发展，你们仍可以恢复同事的关系而不会有太大的副作用；但如果你们已发展到缠绵悱恻的地步，那么想在工作上不受影响，就不那么容易了。

尽量不要使办公室恋情曝光。如果别人发现了，会猜测你下班后去哪里，而不再关心你的工作表现；如果你是和一位高级主管约会，别人更可能这样想：你是靠和男人上床来提升自己的职位。

你不会希望有人以错误方式来评估你在公司的能力表现与价值，切记谨慎处理各类传闻，你可以将你们到公司上班的时间错开。因为再没有比同时走进公司更明显表示："我们昨天一起过夜。"

尽量别在上班时间碰头并尽量减少独处的时间，相反地，你应多花点时间和同事一起用餐，或参与团体活动。

不要把私人事情带进办公室。如果你的确需要在上班时间讨论私事，到外面讨论，去吃午餐，去公园，或者除了你和她的办公室之外的任何地方。

除非是你的上司开门见山地质问你，且在那种情况下，你应该坦白承认恋情，然后表明早先你没有告诉他是因为你不认为这会影响到你的工作表现。结果可能是，如果你说明你自己能控制得很好，而你也没有因为在工作场所和男朋友打情骂俏而被叫进主管室，主管便会相信你。

恋情发展到一定的阶段，两人都觉得彼此关系已经稳定了，公开恋情不影响两人的关系，这时候不妨选定时机和方式公开。而当你准备公之于世，做法要有技巧。

有很多理由支持你不必刻意排除同事在理想对象的搜寻范围之外，维系办公室恋情的关键在于，如何拿捏得当而不致将自己陷入死胡同中，或者将自己的事业毁于一旦。以下提出的办公室恋情注意事项，目的在协助你先评估好自己能否承担压力，不会被办公室恋情的后遗症击垮。

如何避免露出你已失去专业眼光的形象？那就是你们应尽量避免太密切地合作。如果你必须评估他的工作，不要对他过于宽待，但也不要矫枉过正，失之过严。

千万别尝试在办公室亲热。如果你在办公室做爱被主管发现，你可能还来不及知道职业介绍所怎么走就被解雇了。就算发现的人是同事，这种关起门来"两人世界"的做法也不值得冒险。何况，在办公室做爱根本不是什么光彩的事。

分手必须审慎处理。如果提出分手的人是你，你的终极目标便是不能让他四处宣扬，要是他觉得受伤，更可能如此。决定和男友分手时，向他强调自己真的很喜欢他，但眼前还不是她想要拥有的稳定关系，这让对方觉得好过些。

当恋情涉及权力阶级时，例如上司如果和下属发生恋情，等于是为公司招惹性骚扰罪名的可能。女方只要有一丝丝无法拒绝对方，便会有失去工作的可能性，根本无法证明这是两厢情愿。如果你是和上司约会，你失去饭碗的风险就更大。因为和老板交往的女性会降低专业声望。和老板约会让你变得更孤立无援。即使同事们不多说你话,他们可能也会觉得你已不再属于他们一群。如果是你和他分手,你可能要付出代价。上司被你甩了,他难免觉得丢面子,也许无法直接炒你鱿鱼,但是他可以用其他小动作让你不好过,让你在原来的工作待不下去。

所以,把握自我特别重要。在进入公司之前要告诫自己,绝对不要发生办公室恋情。

要问清楚主管以及每个员工的恋爱和婚姻情况,从张三那里问李四,从李四那里问王五,因为有时直接问对方他或许不高兴,或许隐瞒事实,有的人为了讨异性喜欢,正在谈恋爱也说没谈。

工作中只有同事没有男女,所有的怜香惜玉请在工作外进行,工作中只遵守办公室规则即可。

尽量避免与上司喜欢的异性同事单独在一起,请上司吃饭,上司如果建议可带上一个异性下属,那你对这个同事,热情绝对不能过度。

已婚同事请在第一时间告知大家,自己已婚,并在显著位置摆放家庭合影,一些场合携老公(或老婆)出席。

最好在办公室恋情发生后,一方离开此公司。如果你爱上上司喜欢的异性,就准备着被他炒鱿鱼吧。

侮辱自己必然招来他人侮辱

人一定是先有自取其辱的行为,别人才会侮辱他。这是孟子引用孔子的话,说明自尊与取辱的关系。自近代以来,中国一直遭列强侵略,原因在于政治腐败,国家贫弱,让列强有可乘之机。如果当时中国十分强盛,充满民族自尊心和自信心,列强就不敢轻动刀兵了。大到一个国家,小到一个家庭、一个人,没有自尊就不能自强,就不可避免地要遭受屈辱。

朱熹说:"自敬,则人敬之;自慢,则人慢之。"孟子和朱子的言外之意,都是劝诫人们,人一旦失去尊严,再受到他人的欺侮便纯粹是自作自受了。

人生在世应该重视发现和发掘天赋的美德。人类自诞生的第一天起就是"共生"的。人类社会形成以后,这种"共生"是靠天赋的光明崇高的美德来维系。例如人与人之间需要互敬互爱,国与国之间需要互惠互利,等等。所谓"人不为己,天诛地灭",是人类社会的败类说的话。实际上是"人人为己则天诛地灭"。就像孟子讲的那样:如果人们都只顾自己吃得饱,穿得暖,住得安逸,而没有教育,那就跟禽兽差不多。所以圣人感到很担忧,便用伦理道德教育人民——父子间有血缘之亲,君臣间有礼义之道,夫妻间有内外之别,老幼间有长幼之序,朋友间有诚信之德。总之，人类社会需要社会的公共道德来维持它的存在，来促使它的进步和发展。相对每一个人而言，公共道德包括家庭美德、职业道德和社会公德三个部分。虽然不同的社会历史时期的社会公德有不同的内涵，但是，其精髓万变不离其宗——人人关爱社会，就是关爱自己；人人只顾自己，则将危害社会，最终自己跟着遭殃。《尚书·商书·太甲》讲："天作孽，犹可违；自作孽，不可活。"这与孟子讲的都是同一道理。由此看来，所谓"天赋美德"，实际上是人类在社会生活中自己找到的赖以生存的应该共同遵守的行为准则。

人智慧者彰显伟大的德性。既然"天赋美德"是人类应该共同遵守的行为准则，就必须体现在人类的行为中。唯其如此，人类社会才能和谐进步，才能文明昌盛。这是被绝大多数的人接受，而且成为人类社会意识形态的主流。当然，人性也有"可使不善"的一面，但它很难占主导地位；一旦它占主导地位，人类社会就会混乱，就会倒退，人们就要想办法拨乱反正。同时，人类为了预防这类情况发生，从来也没有停止过惩恶扬善，醒民济世。

天赋美德在自明，在人们自我发现，自我发掘，自我彰显。所谓"自我"，大的角度是指人类应遵守共同的生活准则，共辱共荣，共求和谐进步和发展；小的角度是指每一个人都应从我做起，立志为振兴中华做出贡献，为世界和平自由民主做出贡献。孟子讲："学问之道无他，求其放心而已矣。"就是说学习的途径没有别的，就是把那丧失的善良本性寻回来而已。人之所以相差一倍、两倍、甚至无数倍，就在于自己没能发挥自己的聪明才性，或崇高的美德。

流露爱意，不存邪念

在社会交往中，你不可能总是与同性接触，你的生活圈子里有你喜欢的异性，这也很正常，但是要学会不偏不倚地处理两性之间的关系。我的意思是，男女领导与被领导关系是随自己的工作而形成的，同事关系在分工协作关系中形成的，朋友关系的形成的途径之一也在工作关系中。男人、女人、领导、同事、朋友，这是一个人际关系的整体，我们要用理性的观念来对待这种交叉性的整体关系。有时工作上的困难往往因同事、朋友的帮助而迎刃而解。处理好交叉的人际关系，如男女同事关系，会给工作带来方便，但处理得不好的话，就会给工作带来麻烦。是非都因人而起，男女同事之间如果距离分寸把握不好，是非不断，问题不断。

人是有感情的动物，如果在工作中将男女同事关系看得太僵，必然不利于构建一个合适的工作氛围。我相信不是每个人每天都能将男女同事关系处理得那么融洽，否则大家都是圣人了。我见过的比较合适的氛围，是有不同性别的人在一起工作,却彼此能有一种默契和尊重,相互像兄弟姐妹一样,没有别的奇怪的想法和念头。

爱的机缘是存在的,但男女情爱这种事情发生后,如果公司强制解决,必然会使员工心生怨恨。如果觉得此类事情发生会影响个人业绩,主管必须尽早与相关人员讲清利害关系,以理服人,才能使个人在处理此类事件时保持"理智"。任何可能伤害个人自尊的言行都会导致工作上的抵触和涣散。

同时我觉得一个感情成熟的人是不应该逃避男女同事相处这个问题的,如果有恋情发生,确实是己有所想,而且是两情相悦,他们也应该知道该怎么做,以及会有什么后果。

有一位部门经理,他有一个能干又外向的女助理,刚开始外面有很多流言,尽管他们之间什么事都没有发生。可见男女关系受重视的程度!

他想,要避免发生这种过于亲密关系的做法是分清工作与生活。上班时大家是合作良好的同事,下班后则享受自己的生活。关键是不能让其他人感到他在工作上由于感情的倾斜,制造了矛盾,或者造成了负面影响。

为了工作的便利,或者社会的交往发展下去,你可以对身边的异性表示好感,甚至还有必要流露爱心,但感情要真纯,让对方感到一种虚荣和满足。你不能让对方发现你有邪念,那样,相处的气氛就变了,对方的戒备,使你与其接近就更困难了。另外,人是最敏感的动物,你对异性稍有念头,就会被其他人看出来,藏是藏不住的,这会影响你的形象。所以,一般关系而非情人关系的男女,在一起的时候,心念正,这是首要的。否则有两个发展方向,一是不敢再接触,一是成为情人,而婚外恋是不能公开的,还得要在他人面前装着没那回事似的,这好累啊。

如何避免争吵升级

孟子提供了一个转移矛盾冲突的好办法,把忍不住的心事用到能够忍的事情上,你就解脱了。人与人相处,发生争吵在所难免,夫妻也不例外。对此,一旦有了纷争,即使认为自己一方在理,也应避免过分的数落、指责。这时候,最好的方式是使用调侃、幽默的言语,浇灭对方的怒气,达到释疑解纷的效果。

有一妻子虚荣心重,当夫妻商量出席友人婚礼时,她缠着丈夫要买一种昂贵的花帽。此时正值夫妻闹经济危机,丈夫自然不肯答应花这笔钱。争吵中,妻子赌气地说:"人家小叶和小金的爱人多大方,早就给自己的夫人买了这种花帽,哪像你,小气鬼!"丈夫不愿争论,只是故意夸张地说:"可是,她俩有你这样漂亮吗?我敢说,她们也有你这样美,根本就不用买帽子装饰了,是吗?"妻子一听幽默的赞语,不觉转怒为笑，一场争吵也随之止息了。

李丽和张凯是高中时的同班同学，两人成绩优秀，又志趣相投，结婚后一段时间也很幸福，可是他们彼此都少了一份经受挫折的能力。面对社会的喧嚣和生活的压力，他们之间有了争吵。"夫妻哪能有不吵架的"，李丽总是这样自我安慰，尽力忍让，苦心经营自己的"幸福婚姻"。一天晚上，夫妻两人为点琐事吵了起来，张凯抽出皮带，狠狠地抽打着妻子。一道道血口子疼得李丽满地打滚，她冲出家门要回娘家。张凯似乎醒悟了，他拉回妻子，向她道歉，请求原谅，保证以后再也不打了。望着后悔的丈夫，李丽不知道该不该原谅他。

夫妻间争吵过多，所谓"大吵三六九，小吵天天有"的话，就会使感情受到伤害而产生隔阂。"哀莫大于心死"，当一方饱受伤害之苦而达到忍无可忍时，就会使之对婚姻丧失信心。

面对丈夫一次次挥舞着的拳头，有的女人选择了走上法庭、结束痛苦的婚姻，这无疑是一个明智选择。

但是，夫妻两个思想不同环境不同思维方式行为方式不同，生活在一起，怎么会没有矛盾？矛盾并不可怕，可怕的是矛盾升级，发展为家庭暴力。

有了芥蒂，就要及时交流和沟通——这是避免家庭暴力途径。

不少问题夫妻寻求帮助，他们的矛盾很大程度上就是因为没有及时的相互交流和沟通，除了吵闹就是冷漠。

为什么不和对方好好说说？他（她）却说自己没有心情对方也不听。这种判断是错误的。即使真的是这样，得从改变自己的心情做起。自己的心理失去平衡，不可能去校正对方的心理。作家卢梭说过："你只要有一件事对你所爱的人保守秘密，你不久就会无所顾忌地把什么事物都对他保守秘密。"

夫妻发生矛盾，先要冷静，然后找个恰当时机开诚布公地谈一谈。如果你想挽救婚姻，这是唯一的出路。心结心结，由心而解。不管什么样的方式，当面也好，书面也罢，积极的行为决定最好的结果。

吵架并不可怕，高明的吵架有助于夫妻间意见的统一。改变思维，这样想，也是有帮助的，不至于一吵架，就以为夫妻感情完蛋了。看到失败结局的人，不会采取拯救的措施。

吵架了之后，不管谁和谁先说话，不管谁先给谁台阶下，对方都应该心领神会的知道矛盾的瓦解。

如果有谁还死揪着过去不放，或者摆臭架子非要让对方磕头请罪，那就是不明智了。

婚姻可以有很多的比喻,但有个比喻,我非常欣赏,那就是把婚姻比做只有两个船夫的船,如果有谁不肯出力,那船只会原地打转。只有两个团结的人同心协力才能把船驶向幸福的彼岸。路途上,可能有暗礁,可能有风雨,可能有更美丽的景致,但你们俩一定要团结,记住你当初上船时的誓言——爱他(她)一生一世。

现在对于结婚和离婚都宽容多了。这些宽容让我们可以更加理性地注重婚姻的质量。随着性观念的解放,性需要不再是将年轻人推向婚姻的主要动力,但不可把婚姻看作一场浪漫激情的游戏。在高离婚率现实中,一种新观念正在将爱情和婚姻进行游戏化的包装。其内核是"不在乎天长地久,只在乎曾经拥有"。婚姻在年轻人心中成了"好玩的东西",无所谓上演一场游戏一场梦。我并不对这现象作道德评判,但认为这样的趋势不会带来人生真正的快乐和幸福。

所以围城中的男女也好,婚姻殿堂里的夫妻也好,都要怀有一颗持久的心,不能脆弱和浮躁,一两次争吵,或者意见不统一,可以调解磨合。沙滩上搭房子的游戏,是建立不起爱情与婚姻的大厦的。

幸福婚姻和家庭不可缺少的元素:

1.宽容:人不是圣贤,焉能无过?在婚姻的漫漫旅程中,不会总是艳阳高照、鲜花盛开,也同样有夏暑冬寒、风霜雪雨。面对生活中的一些小矛盾,学会宽容和忍让,你就会发现,幸福其实就在你的身边。

2.信任:相互信任是婚姻巩固的基石。没有巩固的基石,也就不会有爱情的枝繁叶茂。

3.沟通:夫妻生活以及生命中的各种姻缘际遇,是一种不断变化、不断死亡、不断更新的动态过程。自以为很了解对方,却没想到心中的爱人,也随着时光岁月,渐渐成熟与变化。只有通过沟通才能让变化中的人彼此了解,才能让爱情之树常绿常青。

4.责任:夫妻双方要对自己的家庭共同承担义务。如果失去了责任的约束,任自己内心的各种私欲膨胀,那么欲望泛滥的结果就是爱情的枯萎、婚姻的死亡。

第六节 中道而立

如何培养自己的亲和力

人类进入社会之后,便有了分工,出现了不同的阶层,有了官和民、君和臣。官与民、君与臣各自完成了自己的职业,社会的秩序就安定,人民的生活就幸福,天下就叫作太平了。然而,随着私有制的发展,人际的关系变得复杂起来,公正和睦便被金钱与权势所代替,于是官与民、君与臣的天平便出现了倾斜。

官民君臣各安其分,各守其职,就是正确;不安其分,不守其职,徇私枉法,就是过错。而君王、官吏、大臣、百姓各自所犯的错误,也有各自的类型,因为大臣不可能犯君王的错误,君王也不可能犯臣下的错误。所以,人们各自所犯的过失和错误,总是与他们的社会地位相适应的。由他们的过错,就可以看出他们的社会地位;观察出他们的社会地位,就会知道他们应该怎样去做。

洪应明说:"天地之气,暖则生,寒则杀。故性气冷清者,受享亦凉薄;唯和气热心之人,其福亦厚,其禄亦长。"

美国《福布斯》杂志因推出"全美400首富排行榜"而蜚声世界。它的几任老板都是很有亲和力的人,他们的领导风格是:完全信赖,大胆任用,对员工的优秀表现给予真诚的赞美。

在这里,哪怕新来第一天的人,也能在他的职权之内按自己的意愿工作,而不会受到任何干涉。如果干得好,其收获是丰厚的奖励和令人惊喜的赞美;如果干得不好,那是自己的问题,即使被开除,也没有人会产生怨言。

以赞美进行激励是《福布斯》传统的人际交往方式,它的第一任老板柏地·福布斯曾说:"一般人一被夸奖,就算他没那么好,他也会因此尽力做好的。"本着这种理念,他从不吝于赞美那些值得赞美的人。

《福布斯》的第二任老板布鲁斯·福布斯是个很有魅力的人。他和员工关系很融洽,深受大家的爱戴。在每逢发圣诞节奖金时,为了避免给人以施舍的印象,他会走到每个人的桌子的面前——连邮递室的员工也不漏掉,一一握住他们的手,真诚地说:"如果没有你的话,杂志就不可能办得这么好!"这句话让每个人都感到心里暖洋洋的,荣誉感和责任感也油然而生。

第三任老板马孔·福布斯也极善赞美之道,并且运用得很巧妙。有一年,《福布斯》决定扩大版面,工作任务骤然加重。由于人手少。加上管理不完善,工作显得很忙乱,往往是稿件送印的当天,版面还错误百出。马孔·福布斯全权委托杰夫·克里斯比改善管理。克里斯比从融洽人际关系入手,合理分配人力资源,终于使杂志社的各项工作变得井井有条。

不久后,在一家餐厅聚餐时,一名高级主管抱怨他们的公司工作杂乱无章,问题多多。马孔·福布斯马上回头对克里斯比说:"杰夫,你快告诉他你是怎么解决我们杂志问题的吧!"这意思是说,杰夫·克里斯比是这方面的专家,如何解决管理,只有他最有发言权。

后来,克里斯比感叹道:"马孔最会找机会赞美别人。"

现在,《福布斯》已成为全球最著名的杂志之一。它的成功,当然不是赞美的结果,但是,赞美激发了员工的工作热情,提高了大家的忠诚度,对公司的发展确实起了很大的作用。

赞美之词能够将自己的善意迅速传达给对方,是改善上下级关系的一种有效方法。每一个地方都有可赞美之人,每一个人都有可赞美之处,只要你乐意运用这种方法,你的"高帽子"可以灵活地戴到任何人头上。那么,你的人际关系将畅通无碍。

当今,随着事业的发展,越来越多的民营企业家认识到仅仅依靠一个人的力量是难以驾驭整个企业的,必须依靠一个优秀的管理团队。为了使这些优秀的中高层管理人才能够长期留在企业里,不能再靠发红包、送汽车等随意性行为,必须建立起一套基于业绩和能力的、合理规范的长期激励方案。

新奥特的创办人郑福双和骨干人员都是毕业于80年代的年轻的大学生、研究生,他们不仅掌握了系统的现代科学知识,又有深厚的传统道德观。他们"宽容与厚道",这似乎与市场经济下的激烈的竞争气氛背道而驰,但也许正是这种强烈的反差使新奥特在社会转型期具有独特的吸引力,铸成了新奥特的事业。虽然宽厚有时也宽容了"小人"与"庸人",但宽厚更能留住贤人、能人,让许多人才走了又回来。

新奥特"平民化"产生了亲和力,他们不自以为是,比较沉得住气。很多人说新奥特有"运气",其实根本不是什么玄妙的"运气",而是平易近人带来的人气,福气。你待人真诚、平和、友善,人家自然就愿意帮忙,与你合作。1999年12月30日下午,集团执行总裁田千里焦急地等待着天津分公司经理周丽归来。周丽是一个很有个性的经理,对她的使用存在争议。根据几个月以前与周丽的约定,如周在1999年12月30日下午5点前回款8万元,则视为天津分公司全部结清款项。其间直到12月28日还多次商议回款办法。29日周又来电,说30日上午,还要争取再签一个单子,下午5点前一定赶到。直到4:36分,走廊里终于传来周丽独特的声音:"田总,我到了!"说着掏出一份上午刚刚签订的45万元的合同和刚刚从银行取来的一包8万元现款。

要允许彰显个性,要让每个人都把自己的潜力发挥出来,团队是要求一致性,但也要允许员工有自己的个性,称职的上司要能够把各种能人聚拢在自己的周围,人人都能充分施展自己的才能,都有成就感,这样企业才能发展。工作才能搞好。

大胆启用各类人才

《孔子兵法》说："上下同欲者胜。"这句话恰好符合儒家"天时不如地利,地利不如人和"的理论。领导和群众相同的欲望和需要,自然就会结成"命运共同体",这样就会形成一种"人和"的局面,什么事做不成呢?中庸处世,"和"的道理,在于能"容","容"的道理,在于能"恕"。从政的道理,以和为贵。所以《中庸》上说过以和为天下的通达道理,并且说:"致中和,天地位焉,万物育焉。"

《官鉴》说:"官员之间所以不相和睦的原因,就在于争宠夺能,却不懂得世间的事,不是你一个人能独自处理得好的。独就显得无光,并立就有功,古代的名人,都以相比翼而有成就。没有听说过只手孤拳,能凌驾在上的。

一个团队有凝聚力才有战斗力,而凝聚力取决于领导的行为,一是要团结下属,爱护员工;二是要唯才是举,人尽其才。纵观历史,再看现实,发现凡是没有作为的官,多半不能容忍人才,总是被自我之见所连累。古人总结道:"疏远贤人容易,亲近贤人就难,容纳下贱容易,容纳尊贵困难。容纳暂时的容易,容纳长远的困难。什么原因呢?因为气相触,才相抵,名相倾,势相轧。依一己之见,是非之见,曲直之见,利害之见,与派系之心,排挤之心,倾轧之心,陷害之心,都是由这一成己之心而滋生,这样上下便难得雍容和睦相处了。"

一个领导能否成事,决定于有无人才。古代逐鹿中原者,人才济济的则取得成功,缺乏或无人才辅佐的则招致失败,而人才的有无,决定于能否唯才是举而用之。

据《战国策》记载,纵横家苏代在和燕昭王的谈话中,论述两种人的不同作用:一种是品行好的人。孝如曾参、孝己,信如尾生高,廉如鲍焦,当然是品行好的人。但是苏代认为像曾参、孝己这样的孝子,只不过是善养其父;像尾生高这样讲信用的人,只不过是不欺骗人;像鲍焦这样廉洁的人,只不过是不偷人钱财。一种是具有才能的人。这种人有进取心,想有大作为,苏代说他就是这种人。苏代将这两种人进行对比,他认为前一种人,只是在德行上自我完善,虽然他们德行完善,却缺乏进取之心。而具有进取心的人,才有建功立业宏愿,才能辅助君王成大业,才于国于民有利。

西魏大丞相宇文泰深知人才的重要。在当时动乱的年代里,宇文泰知人善任,反对"州郡大吏,但取门资"而"不择贤良"的做法,主张选才"当不限荫资,唯在得人",提拔重用了有真才实学的苏绰等人。苏绰,陕西武功人,才华出众,经人推荐,担任了行台郎中。宇文泰通过接触和了解,感到苏绰有才学,就找了个机会把他留下来交谈。过后,宇文泰对属官周惠达说:"苏绰真乃奇士,我将把政务委任给他。"不久,苏绰被擢升为大行台左丞,参与国家机密要政,越来越受到宇文泰的宠信和厚待。后来,苏绰成为宇文泰的重要助手,帮助他大力改革官制、颁行均田制、创立府兵制,从而使西魏一天天强大起来,为北周政权的建立奠定了基础。

举荐人才并非一帆风顺,一蹴而就。唯有真正爱才的人,才会举才不遗余力,力荐反复。许多人才也就是在这种反复曲折的过程中才被发现任用,发挥才干的。被人誉为"半部《论语》治天下"的北宋宰相赵普在宰相位几十年,曾对北宋的建立和巩固做出了巨大贡献。在荐贤用人上,他也是不遗余力。一次,赵普举荐某人为官,宋太祖不许;第二天复荐,仍不许;第三天再荐,宋太祖大怒,撕碎他的奏章,掷之于地。赵普脸不变色,默默地跪在地上,把残牍碎片一一拾起,然后还朝回家。第四天,他补缀好旧牍,更奏如初。宋太祖明白了赵普的苦心,终于任用所举之人。又一次,有几个臣僚应当升迁。宋太祖一向厌恶这些人,不予批准。赵普却再三请命。宋太祖很生气,说:"朕偏不准这些人升迁,看你有什么办法?"赵普据理力争,说:"刑以惩恶,赏以酬功,古今通道也。且刑赏天下之刑赏,非陛下之刑赏,岂得以喜怒专之。"宋太祖怒不可遏,起身走入后宫。赵普紧跟不舍,来到寝宫门前,恭立等候,久久不肯离去。宋太祖无奈,只得答应了他的请求。

赵普为了国家利益,不依君主一时好恶和个人得失,再三举荐人才,使真正的人才得到了重用,留下了力荐举才的美谈。

不能津津有味地唱独台戏

在《论语·子路》篇里,子贡曾经问孔子说:"一乡的人都喜欢他,怎么样?"孔子却说:"还难说。不如一乡中的好人喜欢他,坏人厌恶他。"在《卫灵公》篇里,孔子又概括说:"众恶之,必察焉;众好之,必察焉。"我们不难发现,孟子在这里对齐宣王的论述几乎就是孔子思想的翻版而加以扩展。只不过,孔子是就一般人品或人才的识鉴发表看法,而孟子则是具体到为国家选拔人才,提拔干部的问题,所以又揉进了他"以民为本"的政治思想,要求国君听听国人的意见,用我们今天的话来说,也就是人民群众的意见。

从理论上说,孟子的论述的确是非常有道理的。直到今天,我们的人民代表大会制度也就是要听听"国人"的意见,而由"人大"任命政府各级干部正是选拔任用人才听"国人"意见的具体体现。另一方面,我们一直坚持的干部考查制度也就是听取群众意见,"国人皆曰贤,然后察之;见贤焉,然后用之。国人皆曰不可,然后察之;见不可焉,然后去之。"

当然,从实践的操作来看,我们也不能对孟子的论述作拘泥刻板的理解。因为事实上，我们不大可能就某一个人的情况而听到"国人皆曰"，全国人民都谈论他。除非他是围棋国手、体育世界冠军、顶尖级的电影明星或歌星一流的人物。而这一类人物多半又不一定适合做政府部门的领导人。所以，"国人皆曰"也是相对的。我们应该把握的精神实质是群众路线，"从群众中来，到群众中去"，多倾听人民群众的意见。

盛田昭夫说"我从与员工共同的学习过程中发现：一个经理人应发展出耐心和体谅的特点，不能有自私的举动或亏待他人。这些观念始终盘踞在我心头，协助我发展经营的理念，使我和我的公司在过去以及将来都能一帆风顺。"

在索尼公司，鼓励挑战，允许犯错误，如果得知一个员工拥有想干什么的强烈愿望时，大家都会理解并帮助他，把挑战作为公司理念，绝对没有因为一次两次的失败就不用某个人。

以人格魅力凝聚人心

孟子认为"王"与"霸"的根本区别在于"以德"和"以力"的不同。"以力假仁者霸，以德行仁者王。以力服人者，非心服也，力不赡也；以德服人者，中心悦而诚服也，如七十子之服孔子也。"他所谓"力"即暴力，法家主张对内用刑赏推行法令，对外以武力进行兼并，这都是孟子所说的"以力服人"并被他贬为"霸道"。儒家所宣扬的，用礼乐教化对老百姓说服教育的一套，孟子誉为"以德服人"，称作"王道"。孟子在这里所讲的就是孔丘所讲的"导之以德，齐之以礼"，和"导之以政，齐之以刑"的那两种统治术的不同。治国的道理此且不论，而为人处世，以暴力征服人与以和蔼之心征服人，哪个更能赢得人缘，大概不会没有人不知道。

孟子法律思想，从基本方向来说，是民本主义，认为权力专制和法律控制都是错误的。"天生民而立君，以为民也"，而且孟子把原始宗教的天的观念，具体落实于民的身上，把民升到神的地位。儒家认为"天聪明，自民聪明。天明畏，自民明畏。"再如"天视自民视，天听自民听。"再如"民，神之主也"和"民和，而后神降之福。"又说"民之所欲，天必从之。"所以在儒家思想中，民的地位代表着天与神的资格，站在统治者之上，对人的关注构成了儒家人本主义传统的重要方面，或者说民本思想构成了儒家思想中的一大特色。

儒家的民本思想一方面表现在对"民"的关注、重视上，主张"重民""爱民""以民为本"；另一方面表现在他们对统治者的"德"和"贤"的要求上，主张实行"德治""仁政"。他们所突出、关注的不是贵族威严，而是平民意志；不是贵族权益，而是平民命运。具体而言，儒家的民本思想表现在：

首先,统治者必须想到人民,为了人民,关心人民的利益。孟子曾说:"民事不可缓也。"针对苛政给人民带来的苦难,他呼吁统治者要"救民于水火之中"。要求统治者实行"德治""仁政",慎刑罚,薄赋敛,处理君民关系要"民为贵,社稷次之,君为轻。"甚至认为"天时不如地利,地利不如人和"。暴君污吏欺诈百姓,在儒家思想中是不承认其政治地位的。

其次,天命即人命,人民的意志便是统治者合法性的唯一依据。人民有权选择他们喜欢的君主。比如齐宣王攻打燕国,获胜后问孟子是否应该吞并这个邻国。孟子把人民的意愿和利益作为决定条件,他说:"取之而燕民悦,则取之,取之而燕民不悦,则勿取。"这说明统治者必须注意倾听人们的意见,而不能任意妄为。

第三,儒家认为民心决定统治者得失天下,统治者必须赢得民心,才能得到天下。统治者不能使用武力来对付人民,应该爱民、护民,不以威慑来使人民畏惧。只有人民自觉自愿地支持,统治者才能有效地统治,国家也才能长治久安。"天下不心服而王者,未之有也"。作为统治者必须做到"足食、足兵、民信",而其中最重要的是民信,"自古皆有死,民无信不立。"儒家思想中一条重要的规律就是:"得民心者得天下,失民心者失天下。"因而"以德服人者,中心悦而诚服也",在统治策略中是远比法律程序更为重要的因素。以德服人,"德"体现在当官的人身上就是品德、人格魅力,群众或下属被你的人格魅力所吸引,你的事业自然就会得到广泛的支持和拥护。

用感情去笼络人心

先秦儒家诸子强调尊卑主从关系之差序性,是以互动双方必须确守"仁道"的原则作为大前提。如果尊长的一方背离了"仁道"的原则,从属的一方便没有盲目遵从的义务。这是儒家"自律性道德"的最大特色。近代许多研究中国政治文化的学者,注意到中国历史上政治人物做道德判断时的自主性及自律性,其文化根源即在于此。然而,在儒家的传统观念里,"士"的角色在于"以道事君","格君心之非",他能不能"行道",先决条件在于是不是能得到君王的重用,君主制度变成"士"实践其理想人格的形式要件,"士"无法独立成就其道德人格,这不能不说是传统士人的一项悲剧。

所谓"仁道",领者在工作过程中,应学会利用情感联络人心。

美国旅游公司总裁哈尔罗森·勃罗斯曾说:"最高水平的服务发自内心。一个企业只有赢得了员工的心,才能提供最佳服务。"领导者赢得了人心,员工的激情就会自觉产生,他们也就能体会到挑战的兴奋、竞争的刺激和成功的喜悦。心理学家说："你不必管理自觉的人,如果他们的心投入了。做任何工作都会有动力。"

职员能否全身心地投入工作,是事业成功的关键之一。领导抓住了职员的心,也就抓住了一群活生生的人。

领导可以分为两种类型。有些是严厉分子,他们依靠高声、粗暴的咆哮来驱使人们工作。然后以威严来激励部属。而大多数的领导,要求虽然一样,但把他们的严厉融化在说理、分析及幽默感中。他们也希望自己的命令能畅通无阻,但他们却不是严厉分子。他们能体会到自己接触的是"人",因此采取直截了当、完全人性化的方法说："喂,他们有工作要做,让他们快做吧!"

保罗·盖蒂是西方首屈一指的石油大亨,他把大部分的时间花在油田里和他的雇员一起工作。有一次发生的偶然事件,虽然其本身不太重要,却让盖蒂认识到,和员工建立良好的关系多么重要。

这天。盖蒂在油井工地上注意到一个名叫汉克的搬运工动作懒散,他生气地骂起来："你在干什么? 振作起来,笨蛋!"骂完之后,他还咆哮了一声。"好的,老板。"汉克平静地回答道。不过,他还是奇怪地看了盖蒂一眼。这让盖蒂莫名其妙。不一会儿,他了解到汉克有手伤。汉克本来可以回去接受治疗,但他因为不愿让工友和老板失望,于是留了下来。得知这个情况后,盖蒂走到汉克身旁,说："抱歉!我刚才不应该发火。我开车送你进城去找个医生看看你的伤手。"听到老板这句话,汉克和他的伙伴久久地瞪着盖蒂,然后他们笑了。

从表面上看,这件小事没有多大意义,然而它却是有着高度价值的管理秘诀。盖蒂身为老板,未事先查明真相便乱发脾气犯下错误,使下属产生了抵触情绪,造成生产效率下降,在所难免。幸好,盖蒂一等发现了过错,便立即真诚地道歉,而且提出合理的、适当的补救方法,这样,马上又重新建立了良好的关系。

好的和有效率的领导与员工之间的关系建筑在并不复杂的基础上。成功的领导欲抓住员工的心从两个方面努力:

一是使员工感到愉快。如果公司成天暮气沉沉,各成员之间"鸡犬之声相闻,老死不相往来",如何能激发员工的热情钟爱企业呢? 如果公司不能激发快乐气氛和振奋精神,又怎么能使员工全心全意地工作呢? 有人问比尔·盖茨,如果让他重新开始,他会去哪家公司上班? 盖茨没有直接回答这个问题,而只是谈了使人高兴和令人感到工作有趣的重要性。为了吸引和留住那些最好的职员并激发他们的工作激情,老板们需要在工作场所营造一种振奋精神和令人愉快的氛围。

二是兼顾工作和家庭。家庭是社会的细胞,稳定家庭对工作有很大促进作用。一份调查报告中说："有90%的高层领导将工作带回家去做,他们呼吁要更好地注意兼顾员工们的工作和家庭,否则,企业有可能失去一些人才。"

由于社会竞争越来越激烈,人们生存的压力也越来越大,在日本,许多人因过度劳累而猝死在工作岗位上。这种现象的发生,就是日本政府和企业领导未能协调好员工工作和生活需要之间的平衡。要赢得职员的心,就必须采取积极的方法兼顾他们的工作和家庭。

高效能生活最主要的、也是唯一的因素是平衡,用情感去平衡工作,做得越好,效能、热诚和创造力也就越大。

不摆领导的架子

凭借实力而称霸诸侯,这称霸必定是凭借自己国力的强大;依靠道德,实行仁义而使天下归服,则不必以国力的强大为基础。商汤就仅凭纵横七十里的土地,文王也仅凭纵横百里的土地而使天下归服。依靠实力来使人服从,那只是因为别人惧怕,因此,那不能算真服,因为那不是心悦诚服。而以德服天下,人家才能心悦诚服,那才是真服。

魏文侯是先秦时期一位有雄心的国君,以朋友的身份和贤人相处,从来不摆领导的架子。魏成子向魏文侯推荐:段干木才能出众,平生不为功名利禄所引诱,一直隐居在西河乡下,不愿出来做官。于是魏文侯亲自带着随从前去聘请。在段干木的门前,魏文侯亲自叩门,但段干木不想出来做官,他翻过后墙躲避起来。

第二天,魏文侯远远地把车子停在村外,下车步行到段干木的门前求见,段干木又躲起来不见,这样整整一个月,魏文侯每天都亲自前往求见。段干木看到魏文侯这样真心诚意,很受感动,只好出来相见。魏文侯又请他一同乘车回国都共商国是。从此,魏文侯以待客之礼待段干木,把他当成自己的老师,而段干木也尽力辅佐魏文侯治理国家大事。

我们经常会听到这样的议论:"嗨!我们这个单位的领导,官虽然只有芝麻粒大,架子摆得倒不小。哼,他越是这样子,我们就越懒得理他!"

"你们单位的领导讲起话来怎么是那个样子,拿腔拿调的,真让人受不了!"

对于爱摆架子的领导,人们很不喜欢,但这样的领导不少,这些人不仅领导与领导之间关系难处,而且领导与被领导之间关系也难处。爱摆架子的领导表现为:和普通百姓保持一点距离。爱摆架子的领导平时紧绷着面孔,轻易不下基层,轻易不接触群众,他们把和群众开玩笑、打成一片看成是有损领导威信的事。有时在现场能了解的问题,爱摆架子的领导却总是安排他人到办公室来向他汇报,问东问西,还不时提些问题,以显示领导的气度和水平。

领导之所以能成为领导,就是在某些方面比别人高明一些。但是,爱摆架子的领导却将这一点过分绝对化了。不是认为自己高明一点,而是认为自己要高明得多;不是认为自己在某个方面要高明,而是在所有的方面都高明,这种缺乏自知之明的心理所产生的结果,往往适得其反。

刘备为了给关羽报仇,兴百万之师来讨伐东吴,孙权接受阚泽的建议,起用陆逊为主将,统率三军抗刘。消息传来,刘备问陆逊是谁?马良说是东吴一位书生,年轻有为,袭荆州便是他用的计。刘备大怒,非要擒杀陆逊为关羽报仇。马良劝谏道,陆逊有周瑜之才,不可轻敌。刘备却嗤笑道:"朕用兵老矣,岂不如一黄口孺子耶!"用兵打仗之道,重的是谁能把握战机,深谙谋略,与年龄无关。刘备自称"朕用兵老矣",夸口自己经历的战争多,谋略

刘备

周全,这是不切实际的狂言。"岂不如一黄口孺子耶!"他嘲讽陆逊是乳臭未干的小毛孩,看不起陆逊,这是轻敌的思想,是未战先败了阵。后来,陆逊用计火烧连营八百里,令刘备吃了大败仗。

刘备这个教训启示人们,领导在考虑问题时,不能把自己的身份摆进去。按自己的职务看问题,就会少了客观性,多了盲目性,这样考虑问题就不周全,处理问题就会产生误差,脱离实际,造成损失。刘备说他"用兵老矣,岂不如一黄口孺子耶",两句话联起来,还归结于他爱摆领导的架子,因此酿成千古遗恨。

为什么有的领导爱摆架子呢?这是由于在一些人的内心深处,形成了浓厚的等级观念,将人分为上中下几等,觉得官当得越大,似乎就越高人一等。他们如果当了官,就洋洋得意,忘乎所以,情不自禁地显示出比别人高出一等的样子来。

从领导的威信方面来说,那些借助本人的真才实学、高超的业务水平和工作能力,与众人建立密切的感情关系的领导,威信越大。而那些借领导的资历、官职的大小、常摆出一副官样的领导,其威信越小,容易成为"孤家寡人"。

过分突出自我,藐视他人的存在,严重脱离群众基础,这不是现代领导的做派。作为一名现代领导人,还是少摆架子为好。

对于大小头头来说,不要以"领导者"自居,要放下架子,以平等友好坦诚直率的态度与下属相处。不要做表里不一,心口不一的人。要关心下属,经常了解下属

的生活情况、思想情绪、工作中的困难，竭力帮助下属解决生活工作中的困难，解除思想上的烦恼。

要尊重下属的劳动，爱护他们的积极性、创造性。要善于宽容、谅解下属，如果下属在态度、言行上对领导有所冒犯，也不必挂在心上，要主动表示谅解，解除对方心理压力和紧张情绪。

必须坚持用人唯贤的原则。但毋庸讳言，有时也不免有个人情感的成分。有的人对领导敬而远之，退避三舍，怕太接近领导会被认为是拍领导的马屁。有的人则唯上司马首是瞻，亦步亦趋。奉承话好听，谁都爱听，会溜须拍马的人一时也可能比较讨人喜欢，可时间一长，便会令人生厌。

对下属一视同仁，公平合理，是领导者处理与下属关系的又一重要原则，也是赢得下属信任的重中之重。你的下级发现你能公平公正地对待他，他定会心情舒畅，干起活儿来，也必是斗志昂扬，一句话：肯卖命。

反之，如果发现你"偏心眼儿"，可想而知，偏向的一方，获得好处，似无怨言。但另一方则是怨声载道，旁观的第三者，也会站在这一方。那么你会众叛亲离，而你偏袒的一方，也会因此与别人"格格不入"。

如此，作为一个整体就分裂了。人们常说，整体功能大于局部功能之和。一个分裂的整体，当然"元气大伤"。在竞争如此激烈的社会中，你的"窝里闹"必将置你于死地。

作为一个领导，你的下属由于你的不公而不团结，这真是你的悲哀。作为下属们的领导，你本该在中间起个调和作用，应该起到纽带的作用，促进他们之间的团结。

你不能与一部分人或个别人过分亲密，而同时过分疏远另一方。在工作问题上，应该是一律公平，工作上一样支持，一样看待。不要戴着"有色眼镜"看人，不能因人而异，"看菜下饭"。

要时刻坚持客观公正的态度，不为流言蜚语所左右，力戒主观的想法付诸实践。如果你的行为带有明显的主观色彩，很容易失去公平。公平本身带有客观色彩，而主观与公平当是风马牛不相及，这是很显然的。

兼听不同的意见

孔子为什么喜欢"敏于行而讷于言"的人？因为"无多言，多言多败"。唐太宗李世民曾感叹道："言语者君子之枢机，谈何容易。"他注重听取臣僚们的言语，但他又意识到如果只听而不审察，就会傍人门户，就会偏听则暗，其坏处与堵塞群言一样大。

不少领导者都有一意孤行的癖好,除了自己的意见外,根本就听不进别人任何有益的进言。而当别人有意见的时候,他们也常常命令别人保持沉默。在组织的环境里发生质疑的时候,出面发出质疑的人就很有可能会被贴上"不忠"的标签,甚至被视为是制造麻烦的人。到底什么才是判断反对和不同意见的最佳方式?应当鼓励勇于发表不同意见甚至是反对意见的人,并注意倾听。

战国时期,一位君王曾下过一道求谏旨令:"群臣和百姓能当面指责寡人之过的,受上赏;上书规劝寡人的,受中赏;能在公共场合议论寡人的过失而被我听到的,受下赏。"这道旨令一下,收到了极好的效果。一年之后,人们想再进直言,已无话可说了。而这个国家在很长一段时间内,国泰民安,社会稳定。

自古以来,一意孤行、刚愎自用的领导人必定要垮台。这是历史经验的总结。

如果说,荆州是关羽大意才丢失的还说得过去,那么,关羽败走麦城则是不听建议所致。当困庄麦城,内无粮草,外无援兵之际,关羽决定抛弃麦城,突围去西川。可是去西川如何取道他又拒绝了王甫的正确建议。去西川本有两条路可走,一条是大路,一条是偏僻小路,关羽打算从小路去西川,王甫听后唯恐吴魏在小路设下埋伏,连忙建议部队取道大路。这时,关羽又犯下了一意孤行的老毛病,他固执地不肯听王甫的话,还自信地扬言:"纵有埋伏,有何惧哉!"坚定不移地要走小路。王甫料定关羽此去凶多吉少。纵百般劝阻仍无济于事,结果呢?父子双双遭擒身死。一代英雄豪杰因不能兼听不同的意见而酿成重大的历史悲剧。

千百人俯首顺从,不如一人诤言争辩对事有益。作为一个领导,应该具有从谏如流的雅量,能够听取不同意见,并鼓励下属敢于讲不同意见。领导者能经常听到不同意见,于己于人都有好处。

唐太宗问魏征:"历史上的国君,为什么有的明智,有的昏庸?"魏征回答说:"兼听则明,偏信则暗。"接着,他列举历史上的人与事说:"秦二世只听赵高的,隋炀帝偏信虞世基,结果耳目闭塞,导致国家灭亡。国君如果能多听各方面的意见,采纳下面的正确主张,下情上达,就会明智;如果只听单方面的话,就会被蒙蔽,就昏庸。"唐太宗听了魏征的话,连连点头称好:"明主思短而益善。暗主护短而永愚。"

让出功劳,承担过错

不可贪图的恶行,百姓不可为,领导更不可为。"不能正其身,如正人何?"高明的领导,不但会与下属一起分享功劳,有时还会故意把本属于自己的那份功劳推开让给下属。试问:从此以后,还有哪个下属不肯全心全意替他工作? 这是最高级的用人术。身为上司有必要将自己的功劳让与下属。或许你会认为这样损失太大而不愿意。但若本身实力雄厚,足以建功立业,即使想吃亏也是不可能的。

人人做事都希望被人肯定,即使有时未能成功,但始终是卖了力,也不希望被人忽视。一个人付出了却得不到肯定,这是在打击他的自信心,所以作为领导,切勿忽视别人参与的价值。

据《左传》记载,成公二年,鲁国和卫国十分害怕齐国的侵略和征讨,于是跑到晋国求援,请求出师讨齐。晋国大将郤克带领着中军,以士燮为上军主将的辅佐,栾书为下军主将,大举兴师讨伐齐军,解救鲁国和卫国之危,在华泉大败齐国的军队,齐国的车右逢丑父也被晋军活捉了。取得战争的胜利后,晋景公亲临校场慰问几位大将说:"这都是你们的功劳啊。"郤克回答说:"这是您的教导发挥了作用,也是将士们奋战得来的结果,我哪有什么功劳可言呢?"士燮回答说:"是荀庚卓越的指挥,郤克的运筹帷幄,控制全局,我没有出什么力。"栾书回答说:"是士燮的命令如山,是士兵的顽强搏斗,我也没多出力。"作为臣子,作为领导军队作战的统帅,能如此谦逊,不居功自傲,三军将士听到了,纷纷赞颂他们的领导英明。

"不论如何完美的名誉和节操,不要一个人独占,必须分一些给旁人,才不会惹起他人忌恨招来灾害;不论如何耻辱的行为和名声,不可以完全推到别人身上,要自己承担下来,只有这样才能多做一些品德修养。"把功劳推让给别人,把过错一个人揽下来,不仅仅是一种修养,更是一种明智。

宋景公是一位有道之君。他在位时,心里常被荧惑所困扰。于是就把管理星相的子弗找来问道:"为何荧惑出现在心星上?"子弗回答说:"荧惑,是上天表示要惩罚世人的征兆。心星,是我们大宋的分野。很有可能大祸会降临到君王您的身上。不过不要紧,我们发现得早,可以将大祸提前转移到宰相、百姓、年成上去。"

宋景公说:"宰相,是帮我治国安邦的左右臂,我怎么能让他替我承受祸害呢? 君王贤明,才能使天下昌盛,我本就应该爱民如子,却又怎能伤害他们呢? 年成不好,老百姓受冻挨饿,这是我做君王的责任啊! 既然命中注定有此一劫,那就听天由命,让它自然了结吧。"子弗说:"天空虽然很高,很遥远,但对人间琐事了如指掌。大王您是有道之君,上天一定会为您的肺腑之言所感动,大发慈悲,赏您三次。今晚心星可能就会移开,到那时您的寿命就可延长数年。"果然,当天晚上心星移动了三次。

宋景公心里装着的是天下、百姓,有灾难自己承担,堪为领导的楷模。

如何树立威信

"君子一言既出，驷马难追"；"言必信，行必果"等等，这些格言数不胜数，说明人们对言行关系非常看重，空口无凭、言行不一的人，向来被人唾弃。言行一致，是做人的学问，也是领导用人的学问。

《诗经》中说："白圭上的污点，还可以磨掉；语言上的污点，就难以磨掉。"说话守信，行为果敢；有命令就去执行，有禁规就去阻止；法度不轻易改变，制度不轻易变更。领导需要这样来立信。领导立信于上，百姓遵守于下；政令政策行于上，百姓官员行于下。领导示信于人，就能得到人才；示信于国家，就能得到国家；示信于天下，就能得到天下。

普鲁士陆军元帅布吕歇尔是一位诚实守信的将军。有一次，他率领大军在崎岖的山路上急急忙忙地行军，他必须尽快去援助威灵顿。战时一刻值千金。但此时士兵已经疲惫不堪，道路泥泞，部队实在难以快速前进。布吕歇尔不停地鼓励士兵们加油："快点，孩子们——向前，再快点。"士兵们已经汗流浃背，已经尽力了，已经不可能再快了。布吕歇尔还是不停地鼓励他们："孩子们！我们必须全速前进，我们必须准时到达目的地。我已经答应了我的兄弟部队，你知道吗？你们千万不可让我失信！"在他的感召下，士兵们一鼓作气，终于准时到达了目的地。

能够征服他人，并获取他人信任，就能成为一位好的企业家，好的领导人。而能够让他人动心的，只有他人本身的利害而已。要想掌管人作为己用，无论是大用还是小用，总要站在对方的利害观点上，为他人着想，不为自己着想，这是一条铁定不移的大原则。

明太祖朱元璋曾经以大胆的行为，使敌人的精壮降兵，都变成自己的骁勇战士。在他起兵攻破采石矶后，长驱直入集庆，水陆并进，先攻破陈兆先的兵营，随即就利用他们。在降兵中挑选精壮骁勇的士兵500人，直接归纳于军中。这500人都感到惊恐不安，朱元璋察看到他们内心的情况后，便筹划着怎样才能让他们安稳而不害怕，信任而不怀疑。最后，决定采取对他们信任，而招致他们对自己信任的

朱元璋

策略。在晚上让他们进入营区卫环侍候，自己也解甲就寝，而且把自己原来的人员

调开，仅留冯国用一人侍睡在床前。此后，人心大定，都相信了他的至诚。攻打集庆时，冯国用就率领这500降兵，首先冲锋陷阵，在蒋山下打败元军，威逼城下。各路兵马快速奔进，一举攻克南京，这500人确实出了大力，立了大功。所以说，没有威信，就不能役使人；没有威信，就不能使人服从。

第七节　执其两端

不偏不倚地与人相处

现在有不少人将"中庸之道"视为贬义词，并攻击它腐朽没落。这是对中庸的不了解或曲解，古希腊的哲学家亚里士多德和中国的孔子都发现了道德的两种错误倾向：一是偏激，一是退缩。而又同时认为在上述两种错误倾向之外，唯一正确的行为是"中庸"即"适中"。但现实生活中，人们却恰恰相反，有的人凡做事不是过分，就是"不到位"，而且又随风倒，朝令夕改，朝三暮四，在信念上、观念上变来变去。

所谓中，就是本体，就是方法；所谓庸，就是实用，就是实行。孔子说的中庸，就是用于中，行于中的大道。《南华经》中说："庸就能用，用就能通，通就能得。"

中庸是种权衡，使自己不被自己的行为绊倒。例如获取成功的方法很多，诸如难得糊涂、能屈能伸、甘心吃亏、以柔克刚等等，掌握了其中一条，运用得当，都能让你在一些特殊场合或在对某一具体事情的处理中获得成功。但它们并不具有普遍性。而真正具有普遍意义的成功智慧和具有至高无上地位的成功法宝，是中庸处世思想。

儒家推行中庸，目的在于使天下的人达到理想境界。所谓理想境界，也就是达到中道的境界。中道产生适当，适当产生合理，合理产生礼仪。人类全部的道德行为、法律行为，都需要符合中庸之道，使之无过无不及，以致达到至善。孔子告诉曾子说："我的学问始终用一贯穿着。"孔子又告诉子贡说："我用一贯穿着我的整个思想。"这个"一"，就是中庸智慧。

在处世上恪守中庸，才有好的人际基础，不至于朋友反目，众叛亲离，才不会一意孤行，自取其辱。刘备同曹操比较显得比较忠厚，但也并非心无芥蒂之人。当年攻取西蜀时，刘备曾与刘璋在涪县相遇，刘璋部下张裕脸上长了不少胡须，刘备拿他开玩笑："我从前在老家涿县，那地方姓毛的人特别多，县城东西南北都是毛姓人家。"县令说:"诸毛怎么都绕涿而居呢?"张裕回敬说:"从前有人做上党郡潞县县长,迁为涿县县令,调动之际回了一趟家。正好这时有人给他写信,封面不知道如何题署好,如果题'潞长',就漏了'涿令',题'涿令',就漏了'潞长',最后只好署'潞涿君'。"借"潞"为"露"之谐音,讽刺刘备脸光露嘴无须。

后来张裕归附刘备。他对天文、占卜都很精通,曾劝刘备不要取汉中,说取汉中于军不利。刘备不听,出兵攻取汉中,意思是想证明张裕预言不准。张裕又私下向人泄露"天机",说魏:文帝黄初元年刘备将得益州,九年后将失去益州。刘备不忘当年受辱,借机要杀张裕。诸葛亮问张裕犯了什么罪,刘备说:"芳兰当门而生,不得不锄去。"这完全是借口。因个人的恩怨,却要杀手下人,有违中庸之道,太过激了。

人们的社会角色和社会地位尽管不同,但都需要受到尊重,需要维护面子。如果你忘记这一事实,与人们交际时,对重要人物恭敬有加,对小角色却态度冷漠,这样自然会伤后者的自尊。

有这样一场家宴:宴席上坐着男主人、科长,以及男主人的几位同事,圆桌上的酒菜已经摆得非常丰盛了,可是,围着花布裙的主妇还是一个劲地上菜,嘴上直说:"没有什么好吃的,请对付着用点!"

男主人则站起来,把科长面前还没有吃完的菜盘撤掉,接过热菜放在科长面前,热情客气地给科长夹菜、添酒,而对其他同事只是敷衍地说声"请"。

面对这样"尊卑有别"的款待,试想男主人的几位同事将做何感想?他们很难堪,其中两位竟未等宴席告终,就"有事"告辞了。

像这样的宴席,男主人眼里只有科长,而慢待他人,使同事们的自尊心和面子受到损伤,非但不能增进主客间的友谊,反而会造成隔阂。

做事要考虑利害大小

可欲与可恶、利与害都是对立统一关系,只看到一面就是"偏",所以要"兼陈万物而中悬衡焉",才能"众异不得相蔽以乱其伦也"。所谓"兼陈万物"是说要看到问题的各个方面,然后"兼权熟计",做出正确的判断,不为各种矛盾现象迷惑。荀况要求看到事物正反两个方面,再加以比较鉴别的方法,是合乎辩证法的。

一个人如果不能全面地看问题,遇事只看对自己有利的一面而不顾它可能藏着危险,就会陷于"偏伤",没有不失败的。商鞅变法,促成了秦国的强大,但他手段过于残酷,只看到变法带来的好处,看不到其中埋藏的祸患,最终连自己的命也葬送在自己制定的法令下。

明代的于谦因对人太苛刻,做事好极端,违背中庸最后被人陷害。于谦至死都未明白中国大部分人所认同的为人为官之道。于谦的所作所为在后人看来是正义而高尚的,但在当时的人际环境中,他不仅难以被理解,反而成为招致怨恨的主要因素。

于谦的命运与明朝的两次重大事件——土木之变和夺门之变紧密联系在一起。土木事变之后他成为英雄,举国拥戴;而夺门事变则使他身败名裂,命丧刑场。于谦一身正气,可同僚们为何最终要倒戈相向?

土木之变使明英宗沦为瓦剌军队的阶下囚,整座京城岌岌可危。危难当头,掌管兵部的于谦挺身而出,排除各种干扰,率领各方力量,顽强战斗,击退了入侵的瓦剌军。与此同时,他还同文武大臣一起拥立朱祁钰称帝,重新建立明朝政治核心。本想要挟明朝的瓦剌部族首领见到这种情景,被迫放归英宗。

于谦不是功不可没吗?怎么说他对人苛刻呢?接着往下看就明白了。文臣徐有贞,因在瓦剌军队进逼京师之时,率先提出"南迁"主张遭到于谦的严正驳斥,为此徐有贞经常遭到同事们讥笑,一直得不到升迁。他多次请求于谦举荐,希望谋取国子监祭酒一职。于谦也曾在景帝面前提及此事,但景帝认为徐有贞在危急关头大唱"南迁"调子,造成极坏影响,不同意提升他。未能遂愿的徐有贞非常懊恼,他责怪于谦从中作梗,影响了自己的前程,因而对于谦恨之入骨。

武将石亨掌管着京师驻军的兵权,一开始虽因与瓦剌军战遭败而被谪,但不久在于谦的保荐下,又官复原职,并在于谦的领导下,扭转败局,立下大功,被封为世侯。如此优厚的封赐使石亨受宠若惊,为了表达对于谦的知遇之恩,他向皇帝请求封赏于谦的儿子于冕。未曾想到的是,于谦在朝廷上义正词严地拒绝了,还指责他徇私。于是,石亨于谦,二人关系破裂,积怨日深。

由于处理事情不善于婉转,说话直,不给人面子,于谦得罪了本可以不得罪的人。就这样,文臣武将、内宫外廷结合在一起,形成了一股"倒谦"势力。一番密谋之后,不久付诸行动。徐有贞等是行动的策划者,石亨、曹吉祥等则是行动的执行者,他们趁景帝病重之际,猝然发动宫廷政变,夺门成功,把老皇帝英宗又送上了皇帝的位子。而于谦的性命却丢在了这帮人之手。

你知道什么事对自己重要吗

孟子擅长用逻辑归谬法与人辩驳,例如先假定了两种荒唐的说法:"力足以举千钧,而不足以举一羽;明足以察秋毫之末,而不见舆薪。"齐宣王对此加以否定,孟子立即把齐宣王自己的做法接上去:"恩足以几禽兽,而功不至于百姓。"这样便轻而易举地使齐宣王认识到了自己存在的问题：不是不能，而是不为。也就是说，不是做不到，而是不愿做。

当齐宣王不甚明白时，孟子又做了生动的举例说明，"挟太山以超北海"是做不到，而"为长者折枝"则是愿不愿意做的问题了。说到底，关键是看你有没有朝这方面想，有没有这样一种精神。

今天我们在生活中有许多事情都该权衡，貌似小事，实际上牵涉到利益互动的大问题。比如说为老人孕妇让座，不要随地吐痰，遵守交通规则等等，的确都是"为长者折枝"举手之劳，而不是要你"挟太山以超北海"，可我们就是生性懒惰，又缺乏"中庸精神"，所以连让座这件事也要宣传号召。许多人就是要随地吐痰，要违反交通规则，这些都是没有想清楚"不为"与"不能"的道理。说到这里，是不是值得我们在生活小事上多加反省，多一点"我为人人，人人为我"的精神呢？

孟子在讲清楚了"不为"与"不能"的问题后，他又一次施展口才，对齐宣王来了一番政治行为心理学的开导，这就是著名的"老吾老，以及人之老；幼吾幼，以及人之幼"理论，"推己及人"，首先自己做起，然后推及自己的夫人、兄弟，再到整个家族和国家。

孟子说"权，然后知轻重；度，然后知长短；物皆然，心为甚"，虽然是希望齐宣王好好考虑，好好反省自己的所作所为。而我们为人处世也处处要长短权衡轻重度量。儒学非常重视人的自我反省功夫，在儒家看来，只有经常衡量，才能认识自己，改善自己。不过，我们在这里突然想到的却是，认识自己固然需要自省，认识他人不是更需要权衡度量吗？

为人说话不可太直露

一个有才德而又能淡泊明志的人，一定会遭受到那些热衷于名利的人所怀疑；一个言行谨慎而处处检点的真君子，往往会遭受那些邪恶放纵的小人的忌恨。所以一个有才德的君子，如果处在这种既被猜疑而又遭受忌恨的恶劣环境中，固然不可以改变自己的操守和志向，也绝对不可锋芒太露地刻意表现出自己的才华和节操。

孔子说："可与言而不与之言，失人；不可与言而与之言，失言。知者不失人，亦不失言。"

孔子还讲过："讷于言""慎于言"，但这种装哑的方法现在看来毕竟偏于消极，不符合交际的需要。当然不可失言。在与人交往中有时无话可说的时候想话说，比如你拜访别人，十几分钟，大眼瞪小眼不行，所以要能想出话题；想话说，也不是开口胡说，毕竟这些话是要经你审慎考虑的，不能说不得体的话。

《战国策》上记范雎见秦昭王，一次、两次，秦昭王向他请教，他都不说话，因为他发现秦昭王与他谈话时心不在焉，而他要讲的又是一套使秦国富强称霸的大道理，别人不重视，讲出来无益。直到第三次。秦昭王单独会见他，专心致志，虚心向他求教，他的一席话，就打动了秦昭王，封他当了宰相。像范雎这样，才真正是既不失人、又不失言的智者。

范雎

意大利知名女记者奥里亚娜·法拉奇，迂回曲折的提问方式，是她取胜的法宝之一。

南越总理阮文绍，曾被外界评论"是南越最腐败的人"。法拉奇在采访阮文绍时想了解他对此评论的意见，但是，如果直接提问，阮文绍肯定会说没有这回事。法拉奇将这个问题分解为两个有内在联系的小问题，曲折地达到了采访目的。她先问："您出身十分贫穷，对吗？"阮文绍听后，动情地描述小时候他家庭的艰难处境。得到关于上面问题的肯定回答后，法拉奇接着问："今天，您富裕至极，在瑞士、伦敦、巴黎和澳大利亚有银行存款和住房，对吗？"阮文绍虽然否认了，但为了对舆论有个交代，他不得不硬着头皮道出他的"少许家产"。阮文绍到底是像人们所说的那样富裕、腐败，还是如他所言并不奢华，已很清晰，读者自然也会从他所罗列的财产"清单"中得出自己的判断。

阿里·布托是巴基斯坦总统，西方评论界认为他专横、残暴。法拉奇在采访时他没有直接问他："总统先生，据说您是个法西斯分子"，而是将这个问题转化为："总统先生，据说您是有关墨索里尼、希特勒和拿破仑的书籍的忠实读者。"从实质上讲。这个问题同"您是个法西斯分子"所包含的意思是一样的，转化了角度和说法的提问，往往会使采访对象放松警惕，说出心中真实的想法。它看上去无足轻重，但却尖锐、深刻。

如何在倾听中做出决断

一个领导身边，没有一个敢于说真话的人，没有一个正直的下属，全都是些唯唯诺诺，以领导的对错为对错，只是一味地服从，听话的人，像这样的领导虽然权力无阻，但位子却不牢固。

据《新书》记载："从前宋昭公逃亡到边境，喟然长叹地说：'唉！我现在知道我所以败亡的原因了。我朝人臣数千，发动政治事件，无不说我君圣明；我的侍从御用的人也有几百人，我披衣而立，无不说我主漂亮。我从内到外都听不到自己的过错，我就到了这个地步，我被困在什么都好里面。'"

为什么不知道自己的过错呢？在于平时完全相信身边人的言语，认为自己是没有过错的圣明君主，以至达到丧身败国的地步，这都是左右谄媚奉承的人所造成的后果。除此之外，如自私、贪污、枉法、结党、弄权、叛敌等等行为，还有愚蠢错误的偏见，都足以致使亡国的，而且，完全听信他人的话，天下的贤人哲士就不会归附了。

列子在郑国贫穷时，妻子也饿得面黄肌瘦，郑子阳派人送来数十担粮食，列子辞谢不收，并解释他的行为说："他不是了解我的人，是听从他人的传说才知道我的，以听从他人的话而送给我的粮食，这是重加我的罪过，这样我也就会听从他人的话了。"这不愧是高明的论断，深远的谋虑，不是贤人难以达到这个境界。

所以说，领导者既然知人用人就得知言辨言。唐朝一位政治家陆贽向皇帝奏议，主张以听言作为考核人才的方法，他说："根据听言考核人才，就是要想了解事情的得失，不可不听取他人的话；要想辨别话的真假，不得不考察于事实。说事有所得的人，必然有他所得事情的理由；说事有所失的人，必然有他失的理由；称赞人善的人，必定详细观察他行善的事迹；评论人的坏处的人，必然明白他作恶的极端。既然尽知他的情况，再到群众中去调查，群众说的实情，必然可以作为重要的参考。如有诬陷，也要真正明白而给予惩罚。"陆贽建议皇帝注重于考核人才的关键是明断分析左右所说的话，这样就不失去人才，就不会把事情弄糟。

他人的话不能不听，但重要的在于知言辨解。孟子说知言的要旨在于："言辞偏颇的人，我了解他所受的蒙蔽；言辞虚化的人，我了解他所受的沉迷；言辞怪僻的人，我了解他在哪方面理屈词穷。偏颇、虚化、怪僻这几种言辞，对国家有危害。如果有圣人出现了，他肯定会赞同我所说的这些话。"

天玄子说："圣人辨言辞应做到：谀言辨别出他所想达到的目的，赞颂的话辨别出他想做什么，直爽规劝的话，辨别出他正确的方面，忠诚的话，辨别出他正直的方面，不能挑明的话，辨别出他指的是什么，寓言辨别出他所借用的意义，坏话辨别他的缘由，毁谤的话辨别出他的起因。这都要动脑筋、用智慧来明辨他们，正确的虚心接受，不对的反求于自己。"

明朝宰相、改革家张居正说："天下的事，贵在思虑详细，贵在力行。谋略在集中大家的思路，决断在自己。"

魏文侯用乐羊,审视、谨慎在先,信任在后。这样,既信任他,就对左右的话一概不听,虽毁谤乐羊的奏书有一箱,也不改变自己的看法。他知道,左右的话,是听而不可信、不可取的。

行事要符合自己的角色身份

处世既不能跟有些人学坏,也不要标新立异,故作清高,故意与众不同;做事既不可以处处侵犯他人、惹人讨厌,也不能凡事都阿谀奉承博取他人的欢心。所以洪应明说:"处世不宜与俗同,亦不宜与俗异;做事不宜令人厌,亦不宜令人喜。"

中庸之道是一种高明的处世哲学,然而遗憾的是,真正去掌握并实践中庸之道的人却并不多。人世间发生的不少悲剧都与当事人的言行违背了中庸之道有关。为什么会这样呢?为什么有了好的方法却不被人接受呢?对此,孔子是这么认为的:中庸之道之所以不能畅行,我知道其中的原因了,聪明的人常常超过中庸之道,而愚蠢的人又常常达不到;中庸之道之所以不能明晓于世,这是因为贤能的人常常超过中庸之道,而不肖之人,又达不到。

关于行事的身份、职责和角色问题,韩非子强调严惩那些侵官越职管闲事的人。他讲了这样一个故事:韩昭侯有一次喝醉了酒,伏在几案上睡着了,专门为他管理帽子的人怕他受寒,就在他身上披了件衣服。韩昭侯一觉醒来,看见身上加了衣服,很高兴,问旁边的人:"谁给我加的衣服?"旁边的人回答说:"管帽子的。"韩昭侯于是下令,把管衣服和管帽子的一同治罪!

明代嘉庆年间,李乐做官清正廉洁。有一次他发现科考舞弊,立即写奏章给皇帝,皇帝对此事却不予理睬。他又面奏,结果把皇帝惹火了,皇帝以故意揭短罪,传旨把李乐的嘴巴贴上封条,并规定谁也不准去揭。封了嘴巴,不能进食,就等于给他定了死罪。这时,旁边站出一个官员,走到李乐面前,不分青红皂白,大声责骂:"君前多言,罪有应得!"一边大骂,一边叭叭地打了李乐两记耳光,当即把封条打破了。

由于这个人是帮助皇帝责骂李乐,皇帝当然不好怪罪他。其实此人是李乐的学生,在这关键时刻,他换个角色,"曲"意逢迎,巧妙地救下了自己的老师。如果他不顾情势和身份犯颜"直"谏,非但救不了老师,恐怕自己也被连累。可见身份要变得妙,不守不行,死守也不行。

处世避免过激和片面性

儒家提倡中庸之道,就是要提倡以诚、以宽、以礼待人;不偏听偏信,也不搞放弃原则,而要以社会的利益为重,高瞻远瞩地、全面地观察和处理问题。

松下幸之助在其《关于中庸之道》一文中说,中庸之道的真谛是:"不为拘泥,不为偏激,寻求适度、适当";中庸之道"不是模棱两可,而是真理之道,中正之道"。他呼吁:"但愿真正的中庸之道能普遍实践于整个社会生活中"。

宋代大儒朱熹说:"中者,无过无不及之名也;庸,平常也。"另一位宋代大儒程颢解释说:"不偏之谓中,不易之为庸。中者,天下之正道;庸者,天下之定理。"

中庸之道为何受到人们的推崇?我觉得,这是由于它反映了一种合情合理的精神,按中国儒家的看法,就是它能"致中和",达到中正和平,而"使无事不达于和谐的境界"。

历史经验证明,实施中庸之道,避免过激和片面性,有助于人际关系的改善和

朱熹

问题的正确处理,而搞"反中庸","矫枉必须过正"那一套,则会给社会、给个人带来非常不利的后果。不过,要真正实施中庸之道,也并非容易事,它非经过人们的共同努力不可。

照中国传统说法,讲中庸之道的人,在处理一般人际关系中,应该要讲厚道,要具有不计较个人得失恩怨的广阔胸怀,能够容纳各种不同意见,团结甚至是反对自己的人,一起把事情办好。讲中庸之道的人,在处理问题时,总要注意听取各方面的意见,然后经过分析研究,做出正确的处理。因而讲中庸,也是讲民主,反对搞"一言堂"。

讲中庸,不是搞折衷,放弃原则。因为中庸之道即是"正道""定理",也就是原则。讲正道、讲定理、讲原则,就是要辨黑白,论是非。不能把事物的各方面"折衷"起来,超然于是非之外,混迹于黑白之间。

工业革命之后,人类在文化、知识方面,有惊人的进步。但在另一方面,因为民族之间、国家之间互相冲突对立,许多人遭到惨死。其实任何人都祈望能和睦相处,互相协助,过和平幸福的生活;也知道在世界各地发生的争斗都是不对的,却仍不惜互相残杀、互相仇视。

原因是什么呢?是大家在根本上都没有养成明确的人类观。人类实际应有的状态都被遗忘,才会发生互相屠杀的惨剧。中庸之道之所以被先哲们提倡,因为人

性有容易偏离正轨、过犹不及的倾向。儒家灌输给大家的观念,都是以家、社会、国家的大义为重,自己的事才是次要的。有些人刚好相反,都是要先考虑自己的事。儒家之所以教人无视个人,可能是为了要有效活用个人的价值,才会更爱国家、爱社会、爱家庭。由此演变到牺牲个人,才是美德。这种看法或许有点极端,但若是只爱自己,别的事我就不管,也是一种偏差。

既然自己那么尊贵,为了改善自己的生活就得保持美好的环境,不然,就等于没有爱自己。以此为出发点,才会产生爱自己的家、爱自己的公司、爱大家的社会精神来。所以,自爱的精神,是与爱公司、爱国家的精神相通的,任何一方都不可以偏颇。保持这种精神方面的平衡,我们现在也到了一个重要的构建和谐社会的时期。

人与人之间的"互相"关系不是要伤害,不是要否定,而是要互相尊重,共同提高。我们对此要多加深思,要好好地把握人的本性,不为拘泥不为偏执,寻求适度、适当的境界,这才是重要的。这也就是中庸之道的真谛。所以,真正的中庸之道,不是那种两者相加除以二的办法,而是以人性为主体,一面正确追求事物的本质,一面寻求前进的方法。

今日社会上许多事情,都有偏向一方的倾向,所以,一提中庸之道,便有模棱两可之感,其实,这里所说的"中庸之道",是平衡智慧、中正之道,我们应给予更高的评价才是。这样,社会国家就会变得更好,更有效率。

但愿真正的中庸之道,能普遍实践于整个社会生活中。智者都会认为,精神与物质是人类生活的一体两面,偏废其一,都不能达到真正的繁荣。

不要随便轻视别人的价值

"异"就是特别的,"端"就是另外一头。"异端"是走极端偏向的路线,不走中道的。有种人为人处世不但不走中道,而且还标新立异,经常冒出伤害他人的怪异的思想。

异端邪说不容于正,它蛊惑人心,只有对它进行批判,使它不能滋生蔓延,自然就不会成为祸害。

然而,得分清什么是异端邪说,整齐划一的观念也是有害的,失之中庸的。在古代社会中,从事与统治者思想格格不入的学术研究,往往遭殃。但是历史证明,从事于异端研究的人,恰恰是那些最能独立思考、最有独立见解的人。

在历史的长河中,好多当时认为是"异端邪说"的,后来经过检验,恰恰原是合乎科学的精粹之说。伽利略、哥白尼就是最好的例证。历史最终是公正的,他们终于被昭雪。

儒家的教育主要是礼教,不赞成在尧舜之道以外去寻找学问,所以说:"攻乎异端,斯害也己。"他提出"异端"的概念,用以与仁礼之道相区别,认为钻研异端邪说,必有祸害。由此可知,孔子虽然主张文化包容,但不等于无所不包,他有自己的是非标准,这本来无可厚非。可是如果把礼教作为唯一的是非标准,而拒绝其他的学说,便有可能通向文化专制的道路。

"非我族类,其心必异"是反中庸的,也不利于为人处世。不轻视别人存在的价值,或者"我反对他的观点,但我不反对他本人",才是一种积极的处世。

1991 年 11 月 3 日夜,美国大选揭晓。当选总统克林顿在竞选总部前他的支持者们的聚会上发表即席演说,先是言辞恳切地感谢昨天还在互相唇枪舌剑、猛烈攻击的主要政敌现任总统布什,感谢布什从一名战士到一位总统期间为美国做出的出色服务,并呼吁布什和另一位对手佩罗及其支持者与他团结合作,在他未来 4 年,在全面振兴美国的大变革中继续忠诚地服务于祖国。

而远在异地的布什则打电话祝贺克林顿成功地完成了一"强有力的竞选",他还调侃地告诫克林顿:"白宫是个累人的地方。"并保证他本人和白宫各级人士将全力以赴地与克林顿的班子合作,顺利完成交接工作。

人们在一起共事时,方法不同,观点不同,但只要采取合作态度,互相支持、互相帮助、互相关照,是最容易产生感情认同的。特别是在困难环境中,彼此相依为命、共渡难关、情谊深厚,可能终生难忘,交情将更为牢固。

表现出很有志向的样子

士人立志于仁义之道,却对粗糙的衣食引以为耻,就无价值和他谈论了。也就是说既然"志于道",而仍然在乎吃穿,就难免成为假道学了。但是,做到了超越富贵的诱惑,甘守清贫,对于"志于道"的人来说是应该做到的,不值得自以为了不起。

春秋时代,研究儒家学说致力于品质修养的人不一定就能得到高官厚禄,对此,有些读书人就会不安起来。所以,孔子认为,鄙视穷困生活的人,他们是没有多大的志向,这种人只是斤斤计较于个人生活的吃穿等琐事。因此,根本就不必与他们去谈什么道的问题。

富贵功名是人们都想要的东西,但是如何得到,社会有一定的规定。用现代的话说,就是竞争必须有一定的游戏规则。按照正确的规则得到了富贵功名,那就心安理得地承当;如果没有按照游戏规则,利用歪门邪道得之,那就不应该接受。

同样,贫穷卑贱是人们不想得到的东西,但摆脱贫贱也有一定的规则,利用这些规则摆脱的就是正道,否则就是歪门邪道,就不符合全社会的公平原则,真正的君子就不会加以摆脱。

表现于"志于道"的样子,是有利于个人处世的。一个外国作家曾在书中写到他年轻时的一个同事。这位同事读书时就很有抱负,常对人说:"我今后一定要成为国会的议员。"然而这位同事一直没有实现当议员的梦想。可是在当时,他"志于道"的样子,使许多同事都说"这家伙是个有远见,很了不起的人物"。甚至公司方面也对他产生了"能有这种志气的人在我们公司服务,真是难得"的评价。因此,他很快就升为部门主管,并在不久后被提升为公司经理。

让别人钦佩自己的方法很多,其中最有效的方法是让人感到你比其他人更有发展前途。为了表现你的发展潜力,就有必要对将来编织一幅美丽、宏伟的蓝图,纵使这幅蓝图完全不可能实现,却能给人很好的印象。比如,你可对你的同事、朋友说,"我将来要独立创业,而且一定要实现这个计划",并将这样的话重复数次。这样,连那些原本不太相信的人,也会不知不觉地认为:"切不可小瞧了他,这家伙很有可能干出一番轰轰烈烈的事业来。"有一个将来的总裁做朋友,他也会有沾光的心理,同时也能给自己贴金,可谓一举两得。

又如谈恋爱,当你想要说服女友时,你不妨表现是个有品位的人,尽量不谈钱,而谈论对未来的设想。前途实际上就是"钱途",女友感到你将来会有出息,内心不由得沾沾自喜,以为自己交到了理想的男朋友,甚至想助一臂之力。

孔子认为一个人要是受物质环境引诱、转移的话,就无法和他谈学问、谈前途。

既然"志于道",又谈享受,是矛盾的,所以"志于道"要有一种不讲享受,唯道是谋的精神。孔子曾自述:"十室之邑,必有忠信如丘者,不如丘之好学也。"确实如此,他一生提倡"敏而好学,不耻下问"。不仅要向比自己多识的人学习,还要善于向比自己低下的人学习。在他眼里,处处有学问,人人可为师。

知道自己无知的人就是聪明人,知道自己无知又能积极求知的人就更是世界上最聪明的人。在处世上,不浮躁的人,不见异思迁的人,可能是个非常了不起的人。

第八节　执中行权

中庸处世不是当缩头乌龟

现在人看来,明哲保身似乎是胆小怕事、遇事就躲的怯懦者的代名词。但在儒家的中庸思想里,明哲保身却不是这意思。明哲保身一词出于《诗经》,原文是:"既明且哲,以保其身。"

在《中庸》一书中则做了这样的阐述:"君子尊德性而道问学,致广大而尽精微,极高明而道中庸。温故而知新,敦厚以崇礼。是故,居上不骄,为下不倍。国有道,其言足以兴,国无道,其默足以容。诗曰:'既明且哲,以保其身',其此之谓与!"因为懂得如何在激烈的矛盾冲突中保全自身,以图东山再起,而避免不明不白地去做无谓的牺牲,应该说是一种高明的智慧,而不是一种贪生怕死的表现。那些贪生怕死、一味退缩的人,并不是明哲保身,而是误了自身,他们的行为不符合中庸。

三门峡水利工程是个败笔,在动议搞这个工程的时候,黄万里教授预见到了它的后果,在那特殊的年代,许多人三缄其口,明哲保身,但黄万里深受儒家文化的熏陶,成长为一个慷慨之士,他以一颗"至诚"之心,坚持讲真话。在 20 世纪 50 年代,他在黄河规划、筹建讨论会上说:"你们说'圣人出,黄河清',我说黄河不能清。黄河清,不是功,而是罪。"当时出席会议的专家大多同意苏联专家的设计。黄万里孤身舌战。有一次,他争辩了整整 7 天,但仍无效。黄万里退而提出:若一定要修此坝,建议勿塞 6 个排水洞,以便将来可以设闸排沙。这个观点被全体同意通过。但施工时,苏联专家坚持按原设计把 6 个底孔堵死了。上世纪 70 年代,这些底孔又以每个 1000 万元的代价打开。

黄万里被打成了右派,但他没有为自己的言行后悔,他对三门峡水利工程的分析和预见,从工程建成之日起便被一一验证了。三门峡水库 1960 年 9 月建成,从第二年起潼关以上黄河、渭河大淤成灾。两岸受灾农田 80 万亩,一个县城被迫迁走,西安受到严重威胁。至今黄河流域的水土日益恶化,下游河水所剩无几,每年平均断流 100 多天。黄万里一个人的力量是单薄的,他无法阻止一个工程的建设,但他在那个年代,敢于坚持科学见解,说出自己的反对意见,就非常了不起。他心中是有尺度的,盲目地随波逐流是一种偏激,而有自己的见解而藏在心里不说,也是一种"不及",这不符合他做人的原则。

中庸思想不是一般人认为的是一种圆滑的避世思想,也不是一味的折中思想。它是以"诚",即以良知为基础的人世思想。当大家都在过激地普遍看好某事上,明智者会觉得这是种反中庸的行为,非常有危害,于是提出不同的观点,以回到中庸的状态。

梁漱溟小时候体弱多病,壮年又历经坎坷,他却活了 96 岁高龄,他的长寿完全得力于平和淡泊的精神。"文革"中,梁漱溟的藏书、手稿、字画被焚,人又被拉去游街,批斗。这是剜心摘肝,侮宗辱祖! 稍微想不开的人,就会走上绝路。梁漱溟不,当造反派厌倦了他这只"死老虎",把他关进一间小屋,停止纠缠,他既不呼天抢地,也不长吁短叹,而是优哉游哉、自得其乐地写起学术论文。先撰《儒佛同异论》,接着写《东方学术概观》,其超然物外的胸襟和目无凡夫的气度,令世人叹服。

马寅初先生少时也是体弱多病,他却活了 101 岁,他因"新人口论"遭到了批判,人生挫折很大,但他胸怀坦荡。他诚心不自欺,在最艰难的日子,牢记"真理在胸笔在手,无私无畏即自由"这两名很有名的诗,身体力行。正因为真理在胸,所以他才能吟出"大江东流去,永远不回头! 往事如烟云,奋力写新书"! 因为无私无畏,所以他才能放言"不怕冷水浇,不怕油锅炸,不怕撤职,不怕坐牢,更不怕——死"! 马寅初在快到 80 岁时遭受打击,不得不离开北大校长的位置,但想到同时离开喧闹的政坛,无不欣慰。他在京郊的小院,生活在心灵的世界,"大江静犹浪,扁舟独且征",后来竟以百岁高龄重新出山,这是别人难以置信的。

腐化、僵化、堕落不是中庸

节俭朴素本来是一种美德,然而过分节俭就是小气,就会变成为富不仁的守财奴,如此反而会伤害到一些正道上的往来。谦让本来也是一种美德,可是如果太过分,就会变成卑躬屈膝处处讨好人,这样能给人一种好用心机的感觉。

为人要有品行节操才能立足,如果谦让至伪,节俭至吝,那么节俭的目的何在,谦让的初衷为何? 这实际上是一种小人俗人的表现。在社交场合上格外要注重这一点,尽可能地审视自己的仪表言行,时时以一种真挚的热忱去迎接生活,与人交往做到不过分大方张扬与小气吝啬。

朱元璋利用元末农民起义之势,推翻了元朝,于公元 1368 年正月,在应天即位称帝,建立了明朝。明朝建立初期,朝中有一些官员贪图享受,凭借手中的权力贪污腐败,过着奢侈糜烂的生活。朱涛仗着自己是皇帝的亲侄儿,更是奢侈、放纵,人人争相效仿。

明太祖贫苦出身,很了解民间疾苦,他看在眼里,急在心里,很想惩治一下这股腐败歪风,但他顾忌腐败现象人多面广,弄得不好,怕影响他得来不久且来之不易的皇位,整日忧心如焚。一日,他把这一心事告诉了患难之妻马皇后。马皇后一听,连忙说:"皇上圣明。长年战乱百姓流离失所,而且帝业初创,做的事很多,如果让腐败之风任其蔓延,我们好不容易得来的江山,转眼就会葬送掉……"

朱元璋着急地说:"是啊,我也就是考虑这个,可一时又想不出办法来!"

沉默了一会,马皇后对朱元璋说:"皇上,正人先正己,后天是我的生日,就从我们做起吧。"朱元璋听了,连连点头。

寿诞之日,百官携礼贺寿,当大家席上坐定后,明太祖携马皇后步入宴厅,随即太监宣布开席。

令大臣们遗憾的是:上的第一道菜竟是一盆红萝卜。百官见了,面面相觑,迟迟不动筷子。朱元璋见状,举筷夹了一块萝卜,笑着说:"萝卜进了城,药铺关了门,萝卜进了口,百病都赶走。"说完便吃了起来,随即皇后也吃了起来,百官见了,也纷纷举筷。朱元璋边吃边扫视四周,见仍有迟疑不决的臣子,便来到身边,笑着问:"这萝卜不合口味?"吓得臣子连忙举起筷子。

第二、三道是炒韭菜和两碗青菜,朱元璋说:"碗中菜儿青又青,长治久安得人心。群臣吃了这道菜,明朝天下得太平。"说完便带头吃了起来。

第四道菜是碗葱花豆腐汤。朱元璋又说开了:"葱花豆腐青又白,一清二白过日月,两袖清风勤廉政,大明江山千秋业。"

百官听后,知其用意,竞相奉承。而昔日奢靡之徒,额冒冷汗。

当贵族统治者走向腐化堕落和权力的极端,社会将失去和谐,隐藏着随时都会点燃引爆的危机的炸弹。龚自珍所观察到的中国是一个"左无才相,右无才史,阃无才将,庠无才士,陇无才农,廛无才工,衢无才商"的绝对平庸的社会,是"牢盆狭客操全算,团扇人才居上游"的不公平社会。而不是"君子自强不息"的社会,知识分子的忧患意识驱动他批评起这种腐化与僵化的社会制度,希望社会民族奋发图强,"不拘一格降人才"。在人们看来,龚自珍的做法是激进的,而这种激进必然被时代主流社会所反对,以致他陷入了孤独,然而他的激进却是中庸的激进,主观上想对偏离人心的社会制度进行拨乱反正,可毕竟一个人力量太小了,难以实现他的愿望。

在他人面前不可失态

在狭窄的小路上行走,要留一点余地让别人走;遇到美味可口的食物,要留出三分让给别人吃。这就是一个立身处世最安全快乐的方法。

廉颇和蔺相如同是战国时的赵国大臣。廉颇是赵国杰出的将领,蔺相如由于完璧归赵和在渑池会上立了功,赵王封蔺相如做上卿,他的官职比廉颇高。

廉颇很不服气,他说:"我身为将军,有攻城野战的大功,而蔺相如只不过是口舌之功,竟位居我上,况且他出身卑贱,我感到羞耻,不甘心在他的下边。"并且扬言说:"我见到蔺相如,一定要侮辱他。"

有一天蔺相如坐车出去,远远看见廉颇骑着高头大马过来,他赶紧叫车夫往回赶,蔺相如手下的人看不过去,他们说蔺相如怕廉颇,蔺相如对他们说:"廉颇将军与秦王谁厉害?"他们说:"当然秦王厉害。"蔺相如说:"秦王我都不怕,我会怕廉颇将军吗?大家知道,秦国不敢进攻我们,就是因为赵国武有廉颇,文有蔺相如,如果我们闹不和,就会削弱赵国的力量,秦国就会乘虚而入,我避着廉将军,为的是赵国的利益。"蔺相如考虑不仅不可失态,而且一失态就可能失国,所以选择避让。后来蔺相如手下的人把他的话告诉廉颇后,廉颇便脱衣露体,赤膊背着荆条,由宾客介绍陪伴来到蔺相如府上请罪。他说:"我是个粗鄙浅陋的人,不料你宽容我,忍让我竟到了这等地步。"从此,赵国出现将相和睦的大好局面。

与人交际,无论出现什么情况,都保持高度的冷静,使自己不失态。例如在一次商务交际中,对方在谈到价格时突然揭了你这一方的老底,说你给某公司的价格很低,而给他们过高,这实在是太欺负人等等。贸易伙伴这样揭露,是很伤面子的。如果你不冷静,情绪过分紧张或者激动,很可能应付不了这个局面。接下来或者承认事实,或者愤怒争辩,拼命否认,很可能当时就不欢而散。但是你如果很冷静,可能会很快找出理由,比如给别人价格低并不保证退换维修,某一方面没有运用新材料新技术,或者在付款形式、供货期限、质量保险等方面有不同。反正你总能找出合适的理由来挽救局面,为自己的行为找到体面的说法。

对于这类不期而遇的人际交往中的遭遇,一般有两种不同的处理方法。一种是消极的抵御:如沉默不语,或者发脾气。这会影响你的公众形象。另一种是积极的应对,利用这类不利的交往信息获得良好的交往得益,不但能有效地抵御寻衅者的行为效果,而且能赢得人们的更多尊重和欢迎。

华盛顿大学社会学家爱德华特·格劳斯曾对交往中出现的窘迫现象研究了多年,他指出遭到公开的羞辱当然不是一件乐事,也不是一件可容忽视的琐碎小事。当因羞辱而受到感情伤害时,大多数人会失态:发火、口吃、脸红。但你应该有另一种选择——保持理智,控制情势。

不要花很多时间陷于烦恼,"为什么这个人要非礼造次?"有些人蓄意使你感到窘迫,是因为他在心理上感到受到你的威胁,或是为了报复在他感觉中你曾做过的对他不利的一些事。另有一些爱开玩笑者则仅是出于自己开心而不在意羞辱了他人。

佛罗里达大学的心理学家贝雷·斯契莱卡则认为,去猜测这类人有什么秘而不宣的动机的做法在实际上不一定正确。"他或她很可能是不明白你会因此而受到伤害。"当你向他指出这类失言的非礼之举时,那些出于好意的却不善于表达的人通常是会立即向你致歉的。

当然究竟如何来应对这类窘迫的遭遇，得看当时的具体情况。如果你的老板或上司在同事们面前指责你，而且很可能下次还会这样做时，你可以用下列的话来应对这种情况，从而以冷静的自信来维护你的自尊："我们是否能单独探讨一下这个问题？"

以豁达的心态面对宠辱

　　老子《道德经》中也说过这样的话："宠辱不惊，贵大患若身。何谓宠辱不惊？宠为下，得之若惊，失之若惊，是谓宠辱若惊。何谓贵大患若身？吾所以有大患者，为吾有身，及吾无身，吾有何患？故贵以身为天下，若可寄天下；爱以身为天下，若可托天下。"

　　一般来看，道家思想是退缩的，保守的，但它有些话却切合了中庸理论，尤其在为人处世上，主张以不伤害生命和真性为前提，也就是人是自在的，只有这个自在性的主体与自然达成和谐，才是最恰当的，否则就违反天性与人性。

　　洪应明在处世上始终保持着一种豁达的心态，他说："宠辱不惊，闲看庭前花开花落；去留无意，漫随天外云卷云舒。"一个人对于一切荣耀与屈辱无动于衷，用平静的心情欣赏庭院中的花开花落；对于官职的升迁得失都漠不关心，冷眼观看天上浮云随风聚散，那活得多自在啊。

　　人活在世上，总想比别人有钱，比别人有势，也因此惹是生非，种下苦根。于是聪明人意识到了这一点，把"宠辱不惊"视作一种境界。有一次，孟子本来准备去见齐王，恰好这时齐王派人捎话，说是自己感冒了经不得风，因此请孟子到王宫里去见他。孟子觉得这是对他的一种轻慢，于是便对来人说："不幸得很，我也病了，不能去见他。"

　　第二天，孟子要到东郭大夫家去吊丧，他的学生公孙丑说："先生昨天托病不去见齐王，今天却去吊丧，齐王知道了怕是不好吧？"孟子说："昨天是昨天，今天是今天，今天病好了，我为什么不能办我想办的事呢？"

　　孟子刚走，齐王便打发人来问病。孟子弟弟孟仲子应付说："昨天王有命令让他上朝，他有病没去，今天刚好一点，就上朝去了，但不晓得他到了没有。"

　　齐王的人一走，孟仲子便派人在孟子归家的路上拦截他，让他不要回家，快去见齐王。孟子仍然不去，而是到朋友景丑家避了一夜。

　　景丑问孟子："齐王要你去见他，你不去见，这是不是对他太不恭敬了呢？这也不合礼法啊。"

　　孟子说："哎，你这是什么话？齐国上下没有一个人拿仁义向王进言，这才是不恭敬哩。我呢，不是尧舜之道不敢向他进言，这难道还不够恭敬？曾子说过，'晋国和楚国的财富我赶不上，但他有他的财富，我有我的仁，他有他的爵位，我有我的义，我为什么要觉得比他低而非要去趋奉不可呢？'爵位、年龄、道德是天下公认为宝贵的三件东西，齐王哪能凭他的爵位轻视我的年龄和道德呢？如果他真是这样，便不足以同他有所作为，我为什么一定要委屈自己去见他呢？"

1807年7月，拿破仑与俄国皇帝亚历山大一世在提尔亚西特会晤。奥地利王后路易莎也来到这里，想请求拿破仑把北德意志马格德堡归还给奥地利。一见面，路易莎王后先是赞赏拿破仑的头"像恺撒的一样"，然后她直截了当地向拿破仑提出归还马格德堡的恳求。拿破仑不好当面拒绝，但又不能轻易答应。他没话找话地赞美皇后的服装如何好看，想以此转移话题。路易莎王后回敬了一句："在这样的时刻，我们要拿时装作话题吗？"她再次提出请求，拿破仑又用一些毫不相干的话来对付她。路易莎王后再三央求拿破仑宽大为怀，态度谦恭而又诚恳，使拿破仑多少有些动摇。这时，奥地利弗西斯国王进来了，拿破仑的调子当场冷下来了。

宴会结束时，拿破仑得体地向路易莎王后奉送了一朵玫瑰花。王后灵机一动，脱口而出："不可否认这是友谊的象征。我的请求已蒙答允？"拿破仑早有戒备，用一句不着边际的话把话题岔开了。路易莎王后没有达到目的，失落地离开了提尔亚西特。拿破仑宠辱不惊，没被王后的热情和赞赏征服。

外交场合中，重要的是坚持自己的原则和立场，无论怎样被对方吹捧，不该做出让步的决不松口，同时又要做到言行得体，不失礼仪，这是一门高超的艺术。

以正当的手段和途径去获取名利

富与贵都是人们所想得到的，不用正当的途径而达到目的，是不能承受的；贫与贱都是人们所嫌弃的，不用正当的途径得到富贵，是不能脱离贫贱的。君子抛弃了仁，到何处去成名呢？君子在任何时候都不违背仁，生活忙碌之时与仁同在，流离颠沛之时也必定与仁同在。

过去许多孔子的研究论中，普遍认为孔子只推行仁、义，而反对利、欲。然而，"富与贵，是人之所欲也"反映了孔子的利欲观。

任何人都不会甘愿过贫穷困顿、流离失所的生活，都希望得到富贵安逸。但这必须通过正当的手段和途径去获取。

取得富贵的手段正当与否，是君子和小人的分界点。君子爱财取之有道，小人则不择手段，为所欲为。凭本事通过个人劳动所得就是来路正当，所以孔子说替人执鞭的事他也干。以拍马钻营甚至坑蒙拐骗而取得富贵则是"不以其道得之"。

所以孔子说："不义而富且贵,于我如浮云"。

人生之路该怎样去走,是摆在每一个人面前的必答课题。有的人很茫然,走到哪里算哪里,什么也不知道,活得很空虚。脚下的路,是实际的道路;人生的路,则是命运之道。如何去走?前途如何?目的地在何处?等等,都是人们愿意知道的,用现在的话说叫"人生规划",并且顺利地工作生活,实现自己的理想抱负。

孔子一生努力,便是在寻求人生之大道,传播人生之大道。所以,他会有深切的体会和感受:白天听闻到了人生的大道,晚上死去也不会有任何遗憾的。可见,他认为人生的目的,就是认识活的价值和意义。这个大道是人生的大道,是宇宙自然的大道,是天地万物运行的规律。合乎了这个规律,便是一个真正的人,无论是生是死已经无所谓了。

如何知道这个大道呢?那你就得切切实实地行走在人生的旅途上,一步一步地迈进,踏踏实实地行走,来不得半点的虚伪与造作。所以,那些物质至上的人,太计较名利得失的人,都无法在人生的旅途上,踏踏实实地行走,也根本无法领略到人生的真谛。只要你热心于探索人生之大道,就不应该有任何的虚妄执着。

因为真正的君子,只是以仁义作为准则,所以对于天下任何事物都不会过于在意和执着,不会痴迷和嗜癖;没有行或者不行,没有一定要怎么或者不怎么。人活得自然轻松。

屈不是不要尊严,伸不是不要人性

守"中"的原则虽是不变的,但对"中"的理解则是因人而异、因事而异的,在某一场合被认为是中庸的东西,改变了外在条件就不再是中庸了。所以智者应该根据变化了的条件去确定自己的行事准则,为"时中",这也称为"行权"。

关于"时中"的原则,先儒们的论述是很多很多的,如《荀子·不苟》中即提出:顺应不同时间或屈或伸,像蒲苇那样柔软顺从,这并不是胆小害怕;刚强勇毅,没有什么可以屈服的,这不是骄横暴躁;用义去对付变化,知道什么时候可屈服什么时候该伸罢了。

《诗经》说:"往左往左,君子能适应;往右往右,君子也能适应。"这说的就是君子之所以能按中庸屈伸、应变的道理。

由朱熹编辑的《河南程氏遗书》中形象地比喻说:好比天气刚冷的时候穿上薄裘衣就可以称得上符合中,而到极冷之时再穿刚冷时穿的裘衣,就不是中了。另如禹治水时三过家门而不入,这在禹稷的时代可以说是符合中,如果是居住在普通的巷陌中的人,这么做就不符合中了。

荀子说，大丈夫根据时势，需要屈就屈，需要伸就伸，可以屈就屈，可以伸就伸。屈于当屈之时，智慧；伸于可伸之机，也是智慧。屈是保存力量，伸，是光大力量。屈，是隐匿自我，伸，是高扬自我。屈，是生之低谷，伸，是生之峰巅。有低谷，有峰巅，犬牙交错，波浪行进，这才构成完美而丰富的人生。荀子说，大丈夫推崇他人的德行，颂扬他人的美德，这不是出于阿谀奉承；公正地、坦率地指出他人的错误，这不是出于诽谤和挑剔；客观地、中肯地表白自己光明磊落，与舜禹相比

荀子

拟，与天地相参合，这不叫虚夸狂妄。随时势能屈能伸，柔顺如同蒲席，可卷可张，这不是出于胆小怕事；刚强、勇敢而又坚毅，从不屈服于人，这不是出于骄傲暴戾。

日常生活中，也得把握"与时屈伸"的策略，例如，有些人遇到有人上门求他办事，便产生一种优越感，侃侃而谈，越扯越远。或者，对方故意说些不着边际的话来拖延时间，最终以各种借口搪塞。这样的人我们最难说服他。如用一般手法，会中对方的计。但一味沉默，等于对方主动自己被动。对付这类难说服的人物，要先干扰他的决策。最好的办法是频繁地说"有点道理""是这样的吗"之类的话来打岔，或是故意注意别的东西。这些话和动作会打断他的思考逻辑，结果纰漏百出，从而获得插话的机会。

这种"屈伸"技巧在西方议会争论时常被使用。官员们在议会所说的话，都是事先准备好的，议员不是很容易能破坏他们的逻辑思路的。老经验的议员会赞成官员所说的一切，并审时度势，抓住机会打断他的一连串话题，使其原则崩溃，说出真心话。对付滔滔不绝、口若悬河的人，这种方法更有效果。

回到如何做人上，我还是欣赏这段话："山林是胜地，一营恋变成市朝；书画是雅事，一贪痴便成商贾。盖心无染著，欲境是仙都；心有系恋，乐境成苦海矣。"读洪应明这段话，眼前马上出现一副清新的画面，但它的"画外音"却是：

山川秀丽的林泉本来都是名胜地方，可是一旦沾迷留恋，就会把幽境胜景变成庸俗喧嚣的闹市区；琴棋书画本来是骚人墨客的一种高雅趣味，可是一产生贪恋的狂热念头，就会把风雅的事变得俗不可耐。所以一个人只要心地纯洁，即使被外物所感染，置身于人欲横流的花花世界，也能建立自己内心快乐的仙境；反之，一旦内

心迷恋声色物欲,即使置身山间的快乐仙境,也会使精神坠入痛苦深渊。所以,生活中你以中庸处世,或屈或伸,不做过度,也就不被物累、不被名利纠缠。

怎样以退让的方式蒙住对方

人不论做什么事,应罢手不干时,就要下定决心结束。以退让开始,以胜利告终,是人情关系学中不可多得的一条锦囊妙计。你先表现得以他人利益为重,实际上是在为自己的利益开辟道路。在做有风险的事情时,冷静沉着地让一步,尤能取得绝佳效果。

范蠡追随越王勾践二十多年,苦其心志,运筹谋划,终于灭了吴国,报了会稽之辱。勾践称霸诸侯后,范蠡也被封为将军。但范蠡深知勾践为人,只可同患难,不可共安乐,于是急流勇退,携妻将子,扬帆过海,秘密离开了越国。范蠡辗转到了齐国,改名换姓,自称为鸱夷子皮,在海边定居下来。从此,率子整治家业,开发经营。范蠡记得还是在会稽山上曾与另一位谋臣计然共事,计然说:"要打仗就要备战,备战就要与货物打交道。只有知道货物的生产季节和社会需求关系,才算是知道货物。季节和需求关系能够明确,则天下所有货物的供需行情,就能够看得清楚了。"计然给勾践出过不少计谋,使战败的越国很快就富起来。

范蠡从中得到启示:"计然的策略共有七项,越国只用了五项就能如愿以偿。他的策略对于治国行之有效,如果用于治家,我想必有收益。"范蠡依计而行,果然,没多久,就在海边积累了数十万财产,富甲齐国。齐国人看他贤能,又善于理财,便请他出来为卿相。范蠡喟然长叹:"在家能积聚千金,外出能官至卿相,对于普通人这是再高兴不过的事了,但长久地享受这些尊荣和名声并不吉利啊!"于是,又辞了卿相,把大部财产分给亲朋好友和邻里乡党,只随身藏着些珍贵的珠宝,秘密离开齐国,到达宋国的都城陶。范蠡看到陶位于天下的中心,与诸侯各国四通八达,来往货物都在此交易,认为此地经营很容易致富,便在陶定居下来,自称陶朱公。从此,父子刻苦节俭,亲自耕种畜牧,兼营商业。由于对商品的囤积或脱手,善于看准行情,把握时机,在贩进卖出之中,获取十分之一的利润,没几年,又积累了上亿的家产,天下都知道陶朱公了。

退让有一种办法是表面上做出让步,实际上却暗中进了一步。

有一次,世界著名滑稽演员侯波在表演时说:"我住的旅馆,房间又小又矮,连老鼠都是驼背的。"旅馆老板知道后十分生气,认为侯波诋毁了旅馆的声誉,要控告他。

侯波决定用貌似让实则进的办法,既要坚持自己的看法,又可避免不必要的麻烦。于是在电视台发表了一个声明,向对方表示歉意:"我曾经说过,我住的旅馆房间里的老鼠都是驼背的,这句话说错了。我现在郑重更正:那里的老鼠没有一只是驼背的。"

"连那里的老鼠都是驼背的",意在说明旅馆小而矮;"那里的老鼠没有一只是驼背的",虽然否定了旅馆的小和矮,但还是肯定了旅馆里有老鼠,而且很多。侯波的道歉,明是更正,实是批评旅馆的卫生情况,不但坚持了以前的所有看法,讽刺程度更深刻有力。

再来看个故事,英国牛津大学有个名叫艾尔弗雷特的学生,因能写点诗而在学校小有名气。一天,他在同学面前朗诵自己的诗。有个叫查尔斯的同学说:"艾尔弗雷特的诗我非常感兴趣,它是从一本书里偷来的。"艾尔弗雷特勃然大怒,非要查尔斯当众向他道歉不可。

查尔斯想了想,答应了。他说:"我以前很少收回自己讲过的话。但这一次,我认错了。我本来以为艾尔弗雷特的诗是从我曾读过的一本书里偷来的,但我找到那本书翻开一看,发现那首诗仍然在那里。"

两句话表面上不同,"艾尔弗雷特的诗是从我读的一本书里偷来的",也就是指艾尔弗雷特抄袭了那首诗;"那首诗仍然在那里",指的是被艾尔弗雷特抄袭的那首诗还在书中。意思没有变,而且进一步肯定了那首诗是抄袭的,这种退让却达到了嘲讽和揶揄的目的,令人猝不及防,伤得更重。

把一切价值等同于钱是有害的

君子通晓的是仁义,小人通晓的是私利。在孔子的思想中,利和义是相对的。孔子曾说:"见利思义。"见利能够想到义是君子的行为,见利而不顾义是小人的行为。行事要合道义,不合道义的事君子不为。

《左传》上说:"多行不义必自毙。"一个人只顾利而不注意义,必然是自取灭亡之道。《墨子》上说"见义不为,无勇也""义,天下之良宝也"。宋代苏洵曾说过"义利、利义相为用"的话,苏轼在《思堂记》中写道:"临义而思利,则义必不果。"

我们的老祖宗非常看重义,不仅提出"见利思义",而且往往把义看得比生命还重要。欧阳修说:"宁为义死不苟利生,而视死如归。"王定保《唐摭言》:"无义而生,不若有义而死。"等等不胜枚举。

在孔子的心目中,这是一把用来衡量君子与小人的尺子:"君子喻于义,小人喻于利。"在今天商海泛舟的弄潮儿,对于2500多年前的孔圣人的这把尺子,你把握住了没有?

孔子提倡中庸,他对人非常了解的——在不同的价值标准并存的过渡时期,他率先要求新的以道德学问取代权位财富为标准的君子小人观,固然主要是认识基础上的理性思考,也还有个切肤之痛的感情问题。孔子三岁丧父,孤儿寡母,离家出走,被社会冷落和遗弃,历尽艰辛,"吾少也贱,故能多鄙事",激起了他对小人的不满,对公道、正义社会的追求:"吾十有五而志于学(道)。"在他以"年少好礼"知名,且以教书为生以后,还遭到上层社会的歧视和拒斥,《史记·孔子世家》上写道:"孔子要至,季氏飨士,孔子与往。阳虎绌曰:'季氏飨士,非敢飨子也'。"旧的等级观念扼杀新生力量,使其感触很深。所以孔子是不会与那帮开口闭口就是钱财、趋利避害的小人交往的,而要与志同道合的君子往来。

道德高尚者只需晓以大义,而品质低劣者只能动之以利害。这其实是一条千古不变的真理。

有一次,美国洛杉矶的华裔商人××在香港繁荣集团购买了一批景泰蓝,讲好了一半付现金,一半付一个月期票。交易那天,他却不出面,派来儿子。一个月后,期票到期了,银行却退了票,几经联系,他一推再推,后来索性不接电话了。繁荣集团这才知道上了圈套。集团老板陈玉书说:"除非他永远缩在美国,不在香港做生意,只要他来香港,我一定逼他把钱交出来。"陈玉书派人侦察、注意对方的动静,终于有一天,他来到了香港。陈玉书马上派人同他联系,并以鸟兽景泰蓝优惠售价相诱,将他请到公司。陈玉书大脚一踹,房门大开,大喝一声:"××,你上当了!"××这时脸色大变,不安地立在对面。

"你既然来了,就让我处置你吧。"陈玉书伸出手掌问他:"我的钱呢?…'我没欠你的钱,是我儿子欠的。'"不是你在电话里答应,我怎么会让你儿子取货?""儿子欠债,要老子还钱,这不符合美国法律!""这里是香港!你今天要能走出这个门,我就不姓陈!"

"我们这些人是讲道理的,对不讲理的人我们总有办法处理。你知道我是什么人?"不等对方回答,陈玉书大声说:"我从小在印尼就是流氓!"

这时,××冷汗直流。陈玉书对他说:"我们是讲人道主义的,我今天要的是你还钱,否则你别想走出这个门。"××知道抵赖是无用的,诡计也施不上了,只得乖乖地打电话给手下,叫他们开支票。

权力官位、金钱利益历来都是人心的试金石。有的人在没有"发达"时还能与伙伴们同甘共苦。一旦他发财了地位上升了,便摆起了架子,交朋会友的观念也就变了,对过去那"穷朋友""俗朋友"很快冷淡,好像羞于与他们为伍。

在利益面前各种人的灵魂会赤裸裸地暴露出来。有的人在对自己有利或利益无损时,可以称兄道弟,显得亲密无间。可是一旦有损于自己的利益时,就像变了个人似的,见利忘义,唯利是图,什么友谊,什么感情统统抛到脑后。比如,在一起工作的同事,平日里大家说笑逗闹,关系融洽。可是到了晋级时,为了达到目的,有的人真面目就露出来了。他们再不认什么同事、朋友,对上司直言摆自己之长,揭别人之短,在背后造谣中伤,四处活动,千方百计把别人拉下去,自己爬上来。这种人的内心世界,在利益面前暴露无遗。事过之后,谁还敢和他们交心认友呢?

认清自我,不可权责越位

"不在其位,不谋其政"在封建社会有时为维护社会稳定,抑制百姓"犯上作乱"起到过重要作用,然而它对后世有一定的不良影响,尤其对民众不关心政治,安分守礼的心态起着诱导作用。在今天,只有充分做到"不在其位",也要"谋其政",才能符合社会发展的要求。

但是不在这个职位上,就不谋划这个职位的事务,对于现代企业管理是个很好地被广泛运用的模式,各司其职,会提高效率。

在孔子看来,一个人坚定信念,持守正道,才能帮助君王治理国家。天下有了道德、政治开明的时候,那就出来做官,治理百姓;天下无道,黑暗残暴,那就闭门读自己的书,不为暴君出力。国家有道开明的时候,如果自己还是贫穷寒贱,那一定是自己没有尽力宣扬教化,传播文明,这是可耻的事情。国家没有道义,暗无天日,而自己反而富裕显贵,这一定是自己出卖灵魂,亵渎人类的文明圣洁,真是可耻啊。

做到这一点就维护了知识分子的气节。也正是这种气节,才让中华民族的文明传统流传了五千年而不改不移;就是因为有一支意志坚定而且训练有素的知识分子队伍,他们有着自己独立的人格和精神追求,决不做任何势力的附庸,所以才能制衡社会保持健康发展。

正是这种独立意识,使得知识分子安分守己,君子固穷,恪尽职守。能做什么官,就去做什么官,不要做就不做,做了就去做好。居于什么位置,就当好自己的职责;不在那个位置,就决不操那分闲心。如果自己的事情往往做不好,却总是想着别人的事情,谋算着别人的位置。越俎而代庖,结果谁的事情都没有做好,反而违背了立位设官的初衷。

人不是万能的,自己不处在那个位置上,对那个位置上的事情,就没有体验,而且所知的经验也不够,不可能在短期内把事情做好。历史上许多大臣下来以后,不问政治。像南宋有名的大将韩世忠,因秦桧当权,把他的兵权取消以后,每天骑一匹驴子,在西湖喝酒游赏风景,绝口不谈国家大事,真如后人有两句名诗说:"英雄到老皆皈佛,宿将还山不论兵。"这就是"不在其位,不谋其政"的执行者。

一个人,尤其关于现实的思想,不要太不守本分。不守本分就是幻想、妄想,徒劳而无益的。不是自己的职掌范围,不必过分去干预。以现在的政治思想来解释这句话的意义,就是"不要违反思想的法则"。如果用在做事方面。也可以说,不要乱替别人出主意。由这样去解读,这句话的意思就好理解了。

"不在其位,不谋其政",那么在其位,就要谋其政,正如后来所说的"当一天和尚撞一天钟"。这两句话,都是很有道理的。天下人都能够各自完成自己的本职工作,那么天下便会稳定,发展富强。各人如果都不干好自己的工作,却总是忙着去考虑他人的事情,那么天下秩序就会乱。社会分工不定的结果,是谁也干不好自己的工作,更糟糕的是会引发不公平竞争,人心因此而险恶,社会因此而动荡。所以,曾子说:"君子思不出其位。"

君子说话,做多少说多少,甚至做多于说或者不说。孔子认为君子的道德标准有三条,他自己也没有完全做到。但是,为了教育学生,作为一个老师,他也不能不讲。那就是仁德的人因为无私,不会患得患失,所以没有忧愁;智慧的人因为明悟,不会受到蒙蔽,所以没有迷惑;英勇的人心里装着道义,没有顾虑,所以不会畏惧。孔子虽说自己做不到,但他的弟子们却说,这正好就是老师自己的传神写照。

为人处世注意这四种毛病

孔子告诫人们要克服四种毛病,从而达到不凭空臆想,看事情不绝对,不固执己见,不事事为自己着想的境界。

宋代朱熹在《四书集注》中做了比较详细的阐述,他认为,这四项事情是互相关联的。前者是后者的起因,后者是前者的发展,事事为自己着想反过来会加剧任意性。这些都不符合中庸之道,所以孔子要戒绝它们。

"毋意",是说做人处世,没有自己主观的意见,本来想这样做,假使旁人有更好的意见,他就接受了,并不坚持自己原来的意见。

"毋必",天下事没有一个"必然''的,所谓我希望要做到怎样怎样,而事实往往未必。正如俗话所说:"不如意事常八九,可与人言无二三。"孔子深通人生的道理。任何人想必然要做到怎样,世界上几乎没有这种事,所以《易经》提出了八卦,阐发变易的道理。天下事随时随地,每一分钟、每一秒钟都在变,宇宙物理在变、万物在变、人也在变;自己的思想在变、感情在变、身心都在变,没有不变的事物。我们想求一个不变、固定的,不可能。

"毋固",不固执自己的成见。

"毋我",不什么事都为自己着想,而该替人着想,为事着想。

人生在世界上一定有我,无法做到"无我"。有我就有你,有他。有你、我、他,就有烦恼。结果忘记了你也是人,我也是人,大家都是一样的。"大家一样"就是佛学所说的"平等相"。

孔子教人学问修养,就要效法他做到这四点,"毋意、毋必、毋固、毋我。"

一个人一旦做到了无我,那就可以绝对地无私了,无私才能无畏,无所牵挂,那"意""必""固"自然就都没有了。随意猜测,往往会违背实际情况,更重要的是会胡思乱想,或者狂妄自大,自寻烦恼;主观武断,往往不合情理,造成严重的后果;固执己见,往往会被人视作老顽固,破坏大事;自我被放在第一,那么做事必然瞻前顾后,充满私心,也就无法与天地自然相合一。

晋朝读书人刘道真,由于遭受战祸,流离失所,无以为生,只好到一条河边当纤夫。刘道真素来嘴不饶人,喜欢嘲笑别人。一天正在河边拉纤,看见一个年老的妇人在一只船上摇橹,道真嘲笑说:"女子为什么不在家织布,而跑到河里划船?"那老妇反唇相讥道:"大丈夫为什么不跨马挥鞭,而跑到河边替人拉纤?"

又有一天,刘道真正在草屋里与别人共一只盘子吃饭,见到一个年长的妇人领着两个小孩从草屋前走过,三个人都穿着青衣,就嘲笑她们说:"青羊引双羔。"那妇人望了他一眼,说:"两猪共一槽。"道真无言以对。

生活中,总有那么一些人爱故意找碴儿、寻衅滋事,想让别人下不来台。这时你如果让着他,必会遭人耻笑;如果装作没看见,也难免有软弱之嫌。你想化被动为主动,反唇相讥,既可让寻衅者无言以对,也能在主动中有台阶可下。张因和李意见相左,便想在公众场合故意给李难堪。李在一次发言中,不慎读错了一个字,张便在大庭广众之下说李:"水平太差,那么简单的字都不认得,还好意思在众人面前说话!"李见张故意寻衅滋事,也就不客气了,笑着对他说:"这总比你做错事不认账还强出一点吧!"李的话实际是事出有因,张在损坏了别人的东西后,非但自己不承认,还欲嫁祸于人,但又被人揭穿。因为这件丑事人人皆知,因而李的话一出,众人皆知其意,大家默然相视而笑。张偷鸡不成反蚀一把米,欲辱人而自取其辱。

没有法度和游戏规则的竞争必陷于混乱

孟子认为,即使有离娄那样好的视力,公输子那样好的技巧,如果不用圆规和曲尺,也不能准确地画出方形和圆形;即使有师旷那样好的审音力,如果不用六律,也不能校正五音;即使有尧舜的学说,如果不实施仁政,也不能治理好天下。现在有些诸侯,虽然有仁爱的心和仁爱的名声,但老百姓却受不到他的恩泽,不能成为后世效法的楷模，这是因为他没有实施前代圣王的仁政的缘故。

所以说，只有好心，不足以治理政治。《诗经》说："不要偏高啊不要遗忘，一切遵循原来的规章。"遵循前代圣王的法度而犯错误的，是从来没有过的。圣人既用尽了目力，又用圆规、曲尺、水准、绳墨等来制作方的、圆的、平的、直的东西，那些东西便用之不尽了；圣人既用尽了听力，又用六律来校正五音，各种音阶也就运用无穷了；圣人既用尽了脑力，又施行仁政，他的仁爱之德便覆盖于天下了。

选贤才是因为"唯仁者宜在高位。"一旦不仁者窃据了高位，奸邪当道，残害忠良，必然就会是非颠倒，黑白混淆，世风日下，天下大乱。历史事例不胜枚举。所以，一定要注意领导干部的选拔。这两个方面在《论语》《孟子》中都一再强调。而"不以规矩，不能成方圆"的说法成为人们在生活中常用的格言警句。尤其是面对日益紧张激烈的市场竞争，许多新事物新现象冒出来，其是与非，正与邪，往往使人感到困惑，感到难以评说。这时候，大家对"不以规矩，不能成方圆"的感受就更加真切而深刻了。所以。要求健全法制法规的呼声日益强烈。

不用圆规和曲尺，就不能画出矩形和圆形来。我们的生活，办事情，都必须遵循一定的规章制度，否则，各行其是，准会乱了套。

唐玄宗时，有李适之和李林甫两位宰相共同辅政。二人面和心不和，互相勾斗，但表面上还很客气。

唐玄宗沉湎酒色，穷奢极欲，弄得国库日见空虚，满朝文武都很着急，思谋开源节流之计。最后，皇上也感觉到了财政威胁，下诏让两位宰相想办法。

形势所迫，二人都很着急。但李林甫最关心的却是如何斗倒政敌，独揽大权。看着李适之像热锅上的蚂蚁，李林甫生出一条毒计来。

散朝之后，李林甫装作无意中说出有人在华山淘出金子的消息。他看到李适之眼睛一亮，知道目的达到了，便引开话题说别的。李适之果然中计，忙不迭回家写起奏章来，如何开采华山金矿、以应国库急用云云。

唐玄宗见到奏章大喜，忙召李林甫来商议这件事。李林甫装出欲言又止的样子，玄宗说："有话快讲！"李林甫压住了声音装作神秘地说："华山有金谁不知？只是这华山是皇家龙脉所在，一旦开矿破了风水，国运难测。"玄宗听罢一愣，陷入沉思。李林甫见皇帝脸上出现了不悦之色，忙说："听人讲，李适之常在背后议论皇上的生活小节，话说得很难听，说不定，这个开矿破风水的主意是他有意——"玄宗心烦意乱，拂袖而去了。李林甫见目的达到，心中暗喜。

自此，玄宗见了李适之就觉得不顺眼，最后，找了个过错，把他革职了。朝廷实权，便落在了李林甫手中。但如此踩着别人肩膀上，失去正当的竞争规则，使唐朝到处人心惶惶,国家越来越混乱。所以无论在职场、官场、商场,都要有合理的游戏规则,每个人都得懂规矩,否则人与人必然是明争暗斗,弱肉强食,失之于中庸。

第九节　欲速不达

只强调速度是达不到最佳效果的

子夏一度在莒父做地方官,他来见孔子请教管理方面的事情,孔子告诉他做一个地方官,行政、建设等一切制度,要顾全到后果,为百年大计,不要急功近利,不要想很快地就拿成果来表现。也不要为一些小利益花费太多心力,要顾全到整体大局。

孔子行政,强调层次和秩序,一步步稳扎稳打,决不突击推行什么或者急功近利。首先要做的就是正名,端正名分,也就是各人自己的职守要明白;各人都明白了自己的职守本分,那么说话也就顺畅了,然后做事也就能够成就,礼乐教化也就因之而兴起。礼乐教化得以实行,道德标准也可以建立,便能够辅助以刑罚法律。道德礼仪教人如何去做,刑罚法律教人什么不能去做。这样一来,百姓便知道什么该做什么不该做了。

孟子说:"有为者辟若掘井,掘井九轫而不及泉,犹为弃也。"人心浮躁,是很难干成一番事业的,当今一些人在学习上,今天要当作家,明天要当画家,后天要当钢琴家,结果什么也没学成;在工作上见异思迁,一个位子没坐暖就跳槽,结果一样本领也没掌握;在经商上,喜欢跟风,看别人什么赚钱也做什么,想一日暴富,结果亏了老本,栽了跟头。

中庸处世,重视学习工作的专心致志,反对三心二意,反对不切实际地追求速度。孟子以下围棋为例,他说,下围棋只是小技术,如果不静下心来控制节奏,那也学不会。弈秋是全国的下围棋能手,假如让他教授两个人下棋,一个人很专心,听弈秋指导;另一个表面听着,心里却在想,要是有只天鹅飞来,就要拿起弓箭去射它。后者的学习成绩一定不如前者。这是因为后者不如前者聪明吗? 自然不是的。这说明学习上的差异,和对学习是否专心有关,而不完全是决定于人的天资的高低。这是中国教育史上最早讨论注意问题,有意注意与无意注意以及注意的分配问题。

"无或乎王之不智也。虽有天下易生之物也,一日暴之,十日寒之,未有能生者也。"孟子这句话的意思是，莫怪王的不聪明，纵使有一种最容易生长的植物，晒它一天，冷它十天，没有能够生长的。这里表明他反对一曝十寒，主张专心有恒。有为者必有恒心，取得最后成功;半途而废，前功尽弃，是没有恒心的表现。

苏轼说:"古之立大事者，不唯有超世之才，亦有坚韧不拔之志"。从古到今凡成大事者，在学业上无一不是发扬积土成山，驽马十驾的治学精神。

宋朱熹说:"杂然进之而不由其序，譬如以枵然之腹，人酒食之肆，见其肥羹大截，饼饵脍脯，杂然于前，遂欲左拿右攫，尽纳于口，快嚼而亟吞之，岂不撑肠拄腹，而果然一饱哉! 然未尝一知其味，则不知向之所食者果何物也。"此也是指读书不循序而求速之弊，而引用到工作生活上，同样有警告之效。

摊子大不等于实力大

前进太猛的人，后退也会快。孟子还把进学的次第比作流水，"不盈科不行"，流水遇到坎坷时，必须等水盈满后才能继续往前进行，"盈科而后进"，日夜不停地流到海里去。"君子之志于道也，不成章不达"。孟子的意思是，君子的有志于道，没有一定的成就，也就不能通达。不能投机取巧，不能急躁冒进，没有一个二个地循序渐进的累进，不可能发展达到伟大的成就。所谓"源泉混混，不舍昼夜，盈科而后进，放于四海"，就是这个意思。

孟子认为学习既要不间断地努力，但又不能拔苗助长。

他讲了一个故事，他说:一定有事做，时刻记住它，但也不能违背规律人为地帮助它生长。不要学一个宋国人那样，他担心禾苗不长而一一拔高，疲倦回到家里，对家里人说，今天累坏了，我帮助禾苗生长了。他儿子赶快跑去一看，禾苗都枯槁了。其实天下不帮助禾苗生长的人是很少的。以为培养工作没有益处而放弃不干的，那是种庄稼而不锄的懒汉;违背规律地去帮助它生长的就是拔苗的人。这种助长行为，不但无益，反而有害。孟子以禾苗的自然生长来譬喻人在受教育过程中的发展，反对急躁冒进、急于求成。要求教学过程中遵循客观规律，脚踏实地，循序渐进。

巨人集团对中国企业发展贡献之大，不是它一开始红红火火的那些年，而是它失败后的这些年，它成了经营诊断学上一个绕不过去的典型案例，它为人们提供了一个独有的视角:是什么导致了巨人集团的衰落?

巨人大厦本应是史玉柱和他的巨人集团的一个丰碑式的建筑，结果却成了一个拥有上亿资产的庞大企业集团衰落的开始。巨人倒塌的原因不能浅显地归纳为投资的失误。促成巨人失败的原因既有客观因素，又有主观的因素，但最关键的还是史玉柱本人主观上没有看清"巨人"究竟是一个怎样的企业,"巨人"应该朝什么方向发展。面对一个白手起家的民营企业,资本规模迅速扩大,真正成长成一个"巨人"时,企业的战略规划开始显得越来越重要。巨人的衰落,正是由于战略的严重失误导致的。在没有有效的环境分析、稳健的资金保障和完善的管理机制下,采取激进的扩张战略是危险的。

巨人进入房地产行业,本身就是一种很偶然的行为,并不是出于战略的考虑,通过对房地产行业的研究而制定出的战略计划的一部分。回顾巨人大厦的建设,从目标,到楼层都一改再改,然而就是在这种目标不清晰的情况下,投入的资金却越来越多,对于上亿元这么庞大的预算,巨人对资金的保障显得过分自信,不够谨慎。

巨人以做电脑软件发家,后来又进入房地产,生物工程,每一次扩张的唯一理由都是短期的"高利润",而忽视了高利润往往意味着高风险,并且一个产业的高利润不可能保持很长时间,只要该产业没有很高的壁垒,竞争者必然蜂拥而入,而巨人又缺乏在该产业的基本专业知识技能,没有长期的规划,产品研发;脑黄金的成功只是一个好主意加上成功营销的战术上的胜利,巨人对这一胜利明显感到无所适从,管理层,营销网络,生产系统都没有做好准备,就这样"脑黄金"的成功其实是替巨人揭开了疮疤。"脑黄金"虽然火爆了一把,但究其根本,这只是一个很短期化的投资活动,不是一个在企业远景框架下,基于市场需求树立顾客心中位置的战略扩张。这种"什么赚就做什么"缺乏大局观的做法无疑是以企业的资本作为赌注的冒险行为。

许多民营企业难以做大,原因都可以归结为企业规模的增长与管理机制,经营理念落后的矛盾。决策的集中化,短期化,不但使资源配置没有效率,"近视"的战略招致的巨大风险,而且极不利于人才的培养与发展。

巨人的决策冲动而飘忽,决策过程几乎完全是一个人的主观构想,缺乏管理层和运营部门的沟通和反馈。面对迅速增长起来的资本规模和企业人员规模,巨人没有针对它进行评估和整理,高估了企业的适应能力。巨人只看到了其拥有巨大资源,没有看到整个企业的管理机制配置和协调资源的能力是滞后的。企业形式上是变大了,但观念,管理机制和组织结构上都还停留在很低的水平上,这就导致了巨人这种"自上而下"的体制下,决策难以落实,信息得不到反馈,从而决策进一步背离企业的内部条件。现在史玉柱已经明白了这一点,所以他在新的人生征途上不断克服盲进情绪,稳打稳扎地前进。

设立严密的计划

世间很多事情越是急着想弄明白越难弄清楚,倒不如暂时放缓一下,也许头脑冷静之后事情自然就弄明白了,千万不要太急躁,以免增加情绪上的紧张气氛;世上有很多人,你指挥他,他根本不愿服从,这时倒不如放松他不管,让他自由发展,这样他自己也许会慢慢觉悟,千万不能操之过急,以免增加他的专横和固执。

"欲速不达","其进锐者,其限速",这些说法确实道出了人间处世之道的秘诀。今天有今天的事,明天有明天的事,我们办事自然应该雷厉风行,真正干事的人是决不会把今天该办的事放到明天去办。但从具体办事来说,事要一件一件地办,一步一步地办。老子说:"合抱之木,生于毫末;九仞之台,起于累土;千里之行,始于足下。"

不要凭一时的意气办事,不要凭一时的热情办事。成功需要计划,需要安排,还需要一定的程序。做事要有志愿、意图、计划、行动、力量,达到好的效果。没有雄心壮志,就不会有超越时空的意图;没有超越时空的意图,就不会有无可比拟的计划;没有无可比拟的计划,就没有坚定果敢的行动和力量;没有坚定果敢的行动和力量,就难以取得伟大的效果。从古至今,大事小事都这样。

所以说,计划是行动之父,行动是成功(效果)之母。

黄帝百战征伐,周公礼典政制,秦始皇修筑长城,隋炀帝开掘运河,都是在客观上造福子孙后代的伟大行动。这些行动都影响着中华民族的千秋伟业,如果他们没有远大的雄图和计划,就不会产生巨大的力量,也不会取得巨大的效果。

英国百年战争,美国独立革命,中国辛亥革命,法国大革命,日本明治维新,土耳其复兴运动,都是由于领导者有远大的计划和宏大的志愿,才有划时代的丰功伟绩,成为后世景仰的纪念碑。

每一件大事都有它的计划,分门别类,按部就班。而每一大计划又有若干阶段的独立计划,每一独立计划,前后彼此,都有着密切的联系,并且是相互衔接的。

例如一次战争,应有整个计划,而每一次战役,又有每一次的计划。一个国家建立后,有整个建设计划,而每一部门,又有每个部门的建设计划。如政治建设计划,经济建设计划,农业建设计划,教育建设计划,国防建设计划等等。

计划中又有按时期、种类的分别计划,国家是这样,个人也是这样。一个人有一生的计划,一年的计划,一日的计划;一件事又有一件事的计划,然后按计划行事,按时计功,自然有所成就。

没有成功的人都没有计划,所以有人说:"没有计划,就是正在计划失败。"你是否也正在计划失败呢？当然，没有人愿意计划失败，但是，你可能犯了这样的错误——没有计划。

成功的人士都是善于规划他们自己的人生，他们都知道自己要达成哪些目标，拟订好优先顺序，并且拟订一个详细计划。为什么要拟订详细计划呢？因为计划百密一疏是没有用的。你可能不会被大象踩死，但你可能会被蚊子叮到。蚊子就是你疏忽的地方，你的计划一定要详细，要把所有要做的事都列下来，并按照优先顺序排列，依照优先顺序来做。

我一个作家朋友，他创作作品的时候，规定自己每一天需要撰写多少字数，需要搜集多少资讯，需要查阅多少资料，需要真正具体完成的是多少，把它分割下来，每天固定的时间一到就照着计划进行。

你应知道，有的时候没有办法百分之百按照计划进行。但是，有了计划，是提供你做事架构的优先顺序，让你可以在固定的时间内，完成你需要做的事情。

在人生当中，你没有办法做每一件事情，但是你永远有办法去做对你最重要的事情，计划就是一个排列优先顺序的办法。当你把优先顺序排定之后，还要彻底执行，保证成功，不达目的绝不罢休。

成功人士的计划为什么能够一一实现呢？这其中有很多因素，最重要的是，为了使计划实现而彻底实行。如果仅仅是计划或是只有思考，那么什么都不会实现。为了要使计划实现，往往有许多事情应当互相配合，由此而产生的很多问题，如果有耐心地一一去克服，那么计划也就可以实现了。

千万记住，凡事要有计划，有了计划再行动，成功的概率会大幅度提升，只有行动，没有计划，是所有失败的开始。

你需要什么样的计划？或许你需要的不只是十年的计划，或许你需要五年的计划，或许你更需要的是每年的计划，每月的计划，每周的计划。

计划是成功的保障，计划是成功必备的条件。如果你是一边走路，一边计划，效果已经大打折扣了。台湾第一位研究神经语言学的激发心灵潜力专家陈安之先生曾经提出：成功者之所以成功，是因为要做的事情变成一种习惯。因此，他们的成就总是超越别人。

为了成功，你需要设立严密的计划。

树立管理时间的意识

孔子站在河边上，感叹地说："逝去的就像这样一去不返呀！且日夜不停。"

历来许多学者认为这是孔子慨叹岁月之流逝，勉励人们不要枉费年华。但据

《孟子·离娄下》载,孔子之意,取川流不息,是有本源,所以君子对无本无源的声誉,应引以为耻。而《荀子·宥坐篇》中则讲孔子观于东流之水,悟出了德、义、道、勇等一番大道理。

孔子并没有以悲观的态度来说这句话,而是有很多的意义包括在内,极高明。从另一面,用积极的观点来看人生何尝不是如此:人生如流水一样,不断地向前涌进。所以我们要了解,人生就像这股流水一样。

《易经》乾卦的卦辞上一句话:"天行健,君子以自强不息。"乾代表了天,中国文化是用乾代表天体,现在的名词就是宇宙。《周易》思想是孔子所效法的。文王解释宇宙,是永远在转,永远在动,没有一分一秒停止,假使一秒停止,不但地球完了,没有人类了,整个宇宙也垮了,所以宇宙是动态的。

中国文化并不主张静态的宇宙。人生也是这样,要不断求进步。静是缓慢的动态,没有真正绝对的静。毛泽东同志说:"坐地日行八万里",他在抗日战争提出"论持久战",即是以静制动的战略思想。"天行健"是永远强健地运行:"君子以自强不息"是教我们效法宇宙一样,即如孔子所说"逝者如斯",要效法水不断前进,也就是《大学》中引用汤之盘铭说的"苟日新,日日新,又日新"的道理。人生思想、观念,都要不断地进步,满足于今日的成就,就会落伍。

南怀瑾先生认为孔子的"逝者如斯夫,不舍昼夜"这句话,包括各方面很多意义,可以说孔子的哲学,尤其人生哲学的精华,都集中在这两句话中,它可以从消极的、积极的各方面看,看宇宙、看人生、看一切。我们自己多多去体验它,应该了解很多的东西。

仁者乐山,智者乐水。老子推崇水,叫作"上善若水",他从水中观察到了人生的智慧。孔子也从中悟出了人生的真谛,人世的一切都像流水一样,或者说自然界中的一切都会像水一样,永远也不停歇地奔流不息。其中的奥妙无穷,它告诫着人们既要珍惜时光,不要让大好的光阴随流水;又说明水流匆匆,归入大海,人也一样,匆匆一生,来自自然,又回归于自然,自然是人类的摇篮,又是人类的归宿。我们从哪里来,又回到哪里去。的确,这匆匆而过的一瞬,如何去流过呢?

机会属于有时间观的人

要想抢占先机,首先要明白这个机会,善于寻找这个机会。

古代的圣人说:"见机而作。""机不可失,时不再来。"什么是"机"?

"形势的维系处为机,事情的转变处为机,事物的紧切处为机,时节的结合处为机。在目前就是机,一瞬间过去就不是机,有隙可乘就是机,失去它就没有机。谋就得深远,藏就得绝密,这就决定于见识,利在于决断。"

在谋略上想要寻求先的机会,运用先的时机,重要的在于能随机应变,以实制虚。要善于观察天下的变化,静待天下的动,以便抓住机会制住它。

儒道是互相渗透的。老子说:"人们都在争取先,唯独我取后。"我以实处,等待着他们动的时机,马上制住他们,这就是后发先至的一招,用无算应付有算的方法。

在这个时机内,既要预料敌方,又要估量自己;既要预料敌方的变化,又要预料友邻的变化;既要策动敌方,又要策动自己。

防备于不备,预料于不料,谋划于不谋,才有全胜的机会。不然,就会陷于"自己只想制住敌方的先机,反而被敌方制住了我的先机。"

这是教训,如果能用自己实制敌的虚,用自己的长处制敌方的短处,并且筹划周全,变化于始终,处处都是我制在于先,那么全天下都会在我的掌握之中了。

机会与时间相关,而处世成功者都有守时的习惯,一个约会常常迟到、付款常常延期的人,其信用度必定小得可怜,机会常常在身边流失。

要考虑到不守时的危害性。每次约会都准时的人,无形中也会增加自己的时间。拿破仑曾经说过,他之所以能战胜奥地利人,是由于奥地利人不知道 5 分钟的价值。而实际上,即使 1 分钟的不准时也会让自己遭遇一场不幸。兵贵神速,拖拖拉拉的军队必败无疑。汉朝张良授兵书的故事就喻示着"谁占有时间,谁就是胜者"的哲理。神秘老者约张良于某日凌晨于某座桥上相见,张良接连几次赶到那个地点的时候,老者已先于他待在那里,老者让张良回去,另约时间,直到张良在桥上等待老者的那一次,老者才把兵书授给了他。

机会不会等待迟到的人。在处世交友中,你守时,也是守信。有一次,拿破仑邀请他属下的一些将士来吃饭,到了时间也不见他们的身影,拿破仑就独自吃起来。在他吃完的时候,将士们来了,拿破仑摊了摊手,说:"很遗憾,中饭时间已过,我们立即办事。"

很多人因为不准时,而失去拥有高等职位的机会。

范德·比尔特一贯非常守时。在他看来,不准时就是一种难以容忍的罪恶。有一次,范德·比尔特与一个请求他帮忙的青年约好,某天上午的 10 点钟在自己的办公室里见那位青年,然后陪那位青年去会见火车站站长,应聘铁路上的一个职位。到了这一天,那个青年比约定时间竟迟到了 20 分钟。所以,当那位青年到范德·比尔特的办公室时,范德·比尔特先生已经离开办公室,开会去了。

过了几天,那个青年再去求见范德·比尔特。范德·比尔特问他那天为什么失约,谁知那个青年人回答道:"呀,范德·比尔特先生,那天我是在 10 点 20 分钟来的!"

"但是,我们约定的时间是 10 点钟啊!"范德·比尔特提醒他。

那个青年支支吾吾:"迟到一二十分钟,应该没有太大的关系吧?"

范德·比尔特先生很严肃地对他说:"谁说没有关系?你要知道,能否准时赴约是一件极紧要的事情。就这件事来说,你因不能准时已失掉了拥有你所向往的那个职位的机会,因为就在那一天,铁路部门已接洽了另一个人。而且我还要告诉你,你没有权利看轻我的 20 分钟时间,没有理由以为我白等你 20 分钟是不要紧的。老实告诉你,在那 20 分钟的时间中,我必须赴另外两个重要的约会,我也不能让别人白等。"

准时、准时、再准时,这就是中庸的处世智慧。已故的金融大亨摩根把每一个钟头都看成 1000 美元。许多年轻人处世经历少,吃亏也少,所以尚不知守时的重要,对于摩根每分钟是 1000 美元的话可以不以为然,但是想没想到,也许到了某一天,你就觉得自己的时间和摩根的时间一样值钱,甚至比他的更有价值。

摩根

要做到守时,就要养成对任何约定的事都按时办的习惯。准时的习惯也像其他的习惯一样,要早日加以训练。纳尔逊侯爵曾经说过:"我的事业要归功于总是提早一刻钟的习惯。准时是国王的礼貌、绅士的品位和商人的必要习惯,是处世交友的规则。"

脱离实际的空想、妄想没有好处

人的一生不管做什么事儿,都得实实在在。万丈高楼平地起,夯实地基为第一;参天大树搏风雨,扎实根基为第一;谷子低头笑茅草,丰盈子实为第一;有志之士建功业,充实自己为第一。

然而,在生活中常常有这种情况:有些人胸怀大志,但又有点好高骛远,总是想入非非,不愿老老实实学习,踏踏实实行动。这样长此以往,便会成为一个空想家,最后什么事儿也干不了。

你如果好高骛远,那就在成功的操作方法上犯了大错误。不经过程而直取终点，不从卑俗而直达高雅，舍弃细小而直为广大，跳过近前而直达远方，这样的结果，只能是黄粱梦一场。你越是厌卑近而骛高远，你便越陷在卑近之渊，高远永远让你够不着，摸不到。

有人在失败时，喜欢问自己："怎么回事？是我的命不好？是我比别人愚笨？是我比别人少长一只手？"统统不是。心性孤傲，目标远大，立志高弘，这是正确的，可是，不愿耕耘，只想收获，能行吗？只空有大志，却不肯为理想的实现而去动手做一次，那理想只能是空想、妄想、瞎想，不值一分钱。

"宝剑锋从磨砺出，梅花香自苦寒来"，宝剑不经千锤百炼，怎么可能锐不可当？梅花"不经一番彻骨寒，哪得扑鼻香"？"天将降大任于斯人也，必先苦其心志，劳其筋骨，饿其体肤，空乏其身，行拂乱其所为；所以动心忍性，增益其所不能。"司马迁受宫刑而忍辱负重，终于穷20年之功，写成了"史家绝唱"《史记》；杜甫一生颠沛流离，但始终以悲悯的心情关注社会，在艺术上精益求精，"两字三年得，一吟双泪流"，才有"诗史""诗圣"的美誉。要想成就伟大的事业，就必须付出艰辛的劳动。鲁迅先生就曾说过："世上哪有什么天才，我是把别人喝牛奶的时间挤出来工作的。"只怀抱空想、不付诸行动的人，一辈子也不可能干出惊天动地的事业。

空想、妄想，脱离实际的人，注定他只能生活在虚幻之中，这种人没有坚实的基础，获得的只有空中楼阁，海市蜃楼，这是人生的悲剧，也是成功的陷阱。

好高骛远的人没有立足社会的真正能耐，只有夸夸其谈。然而，知道吗？夸夸其谈，引来了多少祸殃？古人王衍清谈误国，赵括纸上谈兵，导致身败名裂，这些都是非常有教育意义的例子。

好高骛远，结局自然是悲惨的。小事不愿做，大事做不了，于是一事无成。眼看别人八面威风，春风得意，你牢骚满腹、怨天尤人有什么用？

如果你认识到了空想、妄想带给你的是灾难，你充分认识到了它的危害性，你发誓，一切从头再来，那么，美好的前途仍向你挥手，成功的大门仍对你敞开。你再没有失误，你再没有被人瞧不起，你仍然有可能成功，仍然有可能站立到巨人的肩膀上。

人，不是不能遐想、展望，但要付诸行动。如果只想不做，那就真成了"瞎想"了。孔子讲过"思无益不如学"，你要成功，就该从小事做起，从那一小撮泥土筑起，从此时此刻开始，从坚实的土地上迈步，一步一个脚印地往前走。千里之外的遥远地方，有非常迷人的景致，有富有魅力的目标，如果你只在那儿空想，而不一步一步地去走，那也只能是想想而已。

行动是争奇斗艳的花朵。好高骛远，脱离实际的空想、妄想、玄想、瞎想都不过

国学经典文库

中庸

中庸的处世之道

图文珍藏版

1667

是竹篮打水一场空。鲁迅先生告诫说："志愿愈大，希望愈高，可以致力之处就愈少，可以自解之处就愈多。"志愿和希望的实现要靠干和做。干和做就是务实，就是脚踏实地，就是要找到实现志愿和希望的用力之处，否则，就会像鲁迅先生说的，"开首太自以为有非常的神力，有如意的成功，幻想飞得太高，坠在现实上的时候，伤就格外沉重了。"

一张一弛是快乐的处世

一个人整天游手好闲，一切杂念就会在暗中悄悄出现；反过来整天奔波忙碌，又会使人丧失纯真的本性。所以大凡一个有才德的君子，既不愿使身心过度疲劳，也不愿整天沉迷在声色犬马的享乐中。

有时间观念，善于安排自己的工作，这样会活得很轻松。孔子很善于放松自己。有一次，他同几个学生在一起聊天，大家各谈自己的志向，有的说，我能使一个小国家强大起来，不受大国欺负；有的说，我要努力发展经济，使人民都富足；有的说，我喜欢去办外交，主持些典礼仪式什么的。最后孔子问正在弹琴的曾点，曾点说，我与他们都不一样，只想在春末夏初，穿上单薄的衣服，邀几个人，到河里洗洗澡，在河边吹吹风，然后谈笑放歌地回家。孔子立即说，曾点的志向就是我的志向！的确，孔子一生，克己复礼，够紧张够执着了，但他并不是时刻把解放全人类的担子背在肩上，像鲁迅所讽刺的，切西瓜吃还想到国土被瓜分！相反，他也有放下担子轻松地生活的时候！

一个好心情，一个优美的环境，都可以提高工作效率。如果你想成为最佳工作者，试着放下工作，来点休闲。生活中保持一定量的休闲，不仅能够增加你的精神上的财富，使生活充实起来，而且由于身心健康，充满热情，工作效率自然会提高，经济收入也会增加。

在休闲时间中培养更多的兴趣爱好有许多好处。行为学者发现，工作之余的兴趣爱好有助于你在工作中有所创新。当你追求休闲生活时，你的精神会从与工作有关的问题中解脱出来，从而得到休息。你会因此关注工作以外的事情，会变得更富有创造力，能给企业提供一些有创造性的新点子。很多最有创造性的成就往往是在走神或胡思乱想中产生的。

一般员工的生活是不平衡的，从商者尤其如此。许多白领一星期工作的时间超过常规的40小时。经常拼命工作的人就是工作狂。过度追求尽善尽美、强迫自己、迷恋工作是工作狂的心理特征。工作狂不等于最佳工作者，这一点非常重要：工作狂是差劲的工作者。下面来告诉你如何区分工作狂和最佳工作者：

所谓"工作狂",就是工作时间长,没有确定的目标,工作只是为了积极,工作之余没有兴趣爱好,为了工作放弃假期。而懂得中庸的人,往往会成为最佳工作者、最乐观的生活者,他工作时间正常,有确定的目标,工作之余有许多兴趣爱好,在工作外发展深厚的友谊,能够享受休息。

工作狂习惯于连续工作好几个小时,而没时间休息。工作狂虽然拼命工作,但成绩有限,考虑到这一点,可以说事实上他们大都缺乏能力。实际上,许多工作狂都被解雇了。沉迷于工作是一种很严重的疾病,如果不及时治疗,会导致心理和生理上的问题。《工作狂》一书的作者芭芭拉·基林格认为:受人尊敬的工作狂感情有缺陷。工作狂对工作的着迷导致他们患有溃疡、背部疾病、失眠、抑郁症和心脏病,许多人甚至因此而早亡。

得中庸处世精神的人,能够享受工作和娱乐,所以他们是最有效率的。如果需要,他们可能会大干一两个星期。然而,如果仅仅是例行公事的工作,他们可能懒得做,并引以为豪。在他们看来,人生的成功并不局限于工作。要做一个有着平衡生活方式的中庸者,就意味着得是工作在为你服务,而不是你为工作服务。有生活和工作计划顾问建议,要想有平衡的生活方式,必须满足生活中的 6 个领域。这 6 个领域是:智商,身体健康,家庭,社会福利,精神追求和经济状况。

心性偏激的人难以成功

一个性情急躁的人,他的言行如烈火一般炽热,仿佛所有跟他接触的人物都会被焚烧;一个刻薄寡恩无情无义的人,他的言行就好像冰雪一般冷酷,仿佛不论任何人物碰到他都会遭到残害;一个头脑顽固而呆板的人,既像一潭死水又像一棵朽木,已经完全断绝了生机,这都不是建大功立大业能为社会人类造福的人。

做任何事都不能心急,为了避免忙中出错,自己心里得先有个谱,例如你要赶赴一个约会,算计一下这个约会将持续多长时间,而你究竟需要多久才能赶到约会地点,把一切都计划好了,免得途中又发生什么耽误你的事。比方说,你跟人家约好了 6 点钟见面,从这儿到那儿 4 点 45 分出发没问题。可你偏偏在 4 点 40 分的时候还想着打个电话,结果事与愿违,你不该迟到反而迟到。所以嘛,做事前紧后松一点,等你到那里的时候还有 5 分钟的剩余,好好坐着休息一会儿,或者把在这次约会上要完成的事项过过脑子,想想怎么才能最大限度地利用这次会面。你也可以更早一点出发,从办公室或自己家慢慢踱步到约会地点去,如果你驾车的话可以悠悠闲闲地过去,用不着一路上风驰电掣地赶急,到头来还弄得自己紧张。

在赴约之前,一件很重要的事就是,要算计好路上用的时间,以及可能发生的各种事情。比方说,交通堵塞啊,修路啊,坏天气啊,什么的,这些因素都有可能使你迟到。如果不考虑这些事情,你难以把握自己的时间,本来做好的计划往往变成废纸一张。如果我你在3点钟有约会,并且肯定用30分钟就能赶到那儿,你一定要想办法提醒自己在两点半准时走。可别眼看要迟到了,自己急得就跟热锅上的蚂蚁一样,心里七上八下的。计划好时间轻轻松松赴约有什么不好?想象一下你现在正开车急着往约会地方赶,忐忑不安的,哪还有心情欣赏一路风光,巴不得插翅飞过去。如果你百米冲刺速度赶过去结果还是迟到,肯定会觉得身心俱疲、垂头丧气,而且这个约会也难有一个好开头。所以,学会计划好时间,让你的每一步走得轻松自如。

有选择地安排各项任务、项目和约会。在做计划时多问问自己"这项工作必须现在就做吗?"甚至"我真的有必要做这件事吗?"你可以回顾上个月的工作,翻一下当月的时间表,看看是不是有什么工作其实根本没必要做。节省时间,最重要的一点就是有合理的时间安排,对什么是当务之急,什么完全可以拖到日后再做有明智的选择。还有,要避免同一时间安排不同的事,你又没本事将自身一分为二,要是你既答应了这个又允诺了那个。看你到时候有多尴尬!

尽可能地避免那些烦人又无意义的公司会议,珍惜宝贵的时间与精力。你可以以一种有效的方式组织会议,比如说自由讨论,大家在会上各抒己见,提出有创意的观点,这样的会议才是有活力、有意义的。不过要在会议前提出一种合理的安排,实事求是地计划好时间与会议内容,在开会时要遵守已经定好的每一个主题的讨论时间。

不要把约会定得太早,免得自己一大早起来忙作一团,不要打破长期以来一贯遵循的早晨工作安排。如果有人对你下个月已经做好的计划提出新的要求,请你学会说"不"。一开始也许感到不好意思,情面上过不去,但久而久之,要是再碰上那些不合理的要求,你会当机立断给他来一个"不":"不好意思,往后一两个月我不准备接手任何新的项目。"学会说"不"还有另外一个好处,就是你不用费神去想该不该答应。

对正在干的事情不可掉以轻心

孟子对不明智的人很无奈,他打比方说,即使有一种天下最容易生长的植物,晒它一天,又冻它十天,没有能够生长的。我和大王相见的时候也太少了。我一离开大王,那些"冻"他的奸邪之人就去了,他即使有一点善良之心的萌芽也被他们冻杀了,我有什么办法呢?比如下棋作为一种技艺,只是一种小技艺;但如果不专心致志地学习,也是学不会的。

一曝十寒,或者如俗语所说"三天打鱼,两天晒网",做事情努力少,时间荒废多,不可能有好的效果的。因此,成功者贵在坚持,有持之以恒的毅力和精神。

对一件事投入卖力地干,所表现出来的态度,往往能感动人,给你处世带来方便。1946年4月,土光敏夫被推举为石心岛芝浦透平公司总经理。当时,日本战败投降,百姓生计窘迫,许多企业纷纷倒闭,公司运营最大的困难就是筹措资金。即使是那些著名的大企业,资金也相当紧,更何况芝浦透平这种没有什么背景的小公司,就更没有哪家银行肯痛快地借钱给它了。土光担任总经理不久,生产资金的来源就搁浅了。为了筹措资金,土光不得不每天去走访银行。

一天,土光端着盒饭来到一家银行,与营业部部长谷川郎(后升为行长)商议贷款事项。土光一上来就摆出了不达目的誓不罢休的气势。长谷川则装出爱莫能助的样子。双方你来我往,谈了半天土光也没谈出满意的结果来。

但土光一直专注地谈着,他一看到疲倦的长谷有点像要溜走的样子,便慢条斯理地拿出了带来的饭盒,说:"让我们边吃边谈吧,谈到天亮也行。"长谷川被对方的毅力感动了,最终借给了他所希望的款项。

后来,为了使政府给机械制造业支付补助金,土光曾以同样的方式向政府开展申诉活动。一次次成功,说客土光的大名传开了。

土光的行为明显地表达了不达目的不罢休的决心;表面上是软磨硬泡的无理性,实际上是以真诚感动了对方。这是种持之以恒的务实精神,加上他讲话礼貌、合情理,所以顽强地迫使对方妥协了。

把握人生的每个阶段

现在很流行"人生规划""职涯规划"。人要每一步都走好不容易,这一点孔子意识到了,既然"行中庸",而要其达到理想的效果,得因人与年龄而设定行为方向和标准。孔子借对自己学习和修养的过程进行描述,无非是教导人们也得要把握人生的每个阶段。

15岁,人开始步向成年,随着年龄的增长,思想修养逐步提高。我们在孔子的成长历程中也可以得到一些为人处世的启发。

孔子15岁志于学,学习知识技能,学习实践社会道德。这里要强调一点,孔子的学绝不是我们现在所谓的上学或者念书识字,而是对于理想信念的学习和实践。决不能理解成孔子到了15岁上才开始念书识字。这个年龄段的人属于青少年,对社会和人际关系,了解一点,但又不懂,所以在为人处世上要多向成人学习,但不能过于世故,因为青少年应该是充满朝气的。学习上要团结"学友",不可以自己的成绩比别人好而傲人,也不可以自己的成绩不如人家而毁人。

三十而立,立于什么?《论语·泰伯篇》答道:"立于礼"。"三十而立"是说对于礼仪道德经过 15 年的学习和实践,已经有了初步的成就,说明从书本知识的学习积累,有条件走向社会实践,之所以用"立",是从儿童到成人的标志,标志着传播真理、教化天下事业的开始。这个年龄段的人"天生我材必有用",前途充满信心,大有出人头地的想法,这是积极的,但要克服自负心理,不要以为自己无所不能,年龄的确是本钱,但这本钱一透支,就会成为"债台高筑"的人;知识也是资本,但时代发展,知识是不断更新的,正所谓"长江后浪推前浪"。比你年轻有本事的人在不断涌现,所以谦虚比高傲更有益于你处世为人。

四十不惑,凭什么不惑?"知音不惑",《论语·子罕篇》答道。"四十而不惑",说明经过十年的传播和教化,在学中知不足,在教中知困;而且有不足就补充,有困惑就解决。10 年之后,便可以教学相长,左右逢源,游刃有余,自己在各方面都可以说服自己、说服别人,无所困惑的了。这个年龄段的人无论知识、能力还是生活经验都储备足够,可以应对社会的方方面面,不受外界的诱惑,也不去诱惑别人,当是双向把握。这个年龄段的人有成熟之美,婚姻上走到了平淡之期,容易发生婚外恋情,所以当注意与异性接触,避免婚姻的危机。

五十何以知天命?人到 50 岁,阅历增多,以为许多事情是天意,非人力所能改变。"五十而知天命",是说自己再经过 10 年没有困惑地教化传播,便知道天地自然的命运以及自然所赋予万物人类的命运,包括自己的命运。什么该兴,什么该亡;谁该发达,谁该失败,都有其自身的规律。人类只能去适应自然,顺其自然,没有办法逆天而动,谈不到什么改造自然,那就顺应天命。这个年龄段的人极容易迷信经验。所以在为人处世上,要克服以经验取代知识的想法,敢于接受新的知识,这样才能容纳接受后辈,尤其年轻人。世上许多事的确是人力难以改变的,但自己的"心象"由自己造,你如果迷信于某一点,就会走向偏见和极端,不利于自己的再发展,在工作和事业上就很难取得最后的辉煌。

六十耳顺什么?已入花甲之年,什么事情都听得进去,对什么事情都通情达理。"六十而耳顺",是说再经过知道天命而作为的 10 年,从而使自己所听到的一切都觉得顺当了。人们往往听到的是怨言牢骚,所以耳朵常常不顺当。但当你明白了一切都是自然而然的时候,即使是听了刺耳的声音也无能为力,生气只是徒增烦恼而已的时候,你就不会再执着什么了,耳朵也就顺了。但现在有个"59 岁现象",即有的人在退休前,贪污受贿,坏了自己的名声,甚至因此而暮年在监狱中度过。所以这个年龄段的人在为人处世上，得坚守住自己，有权者不能堕落，有钱者不能挥霍，有名者不可倚老卖老；无权无势者不能牢骚满腹……快进入人生的晚季，心理一定要保持平衡，要多一些淡泊，少一点世俗。

七十而从心所欲，不逾矩。"不逾矩"，人与人之间要有一个范围。"从心所欲"——自由而不能超过这个范围，所以"不逾矩"，同时这句话也通于形而上的道理。人到七十古来稀，世上的规矩，完全融入自己的心中，这是人的道德修养达到了崇高的境界。在耳顺而不生气，看淡了人间的一切，顺应了自然的规律行事的10年之后，人也成了自然的了。凡所行事言语，如同自然中的春夏秋冬一样，无善无恶，无人无我；没有规矩，也没有无规矩；自由自在，无不合乎规矩。这才是孔子或者说儒家所真正追求的人生境界。合乎规矩不是目的，而自由的人生才是真正的目的。老人在交际中要自然放松，不能再计较什么了，该玩该乐，不要顾及太多，但也要保留晚节，不能自以老了，别人管不了、不敢管了而做出什么有损名声的事，给自己丢脸，给儿女丢脸。

孔子看到，人的道德修养不是一朝一夕的事，要经过长时间的学习和锻炼，必须有一个循序渐进的过程，同时，做人要自觉地遵守道德规范，不能勉强行事。

不要停留于昨天，也不要忘记过去

孔子认为，一个人要是能够在不忘用知识、温习旧知识的基础上获得新知识，那么，这个人一定是善于学习的人，是一个可以为人师的人。

"温故而知新"这一学习方法不仅在封建时代有其价值，在今天仍有不可否认的适应性。人们的新知识、新学问往往都是在过去所学知识的基础上发展而来的。"合抱之木，起于毫末；九层之台，起于垒土；千里之行，始于足下。""不积跬步，无以至千里；不积小流，无以成江河。"这些话说得是一样的道理。

"温故而知新"，光知道过去是不行的，因为时代在变化，还要知道新的。既知过去，又知现在，便可以为人师表了。教师如果只知道过去的事情，不问新时代的现实，那就不是一个好的教师。因为教师的职责，是培养新时代的文明人，那么教师首先得要认识这个新的时代。

为人处世温故而知新，不能执着于一偏，不能顽固不化。孔子认为真正的君子不是一个器物。凡是器物，都只是具有一定的用途，比如说锅只能煮饭，犁只能犁地一样。而真正的君子不执着一用，无所不用，无所不通，才能应用无穷。

现在提倡终身学习，不仅学生要学习，进入社会，参加工作，无论做什么事，都离不开学习，因为知识在不断更新，你不学就会落伍、淘汰。但学习的过程也是对以前所学知识的消化与吸收过程。不是说有新知识就是好的、有用的，旧知识就是过时的、没用的。有些新的东西不是知识，而是庞杂的信息，甚至是有害的信息。所以，在新与旧上得有个取舍，不能一味地否定旧的传统的，也不能凡是传统的经过时间检验的都是好的，坚固的观念中往往包含着"坏基因"；在不断反刍已有的知识的同时接受新的知识，也符合中庸之道。

在工作上，要尊重师傅和比自己工作经验丰富的人。只有那些自负的人才不愿向他人学习，轻视他人所掌握的经验和知识，总想靠自己一手一脚打出一片天。大多数人都知道得人助力的重要性，也希望得到师傅相助。但是，你希望别人帮忙，别人却不见得愿意帮忙，在这种情况下，你要靠一个谦虚的心去向他学习，使对方的知识变成自己的知识，这何尝不是"温故知新"。

你一定要向成功的人学习，你一定要学习成功的榜样，让自己进入成功的环境当中，跟着成功者学习。你一定要比你的竞争对手更努力。成功最重要的因素是比别人更努力学习、努力工作，努力做人。你一定要不断地研究你的竞争对手，唯有了解对方，才有可能超越对方。

第十节　顺舍逆取

如何树立困境中生存的勇气

逆取，事实上就是"欲将取之，必先与之"的意思，即隐藏自己的目的，好像自己并不追求什么，并让对方得到满足，最后才真正让自己得到满足。

关于逆取之法，《荀子·礼论》中曾这么说："孰知夫出死要节之所以养生也？孰知夫出费用之所以养财也？孰知夫恭敬辞让之所以养安也？孰知夫礼义文理之所以养情也？"意思是谁知道坚守节气、不怕牺牲恰恰是有利于养生呢？谁知道花费财物正是为了保全财物呢？谁知道恭敬辞让恰恰有利于安身呢？谁知道礼义文理是用来保养情操的呢？

所以，对于一个人来说，如果想苟且偷生，反而会死亡；如果想苟且得利，必然带来危害；想把懈怠懒惰散漫懦弱当成安逸，必定会危险；如果把恣情欢乐看成是乐，就肯定会灭亡。

人的逆境大约可分为四种，一是生活之苦，饥寒交迫；二是心境之苦，怀才不遇；三是事业受阻，功败垂成；四是存亡之危，身处绝境。如何对待逆境也有四种，一是心灰意冷,逆来顺受;二是怨天尤人,牢骚满腹;三是见心明志,直言疾呼;四是泰然处之,尽力有为。

韩愈出身于平民家庭,考进士三次落榜,第四次才中进士,乌纱帽得来不易,按说他该惜官如命,但他不苟且偷生,他对道与义是有尺度的,对名与节是有标准的。他两次言他人未敢言,被贬后又继续尽其所能为民办事,这是中国知识分子的传统,以国为任,以民为本,不违心,量度中庸,不费时,不浪费生命。

唐宪宗皇帝非常信奉佛教,在他的倡导下国内佛事大盛。公元 819 年,又搞了一次大规模的迎佛活动,就是将据称是佛祖的一块朽骨迎到长安,修路盖庙,人山人海,官商民等舍物捐款。在韩愈看来,这是劳民伤财,于是他要把这过激的活动泼上一盆冷水,或者叫"拨乱反正"一下,他写好奏折勇敢地递交了上去,谁知惹来了大祸,他被贬到数千里外的海边潮州去当地方小官。或许有人说,这是韩愈不识时务、不善处世、不懂中庸之术而撞的祸,但是韩愈是真正地"君子中庸",他的行为成就了他的身后名。他到潮州后,八个月连续干了四件事,一是驱除鳄鱼。当时鳄鱼为害甚烈,当地人又迷信,只知投牲畜以祭,韩愈"选材技吏民,操强弓毒矢",大除其害。二是兴修水利,推广北方先进耕作技术。三是赎放奴婢。他下令奴婢可以工钱抵债,钱债相抵就给人自由,不抵者可用钱赎,以后不得蓄奴。四是兴办教育,请先生,建学校。在韩愈之前,潮州只有进士三名,韩愈之后,到南宋时,进士就达 172 名,莫不是韩愈大开教育之功。

逆取之法在现实生活中的运用是十分广泛的,如有人给你送礼,你总不会毫不客气地收下,总会推让一番,让送礼者心理平衡;如果领导给你封了官,你总会谦虚一番,让领导觉得你这个人值得信赖,如此等等,当然,这些都是日常琐事上的运用,如果能把逆取法运用到商场上,它往往会让你取得出乎意料的收获。

在磨炼中提升自己

在人的一生中有苦也有乐,只有在苦难中不断磨炼而得来的幸福才能长久;在求学中既要有信心也要有敢于怀疑的精神,遇到值得怀疑的事就要去仔细求证,只有在不断考证中得来的学问才是真学问。

做学问有几种,有的是平平安安地做学问,有的是苦苦难难地做学问。平平安安做学问的只能得到别人的东西,付出的平淡,收获的也平淡;苦苦难难做学问的却可以得到自己的东西,别人所没有的东西,付出的多,收获的也多。孔子说:"学而不思则罔,思而不学则殆。"贾谊《新书》里还有一个比喻:学如日,静居独思如火。放弃学问而一味苦思,就像放弃庭院里明亮的日光,而借助屋子里昏暗的火光,可以见到一些东西,但看得深远看得清晰则是不可能的。为什么? 这就是要你去"自相参勘"一番,有"参勘",就会有"真学问"。

对于处世也是一样,苦与甜中,是你调制的一杯汤。

职场磨炼、打拼,做一个好员工、好领导,需要有计划和有系统地接受新知识、新技术,淘汰陈旧、正在死亡的知识和技术。只有放弃过去,才能拥有新的工作上所需的各种资源,如信息资源、技术资源等等,现在不少人在职业生涯中遇到的最大障碍,就是不愿放弃过去(或已有的成绩),寻找新的发展空间。当然,这里所谓的寻找新的发展空间,并非鼓动不断换工作;发展的内涵包括在一个地方的提升。许多人在一个地方时间干长了,却无法突破自己,其最大障碍是自我能力的低估,缺乏突破的意识,缺乏对现有工作改进的信心与激情。

人是在不断吸取新的知识、不断提高业务素质上提升自己的。

"如果想进入公司,请拿出你的忠诚来",这是每一个欲进入索尼公司的应聘者常听到的一句话。索尼公司采用终身雇佣制和年功序列制工资制,一旦进入该公司,就等于将自己的一生交给了公司,任何人会以自己身在此处为荣,对公司忠心耿耿。索尼公司认为,一个不忠于公司的人,再有能力,也不会录用,机会只有一次,要么成为公司终生员工,要么彻底排除在这个组织之外。他们对"忠诚"的诠释是:呆在这里并非衣食无忧,你必须积极进取,发展自己,你才能得到你的那一份奶酪。这发展,是向上的发展,像树一样,赢得更大更阔的空间。

实力是靠毅力打拼出来的

孔子告诉子贡,一个做手工或工艺的人,要想把工作完成,做得完善,应该先把工具准备好。那么为仁是用什么工具呢? 住在这个国家,想对这个国家有所贡献,必须结交上流社会,乃至政坛上的大员,政府的中坚;和这个国家社会上各种贤达的人,都要交成朋友。换句话说,就是要先了解这个国家的内情,有了良好的关系,然后才能得到有所贡献的机会,完成仁的目的。

现在由这句话看起来,好像孔子很厉害,他晓得利用关系。孔子这些地方,看起来是教人使用手段,多厉害! 事实上任何人,任何时代,都是如此,现在有人不了解对方公司的人情环境等,一跳槽就进了火坑。但最重要的一点,搞好人际关系目的是做到仁,干阳光下的事业。做到仁,需要毅力,需要不断努力。

孔子周游列国,见72位国君,他本人也是这样做的,像卫国的蘧伯玉等等都是他的朋友。孔子如果不择手段,可以很轻易拿到政权,但是他讲仁,始终守着最高的道德原则。他告诉子贡的,也是这样。

知识分子的重要责任就是传播文明,但要想完成这个任务,首先必须工欲善其事,必先利其器。有了利器,那么实现自己的主张才能有可能。因此,孔子要求知识分子必须辅佐那些贤良的士大夫,与那些德仁的人士相交往,影响他们,然后使自己的政治主张和人生观点得以实现。

"君子易事而难说也:说之不以道,不说也;及其使人也,器之。"孔子评价子贡为瑚琏之器,具有华美而贵重的素质,而认为管仲的器量比较小。

与人交往,器重别人,并不是贬低自己,或者说,为了获得别人的器重而贬低自己,也是不可取的,甚至是可耻的。自己的实力要靠自己打拼来增强,要建立好的人缘。虽然孔子对子贡说:"沽之哉!沽之哉!我待贾者也!",而不是要藏起来。中国文化里重玉贵玉,以玉喻节操,在儒家人世思想里,你是一块美玉,是藏起来,还是"求善沽而贾者",在这样一个选择中,倾向于后者,甚至是比较强烈地要"卖出去"。子贡说的是"求",孔子说的却是"待",都是为了服务于社会,而不是沉湎于自我。

急功近利是不自信的表现

现代社会人们的生活节奏越变越快,物质发达,竞争激烈,许多人在这一环境中,行为不知不觉地就不符合理义和规则。心态上的一个重大变化,就是太急于求名,急于求利,急于求成。何谓急功近利?急切地追求短期效应而不顾长远影响;追求眼前利益,而不顾做人的根本原则。

做事如果急功近利,只看到眼前的好处,就会盲从跟他人身后跑。人变得世俗起来,认为吃好穿好玩好便就是好。而为了吃好穿好玩好,欲望不能满足,就不择手段,绞尽脑汁达到目的,什么人格啦、尊严啦、德行啦、操守啦、灵魂啦,通通抛到九霄云外,见鬼去了。但越是急功近利的人,越难得到功利;越是不顾廉耻的人,越难得到快乐。

急功近利实际上是极不自信。作家因为功利写不出好作品,艺术家因为功利忽视了艺术和功底,运动员因为功利会有违规行为,有人因为急功近利,过早地戴上近视眼镜。为了摆脱眼前的困境,可以不顾未来的利益;为了求得一时的痛快,以长远的痛苦作为代价。难道我们都是功利之人,眼里只有名和利?你也许一时得到,可是你付出的太多,得到的终归少得可怜。期望越大,失望也越大。过度失望,让你觉得活着真累,毫无幸福可言。

人活着,就是要创造美好,如美好的事物,美好的环境,美好的生活,美好的家庭,美好的社会,美好的人际等等。宝贵的生命对人只有一次,一次性的生命旅程如何行进,大概是人类诞生以来的第一个不解之谜。

我们可以设计生活,并为生活而奔波;我们可以设计人生,并为人生而努力。但生活只是对生命的维持和延续,人生只是对生命的储存和安放,当生命的全部在生活和人生中产生震撼、发光发热的时候,生活和人生的意义才体现于生命的全部。

生命的全部以旅程计算,每一程都不能虚度,每一程都不能耽误,每一程都不能空白,这样,回忆往昔的时候,你不会因虚度年华而悔恨,也不会因为生活碌碌无为而羞愧。

生命最感悲哀的是,它不可能有多次,但许多人连一次都没好好度过。他之所以产生对功利的急迫心理,说到底,是没有精通生命的根本之道和根本之理。

世人任何罪恶的起因,都是由于理智的蒙蔽,对万事万物只看到好的一面而忽略坏的一面。在这充满物欲诱惑的时代,我们必须随时以清明的理智来把我们的言行导入光明的正途。

在通常情况下,我们都应该要求自己上进,要求自己做事要精确、要成功,但一个人的智力、体力、领悟力与适应力,都有一定的限度和范围。不可能在每件事上都一路领先,胜过所有的人。我们必须承认自己的力量有不能达到之处,承认天外有天,能人背后有能人。

真正成功的人常能举重若轻,履险如夷,临危不乱。这是一份定力,一分自信,也是一种智慧。大处如此,小处也如此。读书、参加考试,除认真准备之外,还要把得失置之度外。凡事在于自己尽力而为,只要自己已经尽力,成功与否,那就已经不是自己的力量所能操纵,多去忧虑反而分散了自己的精神与心力,降低了成功的可能性。

个人的成就与竞争时的得胜,固然快乐。假如一个人处处争强好胜,则不但享受不到成功的乐趣,反而充满唯恐被人超越的苦恼。由于这种患得患失的心情,生命中那些原本值得欣赏的,也会被漠视,生活的内容会变得枯燥、冷硬而乏味。

假如你已经具备了天赋的聪明和后天的勤奋,希望你在这两个成功的必备的条件之外,再加上一份平淡轻松的心情,那才是真正的智者所应追求的。

适可而止,见好就收

世事如浮云,瞬息万变。不过,世事的变化并非无章可循,而是穷极则反,循环往复。《周易·复卦·象辞》说:"复,其见天地之心乎!""日盈则昃,月盈则食",中国人从周而复始的自然变化中得到心灵的启示:"无来不陂,无往不复",老子要言不烦地概括为："反者道之动。"人生变故,犹如水应变能力,事盛则衰,物极必反。生活既然如此,做人就应处处讲究恰当的分寸。过犹不及,不及是大错,太过是大恶,恰到好处的是不偏不倚的中和。基于这种认识,中国人在这方面表现出高超的艺术。

做人不要做绝,说话不要说尽。廉颇做人太绝,不得不肉袒负荆,登门向蔺相如谢罪。郑伯说话太尽,无奈何掘地及泉,遂而见母。故俗言道:"凡事留一线,日后好见面。"凡事都能留有余地,方可避免走向极端。特别在权衡进退得失的时候,务必注意适可而止,尽量做到见好就收。

一个聪明的女人懂得适度地打扮自己,一个成熟的男子知道恰当地表现自己。美酒饮到微醉处,好花看到半开时。做人要有一种自惕惕人的心情,得意时莫忘回头,着手处当留余步。此所谓"知足常足,终身不辱,知止常止,终身不耻。"宋人李若拙因看通了官场,作《五知先生传》,说做人当知时、知难、知命、知退、知足。

君子好名,小人爱利。人一旦为名利驱使,往往身不由己,只知进,不知退。尤其在中国古代的政治生活中,不懂得适可而止,见好就收,无疑是临渊纵马。

任何人不可能一生总是春风得意。人生最风光、最美妙的往往是最短暂的。"人无千日好,花无百日红。"所以,见好就收便是最大的赢家。世故如此,人情也是一样。与人相交,不论是同性知己还是异性朋友,都要有适可而止的心情。君子之交淡如水,既可避免势尽人疏、利尽人散的结局,同时友谊也只有在平淡中方能见出真情。越是形影不离的朋友越容易反目成仇。

古人告诫说:"受恩深处宜先退,得意浓时便可休。"即使是恩爱夫妻,天长日久的耳鬓厮磨,也会有爱老情衰的一天,所以最好是事业爱情两不误。北宋词人秦少游的笔下"两情若是长久时,又岂在朝朝暮暮",这不仅是对劳燕两地的分居夫妻之心理安慰,更应为终日厮守的男女情侣之醒世忠告。

学会选择,学会放弃

鱼是我喜欢吃的,熊掌也是我喜欢吃的,如果不能两样都吃,我就舍弃鱼而吃熊掌。生命是我想拥有的,正义也是我想拥有的,如果不能两样都拥有,我就舍弃生命而坚持正义。生命是我想拥有的,但是还有比生命更使我想拥有的,所以我不愿意苟且偷生;死亡是我厌恶的,但是还有比死亡更使我厌恶的,所以我不愿意因为厌恶死亡而逃避某些祸患。如果让人想拥有的没有超过生命的,那么,只要是可以活命,什么事情干不出来呢? 如果让人厌恶的没有超过死亡的,那么,只要是可以逃避死亡的祸患,什么事情干不出来呢?

人世间的确有比生命更使人想拥有的东西,也的确有比死亡更使人厌恶的东西。这种心愿本不只是孟子才有,而是人人都有,只不过孟子能够保持它罢了。

"鱼与熊掌"的确是我们的生命历程中经常遇到的二难选择。想名又想利;没做官的羡慕当官的权势,而做官的又羡慕不在官场上的人潇洒自由。小而言之,想读书又想打工;想挣钱又想休闲。如此等等,不一而足。之所以难,难在舍不得,难在那不可得兼的东西都是"我所欲也",甚至,也是人人所欲的。不然的话,也就没有什么可难的了。

活着,这是人类最基本的欲求,也是完全正当的欲求,谁不想活着?"义"即道德义理也是人类的欲求,人人都有道德上的价值,人格上的尊严,这就是人所本有的"良知"。但是,当二者发生冲突时,决不能苟且偷生,而要"舍生取义"。这两种不同的"欲",有价值上的本质区别,因而才有这样的选择。这完全是一种自我选择,其所以做出这种选择,是有内在根据的,这就是情重于欲。有情才有义,谓之"情义",这是人之所以尊贵的内在根据,也是人的生命的价值所在。如果为了活着而牺牲生命的价值,就是"无义"之人,人而"无义",是一种最大的耻辱。

从利、义的选择到生活方方面面的选择,每一种选择都是考验。至少决定了一种人生态度和生活方式。

诸葛亮治理蜀国,什么事都亲自过问,杨容曾经劝谏他,说:"作为丞相,您治理方面应有体统,上下不能侵犯。"诸葛亮不听从。蜀国虽然得到治理,可是自己却费心劳神而丧生。虽然责任感太重,以至于尽心努力去做,却实在不能得到最好的治理,不能达到无为而治的妙用。不仅从政是这样,用人也是这样。要看到别人的优点,用人的过程就是选优弃劣。

作为高层领导来说,只需要挑选中层干部,提拔任用,至于下面各级基层官员的提拔与任用,应由他们处理,不宜详细过问。过问就是侵职,就不懂选择与放弃的道理。

据史书记载,有一天,元顺帝在欣赏宋徽宗的书画。称赞不已,而奎章阁学士巙巙进来说:"徽宗是位多才多能的人,唯独一件事没有才能。"顺帝问什么事,他回答说:"唯独不能当皇帝。他身体受侮辱,国家受破坏,都是不能当皇帝所造成的。凡是当君主的,重要的就是能当好君主,而徽宗却不是这样的。"

又有《北窗炙裸记》中周正夫说:"宋仁宗百事不会,只会做官家。"一个做帝王的人,只要当帝王就够了,一个做宰相的,只要会做宰相就行了,所以仁宗在史载中称他为明君,而历史称丙吉为名相,就是君守君道,臣守臣道的例子。

重要的一点是你要明白,什么该取就毫不犹豫地获取,什么该舍的就毫不犹豫地放弃。

如何培养自尊心与自信心

求索才能得到，当然求索有一定的标准，不能违背人性的需要。要想成为一个超古越今、顶天立地的圣贤豪杰，只有从强烈的文化意识里，从坚强的历史意识里，培养自己的自尊心、自信心；从人性的觉醒，从理性的觉悟里，树立起超人的人格与道德，使人能成人、使人与禽兽有所区别，这也就是儒家精神的根本所在。

从中国历史文化上看，这种刚健精神、积极精神，既是儒家精神，也可以说是中国文化传统精神。历代都以儒家思想作为正统的主流，而中华民族的五千年悠久历史之所以能绵绵不绝，实在是有赖于儒家思想起了砥柱作用。每当社会处于危险时期，儒家思想总能力挽狂澜，起弊振兴。有人认为从宋代以后，中国民族之所以衰落，就是真正的圣贤豪杰不多，使得人们丧失了祖先发扬光辉的古代中国精神。从知识阶层来说，也丧失了古代儒家的真正精神。

"求则得之，舍则失之"，这种现象很普遍。世界著名的走钢索人卡尔·华伦达曾说："走钢索才是我真正的人生，其他都只是等待。"他就是以这种态度来走钢索的，每一次都非常成功。但是 1978 年，他在波多黎各表演时，从 75 英尺高的钢索上掉下来死了，令人不可思议。后来也是走钢索名人的华伦达太太说出了原因。在表演的前三个月，华伦达开始怀疑自己"这次可能掉下去"。他时常问太太："万一掉下去怎么办？"他把很多精力用在避免掉下来上，而不是用在走钢索上。

保罗·盖蒂对自己充满自信。创业之初他就接了一笔订单，许多人对他表示怀疑，6 个月他能生产那么多飞机配件吗？盖蒂没有犹豫，他挑选了 50 名同样充满自信的优秀工作人员，送他们接受严格的训练和学习，同时制造工具的准备工作也紧锣密鼓地展开了。不久，50 名培训人员回来了，10 套工具也准备就绪。生产开始的时候，6 个月的期限还未到呢。开工之后，盖蒂几乎每天都和工人生活在一起，在他的领导下，工人们的生产效率竟是其他同样机型飞机制造工厂的 10 倍……

当人们问及盖蒂成功的秘诀时，他说："一个人的成功，关键是应该坚信自己的判断，有自己的主见，对成功充满自信和乐观的态度。不要满足于已拥有的成绩，局促于自己熟悉的范围，也不要迷信权威。"

人们如果能自强不息，就能克服困难、战胜敌人，不受竞争的淘汰、社会的淘汰。这种刚健自强的精神，能产生巨大的潜力。

坚忍是成功的要诀

《中庸》中记载:子路问强,孔子回答说:"南方的强,北方的强,都是抑制下的强。以宽柔来教导,不回报于道,是南方的强。用上等的料子包着,至死不厌,是北方的强。所以君子仁厚而不入俗,中立而不偏颇。强看得太贵重了,在国家清平时就能畅通无阻了。强看得太贵重了,在国家昏乱时,到死都不变动。"这就是孔子的"发强刚毅""齐庄中正"的圣贤气象。

孟子说:"自暴的人,不必与他交谈。自弃的人,不必与他同事。"对于自暴自弃的人,我们要谨慎地防范他。在古今中外的历史上,所有特殊的伟大的人物,都是从艰难困苦中,甚至危险中奋斗过来的。就像拿破仑、华盛顿、甘地等划时代的伟人,都是这样的。再像汉高祖刘邦,曾是一个小小的亭长,明太祖朱元璋曾是一个庙里的小和尚。再从中国上古来看,"舜出自一个庄稼汉,传说出自一个建筑工,胶鬲出自一个鱼、盐的商贩,管仲出自士人,孙叔敖出自渔民,百里奚出自五张羊皮换出来的。"

这就是说,我们不要把自己的发展力量估计得太渺小,把环境的束缚力量估计得太大。只要我们坚定一种必胜的信念,勇敢地拼搏,一定能有成就。

困难可以诱发人们生命中的坚韧潜力,危险可以开启生命中勇敢的潜力,这两者都能引发出生命的光芒。而困难越多,危险越大,成功与发出的生命光芒也越大。

中国辛亥革命的成功,就是孙中山与他的同志以大无畏的精神,不屈不挠,前仆后继,艰苦奋斗才有的结果。中国抗日、美国的独立战争,都是经过八年的奋战才取得胜利。在民国革命史中,黄兴是一位很有成就的将领,他除了天生勇敢之外,最重要的是一刻也不忘战斗的精神。只要有机会,决不放弃,将生命置之度外,赴汤蹈火也在所不辞。他在许多次战斗中,都是冒死指挥战斗。他曾经说:"天下没有难事,只有坚忍二字,才是成功的要诀。"

敢于为他人付出

人生在世,与人相处,难以回避的就是利益问题。利益关系处理不好,极容易使人陷于困境,也可以说真正的困境是人为的,所以智者意识到这一点后无不强调中庸处世,不贪求利益,而敢于付出。孔子说"君子周急不继富",意思是说你要帮助了处于困境的人,而不能总是送礼给富足的人。

现在很多人都明白,在工作上,一个人既拥有专业技术和专门业务知识,又了解和把握经营管理规则,并能运用这些知识和规则在市场竞争中操作自如、得心应手,但还不能肯定他就能获得事业的成功。

比尔·盖茨在清华大学演讲时曾说,虽然自己并不是每天都痛快,但他不愿与别人交换这个工作。他觉得自己能够与一群充满智能与热情的人去工作、去交流,是一件十分幸福的事情。松下公司创始人松下幸之助在用人上自有其一套独特的标准:即70分的人才已足够。他认为,人才的雇用以适用公司的程度为好,程度过高,不一定有用。水准过高的人,会认为在这种地方工作很浪费;而如果换成一个普通程度的人,他却会很感激,所以招聘过高水准的人是不适宜的,"适当"两字最重要,适当的公司,适当的商店,招聘适当的人才,70分的人才,有时会更好。这是对人的充分理解,是对人的"软件"——爱心的看重。

懂得付出才能得到,如果只要对方付出,而自己没有动静,这样的友情是不会长久的。在现实生活中,有的人却错误地认为友情是建立在利益互惠的基础上,这样的人,与他人交往,目的是在于对方有什么利用价值,天天盘算着与人交往会带来什么好处。当对方能满足自己的要求,为自己提供便利时,便心里乐哈哈,与他形影不离,仿佛情深义重,可是一旦对方没有了利用价值,或者遇到麻烦,便推诿责任,退避三舍,甚至落井下石。这实在是一种自以为聪明的愚蠢表现。这样做的结果,无疑向别人表明:自己是多么的无情无义,又是多么的无耻。以后当别人

爱因斯坦

与他交往时,必然会小心提防,以免被其利用。

在人际交往中,很多事情都彼此联系,互相依存。人与人之间不免有些明争暗夺,有些摩擦,这一切都来源于是吃亏还是占便宜的心理,一切又都结束于吃亏与占便宜的行为。吃亏怎么样?占便宜又怎么样?吃亏了,既获得心灵的平静,又可以获得道义上的支持。一旦对方醒悟过来,你的我的自然一清二楚。相反,占便宜的人,心理上永无宁日,让天下人耻笑,别人的钱财你占有,是何滋味?明白了个中道理,吃亏、占便宜也就分得清楚了。

爱因斯坦说:"世间最美的东西,莫过于有几个头脑和心地都很正直且严正的朋友。"真正的朋友把友谊之情永恒为知心的倾诉,敞开心扉,乐于为对方付出,然后是愉快地享受彼此的劳动成果。生活实在需要太多太多的友情,需要真诚的付

中庸的处世之道

图文珍藏版

出,而不是索取与占用。

我们给予朋友的,必须是友爱。我们对给予的结果必须负起责任,同时又要尊重对方的付出,不要对对方的付出不屑一顾。

付出是没有条件的,有条件的付出就会变得丑态百出。就说笑容吧,你讨好别人的笑,也能表达你的亲切,但因为缺乏真诚,而变得生硬、勉强,令人厌恶。同样的,心中有所要求,才给予对方好处,对于真正的友谊没有实质性的益处。因为它可能带来更大的欲望,变成一个人对另一个人贪婪地操纵。

朋友之间,或者合作伙伴之间,无论你给予与付出的是什么,都应该是发自内心的。

斤斤计较是小看自己的能力

朋友之间,有时为"谁付出多了,谁没有付出"而发生争执和冲突是正常的,关键看你如何处理,千万不要计较,一计较就像一盘菜里落进了灰尘,那就难吃了,所以吵归吵,不能老是抓着问题不放。头一天争了几句,第二天见面,就应该好像前一天没有发生争吵一样,尽可能改变话题,而不要接着昨天的话题接着说。

争吵是伤害朋友感情的,但争吵的时候,把窝在心里的话倒出来,也不无是一件好事,所以不能以为一旦发生了争吵两个人的关系便笼罩了阴影。想一想过去的友谊,再针对冲突的性质来恰到好处地处理。首要消除因为争吵而产生与对方分手的想法。

弄清吵架的原因。假如你与同事的争辩十分滑稽可笑的话,它很可能自然而然地过去。或是你们俩在某个观点上意见不统一,其实这些问题都没什么大不了的。更多的时候,不是任何人的错,或是两个人都有错,或是没人能真正搞清是谁的错。不去追究,才是言归于好的奥妙所在。

寻找和尝试言归于好的办法。吵架后,同事彼此之间会直接出现一种担心的心理。大多数人最担心的是遭到拒绝。深呼吸,让自己轻松一下,这偶然的行为会帮助你和同事驱散紧张的气氛。

你一旦告别恐惧和担心,那么和同事的交谈就会更容易些。别等同事来找你,能迈出第一步是至关重要的。如果你让争吵恶化,那么你们两个人会一起失去友谊。如果你们言归于好,你们就都是胜利者。不要等待别人解决问题,你自己应负起责任。时间不等人,你越快越好。

不能假装什么事都没有发生过,需主动去尝试,用积极的态度唤起彼此的信心。"嗨,还生气呢?""喂,有空咱们聊聊。"假如你面对面地向她提问,不妨带着真诚的微笑。

假如你们双方都坚信自己是正确的话，那么很难听进对方的倾诉。但是你如何弄清同事的感受呢？你可以开诚布公地说："我想听听你的意见，告诉我你是如何想的好吗？"而且当对方谈话时，不要打断她或是与其争辩，让她感到你尊重她，也许矛盾好解决一些。

当冲突无法避免时，不妨制订处世"争吵法则"：

·任何争端事出有因，不能借题发挥，故意制造事端。

·不能和任何人发生肢体冲突，除非出于自卫，否则绝对是最疯狂的行为。

·不要碰他人最敏感的话题。比如，有人很介意别人叫他"小眼睛"，结果你偏偏不知好歹，即使对方明知你是开玩笑，还是会恨你入骨。

·不要透露你在某方面根深蒂固的偏见或意识形态，比如，种族好恶、性别歧视等，通常，这类争执会让你成为众矢之的。

·当你在与对方的较量中占得上风时，千万不要得意扬扬，表现出高人一等的样子，否则，对方看在眼里，恨在心上，就会想方设法奉还今天的屈辱。如果你向对方表示尊敬之意，表明自己只是侥幸取胜，对方就会怨恨顿消。

在与人交往中造成了冲突，本来你的目的是使事情对自己有利，而不是为自己树敌。从利益出发，主动求和以减轻敌意，以免发生更激烈的冲突，造成两败俱伤的结局。毫无疑问，这是处理矛盾的上策。

《子思子》上有言："君子不以所能者病人，不以人之不能者愧人。"《三国志·蜀书·秦宓传》写道："记人之善，忘人之过。"你如果能做到这样，在顺境中得人缘，逆境中得人助，自是必然。

主动吃亏一定是发现了什么更好吃的东西

常常听到对有人缘的人评价是："他很大方，舍得给人吃给人喝。"这句话听上去很世俗，然而从中庸处世的角度看，你为人小气，不愿吃亏，就显得很奸猾。不少好朋友，或者事业上的合作伙伴，由于种种原因，后来反目成仇了，双方都搞得很不开心。相互你好我好地走到一起，结果是大打出手的分手，前后反差太大，都是由于不得中庸之道，怕吃亏造成的。

有个人却不这样，他与朋友合伙做生意，几年后一笔生意让他们所赚的钱又赔了进去，剩下的是一些值不了多少钱的设备，他对朋友说，全归你吧，你想怎么处理就怎么处理。留下这句话后，他就与朋友分手了。显得多有风度啊，没有相互埋怨，这叫"好合好散"。生意没了，人情还在。

有人问小巨人李泽楷："你父亲教了你一些怎样成功赚钱的秘诀吗?"李泽楷说,赚钱的方法他父亲什么也没有教,只教了他一些为人处世的道理。李嘉诚曾经这样跟李泽楷说,他和别人合作,假如他拿七分合理,八分也可以,那么李家拿六分就可以了。

李嘉诚的意思是,他吃亏可以争取更多人愿意与他合作。你想想看,虽然他只拿了六分,但现在多了一百个合作人,他现在能拿多少个六分? 假如拿八分的话,一百个人会变成五个人,结果是亏是赚可想而知。李嘉诚一生与很多人进行过或长期或短期的合作,分手的时候,他总是愿意自己少分一点钱。如果生意做得不理想,他就什么也不要了,愿意吃亏。这是种风度,是种气量,也正是这种风度和气量,才有人乐于与他合作,他也就越做越大。所以李嘉诚的成功更得力于他的中庸处世的交友经验。

吃亏是福,乃智者的智慧。不管你是做老板也好,还是做生意场上的伙伴也罢,手下的人跟着你有好日子过、有奔头,他才会一心一意与你合作,给你干。因为他知道老板生意好了他才会好。生意场伙伴同你做生意不能赚钱,才会朝三暮四。好分好合,你要让他人觉得你是个值得共事的人,这才是成功的处世。

有人与朋友一旦分手,就翻脸不认人,不想吃一点亏,这种人是否聪明不敢说,但可以肯定的是,一点亏都不想吃的人,只会让自己的路越走越窄。让步、吃亏是一种必要的投资,也是朋友交往的必要前提。为什么呢? 在生活中,人们对处处抢先、占小便宜的人一般没有什么好感。占便宜的人首先在做人上就吃了大亏,因为他已经处处抢先,从来不为别人考虑,眼睛总是盯着他看好的利益,迫不及待地跳出来占有它。他周围的人对他很反感,合作几个来回就再也不想与他合作下去了。合作伙伴一个个离他而去,他难以找到愿意与他重新合作的人,他不是吃了大亏吗?

分手,情分不能践踏。主动吃亏,山不转路转,也许以后还有合作的机会,又走到一起。如果你与人分手时,狠狠地捞一把,不管是自己的还不是自己的东西,拿上手就是自己的东西,那么就显得忘恩负义,或者不仁不义。

从心态发展上来看,你老不愿吃亏,老占别人的便宜,会把自己弄得很猥琐。因为便宜被你占尽的时候,也就会觉得自己总在吃亏,心中就会积存不满和愤怒,这对自己也会是很大的伤害。再有,捞朋友的东西的人绝不会有什么出息,因为,他的眼光都集中到收集和占有眼前的每一点微小的利益上,势必影响自己的境界,缺乏向远处、高处看的意识和能力,这种人除非摸彩票中了奖,否则是很难获得大的成功和利益。

为对手叫好并不是弱者的表现

中庸强调是与人和谐相处,可是不少人与人初次见面很客气,与人短时间相处也能做到谦让付出,可是时间长了就相处不好了,不愿为对方付出,甚至斤斤计较起来。成功的处世是与人越相处久越显示自己对人的友好。

相处久了,产生一种视对方为工作和生活中的竞争对手的心理,以致处处戒备和设防,对他人的笑容减少了,客气话也少了,而挖苦与讽刺多了。常见到一些同事与朋友,见面就互相嘲笑对方。这种相处,其实是给自己制造麻烦,因为一旦出现生活变故,你讽刺排挤的人,没有给过他帮助的人,最容易成为幸灾乐祸的人,成为在你伤口上撒盐的人。

当我们看到自己取得成功的时候总是兴奋不已,希望有人为自己鼓掌。可是当身边人,包括你的"假想敌",你的对手取得成功的时候,你该怎样去面对呢?是嫉妒还是欣赏?是大声叫好还是不屑一顾?尤其是你平日与他相处得很紧张、很不快乐的人成功了,这时候,你为他鼓掌,会化解对方对你的不满和成见,改变他对你的态度,他会觉得你慷慨地付出自己的真诚,从此,他也会给予你的支持。人都是这样,死结越拧越紧,活结虽复杂,却容易打开。

亚力山大和大流士在伊萨斯展开激烈大战,大流士失败后逃走了。一个仆人想办法逃到大流士那里,大流士询问自己的母亲、妻子和孩子们是否活着,仆人回答:"他们都还活着,而且人们对她们的殷勤礼遇跟您在位时一模一样。"

大流士听完之后又问他的妻子是否仍忠贞于他,仆人回答仍是肯定的。于是他又问亚历山大是否曾对她强施无礼,仆人先发誓,随后说:"大王陛下,您的王后跟您离开时一样,亚历山大是最高尚的人,最能控制自己的英雄。"

大流士听完仆人这句话,双手全十,对着苍天祈祷说:"啊!宙斯大王!您掌握着人世间帝王的兴衰大事。既然您把波斯和米地亚的主权交给了我,我祈求您,如果可能,就保佑这个主权天长地久。但是如果我不能继续在亚洲称王了,我祈祷您千万别把这个主权交给别人,只交给亚历山大,因为他的行为高尚无比,对敌人也不例外。"

为朋友叫好与付出容易,为别人叫好与付出困难,为对手叫好与付出更困难。我所说的付出,既有物质上的,也有精神上的。当别人有困难的时候,你的一句鼓励就是给予,当别人成功的时候,你的几声掌声就是礼物。一些人对同行冤家和竞争对手,多采取的是阴险的手段,打击报复,而不知道如何化敌为友。想把对手变成朋友,就要舍得为他"付出",对方陷入困境的时候,你要保持冷静,不能见机端他一脚,当你成功的时候,不要在对方面前趾高气扬,克制自己不流露出得意。做到这些就是"付出",勇敢地"付出"。

一位成功人士说:"为竞争对手叫好,并不代表自己就是弱者。为对手叫好,非但不会损伤自尊心,相反还会收获友谊与合作。"为对手叫好是一种美德,你付出了赞美,得到的是感激。为对手叫好是一种智慧,因为你在欣赏他们的同时,也在不断提升和完善自我;为对手叫好是一种修养,为对手赞赏的过程,也是自己矫正自私与妒忌心理,从而培养大家风范的过程。美德、智慧、修养,是我们处世的资本。

当别人危难时伸手援助

一个一毛不拔的人,是不会有朋友的;而把自己所有的东西都给别人,自己怎么办?君子要顾本,所以中庸之道是既不太小气,也不太大方。人际关系存在着一个"成本",使用方法和时机得当,则降低成本,获得人心。比如,捐助、义卖、让利等等公益事业活动,表面上资助非盈利甚至"倒贴"的社会性公益事业,"无私"地奉献出爱心,实际上所起的广告效应,会远远大于同等成本的"硬广告"。并且,"硬广告",只是让人知道,而"软广告"却在出名的同时获得人们的好感与支持。

对别人的帮助或者援助,要做到中庸,也就是恰到好处,关键是及时,雪中送炭比锦上添花好。

一个有钱人对爱因斯坦抱怨:"谁都不喜欢我,他们说我太自私小气。可是我的遗嘱上已经写好,要把我所有的财产捐给一家慈善机构。"

爱因斯坦说:"也许有个牛和猪的故事,可以给你一点启示。有一头猪到牛那里,对牛抱怨:'别人总是说你很友善,这点倒也没错,因为你给他们牛奶。可是他们从我身上带走的东西更多啊,他们得到的香肠、火腿、肉不都是我的吗?连我的猪蹄子都拿去炖了!可是,谁都不喜欢我,对人来说,我就是一只让人讨厌的猪!怎么会这样呢?牛想了一会儿说:'可能是因为我活着的时候就给予他们了。'"

爱因斯坦说的这个寓言故事的用意很清楚,给予要雪中送炭,而不是锦上添花。大家都送的时候,有你没有都显示不出你的帮助重要,而在对方危难时送他,他就会感激你。经常听到人说:"在困难中得到了你的帮助,我将永远不会忘记。"古人说:"一饭之恩必报。"为什么要报?没有这餐饭,饥饿者可能就没命了,一饭之恩就是活命之恩。《水浒传》上宋江为什么得人缘,那么多英雄好汉都尊敬他、服他管,还不是他善于在别人困难的时候帮助人,以致人们称他为"及时雨宋江"?

所以为人处世,当别人有困难的时候,伸出援助之手;要有与他人同甘共苦、心里装着他人冷暖的情感;富有同情心和怜悯心,做扶危解困的"及时雨"。

做人的互助原理是：你在关键的时刻帮人一把，别人也会在重要时候助你一臂。初看起来这似乎是等价交换，然而，不管你是一个什么样的人，都不可能孤独一人打拼天下，尤其是要使自己的人生局面推广开来，更离不开与各种各样的人打交道。要想别人将来帮助你，你就必须先去关心别人、感动别人，这样才能赢得别人回报。因此，高明的为人技巧就是急人之难，解人于倒悬之中。

20世纪70年代初，石油危机波及香港。香港的塑胶原料全部依赖进口，香港的进口商趁机垄断价格，将价格炒到厂家难以接受的高位。不少厂家因此被迫停产，濒临倒闭。在这个关涉许多企业命运的时刻，李嘉诚毫不犹豫地站到了风口浪尖。在他的倡议和牵头下，数百家塑胶厂家入股组建了联合塑胶原料公司。原先单个塑胶厂家无法直接由国外进口塑胶原料，是因为购货量太小，现在由联合塑胶原料公司出面，需求量比进口商还大，因此直接交易。所购进的原料，按实价分配给股东厂家。在厂家的联盟面前，进口商的垄断不攻自破。笼罩全港塑胶业两年之久的原料危机一下子结束了。

李嘉诚在救业大行动中，还将长江公司的13万磅原料以低于市场一半的价格救援停工待料的会员厂家。直接购入国外出口商的原料后，他又把长江本身的20磅配额以原价转让给需求量较大的厂家。危难之中得到李嘉诚帮助的厂家达几百家之多。李嘉诚因而被称为香港塑胶业的"救世主"。

帮助时要让对方乐于接受

孔子所谓"中"，是以"礼"的要求为标准的。古代有位大侠郭解。有一次，洛阳某人因与他人结怨而心烦，多次央求地方上的有名望的人士出来调停，对方就是不给面子。后来他找到郭解门下，请他来化解这段恩怨。

郭解接受了这个请求，亲自上门拜访委托人的对手，做了大量的说服工作，好不容易使这人同意了和解。照常理，郭解此时不负人托，完成这一化解恩怨的任务，可以走人了。可郭解还有高人一着的棋，有更技巧的处理方法。

一切讲清楚后，他对那人说："这个事，听说过去有许多当地有名望的人调解过，但因不能得到双方的共同认可而没能达成协议。这次我很幸运，你也很给我面子，我了结了这件事。我在感谢你的同时，也为自己担心，我毕竟是外乡人，在本地人出面不能解决问题的情况下，由我这个外地人来完成和解，未免使本地那些有名望的人感到丢面子。"他进一步说："这件事这么办，请你再帮我一次，从表面上要做到让人以为我出面也解决不了问题。等我明天离开此地，本地几位绅士、侠客还会上门，你把面子给他们，算作他们完成此一美举吧，拜托了。"

人都爱面子，你给他面子就是给他一份厚礼。有朝一日你求他办事，他自然要"给回面子"，即使他感到为难或感到不是很愿意。这，便是操作人情账户的全部精义所在。

帮助别人离不开技巧，在具体的情景下，当你想帮助某个人时，你要注意具体方法，你对他人的帮助与向朋友付出，对方乐于接受才是最好的帮助和有效的付出。

要了解对方是不是真的需要帮助。一个商人在街头看到一个衣衫褴褛的铅笔推销员，心中顿时生起一股怜悯之情。他把一元钱扔进出售铅笔人的杯中，就走开了。

没有走几步，商人好像听到了有人在吼什么，他一回头，只见那个卖铅笔的人红着脸冲自己大声说："你为什么无缘无故给一个健康的、并且是推销员的人一元钱？"商人赶忙折转身来，从卖铅笔人的摊位上拿起几支笔，他抱歉地解释说："对不起，我忘了取铅笔了，希望你不要介意。"卖铅笔的人说："你我都是商人，我卖东西，而且有明码标价。你给我一元钱，为什么就不肯拿铅笔呢？你是不是瞧不起我，认为我是一个需要人同情的小贩？"商人连连说"对不起"，然后离开了。

很快过去了几个月，在一个社交场合，一位穿着整齐的卖铅笔的人与商人又见面了，他双手递上名片，并且自我介绍说："您可能已经忘记我了，我虽然不知道您的名字，但我永远忘不了您。是您伤了我的自尊。我一直没有把自己当作乞丐，即使您跑来给了我一元钱，我仍告诫自己：我是一个商人！"

商人听了，尴尬地笑了笑。

向一个人伸出热情之手给予无私的帮助，的确是重要的，但更为关键的是，我们不能让对方感到伤了自尊。帮助一个人，要体现自己的心意是好的，同时要了解对方是不是真的需要帮助，否则你的帮助是多余的。

不能让好意变成"坏心"。有两个女中学生看见一个孤独的盲人邻居很可怜，想为他做点好事。有一天，她们发现盲人一盆已洗好的衣服放在绳子下，还没来得及晾晒。她们想做"无名英雄"，就悄悄地去晾晒。可是当她们刚晾好衣服的时候，看见盲人走过来了，一个女生脱口而出："瞎子来了。"说罢两个人就要离开，可是盲人已经听到了女生的说话声。他发现自己的衣服不在盆里，第一判断是几个女孩把它藏了起来，他顿感自己受到了她们欺负和羞辱，就破口大骂起来。这件事被其他邻居知道了，也以为两个女生欺负了盲人。两个女生的父母听到这件事，就批评自己的孩子。可是两个女生感到很委屈，她们并没有欺负盲人，而是真心帮助他。

这两个女生做好事帮助人,结果反而搞得双方都不痛快。如果她们掌握了正确的方法,直接对盲人说:"我来帮您晾衣服吧。"那么就不会出现这样"帮人惹祸"的事。

第十一节　正己无怨

与人相处忘掉人我之异

曾子说:"有才能的人向庸才之人求教,知识广的人向知识浅的人求教。有学问的就像无学问,知识充实的就像虚无的,受到冒犯也不计较。从前我的朋友曾经就是这样做的。"

曾子说自己有这么一个朋友:充实的境界,好像是虚无一样;别人侵犯凌辱,也不去与其计较。他所修炼的就是这种境界,他修行的目的就是要去掉分心别念,忘掉人我之异,然后达到无为而无不为,自由自在,无忧无虑的地步。这个朋友,指的是颜渊,他做到了常人做不到的事情,而且成功了。所以,曾子便以此来勉励教导学生,使他们对真正的人生境界有所追求和体验,不至于枉生一世。

曾子是孔子最得意的弟子之一。他在学习上保持着谦逊态度,"问于不能","问于寡";"有若无","实若虚",希望人们始终保持谦虚谨慎的态度;其"犯而不校"表现的是一种宽阔的胸怀忍让的精神。

曾子夸奖他的朋友,目的是教诲他的弟子,为人要虚怀若谷,广泛学习,如此就能成为人人称颂的君子。

凡是有才气的人,容易犯一个错误——自满而不肯向人请教。而中庸处世智慧的人虽然高人一等,却唯恐自己懂得不多,唯恐自己没有看清问题,所以喜欢向人请教。诸葛亮之所以成功与其说他是神,不如说他得益于"集思广益",他善于集中人家的学问思想,增加自己的知识见解,"以能问于不能"。

儒家标榜虞舜"好察迩言",所以能为圣人。这能给我们深远的启发。

对曾子的话还有另一种解释,是说从政的人,多半是通才,什么都懂;而"寡"可以说是专家,他专门研究一点,而这一点并不是学问渊博的人所能够知道的。渊博的人知其大概,不能深入;专家则对某一点有深入研究。所以渊博的人,一定要向专家请教。"有若无",他学问非常渊博,而在待人处世上表现得很平常,好像什么都不懂似的。"实若虚",内涵深厚,表面上看起来却很空洞,普普通通。"犯而不校"，不如他的人对不起他——下面的人对上面的人不敬为"犯"——从来不计较、不记恨。无论哪一种解释，对我们都有教益，都有用处，与人相处忘掉人我之异，就会不自负，而虚心向学，人人可做老师。

律己宜严，待人宜宽

别人的错误和过失应该多加宽恕，可是自己有过失和错误却不可以宽恕；自己受到屈辱时应该尽量忍受，可是别人受到屈辱就要设法帮他消解。

恕以待人，严以律己，知过即改，是儒家的待人之道。

王安石和苏轼是北宋时齐名的文章大家，并且他俩都是师从欧阳修。在他们二人间曾有这样一则故事。事情是这样的：苏东坡原来是翰林学士，后被贬为潮州刺史。他一直认为是因为揭了王安石的短而遭此报复。三年刺史任满，回到京城，一日去拜见王安石，在东书房等待。他偶然看见砚台底下压着一首没有写完的诗稿，题目叫《咏菊》，但只写了"西风昨夜过园林，吹落黄花满地金"两句。东坡心想，按常理秋天才刮西风，菊花开在

王安石

秋天，老了也只是枯萎，不会落花瓣的，就挥笔依韵续了两句："秋花不比春花落，说与诗人仔细听。"写完不等见到王安石就走了。

王安石看到苏东坡续的诗，笑了笑，接着写起奏章，他建议皇上让苏东坡到黄州当团练副使。皇帝批准了。东坡对此很不满意，到任后心事不在政事，经常游山玩水，饮酒赋诗。一天，正好好友陈季常来看他，苏东坡忽然想起他后园的几株黄菊，于是，便邀友一同去玩赏。前天刮了大风，这时只见满地铺金，而菊枝上一朵花也没有了，苏东坡惊讶不已，半晌说不出话来。

到此苏东坡才知道王安石让他到黄州任职的真意，是让他来看菊花的。后来他主动向王安石认了错。

再来看一个现代例子。某时装店，一段时间，客人纷纷投书指责售货小姐服务态度不佳。经理的解决方式真是与众不同，而且效果惊人。他没有指责售货小姐反而大加赞扬，他对那些被客人指责的小姐说："有客人称赞你服务亲切，希望今后继续努力。还有客人说你很有礼貌。"这么一来，她们的待客态度便大为改变，每天

上班笑脸迎向任何客人,业务蒸蒸日上。

这就是巧妙地责人的方法。一般来讲,女性被人指责说:"你要改掉什么什么缺点",她们觉得自尊和人格都遭伤害,很容易反抗或哭泣。但如果以宽人的态度,对其稍加称赞,她们便神采飞扬,变得非常积极。所以,如想纠正别人的缺点,不要直接指出缺点而要称赞对方的优点,这一点非常重要。如此一来,对方更加发挥优点,同时也改掉缺点。不信,你试试看。

如何掌握说话的要领

在某种意义上,"人活一张嘴",自古以来,多少人成成于言,败败于言,鬼谷子视人嘴为祸福的开关,所以管好嘴巴,是为人处世的关键。洪应明说:"十语九中未必称奇,一语不中则愆尤骈集;十谋九成未必归功,一谋不成则訾议丛兴,君子所以宁默无躁,宁拙无巧。"

一次,子路盛装来见孔子,孔子说:"仲由,你这样衣冠楚楚,是什么原因呢?过去长江从岷山流出,开始在其发源地水流很小,只能浮起酒杯,流到大水的渡口,若不用两只船并列,不避开大风,就不能渡河,这不就是因为流水大有危险的缘故吗?今天,既然你衣着华丽,脸上显示得意的样子,那么天下有谁愿意规劝你呢?"子路快步退出,改穿朴素的衣服进来,表示顺从。孔子说:"仲由,你记住,把聪明都显示在脸上,现出能干的样子,这是小人。所以,君子知道就说知道,不知道就说不知道,这是言谈的要领。能够就说能够,不能就说不能,这是行为的准则。说话有要领,就是智。行为有准则,就是仁。言行既智又仁,哪里还有不足的地方呢?"

中庸处世,不可明目张胆讨好人。和珅和其他大臣,为了迎合乾隆的"自视甚高"的心理,就在抄写给乾隆看的书稿中,故意于明显的地方抄错几个字,以便让乾隆校正。这是一个奇妙的方法,这样做能显示出乾隆学问深,这比当面奉承他学问深,能收到更好的效果。

和珅工于心计,头脑机敏,善于捕捉乾隆的心理,总是选取恰当的方式,博取乾隆的欢心。他还对乾隆的性情喜好,生活习惯,进行细心观察和深入研究,尤其是对乾隆的脾气、爱憎等了如指掌。往往是乾隆想要什么,不等乾隆开口,他就想到了,有些乾隆未考虑到的,他也安排得很好,因此,他很受乾隆的宠爱。

和珅拍马屁高在两点:一是掌握说话的要领,除非不拍,每拍即中;二是无声无息,不着痕迹,让对方浑然不觉却全身舒坦。

话说得得体,是马屁也不像马屁,听者品出的味道不一样但很高兴,例如如果一个人的学识、机智、地位等到了一定水平,恭维话便可大讲特讲,有声有色。只是已不能称为"马屁"了,而应叫作谦和。

有一年冬天,有位著名学者访问日本,在早稻田大学文学教授座谈会上即席演讲道:到日本来讲学,是很大胆的举动,就算一个中国学者来讲他的本国学问,他虽然不必通身是胆,也得有斗大的胆。理由很明白简单。日本对中国文化各方面的卓越研究,是世界公认的;通晓日语的中国学者也满心钦佩和虚心采用你们的成果,深知道要讲一些值得向各位请教的新鲜东西,实在不是轻易的事。我是日语的文盲,面对着贵国汉学或支那学的丰富宝库,就像一个既不懂号码锁又没有开播工具的穷光棍,瞧着大保险箱,只好眼睁睁地发愣。但是,盲目无知往往是勇气的源泉。意大利有一句嘲笑人的惯语,说:"他发明了雨伞。"日本学者听得心里乐开了花,报以掌声。

中国学者接着说,据说有那么一个穷乡僻壤的土包子,一天在路上走,忽然下起小雨,他凑巧拿着一根棒和一方布,人急智生,把棒撑了布,遮住头顶,居然到家没有淋得像落汤鸡。他自我欣赏之余,也觉得对人类做出了贡献,应该公之于世。他听说城里有一个发明品专利局,就兴冲冲拿棍连布,赶进城去。到那局里报告和表演他的新发明。局里的职员听他说明来意,哈哈大笑,拿出一把雨伞来,让他看个仔细。我今天到贵校就仿佛那个上注册局的乡下佬,孤陋寡闻,没见识过雨伞。不过,在找不到屋檐下去借躲雨点的时候,棒撑着布也不失自力应急的一种有效办法……

这段演讲,先讲对日本汉学研究让中国人不敢等闲视之。即使是中国专家在日本讲中国学问,也要对听众的水平做最充分的估计。接着讲自己不通晓日语,除了有勇气之外,没什么资本。然而,自嘲正是恭维别人的一种很好的方法,对方不晕才怪呢。

向他人学习要发自内心

见到有贤德的人就想向他看齐,看到没有德行的人就在内心做自我反省。这种人的修养境界是很高的。

人是通过学习而达到善良的,向谁学习?向品德才能好的人学习,即"见贤思齐"。孔子说:"性相近也,习相远也。"汉代杨雄说:"人之性也善恶混,修其善则为善人,修其恶则为恶人。"这都是要求向品质好的人学习。

当然,人类社会不可能都是贤人,必定会有不贤的人。"见不贤而内自省也",当碰到品德和才能不好的人,首先应该反省自己是否也是这样的人。宋朝学者杨万里在《庸言》中写道:"见人之过,得己之过;闻人之过,得己之过"。知道了自己的错误和缺点,就要改正错误,认真学习,变缺点为优点。更何况,作为人"不贵于无过,而贵于能改过"。

既能够"见贤思齐",又能够"见不贤而内自省"者,向外向内,做到如此,修身必得正果。

与"内省"一致的是"自戒"。孔子曰:"君子有三戒:少之时,血气未定,戒之在色;及其壮也,血气方刚,戒之在斗;及其老也,血气既衰,戒之在得。"自戒便是自爱,便不会走人人生的误区。孔子在回答樊迟问如何"辨惑"时,讲的不是分辨是非之道,而是自戒。他说:"一朝之忿,忘其身,以及其亲,非惑与?"

朱熹对"见贤思齐焉,见不贤而内自省也。"是这样注的:"思齐者,冀己亦有是善;内自省者,恐己亦有是恶。"前者是积极的向善,后者是消极的自防。曾子更明确地说:"吾日三省吾身:为人谋而不忠乎?与朋友交而不信乎?传不习乎?"朱熹注:"尹氏曰:曾子守约,故动必求诸身。"是说曾子注重内在修养,事事反求诸己。反省,是人的自我意识成熟的标志。经常反省,有错改之,无错则免。他还教导人说:"躬自厚而薄责于人,则远怨矣。"但一般人很少有自责精神,难怪孔子感叹:"已矣乎!吾未见能见其过而内自讼者也。"

生活中有着各种各样的人物,有的人智慧而仁义,有的人愚蠢而邪恶。如果我们见到了贤良的人,那就想法赶上;见到了邪恶的事情,自己回过头来反省一下,自己有没有做这样让自己都讨厌的事情呢?做到这样,自己一定会成为人品不错的人。

占取别人的利益会埋下隐患

一个好利的人,他的所作所为不择手段,而且超越出道义范围之外,逐利的祸害很明显,容易使人防范,后患也就不会太大;反之一个好名的人,经常混迹仁义道德中,沽名钓誉,他所做的坏事人们就不易发觉,结果所造成的后果就非常深远。

孙膑与庞涓同在鬼谷子门下学习兵法,孙膑是鬼谷子最优秀的学生,才能和智慧远在庞涓之上。庞涓下山做了魏国军师,自知才学不如孙膑,觉得孙膑是自己前程的潜在威胁。为了消除这块心病,便写信给孙膑,骗他到魏国来成就功名,而其真正的目的则是让孙膑落入他的股掌之中,永无出头之日。孙膑来到魏国,魏王拜他为副军师,但庞涓以种种借口加以阻挠,最后魏王只给孙膑一个客卿的位置。此后,庞涓不断在魏王面前讲孙膑的坏话,魏王将信将疑。

有一次,齐国使者慕名而来,想聘孙膑到齐国施展才华,孙膑效忠魏国而加以拒绝。庞涓利用这个事实,向魏王进谗:"孙膑虽然身在魏国,但心仍在齐国,这次齐国使者来就是与他私通的。"魏王大怒,不分青红皂白,加罪孙膑,就这样,孙膑莫名其妙地被处以削去膝盖骨的重刑。孙膑受刑后,庞涓便假惺惺地对孙膑表示关怀,劝他在狱中写兵书。兵书写成之后,庞涓露出了本来面目,想把兵书据为己有。孙膑才恍然大悟,原来自己的一切遭遇,都是庞涓造成的。孙膑万分绝望,他决定忍辱逃生。

从此,孙膑便装成受刺激过度而发疯了,庞涓开始并不相信,对他施以种种非人的折磨来加以考验。把他拖入猪圈,孙膑在猪圈里又哭又笑,在猪尿里打滚,还吃猪食,啃泥巴,通过这些残酷而致命的表演,终于使庞涓相信,孙膑真的疯了。后来齐国的一位使者来到魏都大梁,孙膑派一个刑徒偷偷地去见齐使,陈述他被害的经过并请求营救。齐使用计策把孙膑用柴车运到齐国。孙膑到齐国后,重用于大将田忌,拜为齐威王的国师,指挥了军事史上著名的"围魏救赵""杜陵之战""马陵之战"等战役,屡败魏军,射杀了庞涓。

历史上占取别人的利益而埋下隐患的事例,不胜枚举,所以中庸处世,"苟非吾之所有,虽一毫而莫取"。当今,我们处在一个竞争非常激烈的时代,人人都有一种危机感,生怕丢掉饭碗,丢掉手中的权力,所以有些人行为渐渐偏离了正常的轨道,想投机取巧地侵夺,占取他人的利益,致使人际关系陷于紧张。当你身边有试图已经抢你功劳的人,该怎么办? 第一,要寻找恰当的机会向对方澄清功劳是你的。第二,不妨夸赞抢你功劳的人,然后重申功劳是自己的。这种方法对下属和职业女性来说特别需要。第三,退出争夺战。初看起来,这似乎不是一种方法,但对某些人来讲,这或许是最好的。你应该问一问自己:哪个更重要,是暂时的利益,还是长久的人际关系利益? 如果你看重的是与人长期相处的利益,不如把功劳让给对方,或"以德报怨",让对方感到你是个大度的君子。

在为人处世上,我们切不可抢人功劳,占取他人的利益,往往一时之欢,片刻的满足,埋下的却是长久的祸患,要明白世上有种人是"记仇"的,你今天占取了他一份的利益,他明日可能要讨回十二份的利益。

为人要活出个有志气的样子

人生在世,站立的角度很重要。怎样摆好自己的位置呢? 是集中表现在考虑问题的本身,还是什么问题都顾及个人的利益呢? 拿前者来说,自然会将事情做好,因为时间和精力都花在解决问题上;而后者个人利益第一,处理问题越来越糟,即使最后成功了,也会带来一些难免的损失。因而处理事情,站立的角度往往起着决定性的作用。

人生注定是要奋斗的。奋斗者的人生充满着希望和辉煌。生命在希望中延续。在辉煌中闪光。社会分工各有不同，只要每个人做好自己分内的工作，维持物质的丰厚，全成社会的繁荣，他就应为此而骄傲自豪。

就生活的价值而言，能够体味人生的酸甜苦辣，做过了自己所喜欢的事，没有苛待自己宝贵的生命，心灵从容富足，则富也好穷也好，都安安心心。就一个人所具有的价值而言，只要它确实存在，就决不会因穿着华服或襄衣而有所改变，关键在于有自持之态。不能嗜欲太过，乃至不顾一切，以不正当的手段去谋求富贵。当年，陶潜荷锄自种，稽叔树下苦练，均为贫介之士，但他们都没失去志气和节操，他们的精神万古流芳。

秋水淡泊而深远，倒觉得天开地阔，贫穷的滋味大概都是这样，因为本身一无所有，对于世间万物不起执着与贪恋，心胸自然坦荡。不如富贵中人，宛若池塘百花喧闹，反生烦恼。秋天可见万物凋零的样子，才可见秋水之美丽。如此方明白天地间万物皆是平等的。富贵与贫穷，就像夏塘与秋水，对于天地而言并无偏爱，只是人心不平衡罢了。

人们在任何时代，只要他不安于现状而生活开始奢侈时，也就是骄傲之心萌芽的开始，从而也是造成他走向灭亡之路的开始。

人穷志短，这句俗话当然是用来形容那些在困难面前倒下的懦夫。的确，有一些修养不够深的人，稍有不如意就怨天尤人，整天垂头丧气萎靡不振，这样下去，自然难以创造新气象，前途事业也就不会有起色。前进的道路并非尽是坦途，只有经过一番磨炼才会真正有所收获。

"达亦不足贵，穷亦不足悲。""人不可以苟富贵，亦不可以徒贫贱"，这对于我们如何看待生活，确实是足资凭借的箴言。

抱怨别人时，问问自己有没有问题

有一个故事是这样的：有个女人多年来不断抱怨对面邻居太太很懒惰，"那个女人的衣服，永远洗不干净，看，她晾在院子里的衣服，总有斑点，我真的不知道，她怎么连衣服都洗成那个样子……"

直到有一天，有个朋友到她家，听了她的耻笑对面女人的话后，到窗前一看，发现不是对面的太太衣服洗不干净。她拿了一块抹布，把窗户上的灰渍抹掉，说："看，这不就干净了吗？"

看到他人的问题，别人的缺点，总比看到自己的问题和缺点容易些；而把错怪给别人，也比检讨自己来得容易。有人总是怨怪别人如何如何坏，什么事做法不对,但是换到自己,会是什么样子呢? 别人又如何看你呢?

与人相处,不仅利不能贪,功也不能贪,名也不能贪;不仅功要让,利也要让,名也要让。有一分退让,就受一分益;吃一分亏,就积一分福。相反,存一分骄,就多一分辱;占一分便宜,就招一分灾祸。

天玄子说:"利人就是利己,亏人就是亏己,让人就是让己,害人就是害己。所以说:君子以让人为上策。"无论古今,成就一番事业的人无不退己而让人,约束自己而向他人付出,所以群众支持拥护他。中国人历来把谦逊辞让,作为德的首位。这是一种稳定社会关系的智慧。

一个人,对于事业上的失败,能自认这方面的错误,就能让人感德;在有成就时,能让功于他人,就能让人感恩。中庸思想,要求人们事业成功了而不可居功自傲,不仅让功要这样,对待名誉也要这样,对待利益同样如此,要学会谦让。

让人为上,吃亏是福。曾国藩说:"敬以持躬,让以待。敬就要小心翼翼,事情不分大小,都不敢忽视。让,就什么事都留有余地,福祚无量。"现实生活就这样,你自谦人们对你就越服从,你自夸人们对你就越怀疑。恭敬可以平息人的怒气,贪婪最容易引起争端。

小李由于工作上有点小麻烦,情绪比较低落。一天早上小张忙着打扫办公室,小李拿着一张报纸斜靠在沙发上翻来覆去地看着。小张知道小李最近不顺心,也就没要他一起收拾办公室。

小张收拾茶几的时候,一不小心把小李放在上面的茶杯碰掉地上摔碎了。这茶杯是小李一位老同学从泰国带回来送他的,小李很珍爱。没想到让小张打破了,小李当时脸就拉长了。小张的火气也一下子就上来了:"不就是一个杯子吗,看你心疼的,好像朋友连个杯子都不值。不要受了主任的气,把脸色给我看,拿朋友当出气筒算什么英雄好汉。"

小李本来工作中的麻烦令他感到痛苦和沮丧,小张的一番嘲讽挖苦使他觉得同事们都对自己不怀好意,他说:"你受宠哟。"

小张也不示弱:"那倒是,讲不定哪天我就是主管。"

随着情绪的失控,双方偏离了朋友之间交谈的正常轨迹,也偏离了就事论事的原则。小李抄起茶几上的小张的杯子奋力一摔,小张觉得心都快碎了,绝望地毫无理智地哭骂:"摔吧! 有种的把这里所有东西摔碎!"一对朋友已经彻底失去了控制,争吵不休……

人生在世,工作生活,脱离不了人与人的关系。人们之间的相处,不能没有交往。有交往,就必须有个准则,使大家共同遵守,才不至于乱套,这就是对待人的道理。对待人的道理，最高的准则就在于儒家所提倡的："一切在于求取最完美高尚的道德。"能有所追求，一方面在心中有所持守，另一方面在执行时有所遵循。这就是准则，或者说规范。

敞开心扉，以心换心

张九龄说："推心置腹，开诚布公。"在与人交往的过程中，彼此的信任是十分重要的，既要用人，就要充分信任他，而诚实的人才也必定能够引起别人的怀疑，所以如果知道别人怀疑自己却不肯舍弃，这种人才必定有他存在的必要；知道别人提防自己却不躲避，这种人才必定是他有可依赖的地方。

从一般情形来说，疑人不用、用人不疑，是人们交往的重要原则。

汉昭帝时，燕王刘旦和大臣上官桀对司马大将军霍光很忌恨，两人勾结起来以燕王名义写信密告于皇帝，说霍光在离开京城时，军官们用对待天子的礼仪来对待他；他还擅自调动军队，专权放纵，可见他有不轨之心。信送到皇帝手中后，压了很长时间没做处理。

后来霍光听说了这事，他回来后，不敢上殿觐见皇帝。皇帝立即召见霍光，说："我知道那份奏书内容有假，将军是无罪的。将军调动军队还不到十天，燕王离此地很远，怎么会知道呢？"

霍光听到后心中十分感动，从此更加忠心于皇帝。

用人不疑，疑人也用，是充分表现领导者的风度，也是成就大业的关键所在。

唐宪宗时，李塑率兵讨伐叛军吴元济，攻破了新栅，俘虏了叛军将领李祐，本应该杀掉而后来却赦免了他。李塑把自己的衣服送给李祐穿，把饭送给李祐吃，和李祐同住在一个营帐里半年多，推心置腹，肝胆相照，然后又把军队交给了他，派他作先锋，虽然李祐的妻儿还留在叛军中，李塑也不怀疑他。李祐带领军队深夜顶风冒雪行军一百六十里，生擒吴元济，立下大功。

唐宪宗

但高傲者却做不到这一点，因为他看重自我形象，感觉良好。与这种人打交道不妨采取投其所好的方式，对其业绩、学识、才能等给以实事求是的赞美，使其荣誉心、自尊心得到满足。这样就可以从心理上缩短距离,能起到不被怀疑和排斥的作用。比如,有位生性高傲的总裁,一般人很难接近,他的生硬冷漠面孔常使人望而却步。有位外地来的公关人员听说了他的脾气,一见面就微笑着扔了一支烟说:"总裁,我一进门就有人告诉我,总裁是个爽快人,办事认真,富有同情心,特别是对外地人格外关照。我一听,高兴极了。我就爱和这样的老总谈,痛快!"总裁的脸上立刻露出一丝笑容,接下去谈正事,果然大见成效。

这位公关人员的成功便得益于他了解高傲者不容人的心理,所以以恭维话来攻心。这样,对方就不好意思冷漠一个恭维尊敬自己的人了,自然会在维护自我形象的心理支配下变得和蔼可亲起来。不能以心换心,就采取攻心术,但是,恭维的话最中听的,当然要对方感到确有其事,这样对方才会接受。如果进行肉麻的吹捧,拍马屁,清醒的高傲者会把你当成小人而更加小视。另外攻心的赞美要适可而止。赞美在这里不过是使高傲者改变态度的手段,为的是接下来更好的交流。如果一味赞美,而不及时转入正题,就失去了意义。

切莫自作聪明

在我们的周围,有些人喜欢抬杠,搭上话就针锋相对,无论别人说什么,他总要加以反驳,其实他自己一点主见也没有。不过当你说"是",他一定要说"否",当你说"否"的时候,他又说"是"了。这是一种极坏的习惯,事事要占上风。

即使他真的比别人见识多,也不应该以这种态度去和别人说话。他简直不为对方留一点余地,好像要把别人逼得无路可走才心满意足。相信他并没有想到这一层,但实际上却是这样做的。这种不良习惯使他自绝于朋友和同事;没有人愿意给他提意见或建议,更不敢向他提一点忠告。也许他本来是一个很好的人,但不幸染上了这种坏习惯,朋友、同事们都远他而去了。唯一改善的方法是养成尊重别人的习惯。

在处世中,首先你要明白,在日常谈论中,你的意见未必是正确的,而别人的意见也未必就是错的。把双方的意见综合起来,你至少有一半是对的。所以不可随意反驳别人。大概有这种坏习惯的人当中,聪明者居多,或者是些自作聪明的人,也许他太热心,想从自己的思想中提出更高超的见解,他以为这样可以使人敬佩自己,但事实上完全错了。一些小事情,是没有必要费心做高深的研究的,既然不是在研究讨论问题,又何必在一些琐碎的事情上固执己见呢?

另外还应该注意,那就是在轻松的谈话中,你不可太认真了。别人和你谈话,他根本没有准备请你说教,大家说说笑笑罢了。你如果要硬作聪明,拿出更高超的见解,对方也决不会乐意接受的。所以,你不可以随时摆出像要教训别人的神气。

当你的下属或同事向你提出建议时,你如果不能立刻表示赞同,但起码要表示可以考虑,不可马上反驳。假如你的朋友和你聊天,那你也应注意,太多的偏见能把有趣的谈话变得枯燥乏味。

如果别人真的犯了错误,而又不肯接受批评或劝告时,你也不要急于求成,不妨后退一步,把时间延长一些,隔几天再谈,否则,大家固执己见不但不能解决问题,反而伤害了感情。

因此,你千万要谦虚一些,随时考虑别人的意见,不要做一个自作聪明的人,而应让人们都觉得你是一个可以交谈的人。

大量事实说明,人们谈话时都想知道别人对某件事的看法是否和自己相同。有时希望别人也能和自己一样对某件事情有相同看法。如果别人的看法与自己的看法略有不同或大不相同,你也应该显得对此很有兴趣。

当对方与你的意见一致,你就会感到一种快乐;如果发现双方的意见有差异,你也会感到这是一种刺激,因而引起双方的争论。因而,当你听到别人的意见和你一样时,可以表示赞同。不要以为这样做会被人认为你是随声附和,因而就不吭声了。不吭声,虽然不会被人误解为随声附和,却也容易使人认为你并不同意他的意见。

为人高傲是把自己孤立起来

高傲者最不得人缘。山外有山楼外楼,每个人的能力都是有限的,为人处世最不该有的就是自高自大、傲视别人。

孔子说:"无贵无贱,无长无少,道之所存,师之所存也。"耿定向说:"我们能真真切切地严责自己,虽然是下等人,都有可取之处,都有长处益处;若是放下自己,只求他人,贤人君子,都不免指责。"朱天麟说:"士人也不应该过于自恃,不必过于谦让古人,而要能谦让现在的人。没有一人不是在自己之上,就没有一人不出自己之上。"这些见解都是深得中庸处世之道。

日中就得西斜,月圆就要月缺,物盛必衰,这是天地的道理。人体验到了天地的道理,高就会自卑,盈就会自谦,尊就会自抑。所以孔子说:"君子做事不自大,有功不自傲。"君子不以他所能做到的而瞧不起别人,不以自己不能做到的自愧于人。虚己对人是与人共事的基础,自谦是受人尊敬的阶梯。

王阳明说:"现在人们最大的缺点,基本上就是一个傲字,千万种罪恶,都是从傲里滋生出来的。傲就自高自足,不肯屈人之下。所以作为儿子的傲,就不能孝敬长辈;作为弟弟的傲,就不能尊敬兄嫂;作为臣子的傲,就不能做个忠臣。"以财势傲人固然不可,以学问傲人也不应该,以地位傲人更是不应该。以气色傲人固然不可,以态度傲人也不应该,以言语傲人更不应该。

顾准的座右铭是:"宁可天下人负我,我不负天下人。"一次,女同事张纯音与顾准争论,"别人要是打了你的左脸,你再将右脸送上去,完全是一种奴隶哲学。我的观点是针锋相对,以牙还牙,以眼还眼。"顾准回答道:"人类社会正是因为有强烈的报复之心,你打我一拳我还你一脚,才总是斗争不已。如果大家都有宽容仁爱之心,这个世界会好得多。"

在"清理阶级队伍"运动中,顾准的一位老朋友兼老上司林里夫曾用荒诞牵强的推理"揭发"顾准,指斥他在 20 世纪 30 年代就是执行右倾投降主义路线的"内奸",弄得顾准百口难辩。很久以后,直到周扬得到解脱,顾准的"内奸"问题才告解决。1972 年顾准回京,对林里夫却多方照顾,考虑到这位老友也处境凄苦,逢年过节总是备下酒菜,约他共餐对酌。吴敬琏先生是顾准的同事,他后来写下了这件事,并对顾准的为人态度很不以为然,认为顾准完全不必当东郭先生,对林里夫这样的人,不去回敬他一拳已算仁慈。顾准却说:"你真是不懂世事,老林这种古怪个性和奇特的思想方法,完全是由于党内不正常的政治生活和逼供'审干'做法造成的,是这套制度毁掉了他的一生,悲惨的人生遭遇形成了他的古怪脾性,我们应当同情他才是,怎么可以苛责呢?"

顾准的为人处世就是儒家的中庸恕道,所以他与很多人包括林里夫的友谊得以维系始终。1974 年 10 月中旬,顾准病倒后,林里夫每天赶到社科院经济所宿舍,为顾准炊煮饮食照料生活。顾准住院后,虽有经济所一位同事专门照顾,但林里夫仍然每天三次看望照料,那时候林里夫的政治处境也很艰难,经济条件尤其窘迫。人们不能不认为林里夫一定是被顾准的人格彻底感动了。

谨慎自己的私心

荀子说:"公生明,偏生暗。"为人处世必须谨慎自己的私心。子思在《中庸》第一章里就教人:"君子应谨慎自己有所看不到的地方,害怕自己有所听不到的东西。看不见的善于隐蔽,不明显的似乎微弱,所以君子必须慎防。"

一个人太自私了,如何与人相处呢?这是许多人思考的问题,韩愈说:"其自为也过多,其为人也过少。"过于利己,必会损人,与他人的关系自然出现失衡,所以没有约束私心的功夫,很难干成大事。方学渐曾经详细评论这种功夫说:自我反省是一个人为人处世的重要学问。当晏子独居的时候,从内观察他的本体,深湛清醒的样子,这就是天理。存在着天理而欲仿自退,这是第一等功夫。从内部观察这里面稍有染着的,这是人的欲念。检查欲念,从那里做起,一扫而去,就看见了本体。制止欲念以存天理,这是第二等功夫,以省察的功夫最为重要。一觉察到私念起来了,马上就克制、杜绝它,自然纯正的是天理而已。

明朝山东诸城知县杨椒山说:"心为人的一身之主,如同树的根,如同果的蒂柄,最不能先坏了心。心里如果保存了天理,保存了公道,做出来的都是好事,就是君子这一边的人了。心中如果存留的是私欲,是私意,虽想做好事,也常常有始无终;虽想外面做好人,也会被人看破。如同根衰树枯,蒂坏果落。所以人千万不能把心坏了。"

在心理学上曾有个很有趣的实验,用镜子来测试动物知不知道什么叫自我。实验者先把一面镜子放进黑猩猩笼中,十天之后,将黑猩猩麻醉,在它额头上点一个无臭无味的红点。黑猩猩醒来后,镜子还没有放进来前,它并不会用手去摸额头,但是当镜子放进笼子后,黑猩猩一看到镜子中的"倩影",便立刻用手去摸额头,而且用力去搓,表示它知道镜中是自己,而且知道自己原来是没有红点的。

如果省略第一步,没有让黑猩猩先接触到镜子,后来它虽然看到镜中的自己头上有红点,但不会用手去摸,因为没有以前的自我可做比较,就无从判断。没有比较就没有抱怨,就不会用力去把不是自己心甘情愿放上去的装饰品搓掉。

这个实验很让人震惊,当一个不晓得自己原来是什么样时,就只好任人摆布,添多了,减少了,都不会抗争,但是一旦照过了镜子,知道自己是什么样了,那么一有非自主的改变便立刻觉察,而且这个觉识出现后是不可逆转的,已经知道便无法再假装不知道。所以人需要不断地内省自己,知道自己是谁。孔子说:"人苦于不自知。"苏格拉底说,一个没有检视的生命是不值得活的。内省不仅是了解自己做了什么,最重要的是透过它了解自己真正的意图。柏拉图更进一步说,内省是做人的责任,没有内省能力的人不配做人,人只有透过自我内省才能实现美德。

瑞士心理学家容格曾将人类的探索与发现称之为个人成长的过程。然而一切有形或无形的成就,都得先由内心的意愿与组织开始。一个人如果内心荒芜,毫无头绪,自然无法成事。发现内心的自我,而发展成自我的人格,是一个人内心成长的过程。儿童由于心智尚未成熟,必须从不断的赞美与肯定中,得到鼓励。别人的赞美与批评,都是外在的因素,我们不能永远靠外来的评判来了解自己,只有自己的探索、发现才能接近真正的自我。

一个成长的人,越能明白自己的优缺点,越不会受外界的干扰,也越能明白内心世界,而能控制自己的喜乐。发现,不断地发现自己的内心世界,也同时能与自己的内心对谈交流。善待自己的短处,让自己有机会有空间去接纳更多的机会。

第十二节 执满之道

不要过分张扬自己

　　孔子在鲁桓公的庙里参观,看见一种倾斜而不易放平的容器。他向守庙人询问道:"这是什么器具?"守庙人说:"这大概是人君放在座位右边的一种器具。"孔子说:"我听说这种器具,空着的时候就倾斜,灌进一半水就正立着,灌满了就翻倒了。"孔子回头对学生说:"灌水吧。"学生就舀水灌进容器里面,水灌到一半,容器就正立着,注满水就翻倒了,空着的时候就倾斜。孔子喟然长叹:"唉!哪有满了不翻倒的呢?"子路问道:"请问保持富贵的地位,如同保持水满而不翻一样,有什么办法呢?"孔子说:"自己聪明智慧,要保持怯弱的样子;功劳覆盖天下,要保持谦让的样子;既勇敢而力气盖世,要保持怯弱的样子;财富拥有全天下,要保持谦逊的样子,这就是所谓谦让了再谦让的办法。"后来,子贡又问孔子道:"我想做到对人谦虚,但不知如何做才好?"孔子说:

鲁桓公

"对人谦虚吗?那就要像土地一样,深深地挖掘,就可以得到甘泉;种植,就可以五谷繁茂;草木繁殖了,禽鸟和野兽就在这里繁育,草木禽兽生长时就立在地上,死了就埋进土地中;土地的功劳很大,但它不自认为有德行。对人谦虚就该像土地一样。"

　　《颜氏家训》上有一句话:"天地鬼神之道,皆恶满盈。谦虚冲损,可以免害。"

　　"唐初四杰"之一的王勃在文章中说自己"命途多舛",但他的命运与他恃才傲物的性格有很大关系。当时,年纪轻轻的他就颇有名声,使得高宗的几个儿子都争相礼聘,要网罗他进入自己的王府。后经高宗批准,他来到刚刚受封的沛王李贤府中,担任修撰,充当谋士和指导教师的角色,深得沛王信任。其时宫中盛行斗鸡之戏,沛王也是一个积极分子。他有一只体高性烈、毛色鲜美的公鸡,多次比赛中都大获全胜,独独被英王李显的"鸡王"所战败。英王神色飞扬,无限得意,而沛王却十分尴尬。年轻气盛的王勃,当即产生了创作冲动,援笔立成一篇《檄英王鸡》的游戏文章,当场吟诵,博得一阵阵笑声。后被高宗发现,读了盛怒不已,指责说,无比庄重的文体竟以儿戏出之,如此放肆,这还得了? 文章说是檄鸡,实则意在挑动兄弟不和,真是可恶得很。于是,下令免除王勃官职,并逐出王府。

为人处世,最忌讳自表其功,自矜其能,凡是这种人,十有九个要遭到猜忌而没有好下场。

小孙从小跟爷爷学棋,爷爷不仅向他传授棋艺,而且告诫他不可恃强凌弱,如碰到棋艺不高,又以权势压人的人不可故意失棋,否则失棋即是失德。小孙大学毕业后分配到一家国有企业当技术员,一次偶然的机会,他随同本局方局长去外地开会。小孙得知方局长喜欢下棋,主动陪局长下了几个晚上棋。开会回来之后不久,小孙便从基层调进了局机关当上了方局长的秘书。

根据方局长的脾气,小孙明白既不能胜他,以免背上骄傲自满的罪名,也不能轻易让他取胜,让他认为自己没有本事。于是。方局长和小孙下棋,竟成了一种乐趣。每次和人说起他的秘书,老方总说:"小孙,人聪明,但不骄傲,难得啊。"不久,小孙被提升为局长办公室主任。

后来,局系统举办象棋大赛。小孙正要报名参加,方局长叫他也给自己捎带报个名。方局长虽爱下棋,却从未在大赛上露过面,他怕输了,脸上不光彩,但经过与小孙这个全省高校冠军经常对抗,颇增了几分自信,他觉得应向全系统干群显示一下自己的棋艺和智慧。

决赛开始了,这时小孙才知道是自己讨了苦吃。经过三个多小时的拼搏,终于方局长获胜了。周围一片溢美之词。方局长也不禁挂出了一副"一览众山小"的神情。小孙的官从此越当越大,成了一名副局长。

再后来,方局长退居二线时,极力推荐小孙接替他的工作,他在给市委的报告中强调,小孙不仅符合提拔干部的标准,而且具有谦虚、谨慎、好学的品质。

一般说来,大多数的人对于在运气、性格和气质方面被人超过并不太介意,但是却没有一个人(尤其是领导)喜欢在智力上被人超过。因为智力往往被人理解为人格的重要标志,谁也不愿当弱智。功高盖主,一方面有夺权之嫌,另一方面就是表明智力的超越,从刘邦与韩信那段谁带兵多的对话里就可明白这个道理。当领导的总是要显示出比其他人高明,处处为上。下盘棋有胜有负,你认为是小事,无关大局,其实是大错特错,因为你胜了他便是在智力上让他丢了面子,这比其他方面更为严重。

如何不使对方产生忌恨

《孟子》中说：人要有所不为，然后才可以有所作为。百里奚是虞国人，后来来到秦国做了卿相，帮助秦穆公成就了霸业。百里奚当初在虞国时，晋人用美玉、良马向虞公借路去攻打虢国。虞国大臣纷纷去劝说虞公不要应允，唯独百里奚不去劝。因为他知道虞公不会听从任何劝阻，劝也是白搭。他并不死守在虞国，而去辅佐秦国，是因为他知道虞公无道，注定失国，而秦穆公才是一位可以与之有所作为的人。孟子认为，像百里奚这样的人，才是真正的聪明人。

《礼记》说："傲不可长，欲不可纵，志不可满，乐不可极顶点。"

聂大年说："短不能护，护就永远是短；长不能持矜，持矜就不会长进。"

有错处就不能掩饰，越掩饰错误会越来越大；自己不对的地方不能装饰，装饰就会使不对的地方埋下患祸；成功了千万不可骄傲，骄傲就会失去赢得的一切；功劳不可盈满，盈满就会招损。这都是历史的总结。

朱熹说："什么事都要谦恭，不得仗气凌人，自取耻辱。"

龚遂是汉宣帝时代一名能干的官吏。当时渤海一带灾害连年，百姓不堪忍受饥饿，纷纷聚众造反，当地官员镇压无效，束手无策，宣帝派年已70余岁的龚遂去任渤海太守。

龚遂搞经济有一套，真正做到与民同乐，这样经过几年治理，渤海一带社会安定，百姓安居乐业，温饱有余，龚遂从此名声大振。

这一年，汉宣帝召龚遂还朝，龚遂有一个属吏王先生，请求随他一同去长安，说："我对你会有好处的！"其他属吏却不同意，说："这个人，一天到晚喝得醉醺醺的，又喜欢说大话，还是别带他去为好！"龚遂想了想说："老王想去就让他去吧！"

到了长安后，这位王先生终日还是沉溺在醉乡之中，也不见龚遂。可有一天，当他听说皇帝要召见龚遂时，便对看门人说："去将我的主人叫到我的住处来，我有话要对他说！"

一副醉汉狂徒的嘴脸，龚遂也不计较，还真来了。王先生问："天子如果问大人如何治理渤海，大人当如何回答？"

龚遂说："我就说任用贤材，使人各尽其能，严格执法，赏罚分明。"

王先生连连摆头道："不好！不好！这么说岂不是自夸其功吗？请大人这么回答：'这不是小臣的功劳，而是天子的神灵威武所感化！'"

龚遂一愣，然后一笑，接受了他的建议，上朝后按他的话回答了汉宣帝，宣帝果然很高兴，说："爱卿就留在京城就任吧，国家需要你这样的人才。"

曾国藩说:"君子最大的过人之处,只是虚心而已。"谦恭自守,必然会大得人心;虚下自处,必然会受人尊敬。不用自己的智慧去对付他人的愚蠢,不以自己的贤能瞧不起他人的笨拙,不以自己的长处去克制人们的短处,这些都是做人处世的方法。

治骄傲就要用谦虚,治盈满就要用空虚,治狂妄就要用礼义。人有一分虚心,就会增加一分谦让;守住一分礼貌,就少一分狂态。

谦虚是人性中的美德。老子说:"崇高的德好似峡谷,广大的德好似不足,刚健的德好似怠惰,质朴而纯真好似混浊。最洁白的东西,反而含有污垢。"欹器因为装满了水才倾覆,扑满由于腹中空无一物才得以保全。所以,日常生活宁可感到缺欠一些,也不要求过分完满。

怎样利用自己的缺陷

人一生不可能处处十分圆满,不是此处不足,就是彼处欠缺,人生得意几时有?而不如意事常八九。不圆满正常,守住缺陷,也是幸福。

怎样面对人生不可避免的缺陷,而不感到遗憾呢?既然躲是一定躲不过去的,那么就平静地去接受它吧。孤单不一定不快乐,失去不一定不再有,转身不一定不再回头——平静地去接受它,你也许就会发现,缺陷有时也是一种美。

抱残守缺是一种处世方法,对待一切事,都不苛求它的圆满,不妄想它尽如人意。而以不圆满为圆满,以不完全为完全,不如意为如意。抱残守缺以致神用,自得天全。世间没有人不热爱理想人生的,可是从古到今,又有谁能圆满他理想的人生?上自帝王将相,下到平民百姓,在人生中不是有这样缺憾,就是有那种缺憾。此时此地,在心理上求个自以为是的圆满就可以了。这样就能处处圆满,事事圆满。不然便事事难圆满,处处难圆满。

民国参政员陶觉说:"世界本来就有缺陷,人心本来就是圆满。我们应当以圆满的人心,去圆满有缺陷的世界。不应当用缺陷的世界,来缺陷圆满的人心。"这就是自足于内,不求于外的真谛妙理。它清楚地表明,人生没有缺陷是神话,拥有缺陷才是事实。天才也有缺陷。人类应当传承一条真理,即"人类因为缺陷而存在,因为缺陷而永恒"。不懂得缺陷的真义,就无法领悟这个世界的另一面。

洪应明说:"帆只扬五分,航船便能安稳;水只注五分,器具便能稳定。韩信因勇略震撼刘邦,所以被害;陆机因才名盖世,所以被杀;霍光的失败在于以权势威逼君主,石崇的死亡在于拥有的财富太多。"一个人做事做到十分满,便要自我减损,自我抑制,以便留下一个缺口,给自己一个回旋的余地,千万不能困守在圆满和极端里而走不出来。陶朱公三次积累千金而成巨富,但最后都散尽家财,就是明白了这个道理。南怀瑾先生也说:"凡事做到九分半就已差不多了,该适可而止,非要百分之百,或者过了头,那么保证你适得其反。"

魏国公子牟说:"抱残常安,守缺常全。"吉事怎样方得长久?有财富如何保持财富?有权力如何保持权力?这就要做到"不求圆满"。南怀瑾先生为此举例说:"曾有一位朋友谈到人之求名,他说有名有姓就好了,不要再求了,再求也不过一个名,总共两个字或三个字,没有什么道理。"南先生又现身说法:"有一次,从台北坐火车旅行,与我坐在同一个双人座的旅客,正在看我写的一本书,差不多快到南站,见他一直看得津津有味。后来我俩交谈起来,谈话中他告诉我说:这本书是南某人作的。我说:你认识他吗?他答:不认识啊,这个人写了很多书,都写得很好。我说:你既然这样介绍,下了车我也去买一本来看。"南怀瑾先生接着说:"我们的谈话到此打住,这蛮好。当时我如果说:我就是南某人。他一定回答说:久仰,久仰。然后来一番当然的恭维,这一俗套,就没有意思了。"南先生算是悟透了"缺陷"的真谛。

李商隐有一句名诗说的是:"此情可待成追忆,只是当时已惘然。"做人做事名利如此,权势也如此。即使家庭父子、兄弟、夫妻之间,也要留一点缺陷,才会有美感。以文艺作品的爱情小说而言,情节中留一点缺陷,总是美的。如《红楼梦》不到几年时间就完了,比较长一点的《浮生六记》,也难逃先甜后惨的结局。又如一件古董,有了一丝裂痕摆在那里,绝对心痛得很。若完好无缺的东西摆在那里,那也只是看看而已,绝不心痛。可是人们总觉得心痛才有价值,意味才更深长。

"假如上天不肯给我很多福分,我就多做些善事来培养我的福分;假如上天用劳苦来困乏我,我就用安逸的心情来保养我疲惫的身体;假如上天用穷困来折磨我,我就开辟我的求生之路来打通困境。假如我能做到以上各点,上天又能对我如何呢?"这是洪应明"守半守缺"处世观。外在条件不好,就用内在条件来弥补它,外在环境有缺陷,内心就用道德来填充它,用道义来开通它。这样做了,即使仍然存在缺陷,结局却能超越圆满。

做人最可贵的地方是有觉解、有了悟。功名富贵、是非得失等等境况相对于人生来说,只不过是外在的装饰,不可与人生内在的人格尊严相提并论。所以陶渊明说:"结庐在人境,而无车马喧。问君何能迹?心远地自偏。采菊东篱下,悠然见南山。山气日夕佳,飞鸟相与还。此中有真意,欲辩已忘言。"人生为什么一有缺陷就拼命去补足呢?正因为我们有着这样或者那样的缺陷,我们的未来才有无限的生机和无限的可能性。这何尝不是一件求之不得的事,一件值得高兴的事?保持一颗平常心,不为名利所累,不为世俗所扰,走好人生的每一步,多好,多美妙。

小心掉进自己设置的陷阱

世上多陷阱,有别人设置的,也有自己为自己设置的。骄傲自满就是自己为自己设置的陷阱,自古以来掉进这个陷阱的人比掉进由别人设置的陷阱的人还要多。有高深修养的人对此看得很清楚,并有一套最佳的对付方法:"思其仁义以充其位,不为权利充其私。"他们很清楚,祸福、得失、苦乐在人自取,人能求福,也能避祸,求福与避祸,也全在自己。他们安而不忘危,存而不忘亡,治而不忘乱。思危就可以求安,虑退方能得进,惧乱然后可以保治,戒亡然后可以求存。正因为有高深修养的人能够做到这种程度,所以上天也无法施展他捉弄人的伎俩了。

在《左传·襄公十一年》中记述的故事,就证明了"优位选择"、不可执满的道理:

春秋时代,郑国出兵伐宋,引起晋、鲁、卫、曹等11国的不满。便联合出兵讨郑,入郑境,攻都城。郑难以抗争,只好停止侵宋,并与宋国在内的十一国订立了友好条约。

当时处于南方的楚国,也窥视中原。常有侵扰行动,因而与晋、鲁等11国有矛盾。见郑国求和于11国,心有不甘,便向秦国借兵攻打郑国,郑国危急,只好又屈从于楚国。

郑背弃盟约而与楚国结好,使与郑订立盟约的各国诸侯十分气愤,于是再次联合出兵讨伐郑。郑被折腾得筋疲力尽,被迫无奈,只好请求晋国出来调停。郑再次与诸国通好。

为答谢晋国调停之恩,郑送给晋许多兵车、兵器、乐师及歌女。晋君主为犒赏调停的有功人员,将财物美女分一半给大臣魏绛。绛不纳,而向晋王说:"愿君主在享受安逸快乐时,能够考虑到国家的长治久安。要居安思危。只有这种心理状态,才能对未来时态有所防备,有防备才不至于遭祸患。我愿以不受恩赐来劝谏您吧。"

魏绛不仅不贪图物欲的满足,并能在胜利时,以冷静的头脑分析潜伏着的危机。当他在调停时,看到郑国上下的狼狈相,在内心深为哀其不幸,又怒其不争。他常怕郑国因国君不察而导致的自坠陷阱的悲惨在晋国重演,因而以实际言行劝谏晋王。魏绛真可谓廉洁正派,不能不令人佩服。

"老来疾病,都是壮时招的;衰后罪孽,都是盛时造的。故持盈履满,君子尤兢兢焉。"洪应明的这句话的意思是,一个人到了年纪大时,体弱多病,那都是年轻时不注意爱护身体;一个人事业失意以后还会有罪孽缠身,那都是在得志时贪赃枉法所造成的祸根。因此一个有高深修养的人,即生活在幸福美满的环境中,也要凡事都兢兢业业,戒骄慎言以免伤害身体得罪他人,为今后打下好基础。

不必为追求完美付出太大的代价

世上有一种人为完美而活着,他们身上有可取之处,可是更多的时候他们却为完美付出了太大的代价,因为什么是完美没有一定的标准,天外有天,一旦苛求就可能成为偏执狂。

做什么事都得把握适度与分寸,包括写作,《唐诗纪事》记了一个写诗适可而止却得中的故事。考官出了一道"终南望余雪"的诗题,按当时规定格式,应写六韵十二句,才算符合要求。但考生祖咏却只写了两韵四句:"终南阴岭秀,积雪浮云端。林表明霁色,城中增暮寒。"考官问他为什么不按规定写全十二句。祖咏说:"要写的意思都写完了。"后来祖咏中了进士。可见考官深得"意尽而止"的美学原理和中庸之道,才没有埋没人才。

清代有一位名士,写了一篇褒扬其母"不避秽亵,躬亲熏濯",为其祖父除污洁身的孝行文章。可后来,他又节外生枝说他祖父"于时蹙然不安",他母亲乃肃然对曰:"妇年五十,今事八十老翁,何嫌何疑!"名士添此一笔,本想为其母凑上几句"闪光"的语言,哪知"妄加雕饰"却有"此地无银三百两"的味道,反害文义。

2005 年,画家陈逸飞的猝然病逝,使人们又一次思考生命与事业的关系问题。陈逸飞是死在《理发师》的拍摄岗位上的,一部拍了三年的影片,成为陈逸飞的告别人生之作。陈逸飞先后做过绘画、时装设计、杂志、电影,在每一个行当里皆有成就,最后以身殉职的是电影。

追求完美,历来是一种美德,是大家提倡的。精益求精,越做越好,臻于完美,像一条鞭子,抽打着优秀的人们。他们寝食不安,连续作战,常常几个昼夜不休息,结果把自己的身体拖垮了。

胡适先生曾有感于有些人的马虎和不思进取,写了一篇文章叫《差不多先生传》。对于有些追求完美的人,学学人家差不多先生,也许并非是坏事。完美的境界无边,夸父追日,精神可嘉,可是人最珍贵的是生命,忘我地追求完美,就会酿成悲剧。儒家中庸之道,应该引进到我们的工作中来。过犹不及,不偏不倚,是为中庸也。

世界并不完美,人生当有不足。留些遗憾,反倒可使人清醒,催人奋进。对每个人来讲,不完美是客观存在的,不需怨天尤人,在羡慕别人的同时,不妨想想,怎样才能走出误区。或用善良美化,或用知识充实,或用自己一技之长发展自己。

要"自我接受",接受你现在的样子,包括一切过错、缺点、短处、毛病。但是,如果你认清这些否定面是属于自己,而不是等于自己,那么,你对于自身的这些不完美会看开些。然而,很多人却坚决地认为不完美等于"错误",因而丢弃了健全的"自我接受"。你或许会犯一个错误,但这并不是说你等于一个错误;你或许不能适当而充分地表达自己,但这并不是说你就是"不好"。

学会接受"真实的自我",也接受所有的瑕疵,因为它是人生的一部分。不要排斥、憎恶"真实的自己",因为不完美,就想创造一个虚构的理想自我而取而代之,创造尽善尽美的虚构的"自己"是痛苦的。

收藏好你的优越感

《周易》专设了谦卦:"谦,亨,君子有终。象曰:谦,亨,天道下济而光明,地道卑而上行。天道亏盈而益谦,地道变盈而流谦,鬼神害盈而福谦,人道恶盈而好谦。谦尊而光,卑而不可逾,君子之终也。"

为人处世,谦虚会使人"亨通",也就是说办事顺利,因为谦里面怀有一种对他人的尊敬。但是谦也得执行中庸,即把握分寸,因为有时谦虚使人觉得反常,使人难以相信,或者敏感到其中为了某种意图,甚至是图谋不轨。然而正因为谦在处世中的作用,所以有人才会利用谦,所以,我们还是要时时以谦虚的态度为人处世为好。

有些人却做不到谦虚,常常表现得比别人高明,殊不知,没有人愿意承认自己不如对方高明。法国哲学家罗西法古说:"如果你要得到仇人,就表现得比你的朋友优越吧;如果你要得到朋友,就要让你的朋友表现得比你优越。"

不让对方的光环遮住自己,这是每个人最起码的虚荣心。"木秀于林,风必摧之",中国古人由于总结优秀者不幸结局的事例而不主张做过于优秀的人。实际上人的本能是要做优秀者的,所以"大智若愚"成了处世的经验。19世纪的英国政治家斐尔爵士告诫那些向他求教处世技巧的人说:"如果可能的话,要比别人聪明,却不要告诉人家你比他聪明。"

苏格拉底则告诉门徒一个圆滑处世方法:"我只知道一件事,就是我一无所知。"

人人都有虚荣心。有的人为了一点虚名,什么事都干得出来;有的人为了一点小面子,不惜捋起袖子拼老命。反过来,如果你满足了别人的虚荣心,让他觉得有面子,就是对他最好的赞美,他一定会对你心存好感,并回报于你。

没有人愿意承认别人比自己高明。

李先生是某地区人事局调配科一位相当有人缘的骨干,在他刚到人事局的那段日子里,几乎在同事中连一个朋友都没有。因为他正春风得意,对自己的机遇和才能满意得不得了。因此每天都使劲吹嘘他在工作中的成绩,说每天有多少人找他请求帮忙,许多记不清名字的人硬是给他送了礼等等,得意得不得了。同事们听了之后不仅没有人分享他的"成就",而且还极不高兴,有意无意地跟他疏远。

李先生不明白那些同事为什么冷落自己,他并没有得罪他们呀!后来,经当了多年领导的老父亲一语点破,他才意识到问题的症结到底在哪里,从此他很少谈自己而多听同事说话,因为他们也有很多事情要吹嘘,夸耀自己的成就远比听别人吹嘘更令他们兴奋。李先生与同事闲聊的时候,总是先请对方滔滔不绝地把他们的欢乐炫耀出来,与其分享,而只是在对方问他的时候,才谦虚地说一下自己的成就。这一来,他的人际关系越来越好,无论上司、同事还是下属,无不乐意与他交往。当他从科长升副局长时,没有一个人说闲话。

"良贾深藏宝若虚,君子盛德貌若愚",这句古话的意思是:商人总是隐藏其宝物,君子品德高尚,而外貌却显得愚笨。所以对于需要展示自己时,一定要露一手,让别人记住你,对你刮目相看,但是必要时"藏其锋芒,收其锐气",不可将自己的优势让人一览无余,这才是恰到好处的中庸处世策略。

小心身边的"独裁者"

田丰是个很有才华但却不善于中庸处世的人,他的上司袁绍也是个不懂中庸之道而刚愎自用的人。这两个一左一右的人遇到,结果演了一场悲剧,一个渲渡惨败,一个死于囚牢。

袁绍消灭公孙瓒,平定河北,便欲与曹操争霸,田丰建议先通王路,争取政治上的主动,然后稳打稳扎,逐步取胜。袁绍恃其强盛,执意兴师,但在曹操东征刘备时,却以幼子生病为由,不听田丰的乘虚袭许之计,坐失良机,田丰只得跌地长叹。曹操击败刘备,回到官渡,袁绍反而要在此时攻曹,田丰坚决劝阻,竟被囚禁狱中。能料成败,能知生死,田丰的眼力是一流的。可是,就像好女不嫁二夫一样,忠臣不伴二主,他敌不过观念的力量,这种才华是种浪费,一种落寞。

田丰原在朝中任侍御史,因不满宦官专权,弃官归家。袁绍起兵讨伐董卓,邀请他出任别驾,他答应了,立下匡救王室的志向。他不断为袁绍出谋划策,消灭了公孙瓒,平定了河北,虎踞四州。这时他劝袁绍早日把许都拿下,把当朝的老总接到身边来,这样就据有了政治上的主动权,想打谁都名正言顺了。袁绍看不清形势,没采纳田丰的建议。

建安四年,袁绍与曹操争霸。田丰提出稳打稳扎的持久战略,袁绍不听他的话,执意南征。曹操东击刘备时,田丰告诉袁老板这是奇袭许都的好机会,拒绝此计。田丰继续劝说,袁老板听得心烦,竟把他给关了起来。结果错失良机。

官渡之战发兵的当天,田丰写纸条托人捎给袁元帅说:"今且宜静守以待天时,不可妄兴大兵,恐有不利。"袁绍听到这话,感到不祥,骂道:"田丰扰我军心,等我战胜了曹操回来,一定斩了他!"田丰在这笨蛋领导手下干活,不仅才华得不到施展,并且生命常常受到威胁。

袁绍回是回来了,可他是败归,残兵败将哭的哭,叫的叫,有的说:"要是听了田丰的话,我军怎么会受到这样的重创呢?"袁绍这时候也开始后悔起来,说:"我不听田丰的话,导致兵败将亡。"可是,后悔罢,他却不好意思见到田丰。这时候有个叫逢纪的坏家伙,看出了袁绍的心思,他说:"田丰不是个东西,他在狱中一听到我军败了,拍掌大笑,说:'果不出我所料,老袁无能!'"袁绍大怒:"妈的,一个小人物,竟敢取笑我,杀死他!"立刻派人去杀田丰。

田丰在狱中,一日,看守兴冲冲地过来对他说:"祝贺你呀。"田丰问:"何事可贺?"看守说:"袁将军大败而归,你将要被放出来了,并且还会受到提拔。"一听这话,田丰叹息了一声,说:"我活不成了。"看守说:"大家都在为你感到高兴,你怎么?"田丰说:"老袁子妒忌心强,如果他打赢了,会释放我;现在战败了,他会处死我的。"话音刚落,已传令取田丰的人头。田丰用看守的剑自刎了。看守大惊,这田先生怎么料事如神?

塞涅卡说:"如果一个人不知道他要驶向哪个码头,那么任何风都不会是顺风。"生活中,你要小心身边的固执者,遇到独裁的上司,你切不可提建议,如果在他身边感到压抑,没有前途,不如选择离开他。你不能因为独裁者误了青春、前途,丢了性命。

不让性格弱点被对方利用

对待傲气十足的人,如果他把面子看得很重,那么你就得讲究分寸。你不妨从正面恭维入手,让他飘飘然,因为他虚荣而顺从你的意图。这种类型的人只要你说他长很高,他便会跳起来展示自己。

诸葛亮了解关羽的性格,知道他是个很气盛的人,马超归顺刘备之后,关羽提出要与马超比武。为了避免二虎相斗,必有一伤,诸葛亮给关羽写了一封信:我听说关将军想与马超比武。依我看来,马超虽然英勇过人,但只能与翼德并驱争先,怎么能与你美髯公相提并论呢？再说将军担当镇守荆州的征途，如果你离开了造成损失，罪过有多大啊！关羽看了信以后，笑着说："还是孔明知道我的心啊！"他将书信给宾客们传看，打消了入川比武的念头。

东吴吕蒙也把关羽的性格摸透了，他做了大都督，立马着手夺回荆州，但他明白，强攻硬取是拿不下荆州的，得用计谋。他探知关羽亲自带兵攻打樊城去了，机会到了，他表面上主动同关羽搞好关系，暗中用计蒙蔽关羽，他诈称有病，让东吴名不见经传的孺子陆逊代替了自己的职位。小陆一上任，便以友好的言辞写了一封信，并备了厚礼，遣使拜见了关羽。

关羽听说吕蒙下台后，吴国新提拔了一个小青年，警惕性减去了一半，还嘲笑孙权说："老孙见识短浅，怎么用孺子为将呢？"他丝毫没有把陆逊放在眼里，认为小陆不会奈

吕蒙

何荆州，反而把荆州守兵抽出攻打樊城。关羽身边也有眼力好的人，如司马王甫，他认为东吴必有谋，苦劝关羽不要轻易撤走荆州守兵。

关羽说："东吴小陆根本不会对我荆州怎么样。"他却没有想到吕蒙为什么早不病晚不病，单在自己攻打樊城的时候病呢？是真的生病吗？孙权为什么派一个名不见经传的陆逊接替吕蒙呢？为什么小陆一上任就给我致书送礼呢？

关羽对东吴近日一系列的行动与迹象没有认真分析研究，以为东吴胆怯，于是放心大胆地撤走了荆州守兵。

当荆州已经失守时，他还不相信，他听说后怒不可遏地制止道："此乃敌方讹言，以乱我军心！东吴吕蒙病危，孺子陆逊代都督之职，小伙子还不知道荆州在什么地方哩，凭他小子来夺我荆州，简直是笑话。"

不久探马来报，荆州真的被东吴占去，关羽大惊失色，回不了荆州，不得已投荆州属地公安，岂知公安也被吕蒙夺取了。形势到了这种地步，伤了自尊的关先生，感到被天下人耻笑，所以决定去夺回荆州，又是个错误的军事行动，结果被吴、魏联军拦截追杀，使他进退无路，这时候才承认自己的眼力退化，对王甫深深地叹道："王老师，我后悔没有听你的话，唉……"

丢失了荆州的关羽，穷途末路，来到麦城这一弹丸之地，可无法抗御东吴、曹魏

大军来袭,况且内无粮草,外无救兵,到最后落了个败走麦城的结局。

而吕蒙凭着这一"代表作",后来到哪里都吃香。

一个人能不能行中庸,与他的性格有很大关系,关羽是名人大腕,混到这个份上不容易,他要名节,他不愿"只领风骚三五年",所以在他的性格成分里,多了一种自恋的"圣人情结"。他浮躁起来,眼里容不下一粒砂子。这被他的对手摸透了,用敬拜名人的办法迷惑他,启用他瞧不起的无名小辈与之较量。他看高了自己,结果飘在云端,云深不知处了。天外有天,楼外楼,这样的道理怎么不懂呢?

盛气就会凌人,心满就不求上进,露才就流于肤浅。这三条都是人们处世的大敌。所以只要是处世成功的人,都是极力做到虚怀若谷,谦恭自守。地位越高的人,尤其要做到这一点。

如何避免诽谤和妒忌

《易经》提出"月中则昃,月盈则亏"的道理,这说明天地间万事万物都会由盛而衰,在极盛时已经露出衰败凋谢的预兆。所以人在平安无事时,要保持自己的清醒头脑,防患于未然。

汉成帝游后花园,想与班婕妤同乘一部车。班婕妤却辞谢说:"看古人的图画中,圣贤的国君,陪在身边的都是富名望而贤明的臣子;三代(夏、商、周)末世的君主,他们身边是宠幸的臣妾。现在君主与我同乘一部车,难道不是与他们相似了吗?"太后听到这些话,很高兴地说:"古代有贤惠的樊姬,现在有班婕妤。"后来赵飞燕谗毁班婕妤诅咒后宫,咒骂皇上。成帝于是就查问班婕妤。她回答说:"臣妾听说:死生由命,富贵在天。自己的德性修养端正,都无法蒙受上天所赐的福份;去做一些邪恶不正的事,又能指望得到什么?假使神鬼有知觉,它们一定不会接受奸邪谗佞的诉讼;如果没知觉,告诉它们又有何用呢?所以我是不会做这种事的。"成帝觉得她说得很有道理,就赦免她,并赐黄金百斤。赵飞燕娇媚又善妒,班婕妤恐怕迟早受害,于是请求到长信宫去陪侍太后。班婕妤不与君王同车,以致后来到长信宫去陪太后,这说明她在平安无事时保持清醒的头脑,以便防止未来的某种祸患的发生。一个人一旦处于某种灾难之中,就要以顽强的毅力,努力奋斗,以便取得将来事业的成功。

洪应明说:"衰飒的景象就在盛满中,发生的机缄即在零落内。故君子居安宜操一心以虑患,处变当坚百忍以图成。"意思是说,大凡一种衰败的景象往往是在很早的繁茂时就种下了祸根,大凡一种机运的转变多半是在零落时就已经种下善果。所以一个有德行修养的君子就应当在平安无事时保持清醒的理智,以便防范未来某种祸患的发生，一旦处身于变乱灾难之中，就要拿出毅力咬紧牙关，坚定信念继续奋斗，以求事业成功。所以他继而说："爵位不宜太盛，太盛则危；能事不宜尽毕，尽毕则衰；行谊不宜过高，过高则谤兴而毁来。"

汉代名将周亚夫以治军严谨有方而被后人称颂，然而当他官当大了后，祸端也出现了。

西汉文帝时，匈奴进犯云中，诸将受命出征。周亚夫驻军细柳，刘礼驻军霸上，徐厉驻军棘门。汉文帝亲临慰劳各军，车驾至霸上和棘门军营时，都长驱直入，无人敢阻拦。当文帝到细柳军营时，其前锋高呼："天子驾到！"军门都尉却回答："军营之中，只听将军命令，而不问天子诏书。"文帝无法进军营，只得让使者持皇帝的信符去见周亚夫，周亚夫才令开门。当文帝车驾进军营门时，守门士兵又告诫："将军有令，军营中不允许急驰。"文帝只好让侍从拉着缰绳，让车缓缓而行。到了中军大帐，周亚夫全副武装来参见，并称："身着军服的人，是不向皇帝行跪拜礼的。"文帝到此，不由自主地肃穆庄严起来。

以后，周亚夫官位几次升迁，官到丞相，很受景帝器重。每有重大国事都先与周亚夫商议，而周亚夫也累次提出异议，阻止景帝的行动。

后来，周亚夫从景帝的言行中终于意识到自己权倾一人，已面临煞星。于是谢官称病，并放弃丞相职务。此一时，非彼一时也。这是中庸思想的"权宜"之策，人随着地位与环境的变化，有些作法也得改变。周亚夫当将军的时候，"规则至上"能讨皇帝喜欢，即便是"做秀"吧，也无不可。但是，他当了丞相后，人事关系变复杂了，再以军旅中的那一套待人，就行不通了，就会使人妒忌，甚至诽谤。所以，身高则危，不可不防。

不可高估自己的能力

有人说过这样的话，一个善于处世交际的人，仅仅有专业能力还是不够的，要想成为杰出的人必须有良好的人缘。自己的不足，用他人来弥补；自己的长处对别人是一种引力。正面不行，反面可用；反面欠缺，正面展示。这样自己的两个翅膀就飞起来了。

一个人没有丰富的社交能力和良好的判断力，即使有雄心壮志，也只能与成功擦肩而过。一种精巧的机器，它可以没有噪音地在钢板上打洞，能做到这一点靠的是它有一个巨大的平衡轮。这个平衡轮为完成任务储存了能量、速度和动量。一旦从这台能够轻巧打洞的机器上移走了平衡轮，这机器就会散架。在这里，平衡轮就是机器的关键零件，而社交能力和判断力就是人的平衡轮。如果一个人没有这两点,他的宏大愿望也仅仅是愿望而已。

《孟子》上写道:"孔子'不得中道而与之,必也狂狷乎!狂者进取,狷者有所不为也。'孔子岂不欲中道哉?不可必得,故思其次也。"孟子认为孔子真正欣赏的是能够把握进取方向和速度的人,而自高自大的人与无所作为的人都违反中庸之道。

现在生活就是这样,一个过分高估自己能力、过于自负的人如果没有弄清自己的实际能力和缺陷,他的下场就往往很可怜。对一个人来说,知道自己不能做什么,与知道自己能做什么同样重要。

著名青年企业家王英俊说,在商场中,你不想在竞争中垮掉,就必须懂得广交朋友,善于用"情",从而增强自己的能力。

王英俊领导的英俊科贸有限公司有很多外国朋友。其中,既有外国企业家,也有外国的一些著名人物,如美国人斯通和日本人竹下登。

英俊公司刚刚成立,王英俊向斯通发出了邀请,他答应斯通:凡有利于中美友好的事,我都做;凡不利中美友好的事,我都不做。从此斯通多次访问英俊科贸公司。在斯通的帮助下,他与世界各国建立了广泛的联系,奠定了事业成功的基础。

王英俊很注意人情的投资,一次,王英俊接待一位从西德来的客人,下飞机时恰逢大雨,那位客人浑身都湿透了。王英俊一见,立刻让人把客人的衣服拿去,弄干、烫平,10分钟内送还。后来王英俊与这位客人的生意谈得非常顺利。

王英俊还特别注重私人友谊的维护,他常常做一些超越公务关系、表示私人友谊友情的举动,以得到对方更多的帮助和支持。日本企业家竹下登一次对王英俊说,最近一个时期太紧张,突然脱发。王英俊回国后,立即买了20瓶毛发再生精送给竹下登,此外,他还送给一位日本企

第十三节　进退时中

采取退让的方式去获得

"取法其上,适得其中"是中庸处世的退让法,先来看一个寓言故事。

有一天,狼发现山脚下有个洞,各种动物由此通过。狼非常高兴,它想,守住山洞就可以捕获到各种猎物。于是,它堵上洞的另一端,单等动物们来送死。

第一天,来了一只羊。狼追上前去,羊拼命地逃。突然,羊找到一个可以逃生的小偏洞,从小洞仓皇逃窜。狼气急败坏地堵上那个小洞,心想,再也不会功败垂

成了吧?

第二天,来了一只兔子。狼奋力追捕,结果,兔子从洞侧面的更小一点的洞口逃生。狼于是把类似大小的洞全堵上。狼心想,这下万无一失了,别说羊、兔子,就连鸡、鸭等小动物也都逃跑不了。

第三天,来了一只松鼠。狼飞奔过去,追得松鼠上蹿下跳。最终,松鼠从洞顶上的一个通道跑掉,狼非常气愤,于是,它堵塞了山洞里所有窟窿,把整个山洞堵得水泄不通。狼对自己的措施非常得意。

第四天,来了一只老虎。狼吓坏了,拔腿就跑。老虎穷追不舍。狼在山洞里跑来跑去,由于没有出口,无法逃脱,最终,被老虎吃掉。

为人处世都要有让人一步的态度才算高明,因为让人一步就等于为日后进一步做好了准备;待人接物以抱宽厚真诚的态度为最快乐,因为给人家方便是日后给自己留下方便的基础。洪应明说:"进步处便思退步,庶免触藩之祸;著手时先图放手,才脱骑虎之危。"

立身处世,知从时顺势,便知进退,能屈伸。得其时势,便趁势而进,时势不济,便退待其时,能进能退,便可安身立命。春秋战国时期,齐国也算是一个大国了。但当时吴王阖闾灭越破楚,势头强盛。阖闾派使者到齐国,要娶齐景公之女为妻。齐景公无奈,只好答应,哭着将女儿送到吴国去。他手下的一个臣子高梦子劝他说:"我们齐国靠着大海,又有山川之险,纵然不能全收天下,谁又能把我们怎么样呢?您既然舍不得自己的女儿,那就别嫁了吧!"齐景公说:"我是不能违逆天意啊,我有如此强大的国家,却不能号令诸侯,如果现在不听从吴王的要求,那必然会生出祸患,那只能走上绝路啊。我听说过,既然不能号令别人,那就不如听从了吧。"不能施以号令,那是因为未得其时势;既然未得其时势,也就只好退而听令,这正是一种聪明的选择。

所以,当事业顺利进展时,就应该早有一个抽身隐退的准备,以免将来像山羊角夹在篱笆里一般,把自己弄得进退两难;当刚开始做某一件事时,就要预先策划好在什么情况下应该罢手,不至于以后像骑在老虎身上一般,无法控制形成的危险局面。

人际关系中暂时的忍让吃亏,可以获得长远的利益。关键是要不露声色地迎合对方需要,即以对方的利益为重,又为自己的利益开道。求人帮忙,要求可先提得很高,结果适得其中,对方会因为没帮上你大忙而内疚,进而较易答应你较小的要求;或者循序渐进,从让他做小事开始过渡到帮大事。因为他已对你有好感和依赖,养成了对你说是的习惯。先高后低,可造成你大步退让的假相;由小到大,让对方无法察觉你"先得寸后进尺"的真正意图。日常交际,多非对立。要切记"两虎相争,必有一伤"的古训,切勿火上浇油,酿成"烧了大屋"的悲剧。让人一步不为低,如果你占理又能相让,众人不但会承认你是对的,更会称道你的宽宏大量,令你达到众望所归的完美地步。

立身要高,处世须让

荀子说,人生在世,鸡鸭满栏,可吃饭时不敢多酒肉;仓廪充实,可穿衣时不敢着绸缎;马牛成群,可出行时不敢乘车马。并不是不愿享受,也不是不会享受,而是从长计议,顾及以后,恐后无以为继。于是,抑制欲望,节衣缩食,收敛财物,以便接济将来困乏之时。

春秋时,孟简子在梁、卫为相,因罪而逃往齐国。管仲出城迎接,问他:"你相梁卫时,门下使者多少?"孟简子回答说:"三千余人。"管仲问:"今天同来的有多少?"孟简子答道:"三人。"管仲又问:"是些什么人?"孟简子答道:"其中一个人的父亲死了,无力安葬,我帮他安葬了;一个人的母亲死了,我也帮他安葬了;另一个人的哥哥不幸被捕入狱,我把他释放了。这三人与我同来。"管仲把孟简子迎上车,说:"唉,我一定会有困窘的时候,我不能以春风风人,不能以夏雨雨人。我一定会有困窘的时候。"

荀子认为,要守中庸处世之道,聪明人做事,富有时想到不足的时候,平稳时就想到艰难的时候,安全就想到危难的时候;周详慎重采取预防措施,还恐怕有祸及身。这样,无论做什么事都不会陷入窘境了。

洪应明说:"立身不高一步立,如尘里振衣,泥中濯足,如何超达?处世不退一步处,如飞蛾投烛,羝羊触藩,如何安乐?"

有一天,孔子的学生子贡问老师:"有没有一个字可以作为终生奉行不渝的法则呢?"孔子回答:"其恕乎! 己所不欲,勿施于人。"这里的"恕"是凡事替别人着想的意思。其意思是,自己不喜欢做的事,不要加在别人身上。

战国时梁国与楚国相界,两国在边境上各设界亭,亭卒们也都在各自的地界里种西瓜。梁亭的亭卒勤劳,锄草浇水,瓜秧长势极好,而楚亭的亭卒懒惰,不事瓜事,瓜秧又瘦又弱,与对面瓜田的长势简直不能相比。楚亭的人觉得失了面子,有一天乘夜无月色,偷跑过去把梁亭的瓜秧全给扯断了,梁亭的人第二天发现后,气愤难平,报告给边县的县令宋就,说我们也过去把他们的瓜秧扯断好了! 宋就说:"这样做显然是很卑鄙的! 可是我们明明不愿他们扯断我们的瓜秧,那么为什么再反过去扯断人家的瓜秧? 别人不对,我们再跟着学,那就太狭隘了。你们听我的话,从今天起,每天晚上去给他们的瓜秧浇水,让他们的瓜秧长得好,你们这样做的时候,一定不可以让他们知道。"

梁亭的人听了宋就的话后觉得有道理,于是就照办了。楚亭的人发现自己的瓜秧长势一天好似一天,仔细观察,发现每天早上地都被人浇过了,而且是梁亭的人在黑夜里悄悄为他们浇的。楚国的边县县令听到亭卒们的报告,感到十分惭愧又十分的敬佩,于是把这件事报告了楚王。楚王听说后,也感于梁国人修睦边邻的诚心,特备重礼送梁王,既以示自责,亦以示酬谢,结果这一对敌国成了友好的邻邦。

从这个故事可以看出,"恕"的核心是用以己度人、推己及人的方式处理问题。这样可以造成一种重大局、尚信义、不计前嫌、不报私仇的氛围,以及成就双方宽广而又仁爱的胸怀。对于日常生活的处理,又何尝不是这样?尤其是对初涉世事的青年来说,由于一切茫然无知,总是时时处处小心翼翼,左顾右盼地想找出人事上的参照物来规范自己,约束自己,这种反应当然是正常的。但殊不知有时以此处世,反而会导致初衷与结果的南辕北辙。因为在各人的眼中,自己的位置是各不相同的,并没有统一的标准可以提供给你,所以不妨就按照"己所不欲,勿施于人"的原则,反求诸己,推己及人,则往往会有皆大欢喜的结果。反求诸己,则易人情,由情入理,自然会生羞恶之心而知义,辞让之心而知礼,是非之心而知耻。自私自利之人,往往不懂得推己及人的道理,往往毫无顾忌他人的利益,把苦转嫁到别人身上。以这种方式处世,走到哪里,被人骂到哪里,真正是既损人又损己。

做人要有人情味,真正的强者,都是最善顺人情人意的人。要善于运用自己的感受去观察、体贴别人,从而及时修正生活中的种种关系。

在退步中等待进步的时机

弯曲的只有一尺,伸直了却有八尺。中庸的退让法就要达到这种功效。公元六一六年,李渊被诏封为太原留守,北边的突厥用数万兵马多次冲击太原城池。李渊遣部将王康达率千余人出战,几乎全军覆灭。后来巧使疑兵之计,才勉强吓跑了突厥兵。不久,在突厥的支持和庇护下,郭子和、薛举等纷纷起兵闹事,李渊防不胜防,随时都有被隋炀帝借口失责而杀头的危险。

人们都以为李渊怀着刻骨仇恨,会与突厥决一死战。不料李渊竟派遣谋士刘文静为特使,向突厥屈节称臣,并愿把金银珠宝统统送给始毕可汗。

李渊为什么这么做呢? 原来他根据天下大势,已决定起兵反隋。要起兵成大气候,太原虽是一个军事重镇,但不是理想的发家基地,必须西入关中,方能号令天下。西人关中,太原又是李唐大军万万不可丢失的根据地。那么用什么办法才能保住太原,顺利西进呢?

当时李渊手下兵将不过三四万人马,即使全部屯驻太原,应付突厥的随时出没,同时又要追剿有突厥撑腰的四周盗寇,也力量不够,何况在军事上已是捉襟见肘。而现在要进伐关中,显然不能留下重兵把守。唯一的办法是采取和亲政策,让突厥"坐受宝货"。所以李渊为了保存实力,不惜俯首称臣。

退一步,海阔天空。始比可汗果然愿意与李渊修好。后来,李渊派李世民出马,不费多大力气便收复了太原。

再一重要原因,由于李渊甘于让步,还得到了突厥的不少资助。始毕可汗一路上送给李渊不少马匹及士兵,李渊又乘机购来许多马匹,这不仅为李渊拥有一支战斗力极强的骑兵奠定了基础,而且因为汉人素惧突厥兵英勇善战,李渊军中有突厥骑兵,自然凭空增加了声势。

李渊让步的行为,虽为不少人所不齿,但在当时的情况下,不失为一种明智的中庸策略,它使弱小的李家军既平安地保住了后方根据地,又顺利地西行打进关中。如果再把眼光放远一点看,突厥在后来又不得不向唐求和称臣,突厥可汗还在李渊的使唤下顺从地翩翩起舞哩!

三国时,曹爽总想当第一把手,同事们对他的野心看得很清楚。曹爽可不管别人怎么看,他唯一的顾忌是老家伙司马懿。一天,他命心腹河南尹李胜,借出任荆州刺史之机,让他以向司马懿辞行为由,前去探听虚实。

司马懿知道李胜来访的真实意图,于是做了一番苦心安排。

李胜来到司马懿的居室,只见司马懿正在小保姆的服侍下更衣,他浑身颤抖,久久地穿不上衣服。他又称口渴,待保姆捧上粥来,他以口去接,将粥弄翻,流了一身,样子十分狼狈。

李胜看着心喜,说:"听说您风痹旧病复发,没想到病情竟这样严重,我受皇帝恩典,委为荆州刺史,今天是特来向您告辞的。"

司马懿故意装作气力不济的样子说:"我年老体衰,活不了多久,你调任并州,并州临近胡邦,要多加防范,以免给胡人制造进犯的机会啊!恐怕我们今后再难相见,拜托你今后替我照顾两个儿子司马师和司马昭。"

李胜说:"我是出任荆州,不是并州啊!"

司马懿又问道:"你不是说并州吗?"

李胜又重复说:"不是并州,是荆州。"

司马懿说:"我精神恍惚,没有听清楚你的话。以你的才能,可以大建一番功业。"

李胜回去后,将所见所闻的详情告诉了上司,曹爽听后大喜,从此对司马懿消除戒心,不加防范。

不久,老总曹芳前往洛阳南山他父亲的坟墓前烧香磕头,曹爽以及他的弟弟曹义、曹彦和心腹亲信一大班人随行。

司马懿笑了,他见时机已到,立即发动兵变。京城控制下来后,老司马亲自出城劝降曹爽。两个人的目光相遇,曹爽打了冷战,而司马懿的目光温和中带着阴冷的煞气。老司马向小曹保证,只要投降,决不伤害他的性命。

曹爽部将力劝曹爽调兵平叛司马懿,可曹爽的眼力不好使,犹豫再三,终究举起了投降的旗幡。曹爽自以为免除官职后,可以玩玩牌、钓钓鱼,坐享清福。然而,事情并不是他想得那么美,时过不久,司马懿以曹爽大逆不道、图谋篡位的罪名,连同他的亲信党羽全部诛杀了。

司马懿老谋深算,对形势了如指掌,下野后料定曹爽必来相请,到时候他一来可以打击曹爽的气焰,二来可以树立自己的威望。而释兵权后就什么事都不闻不问,以麻痹曹爽,这种老辣的目光除了诸葛亮能对付,其他人都逃不出他的目击圈。

凡是成大事者,均有识时务、谋深计的功夫,这是他们成功的两大砝码。初尝成功的甜头就忘乎所以,不栽跟头才怪;一受打击就没劲了,抹着眼泪暗自叹息,这种人也成不了大业,泪眼蒙眬,物象不清。

吃亏后不要向外声张

王安石:"能近见而后能远察,能利狭而后能泽广。"中庸处世,退是为了进,失是为了得。能在"失"中看到"得",能在"祸"中看到"福"。

孟尝君的一个门人与孟尝君的老婆私通。这家伙真是荷尔蒙旺盛,吃了人家的,饱暖思淫欲,还要沾人家美色,太贪了。老孟也该冷静一下了,什么好色之徒都收留,莫不是引狼入室。从另一个角度看,或许是老婆爱色,见家里这么多好男人,许多都比老公强,或揣摩着比老公强,于是就与人家上床,比老公对他们更爱得深入与仔细。

有人为孟尝君戴绿帽子看不下去了,这人是什么心态呢? 不管他,反正他告诉了孟尝君:"作为你的亲信,却背地里与您的夫人私通,这太不够义气了,请您把他杀掉。"

孟尝君大方得竟把老婆也给食客尝一尝,他说:"看到相貌漂亮的就相互喜欢,是人之常情。这事不要再说了。"

过了一年,孟尝君召见了那个与他老婆私通的人。这人知道事情败露了,吓得看到了死神阴冷的脸。孟尝君让他坐下,然后说:"老兄,你在我这里已经很久了,大官没得到,小官你又不想干。卫国的君主与我是好朋友,我给你准备了车马、皮裘和衣服,希望你带着这些礼物去卫国,为卫国国君效劳吧。"

这个人不能不答应,他明白这是先生原谅了他,但必须离开这里,可先生没有把他一脚端开,而是给他找出路,实现再就业,他感激涕零,后悔睡了人家老婆,到了卫国后,他勤奋工作,很快受到了重用。

后来齐国与卫国的关系恶化,卫君很想联合天下诸侯一起进攻齐国。那个与孟尝君老婆上过床的人对卫君说:"孟尝君不知道我是个没有出息的人,竟把我推荐给您。我听说齐卫两国的先王,曾杀马宰羊进行盟誓,齐、卫两国的后代不要相互攻打,如有相互攻打者,其命运就和牛羊一样。如果您联合诸侯之兵攻打齐国,这是您违背了先王的盟约,并且欺骗了孟尝君啊。希望您放弃攻打齐国的打算。如果您听我的劝告就罢了,如果不听我的劝告,像我这样没出息的人,也要用我的热血洒溅您的衣服。"

卫君在这个人的说服和威胁下,放弃了进攻齐国。战争没打起来,少死了很多人,尤其相对于面对"多国部队"压力的齐国,避免了一场灾难。

如果孟尝君听信了别人的话把那个与他老婆有一腿的人杀了,又有谁站出来阻止卫国联合诸侯对齐国的进攻呢?看来是孟尝君的宽容感动了他,所以这个人不惜以生命为代价来劝阻卫国攻打齐国的战争。这难道不是孟尝君有长远的眼光吗?但也只有孟先生这样的人能如此对待窃花贼,大概他是个性开放的人吧,据说回到家也没向老婆发火,装着什么事都没发生一样。

从长之计,体现了一个人对问题把握的深度和全局性认识。有些人只看到眼前利益,而忽略长远打算,这是眼睛近视的表现;有些人则放开眼光,登高望远,不把一得一失为要事,而是对人生做长线考虑,这样的人做事是从整体的事业盛衰上思考行为逻辑的,他把痛苦的泪流在心中,不声张,他等待的是最后的笑,笑在脸上。

摸清了对方,才能进行有效的行动

勾践到吴国当奴仆,甚至口尝吴王的粪,为的是实现越国复兴的抱负,他行的是中庸处世之术。一日,勾践听说吴王有病,心想上司生病正是下司跑官要官的好机会,虽然自己是亡国之君被政治圈禁在吴国,但复国之心不死啊。他请求探视吴王。吴王说,他要来就让他来吧,见见被我打败的人,也好开开心。

勾践来到吴王宫殿时,吴王正在大便,就坐在便桶上接见了勾践。勾践说:"听说大王病了,心下不安,特来看望。"吴王道:"莫不是幸灾乐祸,看我几时死吧。"

"不、不,"勾践吓出了一身冷汗,"大王真会开玩笑。我是真心盼您早日痊愈康复的。我过去曾经学过医,观察人的粪便,就能知道人的病情。"

吴王说:"勾践兄,要是你一直当医生,不至于落到目前如此下场吧。"

勾践很痛苦,他笑了笑,说:"是啊,不过能做您的臣民,我感到荣幸。"

一会儿,吴王大便完毕,勾践立即上前把便桶拿到门外,揭开桶盖,手取其粪,跪在地上仔细地察看起来。现在医学上也讲到了通过看粪便颜色、闻粪便气味等可以来分析病情,可很少被人实践。勾践做到这一点,说明早在几千年前就有人对粪便进行研究了。他这一做法,也能被人理解和接受。可接下来,他竟做出了创世之举——尝起了吴王的大便。让春秋战国的历史在此处变得十分的恶心。为了复国,男子汉不仅什么苦都能吃,并且什么臭也能尝。

卧薪尝胆是立志,真正打动吴王使他丧失对勾践的警惕的是口尝粪便。勾践好眼力,好味觉,他走到室内,跪下叩头说:"囚臣敬贺大王,您的病,一至三日就能痊愈。"

吴王夫差问:"你怎么知道的?"

勾践说:"臣听医生说,夫粪者,谷味也。顺时气则生,逆时气则死。今囚臣尝大王之粪,味苦且酸,正应春夏发生之气,所以知之。"

吴王大受感动,说:"你比我儿子还孝敬我。"

卧薪尝胆

勾践只是跪着,不再说话。他想离开的时候,夫差留他吃饭。勾践答应了,喝了酒,也吃了肉。当然他用餐前偷偷漱了口,还暗暗地笑了笑。他看到了胜利的曙光。

要感动别人,就得从他们的需要入手。你必须明白,最有效地调动一个人做事就是使对方自己情愿。同时,还必须记得,人的需要是各不相同的,各人有各自的癖好偏爱。只要你认真探索对方的真正意向,特别是与你的计划有关的,你就可以依照他的偏好去对付他。你首先应当将自己的计划去适应别人的需要,然后你的计划才有实现的可能。比如说服别人最基本的要点之一,就是巧妙地诱导对方的心理或感情，以使他人就范。如果说服的一方特别强调自己的优点，企图使自己占上风，对方反而会加强防范。所以，应该注意先点破自己的缺点或错误，暂时使对方产生优越感，而且注意不要以一本正经的态度表达，才不会让对方乘虚而入。

有些被求者，以为帮助了别人，有恩于你，心理上会不自觉地产生一种优越感，说不定还要对求助者数落一番。当你认为自己可能会被人指责时，不妨先数落自己一番，当对方发觉你已承认错误时，便不好意思再指责你了。

海明威说："人可以被打倒，但不可以被打败。"人生成败与是否掌握进退术有很重要的关系，不善进退者，自然是败者。而过于急进的人，常自以为力量强大或者聪明透顶。只有摸准了对方，才能进行有效的行动，这是为人处世的基本道理。深悟中庸之道的人在这方面做得很出色，知道对方的弱点后，不逞强、不使气，以退为进，如拉弓放箭，臂力向后，箭矢射向目标。

如何应付和处理反对意见

儒家"中庸"说也继承了"权"的因素。孟子对"汤执中"持赞扬态度而对"子莫执中"却颇有微词，其原因就是子莫"执中无权"，缺乏灵活性。孟子称赞孔子为"圣之时者"，则是因为孔子能根据一时一地不同的具体情况，灵活地决定自己的行动，"可以速而速，可以久而久；可以处而处，可以仕而仕。"《礼记·中庸》说："君子之中庸也，君子而时中"。这就是说尽管一时一地的具体情况不同，但君子却能灵活对待，随时做得十分合宜，言行中乎道德规范。"中"与"时"的关系，也就是"中"与"权"的关系。同样，儒家所谓"时中"所表现出来的灵活性，也绝不意味着放弃道德规范的根本原则。

鲁迅在批评中国人的惰性时说过，如果有人提议在房子墙壁开一个窗口的话，势必会遭到众人的反对，窗口肯定开不成。如果他提议要把房顶扒掉，众人则会退让，同意开个窗口。

当你强硬地坚持要某人接受你的意见、观点时，对方由于种种原因，往往产生抵触心理，因而全盘否定你的意见。而"时中"的奥妙，就是在对方提出反对意见时，及时退步，使对方感觉尊重他的意见，虚荣心得到满足，从而达到说服对方的目的。

美国有位总统马辛利，因为用人问题，遭到一些人强烈反对。在一次国会会议上，有位议员当面粗野地讥骂他。他极力忍耐，没有发作。等对方骂完了，他才用温和的口吻道："你现在怒气应该平和了吧，照理你是没有权利这样责问我的，但现在我仍然愿详细解释给你听……"他的这种应付和处理反对意见的姿态，使那位议员红了脸,矛盾立即缓和下来。试想,如果马辛利得理不让人,利用自己的职位上的优势,咄咄逼人进行反击的话,那对方决不会服气的。由此可见,当双方处于尖锐对抗状态时,得理者的忍让态度,能使对立情绪"降温"。

生活中常有一些人特别固执己见,十分容易为些小事情同别人争论,而且火药味浓烈。对付这样的人,你可以一面解释一面折中调和,以避免冲突的扩大。

不少时候,人和人之间的相互发火,是因为互不了解、有失沟通造成的。这时候得理的一方切不可因对方的错怪而以怒制怒。最好的方式是多加解释,想法沟通或者道歉、劝慰,与对方达成谅解或共识。

面对蛮横无理者,得理者如果用以恶制恶的方式,等于是石头碰石头,不是你碎就是我碎。这时候,平息风波的较好方式,是你勇敢地站出来,主动承担责任,以自责的方式对抗恶人恶语,这叫以柔克刚。有一个商场营业员,遇一个中年男子来退一台洗衣机。那洗衣机已经用了三个多月了,上面有划痕,他却板着脸说:"我用了一个星期就坏了,你们卖的是伪劣商品?你得给我换一台!"营业员轻言细语地解释,他却嗓门越来越大,并满口脏话,说什么"不仅要退货,还得付我工夫钱! 耽误了我很长时间!"营业员虽然占理,但为了使对方尽快停下叫骂,温和地对他说:"这台洗衣机已经用这么长时间了,又没有质量问题,按规定是不能退的,可以给你修好。可是你执意要退,那就干脆卖给我好了。"说罢她就掏钱,粗暴的男顾客见状刷地脸红了,他终于停止了叫骂,答应让修理工回家去修。显然,营业员的退让方式起了良好作用。因为它反衬出对方的无理和不文明,从而从容地制止了事态的扩大。

要有胆量降低自己的水平

荀子曾说:"天下有中,敢直其身!"可见要做到"中",并不像做个和事佬那样轻而易举,需要的倒是胆量和勇气。

帕金斯是美国著名政治家,他30岁那年就任芝加哥大学校长。当时不少人怀疑他如此年轻是不是能胜任大学校长的职位。帕金斯听到怀疑之词后只说了一句:"一个30岁的人所知道的是那么少,需要依赖他的助手兼代理校长的地方是那么的多。"就这短短一句话,使那些原来怀疑他的人一下子就放心了。有些年轻气盛的人,往往喜欢尽量表现出自己比别人强,或者努力地证明自己是有特殊才干的人,然而一个真正有能力的领导是不会自吹自擂的,他愿意表示自己需要别人支持才能发挥才干,显得非常的谦虚。

谦虚让步其实是消除锋芒,避开别人的锐气,为了进一尺有时候就必须先做出退一寸的忍让，为了避免吃大亏就不应计较吃点小亏。美国第一届总统华盛顿在任时，他的内阁副总统德雷斯顿，把别人看来是闲差的副职变成具有实权的职位，他常常在演说时讲一些他做副总统闹出的笑话，这样做的结果非但没有降低自己，反而赢得了人们敬佩和拥护。

赫蒙是美国有名的矿冶工程师，毕业于美国的耶鲁大学，接着又在德国的佛莱堡大学拿到了硕士学位。赫蒙雄心勃勃地去找工作，可是去找美国西部的大矿主赫斯特的时候，一下子使自己感到了现实冷酷。赫斯特是个脾气古怪又很固执的人，他自己没有文凭，所以就不相信有文凭的人，更不喜欢那些文质彬彬又专爱讲理论的工程师。当赫蒙递上文凭时，满以为老板会眼前一亮，没想到赫斯特很不礼貌地对赫蒙说："我之所以不想用你就是因为你曾经是德国佛莱堡大学的硕士，你的脑子里装满了一大堆没有用的理论，我可不需要什么文绉绉的工程师。"赫蒙想这会让我痛苦，但是我不能生气，调整心态后赫蒙心平气和地回答说："假如你答应不告诉我父亲的话，我要告诉你一个秘密。"赫斯特表示同意，于是赫蒙对赫斯特小声说："其实我在德国的佛莱堡并没有学到什么，那三年天天混，与同学们稀里糊涂地混在一起。"正如赫蒙所料，赫斯特听了笑呵呵地说："真的那样，很好！学历算什么？一张纸而已，好吧，那明天你就来上班吧。"就这样，赫蒙对什么人亮什么牌，关键时运用故意贬低自己的策略轻易地在一个对读书人有偏见的人面前通过了面试。

你或许认为赫蒙那样做不十分合适，问题是能不能做到既没有伤害别人又能让自己达到目的。赫蒙贬低的是自己，他自己的学识如何，当然不在于他自己的评价，如果自己的学识抬得高，他就会落聘，反过来贬低自己的学识，实际上学识没减少一分一毫，却达到了求职的目的。

以自嘲的方式表现自己不如别人

为人处世，中庸退让的方法很多，例如自嘲不失为一种普遍使用的方法。有人说，善于幽默的是智者，能自嘲的更是智者中的智者。自嘲，缺乏中庸处世智慧的人不敢使用、不会使用。因为它要你自己骂自己。也就是要拿自身的失误、不足甚至生理缺陷来"开涮"，对丑处、羞处不予遮掩、躲避，反而把它放大、夸张、剖析，然后巧妙地引申发挥、自圆其说，取得一笑。

人际交往中，被人羞辱，处境尴尬时，用自嘲来自我解脱，不仅能很容易找到"逃身出口"，而且多会产生幽默的效果。所以自我解嘲，是很高明的一种脱身手段。传说，希腊哲学家苏格拉底的妻子是个泼妇，动不动就对他发脾气，也不顾有没有别人在场。苏格拉底知道朋友、客人怎样看这件事,于是对旁人自嘲道:"讨这样的老婆好处很多,可以锻炼我的忍耐力,加深我的修养。"一次,老婆又发起脾气来,大吵大闹,很长时间还不肯罢休,苏格拉底只好到外面去躲一躲。他刚走出家门,那位怒气难平的夫人突然从楼上倒下一大盆水,把他浇得像只落汤鸡。这时,苏格拉底打了个寒战,不慌不忙地说:"我早就知道,响雷过后必有大雨,果然不出我所料。"显然,苏格拉底有些无可奈何,但他带有自嘲意味的讥讽,使他从这一窘境中解脱出来,显示了自己极深的生活修养。

抗战胜利后,张大千从上海返回四川老家。一些好友设宴为他饯行,并特邀梅兰芳等人作陪。宴会上,大家请张大千坐首座。张大千说:"梅先生是君子,应坐首座,我是小人,应陪末座。"梅兰芳和众人都不解其意。张大千解释说:"不是有句话'君子动口,小人动手'吗?梅先生唱戏是动口,我作画是动手,我理该请梅先生首座。"满堂来宾为之大笑,并请他俩并排坐首座。张大千自嘲为小人,好像是自贬,然而"醉翁之意不在酒",这既表现了张大千的豁达胸怀,又制造了宽松和谐的交谈氛围。

在社交中,当你陷入尴尬的境地时,借助自嘲往往能使你从中体面地脱身。有个服务员倒酒时,不慎将啤酒洒到一位客人光亮的秃头上。服务员吓得手足无措,全场人目瞪口呆。这位客人却微笑地说:"妹妹,你以为这种治疗方法会有效吗?"在场的人闻声大笑,尴尬局面即刻被打破了。这位客人借助自嘲,既展示了自己的大度胸怀,又维护了尊严,消除了耻辱感。

由此可见,适时适度地自嘲,不失为一种良好修养,一种充满智力的交际技巧。自嘲,能制造宽松和谐的交谈气氛,能使自己活得轻松洒脱,使人感到你的可爱和人情味,同时还能维护面子,建立起新的心理平衡。

如果你的特点、能力或成就可能引起他人的妒忌甚至畏惧,那么,试着去改变这些不好的看法,不妨说:"世界上没有一个人是完美的,我就是最好的例子。"你以取笑自己来和他人一起笑,会帮助他人喜欢你,尊敬你,甚至敬佩你,因为你的幽默力量证明你有人情味。

当领导的做错了事自嘲会显得有人性,并给人一种和蔼可亲的感觉。一次,陈毅到亲戚家过中秋节。进门就发现一本好书,便专心读起来,边读边用毛笔批点,主人几次催他去吃饭,他不去,就把糍粑和糖端来。他边读边吃,竟把糍粑伸见砚台里蘸上墨汁直往嘴里送。亲戚们见了,捧腹大笑。他却说:"吃点墨水没关系,我正觉得自己肚子里墨水太少哩!"人们喜爱陈毅,和他的这种豁达、幽默的禀性有关系。

总之,在社交场合中,自嘲是中庸处世的妙法。

第十四节　比中而行

选择志趣相投的朋友

友情是人类所共有的重要情感之一。早在古代人们就对友情有过系统和全面的认识。万章问孟子:"为什么叫朋友呢?"孟子说:"不依仗自己的长辈身份,不依仗自己高贵的地位,不依仗自己的血亲关系而建立的一种真诚的互相信任、爱护、帮助的关系。叫作朋友关系。交朋友的基础是共识的价值观,所以,必然超越了一般的关系,而不依仗各种关系。"

朋友就是那种具有相同的情趣和共同的胸怀,一起去奋斗、吃苦、牺牲的人。古代人比喻朋友就像将木柴均匀地放在火上燃烧一样,首先燃烧的是干燥的木柴;向平地上倒水,只有潮湿的地方才能聚住水;事物的同类相求、同类相得的规律表现得如此明显。所以君子与人交往,首先选择与有知识的人交往;孟母三次搬家是为了选择好邻居与知识的人,是为了避开不必要的祸害。

人总是需要有一定的归属的,属于何种人群,人就会向何种方向发展。

曾国藩非常懂得"一个篱笆三个桩,一个好汉三个帮"的道理,从进入京师之际,他就开始寻找与自己情投意合的朋友。在远离家乡,身处官场之时,他想,交些什么朋友呢? 交几个政友,固然可以使自己在日后的仕途上得到帮助,但也会有危险,因为这很容易给人以拉帮结党的嫌疑,一个犯事,朋友必然牵连其中,所以他意识到交政友要慎之又慎,绝对不能与人太过于亲密。

交几个乐友,整天可以玩在一起,谈吃论喝,但时间一长,学业俱废,必将被世人所看扁,上司岂肯重用? 所以交乐友也当慎重,不可沉湎于中。

曾国藩为人淳朴端正,诗文做得不错。所以,居京十年中,他所交的朋友大多是文友,有的擅长吟咏,有的精通书法,有的棋艺甚佳。他们的才华使曾国藩倾慕不已,以致他终身都在这些方面不断地发展自己。

交朋友是有原则的,最重的原则应该是以友人之长补己之短,只要具备了这一条原则,你交的就是益友,否则,可能是损友。

洪应明说:"教弟子,如养闺女,最要严出入,谨交游。若一接近匪人,是清净田种下一不净的种子,便终身难植嘉禾矣。"

孔子说：小时候培养的品格就像是生来就有的天性，长期形成的习惯就像是完全出自自然。人的性情本来很近，但因为习染不同便相差很远。所以对自己的习染不可不谨慎呀。

处世交友，先学做人

故欧阳修在《朋党论》中写道："所守者道义，所行者忠信，所惜者名节。"处世交友，首先在于做人。成功的人生属于那些自我感觉良好，总是快活而满怀希望的人。他们微笑着面对世界，微笑着处理事务，微笑着接受人生的一切变故或者机会。

自我感觉良好的人是自己珍爱自己的人。自爱是处世交友中一种健康的心态。当你具备这种心态，你便是成熟的人，可以从容地参与人生的奋斗，可以找到志向相同、趣味相近的朋友。

人人都有天生的自爱情结。这种与生俱来的自爱情结，对人处世来说，有利也有弊。自爱的坏处在于，由于自恋，往往会使人产生自负、自傲、自满、自大、自卑等等心理，然而只会让别人耻笑，瞧不起；而有理智的人，自恋使自己感到自信、自尊、自强，并积极追求自我价值的实现。不言而喻，他由于自重自爱，于己于社会都带来了利益，别人自然尊敬他。因此，适当的自爱，带给人们的常是快乐与成功；而过分的自爱只会是痛苦、不安、失败，只会遭受别人的唾弃。

学会珍爱自己才是最明智的做人，不虐待与苛待自己，当自己在最痛楚无助又最孤立无援的时候，不绝望、不失志、人格不受浸污，怀着美好的预感和吉祥的愿望活下去，坚韧地走到一个又一个美丽的清晨。

值得注意的是，自爱并非自我欺骗，并非自大无知和狭隘，而是源于对生命本身的崇敬和珍爱。自爱让我们的生命更为丰满更为健康，也可以让我们的灵魂更为强壮更为自由，也可以让我们成为自己精神家园的主人。

与人相处，得要表现你的诚意来，诚意一般是指由热情、热心等柔和而成的感情状态。一个对他人抱有诚意的人，往往能弥补其他方面的不足。

生活有险境，有风浪，你恰到好处地做人，必须不过激、不极端。在中国历史上，不少正直而又明智的知识分子，为了维护人格的独立，他们不是锋芒毕露、义无反顾，而是有张有弛，掌握分寸，逐渐形成了"外圆内方"的性格。只圆不方，是一个八面玲珑、滚来滚去像皮球一样的人，就失之圆滑了。方，是人格的自立，自我价值的体现，是对人类文明的孜孜以求，是对美好理想的坚定追求。

近代职业教育家、中国民主同盟领袖黄炎培在 1946 年调解国共冲突时，未尝不委曲求全，"不偏不倚"，从未与蒋介石拉下脸，而当蒋以"教育部长"许愿企图将他诱入伪"国大"时，黄炎培却不为所动，回绝道："我不能自毁人格"，维护了政治气节。当有人问他处世立身的座右铭是什么，他回答道："取象于钱，外圆内方。"

中庸处世，可方可圆，能够把圆和方的智慧结合起来，做到该方就方，该圆就圆，方到什么程度，圆到什么程度，都恰到好处，左右逢源，就是儒家说的"中和""中庸"。这样，你的人生就达到了化境，不论在何时何地，你都拥有一个良好的不失自我的人际关系。

不要以为亲近你的人都是朋友

《菜根谭》说："遇沉沉不语之士，且莫输心；见悻悻自好之人，应须防口。"意思是，假如你遇到一个表情阴沉，不喜欢说话的人，千万不要一下就推心置腹表示真情；假如你遇到一个自以为了不起又固执己见的人，你就要小心谨慎尽量不和他说话。

春秋末年，晋国中行文子被迫流亡在外，有一次，经过一座界城时，他的随从提醒他道："主公，这里的官吏是您的老友，为什么不在这里休息一下，等候着后面的车子呢？"中行文子答道："不错，从前此人待我很好，我有段时间喜欢音乐，他就送给我一把鸣琴；后来我又喜欢佩饰，他又送给我一些玉环。这是投我所好，以求我能够接纳他，而现在我担心他要出卖我去讨好敌人了。于是我很快地就离去。"果然，不久，这个官吏就派人扣押了中行文子后面的两辆车子，而献给了晋王。

再来看《伊索寓言》中的一个故事：

鹿口渴得难受，来到一处泉水边。它喝水时，望着自己在水里的影子，看见自己的角长而优美，洋洋得意，但看见自己的腿似乎细而无力，又闷闷不乐。鹿正自思量，出来一头狮子追他。它转身逃跑，把狮子拉下好远，因为鹿的力量在腿上，而狮子的力量在心里。这样，在空旷的平原上，鹿一直跑在前头，保住了性命；到了丛林地带，它的角被树枝绊住，再也跑不动，就被狮子捉住了。鹿临死时对自己说道："我真倒霉，我原以为会败坏我的救了我，我十分信赖的，却使我丧命。"

同样，在危难时，曾被怀疑的朋友往往成为救星，被十分信赖的朋友却往往成为叛逆。须知道，世上之人有很多人心口不一，表里不同，要看出来是很难的。

顺境中，特别在你春风得意时，凡来往多的都可以称之为朋友。大家礼尚往来，杯盏应酬，互相关照。但如果风浪骤起，祸从天降，比如你因事而落魄，或蒙冤被困，或事业失意，或病魔缠身，或失权丢位等等，这时，你倒霉自不消说，就连昔日那些笑脸相对、过从甚密的朋友也将受到严峻考验。他们对朋友的态度、距离，必将看得一清二楚。那时,势利小人会退避三舍,躲得远远的;担心自己仕途受挫的人,会划清界限;酒肉朋友因无酒肉诱惑而另找饭局;甚至还有人会乘人之危落井下石,踩着别人的肩膀向上爬。当然也有始终如一的人继续站在你身边,把一颗金子般的心捧给你,与你祸福相依,患难与共。如古人所说:"居心叵测,甚于知天,腹之所藏,何从而显?"只有在患难时真朋友、假朋友、亲密的、一般的、"铁哥们儿""投机者"就泾渭分明了。

孔子对弟子们说:"我死之后,子夏将日益长进,子贡将日益后退。"曾参问为什么。孔子说:"子夏好与胜过自己的人交往,子贡只喜欢与不如自己的人交往。不知其子视其父,不知其人视其友,不知其君视其使,不知其地视其草木。与善人相处,如人芝兰之室,久不闻其香,因而与芝兰化而为一;与不善人相处,如人鲍鱼之肆,久而不闻其臭,也因与鲍鱼化而为一。藏丹的地方是红的,藏漆的地方是黑的。所以,君子应慎交相处之人。"

荀子说,一个普通人不可以不慎重地选择朋友。朋友,是为了互相帮助的,各人奉行的政治、道德原则不同,怎么能互相帮助呢?在一堆铺平的干柴上点火,火先烧干燥的柴;在平地上灌水,水先流往湿处。同类的事物互相依从,是如此显著,从他的朋友的品德来观察他,有什么可怀疑的呢?选择朋友,不可不慎重,因为这是培养自己的品德的基础。

要知道自己喜欢什么样的朋友

有句话说,"观人观其友",有一定的道理,所谓"物以类聚,人以群分",也讲的是这个意思。但现代人对朋友的理解,概念宽泛了,视社交场上熟悉的人都是朋友。但是依我看,每个人内心还是有交友标准的。选择良友,才有利于自己的成长或者处世。滥交朋友是有害的。

有个人,朋友无数,三教九流都有,他逢人就夸耀,说他朋友之多,天下第一。后来有人问他,朋友这么多,都同等对待吗?他沉思了一下说:"当然不可以同等对待,要分等级的!"

他表示自己交朋友都是诚心的,人会利用朋友,也不会欺骗朋友,但别人来和他做朋友却不一定是诚心的。在他的朋友中,人格清高的朋友固然多,但企图从他身上获取一点利益,心存二意的朋友却也不少。

有人说:"不够诚恳的朋友,总不能也对他推心置腹吧!"他说:"那只会害了我自己。"所以,在不得罪朋友的情况下,他把朋友分了"等级",计有"刎颈之交级""推心置腹级""可商大事级""酒肉朋友级""点头哈腰级""保持距离级"等等。他根据这些等级来决定和对方来往的密度和自己心扉敞开的程度。

"我过去就是因为人人都是好朋友,受到了不少伤害,包括物质上的损失和心灵上的打击,所以今天才会把朋友分等级。"他最后说。

你喜欢什么样的朋友呢?你平时交的是什么朋友?每个人看法不一样,实践也不一样。要把朋友分等级其实是不容易的,因为人都有主观的好恶,因此有时会把一片赤心的人当成一肚子坏水的人,也会把凶狠的狼看成友善的狗,甚至在旁人点醒时还不能发现自己的错误,非得到被朋友伤害了才大梦初醒。孔子以貌取人,失之宰予;以言取人,失之子羽。何况我们这些凡夫俗子呢?所以,要十分客观地将朋友分等级是十分难的,但面对复杂的人性,你非得勉强自己把朋友分等级不可。心理上有分等级的准备,交朋友就会比较冷静客观,根据自己的性情、爱好、背景、职业等交朋友,尽可能把伤害降到最低限度。

孔子有段话,翻译过来是这样:"有益的朋友有三种,有害的朋友有三种。同正直的人交友,同诚实的人交友,同见闻广博的人交友,这是有益的。同惯于走邪道的人交友,同惯于阿谀奉承的人交友,同惯于花言巧语的人交友,这是有害的。"

狄梁公任并州曹之职,他的同僚郑崇质应诏出使边远地区,郑崇质的母亲年老体病,狄梁公说:"他的母亲只有一个儿子,怎么能够让她为儿子远行而担忧呢?"于是他去拜见上司兰仁基,请求代替郑崇质远行。兰仁基素与司马李孝廉不和,他看到狄梁公这样做,于是就对李孝廉说:"我们俩怎么能不惭愧呢?"从此兰仁基与李孝廉又和好如初了。

刘禹锡、柳宗元、王叔文三人是好朋友。王叔文犯事之后,刘禹锡被贬往播州,柳宗元被贬往柳州。柳宗元说:"播州是不宜于人生活的地方,刘禹锡双亲还健在,如果一起搬到那种贫穷的地方,他的母亲还能活下去吗?我愿意拿柳州来换播州。"后来因为柳宗元的请求,刘禹锡被改贬到别的地方去了。

以上几位相知的朋友,为了对方而宁肯牺牲自己,如果你能交到这样的朋友,难道不感到有幸吗?以心换心,朋友贵在知心。而你平时不加区分和选择地乱交朋友,是很难得到知心朋友的。你得有自己的标准,对于那些冲利益而来,为了利用你的人,对你再怎么亲热,你也得注意,不可陷入温柔的陷阱。了解他的来头,观察他的言行,你就会发现他是一种什么性质的交友动机,尤其在你困难的时候,最能看清哪些是真朋友,哪些是假朋友。当然,所谓的困难不是指你住院治病——假朋友会送很重的礼物来探望你的——如果你是个手上有权的人——而得的是不治之症,那他又不理你了。

朋友间要抛弃庸俗的恶习,不要把友谊沉浸在利己主义的杯水中。让友谊的春风扫荡掉那些阴霾污浊之气，将清新自然的空气吸进彼此的心田。

不同的朋友带给你不同的东西

孔子说，君子交往，关系亲密和睦，尽管各自的背景不同，思想境界不同，对事物的认识不同，但不妨碍交往，坐到一起很谈得来；而社会上另一些小人，他们也需要交往，如在一起搞什么阴谋诡计，做违法乱纪的事，尽管目标方向是相同的，但他们的关系却是很脆弱的，常常因为分赃不均，吵得不可开交，到了事情败露后，相互抵赖，大打出手，正所谓"君子和而不同，小人同而不和。"

屠岸贾是春秋战国时期的晋国人，出生于有钱的贵族家庭。他帮助灵公、景公父子两代老板干管理工作。跟老板时间长的人容易生软骨症，屠先生极尽阿谀逢迎之能，为老板出谋划策，想方设法谲戏纵乐，使国政荒废，民力空耗，内忧外患空前严重。

晋灵公是屠岸的好朋友，他们俩可以说是"志同道合"。晋灵公荒淫无度，他用强行从民间征来的苛捐杂税，大兴土木，广修宫殿。有一次，他命屠岸贾在晋都城内建一座花园。屠岸贾受命后找到各地的能工巧匠，精心设计，昼夜施工，很快把花园建成了。园中筑有三层高台，中间建造一座"绿霄楼"，凭栏四望，市井均在眼前。园中又遍植奇花异草，因桃花最盛，每到开花之季如锦似绣，所以此园名为"桃园"。

竣工之后，灵公赞不绝口，与屠岸贾更加亲密无间了。灵公一日数次，或观览，或饮酒，有时还张弓弹鸟，与屠岸贾比赛取乐。一天屠岸贾召来艺人在台下献艺，园外聚集了很多看热闹的百姓。灵公一时性起，对屠岸贾说："弹鸟不如弹人，咱俩比试一下，看谁打得准。击中眼者为胜，中肩者为平，要是打不中的话，用大斗罚酒，你看怎么样？"屠岸贾欣喜地立刻答应了。于是两个一个向左，一个向右，高喊："看弹！"一个个弹丸如流星雨般飞向人群，有人被弹去半个耳朵，有人被击瞎了眼睛，顿时人群大乱，哭喊着拥挤着争相逃命。灵公大怒，命左右会放飞弹的侍从全都操弓放弹，一时间，百姓伤残无数，惨不忍睹。灵公见状，狂笑不止，连弓掉到地上都不知道。他边笑边对屠岸贾说："我登台数次了，今天玩得最痛快。"

在屠岸贾的怂恿下，晋灵公骄奢淫逸，为了进一步取悦晋灵公，屠岸贾亲自率人到全国各地挑选良家美女，只要中意的抢夺回京，送入桃园供灵公淫乐。他们这一对"好朋友"的行为，使朝野怨声载道，许多正直的官吏对此曾多次直言进谏，劝灵公收敛收敛，可是屠岸贾对灵公说，这些人是不怀好意，是妒忌你我的关系。灵公只听屠岸贾的话，结果搞得国家一片混乱。

朋友间要以道义相交,不能臭味相投而做坏事,前者走的是大道,后者走的是危险的细路。

近代知名学者王国维博闻强记,智力过人,在甲骨文研究上卓有成绩,被罗振玉赏识,并结为朋友,后又成了儿女亲家。王家贫穷,罗出于把王国维当作赚钱的机器的目的,常在经济上接济王。罗大量收购甲骨,让王来考释,但发表文章的署名却都用罗的名字,使他赚了不少钱。而王最终由于经济上的困难,壮年投湖自尽。这与交友不当有一定的关系。

鲁迅与王国维是同一时期的人,又都有弃医从文的大体相似的经历。由于鲁迅交友慎重,结果与王国维截然不同。鲁迅早年师事著名学者章太炎,后与蔡元培结下了深厚的友谊,许寿裳等学者、作家也是鲁迅在事业上互相切磋的好友,还结交了许多革命青年,特别是结交像瞿秋白、冯雪峰等共产党人朋友,对他接受共产主义思想起到了不可忽视的作用。

鲁迅和瞿秋白在文化战线上经常合作,介绍翻译马列主义文艺理论和苏联文学作品。在最危险的关头,鲁迅让瞿秋白避难在自己家中。瞿秋白在自编的《鲁迅杂感选集》序言中,对鲁迅给予很高的评价。鲁迅也在瞿秋白牺牲后,怀着悲痛的心情,带病将朋友的遗言编成《海上述林》出版,并在前言引用的对联中,把瞿秋白在内的共产党人比作"知己",并以有这样的"知己"为人生最大的满足。

郭沫若曾指出:"王国维之所以戛然止步,甚至遭到牺牲,主要是朋友害了他。而鲁迅之所以始终前进,一直在时代的前头,也未始不是得到了朋友的帮助。"在志同道合的基础上建立起来的友谊,是万古长青的,它经得住任何考验。与品质高尚的人交朋友,结下的真挚友谊是事业成功的推进器,是处世的恰到好处。

一个有修养的人总会有好的人缘

有德行的人决不会孤单,必定有人来做邻居。物以类聚,人以群分;同类相从,同声相应。你是个有德的人,必定会有有德的人与你亲近,你就不会感到孤独。如果你正在修身进德,就大可不必为没人了解,没人亲近而苦恼,孔子不是说过"人不知而不愠,不亦君子乎"的话吗?

自己有道德的涵养,能体用兼备,自然会影响身边的人。《大学》里的修、齐、治、平也是这个道理。为道德而活着,有时候你会感到寂寞、冷清。孔子告诉我们,如果真为道德而活,绝对不会孤苦伶仃,一定有与你同行的人,有你的朋友。

儒家是讲究积极入世的,在现世做出一番事业和贡献是儒家梦寐以求的,孔子当然也不例外。可以说,孔子的所有作为都是以在社会上实现自己的人生价值为目的的,通过个人的努力来改造社会是孔子的理想。孔子把"仁"从人性与人际关系的立意上引申到了兼善天下这一层次,强调要把内在的精神修养扩展出来而为他人、为天下做出贡献。孔子说:"夫仁者,己欲立而立人,己欲达而达人。"孔子不光这样说,他也这样做了,如周游列国,授徒讲学等等。孔子为此付出了大半生的精力,他是真正的仁者。他对自己的"仁学"抱有极坚强的信念,矢志不渝。他说:"君子去仁,恶乎成名? 君子无终食之间违仁,造次必于是,颠沛必于是。"他还说:"知者不惑,仁者不忧,勇者不惧。"

虽然孔子没有亲眼看到自己的主张变为现实,有时还很落魄,但在他身后有一大批人继续发扬光大他的学说,使他的学说在中国产生了重大的影响。并且,他的这种思想深刻地影响了中国的士人,使他们怀着极大的责任感积极服务于社会,为中国的治平与进步做出了自己的贡献。

孔子的中庸过世的学说对中国人学有所用、积极处世的思想影响深远,人们都感到人缘是一笔财富,一笔难得的财富。成功需要有好的人缘,没有好的人缘,做事办事不顺,让你烦恼;没有好人缘,你就没有成功的机会或是你的成功太渺茫,成功的机会很少;没有好的人缘,你处理事情很难。有了好人缘,一切都好办,没有做不好做不成的事情。事在人为,成事靠人缘! 那么怎样才能有好的人缘,让你成功的机会更大,少走些弯路,尽快走向成功呢?

好人缘的得来不是靠阳奉阴违的周旋,要靠与人相处的真心相待。信任与合作,是建立好人缘的关键。

著名的物理学家、诺贝尔物理学奖获得者杨振宁教授堪称与人合作的典范,他重要的成果杨一密耳斯的规范场理论是他与密耳斯密切合作的结果。1942 年,杨振宁在西南联大读研究生时,就对电荷守恒与规范不变性之间的关系,特别是电磁本身的结构可由规范不变性这单一的要求所唯一地确定这一事实有了深刻的印象,后来杨振宁在芝加哥大学做博士研究生期间,接触到一些新的理论与实验之后,他又试图发展他的想法:把规范不变性推广到其他守恒上去。

为了杨一密耳斯的规范场理论,杨振宁倾注了 12 年心血。可后来,当他碰到密耳斯之后,他却无私地把自己的思想告诉这位素昧平生的同行,当时的密耳斯只是一名研究生,只因二人兴趣相同,便一同投入到杨一密耳斯的规范场理论的研究中去,密耳斯也为杨振宁的真诚与慷慨所感动,他们密切合作,各取所长,很快在关键问题上获得了突破,于是杨一密耳斯的规范场理论诞生了,杨振宁在科学界又多了一个真心相助的朋友。

当今社会人与人之间的联系与交往更加密切,需解决的问题越来越复杂,只凭个人的能力是办不了大事的,这就要求人与人之间的合作,而这种合作的强弱往往又决定了你能办成多大事,能成就多大的事业,所以说,好人缘,是借力办事的基础,是事业成功的阶梯。

要乐于助人,这是中国的传统美德。你乐于助人吗？如果你乐于助人,你会有很好的收获的。每个人的生活都不会是一帆风顺的,有的时候,你需要帮助别人;有的时候,你需要别人的帮助。人生无常,天有不测风云,可能祸不单行。这时的你就要乐于助人,你才会无所顾忌。

大家都知道,战国时期,齐国的孟尝君,有一次,他叫他的食客去收租,可是,这位食客不但没有收回租,反而把他的租票给烧了,给孟尝君买回了"义"。后来孟尝君被罢官回家,很多老百姓来迎接他。他流泪地对他的食客说:你为我买来了买不到的东西。

要懂得感激别人。一个人总有需要别人帮助的时候,得到别人的帮助,你不可能不感激别人。有个故事:一个学生,在没有困难的时候,他总是伸手帮助有难处的同学,被帮助的人,很感激他。后来,他们毕业后,都有了工作,可是有个人,就是帮助别人的人遇到了困难,而这时,那位被帮助的人,在他最需要时候,出现在了他的眼前,帮他渡过了难关。因为当初得到帮助时,他感激不已,心怀回报的念头。这叫人际关系的"同频共振"现象。不要不理睬帮助你的人,不要遗忘别人对你的帮助。

许多人吝于帮助别人,当自己遇到困难时,或处理自己难以处理的事情的时候,都希望别人能想象自己的处境,想得到别人的帮助,可是却不那么容易遂愿。所以,平时要多想想别人的难处,多给别人帮助,这样你就会处世顺心,没有烦恼,遇到困难也不怕了。

朋友有失,直言规劝

《诗经》说:"嘤嘤鸣矣,以其友声。"周兴嗣《千字文》写道:"交友投分,切磨箴规。"朋友有什么过失,应该亲切诚恳地直言规劝,绝对不可以由于怕得罪人而模棱两可,眼看着他继续下去。发现朋友有什么过失时,应该直截了当地批评,绝对不要怕得罪他,使他的错误继续下去。

苏东坡在黄州时亲眼目睹了菊花落瓣,认识到错改了王安石"咏菊"诗,想向太师赔罪,只是找不到进京机会。马太守决定把冬至节派人上朝进贺表的事交给苏东坡,贺表也由苏东坡来写,东坡得到这个机会很高兴,记起到黄州上任时王安石嘱咐他取瞿塘中峡水之事。当时因对被贬黄州心中不服,竟忘了这件事,现在想一定要办妥。于是从水路走,可顺便取中峡之水。顺流而下,一泻千里,因鞍马颠簸、身体困倦,不觉睡过去了,没有吩咐水手打水,到醒来时已是下峡,过了中峡。东坡赶紧吩咐拨转船头,要取中峡水,但逆水行舟,很是费劲,而且用不上力。遇见一个老者,问三峡哪一峡水好。

老者说:"三峡水昼夜不断,难分好坏。"

东坡想:"何必一定要取中峡水呢?"叫个水手将下峡水装满了一瓮,回到黄州,写好了进表。星夜赶到东京,到了相府见了王安石,东坡对错改诗句一事,拜伏于地,表示谢罪。

王安石说:"你没看见过菊花落瓣,不怪你。"然后问起带中峡水的事情。

东坡说已经带来了。王安石赶紧取来瓮,命令下人生火煮水,冲泡阳羡茶,但茶色半晌方见。

王安石问:"此水何处取来?"东坡回答:"巫峡。"王安石说:"是中峡水了。"东坡答:"正是。"王安石笑着说:"又来欺老夫了,此乃下峡之水,如何假名中峡?"苏东坡大惊,说是问过当地有经验的老者,告诉三峡之水都一样。于是听信了他取了下峡之水,并问:"老太师怎么辨别出来了?"王安石教育他读书人不可轻举妄动,凡事要寻根究底,并向他解释:"上峡水性太急,下峡太缓,只有中峡缓急相半。太医院官乃明医,知老夫患中脘变症,故用中峡水引经。此水煮阳羡茶,上峡味浓,下峡味淡,中峡浓淡之间。今见茶色半晌方见,故知是下峡。"

东坡听后,心悦诚服,离席谢罪。

王安石又安慰他说没有什么罪,并指出他因过于聪明,容易疏略。王安石对东坡这次做错了事,而且开始还想混过去,没有斥责他,而是一方面中肯地指出东坡过于聪明,反而不能寻根究底,容易犯自以为是的毛病,另一方面又向东坡介绍三峡之水上中下峡的区别,使东坡心悦诚服。

但是,对于一般的彼此交情不深的朋友,你直言相劝或直截了当地批评是不妥当的,处理不当便容易得罪人,结仇家;别人有愧于你,也应该"得饶人处且饶人",但"饶人"的表示又不能生硬;向心爱的人倾诉衷心,也要委婉含蓄,勿鲁莽。利用话里藏话暗示他人,是时刻离不开的奥妙技巧。

生物学家巴斯德,一次在实验室工作时,突然他的一个朋友跑进来,指责他诱骗了自己的老婆。感到自己完全清白的巴斯德完全可以将对方赶出门去,甚至可以给他拳头,但是那样并不能解决问题,甚至会造成两败俱伤的恶果。这时候巴斯德沉着地说:"我是无辜的……如果你非要决斗,我就有权选择武器。"对方同意了。巴斯德指着面前的两只烧杯说:"你看这两只烧杯,一只有天花病毒,一只有净水。你先选择一瓶子喝掉,我再喝余下的一瓶,这该可以了吧?"那男子怔住了,他一下子陷于难解的死结面前,只得停止争论与挑战,尴尬地退出了实验室。无疑,正是巴斯德提出的柔中带刺的难题,才最终使决斗告吹。后来巴斯德找了个机会,主动找朋友澄清了问题,规劝他不要轻信别人的谣言,更不能乱猜疑。这位朋友明白了自己的过错,也表示道歉。这样,他们的朋友关系又维持了下去。

第十五节　顺逆安危

顺境中要考虑祸患发生的可能

天机是很奥妙的,不要说未来的事不可逆料,就连目前的事有时也很难推断。有时让人先饱受磨难后再春风得意,有时让人先得意一番后又陷入困苦挫折之中。有高深修养的人对此看得很清楚,并有一套最佳的对付之方:逆来顺受,居安思危。他们也很清楚,祸福、得失、苦乐在人自取,人能求福,也能避祸。求福与避祸,全在自己。他们安而忘危,存而不亡,治而不忘乱。"思危就可以求安,虑退方能得进,惧乱然后可以保治,戒亡然后可以求存",这是处世箴言。

姜太公曾经对周文王说:"涓涓流水不堵塞,将来有成为江河的可能。星星火炬不扑灭,就会燃烧成熊熊烈焰。大树两边的障叶不除去,以后怎么用斧子去砍伐呢?"管仲说:"祸患没有发生之前就应该做好预防的准备。"这是古代有智慧的人在成事、立业、治国及治天下时,告诫自己的原则和方法。

《易经·系辞篇》中有一句话,翻译为白话文:"君子知道事理微妙隐秘的变化,知道事理明白显露的状况,知道因应处置的态度,应当柔弱,还是刚强。"世人因疏忽而造成的大灾祸,其后果令人触目惊心、惊心动魄!比如由于商店员工工作的不小心——包扎货物时的不小心,应付顾客时的不小心,而使商店失去的顾客和金钱不知有多少。

为了事情能顺利地完成,因此我们要有忧患意识,居安思危。范仲淹说:"先天下之忧而忧,后天下之乐而乐。"先忧后乐,与人同忧,与人同乐,一个人能做到这个地步就不错了。"忧"对于一个企业老板来说,应该包括思考、创新和构思。"先忧"就是比他人先一步思考、创新和构思。每个人都不是十全十美的,如不能完全做到"先忧"的要求,也至少要有这个念头。

员工也要"先忧"。在工作中。精确与对工作的忠诚是一对孪生兄弟。一个员工做事精确的良好习惯,要远远超过他的聪明和专长。为什么有些人做事总是免不了犯各种错误呢?究其原因,或是由于观察得不仔细,或是由于思想的不缜密,或是因为缺少足够的理智,或是因为行动的粗劣。工作中绝对的正确和精细,是从事任何职业的重要资本,有了这种资本,自然会受到器重,会得到信任。

现在我们所处的时代,物质社会高度文明,社会生活十分安定,人们不需要为最基本的生存问题而日日发愁了。然而,谁也保证不了晴空不响霹雳。因而,我们时时要有忧患意识,做到"居安思危,有备无患"。

如果每个人能把自己的全部心思放在工作上,人人都能谨慎小心地工作,那么不但生命的丧失、身体的损伤、物质和金钱的损失,可以比现在大大地减少,而且人们的人格与品质,也会有一个极大的提升。

居安思危是给自己买一份保单

人生有顺境也有逆境,有人顺境时趾高气扬,不可一世,逆境时则垂头丧气,自暴自弃。智者对此则有独特的理解,因为他们认为顺境和逆境并不是截然相反的,顺境往往来自逆境时的奋发,逆境则往往来自顺境时的狂傲。所以他们提出,在顺境时不要太过得意。而要战战兢兢,如履薄冰;逆境时不要太过灰心,而应埋头苦干。只有这样,才能使人的一生经常处于顺境之中。

传说孔子年轻的时候,曾经受教于老子。当时老子对他讲:"良贾深藏若虚,君子盛德容貌若愚。"意思是说善于做生意的商人,总是隐藏其宝货,不令人轻易见到,而君子之人,品德高尚,但容貌却显得愚笨。老子是告诫人们,过分炫耀自己的能力,将欲望或精力不加节制地滥用是毫无益处的。

人一生不应对什么事都斤斤计较,该吃亏时要甘愿吃亏,该聪明时聪明,而在关键时刻,才表现出大智大谋。

宋代宰相韩琦以品性端庄著称,遵循着居安思危的处世准则,从来不曾因为有胆量而被人称许过,可是在下面两件事上的神通广大,实在是没有第二个人,这才是"真人不露相"。当宋英宗刚死的时候,朝臣急忙召太子进宫,太子还没到,英宗的手又动了一下,宰相曾公吓了一跳,急忙告诉宰相韩琦,想停下来不再去召太子进宫,韩琦拒绝道:"先帝要是活过来,就是一位太上皇。"说罢越发催促人们召太子入宫,从而避免了权力之争。

担任人内都职务的任守忠,是个反复无常的奸邪之人,他秘密探听到东西宫的情况,在皇帝和太后之间进行离间。韩琦有一天出了一道空头敕书,参政欧阳修已经签了字,参政赵概感到很为难,不知怎么办才好,欧阳修说:"只要写出来,韩公一定有自己的说法。"韩琦坐在政事堂,用未经中书省而直接下达的文书把任守忠传来,让他站在庭中,指责他说:"你的罪过应当判死刑,现在贬官为蕲州团练副使,由蕲州安置。"韩琦拿出空头敕书填写上,派使臣当天就把任守忠押走了。

要是换上另外的爱耍弄权术的人,任守忠会轻易就范吗?显然不会,因为他也相信一贯诚实的韩琦的说法,不会怀疑其中有诈。这样,韩琦轻易除去蠹虫,而仍然不失忠厚。所以大智若愚实在是一种人生处世的高境界,大谋略。

《荀子·仲尼》中说:所以聪明的人办事,盈满的时候想到不足的时候,安全的时候想到危险的时候。十分小心地预测将来,仍怕惹来祸患,所以他们做什么事都不会失败。

孙叔敖无疑是得居安思危之道的真义的又一个人。据《韩诗外传》载:孙叔敖碰到狐丘丈人,狐丘丈人对他说:"我听说,有三种有利的事,也一定有三种有害的事,你知道吗?"孙叔敖一下子变了脸色,说:"我不聪明,怎么能知道呢?请问什么叫三利,什么叫三害?"狐丘丈人说:"爵位高的人别人一定会妒忌他,官做得大的人君子一定会提防他,俸禄多的人别人一定会怨恨他,指的就是这个。"孙叔敖说:"不是这样的,我的爵位越高,我的志向就越低;我的官越大,我的心气也就越小;我的俸禄越多,我施舍的人也就越多。这样做可以躲避灾祸吗?"狐丘丈人说:"你说得太好了!"

困境中最不能丢失的东西

无大志的人,绝不能创大业成大事。韩瑞芝说:"天下未有有其志而无事者,亦未有无其志而有其事者。"什么事先要立定志向,立了志事就能成。立下大志后,尤其要有坚忍不拔,不惜生命相搏的气概,正如朱熹所言:"立志不坚,终不济事。"就是要能将志趣持得住,把志气奋扬得起,这样有什么不可及,什么事不可做呢?

有志而事不成,多半是立志不坚定,中途遇阻拦就放弃了。所以拿破仑说:"真正的才智,就是刚毅坚韧的志力。"中国古代的哲士奉行的是:"贫莫贫于无才,贱莫贱于无志。"人的贫贱是可转化的,有志者就能转化,无志者转可难。嵇康说:"无志者,非人也。"人要想立命,而无其志,就是圣人也无可奈何,佛祖也无可奈何,上帝也无可奈何。孟子说:"三军可夺帅也。匹夫不可夺志也。"

如果要想改变人生、创造人生,完全在于从立志的根本点做起。曾国藩曾经说过:"人的气质由于天生,极难改变。欲求改变之方,总须先立坚卓之志。"意志决定之后,就要努力不懈地行其志,坚持其志,涵育其志,自然就会日新月异,终究能成就一番事业。

《易经》中说"泽无水,困,君子以致命遂志。"这句话是说,君子即使身处逆境中,也要积极追求,不达目的不罢休,身可死而志不可夺,虽面临困境也不气馁。没有大志向的人,不可能成大业,成大事。

人的志向小,眼光就短浅;眼光短浅,见识就不长远;见识不长远,气象就不辉煌。唐翼修说:"一个人立身处世,不可做自了汉。人生顶天立地,万物备于我。范仲淹还是秀才时便立志以天下为己任,这是有宰相的气象。设心行事,能利人利物,就是圣贤,就是豪杰。小志向岂能成大事?"

春秋时,管仲辅佐齐桓公称霸诸侯,纵横天下,可是孔子说管仲"小器",认为他没有圣人的志向,没有圣人的胸怀,没有圣人的气象。诸葛亮曾经说:"夫志当存高远,慕先贤,绝情欲,弃凝滞;使庶几之志,揭然有所存,恻然有所感。忍屈卑,去细碎,广咨问,除嫌吝;虽有掩抑,何损于美德,何患于不计。若志不强毅,意不慷慨,徒碌碌滞于俗,默默束于情,永窜伏于凡庸,不免于下流矣!"

作为领导者,自然要有领导者的道德修养。

刘劭在《人物志》中说:"中庸之德,它的实质是无名。所以成而不碱,淡而不溃,质而不缦,文而不绩。能威能怀,能辩能讷,变化无方,以达为节。"能达到中庸,就有各种德行的长处,做事就会减少过失。

《传记》说:"没有开始的动乱,没有依靠着的富贵,没有依仗的尊严,没有违同,没有傲礼,没有骄能,没有迁怒,没有贰过,没有计谋和不道德,没有犯罪和不义气。这十条,是古代人立身的东西。"

《玉钤经》说:不明白别人的意思的人肤浅,有过不自知的人是弊端,迷而不返的人流盲,乱说话的人有祸患,令与心违的人废弃,后令错误于前的人毁灭,怒而无威的人好犯,好集众辱人的人有祸殃,杀辱所任的人危急,怠慢自己所尊敬的人凶恶,貌合神离的人孤独,亲佞远忠的人灭亡,信谗弃贤的人昏庸,私自给做官的人浮滑,阻碍公行的人动乱,群下外恩的人沉沦,凌下取胜的人侵夺,名实不符的人减损,厚己薄人的人遗弃,薄施厚望的人不拔,赏而忘贱的人不长久,用人不正的人危险,为人择官的人失去,决策不仁的人险恶,阴谋外泄的人失败,厚敛多藏的人灭亡。这些作为人君自理的大体。现在人明白这些,当然知道什么是自我修养了。

《长短要术》中评论领导者的道德修养时说:"文子说:'凡是领导者的方法,心想小,志想大,智想圆,行想方,能想多,事想少。所说的小心人,虑患未生,戒祸慎微,不敢放纵自己的欲望。志大的人,包容天下,一齐殊俗,是非聚集,中则作为轴辖。圆智的人,始终没有弊端,四远方流,就像深泉而不枯竭。行方的人,直立而不屈服,洁白而没有污点,虽薄弱也不改变操守,虽强大也不肆志。能多的人,文武兼备，动静中仪。事少的人，执约而治广，处于静而待以急躁。作为天道来说，达到极限就要往相反的方向发展，盈满就要亏损。所以聪明睿智的人，宁可守着愚鲁。多闻善辩。守住它以为节俭。强武勇毅，守住它以为畏惧。富贵广大，守住它作为狭隘。德施天下，守住它作为礼让。道贯古今，守住它作为谦恭。这六条，从前的君王守住它，所以能守住天下。"

简单地说，只有以中庸的道德修养为为人处世的心法，守住它，戒除至偏而重圆融。无倚无偏，无过无失，而又无德不兼，无德不全，这是中庸的至善，也是不能丢失的东西。

学会适时调整自己的位置

"人生减省一分便超脱了一分，如交游减便免纷扰，言语减便寡愆尤，思虑减则精神不耗，聪明减则混沌可完，彼不求日减而求日增者，真桎梏此生哉！"《菜根谭》如是说。的确如此，人生在世能减少一些麻烦，就多一分超脱世俗的乐趣。如交际应酬减少，就能免除很多不必要的纠纷困扰，闲言乱语减少就能避免很多错误和懊悔，思考忧虑减少就能避免精神的消耗，聪明睿智减少就可保持纯真本性。假如不设法慢慢减少以上这些不必要的麻烦，反而千方百计去增加这方面的活动，那就等于是用枷锁把自己的手脚锁住。

传说，有个人对楚相孙叔敖说："我听说，做官久了的人，别人嫉妒他，俸禄多了的人，百姓怨恨他，官位高的人，君主憎恨他。如今你孙相国当官这么久，俸禄这么厚，却没有得罪楚国的士人和民众，这是什么原因呢？"孙叔敖说："我三次做楚国的相国，为人更加谦卑，每当俸禄增加，施舍就更加广泛，地位越高，就越礼貌恭敬。因此，才不得罪楚国的上上下下。"

所以古人说："君子处患难而不忧，当宴游而惕虑；遇权豪而不惧，对茕独而惊心。"现在同样有这样的人，生活中保持心理平衡，虽然在恶劣的环境中也不忧愁，到了社交场合，尤其在灯红酒绿中能知道自我警惕。以免无意中误入迷途。遇到有权有势蛮不讲理的人不畏惧，而遇到孤苦无依的人却具有同情救助之心。

常常听人说"既要拿得起，又要放得下"，这是对人生顺逆安危中庸态度。所谓"拿得起"指的是人在踌躇满志时的心态，而"放得下"则是指人在遭受挫折或者遇到困难或者办事不顺畅以及无奈之时应采取的态度。一个人来到世间，总会遇到顺逆之境、迁谪之遇、进退之间的各种情形与变故的。歌德说得好："一个人不能永远做一个英雄或胜者，但一个人能够永远做一个人。""拿得起"与"放得下"就是适时地调整自己的位置，"拿得起"就是敢挑重担，"放得下"就是"不在一棵树上吊

国学经典文库

中庸

中庸的处世之道

图文珍藏版

死"。范仲淹说"不以物喜,不以己悲",有了这样一种心境,就能对大悲大喜、厚名重利看得很小很轻很淡,自然也就容易"放得下"了。"模将戏事扰真情,且可随缘道我赢",王安石的这两句诗,将"戏事"与"真情"区分得十分分明。什么是"戏事",就是指那些能拿得起、也该放得下的事。能做到如此随和且随缘地看待人生旅途中的一切利害得失与祸福变故,一个人就会被夸成是胜者、赢家。

每个人的人生道路,大都起伏不平,难怪乎古人要说"变故在斯须,百年谁能持"了。但是,当一个人集荣耀富贵于一身时,他是否想到会有高处不胜寒的危机、有长江后浪逐前浪的窘迫呢?那么就接受位置的变化吧,不要过分贪恋巅峰时的荣耀和风光,趁着巅峰将过未过之时,从容地撤离高地,或许下得山来还有另一番风光呢!

有一个奥运会柔道金牌得主,在连续获得多场胜利之后却突然宣布退役,而他才28岁,因此引起很多人的猜测,以为他出了什么问题。其实不然,他感觉到自己运动的巅峰状态已过,求胜的意志也在削弱,所以明智而主动宣布撤退。应该说,这个运动员的选择虽然若有所失,甚至有些无奈,然而,从他个人心理来看,却也是一种如释重负、坦然平和的选择,比起那种硬充好汉者来说,他是聪明的,因为他毕竟是在没有"吃败仗"的时候退下来,并且成功地换位当上了教练,给人以美好印象。

再来看有"体操王子"美誉的李宁,退出体坛后干起实业,不也取得了令人称羡的成功吗?如同一切时髦的东西都会过时一样,一切的荣耀或巅峰状态也都会被抛到身后或烟消云散的。因此,做一个明智的人,既然"拿得起"那颇有分量的光环,也同样应当"放得下"它,从而使自己步入柳暗花明的新天地,做出另一种有意义的选择。这样,就不会有什么惆怅或遗憾的。

遭遇羞辱时,内心不失矜持

自古以来,人们把忍辱负重称为担当大任的美德。纵观古今中外成功人士,他们无不是容忍而成就事业的。清代中兴名臣曾国藩在自己的成功道路上,每前进一步都要忍受莫大耻辱。例如,他初办团练时,一日,绿营之兵与湘勇哄闹,至黑夜闯入国藩行台。曾国藩亲自告知巡抚,巡抚不理,曾国藩叹息道:"大难未已,吾人敢以私愤渎君父乎?"意思是说,大敌当前,我怎能为个人的利益泄私愤呢?

后来,曾国藩这样总结其忍辱负重之术:"好汉打脱牙和血吞。这句话是我生平咬牙立志的秘诀,自出道以来,无不遭到屈辱。我在庚午、辛亥年间被京城的权贵们所唾骂,以后又有岳州、靖江、湖口三次打败仗,没有一次不是打脱牙和着鲜血往肚里咽。"正是靠了这种忍让的品质，曾国藩终于踏上了很高的权力的台阶，成为清朝上层集团信得过的一位重要的汉人。

俗话说，人生不如意事常八九。想要生存在这个反复无常的世界里，最重要的还是要学会忍辱负重之术。

曾国藩说"傲为凶德"，特别是文人做官大多为所谓的自好之士，多讲气节，讲也讲不精，却自负傲慢得眼中无人。风节本来是守于己的，可傲气则容易在别人面前显露。由于过于骄傲，造成君臣不和，朝廷纷乱必为祸害。曾国藩在检讨自己的缺点时，认为自己是"忍"得不够，说自己有三大过错：平日不取信、不尊敬别人，傲慢太甚，这是一；平时一句话不对劲，就怨恨无礼，这是二；抵触分歧之后，别人反而恢复了平静，自己却悍然不近人情，这是三。意识到这三点后，曾国藩更注重"忍"之术，注意自己的心态修养，时时为自己敲起警钟。

曾国藩这样做，是有其深刻考虑的，因为历史上因不能忍辱负重而骄傲导致危险的事例太多了。他经常向他的弟兄和子孙讲古代"忍德"的故事。有一次家人在一起吃饭的时候，他又即兴讲了一个故事。

唐朝时，唐太宗在庆善宫举行宴会，同州刺史尉迟敬德被邀请参加。但他一看自己的上座有人，便很生气地质问道："你有什么功劳，竟坐在我的上首？"

任城王李道宗的席位安排在他的下首，就来劝解他。尉迟敬德不但不听，反而举拳头殴打李道宗，李道宗的眼睛几乎被打瞎。

唐太宗很不高兴地宣布宴会停止，然后对尉迟敬德说："我本想和你共富贵，然而你做官后好几次犯法。我这才明白像韩信、彭越那样被剁成肉酱，并不一定是汉高祖刘邦的错啊！"尉迟敬德听到这种极其严厉的警告后害怕了，以后就比较学会忍让、克制自己了……

听了曾国藩讲的故事，大家更明白了"忍"是天下修养第一功。要做到不自满，就要从根本上解决"忍"的问题。无论你位有多高，权有多大，都必须学会忍让，切不可因一时之怒气而毁掉大好前程。

为人处世中，难免遇到某些不得已的情况而不得不低头的时候。美国第一位总统、开国元勋华盛顿连任一届总统后便坚持不再连任。他离任时，坦然地出席告别宴会，坦然地向人们举杯祝福。第二天，他又坦然地参加了新任总统亚当斯的宣誓就职仪式。然后，他挥动着礼帽，坦然地回到了家乡维农山庄做一名普通的百姓。

英国著名科学家赫肯黎，因其卓越的贡献而享有崇高的声望，然而，到了80岁时，赫氏不得不考虑放弃解剖工作时，他毅然辞去了所有令人瞩目羡慕的职务，包括一生中最高的荣誉职务——英国皇家学会会长。有人会想赫肯黎的心情何其沉重、心绪多么难平，但他却是洒脱的，谈笑风生，他甚至在发表了辞职演说后对友人这样说："我刚刚宣读了我去世的官方讣告。"

"重要的并非是你拥有了什么，而在于你忍受了什么。"这句话说得非常好。以坦然和克制的态度去承受逆境之难，活出一份潇洒与光彩来。

在委屈中保全自己

美国南北战争时期，南军的主将罗伯特在投降仪式上签字以后，心情特别糟糕。他忧郁地回到弗吉尼亚，不少公共集会请他参加，但都拒绝了，还有那些爱戴他的人们要见他，他也回避了。后来，经过心理调整他又接受了政府的邀请，出任华盛顿学院院长一职。应该说，罗伯特是明智的，他在自传中写道："将军的使命不单单在于把年轻人送上战场卖命，更重要的是教会他们如何去实现人生价值。"看来，罗伯特是真正弄懂了如何在"委屈"中实现自己价值的人，这情形恰如爱因斯坦所说的那样："一个人真正的价值，首先在于他在多大程度上和什么意义上从自我中解放出来。"

老子在《道德经》中说：受得住委屈，方能保全自己，经得起冤屈，事理才能得到伸直，低洼反能盈满，凋敝反而新生，少取反而得多，贪多反而失多。其实在危难中能保全自己的人，全凭懂得这个道理，退让不是失去，进取也非就是得到。对待得失，中庸处世的态度和方法是："得到后不得意，失去时不失意。"

还是在美国，有一位农家子弟，完全靠个人的力量搞起食品加工业，后来竟成为国际知名企业家，这个人就是美国的亨利·霍金士。

霍金士一生保持了农民那种纯朴的性格，他在企业界获得成功，很大程度上正是靠了这种诚实的性格。当然，在商业上仅靠厚道是不够的，同时还必须兼备另一种才能，这就是经营的能力和创业精神。霍金士正是一位能把农民的诚实和商人的精明融为一体的企业家。

霍金士在经营食品加工业初期，美国的"纯正食品法"还没有制定，有不少食品业人员在食品中乱加一些东西，危害着人们的健康。

霍金士一开始就反对这样做。他严格要求本公司的职工，要抱着"这些食品是我们自己吃"的心理去工作，要特别注意卫生。

但在价格问题上，他"从不迁就消费者"。他认为，自己既提供优质产品，理应得到相当的价格；消费者既然吃到纯正的食品，就必须付出相当的费用。

霍金士坚持自己的原则几乎到了固执的地步，这在同行中受到了不少非议。

由于他坚持质地纯正，所以他坚持做到：凡是要在食品加入任何东西，必须经过专家试验，证明这样做对于人体无害，方可投产。给食品添加防腐剂也无例外。

经过试验，证明防腐剂对人体有害，霍金士看了实验报告，甚为震惊。因为同行几乎在所有的食品中都添加了这种防腐剂，这已经成为一种习惯。

他决定将这份实验报告公布于众。但专家建议他再冷静地考虑一下，因为这可能会在食品业引起轩然大波，结果很可能遭到同行的反对和排斥，给自己带来不必要的麻烦。而且，在食品中添加防腐剂有利于食品存放和保鲜，如果反对添加防腐剂，势必会给食品工业带来困难，从而也给自己的企业带来困难。

霍金士向社会公布了防腐剂有害的实验报告。果然不出专家所料，他的举动在食品业引起轩然大波。同行为了保护自己的利益，举行了一次声势浩大的集会，把霍金士说成是"荒谬至极，别有用心"之人。他们还联合起来，在业务上排挤霍金士，想把霍金士彻底打倒。

这确实给亨氏公司带来了很大的困难！产品销售量大减，市场份额几乎被别的公司抢占完了。

食品纯正运动持续了三四年之久。1906年，美国政府终于制定了"纯正食品法"。这一法规的创立，使美国食品在国际上的声誉大振，这是霍金士始料未及的。

更主要的是，霍金士在三四年的磨难中，非但没有被挤垮，后来反而获得了全胜。他的食品也由此迎来了大发展的黄金时代。

当人们前来向霍金士祝贺时，他把自己心里话掏了出来："我从小没有学过做生意，后来变成了生意人，是因为我看到很多农产品因为没有销路而被弃置于田野，感到非常可惜。我一开始经商就不习惯商界的虚假和欺骗行为。支配我的想法是，生意人也应像平常人一样，不能尽做损人利己的事。"

其实，从另一角度看，霍金士的所作所为，何尝不是一种聪明绝顶的竞争手段：一方面，固然保护了消费者的健康；而另一方面，通过反对添加防腐剂，将同行逼到了死胡同，自己则迎来了发展良机！这不正是让人不以为聪明的最高境界吗？——推而广之，做人又何尝不是如此？

常持"辞让""退让""曲全"的态度，是一种避祸消灾、保全自己的高明策略。在商业活动中，退一步，只是吃点小亏，进一步却是要取得商战胜利，占大便宜。若要立于不败之地，必须学会保护自己。

忍小节，干大事

一个人不能事事操心，平分精力。人的精力是有限的，如果处世不分轻重主次,必然徒劳无功,弄不好纠缠于小事之上,反而耽误了大事。北宋吕端善忍小节,被人称为"大事不糊涂"。

吕端从小聪明好学,成年后风度翩翩,对于家庭琐碎小事毫不在意,心胸豁达,乐善好施。一次吕端奉太祖赵匡胤之命,乘船出使高丽。突然海上狂风大起,巨浪滔天,飓风吹断了船上的桅杆,一般人十分害怕,吕端毫无反应,仍然十分平静地在那里看书。

宋太宗赵光义时代,吕端被任命为协助丞相管理朝政的参知政事。当时老臣赵普推荐吕端时,曾对宋太宗说:"吕端不管得到奖赏还是受到挫折,都能够十分冷静地处理政务,是辅佐朝政难得的人才。"

宋太宗听后,便有意提拔吕端做丞相。有的大臣认为吕端"平时没有什么机敏之处",太宗却认为:"吕端大事不糊涂!"

后来,吕端终于成为宋太宗的宰相。在处理军事大事时,吕端充分体现出机敏、果敢的才能。每当朝廷大臣遇事难以决策时,吕端常常能较圆满地解决问题。

淳化五年,归顺宋朝的李继迁叛乱,宋军在与叛军的作战中,捉到了李继迁的母亲。宋太宗单独召见参知政事寇准,决定杀掉李母。吕端预料太宗一定会处死李母,等到寇准退朝后,便巧妙地询问寇准:"皇上告诫你不要把你们计议的事告诉我吧?"寇准显出为难的神色。吕端见寇准没有把话封死,接下说道:"我是一朝宰相,如果是边关琐碎小事,我不必知道;如果是国家大事,你可不能隐瞒我啊。"

吕端、寇准都是明大义、知轻重的人,所以吕端才敢公开地向寇准询问他与皇帝议事的内容。寇准听懂了吕端的话中之意,便将太宗的意思如实告诉了吕端。吕端听后急忙上殿奏太宗说:"陛下,楚霸王项羽俘虏了刘邦的父亲,威胁刘邦,扬言要杀死他的父亲。刘邦为了成大事,根本不理他,何况是李继迁这样卑鄙的叛贼呢?如果杀掉李母,只会使叛军更加坚定了他们叛乱的决心。"

太宗听了,觉得有理,便问吕端应该如何处置李母。吕端富有远见地回答:"不如把李母放置在延州城,好好地服侍她,即使不能很快招降叛贼,也可以引起他良心上的不安;而李母的性命仍然控制在我们手中,这不是更好吗?"吕端一席话,说得太宗点头称赞:"没有吕爱卿,险些坏了大事。"

吕端巧妙运用攻心战术,避免事态扩大,李继迁最终又归顺宋朝。

如果说处理李继迁的问题时,吕端深明大义,努力纠正皇帝的错误,避免了大的失误,那么在关系到江山社稷大事上,一向不拘细节的吕端却反其道而行。

宋太宗至道三年,皇上赵光义病危,内侍王继恩忌恨太子赵恒英明有为,暗中串通副丞相李昌龄等人图谋废除太子,另立楚王元佐。楚王元佐是太宗长子,原为太子,因残暴无道,太宗废弃了他。吕端知道后,秘密地让太子赵恒入宫。

太宗一死,皇后令王继恩召见吕端来见。吕端观察到王继恩神色不对,知道其中一定有变,就骗王继恩进入书阁,把他锁在里面,派人严加看守,自己冒着生命危险,去见皇后。皇后受王继恩等人怂恿,已经产生了另立楚王元佐的意图,见吕端来,便问道:"吕丞相,太宗皇上已经去世了,让长子继承王位才合乎道理吧?"吕端回答说:"先帝立太子赵恒,正是为了今天,怎么能违背他老人家的遗命呢?"皇后见吕端不同意废太子赵恒,默然不语。吕端见皇后犹豫不定,立即说道:"王继恩企图谋反,已经被我抓住。赶快拥立太子才能保天下安定啊。"皇后无可奈何,只好让太子继承皇位。

太子赵恒在福宁殿即位的那一天,垂帘召见群臣,吕端担心其中有诈,请求卷帘听朝。他登上玉阶,仔细看了一番,确认是太子赵恒才退了下来。随后,他带领群臣三呼万岁,庆贺宋真宗赵恒登基。

卷帘认准了自己拥立的皇帝才肯行礼,吕端确实是大事不糊涂。正是吕端善于容忍平时的小事,但对于重大问题的细节却一点也不忽略,才能完满地处理问题。

处世中庸,恰到好处,要做到小事装糊涂,这是种容忍的功夫。如果什么事都看不惯,看不惯就要插手管,结果会什么事也管不好,反而会得罪一大批人。

对大事不含糊,认认真真地干好。忍小节是为了干大事,精力充沛。对人不要做得太绝,给人余地,是以宽恕的态度感化对方,让对手成为自己合作的力量,事业会更加壮大。

不能只看到自己的不足

为人处世,对自己要全面、正确地认识。要善于认识自己的优势,又要勇于正视自己的不足,既不能只看到自己的长处,忽视自己的短处而骄傲自大;也不能只看到自己的短处,忽视自己的长处而妄自菲薄。夸大其中的一方面而否定另一方面都是不对的。

有一些人有社交恐惧症,就是因为只看到自己的不足。殊不知,你认为你是什么样的人,你就是一个什么样的人,并且别人也会这么看你。

这是上个世纪心理学上的重大发现——自我意向。

自己认为自己不够漂亮的人,你不可能漂亮。自己认为自己不够勇敢人,你不可能勇敢。自己认为自己很愚钝人,你不可能变得聪明。

聪明和自信人的精神是开放的,反过来自卑人的精神是相对封闭的。其实很少有聪明与不聪明的真正区分。一个正常人只要经验是开放的,那么他肯定聪明。

在日本,一个五音不全的男人,竟以唱歌大受欢迎。每逢大家聚会时,他必然会被众多掌声请上台。他完全无法拒绝大家的热情,只好每次都唱同一首歌,那就是被同事们昵称为"阿滨"的渡边先生。

阿滨很聪明,每当别人要求他唱歌时,他总会巧妙地利用自己的五音不全,唱起美空云雀小姐的歌——"五月的天空"。不可思议的是,只要阿滨的这首歌一唱出来,其他的美妙旋律都因而失色,完全不能与阿滨的歌声抗衡。

同事们在要求他唱歌时,一定会很整齐地用一首广告歌的旋律唱着:"五音不全的渡边,唱首歌吧!虽然唱得很烂,让人听了头痛,还是请你唱首歌吧!"

阿滨在人们的呼唤中带着一脸的笑容走出来了。他用右手中指推推那落伍的大黑眼镜后,以立正的姿势,开口唱出:"五月的天空,太阳又上升……"

他每次唱歌都那么认认真真地唱着这首一成不变的歌,不管走到哪里都是这首歌,而且总是固定地慢半拍。当他开始唱"五月的……"时,速度还算正常,等唱到"天空……"就很奇妙地慢了下来。阿滨既不害羞,也不恐惧,仍然以他那认真的表情,继续唱下去。听他唱歌的人,几乎都笑弯了腰,而人们的眼中却忽然流出感动的眼泪,无法停止。在大家笑得快喘不过气来的时候,阿滨仍然继续唱着:"太阳……又上升……"

大家的笑声中,绝没有一丝轻蔑,因为个性温和的阿滨,缓和了会场中稍嫌僵硬的气氛。他不像一些自以为很会唱歌的人那样。在台上炫耀自己的优点,相反的,他是以另一种风格来为大家制造欢乐。听了他的歌以后,让人觉得血液畅通,神清气爽,这"五音不全"的魅力还真大呢!

这个故事给我们的启示是,每个人都会有这样那样的不足,只要我们善于发挥自己的缺点,它便会成了我们的特点,而不会被人瞧不起。所谓的"丑星"也就是因为自成一派的"丑"而被人记住、喜爱。总之,有点小缺陷,不必要有自卑感,拿出勇气自然处之,便会变弱为强,甚至受到大家的喜欢。

比如,有的人因说话不标准而有些自卑。其实家乡话也是我们应该多加发挥的短处之一。如果能够在言谈中,保留故乡话的人情味,而同时又能用理性的共通语来和人交谈,撷取两种语言的优点,是最理想的方法。

自卑感往往是人缺乏自信心,孤僻,悲观。特别是受到周围人们的嘲弄和侮辱时,有时会以暴怒、嫉妒、自暴自弃等形式表现出来。自卑感强烈的人对周围的"刺激"非常敏感,这种对周围环境的敏感导致的精神消耗使得他们对很多的经验又是封闭的。他们总是被外在的一些什么操纵。既然是一种被操纵的感觉,其根源是对自己确定不来的(自我意识危机)。

克服和消除自卑心理,一要做到对自己的积极认同,不能只看到自己的不足,自卑心理很大程度上是在对比中产生的。所以对自己积极认同的同时,切忌把他人看得十全十美。自卑心理强的人没有这种意识:自己也是人。既然都是"人",都有个人的长处和短处。接纳自己就意味着接纳自己的短处和长处。

二要树立自信心,树立自信心首先要学会说:不! 自卑心理是心理软弱的表现。关键是自信心不强,他们不敢将自己的思想向外表露。结果行动上随波逐流,毫无主见,没有魄力,造成心理上的抑郁、沮丧。

心理学家认为:如果你自己觉得你自己蠢,那你就蠢。如果你自己觉得你高雅,你就高雅……因此,自卑心理是可以战胜的。但要战胜它,只有依靠你自己。

成功学上说:自立者,天助之!

三要积极的自我暗示,学会内心里说:我也能做! 都是一样的人,他行,我也行。他能做,我也能做。

四要积极与他人交往,健康的心里不是想出来的。心理学家认为:当人独处时,心理活动就会转向内部,朝向自己。心理活动的范围、内容都受到一定的局限,加之认识的局限,往往心理活动走向极端。一个人的心理不被她人理解是很危险的事情,即便这种心理自己感觉"多么超前"。交往健康的人,心里会得到净化,内心是坦荡的,经验是开放的。心理的阴影在活动中逐渐消除。

忍是安身立命的护身符

身处劣势者,一定要巧妙避开对方的锋芒,以求远祸。刘基是因忠诚取信了上司,他的才华和谋略才得以施展,目标才得以实现。

朱元璋从社会最底层跑到最高层,权力欲望和期望国家永远姓朱的心情非常强烈。这种心态,逐渐发展为多疑性格,好像身边每个人都想当老板,动辄他就杀人。

伴君如伴虎,刘基始终是清醒的,他知道在老朱身边生命不安全,所以口不言功,避名让爵,谨小慎微,忠忠诚诚,不求显达,韬晦自全。他把所有的功劳都记到了朱元璋身上,这就少了许多让"同列构陷"的口实,也少了让朱元璋动手的把柄。刘基晚年是郁郁不得志的,但比起其他勋臣来,在当时那特定的情况下,刘基的结局算是最好的。

刘基是仅次于诸葛亮的智慧人物,他的目光能穿过五百年的时空,看到未来的事。信不信由你。但他至少能掐会算,有知人之明。他尤其把李善长"掐算"得很准,他说:"李善长是功臣勋旧,能够调和众臣,可惜志大量小,后事难料。"

李善长是明朝的开国宰相,为明朝的建立南征北战,战功显赫,深得朱元璋的器重。他先有志,后丢了志,以致堕落成为小人。一年有人告状李善长的亲信中书省都事李彬大肆贪污,当时任御史中丞的刘基负责调查这件事。李善长不但不秉公办事,还多次从中说情,并阻挠办案,最后,刘基还是奏准了朱元璋,将李彬处死。李善长对此怀恨在心,就设计阴谋,令人诬告刘基,自己还亲自弹劾刘基擅权,刘基无奈,只好回家避祸。参议李饮

刘基

冰、杨希圣对他有冒犯之处,李善长就罗织罪名割了杨希圣的鼻子和李饮冰的胸乳,致使二人一死一残。

这些倒还不算,他大力培植势力,将一个知县出身的胡惟庸一手提拔为丞相,这个胡惟庸不是安分之辈,他擅权不法,贪污受贿,弄得朝野皆怨,引起了一些正直朝臣的反对。由于朱元璋刑律残酷,胡惟庸怕事泄被杀,于是秘密组织了一场谋反活动,企图把朱元璋杀掉,但阴谋败露,胡惟庸一党被株连杀死的达3万人,李善长也难逃干系,本当连坐,但朱元璋念他是开国勋旧,便免死贬谪,从此朱元璋对李善长不再信任了,后来在以星相之变须杀大臣为借口赐死了李善长。李善长以功始而以罪终,这在中国历史上极其典型。刘基从他的一贯做法中洞察出他的不妙的未来,不亲近和迎合他,他明白盛过则衰这一规律,被人誉为诸葛亮第二。

刘基属于读书派,他的识人术,知人论事那一套先是从书本上学来,然后再结合自己的生活阅历进行了概括和总结。读史使人明智,他当然牢记志不可失、节不可变的道理,懂得避锋芒。一双冷眼观世,看出世事中的祸福。

该低头时就得低头

杜甫在一首诗中写道:"羞将短发还吹帽,笑倩旁人为正冠。"大凡人都有羞愧之心,但人过于羞愧,是不利于自己为人处世的。有人评项羽的失败就是过于羞愧了,"包羞忍耻是男儿,卷土重来未可知。"生活中,我们处于逆境,或者特殊场合和环境,"他人矮檐下,不得不低头",当然,低头是为了抬头。

被称为美国人之父的富兰克林,年轻时曾去拜访一位德高望重的老前辈。那

时他年轻气盛,挺胸抬头迈着大步,一进门,他的头就狠狠地撞在门框上,疼得他一边不停地用手揉搓,一边看着比他的身子还要矮一大截的门。

出来迎接他的前辈看他这副样子,笑笑说:"很痛吧!可是,这将是你今天访问我的最大收获。一个人要想平安无事地活在世上,就必须时刻记住:该低头时就低头。这也是我要教你的事情。"

生活在现实世界中的每一个人,面对的不光是蓝天高挂,"屋檐下"的挤压、拍打谁也逃不过,就当"该低头时就低头"。一个"该"字,说明了低头的恰到好处,而不丢掉尊严、人格和做人的原则,这句话的另一层意思就是:不该低头的时候决不低头。

该低头时就低头,不是逆来顺受和甘受屈辱与压迫,而是你具有了对世态炎凉的感知所采取的自我保护的生存策略。所谓"小不忍则乱大谋";"天将降大任于斯人也,必先……"如此,孙子低头而有"十三篇";韩信低头而口碑史传,丝毫没有因其低了头而掩隐他们的光亮,再则这低下的实在不是奴才的头。

该低头时就低头,是对利益的权衡所做出的选择,而不是消极避世,也不是不去抗争,是你知晓这现实世界里充斥着辩证的法则,还需讲究一些生存的技巧。有道是"鸷鸟将击,卑飞敛翼;猛兽将搏,弭耳俯伏;圣人将动,必有愚色"。有时候,退一步方能海阔天空;不与人一般见识,方显你大度宽容。况且,低头方能奋力前行,比如顶风爬坡,比如逆水行舟。该低头时肯低头,是"绵里针",到头来还是会"仰首向天笑"的。

低头是对现实生活的积极反应——恰到好处地权衡利弊。人们对现实社会的适应性,多半有三种表现:一是"不懂",可能生出闹剧;二是"不去",可能演出悲剧;三是"该低头时就低头",有可能变出活剧。人的一生没有纯粹的喜剧。尤其进入市场经济社会,纵然人的"自我"更加被承认,但各链环之间的咬合也更加微妙,该低头时不低头,怎能不损伤人际关系、破坏生存环境?一只硌牙的青苹果到哪里去寻找市场?要是你我硬要充当最后的骑士,那么就"人在屋檐下,永远别低头";如果你我要学会生存,那么就"人在屋檐下,该低头时就低头"。

低头是为了抬头——恰到好处地显示自己。约翰逊,美国界第一位最富有的黑人企业家。美国虽然是全球最讲民主自由的国家,但也是全球种族歧视最严重的国家之一。一位黑人,要想在白人为主流的社会中突围而出,难!在充斥白人精英主义的美国商界中出人头地,更难。但约翰·J·约翰逊却是个"异数",他结束了黑人在企业界默默无闻的状态,他靠着自己的商业才能,进入了美国《财富》杂志前400位首富的排行榜。

约翰逊如果不能在权衡利弊中奋斗、在奋斗中权衡而做出积极反应的话，他是走不到他的辉煌的这一天的。1918年，他出生于阿肯色州，他还是个小孩的时候，他的父亲被人杀害了，他生活在贫穷里。但他母亲做苦力，坚持供儿子读书，这样，他一直读到了大学。毕业后，约翰逊目睹了黑人的生存状况，决定办一份黑人文摘。那时正处于第二次世界大战期间，不是办杂志的最好时机，但约翰逊还是前往纽约，求见由有色人种促进会所办的非经营性杂志《危机》的编辑、美国民权运动领袖魏京斯。不料却遭到了一盆冷水，魏京斯拒绝了他，并说，省省你的钱，省省你的精力，也好免去太大的失望。对于魏京斯的忠告，约翰逊没有理会。他认为自己的想法符合市场需要，他的杂志必定会成功。他估计其中有几千人可能会愿意支付每年2美元的小费，这样就有足够资金开办杂志。这时，他的朋友佩斯，愿意提供公司客房名单给约翰逊，约2万人。但他面临的另一个问题是：寄出2万分封信的邮资需要500美元。

约翰逊决定到一家银行申请贷款，银行职员却嘲笑他说："我们从不贷款给有色人种。请你先把皮肤洗干净，再来找我。"如此大的羞辱，让约翰逊颤抖起来，他笑着说了一句："我会慢慢洗的，直到你们这些人的眼睛干净为止！"

最后，约翰逊在白人拥有的市民贷款公司得到贷款，但是市民贷款公司要求担保品。他唯一能提供的是母亲的家具，可这需先征得她的同意。约翰逊母子俩一起祈祷，又一起哭了很久，最后约翰逊母亲同意了。约翰逊当时想的是决不能回头，再大的打击都要忍受。"我绝对要让杂志办成功，让那帮歧视我们黑人的家伙看看，是我们皮肤不干净，还是他们眼睛不干净。"他抱着这样的信念，寄出了2万封信。在第一年，约翰逊用每年仅收取2美元的优惠订阅费，吸引来了3000名订户。第一期《黑人文摘》就这样诞生了。

相信自己可以战胜困难

《孟子·滕文公下》中写到孔子三个月没有得到君主启用，就感到有压力，便到另一个地方去求职。人生不可能一帆风顺，生活中遇到困难，是再正常不过的事情了。我们每个人在任何时候都会遇到大大小小的不同的困难，这些困难也向我们提出了不同的挑战。对于一个懂得中庸之道的人，就会依靠自身的优势与强项去战胜困难。正如梁启超所说："患难困苦，是磨炼人格之最高学校。"

有个朋友叫李宪，他应聘到一家公司后不久，老板就给他一个项目，要他独立完成。他不敢说自己不行，可是接下任务后，心里慌乱不已。据说以前别人在试用期三个月之后才有可能独立做项目。显然他得到了老板的器重。可是他心里没有一点底。他甚至产生了逃避的念头。他知道这个项目对于一个新人是很难做好的。做不好怎么办？会不会让老板后悔选择了他？项目还没有进行，他就得了焦虑症，睡不好觉，吃不下饭，一下子人就瘦了许多。有一天，他竟然没有来上班了。老板打电话给他，他支支吾吾说自己病了，不想上班了。老板说，这年轻人怎么了？为什么不珍惜我给他的机会？

人生如战场，试想一下，如果你身临战场，当你遇到困难和敌人时就赶紧后退，其后果如何？把事情做好，把困难解决掉，这不也是一种"作战"吗？因此，当你在自己的生活和事业中碰到困难时，一是做给别人看——要让别人知道你并不是一个懦弱的人，一个胆小鬼。即使你做事失败了，你不怕困难的精神和勇气也会得到他人的赞赏；如果你顺利地克服困难，这就更加向他人证实了你的能力！如果有人出于对你的不服、怀疑、中伤、嫉妒而故意给你出些难题，当你一一解决时，你不仅解除了他人的不良心态，而且还提高了自己的地位。

二是做给自己看——一个人一生中不可能一帆风顺，事事顺心如意。碰到点困难，其实并不可怕，应把困难当成是对自己的一种考验与磨炼。也许你不一定能解决所有的困难，但在克服困难的过程中，你在智慧、经验、心志、胸怀等各方面都会有对你日后面对困难有很大的帮助，因为你至少学会了如何应付。如果你顺利地克服了困难，那么在这一过程中你所累积的经验和信心将是你一生当中最可贵的财富。

1900年7月，一位叫林德曼的精神病学专家独自一人驾着一叶小舟驶进了波涛汹涌的大西洋，他在进行一项历史上从未有过的心理学试验，预备付出的代价是自己的生命。

林德曼博士认为，一个人只要对自己抱有信心，就能保持精神和机体的健康。当时，德国举国上下都在注视着独舟横渡大西洋的悲壮的冒险。已经先后有100多位勇士相继驾舟横渡大西洋，结果均遭失败，无人生还。林德曼博士认为，这些死难者首先不是从肉体上败下阵来的，主要是死于精神上的崩溃，死于恐怖和绝望。为了验证自己的观点，他不顾亲友们的反对，亲自进行了试验。

在航行中，林德曼博士遇到了难以想象的困难，多次濒临死亡，他的眼前甚至出现了幻觉，运动感也处于麻木状态，有时真有绝望之感。但只要这个念头一升起，他马上就大声自责："懦夫，你想重蹈覆辙，葬身此地吗？不，我一定能够成功！"生的希望支撑着林德曼，最后他终于成功了。他在回顾成功的体会时说："我从内心深处相信一定会成功，这个信念在艰难中与我自身融为一体，它充满了周围的每一个细胞。"他的试验表明，人只要对自己不失望，自己充满信心，精神就不会崩溃,就可能战胜困难而存活下来,并取得成功。

可见,"绝不言退"并不只是单纯的勉励自己的话,实际上,它具有很大的价值。拿破仑说:"最困难之时,就是离成功不远之日。"

如果你不相信,那就想象一种"遇难即退"的后果吧,这种人首先就会被人认为是一种庸庸碌碌、懦懦弱弱的人,没有人认为他能成就大事;而事实上也是如此,因为他闪躲、逃避,无法克服困难、提升自己,自然也只能做一些无关紧要的小事情了。

当然,克服困难也要讲究方式方法,有些困难确实很大,你肯定不可能马上解决,在这种情况下,你只有采取其他更聪明的方法来解决,不能硬战死战,否则只会让自己碰得头破血流。也许你会认为这是一种退却。不,这种解决办法与退却完全不同。

因为你并未放弃解决这一困难,只是采取了一种灵活的方式。在你的心里,时时还想着这一困难,并且正想着用各种办法去解决,所以这不算退却。当你碰到困难时,可以首先评估一下:

这困难的难度有多大? 自己的能力如何? 有外力可以援助吗? 如果万一失败,自己对失败的承受力如何? 这一困难值不值得自己去克服?

"留得青山在,不怕没柴烧",如果你评估的结果不利,那就完全可以采取缓兵之计。如果有机会获胜,而且你也应该去克服这种困难,那就要竭尽全力了。

机会稍纵即逝,如果你轻易放弃,也许会形成一种习惯,而一个人一旦养成稍微遇到点难处就放弃的习惯,那一辈子恐怕都做不成什么大事。

心理学家从大量的观察事实中发现:在危险的情境中,经常是那些性格乐观、富于自信的人存活下来,因为他们总是没有泯灭自己的希望。

对于希望效应,心理学家进行了一次广泛的调查,他们要求许多人回答题为"你有哪些希望?"的问卷。问卷分析的结果表明,抱有希望的种类(不论大小)越多的人,往往充满了自信并注意生活的乐趣,精神焕发,精力旺盛。而那些没有明显的或者较少希望的人则往往表现出漠然、悲观、消沉。一位富翁在试卷上只填了一句话:"我没有希望,所有的希望都已经满足了——除了长生不老之外,而这能算是希望吗?"经过调查,这位富翁患了严重的忧郁症。心理学家与他进行了接触,劝告他从事一些具体的活动,并列出分阶段的计划表,如对外孙的培养、对某个足球俱乐部的支持等。经过指导,经过不断的、各种各样的希望的"煎熬",这位富翁在精神上已判若两人。

孟子说:"如欲平治天下,当今之世,舍我其谁也。"希望是人类能够生存的根本欲望。一些刚刚步入社会及人生之路的青年,却过早地结束了自己的生命,大多数是由于对生活感到失望以至累积成绝望。而一个对生活有希望的人,即使环境再艰难,他都会发挥同环境抗衡的能力,在改造环境中改善自己的生存条件和地位。

第十六节　立中不倚

在学习中提高个人的素质

人没有爱好与追求,精神会陷入空虚,也没有与人交际的资本。在当今社会,知识不断更新,学习是一个人必要的生存手段。孔子把复习学过的东西当成重新见到老同学那么高兴,也就是把以前学习的东西,都当成老同学。这一方面强调了复习对牢固掌握所学知识的重要性,同时也反映了孔子将学习知识当成结识同学一样的快乐心态。当我们把学习知识当成了结识同学、把复习知识当成同学聚会,当然就不会产生厌学的心态,也就不会把学习当成是一种苦差事了。

"人不知不愠",有人解释成"别人不了解自己也不怨恨他",这是一种误解。对这句话造成不同理解的关键是怎样理解"人不知"的意思。这三个字的解释应该是"别人不懂"。理由是,论语第二部分有"知之为知之,不知为不知,是为知也",这里的"不知"应该和后面的"不知"是同样的意思。

孔子前面说了怎样学习和复习的问题,然后又说到了怎样对待同学的问题,在怎样对待同学的问题方面,孔子主张人要谦虚,所以才提出了"遇到不懂的同学时,不要嫌弃,才是一个真正的君子"的观点。

自己只管在家学习和温习,那么远方怎么会有志同道合的朋友知道并且前来就学呢?而且即使是人不知己也不会愠怒,所说的"知"字很重要。你要别人"知己",就必须去传播自己的学说和思想。只有天下的人都接受而且认识了你的学说,那些远方的朋友才会前来就学切磋探讨啊。即使是天下的人不知己,不接受自己的学说,那也没有关系,自己做自己的君子就是了。这也就是亚圣孟子所说的"达则兼济天下,穷则独善其身"的意思。

冯友兰先生有人生的四种"境界"之说,最高的两种为"天地境界"与"道德境界",而"天地境界"又居于"道德境界"之上。如果用"天地境界"来说明儒家的最高境界的话，那么，它既是道德的，也是超道德的。所谓"超道德"的，并非是"非道德"的，也不是"离道德"的，而是"超道德"的本身包含着"道德"的。这根源于儒者对宇宙人生的体悟。从根本上讲，儒者以为，道德并不仅仅是人或者人类社会自身的事儿，而天地万物或者自然本身就是富有道德意味的。换句话说，自然是有目的的，万物之生长、发育、流行，就是此目的的最好体现。而人类的道德精神所赖以挺立的，也恰恰是此自然之目的。同时，也因此，人的道德实践本身，就是可以"参""赞"天地之化育的。

"学而时习之"，重点在时间的"时"，见习的"习"。首先要注意，孔子的全部著述讲过了，孔子的全部思想了解了，就知道什么叫作"学问"。普通一般的说法，"读书就是学问"，错了。学问在儒家的思想上，不是文学。学问不是文学，文章好是这个人的文学好；知识渊博，是这个人的知识渊博；至于学问，哪怕不认识一个字，也可能有学问——做人好，做事对，绝对的好，绝对的对，这就是学问。要注意的，他做的是什么学问？

人能够真正做到了为学问而学问，就不怨天、不尤人，自己痛切反省，自己内心里并不蕴藏怨天尤人的念头。保持健康的心理，才是君子。君子才够得上做学问，够得上学习人生之道。

连贯这三句话的意义来说明读书做学问的修养，自始至终，无非要先能自得其乐，然后才能"后天下之乐而乐"。

不可让嗜欲不加节制地发展

历史上有些风云人物，原本没有什么文化，但"时势造英雄"，血与火的生死考验，风云变幻局势中从政的切身体会，使他们的见识往往要高人一等。比如放牛娃出身的皇帝朱元璋提倡"谨嗜好"，显然比他手下那些有文化的文臣僚属们看得深远；就是对今人的品德修养，也仍然有借鉴意义。

据《明太祖实录》载，洪武二十年（1387年）八月，朱元璋与侍臣有一段很精彩的对话。朱元璋说："人君一心当谨嗜好，不为物诱，则如明镜止水，可以鉴照万物。一为物诱，则如镜受垢，水之有滓，昏翳泊浊，岂能照物？"侍臣说："陛下谨嗜好，正心之道莫过于此。"朱元璋又说："人亦岂能无好，但在好所当好耳。如人主好贤，则在位无不肖之人；好直，则左右无谄佞之士。如此，则国无不治。苟好不当好，则正直疏而邪佞进。欲国不乱，难矣。故嗜好之间，治乱所由生也。"这段话并不难懂,道理也很明白。朱元璋认为人应当有所好,但不能有不当嗜好,特别是要"不为物诱",否则就会好坏不分、是非颠倒,危害巨大。应当说,这是朱元璋积几十年人生经验得出的真知灼见。

嗜好,也就是爱好、习惯、怪僻,可以说人皆有之。如"建安七子"之一的王粲喜欢听驴叫,东晋著名书法家王羲之生性爱鹅,陈毅元帅业余爱好下围棋,美国前总统罗斯福酷爱集邮,大科学家爱因斯坦是小提琴迷,德国大诗人席勒只有闻烂苹果味才能激发创作灵感,如此等等,有的简直令人莫名其妙。明人张岱有言,"人之无癖,不可与交,以其无深情也"。有点嗜好,可以怡养性情,充实生活,且于他人于社会无碍,自然不能一概反对。

话虽这么说,但嗜好也不能不加节制地任其发展。特别是那些有可能向恶的方向发展的嗜好,按照朱元璋的话说,更是要"谨"。

凡事当有度,即使是有好的嗜好,也要适当把握,不能沉溺其中,以防贻误正事。像春秋时期卫国的国君卫懿公,喜欢养鹤,这当然不能算坏事,但这位先生爱鹤成癖,竟然让鹤享受大夫待遇,封给鹤卿的禄位,并配给一辆豪华专车。后来狄人进攻卫国时,卫懿公号召国人上前线作战,人们说,"让鹤去吧,鹤有官位官禄,比我们强。"结果狄人大败卫军,卫国很快灭亡了。对嗜好不加节制,导致人心离散,国破家亡,教训太深刻了。

对不良嗜好,更要十分警惕,千万不能沾染。现实生活中,黄、毒、赌之类的货色,污染着我们的社会。沾染此道的人,在尝试刺激的同时也把自己送进了火坑。赌得倾家荡产的、嫖个妻离子散的、吸毒进了班房的,早已屡见不鲜。

要注意"不被物诱"。种种不良嗜好的实现,都要有金钱作物质基础;对钱与物的不择手段的追求,必然又引发新的不良嗜好。受钱与物的诱惑,就会是非不分,美丑颠倒,原则丧失。

人生在世,多少都有一点个人嗜好。我想,对嗜好不应该顺其自然,在做出有益、无益,甚至有害的区别之后,还是如朱元璋所说,"谨嗜好"为好。

人固然会有许多癖好,而一个有修养的人必须自省其所好的道德标准,看看和志向是否一致。孔子说过:"能近取譬,可谓仁之方也",就是说,能以眼前的事为例一步步做去,就是最好的实现仁道的方法。比如推己及人:你自己想要的,人同此心,大家都想要,都应该得到;你自己不喜欢的,别人也不喜欢,所以你也不应该把它加在别人身上。孟子则说:仁、义、礼、智这些好品质,每个人都天然地禀有一点,像同情心、求知心、恋母心等就是明证,这些都是"善端",有了这些"善端",关键是要能很好利用,"求则得之,舍则失之",求与舍,全在自己。孜孜以求,尽管只是从自己禀人的那点端倪出发,达到目标也是不难的。

谨防别人利用你的嗜好

《菜根谭》说:"损之又损,栽花种竹,尽交还乌有先生;忘无可忘,焚香煮茗,总不问白衣童子。"

荀子说,一个人没有精诚专一的志向,不可能通达事理,没有忘我修炼的行为,不可能有显赫的成果。元顺帝天顺年间,有一名进士叫陈音,倾心经术,不问世事,终于学有所成。他专心致志的故事,仍流传至今。一天,陈音整理书籍,发现一张宴贴,就如期赴宴。到朋友家,久坐不走,朋友问他有什么事,陈音说,前来赴宴。那朋友莫名其妙,又不便详问,只得备酒款待。事后,那朋友才想起,去年的今天曾宴请过他。还有一次,陈音朝罢归来,途中说要拜访一同僚。侍从没有听清,仍牵马回家,陈音以为到了同僚的家。步入客厅,环顾四周,陈音说:"格局与我家相同。"又看见壁画,顿生疑窦:"我家之画怎样挂到这里?"恰好家童出来,陈音呵斥道:"你怎么在这里?"家童回答:"这本是你的家嘛!"陈音这才恍然大悟。

你太执着某一件事,就变成了嗜好。只要有嗜好,就会被人利用;反过来,攻破对方的心理防线的,往往从他的嗜好入手。

郑板桥一次看事走眼,恰恰不是他装糊涂的时候。郑板桥名气大,脾气也大。这样的"二大"者一向很多。

扬州有一个盐商叫王德仁,做生意赚了不少钱,是位有名的款爷。拜金主义者的心态多半是我有钱什么事都能办得到。王老板以为他不会买不到郑画家的一幅画。可是他失望了,他拿回来的画竟没有老郑的题款。"你玩大腕,做名人秀,看我怎样来收拾你!"王老板耿耿于怀。

郑板桥是食肉主义者,尤其爱吃狗肉,要是在现在,他一定受动物保护组织的谴责,养宠物的国民抵制他的画,他到西方国家做访问学者不把吃狗肉的嗜好改过来,是可能被遣送回国的。当时,谁想得到郑板桥的画,最好的办法是把他请回家吃狗肉。有狗肉招待,他就乐哈哈,全不知别人在利用他,想得到他的画。

一天,郑板桥出游,来到一处,时已过午,他感到有点饿了。忽然听到悠扬的琴声从远处飘来,他循声寻去,发现前面有一片竹林,竹林中有两三间茅屋。他刚走进茅屋，一股肉香扑鼻而来。茅屋里有一位老者，须眉皆白，道貌岸然，正襟危坐弹琴，旁边一个小童正在用红泥火炉炖狗肉。

人一见到自己心爱之物，没救了。郑板桥不由得垂涎三尺，有损大画家的形象，他对老者说："老先生也喜欢吃狗肉？"老者回答："世间百味惟狗肉最佳，看来你也是个知味者。"郑板桥嘿嘿笑道："我不知道这世上还有什么比狗肉更好吃的东西。"老者说："太好了，我正一人无伴，咱们同享吧，不枉这竹林美景。"于是郑板桥和老者吃起狗肉、喝起酒来。

兴味盎然之际，郑板桥说："老人家，你这屋子四壁空空，何不挂些字画？"

老者说："当今画坛，这个主义，那个流派，狗屁不通，包装炒作而已，无非是推销画作，多赚几个钱。听说城内有个郑板桥，人品不俗，书画也好，先生你见到过他吗？要是有他的一张画，老朽这一生也就没白活了。"

郑板桥笑道："你老信不信，你眼前这人就是郑板桥。"

老者立刻站了起来，一把握住郑板桥的手，说："我有眼不识泰山。大画家就在面前，得罪了、得罪了……"

接下来郑板桥当着老人的面画了几幅画。老人说："贱字'昌义'，请先生题个上款，也不枉今天一面之缘。"

郑板桥一愣，说："'昌义'不是盐商王德仁的字吗，先生怎么与他同号？"

老者说："我取名字时，他还没有生呢，是他与我同字，不是我与他同字，而且天下同名同姓的人太多了。"

郑板桥觉得老人说得有理，于是给画都题了上款，然后拿上一块狗肉边啃边走了。第二天，郑板桥想起昨天吃狗肉的事，觉得有点不对劲，于是叫一个仆人去盐商王德仁家打听情况。仆人回来说，王德仁将郑板桥送的画悬挂中堂，正在发柬请客，准备举行盛大的庆祝宴会呢。

郑板桥听后一拍脑袋，说我真蠢，我怎么眼睁睁地被王德仁设"狗肉计"骗了呢？我双眼能察竹子的脉络，却不能审他人对我的特性嗜好地利用，老郑啊，你是个不中用的家伙！

人想糊涂不一定就糊涂得了，不想糊涂，照样犯糊涂。老郑的一双怪眼是出名的，他能一眼看透人心，别人一吭声他就知道会说什么话，可是自己爱吃狗肉，却也是天下人都知道，这就等于为人们提供了一个研究板桥同志喜好的切入点。投其所好，是中国最经典的攻关术之一。

不与低级趣味的人混在一起

孔子认为人生的快乐要建在品行上,一个人最快乐的事情,就是研究学问,做人规矩。

"乐道人之善",喜欢讲人家的好处,优点。这是中庸处世特别注重的一点。

"乐多贤友",好朋友多有益处,实在有道理,读万卷书,行万里路,还要交万个朋友。如果不交朋友,就不能了解人情,掌握信息,遇事就势单力薄。

所谓有损的乐,第一是喜欢享受,爱好奢侈夸张的骄乐,包括征歌选色,纸醉金迷,灯红酒绿。"乐佚游"就是喜欢不正当的娱乐,任性放纵,包括打牌、吸毒等。"乐宴乐"包括好吃好玩。这都是生活中对自己无益的作乐方法,这是三点是对人有损的娱乐活动。

说得再直白一点,三种有益的快乐,一是用礼乐来节制自己,这样的快乐会永远;二是赞美他人的快乐,自己也一定会得到回报;三是多交贤德的朋友,自己也跟着贤德起来,往后一定会受益无穷。三种有害的快乐,以骄傲为乐,会招致嫉妒与灾祸;以佚游为乐,会误了人生之大事;以宴喝为乐,不仅有害自己的健康,还能够损毁自己的德性。

对于人伦关系的探讨是孔子学说的重要组成部分,也是中庸思想的基础之一。按照朱熹《四书章句·中庸》的说法,以孔子为代表的儒家将人伦关系大致分为五个方面:"君臣也,父子也,夫妇也,昆弟也,朋友之交也。"由此可见,朋友关系是人伦关系的重要方面。孔子强调朋友的作用,人在社会中不可能是孤立的,物以类聚,人以群分。从外部看,考察一个人所结交的朋友,就可以推断出这个人属于哪种类型。从内部看,人只有在朋友中间才能找到归属感。这种归属感不同于家的感觉。除了情感的寄托以外,"家"还有天然的血亲关系加以维系。朋友圈则不同,友情不仅可以满足情感表达交流的需要,还可以使人获得价值上的认同。

纯粹的友情总是靠共同的取向得以维系的。一方面,我们通过朋友这面镜子,了解自己是谁;另一方面,我们在与朋友的交往中产生共鸣。纯粹的友情带来的是超脱功利的快乐。在处世中,绝不可因嗜好而交上低级趣味的人。

自得其乐,不影响别人

人是需要爱好的,但是爱好是有高低雅俗之分的。李渔在《闲情偶寄》中写了许许多多爱好,但处处讲究一个"度",有度才真美,才有真趣。任何事情,一沉湎,就会玩物丧志,就会耗神损思。洪应明说:"茶不求精而壶亦不燥,酒不求洌而樽亦不空;素琴无弦而常调,短笛无腔而自适。纵难超越羲皇,亦可匹俦嵇阮。"

鲁哀公问孔子:"请问,什么样的人是庸人?"孔子回答说:"所谓庸人,口里讲不出美好的语言,思想上不懂得谦虚知足,不懂得选取贤良善美的人作为自己的依靠,用来替自己解脱忧愁。行动时不知道追求的是什么,休息时不知道定准是什么,虽然整天对各种事物东挑西选,但不知道最重要的是什么,与物迁徙,随波逐流,不知道何处是自己的归宿,以眼耳口鼻身等五官的享受为主宰,思想也随之变坏,如果是这样,就可以称之为庸人了。"

荀子在《儒效》中阐述人的等类,有思想上没有去掉私心杂念,却希望别人说他公正的人;有行动上没有去掉龌龊卑鄙,却希望别人说他品德善良的人;有愚昧无知,却希望别人说他知识渊博的人。思想上抑制私心杂念,然后才能一心为公;行动上抑制放纵的性情,然后才能使品德善良;有智慧而又好问,然后才能多才多艺,能够做到公正、善良又有一定的才干,就可以叫作小儒了。思想上习惯于公正,行动上习惯于善良,智慧能通晓各类事务的基本原则,这样,就可以叫作大儒了。

对于爱好是否放纵,可以看出一个人修养品质。爱好的目的是自得其乐,陶冶情操,可有人却做不到这一点,例如打麻将,别人不愿参加,他却缠着要人"玩几局",甚至以送人赌资为诱饵,把朋友拉到赌博场上,这就不是自得其乐了。孟子说,别人理解我,我自得其乐,别人不理解我,我也自得其乐。《今世说》里记叙了一则故事说毛稚黄总是生病,连朋友邻里都为他发愁,他自己却大不以为然,说是"病的味道极好,实在很难向那些浮躁的人说清楚。"人生需要一点自得其乐。自得其乐不失为一种应付沉重而充满艰辛的现实人生的变通方式,不失为一种调剂人生的润滑剂,它能使我们于多烦恼、多忧愁的人生中保有一份必不可少的乐观。

因经济条件不同,人们很难生活在同一个层次上,追求与爱好也有所不同,例如打高尔夫球,这是有钱人的运动,低收入者就玩不起。但有的人往往以自己的经济能力来挑选玩的方式,这会使那些囊中羞涩的朋友接受不好,不接受也不好。一些人玩是假,摆阔是真,这就无法得到"真趣",所以古人针对这种情况,提出了一个中庸的办法,"居常嗜好,艳寂相宜"。

《菜根谭》说:"念头浓者,自待厚待人亦厚,处处皆浓;念头淡者,自待薄待人亦薄,事事皆淡。故君子居常嗜好,不可太浓艳,亦不宜太枯寂。"

这是对有钱人的忠告,一个心胸开阔的人,不但要求自己的生活丰足,而且对待别人也要讲究丰足,以致他凡事都要讲究气派豪华;一个欲念淡薄的人,自己过着清苦的生活,对待别人就也很淡薄,因此他凡事都表现得冷漠无情。所以在为人处世上,日常生活的爱好,既不过分讲究气派太奢侈豪华,也不能过分吝啬刻薄。

劳逸结合,动中求静

人的心灵知觉有明暗之分。光明时处世没有差错,黑暗时就有闪失和谬误。因此说到人道,大凡人伦日常生活,都是人道的实际事情。这是《中庸》上说的"根据本性的规则处世就叫道","依从天道来修养自身"。

在现代社会竞争压力大,多少向往"闲云野鹤,无拘无束"的生活,可是不少人身子被名缰利锁绊住了,不能根据人的本性的规则过上轻松的生活。

一个成功人士说,我现在几乎没有一个节假日,半夜两点回家是最正常的时间。早上睡到七八点或八九点钟,爬起来又去上班。有一段,我咳嗽不止,几个月都不好,咳到说不成话,一天半夜咳出一口热乎乎的东西,后来一看,是血。人家说的那句话我特别相信:现在我是拿命换钱,将来我是拿钱换命。

一位女经理人向我叙述了她的一天:早上6点钟随闹钟响起身刷牙洗脸,同时把丈夫、孩子叫起床,然后赶做早饭。7点钟,丈夫送孩子上学,自己化好妆便去赶公交车。从家赶到公司,中途转车两次,折腾了近50分钟才能到达。在办公室刚坐定,客户的电话便不停打进来,接电话、回电话、处理文稿和订单,直到公司送来盒饭,才知道已是中午。草草吃完,感到眼睛发胀,脖子酸痛,房子里的空气又让人不舒服,刚想躺在沙发上睡一会,一看手表,公司的例会又要马上开始。原计划这一天下班前顺便买菜给儿子烧点好吃的,但这时老总突然打来电话,说来了客户,要安排陪吃晚饭,只好打电话说不回家吃晚饭了。晚上吃饭、喝酒,再谈谈业务,快11点钟,才身心疲惫地赶到家。儿子已睡着了,轻轻吻吻孩子红红的小脸,不禁心怀歉疚。看到家中有点凌乱,又赶紧收拾一下,快1点钟才上床休息。再过5个小时又将是新的一天……

"累,有时感到真的很累!"她深有感触地说。

感觉累的不止她一个人。随着生活节奏的加快,越来越多的人承受的工作、生活压力在不断加大,处于亚健康状态的人比比皆是,如果不注意调节和防治,很容易出现"过劳死"。

洪应明说:"忙里要偷闲,须先向闲时讨个把柄;闹中要取静,须先从静处立个主宰。不然未有不因境而迁,随事而靡者。"

即使在很忙的时候,也要设法抽出一点空闲时间,让身心舒展一下,必须在无事时把要做的事先做一调整,养成这种习惯,就有了调剂身心的工夫。要想在喧嚣的环境中保持冷静的头脑,就必须在心情平静时事先有个主见。不然一旦遇到事情就会手忙脚乱,不知所措,随事盲目而行,结果把事情弄得很糟。

孔子做过鲁国的司寇,周游列国虽很辛苦,但打交道的都是国君一流人物,后来专门教书,也极受尊重,学生把他比作日月。但孔子自己,并不自以为了不得,说:有十户人家的小村镇,就有像我孔丘这样的人,只是他们不像我这样好学罢了。又说:有人说我是圣人和仁者,孔丘岂敢当,我不过是一个为人不厌、诲人不倦的教书匠。正因为这样。他和学生在一起,也开点玩笑。有一次,刚到了他学生子游做县长的武城,就听到一片弹琴唱诗之声,孔子微微一笑,说,哈,宰鸡,用得着牛刀吗? 言下之意,似是治理这个小地方,用不着进行礼乐教育。子游当时正接待老师,说:您以前不是讲过,做官的受了教育,就有了仁爱之心;老百姓受了教育,就比较容易领导吗? 孔子说:是啊,我刚才只是同你们开开玩笑呢!

孔子爱开玩笑,也是一种奔波中求静的方法,人能在劳顿中保持一点幽默,学会求静,不失君子风范。

不要因爱好受制于人

儒家所谓"内外之道",一方面,"中"是内在的,指人内心的某种主观状态,也即含而未发的内在要求;另一方面,"中"又是外在的,也即表现于外部行为上的"中节"、合于礼。二者又是相统一的:内心之"中"正是行为"中节"的前提,而行为的中于节,则是内心之"中"的外化,对象化。同时这个"中"也把天道与人道贯通了,因为它一方面是内在于人心中的,另一方面却又是受之于天,是天所赋予的"命",其实也就是指人之所以为人的内在的和必然的要求。

明弘治十八年,明孝宗病死,皇太子朱厚照即位。东宫内侍刘瑾心里说:"我的升官的机会到了。"正如他所言,他后来权焰炽天,除在皇帝面前外,他的头比谁都昂得高,尽管他是太监的出身,是个生理残疾人。

刘瑾怎么知道厚照一上台他就能升官呢?

刘瑾进宫上班在钟鼓司做事,他对宫廷内乐、歌舞女伎比较熟悉,这个条件使他能够经常服侍在喜好游玩的太子小朱左右。刘瑾得到朱厚照的宠信和重用,和其掌管钟鼓司有直接关系,他是个国家级的音乐大腕,让小音乐迷厚照佩服不已,从那时起他就是太子身边的心腹。相比之下,满朝成千上万的太监却没有刘瑾的条件。

刘瑾虽没有读过书,却颇通古今,在宦官中属于工于心计、善于谋略的人物,后来在与以内阁为首的朝臣争夺对明武宗的控制权的斗争中,刘瑾崭露头角,玩弄权术,排斥朝臣,左右明武宗。

说起爱上音乐,刘瑾是朱厚照的老师和崇拜的歌星,刘瑾知道这朱家江山将来必是太子的,想以后自己跟着他吃香喝辣,得趁早培养感情。小朱除了骑射、行猎、游幸之外,在刘瑾的引导下,喜欢上音乐戏曲。他即位不久,就在皇城中开始增建皇家的"御乐库房",即乐工和演艺人聚集排练的场所。因为要举行皇帝即位庆典等大型活动,宫内人力缺乏,必须补充乐工。刘瑾上奏要求各省选送年富力强、精通艺术的人到京进行集中培训,从此,所谓"筋斗百戏"在明朝宫廷中盛行起来。后来,又从京城乐户中选出精通乐艺的800户,专门为皇帝演出。朱厚照当皇帝多开心自在啊。

就这样,朱厚照即位后,在皇城内外跟随着贴身宦官微服游荡,骑射驰骋,观剧作乐,完全放弃了顾命大臣为他设计的所谓"日讲"经筵,他已完全被刘瑾所控制。

太监刘瑾用5年时间积累起比国家岁入甚至国库存银的数目更大的财富,而以他本人的合法收入推算,积累起这笔财富需要500万年的时间。对此吴思先生说:"这笔巨额财富的存在,表明在财政税收的正规体系之外,另有一套财富流动的潜流网络——资源分配的潜规则体系。"刘瑾看好的就是这条潜规则,这条规则是安全的,权力越大越安全。

吴思的"潜规则"是种发现,而投其所好以达目的"潜规则"已经存在几千年了,并且不少人比吴思研究得更透彻,如刘瑾,如和珅,等等,人才济济。这些人不仅是理论家,而且是实践家。

不要这山望着那山高

明朝李贽最讨厌的一种人是"口谈道德而心存高官,志在巨富",当官与发财,是人的正常欲望,《孟子》中写道:"孔子三月无君,则皇皇如也,出缰必载质"。孔子自己也说"富可求也,虽执鞭之士,吾亦为之",但他又说"富与贵,是人之所欲也，不以其道得之，不处也"。

可是不懂中庸之道的人，对权力财富的执迷，达到了无以复加的程度，殊不知，对于不正当手段所得的权力与财富，你看到的山峰，不一定是最高的，因为角度与位置不同，目测会有所误差。人往高处走，常常误导一些人成为目标失控、盲目追求的人。

汉献帝生了一场病，刚刚痊愈，一天在未央宫会见大臣。董卓上朝时，为了提防人家暗算，他在朝服里穿上铁甲。在乘车进宫的大路两旁，派卫兵密密麻麻排成一条夹道。他还叫吕布带着长矛在他身后保卫着。经过这样的安排，他认为万无一失了。他哪儿知道王允和吕布早已商量好了要他的命。

吕布约了几个心腹勇士扮作卫士混在队伍里，专门在宫门口守着。董卓的座车一进宫门，就有人拿起戟向董卓的胸口刺去。但是戟扎在董卓胸前的铁甲上刺不进去。董卓用胳膊一挡，被戟刺伤了手臂。他忍着疼痛跳下车，叫喊："吕布在哪儿？"

吕布从车后站出来，说："奉皇上诏书，讨伐贼臣董卓！"董卓见他的干儿子背叛了他，就骂着说："狗奴才，你敢……"他的话还没有说完，吕布已经举起长矛，一下子戳穿了董卓的喉头。兵士们拥上去，把董卓的头砍了下来。

满朝文武大臣见董卓被打，无不欢呼雀跃；长安的百姓受尽了董卓的残酷压迫，听到除了奸贼，成群结队跑到大街上唱着，跳着。许多人还把自己家里的衣服首饰变卖了，换了酒肉带回家大吃一顿，庆祝一番。

可吕布却没有成为人们追逐的偶像，原因何在？骁勇善战的吕布，不仅是少有计策，为人还反复无常，为了嗜好和近前的利益，他曾认丁原为干爹，后杀了干爹，又认董卓为义父，为了美女貂蝉，中了王允的连环计，再杀义父，这不是不讲义气，缺乏忠诚，唯利是图的草包加脓包吗？

陈寿说："吕布有九虎之勇，而无英奇之略，轻狡反复，唯利是视。自古及今，未有若此不夷灭也。"这算对他的处世行为打了最低分。

赫拉克利特说："品性是一个人的守护神。"

不过，只要你不是踩着别人肩膀上，然后把他打倒踢翻的缺德之人，在处世上找人引荐提携也无可厚非。大多人都有攀龙附凤之心，谁不希望有个声名显赫的朋友？如果能跻身于他们的行列，自己也便沾上了荣耀，在别人眼里也就身价大增了。

正面受阻后从反面入手

人生的嗜好当谨追求当执着,这一点我们说了不少,而说话办事之"说"也被一些自负为口才的人当作嗜好,却非常危险,在处世上,有些话绝对不允许你说出来,为了解决事情又避免尴尬,不妨从其反面说起。须知真理再向前一步就可能变成谬误,反面的话稍加引申,就可能走到反面的反面。

楚庄王的一匹爱马死了,他非常伤心,下令以上等棺木,行大夫礼节厚葬。见文臣武将纷纷劝阻,楚庄王板着脸说:"谁敢再劝阻,一定要杀死他。"

这件事被优孟知道了,他直入宫门,仰天大哭,庄王一下子弄糊涂了。优孟说:"那马是大王最喜欢的,却要以大夫的礼节安葬它,太寒酸了,请用君王的礼节吧!"庄王越发想知道理由了,优孟继续说:"请以美玉雕成棺……让各国使节共同举哀,以最高的礼仪祭祀它。让各国诸侯听到后,都知道大王以人为贱而以马为贵啊。"这时庄王恍然大悟,赶紧请教优孟如何弥补自己的过失。

优孟说了一通。以优孟地位之微,如果直陈利弊,凛然赴义,固然令人肃然起敬。然而他正话反说,力挽狂澜,所作所言岂更不令人叹赏吗?

反语是语言艺术中的迂回术,是"执其两端"的迂回术。正话反说便是欲擒故纵,取得合适的发话角度,达到比直言陈说更为有效的说服效果。

正话反说可以放大荒谬,让人更为明白地见到了荒谬的真面目,从而达到了更好的说服效果。

汉武帝刘彻的乳母曾经在宫外犯了罪,武帝知道后,想依法处置她。乳母想起了能言善辩的东方朔,请他为自己说情。东方朔对她说:"这不是唇舌之争,你如果想获得解救,就在将抓走你的时候,只是不断地回头注视武帝,但千万不要说一句话,这样做,也许有一线希望。"当传讯这位乳母时,这位乳母有意走到武帝面前,要向他辞行。当时东方朔正在旁边侍坐。只见乳母面带愁容地不停地看着汉武帝。于是,东方朔就对乳母说:"你也太痴了,皇帝现在已经长大了,哪里还会靠你的乳汁养活呢?"武帝听出东方朔是话中有话,脸上顿时露出凄然难堪之色,当即赦免了乳母的罪过。

齐国有一个人得罪了齐景公,齐景公派人将这个胆大包天的人绑在了殿下,要召集左右武士来肢解这个人。为了防止别人干预他这次杀人举动,他下令:"有敢于劝谏者,也定斩不误。"文武百官见国王发了这么大的火,谁还敢上前自讨杀头之冤。晏子见武士们要对那人杀头肢解，急忙上前说："让我先试第一刀。"众人都觉得十分奇怪：晏相国平时是从不亲手杀人的，今天怎么啦？只见晏子左手抓着那个人的头，右手磨着刀，突然仰面向坐在一旁的齐景公问道："古代贤明的君主要肢解人，你知道是从哪里开始下刀吗？"齐景公赶忙离开座席，一边摇手一边说："别动手，别动手，把这人放了吧，过错在寡人。"那个人早已吓得半死，连忙向晏子磕了三个大响头，总算从死门关里逃回来了。

晏子在齐景公身边，经常通过这种正话反说的方法，迫使齐景公改变一些荒谬的决定。再来看个故事，有一个马夫有一次杀掉了齐景公曾经骑过的老马，原来是那匹马生了病，久治不愈，马夫害怕它也把疾病传染给马群，就把这匹马给宰杀了。齐景公知道后，心疼死了，就斥责那个马夫，一气之下竟亲自操戈要杀死马夫。马夫没想到国君为了一匹老病马竟会杀了自己，吓得魂飞魄散。这时在一旁的晏子走过去，急忙抓住齐景公手中的戈，对景公说："你这样急着杀死他，使他连自己的罪过都不知道就死了。我请求为你历数他的罪过，然后再杀也不迟。"齐景公说："好吧，我就让你处置这个混蛋！"

晏子举着戈走近马夫，对他说："你为我们的国君养马，却把马给杀掉了，此罪当死。你使我们的国君因为马被杀而不得不杀掉养马的人，此罪又当死。你使我们的国君因为马被杀而杀掉了养马人的事，传遍四邻诸侯，使得人人皆知我们的国君爱马不爱人，得一不仁不义之名，此罪又当死。鉴于此，非杀了你不可。"晏子还要再说什么，齐景公连忙说："夫子放了他吧，免得让我落个不仁的恶名，让天下人笑话。"就这样，那个马夫也被晏子巧妙地救了下来。以上这些故事都是利用口才劝说，正面受阻就从后面人手，或直接从反面说服，获得成功。

边学边做的处世方法

多多听，有疑问则保留，谨慎地谈有把握无疑问的问题，就会减少错误；多多看，避开危险，慎重地实行有把握无疑难的事，就能减少悔恨，言论减少了错误，行动减少了悔恨，官职禄位就在其中了。

孔子针对子贡的实际，提出真正的君子是先把自己的想法干出来，然后再说出去。因为人类在交往中最集中表现的就是一言一行。有的人言多行少，有的人行多言少；或者只言不行，或者只行不言。任何一种，都不是言行平衡的。既然言行都不可少，那么真正的君子就是言行等同，先行后言。孔子所赞叹的最高境界，便是"天何言哉",只管去顺其自然就行了。但我们毕竟是人,讲的就是文明礼仪,说话也是一种本能需要,离开了语言也就没有了一切,所以就先行然后再言。

在学习与实践的过程中,必须加上思考与认识。光有干劲不行,越干四肢越发达而头脑越简单,结果什么也不会得到,没有心灵上的净化和意识上的升华,只是一个庸夫;同样,在思考探索的过程中,必须加上学习和实践。仅仅思索不行,越思索也许头脑越灵活,但却没有实践的检验,很容易造成妄想狂,异想天开,这就危险了。

多见阙殆,这个时候要特别小心处理,不要有过分的行动,这样处世就少后悔。一个人做到讲话很少过错,处世很少后悔,当然行为上就不会有差错的地方。这样去谋生,随便干哪一行都可以,禄位的道理就在其中了。

这是孔子的教育态度,对于今天的人们如何马上找到职业,先要有求职业的基本条件。我们做任何事业,基本条件很要紧,孔子说的这个基本条件多少人具备呢?

他认为,为人应当谨言慎行,说有把握的话,做有把握的事,"君子求诸己",努力在言行中减少过失。如此一来,就可以减少失误,减少悔恨,这是对国家,对个人负责任的态度。

当然,孔子的意思并不仅仅是教学生怎样为官的方法,同时也表明了孔子在知与行两者关系问题上的观念,是对"知之为知之,不知为不知"的进一步阐述,认真实践,令人在处世上受益无穷。

特别提示:

　　本书在编写过程中,参阅和使用了一些报刊、著述和图片。由于联系上的困难,和部分作品的作者(或译者)未能取得联系,对此谨致深深的歉意。敬请原作者(或译者)见到本书后,及时与本书编者联系,以便我们按照国家有关规定支付稿酬并赠送样书。

　　联系电话:010-80776121　　联系人:马老师